Die Propheten alle Deudsch.

D. Mar. Luth.

Gedruckt zu Wittemberg durch Hans Lufft.

M. D. XXXIIII.

GR.S.BIBLIOTHEK
ZU WEIMAR.

Vorrede auff die Propheten.

ES scheinet fur der vernunfft fast ein geringe ding vmb die Propheten sein/ als darinn wenig nützlichs gefunden werde/ sonderlich wenn Meister Klügel drüber kompt/ der die Heilige Schrifft gar auswendig vnd auff dem negelin/ kan/ Der sihet es/ aus grossem reichtum seines Geistes/ fur eitel faul/ todt gewesche an/ Das macht/ das die geschichte vnd das werck nu nicht mehr fur augen sind/ vnd allein die wort oder Historien gehöret werden/ Welchs kein wunder ist/ so auch jtzt Gottes wort veracht wird/ ob gleich noch teglich/ die zeichen vnd geschicht/ dazu das Reich Christi/ gewaltiglich fur augen stehet vnd gehet/ Wie viel mehr solts verachtet werden/ wo nicht mehr die geschicht vnd that furhanden weren? Eben wie die kinder Israel verachten Gott vnd sein wort/ da sie noch fur augen hatten/ das himel brod/ die feurigen seule/ vnd liechte wolcken/ dazu beide Priesterthum vnd Fürstenthum etc.

Darumb sollen wir Christen nicht solche schendliche/ vberdrüssige/ vndanckbare/ klüglinge sein/ Sondern die Propheten mit ernst vnd nutz lesen vnd gebrauchen/ Denn erstlich verkündigen vnd bezeugen sie Christus Königreich/ darinn wir jtzt leben vnd alle Christgleubigen/ bisher gelebt haben/ vnd leben werden/ bis an der welt ende/ Denn das ist vns gar ein starcker trost/ vnd tröstliche stercke/ das wir fur vnser Christlich leben/ so mechtige vnd alte zeugen haben/ dadurch vnser Christlicher glaube gar hoch getröstet wird/ das er der rechte stand sey fur Gott/ wider alle andere vnrechte/ falsche/ menschliche heiligkeit vnd rotten/ Welche vmb ires grossen scheines vnd der menge willen/ so dran hangen/ widerumb auch/ vmb des Creutzes vnd wenige willen/ so am Christlichen glauben halten/ ein schwach hertz/ gar hoch ergern vnd anfechten/ wie zu vnser zeit/ des Türcken/ Bapsts/ vnd andere Rotten/ vns grosse/ gewaltige ergernis geben.

Da fur vns nu die Propheten gut sind/ wie S. Petrus sich rhümet. 1. Petri. 1. das die Propheten habens nicht jnen selbs dar gethan/ was jnen offenbart ist/ Sonder/ Vns/ Vns (spricht er) haben sie es dar gethan/ Denn sie haben vns also gedienet mit jrem weissagen/ Das/ wer jnn Christus Reich sein wil/ sol wissen vnd sich darnach richten/ das er müsse zuuor viel leiden/ ehe er zu der Herrligkeit kome/ Damit wir alles beides sicher werden/ das die grosse Herrligkeit des Reichs Christi/ gewislich vnser sey/ vnd hernach komen werde/ doch das zuuor her gehen/ Creutz/ schmach/ elend/ verachtung/ vnd allerley leiden vmb Christus willen/ auff das wir durch vngedult oder vnglauben nicht verzagt werden/ noch verzweiueln an der künfftigen Herrligkeit/ die so gros sein wird/ das sie auch die Engel begeren zu sehen.

Zum an-

Vorrede auff die Propheten

Zum andern/ Zeigen sie vns viel vnd grosse Exempel vnd erfarunge an/ des ersten Gebotes/ Vnd streichen dasselbige gar meisterlich aus/ beide mit worten vnd exempel/ damit sie vns zur furcht Gottes / vnd zum glauben gewaltiglich treiben/ vnd da bey erhalten/ Denn nach dem sie von Christus Reich geweissagt haben/ ist das ander alles/ eitel Exempel/ wie Gott / sein erst Gebot/ so strenge vnd hart bestetigt hat/ Das es gewislich nicht anders ist/ die Propheten lesen oder hören/ denn lesen vnd hören/ wie Gott drewet vnd tröstet/ Drewet den Gottlosen/ die sicher vnd stoltz sind/ vnd wo das drewen nicht helffen wil/ nach drückt mich straffen/ pestilentz/ theurung/ krieg/ bis sie zu grunde gehen/ vnd also sein drewen im ersten Gebot war macht/ Tröstet aber die Gottfürchtigen/ so jnn allerley nöten sind/ vnd auch nachdrückt mit hülffe vnd rat/ durch allerley wunder vnd zeichen/ wider alle macht des teuffels vnd der welt/ Vnd also sein trösten im ersten Gebot auch war macht.

Mit solchen predigen vnd Exempeln/ dienen vns abermal die lieben Propheten/ gar reichlich/ das wir vns nicht ergern sollen/ wenn wir sehen/ wie gar sicher vnd stoltziglich/ die Gottlosen Gottes wort verachten/ vnd so gar nicht vmb sein drewen geben/ als were Gott selber ein lauter Nichts/ Denn jnn den Propheten sehen wir/ wie gar es doch keinem wol ausgangen ist/ der Gottes drewen verachtet hat/ wens auch gleich die aller mechtigsten Keiser vnd Könige/ oder die aller heiligsten vnd gelertesten leute weren/ so die sonne beschienen hette/ Vnd widerumb/ wie gar doch keiner verlassen ist/ der auff Gottes trösten vnd verheissungen sich gewagt hat/ wenns auch gleich die aller elendesten/ ermesten sünder vnd betler weren/ so auff erden komen weren/ Ja wens gleich der getödtet Habel/ vnd der verschlungen Jonas were/ Denn die Propheten beweisen vns damit das Gott vber seinem ersten Gebot halte/ vnd wölle ein gnediger Vater sein/ der armen vnd glenbigen/ Vnd sol jm keiner zu geringe noch zu verachtet sein/ Widerumb ein zorniger Richter vber die Gottlosen vnd stoltzen/ Vnd sol jm keiner zu gros/ zu mechtig/ zu klug/ zu heilig sein/ er sey der Keiser/ Babst/ Türcke/ vnd Teuffel dazu.

Vnd vmb dieses stücks willen/ sind vns die lieben Propheten zu vnser zeit/ nütze vnd nötig zu lesen/ das wir mit solchen Exempeln vnd predigten gesterckt vnd getröst werden/ wider der verdampten welt vnaussprechliche/ vnzeliche/ vnd ob Gott wil/ die aller letzte ergernisse/ Denn wie gar fur lauter nichts helt doch der Türcke/ vnsern Herrn Jhesum Christ vnd sein Reich/ gegen sich selber vnd seinem Mahmeth? Wie gar veracht ist auff dieser seiten bey vns/ vnd vnter dem Bapstum/ das liebe/ arme Euangelion/ vnd Gottes wort/ gegen dem herrlichen schein vnd reichtum der menschlichen Geboten vnd heiligkeit? Wie gar sicher faren die Rottengeister/ Epicurer/ vnd andere jre gleichen/ mit jrem eigen dünckel/ wider die Heilige schrifft? Wie gar frech vnd wilde lebt jtzt jderman/ nach seinem mutwillen/

wider

Vorrede auff die Propheten.

wider die helle warheit/ so jtzt am tage/ das es scheinet/ als were we=
der Gott noch Christus etwas/ schweige das Gottes erste Gebot solt
so strenge sein/ Aber es heisst/ Darre doch/ Darre doch/ Was gilts/
ob vns die Propheten liegen vnd betriegen mit jren Historien vnd pre=
digten? Es sind wol mechtiger vnd mehr Konige/ vnd wol erger bu=
ben zu grund gangen/ diese werden auch nicht entrinnen/ Wider=
umb/ sind wol dürfftiger vnd elender leute gewest/ welchen dennoch
herrlich geholffen ist/ wir werden auch nicht verlassen werden/ Sie
sind nicht die ersten/ die getrotzt vnd gebocht haben/ So sind wir
auch nicht die ersten/ so gelidden haben/ vnd geplagt gewesen sind/
Sihe/ also sollen wir die Propheten vns nütze machen/ So werden
sie fruchtbarlich gelesen.

Das aber mehr drewens vnd straffens drinnen ist/ weder tröstens
vnd verheissens/ ist gut zu rechen die vrsache/ Denn der Gottlosen
ist alle zeit mehr weder der fromen. Darumb mus man jmer viel mehr
das Gesetz treiben/ denn die verheissunge/ Weil die Gottlosen on das
sicher sind/ vnd fast behend/ die Göttlichen tröstung vnd verheissun=
gen auff sich zu deuten/ vnd die drewung vnd straffe auff andere zu
deuten/ Vnd von solchem verkereten sinn vnd falscher hoffnung/ mit
keiner weise sich lassen abwenden/ Denn jr reim der heisst/ Pax et se=
curitas/ Es hat nicht not/ Da bey bleiben sie/ vnd gehen sein mit da=
hin/ ins verderben/ wie S. Paulus daselbs sagt/ plötzlich kompt vber
sie das verderben.

Weiter/ weil die Propheten zum meisten schreien vber die Abgöt=
terey/ ist von nöten zu wissen/ wie es vmb jre Abgötterey eine gestalt
gehabt habe. Denn bey vns vnter dem Bapstum/ kützeln sich viel gar
sanfft/ vnd meinen/ sie seien nicht solche Abgöttische/ wie die kinder
Israel. Darumb sie auch der Propheten nicht gros achten/ sonder=
lich jnn diesem stucke/ als die sie nichts angehen/ mit jrem straffen
vmb die Abgötterey/ Sie sind viel zu rein vnd heilig dazu/ das sie sol=
ten Abgötterey treiben/ Vnd were jnen lecherlich/ das sie sich solten
furchten oder erschrecken/ fur dem drewen vnd schelten vmb Abgötte=
rey/ Gleich wie das volck Israel auch thet/ vnd wolts schlecht nicht
gleuben/ das sie Abgöttisch weren/ vnd der Propheten drewen/ mu=
ste alles erlogen sein/ vnd sie als ketzer verdampt werden.

Solche tolle heiligen waren die kinder Israel nicht/ das sie sch=
lecht holtz vnd stein hetten angebetet/ sonderlich die Könige/ Für=
sten/ Priester vnd Propheten/ welche doch am meisten Abgöttisch wa=
ren/ Sondern das war jr Abgötterey/ das sie den Gottes dienst/ so zu
Jerusalem (vnd wo es mehr Gott haben wolt) gestifftet vnd geor=
dent war/ liessen faren/ vnd aus eigener andacht vnd gut dünckel/ on
Gottes befelh/ anderswo bessern stifften vnd auffrichten/ vnd andere
newe weise/ person vnd zeit/ dazu ertichteten/ welchs jnen Mose gar
hart verboten hatte/ sonderlich Deute. 12. vñ sie jmer hin weiset an den
ort/ den Gott erwelet hette zu seiner hütten vnd wonung/ Solche fal=
sche andacht war jr Abgötterey/ vnd dunckt sie köstlich sein/ vnd ver=
liessen sich drauff/ als hetten sie es wol ausgericht/ So es doch lauter
vngehorsam vnd abfal war von Gott vnd seinem befelh.

Also

Vorrede auff die Propheten

Also leren wir. 3. Reg 12. das Jerobeam nicht schlecht/ die zwey Kelber auffrichtet/ Sondern lies daneben predigen dem volck/ Ir solt nicht mehr hinauff gehen gen Jerusalem/ Sondern/ Sihe hie/ Israel/ ist dein Gott/ der dich aus Egypten gefüret hat/ Er spricht nicht/ Sihe hie Israel/ das ist ein kalb/ Sondern es ist dein Gott/ der dich aus Egypten gefüret hat/ Bekennet frey das der Gott Israel/ sey der rechte Gott/ vnd der sie aus Egypten gefüret hat/ Aber man dürffe nicht gen Jerusalem jm nachlauffen/ sondern finden jn wol hie zu Dan vnd Berseba/ bey den gülden Kelbern/ Das also die meinung sey/ Man konne so wol fur den gülden kelbern/ als fur einem heiligen Gottes zeichen/ Gott opffern vnd dienen/ gleich wie man zu Jerusalem/ fur der gülden Laden/ Gott dienete vnd opfferte/ Sihe/ das heisst denn Gottes dienst zu Jerusalem verlassen/ vnd Gotte der solchen Gottes dienst geboten/ damit verleugnen/ als hette ers nicht geboten/ Vnd also baweten sie auff jre eigen werck vnd andacht/ vnd nicht auff Gott rein vnd alleine.

Mit solcher andacht/ fülleten sie darnach das land mit Abgötterey/ auff allen bergen/ jnn allen gründen/ vnter allen bewmen/ baweten Altar/ opfferten vnd reucherten/ vnd muste doch alles heissen/ dem Gott Israel gedienet/ Wer anders sagte/ der war ein ketzer vnd falscher Prophet. Denn das heist eigentlich Abgötterey anrichten/ On Gottes geheis/ aus eigener andacht einen Gottes dienst furnemen/ Denn er wil von vns vngemeistert sein/ wie jm zu dienen sey/ Er wils vns leren vnd furgeben/ Sein wort sol da sein/ das sol vns leuchten vnd leiten. On sein wort/ ists alles Abgötterey/ vnd eitel lügen/ es gleisse wie andechtig vnd schöne es jmer wolle/ Dauon wir offtmals geschrieben.

Aus diesem folget nu/ Das bey vns Christen/ alle die jenigen abgöttisch sind/ vnd der Propheten schelten gehet sie warlich an/ die newe Gottes dienst erfunden haben/ oder noh halten/ on Gottes befelh vnd Gebot/ aus eigener andacht vnd (wie man spricht) guter meinung/ Denn damit richten sie gewislich/ jr vertrawen auff jr eigen erwelete werck/ vnd nicht blos vnd lauter auff Jhesum Christ/ Das heissen denn ehebrecherin bey den Propheten/ die sich an jrem man Christo/ nicht lassen benügen/ sondern lauffen andern auch nach/ als kündte Christus allein nicht helffen/ on vns vnd vnser werck/ oder hette er vns nicht allein erlöset/ sondern wir musten auch dazu thun/ So wir doch wol wissen/ wie gar nichts wir dazu gethan haben/ das er fur vns gestorben/ vnd vnser sunde auff sich genomen/ vnd am creutz getragen hat/ nicht allein/ ehe denn solchs bedencken kund alle welt/ sondern auch ehe denn wir geboren worden/ So wenig/ vnd viel weniger/ die kinder Israel dazu thetten/ das Egypten vnd Pharao geplagt/ vnd durch das sterben der Egyptischen ersten geburt/ sie frey wurden/ Welchs ja Gott gar allein thet/ vnd sie nichts vberal dazu thetten.

Ja sprachen sie/ Die kinder Israel dieneten mit jrem Gottes dienst
Abgöt

Vorrede auff die Propheten

Abgöttern/ vnd nicht dem rechten Gott/ Wir aber dienen jnn vnsern kirchen/ dem rechten Gotte vnd dem einigen Herrn Jhesu Christo/ Denn wir wissen von keinem Abgot. Antwort. Also sagten die kinder Jsrael auch/ Vnd sprachen allesampt/ das alle jr Gottes dienst geschehe dem rechten Gotte/ vnd woltens warlich nicht leiden/ das mans hiesse den Abgöttern gedienet/ viel weniger denn es vnser geistlichen leiden wollen/ schlugen auch darüber tod/ vnd verfolgeten alle rechte Propheten/ Denn sie wolten warlich auch von keinem Abgotte wissen/ wie das die Historien vns wol anzeigen.

Denn so lesen wir Judicum. xvij. das die mutter Micha/ da er jr die tausent vnd hundert silberlinge genomen vnd wider gegeben hatte/ sprach zu jm/ gesegnet sey mein son dem HERRN/ Jch hab solch silber dem HERRN gelobet/ das mein son sol von mir nemen/ vnd ein Götzen vñ bilde lassen draus machen ꝛc. Die höret man ja klerlich vnd gewis/ das die mutter den rechten Gott meinet/ dem sie solch silber gelobt habe/ das ein Götze vnd bilde draus würde/ Denn sie spricht nicht/ Jch hab solch silber einem Abgot gelobt/ sondern dem HERRN/ welchs wort bey allen Jüden bekand ist/ das es den einigen rechten Gott heist/ Gleich wie der Türcke auch thut/ vnd mit seinem Gottesdienst/ den rechten Gott nennet vnd meinet/ der Himel vnd erden geschaffen hat/ Des gleichen die Jüden/ Tattern/ vnd jtzt alle vngleubigen/ Dennoch ists mit jnen alles eitel Abgötterey.

Jtem/ der wunder grosse man Gideon/ wie seltzam fiel doch der selb/ Jud. 8. der eben jnn dem/ da er sprach zu den kindern Jsrael (welche begerten/ Er vnd seine kinder solte jr herr sein) Jch wil nicht ewr herr sein/ noch meine kinder/ Sondern der HERR (das ist der rechte Gott) sol ewr Herr sein/ gleich wol nam er die kleinot/ die sie jm gaben/ vnd machte doch weder bilde noch Altar draus/ sondern allein Priester kleider/ vnd wolt auch aus andacht jnn seiner stad einen Gottes dienst haben. Noch spricht die Schrifft/ das gantz Jsrael hab damit hurerey getrieben/ vñ sey darüber sein haus zu grund gegangen Nu meinete doch der grosse heilige man/ damit keinen Abgot/ Sondern den rechten einigen Gott/ wie die feinen geist reichen wort bezeugen/ da er spricht/ Der HERR sol vber euch herschen/ vñ nicht ich ꝛc. Damit er ja klerlich/ die ehre allein Gott gibt/ vnd den rechten Gott allein fur einen Gott vnd Herrn bekennet/ vnd gehalten haben wil.

So haben wir droben gehöret/ das der König Jerobeam. 3. Reg. 12. seine gülden Kelber auch nicht Abgötter nennet/ Sondern den Got Jsrael/ der sie aus Egypten gefürt hatte/ Welchs ist ja der rechte einige Gott/ Denn es hatte sie kein Abgot aus Egypten gefüret/ Vñ war auch nicht seine meinung/ das er Abgötter wolte anbeten/ sondern weil er furchte (als der text sagt) das sein volck würde von jm fallen/ zum König Juda/ wo sie solten allein zu Jerusalem Gottes dienst pflegen/ erfand er einen eigen Gottesdienst/ damit er sie an sich behielte/

Vorrede auff die Propheten

hielte/ vnd meinete gleichwol damit den rechten Gott/ der zu Jerusalem wonete/ Aber were nicht not Gotte allein zu Jerusalem zu dienen.

Vnd was darffs viel wort? Es bekennet Gott selber/ das die kinder Jsrael haben mit jrem Gottes dienst/ keinen Abgott/ sondern jn allein gemeinet/ Denn so spricht er/ Hosea. 2. Als denn spricht der HERR/ wirstu mich heissen/ Mein Man/ vnd mich nicht mehr/ Mein Baal heissen/ Denn ich wil die namen der Baalim/ von jrem munde weg thun/ das man solcher namen der Baalim nicht mehr gedencken sol/ Hie mus man ja bekennen/ das war sey/ die kinder Jsrael/ haben mit jrem Gottes dienst keinen Abgott/ sondern den einigen rechten Gott gemeinet/ wie hie inn Hosea klerlich Gott spricht/ Du wirst Mich nicht mehr mein Baal heissen/ Nu war je Baal der grössest/ gemeinest/ herrlichst Gottes dienst/ im volck Jsrael/ noch war es eitel Abgötterey/ vngeacht/ das sie den rechten Gott damit meineten.

Darumb hilffts vnser geistlichen nicht/ das sie furgeben/ wie sie keinem Abgott jnn jren kirchen vnd stifften dienen/ sondern allein Got dem rechten HERRN/ Denn du hörest hie/ das nicht gnug ist/ sagen oder dencken/ Jch thu es Gotte zu ehren/ Jch meine den rechten Got/ Item/ ich wil dē einigen Got dienen/ weil alle Abgötterische eben auch also sagen vnd meinen/ Es gilt nicht Meinens oder Dunckens/ Sonst weren die auch Gottes diener/ welche die Aposteln vnd Christen gemartert haben/ Denn sie meineten auch (wie Christus Joh. 16 sagt) sie thetten Gott einen dienst dran/ Vnd Paulus Roma. 10. zeugnis gibt den Jüden/ das sie vmb Gott eiuern/ Vnd Acto. 26. spricht/ das sie mit Gottes dienst/ tag vnd nacht/ hoffen zu komen/ zur verheissen seligkeit.

Sondern da sehe ein jglicher zu/ das er gewis sey/ das sein Gottes dienst sey durch Gottes wort gestifft/ vnd nicht aus eigener andacht erfunden oder wolgemeinet/ Denn welcher Gottes dienst pflegt/ der kein Gottes zeugnis hat/ der sol wissen/ das er nicht dem rechten Gott/ sondern seinem eigen ertichten Abgotte/ das ist/ seinem dünckel vnd falschen gedancken/ vnd damit dem teuffel selbs/ dienet/ vnd gehen aller Propheten wort wider jn/ Denn solcher Gott ist nirgent/ der jm wölle/ aus vnser eigen wal vnd andacht/ on sein befelh vnd wort/ Gottes dienst lassen stifften/ sondern es ist nur ein Gott/ der durch sein wort reichlich gestifft vnd befolhen hat/ allerley stende vnd Gottes dienst/ darinn er jm wil gedienet haben/ Da bey sollen wir bleiben/ vnd weder zur rechten noch zur lincken dauon weichen/ weder mehr noch weniger thun/ weder erger noch besser machen/ Sonst wird der Abgötterey keyn ende/ vnd kan kein vnterscheid bleiben/ welchs rechter Gottes dienst/ oder Abgötterey were/ Weil sie alle den rechten Gott meinen/ vnd alle seinen rechten namen brauchen/ Dem selbigen einigen Gott sey danck vnd lob/ durch Jhesum Christum seinen son vnd vnsern Herrn jnn ewigkeit gebenedeiet/

A M E N.

Vorrede

Vorrede auff den Propheten Jesaia.

Wer den heiligen Propheten Jesaiam wil nützlich lesen/ vnd deste bas verstehen/ der lasse jm (so ers nicht besser hat oder weis) diesen meinen rat vnd anzeigung nicht veracht sein. Zum ersten/ Das er den titel oder anfang dieses Buchs nicht vberhüpffe/ sondern auffs aller beste lerne verstehen/ auff das er sich nicht düncke/ Er verstehe Jesaiam fast wol/ vnd müsse darnach leiden/ das man sage/ Er habe den titel vnd erste zeile noch nie verstanden/ schweige denn/ den gantzen Propheten. Denn der selbige titel ist fast fur eine glose vnd liecht zu halten vber das gantze Buch. Vnd Jesaias auch selbs gleich mit fingern seine Leser dahin weiset/ als zu einer anleitunge/ vnd grund seines Buchs. Wer aber den Titel veracht/ oder nicht verstehet/ dem sage ich/ das er den Propheten Jesaiam mit frieden lasse/ oder je nicht gründlich verstehen werde/ Denn es vnmüglich ist/ des Propheten wort vnd meinung richtiglich vnd klerlich zuvernemen oder zu mercken/ on solches des Titels gründlich erkentnis.

Den Titel aber meine vnd heisse ich nicht alleine/ das du diese wort Vsia/ Jotham/ Ahas/ Ezechia der Könige Juda zc. lesest oder verstehest/ Sondern fur dich nemest das letzte Buch von den Königen/ vnd das letzte Buch der Chronica/ die selbigen wol einnemest/ sonderlich die geschicht/ rede vnd zufelle/ so sich begeben haben vnter den Königen/ die im Titel genennet sind/ bis zu ende der selbigen Bücher/ Denn es ist von nöten/ so man die weissagung verstehen wil/ das man wisse/ wie es im lande gestanden/ die sachen drinnen gelegen sind gewesen/ wes die leute gesinnet gewest/ oder fur anschlege gehabt haben/ mit oder gegen jre nachbar/ freunde vnd feinde/ vnd sonderlich wie sie sich jnn jrem lande gegen Gott/ vnd gegen den Propheten jnn seinem wort vnd Gottes dienst oder Abgötterey gehalten haben.

Zu dem/ were auch wol gut/ das man wüste/ wie die Lender an einander gelegen sind/ damit die auslendischen/ vnbekandten wort vnd namen/ nicht vnlust zu lesen/ vnd finsternis oder hindernis im verstand macheten. Vnd auff das ich meinen einfeltigen Deudschen einen dienst dazu thu/ wil ich kürtzlich anzeigen die Landschafft vmb Jerusalem oder Juda gelegen/ darinn Jesaia gelebt vnd geprediget hat/ damit sie deste bas sehen/ wo sich der Prophet hinkeret/ wenn er weissagt gegen Mittage/ oder Mitternacht zc.

Vorrede auff den Propheten

nacht ⁊c. Gegen morgen hat Jerusalem oder Juda / am neheſten das todte meer / da vor zeiten Sodom vnd Gomorra geſtanden iſt / Jenſit dem todten meer ligt das land Moab / vnd der kinder Ammon / Darnach weiter hinüber ligt Babylon oder Chaldea / vnd noch weiter der Perſer land / dauon Jeſaia viel redet. Gegen Mitternacht ligt der berg Libanon / vnd hinüber das Damaſcus vnd Syria / Aber weiter enhindern zu Morgen werds ligt Aſſyria / dauon auch Jeſaia viel handelt.

Gegen abend ligen die Philiſter am groſſen meer / die ergeſten feinde der Jüden. Vnd daſſelbige meer hinab / zur Mitternacht zu / ligt Zidon vnd Tyrus / welche grentzen mit Galilea. Gegen mittage hats viel Lender / als Egypten / Morenland / Arabiam / das Rote meer / Edom vnd Midian / alſo das Egypten gegen abend im mittage ligt. Dis ſind faſt die Lender vnd namen / da Jeſaia von weiſſagt / als von den nachbarn / feinden / vnd freunden / ſo vmbs Land Juda her ligen / wie die wolff vmb einen ſchaf ſtal / Mit welcher etlichen ſie zu weilen Bund vnd wider bund machten / vnd halff ſie doch nichts.

Darnach muſtu den Propheten Jeſaiam inn drey teil teilen / Im erſten handelt er / gleich wie die andern Propheten / zwey ſtück. Eines / das er ſeinem volck viel predigt / vnd ſtrafft jr mancherley ſunde / furnemlich aber die manchfeltige Abgötterey / ſo im volck vberhand hatte genomen / wie auch jtzt vnd alle zeit frome Prediger bey jrem volck thun / vnd thun müſſen / Vnd behelt ſie inn der zucht mit drewen der ſtraff vnd verheiſſen des guten. Das ander / das er ſie ſchicket vnd bereitet / auff das zukünfftige Reich Chriſti zu warten. Von welchem er ſo klerlich vnd manchfeltiglich weiſſagt / als ſonſt kein Prophet thut / das er auch die mutter Chriſti die jungfraw Maria beſchreibt / wie ſie jn empfangen vnd geberen ſolt / mit vnuerſereter jungfrawſchafft Cap. 7. Vnd ſein leiden im .53. Cap. ſampt ſeiner aufferſtehung von todten / vnd ſein Reich gewaltiglich vnd dürre eraus verkündigt / als were es da zu mal geſchehen / Das gar ein trefflicher / hocherleuchter Prophet mus geweſen ſein / Denn alſo thun alle Propheten / das ſie das gegenwertige volck leren vnd ſtraffen / daneben Chriſtus zukunfft vnd Reich verkündigen / vnd das volck drauff richten vnd weiſen / als auff den gemeinen Heiland / beide der vorigen vnd zukünfftigen / Doch einer mehr denn der ander / einer reichlicher denn der ander / Jeſaias aber vber ſie alle am meiſten vnd reichlichſten.

Im andern / hat er ein ſonderlichs zuthun / mit dem Keiſerthum zu Aſſyrien vnd mit dem Keiſer Sanherib / Da weiſſagt er auch mehr vnd weiter von / denn kein ander Prophet / Nemlich / wie der ſelbige Keiſer alle vmbligende lender würde gewinnen / auch das Königreich Iſrael / dazu viel vnglücks an legen dem Königreich Juda / Aber da helt er als ein fels mit ſeiner verheiſſung / wie Jeruſalem ſolle verteidingt / vnd von jm erlöſet werden / Welchs wunder wol der gröſſeſten eines iſt /

Jesaia.

eines ist/ so jnn der Schrifft erfunden wird/ nicht allein der geschicht halben/ das solcher mechtiger Keiser/ solte fur Jerusalem geschlagen werden/ sondern auch des glaubens halben/ das mans hat gegleubt. Wunder ists/ sage ich/ das jm ein mensch zu Jerusalem hat können gleuben/ jnn solchem vnmüglichem stücke. Er wird on zweinel offt haben müssen viel böser wort der vngleubigen hören. Noch hat ers gethan/ den Keiser hat er geschlagen/ vnd die Stad verteidingt/ Darumb mus er mit Gott wol dran/ vnd ein thewrer man fur jm geacht sein gewest.

Jm dritten stücke/ hat er mit dem Keiserthum zu Babel zu thun/ da weissagt er von dem Babylonischen gefengnis/ damit das volck solt gestrafft/ vnd Jerusalem verstöret werden/ durch den Keiser zu Babel. Aber hie ist seine grösseste erbeit/ wie er sein zukünfftig volck/ jnn solcher zukünfftiger verstörunge vnd gefengnis/ tröste vnd erhalte/ das sie ja nicht verzweiueln/ als sey es mit jnen aus/ vnd Christus Reich würde nicht komen/ vnd alle weissagung falsch vnd verloren sein. Wie gar reiche vnd volle predigt thut er da/ das Babel solle widerumb verstöret/ vnd die Jüden los werden/ vnd wider gen Jerusalem komen/ das er auch anzeiget mit hohmütigem trotz wider Babel/ die namen der Könige/ welche Babel sollen vorstören/ nemlich/ die Meder vnd Elamiter oder Perser/ sonderlich aber den König/ der die Jüden solt los machen/ vnd gen Jerusalem wider helffen/ nemlich/ Cores/ den er nennet den gesalbeten Gottes/ so lange zuuor/ ehe denn ein Königreich jnn Persien war. Denn es ist jm alles vmb den Christum zu thun/ das desselbigen zukunfft/ vnd das verheissen Reich der gnaden vnd seligkeit/ nicht veracht/ oder durch vnglauben vnd für grossem vnglück vnd vngedult/ bey seinem volck verloren/ vnd vmb sonst sein müste/ wo sie des nicht wolten warten/ vnd gewislich zukünfftig gleuben.

Dis sind die drey stücke/ damit Jesaias vmbgehet/ Aber die ordenung helt er nicht/ das er ein jglichs an seinem ort/ vn mit eigenen Capiteln vnd blettern fassete/ sondern ist fast gemenget vnternander/ das er viel des ersten stücks/ vnter das ander vnd dritte mit einfüret/ Vnd wol das dritte stücke etwa ehe handelt/ denn das ander. Ob aber das geschehen sey/ durch den/ so solche seine weissagung zu samen gelesen vnd geschrieben hat/ als man im Psalter auch achtet geschehen sein/ oder ob ers selbs so gestellet hat/ darnach sich zeit/ vrsachen vnd person/ zugetragen haben/ von eim jglichen stücke zu reden/ welche zeit vnd vrsachen nicht gleich sein/ noch ordnung haben mügen/ Das weis ich nicht. So viel ordnung helt er/ das er das erste/ als das fürnemeste stücke/ zeucht vnd treibt von anfang/ bis ans ende/ beide durchs ander vnd dritte stücke/ gleich wie auch vns gebürt/ jnn vnsern predigen zuthun/ das vnser fürnemest stücke/ die leute zu straffen/ vnd von Christo zu predigen/ jmer mit vnterlauffe/ ob wir gleich etwas anders zu weilen zufelliglich furhaben zu predigen/ als vom Türcken oder vom Keiser rc.

Hieraus

Vorrede auff den Propheten Jesaia.

Hieraus kan nu ein jglicher den Propheten leichtlich fassen/ vnd sich drein schicken/ das jn die ordnung (als bey dem vngewoneten scheinet) nicht jrre noch vberdrüssig mache/ Wir zwar haben müglichen vleis gethan/ das Jesaias gut/klar deudsch redet/ wie wol er sich schweer dazu gemacht/ vnd fast geweret hat/ wie das wol sehen werden/ so deudsch vnd Ebreisch wol können/allermeist aber/ die Dünckelmeister/ die sich düncken lassen/ sie könnens alles. Denn er ist im Ebreischen fast wol beredt gewest/ das jn die vngelencke Deudsche zunge sawr ankomen ist. Was für nutz aber haben müge/ wer Jesaiam lieset/ das wil ich den leser lieber selbs erfaren lassen/ denn erzelen/ Vnd wer es nicht erferet noch erfaren wil/ dem ist auch nicht nütze viel dauon zu rhümen/ Er ist fur war voller lebendiger/ tröstlicher/ hertzlicher sprüche/ fur alle arme gewissen/ vnd elende betrübte hertzen/ So ist auch der drew sprüche vnd schrecken wider die verstockten/ hoffertigen/ harten köpffe der Gottlosen/ gnug drinnen/ wo es helffen solt.

Du solt aber Jesaiam bey dem Jüdischen volck nicht anders ansehen/ denn als einen verachten man/ ja wie einen narren vnd vnsinnigen/ Denn wie wir jn jtzt halten/ so haben sie jn nicht gehalten/ sondern wie er selbs zeuget/ Cap. 58. haben sie die zungen gegen jm heraus gereckt/ vnd mit fingern auff jn geweiset/ vnd alle seine Predigt/ für narrheit gehalten/ on gar ein wenig fromer Gottes kinder im hauffen / als der König Ezechias rc. Denn es war die gewonheit bey dem volck/ die Propheten zu spotten/ vnd fur vnsinnig zu halten. 4. Reg. 9. wie denn allen Gottes dienern vnd Predigern alle zeit geschehen ist/ teglich geschicht/ vnd fort hin geschehen wird. Das kan man auch da bey mercken/ das er das volck am meisten strafft/ vmb die Abgötterey/ Die ander laster/ als prangen/ sauffen/ geitzen/ rüret er kaum drey mal/ Aber die vermessenheit auff jr erwelete Götzen
dienst vnd eigen werck/ oder trost auff Könige vnd ver
bündtnis/ straffet er durch vnd durch/ Welchs dem
volck vnleidlich war/ denn sie wolten recht dar
innen sein/ Derhalben er auch zu letzt durch
König Manasse sol getödtet sein/ als
ein ketzer vnd verfürer/ vnd als
die Jüden sagen/ mit
einer seghe von ein
ander geschni
ten sein.

Correctur.
h .j. Vor der ersten rige/ im .x. Cap. Jeremie/ sol also stehen.
sein drewen nicht ertragen/ so sprecht nu zu jnen also/ Die Götter rc.

Der Prophet Jesaia.

I.

Cap. VI.

I.

Es ist das gesichte Jesa-
ia des sons Amoz/welchs er sahe von
Juda vnd Jerusalem/zur zeit Usia/ Jo-
tham/ Ahas vnd Jehiskia der Köni-
ge Juda. Höret jr himel/vnd erde nim
zu ohren/denn der HERR redet/Ich
habe kinder aufferzogen vnd erhöhet/
vnd sie sind von mir abgefallen/ Ein
ochse kennet seinen herrn/vnd ein Esel
die krippe seines herrn/ Aber Israel
kennets nicht/vnd mein volck ver-
nimpts nicht/ O we/ des sündigen
volcks/des volcks von grosser missethat/des boshafftigen samens/
der schedlichen kinder/die den HERRN verlassen/den Heiligen jnn
Israel lestern/weichen zu rück/ Was sol man weiter an euch schla-
hen? so jr des abweichens nur deste mehr machet? Das gantze heubt
ist kranck/das gantze hertz ist matt/von der fussolen bis auffs heubt
ist nichts gesundes an jm/ sondern wunden vnd strimen vnd eiter
beulen/ die nicht geheffet noch verbunden/ noch mit öle gelindert
sind/ Ewer land ist wüste/ ewr stedte sind mit fewr verbrant/ frembᵃ
a   de ver-

(Schedlichen)
Die/beide mit fal-
scher lere vnd ab-
göttischen exempel
die leute verfüre-
ten vnd verderbe-
ten.

Der Prophet

de verzeren ewer ecker fur ewren augen/vnd ist wüste/als das/so durch
frembde verheeret ist / Was aber noch vbrig ist/ von der tochter Zi-
on/ ist wie ein heuslin im weinberge/ wie eine nacht hütte jnn den
stoppeln/ wie eine verheerete stad/Wenn vns der HERR Zebaoth
nicht ein wenigs liesse vberbleiben/ so weren wir wie Sodom vnd
gleich wie Gomorra.

 Höret des HERRN wort/jr Fürsten von Sodom/ nim zu oren
vnsers Gottes Gesetz/du volck von Gomorra. Was sol mir die men-
ge ewr opffer? spricht der HERR/ Ich bin sat der Brandopf-
fer von widern/ vnd des fetten von den gemesten/vnd hab keine lust
zum blut der farren/der lemmer vnd böcke. Wenn jr erein komet zu
erscheinen fur mir/ wer fodert solches von ewern henden/ das jr
auff meinen vorhoff trettet? Bringet nicht mehr speise opffer so
vergeblich/ Das reuchwerg ist mir ein grewel/ Der newmonden
vnd Sabbath/da jr zu samen kompt/ mag ich nicht/ denn jr treibt
Abgötterey vnd gewalt drinnen. Meine seele ist feind ewren new-
monden vnd jarzeiten/ ich bin der selbigen vberdrüssig/ ich bins
müde zu leiden/Vnd wenn jr schon ewer hende ausbreitet/ verber-
ge ich doch meine augen von euch/ Vnd ob jr schon viel betet/ hö-
re ich euch doch nicht/ denn ewer hende sind vol bluts.

 Waschet/reiniget euch /thut ewer böses wesen von meinen au-
gen/Last ab vom bösen/lernet gutes thun/trachtet nach recht/helfft
dem verdruckten/ schaffet dem waisen recht/ vnd helfft der wid-
wen sachen/ so kompt denn vnd lasset vns mit einander rechten/
spricht der HERR/Wenn ewer sunde gleich blut rot ist/sol sie doch
schne weis werden/vnd wenn sie gleich ist wie rosinfarbe/sol sie doch
wie wolle werden/ Wolt jr mir gehorchen/ so solt jr des landes gut
geniessen/ Wegert jr euch aber vnd seid vngehorsam/ so solt jr vom
schwerd gefressen werden/ Denn der mund des HERRN saget.

 Wir gehet das zu/ das die frome stad zur hurn worden ist? Sie
war vol rechts/ Gerechtigkeit wonet drinnen/nu aber mörder/ Dein
silber ist schawm worden/vnd dein getrencke mit wasser vermisschet/
Deine Fürsten sind abtrünnige vnd diebs gesellen/ Sie nemen alle
gerne geschencke/ vnd trachten nach gaben/Dem waisen schaffen sie
nicht recht/ vnd der widwen sache kömpt nicht fur sie.

 Darumb spricht der Herr HERR Zebaoth der Mechtige inn Js-
rael/Owe/ich werde mich trösten durch meine feinde/ vnd mich re-
chen durch meine feinde/ vnd mus meine hand wider dich keren/vnd
deinen schawm auffs lauterst fegen/vnd alle dein zyn weg thun/vnd
dir wider Richter geben wie zuuor waren/ vnd Rathern wie im an-
fang/Als denn wirstu eine stad der gerechtigkeit vnd eine frome stad
heissen/Zion mus durch recht erlöset werden/ vnd jre gefangen durch
gerechtigkeit/das die vbertretter vnd sunder mit einander zubrochen
werden/vnd die den HERRN verlassen/ vmbkomen/ Denn sie müs-
sen zu schanden werden vber den eichen da jr lust zu habt/vnd scham-
rod werden vber den garten/die jr erwelet/wenn jr sein werdet/wie ei-
ne eiche mit dürren blettern/ vnd wie ein garte on wasser. Wenn der
Schutz wird sein wie werg/vnd sein thun wie ein funcke/ vnd beides
miteinander angezündet werde/das niemand lessche.   Dis

(Vnd gewalt)
Das sind die zwey
stück des teuffels/
Lügen vnd mord
oder falsche lere/
vn vnrechter bann

(Rechten)
Gott mus jmer
vnrecht thun/sind
wir doch from/
warumb straffestu
vns denn so harte
Es ist die straffe
vnser schuld nicht.

(Durch)
Das ist/meine fein-
de die Chaldeer vn
ander Könige müs-
sen mich reche an
meinem volck.

Schutz ist jr Ab-
gott (Thun) ist
jr Gottes dienst
vnd Abgötterey/
wie alle Gottlosen
haben.

Jesaia.

II.

DIs ists/ das Jesaia der son Amoz sahe von Juda vnd Jerusalem/ Es wird zur letzten zeit der berg da des HERRN haus ist/zugericht werden/ höher denn alle berge/ vnd vber alle hügel erhaben werden/ Vnd werden alle Heiden dazu lauffen/vnd viel völcker hingehen/vnd sagen/Kompt/ last vns auff den berg des HERRN gehen/zum hause des Gottes Jacob/ das er vns lere seine wege/ vnd wir wandeln auff seinen steigen/ Denn von Zion wird das Gesetz ausgehen/vnd des HERRN wort von Jerusalem/Vnd er wird richten vnter den Heiden/ vnd straffen viel völcker/ da werden sie jre schwerter zu pflugscharen/vnd jre spiesse zu sicheln machen/Denn es wird kein volck wider das ander ein schwerd auff heben/vnd werden fort nicht mehr kriegen lernen/Komet jr vom hause Jacob/ last vns wandeln im liecht des HERRN.

Wie wasser leufft mit gewalt vnd selbs frey.

Aber du hast dein volck das haus Jacob lassen faren/denn sie treibens mehr denn die gegen dem auffgang/ vnd sind tageweler/ wie die Philister/vnd machen der frembden kinder viel/ Jr land ist vol silber vnd gold/vnd jrer schetze ist kein ende/ Jr land ist vol rosse/ vnd jrer wagen ist kein ende. Auch ist jr land vol Götzen/ vnd anbeten jrer hende werck/welchs jre finger gemacht haben/Da buckt sich der pöbel/ da demütigen sich die Jungkern/ das wirstu jnen nicht vergeben.

Das sind kinder der falschen lere vnd Abgötterey/ die mehr misglaubens haben/denn die Heiden gegen morgen.

Gehe jnn den felsen/vnd verbirge dich jnn der erden/fur der furcht des HERRN/ vnd fur seiner herlichen Maiestet/Denn alle hohe augen werden genidriget werden/ vnd was hohe leute sind/ wird sich bücken müssen. Der HERR aber wird allein hoch sein zu der zeit/ Denn der tag des HERRN Zebaoth wird gehen vber alles hoffertiges vnd hohes/ vnd vber alles erhabens/ das es genidriget werde/ auch vber alle hohe vnd erhabene Cedren auff dem Libanon/ vnd vber alle eichen jnn Basan/ vber alle hohe berge/vnd vber alle erhabene hügel/ vber alle hohe thürne/ vnd vber alle feste mauren/ vber alle schiffe im meer/vnd vber alle köstliche schiffpanier/das sich bücken mus alle höhe/vnd demütigen was hohe leute sind/vnd der HERR allein hoch sey zu der zeit/Vnd mit den Götzen wirds gantz aus sein.

Da wird man jnn der Felsen hüle gehen/vnd jnn der erden klüffte/fur der furcht des HERRN vnd fur seiner herrlichen Maiestet/ wen er sich auff machen wird/zu schrecken die erden/ Zu der zeit wird jederman weg werffen seine silbern vnd gülden Götzen (die er jm hatte machen lassen anzubeten) vnd zu ehren die maul würffe vnd fledermeuse/auff das er müge jnn die stein ritze vnd fels klüffte kriechen fur der furcht des HERRN vnd fur seiner herrlichen Maiestet/wenn er sich auff machen wird/zu schrecken die erden/ So lasset nu ab/ von dem menschen/ der odem jnn der nasen hat/ Denn jr wisset nicht/ wie hoch er geachtet ist.

III.

Denn

Der Prophet

DEnn sihe/ der Herr HERR Zebaoth wird von Jerusalem vnd Juda nemen allerley vorrat/ vorrat des brods vnd vorrat des wassers/ Starcke vnd Krieges leute/ Richter/ Propheten/ Warsager vnd Eltesten/ Heubtleute vber funfftzig/ vnd Ehrliche leute/ Rethe/ vnd Weise werckleute/ vnd kluge Redener/ Vnd wil jnen jünglinge zu Fürsten geben/ vnd kindische sollen vber sie herschen/ Vnd treiber sollen sein vnter dem volck/ einer vber den andern/ vnd ein jglicher vber seinen nehesten. Vnd der jünger wird stoltz sein wider den alten/ vnd ein loser man wider den ehrlichen/ Denn wird einer seinen bruder aus seines vaters haus ergreiffen/ Du hast kleider/ sey vnser Fürst/ hilff du diesem vnfal. Er aber wird zu der zeit schweren vnd sagen/ Ich bin kein artzt/ Es ist weder brod noch kleid jnn meinem hause/ setzet mich nicht zum Fürsten im volck/ Denn Jerusalem fellet dahin/ vnd Juda ligt da/ weil jre zunge vnd jr thun wider den HERRN ist/ das sie den augen seiner Maiestet widderstreben/ Ir wesen hat sie kein heel/ vnd rhümen jre sunde/ wie die zu Sodom/ vnd verbergen sie nicht/ Wehe jrer seelen/ denn damit bringen sie sich selbs jnn alles vnglück.

(Verbergen) Sie wollens für tugent offentlich gelobt haben/ des sie sich billicher schemen solten/ nemlich jrer Abgötterey so rhümen sie/ Es sey Gott gedienet/ Das heist ein rhum der wol schweigens werd were.

Prediget von den gerechten/ das sie es gut haben/ denn sie werden die frucht jrer werck essen/ Wehe aber den Gottlosen/ denn sie sind boshafftig/ vnd es wird jnen vergolten werden/ wie sie es verdienen. Kinder sind treiber meines volcks/ vnd weiber herschen vber sie. Mein volck deine Leiter verfüren dich/ vnd zerstören den weg da du gehen solt. Aber der HERR stehet da zu rechten/ vnd ist auff getreten die völcker zu richten/ Vnd der HERR kömpt zu gericht mit den Eltesten seines volcks/ vnd mit seinen Fürsten/ Denn jr habt den Weinberg verderbt/ vnd der raub von den armen ist jnn ewrem hause/ Warumb zu trettet jr mein volck/ vnd zu schlagt die person der elenden? Spricht der Herr HERR Zebaoth.

(Weinberg) Das ist/ das volck Gottes Cap. v.

Vnd der HERR spricht/ Darumb das die töchter Zion stoltz sind/ vnd gehen mit auffgerichtem halse/ mit geschminckten angesichten/ treten einher vnd schwentzen/ vnd haben köstliche schuch an jren füssen/ So wird der HErr den scheitel der tochter Zion kal machen/ vnd der HERR wird jr schönes har ausreuffen. Zu der zeit wird der HErr den schmuck an den köstlichen schuhen weg nemen/ vnd die heffte/ die spangen/ die ketenlin/ die armspangen/ die hauben/ die flittern/ die gebreme/ die schnürlin/ die bisem epffel/ die ohrenspangen/ die ringe/ die stirnspangen/ die feirkleider/ die mentel/ die schleier/ die beutel/ die spiegel/ die koller/ die borten/ die kittel/ Vnd wird stanck für gut geruch sein/ vnd ein lose band für ein gürtel/ vnd eine glatze für ein kraus har/ vnd für einen weiten mantel ein enger sack/ Solchs alles an stat deiner schöne/ Dein pobel wird durchs schwerd fallen/ vnd deine krieger im streit/ Vnd jre thüre werden trawren vnd klagen/ vnd sie wird jemerlich sitzen auff der erden/ Das sieben weiber werden zu der zeit einen man ergreiffen/ vnd sprechen/ Wir wöllen vns selbs neeren vnd kleiden/ las vns nur nach deinem namen heissen/ das vnser schmache von vns genomen werde.

(Flittern) Oder heubtschmuck.

IIII.

Jnn der

Jsaia. III.

JNn der zeit wird des HERRN Zweig lieb vnd werd sein/ vnd die frucht der erden herrlich vnd schon/ bey denen die behalten werden jnn Jsrael. Vnd wer da wird vbrig sein zu Zion/ vnd vberbleiben zu Jerusalem/ der wird Heilig heissen/ ein jglicher der geschrieben ist vnter die lebendigen zu Jerusalem/ Denn wird der HErr den vnflat der tochter Zion waschen/ vnd die blutschulden Jerusalem vertreiben von jr/ durch den Geist der richten vnd ein feur anzünden wird.

Vnd der HERR wird schaffen vber alle wonunge des berges Zion/ vnd wo sie versamlet ist/ wolcken vnd rauch des tages/ vnd fewer glantz der da brenne des nachts/ Denn es wird ein schirm sein vber alles was herrlich ist/ vnd wird eine hütten sein zum schatten des tages fur die hitze/ vnd eine zuflucht vnd verbergung fur dem wetter vnd regen.

(Herrlich) Das fur Gott herrlich ist/ als die gleubigen.

V.

WOlan/ ich wil meinem lieben ein Lied meines Vettern singen von seinem Weinberge. Mein Lieber hat einen weinberg/ an einem fetten ort/ Vnd er hat jn verzeunet/ vnd mit steinhauffen verwaret/ vnd edle reben drein gesenckt/ Er bawete auch einen thurm drinnen/ vnd grub eine kelter drein/ vnd wartet/ das er drauben brecht/ Aber er brachte heerlinge. Nu richtet jr Bürger zu Jerusalem/ vnd jr menner Juda zwischen mir vnd meinem weinberge/ Was solt man doch mehr thun/ an meinem weinberge/ das ich nicht gethan habe an jm? Warumb hat er denn heerlinge gebracht/ da ich wartet das er drauben brechte? Wolan/ ich wil euch zeigen/ was ich meinem weinberge thun wil/ Seine wand sol weggenomen werden/ das er verwüstet werde/ Vnd sein zaun sol zu rissen werden/ das er zutreten werde/ Ich wil jn wüste ligen lassen/ das er nicht geschnitten noch gehacket werde/ sondern disteln vnd dornen drauff wachsen/ Vnd wil den wolcken gebieten/ das sie nicht drauff regenen. Des HERRN Zebaoth weinberg aber ist das Haus Jsrael/ vnd die menner Juda seine zarte feser/ Er wartet auff recht/ sihe/ so ists schinderey/ Auff gerechtigkeit/ sihe/ so ists klage.

Wehe denen die ein haus an das ander zihen/ vnd einen acker zum andern bringen/ bis das kein rawm mehr da sey/ das sie alleine das Land besitzen. Es ist fur den ohren des HERRN Zebaoth/ Was gilts/ wo nicht die viel heuser sollen wüste werden/ vnd die grossen vnd feinen öde stehen? Denn zehen acker weinberges sollen nur einen eymer geben/ vnd ein malder samens sol nur einen scheffel geben.

Wehe denen die des morgens frue auff sind/ des sauffens sich zu vleissigen/ vnd sitzen bis jnn die nacht/ das sie der wein erhitzt/ vnd haben harffen/ Psalter/ Baucken/ pfeiffen vnd wein jnn jrem wolleben/ vnd sehen nicht auff das werck des HERRN/ vnd schawen nicht auff das gescheft seiner hende/ Darumb wird mein volck müssen weggefurt werden vnuersehens/ vnd werden seine herrlichen hungerlei-

(Werck) Das ist/ was Gott gebeut vnd haben wil.

a iij

Der Prophet

ger leiden/ vnd sein pöbel durst leiden. Daher hat die helle die seele weit auff gesperret/ vnd den rachen auff gethan on alle masse/ das hin vnter faren beide jre herrlichen vnd pöbel/ beide jre reichen vnd frölichen/ das jederman sich bücken musse/ vnd jederman gedemütiget werde/ vnd die augen der hoffertigen gedemütiget werdne. Aber der HERR Zebaoth erhöhet werde im recht/ vnd Gott der Heilige geheiliget werde jnn gerechtigkeit. Da werden denn die lemmer sich weiden an jener stat/ vnd frembdlinge werden sich neeren jnn der wüsten der fetten.

(Fetten) Das ist/ Der grossen vnd reichen/ die vertriebē sind/ vnd jr gut müssen hinder sich wüste lassen.

Wehe denen die sich zu samen koppeln mit losen stricken/ vnrecht zu thun/ vnd mit wagen seilen/ zu sundigen/ vnd sprechen/ Las eilend vnd bald komen sein werck/ das wirs sehen/ Las her faren vnd komen den anschlag des Heiligen jnn Israel/ das wirs jnne werden.

Wehe denen/ die böses gut/ vnd gutes böse heissen/ die aus finsternis liecht/ vnd aus liecht finsternis machen/ die aus sawer süsse vnd aus süsse sawer machen.

Wehe denen/ die bey sich selbs weise sind/ vnd halten sich selbs fur klug.

Wehe denen/ so helden sind wein zu sauffen/ vnd krieger/ mit bier zechen/ Die den Gottlosen recht sprechen vmb geschenck willen/ vnd das recht der gerechten von jnen wenden.

Darumb wie des fewers flamme stroh verzehret/ vnd die lohe stoppeln hin nimpt/ Also wird jre wurtzel verfaulen/ vnd jre sprossen auffaren wie staub/ Denn sie verachten das Gesetz des HERRN Zebaoth/ vnd lestern die rede des Heiligen jnn Israel/ Darumb ist der zorn des HERRN ergrimmet vber sein volck/ vnd recket seine hand vber sie vnd schlegt sie/ das die berge beben/ vnd jr leichnam ist wie kot auff den gassen/ Vnd jnn dem allen lesset sein zorn nicht abe/ sondern seine hand ist noch ausgerecket.

Denn er wird ein panier auffwerffen ferne vnter den Heiden/ vnd die selbigen locken vom ende der erden/ Vnd sihe/ eilend vnd schnell komen sie daher/ vnd ist keiner vnter jnen müde oder schwach/ keiner schlummert noch schlefft/ keinem gehet der gürtel auff von seinen lenden/ vnd keinem zureisset ein schuchrime/ Jre pfeile sind scharff/ vnd alle jre bogen gespannen/ Seiner rossen hüffe sind wie felsen geacht/ vnd jre wagen rad/ wie ein sturm wind/ Sie brüllen wie lewen/ vnd brüllen wie junge lewen/ Sie werden brausen vnd den raub erhasschen/ vnd dauon bringen/ das niemand erretten wird/ Vnd wird vber sie brausen zu der zeit/ wie das meer. Wenn man denn das land ansehen wird/ sihe/ so ists finster fur angst/ Vnd das liecht scheinet nicht mehr/ fur finsternis.

Das sind die Chaldeer.

VI.

Des jars da der König Usia starb/ sahe ich den HERrn sitzen auff eim hohen vnd erhaben stuel/ vnd sein sawm füllet den Tempel/ Seraphim stunden vber jm/ ein jglicher hatte sechs flügel/ mit zween deckten sie jr andlitz/ mit zween deckten sie jre füsse/ vnd mit zween flogen sie/ Vnd einer rieff zum andern vnd sprach/
Heilig/

Jesaia.

Heilig/Heilig/Heilig ist der HERR Zebaoth/ Alle land sind seiner ehren vol/Das die vberschwellen bebeten/von der stim jres ruffens/vnd das Haus ward vol rauchs.

Da sprach ich/Wehe mir/ ich vergehe/ Denn ich bin vnreiner lippen/ vnd wone vnter einem volck von vnreinen lippen/ Denn ich habe den König den HERRN Zebaoth gesehen mit meinen augen. Da flog der Seraphim einer zu mir/vnd hatte eine glüende kole jnn der hand/ die er mit der zangen vom altar nam/vnd rüret meinen mund/ vnd sprach/Sihe/hie mit sind deine lippen gerüret/ das deine missethat von dir genomen werde/ vnd deine sunde versünet sey.

Vnd ich höret die stimme des HErrn/ das er sprach/ Wen sol ich senden? Wer wil vnser bote sein? Ich aber sprach/ Hie bin ich/ sende mich. Vnd er sprach/ Gehe hin/ vnd sprich zu diesem volck/ Hörets vnd verstehets nicht/ Sehets vnd merckts nicht/ Verstocke das hertz dieses volcks/ vnd las jr ohren dicke sein/vnd blende jre augen/ das sie nicht sehen mit jren augen/ noch hören mit jren ohren/ noch verstehen mit jrem hertzen/ vnd sich bekeren vnd genesen/ Ich aber sprach. HErr/wie lang? Er sprach/ Bis das die stedte wüste werden/on einwoner/ vnd heuser on leute/ vnd das feld gantz wüste lige/ Denn der HERR wird die leute ferne weg thun/das das land seer verlassen wird/Doch sol noch das zehend teil drinnen bleiben/ Denn es wird weg gefurt vnd verheeret werden/ wie ein eiche vnd linde/welche den stam haben/ ob wol jre bletter abgestossen werden/ Ein heiliger same wird solcher stam sein.

VII.

ES begab sich zur zeit Ahas des sons Jotham/ des sons Usia des Königes Juda/ zoch erauff ReZin der König zu Syria/ vnd Pekah der son Remalia der König Israel gen Jerusalem/ wider sie zu streiten/kondten sie abernicht gewinnen. Da ward dem hause Dauid angesagt/ Die Syrer verlassen sich auff Ephraim. Da bebet jm das hertz vnd das hertz seines volcks/ wie die bewme im walde beben vom winde.

Aber der HERR sprach zu Jesaia. Gehe hinaus Ahas entgegen/ du vnd dein son SearJasub/ an das ende der wasser roren am obern teiche/am wege beim acker des ferbers/vnd sprich zu jm/ Hüte dich vnd sey still/ furcht dich nicht/ vnd dein hertz sey vnuerzagt fur diesen zween rauchenden lesschbrenden/ nemlich fur dem zorn ReZin sampt den Syrern/ vnd des sons Remalia/ das die Syrer wider dich einen bösen ratschlag gemacht haben sampt Ephraim vnd dem son Remalia/vnd sagen/ Wir wollen hinauff zu Juda/ vnd sie erschrecken/vnd hinein brechen/vnd denen so vns gefelt/zum König drinnen machen/ Denn also spricht der HErr HERR/ Es sol nicht bestehen noch also gehen/sondern wie Damascus das heubt ist jnn Syria/so sol ReZin das heubt zu Damasco sein.Vnd vber fünff vnd sechtzig jar sol es mit Ephraim aus sein/ das sie nicht mehr ein volck seien. Vnd wie Samaria das heubt ist jnn Ephraim/so sol der son

a iiij   Remalia

Der Prophet

Remalia das heubt zu Samaria sein/ Gleubt jr nicht/ so werdet jr feilen.

(Feilen) Das ist Was jr sonst fur nemet das sol feilen/ vnd nicht bestehen noch glück haben.

Vnd der HERR redet abermal zu Ahas/ vnd sprach/ Fodder dir ein zeichen vom HERRN deinem Gott/ Es sey hunden jnn der helle oder droben jnn der höhe/ Aber Ahas sprach/ Ich wils nicht foddern/ das ich den HERRN nicht versuche. Da sprach er/ Wolan/ so höret jr/ vom hause Dauid/ Ists euch zu wenig/ das jr die leute beleidiget/ jr must auch meinen Gott beleidigen? Darumb so wird euch der HErr selbs ein zeichen geben/ Sihe/ Eine jungfraw ist schwanger/ vnd wird einen son geberen/ den wird sie heissen Immanuel/ Buttern vnd honnig wird er essen/ das er wisse böses zu verwerffen vnd gutes zu erwelen/ Denn ehe der knabe lernet böses verwerffen vnd guts erwelen/ wird das land/ da fur dir grawet/ verlassen sein von seinen zween Königen/ Aber der HERR wird vber dich/ vber dein volck vnd vber deines vaters haus/ tage komen lassen/ die nicht komen sind/ sint der zeit Ephraim von Juda gescheiden ist/ durch den König zu Assyrien.

Denn zu der zeit wird der HERR zisschen der fliegen am ende der wasser jnn Egypten/ vnd der bienen im lande Assur/ das sie komen/ vnd alle sich legen an die beche vnd jnn die steinklüffte/ vnd jnn alle hole bewme/ vnd jnn alle löcher. Zur selbigen zeit wird der HErr das heubt vnd die har an füssen abscheren/ vnd den bart abnemen/ durch ein gemietet schermesser/ nemlich durch die/ so jensit des wassers sind/ als durch den König von Assyrien.

(Gemietet) Der König zu Assyrien heisset ein gemietet oder gedinget schermesser Denn Gott brauchet sein eine zeit lang/ sein volck zu straffen.

Zur selbigen zeit/ wird ein man einen hauffen kue vnd zwo herde zihen/ vnd wird so viel zu melcken haben/ das er butter essen wird/ Denn butter vnd honnig wird essen wer vbrig im lande bleiben wird/ Denn es wird zu der zeit geschehen/ das wo jtzt tausent weinstöcke stehen/ tausent silberling werd/ da werden dornen vnd hecken sein/ das man mit pfeilen vnd bogen dahin gehen mus/ Denn im gantzen lande werden dornen vnd hecken sein/ das man auch zu alle den bergen/ so man mit hawen pflegt vmb zuhacken/ nicht kan komen/ fur schew der dornen vnd hecken/ Sondern man wird ochsen daselbs gehen/ vnd schafe drauff tretten lassen.

Das ist/ Es wird das land wüste liegen/ on leute die es erbeiten.

Vnd der HERR sprach zu mir/ Nim fur dich eine grosse taffel vnd schreib darauff mit menschen griffel/ Raubebald Eilebente. Vnd ich nam zu mir zween trewe zeugen/ den Priester Uria vnd Sacharia den son Jeberechia/ vnd gieng zu einer Prophetinne/ die ward schwanger vnd gebar einen son/ Vnd der HERR sprach zu mir/ Nenne jn/ Raubebald Eilebente/ Denn ehe der knabe ruffen kan Lieber vater/ liebe mutter/ sol die macht Damascos/ vnd die ausbeute Samarie weggenomen werden/ durch den König zu Assyrien.

(Stromes) Das ist/ der Phrath/ jensit welchem das land Assyrien ligt. Immanuel heisset Gott mit vns.

Vnd der HERR redet weiter mit mir/ vnd sprach/ Weil dis volck verachtet das wasser zu Siloha/ das stille gehet/ vnd tröstet sich des REzin vnd des sons Remalia/ Sihe/ so wird der HErr vber sie komen lassen starcke vnd viel wasser des Stromes/ nemlich den König zu Assyrien/ vnd alle seine herrligkeit/ das sie vber alle jre beche faren/ vnd vber alle jre vfer gehen/ Vnd werden einreissen jnn Juda vnd schwemmen/ vñ vber her gehen/ bis das sie an den hals reichen/ vnd werden jre flügel ausbreiten/ das sie dein land/ O Immanuel/ füllen/ so weit es ist. Seid böse

Jesaia.

VIII.

SEid böse ir völcker/ vnd gebt doch die flucht. Höret irs alle die ir inn fernen landen seid? Rüstet euch/ vnd gebt doch die flucht/ Lieber rüstet euch/ vnd gebt doch die flucht. Beschliesset einen rat/ vnd werde nichts draus. Beredet euch/ vnd es bestehe nicht/ Denn hie ist Immanuel.

Denn so spricht der HERR zu mir/ als fasset er mich bey der hand/ vnd vnterweiset mich/ das ich nicht sol wandeln auff dem wege dieses volckes/ vnd spricht/ Ir solt nicht sagen/ Bund/ Dis volck redet von nichts/ den von Bund/ Fürchtet ir euch nicht also/ wie sie thun/ vnd last euch nicht grawen/ sondern/ Heiliget den HERRN Zebaoth/ den lasset ewer furcht vnd schrecken sein/ so wird er eine heiligung sein/ Aber ein stein des anstossens/ vnd ein fels des ergernis/ den zweien heusern Israel/ zum strick vnd fall den Bürgern zu Jerusalem/ das ir viel sich dran stossen/ fallen/ zubrechen/ verstrickt vnd gefangen werden.

Binde zu das zeugnis/ versigle das Gesetz auff meine Jünger/ Denn ich hoffe auff den HERRN/ der sein andlitz verborgen hat fur dem hause Jacob/ Ich aber harre sein. Sihe/ hie bin ich vnd die kinder/ die mir der HERR gegeben hat/ zum zeichen vnd wunder inn Israel/ vom HERRN Zebaoth/ der auff dem berge Zion wonet.

Wenn sie aber zu euch sagen/ ir müsset die warsager vnd zeichendeuter fragen/ die da schwetzen vnd Disputirn (solt ir sprechen) Sol nicht ein volck seinen Gott fragen? Ists billicher/ die todten fragen denn die lebendigen? Ja nach dem Gesetz vnd zeugnis. Werden sie das nicht sagen/ so werden sie die morgen röte nicht haben/ sondern werden im lande vmbhergehen hart geschlagen vnd hungerig/ Wenn sie aber hunger leiden/ werden sie zörnen vnd fluchen irem Könige vnd irem Gotte/ vnd werden vber sich gaffen/ vnd vnter sich die erden ansehen/ vnd nichts finden denn trübsal vnd finsternis/ Denn sie sind vertunckelt inn angst/ vnd gehen irre im finstern/ Denn es wird wol ein ander tunckel sein/ das inen angst thut/ denn zur vorigen zeit war/ da es leicht zu gieng im lande Sebulon vnd im lande Naphthali/ vnd hernach schwerer ward am wege des meeres/ dissert des Jordans an der Heiden grentze.

IX.

DAs volck so im finstern wandelt/ sihet ein grosses liecht/ vnd vber die da wonen im finstern Lande/ scheinet es helle/ Du machest der Heiden viel/ damit machestu der freuden nicht viel/ Fur dir aber wird man sich frewen/ wie man sich frewet inn der erndte/ Wie man frölich ist/ wenn man beute austeilet/ Denn du hast das joch irer last/ vnd die rute irer schulter/ vnd den stecken ihres treibers zu brochen/ wie zur zeit Midian/
Denn aller

Er spottet der Assyrer/ das sie würden fur Jerusalem komen/ vnd doch mit schanden davon zihen. 4. Re. 19

(Bund) Das Jüdische volck trawete Gott nicht/ vnd machete Bund mit den Heiden vmbher/ welche doch ire feinde waren.

(Binde) Das Gesetz bleibt vnuerstanden vnd vnerfüllet/ wo nicht der glaube ist/ der zu Christus Jünger machet.

(Disputirn) Die da klug sein wöllen vn mit vernunfft die Schrifft meistern.

Der Prophet

Denn aller krieg mit vngestum vnd blutig kleid / wird verbrand vnd mit fewr verzeret werden / Denn vns ist ein Kind geboren / ein Son ist vns gegeben / welchs herrschafft ist auff seiner schulter / vnd er heisst / Wunderbar / Rat / Krafft / Helt / Ewigvater / Friedfurst / auff das seine herrschafft gros werde / vnd des friedes kein ende / auff dem stuel Dauid vnd seinem Königreiche / das ers zurichte vnd stercke / mit gericht vnd gerechtigkeit / von nu an bis jnn ewigkeit. Solchs wird thun der Eiuer des HERRN Zebaoth.

Der HErr hat ein wort gesand jnn Jacob / vnd ist jnn Jsrael gefallen / das es sollen jnne werden alles volck Ephraim vnd die Bürger zu Samaria / die da sagen jnn hohmut vnd stoltzem sinn / Zigelsteine sind gefallen / aber wir wollens mit werckstücken wider bawen / Man hat maulberbewme abgehawen / so wollen wir Cedern an die stat setzen. Denn der HERR wird des ReZins kriegs volck wider sie erhöhen / vnd jre feinde zu hauff rotten / die Syrer fornen her / vnd die Philister von hinden zu / das sie Jsrael fressen mit vollem maul. Jnn dem allen lesset sein zorn noch nicht abe / seine hand ist noch ausgereckt / So keret sich das volck auch nicht zu dem der es schleget / vnd fragen nichts nach dem HERRN Zebaoth.

Darumb wird der HERR abhawen von Jsrael beide kopff vnd schwantz / beide ast vnd strumpff / auff einen tag. Die alten ehrlichen leute sind der kopff / Die Propheten aber so falsch leren / sind der schwantz / Den die Leiter dieses volckes sind verfürer / vñ die sich leiten lassen sind verloren / Darumb kan sich der HErr vber jre junge manschafft nicht frewen / noch jrer waisen vnd witwen erbarmen / Denn sie sind allzumal heuchler vnd böse / vnd aller mund redet torheit. Jnn dem allen lesset sein zorn noch nicht abe / seine hand ist noch ausgereckt.

Denn das Gottlose wesen ist angezündet wie fewr / vnd verzeret dornen vnd hecken / vnd brennet wie jm dicken walde / vnd gibt hohen rauch / Denn im zorn des HERRN Zebaoth ist das land verfinstert / das das volck ist wie speise des fewrs / keiner schonet des andern. Rauben sie zur rechten / so leiden sie hunger / Essen sie zur lincken / so werden sie nicht sat / Ein jglicher frisset das fleisch seines arms / Manasse den Ephraim / Ephraim den Manasse / vnd sie beide miteinander wider Juda. Jnn dem allen lesset sein zorn nicht abe / seine hand ist noch ausgereckt.

X.

Eh den Schrifftgelerten / die vnrecht Gesetz machen / vnd die vnrechte vrteil schreiben / auff das sie die sachen der armen beugen / vnd gewalt vben im recht der elenden vnter meinem volck / das die widwen jr raub / vnd die waisen jre beute sein müssen / Was wolt jr thun am tage der heimsuchunge vnd des vnglücks / das von ferne kömpt? Ju wem wolt jr fliehen vmb hülffe? vnd wo wolt jr ewre ehre lassen / das sie nicht vnter die gefangene gebeuget werde / vnd vnter die erschlagene falle? Jnn dem allen lesset sein zorn nicht abe / seine hand ist noch ausgereckt.

O weh

Jesaia.

O weh Assur / der meines zorns rute / vnd jhre hand meines grimmes stecke ist / Ich wil jn senden wider ein heuchel volck / vnd jm befelh thun wider das volck meines zorns / das ers beraube vnd austeile / vnd zurtrette es / wie kot auff der gassen / Wie wol ers nicht so meinet / vnd sein hertz nicht so dencket / sondern sein hertz stehet zu vertilgen vnd aus zurotten nicht wenig völcker. Denn er spricht / Sind meine Fürsten nicht alzumal Könige? Ist Calno nicht wie Carchemis? Ist Damath nicht wie Arpad? Ist nicht Samaria wie Damascus? Wie meine hand funden hat die Königreiche der Götzen / so doch jre Götzen stercker waren / denn die zu Jerusalem vnd Samaria sind / Solt ich nicht Jerusalem thun vnd jren Götzen / wie ich Samaria vnd jren Götzen gethan habe?

Wenn aber der HErr alle seine werck ausgericht hat auff dem berge Zion vnd zu Jerusalem / wil ich heimsuchen die frucht des hoffmütigen Königes zu Assyrien / vnd die pracht seiner hoffertigen augen / darumb das er spricht / Ich habs durch meiner hende krafft ausgericht / vnd durch meine weisheit / denn ich bin klug / Ich habe die lender anders geteilet / vnd jr einkomen geraubt / vnd wie ein mechtiger / die einwoner zu boden geworffen / Vnd meine hand hat funden die völcker / wie ein hüner nest / das ich habe alle Land zusamen gerafft / wie man eyer auffrafft die verlassen sind / da niemand eine feder regt / oder den schnabel auff sperret / oder zischet.

Mag sich auch eine axt rhümen wider den / so damit hewet? oder eine seghe trotzen wider den / so sie zeucht? wie der rhumen kan der den stecken füret / vnd hebt vnd füret jn so leicht / als were er kein holtz? Darumb wird der Herr HERR Zebaoth vnter seine fetten die darre senden / vnd seine herrligkeit wird er anzünden / das sie brennen wird wie ein fewer. Vnd das Liecht Israel wird ein fewr sein / vnd sein Heiliger wird eine flamme sein / vnd wird seine dornen vnd hecken anzünden vnd verzeren auff einen tag / Vnd die herligkeit seines waldes vnd seines feldes sol zu nichte werden / von den seelen bis auffs fleisch / vñ wird zurgehen vnd verschwinden / das die vbrigē bewme seines waldes mügen gezelet werden / vnd ein knabe sie mag anschreiben.

Zu der zeit werden die vbrigen jnn Israel vnd die errettet werden im hause Jacob / sich nicht mehr verlassen auff den / der sie schlegt / sondern sie werden sich verlassen auff den HERRN den Heiligen jnn Israel jnn der warheit / Die vbrigen werden sich bekeren / ja die vbrigen jnn Jacob / zu Gott dem starcken / Denn ob dein volck / O Israel / ist / wie sand am meer / sollen doch die vbrigen desselbigen bekeret werden / Denn wenn dem verderben gesteuret wird / so kompt die gerechtigkeit vberschwenglich / Denn der HERR HERR Zebaoth wird ein verderben gehen lassen vnd dem selben doch steuren im gantzen lande.

Darumb spricht der HErr HERR Zebaoth / Furcht dich nicht mein volck das zu Zion wonet / fur Assur / Er wird dich mit dem stecken schlahen / vnd seinen stab wider dich auffheben / wie jnn Egypten / Denn es ist noch gar vmb ein kleines zu thun / so wird die vngnade vnd mein zorn vber jre vntugent ein ende haben. Als denn wird der HERR Zebaoth eine geissel vber jn erwecken / wie jnn der schlacht Midian auff dem felde Oreb / vnd wird seinen stab / des er am

(Füret) Gott ists leichter einen Tyrannen zu erheben / denn vns ein stroern stecken / der nicht ein holtz ist.

(Liecht) Das ist / Gott ein tempel zu Jerusalem.

Der Prophet

(Verfaulen)
Gleich wie ein ochse dem joch entwechst / wenn er fett vñ starck wird das er das joch zureisset / als ein faul seil etc. So spricht man auch / Er ist der ruten entwachsen.

er am meer brauchte / auffheben / wie inn Egypten. Zu der zeit wird seine last von deiner schulter weichen müssen / vnd sein joch von deinem halse / Denn das joch wird verfaulen fur der fette.

Er kömpt (las gleich sein) gen Aiath / Er zengt durch Migron / Er mustert seinen zeug zu Michmas / Sie zihen fur vnserm lager Geba vber / Rama erschrickt / Gibeath Sauls fleucht / Du tochter Gallim schrey laut / Merck auff Laisa / Du elendes Anathoth / Madmena weicht / Die Bürger zu Gebim lauffen dauon / Man bleibt villeicht einen tag zu Nob / so wird er seine hand regen wider den berg der tochter Zion vnd wider den hügel Jerusalem. Aber sihe / der HERR HERR Zebaoth wird die este mit macht verhawen / vnd was hoch auffgericht stehet verkürtzen / das die hohen genidriget werden / vnd der dicke wald wird mit eisen vmbgehawen werden / Vnd Libanon wird fallen durch den Mechtigen.

Hie beschreibt er den zog des Königes zu Assyrien gen Jerusalẽ / als der solche stedte plündert etc. Aber er sol vmbgehawen werden wie ein wald etc.

XI.

Vnd es wird eine rute auffgehen von dem stam Isai / vnd ein zweig aus seiner wurtzel frucht bringen / auff welchem wird rugen der Geist des HERRN / der Geist der weisheit vnd des verstandes / der Geist des rats vnd der stercke / der Geist des erkentnis vnd der furcht des HERRN / Der wird jm einblasen die furcht des HERRN / das er nicht richte nach dem die augen sehen / noch straffe / nach dem die ohren hören / sondern wird mit gerechtigkeit richten die armen / vnd mit gericht straffen die elenden im lande / Vnd wird mit dem stabe seines mundes die erden schlahen / vnd mit dem oddem seiner lippen den Gottlosen tödten / Gerechtigkeit wird die gurt seiner lenden sein / vnd der glaube die gurt seiner nieren / Die wolffe werden bey den lemmern wonen / vnd die Pardel bey den böcken ligen / Ein kleiner knabe wird kelber vnd junge lewen vnd mast vihe miteinander treiben / Kühe vnd Beren werden an der weide gehen / das jre junge bey einander ligen / Vnd lewen werden stroh essen / wie die ochsen / vnd ein seugling wird seine lust haben am loch der ottern / vnd ein entweneter wird seine hand stecken inn die hüle des Basilisken / Man wird nirgend letzen noch verderben auff meinem Heiligen berge / Denn das land ist vol erkentnis des HERRN / wie mit wasser des meeres bedeckt.

(Mit gericht)
Er wird sie durch gnade gerecht machen. Vñ doch durchs Creutz lassen straffen / den vbrigen alte Adam im fleisch / Vnd das beisst. Mit gericht straffen / das ist / Nicht im grim noch zorn / sondern mit vernunfft vnd zu jrem nutz.

Vnd wird geschehen zu der zeit / das die wurtzel Isai / die da stehet zum panir den volckern / nach der werden die Heiden fragen / vnd seine ruge wird ehre sein / Vnd der HErr wird zu der zeit noch einst seine hand ausstrecken / das er das vbrige seines volcks erkriege / so vberblieben ist / von den Assyrern / Egypten / Phathros / Morenland / Elamiten / Sinear / Damath / vnd von den Insulen des meeres / vnd wird ein panier vnter die Heiden auffwerffen vnd zu sammen bringen die veriageten Israel / vnd die zurstreweten aus Juda zu hauff furen / von den vier örtern des erdreichs / Vnd der neid wider Ephraim wird auffhören / vnd die feinde Juda werden ausgerottet werden / das Ephraim nicht neide den Juda / vnd Juda nicht sey wider

Jesaia. VII.

wider Ephraim/ Sie werden aber den Philistern auff dem halse sein gegen abend/ vnd berauben alle die so gegen morgen wonen/ Edom vnd Moab werden jre hende gegen sie falten/ Die kinder Ammon werden gehorsam sein/ Vnd der HERR wird verbannen den strom des meeres jnn Egypten/ Vnd wird seine hand lassen gehen vber das wasser mit seinem starcken winde/ vnd die sieben strome schlahen/ das man mit schuhen dadurch gehen mag/ Vnd wird eine ban sein dem vbrigen seines volcks/ das vberblieben ist von den Assyrern/ wie Israel geschach zur zeit da sie aus Egypten land zogen.

XII.

Zu der selbigen zeit wirstu sagen/
Ich dancke dir HERR/ das du zornig bist gewesen vber mich/ vnd dein zorn sich gewendet hat/ vnd tröstest mich.
Sihe/ Gott ist mein Heil/ ich bin sicher/ vnd furcht mich nicht/ Denn Gott der HERR ist meine stercke/ vnd mein Psalm/ vnd ist mein Heil
Jr werdet mit freuden wasser schepffen aus den Heilbrunnen.
Vnd werdet sagen zur selbigen zeit/ Dancket dem HERRN/ prediget seinen namen/ machet kund vnter den völckern sein thun/ verkündigt/ wie sein name so hoch ist.
Lobesinget dem HERRN/ denn er hat sich herrlich beweiset/ solchs sey kund jnn allen landen.
Jauchze vnd rhüme du einwonerin zu Zion/ denn der Heilige Israels ist gros bey dir.

XIII.

Dis ist die Last vber Babel/ die Jesaia der son Amoz sahe/ Werfft panir auff/ auff hohen bergen/ rufft getrost wider sie/ werfft die hand auff/ last einzihen durch die thore der Fürsten/ Ich hab meinen geheiligeten gebotten/ vnd meinen starcken geruffen zu meinem zorn/ die da frölich sind jnn meiner herrligkeit. Es ist ein geschrey einer menge auff den bergen/ wie eines grossen volcks/ Ein geschrey als eins getümels der versamleten Konigreiche der Heiden/ Der HERR Zebaoth rüstet ein heer zum streit/ die aus fernen landen komen vom ende des himels/ Ja der HERR selbs sampt dem zeuge seines zorns/ zu verderben das gantze land.

Heulet/ denn des HERRN tag ist nahe/ Er kömpt wie eine verwüstunge vom Almechtigen/ Darumb werden alle hende lass/ vnd aller menschen hertz wird feig sein/ Schrecken/ angst vnd schmertzen wird sie ankomen/ Es wird jnen bange sein/ wie einer gebererin/ Einer wird sich fur dem andern entsetzen/ fewr rot werden jr angesicht sein/ Denn sihe/ des HERRN tag kömpt grausam/ zornig/ grimmig/ das land zuuerstören/ vnd die sunder draus zuuertilgen/ Denn die sterne am himel vnd sein Orion scheinen nicht helle/ Die sonne geget finster auff/ vnd der mond scheinet tunckel. Ich wil den erdboden
b heimsuchen/

Der Prophet

heimsuchen / vmb seiner bosheit willen / vnd die Gottlosen vmb jrer
vntugent willen / Vnd wil des hohmuts der stoltzen ein ende mach=
en / vnd die hoffart der gewaltigen demütigen / das ein man theurer
sein sol denn fein gold / vnd ein mensch werder denn golds stücke aus
Ophir.

(Werder)
Das ist / der leute
werden so wenig
sein im lande / als
Gold.

Darumb wil ich den himel bewegen / das die erden beben sol
von jrer stet / durch den grim des HERRN Zebaoth / vnd durch den
tag seines zorns. Vnd sie sol sein / wie ein zuschencht rehe / vnd wie
ein herd on hürten / das sich ein jglicher zu seinem volck heimkeren /
vnd ein jglicher jnn sein land fliehen wird / Darumb / das welcher sich
da finden lesset / erstochen wird / vnd welcher da bey ist / durchs sch=
werd fallen wird / Es sollen auch jre kinder fur jren augen erwürgt /
jre heuser geplündert / vnd jre weiber geschendet werden / Denn sihe /
ich wil die Meder vber sie erwecken / die nicht silber suchen / oder nach
gold fragen / sondern die jünglinge mit bogen erschiessen / vnd sich der
früchte des leibs nicht erbarmen noch der kinder schonen.

(Sie) Das ist Ba=
bel.

Also sol Babel / das schönest vnter den Königreichen / die herr=
liche pracht der Chaldeer / vmbgekeret werden von Gott / wie Sodom
vnd Gomorra / das man fort nicht mehr da wone / noch jemand da
bleibe fur vnd fur / das auch die Araber keine hütten da selbst mach=
en / vnd die hirten keine hurten da auff schlahen / sondern Zihim wer
den sich da lagern / vnd jre heuser vol Ohim sein / vnd straussen wer=
den da wonen / vnd feldgeister werden da hupffen / vnd eulen jnn jren
pallasten singen / vnd drachen jnn den lüstigen schlössern. Vnd jre
zeit wird schier komen / vnd jre tage werden sich nicht seumen.

Ohim halt ich sey
fast allerley wilde
thier / so vierfüssig
sind / gleich wie Zi=
him allerley wilde
vögel.

Denn der HERR wird sich vber Jacob erbarmen / vnd Israel
noch weiter erwelen / vnd sie jnn jr land setzen / Vnd frembdlinge wer
den sich zu jnen thun / vnd dem hause Jacob anhangen / Vnd die völ=
cker werden sie annemen / vnd bringen an jren ort / das sie das haus
Israel besitzen wird im lande des HERRN zu knechten vnd meg=
den / vnd werden gefangen halten / die / von welchen sie gefangen wa=
ren / vnd werden herschen vber jre treiber.

XIIII.

Vnd zu der zeit / wenn dir der HERR ruge geben wird
von deinem jamer vnd leid / vnd von dē harten dienst /
darinn du gewesen bist / so wirstu ein solch sprichwort
füren wider den König zu Babel / vnd sagen / Wie
ists mit dem Treiber so gar aus / vnd der zins hat ein
ende? Der HERR hat die ruten der Gottlosen zubro=
chen / die ruten der herrscher / welche die völcker sch=
lug im grim on auffhören / vnd mit wüten herschete vber die Heiden /
vnd verfolgete on barmhertzigkeit. Nu ruget doch alle welt vnd ist stil=
le / vnd jauchtzet frölich / Auch frewen sich die tannen vber dir / vnd die
Cedern auff dem Libanon (vnd sagen) Weil du ligest / kömpt nie=
mand erauff / der vns abhawe / Die helle drunden erzittert vor dir / da
du jr zu gegen kamest / Sie erwecket dir die todten / alle Böcke der welt /
vnd heisset alle König der Heiden von jren stülen auffstehen / das die
selbigen

(Böcke)
Das ist / die gros=
sen herrn.

Jesaia. VIII.

selbigen alle vmb einander reden/vnd sagen zu dir/ Du bist auch geschlagen/ gleich wie wir/ vnd gehet dir/ wie vns/ Deine pracht ist hinunter jnn die helle gefaren/ sampt dem klange deiner harffen/ Motten werden dein bette sein/ vnd würme deine decke.

Wie bistu vom himel gefallen/du schöner morgen stern? wie bistu zur erden gefellet/ der du die Heiden schwechtest? Gedachtestu doch jnn deinem hertzen/ Ich wil jnn den himel steigen/ vnd meinen stuel vber die sterne Gottes erhöhen/ Ich wil mich setzen auff den berg des Stiffts/an der seiten gegen mitternacht/ Ich wil vber die hohen wolcken faren/ vnd gleich sein dem allerhöhesten/ Ja zur hellen ferestu/ zur seiten der gruben/ Wer dich sihet/ wird dich schawen vnd ansehen (vnd sagen) Ist das der man/der die welt zittern/ vnd die Königreiche beben machete/ der den erdboden zur wüsten machete/ vnd die stedte drinnen zubrach/ vnd gab seine gefangene nicht los?

Zwar alle Könige der Heiden miteinander ligen doch mit ehren/ ein jglicher jnn seinem hause/ Du aber bist verworffen von deinem grabe/ wie ein verdorben zweig/ wie ein kleid der erschlagenen/ so mit dem schwerd erstochen sind/ die hinunter faren zu den steinhauffen der helle/ wie ein zutreten leiche/Du wirst nicht wie die selbigen begraben werden/ Denn du hast dein land verderbet/ vnd dein volck erschlagen/ Denn man wird der boshafftigen samen nimer mehr gedencken/ Richtet zu/ das man seine kinder schlachte/ vmb jrer veter missethat willen/ das sie nicht auffkomen/ noch das land erben/noch den erdboden vol feinde machen.

Vnd ich wil vber sie komen/spricht der HERR Zebaoth/vnd zu Babel ausrotten jr gedechtnis/ jre vbrigen/ neffen vnd nachkomen/spricht der HERR/Vnd wil sie machen zum erbe den jgeln/ vnd zum wasser see/vnd wil sie mit einem besem des verderbens keren/ spricht der HERR Zebaoth. Der HERR Zebaoth hat geschworen vnd gesagt/Was gilts/ Es sol gehen/ wie ich dencke/ vnd sol bleiben/ wie ichs im sinn habe/das Assur zuschlagen werde jnn meinem lande/ vnd ich jn zutrete auff meinen bergen/ auff das sein joch von jnen genomen werde/vnd seine bürde von jrem halse kome. Das ist der anschlag/ den er hat vber alle land/ vnd das ist die ausgereckte hand vber alle Heiden/ Denn der HERR Zebaoth hats beschlossen/wer wils weren? Vnd seine hand ist ausgereckt/wer wil sie wenden?

(Harffen)
Das ist/ beide gewalt vnd freude ist aus.

(Steinhauffen)
Das ist/ jnn das steinicht erdrich/ im grabe odder auff den schindeleich.

XV.

Im jar da König Ahas starb/ ward diese Last gesehen/ Frewe dich nicht so seer du Philister land/das die rute/ die dich schlug/ zubrochen ist/ Denn aus der wurtzel der schlangen wird ein Basiliske komen/ vnd jre frucht wird ein fewriger fliegender trache sein/ Denn die erstlinge der dürfftigen werden sich weiden/ vnd die armen sicher rugen/ Aber deine wurtzel wil ich mit hunger tödten/ vnd deine vbrigen erwürgen. Heule thor/ schrey stad/ gantz Philister land ist feige. Denn von mitternacht kömpt ein rauch/ vnd ist kein einsamer jnn seinem gezelten.Vnd was werden die boten der Heiden hin vnd wider sagen? Nemlich/ Zion hat der HERR gegründet/vnd daselbs werden die elenden seines volcks zuuersicht haben.

(Rauch)
Das ist/ein grosses heer vnd zeucht nicht einzelen/ sondern mit hauffen.

b ij   Dis

Der Prophet
XVI.

DIs ist die Last vber Moab/ Des nachts kömpt verstörunge vber Ar jnn Moab/ Sie ist dahin/ Des nachts kömpt verstörung vber Kir jnn Moab/ Sie ist dahin/ Sie gehen hinauff gen Baith vnd Dibon zun Altaren/ das sie weinen/ vnd heulen vber Nebo vnd Medba jnn Moab/ Aller heubt ist beschoren/ aller bart ist abgeschnitten/ Auff jren gassen gehen sie mit secken vmbgürtet/ Auff jren dechern vnd strassen heulen sie alle/ vnd gehen weinend erab/ Hesbon vnd Eleale schreien das mans zu Jahza höret/ Darumb wehklagen die gerüsteten jnn Moab/ denn es gehet jrer seelen vbel/ Mein hertz schreiet zu Moab/ jre flüchtigen fliehen von der drey jerigen Kue/ bis gen Zoar/ Denn sie gehen gen Luhith hinan vnd weinen. Vnd auff dem weg zu Horonaim zu/ erhebt sich ein jamergeschrey/ Denn die wasser zu Nimrim versiegen/ das das hew verdorret/ vnd das gras verwelcket/ vnd wechset kein grün kraut/ Denn das gut das sie gesamlet/ vnd volck das sie gerüstet haben/ füret man vber den Weidenbach/ Geschrey gehet vmb jnn den Grentzen Moab/ sie heulen bis gen Eglaim/ vnd heulen bey dem born Elim/ Denn die wasser zu Dimon sind vol bluts. Dazu wil ich vber Dimon noch mehr komen lassen/ beide vber die erhalten sind jnn Moab des lewen/ vnd vber die vbrigen im lande.

Lieber schickt jr Landsherrn lemmer von Sela aus der wüsten zum berge der tochter Zion/ Aber wie ein vogel dahin fleugt/ der aus dem nest getrieben wird/ so werden sein die tochter Moab/ wenn sie fur Arnon vberzihen/ Samlet rat/ haltet gericht/ Mache dir schatten des mittages/ wie eine nacht/ Verbirge die veriagten/ vnd melde die flüchtigen nicht/ Las meine veriagten bey dir herbergen/ Liebes Moab sey du jr schirm fur dem verstörer/ so wird der treiber ein ende haben/ die verstörer auff hören/ vnd der vnter tretter ablassen im lande.

Es wird aber ein Stuel bereitet werden aus gnaden/ das einer drauff sitze jnn der warheit/ jnn der hütten Dauid/ vnd richte vnd trachte nach recht/ vnd foddere gerechtigkeit. Wir hören aber von dem hohmut Moab/ das er fast gros ist/ das auch jr hohmut/ stoltz vnd zorn grösser ist denn jre macht/ Darumb wird ein Moabiter vber den andern heulen/ Vber die grundfeste der stad Kir Hareseth werden die verlemeten seufftzen/ Denn Hesbon ist ein wüste feld worden/ Der weinstock zu Sibma ist verderbt/ Die Herrn vnter den Heiden haben seine edle reben zuschlagen/ vnd sind komen bis gen Jaeser/ vnd zihen vmb jnn der wüsten/ jre feser sind zurstrewet/ vñ vber das meer gefurt.

Darumb weine ich vmb Jaeser vnd vmb den weinstock zu Sibma/ vnd vergiesse viel threnen vmb Hesbon vnd Eleale/ Denn es ist ein gesang jnn deinen sommer vnd jnn deine erndte gefallen/ das freude vnd wonne im felde auff höret/ vnd jnn weinbergen jauchtzet noch rufft man nicht/ Man keltert keinen wein jnn den keltern/ Ich hab des gesangs ein ende gemacht/ Darumb brummet mein hertz vber Moab/ wie eine harffen/ vñ mein jnwendiges vber Kirhares. Als denn wirds offenbar werdē/ wie Moab müde ist bey den altaren/ vñ wie er zu seiner

Kirchen

(Kue)
Moab heisset eine dreyierige Kue/ darumb/ das ein fein land/ reich volck war/ Wie eine junge Kue fruchtbar ist vnd viel milch gibt.

(Lewen)
Die lewen Moab heisset er die grossen hansen/ wil sagen/ das beide herrn vnd vnterthan/ so vberbleyben/ sollen noch mehr vnglück haben.

(Sela)
Das ist/ schickt opffer gen Jerusalē obs helffen wolt. Ja hindersich/ Er spottet jr also.

(Gesang)
Der feinde geschrey an stat deines frölichen gesanges

(Müde)
Das er sich seer bemühet hat on allen nutz.

Jesaia. IX.

Kirchen gangen sey zu beten/vnd doch nichts ausgerichtet habe. Das ists/das der HERR dazumal wider Moab geredt hat/ Nu aber redet der HERR/ vnd spricht/ Inn dreien jaren/ wie eins taglöners jar sind/ wird die herrligkeit Moab geringe werden inn der grossen menge/ das gar ein wenig vberbleibe vnd nicht viel.

XVII.

DIs ist die Last vber Damascon/ Sihe/ Damascus wird keine stad mehr sein/ sondern ein zufallen steinhauffen/ Die stedte Aroer werden verlassen sein/ das herde daselbst weiden/ die niemand scheuche/ Vnd wird aus sein mit der feste Ephraim/ vnd das Königreich zu Damasco vnd das vbrige zu Syrien/ wird sein wie die herrligkeit Israel/ spricht der HERR Zebaoth.

Damascus heist die feste des volckes Ephraim/ darumb das sie sich auff Damascon verliessen/ Jesaia. 7.

Zu der zeit wird die herrligkeit Jacob dünne sein/ vnd sein fetter leib wird mager sein/ Denn sie wird sein/ als wenn einer getreide einsamlete inn der erndte/ vnd als wenn einer mit seim arm die ehren ein erndtet/ vnd als wenn einer ehren lese im tal Rephaim/ vnd ein nacherndte drinne bliebe/ Als wenn man einen ölbawm schüttelt/ das zwo oder drey beer blieben oben inn der wipffen/ Oder als wenn vier oder funff früchte an den zweigen hangen/ spricht der HERR der Gott Israel.

Zu der zeit wird sich der mensch halten zu dem der jn gemacht hat/ vnd seine augen werden auff den Heiligen inn Israel schawen/ vnd wird sich nicht halten zu den altarn die seine hende gemacht haben/ vnd nicht schawen auff das/ das seine finger gemacht haben/ weder auff hayne noch bilder.

Zu der zeit/ werden die stedte jrer sterke sein/ wie ein verlassen ast vnd zweig/ so verlassen ward für den kindern Israel/ vnd werden wüste sein. Denn du hast vergessen Gottes deines Heils/ vnd nicht gedacht an den Felsen deiner sterke/ Darumb wirstu lüstige pflantzen setzen. Aber du wirst damit den fremden die feser gelegt haben. Zur zeit des pflantzens wirstu sein wol warten/ das dein same zeitlich wachse/ Aber inn der erndten/ wenn du die mandeln solt erben/ wirstu dafur schmertzen eins betrübten haben.

(Stercke) Das sind die stedte darinnen jr Götzen vnd Gottes dienst war/ darauff sie sich verliessen/ Aber wie die kinder Israel kaum ein ast vnd zweig liessen/ das ist/ wenig volcks/ da sie das land der Cananiter einnamen/ also sols jnen auch gehen.

O weh der menge so grosses volcks/ wie das meer wird es brausen/ Vnd das getümel der leute wird wüten/ wie grosse wasser wüten/ Ja wie grosse wasser wüten/ so werden die leute wüten/ Aber er wird sie schelten/ so werden sie ferne weg fliehen/ vnd wird sie verfolgen/ wie dem staube auff den bergen vom winde geschicht/ vnd wie einem windwirbel vom vngewitter geschicht. Vmb den abend/ sihe/ so ist schrecken da/ vnd ehe es morgen wird/ sind sie nimer da. Das ist der lohn vnser reuber/ vnd das erbe/ der die vns das vnser nemen.

Das sind die Assyrer/ welchen er verkündiger jr verderben/ zu trost dem volck Israel.

Lies das xxxvij. Capitel Jesaia.

XVIII.

b iij   Wehe

Der Prophet

Das land ligt zwischen Egypten vñ dem roten meer/ die man heist Troglodiren/ Egyptios Arabes/ Ismaeliten/ Ein wüste/ wild/ reubisch volck/ die sich auch thumen/ das sie von reuberey vnd freuel sich neeren sollen.

Eh dem Lande/ das vnter den segeln im schatten feret/ disseits den wassern des Morenlands/ das botschafften auff dem meer sendet/ vnd jnn rhor schiffen auff den wassern feret. Gehet hin/ jr schnelle boten/ zum volck/ das zurissen vnd geplündert ist/ zum volck das grewlicher ist denn sonst jrgend eins/ zum volck/ das hie vnd da ausgemessen vnd zutreten ist/ welchem die wasser strome sein land einnemen. Alle die jr auff erden wonet/ vnd die im lande sitzen/ werdet sehen/ wie man das panier auff den bergen auffwerffen wird/ vnd hören/ wie man die drometen blasen wird.

Denn so spricht der HERR zu mir/ Ich wil stille halten vnd schawen jnn meinem sitz/ wie eine hitze/ die den regen austrocket/ vnd wie ein mel thaw jnn der hitze der erndten/ Denn fur der erndte wird das gewechs abnemen/ vnd die vnreiffe frucht jnn der blüt verdorren/ das man die stengel mus mit sicheln abschneiten/ vnd die reben weg thun vnd abhawen/ das mans miteinander mus lassen liegen/ dem genogel auff den bergen/ vnd den thieren im lande/ das des sommers die vogel drinnen nisten/ vnd des winters allerley thiere im lande drinne ligen.

Zu der zeit/ wird das zurissen vnd geplündert volck/ das grewlicher ist/ denn sonst jrgend eins/ das hie vnd da abgemessen vnd zutretten ist/ welchem die wasser strome sein land einnemen/ geschencke bringen dem HERRN Zebaoth/ an den ort/ da der name des HERRN Zebaoth ist/ zum berge Zion.

XIX.

(Fragen) Das sind jre Pfaffen vnd geistlichen propheten vnd lerer.

Is ist die Last vber Egypten/ Sihe/ der HERR wird auff einer schnellen wolcken faren/ vnd jnn Egypten komen/ Da werden die Götzen jnn Egypten fur jm beben/ vnd den Egyptern wird das hertz feige werden jnn jrem leibe/ Vnd ich wil die Egypter aneinander hetzen/ das ein bruder wider den andern/ ein freund wider den andern/ eine stad wider die ander/ ein Reich wider das ander streiten wird/ Vnd der mut sol den Egyptern vnter jnen vergehen/ vnd wil jre anschlege zu nicht machen/ Da werden sie denn fragen jre götzen vnd pfaffen/ vnd warsager vnd zeichendeuter/ Aber ich wil die Egypter vbergeben jnn die hand grausamer herrn/ vnd ein harter König sol vber sie herschen/ spricht der herscher der HERR Zebaoth.

Vnd das wasser jnn den seen wird vertrocken werden/ dazu der Strom wird versiegen vnd verschwinden/ vnd die wasser werden verlauffen/ das die seen an temmen/ werden geringe vnd trenge werden/ beide rhor vnd schilff verwelcken/ vnd das gras an den wassern verstieben/ vnd alle saat am wasser wird verwelcken vnd zu nicht werden/ Vnd die fisscher werden trawren/ vnd alle die so angel ins wasser werffen/ werden klagen/ vnd die so netze auswerffen auffs wasser/ werden betrübet sein/ Es werden mit schanden bestehen/ die da gute garn wircken vnd netze stricken/ Vnd die da helder haben/ sampt allen die teiche vmbs lohn machen/ werden bekümmert sein.   Die

Jesaia.   X.

Die Fürsten zu Zoan sind thoren/die weisen Rhete Pharao sind im rat zu narren worden. Was sagt jr doch von Pharao/ Ich bin der weisen kind/ vnd kom von alten Königen her? Wo sind denn nu deine weisen? Las sie dirs verkündigen vnd anzeigen/ was der HERR Zebaoth vber Egypten beschlossen hat/ Aber die Fürsten zu Zoan sind zu narren worden/Die Fürsten zu Noph sind betrogen/ Sie verfüren sampt Egypten den Eckstein der geschlechte/ Denn der HERR hat einen schwindelgeist vnter sie ausgossen/ das sie Egypten verfüren jnn alle jrem thun/ wie ein trunckenbold daumelt wenn er speiet. Vnd Egypten wird nichts haben/ das heubt oder schwantz/ ast oder strumpff zeuge.

(Eckstein)
Das ist / den König.

Zu der zeit wird Egypten sein wie weiber/ vnd sich fürchten vnd erschrecken/ wenn der HERR Zebaoth die hand vber sie weben wird. Vnd Egypten wird sich fürchten fur dem lande Juda/das wer desselbigen gedencket/ wird dafur erschrecken / vber dem rat des HERRN Zebaoth/ den er vber sie beschlossen hat.

Zu der zeit werden fünff stedte jnn Egypten lande reden nach der sprach Canaan/vnd schweren bey dem HERRN Zebaoth/ Eine wird heissen Irheres. Zur selbigen zeit wird des HERRN altar/ mitten jnn Egypten lande sein/ vnd ein malstein des HERRN an den grentzen/ welcher wird ein zeichen vnd zeugnis sein dem HERRN Zebaoth jnn Egypten land. Denn sie werden zum HERRN schreien fur den beleidigern/ so wird er jnen senden einen Heiland vnd Meister der sie errette. Denn der HERR wird den Egyptern bekand werden/ vnd die Egypter werden den HERRN kennen zu der zeit/ vnd werden jm dienen mit opffer vnd speiseopffer/ vnd werden dem HERRN geloben vnd halten. Vnd der HERR wird die Egypter plagen vnd heilen/ Denn sie werden sich bekeren zum HERRN vnd er wird sich erbitten lassen/ vnd sie heilen.

Irheres heisset Sonnestad/ vnd achten viel es sey Heliopolis.

Zu der zeit wird eine ban sein/von Egypten jnn Assyrien/ das die Assyrer jnn Egypten/ vnd die Egypter jnn Assyrien komen/ vnd die Egypter sampt den Assyrern Gott dienen. Zu der zeit wird Israel selb dritte sein mit den Egyptern vnd Assyrern/ durch den segen so auff erden sein wird/ Denn der HERR Zebaoth wird sie segenen/vnd sprechen/ Gesegenet bistu Egypten mein volck/ vnd du Assur meiner hende werck/ vnd du Israel mein erbe.

XX.

IM jar/ da Tharthan gen Asdod kam/ als jn gesand hatte Sargon der König zu Assyrien/vnd streit wider Asdod vnd gewan sie/ Zur selbigen zeit redet der HERR durch Jesaia den son Amoz/ vnd sprach/ Gehe hin vnd zeuch ab den sack von deinen lenden/ vnd zeuch deine schuch aus von deinen füssen. Vnd er thet also/ gieng nacket vnd barfus. Da sprach der HERR/ Gleich wie mein knecht Jesaia nacket vnd barfus gehet/ zum zeichen vnd wunder dreier jar/ vber Egypten vnd Morenland/ Also wird der König zu Assyrien hin treiben das gefangen Egypten vnd vertrieben Morenland/ beide jung vnd alt/ nacket vnd barfus/ mit blosser scham/ zu schanden Egypten. Vnd sie werden erschrecken/ vnd mit schanden bestehen vber dē Morenland

b iiij   darauff sie

Der Prophet

darauff sie sich verliessen/vnd widerumb das Morenland vber den Egyptern / welcher sie sich rhümeten. Vnd die einwoner dieser Insulen werden sagen zur selbigen zeit/ Ist das vnser zuuersicht/ da wir hin flohen vmb hülffe/ das wir errettet würden von dem Könige zu Assyrien? wie fein sind wir entrunnen?

XXI.

Das gehet wider die Babylonier.

DIs ist die Last vber die wüsten am meer/ Wie ein wetter vom mittage kömpt/ das alles vmbkeret/ so kömpts aus der wüsten aus einem grausamen lande/ Denn mir ist ein hart gesicht angezeigt. Ein verechter kömpt wider den andern/ Ein verstörer wider den andern/ Zeuch er auff Elam/ Belege sie Madai/ Ich wil alle seines seufftzens ein ende machen. Derhalben sind meine lenden vol schmertzens/ vnd angst hat mich ergriffen/ wie eine gebererin/ Ich krümme mich/ wenn ichs höre/ vnd erschrecke/ wenn ichs ansehe/ Mein hertz zittert/ grawen hat mich erschreckt/ Ich habe jnn der lieben nacht kein ruge dafur. Ja richte einen tisch zu/ las wachen auff der warte/ Esset/ trincket/ machet euch auff jr Fürsten/ schmirt den schilt.

(Seines seuftzens Welchs er anrichtet damit das er viel leute plaget/ sonderlich das volck Gottes.

Babel ist Gottes tenne/ denn er wolt sie zu dreschen vñ zu schlagen.

Denn der HErr sagt zu mir also/ Gehe hin/ stelle einen wechter der da schaw vnd ansage/ Er sihet aber reuter reiten vnd faren/ auff rossen / Eseln vnd Kamelen/ vnd hat mit grossem vleis achtung drauff. Vnd ein Lewe rieff/ HErr ich stehe auff der warte jmerdar des tages/ vnd stelle mich auff meine hut alle nacht/ Vnd sihe/ da kömpt einer/ der feret auff einem wagen/ der antwortet/ vnd spricht/ Babel ist gefallen/ Sie ist gefallen/ vnd alle bilde jrer Götter sind zu boden geschlagen. Mein liebe tenne/ da ich auff dresche. Was ich gehört habe vom HERRN Zebaoth dem Gott Israel/ das verkündige ich euch.

(Nacht sein) Das ist/ finster vñ betrübte zeit von vnglück.

Dis ist die Last vber Duma/ Man rufft zu mir aus Seir/ Hüter/ ist die nacht schier hin? Hüter/ ist die nacht schier hin? Der hüter aber sprach/ Wenn der morgen schon kömpt/ so wird es doch nacht sein/ Wenn jr schon fragt/ so werdet jr doch wider komen vnd wider fragen.

Das ist die Last vber Arabia/ Ir werdet im walde jnn Arabia wonen auff dem wege gen Dedanim. Bringet den dürstigen wasser entgegen/ die jr wonet im lande Thema. Bietet brod den flüchtigen/ Denn sie fliehen fur dem schwerd/ ja fur dem blossen schwerd/ fur den gespannen bogen/ fur dem grossen streit. Denn also spricht der HErr zu mir/ Nach jnn eim jar/ wie des taglöners jare sind/ sol alle herrligkeit Kedar vntergehen/ vnd der vbrigen schützen zu Kedar sol weniger werden/ Denn der HERR der Gott Israel hats geredt.

XXII.

Jerusalem heisset er Schawtal/ darumb/ das sie viel schawer/ das ist/ Propheten vnd lerer jnn Gottes wort hatten etc.

DIs ist die Last vber das Schawtal/ Was ist denn euch/ das jr alle so auff die decher laufft? Du warest vol getönes/ eine stad vol volcks/ eine fröliche stad/ Deine erschlagen sind nicht mit dem schwerd erschlagen/ vnd nicht im streit gestorben/ sondern alle deine Heubtleute sind fur dem bogen weg gewichen vnd gefangen/ Alle die

Jesaia.

le die man jnn dir funden hat / sind gefangen vnd fern geflohen. Darumb sage ich / hebt euch von mir/last mich bitterlich weinen/Mühet euch nicht/mich zu trösten/vber der verstörung der tochter meines volckes / Denn es ist ein tag des getümels vnd der zutrettung vnd verwirrung vom HErrn HERRN Zebaoth im Schawtal/vmb des vntergrabens willen der mauren vnd des geschreies am berge. Denn Elam feret daher mit köcher/ wagen/ leuten vnd reutern/ Vnd Kir glentzet daher mit schilden. (Elam) *Das sind die Perser mit den Chaldeern.*

Vnd wird geschehen/das deine auserwelete tal werden vol wagen sein/vnd reuter werden sich lagern fur die thore. Da wird der furhang Juda auffgedeckt werden/das man schawen wird/zu der zeit/ den zeug im hause des waldes/ vnd jr werdet der risse an der stad Dauid viel sehen/vnd werdet das wasser im vntern teiche samlen müssen. Jr werdet auch die heuser zu Jerusalem zelen/ Ja jr werdet die heuser abbrechen /die mauren zu befestigen/ Vnd werdet einen graben machen zwisschen beiden mauren vom wasser des alten teichs. Noch sehet jr nicht auff den der solchs thut/ vnd schawet nicht auff den/ der solchs schaffet von ferne her. (Fürhang) *Das ist/die schatzkamer vnd rüsthaus wird alles offen sein den feinden.*

Darumb wird der HErr HERR Zebaoth zu der zeit ruffen lassen/ das man weine vnd klage / vnd sich beschere vnd seck anzihe. Wie wol jtzt / sihe/ists eitel freude vnd wonne/ochsen würgen/schaf schlachten/fleisch essen/wein trincken (vnd sprecht) Last vns essen vnd trincken/wir sterben doch morgen. Solchs ist fur den obren des HERRN Zebaoth offenbart. Was gilts/ ob euch diese missethat sol vergeben werde/bis jr sterbet/spricht der HErr HERR Zebaoth. (Last vns) *Also spotten sie der propheten/ die jn das sterben verkündigen.*

So spricht der HErr HERR Zebaoth/Gehe hinein zum schatzmeister Sebna dem Hofemeister/ vnd sprich zu jm/Was hastu hie? wen gehörestu an? das du dir ein grab hawen lessest/ als der sein grab jnn der höhe hawen lest/ vnd als der seine wonung jnn den felsen machen lesst. Sihe/ der HERR wird dich weg werffen / wie ein starcker einen weg wirfft / vnd dich zu scharren/ Vnd wird dich vmbtreiben wie eine kugel auff weitem lande/ daselbs wirstu sterben/ daselben werden deine köstliche wagen bleiben / mit schmach des hauses deiner herren. Vnd ich wil dich von deinem stande störtzen / vnd von deinem ampt wil ich dich setzen. *Das er nicht jm seinem hause noch grabe/sondern anderswo zugescharret werde.*

Vnd zu der zeit/wil ich ruffen meinem knecht Eliakim dem son Hilkia/ vnd wil jm deinen rock anzihen / vnd mit deinem gürtel gürten/ vnd deine gewalt jnn seine hand geben/ das er vater sey dere/ die zu Jerusalem wonen/ vnd des hauses Juda/ vnd wil die schlüssel zum hause Dauid auff seine schulder legen/ das er auffthue vnd niemand zuschliesse/ das er zuschliesse /vnd niemand auffthue/ Vnd wil jn zum nagel stecken an einen festen ort/ vnd sol haben den stuel der ehren jnn seines vaters hause/ das man an jn henge alle herrligkeit seines vaters hauses / kind vnd kins kinder/ alle klein gerete/ beide trinckgefesse vnd allerley seiten spiel. Zu der zeit/ spricht der HERR Zebaoth/sol der nagel weg genomen werden/der am festen ort steckt/ das er zubreche vnd falle / vnd seine last vmbkome/ Denn der HERR sagts. (Schlüssel) *Das er schatzmeister sey an jenes stat.*

Dis

XXIII.

Der Prophet

(Chitim) Das hat gethan der grosse Alexander aus Macedonia so gar lange zuuor hat Jesaia solch ding gesehen.

DIs ist die Last vber Tyro/ Heulet jr schiffe auff dem meer/ denn sie ist zustöret/ das kein haus da ist/ noch jemand dahin zeucht. Aus dem lande Chitim werden sie des gewar werden. Die einwoner der Insulen sind stille worden. Die kauffleute zu Zidon/ die durchs meer zogen/ fülleten dich/ Vnd was fur früchte am Sihor/ vnd getreide am wasser wuchs/ bracht man zu jr hinein/ durch grosse wasser/ vnd du warest der Heiden marckt worden. Du magst wol erschrecken Zidon/ denn das meer/ ja die festest am meer spricht/ Ich bin nicht mehr schwanger/ ich gebere nicht mehr/ so zihe ich keine jünglinge auff/ vnd erzihe keine jungfrawen/ Gleich wie man erschrack/ da man von Egypto hörete/ also wird man auch erschrecken/ wenn man von Tyro hören wird. Faret hin auffs meer/ heulet jr einwoner der Insulen.

(Meer) Das ist/ Tyrus.

Ist das ewre frölich stad/ die sich jres alters rhümet? Jre füsse werden sie ferne weg füren zu wallen. Wer hette das gemeinet/ das Tyro die gekröneten so gehen solt? so doch jre kauffleute Fürsten sind/ vnd jre kremer die herrlichsten im lande? Der HERR Zebaoth hats also gedacht/ auff das er schwechet alle pracht der lüstigen stad/ vnd verechtlich machete alle herrlichen im lande. Far hin durch dein land/ wie ein strom/ du tochter des meeres/ da ist keine gurt mehr/ Er reckt seine hand vber das meer/ vnd erschreckt Königreiche. Der HERR gebeut vber Canaan/ zuuertilgen jre mechtigen/ vnd spricht/ Du solt nicht mehr frölich sein/ du geschendete tochter Zidon. O Chitim/ mach dich auff/ vn zeuch fort/ denn du must da nicht bleiben/ sondern inn der Chaldeer land/ das nicht ein volck war/ sondern Assur hat es angericht zu schiffen/ vñ haben feste thürm drinnen auffgerichtet/ vnd pallast auffgebawet/ aber sie ist gesetzt/ das sie geschleifft werden sol. Heulet jr schiffe auff dem meer/ denn ewre macht ist zustöret.

(Gurt) Das ist/ kein regiment vnd oberkeit.etc

(O Chitim) Alexander muste nach Tyro auch Babylon verstören.

Zu der zeit wird Tyrus vergessen werden siebenzig jar/ so lange ein König leben mag/ Aber nach siebentzig jaren/ wird man von Tyro ein hurnlied singen/ Nim die harffen/ gehe jnn der stad vmb du vergessene hure/ machs gut auff dem seitenspiel vnd singe getrost/ auff das dein wider gedacht werde/ Denn nach siebentzig jaren wird der HERR Tyro heimsuchen/ das sie wider kome zu jrem huren lohn/ vnd hurerey treibe mit allen Königreichen auff erden.. Aber jr kauff handel vnd hurlohn werden dem HERRN heilig sein/ man wird sie nicht zu schatz samlen noch verbergen/ sondern die fur dem HERRN wonen/ werden jr kauffgut haben/ das sie essen vnd sat werden vnd wol bekleidet seien.

(Hurlohn) Das ist/ jr gewerb vnd handel/ den sie jnn Abgötterey treibet.

XXIIII.

Jhe der HERR macht das land lehr vnd wüste/ vnd wirfft vmb was drinnen ist/ vnd zustrewet seine einwoner/ Vnd gehet dem Priester wie dem volck/ dem herrn wie dem knecht/ der frawen wie der magd/ dem verkeuffer wie dem keuffer/ dem leiher wie dem borger/ dem manenden wie dem schüldiger/ Denn das land

Jesaia. XII.

land wird lehr vnd beraubet sein/ Denn der HERR hat solchs geredt/ Das land stehet jemerlich vnd verdirbt/ der erdboden nimpt abe vnd verdirbt/ die höhesten des volckes im lande nemen abe/ das land ist entheiliget von seinen einwonern/ Denn sie vbergeben das Gesetz/ vnd endern die Gebot/ vnd lassen faren den ewigen Bund.

Darumb frisset der fluch das land/ denn sie verschuldens die drinnen wonen. Darumb verdorren die einwoner des landes/ das wenig leute vberbleiben. Der most verschwindet/ der weinstock verschmacht/ vnd alle die von hertzen frölich waren/ seufftzen. Die freude der paucken feiret/ das jauchzen der frölichen ist aus/ vnd die freude der harffen hat ein ende. Man singet nicht beim weintrincken/ vnd gut getrenck ist bitter denen so es trincken. Die lerhe stad ist zubrochen/ alle heuser sind zugeschlossen/ das niemand hinein gehet. Man klagt wein auff den gassen/ das alle freude weg ist/ alle wonne des landes dahin ist/ Eitel wüstung ist jnn der stad blieben/ vnd die thor stehen öde/ Denn es gehet im lande vnd im volck/ eben als wenn ein ölebawm abgepflockt ist/ als wennman nachlieset/ so die weinerndte aus ist. Die selbigen heben jre stimme auff/ vnd rhümen/ vnd jauchzen vom meer her vber der herrligkeit des HERRN. So preiset nu den HERRN jnn gründen/ jnn den Insulen des meeres den namen des HERRN/ des Gottes Israel.

Wir hören lobesang vom ende der erden/ zu ehren dem Gerechten/ Vnd ich mus sagen/ Wie bin Ich aber so mager? Wie bin ich aber so mager? Weh mir/ Denn die verechter verachten/ ja die verechter verachten/ Darumb kömpt vber euch einwoner/ schrecken/ grube vnd strick. Vnd ob einer entflöhe fur dem geschrey des schreckens/ so wird er doch jnn die gruben fallen/ kömpt er aus der gruben/ so wird er doch im strick gefangen werden/ Denn die fenster jnn der Höhe sind auffgethan/ vnd die grundfeste der erden beben. Es wird dem lande vbel gehen vnd nichts gelingen/ vnd wird zufallen/ Das land wird daumeln wie ein trunckener/ vnd weg gefurt/ wie eine hütte/ Denn seine missethat drücket es/ das es fallen mus/ vnd kan nicht bleiben.

Die Heiden loben Gott mit hauffen/ vnd vnser volck ist so dünne vnd wenig/ die solchs thun.

Zu der zeit wird der HERR heimsuchen die hohe Ritterschafft/ so jnn der höhe sind/ vnd die Könige der erden/ so auff erden sind/ das sie versamlet werden jnn ein bündlin zur gruben/ vnd verschlossen werden im kercker/ vnd nach langer zeit wider heimgesucht werden. Vnd der mond wird sich schemen/ vnd die sonne mit schanden bestehen/ wenn der HERR Zebaoth König sein wird auff dem berg Zion vnd zu Jerusalem/ vnd fur seinen Eltesten/ jnn der herrligkeit.

XXV.

HERR du bist mein Got/ dich preise ich/ Ich lobe deinen namen/ Denn du thust wunder/ deine furnemen von altem her sind trew vnd warhafftig. Denn du machest die Stad zum steinhauffen/ die feste stad/ das sie auff eim hauffen ligt/ der frembden pallast/ das nicht mehr eine stad sey/ vnd nimer mehr gebawet werde. Darumb ehret dich ein mechtig volck/ die stedte gewaltiger heiden furchten dich/ Denn du bist der geringen stercke/ der armen stercke im trübsal/ eine zuflucht fur dem vngewitter/ eine schatte fur der hitze/ wenn die Tyrannen wüten/ wie ein vngewitter wider eine wand. Du demütigest

Der Prophet

mütigest der frembden vngestum/ wie die hitze jnn einem dürren ort/ das die hitze den reben der Tyrannen verderbe/ vnd die wolcke dennoch schaten gebe.

Vnd der HERR Zebaoth wird allen völckern machen auff diesem berge ein fett mal/ ein mal von reinem wein/ von fett/ von marck/ von wein darinn keine hefen ist. Vnd er wird auff diesem berge das hüllen weg thun/ damit alle völcker verhüllet sind/ vnd die decke/ damit alle Heiden zugedeckt sind/ Denn der tod wird gar verschlungen werden/ vnd der HErr HERR wird die threnen von allen angesichten abwisschen/ vnd wird auffheben die schmach seines volcks/ jnn allen landen/ Denn der HERR hats gesagt.

(Hüllen) Wie die todte verhüllet werden/ das ist/ er wird die todten lebendig machen.

Zu der zeit wird man sagen/ Sihe/ das ist vnser Gott/ auff den wir harren/ vnd er wird vns helffen/ Das ist der HERR/ Wir harren auff jn/ das wir vns frewen vnd frölich seien jnn seinem heil/ Denn die hand des HERRN ruget auff diesem berge/ Moab aber wird vnter jm zudrosschen werden/ wie stroh zu drosschen wird/ vnd wie kot/ Vnd wird seine hende mitten vnter sie ausbreiten/ wie sie ein schwimmer ausbreitet/ zu schwimmen/ Vnd wird jren pracht nidrigen mit den armen seiner hende/ vnd die hohe festung ewer mauren beugen/ nidrigen vnd jnn den staub zu boden werffen.

XXVI.

(Heil) Das ist/ feste vnd vnüberwindlich.

ZV der zeit/ wird man ein solch Lied singen im lande Juda.

Wir haben eine feste stad/ mauren vnd wehre sind heil.

Thut die thor auff/ das herein gehe das gerechte volck/ das den glauben bewaret.

Du erheltest stetts friede/ nach gewisser zusage/ denn man verlesset sich auff dich.

Darumb verlasset euch auff den HERRN ewiglich/ Denn Gott der HERR ist ein Fels ewiglich.

Vnd er beuget die so jnn der höhe wonen/ die hohe stad nidrigt er/ ja er stösset sie zur erden/ das sie im staube ligt.

Das sie mit füssen zutretten wird/ ja mit füssen der armen/ mit fersen der geringen.

Aber der gerechten weg ist schlecht/ den steig der gerechten machestu richtig.

Denn wir warten auff dich HERR im wege deines rechten/ Des hertzen lust stehet zu deinem namen vnd Wort.

Von hertzen begere ich dein des nachts/ dazu mit meinem Geist jnn mir wache ich frue zu dir.

Denn wo dein recht im lande gehet/ so lernen die einwoner des erdboden gerechtigkeit.

Aber wenn den Gottlosen gleich gnade angeboten wird/ so lernen sie doch nicht gerechtigkeit.

Sondern thun nur vbel im richtigen lande/ Denn sie sehen des HERRN Herligkeit nicht.

HERR deine hand ist erhöhet/ das sehen sie nicht/ Wenn sie es aber sehen werden/ so werden sie zuschanden werden im eiuer vber die Heiden/ Dazu wistu sie mit feur/ damit du deine feinde verzerest/ verzeren.

Jesaia.   XIII.

Aber vns HERR wirstu friede schaffen/Denn alles was wir aus/
richten/das hastu vns gegeben.

HERR vnser Gott/ es herschen wol ander herrn vber vns denn
du/Aber wir gedencken doch alleine dein vnd deines namens.

Die todten bleiben nicht leben/Die verstorbene stehen nicht auff.

Denn du hast sie heimgesucht vnd vertilget/vnd zu nicht gemacht
alle jre gedechtnis.

Aber du HERR ferest fort vnter den Heiden/du ferest jmer fort
vnter den Heiden/ beweisest deine Herrligkeit/ vnd komest ferne bis
an der welt ende.

HERR wenn trübsal da ist/ so suchet man dich/ wenn du sie züch/
tigest/ so ruffen sie engstiglich.

Gleich wie eine schwangere/ wenn sie schier geberen sol/ so ist jr
angst/schreiet jnn jrem schmertzen/So gehets vns auch HERR fur
deinem angesicht.

Da sind wir auch schwanger / vnd ist vns bange das wir kaum
odem holen.

Noch können wir dem lande nicht helffen/ vnd die einwoner auff
dem erdboden wollen nicht fallen.

Aber deine todten werden leben/ vnd mit dē leichnam aufferstehen.
Wacht auff vnd rhümet / die jr ligt vnter der erden/ Denn dein taw
ist ein taw des grünen feldes/vnd das land wird die todten eraus wer/
ffen.

Gehe hin/mein volck jnn eine kamer/ vnd schleus die thür nach dir
zu/Verbirge dich ein klein augenblick/bis der zorn fur vber gehe.

Denn sihe/der HERR wird ausgehen von seinem ort/heim zu su/
chen die bosheit der einwoner des landes vber sie/das das land wird
offenbarn jr blut/vnd nicht weiter verhelen die drinnen erwürget sind.

XXVII.

Zu der zeit wird der HERR heimsuchen mit seim har/
ten/ grossen vnd starcken schwerd/ beide den Leuia/
than/ der eine schlechte schlange/ vnd den Leuiathan/
der eine krumme schlange ist/ vnd wird die drachen im
meer erwürgen.

Zu der zeit wird man singen von dem weinberge des
besten weins/ Ich der HERR behüte jn/vnd feuch/
te jn balde/ das man seiner bletter nicht vermisse/ ich
wil jn tag vnd nacht behüten.

Gott zürnet nicht mit mir/Ah das ich möcht mit den hecken vnd
dornen kriegen/so wolt ich vnter sie reissen/vnd sie auff einen hauffen
anstecken. Er wird mich erhalten bey meiner krafft/vnd wird mir frie
de schaffen/frieden wird er mir dennoch schaffen.

Es wird dennoch dazu komen / das Jacob wurtzeln wird/ vnd
Israel blühen vnd grünen wird/ das sie den erdboden mit früchten er
füllen/Wird er doch nicht geschlagen/wie jn seine feinde schlahen/
Vnd wird nicht erwürget/wie jn seine feinde erwürgen/ sondern mit
massen richtestu sie/ vnd lessest sie los/ wenn du sie betrübet hast mit
deinem rauhen wind/nemlich mit dem Ost wind/ Darumb wird da
durch die sunde Jacob auff hören / Vnd das ist der nutz da/
non/das seine sunde weg genomen werden/jnn dem/das er alle steine

c   des Altars

Der Prophet

(Altars)
Das ist/alle jr Abgötterey.

des Altars machet wie zustossen steine zu asschen/ das keine hayne noch bilder mehr bleiben.

Denn die feste stad mus einsam werden/ die schöne henser verstossen vnd verlassen werden/ wie eine wüste/ das kelber daselbs weiden vnd rugen/ vnd daselbst reisser abfressen/ Jre zweige werden fur dürre brechen/ das die weiber komen vnd fewr damit machen werden. Denn es ist ein vnuerstendig volck/ Darumb wird sich auch jr nicht erbarmen der sie gemacht hat/ vñ der sie geschaffen hat/ wird jnen nicht gnedig sein.

(Worffen)
Wie man inn der tennen das korn worffet.

Zu der zeit wird der HERR worffen/ von dem vfer des wassers/ bis an den bach Egypti/ vnd jr kinder Jsrael werdet versamlet werden/ einer nach dem andern.

Zu der zeit wird man mit einer grossen posaunen blasen/ so werden komen die verlornen im lande Assur/ vnd die verstossenen im lande Egypti/ vnd werden den HERRN anbeten/ auff dem Heiligen berge zu Jerusalem.

XXVIII.

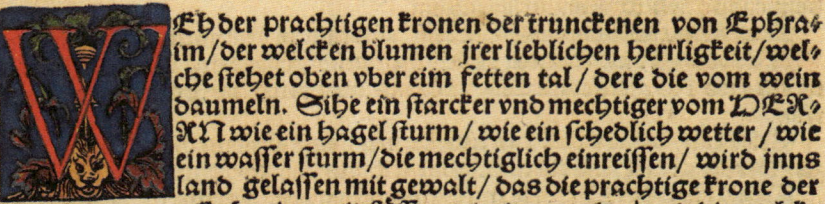

Eh der prachtigen kronen der trunckenen von Ephraim/ der welcken blumen jrer lieblichen herrligkeit/ welche stehet oben vber eim fetten tal/ dere die vom wein daumeln. Sihe ein starcker vnd mechtiger vom HERRN wie ein hagel sturm/ wie ein schedlich wetter/ wie ein wasser sturm/ die mechtiglich einreissen/ wird jnns land gelassen mit gewalt/ das die prachtige krone der trunckenen von Ephraim mit füssen zutreten werde/ vnd die welcke blume jrer lieblichen herrligkeit/ welche stehet oben vber einem fetten tal/ wird sein/ gleich wie das reiffe vor dem sommer/ welchs verdirbt/ wenn mans noch an seinem zweige hangen sihet.

Zu der zeit wird der HERR Zebaoth sein eine liebliche krone vnd herrlicher krantz den vbrigen seines volcks/ vnd ein Geist des rechts/ dem der zu gericht sitzt/ vnd eine stercke denen/ die vom streit wider komen zum thor.

Dazu sind diese auch vom wein toll worden/ vnd daumeln von starckem getrenck/ Denn beide Priester vnd Propheten sind toll von starckem getrencke/ sind im wein ersoffen vnd daumeln von starckem getrencke. Sie sind toll im weissagen/ vnd köcken die vrteil eraus/ Denn alle tissche sind voll speyens vnd vnflats/ an allen orten.

(Sie sagen)
Vernim die spotter.

Wen sol er denn leren das erkentnis? Wem sol er zuuerstehen geben die predigt? Den entwenete von der milch/ denen die von brüsten abgesetzt sind/ Denn sie sagen/ Gepeut hin/ Gepeut her/ gepeut hin/ gepeut her/ Harre hie/ harre da/ Harre hie/ harre da/ Hie ein wenig/ da ein wenig/ Wol an/ er wird ein mal mit spötlichen lippen vnd mit einer andern zungen reden zu diesem volck/ welchem itzt dis gepredigt wird/

(Müden)
Des gewissens friede achten sie nicht der von glauben kömpt / sondern spotten des glaubens lere/ vnd pochen auff werck.

So hat man ruge/ So erquickt man die müden/ So wird man stille/ vnd wollen doch solcher predigt nicht/ Darumb sol jnen auch des HERRN wort eben also werden/ Gepeut hin/ gepeut her/ Gepeut hin/ gepeut her/ Harre hie/ harre da/ Harre hie/ harre da/ Hie ein wenig/ da ein wenig/ das sie hin gehen vnd zu rücke fallen/ zubrechen/ verstrickt vnd gefangen werden. So höret

Jesaia. XIIII.

So höret nu des HERRN wort jr Spotter / die jr herschet vber dis volck so zu Jerusalem ist / Denn jr sprecht / Wir haben mit dem tod einen Bund / vnd mit der hellen einen verstand gemacht / Wenn eine flut daher gehet / wird sie vns nicht treffen / Denn wir haben vns falsche zuflucht vnd betrieglichen schirm gemacht.

Darumb spricht der HErr HERR / Sihe / ich lege jnn Zion einen grundstein / einen prüfestein einen köstlichen Eckstein / der wol gegründet ist / Wer gleubt / wird nicht erschrecken / Vnd ich wil das Recht zur richtschnur / vnd die gerechtigkeit zum gewicht machen / So wird der hagel die falsche zuflucht weg treiben / vnd wasser sollen den schirm wegschwemmen / das ewer Bund mit dem tode los werde / vnd ewer verstand mit der hellen nicht bestehe. Vnd wenn eine flut daher gehet / wird sie euch zutretten / So bald sie daher gehet / wird sie euch weg nemen / Kömpt sie des morgens / so geschichts des morgens. Also auch / sie kome des tages oder des nachts / Denn alleine die straffe leret auffs wort mercken / Denn das bette ist so enge / das nichts vbrigs ist / vnd die decke so kurtz / das man sich drein schmiegen mus / Denn der HERR wird sich auffmachen / wie auff dem berge Prazim / vnd zürnen / wie im tal Gibeon / das er sein werck thue / auff ein ander weise / vnd das er seine erbeit thue / auff ein ander weise. So lasset nu ewr spotten / auff das ewre bande nicht herter werden / Denn ich habe ein verderben vnd steuren gehöret / so vom HErrn HERRN Zebaoth geschehen wird jnn aller welt.

(Straffe) Narren mus man mit kolben lausen / Vnd rute machet frome Kinder.

Nemet zu ohren vnd höret meine stimme / mercket auff vnd höret meine rede. Pflüget oder brochet oder erbeitet auch ein ackerman seinen acker jmerdar zur saat? Ists nicht also? Wenn ers gleich gemachet hat / so strewet er wicken / vnd wirfft kümel / vnd seet weitzen vnd gersten / jgliches wo ers hin haben wil / vnd spellt an seinen ort / Also züchtiget sie auch jr Gott durch straffe vnd leret sie / Denn man dreschet die wicken nicht mit egen / so lesst man auch nicht das wagen rad vber den kümel gehen / Sondern die wicken schlegt man aus mit eim stabe / vnd den kümel mit eim stecken / Man malet es / das brod werde / vnd dreschet es nicht gar zu nicht / wenn mans mit wagen raden vnd pferden ausdreschet / Solches geschicht auch vom HERRN Zebaoth / Denn sein rat ist wunderbarlich / vnd furet es herrlich hinaus.

Gott strafft / aber verdamnet nicht die seinen.

XXIX.

WEh Ariel Ariel / du stad des lagers Dauid / Jr haltet jarzeite vnd feiret feste / Aber ich wil den Ariel engsten / das er trawrig vnd jamerig sey / vnd sol mir ein rechter Ariel sein. Denn ich wil dich belagern rings vmbher / vnd wil dich engsten mit bollwerg / vnd wil wallen vmb dich auffuren lassen / Als denn soltu genidriget werden vnd aus der erden reden / vnd aus dem staube mit deiner rede mummeln / das deine stimme sey / wie eins zenberers aus der erden / vnd deine rede aus dem staube wispele. Vnd die menge die dich zurstrewen / werden so viel sein / als ein dünner staub / vnd die menge der Tyrannen / wie eine webende sprew / vnd das sol plötzlich bald geschehen / Denn du wirst vom HERRN Zebaoth heim

(Ariel) heisset Gottes lewe / also heissen sie die stad Jerusalem / vmb willen / das sie durch Gott mechtig war / Aber nu sol er Gottes lewe heissen / wider welchen Gott streiten wil.

Der Prophet

oth heimgesucht werden mit wetter vnd erdbeben vnd grossem donner/ mit windwürbel vnd vngewitter/ vnd mit flammen des verzerenden fewrs.

Aber wie ein nachts gesicht im trawm/ so sol sein die menge aller Heiden/ so wider Ariel streiten/ sampt alle jrem heer vnd bolwerg/ vñ die jn engsten/ Denn gleich wie einem hungerigem trewmet/ das er esse/ wenn er aber auffwacht/ so ist seine seele noch leer/ Vnd wie einem durstigen trewmet/ das er trincket/ wenn er aber auffwachet/ ist er matt vnd durstig/ Also sollen sein die menge aller Heiden/ die wider den berg Zion streiten.

Erstarret vnd werdet verstortzt / Verblendet euch/ vnd werdet truncken/ doch nicht vom wein. Daumelt/ doch nicht von starckem getrencke/ Denn der HERR hat euch einen Geist des harten schlaffs eingeschenckt/ vnd ewr augen zugethan. Ewer Propheten vnd Fürsten/ sampt den Sehern/ hat er geblendet/ das euch aller (Propheten) gesicht sein werden/ wie die wort eines versigleten Buchs/ welchs/ so man gebe einem der lesen kan/ vnd spreche/ Lieber lies das/ Vnd er spreche/ Ich kan nicht/ denn es ist versigelt/ Oder gleich als wenn mans gebe dem der nicht lesen kan/ vnd spreche/ Lieber lies das/ Vnd er spreche/ Ich kan nicht lesen.

Vnd der HErr spricht/ Darumb das dis volck zu mir nahet mit seinem munde/ vnd mit seinen lippen mich ehret/ aber jr hertz ferne von mir ist/ vnd mich furchten nach menschen gebot/ die sie leren/ So wil ich auch mit diesem volck wunderlich vmbgehen/ auffs wunderligst vnd seltzamst/ das die weisheit seiner weisen vntergehe/ vnd der verstand seiner klugen verblendet werde.

Wehe/ die verborgen sein wollen fur dem HERRN jr furnemen zuuerhelen/ vnd jr thun im finstern halten/ vnd sprechen/ Wer sihet vns? vnd wer kennet vns? Wie seid jr so verkeret? gleich als wenn des töpffers thon gedechte/ vnd ein werg spreche von seinem meister/ Er hat mich nicht gemacht/ Vnd ein gemechte spreche von seinem töpffer/ Er kennet mich nicht. Wolan/ es ist noch vmb ein klein wenig zu thun/ so sol Libanon ein feld werden/ vnd das feld sol ein wald gerechent werden/ Denn zur selbigen zeit/ werden die touben hören die wort des Buchs/ vnd die augen der blinden werden aus dem tunckel vnd finsternis sehen/ vnd die elenden werden wider freude haben am HERRN/ vnd die armen vnter den menschen werden frölich sein jnn dem Heiligen Israel/ wenn die Tyrannen ein ende haben/ vnd mit den spottern aus sein wird/ vnd vertilget sein werden alle die so wachen/ mühe anzurichten/ welche die leute sündigen machen durchs predigen/ vnd stellen dem nach/ der sie straffet im thor/ weichen durch lügen vom gerechten.

Darumb spricht der HERR/ der Abraham erlöset hat/ zum hause Jacob also/ Jacob sol nicht mehr zu schanden werden/ vnd sein andlitz sol sich nicht mehr schemen. Denn wenn sie sehen werden jre kinder/ die werck meiner hende/ vnter jnen/ werden sie meinen namen heiligen/ vnd werden den Heiligen jnn Jacob heiligen/ vnd den Gott Israel fürchten/ Denn die so jrrigen geist haben/ werden verstand annemen/ vnd die schwetzer werden sich leren lassen.

XXX.

Wehe den

Libanon ist die stad Jerusalem aus Libanon gebawet.

(Mühe) Das ist/ falsche lere vnd werck.

Schwetzer sind die vnnützen plauderer/ als die schwermer etc.

Jesaia. XV.

WEhe den abtrünnigen kindern/ spricht der HERR/ die on mich ratschlagen/ vnd on meinen Geist schutz suchen/ zuheuffen eine sunde vber die ander/ die hinab zihen jnn Egypten/ vñ fragen meinen mund nicht/ das sie sich stercken mit der macht Pharao/ vnd sich beschirmen vnter dem schatten Egypti. Denn es sol euch die stercke Pharao zur schanden geraten/ vnd der schutz vnter dem schatten Egypti zum hohn. Jre Fürsten sind wol zu Zoan gewest/ vnd jre botschafft gen Hanes komen/ Aber sie müssen doch alle zu schanden werden vber dem volck/ das jnen nicht nütze sein kan/ weder zur hülffe/ noch sonst zu nutz/ sondern nur zur schande vnd spot.

Dis ist die Last vber die thiere so gegen mittage zihen/ da lewen vnd lewyn sind/ ja ottern vnd fewrige fliegende trachen/ jm lande der trübsal vnd angst. Sie furen jr gut auff der fullen rücke/ vnd jre schetze auff der kamel höcker/ zum volck/ das jnen nicht nütze sein kan/ Denn Egypten ist nichts/ vnd jr helffen ist vergeblich/ Darumb predige ich dauon also/ Die Rahab wird still dazu sitzen. Rahab ist Egypten/ vnd heisser stolz

So gehe nu hin vnd schreibs jnen fur auff eine tafel/ vnd zeichens jnn ein Buch/ das es bleibe fur vnd fur ewiglich/ Denn es ist ein vngehorsam volck/ vnd verlogene kinder/ die nicht hören wollen des HERRN Gesetz/ Sondern sagen zu den Sehern/ Jr solt nichts sehen/ vnd zu den Schawern/ Jr solt vns nicht schawen/ die rechte lere/ Predigt vns aber sanffte/ Schawet vns teuscherey/ Weichet vom wege/ Machet euch von der ban/ Lasset den Heiligen Jsrael auff hören bey vns.

Darumb spricht der Heilige Jsrael also/ Weil jr dis wort verwerffet/ vnd trawet den Lestern vnd verfürern/ vnd verlasset euch darauff/ so sol euch solche vntugent sein/ wie ein riss / an einer hohen mauren/ wenn es beginnet zu rieseln/ die plötzlich vnuersehens einfellt vnd zuschmettert/ als/ wenn ein topffen zuschmettert würde/ das man zustösset vnd sein nicht schonet/ also das man von seinen stücken nicht eine scherbe findet/ darin man fewr hole vom herd/ odder wasser schepffet aus einem brun.

Denn so spricht der HErr HERR der Heilige jnn Jsrael/ Wenn jr stille bliebet/ so würde euch geholffen/ durch stille sein vnd hoffen würdet jr starck sein. Aber jr wolt nicht/ vnd sprechet/ Nein/ sondern auff rossen wollen wir fliehen (darumb werdet jr flüchtig sein) vnd auff leuffern wollen wir reiten (darumb werden euch ewr verfolger vbereilen) Denn ewer tausent werden fliehen/ fur eines einigen schelten/ ja fur funffen werdet jr alle fliehen/ bis das jr vberbleibet/ wie ein mastbawm oben auff eim berge/ vnd wie ein panier oben auff eim hügel. (Stille) Das ist/ leiden/ gedult vnd harre etc

Darumb harret der HERR das er euch gnedig sey/ vnd hat sich auffgemacht/ das er sich ewr erbarme/ Denn der HERR ist ein Gott des gerichts. Wol allen die sein harren. Denn das volck Zion wird zu Jerusalem wonen/ Du wirst nicht weinen/ Er wird dir gnedig sein wenn du ruffest/ Er wird dir antworten/ so bald ers höret. Vnd der HErr wird euch jnn trübsal brod/ vnd jnn engsten wasser geben. Deñ er wird deinen lerer nicht mehr lassen wegfliegen/ Sondern deine au- (Gerichts) Nicht des wütens oder grimmes/ sondern strafft mit massen vnd thut jm nicht zu viel/ wie die Rachgirigen pflegen.

c iij   gen

Der Prophet

gen werden deinen Lerer sehen/ vnd deine ohren werden hören das wort hinder dir sagen also her/ Dis ist der weg/ den selbigen gehet/ sonst weder zur rechten noch zur lincken.

Vnd jr werdet entweihen ewre vbersilbeten Götzen/ vnd die güldene kleider ewer bilder/ vnd werdet sie wegwerffen wie ein vnflat/ vñ zu jnen sagen/ Hinaus/ so wird er deinem samen/ den du auff den acker geseet hast/ regen geben/ vnd brod von des ackers einkomen/ vnd desselbigen volle genüge/ Vnd dein vihe wird sich zu der zeit weiden jnn einer weiten awe/ die ochsen vnd füllen/ so den acker bawen/ werden gemengt kleien essen/ welchs geworffen ist mit der worffschaufel vnd wanne. Vnd es werden auff allen grossen bergen vnd auff allen grossen hügeln zurteilete wasser strome gehen/ zur zeit der grossen schlacht/ wenn die thürme fallen werden. Vnd des mondes schein wird sein wie der sonnen schein/ Vnd der sonnen schein wird sieben mal heller sein denn jtzt/ zu der zeit/ wenn der HERR den schaden seines volcks verbinden/ vnd seine wunden heilen wird.

Thürme sind die grossen Tirannen vnd gewaltigen.

Sihe/ des HERRN name kömpt von ferne/ sein zorn brennet/ vnd ist seer schweer/ Seine lippen sind vol grimmes/ vnd seine zunge wie ein verzerend fewr/ vnd sein oddem/ wie eine wasserflut/ die bis an den hals reichet/ zu strewen die Heiden bis sie zu nicht werden/ vnd die völcker mit eim zaum jnn jren backen hin vnd her treibe. Da werdet jr singen/ wie zu nacht eines Heiligen festes/ vnd euch von hertzen frewen/ als wenn man mit der pfeiffen gehet zum berge des HERRN zum Hort Israel.

Vnd der HERR wird seine herrliche stimme schallen lassen/ das man sehe seinen ausgereckten arm/ mit zornigem drewen/ vnd mit flammen des verzerenden fewers/ mit starckem regen vnd mit hagel. Denn Assur wird erschrecken fur der stimme des HERRN/ der jn mit der ruten schlegt. Denn es wird die rute gantz durch dringen vnd wol treffen/ wenn sie der HERR vber jn füren wird/ mit paucken vnd harffen/ vnd allenthalben wider sie streiten. Denn die grube ist von gestern her zugericht/ ja die selbige ist auch dem Könige bereit/ tieff vnd weit gnug/ So ist die wonunge drinnen/ fewr vnd holtz die menge/ der oddem des HERRN wird sie anzünden/ wie ein schwefel strom.

Das laut von der helle vnd ewigem fewr.

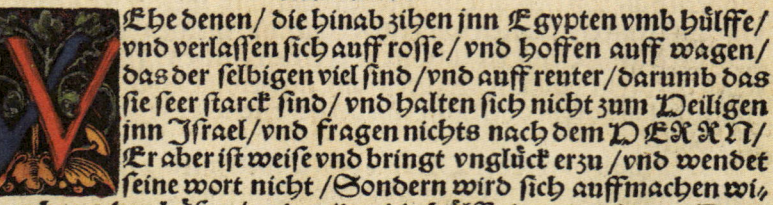

XXXI.

Ehe denen/ die hinab zihen jnn Egypten vmb hülffe/ vnd verlassen sich auff rosse/ vnd hoffen auff wagen/ das der selbigen viel sind/ vnd auff reuter/ darumb das sie seer starck sind/ vnd halten sich nicht zum Heiligen jnn Israel/ vnd fragen nichts nach dem HERRN/ Er aber ist weise vnd bringt vnglück erzu/ vnd wendet seine wort nicht/ Sondern wird sich auffmachen wider das haus der bösen/ vnd wider die hülffe der vbeltheter/ Denn Egypten ist mensch vnd nicht Gott/ vnd jre rosse sind fleisch vnd nicht Geist. Vnd der HERR wird seine hand ausrecken/ das der helffer strauchle/ vnd der dem geholffen wird/ falle/ vnd alle miteinander vmbkomen.

(Der vbeltheter) Das ist/ der Juden/ welche solche hülffe suchen.

Denn so spricht der HERR zu mir/ Gleich wie ein lewe vnd ein junger

Jesaia. XVI.

junger lewe brüllet vber seinem raub/ Wenn der hirten menge jn an-
schreiet/ so erschrickt er fur jrem geschrey nicht/ vnd ist jm auch nicht
leide fur jrer menge/ Also wird der HERR Zebaoth hernider faren
zu streitten auff dem berge Zion vnd auff seinem hügel.   Vnd der
HERR Zebaoth wird Jerusalem beschirmen (wie die vogel thun
mit flügeln) schützen/ erretten/ drinnen vmbgehen vnd aushelffen.

Keret vmb jr kinder Israel/ die jr seer abgewichen seit/ Denn zu
der zeit wird ein jglicher seine silberne vnd güldene Götzen verwerffen/
welche euch ewre hende gemachet hatten zur sünde. Vnd Assur sol
fallen/ nicht durch mannes schwerd/ vnd sol verzeret werden nicht
durch menschen schwerd/ vnd wird doch fur dem schwerd fliehen/
vnd seine junge manschafft wird zinsbar werden. Vnd jr Fels wird (Fels) Das ist/
fur furcht weg zihen/ vnd seine Fürsten werden fur dem panier die   jr König.
flucht geben/ Spricht der HERR/ der zu Zion fewer/ vnd zu Je- (Herd) Das ist/
rusalem einen herd hat.   der zu Jerusalem
                                                                 haus helt/ vnd da
                                                                 selbst heim ist.

XXXII.

Jhe/ Es wird ein König regiern/ gerechtigkeit anzu-
richten/ vnd Fürsten werden herrschen/ das Recht zu
handhaben/ das jderman sein wird/ als einer der fur
dem winde bewaret ist/ vnd wie einer der fur dem platz
regen verborgen ist/ wie die wasserbeche am dürren
ort/ wie der schatten eines grossen felsen im trocken
lande. Vnd der sehenden augen werden sich nicht blenden lassen/ vnd
die ohren der zuhörer werden auffmercken/ vnd die vnfürsichtigen/
werden klugheit lernen/ vñ der stammelden zunge wird fertig vnd rein-
lich reden. Es wird nicht mehr ein narr/ Furst heissen/ noch ein Geitzi-
ger Herr genant werden/ Denn ein narr redet von narrheit/ vnd sein
hertz gehet mit vnglück vmb/ das er heucheley anrichte/ vnd predige
vom HERRN yrsal/ damit er die hungerigen seelen aushungere/
vnd den dürstigen das trincken were. Denn des Geitzigen regirn ist ei-
tel schaden/ denn er erfindet tücke zu verderben die elenden mit falsch-
en worten/ wenn er des armen recht reden sol/ Aber die Fürsten wer-
den Fürstliche gedancken haben/ vnd drüber halten.

Stehet auff jr stoltzen frawen/ höret meine stim/ die jr so sicher
seid/ nemet zu ohren meine rede. Es ist vmb jar vnd tag zu thun/ so
werdet jr sicheren zittern. Denn es wird kein weinerndte/ so wird auch
kein lesen werden/ Erschreckt jr stoltzen frawen/ zittert jr sichere/ Es
ist furhanden/ ausziehen/ blössen vnd gürten vmb die lenden/ Man
wird klagen vmb die ecker/ ja vmb die lieblichen ecker/ vmb die frucht-
barn weinstöcke/ Denn es werden auff dem acker meines volcks dor-
nen vnd hecken wachsen/ dazu vber allen freuden heuser jnn der fröli-
chen stad/ Denn die pallast werden verlassen sein/ vnd die menge jnn
der stad einsam sein/ das die thürme vnd festunge/ ewige hülen wer-
den/ vnd dem wild zur freude/ den herden zur weide/ bis so lange/ das
vber vns ausgegossen werde der geist aus der höhe/ So wird denn die
wüsten zum acker werden/ vnd der acker fur einen wald gerechnet wer-
den/ vnd das recht wird jnn der wüsten wonen/ vnd gerechtigkeit auff
dem acker hausen/   Vnd der gerechtigkeit frucht wird der friede
sein/ vnd der gerechtigkeit nutz wird ewige stille vnd sicherheit
sein/ das mein volck jnn heusern des friedes wonen wird/ jnn
                              c iiij   sichern

Der Prophet

Jerusalem heisset er Wald/ das sie aus dem walde Libanon gebawet ist sichern wonungen vnd jnn stoltzer ruge / Aber hagel wird sein den Wald hinab/ vnd die stad da nidden wird nidrig sein. Wol euch/ die jr seet allenthalben an den wassern/ denn da müget jr die füsse der ochsen vnd esel drauff gehen lassen.

XXXIII.

We aber dir du Verstörer/ meinstu du werdest nicht verstöret werden? Vnd du verechter/ meinstu/ man werde dich nicht verachten? Wenn du das verstören volendet hast/ so wirstu auch verstöret werden/ wenn du des verachtens ein ende gemacht hast/ so wird man dich wider verachten.

HERR sey vns gnedig/ denn auff dich harren wir/ Sey jr arm frue/ dazu vnser heil zur zeit des trübsals/ Las fliehen die völcker fur dem grossen getümel/ vnd die Heiden zurstrewet werden wenn du dich auff machest. Da wird man euch auffraffen als ein raub/ wie man die hewschrecken auffrafft/ vnd wie die kefer zuscheucht werden/ wenn man sie vberfelt.

Der HERR ist erhaben/ denn er wonet jnn der höhe/ Er hat Zion vol gerichts vnd gerechtigkeit gemacht/ Vnd wird zu deiner zeit glaube sein / vnd herrschafft/ heil/ weisheit/ klugheit/ furcht des HERRN/ werden sein schatz sein.

(Ire boten) die zu jnen gesand sind/ vnd wolle sie doch nicht hören. Sihe/ jre boten schreien draussen/ vnd die Engel des friedes weinen bitterlich (vnd sprechen) Die steige sind wüste/ Es gehet niemand mehr auff der strassen. Er hellt weder trew noch glauben/ Er verwirfft die stedte/ vnd acht der leute nicht. Das land ligt kleglich vnd jemerlich/ Der Libanon stehet schendlich zu hawen/ Vnd Saron ist wie ein gefilde/ vnd Basan vnd Charmel ist öde.

Libanon/ Saron/ Basan/ Charmel ist hie alles ein ding/ nemlich Jerusalem/ darumb das es sich aus solchen bergen vnd eckern bawet vnd erneeret. Nu wil ich mich auffmachen/ spricht der HERR/ Nu wil ich mich erheben/ Nu wil ich hoch komen/ Mit stroh gehet jr schwanger/ stoppeln geberet jr/ Fewr wird euch mit ewrem mut verzeren/ Denn die völcker werden zu kalck verbrand werden/ wie man abgehawen dornen mit fewr ansteckt.

So höret nu jr die jr ferne seid/ was ich gethan habe/ vnd die jr nahe seid/ mercket meine stercke/ Die sunder zu Zion sind erschrocken/ zittern ist die heuchler ankomen/ (vnd sprechen) Wer ist vnter vns/ der bey einem verzerenden fewr wonen müge? Wer ist vnter vns/ der bey der ewigen glut wone?

Wer jnn gerechtigkeit wandelt/ vnd redet was recht ist/ Wer vnrecht hasset sampt dem geitz/ vnd seine hende abzeucht/ das er nicht geschencke neme/ Wer seine ohren zustopfft/ das er nicht blut schulden höre/ vnd seine augen zuhelt/ das er nicht arges sehe/ Der wird jnn der höhe wonen/ vnd felsen werden seine Feste vnd schutz sein/ Sein brod wird jm gegeben/ Sein wasser hat er gewis/ Deine augen werden den König sehen jnn seiner schöne/ Du wirst das land erweitert sehen/ das sich dein hertz seer verwundern wird/ vnd sagen/ Wo sind nu die Schrifftgelerten? Wo sind die Rete? Wo sind die Cantzeler? Dazu wirstu das starcke volck nicht sehen/ Das volck von tieffer sprache/ die man nicht vernemen kan/ vnd von vndeutlicher zungen/ die man nicht verstehen kan.

Schawe

Jesaia. XVII.

Schawe Zion die stad vnsers Stiffts/ Deine augen werden Jerusalem sehen/ eine herrliche wonunge/ eine hütte die nicht weg gefurt wird/ welcher negel sollen nimer mehr ausgezogen/ vnd jrer seile keines zurissen werden/ Denn der HERR wird mechtig daselbst bey vns sein/ vnd werden weite wasser graben sein/ das darüber kein schiff mit rudern faren/ noch galehen dahin schiffen werden/ Denn der HERR ist vnser Richter/ der HERR ist vnser meister/ der HERRE ist vnser König/ der hilfft vns.

Last sie jre stricke spannen/ sie werden doch nicht halten/ Also werden sie auch das fenlin nicht auff den mast bawm ausstecken/ Denn wird viel köstliches raubs ausgeteilet werden/ das auch die lamen rauben werden/ Vnd kein einwoner wird sagen/ Ich bin schwach/ Denn das volck so drinnen wonet/ wird vergebung der sunde haben.

XXXIIII.

Kompt her jr Heiden vnd höret/ jr völcker merckt auff/ Die erde höre zu/ vnd was drinnen ist/ Der welt kreis/ sampt seinem gewechse/ Denn der HERR ist zornig vber alle Heiden/ vnd grimmig vber alle jre heere/ Er wird sie verbannen vnd zum schlachten vberantworten/ vnd jre erschlagene werden hin geworffen werden/ das der stanck von jren leichnamen auffgehen wird/ vnd die berge mit jrem blut fliessen/ Vnd wird alles Heere des himels verfaulen/ vnd der himel wird eingewickelt werden/ wie ein brieff/ vnd alle sein Heer wird verwelcken/ wie ein blat verwelcket am weinstock/ vnd wie ein dürr blat am feigenbawm/ Denn mein schwerd ist truncken im himel/ vnd sihe/ es wird hernider faren auff Edom/ vnd vber das verbannet volck/ zur straffe.

Heere des himels heisset er hie/ das Jüdische volck mit jrem Gottes dienst/ damit sie gegen ander Heiden/ als ein himlisch volck sich hielten.

Des HERRN schwerd ist vol bluts/ vnd dick von fettem/ vom blut der lemmer vnd böcke/ von der nieren fette aus den widern/ Denn der HERR helt ein schlachten zu Bozra/ vnd ein grosses würgen im lande Edom/ Da werden die einhörner sampt jnen erunter müssen/ vnd die farren sampt den gemesteten ochsen/ Denn jr land wird truncken werden von blut/ vnd jr erden dick werden von fettem/ Denn es ist der tag der rache des HERRN/ vnd das jar der vergeltung/ zu rechen Zion/ Da werden jre beche zu pech werden/ vnd jre erde zu schwebel/ Ja jr land wird zu brennendem pech werden/ das weder tag noch nacht verlesschen wird/ sondern ewiglich wird rauch von jr auffgehen/ vnd wird fur vnd fur wüste sein/ das niemand dadurch gehen wird/ jnn ewigkeit/ sondern rhordomeln vnd jgel werdens jnne haben/ nachteulen vnd raben werden daselbs wonen.

Denn er wird eine messchnur drüber zihen/ das sie wüste werde/ vnd ein richtbley das sie öde sey/ das jre herrn heissen müssen/ herrn on land/ vnd alle jre Fürsten ein ende haben. Vnd werden dornen wachsen jnn jren pallasten/ nesseln vnd disteln jnn jren schlössern/ vnd wird eine behausunge sein der trachen/ vnd weide fur die straussen. Da werden vnternander lauffen marder vñ geyre/ vñ ein feldteufel wird dẽ andern be=

Der Prophet

andern begegen/ Der kobold wird auch daselbs herbergen/ vnd seine ruge daselbs finden/ Der jgel wird auch daselbs nisten vnd legen/ bruten vnd ausheggen vnter jrem schatten/ Auch werden die weihen daselbs zusamen komen.

Suchet nu jnn dem Buch des HERRN vnd leset/ Es wird nicht an einem der selbigen feilen/ Man vermisset auch nicht dieses noch des/ Denn er ists der durch meinen mund gepeut/ vnd sein geist ists/ der es zu samen bringt/ Er gibt das los vber sie/ vnd seine hand teilet das mas aus vnter sie/ das sie darinnen erben ewiglich/ vnd drinnen bleiben fur vnd fur.

XXXV.

Ber die wüsten vnd einöde wird lustig sein/ vnd das gefilde wird frölich stehen/ vnd wird blühen wie die lilien/ Sie wird blühen vnd frölich stehen jnn aller lust vnd freude/ Denn die herrligkeit des Libanon ist ir gegeben/ Der schmuck Carmel vnd Saron/ sie sehen die herrligkeit des HERRN/ den schmuck vnsers Gottes.

Stercket die müden hende/ vnd erquickt die strauchelende knie/ Sagt den verzagten hertzen/ Seid getrost/ furcht euch nicht/ Sehet/ ewr Gott/ der kömpt zur rache/ Gott der da vergilt/ kömpt vnd wird euch helffen/ Als denn werden der blinden augen auffgethan werden vn der touben oren werden geöffnet werden/ als den werden die lamen lecken wie ein hirs/ vn der stummen zunge wird lob sagen/ Den es werden wasser jnn der wüsten hin vnd wider fliessen/ vnd strome jnn den gefilden/ Vnd wo es zuuor trocken ist gewesen/ sollen teiche stehen/ vnd wo es dürre gewest ist/ sollen brun quellen sein/ Da zuuor die schlangen gelegen haben/ sol hew vnd rohr vnd schilff stehen/ Vnd es wird daselbs eine bane sein vnd ein weg/ welcher der Heilige weg heissen wird/ das kein vnreiner drauff gehen wird/ Vnd der selbige wird fur sie sein/ das man drauff gehe/ das auch die thoren nicht jrren mügen/ Es wird da kein lewe sein/ vnd wird kein reissend thier drauff tretten/ noch daselbs funden werden/ sondern man wird frey sicher daselbst gehen/ Die erlöseten des HERRN werden wider komen/ vnd gen Zion komen mit jauchzen/ Ewige freude wird vber jrem heubte sein/ freude vnd wonne werden sie ergreiffen/ vnd schmertz vnd seufftzen wird weg müssen.

XXXVI.

Nd es begab sich im vierzehenden jar des Königes Hiskia/ zoch der König zu Assyrien Sanherib erauff wider alle feste stedte Juda/ vnd gewan sie/ Vnd der König zu Assyrien sandte den Rabsake von Lachisgen Jerusalem zu dem Könige Hiskia mit grosser macht. Vnd er trat an die wasser rohren des obern teichs/ am wege bey dem acker des ferbers. Vnd es gieng zu jm eraus Eliakim der son Hilkia/ der Hofemeister/ vnd Sebena der Cantzler/ vnd Joah der son Assaph der schreiber.

Vnd der

Jesaia. XVIII.

Vnd der Rabsake sprach zu jnen/ Sagt doch dem Hiskia/ So spricht der grosse König/der König zu Assyrien/Was ist das fur ein trotz/darauff du dich verlessest? Jch acht/du lessest dich bereden/das du noch rat vnd macht wissest zu streiten? Auff wen verlessestu denn dich/das du mir bist abfellig worden? Verlessestu dich auff den zubrochen rohrstab? welcher so jemand sich drauff lehnet/gehet er jm jnn die hand vnd durch boret sie/Also thut Pharao der König zu Egypten allen die sich auff jn verlassen. Wiltu aber mir sagen/ Wir verlassen vns auff den HERRN vnsern Gott/Jsts denn nicht der/welches Höhen vnd Altar der Hiskia hat abgethan/vnd zu Juda vnd Jerusalem gesagt/fur diesem Altar solt jr anbeten?

Wolan/ so nims an mit meinem herrn dem Könige zu Assyrien/ Jch wil dir zwey tausent rosse geben/las sehen/ob du bey dir kündtest ausrichten die drauff reiten/Wie wiltu denn bleiben fur einem Heubtman der geringsten diener einem meines herrn? vnd du verlesst dich auff Egypten vmb der wagen vnd reuter willen. Dazu/meinstu das ich on den HERRN bin erauff gezogen jnn dis land dasselbige zu verderben? ja der HERR sprach zu mir/ Zeuch hinauff jnn dis land vnd verderbe es.

Aber Eliakim vnd Sebena vnd Joah sprachen zum Rabsake/Lieber rede mit deinen knechten auff Syrisch/ denn wir verstehens wol/ vnd rede nicht auff Jüdisch mit vns fur den oren des volcks/das auff der mauren ist. Da sprach der Rabsake/Meinstu das mein herr mich zu deinem herrn oder zu dir gesand habe/solche wort zu reden/vnd nicht viel mehr zu den mennern die auff der mauren sitzen/ das sie sampt euch jren eigen mist fressen vnd jren harm sauffen? Vñ der Rabsake stund vnd rieff laut auff Jüdisch/vnd sprach/Höret die wort des grossen Königes/des Königes zu Assyrien/ So spricht der König/ Last euch Hiskia nicht betriegen/denn er kan euch nicht erretten/ Vnd last euch Hiskia nicht vertrösten auff den HERRN/das er sagt/Der HERR wird vns erretten/ vnd diese stad wird nicht jnn die hand des Königes zu Assyrien gegeben werden/Gehorcht Hiskia nicht/denn so spricht der König zu Assyrien.

Thut mir zu dancke/vnd gehet zu mir eraus/so solt jr ein jglicher von seinem weinstock/vnd von seinem feigenbawm essen/vnd aus seinem brun trincken/bis das ich kome vnd hole euch jnn ein land/wie ewr land ist/Ein land/da korn vnd most jnnen ist/ein land/ da brod vnd weinberge jnnen sind/ Lasset euch Hiskia nicht bereden/das er sagt/der HERR wird vns erlösen/ Haben auch der Heiden Götter ein jglicher sein land errettet von der hand des Königes zu Assyrien? Wo sind die Götter zu Hamath vnd Arpad? Wo sind die Götter Sepharuaim? haben sie auch Samaria errettet von meiner hand? Welcher vnter allen Göttern dieser lande hat sein land errettet von meiner hand? das der HERR solte Jerusalem erretten von meiner hand?

Sie schwigen aber stille vnd antworten jm nichts/denn der König hatte geboten vnd gesagt/Antwortet jm nichts. Da kamen Eliakim der son Hilkia der Hofemeister vnd Sebna der Cantzler/ vnd Joah der son Assaph der Schreiber mit zu rissen kleidern/ vnd zeigten jm an die wort des Rabsake.

XXXVII.

Da aber

Der Prophet

DA aber der König Hiskia das höret/ zureis er seine kleider/ vnd hüllet einen sack vmb sich/ vnd gieng jnn das Haus des HERRN. Vnd sandte Eliakim den Hofemeister/ vnd Sebna den Cantzler/ sampt den Eltesten Priestern mit secken vmbhüllet/ zu dem Propheten Jesaia dem son Amoz/ das sie zu jm sprechen/ So spricht Hiskia/ Das ist ein tag des trübsals/ scheltens vnd lesterns/ Vnd gehet gleich/ als wenn die kinder bis an die geburt komen sind/ vnd ist keine krafft da zu geberen/ Das doch der HERR dein Gott hören wolte die wort Rabsake/ welchen sein herr der König zu Assyrien gesand hat zu lestern den lebendigen Gott/ vnd zu schelten mit solchen worten/ wie der HERR dein Gott gehort hat/ vnd du woltest ein gebet erheben fur die vbrigen so noch fur handen sind.

Vnd die knechte des Königes Hiskia kamen zu Jesaia. Jesaia aber sprach zu jnen/ So saget ewrem herrn/ Der HERR spricht also/ Fürcht dich nicht fur den worten die du gehort hast/ mit welchen mich die knaben des Königes zu Assyrien geschmecht haben. Sihe/ ich wil jm einen andern mut machen/ vnd sol etwas hören/ das er wider heim zihe jnn sein land/ vnd wil jn durchs schwerd fellen jnn seinem lande.

Da aber der Rabsake wider kam/ fand er den König zu Assyrien streiten wider Libna/ Denn er hatte gehort/ das er von Lachis gezogen war/ Denn es kam ein gerücht von Tirhaka der Moren König/ sagend/ Er ist ausgezogen wider dich zu streiten. Da er nu solchs höret/ sandte er boten zu Hiskia/ vnd lies jm sagen/ Sagt Hiskia dem Könige Juda also/ Las dich deinen Gott nicht betriegen/ auff den du dich verlessest/ vnd sprichst/ Jerusalem wird nicht jnn die hand des Königes zu Assyrien gegeben werden/ Sihe/ du hast gehort/ was die Könige zu Assyrien gethan haben allen landen/ vnd sie verbannet/ vnd du soltest errettet werden? Haben auch die Götter der Heiden die lande errettet/ welche meine veter verderbet haben? als Gosan/ Haran/ Rezeph/ vnd die kinder Eden zu Thelassar? Wo ist der König zu Hamath/ vnd der König zu Arpad/ vnd der König der stad Sepharuaim/ Hena vnd Jwa.

Vnd da Hiskia den brieff von den boten empfangen vnd gelesen hatte/ gieng er hinauff jnn das Haus des HERRN/ vnd breitet jn aus fur dem HERRN/ Vnd Hiskia betet zum HERRN/ vnd sprach/ HERR Zebaoth/ du Gott Israel/ der du vber den Cherubim sitzest/ du bist alleine Gott vber alle Königreiche auff erden/ du hast himel vnd erden gemacht/ HERR neige deine ohren/ vnd hore doch/ HERR thue deine augen auff vnd sihe doch/ Hore doch alle die wort Sanherib/ die er gesand hat zu schmehen den lebendigen Gott/ War ists HERR/ die Könige zu Assyrien haben wüst gemacht alle Königreiche sampt jren landen/ vnd haben jre Götter jnns fewr geworffen/ Denn sie waren nicht Götter/ sondern menschen hende werck/ holtz vnd stein/ die sind vmbbracht. Nu aber HERR vnser Gott hilff vns von seiner hand/ auff das alle Königreiche auff erden erfaren/ das du HERR seiest alleine.

Da sandte

Jesaia. XIX.

Da sandte Jesaia der son Amoz zu Hiskia/ vnd lies jm sagen/ So spricht der HERR der Gott Israel/ Das du mich gebeten hast/ des Königs Sanherib halben zu Assyrien/ so ist das/ das der HERR von jm redet/ Die jungfraw tochter Zion verachtet dich vnd spottet dein/ vnd die tochter Jerusalem schüttelt das heubt dir nach/ Wen hastu geschmecht vnd gelestert? vber wen hastu die stim erhaben? vnd hebest deine augen empor wider den Heiligen jnn Israel/ Durch deine knechte hastu den HErrn geschendet/ vnd sprichst/ Ich bin durch die menge meiner wagen erauff gezogen auff die höhe der berge/ an den seiten Libanon/ vnd hab seine hohen Cedern abgehawen/ sampt seinen auserweleten tannen/ vnd bin durch die hohe bis ans ende komen an diesen wald auff dem lande/ Ich hab gegraben vnd getruncken die wasser/ vnd habe mit meinen fussolen ausgetrocket alle verwarete wasser.

Hastu aber nicht gehort/ das ich vorzeiten also gethan habe/ vnd vor alters so gehandelt/ vnd thue jtzt auch also/ das feste stedte zustöret werden zu stein hauffen/ vnd jre einwoner geschwecht vnd zaghafft werden vnd mit schanden bestehen/ Vnd werden zu feldgras vnd zu grünem kraut/ als haw auff den dechern/ welchs dürret ehe denn es reiff wird. Ich kenne aber deine wonunge/ deinen auszug vnd einzug vnd dein toben wider mich/ Weil du denn wider mich tobest/ vnd dein stoltz erauff fur meine ohren komen ist/ wil ich dir einen ring an die nasen legen/ vnd ein gebiss jnn dein maul/ vnd wil dich des wegs widerheim füren des du komen bist.

Das sey dir aber das zeichen/ Iss dis jar was zutretten ist/ das ander jar/ was selbst wechset/ des dritten jars seet vñ erndtet/ pflantzt weinberge/ vnd esset jrer frucht/ Denn die erretteten vom hause Juda vnd die vberbleiben/ werden noch widerumb vnter sich wortzeln/ vnd vber sich frucht tragen/ Denn von Jerusalem werden noch ausgehen die vberblieben sind/ vnd die erretteten von dem berge Zion. Solchs wird thun der eiuer des HERRN Zebaoth. Darumb spricht der HERR also vom Könige zu Assyrien/ Er sol nicht komen jnn diese stad/ vnd sol auch keinen pfeil daselbst hin schiessen/ vnd kein schild dafur komen/ vnd sol keinen wal vmb sie schütten/ Sondern des weges/ des er komen ist/ sol er wider keren/ das er jnn diese stad nicht kome/ spricht der HERR. Denn ich wil diese stad schützen/ das ich jr aushelffe vmb meinen willen/ vnd vmb meines dieners Dauids willen.

Da fur aus der Engel des HERRN/ vnd schlug im Assyrischen lager/ hundert funff vnd achtzig tausent man. Vnd da sie sich des morgens frue auffmachten/ sihe/ da lags alles eitel todte leichnam/ Vnd der König zu Assyrien Sanherib/ brach auff/ zog weg/ vnd keret wider heim/ vnd bleib zu Nineue. Es begab sich auch/ da er anbettet im hause Nisroch seines Gottes/ schlugen jn seine söne/ Adramelech vnd SarEzer/ mit dem schwerd/ Vnd sie flohen jnns land Ararat/ vnd sein son Assarhadon/ ward König an seine stat.

XXXVIII.

Der Prophet

Zu der zeit ward Hiskia tod kranck/ Vnd der Prophet Jesaia der son Amoz kam zu jm/ vnd sprach zu jm/ So spricht der HERR/ Bestelle dein haus/ Denn du wirst sterben vnd nicht lebendig bleiben. Da wendet Hiskia sein angesicht zur wand/ vnd bettet zum HERRN/ vnd sprach. Gedencke doch HERR/ wie ich fur dir gewandelt habe jnn der warheit mit volkomen hertzen/ vnd habe gethan was dir gefallen hat. Vnd Hiskia weinete seer.

Da geschach das wort des HERRN zu Jesaia/ vnd sprach/ Gehe hin vnd sage Hiskia/ So spricht der HERR der Gott deines Vaters Dauid/ Jch habe dein Gebet gehort vnd deine threne gesehen/ Sihe/ Jch wil deinen tagen noch fünffzehen jar zu legen/ vnd wil dich sampt dieser stad erretten von der hand des Königes zu Assyrien/ Denn ich wil diese stad wol verteidigen. Vnd habe dir das zum zeichen von dem HERRN/ das der HERR solchs thun wird was er geredt hat. Sihe/ ich wil den schatten am Sonne zeiger Ahas/ zehen linien zu rück zihen/ vber welche er gelauffen ist/ das die Sonne zehen linien zu ruck lauffen sol am zeiger/ vber welche sie gelauffen ist.

Dis ist die Schrifft Hiskia des Königes Juda/ da er kranck gewesen/ vnd von der kranckheit gesund worden war.

Jch sprach/ nu mus ich zur helle pforten faren/ ehe ichs mich versahe/ vnd gedacht noch lenger zu leben.

Jch sprach. Nu mus ich nicht mehr sehen den HErrn/ Ja den HErrn im lande der lebendigen/ Nu mus ich nicht mehr schawen die menschen/ bey denen/ die jre zeit leben.

(Weber)
Wie einem weber der fade reisset ehe er sichs versihet mitten im werck.

Meine zeit ist dahin/ vnd von mir auffgereümet wie eins hirten hütte/ Vnd reisse mein leben ab wie ein weber. Er bricht mich ab wie einen dünnen faden/ Du machests mit mir aus/ den tag vor abend.

Jch dacht/ möcht ich bis morgen leben/ Aber er zubrach mir all mein gebeine/ wie ein lewe/ Denn du machest es mit mir aus/ den tag vor abend.

(Brechen)
Die seer krancken sehen vber sich/ als wolte jnen die augen brechen.

Jch winselt wie ein kranch vnd schwalbe/ vnd girret wie eine taube/ meine augen wolten mir brechen/ HErr ich leide not/ linder mirs.

O wie wil ich (so frölich) reden/ weil er mir zu gesagt hat/ vnd thuts auch/ Darumb wil ich all mein lebetage dancken fur solche betrübnis meiner seelen.

(Dauon)
Das ist/ von solchen deinen worten da du das lebe verheissest/ vnd nicht von vnser krafft vnd macht.

HErr dauon lebt man/ vnd das leben meines geistes stehet gar jnn den selbigen/ Denn du liessest mich entschlaffen/ vnd machtest mich leben.

Sihe/ vmb trost war mir seer bange/ Du aber hast dich meiner seele hertzlich angenomen/ das sie nicht verdörbe/ Denn du wirffest alle meine sunde hinder dich zu rück.

Denn die helle lobet dich nicht/ so rhümet dich der tod nicht/ Vnd die jnn die gruben faren/ warten nicht auff deine warheit.

(Warheit)
Verheissung der gnaden vnd leben

Sondern allein die da leben/ loben dich/ wie ich jtzt thue/ Der vater wird den kindern deine warheit kund thun.

HERR hilff mir/ so wollen wir meine lieder singen/ so lange wir leben/ jnn dem Hause des HERRN. Vnd Jesaia

Jesaia. XX.

Vnd Jesaia hies/ man solte ein plaster von feigen nemen vnd auff seine drus legen/ das er gesund würde. Diskia aber sprach/ Welch ein zeichen ist das/ das ich hinauff zum hause des HERRN sol gehen?

XXXIX.

Zu der zeit/ sandte Merodach BalAdan der son BalAdan/ König zu Babel/ briefe vnd geschencke zu Diskia/ Denn er hatte gehöret/ das er kranck vnd wider starck worden were. Des frewet sich Diskia/ vnd zeiget jnen das schatzhaus/ silber vnd gold/ vnd specerey/ köstliche salben/ vnd alle seine zeug heuser/ vnd allen schatz den er hatte/ Nichts war/ das jnen Diskia nicht zeiget jnn seinem hause/ vnd jnn seiner herschafft.

Da kam der Prophet Jesaia zum Könige Diskia/ vnd sprach zu jm Was sagen diese menner? vnd von wannen komen sie zu dir? Diskia sprach/ Sie komen von ferne zu mir/ nemlich von Babel. Er aber sprach/ Was haben sie jnn deinem hause gesehen? Diskia sprach/ Alles was jnn meinem hause ist/ haben sie gesehen/ Vnd ist nichts/ das ich jnen nicht hette gezeiget jnn meinen schetzen.

Vnd Jesaia sprach zu Diskia/ Höre das wort des HERRN Zebaoth/ Sihe/ es kömpt die zeit/ das alles was jnn deinem hause ist/ vnd was deine veter gesamlet haben/ bis auff diesen tag/ wird gen Babel bracht werden/ das nichts bleiben wird/ spricht der HERR. Da zu werden sie deine kinder/ so von dir komen werden/ vnd du zeugen wirst/ nemen/ vnd müssen Kemerer sein im hofe des Königes zu Babel. Vnd Diskia sprach zu Jesaia/ Das wort des HERRN ist gut/ das du sagest/ Vnd sprach/ Es sey nur friede vnd trew weil ich lebe.

XL.

Tröstet tröstet mein volck/ spricht ewr Gott/ Redet mit Jerusalem freundlich/ vnd prediget jr/ das jre Ritterschafft ein ende hat/ denn jre missethat ist vergeben/ Denn sie hat zwyfeltiges empfangen von der hand des HERRN/ vmb alle jre sunde.

Es ist eine stimme eines predigers jnn der wüsten/ Bereitet dem HERRN den weg/ machet auff dem gefilde ein ebene ban vnserm Gotte/ Alle tal sollen erhöhet werden/ vnd alle berge vnd hügel sollen genidriget werden/ vnd was vngleich ist sol eben/ vnd was hockerich ist/ sol schlecht werden. Denn die herrligkeit des HERRN sol offenbart werden/ Vnd alles fleisch miteinander wird sehen/ das des HERRN mund redet.

Es spricht eine stimme/ Predige. Vnd er sprach/ Was sol ich predigen? Alles fleisch ist hew/ vnd alle seine güte ist wie eine blume auff dem felde/ Das hew verdorret/ die blume verwelckt. Denn des HERREN Geist bleset drein. Ja das volck ist das hew/ Das hew verdorret/ die blume verwelckt/ Aber das wort vnsers Gottes bleibet ewiglich.

Ritterschafft ist der Gottes dienst im Alten Testament.

(Zweifeltiges) Nemlich/ vergebung der sunden vnd freiheit vom Gesetze Mosi/ das ist/ eitel gnade fur sunde/ leben fur tod etc.

Güte ist alles wolthun oder gutes leben/ so vernunfft vermag vnd thut.

d ij   Zion du

Der Prophet

Zion du predigerinn steig auff einen hohen berg / Jerusalem du predigerinn heb deine stim auff mit macht / heb auff vnd furcht dich nicht / Sage den stedten Juda / Sihe / da ist ewr Gott. Denn sihe / der HErr HERR kömpt gewaltiglich / vnd sein arm wird herschen. Sihe / seine erbeit vnd sein thun wird nicht on frucht sein / Er wird seine herd weiden wie ein hirte / Er wird die lemmer inn seine arme samlen / vnd inn seinem bosem tragen / vnd die schaffmuttere füren.

(Dreiling) Das ist / mit eim mas dreier finger breit

Wer misset die wasser mit der faust / vnd fasset den himel mit der spannen? vnd begreifft die erden mit einem dreiling / vnd wieget die berge mit einem gewicht / vnd die hügel mit einer woge? Wer vnterrichtet den Geist des HERRN / vnd welcher ratgeber vnterweiset jn? Wen fragt er vmb rat / der jm verstand gebe vnd lere jn den weg des rechts? vnd lere jn die erkentnis / vnd vnterweise jn den weg des verstandes? Sihe / die Heiden sind geacht wie ein tropff so im eimer bleibt / vnd wie ein scherfflin so inn der wage bleibet. Sihe / die Insulen sind wie ein steublin. Der Libanon were zu geringe zum fewr / vnd seine thiere zu geringe zum brandopffer. Alle Heiden sind fur jm nichts / vnd wie ein nichtiges vnd eitels geacht.

(Hebe) Das ist / ein opffer zum Götzen / wie die hebopffer im Gesetz Mosi / Wil sagen / Die reichen machen güldene / die armen machen hültzen Götzen. Hewschrecken / die leichtlich veriagt vñ zuscheucht werden.

Wem wöllet jr denn Gott nachbilden? oder was fur ein gleichnis wollet jr jm zurichten? Der meister geusst wol ein bilde / vnd der goldschmid vbergüldets / vnd machet silbern keten dran. Desgleichen / wer ein arme hebe vermag / der welet ein holtz das nicht faulet / vnd suchet einen klugen meister dazu / der ein bilde fertige / das bestendig sey. Wisset jr nicht? höret jr nicht? ists euch nicht vormals verkündiget? habt jrs nicht verstanden von anbegin der erden? Er sitzt vber dem kreis der erden / vnd die darauff wonen / sind wie hewschrecken? Der den himel ausdenet wie ein dünne fell / vnd breitet sie aus wie eine hütten da man jnne wonet / Der die Fürsten zu nicht machet / vnd die Richter auff erden eitel machet / als hette jr stam weder pflantzen noch samen / noch wurtzel jnn der erden / das sie / wo ein wind vnter sie wehet / verdorren / vnd sie ein windwirbel wie stoppeln weg furet. Wem wollet jr denn mich nachbilden / dem ich gleich sey? spricht der Heilige.

Hebt ewr augen jnn die höhe vnd sehet / Wer hat solche ding geschaffen / vnd furet jr Heer bey der zal eraus? Der sie alle mit namen ruffet / Sein vermügen vnd starcke krafft ist so gros / das nicht an einem feilen kan.

Knaben / die junge manschafft / so sich auff die sterck vnd jugent verlassen.

Warumb sprichstu denn Jacob / vnd du Israel sagest / Mein weg ist dem HERRN verborgen / vnd mein recht gehet fur meinem Gott vber? Weistu nicht? Hastu nicht gehort? Der HERR der ewige Gott / der die ende der erden geschaffen hat / wird nicht müde noch matt. Sein verstand ist vnausforschlich / Er gibt dem müden krafft / vnd stercke gnug dem vnermügenden. Die knaben werden müde vnd matt / vnd die jüngelinge fallen / Aber die auff den HERRN harren / kriegen newe krafft / das sie auffaren mit flügeln wie Adeler / das sie lauffen vnd nicht matt werden / das sie wandeln vnd nicht müde werden.

XLI.

Las die

Jesaia. XXI.

LAs die Jnsulen fur mir schweigen/vnd die völcker sich stercken/Last sie erzu tretten vnd nu reden/last vns mit einander rechten. Wer hat den gerechten vom auff gange erweckt? wer rieff jm das er gieng? Wer gab die Heiden vnd Könige fur jm/ das er jr mechtig ward/vnd gab sie seinem schwerd/ wie staub/vnd seinem bogen wie zurstrewete stoppeln? Das er jnen nach iaget vnd zoch durch mit friede/vnd ward des weges noch nie müde. Wer thuts vnd machets/ vnd rufft alle menschen nach einander von anfang her? Jch bins der HERR/ beide der ersten vnd der letzten.

Das ist / las doch hören was sie können.
(Gerechten) Das ist/Abraham Gen. 12.vnd. 14.

Da das die Jnsulen sahen / furchten sie sich/ vnd die ende der erden erschrocken/ Sie naheten vnd kamen erzu/ Einer halff dem andern/ vnd sprach zu seinem nehesten/ Sey getrost/ Der zimerman nam den goldschmid zu sich/vnd macheten mit dem hamer das blech glat auff dem ambos/ vnd sprachen/Das wird fein stehen/vnd hefftens mit negeln/das es nicht solt wackelen.

Er spottet der Heiden / wie sie sich engsten/das sie wider Gott vnd sein wort jr thun verteidingen / Denn sie fürchte sich das sie vnterligen vnd verlieren müssen.

Du aber Jsrael mein knecht/ Jacob den ich erwelet habe/ Du samen Abrahams meines geliebten/Der ich dich gestercket habe von der welt ende her/ vnd hab dich berufen von jren gewaltigen/ vnd sprach zu dir/ Du solt mein knecht sein/ denn ich erwele dich vnd verwerffe dich nicht. Furcht dich nicht/ ich bin mit dir/ weiche nicht/ denn ich bin dein Gott/ Jch stercke dich/ Jch helffe dir auch/ Jch erhalte dich/ durch die rechte hand meiner gerechtigkeit/ Sihe/ sie sollen zu spot vnd zu schanden werden/alle die dir gram sind/Sie sollen werden als nichts/ Vnd die leute/ so mit dir haddern/sollen vmbkomen/ das du nach jnen fragen möchtest/ vnd wirst sie nicht finden/ Die leute/ so mit dir zancken/sollen werden als nichts/ Vnd die leute so wider dich streiten/ sollen ein ende haben/ Denn ich bin der HERR dein Gott/ der deine rechte hand stercket/ vnd zu dir spricht/ Fürcht dich nicht/ich helffe dir.

(Gewaltigen) Das ist/ von den Fürsten Egypti.

So furcht dich nicht du würmlin Jacob/ jr armer hauffe Jsrael/ Jch helffe dir/ spricht der HERR/ vnd dein erlöser der Heilige jnn Jsrael. Sihe/ ich habe dich zum scharffen newen dreschwagen gemacht/ der zacken hat/ das du solt berge zudreschen vnd zu malmen/ vnd die hühel wie sprew machen/ Du solt sie zurstrewen/ das sie der wind weg füre/ vnd der wirbel verwebe/ Du aber wirst frölich sein am HERRN/ vnd wirst dich rhümen des Heiligen jnn Jsrael.

Die elenden vnd armen suchen wasser/vnd ist nichts da/ jre zunge verdürret fur durst/ Aber ich der HERR wil sie erhören/ Jch der Gott Jsrael wil sie nicht verlassen/sondern/ich wil wasserflüsse auff den höhen öffenen/vnd brunnen mitten auff den felden/ Jch wil die wüsten zu wasser seen machen/vnd das dürre land zu wasser quellen. Jch wil jnn der wüsten geben/ Cedern/ fohern/ mirten vnd kyfern/ Jch wil auff dem gefilde geben/ tennen/ buchen vnd buchsbawm mit einander/ auff das man sehe vnd erkenne/ vnd mercke vnd verstehe zu gleich/das des HERRN hand habe solchs gethan/vnd der Heilige jnn Jsrael habe solchs geschaffen.

So lasset ewer sache her komen/ spricht der HERR/ Bringt
                         d iij   her worauff

Der Prophet

her worauff jr stehet/ spricht der König jnn Jacob/ Last sie erzu tret-
ten vnd vns verkündigen/ was künfftig ist/ Verkündiget vns vnd weis-
saget etwas zuuor/ Lasset vns mit vnserm hertzen drauff achten/ vnd
mercken wie es hernach gehen sol/ oder lasset vns doch hören/ was
zukünfftig ist. Verkündiget vns was hernach komen wird/ so wollen
wir mercken/ das jr Götter seid. Trotz thut gutes oder schaden/ so wol-
len wir dauon reden vnd miteinander schawen. Sihe/ jr seid aus ni-
chts/ vnd ewer thun ist auch nichts/ vnd euch ⸀welen/ ist ein grewel.

(Welen) Wer
von euch helt vnd
ewer ding annimpt
der ist ein grewel.

Ich aber erwecke einen von mitternacht/ vnd kömpt vom auff-
gang der sonnen/ Er wird jnn meinen namen predigen/ Vnd er wird
vber die gewaltigen gehen wie vber leimen/ vnd wird den kot tretten
wie ein töpffer. Wer kan etwas verkündigen von anfang/ so wollen
wirs vernemen? oder weissagen zuuor/ so wollen wir sagen/ Du re-
dest recht? Aber da ist kein verkündiger/ keiner der etwas hören lies-
se/ keiner der von euch ein wort hören müge/ Ich bin der erste/ der zu
Zion sagt/ Sihe/ da ists/ vnd gebe Jerusalem prediger. Dort aber
schawe ich/ aber da ist niemand/ Vnd sehe vnter sie/ aber da ist kein
ratgeber/ Ich frage sie/ aber da antworten sie nichts. Sihe/ Es ist al-
les eitel mühe/ vnd nichts mit jrem thun/ jre Götzen sind wind vnd
eitel.

Gewaltigen heis-
set er hie Saga-
nim/ das sind die
öbersten im geist-
lichen stande/ als
die hohe priester
Leuiten/ Bischoff
pfaffen.

XLII.

Jhe/ das ist mein Knecht/ Ich erhalte jn/ vnd mein aus-
erweleter/ an welchem meine seele wolgefallen hat/
Ich habe jm meinen Geist gegeben/ Er wird das recht
vnter die Heiden bringen/ Er wird nicht schreien noch
ruffen/ vnd seine stim wird man nicht hören auff den
gassen/ Das zustossen rhor wird er nicht zubrechen/
vnd das glimmend tocht wird er nicht ausleschen/
Er wird das recht warhafftiglich halte leren/ Er wird nicht mürrisch
noch grewlich sein/ auff das er auff erden das recht anrichte/ Vnd
die Insulen werden auff seine Gesetz warten.

(Grewlich)
Er wird nicht hart
oder beissig vnd
sawr/ sondern
freundlich/ gelin-
de vnd gütig sein.

So spricht Gott der HERR/ der die himel schaffet vnd ausbrei-
tet/ der die erden machet vnd jr gewechse/ der dem volck/ so drauff
ist/ den odem gibt/ vnd den geist denen die drauff gehen/ Ich der HE-
RRE hab dir geruffen mit gerechtigkeit/ vnd habe dich bey deiner
hand gefasset/ vnd habe dich behütet/ vnd habe dich zum Bund vn-
ter das volck gegeben/ zum liecht der Heiden/ das du solt öffenen
die augen der blinden/ vnd die gefangen aus dem gefengnis füren/
vnd die da sitzen im finsternis/ aus dem kercker/ Ich der HERR/
das ist mein name/ vnd wil meine ehre keinem andern geben/ noch
meinen rhum den Götzen/ Sihe/ was komen sol/ verkündige ich zu-
uor/ vnd verkündige newes/ Ehe denn es auffgehet/ lasse ichs euch
hören.

Singet dem HERRN ein newes lied/ Sein rhum ist an der welt
ende/ die im meer faren vnd was drinnen ist/ die Insulen vnd die drin-
nen wonen/ Rufft laut jr wüsten/ vnd die stedte drinnen/ sampt den
dörffen da Kedar wonet/ Es jauchzen die jnn felsen wonen/ vnd
ruffen

Jesaia. XXII.

ruffen von den höhen der berge. Lasset sie dem HERRN die ehre geben/ vnd seinen rhum jnn den Insulen verkündigen. Der HERR wird ausziehen wie ein Rise/ Er wird den eyuer auffwecken/ wie ein kriegsman/ Er wird jauchzen vnd donen/ Er wird seinen feinden obligen. Ich schweige wol eine zeitlang/ vnd bin stil/ vnd enthalte mich/ Nu aber wil ich/ wie eine gebererin/ schreien/ Ich wil sie verwüsten vnd alle verschlingen/ Ich wil berge vnd hügel verwüsten/ vnd alle jr gras verdorren/ vnd wil die wasserstrom zu Insulen machen/ vnd die seen austrocken. Aber die blinden wil ich auff dem wege leiten/ den sie nicht wissen/ Ich wil sie füren auff den steigen/ die sie nicht kenne. Ich wil die finsternis fur jnen her zum liecht machen/ vnd das hockericht zur eben/ Solchs wil ich jnen thun vnd sie nicht verlassen/ Aber die sich auff Götzen verlassen/ vnd sprechen zum gegossen bilde/ jr seid vnser Götter/ die sollen zurück keren vnd zu schanden werden.

Höret jr touben/ vnd schawet her jr blinden/ das jr sehet/ Wer ist so blind/ als mein knecht/ vnd wer ist so toub/ wie mein bote/ den ich sende? Wer ist so blind als der volkomen/ vnd so blind als der knecht des HERRN? Man predigt wol viel/ aber sie haltens nicht/ Man sagt jnen gnug/ aber sie wöllens nicht hören/ Noch wil jnen der HERRE wol vmb seiner gerechtigkeit willen/ vnd das er das Gesetz herrlich vnd gros mache. Es ist ein beraubt vnd geplündert volck/ Sie sind allzumal verstrickt jnn hülen/ vnd versteckt jnn den kerckern/ Sie sind zum raube worden/ vnd ist kein erretter da/ geplündert/ vnd ist niemand der da sage/ gib sie wider her.

Wer ist vnter euch/ der solchs zu ohren neme/ der auffmercke/ vnd höre/ das hernach kömpt. Wer hat Jacob vbergeben zu plündern/ vñ Israel den reubern? Hatts nicht der HERR gethan? An dem wir gesundiget haben/ vnd sie wolten auff seinen wegen nicht wandeln/ vnd gehorchten seinem Gesetz nicht/ Darumb hat er vber sie ausgeschutden grim seines zorns/ vnd eine krieges macht/ vnd hat sie vmbher angezündet/ aber sie merckens nicht/ vnd hat sie angesteckt/ aber sie nemens nicht zu hertzen.

XLIII.

Vnd nu spricht der HERR/ der dich geschaffen hat Jacob/ vnd dich gemachet hat Israel/ Furcht dich nicht/ denn ich habe dich erlöset/ Ich habe dich bey deinem namen geruffen/ Du bist mein/ Denn so du durch wasser gehest/ wil ich bey dir sein/ das dich die strome nicht sollen erseuffen/ Vnd so du jns fewr gehest/ soltu nicht brennen/ vnd die flamme sol dich nicht anzünden/ Denn ich bin der HERR dein Gott/ der Heilige jnn Israel/ dein Heiland/ Ich habe Egypten/ Moren vñ Seba an deine stat zur versünung gegeben. Weil du so werd bist fur meinen augen geacht/ nimstu auch herrlich sein/ Vnd ich hab dich lieb/ Darumb gebe ich menschen an deine stat/ vnd völcker fur deine seele.

So fürcht dich nu nicht/ denn ich bin bey dir/ Ich wil von morgen deinen samen bringen/ vnd wil dich vom abend samlen/ Vnd wil sagen gegen mitternacht/ gib her/ vnd gegen mittage/ were nicht/ bringe meine söne von ferne her/ vñ meine töchter von der welt ende/ alle die mit

---

(Bote) Das sind die Hohen priester/ vnd die das ampt haben im volck/ so ander solten lerē/ Aber sie sind die blindesten/ wie im Euangelio Christus zeiget/ Die gelerten die verkerten/ Vnd saltz das thum ist.

Seba ist ein heubtstad jnn Morenland.

(Deine seele) Das ist/ ich lasse ander lender verstören durch den König zu Assur/ auff das du erhalten werdest.

Der Prophet

die mit meinem namen genennet sind / nemlich / die ich geschaffen hab / zu meiner herrligkeit / vnd sie zubereit vnd gemacht.

Las erfür tretten das blinde volck / welches doch augen hat / vnd die tauben / die doch ohren haben. Last alle Heiden zusamen komen zuhauff / vnd sich die völcker versamlen / Welcher ist vnter jnen / der solchs verkündigen müge / vnd vns hören lasse vorhin / was geschehen sol? Last sie jre zeugen dar stellen vnd beweisen / so wird mans hören / vnd sagen / Es ist die warheit. Ir aber seid meine zeugen / spricht der HERR / vnd mein knecht / den ich erwelet habe / auff das jr wisset vnd mir gleubet / vnd verstehet / das ichs bin / Vor mir ist kein Gott gemacht / so wird auch nach mir sein keiner / Ich / Ich bin der HERR / vnd ist ausser mir kein Heiland. Ich habs verkündiget vnd hab auch geholffen / vnd habs euch sagen lassen / vnd ist kein frembder (Gott) vnter euch. Ir seid meine zeugen / spricht der HERRE / so bin ich Gott. Auch bin ich ehe denn nie kein tag war / vnd ist niemand der aus meiner hand erretten kan / Ich wircke / wer wils abwenden?

(Rigel)
Das ist / die Fürsten vnd gewaltigen zu Babel / durch König Cores verstöret.

So spricht der HERR ewer erlöser / der Heilige jnn Israel / Vmb ewr willen hab ich gen Babel geschickt / vñ habe die Rigel alle herunter gestossen / vnd die klagende Chaldeer jnn die schiffe gejagt. Ich bin der HERR ewr Heilige / der ich Israel geschaffen habe / ewr König. So spricht der HERR / der im meer weg vnd jnn starcken wassern ban machet / der eraus bringt / wagen vnd ros / heer vnd macht / das sie auff eim hauffen da ligen / vnd nicht auffstehen / das sie verlesschen / wie ein tocht verlesscht / Gedencket nicht an das alte / vnd achtet nicht auff das vorige / Denn sihe / ich wil ein newes machen / Itzt sol es auffgehen / das jr erfaren werdet / das ich weg jnn der wüsten mache / vnd wasser strom jnn der einöde / das mich das thier auff dem felde preise / die drachen vnd straussen / Denn ich wil wasser jnn der wüsten / vnd strome jnn der einöde geben / zutrencken mein volck meine auserweleten.

Das ist alles so viel gesagt / das vnser werck fur Gott nicht sunde tilgen / sondern allein seine gnade / wie er hie sagt / Mich / Mir spricht er / das ist / mich zuversünen etc.

Dis volck hab ich mir zugericht. Es sol meinen rhum erzelen / Nicht / das du Mich hettest geruffen Jacob / oder das du vmb Mich geerbeitet hettest Israel / Mir zwar hastu nicht bracht schaf deines brandopffers / noch Mich geehret mit deinen opffern / Mich hat deines diensts nicht gelust im speiseopffer / hab auch nicht lust an deiner erbeit im weirauch / Mir hastu nicht vmb gelt kalmes gekaufft / Mich hastu mit dem fetten deiner opffer nicht gefullet / Ja mir hastu erbeit gemachet jnn deinen sunden / vnd hast mir mühe gemachet jnn deinen missethaten / Ich / Ich tilge deine vbertrettung vmb meinen willen / vnd gedencke deiner sunde nicht. Erinnnere mich / las vns miteinander rechten / Sage an / wie du gerecht wilt sein / Deine veter haben gesündiget / vnd deine Lerer haben wider mich missehandelt / Darumb hab ich die Fürsten des Heiligthums entheiliget / vnd habe Jacob zum bann gemachet / vnd Israel zum hohn.

XLIIII.

So höre

Jesaia.   XXVII.

So höre nu mein knecht Jacob/ vnd Jsrael den ich erwelet habe/ So spricht der HERR/ der dich gemachet vnd zubereitet hat/ vnd der dir beistehet von mutter leibe an/ Fürcht dich nicht mein knecht Jacob/ vnd du fromer den ich erwelet habe/ Denn ich wil wasser giessen auff die durstige/ vnd strome auff die dürre/ Ich wil meinen Geist auff deinen samen giessen/ vnd meinen segen auff deine nachkomen/ das sie wachsen sollen wie gras/ wie die weiden an den wasser bechen/ Dieser wird sagen/ Jch bin des HERRN/ vnd jener wird genennet werden mit dem namen Jacob/ Vnd dieser wird sich mit seiner hand dem HERRN zuschreiben/ vnd wird mit dem namen Jsrael genennet werden.

(Dieser jener) Das ist/ hie vnd dort vnd allenthalben werden Christen sein/ auch vnter den Heiden.

So spricht der HERR der König Jsrael/ vnd sein erlöser der HERR Zebaoth. Jch bin der erst vnd ich bin der letzt/ vnd ausser mir ist kein Gott/ Vnd wer ist mir gleich/ der da ruffe vnd verkündige vnd mirs zurichte/ der ich von der welt her die völcker setze? Lasset sie jnen die zeichen vnd was komen sol verkündigen? Fürcht euch nicht vnd erschreckt nicht/ Hab ichs nicht dazumal dich hören lassen vnd verkündiget? Denn jr seid meine zeugen. Jst auch ein Gott ausser mir? Es ist kein Hort/ Jch weis ja keinen? Die Götzen macher sind allzumal eitel/ vnd jr köstlichs ist kein nütz/ Sie sind jre zeugen vnd sehen nichts/ mercken auch nichts/ darumb müssen sie zu schanden werden.

Wer sind sie die einen Gott machen/ vnd Götzen giessen/ der kein nütze ist? Sihe/ alle jre genossen werden zu schanden/ Denn es sind meister aus menschen/ Wenn sie gleich alle zusamen treten/ müssen sie dennoch sich furchten vnd zu schanden werden. Es schmidet einer das eisen jnn der zangen/ erbeitet jnn der glut/ vnd bereitets mit hemmern/ vnd erbeitet dran mit gantzer krafft seines arms/ leidet auch hunger bis er nimer kan/ trincket auch nicht wasser/ bis er matt wird.

Der ander zimert holtz/ vnd missets mit der schnur/ vnd zeichets mit rötelstein/ vnd behewet es/ vnd cirkelts abe/ vnd machets wie ein mans bilde/ wie einen schönen menschen der im hause wone/ Er gehet frisch dran vnter den bewmen im walde/ das er Cedern abhawe/ vnd neme büchen vnd eichen/ Ja einen Cedern der gepflantzet/ vnd der vom regen erwachsen ist/ vnd der den leuten fewrwerck gibt/ davon man nimpt/ das man sich dabey werme/ vnd den man anzündet vnd brot dabey beckt/ Daselbst machet er einen Gott von/ vnd betets an/ Er machet einen götzen daraus/ vnd kniet dafur nider/ Die helfft verbrennet er im fewr/ vnd vber der andern helfft isset er fleisch/ Er brett einen braten vnd settiget sich/ wermet sich auch/ vnd spricht/ Hoia/ Jch bin warm wordē/ ich sehe meinen lust am fewr/ Aber das vbrige machet er zum Gott/ das sein Götze sey/ dafur er kniet vnd niderfellet/ vnd bettet/ vnd spricht/ Errette mich/ denn du bist mein Got.

Sie wissen nichts vnd verstehen nichts/ Denn sie sind verblendet/ das jre augen nicht sehen/ vnd jre hertzen nicht mercken können/ Vnd gehen nicht jnn jr hertz/ kein vernunfft noch witze ist da/ das sie doch dechten/ Jch habe die helfft mit fewr verbrand/ vnd hab auff den kolen brod gebacken/ vnd fleisch gebraten vnd gessen/ vnd solte das vbrige zum Grewel machen/ vnd solte

Der Prophet

vnd solte knien fur eim klotz? Es gibt asschen/ vnd teuscht das hertz das sich zu jm neiget/ vnd kan seine seele nicht erretten/ noch dencket er nicht/ Ist das auch triegerey das meine rechte hand treibt?

(Gethan)
Er ist ein theter/ vnd nicht ein falscher wescher on that/ wie die Götzen sind.

Daran gedencke Jacob vnd Israel/ Denn du bist mein knecht/ Ich habe dich zubereit/ das du mein knecht seist/ Israel vergiß mein nicht. Ich vertilge deine missethat wie eine wolcken/ vnd deine sunde wie den nebel/ kere dich zu mir/ denn ich erlöse dich. Jauchzet jr himel/ denn der HERR hat gethan/ ruffe du erde hierunter/ jr berge frolocket mit jauchzen/ der wald vnd alle bewme drinnen/ Denn der HERR hat Jacob erlöset/ vnd ist jnn Israel herrlich.

Rat/ Das ist/ jr prediget damit sie den leuten raten Psal.1.

So spricht der HERR dein erlöser/ der dich von mutter leibe hat zubereit/ Ich bin der HERR der alles thut/ der den himel ausbreitet alleine/ vnd die erden weit machet on gehülffen/ Der die zeichen der warsager zu nichte/ vnd die weissager toll machet/ der die weisen zu rück keret/ vnd jre kunst zur torheit machet. Bestetiget aber das wort seines knechts/ vnd den rat seiner boten volfuret/ Der zu Jerusalem spricht/ Sey bewonet/ vnd zu den stedten Juda/ Seid gebawet/ vnd ich jre verwüstung auffrichte/ Der ich spreche zur tieffe/ verseyge/ vnd zu den stromen/ vertrockent/ Der ich spreche zu Cores/ Der ist mein hirte/ vnd sol alle meinen willen volenden/ das man sage zu Jerusalem/ Sey gebawet/ vnd zum tempel/ Sey gegründet.

XLV.

So spricht der HERR zu seinem gesalbeten/ dem Cores/ Den ich bey seiner rechten hand ergreiffe/ das ich die Heiden fur jm vnterwerffe/ vnd den Königen das schwerd abgürte/ auff das fur jm die thüren geöffenet werden/ vnd die thor nicht verschlossen bleiben. Ich wil fur dir her gehen/ vnd die hügel eben machen/ Ich wil die eherne thüren zuschlahen/ vnd die eisernen rigel zubrechen/ vnd wil dir geben die heimliche schetze/ vnd die verborgen kleinod/ auff das du erkennest/ das ich der HERR der Gott Israel dich bey deinem namen/ genennet habe/ vmb Jacob meines knechts willen/ vnd vmb Israel meines auserweleten willen/ Ja ich rieff dich bey deinem namen vnd nennet dich da du mich noch nicht kandtest. Ich bin der HERR vnd sonst keiner mehr/ kein Gott ist on ich/ Ich habe dich gerüstet/ da du mich noch nicht kandtest/ auff das man erfare/ beide von der sonnen auffgang vnd der sonnen nidergang/ das ausser mir nichts sey/ Ich bin der HERR/ vnd keiner mehr/ der ich das liecht mache/ vnd schaffe die finsternis/ Der ich friede gebe/ vnd schaffe das vbel/ Ich bin der HERR/ der solches alles thut.

Vom Könige Cores redet er/ das er komen sol vñ helffen dem volck Israel.

Treuffelt jr himel von oben vnd die wolcken regenen die gerechtigkeit/ Die erde thue sich auff/ vnd bringe heil/ vnd gerechtigkeit wachse mit zu/ Ich der HERR schaffe jn.

Weh dem der mit seinem Schepffer haddert/ nemlich/ der scherben mit den töpffern des thons. Spricht auch der thon zu seinem töpffer/ was machestu? du beweisest deine hende nicht an deinem wercke. Wehe dem der zum vater sagt/ Warumb hastu mich gezeuget/ Vnd zum weibe/ Warumb gebierestu? So spricht

Jesaia XXIIII.

So spricht der HERR der Heilige jnn Israel vnd jr ᵃMei-
ster/ Foddert von Mir die zeichen/ weiset meine kinder/ vnd das
wergk meiner hende zu ᵇ mir   Ich habe die erden gemacht/ vnd
den menschen drauff geschaffen/ Ich bins/ des hende den himel aus-
gebreitet haben/ vnd habe alle seinem heer gebotten/ Ich hab jn er-
weckt jnn gerechtigkeit/ vnd alle seine wege wil ich eben machen/ Er
sol meine stad bawen/ vnd meine gefangen los lassen/ nicht vmb gelt
noch vmb geschencke/ spricht der HERR Zebaoth.

So spricht der HERR/ Der Egypter handel vnd der Moren ge-
werbe/ vnd der langen leute zu Seba/ werden sich dir ergeben/ vnd
dein eigen sein/ Sie werden dir folgen/ jnn fesseln werden sie gehen/
vnd werden fur dir nider fallen/ vnd dir flehen. Denn bey dir ist Got/
vnd ist sonst kein Gott nicht mehr.

Furwar du bist ein verborgen Gott/ du Gott Israel der Heiland.
Aber die Götzenmecher müssen allesampt mit schanden vnd hohn be-
stehen/ vnd miteinander schamrot hingehen/ Israel aber wird erlö-
set durch den HERRN ewiglich/ vnd wird nicht zuschanden noch
zu spot jmer vnd ewiglich.

Denn so spricht der HERR der den himel geschaffen hat/ Der
Gott der die erden zubereit hat/ vnd hat sie gemacht vnd zugerichtet/
vnd sie nicht gemacht hat/ das sie leer sol sein/ sondern sie zubereit
hat/ das man drauff wonen solle/ Ich bin der HERR/ vnd ist keiner
mehr/ Ich habe nicht jns verborgen geredt im finstern ort der erden/
Ich habe nicht zum samen Jacob vergeblich gesagt/ Suchet mich/
Denn ich bin der HERR/ der von gerechtigkeit redet/ vnd verkün-
dige das da recht ist.

Las sich versamlen vnd komen miteinander erzu die helden der
Heiden/ die nichts wissen/ vnd tragen sich mit den klötzen jrer Gö-
tzen/ vnd flehen dem Gott der nicht helffen kan/ Verkündiget vnd
machet euch erzu/ ratschlahet miteinander/ Wer hat dis lassen sagen
von alters her? vnd dazumal verkündiget? Hab ichs nicht gethan
der HERR? vnd ist sonst kein Gott on ich/ Ein gerechter Gott vnd
Heiland/ Vnd keiner ist on ich.

Wendet euch zu mir/ so werdet jr selig/ aller welt ende/ Denn ich
bin Gott vnd keiner mehr/ Ich schwere bey mir selbs/ vnd ein wort
der gerechtigkeit gehet aus meinem munde/ da sol es bey bleiben/
nemlich/ Mir sollen sich alle knie beugen/ vnd alle zungen schweren/
vnd sagen/ Im HERRN habe ich gerechtigkeit vnd stercke/ Solche
werden auch zu jm komen/ Aber alle die jm widerstehen/ müssen zu
schanden werden/ Denn im HERRN werden gerecht aller samen
Israel/ vnd sich sein rhümen.

Der Bel ist gebeuget/ der Nebo ist gefallen/ jre Götzen sind den
thieren vnd vihe zu teil worden/ das sie sich müde tragen an ewer last/
Ja sie fallen vnd beugen sich allesampt/ vnd können die last nicht
weg bringen/ sondern jre seele müssen jnns gefengnis gehen.

XLVI.

ᵃ
Das ist/ der sie wol
wider zu ehre ma-
chen kan/ gleich/
wie ein töpffer als
ein meister vñ herr
des thons kan aus
dem thon ein ge-
fess machen/ was
er wil. Jere. 18.

ᵇ
(Zu mir)
Das sie nicht für
vngedult andere
Götter anruffen/
Denn ich wil jnen
wol weissagen/
wenn jr elend sol
ein ende haben/
Darumb schafft
das sie sich zu Mir
halten allein/ Ich
kan vñ hab schon
erweckt/ der jnen
helffen sol.

(Verborgen) Das
ist/ wie jn die lufft
oder da nicht leute
sind/ die es hören
mügen.

Döret

Der Prophet

HOret mir zu jr vom hause Jacob/ vnd alle vbrigen vom hause Israel/ die jr im leibe getragen werdet/ vnd jnn der mutter ligt/ Ja ich wil euch tragen bis jns alter vnd bis jr graw werdet/ Ich wil es thun/ Ich wil heben vnd tragen vnd erretten/ Nach wem bildet/ vnd wem vergleicht jr mich denn? Gegen wem messet jr mich/ dem ich gleich sein solle? Sie schütten das gold aus dem beutel/ vnd wegen dar das silber mit der wagen/ vnd lohnen dem goldschmide/ das er einen Gott draus mache/ fur dem sie knyen vnd anbeten/ Sie heben jn auff der achseln vnd tragen jn/ vnd setzen jn an seine stete/ Da stehet er/ vnd kömpt von seinem ort nicht/ Schreyet einer zu jm/ so antwortet er nicht/ vnd hilfft jm nicht aus seiner not.

An solchs gedencket doch vnd seid feste/ jr vbertretter gehet jnn ewr hertze/ Gedenckt des vorigen von alters her/ denn ich bin Gott/ vnd keiner mehr/ Ein Gott/ des gleichen nirgend ist/ der ich verkündige zuuor/ was hernach komen sol/ vnd vorhin/ ehe denn es geschicht/ vnd sage/ Mein anschlag bestehet/ vnd ich thue alles was mir gefellet/ Ich ruffe einem vogel vom auffgang/ vnd einen man der meinen anschlag thue/ aus fernem lande/ Was ich sage/ das lasse ich komen/ Was ich dencke/ das thu ich auch.

(Vogel) Den König Cores der schnel kömpt als flöge er.

XLVII.

HOret mir zu/ jr von stoltzem hertzen/ die jr ferne seid von der gerechtigkeit/ Ich habe meine gerechtigkeit nahe bracht/ sie ist nicht ferne/ vnd mein heil seumet sich nicht/ Denn ich wil zu Zion das heil geben/ vnd jnn Israel meine herrligkeit.

(Stoltzem) Das sind die Babylonier.

Herunter Jungfraw du tochter Babel/ setze dich jnn den staub/ setze dich auff die erde/ Denn die tochter der Chaldeer hat keinen Stuel mehr/ Man wird dich nicht mehr nennen/ du zarte vnd lüstlin/ Nim die müle vnd male mehl/ flicht deine zöpffe aus/ entblösse den fus/ entdecke den schenckel/ wate durchs wasser/ das deine scham auffgedeckt/ vnd deine schande gesehen werde/ Ich wil mich rechen/ vnd sol mir kein mensch abbitten. Solchs thut vnser erlöser/ welcher heisset der HERR Zebaoth/ der Heilige jnn Israel.

(Stille) Das ist/ jnn den tod vnd jns nichtige.

Setze dich jnn das stille/ gehe jns finsternis du tochter der Chaldeer/ Denn du solt nicht mehr heissen/ Frawe vber Königreich/ Denn da ich vber mein volck zornig war/ vnd entweihet mein erbe/ vbergab ich sie jnn deine hand/ Aber du beweisetest jnen keine barmhertzigkeit/ auch vber die alten machtestu dein joch allzu schweer/ vnd dachtest/ Ich bin eine Königin ewiglich/ Du hast solchs bisher noch nicht zu hertzen gefasset/ noch dran gedacht/ wie es mit jnen hernach werden solt. So höre nu dis/ die du jnn wollust lebest vnd so sicher sitzest/ vnd sprichst jnn deinem hertzen/ Ich bins/ vnd keine mehr/ Ich werde keine widwe werden/ noch vnfruchtbar sein/ Es werden dir solchs alle beide komen plötzlich auff einen tag/ das du widwe vnd vnfruchtbar

Jesaia XXV.

vnfruchtbar seiest. Ja volkomlich werden sie vber dich komen/vmb der menge willen deiner zeuberer/vnd vmb deiner beschwerer willen der ein grosser hauffe bey dir ist/Denn du hast dich auff deine bosheit verlassen/da du dachtest/Man sihet mich nicht/Deine weisheit vnd kunst hat dich gestortzt/vnd sprichst jnn deinem hertzen/Ich bins/ vnd sonst keine/Darumb wird vber dich ein vnglück komen/das du nicht weissest/wenn es daher bricht/vnd wird ein vnfal auff dich fallen/den du nicht sünen kanst/Denn es wird plötzlich ein getümel vber dich komen/des du dich nicht versihest.

So trit nu auff mit deinen beschwerern/vnd mit der menge deiner zeuberer/vnter welchen du dich von deiner jugent auff bemühet hast/ob du dir möchtest raten/ob du möchtest dich stercken/Denn du bist müde fur der menge deiner anschlege. Las her tretten vnd dir helffen die meister des himels laufft/vnd die stern kucker die nach den monden rechen/was vber dich komen werde/Sihe/sie sind wie stoppeln/die das fewr verbrennet/Sie können jr leben nicht erretten fur der flammen/Denn es wird nicht eine glut sein/da bey man sich werme/oder ein fewr/da man vmb sitzen müge/Also sind sie/vnter welchen du dich bemühet hast/deine hantirer von deiner jugent auff/ein jglicher wird seines ganges hie vnd daher gehen/vnd hast keinen helffer.

(Müde) Das ist so viel anschlege machen dich jrre vnd vnselig/so doch keiner taug.

XLVIII.

Oret das jr vom hause Jacob/die jr heisset mit namen Israel/vnd aus dem wasser Juda geflossen sind/die jr schweret bey dem namen des HERRN/vnd gedencket des Gotts jnn Israel/aber nicht jnn der warheit noch gerechtigkeit/ Denn sie nennen sich aus der heiligen stad/vnd trotzen auff den Gott Israel/der da heisset der HERR Zebaoth. Ich habs zuuor verkündiget dis zukünfftige/Aus meinem munde ists komen/vnd ich hab es lassen sagen/Ich thu es auch plötzlich das es kömpt/Denn ich weis/ das du hart bist/vnd dein nack ist ein eisern ader/vn deine stirn ist eherne. Ich hab dirs verkündiget zuuor/vnd hab dir es lassen sagen ehe denn es komen ist/auff das du nicht sagen mügest/Mein Götze thuts/ vnd mein bilde vnd Götze hats befolhen. Solchs alles hörestu vnd sihest/vnd hasts doch nicht verkündiget/Denn ich hab dir zuuor newes sagen lassen/vnd verborgens/das du nicht wustest/Nu aber ists geschaffen/vnd nicht dazumal/vnd hast nicht einen tag zuuor dauon gehöret/auff das du nicht sagen mügest/Sihe/das wust ich wol/Denn du höretest es nicht/vn wustest es auch nicht/vnd dein ohr war dazumal nicht geöffnet. Ich aber wust wol/das du verachten würdest/vn von mutter leib an ein vbertretter genennet bist/ Darumb bin ich vmb meines namens willen gedültig/vnd vmb meins rhums willen wil ich mich dir zu gut enthalten/das du nicht ausgerottet werdest/Sihe/ich wil dich leutern/aber nicht wie silber/ Sondern ich wil dich auserwelet machen im ofen des elendes/Vmb meinen willen/Ja vmb meinen willen wil ichs thun/das ich nicht gelestert werde/Denn ich wil meine ehre keinen andern lassen.

Merck hie/das Gott lestern heisser/so man eigen werck vnd verdienst rhümer.

Höre mir zu Jacob/vnd du Israel mein beruffener/Ich bins/ Ich bin der erste/dazu auch der letzte/Meine hand hat den erdboden gegründet/

e

Der Prophet

gegründet/vnd meine rechte hand hat den himel vmbspannet/Was ich ruffe/das stehet alles da/Samlet euch alle vnd höret/Wer ist vnter diesen/der solchs verkündigen kan? Der HERR liebet jn/darumb wird er seinen willen an Babel/vnd seinen arm an den Chaldeern beweisen/Ich/Ja ich hab es gesagt/Ich hab jm geruffen/ich wil jn auch komen lassen/vnd sein weg sol jm gelingen.

Tret her zu mir/vnd höret dis/Ich habs nicht jnn verborgen zuvor geredt. Von der zeit an da es geredt wird bin ich da/Vnd nu sendet mich der HErr HERR vnd sein Geist.

So spricht der HERR dein erlöser/der Heilige jnn Israel/Ich bin der HERR dein Gott/der dich leret was nützlich ist/vnd leite dich auff dem wege den du gehest. O das du auff meine gebot merckest/so würde dein friede sein/wie ein wasserstrom/vnd deine gerechtigkeit wie meeres wellen/vnd dein same würde sein wie sand/vnd das gewechse deines leibs/wie des selbigen kies/des name nicht würde ausgerot noch vertilget fur mir.

Gehet aus von Babel/fliehet von den Chaldeern mit frölichem schall/verkündiget vnd lasset solchs hören/bringets aus bis an der welt ende/Sprecht/der HERR hat seinen knecht Jacob erlöset/Sie hatten keinen durst/da er sie leitet jnn der wüsten/Er lies jnen wasser aus felsen fliessen/Er reis den fels/das wasser eraus rann/Aber die Gottlosen (spricht der HERR) haben keinen friede.

XLIX.

(Reinen)
Der fein glat/glw
vnd wol bereit ist
zu schiessen.

Höret mir zu jr Inseln/vnd jr völcker jnn der ferne mercket auff/der HERR hat mir geruffen von mutter leibe an/Er hat meines namens gedacht/da ich noch jnn mutter leibe war/vnd hat meinen mund gemacht wie ein scharff schwerd/mit dem schatten seiner hand hat er mich bedeckt/Er hat mich zum reinen pfeil gemachet/vnd mich jnn seinen köcher gesteckt/Vnd spricht zu mir/Du bist mein knecht Israel/durch welchen ich wil gepreiset werden. Ich aber dacht/ich erbeitet vergeblich/vnd brechte meine krafft vmbsonst vnd vnnützlich zu/wie wol meine sache des HERRN/vnd mein ampt meines Gottes ist.

Vnd nu spricht der HERR/der mich von mutter leib an zu seinem knecht bereitet hat/das ich sol Jacob zu jm bekeren/auff das Israel nicht weg geraffet werde/Darumb bin ich fur dem HERRN herrlich/vnd mein Gott ist meine stercke. Vnd spricht/Es ist ein geringes/das du mein knecht bist/die stemme Jacob auff zurichten/vnd das verwarloset jnn Israel wider zu bringen/Sondern ich hab dich auch zum liecht der Heiden gemachet/das du seiest mein Heil bis an der welt ende.

So spricht der HERR der erlöser Israel sein Heiliger/zu der verachten seelen/zu dem volck/des man grewel hat/zu dem knecht der vnter den Tirannen ist/Könige sollen sehen vnd auff stehen/vnd Fürsten sollen anbeten vmb des HERRN willen/der trew ist/vmb des Heiligen jnn Israels willen/der dich erwelet hat.

So spricht der HERR/Ich hab dich erhöret zur gnedigen zeit/vnd hab dir am tage des Heils geholffen/vnd hab dich behut/vnd zum

Jesaia. XXVI.

vnd zum Bund vnter das volck gestellet/ das du das land auffrichtest/ vnd die verstöreten erbe einnemest/ zu sagen den gefangenen/ Gehet eraus/ vnd zu den im finsternis/ kompt erfur/ das sie am wege sich weiden/ vnd auff allen hügeln jre weide haben. Sie werden weder hungern noch dürsten/ Sie wird keine hitze noch sonne stechen/ Denn jr erbarmer wird sie füren/ vnd wird sie an die wasser quellen leiten/ Ich wil alle meine berge zum wege machen/ vnd meine pfat sollen gebehnet sein. Sihe/ diese werden von ferne komen/ Vnd sihe/ jene von mitternacht/ vnd diese vom meer/ vnd jene vom lande Sinim. Jauchzet jr himel/ frewe dich erde/ lobet jr berge mit jauchzen/ Denn der HERR hat sein volck getröstet/ vnd erbarmet sich seiner elenden.

Zion aber spricht/ Der HERR hat mich verlassen/ der HErr hat mein vergessen. Kan auch ein weib jres kindlins vergessen/ das sie sich nicht erbarme vber den son jres leibs? Vnd ob sie desselbigen vergesse/ so wil ich doch dein nicht vergessen/ Sihe/ jnn die hende hab ich dich gezeichent/ deine mauren sind jmer dar fur mir/ deine bawmeister werden eilen/ Aber deine zubrecher vnd verstörer werden sich dauon machen/ Heb deine augen auff vmbher/ vnd sihe/ alle diese komen versamlet zu dir/ So war ich lebe/ spricht HERR/ Du solt mit diesen allen/ wie mit einem schmuck angethan werden/ vnd wirst sie vmb dich legen/ wie eine braut/ Denn dein wüstes/ verstörets vnd zubrochens land/ wird dir als denn zu enge werden drinne zu wonen/ wenn deine verderber ferne von dir komen/ Das die kinder deiner vnfruchtbarkeit werden weiter sagen fur deinen oren/ Der rawm ist mir zu enge/ rucke hin/ das ich bey dir wonen müge/ Du aber wirst sagen jnn deinem hertzen/ Wer hat mir diese gezeuget? Ich bin vnfruchtbar/ einzelen/ vertrieben vnd verstossen/ Wer hat mir diese erzogen? Sihe/ ich war einsam gelassen/ wo waren denn diese?

Vnfruchtbarkeit kinder/ die sie hat/ so sie doch vnfruchtbar ist/ das ist/ ein verlasen volck vnd doch fast gemehret/ wie die Christen sind.

So spricht der HErr HERR/ Sihe/ ich wil meine hand zu den Heiden auffheben/ vnd zu den völckern mein panier auffwerffen/ so werden sie deine söne jnn den armen herzu bringen/ vnd deine töchter auff den achseln her tragen. Vnd die Könige sollen deine pfleger/ vnd jre Fürstin deine seugammen sein/ Sie werden fur dir nider fallen zur erden auffs angesicht/ vnd deiner füsse staub lecken/ Da wirstu erfaren/ das ich der HERR bin/ an welchem nicht zuschanden werden/ so auff mich harren.

Kan man auch einem Risen den raub nemen? oder kan man dem gerechten seine gefangen los machen? Denn so spricht der HERR/ Nu sollen die gefangen dem Risen genomen werden/ vnd der raub des starcken los werden/ vnd ich wil mit deinen hadderern haddern/ vnd deinen kindern helffen. Vnd ich wil deine schinder speisen mit jrem eigen fleische/ vnd sollen mit jrem eigen blute/ wie mit süssem wein/ truncken werden/ Vnd alles fleisch soll erfaren/ das ich bin der HERR dein Heiland/ vnd dein erlöser der Mechtige jnn Jacob.

(Gerechten) Gesetze vnd sunde hatten vns gleich mit recht vnd aller macht vnter sich/ Solches muste Christus mit recht vns gewinnen. Schinder sind die Tiranne vber das gewissen mit werck vnd Gesetz treiben.

L.

e ij So spricht

Der Prophet

SO spricht der HERR/ Wo ist der Scheidebrieff ewr mutter/ damit ich sie gelassen habe? oder wer ist mein wücherer/ dem ich euch verkaufft habe? Sihe/ jr seid vmb ewr sunde willen verkaufft/ vnd ewr mutter ist vmb ewr vbertrettens willen gelassen. Warumb kam ich/ vnd war niemand da? Ich rieff/ vnd niemand antwortet? Ist meine hand nu so kurtz worden/ das sie nicht erlösen kan? oder ist bey mir keine krafft zu erretten? Sihe/ mit meinem schelten mache ich das meer trocken/ vnd mache die wasser strom als eine wüsten/ das jre fische/ fur wassers mangel stincken/ vnd durst sterben/ Ich kleide den himel mit tunckel/ vnd mache seine decke als einen sack.

(Gelerte)
Die nicht von jr selber tichtet/ sondern leret was sie von Gott gelert ist/ Sie ist nicht meisterin/ sondern schuler.

Der HErr HERR hat mir eine gelerte zungen gegeben/ das ich wisse mit dem müden zu rechter zeit zu reden/ Er wecket mich alle morgen/ Er wecket mir das ohr/ das ich höre/ wie ein junger. Der HErr HERR hat mir das ohr geoffenet/ vnd ich bin nicht vngehorsam/ vnd gehe nicht zu rücke/ Ich hielt meinen rücken dar/ denen die mich schlugen/ vnd meine wangen denen die mich raufften/ Mein angesicht verbarg ich nicht fur schmache vnd spiechel/ denn der HErr HERR hilfft mir/ darumb werde ich nicht zu schanden/ Darumb hab ich mein angesicht dar geboten als einen kiselstein/ Denn ich weis/ das ich nicht zu schanden werde. Er ist nahe/ der mich recht spricht/ Wer wil mit mir haddern? Last vns zu samen tretten/ Wer ist der recht zu mir hat? der kome her zu mir. Sihe/ der HErr HERR hilfft mir/ wer ist der mich wil verdamnen? Sihe/ Sie werden allzumal wie ein kleid veralten/ motten werden sie fressen.

Verterbet im vnfal/ das jr mit zu richtet.

Wer ist vnter euch Der den HERRN fürchtet/ der seines knechts stim gehorche/ der im finstern wandelt/ vnd scheinet jm nicht/ der hoffe auff den namen des HERRN/ vnd verlasse sich auff seinen Gott/ Sihe/ jr alle/ die jr ein fewr anzündet/ mit flammen gerüst/ wandelt hin im liecht ewres fewrs/ vnd jnn flammen/ die jr angezündet habt/ Solches widerferet euch von meiner hand/ Im schmertzen must jr liegen.

LI.

HOret mir zu/ die jr der gerechtigkeit nach jaget/ die jr den HERRN suchet/ Schawet den fels an/ dauon jr gehawen seid/ vnd des brunnen grufft/ daraus jr gegraben seid/ Schawet Abraham an ewern vater/ vnd Sara von welcher jr geborn seid/ Denn ich rieff jm da er noch einzelen war/ vnd segenet jn vnd mehret jn/ Denn der HERR tröstet Zion/ er tröstet alle jre wüsten/ vnd machet jre wüsten wie lust garten/ vnd jr gefilde/ wie einen garten des HERRN/ das man wonne vnd freude drinnen findet/ danck vnd lobesang.

Merck auff mich mein volck/ höret mich meine leute/ Denn von mir wird ein Gesetz ausgehen/ vnd mein recht wil ich zum liecht der völcker stellen/ Denn meine gerechtigkeit ist nahe/ Mein heil zeucht aus/ vnd meine arme werden die völcker richten/ Die Insulen harren auff mich vnd warten auff meinen arm. Hebt ewr augen auff gen himel/ vñ schawet vnden auff die erde/ Denn der himel wird wie ein rauch verge-

Jesaia XXVII.

vergehen/ vnd die erde wie ein kleid veralten/ vnd die drauff wonen werden dahin sterben wie das/ Aber mein heil bleibet ewiglich/ vnd meine gerechtigkeit wird nicht auff hören.

(Das) Solch (das) mus man mit eim finger zeigen/ als schlüge man ein klipplin mit fingern/ wie man saget/ Ich gebe nicht das drumb.

Höret mir zu die jr die gerechtigkeit kennet/ du volck jnn welches hertzen mein Gesetz ist/ Furchtet euch nicht/ wenn euch die leute schmehen/ vnd entsetzt euch nicht/ wenn sie euch lestern. Denn die motten werden sie fressen wie ein kleid/ vn würme werden sie fressen wie wüllen tuch/ Aber meine gerechtigkeit bleibt ewiglich/ vnd mein heil fur vnd fur. Wolauff/ wolauff/ zeuch macht an du arm des HERRN/ Wolauff/ wie vorzeiten von alters her/ Bistu nicht der/ so die stoltzen ausgehawen/ vnd den trachen verwundet hat? Bistu nicht der das meer der grossen tieffen wasser austrocket? der den grund des meeres zum wege machet/ das die erlöseten da durch giengen? Also werden die erlöseten des HERRN wider keren vnd gen Zion komen mit rhum/ vnd ewige freude wird auff jrem heubt sein/ Wonne vnd freude werden sie ergreiffen/ aber trawren vnd seufftzen wird von jnen fliehen.

(Stoltzen) Die Egypter vnd den trachen/ das ist/ den König pharao.

Ich/ Ich bins ewr tröster/ Wer bistu denn/ das du dich fur menschen furchtest? die doch sterben/ vnd fur menschen kinder/ die als hew verzehret werden/ vnd vergissest des HERRN/ der dich gemacht hat/ der den himel ausbreitet/ vnd die erden gründet? Du aber furchtest dich teglich den gantzen tag/ fur dem grim des wütrichen/ wenn er furnimpt zu verderben/ Wo bleib der grim des Wütrichen? da er muste eilen vnd vmbher lauffen das er los gebe/ vnd sie nicht storben vnter dem verderben/ auch keinen mangel an brod hatten/ Denn ich bin der HERR dein Gott/ der das meer bewegt/ das seine wellen wüten/ Sein name heisset HERR Zebaoth/ Ich lege mein wort jnn deinen mund/ vnd bedecke dich vnter dem schatten meiner hende/ auff das ich den himel pflantze vnd die erden gründe/ vnd zu Zion spreche/ du bist mein volck.

(Wütrigen) pharao Exodi. 14.

Wache auff/ wache auff/ stehe auff Jerusalem/ die du von der hand des HERRN den Kelch seines grimmes getruncken hast/ die hefen des daumels Kelchs hastu ausgetruncken/ vnd die tropffen geleckt/ Es war niemand aus allen kindern die sie geborn hat/ der sie leitet/ Niemand aus allen kindern/ die sie erzogen hat/ der sie bey der hand neme. Diese zwey sind dir begegnet/ Wer trug leide mit dir? Da war verstörung/ schaden/ hunger vnd schwerd/ wer solt dich trösten? Deine kinder waren verschmacht/ sie lagen auff allen gassen wie ein verstrickter waldochse/ vol des zorns vom HERRN/ vnd des scheltens von deinem Gotte.

Darumb höre dis du elende vnd trunckene on wein/ So spricht dein Verscher der HERR vnd dein Gott/ der sein volck rechet/ Sihe/ ich neme den daumel Kelch von deiner hand sampt den hefen des Kelchs meines grimmes/ Du solt jn nicht mehr trincken/ sondern ich wil jn deinen schindern jnn die hand geben/ die zu deiner seele sprachen/ Bücke dich/ das wir vberhin gehen/ vnd lege deinen rücken zur erden/ vnd wie eine gasse/ das man vberhin lauffe.

LII.

e iij Mache dich

Der Prophet

Hie redet Christus wider die Phariseer und verfurer.

MAche dich auff/ Mach dich auff Zion/ Zeuch deine sterck an/ Schmück dich herrlich du heilige stad Jerusalem/ Denn es wird hinfurt kein vnbeschnitter oder vnreiner jnn dir regirn. Mache dich aus dem staube/ stehe auff du gefangene Jerusalem/ Mache dich los von den banden deines halses/ du gefangene tochter Zion/ Denn also spricht der HERR/ Jr seid vmbsonst verkaufft/ jr solt auch on gelt erlöset werden/ Denn so spricht der HErr HERR/ Mein volck zoch am ersten hinab jnn Egypten/ das es daselbs ein gast were/ Vnd Assur hat jm on vrsach gewalt gethan/ Aber wie thut man mir jtzt albie? spricht der HERR/ mein volck wird vmbsonst verfüret/ Seine herscher machen eitel heulen/ spricht der HERR/ vnd mein name wird jmer teglich gelestert/ Darumb sol mein volck meinen namen kennen zu der selbigen zeit/ Denn sihe/ ich wil selbs reden.

(Heulen) Jre lere ist ein geheule/ vnd machen die gewissen mit Gesetzen schweer vnd heulend.

Wie lieblich sind auff den bergen die fusse der boten/ die da friede verkündigen/ guts predigen/ heil verkündigen/ die da sagen zu Zion/ Dein Gott ist König/ Deine Wechter ruffen laut mit jrer stim/ vnd rhümen miteinander/ Denn man wirds mit augen sehen/ wenn der HERR Zion bekeret/ Lasset frölich sein vnd miteinander rhümen das wüste zu Jerusalem/ denn der HERR hat sein volck getröstet vñ Jerusalem erlöset/ Der HERR hat offenbart seinen heiligen arm fur den augen aller Heiden/ das aller welt ende sihet das heil vnsers Gottes. Weicht/ weicht/ zihet aus von dannen/ vnd rüret kein vnreines an/ Gehet aus von jr/ reiniget euch/ die jr des HERRN gerete tragt/ Denn jr solt nicht mit eilen ausziehen/ noch mit flucht wandeln/ Denn der HERR wird fur euch her zihen/ vnd der Gott Israel wird euch samlen.

(Eilen) Wie sie aus Egypten mit furcht zogen/ etc. Exodi. 12.

LIII.

JHe/ mein Knecht wird weslich regirn/ vnd wird erhöhet vnd seer hoch erhaben sein/ Das sich viel vber dir ergern werden/ weil seine gestalt hesslicher ist/ denn ander leute/ vnd sein ansehen/ denn der menschen kinder/ Aber also wird er viel Heiden besprengen/ das auch Könige werden jren mund gegen jm zuhalten/ Denn welchen nichts dauon verkündigt ist/ die selbigen werdens mit lust sehen/ vnd die nichts dauon gehort haben/ die werdens mercken. Aber wer gleubt vnser predigt? vñ wem wird der arm des HERREN offenbaret?

Denn er scheusst auff fur jm wie ein reis/ vnd wie eine wurtzel aus dürrem erdreich/ Er hat keine gestalt noch schöne/ wir sahen jn/ aber da war keine gestalt die vns gefallen hette/ Er war der aller verachtest vnd vnwerdest/ voller schmertzen vnd kranckheit/ Er war so veracht/ das man das angesicht fur jm verbarg/ darumb haben wir jn nichts geacht.

Furwar er trug vnser krangheit/ vnd lud auff sich vnser schmertzen/ Wir aber hielten jn fur den/ der geplagt vnd von Gott geschlagen vnd gemartert were/ Aber er ist vmb vnser missethat willen verwundet vnd vmb vnser sunde willen zuschlagen/ Die straffe ligt auff jm/ auff das wir friede hetten/ vnd durch seine wunden sind wir geheilet/ Wir giengen

Jesaia. XXVIII.

giengen alle jnn der jrre/ wie schafe/ ein jglicher sahe auff seinen weg/ Aber der HERR warff vnser aller sunde auff jn.

Da er gestrafft vnd gemartert ward/ thet er seinen mund nicht auff/ wie ein lamb das zur schlachtbanck gefurt wird/ vnd wie ein schaf/ das erstummet fur seinem scherer vn̄ seinen mund nicht auffthut Er ist aber aus der angst vnd gericht genomen/ Wer wil seines lebens lenge ausreden? Denn er ist aus dem lande der lebendigen weg gerissen/ da er vmb die missethat meines volcks geplagt war/ Vnd er ist begraben wie die Gotlosen/ vnd gestorben wie ein reicher/ wie wol er niemand vnrecht gethan hat/noch betrug jnn seinem munde gewest ist/Aber der HERR wolt jn also zuschlagen mit krangheit.

(Reicher) Der sein thun auff reichtum setzt/ das ist ein gotloser

Wenn er sein leben zum schuldopffer gegeben hat/ so wird er samen haben vnd jnn die lenge leben/ vnd des HERRN furnemē wird durch seine hand fort gehen/ Darumb das seine seele geerbeitet hat/ wird er seine lust sehen/ vnd die fülle haben/Vnd durch sein erkentnis wird er/mein knecht/der gerechte/viel gerecht machē/ Denn Er tregt jre sunde/ Darumb wil ich jm grosse menge zur beute geben/ vnd er sol die starcken zum raube haben/ Darumb das er sein leben jnn tod gegeben hat/ vnd den vbelthettern gleich gerechent ist/ vnd er vieler sunde getragen hat/ vnd fur die vbeltetter gebeten.

(Furnemen) Das ist/ sein wille vnd werck/ das er im sinn hat/ nemlich die erlösung der menschen.

LIIII.

Růme du vnfruchtbare die du nicht gebierest/ frew dich mit rhum vnd jauchze die du nicht schwanger bist/Denn die einsame hat mehr kinder weder die den man hat/ spricht der HERR/ Mache den raum deiner hütten weit/ vnd breite aus die teppich deiner wonung/ spare sein nicht/ dene deine seyle lang vnd stecke deine negel feste/ denn du wirst ausbrechen zur rechten vnd zur lincken/ vnd dein same wird die Heiden erben/ vnd jnn den verwüsten stedten wonen/ Fürcht dich nicht/ denn du solt nicht zuschanden werden/ Werd nicht blöde/ denn du solt nicht zu spot werden/Sondern du wirst der schande deiner jungfrawschafft vergessen/vnd der schmacht deiner widwenschafft nicht mehr gedencken/Denn der dich gemachet hat/ ist dein man/ HERR Zebaoth heisset sein name/ vnd dein erlöser der Heilige jnn Israel/ der aller welt Gott genennet wird. Denn der HERR hat dich lassen im geschrey sein/ das du seist/ wie ein verlassen vnd von hertzen betrübt weib/ vn̄ wie ein junges weib/ das verstossen ist/ spricht dein Got/ Ich hab dich ein klein augenblick verlassen/ aber mit grosser barmhertzigkeit wil ich dich samlen/ Ich habe mein angesicht im augenblick des zornes ein wenig von dir verborgen/Aber mit ewiger gnade wil ich mich dein erbarmen/ spricht der HERR dein erlöser.

(jungfrawschafft) Das du on kinder vnd elend on man jnn leiden gewest bist.

Denn solchs sol mir sein wie das wasser Noah/ da ich schwur/ das die wasser Noah soltē nicht mehr vber den erdboden gehen/ Also hab ich geschworen/ das ich nicht vber dich zörnen noch dich schelten wil/ Deñ es sollen wol berge weichen vn̄ hügel hinfallen/ Aber meine gnade sol nicht von dir weichen/ vnd der Bund meines friedes sol nicht hinfallen/ spricht der HERR dein erbarmer.

Du elende/ vber die alle wetter gehen/ vnd du trostlose/ Sihe/ ich wil deine steine wie einen schmuck legen/ vnd wil deinen grund mit Sa-

Der Prophet

mit Saphiren legen/ vnd deine fenster aus Chrystallen machen/ vnd deine thore von Rubinen/ vnd alle deine grentzen von erweleten steinen/ Vnd alle deine kinder gelert vom HERRN/ vnd grossen fried deinen kindern/ Du solt durch gerechtigkeit bereitet werden/ Du wirst ferne sein von gewalt vnd vnrecht/ das du dich dafur nicht darffest furchten/ vnd von schrecken/ denn es sol nicht zu dir nahen. Sihe/ wer wil sich wider dich rotten vnd dich vberfallen/ so sie sich on mich rotten? Sihe/ ich schaffs/ das der schmid/ so die kolen im fewr auffbleset/ einen zeug draus mache/ zu seinem werck/ Denn ich schaffs/ das der verderber vmbkomet/ Denn aller zeug der wider dich zubereit wird/ dem sol nicht gelingen/ vnd alle zunge so sich wider dich setzt/ soltu jm gericht verdamnen. Das ist das erbe der knechte des HERREN/ vnd jre gerechtigkeit von mir/ spricht der HERR.

(Vnrecht)
Das ist/ freuel soltu nicht mehr leiden.

(Werck)
Das ist/ das er sich selbs vnd die seinen vnd nicht dich verderbe.

LV.

Wolan alle die jr dürstig seid/ komet her zum wasser/ vnd die jr nicht gelt habt/ kompt her/ keuffet vnd esset/ kompt her vnd keufft on gelt vnd vmb sonst/ beide wein vnd milch/ Warumb zelet jr gelt dar/ da kein brod ist/ vnd ewr erbeit/ da jr nicht sat von werden kőnnet? Hőret mir doch zu/ vnd esset das gute/ so wird ewr seele jnn wollust fett werden. Neiget ewr ohren her/ vnd kompt her zu mir/ Höret/ so wird ewr seele leben. Denn ich wil mit euch einen ewigen Bund machen/ nemlich die gewissen gnaden Dauids. Sihe/ ich habe jn den leuten zum zeugen gestellet/ zum Fürsten vnd gebieter den völckern. Sihe/ du wirst Heiden ruffen/ die du nicht kennest/ vnd Heiden die dich nicht kennen/ werden zu dir lauffen/ vmb des HERRN willen deines Gottes vnd des Heiligen jnn Israel/ der dich preiset.

Suchet den HERRN/ weil er zu finden ist/ Rufft jn an/ weil er nahe ist/ Der Gottlose lasse von seinem wege/ vnd der vbeltheter seine gedancken/ vnd bekere sich zum HERRN/ so wird er sich sein erbarmen/ vnd zu vnserm Gotte/ Denn bey jm ist viel vergebung/ Denn meine gedancken sind nicht ewr gedancken/ vnd ewr wege sind nicht meine wege/ spricht der HERR/ Sondern so viel der himel hőher ist denn die erde/ so sind auch meine wege hőher denn ewr wege/ vnd meine gedancken denn ewre gedancken.

Denn gleich wie der regen vnd schnee vom himel fellet/ vnd nicht wider dahin kőmpt/ sondern feuchtet die erden vnd machet sie fruchtbar vnd wachsen/ das sie gibt samen zu seen vnd brod zu essen/ Also sol das wort/ so aus meinem munde gehet/ auch sein/ Es sol nicht wider zu mir leer komen/ sondern thun das mir gefellet/ vnd sol jm gelingen/ dazu ichs sende/ Denn jr solt jnn freuden ausziehen/ vnd im friede geleitet werden/ Berge vnd hügel sollen fur euch her frolocken mit rhum/ vnd alle bewme auff dem felde mit den henden klappen/ Es sollen tennen fur hecken wachsen/ vnd mirten fur dornen/ Vnd dem HERRN sol ein name vnd ewiges zeichen sein/ das nicht ausgerottet werde.

LVI.

So spricht

Jesaia XXIX

SO spricht der HERR / Haltet das recht vn̄ thut gerechtigkeit. Denn mein Heil ist nahe / das es kome / vnd meine gerechtigkeit / das sie offenbart werde. Wol dē menschen / der solchs thut / vnd dem menschen kind / der es fest helt / das er den Sabbath halte / vnd nicht entheilige / vnd halte seine hand / das er kein arges thue.

Vnd der frembde der zum HERRN sich gethan hat / sol nicht sagen / Der HERR wird mich scheiden von seinem volck. Vnd der verschnitten sol nicht sagen / sihe / ich bin ein dürrer bawm. Denn so spricht der HERR zu den verschnitten / welche meine Sabbathe halten / vnd erwelen / was mir wolgefellet / vnd meinen Bund feste fassen / Ich wil jnen jnn meinē hause vnd jnn meinen mauren einen ort geben / vnd einen bessern namen / denn den sönen vnd töchtern / Einen ewigen namen wil ich jnen geben / der nicht vergehen sol.

Vnd der frembden kinder / die sich zum HERRN gethan haben / das sie jm dienen vnd seinen namen lieben / auff das sie seine knechte seien / ein jglicher der den Sabbath helt / das er jn nicht entweihe / vnd meinen Bund feste helt / die selbigen wil ich zu meinem heiligen berge bringen / vnd wil sie erfrewen jnn meinem bethause / vnd jr opffer vnd Brandopffer sollen mir angeneme sein auff meinem Altar / Denn mein haus heisset ein bethaus allen völckern. Der HErr HERR der die verstossen aus Jsrael samlet / spricht / Ich wil noch mehr zu dem hauffen die versamlet sind / samlen.

Alle thier auff dem felde komet vn̄ fresset / ja alle thier im walde / Alle jre wechter sind blind / sie wissen allenichts / Stumme hunde sind sie / die nicht straffen können / sind faul / liegen vnd schlaffen gerne / Es sind aber starcke hunde von leibe / die nimer sat werden können / Sie die Hirten wissen keinen verstand / ein jglicher sihet auff seinen weg / Ein jglicher geitzet fur sich jnn seinem stande / Kömpt her / lasset vns wein holen vnd volsauffen / Vnd sol morgen sein wie heute / vnd noch viel mehr. Aber der gerechte kömpt vmb / vnd niemand ist / der es zu hertzen neme / Vnd heilige leute werden auffgerafft / vnd niemand achtet drauff / Denn die gerechten werden weg gerafft / fur dem vnglück / Vnd die richtig fur sich gewandelt haben / komen zum friede vnd rugen jnn jren kamern.

Das sind falsche lerer.

(Verstand) Das ist / Gottes wort.

LVII.

VNd jr kompt herzu / jr kinder der tagwelerin / jr samen des ehebrechers vnd der huren / An wem wolt jr nu ewr lust haben? vber wem wolt jr nu das maul auffsperren / vnd die zunge heraus recken? Seid jr nicht die kinder der vbertrettung vnd ein falscher same? die jr jnn der brunst zu den Götzen laufft / vnter alle grüne bewme / vnd schlachtet die kinder an den bechen vnter den felskippen / Dein wesen ist an den glatten bachsteinen / die selbigen sind dein teil / den selbigen schüttestu dein tranckopffer / da du speiseopffer opfferst. Solt ich mich des ᵃ trösten?

Du machest dein ᵇ lager auff einen hohen erhaben berg / vn̄gehest da selbst auch hinauff zu opffern / Vnd hinder der thür vnd pfosten stellestu dein gedechtnis / Denn du weltzest dich von mir / vnd gehest hinauff / vnd machest dein lager weit / vnd verbindest dich mit jnen / du liebest jr lager / wo du sie ersihest / Du zeuchst mit öle zum Könige / vnd hast man-

Tagwelerin ist die falsche rotte wider Gottes wort.

ᵃ (Trösten) Das ist / mir gefallen lassen.

ᵇ Lager nennet sie jr Altar oder Stifft / da sie mit den Götzen huren / wie ein vnzüchtig weib mit ein Ehebrecher. Vnd zum Könige Pharao mit geschencke zihen / ist sich auff menschen verlassen.

haſt mancherley würtze/vnd sendeſt deine botschafft jnn die ferne/vñ
biſt genidriget bis zur hellen/ Du erbeiteſt dich jnn der menge deiner
wege/vnd sprachest nicht/ Ruge ein wenig/ ſondern weil du findeſt
ein leben deiner hand/wirſtu nicht müde/Fur wen biſtu ſo ſorgfeltig
vnd furchteſt alſo? ſo du doch mit lügen vmbgeheſt/ vnd denckeſt an
mich nicht/vnd nimpſt es nicht zu hertzen/Meinſtu/ ich werde allwe-
ge ſchweigen/das du mich ſo gar nicht furchteſt?

Gottloſen sorgen
fur jr thun/ſo es
doch eitel lügen vñ
falſch iſt.

Ich wil aber deine gerechtigkeit anzeigen/ vnd deine werck das
ſie kein nutz ſein ſollen/Wenn du ruffen wirſt/ ſo las dir deine hauffen
helffen/Aber der wind wird ſie alle weg füren/ vnd eitelkeit wird ſie
weg nemen/ Aber wer auff mich trawet/ wird das land erben/ vnd
meinen Heiligen berg beſitzen/vnd wird ſagen/Machet ban/mach-
et ban/reumet den weg/hebt die anſtöſſe aus dem wege meines vol-
cks/Denn alſo ſpricht der Hohe vnd erhabene/der ewiglich wonet/
des name heilig iſt/ der ich jnn der höhe vnd jnn heiligthum wone/
vnd bey denen/ ſo zuſchlagens vnd demütigen geiſts ſind/ auff das
ich erquicke den geiſt der gedemütigeten vnd das hertz der zurſchlage-
nen. Ich wil nicht jmer dar haddern/ vnd nicht ewiglich zörnen/ſon-
dern es ſol von meinem angeſicht ein Geiſt weben/ vnd ich wil odem
machen.

Hauffen/das iſt/
deine lerer/mit
gnoſſen ſampt dē
Götzen dienſt. etc.
Machet ban/das
iſt/jnn der not ſol-
len ſie raum habē
vnd troſt.

(Odem) Das iſt/
erquicken wil ich
die betrübeten.

Ich war zörnig vber die vntugent jres Geitzes/ vnd ſchlug ſie/
verbarg mich vnd zörnete/Da giengen ſie hin vnd her im wege jres
hertzen/ Aber da ich jre wege anſahe/heilet ich ſie/ vnd leitet ſie/ vnd
gab jnen troſt/vnd denen die vber jene leide a trugen. Ich wil ausge-
breitet lippen schaffen/die da predigen/Friede/friede beide den jn der
ferne vnd denen jnn der nahe/ſpricht der HERR/vnd wil ſie heilen.
Aber die Gottloſen ſind wie ein vngeſtüm meer/das nicht ſtille ſein
kan/vnd ſeine wellen kot vnd vnflat auswerffen/ Die Gottloſen ha-
ben nicht friede/ſpricht mein Gott.

a
Leide tragen die
frumen vber der
bosheit der Gott-
loſen/ wie Lot zu
Sodom etc.
(Ausgebreitet
lippen) Die jnn al-
le welt mit predi-
gen reichen ſollen.

Kot/iſt jre heilig-
keit philip.2. dar-
an ſie mit groſſer
mühe erbeiten.

LVIII.

Uffe getroſt/ſchone nicht/Erhebe deine ſtim wie eine
poſaune/vñ verkündige meine volck jr vbertretten/vnd
dem hauſe Jacob jre ſunde. Sie ſuchen mich teglich
vnd wollen meine wege wiſſen/ als ein volck das ge-
rechtigkeit ſchon gethan/ vnd das recht jres Gottes
nicht verlaſſen hette. Sie fodern mich zu recht/ vnd
wollen mit jrem Gott rechten/ Warumb faſten wir/
vnd du ſiheſt es nicht an? Warumb thun wir vnſerm leibe wehe/vnd
du wilts nicht wiſſen?

Sihe/ wenn jr faſtet/ ſo vbet jr ewern willen/vnd treibet alle ewr
ſchüldiger/ Sihe/ jr faſtet/ das jr haddert vnd zanckt/ vnd ſchlahet
mit der fauſt vngöttlich.Faſtet nicht alſo/wie jr jtzt thut/das ein ge-
ſchrey von euch jnn der höhe gehöret wird. Solt das ein faſten ſein/
das ich erwelen ſol/das ein menſch ſeinē leibe des tages vbelthu/ oder
ſeinen kopff henge wie ein ſchilff/oder auff eim ſack vnd jnn der aſch-
en liege? Wolt jr das eine faſte nennen vnd ein tag dem HERRN an-
geneme?Das iſt aber ein faſten das ich erwele/Las los/welche du mit
vnrecht verbunden haſt/las ledig/welche du beſchwereſt/gib frey/
welche du drengeſt/reis weg allerley laſt/Brich dem hungerigen dein
brod/vñ die ſo im elende ſind/füre jns haus/So du einen nacket ſiheſt/
ſo kleide jn/vnd entzeuch dich nicht von deinē fleiſch.   Als

Alſo hengen die
heuchler den
kopff/ſehen ſawr
vnd ſtelle ſich elen-
de Matth. vj.

Jesaia. XXX.

Als denn wird dein liecht erfur brechen wie die morgenröte/ vnd deine besserunge wird schnell zu nemen/ vnd deine gerechtigkeit wird fur dir her gehen/ vnd die herligkeit des HERRN wird dich zu sich nemen/ Denn wirstu ruffen/ so wird dir der HERR antworten/ Wenn du wirst schreien/ wird er sagen/ Sihe/ hie bin ich. *(Besserung) Das du reicher wirst vñ zunimpst an gut vnd seligkeit.*

So du niemant bey dir beschweren wirst/ noch mit finger zeigen noch vbel reden/ vnd wirst deine seele dem hungerigen eraus schütten/ vnd die elende seele settigen/ so wird dein liecht im finsternis auffgehen/ vnd dein tunckel wird sein wie der mittag/ Vnd der HERR wird dich jmer dar füren/ vnd deine seele settigen jnn der dürre/ vnd deine gebeine stercken/ vnd wirst sein wie ein gewesserter garte/ vnd wie eine wasserquelle/ welcher es nimer an wasser feilet/ Vnd sol durch dich gebawet werden was lange wüste gelegen ist/ vnd wirst grund legen der fur vnd fur bleibe/ Vnd solt heissen/ der die lücken verzeunet vnd die wege bessert/ das man da wonen müge. *Das ist/ du wirst ein schützer vnd besserer im lande sein/ vielen nütz sein vnd helffen.*

So du deinen fus von dem Sabbath kerest/ das du nicht thust was dir gefellet an meinem heiligen tage/ so wirds ein lustiger Sabbath heissen/ den HERRN zu heiligen vnd zu preisen/ Denn so wir stu den selbigen preisen/ wenn du nicht thust deine wege/ noch darinn erfunden werde was dir gefellet/ oder was du redest/ Als denn wirstu lust haben am HERRN/ vnd ich wil dich vber die höhen auffer den schweben lassen/ vnd wil dich speisen mit dem erbe deines vaters Jacob/ Denn des HERRN mund sagets. *Hie gibt er den rechten verstand des Sabbaths/ das man Gottes werck vnd wort drinne vben sol.*

LIX.

JHe/ des HERRN hand ist nicht zu kurtz/ das er nicht helffen könne/ vnd seine oren sind nicht dicke worden/ das er nicht höre/ sondern ewr vntugent sondern euch vnd ewern Gott von einander/ vnd ewr sunde verbergen das angesicht von euch/ das jr nicht gehöret werdet. Denn ewr hende sind mit blut besleckt/ vnd ewre finger mit vntugent/ Ewr lippen reden falsches/ ewr zunge tichtet vnrechts. Es ist niemand der von gerechtigkeit predige/ oder trewlich richte. Man vertrawet auffs eitel/ vnd redet nichts tüchtiges/ Mit vngluck sind sie schwanger/ vnd geberen mühe/ Sie brüten basilisken eyer/ vnd wircken spinneweb/ Isset man von jren eyern/ so mus man sterben/ zutrit mans aber/ so feret ein otter eraus. Jr spin web taug nicht zu kleidern/ vnd jr gewircke taug nicht zur decke. Denn jr werck ist mühe/ vnd jnn jren henden ist freuel/ Jre füsse lauffen zum bösen/ vnd sind schnell vnschuldig blut zuergiessen/ Jre gedancken sind mühe/ jr weg ist eitel verterben vnd schaden/ Sie kennen den weg des friedes nicht/ vnd ist kein recht jnn jren gengen/ Sie sind verkeret auff jren strassen/ Wer drauff gehet/ der hat nimer keinen friede. *(Richte) Das ist/ leret/ Denn er redet hie von falschen gifftigen lerern.*

Darumb ist das recht ferne von vns/ vnd wir erlangen die gerechtigkeit nicht. Wir harren auffs liecht/ sihe/ so wirds finster/ Auff den schein/ sihe/ so wandeln wir im tunckeln/ Wir tappen nach der wand/ wie die blinden/ vnd tappen als die kein augen haben/ Wir stossen vns im mittage/ als jnn der demmerunge/ Wir sind im dustern wie die todten/ Wir brummen alle wie die beren/ vnd echzen wie die tauben/ Deñ wir harren auffs recht/ so ists nicht da/ auffs heil/ so ists ferne von vns.

Denn vnser

Der Prophet

Denn vnser vbertrettung fur dir ist zu viel / vnd vnser sunde antworten wider vns / Denn vnser vbertrettung sind bey vns / vnd wir sundigen wissentlich / mit vbertreten vnd liegen wider den HERRN / vnd zu ruck keren von vnserm Gott / vnd mit reden zum freuel vnd vngehorsam / trachten vnd tichten falsche wort aus dem hertzen / Darumb ist auch das recht zuruck gewichen / vnd gerechtigkeit ferne getreten. Denn die warheit fellet auff der gassen / vnd recht kan nicht ein her gehen / Vnd die warheit ist dahin / vnd wer vom bösen weichet / der mus jdermans raub sein.

Solchs sihet der HERR / vnd gefellet jm vbel / das kein recht ist. Vnd er sihet / das niemand da ist / vnd verwundert sich / das niemand sie vertrit / darumb hilfft er jm selbs mit seinem arm / vnd seine gerechtigkeit erhelt jn / Denn er zeucht gerechtigkeit an wie ein pantzer / vnd setzt einen helm des heils auff sein heubt / vnd zeucht sich an zur rache / vnd kleidet sich mit eyuer / wie mit eim rock / als der seinen widersachern vergelten / vnd seinen feinden mit grim bezalen wil / ja die Insulen wil er bezalen / das der name des HERRN gefurchtet werde vom nidergange / vnd seine herrligkeit vom auffgang der sonnen / wenn er komen wird / wie ein auffgehalten strom / den der wind des HERRN treibt / Denn denen zu Zion wird ein erlöser komen / vnd denen die sich bekeren von den sunden jnn Jacob / spricht der HERR / Vnd ich mache solchen Bund mit dir / spricht der HERR Mein geist der bey dir ist / vnd meine wort / die ich jnn deinen mund gelegt habe / sollen von deinem munde nicht weichen / noch von dem munde deines samens vnd kinds kind (spricht der HERR) von nu an bis jnn ewigkeit.

LX.

Mache dich auff / werde liechte / Denn dein liecht kömpt / vnd die herrligkeit des HERRN gehet auff vber dir / Denn sihe / finsternis bedeckt das erdreich vnd tunckel die völcker / aber vber dir gehet auff der HERR vnd seine herrligkeit erscheinet vber dir / Vnd die Heiden werden jnn deinem liecht wandeln / vnd die Könige im glantz der vber dir auffgehet / Hebe deine augen auff vnd sihe vmbher / diese alle versamlet komen zu dir / Deine söne werden von ferne komen / vnd deine töchter zur seiten erzogen werden / Denn wirstu deine lust sehen vnd ausbrechen / vnd dein hertz wird sich wundern vnd ausbreiten / wenn sich die menge am meer zu dir bekeret / vnd die macht der Heiden zu dir kömpt / Denn die menge der Kamelen wird dich bedecken / die leuffer aus Midian vnd Epha / Sie werden aus Saba alle komen / gold vnd weihrauch bringen / vnd des HERRN lob verkündigen. Alle herde jnn Kedar sollen zu dir versamlet werden / vnd die böcke Nebaioth sollen dir dienen / Sie sollen auff meinem angenemen Altar geopffert werden / Denn ich wil das Haus meiner herrligkeit zieren.

Wer sind die / welche fliegen wie die wolcken / vnd wie die tauben zu jren fenstern? Die Insulen harren auff mich / vnd die schiffe am meer / vorlanges her / das sie deine kinder von ferne herzu bringen sampt jrem silber vnd golde / dem namen des HERRN deines Gottes vnd

Jesaia. XXXI.

tes vnd dem Heiligen jnn Jsrael/ der dich herrlich gemacht hat. Frembde werden deine mauren bawen/ vnd jre Könige werden dir dienen/ Denn jnn meinem zorn hab ich dich geschlagen/ vnd jnn meiner gnade erbarme ich mich vber dich/ Vnd deine thore sollen stets offen stehen/ weder tag noch nacht zugeschlossen werden/ das der Heiden macht zu dir gebracht/ vnd jre Könige herzu gefuret werden/ Denn welche Heiden oder Königreiche dir nicht dienen wollen/ die sollen vmbkomen/ vnd die Heiden verwüstet werden/ Die herrligkeit Libanon sol an dich komen /tennen/ büchen vnd buchsbawm mitein ander/ zu schmücken den ort meines Heiligthums/ Denn ich wil die stet meiner füsse herrlich machen.

Es werden auch gebückt zu dir komen/ die dich vnterdruckt haben/ vnd alle die dich gelestert haben/ werden nider fallen zu deinen füssen/ vnd werden dich nennen / eine Stad des HERRN/ ein Zion des Heiligen jnn Jsrael. Denn darumb/ das du bist die verlassene vn gehassete gewest/ da niemand gieng/ wil ich dich zur pracht ewiglich machen/ vnd zur freude fur vnd fur/ das du solt milch von den Heiden saugen/ vnd der Könige brüste sollen dich seugen /auff das du erfarest/ das ich der HERR bin dein Heiland/ vnd ich der Mechtige jnn Jacob /bin dein erlöser.

Ich wil gold an stat des ertzes/ vnd silber an stat des eissens bringen/ vnd ertz an stat des holtzes/ vnd eisen an stat der steine / vnd wil machen/ das deine Fürsteher friede leren sollen/ vnd deine pfleger gerechtigkeit predigen. Man sol keinen freuel mehr hören jnn deinem lande/ noch schaden oder verterben jnn deinen grentzen/ sondern deine mauren sollen heil/ vnd deine thore lob heissen/ Die sonne sol nicht mehr des tages dir scheinen/ vnd der glantz des monden sol dir nicht leuchten/ sondern der HERR wird dein ewiges liecht/ vnd dein Gott wird dein preis sein/ Deine sonne wird nicht mehr vntergehen/ noch dein mond den schein verlieren/ Denn der HERR wird dein ewiges liecht sein/ vnd die tage deines leides sollen ein ende haben/ Vnd dein volck sollen eitel gerechte sein/ vnd werden das erdreich ewiglich besitzen/ als die der zweig meiner pflantzung/ vnd ein werck meiner hende sind/ zum preise. Aus dem kleinesten sollen tausent werden/ vnd aus dem geringesten ein mechtig volck. Ich der HERR wil solchs zu seiner zeit eilend ausrichten.

LXI.

DEr Geist des HErrn HERRN ist bey mir/ darumb hat mich der HERR gesalbet/ Er hat mich gesand den elenden zu predigen/ die zubrochen hertzen zu verbinde/ zu predigen den gefangenen eine erledigung/ den gebunden eine öffnung/ zu predigen ein gnedigs jar des HERRN/ vnd einen tag der rache vnsers Gottes/ zu trösten alle trawrigen/ zu schaffen den trawrigē zu Zion/ das jnen schmuck fur aschen/ vnd freuden öl fur trawrigkeit/ vnd schöne kleider fur ein betrübtē geist gegeben werde/ das sie genennet werden bewme der gerechtigkeit/ pflantzen des HERRN/ zum preise. Sie werden die alten wüstung bawen/ vñ was vorzeiten zustöret ist/ auff bringen/ Sie werden die verwüsten stedte/ so fur vnd fur zustöret gelegen sind/ vernewen. Frembde werden stehen vnd ewr Herde weiden/ vnd auslender werden ewr ackerleute vnd weingertner sein/ jr aber sollet Priester des

f   HERRN

Der Prophet

HERRN heissen/ vnd man wird euch Diener vnsers Gottes nennen/ vnd werdet der Heiden güter essen/ vnd vber jre herrligkeit euch rhümen/ Fur ewr schmach sol zwifeltigs komen/ vnd fur die schande sollen sie frölich sein auff jren ackern/ Denn sie sollen zwifeltiges besitzen/ jnn jrem lande/ sie sollen ewige freude haben/ Denn ich bin der HERR der das Recht liebet/ vnd hasse reubische Brandopffer/ Vñ wil schaffen/ das jr erbeit sol nicht verloren sein/ vñ ein ewigen Bund wil ich mit jnen machen/ Vnd man sol jren samen kennen vnter den Heiden/ vnd jre nachkomen vnter den völckern/ das/ wer sie sehen wird/ sol sie kennen/ das sie ein samen sind gesegenet vom HERRN.

(Reubische) Das sind alle Gotter dienst/ so nicht Gottes ehre suchen/ sondern eigen nutz/ rhum vnd freude.

Ich frewe mich im HERRN/ vnd meine seele ist frölich jnn meinem Got/ Denn er hat mich angezogen mit kleidern des Heils/ vnd mit dem rock der gerechtigkeit gekleidet/ wie ein Breutgam jnn seinem schmuck/ wie ein Priester pranget/ vnd wie eine braut jnn jrem geschmeide berdet. Denn gleich wie gewechs aus der erden wechst/ vnd samen im garten auffgehet/ also wird gerechtigkeit vnd lob fur allen Heiden auffgehen aus dem HErrn HERRN.

Priester war herrlich vnd doch ehrbarlich geschmückt/ Also ist des breutgams schmuck nicht bübisch/ sondern ehrlich/ Er wil aber/ das Christus zu gleich priester vnd breutgam sey.

LXII.

Vmb Zion willen so wil ich nicht schweigen/ vnd vmb Jerusalem willen so wil ich nicht jnne halten/ bis das jre gerechtigkeit auffgehe wie ein glantz/ vnd jr heil entbrenne wie eine fackel/ Das die Heiden sehen deine gerechtigkeit/ vnd alle Könige deine Herrligkeit/ vnd du solt mit einem newen namen genennet werden/ welchen des HERRN mund nennen wird/ vnd du wirst sein eine schöne krone jnn der hand des HERRN/ vnd ein Königlicher hut jnn der hand deines Gottes/ Man sol dich nicht mehr die verlassene/ noch dein land eine verwüstunge heissen/ sondern du solt (mein lust an jr) vnd dein land (Es hat einen herrn) heissen/ Denn der HERR hat lust an dir/ vnd dein land hat einen herrn/ Denn wie ein jüngling eine jungfraw hat/ so werden dich deine kinder haben/ vnd wie sich ein Breutgam frewet vber der braut/ so wird sich dein Got vber dir frewen

O Jerusalem ich wil wechter auff deine mauren bestellen/ die den gantzen tag vnd die gantze nacht nimer stille schweigen sollen/ vnd die des HERRN gedencken sollen/ auff das bey euch kein schweigen sey/ vñ jr von jm nicht schweiget/ bis das Jerusalem gefertiget vnd gesetzt werde zum lobe auff erden.

Der HERR hat geschworen bey seiner rechten/ vnd bey dem arm seiner macht/ Ich wil dein getreide nicht mehr deinen feinden zu essen geben/ noch deinen most daran du geerbeitet hast/ die fremden trincken lassen/ sondern die so es einsamlen/ sollens auch essen/ vñ den HERRN rhümen/ vñ die jn einbringen/ sollen jn trincken jnn den Vorhofen meines Heiligthums.

Gehet hin/ gehet hin/ durch die thor/ bereitet dem volck den weg/ machet ban/ machet ban raumet die steine auff/ werfft ein panir auff Sihe/ der HERR lesset sich hören bis an der welt ende. Sagt der tochter Zion/ Sihe/ dein Heil kömpt/ Sihe/ seine erbeit vnd sein thun wird nicht on frucht sein. Man wird sie nennen/ das heilige volck/ die erlöseten des HERRN/ vnd dich wird man heissen/ Die besuchte vnd vnuerlassene stad.

Wer

LXIII.

Er ist der/so von Edom kompt/mit geferbeten kleidern von Bazra/der so geschmückt ist jnn seinen kleidern/ vnd ein her trit jnn seiner grossen krafft? Jch bins/der gerechtigkeit leret/vnd ein meister bin zu helffen/ Warumb ist denn dein gewand so Rotfarb/vnd dein kleid wie eines kelter tretters? Jch trette die kelter alleine/ vnd ist niemand vnter den völckern mit mir/ Jch hab sie gekeltert jnn meinem zorn/vnd zutretten jnn meinem grim/Daher hat jr blut meine kleider besprützt/vnd ich hab alle mein gewand besuddelt/ Denn ich hab einen tag der rache mir furgenomen/ Das jar/die meinen zu erlösen/ist komen/Denn ich sahe mich vmb/vnd da war kein helffer/ Vnd ich war im schrecken/ vnd niemand enthielt mich/ Sondern mein arm muste mir helffen/vnd mein zorn enthielt mich/ Darumb hab ich die völcker zutretten jnn meinem zorn/vnd hab sie truncken gemacht jnn meinem grim/vnd jren sieg zu boden gestossen.

LXIIII.

Ich wil der güte des HERRN gedencken/vnd des lobs des HERRN/jnn allem das vns der HERR gethan hat/vnd des grossen guts an dem Hause Israel/das er jnen gethan hat durch seine barmhertzigkeit vnd grosse güte.

Denn er sprach/ Sie sind ja mein volck/kinder die nicht falsch sind/darumb war er jr Heiland.

Wer sie engstet der engstet jn auch/ vnd der Engel so fur jm ist/ halff jnen.

Er erlösete sie/darumb das er sie liebete vnd jr schonete.

Er nam sie auff/vnd trug sie alle zeit von alters her.

Aber sie erbitterten vnd entrüsteten seinen heiligen Geist/ darumb ward er jr feind vnd streit wider sie.

Vnd er gedacht wider an die vorigen zeit/ an den Mose/ so vnter seinem volck war.

Wo ist denn nu der sie aus dem meer füret/sampt dem Hirten seiner herd?.

Wo ist der seinen Heiligen geist vnter sie gab? der Mosen bey der rechten hand füret/ durch seinen herrlichen arm?

Der die wasser trennet fur jnen her/ auff das er jm einen ewigen namen machet.

Der sie füret durch die tieffe/ wie die rosse jnn der wüsten/die nicht straucheln/ wie das viehe so jnns feld hinab gehet/welches der odem des HERRN treibet.

Also hastu auch dein volck gefüret/ auff das du dir einen herrlichen namen machtest.

So schaw nu vom himel/ vnd sihe herab von deiner heiligen herrlichen wonung.

Wo ist nu dein eiuer/deine macht? Deine grosse hertzliche barmhertzigkeit helt sich hart gegen mir.

f ij   Bistu

Bistu doch vnser vater/Denn Abraham weis von vns nicht/vnd Israel kennet vns nicht.

Du aber HERR bist vnser vater vnd vnser erlöser/von alters her ist das dein name.

Warumb lessestu vns HERR jrren von deinen wegen/vnd vnser hertz verstocken/das wir dich nicht furchten?

Kere wider/ vmb deiner knechte willen/ vmb der stemme willen deines erbes.

Sie besitzen dein heiliges volck schier gar/Deine widersacher zurtretten dein Heiligthum.

Wir sind gleich wie vorhin/da du nicht vber vns herschetest/vnd wir nicht nach deinem namen genennet waren.

Ach das du den Himel zurissest vnd fürest herab/das die berge fur dir zerflössen/wie ein heis wasser vom hefftigen fewr verseudet.

Das dein name kund würde vnter deinen feinden/vnd die Heiden fur dir zittern musten.

Durch die wunder die du thust/ der man sich nicht versihet/ Da du herab furest/vnd die berge fur dir zuflossen.

Wie denn von der welt her nicht gehöret ist/ noch mit ohren gehöret/ hat auch kein auge gesehen/ on dich Gott/ was denen geschicht/die auff jnen harren.

Du begegnetest den frölichen vnd denen so gerechtigkeit vbeten/ vnd auff deinen wegen dein gedachten.

Sihe/ du zörnetest wol da wir sundigeten vnd lang drinnen blieben/vns ward aber dennoch geholffen.

Aber nu sind wir allesampt wie die vnreinen/vnd alle vnser gerechtigkeit ist wie ein vnfletig kleid.

Wir sind alle verwelckt wie die bletter/ vnd vnser sunde füren vns dahin/wie ein wind.

Niemand rufft deinen namen an/oder machet sich auff das er sich an dich halte.

Denn du verbirgest dein angesicht fur vns/vnd lessest vns jnn vnsern sunden verschmachten

Aber nu HERR/du bist vnser vater/Wir sind thon/du bist vnser töpffer/vnd wir alle sind deiner hende werck.

HERR zörne nicht zu seer/ vnd dencke nicht ewig der sunden/ Sihe doch das an/das wir alle dein volck sind.

Die stedte deines Heiligthums sind zur wüsten worden/Zion ist zur wüsten worden/Jerusalem ligt zurstöret.

Das haus vnser heiligkeit vnd herrligkeit/ darinn dich vnser veer gelobt haben /ist mit fewr verbrant/vnd alles war wir schönes hatten/ist zu schanden gemacht.

HERR wiltu so hart sein zu solchem/ vnd schweigen/vnd vns so seer niderschlahen?

LXV

Ch werde gesucht von denen die nicht nach mir fragten Ich werde funden von denen die mich nicht suchten. Vñ zu den Heiden die meinen namen nicht an rieffen /sage ic h/Hie bin ich/Hie bin ich. Denn ich recke meine hende aus den gantzen tag zu einem vngehorsamen volck/das seinen gedancken nach wandelt auff eim wege der nicht gut ist.

Jesaia. XXXIII

ut ist. Ein volck das mich entrüstet/ist jmer fur meine angesicht/opffert jnn den garten vnd reuchert auff den zigel steinen/wonet vnter den grebern vnd helt sich jnn den hülen/Fressen schweinefleisch/vnd haben verbotene suppen jnn jren töpffen/vnd sprechen/Bleib da heim vnd rüre mich nicht/denn ich sol dich heiligen/Solche sollen ein rauch werden jnn meinem zorn/ein fewr das den gantzen tag brenne. Sihe/Es stehet fur mir geschrieben/Jch wil nicht schweigen/sondern bezalen/ja ich wil sie jnn jren bosam bezalen/beide jre missethat vnd jrer veter missethat mit einander/spricht der HERR/die auff den bergen gereuchert/vnd mich auff den hügeln geschendet haben/Jch wil jnen zu messen jr voriges thun jnn jren bosam.

(Zigel steinen)
Auff den Altarn die sie selbs machten.

(Heiligen)
Das ist/Du prophet darffest mich nicht leren heilig werden/las mich lieberheilig oder leren wie du heilig werdest.

So spricht der HERR/Gleich als wenn man most jnn einer trauben findet/vnd spricht/Verterbe es nicht/denn es ist ein segen drinnen/Also wil ich vmb meiner knechte willen thun/das ich es nicht alles verterbe/Sondern wil aus Jacob samen wachsen lassen/vnd aus Juda/der meinen berg besitze/Denn meine auserweleten sollen jn besitzen/vnd meine knechte sollen daselbst wonen/Vnd Saron sol ein haus fur die herde/vnd das tal Achor sol zum viehe lager werden meinem volck das mich sucht/Aber jr/die jr den HERRN verlasset vnd meines heiligen berges vergesset/vnd richtet dem Gad einen tisch vnd schencket vol ein vom tranckopffer dem Meni/Wolan/ich wil euch zelen zum schwerd/das jr euch alle bücken müsset zur schlacht/Darumb das ich rieff/vnd jr antwortet nicht/das ich redet/vnd jr höret nicht/sondern thettet was mir vbel gefiel/vnd erweletet/das mir nicht gefiel.

Gad wird ein Abgot zum kriege gewest sein/als Mars/denn Gad heisst rüsten/Meni heisst/zal/das wird der kauffleut Gott gewest sein/als Mercurius/der mit gelt zelen vmb gehet/Das rüret er/da er spricht/Jch wil euch zelen/zum Schwerd/als solt er sagen/Jch wil euch rüstens vnd zelens geben.

Darumb spricht der HErr HERR also/Sihe/meine knechte sollen essen/jr aber sollet hungern. Sihe/meine knechte sollen trincken jr aber sollet dürsten/ Sihe/meine knechte sollen frölich sein/jr aber sollet zu schanden werden. Sihe/meine knechte sollen fur gutem mut jauchzen/jr aber sollet fur hertzen leid schreien vnd fur jamer heulen/Vnd sollet ewren namen lassen meinen auserweleten zum schwur. Vnd der HErr HERR wird dich tödten/vnd seine knechte mit einem andern namen nennen/das/welcher sich segen wird auff erden/der wird sich jnn dem rechten Gott segenen/Vnd welcher schweren wird auff erden/der wird bey dem rechten Gott schweren/Denn der vorigen angst ist vergessen/vnd sind von meinen augen verborgen.

(Schwur)
Das ist/zum exempel eines fluchs.

Denn sihe/ich wil ein newen himel vnd newe erde schaffen/das man der vorigen nicht mehr gedencken wird/noch zu hertzen nemen/Sondern sie werden sich ewiglich frewen/vnd frölich sein vber dem/das ich schaffe. Denn sihe/ich wil Jerusalem schaffen zur wonne/vnd jr volck zur freude/Vnd ich wil frölich sein vber Jerusalem/vnd mich frewen vber mein volck/ Vnd sol nicht mehr drinnen gehort werden die stim des weinens noch die stim des klagens/Es sollen nicht mehr da sein kinder/die jre tage nicht erreichen/oder alten/die jre jar nicht erfullen/sondern die knaben von hundert jaren sollen sterben vnd die sunder von hundert jaren sollen verflucht sein/Sie werden heuser bawen vnd bewonen/Sie werden weinberge pflantzen/vnd

(Knaben von hundert jaren) Heissen die Gottlosen aus solcher rede/Wenn du gleich hundert jar lebetest/so bleibestu doch ein kind. Wenn du hundert jar lebetest/so bliebstu doch ein bube/Das ist/du wilt nimer mehr weise vñ klug werden/Eben dasselbige heisst auch/die tage erreichen vnd jar erfullen/das ist/weise vnd from werden.

f iij der sel

Der Prophet

vnd der selbigen früchte essen. Sie sollen nicht bawen/das ein ander bewone/vnd nicht pflantzen/das ein ander esse/Denn die tage meines volcks werden sein wie die tage eines bawmes/vnd das werck jrer hende wird alt werden bey meinen auserweleten/Sie sollen nicht vmb sonst erbeiten/noch vnzeitige geburt geberen/Denn sie sind der same/der gesegeneten des HERRN/vnd jre nachkomen mit jnen/Vnd sol geschehen/ehe sie ruffen/wil ich antworten/wenn sie noch reden/wil ich hören. Wolff vnd lamb sollen weide zu gleich/Der Law wird stro essen/wie ein rind/vnd die schlangen sol erden essen/Sie werden nicht schaden noch verderben auff meinem gantzen heiligen Berge/spricht der HERR.

LXVI.

SO spricht der HERR/ er Himel ist mein stuel vnd die erde meine fusbanck/Was ists denn fur ein haus/das jr mir bawen wollet? oder welchs ist die stet/da ich rugen sol? Meine hand hat alles gemacht/was da ist/spricht der HERR. Ich sehe aber an/den elenden vnd der zu brochens geists ist/vnd der sich fürchtet fur meinem wort/Denn wer einen ochsen schlachtet/ist eben als der einen man erschlüge. Wer ein schaf opffert/ist als der einem hund den hals breche/Wer speiseopffer bringt/ist als der sewblut opffert/Wer des weihrauchs gedenckt/ist als der das vnrecht lobet. **(Vnrecht) Das ist die Götzendienst.** Solches erwelen sie jnn jren wegen/vnd jre seele hat gefallen an jren grewlen/Darumb wil ich auch erwelen/das sie gedencken zu verhüten/vnd was sie fürchten/wil ich vber sie komen lassen/Darumb/das ich rieff vnd niemand antwortet/Das ich redet/vnd sie höreten nicht/vnd thetten was mir vbel gefiel/vnd erweleten/das mir nicht gefiel.

Höret des HERRN wort/die jr euch furchtet fur seinem wort/ Ewr brüder/die euch hassen vnd sondern euch ab/vmb meines namens willen/sprechen (Lasset sehen/wie herrlich der HERR sey/ Lasset jn erscheinen zu ewer freude) die sollen zu schanden werden/ Denn man wird hören eine stim des getümels jnn der stad/eine stim vom Tempel/eine stim des HERRN/der seine feinde bezalet. **(Lasset sehen) Die Gottlosen bieten Christo trotz/so gewis sind sie jnn jrer heiligkeit.**

Sie gebiert ehe jr wehe wird/Sie ist genesen eines knabens/ehe denn jr kinds not kömpt/Wer hat solchs je gehort? Wer hat solchs je gesehen? Kan auch/ehe denn ein land die wehe kriegt/ein volck zu gleich geborn werden? Nu hat doch ja Zion jre kinder on die wehe geboren/Solt ich ander lassen die mutter brechen/vnd selbs nicht auch geberen/spricht der HERR/Solt ich ander lassen geberen/vnd selbs verschlossen sein/spricht dein Gott? **Das ist ein wunder/als wenn ich spreche/Sie gebirt ehe sie schwanger wird/also auch hie/ehe jr wehe wird/das ist/Sie gebiert vnd hat doch keine wehe/als were sie nicht schwanger.**

Frewet euch mit Jerusalem/vnd seit frölich vber sie/alle die jr sie lieb habet/Frewet euch mit jr/alle die jr vber sie trawrig gewesen seid/ Denn dafur solt jr saugen vnd sat werden von den brüsten jres trostes Jr solt dafur saugen vnd euch ergetzen von der fülle jrer herrligkeit. Denn also spricht der HERR/Sihe/ich breite aus den frieden bey jr/wie einen strom/vnd die herrligkeit der Heiden wie einen ergossen bach/Da werdet jr saugen/jr sollet auff der seiten getragen werden/ vnd

Jesaia. XXXIIII

vnd auff den knien wird man euch freundlich halten/ Ich wil euch trösten/ wie einen seine mutter tröstet/ Ja jr sollet an Jerusalem ergetzet werden/ Jr werdets sehen / vnd ewer hertz wird sich frewen/ vnd ewr gebeine sol grünen wie gras. Da wird man erkennen die hand des HERRN an seinen knechten/ vnd den zorn an seinen feinden.

Denn sihe/ der HERR wird komen mit fewr/ vnd seine wagen wie ein wetter /das er vergelte im grim seines zorns/ vnd sein schelten jnn fewrflammen/ Denn der HERR wird durchs fewr richten/ vnd durch sein schwerd/ alles fleisch/ vnd der getödteten vom HERRN wird viel sein/ die sich heiligen vnd reinigen jnn den garten /einer hie der ander da/ vnd essen schweinefleisch/ grewel/ vnd meuse/ sollen geraffet werden miteinander/ spricht der HERR.

Denn ich wil komen vnd samlen jre werck vnd gedancken sampt allen Heiden vnd zungen/ das sie komen vnd sehen meine herrligkeit. Vnd ich wil ein zeichen vnter sie geben/ vnd jr etlich die errettet sind/ senden zu den Heiden am meer/ gen Phul vnd Lud zu den bogen schützen/ gen Thubal vnd Jauan/ vnd jnn die ferne zun Insulen/ da man nichts von mir gehort hat/ vnd die meine herrligkeit nicht gesehen haben / vnd sollen meine herrligkeit vnter den Heiden verkündigen/ Vnd werden alle ewre brüder aus allen Heiden erzu bringen dem HERRN zum Speisopffer/ auff rossen vnd wagen/ auff sennfften/ auff meulern vnd leuffern/ gen Jerusalem zu meinem heiligen berge/ spricht der HERR / gleich wie die kinder Israel Speiseopffer jnn reinem gefess bringen zum Hause des HERRN.

Vnd ich wil aus den selbigen nemen Priester vnd Leuiten/ spricht der HERR / Denn gleich wie der new Himel vnd die new erde / so ich mache/ fur mir stehen / spricht der HERR/ also sol auch ewr samen vnd namen stehen. Vnd alles fleisch wird einen monden nach dem andern / vnd einen Sabbath nach dem andern komen/ anzubeten fur mir/ spricht der HERR/ Vnd sie werden hinaus gehen/ vnd schawen die leichnam der leute/ die an mir missehandelt haben. Denn jr wurm wird nicht sterben/ vnd jr fewer wird nicht verlesschen/ Vnd werden allem fleisch ein grewe sein

Vorrede vber den Propheten Jeremia.

DEn Propheten Jeremia zuuerstehen darffs nicht viel glosens/ wo man nur die geschicht an sihet/ die sich begeben haben/ vnter den Königen/ zu welcher zeiten er gepredigt hat/ Denn wie es da zu mal im lande gestanden ist/ so gehen auch seine predigt. Erstlich/ war das land voller laster vnd Abgötterey/ erwürgeten die Propheten/ vnd wolten jre laster vnd Abgötterey vngestrafft haben/ Darumb ist auch das erste teil/ fast eitel straffe vnd klage vber die bosheit der Jüden/ bis an das zwenzigste Capitel hinan.

Zum andern/ weissagt er auch die straffe/ so furhanden war/ nemlich/ die verstörunge Jerusalem vnd des gantzen landes/ vnd das Babylonische gefengnis/ ja auch aller Heiden straffe/ Vnd doch daneben tröstet vnd verheisset auff gewisse bestimpte zeit/ nach ergangener solcher straffe/ die erlösung vnd heimfart wider jns land vnd gen Jerusalem rc. Vnd dis stuck ist das furnemest jnn Jeremia/ Denn vmb desselbigen willen/ ist Jeremias erweckt/ wie im ersten Capitel/ das gesicht anzeigt/ von der wacker ruten vnd siedenden töpffen/ so von mitternacht komen.

Vnd das war auch hoch von nöten/ Denn weil solch grewliche plage solte vber das volck gehen/ das es gar zu rissen vnd weg gefüret würde aus seinem lande/ hetten die frumen hertzen/ als Daniel vnd andere viel/ verzweinelen müssen an Gott vnd an allen seinen verheissungen/ Als die nicht anders hetten mügen dencken/ denn als were es gar aus mit jnen/ vnd sie von Gott aller dinge verstossen weren/ da kein Cristus nimer mehr komen würde/ Sondern Gott hette seine verheissung/ vmb des volcks sunde willen/ jnn grossem grim/ zu rücke gezogen/ Darumb muste Jeremias da sein/ vnd die straffe vnd den zorn also verkündigen/ das sie nicht ewig/ sondern eine bestimpte zeit/ als. lxx. jar/ weren solten/ vnd darnach sie widerumb zu gnaden komen/ Welcher verheissunge er sich selbs auch hat müssen trösten/ vnd sich damit erhalten/ hat sonst nicht viel trostes noch guter tage gehabt.

Denn er ein elender/ betrübter Prophet gewest ist/ zu jemerlichen bösen zeiten gelebt/ dazu ein treffliche schweer Predig ampt gefüret/ als der vber vierzig jar bis zum gefengnis/ sich mit bösen halstarrigen leuten hat müssen schelten/ vnd doch wenig nutz schaffen/ Sondern zu sehen/ das sie je lenger je erger wurden/ vnd jmer jn tödten wolten/ vnd jm viel plage anlegten/ Ju dem/ hat erleben vnd mit augen sehen müssen/ die verstörung des lands vnd gefengnis des volcks/ vnd viel grossen jamer vnd blut vergiessung/ On was er darnach jnn Egypten hat müssen predigen vnd leiden/ Denn man helts dafur/ das er von den Jüden sey gesteinigt jnn Egypten.

Zum

Vorrede. XXXV

Zum dritten/ thut er auch/ wie ander Propheten/ vnd weissagt von Christo vnd seinem Reich/ sonderlich im .23. vnd 31. Capitel/ da er gar klerlich von der person Christi/ von seinem Reich/ vom Newen Testament/ vnd vom ende des Alten Testaments weissagt/ Aber die se drey stück/ gehen nicht jnn ordnung nach einander/ vnd sind nicht von einander geteilet im buch/ wie sie jnn der that vnd wesen nach einander gegangen sind/ Ja im ersten stück/ stehet offt im folgenden Capitel/ etwas/ das doch ehe geschehen ist/ weder das im vorigen Capitel/ das sichs ansihet/ als hab Jeremias solche Bücher nicht selbs gestellet/ Sondern seien stücklich aus seiner rede gefasset vnd auffs Buch verzeichent/ Darumb mus man sich an die ordnung nicht keren/ vnd die vnordenung nicht hindern lassen.

Wir lernen aber aus Jeremia vnter andern das/ wie gemeiniglich/ je neher die straffe ist/ je erger die leute werden/ Vnd je mehr man jnen predigt/ je höher sie es verachten/ Das man greifft/ Wenn Gott straffen wil/ das er die leute verstocke lesst/ auff das sie ja on alle barmhertzigkeit vntergehen/ vnd mit keiner busse Gottes zorn versünen. Also musten die zu Sodom vorhin den frumen Lot nicht allein verachten/ sondern da er sie leret/ auch plagen/ vnd war doch jr plage fur der thür. Pharao/ da er schier solte im roten meer ersauffen/ muste er die kinder Israel/ zweifeltig martern mehr denn vor. Vnd Jerusalem muste Gottes son auch creutzigen/ da jr endlich verstörung daher gieng.

Also gehets auch jtzt allenthalben/ Nu das ende der welt herzu trit/ wüten vnd toben die leute wider Gott auffs aller grewlichst/ lestern vnd verdamnen Gottes wort/ das sie wissentlich erkennen/ das es Gottes wort vnd die warheit sey/ Daneben so viel grewlicher zeichen vnd wunder erscheinen/ beide am Himel vnd fast an allen Creaturen/ die jne schrecklich drewen/ Vnd ist auch wol so eine böse jemerliche zeit/ vnd noch erger/ denn Jeremias zeit/ Aber es wil vnd mus so sein/ das sie sicher werden/ vnd singen/ Pax/ Es hat nicht not/ Vnd nur verfolgt alles/ was Gott haben wil/ vnd alles drewen der zeichen jnn wind geschlagen/ bis sie (wie Paulus sagt) plötzlich das verderben vbereilet/ vnd verstöret/ ehe sie es gewar werden/ Doch wird Christus die seinen wissen zu behalten / vmb welcher willen er sein wort leuchten lesst/ jnn dieser schendlichen zeit/ wie er zu Babel Daniel vnd seine gleichen behielt/ vmb welcher willen Jeremias weissagung leuchten muste. Dem selben lieben HERRN/ sey lob vnd danck/ sampt dem Vater vnd Heiligem geist/ einigem Gotte vber alles vnd jnn ewigkeit/
AMEN.

Der

Der Prophet Jeremia.
I.

DIs sind die geschichte Jeremia des sons Hilkia / aus den Priestern zu Anathoth im lande BenJamin / Ju welchem geschach das wort des HERRN / zur zeit Josia des sons Amon des Königes Juda / im dreizehenden jar seines Königreichs / Vnd hernach zur zeit des Königes Juda Joakim des sons Josia / bis ans ende des eilfften jares Zedekia des sons Josia des Königes Juda / bis auffs gefengnis Jerusalem / im fünfften monden.

Vnd des HERRN wort geschach zu mir / vnd sprach / Ich kandte dich ehe denn ich dich jnn mutter leibe bereitet / vnd erwelete dich / ehe denn du von der mutter geboren wurdest / zum Propheten vnter viel völcker.

Ich aber sprach / Ah HErr HERR / Ich taug nicht zu predigen / denn ich bin zu jung / Der HERR sprach aber zu mir / Sage nicht / Ich bin zu jung / sondern du solt gehen / wo hin ich dich sende / vnd predigen / was ich dich heisse / Furcht dich nicht fur jnen / Denn ich bin bey dir / vnd wil dich erretten / spricht der HERR. Vnd der HERR

Jeremia.   XXXVI.

HERR recket seine hand aus/ vnd ruret meinen mund/ vnd sprach zu mir/ Sihe/ ich lege meine wort jnn deinen mund/ Sihe/ ich setze dich heute dieses tages vber völcker vnd Königreiche/ das du aus reissen/ zu brechen/ verstören/ vnd verderben solt/ vnd bawen vnd pflantzen.

(Verstören) Nicht durch krieg/ sondern mit predigen vnd weissagen

Vnd es geschach des HERRN wort zu mir/ vnd sprach/ Jeremia/ was sihestu? Ich sprach/ Ich sehe einen wackern stab/ Vnd der HERR sprach zu mir/ Du hast recht gesehen/ Denn ich wil wacker sein vber mein wort/ das ichs thue.

Vnd es geschach des HERRN wort zum andern mal zu mir/ vnd sprach/ Was sihestu? Ich sprach/ Ich sehe ein heis siedend töpffen von mitternacht her/ Vnd der HERR sprach zu mir/ Von mitternacht wird das vnglück komen vber alle die im lande wonen/ Denn sihe/ ich wil ruffen alle Fürsten jnn den Königreichen gegen mitternacht/ spricht der HERR/ das sie komen sollen/ vnd jre stüle setzen fur den thoren zu Jerusalem/ vnd rings vmb die mauren her/ vnd fur alle stedte Juda. Vnd ich wil das recht lassen vber sie gehen/ vmb alle jrer bosheit willen/ das sie mich verlassen/ vnd reuchern andern Göttern/ vnd beten an jrer hende werck. So begürte nu deine lenden/ vnd mache dich auff/ vnd predige jnen/ alles was ich dich heisse/ Fürchte dich nicht fur jnen/ als solt ich dich abschrecken/ Denn ich wil dich heute zur festen stad/ zur eisern seulen vnd zur ehernen mauren machen im gantzen lande/ wider die Könige Juda/ wider jre Fürsten/ wider jre Priester/ wider das volck im lande/ das/ wenn sie gleich wider dich streiten/ dennoch nicht sollen wider dich siegen/ Denn ich bin bey dir/ spricht der HERR/ das ich dich errette.

(Abschrecken) Vnter Gottes namen schreckt man die rechten Prediger/ Ey du bist ein Ketzer/ du predigest wider Gott vnd seine Kirche/ etce. Da darffs wol dieses trostes/ das man wisse/ Got thue es nicht.

Vnd des HERRN wort geschach zu mir/ vnd sprach/ Gehe hin vnd predige offentlich zu Jerusalem/ vnd sprich/ So spricht der HERR/ Ich gedencke der wolthat/ so dir jn deiner jugent geschach/ vnd der liebe/ die ich dir erzeigt/ da du schön warest/ da du mir folgetest jnn der wüsten/ im lande/ da man nichts seet/ da Israel des HERRN eigen ward/ vnd seine erste frucht/ Wer sie fressen wolt/ müste herhalten/ vnd vnglück vber jn komen/ spricht der HERR.

II.

Oret des HERRN wort/ jr vom Hause Jacob/ vnd alle geschlechte vom Hause Israel/ So spricht der HERR/ Was haben doch ewre Veter feils an mir gehabt/ das sie von mir wichen/ vnd hiengen an den vnnützen Götzen/ da sie doch nichts erlangeten? Vnd dachten nie keinmal/ Wo ist der HERR/ der vns aus Egypten land füret/ vnd leitet vns jnn der wüsten/ im wilden vngebeneten lande/ im dürren vnd finstern lande/ im lande da niemand wandelt/ noch kein mensch wonet? Vnd ich bracht euch jnn ein gut land/ das jr esset seine früchte vnd güter/ Vnd da jr hinein kamet/ verunreiniget jr mein land vnd machet mir mein erbe zum grewel. Die Priester gedachten nicht/ wo ist der HERR? Vnd die gelerten achteten mein nicht/ vnd die Virten füreten die leute von mir/ Vnd die Propheten weissagten vom Baal/ vnd hiengen an den vnnützen Götzen.   Ich

Der Prophet

Ich mus mich imer mit euch vnd mit ewrn kinds kindern schelten/ spricht der HERR/ Gehet hin jnn die Insulen Chithim / vnd schawet/ Vnd sendet jnn Kedar/ vnd merckt mit vleis / vnd schawet/ obs da selbs so zu gehet/ ob die Heiden jre Götter endern/ wie wol sie doch nicht Götter sind/ Vnd mein volck hat doch seine herrligkeit verendert/ vmb einen vnnützen Götzen/ Solt sich doch der Himel dafur entsetzen/ erschrecken vnd erbeben/ spricht der HERR/ Denn mein volck thut eine zwifache sunde/ Mich die lebendigen quelle verlassen sie/ vnd machen jnen schöne brunnen/ die doch elende brunnen sind/ denn sie geben kein wasser.

(Herrligkeit) Das ist/ seinen Gott.

(Schöne) Abgötterey gleisset allezeit mehr denn der rechte Gottes dienst.

Ist denn Israel ein knecht oder leibeigen/ das er jdermans raub sein mus/ Denn die Lewen brüllen vber jn vnd schreien/ vnd verwüsten sein land/ vnd verbrennen seine stedte/ das niemand drinnen wonet. Dazu/ so zuschlahen die von Noph vnd Thahpanhes dir den kopff/ Solchs machstu dir selbs/ das du den HERRN deinen Gott verlessest/ so offt er dich den rechten weg leiten wil.

(Trincken) Das ist/ hülffe suchen ausser Gott bey König Pharao/ vnd Assur.

Was hilfft dichs/ das du jnn Egypten zeugst/ vnd wilt des wassers Sihor trincken? Vnd was hilfft dichs/ das du gen Assyrien zeugst/ vnd wilt des wassers Phrath trincken? Es ist deiner bosheit schuld/ das du so gesteupt wirst/ Vnd deines vngehorsams/ das du so gestrafft wirst. Also mustu inne werden vnd erfaren/ was fur jamer vnd hertzleid bringt/ den HERRN deinen Gott verlassen/ vnd jn nicht furchten/ spricht der HErr HERR Zebaoth.

Denn du hast jmerdar/ dein joch zubrochen vnd deine bande zurissen/ vnd gesagt/ Ich wil nicht so vnterworffen sein/ Sondern auff allen hohen hügeln/ vnd vnter allen grünen beumen lieffestu der hurerey nach/ Ich aber hatte dich gepflantzt zu einem süssen weinstock/ einen gantz rechtschaffen samen/ wie bistu mir denn geraten zu einem bittern wilden weinstock?

Vnd wenn du dich gleich mit laugen wüsschest/ vnd nemest viel seiffen dazu/ so gleisset doch deine vntugent deste mehr fur mir/ spricht der HErr HERR/ Wie tharstu denn sagen? Ich bin nicht vnrein / Ich henge nicht an Baalim/ Sihe an/ wie du es treibest im Tal/ vnd bedencke/ wie du es ausgericht hast/ Du leuffest vmbher/ wie eine Camelin jnn der brunst/ Vnd wie ein wild jnn der wüsten pflegt/ wenn es fur grosser brunst lechzet/ vnd leufft/ das niemand auff halten kan. Wers wissen wil/ darff nicht weit lauffen/ Am feiertage sihet man es wol.

Lieber halt doch/ vnd lauff dich nicht so hellig/ Aber du sprichst/ Da wird nicht aus/ Ich mus mit den frembden bulen vnd jnen nach lauffen/ Wie ein dieb zu schanden wird/ wenn er begriffen wird/ also wird das Haus Israel zu schanden werden/ sampt jren Königen/ Fürsten/ Priestern vnd Propheten/ die zum holtz sagen/ du bist mein Vater/ vnd zum stein/ du hast mich gezeuget/ Denn sie keren mir den rücken zu/ vnd nicht das angesicht/ Aber wenn die not her gehet/ sprechen sie/ Auff/ vnd hilff vns/ Wo sind aber denne deine Götter/ die du dir gemacht hast? Heis sie auff stehen/ las sehen/

ob sie

Jeremia.   XXXVII.

ob sie dir helffen können jnn deiner not/Denn so manche stad/so manchen Gott/hastu Juda.

Was wolt jr noch recht haben wider mich? Ir seid alle von mir abgefallen/spricht der HERR/Alle schlege sind verloren an ewern kindern/sie lassen sich doch nicht zihen/ Denn ewer schwerd frisset gleich wol ewr Propheten/wie ein wütiger lewe. Du böse art/mercke auff des HERRN wort/Bin ich denn Israel eine wüste oder öde land? Warumb spricht denn mein volck/Wir sind die Herrn/ vnd müssen dir nicht nach lauffen/ Vergisset doch eine Jungfraw jres krantzs nicht/noch eine braut jres gemalh schatzs/ Aber mein volck vergisset mein ewiglich.

Was schmückestu viel dein thun/das ich dir gnedig sein sol? Vnter solchem schein/treibestu je mehr vnd mehr bosheit/Vber das findet man blut der armen vnd vnschüldigen seelen/bey dir/an allen orten/Vnd ist nicht heimlich/sondern offenbar an den selben orten.

Noch sprichstu/Ich bin vnschüldig/Er wende seinen zorn von mir/Sihe/ich wil mit dir rechten/das du sprichst/Ich hab nicht gesundigt. Wie weichestu doch so gern/vnd fellest jtzt dahin/jtzt hie her? Aber du wirst an Egypten zu schanden werden/wie du an Assyria zu schanden worden bist/Denn du must von dannen auch weg zihen/ vnd deine hende vber dem heubt zusamen schlahen/Denn der HERRE wird deine hoffnung feilen lassen/vnd wird dir bey jnen nichts gelingen. Vnd spricht/ Wenn sich ein man von seinem weibe scheiden lesset/vnd sie zeucht von jm/vnd nimpt einen andern man/thar er sie auch wider annemen? Ists nicht also/das das land verunreiniget würde? Du aber hast mit vielen bulern gehuret/Doch kom wider zu mir/spricht der HERR.

Heb deine augen auff zu den Höhen/vnd sihe/wie du allenthalben hurerey treibest/An den strassen sitzestu/vnd wartest auff sie/ wie ein Araber jnn der wüsten/vnd verunreinigest das land mit deiner hurerey vnd bosheit/ Darumb mus auch der früregen ausbleiben/ vnd kein spat regen komen/ Du hast eine hurn stirn/ du wilt dich nicht mehr schemen/Vnd schreiest gleich wol zu mir/Lieber Vater/du meister meiner jugent/wiltu denn ewiglich zürnen/ vnd nicht vom grim lassen? Sihe/du lerest vnd thust böses/vnd lessest dir nicht steuren.

III.

VNd der HERR sprach zu mir/zur zeit des Königes Josia/ Hastu auch gesehen/ was Israel die abtrünnige thet? Sie gieng hin auff alle hohe berge/vnd vnter alle grüne beume/vnd treib daselbs hurerey/Vñ ich sprach/ da sie solchs alles gethan hatte/ Bekere dich zu mir/ Aber sie bekeret sich nicht/ Vnd ob wol jre schwester Juda/die verstockte/ gesehen hat/ wie ich der abtrünnigen Israel ehebruch gestrafft/ vnd sie verlassen/ vnd jr einen scheide brieff gegeben habe/

Der Prophet

habe / noch furcht sich jre schwester die verstockte Juda nicht / sondern gehet hin vnd treibet auch hurerey / Vnd von dem geschrey jrer hurerey / ist das land verunreiniget / Denn sie treibt ehebruch mit steinen vnd holtz / Vñ jnn diesem allen / bekeret sich die verstockte Juda jre schwester nicht zu mir von gantzem hertzen / sondern heuchlet also / spricht der HERR.

Vnd der HERR sprach zu mir / Die abtrünnige Jsrael ist from gegen die verstockte Juda / Gehe hin vnd predige gegen der mitternacht also / vnd spricht / Kere wider du abtrünnige Jsrael / spricht der HERR / so wil ich mein andlitz nicht von euch wenden / Denn ich bin barmhertzig / spricht der HERR / vnd wil nicht ewiglich zürnen / Allein erkenne deine missethat / das du wider den HERRN gesündet hast / vnd hin vnd wider gelauffen zu den frembden Göttern / vnter allen grünen beumen / vnd habt meiner stim nicht gehorcht / spricht der HERR.

Bekeret euch / jr abtrünnige kinder / spricht der HERR / Denn ich wil euch mir vertrawen / vnd wil euch holen / das einer ein gantze stad / vnd zween ein gantz land füren sol / vnd wil euch bringen gen Zion / Vnd wil euch Hirten geben nach meinem hertzen / die euch weiden sollen mit lere vnd weisheit / Vnd sol geschehen / Wenn jr gewachsen / vnd ewr viel worden ist im lande / so sol man (spricht der HER) zur selbigen zeit / nicht mehr sagen von der Bundsladen des HERRN / auch der selbigen nicht mehr gedencken / noch dauon predigen / noch sie besuchen / noch daselbs mehr opffern / Sondern zur selbigen zeit / wird man Jerusalem heissen / des HERRN thron / vnd werden sich dahin samlen alle Heiden / vmb des HERRN namen willen zu Jerusalem / vnd werden nicht mehr wandeln nach den gedancken jres bösen hertzen.

Jn der zeit / wird das haus Juda gehen zum hause Jsrael / vnd werden miteinander komen von mitternacht / jns land / das ich ewrn Vetern zum erbe gegeben habe / Vnd ich sage dir zu / Wie wil ich dir so viel kinder geben / vnd das liebe land / das schöne erbe / nemlich / den kern der Heiden? Vnd ich sage dir zu / du wirst als denn mich nennen / lieber Vater / vnd nicht von mir weichen.

Aber das haus Jsrael achtet mein nichts / gleich wie ein weib jren bulen nicht mehr achtet / spricht der HERR / Darumb wird man ein kleglich heulen vnd weinen der kinder Jsrael hören / auff den Höhen / dafur / das sie vbel gethan / vnd des HERRN jres Gottes vergessen haben / So keret nu wider / jr abtrünnige kinder / so wil ich euch heilen von ewrm vngehorsam.

Sihe / wir komen zu dir / Denn du bist der HERR vnser Gott / Warlich / Es ist eitel betrug mit hügeln vnd mit allen bergen / Warlich / Es hat Jsrael kein hülffe / denn am HERRN vnserm Gotte / Vnd vnser Veter stiffte / die wir von jugent auff gehalten haben / müssen mit schanden vntergehen / sampt jren schafen / rindern / kindern vnd töchtern / Denn darauff wir vns verliessen / das ist vns jtzt eitel schande / Vnd des wir vns trösteten / des müssen wir vns jtzt schemen /

Jeremia. XXXVIII.

meh/Denn wir sundigten damit wider den HERRN vnsern Gott/ beide/ wir vnd vnser Veter von vnser jugent auff/ auch bis auff diesen heutigen tag/ vnd gehorchten nicht der stim des HERRN vnsers Gottes.

IIII.

Iltu dich Israel bekeren/spricht der HERR/ so bekere dich zu mir/ Vnd so du deine grewel weg thust von meinem angesicht/ so soltu nicht vertrieben werden/ Als denn wirstu on heucheley/ recht vnd heiliglich schweren (So war der HERR lebet) Vnd die Heiden werden jnn jm gesegenet werden/ vnd sich sein rhümen/ Denn so spricht der HERR/ zu den jnn Juda vnd zu Jerusalem/ Pflüget auffs newe/ vnd seet nicht vnter die hecken/ Beschneitet euch dem HERRN/ vnd thut weg die vorhaut ewrs hertzen/ jr menner jnn Juda vnd jr leute zu Jerusalem/ auff das nicht mein grim ausfare/ wie fewr/ vnd brenne/ das niemand leschen müge/ vmb ewr bosheit willen.

Ja denn verkündigt jnn Juda/ vnd schreiet laut zu Jerusalem/ vnd sprecht/ Blaset die drometen im lande/ rufft mit voller stim vnd sprecht/ Samlet euch/ vnd lasset vns jnn die feste stedte zihen/ Werfft zu Zion ein panier auff/ Heuffet euch vnd seumet nicht/ Denn ich bringe ein vnglück herzu von mitternacht/ vnd ein grossen jamer/ Es feret daher der Lewe aus seiner hüle/ vnd der verstörer der Heiden zeucht einher aus seinem ort/ das er dein land verwüste/ vnd deine stedte ausbrenne/ das niemand drinnen wone/ Darumb zihet secke an/ klagt vnd heulet/ Denn der grimmige zorn des HERRN wil nicht auff hören. (Ja denn) Wenn das fewr angehen wird/ vñ jr euch nicht gebessert habt/ so wirds nicht helffen/ das jr euch rüstet.

Zu der zeit/ Spricht der HERR/ wird dem Könige vnd den Fürsten das hertz entfallen/ die Priester werden verstörtzt/ vnd die Propheten erschrocken sein/ Ich aber sprach/ Ah HErr HERR/ Du hasts diesem volck vnd Jerusalem weit feilen lassen/ da sie sagten/ Es wird friede bey euch sein/ So doch das schwerd bis an die seele reicht. Zur selbigen zeit wird man diesem volck vnd Jerusalem sagen/ Es kompt ein dürrer wind vber dem gebirge her/ als aus der wüsten/ des weges zu der tochter meines volcks zu/ nicht zu worffen noch zu schwingen/ Ja ein wind kompt/ der jnen zu starck sein wird/ Da wil ich denn auch mit jnen rechten/ Sihe/ Er feret daher/ wie wolcken/ vnd seine wagen sind/ wie ein sturm wind/ seine rosse sind schneller denn Adeler/ Wehe vns/ wir müssen verstöret werden. (Wind) Der König zu Babel.

So wasche nu Jerusalem dein hertz von der bosheit/ auff das dir geholffen werde/ Wie lange wollen bey dir bleiben die leidigen lere? Denn es kompt ein geschrey von Dan her/ vnd eine böse botschafft vom gebirge Ephraim her/ wie die Heiden rhümen/ Vnd es ist bis gen Jerusalem erschollen/ das Hüter komen aus fernen landen/ vnd werden schreien wider die Stedte Juda/ Sie werden sie rings vmbher belegern/ wie die Hüter auff dem felde/ Denn sie haben mich erzürnet/ spricht der HERR/ Das hastu zu lohn fur dein wesen vnd dein thun/ Denn wird dein hertz fülen/ wie deine bosheit so gros ist. (Hüter) Widdersinnisch/ die verstöret heist er Hüter.

S ij   Wie ist

Der Prophet

Wie ist mir so hertzlich wehe/ Mein hertz pucht mir im leibe/ vnd habe kein ruge/ Denn meine seele höret der posaunen hall/ vnd eine feld schlacht/ vnd einen mord schrey vber den andern/ Denn das gantze land wird verheret/ plötzlich werden meine hütten vnd meine gezellt verstöret/ Wie lange sol ich doch das panir sehen/ vnd der posaunen hall hören? Aber mein volck ist toll/ vnd gleuben mir nicht/ thöricht sind sie/ vnd achtens nicht/ Weise sind sie gnug vbels zu thun/ aber wol thun wollen sie nicht lernen.

Ich schawet das land an/ Sihe/ das war wüst vnd öde/ vnd den himel/ vnd er war finster/ Ich sahe die berge an/ vnd sihe/ die bebeten/ vnd alle hügel zitterten/ Ich sahe/ Vnd sihe/ da war kein mensche/ vnd alles genogel vnter dem himel war weg geflogen/ Ich sahe/ Vnd sihe/ das bawfeld war eine wüste/ vnd alle stedte drinnen/ waren zubrochen/ fur dem HERRN vnd fur seinem grimmigen zorn.

Denn so spricht der HERR/ Das gantze land sol wüste werden/ vnd wil gar nicht schonen/ Darumb wird das land betrübt/ vnd der himel droben trawrig sein/ Denn ich habs geredt/ Ich habs beschlossen/ vnd sol mich nicht rewen/ wil auch nicht ablassen/ Alle stedte werden fur dem geschrey der reuter vnd schützen fliehen/ vnd jnn die dicken welde lauffen/ vnd jnn die felsen kriechen/ Alle stedte werden wüste stehen/ das niemand drinnen wonet.

Was wiltu als denn thun/ du verstörete? Wenn du dich schon mit purpur kleiden/ vnd mit gülden kleinoten schmücken/ vnd dein angesicht schmincken würdest/ so schmückestu dich doch vergeblich/ Denn die dir jtzt hofieren/ werden dich verachten/ sie werden dir nach dem leben trachten/ Denn ich höre ein geschrey/ als einer gebererin/ eine angst/ als einer/ die jnn den ersten kinds nöten ist/ ein geschrey der tochter Zion/ die da klagt/ vnd die hende aus wirfft/ Ah wehe mir/ Ich mus schier vergehen/ fur dem würgen.

V.

GEhet durch die gassen zu Jerusalem/ vnd schawet vnd erfaret/ vnd sucht auff jrer strassen/ ob jr jemand findet der recht thu/ vnd nach dem glauben frage/ so wil ich jr gnedig sein. Vnd wenn sie schon sprechen/ Bey dem lebendigen Gott/ so schweren sie doch falsch.

HERR/ Deine augen sehen nach dem glauben/ Du schlehest sie/ aber sie fülens nicht/ Du plagest sie/ aber sie bessern sich nicht/ Sie haben ein herter angesicht/ denn ein fels/ vnd wollen sich nicht bekeren.

Ich dacht aber/ Wolan/ der arme hauffe ist vnuerstendig/ weis nichts vmb des HERRN weg/ vnd vmb jres Gottes Recht/ Ich wil zu den gewaltigen gehen vnd mit jnen reden/ die selbigen werden vmb des HERRN weg vnd jres Gottes recht wissen/ Aber die selbigen alle sampt hatten das joch zu brochen/ vnd die seile zurissen.

Darumb wird sie auch der Lew/ der aus dem walde kompt/ zureissen/

(Lew) Der König zu Babel.

Jeremia. XXXIX.

zu reissen/ vnd der wolff aus der wüsten wird sie verderben/ Vnd der pardel wird auff jre stedte lauren/ alle die daselbs heraus gehen/ wird er fressen/ Denn jrer sunden sind zu viel/ vnd bleiben verstockt jnn jrem vngehorsam/ Wie sol ich dir denn gnedig sein? Weil mich deine kinder verlassen/ vnd schweren bey dem/ der nicht Gott ist/ Vnd nu ich sie gefüllet habe/ treiben sie ehebruch/ vnd lauffen ins hurhaus/ Ein jglicher wiehert nach seines nehesten weibe/ wie die vollen müssigen hengste/ Vnd ich solt sie vmb solchs nicht heimsuchen/ spricht der HERR/ vnd meine seele solt sich nicht rechen an solchem volck/ wie dis ist?

Stürmet jre mauren/ vnd werfft sie vmb/ vnd schonet nicht/ füret jre reben weg/ Denn sie sind nicht des HERRN/ Sondern sie verachten mich/ beide das Haus Jsrael vnd das haus Juda/ spricht der HERR/ Sie verleugnen den HERRN/ vnd sprechen/ Das ist er nicht/ Vnd so vbel wird es vns nicht gehen/ Schwerd vnd hunger werden nicht vber vns komen/ Ja die Propheten sind wesscher/ vnd haben auch Gottes wort nicht/ Es gehe vber sie selbs also. Darumb spricht der HERR/ der Gott Zebaoth/ Weil jr solche rede treibet/ Sihe/ so wil ich meine wort jnn deinem munde zu feur machen/ vnd dis volck zu holtz/ vnd sol sie verzeren.

(Reben)
Das volck im lande.
(Verleugnen)
Es mus nicht Gottes wort sein/ was Jeremias redet.

Sihe/ Ich wil vber euch vom hause Jsrael (spricht der HERR) ein volck von fernen bringen/ ein mechtig volck/ die das erste volck gewest sind/ ein volck des sprachen du nicht verstehest/ vnd nicht vernemen kanst/ was sie reden/ Seine köcher sind offene greber/ Es sind eitel Risen/ Sie werden dein erndte vnd dein brod verzeren/ Sie werden deine söne vnd töchter fressen/ Sie werden deine schaf vnd rinder verschlinden/ Sie werden deine weinstöck vnd feigenbeum verzeren/ Deine feste stedte/ darauff du dich verlessest/ werden sie mit dem schwerd verderben/ Vnd ich wil/ spricht der HERR/ zur selbigen zeit/ ewr nicht schonen/ Vnd ob sie würden sagen/ Warumb thut vns der HERR vnser Gott/ solchs alles? soltu jnen antworten/ Wie jr mich verlasset/ vnd frembden Götten dienet jnn ewrem eigen lande/ also solt jr auch frembden dienen/ jnn einem lande/ das nicht ewr ist.

Solchs solt jr verkündigen im hause Jacob/ vnd predigen jnn Juda/ vnd sprechen/ Höret zu/ jr tolles volck/ das keinen verstand hat/ die da augen haben vnd sehen nicht/ ohren haben vnd hören nicht/ Wolt jr mich nicht furchten/ spricht der HERR/ vnd fur mir nicht erschrecken? der ich dem meer sein vfer setze/ darinn es alleizeit bleiben mus/ darüber es nicht gehen mus/ Vnd obs schon wallet/ so vermags doch nichts/ vnd ob seine wellen schon toben/ so müssen sie doch nicht drüber faren. Aber dis volck hat ein abtrünniges/ vngehorsames hertz/ bleiben abtrünnig vnd gehen jmer fort weg/ vnd sprechen nicht ein mal jnn jrem hertzen/ Lasst vns doch den HERRN vnsern Gott furchten/ der vns frü regen vnd spat regen zu rechter zeit gibt/ vnd vns die erndte trewlich vnd jerlich behüt.

Aber ewr missethat hindern solchs/ vnd ewr sunde wenden solch gut von euch/ Denn man findet vnter meinem volck Gottlosen/

g iij   die den

Der Prophet

die den leuten stellen/vnd fallen zu richten sie zu fahen/wie die vogeler thun mit kloben/ Vnd jre heuser sind voller tücke/wie ein vogelbaur voller lockvogel ist/ Daher werden sie gewaltig/reich vnd dick/Sie gehen mit bösen stücken vmb/ Sie halten kein recht/dem Waisen fordern sie seine sache nicht/vnd helffen den armen nicht zum recht/ Solt ich denn nicht heimsuchen/ spricht der HERR/ vnd meine seele solt sich nicht rechen an solchem volck/wie dis ist? Es stehet grewlich vnd schendlich im lande/Die Propheten leren falsch/ vnd die Priester herschen jnn jrem ampt/vnd mein volck hats gern also/Wie wil es euch zu letzt drob gehen?

VI.

Samlet euch jr kinder Ben Jamin aus Jerusalem/vnd blaset die drometen auff der warte Thekoa/vnd werfft auff ein panier/auff der warte BethCherem/ Denn es gehet da her ein vnglück von mitternacht/vnd ein grosser jamer/ Die tochter Zion ist/wie eine schöne vnd lüstige awe/ Aber es werden Hirten vber sie komen mit jren herden/die werden gezellt rings vmb sie her auffschlahen/vnd weiden ein jglicher an seinem ort (vnd sprechen) Rüstet euch zum krieg wider sie/Wolauff/last vns hinauff zihen/weil es noch hoch tag ist/Ey es wil abend werden/vnd die schatten werden gros/Wolan/so lasst vns auff sein/vnd solten wir bey nacht hinauff zihen vnd jre pallast verderben.

Denn also spricht der HERR Zebaoth/Fellet beume/vnd macht schütte wider Jerusalem/ Denn sie ist eine stad/die heimgesucht werden sol/Ist doch eitel vnrecht drinnen/Denn gleich wie ein born/wasser quillet/ also quillet auch jre bosheit. Jr frenel vnd gewalt schreiet jnn himel/ vnd jr morden vnd schlahen treiben sie teglich fur mir. Bessere dich Jerusalem/ehe sich mein hertz von dir wende/vnd ich dich zum wüsten lande mache/darinnen niemands wone.

So spricht der HERR Zebaoth/Was vbrig ist blieben von Jsrael/das mus auch nach her abgelesen werden/wie am weinstock/ Der weinleser wird eins nach dem andern jnn die butten werffen.

Ach mit wem sol ich doch reden vnd zeugen? das doch jmand hören wolle? Aber jre ohren sind vnbeschnitten/Sie mügens nicht hören/Sihe/sie halten des HERRN wort fur einen spot/vnd wollen sein nicht.

(Drewen) Das ist/ich mus Gottes drewen vñ seines zorns wort/ gleich ausschütten als dem fass den boden ausstossen.

Darumb bin ich des HERRN drewen so vol/das ichs nicht lassen kan/ Schütte aus/beide vber kinder auff den gassen/vnd vber die manschafft im Rat miteinander/ Denn es sollen beide man vnd weib/ beide alte vnd der wolbetagte/gefangen werden/ Jre heuser sollen den frembden zu teil werden/sampt den eckern vnd weibern/ Denn ich wil meine hand ausstrecken/ spricht der HERR/vber des landes einwoner/Denn sie geitzen allesampt/klein vnd gros/vnd beide Propheten vnd Priester/ leren alle sampt falschen Gottes dienst/

Vnd trösten

Jeremia. XL.

Vnd trösten mein volck jnn seinem vnglück/ das sie es geringe achten sollen/ vnd sagen/ Es stehet wol/ Es stehet wol/ Vnd es stehet doch nicht wol/ Darumb werden sie mit schanden bestehen/ das sie solche grewel treiben/ Wie wol sie wollen vngeschendet sein/ vnd wollen sich nicht schemen/ Darumb müssen sie fallen vber einen hauffen/ vnd wenn ich sie heimsuchen werde/ sollen sie fallen/ spricht der HERR.

(Vngeschendet) Sie wollen nicht hören/ das sie böse solten sein/ vnd zu schanden werden.

So spricht der HERR/ Trett auff die wege/ vnd schawet/ vnd fragt nach den vorigen wegen/ welchs der gute weg sey/ vnd wandelt drinnen/ so werdet jr ruge finden fur ewr seelen/ Aber sie sprechen/ Wir wollens nicht thun/ Ich habe Wechter vber euch gesetzt/ merckt auff die stim der drometen/ Aber sie sprechen/ Wir wollens nicht thun. Darumb so höret jr Heiden/ vnd merckt sampt ewren leuten/ Du Erde höre zu/ Sihe/ ich wil ein vnglück vber dis volck bringen/ nemlich/ jren verdienten lohn/ das sie auff meine wort nicht achten/ vnd mein Gesetz verwerffen.

Was frage ich nach dem weirauch/ der aus Reich Arabia/ vnd nach den guten zimet rinden/ die aus fernen landen komen? Ewr brandopffer sind mir nicht angeneme/ vnd ewr opffer gefallen mir nichts/ Darumb spricht der HERR also/ Sihe/ ich wil diesem volck ein ergernis stellen/ daran sich/ beide Veter vnd kinder/ miteinander stossen/ vnd ein nachbar mit dem andern vmbkomen sollen.

So spricht der HERR/ Sihe/ Es wird ein volck komen von mitternacht/ Vnd ein gros volck wird sich erregen hart an vnserm lande/ die bogen vnd spiesse füren/ Es ist grausam vnd on barmhertzigkeit/ Sie brausen daher/ wie ein vngestüme meer/ vnd reiten auff rossen/ gerüst/ wie kriegsleute/ wider dich du tochter Zion/ Wenn wir von jnen hören werden / so werden vns die feuste entsincken/ Es wird vns angst vnd wehe werden/ wie jnn kindes nöten. Es gehe ja niemand hinaus auff den acker/ niemand gehe vber feld/ Denn es ist allenthalben vnsicher fur dem schwerd des feindes.

O tochter meins volcks / zeuch secke an vnd lege dich jnn die aschen/ Trag leide/ wie vmb einen einigen son/ vnd klage/ wie die/ so hoch betrübt sind/ Denn der verderber kompt vber vns plötzlich.

Ich habe dich zum Schmeltzer gesetzt/ vnter mein volck/ das so hart ist/ das du jr wesen erfaren vnd prüfen solt/ Sie sind allzumal abtrünnige/ vnd wandeln verretherisch/ Sie sind eitel verdorben ertz vnd eisen/ Der blasbalck ist verbrand/ Das bley verschwindet/ Das schmeltzen ist vmb sonst/ denn das böse ist nicht dauon gescheiden/ Darumb heissen sie auch ein verworffen silber/ denn der HERR hat sie verworffen.

(Schmeltzen) Durchs wort soltu sie schmeltzen vnd straffen/ Aber es ist böse eisenwerck Es ist alles schmeltzen verloren/ Der blasbalck/ sind die Priester/ durch welche er solt die lere treiben.

VII.

g iiij   Dis ist

Der Prophet

DIs ist das wort / welchs geschach zu Jeremia / vom HERRN / Trit jns thor im hause des HERRN / vnd predige daselbs dis wort / vnd sprich / Höret des HERRN wort / jr alle von Juda / die jr zu diesen thoren eingehet / den HERRN anzubeten.

So spricht der HERR Zebaoth / der Gott Israel / Bessert ewr leben vnd wesen / So wil ich bey euch wonen an diesem ort / Verlasset euch nicht auff die lügen / nemlich / Die ist des HERRN tempel / Die ist des HERRN tempel / Die ist des HERRN tempel / Sondern bessert ewr leben vnd wesen / das jr recht thut einer gegen dem andern / vnd den frembdlingen / waisen vnd widwen keine gewalt thut / vnd nicht vnschüldig blut vergiesset an diesem ort / vnd folget nicht nach / andern Göttern / zu ewrem eigen schaden / so wil ich jmer vnd ewiglich bey euch wonen an diesem ort / im lande / das ich ewren Vetern gegeben habe.

Aber nu verlasset jr euch auff lügen / die kein nütz sind / Daneben seid jr diebe / mörder / ehebrecher vnd meineidige / vnd reuchert dem Baal / vnd folget frembden Göttern nach / die jr nicht kennet / Darnach kompt jr denn / vnd trettet fur mich / jnn diesem Hause / das nach meinem namen genennet ist / vnd sprecht / Es hat kein not mit vns / weil wir solche grewel thun / Halt jr denn dis Haus / das nach meinem namen genennet ist / fur eine Mörder gruben? Sihe / Ich sehe es wol / spricht der HERR.

Gehet hin an meinen ort zu Silo / da vorhin mein name gewonet hat / vnd schawet / was ich daselbs gethan habe / vmb der bosheit willen meines volcks Israel / Weil jr denn alle solche stück treibet / spricht der HERR / vnd ich stets euch predigen lasse / vnd jr wolt nicht hören / Ich ruffe / vnd jr wolt nicht antworten / So wil ich dem hause / das nach meinem namen genennet ist / darauff jr euch verlasset / vnd dem ort / den ich ewren Vetern gegeben habe / eben thun / wie ich Silo gethan habe / vnd wil euch von meinem angesicht weg werffen / wie ich weg geworffen habe alle ewr brüder / den gantzen samen Ephraim.

Vnd du solt fur dis volck nicht bitten / Vnd solt fur sie kein klage noch gebet furbringen / auch nicht sie vertreten fur mir / Denn ich wil dich nicht hören / Denn sihestu nicht / was sie thun jnn den stedten Juda / vnd auff den gassen zu Jerusalem? Die kinder lesen holtz / so zünden die veter das feur an / vnd die weiber kneten den teig / das sie der Himel königin kuchen backen / vnd tranckopffer den frembden Göttern geben / das sie mir leid thun / Aber sie sollen nicht mir damit / sondern jnen selbs leid thun / vnd müssen zu schanden werden. Darumb spricht der HERR HErr / Sihe / mein zorn vnd mein grim ist ausgeschüt vber diesen ort / beide vber menschen vnd vber vihe / vber beume auff dem felde / vnd vber die früchte des landes / Vnd der sol anbrennen / das niemand lesschen müge.

So spricht der HERR Zebaoth / der Gott Israel / Thut ewr brandopffer vnd ander opffer zu hauffen / vnd fresset fleisch / Denn ich hab

Jeremia. XLI.

ich hab ewern Vetern/ des tages/ da ich sie aus Egypten land füretе/ weder gesagt noch geboten von brandopffern vnd andern opffern/ Sondern dis gebot ich jnen/ vnd sprach/ Gehorchet meinem wort/ So wil ich ewr Gott sein/ vnd jr solt mein volck sein/ vnd wandelt auff allen wegen/ die ich euch gebiete/ auff das euch wolgehe/ Aber sie wolten nicht hören/ noch jre ohren zu neigen/ Sondern wandelten nach jrem eigen rat/ vnd nach jres bösen hertzen gedencken/ vnd giengen hindersich vnd nicht fur sich.

Ja von dem tage an/ da ich ewr Veter aus Egypten land geführet habe/ bis auff diesen tag/ hab ich teglich zu euch gesand/ alle meine knechte die Propheten/ Aber sie wöllen nicht hören/ noch jr ohren neigen/ Sondern sind halstarrig/ vnd machens erger denn jre Veter/ Vnd wenn du jnen dis alles schon sagest/ so werden sie doch nicht hören/ Ruffestu/ so werden sie nicht antworten/ Darumb sprich zu jnen/ Dis ist das volck/ das den HERRN jren Gott nicht hören/ noch sich bessern wil/ Die rechte lere ist gar weg/ vnd sie predigen nichts dauon.

Schneid deine har ab vnd wirff sie von dir/ vnd heule kleglich auff den höhen/ Denn der HERR hat dis geschlecht/ vber die er zornig ist/ verworffen vnd verstossen/ Denn die kinder Juda thun vbel fur meinen augen/ spricht der HERR/ Sie setzen grewel jnn das Haus/ das nach meinem namen genennet ist/ das sie es verunreinigen/ Vnd bawen die Altar Tophet im Hinnom tal/ das sie jre söne vnd töchter verbrennen/ welchs ich nie geboten noch jnn sinn genomen habe.

Darumb/ sihe/ Es kompt die zeit/ spricht der HERR/ das mans nicht mehr heissen sol/ Tophet vnd Hinnom tal/ Sondern/ Würge tal/ Vnd Topheth sol vol todten greber werden/ Vnd die leichnam dieses volcks/ sollen den vogeln des himels/ vnd den thieren auff erden zur speise werden/ dauon sie niemand scheuchen wird/ Vnd wil jnn den stedten Juda/ vnd auff den gassen zu Jerusalem weg nemen/ das geschrey der freuden vnd wonne/ vnd die stim des breutgams vnd der braut/ Denn das land sol wüste sein.

(Breutgams) Das ist/ pfeiffen vnd alle freuden geschrey/ so zur hochzeit dē breutgam zu ehren klinget.

Zu der selbigen zeit/ spricht der HERR/ wird man die gebeine der Könige Juda/ die gebeine jrer Fürsten/ die gebeine der Priester/ die gebeine der Propheten/ die gebeine der Bürger zu Jerusalem/ aus jren grebern werffen/ vnd werden sie zestrewen vnter der Sonnen/ Mond vnd allem heer des himels/ welche sie geliebet vnd jnen gedienet/ vnd jnen nach gefolget vnd gesucht/ vnd angebettet haben/ Sie sollen nicht wider auffgelesen vnd begraben werden/ sondern kot auff der erden sein/ Vnd alle vbrigen von diesem bösen volck/ an welchem ort sie sein werden/ dahin ich sie verstossen habe/ werden lieber tod denn lebendig sein wollen/ spricht der HERR Zebaoth.

VIII.

Darumb

Der Prophet

Darumb sprich zu jnen / So spricht der HERR / Wo ist jmand / so er fellet / der nicht gerne wider auff stünde? Wo ist jemand / so er jrre gehet / der nicht gerne wider zu recht keme? Noch wil ja dis volck zu Jerusalem jrre gehen fur vnd fur / Sie halten so hart an dem falschen Gottes dienst / das sie sich nicht wollen abwenden lassen / Ich sehe vnd höre / das sie nichts rechts leren / Keiner ist / dem seine bosheit leid were / vnd spreche / Was mache ich doch? Sie lauffen alle jren lauff / wie ein grimmiger hengst im streit / Ein storck vnter dem himel weis seine zeit / Ein dordeltaube / kranich vnd schwalbe mercken jre zeit / wenn sie wider komen sollen / Aber mein volck wil das recht des HERRN nicht wissen.

Wie mügt jr doch sagen / Wir wissen was recht ist / vnd haben die Heilige Schrifft fur vns / Ists doch eitel lügen / was die schrifftgelerten setzen. Darumb müssen solche Lerer zu schanden / erschreckt vnd gefangen werden / Denn was können sie guts leren / weil sie des HERRN wort verwerffen?

Darumb so wil ich jre weiber den frembden geben / vnd jre ecker denen / so sie verjagen werden / Denn sie geitzen allesampt / beide klein vnd gros / Vnd beide Priester vnd Propheten leren falschen Gottes dienst. Vnd trösten mein volck jnn jrem vnglück / das sie es gering achten sollen / vnd sagen / Es stehet wol / Es stehet wol / Vnd stehet doch nicht wol / Darumb werden sie mit schanden bestehen / das sie solche grewel treiben / Wie wol sie wollen vngeschendet sein / vnd wollen sich nicht schemen / Darumb müssen sie fallen vber einen hauffen. Vnd wenn ich sie heimsuchen werde / sollen sie fallen / spricht der HERR.

Ich wil sie also ablesen (Spricht der HERR) das keine drauben am weinstock vnd keine feigen am feigenbaum bleiben / ja auch die bletter weg fallen sollen / Vnd was ich jnen gegeben habe / das sol jnen genomen werden / Wo werden wir denn wonen? Ja samlet euch denn / vnd last vns jnn die feste stedte zihen / vnd daselbs auff hülffe harren / Denn der HERR vnser Gott / wird vns helffen mit einem bittern trunck / das wir so sündigen wider den HERRN / Ja verlasset euch drauff / Es solle kein not haben / so doch nichts guts vorhanden ist / Vnd das jr sollet heil werden / so doch eitel schaden vorhanden ist.

(Trunck) Er wird vns zum vnglück vñ jamer helffen / vnd nicht / wie jr meinet / zum glück.

Man höret / das jre rosse bereit schnauben zu Dan / vnd jre geule schreien / das das gantze land dauon erbebet. Vnd sie faren daher / vnd werden das land auff fressen mit allem das drinnen ist / die stad sampt allen die drinnen wonen / Denn sihe / ich wil schlangen vnd basilisken vnter euch senden / die nicht beschworen sind / die sollen euch stechen / Spricht der HERR / da wil ich mich meiner mühe vnd meines hertzen leides ergetzen.

Sihe / die tochter meins volcks wird schreien / aus fernem lande her / Wil denn der HERR nicht mehr Gott sein zu Zion? odder sol sie keinen König mehr haben? Ja warumb haben sie mich so erzürnet / durch jre bilder vnd frembde vnnütze Gottes dienste / Die erndte ist vergangen / Der sommer ist dahin / vnd vns ist keine hülffe komen / Mich jamert hertzlich / das mein volck so verterbet ist / Ich greme mich

Jeremia.

mich vnd gehabe mich vbel/ Ist denn keine salbe jnn Gilead? oder ist kein artzt nicht da? Warumb ist denn die tochter meines volcks/ nicht geheilet?

IX.

AH/ das ich wasser gnug hette jnn meinem heubte/ vnd meine augen/ threnequelle weren/ das ich tage vnd nacht beweinen möcht/ die erschlagenen jnn meine volck/ Ah/ das ich eine herberge hette jnn der wüsten/ So wolt ich mein volck verlassen vnd von jnen zihen/ Denn es sind eitel ehebrecher/ vnd ein vrecher hauffe/ Sie schiessen mit jren zungen eitel lügen vnd keine warheit/ vnd treibens mit gewalt im lande/ vnd gehen von einer bosheit zur andern/ vnd achten mich nicht/ spricht der HERR.

Ein jglicher hüte sich fur seinem freunde/ vnd trawe auch seinem bruder nicht/ Denn ein bruder vnterdrückt den andern/ Vñ ein freund verrett den andern/ Ein freund teuschet den andern/ vnd reden kein war wort/ Sie vleissigen sich drauff/ wie einer den andern betriege/ Vnd ist jnen leid/ das sie es nicht erger machen können/ Es ist allenthalben eitel triegerey vnter jnen/ Vnd fur triegerey wollen sie mich nicht kennen/ spricht der HERR.

Darumb spricht der HERR Zebaoth/ also/ Sihe/ ich wil sie schmeltzen vnd prüfen/ Denn was sol ich sonst thun/ weil sich mein volck so zieret? Ir falschen zungen sind mördliche pfeile/ Mit jrem munde reden sie freundlich gegen dem nehesten/ Aber im hertzen lauren sie auff den selben/ Solt ich nu solchs nicht heimsuchen an jnen/ spricht der HERR/ Vnd meine seele solt sich nicht rechen an solchem volck/ als dis ist?

Ich mus auff den bergen weinen vnd heulen/ vnd bey den hürten jnn der wüsten klagen/ Denn sie sind so gar verheeret/ das niemand da wandelt/ vnd man auch nicht ein vieh schreien höret/ Es ist beide vogel des himels/ vnd das vieh alles weg/ Vnd ich wil Jerusalem zum steinhauffen vnd zur Trachen wonung machen/ vnd wil die stedte Juda wüste machen/ das niemand drinnen wonen sol/ Wer nu weise were/ vnd lies jm zu hertzen gehen/ vnd verkündigete was des HERRN mund zu jm sagt/ Warumb das land verderbet vnd verheeret wird/ wie eine wüsten/ da niemand wandelt.

Vnd der HERR sprach/ Darumb das sie mein gesetz verlassen/ das ich jnen furgegeben habe/ vnd gehorchen meiner rede nicht/ leben auch nicht darnach/ sondern folgen jres hertzen geduncken vnd Baalim/ wie sie jre Veter geleret haben. Darumb spricht der HERR Zebaoth/ der Gott Israel also/ Sihe/ ich wil dis volck mit wermut speisen vnd mit gallen trencken/ Ich wil sie vnter die Heiden zurstrewen/ welche weder sie noch jre Veter kennen/ Vnd wil das schwerd hinder sie schicken/ bis das aus mit jnen sey.

So spricht der HERR Zebaoth/ Schafft vnd bestellet klage weiber/ das sie komen/ vnd schickt nach den die es wol können/ vnd eilend

Der Prophet

eilend vns klagen/ das vnser augen mit threnen rinnen/vnd vnser augenlider mit wasser fliessen/das man ein kleglich geschrey höre/ zu Zion/nemlich also/ Ah/ wie sind wir so gar verstöret vnd zu schanden worden? Wir müssen das land reumen/Denn vnser wonunge sind geschleifft.

So höret nu jr weiber des HERRN wort/ vnd nemet zu ohren seines mundes rede/leret ewr töchter weinen/ vnd eine lere die andere klagen/nemlich also/ Der tod ist zu vnsern fenstern herein gefallen/ vnd jnn vnser pallast komen/ die kinder zur würgen auff der gassen/ vnd die jünglinge auff der strassen. So spricht der HERR/ Sage/ Der menschen leichnam sollen ligen/wie der mist auff dem felde/vnd wie garben hinter dem schnitter/ die niemand samlet.

So spricht der HERR/ Ein weiser rhüme sich nicht seiner weisheit/Ein starcker rhüme sich nicht seiner stercke/ Ein reicher rhüme sich nicht seines reichtumbs. Sondern/wer sich rhümen wil/der rhüme sich des/das er mich wisse vnd kenne/das ich der HERR bin/ der barmhertzigkeit/ recht vnd gerechtigkeit vbet auff erden/ Denn solchs gefellet mir/ spricht der HERR.

(Alle)
Alle vber einen hauffen / Jüden vnd Heiden/ Einer ist so frum als der ander/Die Jüden sind wol so böse als die Heiden/ nach dem hertzen/ ob sie gleich leiblich beschnitten sind.

Sihe/ Es kompt die zeit/ das ich heimsuchen werde alle/ die beschnitten mit den vnbeschnitten/ nemlich/ Egypten/ Juda/ Edom/ die kinder Ammon/Moab/vnd alle die jnn den örtern der wüsten wonen/ Denn alle Heiden haben vnbeschnitten vorhaut/ Aber das gantze Haus Israel hat vnbeschnitten hertz.

X.

Höret/was der HERR zu euch vom hause Israel redet/So spricht der HERR/ Jr solt nicht der Heiden weise lernen/vnd solt euch nicht furchten fur den zeichen des himels/wie die Heiden sich furchten/Denn der Heiden Götter sind lauter nichts/ Sie hawen im walde einen baum/ vnd der werckmeister macht sie mit dem beil/ vnd schmückt sie mit silber vnd gold/ vnd hefftet sie mit negeln vnd hemmern/das sie nicht vmb fallen/ Es sind ja nichts/denn seulen vberzogen/ Sie können nicht reden/So mus man sie auch tragen/denn sie können nicht gehen/ Darumb solt jr euch nicht fur jnen furchten/Denn sie können weder helffen noch schaden thun.

Aber dir HERR ist niemand gleich/ Du bist gros/vnd dein name ist gros/vnd kansts mit der that beweisen.

Wer solt dich nicht furchten/du König der Heiden? Dir solt man ja gehorchen/Denn es ist vnter allen Weisen der Heiden/ vnd jnn allen Königreichen dein gleiche nicht. Sie sind allzumal narren vnd thoren/Denn ein holtz mus ja ein nichtiger Gottes dienst sein/ Silbern blech bringet man auff dem meer her / gold aus Vphas/ durch den meister vnd goldschmid zugericht/gele seiden vnd purpur zeucht man jm an/Vnd ist alles der Weisen werck.

Aber der HERR ist ein rechter Gott/ein lebendiger Gott/ein ewiger König/ fur seinem zorn bebet die erde/ vnd die Heiden können sein

Jeremia.

Götter/ so den himel vnd erden nicht gemacht haben/ müssen vertilget werden von der erden/ vnd vnter dem himel. Er aber hat die erden durch seine krafft gemacht/ vnd der wellt kreis bereitet/ durch seine weisheit/ vnd den himel aus gebreitet/ durch seinen verstand. Wenn er donnert/ so ist des wassers die menge vnter dem himel/ vnd zeucht die nebel auff/ vom ende der erden/ Er macht die blitzen im regen/ vnd lesst den wind komen/ aus heimlichen örtern.

Alle menschen sind narren mit jrer kunst/ Vnd alle goldschmid stehen mit schanden mit jren bilden/ Denn jre Götzen sind triegerey/ vnd haben kein leben.

Es ist eitel nichts vnd ein verfürisch werck/ Sie müssen vmbkomen/ wenn sie heim gesucht werden.

Aber also ist der nicht/ der Jacobs schatz ist/ Sondern er ists/ der alles geschaffen hat/ vnd Israel ist sein erbteil/ Er heist HERR Zebaoth.

Thu dein gewerbe weg aus dem lande/ die du wonest jnn der festen (stad) Denn so spricht der HERR/ Sihe/ ich wil die einwoner des landes/ auff dis mal verschleudern/ vnd wil sie engsten/ das sie es fülen sollen.

Ah meines jamers vnd hertzen leides/ Ich dencke aber/ es ist meine plage/ ich mus sie leiden/ Meine hütten ist zerstöret/ vnd alle meine seile sind zurissen/ Meine kinder sind weg/ vnd nicht mehr furhanden/ Niemand richtet meine hütten wider auff/ vnd meine gezellt schlegt niemand wider auff/ Denn die Hirten sind zu narren worden/ vnd fragen nach dem HERRN nicht/ darumb können sie auch nichts rechts leren/ sondern zerstrewen die herde.

Sihe/ Es kompt ein geschrey daher/ vnd ein gros beben aus dem lande von mitternacht/ das die stedte Juda verwüstet/ vnd zu drachen wonung werden sollen.

Ich weis HERR/ das des menschen thun stehet nicht jnn seiner gewalt/ vnd stehet jnn niemands macht/ wie er wandele oder seinen gang richte. Züchtige mich HERR/ doch mit masse/ vnd nicht jnn deinem grim/ auff das du mich nicht auffreibest. Schütte aber deinen zorn vber die Heiden/ so dich nicht kennen/ vnd vber die geschlecht/ so deinen namen nicht anruffen/ Denn sie haben Jacob auffgefressen vnd verschlungen/ sie haben jn auffgereumet/ vnd seine wonung verwüstet.

XI.

Is ist das wort/ das zu Jeremia geschach vom HERRN/ Höret die wort dieses Bunds/ das jr sie denen zu Juda/ vñ den bürgern zu Jerusalem sagt/ Vnd sprich zu jnen/ So spricht der HERR/ der Gott Israel/ Verflucht sey/ wer nicht gehorchet den worten dieses Bundes/ den ich ewern Vetern gebot/ des tages/ da ich sie aus Egypten land füret/ aus dem eisern ofen/ vnd sprach/ Gehorchet meiner stim/ vnd thut wie ich euch geboten habe/ so solt jr mein volck sein/ vnd ich wil ewr Gott sein/ auff das ich den eid halten müge/ den ich ewrn Vetern geschworen habe/ jnen zu geben ein land/ darinn milch

Der Prophet

milch vnd honnig fleust / wie es denn heuts tages stehet / Ich antwortet vnd sprach / HERR / Ja / ich wils thun.

Vnd der HERR sprach zu mir / Predige alle diese wort jnn den stedten Juda / vnd auff den gassen zu Jerusalem / vnd sprich / Höret die wort dieses Bundes / vnd thut darnach / Denn ich habe ewr Veter bezenget von dem tage an / da ich sie aus Egypten land füret / bis auff den heutigen tag / Vnd zeugete stets / vnd sprach / Gehorchet meiner stim / Aber sie gehorchten nicht / neigten auch jre ohren nicht / Sondern ein jglicher gieng nach seines bösen hertzen gedüncken / Darumb wil ich auch vber sie gehen lassen / alle wort dieses Bundes / den ich geboten habe zu thun / vnd sie doch nicht darnach gethan haben.

Vnd der HERR sprach zu mir / Ich weis wol / wie sie jnn Juda vnd zu Jerusalem sich rotten / Sie keren sich eben zu den sünden jrer vorigen Veter / welche auch nicht gehorchen wolten meinen worten / vnd folgeten auch andern Göttern nach / vnd dieneten jnen / Also hat das Haus Jsrael vnd das Haus Juda (jmer dar) meinen Bund gebrochen / den ich mit jren Vetern gemacht habe / Darumb / Sihe / spricht der HERR / Ich wil ein vnglück vber sie gehen lassen / dem sie nicht sollen entgehen mügen / Vnd wenn sie zu mir schreien / wil ich sie nicht hören / So las denn die stedte Juda vnd die Bürger zu Jerusalem hin gehen / vnd zu den Göttern schreien / den sie gereuchert haben / Aber sie werden jnen nicht helffen jnn jrer not.

Denn so manche stad / so manche Götter hastu Juda / vnd so manche gassen zu Jerusalem sind / so manche schanden Altar habt jr auffgericht / dem Baal zu reuchern / So bitte du nu nicht fur dis volck / Vnd thu kein flehen noch gebet fur sie / Denn ich wil sie nicht hören / wenn sie zu mir schreien jnn jrer not / Was haben meine freunde jnn meinem Hause zu schaffen? Sie treiben alle schalckheit / vnd meinen / das heilige fleisch sol es von jnen nemen / vnd wenn sie vbel thun / sind sie guter ding drüber.

(Freunde) Gleich wie die Mutter im zorn / jr sönlin / Jungher heisst / So heist er sie auch seine freunde / die fromen kindlin / die alle büberey treiben vnd Abgötterey / vnd sol doch wolgethan sein.

a (Feur) Den König zu Babel.

Der HERR nennete dich einen grünen / schönen / fruchtbarn ölebaum / Aber nu hat er mit einem grossen mordgeschrey / ein ᵃ feur vmb den selbigen angezündet / das seine este verderben müssen / Denn der HERR Zebaoth / der dich gepflantzt hat / hat dir ein vnglück gedrewet / vmb der bosheit willen des Hauses Jsrael vnd des Hauses Juda / welche sie treiben / das sie mich erzürnen / mit jrem reuchern / das sie dem Baal thun.

Der HERR hat mirs offenbart / das ichs weis / vnd zeigt mir jr furnemen / nemlich / das sie mich / wie ein arm schaf / zur schlachtbang füren wöllen / Denn ich wuste nicht / das sie wider mich beratschlagt hatten / vnd gesagt / Lasst vns den baum mit seinen früchten verderben / vnd jn aus dem lande der lebendigen ausrotten / das seines namens nimer mehr gedacht werde. Aber du HERR Zebaoth / du gerechter Richter / der du nieren vnd hertzen prüfest / Las mich deine rache vber sie sehen / Denn ich hab dir meine sache befolhen.

Darumb spricht der HERR also / wider die zu Anathoth / die dir nach deinem leben stehen / vnd sprechen / Weissage vns nicht im namen

namen des HERRN/wiltu anders nicht von vnsern henden sterben/ Darumb spricht der HERR Zebaoth also/Sihe/ich wil sie heimsuchen/jr junge manschafft sollen mit dem schwerd getödtet werden/ vnd jre söne vnd töchter hungers sterben/ das nichts von jnen vberbleibe/ Denn ich wil vber die zu Anathot vnglück gehen lassen/ des jares/wenn sie heimgesucht werden sollen.

XII.

HERR/wenn ich gleich mit dir rechten wolt/so behelte stu doch recht/ Dennoch mus ich vom recht mit dir reden/ Warumb gehets doch den Gottlosen so wol/ vnd die verechter haben alles die fülle? Du pflantzest sie das sie wurtzeln vnd wachsen/vnd bringen frucht/ Du lessest sie viel von dir rhümen/ vnd züchtigest sie nicht?

Mich aber HERR kennestu/ vnd sihest mich/ vnd prüfest mein hertz fur dir. Aber du lessest sie frey gehen/ wie schafe/ das sie geschlacht werden/vnd sparest sie/ das sie gewürget werden.

Wie lang sol doch das land so jemerlich stehen/ vnd das gras auff dem felde allenthalben verdorren/vmb der einwoner bosheit willen/das beide vieh vnd vogel nimer da sind? Denn sie sprechen/ Ja/er weis viel/ wie es vns gehen wird.

Wenn dich die müde machen/ die zu fusse gehen/wie wil dirs gehen/wenn du mit den reutern lauffen solt? Vnd so du im lande/ da es friede ist/sicherheit suchest/was wil mit dir werden/ bey dem hoffertigen Jordan? Denn es verachten dich auch deine brüder vnd deines vaters haus/Vnd schreien zeter vber dich/ Darumb vertraw du jnen nicht/wenn sie gleich freundlich mit dir reden.

Darumb hab ich mein haus verlassen müssen/vnd mein erbe meiden/ vnd meine liebe seele jnn der feinde hand geben. Mein erbe ist mir worden/wie ein Lewe im walde/vnd brüllet wider mich/darumb bin ich jm gram worden. Mein erbe ist wie der sprincklicht vogel / vmb welchen sich die vogel samlen/ Wolauff/ vnd samlet euch alle feld thier/komet vnd fresset.

Es haben Hirten/vnd der viel/meinen weinberg verderbet/ vnd meinen acker zertretten/ Sie haben meinen schönen acker zur wüsten gemacht/Sie habens öde gemacht/ Ich sehe bereit / wie es so jemerlich verwüstet ist/Ja das gantze land ist wüste/Aber es wil niemand zu hertzen nemen/Denn die verstörer faren daher/ vber allen hügeln der wüsten/ vnd das fressend schwerd des HERRN von einem ende des landes bis zum andern/vnd kein fleisch frieden haben wird/ Sie seen weitzen/ aber disteln werden sie ernoten/Sie lassens jnen saur werden/ aber sie werdens nicht niessen/ Sie werden jres einkomens nicht fro werden/fur dem grimmigen zorn des HERRN.

So spricht der HERR wider alle meine böse nachbauren/ so das erbteil antasten/das ich meinem volck Israel ausgeteilet habe/

(Müde) Lieber Jeremia fürchtestu dich zu Anathot/was wils zu Jerusalem werden/da die hoffertigen Tirannen wider dich sein werden. Fürcht dich nicht so etc.

Der Prophet

Sihe/ich wil sie aus jrem lande ausreissen/ Vnd das Haus Juda/ aus jrem mittel reissen/ Vnd wenn ich sie nu ausgerissen habe/ wil ich mich widerumb vber sie erbarmen/ vnd wil einen jglichen zu seinem erbteil vnd jnn sein land wider bringen. Vnd sol geschehen/ wo sie von meinem volck lernen werden/ das sie schweren bey meinem namen (So war der HERR lebt) wie sie (zuuor) mein volck geleret haben schweren/ bey Baal/ so sollen sie vnter meinem volck erbawet werden/ Wo sie aber nicht hören wollen/ so wil ich solchs volck ausreissen vnd vmb bringen/ spricht der HERR.

XIII.

So spricht der HERR zu mir/ Gehe hin/ vnd keuff dir einen linen gürtel/ vnd gürte damit deine lenden/ vnd mache jn nicht nass/ Vnd ich kaufft einen gürtel/ nach dem befelh des HERRN/ vnd gürtet jn vmb meine lenden/ Da geschach des HERRN wort zum andern mal zu mir/ vnd sprach/ Nim den gürtel den du gekaufft/ vnd vmb deine lenden gegürtet hast/ vnd mache dich auff/ vnd gehe hin an den Phrath/ vnd verstecke jn daselbs/ jnn einen stein ritz/ Ich gieng hin vnd versteckte jn am Phrath/ wie mir der HERRE geboten hatte/ Nach langer zeit aber/ sprach der HERR zu mir/ Mach dich auff/ vnd gehe hin an den Phrath/ vnd hole den gürtel wider/ den ich dich hies daselbs verstecken/ Ich gieng hin an den Phrath/ vnd grub auff/ vnd nam den gürtel von dem ort/ dahin ich jn versteckt hatte/ Vnd sihe/ der gürtel war verdorben/ das er nichts mehr tuchte.

Da geschach des HERRN wort zu mir/ vnd sprach/ So spricht der HERR/ Eben also wil ich auch verderben die grosse hoffart Juda vnd Jerusalem/ das böse volck/ das meine wort nicht hören wil/ sondern gehen hin nach geduncken jres hertzen/ vnd folgen andern Göttern/ das sie den selbigen dienen vnd anbeten/ Sie sollen werden/ wie der gürtel/ der nichts mehr taug/ Denn gleich wie ein man den gürtel vmb seine lenden bindet/ Also hab ich/ spricht der HERR/ das gantze Haus Israel vnd das gantze Haus Juda/ vmb mich gegürtet/ das sie mein volck sein solten/ zu eim namen/ lob vnd ehren/ Aber sie wollen nicht hören.

So sage nu jnen dis wort/ So spricht der HERR/ der Gott Israel/ Es sollen alle legel mit wein gefüllet werden/ So werden sie sagen/ Wer weis das nicht/ das man die legel mit wein füllen sol? So sprich zu jnen/ So spricht der HERR/ Sihe/ ich wil alle die jnn diesem lande wonen/ die Könige/ so auff dem stuel Danids sitzen/ die Priester vnd Propheten/ vnd alle einwoner zu Jerusalem/ füllen/ das sie truncken werden sollen/ vnd wil einen mit dem andern/ die Veter sampt den kindern/ verstrewen/ spricht der HERR/ Vnd wil weder schonen/ noch vbersehen/ noch barmhertzig sein/ vber jrem verderben.

So höret nu vnd merckt auff/ vnd trotzet nicht/ Denn der HERR hats gered/ Gebt dem HERRN ewrem Gott die ehre/ ehe denn es finster werde/ vnd ehe ewre füsse sich an den * tunckeln bergen stossen/ Da jr des liechts wartet/ so ers doch gar finster vnd tunckel machen wird/ Wolt jr aber solchs nicht hören/ So mus meine seele doch

---

* (Tunckel bergen) Das ist/ Jr verlasset euch auff Egypten/ vnd hoffet des liechts vn glücks an solchen bergen/ Aber sie werden euch im trunckel vnd vnglück lassen vnd ewer trost wird euch feilen.

doch heimlich weinen vber solcher hoffart/ Meine augen müssen mit
threnen fliessen/das des HERRN herd gefangen wird.

Sage dem Könige/vnd der Königin/ Setzt euch herunter/ denn
die krone der herrligkeit ist euch von ewrem heubt gefallen/ Die sted=
te gegen mittag sind verschlossen/ vnd ist niemand der sie auffthue/
das gantze Juda ist rein weg gefüret/ Hebt ewr augen auff/vnd se=
het/wie sie von mitternacht daher komen. Wo ist nu die herd/ so dir
befolhen war/ deine herrliche herd? Was wiltu sagen/wenn er dich
so heimsuchen wird? Denn du hast sie so gewehnet/wider dich/ das
sie Fürsten vnd heubter sein wollen/Was gilts/ Es wird dich angst
ankomen/wie ein weib jnn kinds nöten? Vnd wenn du jnn deinem
hertzen sagen wilt/ Warumb begegent doch mir solchs? Vmb der
menge willen deiner missethat/ sind dir deine seume auffgedeckt/vnd
deine schenckel (mit gewalt) geblösset.

Kan auch ein Mohr seine haut wandeln/oder ein Parder seine
flecken? So könnet jr auch guts thun/weil jr des bösen gewonet seid/
Darumb wil ich sie zurstrewen/wie stoppeln/ die fur dem winde aus
der wüsten verwebt werden/Das sol dein lohn sein/ vnd dein teil den
ich dir zugemessen habe/ spricht der HERR/ Darumb/das du mein
vergessen hast/ vnd verlessest dich auff lügen/ So wil auch ich deine
seume hoch auff decken/das man deine scham wol sehen mus/ Denn
ich habe gesehen deine ehebrecherey/ deine geilheit/ dein vreche hu=
rerey/ja deine grewel/beide auff hügeln vnd auff eckern. Wehe dir Je
rusalem/wenn wiltu doch jmer mehr gereiniget werden?

XIIII.

Is ists wort/das der HERR zu Jeremia saget/von
der thewren zeit/ Juda ligt jemerlich/ jre thore stehen
elend/ Es stehet kleglich auff dem lande/ vnd ist zu Je
rusalē ein grosse dürre/Die grossen schicken die kleinen
nach wasser/ Aber wenn sie zum brun komen / finden
sie kein wasser/ vnd bringen jr gefesse leer wider/ Sie
gehen traurig vnd betrübt/vnd verhüllen jre heubter/darumb das die
erde lechet/weil es nicht regenet auff die erden/ Die acker leute gehen
traurig/vnd verhüllen jre heubter/Denn auch die hinden/so auff dem
felde werffen/verlassen die jungen/ weil kein gras wechst/ Das wild
stehet auff den hügeln/ vnd schnappet nach der lufft/ wie die Trach=
en/vnd verschmacht/weil kein kraut wechst.

Ah HERR/ Vnser missethat habens ja verdienet/ Aber hilff
doch vmb deines namens willen/ Denn vnser vngehorsam ist gros/
damit wir wider dich gesundiget haben/Du bist der trost Israel/ vnd
jr Nothelffer/Warumb stellestu dich/ als werestu ein gast im lande/
vnd als ein frembder/ der nur vber nacht drinnen bleibt? Warumb
stellestu dich/ als ein Held der verzagt ist/ vnd als ein Rise/ der nicht
helffen kan? Du bist doch ja vnter vns HERR/ vnd wir heissen nach
deinem namen/ Verlas vns nicht.

So spricht der HERR von diesem volck/ Sie lauffen gern hin
vnd wider

(Frembder)
Du stellest dich/
als ein gast/frembd
er/ verzag:er/
denn du nimpst ä
ch vnser nicht an/
vnd beweisest dei
ne macht nicht/
vns zu helffen.

Der Prophet

vnd wider/vnd bleiben nicht gern heim/ Darumb wil jr der HERR nicht/ Sondern er denckt nu an jre missethat/ vnd wil jre sunde heimsuchen. Vnd der HERR sprach zu mir/ Du solt nicht fur dis volck vmb gnade bitten/ Denn ob sie gleich fasten/ so wil ich doch jr flehen nicht hören/ Vnd ob sie Brandopffer vnd speisopffer bringen/ so gefallen sie mir doch nicht/ Sondern ich wil sie mit dem schwerd/ hunger vnd Pestilentz auffreiben.

Da sprach ich/ Ah HErr HERR/ Sihe/ die Propheten sagen jnen/ Jr werdet kein schwerd sehen/ vnd keine theurung bey euch haben/ sondern ich wil euch guten fried geben an diesem ort/ Vnd der HERR sprach zu mir/ Die Propheten weissagen falsch jnn meinem namen/ Ich hab sie nicht gesand/ vnd jnen nichts befolhen/ vnd nichts mit jnen geredet/ Sie predigen euch falsche gesichte/ deutunge/ Abgötterey/ vnd jrs hertzen triegerey.

Darumb so spricht der HERR/ von den Propheten/ die jnn meinem namen weissagen/ so ich sie doch nicht gesand habe/ vnd sie dennoch predigen/ es werde keine theurung jnn dis land komen/ Solche Propheten sollen sterben durch schwerd vnd hunger/ Vnd das volck dem sie weissagen/ sollen vom schwerd vnd hunger auff den gassen zu Jerusalem hin vnd her ligen/ das sie niemand begraben wird/ also auch/ jre weiber/ söne vnd töchter/ vnd wil jre bosheit vber sie schütten.

Vnd du solt zu jnen sagen dis wort/ Mein augen fliessen mit threnen tag vnd nacht/ vnd hören nicht auff/ Denn die Jungfraw die tochter meins volcks/ ist grewlich zuplagt vnd jemerlich geschlagen/ Gehe ich hinaus auffs feld/ Sihe/ so ligen da erschlagene mit dem schwerd/ Kom ich jnn die stad/ so ligen da fur hunger verschmacht/ Denn es müssen auch die Propheten/ dazu auch die Priester/ jnn ein land zihen/ das sie nicht kennen.

Hastu denn Juda verworffen? oder hat deine seele ein eckel an Zion? Warumb hastu denn vns so geschlagen/ das vns niemand heilen kan? Wir hoffeten/ Es solt friede werden/ so kompt nichts guts/ Wir hoffeten/ wir solten heil werden/ Aber sihe/ so ist mehr schadens da/ HERR wir erkennen vnser Gottlos wesen/ vnd vnser Veter missethat/ Denn wir haben wider dich gesundiget/ Aber vmb deines namens willen/ las vns nicht geschendet werden/ Las den thron deiner herrligkeit nicht verspottet werden/ Gedenck doch/ vnd las deinen Bund mit vns/ nicht auffhören/ Es ist doch ja vnter der Heiden Götzen keiner/ der regen kund geben/ So kan der himel auch nicht regen. Du bist doch ja der HERR vnser Gott/ auff den wir hoffen/ Denn du kanst solchs alles thun.

XV.

Vnd der HERR sprach zu mir/ Vnd wenn gleich Mose vnd Samuel fur mir stünden/ so hab ich doch kein hertz zu diesem volck/ Treibe sie weg von mir/ vnd las sie hin faren/ Vn wenn sie sagen/ wo sollen wir hin? So sprich zu jnen/ So spricht der HERR/ Wen der tod trifft/ den treffe er/ Wen das schwerd trifft/ den treffs/ Wen der hunger

Jeremia.   XLVI.

hunger trifft/ den treffe er/ Wen das gefengnis trifft/ den treffe es/ Denn ich wil sie heimsuchen mit vierley plagē/ Spricht der HERR/ mit dem schwerd/ das sie erwürget werden/ mit hunden/ die sie schleiffen sollen/ mit den vogeln des himels/ vnd mit thieren auff erden/ das sie gefressen vnd verweset werden sollen/ Vnd ich wil sie jnn allen Königreichen auff erden/ hin vnd her treiben lassen/ vmb Manasse willen/ des sons Jehiskia des Königes Juda/ des halben/ das er zu Jerusalem begangen hat.

Wer wil denn sich dein erbarmen Jerusalem? Wer wird denn mitleiden mit dir haben? Wer wird denn hingehen/ vnd dir frieden erwerben? Du hast mich verlassen/ spricht der HERR/ vnd bist mir abgefallen/ Darumb hab ich meine hand ausgestreckt wider dich/ das ich dich verderben wil/ Jch bin des erbarmens müde/ Jch wil sie mit der worff schauffel zum land hinaus worffeln/ vnd wil mein volck/ so von seinem wesen sich nicht bekeren wil/ zu eitel waisen machen vñ vmbbringen/ Es sollen mir mehr widwen vnter jnen werden/ denn des sands am meer ist/ Jch wil vber die mutter der jungen manschafft komen lassen/ einen offenberlichen Verderber/ vnd die stad damit plötzlich vnd vnersehens vberfallen lassen/ das die/ so sieben kinder hat/ sol elend sein/ vnd von hertzen seufftzen/ Denn jre sonne sol bey hohem tage vntergehen/ das beide jr rhum vnd freude ein ende haben sol/ Vnd die vbrigen wil ich jns schwerd geben fur jren feinden/ spricht der HERR. Ach/ meine mutter/ das du mich geboren hast/ vber den jderman zeter schreiet im gantzen lande/ Hab ich doch weder auff wucher gelihen noch genomen/ noch flucht mir jderman.

Der HERR sprach/ Wolan/ ich wil ewr etliche vberig behalten/ den es sol wider wol gehen/ Vnd wil euch zu hülff komen jnn der not vnd angst/ vnter den feinden/ Meinstu nicht/ das etwa jein eisen sey/ welchs kůnde das eisen vnd ertz von mitternacht zuschlahen? Jch wil aber zuuor ewr gut vnd schetze jnn die rappuse geben/ das jr nichts dafur kriegen sollet/ vnd das vmb aller ewr sunde willen/ die jr jnn allen ewren Grentzen begangen habt/ Vnd wil euch zu ewern feinden bringen/ jnn ein land das jr nicht kennet/ Denn es ist das feur jnn meinem zorn vber euch angangen.

Ah HERR/ du weist es/ gedencke an vns/ vnd nim dich vnser an/ vnd reche vns an vnsern verfolgern/ nim vns auff vnd verzeuch nicht deinen zorn vber sie/ Denn du weissest/ das wir vmb deinen willen geschmecht werden/ Jnn des enthalt vns dein Wort/ wenn wirs kriegen/ Vnd dasselb dein wort/ ist vnsers hertzen freud vnd trost/ Denn wir sind ja nach deinem namen genennet/ HERR Gott Zebaoth/ Wir gesellen vns nicht zu den spöttern/ noch frewen vns mit jnen/ Sondern bleiben alleine fur deiner hand/ denn du zurnest seer mit vns/ warumb weret doch vnser schmertzen so lange/ vnd vnser wunden sind so gar böse/ das sie niemand heilen kan? Du bist vns worden wie ein born/ der nicht mehr quellen wil.

Darumb spricht der HERR also/ Wo du dich zu mir heltest/ so wil ich mich zu dir halten/ vnd solt mein Prediger bleiben/ Vnd wo du die fromen lerest sich sondern von den bösen leuten/ so soltu mein Lerer sein/ Vnd ehe du soltest zu jnen fallen/ so müssen sie ehe zu dir

b iij   fallen/

(Eisen)
Ein böser vber den andern/ Die Perser vber die Chaldeer.

Der Prophet

fallen/Denn ich habe dich wider dis volck/zur vhesten ehern mauren gemacht/Ob sie wider dich streiten/sollen sie dir doch nichts an haben/Denn ich bin bey dir/das ich dir helffe vnd dich errette/spricht der HERR/Vnd wil dich auch erretten aus der hand der hofferti gen/vnd erlösen aus der hand der Tyrannen.

XVI.

Vnd des HERRN wort geschach zu mir/vnd sprach/ Du solt kein weib nemen/vnd weder söne noch töchter zeugen/an diesem ort/Denn so spricht der HERR von den sönen vnd töchtern/so an diesem ort geborn werden/dazu von jren müttern/die sie geberen/vnd von jren vetern/die sie zeugen/jnn diesem lande/ Sie sollen an kranckheiten sterben/vnd weder beklagt noch begraben werden/sondern sollen mist werden auff dem lande/dazu durch schwerd vnd hunger vmbkomen/vnd jre leichnam sollen der vogel des himels vnd der thier auff erden speise sein.

Denn so spricht der HERR/Du solt nicht zum begengnis gehen/vnd solt auch nirgen hin/zu klagen gehen/noch mitleiden vber sie haben/Denn ich habe meinen friede von diesem volck weg genomen/spricht der HERR/sampt meiner gnade vnd barmhertzigkeit/ das beide gros vnd klein sollen jnn diesem lande sterben/vnd nicht begraben noch geklagt werden/vnd niemand vber sie har ausreuffe/Vnd man wird auch nicht brod austeilen vber der klage/sie zu trösten vber der leiche/vnd jnen auch nicht aus dem trostbecher zu trincken geben vber Vater vnd mutter/ Darumb soltu jnn kein trinckhaus gehen/bey jnen zu sitzen/weder zu essen noch zu trincken.

Denn so spricht der HERR Zebaoth/der Gott Israel/Sihe/ ich wil an diesem ort auffheben/fur ewrn augen vnd bey ewrem leben/die stim der freuden vnd wonne/ die stim des breutgams vnd der braut.

Vnd wenn du solchs alles diesem volck gesagt hast/vnd sie zu dir sprechen werden/Warumb redet der HERR vber vns alle dis grosse vnglück/welchs ist die missethat vnd sunde/damit wir wider den HERRN vnsern Gott gesündiget haben? soltu jnen sagen/ Darumb/das ewr Veter mich verlassen(spricht der HERR) vnd andern Göttern gefolget/den selbigen gedienet vnd sie angebetet/mich aber verlassen/vnd mein Gesetz nicht gehalten/haben/Vnd jr noch erger thut denn ewre Veter/ Denn sihe/ein jglicher lebt nach seines bösen hertzen geduncken/das er mir nicht gehorche/Darumb wil ich euch aus diesem lande stossen/jnn ein land/dauon weder jr noch ewr Veter wissen/daselbs solt jr andern Göttern dienen tag vnd nacht/daselbs wil ich euch keine gnade erzeigen.

Darumb sihe/Es kompt die zeit/Spricht der HERR/das man nicht mehr sagen wird/So war der HERR lebt/der die kinder Israel aus Egypten land geführet hat/sondern/So war der HERR lebt/der die kinder Israel geführet hat aus dem lande der mitternacht/ vnd aus allen lendern/da hin er sie verstossen hatte/Denn ich wil sie wider bringen jnn das land/das ich jren Vetern gegeben habe.

Sihe/

Jeremia. XLVII.

Sihe/ich wil viel fischer aussenden/spricht der HERR/die sollen sie fisschen/ Vnd darnach wil ich viel Jeger aussenden/ die sollen sie fahen/auff allen bergen/auff allen hügeln/ vnd jnn allen steinritzen/Denn meine augen sehen auff alle jre wege/ das sie fur mir sich nicht verhelen können/vnd jre missethat ist fur meinen augen vnuerborgen/Aber zuuor wil ich jre missethat vnd sund/ zwifach bezalen/ darumb/das sie mein land mit den leichen jrer Abgötterey/ verunreinigt/ vnd mein erbe mit jren grewelen vol gemacht haben.

HERR/du bist meine stercke vnd krafft/ vnd meine zuflucht jnn der not/ Die Heiden werden zu dir komen von der welt ende/vnd sagen/Vnser Veter haben falsche vnd nichtige Götter gehabt/die nicht helffen können/Wie kan ein mensch Götter machen/ die nicht Götter sind? Darumb sihe/Nu wil ich sie leren/ vnd meine hand vnd gewalt jnen kund thun/das sie erfaren sollen/ich heisse der HERR.

(Leichen)
Das sie viel kinder opfferten vnd dem Moloch verbranten.

XVII.

Die sunde Juda ist geschrieben mit eisern griffeln/ vnd mit spitzigen demanten geschrieben/ vnd auff die tafel jres hertzen begraben/ vnd auff die hörner an jren Altaren/das jre kinder gedencken sollen/ der selben Altar vñ hainen/ bey den grünen beumen/ auff den hohen bergen/Aber ich wil deine Höhen/ beide auff bergen vnd feldern/sampt deiner habe vnd alle deinen schetzen/ jnn die rappuse geben/vmb der sunde willen/ jnn allen deinen grentzen begangen/ Vnd du solt aus deinem erbe verstossen werden/ das ich dir gegeben habe/vnd wil dich zu knechten deiner feinde machen/ jnn einem lande/das du nicht kennest/ Denn jr habt ein feur meines zornes angezündet/das ewiglich brennen wird.

So spricht der HERR/Verflucht ist der man/ der sich auff menschen verlesst/vnd helt fleisch fur seinen arm/ vnd mit seinem hertzen vom HERRN weicht/Der wird sein/ wie die Heide jnn der wüsten/Vnd wird nicht sehen den zukünfftigen trost/ sondern wird bleiben jnn der dürre/jnn der wüsten/ jnn einem vnfruchtbarn vnd öden Lande. Gesegenet aber ist der man/ der sich auff den HERRN verlesst/ vnd der HERR seine zuuersicht ist/ Der ist wie ein baum am wasser gepflantzt/vnd am bach gewurtzelt/Denn ob gleich eine hitze kompt/fürcht er sich doch nicht/ sondern seine bletter bleiben grüne/ vnd sorget nicht/wenn ein dürre jar kompt/sondern er bringt on auffhören früchte.

Ein heillos tückisch ding vber alles ist das hertz/ wer kan es ergründen? Ich der HERR kan das hertz ergründen/ vnd die nieren prüfen/ vnd gebe einem jglichen nach seinem thun/nach den früchten seiner werck/Denn gleich wie ein vogel der sich vber eier setzt/vnd brütet sie nicht aus/ also ist der so vnrecht gut samlet/ Denn er mus dauon/ wenn ers am wenigsten acht/ vnd mus doch zu letzt spot dazu haben.

Aber die stet vnsers Heiligthumbs/ nemlich/ der thron Göttlicher ehre/ ist alle zeit fest blieben/Denn HERR du bist die hoffnung Jsrael/Alle die dich verlassen/ müssen zu schanden werden/ Vnd die abtrünni

(Sünde)
Das ist/ jr Abgötterey treiben/ sie harr/ vnd stifften sie fest/ das sie sol bleiben bey den nach komen/gleich wie bey vns die Messe.

(Dürre)
Das ist/ Er wird vnselig bleiben.

(Heillos)
Wens vbel gehet/ so ists eitel verzagen/ Wens wolgehet/ so kans niemand zwingen noch halten jnn seinem mutwillen/ hört kein straffen/ etc. Weis sich aus zu drehen vnd zu schmücken/auch wider Gottes wort/ Aber doch hilffts nicht.

Der Prophet

abtrünnigen müssen jnn die erden geschrieben werden/ Denn sie verlassen den HERRN/ die quelle des lebendigen wassers. Heile du mich HERR/ so werde ich heil/ hilff du mir/ so ist mir geholffen/ Denn du bist mein rhum.

Sihe/ sie sprechen zu mir/ Wo ist denn des HERRN wort? Lieber las her gehen/ Aber ich bin drumb nicht von dir geflohen/ mein Hirte/ So hab ich menschen rhum nicht begert/ Das weistu/ Was ich gepredigt habe/ das ist recht fur dir/ Sey du mir nur nicht schrecklich/ meine zuuersicht jnn der not/ Las sie zu schanden werden/ die mich verfolgen/ vnd mich nicht/ Las sie erschrecken/ vnd mich nicht/ Las den tag des vnglücks vber sie gehen/ vnd zeschlahe sie zwifach.

So spricht der HERR zu mir/ Gehe hin vnd trit vnter das thor des volcks/ dadurch die Könige Juda aus vnd ein gehen/ vnd vnter alle thor zu Jerusalem/ vnd sprich zu jnen/ Höret des HERRN wort jr Könige Juda/ vnd gantz Juda vnd alle einwoner zu Jerusalem/ so zu diesem thor eingehen/ So spricht der HERR/ Hütet euch/ vnd traget keine last am Sabbaths tage/ durch die thor hinein zu Jerusalem/ vnd füret keine last am Sabbaths tage/ aus ewren heusern/ vnd thut keine erbeit/ Sondern heiliget den Sabbath tag/ wie ich ewern Vetern geboten habe/ Aber sie hören nicht/ vnd neigen jre ohren nicht/ Sondern bleiben halstarrig/ das sie mich ja nicht hören/ noch sich zihen lassen.

So jr mich hören werdet/ spricht der HERR/ das jr keine last tragt des Sabbath tages/ durch dieser stad thor ein/ sondern den selbigen heiliget/ das jr keine erbeit am selbigen tage thut/ So sollen auch durch dieser stad thor/ aus vnd eingehen/ Könige vnd Fürsten (die auff dem stuel Dauid sitzen) vnd reiten vnd faren/ beide auff wagen vnd rossen/ Sie vnd jre Fürsten/ sampt allen die jnn Juda vñ zu Jerusalem wonen/ Vnd sol diese stad ewiglich bewonet werden/ Vnd sollen komen aus den stedten Juda vnd die vmb Jerusalem her ligen/ vnd aus dem lande Ben Jamin/ aus den gründen vnd von den gebirgen/ vnd vom mittage/ die da bringen/ brandopffer/ opffer/ speisopffer vnd danck opffer/ zum ause Ddes HERRN.

Werdet jr mich aber nicht hören/ das jr den Sabbath tag heiliget/ vnd keine last traget durch die thor zu Jerusalem ein am Sabbath tage/ So wil ich ein feur vnter jren thoren anstecken/ das die Heuser zu Jerusalem verzeren/ vnd nicht geleschet werden sol.

XVIII.

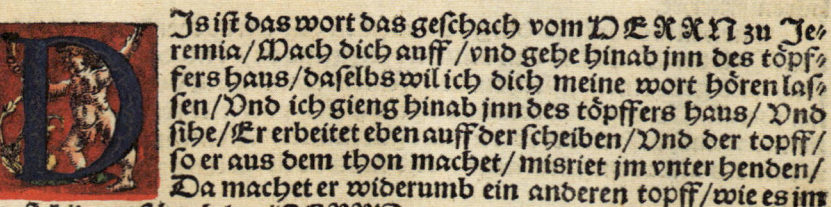

DIs ist das wort das geschach vom HERRN zu Jeremia/ Mach dich auff/ vnd gehe hinab jnn des töpffers haus/ daselbs wil ich dich meine wort hören lassen/ Vnd ich gieng hinab jnn des töpffers haus/ Vnd sihe/ Er erbeitet eben auff der scheiben/ Vnd der topff/ so er aus dem thon machet/ misriet jm vnter henden/ Da machet er widerumb ein anderen topff/ wie es jm gefiel/ da geschach des HERRN wort zu mir/ vnd sprach/ Kan ich nicht auch also mit euch vmbgehen/ jr vom Hause Israel/ wie dieser töpffer/ Spricht der HERR? Sihe/ wie der thon ist jnn des töpffers hand/ also seid auch jr vom Hause Israel jnn meiner hand.

Plötzlich

Jeremia. XLVIII.

Plötzlich rede ich wider ein volck vnd Königreich / das ichs aus rotten / zubrechen vnd verderben wolle / Wo sichs aber bekeret von seiner bosheit / da wider ich rede / so sol mich auch rewen das vnglück / das ich jm gedacht zu thun / Vnd plötzlich rede ich von einem volck vnd Königreich / das ichs bawen vnd pflantzen wolle / So es aber böses thut fur meinen augen / das es meiner stim nicht gehorcht / So sol mich auch rewen das gut / das ich jm verheissen hatte zu thun / So sprich nu zu denen jnn Juda vnd zu den Bürgern zu Jerusalem / So spricht der HERR / Sihe / ich bereite euch ein vnglück zu / vnd habe gedancken wider euch / Darumb kere sich ein jglicher von seinem bösen wesen / vnd bessert ewr wesen vnd thun / Aber sie sprechen / Da wird nicht aus / wir wollen nach vnsern gedancken wandeln / vnd ein jglicher thun nach geduncken seines bösen hertzen.

Darumb spricht der HERR / Fragt doch vnter den Heiden / wer hat je des gleichen gehort? das die Jungfraw Israel / so gar grewlich ding thut / Bleibt doch der schnee lenger / auff den steinen im felde / wens vom Libano herab schneiet / vnd das regen wasser verscheust nicht so balde / als mein volck mein vergisset / Sie reuchern den Götern / vnd richten ergernis an fur vnd fur / vnd gehen auff vngebenten strassen / auff das jr land zur wüsten werde / jnen zur ewigen schande / das / wer fur vber gehet / sich verwundere / vnd den kopff schüttele / Denn ich wil sie durch einen Ostwind zerstrewen fur jren feinden / Ich wil jnen den rücken vnd nicht das andlitz zeigen / wenn sie verderben.

(vngebeneten) Das ist / sie dienen frembden Götern / Welchs jren Vetern vnbekand / vnd ein vngewonet ding gewest ist / wie ein vngebeneter weg.

Aber sie sprechen / Kompt / vnd lasst vns wider Jeremia ratschlahen / Denn die Priester können nicht jrren im Gesetze / Vnd die Alten können nicht feilen mit raten / Vnd die Propheten können nicht vnrecht leren / Kompt her / lasst vns jn mit der zungen todschlahen / vnd nichts geben auff alle seine rede.

(Nicht feilen) Das heisst / Sie sind von Gott jn ampt / Wie die vnsern sagen / Die Kirche / die Kirche / kan nicht jrren.

HERR / hab acht auff mich / vnd höre die stim meiner widersacher / Ists recht / das man guts mit bösem vergilt? Denn sie haben meiner seelen eine gruben gegraben / Gedencke doch / wie ich fur dir gestanden bin / das ich jr bestes redet / vnd deinen grim von jnen wendet / So straff nu jre kinder mit hunger / vnd las sie jns schwerd fallen / das jre weiber vnd widwen on kinder seien / vnd jre menner zu tod geschlagen / vnd jre manschafft im streit durchs schwerd erwürget werden / das ein geschrey aus jren heusern gehöret werde / wie du plötzlich habest kriegs volck vber sie komen lassen / Denn sie haben eine gruben gegraben / mich zu fahen / vnd meinen füssen strick gelegt / Vff weil du HERR weissest alle jre anschlege wider mich / das sie mich tödten wollen / so vergib jnen jre missethat nicht / vnd las jre sunde fur dir nicht ausgetilget werden / Las sie fur dir gestörtzt werden / vnd handel mit jnen nach deinem zorn.

(Vergib nicht) Las dir nicht gefallen jr thun / vnd hilfft jnen nicht.

XIX.

So sprach der HERR / Gehe hin vnd keuff dir einen erdenen krug vom töpffer / sampt etlichen von den Eltesten des volcks / vnd fur den Eltesten der Priester / vnd gehe hinaus jns tal Hinnom / das vor dem Zigel thor ligt / vnd predige daselbs die wort / die ich dir sage / vnd sprich / Höret des HERRN wort / jr Könige Juda vnd Bürger zu Jerusalem / So spricht der HERR Zebaoth /

Der Prophet

Zebaoth/ der Gott Jsrael/ Sihe/ ich wil ein solch vnglück vber diese stete gehen lassen/ das/ wer es hören wird/ jm die ohren klingen sollen/ darumb das sie mich verlassen/ vnd diese stet einem frembden Got gegeben haben/ vnd andern Göttern drinnen gerenchert haben/ die weder sie/ noch jre Veter/ noch die Könige Juda/ gekant haben/ vnd haben diese stet vol vnschuldigs bluts gemacht/ Denn sie haben dem Baal Höhen gebawet/ jre kinder zuuerbrennen/ dem Baal zu brandopffern/ welchs ich jnen weder geboten noch davon gered habe/ dazu jnn mein hertz nie komen ist.

Darumb sihe/ Es wird die zeit komen/ spricht der HERR/ das man diese stet nicht mehr Thophet/ noch Hinnom tal/ sondern/ Würge tal/ heissen wird/ Denn ich wil den Gottesdienst Juda vnd Jerusalem/ dieses orts/ zerstören/ vnd wil sie durchs schwerd fallen lassen/ fur jren feinden/ vnter der hand dere/ so nach jrem leben stehen/ vnd wil jre leichnam den vogeln des himels/ vnd den thieren auff erden zu fressen geben/ vnd wil diese stad wüst machen/ vnd zum spot/ das alle die fur vber gehen/ werden sich verwundern vber alle jre plage/ vnd jr spotten/ Ich wil sie lassen jrer söne vnd töchter fleisch fressen/ vnd einer sol des andern fleisch fressen/ inn der not vnd angst/ damit sie jre feinde/ vnd die/ so nach jrem leben stehen/ bedrengen werden.

Vnd du solt den krug zubrechen fur den mennern/ die mit dir gangen sind/ vnd sprich zu jnen/ So spricht der HERR Zebaoth/ Eben wie man eins töpffers gefess zubricht/ das nicht mag wider gantz werden/ so wil ich dis volck vnd diese stad auch zubrechen/ vnd sollen dazu im Thopheth begraben werden/ weil sonst kein raum sein wird zu begraben/ So wil ich mit dieser stet (spricht der HERR) vnd seinen einwonern vmbgehen/ das diese stad werden sol/ gleich wie Topheth/ Dazu sollen die heuser zu Jerusalem vnd die heuser der Könige Juda/ eben so vnrein werden/ als die stet Thopheth/ ja alle heuser/ da sie auff den dechern gereuchert haben/ allem heer des himels/ vnd andern Göttern tranckopffer geopffert haben.

Vnd da Jeremia wider von Thopheth kam/ dahin jn der HERR gesand hatte zu weissagen/ trat er jnn den vorhoff am Hause des HERRN/ vnd sprach zu allem volck/ So spricht der HERR Zebaoth/ der Gott Jsrael/ Sihe/ ich wil vber diese stad vnd vber alle jre stedte/ alle das vnglück komen lassen/ das ich wider sie geredt habe/ Darumb/ das sie halstarrig sind/ vnd meine wort nicht hören wollen.

XX.

Pashur kompt her von pas/ das heisst/ breit/ vnd Hur/ weis/ Magur heisst/ furcht/ So verkeret nu Jeremias dem seinen namen/ als solt er sagen/ Du solt nicht so gros/ breit vnd weis her gehen/ wie dein name laut/ Sondern furcht vnd schrecken sol vmb vnd vmb dich her sein/ das es enge vnd schwartz gnug vmb dich sey

DA aber Pashur ein son Immer des Priesters/ so zum obersten im Hause des HERRN gesetzt war/ Jeremian hörete solche wort weissagen/ schlug er den Propheten Jeremian/ vnd warff jn jns gewelbe vnter dem oberthor BenJamin/ welchs am Hause des HERRN ist/ Vnd da es morgen ward/ zoch Pashur Jeremian aus dem gewelb/ Da sprach Jeremia zu jm/ Der HERR heisset dich nicht Pashur/ sondern/ Magur vmb vnd vmb.

Denn so

Jeremia. XLIX.

Denn so spricht der HERR/ Sihe/ ich wil dich sampt allen deinen freunden/ jnn die furcht geben/ vnd sollen fallen durchs schwerd jrer feinde/ das soltu mit deinen augen sehen/ Vnd wil das gantze Juda jnn die hand des Königes zu Babel vbergeben/ der sol sie weg füren gen Babel/ vnd mit dem schwerd tödten/ Auch wil ich alle güter dieser stad/ sampt allem das sie geerbeitet/ vnd alle kleinot/ vnd alle schetze der Könige Juda/ jnn jrer feinde hand geben/ das sie die selbigen/ rauben/ nemen vnd gen Babel bringen/ Vnd du Pashur solt mit allen deinen hausgenossen/ gefangen geben vnd gen Babel komen/ daselbs soltu sterben vnd begraben werden/ sampt allen deinen freunden/ welchen du lügen predigest.

HERR/ du hast mich vberred/ Vnd ich hab mich vberreden lassen/ du bist mir zu starck gewest/ vnd hast gewonnen/ Aber ich bin drüber zum spot worden teglich/ vnd jderman verlachet mich/ Denn sint ich gered/ geruffen vnd gepredigt habe/ von der plage vnd verstörung/ ist mir des HERRN wort/ zum hon vnd spot worden teglich/ Da dacht ich/ Wolan/ ich wil sein nicht mehr gedencken/ vnd nicht mehr jnn seinem namen predigen/ Aber es ward jnn meinem hertzen vnd jnn meinen gebeinen/ wie ein brennend feur/ das ichs nicht leiden kundte/ vnd were schier vergangen.

(Vberred) Das ich solch predigampt habe angenomen/ vnd ich nicht gewust/ das die leute so böse weren/ vñ das predigen so viel vnd grosse fahr hette.

Denn ich höre/ wie mich viele schelten/ vnd mus mich allenthalben furchten/ Verklagt/ Hui/ wir wollen jn verklagen (sprechen alle meine freunde vnd gesellen) ob wir jn vberforteilen/ vnd jm bey komen mügen/ vnd vns an jm rechen/ Aber der HERR ist bey mir/ wie ein starcker Held/ Darumb werden meine verfolger fallen/ vnd nicht obligen/ Sondern sollen seer zu schanden werden/ Darumb/ das sie so törlich handeln/ Ewig wird die schande sein/ der man nicht vergessen wird.

Vnd nu HERR Zebaoth/ der du die gerechten prüfest/ nieren vnd hertz sihest/ Las mich deine rache an jnen sehen/ Denn ich hab dir meine sache befolhen. Singet dē HERRN/ rhümet den HERRN/ der des armen leben aus der boshafftigen hende errettet.

Verflucht sey der tag/ darinn ich geboren bin/ Der tag müsse vngesegenet sein/ darinn mich meine mutter geboren hat/ Verflucht sey der/ so meinem vater gute botschafft bracht/ vnd sprach/ du hast einen jungen son/ das er jn frölich machen wolt/ Der selbige man müsse sein/ wie die stedte/ so der HERR vmbgekeret/ vnd jn nicht gerewen hat/ vnd müsse des morgens hören ein geschrey/ vnd des mittages ein heulen/ Das du mich doch nicht getödtet hast jnn mutter leibe/ das mein mutter mein grab gewesen/ vnd jr leib ewig schwanger blieben were/ Warumb bin ich doch aus mutter leibe erfur komen/ das ich solch jamer vnd hertzenleid sehen mus/ vnd meine tage mit schanden zu bringen?

XXI.

Dis ist das wort/ so vom HERRN geschach/ zu Jeremia/ da der König Zedekia zu jm sandte/ Pashur/ den son Malchia/ vnd Zephania den son Maeseia des Priesters/ vnd lies jm sagen/ Frage doch den HERRN fur vns/ Denn Nebucad Nezar/ der König zu Babel/ streitet wider vns/ das der HERR doch mit vns thun wolle nach alle seinē wundern/ damit er von vns abzöge.

i Jere

Der Prophet

Jeremia sprach zu jnen/ So sagt Zedekia/ Das spricht der HER-RE/ der Gott Jsrael/ Sihe/ Jch wil die waffen zu rück wenden/ die jr jnn ewren henden habt/ damit jr streitet wider den König zu Babel vnd wider die Chaldeer/ welche euch draussen an der mauren bele-gert haben/ vnd wil sie zu hauff samlen mitten jnn der stad/ Vnd ich wil wider euch streiten / mit ausgereckter hand / mit starckem arm/ mit grossem zorn / grim vnd vnbarmhertzigkeit / vnd wil die Bürger dieser stad schlahen/ beide menschen vnd vieh/ das sie ster-ben sollen/ durch eine grosse Pestilentz/ Vnd darnach (spricht der HERR) wil ich Zedekia den König Juda/ sampt seinen knechten vnd dem volck/ das jnn dieser stad/ fur der Pestilentz/ schwerd/ vnd hunger vberbleiben wird/ geben jnn die hende/ Nebucadnezar dem Könige zu Babel/ vnd jnn die hende jrer feinde/ vnd jnn die hende dere/ so jnen nach dem leben stehen/ das er sie mit der scherffe des sch-werds also schlahe/ das kein schonen noch gnade / noch barmhertzig-keit da sey.

Vnd sage diesem volck/ So spricht der HERR/ Sihe/ ich lege euch fur den weg zum leben/ vnd den weg zum tode/ Wer jnn dieser stad bleibt/ der wird sterben müssen durchs schwerd/ hunger vnd pe-stilentz/ Wer aber hinaus sich gibt zu den Chaldeern/ die euch bele-gern/ der sol lebendig bleiben/ vnd sol sein leben / als eine ausbeute/ behalten/ Denn ich hab mein angesicht vber diese stad gericht / zum vnglück vnd zu keinem guten/ Spricht der HERR/ Sie sol dem Kö-nige zu Babel vbergeben werden/ das er sie mit feur verbrenne.

Vnd höret des HERRN wort/ vom Hause des Königes Juda/ Du Haus Dauid/ So spricht der HERR/ Haltet des morgens ge-richt/ vnd errettet den beraubten aus des freuelers hand/ Auff das mein grim nicht ausfare/ wie ein feur/ vnd brenne also/ das niemand lesschen müge/ vmb ewr böses wesen willen/ Sihe/ spricht der HER-RE/ Ich sage dir/ die du wonest im grunde/ jnn dem felsen/ vnd auff der ebene/ vnd sprichst/ Wer wil vns vberfallen/ oder jnn vnser feste ko-men? Ich wil euch heimsuchen (spricht der HERR) nach der fru-chte wers thuns/ Ich wil ein feur anzünden jnn jrem walde/ das sol alles vmb her verzeren.

XXII.

So spricht der HERR/ Gehe hinab jnn das Haus des Königes Juda/ vnd rede daselbs dis wort/ vnd sprich/ Höre des HERRN wort/ du König Juda/ der du auff dem stuel Dauid sitzest/ beide du vnd deine knech-te/ vnd dein volck/ die zu diesen thoren eingehen/ So spricht der HERR/ Haltet recht vnd gerechtigkeit/ vnd errettet den beraubten von des freuelers hand/ vn schindet nicht die frembdlinge/ waisen vnd widwen / vnd thut nie-mand gewalt/ vnd vergiesst nicht vnschüldig blut an dieser stet/ Wer-det jr solchs thun/ so sollen durch die thor dieses hauses/ einzihen Kö-nige/ die auff Dauids stuel sitzen/ beide zu wagen vnd zu rosse/ sampt jren knechten vnd volck/ Werdet jr aber solchem nicht gehorchen/ so hab ich bey mir selbs geschworen (spricht der HERR) dis Haus sol verstöret werden.

Denn so

Jeremia. LII.

Denn so spricht der HERR von dem Hause des Koniges Juda/Gilead/du bist mir das heubt im Libanon/Was gilts/ich wil dich zur wůsten/vnd die stedte/on einwoner/machen/ Denn ich habe verderber vber dich bestellet/einen jglichen mit seinen woffen/die sollen deine ausserweleten Cedern vmb hawen vnd jns feur werffen. So werden viel Heiden fur dieser stad vber gehen/vnd vnternander sagen/Warumb hat der HERR mit dieser grossen stad also gehandelt? Vnd man wird antworten/Darumb das sie den Bund des HERRN jres Gottes verlassen/vnd ander Götter angebettet/vnd den selbigen gedienet haben.

Weinet nicht vber die todten/vnd gremet euch nicht darumb/ Weinet aber vber den/ der dahin zeucht/ der nimer wider komen wird/das er sein Vaterland sehen mochte/ Denn so spricht der HERR von Sallum dem son Josia/des Königes Juda/welcher König ist an stat seines Vaters Josia/der von dieser stet hinaus gezogen ist/Er wird nicht wider her komen/sondern mus sterben an dem ort/da er hin gefangen gefurt ist/vnd wird dis land nicht mehr sehen. *(Sallum) Das ist Zedekia.*

Wehe dem/der sein haus mit sunden bawet/ vnd seine gemach mit vnrecht/ der seinen nehesten vmb sonst erbeiten lesst/vnd gibt jm seinen lohn nicht/vnd denckt/Wolan/ich wil mir ein gros haus bawen/vnd weite pallast/Vnd lesst jm fenster drein hawen/vnd mit Cedern tefeln/vnd rot malen/Meinstu/ du wollest König sein/weil du mit Cedern prangest? Hat dein Vater nicht auch gessen vnd getruncken/vnd hielt dennoch vber dem recht vnd gerechtigkeit/vnd gieng jm wol/ Er halff dem elenden vnd armen zu recht/vnd gieng jm wol/Ists nicht also/das solchs heisst/mich recht erkennen/spricht der HERR? Aber deine augen vnd dein hertz stehen nicht also/sondern auff geitz/auff vnschuldig blut zuuergiessen/zu freueln vnd zu schlahen.

Darumb spricht der HERR von Joiakim/dem son Josia/dem Könige Juda. Man wird jn nicht klagen/Ah bruder Ah schwester/ Man wird jn nicht klagen/Ah Herr/Ah Edeler/ Er sol wie ein esel begraben werden/zur schleifft vnd hinaus geworffen fur die thore Jerusalem/ Ja denn gehe hinauff auff den Libanon vnd schrey/ vnd las dich hören zu Basan/vnd schrey von Abarim/ Denn alle deine liebhaber sind jamerig/Ich hab dirs vor gesaget/da es noch wol vmb dich stund/Aber du sprachst/Ich wil nicht hören/ Also hastu dein lebtage gethan/das du meiner stimme nicht gehorchest/ Der wind weidet alle deine Hirten/ vnd deine liebhaber zihen gefangen dahin/ Da mustu doch zu spot vnd zu schanden werden/ vmb aller deiner bosheit willen/ Die du jtzt im Libano wonest/vnd jnn Cedern nistest/wie schön wirstu sehen/wenn dir schmertzen vnd wehe komen werden/wie einer jnn kinds nöten.

So war ich lebe (spricht der HERR) Wenn Jechania der son Joiakim/ der König Juda/ein finger reiff were an meiner rechten hand/so wolt ich dich doch abreissen/vnd jnn die hende geben dere/ die nach deinem leben stehen/ vnd fur welchen du dich furchtest/ nemlich/jnn die hende Nebucadnezar des Königes zu Babel vnd

i ij der Chal-

Der Prophet

der Chaldeer/ Vnd wil dich vnd deine mutter/ die dich geboren hat/ jnn ein ander land treiben/ das nicht ewr Vater land ist/ vnd solt daselbs sterben/ Vnd jnn das land/ da sie von hertzen gern wider hin weren/ sollen sie nicht wider komen/ Wie ein elender/ verachter/ verstossener man ist doch Jechania? Ein vnwerd/ feindseliges gefess/ Ach wie ist er doch/ sampt seinem samen/ so vertrieben/ vnd jnn ein vnbekandtes land geworffen? O Land/ land/ land/ höre des HERRN wort/ So spricht der HERR/ Schreibet an diesen man fur einen verdorben/ Einen man/ dem es sein lebtage nicht gelinget/ Denn er wird das glücke nicht haben/ das jmand seines samens auff dem stuel Dauid sitze/ vnd forder jnn Juda hersche.

XXIII.

Eh euch Hirten/ die jr die Herd meiner weide vmbbringet vnd zerstrewet/ spricht der HERR/ Darumb spricht der HERR/ der Gott Israel von den Hirten/ die mein volck weiden/ Jr habt mein Herd zerstrewet/ vnd verstossen vnd nicht besucht/ Sihe/ ich wil euch heimsuchen vmb ewers böses wesens willen/ spricht der HERR/ Vnd ich wil die vbrigen meiner Herd samlen aus allen lendern/ dahin ich sie verstossen habe/ vnd wil sie wider bringen zu jren hürten/ das sie sollen wachsen vnd viel werden/ Vnd ich wil Hirten vber sie setzen/ die sie weiden sollen/ das sie sich nicht mehr sollen fürchten noch erschrecken/ noch heimgesucht werden/ spricht der HERR.

Sihe/ Es kompt die zeit/ spricht der HERR/ das ich dem Dauid ein Gewechs der gerechtigkeit erwecken wil/ vnd sol ein König sein/ der wol regieren wird/ vnd recht vnd gerechtigkeit auff erden anrichten/ Zu desselbigen zeit/ sol Juda geholffen werden/ Vnd Israel sicher wonen/ Vnd dis wird sein name sein/ das man jn nennen wird/ HERR/ der vns gerecht macht.

Darumb sihe/ Es wird die zeit komen/ spricht der HERR/ das man nicht mehr sagen wird/ So war der HERR lebt/ der die kinder Israel aus Egypten land gefüret hat/ Sondern/ So war der HERR lebt/ der den samen des Hauses Israel hat eraus gefüret/ vnd bracht aus dem lande der mitternacht/ vnd aus allen landen/ dahin ich sie verstossen hatte/ das sie jnn jrem lande wonen sollen.

Wider die Propheten.

Mein hertz wil mir jnn meinem leibe brechen/ alle meine gebeine zittern/ Mir ist wie einem truncken man/ vnd wie einem/ der vom wein daumelt/ fur dem HERRN/ vnd fur seinen heiligen worten/ das das land so vol ehebrecher ist/ das das land so jemerlich stehet/ das so verflucht ist/ vnd die awen jnn der wüsten verdorren/ Vnd jr leben ist böse/ vnd jr regiment taug nicht/ Denn beide Propheten vnd Priester sind schelcke/ Vnd finde auch jnn meinem Hause jre bosheit/ spricht der HERR/ Darumb ist jr weg/ wie ein glater weg im finstern/ darauff sie gleiten vnd fallen/ Denn ich wil vnglück vber sie komen lassen/ das jar jrer heimsuchung/ spricht der HERR. Zwar

Jeremia. LIII.

Zwar bey den Propheten zu Samaria/ sahe ich torheit/ das sie weissagten durch Baal/ vnd verfüreten mein volck Jsrael/ Aber bey den Propheten zu Jerusalem/ sehe ich grewel/ wie sie ehebrechen/ vnd gehen mit lügen vmb/ vnd stercken die boshafftigen/ auff das sich ja niemand bekere von seiner bosheit/ Sie sind alle fur mir/ gleich wie Sodoma/ vnd jre Bürger/ wie Gomorra/ Darumb/ spricht der HERR Zebaoth/ von den Propheten/ also/ Sihe/ ich wil sie mit wermut speisen/ vnd mit gallen trencken/ Denn von den Propheten zu Jerusalem kompt heucheley aus jns gantze land.

(Heucheley) Falsch geistlich leben vnd misglauben.

So spricht der HERR Zebaoth/ Gehorcht nicht den worten der Propheten/ so euch weissagen/ Sie betriegen euch/ Denn sie predigen jrs hertzen gesicht/ vnd nicht aus des HERRN munde/ Sie sagen denen/ die mich lestern/ der HERR hats gesagt/ es wird euch wol gehen/ Vnd allen/ die nach jrs hertzen dunckel wandeln/ sagen sie/ es wird kein vnglück vber euch komen/ Denn wer ist im rat des HERRN gestanden/ der sein wort gesehen vnd gehöret habe? Wer hat sein wort vernomen vnd gehöret?

Sihe/ Es wird ein wetter des HERRN mit grim komen/ vnd ein schrecklich vngewitter den Gottlosen auff den kopff fallen/ Vnd des HERRN zorn wird nicht nach lassen/ bis er thu vnd ausrichte/ was er im sinn hat/ Hernach werdet jrs wol erfaren. Jch sandte die Propheten nicht/ noch lieffen sie/ Jch redet nicht zu jnen/ noch weissagten sie/ Denn wo sie bey meinem rat blieben/ vnd hetten meine wort meinem volck geprediget/ so hetten sie ª das selb von jrem bösem wesem/ vnd von jrem bösen leben bekeret.

a (Dasselb) Gottes wort bekeret/ alle ander lere verfüret.

Bin ich nicht ein Gott/ der ᵇ nahe ist/ spricht der HERR/ vnd nicht ein Gott/ der ferne sey? Meinstu/ das sich jemand so heimlich verbergen könne/ das ich jn nicht sehe? spricht der HERR/ Bin ichs nicht/ der himel vnd erden füllet/ spricht der HERR/ Jch höres wol/ das die Propheten predigen vnd falsch weissagen jnn meinem namen/ vnd sprechen/ Mir hat getreumet/ Mir hat getreumet/ Wenn wollen doch die Propheten auffhören/ die falsch weissagen/ vnd jres hertzen triegerey weissagen/ vnd wollen/ das mein volck meines namens vergesse/ vber jren treumen/ die einer dem andern predigt/ gleich wie jre Veter meines namens vergassen/ vber dem Baal.

b (Nahe ist) Sie sind so sicher vnd frech/ als sehe ich jr falsches leren nicht.

c (predige treume) Er lasse meinen name mit frieden/ vñ sage nicht/ das mein wort sey/ was jm treumet/ Sondern es sey sein wort vnd hab seinen namen.

Ein Prophet/ der treume hat/ der ᶜ predige treume/ Wer aber mein wort hat/ der predige mein wort recht/ Wie reimen sich stro vnd weitzen zusamen? spricht der HERR? Jst mein wort nicht wie ein feur/ spricht der HERR/ vnd wie ein hamer der felsen zuschmeist?

Darumb/ sihe/ ich wil an die Propheten/ spricht der HERR/ die meine wort stelen/ einer dem andern/ Sihe/ ich wil an die Propheten/ spricht der HERR/ die jr eigen wort füren/ vnd sprechen/ Er hats gesagt/ Sihe/ ich wil an die/ so falsche treume weissagen/ spricht der HERR/ vnd predigen die selben/ vnd verfüren mein volck mit jren lügen vnd losen teidingen/ So ich sie doch nicht gesand/ vnd jnen nichts befolhen habe/ vnd sie auch diesem volck nichts nütze sind/ spricht der HERR.

(Stelen) Felschlich deuten/ vnd damit den leuten das recht wort stelen

Wenn dich dis volck/ oder ein Prophet/ oder ein Priester fragen

i iij wird/

Der Prophet

(Last) Sie haben spöttisch des Propheten wort eine Last genennet/ vnd Jeremiam/damit für einen narren gehalten.

wird/vnd sagen/Welchs ist die Last des HERRN/soltu zu jnen sagen/Was die last sey? Jch wil euch hin werffen/spricht der HERRE. Vnd wo ein Prophet/oder Priester/oder volck wird sagen/Das ist die Last des HERRN/ den selbigen wil ich heimsuchen/vnd sein haus dazu/Also sol aber einer mit dem andern reden/ vnd vnternander sagen/ Was antwort der HERR/ vnd was sagt der HERR/ vnd nennets nicht mehr/Last des HERRN/ Denn einem jglichen wird sein eigen wort/ eine Last sein/weil jr also die wort des lebendigen Gottes/des HERRN Zebaoth vnsers Gottes/ verkeret/ Darumb solt jr zum Propheten also sagen/ Was antwortet der HERR/ vnd was sagt der HERR/Weil jr aber sprecht/Last des HERRN/ darumb spricht der HERR also/ Nu jr dis wort eine last des HERRN nennet/ vnd ich zu euch gesand habe/ vnd sagen lassen/jr sollets nicht nennen/Last des HERRN/ Sihe/ so wil ich euch hin weg nemen/vnd euch sampt der Stad/ die ich euch vnd ewren Vetern gegeben habe/ von meinem angesicht weg werffen/ vnd wil euch ewige schande vnd ewige schmache zu fügen/ der nimer vergessen sol werden.

XXIIII.

Jhe/ der HERR zeiget mir zween feigen körbe/ gestellet fur den tempel des HERRN (nach dem der König zu Babel NebucadNezar hatte weg gefurt/ Jechania den son Joiakim den König Juda/sampt den Fürsten Juda/ zimerleute vnd schmide von Jerusalem/vnd gen Babel gebracht) Jnn dem einen korbe waren seer gute feigen/wie die ersten reiffen feigen sind/ Jm andern korbe/ waren seer böse feigen/das man sie nicht essen kund/so böse waren sie/Vnd der HERR sprach zu mir/ Jeremia/ was sihestu? Jch sprach/Feigen/ Die guten feigen sind seer gut/vnd die bösen/ sind seer böse/das man sie nicht essen kan/so böse sind sie.

Da geschach des HERRN wort zu mir/vnd sprach/ So spricht der HERR/der Gott Jsrael/ Gleich wie diese feigen gut sind/ also wil ich mich gnediglich annemen der gefangenen aus Juda/ welche ich hab aus dieser stet lassen zihen/jnn der Chaldeer land/ vnd wil sie gnediglich ansehen/ vnd wil sie wider jnn dis land bringen/ vnd wil sie bawen vnd nicht abbrechen/ Jch wil sie pflantzen vnd nicht ausreuffen/ vnd wil jnen ein hertz geben/ das sie mich kennen sollen/ das ich der HERR sey/ Vnd sie sollen mein volck sein/ so wil ich jr Gott sein/ Denn sie werden sich von gantzem hertzen zu mir bekeren.

Aber wie die bösen feigen so böse sind/das man sie nicht essen kan/ spricht der HERR/also wil ich dahin geben Zedekia den König Juda/ sampt seinen Fürsten/ vnd was vbrig ist zu Jerusalem/ vnd die jnn Egypten land wonen/ Jch wil jnen vnglück zufügen/ vnd jnn keinem Königreich auff erden bleiben lassen/ das sie sollen zu schanden werden/ zum sprichwort/ zur fabel vnd zum fluch/ an allen orten/ dahin ich sie verstossen werde/ Vnd wil schwerd/ hunger vnd pestilentz vnter sie schicken/ bis sie vmb komen von dem lande/ das ich jnen vnd jren Vetern gegeben habe.

Dis ist

Jeremia.
XXV.

DIs ist das wort/welchs zu Jeremia geschach/vber das gantze volck Juda/im vierden jar Joiakim des sons Josia/des Königes Juda/welchs ist das erste jar Nebucad Nezar des Königes zu Babel/ Welchs auch der Prophet Jeremia redet zu dem gantzen volck Juda/vnd zu allen Bürgern zu Jerusalem/vnd sprach/ Es ist/von dē dreizehen jar an Josia des sons Amon/Königs Juda/des HERREN wort zu mir geschehen/bis auff diesen tag/ vnd hab euch nu drey vnd zwenzig jar mit vleis geprediget/aber jr habt nie hören wollen.

So hat der HERR auch zu euch gesand alle seine knechte/die Propheten vleissiglich/Aber jr habt nie hören wollen/noch ewr oren neigen/das jr gehorchet/da er sprach/ Bekeret euch/ein jglicher von seinem bösen wege/vnd von ewrem bösen wesen/ so solt jr jnn dem lande/das der HERR/euch vnd ewrn Vetern gegeben hat/jmer vnd ewiglich bleiben/Folget nicht andern Göttern/das jr jnen dienet vnd sie anbetet/auff das jr mich nicht erzürnet/durch ewr hende werck/ vnd ich euch vnglück zu fügen müsse/Aber jr woltet mir nicht gehorchen/spricht der HERR/auff das jr mich ja wol erzürnetet/durch ewr hende werck/zu ewrem eigen vnglück.

Darumb/so spricht der HERR Zebaoth/ Weil jr denn meine wort nicht hören wolt/Sihe/so wil ich aus schicken/vnd komē lassen alle völcker gegen der mitternacht (spricht der HERR) auch meinen knecht NebucadNezar den König zu Babel/vnd wil sie bringen vber dis land/vnd vber die/so drinnen wonen/vnd vber alle dieses volck/ so vmb her ligen/ vnd wil sie verbannen/vnd verstören/ vnd zum spot vnd ewiger wüsten machen/ Vnd wil heraus nemen allen frölichen gesang/die stim des breutgams vnd der braut/die stim der müller/vnd liecht der latern/das dis gantze land wüst vnd zerstöret ligen sol/Vnd sollen diese völcker dem Könige zu Babel dienen/siebenzig jar.

Wenn aber die siebenzig jar vmb sind/wil ich den König zu Babel heimsuchen vnd alle dis volck (spricht der HERR) vmb jre missethat/dazu das land der Chaldeer/vnd wil es zur ewigen wüste machen/ Also wil ich vber dis land bringen alle meine wort/die ich gered habe widder sie/Nemlich/ alles was jnn diesem buch geschrieben stehet/das Jeremia geweissagt hat vber alle völcker/ Vnd sie sollen auch dienen/ob sie gleich grosse völcker vnd grosse Könige sind/ Also wil ich jnen vergelten/nach jrem verdienst vnd nach den wercken jrer hende.

Denn also spricht zu mir/der HERR/der Gott Israel/Nim diesen becher weins vol zornes von meiner hand/vnd schencke draus allen völckern/zu denen ich dich sende/das sie trincken/daumeln vnd toll werden/fur dem schwerd/das ich vnter sie schicken wil/ Vnd ich nam den becher von der hand des HERRN/vnd schenckt allen völckern/zu denen mich der HERR sandte/Nemlich/Jerusalem/den Stedten Juda/jren Königen vnd Fürsten/das sie wüst vnd zerstöret ligen/ vnd ein spot vnd fluch sein sollen/wie es denn heuts tages stehet.

             i iij Auch

Der Prophet

Auch Pharaoni dem Könige jnn Egypten/ sampt seinen knechten/ seinen Fürsten vnd seinem gantzen volck/ Allen lendern gegen abend/ Allen Königen im lande Vz/ Allen Königen jnn der Palestiner lande/ sampt Ascalon/ Gasa/ Akaron/ vnd den vbrigen zu Asdod/ den von Edom/ den von Moab/ den kindern Ammon/ Allen Königen zu Tyro/ Allen Königen zu Zidon/ Den Königen jnn den Insulen jensid des meers/ den von Dedan/ den von Thema/ den von Bus/ vnd allen Fürsten jnn den örtern/ Allen Königen jnn Arabia/ Allen Königen gegen abend/ die jnn der wüsten wonen/ Allen Königen jnn Simri/ Allen Königen jnn Elam/ Allen Königen jnn Meden/ Allen Königen gegen mitternacht/ beide jnn der nehe vnd der ferne/ einem mit dem andern/ Vnd allen Königen auff erden/ die auff dem erdboden sind/ Vnd König Sesach sol nach diesen trincken.

(Ortern) Das sind die Trogloditen/ die man nennet Arabes Egyptij/ im winckel zwischen dem roten mer vnd Egypten.

(Sesach) Das sol der König zu Babel sein.

Vnd sprich zu jnen/ So spricht der HERR Zebaoth/ der Gott Israel/ Trinckt/ das jr truncken werdet/ speiet vnd niderfallet/ vnd nicht auff stehen mügt fur dem schwerd/ das ich vnter euch schicken wil/ Vnd wo sie den becher nicht wollen von deiner hand nemen vnd trincken/ So sprich zu jnen/ Also spricht der HERR Zebaoth/ Nu solt jr trincken/ Denn sihe/ jnn der Stad/ die nach meinem namen genennet ist/ fahe ich an/ zu plagen/ vnd jr soltet vngestrafft bleiben? Ir solt nicht vngestrafft bleiben/ Denn ich ruffe dem schwerd/ vber alle die auff erden wonen/ spricht der HERR Zebaoth.

Vnd du solt alle diese wort jnen weissagen/ vnd sprich zu jnen/ Der HERR wird brüllen aus der höhe/ vnd seinen donner hören lassen aus seiner heiligen wonung/ Er wird brüllen vber seine hürten/ Er wird singen ein lied/ wie die weintreter/ vber alle einwoner des landes/ Des hall erschallen wird/ bis an der welt ende/ Der HERR hat zu rechten mit den Heiden/ vnd wil mit allem fleisch gericht halten/ Die Gottlosen wird er dem schwerd vbergeben/ Spricht der HERR.

(Lied) Die feinde werden jauchtzen/ das sie so siegen/ etc.

So spricht der HERR Zebaoth/ Sihe/ Es wird eine plage komen von einem volck zum andern/ vnd ein gros wetter wird erweckt werden/ von der seiten des landes/ Da werden die erschlagene vom HERRN/ zur selbigen zeit/ ligen/ von einem ende der erden/ bis ans ander ende/ die werden nicht geklagt/ noch auffgehaben/ noch begraben werden/ sondern müssen auff dem felde ligen/ vnd zu mist werden.

(Hirten) Die Fürsten vnd herrn/ Jre weide sind jre herrschafften/ die der Tyran zu Babel verwüsten wird.

Heulet nu jr Hirten/ vnd schreiet/ weltzet euch jnn der asschen jr gewaltigen vber die Herde/ Denn die zeit ist hie/ das jr geschlachtet/ vnd zustrewet/ vnd zufallen müsset/ wie ein köstlich gefess/ Vnd die Hirten werden nicht fliehen können/ vnd die gewaltigen vber die Herde werden nicht entrinnen können/ Da werden die Hirten schreien/ vnd die gewaltigen vber die Herde/ werden heulen/ das der HERR jre weide so verwüstet hat/ vnd jre awen/ die so wol stunden/ verderbt sind/ fur dem grimmigen zorn des HERRN/ Er hat seine hütten verlassen/ wie ein junger law/ vnd ist also jr land zerstöret fur dem zorn des Tyrannen/ vnd fur seinem grimmigen zorn.

XXVI.

Im anfang

Jeremia.

IM anfang des Königreichs Joiakim/ des sons Josia/ des Königes Juda/ geschach dis wort vom HERRN vnd sprach/ So spricht der HERR/ Tritt jnn den vor hoff am Hause des HERRN/ vnd predige allen stedten Juda/ die da her ein gehen an zubeten im Hause des HERRN/ alle wort die ich dir befolhen habe/ jnen zu sagen/ vnd thu nichts dauon/ ob sie villeicht hören wollen/ vnd sich bekeren/ ein jglicher von seinem bösen wesen/ damit mich auch rewen möcht/ das vbel/ das ich gedencke jnen zu thun/ vmb jres bösen wandels willen.

Vnd sprich zu jnen/ So spricht der HERR/ Werdet jr mir nicht gehorchen/ das jr jnn meinem Gesetze wandelt/ das ich euch fur gelegt habe/ das jr höret die wort meiner knechte der Propheten/ welche ich stets zu euch gesand habe/ vnd jr doch nicht hören woltet/ So wil ichs mit diesem Hause machen/ wie mit Silo/ vnd diese Stad zum fluch allen Heiden auff erden machen.

Da nu die Priester/ Propheten vnd alles volck höreten/ Jeremia/ das er solche wort redet im Hause des HERRN/ Vnd Jeremia nu aus gered hatte/ alles/ was jm der HERR befolhen hatte/ allem volck zu sagen/ griffen jn die Priester/ Propheten vnd das gantze volck/ vnd sprachen/ Du must sterben/ Warumb tharstu weissagen im namen des HERRN/ vnd sagen/ Es wird diesem Hause gehen/ wie Silo/ vnd diese Stad sol so wüste werden/ das niemand mehr drinnen wone? Vnd das gantze volck samlete sich im Hause des HERRN wider Jeremia.

Da solchs höreten die Fürsten Juda/ giengen sie aus des Königes hause/ hinauff ins Haus des HERRN/ vnd satzten sich fur das newe thor des HERRN/ Vnd die Priester vnd Propheten sprachen fur den Fürsten vnd allem volck/ Dieser ist des todes schüldig/ Denn er hat gepredigt wider diese Stad/ wie jr mit ewrn ohren gehöret habt.

Aber Jeremia sprach zu allen Fürsten vnd zu allem volck/ Der HERR hat mich gesand/ das ich solchs alles/ das jr gehöret habt/ solt predigen/ wider dis Haus vnd wider diese Stad/ So bessert nu ewr wesen vnd wandel/ vnd gehorchet der stimme des HERRN ewers Gottes/ so wirds den HERRN auch gerewen/ das vbel/ das er wider euch gered hat/ Sihe/ ich bin jnn ewren henden/ jr mügets machen mit mir/ wie es euch gefellet/ Doch solt jr wissen/ wo jr mich tödtet/ so werdet jr vnschüldig blut laden auff euch selbs/ auff diese Stad/ vnd jre einwoner/ Denn warlich/ der HERR hat mich zu euch gesand/ das ich solchs alles fur ewrn ohren reden solt.

Da sprachen die Fürsten vnd das gantze volck/ zu den Priestern vnd Propheten/ Dieser ist des todes nicht schüldig/ Denn er hat zu vns gered/ im namen des HERRN vnsers Gottes/ Vnd es stunden auff etliche der Eltesten im lande/ vnd sprachen zum gantzen hauffen des volcks/ Zur zeit Hiskia des Königes Juda/ war ein Prophet Micha von Maresa/ vnd sprach zum gantzen volck Juda/ So spricht der HERR Zebaoth/ Zion sol wie ein acker gepflüget werden/

Der Prophet

werden/ vnd Jerusalem ein steinhauffen werden/ vnd der berg des Hauses (des HERRN) zum wilden walde/ Noch lies jn Hiskia der König Juda vnd das gantze Juda darumb nicht tödten/ Ja sie fürchten viel mehr den HERRN/ vnd betten fur dem HERRN/ da rewet auch den HERRN das vbel/ das er wider sie gered hatte/ Darumb thun wir seer vbel/ wider vnser seelen.

So war auch einer der im namen des HERRN weissaget/ Uria der son Semaia von Kiriath Jearim/ der selbe weissagt wider diese Stad vnd wider dis land/ gleich wie Jeremia/ Da aber der König Joiakim vnd alle seine gewaltigen vnd die Fürsten/ seine wort höreten/ wolt jn der König tödten lassen/ Vnd Uria erfur das/ furchtet sich/ vnd floch/ vnd zoch jnn Egypten/ Aber der König Joiakim schicket leute jnn Egypten/ Elnathan den son Achbor/ vnd andere mit jm/ die füreten jn aus Egypten/ vnd brachten jn zum Könige Joiakim/ der lies jn mit dem schwerd tödten/ vnd lies seinen leichnam vnehrlich begraben.

Also war die hand Ahikam des sons Saphan mit Jeremia/ das er nicht dem volck jnn die hende kam/ das sie jn tödten.

XXVII.

Im anfang des Königreichs Joiakim des sons Josia des Königs Juda/ geschach dis wort vom HERRN zu Jeremia/ vnd sprach/ So spricht der HERR zu mir/ Mache dir ein joch/ vnd henges an deinen hals/ vnd schicke es zum König jnn Edom/ zum Könige jnn Moab/ zum Könige der kinder Ammon/ zum Könige zu Tyro/ vnd zum Könige zu Zidon/ durch die boten/ so zu Zedekia dem Könige Juda/ gen Jerusalem komen sind/ vnd befilh jnen/ das sie jren Herren sagen/ So spricht der HERR Zebaoth/ der Gott Israel/ So solt jr ewrn Herren sagen/ Ich hab die erden gemacht/ vnd menschen vnd vieh/ so auff erden sind/ durch meine grosse krafft vnd ausgestreckten arm/ vnd gebe sie wem ich wil.

Nu aber hab ich alle diese land gegeben jnn die hand meines knechts/ NebucadNezar des Königes zu Babel/ vnd hab jm auch die wilden thier auff dem felde gegeben/ das sie jm dienen sollen/ vnd sollen alle völcker dienen/ jm vnd seinem son vnd seines sons son/ bis das die zeit seines landes auch kome/ Denn es sollen jm viel völcker vn grosse Könige dienen/ Welch volck aber vnd Königreich dem Könige zu Babel/ NebucadNezar/ nicht dienen wil/ vnd wer seinen hals nicht wird vnter das joch des Königes zu Babel geben/ solch volck wil ich heimsuchen/ mit schwerd/ hunger vnd pestilentz/ spricht der HERR/ bis das ich sie durch seine hand vmbbringe.

Darumb so gehorchet nicht ewern Propheten/ Weissagern/ Treumdeutern/ Tagewelern vnd Zeuberern/ die euch sagen/ jr werdet nicht dienen müssen dē Könige zu Babel/ Denn sie weissagen euch falsch/ auff das sie euch fern aus ewrem lande bringen/ vnd ich euch ausstosse/ vnd jr vmbkomet/ Denn welch volck seinen hals ergibt vnter das joch des Königes zu Babel vnd dienet jm/ das wil ich jn n seinem lande lassen/ das es dasselbige bawe vnd bewone/ spricht der HERR.

Vnd ich

Jeremia. LVI.

Vnd ich redet solchs alles zu Zedekia dem Könige Juda/ vnd sprach/ Ergebt ewern hals/ vnter das joch des Königes zu Babel/ vnd dienet jm vnd seinem volck/ so solt jr lebendig bleiben/ Warumb wolt jr sterben/ du vnd dein volck/ durch schwerd/ hunger vnd pestilentz/ wie denn der HERR gered hat vber das volck/ so dem Könige zu Babel nicht dienen wil/ Darumb gehorcht nicht den worten der Propheten/ die euch sagen/ jr werdet nicht dienen müssen dem Könige zu Babel/ Denn sie weissagen euch falsch/ Vnd ich habe sie nicht gesand/ sondern sie weissagen falsch jnn meinem namen/ auff das ich euch ausstosse vnd jr vmbkomet/ sampt den Propheten/ die euch weissagen.

Vnd zu den Priestern vnd zu alle diesem volck redet ich/ vnd sprach/ So spricht der HERR/ Gehorchet nicht den worten ewr Propheten/ die euch weissagen/ vnd sprechen/ Sihe/ die gefesse aus dem Hause des HERRN/ werden nu balde von Babel wider her komen/ Denn sie weissagen euch falsch/ Gehorchet jnen nicht/ sondern dienet dem Könige zu Babel/ so werdet jr lebendig bleiben/ Warumb sol doch diese Stad zur wüsten werden? Sind sie aber Propheten/ vnd haben sie des HERRN wort/ so lasst sie den HERREN Zebaoth erbitten/ das die vbrigen gefesse im Hause des HERREN/ vnd im Hause des Königes Juda/ vnd zu Jerusalem/ nicht auch gen Babel gefüret werden.

(Erbitten) Merck/ das/ Wer Gottes wort hat/ der kan auch beten/ Wer es nicht hat/ der kan auch nicht beten/ Sondern/ wie sein predigt falsch ist/ so ist auch sein gebet nichts.

Denn also spricht der HERR Zebaoth/ von den Seulen vnd vom Meer/ vnd von dem Gestüle/ vnd von den gefessen/ die noch vberig sind jnn dieser Stad/ welche Nebucadnezar der König zu Babel nicht weg nam/ da er Jechania den son Joiakim den König Juda von Jerusalem weg füret gen Babel/ sampt allen Fürsten jnn Juda vnd Jerusalem/ Denn so spricht der HERR Zebaoth/ der Gott Israel/ von den gefessen/ die noch vberig sind im Hause des HERREN/ vnd im Hause des Königes/ vnd zu Jerusalem/ Sie sollen gen Babel gefurt werden/ vnd daselbst bleiben/ bis auff den tag/ das ich sie heimsuche/ spricht der HERR/ vnd ich sie widderumb herauff an diesen ort bringen lasse.

XXVIII.

Vnd im selbigen jar/ im anfang des Königreichs Zedekia des Königes Juda/ im fünfften monden des vierden jars/ Sprach Hanania der son Azur/ ein Prophet von Gibeon/ zu mir im Hause des HERRN/ jnn gegenwertigkeit der Priester vnd alles volcks/ vnd saget/ So spricht der HERR Zebaoth/ der Gott Israel/ Ich hab das joch des Königes zu Babel zu brochen/ Vnd ehe zwey jar vmb sind/ wil ich die gefesse des Hauses des HERRN/ welche Nebucadnezar der König zu Babel hat von diesem ort weg genomen vñ gen Babel gefurt/ widerumb an diesen ort bringen/ Dazu Jechania der son Joiakim der König Juda/ sampt allen gefangen aus Juda/ die gen Babel gefurt sind/ wil ich auch wider an diesen ort bringē/ spricht der HERR/ Denn ich wil das joch des Königes zu Babel zu brechen.

Da sprach der Prophet Jeremia/ zu dem Propheten Hanania/ jnn gegen-

Der Prophet

jnn gegenwertigkeit der Priester vnd des gantzen volcks/die im Hau­se des HERRN stunden/Vnd saget/Amen/der HERR thu also/ Der HERR bestetige dein wort/ das du geweissagt hast/das er die gefesse aus dem Hause des HERRN von Babel wider bringe an diesen ort/sampt allen gefangenen/ Aber doch höre auch dis wort/ das ich fur deinen ohren rede/vnd fur den ohren des gantzen volcks/ Die Propheten die vor mir vnd vor dir gewest sind von alters her / die haben wider viel lender vnd grosse Königreich geweissagt/ von krie­ge/von vnglück vnd von Pestilentz/ Wenn aber ein Prophet von frie­de weissagt/den wird man kennen/ob jn der HERR warhafftig ge­sand hat/wenn sein wort erfüllet wird.

(Vom friede) Es sind gewislich falsche propheck/ so leiblich trösten/ so doch die leute böse sind.

Da nam der Prophet Hanania das joch vom halse des Prophe­ten Jeremia / vnd zu brachs. Vnd Hanania sprach jnn gegenwer­tigkeit des gantzen volcks/ So spricht der HERR/ Eben so wil ich zubrechen das joch Nebucadnezar des Königes zu Babel/ehe zwey jar vmbkomen/vom halse aller völcker/ Vnd der Prophet Jeremia gieng seines weges.

Aber des HERRN wort geschach zu Jeremia/nach dem der Prophet Hanania das joch zebrochen hatte vom halse des Prophe­ten Jeremia/vnd sprach/ Gehe hin vnd sage Hanania/ So spricht der HERR/ Du hast das hültzene joch zu brochen/ So mache nu ein eisern joch an jenes stat/ Denn so spricht der HERR Zebaoth/ der Gott Jsrael/ Ein eisern joch hab ich allen diesen völckern an hals gehenckt/damit sie dienen sollen Nebucadnezar dem Könige zu Ba­bel/vnd müssen jm dienen/ Denn ich hab jm auch die wilden thier gegeben.

Vnd der Prophet Jeremia sprach zum Propheten Hanania/Hö­re doch Hanania/ Der HERR hat dich nicht gesand/vnd du hast gemacht/das dis volck auff lügen sich verlesset/ Darumb spricht der HERR also/Sihe/ich wil dich vom erdboden nemen/Dis jar soltu sterben/Denn du hast sie mit deiner rede vom HERRN abgewen­det/Also starb der Prophet Hanania desselbigen jars im siebenden monden.

XXIX.

DIs sind die wort im Briue/ den der Prophet Jeremia sandte von Jerusalem zu den vbrigen Eltesten/die weg gefurt waren/vnd zu den Priestern vnd Prophe­ten/vnd zum gantzen volck/ das Nebucadnezar von Jerusalem hatte weg gefurt gen Babel (nach dem der König Jechania vnd die Königin mit den Kemerern vnd Fürsten jnn Juda vnd Jerusalem / sampt den zimerleuten vnd schmiden zu Jerusalem weg waren) durch Eleasa den son Saphan/ vnd Gemaria den son Hilkia/welche Zedekia der König Juda sand te gen Babel zu Nebucadnezar dem Könige zu Babel.

Vnd sprach/ So spricht der HERR Zebaoth/ der Gott Jsra­el/ zu allen gefangen / die ich habe von Jerusalem lassen weg füren gen Babel/Bawet heuser/darinn jr wonen mügt/Pflantzet garten/

daraus

Jeremia. LVII.

daraus jr die früchte essen mügt/Nemet weiber/vnd zeuget söne vnd töchter/Nemet ewren sönen weiber/vnd gebt ewrn töchtern menner/ das sie söne vnd töchter zeugen/Mehret euch daselbs/das ewer nicht wenig sey/Sucht der stad bestes/dahin ich euch hab lassen weg füren/ vnd betet fur sie zum HERRN/Denn wens jr wol gehet/so gehets euch auch wol/Denn so spricht der HERR Zebaoth der Gott Israel/Lasst euch die Propheten/die bey euch sind/vnd die Warsager/ nicht betriegen/vnd gehorcht ewrn treumen nicht/die euch treumen/ Denn sie weissagen euch falsch/jnn meinem namen/Ich habe sie nicht gesand/spricht der HERR.

Denn so spricht der HERR/Wenn zu Babel siebenzig jar aus sind/so wil ich euch besuchen/vnd wil mein gnediges wort vber euch erwecken/das ich euch wider an diesen ort bringe/Denn ich weis wol/was ich fur gedancken vber euch habe/spricht der HERR/nemlich/gedancken des frides vnd nicht des leides/das ich euch gebe das ende/des jr wartet/Vnd jr werdet mich anruffen/vnd hin gehen vnd mich bitten/vnd ich wil euch erhören/Ir werdet mich suchen vnd finden/Denn so jr mich von gantzem hertzen suchen werdet/so wil ich mich von euch finden lassen/spricht der HERR/vnd wil ewr gefengnis wenden/vnd euch samlen aus allen völckern vnd von allen orten/ dahin ich euch verstossen habe/spricht der HERR/Vnd wil euch widerumb an diesen ort bringen/von dannen ich euch habe lassen weg füren/Denn jr meinet/der HERR habe euch zu Babel Propheten aufferweckt.

Das ist der heubtspruch/der zu der zeit das volck erhalten hat/ Vnd Daniel.ix. gepreiset wird.

(Zu Babel) Das ist/jr solt ewren Propheten zu Babel nicht gleuben/Ich habe sie nicht erweckt/wie jr meinet.

Denn also spricht der HERR vom Könige/der auff Davids stuel sitzt/vnd von allem volck/das jnn dieser stad wonet/nemlich/ von ewrn Brüdern/die nicht mit euch hinaus gefangen gezogen sind/ Ja also spricht der HERR Zebaoth/Sihe/ich wil schwerd/hunger vnd pestilentz vnter sie schicken/vnd wil mit jnen vmbgehen/wie mit den bösen feigen/da einem fur eckelt zu essen/vnd wil hinder jnen her sein/mit schwerd/hunger vnd pestilentz/vnd wil sie jnn keinem Königreich auff erden bleiben lassen/das sie sollen zum fluch/zum wunder/ zum hon vnd zum spot vnter allen völckern werden/dahin ich sie verstossen werde/Darumb/das sie meinen worten nicht gehorchen/ spricht der HERR/der ich meine knechte/die Propheten/zu euch stets gesand habe/aber jr woltet nicht hören/spricht der HERR.

Ir aber alle/die jr gefangen seid weg gefurt/die ich von Jerusalem habe gen Babel zihen lassen/Höret des HERRN wort/So spricht der HERR Zebaoth der Gott Israel/wider Ahab den son Kolaia/vnd wider Zedechia den son Maseia/die euch falsch weissagen jnn meinem namen/Sihe/ich wil euch geben jnn die hende Nebucad Nezar des Königes zu Babel/der sol sie schlahen lassen fur ewren augen/das man wird aus den selbigen einen fluch machen vnter allen gefangen aus Juda/die zu Babel sind/vnd sagen/Der HERR thu dir/wie Zedechia vnd Ahab/welche der König zu Babel auff feur braten lies/darumb/das sie eine torheit jnn Israel begiengen/vnd trieben ehebruch mit der andern weibern/vnd predigten falsch jnn meinem namen/das ich jnen nicht befolhen hatte/Solchs weis ich/ vnd zeuge es/spricht der HERR.

Vnd wider Semaia von Nehalam soltu sagen/So spricht der HERR Zebaoth der Gott Israel/Darumb/das du vnter deinem

E namen

Der Prophet

namen hast brieue gesand zu allem volck/das zu Jerusalem ist/vnd zum Priester Zephania dem son Maseia/vnd zu allen Priestern/vnd gesagt/Der HERR hat dich zum Priester gesetzt an stat des Priesters Jehoiada/das jr solt auffseher sein im Hause des HERRN/vber alle Wansinnige vnd Weissager/das du sie jnn kercker vnd stock legest/Nu/warumb straffestu denn nicht Jeremiam von Anathoth/der euch weissagt? Darumb/das er zu vns gen Babel geschickt hat/vnd lassen sagen/Es wird noch lange weren/Bawet heuser/darinn jr wonet/vnd pflantzt garten/das jr die früchte dauon esset/Denn Zephania der Priester hatte den selben brieff gelesen/vnd den Propheten Jeremia/lassen zuhören.

Darumb geschach des HERRN wort zu Jeremia/vnd sprach/Sende hin zu allen gefangen/vnd las jnen sagen/So spricht der HERR/wider Semaia von Nehalam/Darumb/das euch Semaia weissagt/vnd ich hab jn doch nicht gesand/vnd macht/das jr auff lügen vertrawet/Darumb spricht der HERR also/Sihe/ich wil Semaia von Nehalam heimsuchen/sampt seinem samen/das der seinen keiner sol vnter diesem volck bleiben/Vnd sol das gute nicht sehen/das ich meinem volck thun wil/spricht der HERR/denn er hat sie mit seiner rede vom HERRN abgewendet.

XXX.

Hie möcht man anfahen die andere helfft des propheten Jeremia/Den es grosse verheissungen sind/gegen die vorigen drewung/vnd lauten als nach der gefengnis gered.

Dis ist das wort/das vom HERRN geschach zu Jeremia/So spricht der HERR der Gott Israel/Schreib dir alle wort jnn ein buch/die ich zu dir rede/Denn sihe/Es kompt die zeit/Spricht der HERR/das ich das gefengnis meines volcks/beide Israel vnd Juda/wenden wil/spricht der HERR/vnd wil sie wider bringen jnn das land/das ich jren Vetern gegeben habe/das sie es besitzen sollen.

Dis sind aber die wort/welche der HERR redet von Israel vnd Juda/Denn so spricht der HERR/War ists/Es gehet euch ja kleglich/Es ist eitel furcht da/vnd kein fride/Aber forschet doch vnd sehet/ob ein mans bilde geberen müge/Wie gehets denn zu/das ich alle menner sehe/jre hende auff jren hüfften haben/wie weiber jnn kinds nöten/vnd alle angesicht so bleich sind? Es ist ja ein grosser tag/vnd seines gleichen ist nicht gewest/vnd ist eine zeit der angst jnn Jacob/noch sol jm draus geholffen werden.

Es sol aber geschehen/zur selbigen zeit/spricht der HERR Zebaoth/das ich sein joch von deinem halse zu brechen wil/vnd deine band zu reissen/das er darinn nicht mehr den frembden dienen mus/sondern dem HERRN jrem Gotte/vnd jrem Könige Dauid/welchen ich jnen erwecken wil/Darumb furcht du dich nicht/mein Knecht Jacob/spricht der HERR/vnd entsetze dich nicht Israel/Denn sihe/ich wil dir helffen aus fernen landen/vnd deinem samen aus dem lande jrer gefengnis/das Jacob sol wider komen/jnn fride leben vnd gnüge haben/vnd niemand sol jn schrecken/Denn ich bin bey dir/spricht der HERR/das ich dir helffe/Denn ich wils mit allen Heiden ein ende machen/dahin ich dich zerstrewet habe/Aber mit dir wil ichs nicht ein ende machen/Züchtigen aber wil ich dich/mit masse/das du dich nicht vnschüldig haltest.

Denn

Jeremia.   LVIII.

Denn also spricht der HERR/Dein schade ist zu gros/vnd deine wunden sind zu böse/Deine sache handelt niemand/das er sie verbünde/Es kan dich niemand heilen/Alle deine liebhaber/vergessen dein/fragen nichts darnach/Ich hab dich geschlagen/wie ich einen feind schlüge/mit vnbarmhertziger staupe/vmb deiner grossen missethat/vnd vmb deiner starcken sunde willen/Was schreiestu vber deinen schaden/vnd vber deinen grossen schmertzen? Hab ich dir doch solchs gethan/vmb deiner grossen missethat/vnd vmb deiner starcken sunde willen.

Darumb alle die dich gefressen haben/sollen gefressen werden/vnd alle die dich geengstet haben/sollen alle gefangen werden/vnd die dich beraubet haben/sollen beraubt werden/vnd alle die dich geplundert haben/sollen geplundert werden/Aber dich wil ich wider gesund machen/vnd deine wunden heilen/spricht der HERR/darumb/das man dich nennet die verstössene/vnd Zion sey/nach der niemand frage.

So spricht der HERR/Sihe/ich wil die gefengnis der hütten Jacob wenden/vnd mich vber seine wonung erbarmen/vnd die Stad sol wider aus der asschen gebawet werden/vnd der Tempel sol stehen/wie er stehen sol/Vnd sol von dannen heraus gehen/lob vnd freude/Denn ich wil sie mehren vnd nicht mindern/Ich wil sie gros machen vnd nicht kleinern/Ire söne sollen sein/gleich wie vorhin/vnd jre Gemeine fur mir gedeien/Denn ich wil heimsuchen alle die sie plagen/Aber jre gewaltigen sollen aus jnen selbs geborn werden/vnd jre herrn von jnen selbs her komen/Vnd wil sie fur mich komen lassen/das sie mir opffern/Denn wer ists sonst/der so von hertzen gerne mir opffert/spricht der HERR? Vnd jr sollet mein volck sein/vnd ich wil ewer Gott sein.

(Aus jnen selbs) Sie sollen keine frembde Herrn haben/sondern selbs aus jrem stam regiern.

Sihe/Es wird ein wetter des HERRN mit grim komen/Ein schrecklich vngewitter wird den Gottlosen auff den kopff fallen/Denn des HERRN grimmiger zorn wird nicht nachlassen/bis er thu vnd ausrichte/was er im sinn hat/Hernach werdet jrs wol erfaren.

XXXI.

Zur selbigen zeit/spricht der HERR/wil ich aller geschlechten Israel Gott sein/Vnd sie sollen mein volck sein. So spricht der HERR/Das volck so vberblieben ist vom schwert/hat gnade funden jnn der wüsten/Israel zeucht hin zu seiner ruge/Der HERR ist mir erschienen jnn fernen landen. Ich hab dich je vnd je geliebet/darumb hab ich dich zu mir gezogen/aus lauter güte/Wolan/ich wil dich widerumb bawen/das du solt gebawet heissen/du Jungfraw Israel/Du solt noch frölich paucken vnd eraus gehen an den tantz/Du solt widerumb weinberge pflantzen an den bergen Samarie/Pflantzen wird man/vnd dazu pfeiffen/Denn es wird die zeit noch komen/das die Hüter an dem gebirge Ephraim werden ruffen/Wolauff vnd lasst vns hinauff gehen gen Zion/zu dem HERRN vnserm Gotte.

Denn also spricht der HERR/Rufft vber Jacob mit freuden/vnd jauchtzet vber das heubt vnter den Heiden/Rufft laut/rhümet vnd sprecht/HERR hilff deinem volck/den vbrigen jnn Israel/Sihe/ich

Der Prophet

he/ich wil sie aus dem lande der mitternacht bringen/vnd wil sie samlen aus den enden der erden/beide/blinde/lame/schwangere/vnd kindbetterin/das sie mit grossem hauffen wider hie her komen sollen/ Sie werden weinend komen/vnd bettend/so wil ich sie leiten/Ich wil sie leiten an den wasser bechen auff schlechtem wege/das sie sich nicht stossen/Denn ich bin Israels Vater/so ist Ephraim mein erstgeborner son.

Höret jr Heiden des HERRN wort/vnd verkündigts ferne jnn die Insulen/vnd sprecht/Der Israel zerstrewet hat/der wirds auch wider samlen/vnd wird jr hüten/wie ein Hirte seiner herd/Denn der HERR wird Jacob erlösen/vnd von der hand des mechtigen erretten/Vnd sie werden komen vnd auff der höhe zu Zion jauchtzen/Vnd werden sich zu den gaben des HERRN heuffen/nemlich/zum getreide/most/öle/vnd junge schafe vnd ochsen/Das jre seele wird sein/wie ein wasserreicher garte/vnd nicht mehr bekümert sein sollen/Als denn werden die Jungfrawen frölich am reigen sein/dazu die junge manschafft/vnd die alten miteinander/Denn ich wil jr trawren jnn freude verkeren vnd sie trösten/vnd sie erfrewen nach jrem betrübnis/Vnd ich wil der Priester hertz voller frende machen/vnd mein volck sol meiner gaben die fülle haben/spricht der HERR.

So spricht der HERR/Man höret ein klegliche stimme vnd bitters weinen auff der höhe/Rachel weinet vber jre kinder/vnd wil sich nicht trösten lassen vber jre kinder/denn es ist aus mit jnen/ Aber der HERR spricht also/Las dein schreien vnd weinen/vnd die threnen deiner augen/Denn es ist deine erbeit nicht vmb sonst/spricht der HERR/Sie sollen wider komen aus dem lande des feindes/Vnd deine nachkomen haben viel gutes zu gewarten/spricht der HERR/ Denn deine kinder sollen wider jnn jr land komen.

Ich hab wol gehört/wie Ephraim klagt/Du hast mich gezüchtigt/vnd ich bin auch gezüchtigt/wie ein geil kalb/Bringe du mich wider/das ich wider heim kome/Denn du HERR/bist mein Gott/ Kome ich wider heim/so wil ich mich bessern/Denn nach dem ich gewitzigt bin/schlahe ich mich auff die ᵃ hüffte/Denn ich bin zu schanden worden/vnd stehe schamrot/denn ich mus leiden den hohn/den ich vorhin verdienet habe. Ist nicht Ephraim mein thewrer son/vnd mein trautes kind? Denn ich dencke noch wol dran/was ich jm geredt habe/darumb bricht mir mein hertz gegen jm/das ich mich sein erbarmen mus/spricht der HERR.

Richte dir denck mal auff/setze dir ᵇ traur zeichen/Vnd richte dein hertz auff die gebenete strasse/darauff du wandeln solt/Kere wider Jungfraw Israel/kere dich wider zu diesen deinen stedten/Wie lang wiltu dich weg keren/du tochter/die ich wider bringen wil? Denn der HERR wird ein newes im lande erschaffen/das die sich vorhin ᶜ wie weiber gestellet haben/sollen menner sein.

So spricht der HERR Zebaoth der Gott Israel/Man wird noch dis wort wider reden im lande Juda vnd jnn seinen stedten/wenn ich jr gefengnis wenden werde/Der HERR segene dich/du wonung der gerechtigkeit/du heiliger berg/Vnd Juda sampt allen seinen stedten sollen drinnen wonen/dazu ackerleute/vnd die mit herden vmbher ziehen/

ᵃ (Hüffte)
Auff die hüffte schlahen ist ein zeichen des schmertzen/wie die weiber thun jnn kinds nöten.

ᵇ (Traur zeichen)
Mach gedechtnis des vergangen vbels/das ist/Sey danckbar vnd vergisses nicht.

ᶜ (Wie weiber)
Jnn kindes nöten vnd wehe/Menner aber/das ist/on wehe/starck vnd frölich.

Jeremia.

her zihen/Denn ich wil die müden seelen erquicken/vnd die bekümmerten seelen settigen/Darumb bin ich auffgewacht/vnd sahe auff/vnd habe so sannfft geschlaffen.

Sihe/Es kompt die zeit/spricht der HERR/das ich das Haus Israel/vnd das Haus Juda/besamen wil/beide mit menschen vnd viehe/Vnd gleich/wie ich vber sie gewacht habe/aus zu reuten/zu reissen/abzubrechen/zu verderben vnd zu plagen/also wil ich vber sie wachen/zu bawen vnd zu pflantzen/spricht der HERR. Zur selbigen zeit/wird man nicht mehr sagen/Die Veter haben heerlinge gessen/vnd der kinder zeene sind stumpff worden/Sondern ein iglicher wird vmb seiner missethat willen sterben/Vnd welcher mensch heerlinge isset/dem sollen seine zeene stumpff werden.

Sihe/Es kompt die zeit/spricht der HERR/da wil ich mit dem Hause Israel vnd mit dem Hause Juda einen Bund machen/nicht wie der Bund gewesen ist/den ich mit jren Vetern machte/da ich sie bey der hand nam/da ich sie aus Egypten land fürete/welchen Bund sie nicht gehalten haben/vnd ich sie zwingen müste/spricht der HERR/Sondern/das sol der Bund sein/den ich mit den kindern Israel machen wil/nach dieser zeit/spricht der HERR/JCh wil mein Gesetz jnn jr hertz geben/vnd jnn jren sinn schreiben/Vnd sie sollen mein volck sein/so wil ich jr Gott sein/Vnd wird keiner den andern/noch ein bruder den andern/leren vnd sagen/Erkenne den HERRN/sondern sie sollen mich alle kennen/beide klein vnd gros/spricht der HERR/Denn ich wil jnen jre missethat vergeben/vnd jrer sunde nimer mehr gedencken.

(Zwingen)
Durchs Gesetze regieren die vnwilligen.

So spricht der HERR/der die Sonne dem tage zum liecht gibt/vnd den Mond vnd die sternen/nach jrem laufft/der nacht zum liecht/Der das meer bewegt/das seine wellen brausen/HERR Zebaoth ist sein name/Wenn solche ordnunge abgehen fur mir/spricht der HERR/so sol auch auff hören der same Israel/das er nicht mehr ein volck fur mir sey. So spricht der HERR/Wenn man den himel oben kan messen/vnd den grund der erden erforschen/So wil ich auch verwerffen den gantzen samen Israel/vmb alles das sie thun/spricht der HERR.

Sihe/Es kompt die zeit/spricht der HERR/das die Stad des HERRN sol gebawet werden/vom thurm Hananeel an bis ans Eckthor/vnd die richtschnur wird neben dem selben weiter eraus gehen/bis an den hügel Gareb/vnd sich gen Gaoth wenden/Vnd der gantz Todten hoff vnd der aschen platz/sampt dem gantzen todten acker/bis an den bach Kidron/bis zu der ecken am Rosthor/gegen morgen/wird dem HERRN heilig sein/das es nimer mehr zurissen noch abgebrochen sol werden.

XXXII.

Dis ist das wort/das vom HERRN geschach zu Jeremia/im zehenden jar Zedekia des Königs Juda/welchs ist/das achtzehende jar NebucadNezar/Dazumal belegert das heer des Königs zu Babel Jerusalem/Aber der Prophet Jeremia lag gefangen im Vorhofe des gefengnis/am Hause des Königs Juda/dahin Zedekia der König Juda jn hatte lassen verschliessen/vnd gesagt/Warumb weissagestu/

Der Prophet

sagest du/vnd sprichst/So spricht der HERR/Sihe/Ich gebe diese Stad jnn die hende des Königes zu Babel/vnd er sol sie gewinnen/ Vnd Zedekia der König Juda sol den Chaldeern nicht entrinnen/ Sondern ich wil jn dem Könige zu Babel jnn die hende geben/das er mündlich mit jm reden vnd mit seinen augen jn sehen sol/Vnd er wird Zedekia gen Babel füren/da sol er auch bleiben/bis das ich jn heim suche/spricht der HERR/Denn ob jr schon wider die Chaldeer strei tet/sol euch doch nichts gelingen.

Vnd Jeremia sprach/Es ist des HERRN wort geschehen zu mir/vnd spricht/Sihe/Hananeel der son Sallum deines vettern ko met zu dir/vnd wird sagen/Lieber keuff du meinen acker zu Anathoth/ Denn du hast das nehest freundrecht dazu/das du jn keuffen solt. Also kam Hananeel/meins vettern son (wie der HERR gesagt hatte) zu mir fur den hoff des gefengnis/vnd sprach zu mir/Lieber keuff mei nen acker zu Anathoth/der im lande BenJamin ligt/denn du hast erbrecht dazu/vnd du bist der neheste/Lieber keuff jn.

Da merckt ich/das des HERRN wort were/vnd kaufft den acker von Hananeel meines vettern son zu Anathoth/vnd wug jm das geld dar/sieben sekel vnd zehen silberlinge/vnd schreib einen brieff vnd ver siegelt jn/vnd nam zeugen dazu/vnd wug das geld dar/auff einer wa ge/Vnd nam zu mir den versiegelten kauff brieff/nach dem Recht vnd gewonheit/vnd ein offen abschrifft/Vnd gab den kauff brieff Ba ruch dem son Neria des sons Mahasea/jnn gegenwertigkeit Hana neel meines vettern/vnd die zeugen die im kauff brieff geschrieben stunden/vnd alle Juden die am hofe des gefengnis woneten/Vnd be falh Baruch/fur jren augen/vnd sprach/So spricht der HERR Ze baoth der Gott Israel/Nim diese briene/den versiegleten kauff brieff/ sampt dieser offenen abschrifft/vnd lege sie jnn ein jrden gefesse/das sie lange bleiben mügen/Denn so spricht der HERR Zebaoth der Gott Israel/Noch sol man heuser/ecker vnd weinberge keuffen/jnn diesem lande.

Vnd da ich den kauff brieff hatte Baruch dem son Neria gege ben/bettet ich zum HERRN/vnd sprach/Ah HERR Gott/Sihe/ du hast himel vnd erden gemacht/durch deine grosse krafft/vnd durch deinen ausgestreckten arm/Vnd ist kein ding fur dir vnmüglich/der du wol thust viel tausenten/vnd vergiltest die missethat der Veter/jnn den bosam jrer kinder nach jnen/du grosser vnd starcker/HERR Ze baoth ist dein name/Gros von rat vnd mechtig von that/vnd deine au gen stehen offen vber alle wege der menschen kinder/das du einem jg lichem gebest nach seinem wandel/vnd nach der frucht seines wesens/ Der du jnn Egypten land hast zeichen vnd wunder gethan/bis auff diesen tag/beide an Israel vnd menschen/Vnd hast dir einen namen gemacht/wie er heutes tages ist.

Vnd hast dein volck Israel aus Egypten land gefurt/durch zei chen vnd wunder/durch eine mechtige hand/durch ausgestreckten arm/vnd durch gros schrecken/Vnd hast jnen dis land gegeben/wel chs du jren Vetern geschworen hattest/das du es jnen geben woltest/ ein land/da milch vnd honig jnnen fleusst/Vnd da sie hinein kamen vnd es besassen/gehorchten sie deiner stimme nicht/wandelten auch
nicht

Jeremia.

nicht nach deinem Gesetze/ vnd alles/was du jnen gebotest/das sie thun solten/das liessen sie/Darumb du auch jnen alle dis vnglück liessest widerfaren.

Sihe/ diese Stad ist belegert/das sie gewonnen/ vnd fur schwert/ hunger vnd pestilentz/jnn der Chaldeer hende/ welche wider sie streiten/gegeben werden mus/Vnd wie du gered hast/so gehets/das sihestu/Vnd du sprichst zu mir/ HERR Gott/ Keuffe du einen acker vmb geld/vnd nim zeugen dazu/so doch die Stad jnn der Chaldeer hende gegeben wird.

Vnd des HERRN wort geschach zu Jeremia/vnd sprach/ Sihe/ Jch der HERR bin ein Gott alles fleischs/ Solt mir etwas vnmüglich sein? Darumb/ so spricht der HERR also/Sihe/ Jch gebe diese Stad jnn der Chaldeer hende/vnd jnn die hand Nebucadnezar des Königs zu Babel/vnd er sol sie gewinnen/Vnd die Chaldeer/so wider diese Stad streiten/werden herein komen/ vnd sie mit feur anstecken vnd verbrennen/ sampt den heusern/da sie auff den dechern Baal gereuchert/vnd andern Göttern Tranckopffer geopffert haben/auff das sie mich erzürneten.

Denn die kinder Israel vnd die kinder Juda haben von jrer jugent auff gethan/das mir vbel gefellet/Vnd die kinder Israel haben mich erzürnet/durch jrer hende werck/spricht der HERR/Denn sint der zeit diese Stad gebawet ist/bis auff diesen tag/hat sie mich zornig vnd grimmig gemacht/das ich sie mus von meinem angesicht weg thun/ vmb alle der bosheit willen der kinder Israel vnd der kinder Juda/die sie gethan haben/das sie mich erzürneten/Sie/jre Könige/Fürsten/ Priester vnd Propheten/vnd die jnn Juda vnd Jerusalem wonen/haben mir den rücken vnd nicht das angesicht zugeteret/Wie wol ich sie stets leren lies/Aber sie wolten nicht hören/noch sich bessern/Dazu haben sie jre grewel jnn das Haus gesetzt/das von mir den namen hat/ das sie es verunreinigten/Vnd haben die Höhen des Baals gebawet im thal Hinnom/das sie jre söne vnd töchter dem Moloch verbrenten/dauon ich jnen nichts befolhen habe/vnd ist mir nie jnn sinn komen/das sie solchen grewel thun solten/damit sie Juda also zu sünden brechten.

Vnd nu/Vmb des willen/spricht der HERR der Gott Israel also/von dieser Stad/dauon jr sagt/das sie werde/fur schwert/hunger vnd pestilentz jnn die hende des Königs zu Babel gegeben/Sihe/ Jch wil sie samlen aus allen landen/dahin ich sie verstosse/durch meinen grossen zorn/grim vnd vnbarmhertzigkeit/vnd wil sie widderumb an diesen ort bringen/das sie sollen sicher wonen/Vnd sie sollen mein volck sein/so wil ich jr Gott sein/Vnd wil jnen einerley hertz vnd wesen geben/das sie mich furchten sollen jr leben lang/auff das jnen/ vnd jren kindern nach jnen/wol gehe/Vnd wil einen ewigen Bund mit jnen machen/das ich nicht wil ablassen/jnen guts zu thun/Vnd wil jnen meine furcht jns hertz geben/das sie nicht von mir weichen/ Vnd sol meine lust sein/das ich jnen guts thun sol/Vnd ich wil sie jnn diesem lande pflantzen/trewlich/von gantzem hertzen vnd von gantzer seelen.

Denn so spricht der HERR/Gleich/wie ich vber dis volck habe komen lassen/alle dis grosse vnglück/ Also wil ich auch alles gutes vber sie komen lassen/das ich jnen gered habe/vnd sollen noch ecker ge kaufft werden jnn diesem lande/dauon jr sagt/Es werde wüst ligen/

k iiij   das weder

Der Prophet

das weder leute noch vieh drinnen bleibe/vnd werde jnn der Chaldeer hende gegeben/Dennoch wird man ecker vmb geld keuffen vnd verbrieuen/versiegeln vnd bezeugen im lande BenJamin/vnd vmb Jerusalem her/vnd jnn den stedten Juda/jnn stedten auff den gebirgen/jnn stedten jnn gründen/vnd jnn stedten gegen mittage/Denn ich wil jr gefengnis wenden/spricht der HERR.

XXXIII.

VNd des HERRN wort geschach zu Jeremia zum andern mal/da er noch im vorhof des gefengnis verschlossen war/vnd sprach/So spricht der HERR/der solchs machet/thut vnd ausrichtet/HERR ist mein name/ Ruffe mir/so wil ich dir antworten/vnd wil dir anzeigen grosse vnd gewaltige ding/die du nicht weisst/Denn so spricht der HERR der Gott Israel/von den heusern dieser Stad/vnd von den heusern der Könige Juda/welche abgebrochen sind/bolwercke zu machen zur wehre/vnd von denen/so herein komen sind/das sie wider die Chaldeer streiten mügen/das sie die selbigen füllen müssen mit todten leichnam/welche ich jnn meinem zorn vnd grim erschlagen wil/Denn ich habe mein angesicht von dieser Stad verborgen/vmb alle jre bosheit willen.

Sihe/ich wil sie heilen vnd gesund machen/Vnd wil sie des gebets vmb fried vnd trew geweren/Denn ich wil das gefengnis Juda vnd das gefengnis Israel wenden/vnd wil sie bawen/wie von anfang/Vnd wil sie reinigen von aller missethat/damit sie wider mich gesundigt haben/vnd wil jnen vergeben alle missethat/damit sie wider mich gesundigt vnd vbertretten haben/Vnd das sol mir ein frölicher name/rhum vnd preis sein/vnter allen Heiden auff erden/wenn sie hören werden alle das gute/das ich jnen thu/Vnd werden sich verwundern vnd entsetzen vber alle dem gute/vnd vber alle dem fride/ den ich jnen geben wil.

So spricht der HERR/An diesem ort/dauon jr sagt/Er ist wüst/ weil weder leute noch vieh/jnn den stedten Juda/vnd auff den gassen zu Jerusalem bleibt (die so verwüst sind/das weder leute/noch bürger/ noch vieh drinnen ist) wird man dennoch widderumb hören geschrey/ von freuden vnd wonnen/die stimme des Breutgams vnd der Braut/ vnd die stimme dere/so da sagen/Dancket dem HERRN Zebaoth/ das er so gnedig ist/vnd thut jmerdar guts/vñ dere/so da Danckopffer bringen zum Hause des HERRN/Denn ich wil des landes gefengnis wenden/wie von anfang/spricht der HERR.

So spricht der HERR Zebaoth/An diesem ort/der so wüst ist/ das weder leute noch vieh drinnen sind/vnd jnn allen seinen stedten/ werden dennoch widderumb Hirten heuser sein/die da herde weiden/ beide jnn stedten auff den gebirgen/vnd jnn stedten jnn gründen/vnd jnn stedten gegen mittage/im lande BenJamin/vnd vmb Jerusalem her/vnd jnn stedten Juda/Es sollen dennoch widderumb die herde gezelet aus vnd ein gehen/spricht der HERR.

Sihe/Es kompt die zeit/spricht der HERR/das ich das gnedige wort erwecken wil/welchs ich dem Hause Israel vnd dem Hause Juda gered

Jeremia. LXI.

da gered hatte/Inn den selbigen tagen vnd zur selbigen zeit/wil ich dem Dauid ein Gewechs der gerechtigkeit auff gehen lassen(Vnd sol ein König sein der wol regieren wird) vnd sol recht vnd gerechtigkeit anrichten auff erden/Zur selbigen zeit/sol Juda geholffen werden/ vnd Jerusalem sicher wonen/vnd man wird jn nennen/Der HERR/ der vns gerecht macht.

Denn so spricht der HERR/Es sol nimer mehr feilen/Es sol einer von Dauid sitzen auff dem stuel des Hauses Israel/Des gleichen/sols nimer mehr feilen/es sollen Priester vnd Leuiten sein fur mir/ die da Brandopffer thun/ vnd Speisopffer anzünden/ vnd opffer schlachten ewiglich.

Vnd des HERRN wort geschach zu Jeremia/vnd sprach/So spricht der HERR/Wenn mein Bund auff hören wird mit dem tage vnd nacht/das nicht tag vnd nacht sey zu seiner zeit/so wird auch mein Bund auff hören mit meinem Knecht Dauid/das er nicht einen son habe/zum Könige auff seinem stuel/vnd mit den Leuiten vnd Priestern meinen Dienern. Wie man des himels heer nicht zelen/noch den sand am meer nicht messen kan/also wil ich mehren den samen Dauids meines Knechts/vnd die Leuiten/die mir dienen.

Vnd des HERRN wort geschach zu Jeremia/vnd sprach/ Hastu nicht gesehen/was dis volck redet/vnd spricht? Hat doch der HERR auch die zwey geschlecht verworffen/welche er ausserwelet hatte/Vnd lestern mein volck/als solten sie nicht mehr mein volck sein. So spricht der HERR/Halt ich meinen Bund nicht mit tag vnd nacht/noch die ordnung des himels vnd der erden/so wil ich auch verwerffen den samen Jacob vnd Dauid meines Knechts/das ich nicht aus jrem samen neme/die da herrschen/vber den samen Abraham/ Isaac vnd Jacob/Denn ich wil jr gefengnis wenden/vnd mich vber sie erbarmen.

(Lestern) Das ist/sie bewegen das volck zum vnglauben vnd verzweiueln.

XXXIIII.

DIs ist das wort/das vom HERRN geschach zu Jeremia/da NebucadNezar der König zu Babel/sampt alle seinem heer/ vnd allen Königreichen auff erden/so vnter seiner gewalt waren/vnd allen völckern/stritten wider Jerusalem vnd alle jre stedte/Vnd sprach/So spricht der HERR der Gott Israel/Gehe hin/vnd sage Zedekia dem Könige Juda/vnd sprich zu jm/So spricht der HERR/Sihe/ich wil diese Stad jnn die hende des königs zu Babel geben/vnd er sol sie mit feur verbrennen/Vnd du solt seiner hand nicht entrinnen/sondern gegriffen vnd jnn seine hand gegeben werden/das du jn mit augen sehen/vnd mündlich mit jm reden wirst/ vnd gen Babel komen.

So höre doch Zedekia du König Juda des HERRN wort/ So spricht der HERR von dir/Du solt nicht durchs schwerd sterben/sondern solt im fride sterben/Vnd wie man deine Veter/die vorigen Könige/so vor dir gewest sind/verbrennet hat/so wird man dich auch verbrennen/ vnd dich klagen/Ah Herr/ Denn ich hab es gered/spricht der HERR. Vnd der Prophet Jeremia redet alle diese wort zu Zedekia dem Könige Juda zu Jerusalem/da das heer des Königs zu Babel schon streit wider Jerusalem/vnd wider alle vbrige

stedte

Der Prophet

stedte Juda/nemlich/wider Lachis vnd Aseka/denn diese waren/als die festen stedte/noch vberblieben vnter den stedten Juda.

Dis ist das wort/so vom HERRN geschach zu Jeremia/nach dem der König Zedekia einen Bund gemacht hatte/mit dem gantzen volck zu Jerusalem/ein Frey jar aus zu ruffen/das ein jglicher seinen knecht/vnd ein jglicher seine magd/so Ebreer vnd Ebreerin weren/solte frey geben/das kein Jüde den andern/vnter den selben/leibeigen hielte/Da gehorchten alle Fürsten vnd alles volck/die solchen Bund eingangen waren/das ein jglicher solte seinen knecht vnd seine magd frey geben/vnd sie nicht mehr leibeigen halten/Vnd gaben sie los/Aber darnach kereten sie sich vmb/vnd fodderten die knechte vnd megde wider zu sich/die sie frey gegeben hatten/vnd zwungen sie/das sie knecht vnd megde sein musten.

Da geschach des HERRN wort zu Jeremia vom HERRN/vnd sprach/So spricht der HERR der Gott Israel/Ich hab einen Bund gemacht mit ewren Vetern/da ich sie aus Egypten land/aus dem dienst hause füret/vnd sprach/Wenn sieben jar vmb sind/so sol ein jglicher seinen Bruder/der ein Ebreer ist/vnd sich jm verkaufft vnd sechs jar gedienet hat/frey von sich lassen/Aber ewr Veter gehorchten mir nicht/vnd neigten jre ohren nicht. So habt jr euch heute bekeret/vnd gethan/das mir wol gefiel/das jr ein Frey jar liesset ausruffen ein jglicher seinem nehesten/vnd habt des einen Bund gemacht fur mir im Hause/das nach meinem namen genennet ist/Aber jr seid vmbgeschlagen/vnd entheiliget meinen namen/vnd ein jglicher foddert seinen knecht vnd seine magd wider/die jr hattet frey gegeben/das sie jr selbs eigen weren/vnd zwinget sie nu/das sie ewr knechte vnd megde sein müssen.

Darumb spricht der HERR also/Ir gehorcht mir nicht/das jr ein Frey jar ausrieffet/ein jglicher seinem Bruder vnd seinem nehesten/ Sihe/so ruffe ich (spricht der HERR) euch ein Frey jar aus/zum schwerd/zur pestilentz/zum hunger/vnd wil euch jnn keinem Königreiche auff erden bleiben lassen/Vnd wil die leute/so meinen Bund vbertretten/vnd die wort des Bunds/den sie fur mir gemacht haben/nicht halten/so machen/wie das kalb/das sie jnn zwey stück geteilet haben/vnd zwisschen den teilen hin gegangen sind/nemlich/die Fürsten Juda/die Fürsten Jerusalem/die Kemerer/die Priester/vnd das gantze volck im lande/so zwisschen des kalbs stücken hin gegangen sind/Vnd wil sie geben jnn jrer feinde hand/vnd dere/die jnen nach dem leben stehen/das jre leichnam sollen den vogeln vnter dem himel/vnd den thieren auff erden/zur speise werden.

Vnd Zedekia den König Juda vnd seine Fürsten/wil ich geben jnn die hende jrer feinde/vnd dere/die jnen nach dem leben stehen/vnd dem heer des Königes zu Babel/die jtzt von euch abgezogen sind/Denn sihe/Ich wil jnen befehlen/spricht der HERR/vnd wil sie wider fur diese Stad bringen/vnd sollen wider sie streiten/vnd sie gewinnen/vnd mit feur verbrennen/Vnd wil die stedte Juda verwüsten/das niemand mehr da wonen sol.

XXXV.

Dis ist

(Kalbs stücken) Das ist eine weise gewest/zum warzeichen/das der Bund solte feste sein/weil sie das opffer Gottes damit ehreten/als zum zeugnis der warheit.

Jeremia. LXII

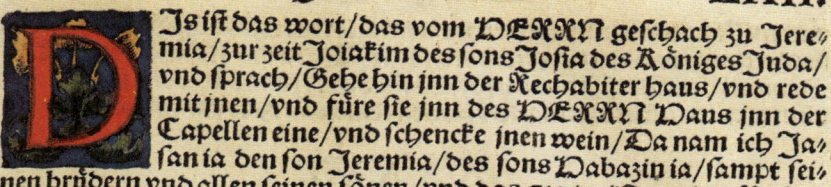

DIs ist das wort/das vom HERRN geschach zu Jeremia/zur zeit Joiakim des sons Josia des Königes Juda/ vnd sprach/Gehe hin jnn der Rechabiter haus/vnd rede mit jnen/vnd füre sie jnn des HERRN Haus jnn der Capellen eine/vnd schencke jnen wein/Da nam ich Jasan ia den son Jeremia/des sons Habazin ia/sampt seinen brüdern vnd allen seinen sönen/vnd das gantze Haus der Rechabiter/vnd füret sie jnn des HERRN Haus/jnn die Capellen der kinder Hanan ia/des sons Jegdabia/des mans Gottes/welche neben der Fürsten Capellen ist/vber den Capellen Maseia des sons Sallum des Thorhüters/Vnd ich satzte den kindern von der Rechabiter Hause/ Becher vol weins/vnd Schalen fur/vnd sprach zu jnen/Trinckt wein.

Sie aber antworten/Wir trincken nicht wein/Denn vnser vater Jonadab/der son Rechab/hat vns geboten vnd gesagt/Ir vnd ewre kinder sollet nimer mehr keinen wein trincken/vnd kein haus bawen/ keinen samen seen/keinen weinberg pflantzen/noch haben/Sondern sollet jnn hütten wonen ewr leben lang/auff das jr lange lebet im lande/darinn jr wallet/Also gehorchen wir der stim vnsers vaters Jonadab des sons Rechab/jnn allem das er vns geboten hat/das wir keinen wein trincken vnser leben lang/weder wir noch vnser weiber/noch söne/noch töchter/vnd bawen auch keine heuser/darinn wir woneten/vnd haben weder weinberge/noch ecker/noch samen/Sondern wonen jnn hütten/vnd gehorchen vnd thun alles/wie vnser vater Jonadab geboten hat/Als aber NebucadNezar der König zu Babel erauff ins land zog/sprachen wir/Kompt/lasst vns gen Jerusalem zihen/fur dem heer der Chaldeer vnd der Syrer/vnd sind also zu Jerusalem blieben.

Da geschach des HERRN wort zu Jeremia/vnd sprach/So spricht der HERR Zebaoth der Gott Israel/Gehe hin vnd sprich zu denen jnn Juda vnd zu den Bürgern zu Jerusalem/Wolt jr euch denn nicht bessern/das jr meinen worten gehorchet? Spricht der HERR. Die wort Jonadab des sons Rechab/die er seinen kindern geboten hat/das sie nicht sollen wein trincken/werden gehalten/vnd trincken keinen wein bis auff diesen tag/darumb/das sie jres vaters gebot gehorchen/Ich aber habe stets euch predigen lassen/noch gehorcht jr mir nicht/So hab ich auch stets zu euch gesand alle meine Knechte die Propheten/vnd lassen sagen/Bekeret euch/ein jglicher von seinem bösen wesen/vnd bessert ewrn wandel/vnd folget nicht andern Göttern nach/jnen zu dienen/so solt jr im lande bleiben/welchs ich euch vnd ewern Vetern gegeben habe/Aber jr woltet ewr ohren nicht neigen/ noch mir gehorchen/So doch die kinder Jonadab des sons Rechab/ haben jrs vaters gebot/das er jnen geboten hat/gehalten/Aber dis volck gehorcht mir nicht.

Darumb/So spricht der HERR der Gott Zebaoth/vnd der Gott Israel/Sihe/ich wil vber Juda vnd vber alle Bürger zu Jerusalem komen lassen/alle das vnglück/das ich wider sie gered habe/ Darumb/das ich zu jnen gered habe/vnd sie nicht wollen hören/Ich hab geruffen/vnd sie mir nicht wollen antworten.

Vnd zum Hause der Rechabiter sprach Jeremia/So spricht der HERR Zebaoth der Gott Israel/Darumb/das jr dem gebot ewers

vaters

Der Prophet

vaters Jonadab habt gehorcht/vnd alle seine gebot gehalten/vnd alles gethan/was er euch geboten hat/Darumb spricht der HERR Zebaoth der Gott Jsrael also/Es sol dem Jonadab dem son Rechab nimer feilen/Es sol jemand von den seinen allezeit fur mir stehen.

XXXVI.

JM vierden jar Joiakim des sons Josia des Königes Juda/geschach dis wort zu Jeremia vom HERRN/vnd sprach/Nim ein buch vnd schreibe drein alle rede/die ich zu dir gered habe/vber Jsrael/vber Juda vnd alle völcker/von der zeit an/da ich zu dir gered habe/Nemlich/von der zeit Josia an/bis auff diesen tag/ob villeicht das Haus Juda/wo sie hören/alle das vnglück/das ich jnen gedencke zu thun/sich bekeren wolten/ein jglicher von seinem bösen wesen/damit ich jnen jre missethat vnd sunde vergeben kundte.

Da rieff Jeremia Baruch dem son Neria/Der selbige Baruch schreib jnn ein buch/aus dem munde Jeremia/alle rede des HERREN/die er zu jm gered hatte/Vnd Jeremia gebot Baruch/vnd sprach/Jch bin gefangen/das ich nicht kan jnn des HERRN Haus gehen/Du aber gehe hin vnd liese das buch/darein du des HERRN rede aus meinem munde geschrieben hast/fur dem volck im Hause des HERRN am fastel tage/vnd solt sie auch lesen fur den ohren des gantzen Juda/die aus jren stedten herein komen/ob sie villeicht sich mit beten fur dem HERRN demütigen wolten/vnd sich bekeren/ein jglicher von seinem bösen wesen/Denn der zorn vnd grim ist gros/dauon der HERR wider dis volck gered hat/Vnd Baruch der son Neria/thet alles wie jm der Prophet Jeremia befolhen hatte/das er die rede des HERRN aus dem buch lese im Hause des HERRN.

Es begab sich aber im funfften jar Joiakim des sons Josia des Königes Juda/im neunden monden/das man eine fasten verkündigt fur dem HERRN/allem volck zu Jerusalem/vnd allem volck das aus den stedten Juda gen Jerusalem kompt/Vnd Baruch las aus dem buche die rede Jeremie im Hause des HERRN/jnn der Capellen Gemaria des sons Saphan des Cantzlers/im obern vorhofe/fur dem newen thor am Hause des HERRN/fur dem gantzen volck.

Da nu Michaia der son Gemaria/des sons Saphan/alle rede des HERRN gehöret hatte aus dem buche/gieng er hinab jns Königes haus/jnn die Cantzeley/Vnd sihe/daselbst sassen alle Fürsten/Elisama der Cantzler/Delaia der son Semaia/Elnathan der son Achbor/Gemaria der son Saphan/vnd Zedekia der son Hanania/sampt allen Fürsten/Vnd Michaia zeigt jnen an alle rede/die er gehöret hatte/da Baruch las aus dem buche fur den ohren des volcks.

Da sandten alle Fürsten Judi den son Nethania/des sons Selemia/des sons Chusi/nach Baruch/vnd liessen jm sagen/Nim das buch/daraus du fur dem volck gelesen hast/mit dir vnd kome/Vnd Baruch der son Neria nam das buch mit sich/vnd kam zu jnen/Vnd sie sprachen zu jm/Setze dich vnd lies/das wirs hören/Vnd Baruch las jnen

Jeremia.

las jnen fur jren ohren/Vnd da sie alle die rede höreten/entsatzten sie sich/einer gegen den andern/Vnd sprachen zu Baruch/Wir wollen alle diese rede dem Könige anzeigen/Vnd fragten den Baruch/Sage vns/wie hastu alle diese rede aus seinem munde geschrieben? Baruch sprach zu jnen/Er las mir alle diese rede aus seinem munde/vnd ich schreib sie mit tinten ins buch.

Da sprachen die Fürsten zu Baruch/Gehe hin vnd verbirge dich mit Jeremia/das niemand wisse/wo jr seid/Sie aber giengen hinein zum Könige jnn den vorhof/vnd liessen das buch behalten jnn der Camern Elisama des Cantzlers/Vnd sagten fur dem Könige an/alle diese rede/Da sandte der König den Judi/das buch zu holen/Der selbige nam es aus der Camer Elisama des Cantzlers/Vnd der Judi las fur dem Könige vnd allen Fürsten die bey dem Könige stunden/Der König aber sas im winterhause fur dem Camin.

Als aber Judi drey oder vier blat gelesen hatte/zerschneit ers mit einem schreibmesser/vnd warffs jns feur/das im Camin herde war/ bis das buch gantz verbrandte im feur/Vnd niemand entsatzte sich/ noch zureis seine kleider/weder König noch seine knechte/so doch alle diese rede gehöret hatten/Wie wol Elnathan/Delaia vnd Gemaria/ baten den König/Er wolte das buch nicht verbrennen/Aber er gehorcht jnen nicht/Dazu gebot noch der König Jerahmeel dem son Hamelech/vnd Seraia dem son Asriel/vnd Selamia dem son Abdeel/ sie solten Baruch den Schreiber vnd Jeremia den Propheten greiffen/ Aber der HERR hatte sie verborgen.

Da geschach des HERRN wort zu Jeremia/nach dem der König das buch vnd die rede (so Baruch hatte geschrieben aus dem munde Jeremia) verbrand hatte/vnd sprach/Nim dir widerumb ein ander buch/vnd schreib alle vorige rede drein/die im ersten buch stunden/ welchs Joiakim der König Juda verbrand hat/Vnd sage von Joiakim dem Könige Juda/So spricht der HERR/Du hast dis buch verbrand/vnd gesagt/Warumb hastu drein geschrieben/das der König von Babel werde komen/vnd dis land verderben/vnd machen/ das weder leute noch vieh drinnen mehr sein werden?

Darumb spricht der HERR von Joiakim dem Könige Juda/ Es sol keiner von den seinen auff dem stuel Dauid sitzen/Vnd sein leichnam/sol hin geworffen/des tages jnn der hitze/vnd des nachts jnn der frost ligen/Vnd ich wil jn vnd seinen samen vnd seine knechte heimsuchen/vmb jrer missethat willen/Vnd ich wil vber sie/vnd vber die Bürger zu Jerusalem/vnd vber die jnn Juda komen lassen/alle das vnglück/das ich jnen gered habe/vnd sie doch nicht gehorchen.

Da nam Jeremia ein ander buch/vnd gabs Baruch dem son Neria dem Schreiber/der schreib darein aus dem munde Jeremia/alle die rede/so jnn dem buch stunden/das Joiakim der König Juda/ hatte mit feur verbrennen lassen/Vnd vber die selbigen/wurden der rede noch viel mehr/denn jhener waren.

XXXVII.

I Vnd Zede-

Der Prophet

Vnd Zedekia der son Josia/ ward König an stat Jechania des sons Joiakim/ Denn NebucadNezar der König zu Babel/ machte jn zum Könige im lande Juda/ Aber er vnd seine knechte vnd das volck im lande/ gehorchten nicht des HERRN wort/ die er durch den Propheten Jeremia redet. Es sandte gleich wol der König Zedekia/ Juchal den son Selem ia/ vnd Zephan ia den son Masein den Priester/ zum Propheten Jeremia/ vnd lies jm sagen/ Bitte den HERRN vnsern Gott fur vns. Denn Jeremia gieng nu vnter dem volck aus vnd ein/ vnd legt jn niemand jns gefengnis. So war das heer Pharao aus Egypten gezogen/ Vnd die Chaldeer/ so fur Jerusalem gelegen/ da sie solch gerücht gehort hatten/ waren von Jerusalem abgezogen.

Vnd des HERRN wort geschach zum Propheten Jeremia/ vnd sprach/ So spricht der HERR der Gott Israel/ So sagt dem Könige Juda/ der euch zu mir gesand hat/ mich zu fragen/ Sihe/ das heer Pharao/ das euch zu hülff ist ausgezogen/ wird widerumb heim jnn Egypten zihen/ Vnd die Chaldeer werden wider komen/ vnd wider diese Stad streiten vnd sie gewinnen/ vnd mit feur verbrennen/ Darumb spricht der HERR also/ Betrieget ewr seelen nicht/ das jr denckt/ Die Chaldeer werden von vns abzihen/ Sie werden nicht abzihen/ Vnd wenn jr schon schlüget das gantze heer der Chaldeer/ so wider euch streiten/ vnd blieben jr etliche verwund vber/ So würden sie doch/ ein jglicher jnn seinem gezellt sich auff machen/ vnd diese Stad mit feur verbrennen.

Als nn der Chaldeer heer von Jerusalem war abgezogen/ vmb des heers willen Pharaonis/ gieng Jeremia aus Jerusalem/ vnd wolt jns land Ben Jamin gehen/ acker zu bestellen vnter dem volck/ Vnd da er vnter das thor Ben Jamin kam/ da war einer bestellet zum Thorhüter/ mit namen Jeria/ der son Selem ia des sons Hanan ia/ Der selbige greiff den Propheten Jeremia/ vnd sprach/ Du wilt zu den Chaldeern fallen/ Jeremia sprach/ Das ist nicht war/ Ich wil nicht zu den Chaldeern fallen/ Aber Jeria wolt jn nicht hören/ sondern greiff Jeremia/ vnd bracht jn zu den Fürsten/ Vnd die Fürsten wurden zornig vber Jeremiam/ vnd liessen jn schlahen/ vnd worffen jn jns gefengnis im hause Jonathan des Schreibers/ Den selbigen satzten sie zum Kerckermeister/ Also gieng Jeremia jnn die gruben vnd kercker/ vnd lag lange zeit da selbst.

Vnd Zedekia der König sandte hin vnd lies jn holen/ vnd fragt jn heimlich jnn seinem hause/ vnd sprach/ Ist auch ein wort vom HERRN fur handen? Jeremia sprach/ Ja/ Denn du wirst dem Könige zu Babel jnn die hende gegeben werden.

Vnd Jeremia sprach zum Könige Zedekia/ Was hab ich wider dich/ wider deine knechte/ vnd wider dis volck/ gesundigt/ das sie mich jnn den kercker geworffen haben? Wo sind nu ewre Propheten/ die euch weissagten/ vnd sprachen/ Der König zu Babel wird nicht vber euch noch vber dis land komen? Vnd nu mein Herr König/ höre mich/ vnd las mein gebet fur dir gelten/ vnd las mich nicht wider jnn Jonathan des Schreibers haus bringen/ das ich nicht sterbe daselbs. Da befalh der König Zedekia/ das man Jeremia im vorhofe des gefengnis be=

Jeremia. LXIIII.

fengnis behalten solt/vnd lies jm des tages ein leb brod geben aus der Becker gassen/bis das alles brod jnn der Stad auff war/Also bleib Jeremia im vorhofe des gefengnis.

XXXVIII.

ES höreten aber Saphatia der son Mathan/vnd Gedalia der son Pashur/ vnd Juchal der son Selemia/ vnd Pashur der son Malchia/die rede/ so Jeremia zu allem volck redet/vnd sprach/ So spricht der HERR/ Wer jnn dieser Stad bleibt/der wird durch schwert/hunger vnd pestilentz/sterben müssen/ Wer aber hinaus gehet zu den Chaldeern/der sol lebend bleiben/vnd wird sein leben/wie eine beute dauon bringen/Denn also spricht der HERR/ Diese Stad sol vbergeben werden dem heer des Königes zu Babel/ vnd sollen sie gewinnen.

Da sprachen die Fürsten zum Könige/Las doch diesen man tödten/Denn mit der weise wendet er die kriegsleute abe/so noch vbrig sind jnn dieser Stad/des gleichen das gantze volck auch/ weil er solche wort zu jnen sagt/Denn der man sucht nicht/was zum fride diesem volck/sondern was zum vnglück dienet/Der König Zedekia sprach/Sihe/Er ist jnn ewrn henden/Denn der König kan nichts wider euch/ Da namen sie Jeremia vnd worffen jn jnn die gruben Malchia des sons Hamelech/die am vorhofe des gefengnis war/vnd liessen jn an seilen hinab jnn die gruben/da nicht wasser/sondern schlam war/Vnd Jeremia sanck jnn den schlam.

l ij   Als aber

Der Prophet

Als aber EbedMelech der Mor/ein Kemerer jns Königs hause/ höret/das man Jeremia hatte jnn die gruben geworffen/vnd der König eben sas im thor Ben Jamin/da gieng EbedMelech aus des Königes hause/vnd redet mit dem Könige/vnd sprach/Mein Herr König/Die menner handeln vbel mit dem Propheten Jeremia/das sie jn haben jnn die gruben geworffen/da er mus hungers sterben/Denn es ist kein brod mehr jnn der Stad.

Da befalh der König/EbedMeleh dem Moren/vnd sprach/ Nim dreissig menner mit dir von diesen/vnd zeuch den Propheten Jeremia aus der gruben/ehe denn er sterbe/Vnd EbedMelech nam die menner mit sich/vnd gieng jns Königs haus/vnter die Schatzkamer/ vnd nam daselbst zurissen vnd vertragene alte lumpen/vnd lies sie an einem seil hinab zu Jeremia jnn die gruben/ Vnd EbedMelech der Mor/sprach zu Jeremia/Lege diese zurissen vertragene alte lumpen vnter deine achsel vmb das seil/Vnd Jeremia thet also/Vnd sie zogen Jeremia erauff aus der gruben an den stricken/Vnd bleib also Jeremia im vorhofe des gefengnis.

Vnd der König Zedekia sandte hin vnd lies den Propheten Jeremia zu sich holen/vnter den dritten eingang am Hause des HERREN/ Vnd der König sprach zu Jeremia/Ich wil dich etwas fragen/Lieber/verhalte mir nichts/Jeremia sprach zu Zedekia/Sage ich dir etwas/so tödtestu mich doch/Gebe ich dir aber einen rat/so gehorchestu mir nicht/Da schwur der König Zedekia/dem Jeremia heimlich/vnd sprach/So war der HERR lebt/der vns diese seele gemacht hat/so wil ich dich nicht tödten/noch den mennern jnn die hende geben/die dir nach deinem leben stehen.

Vnd Jeremia sprach zu Zedekia/ So spricht der HERR der Gott Zebaoth/der Gott Israel/Wirstu hinaus gehen zu den Fürsten des Königes zu Babel/so soltu lebend bleiben/vnd diese Stad sol nicht verbrand werden/ sondern du vnd dein haus sollen bey leben bleiben/Wirstu aber nicht hinaus gehen zu den Fürsten des Königes zu Babel/so wird diese Stad den Chaldeern jnn die hende gegeben/ vnd werden sie mit feur verbrennen/vnd du wirst auch nicht jren henden entrinnen. Der König Zedekia sprach zu Jeremia/Ich besorge mich aber/das ich den Jüden/so zu den Chaldeern gefallen sind/ möcht vbergeben werden/das sie mein spotten.

Jeremia sprach/Man wird dich nicht vbergeben/ Lieber/ gehorche doch der stimme des HERRN/die ich dir sage/so wird dirs wol gehen/vnd du wirst lebend bleiben/Wirstu aber nicht hinaus gehen/So ist dis das wort/das mir der HERR gezeigt hat/Sihe/alle weiber die noch vorhanden sind jnn dem Hause des Königes Juda/ werden hinaus müssen zu den Fürsten des Königes zu Babel/die selbigen werden denn sagen/Ah/deine Tröster haben dich vberred vnd verfürt/vnd jnn schlam gefürt/vnd lassen dich nu stecken/Also werden denn alle deine weiber vnd kinder hinaus müssen zu den Chaldeern/vnd du selbst wirst jren henden nicht entgehen/Sondern du wirst vom Könige zu Babel gegriffen/vnd diese Stad wird mit feur verbrennet werden.

Vnd Zedekia

Vnd Zedekia sprach zu Jeremia/Sihe zu/das niemand diese rede erfare/so wirstu nicht sterben/Vnd obs die Fürsten erfüren/das ich mit dir gered habe/vnd kemen zu dir/vnd sprechen/Sage an/was hastu mit dem Könige gered? Leugne es vns nicht/so wollen wir dich nicht tödten/Vnd was hat der König mit dir gered? So sprich/Ich hab den König gebeten/das er mich nicht widderumb liesse jns Jonathan haus füren/ich möcht daselbs sterben.

Da kamen alle Fürsten zu Jeremia/vnd fragten jn/Vnd er saget jnen/wie jm der König befolhen hatte/Da liessen sie von jm/weil sie nichts erfaren kundten/Vnd Jeremia bleib im vorhofe des gefengnis/bis auff den tag/da Jerusalem gewonnen ward.

XXXIX.

Nd es geschach/das Jerusalem gewonnen ward/Denn im neunden jar Zedekia des Königes Juda/im zehenden monden/kam NebucadNezar der König zu Babel vnd alle sein heer fur Jerusalem/vnd belegerten die selbigen. Vnd im eilfften jar Zedekia/am neunden tage des vierden monden/brach man jnn die Stad/vnd zogen hinen alle Fürsten des Königes zu Babel/vnd hielten vnter dem mittel thor / nemlich/ NergalSarEzer/ SangarNebo/ SarSsechmj der öberst Kemerer/ NergalSarEzer der Hofemeister/vnd alle ander Fürsten des Königes zu Babel.

Als sie nu Zedekia der König Juda sahe/sampt seinen kriegsleuten/ flohen sie bey nacht zur Stad hinaus/bey des Königes garten durchs thor / zwisschen zweien mauren / vnd zogen durchs feld hin durch/Aber der Chaldeer heer jagten jnen nach/vnd ergriffen Zedekia/im felde bey Jeriho/vnd fiengen jn/vnd brachten jn zu NebucadNezar dem Könige zu Babel gen Riblath/die im lande Hemath ligt/ der sprach ein vrteil vber jn/Vnd der König zu Babel lies die kinder Zedekia fur seinen augen tödten zu Riblath/vnd tödtet alle Fürsten Juda/Aber Zedekia lies er die augen ausstechen/vnd jn mit keten binden/das er jn gen Babel füret.

Vnd die Chaldeer verbranten beide des Königes haus vnd der Bürger heuser/vnd zubrachen die mauren zu Jerusalem/Was aber noch von volck jnn der Stad war/vnd was sonst zu jnen gefallen war/ die füret NebusarAdan der Hofemeister/alle miteinander gen Babel gefangen/Aber von dem geringen volck/das nichts hatte/lies zur selbigen zeit NebusarAdan der Heubtman/etliche im lande Juda/vnd gab jnen weinberge vnd dörfflin ein.

Aber NebucadNezar der König zu Babel/hatte NebusarAdan dem Heubtman befolhen von Jeremia/vnd gesagt/Nim jn vnd las dir jn befolhen sein/vnd thu jm kein leid/Sondern/wie ers von dir begerd/so machs mit jm. Da sandte hin/NebusarAdan der Heubtman/ vnd NebusaSban der öberst Kemerer / NergalSarEzer der Hofemeister/vnd alle Fürsten des Königes zu Babel/vnd liessen Jeremia holen aus dem vorhofe des gefengnis/Vnd befolhen jn Gedalia dem son Ahikam/des sons Saphan/das er jn hinaus jnn sein haus füret/vnd bey dem volck bliebe.

l iij   Es war

Der Prophet

Es war auch des HERRN wort geschehen zu Jeremia/weil er noch im vorhofe des gefengnis gefangen lag/vnd gesprochen/Gehe vnd sage Ebed Melech dem Moren/So spricht der HERR Zebaoth der Gott Israel/Sihe/Ich wil meine wort komen lassen vber diese Stad/zum vnglück vnd zu keinem guten/vnd du solts sehen zur selbigen zeit/Aber dich wil ich erretten zur selbigen zeit/spricht der HERr/vnd solt den leuten nicht zu teil werden/fur welchen du dich furchtest/Denn ich wil dir dauon helffen/das du nicht durchs schwert fallest/Sondern solt dein leben/wie eine beute/dauon bringen/darumb das du mir vertrawet hast/spricht der HERR.

XL.

DIs ist das wort/so vom HERRN geschach zu Jeremia/da jn NebusarAdan der Heubtman los lies zu Rama/Denn er war auch mit keten gebunden/vnter alle denen/die zu Jerusalem vnd jnn Juda gefangen waren/das man sie gen Babel weg furen solte/ Da nu der Heubtman Jeremia zu sich hatte lassen holen/sprach er zu jm/Der HERR dein Gott hat dis vnglück vber diese stedte gered/Vnd hats auch komen lassen vnd gethan/wie er gered hat/Denn jr habt gesundigt wider den HERRN/vnd seiner stimme nicht gehorcht/darumb ist euch solchs widerfaren.

Nu sihe/Ich hab dich heute los gemacht von den keten/damit deine hende gebunden waren/Gefelt dirs mit mir gen Babel zu zihen/so kom/Du solt mir befolhen sein/Gefelt dirs aber nicht mit mir gen Babel zu zihen/so las anstehen/Sihe/da hastu das gantze land fur dir/wo dichs gut dunckt vnd dir gefelt/da zeuch hin/Denn weiter hinaus wird kein widerkeren sein/Darumb magstu keren zu Gedalia dem sone Ahikam des sons Saphan/welchen der König zu Babel gesetzt hat vber die stedte jnn Juda/vnd bey dem selbigen vnter dem volck bleiben/oder gehe/wo hin dirs wolgefelt/Vnd der Heubtman gab jm zerung/vnd geschencke/vnd lies jn gehen/Also kam Jeremia zu Gedalia dem sone Ahikam gen Mizpa/vnd bleib bey jm vnter dem volck/das im lande noch vbrig war.

Da nu die Heubtleute/so auff dem felde sich enthielten/sampt jren leuten/erfuren/das der König zu Babel hatte Gedalia den son Ahikam vber das land gesetzt/vnd beide vber menner vnd weiber/kinder/vnd die geringen im lande/welche nicht gen Babel gefüret waren/kamen sie zu Gedalia gen Mizpa/nemlich/Ismael der son Nethania/Johanan vnd Jonathan/die söne Kareah/vnd Seraia der son Thanhumeth/vnd die söne Ephai von Nethophath/vnd Jesania der son Maachathi/sampt jren mennern/ Vnd Gedalia der son Ahikam des sons Saphan/thet jnen vnd jren mennern einen eid/vnd sprach/Furcht euch nicht/das jr den Chaldeern vnterthan sein sollet/Bleibt im lande/vnd seid dem Könige zu Babel vnterthan/so wirds euch wol gehen/Sihe/Ich wone hie zu Mizpa/das ich den Chaldeern diene/die zu vns komen/Darumb so samlet ein den wein/vnd feigen/vnd öle/vnd legts jnn ewr gefesse/vnd wonet jnn ewren stedten/die jr bekomen habt.

Auch

Jeremia. LXVI.

Auch alle Jüden/so im lande Moab/vnd der kinder Ammon/ vnd jnn Edom/vnd jnn allen lendern waren/da sie höreten/das der König zu Babel hette lassen etliche jnn Juda vberbleiben/vnd vber sie gesetzt Gedalia/den son Ahikam des sons Saphan/kamen sie alle wider von allen orten/dahin sie verstossen waren jns land Juda zu Gedalia gen Mizpah/vnd samleten ein seer viel weins vnd feigen.

Aber Johanan der son Kareah/sampt alle den Heubtleuten/so auff dem felde sich enthalten hatten/kamen zu Gedalia gen Mizpa/ vnd sprachen zu jm/Weistu auch/das Baelim der König der kinder Ammon gesand hat/Ismael den son Nethania/das er dich sol erschlagen/Das wolt jnen aber Gedalia der son Ahikam nicht gleuben/ Da sprach Johanan der son Kareah zu Gedalia heimlich zu Mizpa/ Lieber/Ich wil hin gehen vnd Ismael den son Nethania/schlahen/ das niemand erfaren sol/Warumb sol er dich erschlahen/das alle Jüden/so zu dir versamlet sind/zurstrewet werden/vnd die noch aus Juda vberblieben sind/vmbkomen? Aber Gedalia der son Ahikam sprach zu Johanan dem son Kareah/Du solt das nicht thun/Es ist nicht war/das du von Ismael sagest.

XLI.

ABer im siebenden monden kam Ismael der son Nethania des sons Elisama/aus Königlichem stam/sampt den öbersten des Königs/vnd zehen menner mit jm/zu Gedalia dem son Ahikam gen Mizpa/vnd assen daselbs zu Mizpa miteinander/Vnd Ismael der son Nethania macht sich auff/sampt den zehen mennern die bey jm waren/vnd schlugen Gedalia den son Ahikam des sons Saphan/mit dem schwert zu tod/darumb/das jn der König zu Babel vber das gantze land gesetzt hatte/Dazu alle Jüden/die bey Gedalia waren zu Mizpa/vnd die Chaldeer/die sie daselbst funden/vnd alle kriegsleute/ schlug Ismael.

Des andern tages/nach dem Gedalia erschlagen war/vnd noch niemand wuste/kamen achzig menner von Sichem/von Silo vnd von Samaria/vnd hatten die berte abgeschoren/vnd jre kleider zurissen/vnd sich zukratzt/vnd trugen Speisopffer vnd weyrauch mit sich/ das sie es brechten jns Haus des HERRN/Vnd Ismael der son Nethania/gieng eraus von Mizpa/den selbigen entgegen/gieng daher vnd weinet/Als er nu an sie kam/sprach er zu jnen/Jr solt zu Gedalia dem son Ahikam komen/Da sie aber mitten jnn die Stad kamen/ermordet sie Ismael der son Nethania vnd die menner/so bey jm waren/ bey dem brunnen/Aber es waren zehen menner drunder/die sprachen zu Ismael/Lieber/tödte vns nicht/wir haben schetze im acker ligen von weitzen/gersten/öle vnd honig/Also lies er ab/vnd tödtet sie nicht mit den andern.

Der brun aber/darein Ismael die todten leichnam warff/welche er hatte erschlagen/sampt dem Gedalia/ist der/den der König Assa machen lies/wider Baesa den König Israel/Den füllet Ismael der son Nethania/mit den erschlagenen/Vnd was vbriges volcks war zu Mizpa/auch des Königes töchtere/füret Ismael der son Nethania gefangen weg/sampt allem vbrigen volck zu Mizpa/vber welche/

L iiij   Nebusar

Der Prophet

NebusarAdan der Heubtman hatte gesetzt Gedalia den son Ahikam/vnd zog hin vnd wolt hinuber zu den kindern Ammon.

Da aber Johanan der son Kareah erfur/vnd alle Heubtleute/die bey jm waren/alle das vbel/das Ismael der son Nethania/begangen hatte/namen sie zu sich alle menner/vnd zogen hin wider Ismael den son Nethania zu streiten/vnd traffen jn an bey dem grossen wasser an Gibeon/Da nu alles volck/so bey Ismael war/sahe/den Johanan den son Kareah/vnd alle die Heubtleute die bey jm waren/wurden sie fro/Vnd das gantze volck das Ismael hatte von Mizpa weg gefüret/wandte sich vmb vnd kereten widderumb zu Johanan dem son Kareah/Aber Ismael der son Nethania entran dem Johanan mit acht mennern/vnd zog zu den kindern Ammon.

Vnd Johanan der son Kareah/sampt allen Heubtleuten/so bey jm waren/namen alle das vbrige volck (so sie wider bracht hatten/von Ismael dem son Nethania) aus Mizpa zu sich/weil Gedalia der son Ahikam erschlagen war/nemlich/die kriegs menner/weiber vnd kinder/vnd Kemerer/so sie von Gibeon hatten wider bracht/vnd zogen hin/vnd kereten ein zum Kimham zur herberge/der bey Bethlehem wonete/vnd wolten jnn Egyten zihen fur den Chaldeern/Denn sie furchten sich fur jnen/weil Ismael der son Nethania/Gadalia den son Ahikam erschlagen hatte/den der König zu Babel vber das land gesetzt hatte.

XLII.

DA tratten herzu alle Heubtleute/Johanan der son Kareah/Jesania der son Hosaia/sampt dem gantzen volck/beide klein vnd gros/vnd sprachen zum Propheten Jeremia/Lieber/Las vnser gebet fur dir gelten/vnd bitte fur vns den HERRN deinen Gott/vmb alle diese vbrigen/Denn vnser ist leider wenig blieben von vielen/wie du vns selbst sihest mit deinen augen/das vns der HERR dein Gott wolt anzeigen/wo hin wir zihen/vnd was wir thun sollen.

Vnd der Prophet Jeremia sprach zu jnen/Wolan/Ich wil gehorchen/vnd sihe/ich wil den HERRN ewrn Gott bitten/wie jr gesagt habt/Vnd alles was euch der HERR antworten wird/das wil ich euch anzeigen/vnd wil euch nichts verhalten. Vnd sie sprachen zu Jeremia/Der HERR sey ein gewisser vnd warhafftiger Zeuge/zwisschen vns/ Wo wir nicht thun werden alles/das dir der HERR dein Gott an vns befelhen wird/Es sey guts oder böses/so wollen wir gehorchen der stimme des HERRN vnsers Gottes/zu dem wir dich senden/auff das vns wol gehe/so wir der stimme des HERRN vnsers Gottes gehorchen.

Vnd nach zehen tagen geschach des HERRN wort zu Jeremia/Da rieff er Johanan den son Kareah/vnd alle Heubtleute/die bey jm waren/vnd allem volck/beide klein vnd gros/vnd sprach zu jnen/So spricht der HERR der Gott Israel/zu dem jr mich gesand habt/das ich ewr gebet fur jn solt bringen/Werdet jr jnn diesem lande bleiben/so wil ich euch bawen vnd nicht zu brechen/Ich wil euch pflantzen vnd nicht ausreuten/Denn es hat mich schon gerewen/das vbel/das vbel/das ich euch gethan habe/ Jr solt wol sicher sein fur dem Könige zu Babel/fur dem jr euch furchtet/spricht der HERR/ Jr solt jn nicht furchten/Denn ich wil bey euch sein/das ich euch helffe/vnd von seiner hand errette/ Jch wil euch barmhertzigkeit erzeigen/vnd mich vber euch erbarmen/vnd euch wider jnn ewr land bringen.

Werdet jr aber sagen/Wir wollen nicht jnn diesem lande bleiben/ damit jr ja nicht jgehorchet der stimme des HERRN ewrs Gottes/ Sondern sagen/Nein/Wir wollen jnn Egypten land zihen/das wir keinen krieg sehen/noch der posaunen schall höre/vnd nicht hunger/ brods halben/leiden müssen/daselbst wollen wir bleiben. Nu/so höret des HERRN wort jr vbrigen aus Juda/So spricht der HERr Zebaoth der Gott Jsrael/Werdet jr, ewr angesicht richten jnn Egypten land zu zihen/das jr daselbst bleiben wollet/so sol euch das schwert/fur dem jr euch furchtet/jnn Egypten land treffen/vnd der hunger/des jr euch besorget/sol stets hinder euch her sein jnn Egypten/vnd sollet daselbs sterben/Denn sie seien wer sie wollen/die jr angesicht richten/das sie jnn Egypten zihen/daselbs zu bleiben/die sollen sterben/durch schwert/hunger vnd pestilentz/vnd sol keiner vberbleiben/noch entrinnen dem vbel/das ich vber sie wil komen lassen.

Denn so spricht der HERR Zebaoth der Gott Jsrael/Gleich wie mein zorn vnd grim vber die einwoner zu Jerusalem gegangen ist/ so sol er auch vber euch gehen/wo jr jnn Egypten zihet/das jr zum fluch/zum wunder/schwur vnd schande werdet/vnd diese stet nicht mehr sehen sollet.

Das wort des HERRN gilt euch/jr vbrigen aus Juda/das jr nicht jnn Egypten zihet/Darumb so wisset/das ich euch heute bezeuge/jr werdet sonst ewr leben verwarlosen/Denn jr habt mich gesand zum HERRN ewrem Gotte/vnd gesagt/Bitte den HERRN vnsern Gott fur vns/vnd alles was der HERR vnser Gott sagen wird/ das zeige vns an/so wollen wir darnach thun/Das habe ich euch heute zu wissen gethan/Aber jr wolt der stimme des HERRN ewrs Gottes nicht gehorchen/noch alle dem/das er mir an euch befolhen hat/So solt jr nu wissen/das jr durchs schwert/hunger vnd pestilentz sterben müsset/an dem ort/dahin jr gedencket zu zihen/das jr daselbs wonen wollet.

XLIII.

Da Jeremia alle wort des HERRN jres Gottes hatte ausgered zu allem volck/wie jm denn der HERR jr Gott alle diese wort an sie befolhen hatte/sprach Asaria der son Hosaia/vnd Johanan der son Kareah/vnd alle vreche menner/zu Jeremia/Du leugest/Der HERR vnser Gott hat dich nicht zu vns gesand/noch gesagt/Jr solt nicht jnn Egypten zihen/daselbs zu wonen/Sondern Baruch der son Neria bered dich des/vns zu wider/auff das wir den Chaldeern vbergeben werden/das sie vns tödten vnd gen Babel wegfüren.

Also gehorcht Johanan der son Kareh vnd alle Heubtleute/ sampt dem gantzen volck/der stimme des HERRN nicht/das sie im lande Juda weren blieben/Sondern Johanan der son Kareah vnd alle Heubtleute/nam zu sich alle vbrigen aus Juda/so von allen völckern/

Der Prophet

völckern/dahin sie geflohen/wider komen waren/das sie im lande Juda woneten/nemlich/man/weiber vnd kinder/dazu des Königs töchter/vnd alle seelen/die NebusarAdan der Heubtman/bey Gedalia dem son Ahikam/des sons Saphan hatte gelassen/auch den Propheten Jeremia/vnd Baruch den son Neria/vnd zogen inn Egypten land/Denn sie wolten der stimme des HERRN nicht gehorchen/vnd kamen gen Thaphnis.

   Vnd des HERRN wort geschach zu Jeremia zu Thaphnis/vnd sprach/Nim grosse steine vnd verscharre sie im zigel ofen/der fur der thür am Hause Pharao ist zu Thaphnis/das die menner aus Juda zu sehen/vnd sprich zu jnen/So spricht der HERR Zebaoth der Gott Israel/Sihe/Ich wil hin senden/vnd meinen Knecht NebucadNezar den König zu Babel holen lassen/vnd wil seinen stuel oben auff diese steine setzen/die ich verscharret habe/vnd er sol seine gezellt drüber schlahen/Vnd er sol komen/vnd Egypten land schlahen/vnd tödten/wen es trifft/gefangen füren/wen es trifft/mit dem schwert schlahen/wen es trifft. Vnd ich wil die heuser der Götter inn Egypten mit feur anstecken/das er sie verbrenne vnd weg füre/Vnd er sol im Egypten land anzihen/wie ein Hirt sein kleid anzeucht/vnd mit frieden von dannen zihen/Er sol die bildeseulen zu BethSemes zubrechen/vnd die Götzen kirchen inn Egypten mit feur verbrennen.

XLIIII.

DIs ist das wort/das zu Jeremia geschach an alle Jüden/so inn Egypten land woneten/nemlich/zu Migdal/ zu Thaphnis/ zu Noph/ vnd im lande Pahtros vnd sprach/ So spricht der HERR Zebaoth der Gott Israel/Ir habt gesehen alle das vbel/das ich habe komen lassen vber Jerusalem/ vnd vber alle stedte inn Juda/Vnd sihe/heuts tages sind sie wüste/vnd wonet niemand drinnen/Vnd das vmb jre bosheit willen/die sie theten/das sie mich erzürneten/vnd hin giengen vnd reucherten/vnd dieneten andern Göttern/ welche weder sie/noch jr/noch ewre Veter kenneten/Vnd ich sandte stets zu euch alle meine Knechte/die Propheten/vnd lies euch sagen/ Thut doch nicht solche grewel/die ich hasse/Aber sie gehorchtē nicht/ neigeten auch jre ohren von jrer bosheit nicht/das sie sich bekereten/ vnd andern Göttern nicht gereuchert hetten/ Darumb gieng auch mein zorn vnd grim an/vnd entbrandte vber die stedte Juda/vnd vber die gassen zu Jerusalem/ das sie zur wüsten vnd öde worden sind/wie es heutes tages stehet.

   Nu/so spricht der HERR/der Gott Zebaoth/der Gott Israel/ Warumb thut jr doch so gros vbel wider ewer eigen leben? damit vnter euch ausgerottet werde/beide man vnd weib/beide kind vnd seugling aus Juda/vnd nichts von euch vberbleibe/das jr mich so erzürnet/durch ewer hende werck/vnd reuchert andern Göttern/inn Egypten lande/dahin jr gezogen seid/daselbs zu herbergen/auff das jr ausgerottet/vnd zum fluch vnd schmach werdet vnter allen Heiden auff erden/Habt jr vergessen des vnglücks ewer Veter/des vnglücks der Könige Juda/des vnglücks jrer weiber/dazu ewrs eigen vnglücks/vnd ewr weiber vnglücks/das euch begegenet ist/im lande Juda/

Jeremia. LXVIII.

Juda/vnd auff den gassen zu Jerusalem? Noch sind sie bis auff diesen tag nicht gedemütiget/ fürchten sich auch nicht/ vnd wandeln nicht jnn meinem Gesetz vnd Rechten/die ich euch vnd ewrn Vetern furgestellet habe.

Darumb/spricht der HERR Zebaoth der Gott Israel also/Sihe/ Ich wil mein angesicht wider euch richten/ zum vnglück/ vnd gantz Juda sol ausgerottet werden/Vnd ich wil die vbrigen aus Juda nemen/ so jr angesicht gericht haben jnn Egypten land zu ziehen/ das sie daselbs herbergen/Es sol ein ende mit jnen allen werden jnn Egypten lande/ durchs schwert sollen sie fallen/ vnd durch hunger sollen sie vmbkomen/beide klein vnd gros/Sie sollen durch schwert vnd hunger sterben/vnd sollen ein schwur/wunder/fluch vñ schmach werden / Ich wil auch die einwoner jnn Egypten lande mit dem schwert/hunger vnd pestilentz heimsuchen/gleich/wie ich zu Jerusalem gethan habe/Das aus den vbrigen Juda/ keiner sol entrinnen noch vberbleiben/die doch darumb hieher komen sind jnn Egypten land zur herberge/das sie widderumb jnsland Juda komen möchten/ dahin sie gerne wolten wider komen vnd wonen/ Aber es sol keiner wider dahin komen/on welche von hinnen fliehen.

Da antworten dem Jeremia alle menner/die da wol wusten/das jre weiber/andern Göttern reucherten/vnd alle weiber/ so mit grossem hauffen da stunden/ sampt allem volck/ die jnn Egypten land woneten/vnd jnn Pathros/vnd sprachen/Nach dem wort/das du im namen des HERRN vns sagest/wollen wir dir nicht gehorchen/Sondern wir wollen thun nach alle dem wort/ das aus vnserm munde gehet/ vnd wollen der Himelkönigin reuchern/ vnd der selbigen Tranck opffer opffern/wie wir/vnd vnser Veter/vnser Könige vnd Fürsten gethan haben jnn den stedten Juda/vnd auff den gassen zu Jerusalem/ da hatten wir auch brod gnug/vnd gieng vns wol/vnd sahen kein vnglück/Sint der zeit aber wir haben abgelassen/der Himelkönigin zu reuchern/vnd Tranckopffer zu opffern/haben wir allen mangel gelidden/vnd sind durch schwert vnd hunger vmbkomen/Auch wenn wir der Himelkönigin reuchern/vnd Tranckopffer opffern/das thun wir ja nicht on vnser menner willen/das wir derselbigen kuchen backen/vnd Tranckopffer opffern/zu jrem dienst.

Da sprach Jeremia zum gantzen volck/beide menner/weiber vnd allem volck/ die jm so geantwort hatten / Ja / ich meine auch / der HERR hab gedacht an das reuchern/ so jr jnn den stedten Juda vnd auff den gassen zu Jerusalem/getrieben habt/sampt ewren Vetern/ Königen/Fürsten/vnd allem volck im lande/Vnd hats zu hertzen genomen/das er nicht mehr leiden kondte/ewrn bösen wandel vnd grewel/die jr thetet/Daher auch ewr land zur wüsten/zum wunder vnd zum fluch worden ist/das niemand drinnen wonet/wie es heutes tages stehet/Darumb/das jr gereuchert habt/vnd wider den HERRN gesundigt/vnd der stimme des HERRN nicht gehorchet/vnd jnn seinem Gesetze/Rechten vnd zeugnis/nicht gewandelt habt/Darumb ist auch euch solch vnglück widerfaren/wie es heutes tages stehet.

Vnd Jeremia sprach zu allem volck vnd zu allen weibern/Höret des HERRN wort alle jr aus Juda/ so jnn Egypten land sind/So
spricht der

Der Prophet

spricht der HERR Zebaoth der Gott Jsrael/ Jr vnd ewre weiber habt mit ewrem munde gered/vnd mit ewren henden volnbracht/das jr sagt/Wir wollen vnser gelübde halten/die wir gelobt haben der Himelkönigin/das wir der selbigen reuchern vnd Tranckopffer opffern/Wolan/jr habt ewr gelübde erfüllet/vnd ewr gelübde gehalten.

So höret nu des HERRN wort/jr alle aus Juda/die jr jnn Egypten lande wonet/Sihe/Ich schwere bey meinem grossen namen/spricht der HERR/Das mein name nicht mehr sol durch einiges menschen mund aus Juda genennet werden/jnn gantzen Egypten land/der da sagt (So war der HErr HERR lebt) Sihe/Ich wil vber sie wachen/zum vnglück vnd zu keinem guten/Das/wer aus Juda jnn Egypten land ist/sol durchs schwert vnd hunger vmbkomen/bis ein ende mit jnen habe/Welche aber dem schwert entrinnen/ die werden doch aus Egypten land jns land Juda wider komen müssen/mit geringem hauffen/Vnd also werden denn alle die vbrigen aus Juda/so jnn Egypten land gezogen waren/das sie daselbs herbergeten/erfaren/wes wort war worden sey/meines oder jres.

Vnd zum zeichen/spricht der HERR/das ich euch an diesem ort heimsuchen wil/damit jr wisset/das mein wort sol war werden vber euch zum vnglück/So spricht der HERR also/Sihe/Ich wil Pharao Vaphra den König jnn Egypten/vbergeben jnn die hende seiner feinde/vnd dere/die jm nach seinem leben stehen/Gleich/wie ich Zedekia den König Juda vbergeben habe jnn die hand Nebucadnezar des Königs zu Babel seines feindes/vnd der jm nach seinem leben stund.

XLV.

DIs ist das wort/so der Prophet Jeremia redet zu Baruch dem son Neria/Da er diese rede auff ein buch schreib aus dem munde Jeremia/im vierden jar Joiakim des sons Josia des Königs Juda/vnd sprach/So spricht der HERR Zebaoth der Gott Jsrael/von dir Baruch/Du sprichst/Weh mir/wie hat mir der HERR jamer vber mein schmertzen zugefügt/Ich seufftze mich müde/vnd finde keine ruge/Sage jm also/So spricht der HERR/Sihe/was ich gebawet habe/das breche ich abe/vnd was ich gepflantzt habe/das reute ich aus/sampt diesem gantzem meinem eigen lande/Vnd du begerest dir grosse ding/Beger es nicht/Denn sihe/Ich wil vnglück komen lassen vber alles fleisch/spricht der HERR/ Aber deine seel wil ich dir zur beute geben/an welchen ort du zeuhest.

XLVI.

DIs ist das wort des HERRN/das zu dem Propheten Jeremia geschehen ist wider alle Heiden.

Wider Egypten.

Wider das heer Pharao Necho des Königes jnn Egypten/welchs lag am wasser Phrath zu Carchemisch/das

Jeremia. LXIX.

miss / das der König zu Babel NebucadNezar schlug / im vierden jar Joiakim des sons Josia des Königes Juda.

Rüstet schilt vnd spies / vnd zihet an die schlacht / Spannet rosse an / vnd lasset reuter auff sitzen / Setzt die helm auff / vnd scherfft die spiesse / vnd zihet pantzer an / Wie kompts aber? das ich sehe / das sie verzagt sind / vnd die flucht geben / vnd jre Helden erschlagen sind / Sie fliehen / das sie sich auch nicht vmbsehen / schrecken ist vmb vnd vmb / spricht der HERR / Der schnelle kan nicht entfliehen / noch der starcke entrinnen / Gegen mitternacht am wasser Phrath / sind sie gefallen vnd darnider gelegt / Wo ist nu der / so herauff zoch / wie ein strom / vnd seine wellen sich erhuben / wie des wassers? Egypten zoch herauff / wie ein strom / vnd seine wellen erhuben sich / wie des wassers / vnd sprach / Ich wil hinauff zihen / das land bedecken / vnd die stad verderben / sampt denen / die drinnen wonen.

Wolan / sitzt auff die rosse / rennet mit den wagen / lasset die Helden aus zihen / die Moren / vnd aus Lybia / vnd die schützen aus Lydia / Denn dis ist der tag des HErrn HERRN Zebaoth / ein tag der rache / das er sich an seinen feinden reche / da das schwerd fressen / vnd von jrem blut vol vnd truncken werden wird / Denn sie müssen dem HErrn HERRN Zebaoth / ein schlacht opffer werden / im lande gegen mitternacht am wasser Phrath / Gehe hinauff gen Gilead / vnd hole salbe / Jungfraw / tochter aus Egypten / Aber es ist vmb sonst / das du viel ertzneiest / du wirst doch nicht heil / Deine schande ist vnter die Heiden erschollen / deins heulen ist das land vol / Denn ein Held fellet vber den andern / vnd ligen beide miteinander darnider.

Dis ist das wort des HERRN / das er zu dem Propheten Jeremia redet / da NebucadNezar der König zu Babel daher zog / Egypten land zu schlahen. Verkündigt jnn Egypten / vnd sagts an zu Migdal / Sagts an zu Noph / vnd Thaphnis / vnd sprecht / Stelle dich zur wehre / Denn das schwerd wird fressen / was vmb dich her ist / Wie gehets zu / das deine gewaltigen zu boden fallen / vnd mügen nicht bestehen? Der HERR hat sie so gestürtzt / Er macht / das jr viel fallen / das einer mit dem andern darnider ligt / Da sprachen sie / Wolauff / lasst vns wider zu vnserm volck zihen / jnn vnser vater land / fur dem schwerd des Tyrannen / Dasselb schrey man jnen nach / Pharao der König Egypten ligt / Er hat sein gezellt gelassen.

So war alsich lebe / spricht der König / der HERR Zebaoth heisst / Er wird daher zihen so hoch / wie der berg Thabor vnter den bergen ist / vnd wie der Charmel am meer ist / Schick dich / das du wanderst / du einwonerin tochter Egypten / Denn Noph wird wüst vnd verbrand werden / das niemand drinnen wonen wird.

Egypten ist ein seer schönes kalb / Aber es kompt von mitternacht der schlechter / Vnd taglöner / so drinnen wonen / sind auch / wie gemestete kelber / Aber sie müssen sich dennoch wenden / flüchtig werden miteinander / vnd werden nicht bestehen / Denn der tag jres vnfals wird vber sie komen / nemlich / die zeit jrer heimsuchung / Sie faren daher /

(Taglöner) Fürsten vñ Herrn so jm dienen / vnd grossen sold nemē.

m

Der Prophet

ren daher/das der harnisch brasselt/vnd komen mit heers krafft/vnd bringen exte vber sie/wie die holtzhewer/ Die selbigen werden hawen also jnn jrem wald (spricht der HERR) das nicht zu zelen ist/ Denn er ist mehr weder hewschrecken/die niemand zelen kan. Die tochter Egypten stehet mit schanden/ denn sie ist dem volck von mitternacht jnn die hende gegeben.

Der HERR Zebaoth/ der Gott Israel spricht/ Sihe/ich wil heimsuchen die werckleute zu No/ vnd den Pharao/ vnd Egypten/ sampt seinen Göttern vnd Königen/ja/ Pharao/ mit allen die sich auff jnen verlassen/ das ich sie gebe jnn die hende denen/ die jnen nach jrem leben stehen/ vnd jnn die hende Nebucad Nezar des Königes zu Babel/ vnd seiner knechte. Vnd darnach soltu bewonet werden/ wie vor alters/ spricht der HERR.

Aber du mein knecht Jacob/ fürcht dich nicht/ Vnd du Israel verzage nicht/ Denn sihe/ Ich wil dir aus fernen landen/ vnd deinem samen/aus dem lande seiner gefengnis/helffen. Das Jacob sol wider komen/ vnd jnn friede sein/ vnd die fülle haben/ Vnd niemand sol jn schrecken. Darumb furcht dich nicht/ du Jacob mein knecht/ spricht der HERR/ Denn ich bin bey dir/ Mit allen Heiden/ dahin ich dich verstossen hab/ wil ichs ein ende machen/ Aber mit dir wil ichs nicht ein ende machen/ Sondern ich wil dich züchtigen mit der masse/ auff das ich dich nicht vngestrafft lasse.

XLVII.

Dis ist das wort des HERRN/ das zum Propheten Jeremia geschach/ wider die Philister/ ehe denn Pharao Gaza schlug. So spricht der HERR/ Sihe/ Es komen wasser herauff von mitternacht/ die eine flut machen werden/ vnd beide land vnd was drinnen ist/ beide stedte/ vnd die so drinnen wonen/ weg reissen werden/ das die leute werden schreien/ vnd alle einwoner im lande/ heulen/ fur dem getümel jrer starcken rosse/ so daher draben/ vnd fur dem rasseln jrer wagen/ vnd poltern jrer reder/ das sich die Veter nicht werden vmbsehen/ nach den kindern/ so verzagt werden sie sein/ fur dem tage so da kompt zuuerstören/ alle Philister/ vnd aus zu reuten /Tyron vnd Zidon/ sampt jren andern gehülffen.

Denn der HERR wird die Philister vnd die Insulen Caphthor/ verstören/ Gaza wird kalh werden/ vnd Ascalon/ sampt den vbrigen jnn jren gründen/ verderbet/ Wie lange wiltu kriegen? O du schwerd des HERRN? wenn wiltu doch auff hören? fare doch jnn deine scheide/ vnd ruge vnd sey stille/ Aber wie kanstu auffhören? weil der HERR dir befelh gethan hat wider Ascalon/ vnd dich wider die anfurt am meer bestellet.

XLVIII.

Wider

Jeremia. LXX.

Vider Moab/ So spricht der HERR Zebaoth/ der Gott Israel/ Weh der stad Nebo/ denn sie ist zerstöret/ vnd ligt elend/ Kiriathaim ist gewonnen/ Die feste stehet elend vnd ist zurissen/ Der trotz Moab ist aus/ den sie an Hesbon hatten/ Denn man gedenckt böses wider sie/ nemlich/ Kompt/ wir wollen sie ausrotten/ das sie kein volck mehr sein/ Vnd du Madmen/ must auch verderbt werden/ das schwerd wird hinder dich komen/ Man höret ein geschrey zu Horonaim/ von verstören vnd grossem jamer/ Moab ist zurschlagen/ man höret jre jungen schreien/ Denn sie gehen mit weinen/ den weg hinauff gen Luhith/ vnd die feinde hören ein jamer geschrey / den weg von Horonaim herab/ nemlich/ Hebt euch weg/ vnd errettet ewr leben/ Aber du wirst sein/ wie die herde jnn der wüsten.

Darumb das du dich auff deine gebewe verlessest/ vnd auff deine schetze/ soltu auch gewonnen werden/ Vnd Camos mus hinaus gefangen weg zihen / sampt seinen Priestern vnd Fürsten/ Denn der verstörer wird vber alle stedte komen/ das nicht eine stad entrinnen wird/ Es sollen beide die gründe verderbet/ vnd die ebnen verstöret werden/ Denn der HERR hats gesagt.

Camos heisst der Abgott der Moabiter.

Lieber last Moab blühen/ Sie wird ausgeblühet haben/ vnd jre stedte werden wüste ligen/ das niemand drinnen wonen wird/ Verflucht sey/ der des HERRN werck lessig thut/ verflucht sey/ der sein schwerd auffhelt/ das nicht blut vergiesse.

(Blühen) Ist/ das jr Königreich wol stehet/ Vnd wie ein guter wein/ der auff seiner hefen blieben ist/

Moab ist von seiner jugent auff sicher gewest/ vnd auff seinen hefen still gelegen/ vnd ist nie aus einem fass jns ander gegossen/ vnd nie jns gefengnis gezogen/ Darumb ist sein geschmack jm blieben / vnd sein geruch nicht verendert worden.

Darumb sihe/ spricht der HERR/ Es kompt die zeit/ das ich jnen wil schröter schicken/ die sie aus schroten sollen/ vnd jre fasse ausleren/ vnd jre legel zurschmettern/ Vnd Moab sol vber dē Camos zu schanden werden/ gleich / wie das Haus Israel vber Bethel zu schanden worden ist/ darauff sie sich doch verliessen.

Wie thürt jr sagen/ Wir sind die Helden vnd die rechte kriegsleute? So doch Moab mus verstöret/ vnd jre stedte ersteigen werden/ vnd jre beste manschafft zur schlachtbanck herab gehen müssen/ spricht der König/ welcher heisst/ der HERR Zebaoth/ Denn der vnfal Moab wird schier komen/ vnd jr vnglück eilet seer. Lieber/ habt doch mitleiden mit jnen/ die jr vmb sie her wonet/ vnd jren namen kennet/ vnd sprecht/ Wie ist die starcke rute / vnd der herrliche stab so zubrochen?

Herab von der herrligkeit / du tochter/ die du zu Dibon wonest/ vnd sitze jnn der dürre/ Denn der verstörer Moab/ wird zu dir hin auff komen/ vnd deine festen zu reissen. Tritt auff die strassen vnd schaw/ du einwonerin Aroer/ Frage die/ so da fliehen vnd entrinnen/ vnd sprich/ Wie gehets? Ah/ Moab ist verwüst vnd verderbt/ Heulet vnd schreiet/ sagts an zu Arnon/ das Moab verstöret sey/ Die straffe

m ij ist vber

Der Prophet

ist vber das ebne land gangen/ nemlich/ vber Holon/ Jahza/ Mephaath/ Dibon/ Nebo/ Beth Diblathaim/ Kirjathaim/ Beth Gamul/ Beth Meon/ Kirioth/ Bazra/ vnd vber alle stedte im lande Moab/ sie ligen fern oder nahe/ Das Horn Moab ist abgehawen/ vnd jr arm ist zubrochen/ spricht der HERR.

Macht sie truncken (denn sie hat sich wider den HERRN erhaben) das sie speien/ vnd die hende ringen müsse/ auff das sie auch zum gespött werde/ Denn Israel hat dein gespött sein müssen/ als were er vnter den dieben gefunden/ Vnd weil du solchs wider sie redest/ soltu auch weg müssen. O jr einwoner jnn Moab/ verlasst die stedte/ vnd wonet jnn den felsen/ vnd thut/ wie die tauben/ so da nisten jnn den höhen löchern.

Man hat jmer gesagt/ von dem stoltzen Moab/ das er seer stoltz sey/ hoffertig/ hohmütig/ trotzig/ vnd vbermütig/ Aber der HERR spricht/ Ich kenne seinen zorn wol/ das er nicht so viel vermag/ vnd vnterstehet sich mehr zu thun/ denn sein vermügen ist/ Darumb mus ich vber Moab heulen/ vnd vber das gantze Moab schreien/ vnd vber die leute zu Kir Heres klagen/ Ich mus vber dich Jaeser/ du weinberg zu Sibma/ weinen/ Denn deine reben sind vber das meer gefaren/ vnd bis ans meer Jaeser komen/ Der verstörer ist jnn deine erndte vnd weinlesen gefallen/ Freud vnd wonne ist aus dem felde weg/ vnd aus dem lande Moab/ Vnd man wird keinen wein mehr keltern/ Der weintretter wird nicht mehr sein lied singen/ Von des geschreies wegen zu Hesbon bis gen Eleale/ welchs bis gen Jahza erschallet/ von Zoar an/ der drey jerigen kue/ bis gen Horonaim/ Denn auch die wasser Nimrim sollen versigen.

(Drey jerig kue) Das reich Moab ist/ wie ein drey jerige kue/ starck reich/ trichtig/ vol güter vnd leute/ Isa. xvj

Vnd ich wil (spricht der HERR) jnn Moab damit ein ende machen/ das sie nicht mehr auff den Höhen opffern/ vnd jren Göttern reuchern sollen/ Darumb brummet mein hertz vber Moab/ wie eine dromete/ vnd vber die leute zu Kir Heres brummet mein hertz/ wie eine dromete/ Denn sie habens vber macht/ darumb müssen sie zu boden gehen/ Alle köpffe werden kalh sein/ vnd alle berte abgeschoren/ aller hende zu kratzt/ vnd jderman wird secke anzihen/ Auff allen dechern vnd gassen/ allenthalben jnn Moab/ wird man klagen/ Denn ich hab Moab zubrochen/ wie ein vnwerdes gefess/ spricht der HERR/ O/ wie ist sie verderbt/ wie heulen sie/ wie schendlich hengen sie die köpffe/ Vnd Moab ist zum spot vnd zum schrecken worden/ allen so vmb sie her wonen.

Denn so spricht der HERR/ Sihe/ er fleuget daher/ wie ein Adeler/ vnd breitet seine flügel aus vber Moab/ Kiriath ist gewonnen/ vnd die festen stedte sind eingenomen/ Vnd das hertz der Helden jnn Moab/ wird zur selbigen zeit sein/ wie einer frawen hertz jnn kinds nöten/ Denn Moab mus vertilget werden/ das sie kein volck mehr sein/ Darumb/ das es sich wider den HERRN erhaben hat/ Furcht/ grube/ vnd strick kompt vber dich/ du einwoner jnn Moab/ spricht der HERR/ Wer der furcht entfleucht/ der wird jnn die gruben fallen/ Vnd wer aus der gruben kompt/ der wird im strick gefangen werden/ Denn wil ich vber Moab komen lassen/ ein jar jrer heimsuchung/ spricht der HERR. Die aus

Jeremia. LXXI.

Die aus der schlacht entrinnen/ werden zuflucht suchen zu Hesbon/ Aber es wird ein feur aus Hesbon vnd eine flamme aus Sihon gehen/ welche die örter jnn Moab vnd die kriegische leute verzeren wird/ Weh dir Moab/ Verloren ist das volck Camos/ Denn man hat deine söne vnd töchter genomen vnd gefangen weg gefurt/ Aber jnn der zukünfftigen zeit/ wil ich die gefengnis Moab wenden/ spricht der HERR. Das sey gesagt von der straffe vber Moab.

XLIX

Jder die kinder Ammon/ spricht der HERR also/ Hat denn Israel nicht kinder/ oder hat er keinen erben? Warumb besitzt denn Malchom das land Gad/ vn̄ sein volck wonet jn̄ jener stedten? Darumb/ sihe/ Es kompt die zeit/ spricht der HERR/ das ich wil ein kriegesgeschrey erschallē lassen/ vber Rabbath der kinder Ammon/ das sie sol auff eim hauffen wüst ligen/ vnd jre töchter mit feur angesteckt werden/ Aber Israel sol besitzen die/ von denen sie besessen waren/ spricht der HERR.

Malchom ist jr Abgott.

Heule/ O Hesbon/ Denn Ai ist verstöret/ schreiet jr töchter Rabba/ vnd zihet secke an/ klagt vnd laufft auff den mauren herumb/ Denn Malchom wird gefangen weg gefurt/ sampt seinen Priestern/ vnd Fürsten/ Was trotzestu auff deine awen? Deine awen sind verseufft/ du vngehorsame tochter/ die du dich auff deine schetze verlessest/ vnd sprichst jnn deinem hertzen/ Wer thar sich an mich machen?

Sihe/ spricht der HErr HERR Zebaoth/ ich wil furcht vber dich komen lassen/ von allen die vmb dich her wonen/ das ein jglicher seines wegs fur sich hinaus verstossen werde/ vnd niemand sey/ der die flüchtigen samle/ Aber darnach wil ich wider wenden das gefengnis der kinder Ammon/ spricht der HERR.

Wider Edom.

So spricht der HERR Zebaoth/ Ist denn keine weisheit mehr zu Theman? Ist denn kein rat mehr bey den kindern? Ist jre weisheit aus? Fliehet/ wendet euch vnd verkriecht euch tieff jr Bürger zu Dedan/ Denn ich lasse ein vnfal vber Esau komen/ die zeit seiner heimsuchung/ Es sollen weinleser vber dich komen/ die dir kein nachlesen lassen/ Vnd diebe des nachts sollen vber dich komen/ die sollen jnen gnug stelen/ Denn ich habe Esau entblösset/ vnd seine heimliche ort geöffenet/ das er sich nicht verstecken kan/ Sein same/ seine Brüder/ vnd seine nachbarn sind verstöret/ das jr keiner mehr da ist/ Doch was vbrig bleibt von deinen waisen/ den wil ich das leben gönnen/ vnd deine widwen werden auff mich hoffen.

Denn so spricht der HERR/ Sihe/ die jenigen/ so es nicht verschuldet hatten/ den Kelch zu trincken/ müssen trincken/ vnd du soltest vngestrafft bleiben? Du solt nicht vngestrafft bleiben/ sondern du

m iij   must

Der Prophet

must auch trincken/ Denn ich hab bey mir selb geschworen/ spricht der HERR/ das Bazra sol ein wunder/ schmach/ wüste vnd fluch werden/ vnd alle jre stedte eine ewige wüsten.

Ich hab gehöret vom HERRN/ das eine botschafft vnter die Heiden gesand sey/ Samlet euch vnd kompt her/ wider sie/ macht euch auff zum streit/ Denn sihe/ ich hab dich geringe gemacht vnter den Heiden/ vnd verachtet vnter den menschen/ Dein trotz vnd deines hertzen hohmut hat dich betrogen/ weil du jnn felsen klüfften wonest/ vnd hohe gebirge jnnen hast/ Wenn du denn gleich dein nest so hoch machtest/ als der Adeler/ dennoch wil ich dich von dannen herunter stürtzen/ spricht der HERR.

Also sol Edom wüst werden/ das alle die/ so fur vber gehen/ sich wundern/ vnd pfeiffen werden vber alle jre plage/ gleich/ wie Sodom vnd Gomorra/ sampt jren nachbarn vmbgekeret ist/ spricht der HERR/ Das niemand daselbs wonen/ noch kein mensch drinnen hausen sol/ Denn sihe/ Er kompt erauff/ wie ein lew/ vom stoltzen Jordan her/ wider die festen hürten/ Denn ich wil jn daselbs her eilends lauffen lassen/ Vnd wer weis/ wer der Jüngling ist/ den ich wider sie rüsten werde? Denn/ wer ist mir gleich? Wer wil mich meistern/ vnd wer ist der Hirte/ der mir wider stehen kan?

(Jüngling) Der grosse Alexander/ der alle land solte gewinnen.

So höret nu den ratschlag des HERRN/ den er vber Edom hat/ vnd seine gedancken/ die er vber die einwoner jnn Theman hat/ Was gilts/ ob nicht die Hirten knaben sie schleiffen werden/ vnd jre wonung zerstören? Das die erde bebe wird/ wenns jn ein ander fellet/ vnd jr geschrey wird man am schilff meer hören/ Sihe/ Er fleuget herauff/ wie ein Adeler/ vnd wird seine flügel aus breiten vber Bazra/ Zur selbigen zeit/ wird das hertz der Helden jnn Edom sein/ wie das hertz einer frawen jnn kinds nöten.

(Hirten knaben) Der Heubtleut vñ Fürstē volck/ Deñ Hirten heissen hie allenthalben/ Fürsten/ die da weiden sollen die frumen/ vnd straffen die bösen.

Wider Damasco.

Hemath vnd Arpad stehen jemerlich/ Sie sind verzagt/ denn sie hören ein böse geschrey/ Die am meer wonen/ sind so erschrocken/ das sie nicht ruge haben können/ Damascos ist verzagt/ vnd gibt die flucht/ sie zappelt/ vnd ist jnn engsten vnd schmertzen/ wie eine fraw jnn kinds nöten/ Wie ist sie nu nicht verlassen/ die berümbte vnd sichere stad? Darumb werden jre junge manschafft auff jrer gassen darnider ligen/ vnd alle jre kriegs leute vntergehen zur selbigen zeit/ spricht der HERR Zebaoth/ Vnd ich wil die mauren zu Damasco mit feur anstecken/ das es die pallast BenHadad verzehren sol.

Wider Kedar vnd die Konigreiche

Hazor/ welche NebucadNezar der König zu Babel schlug.

So spricht der HERR/ Wolauff/ ziehet herauff jnn Kedar/ vnd verstöret die kinder gegen morgen. Man wird jn jre hütten vnd herde nemen/ jre gezellte./ alle gerete/ vnd Camelen werden sie weg füren/ vnd man wird schrecklich vber sie ruffen vmb vnd vmb.

Fliehet/

Jeremia. LXXII.

Fliehet/ hebt euch eilends dauon/verkriecht euch tieff/ jr einwoner jnn Hazor/ spricht der HERR/ Denn NebucadNezar der König zu Babel/ hat etwas jm sinn wider euch/ vnd meinet euch/ Wolauff/ zihet erauff/ wider ein volck/ das gnug hat/ vnd sicher wonet/ spricht der HERR/ Sie haben weder thür noch rigel/ vnd wonen alleine/ Jre Camelen sollen geraubt/ vnd die menge jres viehes genomen werden/ Vnd ich wil sie zerstrewen jnn alle winde/ die jnn den winckeln wonen/ vnd von allen orten her/ wil ich jr vnglück vber sie komen lassen/ spricht der HERR/ Das Hazor sol ein Trachen wonung/ vud eine ewige wüste werden/ das niemand daselbs wone/ vnd kein mensch drinnen hause.

Dis ist das wort des HERRN/ welchs geschach zu Jeremia dem Propheten/ wider Elam/ im anfang des Königreichs Zedekia des Königes Juda/ vnd sprach/ So spricht der HERR Zebaoth/ Sihe/ ich wil den bogen Elam zu brechen/ jre furnemeste gewalt/ vnd wil die vier winde aus den vier örtern des himels/ vber sie komen lassen/ vnd wil sie jnn alle die selbigen winde zerstrewen/ das kein volck sein sol/ dahin nicht vertriebene aus Elam komen werden/ Vnd ich wil Elam verzagt machen fur jren feinden/ vnd denen/ die jnen nach jrem leben stehen/ vnd vnglück vber sie komen lassen mit meinem grimmigen zorn/ spricht der HERR/ Vnd wil das schwerd hinder jnen her schicken/ bis ich si auff reibe/ Meinen stuel wil ich jnn Elam setzen/ vnd wil beide den König vnd die Fürsten daselbst vmbbringen/ spricht der HERR/ Aber jnn zukünfftiger zeit/ wil ich das gefengnis Elam wider wenden/ spricht der HERR.

(Elam)
Die Perser.

(Stuel)
Das ist der grosse Alexander der Elam gewan.

L.

Dis ist das wort/ welchs der HERR durch den Propheten Jeremia gered hat/ wider Babel vnd das land der Chaldeer/ Verkündigt vnter den Heiden/ vnd lasset erschallen/ werfft ein panier auff/ lasst erschallen/ vnd vnd verbergets nicht/ vnd sprecht/ Babel ist gewonnen/ Bel stehet mit schanden/ Merodach ist zu schmettert/ jre Götzen stehen mit schanden/ vnd jre Götter sind zu schmettert/ Denn es zeucht von mitternacht ein volck herauff/ wider sie/ welchs wird jr land zur wüsten machen/ das niemand drinnen wonen wird/ sondern beide leute vnd viehe dauon fliehen werden.

Jnn den selbigen tagen vnd zur selbigen zeit/ spricht der HERR/ werden komen die kinder Jsrael/ sampt den kindern Juda/ vnd weinend daher zihen/ vnd den HERRN jren Gott suchen/ Sie werden forschen nach dem wege gen Zion/ da selbs hin sich keren/ Kompt/ vnd lasst vns zum HERRN fügen/ mit einem ewigen bunde/ des nimer mehr vergessen werden sol/ Denn mein volck ist wie ein verloren herd/ jre Hirten haben sie verfüret/ vnd auff den bergen jnn jrre gehen lassen/ das sie von bergen auff die hügel gangen sind/ vnd jrer hürten vergessen/ Alles was sie antraff/ das frass sie/ Vnd jre feinde sprachen/ Wir thun nicht vnrecht/ darumb das sie sich haben versundigt an dem HERRN/ jnn der wonung der gerechtigkeit/ vnd an dem HERRN/ der jrer Veter hoffnung ist.

Das ist die heimfart aus Babel/ durch König Cores erleubt.

Fliehet aus Babel/ vnd zihet aus der Chaldeer lande/ vnd stellet euch als

m iiij

Der Prophet

euch als böcke fur der herde her/ Denn sihe/ Ich wil grosse völcker mit hauffen aus dem lande gegen mitternacht erwecken/ vnd wider Babel herauff bringen/ die sich wider sie sollen rüsten/ welche sie auch sollen gewinnen/ Seine pfeile sind/ wie eines guten kriegers/ der nicht feilet/ Vnd das Chaldeer land sol ein raub werden/ das alle die sie berauben/ sollen gnug dauon haben/ spricht der HERR/ Darumb/ das jr euch des frewet vnd rhümet/ das jr mein erbteil geplundert habt/ vnd lecket/ wie die geilen kelber/ vnd wiehert/ wie die starcken geule. Ewr mutter stehet mit grossen schanden/ Vnd die euch geborn hat/ ist zum spot worden/ Sihe/ vnter den Heiden ist sie die geringste/ wüst/ dürr vnd öde/ Denn fur dem zorn des HERREN/ mus sie vnbewonet vnd gantz wüst bleiben/ das alle/ so fur Babel vbergehen/ werden sich verwundern/ vnd pfeiffen vber alle jre plage.

Rüstet euch wider Babel vmbher alle schützen/ Schiesset jnn sie/ sparet der pfeile nicht/ denn sie hat wider den HERRN gesündigt/ Jauchzet vber sie/ Sie mus sich geben/ jre grundfeste sind gefallen/ jre mauren sind abgebrochen/ Denn das ist des HERRN rache/ Rechet euch an jr/ Thut jr/ wie sie gethan hat/ Rottet aus/ beide den pflüger vnd den schnitter/ das ein jglicher/ fur dem schwerd des Tyrannen/ sich kere zu seinem volck/ vnd ein jglicher fliehe jnn sein land.

Israel hat müssen sein ein zerstrewete herd/ die die lewen verscheucht haben/ Am ersten fras sie der König zu Assyrien/ Darnach vberweldiget sie Nebucad Nezar der König zu Babel/ Darumb/ spricht der HERR Zebaoth/ der Gott Israel/ also/ Sihe/ ich wil den König zu Babel heimsuchen/ vnd sein land/ gleich/ wie ich den König zu Assyrien heimgesucht habe/ Israel aber wil ich wider heim zu seiner wonung bringen/ das sie auff Carmel vnd Basan weiden/ vnd jre seele auff dem gebirge Ephraim vnd Gilead gesettiget werden sol/ Zur selbigen zeit vnd jnn den selbigen tagen/ wird man die missethat Israel suchen/ spricht der HERR/ Aber es wird keine da sein/ vnd die sunde Juda/ aber es wird keine funden werden/ Denn ich wil sie vergeben/ denen/ so ich vberbleiben lasse.

Zeuch hinauff ins land/ das alle welt gepocht hat/ Zeuch hin auff vnd suche heim die einwoner/ Verheere vnd verbanne jre nachkomen/ spricht der HERR/ vnd thu alles/ was ich dir befolhen habe/ Es ist ein kriegs geschrey im lande vnd grosser jamer/ Wie gehets zu/ das der hamer der gantzen welt zubrochen vnd zuschlagen ist? Wie gehets zu/ das Babel eine wüste worden ist vnter allen Heiden? Ich habe dir gestellet Babel/ Darumb bistu auch gefangen/ ehe du dichs versahest/ Du bist troffen vnd ergriffen/ Denn du hast den HERRN getrotzt/ Der HERR hat seinen schatz auffgethan/ vnd die woffen seines zorns erfur gebracht/ denn solchs hat der HErr HERR Zebaoth jnn der Chaldeer lande ausgericht.

Kompt her wider sie/ jr vom ende/ öffenet jre kornheuser/ werfft sie jnn einen hauffen/ vnd verbannet sie/ das jr nichts vberig bleibe/ Erwürget alle jre rinder/ füret sie hinab zur schlachtbanck/ Weh jnen/ denn der tag ist komen/ die zeit jrer heimsuchung/ Man höret

ein ge-

Jeremia. LXXIII.

ein geschrey der flüchtigen/ vnd dere/ so entronnen sind aus dem lande Babel/ auff das sie verkündigen zu Zion/ die rache des HERRN vnsers Gottes/ vnd die rache seines Tempels.

Rüffet vielen/ wider Babel/ Belegert sie vmb vnd vmb/ alle bogen schützen/ vnd lasst keinen dauon komen/ Vergeltet jr/ wie sie verdienet hat/ Wie sie gethan hat/ so thut jr wider/ Denn sie hat stoltz gehandelt wider den HERRN den Heiligen jnn Israel/ Darumb sollen jre jungen manschafft fallen auff jren gassen/ vnd alle jre kriegsleute vntergehen/ zur selbigen zeit/ spricht der HERR. Sihe/ du Stoltzer/ Ich wil an dich/ spricht der HErr HERR Zebaoth/ denn dein tag ist komē/ die zeit deiner heimsuchunge/ Da sol der stoltze störtzen vnd fallen/ das jn niemand auffrichte/ Ich wil seine stedte mit feur anstecken/ das sol alles/ was vmb jn her ist/ verzehren.

So spricht der HERR Zebaoth/ Sihe/ die kinder Israel/ sampt den kindern Juda/ müssen gewalt vnd vnrecht leiden/ Alle die sie gefangen weg gefurt haben/ halten sie/ vnd wollen sie nicht los lassen/ Aber jr Erloser ist starck/ der HERR Zebaoth/ der wird jre sache so ausfüren/ das er das land bebend/ vnd die einwoner zu Babel zitterend mache.

Schwert sol komen/ spricht der HERR/ vber die Chaldeer/ vnd vber die einwoner zu Babel/ vnd vber jre Fürsten/ vnd vber jre Weisen/ Schwerd sol komen vber jre Weissager/ das sie zu narren werden/ Schwerd sol komen vber jre starcken/ das sie verzagen/ Schwerd sol komen vber jre rosse vnd wagen/ vnd allen pöbel/ so drinnen ist/ das sie zu weiber werden/ Schwerd sol komen vber jre schetze/ das sie geplündert werden/ Truckne sol komen vber jre wasser/ das sie versiegen/ Denn es ist ein Götzen land/ vnd trotzen auff jre grewlichen Götzen/ Darumb sollen vngeheure thier vnd vögel drinnen wonen/ vnd die jungen straussen/ Vnd sol nimer mehr bewonet werden/ vnd niemand drinnen hausen fur vnd fur/ Gleich/ wie Gott Sodom vñ Gomorra/ sampt jren nachbaurn/ vmbgeket hat/ spricht der HERR/ das niemand drinnen wone/ noch kein mensch drinnen hause.

(Weiber) So jnn kinds nöten klagen.

Sihe/ Es kompt ein volck von mitternacht her/ viel Heiden/ vnd viel Könige werden von der seiten des lands sich auff machen/ die haben bogen vnd schilt/ Sie sind grawsam vnd vnbarmhertzig/ jr geschrey ist/ wie das brausen des meeres/ Sie reiten auff rossen/ gerüst/ wie kriegs menner/ wider dich/ du tochter Babel/ Wenn der König zu Babel jr gerücht hören wird/ so werden jm die feuste entsincken/ Im wird so angst vnd bange werden/ wie einer frawen jnn kinds nöten/ Sihe/ er kompt herauff/ wie ein lewe/ vom stoltzen Jordan/ wider die festen hütten/ Denn ich wil jn daselbs her eilends lauffen lassen/ Vñ wer weis/ wer der Jüngling ist/ den ich wider sie rüsten werde? Denn wer ist mir gleich? Wer wil mich meistern? Vnd wer ist der Hirte/ der mir widerstehen kan?

(Jüngling) Alexander magnus der grosse.

So höret nu den ratschlag des HERRN/ den er vber Babel hat/ vnd seine gedancken/ die er hat vber die einwoner im lande der Chaldeer/ Was gilts? ob nicht die Hirten knaben sie schleiffen werden/ vnd

Der Prophet

den/vnd jre wonung zerstören/vnd die erde wird beben von dem geschrey/vnd wird vnter den Heiden erschallen/wenn Babel gewonnen wird.

LI.

So spricht der HERR/Sihe/ich wil einen scharffen wind erwecken/wider Babel/vnd wider jre einwoner/die sich wider mich gesetzt haben. Ich wil auch worffler gen Babel schicken/die sie worffeln sollen/vnd jr land aus fegen/die allenthalben vmb sie sein werden/am tage jres vnglücks/Denn jre schützen werden nicht schiessen/vnd jre geharnischten werden sich nicht wehren können/So verschonet nu jrer jungen manschafft nicht/verbannet alle jr heer/das die erschlagenen da ligen im lande der Chaldeer/vnd die erstochene auff jren gassen. Denn Israel vnd Juda sollen nicht widwen von jrem Gott dem HERRN Zebaoth gelassen werden/Denn jener land hat sich hoch verschuldet/am Heiligen jnn Israel/ Fliehet aus Babel/ damit ein jglicher seine seele errette/das jr nicht vntergehet jnn jrer missethat/ Denn dis ist die zeit der rache des HERRN/der ein vergelter ist/vnd wil sie bezalen.

Der gülden Kelch zu Babel/der alle welt truncken gemacht hat/ist jnn der hand des HERRN/ Alle Heiden haben von jrem wein getruncken/Darumb sind die Heiden so toll worden/Wie plötzlich ist Babel gefallen vnd zu schmettert! Heulet vber sie/Nemet auch salben zu jren wunden/ob sie villeicht möcht heil werden/ Wir heilen Babel/aber sie wil nicht heil werden/So lasst sie faren/vnd lasst vns ein jglicher jnn sein land zihen/Denn jre straffe reicht bis an den himel/vnd langet hinauff bis an die wolcken/ Der HERR hat vnser gerechtigkeit herfur gebracht/ Kompt/lasst vns zu Zion erzelen die werck des HERRN vnsers Gottes.

(Toll)
Die sich stolzlich rhümen/wie die narren.

Ja/poliert nu die pfeile wol/vnd rüstet die schilde/Der HERR hat den mut der Könige jnn Meden erweckt/Denn seine gedancken stehen wider Babel/das er sie verderbe/ Denn dis ist die rache des HERRN/die rache seines Tepels/ Ja steckt nu panir auff die mauren zu Babel/nemet die wache ein/Setzet wechter/bestellet die hut/Denn der HERR gedenckt etwas/vnd wird auch thun/was er wider die einwoner zu Babel gered hat/ Die du an grossen wassern wonest/vnd grosse schetze hast/dein ende ist komen/vnd dein geitz ist aus/Der HERR Zebaoth hat bey seiner seelen geschworen/ Ich wil dich mit menschen füllen/als werens kefer/die sollen dir ein liedlin singen.

Der die erde durch seine krafft gemacht hat/vnd den weltkreis durch seine weisheit bereitet/vnd den himel ordenlich zugericht.

Wenn er donnert/so ist da wassers die menge vnter dem himel.

Er zeucht die nebel auff/vom ende der erden.

(Kunst)
Das ist/ lere von Abgötterey.

Er macht die blitzen im regen/vnd lesst den wind komen aus heimlichen örtern.

Alle menschen sind narren mit jrer kunst/vnd alle goldschmid stehen mit schanden mit jren bilden.

Denn jre

Jeremia. LXXIIII.

Denn jre Götzen sind triegerey/ vnd haben kein leben/ Es ist eitel nichts/ vnd verfürische werck/ Sie müssen vmbkomen/ wenn sie heimgesucht werden.

Aber also ist der nicht/ der Jacobs schatz ist/ Sondern/ der alle ding schaffet/ der ists/ vnd Israel ist die rute seines erbes/ Er heisst HERR Zebaoth.

Du zerschmeissest meine kriegs woffen/ So wil ich deine leute zerschmeissen vnd deine Königreich verderben/ Ich wil deine rosse vnd reuter zerschmeissen/ Ich wil deine wagen vnd furmenner zerschmeissen/ Ich wil deine menner vnd weiber zerschmeissen/ Ich wil deine alten vnd jungen zerschmeissen/ Ich wil deine jünglinge vnd jungfrawen zerschmeissen/ Ich wil deine hirten vnd herde zerschmeissen/ Ich wil deine bauren vnd joch zerschmeissen/ Ich wil deine Fürsten vnd herrn zerschmeissen/ Denn ich wil Babel vnd allen einwonern der Chaldeer vergelten/ alle jre bosheit/ die sie an Zion begangen haben/ fur ewern augen/ spricht der HERR.

Sihe/ ich wil an dich/ du schedlicher berg/ der du alle welt verderbest/ spricht der HERR/ Ich wil meine hand vber dich strecken/ vnd dich von den felsen herab weltzen/ vnd wil einen verbranten berg aus dir machen/ das man weder eckstein/ noch grundstein aus dir nemen könne/ sondern ein ewig wüste soltu sein/ spricht der HERR.

Werfft panir auff im lande/ blaset die posaunen vnter den Heiden/ Rüstet die Heiden wider sie/ Ruffet wider sie die Königreiche Ararat/ Meni/ vnd Ascenas/ Bestellet Heublente wider sie/ Bringet rosse erauff/ wie sladdernde kefer/ Rüstet die Heiden wider sie/ nemlich/ die Könige aus Meden/ sampt jren Fürsten vnd Herrn/ vnd das gantze land jrer herrschafft/ das das land erbebe vnd erschrecke/ Denn die gedancken des HERRN wollen erfüllet werden wider Babel/ das er das land Babel zur wüsten mache/ darinn niemand wone.

Die Helden zu Babel werden nicht zu felde ziehen thüren/ sondern müssen jnn der festung bleiben/ jre stercke ist aus/ vnd sind weiber worden/ jre wonung sind angesteckt/ vnd jre rigel zerbrochen/ Es lauffet hie einer vnd da einer dem andern entgegen/ vnd eine botschafft begegenet hie vnd da der andern/ dem Könige zu Babel anzusagen/ das seine stad gewonnen sey bis ans ende/ vnd die furt eingenomen/ vnd die seen ausgebrent sind/ vnd die kriegs leute seien blöde worden.

(Weiber) Das ist/ verzagt vnd blöde/ wie die weiber jnn kinds nöten

Denn also spricht der HERR Zebaoth/ der Gott Israel/ Die Tochter Babel ist/ wie eine tennen/ wenn man drauff dresschet/ Es wird jre erndte gar schier komen/ NebucadNezar der König zu Babel hat mich gefressen vnd vmbbracht/ Er hat aus mir ein leer gefesse gemacht/ Er hat mich verschlungen/ wie ein Trache/ Er hat seinen bauch gefüllet mit meinem niedlichsten/ Er hat mich verstossen/ Nu aber findet sich vber Babel/ der freuel an mir begangen/ vnd mein fleisch/ spricht die einwonerin zu Zion/ vnd mein blut vber die einwoner jnn Chaldea/ spricht Jerusalem.

Darumb spricht der HERR also/ Sihe/ ich wil dir deine sache ausfüren/ vnd dich rechen/ Ich wil jr meer austrocken/ vnd jre brunnen

Der Prophet

(Trincken)
Das ist / Ich wil sie getrost lassen sauffen aller welt gut vnd leute / Vñ wenn sie am sichersten ist / wil ich schlaffen mache / das sie zu grund gehe ewiglich.

nen verseihen lassen / Vnd Babel sol zum stein hauffen vnd zur Trachen wonung werden / zum wunder vñ zum anpfeiffen / das niemand drinnen wonet / Sie sollen mit einander brüllen / wie die lawen / vnd schreien / wie die jungen lawen / Jch wil sie mit jrem trincken jnn die hitze setzen / vnd wil sie truncken machen / das sie frölich werden / vnd einen ewigen schlaff schlaffen / von dem sie nimer mehr auffwachen sollen / spricht der HERR. Ich wil sie herunter füren / wie lemmer zur schlachtbanck / wie die Wider mit den Böcken.

Wie ist Sesach so gewonnen / vnd die berümbte jnn aller welt so eingenomen? Wie ist Babel so zum wunder worden vnter den Heiden? Es ist ein meer vber Babel gangen / vnd sie ist mit desselbigen wellen menge bedeckt / jre stedte sind zur wüsten / vnd zu eim dürren öden lande worden / zum lande da niemand jnne wonet / vnd da kein mensch jnne wandelt / Denn ich hab den Bel zu Babel heimgesucht / vnd hab aus seinem rachen gerissen / das er verschlungen hatte / Vnd sollen die Heiden nicht mehr zu jm lauffen / Denn es sind auch die mauren zu Babel zerfallen.

Zihet eraus / mein volck / vnd errette ein jglicher seine seele / fur dem grimmigen zorn des HERRN / Ewr hertz möcht sonst weich werden / vnd verzagen fur dem geschrey / das man im lande hören wird / Denn es wird ein geschrey im jar gehen / vnd nach dem selbigen im andern jar auch ein geschrey vber gewalt im lande / vnd wird ein Fürst wider den andern sein.

Darumb sihe / Es kompt die zeit / das ich die Götzen zu Babel heimsuchen wil / vnd jr gantzes land zu schanden werden sol / vnd jr erschlagene drinnen ligen werden / Himel vnd erden / vnd alles was drinnen ist / werden jauchzen vber Babel / das jre verstörer von mitternacht komen sind / spricht der HERR / Vnd wie Babel jnn Israel die erschlagenen gefellet hat / also sollen zu Babel die erschlagenen gefellet werden im gantzen lande.

So zihet nu hin / die jr dem schwerd entrunnen seid / vnd seumet euch nicht / Gedenckt des HERRN jnn fernem lande / vnd lasst euch Jerusalem im hertzen sein / Wir waren zu schanden worden / da wir die schmach hören musten / vnd die schande vnser angesicht bedeckt / da die frembden vber das heiligthum des Hauses des HERREN kamen.

Darumb sihe / die zeit kompt / spricht der HERR / das ich jre Götzen heimsuchen wil / vnd im gantzen lande sollen die tödlich verwundten seuffzen / Vnd wenn Babel gen himel stiege / vnd jre macht jnn der höhe feste machet / so sollen doch verstörer von mir vber sie komen / spricht der HERR.

Man höret ein geschrey zu Babel / vnd einen grossen jamer jnn der Chaldeer lande / Denn der HERR verstöret Babel / Er verderbet sie mit solchem grossem geschrey vnd getümel / das jre wellen brausen /

Jeremia. LXXV.

sen/ wie die grossen wasser/ Denn es ist vber Babel der verstörer komen/ jre Helden werden gefangen/ jre bogen werden zerbrochen/ Denn der Gott der rache/ der HERR/ bezalet sie/ Ich wil jre Fürsten/ Weisen/ Herren/ vnd Heubtleute vnd krieger/ truncken machen/ das sie einen ewigen schlaff sollen schlaffen/ dauon sie nimer mehr auffwachen/ spricht der König/ der da heisst/ HERR Zebaoth.

So spricht der HERR Zebaoth/ Die mauren der grossen Babel/ sollen vntergraben/ vnd jre hohe thor/ mit feur angesteckt werden/ das der Heiden erbeit verloren sey/ vnd verbrant werde/ was die völcker mit mühe erbawet haben.

Dis ist das wort/ das der Prophet Jeremia befalh Seraia dem son Neria des sons Mahsea/ da er zoch mit Zedekia dem Könige jnn Juda gen Babel/ im vierden jar seines Königreichs/ Vnd Seraia war ein fridsamer Fürst/ Vnd Jeremia schreib alle das vnglück/ so vber Babel komen solt/ jnn ein buch/ nemlich/ alle diese wort/ die wider Babel geschrieben sind/ vnd Jeremia sprach zu Seraia/ Wenn du gen Babel komest/ so schawe zu vnd liese alle diese wort/ vnd sprich/ HERR/ Du hast gered wider diese stete/ das du sie wilt ausrotten/ das niemand drinnen wone/ weder mensch noch vieh/ sondern ewiglich wüst sey/ Vnd wenn du das Buch hast ausgelesen/ so binde einen stein dran/ vnd wirffs jnn den Phrath/ vnd sprich/ Also sol Babel versenckt werden/ vnd nicht wider auff komen von dem vnglück/ das ich vber sie bringen wil/ sondern vergehen. So fern hat Jeremia gered.

(gen Babel) Das ist geschehen vor der verstörung villeicht dem König zu Babel Hulde zu thun/ etc.

LII.

Zedekia war ein vnd zwenzig jar alt da er König ward/ vnd regieret Eilff jar zu Jerusalem/ Seine mutter hies Hamutal eine tochter Jeremia zu Libna/ Vnd thet/ das dem HERRN vbel gefiel/ gleich wie Jotakim gethan hatte/ Denn es gieng des HERRN zorn vber Jerusalem vnd Juda/ bis er sie von seinem angesicht verwarff/ Vnd Zedekia fiel abe vom Könige zu Babel.

Aber im neunden jar seines Königreichs am zehenden tage des zehenden monden/ kam Nebucad Nezar der König zu Babel/ sampt all seinem heer/ wider Jerusalem/ vnd belegerten sie/ vnd machten eine schantz rings vmbher/ Vnd bleib also die stad belegert bis jns eilfft jar des Königs Zedekia. Aber am neunden tage des vierden monden/ nam der hunger vber hand jnn der stad/ vnd hatte das volck vom lande nichts mehr zu essen/ Da brach man jnn die stad/ vnd alle kriegsleute gaben die flucht/ vnd zogen zur stad hinaus bey der nacht/ des weges zum thor zwisschen den zwo mauren/ zum garten des Königs.

Aber die Chaldeer lagen vmb die stad her/ Vnd da diese zogen des weges durchs feld/ jagte der Chaldeer heer dem Könige nach/ vnd ergriffen Zedekia jnn dem felde bey Jeriho/ Da zerstrewet sich all sein heer von jm/ Vnd sie fiengen den König/ vnd brachten jn hinauff
n   dem Kö-

Der Prophet

dem Könige zu Babel gen Riblath / die im lande Hemath ligt / der sprach ein vrteil vber jn. Alda lies der König zu Babel die kinder Zedekia fur seinen augen erwürgen / Vnd er würget alle Fürsten Juda zu Riblath / Aber Zedekia lies er die augen ausstechen / vñ lies jn mit zwo keten binden / vnd füret jn also der König zu Babel / gen Babel / vnd legt jn jnns gefengnis / bis das er starb.

Am zehenden tage des fünfften monden / welchs ist das neunzehend jar Nebucad Nezar des Königes zu Babel / kam Nebusar Adan der Heubtman / der stets vmb den König zu Babel war / gen Jerusalem / vnd verbrant des HERRN Haus / vnd des Königes Haus vnd alle heuser zu Jerusalem / Alle grosse heuser verbrant er mit feur / Vnd das gantze heer der Chaldeer / so bey dem Heubtman war / rissen vmb alle mauren zu Jerusalem rings vmb her / Aber das arme volck / vnd ander volck / so noch vbrig war jnn der stad / vnd die zum Könige zu Babel fielen / vnd das vbrige handwercks volck / füret Nebusar Adan der Heubtman / gefangen weg / Vnd vom armen volck auff dem lande / lies Nebusar Adan der Heubtman / bleiben weingartner vnd ackerleute.

Aber die eherne Seulen am Hause des HERRN vnd das Gestüle vnd das eherne meer am Hause des HERRN zubrachen die Chaldeer / vnd füreten alle das ertz von den selbigen gen Babel / Vnd die kessel / schauffeln / messer / becken / kellen / vnd alle eherne gefesse / die man im Gottes dienst pflegt zu brauchen / namen sie weg / Dazu nam der Heubtman was gülden vnd silbern war / an bechern / reuchköpffen / becken / kessel / leuchter / leffel vnd schalen / Die zwo seulen / das einzele meer / die zwelff eherne rinder / die an stat des gestüls stunden / welche der König Salomo hatte lassen machen zum Hause des HERRN / Dieses alles geretes ertz war vnmeslich viel.

Der zwo Seulen aber war ein jgliche achtzehen elen hoch / vnd eine schnur zwelff ellen lang reicht vmb sie her / vnd war vier finger dicke vnd jnnwendig hol / vnd stund auff jglicher ein ehern knauff / fünff ellen hoch / vnd reiffe vnd granat epffel waren an jglichem knauff rings vmbher / alles ehrnen / vnd war eine seule wie die ander / die granatepffel auch / Es waren der granat epffel sechs vnd neuntzig dran / Vnd aller granatepffel waren hundert an einem reiff rings vmb her.

Vnd der Heubtman nam den Priester Seraia / aus der ersten ordenung / vnd den Priester Zephanja aus der andern ordnung / vnd drey thürhüter / vnd einen Kemerer aus der Stad / welcher vber die kriegsleute gesetzt war / vnd sieben menner / welche vmb den König sein musten / die jnn der Stad funden wurden / dazu Sepher den Heerfürsten / der das land volck zu mustern pflegt / dazu sechtzig man land volcks / so jnn der Stad funden wurden / Diese nam Nebusar Adan der Heubtman / vnd bracht sie dem Könige zu Babel gen Riblath / Vnd der König zu Babel schlug sie tod zu Riblath / die im lande Hemath ligt / Also ward Juda aus seinem lande weg gefüret.

Dis ist das volck / welchs Nebucad Nezar weg gefüret hat / nemlich

Jeremia.

nemlich/im siebenden jar/drey tausent vnd drey vnd zwenzig Jüden. Im achzehenden jar aber des NebucadNezar/acht hundert vnd zwey vnd dreissig seelen aus Jerusalem/ Vnd im drey vnd zwenzigsten jar des NebucadNezar/ fürete NebuzarAdan der Heubtman/sieben hundert vnd fünff vnd vierzig seelen weg/ aus Juda/ Aller seelen sind vier tausent/vnd sechs hundert.

Aber im sieben vnd dreissigsten jar/ nach dem Joachin der König Juda weg geführet war/ am fünff vnd zwenzigsten tage des zwelfften monden/ erhub EuilMerodach der König zu Babel/im jar/da er König ward/ das heubt Joachin des Königes Juda/ vnd lies jn aus dem gefengnis/vnd redet freundlich mit jm/vnd setzet seinen stuel/vber der Könige stuel/die bey jm zu Babel waren/ vnd wandelt im seines gefengnis kleider/ das er fur jm ass/ stets/sein lebenlang/vnd jm ward stets sein vnterhaltung vom König zu Babel gegeben/ wie es jm verordent war/sein gantzes leben lang/bis an sein ende.

Ende des Propheten Jeremia.

Die klage lieder Jeremia.

I.

WIe ligt die Stad so wuste / die vol volcks war? Sie ist / wie eine widwe / Die eine Fürstin vnter den Heiden / vnd eine Königin jnn den lendern war / mus nu dienen.

Sie weinet des nachts / das jr die threnen vber die backen lauffen / Es ist niemand vnter allen jren freunden / der sie tröste / Alle jre nehesten verachten sie / vnd sind jre feinde worden.

Juda ist gefangen im elend vnd schwerem dienst / Sie wonet vnter den Heiden / vnd findet keine ruge / Alle jre verfolger halten sie vbel.

Die strassen gen Zion ligen wüst / weil niemand auff kein Fest komet / Alle jre thore stehen öde / Jre Priester seufftzen / Jre Jungfrawen sehen jemerlich / vnd sie ist betrübt.

Jre widersacher schweben empor / Jren feinden gehets wol / Denn der HERR hat sie vol jamers gemacht / vmb jrer grossen sunde willen / Vnd sind jre kinder gefangen fur dem feinde hin gezogen.

Es ist von der tochter Zion / aller schmuck dahin / Jre Fürsten sind / wie die Wider / die keine weide finden / vnd matt fur dem treiber her gehen.

Jerusalem denckt jnn dieser zeit / wie elend vnd verlassen sie ist / vnd wie viel guts / sie von alters her gehabt hat / weil alle jr volck darnider ligt vnter dem feinde / vnd jr niemand hilfft / Jre feinde sehen jre lust an jr / vnd spotten jrer Sabbathen.

Jerusalem hat sich versundigt / Darumb mus sie sein / wie ein vnrein weib / Alle die sie ehreten / verschmehen sie jtzt / weil sie jre scham sehen / Sie aber seufftzet vnd gehet zu grunde.

Jr vnflat klebt an jrem saum / Sie hette nicht gemeinet / das jr zu letzt so gehen würde / Sie ist ja zu grewlich herunter gestossen / vnd hat dazu niemand der sie tröstet / Ah HERR sihe an mein elend / Denn der feind pranget seer.

Der feind hat seine hand an alle jre kleinot gelegt / Denn sie muste zusehen / das die Heiden jnn jr Heiligthum giengen / davon du geboten hast / sie solten nicht jnn deine Gemeine komen.

Alle jr volck seufftzet vnd gehet nach brod / Sie geben jre kleinot vmb speise / das sie die seele laben / Ah HERR / sihe doch vnd schaw / wie schnöde ich worden bin.

Euch sage ich / allen / die jr fur vber gehet / Schawet doch vnd sehet /

Jeremia. LXXVII.

sehet/ ob jrgent ein schmertze sey/ wie mein schmertzen/ der mich so auffrisset/ Denn der HERR hat mich vol jamers gemacht/ am tage seines grimmigen zorns.

Er hat ein feur aus der höhe jnn meine beine gesand/ vnd dasselbige lassen walten/ Er hat meinen füssen ein netz gestellet/ vnd mich zu rück geprellet/ Er hat mich zur wüsten gemacht/ das ich teglich trauren mus.

Meine schwere sunde sind durch seine straffe erwacht/ vnd mit hauffen mir auff den hals komen/ das mir alle meine krafft vergehet/ Der HERR hat mich also zugericht/ das ich nicht auff komen kan.

Der HErr hat zur tretten alle meine starcken/ so ich hatte/ Er hat vber mich ein Fest ausruffen lassen/ meine junge manschafft zu verderben/ Der HERR hat der Jungfrawen tochter Juda/ eine kelter tretten lassen.

Darumb weine ich so/ vnd meine beide augen fliessen mit wasser/ Das der tröster/ der meine seele solt erquicken/ ferne von mir ist/ Meine kinder sind da hin/ Denn der feind hat die vberhand kriegt.

Zion streckt jre hende aus/ vnd ist doch niemand/ der sie tröste/ Denn der HERR hat rings vmb Jacob her/ seinen feinden geboten/ das Jerusalem mus zwisschen jnen sein/ wie ein vnrein weib.

Der HERR ist gerecht/ denn ich bin seinem munde vngehorsam gewest/ Höret alle völcker vnd schawet meinen schmertzen/ Meine jungfrawen vnd jünglinge/ sind ins gefengnis gegangen.

Ich rieff meine freunde an/ Aber sie haben mich betrogen/ Meine Priester vnd Eltesten jnn der Stad/ sind verschmachtet/ Denn sie gehen nach brod/ damit sie jre seelen laben.

Ah HERR/ sihe doch/ wie bange ist mir/ das mirs im leibe dauon weh thut/ Mein hertz wallet mir jnn meinem leibe/ denn ich bin hoch betrübt/ Draussen hat mich das schwerd/ vnd im hause hat mich der tod zur widwe gemacht.

Man hörets wol/ das ich seuffze/ vnd habe doch keinen tröster/ Alle meine feinde hören mein vnglück/ vnd frewen sich/ das machstu/ So las doch den tag komen/ den du ausruffest/ das jnen gehen sol/ wie mir.

Las alle jre bosheit fur dich komen/ vnd richte sie zu/ wie du mich vmb aller meiner missethat willen/ zugericht hast/ Denn meins seuffzens ist viel/ vnd mein hertz ist betrübt.

II.

WJe hat der HERR die tochter Zion mit seinem zorn vberschüttet? Er hat die herrligkeit Israel vom himel auff die erden geworffen/ Er hat nicht gedacht an seinen fusschemel/ am tage seines zorns.

Der HERR hat alle wonungen Jacob on barmhertzigkeit

Der Prophet.

tzigkeit vertilget/ Er hat die Festen der tochter Juda abgebrochen jnn seinem grim/ vnd geschleifft/ Er hat entweihet/ beide jr Königreich vnd jre Fürsten.

(Stercke)
Das Königreich/
welchs sie ein Zorn
heissen.

Er hat die stercke Jsrael jnn seinem grimmigen zorn zubrochen/ Er hat seine rechte hand hinder sich gezogen/ da der feind kam/ vnd hat jnn Jacob ein feur angesteckt/ das vmbher verzehret.

Er hat seinen bogen gespannen/wie ein feind/Seine rechte hand hat er gefüret/ wie ein widerwertiger/ vnd hat erwürget alles was lieblich anzusehen war/Vnd seinen grim/ wie ein feur/ausgeschütt/ jnn der hütten der tochter Zion.

Der HErr ist gleich/ wie ein feind/Er hat vertilget Jsrael/Er hat vertilget alle jre pallast/ vnd hat seine Feste verderbt/Er hat der tochter Juda viel klagens vnd leides gemacht.

Er hat sein Gezelt zu wület/ wie einen garten/ vnd seine wonunge verderbet/ Der HERR hat zu Zion/ beide Feirtag vnd Sabbath lassen vergessen/vnd jnn seinem grimmigen zorn/beide König vnd Priester schenden lassen.

Der HErr hat seinen Altar verworffen/vnd sein heiligthum verbannet/ Er hat die mauren jrer pallast jnn des feindes hende gegeben/ das sie im Hause des HERRN geschrien haben/wie an eim Feirtag.

Der HERR hat gedacht zu verderben die mauren der tochter Zion/ Er hat die richtschnur drüber gezogen/vnd seine hand nicht abgewendet/bis er sie vertilget/ Die zwinger stehen kleglich/vnd die maur ligt jemerlich.

Jre thor ligen tieff jnn der erden/ Er hat jre rigel zubrochen vnd zu nicht gemacht/ Jre Könige vnd Fürsten sind vnter den Heiden/ da sie das Gesetz nicht vben können/ Vnd jre Propheten kein gesicht vom HERRN haben.

(Still)
Es ist aus mit
jnen/Sind dahin.

Die Eltesten der tochter Zion ligen auff der erden/vnd sind still/ Sie werffen staub auff jre heubter vnd haben secke angezogen/ die jungfrawen von Jerusalem hengen jre heubter zur erden.

Ich hab schier meine augen ausgeweinet/ das mir mein leib dauon wehe thut/Meine lebber ist auff die erde ausgeschütt vber der tochter meins volcks/da die seuglinge vnd vnmündigen auff den gassen jnn der stad verschmachten.

Da sie zu jren müttern sprachen/ Wo ist brod vnd wein? da sie auff den gassen jnn der Stad verschmachten/ wie die tödlich verwundten/vnd jnn den armen jrer mutter den geist auff gaben.

Ah du tochter Jerusalem/wem sol ich dich gleichen/ vnd wo für sol ich dich rechen? du Jungfraw tochter Zion/wem sol ich dich vergleichen/ damit ich dich trösten möcht? Denn dein schaden ist gros/ wie ein meer/ wer kan dich heilen?

Deine

Jeremia. LXXVIII.

Deine Propheten haben dir lose vnd törichte gesichte gepredigt/ vnd dir deine missethat nicht geoffenbart/ damit sie dein gefengnis geweret hetten/ Sondern haben dir gepredigt lose predigt/ damit sie dich zum land hinaus predigten.

Alle die fur vber gehen/ klappen mit henden/ pfeiffen dich an/ vnd schütteln den kopff vber der tochter Jerusalem/ Ist das die Stad/ von der man sagt/ sie sey die aller schöneste/ der sich das gantze land frewet?

Alle deine feinde sperren jr maul auff wider dich/ pfeiffen dich an/ blecken die zeen/ vnd sprechen/ Heh/ wir haben sie vertilget/ Das ist der tag/ des wir haben begeret/ Wir habens erlanget/ wir habens erlebt.

Der HERR hat gethan/ was er fur hatte/ Er hat sein wort erfüllet/ das er lengest zuuor geboten hat/ Er hat on barmhertzigkeit zerstöret/ Er hat den feind vber dir erfrewet/ vnd deiner widersacher gewalt erhöhet.

Ir hertz schrey zum HErrn/ O du maur der tochter Zion/ las tag vnd nacht threnen herab fliessen/ wie ein bach/ höre auch nicht auff/ vnd dein augapffel lasse nicht abe.

Stehe des nachts auff vnd schrey/ Schütte dein hertz aus jnn der ersten wache gegen dē HErrn/ wie wasser/ Hebe deine hende gegen jm auff/ vmb der seelen willen deiner jungen kinder/ die fur hunger verschmachten/ fornen an allen gassen.

HERR schaw vnd sihe doch/ wen du doch so verderbet hast/ Sollen denn die weiber jrs leibs frucht essen/ die jüngsten kindlin einer spannen lang? Solten denn Propheten vnd Priester jnn dem heiligthum des HERRN so erwürget werden?

Es lagen jnn den gassen auff der erden knaben vnd alten/ meine Jungfrawen vnd Jünglinge sind durchs schwerd gefallen/ Du hast gewürgt am tage deines zorns/ du hast on barmhertzigkeit geschlachtet.

Du hast meinen feinden vmbher geruffen/ wie auff einen Feirtag/ das niemand am tage des zorns des HERRN entrunnen vnd vberblieben ist/ Die ich erneeret vnd erzogen habe/ die hat der feind vmbbracht.

III.

Ich bin ein elender man/ der die rute seines grimmes sehen mus/ Er hat mich geführet vnd lassen gehen jns finsternis vnd nicht jns liecht/ Er hat seine hand gewendet/ vnd handelt gar anders mit mir/ fur vnd fur.

Er hat mein fleisch vnd haut alt gemacht/ vñ mein gebein zurschlagen/ Er hat mich verbawet/ vnd mich mit gall vnd mühe vmbgeben/ Er hat mich jnn finsternis gelegt/ wie die todten jnn der welt.

Er hat mich vermauret/ das ich nicht heraus kan/ vnd mich jnn harte fessel gelegt/ Vnd wenn ich gleich schrey vnd ruffe/ so stopfft er die ohren

Der Prophet

die ohren zu fur meinem gebet / Er hat meinen weg vermauret mit werckstücken/ vnd meinen steig vermacht.

Er hat auff mich gelauret/ wie ein behr/ wie ein lew im verborgen/ Er lesst mich des weges feilen/ Er hat mich zerstücket vnd zu nicht gemacht / Er hat seinen bogen gespannen/ vnd mich dem pfeil zum zil gesteckt.

Er hat aus dem köcher jnn meine nieren schiessen lassen/ Ich bin ein spot allem meinem volck/ vnd teglich jr liedlin/ Er hat mich mit bitterkeit gesettigt/ vnd mit wermut getrenckt.

Er hat meine zeene zu klein stücken zur schlagen/ Er weltzet mich jnn der asschen/ Meine seele ist aus dem friede vertrieben/ ich mus guter tage vergessen/ Ich sprach/ Mein hoffnung ist aus/ das ich fort mehr sein werde bey dem HERRN.

Gedenck doch / wie ich so elend vnd verlassen/ mit wermut vnd gallen getrenckt bin/ Du wirst ja daran gedencken/ Denn meine seele sagt mirs/ das neme ich zu hertzen/ darumb hoffe ich noch.

Die güte des HERRN ist noch nicht aus/ Seine barmhertzigkeit hat noch kein ende/ Sondern sie ist alle morgen new/ vnd deine trew ist gros/ Der HERR ist mein Teil/ spricht meine seel/ darumb wil ich auff in hoffen.

Denn der HERR ist freundlich dem/ der auff jn harret/ vnd der seelen/ die nach jm fraget/ Es ist ein köstlich ding/ gedültig sein/ vnd auff die hülffe des HERRN hoffen/ Es ist köstlich ding/ das joch jnn der jugent tragen.

Das ein verlassener gedültig sey/ wenn jn etwas vberfelt/ Vnd seinen mund jnn den staub stecke/ vnd der hoffnung erwarte/ Vnd lasse sich auff die backen schlahen/ vnd jm viel schmach anlegen.

Denn der HERR verstosset nicht ewiglich/ Sondern er betrübt wol/ vnd erbarmet sich wider/ nach seiner grossen güte/ Denn er nicht von hertzen die menschen plagt vnd betrübt.

Als wolt er die elenden auff erden/ gar vnterdrücken lassen/ vnd jre sache fur Gott vnrecht sein lassen/ vnd sie felschlich vervrteilen lassen/ gleich als sehe es der HERR nicht.

Wer thar denn sagen/ das solchs geschehe/ on des HERRN befelh? vnd das weder böses noch gutes kome durch seinen befelh? Wie murren denn die leute im leben also? Ein jglicher murre wider seine sunde.

Vnd lasst vns forschen vnd suchen vnser wesen/ vnd vns zum HERRN bekeren. Lasst vns vnser hertz/ sampt den henden/ auffheben zu Gott im himel/ Wir/ wir haben gesundigt/ vnd sind vngehorsam gewest/ darumb hastu billich nicht verschonet.

Sondern du hast vns mit zorn vberschüttet vnd verfolget/ vnd on barmhertzigkeit erwürget/ Du hast dich mit einer wolcken verdeckt/ das kein gebet hindurch kundte/ Du hast vns zu kot vnd vnflat gemacht vnter den völckern.
                Alle vn-

Jeremia.

Alle vnser feinde sperren jr maul auff wider vns/ Meine augen rinnen/ Wir werden gedruckt vnd geplagt/ mit schrecken vnd angst/ mit wasser bechen/ vber dem jamer der tochter meines volcks.

Meine augen fliessen vnd können nicht ablassen/ denn es ist kein auffhören da/ bis der HERR von himel herab schaw vñ sehe drein/ Mein auge frist mir das leben weg/ vmb die tochter meiner Stad.

Meine feinde haben mich gehetzt/ wie einen vogel/ on vrsach/ Sie haben mein leben jnn einer gruben vmbbracht/ vnd steine auff mich geworffen/ Sie haben auch mein heubt mit wasser vberschüttet/ Da sprach ich/ Nu bin ich gar dahin.

Ich rieff aber deinen namen an HERR/ vnden aus der gruben/ vnd du erhöretest meine stim/ Verbirg deine ohren nicht fur meinem seufftzen vnd schreien/ Nahe dich zu mir/ wenn ich dich anruffe/ vnd sprich /Fürcht dich nicht.

Füre du HERR die sache meiner seelen/ vnd erlöse mein leben/ HERR schaw/ wie mir so vnrecht geschicht/ vnd hilff mir zu meim rechten/ Du sihest alle jre rache vnd alle jre gedancken wider mich.

HERR/ du hörest jre schmach vnd alle jre gedancken vber mich/ die lippen meiner widerwertigen/ vnd jr tichten wider mich teglich/ Schaw doch/ Sie gehen nider oder stehen auff/ so singen sie von mir liedlin.

Vergilt jnen HERR wie sie verdienet haben/ Las jnen das hertz erschrecken/ vnd deinen fluch fülen/ Verfolge sie mit grim/ vnd vertilge sie vnter dem himel des HERRN.

IIII.

Wie ist das gold so gar vertunckelt/ vnd das fein gold so verwüstet/ vnd ligen die steine des Heiligthumbs auff allen gassen zerstrewet.

Die Edlen kinder Zion/ dē golde gleich geacht/ wie sind sie nu den erden töpffen vergleicht/ die ein töpffer macht.

Die Trachen reichen die brüste jren jungen/ vnd seugen sie/ Aber die tochter meins volcks mus vnbarmhertzig sein wie ein Straus jnn der wüsten.

(Vnbarmhertzig) Sie kan jre kinder nicht seugen noch pflegen/ welches doch thun die aller grausamsten thier Denn die theurüg ist zu gros/ etc.

Dem seugling klebt seine zunge an seinem gaumen fur durst/ Die jungen kinder heischen brod/ vnd ist niemand ders jnen breche.

Die vorhin das niedlichst assen/ verschmachten jtzt auff den gassen/ Die vorhin jnn seiden erzogen sind/ die müssen jtzt im kot ligen.

Die missethat der tochter meines volcks ist grösser/ denn die sund de Sodom/ die plötzlich vmbgeket ward/ vnd kam kein hand dazu.

Jre Nazarei /waren reiner denn der schnee/ vnd klerer denn milch/ Jr gestalt war rödlicher/ denn corallen/ jr ansehen war/ wie Saphir.

Nu aber ist jr gestalt so tunckel fur schwertze/ dasman sie auff den gassen nicht kennet/ Jr haut henget an den beinen/ vnd sind so dürr als ein scheit.

Den er-

Der Prophet

Den erwürgeten durchs schwerd geschach bas/weder den so da hungers storben/ die verschmachten vnd verderben musten von der theurung.

Es haben die barmhertzigsten weiber/ jre kinder selbst müssen kochen/ das sie zu essen hetten/ jnn dem jamer der tochter meines volcks.

Der HERR hat seinen grim volnbracht/ Er hat seinen grimmigen zorn ausgeschutt/ Er hat zu Zion ein feur angesteckt/ das auch jre grundfeste verzehret hat.

Es hettens die Könige auff erden nicht gegleubt/ noch alle leute jnn der welt/ das der widerwertige vnd feind solte zum thor Jerusalem einzihen.

Es ist aber geschehen vmb der sunde willen jrer Propheten/ vnd vmb der missethat willen jrer Priester/ die drinnen der gerechten blut vergossen.

(Besuddelt) Das ist/sie hatten viel vnschüldig blut vergossen.

Sie giengen hin vnd her auff den gassen/ wie die blinden/ vnd waren mit blut besuddelt/ vnd kundten auch jener kleider nicht anrüren.

Sondern rieffen sie an/Weicht jr vnreinen/weicht/weicht/ rüret nichts an/Denn sie scheweten sich fur jnen/vnd flohen sie/Das man auch vnter den Heiden sagte/Sie werden nicht lange da bleiben.

Darumb hat sie des HERRN zorn zerstrewet/ vnd wil sie nicht mehr ansehen/ weil sie die Priester nicht ehreten/vnd mit den Eltesten keine barmhertzigkeit vbeten.

(Nichtige) Sie verliessen sich auff Egypten vnd menschen/ vn würgeten getrost/ die frumen propheten.

Noch gaffeten vnser augen/auff die nichtige hülffe/bis sie gleich müde worden/da wir warteten auff ein volck/das vns doch nicht helfen kunde.

Man jagte vns/das wir auff vnsern gassen nicht gehen thursten/ Da kam auch vnser ende/Vnser tage sind aus / vnser ende ist komen.

Vnser verfolger waren schneller/ denn die Adeler vnter dem himel/ Auff den bergen haben sie vns verfolget/vnd jnn der wüste auff vns gelauret.

(Gesalbte) Vnser König/deß wir meineten/vnser Königreich solt kein not haben/vnd allen heiden trozen.

Der gesalbte des HERRN/der vnser trost war/ ist gefangen worden/da sie vns verstöreten/Des wir vns trösteten/wir wolten vnter seinem schatten leben vnter den Heiden.

Ja frewe dich/vnd sey frölich du tochter Edom/die du wonest im lande Vz/Denn der Kelch wird auch vber dich komen/ Du must auch truncken vnd geblösset werden.

Aber deine missethat hat ein ende/du tochter Zion/Er wird dich nicht mehr lassen weg füren/Aber deine missethat/du tochter Edom/ wird er heimsuchen/vnd deine sunde auff decken.

V.

Gedenck

Jeremia. LXXX.

GEdenck HERR/ wie es vns gehet/ Schaw vnd sihe an vnser schmach/ Vnser erbe ist den frembden zu teil worden/ vnd vnser heuser den auslendern/ Wir sind waisen vnd haben keinen Vater/ vnser mutter sind wie widwen/ Vnser eigen wasser müssen wir vmb gelt trincken/ vnser holtz mus man bezalet bringen lassen/ Man treibt vns vber hals/ vnd wenn wir schon müde sind/ lesst man vns doch keine ruge/ Wir haben vns müssen Egypten vnd Assur ergeben/ auff das wir doch brot sat zu essen haben/ Vnser Veter haben gesündigt/ vnd sind nicht mehr furhanden/ vnd wir müssen jrer missethat entgelten/ Knechte herrschen vber vns/ vnd ist niemand/ der vns von jrer hand errette/ Wir müssen vnser brot mit fahr vnsers lebens holen/ fur dem schwerd jnn der wüsten/ Vnser haut ist verbrant/ wie jnn eim ofen/ fur dem grewlichen hunger.

Sie haben die weiber zu Zion geschwecht/ vnd die jungfrawen jnn den stedten Juda/ Die Fürsten sind von jnen gehenckt/ vnd die person der alten hat man nicht geschonet. Die jünglinge haben mülstein müssen tragen/ vnd die knaben vber dem holtz tragen straucheln. Es sitzen die alten nicht mehr vnter dem thor/ vnd die jünglinge treiben kein seitenspiel mehr/ Vnsers hertzen freude hat ein ende/ vnser reigen ist jnn weh klage verkeret/ Die kron vnsers heubts ist abgefallen/ O weh/ das wir so gesündigt haben/ Darumb ist auch vnser hertz betrübt/ vnd vnser augen sehen jemerlich/ vmb des berges Zion willen/ das er so wüst ligt/ das die füchse drüber lauffen.

Aber du HERR/ der du ewiglich bleibest/ vnd dein thron fur vnd fur/ Warumb wiltu vnser so gar vergessen/ vnd vns die lenge so gar verlassen? Bringe vns HERR wider zu dir/ das wir wider heim komen/ Vernew vnser tage/ wie vor alters/ Denn du hast vns verworffen/ vnd bist alzu seer vber vns erzürnet.

Ende der klagen Jeremia.

Vorrhede auff den Propheten Hesekiel.

Eseckiel ist mit dem Könige Jechan Ja/ gleich wie Daniel vnd andere mehr/ williglich ins gefengnis zu Babel gezogen/ nach dem rat Jeremie/ da er jmer dar riet/ sie solten sich dem Könige zu Babel ergeben/ so würden sie leben/ vnd solten nicht widerstreben/ sie würden sonst zu grund gehen/ Jere. xxj. Da sie nu gen Babel komen waren/ wie Jere. xxiiij. anzeigt/ vnd sie freundlich tröstet/ Da gieng die vngedult an/ vnd rewete sie vber alle mas seer/ das sie sich ergeben hatten/ weil sie sahen/ das die so zu Jerusalem blieben waren/ vnd sich nicht ergeben hatten/ noch beide stad vnd alles jnne hatten/ vnd hoffeten Jeremiam zum lügener zu machen/ vnd fur dem Könige zu Babel sich wol zu verteidingen/ vnd im lande zu bleiben.

Die zu hollffen nu getrost die falschen Propheten/ so jmer wol trösteten zu Jerusalem / als solte Jerusalem nicht gewonnen werden/ Vnd Jeremia muste liegen/ als ein Ketzer vnd abtrünniger/ Damit lieff vnter (wie es pflegt zu gehen) das die zu Jerusalem sich rhümeten/ als die redlich vnd feste bey Gott vnd dem Vater lande hielten/ Jene aber hetten sich ergeben vnd Gott verlassen/ sampt dem Vater land/ als die trewlosen vnd verrheter/ die auff Gott nicht trawen noch hoffen kundten/ sondern schlugen sich zu jren feinden/ vmb solcher losen rede willen Jeremie/ des lügeners rc. Das beys vnd erbitterte die recht/ so gen Babel sich ergeben hatten/ vnd ward jr gefengnis nu zwifeltig/ O wie manchen weidlichen fluch sollen sie dem Jeremia gewündt schhaben/ dem sie gefolget/ vnd er sie so jemerlich verfüret hatte.

Darumb erwecket nu Gott zu Babel diesen Propheten Hesekiel/ die gefangen zu trösten/ vnd wider die falschen Propheten zu Jerusalem zu weissagen/ vnd Jeremias wort zu bestetigen/ Welchs er auch redlich thut/ vnd viel herter vnd mehr weissagt/ wie Jerusalem solt zerstöret/ vnd das volck/ mit Könige vnd Fürsten vmbkomen/ Vnd verheisst doch darunter die widerkunfft vnd heimfart ins land Juda/ Vnd dis ist das furnemest stück jnn Hesekiele/ das er zu seiner zeit geübt hat/ vnd treibts bis an das .xxv. Capitel/ Darnach streckt er seine weissagung auch auff alle andere lender vmbher/ so auch vom Könige zu Babel solten zeplagt werden/ bis an das. xxxiiij. Da folgen denn feiner vier Capitel/ vom Geist vnd Reich Christi/ Darnach von dem letzten Tyrann im Reich Christi/ Gog vnd Magog/ Vnd am ende bawet er Jerusalem wider/ vnd tröstet damit das volck/ das sie wider heim komen sollen/ Aber im Geist meinet er die ewige stad/ das himelisch Jerusalem / dauon Apocalypsis auch redet.

Der Pro

Der Prophet Hesekiel. LXXXI
I.

Im dreissigsten jar am funff
ten tage/ des vierden monden/ da ich
war vnter den gefangenen am wasser
Chebar/ thet sich der himel auff/ vnd
Gott zeigt mir gesichte/ Der selb fünffte
tag des monden/ war eben im fünfften
jar/ nach dem Joachin der König Ju
da war gefangen weg geführet/ Da ge
schach des HERRN wort zu Hesekiel
dem son Busi des Priesters/ im lande
der Chaldeer/ am wasser Chebar/ da
selbst kam die hand des HERRN vber
in.

Vnd ich sahe/ Vnd sihe/ Es kam ein vngestümer wind von mit
ternacht her mit einer grossen wolcken vol feurs/ das allenthalben
vmbher glentzet/ vnd mittenjnn dem selbigen feur was er gantz hell/
vnd darinnen war es gestalt/ wie vier thiere/ vnd vnter jnen eines ge
stalt/ wie ein mensch/ Vnd hatten vier angesichte vnd vier flügel Vnd
jre beine stunden gerade/ aber jre füsse waren gleich wie ochsen füsse/
vnd glintzeten/ wie ein glauch ertz/ Vnd hatten menschen hende/ vn
ter jren flügeln/ Denn sie hatten vier angesichte vnd vier flügel/ vnd
die selbigen flügel/ war ja einer an dem andern/ Vnd wenn sie gien
gen/

Der Prophet

gen sie nicht von einander/ Sondern wo sie hin giengen/ giengen sie stracks fur sich.

Ir angesichte zur rechten seiten/ waren gleich einem menschen vnd lewen/ Aber zur lincken seiten/ waren jr angesichte gleich einem Ochsen vnd Adeler/ Vnd jre angesichte vnd flügel/ waren oben her zur teilet/ das je zween flügel zu samen schlugen/ vñ mit zween flügeln jren leib bedeckten/ Wo sie hin giengen/ da giengen sie stracks fur sich/ Sie giengen aber/ wo hin der wind stund/ Vnd giengen nicht von einander/ wenn sie giengen/ Vnd die thiere waren anzusehen/ wie feurige kolen/ die da brennen/ vnd wie fackeln zwisschen den thieren/ Das feur aber gab einen glantz von sich/ vnd aus dem feur gieng ein blitz/ Die thier aber lieffen hin vnd wider/ wie ein blitz.

Als ich die thiere so sahe/ Sihe/ da stund ein rad auff der erden/ bey den vier thieren/ vnd war anzusehen/ wie vier reder/ Vnd dieselbigen reder waren/ wie ein türkis/ vnd waren alle viere/ eins wie das ander/ Vnd sie waren anzusehen/ als were ein rad im andern/ Wenn eins vnter jnen gieng/ so giengen sie alle viere/ vnd giengen nicht von einander/ Jre felgen vnd höhe/ waren schrecklich/ Vnd jre felgen waren voller augen vmb vnd vmb/ an allen vier redern/ Vnd wenn die thier giengen/ so giengen die reder auch neben jnen/ Vnd wenn die thier sich von der erden empor huben/ so huben sich die reder auch empor/ Wo der wind hin gieng/ da giengen sie auch hin/ vnd die reder huben sich neben jnen empor/ Denn es war ein starcker wind jnn den redern/ Wenn sie giengen/ so giengen diese auch/ wenn sie stunden/ so stunden diese auch/ Vnd wenn sie sich empor huben von der erden/ so huben sich auch die reder neben jnen empor/ Denn es war ein starcker wind jnn den redern.

Oben aber vber den thieren/ war es gleich gestalt/ wie der himel als ein Christall/ schrecklich/ gerad oben vber jnen ausgebreitet/ das vnter dem himel jre flügel/ einer stracks gegen dem andern stund/ Vnd eins jglichen leib bedeckten zween flügel/ Vnd ich höret die flügel rausschen/ wie grosse wasser/ vnd wie ein gedöne des Almechtigen/ wenn sie giengen/ Vnd wie ein getümel jnn einem heer/ Wenn sie aber still stunden/ so liessen sie die flügel nider/ Vnd wenn sie still stunden/ vnd die flügel nider liessen/ so donnerte es im himel oben vber jnen

Vnd vber dem himel/ so oben vber jnen war/ war es gestalt/ wie ein Saphir/ gleich wie ein stuel/ vnd auff dem selbigen stuel sass einer/ gleich wie ein mensch gestalt/ Vnd ich sahe jn an/ vnd er war gestalt/ wie ein helles liecht/ Vnd jnnwendig war es gestalt/ wie ein feur vmb vnd vmb/ Von seinen lenden vber sich vnd vnter sich/ sahe ichs/ wie feur glentzen vmb vnd vmb/ gleich wie der regenbogen sihet jnn den wolcken/ wenn es geregent hat/ also glentzet es vmb vnd vmb/ Dis war das ansehen der herrligkeit des HERRN/ Vnd da ichs gesehen hatte/ fiel ich auff mein angesichte/ vnd höret einen reden.

II.

Vnd er

Hesekiel LXXXII.

Vnd er sprach zu mir/ Du menschen kind/ tritt auff deine füsse/ so wil ich mit dir reden/ Vnd da er so mit mir redet/ ward ich wider erquickt/ vnd trat auff meine füsse/ vnd höret dem zu/ der mit mir redet.

Vnd er sprach zu mir/ Du menschen kind/ Ich sende dich zu den kindern Israel/ zu dem abtrünnigen volck/ so von mir abtrünnig worden sind/ Sie sampt jren Vetern/ haben bis auff diesen heutigen tag wider mich gethan/ Aber die kinder/ zu welchen ich dich sende/ haben harte köpffe/ vnd verstockte hertzen/ zu den soltu sagen/ So spricht der HErr HERR/ Sie gehorchen oder lassens/ Es ist wol ein vngehorsam volck/ dennoch sollen sie wissen/ das ein Prophet vnter jnen ist.

Vnd du menschen kind/ solt dich fur jnen nicht furchten/ wie sie dich vrteilen/ Es sind wol widerspenstige vnd stachliche dornen wider dich/ vnd du wonest vnter den Scorpion/ Aber du solt dich nicht furchten/ wie sie dich vrteilen/ noch fur jrem drewen dich entsetzen/ ob sie wol ein vngehorsam volck sind/ Sondern du solt jnen mein wort sagen/ sie gehorchen oder lassens/ Denn es ist ein vngehorsam volck.

Aber du menschen kind/ höre du/ was ich dir sage/ vnd sey nicht vngehorsam/ wie das vngehorsame volck ist/ Thu deinen mund auff vnd iss/ was ich dir geben werde/ Vnd ich sahe/ vnd sihe/ da war eine hand gegen mir ausgereckt/ die hatte einen zusamē gelegten brieff/ den breitet sie aus fur mir/ vnd er war beschrieben auswendig vnd jnnwendig/ vnd stund drinnen geschrieben/ Klage/ Ach/ vnd wehe.

Vnd er sprach zu mir/ Du menschen kind/ Iss/ was fur dir ist/ nemlich/ diesen Brieff/ vnd gehe hin vnd predige dem Hause Israel/ Da thet ich meinen mund auff/ vnd er gab mir den brieff zu essen/ Vnd sprach zu mir/ Du menschen kind/ Du must diesen brieff den ich dir gebe/ jnn deinen leib essen/ vnd deinen bauch damit füllen/ Da ass ich jn/ vnd er war jnn meinem munde so süsse als honig.

Vnd er sprach zu mir/ Du menschen kind/ Gehe hin zum Hause Israel/ vnd predige jnen mein wort/ Denn ich sende dich ja nicht zum volck/ das eine frembde rede vnd vnbekandte sprach habe/ sondern zum Hause Israel/ Ja freilich nicht zu grossen völckern/ die frembde rede vnd bekandte sprache haben/ welcher wort du nicht vernemen kundtest/ Vnd wenn ich dich gleich zu den selben sendete/ würden sie dich doch gern hören/ Aber das Haus Israel wil dich nicht hören/ Denn sie wollen mich selbs nicht hören/ Denn das gantze Haus Israel hat harte stirne vnd verstockte hertzen/ Aber doch hab ich dein angesicht hart gemacht gegen jr angesicht/ vnd deine stirn gegen jre stirne/ Ja ich habe deine stirn so hart/ als einen Demand/ vñ herter deñ einen fels gemacht/ Darumb furcht dich nicht/ entsetze dich auch nicht fur jnen/ das sie so ein vngehorsam volck sind.

III.

o ħ   Vnd er

Der Prophet

Vnd er sprach zu mir/ Du menschen kind/ Alle meine wort/ die ich dir sage/ die fasse mit hertzen vnd ohren/ vnd gehe hin zu den gefangenen deines volcks/ vnd predige jnen/ vnd sprich zu jnen/ So spricht der HErr HERR (sie hörens oder lassens) Vnd ein wind hub mich auff/ vnd ich hörete hinder mir ein gedöne/ wie eines grossen erdbebens (Gelobt sey die herrligkeit des HERRN an jrem ort) Vnd höret das rauschen von den flügeln der thiere/ die sich gegenander schwungen/ vnd auch das rasseln der reder/ so hart bey jnen waren/ vnd das gedöne eins grossen erdbeben/ Da hub mich der wind auff vnd füret mich weg/ Vnd ich fur dahin/ vnd erschrack seer/ Aber des HERRN hand hielt mich fest/ Vnd ich kam zu den gefangenen/ die am wasser Chebar woneten/ im Meyen/ Vnd setzt mich bey sie/ die da sassen/ vnd bleib daselbs vnter jnen sieben tage/ gantz traurig.

Vnd da die sieben tage vmb waren/ geschach des HERRN wort zu mir/ vnd sprach/ Du menschen kind/ Ich hab dich zum Wechter gesetzt vber das Haus Israel/ Du solt aus meinem munde das wort hören/ vnd sie von meinen wegen warnen.

Wenn ich dem Gottlosen sage/ Du must des todes sterben/ vnd du warnest jn nicht/ vnd sagest es jm nicht/ damit sich der Gottlose fur seinem Gottlosen wesen hüte/ auff das er lebendig bleibe/ So wird der Gottlose vmb seiner sünde willen sterben/ Aber sein blut wil ich von deiner hand foddern/ Wo du aber den Gottlosen warnest/ vnd er sich nicht bekeret von seinem Gottlosen wesen vnd wege/ so wird er vmb seiner sünde willen sterben/ Aber du hast deine seele errettet.

Vnd wenn sich ein gerechter von seiner gerechtigkeit wendet/ vnd thut böses/ So werde ich jn lassen anlauffen/ das er mus sterben/ Denn weil du jn nicht gewarnet hast/ wird er vmb seiner sünde willen sterben müssen/ vnd seine gerechtigkeit/ die er gethan hat/ wird nicht angesehen werden/ Aber sein blut/ wil ich von deiner hand fodern/ Wo du aber den gerechten warnest/ das er nicht sündigen sol/ Vnd er sündiget auch nicht/ so sol er leben/ denn er hat sich gehüt/ Vnd du hast deine seele errettet.

Vnd daselbs kam des HERRN hand vber mich/ vnd sprach zu mir/ Mach dich auff vnd gehe hinaus jns feld/ da wil ich mit dir reden/ Vnd ich machte mich auff vnd gieng hinaus jns feld/ Vnd sihe/ da stund die herrligkeit des HERRN daselbst/ gleich/ wie ich sie am wasser Chebar gesehen hatte/ Vnd ich fiel nider auff mein angesicht/ Vnd ich ward erquickt/ vnd trat auff meine füsse/ Vnd er redet mit mir/ vnd sprach zu mir/ Gehe hin/ vnd verschleus dich jnn deinem hause.

Vnd du menschen kind/ Sihe/ man wird dir stricke anlegen/ vnd dich damit binden/ das du jnen nicht entgehen sollest/ Vnd ich wil die zungen an deinem gaumen kleben lassen/ das du erstummen solt/ vnd nicht mehr sie straffen mügest/ Denn es ist ein vngehorsam volck/ Wenn ich aber mit dir reden werde/ wil ich dir den mund auff thun/ das du zu jnen sagen solt/ So spricht der HErr HERR/

Wers

Hesekiel. LXXXIII.

Wers höret/ der höre es/ Wers lesst/ der lasse es/ Denn es ist ein vngehorsam volck.

IIII.

VNd du menschen kind/ nim einen ziegel/ den lege fur dich/ Vnd entwirff drauff die stad Jerusalem/ Vnd mache eine belegerung drumb/ vnd bawe ein bolwerg drumb/ vnd grabe eine schut drumb/ vnd mache ein heer drumb/ vnd stelle kriegs zeug rings vmb sie her/ Fur dich aber nim eine eiserne kelle/ die las eine eiserne maur sein zwisschen dir vnd der stad/ Vnd richte dein angesicht gegen sie/ vnd belegere sie/ Das sey ein zeichen dem Hause Israel.

Du solt dich auch auff deine lincken seiten legen/ vnd die missethat des Hauses Israel/ auff die selbigen legen/ So viel tage du darauff ligest/ so lange soltu auch jre missethat tragen/ Ich wil dir aber die jar jrer missethat/ zur anzal der tage machen/ nemlich/ drey hundert vnd neunzig tage/ So lange soltu die missethat des Hauses Israel tragen/ Vnd wenn du solchs ausgericht hast/ soltu darnach dich auff deine rechte seiten legen/ vnd solt tragen die missethat des Hauses Juda/ vierzig tage lang/ Denn ich dir hie auch ja einen tag fur ein jar gebe.

Vnd richte dein angesicht vnd deinen blossen arm wider das belegert Jerusalem/ Vnd weissage wider sie/ Vnd sihe/ ich wil dir stricke anlegen/ das du dich nicht wenden mugest von einer seiten zur andern/ bis du die tage deiner belegerung volendet habst/ So nim nu zu dir weitzen/ gersten/ bonen/ linsen/ hirs vnd spelt/ vnd thu es alles jnn ein fass/ vnd mache dir so viel brot draus/ so viel tage du auff deiner seiten ligest/ das du dreihundert vnd neunzig tage dran zu essen habest/ Also das deine speise/ die du teglich essen must/ sey zwentzig sekel schweer/ Solchs soltu von einer zeit zur andern essen/ Das wasser soltu auch nach der mas trincken/ nemlich/ das sechste teil vom Hin/ Vnd solt solchs auch von einer zeit zur andern trincken/ Gerstin kuchen soltu essen/ die du fur jren augen/ mit menschen mist/ backen solt.

Vnd der HERR sprach/ Also müssen die kinder Israel jr vnrein brot essen vnter den Heiden/ dahin ich sie verstossen habe/ Ich aber sprach/ Ah HErr HERR/ Sihe/ meine seele ist noch nie vnrein worden/ denn ich habe von meiner jugent auff/ bis auff diese zeit/ kein ass noch zurissens/ gessen/ Vnd ist nie kein vnrein fleisch jnn meinen mund komen.

(Mist) Er hat müssen kochen bey solchem mist/ wie man mit rasen vnd kue mist kochet/ Es reucht aber die speise nach dem feur/ Also solten sie auch jnn solche not vnd hunger komen/ das sie kein recht feur noch brot haben solten

Er aber sprach zu mir/ Sihe/ Ich wil dir kue mist fur menschen mist zulassen/ da mit du dein brot machen solt/ Vnd sprach zu mir/ Du menschen kind/ Sihe/ Ich wil den vorrat des brots zu Jerusalem weg nemen/ das sie das brot essen müssen nach dem gewicht/ vnd mit kumer/ vnd das wasser nach dem mas/ mit kummer trincken/ darumb das an brot vnd wasser mangeln wird/ vnd einer mit dem andern trauren/ vnd jnn jrer missethat verschmachten sollen.

V.

o iij   Vnd du

Der Prophet

Vnd du menschen kind/nim ein schwerd scharff wie ein schermesser/vnd far damit vber dein heubt vnd bart/ Vnd nim eine woge vnd teile sie damit/ Das eine dritte teil/ soltu mit feur verbrennen mitten jnn der stad/ wenn die tage der belegerung vmb sind/ Das ander dritte teil nim/ vnd schlags mit dem schwerd rings vmbher/ Das letzt dritte teil/ strew jnn denn wind/ das ich das schwerd hinder jnen her auszihe/ Nim aber ein klein wenig dauon/vñ binde es jnn deinen mantelzipfel/ Vnd nim widerumb etlich dauon/ vnd wirffs jnn ein feur/ vnd verbrenne es mit feur/ Von dem sol ein feur auskomen vber das gantze Haus Israel.

So spricht der HErr HERR/ Das ist Jerusalem/ die ich vnter die Heiden gesetzt habe/ vnd rings vmb sie her/lender/ Sie aber hat mein Gesetz verwandelt jnn Gottlose lere/mehr/ denn die Heiden/vñ meine rechte/mehr denn die lender/ so rings vmb sie her ligen/ Denn sie verwerffen mein Gesetz/ vnd wollen nicht nach meinen rechten leben/ Darumb spricht der HERR HERR also/ Weil jr grössere bosheit thut/ denn die Heiden/ so vmb euch her sind/ vnd nach meinen geboten nicht lebet/ vnd nach meinen rechten nicht thut/ Sondern nach der Heide weise thut/ die vmb euch her sind/ So spricht der HErr HERR also.

Sihe/ich wil auch an dich/ vnd wil Recht vber dich gehen lassen/ das die Heiden zu sehen sollen/ Vnd wil also mit dir vmbgehen/ als ich nie gethan vnd hinfurt nicht thun werde/ vmb aller deiner grewel willen/ das jnn dir die Veter jre kinder/ vnd die kinder jre Veter/ fressen sollen/ Vnd wil solch recht vber dich gehen lassen/ das alle deine vbrigen sollen jnn alle winde zerstrewet werden/ Darumb/ so war als ich lebe/ spricht der HERR HERR/ weil du mein Heiligthum mit deinen greweln vnd Götzen/ verunreinigt hast/ wil ich dich auch weg schaben/ vnd mein auge sol dein nicht schonen/ noch vbersehen/ Es sol das dritte teil von dir an der Pestilentz sterben/vñ durch hunger all werden/ vnd das ander dritte teil durchs schwerd fallen/ rings vmb dich her/ Vnd das letzte dritte teil/ wil ich jnn alle winde zerstrewen/ vnd das schwerd hinter jnen her aus zihen.

Also sol mein zorn volendet/ vnd mein grim vber jnen ausgericht werden/ das ich meinen mut küle/ vnd sie sollen erfaren/ das ich der HERR jnn meinem eiuer gered habe/ wenn ich meinen grim an jnen ausgericht habe/ Ich wil dich zur wüsten/ vnd zur schmach setzen fur allen Heiden/ so vmb dich her sind/ fur den augen aller die fur vber gehen/ Vnd solt eine schmach/hohn/ exempel vnd wunder sein allen Heiden/ die vmb dich her sind/ wenn ich vber dich das recht gehen lasse/ mit zorn/ grim/ vnd zornigem schelten (Das sage ich der HERR) vnd wenn ich böse pfeile des hungers vnter sie schiessen werde/ die da schedlich sein sollen/ vnd ich sie aus schiessen werde/ euch zu verderben/ Vnd den hunger vber euch jmer grösser werden lasse/ vnd den vorrat des brots weg neme/ Ja hunger vnd böse wilde thier wil ich vnter euch schicken/ die sollen euch erblos machen/ vnd sol Pestilentz vnd blut vnter dir vmbgehen/ vnd wil das schwerd vber dich bringen/ Ich der HERR habs gesagt.

Vnd des

Hesekiel. LXXXIIII.

VI.

Nd des HERRN wort geschach zu mir/vnd sprach/ Du menschen kind/ Kere dein angesicht wider die berge Israel/vnd weissage wider sie/vnd sprich/ Jr berge Israel höret das wort des HErrn HERRN/ So spricht der HErr HERR/beide zu den bergen vnd hügelen/beide zu den bechen vnd talen/Sihe/ich wil das schwerd vber euch bringen/vnd ewr Höhen vmbbringen/das ewre Altar verwüstet/ vnd ewr Götzen zu brochen sollen werden/ Vnd wil ewr leichnam fur den bildern todschlahen lassen/ Ja ich wil die leichnam der kinder Israel fur ewrn bildern fellen/vnd wil ewr gebeine vmb ewre Altar her zerstrewen/ Wo jr wonet/ da sollen die stedte wüste/vnd die Höhen zur einöde werden/ Denn man wird ewr Altar wüste vnd zur einöde machen/ vnd ewr Götzen zubrechen vnd zu nicht machen/Vnd ewr bilder zuschlahen/ vnd ewr stiffte vertilgen/Vnd sollen erschlagene vnter euch da ligen/ das jr erfaret/ ich sey der HERR.

Ich wil aber etliche von euch vberbleiben lassen/die dē schwerd entgehen vnter den Heiden/wenn ich euch jnn die lender zerstrewet habe/ Die selbigen ewr vbrigen/ werden denn an mich gedencken vnter den Heiden/ da sie gefangen sein müssen/weñ ich jr hürisch hertz/ so von mir gewichen/ vnd jr hürische augen/ so nach jren Götzen gesehen/ zurschlagen habe/ vnd wird sie gerewen die bosheit/ die sie durch allerley jre grewel begangen haben/ vnd erfaren/ das ich der HERR sey/ vnd nicht vmbsonst gered habe/ solchs vnglück jnen zu thun.

So spricht der HErr HERR/ Schlage deine hende zu samen/ vnd strampel mit deinen füssen/vnd sprich/ Weh vber alle grewel der bosheit im Hause Israel/darumb sie durch schwerd/hunger vnd Pestilentz fallen müssen/ Wer ferne ist/ wird an der Pestilentz sterben/ Vnd wer nahe ist/wird durchs schwerd fallen/ Wer aber vberbleibt vnd da fur behüt ist/ wird hungers sterben/ Also wil ich meinen grim vnter jnen volenden/ das jr erfaren sollet/ich sey der HERR/wenn jr erschlagene vnter jren Götzen ligen werde vmb jre Altar her/oben auff allen hügeln/vñ oben auff allen bergen/vñ vnter allen grünen beumē/ vnd vnter allen dicken eichen/ an welchen orten sie allerley Götzen süsses reuchopffer theten/Ich wil meine hand wider sie ausstrecken/vñ das land/wüst vnd öde machen/von der wüsten an/bis gen Diblath/ wo sie wonen/Vnd sollen erfaren/das ich der HERR sey.

VII.

Nd des HERRN wort geschach zu mir/ vnd sprach/ Du menschen kind/ So spricht der HErr HERR vom lande Israel/Das ende kompt/Das ende vber alle vier örter des landes/Nu kompt das ende vber dich/ Denn ich wil meinen grim vber dich senden/ vnd wil dich richten/wie du verdienet hast/vnd wil dir geben/ was allen deinen grewelln gebürt/Mein ange sol dein nicht schonen/noch vbersehen/Sondern ich wil dir geben/ wie du verdienet hast/ vnd deine grewel sollen vnter dich komen/ das jr erfarē solt/ich sey der HERR.

So spricht der HErr HERR / Sihe/ Es kompt ein vnglück

o iiij   vber

Der Prophet.

vber das ander/ Das ende kompt/ Es kompt das ende/ Es dringet auff dich/ Sihe/ Es kompt/ Es gehet schon auff vnd bricht daher/ vber dich/ du einwoner des landes/ Die zeit kompt/ der tag des jamers ist nahe/ da kein singen auff den bergen sein wird/ Nu wil ich bald meinen grim vber dich schütten/ vnd meinen zorn an dir volenden/ vnd wil dich richten/ wie du verdienet hast/ vnd dir geben/ was deinen greweln allen gebürt/ Mein auge sol dein nicht schonen/ noch vbersehen/ Sondern ich wil dir geben/ wie du verdienet hast/ Vnd deine grewel sollen vnter dich komen/ das jr erfaren solt/ ich sey der HERR/ der euch schlegt.

(Blühet) Er ist gerüst vnd wird jm gelingen/ Vnd ist vom Könige zu Babel gesagt.

Sihe/ der tag/ Sihe/ Er kompt daher/ Er bricht an/ die rute blühet/ vnd der stoltze grünet/ Der Tyrann hat sich auffgemacht/ zur ruten vber die Gottlosen/ das nichts von jnen noch von jrem volck/ noch von jrem hauffen trost haben wird/ Darumb kompt die zeit/ der tag nahet erzu/ Der keuffer frewe sich nicht/ vnd der verkeuffer trawre nicht/ Denn es kompt der zorn vber alle jre reichtum/ Darumb sol der verkeuffer zu seinem verkaufften gut nicht wider trachten/ Denn wer da lebt/ der wirds haben/ Denn die weissagung vber alle jren reichthum/ wird nicht zu rück keren/ Darumb las sich niemand jnn seiner missethat verstocken durch sein gut.

Lasst sie die posaunen nur blasen/ vnd alles zu rüsten/ Es wird doch niemand jnn den krieg zihen/ Denn mein grim gehet vber alle jr volck/ Auff den gassen gehet das schwerd/ Jnn den heusern gehet Pestilentz vnd hunger/ Wer auff dem felde ist/ der wird vom schwerd sterben/ Wer aber jnn der stad ist/ den wird die pestilentz vnd hunger fressen/ Vnd welche vnter jnen entrinnen/ die müssen auff den gebirgen sein/ vnd wie die tauben jnn gründen/ die alle vnternander kurren/ ein jglicher vmb seiner missethat willen/ Aller hende werden dahin sincken/ vnd aller knie werden so vngewis stehen/ wie wasser/ Vnd werden secke vmb sich gürten/ vnd mit furcht vberschüttet sein/ vnd aller angesicht jemerlich sehen/ vnd aller heubte werden kahl sein.

Sie werden jr silber hinaus auff die gassen werffen/ vnd jr gold/ als einen vnflat achten/ Denn jr silber vnd gold wird sie nicht erretten/ am tage des zorns des HERRN/ Vnd werden doch jre seele davon nicht settigen/ noch jren bauch davon füllen/ denn es ist jnen gewest ein ergernis zu jrer missethat/ Sie haben aus jren edlen kleinoten/ da mit sie hoffart trieben/ bilde jrer grewel vnd schewel gemacht/ darumb wil ichs jnen zum vnflat machen/ Vnd wils frembden jnn die hende geben/ das sie es rauben/ vnd den Gottlosen auff erden zur ausbeute/ das sie es entheiligen sollen/ Ich wil mein angesicht davon keren/ das sie meinen schatz ja wol entheiligen/ Ja Reuber sollen drüber komen/ vnd es entheiligen.

Mach einen zaun vmb sie/ denn das land ist vol blut schulden/ vnd die Stad vol freuels/ So wil ich die ergesten vnter den Heiden komen lassen/ das sie sollen jre heuser einnemen/ Vnd wil der gewaltigen hoffart ein ende machen/ vnd jre Kirchen entheiligen/ Der ausrotter kompt/ Da werden sie friede suchen/ vnd wird nicht da sein/ Ein vnfal wird vber den andern komen/ Ein gerücht vber das ander/

Hesekiel LXXXV.

ander/ So werden sie denn ein gesicht bey dem Propheten suchen/ Aber es wird weder Gesetz bey den Priestern/ noch rat bey den Alten mehr sein/ Der König wird betrübt sein/ vnd die Fürsten werden traurig gekleidet sein/ vnd die hende des volcks im lande werden verzagt sein/ Ich wil mit jnen vmbgehen/ wie sie gelebt haben/ Vnd wil sie richten/ wie sie verdienet haben/ das sie erfaren sollen/ Ich sey der HERR.

VIII.

VNd es begab sich im sechsten jar am fünfften tage des sechsten monden/ das ich sass inn meinem hause/ vnd die alten aus Juda sassen fur mir/ Daselbst fiel die hand des HErrn HERRN auff mich/ vnd sihe/ ich sahe/ das von seinen lenden herunter war/ gleich wie feur/ Aber oben vber seinen lenden/ war es gantz hell/ Vnd recket aus/ gleich wie eine hand/ vnd ergreiff mich bey dem har meines heubts/ da furt mich ein wind zwisschen himel vnd erden/ vnd bracht mich gen Jerusalem/ inn eim Göttlichen gesichte/ zu dē innern thor/ das gegen mitternacht stehet/ da denn sass ein bilde zu verdries dem Haus herrn.

Vnd sihe/ da war die herrligkeit des Gottes Israel/ wie ich sie zuuor gesehen hatte im felde/ Vnd er sprach zu mir/ Du menschen kind/ heb deine augen auff gegen mitternacht/ Vnd da ich meine augen auff hub gegen mitternacht/ Sihe/ da sass gegen mitternacht das verdriesliche bilde/ am thor des Altars/ eben da man hinein gehet. Vnd er sprach zu mir/ Du menschen kind/ Sihestu auch/ was diese thun? nemlich/ grosse grewel/ die das Haus Israel hie thut/ das sie mich ja ferne von meinem Heiligthum treiben/ Aber du wirst noch mehr grosser grewel sehen.

(Haus herrn) Gott war Hausherr zu Jerusalē/ vnd sie füreten jm ein andern Abgott hinein/ das verdros jn billich.

Vnd er füret mich zur thür des Vorhofes/ vnd sihe/ da war ein loch jnn der wand/ Vnd er sprach zu mir/ Du menschen kind/ grabe durch die wand/ Vnd da ich durch die wand grub/ Sihe/ da war eine thür/ Vnd er sprach zu mir/ Gehe hinein vnd schawe die bösen grewel/ die sie alhie thun/ Vnd da ich hinein kam vnd sahe/ Sihe/ da waren allerley bildnis/ der würme vnd thiere/ eitel schewel/ vnd allerley Götzen des Hauses Israel/ allenthalben vmbher an der wand gemacht/ fur welchen stunden siebenzig menner/ aus den Eltesten des Hauses Israel/ vnd Jasanja der son Saphan stund auch vnter jnen/ vnd ein jglicher hatte sein reuchwerck jnn der hand/ vnd gieng ein dicker nebel auff vom reuchwerck.

Vnd er sprach zu mir/ Menschen kind/ sihestu/ was die Eltesten des Hauses Israel thun im finsternis/ ein jglicher jnn seiner schönesten kamer? Denn sie sagen/ Der HERR sihet vns nicht/ Sondern der HERR hat das land verlassen/ Vnd er sprach zu mir/ Du solt noch mehr grosser grewel sehen/ die sie thun/ Vnd er füret mich hinein zum thor an des HERRN Hause/ das gegen mitternacht stehet/ Vn sihe/ daselbst sassen weiber/ die weineten vber den Thamus/ Vnd er sprach zu mir/ Menschen kind/ sihestu das? Aber du solt noch grösser grewel sehen/ denn diese sind.

(Thamus) Das sol sein der Abgott Adonis/ dauon die Poeten vnd Helden viel haben geschrieben/ Vnd ist fraw Venus bule gewest/ Darumb jn die weiber klagen.

Vnd er füret mich jnn den innern Hof am Hause des HERRN/ Vnd sihe/

Der Prophet

Vnd sihe / fur der thür / am Tempel des HERRN / zwisschen der halle vnd dem Altar / da waren bey fünff vnd zwenzig menner / die jren rücken gegen den Tempel des HERRN / vnd jr angesicht gegen dem morgen gekeret hatten / vnd betten gegen der sonnen auffgang / Vnd er sprach zu mir / Menschen kind / Sihestu das? Ists dem Hause Juda zu wenig / das sie alle solche grewel hie thun? so sie doch sonst im gantzen lande eitel gewalt vnd vnrecht treiben / vnd faren zu vnd reitzen mich auch / vnd sihe / sie halten die meyen an die nasen.

(Die Meyen) Das ist eine weise gewest im Gottes dienst / wie bey vns / das geweihet saltz / wasser / würtze vn der gleichen / dem Abgott zu ehren.

Darumb wil ich auch wider sie mit grim handeln / vnd mein auge sol jnen weder verschonen noch vbersehen / Vnd wenn sie gleich mit lauter stim / fur meinen ohren schreien / wil ich sie doch nicht hören.

IX.

Vnd er rieff mit lauter stim fur meinen ohren / vnd sprach / Es ist nahe komen / das die stad sol heimgesucht werden / Vnd ein jglicher hat ein mördlich woffen jnn seiner hand / Vnd sihe / Es kamen sechs menner auff dem wege / vom oberthor her / das gegen mitternacht stehet / vnd ein jglicher hatte ein schedlich woffen jn seiner hand / Aber es war einer vnter jnen / der hatte leinwat an / vnd einen schreibzeug an seiner seiten / Vnd sie giengen hinein vnd tratten neben den ehern Altar.

Vnd die herrligkeit des Gottes Israel erhub sich von dem Cherub / vber dem sie war / zu der schwelle am Hause / vnd rieff dem / der die linwat anhatte / vnd den schreibezeug an seiner seiten / Vnd der HERR sprach zu jm / Gehe durch die stad Jerusalem / vnd zeichen mit einem zeichen an die stirn / die leute / so da seuffzen vnd jamern vber alle grewel / so drinnen geschehen / Zu jenen aber sprach er / das ichs hörte / Gehet diesem nach durch die stad / vnd schlahet drein / Ewr augen sollen nicht schonen / noch vbersehen / Erwürget / beide alte / jünglinge / jungfrawen / kinder vnd weiber / alles tod / Aber die das zeichen an sich haben / der solt jr keinen anrüren / Fahet aber an / an meinem heiligthum / Vnd sie fiengen an / an den alten leuten / so vor dem Hause waren.

Verunreinigt das Haus / vnd macht die Vorhöfe / vol todter leichnam / Gehet heraus / Vnd sie giengen heraus / vnd schlugen jnn der stad / Vnd da sie ausgeschlagen hatten / war ich noch vbrig / Vnd ich fiel auff mein angesichte / schrey vnd sprach / Ach HErr HERR / wiltu denn alle vbrigen jnn Israel verderben? das du deinen zorn so ausschüttest vber Jerusalem.

Vnd er sprach zu mir / Es ist die missethat des Hauses Israel vnd Juda allzu seer gros / Es ist eitel gewalt vnd vnrecht im lande vnd jnn der stad / Denn sie sprechen / Der HERR hat das land verlassen / Vnd der HERR sihet vns nicht / Darumb sol mein auge auch nicht schonen / Sondern ich wil mit jnen vmbgehen / wie sie verdienet haben / Vnd sihe / der man / der die linwat an hatte / vnd den schreibzeug an seiner seiten / antwortet vnd sprach / Ich hab gethan / wie du mir geboten hast. Vnd ich

Hesekiel LXXVIII.

X.

Und ich sahe/ Vnd sihe/ Am himel vber dem heubt der Cherubim/ war es gestalt wie ein Saphir/ vnd vber denselbigen war es gleich anzusehen wie ein thron/ Vnd er sprach zu dem Man im linwat/ Gehe hin ein zwisschen die reder vnter den Cherub/ vnd fasse die hende vol glüender kolen/ so zwisschen den Cherubim sind/ vnd strewe sie vber die stad/ Vnd er gieng hinein/ das ichs sahe/ da der selbige hinein gieng/ Die Cherubim aber stunden zur rechten am Hause/ Vnd der Vorhof ward jnwendig vol nebels.

Vnd die herrligkeit des HERRN erhub sich von dem Cherub zur schwellen am Hause/ Vnd das Haus ward vol nebels/ Vnd der Vorhof vol glantzes von der herrligkeit des HERRN/ Vnd man höret die flügel der Cherubim rausschen bis heraus vor den Vorhof/ wie eine stimme des Almechtigen Gottes/ wenn er redet.

Vnd da er dem man im linwat geboten hatte/ vnd gesagt/ Nim feur zwisschen den redern vnter den Cherubim/ gieng der selbige hinein vnd trat bey das rad/ Vnd der Cherub strecket seine hand eraus zwisschen den Cherubim/ zum feur/ das zwisschen den Cherubim war/ nam dauon vnd gabs dem man im linwat/ jnn die hende/ Der empfiengs vnd gieng hinaus/ Vñ erschein an den Cherubim/ gleich/ wie eins menschen hand vnter jren flügeln.

Vnd ich sahe/ Vnd sihe/ Vier reder stunden bey den Cherubim/ bey eim jglichen Cherub ein rad/ Vnd die reder waren anzusehen/ gleich/ wie ein Türckis/ vnd waren alle vier eines wie das ander/ als were ein rad im andern/ Wenn eins vnter jnen gieng/ giengen sie alle vier/ vnd giengen nicht von einander/ wenn sie giengen/ Sondern wo hin das forderste gieng/ da giengen sie hinach/ vnd giengen nicht von einander/ sampt jrem gantzen leibe/ rucken/ henden vnd flügeln/ Vnd die reder waren vol augen/ vmb vnd vmb/ an allen vier redern/ Vnd er hies die reder kugeln/ das ichs höret.

So waren auch vier angesichte da/ Das erste angesichte/ war ein Cherub/ das ander / war ein mensch / das dritte/ ein lew/ das vierde/ ein Adeler/ Vnd die Cherubim schwebeten empor/ Es ist eben das thier/ das ich sahe am wasser Chebar/ Wenn die Cherubim giengen/ so giengen die reder auch neben jnen/ Vnd wenn die Cherubim jre flügel schwungen/ das sie sich von der erden erhoben/ So giengen die reder auch nicht von jnen/ Wenn jene stunden / so stunden diese auch/ Erhuben sie sich/ so erhuben sich diese auch/ Denn es war ein starcker wind jnn jnen.

Vnd die herrligkeit des HERRN gieng wider aus von der schwelle am Hause/ vnd stellet sich vber die Cherubim/ Da schwungen die Cherubim jre flügel/ vnd erhuben sich von der erden/ fur meinen augen / Vnd da sie aus giengen/ giengen die reder neben jnen/ Vnd sie tratten jnn das thor am Hause des HERRN gegen morgen/ vnd die herrligkeit des Gottes Israel/ war vber jnen.

Das ist das thier/ das ich vnter dem Gott Israel sahe/ am wasser Chebar/

Der Prophet

Chebar/ vnd mercket/ das es Cherubim weren/ die vier angesichte hatten/ vnd vier flügel/ vnd vnter den flügeln/ gleich wie menschen hende/ Es waren jr angesichte gestalt/ wie ich sie am wasser Chebar sahe/ vnd giengen stracks fur sich.

XI.

Vnd mich hub ein wind auff/ vnd bracht mich zum thor am Hause des HERRN/ das gegen morgen sihet/ Vñ sihe/ vnter dem thor waren fünff vnd zwenzig menner/ Vnd ich sahe vnter jnen Jasan ja den son Asur/ vñ Platja den son Banaia die Fürsten jm volck/ Vnd er sprach zu mir/ Menschen kind/ diese leute haben gedancken/ die werden vbel hinaus gehen/ vnd anschlege/ die dieser stad schaden werden/ Denn sie sprechen/ Es ist nicht so nahe/ Lasst vns nur heuser bawen/ Sie ist der topff/ So sind wir das fleisch.

Darumb soltu/ Menschen kind/ wider sie weissagen/ Vnd der Geist des HERRN fiel auff mich/ vnd sprach zu mir/ Sprich/ So sagt der HERR/ Ir habt recht gered/jr vom Hause Israel/ Es ist/ wie jr sagt/ Denn jr habt allzu viel fleisch gemacht/ jnn dieser stad/ vnd jre gassen ligen voller todten.

(Voller) So viel propheten hatten sie erwürget/ vnd thumeten sich gleich wol/ das sie würden blecken vor dem König zu Babel/ Denn sie meineten/ vnser Herr Gott könde jr so wenig emperen/ als des fleischs jnn töpffen/ das ist/ als des Gottes dienstes vñ opffer/ im Tempel/ als der nicht könde vntergehen.

Darumb spricht der HErr HERR also/ Die jr drinnen getödtet habt/ die sind das fleisch/ vnd sie ist der topff/ Aber jr müsset hinaus/ Das schwerd das jr furchtet/ das wil ich vber euch komen lassen/ spricht der HErr HERR/ Ich wil euch von dannen eraus stossen/ vnd den frembden jnn die hand geben/ vnd wil euch ewr recht thun/ Ir solt durchs schwerd fallen/ jnn den grentzen Israel wil ich euch richten/ vnd solt erfaren/ das ich der HERR bin/ Die stad aber sol nicht ewr topff sein/ noch jr das fleisch drinnen/ sondern jnn den grentzen Israel wil ich euch richten/ Vnd solt erfaren/ das ich der HERR bin/ Deñ jr nach meinen geboten nicht gewandelt habt/ vñ meine rechte nicht gehalten/ Sondern gethan nach der Heiden weise/ die vmb euch her sind.

Vnd da ich so weissagte/ starb Platja der son Banaia/ Da fiel ich auff mein angesichte/ vnd schrey mit lauter stim/ vnd sprach/ Ah/ HErr HERR/ du wirsts mit den vbrigen Israel gar aus machen.

Da geschach des HERRN wort zu mir/ vnd sprach/ Du menschen kind/ Deine brüder vnd nahe freunde/ vnd das gantze Haus Israel/ so noch zu Jerusalem wonen/ sprechen wol vnternander/ Jene sind vom HERRN fern weg geflohen/ Aber wir haben das land jnnen/ Darumb sprich du/ So spricht der HErr HERR/ Ja ich hab sie fern weg vnter die Heiden lassen treiben/ vnd jnn die lender zerstrewet/ Doch wil ich bald jr Heiland sein/ jnn den lendern/ da hin sie komen sind.

Darumb sprich/ So sagt der HErr HERR/ Ich wil euch samlen aus den völckern/ vnd wil euch samlen aus den lendern/ dahin jr zerstrewet seid/ vnd wil euch das land Israel geben/ Da sollen sie komen vnd

Hesekiel LXXXV.

ander/ So werden sie denn ein gesicht bey dem Propheten suchen/ Aber es wird weder Gesetz bey den Priestern/ noch rat bey den Alten mehr sein/ Der König wird betrübt sein/ vnd die Fürsten werden traurig gekleidet sein/ vnd die hende des volcks im lande werden verzagt sein/ Ich wil mit jnen vmbgehen/ wie sie gelebt haben/ Vnd wil sie richten/ wie sie verdienet haben/ das sie erfaren sollen/ Ich sey der HERR.

VIII.

Vnd es begab sich im sechsten jar am fünfften tage des sechsten monden/ das ich sass jnn meinem hause/ vnd die alten aus Juda sassen fur mir/ Daselbst fiel die hand des HErrn HERRN auff mich/ vnd sihe/ ich sahe/ das von seinen lenden herunter war/ gleich wie feur/ Aber oben vber seinen lenden/ war es gantz hell/ Vnd recket aus/ gleich wie eine hand/ vnd ergreiff mich bey dem har meines heubts/ da furt mich ein wind zwisschen himel vnd erden/ vnd bracht mich gen Jerusalem/ jnn eim Göttlichen gesichte/ zu dē jnnern thor/ das gegen mitternacht stehet/ da denn sass ein bilde zu verdries dem Haus herrn.

Vnd sihe/ da war die herrligkeit des Gottes Israel/ wie ich sie zuvor gesehen hatte im felde/ Vnd er sprach zu mir/ Du menschen kind/ heb deine augen auff gegen mitternacht/ Vnd da ich meine augen auff hub gegen mitternacht/ Sihe/ da sass gegen mitternacht das verdriesliche bilde/ am thor des Altars/ eben da man hinein gehet. Vnd er sprach zu mir/ Du menschen kind/ Sihestu auch/ was diese thun/ nemlich/ grosse grewel/ die das Haus Israel hie thut/ das sie mich ja ferne von meinem Heiligthum treiben/ Aber du wirst noch mehr grosser grewel sehen.

Vnd er füret mich zur thür des Vorhofes/ vnd sihe/ da war ein loch jnn der wand/ Vnd er sprach zu mir/ Du menschen kind/ grabe durch die wand/ Vnd da ich durch die wand grub/ Sihe/ da war eine thür/ Vnd er sprach zu mir/ Gehe hinein vnd schawe die bösen grewel/ die sie alhie thun/ Vnd da ich hinein kam vnd sahe/ Sihe/ da waren allerley bildnis/ der würme vnd thiere/ eitel schewel/ vnd allerley Götzen des Hauses Israel/ allenthalben vmbher an der wand gemacht/ fur welchen stunden siebenzig menner/ aus den Eltesten des Hauses Israel/ vnd Jasan ia der son Saphan stund auch vnter jnen/ vnd ein jglicher hatte sein reuchwerck jnn der hand/ vnd gieng ein dicker nebel auff vom reuchwerck.

Vnd er sprach zu mir/ Menschen kind/ sihestu/ was die Eltesten des Hauses Israel thun im finsternis/ ein jglicher jnn seiner schönesten kamer? Denn sie sagen/ Der HERR sihet vns nicht/ Sondern der HERR hat das land verlassen/ Vnd er sprach zu mir/ Du solt noch mehr grosser grewel sehen/ die sie thun/ Vnd er füret mich hinein zum thor an des HERRN Hause/ das gegen mitternacht stehet/ Vn sihe/ daselbst sassen weiber/ die weineten vberden Thamus/ Vnd er sprach zu mir/ Menschen kind/ sihestu das? Aber du solt noch grösser grewel sehen/ denn diese sind.

Vnd er füret mich jnn den jnnern Hof am Hause des HERRN/ Vnd sihe/

(Haus herrn)
Gott war Hausherr zu Jerusalē/ vnd sie füreten jm ein andern Abgott hinein/ das verdros jn billich.

(Thamus)
Das sol sein der Abgott Adonis/ dauon die poeten vnd Helden viel haben geschrieben/ Vnd ist fraw Venus bule gewest/ Darumb jn die weiber klagen.

Der Prophet

Vnd sihe / fur der thür / am Tempel des HERRN / zwisschen der halle vnd dem Altar / da waren bey fünff vnd zwenzig menner / die jren rücken gegen den Tempel des HERRN / vnd jr angesicht gegen dem morgen gekeret hatten / vnd betten gegen der sonnen auffgang / Vnd er sprach zu mir / Menschen kind / Sihestu das? Ists dem Hause Juda zu wenig / das sie alle solche grewel hie thun? so sie doch sonst im gantzen lande eitel gewalt vnd vnrecht treiben / vnd faren zu vnd reitzen mich auch / vnd sihe / sie halten die meyen an die nasen.

(Die Meyen) Das ist eine weise gewest im Gottes dienst / wie bey vns / das geweihet saltz / wasser / würtze vñ der gleichen / dem Abgott zu ehren.

Darumb wil ich auch wider sie mit grim handeln / vnd mein auge sol jnen weder verschonen noch vbersehen / Vnd wenn sie gleich mit lauter stim / fur meinen ohren schreien / wil ich sie doch nicht hören.

IX.

Vnd er rieff mit lauter stim fur meinen ohren / vnd sprach / Es ist nahe komen / das die stad sol heimgesucht werden / Vnd ein jglicher hat ein mördlich woffen jnn seiner hand / Vnd sihe / Es kamen sechs menner auff dem wege / vom oberthor her / das gegen mitternacht stehet / vnd ein jglicher hatte ein schedlich woffen jñ seiner hand / Aber es war einer vnter jnen / der hatte leinwat an / vnd einen schreibzeug an seiner seiten / Vnd sie giengen hinein vnd tratten neben den ehern Altar.

Vnd die herrligkeit des Gottes Israel erhub sich von dem Cherub / vber dem sie war / zu der schwelle am Hause / vnd rieff dem / der die linwat anhatte / vnd den schreibezeug an seiner seiten / Vnd der HERR sprach zu jm / Gehe durch die stad Jerusalem / vnd zeichen mit einem zeichen an die stirn / die leute / so da seuffzen vnd jamern vber alle grewel / so drinnen geschehen / Zu jenen aber sprach er / das ichs höret / Gehet diesem nach durch die stad / vnd schlahet drein / Ewr augen sollen nicht schonen / noch vbersehen / Erwürget / beide alte / jünglinge / jungfrawen / kinder vnd weiber / alles tod / Aber die das zeichen an sich haben / der solt jr keinen anrüren / Fahet aber an / an meinem heiligthum / Vnd sie fiengen an / an den alten leuten / so vor dem Hause waren.

Verunreinigt das Haus / vnd macht die Vorhöfe / vol todter leichnam / Gehet heraus / Vnd sie giengen heraus / vnd schlugen jnn der stad / Vnd da sie ausgeschlagen hatten / war ich noch vbrig / Vnd ich fiel auff mein angesichte / schrey vnd sprach / Ach HErr HERR / wiltu denn alle vbrigen jnn Israel verderben? das du deinen zorn so ausschüttest vber Jerusalem.

Vnd er sprach zu mir / Es ist die missethat des Hauses Israel vnd Juda allzu seer gros / Es ist eitel gewalt vnd vnrecht im lande vnd jnn der stad / Denn sie sprechen / Der HERR hat das land verlassen / Vnd der HERR sihet vns nicht / Darumb sol mein auge auch nicht schonen / Sondern ich wil mit jnen vmbgehen / wie sie verdienet haben / Vnd sihe / der man / der die linwat an hatte / vnd den schreibzeug an seiner seiten / antwortet vnd sprach / Ich hab gethan / wie du mir geboten hast. Vnd ich

Hesekiel. LXXXVII.

men vnd alle schewel vnd grewel draus weg thun/ Vnd wil euch ein eintrechtig hertz geben/vnd einen newen Geist jnn euch geben. Vnd wil das steinern hertz weg nemen aus ewrem leibe/vnd ein fleischern hertz geben/auff das sie jnn meinen sitten wandeln/ vnd meine rechte halten/vnd darnach thun/Vnd sie sollen mein volck sein/ so wil ich jr Gott sein/ Denen aber/ so nach jres hertzen schewlen vnd grewlen wandeln/wil ich jr thun auff jren kopff werffen/ spricht der HErr HERR.

Da schwungen die Cherubim jre flügel/ vnd die reder giengen neben jnen/ Vnd die herrligkeit des Gottes Israel/ war oben vber jnen/Vnd die herrligkeit des HERRN erhub sich aus der stad/ vnd stellet sich auff den berg/ der gegen morgen fur der stad ligt/ Vnd ein wind hub mich auff/ vnd bracht mich im gesicht vnd im Geist Gottes jnn Chaldea/ zu den gefangenen/Vnd das gesicht/ so ich gesehen hatte/verschwand fur mir/ Vnd ich saget den gefangenen alle wort des HERRN/ die er mir gezeigt hatte.

XII.

VNd des HERRN wort geschach zu mir/ vnd sprach/ Du menschen kind/ du wonest vnter einem vngehorsam volck/ welchs hat wol augen/ das sie sehen kondten/vnd wollen nicht sehen/ohren das sie hören kondten/vnd wollen nicht hören/ Sondern es ist ein vngehorsam volck/ Darumb du menschen kind/ Schicke dich/ das du wanderst/vnd zeuch am liechten tage davon fur jren augen/Von deinem ort soltu zihen an eine andern ort fur jren augen/ ob sie villeicht mercken wolten/ das sie ein vngehorsam volck sind/Vnd solt dein gerete eraus thun/ als woltestu wandern/ bey liechtem tage fur jren augen/ Vnd du solt auszihen des abends fur jren augen/ gleich wie man auszeucht/ wenn man wandern wil/ Vnd du solt durch die wand brechen fur jren augen/ vnd daselbs durch aus zihen fur jren augen/ Vnd du solt es auff deine schulter nemen/fur jren augen/vnd wenn es tunckel worden ist/ eraus tragen/ Dein angesicht soltu verhüllen/ das du das land nicht sehest/ Denn ich hab dich dem Hause Israel zum wunderzeichen gesetzt.

Vnd ich thet/ wie mir befolhen war/ vnd trug mein gerete eraus/ als wolt ich wandern/ bey liechtem tage/ Vnd am abend brach ich mit der hand durch die wand/ Vnd da es tunckel worden war/ nam ichs auff die schulter/ vnd trugs eraus fur jren augen.

Vnd frue morgens geschach des HERRN wort zu mir/ vnd sprach/ Menschen kind/ hat das Haus Israel/ das vngehorsam volck/ nicht zu dir gesagt? Was machstu? So sprich zu jnen/ So spricht der HErr HERR/Diese Last betrifft den Fürsten zu Jerusalem/vnd das gantze Haus Israel/ das da ist. Sprich/ Ich bin ewr wunderzeichen/ wie ich gethan habe/ also sol euch geschehen/ das jr wandern müsset/vnd gefangen gefurt werden/ Jr Fürste wird auff der schulter weg gefüret werden im tunckel/ vnd mus aus zihen durch die wand/ so sie brechen werden/ das sie da durch aus zihen/ Sein angesicht wird verhüllet werden/ das er mit keinem auge das land sehe.

p   Ich wil

Der Prophet

Ich wil auch mein netze vber jn werffen/ das er jnn meiner jaget gefangen werde/ vnd wil jn gen Babel bringen jnn der Chaldeer land/ das er doch nicht sehen wird/ vnd sol daselbst sterben/ Vnd alle die vmb jn her sind/ seine gehülffen vnd anhang wil ich vnter alle win de zerstrewen/ vnd das schwerd hinder jnen her aus ziehen/ Also sollen sie erfaren/ das ich der HERR sey/ wenn ich sie vnter die Heiden verstosse/ vnd jnn die lender zerstrewe/ Aber ich wil jr etliche wenig/ vberbleiben lassen fur dem schwerd/ hunger vnd Pestilentz/ die sollen jener grewel erzelen vnter den Heiden/ dahin sie komen werden/ vnd sollen erfaren/ das ich der HERR sey.

(Nicht sehen) Denn seine augen wurden jm zu Riblath ausgestochen/ Jere. 52. Also sahe er den König zu Babel/ wie Jeremias sagt/ Vnd sach doch Babel nicht/ wie Hesekiel sagt/ welche zwey stück die Jüden widernander lautent fur lügen hielten.

Vnd des HERRN wort geschach zu mir/ vnd sprach/ Du menschen kind/ Du solt dein brot essen mit beben/ vnd dein wasser trincken mit zittern vnd sorgen/ Vnd sprich zum volck im lande/ So spricht der HErr HERR von den einwonern zu Jerusalem im Lande Israel/ Sie müssen jr brot essen jnn sorgen/ vnd jr wasser trincken jnn elend/ Denn das land sol wüst werden von allem das drinnen ist/ vmb des freuels willen aller einwoner/ vnd die stedte/ so wol bewonet sind/ sollen verwüstet/ vnd das land öde werden/ Also solt jr erfaren/ das ich der HERR sey.

Vnd des HERRN wort geschach zu mir/ vnd sprach/ Du menschen kind/ was habt jr fur ein sprichwort im lande Israel? vnd sprecht/ Weil sichs so lange verzeucht/ so wird nu fort nichts aus ewr weissagunge/ Darumb sprich zu jnē/ So spricht der HErr HERR/ Ich wil das sprichwort auffheben/ das man es nicht mehr füren sol jnn Israel/ Vnd rede zu jnen/ Die zeit ist nahe/ vnd alles/ was geweissagt ist/ Denn jr solt nu fort jnne werden/ das keine gesicht feilen/ vnd keine weissagung liegen wird/ wider das Haus Israel/ Denn ich bin der HERR/ was ich rede/ das sol geschehen/ vnd nicht lenger verzogen werden/ Sondern bey ewr zeit/ jr vngehorsams volck/ wil ich thun/ was ich rede/ spricht der HErr HERR.

Vnd des HERRN wort geschach zu mir/ vnd sprach/ Du menschen kind/ Sihe/ das Haus Israel spricht/ Das gesicht/ das dieser sihet/ da ist noch lange hin/ vnd weissagt auff die zeit/ so noch ferne ist/ Darumb sprich zu jnen/ So spricht der HErr HERR/ Was ich rede/ sol nicht lenger verzogen werden/ Sondern sol geschehen/ spricht der HErr HERR.

XIII.

Vnd des HERRN wort geschach zu mir/ vnd sprach/ Du menschen kind/ weissage wider die Propheten Israel/ vnd sprich zu denen/ so aus jrem eigē hertzen weissagen/ Höret des HERRN wort/ So spricht der HErr HERR/ Weh den tollen Propheten/ die jrem eigen Geist folgen/ vnd haben doch nicht gesichte/ O Israel/ deine Propheten sind/ wie die füchse jnn den wüsten/ Sie treten nicht fur die lücken/ vnd machen sich nicht zur hürten vmb das Haus Israel/ vnd stehen nicht im streit/ am tage des HERREN/ Jr gesichte ist nichts/ vnd jr weissagen ist eitel lügen/ Sie sprechen/ Der HERR hats gesagt/ So sie doch der HERR nicht ge-

(Gesichte) Jre predigt vnd lere.

Hesekiel. LXXXVIII.

nicht gesand hat/ vnd mühen sich/ das sie jr ding erhalten/ Ists nicht also/ das ewr gesichte ist nichts/ vnd ewr weissagen ist eitel lügen/ vnd sprecht doch/ der HERR hats geredt/ So ichs doch nicht geredt habe?

Darumb spricht der HErr HERR also/ Weil jr das predigt/ da nichts aus wird/ vnd lügen weissaget/ So wil ich an euch/ spricht der HErr HERR/ vnd meine hand sol komen vber die Propheten/ so das predigen/ da nichts aus wird/ vnd lügen weissagen/ Sie sollen jnn der versamlunge meines volcks nicht sein/ vnd jnn die zal des Hauses Israel nicht geschrieben werden/ noch jns Land Israel komen/ vnd jr solt erfaren/ das ich der HErr HERR bin/ Darumb/ das sie mein volck verfüren/ vnd sagen/ fride/ So doch kein fride ist/ Das volck bawet die wand/ so tünchen sie die selben mit losem kalck.

Sprich zu den tünchern/ die mit losem kalck tünchen/ das abfallen wird/ Denn es wird ein platz regen komen/ vnd werden grosse hagel fallen/ vnd wird ein wind würbel drein stürmen/ Sihe/ so wird die wand einfallen/ Was gilts/ denn wird man zu euch sagen/ Wo ist nu das getünchte/ das jr getüncht habt?

So spricht der HErr HERR/ Ich wil einen wind würbel stürmen lassen jnn meinem grim/ vnd einen platz regen jnn meinem zorn/ vnd grosse hagel steine im grim/ die sollens alles vmbstossen/ Also wil ich die wand vmbwerffen/ die jr mit losem kalck getüncht habt/ vnd wil sie zu boden stossen/ das man jren grund sehen sol das sie da lige/ vnd jr solt drinnen auch vmbkomen/ vnd erfaren/ das ich der HERR sey/ Also wil ich meinen grim volenden an der wand/ vnd an denen/ die sie mit losem kalck tünchen/ vnd zu euch sagen/ Die ist weder wand noch tüncher/ Das sind die Propheten Israel/ die Jerusalem weissagen/ vnd predigen von fride/ so doch kein fride ist/ spricht der HErr HERR.

Vnd du menschen kind/ richte dein angesichte wider die töchtere jnn deinem volck/ welche weissagen aus jrem hertzen/ vnd weissage wider sie/ vnd sprich/ So spricht der HErr HERR/ Weh euch/ die jr küssen machet den leuten vnter die arme/ vnd pföle zu den heubten/ beide jungen vnd alten/ die seelen zu fahen/ Wenn jr nu die seelen gefangen habt vnter meinem volck/ verheisst jr den selbigen das leben/ vnd entheiliget mich jnn meinem volck/ vmb einer hand vol gersten vnd bissen brots willen/ damit/ das jr die seelen zum tod verurteilet/ die doch nicht solten sterben/ vnd vrteilet die zum leben/ die doch nicht leben solten/ durch ewr lügen vnter meinem volck/ welchs gern lügen höret.

Darumb spricht der HErr HERR/ Sihe/ ich wil an ewr küssen/ damit jr die seelen fahet vnd vertröstet/ vnd wil sie von ewren armen weg reissen/ vnd die seelen/ so jr fahet vnd vertröstet/ los machen/ vnd wil ewre pföle zureissen/ vnd mein volck aus ewr hand erretten/ das jr sie nicht mehr fahen sollet/ vnd sollet erfaren/ das ich der HERR sey/ Darumb/ das jr das hertz der gerechten/ felschlich betrübt/ die ich nicht betrübet habe/ vnd habt gestcerkt die hende der Gottlosen/ das sie sich von jrem bösen wesen nicht bekeren/ damit sie lebendig möchten bleiben/ Darumb solt jr nicht mehr vnnütze lere predigen/

(Wand bawen) Das ist/ erbeiten vñ thun/was man leret/ Tünchen ist verheissen vnd trösten/ das es solle gut werden/ So doch beides verloren ist/ vnd eitel falsche lügen sind.

Frume hertzen erschrecken fur Gottes namen/ Darumb/ werden sie leicht beschweret vnd gefangen/ mit falscher lere/ vnter Gottes namen fur gebracht.

p ij noch

Der Prophet

noch weissagen/ Sondern ich wil mein volck aus ewren henden erretten/ vnd jr solt erfaren/ das ich der HERR bin.

XIIII.

Vnd es kamen etliche von den Eltesten Jsrael zu mir/ vnd satzten sich bey mich/ Da geschach des HERRN wort zu mir/ vnd sprach/ Menschen kind/ Diese leute hangen mit jrem hertzen an jren Götzen/ vnd halten ob dem ergernis jrer hurerey/ Solt ich denn jnen antworten/ wenn sie mich fragen? Darumb rede mit jnen vn̄ sage zu jnen/ So spricht der HErr HERR/ Welcher mensch vom Hause Jsrael mit dem hertzen an seinem Götzen hanget/ vnd hellt ob dem ergernis seiner Abgötterey/ vnd kompt zum Prophetē/ So wil ich der HERR dem selbigen antworten/ wie er verdienet hat mit seiner grossen Abgötterey/ auff das das Haus Jsrael betrogen werde jnn jrem hertzen/ Darumb/ das sie von mir gewichen sind/ durch mancherley Abgötterey.

Darumb soltu zum Hause Jsrael sagen/ So spricht der HErr HERR/ Keret vnd wendet euch von ewr Abgötterey/ vnd wendet ewr angesicht von allen ewrn greweln/ Denn welcher mensch vom Hause Jsrael oder frembdlinger so jnn Jsrael wonet/ von mir weichet/ vnd mit seinem hertzen an seinem Götzen henget/ vnd ob dem ergernis seiner Abgötterey hellt/ vnd zum Propheten kompt/ das er durch jn mich frage/ dem wil ich der HERR selbs antworten/ vnd wil mein angesicht wider den selbigen setzen/ vnd jn zum zeichen vnd sprichwort machen/ vnd wil jn aus meinem volck rotten/ das jr erfaren solt/ ich sey der HERR.

Wo aber ein falscher Prophet anders predigt/ den wil ich der HERR widerumb lassen recht anlauffen/ Vnd wil meine hand vber jn ausstrecken/ vnd jn aus meinem volck Jsrael rotten/ Also sollen sie beide jre missethat tragen/ wie die missethat des fragers/ also sol auch sein die missethat des Propheten/ auff das sie nicht mehr das Haus Jsrael verfüren von mir/ vnd sich nicht mehr verunreinigen jnn allerley jrer vbertrettung/ Sondern sie sollen mein volck sein/ vnd ich wil jr Gott sein/ spricht der HErr HERR.

Vnd des HERRN wort geschach zu mir/ vnd sprach/ Du menschen kind/ Wenn das land an mir sundigt/ vnd dazu mich verschmehet/ So wil ich meine hand vber dasselbe ausstrecken/ vnd den vorrat des brots weg nemen/ vnd wil theurung hinein schicken/ das ich beide menschen vnd vihe drinnen ausrotte/ Vnd wenn denn gleich die drey menner/ Noah/ Daniel vnd Hiob drinnen weren/ So würden sie allein jr eigen seele erretten durch jre gerechtigkeit/ spricht der HErr HERR.

Vnd wenn ich böse thiere jnn das land bringen würde/ die die leute auff reumeten/ vnd daselb verwüsten/ das niemand drinnen wandeln kunde fur den thieren/ vnd diese drey menner weren auch drinnen/ So war ich lebe/ spricht der HErr HERR/ Sie wurden weder söne noch töchter erretten/ sondern allein sich selbs/ vnd das land müste öde werden. Oder wo

Hesekiel. XCIX.

Oder wo ich das schwerd komen liesse vber das land/ vnd spreche/ Schwerd/ fare durchs land/ vnd würde also beide menschen vnd viehe ausrotten/ vnd die drey menner weren drinnen/ So war ich lebe/ spricht der HErr HERR/ sie würden weder sône noch tôchter erretten/ Sondern sie allein würden errettet sein.

Oder so ich Pestilentz jnn das land schicken/ vnd meinen grim vber dasselbige ausschütten würde/ vnd blut störtzen/ also/ das ich beide menschen vnd viehe ausrotte/ Vnd Noah/ Daniel vnd Hiob weren drinnen/ So war ich lebe/ spricht der HErr HERR/ würden sie weder sône noch tôchter/ sondern allein jr eigen seele durch jre gerechtigkeit erretten.

Denn so spricht der HErr HERR/ So ich meine vier bôse straffen/ als/ Schwerd/ hunger/ bôse thiere/ vnd Pestilentz vber Jerusalem schicken würde/ das ich drinnen ausrottet/ beide menschen vnd viehe/ Sihe/ so sollen etliche drinnen vbrige dauon komen/ die sône vnd tôchter heraus bringen werden/ vnd zu euch an her komen/ das jr sehen werdet/ wie es jnen gehet/ vnd euch trôsten vber dem vnglück/ das ich vber Jerusalem habe komen lassen/ sampt allem andern/ das ich vber sie hab komen lassen/ Sie werden ewr trost sein/ wenn jr sehen werdet/ wie es jnen gehet/ Vnd werdet erfaren/ das ich nicht on vrsache gethan habe/ was ich drinnen gethan habe/ spricht der HErr HERR.

(Trost) Die gefangenen zu Babylon wurden fro/ das die zu Jerusalem auch müsten zu jnen komen gefangen/ von welchen sie als die abtrünnigen schmelich gehönet waren.

XV

Vnd des HERRN wort geschach zu mir/ vnd sprach/ Du menschen kind/ Wozu sind die dürren reben gut? Nimpt man es auch/ vnd macht etwas draus? Oder macht man auch einen nagel draus/ daran man etwas müge hengen/ wie man aus anderm holtz macht/ Sihe/ Man wirffts jns feur/ das verzehret wird/ das seine beide ort das feur verzehret/ vnd sein mittels verbrennet/ Wozu solt es nu tügen? Taugs denn auch zu etwas? Sihe/ da es noch gantz war/ kundte man nichts draus machen/ Wie viel weniger kan nu fort mehr etwas draus gemacht werden/ so es das feur verzehret vnd verbrand hat?

Darumb spricht der HErr HERR/ Gleich/ wie ich die dürren reben fur anderm holtz/ dem feur zu verzeren gebe/ also wil ich mit den einwonern zu Jerusalem auch vmbgehen/ vnd wil mein angesicht wider sie setzen/ das sie dem feur nicht entgehen sollen/ sondern das feur sol sie fressen/ Vnd jr solts erfaren/ das ich der HERR bin/ wenn ich mein angesicht wider euch setze/ vnd das land wüste mache/ darumb/ das sie mich verschmehen/ spricht der HErr HERR.

XVI

Vnd des HERRN wort geschach zu mir/ vnd sprach/ Du menschen kind/ Offenbare der Stad Jerusalem jre grewel/ vnd sprich/ So spricht der HErr HERR zu Jerusalem/ Dein Vaterland/ vnd dein geschlecht ist aus der Cananiter lande/ Dein Vater aus den Amoritern/ vnd deine mutter aus den Hethitern/ Dein geschlecht hat dir deinen nabel/ da du geborn wurdest/ nicht verschnitten/

Der Prophet

schnitten / So hat man dich auch mit wasser nicht gebadt / das du sauber würdest / noch mit saltz gerieben / noch jnn windel gewickelt / Denn niemand jamerte dein / das er sich vber dich hette erbarmet / vnd der stück eins / dir erzeigt / Sondern du wurdest auffs feld geworffen / also veracht war deine seele / da du geboren warest.

Ich aber gieng fur dir vber / vnd sahe dich jnn deinem blut ligen / Vnd sprach zu dir / Du solt leben / da du jnn deinem blut lagest / Ja zu dir sprach ich / da du so jnn deinem blut lagest / Du solt leben / Vnd hab dich erzogen vnd lassen gros werden / wie ein gewechs auff dem felde / Vnd warest nu gewachsen / vnd gros / vnd schön worden / Deine brüste waren gewachsen / vnd hattest schon lange har gekriegt / Aber du warest noch blos vnd beschamet / Vnd ich gieng fur dir vber / vnd sahe dich an / Vnd sihe / du warest manbar / Da breitet ich meinen gern vber dich / vnd bedeckt deine scham / Vnd ich gelobet dirs / vnd begab mich mit dir jnn einen Bund / spricht der HErr HERR / das du soltest mein sein / Vnd ich badet dich mit wasser vnd wusch dich von deinem blut / vnd salbete dich mit Balsam / vnd kleidete dich mit gestickten kleidern / vnd zoch dir semische schuch an / Ich gab dir feine leinen kleider / vnd seidene schleyer / vnd zieret dich mit kleinoten / vnd legt die geschmeid an deine arm / vnd ketlin an deinen hals / vnd gab dir stirnspangen an deine stirn / vnd ohren ringe an deine ohren / vnd eine schöne krone auff dein heubt / Summa / du warest gezieret mit eitel gold vnd silber / vnd gekleidet mit eitel linwat / seiden vnd gesticktem / Du assest auch eitel semel / honig vnd öle / vnd warest vber aus schöne / vnd bekamest das Königreich / Vnd dein rhum erschall vnter die Heiden / deiner schöne halben / welche gantz volkomen war durch den schmuck / so ich an dich gehengt hatte / spricht der HErr HERR.

Aber du verliessest dich auff deine schöne / vnd weil du so gerhümet warest / triebestu hurerey / also / das du dich einem jglichen / wer fur vber gieng / gemein machtest / vnd thettest seinen willen / Vnd namest von deinen kleidern / vnd machtest dir bundte Altar draus / vnd triebest deine hurerey drauff / als nie geschehen ist / noch geschehen wird / Du namest auch dein schön gerete / das ich dir von meinem gold vnd silber gegeben hatte / vnd machtest dir Mansbilder draus / vnd triebest deine hurerey mit den selben / Vnd namest deine gestickte kleider / vnd bedecktest sie damit / vnd mein öle vnd reuchwerck / legtestu jnen fur / Meine speise / die ich dir zu essen gab / semeln / öle / honig / legtestu jnen fur / zum süssen geruch.

Ja es kam dahin / spricht der HErr HERR / das du namest deine söne vnd töchter / die du mir gezeuget hattest / vnd opffertest sie den selben zu fressen / Meinstu denn / das ein geringes sey / vmb deine hurerey? das du mir meine kinder schlachtest / vnd lessest sie den selben verbrennen / Noch hastu jnn allen deinen greweln vnd hurerey / nie gedacht an die zeit deiner jugent / wie blos vnd nacket du warest / vnd jnn deinem blut lagest.

Vber alle diese deine bosheit (ah weh / weh dir) spricht der HErr

Hesekiel

HErr HERR/ bawetestu dir berg kirchen/ vnd machtest dir berg Altar/ auff allen gassen/ vnd forn an auff allen strassen/ bawetestu deine berg Altar/ vnd machtest deine schöne zu eitel grewel/ du gretest mit deinen beinen gegen allen/ so fur vber giengen/ vnd triebest grosse hurerey/ Erstlich/ triebestu hurerey mit den kindern Egypti deinen nachbarn/ die gros fleisch hatten/ vnd triebest grosse hurerey mich zu reitzen/ Ich aber streckte meine hand aus wider dich/ vnd stenrete solcher deiner weise/ vnd vbergab dich jnn den willen deiner feinde/ den töchtern der Philister/ welche sich schemeten fur deinem verruchten wesen.

Darnach triebestu hurerey mit den kindern Assur/ vnd kundtest des nicht sat werden/ Ja/ da du mit jnen hurerey getrieben hattest/ vnd des nicht satt werden kundtest/ machtestu der hurerey noch mehr/ mit den Kauffherrn aus Chaldea/ noch kundtestu damit auch nicht sat werden/ Wie sol ich dir doch dein hertz beschneiten/ spricht der HErr HERR/ weil du solche werck thust/ einer grossen ertz huren? damit/ das du deine berg kirchen bawest/ forn an auff allen strassen/ vnd deine Altar machtest auff allen gassen/ Dazu warestu nicht/ wie eine andere hure/ die man mus mit geld keuffen/ noch wie die ehebrecherin/ die an stat jres mannes andere zu lesst/ Denn allen andern huren gibt man geld/ Du aber gibest allen deinen bulern geld zu/ vnd schenckest jnen/ das sie zu dir komen allenthalben/ vnd mit dir hurerey treiben/ Vnd findet sich an dir das wider spiel/ fur andern weibern/ mit deiner hurerey/ weil man dir nicht nach leufft/ sondern du gelt zu gibest/ vnd man dir nicht geld zu gibt/ Also treibstu das wider spiel.

Darumb du Hure/ höre des HERRN wort/ So spricht der HErr HERR/ Weil du denn so milde geld zu gibst/ vnd deine scham/ durch deine hurerey/ gegen deine bulen/ entblössest/ vnd gegen alle Götzen deiner grewel/ vnd vergeussest das blut deiner kinder welche du jnen opfferst/ Darumb/ sihe/ wil ich samlen alle deine bulen/ mit welchen du wollust getrieben hast/ sampt allen/ die du fur freunde heltest/ zu deinen feinden/ vnd wil sie beide widder dich samlen allenthalben/ vnd wil jne deine schame blössen/ das sie deine schame gar sehen sollen/ vnd wil das recht der ehebrecherin vnd blut vergiesserin vber dich gehen lassen/ vnd wil dein blut stürtzen mit grim vnd eiuer/ Vnd wil dich jnn jre hende geben/ das sie deine bergkirchen abbrechen/ vnd deine berg altar vmbreissen/ vnd dir deine kleider auszihen/ vnd dein schön gerete dir nemen/ vnd dich nacket vnd blos sitzen lassen.

Vnd sollen hauffen leute vber dich bringen/ die dich steinigen/ vnd mit jren schwertern zu hawen/ vnd deine heuser mit feur verbrennen/ vnd dir dein recht thun/ fur den augen vieler weiber/ Also wil ich deiner hurerey ein ende machen/ das du nicht mehr solt geld noch zu geben/ vnd wil meinen mut an dir külen/ vnd meinen einer an dir settigen/ das ich ruge vnd nicht mehr zürnen dürffe/ Darumb/ das du nicht gedacht hast an die zeit deiner jugent/ sondern mich mit diesem allen gereitzt/ Darumb wil auch ich dir alle dein thun auff den kopff legen/ spricht der HErr HERR/ Denn du fragest nicht darnach/ das du so mutwilliglich allerley grewel treibest.

(Schame) heisst hie nicht anders/ denn das sie weltlich verstöret vnd jr regiment zu nicht worden ist.

p iiij   Sihe/

Der Prophet

Sihe/ alle die/ so sprichwort pflegen zu vben/ werden von dir dis sprichwort sagen/ Die tochter ist/ wie die mutter/ Du bist deiner mutter tochter/ welche von jrem man vnd kindern lieff/ Vnd bist eine schwester deiner schwestern/ die von jren mennern vnd kindern lieffen/ Ewr mutter ist eine von den Hithitern/ vnd ewr Vater ein Amoriter/ Samaria ist deine grosse schwester/ mit jren töchtern/ die dir zur lincken wonet/ Vnd Sodom ist dein kleine schwester/ mit jren töchtern/ die zu deiner rechten wonet/ Wie wol du dennoch nicht gelebt hast nach jrem wesen/ noch gethan/ nach jren greweln/ Es feilet nicht weit/ das du es erger gemacht hast/ weder sie/ jnn allem deinem wesen.

(Hohmut) Heisst Gott trotzen/ sein wort verachten/ vnd sich auff eigene weisheit vñ macht verlassen/ gleich als were kein Gott/ Wo solche verachtung Gottes ist/ da zu die fülle vnd gutter fride/ da folget aller mutwil.

So war ich lebe/ spricht der HErr HERR/ Sodom deine schwester/ sampt jren töchtern/ hat nicht so gethan/ wie du vnd deine töchter/ Sihe/ das war deiner schwester Sodom missethat/ hohmut vnd alles vol auff/ vnd guter fried/ den sie vnd jre töchter hatten/ Aber dem armen vnd dürfftigen hetten sie vngern die hand gereicht/ sondern waren stoltz vnd thetten grewel fur mir/ Darumb ich sie auch weg gethan habe/ da ich begonst drein zu sehen.

So hat auch Samaria/ nicht die helfft deiner sunde gethan/ Sondern/ du hast deiner grewel so viel mehr/ vber sie/ gethan/ das du deine schwester gleich frum gemacht hast/ gegen alle deine grewel/ die du gethan hast/ So trage auch nu deine schande/ die du deine schwester frum machest durch deine sunde/ jnn welchen du grösser grewel/ denn sie/ gethan hast/ vnd machst sie frümer denn du bist/ So sey nu auch du schamrot/ vnd trage deine schande/ das du deine schwester frum gemacht hast.

(Dieser Sodom) Sodom bedeut hie Juda/ Allegorice.

Ich wil aber jr gefengnis wenden/ nemlich/ das gefengnis dieser Sodom vnd jrer töchter/ vnd das gefengnis dieser Samaria vnd jrer töchter/ vnd die gefangen deines jtzigen gefengnis/ sampt jnen/ das du tragen müssest deine schande vnd hohn/ fur alles das du gethan hast/ vnd dennoch jr getröstet werdet/ Vnd deine schwester diese Sodom vnd jre töchter sollen bekeret werden/ wie sie vor gewesen sind/ Vnd Samaria vnd jre töchter sollen bekeret werden/ wie sie vor gewesen sind/ dazu du auch vnd deine töchter sollet bekeret werden/ wie jr vor gewesen seid/ Vnd wirst nicht mehr dieselbige Sodom deine schwester rhümen/ wie zur zeit deines hohmuts/ da deine bosheit noch nicht entdeckt war/ als zur zeit/ da dich die töchter Syrie/ vnd die töchter der Philister/ allenthalben schendeten/ vnd verachteten dich vmb vnd vmb/ da jr mustet ewr laster vnd grewel tragen/ spricht der HErr HERR.

Denn also spricht der HErr HERR/ Ich wil dir thun/ wie du gethan hast/ das du den eid verachtest vnd brichst den Bund/ Ich wil aber gedencken an meinen Bund/ den ich mit dir gemacht habe/ zur zeit deiner jugent/ vñ wil mit dir einen ewigen Bund auffrichten/ Da wirstu an deine wege gedencken/ vnd dich schemen/ wenn du deine grosse vnd kleine schwestern zu dir nemen wirst/ die ich dir zu töchtern geben werde/ aber nicht aus deinem Bund/ Sondern wil meinen Bund mit dir auffrichten/ das du erfaren solt/ das ich der HERR sey/ auff das du dran gedenckest/ vnd dich schemest/ vnd fur schanden nicht

Hesekiel

den nicht mehr deinen mund auff thun thürest/wenn ich dir alles vergeben werde/das du gethan hast/spricht der HErr HERR.

XVII.

Vnd des HERRN wort geschach zu mir/vnd sprach/ Du menschen kind/Lege dem Hause Jsrael ein retzel fur/vnd ein gleichnis/vñ sprich/So spricht der HErr HERR/ Ein grosser Adeler mit grossen flügeln vnd langen sittichen vnd vol feddern/ vnd bund/ kam auff Libanon/ vnd nam die zweige von den Cedern/ vnd brach den öbersten zweig abe/ vnd füret den ins Kremer land/vnd setzt jn jnn die stad/da man handelt/ Er nam auch samen aus dem selbigen lande/vnd seet jn jnn dasselb gute land/ da viel wassers ist/vnd macht jn zum wechter/ Vnd er wuchs vnd ward ein grosser weinstock/doch nidriges stammes/ Denn seine reben bogen sich nider/gegen seine wurtzeln/ Vnd war also ein weinstock/der reben kreig vnd bletter.

Vnd da war ein ander grosser Adeler mit grossen flügeln vnd vielen feddern/Vnd sihe/der weinstock/hatte verlangen an seinen wurtzelen zu diesem Adeler/ vnd streckt seine reben aus gegen jm/ das er gewessert wurde von seinen furchten/ vnd war doch auff ein guten boden/ an viel wasser gepflantzt/ das er wol hette können zweige bringen/ frucht tragen/ vnd ein grosser weinstock werden.

So sprich nu/Also sagt der HErr HERR/ Solt der geraten? Ja man wird seine wurtzel ausrotten/ vnd seine früchte abreissen/vñ wird alle seine gewachsen reben vertrocken/ das sie verdorren/ vnd wird nicht geschehen durch grossen arm/ noch viel volcks/ auff das man jn von seinen reben weg füre/Sihe/ Er ist zwar gepflantzt/ Aber solt er geraten? Ja/ So bald jn der Ostwind rüren wird/wird er verdorren/auff seinen furchen.

Vnd des HERRN wort geschach zu mir/ vnd sprach/ Lieber sprich zu dem vngehorsamen volck/Wisset jr nicht/was das ist? Vnd sprich/ Sihe/ Es kam der König zu Babel gen Jerusalem/ vnd nam jren König vnd jre Fürsten/ vnd furet sie weg/ zu sich gen Babel/ vnd nam von dem Königlichen samen/ vnd macht einen Bund mit jm/vñ nam einen eid von jm/aber die gewaltigen im lande nam er weg/damit das Königreich demütig bliebe/ vnd sich nicht erhübe/ auff das sein Bund gehalten würde vnd bestünde.

Aber derselbe (same) fiel von jm abe/ vnd sandte seine botschafft jnn Egypten/ das man jm rosse vnd viel volcks schicken solte/ Solts dem geraten? Solt er davon komen/ der solchs thut? Vnd solt der/ so den Bund bricht/ davon komen? So war ich lebe/ spricht der HErr HERR/ An dem ort des Königes/ der jn zum Könige gesetzt hat/ welchs eid er veracht/ vnd welchs Bund er gebrochen hat/ da sol er sterben/ nemlich/ zu Babel/ Auch wird jm Pharao nicht bey stehen im kriege/ mit grossem heer vnd viel volcks/ wenn man die schutt auffwerffen wird/vnd die bolwerck bawen/ das viel leute vmbbracht werden/ Denn weil er den eid veracht
vnd den

(Adeler) Die Jüden zu Jerusalem verspotten die Propheten/ vnd die leut/ die sich ergeben hatten an König zu Babel/ vnd hatten sich gen Babel füren lassen/ Darumb predigt Hesekiel hie das gewislich die vbrigen zu Jerusalem auch weg müssen/ die vom König zu Babel abgefallen waren/ vnd verliessen sich auff der Egypter hülff/ Der erst Adeler ist/ der König von Babel/ Der öberst zweig auff Libano/ ist der König Jeconia/ der weg gefurt ward/Das Kremer land/ ist Babel/ Der Same zum Wechter gemacht/ ist Zedechia/ der sucht hülff bey dem Könige jnn Egypten/ Dis ist der ander Adeler/ Aber es halff jn nicht.

Der Prophet

vnd den Bund gebrochen hat / darauff er seine hand gegeben hat / vnd solchs alles thut / wird er nicht dauon komen.

Darumb spricht der HErr HERR also / So war als ich lebe / So wil ich meinen eid / den er veracht hat / vnd meinen Bund / den er gebrochen hat / auff seinen kopff bringen / Denn ich wil mein netz vber jn werffen / vnd mus jnn meinem garn gefangen werden / vnd wil jn gen Babel bringen / vnd wil daselbst mit jm rechten / vber dem / das er sich also an mir vergriffen hat / Vnd alle seine flüchtigen / die jm an hiengen / sollen durchs schwerd fallen / vnd jre vbrigen sollen jnn alle winde zerstrewet werden / Vnd solts erfaren / das ichs der HERR geredt habe.

(Einen zweig) Den Herren Christum / der ist vom hohē Cederbaum das ist / aus Gottes volck vnd vom stam Dauid.

So spricht der HErr HERR / Ich wil auch also einen Zweig von einem hohen Cedern baum nemen / vnd oben von seinen zweigen brechen / vnd wils auff einen hohen berg pflantzen / nemlich / auff den hohen berg Israel / wil ichs pflantzen / das es zweige gewinne vnd früchte bringe / vnd ein grosser Ceder baum werde / also / das allerley vogel vnter jm vnd vnter dem schatten seiner zweige wonen vnd bleiben mügen / vnd sollen alle feld beume erfaren / das ich der HERR den hohen baum genidriget / vnd den nidrigen baum erhöhet habe / vnd den grünen baum ausgedorret / vnd den dürren baum grünend gemacht habe / Ich der HERR rede es / vnd thu es auch.

XVIII.

Vnd des HERRN wort geschach zu mir / vnd sprach / Was treibt jr vnter euch im lande Israel / dis sprichwort vnd sprecht / Die Veter haben heerlinge gessen / aber den kindern sind die zeene dauon stumpff worden / So war als ich lebe / spricht der HErr HERR / Solch sprichwort sol nicht mehr vnter euch gehen jnn Israel / Denn sihe / alle seelen sind mein / des Vaters seele ist so wol mein / als des sons seele / Welche seele sündigt / die sol sterben.

Wenn nu einer frum ist / der recht vnd wol thut / der auff den bergen nicht isset / der seine augen nicht auffhebt zu den Götzen des Hauses Israel / vnd seines nehesten weib nicht befleckt / vnd ligt nicht bey der frawen jnn jrer kranckheit / der niemand beschediget / der dem schuldner sein pfand wider gibt / der niemand etwas mit gewalt nimpt / Der dem hungerigen sein brot mit teilet / vnd den nacketen kleidet / Der nicht wuchert / Der niemand vbersetzt / Der nicht hilfft vnrecht thun / Der zwisschen den leuten / recht vrteilet / Der nach meinen rechten wandelt / vnd meine gebot helt / das er ernstlich darnach thue / Das ist ein frumer man / der sol das leben haben / spricht der HErr HERR.

Wenn er aber einen son zeuget / vnd der selbige wird ein mörder der blut vergeusst / oder dieser stück eines thut / vnd der andern stück keines nicht thut / Sondern isset auff den bergen / vnd befleckt seines nehesten weib / beschediget die armen vnd elenden / mit gewalt etwas nimpt / das pfand nicht wider gibt / seine augen zu den Götzen auff hebt / damit er einen grewel begehet / gibt auff wucher / vbersetzt / Solt der leben? Er sol nicht leben / Sondern / weil er solche grewel gethan hat / sol er des todes sterben / Sein blut sol auff jm sein.

Wo

Hesekiel

Wo er aber einen son zeuget/ der alle solche sunde sihet/ so sein Vater thut/ vnd sich furchtet/ vnd nicht also thut/ Isset nicht auff den bergen/ hebt seine augen nicht auff zu den Götzen des Hauses Israel/ befleckt nicht seines nehesten weib/ beschediget niemand/ Behelt das pfand nicht/ Nicht mit gewalt etwas nimpt/ Teilet sein brod mit dem hungerigen/ vnd kleidet den nacketen/ Hilfft nicht wider den elenden/ Keinen wucher noch vbersatz nimpt/ Sondern meine gebot helt vnd/ nach meinen rechten lebet/ der sol nicht sterben vmb seines Vaters missethat willen/ sondern leben/ Aber sein Vater/ der gewalt vnd vnrecht geübt/ vnd vnter seinem volck gethan hat/ das nicht taug/ Sihe/ der selb sol sterben/ vmb seiner missethat willen.

So sprecht jr/ Warumb sol denn ein son nicht tragen seines Vaters missethat? Darumb/ das er recht vnd wol gethan/ vnd alle meine rechte gehalten vnd gethan hat/ sol er leben/ Denn welche seele sundigt/ die sol sterben/ Der son sol nicht tragen die missethat des Vaters/ Vnd der Vater sol nicht tragen die missethat des sons/ Sondern des gerechten gerechtigkeit sol vber jm sein/ vnd des vngerechten vngerechtigkeit sol vber jm sein.

Wo sich aber der Gottlose bekeret von allen seinen sunden/ die er gethan hat/ vnd hellt alle meine rechte/ vnd thut recht vnd wol/ so sol er leben vnd nicht sterben/ Es sol aller seiner vbertrettung/ so er begangen hat/ nicht gedacht werden/ Sondern sol leben vmb der gerechtigkeit willen/ die er thut/ Meinstu/ das ich gefallen habe am tode des Gottlosen (spricht der HErr HERR) vnd nicht viel mehr/ das er sich bekere von seinem wesen/ vnd lebe?

Vnd wo sich der gerechte keret von seiner gerechtigkeit/ vnd thut böses/ vnd lebet nach allen greweln/ die ein gotloser thut/ Solt der leben? Ja aller seiner gerechtigkeit/ die er gethan hat/ sol nicht gedacht werden/ Sondern jnn seiner Gottslesterung vnd sunden/ die er gethan hat/ sol er sterben/ Noch sprecht jr/ der HERR handelt nicht recht.

So höret nu jr vom Hause Israel/ Ist is nicht also/ das ich recht habe/ vnd jr vnrecht habt? Denn wenn der gerecht sich keret von seiner gerechtigkeit/ vnd thut böses/ so mus er sterben/ Er mus aber vmb seiner bosheit willen/ die er gethan hat/ sterben/ Widerumb/ wenn sich der Gottlose keret von seiner vngerechtigkeit/ die er gethan hat/ vnd thut nu recht vnd wol/ der wird seine seele lebendig behalten/ Denn weil er sich furcht vnd bekeret von seiner bosheit/ so sol er leben vnd nicht sterben.

Noch sprechen die vom Hause Israel/ Der HERR handelt nicht recht/ Solt ich vnrecht haben? Ir vom Hause Israel habt vnrecht/ Darumb wil ich euch richten/ jr vom Hause Israel/ einen jglichen nach seinem wesen/ spricht der HErr HERR/ Darumb/ so bekeret euch von aller ewr vbertrettung/ auff das jr nicht fallen müsset/ vmb der missethat willen/ Werfft von euch alle ewre vbertrettung/ da mit jr vbertretten habt/ vnd machet euch ein new hertz vnd newen Geist/ Denn warumb wiltu also sterben/ du Haus Israel? Denn ich hab kein gefallen am tod des sterbenden/ spricht der HErr HERR/ Darumb bekeret euch/ so werdet jr leben. Du aber

Der Prophet.
XIX.

(Junger lew)
Bedeut Joachas
den König Juda,
den der König
von Egypten hatte weg gefurt.

(Anders)
Bedeut Joakim
den König Juda,
den Nebucadnezar gefangē hatte.

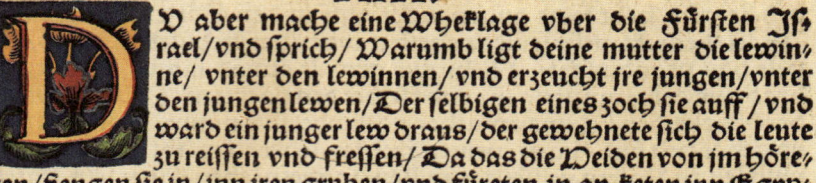

Du aber mache eine Wheklage vber die Fürsten Israel/ vnd sprich/ Warumb ligt deine mutter die lewinne/ vnter den lewinnen/ vnd erzeucht jre jungen/ vnter den jungen lewen/ Der selbigen eines zoch sie auff/ vnd ward ein junger lew draus/ der gewehnete sich die leute zu reissen vnd fressen/ Da das die Heiden von jm höreten/ fiengen sie jn/ jnn jren gruben/ vnd füreten jn an keten jnn Egypten land/ Da nu die mutter sahe/ das jre hoffnung verloren war/ nam sie ein anders aus jren jungen/ vnd machet einen jungen lewen draus/ da der vnter den lewinnen wandelt/ ward er ein junger lewe/ der gewonete auch/ die leute zu reissen vnd fressen/ Er verderbt jre heuser vnd jre stedte/ das das land vnd was drinnen ist/ fur der stim seines brüllens/ sich entsetzet/ Da legten sich die Heiden aus allen lendern rings vmb her/ vnd worffen ein netz vber jn/ vnd fiengen jn jnn jren gruben/ vnd stiessen jn jnn ein gatter/ vnd füreten jn an keten zum Könige zu Babel/ vnd man lies jn verwaren/ das seine stim nicht mehr gehöret wurde auff den bergen Israel.

Deine mutter war/ wie ein weinstock am wasser gepflantzt/ vnd jre frucht vnd reben/ wuchsen von dem grossen wasser/ das seine reben so starck wurden/ das sie zu herren scepter gut waren/ vnd ward hoch vnter den reben/ Vnd da man sahe/ das er so hoch vnd viel reben hatte/ ward er im grim zu boden gerissen vnd verworffen. Der Ostwind verdorrete seine frucht/ vnd seine starcke reben wurden zubrochen/ das sie verdorreten/ vnd verbrennet wurden/ Nu aber ist sie gepflantzt jnn der wüsten/ jnn einem dürren/ dürstigen lande/ Vnd ist ein feur ausgangen von jren starcken reben/ das verzehret jre frucht/ das jnn jr/ kein starcker reben mehr ist/ zu eines Herrn scepter/ Das ist ein kleglich vnd jemerlich ding.

XX.

Und es begab sich im siebenden jar/ am zehendē tage des fünfften monden/ kamen etliche aus den Eltesten Israel/ den HERRN zu fragen/ vnd satzten sich fur mir nider/ Da geschach des HERRN wort zu mir/ vnd sprach/ Du menschen kind/ Sage den Eltesten Israel/ vnd sprich/ zu jnen/ So spricht der HErr HERR/ Seid jr komen mich zu fragen/ So war ich lebe/ Ich wil euch kein antwort geben/ spricht der HErr HERR/ Aber wiltu sie straffen/ du menschen kind? So magstu sie also straffen/ Zeige jnen an die grewel jrer Veter/ vnd sprich zu jnen.

(Erhub)
Das ist/ Ich beweiset mich redlich bey jnen.

So spricht der HErr HERR/ Zu der zeit/ da ich Israel erwelete/ erhub ich meine hand zu dem samen des Hauses Jacob/ vnd gab mich jnen zu erkennen jnn Egypten lande/ Ja ich erhub meine hand zu jnen/ vnd sprach/ Ich bin der HERR ewr Gott/ Ich erhub aber zur selbigen zeit meine hand/ das ich sie fürete jnn Egypten land/ jnn ein land/ das ich jnen versehen hatte/ das mit milch vnd honig
fleusst/

fleusst/ ein eddel land fur allen lendern/ Vnd sprich zu jnen/ Ein jgli=
cher werffe weg die grewel fur seinen augen/ vnd verunreinigt euch
nicht an den Götzen Egypti/ Denn ich bin der HERR ewr Gott.

Sie aber waren mir vngehorsam/ vnd wolten mir nicht gehor=
chen/ vnd warff jr keiner weg/ die grewel fur seinen augen/ vnd ver=
liessen die Götzen Egypti nicht/ Da dacht ich/ meinen grim vber sie
auszuschütten/ vnd alle meinen zorn vber sie gehen zu lassen/ noch
jnn Egypten lande/ Aber ich lies es vmb meines namen willen/ das
er nicht entheiliget würde fur den Heiden/ vnter denen sie waren/ vnd
fur denen ich mich jnen hatte zurkennen gegeben/ das ich sie aus Egy=
pten land füren wolte.

Vnd da ich sie aus Egypten land gefurt hatte/ vnd jnn die wü=
sten gebracht/ leret ich sie meine Gebot vnd rechte/ durch welche lebet
der mensch/ der sie helt/ Ich gab jnen auch meinen Sabbath/ zum
zeichen zwisschen mir vnd jnen/ damit sie lernten/ das ich der HERR
sey/ der sie heiliget/ Aber das Haus Israel war mir vngehorsam/
auch jnn der wüsten/ vnd lebeten nicht nach meinen Geboten/ vnd
verachteten meine rechte/ durch welche der mensch lebet/ der sie helt/
vnd entheiligeten meinen Sabbath seer/ Da gedacht ich/ meinen
grim vber sie auszuschütten jnn der wüsten/ vnd sie gar vmb zu brin=
gen/ Aber ich lies es vmb meines namen willen/ auff das er nicht ent=
heiliget würde fur den Heiden/ fur welchen ich sie hatte ausgefüret.

Vnd hub auch meine hand auff wider sie jnn der wüsten/ das ich
sie nicht wolt bringen jnn das land/ so ich jnen gegeben hatte/ das
mit milch vnd honig fleusst/ ein eddel land fur allen lendern/ dar=
umb/ das sie meine rechte verachtet/ vnd nach meinen Geboten nicht
gelebt/ vnd meine Sabbath entheiliget hatten/ Denn sie wandelten
nach den Götzen jres hertzen/ Aber mein auge verschonet jr/ das ich
sie nicht verderbete/ noch gar vmbbrecht jnn der wüsten.

Vnd ich sprach zu jren kindern jnn der wüsten/ Ir solt nach ewr
Veter Geboten nicht leben/ vnd jre rechte nicht halten/ vnd an jren
Götzen euch nicht verunreinigen/ Denn ich bin der HERR ewr
Gott/ nach meinen Geboten solt jr leben/ vnd meine rechte solt jr hal=
ten/ vnd darnach thun/ vnd meine Sabbath solt jr heiligen/ das sie
seien ein zeichen zwisschen mir vnd euch/ damit jr wisset/ das ich der
HERR ewr Gott bin/ Aber die kinder waren mir auch vngehor=
sam/ lebeten nach meinen Geboten nicht/ hielten auch meine rechte
nicht/ das sie darnach theten/ durch welche der mensch lebet/ der sie
hellt/ vnd entheiligeten meine Sabbath.

Da gedacht ich meinen grim vber sie auszuschütten/ vnd allen mei=
nen zorn vber sie gehen zu lassen jnn der wüsten/ Ich wendet aber
meine hand vnd lies es vmb meines namen willen/ auff das er nicht
entheiliget würde fur den Heiden/ fur welchen ich sie hatte ausgefü=
ret/ Ich hub auch meine hand auff wider sie jnn der wüsten/ das
ich sie zurstrewete vnter die Heiden/ vnd zustrebete jnn die lender/ dar
umb/ das sie meine Gebote nicht gehalten/ vnd meine rechte ver=

q   acht/ vnd

Der Prophet

acht / vnd meine Sabbath entheiligt hatten / vnd nach den Götzen jrer Veter sahen / Summa / ich machts also / das jr Gottes dienst sie nichts batet / vnd jre lere sie nichts halff / vnd verwarff sie mit jrem opffer / da sie alle erste geburt durchs feur verbranten / damit ich sie betrübte / vnd sie lernten / das ich der HERR sey.

Darumb rede du menschen kind / mit dem Hause Israel / vnd sprich zu jnen / So spricht der HErr HERR / Ewr Veter haben mich noch weiter gelestert vnd getrotzet / Denn da ich sie jnn das land gebracht hatte / vber welchs ich meine hand auff gehaben hatte / das ichs jnen gebe / wo sie einen hohen hügel oder dicken baum ersahen / daselbs opfferten sie jre opffer / vnd brachten dahin jre feindseligen gaben / vnd reucherten daselbs jren sussen geruch / vnd gossen daselbs jre tranckopffer / Ich aber sprach zu jnen / Was sol doch die Höhe / dahin jr gehet? Vnd also heisst sie / bis auff diesen tag / Die Höhe.

Darumb sprich zum Hause Israel / So spricht der HErr HERR / Jr verunreiniget euch jnn dem wesen ewr Veter / vnd treibet hurerey mit jren greweln / vnd verunreiniget euch an ewrn Götzen welchen jr ewr gaben opffert / vnd ewr söne vnd töchter durchs feur verbrennet / bis auff den heutigen tag / Vnd ich solte euch vom Hause Israel antwort gebē / So war ich lebe / spricht der HErr HERR / Ich wil euch kein antwort geben / Dazu / das jr gedenckt / wir wollen thun / wie die Heiden / vnd wie andere leute / jnn lendern / holtz vnd stein anbeten / das sol euch feilen.

So war ich lebe / spricht der HErr HERR / Ich wil vber euch herschen mit starcker hand vnd ausgestrecktem arm / vnd mit ausgeschüttem grim / vnd wil euch aus den völckern füren / vnd aus den lendern / dahin jr verstrewet seid / samlen / mit starcker hand / mit ausgestrecktem arm / vnd mit ausgeschüttem grim / Vnd wil euch bringen jnn die wüsten der völcker / vnd daselbst mit euch rechten / von angesicht zu angesicht / wie ich mit ewren Vetern jnn der wüsten bey Egypten gerechtet habe / eben so wil ich auch mit euch rechten / spricht der HErr HERR / Ich wil euch wol vnter die ruten bringen / vnd euch jnn die band des Bundes zwingen / Vnd wil die abtrünnigen / vnd so wider mich vbertretten / vnter euch ausfegen / Ja aus dem lande da jr jtzt wonet / wil ich sie furen / vnd jns land Israel nicht komen lassen / das jr lernen solt / ich sey der HERR.

Daurmb jr vom Hause Israel / So spricht der HErr HERR / Weil jr denn mir ja nicht wolt gehorchen / So faret hin / vnd diene ein jglicher seinem Götzen / Aber meinen Heiligen namen lasst hinfurt vngeschendet mit ewrn opffern vnd Götzen / Denn so spricht der HErr HERR / Meinem heiligen berge / auff dem hohen berge Israel / daselbst wird mir das gantze Haus Israel / vnd alle die im lande sind / dienen / Daselbs werden sie mir angeneme sein / vnd daselbs wil ich ewr hebopffer vnd erstlinge ewr opffer foddern / mit allem das jr mir heiliget / Jr werdet mir angeneme sein / mit dem süssen geruch / wenn ich euch aus den völckern bringen / vnd aus den lendern samlen werde / dahin jr verstrewet seid / vnd werde jnn euch geheiliget

Hesekiel.

heiliget werden fur den Heiden/ vnd jr werdet erfaren/ das ich der HERR bin/ wenn ich euch ins land Israel gebracht habe/ jnn das land/ darüber ich meine hand auff hub/ das ichs ewrn Vetern gebe.

Daselbst werdet jr gedencken an ewr wesen/ vnd an all ewr thun/ darinnen jr verunreiniget seid/ vnd werdet misfallen haben vber alle ewre bosheit/ die jr gethan habt/ Vnd werdet erfaren/ das ich der HERR bin/ wenn ich mit euch thu vmb meines namen willen/ vnd nicht nach ewrem bösen wesen vnd schedlichem thun/ du Haus Israel/ spricht der HErr HERR.

XXI.

Vnd des HERRN wort geschach zu mir/ vnd sprach/ Du menschen kind/ Richte dein angesichte gegen Theman zu/ vnd rede gegen dem mittage/ vnd weissage wider den Wald im felde gegen mittage/ vnd sprich zum walde gegen mittage/ Höre des HERRN wort/ So spricht der HErr HERR/ Sihe/ ich wil jnn dir ein fewr anzünden/ das sol beide grüne vnd dürre bewme verzehren/ das man seine flamme nicht lesschen können/ Sondern es sol verbrennet werden alles/ was vom mittage gegen mitternacht stehet/ Vnd alles fleisch sol sehen/ das ichs der HERR angezündet habe/ vnd niemand lesschen müge/ Vnd ich sprach/ Ah HErr HERR/ Sie sagen von mir/ Dieser redet eitel verdeckte wort.

(Mittage) Jerusalem ligt gegen mittag von Babel aus/ nu ist Heseliel zu Babel/ vnd redet von Jerusalem/ das nennet er den wald gegen mittag.

Vnd des HERRN wort geschach zu mir/ vnd sprach/ Du menschen kind/ Richte dein angesicht wider Jerusalem/ vnd rede wider die Heiligthüme/ vnd weissage wider das land Israel/ vnd sprich zum lande Israel/ So spricht der HErr HERR/ Sihe/ ich wil an dich/ Ich wil mein schwerd aus der scheiden zihen/ vnd wil jnn dir ausrotten/ beide gerechte vnd vngerechte/ Weil ich denn jnn Dir/ beide gerechten vnd vngerechten ausrotte/ so wird mein schwerd aus der scheiden faren vber alles fleisch/ von mittage her/ bis gen mitternacht/ Vnd sol alles fleisch erfaren/ das ich der HERR mein schwert hab aus seiner scheiden gezogen/ vnd sol nicht wider eingesteckt werden.

Vnd du menschen kind solt seufftzen/ bis dir die lenden weh thun/ ja bitterlich soltu seufftzen/ das sie es sehen/ Vnd wenn sie zu dir sagen werden/ Warumb seuffzestu? Soltu sagen/ Vmb des geschreys willen/ das da komet/ fur welchem alle hertzen verzagen/ vnd alle hende sincken/ aller mut fallen/ vnd alle knie wie wasser/ gehen werden/ Sihe/ es kompt/ vnd wird geschehen/ spricht der HErr HERR.

Vnd des HERRN wort geschach zu mir/ vnd sprach/ Du menschen kind/ Weissage/ vnd sprich/ So spricht der HERR/ Das schwerd/ Ja das schwerd ist gescherfft vnd gefegt/ Es ist gescherfft/ das es schlachten sol/ Es ist gefegt/ das es blincken sol/ O wie fro

q ij   wolten

(Ruten)
Er drewet / die straffe werde nicht ein stauppen vnd kinder straff sein / da besserung nach folge / sondern es werde eitel zorn vnd gar aus sein / Darumb wündsch et er wol / das ein scharffe rute were / ja das alle beume zu ruten gemacht weren / so doch / das nicht eitel zorn were / Aber er spricht / hab es offt versucht mit der rute / aber es habe nicht geholffen / darumb müsse nu das schwerd komen.

wolten wir sein / wenn er gleich alle beume zu rutenmachet / vber die bösen kinder / Aber er hat ein schwerd zu fegen geben / das man es fassen sol / Es ist gescherfft vnd gefegt / das mans dem todschleger inn die hand gebe. Schrey vnd heule / du menschen kind / Denn es gehet vber mein volck vnd vber alle regenten inn Israel / die zum schwerd / sampt meinem volck / versamlet sind / Darumb schlahe auff deine lenden / Denn er hat sie offt gezüchtiget / was hats geholffen? Es wil der bösen kinder rute nicht helffen / spricht der HErr HERR.

Vnd du menschen kind / Weissage / vnd schlahe deine hend zu samen / Denn das schwerd / wird zwifach / ja dreifach komen / Ein würgeschwerd / ein schwerd grosser schlacht / das sie auch treffen wird inn den kamern / da sie hin fliehen / Ich wil das schwerd lassen klingen / das die hertzen verzagen / vnd viel fallen sollen an allen jren thoren / Ah wie glintzet es / vnd hewet daher zur schlacht / vnd sprechen / hawe drein / beide zur rechten vnd lincken / was fur dir ist / Da wil ich denn mit meinen henden drob frolocken / vnd meinen zorn gehen lassen / Ich der HERR hab es gesagt.

Vnd des HERRN wort geschach zu mir / vnd sprach / Du menschen kind / Mache zween wege / durch welche komen sol das schwerd des Königes zu Babel / Sie sollen aber alle beide aus einem lande gehen / vnd stelle ein zeichen forn an den weg zur stad / dahin es weisen sol / Vnd mache den weg / das das schwerd kome gen Rabbath der kinder Ammon / vnd inn Juda zu der festen stad Jerusalem / Denn der König zu Babel wird sich an die wegscheid stellen / forn an den zween wegen / das er jm warsagen lasse / mit den pfeilen vmb das los schiesse / seinen Abgott frage / vnd schawe die lebber an.

(Schiesse)
Der König von Babel wird seine Warsager fragen / welch volck er angreiffen sol / vnd wo es jm glücken sol / vnd wird zeichen versuchen / als nemlich / schiessen / vnd acht haben / wo der pfeil hin fallen wil / Denn solch zeichen habe die selbige krieger gebraucht / So war das auch ein zeichen / wenn die Heiden ein viech opfferten / besahen sie die lebern vnd hertz.

Vnd die warsagung wird auff die rechten seiten gen Jerusalem deuten / das er solle böcke hinan füren lassen / vnd löcher machen / vnd mit grossem geschrey sie vber falle vnd morde / vnd das er böcke füren solle wider die thore / vnd da wall schütte vnd bolwerck bawe / Aber es wird sie solch warsagen falsch düncken / er schwere wie theur er wil / Er aber wird dencken an die missethat / das er sie gewinne.

Darumb spricht der HErr HERR / Darumb / das ewr gedacht wird vmb ewr missethat / vnd ewr vngehorsam offenbart ist / das man ewr sunde sihet inn alle ewrem thun / Ja darumb / das ewr gedacht wird / werdet jr mit gewalt gefangen werden.

Vnd du Fürst inn Israel / der du verdampt vnd verurteilet bist / des tag daher komen wird / wenn die missethat zum ende komen ist / So spricht der HErr HERR / Thu weg den hut / vnd heb ab die krone / Denn es wird weder der hut noch die krone bleiben / Sondern der sich erhöhet hat / sol genidriget werden / vnd der sich nidrigt / sol erhöhet werden. Ich wil die krone zu nicht / zu nicht / zu nicht machen / bis der kome / der sie haben sol / dem wil ich sie geben.

Vnd du menschen kind / Weissage / vnd sprich / So spricht der HErr HERR / von den kindern Ammon vnd von jrem lestern / Vnd sprich / Das schwerd / Das schwerd ist gezuckt / das schlachten sol / Es

Hesekiel XCIIII.

sol/Es ist gesegt/das würgen sol/vnd sol blincken/darumb/das du falsche gesichte dir sagen lessest/vnd lügen weissagen/damit du auch vbergeben werdest vnter den erschlagenen Gottlosen/welchen jr tag kam/da die missethat zum ende komen war/ Vnd obs schon wider jnn die scheide gesteckt würde/so wil ich dich doch richten an dem ort/da du geschaffen/vnd im lande/da du geborn bist/Vnd wil meinen zorn vber dich schütten/ Ich wil das feur meines grimmes vber dich auff blasen/vnd wil dich leuten/die brennen vnd verderben können/vberantworten/ Du must dem feur zur speise werden/vnd dein blut mus im lande vergossen werden/ vnd man wird dein nicht mehr gedencken/ Denn ich der HERR habs geredt.

XXII.

Vnd des HERRN wort geschach zu mir/vnd sprach/ Du menschen kind/ Wiltu nicht straffen die mördische stad/vnd jr anzeigen/alle jre grewel/ Sprich/ So spricht der HErr HERR/ O stad/ die du der deinen blut vergeussest/auff das deine zeit kome/vnd die du Götzen bey dir machest/ damit du dich verunreinigst/ Du verschuldest dich an dem blut/das du vergeussest/vnd verunreinigst dich an den Götzen/ die du machst/ Damit bringestu deine tage herzu/ vnd machst/das deine jar komen müssen/ Darumb wil ich dich zum spott vnter den Heiden/ vnd zum hohn jnn allen lendern machen/ beide jnn der nehe vnd jnn die ferne/sollen sie dein spotten/ das du ein schendlich gerücht haben/ vnd grossen jamer leiden müssest.

Sihe/ die Fürsten jnn Israel/ein jglicher ist mechtig bey dir/ blut zu vergiessen/Vater vnd muter verachten sie/den frembdlingen thun sie gewalt vnd vnrecht/ die widwen vnd waisen schinden sie/ Du verachtest meine Heiligthüme/vnd entheiligest meine Sabbath/ Verrheter sind jnn dir/auff das sie blut vergiessen/ Sie essen auff den bergen/ vnd handeln mutwilliglich jnn dir/ Sie blössen die scham der Veter/ vnd nötigen die weiber jnn jrer kranckheit/vnd treiben vnternander freund mit freunds weibe grewel/ Sie schenden jre eigene schnur mit allem mutwillen/ Sie notzüchtigen jre eigene schwestern/ jrs Vaters töchtere/ Sie nemen geschencke/ auff das sie blut vergiessen/ Sie wuchern/ vnd vbersetzen einander/ vnd treiben jren geitz wider jren nehesten/ vnd betriegen einander/ vnd vergessen mein also/ spricht der HErr HERR.

Sihe/ich schlahe meine hende zu samen/ vber den Geitz den du treibest/ vnd vber das blut/ so jnn dir vergossen ist/ Meinstu aber/ dein hertz müge es erleiden/ oder deine hende ertragen/ zu der zeit/ wenn ichs mit dir machen werde? Ich der HERR habs geredt/ vnd wils auch thun/Vnd wil dich zerstrewen vnter die Heiden/ vnd dich verstossen jnn die lender/ Vnd wil deines vnflats ein ende machen/ das du bey den Heiden must verflucht geacht werden/ vnd erfaren/ das ich der HERR sey.

Vnd des HERRN wort geschach zu mir/vnd sprach/ Du men-

Der Prophet

schen kind/ Das Haus Israel ist mir zur schlacken worden/ Alle jr ertz/zihn/eisen vnd bley/ ist im ofen zu schlacken worden/ Darumb spricht der HErr HERR also/ Weil jr denn alle schlacken worden seid/ Sihe/ so wil ich euch alle gen Jerusalem zu samen thun/wie man silber/ertz/eisen/ bley vnd zin zusamen thut im ofen/ das man ein feur drunder auff blase vnd zerschmeltzes/ Also wil ich euch auch jnn meinem zorn vnd grim zu samen thun/ein legen vnd schmeltzen/ Ja ich wil euch samlen/vnd das feur meines zorns vnter euch auff blasen/ das jr drinnen zerschmeltzen müsset/wie das silber zerschmel tzet im ofen/so solt jr auch drinnen zerschmeltzen vñ erfaren/das ich der HERR meinen grim vber euch ausgeschüttet habe.

Vnd des HERRN wort geschach zu mir/vnd sprach/Du men schen kind/ sprich zu jnen/ Du bist ein land/das nicht zu reinigen ist/ wie eins/das nicht beregent wird/ zur zeit des zorns/ Die Prophe ten so drinnen sind/ haben sich gerottet/ die seelen zu fressen/ wie ein brüllender lew/wenn er raubet/ Sie reissen gut vnd gelt zu sich/vnd machen der widwen viel drinnen/jre Priester treiben freuel vnter dem namen des Gesetzts/vnd entheiligen mein Heiligthumb/Sie halten vnter dem heiligen vnd vnheiligen kein vnterscheid/vñ achten nicht/ was rein oder vnrein sey/ vnd warten meiner Sabbathen nicht/vnd ich werd vnter jnen entheiliget/ Ire Fürsten sind drinnen/ wie die reissende wolffe/blut zu vergiessen/vnd seelen vmb zu bringen/ vmb jres geitzes willen.

Vnd jre Propheten/ tünchen sie mit sparkalck/ predigen lose tey ding/ vnd weissagen jnen lügen/ vnd sagen/ So spricht der HErr HERR/ so es doch der HERR nicht gered hat. Das volck im lan de vbet gewalt/ vnd rauben getrost/ vnd schinden die armen vnd elen den/vnd thun den frembdlingen gewalt vnd vnrecht. Ich sucht vnter jnen/ob jmand wehren wolt/ vnd dem zorn steuren wolte fur mir/ das ich das land nicht verderbete/Aber ich fand keinen/Darumb schüttet ich meinen zorn vber sie/ vnd mit dem feur meines grimmes macht ich jr ein ende/vnd gab jnen also jren verdienst auff jren kopff/ Spricht der HErr HERR.

XXIII.

Vnd des HERRN wort geschach zu mir/vnd sprach/ Du menschen kind/Es waren zwey weiber/einer mut ter töchtere/die trieben hurerey jnn Egypten von jrer jugent auff/ daselbst liessen sie jre brüste begreiffen/ vnd jre zitzen jnn der jugent betasten/ Die grosse heisst Ahala/ vnd jre schwester Ahaliba/ Vnd ich nam sie zur ehe/vnd sie zeugete mir söne vnd töchtere/ Vnd Ahala heisst Samaria/ vnd Ahaliba/ Jerusalem/ Ahala treib hure rey/da ich sie genomen hatte/ vnd brandte gegen jre bulen/ nemlich/ gegen die Assyrer/ die zu jr kamen/ gegen den Fürsten vnd Herrn/ die mit seiden gekleidet waren/ vnd alle junge liebliche gesellen/nemlich/ gegen den reutern vnd wagen/ Vnd bulet mit allen schönen gesellen
jnn As

Hesekiel. CV.

jnn Assyria/ vnd verunreinigt sich mit alle jren Götzen/ wo sie auff einen geriet. Da zu verlies sie auch nicht jre hurerey mit Egypten/ die bey jr gelegen waren/ von jrer jugent auff/ vnd jre brüste jnn jrer jugent betastet/ vnd grosse hurerey mit jr getrieben hatten.

Da vber gab ich sie jnn die hand jrer bulen/ den kindern Assur/ gegen welche sie brandten fur lust/ die deckten jre scham auff/ vnd namen jre söne vnd töchter weg/ Sie aber tödten sie mit dem schwert/ Vnd es kam aus/ das diese weiber gestrafft weren.

Da aber jre schwester Ahaliba sahe/ entbrand sie noch viel erger/ denn jene/ vnd treib der hurerey mehr/ denn jre schwester/ vnd entbrand gegen den kindern Assur/ nemlich/ den Fürsten vnd Herren/ (die zu jr kamen wol gekleidet) reutern vnd wagen/ vnd alle jungen lieblichen gesellen/ Da sahe ich/ das sie alle beide gleicher weise verunreinigt waren/ Aber diese treib jre hurerey mehr/ Denn da sie sahe/ gemalete menner an der wand jnn roter farbe/ die bilder der Chaldeer/ vmb jre lenden gegürtet/ vnd spitze bundte hüte auff jren köpffen/ vnd alle gleich anzusehen/ wie gewaltige leute/ wie denn die kinder Babel vnd die Chaldeer tragen/ jnn jrem lande/ entbrand sie gegen jnen/ so bald sie jr gewar ward/ vnd schickte botschafft zu jnen jnn Chaldea.

Als nu die kinder Babel zu jr kamen bey jr zu schlaffen/ ward sie durch die selbigen verunreinigt jnn jrer hurerey/ vnd ward so verunreinigt/ das sie jr müde ward/ Vnd da beide jre hurerey vnd scham/ so gar offenbar war/ ward ich jr auch vberdrüssig/ wie ich jrer schwester auch war müde worden/ Sie aber treib jre hurerey jmer mehr/ vnd gedacht an die zeit jrer jugent/ da sie jnn Egypten land hurerey getrieben hatte/ vnd entbrand gegen jre bulen/ welcher brunst war/ wie der esel vnd der hengste/ Vnd triebest deine vnzucht/ wie jnn deiner jugent/ da die jnn Egypten deine brüste begriffen/ vnd deine zitzen betastet wurden.

Darumb Ahaliba/ so spricht der HErr HERR/ Sihe/ ich wil deine bulen/ der du müde bist worden/ wider dich erwecken/ vnd wil sie rings vmb her wider dich bringen/ nemlich/ die kinder Babel/ vnd alle Chaldeer/ mit Heubtleuten/ Fürsten vnd Herrn/ vnd alle Assyrer mit jnen/ die schönen jungen manschafft/ alle Fürsten vnd Herren/ Ritter vnd Eddel/ vnd allerley reuter/ vnd werden vber dich komen mit reissigem zeuge/ vnd mit grossem hauffen volcks/ vnd werden dich belegern/ mit spiessen/ schilden vnd helmen/ vmb vnd vmb/ Denen wil ich das recht befelhen/ das sie die richten sollen/ nach jrem recht.

Ich wil meinen eiuer vber dich gehen lassen/ das sie vnbarmhertziglich mit dir handeln sollen/ Sie sollen dir nasen vnd ohren abschneiten/ vnd was vbrig bleibt/ sol durchs schwert fallen/ Sie sollen deine söne vnd töchter weg nemen/ vnd das vbrige mit feur verbrennen/ Sie sollen dir deine kleider auszihen/ vnd deinen schmuck weg nemen/ Also wil ich deiner vnzucht/ vnd deiner hurerey mit Egypten land/ ein ende machen/ das du deine augen nicht mehr nach jnen

q iiij   auffheben

Der Prophet

auff heben/ vnd Egypten nicht mehr gedencken solt.

Denn so spricht der HErr HERR/ Sihe/ ich wil dich vber antworten/ denen du feind worden/ vnd der du müde bist/ die sollen als feinde mit dir vmbgehen/ vnd alles nemen/ was du erworben hast/ vnd dich nacket vnd blos lassen/ das deine scham auff gedeckt werde/ sampt deiner vnzucht vnd hurerey/ Solchs wird dir geschehen vmb deiner hurerey willen/ so du mit den Heiden getrieben/ an welcher Götzen du dich verunreinigt hast/ Du bist auff dem wege deiner schwester gegangen/ darumb gebe ich dir auch/ der selbigen Kelch inn deine hand.

So spricht der HErr HERR/ Du must den Kelch deiner schwester trincken/ so tieff vnd weit er ist/ Du solt so zu grossem spott vnd hohn werden/ das vntreglich sein wird/ Du must dich des starcken trancks vnd jamers vol sauffen/ Denn der Kelch deiner schwester Samaria/ ist ein Kelch des jamers vnd traurens/ Den selben mustu rein aus trincken/ darnach die scherben zu werffen/ vnd deine brüste zu reissen/ Denn ich habs geredt/ spricht der HErr HERR/ Drumb spricht der HErr HERR/ Darumb/ das du mein vergessen/ vnd mich hinder deinen rücken geworffen hast/ So trage auch nu/ deine vnzucht vnd deine hurerey.

Vnd der HERR sprach zu mir/ Du menschen kind/ Wiltu Ahala vnd Ahaliba straffen/ so zeige jnen an jre grewel/ wie sie ebrecherey getrieben/ vnd blut vergossen/ vnd die ehe gebrochen haben/ mit den Götzen/ Dazu jre kinder/ die sie mir gezeuget hatten/ verbranten sie den selbigen zum opffer/ Vber das haben sie mir das gethan/ Sie haben meine Heiligthüme verunreiniget dazumal/ vnd meine Sabbath entheiliget/ Denn da sie jre kinder den Götzen geschlacht hatten/ giengen sie desselbigen tages inn mein Heiligthum/ den selben zu entheiligen/ Sihe/ solchs haben sie an meinem Hause begangen.

Sie haben auch boten geschickt nach leuten/ die aus fernen landen komen solten/ Vnd sihe/ da sie kamen/ badetestu dich vñ schmincktest dich/ vnd schmücktest dich mit geschmeide/ jnen zu ehren/ vnd sassest auff einem herrlichen bette/ fur welchem stund ein tissch zugericht/ darauff reuchertestu vnd opffertest mein öle drauff/ Da selbs hub sich ein gros freuden geschrey/ Vnd sie gaben den leuten/ so allenthalben aus grossem volck vnd aus der wüsten komen waren/ geschmeide an jre arme/ vnd schöne kronen auff jre heubter.

Ich aber gedacht/ Sie ist der ehebrecherey gewonet/ von alters her/ Sie kan von der hurerey nicht lassen/ Denn man gehet zu jr ein/ wie man zu einer huren eingehet// Eben so gehet man zu Ahala vnd Ahaliba den vnzuchtigen weibern/ Darumb werden sie die menner straffen/ die das recht volbringen/ wie man die ehebrecherin vnd blutvergiesserin straffen sol/ Denn sie sind ebrecherin/ vnd jre hende sind vol blut.

Also spricht der HErr HERR/ Füre einen grossen hauffen vber
sie her-

Hesekiel.

sie herauff/ vnd gib sie jnn die rapuse vnd raub/ die sie steinigen/ vnd mit jren schwerten erstechen/ vnd jre söne vnd töchter erwürgen/ vnd jre heuser mit feur verbrennen/ Also wil ich der vnzucht im lande ein ende machen/ das sich alle weiber dran stossen sollen/ vnd nicht nach solcher vnzucht thun/ Vnd man sol ewr vnzucht auff euch legen/ vnd sollet ewr Götzen sunde tragen/ auff das jr erfaret/ das ich der HErr HERR bin.

XXIIII.

Vnd es geschach das wort des HERRN zu mir/ im neunden jar/ am zehenden tage des zehenden monden/ vnd sprach/ Du menschen kind/ Schreib diesen tag an/ ja eben diesen tag/ Denn der König zu Babel/ hat sich eben an diesem tage wider Jerusalem gerüstet/ vnd gib dem vngehorsamen volck ein gleichnis/ vnd sprich zu jnen/ So spricht der HErr HERR/ Setze ein töpffen zu/ Setze zu vñ geus wasser drein/ Thu die stücke zu samen drein/ die hinein sollen/ vnd die besten stück/ Die lenden vnd schultern/ vnd fülle jn mit den besten marck stücken/ Nim das beste von der herd/ vnd mach ein feur drunder/ marck stück zu kochen/ vnd las es getrost sieden/ vnd die marck stücke drinnen wol kochen.

Darumb spricht der HErr HERR/ O der mörderischen stad/ die ein solcher topff ist/ da das angebrante drinnen klebt/ vnd nicht abgehen wil/ Thu ein stück nach dem andern heraus/ vnd darffest nicht drumb losen/ welchs erst eraus solle/ Denn jr blut ist drinnen/ das sie auff einen blossen felsen/ vnd nicht auff die erden verschüttet hat/ da mans doch hette mit erden können zu scharren/ Vnd ich hab auch darumb sie lassen dasselbige blut auff ein blossen felsen schütten/ das es nicht zugescharret würde/ auff das der grim vber sie keme vnd gerochen würde.

Darumb spricht der HErr HERR also/ O du mörderische stad/ welche ich wil zu einem grossen feur machen/ Trage nur viel holtz her/ zünde das feur an/ das das fleisch gar werde/ vnd würtze es wol/ das die marckstücke anbrennen/ Lege auch den topff lehr auff die glut/ auff das er heis werde/ vnd sein ertz entbrenne/ ob seine vnreinigkeit zur schmeltzen/ vnd sein angebranttes abgehen wolt/ Aber das angebrante/ wie fast er brennet/ wil nicht abgehen/ Denn es ist zu seer angebrand/ es mus im feur verschmeltzen/ Deine vnreinigkeit ist so verhertet/ das/ ob ich dich gleich gern reinigen wolt/ dennoch du nicht wilt dich reinigen lassen/ von deiner vnreinigkeit/ Darumb kanstu fort nicht wider rein werde/ bis mein grim sich an dir gekület habe/ Jch der HERR habs geredt/ Es sol komen/ Jch wils thun/ vnd nicht seumen/ Jch wil nicht schonen/ noch michs rewen lassen/ Sondern sie sollen dich richten/ wie du gelebt vnd gethan hast/ spricht der HErr HERR.

Vnd des HERRN wort geschach zu mir/ vnd sprach/ Du menschen kind/ Sihe/ ich wil dir deiner augen lust nemen durch eine plage/ Aber du solt nicht klagen noch weinen/ noch eine thren lassen/ Heimlich machstu seuffzen/ aber keine todten klage füren/ Sondern du solt deinen schmuck anlegen/ vnd deine schuch anziehen/

(Augen lust) Heisst er sein weib da er trost/ lust vñ freude von hat.

Du solt

Der Prophet

Du solt deinen mund nicht verhüllen / vnd nicht das traur brod essen / Vnd da ich des morgens frue zum volck redet / starb mir zu abent mein weib / vnd ich thet des andern morgens / wie mir befolhen war / Vnd das volck sprach zu mir / Wiltu vns denn nicht anzeigen / was vns das bedeut / das du thust?

Vnd ich sprach zu jnen / Der HERR hat mit mir geredt / vnd gesagt / Sage dem Hause Israel / das der HErr HERR spricht / also / Sihe / ich wil mein Heiligthum ewrn höchsten trost / die lust ewr augen / vnd ewrs hertzen wundsch / entheiligen / vnd ewre söne vnd töchter / die jr verlassen müsset / werden durchs schwerd fallen / Vnd müsset thun / wie ich gethan habe / ewren mund müsset jr nicht verhüllen / vnd das traur brod nicht essen / sondern müsset ewrn schmuck auff ewr heubt setzen / vnd ewre schuch anzihen / Ir werdet nicht klagen noch weinen / Sondern vber ewern sunden verschmachten / vnd vnternander seufftzen / Vnd sol also Hesekiel euch ein zeichen sein / das jr thun müsset / wie er gethan hat / wenn es nun komen wird / damit jr erfaret / das ich der HErr HERR bin.

Vnd du menschen kind / Zu der zeit / wenn ich weg nemen werde von jnen / jre macht vnd trost / die lust jrer augen vnd jres hertzen wundsch / jre söne vnd töchter / Ja zur selbigen zeit / wird einer / so entrunnen ist / zu dir komen vnd dirs kund thun / Zur selbigen zeit / wird dein mund gegen sie auff gethan werden / das du reden solt / vnd nicht mehr schweigen / Denn du must jr zeichen sein / das sie erfaren / ich sey der HERR.

XXV.

VNd des HERRN wort geschach zu mir / vnd sprach / Du menschen kind / Richte dein angesichte gegen die kinder Ammon / vnd weissage wider sie / vnd sprich zu den kindern Ammon / Höret des HERRN HERRN wort / So spricht der HErr HERR / Darumb das jr vber mein Heiligthum sprecht / Heah / Es ist entheiliget / vnd vber das land Israel / Es ist verwüst / vnd vber Juda / es ist gefangen weg gefurt / Darumb sihe / ich wil dich den kindern gegen morgen vbergeben / das sie jre schlösser / drinnen bawen / vnd jre wonung drinnen machen sollen / Sie sollen deine früchte essen vnd deine milch trincken / Vnd wil Rabbath zum Camel stall machen / vnd die kinder Ammon zu schaf hürten machen / vnd sollet erfaren / das ich der HERR bin.

Denn so spricht der HErr HERR / Darumb / das du mit deinen henden geklitschet vnd mit den füssen gescharret / vnd vber das land Israel von gantzem hertzen so hönisch dich gefrewet hast / Darumb sihe / ich wil meine hand vber dich ausstrecken / vnd dich den Heiden zur speise geben / vnd dich aus den völckern ausrotten / vnd aus den lendern vmbbringen / vnd dich vertilgen / vnd solt erfaren / das ich der HERR bin.

So spricht der HErr HERR / Darumb / das Moab vnd Seir sprechen / Sihe / das Haus Juda ist eben / wie andere Heiden / Sihe / so wil

Hesekiel.

so wil ich Moab zur seiten offenen jnn seinen stedten/ vnd jnn seinen grentzen/ des edlen landes/ nemlich/ Beth Jesimoth/ Baal Meon/ vnd Kiriathaim/ den kindern gegen morgen/ sampt den kindern Ammon/ vnd wil sie jnen zum erbe geben/ das man der kinder Ammon nicht mehr gedencken sol vnter den Heiden/ Vnd wil das recht gehen lassen vber Moab/ vnd sollen erfaren/ das ich der HERR bin.

So spricht der HErr HERR/ Darumb/ das sich Edom am Hause Juda gerochen hat/ vnd damit sich verschuldet mit jrem rechen/ Darumb/ spricht der HErr HERR also/ wil ich meine hand ausstrecken vber Edom/ vnd wil ausrotten von jm/ beide menschen vnd viehe/ vnd wil sie wüst machen von Theman bis gegen Dedan/ vnd durchs schwerd fellen/ Vnd wil mich wider an Edom rechen/ durch mein volck Israel/ vnd sollen mit Edom vmbgehen nach meinem zorn vnd grim/ das sie meine rache erfaren sollen/ spricht der HErr HERR.

So spricht der HErr HERR/ Darumb/ das die Philister sich gerochen haben/ vnd den alten hass gebüsset/ nach alle jrem willen/ an schaden meines volcks/ Darumb spricht der HErr HERR also/ Sihe/ ich wil meine hand ausstrecken vber die Philister/ vnd die Krieger ausrotten/ vnd wil die vbrigen am haue des meeres vmbbringen/ vnd wil grosse rache an jnen vben/ vnd mit grim sie straffen/ das sie erfaren sollen/ ich sey der HERR/ wenn ich meine rache an jnen geübt habe.

XXVI

Vnd es begab sich im Eilfften jar/ am ersten tage des ersten monden/ geschach des HERRN wort zu mir/ vnd sprach/ Du menschen kind/ Darumb/ das Tyrus spricht vber Jerusalem/ Heah/ die pforten der völcker sind zebrochen/ Sie mus zu mir ein zihen/ vnd ich mus die verstöreten alle herbergen/ Darumb spricht der HErr HERR also/ Sihe/ ich wil an dich Tyro/ vnd wil viel Heiden vber dich heraus bringen/ gleich wie sich ein meer erhebt mit seinen wellen/ die sollen die mauren zu Tyro verderben/ vnd jre thürme abbrechen/ ja ich wil auch den staub für jr weg fegen/ vnd wil einen blossen fels aus jr machen/ vnd zu einem wehrd im meer/ darauff man die fissch garn auff spannet/ denn ich habs geredt/ spricht der HErr HERR/ Vnd sie sol den Heiden zum raub werden/ Vnd jre töchter/ so auff dem felde ligen/ sollen durchs schwerd erwürget werden/ vnd sollen erfaren/ das ich der HERR bin.

Denn so spricht der HErr HERR/ Sihe/ ich wil vber Tyro komen lassen/ Nebucad Nezar den König zu Babel/ von mitternacht her (der ein König aller Könige ist) mit rossen/ wagen/ reutern/ vnd mit grossem hauffen volcks/ Der sol deine töchter/ so auff dem felde ligen/ mit dem schwerd erwürgen/ Aber wider dich wird er bollwerck auffschlahen/ vnd einen schutt machen/ vnd schilt wider dich rüsten/ Er wird mit böcken deine mauren zu stossen/ vnd deine thürme mit seinen woffen vmbreissen/ Der staub von der menge seiner pferden/ wird dich bedecken/ So werden auch deine mauren

erbeb en

Der Prophet

erbeben fur dem getümel seiner rossen/ reder vnd reuter/ wenn er zu deinen thoren einzihen wird/ wie man pflegt jnn eine zurissen stad ein zu zihen/ Er wird mit den füssen seiner rosse alle deine gassen zu tretten/ Dein volck wird er mit dem schwerd erwürgen/ vnd deine starcken seulen zu boden reissen/ Sie werden dein gut rauben/ vnd deinen handel plundern/ Deine mauren werden sie abbrechen/ vnd deine feine heuser vmbreissen/ vnd werden deine steine / holtz vnd staub ins wasser werffen/ Also wil ich mit dem gedöne deins gesanges/ ein ende machen/ das man den klang deiner harffen nicht mehr hören sol/ Vnd ich wil einen blossen fels aus dir machen/ vnd einen werhd/ darauff man die fisschgarn auff spannet/ das du solt wüst da ligen/ Denn ich bin der HERR/ der solchs redet/ spricht der HErr HERR.

So spricht der HErr HERR wider Tyro/ Was gilts/ die Jnseln werden erbeben/ wenn du so scheuslich zefallen wirst/ vnd deine verwundeten seufftzen werden/ so jnn dir sollen ermordet werden/ Alle Fürsten am meer werden herab von jren stülen sitzen/ vnd jre röcke von sich thun/ vnd jre gestickte kleider ausziehen/ vnd werden jnn traur kleidern gehen/ vnd auff der erden sitzen/ vnd werden erschrecken/ vnd sich entsetzen/ deines plötzlichen fals/ Sie werden dich wehklagen/ vnd von dir sagen/ Ah/ wie bistu so gar wüst worden/ du berümbte stad/ die du am meer lagst/ vnd so mechtig warest auff dem meer/ sampt deinen einwonern/ das sich das gantze land fur dir furchten muste/ Ah/ wie entsetzen sich die Jnsulen vber deinem fall/ ja die Jnseln im meer erschrecken vber deinem vntergang.

So spricht der HErr HERR/ Jch wil dich zu einer wüsten stad machen/ wie andere stedte/ da niemand jnne wonet/ vnd eine grosse flut vber dich komen lassen/ das dich grosse wasser bedecken/ Vnd wil dich hinunter stossen zu denen/ die jnn die gruben faren/ nemlich/ zu den todten/ Jch wil dich vnter die erden hinab stossen/ vnd wie ein ewige wüsten machen/ mit denen/ die jnn die gruben faren/ auff das niemand jnn dir wone/ vnd nicht mehr so prangest vnter den lebendigen/ Denn ich wils plötzlich mit dir aus machen/ das du nichts mehr seiest/ vnd wenn man nach dir fragt/ das man dich nimer mehr finden könne/ spricht der HErr HERR.

XXVII.

VNd des HERRN wort geschach zu mir/ vnd sprach/ Du menschen kind/ Mache eine weh klage vber Tyro/ vnd sprich zu Tyro/ die da ligt fornen am meer/ vnd mit vielen Jnseln der völcker handelt/ So spricht der HErr HERR/ O Tyre/ du sprichst/ Jch bin die aller schönste/ Deine grentze sind mitten im meer/ vnd deine bawleut haben dich auffs aller schönste zugericht/ Sie haben alle deine taffel werck aus fladern holtz vom Sanir gemacht/ vnd die Cedern von dem Libanon füren lassen/ vnd deine mast beume daraus gemacht/ vnd deine ruder von eichen aus Basan/ vnd deine bencke von Elffenbein/ vnd die gestüle ausden Jnseln Cithim / Dein segel war von seiden aus Egypten/ vnd deine zeichen drein gestickt/ vnd deine decken von geler seiden vnd purpur/ aus den Jnseln Elisa.

(Mitten im meer) Wie ander Fürsten/ stedte vñ dörffer/ecker/etc. auf dem land haben/ Also war Tyrus gewaltig auff dem meer.

Die

Hesekiel

Die von Zidon vnd Aruad waren deine ruderknecht/ vnd hattest geschickte leute zu Tyro zu schiffen/ Die Eltesten vnd klugen von Gebal musten deine schiff zimmern/ Alle schiff im meer vnd schiffleut fand man bey dir/ die hatten jre hendel jnn dir/ Die aus Persia/ Lydia vnd Lybia/ waren dein kriegs volck/ die jre schilt,vnd helm jnn dir auff hiengen/ vnd haben dich so schöne gemacht/ Die von Aruad waren vnter deinem heer/ rings vmb deine mauren/ vnd wechter auff deinen thürmen/ die haben jre schilt allenthalben von deinen mauren herab gehangen/ vnd dich so schöne gemacht.

Du hast deinen handel auff dem meer gehabt/ vnd allerley wahr/ silber/ eisen/ zihn vnd bley/ auff deine merckt bracht/ Janan/ Thubal vnd Mesech/ haben mit dir gehandelt/ vnd haben dir leibeigen leute vnd ertz auff deine merckt bracht/ Die von Thogarma haben dir pferd vnd wagen/ vnd maulesel auff deine merckt bracht/ Die von Dedan sind deine kauff leut,gewest/ vnd hast allenthalben jnn den Inseln gehandelt/ die haben dir Elffen bein vnd Peben holtz verkaufft.

Die Syrer haben bey dir geholet deine erbeit/ was du gemacht hast/ vnd Rubin/ purpur/ tappet/ seiden vnd sammet/ vnd Chrystall/ auff deine merckt bracht/ Juda vnd das land Jsrael haben auch mit dir gehandelt/ vnd haben dir weitzen von Minith vnd Balsam/ vnd honig vnd öle/ vnd mastich auff deine merckte bracht/ Dazu hat auch Damascus bey dir geholet/ deine erbeit vnd allerley wahr/ vmb starcken wein vnd köstliche wolle.

Dan vnd Jauan Mehusal/ haben auch auff deine merckt bracht/ eisen werck/ Casia vnd Calmus/ das du damit handletest/ Dedan hat mit dir gehandelt/ mit decken/ darauff man sitzet/ Arabia vnd alle Fürsten von Kedar/ haben mit dir gehandelt/ mit schafen/ widdern vnd böcken/ Die kauffleut aus Saba vnd Raema/ haben mit dir gehandelt/ vnd allerley köstliche specerey/ vnd eddel stein vnd gold auff deine merckt bracht/ Haran vnd Canne vnd Eden/ sampt den kauffleuten aus Saba/ Assur vnd Kilmad sind auch deine kauffleut gewest.

Die haben alle mit dir gehandelt/ mit köstlichem gewand/ mit seidenen vnd gestickten tüchern/ welche sie jnn köstlichen kasten/ von Cedern gemacht/ vnd wol verwaret/ auff deine merckt gefurt haben/ Aber die Meerschiff sind die furnemesten auff deinen merckten gewest/ Also bistu reich vnd prechtig worden/ auff dem gantzen meer/ vnd deine schiffleut haben dir auff grossen wassern zu gefüret.

Aber ein Ostwind wird dich mitten auff dem meer zu brechen/ Also/ das deine wahr/ kauffleut/ hendeler/ fergen/ schiff herrn/ vnd die/ so die schiff machen/ vnd deine hantierer/ vnd alle deine kriegs leute/ vnd alles volck jnn dir/ mitten auff dem meer vmbkomen werden/ zur zeit/ wenn du vntergehest/ das auch die anfurt erbeben werden/ fur dem geschrey deiner schiff herrn/ vnd alle die an den rudern zihen/ sampt den schiffknechten vnd meistern/ werden aus den schif-

r fen ans

Der Prophet

fen ans land tretten / vnd laut vber dich schreien / bitterlich klagen / vnd werden staub auff jre heubter werffen / vnd sich jnn der asschen weltzen / Sie werden sich kalh bescheren vber dir / vnd secke vmb sich gürten / vnd von hertzen bitterlich vmb dich weinen vnd trauren / Es werden auch jre kinder dich klagen / Ah / wer ist jemal auff dem meer so stille worden / wie du Tyrus? Da du deinen handel auff dem meer triebest / da machtestu viel lender reich / ja mit der menge deiner wahr / vnd deiner kauffmanschafft / machtestu reich die Könige auff erden / Nu aber bistu vom meer jnn die rechte tieffe wasser gestürtzt / das dein handel vnd alle dein volck jnn dir vmbkomen ist / Alle die jnn Inseln wonen / erschrecken vber dir / vnd jre Könige entsetzen sich / vnd sehen jemerlich / Die kauffleut jnn lendern pfeiffen dich an / das du so plötzlich vnter gangen bist / vnd nicht mehr auff komen kanst.

XXVIII.

Vnd des HERRN wort geschach zu mir / vnd sprach / Du menschen kind / Sage dem Fürsten zu Tyro / So spricht der HErr HERR / Darumb / das sich dein hertz erhebt / vnd spricht / Ich bin Gott / Ich sitze jnn einem thron / wie ein Gott / mitten auff dem meer / so du doch ein mensch / vnd nicht Gott bist / noch erhebt sich dein hertz / als seiestu Gott / Sihe / du heltest dich für klüger / denn Daniel / das dir nichts verborgen sey / vnd habest durch deine klugheit vnd verstand / solche macht zu wegen bracht / vnd schetze von gold vnd silber gesamlet / Vnd habest durch deine grosse weisheit vnd hantierung / so grosse macht vberkomen / Dauon bistu so stoltz worden / das du so mechtig bist.

Darumb spricht der HErr HERR also / Weil sich denn dein hertz erhebt / als seiestu Gott / Darumb sihe / ich wil frembde vber dich schicken / nemlich / die Tyrannen der Heiden / die sollen jr schwerd zücken vber deine schöne weisheit / vnd deine grosse ehre zu schanden machen / Sie sollen dich hinunter jnn die gruben stossen / das du mitten auff dem meer sterbest / wie die erschlagenen / Was gilts? ob du denn fur deinem todschleger werdest sagen / Ich bin Gott / So du doch nicht Gott / sondern ein mensch / vnd jnn deiner todschleger hand bist / Du solt sterben / wie die vnbeschnittenen / von der hand der frembden / Denn ich habs geredt / spricht der HErr HERR.

Vnd des HERRN wort geschach zu mir / vnd sprach / Du menschen kind / Mache eine wehklage vber den König zu Tyro / vnd sprich zu jm / So spricht der HErr HERR / Du bist ein ausbund von einem schönen werck / voller weisheit / vnd aus der massen schöne / Du bist ein Lust garten Gottes / vnd mit allerley eddel steinen geschmückt / nemlich / mit Sarder / Topaser / Demanten / Türkis / Onychen / Jaspis / Saphir / Rubin / Smaragden / vnd gold / Vnd hast von anfang / sint du bist König worden / mit baucken vnd pfeiffen gebranget / Du bist wie ein Cherub / der sich weit aus breitet / Vnd ich hab dich auff den heiligen berg Gottes gesetzt / das du vnter den Carbunckeln wandelst / vnd warest seer schön von anfang an / so lang / bis sich deine missethat funden hat / Denn du bist
jnnwendig

Hesekiel. XCVIII.

innwendig vol freuels worden / fur deiner grossen hantierung / vnd hast dich versundigt / Darumb wil ich dich entheiligen von dem berg Gottes / vnd wil dich ausgebreiteten Cherub / aus den Carbunckeln verstossen / Vnd weil sich dein hertz erhebt / das du so schöne bist / vnd hast dich deine klugheit lassen betriegen / jnn deinem pracht / Drumb wil ich dich zu boden stürtzen / vnd ein schawspiel aus dir machen fur allen Königen / Denn du hast dein Heiligthum verderbet / mit deiner grossen missethat / vnd vnrechtem handel / Darumb wil ich ein feur aus dir angehen lassen / das dich sol verzehren / vnd wil dich zu aschen machen auff der erden / das alle welt zusehen sol / Alle die dich kennen vnter den Heiden / werden sich vber dir entsetzen / das du so plötzlich bist vntergangen / vnd nimer mehr auff komen kanst.

Vnd des HERRN wort geschach zu mir / vnd sprach / Du menschen kind / Richte dein angesicht wider Zidon / vnd weissage wider sie / vnd sprich / So spricht der HErr HERR / Sihe / ich wil an dich Zidon / vnd wil an dir ehre einlegen / das man erfaren sol / das ich der HERR bin / wenn ich das recht vber sie gehen lasse / vnd an jr erzeige / das ich Heilig sey / Vnd ich wil Pestilentz vnd blutuer= giessen vnter sie schicken / auff jren gassen / vnd sollen tödlich ver= wund drinnen fallen / durchs schwerd / welchs allenthalben vber sie gehen wird / vnd sollen erfaren / das ich der HERR bin / Vnd sol fort hin allenthalben vmb das Haus Israel / da jre feinde sind / kein dorn noch stachel bleiben / das sie erfaren / das ich der HERR bin.

So spricht der HErr HERR / Wenn ich das Haus Israel wi= der versamlen werde / von den völckern / dahin sie zurstrewet sind / so wil ich fur den Heiden an jnen erzeigen / das ich Heilig bin / Vnd sie sollen wonen jnn jrem lande / das ich meine knecht Jacob gegeben habe / Vnd sollen sicher darinn wonen / vnd heuser bawen / vnd wein berge pflantzen / Ja sicher sollen sie wonen / wenn ich das recht ge= hen lasse / vber alle jre feinde / vmb vnd vmb / vnd sollen erfaren / das ich der HERR jr Gott bin.

XXIX.

IM zehenden jar / am zehenden tag des zwelfften mon= den / geschach des HERRN wort zu mir / vnd sprach / Du menschen kind / Richte dein angesicht wider Pha= rao den König jnn Egypten / vnd weissage wider jn / vnd wider gantz Egypten land / predige vnd sprich / So spricht der HErr HERR / Sihe / ich wil an dich Pha= rao du König jnn Egypten / du grosser Trache / der du im wasser ligst / vnd sprichst / Der Strom ist mein / vnd ich habe jn mir gemacht / Aber ich wil dir ein gebiss jns mal legen / vnd die fissch jnn deinen wassern an deine schupen hengen / Vnd wil dich aus deinem strom heraus zi= hen / sampt allen fisschen jnn deinen wassern / die an deinen schupen hangen / Ich wil dich mit den fisschen aus deinen wassern jnn die wü= sten wegwerffen / Du wirst auffs land fallen / vnd nicht wider auffge lesen noch gesamlet werden / sondern den thieren auff dem land / vnd den vogeln des himels zum ass werden / Vnd alle die jnn Egypten wo nen / sollen erfaren / das ich der HERR bin / Darumb das sie dem Hause

(Der strom) Ist Nilus / bedeut aber das gantz Kö nigreich Egypt / das ein seer schön vnd mechtig Kö= nigreich war / dar umb sich auch Pha rao auff solche ma cht verlies / vnd fraget nichts nach Gottes drawen / Das meinet er / da er spricht / Ich hab jn mir gema= cht / als spreche er / Got ist nicht Herr darüber / ich bin Herr.

Der Prophet

(Rhorstab)
Juda sucht offt hülffe bey Egypto / damit versündigt sich Juda / mit vnrechte vertrawen / dazu jn der not halff doch Egyptus nicht / Darumb wirds hie verglichen eim rhor stab / darauff so sich einer lehnet / die weil er spitzig ist / sticht er jn / vnd bricht dazu

Hause Israel ein rohrstab gewesen sind / welcher / wenn sie jn jnn die hand fasseten / so brach er / vnd stach sie durch die seiten / wenn sie sich aber darauff lehneten / so zubrach er / vnd stach sie jnn die lenden.

Darumb spricht der HErr HERR also / Sihe / ich wil das schwerd vber dich komen lassen / vnd beide leute vnd vihe jnn dir aus rotten / Vnd Egypten land sol zur wüsten / vnd ödewerden / vnd sollen erfaren / das ich der HERR sey / Darumb / das er spricht / der wasser strom ist mein / vnd ich habe jn gemachet / Darumb sihe / ich wil an dich / vnd an deine wasser ströme / vnd wil Egypten land wüst vnd öde machen / von dem thurn zu Siene an / bis an die grentze des Moren lands / das weder viehe noch leute drinn gehen oder da wonen sollen / vierzig jar lang / Denn ich wil Egypten land wüste machen / wie jre wüste grentze / vnd jre stedte wüste ligen lassen / wie andere wüste stedte / vierzig jar lang / Vnd wil die Egypter zurstrewen vnter die Heiden / vnd jnn die lender wil ich sie veriagen.

Doch / So spricht der HErr HERR / Wenn die vierzig jar aus sein werden / wil ich die Egypter wider samlen / aus den völckern / darunter sie zurstrewet sollen werden / vnd wil das gefengnis Egypti wenden / vnd sie widerumb jns land Patros bringen / welchs jr vater land ist / vnd sollen daselbs ein klein Königreich sein / Denn sie sollen klein sein gegen andern Königreichen / vnd nicht mehr herrschen vber die Heiden / Vnd ich wil sie gering machen / das sie nicht vber die Heiden herrschen sollen / das sich das Haus Israel nicht mehr auff sie verlasse / vnd sich damit versundigen / wenn sie sich an sie hengen / Vnd sollen erfaren / das ich der HErr HERR bin.

Vnd es begab sich / im sieben vnd zwenzigsten jar / am ersten tag des ersten monden / geschach des HERRN wort zu mir / vnd sprach / Du menschen kind / NebucadNezar der König zu Babel / hat sein heer mit grosser mühe für Tyro gefurt / das alle heubter kalh / vnd alle seiten bereufft waren / vnd ist doch weder jm noch seinem heer / seine erbeit fur Tyro belohnet worden.

Darumb spricht der HErr HERR also / Sihe / Ich wil NebucadNezar dem Könige zu Babel Egypten land geben / das er alle jr gut weg nemen / vnd sie berauben vnd plündern sol / das er seinem heer den solt gebe / Aber das land Egypten wil ich jm geben / fur seine erbeit / die er daran gethan hat / Denn sie haben mir gedienet / spricht der HErr HERR.

Zur selben zeit / wil ich das Horn des Hauses Israel wachsen lassen / vnd wil deinen mund vnter jnen auffthun / das sie erfaren / das ich der HERR bin.

XXX.

Nd des HERRN wort geschach zu mir / vnd sprach / Du menschen kind / Weissage / vnd sprich / So spricht der HErr HERR / Heulet (vnd sprecht) O weh des tages / Denn der tag ist nahe / Ja des HERRN tag ist nahe / ein finsterer tag / Die zeit ist da / das die Heiden komen sollen / vnd das schwerd sol vber Egypten komen / vnd Moren land mus erschrecken / wenn die erschlagenen jnn

Egypten

Hesekiel.

Egypten/ fallen werden/ vnd jr volck weg gefurt/ vnd jre grundfest vmb gerissen werden/ Moren land vnd Lybia vnd Lydia/ mit allerley pöbel/ vnd Chub/ vnd die aus dem Gelobten land sind/ sollen sampt jnen durchs schwerd fallen.

So spricht der HERR/ Die Schutzherrn Egypti/ müssen fallen/ vnd die hoffart jrer macht mus erunter/ von dem thurm zu Siene an/ sollen sie durchs schwerd fallen/ spricht der HErr HERR Vnd sollen/ wie jre wüste grentze/ wüst werden/ vnd jre stedte vnter andern wüsten stedten/ wüste ligen/ das sie erfaren/ das ich der HER, RE sey/ wenn ich ein feur inn Egypten mache/ das alle die jnen helffen/ zurstöret werden/ Zur selben zeit/ werden boten von mir ausziehen inn schiffen/ Moren land zu schrecken/ das jtzt so sicher ist/ Vnd wird ein schrecken vnter jnen sein/ gleich wie es Egypten gieng/ da jre zeit kam/ Denn sihe/ es kompt gewislich.

So spricht der HErr HERR/ Ich wil die menge inn Egypten weg reumen/ durch Nebucad Nezar den König zu Babel/ Denn er vnd sein volck mit jm/ sampt den Tyrannen der Heiden/ sind erzu bracht/ das land zu verderben/ vnd werden jre schwerter ausziehen wi der Egypten/ das das land allenthalben vol erschlagener lige/ Vnd ich wil die wasserströme trocken machen/ vnd das land bösen leuten verkeuffen/ vnd wil das land vnd was drinnen ist/ durch frembde verwüsten/ Ich der HERR habs geredt.

So spricht der HErr HERR/ Ich wil die Götzen zu Noph ausrotten/ vnd die Abgötter vertilgen/ vnd Egypten sol keinen Fürsten mehr haben/ vnd wil ein schrecken inn Egypten land schicken/ Ich wil Patros wüst machen/ vnd ein feur zu Joan anzünden/ vnd das recht vber No gehen lassen/ Vnd wil meinen grim ausschütten vber Sin/ welche ist eine festung Egypti/ vnd wil die menge zu No ausrotten/ Ich wil ein feur inn Egypten anzünden/ vnd Sin sol angst vnd bange werden/ vnd No sol zu rissen/ vnd Noph teglich geengstet werden/ Die junge manschafft zu On vnd Bubasto sollen durchs schwerd fallen/ vnd die weiber gefangen weg gefurt werden/ Thaphnes wird einen finstern tag haben/ wenn ich das joch Egypten schlahen werde/ das die hoffart jrer macht darinnen ein ende habe/ Sie wird mit wolcken bedeckt werden/ vnd jre töchter werden gefangen weg gefurt werden/ Vnd ich wil das recht vber Egypten gehen lassen/ das sie erfaren/ das ich der HERR sey.

Vnd es begab sich im eilfften jar/ am siebenden tag des ersten monden/ geschach des HERRN wort zu mir/ vnd sprach/ Du menschen kind/ Ich wil den arm Pharao des Königes von Egypten zu brechen/ vnd sihe/ er sol nicht verbunden werden/ das er heilen möge/ noch mit binden zugebunden werden/ das er starck werden/ vnd ein schwerd fassen könne. Darumb spricht der HErr HERR also/ Sihe/ ich wil an Pharao den König zu Egypten/ vnd wil seine arme zu brechen/ beide den starcken vnd den schwachen/ das jm das schwerd aus seiner hand entfallen mus/ Vnd wil die Egypter vnter die Heiden zurstrewen/ vnd inn die lender verjagen/ Aber die arme

Der Prophet

des Königes zu Babel wil ich stercken/ vnd jm mein schwerd jnn seine hand geben/ vnd wil die arme Pharao zubrechen/ das er fur jm winseln sol/ wie ein tödlich verwunder/ Ja/ ich wil die arme des Königes zu Babel stercken/ das die arme Pharao dahin fallen/ auff das sie erfaren/ das ich der HERR sey/ wenn ich mein schwerd dem Könige zu Babel jnn die hand gebe/ das ers vber Egypten land zücke/ vnd ich die Egypter vnter die Heiden zurstrewe/ vnd jnn die lender verjage/ das sie erfaren/ das ich der HERR bin.

XXXI.

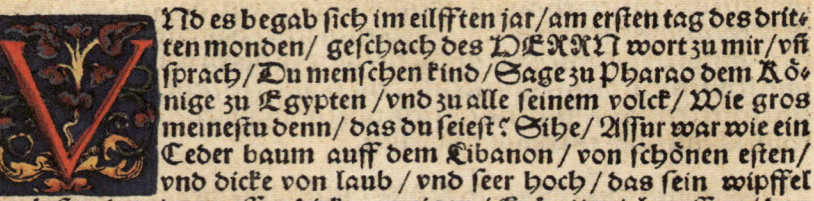

VNd es begab sich im eilfften jar/ am ersten tag des dritten monden/ geschach des HERRN wort zu mir/ vnd sprach/ Du menschen kind/ Sage zu Pharao dem Könige zu Egypten/ vnd zu alle seinem volck/ Wie gros meinestu denn/ das du seiest? Sihe/ Assur war wie ein Ceder baum auff dem Libanon/ von schönen esten/ vnd dicke von laub/ vnd seer hoch/ das sein wipffel hoch stund vnter grossen dicken zweigen/ Er hatte viel wassers/ das er hoch ward/ vnd viel quellen/ das er starck ward/ seine ströme giengen rings vmb seinen stam her/ vnd seine beche zu allen beumen jm felde/ Darumb ist er höher worden/ denn alle beume auff dem felde/ vnd kriegte viel este/ vnd lange zweige/ denn er hatte wassers gnug sich aus zu breiten/ Alle vögel des himels nisteten auff seinen esten/ Vnd alle wilde thier hatten junge vnter seinen zweigen/ vnd vnter seinem schatten woneten viel vnd grosse völcker/ Er hatte schöne/ grosse vnd lange este/ denn seine wurtzeln hatten viel wassers/ Vnd war im kein Cederbaum gleich/ jnn Gottes garten/ vnd die tennen beume waren seinen esten nicht zu gleichen/ vnd die mandelbeume waren nichts gegen seine zweigen/ ja er war so schön als kein baum im garten Gottes/ Ich habe jn so schöne gemacht/ das er so viel este kriegt/ das jn alle lüstige beume im garten Gottes neideten.

Darumb spricht der HErr HERR also/ Weil er so hoch worden ist/ das sein wipffel stund vnter grossen/ hohen/ dicken zweigen/ vnd sein hertz sich erhub/ das er so hoch war/ Darumb gab ich jn dem mechtigsten vnter den Heiden jnn die hende/ der mit jm vmb gienge vnd jn vertriebe/ wie er verdienet hat mit seinem Gottlosen wesen/ das frembde jn ausrotten solten/ nemlich/ die Tyrannen der Heiden/ vnd jn zurstrewen/ Vnd seine este auff den bergen vnd jnn allen talen ligen musten/ vnd seine zweige zubrochen/ an allen bechen im lande/ das alle völcker auff erden von seinem schatten weg zihen musten/ vnd jn verlassen/ Vnd alle vogel des himels auff seinem vmbgefallen stam sassen/ vnd alle wilden thier legten sich auff seine abgehawen este/ Auff das sich furthin kein baum am wasser seiner höhe erhebe/ das sein wipffel vnter grossen dicken zweigen stehe/ vnd kein baum am wasser sich erhebe vber die andern/ Denn sie mussen alle vnter die erden/ vnd dem tod vbergeben werden/ wie andere menschen/ die jnn die grube faren.

So spricht der HErr HERR/ Zu der zeit/ da er hinunter jnn die helle fur/ da machet ich ein trauren/ das jn die tieffe bedeckte/ vnd seine ströme still stehen musten/ vnd die grossen wasser nicht lauffen kunden/ vnd machete/ das der Libanon vmb jn traurete/ vnd alle feld beume verdorreten vber jm/ Ich erschreckt die Heiden/ da sie jn hö-

reten

(Mechtigsten) Denn die Könige zu Babel habe das Königreich Assur zu Nintue kurtz zuuor auff gefressen/ ehe Jerusalem zerstöret ward.

reten fallen/da ich jn hinunter ſties zur hellen/mit denen/ſo jnn die
grube faren/Vnd alle luſtige beume vnter der erden gönnetens jm
wol/die edleſten vnd veſten auff dem Libanon/vnd alle die am waſ-
ſer geſtanden waren/Denn ſie muſten auch mit jm hinunter zur hel-
le/zu den erſchlagenen mit dem ſchwerd/weil ſie vnter dem ſchatten
ſeines arms gewonet hatten/vnter den Heiden.

Wie gros meinſtu denn/das du (Pharao) ſeieſt/mit deiner pracht
vnd herrligkeit/vnter den luſtigen beumen/Denn du muſt mit den
luſtigen beumen vnter die erden hinab faren/vnd vnter den vnbeſch-
nittenen ligen/ſo mit dem ſchwerd erſchlagen ſind/Alſo ſol dir Pha-
rao gehen/ſampt alle deinem volck/ſpricht der HErr HERR.

XXXII.

Vnd es begab ſich im zwelfften jar/am erſten tage des
zwelfften monden/geſchach des HERRN wort zu
mir/vnd ſprach/Du menſchen kind/Mache eine weh-
klage vber Pharao den König zu Egypten/vnd ſprich
zu jm/Du biſt gleich wie ein Lewe vnter den Heiden/
vnd wie ein meer Drach/vnd ſpringeſt jnn deinen ſtro-
men/vnd trübeſt das waſſer mit deinen füſſen/vnd
macheſt ſeine ſtröme glum.

So ſpricht der HErr HERR/Ich wil mein netz vber dich aus-
werffen/durch einen groſſen hauffen volcks/die dich ſollen jnn mei-
ne garn jagen/Vnd wil dich auffs land zihen/vnd auffs feld werf-
fen/das alle vogel des himels auff dir ſitzen ſollen/vnd alle thier auff
erden von dir ſatt werden/Vnd wil dein aß auff die berge werffen/
vnd mit deiner höhe die tal ausfüllen/Das land darinn du ſchwim-
meſt/wil ich von deinem blut rot machen/bis an die berge hinan/das
die beche von dir vol werden/Vnd wenn du nu gar dahin biſt/ſo wil
ich den himel verhüllen/vnd ſeine ſterne verfinſtern/vnd die Sonne
mit wolcken vberzihen/vnd der Mond ſol nicht ſcheinen/Alle liech-
ter am himel wil ich vber dir laſſen trauren/Vnd wil ein finſternis jnn
deinem land machen/ſpricht der HErr HERR/Dazu wil ich dich
vielen zum ſchrecklichen Exempel machen/wenn ich die Heiden dei-
ne plage erfaren laſſe/vnd viel lender die du nicht kenneſt/Viel völ-
cker ſollen ſich vber dir entſetzen/vnd jren Königen ſol fur dir graw-
en/wenn ich mein ſchwerd wider ſie blincken laſſe/vnd ſollen plötz-
lich erſchrecken/das jnen das hertz entfallen wird/vber deinem fall.

Denn ſo ſpricht der HErr HERR/Das ſchwerd des Königes
zu Babel ſol dich treffen/vnd ich wil dein volck fellen durch das
ſchwerd der Helden/vnd durch allerley Tyrannen der Heiden/die ſol
len die herrligkeit Egypten verheeren/vnd alle jr volck vertilgen/Vnd
ich wil alle jr thiere vmbbringen/an den groſſen waſſern/das ſie kei-
nes menſchen fus/vnd keines thiers klawen/trübe machen ſol/Als
denn wil ich jre waſſer lauter machen/das jre ſtröme flieſſen wie öle/
ſpricht der HErr HERR/wenn ich das land Egypten verwüſtet/
vnd alles was im land iſt/öde gemacht/vnd alle ſo drinne wonen/er-
ſchlagen habe/das ſie erfaren/das ich der HERR ſey/Das wird der
jamer ſein/den man wol mag klagen/Ja viel töchter der Heiden wer
den ſolch klage füren/vber Egypten/vnd alle jr volck wird man kla-
gen/ſpricht der HErr HERR. r iiij Vnd im

Der Prophet

Vnd im zwelfften jar/ am fünffzehenden tag desselbigen monden/ geschach des HERRN wort zu mir/ vnd sprach/ Du menschen kind/ Beweine das volck jnn Egypten/ vnd stosse es mit den töchtern der starcken Heiden hinab vnter die erden/ zu denen/ die jnn die grube faren/ Wo ist nu deine pracht? Hinunter/ vnd lege dich zu den vnbeschnittenen/ Sie werden fallen vnter den erschlagenen mit dem schwert/ Das schwert ist schon gefasst vnd gezückt/ vber jr gantzes volck/ Dauon werden sagen jnn der helle/ die starcken Helden mit jren gehülffen/ die alle hinunter gefaren sind/ vnd ligen da vnter den vnbeschnittenen vnd erschlagenen vom schwerd.

Daselbs ligt Assur mit alle seinem volck vmbher begraben/ die alle erschlagen vnd durchs schwerd gefallen sind/ Jre greber sind tieff jnn der gruben/ Vnd sein volck ligt allenthalben vmbher begraben/ die alle erschlagen vnd durchs schwerd gefallen sind/ da sich die gantze welt fur furchte.

Da ligt auch Elam mit alle seinem hauffen vmbher begraben/ die alle erschlagen vnd durchs schwerd gefallen sind/ vnd hinunter gefaren als die vnbeschnittene/ vnter die erden/ dafur sich auch alle welt furchtet/ vnd müssen jre schande tragen mit denen/ die jnn die gruben faren/ Man hat sie vnter die erschlagenen gelegt/ sampt alle jrem hauffen/ vnd ligen vmbher begraben/ vnd sind alle/ wie die vnbeschnittene/ vnd die erschlagene vom schwerd/ fur denen sich auch alle welt furchten muste/ Vnd müssen jre schande tragen mit denen/ die jnn die grube faren/ vnd vnter den erschlagenen bleiben.

Da ligt Mesech vnd Thubal mit alle jrem hauffen vmbher begraben/ die alle vnbeschnitten vnd mit dem schwerd erschlagen sind/ fur denen sich auch die gantze welt furchten muste/ Vnd alle ander Helden/ die vnter den vnbeschnittenen gefallen sind/ vnd mit jrer kriegs wehre zur helle gefaren/ vnd jre schwerter vnter jre heubter haben müssen legen/ vnd jre missethat vber jre gebeine komen ist/ die doch auch gefurchte Helden waren jnn der gantzen welt/ Also müssen sie ligen/ So mustu freilich auch vnter den vnbeschnitten zuschmettert werden/ vnd vnter denen/ die mit dem schwerd erschlagen sind/ ligen.

Da ligt Edom mit seinen Königen vnd allen seinen Fürsten/ vnter den erschlagenen mit dem schwerd/ vnd vnter den vnbeschnitten/ sampt andern/ so jnn die gruben faren/ die doch mechtig gewest sind/ Ja es müssen alle Fürsten von mitternacht dahin/ vnd alle Zidonier/ die mit den erschlagenen hinab gefaren sind/ vnd jre schreckliche gewalt ist zu schanden worden/ vnd müssen ligen vnter den vnbeschnitten/ vnd denen/ so mit dem schwerd erlangen sind/ vnd jre schande tragen/ sampt denen/ so jnn die grube faren.

Diese wird Pharao sehen/ vnd sich trösten mit alle seinem volck/ die vnter jm mit dem schwerd erschlagen sind/ vnd mit seinem gantzen heer/ spricht der HErr HERR/ Denn es sol sich auch ein mal alle welt fur mir furchten/ das Pharao vnd alle seine menge sol ligen vnter den vnbeschnittenen/ vnd mit dem schwerd erschlagenen/ spricht der HErr HERR. Vnd des

Hesekiel

XXXIII.

VNd des HERRN wort geschach zu mir/ vñ sprach/ Du menschen kind/ Predige wider dein volck/ vnd sprich zu jnen/ Wenn ich ein schwerd vber das land füren würde/ vnd das volck im lande neme einen man vnter jnen/ vnd macheten jn zu jrem Wechter/ Vnd er sehe das schwerd komen vber das land/ vnd bliese die drometen vnd warnete das volck/ Wer nu der drometen hall höret/ vnd wolt sich nicht hüten/ vnd das schwerd keme vnd neme jn weg/ desselben blut sey auff seinem kopff/ Denn er hat der drometen hall gehöret/ vnd hütet sich dennoch nicht/ drumb sey sein blut auff jm/ Wer sich aber hütet/ der wird sein leben dauon bringen.

Wo aber der wechter sehe das schwerd komen/ vnd die drometen nicht bliese/ noch sein volck warnete/ vnd das schwerd keme vnd neme etliche weg/ die selben würden wol vmb jrer sünde willen weg genomen/ aber jr blut wil ich von des wechters hand fodern.

Vnd nu/ du menschen kind/ Jch habe dich zu einem Wechter gesetzt vber das Haus Jsrael/ wenn du etwas aus meinem munde hörest/ das du sie von meinet wegen warnen solt/ Wenn ich nu zu dem Gottlose sage/ Du Gottloser must des todes sterben/ vnd du sagst jm solchs nicht/ das sich der Gottlose hüte/ für seinem wesen/ So wird wol der Gottlose vmb seines Gottlosen wesens willen sterben/ aber sein blut wil ich von deiner hand fodern/ Warnestu aber den Gottlosen für seinem wesen/ das er sich dauon bekere/ vnd er sich nicht wil von seinem wesen bekeren/ so wird er vmb seiner sunde willen sterben/ vnd du hast deine seele errettet.

Darumb/ du menschen kind/ sage dem Hause Jsrael/ Jr sprecht also/ Vnser sunde vnd missethat ligen auff vns/ das wir darunter vergehen/ wie können wir denn leben? So sprich zu jnen/ So war als ich lebe/ spricht der HErr HERR/ Jch habe keinen gefallen am tode des Gottlosen/ sondern das sich der Gottlose bekere von seinem wesen/ vnd lebe/ So bekeret euch doch nu/ von ewerm bösen wesen/ warumb wolt jr sterben/ jr vom Hause Jsrael?

Vnd du menschen kind/ sprich zu deinem volck/ Wenn ein gerechter böses thut/ so wirds jn nicht helffen/ das er from gewesen ist/ Vnd wenn ein Gottloser frum wird/ so sols jm nicht schaden/ das er Gottlos gewesen ist/ So kan auch der gerechte nicht leben/ wenn er sündigt/ Denn wo ich zu dem gerechten spreche/ Er sol leben/ vnd er verlesst sich auff seine gerechtigkeit/ vnd thut böses/ so sol alle seine fromkeit nicht angesehen werden/ sondern er sol sterben/ jnn seiner bosheit/ die er thut/ Vnd wenn ich zum Gottlosen spreche/ Er sol sterben/ vnd er bekeret sich von seiner sunde/ vnd thut was recht vnd gut ist/ Also/ das der Gottlose das pfand wider gibt/ vnd bezalet was er geraubt hat/ vnd nach dem wort des lebens wandelt/ das er kein böses thut/ so sol er leben/ vnd nicht sterben/ Vnd alle seine sunden/ die er gethan hat/ sollen vergeben sein/ denn er thut nu was recht vnd gut ist/ drumb sol er leben.

Noch spricht dein volck/ Der HERR vrteilet nicht recht/ so sie doch

Der Prophet

doch vnrecht haben/ Denn wo der gerechte sich keret von seiner gerechtigkeit/ vnd thut böses/ so stirbt er ja billich darumb/ Vnd wo sich der Gottlose bekeret von seinem gottlosen wesen/ vnd thut was recht vnd gut ist/ so sol er ja billich leben/ Noch sprecht jr/ Der HERR vrteilet nicht recht/ so ich doch euch vom Hause Israel einen jglichen nach seinem wesen vrteile.

Vnd es begab sich im zwelfften jar/ vnsers gefengnis/ am fünfften tag des zehenden monden/ kam zu mir ein entrunnener von Jerusalem/ vnd sprach/ Die stad ist geschlagen/ Vñ die hand des HERRN war vber mir/ des abends/ ehe der entrunnene kam/ vnd that mir meinen mund auff/ bis er zu mir kam des morgens/ Vnd that mir meinen mund auff/ also/ das ich nicht mehr schweigen kundte.

Vnd des HERRN wort geschach zu mir/ vnd sprach/ Du menschen kind/ Die einwoner dieser wüsten im lande Israel/ sprechen also/ Abraham war ein einiger man/ vnd erbete dis land/ vnser aber ist viel/ so haben wir ja das land billicher/ Darumb sprich zu jnen/ So spricht der HErr HERR/ Jr habt blut gefressen/ vnd ewere augen zu den Götzen auff gehaben/ vnd blut vergossen/ vnd jr meinet/ jr wollet das land besitzen? Ja jr faret jmer fort mit morden/ vnd vbet grewel/ vnd einer schendet dem andern sein weib/ vnd meinet/ jr wollet das land besitzen.

So sprich zu jnen/ So spricht der HErr HERR/ So war ich lebe/ sollen alle/ so jnn den wüsten wonen/ durchs schwerd fallen/ vnd was auff dem felde ist/ wil ich den thieren zu fressen geben/ vnd die jnn festungen vnd hülen sind/ sollen an der Pestilentz sterben/ Denn ich wil das land gar verwüsten/ vnd seiner hoffart vnd macht ein ende machen/ das das gebirge Israel so wüste werde/ das niemand dadurch gehe/ Vnd sollen erfaren/ das ich der HERR bin/ wenn ich das land gar verwüstet habe/ vmb alle jrer grewel willen/ die sie vben.

Vnd du menschen kind/ Dein volck redet wider dich/ hin vnd wider auff den gassen/ vnd fur den thoren/ vnd spricht je einer zum andern/ Lieber/ kompt vnd lasst vns hören/ was der HERR sage/ wie sie rhümen/ Vnd sie werden zu dir komen/ jnn die versamlung/ vnd fur dir sitzen/ als mein volck/ vnd werden deine wort hören/ aber nichts darnach thun/ sondern werden dich an pfeiffen/ vnd gleich wol fort leben/ nach jrem geitz/ Vnd sihe/ du must jr liedlin sein/ das sie gerne singen vnd spielen werden/ Also werden sie deine wort hören/ vnd nichts darnach thun/ Wenn es aber kompt/ was komen sol/ sihe/ so werden sie erfaren/ das ein Prophet vnter jnen gewest sey.

(Liedlin)
Die Jüden kamẽ zur predigt/ nicht das sie gleubeten odder sich bessern wolten/ sondern das sie den armen Propheten an pfiffen vnd spotten/ vnd etwas höreten/ dauon sie ernach hette zu scherzen/ vnd zu singẽ/ Also ehreten sie das liebe Gottes wort/ wie mans zu vnser zeit/ jnn der welt ehret

XXXIIII.

Vnd des HERRN wort geschach zu mir/ vnd sprach/ Du menschen kind/ Weissage wider die Hirten Israel/ Weissage/ vnd sprich zu jnen/ So spricht der HErr HERR/ Weh/ den Hirten Israel/ die sich selbs weiden/ Sollen nicht die Hirten die herd weidẽ? Aber jr fresset das fette/ vnd kleidet euch mit der wolle/ vnd schlachtet das

Hesekiel.

tet das gemeste/ Aber die schafe wöllet jr nicht weiden/ Der schwachen wartet jr nicht/ vnd die krancken heilet jr nicht/ das verwundte verbindet jr nicht/ das verirrete holet jr nicht/ vnd das verlorne suchet jr nicht/ Sondern streng vnd hart herschet jr vber sie/ vnd meine schafe sind zerstrewet/ als die keinen hirten haben/ vnd allen wilden thieren zur speise worden/ vnd gar zerstrewet/ vnd gehen jrr hin vnd wider auff den bergen/ vnd auff den hohen hügeln/ vnd sind auff dem gantzen land zerstrewet/ Vnd ist niemand/ der nach jnen frage/ oder jr achte.

Darumb höret jr Hirten des HERRN wort/ So war ich lebe/ spricht der HErr HERR/ Weil jr meine schafe lasset zum raub/ vnd meine Herd allen wilden thieren zur speise werden/ weil sie keinen Hirten haben/ vnd meine Hirten nach meiner Herd nicht fragen/ sondern sind solche Hirten/ die sich selbs weiden/ aber meine schafe wöllen sie nicht weiden/ Darumb jr Hirten/ höret des HERRN wort/ So spricht der HErr HERR/ Sihe/ ich wil an die Hirten/ vnd wil meine Herd von jren henden foddern/ vnd wils mit jnen ein ende machen/ das sie nicht mehr sollen Hirten sein/ vnd sollen sich nicht mehr selbs weiden/ Ich wil meine schafe erretten aus jrem maul/ das sie sie furthin nicht mehr fressen sollen.

Denn so spricht der HErr HERR/ Sihe/ ich wil mich meiner Herde selbs annemen/ vnd sie suchen/ wie ein Hirte seine schafe suchet/ wenn sie von seiner Herd verirret sind/ Also wil ich meine schafe suchen/ vnd wil sie erretten von allen orten/ dahin sie zurstrewet waren/ zur zeit/ da es trüb vnd finster war/ Ich wil sie von allen völckern ausfüren/ vnd aus allen lendern versamlen/ vnd wil sie jnn jr land füren/ vnd wil sie weiden auff den bergen Israel/ vnd jnn allen awen/ vnd auff allen angern des landes/ Ich wil sie auff die beste weide füren/ vnd jre hürten werden auff den hohen bergen jnn Israel stehen/ Daselbs werden sie jnn sannften hürten ligen/ vnd fette weide haben/ auff den bergen Israel.

Ich wil selbs meine schafe weiden/ vnd ich wil sie lagern/ spricht der HErr HERR/ Ich wil das verlorne wider suchen/ vnd das verirrete wider bringen/ vnd das verwundte verbinden/ vnd des schwachen warten/ Vnd was fett vnd starck ist/ wil ich behüten/ vnd wil jr pflegen/ wie sie es bedürffen.

Aber zu euch/ meine Herd/ spricht der HErr HERR also/ Sihe/ ich wil richten zwisschen schaf vnd schaf/ vnd zwisschen widern vnd böcken/ Ists nicht gnug/ das jr so gute weide habt/ vnd so vberflüssig/ das jrs mit füssen trett/ vnd so schöne borne zu trincken/ so vberflüssig/ das jr drein trettet vnd sie trübe machet? Das meine schafe essen müssen/ was jr zutretten habt/ vnd trincken/ was jr mit ewern füssen trübe gemacht habt.

Darumb so spricht der HErr HERR zu jnen/ Sihe/ ich wil richten zwisschen den fetten vnd magern schafen/ darumb/ das jr lecket mit den füssen/ vnd die schwachen von euch stosset/ mit ewern hörnern/ bis jr sie alle von euch zurstrewet/ Vnd ich wil meiner Herd helffen/ das sie nicht mehr sollen zum raub werden/ vnd wil richten zwisschen schaf vnd schaf. Vnd ich

Der Prophet

Vnd ich wil jnen einen einigen Hirten erwecken/der sie weiden sol/ nemlich/meinen knecht Dauid/der wird sie weiden/ vnd sol jr Hirte sein/Vnd ich der HERR wil jr Gott sein/ aber mein knecht Dauid/ sol der Fürst vnter jnen sein/ Das sage ich der HERR.

Vnd ich wil einen Bund mit jnen machen/ vnd alle böse thier aus dem lande aus rotten/das sie sicher wonen sollen jnn der wüsten/vnd jnn den welden schlaffen/ Ich wil sie vnd alle meine hügel vmbher/ segenen/vnd auff sie regen lassen zu rechter zeit/das sollen gnedige regen sein/das die beume auff dem felde jre frucht bringen/ vnd das land sein gewechs geben wird/ vnd sie sollen sicher auff dem lande wonen/ Vnd sollen erfaren/das ich der HERR bin/wenn ich jr joch zubrochen/vnd sie errettet habe von der hand dere/denen sie dienen musten/Vnd sie sollen nicht mehr den Heiden zum raub werden/ vnd kein thier auff erden sol sie mehr fressen/sondern sollen sicher wonen/on alle furcht.

Vnd ich wil jnen ein berhümete pflantzen erwecken/das sie nicht mehr sollen hunger leiden im lande/vnd jre schmach vnter den Heiden nicht mehr tragen sollen/ Vnd sollen erfaren/das ich der HERR jr Gott bey jnen bin/ vnd das sie vom Haus Israel mein volck seien/ spricht der HErr HERR/ Ja jr menschen solt die herd meiner weide sein/Vnd ich wil ewr Gott sein/ spricht der HErr HERR.

XXXV.

VNd des HERRN wort geschach zu mir/ vnd sprach/ Du menschen kind/ Richte dein angesicht wider das gebirge Seir/ vnd weissage da wider/Vnd sprich zum selbigen/So spricht der HErr HERR/ Sihe/ich wil an dich/du berg Seir/ vnd meine hand wider dich ausstrecken/ vnd wil dich gar wüst machen/ Ich wil deine stedte öde machen/ das du solt zur wüste werden/ vnd erfaren/das ich der HERR bin/Darumb/ das jr jmerdar der kinder Israel feinde seid/ vnd jagt sie jnns schwerd/wenns jnen vbel gehet/vnd jre sunde gestrafft wird.

Darumb/ so war ich lebe/ spricht der HErr HERR/ wil ich dich auch blutend machen/vnd solt dem bluten nicht entrinnen/ weil du lust zu blut hast/soltu dem bluten nicht entrinnen. Vnd ich wil den berg Seir wüst vnd öde machen/ das niemand darauff wandeln noch gehen sol/ Vnd wil sein gebirge/ vnd alle hügel/ tal vnd alle gründe vol todten machen/die durchs schwert sollen erschlagen sein/ Ja zu einer ewigen wüsten wil ich dich machen/ das niemand jnn deinen stedten wonen sol/vnd sollet erfaren/das ich der HERR bin.

Vnd darumb/das du sprichst/ Diese beide völcker mit jren lendern/ müssen mein werden/ vnd wir wollen sie einnemen/ ob gleich der HERR da wonet/Darumb/ so war ich lebe/ spricht der HErr HERR/wil ich nach deinem zorn vnd hass mit dir vmbgehen/ wie du mit jnen vmb gangen bist/aus lauterm hass/ vnd wil bey jnen bekand wer-

Hesekiel.

kand werden/ wenn ich dich gestrafft habe/ Vnd solt erfaren/ das ich der HERR/ alle dein lestern gehöret habe/ so du gered hast/ wider das gebirge Jsrael/ vnd gesagt/ Weah/ Sie sind verwüstet/ vnd vns zu verterben gegeben/ Vnd habt euch wider mich gerümbt/ vnd stoltziglich wider mich geredt/ das habe ich gehöret.

So spricht nu der HErr HERR/ Weil du dich allenthalb jnn deim lande gefrewet hast/ so wil ich dich zur wüsten machen/ Vnd wie du berg Seir/ dich gefrewet hast/ vnd meinetest das Haus Jsrael einzunemen/ darumb/ das es war wüste worden/ eben so wil ich mit dir thun/ das der berg Seir wüste sein mus/ sampt dem gantzen Edom/ vnd sollen erfaren/ das ich der HERR bin.

XXXVI.

Vnd du menschen kind/ weissage den bergen Jsrael/ vnd sprich/ Höret des HERRN wort/ jr berge Jsrael/ So spricht der HErr HERR/ Darumb/ das der feind vber euch rhümet/ Weah/ die festen berge sind nu vnser/ darumb weissage/ vnd sprich/ So spricht der HErr HERR/ Weil man euch allenthalben verwüstet vnd vertilget/ vnd seid den vbrigen Heiden zu teil worden/ die allenthalben jr gespöt aus euch treiben/ Darumb höret jr berge Jsrael/ das wort des HErrn HERRN/ So spricht der HErr HERR/ beide/ zu den bergen vnd hügeln/ zu den bechen vnd talen/ zu den öden wüsten/ vnd verlassenen stedten/ welche den vberigen Heiden rings vmb her/ zum raub vnd spott worden sind/ Ja so spricht der HErr HERR/ Ich habe jnn meinem feurigen eiuer geredt/ wider die vbrigen Heiden/ vnd wider das gantze Edom/ welche mein land eingenomen haben/ mit grossem rhümen vnd trotz/ dasselbige zu verheeren vnd plundern.

Darumb weissage von dem land Jsrael/ vnd sprich zu den bergen vnd hügeln/ zu den gründen vnd talen/ So spricht der HErr HERR/ Sihe/ ich hab jnn meinem eiuer vnd grim geredt/ Weil jr (solche) schmach von den Heiden tragen müsset/ Darumb spricht der HErr HERR also/ Ich hebe meine hand auff/ das ewre nachbarn den Heiden vmbher/ jre schande wider tragen sollen/ Aber jr berge Jsrael/ sollet wider grünen/ vnd ewere frucht bringen meinem volck Jsrael/ Vnd sol jnn kurtz geschehen. (Ich hebe meine hand auff) das ist/ ich schwere.

Denn sihe/ ich wil mich wider zu euch wenden/ vnd euch ansehen/ das jr vom Hause Jsrael/ gebawet vnd beseet/ vnd ewr viel werden/ vnd die stedte sollen wider bewonet/ vnd die wüsten erbawet werden/ Ja ich wil euch leute vnd viehe die menge geben/ das jr euch mehren vnd wachsen sollet/ Vnd ich wil euch wider einsetzen/ da jr vorhin wonet/ vnd wil euch mehr guts thun/ denn zuuor je/ vnd sollet erfaren/ das ich der HERR sey/ Ich wil euch leute herzu bringen/ die mein volck Jsrael sollen sein/ die werden dich besitzen/ vnd solt jr erbteil sein/ vnd solt nicht mehr erblos werden.

So spricht der HErr HERR/ Weil man das von euch saget/
ſ   Du hast

Der Prophet

Du hast viel leute gefressen / vnd hast dein volck erblos gemacht / Darumb soltu (nu) nicht mehr leute fressen / noch dein volck erblos machen / spricht der HErr HERR / Vnd die Heiden sollen dich nicht mehr spotten noch lestern vnter den leuten / Vnd solt dein volck nicht mehr verlieren / spricht der HErr HERR.

Vnd des HERRN wort geschach weiter zu mir / Du menschen kind / Da das Haus Jsrael jnn jrem lande woneten / vnd dasselbige verunreinigten mit jrem wesen vnd thun / das jr wesen fur mir war / wie die vnreinigkeit eines weibs jnn jrer kranckheit / da schüttet ich meinen grim vber sie aus / vmb des bluts willen / das sie im lande vergossen / vnd daselb verunreinigt hatten / durch jre Götzen / Vnd ich zur strewet sie vnter die Heiden / vnd verjagt sie jnn die lender / vnd richtet sie nach jrem wesen vnd thun / vnd hielten sich wie die Heiden / dahin sie kamen / vnd entheiligten meinen Heiligen namen / das man von jnen sagte / Jst das des HERRN volck / das aus seim lande hat müssen zihen? Aber ich verschonet vmb meines Heiligen namens willen / welchen das Haus Jsrael entheiligte / vnter den Heiden / dahin sie kamen.

Darumb soltu zum Haus Jsrael sagen / So spricht der HErr HERR / Jch thue es nicht vmb ewern willen / jr vom Hause Jsrael / sondern vmb meines Heiligen namens willen / welchen jr entheiliget habt / vnter den Heiden / zu welchen jr komen seid / Denn ich wil meinen namen / der durch euch fur den Heiden entheiligt ist / heilig vnd gros machen / Vnd die Heiden sollen erfaren / das ich der HERR sey (spricht der HErr HERR) wenn ich mich fur jnen an euch erzeige / das ich heilig sey.

Denn ich wil euch aus den Heiden holen / vnd euch aus allen landen versamlen / vnd wider jnn ewer land füren / Vnd wil rein wasser vber euch giessen / das jr rein werdet / Von alle ewer vnreinigkeit / vnd von alle ewern Götzen wil ich euch reinigen / Vnd ich wil euch ein new hertz / vnd einen newen Geist jnn euch geben / vnd wil das steinern hertz aus ewrem fleisch weg nemen / vnd euch ein fleischern hertz geben / Jch wil meinen Geist jnn euch geben / vnd wil solche leute aus euch machen / die jnn meinen Geboten wandeln / vnd meine rechte halten / vnd darnach thun / Vnd jr sollet wonen im lande / das ich ewern Vetern gegeben habe / vnd sollet mein volck sein / vnd Jch wil ewer Gott sein / Jch wil euch von aller ewr vnreinigkeit los machen / vnd wil dem korn befelhen / das es wol geraten sol / vnd wil euch nicht lassen hunger leiden / Jch wil die früchte auff den beumen / vnd das gewechs auff dem felde mehren / das euch die Heiden nicht mehr spotten / mit dem hunger.

Als denn / werdet jr an ewr böses wesen gedencken / vnd ewers thuns / das nicht gut war / vnd wird euch ewer sunde vnd Abgötterey gerewen / Solchs wil ich thun / nicht vmb ewern willen / spricht der HErr HERR / das jrs wisset / sondern jr werdet euch müssen schemen / vnd scham rot werden / jr vom Hause Jsrael / vber ewerm wesen.

So spricht der HErr HERR / Zu der zeit / wenn ich euch reinigen werde

Hesekiel. CV.

gen werde von alle ewern sunden/ so wil ich diese stedte wider besetzen/ vnd die wüsten sollen wider gebawet werden/ Das zurstörete land sol wider gepflüget werden/ da fur/ das es verheeret war/ das es sehen sollen alle/ die dadurch gehen/ vnd sagen/ Dis land war verheeret/ vnd jtzt ists wie ein lust garten/ Vnd diese stedte waren zurstöret/ zurissen vnd öde/ Vnd stehen nu feste gebawet vnd vol volcks/ Vnd die vbrigen Heiden vmb euch her / sollen erfaren/ das ich der HERR bin/ der da bawet was zu rissen ist/ vnd pflantze was verheeret war/ Ich der HERR sage es/ vnd thu es auch.

So spricht der HErr HERR/ Das Haus Israel sol mich wider finden/ das ich mich an jnen erzeige/ vnd ich wil sie mehren/ wie eine Herd/ wie ein heilige Herd/ wie eine Herd zu Jerusalem/ auff jren festen/ So sollen die verheereten stedte/ vol menschen Herd werden/ vnd sollen erfaren/ das ich der HERR bin.

XXXVII.

Vnd des HERRN hand fasset mich/ vnd füret mich hinaus im Geist des HERRN/ vnd stellet mich auff ein weit feld/ das voller todten beine lag/ vnd er füret mich allenthalb da durch/ Vnd sihe (des gebeines) lag seer viel/ auff dem feld/ vnd sihe/ sie waren gar verdorret/ Vnd er sprach zu mir/ Du menschen kind/ Meinstu auch/ das diese beine wider lebendig werden? Vnd ich sprach/ HErr HERR/ das weistu wol.

f ij   Vnd

Der Prophet

Vnd er sprach zu mir/ Weissage von diesen beinen/ vnd sprich zu jnen/ Jr verdorreten beine/ höret des HERRN wort. So spricht der HErr HERR von diesem gebeine/ Sihe/ ich wil einen odem jnn euch bringen/ das jr solt lebendig werden/ Ich wil euch adern geben/ vnd fleisch lassen vber euch wachsen/ vnd mit haut vberzihen/ vnd wil euch odem geben/ das jr wider lebendig werdet/ vnd solt erfaren/ das ich der HERR bin.

Vnd ich weissagte/ wie mir befolhen war/ vnd sihe/ da ward ein gros gerümpel/ als ich weissagte/ vnd die gebeine kamen wider zu samen/ ein jglichs zu seinem gebein/ Vnd ich sahe/ vnd sihe/ es wuchsen adern vnd fleisch drauff/ vnd er vber zoch sie mit haut/ es war aber noch kein odem jnn jnen.

Vnd er sprach zu mir/ Du menschen kind/ Weissage/ vnd sprich zum winde/ So spricht der HErr HERR/ Wind/ kom herzu von den vier örtern/ vnd blase diese todten an/ das sie wider lebendig werden. Vnd ich weissaget/ wie er mir befolhen hatte/ da kam odem jnn sie/ vnd sie wurden wider lebendig/ vnd richten sich auff jre füsse/ Vnd jr war ein seer grosse menge.

Vnd er sprach zu mir/ Du menschen kind/ Diese beine sind das gantze Haus Israel/ Sihe/ jtzt sprechen sie/ Wir sind verdorrete beine/ vnd vnser hoffnung ist aus/ vnd wir sind verloren/ Darumb weissage/ vnd sprich zu jnen/ So spricht der HErr HERR/ Sihe/ ich wil ewere greber auff thun/ vnd wil euch/ Mein volck/ aus den selben eraus holen/ vnd euch jns land Israel bringen/ Vnd solt erfaren/ das ich der HERR bin/ wenn ich ewer greber geöffnet/ vnd euch/ mein volck/ aus den selben bracht habe/ Vnd ich wil meinen Geist jnn euch geben/ das jr wider leben sollet/ vnd wil euch jnn ewer land setzen/ vnd solt erfaren/ das ich der HERR bin/ Ich rede es/ vnd thue es auch/ spricht der HERR.

Vnd des HERRN wort geschach zu mir/ vnd sprach/ Du menschen kind/ Mache dir eine tafel/ vnd schreibe darauff/ von Juda vnd den kindern Israel/ seinen verwandten/ Vnd mach noch eine tafel/ vnd schreibe drauff/ von Joseph vnd dem stam Ephraim/ vnd dem gantzen Haus Israel/ seinen verwandten/ Vnd fasse die zwo zu samen jnn deine hand/ das eine tafel werde. So nu dein volck zu dir wird sagen/ vnd sprechen/ Wiltu vns nicht zeigen/ was du damit meinest? So sprich zu jnen/ So spricht der HErr HERR/ Sihe/ ich wil den stam Joseph/ welcher ist bey Ephraim/ nemen/ sampt jren verwandten/ den stemmen Israel/ vnd wil sie zu dem stam Juda thun/ vnd aus beiden einen stam machen/ jnn meiner hand/ Vnd solt also die tafeln/ darauff du geschrieben hast/ jnn deiner hand halten/ das sie zu sehen.

Vnd solt zu jnen sagen/ So spricht der HErr HERR/ Sihe/ ich wil die kinder Israel holen/ aus den Heiden/ dahin sie gezogen sind/ vnd wil sie allenthalben samlen/ vnd wil sie wider jnn jr land bringen/ Vnd wil ein einig volck aus jnen machen/ im land auff dem gebirge Israel/

Hesekiel.

Israel/vnd sie sollen alle sampt einen einigen König haben. Vnd sollen nicht mehr zwey völcker/noch jnn zwey Königreich zurteilet seyn/ Sollen sich auch nicht mehr verunreinigen mit jren Götzen/vnd greweln/vnd allerley sünden/ Jch wil jnen eraus helffen aus allen orten/ da sie gesundigt haben/ vnd wil sie reinigen / vnd sollen mein volck sein/vnd ich wil jr Gott sein. Vnd mein knecht Dauid sol jr König/ vnd jr aller einiger Virte sein/ Vnd sollen wandeln jnn meinen rechten/ vnd meine Gebot halten/ vnd darnach thun/ Vnd sie sollen wider im land wonen/das ich meine knecht Jacob gegeben habe/darinne ewer Veter gewonet haben/ Sie vnd jre kinder / vnd kinds kinder/ sollen darinn wonen ewiglich/ vnd mein knecht Dauid sol ewiglich jr Fürst sein/Vnd ich wil mit jnen ein Bund der gnaden machen/das sol ein ewiger Bund sein mit jnen/ Vnd wil sie erhalten vnd mehren/ vnd mein Heiligthum sol vnter jnen sein ewiglich/ Vnd ich wil vnter jnen wonen / vnd wil jr Gott sein/ vnd sie sollen mein volck sein/ das auch die Heiden sollen erfaren/ das ich der HERR bin/ der Israel heilig machet/ Denn mein Heiligthum sol ewiglich vnter jnen sein.

XXXVIII.

Vnd des HERRN wort geschach zu mir/vnd sprach/ Du menschen kind/Wende dich gegen Gog/der im lande Magog ist/ vnd ein Fürst aus den Herren jnn Mesech vnd Thubal/ vnd weissage von jm/ vnd sprich. So spricht der HErr HERR/ Sihe/ich wil an dich Gog/der du ein Fürst bist/aus den herren jnn a Mesech vnd Thubal/sihe/ich wil dich herumb lencken/vn wil dir einen zaum jns maul legen/ vnd wil dich eraus füren/mit alle deinem heer/ros vñ man/die alle wol gerüst sind/ vnd ist jr ein grosser hauffe die alle spies vnd schild/vnd schwerd füren/Du fürest mit dir b Persen/Moren vñ Lybier/die alle schild vnd helmen füren/Dazu c Gomer vnd sein heer/ sampt dem Hause Thogarma/ so gegen mitternacht ligt/mit alle seinem heer/ Ja du fürest ein gros volck mit dir .

Wolan/rüste dich wol/du vnd alle deine hauffen/so bey dir sind/ vnd sey du jr Heubtman/ Du solt doch zu letzt wider gestrafft werden.

Zur lezten zeit/wirstu komen jnn das land/ das vom schwerd wider bracht/ vnd aus vielen völckern zu samen komen ist/nemlich/auff die berge Israel/welche lange zeit wüste gewest sind/ vnd nu ausgefüret/aus vielen völckern/ vnd alle sicher wonen.

Du wirst erauff zihen/ vnd daher komen mit grossem vngestüm/ vnd wirst sein/ wie ein wetter/ so das land bedecket/du vnd dein heer/ vnd das gros volck mit dir.

So spricht der HErr HERR/Zu der zeit/ wirstu dir solchs fur nemen/vnd wirsts böse im sinn haben/ vnd gedencken/ ich wil das vnbewaret land vberfallen/ vnd vber die komen / so sicher vnd on sorge wonen/als die alle on mauren da sitzen/ vnd haben weder rigel noch thor/auff das du rauben vnd plündern mügest/vnd deine hand lassen gehen vber die verstöreten/so wider bracht sind/ vnd vber das volck/

(Gog) Bedeut die Türcken/wie Apocalyp sis/ Johã. anzeigt/ Schaben auch die Türcken jr herkomen aus den lendern von Mitternacht/ der hie gedacht wird.

a Mesech vnd Thubal sind auch Tatern/vnd des volcks da hinden/ die man Schutte oder Schotten nennet/ Wie wol Mesech laut/ als komen die Moschobiter von jnen/ das ist/ die Reussen.

b Persen stossen an Reich Arabia/ darumb wird der Türck auch der etliche haben.

c Gomer vnd Thogarma sein son/ Gen. x. acht ich/ seien die Wenden/ denn am Türckischen hofe redet man Wendisch.

so aus

Der Prophet

so aus den Heiden zusamen gerafft ist / vnd sich jnn die narung ge-
richt / vnd kaum gesetzt hat / vnd mitten im lande wonet.

(Dedan)
Dedan ist ein stück
des reichen Ara-
bia / So ligt der
Mahometh jnn
reich Arabia be-
graben zu Mecha

Das Reich Arabia / Dedan vnd die kauffleute auff dem meer / vnd
alle gewaltigen / die daselbst sind / werden zu dir sagen / Ich meine ja /
du seiest ᵃ recht komen zu rauben / vnd hast deine hauffen versamlet zu
plündern / auff das du weg nemest / silber vnd gold / vnd samlest vihe
vnd güter / vnd grossen raub treibest.

(Recht komen)
Das ist / o du hast
recht vñ wol fahrt
jmer fort / glück zu.
(Recht)
Das ist / du bist
der recht Keiser vñ
Herr.

Darumb so weissage / du menschen kind / vnd sprich zu Gog / So
spricht der HErr HERR / Ists nicht also? das du wirst mercken /
wenn mein volck Israel sicher wonen wird / so wirstu komen aus dei-
nem ort / nemlich / von den enden gegen mitternacht / du vñ gros volck
mit dir / alle zu rosse / ein grosser hauffe / vnd ein mechtiges heer / vnd
wirst erauff zihen / vber mein volck Israel / wie ein wetter / das das
land bedeckt / Solchs wird zur letzten zeit geschehen / Ich wil dich
aber darumb jnn mein land komen lassen / auff das die Heiden mich
erkennen / wie ich an dir / O Gog / geheiliget werde fur jren augen.

So spricht der HErr HERR / Du bists / von dem ich vorzieten
gesagt habe / durch meine diener / die Propheten jnn Israel / die zur
selbigen zeit weissagten / das ich dich vber sie komen lassen wolt.

(Mein zorn)
Das ist / Gog ist
mein zorn vnd ru-
te / vmb meiner
Christensünde wil-
len.

Vnd es wird geschehen / zur zeit / wenn Gog komen wird / vber
das land Israel / spricht der HErr HERR / wird erauff zihen mein
Zorn / jnn meinem grim / Vnd ich rede solchs jnn meinem eiuer / vnd
im feur meines zorns / Denn zur selbigen zeit / wird gros zittern sein
im lande Israel / das fur meinem angesicht zittern sollen / die fissch im
meer / die vogel vnter dem himel / das viehe auff dem felde / vnd alles
was sich regt vnd wegt auff dem lande / vnd alle menschen / so auff
der erden sind / vnd sollen die berge vmbgekeret werden / vnd die wen-
de vnd alle mauren zu boden fallen.

Sie solle sich selbst
vnternander er-
würgen.

Ich wil aber vber jn ruffen dem schwerd / auff alle meinen ber-
gen / spricht der HErr HERR / das eins jglichen schwerd / sol wid-
der den andern sein / Vnd ich wil jn richten / mit pestilentz vnd blut /
vnd wil regen lassen / platz regen mit schlossen / feur vnd schwefel /
vber jn vñ sein heer / vnd vber das grosse volck / das mit jm ist / Also wil
ich denn herrlich / heilig vnd bekand werden / fur vielen Heiden / das
sie erfaren sollen / das ich der HERR bin.

XXXIX.

Vnd du menschen kind / Weissage wider Gog / vñ sprich /
Also spricht der HErr HERR / Sihe / ich wil an dich
Gog / der du ein Fürst bist / aus den herrn jnn Mesech
vnd Thubal / Sihe / ich wil dich herumb lencken / vnd
locken / vnd aus den enden von mitternacht bringen / vñ
auff die berge Israel komen lassen / Vnd wil dir den bo-
gen aus deiner lincken hand schlahen / vnd deine pfeile / aus deiner re-
chten hand werffen / Auff den bergen Israel soltu nider gelegt wer-
den / du mit alle deinem heer / vnd mit dem volck / das bey dir ist / Ich
wil dich den vogeln / wo her sie fliegen / vnd den thieren auff dem fel-
de zu

de zu fressen geben/ Du solt auff dem felde darnider ligen/ Denn ich der HErr HERR habs gesagt.

Vnd ich wil feur werffen/ vber Magog/ vnd vber die/ so jnn den Inseln sicher wonen/ vnd sollens erfaren/ das ich der HERR bin/ Denn ich wil meinen Heiligen namen kund machen vnter meinem volck Israel/ vnd wil meinen heiligen namen nicht lenger schenden lassen/ sondern die Heiden sollen erfaren/ das ich der HERR bin/ der Heilige jnn Israel/ Sihe/ Es ist schon komen vnd geschehen/ spricht der HErr HERR/ Das ist der tag/ dauon ich geredt habe.

(Inseln)
Das ist/ jnn Gogs lande da heimen/ sols auch brennen.

Vnd die Bürger jnn stedten Israel/ werden eraus gehen vnd feur machen/ vnd verbrennen/ die woffen/ schild/ spies/ bogen/ pfeil/ stecken vnd stangen/ vnd werden sieben jar lang/ feurwerck damit halten/ das sie nicht dürffen holtz auff dem felde holen/ noch im walde hawen/ sondern von den woffen/ werden sie feur halten/ Vnd sollen rauben/ von denen sie beraubt sind/ vnd plündern/ von denen sie geplundert sind/ spricht der HErr HERR.

Vnd sol zu der zeit geschehen/ da wil ich Gog eine stet geben/ zum begrebnis jnn Israel/ nemlich/ das thal/ da man gehet am meer gegen morgen/ also/ das die/ so fur vber gehen/ sich dafur schewen werden/ weil man daselbst Gog mit seiner menge begraben hat/ Vnd sol heissen/ Gogshauffen tal/ Es wird sie aber das Haus Israel begraben/ sieben monden lang/ damit das land gereiniget werde/ Ja alles volck im lande wird an jnen zu begraben haben/ vñ werden rhum dauon haben/ das ich des tages meine herrligkeit erzeiget habe/ spricht der HErr HERR.

(Gogshauffen thal)
Das daselbst die grosse menge vñ d hauffen Gogs begraben ligen.

Vnd sie werden leute aussondern/ die stets im lande vmbher gehen/ vnd mit den selbigen/ die todtengreber/ zu begraben die vbrigen auff dem lande/ auff das es gereiniget werde/ Nach sieben monden/ werden sie forschen/ Vnd die/ so im lande vmbher gehen/ vnd etwa eines menschen bein sehen/ werden dabey ein mal auffrichten/ bis es die todtengreber auch jnn Gogshauffen thal begraben/ So sol auch die stad heissen/ Hamona/ Also werden sie das land reinigen.

(Forschen)
Ob sie alle begraben sind/ oder etwa noch jemand lege vnbegraben.
(Hamona)
Menge oder grosser hauffe.

Nu/ du menschen kind/ So spricht der HErr HERR/ Sage allen vogeln/ wo her sie fliegen/ vnd allen thieren auff dem felde/ Samlet euch vnd kompt her/ findet euch allenthalben zu hauffe/ zu meinem schlacht opffer/ das ich euch schlachte/ ein gros schlacht opffer auff den bergen Israel/ vnd fresset fleisch/ vnd saufft blut/ Fleisch der starcken solt jr fressen/ vnd blut der Fürsten auff erden/ solt jr sauffen/ der wider/ der hemel/ der böcke/ der ochsen/ die allzumal feist vñ wol gemestet sind/ Vnd solt das fette fressen/ das jr vol werdet/ vnd das blut sauffen/ das jr truncken werdet/ von dem schlachtopffer/ das ich euch schlachte/ Settigt euch nu vber meinem tisch/ von rossen vnd reutern/ von starcken vnd allerley kriegs leuten/ Spricht der HErr HERR.

Vnd ich wil meine herrligkeit vnter die Heiden bringen/ das alle Heiden sehen sollen/ mein vrteil/ das ich habe gehen lassen/ vnd meine hand/ die ich an sie gelegt habe/ vnd also das Haus Israel erfare/ das ich der HERR jr Gott bin/ von dem tage/ vnd hinfürder/ Vnd auch alle Heiden erfaren/ wie das Haus Israel vmb seiner missethat willen/ sey weg gefüret/ vnd das sie sich an mir versündiget hatten/

Da stehets/ das Gog vmb vnser sunde willen mechtig sey/ vnd so viel glück vñ sieg habe

Dar-

Der Prophet

Darumb habe ich mein angesicht fur jnen verborgen vnd habe sie vbergeben/ jnn die hende jrer widersacher/ das sie allzumal durchs schwerd fallen musten/ Ich habe jnen gethan/ wie jr sunde vnd vbertretten verdienet haben/ vnd also mein angesicht fur jnen verborgen.

Darumb so spricht der HErr HERR/ Nu wil ich die gefangenen Jacob erlösen/ vnd mich des gantzen Hauses Israel erbarmen/ vñ vmb meinen heiligen namen einern/ Sie aber werden jre schmach vnd jre sunde/ damit sie sich an mir versundigt haben/ gerne tragen/ wenn sie nur sicher jnn jrem lande wonen mügen/ das sie niemand schrecke/ Vnd ich sie wider aus den völckern bracht/ vnd aus den landen jrer feinde versamlet habe/ vnd ich jnn jnen geheiliget worden bin/ fur den augen vieler Heiden/ Also werden sie erfaren/ das ich der HERR jr Gott bin/ der ich sie habe lassen vnter die Heiden wegfüren/ vnd widerumb jnn jr land versamlen/ vnd nicht einen von jnen dort gelassen habe/ vnd wil mein angesicht nicht mehr fur jnen verbergen/ Denn ich habe meinen Geist/ vber das Haus Israel ausgegossen/ spricht der HErr HERR.

XL.

JM fünff vnd zwenzigsten jar vnsers gefengnis/ am zehenden tag des ersten monden/ Das ist das vierzehend jar/ nach dem die Stad zurstöret war/ Eben am selbigen tage kam des HERRN hand vber mich/ vnd füret mich daselbst hin/ durch Göttliche gesichte/ nemlich/ jns land Israel/ Vnd stellet mich auff einen seer hohen berg/ darauff sahe ich ein gesichte/ wie eine gebawete stad gegen Mittag.

Vnd da er mich daselbs hin bracht hatte/ sihe/ da war ein man/ des angesicht glentzete wie ertz/ der stund vnter dem thor/ vnd hatte eine messchnur vnd eine messruten jnn seiner hand/ Vnd er sprach zu mir/ Du menschen kind/ Sihe vnd höre vleissig zu/ vnd mercke eben drauff/ was ich dir zeigen wil/ Denn darumb hab ich dich her gebracht/ das ich dir solchs zeige/ auff das du solchs alles/ was du hie sihest/ verkündigest dem Hause Israel.

Vnd sihe/ Es gieng eine maur auswendig am Hause rings vmb her/ vnd der Man hatte die messruten jnn der hand/ die war sechs ellen vnd einer handbreit lang/ Vnd er mass das gebew jnn die weite vnd jnn die höhe/ mit einerley ruten.

Vnd er kam zum thor/ das gegen morgen lag/ vnd gieng hinauff/ auff seinen stuffen/ vnd mass die schwellen am thor/ nach der lenge vnd nach der breite/ mit einerley ruten/ Vnd die gemach/ so beiderseits neben dem thor waren/ mass er auch/ nach der lenge vnd nach der breite/ mit einerley ruten/ Vnd der raum da zwischen beider seits/ war fünff ellen breit/ Vnd er mass auch die schwellen vnter der Halle jnnwendig am thor/ mit einerley ruten.

Vnd er mass die Halle jnnwendig des thors/ die war einer ruten weit/ vnd seine ercker dran/ die waren zwo ellen weit/ Das macht zu hauff acht ellen/ Die Halle aber stund jnnwendig des thors/ Vnd der ge-

Hesekiel.

der gemach waren auff jglicher seiten drey/ am thor gegen morgen/ ja eins so weit als das ander/ Vnd stunden auff beider seiten Ercker/ die waren gleich gros.

Darnach mas er den raum des gantzen thors/ nemlich/ zehen ellen/ vnd die höhe des thors dreizehen ellen/ Vnd forne an den gemachen/ waren bencke auff beiden seiten/ ja einer ellen breit/ Aber die gemach waren ja sechs ellen weit/ auff beiden seiten.

Da zu mas er den gantzen raum/ vom gemach auff der einen seiten des thors/ zum gemach auff der andern seiten/ das waren fünff vn̄ zwenzig ellen/ von einer thür zu der andern.

Er machte auch thürme/ sechzig ellen hoch/ vnd vor jglichem thurm einen freien platz am thor herumb. Vnd bis an die Halle am innern thor/ waren funffzig ellen.

Vnd es waren enge fensterlin an den gemachen vnd thürmen hinein werds/ zu beiden seiten des thors vmbher/ Also waren auch fenster an den Hallen herumb/ Vnd oben an den thürmen vmbher/ war schön Laubwerck.

Vnd er füret mich weiter zum eussern Vorhof/ vnd sihe/ da waren kamern/ vnd ein pflaster fur dem Vorhofe herumb/ vnd dreissig kamern auff dem pflaster/ Vnd das pflaster zwisschen beiden thoren/ vnten am bodem/ war so weit/ als von einem thor zum andern.

Vnd er mas die lenge vnd die breite von dem eussern thor/ bis zum innern Vorhofe/ nemlich/ hundert ellen.

Also mas er auch das thor/ so gegen mitternacht lag/ am eussern Vorhof/ nach der lenge vnd breite/ Das hatte auch auff jeder seiten drey gemach/ Vnd hatte auch seine thürme vnd Hallen/ gleich so gros/ wie am vorigen thor/ Vnd der raum war auch funffzig ellen inn die lenge/ Vnd zwisschen den gemachen waren auch fünff vnd zwenzig ellen/ Vnd hatte auch seine fenster an den Hallen/ vnd laubwerck an den thürmen/ gleich wie das thor gegen morgen/ Vnd hatte sieben stuffen/ da man hinauff gieng/ vnd hatte seine Halle da vor.

Vnd er mas auch das thor am innern Vorhof/ gegen mitternacht/ Da war hundert ellen von einem thor zum andern/ gleich wie gegen morgen.

Darnach füret er mich auch gegen mittag/ Vnd sihe/ da war auch ein thor/ Vnd er mas seine thürme vnd Hallen/ gleich so gros als die andern/ Die hatten auch fenster vmbher/ gleich wie jene fenster/ Vnd der raum war auch funffzig ellen lang/ vnd fünff vnd zwentzig ellen breit/ Vnd waren auch sieben stuffen hinauff/ vnd eine Halle da vor/ Vnd Laubwerck an seinen thürmen/ auff jglicher seiten.

Vnd er mas auch das thor am innern Vorhofe/ gegen mitag/ nemlich/ hundert ellen von dē einen mittags thor zum andern.

Vnd er füret mich weitter durchs mittags thor/ inn den innern Vorhof/ Vnd mass dasselb thor gegen mittag/ gleich gros wie die an-

die andern/mit seinen gemachen/thürmen vnd Hallen/vnd mit fen
stern dran/eben so gros wie jene/ Vnd der raum vmbher/war auch
fünffzig ellen lang/ vnd fünff vnd zwentzig ellen breit.

Vnd es gienge eine Halle herumb/fünff vnd zwentzig ellen hoch/
vnd fünff ellen breit/Die selbige stund forne gegen dem eussern Vor
hof/Vnd hatte auch Laubwerck an den thürmen/Es waren aber acht
stuffen hinauff zu gehen
Darnach füret er mich auch zum innern thor/ gegen morgen/
Vnd mas dasselbige/gleich so gros/wie die andern/mit seinen gema
chen/thürmen vnd Hallen/vnd jren fenstern dran/gleich so gros wie
die andern/Vnd der raum war auch funffzig ellen lang/ vnd fünff
vnd zwentzig ellen breit/Vnd hatte auch eine Halle/ gegen dem eus
sern Vorhof/ vnd Laubwerck an den thürmen/zu beiden seiten/ vnd
acht stuffen hinauff.

Darnach füret er mich auch zum thor gegen mitternacht/das
mas er/gleich so gros/wie die andern/mit seinen gemachen/thür
men vnd Hallen/vnd jren fenstern vmbher/Vnd der raum war auch
fünffzig ellen lang/ vnd fünff vnd zwentzig ellen breit/ Vnd hatte
auch eine Halle gegen dem eussern Vorhofe/Vnd laubwerck an den
thürmen zu beiden seiten/ vnd acht stuffen hinauff.

Vnd vnten an den thürmen an jedem thor/ war eine kamer mit
einer thür /darinn man das Brandopffer wussch/ Aber jnn der Halle
fur dem thor/stunden auff jglicher seitten zween tissche/darauff man
die Brandopffer/ Sundopffer vnd Schuldopffer schlachten solt/
Vnd heraus werts zur seitten/ da man hinauff gehet zum thor / ge
gen mitternacht/ stunden auch zween tissche/ vnd an der andern sei
ten vnter der Halle des thors/ auch zween tissche/ Also stunden auff
jeder seitten fur dem thor/vier tissche/ Das sind acht tissche zu hauff/
darauff man schlachtet.

Vnd die tissche waren zum Brandopffer gemacht/aus gehawen
steinen/ ja anderthalben ellen lang vnd breit/ vnd einer ellen hoch/
Darauff man legete allerley zeug/ damit man Brandopffer vnd an
der opffer schlachtet. Vnd es giengen leisten herumb/ hinein werds
gebogen/ einer quehr hand hoch/ Vnd auff die tissche solt man das
opffer fleisch legen.

Vnd es waren kamern fur die Senger/im innern Vorhofe/Eine
an der seiten neben dem thor zur mitternacht/ die sahe gegen mittag/
Die ander/zur seiten gegen morgen/die sahe gegen mitternacht.

Vnd er sprach zu mir/Die kamer gegen mittag/gehöret den Prie
stern/die im Hause dienen sollen/ Aber die kamer gegen mitternacht/
gehöret den Priestern/so auff dem Altar dienen/ Dis sind die kinder
Zadok/ welche allein vnter den kindern Leui fur den HERREN tret
ten sollen/ jm zu dienen.
Vnd er mas den platz im Hause/ nemlich/ hundert ellen lang/
vnd hundert ellen breit/ jnns gevierde/ Vnd der Altar stund eben for
ne vor dem Tempel. Vnd er

Hesekiel.

Vnd er füret mich hinein zur Halle des Tempels/ vnd mas das thor an der Halle/ vnd die wende auff beiden seiten/ der war jede fünff ellen breit/ Vnd jede thür war zu beiden seiten drey ellen breit/ Aber die Halle war zwenzig ellen hoch/ vnd eilff ellen breit/ vnd hatte stuffen/ da man hinauff gieng/ Vnd pfeiler stunden vnten an den thürmen/ auff jeder seiten einer.

XLI.

Vnd er füret mich hinein jnn den Tempel/ Vnd mas die pfeiler an den wenden/ die hatten an jeder seiten sechs ellen/ Vnd stund je einer am andern/ so weit das Haus war/ Vnd die thür war zehen ellen breit/ aber die wende zu beiden seiten an der thür/ war jede fünff ellen breit/ Vnd er mas den raum im Tempel/ der hatte vierzig ellen jnn die lenge/ vnd zwenzig ellen jnn die breite.

Vnd er gieng jnnwendig hinein jnn das Allerheiligste/ vnd mas die thür/ die hatte zwo ellen/ vnd das thor hatte sechs ellen/ vnd war alles sieben ellen breit/ Vnd er mas die weite im Allerheiligsten/ nemlich/ zwentzig ellen jnn die lenge/ vnd zwentzig ellen jnn die breite/ jnnwendig im Tempel/ Vnd er sprach zu mir/ Dis ist das Allerheiligste.

Vnd er mas sechs ellen an den wenden/ auswendig am Tempel/ Darauff waren genge allenthalben herumb/ geteilet jnn gemach/ die waren allenthalben vier ellen weit/ Vnd der selben gemach waren auff jeder seitten drey vnd dreissig/ je eines an dem andern/ Vnd stunden pfeiler vnten bey den wenden am Hause/ allenthalben herumb/ die sie trugen.

Vnd vber diesen waren noch mehr genge vmbher/ vnd oben waren die genge weiter/ das man aus den vntern jnn die mitlern/ vnd aus den mittlern jnn die obersten gieng/ Vnd stund je einer sechs ellen vber dem andern/ Vnd die weite der obern genge/ war fünff ellen/ Vnd die pfeiler trugen die genge am Hause/ Vnd es war je von einer wand am Hause/ zu der andern/ zwenzig ellen.

Vnd es waren zwo thür an der Schnecken hinauff/ Eine gegen mitternacht/ Die ander/ gegen mittag/ Vnd die Schneck war fünff ellen weit.

Vnd die maur gegen abend/ war fünff vnd siebentzig ellen breit/ vnd neunzig ellen lang.

Vnd er mas die lenge des Hauses/ die hatte durch aus hundert ellen/ die maur vnd was dran war/ Vnd die weite forne am Hause/ gegen morgen/ mit dem das dran hieng/ war auch hundert ellen.

Vnd er mas die lenge des gebews/ mit allem was dran hieng/ von einer ecken bis zur andern/ Das war auff jeder seiten hundert ellen/ mit dem innern Tempel vnd Hallen im Vorhofe/ sampt den thüren/ fenstern/ ecken/ vnd den dreien gengen/ vnd tafel werck allenthalben herumb.

Er mas

Der Prophet

Er mas auch wie hoch von der erden bis zun fenstern war / vnd wie breit die fenster sein solten / Vnd was vom thor / bis zum Allerheiligsten / auswendig vnd jnnwendig herumb.

Vnd am gantzen Hause herumb / von vnten an / bis oben hinauff / an der thür vnd an den wenden / waren Cherubim vnd Laubwerck vnter die Cherub gemacht / Vnd ein jeder Cherub hatte zween köpffe / auff einer seiten wie ein menschen kopff / auff der ander seiten / wie ein Lewen kopff.

Vnd die thür jm Tempel war vierecket / vnd was alles artig jnn einander gefügt.

Vnd der hültzen Altar / war dreier ellen hoch / vnd zwo ellen lang vnd breit / Vnd seine ecken vnd alle seine seiten waren hültzen / Vnd er sprach zu mir / Das ist der tissch / der fur dem HERRN stehen sol.

Vnd die thür / beide am Tempel vnd dem Allerheiligsten / hatte zwey bletter / die man auff vnd zu that / Vnd waren auch Cherubim vnd Laubwerck dran / wie an den wenden / Vnd da vor waren starcke rigel / gegen der Halle / Vnd waren enge fenster / vnd viel Laubwercks herumb / an der Halle vnd an den wenden.

XLII.

Vnd er füret mich hinaus zum eussern Vorhof gegen mitternacht / vnter die kamern / so gegen dem gebew das am Tempel hieng / vnd gegen dem Tempel zu mitternacht lagen / welcher platz hundert ellen lang war / von dem thor an gegen mitternacht / vnd funfftzig ellen breit / Zwentzig ellen waren gegen dem jnnern Vorhof / vnd gegen dem pflaster im eussern Vorhof / vnd dreissig ellen von einer ecken zur andern / Vnd jnwendig vor den kamern / war ein platz zehen ellen breit / für den thuren der kamern / Das lag alles gegen mitternacht.

Vnd vber diesen kamern waren andere enge kamern / Denn der raum auff den vntern vnd mitlern kamern war nicht gros / Denn es war dreier gemach hoch / vnd hatten doch keine pfeiler / wie die Vorhöfe pfeiler hatten / sondern sie waren schlecht auff ein ander gesetzt.

Vnd der eusser Vorhoff / war vmbfangen mit einer mauren / daran die kamern stunden / die war funfftzig ellen lang / vnd die kamern stunden nach einander / auch funfftzig ellen lang / am eussern Vorhof / Aber der raum fur dem Tempel / war hundert ellen lang.

Vnd vnten fur der kamern war ein platz gegen morgen / da man aus dem eussern Vorhof gieng.

Vnd an der mauren von morgen an / waren auch kamern / Vnd war auch ein platz da vor / wie vor jenen kamern gegen mitternacht / Vnd war alles gleich / mit der lenge / breite / vnd allem was dran war / wie droben an jenen. Vnd ge-

Hesekiel

Vnd gegen mittag waren auch eben solche kamern/mit jren thüren/ Vnd vor dem platz war die thur gegen mittag/dazu man kompt von der mauren die gegen morgen ligt.

Vnd er sprach zu mir/Die kamern gegen mitternacht/vnd die kamern gegen mittag / gegen dem Tempel/ die gehören zum Heiligthum / darinn die Priester essen/wenn sie dem HERRN opffern das Allerheiligste opffer/Vnd sollen die allerheiligsten opffer/nemlich/ Speisopffer/Sundopffer/vnd schuldopffer daselbst hinein legen/ Denn es ist eine heilige stett.

Vnd wenn die Priester hinein gehen/ sollen sie nicht wider aus dem Heiligthum gehen/jnn eussern Vorhoff/sondern sollen zuuor jre kleider/darinn sie gedienet haben/jnn den selbigen kamern weg legen/ Denn sie sind heilig/Vnd sollen jr andere kleider an legen/vnd als denn heraus vnters volck gehen.

Vnd da er das Haus jnnwendig gar gemessen hatte/ füret er mich heraus zum thor gegen morgen/ vnd mas von dem selbigen allenthalben herumb/ Gegen morgen/ mas er fünff hundert ruten lang/Vnd gegen mitternacht/mas er auch fünff hundert ruten lang/ Des gleichen gegen mittag/ auch funffhundert ruten/Vnd da er kam gegen abend/ mas er auch fünff hundert ruten lang/ Also hatte die maur/ die er gemessen/ ins gevierde/ auff jeder seiten herumb/ fünff hundert ruten/ damit das heilige von dem vnheiligen vnterschieden were.

XLIII.

Vnd er füret mich wider zum thor/ gegen morgen/Vnd sihe/die herrligkeit des Gottes Israel/kam vom Morgen/ vnd brauset wie ein gros wasser brausset/vnd es ward seer liecht auff der erden von seiner herrligkeit/Vñ war eben wie das gesicht/das ich gesehen hatte am wasser Chebar/da die stad solt zurstöret werden/ Da fiel ich nider auff mein angesicht/Vnd die herrligkeit des HERRN kam hinein zum Hause durchs thor gegen Morgen/Da hub mich ein wind auff/ vnd bracht mich jnn den jnnern Vorhoff/ vñ sihe/das Haus ward eitel liecht von der herrligkeit des HERRN.

Vnd ich höret eine stimme vom Hause eraus/vnd ein man stund neben mir/der sprach zu mir/Du menschen kind/Das ist mein thron/ darauff ich sitze/ darinn ich ewiglich wil wonen/ vnter den kindern Israel/ Vnd das Haus Israel sol nicht mehr meinen heiligen namen verunreinigen/ weder sie noch jre Könige/ durch jre hurerey/ vnd durch jre Höhen vnd greber/ darinn jre Könige ligen/ welche jre schwellen/ an meine schwellen/vnd jre pfosten an meine pfosten gesetzt haben/das nur eine wand zwisschen mir vnd jnen war/ vnd haben also meinen Heiligen namen verunreiniget/ durch jre grewel/ die sie thaten/ darumb ich sie auch jnn meinem zorn verzehret habe/ Nu aber sollen sie jre hurerey/ vnd die greber jrer Könige/ von mir weg thun/ so wil ich ewiglich vnter jnen wonen.

(Ire schwellen) Das ist/die Könige haben Capellen auffgericht neben dem Tempel/ dar jnn jr begrebnis war/vnd wurden dabey auch verbotene Gottes dienst gehalten.

t Vnd du

Der Prophet

Vnd du menschen kind/ Zeige dem Haus Jsrael den Tempel an/ das sie sich schemen jrer missethat/ vnd las sie ein muster dauon nemen/ Vnd wenn sie sich nu alles jres thuns schemen/ so zeige jnen die gestalt vnd muster des Hauses/ vnd wie mans drinnen halten sol/ vnd alle seine weise/ ordnung/ sitten vnd rechte/ vnd schreibe es jnen fur/ das sie seine weise vnd sitten halten/ vnd darnach thun.

So sol mans aber halten im Hause/ Auff dem berg/ so weit es vmbfangen hat/ sol es Heilig sein.

Dis ist aber das mas des Altars/ nach der ellen/ welche einer handbreit lenger ist/ denn sonst ein elle/ Sein bodem ist einer ellen hoch/ vnd einer ellen breit/ vnd sein rand einer spannen breit vmbher.

Vnd dis ist die höhe des Altars/ von dem bodem auff der erden/ bis an die erste stuffen/ sind zwo ellen hoch/ vnd ein ellen breit/ Aber von der ersten stuffen/ bis an die andere/ sinds vier ellen hoch/ vnd ein elle breit/ Vnd der ober stein vier ellen hoch/ vnd vier hörner oben an den ecken/ Der stein aber war zwelff ellen lang/ vnd zwelff ellen breit/ jns gevierde/ Vnd ein blat war vber dem stein/ vierzehen ellen lang/ vnd vierzehen ellen breit/ jns gevierde/ Vnd ein rand gieng allenthalben vmbher/ einer halben ellen breit/ Vnd sein bodem war einer ellen hoch/ vnd seine stuffen waren gegen morgen.

Vnd er sprach zu mir/ Du menschen kind/ So spricht der HErr HERR/ Das sol der brauch des Altars sein/ Wenn man opffert/ das man Brandopffer drauff lege/ vnd das blut drauff sprenge/ Vnd den Priestern von Leui aus dem stam Zadok/ die da fur mich tretten/ das sie mir dienen/ spricht der HErr HERR/ soltu geben einen jungen Farren zum Sundopffer/ Vnd von desselben blut soltu nemen/ vnd seine vier hörner damit besprengen/ vnd die vier ecken an dem blat/ vnd vmb die leisten herumb/ damit soltu jn entsundigen vnd versünen/ Vnd solt den farren des Sundopffers nemen/ vnd jn verbrennen/ an einem ort im Hause/ das dazu verordent ist/ ausser dem Heiligthum.

Aber am andern tage/ soltu einen zigenbock opffern/ der on wandel sey/ zu eim Sundopffer/ vnd den Altar damit entsündigen/ wie er mit dem farren entsundigt ist/ Vnd wenn das geschehen ist/ soltu einen jungen Farren opffern/ der on wandel sey/ vnd einen Wider von der herd/ on wandel/ Vnd solt sie beide fur dem HERRN opffern/ Vnd die Priester sollen saltz drauff strawen/ vnd sollen sie also opffern dem HERRN zum Brandopffer.

Also soltu sieben tage nach einander teglich einen bock zum Sundopffer opffern/ Vnd sie sollen einen jungen Farren vnd einen Wider von der herd/ die beide on wandel sind/ opffern/ Vnd sollen also sieben tage lang den Altar versünen/ vnd jn reinigen/ vnd darauff opffern/ Vnd nach den sieben tagen/ sollen die Priester/ am achten tag vnd hernach fur vnd fur/ auff dem Altar opffern/ jr Brandopffer vñ Danckopffer/ so wil ich euch gnedig sein/ spricht der HErr HERR.

XLIIII.

Vnd er

Hesekiel. CXI.

Vnd er füret mich widerumb zu dem eussern thor des Heiligthums/ gegen morgen/ es war aber zugeschlossen/ Vnd der HERR sprach zu mir/ Dis thor sol zugeschlossen bleiben/ vnd nicht auff gethan werden/ vnd sol niemand dadurch gehen/ on allein der HERR/ der Gott Israel/ vnd sol doch zu geschlossen bleiben/ Doch den Fürsten ausgenomen/ Denn der Fürst sol darunter sitzen/ das brod zu essen fur dem HERRN/ Durch die Halle sol er hinein gehen/ vnd durch dieselbige wider eraus gehen.

Darnach füret er mich zum thor gegen mitternacht/ fur das Haus/ Vnd ich sahe/ vnd sihe/ des HERRN Haus ward vol der herrligkeit des HERRN. Vnd der HERR sprach zu mir/ Du menschen kind/ mercke eben drauff/ vnd sihe vnd höre vleissig/ auff alles was ich dir sagen wil/ von allen sitten vnd ordnungen im Haus des HERRN/ Vnd merck eben/ wie man sich halten sol/ im Heiligthum.

Vnd sage dem vngehorsamen Haus Israel/ So spricht der Herr HERR/ Ir machts zu viel/ ir vom Haus Israel/ mit alle ewern greweln/ Denn ir füret frembde leute eins vnbeschnittenen hertzen vnd vnbeschnittenen fleisch/ inn mein Heiligthum/ da durch ir mein Haus entheiligt/ wenn ir mein brod/ fettes vnd blut opffert/ vnd brechet also meinen Bund/ mit allen ewern greweln/ vnd haltet die sitten meines Heiligthums nicht/ sondern machet euch selbs newe sitten inn meinem Heiligthum.

Darumb spricht der HErr HERR also/ Es sol kein frembder eines vnbeschnittenen hertzen vnd vnbeschnittenen fleisch/ inn mein Heiligthum komen/ aus allen frembdlingen/ so vnter den kindern Israel sind/ Ja auch nicht die Leuiten/ die von mir gewichen sind/ vnd sampt Israel von mir irre gegangen nach iren Götzen/ darumb sollen sie ire sunde tragen.

Sie sollen aber der thür hüten am Hause meines Heiligthums/ vnd der andern knechte sein/ vnd sollen nur das Brandopffer vnd ander opffer/ so das volck erzu bringt/ schlachten/ vnd fur den Priestern stehen/ das sie inen dienen/ Darumb/ das sie jenen gedienet fur iren Götzen/ vnd dem Haus Israel ein ergernis geben haben/ Darumb habe ich meine hand vber sie ausgestreckt/ spricht der HErr HERR/ das sie müssen ire sunde tragen/ Vnd sollen nicht fur mir opffern/ noch meine Priester sein/ noch inn mein Heiligthum komen zu dem Allerheiligsten/ sondern sollen ire schande tragen/ vnd ire grewel die sie geübt haben/ Darumb hab ich sie zu thorhütern gemacht/ am dienst des Hauses/ vnd den andern zu knechten.

Aber die Priester vnd Leuiten/ vom stam Jadock/ so die sitten meines Heiligthums gehalten haben/ da die kinder Israel abfielen/ die sollen fur mich tretten/ vnd mir dienen/ vnd fur mir stehen/ das sie mir das fette vnd blut opffern/ spricht der HErr HERR/ Vnd sie sollen hinein gehen inn mein Heiligthum/ vnd fur meinen tissch tretten mir zu dienen/ vnd meine sitten zu halten.

t ij   Vnd wenn

Der Prophet

Vnd wenn sie durch ein thor des jnnern Vorhofes gehen wollen/ sollen sie leinen kleider anzihen/ vnd nichts wüllens an haben/ weil sie drinnen im jnnern Vorhofe dienen/ Vnd sollen leinen hauben auff jrem heubt haben/ vnd niderkleid vmb jre lenden/ vnd sollen sich nicht zu hart gürten/ Vnd wenn sie aus dem eussern Vorhof zum volck gehen/ sollen sie die kleider/ darinn sie gedienet haben/ auszihen/ vnd die selben jnn die Sacristen des Heiligthums legen/ vnd jr andere kleider anzihen/ das sich das volck nicht versündige an jren heiligen kleidern/ Jr heubt sollen sie nicht bescheren/ vnd sollen auch nicht lange har zeugen/ sondern sollen die har vmbher verschneiden lassen/ Vnd sol auch kein Priester keinen wein trincken/ wenn sie im jnnern Vorhofe dienen sollen/ Vnd sollen keine widwe noch verstossene zur ehe nemen/ sondern eine jungfraw vom samen des Hauses Jsrael/ oder eines Priesters nachgelassene widwe.

Vnd sie sollen mein volck leren/ vnterscheid zu halten zwisschen Heiligem vnd vnheiligem/ vnd zwisschen reinem vnd vnreinem/ Vnd wo eine sache fur sie kompt/ sollen sie stehen vnd richten/ vnd nach meinen rechten sprechen/ vnd meine Gebot vnd sitten halten/ vnd meine Feste vnd Sabbath heilig halten. Vnd sollen zu keinem todten gehen vnd sich verunreinigen/ on allein zu vater vnd mutter/ son oder tochter/ bruder oder schwester/ die noch keinen man gehabt habe/ vber denen mögen sie sich verunreinigen/ Doch/ das sie sich hernach wider reinigen/ sieben tage lang/ Vnd wenn er wider hinein zum Heiligthum gehet/ jnn den jnnern Vorhoff/ das er im Heiligthum diene/ so sol er sein Sundopffer opffern/ spricht der HErr HERR.

Aber das erbteil das sie haben sollen/ das wil ich selbs sein/ Darumb solt jr jnen kein eigen land geben jnn Jsrael/ Denn ich bin jr erbteil/ Sie sollen jre narung haben vom Speis opffer/ Sundopffer vnd Schuldopffer/ Vnd alles verbante jnn Jsrael sol jr sein/ Vnd alle erste früchte vnd erste geburt/ von allen Hebopffern/ sollen der Priester sein/ Jr solt auch den Priestern die erstling geben von allem das man isset/ damit der segen jnn deinem hause bleibe/ Was aber ein afs oder zurissen ist/ es sey von vogeln oder thieren/ das sollen die Priester nicht essen.

XLV.

(Ruten) Wie droben im xliij. Capitel am ende stehet

Wenn jr nu das land durchs los austeilet/ so solt jr ein teil vom lande absondern/ das dem HERRN heilig sein sol/ fünff vnd zwentzig tausent (ruten) lang/ vnd zehen tausent breit/ Der platz sol heilig sein/ so weit er reicht/ Vnd von diesen sollen zum Heiligthum komen ja fünffhundert (ruten) ins gevierde/ vnd dazu ein freier raum vmbher funfzig ellen.

Vnd auff dem selben platz/ der fünff vn zwentzig tausent ruten lang/ vnd zehen tausent breit ist/ sol das Heiligthum stehen vnd das Allerheiligste/ Das vbrige aber vom geheiligten lande/ sol den Priestern gehören/ die im Heiligthum dienen/ vnd fur den HERRN treten jm zu dienen/ das sie raum zu heusern haben/ vnd sol auch heilig sein.

Aber die Leuiten/ so fur dem Hause dienen/ sollen auch fünff vnd zwenzig tausent ruten lang/ vnd zehen tausent breit haben/ zu jrem teil/ zu zwenzig kamern. Vnd der

Hesekiel.

Vnd der Stad solt jr auch einen platz lassen/fur das gantze Haus Israel/fünfftausent ruten breit/vnd fünff vnd zwenzigtausent lang/ neben dem abgesonderten platz des Heiligthums.

Dem Fürsten aber/solt jr auch einen platz geben/zu beiden seiten/zwischen dem platz der Priester/vnd zwisschen dem platz der Stad/gegen abend vnd gegen morgen/Vnd sollen beide gegen morgen vnd gegen abend/gleich lang sein/ Das sol sein eigen teil sein inn Israel/damit meine Fürsten nicht mehr meinem volck das jre nemen/ Sondern sollen das land dem Haus Israel lassen fur jre stemme.

Denn so spricht der HErr HERR/Jr machets eben viel/jr Fürsten Israel/Lasset abe vom freuel vnd gewalt/vnd thut was recht vnd gut ist/vnd schindet mein volck nicht mehr also/spricht der HErr HERR.

Jr solt recht gewichte/vnd rechte scheffel/vnd recht mas haben/ Epha vnd Bath sollen gleich sein/ das ein Bath das zehende teil vom Homer habe/vnd das Epha/ auch das zehende teil vom Homer/Denn nach dem Homer sol man sie beide messen.

Aber ein Sekel sol zwenzig Gera haben/Vnd eine Mina macht zwenzig sekel/fünff vnd zwenzig sekel/ vnd fünffzehen sekel.

Das sol nu das Hebopffer sein / das jr geben sollet/nemlich/das sechste teil eines Epha/von einem Homer weitzen/vnd das sechste teil eines Epha/von einem Homer gersten.

Vnd vom öle solt jr geben/einen Bath/nemlich/ja den zehenden Bath vom Cor/vnd den zehenden vom Homer/ Denn zehen Bath machen ein Homer.

Vnd ja ein lamb von zweihundert schafen/aus der herd auff der weide Jsrael/zum speisopffer/vnd brandopffer/vñ danckopffer/zur versünung/spricht der HErr HERR.

Alles volcks im lande sol solch hebopffer zum Fürsten inn Jsrael bringen/Vnd der Fürste sol sein brand opffer/ speis opffer vnd tranck opffer opffern/ auff die Feste/ Newmonden vnd Sabbathen/ vnd auff alle hohe feste des Hauses Jsrael/dazu sundopffer vnd speisopffer/ brandopffer vnd danckopffer thun/zur versünung fur das Haus Jsrael.

So spricht der HErr HERR/Am ersten tag des ersten monden/ soltu nemen einen jungen farren/der on wandel sey/ vnd das Heiligthum entsundigen/Vnd der Priester sol von dem blut des sundopffers nemen/vnd die pfosten am Hause damit besprengen/vnd die vier ecken am Altar/ sampt den pforten am thor des jnnern Vorhofs/ Also soltu auch thun/ am siebenden tag des monden / ob sich jemand vnwissend vergriffen hette/das jr das Haus entsundigt.

Am vierzehenden tag/ des ersten monden/solt jr das Passah halten/vnd sieben tage feiren/vnd vngesewert brot essen/Vnd am selbigen tag sol der Fürst/fur sich vnd fur alles volck im lande/ein farren zum Sundopffer opffern/ Aber die sieben tage des fests sol er dem

(Epha) Ist ein korn mas/ Bath ist ein wein mas vnd öle mas.

(Sekel) Eine Mina hat hie sechzig Sekel/ darumb mus man diese zaln zusamẽ summirn/vnd helt ein Sekel zwo drachmas.

t iij   HERR

Der Prophet

HERRN teglich ein Brandopffer thun/ ja sieben Farren vnd sieben Wider/ die on wandel sein/ vnd einen zigenbock/ zum Sundopffer/ Zum Speisopffer aber/ sol er ja ein Epha zu einem Farren/ vnd ein Epha zu einem Wider opffern/ vnd ja ein Hin öle/ zu einem Epha.

Am fünffzehenden tag des siebenden monden/ sol er sieben tage nach einander feiren/ gleich wie jene sieben tage/ vnd eben so halten/ mit Sundopffer/ Brandopffer/ Speisopffer/ sampt dem öle.

XLVI.

So spricht der HErr HERR/ Das thor am innern Vorhofe/ gegen morgen werds/ sol die sechs werckta ge zu geschlossen sein/ aber am Sabbathtage vnd am newmonden/ sol mans auffthun/ Vnd der Fürst sol auswendig vnter die Halle des thors tretten/ vnd her aussen bey den pfosten am thor stehen bleiben/ Vnd die Priester sollen sein Brandopffer vnd Danckopffer/ opffern/ Er aber sol auff der schwelle des thors anbeten/ vnd darnach wider hin aus gehen/ das thor aber sol offen bleiben/ bis an den abend/ Des gleichen das volck im land/ sollen jnn der thür desselben thors anbe ten fur dem HERRN/ an den Sabbathen vnd newmonden.

Das Brandopffer aber/ so der Fürst fur dem HERRN opffern sol/ am Sabbath tage/ sol sein/ sechs Lemmer/ die on wandel sein/ vnd ein Wider on wandel/ vnd ja ein Epha semel mehls zu einem Wi der/ zum Speisopffer/ Zun Lemmern aber/ so viel semel mehl als er vermag/ zum Speisopffer/ Vnd ja ein Hin öle/ zu einem Epha.

Am newmonden aber/ sol er einen jungen Farren opffern der on wandel sey/ vnd sechs lemmer vnd einen Wider auch on wandel/ Vnd ja ein Epha semel mehl zum Farren/ vnd ein Epha zum Wider/ zum Speis opffer/ Aber zun Lemmern/ so viel Epha als er vermag/ vnd ja ein Hin öle/ zu einem Epha.

Vnd wenn der Fürst hinein gehet/ sol er durch die Halle des thors hinein gehen/ vnd daselbs wider heraus gehen/ Aber das volck im lande/ so fur den HERRN kompt/ auff die hohen feste/ vnd zum thor gegen mitternacht hinein gehet/ an zu beten/ das sol durch das thor gegen mittag wider heraus gehen/ Vnd welche zum thor ge gen mittag hinein gehen/ die sollen zum thor gegen mitternacht wi der eraus gehen/ Vnd sollen nicht wider zu dem thor hinaus gehen/ dadurch sie hinein sind gegangen/ sondern stracks fur sich hinaus ge hen/ Der Fürst aber sol mit jnen / beide hinein vnd eraus gehen.

Aber an den feiertagen vnd hohen Festen/ sol man zum Speisop ffer/ ja zu einem Farren/ ein Epha semel mehl/ vnd ja zu eim Wider/ ein Epha/ opffern/ vnd zun Lemmern/ so viel einer vermag/ Vnd ja ein Hin öle/ zu eim Epha.

Wenn aber der Fürst ein frey willig Brandopffer oder Danckop ffer/ dem HERRN thun wolt/ so sol man jm das thor gegen morgen
werds

Hesekiel.

werds auff thun/ das er sein Brandopffer vnd Danck opffer/ opffere/ wie ers sonst am Sabbath pflegt zu opffern/ vnd wenn er wider eraus gehet/ sol man das thor nach jm zu schliessen.

Vnd er sol dem HERRN teglich ein Brandopffer thun/ nemlich/ ein jeriges lamb on wandel/ dasselb sol er alle morgen opffern/ Vnd sol alle morgen das sechste teil von einem Epha semel mehl zum Speisopffer darauff thun/ vnd ein dritte teil von einem Hin öle/ vnternander gemengt/ Das sol dem HERRN das teglich Speisopffer sein/ Vnd also sollen sie das lamb/ sampt dem Speisopffer vnd öle/ alle morgen opffern/ zum ewigen Brandopffer.

So spricht der HErr HERR/ Wenn der Fürst seiner söne einem ein geschenck gibt/ von seinem erbe/ dasselb sol seinen sönen bleiben/ vnd sollen es erblich besitzen/ Wo er aber seiner knechte einem von seinem erbteil etwas schencket/ das sollen sie besitzen/ bis auffs Frey jar/ vnd sol als denn dem Fürsten wider heim fallen/ Denn sein teil sol allein auff seine söne erben. Es sol auch der Fürst dem volck nichts nemen/ von seinem erbteil/ noch sie aus jren eigen gütern stossen/ sondern sol sein eigen gut/ auff seine kinder erben/ damit ein jedes geschlecht vnterschiedlich erhalten werde/ vnd das seine behalten möge.

Vnd er füret mich vnter den eingang/ an der seiten des thors/ gegen mitternacht/ zu den kamern des Heiligthums/ so den Priestern gehorten/ Vnd sihe/ daselbs war ein raum jnn einem eck gegen abend/ Vnd er sprach zu mir/ Dis ist der ort/ da die Priester kochen sollen/ das Schuldopffer vnd Sundopffer/ vnd das speise opffer backen/ das sie es nicht hinaus jnn eussern Vorhof tragen dürffen/ damit sich das volck nicht am Heiligen versündige.

Darnach füret er mich hinaus jnn den eussern Vorhoff/ jnn die vier ecke des Vorhoffs/ Vnd sihe/ da war raum jnn allen vier ecken des Vorhofes/ vierzig ellen lang vnd dreissig ellen breit/ geteilet jnn höfflin/ ja eines so weit als das ander/ Vnd es gieng ein meurlin vmb alle viere vmbher/ da waren hert herumb gemacht vnten an den mauren/ Vnd er sprach zu mir/ Dis ist die küchen/ darinn die Diener im Hause kochen sollen/ was das volck opffert.

XLVII.

Vnd er füret mich wider zu der thür des Tempels/ Vnd sihe/ da flos ein wasser heraus vnter der schwellen des Tempels/ gegen morgen/ Denn die thür des Tempels/ war auch gegen morgen/ Vnd das wasser lieff an der rechten seiten des Tempels/ neben dem Altar hin/ gegen mittag/ Vnd er füret mich auswendig zum thor gegen mitternacht/ vom eussern thor/ gegen morgen/ Vn sihe/ das wasser sprang heraus von der rechten seiten.

Vnd der man gieng eraus gegen morgen/ vnd hatte die messschnur jnn der hand/ vnd er mas tausent ellen/ vnd füret mich durchs wasser/ bis mirs an die knöchel gieng/ Vnd mas abermal tausent ellen/ vnd füret mich durchs wasser/ bis mirs an die knie gieng/ vnd mas noch tausent ellen/ vnd lies mich dadurch gehen/ bis es mir an die lenden

t iij

Der Prophet

die lenden gieng/ Da mas er noch tausent ellen/ vnd es ward so tieff/ das ich nicht mehr gründen kund/ denn das wasser war zu hoch/ das man drüber schwimmen muste/ vnd kundte es nicht gründen/ Vnd er sprach zu mir/ Du menschen kind/ das hastu ja gesehen.

Vnd er füret mich wider zu ruck am vfer des bachs/ Vnd sihe/ da stunden seer viel beume/ am vfer auff beiden seiten/ Vnd er sprach zu mir/ Dis wasser/ das da gegen morgen eraus fleusst/ wird durchs Blachfeld fliessen ins meer/ vnd von einem meer jnns ander/ vnd wenns dahin jnns meer kompt/ da sollen die selbige wasser gesund werden/ Ja alles was darin lebt vnd webt/ dahin diese ströme komen/ das sol leben/ Vnd sol seer viel fissche haben/ Vnd sol alles gesund werden vnd leben/ wo dieser strom hin kompt.

Vnd es werden die Fisscher an dem selben stehen/ Von EnGeddi/ bis zu EnEglaim wird man die fisschgarn auf spannen/ Denn es werden daselbs seer viel fissche sein/ gleich wie im grossen meer/ Aber die teiche vnd lachen daneben/ werden nicht gesund werden/ sondern gesaltzen bleiben.

Vnd an dem selben strom am vfer/ auff beiden seiten/ werden allerley fruchtbare beume wachsen/ vnd jre bletter werden nicht verwelcken/ noch jre früchte verfaulen/ vnd werden alle monden newe früchte bringen/ Denn jr wasser fleusst aus dem Heiligthum/ Jre frucht wird zur speise dienen/ vnd jre bletter zur ertzney.

So spricht der HErr HERR/ Dis sind die grentze/ nach der jr das land solt austeilen/ den zwelff stemmen Jsrael/ Denn zwey teil gehören dem stam Joseph/ Vnd jr solts gleich austeilen/ einem wie dem andern/ Denn ich habs geschworen/ ich wolle das land ewern Vetern vnd euch zum erbteil geben.

Dis ist nu die grentze des lands gegen mitternacht/ von dem grossen Meer an/ von Hethlon/ bis gen Zedad/ nemlich/ Hemath/ Berotha/ Sibraim/ die mit Damasco vnd Hemath grentzen/ Vnd Hazar Thichon/ die mit Haueran grentzet/ Das sol die grentze sein vom meer an bis gen Hazar Enon/ Vnd Damascus vnd Hemath sollen das end sein gegen mitternacht.

Aber die grentze gegen morgen/ solt jr messen zwisschen Haueran vnd Damasco/ vnd zwisschen Gilead vnd zwisschen dem gantzen Jsrael/ am Jordan hinab/ bis ans todte meer/ Das sol die grentze gegen morgen sein.

Aber die grentze gegen mittage/ ist von Thamar/ bis ans wasser Meriba/ zu Cades/ vnd gegen dem Nilo am grossen meer/ Das sol die grentze gegen mittag sein.

Vnd die grentze gegen abend/ ist vom grossen Meer an/ stracks bis gen Hemath/ Das sey die grentze gegen abend.

Also solt jr das land austeilen/ vnter die stemme Jsrael/ Vnd wenn jr das los werffet/ das land vnter euch zu teilen/ so solt jr die frembdlinge/ die bey euch wonen/ vnd kinder vnter euch zeugen/ halten/ gleich wie die einheimischen vnter den kindern Jsrael/ vnd sollen
auch

Hesekiel.

auch jren teil am lande haben/ein jglicher vnter dem stam/ dabey er wonet/spricht der HErr HERR.

XLVIII.

DIs sind die namen der Stemme/ Gegen mitternacht/ von Hethlon gegen Hemath/ vnd HazarEnon/ vnd von Damasco gegen Hemath/ das sol Dan fur sein teil haben/gegen morgen vnd gegen abend.

Vnter Dan/sol Asser seinen teil haben/gegen morgen vnd gegen abend.

Neben Asser/sol Naphthali seinen teil haben/ gegen morgen vnd gegen abend.

An der grentze Naphthali/sol Manasse seinen teil haben/ gegen morgen vnd gegen abend.

Vnter der grentze Manasse/sol Ephraim seinen teil haben/gegen morgen vnd gegen abend.

An der grentze Ephraim/sol Ruben seinen teil haben/ gegen morgen vnd gegen abend.

An der grentze Ruben/ sol Juda seinen teil haben/ gegen morgen vnd gegen abend.

An der grentze Juda aber/solt jr einen teil absondern/ vom morgen bis gegen abend/der fünff vnd zwenzig ruten lang vnd breyt sey/ wie sonst ein teil ist vom morgen bis gegen abend/darinn sol das Heiligthum stehen.

Vnd dauon solt jr dem HERRN einen teil absondern/fünff vnd zwenzig tausent ruten lang/ vnd zehen tausent ruten breit/ Vnd das selbige teil sol der Priester sein/ nemlich/ fünff vnd zwenzig tausent ruten lang/gegen mitternacht vnd gegen mittag/ vnd zehen tausent breit/ gegen morgen vnd gegen abend/ Vnd das Heiligthum des HERRN sol mitten drinnen stehen/ vnd das vbrige von dem selbigen/sol der Priester sein/ die vom stam Zadok sind/welche meine sitten gehalten haben/ vnd sind nicht abgefallen /mit den kindern Israel/wie die Leuiten abgefallen sind/Darumb sollen sie ein eigen teil haben/von dem abgesonderten land/ darinn das Allerheiligste ist/ neben der Leuiten grentze.

Die Leuiten aber/ sollen neben der Priester grentze/ auch fünff vñ zwenzig tausent ruten jnn die lenge/ vnd zehen tausent jnn die breite haben/gleich wie jene/ Vnd sollen nichts dauon verkeuffen noch entwenden/ damit das abgesonderte land nicht weg kome/ Denn es ist dem HERRN geheiligt.

Aber die vbrigen fünff tausent ruten jnn die breite/ vnd fünff vnd zwenzig tausent ruten jnn die lenge/ das sol gemein sein fur die Stad vnd fur die Vorstad/Vnd die Stad sol mitten drinne stehen/Vnd das sol jre weitte sein/Viertausent vnd fünff hundert ruten / gegen mitternacht vnd gegen mittag / Des gleichen gegen morgen vnd gegen abend/ auch viertausent vnd fünff hundert.

Die Vorstad aber/ sol haben zweyhundert vnd fünffzig ruten/ gegen mit-

Der Prophet

gen mitternacht vnd gegen mittag/Des gleichen auch gegen morgen vnd gegen abend/zweyhundert vnd funfftzig ruten.

Aber das vbrige an der lenge desselben neben dem Heiligen land/ nemlich/ zehen tausent ruten gegen morgen/vnd gegen abend/das gehöret zu vnterhaltung dere/die der Stad dienen/Vnd die der Stad dienen/sollens bawen/ welchs stams sie seien jnn Israel.

Vnd von diesem gantzen abgesonderten teil/ so beiderseits jnn die lenge vnd jnn die breite/ fünff vnd zwenzig tausent ruten hat/ solt jr das vierde teil absondern/ das sol der Stad eigen sein.

Was aber noch vbrig ist/auff beiden seiten/neben dem abgesonderten heiligen teil/vnd neben der Stad teil/nemlich/ fünff vn zwenzig tausent ruten/ gegen morgen vnd gegen abend/ neben den teilen der stemme/das sol alles des Fürsten sein.

Aber das heilige land/darin das Haus des Heiligthums stehet/ sol dauon abgesondert sein/ Was aber da zwisschen ligt/zwisschen der Leuiten teil/vnd zwisschen der Stad teil/Summa/was zwisschen der grentze Juda/ vnd der grentze BenJamin vbrig ist/das sol des Fürsten sein.

Vnd neben Juda/sol BenJamin/ vnter den vbrigen stemmen/ sein teil haben/gegen morgen vnd gegen abend.

Aber an der grentze BenJamin/sol Simeon seinen teil haben/gegen morgen vnd gegen abend.

An der grentze Simeon/sol Isaschar seinen teil haben/gegen morgen vnd gegen abend.

An der grentze Isaschar/ sol Sebulon seinen teil haben/gegen morgen vnd gegen abend.

An der grentze Sebulon/sol Gad seinen teil haben/ gegen morgen vnd gegen abend.

Aber neben Gad ist die grentze gegen mittage/gen Theman zu/ von Thamar bis ans wasser Meriba zu Cades/vnd gegen dem Nilo/ bis ans grosse meer.

Also sol das land aus geteilt werden/ zum erbteil vnter die stemmen Israel/Vnd das solle jr erbe sein/ spricht der HERR HERR.

Vnd so weit sol die stad sein/ Vier tausent vnd fünffhundert ruten/ gegen mitternacht/Vnd die thor der stad sollen nach den namen der stemme Israel genennet werden/Drey thor gegen mitternacht/ Das erste thor Rubens/Das ander Juda/Das dritte Leui.

Also auch gegen morgen/ vier tausent vnd fünffhundert ruten/ vnd auch drey thor/ nemlich/ Das erste thor Joseph/Das ander BenJamin/Das dritte Dan.

Gegen mittag auch also/ vier tausent vnd fünffhundert ruten/ Vnd auch drey thor/ Das erst thor Simeon/ Das ander Isaschar/ Das dritte Sebulon.

Also auch gegen abend/vier tausent vnd fünffhundert ruten/vñ drey thor/Ein thor Gad/Das ander Asser / Das dritte Naphthali.

Also sol es vmb vnd vmb/ achzehen tausent ruten haben. Vnd als denn/sol die Stad genennet werden/Die ist der HERR.

Ende des Propheten Hesekiel.

Vorrhede vber den
Propheten Daniel.

AUff das die einfeltigen / vnd die / so der Historien nicht wissen / noch lesen können / dis buch S. Danielis doch etlicher massen mügen vernemen / wil ich mit dieser Vorrhede / eine kleine anweisung geben. Vnd auffs erst / wie Daniel etliche jar vor der zerstörung Jerusalem / vnter dem Könige Joakim / gen Babel sey komen / welchen der König Nebucad Nezar / fangen vnd binden lies / vnd wolt jn gen Babel füren / vnd doch anders rats ward / vnd lies jn da bleiben / füret aber etliche der besten leute (vnter welchen Daniel auch gewesen ist) vnd gefesse aus dem Tempel mit sich / Von dem allen / findet man im andern buche der Könige am vier vnd zwenzigsten / vnd jnn der Chronica am sechs vnd dreissigsten Capitel.

Im ersten Capitel / gehet vor her / ein schön Exempel / von dem leben Danielis / wie heilig / wie Gottfürchtig / vnd wie eines grossen / ritterlichen glaubens zu Gott / er gewest sey / vnter solchem wüsten Heidenischem wesen / vnd vnter so viel grewlichen ergernissen / so er zu Babel hat müssen sehen vnd hören teglich / vnd doch fest vnd bestendig blieben / solchs alles jnn seinem hertzen vberwunden hat. Darumb folget auch bald hernach / wie Gott jm so grosse gnade erzeigt / vnd zum ersten geistlich hoch ehret / mit weisheit vnd verstand vber alle menschen begabt / Vnd hernach auch weltlich hoch setzt / vnd eitel mechtige / grosse wunder vnd werck durch jn thut / damit er vns allen anzeigt / wie lieb vnd werd er habe / die / so jn fürchten vnd jm vertrawen / vnd lockt vns mit solchem grossen Exempel gar freundlich / zu Gottes furcht vnd glauben.

Im andern Capitel gehet Daniels ehre an / vnd vrsachet sich vber des Königes traum / welchen Daniel aus Göttlicher offenbarung wider findet vnd deutet / Dadurch wird er ein Fürst im gantzen lande Babel / vnd ein Bisschoff oder Oberster vber alle Geistlichen vnd Gelerten / Welchs geschicht auch dem gantzen Jüdischen volck zu trost / auff das sie im elende nicht zweiuelen oder vngedültig sein sollen / als hette sie Gott verworffen vnd seine verheissung von Christo auffgehaben. Darumb mus ein gefangener Jüde ein solch gros Königreich regieren / vnd kein Babylonier solche ehre haben / gerade / als were er dazu gefangen weg geführet / das er so grosser Herr werden solt / auch vber die / so jn gefangen hatten vnd hielten. So gar wunderlich füret Gott seine gleubigen / Vnd gibt viel mehr / denn ein mensch wündschen kan.

Der traum aber vnd das bilde / ist im Text durch Daniel selbs klerlich gedeutet / von den vier Königreichen / als da ist / das erste / der Assyrer oder Babyloner / Das ander / der Meden vnd Persen / Das dritte / des grossen Alexandri vnd der Griechen / Das vierde / der Römer. Inn dieser deutung vnd meinung / ist alle welt eintrechtig / Vnd das werck vnd die Historien beweisens auch gewaltig. Aber vom Römischen Reich redet er am meisten vnd lengesten / Darumb müssen wir auch vleissig zu hören / Am ende / da sich die eisern schenckel beginnen zu teilen jnn die zee an füssen / deutet er drey stück vom Römischen Reich. Das erste

Vorrhede vber den

Das erste ist/ das die zee geteilet sind/ Aber doch gleich wol den vrsprung von dem eisern fusse behalten/ gleich wie inn menschlichem leibe auch die zee sich teilen/ aber doch gleich wol aus dem fusse her wachsen vnd zum fusse gehören/ Also ist das Römisch Reich zertrennet/ da Hispania/ Franckreich/ Engelland/ vnd andere stücke mehr dauon komen sind/ Es ist aber dennoch eraus gewachsen/ vnd gleich wie eine pflantze versetzt (wie sie es nennen) translatum/ von den Griechen auff die Dendschen/ Also das dennoch des eisens art da ist blieben/ Denn es hat noch seine stende/ empter/ rechte vnd gesetze/ wie es vorzeiten gehabt. Darumb spricht er hie/ ob es wol ein zertrennet Reich sein wird/ so sol doch eisens wurtzel/ pflantze/ oder stam darinnen sein.

Das ander stück/ das solche geteilete zee/ sind vngleich/ eins teils eisen/ eins teils thon/ welches er selbs deutet/ das es sol ein solch zerteilet Reich sein/ das es etwa mechtig/ etwa schwach sey/ Das findet sich also/ Denn es hat offt manchen weidlichen Keiser gehabt/ als Carolum magnum/ die drey Ottones vnd der gleichen/ die vnüberwindlich gewest sind/ Widderumb auch offt schwache vnd vnselige Keiser/ die offt vberwunden sind. Das wird aber alles darumb gesagt/ das wir wissen/ wie das Römisch Reich sol das letzte sein/ Vnd niemand sol es zu brechen/ on alleine Christus mit seinem Reich/ Darumb ob sich gleich viel Könige wider das Dendsche Keiserthum gesetzt/ vnd der Türcke auch da wider tobet/ Vnd sie alle villeicht etliche mal eine schlacht gewinnen mügen/ so müssen sie doch/ solcher eisern wurtzel vnd pflantzen nicht mechtig werden oder sie gar ausrotten. Es mus bleiben bis an Jüngsten tag/ wie schwach es jmer sey/ Denn Daniel lengt nicht/ vnd bis her die erfarung auch beweiset hat/ beide an Bepsten selbs vnd an Königen.

Das dritte stück/ das solch zerteilete/ vngleiche zee/ gleich gemenget oder einer vmb den andern gewechselt stehen/ deutet er selbs/ das ein solch schwach Reich sein wird/ das sich mit verbündnis vnd freundschafft hin vnd her/ bey andern Königen flicken vnd sich stercken wird/ Aber es wird doch nicht helffen/ noch trewe finden/ Vnd mus also allein durch Gottes versehung seine stercke vnd sieg haben/ wenn es sein sol.

Den berg/ dauon der stein/ on menschen hende gerissen wird/ deuten etliche die heilige Jungfraw Maria/ von welcher Christus geboren ist/ on menschlich zuthun/ Vnd ist nicht vnchristlich gered. Es mag aber auch wol der berg sein/ das gantze Jüdische Reich/ Aus welchem Christus komen/ vnd jr fleisch vnd blut ist/ vnd doch nu von jnen gerissen/ vnd vnter die Heiden komen/ da ist er jnn aller welt ein Herr worden/ jnn allen diesen vier Königreichen/ Vnd wirds auch bleiben.

Im dritten Capitel/ schreibt er aber mal ein gros wunder zeichen des glaubens/ da die drey menner im glüenden ofen erhalten werden/ dadurch denn Gott bekand vnd gepreiset ward vom Könige/ durchs gantze Königreich/ auch mit schrifften/ Welchs aber mal geschicht zu trost den gefangen Jüden/ welche sampt jrem Gott/ gar veracht vnd nichts waren zu Babel/ vnter den Tyrannen vnd falschen Göttern/ Aber hie wird jr Gott hoch geehret vber alle Götter/ auff das sie ja fest gleuben sollen/ Er könne vnd wolle sie wol erlösen/ zu rechter

zeit/

zeit/vnd jnn des an solcher seiner ehre vnd wunder/sich halten vnd trösten.

Im vierden Capitel/stehet ein trefflich Exempel wider die Wütrigen vnd Tyrannen/Denn da wird der grosse mechtige König/seiner vernunfft beraubt/vnd so rasend vnd tol/das man jn/wie einen tollen hund/mit ketten binden vnd auff dem felde gehen lassen mus/den man bey den leuten nicht hat mügen leiden/Itzt weil es da im buch stehet/scheinet es ein gering ding/Aber wenn wir hetten sollen dabey sein gewest/vnd solchs gesehen haben/so würden wir ein schrecklich grewlich vrteil Gottes gesehen haben/Also/das sich wol jederman hette müssen von hertzen erbarmen/vber alle Oberherrn vnd böse Tyrannen/das sie so grawsam vrteil müssen gewarten/wo sie jrer Herrschafft missebrauchen.

Solchs aber geschicht auch/zu trost/dazumal den elenden gefangen Jüden/vnd jtzt vnd jmerdar/allen/so von den Tyrannen geplaget werden oder vnrecht leiden/Das sie sehen/wie Gott wolle vnd könne/vns rechen an vnsern feinden/mehr denn wir wündschen thürsten/wie der acht vnd funffzigst Psalm sagt/Der gerechte wird mit freuden die rache sehen/vnd seinen gang jnn des Gottlosen blut baden. Darumb sollen wir solche Tyrannen nicht allein gedültiglich leiden/sondern auch vns jres künfftigen vrteils erbarmen/vnd fur sie hertzlich bitten/gleich wie hie der frome Daniel thut/vnd betrübet sich/das dem Könige (der sie doch gefangen vnd jr land zerstöret hatte) so vbel gehen sol/vnd wündscht es lieber seinen feinden.

Aber widerumb ist das fur die fromen Herrn vnd Fürsten/ein tröstlich/lieblich bilde/Das Gott der HErr/auch diesen Tyrannischen König/durch einen schönen baum furbildet/der alle thier neeret/vnd vnter seinem schatten rugen lesst/Damit Gott anzeigt/das er/ruge vnd fride/schutz vnd schirm/narung vnd güter/vnd dis gantze zeitliche leben/durch die Oberkeit gebe vnd erhalte/Vnd das jm fast wolgefalle/wo ein Herr oder Fürst solch sein ampt vleissig vbet/Denn es sind schöne früchte/schöne este/schön laub (spricht er) das ist/Es sind köstliche edle gute werck/Weil es denn Gott selbs wolgefellet/das ers so fein malet/lobet vnd zieret/solt ein Herr ja mit lust vnd liebe sein ampt treiben/obs gleich voller mühe vnd erbeit ist/So sollen wir auch nicht achten/wie böse die Tyrannen sind/Sondern wie ein köstlich/nützlich ampt sie haben von Gott/vns zu gut vnd heil eingesetzt.

Im funfften Capitel/kompt aber ein Exempel wider die Tyrannen/Denn das vorige Exempel ist noch leidlich/weil der selbige König/sich straffen lesst/vnd bekeret sich zu Gott mit rechter busse/demut vnd bekendnis/das er on zweivel/aus einem Tyrannen ein grosser heilig ist worden/Aber hie wird der verstockte/vnbusfertige Tyrann/der sicher vnd frölich ist jnn seiner bosheit/gestrafft/on alle barmhertzigkeit/das er leib vnd leben/land vnd leute auff ein mal verleuret/Welchs freilich zu einem schrecken allen der gleichen Tyrannen geschrieben ist.

Im sechsten Capitel/kompt ein fein lieblich Exempel/Da ein feiner fromer König ist/der Daniel lieb hat/des mus Daniel auch bey den andern grossen Hansen entgelten/die beweisen jm ein Bosetück/

A ij   lin/Vnd

Vorrhede vber den

lin/ Vnd wird auch endlich inn der Lewen loch geworffen. Da werden die gefangen elenden Jüden widderumb betrübt worden sein/ Aber Gott beweiset sich abermal redlich vnd tröstlich/ Vnd keret das spiel so fein vmb/ das Daniels feinde das musten selbs aus essen/ das sie jm hatten gebrockt/ wie der siebend Psalm sagt/ Sie gehen mit vnglück schwanger/ aber sie geberen einen feil/ Jr vnglück fellet auff jren kopff/ vnd jr freuel auff jren wirbel. Also ist Daniels leben nicht anders/ denn ein feiner reiner spiegel/ darinn man sihet des glaubens kampff vnd sieg/ durch Gottes gnaden wider alle Teufel vnd menschen/ vnd seine grosse frucht vnd nutz/ den er durch gedult vnd creutz/ schafft/ beide fur Gott vnd der welt.

Jm siebenden Capitel/ gehen an die gesichte vnd weissagungen/ von den zukünfftigen Königreichen/ vnd sonderlich von dem Reich Christi/ vmb welchs willen alle diese gesichte geschehen/ Vnd auffs erst/ die vier Königreich/ die er droben im andern Capitel im grossen bilde angezeigt hat/ sihet er hie abermal/ jnn einer andern gestalt/ nemlich/ jnn vier Thieren/ aller meist vmb des vierden Thiers/ des Römischen Reichs willen/ dauon er etwas weiter sagen wil/ Denn vnter dem selbigen Römischen Reich/ solt das grössesste ding auff erden/ geschehen/ nemlich/ Christus komen/ die menschen erlösen/ vnd die welt jr ende nemen.

So ist nu das erste Thier/ das Königreich zu Assyrien vnd Babylon/ das ist der Lewe mit den zween Adelers flügeln/ denn es ist das edleste vnd beste/ vnd (wie droben gesagt) das gülden Königreich gewest fur allen/ Die zween flügel/ sind die zwey stück des Reichs/ Assyria vnd Babylon/ Vnd jm wird ein Menschlich hertz gegeben/ vnd stehet auff seinen füssen/ Denn es hat der andern Königreich keines solchen König gehabt/ der so wunderlich zu Gottes erkendnis komen sey/ auch nicht so viel grosser/ heiliger/ weiser leute am Hofe gehabt/ als dis Königreich. Das ander Thier/ der Beer/ ist das Königreich jnn Persen vnd Meden/ welchs hat das vorige zu Babel zerstöret/ vnd jm seine flügel ausgeraufft/ Vnd hat vnter seinen zeenen/ drey ribben (das sind drey grosse lange zeene) das sind die furnemesten Könige/ Cores/ Darios vnd Xerxes/ welche das meiste jnn diesem Königreich gethan/ vnd viel fleisch gefressen/ das ist/ grosse Lender gewonnen haben. Das dritte Thier/ der Parde/ mit vier flügeln vnd vier köpffen/ ist das Königreich des grossen Alexanders jnn Griechenland/ Aus welchem darnach vier Königreich worden sind/ wie wir im folgenden Capitel hören werden.

Das vierde Thier/ mit den eisern zeenen/ ist nu das rechtschüldige/ das letzte/ nemlich/ das Römische Königreich/ mit welchem die welt sol ein ende haben/ wie denn hie Daniel viel saget vom Jüngsten gericht/ vnd von der Heiligen Königreich/ so nach diesem Königreich folgen sol. Er malet aber dasselbige Römische Königreich also/ das zum ersten sol zertrennet werden jnn zehen Königreich/ das sind die zehen hörner/ Als Syria/ Egypten/ Asia/ Grecia/ Africa/ Hispania/ Gallia/ Italia/ Germania/ Anglia/ rc. Vnd das ein kleins horn/ sol drey hörner von den fordersten zehen hörnern abstossen/ das ist der Mahometh oder Türcke/ der jtzt Egypten/ Asiam vnd Greciam hat/ Vnd wie dasselbige kleine horn/ sol die Heiligen bestreiten/ vnd Christum lestern/ Welchs wir alles erfaren/ vnd fur vnsern augen sehen/

sehen/Denn der Türck hat grossen sieg wider die Christen gehabt/ vnd leugnet doch Christum/vnd hebt seinen Mahometh vber alles/ das wir nu gewislich nichts zu warten haben/denn des Jüngsten tages/denn der Türck wird nicht mehr hörner vber die drey/abstossen.

Im achten Capitel/hat Daniel ein sonderlich gesicht/nicht das die gantze welt/wie das vorige/sondern sein volck die Jüden betrifft/ wie es jnen gehen solt/vor dem Römischen Reich/vnd ehe denn Christus komen würde/nemlich/vnter dem dritten Reich/des grossen Alexanders/auff das sie abermal getröst werden/vnd nicht verzagen jnn dem jamer/der vber sie komen würde/als wolt Christus abermal sie lassen/vnd nicht komen. Vnd Daniel zwar deutet das gesicht selbs/ das der Wider/mit den zweien hörnern sey der König jnn Meden vnd Persen. Der Zigenbock/sey der grosse Alexander/der schlug Darion den letzten König jnn Persen/vnd gewan sein Königreich/Vnd Daniel spricht/das der Bock hab gleich geflohen/das er die erden nicht rüete/Denn Alexander giengs also schleunig/das er jnn zwelff jaren die welt bezwang/Vnd fieng an/da er zwenzig jar alt war/vnd starb im zwey vnd dreissigsten jar/das freilich fur eine person kein grösser man (nach der welt zu reden) auff erden komen ist/noch komen wird.

Aber was bald auff gehet/das vergehet auch bald/Denn sein Königreich zerfiel gleich da er starb/vnd wurden die vier Königreich draus/Syria/Egypten/Asia/Grecia. Nu lesst Daniel die zwey/Asia vnd Grecia/faren/vnd nimpt die zwey/Syria vnd Egypten/fur sich/ Denn zwisschen diesen zweien/ligt das Jüdische land/vnd hat Syria gegen mitternacht/Egypten gegen mittag/welche hatten ewigen streit mit einander/Darumb wurden die Jüden/weil sie so zwisschen thür vnd angel steckten/zu beiden seiten wol geplagt/Jtzt fielen sie Egypten zu/jtzt Syrien/darnach ein Königreich dem andern vberlegen war/vnd musten der nachbarschafft vbel entgelten/wie es gehet jnn kriegs leufften.

Sonderlich da der lose man/König jnn Syria ward/den die Historien Antiochus den Eddelen nennen/der greiff grewlich auff die Jüden/würget vnd wütet als ein Teufel vnter jnen/den Gottes dienst zu Jerusalem legt er nider/machte den Tempel zu schanden/plundert vnd nam alle kleinot/richtet Abgötterey vnd Götzen drinnen auff/ veriagt vnd tödtet die Priester/vnd alles was nicht wolt wie er wolt/ Er wolt schlecht aus allerley glauben einerley glauben machen/vnd das solt der Griechen glaube sein/Dazu holffen jm denn etliche abtrünnige buben aus den Jüden/die sonst nicht kundten empor komen/ wie man das weiter im ersten buch Maccabeorum im ersten Capitel findet/Aber er treibs nicht lange.

Von diesem Antiocho sagt nu hie Daniel/das nach dem Alexander/aus den vier hörner einem/sey ein klein horn komen/das ist Antiochus der Edle aus dem horn Syria/der ward mechtig gegen Mittage/Morgen/vnd gegen das Werde land/das ist/das Jüdische land/ Denn Antiochus nam dem Könige jnn Egypten viel land vnd stedte/ durch grosse verrheterey vnd schalckheit/wie hernach im eilfften Capitel weiter folgen wird/So warff er auch viel sternen zur erden/das viel heiliger leute vnter den Jüden vmbkamen/verwüstet vnd schendet

A iij   dem Gott

Vorrhede vber den

dem Gott von himel seinen Gottes dienst im Tempel/vnd setzt Abgötter hinein.

 Wider solchen Teufel erweckte Gott den Judam Maccabeum mit seinen brüdern/die stritten vnd theten grosse redliche thaten/schlugen jnn funff jaren schier bey zwey hundert tausent man tod/Macca. lib.ij. vnd reinigeten das land vnd den Tempel/vnd brachten alles wider zu recht/wie hie im Text stehet/das der Tempel nach zwey tausent vnd drey hundert tagen gereiniget werden sol/welche machen sechs jar vnd ein viertel jar/Denn eben so lange wütet auch der Antiochus/wider die Jüden/vnd starb auch desselben siebenden jars/Vnd trifft die zal fein gleich zu/wie das buch Maccabeorum beweiset. Darumb spricht hie der Engel/das der König Antiochus/gros schaden thun werde/vnd sey ein frecher vnuerschampter König/Denn er fürete auch ein lose schendlich leben/fur seine person/jnn aller vnzucht/wie die Historien schreiben. Aber er sol (spricht er) on hand zerbrochen werden/Denn da er jnn Perside geld holen wolt/befalh er die weil seinem Feldhenbtman Lysias/das er die Jüden schlecht solt ausrotten vnd vertilgen/Aber da er kein geld kund kriegen/vnd vernam/das Judas Maccabeus/Lysiam mit seinem heer hatte geschlagen vnd nider gelegt/ward er fur grossem zorn vnd vngedult/kranck/das jm nicht nach seinem sinn gegangen war/vnd starb auch also fur grossem leid vnd jamer jnn frembden landen.

 Also sols den Tyrannen gehen/Denn dieser Antiochus ist hie zum Exempel gesetzt aller böser Könige vnd Fürsten/sonderlich die/so wider Gott vnd sein wort toben/Darumb haben auch alle vorige Lerer/diesen Antiochum eine figur des EndeChrists genennet vnd gedeutet/habens auch recht getroffen/Denn ein solcher wüster vnflat/vnd ein solcher wütiger Tyrann/solt zum furbilde des letzten Grewels erwelet werden/wie denn auch etliche wort jnn diesem vnd im zwelfften Capitel sich mercken lassen/vnd heimlich anzeigen.

 Das neunde Capitel/hat zu erst ein seer schön gebet/darinn Daniel bittet fur sein volck/das zu Babel gefangen war/vnd fur die Stad Jerusalem/vnd den Tempel/das die Jüden möchten wider heim zihen/vnd den Gottes dienst wider anrichten. Das gebet wird erhöret/vnd wird jm offenbart/wie viel jar noch sein sollen/das Christus kome/vnd sein ewiges Reich anfahe/Vnd dis ist eine treffliche grosse offenbarung von Christo/die so gewis vnd genaw die zeit stimmet.

 Diese siebenzig wochen/so der Engel stimmet/halten eintrechtig alle Lerer/es sein Jarswochen/vnd nicht Tage wochen (das ist) eine wochen helt sieben jar/vnd nicht sieben tage/welchs auch die erfarung erzwingt/Denn Siebenzig tagewochen/machen noch nicht zwey jar/das were kein sonderliche zeit zu solcher herrlicher offenbarung/So machen nu diese siebenzig wochen.ccccxc. jar/So lange solt man auff Christum noch harren/vnd als denn solt er sein Reich anfahen. Die ist nu zu forschen/wo vnd wenn solche siebenzig wochen anfahen. Der Engel deutet sie/vnd fehet an/im jar da ein gebot ausgehet/das Jerusalem wider sol gebawet werden/Denn so spricht er/Von der zeit an/wenn das wort ausgehet/das Jerusalem wider sol gebawet werden rc. Welchs etliche haben wüst gedeutet vnd gezogen.

Aber

Propheten Daniel.

Aber das wir richtig darinn handeln/sol man anfahen mit diesen siebenzig wochen/am andern jar des Königes Darij/der Langhand hies/denn jnn dem selbigen jar geschach das wort Gottes durch die Propheten Haggeus vnd Sacharias/vnd hies Jorobabel den Tempel bawen/wie man im ersten Capitel beider Propheten findet/desselbigen gleichen gebot auch der selbige Darios/vnd gieng sein gebot auch darauff aus/Esra.vj. vnd trifft die rechnung mit zu/Denn von dem selbigen befelh oder wort/so durch Haggeum ausgieng/bis auff Christus Tauffe/da er sein ampt annam/vnd sein Reich oder Newe testament anfieng (wie jn der Engel hie einen Fürsten beschreibet) sind bey leufftig.ccccxxxiij. jar / welche machen dieser wochen neun vnd sechzig/dauon der Engel hie spricht/Bis auff Christum den Fürsten sind sieben wochen vnd drey vnd sechzig wochen / das sind neun vnd sechzig wochen.

Die rechnung stehet also/Nach dem andern jar Darij/bis auff den grossen Alexander/sind.cxlv. jar/wie Metasthenes schreibt/Von Alexander bis auff Christus geburt.cccxj. jar / wie die Historien zeugen/Von Christus geburt/bis zu seiner Tauffe/dreissig jar/Luce.iij. Das alles zu samen/macht.cccclxxxvj. jar/das sind die.lxix. wochen/ Drey jar sind vberig/die mus man jnn die rechnung schlahen/darumb das jnn solchen rechnungen vnd Historien/offt geschicht/das ein halb jar/ein gantz jar genennet wird/Man kan nicht alle tage vnd stunde so genaw treffen vnd fassen/wenn man Historien schreibet/ist vns gar gnug/das mans so nahe trifft/Sonderlich/weil wir so gewisse schrifft von der heubtsachen haben.

Von dieser meinung sind nicht weit/die solche siebenzig wochen anfahen/am zwenzigsten vnd letzten jar Cambises/des Darij vater/ welcher lies Nehemias zihen/Jerusalem zu bawen/Nehemi.ij. Denn das zwenzigste jar Cambises/ist zwey jar vor des Darij ander jar gewest. Wenn aber ein gros ding geschicht jnnwendig drey jaren/mus mans doch zu samen fassen/als ein jar oder einerley zeit/vnd sagen/ Es geschach vmb die oder die zeit/gleich wie man hie sagen mus/Das wort Gottes gieng aus/das Jerusalem solt gebawet werden im andern jar Darios/vmb die zeit da Nehemias von Cambise kam / vnd Jerusalem zu bawen anfieng rc. Denn es war ein gros ding/vnd von vielen angefangen/auch von den Engeln selbs getrieben/Sacha.j. Vnd doch nicht von allen zu gleich auff einen tag oder stunde.

Weiter/teilet der Engel diese siebenzig wochen jnn drey teil. Jnn den ersten sieben wochen (spricht er) das ist jnn neun vñ vierzig jaren/ sollen die maur vñ gassen wider gebawet werden jnn kümerlicher zeit/ Denn es ward jnen auch saur/weil die vmbligende lender jnen seer widerstunden. Hieher stimmet/da die Jüden zu Christo sprachen/Johan.ij. Dieser Tempel ist jnn.xlvj.jaren gebawet/vnd du wilt jn jnn dreien tagen bawen? Darnach vber.lxij. wochen (spricht er) sol Christus getödtet werden/Die zeigt er an/was geschehen sol/wenn diese lxix. wochen vmb sind/vnd Christus nu angefangen hat/Nemlich/ Christus sol gecreutziget (welches ist geschehen im vierden jar nach den.lxix. wochen/vnd nach seinem anfang) vnd die Stad Jerusalem sol darüber endlich zerstöret werden/vnd das Jüdenthum ein ende haben (welchs ist durch die Römer hernach geschehen).

A iiij   Die eine

Vorrhede vber den

Die eine vnd letzte wochen/das ist sieben jar/ist die zeit so nach den .lxix. wochen folget/ Jnn welcher (wie gesagt ist) solt Christus getödtet werden/Vnd das ist also zu gangen (spricht er) Er wird den Bund vielen leisten eine wochen/Denn die predigt Christi gieng die selbigen sieben jar mechtiglich/beide durch Christum selbs jns vierde jar/vnd hernach durch die Apostel/vnd verkündigt jnen die verheissen gnade/Vnd mitten jnn der selben wochen/das ist/im vierden jar nach Christus Tauffe/ward er getödtet/Vnd da fiel das opffer/das ist/ durch Christus tod/der das rechte opffer ist/ward das Jüdische opffer vnd Gottes dienst auff gehaben. Darnach ward von den Römern vnter Keiser Caio Caligula jnn den Tempel ein Abgott gesetzt (wie er hie sagt) zum zeichen/das aus sein solt/mit dem Tempel vnd Jüdenthum.

Das zehende Capitel/ist eine Vorrhede des eilfften/doch schreibet Daniel darinnen ein sonderlichs von den Engeln/als sonst nirgend jnn der Schrifft stehet/nemlich/das die guten Engel mit den bösen streiten/vnd die menschen verteidingen/Vnd nennet auch die bösen Engel/Fürsten/vnd spricht/Der Fürst aus Griechen land/Da her man verstehen mag/warumb es an Königen vnd Fürsten höfen/ so wüst vnd wild zu gehet/vnd das gute so gehindert/krieg vnd vnglück angericht wird/Denn die Teufel sind da/hetzen vnd reitzen/ oder hindern doch so viel/das nirgend von statten gehen wil. Als zum Exempel/das die Jüden solten von Babel durch die Könige jnn Persen los werden/das wolt nirgend fort/obs gleich die Könige gerne theten/das dieser Engel hie spricht/Er habe zu schaffen/vnd müsse wider den Fürsten jnn Persen streiten/ Vnd sorget doch/wo er hin zeucht/so kome die weil der Fürst aus Griechen. Als solt er sagen/Wo wir einem vnglück steuren/da richtet der Teufel jmer ein anders an/ Werdet jr los von Babel/so werden euch plagen die Griechen. Davon jtzt gnug/denn es gehöret mehr raum vnd zeit dazu/weiter dauon zu reden.

Im eilfften Capitel/weissagt Daniel seinem volck den Jüden fast des gleichen/wie er im achten Capitel thut/von dem grossen Alexandro/ vnd den zweien Königreichen/Syria vnd Egypten/aller meist vmb des Antiochus willen (der Eddel heisst) der die Jüden plagen solt/Aber er malet den selben also/das er seine wort/endlich dahin lendet/das er vnter der person Antiochi/den EndChrist beschreibt/ vnd also diese vnsere letzte zeit trifft/hart vor dem Jüngsten tag/Denn auch alle Lerer eintrechtig/solche weissagung von Antiocho auff den EndChrist deuten/Vnd die wort gebens vnd zwingens auch/das er nicht gar vnd allein den Eddelen meine/sondern menget den Eddelen vnd EndChrist vnternander/vnd verwirret also williglich seine helle liechte wort.

Noch drey Könige (spricht er) werden jnn Persen stehen/das meinet er nicht also/das Persen so wenig Könige haben solte/als die Jüden deuten/Denn sie haben zum wenigsten/zehen Könige gehabt/ Aber diese vier/heissen darumb jnn Persen stehend/das sie etwas sonderlichs für den andern gewest sind/als nach Cores/ist komen Cambises/Darius/Xerxes/das sind die vier furnemesten/Vnd dieser Xerxes/war der reichest/vnd streit mit vnzelichem volck wider die Griechen/Aber schendlich verlor er/vnd kam selbs kaum dauon. Darnach kompt Alexander/vnd seine vier nachkomen/nicht seines stammes noch geblüts. Da gehen

Propheten Daniel. V.

Da gehen nu an die zwey Königreich Syria vnd Egypten/wie sich die selbigen miteinander kratzen vnd reuffen. Die mus man die namen der Könige auff ein blat setzen/das man nicht jrre werde jnn der Historien vnd im Text.

Der grosse Alexander.

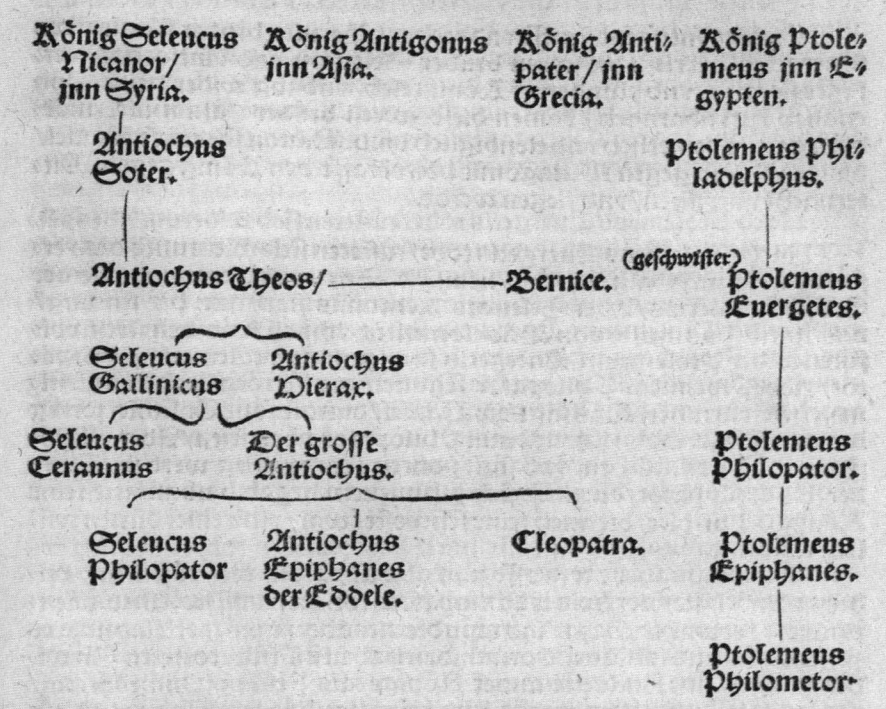

König Seleucus Nicanor/ jnn Syria.	König Antigonus jnn Asia.	König Antipater/ jnn Grecia.	König Ptolemeus jnn Egypten.
Antiochus Soter.			Ptolemeus Philadelphus.
Antiochus Theos/——————Bernice. (geschwister)			Ptolemeus Euergetes.
Seleucus Gallinicus · Antiochus Hierax.			
Seleucus Ceraunus · Der grosse Antiochus.			Ptolemeus Philopator.
Seleucus Philopator · Antiochus Epiphanes der Edele.		Cleopatra.	Ptolemeus Epiphanes.
			Ptolemeus Philometor.

Nach dem Alexander / ist das Königreich jnn Egypten seer mechtig worden/von dem hie Daniel saget/Des gleichen das Königreich jnn Syria auch/ das keins das ander hat mügen vberwinden/ noch vnter sich bringen/wie sie offt versucht vnd gern gethan hetten. Der erste krieg hub sich zwisschen Antiochus Theos/ vnd Ptolemeus Philadelphus/ Aber da sie lange kriegten / vertrugen sie sich/ Vnd Ptolemeus Philadelphus war sonderlich ein feiner König/der zu friden vnd allerley kunst lust hatte / vnd viel gelerter leute enthielt/eine schöne Librarey aus aller welt versamlet / viel guts den Jüden thet / den Tempel vnd Gottes dienst zu Jerusalem herrlich zieret/das ich acht/er sey auch der heiligen Könige einer / Der selbige gab seine einige tochter/Bernice genant/ dem Antiocho Theo/das der fride deste fester hielte / vnd starb darnach/ Sie aber die Bernice / als eines mechtigen Königes tochter / vnd nu auch selbs eine mechtige Königin vnd Fraw zu Hofe/trachtet/das jr son solt erben im Königreich Syria/ Aber es feilete. Denn Laodicea die vorige Königin Antiochi Thei/sampt jren zween sönen/Seleuco Gallinico vnd Antiocho Hierax/waren jr vnd jrem son feind / vnd wolten

das König-

Vorrhede vber den

das Königreich selbs erben/ vnd sie gab jrem Herrn Antiocho Theo vergifft/ vnd darnach hetzet sie die zween söne an Bernice jre stieff mutter/ welche veriagten sie/ vnd endlich tödten sie mit kind/ vnd mit allem Hofe gesinde. Das meinet hie Daniel/ da er sagt/ Sie wird nicht bleiben bey der macht des armes/ dazu jr same auch nicht stehen/ sondern wird mit kinde/ gesinde/ ja auch mit jrem Herrn Könige/ von dem sie so mechtig war worden/ vbergeben werden jnn tod.

Solche vntugent strafft vnd rechent Bernice bruder/ Ptolemeus Euergetes/ bekriegt die zween bruder Seleucon vnd Antiochon/ veriagte sie auch/ vnd plundert jr Königreich/ vnd zog wider heim/ Vnd endlich kurtz darnach/ kamen diese zween bruder (als muttermördern gebürt) jemerlich vnd elendiglich vmb. Dauon saget hie Daniel/ das der König gegen Mittage mit heerskrafft den König gegen Mitternacht vberziehen/ vnd siegen werde.

Nach Ptolemeus Euergetis tode/ rüsteten sich widerumb des verstorben Seleucj Gallinicj söne/ nemlich/ Seleucus Keraunos vnd der Grosse Antiochus/ Aber Seleucus Keraunus starb jnn der rüstung/ das Antiochus muste von Babylon eilend komen/ vnd den streit vol füren wider Ptolemeum Euergetis son/ genant Ptolemeus Philopator/ Aber Ptolemeus Philopator legt den grossen Antiochen mit seinem heer darnider/ Das sagt hie Daniel/ das die söne Gallinicj zornig worden sein/ vnd den Ptolemeum Philopator vberziehen/ Aber Philopator wird sie schlahen/ vnd stoltz durch solchen sieg werden/ Denn der selb Philopator/ darnach sich jnn vnzucht begab/ vnd zu letzt seine Königin Euridice/ die auch seine schwester war/ vmb einer dirnen willen/ erschlug.

Antiochus aber der grosse nach Philopators tod/ rüstet sich widerumb noch stercker/ wider Philopators son/ genant Ptolemeus Epiphanes/ der war noch ein kind vmb die vier oder funff jar/ Vnd wie es zugehet/ wenn die Herrn Vormünden haben müssen/ rotteten sich wider jn/ auch mit Antiocho ander Könige/ als Philippus jnn Grecia/ vnd wolten sich jnn des kindes Epiphanis land teilen/ Vnd war dazu im lande selbs auch zwitracht/ vnd fielen die Jüden auch von jm abe zu Antiocho/ Daher spricht hie Daniel/ das der König Antiochus wider kome/ vnd das viele sich wider das kind Epiphanes setzen/ das die arme des Mittages/ das ist/ die Heubtleute des Epiphanis/ so er hatte im lande Phenice vnd Judea/ vnd zu Jerusalem/ kundten nicht widerstehen/ sondern Antiochus gewan solch land alles/ Vnd kam auch jns Werde land zu Jerusalem/ da hulffen jm die Jüden/ Epiphanis Heubtleute vollend veriagen/ Des ehret sie Antiochus hoch/ vnd gab jnen gros gut vnd viel freiheit.

Da er aber wolt weiter faren/ vnd Egypten auch gewinnen/ rieff Ptolemeus Epiphanes die Römer an/ da muste Antiochus abstehen/ vnd vertrug sich mit Ptolemeo Epiphane/ vnd gab jm seine tochter Cleopatra/ Aber nicht guter meinung/ sondern wie Daniel hie sagt/ das er jn verderbet/ denn mit der tochter/ gedacht er den jungen knaben vmbs Königreich zu bringen/ Aber die Königin vnd die Egypter verkamen das. Darnach streit er wider die Insulen jnn Asia (wie Daniel sagt) vnd gewan jr viel/ Aber die Römer begegneten jm/

ten jm/vnd trieben jn zu rück/zogen jm einen guten rock aus/fast das gantz Asia/Darnach keret er heim/vnd zog jnn Persiden/vnd wolt gros geld holen zu Elimaide aus einem Tempel/Aber das landvolck war auff/vnd schlug jn mit seinem gantzen heer/rein zu tode/Also bleib er jnn frembden landen/vnd ward nirgend funden.

Nu hatte er zuuor/da die Römer jm absiegten/seinen son Antiochus/genant Eddel/den geringesten vnd vngeachtesten gen Rom zur Gisel oder Pfand geschickt/Als er nu tod war/ward sein son Seleucus Philopator König/aber ein vntüchtiger man/wie Daniel hie saget/besser zum Schergen oder Vogt/denn zum Könige geschickt/als der nichts Fürstlichs noch redlichs ausrichtet/starb auch bald. Da entran Antiochus der Eddele heimlich aus Rom/vnd wie wol er auch vngeacht/vnd jm das Reich nicht bedacht war (wie Daniel sagt) doch kam er geschlichen/vnd gabs so gut fur/das er mit listen König ward/ Das ist der letzte König/da Daniel von schreibt/das eddele frome kind/das alles mit listen vnd tücken/mit liegen vnd triegen/nicht als ein König/sondern als ein loser bube handelt/Denn seine tücke waren beurisch/grob vnd vnerschampt/das er auch nach keinem schein der ehren fragt/wie folgen wird/Vmb dieses schelmen vnd losen vettern willen/am meisten/ist das gesicht geschehen/zu trost den Jüden/welche er mit aller plagen plagen solte.

Wie er nu das Königreich tückisch vberkomen hatte/so greiff er mit der selbigen kunst forter/vnd weil der König jnn Egypten/seiner schwester son/genant Ptolemeus Philometor/noch zu jung war/gab er fur/er wolte trewer Vormunde seines vettern sein/vnd nam die stedte jnn Syria/Phenice vnd Judea ein. Da sie nu die gewaltigen jnn Egypten wider fodderten/wolt er nicht abtreten/Da gieng der streit an/dauon Daniel hie sagt/das er wie eine flut die Egypter arme (das ist/Philometoris gewaltigen vnd heubtleute) vberweldigt/denn er behielt den sieg.

An dem tück lies ers nicht gnug sein/gedacht auch das gantze Egypten land also zu erschleichen/macht einen vertrag mit Philometors heubtleuten/gab fur/er thets alles/seinem vettern zum besten/ als ein trewer Vormünde/Auff solche list (wie Daniel hie sagt) zog er mit geringem volck jnn Egypten/Denn sie theten dem lieben Vettern alle thor auff/Vnd er satzt die krone auff/vnd macht sich zum Könige jnn Egypten/raubt/plundert vnd spület das gantze land Egypten/als hie der Text sagt/mit solcher list/das bis her keiner vorfaren mit macht thun kundte/vnd zog wider heim.

Jnn des/da König Philometor nu erwachsen war/vnd das Reich einnam/wolt er das seine mit gewalt wider holen/Vnd rüsten sich also die zween Könige gegen ander/Aber da das Edle kind Antiochus sahe/das Philometor jm zu starck sein wolt/hielt er sich seiner tugent/vnd richtet mit geld verrheterey zu/das Philometors eigen leute/sich zu jm schlugen/vnd also viel drüber erschlagen wurden/doch gewan er das Land nicht/Darnach machet er abermal fride/mit seinem vettern/ass vnd redet mit jm vber tisch/were gern noch eins jnn Egypten gewest/Aber man glenbet jm fort nicht/vnd wie hie Daniel sagt/beide Könige gedachten einander zuuerderben/

vnter

vnter dem schein des fridens. Also keret er wider heim mit grossem
gut/ Vnd vnter wegen/ ward er auch zu Jerusalem/ durch list vnd tü=
cke eingelassen/ da beraubt er den Tempel vnd die Stad schendlich/
wie Macca.j. vnd hie Daniel auch sagt/ Das er sein hertz richten wird
wider den heiligen Bund.

Darnach etwa vber zwey jar/ da sein liegen vnd bubenstück nicht
mehr helffen wolte/ vnterstund er sich mit gewalt Egypten zu gewin=
nen/ vnd vberzog seinen vetter/ nu nicht als ein Vormunde/ sondern
als ein Feind/ Aber Daniel sagt/ Es solte jm nicht so gelingen/ wie
am ersten/ Denn die Römer/ so des Königs Philometors aus seines
vaters testament/ Vormunde vnd Schutzherrn waren/ schickten mit
kriegs volck einen Ratsherrn/ Marcum Popilium/ zu jm/ vnd geboten
jm/ aus Egypten zu zihen. Aber er wolt hie auch seiner kunst brauch=
en/ vnd die Römer von sich weisen mit guten worten/ vnd gab fur/ Er
wolt sich mit seinen freunden bedencken/ Da machet Marcus Popi=
lius mit einem stabe/ so er jnn der hand hatte/ einen kreis im sande/
da Antiochus stund am meer/ vnd sprach/ Das sagt der Rat zu Rom/
Aus dem kreis gehe du nicht/ du sagest denn dein antwort/ ob du krieg
oder friden haben wollest. Da must er mit schanden abziehen/ vnd ke=
ret wider heim.

Da giengs vber Jerusalem vnd vber Gottes haus/ dienst vnd
volck/ Denn er kundte seinen zorn sonst nirgend büssen/ noch seinen
hohn rechen/ denn an Gott vnd seinem Reich/ Vnd viel böser buben
aus den Jüden/ hulffen jm vnd hiengen sich an jn/ bis das Gott Ju=
dam Maccabeum vnd seine brüder wider jn erweckt/ wie das alles dro
ben im achten Capitel angezeigt ist/ vnd hie Daniel im Text erzelet.

Das zwelfft Capitel/ wie es alle Lerer eintrechtig auslegen/ ge=
het gantz vnd gar/ vnter Antiochus namen auff den EndeChrist/ vnd
auff diese letzte zeit/ da wir jnnen leben. Darumb ist hie keine Histo=
rien mehr zu suchen/ sondern/ das helle Euangelion zeigt vnd sagt jtzt
einem jdern wol/ wer der rechte Antiochus sey/ der sich vber alle Göt=
ter erhaben hat/ vnd Frawen liebe/ das ist/ den Ehestand nicht ge=
acht/ sondern verboten/ Vnd dafur/ die welt mit seines Gottes Ab=
götterey/ dazu mit fleischlicher vnzucht/ erfüllet hat/ vnd die schetze
vnd güter auff erden austeilet rc. Denn Frawen liebe/ heisst hie nicht
die vnzüchtige liebe/ sondern mus die ehrliche/ züchtige liebe zun wei=
bern heissen/ die Gott geschaffen vnd geboten hat/ nemlich/ die Ehe=
liche/ weil der Prophet alhie/ das fur der furnemesten laster eines des
EndeChrists rechnet/ das er die liebe zun frawen nicht achtet. Dabey
wollen wirs auch hie lassen/ Denn dieses Capitels verstand vnd geist=
liche deutung des Antiochi/ gehet vnd stehet jnn der erfarung/ vnd
wie er sagt/ wird die aufferstehung der todten/ vnd die rechte erlösung
bald darauff folgen.

Aus dem sehen wir/ welch ein trefflicher grosser man Daniel/
beide fur Gott vnd der welt gewesen ist/ Erstlich fur Gott/ das er so
eine sonderliche/ fur allen andern Propheten/ weissagung gehabt hat/
Nemlich/ das er nicht allein von Christo/ wie die andern/ weissaget/
sondern auch die zeit vnd jar zelet/ stimmet vnd gewis setzet/ dazu die
Königreiche bis auff die selbige gesetzte zeit Christi/ nach einander/
jnn richtiger ordnung/ mit jrem handel vnd wandel/ so fein vnd eben

fasset/

fasset/das man der zukunfft Christi/ja nicht feilen kan/man wolles denn mutwilliglich/wie die Jüden/thun/Vnd dazu fort an bis an Jüngsten tag/des Römischen Reichs stand vnd wesen/vnd der welt laufft/auch ordenlich dar stellet/Das man auch des Jüngsten tages nicht feilen oder vnuersehens drein fallen mus/man wolles denn auch mutwilliglich/wie vnser Epicurer jtzt/thun.

Darumb dunckt mich/Sanct Petrus habe sonderlich den Daniel gemeinet/da er spricht.j.Pet.j. Die Propheten haben geforscht/auff welche/vnd welcherley zeit/der Geist Christi deutet ⁊c. (Welche) heisst/das er die zeit gewis abrechent vnd stimmet/wie lange vnd wie viel jar dahin sein solten (Welcherley) heisst/das er fein abmalet/wie es zur selbigen zeit jnn der welt gehen vnd stehen solte/wer das öberst regiment haben/oder wo das Keiserthum sein solt/das er also nicht allein die zeit/sondern auch den wandel/gestalt vnd wesen der selbigen zeit/verkündigt/welchs aus der massen vnsern Christen glauben seer sterckt/vnd vns im gewissen sicher vnd fest macht/weil wir das fur augen krefftig im schwang sehen/das er vns jnn seinem buch/klerlich vnd richtig/so lange zuuor hat beschrieben vnd furgebildet.

Denn Daniel weissagt frey vnd stimmet klerlich/das Christus zukunfft/vnd seines Reichs anfang (weilchs ist seine Tauffe vnd Predigampt) sol geschehen nach dem Könige Cores bey.510. jaren/Danielis am neunden/Vnd solt jnn der welt/der Persen vnd Griechen Reich aus sein/vnd das Römische Reich im schwang gehen/Danielis am siebenden vnd neunden/Also/das Christus muste gewislich komen zur zeit des Römischen Reichs/da es am besten stund/das auch Jerusalem vnd den Tempel verstören solt/Weil nach dem selbigen Reich/keines mehr komen/sondern der welt ende darauff folgen sol/wie Daniel am andern vnd siebenden deutlich verkündigt.

Fur der welt ist er auch ein trefflicher grosser man gewest/Denn wir sehen hie/das er die zwey erste Königreich/als der Oberst/regieret/als solt Gott sagen/Ich mus diesen Königreichen leute geben/vnd solte ich gleich mein Jerusalem vnd mein volck drüber verstören lassen/Vnd wie wol er nicht ein König gewest ist/noch gros gut oder ehre dauon gehabt/So hat er dennoch die Königliche werck/geschefft vnd empter gehabt vnd ausgericht/wie es denn der welt lauff ist/das die/so zu Hofe am meisten erbeiten/das wenigste haben/vnd die nichts thun/fast das meiste kriegen/nach dem Euangelischen sprichwort/Ein ander seet/ein ander erndtet/Johannis am vierden/Ja das wol erger ist/Er muste noch hass/neid/fahr vnd verfolgung/darüber zu lohn haben/wie denn die welt pflegt allen dienst vnd wolthat zu bezalen/mit solchem lohn/Aber es schadet Daniel nicht/Er ist gleich wol Gotte deste lieber/der belohnet es jm deste reichlicher/Vnd helt zu Babel vnd Persen Daniel fur einen König/Denn er rechent vnd richtet nach der that vnd frucht/nicht nach der person vnd namen/Darumb ist/Daniel mit der that der rechte König zu Babel vnd Persen/ob er wol kein Königliche person noch namen füret/dazu nicht viel guts/sondern vnglück vnd alle fahr/dauon hat. Sihe/also kan Gott seine gefangene Jüden trösten vnd ehren/das er aus einem Bürgers son des verstöreten Jerusalem/einen zwifeltigen Keiser machet zu Babel vnd Persen.

Vorrhede vber den

Summa/ Es ist vnter allen Abrahams kindern/ keiner so hoch jnn der welt erhöhet/ als Daniel. Es war Joseph wol gros jnn Egypten bey König Pharao/ So waren Dauid vnd Salomo gros jnn Jsrael. Aber es sind alles geringe Könige vnd Herrn/ gegen die Könige zu Babel vnd Persen/ bey welchen Daniel der öberste Fürste war/ welche er auch wunderbarlich zu Gott bekeret/ vnd on zweiuel jnn beiden Keiserthumen/ grosse frucht bey viel leuten geschafft hat/ die durch jn sind zum erkentnis Gottes komen vnd selig worden/ wie denn der selbigen Keiser/ briefe vnd gebot/ das man Daniels Gott jnn allen landen ehren solt/ wol anzeigen/ Danielis. 2. vnd. 6.

Diesen Daniel befehlen wir nu zu lesen/ allen fromen Christen/ welchen er zu dieser elenden letzten zeit/ tröstlich vnd nützlich ist/ Aber den Gottlosen ist er kein nütz/ wie er selbs am ende sagt/ Die Gottlosen bleiben Gottlos/ vnd achtens nicht. Denn solche weissagung Danielis vnd der gleichen/ sind nicht allein darumb geschrieben/ das man die geschicht/ vnd die künfftigen trübsalen wissen/ vnd den furwitz/ als mit newer zeitung/ büssen solle/ Sondern das sich die fromen damit trösten vnd frölich machen/ vnd jren glauben vnd hoffnung/ jnn der gedult stercken sollen/ als die da hie sehen vnd hören/ das jr jamer ein ende haben/ vnd sie von sunden/ tod/ Teufel/ vnd allem vbel (darnach sie seufftzen) ledig/ jnn den himel zu Christo jnn sein seliges/ ewiges Reich komen sollen/ gleich wie Christus auch/ Luce am. xxj. die seinen tröstet/ durch die grewlichen zeitung/ vnd spricht/ Wenn jr solchs sehen werdet/ so sehet auff/ vnd richtet ewr heubt auff/ denn ewr erlösung ist nahe rc.

Darumb sehen wir auch hie/ das Daniel alle gesichte vnd treume/ wie grewlich sie sind/ jmerdar mit freuden endet/ nemlich/ mit Christus Reich vnd zukunfft/ vmb welchs zukunfft willen/ als vmb das furnemest/ endliche heubtstück/ solche gesichte vnd treume gebildet/ gedeutet vnd geschrieben sind. Wer sie nu auch wil nützlich lesen/ der sol an der Historien oder geschichten/ nicht hangen/ oder hafften/ vnd da bleiben/ sondern sein hertz weiden vnd trösten/
jnn der verheissen vnd gewissen zukunfft vnsers Heilandes Jhesu Christi / als jnn der seligen vnd
frölichen erlösung von diesem jamertal vnd
elende/ Dazu helffe vns der selbige vnser lieber HERR vnd Heiland/
sampt dem Vater vnd Heiligen geist/ gelobet jnn
ewigkeit/
A M E N.

Der Prophet Daniel. VIII.
I.

Jm dritten jar des Reichs Joakim des Königs Juda/kam Nebucadnezar der König zu Babel fur Jerusalem/vnd belagert sie. Vnd der HERr vbergab jm Joakim den König Juda/vnd etliche gefesse aus dem Hause Gottes/die lies er füren ins land Sinear/jnn seines Gottes haus/Vnd thet die gefesse jnn seines Gottes schatzkasten.

Sinear ist das land Babel Gen. x

Vnd der König sprach zu Aspenas seinem obersten Kemerer/Er solte aus den kindern Israel/von Königlichem stam vnd Herrn kinder welen/knaben die nicht gebrechlich weren/Sondern schöne/vernünfftige/weise/kluge/vnd verstendige/die da geschickt weren zu dienen jnn des Königs Hofe/vnd zu lernen Chaldeische schrifft vnd sprache/Solchen verschaffte der König was man jnen teglich geben solt von seiner speise/vnd von dem wein/den er selbs tranck/das sie also drey jar auffertzogen/darnach fur dem Könige dienen solten. Vnter welchen waren Daniel/Danania/Misael/vnd Asaria/von den kindern Juda/Vnd der oberste Kemerer gab jnen namen/vnd nennet Daniel/Beltsazer/vnd Danania/Sadrach/vnd Misael/Misach/vnd Asaria/AbedNego.

Aber Daniel setzt jm fur jnn seinem hertzen/das er sich mit des Königs speise/vnd mit dem wein/den er selbs tranck/nicht verunreinigen wolt/vnd bat den obersten Kemerer/das er sich nicht müste verunreinigen. Vnd Gott gab Daniel/das jm der oberste Kemerer günstig vnd gnedig ward/der selb sprach zu jm/Ich fürchte mich fur meinem herrn dem Könige/der euch ewr speise vnd tranck verschafft hat/

B ij   wo er

Der Prophet

wo er würde sehen/das ewr angesicht jemerlicher weren/denn der andern knaben ewrs alters/ so brechtet jr mich bey dem Könige vmb mein leben.

Da sprach Daniel zu Melzar/ welchem der öberste Kemerer/ Daniel/ Danania/ Misael/ Asaria/ befolhen hatte/ Versuchs doch mit deinen knechten zehen tage/vnd las vns geben zugemüse zu essen/ vnd wasser zu trincken/Vnd las denn fur dir vnser gestalt/vnd der knaben/ so von des Königs speise essen/besehen/vnd darnach du sehen wirst/darnach schaffe mit deinen knechten. Vnd er gehorcht jnen darinn/vnd versuchts mit jnen zehen tage/Vnd nach den zehen tagen/ waren sie schöner/vnd bas bey leibe/denn alle knaben/so von des Königes speise assen/ Da thet Melzar jre verordente speise vnd tranck weg/vnd gab jnen zugemüse.

(Schrifft)
Das ist/sie lerneten alle künsten/ so bey den Chaldeern waren geschrieben.

Aber der Gott dieser viere/gab jnen kunst vnd verstand jnn allerley schrifft vnd weisheit. Daniel aber gab er verstand/jnn allen gesichten vnd treumen.

Vnd da die zeit vmb ware/die der König bestimpt hatte/das sie solten hinein gebracht werden/bracht sie der öberste Kemerer hinein fur Nebucad Nezar/Vnd der König redet mit jnen/Vnd ward vnter allen niemand erfunden/der Daniel/Danania/Misael/vnd Asaria gleich were/Vnd sie wurden des Königs Diener/Vnd der König fand sie jnn allen sachen/die er sie fraget/zehen mal klüger vnd verstendiger/denn alle Sternseher/vnd Weisen jnn seinem gantzen Reich. Vnd Daniel lebet bis jns erste jar des Königes Cores.

II.

IM andern jar des Reichs Nebucad Nezar/hatte Nebucad Nezar einen traum/dauon er erschrack/das er auff wacht/Vnd er hies alle Sternseher vnd Weisen/ vnd Zeuberer vnd Chaldeer zusamen foddern/das sie dem König seinen traum sagen solten/Vnd sie kamen vnd traten fur den König/Vnd der König sprach zu jnen. Ich hab einen traum gehabt/der hat mich erschreckt/vnd ich wolt gerne wissen/was fur ein traum gewest sey.

Da sprachen die Chaldeer auff Chaldeisch/Herr König/Gott verleihe dir langes leben/Sage deinen knechten den traum/so wollen wir jn deuten. Der König antwortet/vnd sprach zu den Chaldeern/ Es ist mir entfallen/Werdet jr mir den traum nicht anzeigen/vnd jn deuten/so werdet jr gar vmbkomen/vnd ewre heuser schendlich verstöret werden. Werdet jr mir den traum anzeigen vnd deuten/so solt jr geschenck/gaben/vnd grosse ehre von mir haben/Darumb so sagt mir den traum vnd seine deutung. Sie antworten widerumb/vnd sprachen/Der König sage seinen knechten den traum/so wollen wir jn deuten.

Der König antwortet/vnd sprach/ Warlich/ich mercks/das jr frist suchet/weil jr sehet/das mirs entfallen ist/ Aber werdet jr mir nicht den traum sagen/so gehet das recht vber euch/als die jr lügen vnd geticht fur mir zu reden furgenomen habt/bis die zeit fur vber gehe/ Darumb so sagt mir den traum/ so kan ich mercken/das jr auch die deutung trefft. Da antworten die Chaldeer fur dem Könige/vnd sprachen zu jm/ Es ist kein mensch auff erden/der sagen könne/das der König foddert/So ist auch kein König/wie gros

oder

oder mechtig er sey/ der solchs von jrgend einem Sternseher/ Weisen/ oder Chaldeer foddere/ Denn das der König foddert/ ist zu hoch/ vnd ist auch sonst niemand/ der es fur dem Könige sagen könne/ ausgenomen/ die Götter/ die bey den menschen nicht wonen.

Da ward der König seer zornig/ vnd befalh alle Weisen zu Babel vmb zu bringen/ Vnd das vrteil gieng aus/ das man die Weisen tödten solt/ Vnd Daniel sampt seinen gesellen ward auch gesucht/ das man sie tödtet. Da vernam Daniel solch vrteil vnd befelh von Arioch dem obersten Richter des Königes/ welcher auszog zu tödten die Weisen zu Babel/ Vnd er fieng an vnd sprach zu des Königes Vogt/ Arioch/ Warumb ist so ein strenge vrteil vom Könige ausgegangen? Vnd Arioch zeigets dem Daniel an/ Da gieng Daniel hinauff/ vnd bat den König/ das er jm frist gebe/ damit er die deutung dem Könige sagen möcht/ Vnd Daniel gieng heim/ vnd zeigte solchs an seinen gesellen/ Hanania/ Misael/ vnd Asaria/ das sie Gott von himel vmb gnade beten/ solchs verborgen dings halben/ damit Daniel vnd seine gesellen nicht/ sampt den andern Weisen zu Babel/ vmbkemen.

Gebet ist vnser endtlicher trost vnd zuflucht/ vnd lesst vns auch nicht feilen.

Da ward Daniel solch verborgen ding durch ein gesicht des nachts offenbart/ darüber lobte Daniel den Gott von himel/ fieng an/ vnd sprach/ Gelobt sey der name Gottes von ewigkeit zu ewigkeit/ denn sein ist/ beide weisheit vnd stercke/ Er endert zeit vnd stunde/ Er setzt Könige abe/ vnd setzt Könige ein/ Er gibt den Weisen jre weisheit/ vnd den verstendigen jren verstand/ Er offenbart was tieff vnd verborgen ist/ Er weis was im finsternis ligt/ denn bey jm ist eitel liecht. Ich dancke dir vnd lobe dich Gott meiner Veter/ das du mir weisheit vnd stercke verleihest/ vnd jtzt offenbart hast/ darumb wir dich gebeten haben/ nemlich/ Du hast vns des Königs sache offenbart.

Wie gern vnd gnediglich höret Gott der gleubigen gebet. (Zeit vnd stunde) Er setzt zeit/ wie lange ein jglich Reich stehen/ ja wie lang ein jglich mensch leben/ vnd ein jglich ding weren sol.

Da gieng Daniel hinauff zu Arioch der vom Könige befelh hatte/ die Weisen zu Babel vmb zu bringen/ vnd sprach zu jm also/ Du solt die Weisen zu Babel nicht vmbbringen/ Sondern füre mich hinauff zum Könige/ Ich wil dem Könige die deutung sagen. Arioch bracht Daniel eilends hinauff fur den König/ vnd sprach zu jm also/ Es ist einer funden vnter den gefangnen aus Juda/ der dem Könige die deutunge sagen kan. Der König antwortet/ vnd sprach zu Daniel/ den sie Beltsazar hiessen/ Bistu/ der mir den traum/ den ich gesehen habe/ vnd seine deitung zeigen kan?

Daniel fieng an fur dem Könige/ vnd sprach/ Das verborgen ding/ das der König foddert von den Weisen/ Gelerten/ Sternsehern vnd Warsagern/ stehet inn jrem vermügen nicht dem Könige zu sagen/ Sondern Gott von himel/ der kan verborgen ding offenbaren/ der hat dem Könige NebucadNezar angezeigt/ was inn künfftigen zeiten geschehen sol.

Hie entschüldiget er die Weisen/ vnd errettet sie.

Dein traum vnd dein gesicht/ da du schlieffest/ kam daher. Du König dachtest auff deinem bette/ wie es doch hernach gehen würde/ Vnd der so verborgen ding offenbart/ hat dir angezeigt/ wie es gehen werde/ So ist mir solch verborgen ding offenbart/ nicht durch meine weisheit/ als were sie grösser denn aller/ die da leben/ Sondern darumb/ das dem Könige die deutung angezeigt würde/ vnd du deines hertzen gedancken erfürest.

Das mag ja eine demut heissen.

Der Prophet

Du König sahest/ vnd sihe/ ein seer gros vnd hoch bilde stund gegen dir/ das war schrecklich anzusehen/ des selben bildes heubt war von feinem golde/ Seine brust vnd arm waren von silber/ Sein bauch vnd lenden waren von ertz/ Seine schenckel waren eisen/ Seine füsse waren eins teils eisen/ vnd eins teils thon. Solches sahestu/ bis das ein stein herab gerissen ward/ on hende/ der schlug das bilde an seine füsse/ die eisen vnd thon waren/ vnd zu malmet sie. Da wurden mit einander zu malmet/ das eisen/ thon/ ertz/ silber vnd gold/ vnd wurden wie sprew auff der sommer tennen/ vnd der wind verwebt sie/ das man sie nirgend mehr finden kundte/ Der Stein aber/ der das bilde schlug/ ward ein grosser berg/ das er die gantze welt füllete/ Das ist der traum/ Nu wollen wir die deutunge fur dem Könige sagen.

Du König bist ein König aller Könige/ dem Gott von himel Königreich/ macht/ stercke vnd ehre gegeben hat/ vnd alles da leute wonen/ dazu die thier auff dem felde/ vnd die vogel vnter dem himel jnn deine hende gegeben/ vnd dir vber alles gewalt verlihen hat/ Du bist das gülden heubt/ Nach dir wird ein ander Königreich auff komen/ geringer denn deins/ Darnach das dritte Königreich/ das ehern ist/ welchs wird vber alle land herrschen/ Das vierde wird hart sein/ wie eisen/ denn gleich wie eisen alles zu malmet vnd zuschlegt/ ja wie eisen alles zubricht/ also wird es auch alles zumalmen vnd zubrechen.

Das du aber gesehen hast/ die füsse vnd zee/ eins teils thon/ vnd eins teils eisen/ das wird ein zerteilt Königreich sein/ doch wird von des eisens ^a pflantze drinnen bleiben/ wie du denn gesehen hast eisen mit thon vermengt. Vnd das die zee an seinen füssen/ eins teils eisen/ vnd

a (Pflantze) Etliche sagen/ von des eisens stercke etc. Er wil aber sagen/ das das Römische Reich/ zur zeit/ wenn es zertrennet sein wird/ versetzt/ vnd gleich wie eine pflantze oder wurzel anderswo hin komet/ vnd sol doch desselben eisens odder Reichs pflantze/ vnd nicht ein new ander Reich sein. Dis ist alles geschehen/ da das Römische Reich von den Griechen/ auff die Deudschen komen ist/ durch den Bapst/ vnd Carolum magnum.

vnd eins teils thon sind/wirds zum teil ein starck/vnd zum teil ein sch=
wach Reich sein. Vnd das du gesehen hast eisen mit thon vermengt/ *Das Reich Chri=*
werden sie sich wol nach menschen geblüt vnternander mengen/Aber *sti.*
sie werden doch nicht aneinander halten/gleich wie sich eisen mit thon
nicht mengen lesst.

Aber zur zeit solcher Königreiche wird Gott von himel ein König=
reich auffrichten/das nimer mehr zurstöret wird/Vnd sein Königreich
wird auff kein ander volck komen/Es wird alle diese Königreiche zu=
malmen vnd verstören/Aber es wird ewiglich bleiben/wie du denn ge=
sehen hast einen stein/on hende vom berge herab gerissen/der das ei=
sen/ertz/thon/silber vnd gold zumalmet/Also hat der grosse Gott dem
Könige gezeigt/wie es hernach gehen werde/Vnd das ist gewis der
traum/vnd die deutung ist recht.

Da fiel der König NebucadNezar auff sein angesicht/vnd betet *Er betet an/nicht*
an/fur dem Daniel/vnd befalh/man solte jm Speisopffer vnd Reuch *Daniel / sondern*
opffer thun/Vnd der König antwortet Daniel/vnd sprach/ Es ist *Gott jnn Daniel/*
kein zweinel/ewr Gott ist ein Gott vber alle Götter/vnd ein HErr vber *sonst hette es Da=*
alle Könige/der da kan verborgen ding offenbaren/weil du dis verbor *niel nicht gelitten.*
gen ding hast können offenbaren. Vnd der König erhöhet Daniel/ *Weisheit regiret*
vnd gab jm gros vnd viel geschencke/vnd macht jn zum Fürsten vber *vber gewalt.*
das gantze land zu Babel/vnd setzt jn zum Obersten vber alle Weisen
zu Babel.

Vnd Daniel bat vom Könige/das er vber die Landschafften zu
Babel setzen möchte/Sadrach/Mesach/AbedNego/Vnd er Daniel
bleib bey dem Könige zu Hofe.

III.

DEr König NebucadNezar lies ein gülden Bilde machen/ *Dis Bilde mag*
sechzig ellen hoch/vnd sechs ellen breit/Vnd lies es setzen *villeicht der Kö=*
im lande zu Babel/auff einen schönen anger. Vnd der *nig haben machen*
König NebucadNezar sandte nach den Fürsten/Herrn/ *lassen/ nach dem*
Landpflegern/Richtern/Vögten/Reten/Amptleuten *traum/als damit*
vnd allen gewaltigen im lande/das sie zu samen komen *Gott zu lohen/der*
solten/das Bilde zu weihen/das der König NebucadNezar hatte se= *durch Daniel jm*
tzen lassen/ Da kamen zu samen die Fürsten/Herrn/Landpfleger/ *den traum hatte*
Richter/Vögte/Rete/Amptleute/vnd alle gewaltigen im lande/das *offenbaret/ Aber*
Bilde zu weihen/das der König NebucadNezar hatte setzen lassen/ *weil es Gott nicht*
vnd sie musten gegen das Bilde treten/das NebucadNezar hatte setz *befolhen hatte/*
en lassen. *vnd wider das er=*
ste Gebot war/
Vnd der Ehrnhold rieff vberlaut/Das lasst euch gesagt sein/alle *ists vnrecht vn ein*
völcker vnd leute/Wenn jr hören werdet den schal der posaunen/dro *Abgötterey/Denn*
meten/harffen/geigen/psalter/lauten/vnd allerley seiten spiel/so solt *Gottes dienst on*
jr nider fallen/vnd das gülden Bilde anbeten/das der König Nebu= *Gottes wort/ ist*
cadNezar hat setzen lassen. Wer aber als denn nicht nider fellet vnd *allzeit Abgötterey*
anbetet/der sol von stund an jnn den glüenden ofen geworffen wer=
den. Da sie nu höreten den schal der posaunen/drometen/harffen/gei=
gen/psalter/vnd allerley seiten spiel/fielen nider alle völcker vnd leute/
vnd betten an das gülden Bilde/das der König NebucadNezar hatte
setzen lassen.

Von stund an tratten hin zu etlichen Chaldeische menner/vnd
verklagten die Jüden/siengen an/vnd sprachen zum Könige Ne=
bucadNezar/Herr König/Gott verleihe dir langes leben/Du hast
B iiij ein gebot

Der Prophet

ein gebot lassen ausgehen/das alle menschen/wenn sie hören würden den schal der posaunen/drometen/harffen/geigen/psalter/lauten/ vnd allerley seiten spiel/solten sie nider fallen/vnd das gülden Bilde anbeten/Wer aber nicht nider fiele/vnd anbetet/solt jnn einen glüenden ofen geworffen werden. Nu sind da Jüdische menner/welche du vber die Ampt im lande zu Babel gesetzt hast/Sadrach/Mesach/vnd Abed Nego/die selbigen verachten dein gebot/vnd ehren deine Götter nicht/vnd beten nicht an das gülden Bilde/das du hast setzen lassen.

Da befalh Nebucad Nezar/mit grim vnd zorn/das man fur in stellet Sadrach/Mesach/vnd Abed Nego/Vnd die menner wurden fur den König gestellet/Da fieng Nebucad Nezar an/vnd sprach zu jnen/Wie? wolt jr Sadrach/Mesach/Abed Nego/meinen Gott nicht ehren? vnd das gülden Bilde nicht anbeten/das ich habe setzen lassen? Wolan/schickt euch/so bald jr hören werdet den schal der posaunen/drometen/harffen/geigen/psalter/lauten/vnd allerley seiten spiel/so fallet nider/vnd betet das Bilde an/das ich habe machen lassen/Werdet jrs nicht anbeten/so solt jr von stund an jnn den glüenden ofen geworffen werden/Las sehen/wer der Gott sey/der euch aus meiner hand erretten werde.

Da fiengen an Sadrach/Mesach/Abed Nego/vnd sprachen zum Könige Nebucad Nezar/Es ist nicht not/das wir dir darauff antworten/Sihe/vnser Gott/den wir ehren/kan vns wol erretten aus dem glüenden ofen/dazu auch von deiner hand erretten/Vnd wo ers nicht thun wil/so soltu dennoch wissen/das wir deine Götter nicht ehren/noch das gülden Bilde/das du hast setzen lassen/anbeten wollen.

Merck/welch ein glaub das ist.

Da ward

Daniel. XI.

Da ward Nebucad Nezar vol grimmes / vnd stellet sich scheuslich wider Sadrach / Mesach / vnd Abed Nego / Vnd befalh / man solte den ofen sieben mal heisser machen / denn man sonst zu thun pflegte / Vnd befalh den besten kriegsleuten / die jnn seinem heer waren / das sie Sadrach / Mesach / vnd Abed Nego bünden / vnd jnn den glüenden ofen würffen. Also wurden diese menner jnn jren menteln / schuhen / hüten vnd andern kleidern / gebunden / vnd jnn den glüenden ofen geworffen / denn des Königes gebot / must man eilend thun / Vnd man schürt das feur im ofen so seer / das die menner / so den Sadrach / Mesach / vnd Abed Nego verbrennen solten / verdorben von des feurs flammen / Aber die drey menner Sadrach / Mesach / vnd Abed Nego / fielen hinab jnn den glüenden ofen / wie sie gebunden waren.

(Eilends) Das man nicht hat mügen die kleider auszihen.

Da entsatzt sich der König Nebucad Nezar / vnd fur eilends auff / vnd sprach zu seinen Reten / Haben wir nicht drey menner / gebunden jnn das feur lassen werffen? Sie antworten / vnd sprachen zum Könige / Ja Herr König / Er antwortet / vnd sprach / Sehe ich doch vier menner los im feur gehen / vnd sind vnuerseert / vnd der vierde ist gleich als were er ein son der Götter.

Vnd Nebucad Nezar trat hinzu / fur das loch des glüenden ofens / vnd sprach / Sadrach / Mesach / Abed Nego / jr knechte Gottes des Höhesten / gehet heraus vnd kompt her / Da giengen Sadrach / Mesach / vnd Abed Nego heraus aus dem feur. Vnd die Fürsten / Herrn / Vögte vnd Rete des Königes kamen zu samen / vnd sahen / das das feur keine macht / am leibe dieser menner / beweiset hatte / vnd jr heubt har nicht versenget / vnd jre mentel nicht verseeret waren / Ja man kundte keinen brand an jnen riechen.

Da fieng an Nebucad Nezar / vnd sprach / Gelobet sey der Gott / Sadrach / Mesach / vnd Abed Nego / der seinen Engel gesand / vnd seine knechte errettet hat / die jm vertrawet / vnd des Königes gebot nicht gehalten / sondern jren leib dar gegeben haben / das sie keinen Gott ehren noch anbeten wolten / on allein jren Gott. So sey nu dis mein gebot. Welcher vnter allen völckern oder leuten / den Gott Sadrach / Mesach / vnd Abed Nego lestert / der sol vmbkomen / vnd sein haus schendlich verstöret werden / denn es ist kein ander Gott / der also erretten kan / als dieser. Vnd der König gab Sadrach / Mesach / vnd Abed Nego / grosse gewalt im lande zu Babel.

IIII.

KOnig Nebucad Nezar / Allen landen vnd leuten. Gott gebe euch viel fride / Ich sehe es fur gut an / das ich verkündige / die zeichen vnd wunder / so Gott der Höhest an mir gethan hat / denn seine zeichen sind gros / vnd seine wunder sind mechtig / Vnd sein Reich ist ein ewiges Reich / vnd seine Herrschafft weret fur vnd fur.

Dis ist ein brieff des Königs / darinn er bekennet / was jm Gott erzeiget hat / inn folgender Historien.

Ich Nebucad Nezar / da ich gute ruge hatte jnn meinem hause / vnd es wol stund auff meiner Burg / sahe ich einen traum / vnd erschrack / vnd die gedancken / die ich auff meinem bette hatte / vber dem gesichte / so ich gesehen hatte / betrübten mich. Vnd ich befalh / das alle Weisen zu Babel fur mich herauff bracht würden / das sie mir sagten / was der traum bedeutet / Da bracht man herauff die Sternseher /

Der Prophet

seher/Weisen/Chaldeer vnd Warsager/Vnd ich erzelet den traum fur jnen/Aber sie kundten mir nicht sagen/was er bedeutet/bis zu letzt Daniel fur mich kam(welcher Beltsazer heisst/nach dem namen meines Gottes) der den geist der Heiligen Götter hat/vnd ich erzelete fur jm den traum. Beltsazer/du Oberster vnter den Sternsehern/welchen ich weis/das du den geist der Heiligen Götter hast/vnd dir nichts verborgen ist/Sage das gesichte meines traumes/den ich gesehen habe/vnd was er bedeutet.

Dis ist aber das gesicht/das ich gesehen habe auff meinem bette. Sihe/es stund ein baum mitten im Lande/der war seer hoch/gros vnd dicke/seine höhe reichet bis jnn himel/vnd breitet sich aus bis ans ende des gantzen landes/Seine este waren schön/vnd trugen viel früchte/dauon alles zu essen hatte/Alle thiere auff dem felde funden schatten vnter jm/vnd die vogel vnter dem himel sassen auff seinen esten/Vnd alles fleisch neeret sich von jm.

(Wechter) Heisst er die Engel/das sie wachen vnd hüten on vnterlas/ wider die Teufel/ wie psal.190.sagt/ Er hat seinen Engeln befolhe vber dir etc. Vnd ist ein seer tröstlich wort/ allen menschen/ sonderlich den gefangen Jüden zu Babel.

Weisheit mus am ersten weggenome werden/wenn ein herr fallen sol.das man sehe/wie allein die weisheit vnd nicht gewalt regirt/prouerb.29. Cum defecerit prophetia etc.

Daniel sagts nicht gern/vnd ist jm leid vmb seinen Herrn König.

Vnd ich sahe ein gesichte auff meinem bette/Vnd sihe/ein heiliger Wechter fur vom himel erab/der rieff vber laut/vnd sprach also/ Hawet den baum vmb/vnd behawet jm die este/vnd streifft jm das laub abe/vnd zerstrewet seine früchte/das die thier/so vnter jm ligen/ weg lauffen/vnd die vogel von seinen zweigen fliehen. Doch lasst den stock mit seinen wurtzelen jnn der erden bleiben. Er aber sol jnn eisern vnd ehern keten auff dem felde im grase gehen/Er sol vnter dem thaw des himels ligen/vnd nas werden/vnd sol sich weiden mit den thieren von den kreutern der erden/Vnd das menschlich hertz sol von jm genomen/vnd ein viehisch hertz jm gegeben werden/bis das sieben zeit vber jn vmb sind. Solchs ist im rat der Wechter beschlossen/vnd im gesprech der Heiligen beratschlagt/auff das die lebendigen erkennen/das der Höhest gewalt hat vber der menschen Königreiche/vnd gibt sie/wem Er wil/Vnd erhöhet die nidrigen zu den selbigen.

Solchen traum hab ich König Nebucadnezar gesehen/Du aber Beltsazer/sage/was er bedeut/denn alle Weisen jnn meinem Königreiche können mir nicht anzeigen/was er bedeute/Du aber kansts wol/ denn der geist der Heiligen Götter/ist bey dir.

Da entsetzt sich Daniel/der sonst Beltsazer heisst/bey einer stunde lang/vnd seine gedancken betrübten jn/Aber der König sprach/ Beltsazer/las dich den traum/vnd seine deutung nicht betrüben/ Beltsazer fieng an/vnd sprach/Ah mein Herr/das der traum deinen feinden/vnd seine deutung deinen widerwertigen gülte/Der baum/ den du gesehen hast/das er gros vnd dicke war/vnd seine höhe an den himel reichet/vnd breitet sich vber das gantze land/vnd seine este schön/vnd seiner früchte viel/dauon alles zu essen hatte/vnd die thiere auff dem felde vnter jm woneten/vnd die vogel des himels auff seinen esten sassen/Das bistu König/der du so gros vnd mechtig bist/denn deine macht ist gros/vnd reicht an den himel/vnd deine gewalt langet bis an der welt ende.

Das aber der König einen heiligen Wechter gesehen hat vom himel erab faren/vnd sagen/Hawet den baum vmb/vnd verderbet jn/Doch den stock mit seinen wurtzlen lasst jnn der erden bleiben/ Er aber sol jnn eisern vnd ehrnen keten/auff dem felde im grase gehen/

Daniel. XII.

hen/vnd vnter dem thaw des himels ligen/vnd nas werden/vnd sich mit den thieren auff dem felde weiden/bis vber jn sieben zeit vmb sind/ Das ist die deutung/Herr König/vnd solcher Rat des Höhesten gehet vber meinen Herrn König/Man wird dich von den leuten verstossen/vnd must bey den thieren auff dem felde bleiben/Vnd man wird dich gras essen lassen/wie die ochsen/vnd wirst vnter dem thaw des himels ligen/vnd nas werden/bis vber dich sieben zeit vmb sind/auff das du erkennest/das der Höhest gewalt hat/vber der menschen Königreiche/vnd gibt sie wem er wil.

Das aber gesagt ist/man solle dennoch den stock mit seinen wurtzeln des baumes bleiben lassen. Dein Königreich sol dir bleiben/wenn du erkennet hast die gewalt im himel. Darumb/Herr König/las dir meinen rat gefallen/vnd mache dich los von deinen sunden/durch gerechtigkeit/vnd ledig von deiner missethat/durch wolthat an den Armen/ So wird er gedult haben mit deinen sunden.

Dis alles widerfur dem Könige Nebucad Nezar/denn nach zwelff monden/da der König auff der Königlichen Burg zu Babel gieng/ hub er an vnd sprach/Das ist die grosse Babel/die ich erbawet habe/ zum Königlichen hause/durch meine grosse macht/zu ehren meiner herrligkeit. Ehe der könig diese wort ausgered hatte/fiel eine stim vom himel/Dir König Nebucad Nezar wird gesagt/Dein Königreich sol dir genomen werden/vnd man wird dich von den leuten verstossen/ vnd solt bey den thieren/so auff dem felde gehen/bleiben/Gras wird man dich essen lassen/wie ochsen/bis das vber dir/sieben zeit vmb sind/auff das du erkennest/das der Höhest gewalt hat/vber der menschen Königreiche/vnd gibt sie wem er wil. Von stund an ward das wort volnbracht vber Nebucad Nezar/vnd er ward von den leuten verstossen/vnd er ass gras/wie ochsen/vnd sein leib lag vnter dem thaw des himels/vnd ward nas/bis sein har wuchs/so gros als Adelers feddern/vnd seine negel/wie vogels klawen wurden.

Nach dieser zeit/hub ich Nebucad Nezar meine augen auff gen himel/vnd kam wider zur vernunfft/vnd lobete den Höhesten/Ich preiset vnd ehret den/so ewiglich lebet/des gewalt ewig ist/vnd sein Reich fur vnd fur weret/gegen welchem alle so auff erden wonen/als nichts/ zu rechen sind/Er machts wie er wil/beide mit den krefften im himel/ vnd mit denen/so auff erden wonen/vnd niemand kan seiner hand weren/noch zu jm sagen/Was machestu? Zur selbigen zeit/kam ich wider zur vernunfft/auch zu meinen Königlichen ehren/zu meiner herrligkeit/vnd zu meiner gestalt. Vnd meine Rete vnd gewaltigen suchten mich/vnd ward wider jnn mein Königreich gesetzt/vnd ich vberkam noch grösser herrligkeit. Darumb lobe ich Nebucad Nezar/vnd ehre vnd preise den König von himel/Denn alle sein thun ist warheit/vnd seine wege sind recht/Vnd wer stoltz ist/den kan er demütigen.

V.

Onig Belsazer machte ein herrlich malh seinen gewaltigen vnd Heubtleuten/vnd souff sich vol mit jnen/Vnd da er truncken war/hies er die gülden vnd silbern gefess herbringen/die sein vater Nebucad Nezar/aus dem Tempel zu Jerusalem weg genomen hatte/das der König mit seinen gewaltigen / mit seinen weibern/ vnd mit seinen kebsweibern daraus truncken/Also wurden herbracht die gefess/die aus dem

---

Sie vergisset der König/von wem er solch Königreich hat/Erhebt sichs/als hette ers durch seine gewalt vnd witze erlangt/ vnd mus es anders lernen.

Er wird villeicht vnsinnig/vnd mit bösen geistern besessen worden sein.

Sihe / welch ein schöner glaube vñ sein bekentnis.

k Es bleibt nicht bey dem sauffen/ sondern sie müssen Gottes auch dazu spotten/vnd seiner gefesse misbrauchen/Darumb spricht S. Paulus Aus truncken heit folget ein wüst/ wild leben.

Der Prophet

aus dem Tempel/aus dem Hause Gottes zu Jerusalem genomen waren/Vnd der König/seine gewaltigen/seine weiber/vnd kebs weiber truncken daraus/Vnd da sie so soffen/ᵃ lobeten sie die gülden/silbern/ ehern/eisern/hültzern vnd steinern Götter.

> ᵃ (Lobeten) Zu hon vnd spot des Gottes zu Jerusalem/dem sie die gefesse genome hatten/als einem krancken/nichtigem Gotte.

Eben zur selbigen stunde giengen erfur finger/als einer menschen hand/die schrieben gegen dem Leuchter vber/auff die getünchte wand jnn dem Königlichen saal/Vnd der König ward gewar der hand die da schreib/da entferbet sich der König/vnd seine gedancken erschreckten jn/das jm die lenden schutterten/vnd die beine zitterten/Vnd der König rieff vber laut/das man die Weisen/Chaldeer/vnd Warsager herauff bringen solt/Vnd lies den Weisen zu Babel sagen/Welcher mensch diese schrifft liset/vnd sagen kan was sie bedeute/der sol mit purpur gekleidet werden/vnd gülden keten am halse tragen/vnd der dritte Herr sein jnn meinem Königreiche/Da wurden alle Weisen des Königes herauff bracht/Aber sie kundten weder die schrifft lesen/ noch die deutung dem Könige anzeigen/Des erschrack der König Belsazer noch herter/vnd verlor gantz seine gestalt/vnd seinen gewaltigen ward bange.

> Das wird villeicht des Königes mutter gewest sein/die alte Königin vnd Widwin/denn dro oben im anfang sind des Königes weiber auch mit im trinck saal.

Da gieng die Königin vmb solcher sache willen des Königs/vnd seiner gewaltigen/hinauff jnn den saal/vnd sprach/ Herr König/ Gott verleihe dir langes leben/Las dich deine gedancken nicht so erschrecken/vnd entferbe dich nicht also/Es ist ein man jnn deinem Königreich/der den geist der heiligen Götter hat/Denn zu deines vaters zeit ward bey jm erleuchtung funden/klugheit vnd weisheit/wie der Götter weisheit ist/Vnd dein vater König NebucadNezar/setzt jn vber die Sternseher/Weisen/Chaldeer/vnd Warsager/darumb das ein hoher geist bey jm funden ward/dazu verstand vnd klugheit/treume zu deuten/tunckel spruche zuerraten/vnd verborgen sachen zu offenbaren/ Nemlich/Daniel/den der König lies Beltsazer nennen/So ruffe man nu Daniel/der wird sagen was es bedeut.

> Daniels ist bey diesem Könige so vergessen/das man jn suchen vnd ruffen mus/Also gehets allen trewen Dienern jnn der welt.

Da ward Daniel hinauff fur den König bracht/Vnd der König sprach zu Daniel/Bistu der Daniel der gefangnen einer aus Juda/die der König mein vater aus Juda herbracht hat? Ich habe von dir hören sagen/das du den geist der heiligen Götter habst/vnd erleuchtung/ verstand vnd hohe weisheit bey dir funden sey/Nu habe ich fur mich foddern lassen die Klugen vnd Weisen/das sie mir diese schrifft lesen/ vnd anzeigen sollen/was sie bedeut/Vnd sie können mir nicht sagen/ was solchs bedeut/Von dir aber höre ich/das du könnest die deutung geben/vnd das verborgen offenbaren/Kanstu nu die schrifft lesen/ vnd mir anzeigen/was sie bedeutet/so soltu mit purpur gekleidet werden/vnd gülden keten an deinem halse tragen/vnd der dritte Herr sein jnn meinem Königreiche.

Da fieng Daniel an/vnd redet fur dem Könige/Behalt deine gaben selbs/vnd gib dein geschenck einem andern/ich wil dennoch die schrifft dem Könige lesen/vnd anzeigen/was sie bedeut. Herr König/Gott der Höhest hat deinem vater NebucadNezar/Königreich/macht/ehre vnd herrligkeit gegeben/Vnd fur solcher macht/ die jm gegeben war/furchten vnd scheweten sich fur jm/alle land vnd leute/Er tödtet wen er wolt/Er schlug wen er wolt/Er erhöhet wen er wolt/Er demütiget wen er wolt/Da sich aber sein hertz erhub/vnd er stoltz vnd hohmütig ward/ward er vom Königlichen stuel gestuel gestossen/vnd verlor seine ehre/vnd ward verstossen von den leuten/vnd sein hertz ward gleich den thieren/ vnd muste bey dem wild lauffen/vnd frass gras/wie ochsen/vnd sein leib lag vnter dem thaw des himels/vnd ward nass/bis das er lernete/das Gott der Höhest/ gewalt hat vber der menschen Königreiche/vnd gibt sie wem er wil.

Vnd du Belsazer sein son/hast dein hertz nicht gedemütiget/ob du wol solchs alles weissest/sondern hast dich wider den HERRN des himels erhaben/vnd die gefesse seines Hauses/hat man fur dich bringen müssen/Vnd du/deine gewaltigen/deine weiber/deine kebs weiber habt daraus gesoffen/dazu die silbern/gülden/ehrne/eisernen/hültzene/steinern Göttern gelobet/die weder sehen noch hören/noch fülen/Den Gott aber/der deinen odem/vnd alle deine wege inn seiner hand hat/hastu nicht geehret/Darumb ist von jm gesand diese hand/ vnd diese schrifft/die da verzeichent stehet.

Das ist aber die schrifft alda verzeichent/Mane/Mane/Tekel/ Vpharsin/Vnd sie bedeutet dis/Mane/das ist/Gott hat dein Königreich gezelet/vnd volendet. Tekel/das ist/Man hat dich jnn einer wage gewogen/vnd zu leicht funden. Peres/das ist/dein Königreich ist zuteilet/vnd den Meden vnd Persen gegeben/Da befalh Belsazer/ das man Daniel mit purpur kleiden solt/vnd gülden keten an den hals geben/vnd lies von jm verkündigen/das er der dritte Herr sey im Königreich.

Aber des nachts/ward der Chaldeer König Belsazer getödtet.

VI.

Nd Darios aus Meden nam das Reich ein/da er zwey vnd sechzig jar alt war/Vnd Darios sahe es fur gut an/ das er vber das gantze Königreich setzte hundert vnd zwenzig Landvögte/Vber diese setzet er drey Fürsten/ (der einer war Daniel) welchen die Landvögte solten rechnung thun/vnd der König der mühe vberhaben were/Daniel aber vbertraff die Fürsten vnd Landvögte alle/denn es war ein hoher geist jnn jm/darumb gedachte der König jn vber das gantze Königreich zu setzen.

Derhalben trachteten die Fürsten vnd Landvögte darnach/wie sie eine sache zu Daniel fünden/die wider das Königreich were/Aber sie kundten keine sache/noch vbelthat finden/denn er war trew/das man keine schuld noch vbelthat an jm finden mochte/Da sprachen die menner/Wir werden keine sache zu Daniel finden/on vber seinem Gottes dienst.

Da kamen die Fürsten vnd Landvögte heuffig fur den König/vnd sprachen zu jm also/Herr König Darios/Gott verleihe dir langes leben/Es haben die Fürsten des Königreichs/die Herrn/die Landvögte/die Rete vnd Heubtleute alle bedacht/das man einen Königlichen befelh solle ausgehen lassen/vnd ein strenge gebot stellen/das/wer jnn dreissig tagen/etwas bitten wird von jrgend einem Gott oder menschen/on von dir König alleine/solle zu den Lewen jnn graben geworffen werden/Darumb/lieber König/soltu solch gebot bestetigen/vnd dich vnterschreiben/auff das nicht wider geendert werde/nach dem rechte der Meder vnd Perser/welchs niemand vbertreten thar/Also vnterschreib sich der König Darios.

Als nu Daniel erfur/das solch gebot vnterschrieben were/gieng
C er hinauff

Der Prophet

er hinauff jnn sein haus/Er hatte aber an seinem sommer hause/offene fenster gegen Jerusalem. Vnd er kniet des tages drey mal auff seine knie/betet/lobet vnd dancket seinem Gott/wie er denn vorhin zu thun pfleget/Da kamen diese menner heuffig/vnd funden Daniel beten/ vnd flehen fur seinem Gotte/Vnd traten hinzu/Vnd redeten mit dem Könige/von dem Königlichen gebot/Herr König/hastu nicht ein gebot vnterschrieben/das/wer jnn dreissig tagen etwas bitten würde/ von jrgend einem Gott oder menschen/on von dir König alleine/solle zu den Lewen jnn den graben geworffen werden? Der König antwortet/vnd sprach/Es ist war/Vnd das Recht der Meden vnd Persen/sol niemand vbertreten. Sie antworten vnd sprachen fur dem Könige/ Daniel der gefangenen aus Juda einer/der achtet weder dich/noch dein gebot/das du verzeichent hast/denn er betet des tages drey mal.

Da der König solchs höret/ward er seer betrübt/vnd thet grossen vleis/das er Daniel erlösete/vnd mühet sich/bis die sonne vntergieng/ das er jn errettet. Aber die menner kamen heuffig zu dem Könige/vnd sprachen zu jm/Du weissest Herr König/das der Meder vnd Perser Recht ist/das alle gebot vnd befelh/so der König beschlossen hat/sol vnuerendert bleiben. Da befalh der König/das man Daniel her brecht/vnd worffen jn zu den Lewen jnn den graben/Der König aber sprach zu Daniel/Dein Gott/dem du on vnterlas dienest/der helffe dir/Vnd sie brachten einen stein/den legten sie fur die thür am graben/den versiegelt der König mit seinem eigen ringe/vnd mit dem ringe seiner gewaltigen/auff das sonst niemand an Daniel mutwillen vbet.

Vnd der König gieng weg jnn seine Burg/vnd bleib vngessen/vnd lies kein essen fur sich bringen/kund auch nicht schlaffen. Des morgens frue/da der tag anbrach/stund der König auff/vnd gieng eilend zum graben/da die Lewen waren/Vnd als er zum graben kam/rieff er Daniel mit kleglicher stim/Vnd der König sprach zu Daniel/Daniel/ du Knecht des lebendigen Gottes/hat dich auch dein Gott/dem du on vnterlas dienest/mügen von den Lewen erlösen. Daniel aber redet mit dem Könige/Herr König/Gott verleihe dir langes leben/Mein Gott hat seinen Engel gesand/der den Lewen den rachen zugehalten hat/das sie mir kein leid gethan haben/Denn fur jm bin ich vnschüldig erfunden/so hab ich auch wider dich/Herr König/nichts gethan. Da ward der König seer fro/vnd hies Daniel aus dem graben zihen/Vnd sie zogen Daniel aus dem graben/vnd man spüret keinen schaden an jm/denn er hatte seinem Gott vertrawet/Da hies der König die menner/so Daniel verklagt hatten/herbringen/vnd zun Lewen jnn den graben werffen/sampt jren kindern vnd weibern/Vnd ehe sie auff den bodem hinab kamen/ergriffen sie die Lewen/vnd zu malmeten auch jre gebeine.

Das ist die frucht des glaubens Danielis/denn der glaube thut jmer wunder vnd grosse ding.

Da lies der König Darios schreiben allen landen vnd leuten. Gott gebe euch viel fride/Das ist mein befelh/das man jnn der gantzen herrschafft meines Königreichs/den Gott Daniels furchten vnd schewen sol/Denn er ist der lebendige Gott/der ewiglich bleibet/vnd sein Königreich ist vnuergenglich/vnd seine herrschafft hat kein ende/Er ist ein Erlöser vnd Nothelffer/vnd er thut zeichen vnd wunder/beide im himel vnd auff erden/der hat Daniel von den Lewen erlöset. Vnd Daniel war gewaltig im Königreich Darios/vñ auch im Königreich Cores der Persen.   Im ersten

Daniel.
VII.
XIIII.

IM ersten jar Belsazer des Königes zu Babel/hatte Daniel einen traum vnd gesichte auff seinem bette/vnd er schreib den selbigen traum/vnd verfasset jn also. Ich Daniel sahe ein gesicht jnn der nacht/Vnd sihe/die vier winde vnter dem himel/stürmeten widernander auff dem grossen meer/vnd vier grosse thier stigen erauff aus dem meer/eins jhe anders denn das ander.

Das erste wie ein Lewe/vnd hatte flügel wie ein Adler/Ich sahe zu/bis das jm die flügel ausgerauffet würden/vnd es ward von der erden genomen/Vnd es stund auff seinen füssen/wie ein mensch/vnd jm ward ein menschlich hertz gegeben.

Vnd sihe/das ander thier hernach/war gleich einem Beeren/vnd stund auff der einen seiten/vnd hatte jnn seinem maul vnter seinen zeenen drey grosse lange zeene/Vnd man sprach zu jm/Stehe auff/vnd friss viel fleisch.

Nach diesem sahe ich/vnd sihe/ein ander thier/gleich einem Parden/das hatte vier flügel/wie ein vogel/auff seinem rücken/vnd dasselbige thier hatte vier köpffe/vnd jm ward gewalt gegeben.

Nach diesem sahe ich/jnn diesem gesicht/jnn der nacht/Vnd sihe/das vierde thier/war grewlich vnd schrecklich vnd seer starck/vnd hatte grosse eiserne zeene/fraß vmb sich vnd zu malmet/vnd das vbrige zu trats mit seinen füssen/Es war auch viel anders/denn die vorigen/vnd hatte zehen hörner.

C ij   Da ich

Der Prophet

Da ich aber die hörner schawet/sihe/da brach erfur/zwisschen denselbigen/ein ander klein horn/fur welchem/der fordersten hörner drey/ausgerissen würden/Vnd sihe/dasselbige horn hatte augen/wie menschen augen/vnd ein maul das redet grosse ding.

Solchs sahe ich/bis das stüle gesetzt wurden/vnd der Alte setzet sich/des kleid war schne weis/vnd das har auff seinem heubte/wie reine wolle/Sein stuel war eitel feur flammen/vnd desselbigen reder brandten mit feur/vnd von dem selben gieng aus ein langer feuriger stral/Tausent mal tausent dieneten jm/vnd zehen hundert mal tausent stunden fur jm/Das gerichte ward gehalten/vnd die bücher worden auff gethan.

Ich sahe zu/vmb der grossen rede willen/so das horn redet/Ich sahe zu/bis das thier getödtet ward/vnd sein leib vmb kam/vnd ins feur geworffen ward/vnd der ander thier gewalt auch aus war/denn es war jnen zeit vnd stunde bestimpt/wie lang ein jglichs weren solte.

Ich sahe jnn diesem gesicht des nachts/Vnd sihe/es kam einer jnn des himels wolcken/wie eins menschen son/bis zu dem Alten/vnd ward fur den selbigen gebracht/Der gab im gewalt/ehre/vnd Reich/das jm alle land vnd leute dienen solten/Seine gewalt ist ewig/die nicht vergehet/vnd sein Königreich hat kein ende. Ich Daniel entsatzt mich dafur/vnd solch gesicht erschreckt mich/Vnd ich gieng zu der einem die da stunden/vnd bat jn/das er mir von dem allem gewissen bericht gebe/Vnd er redet mit mir/vnd zeigt mir/was es bedeutet.

Diese vier grosse thier/sind vier Reich/so auff erden komen werden/Aber die Heiligen des Höhesten werden das Reich einnemen/vnd werdens jmer vnd ewiglich besitzen.

Darnach hette ich gerne gewust gewissen bericht/von dem vierden thier/welchs gar anderst war/denn die andern alle/seer grewlich/das eiserne zeene vnd eherne klawen hatte/das vmb sich frass vnd zu malmet/vnd das vbrige mit seinen füssen zutrat/Vnd von den zehen hörnern auff seinem heubt. Vnd von dem andern/das erfur brach/fur welchem drey abfielen/vnd von dem selbigen horn/das augen hatte/vnd ein maul/das grosse ding redet/vnd grösser war/denn die neben jm waren/Vnd ich sahe dasselbige horn streiten wider die Heiligen/vnd behielt den sieg wider sie/bis der Alte kam/vnd gericht hielt fur die Heiligen des Höhesten/vnd die zeit kam/das die Heiligen das Reich einnamen.

^a Gleich wie aus dem Königreich Alexander/vier Königreich wurden/Also aus dem Römischen Reich/sind zehen worden/als Syria/Egypten/Asia/Grecia/Italia/Gallia/Hispania/Africa/Germania/Anglia/Denn diese lande haben die Römer alle gehabt.

Er sprach also/Das vierde thier/wird das vierde Reich auff erden sein/welchs wird mechtiger sein/denn alle Reich/Es wird alle land fressen/zutretten vnd zu malmen. ^a Die zehen hörner/bedeuten zehen Könige/so aus dem selbigen Reich entstehen werden.

Nach dem selbigen aber wird ein ander auff komen/der wird mechtiger sein/denn der vorigen keiner/vnd wird drey Könige demütigen/Er wird den Höhesten lestern/vnd die Heiligen des Höhesten verstören/Vnd wird sich vnterstehen zeit vnd gesetz zu endern/sie werden aber jnn seine hand gegeben werden/eine zeit vnd etliche zeit/vnd eine halbe zeit.

Darnach

Daniel. XV.

Darnach wird das gericht gehalten werden/da wird denn seine gewalt weg genomen werden/das er zu grund vertilget/vnd vmbbracht werde/Aber das Reich/gewalt vnd macht/vnter dem gantzen himel/wird dem heiligen volck des Höhesten gegeben werden/des Reich ewig ist/Vnd alle gewalt wird jm dienen vnd gehorchen/Das war der rede ende.

Aber ich Daniel ward seer betrübt jnn meinen gedancken/vnd meine gestalt verfiel/doch behielt ich die rede jnn meinem hertzen.

VIII.

Im dritten jar des Königreichs des Königes Belsazer/erschein mir Daniel ein gesicht/nach dem so mir am ersten erschienen war/Ich war aber/da ich solch gesicht sahe/zu Susan der heubtstad im lande Elam/am wasser Vlaj/Vnd ich hub meine augen auff/vnd sahe/Vnd sihe/ein Wider stund fur dem wasser/der hatte zwey hohe hörner/doch eines höher denn das ander/vnd das höhest wuchs am letzten/Ich sahe/das der Wider mit den hörnern sties gegen Abend/gegen Mitternacht/vnd gegen Mittag/Vnd kein thier kund fur jm bestehen/noch von seiner hand errettet werden/Sondern er thet was er wolt/vnd ward gros.

(Elam)
Das hernach Persen land heisst.

Vnd jnn dem ich drauff merckt/sihe/so kompt ein Zigenbock vom Abend her/vber die gantze erden/das er die erde nicht rürete/Vnd der Bock hatte ein schön horn zwischen seinen augen/Vnd er kam bis zu dem Wider der zwey hörner hatte/den ich stehen sahe fur dem wasser/vnd er lieff jnn seinem zorn gewaltiglich zu jm zu/vnd ich sahe jm zu/das er hart an den Wider kam/vnd ergrimmet vber jn/vnd sties den Wider/vnd zubrach jm seine zwey hörner/Vnd der Wider hatte keine krafft/das er fur jm hette mügen bestehen/Sondern er warff jn zu boden/vnd zutrat jn/vnd niemand kund den Wider von seiner hand erretten. Vnd der Zigenbock ward seer gros/Vnd da er auffs sterckest worden war/zubrach das grosse horn/vnd wuchsen an des stat schöner viere/gegen die vier winde des himels.

Antiochus Epiphanes.

Vnd aus der selbigen einem/wuchs ein klein horn/das ward seer gros gegen Mittage/gegen Morgen/vnd gegen das ᵃ Werde land/Vnd es wuchs bis an des ᵇ himels heer/vnd warff etliche dauon/vnd von den sternen zur erden/vnd zutrat sie/Ja es wuchs/bis an den Fürsten des heeres/vnd nam von jm weg/das tegliche opffer/vnd verwüstet die wonung seines heiligthums/Es ward jm aber solche macht gegeben/wider das tegliche opffer/vmb der sunde willen/das er die warheit zu boden schlüge/vnd was er thet/jm gelingen muste.

(Werde land)
Ist Judea/da Got jnnen wonet/zu Jerusalem im Tempel.

ᵇ (Himels heer)
Ist der Gottesdienst zu Jerusalem/weil Gott von himel/damit gedienet ward/vnd er solches heeres Fürst war/Die sterne/sind die Heiligen jnn solchem heer.

Ich höret aber einen Heiligen reden/vnd der selbige Heilige sprach zu einem der da redet/Wie lange sol doch weren solch gesicht vom teglichen opffer/vnd von der sunden/vmb welcher willen diese verwüstung geschicht/das beide/das Heiligthum vnd das Heer zutretten werden? Vnd er antwortet mir/Es sind zwey tausent/vnd drey hundert tage/ᶜ von Abend gen Morgen zu rechen/So wird das Heiligthum wider geweihet werden.

ᶜ (Von abend gen morgen)
Es sind nicht wochen tage wie Daniel. ix. jar woche/sondern gewöhnliche/natürliche tage/da man abend vnd morgen jnnen rechent.

Vnd da ich Daniel solch gesicht sahe/vnd hette es gerne verstanden/Sihe/da stund Gabriel fur mir/wie ein man. Vnd ich höret zwischen Vlaj

C iij

Der Prophet

schen Ulai eines menschen stim/der rieff/vnd sprach/Lege diesem das gesicht aus/das ers verstehe/Vnd er kam hart bey mich/Ich erschrack aber/da er kam/vnd fiel auff mein angesicht/Er aber sprach zu mir/Merck auff du menschen kind/denn dis gesicht gehört jnn die zeit des endes/Vnd da er mit mir redet/sanck ich jnn eine anmacht zur erden auff mein angesicht. Er aber rüret mich an/vnd richtet mich auff/das ich stund/vnd er sprach/Sihe/ich wil dir zeigen/wie es gehen wird/zur zeit des letzten zorns/denn das ende hat seine bestimpte zeit.

(Des endes) Das zeiget er an/das Epiphanes nicht allein gemeinet wird jnn diesem gesichte/sondern auch der Endechrist.

Der Wider mit den zweien hörnern/den du gesehen hast/sind die Könige jnn Media vnd Persia. Der Zigenbock aber ist der König jnn Griechenland/Das grosse horn zwisschen seinen augen/ist der erste König/Das aber viere an seiner stad stunden/da es zubrochen war/bedeut/das vier Königreiche aus dem volck entstehen werden/Aber nicht so mechtig/als er war.

Der grosse Alexander.

Nach diesen Königreichen/wenn die vbertrettung gros worden ist/wird auff komen ein frecher vnd tückischer König/der wird mechtig sein/doch nicht durch seine krafft/Er wirds wunderlich verwüsten/vnd wird jm gelingen/das ers ausrichte/Er wird die starcken/sampt dem heiligen volck/verstören/vnd durch seine klugheit wird jm der betrug geraten/vnd wird sich jnn seinem hertzen erheben/vnd durch wolfart wird er viel verderben/vnd wird sich aufflehnen/wider den Fürsten aller Fürsten/Aber er wird on hand zubrochen werden.

Nicht durch krafft sondern durch list/verretherey vnd schalckheit.

(Wolfart) Das er gros gut/ehre/glück/hat/vnd guts leben im sause füret/wird er viel damit an sich locken.

Dis gesicht vom abend vnd morgen/das dir gesagt ist/das ist war/Aber du solt das gesicht heimlich halten/denn es ist noch eine lange zeit dahin. Vnd ich Daniel ward schwach/vnd lag etliche tage kranck/darnach stund ich auff/vnd richtet aus des Königs gescheft/vnd verwunderte mich des gesichts/vnd niemand war der michs berichtet.

(Lange zeit dahin) Abermal zeigt er/das er etwas mehr denn Antiochum meine/denn Antiochus ist nicht vber viertehalb hundert jar nach diesem gesicht komen.

IX.

Im ersten jar Darios des sons Ahasueros/aus der Meder stam/der vber das Königreich der Chaldeer König ward/Jnn dem selbigen ersten jar seines Königreichs/merckt ich Daniel/jnn den büchern/auff die zal der jar/dauon der HERR gered hatte zum Propheten Jeremia/das Jerusalem solt siebenzig jar wüst ligen/Vnd ich keret mich zu Gott dem HERRN/zu beten vnd zu flehen/mit fasten/im sack vnd jnn der asschen/Ich betet aber zu dem HERRN meinem Gott/beichtet/vnd sprach.

Jere. 4.

Ach lieber HERR/du grosser vnd schrecklicher Gott/der du bund vnd gnad heltest/denen/die dich lieben/vnd deine gebot halten/Wir haben gesundiget/vnrecht gethan/sind Gottlos gewesen/vnd abtrünnig worden/wir sind von deinen geboten vnd rechten gewichen/Wir gehorchten nicht deinen Knechten den Propheten/die jnn deinem namen vnsern Königen/Fürsten/Vetern vnd allem volck im lande predigten/Du HERR bist gerecht/wir aber müssen vns schemen/wie es denn jtzt gehet/den von Juda/vnd den von Jerusalem/vnd dem gantzen Israel/beide denen/die nahe vnd ferne sind/jnn allen landen/dahin du vns verstossen hast/vmb jrer missethat willen/die sie an dir begangen haben.

Ja HERR/

Daniel. XVI.

Ja HERR/ wir/ vnser Könige/ vnser Fürsten/ vnd vnser Veter/ müssen vns schemen/ das wir vns an dir versundigt haben/ Dein aber HERR vnser Got/ist die barmhertzigkeit vnd vergebung/ Denn wir sind abtrünnig worden/ vnd gehorchten nicht der stimme des HERRN vnsers Gottes/ das wir gewandelt hetten jnn seinem Gesetz/ welchs er vns furlegt/ durch seine Knechte die Propheten/ Sondern das gantz Israel vbertrat dein Gesetz/ vnd wichen abe/ das sie deiner stimme nicht gehorchten.

Daher trifft vns auch der fluch vnd schwur/ der geschrieben stehet im Gesetze Mosi des Knechts Gottes/ das wir an jm gesundiget haben/ Vnd er hat seine wort gehalten/ die er gered hat/ wider vns/ vnd vnser Richter/ die vns richten solten/ das er solch gros vnglück vber vns hat gehen lassen/ das des gleichen vnter allem himel nicht geschehen ist/ wie vber Jerusalem geschehen ist.

Gleich wie es geschrieben stehet im Gesetze Mosi/ so ist alle dis gros vnglück vber vns gegangen/ So betten wir auch nicht fur dem HERRN vnserm Gott/ das wir vns von den sunden bekereten/ vnd deine warheit vernemen. Darumb hat sich der HERR auch nicht gesemet/ mit diesem vnglück/ vnd hats vber vns gehen lassen/ Denn der HERR vnser Gott ist gerecht jnn allen seinen wercken/ die er thut/ denn wir gehorchten seiner stimme nicht.

(Warheit) Das wir hetten mögen gleuben/ das dein drewen müste war werden / Denn wir gleuben Gottes drewen nicht/ bis wirs erfaren.

Vnd nu HERR vnser Gott/ der du dein volck aus Egypten land gefurt hast mit starcker hand/ vnd hast dir einen namen gemacht/ wie er jtzt ist/ Wir haben ja gesundiget/ vnd sind leider Gottlos gewesen/ Ach HERR/ vmb alle deiner gerechtigkeit willen/ las abe von deinem zorn vnd grim/ vber deine Stad Jerusalem/ vnd deinen heiligen berg/ Denn vmb vnser sunde willen/ vnd vmb vnser Veter missethat willen/ tregt Jerusalem vnd dein volck schmach/ bey allen/ die vmb her sind.

Vnd nu vnser Gott/ höre das gebet deines Knechts/ vnd sein flehen/ Vnd sihe gnediglich an dein Heiligthum/ das verstöret ist/ vmb dein selbs willen/ HERR/ neige deine ohren/ mein Gott/ vnd höre/ Thue deine augen auff/ vnd sihe/ wie wir verstöret sind/ vnd die Stad/ die nach deinem namen genennet ist/ Denn wir ligen fur dir mit vnserm gebet/ nicht auff vnser gerechtigkeit/ Sondern auff deine grosse barmhertzigkeit. Ach HERR/ höre/ Ach HERR sey gnedig/ Ach HERR/ merck auff vnd thues/ vnd verzeuch nicht/ vmb dein selbs willen/ mein Gott/ Denn deine Stad/ vnd dein volck ist nach deinem namen genennet.

Als ich noch so redet vnd betet/ vnd mein/ vnd meines volcks Israel/ sunde bekennete/ vnd lag mit meinem gebet fur dem HERRN meinem Gott/ vmb den heiligen berg meines Gottes/ Eben da ich so redet/ jnn meinem gebet/ flog daher der man Gabriel/ den ich vorhin gesehen hatte/ im gesicht/ Vnd rüret mich an/ vmb die zeit des abend opffers/ Vnd er berichtet mich/ vnd redet mit mir/ vnd sprach/ Daniel/ Jtzt bin ich ausgesand/ dich zu berichten/ denn da du anfiengest zu beten/ gieng dieser befelh aus/ vnd ich kome darumb/ das ich dirs anzeige/ denn du bist lieb vnd werd/ So mercke nu darauff/ das du das gesichte verstehest.

Merck/ das vnser gebet schon erhöret ist/ wens anseher.

C iiij Siebenzig

Der Prophet

Siebenzig wochen sind bestimpt vber dein volck/vnd vber deine heilige stad/So wird dem vbertreten geweret/vnd die sunde bedeckt/vnd die missethat versünet/vnd die ewige gerechtigkeit gebracht/vnd die gesicht vnd weissagung ᵃ zugesiegelt/vnd der aller Heiligest gesalbet/werden.

So wisse nu vnd merck/von der zeit an/so ausgehet der befelh/das Jerusalem sol widerumb gebawet werden/bis auff Christum den ᵇ Fürsten/sind sieben wochen/vnd zwey vnd sechzig wochen/So werden die gassen vnd mauren wider gebawet werden/wie wol jnn kömerlicher zeit/vnd nach den zwey vnd sechzig wochen/wird Christus getödtet werden/vnd sie werden seins nicht wollen.

Vnd ein volck ᶜ des Fürsten wird komen/vnd die Stad vnd das Heiligthum verstören/das ein ende nemen wird/wie durch eine flut/vnd nach dem streit wirds wüst bleiben.

Er wird aber vielen den Bund leisten eine wochen lang/vnd mitten jnn der wochen/wird das Opffer vnd Speise opffer auff hören/vnd bey den ᵈ Flügeln werden stehen grewel der verwüstung/Vnd ist beschlossen/das bis ans ende wüst bleiben sol.

X.

Im dritten jar des Königes Cores aus Persen/ward dem Daniel/der Belsazer heisst/etwas offenbart/das gewis ist/vnd von grossen sachen/Vnd er merckt darauff/vnd verstund das gesichte wol. Zur selbigen zeit/war ich Daniel traurig drey wochen lang/Ich ass keine niedliche speise/fleisch vnd wein kam jnn meinen mund nicht/vnd salbet mich auch nie/bis die drey wochen vmb waren.

Am vier vnd zwenzigsten tage des ersten monden/war ich bey dem grossen wasser Hidekel/vnd hub meine augen auff/vnd sahe/Vnd sihe/da stund ein man jnn weisser seiden/vnd hatte einen gülden gürtel vmb/Sein leib war wie Hiacinth/sein antlitz sahe wie ein blitz/seine augen wie ein fewrige fackel/seine arm vnd füsse/wie ein gluu ertz/vnd seine rede/war wie ein gros gedöne/Jch Daniel aber sahe solch gesicht alleine/vnd die menner/so bey mir waren/sahens nicht/doch fiel ein gros schrecken vber sie/das sie flohen vnd sich verkrochen/Vnd ich bleib alleine/vnd sahe dis grosse gesichte/Es bleib aber keine krafft jnn mir/vnd ich ward seer vngestalt/vnd hatte keine krafft mehr. Vnd ich höret seine rede/vnd jnn dem ich sie höret/sanck ich nider auff mein angesicht zur erden.

Vnd sihe/eine hand rüret mich an/vnd halff mir auff die knie vnd auff die hende/vnd sprach zu mir/Du lieber Daniel/merck auff die wort/die ich mit dir rede/vnd richt dich auff/denn ich bin jtzt zu dir gesand/Vnd da er solchs mit mir redet/richtet ich mich auff/vnd zittert/Vnd er sprach zu mir/Fürcht dich nicht Daniel/denn von dem ersten tage an/da du von hertzen begertest zuuerstehen/vnd dich casteietest fur deinem Gott/sind deine wort erhöret/vnd ich bin komen vmb deinen willen. Aber der Fürst des Königreichs jnn Persen land/hat mir ein vnd zwenzig tage widerstanden/Vnd sihe/Michael der furnemesten Fürsten einer/kam mir zu hülffe/da behielt ich den sieg bey den Königen

---

Marginalia:

ᵃ (Gesiegelt) Das ist/zugethan/auffgehaben vnd erfüllet/als ein ding das nu aus sein/vnd ein ende haben sol.

ᵇ (Fürsten) Das ist Christus/da er anfeher zu predigen/vñ Herr zu sein.

ᶜ (Des Fürsten) Das ist/des Keisers/der dazumal das regiment jnn der welt haben wird vnd Herr sein/das sind die Römer.

ᵈ (Flügeln) Das ist/da die Cherubim stehen im Tempel/Matthes.xxiiij.

Tigris.

(Gluu) hell/klar/polirt.

(Fürst) Ein Königlicher hofe teufel.

Königen jnn Persen/Nu aber kome ich/das ich dich berichte/wie es deinem volck hernach gehen wird/denn das gesicht wird nach etlicher zeit geschehen.

Vnd als er solchs mit mir redet/schlug ich mein angesicht nider zur erden/vnd schweig stille/Vnd sihe/einer/gleich einem menschen/ rüret meine lippen an/da thet ich meinen mund auff vnd redet/vnd sprach zu dem/der fur mir stund/Mein Herr/meine gelencke beben mir vber dem gesicht/vnd ich habe keine krafft mehr/Vnd wie kan der knecht meines Herrn/mit meinem Herrn reden/weil nu keine krafft mehr jnn mir ist/vnd habe auch keinen odem mehr? Da rüret mich abermal an einer/gleich wie ein mensch gestalt/vnd stercket mich/vnd sprach/Fürcht dich nicht/du lieber man/fride sey mit dir/vnd sey getrost/Sey getrost. Vnd als er mit mir redet/ermanet ich mich/vnd sprach/Mein Herr rede/denn du hast mich gesterckt.

Vnd er sprach/Weissestu auch/warumb ich zu dir komen bin? Jtzt wil ich wider hin/vnd mit dem Fürsten jnn Persen land streiten/Aber wenn ich weg zihe/sihe/so wird der Fürst aus Griechen land komen/ Doch wil ich dir anzeigen/was geschrieben ist/das gewislich geschehen wird/Vnd ist keiner der mir hillfft wider jhene/denn ewr Fürst Michael/denn ich stund auch bey jm/im ersten jar Darios des Meden/das ich jm hülffe vnd stercket/Vnd nu wil ich dir anzeigen/was geschehen sol.

Sihe/wie die Engel fur vns handeln bey den grossen Herrn.

XI.

Jhe/Es werden noch drey Könige jnn Persen stehen/ der vierde aber wird grösser reichthum haben/denn alle andere/Vnd wenn er jnn seinem reichtum am mechtigsten ist/wird er alles wider das Königreich jnn Griechen land erregen.

Xerxes.

Darnach wird ein mechtiger König auffstehen/vnd mit grosser macht herrschen/vnd was er wil/wird er ausrichten/Vnd wenn er auffs höhest komen ist/wird sein Reich zubrechen/vnd sich jnn die vier winde des himels zurteilen/nicht auff seine nachkomen/auch nicht mit solcher macht/wie seine gewest ist/denn sein Reich wird ausgerottet/vnd frembden zu teil werden.

Der grosse Alexander.

Vnd der König gegen mittag welcher ist seiner Fürsten einer/wird mechtig werden/Aber gegen jm wird einer auch mechtig sein/vnd herrschen/welchs herrschafft wird gros sein.

Nach etlichen jaren aber/werden sie sich miteinander befreunden/ Vnd die tochter des Königes gegen Mittage wird komen/zum Könige gegen Mitternacht einigkeit zu machen/Aber sie wird nicht bleiben bey der macht des Arms/dazu jr same auch nicht stehen bleiben/Sondern sie wird vbergeben/sampt denen/die sie bracht haben/vnd mit dem kinde/vnd dem/der sie eine weile mechtig gemacht hatte.

Ptolemeus Lagus. Seleucus Nicanor. Bernice/Ptolemej Philadelphi tochter. Antiochus Theos. Ptolemeus Euergetes Bernice bruder.

Es wird aber der zweige einer von jrem stam auff komen/der wird komen mit heeres krafft/vnd dem Könige gegen Mitternacht jnn seine Feste fallen/vnd wirds ausrichten vnd siegen/Auch wird er jre Götter vnd bilder/sampt den köstlichen kleinoten/beide silbern vnd gülden weg füren jnn Egypten/vnd etliche jar fur dem Könige gegen Mitternacht wol stehen bleiben/vnd wenn er durch desselbigen Königreich gezogen ist/wird b er widerumb jnn sein land zihen.

Seleucus Gallinicus.

(Feste) Heisset er hie/das Königreich
b Das ist/Er wird das Königreich nicht behalten/als er wol kundte.

Aber seine

Der Prophet

Aber seine sőne b werden erzürnen/ vnd grosse heer zusamen bringen/ vnd der eine wird komen/ vnd wie eine flut daher faren/ vnd jenen widerumb fur seinen Festen reitzen/ Da wird der Kőnig gegen Mittag c ergrimmen/ vnd mit dem Kőnige gegen d Mitternacht streiten/ vnd wird solchen grossen hauffen zu samen bringen/ das jm jhener hauffe wird jnn seine hand gegeben/ vnd wird den selbigen hauffen weg füren/ des wird sich sein hertz erheben/ das er so viel tausent darnider gelegt hat/ Aber damit wird er sein nicht mechtig werden/ denn der kőnig gegen e Mitternacht/ wird widerumb einen grőssern hauffen zu samen bringen/ denn der vorige war/ vnd nach etlichen jaren wird er daher zihen/ mit grosser heeres krafft vnd mit grossem gut. Vnd zur selbigen zeit/ werden sich viel wider den Kőnig gegen Mittag f setzen/ Auch werden sich etliche abtrünnige aus deinem volck erheben/ vnd die weissagung erfüllen/ vnd werden fallen.

Also wird der Kőnig gegen g Mitternacht / daher zihen/ vnd schutte machen/ vnd feste h stedte gewinnen/ vnd die Mittages Arme werdens nicht kőnnen weren/ vnd sein bestes volck werden nicht kőnnen widerstehen/ Sondern er wird/ wenn er an jn kompt/ seinen willen schaffen/ vnd niemand wird jm widerstehen mügen/ Er wird auch jnn das i Werde land komen/ vnd wirds volenden/ durch desselben hand/ vnd wird sein angesichte richten/ das er mit macht seines gantzen Kőnigreichs kome/ Aber er wird sich mit jm vertragen/ vnd wird jm seine tochter zum k weibe geben/ das er jn verderbe/ Aber es wird jm nicht geraten/ vnd wird nichts daraus werden.

Darnach wird er sich keren wider die Insulen/ vnd der selbigen viel gewinnen/ Aber ein l Fürst wird jn zwingen/ das er auffhőren mus mit schanden/ auff das jm nicht mehr schande widerfare/ Also wird er sich widerumb keren zu den Festen seines landes/ vnd wird sich stossen/ vnd m fallen/ das man jn nirgent finden wird.

Vnd an seine stat wird auff komen/ der wird jnn Kőniglichen ehren sitzen/ wie ein n scherge/ Aber nach wenig tagen/ wird er brechen/ doch weder durch zorn noch durch streit.

An des stat wird auff komen ein o vngeachter/ welchem die ehre des Kőnigreichs nicht bedacht war/ der wird komen/ vnd wird jm gelingen/ vnd das Kőnigreich mit süssen worten einnemen. Vnd die p Arm (die wie eine flut daher faren) werden fur jm/ wie mit einer flut vberfallen vnd zerbrochen werden/ dazu auch der Fürst/ mit dem der Bund q gemacht war/ Denn nach dem er mit jm befreundet ist/ wird er listiglich gegen jm handeln/ vnd wird herauff zihen/ vnd mit geringem volck jn vberweldigen/ vnd wird jm gelingen/ das er jnn die besten stedte des landes komen wird/ vnd wirds also ausrichten/ das seine veter/ noch seine voreltern nicht thun kundten/ mit rauben/ plündern/ vnd ausbeuten/ Vnd wird nach den aller festen stedten trachten/ vnd das eine zeit lang.

Vnd er wird seine macht/ vnd sein hertz wider den Kőnig gegen Mittag erregen/ mit grosser heerskrafft. Da wird der Kőnig gegen Mittag gereitzt werden zum streit/ mit einer grossen mechtigen heerskrafft/ Aber er wird nicht bestehen/ denn es werden verretherey wider jn gemacht

---

b Der grosse Antiochus vnd sein bruder Seleucus Keraunus.

c Ptolemeus Philopator.

d Antiochus magnus.

e Der selbige grosse Antiochus.

f Ptolemeus Epiphanes.

g Der grosse Antiochus wider Ptolemeus Epiphanes.

h (Feste stedte) Nicht jm Egypten/ sondern jnn den stedten Syrie vnd Judee/ die zuuor des Ptolemej waren.

i (Werde land) Der grosse Antiochus vber den Juden grosse ehre/ Darumb/ das sie jm hulffen wider Ptolemeum Epiphanem vollent Syriam gewinne.

k (Seine tochter) Cleopatra.

l Die Rőmer namen dem Antiocho Asiam.

m zu Elimaide jnn Persen land ward er erschlagen.

n Seleucus Philopator welcher nichts fürstlichs gethan hat.

o Antiochus Epiphanes/ besser zum Kőnige geschickt.

p (Arme) Die heubtleute des Kőniges Egypti jnn Syria.

q (Bund) Ptolemeus Philometor/ Antiochus schwester son.

Daniel. XVIII.

jn gemacht/vnd eben die sein brod essen/die werden jn helffen verderben/vnd sein heer vntertrucken/das gar viel erschlagen werden/vnd beider Könige hertz wird dencken/wie sie einander schaden thun/vnd werden doch vber einem tische/felschlich miteinander reden/Es wird jnen aber feilen/denn das ende ist noch auff eine ander zeit bestimpt.

Darnach wird er widerumb heimziehen mit grossem gut/vnd sein hertz richten wider den Heiligen Bund/da wird er etwas ausrichten/vnd also heim jnn sein land ziehen.

Darnach wird er zu gelegener zeit wider gegen Mittag ziehen/ Aber es wird jm zum andern mal nicht geraten/wie zum ersten mal/ denn es werden schiffe aus Chithim wider jn komen/das er verzagen wird/vnd vmbkeren mus/Da wird er wider den Heiligen Bund ergrimmen/vnd wirds ausrichten/vnd wird sich vmbsehen/vnd an sich ziehen/die den Heiligen Bund verlassen/Vnd es werden seine Arme daselbest stehen/die werden das Heiligthum jnn der Feste entweihen/ vnd das tegliche opffer abthun/vnd einen Grewel der wüstung auffrichten/Vnd er wird heucheln/vnd gute wort geben den Gottlosen/ so den Bund vbertretten.

Aber das volck/so jren Gott kennen/werden sich ermannen/vnd ausrichten/Vnd die verstendigen im volck werden viel andere leren/ darüber werden sie verfolget werden / mit schwert/feur/gefengnis vnd raub/eine zeit lang/Jnn der selbigen verfolgung aber/wird jnen dennoch eine kleine hülffe geschehen/Aber viel werden sich zu jnen thun betrieglich/Vnd der verstendigen werden etliche verfolget werden/auff das sie bewerd/rein vnd lauter werden/bis das ein ende habe/Denn es ist noch ein ander zeit vorhanden.

XII.

VNd ᵃ der König wird thun was er wil/vnd wird sich erheben/vnd auffwerffen wider alles das Gott ist/vnd wider den Gott aller Götter/wird er grewlich reden/vnd wird jm gelingen/bis der zorn aus sey/Denn es ist beschlossen/wie lange es weren sol/Vnd seiner ᵇ Veter Gott wird er nicht achten/Er wird weder ᶜ Frawen liebe/noch einiges Gottes achten/denn er wird sich wider alles auff werffen.

Aber seinen eigen Gott Maosim wird er ᵈ ehren/denn er wird einen Gott/dauon seine Veter nichts gewust haben/ehren/mit gold/ silber/eddelstein vnd kleinoten/Vnd wird denen/so jm helffen stercken ᵉ Maosim/mit dem frembden Gott/den er erwelet hat/grosse ehre thun/vnd sie zu Herrn machen vber grosse güter/vnd jnen das land zu lohn austeilen.

Vnd am ende wird sich der König gegen Mittage/mit jm stossen/Vnd der König gegen Mitternacht wird sich gegen jm streuben mit wagen/reutern vnd viel schiffen/vnd wird jnn die lender fallen/ vnd verderben/vnd durchziehen/Vnd wird jnn das Werde land fallen/vnd viel werden vmbkomen. Diese aber werden seiner hand entrinnen/

Die Römer.

(Arme) Seine heubtleute vnd gewaltigen.

Das ist Judas Maccabeus/vnd seine brüder/vnd anhang.

a (Der König) Hie lendet der Engel seine wort/vnter der person Epiphanes/ auff den Endechrist / vnd gehen an die versiegelten wort/dauon er am ende sagt.

b (Veter Gott) Alle ander Götter / auch seiner vorfaren Gott/ müssen nichts sein/ Aber sein eigen Gott/der sols sein.

c (Frawen liebe) Er wil sagen/das er jnn den vnnatürlichen laster schweben wird/da die Gottes verechter mit geplaget werden/Roma.j. Das man heisset/ Welsche hochzeit vnd stummen sünde/Denn den Ehestand vnd rechte liebe oder brauch der weiber/sol er nicht haben/wie es denn gehet vnter dem

Bapst vnd Türcken/auffs aller grewlichst.   d (Ehren mit gold) Ein schlechter Gott/der keine bessern andere ehre hat/denn gold vnd silber.   e (Maosim) Maosim heisst/die festungen oder festen/presidia/wie man die Schlösser oder stedte/Festen heisst/vnd droben im.xj.cap. Daniel offt braucht/So heisst nu/Gott Maosim/eigentlich ein Gott der Festungen/Deus presidiorum.

Der Prophet

trinnen/Edom/Moab/vnd die Fürsten der kinder Ammon/Vnd er wird seine macht jnn die lender schicken/vnd Egypten wird jm nicht entrinnen/Sondern er wird durch seinen zug herrschen vber die gülden vnd silbern schetze/vnd vber alle kleinote Egypti/Lybien/vnd der Moren.

Es wird jn aber ein geschrey erschrecken/von Morgen vnd Mitternacht/vnd er wird mit grossem grim ausziehen/willens/viele zu vertilgen vnd zuuerderben/Vnd er wird das gezelt seines pallasts auffschlahen zwisschen zweien meeren/vmb den Werden heiligen berg/bis mit jm ein ende werde/vnd niemand wird jm helffen.

Zur selbigen zeit/wird der grosse Fürst Michael/der fur dein volck stehet/sich auff machen/denn es wird ein solche trübselige zeit sein/als sie nicht gewest ist/sint das leute gewest sind/bis auff die selbige zeit. Zur selbigen zeit/wird dein volck errettet werden/alle die im buch geschrieben stehen/Vnd viele/so vnter der erden schlaffen ligen/werden auff wachen/etliche zum ewigen leben/etliche zu ewiger schmach vnd schande/Die Lerer aber werden leuchten/wie des himels glantz/vnd die/so viel zur gerechtigkeit weisen/wie die sternen jmer vnd ewiglich.

Vnd nu Daniel verbirge diese wort/vnd versiegle diese schrifft/bis auff die letzte zeit/So werden viel drüber komen/vnd grossen verstand finden.

Vnd ich Daniel sahe/vnd sihe/Es stunden zween andere da/einer an diesem vfer des wassers/der ander an jenem vfer/Vnd er sprach zu dem jnn leinen kleidern/der oben am wasser stund/Wenn wils denn ein ende sein/mit solchen wundern? Vnd ich höret zu/dem jnn leinen kleidern/der oben am wasser stund/Vnd er hub seine rechte vnd lincke hand auff gen himel/vnd schwur bey dem/so ewiglich lebet/das es eine zeit/vnd etliche zeit/vnd eine halbe zeit weren sol/Vnd wenn die zerstrewung des Heiligen volcks ein ende hat/sol solchs alles geschehen.

Gottlosen faren fort/vnd bleiben/wie sie sind/vnd keren sich nichts dran/Das sol aber niemand ergern.

Vnd ich hörets/aber ich verstunds nicht/vnd sprach/Mein Herr/was wird darnach werden? Er aber sprach/Gehe hin Daniel/Denn es ist verborgen vnd versiegelt bis auff die letzte zeit/Viel werden gereiniget/geleutert vnd beweret werden/Vnd die Gottlosen/werden Gottlos wesen füren/vnd die Gottlosen werdens nicht achten/Aber die verstendigen werdens achten.

Vnd von der zeit an/wenn das teglich opffer abgethan/vnd ein Grewel der wüstung dar gesetzt wird/sind tausent/zweyhundert vnd neuntzig tage/ Wol dem/der da erwartet vnd erreicht/tausent/dreyhundert vnd funff vnd dreissig tage. Du aber Daniel/gehe hin/bis das ende kome/vnd ruge/das du auff stehest jnn deinem teil.

Ende des Propheten Daniel.

Vorrhede vber den
Propheten Hosea.

Osea hat gelebt vnd gepredigt (wie er selbs im Titel anzeigt) zur zeit des andern vnd letzten Jerobeam/ des Königes Israel/ zu welcher zeit auch Isaias jnn Juda/ Auch Amos vnd Micha gelebt haben/ Aber doch ist Hosea der eltest vnter jnen gewest/ So war Jerobeam auch ein feiner glückseliger König/ der viel gethan hat bey dem Königreich Israel/ wie das ander buch der Könige am vierzehenden Capitel zeuget/ Bleib aber doch bey der alten Abgötterey seiner vorfaren/ der Könige Israel/ Das fur war zu der zeit/ viel trefflicher menner jnn dem volck gewest sind/ Haben dennoch die leute nicht können from machen/ Denn der Teufel hatte das hertzeleid anzurichten/ jnn diesem volck/ das sie jmer die Propheten tödten/ vnd jre kinder den Götzen verbranten/ vnd also das land mit blutschulden fülleten/ wie er hie im ersten Capitel/ Jesreel drumb drewet.

Es sihet sich aber an/ als sey diese Weissagung Hoseas auch nicht vol vnd gantz geschrieben/ sondern etliche stücke vnd sprüche aus seinen predigten gefasset/ vnd jnn ein buch zu samen bracht/ Doch spüret vnd findet man drinnen so viel/ wie er die zwey ampt reichlich vnd getrost/ getrieben hat/ Erstlich/ das er wider die Abgötterey zu seiner zeit hart gepredigt/ vnd das volck frisch gestrafft hat/ sampt dem Könige vnd seinen Fürsten/ vnd Priestern/ Daran er den tod gewislich (wie die andern) hat gefressen/ vnd als ein Ketzer/ wider die Priester/ vnd als ein Auffrürer/ wider den König/ hat müssen sterben/ Denn das ist ein Prophetisscher vnd Apostolisscher tod/ So hat Christus selbs müssen sterben. Zum andern/ hat er von Christo vnd seinem Reich auch gewaltiglich vnd fast tröstlich geweissagt/ wie denn sonderlich das ander vnd dreizehend vnd vierzehend Capitel anzeigen.

Das er aber viel mal des worts (Hure vnd Hurerey) braucht/ vnd im ersten Capitel/ ein huren weib nimpt/ Sol niemand dencken/ er sey so vnzüchtig/ beide mit worten vnd wercken/ Denn er redet geistlich/ vnd dasselbige hurn weib/ ist seine rechte redliche ehefraw gewest/ vnd hat rechte ehekinder mit jr gezeuget/ Sondern/ das weib vnd die kinder/ haben solchen schendlichen namen müssen tragen/ zum zeichen vnd straffe des Abgöttischen volcks/ so vol geistlicher hurerey (das ist/ Abgötterey) war/ wie er selbs sagt im Text/ Das land leufft vom HERRN der hurerey nach/ Gleich wie Jeremias die hültzen ketten vnd becher trug/ zum zeichen/ Vnd gemeiniglich alle Propheten etwas seltzams theten/ zum zeichen dem volck/ Also mus hie sein ehelich weib vnd kinder auch huren namen haben/ zum zeichen wider das hürisch/ abgöttisch volck/ Denn es ist nicht zu gleuben/ das Gott einen Propheten solt heissen hurerey treiben/ wie etliche hie den Hosea deuten wollen.

D Der Prophet

Der Prophet Hosea.
I.

Es ist das wort des HE-
RRn/das geschehen ist zu Hosea/dem
son Beheri/zur zeit Usia/Jotham/A-
has der Könige Juda/vnd zur zeit Je-
robeam/des sons Joas des Königes
Jsrael.

Vnd da der HERR anfieng zu re-
den/durch Hosea/sprach er zu jm/Ge-
he hin/vnd nim ein huren weib vnd hu-
ren kinder/Denn das land leufft vom
HERRN der hurerey nach/Vnd er
gieng hin vnd nam Gomer die tochter
Diblaim/welche ward schwanger vnd gebar jm einen son/Vnd der
HERR sprach zu jm/Heisse jn Jesreel/Denn es ist noch vmb eine klei-
ne zeit/so wil ich die blutschulden jnn Jesreel heim suchen/vber das
Haus Jehu/vnd wil mit dem Königreich Jsrael ein ende machen/
Zur selbigen zeit/wil ich den Bogen Jsrael zubrechen/im tal Jesreel.

Vnd sie ward abermal schwanger/vnd gebar eine tochter/Vnd
Er sprach zu jm/Heisse sie LoRyhamo/Denn ich wil mich nicht mehr
vber das Haus Jsrael erbarmen/Sondern ich wil sie weg werffen/
Doch wil ich mich erbarmen vber das Haus Juda/vnd wil jnen hel-
ffen/durch den HERRN jren Gott/Ich wil jnen aber nicht helffen/
durch bogen/schwert/streit/ross oder reuter.

Vnd da

Hosea. XX.

Vnd da sie hatte ᵃ LoRyhamo entwehnet/ward sie wider schwanger/vnd gebar einen son/Vnd er sprach/Heisse jn ᵇ LoAmmi/Denn jr seid nicht mein volck/So wil ich auch nicht der ewr sein.

II.

Es wird aber die zal der kinder Israel sein/wie der sand am meer/den man weder messen noch zelen kan/Vnd sol geschehen/an dem ort/da man zu jnen gesagt hat/jr seid nicht mein volck/wird man zu jnen sagen/O jr kinder des lebendigen Gottes/Denn es werden die kinder Juda vnd die kinder Israel zu hauff komen/Vnd werden sich mit einander an ein ᶜ heubt halten/vnd aus dem lande erauff zihen/Denn der tag Jesreel wird ein grosser tag sein.

Sagt ewrn Brüdern/sie sind mein volck/vnd zu ewr schwester/ sie sey jnn gnaden/Sprecht das vrteil vber ewr mutter/Sie sey nicht mein weib/vnd ich wil sie nicht haben/Heisst sie jre hurerey von jr weg thun/vnd jre ehebrecherey von jren brüsten/auff das ich sie nicht nacket auszihe/vnd darstelle/wie sie war/da sie geborn ward/vnd ich sie nicht mache/wie eine wüste/vnd wie ein dürres land/das ich sie nicht durst sterben lasse/vnd mich jrer kinder nicht erbarme/Denn sie sind hurn kinder/vnd jre mutter ist eine ᵈ hure/Vnd die sie getragen hat/ helt sich schendlich/vnd spricht/Ich wil meinen bulen nach lauffen/ die mir geben brod/wasser/wolle/flachs/öle/vnd trincken.

Darumb/sihe/Ich wil deinen weg mit dornen vermachen/vnd eine wand dafur zihen/das sie jren steig ᵉ nicht finden sol/vnd wenn sie jren bulen nach leufft/das sie die nicht ergreiffen/vnd wenn sie die sucht / nicht finden könne/vnd sagen müsse/Ich wil widderumb zu meinem vorigen man gehen/da mir besser war/denn mir jtzt ist/Denn sie wil nicht wissen/das ichs sey/der jr gibt/korn/most vnd öle/vnd jr viel silber vnd gold gegeben habe/daraus sie haben Baal gemacht.

Darumb wil ich mein korn vnd most wider nemen zu seiner zeit/ vnd meine wolle vnd flachs entwenden/damit sie jre scham bedeckt/ Nu wil ich jre schande auff decken fur den augen jrer bulen/vnd niemand sol sie von meiner hand erretten/Vnd ich wils ein ende machen mit alle jren freuden/Festen/Newmonden/Sabbathen/vnd alle jren Feiertagen/Ich wil jre weinstöck vnd feigenbeum/wüst machen/weil sie sagt/das ist mein lohn/den mir meine bulen geben/Ich wil einen wald draus machen/das es die wilden thier fressen sollen/Also wil ich heimsuchen vber sie/die tage Baalim/denen sie Reuchopffer thut/vnd schmückt sich mit stirnspangen vnd halsbanden/vnd leufft jren bulen nach/vnd vergisset mein/spricht der HERR.

Darumb sihe/ich wil sie locken/vnd wil sie jnn eine wüste füren/ vnd ᶠ freundlich mit jr reden/Daselbst wil ich jr geben jre rechte weinberge/vnd das tal Achor/da man predigen sol/das jhenige/das jr zu hoffen habt/Vnd daselbst wird sie recht singen/wie zur zeit jrer jugent/da sie aus Egypten land zog/Als denn/spricht der HERR/ wirstu mich heissen/mein Man/vnd mich nicht mehr/Mein Baal

D ij heissen/

ᵃ (LoRyhamo) On gnade/Denn er wolt sie nicht erretten vom Könige Assur.

ᵇ (LoAmmi) Nicht mein volck/denn er wolt das Jüdische volck endlich verlassen/vnd jr Königreich vnd priesterthum auff heben / denn durchs Euangelion geschehen ist/wie bald hernach folget.

Das ist von Christo vnd dem Euangelio vnter Heiden vnd Jüden zu predigen / da ist ein ander Heubt vnd Königreich worden.

Dis Heubt ist Jhesus Christus.

ᵈ (Hure) Das ist/sie dienet den Abgöttern.

ᵉ (Nicht finden) Die Abgöttischen/weil sie glück haben/meinen/sie habens mit jrem Gottes dienst erworben/bis das trübsal kompt/So müssen sie doch den rechten Gott vmb lauter gnade anruffen.

ᶠ (Freundlich) Das ist/das liebe Euangelion. Das Tal Achor/ist/die gülden Awe/da das Creutze der trübsal ist/vnd doch tröstliche wort Christi/ Denn Achor heisset/Trübsal/oder Creutz/da man predigt eitel vnsichtbar ding/des man hoffen mus.

Der Prophet

heissen/Denn ich wil die namen der Baalim von jrem munde weg thun/das man der selbigen namen nicht mehr gedencken sol.

^a (Bund)
Das ist der Bund vnd friden des gewissens/durch den glauben an Christum / Welchem niemand noch jchtes kan schaden thun.

Vnd ich wil zur selbigen zeit/jnen einen ^a Bund machen mit den wilden thieren/mit den vogeln vnter dem himel/vnd mit dem gewürm auff erden/vnd wil bogen/schwert vnd krieg vom lande weg thun/ vnd wil sie sicher wonen lassen/Ich wil mich mit dir verloben jnn ewigkeit/Ich wil mich mit dir vertrawen/jnn gerechtigkeit vnd gericht/jnn gnade vnd barmhertzigkeit/Ja im Glauben wil ich mich mit dir verloben/Vnd du wirst den HERRN erkennen.

^b Jesreel heisset/ Gottes same/da hin laut / das er spricht / Ich wil sie zum samen behalten/das ist/ein recht Jesreel machen/das sie ewiglich sol nachkomen haben / wie denn die heilige Kirche imer bleiben mus.

Zur selbigen zeit/spricht der HERR/wil ich erhören/Ich wil den himel erhören/Vnd der himel sol die erden erhören/vnd die erde sol/korn/most vnd öle erhören/vnd die selbigen sollen ^b Jesreel erhören/Vnd ich wil mir sie auff erden zum samen behalten/vnd mich erbarmen vber die/so jnn vngnaden war/vnd sagen zu dem/das nicht mein volck war/Du bist mein volck/Vnd es wird sagen/Du bist mein Gott.

III.

^c (Kanne weins) Vmbs bauchs willen/Ja himel/himel/Hette ich gle mehl/sagen sie.

VNd der HERR sprach zu mir/Gehe noch eins hin/vnd bule vmb das bulerisch vnd ehebrecherisch weib/wie denn der HERR vmb die kinder Israel bulet/vnd sie doch sich zu frembden Göttern keren/vnd bulen vmb eine ^c kannen weins/Vnd ich ward mit jr eins/vmb funffzehen silberlinge / vnd anderthalben Homer gersten/ vnd sprach zu jr/Halt dich mein eine zeitlang/vnd hure nicht/vnd las keinen andern zu dir/Denn ich wil mich auch dein halten.

^d (On König) Israel ist nach der gefengnis nicht wider zum Könige komen/bis der recht Dauid Christus kam / aller welt König.

Denn die kinder Israel werden lange zeit ^d on König/on Fürsten/on Opffer/on Altar/on Leibrock/vnd on Gottes dienst bleiben/ Darnach werden sich die kinder Israel bekeren/vnd den HERRN jren Gott/vnd jren König Dauid suchen/vnd werden den HERRN vnd seine gnade ehren/jnn der letzten zeit.

IIII.

HOret jr kinder Israel des HERRN wort/Denn der HERR hat vrsachen zu schelten/die im lande wonen/ Denn es ist keine trew/keine liebe/kein wort Gottes im lande/Sondern Gottes lestern/liegen/morden/stelen/vnd ehebrechen/hat vber hand genomen/vnd kompt eine blutschuld nach der andern/Darumb wird das land jemerlich stehen/vnd allen einwonern vbel gehen/Denn es werden auch die thiere auff dem felde/vnd die vogel vnter dem himel/vnd die fissche im meer weg geraft werden.

Doch man thar nicht schelten/noch jemand straffen/Denn dein volck wil vngescholten sein/ sondern vnterstehet sich die Priester zu schelten/Darumb soltu bey tage fallen/vnd der Prophet des nachts neben dir fallen/Also wil ich deine mutter hin richten.

Mein volck

Hosea. XXI.

Mein volck ist verloren/darumb/das es nicht lernen wil/Denn du achtest nicht Gottes wort/darumb wil ich dich auch nicht achten/ das du mein Priester sein soltest/Du vergissest des Gesetzes deines Gottes/darumb wil ich auch deiner kinder vergessen/Jhe mehr jr wird/jhe mehr sie wider mich sundigen/Darumb wil ich sie ja so hoch zu schanden machen/so hoch sie jnn ehren sind/Sie fressen die Sünd opffer meines volcks/vnd geben Ablas fur jre sunde/Darumb sol es dem volck/gleich wie den Priestern/gehen/Denn ich wil jr thun heim suchen/vnd jnen vergelten/wie sie verdienen/das sie werden a essen vnd nicht satt werden/hurerey treiben/vnd sol jnen nicht gelingen/ darumb/das sie den HERRN verlassen haben/vnd jn nicht achten.

Hurerey/wein vnd most/machen narren/Mein volck fraget sein holtz/vnd sein stab sol jm predigen/Denn der hurerey geist verfüret sie/das sie wider jren Gott hurerey treiben/oben auff den bergen opf fern sie/vnd auff den hügeln reuchern sie/vnter den eichen/linden vnd büchen/denn die haben feine schatten/Darumb werden ewre töchter auch zu huren/vnd ewre breute zu ehebrecherin werden/vnd ich wils auch nicht wehren/wenn ewre töchter vnd breute geschendet vnd zu huren werden/weil jr einen andern Gottes dienst anrichtet mit den hu ren/vnd opffert mit den bübin/Denn das töricht volck wil b geschla gen sein.

Wiltu Jsrael ja huren/das sich doch nur Juda nicht auch ver schulde/Gehet nicht hin gen Gilgal/vnd kompt nicht hinauff gen BethAuen/vnd schweret nicht(So war der HERR lebt)Denn Jsrael leufft/wie eine tolle kue/So wird sie auch der HERR c weiden lassen/wie ein lamb jnn der jrre/Denn Ephraim hat sich zu den Götz en gesellet/So las jn hin faren/Sie haben sich jnn die schwelgerey vnd hurerey gegeben/Jre d Herrn haben lust dazu/das sie schande anrichten/Es wird sie ein wind weg treiben/dem sie nicht widerstehen werden/vnd müssen vber jrem Gottes dienst zu schanden werden.

V.

So höret nu dis/jr Priester/vnd merck auff du Haus Jsrael/vnd nim zu ohren/du Haus des Königs/Denn es wird eine straffe vber euch gehen/die jr ein strick zu e Mizpa/vnd ein ausgespannet netz zu Thabor gestel let habt/Sie schlachten f mit hauffen/vnd betriegen die leute damit/darumb mus ich sie alle sampt straffen/ Ich kenne Ephraim wol/vnd Jsrael ist fur mir nicht verborgen/das Ephraim eine hure ist/vnd Jsrael eine bübin/Sie dencken nicht dar nach/das sie sich kereten zu jrem Gott/Denn sie haben ein hürisch hertz/vnd achten des HERRN nicht.

Darumb sol die g hoffart Jsrael fur jrem angesicht gedemütiget werden/Vnd sollen beide Jsrael vnd Ephraim fallen vmb jrer misse that willen. Auch sol Juda sampt jnen fallen/Als denn werden sie komen mit jren schafen vnd rindern/den HERRN zu suchen/Aber nicht finden/Denn er hat sich von jnen gewand/Sie verachten den HERRN/vnd zeugen frembde kinder/Darumb wird sie auch der Newmond fressen/sampt jrem opffer.

---

a (Essen) Sie werden jren Gottesdienst fast treiben/vnd doch wenig dauon zu essen haben/gleich wie jtzt die Ende Christer gern wol ten jre Messe hoch treiben/aber es wil nicht so gel ten/wie zuuor.

b (Geschlagen) Narren mus man mit kolben lausen.

c (Weiden lassen) Steist ein vnben dige kue/wil im stall nicht bleiben/ so wil ich jr auch raum schaffen/vñ sie zustrewen vn ter alle Heiden/ das sie zu hauffe gnug habe.

d (Herrn) Jre könige/Für sten vnd Priester.

e (Mizpa) Gottesdienst ha ben sie da auffge richt/vnd die leu te damit verfüret/ wie vnser pfaffen mit den Messen vnd Walfarte etc.

f (Mit hauffen) Zur Abgötterey gibt alle welt reich lich/vnd treibens viel.

g (Hoffart) Jr Gottesdienst darauff sie bawen vnd pochen.

D iij Ja/blaset

Der Prophet

Ja/blaset posaunen zu Gibea/Ja/drometet zu Rama/Ja/rufft zu Beth Auen/jenseid Ben Jamin/Denn Ephraim sol zur wüsten werden/zur zeit/wenn ich sie straffen werde/Dafur hab ich die stemme Israel trewlich gewarnet.

Ich habs lang gesagt/Es würde ein mal zu scheittern gehen.

VI.

Die Fürsten Juda sind gleich/denen/so die grentze verrücken/Darumb wil ich meinen zorn vber sie ausschütten/wie wasser.

Ephraim leidet gewalt/vnd wird geplagt/daran geschicht jm recht/Denn er hat sich geben auff menschen gebot/Ich bin dem Ephraim/eine motten/vnd dem Hause Juda/eine plage/Vnd da Ephraim seine kranckheit/vnd Juda seine wunden fület/zog Ephraim hin zu Assur/vnd schickt zum Könige zu Jareb/Aber er kundte euch nicht helffen/noch ewr wunden heilen/Denn ich bin dem Ephraim/wie ein Lewe/vnd dem hause Juda/wie ein junger Lewe/Ich/Ich zureisse sie/vnd gehe dauon/ich füre sie weg/vnd niemand kan sie retten. Ich wil widerumb an meinen ort gehen/bis sie jr schuld erkennen/vnd mein angesicht suchen.

Sie weissaget er von Christo vnd dem Euangelio/Die Jüden wolten Gott nicht gehorchen/da es jnen wol gienge/So müssen sie im Newen testament/vnter dem Creutz/Gott dienen/Es wil doch nicht anders sein/Denn pauperes Euangelisantur/Die elenden höre Gottes wort/Die reichen achtens nicht.

Wens jnen vbel gehet/so werden sie mich suchen müssen/vnd sagen/Kompt/wir wollen wider zum HERRN/Denn Er hat vns zurissen/Er wird vns auch heilen/Er hat vns geschlagen/Er wird vns auch verbinden/Er macht vns lebendig nach zween tagen/Er wird vns am dritten tage erquicken/das wir fur jm leben werden/Denn werden wir acht drauff haben vnd vleissig sein/das wir den HERRN erkennen/Denn er wird erfur brechen/wie die schöne morgen röte/Vnd wird vns komen/wie ein regen/wie ein spat regen/der das land feuchtet.

Wie wil ich dir so wol thun Ephraim? Wie wil ich dir so wol thun Juda? Denn die gnade/so ich euch erzeigen wil/wird sein/wie eine morgen wolcken/vnd wie ein taw/der frue morgens fellet/Darumb a hofele ich sie durch die Propheten/vnd tödte sie/durch meines mundes rede/das dein Gottes wort ans liecht kome/Denn ich habe lust an der liebe/vnd nicht am opffer/vnd am erkentnis Gottes/vnd nicht an Brandopffer.

(Hofele) Das ist/Ich verdamne jren Gottes dienst/auff das sie lernen mit recht dienen.

Aber sie vbertretten den Bund/wie Adam/Darinn verachten sie mich/Denn Gilead ist eine Stad vol Abgötterey vnd blutschulden/Vnd die Priester sampt jren gesellen sind/wie die Ströter/so da lauren vnd würgen/auff dem wege der gen Sichem gehet/Denn sie thun was sie wollen. Ich sehe im hause Israel/da mir fur grawet/Denn da huret Ephraim/So verunreinigt sich Israel/Aber Juda wird noch eine erndte fur sich haben/wenn ich meins volcks gefengnis wenden werde.

VII.

Wenn ich Israel helffen wil/so findet sich erst der vnglaube Ephraim/vnd die bosheit Samarie/das sie deste mehr Abgötterey treiben/Denn wie wol sie vnter sich selbs mit dieben/vnd auswendig mit reubern geplagt sind/dennoch wollen sie nicht mercken/das ich damit auff alle jre bosheit mercke/Ich sehe aber jr wesen wol/das sie allenthalben treiben. Sie ver=

(Find sich) Jhe mehr man recht leret/jhe erger die welt wird.

Sie vertrösten den König durch jr Abgötterey/vnd die Fürsten durch jre lügen/vnd sind allesampt ehebrecher/Gleich wie ein backofen den der becker heitzet/wenn er hat ausgeknettet/vnd lesst den teig durch seuren vnd auffgehen.

Heute ist vnsers Königs Fest (sprechen sie) Da erhitzen denn die Fürsten/wie vom wein/So ladet er die falschen Lerer zu sich/Denn jr hertz ist jnn heisser andacht/wie ein backofen/wenn sie opffern vnd die leute betriegen/Aber ᵃ jr Becker schlefft die gantze nacht/Vnd des morgens brennet er liechter lohe/Noch sind sie so heisser andacht/wie ein backofen/ob gleich jre Richter auff gefressen werden/vnd alle jre Könige fallen/noch ist keiner vnter jnen/der mich anruffe.

Ephraim wird von den Heiden vberfallen/Ephraim ist/wie ein kuche/den niemand ᵇ vmbwendet/Sondern frembde fressen seine krafft/noch wil ers nicht mercken/Er hat auch grawe har kriegen/noch wil ers nicht mercken/Vnd die hoffart Israel wird fur jren augen gedemütiget/noch bekeren sie sich nicht zum HERRN jrem Gott/fragen auch nicht nach jm jnn diesem allen/Denn Ephraim ist/wie eine törichte taube/die nichts mercken wil/Jtzt ruffen sie Egypten an/denn lauffen sie zu Assur/Aber jnn dem sie hin vnd her lauffen/wil ich mein netze vber sie werffen/vnd herunter rücken/wie die vogel vnter dem himel/Ich wil sie straffen/ᶜ wie man predigt jnn jrer samlung.

Weh jnen/das sie von mir weichen/Sie müssen verstöret werden/denn sie sind abtrünnig von mir worden/Ich wolt sie wol erlösen/wenn sie nicht wider mich Abgötterey lereten/So ruffen sie auch mich nicht an von hertzen/sondern lören auff jren ᵈ Lagern/Sie gehen zu Chor vmb essen vnd trincken willen/vnd sind mir vngehorsam/Ich lere sie/vnd stercke sie/Aber sie dancken mir vbel/Sie bekeren sich/aber nicht recht/Sondern sind/wie ein falscher boge/Darumb werden jre Fürsten durchs schwert fallen/jr drewen sol jnn Egypten land zum spot werden.

VIII.

Ruffe laut wie eine posaune (Vnd sprich) Er kompt schon vber das Haus des HERRN/wie ein Adeler/Darumb/das sie meinen Bund vbertretten/vnd von meinem Gesetze abtrünnig werden/werden sie denn zu mir schreien/Du bist mein Gott/wir kennen dich/Israel/Aber wie gut mans meinet/lesst jm Israel doch nicht sagen/darumb mus sie der feind verfolgen/Sie suchen Könige/vnd achten mein nicht/Sie hengen sich an Fürsten/vnd ich mus nicht wissen/Aus jrem silber vnd gold machen sie Götzen/das sie ja bald ausgerottet werden.

Dein Kalb Samaria verstosset er/Mein zorn ist vber sie ergrimmet/Es kan nicht lange stehen/sie müssen gestrafft werden/Denn das Kalb ist aus Israel her komen/vnd ein werckman hats gemacht/vnd kan ja kein Gott sein/Darumb sol das Kalb Samarie zu pulvert werden/Denn sie seen wind/vnd werden vngewitter einerndten/Jr saat sol nicht auffkomen/vnd jr gewechs kein mehl geben/Vnd obs geben würde/sollens doch frembde fressen.

F iij   Israel

ᵃ (Jr Becker) Das ist/jr König/wil also sagen/Sie brennen so heis jnn abgöttery/das sie mit keiner plage davon zu bringen sind/Ja sie machen Merterer aus denen/so Gott straffet/als leiden sie es vmb Gottes willen/vnd Canonisiern jr eigen heiligen.

ᵇ (Vmbwendet) Lesst sich jmer braten auff einer seiten.

ᶜ (Wie man predigt) Das ist/sie drewen vnd bannen die rechten Propheten/als ketzer fur Got etc. Dasselb sol auff jren kopff fallen/vnd sollen die strasse die sie predigen vber andere jnn jren schulen etc. selbs tragen.

ᵈ (Lagern) Das ist/jnn jren kirchen vnd schulen/da sie mit den Götzen bulen.

(Er kompt) Der feind/König zu Assyrien.

(Kalb) Götzen oder Abgott.

Der Prophet

Israel wird auff gefressen/Die Heiden gehen mit jnen vmb/wie mit einem vnwerden gefess/Darumb/das sie hinauff zum Assur lauffen/wie ein wild jnn der jrre. Ephraim schenckt den bulern/vnd gibt den Heiden tribut/Die selben Heiden wil ich nu vber sie samlen/Sie sollen der last des Königs vnd der Fürsten bald müde werden/Denn Ephraim hat der Altar viel gemacht zu sundigen/so sollen auch die Altar jm zur sunden geraten/Wenn ich jm gleich viel von meinem Gesetz predige/so schelten sie es ketzerey/Das sie nu viel opffern vnd fleisch her bringen vnd a essens/so hat doch der HERR kein gefallen dran/Sondern er wil jrer missethat gedencken/ vnd jre sunde heimsuchen/die sich zu Egypten keren.

a (Essens) Wie man die opffer zu essen pflegt/als heilige speise Gott zu dienst.

Israel vergisset seines Schepffers/vnd bawet kirchen/So macht Juda viel fester stedte/Aber ich wil feur jnn seine stedte schicken/welchs sol seine heuser verzehren.

IX.

D V darffest dich nicht frewen Israel/noch rhümen vber ander völcker/Denn dein Gottes dienst ist hurerey wider deinen Gott/damit du suchest genies/das alle tennen vol getreide werden/Darumb so sollen dich die tennen vnd keltern nicht neeren/vnd der wein sol dir nicht geraten/Vnd sollen nicht bleiben im lande des HERRN/Sondern Ephraim mus wider jnn Egypten/vnd mus jnn Assyria/das vnrein ist/essen/daselbs sie dem HERRN kein Tranckopffer vom wein/noch etwas zu gefallen thun können/Ir opffer sol sein/wie der b betrübten brod/an welchem vnrein werden/alle die davon essen/Denn jr brod müssen sie fur sich selbs essen/vnd sol nicht jnn des HERRN Haus bracht werden/Was wolt jr denn auff den Jarzeiten vnd auff den Feiertagen des HERRN thun? Sihe/sie müssen weg fur dem Verstörer/Egypten wird sie samlen/vnd Moph wird sie begraben/Nesseln werden wachsen/da jtzt jr liebes Götzen silber stehet/vnd dornen jnn jren hütten.

b (Betrübten) Deutero.xxvj. ist verboten betrübt opffer zu thun.

Die zeit der heimsuchung ist komen/die zeit der vergeltung/Des wird Israel jnnen werden/Die Propheten sind narren/vnd die geistlichen sind wansinnig/Vmb deiner grossen missethat/ vnd vmb der grossen feindseligen abgötterey willen.

Die Wechter jnn Ephraim hielten sich etwa an meinen Gott/Aber nu sind sie Propheten die jm stricke legen/ auff allen seinen wegen/durch die feindselige abgötterey/im Hause jres Gottes/Sie machens zu viel vnd sind verderbet/wie zur zeit c Gibea/Darumb wird er jrer missethat gedencken/vnd jre sunde heimsuchen.

c (Gibea) Judic.xix. Da verteidigeten die kinder BenJamin die grösseste bosheit.

Ich fand Israel jnn der wüste/wie drauben/vnd sahe ewre Veter/wie die ersten feigen am feigen baum/Aber hernach giengen sie zu Baal Peor/vnd gelobten sich dem schendlichen Abgott/Vnd wurden ja so grewlich/als jre bulen/Darumb mus die herrligkeit Ephraim/wie ein vogel/weg fliehen/das sie weder geberen/noch tragen/noch schwanger werden sollen/Vnd ob sie jre kinder gleich erzögen/wil ich sie doch erblos machen/das sie nicht leute sein sollen/Auch weh jnen/wenn ich von jnen bin gewichen.

Ephraim/

Hosea. XXIII.

Ephraim/als ich es ansehe/ist gepflantzt vnd hübsch/wie Tyrus/Mus aber nu jre kinder heraus lassen dem todschleger. HERR gib jnen/Was wiltu jnen aber geben? Gib jnen vnfruchtbare leibe vnd versiegene ᵃbrüste.

Alle jre bosheit/geschicht zu Gilgal/daselbst bin ich jnen feind/ Vnd ich wil sie auch vmb jr böses wesen willen/aus meinem Hause stossen/vnd nicht mehr liebe erzeigen/Denn alle jre Fürsten sind abtrünnige.

Ephraim ist geschlagen/jre wortzel ist ᵇ verdorret/das sie keine frucht mehr bringen können/Vnd ob sie geberen würden/wil ich doch die liebe frucht jres leibes tödten/Mein Gott wird sie verwerffen/darumb das sie jn nicht hören wollen/Vnd müssen vnter den Heiden jnn der jrre gehen.

ᵃ (Brüste)
Das sie keine kinder mehr zihen können im lande/Sondern alles weg gefurt sein sol.

ᵇ (Verdorret)
Das Königreich ist weg vnd müssen vnter den Heiden zerstrewer sein/als jnn der jrre etc.

X.

Israel ist ein wüster weinstock worden/Seine frucht ist eben auch also/So viel ᶜ früchte er hat/so viel Altar macht er/Wo das land am besten ist/da stifften sie die schönesten kirchen/Jr hertz ist zertrennet/vnd versundigen sich jtzt/Aber jre Altar sollen zubrochen/vnd jre Stiffte sollen verstöret werden/Denn sie rhümen jtzt/ᵈ Der König hat vns noch nicht/So dürffen wir den HERRN nicht fürchten/Was solt vns der König thun? Sie schweren zu samen vergeblich/vnd machen einen Bund/Vnd solcher rat grünet auff allen furchen im felde/wie vnkraut.

Die einwoner zu Samaria samlen sich zu dem Kalb zu Beth Auen/Denn sein volck trawret vmb jn/vber welchem doch seine geistlichen sich pflegten zu frewen/seiner herrligkeit halben/denn es ist von jnen weg gefurt/Ja/das Kalb ist jnn Assyrien bracht/zum geschencke dem Könige zu Jareb/Also mus Ephraim mit schanden stehen/ Vnd Israel schendlich gehen mit seinem furnemen/Denn der König zu Samarien ist dahin/wie ein schaum auff dem wasser/ Die Höhen zu Auen sind vertilget/damit sich Israel versundigete/Disteln vnd dornen wachsen auff jren Altarn/Vnd sie werden sagen/Jr berge bedecket vns/Vnd jr hügele/fallet vber vns.

ᶜ (Früchte)
Das ist/die stedte /sind solches weinstocks früchte/Aber er ist abgelesen vnd lehr.

ᵈ (Der könig)
Das ist/der könig zu Assyrien/ Vnd den HERRN/ das ist/ des HERRN wort/so die propheten vns sagen/ achten wir nichts.

Israel/du hast sint der zeit ᵉ Gibea gesundigt/dabey sind sie auch blieben/Aber es sol sie nicht des streits zu Gibea gleichen/ergreiffen/ so wider die bösen leute geschach/Sondern ich wil sie züchtigen nach meinem wundsch/das völcker sollen vber sie versamlet komen/wenn ich sie werde anspannen mit jren beiden Kelbern.

Ephraim ist ein kalb das sich füren lesst/Ich wil auch ein mal mit jm dreschen/vnd wil jm vber seinen schönen hals faren/ Ich wil Ephraim reiten/vnd Juda pflügen/vnd Jacob egen/leren/Darumb so f seet gerechtigkeit/vnd erndtet liebe/Vnd pflüget anders/weil es zeit ist/den HERRN zu suchen/bis das er kome/vnd lere euch gerechtigkeit/Denn jr pflüget böse ding/vnd erndtet vbelthat/vnd esset lügen früchte.

Weil du dich denn verlessest auff dein wesen/vnd auff die menge deiner Helden/So sol sich ein getümel erheben jnn deinem volck/das alle deine Festen verstöret werden/gleich wie ᵍ Salman verstöret das Haus Arbeel

ᵉ (Gibea)
Davon Judic.xix.

ᶠ (Seet)
Das ist/ prediget recht/oder ich wil mit euch ein mal ackern/ etc.

ᵍ (Salman)
Diese geschicht stehet sonst nirgend jnn der Schrifft/ Vnd ist der gleichen wol mehr geschehen/ die nicht alle beschrieben sind/ wie so Juda anzeigt/jnn seiner Epistel von Michael vnd dem Satan.

Der Prophet

Haus Arbeel/zur zeit des streits/da die mutter vber den kindern zu drümmern gieng/Eben so sols euch zu Bethel auch gehen/vmb ewr grossen bosheit willen/das der König Israel a frue morgens vnter gehe.

a (Frue)
Das ist/balde vnd plötzlich.

XI.

DA Israel jung war/hatte ich jn lieb/vnd rieff jm/meinem son/aus Egypten/Aber wenn man jnen jtzt rufft/ so wenden sie sich dauon/vnd opffern den Baalim vnd reuchern den bildern/Ich nam Ephraim bey seinen armen vnd b leitet jn/Aber sie habens nu vergessen/wie ich jnen halff/Ich lies sie ein sanfft joch ziehen/vnd jnn gelinden seelen gehen/vnd nam jnen das joch abe/vnd gab jnen futter/ das er sich ja nicht wider solt jnn Egypten land keren/So ist nu Assur jr König worden/denn sie wollen sich nicht bekeren/Darumb sol das schwert vber jre stedte komen/Vnd sol jre rigel auff reiben vnd fressen/ vmb jres furnemens willen.

Mein volck hat keine lust sich zu mir zu keren/Vnd wie man jnen predigt/so richtet sich keiner auff/zu hören/Was sol ich aus dir machen Ephraim? Wie sol ich dich doch plagen Israel? Sol ich nicht billich ein Adama aus dir machen/vnd dich/wie Zeboim/zu richten? Aber mein hertz ist anders sinnes/meine barmhertzigkeit ist zu brünstig/das ich nicht thun wil nach meinem grimmigen zorn/noch mich keren Ephraim gar zu verderben/Denn ich bin Gott vnd nicht ein mensch/vnd bin der Heilige vnter dir/Doch sol mein c Reich/nicht jnn der stad sein. Als denn wird man dem HERRN nach folgen/vnd er wird brüllen/wie ein Lewe/Vnd wenn er wird brüllen/so werden erschrecken die/so gegen abend sind/Vnd die jnn Egypten werden auch erschrecken/wie ein vogel/vnd die im lande Assur/wie tauben/ Vnd ich wil sie jnn jre heuser setzen/spricht der HERR.

b (Leitet)
Wie die mutter ein kind leret gehen/vnd füret bey den armen.

c (Reich)
Mein Reich sol so gros sein/das jnn keiner stad müge begriffen werden/ Das ist Christus Reich jnn aller welt.

XII.

IN Ephraim ist allenthalben abgötterey wider mich/ vnd im Hause Israel falscher Gottes dienst/Aber Juda helt noch fest an Gott/vnd am rechten heiligen Gottes dienst/Ephraim aber gehnet nach dem winde/vnd leufft dem holen winde nach/vnd machet teglich der abgötterey vnd des schadens mehr/Sie machen d mit Assur einen Bund/vnd bringen Balsam jnn Egypten/Darumb wird der HERR/Juda schützen/vnd Jacob heimsuchen nach seinem wesen/vnd jm vergelten nach seinem verdienst.

Ja (sagen sie) Er hat jnn mutter leibe/seinen bruder vntertretten/vnd von allen krefften mit Gott gekempfft/Er kempfft mit dem Engel/vnd sieget/Denn er weinete/vnd bat jn/Da selbs hat er jn ja zu e Bethel funden/vnd daselbst hat er mit vns gered.

Aber der HERR ist der Gott Zebaoth/HERR ist sein name/ So bekere dich nu zu deinem Gott/Halt barmhertzigkeit vnd recht/ vnd hoffe stets auff deinen Gott.

Aber der Kauffman hat eine f falsche woge jnn seiner hand/vnd betreugt gern/Denn Ephraim spricht/Ich bin reich/Ich habe gnug/

d (Mit Assur)
Sie trawen auff menschen/vnd nicht auff Gott.

e (Bethel)
Das Bethel besser sey denn Jerusalem zum Gottes dienst/beweisen sie damit/das Jacob da selbst hat wunder gethan.

f (Falsche)
Sie deuten die Schrifft von Bethel nicht recht.

Hosea. XXIIII.

gnug/Man wird mir keine missethat finden jnn aller meiner erbeit/ das sunde sey.

Ich aber der HERR bin dein Gott aus Egypten land her/vnd der ich dich noch jnn den hütten wonen lasse/wie man zur jarzeit pfleget/vnd rede zu den Propheten/Vnd ich bins/der so viel weissagung gibt/vnd durch die Propheten anzeige/wer ich bin/Jnn Gilead ists abgötterey/vnd zu Gilgal opffern sie ochsen vergeblich/Vnd haben so viel Altar/als mandel auff dem felde stehen.

Jacob ᵃ muste fliehen jnn das land Syria/Vnd Israel must vmb ein weib dienen/vmb ein weib must er hüten/Aber hernach füret der HERR Israel aus Egypten/durch einen Propheten/Vnd lies sein hüten durch einen Propheten/Nu aber erzürnet jn Ephraim durch jre Götzen/Darumb wird jr blut vber sie komen/vnd jr ᵇ Herr wird jnen vergelten jr spotten.

XIII.

DA Ephraim jnn Israel erhaben ward/da leret er abgötterey mit gewalt/Darnach versundigeten sie sich durch Baal/vnd wurden drüber ᶜ getödtet/Aber nu machen sie der sunden viel mehr/Vnd aus jrem silber vnd golde bilder/wie sie es erdencken können/nemlich/Götzen/ welche doch eitel schmides werck sind/Noch predigen sie von den selbigen/Wer die Kelber küssen wil/der sol menschen opffern / Die selbigen werden haben die morgen wolcken / vnd den ᵈ thaw/der frue fellet/Ja/wie die sprew/die von der tennen verwebd wird/vnd wie der rauch von der feur meur.

Ich bin aber der HERR dein Gott aus Egypten land her/Vnd du soltest ja keinen andern Gott kennen/denn mich/vnd keinen Heiland/on allein mich/Ich nam mich ja dein an jnn der wüsten im dürren lande. Aber weil sie geweidet sind/das sie satt worden sind/vnd gnug haben/erhebt sich jr hertz/darumb vergessen sie mein.

So wil ich auch werden gegen sie/wie ein Lewe/vnd wie ein Parder auff dem wege wil ich auff sie lauren/Ich wil jnen begegenen/ wie ein Beer/dem seine jungen genomen sind/vnd wil jr verstocktes hertz zu reissen/vnd wil sie daselbs/wie ein Lewe/fressen/Die wilden Thier sollen sie zu reissen.

Israel du bringest dich jnn ᵉ vnglück/Denn dein heil stehet allein bey mir . Wo ist dein König hin/ der dir helffen müge jnn allen deinen stedten/Vnd deine Richter/dauon du sagtest/Gib mir Könige vnd Fürsten? Wolan/Ich gab dir einen ᶠ König jnn meinem zorn/ vnd wil dir jn jnn meinem grim weg nemen.

Die missethat Ephraim ist zu samen gebunden/vnd jre sund ist behalten/Denn es sol jnen wehe werden/wie einer gebererin/Denn es sind vnfursichtige kinder/Es wird die zeit komen/das jre kinder müssen vntergehen.

Aber ich wil sie erlösen aus der ᵍ Helle/vnd vom tod erretten.Tod/ Ich wil dir eine gifft sein. Helle/Ich wil dir eine plage sein/Doch ist der trost fur meinen augen verborgen / Denn er wird zwisschen Brüdern scheiden/ Es wird ein ostwind komen aus der wüsten erauff/vnd

---

ᵃ
(Muste)
Das Jacob zu Bethel Gott gedienet hat/ muste zu der zeit geschehen/ fur seine person/Aber darnach füret Got das volck aus Egypten durch Mosen/dem solten sie folgen/ vnd nicht dem exempel Jacob.

ᵇ
(Herr)
Der König Assur.

ᶜ
(Getödtet)
Als Ahab mit allen den seinen.

ᵈ
(Thaw)
Sie verheissen gros ding dem falsche Gottesdienst/ Ja hinder sich/ spricht Hosea.

ᵉ
(Vnglück)
Das du bey menschen hülffe suchst/ vnd nicht bey Gott.

ᶠ
(König)
Saul gab er mit vngnaden.1. Reg. viij. Wil sagen/ Wie ich dir den ersten König gab im zorn/ So wil ich dir auch den letzten nemen im grim/das du keinen mehr haben solt.

ᵍ
(Helle)
Das zeitlich Königreich sol vntergehen/ Aber das geistliche sol komen / Aber des werden sich wenig Jüden trösten/ denn sie werdens nicht annemen/ vnd durch die Römer als einen sawren wind verstöret werden.

Der Prophet Hosea.

auff/ vnd jren brun austrücken/ vnd jre quelle versiegen/ Der selbige wird rauben den schatz alles köstlichen geretes.

Samaria wird wüst werden/ Denn sie sind jrem Gott vngehorsam/ Sie sollen durchs schwert fallen/ vnd jre junge kinder zurschmettert/ vnd jre schwangere weiber zurissen werden.

XIIII.

BEkere dich Israel zu dem HERRN deinem Gotte/ Denn du bist gefallen vmb deiner missethat willen/ Nemet diese wort mit euch/ vnd bekeret euch zum HERREN/ vnd sprecht zu jm/ Vergib vns alle sunde/ vnd thu vns wol/ So wollen wir opffern die farren vnser lippen/ Assur sol vns nicht helffen/ vnd wollen nicht mehr auff rossen reiten/ auch nicht mehr sagen zu den wercken vnser hende/ jr seid vnser Gott/ Sondern las die Waisen bey dir gnade finden.

So wil ich jr abtretten wider heilen/ Gerne wil ich sie lieben/ Denn sol mein zorn sich von jnen wenden/ Ich wil Israel wie ein thaw sein/ das er sol blühen/ wie eine rose/ vnd seine wortzeln sollen ausschlahen/ wie Libanon/ Vnd seine zweige sich ausbreiten/ das er sey so schöne/ als ein ölbaum/ vnd sol so guten ruch geben/ wie Libanon/ Vnd sollen wider vnter seinem schatten sitzen/ Von korn sollen sie sich neeren/ vnd blühen/ wie ein weinstock/ Sein gedechtnis sol sein/ wie der wein am Libanon.

Ephraim/ Aus mit den Götzen/ Ich/ wil jn erhören vnd füren/ Ich wil sein/ wie eine grünende tanne/ An mir sol man deine frucht finden/ Wer ist weise/ der dis verstehe/ vnd klug/ der dis mercke? Denn die wege des HERRN sind richtig/ vnd die gerechten wandeln drinnen/ Aber die vbertretter
fallen drinnen.

Ende des Propheten Hosea.

Vorrhede auff den Propheten Joel. XXV.

IOel zeigt nicht an / zu welcher zeit er gelebt vnd gepredigt habe / Es sagen aber die alten / Er sey gewesen zu der zeit / da Hoseas vnd Amos gewest sind / Das lassen wir also gut sein / vnd wissens nicht zu verbessern / Es ist aber ein gütiger vnd sanffter man gewest / schilt vnd strafft nicht so / wie die andern Propheten / sondern flehet vnd klagt / wolt gern die leute from machen mit guten freundlichen worten / vnd sie fur schaden vnd vnglück bewaren / Aber es wird jm freilich / wie andern Propheten / gangen sein / das man seinem wort nicht gegleubt / vnd jn fur einen narren gehalten hat / Doch ist er im Newen testament hoch berümbt / Denn S. Petrus zeucht jn erfur / Act. ij. Vnd mus Joel die erste predigt geben / so jnn der Christlichen Kirchen geschehen ist / nemlich / auff dem Pfingstage zu Jerusalem / da der Heilige geist jtzt gegeben war / So füret S. Paulus den spruch auch gar herrlich / Wer den namen des HERRN anrufft / sol selig werden / welcher auch im Joel am andern Capitel stehet.

Im ersten Capitel / weissagt er die zukünfftige straffe vber das volck Israel / das sie solten von den Assyrern verderbet vnd weg gefurt werden / Vnd nennet die Assyrer raupen / hewschrecken / kefer / vnd geschmeis / Denn die Assyrer frassen das Königreich Israel ein stuck nach dem andern / bis sie es gar verderbeten / Aber doch muste zu letzt der König Sanherib fur Jerusalem darnider ligen / Welchs rüret hie Joel im andern Capitel / da er spricht / Vnd den von Mitternacht / wil ich fern von euch treiben / rc.

Zum andern / weissagt er am ende des andern Capitels / vnd fort an hinaus / vom Reich Christi vnd vom Heiligen geist / vnd saget von dem ewigen Jerusalem / Das er aber vom tal Josaphat spricht / wie der HERR alle Heiden daselbst fur gericht foddern wolle / Welchs auch die alten Veter vom Jüngsten gericht verstehen / Ich aber solchen verstand nicht verdamme / Halt aber dennoch / das Joels meinung sey / gleich / wie er das ewige Jerusalem / die Christliche Kirche heisst / also heisse er auch die selbige / das Tal Josaphat / Darumb / das alle welt zur Christlichen Kirche / durchs wort gefoddert / vnd jnn der selbigen gerichtet / vnd durch die predigt gestrafft wird / wie sie allzumal sunder fur Gott sind / wie Christus spricht / Der geist der warheit wird die welt straffen vmb die sunde / Denn / Josaphat tal / heisst Gericht tal / gleich wie auch Hoseas. ij. die Christliche Kirche / das tal Achor nennet.

E Der Prophet

Der Prophet Joel.

I.

Es ist das wort des HE=
RRN/ das geschehen ist zu Joel dem
son Pethuel/ Höret dis jr Eltesten/ vnd
merckt auff alle einwoner im lande/ ob
ein solchs geschehen sey bey ewr zeiten
oder bey ewr Veter zeiten/ Sagt ewern
kindern dauon/ vnd lassts ewr kinder
jren kindern sagen/ vnd die selbigen kin=
der jren andern nachkomen/ Nemlich/
was die raupen lassen/ das fressen die
hewschrecken/ Vnd was die hewschre=
cken lassen/ das fressen die kefer/ Vnd
was die kefer lassen/ das frisset das geschmeis.

Wachet auff jr truncken vnd weinet/ vnd heulet alle weinseuffer
vmb den most/ denn er ist euch fur ewrm maul weg genomen/ Denn
es zeucht herauff inn mein land ein mechtig volck/ vnd des on zal/ das
hat zeene/ wie Lewen/ vnd backen zeene/ wie Lewinne/ Dasselbige
verwüstet meinen weinberg/ vnd streiffet meinen feigenbaum/ schelet
jn vnd verwirfft jn/ das seine zweige weis da stehen/ Heule/ wie eine
Jungfraw/ die einen sack anleget vmb jren Brentgam / Denn das
Speisopffer vnd Tranckopffer ist vom Hause des HERRN weg/
vnd die Priester des HERRN Diener trauren/ Das feld ist verwüstet/
vnd der acker stehet jemerlich/ Das getreide ist verdorben/ Der wein
stehet

Joel. XXI.

stehet jemerlich/vnd das öle kleglich/Die Ackerleute sehen jemerlich/ vnd die weingartner heulen/vmb den weitzen vnd vmb die gersten/ das aus der ernd auff dem felde nichts werden kan/So stehet der weinstock auch jemerlich/vnd der feigenbaum kleglich/dazu die granatbeume/palmbeume/epffelbeume/vnd alle beume auff dem felde sind verdorret/Denn die freude der menschen ist zum jamer worden.

Begürtet euch vnd klaget jr Priester/heulet jr Diener des Altars/ Gehet hinein vnd ligt jnn secken/jr Diener meines Gottes/Denn es ist beide Speisopffer vnd Tranckopffer vom Hause ewrs Gottes weg/ Heiliget eine Fasten/rufft der Gemeine zu samen/versamlet die Eltesten/vnd alle einwoner des landes zum Hause des HERRN ewers Gottes/vnd schreiet zum HERRN/O weh des tages/Denn der tag des HERRN ist nahe/vnd kompt wie ein verderben vom Allmechtigen/Da wird die speise fur vnsern augen weg genomen werden/vnd vom Hause vnsers Gottes/freude vnd wonne/Der same ist vnter der erden verfaulet/Die kornheuser stehen wüste/die scheuren zerfallen/ denn das getreide ist verdorben/O wie seufftzet das vihe/Die rinder sehen kleglich/denn sie haben keine weide/vnd die schafe verschmachten.

HERR/dich ruffe ich an/denn das feur hat die awen jnn der wüsten verbrand/vnd die flamme hat alle beume auff dem acker angezündet/Es schreien auch die wilden thiere zu dir/Denn die wasserbeche sind ausgetrocknet/vnd das feur hat die awen jnn der wüsten verbrand.

II.

Blaset mit der posaunen zu Zion/ruffet auff meinem heiligen berge/Erzittert alle einwoner im lande/Denn der tag des HERRN kompt/vnd ist nahe/Ein finster tag/ ein tunckel tag/ein wolckiger tag/ein neblicher tag/ gleich wie sich die morgen röte ausbreitet vber die berge/ Nemlich/ein gros vnd mechtig volck/des gleichen vorhin nicht gewest ist/vnd hinfurt nicht sein wird zu ewigen zeiten fur vnd fur/Vor jm her gehet ein verzehrend feur/vnd nach jm ein brennende flamme/Das land ist fur jm/wie ein lustgarte/aber nach jm/ wie ein wüste einöde/vnd niemand wird jm entgehen/Sie sind gestalt wie rosse/vnd rennen wie die reuter/Sie sprengen daher oben auff den bergen/wie die wagen rasseln/vnd wie eine flamme loddert im stro/ wie ein mechtig volck/das zum streit gerüstet ist.

Die völcker werden sich fur jm entsetzen/Aller angesicht sind so bleich/wie die töpffen/Sie werden lauffen wie die Risen/vnd die mauren ersteigen/wie die krieger/Ein jglicher wird stracks fur sich daher zihen/vnd sich nicht seumen/Keiner wird den andern jrren/Sondern ein jglicher wird jnn seiner ordnung daher faren/Vnd wenn sie stürmen vnd hinein fallen/werden sie doch vnuerseeret bleiben/Sie werden jnn der Stad vmbher reiten/auff der mauren lauffen/vnd jnn die heuser steigen/vnd wie ein dieb im finstern hinein brechen.

Fur jm erzittert das land/vnd bebet der himel/Sonn vnd Mond werden finster/vnd die sterne verhalten jren schein/Denn der HERR

E ij wird sei-

Der Prophet

wird seinen donner fur seinem heer lassen her gehen / Denn sein heer ist seer gros / vnd mechtig / welchs seinen befelh wird ausrichten / Denn der tag des HERRN ist gros vnd seer erschrecklich / Wer kan jn leiden?

So spricht. nu der HERR / Bekeret euch zu mir von gantzem hertzen / mit fasten / mit weinen / mit klagen / Zureisset ewre hertzen / vnd nicht ewre kleider / vnd bekeret euch zu dem HERRN ewrem Gotte / Denn er ist gnedig / barmhertzig / gedultig / vnd von grosser güte / vnd rewet jn bald der straffe / Er wird sich ja noch widerumb erbarmen / vnd nach seiner straffe / gnade erzeigen / zum Speisopffer vnd Tranckopffer dem HERRN ewrem Gotte.

Blaset mit posaunen zu Zion / heiliget eine fasten / ruffet der Gemeine zu samen / versamlet das volck / heiliget die Gemeine / samlet die Eltesten / bringet zu hauffe die jungen kinder vnd die seuglinge / Der Breutgam gehe aus seiner kamer / vnd die Braut aus jrem gemach / Lasst die Priester des HERRN Diener / weinen zwisschen der Halle vnd Altar / vnd sagen / HERR schone deins volcks / vnd las dein erbteil nicht zu schanden werden / das Heiden vber sie herrschen / Warumb wiltu lassen vnter den völckern sagen / Wo ist nu jr Gott?

So wird denn der HERR vmb sein land eiuern / vnd seines volcks verschonen / Vnd der HERR wird antworten vnd sagen zu seinem volck / Sihe / ich wil euch getreide / most vnd öle die fülle schicken / das jr gnug dran haben solt / vnd wil euch nicht mehr lassen vnter den Heiden zu schanden werden / Vnd wil den von Mitternacht fern von euch treiben / vnd jn jnn ein dürr vnd wüst land verstossen / nemlich / sein angesicht hin zum meer gegen Morgen / vnd sein ende / hin zum eussersten meer / Er sol verfaulen vnd stincken / vmb seiner hoffart willen / Fürchte dich nicht Liebes land / sondern sey frölich vnd getrost / Denn der HERR kan auch hoffertig sein / Fürchtet euch nicht / jr thier auff dem felde / Denn die wonungen jnn der wüsten sollen grünen / vnd die beume jre früchte bringen / vnd die feigenbeume vnd weinstöcke sollen wol tragen.

Vnd jr kinder Zion frewet euch / vnd seid frölich im HERRN ewrem Gott / der euch gnedigen regen gibt / vnd euch erab sendet frueregen vnd spätregen / wie vorhin / das die tennen vol korns / vnd die keltern vberflus von most vnd öle haben sollen / Vnd ich wil euch die jare erstatten / welche die hewschrecken / kefer / geschmeis vnd raupen (die mein grosses heer waren / so ich vnter euch schicket) gefressen haben / das jr zu essen gnug haben sollet / vnd den namen des HERRN ewrs Gottes preisen / der wunder vnter euch gethan hat / vnd mein volck sol nicht mehr zu schanden werden / Vnd jr solts erfaren / das ich mitten vnter Israel sey / vnd das ich der HERR ewr Gott sey / vnd keiner mehr / Vnd mein volck sol nicht mehr zu schanden werden.

So wird das Leuitisch priesterthum aus sein / wenn allerley stende sollen zum predig ampt komen.

Vnd nach diesem / wil ich meinen Geist ausgiessen vber alles fleisch / Vnd ewre söne vnd töchter sollen weissagen / Ewr Eltesten sollen treume haben / vnd ewre jünglinge sollen gesichte sehen / Auch wil ich zur selbigen zeit / beide vber knechte vnd megde / meinen Geist ausgiessen / Vnd wil wunderzeichen geben im himel vnd auff erden / nemlich / blut /

lich/blut/feur vnd rauch dampff/Die Sonne sol jnn finsternis/vnd der Mond jnn blut verwandelt werden/ehe denn der grosse vnd schrecklische tag des HERRN kompt/ Vnd sol geschehen/ Wer des HERRN namen anruffen wird/der sol errettet werden/Denn auff dem berge Zion vnd zu Jerusalem/wird eine errettung sein/wie der HERR verheissen hat/auch bey den andern vbrigen/die der HERR beruffen wird.

III.

Enn sihe/Jnn den tagen/vnd zur selbigen zeit/wenn ich das gefengnis Juda vnd Jerusalem wenden werde/wil ich alle Heiden zu samen bringen/vnd wil sie jns tal Josaphat hinab füren/vnd wil mit jnen daselbs rechten/von wegen meines volcks/vnd meines erbteils Jsrael/das sie vnter die Heiden zerstrewet/vnd sich jnn mein land geteilet/vnd das los vmb mein volck geworffen haben/Vnd haben die knaben vmb speise gegeben/vnd die meidlin ᵃ vmb wein verkaufft/vnd vertruncken.

(Von wegen) Merck/ das alle straffe vnd gerichte Gottes vber die bösen geschicht/ vmb der fromen willen/Das jungst gericht auch also.
ᵃ (Vmb wein) Das ist/vnrechtlich vnd höhnlich verkaufft.

Vnd jr von Zor vnd Zidon vnd alle grentze der Philister/was habt jr mit mir zu thun? Wolt jr mich trotzen? Wolan/ Trotzet jr mich/ so wil ichs euch eilend vnd bald wider vergelten auff ewren kopff/die jr mein silber vnd geld/vnd meine schöne kleinote/genomen/ vnd jnn ewre kirchen gebracht habt/Dazu auch die kinder Juda vnd die kinder Jerusalem verkaufft habt den Griechen/auff das jr sie ja fern von jren grentzen brechtet/ Sihe/ich wil sie erwecken aus dem ort/dahin jr sie verkaufft habt/vnd wils euch vergelten auff ewren kopff/Vnd wil ewre söne vnd töchter widerumb verkeuffen/durch die kinder Juda/ die sollen sie denen jnn Reich Arabia/einem volck jnn fernen landen/verkeuffen/Denn der HERR hats gered.

Ruffet dis aus (sagen sie) vnter den Heiden/ Heiliget einen streit/erwecket die starcken/lasst herzu komen vnd hinauff zihen alle kriegsleute/macht aus ewren pflugscharen schwerter/vnd aus ewren sicheln spiesse/Der schwache/achte sich starck/Rottet euch/vnd komet her alle Heiden/vmb vnd vmb/vnd versamlet euch/ Daselbs wird der HERR deine starcken darnider legen/ Macht euch auff jr Heiden/vnd zihet erauff zum tal Josaphat/ Denn daselbs wil ich sitzen/zu richten alle Heiden/vmb vnd vmb/Schlahet die sicheln an/ denn die ernd ist reiff/Kompt herab/denn die kelter ist vol/vnd die kelter laufft vber/Denn jre bosheit ist gros.

(Ruffet) Das ist/alle Heiden toben wider die Christen/rüsten/ vnd stercken sich wider Gottes wort/Psal.ij.

Es werden hie vnd da hauffen volcks sein im ᵇ Reisse tal/Denn des HERRN tag ist nahe/im Reisse tal/ Sonn vnd Mond werden verfinstern/ vnd die sterne werden jren schein verhalten/Vnd der HERR wird aus Zion brüllen/vnd aus Jerusalem seine stim lassen hören/das himel vnd erden beben wird/ Aber der HERR wird seinem volck eine zuflucht sein/vnd eine Feste den kindern Israel/Vnd jr sollets erfaren/das ich der HERR ewr Gott/zu Zion auff meinem heiligen Berge wone/Als denn wird Jerusalem heilig sein/vnd kein frembder mehr durch sie wandeln.

ᵇ (Reisse tal) Das ist/die heilige Kirche vnd das rechte Josaphat tal/darinn Gott durch sein wort zurreisst vnd zuschleisst/was wider Gott ist/alle abgötterey/ jrthum vnd falsche lere/vnd wer sie verteidingt/Ro.j.

E iij   Zur selbigen

Der Prophet Joel.

Zur selbigen zeit/werden die berge mit süssem wein trieffen/vnd die hügel mit milch fliessen/ Vnd alle beche jnn Juda/ werden vol wassers gehen/Vnd wird eine quelle vom Hause des HERRN her= aus gehen/ der wird den strom Sittim wessern/ Aber Egypten sol wüst werden/Vnd Edom eine wüste einöde/ vmb den freuel an den kindern Juda begangen/das sie vnschüldig blut jnn jrem lande vergossen haben/ Aber Juda sol ewiglich bewonet wer= den/vnd Jerusalem fur vnd fur/Vnd ich wil jr
blut nicht vngerochen lassen/Vnd der
HERR wird wonen zu
Zion.

Vorrhede

Ende des Propheten Joels.

Vorrhede auff den
Propheten Amos.

AMos zeigt seine zeit an / das er zur zeit Hosea vnd Jesaia gelebt vnd gepredigt hat / vnd eben wider die selbige laster vnd Abgötterey / oder falsche heiligen / gleich wie Hoseas thut / predigt vnd verkündigt auch die Assyrisch gefengnis / Er ist aber auch hefftig / vnd schilt das volck Jsrael fast durchs gantze buch aus / bis ans ende des letzten Capitels / da er von Christo vnd seinem Reich weissaget / vnd sein buch damit beschleusst / Das mich kein Prophet dunckt so wenig verheissung / vnd so gar durch eitel schelten vnd drewen / haben / das er wol mag heissen / Amos (das ist) eine Last / oder der schweer vnd verdrieslich ist / Sonderlich / weil er ein Hirte ist / vnd nicht von der Propheten orden / wie er selbs sagt / am andern Capitel / Dazu aus dem stam Juda von Thekoa / ins Königreich Jsrael gehet vnd daselbs predigt / als ein frembder / Darumb sagt man auch / der Priester Amazia (welchen er strafft am siebenden Capitel) hab jn mit einer stangen zu tod geschlagen.

Jm ersten Capitel ist er schweer vnd tunckel anzusehen / da er von dreien vnd vier sunden redet / Darüber auch viel sich mancherley verbrochen haben / vnd die sache weit gesucht / Aber der Text (acht ich) solts ja klerlich geben / das die selbigen drey vnd vier sunde / nicht mehr denn einerley sunde sey / Denn er nennet vnd zeucht ja allewege / nur einerley sunde an / Als wider Damascon / nennet er allein die sunde / das sie Galaad mit eisern wagen haben gedroschen rc. Er nennet aber solche sunde drey vnd viere / Darumb / das sie solche sunde nicht büssen noch erkennen / sondern dazu auch rhümen vnd drauff trotzen / als hetten sie wol gethan / wie die falschen heiligen alle thun / Denn es kan eine sunde nicht erger noch grösser / noch mehr werden / denn wo sie ein heilig / Göttlich werck sein wil / vnd den Teufel zu Gott / vnd Gott zum Teufel macht / Gleich / wie drey vnd vier machen sieben / welchs ist das ende der zal jnn der Schrifft / da man wider vmb keret vnd wider anfehet zu zelen / beide die tage vnd wochen.

Er wird zwey mal im Newen testament gefurt / Erst mals / Acto. am siebenden / Da Sanct Stephan jn anzeucht / aus dem funfften Capitel / wider die Jüden / vnd damit beweiset / das sie Gottes Gesetze nie gehalten haben / von anfang her aus Egypten. Zum andern mal / da Sanct Jacob / Acto. am funffzehenden / im ersten Concilio der Aposteln / jn füret aus dem letzten Capitel / zu beweisen / die Christliche freiheit / das die Heiden im Newen testament / nicht schüldig sind / Moses Gesetze zu halten / So die Jüden selbst / solchs noch nie gehalten / vnd auch nicht halten kundten / wie S. Petrus / Acto. am funffzehenden predigt / Vnd das sind die furnemesten zwey stück jnn Amos / vnd zwey seer gute stuck.

E iiij   Der Pro-

Der Prophet Amos.

I.

Es ists / das Amos / der vnter den Hirten zu Thekoa war / gesehen hat vber Israel / zur zeit Usia des Königes Juda / vnd Jerobeam des sons Joas / des Königes Israel / zwey jar vor dem erdbeben / Vnd sprach / Der HERR wird aus Zion brüllen / vnd seine stim aus Jerusalem hören lassen / das die awen der Hirten jemerlich stehen werden / vnd der Chermel oben verdorren wird.

So spricht der HERR / Vmb drey vnd vier laster willen Damasci / wil ich jr nicht schonen / darumb / das sie Gilead mit eisern zacken gedroschen haben / Sondern ich wil ein fewr schicken jnn das Haus Hasael / das sol die pallast BenHadad verzehren / Vnd ich wil die rigel zu Damasco zu brechen / vnd die einwoner auff dem felde Auen / sampt dem / der den scepter helt / aus dem schönen hause ausrotten / das das volck jnn Syria sol gen Kir / weggefurt werden / spricht der HERR.

So spricht der HERR / Vmb drey vnd vier laster willen Gasa / wil ich jr nicht schonen / Darumb / das sie die gefangenen / weiter gefangen / vnd jns land Edom vertrieben haben / Sondern ich wil ein fewr jnn

Amos. XXIX.

feur jnn die mauren zu Gasa schicken/das sol jre pallast verzehren/ Vnd wil die einwoner zu Asdod/sampt dem/der den scepter helt/aus Ascalon ausrotten/ vnd meine hand wider Acron keren/ das vmb kommen sol/was von den Philistern noch vbrig ist/spricht der HErr HERR.

So spricht der HERR/Vmb drey vnd vier laster willen der stad Zor/wil ich jr nicht schonen/Darumb/das sie die gefangene weiter ins land Edom vertrieben haben/vnd nicht gedacht an den Bund der Brüder/Sondern ich wil ein feur jnn die mauren zu Zor schicken/das sol jre pallast verzehren.

So spricht der HERR/Vmb drey vnd vier laster willen Edom/ wil ich sein nicht schonen/Darumb/das er seinen Bruder mit dem schwert verfolget hat/vnd jm seine kinder vmbbracht/vnd jmer zuris sen jnn seinem zorn/vnd seinen grim stets treibt/Sondern ich wil ein feur schicken gen Theman/das sol die pallast zu Bazra verzehren.

So spricht der HERR/Vmb drey vnd vier laster willen der kin der Ammon/wil ich jr nicht schonen/Darumb/das sie die schwangere jnn Gilead zurissen haben/damit sie jre grentze weiter macheten/Son dern ich wil ein feur anzünden jnn den mauren Rabba/das sol jre pal last verzehren/wenn man ruffen wird/zur zeit des streits / vnd wenn das wetter komen wird/zur zeit des sturmes/Da wird denn jr König/ sampt seinen Fürsten / gefangen weg gefurt werden / spricht der HERR.

So spricht der HERR/Vmb drey vnd vier laster willen Moab/ wil ich jr nicht schonen/Darumb/das sie die gebeine des Königes zu Edom haben zu aschen verbrand/Sondern ich wil ein feur schicken jnn Moab/das sol die pallast zu Kirioth verzehren/Vnd Moab sol sterben im getümel vnd geschrey vnd posaunen hall/Vnd ich wil den Richter vnter jnen ausrotten/ vnd alle jre Fürsten/sampt jm/erwür gen/spricht der HERR.

II.

So spricht der HERR/Vmb drey vnd vier laster willen Juda/wil ich sein nicht schonen/Darumb/das sie des HERRN Gesetz verachten / vnd seine Rechte nicht halten/vnd lassen sich jre Lügen verfüren/welchen jre Veter nachgefolget haben/Sondern ich wil ein feur jnn Juda schicken/das sol die pallast zu Jerusalem ver zehren.

(Lügen) Abgötter vnd fal sche lere.

So spricht der HERR/Vmb drey vnd vier laster willen Jsrael/ wil ich jr nicht schonen/Darumb/das sie die gerechten vmb geld/vnd die armen vmb schuch verkeuffen/Sie gehen mit füssen vber die ar men/vnd hindern die elenden allenthalben/Es schlefft son vnd vater bey einer dirnen/damit sie meinen namen entheiligen/vnd bey allen Altaren schlemmen sie von den verpfendten kleidern/ vnd trincken wein jnn jrer Götter hause/von der busse.

(Schuch) Der Gottlos gebe vmb alle Pfarher nicht ein alt par schuch.

Nu hab ich ja den Amoriter vor jnen her vertilget/der so hoch war/ als die cedern/vnd seine macht/wie die eichen/vnd ich vertilget oben seine frucht/vnd vnden seine wurtzel/Auch hab ich euch aus Egyp ten land

Der Prophet

ten lande gefüret/ vnd vierzig jar jnn der wüsten geleitet/ das jr der Amoriter land besesset/ Vnd hab aus ewrn kindern/ Propheten auff erweckt/ vnd Nasarer aus ewrn jünglingen/ Jsts nicht also/ jr kinder Jsrael/ spricht der HERR? So gebt jr den Nasaren wein zu trincken/ vnd gebietet den Propheten/ vnd sprecht/ Jr solt nicht weissagen.

Sihe/ ich wils vnter euch kirren machen/ wie ein wagen vol garben kirret. Das der/ so schnell ist/ sol nicht entfliehen/ noch der starcke etwas vermügen/ vnd der mechtige nicht sol sein leben erretten können/ Vnd die bogenschützen sollen nicht bestehen/ vnd der schnell lauffen kan/ sol nicht entlauffen/ vnd der da reitet/ sol sein leben nicht erretten/ Vnd der vnter den starcken/ der manhafftigst ist/ sol nacket entfliehen müssen/ zu der zeit/ spricht der HERR.

III.

HOret was der HERR mit euch redet/ jr kinder Jsrael/ nemlich/ mit allen geschlechten/ die ich aus Egypten land gefüret hab/ vnd sprach/ Aus allen geschlechten auff erden/ hab ich allein euch angenomen/ darumb wil ich auch euch heimsuchen jnn alle ewr missethat/ Mügen auch zween mit einander wandeln/ sie seien denn eins vnternander? Brüllet auch ein Lewe im walde/ wenn er keinen raub hat? Schreiet auch ein junger Lewe aus seiner hüle/ er hab denn etwas gefangen? Fellt auch ein vogel jnn den strick auff der erden/ da kein vogler ist/ Hebt man auch den strick auff von der erden/ der noch nichts gefangen hat? Bleset man auch die posaunen jnn einer stad/ da sich das volck dafur nicht entsetze? Jst auch ein vnglück jnn der Stad/ das der HErr HERR nicht thu/ Denn der HErr HERR thut nichts/ er offenbare denn sein geheimnis den Propheten/ seinen Knechten/ Der Lewe brüllet/ wer solt sich nicht furchten? Der HErr HERR redet/ wer solt nicht weissagen?

Das ist/ Ich mus wol predigen/ Got heisst michs/ vnd jr seid die vrsache mit ewrem bösen wesen.

Verkündigt jnn den pallasten zu Asdod/ vnd jnn den pallasten im lande Egypti/ vnd sprecht/ Samlet euch auff die berge Samarie/ vnd sehet/ welch ein gros vnrecht vnd zeter geschrey da ist/ Sie achten keines rechten/ spricht der HERR/ Sondern freueln vnd schaden thun/ gehet eins vber das ander jnn jren hensern/ Darumb/ spricht der HErr HERR/ Man wird dis land rings vmbher belegern/ vnd dich von deiner macht herunter reissen/ vnd deine heuser plundern.

a (Bette) Bette vnd lager heissen kirchen vnd altar/ Jsaie. lvij. darauff sie hurerey/ das ist/ abgotterey/ treiben/ Wil sagen/ Sie dienen den Göttern zu Damasco/ vñ jnn der Ecken/ das ist/ zu Dan oder Bethel.

So spricht der HERR/ Gleich/ wie ein Hirte dem Lewen/ zwey knie/ oder ein ohrleplin aus dem maul reisset/ also sollen die kinder Jsrael eraus gerissen werden/ die zu Samaria wonen/ vnd haben jnn der ecken ein ᵃ bette/ vnd zu Damasco eine sponda. Höret vnd zeuget im Hause Jacob/ spricht der HErr HERR der Gott Zebaoth/ Denn zur zeit/ wenn ich die sunde Jsrael heimsuchen werde/ wil ich die Altar zu Bethel heimsuchen/ vnd die hörner des Altars abbrechen/ das sie zu boden fallen sollen/ Vnd wil beide winter haus vnd sommer haus schlahen/ vnd sollen die elffenbeinen heuser vnter gehen/ vnd viel heuser verderbt werden/ spricht der HERR.

Höret dis

Amos. XXX.

IIII.

Oret dis wort/jr fetten kühe/die jr auff dem berge Samaria seid/vnd dem dürfftigen vnrecht thut/vnd vntertrettet den armen/vnd sprecht zu ewrn Herrn/Bringe her/las vns sauffen/ Der HErr HERR hat geschworen bey seiner heiligkeit/Sihe/es kompt die zeit vber euch/das man euch an stangen/vnd ewr nachkomen inn fisch kesseln/weg tragen wird/vnd werdet zu den lücken hinaus gehen/ein jgliche fur sich hin/vnd gen Harmon weg geworffen werden/spricht der HERR.

Kühe vnd jr Herren sind die Abgöttischen mit jren Götzen/dauon sie reich werden.

Harmon ist vileicht der berg Amanus/jenseid welchen ist Israel inn Assyriam weg gefurt.

Ja/kompt her gen Bethel vnd treibt sunde/vnd gen Gilgal/das jr der sunden viel macht/vnd bringet ewr opffer des morgens/vnd ewr zehenden des dritten tages/Vnd reuchert vom saurteig zum Danckopffer/vnd predigt von Frey willigem opffer/vnd verkündigts/Denn so habt jrs gern/jr kinder Israel/spricht der HERR HERR/Darumb hab ich euch auch jnn allen ewrn stedten müssige zeene gegeben/vnd mangel am brod an allen ewrn orten/Noch bekeret jr euch nicht zu mir/spricht der HERR.

Auch hab ich den regen vber euch verhalten/bis das noch drey monden waren zur erndten/Vnd ich lies regenen vber eine stad/vnd auff die ander stad lies ich nicht regenen/Ein acker ward beregent/vnd der ander acker/der nicht beregent ward/verdorrete/Vnd zogen/zwo/drey stedte/zu einer stad/das sie wasser trincken möchten/vnd kundtens nicht gnug finden/Noch bekeret jr euch nicht zu mir/spricht der HERR.

Ich plaget euch mit dürrer zeit/vnd mit brand korn/So frassen auch die raupen alles/was jnn ewrn garten/weinbergen/feigenbeumen vnd ölebeumen wuchs/Noch bekeret jr euch nicht zu mir/spricht der HERR.

Ich schicket pestilentz vnter euch/gleicher weise/wie jnn Egypten/Ich tödtet ewr junge manschafft durchs schwert/vnd lies ewr pferde gefangen weg füren/Ich lies den stanck von ewrem heer lager jnn ewre nasen gehen/Noch bekeret jr euch nicht zu mir/spricht der HERR.

Ich keret etliche vnter euch vmb/wie Gott Sodom vnd Gomorra vmbkeret/das jr waret/wie ein brand/der aus dem feur gerissen wird/Noch keret jr euch nicht zu mir/spricht der HERR.

Darumb/wil ich dir weiter also thun Israel/Weil ich denn dir also thun wil/So schicke dich Israel/vnd begegene deinem Gotte/Denn sihe/Er ists/der die berge macht/den wind schaffet/vnd zeiget dem menschen/was er reden sol/Er macht die morgen röte vnd die finsternis/Er tritt auff den höhen der erden/Er heisst HERR Gott Zebaoth.

(Weiter) Ich wil auch fort faren mit plagen/darumb thu busse/das rat ich/ehe es angehet.

V.

Oret jr vom Hause Israel/dis wort/Denn ich mus dis klaglied vber euch machen. Die Jungfraw Israel ist gefallen/das sie nicht wider auff stehen wird/Sie ist zu boden gestossen/vnd ist niemand der jr auff helffe/Denn so spricht der HErr Gott/Die Stad da tausent ausgehen/sol nur hundert vbrig behalten/Vnd da hundert ausgehen/sol

Der Prophet

hen/sol nur zehen vbrig behalten/im Hause Israel/Darumb so spricht der HERR zum Hause Israel/Suchet mich/so werdet jr leben/ Suchet nicht Bethel/vnd kompt nicht gen Gilgal/vnd gehet nicht gen Berseba/Denn Gilgal wird gefangen weg gefurt werden/vnd Bethel wird jnn jamer komen.

Suchet den HERRN/so werdet jr leben (das nicht ein feur im Hause Joseph angehe/das da verzehre vnd niemand lesschen müge zu Bethel/die jr das recht jnn wermut verkeret/vnd die gerechtigkeit zu boden stosset) Er macht die Glucken vnd Orion/der aus dem finsternis den morgen/vnd aus dem tag die finster nacht/machet/der dem wasser im meer ruffet/vnd schüttet es auff den erdboden/Er heisset HERR/der vber den starcken eine verstörung anricht/vnd bringt eine verstörung vber die festen Stad/Aber sie sind dem gram/der sie offentlich strafft/vnd haben den fur einen grewel/der heilsam leret.

(Glucken) Die pleiades genant sind.

Darumb/weil jr die armen vnterdruckt/vnd nemet das korn mit grossen lasten von jnen/So solt jr jnn den heusern nicht wonen/die jr von werckstücken gebawet habt/vnd den wein nicht trincken/den jr jnn den feinen weinbergen gepflantzt habt/Denn ich weis ewr vbertretten/des viel ist/vnd ewr sunde/die starck sind/wie jr die gerechten drenget vnd geschencke nemet/vnd die armen fur gericht vnterdruckt/ Darumb mus der kluge zur selbigen zeit schweigen/Denn es ist eine böse zeit.

(Schweigen) Man thar nicht predigen/Es wils niemand hören noch leiden.

Suchet das gute vnd nicht das böse/auff das jr leben mügt/So wird der HERR der Gott Zebaoth/bey euch sein/wie jr rhümet/ Hasset das böse vnd liebet das gute/Bestellet das Recht im thor/so wird der HERR der Gott Zebaoth/den vbrigen jnn Joseph/gnedig sein.

Darumb/so spricht der HERR der Gott Zebaoth der HErr/ Es wird jnn allen gassen weheklage sein/vnd auff allen strassen wird man sagen/Weh/Weh/Vnd man wird den Ackerman zum trauren ruffen/vnd zum weheklagen/wer da weinen kan/Jnn allen weinbergen wird Weheklage sein/Denn ich wil vnter euch faren/spricht der HERR.

(Faren) Ich wil euch mores leren.

Weh denen/die des HERRN tag begeren/Was sol er euch? Denn des HERRN tag ist ein finsternis vnd nicht ein liecht/Gleich als wenn jemand fur dem Lewen flöhe/vnd ein Beer begegent jm/ Vnd als wenn jemand jnn ein haus keme/vnd lehnet sich mit der hand an die wand/vnd eine schlange steche jn/Denn des HERRN tag wird ja finster vnd nicht liecht sein/tunckel vnd nicht helle.

Ich bin ewrn Feirtagen gram/vnd verachte sie/vnd mag ewrs Reuchopffers nicht/jnn ewr versamlung/Vnd ob jr mir gleich Brandopffer vnd Speisopffer opffert/so hab ich keinen gefallen dran/So mag ich auch ewr feiste Danckopffer nicht ansehen/Thu nur weg von mir das geplerr deiner lieder/Denn/Ich mag deines psalterspiels nicht hören.

Es sol aber das Recht offenbart werden/wie wasser/vnd die gerechtigkeit/wie ein starcker strom/Habt jr vom Hause Israel/Mir jnn der wüsten die vierzig jar lang/Schlachtopffer vnd Speisopffer geopffert? Ja wol? Ir truget die hütten ewrs Molochs/vnd die Götzen ewr

Amos. XXXI.

tzen ewr bilder/vnd den stern ewr Götter/welche jr euch selbs gemacht hattet/So wil ich euch von hinnen gen Damasco weg füren lassen/spricht der HERR/der Gott Zebaoth heisst.

VI.

Eh den stoltzen zu Zion/vnd denen/die sich auff den berg Samaria verlassen/die sich halten fur die besten jnn aller welt/vnd regieren wie sie wollen/im Hause Israel/Gehet hin gen Kalne vnd schawet/vnd von dannen gen Hemath/die grosse Stad/vnd zihet hinab gen Gath der Philister/welche bessere Königreiche gewesen sind/denn diese/vnd jre grentze grösser/denn ewre grentze/Noch sind sie veriagt/da jr böses stündlin kam/Vnd jr regiert mit freuel/vnd ligt die weil auff elffenbeinen betten/vnd branget auff ewren tapeten/Jr esset das beste aus der herde/vnd die gemestete kelber/vnd spielet auff dem psalter/vnd ertichtet euch lieder/wie Dauid/vnd trincket wein aus den Schalen/vnd salbet euch mit Balsam/vnd bekümmert euch nicht vmb den schaden Joseph.

Darumb sollen sie nu forn an gehen vnter denen/die gefangen weg gefurt werden/vnd sol das schlemmen der branger auff hören/Denn der HErr HERR hat geschworen/bey seiner seelen/spricht der HERR der Gott Zebaoth/Mich verdreusst die hoffart Jacob/vnd bin jren pallasten gram/vnd ich wil auch die stad vbergeben/mit allem das drinnen ist/Vnd/Wenn gleich zehen menner jnn einem hause vberblieben/sollen sie doch sterben/das einen jglichen sein vetter vnd sein ôhme nemen/vnd die gebeine aus dem hause tragen mus/vnd sagen zu dem/der jnn den gemachen des hauses ist/Ist jr auch noch mehr da? Vnd der wird antworten/Sie sind alle dahin/Vnd wird sagen/Sey zu friden/Denn sie wolten nicht/das man des HERRN namens gedencken solt.

Denn sihe/der HERR hat geboten/das man die grossen henser schlahen sol/das sie ritze gewinnen/vnd die kleinen henser/das sie lücken gewinnen/Wer kan mit rossen rennen/oder mit ochsen pflügen auff felsen? Denn jr wandelt das recht jnn gallen/vnd die frucht der gerechtigkeit jnn wermut/vnd tröstet euch des/das so gar nichts ist/vnd sprecht/Sind wir nicht mechtig vnd starck gnug? Darumb sihe/Jch wil vber euch vom hause Israel/ein volck erwecken/spricht der HERR/der Gott Zebaoth/das sol euch engsten/von dem ort an/da man gen Hemath gehet/bis an den * Weiden bach.

* (Weiden) Von einem ende bis ans ander/Denn der Weiden bach ist die grentze gegen mittag bey Moab/wie Hemath gegen mitternacht.

VII

Er HErr HERR/zeigte mir ein gesichte/Vnd sihe/da stund einer der macht hewschrecken/eben da das korn schier schossen solt/nach dem der König seine schafe hatte scheren lassen/Als sie nu das kraut im lande gar abfressen wolten/sprach ich/Ah HErr HERR/sey gnedig/Wer wil Jacob wider auff helffen? Denn er ist ja geringe/Da rewete es den HERRN/vnd sprach/Wolan/Es sol nicht geschehen.

f Der HErr

Der Prophet

Der HErr HERR zeigete mir ein gesichte/Vnd sihe/der HErr HERR rieff dem feur/damit zu straffen/Das solte eine grosse tieffe verzehren/vnd fras schon ein teil dahin/Da sprach ich/Ah HErr HERR/las abe/Wer wil Jacob wider auff helffen? Denn er ist ja geringe/Da rewete den HERRN das auch/vnd der HErr HERR sprach/Es sol auch nicht geschehen.

Er zeigete mir aber dis gesichte/Vnd sihe/der HERR stund auff einer maure mit einer bleischnur gemessen/vnd er hatte die bleischnur jnn seiner hand/Vnd der HERR sprach zu mir/Was sihestu Amos? Ich sprach/Eine bleischnur/Da sprach der HERR zu mir/Sihe/ich wil eine bleischnur zihen mitten durch mein volck Jsrael/vnd jm nicht mehr vbersehen/Sondern die Höhen Jsaak sollen verwüstet/vnd die Kirchen Jsraels verstöret werden/ Vnd ich wil mit dem schwert mich vber das Haus Jerobeam machen.

(Jsaak)
Die Kirche wird also genennet sein nach Jsaac dem Ertzuater / oder werden das volck Jsrael auch Jsaac genennet haben/ Aber der prophet deutet es zum spot/ Denn Jsaac heisst spotten.

Da sandte Amazia der Priester zu Bethel/zu Jerobeam dem Könige Jsrael/vnd lies jm sagen / Der Amos macht eine auffrur wider dich im Hause Jsrael/Das Land kan seine wort nicht leiden/Denn so spricht Amos/Jerobeam wird durchs schwert sterben/vnd Jsrael wird aus seinem lande/gefangen weg gefurt werden.

a
(Seher)
Du prophet vnd prediger.

Vnd Amazia sprach zu Amos/Du a Seher/gehe weg vnd fleuch jns land Juda / vnd neere dich daselbs / vnd weissage daselbs/ vnd weissage nicht mehr zu Bethel/Denn es ist des Königs Stifft/ vnd des Königreichs Haus.

b
(Kein prophet)
Das ist nicht vom orden oder samlung der propheten.

Amos antwortet/vnd sprach zu Amazia/Ich bin b kein Prophet/ noch keins Propheten son/Sondern ich bin ein kuehirt/der maulbeer abliest/Aber der HERR nam mich von der herd/vnd sprach zu mir/ Gehe hin vnd weissage meinem volck Jsrael/So höre nu des HERRN wort/Du sprichst/Weissage nicht wider Jsrael/vnd rede nicht wider das Haus Jsaak/Darumb spricht der HERR also/Dein weib wird jnn der stad geschendet werden/vnd deine söne vnd töchter sollen durchs schwert fallen/vnd dein acker sol durch die schnur ausgeteilet werden/du aber solt jnn einem vnreinen lande sterben/vnd Jsrael sol aus seinem lande vertrieben werden.

VIII.

c
(Korb)
Im Ebreischen lauten die zwey wort (Korb vnd Ende) fast gleich/ Kaitz vnd Ketz/ Also ömet er von einem zum andern vnd spricht/ Der Korb/ja das ende ist komen wie wir sagen möchten/ Ich wil mit dir reden/Ja ich wil dich reden, etc.

DEr HErr HERR zeigete mir ein gesichte/Vnd sihe/ da stund ein c Korb mit obs/Vnd er sprach/Was sihestu Amos? Ich aber antwortet/Einen korb mit obs/Da sprach der HERR zu mir / Das ende ist komen vber mein volck/ich wil jm nicht mehr vbersehen/Vnd die lieder jnn den kirchen sollen jnn ein heulen verkeret werden/zur selbigen zeit/spricht der HErr HERR/ Es werden viel todter leichnam ligen an allen orten/ die man heimlich weg tragen wird.

Höret dis/die jr den armen vnterdruckt/vnd die elenden im lande verderbet/vnd sprecht/ Wenn wil denn der New mond ein ende haben/das wir getreide verkeuffen/vnd der Sabbath/das wir korn veil haben mügen/vnd den scheffel ringern/vnd den Sekel steigern/vnd die wogen

Amos. XXXIIII.

die wogen felschen/ auff das wir die armen vmb geld/ vnd die dürfftigen ᵃ vmb schuch/ vnter vns bringen/ vnd sprew fur korn verkeuffen. Der HERR hat geschworen wider die hoffart Jacob/ was gilts/ ob ich solcher jrer werck jmer vergessen werde? Solt nicht vmb solchs willen das land erbeben müssen/ vnd alle einwoner trawren? Ja es sol gantz/ wie mit einem wasser/ vberlauffen werden/ vnd weg geführet vnd vberschwemmet werden/ wie der ᵇ Flus jnn Egypten thut.

Zur selbigen zeit/ spricht der HErr HERR/ Wil ich die Sonnen im mittage vntergehen lassen/ vnd das land am hellen tage lassen finster werden/ Ich wil ewr Feirtage jnn trawren/ vnd alle ewre Lieder jnn wehklagen/ verwandeln/ Ich wil vber alle lenden/ den sack bringen/ vnd alle köpffe kahl machen/ vnd wil jnen ein trawren schaffen/ wie man vber einem einigen son hat/ vnd sollen ein jemerlich ende nemen.

Sihe/ Es kompt die zeit/ spricht der HErr HERR/ das ich einen ᶜ hunger jns land schicken werde/ nicht einen hunger nach brod/ oder durst nach wasser/ sondern nach dem wort des HERRN zu hören/ das sie hin vnd her/ von einem meer zum andern/ von mitternacht gegen morgen/ vmblauffen/ vnd des HERRN wort suchen/ vnd doch nicht finden werden/ Ju der zeit werden schöne Jungfrawen vnd Junglinge verschmachten fur durst/ die jtzt schweren/ bey dem ᵈ Fluch Samarie/ vnd sprachen/ So war/ dein Gott zu Dan lebet/ So war dein Gott zu Berseba lebt/ Denn/ sie sollen also fallen/ das sie nicht wider auff stehen mügen.

IX.

Ich sahe den HErrn auff dem Altar stehen/ vnd er sprach/ Schlahe an den knauff/ das die pfosten beben/ Denn jr geitz sol jnen allen auff jren kopff komen/ vnd wil jre nachkomen mit dem schwert erwürgen/ das keiner entfliehen/ noch einiger dauon entgehen sol/ Vnd wenn sie sich gleich jnn die Helle vergrüben/ sol sie doch meine hand von dannen holen/ Vnd wenn sie gen himel füren/ wil ich sie doch herunter stossen/ Vnd wenn sie sich gleich versteckten oben auff dem berge Charmel/ wil ich sie doch daselbs suchen vnd herab holen/ Vnd wenn sie sich fur meinen augen verbürgen im grunde des meers/ So wil ich doch den schlangen befelhen/ die sie daselbs stechen sollen/ Vnd wenn sie fur jren feinden hin gefangen giengen/ So wil ich doch dem schwert befelhen/ das sie es daselbs erwürgen sol/ Denn ich wil meine augen vber jnen halten/ zum vnglück vnd nicht zum gutem.

Denn der HErr HERR Zebaoth ist ein solcher/ wenn Er ein land anrüret/ so zurschmeltzt es/ das alle einwoner trawren müssen/ das es sol gantz vber sie her lauffen wie ein wasser/ vn vberschwemmet werden/ wie der Flus jnn Egypten thut/ Er ists/ der seinen saal jnn den himel bawet/ vnd seine hütten auff der erden gründet/ Er ruffet dem wasser im meer/ vnd schüttets auff das erdreich/ Er heisset HERR/ Seid jr kinder Israel mir nicht gleich wie die ᵉ Moren/ spricht der HERR? Hab ich nicht Israel aus Egypten gefurt/ vnd die Philister aus Chaphthor/ vnd die Syrer aus Kir?

F ij   Sihe/ die

ᵃ (Vmb schuch) Das ist/ vmb allerley notturfft/ das sie theur müssen bezalen.

ᵇ (Flus) Das ist der Nilus/ der alle jar das land Egypte vberschwemmet im Sommer.

ᶜ (Hunger) Wer Gottes wort nicht wil/ dem sols fern gnug komen/ das ers nimer mehr finden mag/ wenn ers gerne hette.

ᵈ (Fluch) So nennet er den Abgott/ darumb/ das sie sich daran versündigen/ vnd den fluch verdienen.

ᵉ (Moren) Gott treibet jmer ein volck durchs ander aus/ vmb der sünde willen/ Gleich wie er durch Israel die Cananiter/ die Syrer durch die von Kir/ vnd die Caphthorer durch die Philister/ Vnd wie die Moren viel ander völcker vertrieben haben.

Der Prophet Amos.

Sihe/die augen des HErrn HERRN sehen auff ein sündiges Königreich/das ichs vom erdboden gantz vertilge/wie wol ich das Haus Jacob nicht gar vertilgen wil/spricht der HERR/Aber doch sihe/ich wil befehlen/vnd das Haus Jsrael vnter allen Heiden sichten lassen/gleich wie man mit einem sieb sichtet/vnd die körnlin sollen nicht auff die erden fallen/Alle sünder jnn meinem volck sollen durchs schwert sterben/die da sagen/Es wird das vnglück nicht so nahe sein/noch vns begegenen.

Zur selbigen zeit/wil ich die zerfallen Hütten Dauids wider auff richten/ vnd jre lücken verzeunen / vnd was abgebrochen ist / wider auffrichten/vnd wil sie bawen/wie sie vorzeiten gewest ist/auff das sie besitzen die vbrigen zu Edom/vnd die vbrigen vnter allen Heiden/ vber welche mein name gepredigt sein wird/spricht der HERR/der solchs thut.

Das ist die zeit des Euangelij vnd des Reichs Christi.

Sihe/Es kompt die zeit/spricht der HERR/das man zu gleich ackern vnd erndten/vnd zu gleich keltern vnd seen wird/Vnd die berge werden mit süssem wein trieffen/vnd alle hügel werden fruchtbar sein / Denn ich wil die gefengnis meines volcks Jsrael wenden/ das sie sollen die wüste stedte bawen vnd bewonen/weinberge pflantzen/vnd wein dauon trincken/Garten machen/vnd früchte daraus essen/Denn ich wil sie jnn jr land pflantzen/das sie nicht mehr aus jrem land gerottet werden/das ich jnen geben werde / Spricht der HERR dein Gott.

Ende des Propheten Amos.

Vorrhede auff den Propheten Obadia.

Obadia zeigt nicht an/welche zeit er gelebt hat/Aber seine weissagung/gehet auff die zeit der Babylonischer gefengnis/Denn er tröstet das volck Juda/das sie sollen wider gen Zion komen/Vnd furnemlich gehet seine weissagung wider Edom oder Esau/ Welche einen sonderlichen ewigen hass vnd neid trugen/wider das volck Israel vnd Juda/wie es pflegt zu gehen/wenn freunde widernander vneins werden/vnd sonderlich/wo brüder gegen ander inn hass vnd feindschafft geraten/Da ist die feindschafft on alle masse/ Also waren hie die Edomiter dem Jüdischen volck vber alle masse feind/vnd hatten keine grössere freude/denn das sie sehen solten der Jüden gefengnis/vnd rhümeten vnd spotteten jr/jnn jrem jamer vnd elende/wie fast alle Propheten/die Edomiter/vmb solcher hessiger bosheit willen/schelten/als auch der hundert vnd sieben vnd dreissigst Psalm vber sie klagt/vnd spricht/HERR/gedenck der Edomiter/am tage Jerusalem/da sie sprachen/Rein abe/Rein abe/bis auff jren boden.

Weil denn solchs aus der massen weh thut/so man die elenden vnd betrübten (die man billich trösten solt) aller erst zu jrem jamer spottet/lachet/trotzet vnd rhümet/damit der glaube an Gott eine grosse/starcke anfechtung leidet/vnd gewaltiglich zum verzweiueln vnd vnglauben reitzt/So stellet hie Gott einen sondern Propheten wider solche verdriessliche spötter vnd anfechter/vnd tröstet die betrübten/ vnd sterckt jren glauben/mit drewen vnd schelten/wider solche feindselige Edomiter/das ist/Spötter der elenden/vnd mit verheissung vnd zusagung künfftiger hülffe vnd errettung/Vnd ist fur war ein nötiger trost/vnd ein nützlicher Obadia/jnn solchem vnfal.

Am ende weissagt er von Christus Reich/das solle nicht allein zu Jerusalem/sondern allenthalben sein/Denn er menget alle völcker jnn einander/als Ephraim/Ben Jamin/Galaad/Philister/Cananiter/Zarpath/welchs nicht kan vom zeitlichen Reich Israel verstanden werden/da solche stemme vnd volck im lande vnterscheiden sein müsten/nach dem Gesetze Mosi. Das aber die Jüden hie Zarpath/ Franckreich/vnd Sepharad/Hispanien deuten/las ich faren/ vnd halte nichts dauon/Sondern lasse Zarpath bleiben/ die Stad bey Zidon/vnd Sepharad eine stad oder land jnn Assyria/da die zu Jerusalem gefangen gewest sind/wie der Text klerlich sagt/Vnd die gefangenen Jerusalem/so zu Sepharad sind/Doch halte ein jglicher/ was er wil.

F iij Der Prophet

Der Prophet Obadia.

I.

Dis ist das gesicht Obadia/ So spricht der HErr HERR von Edom/ Wir haben vom HERRN gehöret/ das eine Botschafft vnter die Heiden gesand sey/ Wolauff/ vnd lasst vns wider sie streiten/ Sihe/ Ich hab dich geringe gemacht vnter den Heiden/ vnd seer veracht/ Der hohmut deines hertzen hat dich betrogen/ weil du jnn der felsen klüfften wonest/ jnn deinen hohen schlössern/ vnd sprichst jnn deinem hertzen/ Wer wil mich herunter stossen?

Wenn du denn gleich jnn die höhe fürest/ wie ein Adeler/ vnd machtest dein nest zwisschen den sternen/ dennoch wil ich dich von dannen herunter stürtzen/ spricht der HERR/ Wenn ^a Diebe oder Verstörer zu nacht vber dich komen werden/ wie soltu so stille sein? Ja sie sollen gnug stelen/ Vnd wenn die Weinleser vber dich komen/ so sollen sie dir kein nachlesen vberbleiben lassen/ Wie sollen sie den Esau ausforschen/ vnd seine schetze suchen? Alle deine eigen Bundgenossen werden dich zum lande hinaus stossen/ Die leute/ auff die du deinen trost setzest/ werden dich betriegen vnd vberweldigen/ Die dein brod essen/ werden dich verraten/ ehe du es mercken wirst.

Was gilts?

^a (Diebe) Die Chaldeer sind diebe genant/ weil sie Edom vnuersehens rauben sollen/ wie wol sie fur Gott rechte diebe sind/ weil sie ja so böse buben sind/ als alle ander/ Summa/ Ein dieb mus des andern dieb sein.

Der Prophet Obadia. XXXIIII.

Was gilts? spricht der HERR/ Ich wil zur selbigen zeit/ die weisen zu Edom/ zu narren machen/ vnd die klugheit auff dem gebirge Esau/ Denn deine Starcken zu Theman sollen zagen/ auff das sie alle auff dem gebirge Esau/ durch den mord/ ausgerottet werden/ Vmb des freuels willen/ an deinem bruder Jacob begangen/ zu der zeit/ da du wider jn stundest/ da die frembden sein heer gefangen weg füreten/ vnd auslender zu seinen thoren einzigen/ vnd vber Jerusalem das los worffen/ da warestu gleich wie der selbigen einer/ Darumb soltu zu allen schanden werden/ vnd ewiglich ausgerottet sein.

Du solt nicht mehr so deine lust sehen/ an deinem bruder/ zur zeit seines elendes/ Vnd solt dich nicht frewen vber die kinder Juda/ zur zeit jres jamers/ Vnd solt mit deinem maul nicht so stoltz reden/ zur zeit jrer angst/ Du solt nicht zum thor meins volcks einzihen/ zur zeit jres jamers/ Du solt nicht deine lust sehen an jrem vnglück/ zur zeit jres jamers/ Du solt nicht wider sein heer schicken/ zur zeit seines jamers/ Du solt nicht stehen an den wegscheiden/ seine entrunnene zur morden/ Du solt seine vbrigen nicht verrhaten/ zur zeit der angst.

Denn der tag des HERRN ist nahe/ vber alle Heiden/ Wie du gethan hast/ sol dir wider geschehen/ vnd wie du verdienet hast/ so sol dirs wider auff deinen kopff komen/ Denn wie jr auff meinem heiligen Berge getruncken habt/ So sollen alle Heiden vmb her trincken/ Ja sie sollens aussauffen vnd verschlingen/ das es sey/ als were nie nichts da gewesen.

Aber auff dem berge Zion/ sollen noch etliche errettet werden/ die sollen heiligthum sein/ vnd das Haus Jacob sol seine besitzer besitzen/ Vnd das Haus Jacob/ ein feur werden/ vnd das Haus Joseph/ eine flamme/ aber das Haus Esau/ stro/ das werden sie anzünden vnd verzehren/ das dem Hause Esau nichts vberbleibe/ Denn der HERR hats gered.

Vnd die gegen mittage/ werden das gebirge Esau/ vnd die jnn gründen/ werden die Philister besitzen/ Ja sie werden das feld Ephraim vnd das feld Samaria/ besitzen/ vnd Ben Jamin den berg Gilead/ Vnd die vertriebene dieses heeres/ der kinder Israel/ so vnter den Chananitern bis gen Zarphath sind/ Vnd die vertriebene der Stad Jerusalem/ die zu Sepharad sind/ werden die stedte gegen mittage besitzen/ vnd werden Heilande herauff komen auff den berg Zion/ das gebirge Esau zu richten/ Also wird das Königreich des HERRN sein.

F iiij   Vorrhede

Ende des Propheten Obadia.

Vorrhede auff den
Propheten Jona.

DJesen Propheten Jona wollen etlich halten/ wie Dieronymus zeigt/ er sey der Widwin son gewesen zu Zarpath bey Zidon/ die den Propheten Elia neerete zur theuren zeit/ im ersten buche der Könige/ am siebenzehenden Capitel/ vnd Luce am vierden Capitel/ Nemen des vrsache/ das er hie sich selbst nennet/ Ein son Amithaj/ das ist/ ein son des warhafftigen/ weil seine mutter zu Elia sprach/ da er jn vom tod erweckt hatte/ Nu weis ich/ das die rede deines mundes warhafftig ist. Das gleube wer da wil/ ich gleubs nicht/ Sondern sein vater hat Amithaj geheissen/ auff Latinisch/ verar/ auff Deudsch/ warhafftig/ Vnd ist gewesen von Gath Nepher/ welche Stad ligt im stam Sebulon/ Josua am neunzehenden/ Denn also stehet geschrieben am vierzehenden Capitel im andern buch der Könige/ Der König Jerobeam brachte wider er zu die grentze Israel von Demath an bis ans meer im blachen felde/ nach dem wort des HERRN/ des Gottes Israel/ welchs er gered hatte durch seinen Diener Jona/ den son Amithaj/ den Propheten von Gath Nepher. Auch so war die Widwin zu Zarpath eine Deidin/ wie Christus auch meldet/ Luce am vierden/ Aber Jona bekennet hie im ersten Capitel/ er sey ein Ebreer.

So haben wir nu/ das dieser Jona gewesen ist zur zeit des Königes Jerobeam/ welches gros vater war der König Jehu/ zu welcher zeit/ der König Usia inn Juda regierte/ zu welcher zeit auch gewesen sind/ jnn dem selbigen Königreich Israel/ die Propheten/ Dosea/ Amos/ Joel/ an andern orten vnd stedten. Daraus man wol nemen kan/ wie ein trefflicher/ thewrer man/ dieser Jona im Königreich Israel gewesen ist/ vnd Gott gros ding durch jn gethan hat/ Nemlich/ das durch seine predigt/ der König Jerobeam so glückselig war/ vnd gewan alles wider/ was Dasael der König zu Syrien hatte dem Königreich Israel abgeschlagen.

Aber das ist vber alles (so er jnn seinem volck gethan) das er ein solch gros mechtig Königreich zu Assyrien angreiffen kan/ vnd so fruchtbarlich prediget bey den Deiden/ der bey den seinen/ nicht so viel hette mügen/ mit vielen predigen ausrichten/ als wolt Gott damit anzeigen den spruch Isaie/ Wers nicht gehöret hat/ der wirds hören/ zum Exempel/ das alle/ so das Wort reichlich haben/ dasselb weidlich verachten/ vnd die es nicht haben können/ gerne annemen/ Wie Christus Matthej am achten selbst sagt/ Das Reich Gottes wird von euch genomen vnd einem volck gegeben/ das frucht bringet.

Der Prophet

Der Prophet
Jona.
XXXV.

I.

ES geschach das wort des HER-
RN zu Jona dem son Amithai/ vnd sprach/ Mache
dich auff/ vnd gehe jnn die grosse Stad Nineue/ vnd
predige drinnen/ Denn jre bosheit ist erauff komen fur
mich. Aber Jona machte sich auff vnd flohe fur dem
HERRN/ vnd wolt auffs Meer/ vnd kam hinab gen
Japho/ vnd da er ein schiff fand/ das auffs meer wolt
faren/ gab er fehrgeld vnd trat drein/ das er mit jnen auffs meer fü-
re/ fur dem HERRN.

Da lies der HERR einen grossen wind auffs meer komen/ vnd
hub sich ein gros vngewitter auff dem meer/ das man meinet/ das
schiff würde zubrechen. Vnd die schiffleute furchten sich/ vnd schri-
en/ ein jglicher zu seinem Gott. Vnd worffen das gerete/ das im
schiff war/ jns meer/ das es leichter würde. Aber Jona war hinun-
ter jnn das schiff gestiegen/ lag vnd schlieff. Da trat zu jm der
Schiffherr/ vnd sprach zu jm/ Was schleffestu? Stehe auff/ rüffe
deinen Gott an/ ob villeicht Gott an vns gedencken wolte/ das wir
nicht verdürben.

Vnd einer

Der Prophet

Vnd einer sprach zum andern / Kompt / wir wollen lossen / das wir erfaren / vmb welchs willen es vns so vbel gehe. Vnd da sie losseten / traffs Jonan. Da sprachen sie zu jm / Sage vns / warumb gehet es vns so vbel? was ist dein gewerbe? vnd wo kompstu her / aus welchem lande bistu? vnd von welchem volck bistu? Er sprach zu jnen / Ich bin ein Ebreer / vnd fürchte den HERRN Gott von himel / welcher gemacht hat das meer vnd das trocken. Da furchten sich die leute seer / vnd sprachen zu jm / Warumb hastu denn solches gethan? Denn sie wusten / das er fur dem HERRN flohe / denn er hatte es jnen gesagt.

Da sprachen sie / Was sollen wir denn mit dir thun / das vns das meer stille werde? Denn das meer wütet. Er sprach / Nemet mich vnd werfft mich jns meer / so wird euch das meer stille werden / Denn ich weis / das solch gros vngewitter vber euch kompt vmb meinen willen. Vnd die leute trieben / das sie wider zu lande kemen / aber sie kundten nicht / denn das meer fuhr vngestüm wider sie. Da rieffen sie zu dem HERRN / vnd sprachen / Ah HERR / las vns nicht verderben vmb dieses mannes seele willen / vnd rechne vns nicht zu / vnschüldig blut / Denn du HERR thust / wie dirs gefellet.

Vnd sie namen Jona / vnd wurffen jn jns meer / Da stund das meer still von seinem wüten. Vnd die leute furchten den HERRN seer / vnd theten dem HERRN opffer vnd gelübde. Aber der HERR verschafft einen grossen fisch / Jona zuuerschlingen. Vnd Jona war im leibe des fisches / drey tage vnd drey nacht.

II.

Vnd Jona betet zu dem HERRN seinem Gotte / im leibe des fisches / vnd sprach.

Ich rieff zu dem HERRN jnn meiner angst / vnd er antwortet mir / Ich schrey aus dem bauche der hellen / vnd du hörtest meine stim.

Du warffest mich jnn die tieffe mitten im meer / das die flut mich vmbgaben / Alle deine wogen vnd wellen giengen vber mich.

Das ich gedacht / ich were von deinen augen verstossen / Ich würde deinen heiligen Tempel nicht mehr sehen.

Wasser vmbgaben mich bis an mein leben / die tieffe vmbringete mich / Schilff bedeckte mein heubt.

Ich sanck hinuntern zu der berge grunde / Die erde hatte mich verriegelt ewiglich / Aber du hast mein leben aus dem verderben gefurt / HERR mein Gott.

Da meine seele bey mir verzagt / gedacht ich an den HERRN / Vnd mein gebet kam zu dir jnn deinen heiligen Tempel.

Aber die sich verlassen auff jre werck / die doch nichts sind / achten der gnade nicht.

Ich aber wil mit danck opffern / Meine gelübde wil ich bezalen dem HERRN / das er mir geholffen hat.

Vnd der HERR sprach zum fische / vnd der selb speiet Jona aus ans land.

Vnd es

Jona.

III.

Nd es geschach das wort des HERRN zum ändern mal zu Jona/vnd sprach/Mach dich auff/gehe jnn die grosse Stad Nineue/vnd predige jr die predigt/die ich dir sage. Da macht sich Jona auff vnd gieng hin gen Nineue/wie der HERR gesagt hatte. Nineue aber war eine Stad Gottes/drey tage reise gros. Vnd da Jona anfieng hinein zu gehen eine tage reise/pre digt er/vnd sprach/Es sind noch vierzig tage/so wird Nineue vnter gehen. Da gleubten die leute zu Nineue an Gott/vnd liessen predigen/ man solte fasten/Vnd zogen secke an/beide gros vnd klein.

Vnd da das fur den König zu Nineue kam/stund er auff von sei nem thron/vnd legt seine purpur abe/vnd hüllet einen sack vmb sich/ vnd setzt sich jnn die asschen/Vnd lies aussschreien vnd sagen zu Nine ue/aus befelh des Königes vnd seiner gewaltigen also/Es sol weder mensch noch thier/weder ochsen noch schafe etwas kosten/vnd man sol sie nicht weiden/noch wasser trincken lassen/vnd sollen secke vmb sich hüllen / beide menschen vnd thier / vnd zu Gott ruffen hefftig/ Vnd ein jglicher bekere sich von seinem bösen wege/vnd vom freuel seiner hende/Wer weis? Gott möcht sich bekeren vnd rewen/vnd sich wenden von seinem grimmigen zorn/das wir nicht verderben.

Da aber Gott sahe jre werck/das sie sich bekereten von jrem bösen wege/rewete jn des vbels/das er gered hatte jnen zu thun/vnd thets nicht.

IIII.

As verdros Jona fast seer vnd ward zornig/vnd betet zum HERRN/vnd sprach/Ah HERR/das ists/das ich sagt/da ich noch jnn meinem lande war / darumb ich auch wolte zuuor komen zu fliehen auffs meer/ Denn ich weis/das du gnedig/barmhertzig/langmü tig vnd von grosser güte bist/vnd lest dich des vbels rewen/So nim doch nu HERR meine seele von mir/denn ich wolt lieber tod sein denn leben. Aber der HERR sprach/Meinstu/das du billich zürnest?

Vnd Jona gieng zur Stad hinaus/vnd satzt sich gegen morgen werds der Stad/vnd macht jm daselbs eine hütten/da satzt er sich vn ter / jnn den schatten/bis er sehe/was der Stad widerfaren würde.

Der HERR aber verschaffte einen Kürbis/der wuchs vber Jo na/das er schatten gab vber sein heubt/vnd ergetzt jn jnn seinem vbel/ Vnd Jona frewet sich seer vber dem Kürbis. Aber der HERR ver schaffte einen wurm/des morgens/da die morgen röte anbrach/der stach den Kürbis/das er verdorrete/Als aber die Sonne auffgegan gen war/verschaffte Gott einen dürren ostwind/vnd die Sonne stach Jona auff den kopff/das er matt ward. Da wündscht er seiner see len den tod/vnd sprach/Ich wolt lieber tod sein denn leben.
Da sprach

Der Prophet Jona.

Da sprach Gott zu Jona/ Meinstu/ das du billich zürnest vmb
den Kürbis? Vnd er sprach/ Billich zürne ich bis an den tod. Vnd
der HERR sprach/ Dich jamert des Kürbis/ daran du nicht ge-
erbeitet hast/ hast jn auch nicht auff gezogen/ welcher jnn einer
nacht ward/ vnd jnn einer nacht verdarb/ Vnd mich solt
nicht jamern Nineue solcher grossen Stad? Jnn wel-
cher sind mehr denn hundert vnd zwenzig tausent
menschen/ die nicht wissen vnterscheid/ was
recht oder linck ist/ Dazu auch
viel Thiere.

Vorrhede

Ende des Propheten Jona.

Vorrhede auff den Propheten Micha. XXXVII.

DEr Prophet Micha ist gewesen zur zeit Esaie/ Er füret auch desselben Propheten wort/so im andern Capitel stehen/das man wol spüret/wie die Propheten/so zu einer zeit gelebt/ von Christo schier einerley wort geprediget haben/als hetten sie miteinander dauon beratschlagt/Es ist aber der feinen Propheten einer/der das volck vmb jrer Abgötterey willen hefftiglich strafft/ vnd den künfftigen Christum/vnd sein Reich/jmerdar anzeucht/ Vnd ist fur allen/inn dem stück/ein sonderlicher Prophet/das er Bethlehem die Stad/so gewis deutet vnd nennet/ da Christus geborn solt werden/da her er auch/im alten Testament/hochberümbt gewesen ist/wie das Mattheus am andern Capitel wol aus weiset.

Summa/ Er schilt/er weissaget/prediget/zc. Aber endlich ist das seine meinung/Wenn es gleich alles mus zu drümmern gehen/ Israel vnd Juda/so wird doch der Christus komen/ders alles gut machen wird/Gleich/wie wir jtzt müssen straffen/schelten/trösten/ vnd predigen/zc. vnd darauff sagen/wenn es denn alles verloren ist/ so wird doch Christus am Jüngsten tag komen/vnd vns von allem vnglück helffen.

Er ist im ersten Capitel schweer/das macht die Ebreische Grammatica/vnd braucht viel Allusiones/als/Jaenan fur Schaenan/vnd Achsib vnd Maresa/zc. welche wort er zeucht auff böse deutung/vnd verkeret sie/als wenn ich spreche/Roma/du solt ein Raum werden/vnd wol ausgereumt/Wittemberg/du solt ein Weiter berg werden/zc. Das werden die Grammatici wol mercken/vnd vnsern vleis spüren.

G Der Prophet

Der Prophet Micha.
I.

Es ist das wort des HERRN/ welchs geschach zu Micha von Maresa/ zur zeit Jotham/ Ahas/ Jehiskia/ der Könige Juda/ das er gesehen hat vber Samaria vnd Jerusalem.

Höret alle völcker/ merckt auff land vnd alles was drinnen ist/ Denn Gott der HERR hat mit euch zu reden/ Ja der HErr aus seinem heiligen Tempel/ Denn sihe/ der HERR wird ausgehen aus seinem ort/ vnd herab faren vnd treten auff die Höhen im lande/ das die berge vnter jm schmeltzen/ vnd die tale reissen werden/ gleich/ wie wachs fur dem feur verschmeltzt/ wie die wasser/ so vnterwerds fliessen/ Das alles vmb der vbertrettung willen Jacob/ vnd vmb der ᵃ sunde willen des Hauses Israel.

Welchs ist aber die vbertrettung Jacob? Ists nicht Samaria? Welchs sind aber die Höhen Juda? Ists nicht Jerusalem? Vnd ich wil Samaria zum stein hauffen im felde machen/ die man vmb die weinberge legt/ vnd wil jre steine jns tal schleiffen/ vnd zu grund einbrechen/ Alle jre Götzen sollen zubrochen/ vnd alle jr gewin sol mit feur verbrand werden/ vnd wil alle jre bilder verwüsten/ Denn sie sind von hurn lohn versamlet/ vnd sollen auch wider/ hurn lohn werden.

Darüber

ᵃ (Sünde) Abgötterey/ welche ist auch die hurerey/ Der lohn vnd gewin/ sind die zinse vnd güter solcher stiffte/ welche sind hurnlohn/ vnd werden wider hurn lohn/ denn sie komen den gotlosen zu teil.

Micha. XXXVIII.

Darüber mus ich klagen vnd heulen/Jch mus beraubt vnd blos daher gehen/Jch mus klagen/wie die Trachen/vnd trawren/wie die Straussen/Denn jrer plage ist kein rat/die bis jnn Juda komen/vnd bis an meins volcks thor gen Jerusalem hinan reichen wird/Verkündigets ja nicht zu Gath/Lasst euch nicht hören weinen/Sondern gehet jnn die traurkamer/vnd sitzt jnn die asschen/Du schöne Stad must dahin mit allen schanden. Die stoltze wird nicht mehr brangen/ fur leide/Denn der nachbar wird von jr nemen was sie hat/Die vngehorsame Stad hofft/es solle so böse nicht werden/Aber es wird das vnglück vom HERRN komen/auch bis an die thor Jerusalem. Du Stad Lachis span leuffer an/vnd fare dauon/Denn du bist der tochter Zion ein Exempel gewest zur sunde/vnd hast die Abgötterey Israel gehalten/Du wirst müssen gefangene geben/so wol alse Gath/ Der Stad Achsib wird der Bund mit den Königen Jsrael feilen/Jch wil dir Maresa den rechten Erben bringen/vnd das herrliche Königreich Jsrael/sol eine hüle werden. Las die har abscheren vnd gehe kalh/vber deine zarte kinder/Mach dich gar kalh/wie ein Adeler/ denn sie sind von dir gefangen weg gefüret.

(Schöne) Samaria ist die schöne/stoltze stad/ Der Nachbar ist der König zu Assyrien/der auch bis fur Jerusalē kam.

II.

Eh denen/die schaden zu thun trachten/vnd gehen mit bösen tücken vmb auff jrem lager/das sie es frue/ wens liecht wird/volbringen/Denn sie sind die Verren/Sie reissen zu sich ecker/vnd nemen heuser/welche sie gelüstet/Also treiben sie gewalt/mit eins jeden hause/vnd mit eins jeden erbe/Darumb spricht der HERr also/Sihe/Jch gedencke vber dis geschlecht/böses/ aus dem jr ewrn hals nicht zihen/vnd nicht so stoltz daher gehen/sollet/Denn es sol eine böse zeit sein.

(Sind Herren) Sie thun was sie wollen/nicht was sie sollen/Es sind die Junckherrn/rc.

Zur selbigen zeit/wird man ein lied von euch singen/vnd klagen/ Es ist aus (wird man sagen) wir sind verstöret/Meins volcks land kriegt einen frembden HERRN/Wenn wird er vns die ecker wider zu teilen/die er vns genomen hat? Ja wol/Jr werdet kein teil behalten jnn der Gemeine des HERRN.

Sie sagen/Man solle nicht predigen/Denn solche prediget trifft vns nicht/Wir werden nicht so zu schanden werden/Das Haus Jacob tröstet sich also/Meinstu/des HERRN Geist sey so gar weg? Solte er solchs thun wollen? Es ist war/meine rede sind freundlich den fromen/Aber mein volck machts also/das ich sein feind sein mus/ Denn sie rauben/beide röck vnd mantel/denen/so sicher daher gehen/ gleich/wie im kriege/Jr treibt die weiber meines volcks/aus jren lieben heusern/vnd nemet stets von jren jungen kindern meinen schmuck/ Darumb macht euch auff/jr müsset dauon/jr solt hie nicht bleiben/ Vmb jrer Abgötterey willen/müssen sie vnsannft zurstöret werden.

(Meinen schmuck) Was ich jnen geben habe/das nemet jr von jnen.

Were ich ein loser schwetzer/vnd ein Lügen prediger/vnd predigete/wie sie sauffen vnd schwelgen solten/das were ein Prophet fur dis volck. Jch wil aber dich Jacob versamlen gantz/vnd die vbrigen jnn

G ij Jsrael zu

Der Prophet

(Inn einen stall) Hie redet er vom Reich Christi/ der ist vnser Zelt/ der fur vns her durch gebrochen hat/ vnd die ban macht durch tod/ sund/ Teuffel/ vnd alles vbel/ Dem frisch nach etc.

Israel zu hauff bringen/ Ich wil sie/ wie eine herd/ miteinander jnn einen stall thun/ vnd wie eine herd jnn seine hürten/ das es von menschen dönen sol/ Der Velt wird fur jnen her durch brechen/ Sie werden durch brechen/ vnd zum thor aus vnd ein zihen/ Vnd jr König wird fur jnen her gehen/ vnd der HERR fornen an.

III.

Vnd ich sprach/ Höret doch jr Heubter im Hause Jacob/ vnd jr Fürsten im Hause Israel/ Jr solts billich sein/ die das Recht wüsten/ aber jr hasset das gute/ vnd liebet das arge/ Jr schindet jnen die haut abe/ vnd das fleisch von jren beinen/ vnd fresset das fleisch meines volcks/ Vnd wenn jr jnen die haut abgezogen habt/ zubrechet jr jnen auch die beine/ vnd zurlegts/ wie jnn ein töpffen/ vnd wie fleisch jnn einen kessel/ Darumb/ wenn jr nu zum HERRN schreien werdet/ wird er euch nicht erhören/ Sondern wird sein angesicht fur euch verbergen zur selbigen zeit/ wie jr mit ewrem bösem wesen verdienet habt.

(Gesicht) Ewr predigt vnd lere.

So spricht der HERR wider die Propheten/ so mein volck verfüren/ Sie predigen/ es solle wol gehen/ wo man jnen zu fressen gebe/ Wo man jnen aber nichts jns maul gibt/ da predigen sie/ es müsse ein krieg komen/ Darumb sol ewr gesicht zur nacht/ vnd ewr warsagen zur finsternis/ werden/ Die sonne sol vber den Propheten vntergehen/ vnd der tag vber jnen finster werden/ Vnd die Schawer sollen zuschanden/ vnd die Warsager zu spot werden/ vnd müssen jr maul alle verhüllen/ weil da kein Gotteswort sein wird/ Jch aber bin vol krafft vnd geist des HERRN/ vol rechts vnd stercke/ das ich Jacob sein vbertretten/ vnd Israel seine sunde/ anzeigen thar.

So höret doch dis/ jr Heubter im Hause Jacob/ vnd jr Fürsten im Hause Israel/ die jr das Recht verschmehet/ vnd alles was auffrichtig ist/ verkeret/ die jr Zion mit blut bawet/ vnd Jerusalem mit vnrecht/ Jre Heubter richten vmb geschencke/ Jre Priester leren vmb lohn/ Vnd jre Proheten warsagen vmb geld/ Verlassen sich auff den HERRN/ vnd sprechen/ Ist nicht der HERR vnter vns? Es kan kein vnglück vber vns komen/ Darumb/ wird Zion vmb ewr willen/ wie ein feld zu pflüget/ vnd Jerusalem zum stein hauffen/ vnd der Berg des Tempels zu einer wilden höhe werden.

IIII.

a (Richten) Gottes wort wird jnn alle welt komen.

In den letzten tagen aber/ wird der Berg/ darauff des HERRN Haus stehet/ zugericht sein/ höher denn alle berge/ vnd vber die hügel erhaben sein/ vnd die völcker werden da zu lauffen/ vnd viel Heiden werden gehen/ vnd sagen/ Kompt/ lasst vns hinauff zum Berge des HERRN gehen/ vnd zum Hause des Gottes Jacob/ das er vns lere seine wege/ vnd wir auff seiner strasse wandeln/ Denn aus Zion wird das Gesetz ausgehen/ vnd des HERRN wort aus Jerusalem/ Er wird vnter grosse völcker a richten/ vnd viel Heiden straffen jnn fernen landen/ Sie werden jre schwerter zu pflugscharen/ vnd jre spiesse

Micha. XXXIX.

jre spiesse zu sicheln/machen/Es wird kein volck wider das ander ein schwert auffheben/vnd werden nicht mehr krieg vben/Ein jglicher wird vnter seinem weinstock vnd feigen baum wonen/on schew/ Denn der mund des HERRN Zebaoth hats gered/ Denn ein jglich volck wird wandeln im namen seines Gottes/ Aber wir werden wandeln im namen des HERRN vnsers Gottes/jmer vnd ewiglich.

Zur selbigen zeit/spricht der HERR/wil ich die lame versamlen/vnd die verstössene zuhauff bringen/vnd die ich geplagt habe/ Vnd wil die lame machen/das sie erben haben sol/vnd die schwachen/zum grossen volck machen/vnd der HERR wird König vber sie sein auff dem berge Zion/von nu an bis jnn ewigkeit. Vnd du thurm Eder/eine Feste der tochter Zion/Es wird deine gülden Rose komen/ die vorige herrschafft/das Königreich der tochter Jerusalem.

(Gülden Rose) Dein Königreich/ obs wol schwechlich zu gehet/Es sol vnd mus doch komen/Darumb halt feste vnd leide dich/Es mus das creutz die Kirchen Christi geberen.

Warumb hengestu dich denn jtzt an andere freunde/als würdestu diesen König nicht kriegen/oder als würde aus diesem Ratgebe nichts/weil dich also das weh ankomen ist/wie eine jnn kinds nöten/ Lieber leide doch solch weh/vnd krochze du tochter Zion/wie eine jnn kinds nöten/Denn du must zwar zur Stad hinaus/vnd auff dem felde wonen/vnd gen Babel komen/ Aber doch wirstu von dannen wider errettet werden/daselbs wird dich der HERR erlösen von deinen feinden.

Denn es werden schier sich viel Heiden wider dich rotten/vnd sprechen/ Sie ist verbannet/Wir wollen vnsere lust an Zion sehen/ Aber sie wissen des HERRN gedancken nicht/vnd mercken seinen ratschlag nicht/das er sie zu hauff bracht hat/wie garben auff der tennen/Darumb mache dich auff vnd dressche du tochter Zion/denn ich wil dir eisern hörner/vnd eherne klawen/machen/vnd solt viel völcker zurschmeissen/So wil ich jr gut dem HERRN verbannen/ vnd jre habe dem Herrscher der gantzen welt/ Aber nu du Kriegerin/ rüste dich/Denn man wird vns belagern/vnd den Richter Israel mit der ruten auff den backen schlahen.

(Dressche) Du wirst Babylon vnd alles dresschen jnn aller welt/ob du schon jtzt must leiden/das beide Babel vnd Rom/ deine Richter vnd dein Reich verstören.

V.

Vnd du Bethlehem Ephratha/die du klein bist/gegen den tausenten jnn Juda/Aus dir sol der komen/der jnn Israel Herr sey/welchs ausgang von anfang vnd von ewig her gewest ist/ᵃ Jnn des lesst er sie plagen/bis auff die zeit/das die/so geberen sol/geboren habe/Da werden denn/ die vbrigen seiner Brüder wider komen zu den kindern Israel/Er aber wird auff tretten vnd weiden jnn krafft des HERRN/vnd im sieg des namens seines Gottes/ vnd sie werden sicher wonen/Denn er wird zur selbigen zeit herrlich werden/so weit die welt ist/Dazu werden wir auch friden haben fur dem Assur/der jtzt jnn vnser land gefallen ist/vnd vnser heuser zurtretten hat/Denn es werden ᵇ sieben Hirten vnd acht Fürsten vber jn erweckt werden/die das land Assur verderben mit dem schwert/vnd das

ᵃ (Jnn des) Las plagen wer da plagt/bis das der könig mit dem Euangelio/der sol den sieg haben/ Des vnd kein anders.

ᵇ (Sieben Hirten) Die Persen vnd Meden sollen jm des den Assur dempffen/bis das Christus kome/ der vns gantz vnd gar errette.

G iij   land

Der Prophet

land Nimrod/mit jren blossen woffen/Also werden wir von Assur err rettet werden/der jnn vnser land gefallen ist/vnd vnser grentze zutretten hat.

Es werden auch die vbrigen aus Jacob vnter vielen völckern sein/wie ein thaw vom HERRN/vnd wie die tröpfflin auffs gras/ das auff niemand harret/noch auff menschen wartet/Ja die vbrigen aus Jacob werden vnter den Heiden bey vielen völckern sein/wie ein Lewe vnter den thieren im walde/wie ein junger Lewe vnter einer herd schafe/welchem niemand wehren kan/wenn er dardurch gehet/zurr tritt vnd zureisst/Denn deine hand wird siegen/wider alle deine widerr wertigen/das alle deine feinde müssen ausgerottet werden.

Also thut das Ex uangelium jnn der welt/wens gleich die pforten der Helle verdreusst.

Zur selbigen zeit/spricht der HERR/wil ich deine rosse von dir thun/vnd deine wagen vmbbringen/Vnd wil die stedte deines landes ausrotten/vnd alle deine Festen zubrechen/vnd wil die Zeuberer bey dir ausrotten/das keine Zeichendeuter bey dir bleiben sollen/Ich wil deine Bilder vnd Götzen von dir ausrotten/das du nicht mehr solt anbeten deiner hende werck/vnd wil deine Hayne zubrechen/vnd deir ne stedte vertilgen/Vnd ich wil Rache vben mit grim vnd zorn/an allen Heiden/so nicht gehorchen wollen.

VI.

Höret doch/was der HERR sagt/Mach dich auff vnd schilt die Berge/vnd las die Hügel deine stimme hören. Höret jr Berge/wie der HERR straffen wil/sampt den starcken grundfesten der erden/Denn der HERR wil sein volck schelten/vnd wil Israel straffen.

Was hab ich dir gethan/mein volck/vnd wo mit hab ich dich beleidigt? das sage mir/Hab ich dich doch aus Egypten lande geführet/vnd aus dem dienst hause erlöset/vnd fur dir her gesand Mosen/Aaron vnd MirJam/Mein volck/denck doch daran/ was Balak der König jnn Moab fur hatte/vnd was jm Bileam der son Beor antwortet/von Sittim an bis gen Gilgal/daran jr ja merr cken soltet/wie der HERR euch alles guts gethan hat.

Gott lesst sich mit opffern vnd werr cken nicht versür nen/wenn einer gleich seinen son opffert/sondern so man jn furchtet vnd vertrawet ꝛc.

Wo mit sol ich den HERRN versünen? Mit bücken fur dem hohen Gott? Sol ich mit Brandopffern vnd jerigen kelbern jn verr sünen? Meinstu/der HERR hab gefallen an viel tausent widern/ oder am öle/wens gleich vnzeliche ströme vol weren? Oder/sol ich meinen ersten son/fur meine vbertrettung geben/oder meines leibes frucht/fur die sünde meiner seelen?

(Gottes wort halr ten) Das ist Gleuben/Lieben vnd Leiden.

Es ist dir gesagt/Mensch/was gut ist/vnd was der HERR von dir foddert/nemlich/Gottes wort halten/vnd liebe vben/vnd demütig sein fur deinem Gott.

Es wird des HERRN stim vber die Stad ruffen/Aber/wer deir nen namen furcht/dem wird gelingen. Höret jr Stemme/was gepredigt wird/Solt ich nicht zürnen vber das vnrechte gut im hause des Gottlosen/vnd das man das mas zu kleine macht? Oder solt ich die vnrechte

Micha. XL.

die vnrechte wage/vnd falsche gewichte im seckel/billichen? Durch welche/jre reichen viel vnrechts thun/vnd jre einwoner gehen mit liegen vmb/vnd haben falsche zungen jnn jrem halse.

Darumb wil ich dich auch anfahen zu plagen/vnd dich vmb deiner sunden willen wüst machen/Du solt nicht gnug zu essen haben/vnd solt verschmachten/Vnd was du erhaschest/sol doch nicht dauon komen/Vnd was dauon kompt/wil ich doch dem schwert vber antworten/Du solt seen/vnd nicht erndten/Du solt öle keltern/vnd dich mit dem selben nicht salben/vnd most keltern/vnd nicht wein trincken/Denn jr haltet die Gottes dienst Amri/vnd alle werck des Hauses Ahab/vnd folget jrer lere/Darumb wil ich dich zur wüsten machen/vnd jre einwoner/das man sie anpfeiffen sol/vnd sollet zu schanden werden.

VII.

Ach/Es gehet mir wie einem der im weinberge nach lieset/da man keine drauben findet zu essen/vnd wolt doch gerne der besten früchte haben/Die fromen leute sind weg jnn diesem lande/vnd die gerechten sind nicht mehr vnter den leuten/Sie trachten nur blut zuuergiessen/Ein iglicher jagt den andern/das er jn verderbe/vnd meinen/sie thun wol daran/wenn sie böses thun/Was der Fürst wil/das spricht der Richter/das er jm wider einen dienst thun sol/Die gewaltigen raten nach jrem mutwillen/schaden zu thun/vnd drehens wie sie wollen/Der beste vnter jnen ist/wie ein dorne/vnd der redlichst/wie eine hecke/Aber wenn der tag deiner Prediger komen wird/wenn du heimgesucht solt werden/da werden sie denn nicht wissen/wo aus.

Niemand gleube seinem neheften/Niemand verlasse sich auff Fürsten/Beware die thür deines mundes/fur der/die jnn deinen armen schlefft/Denn der son veracht den vater/die tochter setzt sich wider die mutter/die schnur ist wider die schwiger/vnd des menschen feinde sind/sein eigen hausgesinde.

Ich aber wil auff den HERRN schawen/vnd des Gottes meines heils erwarten/Mein Gott wird mich hören.

Ein lied des propheten Micha/damit er sich tröstet wider der gotlosen toben.

Frewe dich nicht meine feindin/das ich darnider lige/Ich werde wider auff komen / Vnd so ich im finstern sitze / so ist doch der HERR mein liecht.

Ich wil des HERRN zorn tragen/Denn ich habe wider jn gesundiget/bis er meine sache ausfüre/vnd mir recht schaffe/Er wird mich ans liecht bringen/das ich meine lust an seiner gnaden sehe.

(Ans liecht) Das ist / Er wird mich trösten.

Meine feindin wirds sehen müssen/vnd mit aller schande bestehen/die jtzt zu mir sagt/Wo ist der HERR dein Gott? Meine augen werdens sehen/das sie denn wie ein kot auff der gassen zu tretten wird.

G iiij Zu der

Der Prophet

Zu der zeit/werden deine mauren gebawet werden/vnd Gottes wort weit aus komen/Vnd zur selbigen zeit/werden sie von Assur vnd von festen stedten zu dir komen/von den festen stedten bis an das Wasser/von einem meer zum andern/von einem gebirge zum andern/ Denn das land wird wüste sein/seiner einwoner halb/vmb der frucht willen jrer werck.

Du aber weide dein volck mit deinem stabe/die herde deines erbteils/die da wonen/beide im walde alleine/vnd auff dem felde/Las sie zu Basan vnd Gilead weiden/wie vor alters.

Ich wil sie wunder sehen lassen/gleich/wie zur zeit/da sie aus Egypten land zogen/das die Heiden sehen/vnd alle jre gewaltigen sich schemen sollen/vnd die hand auff jren mund legen/vnd jre ohren zu halten/Sie sollen staub lecken/wie die schlangen/vnd wie das gewürm auff erden erzittern jnn jren löchern/Sie werden sich fürchten fur dem HERRN vnserm Gotte/vnd fur dir sich entsetzen.

Wo ist solch ein Gott/wie du bist? der die sunde vergibt/vnd erlesst die missethat/den vbrigen seines erbteils/der seinen zorn nicht ewiglich behelt/Denn er ist barmhertzig/Er wird sich vnser wider erbarmen/vnsere missethat dempffen/vnd alle vnser sunde jnn die tieffe des meeres werffen/Du wirst
dem Jacob die trew/vnd Abraham
die gnade halten/wie du vnsern
Vetern vor langes ge-
schworen hast.

Vorrhede

Ende des Propheten Micha.

Vorrhede auff den
Propheten Nahum.

DEr Prophet Nahum weissaget von der verstörung/ so die Assyrer wider das volck Israel vnd Juda vben solten/ wie denn durch Salmanassar vnd Sennacherib geschehen ist/ vmb jrer grossen sunde willen/ Doch so fern/ das die vbrigen fromen solten erhalten werden/ wie denn Ezechia vnd seines gleichen widerfaren ist/ Darumb scheinet es/ als sey er vor Jesaia gewest/ oder jhe vmb die selbige zeit Jesaie.

Darnach verkündigt er die verstörung des Königreichs zu Assyrien/ sonderlich der Stad Nineue/ welche vorhin zur zeit Jona seer frum war/ aber hernach widerumb voller bosheit ward/ vnd die gefangenen aus Israel seer plagte/ das auch Tobias jrer bosheit verkündigt ein endlich verderben/ vnd spricht/ Jre bosheit wird jr ein ende geben. Also tröstet er nach seinem namen (Denn Nahum heisst Consolator/ auff Deudsch/ Ein Tröster.) das volck Gottes/ wie jre feinde die Assyrer/ sollen widerumb verstöret werden.

Am ende des ersten Capitels/ lautet er auch/ wie Jesaia am zwey vnd funfftzigsten von den guten Predigern/ die fride vñ heil verkündigen/ auff den bergen/ Vnd heisst Juda frölich feiren. Vnd wie wol dasselbige verstanden mag werden/ von der zeit Ezechie nach Sennacherib/ da Juda errettet ward/ vnd fur dem König Sennacherib bleib/ Doch ists eine gemeine weissagung/ auch auff Christum/ das jnn Juda bleiben solt die gute botschafft/ vnd der fröliche Gottes dienst/ durch Gottes wort/ geleret vnd bekrefftiget/ Da her er ja billich ein rechter Nahum heisst vnd ist.

Der Prophet

Der Prophet Nahum.

I.

(Wetter)
Wie im roten
meer/Exo. 14.

Es ist die Last vber Nineue/ vnd die weissagung Nahum von
Elkos.

Der HERR ist ein eiueriger Gott
vnd ein Recher/ Ja ein Recher ist der
HERR/ vnd ein zorniger man/ Der
HERR ist ein Recher wider seine Widersacher/vñ der es seinen feinden nicht
vergessen wird/Der HERR ist gedültig vnd von grosser krafft/vnd lesst nichts vngestrafft/ Er ist der HERR/
des wege jnn wetter vnd vngestüme
sind/vnd vnter seinen füssen dicke wolcken/Der das meer schilt/vnd trucke macht/vnd alle wasser vertrockent. Basan vnd Carmel vnd was auff dem berge Libanon blühet/
mus für jm erschrecken/Die berge beben für jm/vnd die hügel zergehen/das erdrich zittert für jm/dazu der welt kreis/ vnd alle die drinnen wonen/Wer kan für seinem zorn stehen? vnd wer kan für seinem
grim bleiben? Sein zorn brennet wie feur/vnd die felsen zerspringen
für jm. Der HERR ist gütig/vnd eine Feste zur zeit der not/vnd kennet
die/ so auff in trawen/Wenn die flut vber her leufft/so macht ers mit
der selbigen ein ende/Aber seine feinde verfolget er mit finsternis.

Was ists

Nahum. XLII.

Was ists denn / das jr wider den HERRN etwas furnemet? Er lesst es doch nicht hinaus füren / Denn trübsal wird nicht jmerdar weren / Denn gleich als wenn die dornen / so noch jnn einander wachsen / vnd im besten safft sind / verbrennet werden / wie dürr stro / Also wird der schalcks rat / so von dir kompt / böses wider den HERRN gedencken werden.

So spricht der HERR / Sie komen so gerüst vnd mechtig / als sie wollen / so sollen sie doch vmbgehawen werden vnd dahin faren. Denn ich wil ᵃ dich demütigen / Aber doch nicht gar verderben / Sondern als denn wil ich sein joch von dir werffen / vnd deine bande zureissen / Aber wider dich hat der HERR geboten / das deines namens same keiner mehr sol bleiben / Jm Hause deines Gottes wil ich dich ausrotten / Jch wil dir ein grab vnter den Götzen vnd bildern geben / vnd must zu schanden werden.

Sihe / auff den bergen komen füsse eines guten boten / der gute mehre bringet / Halt deine Feiertage Juda / vnd bezal deine gelübde / Denn es wird der Schalck nicht mehr vber dich komen / Er ist gar dahin.

(Rat) Das ist der böse anschlag vnd furnemen aus Nineue / wider das volck Juda / sie zu verderben / muste zu nicht werden / da er am höchsten pochet / wie Sanherib vnd Rab Sace geschach fur Jerusalem.

ᵃ (Dich demütigen) Dich mein volck wil ich durch Sanherib züchtigen / Aber / Er sols bezalen.

II.

ES wird der Zerstrewer wider dich erauff ziehen / vnd die Feste belegern / Aber / Ja berenne die strassen wol / rüste dich auffs beste / vnd stercke dich auffs gewaltigst / Man wird dich doch rein ablesen / vnd deine feser verderben / Denn der HERR wird Jacob den sieg geben / wie er Jsrael den sieg gab.

Die schilt seiner starcken sind rot / Sein heervolck sihet / wie purpur / Seine wagen leuchten / wie feur / wenn er treffen wil / Jre spiesse gehen durch einander her / Die wagen rollen auff den gassen / vnd rasseln auff den strassen / Jr ansehen ist / wie fackeln / vnd faren vnter einander her / wie die blitze.

Er aber wird an seine gewaltigen gedencken / doch werden die selbigen fallen / wo sie hinaus wollen / vnd werden eilen zur mauren / vnd zu dem schirm da sie sicher seien / Aber die thor an den wassern werden doch geöffnet / vnd des Königs pallast wird vntergehen / Die Königin wird gefangen weg geführet werden / vnd jre jungfrawen werden seufftzen / wie die tauben / vnd an jre brust schlahen / Denn Nineue ist / wie ein teich vol wassers / aber dasselbige wird verfliessen müssen / Stehet / Stehet (werden sie ruffen) Aber da wird sich niemand vmbwenden.

(Gewaltigen) Das ist / der König Nineue wird sich verlassen auff seine kriegsleute.

So raubet nu silber / raubet gold / Denn hie ist der schetze kein ende / vnd die menge aller köstlichen kleinoten / Aber nu mus sie rein abgelesen vnd geplündert werden / das jr hertz mus verzagen / die knie schlottern / alle lenden zittern / vnd aller angesicht bleich sehen / wie ein töpffen.

Wo ist

Der Prophet

Wo ist nu die wonung der Lewen/vnd die weide der jungen Lewen/da der Lewe vnd die Lewin mit den jungen Lewen wandleten/ vnd niemand thurst sie scheuchen? Sondern der Lewe raubete gnug fur seine jungen/vnd wurgets seinen Lewinnen/Seine hulen fullet er mit raub/vnd seine wonung mit dem/das er zurissen hatte.

Sihe/Ich wil an dich/spricht der HERR Zebaoth/vnd deine wagen im rauch anzunden/vnd das schwert sol deine jungen Lewen fressen/vnd wil deines raubens ein ende machen auff erden/das man deiner Boten stimme nicht mehr horen sol.

(Boten)
Deiner Amptleute vnd gewaltigen.

III.

(Lügen)
Abgötterey/welche er auch zeuberey vnd hurerey nennet.

Eh der mördischen Stad/die vol lügen vnd reuberey ist/vnd von jrem rauben nicht lassen wil/Denn da wird man hören die geisseln klappen/vnd die reder rasseln/die rosse schreien/vnd die wagen rollen/Er bringt reuter erauff/mit glentzenden schwerten/vnd mit blitzenden spiessen/Da ligen viel erschlagene vnd grosse hauffen leichnam/das der selbigen kein zal ist/ vnd man vbjre re leichnam fallen mus/Das alles vmb der grossen hurerey willen der schönen lieben huren/die mit zeuberey vmbgehet/die mit jrer hurerey die Heiden/vnd mit jrer zeuberey lande vnd leute erworben hat.

Sihe/Ich wil an dich/spricht der HERR Zebaoth/Ich wil dir dein gebreme auff decken vnter dein angesicht/vnd wil den Heiden deine blösse/vnd den Königreichen deine schande/zeigen/Ich wil dich gantz grewlich machen/vnd dich schenden vnd ein schewsal aus dir machen/das alle die dich sehen/von dir fliehen/vnd sagen sollen/ Nineue ist verstöret/Wer wil mitleiden mit jr haben? Vnd wo sol ich dir Tröster suchen.

Meinstu/du seiest besser denn die grosse Stad No/die da lag an den wassern/vnd rings vmbher wasser hatte/welcher mauren vnd feste/war das meer/Moren vnd Egypten war jre vnzeliche macht/Put vnd Lybia waren deine hulffe/Noch hat sie müssen vertrieben werden/vnd gefangen weg zihen/vnd sind jre kinder auff allen gassen erschlagen worden/vnd vmb jre edelen warff man das los/vnd alle jre gewaltigen wurden jnn ketten vnd fessel gelegt.

(Zu weibern)
Verzagt vnd kleglich/wie jnn kinds nöten.

Also mustu auch truncken werden/vnd dich verbergen/vnd eine Feste suchen fur dem feinde/Alle deine festen stedte/sind wie feigenbeume mit reiffen feigen/wenn man sie schüttelt/das sie dem jns maul fallen/der sie essen wil/Sihe/dein volck sol zu weibern werden jnn dir/vnd die thor deins landes sollen deinen feinden geöffent werden/ vnd das feur sol deine rigel verzehren.

Schepffe dir wasser/denn du wirst belegert werden/bessere deine Festen/Gehe jnn den thon vnd tritt den leimen/vnd mache starcke zigel/Aber das feur wird dich fressen/vnd das schwert tödten/Es wird dich abfressen/

Nahum.

dich abfressen/wie die kefer/Es wird dich vberfallen/wie kefer/Es wird dich vberfallen/wie hewschrecken/ Du hast mehr Hendler/ denn sternen am himel sind/Aber nu werden sie sich ausbreiten/wie kefer/vnd dauon fliegen/Deiner Herrn ist so viel/als der hewschrecken/vnd deiner Heubtleute/als der kefern/die sich an die zeune lagern jnn den kalten tagen/wenn aber die Sonne auff gehet/heben sie sich dauon/das man nicht weis/wo sie bleiben.

Deine Hirten werden schlaffen/O König zu Assur/deine Mechtigen werden sich legen/Vnd dein volck wird auff den bergen zerstrewet sein/vnd niemand wird sie versamlen/Niemand wird deinen schaden klagen/noch sich vmb deine plage bekümern/Sondern alle die solchs von dir hören/werden mit jren henden vber dich klappen/Denn vber wen ist nicht deine bosheit / on vnterlas/ gegangen?

H Vorrhede

Ende des Propheten Nahum.

Vorrhede auff den Propheten Habacuc.

Dieser Habacuc ist ein Trost Prophet/ der das volck sol stercken vnd auff halten/ das sie nicht verzweiueln an Christus zukunfft/ es stelle sich wie seltzam es wolle. Darumb braucht er alle kunst vnd stücke/ die dazu dienen/ das der glaube fest bleibe jnn jrem hertzen/ von dem verheissen Christo/ vnd predigt also/ Es sey wol war/ das vmb jre sunde willen/ das land vom Könige zu Babel werde müssen verstöret werden/ Aber doch solle darumb Christus vnd sein Reich nicht aussen bleiben/ sondern es solle auch der Verstörer der König zu Babel nicht viel glücks dauon haben/ vnd auch vntergehen/ Denn es sey Gottes werck vnd art also/ das er helffe/ wenn es not thu/ vnd kome mitten jnn der rechten zeit/ vnd wie sein Lied singet/ Er gedenckt an barmhertzigkeit/ wenn trübsal da ist/ Vnd wie man spricht/ wenn der strick am hertesten helt/ so bricht er. Gleich/ wie wir auch müssen die Christen mit Gottes wort auff halten/ zum Jüngsten tage/ obs wol scheinet/ das Christus fast verzihe/ vnd wolle nicht komen/ als er auch selbs sagt/ das er komen werde/ wenn mans am wenigsten denckt/ wenn sie bawen/ pflantzen/ keuffen/ verkeuffen/ essen/ trincken/ freien vnd heiraten werden/ rc. auff das doch etliche/ so nicht alle können/ im glauben erhalten werden/ Denn hie ist glaubens vnd predigens not/ wie man wol teglich fur augen sihet.

Aus dem allen sihet man wol/ das dieser Habacuc sey gewesen vor der Babylonischen gefengnis/ villeicht vmb die zeit Jeremia/ vnd auch leicht zuuerstehen ist/ was er wil vnd meinet. Das aber etliche bücher von dem Habacuc melden/ Er habe dem Propheten Daniel zu Babylon essen gebracht jns gefengnis aus dem Jüdischen lande/ hat weder grund noch schein/ so trifft auch nicht wol zu mit der rechnunge der zeit/ Sintemal/ so viel die weissagung Habacuc gibt/ so ist er elter denn Jeremias/ welcher hat erlebt die verstörung Jerusalem/ Aber Habacuc weissagt dauon. Daniel aber war nach Jeremia/ vnd lebt lang/ ehe er jnn das gefengnis ward geworffen. Habacuc aber hat einen rechten namen zu seinem ampt/ Denn Habacuc heisset auff Deudsch/ ein hertzer/ oder der sich mit eim andern hertzet vnd jnn die arm nimpt/ Er thut auch also mit seiner weissagung/ das er sein volck hertzet vnd jnn die arm nimpt/ das ist/ er tröstet sie vnd helt sie auff/ wie man ein arm weinend kind oder mensch hertzet/ das es schweigen/ vnd zu friden sein solle/ weil es/ ob Gott wil/ sol besser werden.

Der Prophet

Der Prophet
Habacuc.

XLIIII.

I.

Es ist die Last / welche der Prophet Habacuc gesehen hat. HERR / wie lang sol ich schreien / vnd du wilt nicht hören? Wie lange sol ich zu dir ruffen vber freuel / vnd du wilt nicht helffen? Warumb lessestu mich sehen mühe vnd erbeit? Warumb zeigestu mir raub vnd freuel vmb mich? Es gehet gewalt vber recht / Darumb mus das Gesetz wancken / vnd kan kein recht zum ende komen / Denn der Gottlose vberforteilet den gerechten / darumb gehen verkerte vrteil.

Schawet vnter den Heiden / Sehet vnd verwundert euch / Denn ich wil etwas thun zu ewern zeiten / welchs jr nicht gleuben werdet / wenn man dauon sagen wird. Denn sihe / Ich wil die Chaldeer erwecken / ein bitter vnd schnell volck / welchs zihen wird / so weit das land ist / wonunge einzunemen / die nicht sein sind / vnd wird grausam vnd schrecklich sein / das da gebeut vnd zwinget / wie es wil / Jre rosse sind schneller / denn die Parden / so sind sie auch beissiger / denn die wolffe des abends / Jre reuter zihen mit grossem hauffen von fernen daher /

H ij   als flögen

Der Prophet

als flögen sie/wie die Adeler eilen zum aß/Sie komen allesampt/das sie schaden thun/Wo sie hin wollen/reissen sie hindurch/wie ein ost wind/vnd werden gefangene zusamen raffen/wie sand/Sie werden der Könige spotten/vnd der Fürsten werden sie lachen/alle Festunge werden jnen ein schertz sein/Denn sie werden schutt machen/vnd sie doch gewinnen. Als denn werden sie einen newen mut nemen/werden fort faren vnd sich versundigen/Denn mus jr sieg jres Gottes sein.

Aber du HERR mein Gott/mein Heiliger/der du von ewigkeit her bist/las vns nicht sterben/sondern las sie vns/O HERR/nur eine straffe sein/vnd las sie/O vnser Hort/vns nur züchtigen. Deine augen sind rein/das du vbels nicht sehen magst/vnd dem jamer kanstu nicht zu sehen/Warumb sihestu denn zu den verechtern/vnd schweigest/das der Gottlose verschlinget den/der frömer denn er ist? Vnd lessest die menschen gehen/wie fische im meer/wie gewürm/das keinen herrn hat. Sie zihens alles mit dem hamen/vnd fahens mit jrem netze/vnd samlens mit jrem garn. Des frewen sie sich vnd sind frölich/Darumb opffern sie jrem netze/vnd reuchern jrem garn/weil durch die selbigen jr teil so fett/vnd jre speise so völlig worden ist. Derhalben werffen sie jr netze noch jmer aus/vnd wollen nicht auffhören/leute zu erwürgen.

II.

Je stehe ich auff meiner hut/vnd trete auff meine Feste/vnd schawe vnd sehe zu/was mir gesagt werde/vnd was ich antworten solle/dem/der mich schilt. Der HERR aber antwortet mir/vnd spricht/Schreib das gesicht vnd male es auff eine tafel/das es lesen künde/wer für vber leufft/Nemlich/also/Die Weissagung wird ja noch erfüllet werden/zu seiner zeit/vnd wird endlich frey an tag komen vnd nicht aussen bleiben/Ob sie aber verzeucht/so harre jr/sie wird gewislich komen/vnd nicht verzihen/Wer aber da wider strebt/des seele wird nichts gelingen. Denn der gerechte lebt seines glaubens.

III.

Ber der wein betreugt den stoltzen man/das er nicht bleiben kan/welcher seine seele auff sperret/wie die Helle/vnd ist gerade/wie der tod/der nicht zu settigen ist/Sondern rafft zu sich alle Heiden/vnd samlet zu sich alle völcker. Was gilts aber? Die selbigen alle werden einen spruch von jm machen/vnd eine sage vnd sprichwort/vnd werden sagen.

Weh dem/der sein gut mehret mit frembdem gut/Wie lange wirds weren? vnd ladet nur viel schlams auff sich. O wie plötzlich werden auff wachen die dich beissen/vnd erwachen die dich wegstossen/vnd du must jnen zu teil werden. Denn du hast viel Heiden geraubt/so werden dich wider rauben/alle vbrigen von den völckern/
vmb der

Habacuc. XLV.

vmb der menschen blut willen/vnd vmb des freuels willen im lande/ vnd jnn der stad/vnd an allen/die drinnen wonen/begangen.

Weh dem/der da geitzet zum vnglück seines hauses/auff das er sein nest jnn die höhe lege/das er dem vnfal entrinne. Aber dein ratschlag wird zur schande deines hauses geraten/Denn du hast zu viel völcker zuschlagen/vnd hast mit allem mutwillen gesundigt/Denn auch die steine jnn der mauren werden schreien/vnd die balcken am gesperr werden jnen antworten.

Weh dem/der die stad mit blut bawet/vnd zuricht die stad mit vnrecht. Ists nicht also/das vom HERRN Zebaoth geschehen wird? Was dir die völcker geerbeitet haben/mus mit feur verbrennen/ vnd daran die leute müde worden sind/mus verloren sein/Denn die erde wird vol werden von erkentnis der ehre des HERRN/wie wasser das das meer bedeckt.

Weh dir/der du deinem nehesten einschenckest/vnd misschest deinen grim drunter/vnd truncken machst/das du seine schame sehest. Man wird dich auch settigen mit schande fur ehre/So sauffe du nu auch/das du daumelst/Denn dich wird vmbgeben der kelch jnn der rechten des HERRN/vnd must schendlich speien fur deine herrligkeit/Denn der freuel am Libanon begangen/wird dich vberfallen/ vnd die verstöreten thiere werden dich schrecken/vmb der menschen blut willen/vnd vmb des freuels willen im lande/vnd jnn der stad/ vnd an allen die drinnen wonen/begangen.

Was wird denn helffen das bilde/das sein meister gebildet hat/ vnd das falsche gegossen bilde/darauff sich verlesst sein meister/das er stummen Götzen machte? Weh dem/der zum holtz spricht/Wach auff/vnd zum stummen steine/Stehe auff/Wie solt es leren? Sihe/ es ist mit gold vnd silber vberzogen/vnd ist kein odem jnn jm. Aber der HERR ist jnn seinem heiligen Tempel/Es sey fur jm stille alle welt.

IIII.

DIs ist das gebet des Propheten Habacuc/fur die vnschüldigen.

HERR/ich hab dein gerücht gehöret/das ich mich entsetze/HERR/du machst dein werck lebendig mitten jnn den jaren/vnd lessest es kund werden mitten jnn den jaren/Wenn trübsal da ist/so denckestu der barmhertzigkeit.

(Mitten jnn jar) Das ist/zu rechter zeit/vnd mitten jnn der not hilffestu/vnd machest die deinen selig vn frey.

Gott kam von mittage/vnd der Heilige vom gebirge Paran. Sela.

Seines lobs war der himel vol/vnd seiner ehre war die erde vol.

Sein glantz war wie liecht/glentzen giengen von seinen henden/ Daselbst war heimlich seine macht.

Fur jm her gieng pestilentz/Vnd plage gieng aus/wo er hin trat.

Er stund vnd mas das land/Er schawet vnd zutrennet die Heiden/das der welt berge zu schmettert worden/vnd sich bücken musten die hügel jnn der welt/da er gieng jnn der welt.

H iij Ich sahe

Der Prophet

Ich sahe der Moren hütten jnn mühe/Vnd der Midianiter gezelt betrübt.

Warestu nicht zornig HERR jnn der flut? Vnd dein grim jnn den wassern/vnd dein zorn im meer.

Da du auff deinen rossen rittest/vnd deine wagen den sieg behielten.

Du zogest den bogen erfur/wie du geschworen hattest den stemmen. Sela. Vnd teiltest die ströme ins land.

Die berge sahen dich/vnd jnen ward bange. Der wasserstrom fur dahin/die tieffe lies sich hören/die höhe hub die hende auff.

Sonn vnd Mond stunden still/Deine pfeile furen mit glentzen dahin/vnd deine speere mit blicken des blitzes.

Du zutrattest das land im zorn/Vnd zudroschest die Heiden im grim.

Du zohest aus deinem volck zu helffen/zu helffen deinem gesalbeten/Du zuschmissest das heubt im hause der Gottlosen/vnd entblössest die grundfest bis an den hals. Sela.

Du woltest fluchen dem scepter des heubts/sampt seinen flecken/Die wie ein wetter komen/mich zurstrewen/vnd frewen sich/als fressen sie den elenden verborgen.

Deine pferde gehen im meer/Jm schlam/grosser wasser.

Weil ich solchs höre/ist mein bauch betrübt/meine lippen zittern von dem geschrey/eiter gehet jnn meine gebeine/Jch bin bey mir betrübt/O das ich rugen möchte zur zeit des trübsals/da wir hinauff zihen zum volck/das vns bestreitet.

Denn der feigenbaum wird nicht grünen/vnd wird kein gewechs sein an den weinstöcken/ Die erbeit am ölebaum feilet/vnd die ecker bringen keine narung/Vnd schafe werden aus den hürten gerissen/vnd werden keine rinder jnn den stellen sein.

Aber ich wil mich frewen des HERRN/ Vnd frölich sein jnn Gott meinem Heil.

Denn der HERR ist meine krafft/vnd wird meine füsse machen wie hirsfüsse/Vnd wird mich jnn der höhe füren/das ich singe auff meinem seiten spiel.

Vorrhede

Ende des Propheten Habacuc.

Vorrhede auff den Propheten Zephania.

Zephania ist zur zeit des Propheten Jeremia gewest/ Denn er vnter dem Könige Josia geweissagt hat/ wie Jeremia/ als sein Titel ausweiset/ Darumb weissagt er auch eben dasselbe/ das Jeremias weissagt/ nemlich/ das Jerusalem vnd Juda solle verstöret/ vnd das volck weg geführet werden/ vmb jr vnbusfertiges böses leben willen. Er nennet aber nicht den König zu Babel/ der solche verstörung vnd gefengnis jnen solte zu fügen/ wie Jeremias thut/ Sondern schlecht hin/ spricht er/ Das Gott wolle solch vnglück vnd plage/ vber sie bringen/ auff das er sie ja zur busse bewegen möchte/ Denn dis volck kundten alle Propheten noch nie kein mal bereden/ das Gott vber sie erzürnet were/ Sie trotzten jmer auff den rhum/ das sie Gottes volck waren vnd hiessen/ Vnd welcher predigte/ das Gott vber sie zornig were/ der muste ein falscher Prophet sein/ vnd sterben/ Denn sie woltens nicht gleuben/ das Gott sein volck solte so lassen/ Gleich/ wie man jtzt alle die Ketzer schilt vnd tödtet/ so da leren/ das die Kirche jrre vnd sundige/ vnd Gott sie straffen werde/ Er weissagt aber nicht allein Juda solch vnglück/ sondern auch allen vmbligenden lendern vnd nachbarn/ als den Philistern/ Moab/ Ja auch den Moren vnd Assur/ Denn der König zu Babel solte eine rute Gottes sein vber alle land.

Im dritten Capitel/ weissagt er aus der massen herrlich vnd klerlich/ von dem frölichen vnd seligen Reich Christi/ das jnn aller welt ausgebreitet solt werden/ Vnd wie wol er ein klein Prophet ist/ So redet er doch mehr von Christo/ denn viel andere grossen Propheten/ auch schier vber Jeremiam/ Damit er widerumb reichlich tröstet/ das volck/ auff das sie jnn der Babylonischen gefengnis vnd vnglück/ an Gott nicht verzweiuelten/ als hette er sie ewiglich verworffen/ Sondern gewis weren/ das sie nach solcher straffe/ wider zu gnaden komen/ vnd den verheissen Heiland Christum mit seinem herrlichen Königreich kriegen solten.

V iiij   Der Prophet

Der Prophet Zephania.

1.

Es ist das wort des HE-
RRN/ welchs geschach zu Zephania
dem son Chusi/ des sons Gedalia/ des
sons Amaria/ des sons Hiskia/ zur zeit
Josia des sons Amon des Königes
Juda.

Jch wil alles aus dem lande weg
nemen/ spricht der HERR/ Jch wil
beide menschen vnd vihe/ beide vogel
des himels vnd fische im meer weg ne-
men/ sampt den Götzen vnd den Gott-
losen/ Ja/ ich wil die menschen ausreu-
ten aus dem lande/ spricht der HERR/ Jch wil meine hand ausstre-
cken vber Juda vnd vber alle die zu Jerusalem wonen/ Also wil ich das
vbrige vom Baal ausreuten/ dazu den namen der ᵃ Münche vnd Pfaf-
fen aus diesem ort/ vnd die/ so auff den dechern des himels heer anbe-
ten/ Die es anbeten/ vnd schweren doch bey dem HERRN/ vnd zu
gleich bey Malchom/ vnd die vom HERRN abfallen/ vnd die nach
dem HERRN nichts fragen/ vnd jn nicht achten.

Seid stille fur dem HERrn HERRN/ Denn des HERRN tag ist
nahe/ Denn der HERR hat ein schlachtopffer zubereit/ vnd seine ᵇ ge-
ste dazu geladen/ Vnd am tage des Schlachtopffers des HERRN/
wil ich heimsuchen/ die Fürsten vnd des Königes kinder/ vnd alle die
ein frembd kirchen schmuck tragen/ Auch wil ich zur selbigen zeit/ die
heimsuchen/ so vber die schwelle springen/ die jrer Herrn haus füllen
mit rauben vnd triegen. Zur selbi-

ᵃ (Münche)
Camarim/ die bes-
ser sein wolten/
denn schlechte pfaf-
fen oder priester/
Vnd Malchom
war ein Abgott/
der kinder Am-
mon.

ᵇ (Geste)
Die Babylonier
so Jerusalem sol-
len fressen/ dar-
umb das sie frem-
de weise/ Gott zu
dienen/ hielten/
ausser Mose etc.

Zephania. XLVII.

Zur selbigen zeit/spricht der HERR/wird sich ein laut geschrey erheben von dem fisch thor an/vnd ein geheule von dem andern thor/ vnd ein grosser jamer auff den hügeln/Heulet die jr jnn der Müle wonet/Denn das gantze kremer volck ist dahin/vnd alle die geld samlen sind ausgerottet.

Zur selbigen zeit/wil ich Jerusalem mit laternen durchsuchen/ vnd wil heimsuchen die leute/die ᵃ auff jren hefen ligen/vnd sprechen jnn jrem hertzen/Der HERR wird weder gutes noch böses thun/ Vnd sollen jre güter zum raub werden/vnd jre heuser zur wüsten/Sie werden heuser bawen/vnd nicht drinnen wonen/Sie werden weinberge pflantzen/vnd keinen wein dauon trincken/Denn des HERRN grosser tag ist nahe/Er ist nahe vnd eilet seer.

Wenn das geschrey vom tage des HERRN komen wird/so werden die starcken als denn bitterlich schreien/Denn dieser tag ist ein tag des grimmes/ein tag der trübsal vnd angst/ein tag des wetters vnd vngestüms/ein tag der finsternis vnd tunckels/ein tag der wolcken vnd nebel/ein tag der posaunen vnd drometen/wider die festen stedte vnd hohen schlösser/Ich wil den leuten bange machen/das sie vmb her gehen sollen/wie die blinden/darumb/das sie wider den HERRN gesündigt haben/jr blut sol vergossen werden/als were es staub/ vnd jr leib/als were es kot/Es wird sie jr silber vnd gold nicht erretten mügen/am tage des zorns des HERRN/Sondern das gantze land sol durch das feur seines eiuers verzehret werden/Denn er wirds jnn kurtz ein ende machen/mit allen die im lande wonen.

(Müle) Jerusalem die nu gar dem Mammon vñ bauch dienete/vnd aus den kirchen eine müle oder küche worden war/vnd eitel zeitlich gut suchte/mit jrem Gottsdienst/ wie bey vns auch ʒce.

ᵃ (Auff den hefen) Sicher sitzen/als ein wein/den man nicht ablassen werde/vnd spotten des drewens der propheten.

II.

Amlet euch vnd kompt her/jr feindseliges volck/ehe denn das vrteil ausgehe/das jr/wie die sprew/bey tage/dahin faret/ehe denn des HERRN grimmiger zorn vber euch kome/ehe der tag des HERRN zorn vber euch kome/Suchet den HERRN/alle jr elenden im lande/die jr seine Rechte haltet/Suchet gerechtigkeit/Suchet demut/auff das jr am tage des HERRN zorns müget beschützt werden.

Denn Gasa mus verlassen werden/vnd Ascalon wüst werden/ Asdod sol im mittage vertrieben werden/vnd Accaron ausgewurtzelt werden/Weh denen/so am meer hinab wonen/den kriegern/Des HERRN wort wird vber euch komen/Du Canaan der Philister land/ich wil dich vmbbringen/das niemand mehr da wonen sol/Es sol am meer hinab eitel Hirten heuser vnd schaf hürten sein.

Vnd dasselb sol den vbrigen vom Hause Juda zu teil werden/ das sie darauff weiden sollen/Des abends sollen sie sich jnn den heusern Ascalon lagern/wenn sie nu der HERR jr Gott widerumb heimgesucht/vnd jr gefengnis gewendet hat.

Ich hab die schmache Moabs/vnd das lestern der kinder Ammon gehöret/damit sie mein volck geschmehet/vnd auff desselbigen grentzen sich gerhümet haben/Wolan/so war ich lebe/spricht der
HERR

Der Prophet

HERR Zebaoth der Gott Jsrael / Moab sol wie Sodom / vnd die kinder Ammon wie Gomorra werden / Ja / wie ein nesselstrauch vnd saltzgruben / vnd ein ewige wüstnis.

Die vbrigen meins volcks sollen sie rauben / vnd die vberbliebene des volcks sollen sie erben / Das sol jnen begegen fur jre hoffart / das sie des HERRN Zebaoth volck geschmehet vnd sich gerhümet haben / Schrecklich wird der HERR vber sie sein / Denn er wird alle Götter auff erden vertilgen / vnd sollen jn anbeten alle Jnseln vnter den Heiden / ein jglicher an seinem ort.

(Vertilgen) Das ist vom Euangelion gesagt / welchs komen solt nach der Babylonischen gefengnis / wie denn geschehen ist.

Auch solt jr Moren / durch mein schwert erschlagen werden / Vnd er wird seine hand strecken vber Mitternacht / vnd Assur vmbringen / Nineue wird er öde machen / dürr / wie eine wüste / das drinnen sich lagern werden allerley thier vnter den Heiden / Auch rhordomel vnd jegel werden wonen auff jren thürmen / vnd werden jnn den fenstern singen / vnd die raben auff den balcken / Denn die cedern bret sollen abgerissen werden.

Das ist die fröliche Stad / die so sicher wonet / vnd sprach jnn jrem hertzen / Jch bins vnd keine mehr / Wie ist sie so wüst worden? das die thiere drinnen wonen / vnd wer fur vber gehet / pfeiffet sie an / vnd schlegt mit der hand vber sie.

III.

(Stad) Das ist Jerusalem selbs / Denn wo Gottes wort am meisten gepredigt wird / da wirds am meisten veracht.

WEh der scheuslichen / vnfletigen / tyrannischen Stad / Sie wil nicht gehorchen / noch sich züchtigen lassen / Sie wil auff den HERRN nicht trawen / noch sich zu jrem Gotte halten / Jre Fürsten sind vnter jnen brüllende Lewen / vnd jre Richter wolffe am abend / die nichts lassen bis auff den morgen vberbleiben / Jre Propheten sind leichtfertig vnd verechter / Jre Priester entweihen das Heiligthum / vnd treiben gewalt vnter dem schein des Gesetzs.

Aber der HERR der vnter jnen ist / leret wol recht vnd kein arges / Er lesst alle morgen seine Rechte offentlich leren / vnd lesst nicht abe / Aber die bösen leute wollen sich nicht schemen lernen / Darumb wil ich diese leute ausrotten / jre Schlösser verwüsten / vnd jre gassen so leer machen / das niemand drauff gehen sol / jre stedte sollen zerstöret werden / das niemand mehr da wone.

Jch lies dir sagen / Mich soltu fürchten / vnd dich lassen züchtigen / So würde jre wonung nicht ausgerottet / vnd der keines komen / damit ich sie heimsuchen werde / Aber sie sind vleissig allerley bosheit zu vben.

Darumb (spricht der HERR) müsset jr widerumb mein auch harren / bis ich mich auffmache / zu seiner zeit / da ich auch rechten werde / vnd die Heiden versamlen / vnd die Königreiche zu hauffe bringen / meinen zorn vber sie zu schütten / ja allen zorn meines grimmes / Denn alle welt sol durch meins einers feur verzehret werden / Als denn wil

Zephania. XLVIII.

denn wil ich den völckern anders predigen lassen mit freundlichen lippen/das sie alle sollen des HERRN namen anruffen vnd jm dienen eintrechtiglich/Man wird mir meine anbeter/nemlich/die zerstreweten von jensid dem wasser im Moren lande/her bringen zum geschenck.

Zur selbigen zeit/wirstu dich nicht mehr schemen/alles deines thuns/damit du wider mich vbertreten hast/Denn/Ich wil die stoltzen ᵃ heiligen von dir thun/das du nicht mehr solt dich erheben/vmb meines heiligen berges willen/Ich wil jnn dir lassen vberbleiben ein arm/gering volck/die werden auff des HERRN namen trawen/ Die vbrigen jnn Israel werden kein böses thun/noch falsch reden/ vnd man wird jnn jrem munde keine betriegliche zungen finden/Sondern sie sollen weiden vnd rugen/on alle furcht.

Jauchze du tochter Zion/ruffe Israel/frewe dich vnd sey frölich von gantzem hertzen/du tochter Jerusalem/Denn der HERR hat deine straffe weg genomen/vnd deine feinde abgewendet/Der HERR der König Israel ist bey dir/das du dich fur keinem vnglück mehr furchten darffest.

Zur selbigen zeit/wird man sprechen zu Jerusalem/Furcht dich nicht/vnd zu Zion/Las deine hende nicht las werden/Denn der HERR dein Gott ist bey dir/ein starcker Heiland/Er wird sich vber dich frewen/vnd dir freundlich sein/vnd vergeben/vnd wird vber dir mit schall frölich sein/Die/so durch menschen auffsetze/geplagt waren/wil ich weg schaffen/das sie von dir komen/welche auffsetze deine last waren/darumb du gescholten wurdest/Sihe/ich wils mit allen denen ausmachen/zur selbigen zeit/die dich beleidigen/vnd wil der hinckenden helffen/vnd die verstossene samlen/vnd wil sie zu lob vnd ehren machen jnn allen landen/darinn man sie verachtet/Zur selbigen zeit/wil ich euch herein bringen/vnd euch zur selbigen zeit versamlen/Denn ich wil euch zu lob vnd ehre machen vnter allen völckern auff erden/wenn ich ewr gefengnis wenden werde fur jren augen/
Spricht der HERR.

(Lippen)
Das ist/das Euangelion von der gnade Gottes jnn alle welt zu predigen/welchs vns erlöset von vnser sunde.

ᵃ
(Stolzen)
Die sich rhümeten vñ verliessen/auff den Tempel/Opffer/Veter/vnd ander heilige wercke/Roma.ix. vnd nicht auff lauter gnad.

(Straffe)
Er wil nicht mehr zürnen/sondern es sol eitel vergebunge sein/Vnd die feinde heisst er gesetz vnd böse gewissen.

(Auffsetze)
Die das Gesetze auff werck dringen vnd nicht auff gnad/da doch das Gesetz selbest auff dringet/Galat.4.

Vorrhede

Ende des Propheten Zephania.

Vorrhede auff den Propheten Haggai.

Aggai ist der erst Prophet/ so nach dem gefengnis Babel dem volck gegeben ist/ durch welchs weissagung/ der Tempel vnd Gottes dienst wider angerichtet ward / Dazu jm hernach vber zween monden/ Sacharia zum gesellen gegeben ward/ auff das durch zweier Zeugen munde/ Gottes wort deste gewisser gegleubt würde/ Denn das volck war fast jnn zweinel gefallen/ ob der Tempel solt widerumb gebawet werden. Vnd wir achten/ das von diesen Propheten/ Danielis am neunden gesagt sey/ da er spricht/ Von der zeit an/ so der befelh ausgehet/ das Jerusalem sol widerumb gebawet werden/ bis auff den Fürsten Christum/ sind sieben wochen/ vnd zwo vnd sechzig wochen ⁊c. Denn wie wol zuuor durch den König Cores auch war ein befelh ausgangen/ das man zu Jerusalem solt von seiner (des Königs) kosten/ den Tempel bawen/ so wards doch verhindert/ bis auff Haggai vnd Sacharia zeit/ da Gottes befelh ausgieng durch jr weissagung/ Da giengs von staten.

Er schilt aber das volck/ das sie den Tempel vnd Gottes dienst anzurichten nicht geacht/ sondern allein auff jre güter vnd heuser vleissig gegeitzt hatten/ Darumb sie auch geplagt wurden mit teurer zeit/ vnd schaden an gewechs/ wein/ korns vnd allerley getreide/ zum Exempel allen Gottlosen/ die Gottes wort vnd dienst nichts achten/ vnd jmer jnn jren sack geitzen/ Solchen allen gilt dieser Text/ da er sagt/ Ir sack sol löcherich sein/ Vnd so findet man auch jnn allen Historien/ Wo man Gottes Diener nicht neeren wil/ noch sein wort helffen erhalten/ da lesst er sie getrost geitzen fur sich selbs/ vnd jmer samlen/ Aber/ er macht doch zu letzt den sack löcherich/ vnd bleset drein/ das es zu steubt vnd zu rinnet/ das niemand weis/ wo es bleibt/ Er wil auch mit essen/ oder sie sollen auch nicht zu essen finden.

Er weissagt auch von Christo/ im andern Capitel/ das er schier komen solt/ ein Trost aller Heiden/ damit er heimlich anzeigt/ das der Jüden Reich vnd Gesetz solt ein ende haben/ vnd aller welt Königreiche zerstöret/ vnd Christo vnterthan werden/ Welchs bisher geschehen ist/ vnd bis an Jüngsten tag jmer geschicht/ Da wirds denn alles erfüllet werden.

Der Prophet

Der Prophet Haggai. XLIX.

I.

Jm andern jar des Königs Darios im sechsten monden/am ersten tage des monden/geschach des HERRN wort durch den Propheten Haggaj/zu SeruBabel dem son Sealthiel dem Fürsten Juda/vnd zu Josua dem son Jozadac/dem hohen priester/vnd sprach/So spricht der HERR Zebaoth/Dis volck spricht/Es wird nichts draus/das man des HERRN Haus bawe.

Vnd des HERRN wort geschach durch den Propheten Haggaj/Aber ewr zeit ist komen/das jr jnn gewelbeten heusern wonet/vnd dis Haus mus wüst stehen/Nu/so spricht der HERR Zebaoth/Schawet/wie es euch gehet/Jr seet viel/vnd bringet wenig ein/Jr esset/vnd werdet doch nicht sat/Jr trincket/vnd werdet doch nicht truncken/Jr kleidet euch/vnd künd euch doch nicht erwermen/Vnd welcher geld verdienet/der legts jnn einen löcherten beutel.

So spricht der HERR Zebaoth/Schawet/wie es euch gehet/ Gehet hin auff das gebirge/vnd holet holtz/vnd bawet das Haus/ das sol mir angeneme sein/vnd wil meine ehre erzeigen/spricht der HERR/Denn jr wartet wol auff viel/vnd sihe/es wird wenig/Vnd
               J ob jrs

Der Prophet

ob jrs schon heim bringet / so zerstewbe ichs doch / Warumb das / spricht der HERR Zebaoth? Darumb / das mein Haus so wüst stehet / vnd ein jglicher eilet auff sein haus / Darumb hat der himel vber euch den thaw verhalten / vnd das erdreich sein gewechs / Vnd ich habe die dürre gerüffen / beide vber land vnd berge / vber korn / most / ole / vnd vber alles / was aus der erden kompt / auch vber leute vnd viehe / vnd vber alle erbeit der hende.

Da gehorcht SeruBabel der son Sealthiel / vnd Josua der son Jozadac / der Hohe priester / vnd alle vbrige des volcks / solcher stimme des HERRN jres Gottes / vnd den worten des Propheten Haggai / wie jn der HERR jr Gott gesand hatte / Vnd das volck furcht sich fur dem HERRN / Da sprach Haggai / der Engel des HERRN / der die botschafft des HERRN hatte an das volck / Ich bin mit euch / spricht der HERR.

(Engel) Das ist / Bote oder prediger.

Vnd der HERR erweckt den geist SeruBabel des sons Sealthiel des Fürsten Juda / vnd den geist Josua des sons Jozadac des Hohen priesters / vnd den geist des gantzen vbrigen volcks / das sie kamen vnd erbeiten am Hause des HERRN Zebaoth jres Gottes.

II.

AM vier vnd zwenzigsten tage des sechsten monden / im andern jar des Königes Darios / Am ein vnd zwenzigsten tage des siebenden monden / geschach des HERRN wort durch den Propheten Haggai / vnd sprach / Sage zu SeruBabel dem son Sealthiel dem Fürsten Juda / vnd zu Josua dem son Jozadac dem Hohen priester / vnd zum vbrigen volck / vnd sprich / Wer ist vnter euch vberblieben / der dis Haus jnn seiner vorigen herrligkeit gesehen hat? Vnd wie sehet jrs nu an? Ists nicht also / Es dunckt euch nichts sein?

Vnd nu / SeruBabel / sey getrost / spricht der HERR / Sey getrost Josua du son Jozadac / du Hoher priester / Sey getrost / alles volck im lande / spricht der HERR / vnd erbeitet / Denn ich bin mit euch / spricht der HERR Zebaoth / Nach dem wort / da ich mit euch einen Bund machet / da jr aus Egypten zoget / sol mein geist vnter euch bleiben / Fürcht euch nicht.

(Trost) Das ist / Christus / der alle welt trösten solt / durch vergebung der sunden.

(Fride geben) Glück vnd heil.

Denn so spricht der HERR Zebaoth / Es ist noch ein kleines dahin / das ich himel vnd erden / das meer vnd trocken bewegen werde / Ja alle Heiden wil ich bewegen / da sol denn komen aller Heiden Trost / Vnd ich wil dis Haus vol herrligkeit machen / spricht der HERR Zebaoth / Denn mein ist / beide silber vnd gold / spricht der HERR Zebaoth / Es sol die herrligkeit dieses letzten Hauses grösser werden / denn des ersten gewesen ist / spricht der HERR Zebaoth / vnd ich wil fride geben an diesem ort / spricht der HERR Zebaoth.

Am vier vnd zwenzigsten tage des neunden monden / im andern jar Darios / geschach des HERRN wort zu dem Propheten Haggai / vnd sprach / So spricht der HERR Zebaoth / Frage die Priester vmb das

Haggaj. L.

vmb das Gesetz/vnd sprich/Wenn jemand heilig fleisch trüge jnn seines kleides geren/vnd rürete darnach mit seinem gern/brod/gemüse/wein/öle/oder was fur speise were/würde es auch heilig? Vnd die Priester antworten/vnd sprachen/Nein/Haggaj sprach/Wo aber ein vnreiner von einem berurten ass/dieser eines anrüret/würde es auch vnrein? Die Priester antworten/vnd sprachen/Es würde vnrein/Da antwortet Haggaj/vnd sprach/Eben also sind dis volck vnd diese leute fur mir auch/spricht der HERR/vnd alle jrer hende werck/vnd was sie opffern/ist vnrein.

(Wenn jemand) Sacra non sanctificant prophana/ sed prophana polluunt Sacra.

Vnd nu schawet/wie es euch gegangen ist/von diesem tage an vnd zuuor/ehe denn ein stein auff den andern gelegt ward am Tempel des HERRN/das/wenn einer zum kornhauffen kam/der zwenzig mas haben solt/so waren kaum zehen da/Kam er zur kelter/vnd meinet funffzig eymer zu schepffen/so waren kaum zwenzig da/Denn ich plagt euch mit dürre/brand korn vnd hagel/jnn alle ewrer erbeit/noch keretet jr euch nicht zu mir/spricht der HERR.

So schawet nu drauff/von diesem tage an vnd zuuor/nemlich/von dem vier vnd zwenzigsten tage des neunden monden/bis an den tag/da der Tempel des HERRN gegründet ist/Schawet drauff/Denn der same ligt noch jnn der scheuren/vnd tregt noch nichts/weder weinstöck/feigenbeum/granatbeum/noch olebeum/Aber von diesem tage an/wil ich segen geben.

Vnd des HERRN wort geschach zum andern mal zu Haggaj/am vier vnd zwenzigsten tage des monden/vnd sprach/Sage Serubabel dem Fürsten Juda/vnd sprich/Ich wil himel vnd erden bewegen/vnd wil die stüle der Königreiche vmbkeren/vnd die mechtigen Königreiche der Heiden vertilgen/vnd wil beide wagen mit jren Reutern vmbkeren/das beide ros vnd man/herunter fallen sollen/ein jglicher durch des andern schwert/Zur selbigen zeit/spricht der HERR Zebaoth/wil ich dich Serubabel du son Sealthiel meinen knecht/nemen/spricht der HERR/vnd wil dich/wie ein pittschacht ring halten/Denn ich hab dich erwelet/spricht der HERR Zebaoth.

(Vmbkeren) Ich wil die persen/so jr furchtet/verstören/wilchs durch Alexandrum magnum ist geschehen.

J.ij Vorrhede

Ende des Propheten Haggaj.

Vorrhede auff den Propheten Sachar Ja.

DJeser Prophet ist nach der Babylonischen gefengnis gewest/vnd hat/sampt seinem gesellen Haggai/Jerusalem vnd den Tempel helffen wider bawen/vnd das zerstrewet volck/wider zu samen bringen/auff das widerumb ein regiment vnd ordnung im lande angericht würde/Vnd ist fur war der aller tröstlichsten Propheten einer/Denn er viel lieblicher vnd tröstlicher gesichte fur bringet/ vnd viel süsser vnd freundlicher wort gibt/damit er das betrübte vnd zerstrewet volck/tröste vnd stercke/den baw vnd das regiment anzufahen/Welchs bis daher grossen vnd mancherley widerstand erlidden hatte/Solchs thut er bis jnn das funffte Capitel.

Im funfften/weissagt er vnter einem gesicht des brieues vnd scheffels von den falschen Lerern/die hernach komen solten/im Jüdischen volck/die Christum verleugnen würden/Welchs gesicht noch heutiges tages/die Jüden betrifft.

Im sechsten/weissagt er vom Euangelio Christi/vnd dem geistlichen Tempel jnn aller welt zu bawen/weil jn die Jüden verleugten vnd nicht haben wolten.

Im siebenden vnd achten hebt sich eine frage/Darauff der Prophet antwort/tröstet vnd vermanet sie abermal zum baw vnd regiment/vnd beschleusst damit solche weissagung seiner zeit vom wider bawen.

Im neunden/gehet er jnn die zukünfftige zeit/vnd weissagt erstlich/cap. ix. wie der grosse Alexander solte Tirum/Zidon vnd die Philister gewinnen/damit die gantze welt geöffnet würde dem zukünfftigen Euangelio Christi/vnd füret den König Christum zu Jerusalem ein/auff einem esel ⁊c. Aber im eilfften weissagt er/das Christus von den Jüden verkaufft solt werden vmb dreissig silberlinge/Darumb er sie auch verlassen würde/das Jerusalem endlich zerstöret/vnd die Jüden im jrthum verstockt vnd zerstrewet solten werden/Vnd also das Euangelion vnd das Reich Christi vnter die Heiden komen/nach dem leiden Christi/damit er vorhin als der Hirte geschlagen/vnd die Apostel als die schafe zerstrewet solten werden/Denn er muste vorhin leiden/vnd also jnn seine herrligkeit komen.

Im letzten Capitel/da er Jerusalem verstöret hat/hebt er auch auff das Leuittisch Priesterthum/sampt seinem wesen vnd gerete vnd Feiertagen/Vnd spricht/Es werden alle geistliche ampt/gemeine sein/Gotte damit zu dienen/vnd nicht mehr allein des stammes Leui/ Das ist/Es solten ander Priester/ander Fest/ander Opffer/ander Gottes dienst komen/welche auch vben kundten/ander stemme/ja auch Egypten vnd alle Heiden/Das heisst das alte Testament rein abgethan vnd weg genomen.

Der Prophet

Der Prophet Sacharia. LI.

I.

Im achten monde des andern jars des Königes Darios/ geschach dis wort des HERRN zu Sacharia dem son Berechia des sons Iddo/ dem Propheten/ vnd sprach/ Der HERR ist zornig gewest vber ewre Veter.

Vnd sprich zu jnen/ So spricht der HERR Zebaoth/ Keret euch zu mir/ spricht der HERR Zebaoth/ so wil ich mich zu euch keren/ spricht der HERR Zebaoth. Seid nicht/ wie ewre Veter/ welchen die vorigen Propheten predigten/ vnd sprachen/ So spricht der HERR Zebaoth/ Keret euch von ewren bösen wegen/ vnd von ewrem bösen thun/ Aber sie gehorchten nicht/ vnd achten nicht auff mich/ spricht der HERR. Wo sind nu ewre Veter vnd die Propheten? Leben sie auch noch? Ists nicht also/ das meine wort/ vnd meine rechte/ die ich durch meine Knechte/ die Propheten/ gebot/ haben ewre Veter troffen? das sie sich haben müssen keren/ vnd sagen/ Gleich/ wie der HERR Zebaoth fur hatte vns zu thun/ darnach wir giengen vnd theten/ also hat er vns auch gethan.

J iij   Im vier

Der Prophet

Jm vier vnd zwenzigsten tag des ersten monden/welcher ist der mond Sebat/jm andern jar des Königes Darios/geschach dis wort des HERRN zu Sacharia dem son Berechia des sons Jddo/dem Propheten/vnd sprach/Jch sahe bey der nacht/Vnd sihe/Ein man sas auff eim roten pferde/vnd er hielt vnter den myrten jnn der awe/ vnd hinder jm waren/rote/braune vnd weisse pferde/Vnd ich sprach/ Mein Herr/wer sind diese? Vnd der Engel der mit mir redet/sprach zu mir/Jch wil dir zeigen/wer diese sind/Vnd der man der vnter den myrten hielt/antwortet/vnd sprach/Diese sind/die der HERR ausgesand hat/das land durch zu zihen. Sie aber antworten dem Engel des HERRN/der vnter den myrten hielt/vnd sprachen/Wir sind durchs land gezogen/Vnd sihe/alle lender sitzen stille.

Da antwortet der Engel des HERRN/vnd sprach/HERR Zebaoth/wie lange wiltu denn dich nicht erbarmen vber Jerusalem/ vnd vber die stedte Juda/vber welche du zornig gewest/diese siebenzig jar? Vnd der HERR antwortet dem Engel der mit mir redet/freundliche wort vnd tröstliche wort/Vnd der Engel der mit mir redet/sprach zu mir/Predige/vnd sprich/So spricht der HERR Zebaoth/Jch habe seer geeiuert vber Jerusalem vnd Zion/ Aber ich bin seer zornig/ vber die stoltzen Heiden/Denn ich war nur ein wenig zornig/sie aber helffen zum verderben/Darumb/so spricht der HERR/Jch wil mich wider zu Jerusalem keren mit barmhertzigkeit/vnd mein Haus sol drinnen gebawet werden/spricht der HERR Zebaoth/Dazu sol die zimerschnur jnn Jerusalem gezogen werden. Vnd predige weiter/vnd sprich/So spricht der HERR Zebaoth/Es sol meinen stedten wider wol gehen/vnd der HERR wird Zion wider trösten/vnd wird Jerusalem wider erwelen.

Vnd ich hub meine augen auff vnd sahe/ Vnd sihe/da waren vier hörner/Vnd ich sprach zum Engel der mit mir redet/Wer sind diese? Er sprach zu mir/Es sind die vier hörner/die Juda/sampt dem Jsrael vnd Jerusalem zurstrewet haben. Vnd der HERR zeigt mir vier schmide/da sprach ich/Was wollen die machen? Er sprach/die vier hörner die Juda so zustrewet haben/das niemand sein heubt hat mügen auff heben/die selbigen abzuschrecken/sind diese komen/das sie die hörner der Heiden abstossen/welche das horn haben vber das land Juda gehaben/dasselbige zurstrewen.

II.

Vnd ich hub meine augen auff vnd sahe/Ein man hatte eine messchnur jnn der hand/Vnd ich sprach/Wo gehestu hin? Er aber sprach zu mir/Das ich Jerusalem messe/vnd sehe/wie lang vnd weit sie sein solle. Vnd sihe/der Engel der mit mir redet/gieng eraus/vnd ein ander Engel gieng eraus jm entgegen/vnd sprach zu jm/Lauff hin vnd sage dem knaben/vnd sprich/Jerusalem wird bewonet werden on mauren/fur grosser menge der menschen vnd viehes/so drinnen sein wird/ Vnd ich wil/spricht der HERR/eine feurige maur vmb her sein/vnd wil drinnen sein/vnd wil mich herrlich drinnen erzeigen.

Dui/

Sacharia. LII.

Hui/Hui fliehet aus dem mitternacht lande/spricht der HERR/ Denn ich hab euch jnn die vier winde vnter dem himel zurstrewet/spricht der HERR/Hui Zion/die du wonest bey der tochter Babel/Entrinne/Denn so spricht der HERR Zebaoth/Er hat mich gesand zu den Heiden/die euch beraubt haben/Ire macht hat ein ende. Wer euch antastet/der tastet meinen augapffel an/Denn sihe/Ich wil meine hand vber sie weben/das sie sollen ein raub werden/denen/die jnen gedienet haben/das jr solt erfaren/das mich der HERR Zebaoth gesand hat.

Frew dich/vnd sey frölich du tochter Zion/Denn sihe/ich kome vnd wil bey dir wonen/spricht der HERR/Vnd sollen zu der zeit/viel Heiden zum HERRN gethan werden/vnd sollen mein volck sein/ Vnd ich wil bey dir wonen/das du solt erfaren/das mich der HERR Zebaoth zu dir gesand hat. Vnd der HERR wird Juda erben fur sein teil/jnn dem heiligen lande/vnd wird Jerusalem wider erwelen. Alles fleisch sey stille fur dem HERRN/Denn er hat sich auffgemacht aus seiner heiligen stete.

III.

Vnd mir ward gezeigt der Hohe priester Josua/stehend fur dem Engel des HERRN/Vnd der Satan stund zu seiner rechten/das er jm widerstünde/Vnd der HERR sprach zu dem Satan/Der HERR schelte dich du Satan/Ja der HERR schelte dich/der Jerusalem erwelet hat/Ist dieser nicht ein brand/der aus dem feur errettet ist? Vnd Josua hatte vnreine kleider an/vnd stund fur dem Engel/Welcher antwortet vnd sprach zu denen/die fur jm stunden/thut die vnreinen kleider von jm/Vnd er sprach zu jm/Sihe/ Ich habe deine sunde von dir genomen/vnd habe dich mit feirkleider angezogen. Vnd er sprach/Setzt einen reinen hut auff sein heubt. Vnd sie satzten einen reinen hut auff sein heubt/vnd zogen jm kleider an/ vnd der Engel des HErrn stund da.

Vnd der Engel des HERRN bezeugete Josua/vnd sprach/So spricht der HERR Zebaoth/Wirstu jnn meinen wegen wandeln/vnd meiner hut warten/so soltu regieren mein Haus vnd meine höfe bewaren/Vnd ich wil dir geben von diesen die hie stehen/das sie dich geleiten sollen/Höre zu Josua du Hoher priester/du vnd deine freunde die fur dir wonen/denn sie sind eitel wunder/Denn sihe/ich wil meinen Knecht Zemah komen lassen/Denn sihe/auff dem einen steine/den ich fur Josua gelegt habe/sollen sieben augen sein/Aber sihe/ich wil jn aushawen/spricht der HERR Zebaoth/vnd wil die sunde desselbigen landes wegnemen auff einen tag/Zu der selbigen zeit/spricht der HERR Zebaoth/wird einer den andern laden vnter den weinstock vnd vnter den feigenbaum.

(Die stehen) Engele behüten vnd leiten die fromen/sonderlich die priester vnd Leiter.

IIII.

Vnd der Engel der mit mir redet/kam wider vnd wecket mich auff/wie einer vom schlaff erweckt wird/vnd sprach zu mir/Was sihestu? Ich aber sprach/Ich sehe/vnd sihe/da stund ein Leuchter gantz gülden/mit einer schalen oben drauff/daran sieben lampen waren/ vnd ja sieben kellen an einer lampen/vnd zween ölebeum

J iiij dabey

Der Prophet

dabey/einen zur rechten der schalen/den andern zur lincken/Vnd ich antwortet/vnd sprach zu dem Engel der mit mir redet/Mein Herr/ was ist das? Vnd der Engel der mit mir redet/antwortet/vnd sprach zu mir/Weistu nicht/was das ist? Ich aber sprach/Nein mein Herr/ Vnd er antwortet/vnd sprach zu mir/Das ist das wort des HERRN von SerubBabel/Es sol nicht durch heer oder krafft/sondern durch meinen geist geschehen/spricht der HERR Zebaoth/Wer bistu/du grosser Berg/der doch fur SerubBabel eine ebene sein mus? Vnd er sol auffüren den ersten stein/das man ruffen wird/Glück zu/glück zu.

Vnd es geschach zu mir das wort des HERRN/vnd sprach/Die hende SerubBabel haben dis Haus gegründet/seine hende sollens auch volenden/das jr erfaret/das mich der HERR zu euch gesand hat/Denn wer ists/der diese geringe tage veracht? Darinn man doch sich wird frewen/vnd sehen/das zinen mas jnn SerubBabels hand/ mit den sieben/welche sind des HERRN augen/die das gantze land durchzihen.

(Zinen)
Richtscheid oder bley holtz/Denn es solt das gebew durch SerubBabel von statten gehen/ wo vnd wie ers angriffe/wenns gleich allen Heiden leid were.

Vnd ich antwortet/vnd sprach zu jm/Was sind die zween olebeume zur rechten vnd zur lincken des Leuchters? Vnd ich antwortet zum andern mal/Was sind die zween zweige der ölebeume/welche stehen bey den zwo gülden schneutzen/damit man abbricht? Vnd er sprach zu mir/Weistu nicht/was die sind? Ich aber sprach/Nein mein Herr/Vnd er sprach/Es sind die zwey öle kinder/welche stehen bey dem Herrscher des gantzen landes.

V.

Vnd ich hub meine augen abermal auff vnd sahe/Vnd sihe/es war ein fliegender brieff/Vnd er sprach zu mir/ Was sihestu? Ich aber sprach/Ich sehe einen fliegenden brieff/der ist zwenzig ellen lang/vnd zehen ellen breit/Vnd er sprach zu mir/Das ist der fluch/welcher ausgehet vber das gantze land/Denn alle diebe werden nach diesem brieue from gesprochen/vnd alle meineidigen werden nach diesem brieue from gesprochen/Aber ich wils erfur bringen/ spricht der HERR Zebaoth/das er sol heim komen den dieben/vnd denen/die bey meinem namen felschlich schweren/vnd sol bleiben jnn jrem hause/vnd sols verzehren/sampt seinem holtz vnd steinen.

(Brieff)
Das sind die felscher der schrifft/ so die fromen hertzen betrüben/vnd die bösen loben vnd heuchlen.

Vnd der Engel der mit mir redet/gieng eraus vnd sprach zu mir/ Heb deine augen auff/vnd sihe/was gehet da eraus? Vnd ich sprach/ Was ists? Er aber sprach/Ein scheffel gehet eraus/Vnd sprach/Das ist jre gestalt im gantzen lande/Vnd sihe/Es schwebt ein centner bley/ Vnd da war ein weib/das sas im scheffel/Er aber sprach/Das ist die Abgötterey/Vnd er warff sie jnn den scheffel/vnd warff den klump bley oben drauff.

(Scheffel)
Das ist ebē/gleich wie droben der brieff zeigt/auch von falschen Lerern gesagt/welche die gewissen mit gesetzen vnd rechten messen vn scheffeln/Aber zu letzt gen Sinear komen müssen etc.

Vnd ich hub meine augen auff/vnd sahe/Vnd sihe/zwey weiber giengen eraus/vnd hatten flügel die der wind treib/Es waren aber flügel/wie storcks flügel/Vnd sie füreten den scheffel zwisschen erden vnd himel/vnd ich sprach zum Engel der mit mir redet/Wo füren die den scheffel hin? Er aber sprach/Das jm ein haus gebawet werde im lande Sinear vnd bereit/vnd daselbst gesetzt werde auff seinen boden.

Vnd ich

Sacharia.

VI.

Nd ich hub meine augen abermal auff/ vnd sahe/ Vnd sihe/ da waren vier wagen/die giengen zwisschen zween bergen erfur/ Die selbigen berge aber waren eherne/ Am ersten wagen waren rote rosse/Am andern wagen waren schwartze rosse/Am dritten wagen/waren weisse rosse/Am vierden wagen/waren scheckichte starcke rosse/Vnd ich antwortet/vnd sprach zum Engel der mit mir redet/ Mein Herr/wer sind diese? Der Engel antwortet/ vnd sprach zu mir/Es sind die vier winde vnter dem himel/die erfur komen/ das sie treten fur den Herrscher aller lande/ An dem die schwartzen rosse waren/die giengen gegen mitternacht/Vnd die weissen giengen jnen nach/ Aber die scheckichten giengen gegen mittag/Die starcken giengen vnd zogen vmb/das sie alle land durchzogen/Vnd er sprach/ Gehet hin vnd zihet durchs land/Vnd sie zogen durchs land/Vnd er rieff mir/vnd redet mit mir/vnd sprach/Sihe/die gegen mitternacht zihen/machen meinen Geist rugen im lande gegen mitternacht.

Vnd des HERRN wort geschach zu mir/vnd sprach/Nim von den gefangenen/nemlich/ von Veldai vnd von Tobia vnd von Jedaia/vnd kom du desselbigen tages/vnd gehe jnn Josia des sons Zephania haus/welche von Babel komen sind/Nim aber silber vnd gold/vnd mache zwo kronen/vnd setze sie auffs heubt Josua des Hohen priesters/des sons Jozadac/ Vnd sprich zu jm/ So spricht der HERR Zebaoth/Sihe/Es ist ein man/der heisst Zemah/ Denn vnter jm wirds wachsen/vnd er wird bawen des HERRN Tempel/ Ja den Tempel des HERRN wird er bawen/vnd wird den schmuck tragen/vnd wird sitzen vnd herrschen auff seinem thron/wird auch Priester sein auff seinem thron/vnd wird fride sein zwisschen den beiden/ Vnd die kronen sollen dem Helem/ Tobia/ Jedaia vnd Hen dem sone Zephania/zum gedechtnis sein im Tempel des HERRN/ Vnd werden komen von ferne/die am Tempel des HERRN bawen werden/Da werdet jr erfaren/das mich der HERR Zebaoth zu euch gesand hat/Vnd das sol geschehen/so jr gehorchen werdet der stimme des HERRN ewrs Gottes.

Zemah heisst ein gewechs/ vnd ist eine weissagung von Christo/ der durch Josua vnd SeruBabel bedeutet ist.

VII.

Nd es geschach im vierden jar des Königs Darios/das des HERRN wort geschach zu Sachar Ja im vierden tage des neunden monden/welcher heisst Chisleu/Da SarEzer vnd Regem Melech/sampt jren leuten/sandten gen Bethel zu bitten fur dem HERRN/vnd liessen sagen den Priestern/die da waren vmb das Haus des HERRN Zebaoth/vnd zu den Propheten/Mus ich auch noch weinen im funfften monden/vnd mich casteien/wie ich solchs gethan habe/ nu etliche jar?

Vnd des HERRN Zebaoth wort geschach zu mir/ vnd sprach/ Sage allem volck im lande/ vnd den Priestern/vnd sprich/ Da jr fastet vnd leide truget im funfften vnd siebenden monden/diese

siebenzig

Der Prophet

siebenzig jar lang/habt jr mir so gefastet? Oder da jr asset vnd truncket/habt jr nicht fur euch selbst gegessen vnd getruncken? Ists nicht das/welchs der HERR predigen lies durch die vorigen Propheten/ da Jerusalem bewonet war/vnd hatte die fülle/sampt jren stedten vmb her/vnd leute woneten/beide gegen mittage vnd jnn gründen?

Vnd des HERRN wort geschach zu Zacharja/vnd sprach/ So spricht der HERR Zebaoth/Richtet recht/vnd ein jglicher beweise an seinem Bruder/güte vnd barmhertzigkeit/Vnd thut nicht vnrecht den Widwen/Waisen/Frembdlingen vnd Armen/vnd dencke keiner wider seinen Bruder etwas arges jnn seinem hertzen. Aber sie wolten nicht auffmercken/vnd kereten mir den rücken zu/vnd verstockten jre ohren/das sie nicht höreten/vnd stelleten jre hertzen/wie ein Demant/das sie nicht höreten das Gesetz vnd Wort/welche der HERR Zebaoth sandte jnn seinem Geiste/durch die vorigen Propheten/Daher so grosser zorn vom HERRN Zebaoth komen ist/ Vnd ist also ergangen/gleich wie gepredigt ward/vnd sie nicht höreten/so wolte ich auch nicht hören/da sie rieffen/spricht der HERR Zebaoth. Also hab ich sie zustrewet vnter alle Heiden/die sie nicht kennen/vnd ist das land hinder jnen wüste blieben/das niemand drinnen wandelt noch wonet/vnd ist das Eddele land zur wüstunge gemacht.

VIII.

Vnd des HERRN wort geschach zu mir/vnd sprach/ So spricht der HERR Zebaoth/Ich habe vber Zion fast seer geeiuert/vnd habe jnn grossem zorn vber sie geeiuert. So spricht der HERR/Ich kere mich wider zu Zion/vnd wil zu Jerusalem wonen/das Jerusalem sol eine rechte Stad heissen/vnd der Berg des HERRN Zebaoth/ein heiliger berg/So spricht der HERR Zebaoth/Es sollen noch forder wonen jnn den gassen zu Jerusalem alte menner vnd weiber/vnd die an stecken gehen fur grossem alter/Vnd der Stad gassen sollen sein vol kneblin vnd meidlin/die vff den gassen spielen. So spricht der HERR Zebaoth/Dünckt sie solchs vmmüglich sein fur den augen dieses vbrigen volcks zu dieser zeit/solts drumb auch vmmüglich sein fur meinen augen/spricht der HERR Zebaoth?

So spricht der HERR Zebaoth/Sihe/Ich wil mein volck erlösen vom lande gegen auffgang vnd vom lande gegen nidergang der Sonnen/vnd wil sie erzu bringen/das sie zu Jerusalem wonen/ vnd sie sollen mein volck sein/vnd ich wil jr Gott sein/jnn Warheit vnd Gerechtigkeit.

So spricht der HERR Zebaoth/Stercket ewr hende/die jr höret diese wort/zu dieser zeit/durch der Propheten munde/des tages/ da der grund gelegt ist an des HERRN Zebaoth Hause/das der Tempel gebawet würde/Denn vor diesen tagen war der menschen erbeit vergebens/vnd der thierer erbeit war nichts/vnd war kein fride fur trübsal denen/die aus vnd ein zogen/Sondern ich lies alle menschen gehen/einen jglihen wider seinen nehesten/Aber nu wil ich nicht/wie jnn den vorigen tagen/mit den vbrigen dieses volcks faren/

Sacharia.

faren/spricht der HERR Zebaoth/Sondern sie sollen samen des frides sein/Der weinstock sol seine frucht geben/vnd das land sein gewechs geben/vnd der himel sol seinen taw geben/vnd ich wil die vbrigen dieses volcks/solchs alles besitzen lassen/Vnd sol geschehen/wie jr vom Hause Juda vnd vom Hause Jsrael seid ein fluch gewesen vnter den Heiden/So wil ich euch erlösen/das jr solt ein segen sein/Fürchtet euch nur nicht/vnd stercket ewr hende.

So spricht der HERR Zebaoth/Gleich wie ich gedachte euch zu plagen/da mich ewre Veter erzürneten/spricht der HERR Zebaoth/vnd rewete mich nicht/also gedencke ich nu widerumb/jnn diesen tagen wol zu thun Jerusalem vnd dem Hause Juda/Fürcht euch nur nichts/Das ists aber/das jr thun sollet/Rede einer mit dem andern warheit/vnd richtet recht/vnd schaffet fride jnn ewren thoren/Vnd dencke keiner kein arges jnn seinem hertzen wider seinen nebesten/vnd liebt nicht falsche eide/Denn solchs alles hasse ich/spricht der HERR.

Vnd es geschach des HERRN Zebaoth wort zu mir/vnd sprich/So spricht der HERR Zebaoth/Die faste des vierden/funfften/siebenden vnd zehenden monden/sollen dem Hause Juda zur freude vnd wonne/vnd zu frölichen jarfesten werden/Alleine liebt warheit vnd fride.

So spricht der HERR Zebaoth/Weiter werden noch komen viel völcker/vnd vieler stedte Bürger/vnd werden die Bürger einer stad gehen zur andern/vnd sagen/Lasst vns gehen zu bitten fur dem HERRN/vnd zu suchen den HERRN Zebaoth/Wir wollen mit euch gehen/Also werden viel völcker/vnd die Heiden mit hauffen komen/zu suchen den HERRN Zebaoth zu Jerusalem/zu bitten fur dem HERRN.

So spricht der HERR Zebaoth/Zu der zeit/wenn zehen menner aus allerley sprachen der Heiden/werden einen Jüdischen man bey dem zipffel ergreiffen/vnd sagen/Wir wollen mit euch gehen/Denn wir hören/das Gott mit euch ist.

IX.

DIs ist die Last/dauon der HERR redet vber das land Hadrach/vnd vber Damascon/auff welche es sich verlesst (Denn der HERR schawet auff die menschen vnd auff alle stemme Jsrael) Dazu auch vber Hamath/die mit jr grentzet/Vber Tyron vnd Zidon auch/die fast weise sind/Denn Tyros bawet feste/vnd samlet silber wie sand/vnd gold wie kot auff der gassen/Aber sihe/Der HERR wird sie verderben/vnd wird jre macht/die sie auff dem meer hat/schlahen/das sie wird sein/als die mit feur verbrand ist/Wenn das Asklon sehen wird/wird sie erschrecken/Vnd Gasa wird seer angst werden/Dazu Ekron wird betrübt werden/wenn sie solchs sihet/Denn es wird aus sein mit dem Könige Gasa/vnd zu Asklon wird man nicht wonen/Zu Asdod werden frembde wonen/Also wird der
Philister

(Hadrach) Das ist/Syria.
(Auff die menschen) Gott straffet beide Jüden vnd Heiden/wenn sies verdienen.

Der Prophet

Philister pracht ausgerottet werden / Vnd ich wil jr blut von jrem munde thun/ vnd jre grewel von jren zenen/ das sie auch sollen vnserm Gotte vber bleiben/ das sie werden wie Fürsten inn Juda/ vnd Ekron wie die Jebusiter/ Vnd ich wil mein Haus besetzen mit kriegs volck/ die da aus vnd ein zihen/ das nicht mehr vber sie fare der Treiber/ Denn ich habs nu angesehen mit meinen augen.

Aber du tochter Zion frewe dich seer/ vnd du tochter Jerusalem jauchze/ Sihe/ dein König kompt zu dir/ ein Gerechter vnd ein Helffer/ Arm/ vnd reitet auff einem esel vnd auff einem jungen füllen der eselin/ Denn ich wil die wagen abthun von Ephraim/ vnd die rosse von Jerusalem/ vnd der Streitbogen sol zubrochen werden/ Denn er wird fride leren vnter den Heiden/ vnd seine herrschafft wird sein von einem meer bis ans ander/ vnd vom wasser bis an der welt ende.

(Heute)
Auch auff dismal/ vnd diese zeit/ nicht allein zukünfftig.

Du lessest auch durchs blut deines Bundes aus/ deine gefangene aus der gruben/ da kein wasser jnnen ist/ So keret euch nu zur festunge/ jr/ die jr auff hoffnunge gefangen ligt/ Denn auch heute wil ich verkündigen vnd dir zwifeltigs vergelten/ Denn ich habe mir Juda gespannen zum bogen/ vnd Ephraim gerüstet/ Vnd wil deine Brüder Zion erwecken vber deine kinder Griechland/ vnd wil dich stellen/ als ein schwert der Risen/ Vnd der HERR wird vber jn erscheinen/ vnd seine pfeile werden ausfaren/ wie der blitz/ Vnd der HErr HERR wird die posaunen blasen/ vnd wird einher tretten als die wetter vom mittage/ Der HERR Zebaoth wird sie schützen/ das sie fressen/ vnd vnter sich bringen mit schleuder steinen/ das sie trincken vnd rumorn als vom wein/ vnd vol werden als das becken/ vnd wie die ecken des Altars/ Vnd der HERR jr Gott wird jnen zu der zeit helffen/ wie einer Herd seines volcks/ Denn es werden jnn seinem lande geweihete steine auffgericht werden/ Denn was haben sie guts fur andern/ vnd was haben sie schönes fur andern? Korn/ das jünglinge/ vnd most/ der jungfrawen zeuget.

(Zeuget)
Das Euangelion ist ein solch wort/ das nicht kinder zeuget/ die jnn der wigen ligen/ sondern wenn sie gezeuget sind/ sind sie junge gesellen vnd jungfrawen/ zur ehe rüchtig/ das ist/ zu leren vnd andere geistliche kinder zu zeugen.

X.

So bittet nu vom HERRN spat regen/ So wird der HERR gewolcken machen vnd euch regen gnug geben/ zu allem gewechse auff dem felde/ Denn die Götzen reden eitel mühe/ vnd die Warsager sehen eitel lügen/ vnd reden eitel trewme/ vnd jr trösten ist nichts/ Darumb gehen sie jnn der jrre/ wie eine Herd/ vnd sind verschmacht/ weil kein Hirte da ist.

(Böcke)
Das sind die priester vnd propheten im volck/ die Christus hernach heisst phariseer.

Mein zorn ist ergrimmet vber die Hirten/ vnd ich wil die Böcke heimsuchen/ Denn der HERR Zebaoth wird seine Herd heimsuchen/ nemlich/ das Haus Juda/ vnd wird sie zurichten/ wie ein geschmücket ros zum streit/ Die Ecken/ Negel/ Streitbogen vnd Treiber sollen alle von jnen weg komen/ Vnd sollen dennoch sein/ wie die Risen/ die den kot auff der gassen tretten im streit/ vnd sollen streiten/ Denn der HERR wird mit jnen sein/ das die Reuter zu schanden werden/ Vnd ich wil das Haus Juda stercken/ vnd das Haus Joseph erretten/ vnd wil sie wider einsetzen/ Denn ich erbarme mich jr/ vnd sollen sein/ wie

Sacharia. LV.

sein/wie sie waren/da ich sie nicht verstossen hatte/Denn Ich der HERR jr Gott wil sie erhoren/Vnd Ephraim sol sein/wie ein Rise/vnd jr hertz sol frölich werden/wie vom wein/Dazu jre kinder sollens sehen/vnd sich frewen/das jr hertz am HERRN frölich sey. Ich wil zu jnen blasen vnd sie samlen/denn ich wil sie erlösen/vnd sollen sich mehren/wie sie sich vor gemehret haben/Vnd ich wil sie vnter die völcker seen/das sie mein gedencken jnn fernen landen/vnd sollen mit jren kindern leben vnd wider komen/Denn ich wil sie wider bringen aus Egypten land/vnd wil sie samlen aus Assyrien/vnd wil sie jns land Gilead vnd Libanon bringen/vnd sol jnen nichts mangeln/Vnd er wird durchs meer der angst gehen/vnd die wellen im meer schlahen/das alle tieffe wasser vertrocken werden/Da sol denn genidriget werden die pracht zu Assyrien/vnd das scepter jnn Egypten sol auff hören/Ich wil sie stercken jnn dem HERRN/das sie sollen wandeln jnn seinem namen/spricht der HERR.

(Angst) Das heisst das enge meer/wie sie durch das rote meer giengen/durch solch enge meer müssen wir alle gehen.

XI.

TVu deine thür auff/Libanon/das das feur deine cedern verzehre. Heulet jr tannen/denn die cedern sind gefallen/vnd das herrlich gebew ist verstöret/Heulet jr eichen Basan/denn der feste wald ist vmbgehawen/Man höret die Hirten heulen/denn jr herrlich gebew ist verstöret/Man höret die jungen Lewen brüllen/denn die pracht des Jordans ist verstöret.

(Libanon) Ist Jerusalem/aus Libano gebawet/Vnd durch die Römer zerstöret.

So spricht der HERR mein Gott/Hüte der Schlachtschafe/denn jre Herrn schlachten sie/vnd haltens fur keine sunde/Verkeuffen sie vnd sprechen/Gelobet sey der HERR/Ich bin nu reich/Vnd jre Hirten schonen jr nicht/Darumb wil ich auch nicht mehr schonen der einwoner im lande/spricht der HERR/Vnd sihe/Ich wil die leute lassen einen jglichen jnn der hand des andern/vnd jnn der hand seines Königes/das sie das land zu schlahen/vnd wil sie nicht erretten von jrer hand.

Vnd ich hüet der Schlachtschafe/vmb der elenden schafe willen/Vnd nam zu mir zween stebe/Einen hies ich Sanfft/den andern hies ich Weh/vnd hütet der schafe/Vnd ich vertilgete drey Hirten jnn einem monden/Denn ich mocht jr nicht/So wolten sie mein auch nicht/Vnd ich sprach/Ich wil ewr nicht hüten/Was da stirbt/das sterbe/Was verschmacht/das verschmachte/Vnd die vbrigen fresse ein jglichs des andern fleisch.

Vnd ich nam den einen stab Sanfft/vnd zubrach jn/das ich auff hube meinen Bund/den ich mit allen völckern gemacht hatte/vnd er ward auffgehaben des tages/Vnd die elenden schafe/die auff mich hielten/merckten dabey/das es des HERRN wort were/Vnd ich sprach zu jnen/Gefellets euch/so bringt her/wie viel ich gelte/Wo nicht/so lassts anstehen. Vnd sie wugen dar/wie viel ich galt/dreissig silberlinge. Vnd der HERR sprach zu mir/Wirffs hin/das dem töpffer gegeben werde/die treffliche summa/der ich werd geacht bin von jnen. Vnd ich nam die dreissig silberlinge/vnd warff sie jns Haus des HERRN/das dem töpffer gegeben würde.

K Vnd

Der Prophet

Vnd ich zubrach meinen andern stab Wehe/das ich auff hübe die Bruderschafft zwisschen Juda vnd Israel.

Vnd der HERR sprach zu mir/Nim aber mal zu dir gerete eines törichten Hirten/Denn sihe/ich werde Hirten im lande auffwecken/ die das verschmachte nicht besehen/das zurschlagene nicht suchen/ vnd das zubrochen nicht heilen/vnd das gesunde nicht versorgen werden/Aber das fleisch der fetten werden sie fressen/vnd jre klawen zureissen/O Götzen Hirten/die die Herde lassen/Das schwert kome auff jren arm vnd auff jr rechtes auge/Jr arm müsse verdorren/vnd jr rechtes auge tunckel werden.

XII.

Is ist die Last des worts vom HERRN vber Israel/ spricht der HERR/der den himel ausbreitet/vnd die erde gründet/vnd den odem des menschen jnn jm macht/ Sihe/ich wil Jerusalem zum taumel becher zu richten allen völckern die vmbher sind/Denn es wird auch Juda gelten/wenn Jerusalem belegert wird. Dennoch zur selbigen zeit/wil ich Jerusalem machen zum Last stein allen völckern/ Alle die den selbigen weg heben wollen/sollen sich dran zu schneiten/ Denn es werden sich alle Heiden auff erden wider sie versamlen.

Zu der zeit/spricht der HERR/wil ich alle rosse schew/vnd jren Reutern bange machen/Aber vber Jerusalem wil ich meine augen offen haben/vnd alle rosse der völcker mit blindheit plagen/Vnd die Fürsten jnn Juda werden sagen jnn jrem hertzen/Es seien mir nur die Bürger Jerusalem getrost jnn dem HERRN Zebaoth jrem Gott.

Zu der zeit/wil ich die Fürsten Juda machen zum feurigen ofen im holtz/vnd zur fackeln im stro/das sie verzehren/beide zur rechten vnd zur lincken/alle völcker vmb vnd vmb/Vnd Jerusalem sol auch forder bewonet werden an jrem ort zu Jerusalem/Vnd der HERR wird die hütten Juda erretten/wie vorzeiten/auff das sich nicht hoch rhüme das Haus Dauid/noch die Bürger zu Jerusalem wider Juda.

Zu der zeit/wird der HERR beschirmen die Bürger zu Jerusalem/Vnd wird geschehen/das/welcher schwach sein wird zu der zeit/ wird sein wie Dauid/Vnd das Haus Dauid wird sein/wie Gottes Haus/wie des HERRN Engel fur jnen/Vnd zu der zeit/werde ich gedencken zu vertilgen alle Heiden/die wider Jerusalem gezogen sind. Aber vber das Haus Dauid/vnd vber die Bürger zu Jerusalem/wil ich ausgiessen den Geist der gnaden vnd des gebets/Denn sie werden mich ansehen/welchen jhene zustochen haben/vnd werden jn klagen/ wie man klagt ein einiges kind/vnd werden sich vmb jn betrüben/wie man sich betrübt vmb ein erstes kind.

Zu der zeit/wird grosse klage sein zu Jerusalem/wie die war bey Hadadrimon im felde Megiddon/Vnd das land wird klagen/ein jglich geschlechte besonders/Das geschlecht des Hauses Dauid besonders/vnd jre weiber besonders/Das geschlecht des Hauses Nathan besonders/

Sacharia. LVI.

besonders/vnd jre weiber besonders/Das geschlecht des Hauses Leui besonders/vnd jre weiber besonders/Das geschlecht Simei besonders/vnd jre weiber besonders/Also alle ander geschlechte/ein jglichs besonders/vnd jre weiber auch besonders.

XIII.

ZY der zeit/wird das Haus Dauid vnd die Bürger zu Jerusalem/einen frey offenen born haben wider die sunde vnd vnreinigkeit/Zu der zeit/spricht der HERR Zebaoth/wil ich der Götzen namen ausrotten aus dem lande/das man jr nicht mehr gedencken sol/Dazu wil ich auch die Weissager vnd vnreinen geister aus dem lande treiben/Das also gehen sol/Wenn jemand weiter weissaget/sollen seine vater vnd mutter/die jn gezeuget haben/zu jm sagen/Du must sterben/Denn du redest falsch im namen des HERRN/Vnd werden also vater vnd mutter/die jn gezeuget haben/jn zustechen/wenn er weissaget/Denn es sol zu der zeit geschehen/das die Weissager mit schanden bestehen/mit jren gesichten/wenn sie dauon weissagen/vnd sollen nicht mehr herin kleider anzihen/damit sie betriegen/Sondern wird müssen sagen/Ich bin kein Prophet/sondern ein Ackerman/Denn ich habe gedienet von meiner jugent auff/So man aber sagen wird/Was sind das fur wunden jnn deinen henden? Wird er sagen/So bin ich geschlagen im hause dere/die mich lieben.

Schwert/mach dich auff vber meinen Hirten/vnd vber den Fürsten meins volcks/spricht der HERR Zebaoth/Schlah den Hirten/so wird die Herd sich zustrewen/So wil ich meine hand keren zu den kleinen/Vnd sol geschehen/jnn welchem lande (spricht der HERR) zwey teil sind/die sollen ausgerottet werden vnd vntergehen/vnd das dritte teil sol drinnen vberbleiben/Vnd wil dasselbige dritte teil durchs feur füren vnd leutern/wie man silber leutert/vnd fegen/wie man gold feget/Die werden denn meinen namen anruffen/vnd ich wil sie erhören/Ich wil sagen/Es ist mein volck/vnd sie werden sagen/HERR mein Gott.

XIIII.

SJhe/Es kompt dem HERRN die zeit/das du raub vnd ausbeute wirst werden/Denn ich werde allerley Heiden wider Jerusalem samlen zum streit/Vnd die Stad wird gewonnen/die heuser geplundert/vnd die weiber geschendet werden/Vnd die helfft der Stad wird weg gefurt werden/vnd das vbrige volck wird nicht aus der Stad getrieben werden.

Aber der HERR wird auszihen vnd streiten wider die selbigen Heiden/gleich wie er zu streiten pflegt/zur zeit des streits/Vnd seine füsse werden stehen/zu der zeit/auff dem Ölberge/der fur Jerusalem ligt gegen morgen/Vnd der ölberg wird sich mitten entzwey spalten/vom auffgang bis zum nidergang/seer weit von einander/das sich eine helffte des berges gegen mitternacht/vnd die ander gegen mittage geben wird/Vnd jr werdet fliehen fur solchem tal zwischen *meinen bergen/

(meinen bergen) Das sind die zwey stück des ölberges/so zur spalten ist.

Der Prophet

bergen/Denn das tal zwisschen den bergen wird nahe hinan reichen/ Vnd werdet fliehen/wie jr vorzeiten floget fur dem erdbeben/zur zeit Vsia des Königs Juda/da wird denn komen der HERR mein Gott/ vnd alle Heiligen mit jm.

(**Tag**)
Das Euangelion sol nicht ein leiblich tag noch liecht sein/ Dazu alles ander/was bisher leiblich Gottes dienst gewest ist/ sol als denn geistlich sein.

Zu der zeit wird kein liecht sein/sondern kelte vnd frost/vnd wird ein tag sein/der dem HERRN bekand ist/weder tag noch nacht/vnd vmb den abend wirds liecht sein. Zu der zeit/werden frissche wasser aus Jerusalem fliessen/die helffte gegen das meer/gegen morgen/vnd die ander helffte gegen das eusserste meer/Vnd wird weren/beide des sommers vnd winters.

Vnd der HERR wird König sein vber alle lande/ Zu der zeit/ wird der HERR nur einer sein/vnd sein name nur einer/ Vnd man wird gehen im gantzen lande vmb/wie auff einem gefilde/von Gibea nach Rimon zu/gegen mittag zu Jerusalem/ Denn sie wird erhaben vnd bewonet werden an jrem ort/vom thor BenJamin bis an den ort des ersten thors/bis an das eckthor/vnd vom thurm Hananeel bis an des Königes kelter/ Vnd man wird drinnen wonen/ Vnd wird kein bann mehr sein/Denn Jerusalem wird gantz sicher wonen.

Vnd das wird die plage sein/damit der HERR plagen wird alle völcker/so wider Jerusalem gestritten haben/Jr fleisch wird verwesen/also/das sie noch auff jren füssen stehen/vnd jre augen jnn den löchern verwesen/vnd jre zunge im maul verwese.

Zu der zeit/wird der HERR ein gros getümel vnter jnen anrichten/das einer wird den andern bey der hand fassen/ vnd seine hand auff des andern hand legen/Denn auch Juda wird wider Jerusalem streiten/das versamlet werden die güter aller Heiden die vmbher sind/ gold/silber/kleider vber die mas viel/Vnd da wird denn diese plage gehen/vber ros/meuler/camel/esel vnd allerley thier/die jnn dem heer sind/wie jhene geplagt sind.

Vnd alle vbrigen vnter allen Heiden/die wider Jerusalem zogen/ werden jerlich erauff komen/ anzubeten den König/ den HERRN Zebaoth/ vnd zu halten das Laubhütten Fest/ Welchs geschlecht aber auff erden nicht erauff komen wird gen Jerusalem/anzubeten den König/den HERRN Zebaoth/vber die wirds nichts regnen/ Vnd wo das geschlecht der Egypter nicht erauff zöge vnd keme/so wirds vber sie auch nicht regnen/Das wird die plage sein/damit der HERR plagen wird alle Heiden/die nicht erauff komen zu halten das Laubhütten Fest/ Denn das wird eine sunde sein der Egypter vnd aller Heiden/die nicht erauff komen zu halten das Laubhütten Fest.

Zu der zeit/wird die rüstunge der rosse dem HERRN heilig sein/ Vnd werden die kessel im Hause des HERRN gleich sein/wie die becken fur dem Altar/Denn es werden alle kessel/beide jnn Juda vnd Jerusalem/dem HERRN Zebaoth heilig sein/also/das alle die da opffern wollen/ werden komen/vnd die selbigen nemen vnd drinnen kochen/Vnd wird kein Cananiter mehr sein im Hause des HERRN Zebaoth/zu der zeit.

Ende des Propheten ZacharJa.

Vorrhede

Vorrhede auff den Propheten Maleachj.

DJesen Maleachj halten die Ebrej/Er sey der Esra gewesen/Das lassen wir so gut sein/Denn wir nichts gewisses von jm haben können/on das/so viel aus seiner weissagung zu nemen/ist er nicht lange vor Christus geburt/vnd freilich der letzt Prophet/gewest/ Denn er ja spricht im andern Capitel/Das Christus der HERR bald komen solle/Vnd ist ein feiner Prophet/der schöne sprüche hat/von Christo vnd dem Euangelio/welchs er nennet/ein rein opffer jnn aller welt/Denn durchs Euangelion wird Gottes gnade gepreiset/welchs ist/das rechte/reine Danckopffer. Item/Er weissagt von der zukunfft Johannis des Teuffers/wie es Christus selbs/Matth. xj. deutet/vnd Johannem seinen Engel vnd Eliam nennet/dauon Maleachj schreibet.

Vber das/schilt er auch sein volck hart/darumb/das sie den Priestern nicht gaben jren zehenden vnd andere pflicht/ Vnd wenn sie schon gaben/so gaben sie es mit allen vntrewen/als/vngesunde/vntüchtige schafe/vnd was sie selbs nicht mochten/das muste den armen Pfaffen vnd Predigern gut sein/wie es denn zu gehen pflegt/ das/wo recht Gottes wort vnd trewe Prediger sind/die müssen hunger vnd not leiden/Falsche Lerer müssen jmer die fülle haben/Wie wol die Priester mit solchen opffern auch gescholten werden/das sie es an namen vnd opfferten/das thet der liebe Geitz/Aber Gott zeiget hie an/das er des grossen vngefallen habe/vnd heisst solche vntrew vnd bosheit/eine schmach/die jm selbs geschehe/Darumb er auch jnen drewet/Er wolle sie lassen/vnd die Heiden annemen zum volck. Darnach schilt er die Priester sonderlich/das sie Gottes wort felscheten/ vnd vntrewlich lereten/vnd damit viel verfüreten/Vnd missebrauchten jres Priesterlichen ampts/das sie nicht strafften die jhenigen/so vntüchtig ding opfferten/oder sonst nicht from waren/Sondern lobten vnd sprachen sie from/damit sie nur opffer vnd genies von jnen kriegten/Also hat der Geitz vnd Bauchsorge jmer schaden gethan dem wort vnd dienst Gottes/vnd machet jmer Heuchler aus Predigern.

Auch schilt er sie/das sie jre weiber betrübten vnd verachten/damit jr opffer vnd Gottes dienst auch verunreinigten/Denn im Gesetz Mosi war es verboten/Gott zu opffern betrübte opffer/vnd die betrübt waren/thursten nicht opffern/noch von opffern essen/Des waren die nu vrsache/welche jre weiber betrübt vnd weinend machten/ Vnd wolten sich Abrahams exempel behelffen/der seine Agar muste austreiben vnd betrüben/Aber er thets nicht aus mutwillen/gleich wie er sie auch nicht aus furwitz zur Ehe genomen hatte.

Der Prophet Maleachi.

I.

Dis ist die Last die der HERR redet wider Jsrael durch Maleachi/ Jch hab euch lieb/ spricht der HERR/ So sprecht jr/ Wo mit hastu vns lieb? Jst nicht Esau Jacobs bruder/ spricht der HERR/ Noch hab ich Jacob lieb/ vnd hasse Esau/ vnd hab sein gebirge öde gemacht/ vnd sein erbe den Drachen zur wüste/ Vnd ob Edom sprechen würde/ Wir sind verderbt/ Aber wir wollen das wüste wider erbawen/ so spricht der HERR Zebaoth also/ Werden sie bawen/ so wil ich abbrechen/ Vnd sol heissen/ die verdampte grentze/ vnd ein volck/ vber das der HERR zürnet ewiglich/ Das sollen ewr augen sehen/ vnd werdet sagen/ Der HERR ist herrlich jnn den grentzen Jsrael.

Ein son sol seinen Vater ehren/ vnd ein knecht seinen Herrn/ Bin ich nu Vater/ wo ist meine ehre? Bin ich Herr/ wo furcht man mich? Spricht der HERR Zebaoth zu euch Priestern/ die meinen namen verachten/ So sprecht jr/ Wo mit verachten wir deinen namen? Damit/ das jr opffert auff meinem Altar vnrein brod/ So sprecht jr/ Wo mit opffern wir dir vnreines? Damit/ das jr sagt/ Des HERRN tisch ist nicht zu achten/ Vnd wenn jr ein blinds opffert/ So mus nicht böse heissen/

Maleachj.

heissen/ Vnd wenn jr ein lames oder krankes opffert/ so mus auch nicht böse heissen/ Bringes deinem Fürsten/ was gilts/ ob du jm gefallen werdest / oder ob er deine person ansehen werde? spricht der HERR Zebaoth/ So bittet nu Gott/ das er vns gnedig sey/ Denn solchs ist geschehen von euch/ Meinet jr/ Er werde ewr person ansehen/ spricht der HERR Zebaoth?

Wer ist auch vnter euch/ der eine thür zuschliesse? Jr zündet auch meinem Altar kein feur an vmb sonst/ Ich habe kein gefallen an euch/ spricht der HERR Zebaoth/ Vnd das Speisopffer von ewren henden ist mir nicht angeneme/ Aber von auffgang der Sonnen bis zum nidergang/ sol mein name herrlich werden vnter den Heiden/ vnd an allen orten sol meinem namen gereuchert/ vnd ein rein Speisopffer geopffert werden/ Denn mein name sol herrlich werden vnter den Heiden/ spricht der HERR Zebaoth.

Jr aber entheiliget jn/ damit/ das jr sagt/ Des HERRN tisch ist vnheilig/ vnd sein opffer ist veracht/ sampt seiner speise/ Vnd jr sprecht/ Sihe/ Es ist nur müde/ vnd schlahets jnn den wind/ spricht der HERR Zebaoth/ Vnd jr opffert/ das geraubt vnd krank ist/ vnd opffert denn Speise opffer her? Solt mir solchs gefallen von ewer hand/ spricht der HERR? Verflucht sey der vorteilischer/ der jnn seiner herd ein menlin hat/ vnd wenn er ein gelübd thut/ opffert er dem HERRN ein vntüchtiges/ Denn ich bin ein grosser König/ spricht der HERR Zebaoth/ vnd mein name ist schrecklich vnter den Heiden.

II.

Vnd nu jr Priester/ dis gebot gilt euch/ Wo jrs nicht höret/ noch zu hertzen nemen werdet/ das jr meinem namen die ehre gebt/ spricht der HERR Zebaoth/ So werde ich/ den fluch vnter euch schicken/ vnd ewr segen verfluchen/ Ja verfluchen werde ich jn/ weil jrs nicht wollet zu hertzen nemen.

Sihe/ ich wil ewr nachkomen verfluchen/ vnd den kot von ewren opffern euch jns angesicht werffen/ vnd sol an euch kleben bleiben/ So werdet jr denn erfaren/ das ich solch gebot zu euch gesand habe/ das es mein Bund sein solte mit Leui/ spricht der HERR Zebaoth.

Denn mein Bund war mit jm/ zum leben vnd fride/ vnd ich gab jm die furcht/ das er mich furchtet/ vnd meinen namen schewete/ Das Gesetz der warheit war jnn seinem munde/ vnd ward kein böses jnn seinen lippen funden/ Er wandelte fur mir fridsam vnd auffrichtig/ vnd bekeret viele von sünden/ Denn des Priesters lippen/ sollen die lere bewaren/ das man aus seinem munde das Gesetze suche/ Denn er ist ein Engel des HERRN Zebaoth.

Jr aber seid von dem wege abgetretten/ vnd ergert viel im Gesetze/ vnd habt den Bund Leui verbrochen/ spricht der HERR Zebaoth/ Darumb hab auch ich gemacht/ das jr veracht vnd vnwerd seid fur dem gantzen volck/ weil jr meine wege nicht haltet/ vnd sehet personen an im Gesetze/ Denn haben wir nicht alle einen Vater? Hat vns nicht ein

(Segen) Ewr gut vnd alle habe / damit ich euch gesegnet vnd begabt hatte.
(Kot) Das priesterthum/ wie er hie drewet/ hat er von jnen genomen/ vñ die hefen oder kot dauon gelassen/ das sie nu nichts gelten.

Der Prophet

nicht ein Gott geschaffen? Warumb verachten wir denn einer den andern/vnd entheiligen den Bund mit vnsern Vetern gemacht? Denn Juda ist ein Verechter worden/vnd jnn Israel vnd zu Jerusalem geschehen grewel/Denn Juda entheiliget die heiligkeit des HERRN/die er lieb hat/vnd bulet mit eines frembden Gottes tochter/Aber der HERR wird den/so solchs thut/ausrotten/aus der Hütten Jacob/beide meister vnd schüler/sampt dem/der dem HERRN Zebaoth Speisopffer bringet.

Weiter thut jr auch das/das fur dem Altar des HERRN eitel threnen vnd weinen vnd seufftzen ist/das ich nicht mehr mag das Speisopffer ansehen/noch etwas angeneme/von ewren henden empfahen/Vnd/so sprecht jr/Warumb das? Darumb/das du dein liebes weib verachtest/die dir der HERR zu geordent hat/vnd deine gesellin ist/der du dich verpflichtet hast/Also thet der Einige nicht/vnd war doch eines grossen geists/Was thet aber der Einige? Er suchte den samen von Gott verheissen/Darumb/so sehet euch fur/fur ewrem geist/vnd verachte keiner sein liebes weib/Bistu jr gram/So schei̅ de dich von jr/spricht der HERR der Gott Israel/Vnd gib jr ein kleid a fur den hohn/spricht der HERR Zebaoth/Darumb/so sehet euch fur/fur ewrem geist/vnd verachtet sie nicht.

Jr macht den HERRN vnwillig/durch ewr reden/So sprecht jr/Wo mit machen wir jn vnwillig? Damit/das jr sprecht/Wer böses thut/der gefelt dem HERRN/vnd er hat lust zu den selbigen/Oder wo ist der Gott/der da straffe?

(Einige) Abraham ist der einige/wie jn auch Isaias nennet/denn von jm alle Jüden komen/der selbige nam ein ander weib/nicht aus furwitz/wie jr thut/sondern das er Gotte kinder zeugete.

a (Kleid fur den hohn) Weil sie vor die geschmecht/ists billich/das sie von dir zu ehren gekleidet werde/als die dein weib gewest ist/Vnd nicht so schendlich jns elende verstossen werde.

III.

Jhe/ich wil meinen Engel senden/der fur mir her den weg bereiten sol/Vnd bald wird komen zu seinem Tempel der HERR/den jr sucht/vnd der Engel des Bunds/des jr begeret/Sihe/Er kompt/spricht der HERR Zebaoth/Wer wird aber den tag seiner zukunfft erleiden mügen? Vnd wer wird bestehen/wenn er wird erscheinen? Denn er ist wie das feur eines Goldschmids/vnd wie die seiffe der wesscherin/Er wird sitzen vnd schmeltzen vnd das silber fegen/Er wird die kinder Leui fegen vnd leutern/wie silber vnd gold/Denn werden sie dem HERRN Speisopffer bringen jnn gerechtigkeit/vnd wird dem HERRN wolgefallen/das Speisopffer Juda vnd Jerusalem/wie vorhin vnd vor langen jaren.

Vnd ich wil zu euch komen vnd euch straffen/vnd wil ein schneller Zeuge sein/wider die Zeuberer/Ehebrecher vnd Meineidigen/vnd wider die/so gewalt vnd vnrecht thun/den Taglönern/Widwen vnd Waisen/vnd den frembdlingen drucken/vnd mich nicht furchten/spricht der HERR Zebaoth/Denn ich bin der HERR/der nicht lenget/vnd jr kinder Jacob solt nicht alle vntergehen.

Jr seid von ewr Veter zeit an jmerdar abgewichen von meinen geboten/vnd habt sie nicht gehalten/So bekeret euch nu zu mir/So wil ich mich zu euch auch keren/spricht der HERR Zebaoth/So sprecht jr/Worin sollen wir vns bekeren? Ists recht/das ein mensch Gott teusscht/wie jr mich teusschet? So sprecht jr/Womit teusschen

Maleachj. LIX.

teusschen wir dich? Am Zehenden vnd Hebopffer/Darumb seid jr auch verflucht/das euch alles vnter den henden zurinnet/Denn jr teusschet mich, allesampt. *(Teuscht) Jr gebt den Leuiten vnd priestern das ergest/vnd auch wol/gar nichts.*

Bringet aber die Zehenden gantz jnn meinen kornkasten/auff das jnn meinem Hause speise sey/vnd prüfet mich hierin/spricht der HERR Zebaoth/ob ich auch nicht des himels fenster auff thun werde/vnd segen herab schütten die fülle/Vnd ich wil fur euch den Fresser schelten/das er die frucht auff dem felde nicht verterben sol/vnd der weinstock im acker euch nicht vnfruchtbar sey/spricht der HERR Zebaoth/das euch alle Heiden sollen selig preisen/Denn jr sollet ein köstlich land sein/spricht der HERR Zebaoth. *(Fresser) Alles was dem korn schaden thut.*

Jr redet hart wider mich/spricht der HERR/So sprecht jr/Was reden wir wider dich? Damit/das jr sagt/Es ist vmb sonst/das man Gott dienet/vnd was nützet es/das wir sein gebot halten/vnd hart leben fur dem HERRN Zebaoth füren? Darumb preisen wir die Verechter/Denn die Gottlosen nemen zu/Sie versuchen Gott/vnd gehet jnen alles wol hinaus.

Aber die Gottfürchtigen trösten sich vnternander also/Der HERR merckts vnd hörets/Vnd ist fur jm ein denckzedel/geschrieben fur die/ so den HERRN fürchten/vnd an seinen namen gedencken/Sie sollen (spricht der HERR Zebaoth) des tages/den ich machen wil/mein eigenthum sein/Vnd ich wil jr schonen/wie ein man seines sons schonet/der jm dienet/Vnd jr solt dagegen widerumb sehen/was fur ein vnterscheid sey/zwisschen dem Gerechten vnd Gottlosen/vnd zwisschen dem/der Gott dienet vnd dem/der jm nicht dienet. *Er vergisset nicht.*

IIII.

Enn sihe/Es kompt ein tag/der brennen sol/wie ein ofen/Da werden alle Verechter vnd Gottlosen stro sein/vnd der künfftig tag wird sie anzünden/spricht der HERR Zebaoth/vnd wird jnen weder wurtzel noch zweig lassen. Euch aber/die jr meinen namen fürcht/sol auffgehen die Sonn der gerechtigkeit/vnd heil vnter desselbigen flügeln/Vnd jr solt aus vnd ein gehen/vnd zu nemen/wie die mast kelber/Jr werdet die Gottlosen zutretten/denn sie sollen asschen vnter ewrn füssen werden/des tages/den ich machen wil/spricht der HERr Zebaoth.

Gedenckt des Gesetzs Mosi meins knechts/das ich jm befolhen habe/auff dem berge Horeb an das gantz Israel/sampt den geboten vnd rechten.

Sihe/ich wil euch senden den Propheten Elia/ehe denn da kome der grosse vnd schrecklicher tag des HERRN/der sol das hertz der Veter bekeren zu den kindern/vnd das hertz der kinder zu den Vetern/ das ich nicht kome/vnd das erdreich mit dem bann schlahe.

Ende des Propheten Maleachj.

Apocrypha.

Das sind Bücher: so nicht der heiligen Schrifft gleich gehalten: vnd doch nützlich vnd gut zu lesen sind.

I Judith.
II Sapientia.
III Tobias.
IIII Syrach.
V Baruch.
VI Maccabeorum.
VII Stucke jnn Esther.
VIII Stucke jnn Daniel.

D. Mart. Luther.

Wittemberg.
M. D. XXXIIII.

Vorrhede auffs buch
Judith.

WO man die geschichte Judith kundte aus bewereten gewissen Historien beweisen/ so were es ein eddel feines Buch/ das auch billich jnn der Biblien sein solt/ Aber es wil sich schwerlich reimen mit den Historien der heiligen Schrifft/ sonderlich mit Jeremia vnd Esra/ welche anzeigen/ wie Jerusalem vnd das gantze land verstöret gewest/ vnd darnach kümerlich widder erbawet worden sind/ zu der zeit der Persen Monarchia/ welche alles land jnnen hatten vmb her/ Da widder schreibt dis Buch/ im ersten Capitel/ das der könig Nebucad Nezar zu Babylon hab solche land aller erst furgenomen zu gewinnen/ Vnd macht den wahn/ als sey diese geschicht vor der Jüden gefengnis vnd vor der Persen Monarchia geschehen/ Widderumb sagt Philo/ Sie sey nach der widderkunfft vnd heimfart der Jüden aus Babylon vnter könig Assuero geschehen/ zu welcher zeit die Jüden wedder Tempel noch Jerusalem erbawet/ noch Regiment hatten/ Bleibt also der jrthum vnd zweivel beide der gezeiten vnd namen/ das ichs nirgent kan zu samen reimen.

Etliche wöllen/ Es sey kein geschicht/ sondern ein geistlich schöne getichte/ eines heiligen geist reichen mans/ der darinn hab wöllen malen vnd furbilden/ des gantzen Jüdischen volcks glück vnd sieg/ widder alle jre feinde/ von Gott allezeit wunderbarlich verlihen/ Gleich wie Salomon/ jnn seinem hohen liede/ auch von einer Braut tichtet vnd singet/ vnd doch damit keine person noch geschicht/ sondern das gantz volck Israel meinet/ Vnd wie S. Johannes jnn Apocalipsi/ vnd Daniel/ viel bilder vnd thiere malen/ damit sie doch nicht solche personen/ sondern die gantzen Christlichen kirchen/ vnd königreiche meinen/ Vnd Christus vnser Herr selbst gern mit gleichnis vnd solchen getichten vmbgehet im Euangelio/ vnd vergleicht das himelreich zehen jungfrawen/ Item einem kauffman vnd perlen/ einer beckerin/ einem senff korn/ Item den fisschern vnd netzen/ Item den hirten vnd schafen/ vnd so fort mehr.

Solche meinung gefellet mir fast wol/ vnd dencke/ das der tichter wissentlich vnd mit vleisden jrthum der gezeit vnd namen drein gesetzt hat/ den Leser zu vermanen/ das ers fur ein solch geistlich/ heilig geticht halten vnd verstehen solte/ Vnd reimen sich hie zu die namen aus der massen fein/ Denn Judith heisst Judea (das ist) das Jüdisch volck/ so eine keusche heilige Widwe ist/ das ist/ Gottes volck ist jmer eine verlassene Widwe/ Aber doch keusch vnd heilig/ vnd bleibt rein vnd heilig im wort Gottes/ vnd rechten glauben/ casteyet sich vnd bettet/ Holofernes/ heisst Prophanus dux vel gubernator/ Heidnischer Gottloser odder vnchristlicher herr odder fürst/ Das sind alle feinde des Jüdischen volcks. Bethulia (welche Stad auch nirgent

A ij bekand

Vorrhede.

bekand ist) heisst eine jungfraw / anzuzeigen / das zu der zeit die gleubigen fromen Jüden / sind die reine jungfraw gewest / on alle Abgötterey vnd vnglauben / wie sie jnn Esaia vnd Jeremia genennet werden / Dadurch sie auch vnüberwindlich blieben sind / ob sie wol jnn nöten waren.

Vnd mag sein / das sie solch geticht gespielet haben / wie man bey vns die Passio spielet / vnd ander heiligen geschicht / Damit sie jr volck vnd die jugent lereten / als jnn einem gemeinen bilde odder spiel / Gott vertrawen / from sein / vnd alle hülff vnd trost von Gott hoffen / jnn allen nöten widder alle feinde rc. Darumb ists ein fein / gut / heilig / nützlich Buch / vns Christen wol zu lesen / Denn die wort so die personen hie reden / sol man verstehen / als rede sie ein geistlicher heiliger Poet odder Prophet / aus dem Heiligen geist / der solche personen fur stellet jnn seinem spiel / vnd durch sie vns predigt / Vnd also gehöret auff dis Buch / Die weisheit Philonis / welchs die Tyrannen schilt / vnd Gottes hülffe preiset / so er seinem volck erzeiget rc. Als ein lied auff solch spiel / welchs desselben Buchs wol mag ein gemein Exempel heissen.

Das

Das Buch Judith.

I.

Rphaxad der Meden könig/hatte viel land vnd leute vnter sich bracht/Vnd bauete ein grosse gewaltige Stad/die nennet er Ecbatana/Jre mauren machet er aus eitel werckstücken/siebentzig ellen hoch/vnd dreissig ellen dicke/Jre thürne aber machet er hundert ellen hoch/vnd zwentzig ellen dicke jns genierde/Vnd der Stad thore machet er so hoch als thürne/Vnd trotzete auff seine macht/vnd grosse heers krafft.

6 NebucadNezar aber der König von Assyrien/regierete jnn der grossen Stad Ninine/Vnd streit im zwelfften iar seines Königreichs widder den Arphaxad/Vnd halffen jm die völker die am wasser Euphrates/Tygris/vnd Dydaspes woneten/Vnd schlug jn im grossen feld Ragau genant/welches vorzeiten gewest war/Arioch des Königes zu Elassar.

7 Da ward das Reich NebucadNezar mechtig/vnd sein hertz stoltz/vnd sandte botschafften zu allen die da woneten jnn Cilicien/ Damasken/auff dem Libanon/Carmel/vnd jnn Kedar/Auch zu denen jnn Galilea/vnd auff dem grossen felde Esdrelom/Vnd zu allen die da waren jnn Samaria/vnd jenseid des Jordans/bis gen Jerusalem/Auch jns gantze land Gesem/bis an das gebirg des Morenlands/Zu den allen sandte NebucadNezar der König von Assyrien botschafften/Aber sie schlugens jm alle ab/vnd liessen die botten mit schanden widder heim ziehen.

11 Da ward der König NebucadNezar seer zornig/widder alle diese lande/vnd schwur bey seinem königstuel vnd Reich/das er sich an allen diesen landen rechen wolt.

II.

M dreizehenden iar NebucadNezar des Königs/am zwey vnd zwenzigsten tag des ersten mondes/ward geratschlagt im hause NebucadNezar/des Königs von Assyrien/das er sich wolte rechen/Vnd er foddert alle seine Rete/Fürsten vnd Deubtleute/vnd ratschlaget heimlich mit jnen/vnd hielt jnen fur/wie er gedechte/alle diese lande vnter sein Reich zu bringen.

4 Da solches jn allen wol gefiel/foddert der König NebucadNezar Holofernen seinen feldheubtman/vnd sprach/Zeuch aus widder alle Reich/die gegen abend ligen/vnd sonderlich widder die/so mein gebot verachtet haben/Du solt keinem Reich verschonen/vnd alle feste Stedte soltu mir vntertenig machen.

7 Da fodderte Holofernes die Deubtleute/vnd die Obersten des Assyrischen kriegsvolcks/vnd rüstete das volck zum krieg/wie jm der König geboten hatte/hundert vnd zwentzig tausent zu füsse/vnd

Das Buch

zwelff tausent schützen zu rosse/Vnd er lies all sein kriegsvolck/fur jm hin zihen/mit vnzelichen kamelen/gros vorrat/dazu mit ochsen vnd schafen on zal/fur sein volck/Vnd lies aus gantz Syrien korn zu füren/zu seinem zug/Golt vnd gelt aber aus der massen viel nam er mit sich aus des Königes kamer.

11 Vnd zog also fort mit dem gantzen heer/mit wagen/reutern vnd schützen/welche den erdbodem bedeckten wie hewschrecken. Da er nu vber die grentze des Assyrischen landes gezogen war/kam er zu dem grossen gebirge Ange/an der lincken seiten Cilicien/vnd eroberte alle jre flecken vnd feste Stedte/vnd zerstörete Melothi ein berhümbte Stad/vnd beraubete alle leute jnn Tharsis/vnd die kinder Jsmael/die da woneten gegen der wüsten vnd gegen mittag des lands Chellon. 14 Er zog auch vber den Phrath/vnd kam jnn Mesopotamien/vñ zerstörete alle hohe Stedte die er fand/vom bach Mambre an/bis ans meer/Vnd nam da die grentzen ein/von Cilicien an/bis an die grentzen Joppe/die gegen mittag ligen/Vnd fürete auch weg die kinder Midian/vnd raubete all jr gut/vnd schluge alle die jm widderstrebten mit der scherffe des schwerds/Darnach reiset er hin ab jns land Damasken/jnn der erndte/vnd verbrandte all jr getreide/Vnd lies nidder hawen alle bewme vnd weinberge/Vnd das gantze land fürchte sich fur jm.

III.

Da schickten die Könige vnd Fürsten von Syrien/Mesopotamien/Syrien Sobal/Lybien/vnd Cilicien jre botschafften/aus allen Stedten vnd landen/die kamen zu Holofernes/vnd sprachen/Wende deinen zorn von vns/denn es ist besser/das wir Nebucadnezar dem grossen Könige dienen/vnd dir gehorsam seien/vnd lebendig bleiben/denn das wir vmbkomen/vnd gewünnen gleichwol nichts/Alle vnser Stedte/güter/berge/hügel/ecker/ochsen/schafe/zigen/rosse vnd kamel/vnd was wir nur haben/dazu auch vnser gesinde/ist alles dein/schaffe da mit was du wilt/Ja auch wir sampt vnsern kindern/sind deine knechte/Kom zu vns/vnd sey vnser gnediger herr/vnd brauche vnsers diensts/wie dirs gfellt.

6 Da zog Holofernes vom gebirg her ab/mit dem gantzen kriegsvolck/vnd nam die festen Stedte vnd das gantze land ein/vnd lase da knecht aus/das beste volck/das er vnter jnen fand/Da von erschracken alle lande so seer/das die Regenten vnd fürnemesten aus allen Stedten/sampt dem volck/jm entgegen kamen/vnd namen jn an mit krentzen/kertzen/reygen/paucken vnd pfeiffen/Vnd kunden dennoch mit solcher ehre kein gnad erlangen/Denn er zubrach jre Stedte/vnd hawet jre haynen vmb/Denn Nebucadnezar der König hatte jm gebotten/das er alle Götter jnn den landen vertilgen solte/Auff das alle völcker/die Holofernes bezwingen würde/jn allein fur Gott preiseten.

12 Da er nu Syrien Sobal/Apamean/vnd Mesopotamien durchzogen hatte/kam er zu den Edomitern jns land Gabaa/vnd nam jre Stedte ein/vnd lag alda dreissig tag lang/jnn des foddert er sein kriegsvolck alles zu samen.

Da die

Judith.
IIII.

DA die kinder Jsrael/die im lande Juda woneten/solches höreten/fürchten sie sich seer fur jm/Vnd zittern vnd schrecken kam sie an/Denn sie besorgten sich/Er möchte der Stad Jerusalem vnd dem Tempel des HERRN auch so thun/wie er den andern Stedten vnd jren Götzen heusern gethan hatte/Darumb sandten sie jns gantze land Samarien vmbher/bis an Jeriho/vnd besatzten die Festungen auff den bergen/vnd machten mauren vmb jre flecken/vnd schafften vorrat zum kriege.

5 Vnd der Priester Joiakim schriebe zu allen/so gegen Esdrelon woneten/das ist/gegen dem grossen felde bey Dothaim/vnd zu allen/da die feinde mochten durch komen/das sie die klippen am gebirge gegen Jerusalem solten verwaren/Vnd die kinder Jsrael thaten/wie jnen Joiakim des HERRN priester befolhen hatte.

7 Vnd alles volck schrey mit ernst zum HERRN/vnd sie vnd jre weiber demütigeten sich mit fasten vnd beten/Die Priester aber zogen secke an/vnd die kinder lagen fur dem Tempel des HERRN/vnd des HERRN altar bedecket man mit einem sacke/Vnd sie schrien zum HERRN dem Gott Jsrael einmütiglich/das jre kinder vnd weiber nicht weg gefüret/jre Stedte nicht zerstöret/jr Heiligthum nicht verunreiniget/vnd sie von den heiden nicht geschendet würden.

10 Vnd Joiakim der Hohe priester des HERRN/gieng vmbher/vermanete das gantze volck Jsrael/vnd sprach/Jr solt ja wissen/das der Herr ewer gebet erhören wird/so jr nicht ablasset/mit fasten vnd beten fur dem HERRN/Gedencket an Mosen den Diener des HERRN/der nicht mit dem schwerd/sondern mit heiligem gebet den Amalech schluge/der sich auff seine krafft vnd macht/auff sein heer/schiltwagen vnd reuter verlies/So sol es auch gehen allen feinden Jsrael/so jr euch also bessert/wie jr an gefangen habt.

14 Nach solcher vermanung baten sie den HERRN/vnd blieben fur dem HERRN/also das auch die Priester jnn secken giengen/vnd asschen auff dem heubt hatten/vnd also brandopffer dem Herrn auffrichteten/Vnd baten alle den Herrn von gantzem hertzen/das er sein volck Jsrael besuchen wolte.

V.

VNd es ward dem Holoferni dem Feldheubtman von Assyrien angesagt/das die kinder Jsrael sich rüsteten/vnd sich wehren wolten/vnd wie sie die klippen am gebirge eingenomen hetten. Da ergrimmet Holofernes/vnd foddert alle Obersten vnd Heubtleyte der Moabiter vnd Ammoniter/vnd sprach zu jnen/Saget an/was ist dis fur ein volck/das im gebirge wonet? was haben sie fur grosse Stedte? was vermögen sie? vnd was fur kriegsvolck vnd Könige haben sie/das sie allein/fur allen andern im morgen land/vns verachten/vnd sind vns nicht entgegen gangen/das sie vns an nemen mit fried?

3 Da antwortet Achior/der Oberste aller kinder Ammon/vnd sprach/Mein herr/wiltu es gerne hören/so wil ich dir die warheit sagen/was

A iiij

Das Buch

gen/was dis fur ein volck sey/das im gebirg wonet/vnd dir nicht liegen/ Dis volck ist aus Chaldea herkomen/vnd hat erstlich jnn Mesopotamien gewonet/ Denn sie wolten nicht folgen den Göttern jrer Veter/jnn Chaldea/ Darumb verliessen sie die sitten jrer Veter/welche viel Götter hatten/ Auff das sie dem einigen Gott des himels dienen möchten/welcher jn auch gebot zu ziehen von dannen vnd zu wonen jnn Haram/ Da nu jnn alle den landen tewre zeit war/reiseten sie hin ab jnn Egypten land/ Da ist jr jnn vierhundert jaren so viel worden/das man sie nicht zelen kunde.

9 Da aber der könig jnn Egypten sie beschwerte mit erde füren vnd zigel machen/seine Stedte zu bawen/rieffen sie zu jrem HERRN/ Der schlug gantz Egypten mit mancherley plage. Da nu die Egypter sie von sich ausgestossen hatten/vnd die plage von jnen abliess/vnd wolten sie widder fahen/vnd zu dienst jns land füren/ That jnen Gott des himels das meer auff/ also/das das wasser auff beiden seiten fest stund/wie eine mauer/vnd sie giengen trockens fusses auff des meers grund/vnd kamen dauon. Da aber die Egypter jnen mit jrem gantzen heer nach eileten/wurden sie alle erseufft im meer/ also/das auch nicht einer were vberblieben/der es hette kund nach sagen.

12 Vnd da dis volck aus dem roten meer kam/lagert es sich jnn der wüsten des berges Sina/da zuuor kein mensch wonen/noch sich enthalten kondte. Da ward das bitter wasser süsse/das sie es trincken kunden/vnd kriegten brod vom himel viertzig jar lang/ Vnd wo sie zogen/on bogen/pfeil/schild vnd schwerd/da streit Gott fur sie/vnd sieget. Vnd niemand kunde diesem volck schaden thun/ on allein wenn es abwiche von den geboten des HERRN seines Gottes/ 16 Denn so offt sie ausser jrem Gott/einen andern anbeteten/wurden sie erschlagen/vnd weg gefürt mit allen schanden/ So offt aber sie es rewete/das sie abgewichen waren/von den geboten jres Gottes/gab jnen der Gott des himels widderumb sieg/widder jre feinde. Darumb vertilgeten sie der Cananiter Könige/den Jebusiter/den Pheresiter/den Hethiter/den Heuiter/den Amoriter/vnd alle gewaltigen zu Hesebon/vnd namen jr land vnd Stedte ein/vnd gieng jnen wol/ so lang sie sich nicht versundigten an jrem Gott/ Denn jr Gott hasset das vnrecht. Sie sind auch vor diesen zeiten offt vertrieben/ von vielen völckern/vnd weg gefürt jnn frembde lande/darumb das sie abgewichen waren/von dem gebot das jnen Gott gegeben hatte/das sie darinne wandeln solten/ Aber sie sind newlich widder komen / aus dem elend darinn sie waren/nach dem sie sich widder bekeret haben/zum HERRN jrem Gott/vnd haben sich widder gesetzt jnn diesem gebirg/vnd wonen widderumb zu Jerusalem/da jr Heiligthum ist.

22 Darumb mein Herr/las forsschen/ ob sich dis volck versündigt hat an jrem Gott/so wöllen wir hin auff zihen/ Vnd jr Gott wird sie dir gewislich jnn die hende geben/das du sie bezwingest/ Haben sie sich aber nicht versündigt an jrem Gott/so schaffen wir nichts widder sie/ Denn jr Gott wird sie beschirmen/vnd wir werden zu spot werden dem gantzem lande.

24 Da Achior solches geredt hatte/ wurden alle Heubtleute des Holofernes zornig/vnd gedachten jn zu tödten/ Vnd sprachen vnternander/ Wer ist dieser/ der solches sagen thar/ das die kinder Israel sich solten erwehren/ widder den König NebucadNezar vnd sein

kriegs

volck? Sind es doch eitel nackete leute/vnd keine krieger/Das aber
Achior sehe/das er gelogen habe/So las vns hin auff ziehen/Vnd
wenn wir jre besten leute fahen/so wöllen wir Achior mit jnen erstech
en lassen/Auff das alle völcker jnnen werden/das NebucadNezar ein
Gott des lands sey/vnd kein ander.

VI.

Arnach ergrimmet Dolofernes auch vber den Achior/
vnd sprach/Wie tharstu vns weissagen/das das volck
Israel/solle von seinem Gott schutz haben? Wenn
wir sie aber nu schlahen/wie einen einigen mensch
en/so wirstu sehen/das kein ander Gott ist/
denn allein NebucadNezar/Vnd denn soltu auch
durch der Assyrier schwerd mit jnen erstochen werden/
vnd gantz Israel sol mit dir vmbkomen/So wirstu denn jnne wer
den/das NebucadNezar ein herr sey aller welt/wenn du mit meinem
schwerd erstochen wirst/vnd ligst vnter den erschlagenen Israel/vnd
must sterben vnd verderben.

4 Meinestu aber/das deine weissagung gewis ist/so darffstu nicht
erschrecken noch erblassen/Wie es jnen gehen wird/so sol es dir auch
gehen/Denn ich wil dich jtzt zu jnen schicken/das ich dich mit jnen
straffe.

6 Da befalh Dolofernes seinen knechten/das sie Achior greiffen
solten/vnd hinein gen Bethulia füren/jnn die hende der kinder Is
rael/Vnd die knechte Doloferrnis griffen jn/vnd da sie vbers blach
feld ans gebirge kamen/da zogen gegen jnen eraus die Schützen/da
wichen sie auff eine seitten am berg/vnd bunden Achior an einen
bawm mit henden vnd füssen/vnd stiessen jn hinunter/vnd liessen jn
also hangen/Vnd zogen widder zu jrem herrn.

9 Aber die kinder Israel kamen herunter von Bethulia zu jm/vnd
macheten jn los/Vnd brachten jn hinein gen Bethulia/vnd füreten
jn vnter das volck/vnd fragten jn/wie das zugangen were/warumb
jn die Assyrier gehengt hetten.

10 Zur selbigen zeit waren die Obersten jnn der Stad/Ozias der
son Micha/vom stam Simeon/vnd Charmi/der auch Othoniel
hies/Fur diesen Eltesten vnd fur allem volck/sagte Achior alles was
jn Dolofernes gefragt/vnd was er geantwortet hette/Vnd das jn
Dolofernes leute vmb dieser antwort willen hetten tödten wöllen/
Aber Dolofernes hette befolhen/man solt jn den kindern Israel
vberantworten/auff das/wenn er die kinder Israel geschlagen het
te/das er jn den Achior auch wolte straffen vnd vmbbringen/dar
umb das er gesagt hatte/der Gott des himels würde jr Schutz sein.

13 Da Achior solchs gesagt hatte/fiel alles volck auff jr angesich
te/vnd beteten den HERrn an/weineten alle zu gleich/vnd betten
zum

Das Buch

zum HERRN/ vnd sprachen/ HERR Gott des himels vnd der erden/ Sihe an jren hohmut vnd vnser elend/ vnd sihe deine Heiligen gnediglich an/ vnd beweise/ das du nicht verlesst/ die auff dich trawen/ vnd sturtzest/ die auff sich vnd auff jre macht trotzen.

15 Also weineten vnd betten sie den gantzen tag/ vnd trösteten den Achior/ vnd sprachen/ Der Gott vnser Veter/ des macht du gepreiset hast/ wird dirs also vergelten/ das sie nicht jren lust an dir sehen/ sondern das du sehest/ wie das sie geschlagen vnd vertilget werden/ Vnd wenn vns der HERR vnser Gott errettet/ so sey Gott mit dir vnter vns/ vnd wiltu/ so soltu mit alle den deinen bey vns wonen.

18 Da nu das volck widder von einander gieng/ füret jn Osias mit sich jnn sein haus/ vnd richtet ein gros abendmal zu/ vnd bat zu jm alle Eltesten/ vnd lebten wol/ nach dem sie lang gefastet hatten/ Darnach ward das volck widder zusamen gefoddert/ vnd betten vmb hülffe von dem Gott Israel/ jnn der versamlunge/ die gantze nacht.

VII.

1 Es andern tags gebot Holofernes seinem kriegsvolck/ das man auff sein solte widder Bethulia/ Vnd hatte hundert vnd zwentzig tausent zu fuss/ vnd zwelff tausent zu ross/ on den hauffen den er gewelet hatte/ an jdem ort/ wo er ein land eingenomen hatte/ Dieses kriegsvolck rüstet sich alles/ widder die kinder Israel/ vnd sie lagerten sich oben auff den berg/ gegen Dothaim/ von Belma an/ bis gen Chelmon/ das da ligt gegen Esdrelom.

4 Da nu die kinder das grosse volck der Assyrier sahen/ fielen sie auff die erden/ vnd legten aschen auff jre heubter/ vnd baten alle zu gleich/ das der Gott Israel/ seine barmhertzigkeit erzeigen wolte vber sein volck/ Vnd sie rüsteten sich mit jren waffen/ vnd namen die klippen ein am berge/ vnd bewarten sich tag vnd nacht.

6 Da aber Holofernes vmbher zeucht/ mercket er/ das ausserhalb der Stad/ gegen mittag/ ein brun war/ welcher durch röhren jnn die Stad geleitet war/ diese röhren hies er abhawen/ Vnd wie wol sie nicht fern von der maur kleine brünlin hatten/ da sie heimlich wasser holeten/ so war es doch kaum souiel/ das sie sich damit laben kondten.

8 Darumb kamen die Amoniter vnd Moabiter zu Holoferne/ vnd sprachen/ Die kinder Israel thüren sich nicht gegen vns wehren/ sondern halten sich auff jnn den bergen vnd hügeln/ darunter sie sicher sind/ Darumb las nur die brunnen verwaren/ das sie nicht wasser holen mögen/ so müssen sie on schwerd sterben/ odder die not wird sie dringen/ das sie die Stad vbergeben müssen/ welche sie meinen/ das sie nicht zu gewinnen sey/ weil sie jnn bergen ligt. Dieser rat gefiel Holofernes vnd seinen kriegsleuten wol/ vnd leget je hundert zu jglichem brun.

12 Da man nu zwentzig tag die brunnen verwaret hatte/ hetten die von Bethulia kein wasser mehr/ weder jnn Cisternen noch sonst/ das sie einen tag lenger nach notturfft haben möchten/ vnd man must teglich den

lich den leuten das wasser zu messen/Da kam weib vnd man/jung vnd alt/zu Osia vnd den Eltesten/klagten vnd sprachen/Gott sey Richter zwisschen euch vnd vns/das jr vns jnn solche not bringet/damit das jr vns nicht woltet lassen mit den Assyrijs frieden machen/so vns doch Gott jnn jre hende geben hat/vnd wir keine hülff haben/sondern müssen fur jren augen fur durst verschmachten/vnd jemerlich vmbkomen. Darumb foddert das volck zu samen/das wir vns dem Holoferni williglich ergeben/Denn es ist besser/das wir vns ergeben vñ beim leben bleiben/vnd also Gott loben/Denn das wir vmbkomen/vnd fur aller welt zu schanden werden/vnd sehen sollen/das vnser weib vnd kind so jemerlich fur vnsern augen sterben müssen. Wir bezeugen heute fur himel vnd erden/vnd fur vnser Veter Gott/der vns jtzt straffet vmb vnser sunde willen/das wir euch gebeten haben/die Stad dem Holoferni auff zu geben/das wir doch durchs schwert bald vmbkemen/vnd nicht so lang fur durst verschmachten.

18 Da ward ein gros heulen vnd weinen/im gantzen volck/Etliche stunden lang/vnd schrien zu Gott/vnd sprachen/Wir haben gesundigt sampt vnsern Vetern/wir haben mishandelt/vnd sind Gottlos gewesen/Aber du bist barmhertzig/darumb sey vns gnedig/vnd straffe vns/du selbs/Vnd die weil wir dich bekennen/ybergib vns nicht den Heiden/die dich nicht kennen/das sie nicht rhümen/wo ist nu jr Gott?

_{Daniel.9}
_{Psal.106}

21 Da sie nu lang geschrien vnd geweinet hatten/vnd ein wenig war stille worden/stund Osias auff/weinet vnd sprach/Lieben bruder/habt doch gedult/vnd lasst vns noch fünff tage der hülff erharren von Gott/ob er vns wolt gnad erzeigen/vnd seinen namen herrlich machen/Wird vns diese fünff tage nicht geholffen/so wöllen wir thun/wie jr gebeten habt.

VIII.

1 Olchs kam fur Judith/welche war eine Widwe/eine tochter Merari/des sons Vz/des sons Josephs/des sons Osie/des sons Elai/des sons Jamnor/des sons Jedeon/des sons Raphaim/des sons Achitob/des sons Malchie/des sons Enan/des sons Nathania/des sons Sealthiel/des sons Simeon/Vnd jr man hat geheissen Manasses/der war jnn der gersten erndte gestorben/ 3 Denn da er auff dem felde war bey den erbeitern/ward er franck von der hitze/vnd starb jnn seiner Stad Bethulia/vnd ward zu seinen vetern begraben/Der lies die Judith/die war nu drey jar vnd sechs monden eine Widwe/Vnd sie hatte jr oben jnn jrem hause ein sonderlich kemerlin gemacht/darinn sie sas mit jren megden/vnd war bekleidet mit einem sack/vnd fastet teglich/on am Sabbath/Newmonden/vnd andern festen des Hauses Israel/Vnd sie war schön vnd reich/vnd hatte viel gesinds/vnd höfe vol ochsen vnd schafe/vnd hatte ein gut gerücht bey jderman/das sie Gott fürchtet/vnd kund niemand vbel von jr reden.

8 Diese Judith/da sie höret/das Osias zu gesagt hatte/die Stad nach fünff tagen/den Assyriern auff zugeben/sandte sie zu den Eltesten Chambri vnd Charmi/Vnd da sie zu jr kamen/sprach sie zu jnen/ Was sol das sein? das Osias gewilligt hat/die Stad den Assyriern auffzugeben

Das Buch

auff zu geben/wenn vns jnn fünff tagen nicht geholffen wird? Wer seid jr/das jr Gott versuchet? Das dienet nicht/gnade zu erwerben/sondern viel mehr zorn vnd vngnade/Wolt jr dem HERRN ewers gefallens zeit vnd tage bestimmen/wenn er helffen sol? Doch der HERR ist gedültig/darumb lasst vns das leid sein/vnd gnade suchen mit threnen/Denn Gott zürnet nicht/wie ein mensch/das er sich nicht versünen lasse/Darumb sollen wir vns demütigen von hertzen/vnd jm dienen/vnd mit threnen fur jm beten/das er seines gefallens/barmhertzigkeit an vns erzeigen wölle/Vnd wie wir jtzt trawren müssen/von wegen jres hohmuts/das wir vns nach diesem jamer widder frewen mögen/das wir nicht gefolget haben/der sunden vnser Veter/die jren Gott verliessen/vnd frembde Götter anbetten/Darumb sie jren feinden vbergeben/vnd von jnen erschlagen/gefangen vnd geschendet sind. Wir aber kennen keinen andern Gott/on jn allein/vnd wöllen mit demut von jm hülff vnd trost warten/So wird er/der HERR vnser Gott/vnser blut retten/von vnsern feinden/vnd alle Heiden die vns verfolgen/demütigen vnd zuschanden machen.

18 Vnd jr/lieben Brüder/die jr seid die Eltesten/tröstet das volck/mit ewerm wort/das sie bedencken/das vnser Veter auch versücht wurden/das sie bewerd wurden/ob sie Gott von hertzen dieneten/19 Erinnert sie/wie vnser Vater Abraham mancherley versucht ist/vnd ist Gottes freund worden/nach dem er durch mancherley anfechtung bewerd ist/Also sind auch Isaac/Jacob/Moses vnd alle die Gotte lieb gewesen sind/bestendig blieben/vnd haben viel trübsal vberwinden müssen. Die andern aber/so die trübsal nicht haben wöllen annemen mit Gottes furcht/sondern mit vngedult widder Gott gemurret vnd gelestert haben/sind von dem Verderber/vnd durch die Schlangen vmbbracht/Darumb lasst vns nicht vngedültig werden/jnn diesem leiden/sondern bekennen/das es eine straffe ist von Gott/viel geringer denn vnser sunde sind/vnd gleuben/das wir gezüchtiget werden/wie seine knechte/zur besserung/vnd nicht zum verderben.

1.Cor.x.

23 Darauff antworten Osias vnd die Eltesten/Es ist alles war/wie du gesagt hast/vnd an deinen worten nichts zu straffen/Darumb bitte fur vns zum HERRN/Denn du bist ein heilig Gottfürchtig weib/25 Vnd Judith sprach/Weil jrs da fur haltet/das aus Gott sey/was ich gesagt habe/so wollet auch prüfen/ob das jenige/so ich furhabe zu thun/aus Got sey/vñ bittet/das Gott glück dazu gebe/Diese nacht wartet am thor/wenn ich hinaus gehe/mit meiner magd/vnd bettet/das der HERR jnn diesen fünff tagen wie jr gesagt habt/sein volck Israel trosten wolt/Was ich aber fur habe/solt jr nicht nach forschen/sondern bettet allein fur mich zum HERRN vnserm Gott/bis ich euch weiter anzeige/was jr thun solt. Vnd Osias der Fürst Juda sprach zu jr/Gehe hin im friede/der HERR sey mit dir/vnd reche vns an vnsern feinden/Vnd sie giengen also widder von jr.

IX.

Judith.

DArnach gieng Judith jnn jr kemmerlin/ vnd bekleidet sich mit eim sack/ vnd strewet asschen auff jr heubt/ vnd fiel nidder fur den HERRN/ vnd schrey zu jm/ vnd sprach/ HERR Gott meines Vaters Simeon/ dem du das schwerd geben hast/ die Heiden zu straffen/ so die jungfraw genotzüchtigt vnd zu schanden gemacht hatten/ Vnd hast jre weiber vnd töchter widderumb fahen/ vnd sie berauben lassen/ durch deine Knechte/ die da jnn deinem eyuer geeyuert haben/ Hilff mir armen widwen/ HERR mein Gott/ Denn alle hülffe die vorzeiten vnd hernach jhe geschehen ist/ die hastu gethan/ Vnd was du wilt/ das mus geschehen/ Denn wenn du wilt helffen/ so kans nicht feilen/ vnd du weist wol/ wie du die feinde straffen solt/

Exod. iiij. 5 Schaw jtzund auff der Assyrier heer/ wie du vorzeiten auff der Egypter heer schawetest/ da sie deinen Knechten nachiagten/ mit grosser macht/ vnd trotzeten auff jre wagen/ reuter/ vnd grossem kriegsvolck/ Da du sie aber an sahest/ worden sie verzagt/ vnd die tieffe vber eilet sie/ vnd das wasser erseuffet sie/ Also geschehe auch jtzt diesen HERR/ die da trotzen auff jre macht/ wagen/ spies vnd geschütz/

Psalm. xlvj. vnd kennen dich nicht/ vnd dencken nicht das du HERR vnser Gott der seiest/ der da den kriegen stewert von anfang/ vnd heissest billich HERR. Strecke aus deinen arm wie vorzeiten/ vnd zurschmetter die feinde durch deiner macht/ das sie vmbkomen durch deinen zorn/ Die sich rhümen/ sie wöllen dein Heiligthum zu stören/ vnd die Hütten deines namens entheiligen/ vnd mit jrem schwerd deinen Altar vmb werffen/ Straffe jren hohmut durch jr eigen schwerd/ Das er mit seinem eigen auge gefangen werde/ wenn er mich ansihet/ vnd durch meine freundliche wort betrogen werde.

11 Gib mir einen mut/ das ich mich nicht entsetze fur jm vnd fur seiner macht/ sondern das ich jn stürtzen möge/ Das wird deines namens ehre sein/ das jn ein weib darnidder gelegt hat/ Denn du HERR kanst wol sieg geben on alle menge/ vnd hast nicht lust an der stercke der

Psalm. cxlvij. rosse/ Es haben dir die hoffertigen noch nie gefallen/ aber allzeit hat dir gefallen/ der elenden vnd demütigen gebet/ O Herr der Gott des himels/ Schepffer der wasser/ vnd HERR aller dinge/ erhöre mein armes gebet/ die ich allein auff deine barmhertzigkeit vertrawe.

15 Gedenck HERR an deinen Bund/ vnd gib mir ein/ was ich reden vnd dencken sol/ vnd gib mir glück dazu/ auff das dein Haus bleibe/ vnd alle Heiden erfaren/ das du Gott bist/ vnd kein ander ausser dir.

X.

DA sie nu ausgebett hatte/ stund sie auff/ vnd rüffet jrer magd Abra/ vnd gieng erunter jns haus/ leget den sack abe/ vnd zog jre Widwen kleid aus/ vnd wusch sich/ vnd salbete sich mit köstlichem wasser/ vnd flochte jre har ein/ vnd setzet eine hauben auff/ vnd zoch jre schöne kleider an/ vnd schmückte sich mit spangen vnd geschmeide/ vnd zoch alle jren schmuck an/ Vnd der HERR gab jr gnade/ das sie lieblich anzusehen war/ Denn sie schmücket sich nicht aus furwitz/ sondern Gotte zu lob/ Vnd sie gab jrer magd ein gepichte haut vol wein/ vnd einen krug mit öle/ vnd einen sack/ darinn sie hatte/ feigen/ melh/ vnd brod das sie essen thurste/ Vnd sie gieng dahin.

7 Vnd am thor fand sie Osiam vnd die Eltesten die jr warteten/ wie es verlassen war/ Vnd sie wunderten sich/ das sie so schöne war/

B doch

Das Buch

9 doch fragten sie nicht/was sie fur hette/sondern liessen sie hinaus/vnd sprachen/Der Gott vnser veter gebe dir gnade/vnd lasse dein furnemen geraten/das sich Israel dein frewe/vnd dein name werd gerechnet vnter die Heiligen/Vnd alle die da waren/sprachen/Amen/ Amen/ Aber Judith betet/vnd gieng fort mit jrer magd Abra.

12 Vnd da sie frue morgen den berg hinab gieng/begegneten jr die Wechter der Assyrier/vnd fielen sie an/vnd fragten sie/von wannen sie keme/vnd wo sie hin wolte/Vnd sie antwortet/Ich bin ein Ebreisch weib/vnd bin von jnen geflohen/Denn ich weis/das sie euch jnn die hende komen werden/darumb das sie euch veracht haben/vnd nicht wöllen gnad suchen/vnd sich willig ergeben/Darumb hab ich mir furgenomen/zu dem Fürsten Holofernes zu komen/das ich jm jre heimligkeit offenbare/vnd sage jm/wie er sie leichtlich gewinnen möge/das er nicht einen man verlieren dürffe/Die weil sie so redet/schaweten sie sie an/vnd verwunderten sich seer/das sie so schon war/vnd sprachen/Das mochte dich helffen/das du es so gut meinest/vnd zu vnserm herrn gehen wilt/Denn wenn du fur jn kompst/so wird er dir gnedig sein/vnd wirst von hertzen jm wolgefallen.

18 Vnd sie füreten sie hin/jnn Holofernes zelt/vnd sagten jm von jr/Vnd da sie fur jn kam/ward er so bald entzundet gegen jr/Vnd seine Diener sprachen vnternander/Das Ebreisch volck ist trawen nicht zuerachten/weil es schöne weiber hat/Solt man vmb solcher schöner weiber willen nicht kriegen/Da nu Judith Holofernem sahe sitzen vnter seinem teppich/das schön gewirckt war/mit purpur vnd gold/vnd mit Smaragden/vnd viel eddelstein geziert/fiel sie fur jm nidder/vnd bettet jn an/Vnd Holofernes hies sie widder auffrichten.

XI.

1 VNd Holofernes sprach zu jr/Sey getrost/vnd fürcht dich nicht/Denn ich habe nie keinem menschen leid gethan/der sich vnter den König Nebucadnezar ergeben hat/Vnd hette mich dein volck nicht veracht/so hette ich nie keinen spies auffgehaben widder sie/Nu sage an/warumb du bist von jnen gewichen/vnd zu mir komen/Judith antwortet jm/vnd sprach/Du woltest deine magd gnediglich hören/Wirstu thun/wie dir deine magd anzeigen wird/so wird dir der HERR glück vnd sieg geben/Gott gebe Nebucadnezar glück vnd heil/dem Könige des gantzen lands/der dich ausgeschickt hat/alle vngehorsamen zu straffen/Denn du kanst jm vnterthan machen/nicht allein die leute/sondern auch alle thiere auff dem lande/Denn deine vernunfft vnd weisheit/ist hoch berümpt jnn aller welt/Vnd jderman weis/das du der gewaltigst Furst bist/im gantzen Königreich/vnd dein gut regiment wird vberal gepreiset/So wissen wir auch/was Achior gered hat/vnd wie du dagegen mit jm gethan hast/Denn vnser Got ist also erzürnet vber vnser sunde/das er durch seine Propheten hat verkündigen lassen/er wölle das volck straffen/vmb seiner sunde willen.

9 Weil nu das volck Israel weis/das sie jren Gott erzürnet haben/sind sie erschrocken fur dir/Dazu leiden sie grossen hunger/vnd müssen fur durst verschmachten/Vñ haben jtzund fur jr vieh zuschlachten/dasie desselben blut trincken/vñ das heilige opfer zu essen/an korn/wein vñ öle/das

ole/das jnen Gott verbotten hat/das sie es auch nicht anrüren solten/ Darumb ists gewis/das sie müssen vmbkomen/weil sie solchs thun/ 12 Vnd weil ich das weis/bin ich von jnen geflohen/vnd der HERR hat mich zu dir gesand/das ich dir solchs solt anzeigen. Denn ob ich wol zu dir bin komen/so bin ich doch nicht darumb von Gott abgefallen/sondern wil meinem Gott noch dienen bey dir/vnd deine Magd wird hinaus gehen/vnd Got anbeten/der wird mir offenbaren/wenn er jren lohn geben wil fur jre sünde/So wil ich denn komen/vñ wil dirs anzeigen/vnd dich mitten durch Jerusalem füren/das du alles volck Israel habest/wie schafe die keinen hirten haben/vnd wird nicht ein hund dich thüren anbellen/Denn das hat mir Gott offenbart/weil er vber sie erzürnet ist/vnd hat mich gesand/das ich dirs anzeige.

15 Diese rede gefiel Doloferni vnd seinen knechten wol/vnd sie wunderten sich jrer weisheit/vnd sprachen vnternander. Des weibs gleiche ist nicht auff erden/von schöne vnd weisheit. Vnd Dolofernes sprach zu jr/Das hat Gott also geschickt/das er dich her gesand hat/ehe denn das volck jnn meine hand keme/Wird nu dein Gott solchs ausrichten/wie du gesagt hast/so sol er auch mein Gott sein/ vnd du solt gros werden/beim König NebucadNezar/vnd dein name sol gepreiset werden/im gantzen Königreich.

XII.

DA lies er sie hinein füren jnn die Schatzkamer/da sie bleiben solt/vnd befalh/das man sie von seinem tisch speisen solt. Aber Judith antwortet/vnd sprach/Ich thar noch nicht essen/von deiner speise/das ich mich nicht versündige/Sondern ich hab ein wenig mit mir genomen/dauon wil ich essen. Da sprach Dolofernes selb/Wenn das auff ist/das du mit dir bracht hast/wo her sollen wir dir anders schaffen. Judith antwortet/Mein Herr/so gewis du lebst/ ehe deine magd alles verzeren wird/so wird Gott durch mich ausrichten/was er fur hat.

5 Vnd da sie die knechte jnn das gemach füren wolten/wie er befolhen hatte/bat sie/das man jr erleubete/abends vnd morgens heraus zu gehen/vnd jr gebet zuthun zum HERRN/Da befalh Dolofernes seinen Kamerdienern/das man sie drey tage/solt frey aus vnd ein lassen gehen/jr gebet zu thun zu Gott.

8 Vnd des abends gieng sie heraus/jnn das tal fur Bethulia/vnd wussch sich im wasser. Darnach bettet sie zum HERRN/dem Gott Israel/das er jr glück gebe/sein volck zu erlösen. Vnd gieng widder jnn das gezelt/vnd hielt sich rein/vnd ass nicht vor abends.

11 Am vierden tag/machet Dolofernes ein abend mal/seinen nehesten dienern allein/vnd sprach zu Bagoa seinem Kemerer/Gehe hin/ vnd berede das Ebreische weib/das sie sich nicht wegere zu mir zu komen. Denn es ist eine schande bey den Assyriern/das ein solch weib solt vnbeschlaffen von vns komen/vnd einen man genarret haben.

13 Da kam Bagoa zu Judith/Schöne fraw/jr wöllet euch nicht wegern zu meinem herrn zun ehren komen/vnd mit jm essen vnd trincken vnd frölich sein. Da sprach Judith. Wie thar ichs meinem herrn versagen? Alles was jm lieb ist/das wil ich von hertzen gerne thun/all mein leben lang.

Das Buch

16 Vnd sie stund auff vnd schmücket sich/vnd gieng hinein fur jm/ vnd stund fur jm/ Da wallet dem Holofernes sein hertz/ Denn er war entzündet mit brunst gegen jr/ Vnd sprach zu jr/ Sitz nidder/ trinck vnd sey frölich/ Denn du hast gnade funden bey mir/ Vnd Judith antwortet/ Ja Herr/ ich wil frölich sein/ denn ich bin mein lebenlang/ so hoch nicht geehrt worden/ Vnd sie ass vnd tranck fur jm/ was jr jre magd bereit hatte/ Vnd Holofernes ward frölich mit jr/ vnd tranck souiel/ als er sonst nicht pflegt zu trincken.

XIII.

DA es nu seer spat ward/ giengen seine Diener hinweg jnn jre gezelt/ Vnd sie waren alle sampt truncken/ Vnd Bagao macht des Holofernes kamern zu/ vnd gieng dauon/ vnd Judith war allein bey jm jnn der kamer/ Da nu Holofernes im bett lag/ truncken war vnd schlieff/ sprach Judith zu jrer magd/ sie solt draussen warten fur der kamer/ Vnd Judith trat fur das bett/ vnd bettet heimlich mit threnen/ vnd sprach/ HERR Gott Jsrael/ sterke mich/ vnd hilff mir gnediglich/ das werck volbringen/ das ich mit gantzem vertrawen auff dich/ hab furgenomen/ das du deine Stad Jerusalem erhöhest/ wie du zu gesagt hast.

7 Nach solchem gebet/ trat sie zu der seulen oben am bette/ vnd langet das schwerd/ das daran hieng/ Vnd zoch es aus/ vnd ergreiff jn beim schopff/ vnd sprach abermal/ HERR Gott sterke mich jnn dieser stunde/ Vnd sie hieb zwey mal jnn den hals/ mit aller macht/ darnach schneit sie jm den kopff abe/ vnd weltzet den leib aus dem bette/ vnd nam die decke mit sich. Dar=

Judith. IX

10 Darnach gieng sie heraus/vnd gab das heubt Holofernis jrer magd/vnd hies es jnn einen sack stossen/Vnd sie giengen mit einander hinaus/nach jrer gewonheit/als wolten sie beten gehen/durch das lager/vnd giengen vmbher durch das tal/das sie heimlich ans thor der Stad kamen/Vnd Judith ruffet den Wechtern/Thut die thor auff/Denn Gott ist mit vns/der hat Jsrael sieg geben.

13 Da nu die Wechter jre stimme höreten/fodderten sie bald die Eltesten der Stad/Die kamen alle zu jr/denn sie hatten schon verzagt/das sie nicht würde widder komen/Vnd sie zündeten fackeln an/vnd giengen vmb sie her/bis sie auff den platz kam/vnd sie hies sie still sein/vnd zuhören/Vnd sprach also.

17 Dancket dem HERRN vnserm Gotte/der nicht verlesst die jenigen/so auff jn trawen/vnd hat vns barmhertzigkeit erzeigt/durch mich/seine magd/wie er dem hause Jsrael verheissen hat/Vnd hat diese nacht/den feind seines volcks durch meine hand vmbbracht/ 18 Vnd sie zoch das heubt Holofernis heraus/vnd zeigets jnen/vnd sprach/Sehet/dis ist das heubt Holofernis des Feldheubtmans der Assyrier/Vnd sehet das ist die decken/darunter er lag/da er truncken war/Da hat jn der HERR vnser Gott/durch weibes hand vmbbracht/So war der HERR lebt/hat er mich durch seinen Engel behüt/das ich nicht bin verunreinigt worden/so lang ich bin aussen gewesen/vnd hat mich on sunde widder her bracht/mit grossen freuden vnd sieg/Darumb dancket jm alle/denn er ist gütig/vnd hilfft jmerdar. Vnd sie danckten alle dem HERRN/vnd sprachen zu jr/Gelobt sey der HERR/der durch dich vnser feinde/heute hat zu schanden gemacht/Vnd Osias der Fürst des volcks Jsrael/sprach zu jr/Gesegnet bistu Tochter/vom HERRN dem höhesten Gott/fur allen weibern auff erden/Vn gelobt sey der HERR/der himel vnd erden geschaffen hat/der dir hat glück geben/den Heubtman vnserer feinde zu tödten/Vnd hat deinen namen so herrlich gemacht/das dich allzeit preisen werden/alle/die des HERRN werck achten/ Darumb das du deines lebens nicht geschonet hast/jnn der trübsal vnd not deines volcks/sondern hast es errettet fur dem HERRN vnserm Gott/Vnd alles volck sprach/Amen/Amen.

26 Darnach foddert man den Achior/zu dem sprach Judith/Der Gott Jsrael den du gepreiset hast/das er sich an seinen feinden rechen kan/hat diese nacht der Gottlosen Heubt vmbbracht/durch meine hand/Vnd das du es sehest/so ist hie der kopff Holofernis/der den Gott Jsrael trotziglich gelestert hat/vnd dir den tod gedrewet/da er sprach/Wenn das volck Jsrael gefangen würde/so wolt er dich mit jnen erstechen lassen.

29 Vnd da Achior des Holofernis kopff sahe/entsatzt er sich das er erstarret/Darnach da er widder zu sich selbs kam/fiel er zu jren füssen vnd sprach/Gesegenet bistu von deinem Gott/jnn allen Hütten Jacob/Denn der Gott Jsrael/wird an dir gepreiset werden/bey allen völckern/die deinen namen hören werden.

XIIII.

Dar

Das Buch

1 Darnach sprach Judith zu allem volck/Lieben Brüder/höret mich/So bald der tag anbricht/so henget den kopff vber die mauren hinaus/vnd nemet ewer woffen/vnd fallet allesampt hinaus mit einem hauffen/vnd mit grossem geschrey/so werden die jnn der Scharwacht fliehen/vnd werden denn jren herrn auffwecken zur schlacht/ 4 Vnd wenn die Heubtleute zu Holofernes zelt komen werden/vnd den leichnam da sehen im blut ligen/so werden sie erschrecken/Vnd wenn jr mercket/das sie verzagt sein werden/vnd die flucht geben/so dringet getrost auff sie/Denn der HERR hat sie vnter ewere füsse gegeben.

6 Da nu Achior sahe/das der Gott Israel geholffen hatte/verlies er die Heidnische weise/vnd gleubte an Gott/vnd lies sich beschneiten/vnd ist vnter Israel gerechent worden/er vnd alle seine nachkomen/bis auff diesen tag.

7 Vnd da der tag anbrach/hengten sie den kopff vber die mauren hinaus/vnd namen jre wehre/vnd fielen hinaus mit einem hauffen/ vnd mit grossem geschrey/Vnd da solchs/die jnn der Scharwacht sahen/lieffen sie zu Holofernis zelt/Vnd die drinnen/richten ein poltern an fur seiner kamer/dauon er solt auffwachen/denn man thurste nicht anklopffen/odder hinein gehen/jnn des Fürsten zu Assyrien kamer/Aber da die Heubtleute der Assyrier kamen/sagten sie den Kamerdienern/Gehet hinein/vnd wecket jn auff/Denn die Meuse sind er aus geloffen aus jren löchern/vnd sind küne worden/das sie vns nu angreiffen thüren.

12 Da gieng Bagoa hinein/vnd trat fur den furhang/vnd klitzschet mit den henden/Denn er meinet/er schlieffe bey Judith/Vnd horchet/ob er sich regen wolte/Da er aber nichts vernam/hub er den furhang auff/da sahe er den leichnam/on den kopff/jnn seim blut auff der erden ligen/Da schrey vnd henlet er laut/vnd zu reiss seine kleider/Vnd sahe jnn der Judith kamer/vnd da er sie nicht fand/ lieff er heraus zu den kriegern/vnd sprach/Ein einigs Ebreisch weib/ hat das gantz haus Nebucad Nezar von Assyrien/zu spot vnd hon gemacht/fur aller welt/Denn Holofernes ligt da tod auff der erden/ vnd ist jm der kopff abgehawen/Da das die Heubtleute von Assyrien hörten/zurissen sie jre kleider/vnd erschracken vber die massen seer/vnd ward ein gros zetter geschrey vnter jnen.

XV.

1 A nu das kriegsvolck höret/das Holoferni der kopff ab war/erschracken sie/vnd worden jrr/vnd kondten nicht rat halten/was sie thun solten/so war jnen der mut entfallen/Vnd gaben die flucht/das sie den Ebreern entrinnen möchten/die sie sahen gegen jnen daher zihen.

3 Vnd da die kinder Israel sahen/das die feinde flohen/eileten sie jnen nach mit grossem geschrey vnd drometen/Weil aber der Assyrier ordnung zutrennet war/vnd die kinder Israel jnn jrer ordnung zogen/schlugen sie alle/die sie ereilen kondten.

6 Vnd Osias sandte zu allen Stedten/im lande Israel/das man jnn allen Stedten auff war/vnd jagte den feinden nach/bis zum land

Judith. X.

land hinaus/Aber das vbrig volck zu Bethulia fiel jnn der Assyrier lager/vnd plunderten/vnd füreten hinweg/was die Assyrier da gelassen hatten/vnd brachten gros gut dauon/Die andern aber/da sie widder kamen/brachten sie mit sich/alles was jene mit geführet hatten/an viehe vnd anderm/vnd das gantz land ward reich von solchem raub.

10 Darnach kam Joiakim der hohe priester von Jerusalem gen Bethulien/mit allen priestern/das sie Judith sehen/Vnd sie gieng erfur zu jnen/Da preiseten sie alle gleich/vnd sprachen/Du bist die krone Jerusalem/du bist die wonne Israel/du bist ein ehre des gantzen volcks/das du solch löbliche that gethan hast/vnd Israel so grosse wolthat erzeiget hast/das sie Gott widderumb errettet hat/Gesegnet seistu fur Gott ewiglich/Vnd alles volck sprach/Amen/Amen.

14 Vnd da man nu dreissig tagelang die bente ausgeteilet hatte/ga15 ben sie Judith köstlich gerete/so Holofernes gehabt hatte/an gold/ silber/kleider vnd eddel stein/Vnd war jederman frölich/sungen vnd sprungen/beide jung vnd alt.

XVI.

1 Da sang Judith dem HERRN dis lied/vnd sprach.
2 Spielet dem HERRN mit paucken/vnd klinget jm mit cimbeln.
Singet jm ein newes lied/Seid frölich/vnd ruffet seinen namen an.
3 Der HERR ists/der dem kriegen stewren kan/ HERR heisst sein name.
4 Er streittet fur sein volck/Das er vns errette von allen vnsern feinden.
5 Assur kam vom gebirge von mitternacht/mit einer grossen macht.
Seine menge bedecket die wasser/vnd seine pferde bedeckten das land.
6 Er drewet mein land zu verbrennen/vnd meine manschafft zu erwürgen/Kinder vnd jungfrawen weg zu füren.
7 Aber der HERR der Allmechtige Gott hat jn gestrafft/vnd hat jn eines weibs hende gegeben.
8 Denn kein man noch kein Krieger hat jn vmbbracht. Vnd kein Rise hat jn angriffen.
Sondern Judith die tochter Merari/hat jn nidder gelegt mit jrer schönheit.
9 Denn sie legte jre Widwe kleider ab/Vnd zoch jr schöne kleider an/zur freude den kindern Israel.
10 Sie bestreich sich mit köstlichem wasser/vnd flochte jre har ein/jn zu betriegen.
11 Ire schöne schuch verblendeten jn/Ir schönheit fieng sein hertz/ Aber sie hieb jm den kopff abe.
12 Das sich die Persen vnd Meden entsetzten/fur solcher künen that/
13 Vnd der Assyrier heer heulet/da meine elenden erfur kamen/so fur durst verschmacht waren.

B iiij Die

Das Buch

14 Die Knaben erstachen die Assyrier/vnd schlugen sie jnn der flucht/wie kinder.

Sie sind vertilget/von dem heer des HERRN meines Gottes.

15 Last vns singen/Ein newes lied/dem HERRN vnserm Gott.

16 HERR Gott du bist der mechtige Got/der grosse thaten thut/vnd niemand kan dir widderstehen.

17 Es mus dir alles dienen/Denn was du sprichst/das mus geschehen.

Wo du einem ein mut gibst/das mus fort gehen/Vnd deinem wort kan niemand widderstand thun.

18 Die berge müssen zittern/vnd die felsen zu schmeltzen wie wachs fur dir.

19 Aber die dich furchten/denen erzeigstu grosse gnade.

Denn alles opffer vnd fette ist viel zu gering fur dir/Aber den HERRN fürchten/das ist seer gros.

20 Weh den Heiden/die mein volck verfolgen.

Denn der allmechtige HERR rechet sie/Vnd suchet sie heim/zur zeit der rache.

21 Er wird jren leib plagen mit fewr vnd würmen/vnd werden brennen/vnd heulen jnn ewigkeit.

22 Nach solchem sieg zog alles volck von Bethulia gen Jerusalem/den HERRN anzubeten/vnd reinigten sich/vnd opfferten brandopffer/vnd was sie gelobt hatten/Vnd Judith hengte auff im Tempel/alle woffen Holofernis/vnd den furhang den sie von seinem bette genomen hatte/das es dem HERRN verbannet solt sein ewiglich.

24 Vnd das volck war frölich zu Jerusalem bey dem Heiligthum/mit der Judith/drey monden lang/vnd feierten den sieg/Darnach zog jderman widder heim.

Vnd Judith kam auch widder gen Bethulia/vnd ward hoch geehrt im gantzen land Israel/Vnd sie nam keinen man/nach jres ersten mannes Manasses tod/Vnd sie ward seer alt/vnd bleib jnn jres mannes hause/bis sie fünff vnd hundert iar alt ward/Vnd jre magd Abra machet sie frey/Darnach starb sie zu Bethulia/vnd man begrub sie bey jrem man Manasse/Vnd das volck trawret vmb sie/sieben tage lang/Vnd alle jr gut teilet sie vnter jres mans freunde/Vnd weil sie lebte/vnd dazu lang hernach/thurste niemand Israel vber ziehen/

31 Vnd der tag dieses siegs/wird bey den Ebreern fur ein gros fest gehalten/vnd von jnen gefeiret ewiglich.

Ende des Buchs Judith.

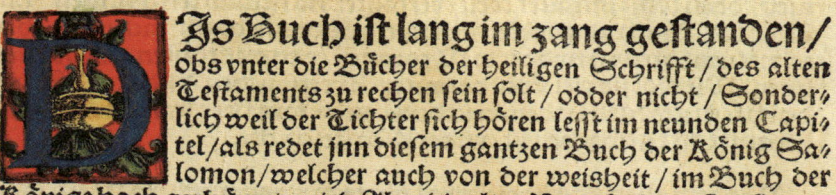

Vorrhede auff die weisheit Salomonis.

DIs Buch ist lang im zang gestanden/ obs vnter die Bücher der heiligen Schrifft/des alten Testaments zu rechen sein solt/ odder nicht/ Sonderlich weil der Tichter sich hören lesst im neunden Capitel/als redet jnn diesem gantzen Buch der König Salomon/welcher auch von der weisheit/im Buch der Könige hoch gerhümet wird. Aber die alten Veter habens stracks aus der heiligen Schrifft gesondert/vnd gehalten/Es sey vnter der person des Königes Salomon gemacht/auff das es vmb solches hoch berümbten Königes namen vnd person willen/ deste mehr geacht/ vnd grösser ansehen hette/bey den gewaltigen auff erden/An welche es fürnemlich geschrieben ist/Vnd villeicht lengest vntergangen were/ wo es der meister/so er geringes ansehen gewest/ vnter seinem namen hette lassen ausgehen.

Sie halten aber/Es solle Philo dieses Buchs meister sein/ welcher on zweiuel der aller gelertesten/ vnd weisesten Jüden einer gewest ist/ so das Jüdisch volck nach den Propheten gehabt hat/wie er das mit andern Büchern vnd thaten beweiset hat/Denn zur zeit des Keisers Caligula/da die Jüden/durch etliche Griechen/als Appion von Alexandria/vnd andern mehr/ auffs aller schendlichst/ wurden mit lasterschrifften vnd schmachreden geschendet/vnd darnach fur dem Keiser auffs aller gifftigest angegeben/vnd verklagt/ward genanter Philo vom Jüdischen volck/zum Keiser geschickt/die Jüden zu verantworten vnd zu entschüldigen/Als aber der Keiser so gar erbittert war auff die Juden/das er sie von sich weiset/vnd nicht hören wolt/da lies sich Philo/als ein man vol muts vnd trostes hören/ vnd sprach zu seinen Jüden/Wolan lieben Brüder/ erschreckt des nicht/ vnd seid getrost/Weil menschen hülffe vns absagt/so wird gewislich Gottes hülffe bey vns sein.

Aus solchem grund vnd vrsache/dünckt mich/sey dis Buch geflossen/das Philo/die weil seine/vnd der Jüden sache vnd recht nicht hat mügen stat finden fur dem Keiser/wendet er sich zu Gott/vnd drewet den gewaltigen/vnd bösen meulern/mit Gottes gericht/Drumb redet er auch so hefftig vnd scharff/im ersten vnd andern Capitel/widder die gifftigen bösen zungen/so den gerechten vnd vnschüldigen vmb der warheit willen verfolgen vnd vmbbringen/Vnd darnach widder die gewaltigen einfüret die grossen exempel Göttlichs gerichts/so Gott vber den König Pharao/vnd die Egypter geübt hat/vmb der kinder Israel willen/Vnd thuts mit so trefflichen hefftigen worten/ als wolt er gerne/beide den Keiser/die Römer/vnd die gifftigen zungen der Griechen/so widder die Jüden tobeten/mit eim jglichen wort treffen/vnd durch solche mechtige exempel abschrecken/ vnd die Jüden trösten.

Aber hernachmals ist dis Buch von vielen/fur ein recht Buch der heiligen Schrifft gehalten/ sonderlich aber jnn der Römischen kirchen/also hoch vnd schon gehalten/das freilich kaum aus einem Buch jnn der Schrifft/ so viel gesanges gemacht ist/als aus diesem/ Villeicht aus der vrsache/weil jnn diesem Buch die Tyrannen so hefftig mit

Vorrhede.

tig mit worten gestraffet vnd angegriffen / widderumb die Heiligen vnd Merterer so höchlich getröstet werden / Vnd zu Rom die Christen mehr denn sonst jnn aller welt / verfolget vnd gemartert wurden / haben sie dis Buch am meisten getrieben / als das sich zur sachen so eben reimet / mit drewen widder die Tyrannen / vnd mit trösten fur die heiligen / Wiewol sie viel stück darinn nicht verstanden / vnd gar offt bey den haren gezogen haben / wie denn auch sonst der gantzen heiligen Schrifft offt geschehen ist / vnd teglich geschicht.

Wie dem allen / Es ist viel guts dinges drinnen / vnd wol werd / das mans lese / Sonderlich aber solten es lesen die grossen Hansen / so widder jre vnterthanen toben vnd widder die vnschüldigen / vmb Gottes wort willen / wüten / Denn die selbigen spricht er an im sechsten Capitel / vnd bekennet / das dis Buch an sie sey geschrieben / da er spricht / Euch Tyrannen gelten meine rede &c. Vnd seer fein zeuget er / das die weltlichen Oberherrn / jre gewalt von Gott haben / vnd Gottes Ampt leute seien / Aber drewet jnen / das sie Tyrannisch solchs Göttlichen befolhen Ampts brauchen / Darumb kompt dis Buch nicht vneben zu vnser zeit / an den tag / die weil jtzt auch die Tyrannen getrost jrer oberkeit missebrauchen / widder den / von dem sie solche Oberkeit haben / Vnd leben doch wol so schendlich jnn jrer Abgötterey / vnd vnchristlicher heiligkeit / als hie Philo die Römer vnd Heiden / jnn jrer Abgötterey beschreibet / das sichs allenthalben wol reimet auff vnser jtzige zeit.

Man nennet es aber / Die Weisheit Salomonis / darumb / das (wie gesagt ist) vnter Salomons namen vnd personen getichtet ist / vnd die weisheit gar herrlich rhümet / nemlich / was sie sey / was sie vermag / wo her sie kome / Vnd gefellet mir das aus der massen wol drinnen / das er das wort Gottes so hoch rhümet / vnd alles dem wort zuschreibet / was Gott je wunders gethan hat / beide an den feinden / vnd an seinen heiligen / Daraus man klerlich erkennen kan / das er Weisheit hie heisst / nicht die kluge / hohe gedancken der Heidnischen lerer / vnd menschlicher vernunfft / Sondern das heilige Göttliche wort / Vnd was du hierinn lobes vnd preises von der Weisheit hörest / da wisse / das es nicht anders / denn von dem wort Gottes gesagt ist / Denn er auch selbs im. xvj. Capitel spricht / Die kinder Israel seien nicht durch das himel Brod erneeret / noch durch die eherne Schlange gesund worden / sondern durch Gottes wort / wie Christus Matth. iiij. auch sagt. Darumb leret er / das die Weisheit nirgent herkome / denn von Gott / vnd füret also aus der Schrifft / viel exempel drauff / vnd gibts der Weisheit / das die Schrifft dem wort Gottes gibt.

Solchs habe ich deste lieber gered / das man gemeiniglich das wort / Weisheit / anders vernimpt / denn es die Schrifft braucht / Nemlich / wenn mans höret / so feret man mit fliegenden gedancken dahin / vnd meinet / es sey nichts denn gedancken / so jnn der weisen leute hertzen verborgen ligen / Vnd helt die weil das eusserliche wort odder Schrifft nicht fur weisheit / So doch aller menschen gedancken / on Gottes wort / eitel lügen vnd falsche trewme sind / Darumb weil dieses Buchs name heisst / Die Weisheit Salomonis / ists gleich so viel gesagt / als spreche ich / Ein Buch Salomonis vom Wort Gottes / Vnd der geist der Weisheit nicht anders / denn der glaube odder verstand des

Vorrhede. XII.

stand des selbigen worts/ welchen doch der heilige Geist gibt/ Solch er glaube odder geist vermag alles vnd thut/ wie dis Buch rhümet im siebenden Capitel.

Zu letzt ist dis Buch ein rechte auslegunge/ vnd exempel des ersten Gebots/ Denn hie sihestu/ das er durch vnd durch leret/ Gott fürchten vnd trawen/ Schreckt die jhenigen mit exempeln Göttlichs zorns/ so sich nicht fürchten/ vnd Gott verachten/ Widderumb tröstet die jhenigen mit exempeln Göttlicher gnade/ so jm gleuben vnd trawen/ Welchs nichts anders ist/ denn der rechte verstand des ersten Gebots/ Daraus man auch mercken kan/ das aus dem ersten Gebot/ als aus dem Heubtborn/ alle Weisheit quillet vnd fleusset/ Vnd freilich dasselbige Gebot/ die rechte sonne ist/ da alle Weisen bey sehen/ was sie sehen/ Denn wer Gott fürcht vnd gleubet/ der ist voller weisheit/ aller welt meister/ aller wort vnd werck mechtiger/ aller lere vnd leben/ so fur Gott gilt vnd hilfft/ Richter/ Widderumb/ Wer das erste Gebot nicht hat/ vnd Gott weder fürcht noch trawet/ der ist voller torheit/ kan nichts/ vnd ist nichts/ Vnd das ist die fürnemest vrsach/ warumb dis Buch wol zu lesen ist/ das man Gott fürchten vnd
trawen lerne/ da er vns
zu helffe mit
gnaden/
AMEN.

Die Weisheit Salomonis
An die Tyrannen.

I.

HAbt gerechtigkeit lieb/ jr Regenten auff erden/ Denckt/ das der HERR helffen kan/ vnd fürchtet jn mit ernst/ Denn er lesst sich finden von denen/ so jn nicht versuchen/ Vnd erscheinet denen/ die jm nicht mistrawen/ Aber ruchloser dünckel ist ferne von Gott/ Vnd wenn die straffe kompt/ beweiset sie/ was jhene fur narren gewesen sind/ Denn die weisheit kompt nicht jnn eine boshafftige seele/ vnd wonet nicht jnn eim leibe der sunden vnterworffen.

Denn der heilige Geist/ so recht leret/ fleugt die Abgöttischen/ vnd weichet von den ruchlosen/ welche gestrafft werden mit den sunden/ die vber sie verhenget werden/ Denn die Weisheit ist so frum/ das sie den lesterer nicht vngestrafft lesst/ Denn Gott ist zeuge vber alle gedancken/ vnd erkennet alle hertzen gewis/ vnd höret alle wort/ Denn der welt kreis ist vol Geists des HERRN/ Vnd der die rede kennet/ ist allenthalben.

Darumb kan der nicht verborgen bleiben/ der das vnrecht redet/ Vnd das recht/ so jn straffen sol/ wird sein nicht feilen/ Denn des Gotlosen anschlege müssen fur gericht/ vnd seine rede müssen fur den HERRN komen/ das seine vntugend gestrafft werde/ Denn des Eiuerigen ohr höret alles/ vnd das spotten der lesterer/ wird nicht verborgen bleiben.

(Eiuerigen) Das ist/ Gottes ohr.

So hütet euch nu fur dem schedlichen lestern/ vnd enthaltet die zungen fur dem fluchen/ Denn das jr heimlich miteinander jnn die ohren redet/ wird nicht so leer hin gehen/ Denn der mund/ so da leuget/ tödtet die seele.

Strebt nicht so nach dem tod/ mit ewrem jrthum/ Vnd ringet nicht so nach dem verderben/ durch ewr hende werck/ Denn Gott hat den tod nicht gemacht/ vnd hat nicht lust am verderben der lebendigen/ Sondern er hat alles geschaffen/ das es im wesen sein solte/ Vnd was jnn der welt geschaffen wird/ das ist gut/ Vnd ist nichts schedlichs drinnen/ dazu ist der hellen reich nicht auff erden (Denn die gerechtigkeit ist vnsterblich) Sondern die Gottlosen ringen darnach/ beide mit worten vnd mit wercken/ Denn sie halten jn fur freund/ vnd faren dahin/ vnd verbinden sich mit jm/ denn sie sinds auch werd/ das sie seines teils sind.

II.

DEnn es sind rohe leute/ vnd sagen/ Es ist ein kurtz vnd müheselig ding vmb vnser leben/ Vnd wenn ein mensch dahin ist/ so ists gar aus mit jm/ So weis man keinen nicht/ der aus der Helle widder komen sey. On gefehr sind wir geboren/ vnd faren widder dahin/ als weren wir nie gewest/ Denn das schnauben jnn vnser nasen ist ein rauch/ vnd vnser rede ist ein fünklin/ das sich aus vnserm hertzen regt/ Wenn dasselbige verlosschen ist/ so ist der leib dahin/ wie ein lod der assche/

(On gefehr) Das ist/ Wir werde geborn on Gottes versehung oder rat.

die Weisheit.   XIII.

der asschen/vnd der geist zufladdert/wie ein dünne lufft./ Vnd vnsers
namens wird mit der zeit vergessen/das freilich niemand vnsers thuns
gedencken wird/Vnser leben feret dahin/als were ein wolcken da ge=
west/vnd zergehet wie ein nebel/von der sonnen glantz zutrieben/vnd
von jrer hitze verzeret/Vnser zeit ist/wie eine schatte dahin feret/Vnd
wenn wir weg sind/ist kein widderkeren/Denn es ist fest versiegelt/
das niemand widderkompt.

Wol her nu/vnd lasst vns wol leben/weils da ist/vnd vnsers
leibs brauchen/weil er jung ist/Wir wöllen vns mit dem besten wein
vnd salben füllen. Lasst vns die meyen blumen nicht verseumen/lasst
vns krentze tragen von jungen rosen/ehe sie welck werden/Vnser kei=
ner las jm feilen mit brangen/das man allenthalben spüren müge/wo
wir frölich gewesen sind/Wir haben doch nicht mehr dauon/denn
das.

(meyen blumen)
Das ist/vnser schö=
nen frischen jugent/
ehe wir alt vnd vn=
tüchtig werden.
Vtendum est etate
etc.

(brangen)
Jm sausse leben.

Lasst vns den armen gerechten vberweldigen/vnd keiner Wid=
wen noch alten Mans schonen/Lasst vns der alten greissen straff ni=
cht achten/Was wir nur thun können/das sol recht sein/Denn wer
nicht thun kan was jn gelüst/der gilt nichts/So lasst vns auff den ge=
rechten lauren/denn er macht vns viel vnlust/vnd setzet sich widder
vnser thun/vnd schilt vns/das wir widder das Gesetze sündigen/vnd
rüffet aus vnser wesen fur sünde/Er gibt fur/das er Gott kenne/vnd
rhümet sich Gottes kind/strafft/was wir im hertzen haben/Er ist vns
nicht leidlich/auch anzusehen. Denn sein leben reimet sich nichts mit
den andern/vnd sein wesen ist gar ein anders/Er helt vns fur vntüch=
tig/vnd meidet vnser thun/als einen vnflat/Vnd gibt fur/wie es die
gerechten zu letzt gut haben werden/vnd rhümet/das Gott sein vater
sey.

So lasst doch sehen/ob sein wort war sey/vnd versuchen/wie es
mit jm ein ende werden wil/Ist er gerecht/Gottes son/so wird er jm
helffen/vnd erretten von der hand der widdersacher/Mit schmach
vnd qual wöllen wir jn stöcken/das wir sehen/wie from er sey/vnd er=
kennen/wie gedültig er sey/Wir wöllen jn zum schendlichen tod ver=
dammen/da wird man jn kennen an seinen worten.

Solchs schlahen sie an/vnd feilen/Ir bosheit hat sie verblen=
det/das sie Gottes heimlich Gericht nicht erkennen/Denn sie haben
der hoffnung nicht/das ein heilig leben belohnet werde/Vnd achten
der ehren nichts/so vnstreffliche seelen haben werden/Denn Gott
hat den menschen geschaffen/zum ewigen leben/Vnd hat jn gemacht
zum bilde/das er gleich sein sol/wie er ist/Aber durchs Teufels neid/
ist der Tod jnn die welt komen/Vnd die seins teils sind/helffen auch
dazu.

III.

Ber der gerechten seelen sind jnn Gottes hand/vnd
kein qual rüret sie an/Fur den vnuerstendigen werden sie
angesehen/als stürben sie/Vnd jr abschied wird fur ein
pein gerechnet/vnd jr hinfart fur ein verderben/Aber sie
sind im friede/Ob sie wol fur den menschen viel leidens
haben/so sind sie doch gewisser hoffnung/das sie nimer=
mehr sterben/Sie werden ein wenig gesteupt/Aber viel guts wird jn
widderfa=

Das Buch

widderfaren/Denn Gott versucht sie/vnd findet sie/das sie sein werd sind.

Er prüfet sie/wie gold im ofen/vnd nimpt sie an/wie ein völliges opffer/Vnd zur zeit/wenn Gott drein sehen wird/werden sie helle scheinen/vnd daher faren/wie flammen vber den stoppeln/ Sie werden die Heiden richten/vnd herschen vber völcker/vnd der HERR wird ewiglich vber sie herschen/Denn die jm vertrawen/die erfaren/das er trewlich helt/vnd die trew sind jnn der liebe/lesst er jm nicht nemen/ Denn seine heiligen sind jnn gnaden vnd barmhertzigkeit/Vnd er hat ein auff sehen auff seine ausserweleten.

(stoppeln)
Sind die Heiden vnd Gottlosen.

Aber die Gottlosen werden gestrafft werden/gleich wie sie fürchten/Denn sie achten des gerechten nicht/vnd weichen vom HERRN. Denn wer die Weisheit vnd die Rute veracht/der ist vnselig/ Vnd jr hoffnung ist nichts/vnd jr erbeit ist vmb sonst/vnd jr thun ist kein nütze/Ire ᵃ weiber sind nerrin/vnde jr kinder boshafftig/Verflucht ist/was von jnen geboren ist.

(weiber)
Was hie bis zu ende des Capitels/ von weibern vnd kindern geredt wird/sol man verstehen/prophetisch/das ist/von Landen vnd leuten/Wie die propheten Babylon/ Jerusalem/Israel/eine tochter oder weib nennen/ Vnd hurerey Abgötterey/Bettekirchen vnd Altar.

Denn selig ist die vnfruchtbare/die vnbefleckt ist/die da vnschüldig ist/des sundlichen bettes/Die selbige wirds geniessen zur zeit/ wenn man die seelen richten wird. Isa.liiij

Desselbigen gleichen ein vnfruchtbarer/der nichts vnrechts mit seiner hand thut/noch arges widder den HERRN denckt/dem wird gegeben/fur seinen glauben/ein sonderliche gabe/vnd ein besser teil im Tempel des HErrn/Denn gute erbeit/gibt herlichen lohn/Vnd ᵇ die wurtzel des verstands verfaulet nicht. Isa.lvij

b
(die wurtzel des verstands)
Wer jnn Gottes wort/wol versucht ist/vnd viel erlidden hat/der wird blühen vnd grünen ewiglich/ psalm.j.

Aber die kinder der ehebrecher gedeien nicht/Vnd der same aus vnrechtem bette/wird vertilget werden/Vnd ob sie gleich lange lebeten/so müssen sie doch endlich zu schanden werden/vnd jr alter wird doch zu letzt on ehre sein/Sterben sie aber balde/so haben sie doch nichts zu hoffen/noch trost/zur zeit des gerichts/Denn die vngerechten nemen ein bös ende.

Besser ists keine kinder haben/so man frum ist/Denn dasselbige bringt ewiges lob/Denn es wird beide bey Gott vnd den menschen gerhümet/Wo es ist/da nimpt man es zum exempel an/Wers aber nicht hat/der wündscht es doch/Vnd pranget im ewigem krantz/vnd behelt den sieg des keuschen kampffs.

Aber die fruchtbar menge der Gottlosen/sind kein nütze/Vnd was aus der hurerey gepflantzt wird/das wird nicht tieff wortzeln/ noch gewissen grund setzen/Vnd ob sie eine zeitlang an den zweigen grünen/weil sie gar lose stehen/werden sie vom winde bewegt/vnd vom starcken winde ausgerott/vnd die vnzeitigen este werden zubrochen/vnd jr frücht ist kein nütze/vnreiff zu essen vnd zu nichts tügend/ Denn die kinder/so aus vnehelichem beischlaff geborn werden/müssen zeugen von der bosheit widder die eltern/wenn man sie fragt.

IIII.

Aber der

der Weisheit. XIIII.

ABer der gerechte / ob er gleich zu zeitlich stirbet / ist er doch jnn der ruge (Denn das alter ist ehrlich / nicht das lange lebet / odder viel iar hat / Klugheit vnter den menschen ist das rechte grawe har / vnd ein vnbefleckt leben ist das rechte alter) Denn er gefelt Gott wol / vnd ist jm lieb / vnd wird weg genomen aus dem leben vnter den sundern / vnd wird hingerückt / das die bosheit seinen verstand nicht verkere / noch falsche lere seine seele betriege / Denn die bösen exempel verfüren / vnd verterben eim das gut / vnd die reitzende lust verkeret vnschuldige hertzen / Er ist bald volkomen worden / vnd hat viel iar erfüllet / Denn seine seele gefelt Gott / darumb eilet er mit jm aus dem bösen leben.

Isa.lvj. Aber die leute / so es sehen / achtens nicht / vnd nemens nicht zu hertzen / nemlich / das die heiligen Gottes jnn gnade vnd barmhertzigkeit sind / vnd das er ein auff sehen auff seine ausserweleten hat / Denn es verdampt der verstorben gerechte die lebendigen Gottlosen / vnd ein junger / der bald volkomen wird / das lange leben des vngerechten / Sie sehen wol des Weisen ende / Aber sie mercken nicht / was der HErr vber jm bedenckt / vnd warumb er jn bewaret / Sie sehens wol / vnd achtens nichts / Denn der Herr verlachet sie / vnd werden darnach schendlich fallen / vnd eine schmach sein vnter den todten ewiglich / Vnd er wird sie vnuersehens hernidder stürtzen / Vnd wird sie aus dem grund reissen / das sie gar zu boden gehen / Vnd sie werden jnn engsten sein / Vnd jr gedechtnis wird verloren sein / Sie werden aber komen verzagt mit dem gewissen jrer sunden / Vnd jre eigen sunde werden sie vnter augen schelten.

V.

AEs denn wird der gerechte stehen mit grosser freidigkeit widder die / so in geengstet haben / vnd so seine erbeit verworffen haben / Wenn die selbigen denn solchs sehen / werden sie grausam erschrecken / fur solcher seligkeit / der sie sich nicht versehen hetten / Vnd werden vnternander reden mit rewe / vnd fur angst des geists seufftzen / Das ist der / welchen wir etwa fur ein spott hatten / vnd fur ein hönisch beyspiel / Wir narren / hielten sein leben fur vnsinnig / vnd sein ende fur ein schande / wie ist er nu gezelet vnter die kinder Gottes / vnd sein erbe ist vnter den heiligen? Darumb so haben wir des rechten weges gefeilet / vnd das liecht der gerechtigkeit hat vns nicht geschienen / vnd die Sonne ist vns nicht auffgangen / Wir haben eitel vnrechte vnd schedliche wege gegangen / vnd haben gewandelt wüste vnwege / Aber des HERRN weg haben wir nicht gewust / Was hilfft vns nu der pracht? Was bringt vns nu der reichthum sampt dem hohmut? Es ist alles dahin gefaren / wie eine schatte / vnd wie ein geschrey das fur vber feret / wie ein schiff auff den wasser wogen dahin leufft / welchs man / so es fur vber ist / keine spür finden kan / noch desselbigen ban jnn der flut / Odder wie ein vogel der durch die lufft fleuget / da man seines weges keine spüre finden kan / Denn er regt vnd schlegt jnn die leichte lufft / treibt vnd zuteilet sie mit seinen schwebenden flugeln / vnd darnach findet man kein zeichen solchs fluges darinnen / Odder als wenn ein pfeil abgeschossen wird zum ziel / die zuteilete lufft bald widder zusamen felt / das man seinen flug dadurch nicht spüren kan.

(erbeit) Seine lere vñ sein thun.

C ij Also auch

Das Buch

Also auch wir/nach dem wir geboren sind gewesen/haben wir ein ende genomen/Vnd haben kein zeichen der tugent beweiset/Aber jnn vnser bosheit sind wir verzeret/Denn des Gottlosen hoffnung/ist wie ein staub vom winde verstrewet/vnd wie ein dünner reiffe von eim sturm vertrieben/vnd wie ein rauch vom winde verwebd/vnd wie man eines vergisset/der nur einen tag gast gewesen ist.

(lohn)
Ir gut vnd reichthum.

Aber die gerechten werden ewiglich leben/vnd der HERR ist jr lohn/vnd der Höhest sorget fur sie/Darumb werden sie empfahen ein herrlichs Reich/vnd eine schöne krone von der hand des HERRN/Denn er wird sie mit seiner rechten beschirmen/vnd mit seinem arm verteidigen/Er wird seinen eiuer nemen zum harnisch/vnd wird die creatur rüsten zur rach vber die feinde/Er wird gerechtigkeit anziehen zum krebs/vnd wird das ernste gerichte auff setzen zum helm/Er wird heiligkeit nemen zum vnüberwindlichem schilde/Er wird den strengen zorn wetzen zum schwerd/Vnd die welt wird mit jm zum streit aus ziehen widder die vnweisen/Die geschos der blitzen/werden gleich zu treffen/vnd werden aus den wolcken/als von einem hartgespannen bogen faren/zum ziel/vnd wird dicker hagel fallen/aus dem zorn der donner schlege/So wird auch des meeres wasser widder sie wüeten/vnd die strome werden sich miteinander hefftig ergiessen/Vnd wird auch ein starcker wind sich widder sie legen/vnd wird sie wie wirbel zustrewen.

Das Sechste Capitel.

Vngerechtigkeit verwüstet alle land/vnd böse leben stortzt die Stüle der gewaltigen. So höret nu jr Könige vnd mercket/Lernet jr Richter auff erden/Nemet zu ohren/die jr vber viele hirsschet/die jr euch erhebt vber den völckern/Denn euch ist die oberkeit gegeben vom HERRN/vnd die gewalt vom Höhesten/welcher wird fragen/wie jr handelt/vnd forschen/was jr ordnet.

Denn jr seid seines reichs Amptleute/aber jr furet ewer ampt nicht fein/vnd haltet kein recht/vnd thut nicht nach dem/das der HERR geordnet hat/Er wird gar grewlich vnd kurtz vber euch komen/Vnd es wird gar ein scharff gericht gehen vber die Oberherrn/Denn den geringen widderferet gnade/Aber die gewaltigen werden gewaltiglich gestrafft werden/Denn der/so aller herr ist/wird keines person furchten/noch die macht schewen/Er hat beide die kleinen vnd grossen gemacht/Vnd sorget fur alle gleich. Vber die mechtigen aber wird ein starck gericht gehalten werden.

Mit euch Tyrannen rede ich/auff das jr Weisheit lernet/vnd das euch nicht feile/Denn wer heilige lere heiliglich behelt/der wird heilig gehalten/Vnd wer die selbige wol lernet/der wird wol bestehen/So last euch nu meine rede gefallen/Begert sie/vnd lasst euch leren/Denn die weisheit ist schone vnd vnergengklich/vnd lesst sich gern sehen von denen/die sie lieb haben/vnd lesst sich finden von denen/die sie suchen/Ja sie begegenet vnd gibt sich selbs zurkennen/denen die sie gerne haben/Wer sie gern bald hette/darff nicht viel mühe/Er findet sie fur seiner thür auff jn warten/Denn nach jr trachten/

das

der Weisheit. XV.

das ist die rechte klugheit/Vnd wer wacker ist nach jr/darff nicht lange sorgen/Denn sie gehet vmbher/vnd sucht wer jr werd sey/vnd erscheinet jm gerne vnter wegen/vnd hat acht auff in/das sie jm begegene/Denn wer sich gerne lesst weisen/da ist gewislich der Weisheit anfang/Wer sie aber achtet/der lesst sich gerne weisen/Wer sich gerne weisen lesst/der helt jre gebot/Wo man aber die gebot helt/da ist ein heilig leben gewis/Wer aber ein heilig leben füret/der ist Gott nahe. Wer nu lust hat zur Weisheit/den macht sie zum herrn/Wolt jr nu/jr Tyrannen im volck/gerne Könige vnd Fürsten sein/so haltet die Weisheit jnn ehren/auff das jr ewiglich herschet.

Was aber Weisheit ist/vnd wo sie herkome/wil ich euch verkündigen/vnd wil euch die geheimnis nicht verbergen/Sondern forschen von anfang der Creaturen/Vnd wil sie offentlich zur kennen dargeben/vnd wil der warheit nicht sparen/Denn ich wil mit dem gifftigen neid nicht zu thun haben/Denn der selbige hat nichts an der Weisheit/Wenn aber der Weisen viel ist/das ist der welt heil/Vnd ein kluger König ist des volcks glück/Darumb lasst euch weisen durch meine wort/das wird euch frumen.

VII.

Ich bin auch ein sterblicher mensch/gleich wie die andern/geboren vom geschlechte des ersten geschaffenen menschen/vnd bin ein fleisch gebildet/zehen mondlang im blut/zusamen gerunnen/aus mans samen durch lust/im beischlaffen. Vnd habe auch/da ich geboren war/odem geholet aus der gemeinen lufft/vnd bin auch gefallen auffs erdreich/das vns alle gleich tregt/vnd weinen ist auch gleich wie der andern/mein erste stim gewest/vnd bin jnn den windeln aufferzogen mit sorgen(Denn es hat kein König einen andern anfang seiner geburt) Sondern sie haben alle einerley eingang jnn das leben/vnd gleichen ausgang.

Darumb so bat ich/vnd ward mir klugheit gegeben/Ich rieff/vnd mir kam der geist der Weisheit/Vnd ich hielt sie thewrer denn Königreich vnd Fürstenthüm/vnd reichthum hielt ich fur nichts gegen sie/ Ich gleichet jr keinen edel stein/Denn alles gold ist gegen sie/wie geringer sand/Vnd silber ist wie kot gegen sie zu rechen/Ich hatte sie lieber/denn gesunden vnd schönen leib/Vnd erwelete sie mir zum liecht/Denn der glantz/so von jr gehet/verlesschet nicht/Es kam mir aber alles gutes mit jr/vnd vnzelich reichthum jnn jrer hand/Ich war jnn allen dingen frölich/das macht/die Weisheit gieng mir jnn den selbigen fur/Ich wusts aber nicht/das solchs von jr keme/Einfeltiglich hab ichs gelernt/Mildiglich teil ichs mit/Ich wil jren reichthum nicht verbergen/denn sie ist den menschen ein vnendlicher schatz/Welchs so da gebrauchen/werden Gottes freunde/Vnd sind angeneme/darumb das jnen gegeben ist/sich lassen zu weisen.

Gott hat mir gegeben weislich zu reden/vnd nach solcher gabe der Weisheit/recht gedencken/Denn er ists/der auff dem wege der Weisheit füret/vnd die Weisen regirt/Denn jnn seiner hand sind beide wir selbs vnd vnser rede/dazu alle klugheit/vñ kunst jnn allerley gescheffte/Denn er hat mir gegeben gewisse erkentnis alles dinges/

C iij das ich

Das Buch

Alle welt kennet diese ding des mehrer teil/Aber allein die gleubigen wissen/das sie Gottes creatur/vñ durchs wort vnd Gottes Weisheit/ geschaffen sind.

das ich weis/wie die welt gemacht ist/vnd die krafft der Element/Der zeit anfang/ende vnd mittel/Wie der tag zu vnd abnimpt/Wie die zeit des iars sich endert/vnd wie das iar herumb laufft/Wie die stern stehen/Die art der zamen vnd der wilden thiere/Wie der wind so stürmet/Vnd was die leute im sinn haben/Mancherley art der pflantzen/vnd krafft der wurtzeln/Ich weis alles was heimlich vnd verborgen ist/Denn die Weisheit/ so aller kunst Meister ist/leret michs/Denn es ist inn ir der geist/der verstendig ist/heilig/einig/manchfeltig/scharf/behend/bered/rein/klar/sanfft/freundlich/ernst/frey/wolthetig/leutselig/fest/gewis/sicher/vermag alles/sihet alles/vnd gehet durch alle geister/wie verstendig/lauter/scharff sie sind/Denn die Weisheit ist das aller behendest/Sie feret vnd gehet durch alles/so gar lauter ist sie/Denn sie ist das hauchen der Göttlichen krafft/vnd ein stral der herrligkeit des Almechtigen.

Darumb kan nichts vnreines zu ir komen/Denn sie ist ein glantz des ewigen Liechts/vnd ein vnbefleckter spiegel der Göttlichen krafft/vnd ein bilde seiner gütigkeit/Sie ist einig/vnd thut doch alles/sie bleibt das sie ist/vnd vernewet doch alles/Vnd fur vnd fur gibt sie sich inn die heiligen seelen/vnd macht Gottes freunde vnd Propheten/Denn Gott liebet niemand/er bleibe denn bey der Weisheit/Sie gehet einher herlicher denn die Sonn vnd alle sterne/vnd gegen das liecht gerechnet/gehet sie weit vor/Denn das Liecht mus der nacht weichen/Aber die bosheit vberweldiget die Weisheit nimermehr/Sie reicht von eim ende zum andern gewaltiglich/vnd regiert alles wol.

VIII.

DIe selbige hab ich geliebt/vnd gesucht von meiner jugent auff/vnd gedacht mir sie zur Braut nemen/Denn ich hab ire schöne lieb gewonnen/Sie ist herlichs adels/denn ir wesen ist bey Gott/Vnd der Herr aller ding hat sie lieb/Sie ist der heimlicher Rat im erkentnis Gottes/vnd ein angeber seiner werck/Ist reichthum ein köstlich ding im leben? was ist reicher/denn die Weisheit/die alles schafft? Thuts aber klugheit? wer ist vnter allen ein künstlicher meister/denn sie? Hat aber jemand gerechtigkeit lieb? ir erbeit ist eitel tugend/Denn sie leret zucht/klugheit/gerechtigkeit vnd stercke/welche das aller nützest sind im menschen leben/Begerd einer viel dinges zu wissen/so kan sie erraten/beide/was vergangen vnd zukünfftig ist/Sie verstehet sich auff verdeckte wort/vnd weis die retzel auff zulösen. Zeichen vnd wunder weis sie zuuor/vnd wie es zun zeiten vnd stunden ergehen sol.

(stercke) Das ist/manlich mütig/getrost vnd freidig sein.

Ich habs beschlossen/mir sie zum gespielen zu nemen/Denn ich weis/das sie mir ein guter ratgeber sein wird/vnd ein tröster inn sorgen vnd trawrigkeit/Ein jüngling hat durch die selbigen herrligkeit bey dem volck/vnd ehre bey den alten. Ich werde scharff erfunden werden im gericht/Vnd bey den gewaltigen wird man sich mein verwundern/Wenn ich schweige/werden sie auff mich harren/Wenn ich rede/werden sie auff mercken/Wenn ich fort rede/werden sie die hende auff iren mund legen/Ich werde ein vnsterblichen namen durch

der Weisheit. XVI.

durch sie bekomen/vnd ein ewiges gedechtnis bey meinen nachkomen lassen/Ich werde leute regieren/vnd Heiden werden mir vnterthan sein/Grausame Tyrannen werden sich furchten/wenn sie mich hören/vnd bey dem volck werde ich gütig erfunden/vnd im krieg ein Helt/Bleib ich aber daheim/so hab ich mein ruge an jr/Denn es ist kein verdrus/mit jr vmbzugehen/noch vnlust vmb sie zu sein/sondern lust vnd freude.

Solchs bedacht ich bey mir/vnd nam es zu hertzen/Denn welche jre verwandten sind/haben ewiges wesen/vnd welche jre freunde sind/haben reine wollust/Vnd kompt vnendlicher reichthum durch die erbeit jrer hende/vnd klugheit durch jr geselschafft vnd gesprech/ Vnd ein guter rhum/durch jr gemeinschafft vnd rede/Ich bin vmbher gangen zu suchen/das ich sie zu mir brecht.

(erbeit) Das ist/durch jre lere vnd rat.

Denn ich war ein kind guter art/vnd habe bekomen ein feine seele/Da ich aber wol erzogen war/wuchs ich zu eim vnbefleckten leibe/ Da ich aber erfur/das ich nicht anders kundte züchtig sein/es gebe mir denn Gott/Vnd das selbige war auch klugheit/erkennen/wes solche gnade ist/Trat ich zum HERRN/vnd bat jn/vnd sprach von gantzem meinem hertzen.

IX.

Gott meiner veter/Vnd HERR aller güte/der du alle ding durch dein wort gemacht/vnd den menschen durch deine Weisheit bereitet hast/das er herrschen solt vber die Creatur/so von dir gemacht ist/das er die welt regieren solt/mit heiligkeit vnd gerechtigkeit/vnd mit rechtem hertzen richten. Gib mir die weisheit/die stets vmb deinen thron ist/vnd verwirff mich nicht aus deinen kindern/Denn ich bin dein knecht vnd deiner magd son/ein schwacher mensch vnd kurtzes lebens/vnd zu gering im verstand des rechtes vnd Gesetzs/Vnd wenn gleich einer vnter menschen kindern volkomen were/so gilt er doch nichts/wo er on die Weisheit ist/so von dir kompt.

Hie redet der Tichter selber/vnd bettet gantz inn Salomonis person/zum exempel allen Fürsten/auch also zu thun/Vnd ist aus der massen ein schön gebet.

Sihe/die Weisheit kompt allein von Gott/vnd on sie taug niemand nichts.

Du hast mich erwelet zum Könige vber dein volck/vnd zum Richter vber deine söne vnd töchter/Vnd hiessest mich einen Tempel bawen auff deinem heiligen berge/vnd einen altar jnn der Stad deiner wonung/der da gleich were der heiligen Hütten/welche du vorzeiten bereiten liessest/vnd mit dir deine Weisheit/welche deine werck weis/vnd dabey war/da du die welt machtest/vnd erkennet/was dir wolgefelt/vnd was richtig ist jnn deinen Geboten.

Sende sie herab von deinem heiligen himel/vnd aus dem thron deiner herrligkeit/Sende sie/das sie bey mir sey/vnd mit mir erbeite/ das ich erkenne/was dir wolgefalle/Denn sie weis alles vnd verstehets/Vnd las sie mich leiten jnn meinen wercken messiglich/vnd mich behüten durch jre herrligkeit/So werden dir meine werck angeneme sein/vnd werde dein volck recht richten/vnd wirdig sein des throns meines Vaters/Denn welcher mensch weis Gottes rat? odder wer kan dencken was Gott wil? Denn der sterblichen menschen gedancken sind mislich/vnd vnser anschlege sind ferhlich/Denn der sterbliche leichnam beschweret die seele/vnd die

On Gottes wort kan der mensch nicht wissen was Gott gefelt/ sondern feret vnd thut alles im zweuel/vnd auffs vngewis.

C iij   jrdische

Das Buch

(zerstreweten sin) Vn Gottes wort so tichtet vnd sucht die vernunfft viel weise vnd wege/ zerstrewet sich also jnn viel mühe/ trifft aber doch nicht.

jrdische hütte drückt den zerstreweten sinn/ Wir treffen das kaum/ so auff erden ist/ Vnd erfinden schwerlich/ das vnter handen ist/ Wer wil denn erforschen/ das im himel ist? Wer wil deinen rat erfaren? Es sey denn das du weisheit gebest/ vnd sendest deinen heiligen Geist aus der höhe/ vnd also richtig werde das thun auff erden/ vnd die menschen lernen was dir gefelt/ vnd durch die Weisheit selig werden.

X.

Adam.
(sünde)
Durch das wort Gen. iij. Der same sol dir den kopff zu tretten.
Cain.

DIe selbige Weisheit behütet den/ so am ersten gemacht/ vnd alleine geschaffen ward/ zum vater der welt/ vnd bracht jn aus seiner sunde/ vnd gab jm krafft vber alles zu herrschen.

Von welcher/ da der vngerechte abfiel durch seinen zorn/ verdarb er von wegen des wütigen Brudermords.

Noe.
(Weisheit) Das war Gottes wort vnd befelh die Archa zu bawe.
(zu gleich) Das ist/ wo er hin kam/ fand er Abgöttische böse leute/ wie Abrahams lebe zeigt. Gen. xij

Vnd als die erden vmb desselbigen willen mit der sindflut verderbet ward/ halff die Weisheit widderumb/ vnd regierte den gerechten durch ein geringe holtz.

Die selbige/ da die Heiden zu gleich im jrthum böslich lebten/ fand sie den gerechten/ vnd erhielt jn vnstrefflich fur Gott/ vnd lies jn feste sein/ widder das veterliche hertz gegen den son.

Lot.
(vnreiffe bewme) Söllen sein die Opffel am todten meer/ die auswendig schön/ vnd jnwendig aschen sind/ Sörba genant.

Die selbige erlöset den gerechten/ da die Gotlosen vmbkamen/ da er floch fur dem fewer/ das vber die fünff Stedte fiel/ welcher verwüst land rauchet noch/ zum zeugnis der bosheit/ sampt den bewmen/ so vnreiffe früchte tragen/ vnd der saltz seulen/ die da stehet zum gedechtnis der vngleubigen seelen/ Denn die/ so die Weisheit nicht achten/ haben nicht allein den schaden/ das sie das gute nicht kennen/ sondern lassen auch ein gedechtnis hinder sich den lebendigen/ das sie nicht mügen verborgen bleiben/ jnn dem/ darinn sie jrre gangen sind/ Aber die Weisheit errettet die aus aller mühe/ so sich an sie halten.

Jacob.

Gottseligkeit ist glaube an das wort Gottes oder an die Weisheit.

Die selbige leitet den gerechten/ so fur seines Bruders zorn flüchtig sein muste/ stracks weges/ vnd zeiget jm das Reich Gottes/ vnd gab jm zu erkennen was heilig ist/ vnd halff jm jnn seiner erbeit/ das er wol zunam/ vnd viel guts an seiner erbeit gewan/ Vnd war bey jm/ da er vberforteilet ward von denen/ die jm gewalt theten/ Vnd machet jn sicher fur denen/ so jm nach stelleten/ Vnd gab jm sieg jnn starckem kampff/ das er erfure/ wie Gottseligkeit mechtiger ist/ denn alle ding.

Joseph.

Die selbige verlies den verkaufften gerechten nicht/ Sondern behütet jn fur der sunde/ Fuhr mit jm hinab jnn den kercker/ vnd jnn den banden verlies sie jn nicht/ bis das sie jm zubracht das scepter des Königreichs/ vnd Oberkeit vber die/ so jm gewalt gethan hatten/ Vnd machte die zu lügener/ die jn getaddelt hatten/ vnd gab jm ein ewige herrligkeit.

Israel.
Mose.

Die selbige erlösete das heilige volck/ vnd vnstrefflichen samen aus den Heiden/ die sie plagten/ Sie kam jnn die seele des dieners des HERRN/ Vnd widderstund den grausamen königen durch wunder vnd zeichen/ Sie belohnet den Heiligen jr erbeit/ vnd leitet sie durch

der Weisheit. XVII.

durch wunderliche wege/vnd war jnen des tages ein schirm/vnd des nachts eine flamme/wie das gestirn/Sie füret sie durchs rote meer/ vnd leitet sie durch grosse wasser/Aber jre feinde erseufft sie/vnd diese zoch sie aus dem grunde der tieffen/Darumb namen die gerechten raub von den Gotlosen/vnd preiseten deinen heiligen namen HERR/ vnd lobeten einmütiglich deine sieghafftige hand/Denn die weisheit öffenete der stummen mund/vnd machet der vnmündigen zungen bered.

XI.

Sie füret der selbigen werck durch die hand des heiligen Propheten/vnd geleitet sie durch eine wilde wüsten/das sie gezelt auff schlugen jnn der einöde/vnd jren feinden widderstunden/vnd sich recheten an jren widderwertigen/Da sie dürstet/rieffen sie dich an/vnd jnen ward wasser gegeben aus dem hohen fels/vñ leschten den durst aus hartem stein/Vñ eben da durch jre feinde geplagt wurden/dadurch geschach jnen guts/da sie not lidden/Denn wie jhene erschrocken fur dem blut/so an stat des fliessenden wassers kam/zur straffe des gebots/das man die kinder tödten müste/also gabestu diesen wassers die fülle vnuersehens/vnd zeigest damit an durch jhener durst/wie du die widderwertigen plagest.

Da das wasser zu blut ward jnn Egypten. Exo. vij.

Denn da diese versucht vnd mit gnaden gezüchtiget worden/erkandten sie/wie die Gottlosen mit zorn gericht vnd gequellet werden/ Diese zwar hastu als ein vater vermanet vnd geprüfet/Jhene aber als ein strenger König gestrafft vnd verdampt. Vnd es wurden beide die dabey waren/vnd die nicht dabey waren/gleich geplagt/Denn es kam zwifeltig leid vber sie/dazu auch sufftzen/so sie des vorigen gedachten/Denn da sie höreten/das diesen dadurch gutes geschach/ durch welchs sie gequellet wurden/fületen sie den HERREN/Denn den sie etwa verechtlich verstossen vnd verworffen hatten/vnd jn verlachten/des musten sie sich zu letzt/da es so hinaus gieng/verwundern/das jr durst nicht so war/wie der gerechten.

Also auch fur die tollen gedancken jres vngerechten wandels/ durch welche sie betrogen/vnuernünfftige würme vnd verechtliche thiere anbetten/sandtestu vnter sie die menge der vnuernünfftigen thiere zur rache/auff das sie erkenneten/das/Wo mit jemand sundiget/damit wird er auch geplaget/Denn es mangelte deiner allmechtigen hand nicht(welche hat die welt geschaffen aus vngestaltem wesen)vber sie zu schicken menge der Beeren/odder freidige Lewen/odder von new geschaffen/grimmige/vnbekandte thier/odder die da fewr speieten/odder mit grimmigem rauch schnaubeten/odder grausame funcken aus den augen blicketen/Welche nicht allein mit verserung sie möchten zu schmettern/sondern auch wol mit jrem schrecklichen gesicht/erwürgen/Ja sie möchten wol on das/durch einen einigen odem fallen/mit rache verfolget/vnd durch den geist deiner krafft zurstrewet werden.

Aber du hast alles geordenet mit mas/zal/vnd gewicht/Denn gros vermügen ist allezeit bey dir/vnd wer kan der macht deines arms widderstehen? Denn die welt ist fur dir/wie das ᵃ züngrin an der wage/vnd wie ein tropff des morgenthawes/der auff die erden fellet/

ᵃ (zünglin) Gleich wie es leicht sein mag/das das zünglin ausschlegt/also ein geringes ist die welt gegen Got/Isa.xl

Aber

Das Buch

Aber du erbarmest dich vber alles/denn du hast gewalt vber alles/vnd versihest der menschen sunde/das sie sich bessern sollen/Denn du liebest alles das da ist/vnd hassest nichts was du gemacht hast/Denn du hast freilich nichts bereitet/da du hass zu hettest/Wie kund etwas bleiben/wenn du nicht woltest? odder wie kundte erhalten werden/das du nicht geruffen hettest? Du schonest aber allen/Denn sie sind dein HERR/du liebhaber des lebens/vnd dein vnergenglicher geist ist jnn allen.

XII.

DArumb straffestu seuberlich die/so da fallen/vnd erinnerst sie mit zucht/woran sie sundigen/auff das sie von der bosheit los werden/vnd an dich HERR gleuben/ Denn da du feind warest den vorigen einwonern deines heiligen landes/darumb das sie feindselige werck begiengen/mit zaubern/vnd woltest durch vnser Veter hende vertilgen die vngöttlichen opfferer/vnd vnbarmhertzige mörder jrer söne/die da menschen fleisch frassen vnd grewlich blut soffen/damit sie dir Gottes dienst erzeigen wolten/vnd die so eltern waren/erwürgeten die seelen/so keine hülffe hatten/auff das das land/so fur dir vnter allen das edelste war/eine wirdige wonung würde der kinder Gottes/dennoch verschonetestu der selbigen/als menschen/vnd sandtest fur her deine vordraber/nemlich/dein heer die hornissen/auff das sie die selbigen mit der weile vmbbrechten.

Die Cananiter die jre kinder opfferten/Psalm.lxxvij.

Es war dir zwar nicht vnmüglich/die Gottlosen im streit den gerechten zu vnterwerffen/odder durch grausame thier/odder sonst etwa mit eim harten wort/allzu gleich zuschmettern/Aber du richtetest sie mit der weile/vnd liessest jnen raum zur busse/wie wol dir nicht vnbewust war/das sie böser art waren/vnd jr bosheit jnen angeboren/vnd das sie jr gedancken nimer mehr endern würden/Denn sie waren ein verflucht samen von anfang/ So dürfftestu auch niemand schewen/ob du jnen vergebest/woran sie gesundigt hatten/Denn wer wil zu dir sagen/Was thustu? Odder wer wil deinem gericht widderstehen? Odder wer wil dich schüldigen vmb die vertilgeten Heiden/welche du geschaffen hast? Odder wer wil sich zum recher wider dich setzen/vmb der vngerechten menschen willen? Denn es ist ausser dir kein Gott/der du sorgest fur alle/auff das du beweisest/wie du nicht vnrecht richtest/Denn es kan dir weder König noch Tyrannen vnter augen tretten fur die/so du straffest.

(Tyrannen) Sihe/wie er alle wort lencket vnd zeucht widder die Tyrannen/sie zu schrecken.

Weil du denn gerecht bist/so regierestu alle ding recht/vnd achtests deiner maiestet nicht gemes jemand zu verdammen/der die straffe nicht verdienet hat/Denn deine sterche ist eine herrschafft der gerechtigkeit/Vnd weil du vber alle herrschest/so verschonestu auch aller/Denn du hast deine sterche beweiset/an denen/so nicht gleubten das du so gar mechtig werest/vnd hast dich erzeiget an denen/die sich keck wusten/Aber du gewaltiger herrscher/richtest mit lindigkeit/vnd regierest vns mit viel verschonen/Denn du vermagst alles was du wilt.

(nicht gemes) Wie die Tyrannē sich dünckē lassen/als müsten sie jrer macht brauchen/andern zu schaden vnd pochen etc.

(keck) Das ist/an den Egyptern im roten meer.

Dein volck aber lerestu durch solche werck/das man frum vnd gütig sein sol/vnd deinen kindern gibstu damit zuuerstehen/sie sollen guter hoffnung sein/das du wöllest busse fur die sunde annemen/Denn so du die feinde deiner kinder vnd die des todes schüldig waren/

der Weisheit. XVIII.

waren/mit solchem verzug vnd schonen gestrafft hast/vnd gabst jnen zeit vnd raum/damit sie kundten von jrer bosheit lassen/Wie viel mit grösserm bedacht richtestu deine kinder/mit welcher veter du hast eid vnd bund viel guter verheissungen auffgericht/Darumb wie offt du vnser feinde plagest/thustu solches vns zur zucht/das wir deiner güte mit vleis warnemen/ob wir gerichtet wurden/das wir doch auff deine barmhertzigkeit trawen sollen.

Daher du auch die vngerechten/so ein vnuerstendig leben füreten/mit jren eigen grewlen quelletest/Denn sie waren so gar ferne jnn den jrthum geraten/das sie auch die thiere/so bey jren feinden verachtet waren/fur Götter hielten/gleich wie die vnuerstendigen kinder/betrogen/Darumb hastu auch ein spötliche straffe vnter sie/als vnter vnuerstendige kinder/geschickt/Da sie aber solche spötliche vermanung nicht bewegt/empfunden sie die ernste Gottes straffe/Denn sie wurden eben dadurch gequellet/das sie fur Götter hielten/welchs sie gar vbel verdros/da sie den sahen/den sie vorhin nicht wolten kennen/vnd musten jn fur einen Gott bekennen/darumb zu letzt die verdamnis auch vber sie kam.

(vngerechten) Die Egypter/so die thier anbetten/welche die Jyden jre feinde verachten.

Spöttliche plage war die/das sie durch die thier geplagt wurden/welche doch jr Götter waren/vnd jnen helffen solten.

XIII.

Es sind zwar alle menschen natürlich eitel/so von Gott nichts wissen/vnd an den sichtbarlichen gütern/den der es ist/nicht kennen/vnd sehen an den wercken nicht/wer der meister ist/Sondern halten entweder/das fewer/odder wind/odder schnelle lufft/odder die sterne/odder mechtigs wasser/oder die Liechter am himel/die die welt regieren/fur Götter/So sie aber an der selbigen schönen gestalt gefallen hatten/vnd also fur Götter hielten/solten sie billich gewust haben/wie gar viel besser der sey/der vber solche der herr ist/Denn der aller schöne meister ist/hat solchs alles geschaffen. Vnd so sie sich der macht vnd krafft verwunderten/solten sie billich an den selbigen gemerckt haben/wie viel mechtiger der sey/der solchs alles zubereit hat/Denn es kan ja an der grossen schöne vnd gescheffte/der selbigen Schepffer/als im bilde erkennet werden.

(krafft) Das ist/mancherley werck vnd tugent der creatur.

Wie wol vber diese nicht so gar hoch zu klagen ist/Denn auch sie wol jrren können/wenn sie Gott suchen vnd gerne funden/Denn so sie mit seinem geschepff vmbgehen vnd nach dencken/werden sie gefangen im ansehen/weil die creatur so schöne sind/die man sihet/Doch sind sie damit nicht entschüldiget/Denn haben sie so viel mügen erkennen/das sie kundten die creaturn hoch achten/Warumb haben sie nicht viel ehe den herrn der selbigen funden?

Aber das sind die vnseligen/vnd der hoffnung billich vnter die todten zu rechen ist/die da menschen gemecht/Gott heissen/als Gold vnd silber/das künstlich zu gericht ist/Vnd die bilder der thiere/odder vnnütze steine/so vor alten iaren gemacht sind/Als wenn ein zimmerman/der zu erbeiten sucht/etwa einen baum abhewet/vnd beschlehet vnd schlichtet den selbigen wol/vnd macht etwas künstlichs vnd feins daraus/des man brauchet zur notdurfft im leben/die spehn aber von solcher erbeit braucht er speise zu kochen/das er sat werde/Was aber dauon vberbleibet/das sonst nichts nütze ist/als das krum vnd estig holtz ist/nimpt vnd schnitzet/wenn er müssig ist/mit vleis/vnd bildets nach seiner kunst meisterlich/vnd machts eines menschen

odder

Das Buch

odder verachten thiers bilde gleich/vnd ferbets mit roter vnd weisser farbe rot vnd schön/vnd wo ein flecke daran ist/streicht ers zu/vnd macht jm ein feines heuslin/vnd setzs an die wand/vnd hefftets fest mit eissen/das nicht falle/so wol versorget ers/Denn er weis/das jm selber nicht helffen kan/Denn es ist ein bilde/vnd darff wol hülffe.

Vnd so er bettet fur seine güter/fur sein weib/fur seine kinder/schemet er sich nicht/mit einem leblosen zu reden/Vnd rüffet den schwachen vmb gesundheit an/bittet den todten vmbs leben/flehet dem vntüchtigen vmb hülffe/vnd dem/so nicht gehen kan/vmb selige reise/Vnd vmb seinen gewin/gewerbe vnd handtierunge/das wol gelinge/bittet er den/so gar nichts vermag.

XIIII.

Es gleichen thut/der da schiffen wil/vnd durch wilde fluten zu faren gedencket/vnd rüffet an/viel ein feuler holtz/denn das schiff ist/darauff er feret/Denn das selbige ist erfunden narunge zu suchen/vnd der meister hats mit kunst zubereit/Aber deine fursichtigkeit/O Vater/regiert es/Denn du auch im meer wege gibst/vnd mitten vnter den wellen sichern laufft/Damit du beweisest/wie du an allen enden helffen kanst/ob auch gleich jemand on schiff jns meer sich gebe/Doch weil du nicht wilt/das ledig ligge/was du durch deine Weisheit geschaffen hast/geschichts/das die menschen jr leben auch so geringem holtz vertrawen/vnd behalten werden im schiff/damit sie durch die meer wellen faren.

Denn auch vor alters/da die hohmütigen Riesen vmbbracht wurden/flohen die/an welchen hoffnung bleib die welt zu mehren/jn ein schiff/welchs deine hand regierte/vñ liessen also der welt samen hinder sich/Denn solch holtz ist segens wol werd/damit man recht handelt/Aber des fluchs werd ist/das/so mit henden geschnitzt wird/so wol als der/der es schnitzet/Dieser darumb/das ers machet/jhenes darumb/das es Gott genennet wird/so es doch ein vergencklich ding ist/Denn Gott ist beiden gleich feind/dem Gottlosen/vnd seinem Gottlosen gescheffte/Vnd wird das werck sampt dem meister gequellet werden.

Darumb werden auch die Götzen der Heiden heimgesucht/Denn sie sind aus der creatur Gottes/zum grewel vnd zum ergernis der menschen seelen/vnd zum strick den vnuerstendigen/worden/Denn Götzen auffrichten ist die höchste hurerey/Vnd die selbigen erdencken/ist ein schedlich exempel im leben/Von anfang sind sie nicht gewesen/werden auch nicht ewig bleiben/Sondern durch eitel ehre der menschen sind sie jnn die welt komen/vnd darumb erdacht/das die menschen eins kurtzen lebens sind/Denn ein vater/so er vber seinen son/der jm allzu frue dahin genomen ward/leid vnd schmertzen trug/lies er ein bilde machen/Vnd fieng an/den/so ein tod mensch war/nu fur Gott zu halten/vnd stifftet fur die seinen ein Gottes dienst vnd opffer/Darnach mit der zeit/ward solche Gottlose weise fur ein recht gehalten/das man auch muste bilder ehren aus der Tyrannen gebot.

Desselbigen

Weisheit. XIX.

Desselbigen gleichen/ welchen die leute nicht kundten vnter augen ehren/ darumb das sie zu ferne woneten/ liessen sie aus fernen landen das angesichte abmalen/ vnd machten ein löblich bilde des herrlichen Königes/ auff das sie mit vleis heuchlen möchten dem abwesenden/ als dem gegenwertigen. So treib auch der künstler ehrgeitigkeit die vnuerstendigen zu stercken solchen Gottes dienst/ Denn welcher dem Fürsten wolt wol dienen/ der machte das bilde mit aller kunst auffs feinest/ Der hauffe aber/ so durch solch fein gemechte gereitzt ward/ fieng an/ den fur einen Gott zu halten/ welcher kurtz zuuor fur ein mensch geehret war/ Aus solchem kam der betrug jnn die welt/ wenn den leuten etwas angelegen war/ odder wolten den Tyrannen hofieren/ gaben sie den steinen vnd holtz solchen namen/ der doch den selbigen nicht gebürt.

Darnach liessen sie sich nicht daran benügen/ das sie jnn Gottes erkentnis jrreten/ sondern ob sie gleich jnn eim wüsten wilden wesen der Vnweisheit lebeten/ nenneten sie doch solchen krieg vnd vbel/ friede/ Denn entwedder sie würgen jre kinder zum opffer/ odder pflegen Gottes dienst/ der nicht zu sagen ist/ odder halten wütige fresserey/ nach vngewönlicher weise/ vnd haben forder weder reinen wandel noch ehe/ Sondern einer erwürget den andern mit list/ odder beleidigt jn mit ehebruch/ Vñ gehet bey jnen vnternander her/ blut/ mord/ diebstal/ falsch betrug/ vntrew/ pochen/ meineid/ vnruge der frumen/ vndanck/ der jungen hertzen ergernis/ stummen sünden/ blutschanden/ Ehebruch/ vnzucht/ Denn den schendlichen Götzen dienen/ ist alles bösen anfang/ vrsach vnd ende/ Halten sie feiertage/ so thun sie/ als weren sie wütend/ Weissagen sie/ so ists eitel lügen/ sie leben nicht recht/ schweren leichtfertig falschen eid/ Denn weil sie gleuben an die leblosen Götzen/ besorgen sie sich keines schadens/ wenn sie felschlich schweren/ Doch wird aller beide recht vber sie komen/ beide des/ das sie nicht recht von Gott halten/ weil sie auff die Götzen achten/ vnd des/ das sie vnrecht vnd felschlich schweren/ vnd achten kein heiliges/ Denn der vngerechten bosheit nimpt ein ende/ nicht nach der gewalt/ die sie haben/ wenn sie schweren/ sondern/ nach der straffe/ die sie verdienen mit jrem sündigen.

(vnruge) Das sie den frumen all vnruge vnd plage anlegen.

XV.

ABer du vnser Gott bist freundlich/ vnd trew/ vnd gedültig/ vnd regierst alles mit barmhertzigkeit/ Vnd wenn wir gleich sündigen/ sind wir doch dein/ vnd kennen deine macht/ Weil wir denn solchs wissen/ sündigen wir nicht/ Denn wir sind fur die deinen gerechnet/ Dich aber kennen/ ist eine volkomen gerechtigkeit/ vnd deine macht wissen/ ist eine wurtzel des ewigen lebens/ Denn vns verfüren nicht so der menschen böse fündle/ noch der maler vnnütze erbeit/ nemlich/ ein bund bilde mit mancherley farbe/ welchs gestalt die vnuerstendigen ergert/ vnd die gerne böses thun/ haben auch jre lust an dem leblosen vnd toden bilde/ Sie sind auch solcher frucht werd/ beide/ die sie machen/ begeren vnd ehren.

Vnd ein töpffer/ der den weichen thon mit mühe erbeitet/ macht allerley gefess/ zu vnserm brauch/ Er macht aber aus einerley

D thon

Das Buch

thon beide gefesse/die zu reinen/vnd zu gleich auch/die zu vnreinen wercken dienen/Aber wo zu ein jglichs der selbigen sol gebraucht werden/das stehet bey dem töpffer/Aber das ist ein elende erbeit/wenn er aus dem selbigen thon einen nichtigen Gott macht/so er selbs doch nicht lange zuuor von erden gemacht ist/vnd vber ein kleines widder dahin feret/dauon er genomen ist/wenn die seele/so er gebraucht hat/von jm genomen wird/Aber seine sorge stehet darauff/nicht das er erbeite/noch das er so ein kurtz leben hat/Sondern das er vmb die wette erbeite mit den goldschmiden vnd silberschmiden/vnd das ers den rotgiessern nach thun müge/Vnd er helts fur einen rhum/das er falsche erbeit macht/Denn seines hertzen gedancken sind wie asschen/vnd sein hoffnung geringer denn erden/vnd sein leben verechtlicher denn thon/weil er den nicht kennet/der jn gemacht/vnd jm die seele/so jnn jm wirckt/eingegossen/vnd den lebendigen odem eingeblasen hat.

Sie halten auch das menschlich leben fur einen schertz/vnd menschlichen wandel fur einen jarmarckt/geben fur/man müsse allenthalben gewinst suchen/auch durch böse stück/Diese wissen fur allen/das sie sündigen/wenn sie solche lose ding vnd bilder aus jrdischem thon machen/Sie sind aber törichter vnd elender denn ein kind(nemlich die feinde deines volcks/welchs sie vnterdrucken) das sie allerley Götzen der Heiden fur Götter halten/welcher augen nicht sehen/noch jre nasen lufft holen/noch die ohren hören/noch die finger an jren henden fülen können/vnd jre füsse gar faul zu wandern/Denn ein mensch hat sie gemacht/vnd der den oddem von eim andern hat/hat sie gebildet/Ein mensch aber kan ja nicht machen/das jm gleich sey/vnd dennoch ein Got sey/Denn weil er sterblich ist/so macht er freilich einen todten mit seinen Gottlosen henden/Er ist ja besser/denn das/dem er Gottes dienst thut/Denn er lebet doch/jhene aber nimermehr.

Dazu ehren sie auch die aller feindseligsten thier/welche/so man sie gegen ander vnuernünfftige thier helt/sind sie viel erger/Denn sie sind nicht lieblich/wie ander thier/die fein anzusehen sind/Vnd sind von Gott weder gelobt noch gesegenet.

(gesegenet) Das sind die schlangen/welche Gene. iij. auch verflucht sind.

XVI.

DArumb wurden sie mit der selbigen gleichen billich geplagt/vnd wurden durch die menge der bösen würm gemartert/Gegen welche plage thetestu deinem volck guts/vnd bereitest jm ein new essen/nemlich/wachteln zur narung/nach welcher sie lustern waren/Auff das die/so nach solcher speise lustern waren/durch solche dargegeben vnd zugeschickte wachteln/lerneten auch der natürlichen notdurfft abbrechen/Die andern aber/so ein kleine zeit mangel lidden/einer newen speise mitgenossen/Denn es solte also gehen/das jhenen/so Tyrannisch handeleten/solcher mangel widder fure/der nicht auff zu halten were/Diesen aber allein ein anzeigen geschehe/wie jre feinde geplaget würden.

Zwar es kamen vber diese auch böse zornige thiere/vnd wurden gebissen/vnd verterbet durch die krummen schlangen/doch bleib der zorn endlich nicht/Sondern wurden ein kleine zeit erschrecket zur
warnung

der Weisheit. XX.

warnung/Denn sie hatten ein heilsam zeichen/auff das sie gedechten an das gebot jnn deinem Gesetze/Denn welche sich zu dem selbigen zeichen kereten/die wurden gesund/nicht durch das/so sie anschaweten/sondern durch dich/aller Deiland/Vnd daselbst mit beweisestu vnsern feinden/das du bist der helffer aus allem vbel

(Nume. xvi.) Die eherne schlange war dis zeichen widder die feurige schlangen.

Aber jhene wurden durch hewschrecken vnd fliegen zu tod gebissen/vnd kundten kein hülffe jres lebens finden/Denn sie warens werd/das sie damit geplagt wurden. Aber deinen kindern kundten auch der gifftigen Drachen zene nicht schaden/Denn deine barmhertzigkeit war dafur/vnd machte sie gesund/Denn sie wurden darumb also gestrafft vnd flugs widder geheilet/auff das sie lerneten an deine wort gedencken/vnd nicht zu tieff jns vergessen fielen/sondern blieben vnabgewendet von deinen wolthaten/Denn es heilete sie weder kraut noch pflaster/sondern dein WORT HERR/welchs alles heilet/Denn du hast gewalt/beide vber leben vnd vber tod/Vnd du furest hinuntern zur Hellen pforten/vnd furest widder heraus. Ein mensch aber/so er jemand tödtet durch seine bosheit/so kan er den aus gefaren geist nicht widder bringen/noch die verschiedene seele widder holen.

(wolthaten) Das sie nicht vergessen der wunderzeichen/so jne geschehen waren.

Aber vnmüglich ists/deiner hand zu entfliehen/Denn die Gottlosen/so dich nicht kennen wolten/sind durch deinen mechtigen arm gesteupt/da sie durch vngewönliche regen/hagel/gewesser/den sie nicht entgehen kundten/verfolget/vnd durchs fewer auffgefressen worden/Vnd das war das aller wunderlichst/das fewer am meisten im wasser brand/welchs doch alles auslesschet/Denn die welt streit fur die gerechten/Zu weilen thet die flamme gemach/das sie ja nicht verbrennete die thier/so vnter die Gottlosen geschickt waren/Sondern das sie selbs sehen musten/wie sie durch Gottes gerichte also zu plagt worden/Zu weilen aber brennete die flamme im wasser/vber die macht des fewers/auff das es die vngerechten vmbbrechte.

(wasser) Im platzregen.

Da gegen neretestu dein volck mit Engel speise/vnd sandtest jnen brod bereit vom himel/on erbeit/welchs vermocht allerley lust zu geben/vnd war einem jglichem nach seinem schmack eben (Denn so man auff dich harret/das macht deinen kindern offenbar/wie süsse du seiest) Denn ein jglicher machte daraus/was er wolt/nach dem jn lust an kam/so odder so zu schmecken/Dort aber bleib auch der schnee vnd schlossen im fewer/vnd verschmoltzen nicht/Auff das sie jnne würden/wie das fewer/so auch im hagel brennete vnd im regen blitzete/der feinde früchte verderbet/Das selbige fewer/auff das sich die gerechten bekereten/must es seiner eigen krafft vergessen/Denn die Creatur/so dir/als dem Schepffer/dienet/ist hefftig zur plage vber die vngerechten/vnd thut gemach zur wolthat vber die/so dir trawen/Darumb lies sie sich auch dazumal jnn allerley wandeln/vnd dienete jnn der gabe/welche alle neerete nach eines jglichen willen/wie ers bedurfft/Auff das deine kinder lerneten/die du HERR liebhast/das nicht die gewachsen früchte den menschen erneren/Sondern dein Wort erhelt die/so an dich glewben/Denn das/so vom fewer nicht verzeret ward/das ward schlecht von eim geringen glantz der Sonnen warm vnd verschmeltzt/Auff das kund wurde/das man/ehe die Sonne auffgehet/dir dancken solle/Vnd fur dich tretten/wenn das liecht

(allerley lust) Das ist/Er kundts machen wo zu er wolt/backen/braten/sieden/kochen/dürren etc.

(dein wort) Matthei.iiij. Der mensch lebt nicht allein vom brod etc. Exo.xvij. Da das himel brod von der Sonnen zuschmaltz.

D ij

Das Buch

liecht auffgehet/Denn eines vndanckbarn hoffnung wird wie ein reiffe im winter zurgehen/vnd wie ein vnnütz wasser verfliessen.

XVII.

(feilen)
Das ist/jr anschlege widder die gerechten gehen zu rücke/Psal. lxxxvj
Deine feinde feilen etc.

GRos vnd vnsagelich sind deine gerichte HERR/Darumb feilen auch die törichten leute/Denn da sie meineten das heilige volck zu vnterdrücken/wurden sie/als die vngerechten/der finsternis gebunden/vnd der langen nacht gefangene/vnd als die flüchtigen/lagen sie vnter den dechern verschlossen fur der ewigen Weisheit/Vnd da sie meineten/jre sunde solten verborgen vnd vnter einem blinden deckel vergessen sein/wurden sie grausamlich zurstrewet/vnd durch gespenste erschreckt/Denn auch der winckel/darinn sie waren/kundte sie nicht on furcht bewaren/Da war gedöne vmb sie her/das sie erschreckt/vnd scheusliche laruen erschienen/dauon sie sich entsatzten/Vnd das fewr vermocht mit keiner macht jn zu leuchten/noch die hellen flammen der sterne/kundten die elende nacht liecht machen/Es erschein jnen aber wol ein selb brennend fewr/voller erschrecknis/Da erschracken sie fur solchem gespenst/das doch nichts war/vnd dachten/es were noch ein ergers dahinden/denn das sie sahen.

Exo.fr. Hatten die Zeuberer auch die drüse wie ander leute.

Das gauckelwerck der Schwartzen kunst/lag auch darnidder/vnd das rhümen von jrer kunst ward zum spott/Denn die sich vnterwunden die furcht vnd schrecknis von den krancken seelen zu treiben/wurden selbs kranck/das man auch jrer furcht spottet/Vnd wenn sie schon keins solcher schrecknis hette erschrecket/so hetten sie doch möcht fur furcht vergehen/da die thier vnter sie furen/vnd die schlangen mit hauffen so zischeten/das sie auch inn die lufft/welcher sie doch nicht entberen kundten/nicht gerne sahen/Denn das einer so verzagt ist/das macht seine eigen bosheit/die jn vberzeuget vnd verdammet/Vnd ein erschrocken gewissen versihet sich jmerdar des ergesten/Denn

Conscientia mille testes.

furcht kompt daher/das einer sich nicht trawet zuuerantworten/noch kein hülffe weis/Wo aber wenig trost im hertzen ist/da macht das selbige verzagen benger/denn die plage selbs.

Die aber/so zu gleich die selbigen nacht schlieffen (welche ein grewliche vnd ein rechte nacht/vnd aus der grewlichen hellen winckel komen war) wurden etliche durch grawsame gespenst vmbgetrieben/etliche aber fielen dahin/das sie sich des lebens erwegeten/Denn es kam vber sie eine plötzliche vnd vnuersehene furcht/das gleich/wo einer war/der drinn ergriffen ward/der war gleich/wie im kercker verschlossen on eisen verwaret/er were ein ackerman/odder hirte/odder ein erbeiter inn der wüsten/sondern er muste/als vbereilet/solche vnmeidliche not tragen/Denn sie waren alle zu gleich mit einerley keten der finsternis gefangen. Wo etwa ein wind hauchet/odder die vögel füsse sungen vnter den dicken zweigen/odder das wasser mit vollem lauff rauschet/odder die steine mit starckem poltern fielen/odder die springenden thier/die sie nicht sehen kondten/lieffen odder die grawsamen wilde thier heuleten/odder der widerhall aus den holen bergen schallet/so erschrecket es sie/vnd machte sie verzagt. Die gantze

welt

der Weisheit. XXI.

welt hatte ein helles liecht/vnd gieng jnn vnuerhinderten gescheff ten/ Allein vber diesen stund ein tieffe nacht/welche war ein bilde des finsternis/das vber sie komen solte/Aber sie waren jn selbs schwerer/ denn die finsternis.

XVIII.

ABer deine heiligen hatten ein gros liecht/vnd die feinde höreten jre stim wol/aber sahen jre gestalt nicht/ vnd lobeten es/das sie nicht der gleichen lidden/Vnd danckten/das die/so von jnen zuuor beleidigt waren/ sich nicht an jnen recheten/vnd wünscheten/das sie ja ferne von jnen blieben. Da gegen gabestu diesen eine fewrige seule/die jnen den vnbekandten weg weiset/ vnd liessest sie die Sonne nicht verseeren auff der herrlichen reise.

Denn jhene warens auch werd/das sie des liechts beraubt/vnd im finsternis/als im kerker/gefangen legen/so deine kinder gefangen hielten/durch welche das vnuergenlich liecht des Gesetzs der welt gegeben solt werden/Vnd als sie gedachten/der heiligen kinder zu tödten (Eines aber der selbigen/so weg geworffen/vnd jnen zur straffe erhalten ward) namestu jnen kinder mit hauffen weg/vnd verderbetest sie auff ein mal jnn mechtigem wasser.

(Eines) Das ist/Moses Exo. ij.

Zwar die selbige nacht war vnsern Vetern zuuor kund worden/ auff das sie gewis weren/vnd sich freweten der verheissung/daran sie gleubten/Vnd dein volck wartet also auff das heil der gerechten/ vnd auff das verderben der feinde/Denn eben da du die widderwertigen plagtest/machtestu vns/so du zu dir foddertest/herrlich/Vnd als die heiligen kinder der frumen dir opfferten im verborgen/vnd handelten das Göttlich Gesetz eintrechtig/namen sie es an/als die heiligen/beide guts vnd böses miteinander zu leiden/Vnd die Veter sungen vorher den Lobesang.

Exod. xij. Das osterlamb opfferten sie vnter sich allein/ on die Egypter.

Da gegen aber erschallet der feinde gar vngleich geschrey/vnd kleglich weinen höret man/hin vnd widder vber kinder/Denn es gieng gleiche rache/beide vber herr vnd knecht/Vnd der König muste eben/das der gemein man/leiden/Vnd sie hatten alle auff einen hauffen vnzeliche todten einerley todes gestorben/das der lebendigen nicht gnug waren sie zubegraben/Denn jnn einer stunde war dahin/ was jr edelste geburt war/Vnd da sie zuuor nichts gleuben wolten/ durch die Zeuberer verhindert/musten sie/da die ersten geburt alle erwürget wurden/bekennen/das dis volck Gottes kinder weren.

Denn da alles stil war vnd ruget/vnd eben recht mitternacht war/fuhr dein almechtiges Wort herab vom himel aus Königlichem thron/als ein hefftiger Kriegsman/mitten jnn das land/so verterbet werden solt/nemlich/das scharffe schwerd/das ein ernstlich gebot bracht/stund vnd machts allenthalben voller todten/vnd wie wol es auff erden stund/rüret es doch bis jnn himel/Da erschrecket sie plötzlich das gesicht grewlicher trewme/vnd vnuersehens kamen fürcht vber sie/Vnd lag einer hie/der ander da/halbtod/das man wol an jnen

D iij sehen

Das Buch

sehen kund/aus was vrsachen er so sturbe/Denn die trewme/so sie erschrecket hatten/zeigtens an/auff das sie nicht verdörben/vnwissend/ warumb sie so vbel geplagt weren.

Nume. xvj. das feur im volck.

Es traff aber dazumal auch die gerechten des todes anfechtung/ vnd geschach jnn der wüsten ein riss vnter der menge/Aber der zorn weret nicht lange/Denn eilend kam der vnstreffliche man/der fur sie streit/vnd füret die waffen seins ampts/nemlich/das gebet vnd versunung mit dem reuchwerck/vnd widderstund dem zorn/vnd schaffet dem iamer ein ende/Damit beweiset er/das er dein diener were/ Er vberwand aber das schreckliche wesen/nicht mit leiblicher macht/ noch mit waffen krafft/sondern mit dem WORT warff er vnter sich den plager/da er erzelet den eid vnd Bund den Vetern verheissen/ Denn da jtzt die todten mit hauffen vbernander fielen/stund er im mittel/vnd steuret dem zorn/vnd weret jm den weg zu den lebendigen/ Denn jnn seinem langen Rock war der gantze schmuck/vnd der Veter ehre jnn die vier riege der steine gegraben/vnd deine herrligkeit an dem Hut seines heubts/Solchen stücken muste der Verterber weichen/ vnd solche muste er fürchten/Denn es war daran gnug/das allein ein versuchung des zorns were.

(schmuck) Die priesterliche schöne Kleider.
(ehre) Die zwelff namen der zwelff stemme Israel.

XIX.

Ber die Gottlosen vberfiel der zorn/on barmhertzigkeit bis zum ende/Denn er wuste zuuor wol/was sie künfftig thun würden/nemlich/da sie jnen geboten hatten weg zu ziehen/vnd dazu sie mit vleis lassen geleiten/das sie es gerewen würde/vnd jnen nach jagen/Denn da sie noch leide trugen/vnd bey den todten grebern klagten/ fielen sie auff ein anders thörlich fürnemen/das sie verfolgen wolten/ als die flüchtigen/welche sie doch mit flehen hatten ausgestossen/ Aber es muste also gehen/das sie zu solchem ende kemen/wie sie verdienet hatten/vnd musten vergessen/was jnen widderfaren war/auff das sie vollend die straffe vberkemen/die noch dahinden war/Vnd dein volck ein wünderliche reise erfüre/jhene aber ein newe weise des todes fünden.

Denn die gantze creatur/so jr eigen art hatte/verenderte sich widderumb/nach deinem gebot/dem sie dienet/auff das deine kinder vnuerseert bewaret würden. Da war die wolcke vnd beschattet das lager/ Da zuuor wasser stund/sahe man trocken land erfur komen/Da ward aus dem roten meer ein weg on hindernis/vnd aus den mechtigen fluten ein grünes feld/durch welches gieng alles volck/so vnter deiner hand beschirmet ward/die solche wünderliche wunder sahen/vnd giengen wie die rosse an der weide/vnd lecketen wie die lemmer/vnd lobeten dich HERR/der sie erlöset hatte. Denn sie gedachten noch daran/wie es ergangen war im elende/Wie die erde an stat der geborne thier/fliegen bracht/vnd das wasser an stat der fische/frösche die menge gab. Vernach aber sahen sie auch ein newe art der vogel/da sie lustern wurden/vnd vmb niedliche speise baten/Denn es kamen jnen wachteln vom meer/jre lust zu büsen.

Auch

der Weisheit. XXII.

Auch kam die straffe vber die sunder/durch zeichen/so mit mechtigem blitzen geschahen/Denn es war recht/das sie solchs lidden vmb jrer bosheit willen/weil sie hatten die geste vbel gehalten. Etliche/ wenn die kamen/so nirgent hin wusten/namen sie die selbigen nicht auff/Etliche aber zwungen die geste/so jnen guts gethan hatten/zum dienst (Vnd das nicht allein/sondern es wird auch noch ein anders einsehen vber sie komen/das sie die frembden so vnfreundlich hielten) Etliche aber/die/so sie mit frewden hatten angenomen/vnd stadrecht mit geniessen lassen/plagten sie mit grossem schmertzen. Sie wurden aber auch mit blindheit geschlagen (gleich wie jhene fur der thür des gerechten) mit so dicker finsternis vberfallen/das ein jglicher suchte den gang zu seiner thür. Genesis.xix.

Die element giengen durch einander/wie die seiten auff dem Psalter durch einander klingen/vnd doch zusamen lauten/wie man solchs an der that wol sihet/Denn was auff dem lande zu sein pflegt/ das war im wasser/Vnd was im wasser zu sein pflegt/gieng auffm lande. Das fewr war mechtig im wasser/vber seine krafft/vnd das wasser vergas seine krafft zu leschen. Widderumb die flammen verzereten nicht das fleisch der sterblichen thier/so drunter giengen/Vnd zurschmeltzten nicht die vnsterbliche speise/die doch/wie ein eis/leichtlich zurschmaltz. (speise) Das himelbrod/ welchs von der sonnen zur schmeltzt etc.

DENN du hast dein volck allenthalben herrlich gemacht vnd geehret/Vnd hast sie nicht veracht/sondern alle zeit/vnd an allen orten jnen beigestanden.

D iiij Vorrhede

Ende des Buchs der Weisheit.

Vorrhede auffs Buch Tobia.

As von dem Buch Judith gesagt ist/ das mag man auch von diesem Buch Tobia sagen/ Ists ein geschicht/ so ists ein fein heilig geschicht/ Ists aber ein geticht/ so ists warlich auch ein recht schön/ heilsam/ nützlich geticht vnd spiel/ eins geistreichen Poeten/ Vnd ist zuuermuten/ das solcher schöner geticht vnd spiel/ bey den Jüden viel gewest sind/ darinn sie sich auff jre Feste vnd Sabbath geübt/ vnd der jugent also mit lust/ Gottes wort vnd werck eingebildet haben/ sonderlich da sie jnn gutem friede vnd regiment gesessen sind/ Denn sie haben gar treffliche leute gehabt/ als Propheten/ senger/ tichter vnd der gleichen/ die Gottes wort vleissig/ vnd allerley weise getrieben haben/ Vnd Gott gebe/ das die Griechen jre weise/ Comedien vnd Tragedien zu spielen/ von den Jüden genomen haben/ Wie auch viel ander Weisheit vnd Gottes dienst ⁊c. Denn Judith gibt eine gute/ ernste/ dapffere Tragedien/ So gibt Tobias eine feine lieblliche/ Gottselige Comedien/ Denn gleich wie das Buch Judith anzeigt/ wie es land vnd leuten offt elendiglich gehet/ vnd wie die Tyrannen erstlich hoffertiglich toben/ vnd zu letzt schendlich zu boden gehen/ Also zeigt das Buch Tobias an/ wie es einem fromen Baur odder Bürger auch vbel gehet/ vnd viel leidens im Ehestand sey/ Aber Gott jmer gnediglich helffe/ vnd zu letzt das ende mit freuden beschliesse/ Auff das die Eheleute sollen lernen gedult haben/ vnd allerley leiden/ auff künfftige hoffnung/ gerne tragen/ jnn rechter furcht Gottes vnd festem glauben. Vnd das Griechische exemplar sihet fast also/ das es ein spiel gewest sey/ Denn es redet alles jnn Tobias person/ wie die personen im spiel zu thun pflegen/ Darnach ist ein meister komen/ vnd hat solch spiel/ jnn eine ordenliche rede gefasset.

Die zu stimmen die namen auch fein/ Denn Tobias heisst ein from man/ der zeugt auch widder einen Tobias/ Vnd mus jnn fahr vnd sorgen leben/ beide der Tyrannen vnd seiner nachbar halben/ wird dazu (das ja kein vnglück alleine sey) auch blind/ vnd zu letzte auch mit seiner lieben Hanna vneins/ vnd verschicken jren son weg/ Vnd ist ja ein elend kömerlich leben/ Aber er bleibt fest im glauben gedult vnd guten wercken/ Hanna heisst/ holdselig/ das ist/ eine liebe hausfraw/ die mit jrem man jnn lieb vnd freundschafft lebet/ Der Teufel Asmodes/ heisst/ ein vertilger odder verderber/ das ist der Hausteuffel/ der alles hindert vnd verderbt/ das man weder mit kind noch gesinde fort kan. Sara heisst eine kempfferin odder Siegerin/ die zuletzt obligt/ siegt vnd gewinnet/ So ist der Engel Raphael (das

Vorrhede. XXIII.

el (das ist) Artzt odder gesundmacher auch da/vnd nennet sich Asaria/das ist/Helffer odder beistand/des grossen Asaria son/das ist/Gottes des Höhesten beistand/gesandter odder bote/Denn Gott hilfft haushalten/vnd stehet den Eheleuten bey/Sonst kündten sie fur dem Asmod nirgend bleiben.

Darumb ist das Buch vns Christen auch nützlich vnd gut zu lesen/als eines feinen Ebreischen Poeten/der kein leichtfertige/sondern die rechten sachen handelt/vnd aus der massen Christlich treibt vnd beschreibt. Vnd auff solch Buch gehöret billich der Jesus Syrach/als der ein rechter Lerer vnd tröster ist/des gemeinen mans vnd Hausvaters jnn allen sach en/Vnd Tobias eben solchs Buchs ein Exempel.

Es war

Das Buch Tobie.

I.

Es war ein man mit namen Tobias/ aus dem stamme Naphthali/aus einer Stad im ober Galilea/vber Aser/an der strassen zur lincken seiten gegen dem meer/Derselbige ward mit gefangen/zu den zeiten Salmanassar des Königs inn Assyrien/Vnd wie wol er also vnter frembden gefangen war/ist er dennoch von Gottes wort nicht abgefallen/vnd alles was er hatte/ teilet er seinen mit gefangenen Brüdern vnd verwandten mitte. Vnd wie wol er der jüngst man war/ des stams Naphtali/so hielt er sich doch nicht kindisch/Vnd da sonst jederman den gülden Kelbern dieneten/welche Jerabeam der König Jsrael hatte machen lassen/ meidet er doch solchen grewel/vnd hielt sich zum Tempel vnd Gottes dienst zu Jerusalem/vnd dienet da dem HERRN/vnd bettet an den Gott Jsrael/Gab auch seine Erstlinge vnd zehenden gantz trewlich/also/das er allezeit/im dritten iar/den Frembdlingen/Widwen vnd Waisen jren zehenden gab. Solchs hielt er von jugent auff/nach dem Gesetz des HERRN.

9 Da er nu erwachsen war/nam er ein weib/aus dem stam Naphtali/mit namen Hanna/vnd zeugete mit jr einen son/welchen er auch Tobiam nennete/vnd leret jn Gottes wort von jugent auff/ das er Gott fürchtet/vnd die sunde meidet. Vnd als er mit seinem gantzen stam/mit seinem weibe vnd kindern/vnter den gefangenen weg gefürt ward/jnn die Stad Niniue/vnd jderman ass von opffern vnd speisen der Heiden/Hütet er sich vñ verunreinigt sich nicht mit solcher speise/ 13 Vnd weil er von gantzem hertzen den HERRN fürchtet/gab jm Got gnade fur Salmanassar dem Könige zu Assyrien/das er jm erleubet frey zu gehen/wo er hin wolt/vnd ausrichten was er zu thun hatte.

15 So zog er nu zu allen/die gefangen waren/vnd tröstet sie mit Gottes wort/Vnd er kam jnn die Stad Rages jnn Meden/vnd hatte bey sich zehen pfund silbers/damit jn der König begabt hatte/ 17 vnd da er vnter andern Jsraeliten/sahe einen mit namen Gabel/aus seinem stam/der seer arm war/that er jm das selbige gelt/vnd nam eine handschrifft von jm.

18 Lang aber hernach/nach dem tod Salmanassar/da sein son Sennaherib nach jm regieret/welcher den kindern Jsrael feind war/ 19 gieng Tobias teglich zu allen Jsraeliten/vnd tröstet sie/vnd teilet einem jglichen mit von seinen gütern/was er vermocht/Die hungerigen speiset er/Die nackten kleidet er/Die erschlagenen vnd todten begrub er/Sennaherib aber der König war geflohen aus Judea/da jn Gott geschlagen hatte vmb seiner lesterung willen/Da er nu widder kam/war er ergrimmet/vnd lies viel der kinder Jsrael tödten/der selbigen leichnam verschaffte Tobias zubegraben/Als aber solchs der König erfuhr hies er jn tödten/vnd nam jm alle seine güter/Tobias aber flohe mit seinem weibe vnd sone/vnd hielt sich heimlich bey guten freunden.

Aber

Tobie. XXIIII.

24 Aber nach fünff vnd vierzig tagen/ward der König von seinen eigenen sönen erschlagen/Vnd Tobias kam widder heim/vnd alle sein gut ward jm widder gegeben.

II.

DArnach auff des HERRN Fest/da Tobias jnn seinem hause ein herrlich malh zu gericht hatte/sprach er zu seinem sone/Gehe hin vnd lade die Gottfürchtigen/aus vnserm stamme/das sie mit vns essen/Vnd als er widder heim kam/sagte er dem vater Tobia/das einer auff der gassen tod lege/Da stund Tobias bald auff vom tisch/ vor dem essen/vnd gieng zu dem todten leichnam/vnd hub jn auff/ vnd trug jn heimlich jnn sein haus/das er jn des nachts heimlich begrübe/vnd als er die leiche heimlich versteckt hatte/ass er sein brod mit trawren/vnd dacht an das wort/welchs der HERR geredt hatte/ durch Amos den Propheten/Ewre feier tage sollen zu trawer tage werden.

7 Vnd des nachts gieng er hin/vnd begrub den todten/Seine freunde aber alle strafften jn/vnd sprachen/Itzund newlich hat dich der König/vmb der sache willen heissen tödten/vnd bist kaum dauon komen/noch begrebstu die todten? Tobias aber fürchte Gott mehr denn den König/vnd trug heimlich zusamen die erschlagenen/vnd hielt sie heimlich jnn seinem hause/vnd des nachts begrub er sie.

10 Es begab sich aber eines tages/das er heim kam/als er todten begraben hatte/vnd war müde/vnd leget sich neben eine wand/vnd entschlieff/

Das Buch

entschlieff/ Vnd eine Schwalbe schmeiste aus jrem nest/ das fiel jm also heis jnn die augen/ dauon ward er blind/ Solch trübsal aber/ lies Gott vber jn komen/ das die nachkomen ein Exempel der gedult hetten/ wie an dem heiligen Job.

13 Vnd nach dem er von jugent auff Gott gefurcht/ vnd seine Gebot gehalten hatte/ zürnet noch murret er nicht widder Gott/ das er jn hat lassen blind werden/ sondern bleib bestendig jnn der furcht Gottes/ vnd dancket Gotte alle sein lebenlang/ Vnd wie die Könige des heiligen Job spotteten/ Also verlachten Tobiam seine eigen freunde/ vnd sprachen/ Wo ist nu dein vertrawen/ darumb du dein Almosen gegeben/ vnd so viel todten begraben hast? Vnd Tobias straffet sie/ vnd sprach/ Saget nicht also/ Denn wir sind kinder der heiligen/ vnd warten auff ein leben/ welchs Gott geben wird/ denen/ so im glauben starck vnd feste bleiben fur jm.

19 Hanna aber sein weib/ die erbeitet vleissig mit jrer hand/ vnd erneeret jn mit spinnen/ Vnd es begab sich/ das sie eine junge ziegen heim brachte/ vnd da es jr man Tobias höret bleken/ sprach er/ Sehet zu das nicht gestolen sey/ gebets dem rechten herrn widder/ denn/ vns gebürt nicht zu essen vom gestolen gut/ odder das selb anzurüren/ Vber dieser rede ward sein hausfraw zornig/ antwort vnd sprach/ Da sihet man/ das dein vertrawen nichts ist/ vnd dein Almosen verloren sind/ 23 Mit solchen vnd andern mehr worten/ warff sie jm sein elend fur.

III.

Da ersüfftzet Tobias tieff/ vnd hub an zu weinen vnd zu beten/ vnd sprach/ HERR du bist gerecht/ vnd alle dein thun ist recht/ vnd eitel gute vnd trewe/ Vnd nu mein HERR sey mir gnedig/ vnd reche nicht meine sunde/ gedencke nicht meiner odder meiner veter missethat/ Denn weil wir deine gebot nicht gehalten haben/ so sind wir auch dahin gegeben/ vnsern feinden/ das sie vns berauben/ gefangen halten vnd tödten/ vnd sind zu schanden vnd zu spot vnd hohn worden den frembden/ da hin du vns zur strewet hast/ Vnd nu HERR schrecklich sind deine gerichte/ weil wir deine gebot nicht gehalten/ vnd nicht recht gewandelt haben fur dir/ Ach HERR erzeige mir gnade/ vnd nim meinen geist weg im frieden/ denn ich wil viel lieber tod sein/ denn leben.

7 Vnd es begab sich des selbigen tages/ das Sara eine tochter Raniel jnn der Meder stad Rages/ auch vbel geschmehet vnd gescholten ward/ von einer magd jres vaters/ Der hatte man sieben menner nach einander gegeben/ vnd ein böser geist Asmodi genant/ hatte sie alle getödtet/ als bald wenn sie bey ligen sollen/ Darumb schalt sie jres vaters magd/ vnd sprach/ Gott gebe/ das wir nimmer/ einen son/ oder tochter von dir sehen auff erden/ du Menner mörderin/ wiltu mich nicht auch tödten/ wie du die sieben menner getödtet hast?

12 Auff solche wort gieng sie jnn eine kammern/ oben im haus/ vnd ass noch tranck nicht/ drey tage vnd drey nacht/ vnd hielt an mit beten vnd weinen/ vnd bat Gott/ das er sie von der schmach erlösen wolt.

Darnach

Tobie. XXV.

13 Darnach am dritten tage/da sie jr gebet volendet hatte/lobet sie Gott/vnd sprach/Gelobet sey dein name HERR/ ein Gott vnser Veter/Denn wenn du zörnest/erzeigstu gnad vnd güte/vnd jnn dem trübsal vergibstu sunde/denen die dich anruffen/Zu dir mein HERR/ kere ich mein angesicht/zu dir hebe ich meine augen auff vnd bitte dich/das du mich erlösest aus dieser schwerer schmach/odder mich von hinnen nemest/Du weist HERR/das ich keins mannes begert habe/vnd meine seele rein behalten von aller böser lust/vnd habe mich nie zu vnzüchtiger vnd leichtfertiger geselschafft gehalten/Einen man aber zu nemen/habe ich gewilliget/jnn deiner furcht/ vnd nicht aus furwitz/Vnd entweder bin ich jr/odder sie sind meiner nicht werd gewesen/vnd du hast mich villeicht einem andern manne behalten/ Denn dein rat stehet nicht jnn menschen gewalt/Das weis ich aber furwar/wer Gott dienet/der wird nach der anfechtung getröst/ vnd aus der trübsal erlöset/vnd nach der züchtigung findet er gnade/Denn du hast nicht lust an vnserm verderben/denn nach dem vngewitter lest du die sonnen widder scheinen/vnd nach dem heulen vnd weinen/ vberschüttestu vns mit freuden/Deinem namen sey ewiglich ehre vnd lob/du Gott Israel.

Inn der stunde ward dieser beider gebet erhöret von dem HERRN im himel/Vnd der heilige Raphael/ der Engel des HERRN/ ward gesand/das er jnen beiden hülffe/weil jr gebet gleich auff eine zeit fur dem HERRN furgebracht ward.

IIII.

DA nu Tobias gedacht/das sein gebet also erhöret were/ das er sterben würde/rieff er seinen son zu jm/vnd sprach zu jm/Lieber son/höre meine wort/vnd behalt sie fest jnn deinem hertzen/Wenn Gott wird meine seele weg nemen/so begrabe meinen leib/vnd ehre deine mutter all dein lebenlang/Dencke dran/was sie fur fahr gestanden hat/da sie dich vnter jrem hertzen trug/Vn wenn sie gestorben ist/ so begrabe sie neben mich/Vnd dein lebenlang habe Gott fur augen vnd im hertzen/ vnd hüte dich/das du jnn keine sunde willigst/vnd thust widder Gottes gebot.

7 Von deinen gütern hilff dem armen/vnd wende dich nicht vom armen/so wird dich Gott widder gnedig ansehen/Wo du kanst/da hilff den durfftigen/Hastu viel/so gib reichlich/hastu wenig/ so gib doch das wenig mit trewem hertzen/Denn du wirst samlen einen rechten lohn/jnn der not/Denn die almosen erlösen von aller sunden/ auch vom tode/vnd lassen nicht jnn der not/Almosen ist ein grosser trost fur dem höhesten Gott.

13 Hüte dich mein son/fur aller hurerey/vnd on dein weib halt dich zu keiner andern/Hoffart las weder jnn deinem hertzen noch jnn deinen worten herschen/denn sie ist ein anfang alles verterbens.

15 Wer dir erbeitet/dem gib bald seinen lohn/vnd halt niemand seinen verdienten lohn fur/Was du wilt das man dir thue/das thu einem andern auch.

E Teile dein

Das Buch

17 Teile dein brod den hungerigen mit / vnd bedecke die nacketen mit deinen kleidern / Gib almosen von deim brod vnd wein / bey dem begrebnis der fromen / vnd iss noch trincke nicht mit den sundern.

19 Allezeit suche rat bey den Weisen / vnd danck allezeit Gott / vnd bete / das er dich regiere / vnd du jnn alle deinem furnemen / seinem wort folgest.

21 Du solt auch wissen mein son / das ich zehen pfund silbers / da du noch ein kind warest / geliehen habe dem Gabel / jnn der stad Rages jnn Meden / vnd seine handschrifft habe ich bey mir / Darumb dencke wie du zu jm komest / vnd solch geld fodderst / vnd jm seine handschrifft wid der gebest.

22 Sorge nur nichts mein son / Wir sind wol arm / aber wir werden viel gutes haben / so wir Gott werden furchten / die sunden meiden vnd guts thun.

V.

DA antwort der jung Tobias seinem vater / vnd sprach / Alles was du mir gesagt hast / mein vater / das wil ich thun / Wie ich aber das geld ermanen sol / das weis ich nicht / Er kennet mich nicht / so kennet er mich auch nicht. Was sol ich jm fur ein zeichen bringen / das er mir glauben gebe? so weis ich auch den weg nicht dahin / Da antwort jm sein vater / vnd sprach / Seine handschrifft habe ich bey mir / wenn du die jm weisen wirdst / so wird er dir bald das geld geben / 4 Gehe nu hin / vnd suche einen trewen gesellen / der vmb seinen lohn mit dir zihe / das du solch geld bey meinem leben widder kriegst.

5 Da gieng der junge Tobias hinaus / vnd fand einen feinen jungen gesellen stehen / der hatte sich angezogen / vnd bereitet zu wandern / 6 Vnd wuste nicht das der Engel Gottes war / Grüsset jn vnd sprach / Von wanne bistu guter gesel? Vnd er sprach / Ich bin ein Israelit / Vnd Tobias sprach zu jm / Weist du den weg jns land Meden? Vnd er antwortet / Ich weis jn wol / vnd bin jn offt gezogen / vnd bin zur herberge gelegen / bey vnserm bruder Gabel / welcher wonet jnn der stad Rages / jnn Meden / welche ligt auffm berge Egbathana / Vnd Tobias sprach zu jm / Lieber verzeuch ein wenig / bis das ich dis meinem vater widder sage.

11 Vnd Tobias gieng hinein / vnd sagt solchs seinem vater / Vnd der vater verwundert sich / vnd bat den jungling / das er hinein gienge / 12 Vnd er gieng zum alten hinein / vnd grüsset jn / vnd sprach / Gott gebe dir freude / Vnd Tobias sprach zu jm / Was sol ich fur freude haben / der ich im finstern sitzen mus / vnd das liecht des himels nicht sehen kan? Vnd der jungling sprach zu jm / hab gedult / Gott wird dir bald helffen / Vnd Tobias sprach zu jm / Wiltu meinen son geleiten jnn die stad Rages / jnn Meden zu Gabel / so wil ich dir deinen lohn geben wenn du widder komest / Vnd der Engel sprach zu jm / Ich wil jn hin füren / vnd widder zu dir her bringen / Vnd Tobias sprach zu jm / Ich bitte dich zeige mir an / aus welchem geschlecht / vnd von welchem stamme bistu / Vnd der Engel Raphael sprach / Sey zu frieden / ists nicht gnug / das du einen botten hast / was darffstu wissen wo her ich bin? Doch das du deste weniger sorgen dürffest / so wil ich dirs sagen /

Ich bin

Ich bin Azarias des grossen Ananie son/Vnd Tobias sprach/du bist aus einem guten geschlecht/Ich bitte dich du wollest nicht zörnen/das ich nach deinem geschlecht gefragt hab/Vnd der Engel sprach/ Ich wil deinen son gesund hin vnd her widder füren/Tobias antwort/So zihet hin/Gott sey mit euch auff dem wege/vnd sein Engel geleite euch.

24 Da schickt sich Tobias mit allem was er mit jm wolt nemen/ vnd gesegnet vater vnd mutter/vnd zog mit seinem gesellen dahin/ 25 vnd seine mutter fieng an zu weinen/vnd sprach/Den trost vnsers alters hastu vns genomen/vnd weg geschickt/Ich wolt/das das gelt nie gewesen were/darumb du jn weg geschickt hast/Wir weren wol zu frieden gewest mit vnserm armut/Das were ein gros reichtumb/das vnser son bey vns were/Vnd Tobias sprach/Weine nicht/vnser son wird frisch vnd gesund hin vnd widder zihen/vnd deine augen werden jn sehen/denn ich gleube das der gute Engel Gottes jn geleite/ vnd alles wol schicken wird/das er fur hat/Also das er mit freuden wird widder zu vns komen/Also schweig seine mutter stille/vnd gab sich zu frieden.

VI.

1 Vnd Tobias zog hin/vnd ein hündlin lieff mit jm/vnd die erste tagereise bleib er bey dem wasser Tigris/Vnd gieng hin/das er seine füsse wüsche/vnd sihe/ein grosser fisch fuhr eraus jn zuuerschlingen/fur dem erschrack Tobias/vnd schrey mit lauter stimme/vnd sprach/O Herr/er wil mich fressen/Vnd der Engel sprach zu jm/Ergreiff jn bey den flosfedern/vnd zeuch jn heraus/Vnd er zog jn auffs land/da zappelt er fur seinen füssen/ 6 Da sprach der Engel/Haweden fisch von einander/das hertz/die gallen vnd die lebern behalt dir/denn sie sind seer gut zur Artzney/vnd etliche stücke vom fische brieten sie/vnd namens mit auff den weg/das ander saltzten sie ein/das sie es vnter wegen hetten/bis sie kemen jnn die stad Rages jnn Meden.

8 Da fraget Tobias den Engel/vnd sprach zu jm/Ich bitte dich Azaria mein bruder/Du woltest mir sagen/was man fur Artzney machen kan von den stücken/die du hast heissen behalten/Da sprach der Engel/Wenn du ein stücklin vom hertzen legest auff glüende kolen/so vertreibet solcher rauch allerley böse gespenst/von man vnd von frawen/also/das sie nicht mehr schaden können/Vnd die galle vom fische/ist gut die augen damit zu salben/das einem den star vertreibe.

11 Vnd Tobias sprach/Wo wöllen wir denn einkeren?Vnd der Engel antwort vnd sprach/Es ist hie ein man mit namen Raguel/dein verwanter von deinem stamme/der hat nur ein einige tochter/die heisst Sara/vnd sonst kein kind/Dir sind alle seine güter bescheret/vnd du wirst die tochter nemen/Darumb wirb vmb sie bey jrem vater/so wird er sie dir geben zum weibe/Da sprach Tobias/Ich habe gehöret/das sie bereit zuuor sieben mennern vertrawet ist/die sind alle tod/vnd da zu sagt man/ein böser geist habe sie getödtet/Darumb fürchte ich mich/das mir nicht auch also möchte gehen/so würden denn meine Eltern fur leide sterben/weil ich ein einiger son bin.

E ij   Da sprach

Das Buch

17 Da sprach der Engel Raphael/höre zu/Ich wil dir sagen/vber welche der Teufel gewalt hat/nemlich vber die jenigen welche Gott verachten/vnd allein vmb vnzucht willen weiber nemen/wie das tumme vieh. Du aber wenn du mit deiner Braut jnn die kamer komest/soltu drey tage dich jr enthalten/vnd mit jr beten/Vñ die selbige nacht wenn du wirst die leber vom fisch auff die glüende kolen legen/so wird der Teufel vertrieben werden. Die ander nacht aber solt du zu jr gehen züchtiglich/wie die heiligen Patriarchen. Die dritte nacht wirdestu erlangen/das gesunde kinder von euch geborn werden. Wenn aber die dritte nacht fur vber ist/so soltu dich zu der jungfraw zuthun mit Gottes furcht/mehr aus begirde der frucht/denn aus böser lust/ Das du vnd deine kinder den segen erlangest/der dem samen Abraham zugesagt ist.

VII.

Vnd sie kereten zum Raguel ein/vnd Raguel entpfieng sie mit freuden/vnd er sahe Tobiam an/vnd sprach zu der Hanna seinem weibe/Wie gleich sihet der junge gesel vnserm vetter? Vnd als er das saget/sprach er/Von wanne seid jr/lieben brüder? Sie sprachen/Aus dem stam Naphthali sind wir/von den gefangenen jnn Ninine/ 5 Raguel sprach zu jnen/Kennet jr Tobiam meinen bruder/Vnd sie sprachen/Ja wir kennen jn wol. Vnd als er nu viel guts von Tobia redet/sprach der Engel zu Raguel/Der Tobias nach dem du fragest/ist dieses jünglings vater/Vnd Raguel neiget sich gegen jm/weinet vnd fiel jm vmb den hals vnd küsset jn/vnd sprach/O mein lieber son/gesegnet seiestu/Denn du bist eins rechten fromen mannes son/vnd Hanna sein weib/vnd Sara jre tochter/fiengen auch an zu weinen.

9 Darnach hies Raguel einen scheps schlachten/vnd das malh bereiten. Vnd als sie sie baten/das sie sich wolten zu tisch setzen/sprach Tobias/Ich wil heute nicht essen noch trincken/du geweret mich denn einer bitte/vnd sagest mir zu Saram deine tochter zu geben. Da das Raguel höret/erschrack er/deñ er dachte/was den sieben mennern widderfaren war/welchen er zuuor seine tochter gegeben hatte/vnd furchte sich/es möchte diesem auch also gehen. Vnd da er nicht antworten wolt/sprach der Engel zu jm/Schewe dich nicht jm die magd zu geben/dein tochter ist jm bescheret zum weibe/weil er Gott fürchtet/Darumb hat deine tochter keinem andern werden mögen.

13 Da sprach Raguel/Ich zweiuel nicht/das Gott mein heisse threnen vnd gebet erhöret habe/vnd gleub das er euch hab darumb lassen zu mir komen/das meine tochter diesen kriegen wird/aus jrem geschlecht/nach dem Gesetz Mose/Vnd nu hab keinen zweiuel/ich wil dir sie geben/vnd nam die hand der tochter/vnd schlug sie Tobie jnn die hand/vnd sprach/Der Gott Abraham/der Gott Isaac/der Gott Jacob sey mit euch/vnd helffe euch zu samen/vnd gebe seinen segen reichlich vber euch/vnd sie namen einen brieff vnd schrieben die Ehestifftung/vnd lobeten Gott/vnd hielten malzeit.

Vnd

Tobie. XXVII.

18 Vnd Raguel rieff zu sich Hannam sein weib/vnd hies sie die ander kamer zurichten/vnd füreten hinein Saram seine tochter/vnd sie weinet/vnd er sprach zu jr/Sey getrost meine tochter/der HERre des himels gebe dir freude/fur das leid das du erlidden hast.

VIII.

Nd nach dem abentmal/furten sie den jungen Tobiam zu der jungfrawen jnn die kamer/vnd Tobias dacht an die rede des Engels/vnd langt aus seinem secklein ein stücklin von der lebern/vnd legt es auff die glüenden kolen/vnd der Engel Raphael nam den geist gefangen/vnd band jn jnn die wüsten ferne jnn Egypten/ Darnach vermanet Tobias die jungfraw/vnd sprach/ Sara stehe auff vnd las vns Gott bitten/heut vnd morgen/denn diese drey nacht wöllen wir beten/Darnach wöllen wir vns zu samen halten als Eheleut/denn wir sind kinder der heiligen/vnd vns gebüret nicht solchen stand an zufahen/wie die Heiden/die Gott verachten.

6 Vnd sie stunden auff/vnd betten beide vleissig/das sie Gott behüten wolt/vnd Tobias bette/vnd sprach/HERR mein Gott/du Gott vnser veter/dich sollen loben/himel/erde/meer/alle wasser vnd brunnen/vnd alle creaturn vnd was darinne ist/Du hast gemacht Adam aus einem erden klos/vnd hast jm gegeben Heuam zu einem gehülffen/Vnd nu HERR/du weist/das ich nicht böser lust halben/diese meine schwester zum weibe genomen/sondern das ich müge kinder zeugen/da durch dein heiliger name ewiglich gepreist vnd gelobt werde/Vnd Sara sprach/HERR erbarme dich vnser/das wir beide gesund mügen vnser alter erlangen.

11 Vnd vmb mitternacht rieff Raguel seinen dienern/vnd gieng mit jnen/das sie ein grab machten/Denn er sprach/Es möcht jm villeicht auch gangen sein/wie den andern sieben/welche mit jr vertrawet gewesen sind/Vnd als sie das grab gemacht hatten/kam Raguel zu seinem weibe/vnd sprach/Schicke hin eine magd/vnd las sehen/ob er auch tod sey/das wir jn vor tage begraben/vnd die magd schleich jnn die kamer/fand sie beide gesund vnd frisch/vnd schlaffend bey einander/vnd sie bracht jnen die gute botschafft.

14 Vnd Raguel vnd sein weib Hanna/danckten Gott vnd sprachen/ Wir dancken dir HERR du Gott Israel/das es nicht geschehen ist/ wie wir besorgten/denn du hast deine barmhertzigkeit/an vns erzeigt/ vnd hast vnsern feind der vns leide that vertrieben/Du hast dich erbarmet vber diese zwey einige kinder/Vnd nu HERR gib jnen/das sie dich allezeit loben/fur solche gnade/vnd dir allezeit preis vnd lob opffern/das ander leute an jnen erkennen/das du allein Gott bist jnn aller welt.

19 Vnd als bald befalh Raguel/das sie das grab widder fülleten ehe es tag würde/vn seinem weibe befalh er/das sie wider ein mal zurichtet/vnd schüffe jnen alle notdurfft auff den weg/Vn er lies zwey feiste rinder schlachten/vnd vier schafe/vnd lud alle seine nachbarn vnd freunde zu gast/Vnd Raguel vermanet vnd bat Tobiam hoch/das er zwo wochen wolt bey jm verziehen/vnd von alle seinen gütern gab er die helffte Tobie/vnd macht eine verschreibung/das nach seinem tode/die ander helffte auch Tobie werden solte.

E iij Da rieff

Das Buch
IX.

DA rieff Tobias den Engel zu sich/denn er meinet/es wer ein mensch/vnd sprach zu jm/Azaria mein bruder/Ich bitte dich höre mein wort. Wenn ich mich dir gleich selb zu einem eigenen knecht gebe/so were es noch nichts gegen deiner woltat/Doch bitte ich dich/Nim diese knechte vnd kamel/vnd zeuch zu Gabel gen Rages jnn Meden/vnd gib jm diese handschrifft/vnd nim von jm das gelt/vnd bitte jn/das er wölle zu meiner hochzeit komen/Denn du weissest/mein vater zelet stunde vnd tag/vnd wenn ich einen tag zu lange aussen bliebe/so würde seine seele betrübt/vnd du weist wie seer mich Raguel gebeten hat/das ichs jm nicht kan abschlahen.

6 Da nam der Engel Raphael vier der knechte Raguelis/vnd zwey kamel/vnd zog gen Rages/vnd fand den Gabel/vnd gab jm die handschrifft/vnd entpfieng das geld von jm/Vnd zeigt jm an alles was geschehen war vom son Tobie/vnd bat jn zur hochzeit.

8 Vnd da sie mit einander kamen jnn das haus Raguelis/funden sie Tobiam vber tisch/vnd sihe/er stund gegen jnen auff/vnd küsseten einander/vnd Gabel weinete/vnd lobet Gott vnd sprach/Es segene dich der Gott Israel/denn du bist eins frumen/gerechten vnd Gottfürchtigen mannes son/der den armen viel gutes gethan hat/Gesegnet sey dein weib/vnd deine Eltern/vnd Gott gebe/das jr sehet/ewer kinder/vnd ewer kinds kinder/bis jns dritte vnd vierde geschlecht/Vnd gesegnet sey dein same von dem Gott Israel/der da herrschet vnd regieret ewiglich/vnd als sie alle Amen gesprochen/satzten sie sich zu tisch/Aber das mal vnd die freud hielten sie jnn Gottes furcht.

X.

AEs aber der jung Tobias seiner hochzeit halben lang aussen war/fieng der alt Tobias sein vater an zu sorgen/vnd sprach/Warumb wird mein son so lang aussen sein/vnd was helt jn auff/villeicht ist Gabel gestorben/vnd niemand wil jm das geld widder geben? Vnd worden seer trawrig/Tobias vnd Hanna sein hausfraw/vnd weineten beide/das jr son auff die bestimpte zeit nicht widder heim kam/vnd seine mutter weinete/das sie sich nicht wolt trösten lassen/vnd sprach/Ach mein son/ach mein son/Warumb haben wir dich lassen wandern/vnser einige freude/vnser einiger trost jnn vnserm alter/vnser hertz vnd vnser erbe/Wir hetten schatzes gnug gehabt/wenn wir dich nicht hetten weg gelassen.

7 Vnd Tobias sprach zu jr/Schweig vnd sey getrost/vnserm son gehets ob Gott wil wol/Er hat einen trewen gesellen mit sich/Sie aber wolt sich nicht trösten lassen/vnd lieff alle tage hinaus/vnd sahe auff alle strassen/da er her komen solt/ob sie jn etwo ersehe.

9 Raguel aber sprach zu seinem eiden Tobia/Bleib bey vns/ich wil einen boten schicken zu Tobia deinem vater/vnd jn wissen lassen/
das dirs

Tobie. XXVIII.

das dirs wolgehet/Vnd Tobias sprach/ich weis das mein vater vnd mutter itzund alle tage vnd stunde zelen/vnd sind meinet halben hoch bekümert/Vnd als Raguel mit vielen worten Tobiam bat/vnd ers jnn keinen weg willigen wolt/befalh er jm Saram/vnd gab jm die helffte aller seiner güter/an knechten/megden/an vieh/kamelen vnd rindern/ vnd viel geld/vnd lies jn gesund vnd frölich von sich ziehen/vnd sprach/Der heilige Engel des HERRN/sey bey dir auff dem wege/ vnd bringe dich gesund widder heim/das du deine Eltern gesund findest/vnd Gott gebe/das meine augen mügen ewer kinder sehen/ehe ich sterbe.

13 Vnd die Eltern namen die tochter vnd küsseten sie/vnd liessen sie von sich/vnd vermaneten/das sie ia wolt jres mannes Eltern ehren/ als jre eigen Eltern/jren man lieben/das gesind vleissig regieren/vnd sich selbs züchtiglich halten.

XI.

VNd auff dem wege/da sie gen Haram kamen/welchs auff halbem wege ist gegen Niniue/am eilfften tage/ sprach der Engel/Tobia mein bruder/du weist/wie wir mit deinem vater verlassen haben/Wenn dirs gefiel/so wolten wir vor hin ziehen/vnd dein weib so gemach lassen hernach ziehen/mit dem gesinde vnd vieh/ 4 Vnd als Tobia also gefiel/sprach Raphael/nim zu dir von des fisches gallen/denn du wirst jr bedürffen/Da nam Tobias des fischs galle zu sich/vnd zogen also vorhin.

6 Hanna aber sas teglich am wege auff einem berge/das sie kund weit vmb sich sehen/vnd als sie an dem ort nach jm sahe/ward sie jres sons gewar von ferne/vnd kand jn von stund an/vnd lieff hin vnd sagets jrem manne/vnd sprach/Sihe/dein son kömet/Vnd Raphael sprach zu Tobia/Bald wenn du wirst ins haus komen/so bete vnd ruffe zum HERRN/vnd dancke jm/vnd gehe darnach zu deinem vater/vnd küsse jn/vnd als bald salbe jm die augen mit der gallen vom fische/ welche du bey dir hast. So werden von stund seine augen geöffnet werden/vnd dein vater wird widder sehend/vnd seer fro werden.

9 Da lieff der hund vorhin/welchen sie mit sich genomen hatten/ vnd weddelt mit seinem schwantz/sprang vnd stellet sich frölich/Vnd sein blinder vater stund eilend auff/vnd eilet das er sich sties/Da ruffet er einem knecht/der jn bey der hand füret/seinem son entgegen/Der gleichen that die mutter/vnd küsseten jn/vnd weineten beide fur freuden/Vnd als sie gebettet hatten vnd Gott gedanckt/satzten sie sich zu samen nidder.

13 Da nam Tobias von der gallen des fisches/vnd salbet dem vater seine augen/vnd er leid das fast eine halbe stunden/Vnd der star gieng jm von den augen/wie ein heutlin von einem ey/Vnd Tobias nam es/vnd zoch es von seinen augen/vnd als bald ward er widder sehend/vnd sie preiseten Gott/er vnd sein weib/vnd alle die es erfuren. 17 Vnd Tobias sprach/Ich dancke dir HERR du Gott Israel/das du mich gezüchtiget hast/vnd doch mir widder geholffen/das ich meinen lieben son widder sehen kan.

E iij Vnd

Das Buch

18 Vnd nach sieben tagen kam auch Sara seins sons weib/mit alle jrem gesinde/vieh vnd kamel/vnd brachten viel goldes mit sich/vnd auch das geld das er empfangen hatte von dem Gabel/vnd Tobias erzelet seinen Eltern/so viel guts/das Gott bey jm gethan hatte/durch den gesellen/der mit jm gezogen war/Vnd Achior vnd Nabath Tobie vettern kamen zu jm/vnd wündschten jm glück/freweten sich mit jm alles des glücks/das jm Gott gegeben hatte/vnd sieben tage lang assen sie mit einander vnd waren frölich.

XII.

DArnach rieff Tobias seinen son zu jm/vnd sprach/ Was sollen doch wir dem heiligen manne deinem gesellen geben/der mit dir gezogen ist? Vnd Tobias antwort seinem vater/Wie können wir die grosse wolthat die er mir gethan hat vergelten? Er hat mich gesund hin vnd widder bracht/hat das geld selbs bey Gabel geholet/ hat mir zu diesem weibe geholffen/dazu hat er den bösen geist vertrieben/vnd jre Eltern erfrewet/Ja mich selb hat er errettet/da mich der grosse fisch fressen wolt/vnd hat dir widder geholffen zu deinem gesichte/vnd hat vns vber die masse viel guts gethan/Wie können wir jm denn solche grosse wolthat vergelten? Aber ich bitt dich mein vater/beut jm an die helffte aller habe/die wir mit vns bracht haben das ers wölle annemen.

6 Vnd beide vater vnd son/fodderten jn auff einen ort/vnd baten jn das er wolt annemen die helfft aller güter/die sie mit sich bracht hatten/vnd er sagt heimlich zu jnen/Lobet vnd dancket jr Gott von himel bey jderman/das er euch solche gnade erzeiget hat/Der Könige vnd Fursten rat vnd heimligkeit sol man verschweigen/aber Gottes werck sol man herrlich preisen/vnd offenbarn/Ein solch gebet mit fasten vnd almosen ist besser/denn viel golds zum schatz samlen/ denn die Almosen erlösen vom tode/tilgen die sunde/halten bey dem leben/Die Gottlosen aber bringen sich selber vmb jr leben.

11 So wil ich nu die warheit offenbarn/vnd den heimlichen befelh euch nicht verbergen/Da du so heiss weinetest vnd bettest/stundest von der malzeit auff/vnd begrubest die todten/hieltest die leichen heimlich jnn deinem hause/vnd begrubest sie bey der nacht/do bracht ich dein gebet fur den HERRN/vnd weil du Gott lieb warest/so musts so sein/one anfechtung mustest du nicht bleiben/auff das du beweret würdest/Vnd hat mich Gott geschickt/das ich dich solle heilen/vnd den bösen geist vertreiben/der vmb Sara deines sons weib war. Vnd ich bin Raphael/einer von den sieben Engeln/die wir fur dem HERRN stehen.

16 Vnd als sie das höreten/wurden sie betrübt/zitterten vnd fielen auff jr angesicht zur erden/Vnd der Engel sprach zu jnen/Seid getrost/vnd fürcht euch nicht/denn da ich bey euch gewesen bin/hats Gott so haben wöllen/den lobet vnd dancket/Es schein wol als esse vnd truncke ich mit euch/aber ich brauch vnsichtbar speise/die kein mensch sehen kan/vnd nu ists zeit/das ich zu dem widder hin gehe/der mich gesand hat.

Dancket

Tobie. XXIX.

Dancket jr Gott/vnd verkündet seine wunder.

21 Vnd als er das gesagt hatte/verschwand er fur jren augen/vnd sahen jn nimer/Vnd sie fielen nidder drey stunde lang/vnd danckten Gott/vnd darnach stunden sie auff/vnd sagten solchs nach/vnd verkündeten seine grosse wunder.

XIII.

Tobias aber that seinen mund auff/lobet Gott/vnd sprach/HERR du bist ein grosser starcker Gott/vnd dein Reich weret ewiglich/du züchtigest vnd tröstest widder/du kanst jnn die Helle stossen/vnd widder heraus füren/deiner hand kan niemands entfliehen/Ir kinder Israel lobet den HERRN/vnd fur den Heiden preiset jn/Denn darumb hat er euch zurstrewet vnter die Heiden/welche jn nicht kennen/das jr seine wunder verkündigt/vnd die Heiden erkennen/das kein Allmechtiger Gott ist/denn er allein/Er hat vns gezüchtiget vmb vnser sunden willen/vnd durch seine güte hilfft er vns widder/Sehet was er an vns gethan hat/vnd mit furcht vnd zittern lobet jn jnn seinen wercken/vnd preiset den/der ewiglich herrschet/Vnd ich wil jn auch preisen/jnn diesem lande/darinn wir gefangen sind/denn er hat seine wunder vber ein sundlich volck erzeiget/Darumb bekeret euch jr sunder/vnd thut gutes fur Gott/vnd gleubt das er euch güte erzeigt/Vnd ich wil mich nu von hertzen frewen jnn Gott/Lobet den HERRN jr seine ausserweleten/haltet frewden tage vnd preiset jn.

10 Jerusalem du Gottes stad/Gott wird dich züchtigen vmb deiner werck willen/Aber er wird sich widder dein erbarmen/Lobe den HERRN vmb seine gabe/vnd preise den ewigen Gott/das er deine hütten widder bawe/vnd alle deine gefangenen widder hole/das du ewiglich dich frewen mügest/Du wirst wie ein heller glantz leuchten/ vnd an allen enden auff erden wird man dich ehren/Von fernen landen wird man zu dir komen/vnd geschenck bringen/In dir werden sie den HERRN anbeten/vnd du wirdest das Heiligthumb heissen/ den grossen namen des HERRN/werden sie jnn dir anruffen/Verflucht werden sein alle die dich verachten/verdampt werden sein alle die dich lestern/gesegnet werden sein alle die dich bawen/Du aber wirdst dich frewen vber deinen kindern/denn sie werden alle gesegnet vnd zum HERRN gebracht werden/Wol denen die dich lieben/vnd die dir wündschen das dirs wol gehe.

18 Meine seele lobe den HERRN/denn der HERR vnser Gott/ wird die stad Jerusalem von alle jren trübsaln erlösen/19 Wol mir/so die vbrigen von meinem samen/sehen werden Jerusalem/jnn seiner herrligkeit/Die pforten Jerusalem werden von Saphir vnd Smaragd gebawet werden/vnd aus edlen steinen rings vmb all jre maurn/Mit weissem vnd reinem Marmor/werden all jre gassen gepflastert werden/vnd jnn allen strassen wird man Halleluia singen/Gelobet sey Gott/der sie erhöret hat/vnd sein Reich bleibe ewiglich vber sie/ Amen.

Nach

Das Buch
XIIII.

NAch dieser geschicht/als Tobias war widder sehend worden/lebet er noch zwey vnd vierzig iar/vnd sahe seine kinds kind/vnd als er nu hundert vnd zwey iar alt war/ward er ehrlich begraben zu Niniue/Denn da er sechs vnd fünffzig iar alt war/ward er blind/vnd im sechzigsten iar/ward er widder sehend/vnd hat die vbrige zeit seines lebens frölich zugebracht/vnd nam zu jnn Gottes furcht/vnd starb jnn gutem frieden.

5 Vor seinem tod aber/foddert er Tobiam seinen son zu sich/vnd sieben junge knaben seines sons kinder/vnd sprach zu jnen/Niniue wird bald zu bodem gehen/Denn das wort des HERRN wird nicht feilen/Aber jnn Meden wird als denn noch eine zeitlang friede sein/vnd vnsere brüder welche auss'm lande Israel zurstrewet sind/werden widder komen/vnd vnser land/das jtzt wüst ist/wird widder allenthalben bewonet werden/Vnd das Gottes Haus das da verbrennet ist/sol widder gebawet werden/vnd werden widder hin komen/alle die Gott fürchten/Vnd auch die Heiden werden jre Götzen verlassen/vnd werden gen Jerusalem komen/vnd da wonen/Vnd alle Heiden vnd Könige werden sich jnn jr frewen/vnd anbeten den Gott Israel.

10 So höret nu meine söne ewern vater/Dienet dem HERRN jnn der warheit/vnd halt euch zu jm rechtschaffen/Thut was er geboten hat/vnd leret solchs ewre kinder/das sie auch almosen geben/das sie Gott allezeit fürchten vnd trawen von gantzem hertzen/Vnd lieben kinder höret mich/vnd bleibt nicht hie zu Niniue/sondern wenn jr ewer mutter auch begraben habt/neben mich jnn meinem grabe/Als denn macht euch auff/das jr von binnen zihet/Denn ich sehe/das die sunde Niniue wirds mit jr ein ende machen.

14 Vnd als bald nach seiner mutter tod/zog Tobias von Niniue/mit seinem weib/kindern vnd kinds kindern/vnd zog jnn Meden zu seinem Schweher/vnd seines weibs freunden/vnd fand sie frisch vnd gesund/jnn einem guten rüglichen alter/Vnd er pflegt jr/vnd als sie storben/drücket er jnen auch jr augen zu/Vnd kriegt also das gantz erb vnd güter Raguelis/vnd lebet bis jnn das fünffte geschlecht/vnd sahe seine kinder vnd kinds kinder. Vnd als er neun vnd neunzig iar alt war/welche er jnn Gottes furcht frölich zubracht hatte/begruben jn seine freunde/Vnd alle sein geschlecht bleib jnn heiligem wandel vnd leben/Also das sie angenem waren/fur Gott vnd den leuten/vnd allen die im lande woneten.

Ende des Buchs Tobie.

Vorrede auff das
Buch Jesu Syrach.

DIs buch ist bisher genant im latin Ecclesiasticus / welchs sie haben verdeudscht / Die geistliche zucht / Vnd ist fast wol getrieben vnd gebraucht jnn den Kirchen / mit lesen / singen vnd predigen / aber mit wenigem verstand vnd nutz / on das es hat müssen / der geistlichen stand vnd Kirchen geprenge rhümen. Sonst heisst sein rechter name / Jesus Syrach / nach seinem meister / wie seine eigen vorrede vnd das Griechissche gibt / Wie auch Mose / Josue / Esaie vnd aller Propheten bücher / nach jren meistern heissen / Vnd ist von den alten Vetern nicht jnn der zal der heiligen Schrifft / sondern als sonst ein gut fein buch eines Weisen mans / gehalten / da bey wirs auch lassen bleiben.

Es dünckt vns aber / weil er selbs jnn der vorrhede bekennet / Er sey zu des Königes Energetis zeiten jnn Egypten komen / vnd da selbs dis Buch volendet (welchs sein gros vater hatte zuuor angefangen) das er habe aus vielen Büchern zu samen gelesen das beste / so er funden hat / sonderlich / weil jnn Egypten eine köstliche Librarey war / durch Energetis vater den König Philadelphon zugericht / das zu der zeit / beide Bücher vnd gelerte leute jnn grossen ehren waren / vnd aus allen landen / als jnn eine grosse hohe Schule zu schlugen / sonderlich aus Griechen land / dazu auch die Jüden einen Tempel dasels baweten / vnd Gottes dienst auffrichten.

Solchs zeigt auch an / das jnn diesem Buch / nicht ordenlich ein stück auff das ander gefasset ist / als eines meisters werck / sondern aus mancherley meistern vnd Büchern gezogen / vnd durch einander gemenget / wie eine biene aus mancherley blumen / jr sefftlin seuget / vnd jnn einander menget / Vnd scheinet / das dieser Jesus Syrach / sey gewest aus dem Königlichem stam Dauids / vnd ein neff odder enckel Amos Syrach / welcher der Oberst Fürst gewesen ist / im hause Juda / wie man aus Philone mag nemen / vmb die zwey hundert iar vor Christ geburt / ongefehr bey der Maccabeer zeit.

Es ist ein nützlich Buch / für den gemeinen man / Denn auch alle sein vleis ist / das er einen burger odder hausuater Gottfürchtig / from vnd klug mache / wie er sich gegen Gott / Gottes wort / Priestern / Eltern / weib / kindern / eigen leib / güter / knechten / nachbarn / freunden / feinden / Oberkeit vnd jederman / halten sol / das mans wol möcht nennen / Ein Buch von der Hauszucht / odder von tugenden eines fromen haus herrn / welchs auch die rechte geistliche zucht ist / vnd heissen solt.

Was vns aber fur erbeit gestanden hat / dis Buch zuuerdeudschen / Wer das zu wissen begerd / der mag vnser deudsch / gegen alle ander exemplar halten / beide / Griechischer Latinischer vnd Deudscher sprachen / sie sind alt odder newe / so sol das werck den meistern wol zeugnis geben / Es sind so viel Klügling jnn allen sprachen vber dis
Buch ko

Vorrhede.

Buch komen/das nicht wunder were/weil/on das alle ding brinnen von seinem anfang/nicht inn der ordnung gefasset gewest sind/das es gantz vnd gar/vnkendlich/vnuerstendlich/vnd aller ding vntüchtig worden were/Wir habens aber/wie einen zu rissen/zetretten vnd zerstreweten brieff/widder zu samen gelesen/vnd den kot abgewisscht/vnd so fern bracht/als ein iglicher wol sehen wird/Gott sey lob vnd danck/Amen. Christen werden vns hierinn nicht schelten/die Welt aber wird/wie sie bis her gethan/jrer tugent nach/vns wol wissen dafur zu dancken.

Vorrhede Jesu Syrach auff sein Buch.

ES haben vns viel vnd grosse leute die Weisheit/aus dem Gesetz/Propheten vnd andern/so den selbigen nach gefolget/dar gethan/Daher man mus Jsrael billich loben/vmb jre weisheit vnd lere/Darumb sollen nicht allein/die/so es haben vnd lesen/weise draus werden/sondern auch den andern/dienen/mit leren vnd schreiben.

Mein gros vater Jesus/nach dem er sich sonderlich bevleissigt/zu lesen das Gesetz/die Propheten/vnd andere mehr Bücher/so vns von vnsern Vetern gelassen sind/vnd sich wol drinnen geübt hatte/nam er fur auch etwas zu schreiben/von Weisheit vnd guten sitten/auff das die/so gerne lernen vnd klug werden wolten/deste verstendiger/vnd geschickter wurden/ein gut leben zu füren.

Darumb bitte ich/jr wöllet es freundlich annemen/vnd mit vleis lesen/vnd vns zu gut halten/ob wir nicht so wol reden können/als die berümbten Redener. Denn was jnn Ebreischer sprach geschrieben ist/das laut nicht so wol/wenn mans bringt jnn eine andere sprache/Nicht allein dieses mein Buch/sondern auch des Gesetzes/der Propheten vnd anderer Bücher/lauten gar viel anders/wenn sie vnter jrer sprach geredt werden.

Als ich nu jnn Egypten kam/im acht vnd dreissigsten iar/zur zeit des Königs Ptolemei Euergetis/vnd sein lebenlang drinnen bleib/gewan ich raum viel guts zu lesen vnd zu schreiben/Darumb/sahe ichs fur gut vnd not an/das ich den vleis/vnd die mühe drauff legete/vnd dis Buch verdolmetschte/Vnd die weil ich zeit hatte/erbeitet ich vnd keret vleis an/das ich dis Buch aus machte vnd an tag brechte/auff das auch die frembden/so lernen wöllen/sich zu guten sitten gewehnen/auff das sie nach dem Gesetz des HERRN leben mügen.

Alle

Das Buch Jesus Syrach.

I.

Alle weisheit ist von Gott dem HERRN/Vnd ist bey jn ewiglich/Wer hat zuuor gedacht/wie viel sand im meer/wie viel tropffen im regen/vnd wie viel tage der welt werden solten? Wer hat zuuor gemessen/wie hohe der himel/wie breit die erden/wie tieff das meer sein solte? Wer hat Gott je geleret/was er machen solt? Denn seine weisheit ist vor allen dingen.

Das wort Gottes des Allerhöhesten/ist der brun der weisheit/vnd das ewige gebot ist jre quelle/Wer kündte sonst wissen/wie man die weisheit vnd klugheit erlangen solte? Einer ists/der Allerhöhest/ der Schepfer aller dinge/ Allmechtig/ein gewaltiger König/ vnd seer erschrecklich/ der auff seinem thron sitzt/ein Verschender Gott/Der hat sie durch seinen heiligen Geist verkündigt/Der hat alles zuuor gedacht/gewust vnd gemessen/ Vnd hat die weisheit ausgeschüt/vber alle seine werck/vnd vber alles fleisch/nach seiner gnade/vnd gibt sie denen so jn lieben.

Die furcht des HERRN/ist ehre vnd rhum/freude vnd ein schöne krone/Die furcht des HERRN/macht das hertz frölich/vnd gibt freud vnd wonne ewiglich/Wer den HERRN fürcht/dem wirds wolgehen jnn der letzten not/vnd wird endlich den segen behalten/Gott lieben/das ist die aller schöneste Weisheit/Vnd wer sie ersihet/der liebet sie/Denn er sihet welch grosse wunder sie thut.

Die furcht des HERRN/ist der Weisheit anfang/Vnd ist im hertzen grund allein bey den gleubigen/vnd wonet allein bey den auserweleten weibern/Vnd man findet sie allein bey den gerechten vnd gleubigen.

Die furcht des HERRN/ist der rechte Gottes dienst/ der behüt vnd macht das hertz from/vnd gibt freud vnd wonne.

Wer den HERRN fürcht/dem wirds wolgehen/vnd wenn er trostes bedarff/wird er gesegnet sein.

Gott fürchten ist die Weisheit/die reich machet/vnd bringt alles guts mit sich/Sie erfüllet das gantze haus mit jrer gaben/vnd alle gemach/mit jrem schatz.

Die furcht des HERRN/ist ein kron der Weisheit/vnd gibt reichen frieden vnd heil.

Diese Weisheit macht recht kluge leute/vnd wer an jr fest helt/ dem hilfft sie aus mit ehren.

ʃ Den HERRN

Das Buch

Den HERRN furchten/ist die wurtzel der Weisheit/vnd jre zweige grunen ewiglich.

Die furcht des HERRN/wehret der sunde/Denn wer on furcht feret/der gefellt Gott nicht/Vnd seine frecheit wird jn stürtzen/Aber ein demutiger erharret der zeit/die jn trösten wird/Denn wie wol seine sache eine zeitlang vnterdruckt wird/so werden doch die fromen seine weisheit rhümen.

Gottes wort ist dem Gottlosen ein grewel/Denn es ist ein schatz der Weisheit/der jm verborgen ist.

Mein son/wiltu weise werden/so lerne die gebot/So wird dir Gott die Weisheit geben/Denn die furcht des HERRN/ist die rechte Weisheit vnd zucht/Vnd der glaube vnd gedult/gefallen Gott wol.

Sihe zu/das dein Gottes furcht nicht heuchley sey/vnd diene jm nicht mit falschem hertzen/Suche nicht rhum bey den leuten/durch heucheley/vnd sihe zu/was du redest/gleubest odder fur hast/Vnd wirff dich selbs nicht auff/das du nicht fallest/vnd zu schanden werdest/vnd der HERR deine tucke offenbare/vnd stortze dich öffentlich fur den leuten/Darumb/das du nicht jnn rechter furcht Gotte gedienet hast/vnd dein hertz falsch gewest ist.

II.

Ein kind/wiltu Gottes diener sein/so schicke dich zur anfechtunge/Halt feste/vnd leide dich/Vnd wancke nicht/wenn man dich dauon locket/Halt dich an Gott/vnd weiche nicht/auff das du jmer stercker werdest. Alles was dir widderferet/das leide/vnd sey gedultig jnn allerley trübsal. Denn gleich wie das gold durchs feur/also werden/die so Gott gefallen/durch feur der trübsal bewerd. Vertrawe Gott/so wird er dir aushelffen/Richte deine wege/vnd hoffe auff jn.

Die/so jr den HERRN furchtet/vertrawet jm/Denn es wird euch nicht feilen/Die so jr den HERRN furchtet/hoffet des besten von jm/So wird euch gnade vnd trost allezeit widderfaren. Die so jr den HERRN furchtet/harret seiner gnade/vnd weichet nicht/auff das jr nicht zu grund gehet.

Sehet an die exempel der alten/vnd merckt sie/Wer ist je mals zu schanden worden/der auff jn gehoffet hat? Wer ist je mals verlassen/der jnn der furcht Gottes blieben ist? Odder wer ist je mals von jm verschmehet/der jn angeruffen hat? Denn der HERR ist gnedig vnd barmhertzig/vnd vergibt sunde/vnd hilfft jnn der not.

(vergibt)
Er sihet nicht an/
wie böse vnd vn-
wirdig wir sind.

Weh denen so an Gott verzagen/vnd nicht fest halten/vnd dem Gottlosen der hin vnd widder wancket/Weh den verzagten/denn sie gleuben nicht/darumb werden sie auch nicht beschirmet/Weh denen/so nicht beharren. Wie wil es jnen gehen/wenn sie der HERR heimsuchen wird?

Die den HERRN furchten/gleuben seinem wort/vnd die jn lieb haben/halten seine gebot/Die den HERRN furchten/thun was jm wolgefelt/vnd die jn liebhaben/halten das Gesetz recht/Die den HERRN furchten/schicken jr hertz/vnd demutigen sich fur jm/vnd sprechen/Wir wöllen lieber jnn die hende des HERRN fallen/
wedder

Jesus Syrach. XXXII.

wedder jnn die hende der menschen/Denn seine barmhertzigkeit ist ia so gros als er selber ist.

III.

Jeben kinder gehorcht mir ewrem Vater/vnd lebet also/auff das euch wolgehe.

Denn der HERR wil den Vater von den kindern geehret haben/vnd was eine mutter die kinder heist/wil er gehalten haben.

Wer seinen Vater ehret/des sunde wird Gott nicht straffen/Vn wer seine mutter ehret/der samlet einen guten schatz/Wer seinen Vater ehret/der wird auch freud an seinen kindern haben/Vnd wenn er bettet/so wird er erhöret/Wer seinen Vater ehret/der wird deste lenger leben/Vnd wer vmb des HERRN willen gehorsam ist/an dem hat die mutter einen trost/Wer den HERRN fürcht/der ehret auch den vater/vnd dienet seinen Eltern/vnd helt sie fur seine herren.

Ehre Vater vnd mutter/mit that/mit worten vnd gedult/auff das jr segen vber dich kome/Denn des Vaters segen/bawet den kindern henser. Aber der mutter fluch/reisst sie nidder/Spotte deines Vaters gebrechen nicht/Denn es ist dir keine ehre/Denn den Vater ehren/ist deine eigen ehre/Vnd deine mutter verachten/ist deine eigen schande.

Liebes kind/pflege deines Vaters im alter/vnd betrübe jn ia nicht/so lange er lebt/Vnd halt jm zu gute/ob er kindisch würde/vnd veracht jn ia nicht/darumb das du geschickter bist/Denn der wolthat dem Vater erzeigt/wird nimermehr vergessen werden. Vnd wird dir guts geschehen/ob du auch wol ein sunder bist/Vnd dein wird gedacht werden jnn der not/Vnd deine sunde werden vergehen/wie das eyss von der sonnen/Wer seinen Vater verlesst/der wird geschendet/Vnd wer seine mutter betrübt/der ist verflucht vom HERRN.

Liebes kind/bleib gern im nidrigen stande/das ist besser/denn alles da die Welt nach trachtet/Je höher du bist/je mehr dich demütige/so wird dir der HERR hold sein/Denn der HERR ist der allerhöhest/vnd thut doch grosse ding durch die demütigen.

(demütige) Fleuch wo du kanst/hoch zu werden/wie die welt thut.

Stehe nicht nach höherm stande/vnd dencke nicht vber dein vermügen/Sondern was Gott dir befolhen hat/des nim dich stets an/Denn es fromet dir nichts/das du gaffest nach dem das dir nicht befolhen ist/Vnd was deines ampts nicht ist/da las deinen furwitz/Denn dir ist vor mehr befolhen/weder du kanst ausrichten/Solcher dünckel hat viel betrogen/vnd jre vermessenheit hat sie gestürtzt/Denn wer sich gern jnn fahr gibt/der verdirbt drinne/Vnd einem vermessen menschen/gehets endlich vbel aus/Ein vermessen mensch macht jm selbs viel vnglücks/vnd richtet einen jamer nach dem andern an/Denn hohmut thut nimer gut/vnd kan nichts denn arges draus erwachsen.

(vermessen) Die sich eindringe da sie vngeschickt odder vnberuffen sind/da mus zu letzt nichts guts aus werden.

IIII.

F ij   Ein ver

Das Buch

Ein vernünfftig mensch/lernt Gottes wort gern/Vnd wer die Weisheit lieb hat/der höret gerne zu/Wie das wasser ein brennend fewr lesscht/also tilget das almosen die sünde/Vnd der öberst vergelter/wirds hernach mals gedencken/vnd wird jn im vnfal erhalten.

Liebes kind/las den armen nicht not leiden/vnd sey nicht hart gegen dem dürfftigen/Verachte den hungerigen nicht/vnd betrübe den dürfftigen nicht/inn seiner armut/Einem betrübten hertzen mache nicht mehr leides/vnd verzeuch die gabe dem dürfftigen nicht/Die bitte des elenden schlahe nicht ab. Vnd wende dein angesicht nicht von dem armen/Wende deine augen nicht von dem dürfftigen/auff das er nicht vber dich klage/Denn der jn gemacht hat/erhöret sein gebet/wenn er mit trawrigem hertzen vber dich klagt.

Sey nicht zenckisch fur gericht/vnd halt den Richter inn ehren/Höre den armen gerne/vnd antworte jm freundlich vnd sanfft. Errette den/dem gewalt geschicht/von dem/der jm vnrecht thut/Vnd sey vnerschrocken/wenn du vrteilen solt/Halt dich gegen die waisen wie ein Vater/vnd gegen jre mutter/wie ein Hausherr/so wirstu sein/wie ein son des Allerhöhesten/vnd er wird dich lieber haben/denn dich deine mutter hat.

Die Weisheit erhöhet jre kinder/vnd nimpt die auff/die sie suchen/Wer sie lieb hat/der hat das leben lieb/Vnd wer sie vleissig sucht/wird grosse freude haben. Wer fest an jr helt/der wird grosse ehre erlangen/Vnd was er fur nimpt/da wird der HERR glück zu geben/Wer Gottes wort ehret/der thut den rechten Gottes dienst/Vnd wer es lieb hat/den hat der HERR auch lieb/Wer der Weisheit gehorchet/der kan ander leute leren/Vnd wer sich zu jr hellt/der wird sicher wonen/Wer on falsch ist/der wird sie erlangen/vnd seine nachkomen werden gedeien/Vnd ob sie zum ersten sich anders gegen jm stellet/vnd macht jm angst vnd bange/vnd prüfet jn mit jrer ruten/vnd versucht jn mit jrer züchtigung/bis sie befindet das er on falsch sey/So wird sie denn widder zu jm komen/auff dem rechten wege/vnd jn erfrewen/vnd wird jm offenbaren jr geheimnis/Wo er aber falsch befunden wird/wird sie jn verlassen/das er verderben mus.

Man sol dem gerechten bey stehen/vnd keine fahr dafur schewen.

Liebes kind/brauch der zeit/vnd hüte dich fur vnrechter sache/vnd scheme dich nicht fur deine seele das recht zu bekennen/Denn man kan sich so schemen/das man sünde dran thut/Vnd kan sich auch also schemen/das man gnad vnd ehre davon hat/Las dich keine person bewegen dir zum schaden/noch erschrecken dir zum verderben/Sondern bekenne das recht frey/wenn man den leuten helffen sol/Denn durch bekentnis wird die warheit vnd das recht offenbar.

a) Das thun die nicht/so jnn jrem jrthumb odder vnrecht vberwundē/vmb schande willen/nicht weichen wöllen/Sondern narren jmer fort vñ dienet jmer ein narr dem andern.

Rede nicht widder die warheit/[a] sondern las den hohn vber dich gehen/wo du jnn der sachen gefeilet hast. Scheme dich nicht zu bekennen/wo du gefeilet hast/vnd strebe nicht widder den strom.

Diene einem narren jnn seiner sache nicht/vnd sihe seine gewalt nicht an/Sondern verteidinge die warheit/bis jnn tod/so wird Gott der HERR fur dich streiten.

Sey

Jesus Syrach. XXXIII.

Sey nicht wie die/ so sich mit hohen worten erbieten/ vnd thun doch gar nichts dazu.

Sey nicht ein lew jnn deinem hause/ vnd nicht ein wüterich ge‍gen dein gesinde.

Deine hand sol nicht auff gethan sein/ jmer zu nemen/ vnd zu ge‍schlossen nimer zu geben.

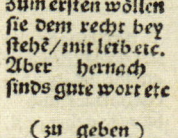

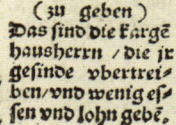

(erbieten) Zum ersten wöllen sie dem recht bey stehē/ mit leib etc. Aber hernach sinds gute wort etc

(zu geben) Das sind die karge haußherrn/ die jr gesinde vbertrei‍ben/ vnd wenig es‍sen vnd lohn gebē

V.

Erlas dich nicht auff dein reichtumb/ vnd denck nicht/ ich hab gnug für mich/ Folge deinem mutwillen ni‍cht/ ob du es gleich vermagst/ vnd thu nicht/ was dich gelüstet/ Vnd dencke nicht/ Wer wil mirs weren? Denn der HERR der öberst recher/ wirds rechen/ Dencke nicht/ ich hab wol mehr gesündigt/ vnd ist mir nichts böses widder faren/ Denn der HERR ist wol gedültig/ Aber er wird dich nicht vngestrafft lassen/ Vnd sey nicht so sicher/ ob deine sünde noch nicht gestrafft ist/ das du drumb für vnd für sündigen woltest/ Denck auch nicht/ Gott ist seer barmhertzig/ Er wird mich nicht straffen/ ich sündige wie viel ich wil. Er kan bald also zornig werden/ als gnedig er ist/ Vnd sein zorn vber die Gottlosen/ hat kein auff hören.

Darumb verzeuch nicht/ dich zum HERRN zu bekeren/ vnd schieb es nicht von einem tage auff den andern/ Denn sein zorn kompt plötzlich/ vnd wirds rechen vnd dich verderben.

Auff vnrecht gut verlas dich nicht/ Denn es hilfft dich nicht/ wenn die anfechtungen komen werden.

Las dich nicht einen jglichen wind füren/ vnd folge nicht einem jglichen wege/ wie die vnbestendigen hertzen thun/ Sondern sey be‍stendig jnn deinem wort/ vnd bleibe bey einerley rede/ Sey bereit zu hören/ Vnd antworte was recht ist/ vnd vbereile dich nicht/ Verstehe‍stu die sache/ so vnterrichte deinen nehesten/ Wo nicht/ so halt dein maul zu/ Denn reden bringt ehre/ Vnd reden bringt auch schande/ Vnd den menschen fellet seine eigen zunge.

Sey nicht ein ohren bleser/ vnd verleumbde nicht mit deiner zung‍en/ Ein dieb ist ein schendlich ding/ aber ein verleumbder/ ist viel schendlicher/ Achts nicht geringe/ es sey klein odder gros/ Las dich ni‍cht bewegen/ das du deinem freunde gram werdest/ Denn solcher ver‍leumbder wird endlich zu schanden.

VI.

Las dich nicht zu klug düncken/ jderman zutaddeln/ das deine bletter nicht verwelcken/ vnd deine früchte verder‍ben/ vnd auch der mal einst werdest/ wie ein dürrer baum/ Denn ein solcher gifftiger mensch schadet jm selber/ vnd wird seinen feinden ein spot/ Widderumb/ Wer alles zum besten auslegt/ der macht jm viel freunde/ Vnd wer das beste zur sache redet/ von dem redet man widderumb das beste.

Das sind die split‍ter richter/ die jres balcken vergessen.

Halts mit jderman freundlich/ Vertraw aber vnter tausent kaum einem. Vertraw keinem freunde/ du habst jn denn erkant jnn der not/ Denn es sind viel freunde/ weil sie es geniessen können/ Aber jnn der not hal‍

Freund jnn der not/gehẑ. xxv.auff ein lot. Sols aber ein harter stand sein/so gehet jr. l. auff ein quintin.

not halten sie nicht/Vnd ist mancher freund/der wird bald feind/ vnd wust er einen mord auff dich/er sagts nach/Es sind auch etliche tissch freunde/vnd halten nicht jnn der not/Weil dirs wol gehet/so ist er dein geselle/vnd lebt jnn deinem hause/als were er auch Hausherr/ Gehet dirs aber vbel/so stehet er widder dich/vnd lest sich nirgent finden.

Thu dich von deinen feinden/vnd hut dich gleich wol auch fur freunden/Ein trewer freund/ist ein starcker schutz/Wer den hat/der hat einen grossen schatz/Ein trewer freund ist mit keinem geld noch gut zubezalen/Ein trewer freund ist ein trost des lebens/Wer Gott furchtet der kriegt solchen freund/Denn wer Gott furchtet/dem wirds gelingen mit freunden/Vnd wie er ist/also wird sein freund auch sein.

Liebes kind/las dich die Weisheit zihen von jugent auff/so wird ein weiser man aus dir/Stelle dich zu jr/wie einer der da ackert vnd seet/vnd erwarte jre gute fruchte/Du must ein kleine zeit vmb jrer willen muhe vnd erbeit haben/Aber gar bald wirstu jrer fruchte geniessen/Bitter ist sie den vngebrochen menschen/vnd ein rauchloser bleibt nicht an jr/Denn sie ist jm ein harter prufestein/vnd er wirfft sie bald von sich/Sie rhumen wol viel von der Weisheit/Aber wissen wenig drumb.

Liebes kind/gehorche meiner lere/vnd verachte nicht meinen rat/Ergib deine fusse jnn jre fessel/vnd deinen hals jnn jre halseisen/ Bucke deine schultern vnd trage sie/vnd sperre dich widder jr bande nicht.Halt dich zu jr von gantzem hertzen/vnd bleib mit allen krefften auff jrem wege/Forsche jr nach/vnd suche sie/So wirstu sie finden/ Vnd wenn du sie erkriegest/so las sie nicht von dir/Denn endlich wirstu trost an jr haben/vnd wird dir dein leid jnn freude gekeret werden/ Vnd jre fessel werden dir ein starcker schirm/vnd jr halseisen ein herlich kleid werden/Sie hat eine guldene krone/mit einer purpur hauben/dasselbige kleid wirstu anzihen/vnd die selbige schone krone wirstu auff setzen.

Liebes kind/wiltu folgen/so wirstu weise/vnd nimpstu es zu hertzen/so wirstu klug/Wirstu gern gehorchen/so wirstu sie kriegen/Vnd wirstu deine ohren neigen/so wirstu weise werden/Sey gern bey den alten/vnd wo ein weiser man ist/zu dem halte dich.

Hore gern Gottes wort/vnd mercke die gute spruche der Weisheit/Wo du einen vernunfftigen man sihest/zu dem kom mit vleis/ vnd gehe stets aus vnd ein bey jm/Betrachte jmerdar Gottes gebot/ vnd gedencke stets an sein wort/Der wird dein hertz volkomen machen/vnd dir geben Weisheit/wie du begerest.

VII.

Thu nicht boses/so widderferet dir nicht boses/Halt dich vom vnrechten/so trifft dich nicht vnglück/See nicht auff den acker der vngerechtigkeit/so wirstu sie nicht erndten siebenfeltig.

Dringe dich nicht jnn Empter fur Gott/vnd ringe nicht nach gewalt beim Konige/Las dichs nicht duncken fur Gott/du seiest tuchtig gnug dazu/vnd las dich nicht duncken beim Konige/du seiest weise gnug dazu/Las dich nicht verlangen Richter zu sein/Denn durch dein vermugen wirstu nicht alles

Jesus Syrach. XXXIIII.

cht alles vnrecht zu recht bringen/Du möchtest dich entsetzen fur einem gewaltigen/vnd das recht mit schanden fallen lassen.

Richt nicht auffrur an jnn der Stad/vnd henge dich nicht an den pobel/auff das du nicht tragen müssest zwifeltige schuld/Denn es wird keine vngestrafft bleiben/Dencke auch nicht/Gott wird dafur/mein gros opffer ansehen/vnd wenn ich dafur dem Allerhöhesten Gott opffere/so wird ers annemen.

(auffrur) Wer gern empor were/der henget leute an sich/vnd macht auffrur/wil alle sache bessern/vnd alles vnrecht zu recht bringen/Vnd meinet/Gott solle sein gebet vñ gute meinung ansehen.

Wenn du bettest/so zweiuel nicht/Vnd sey nicht lass/almosen zu geben.

Spotte des betrübten nicht/Denn es ist einer/der kan beide nidrigen vnd erhöhen.

Stiffte nicht lügen widder deinen bruder/ noch widder deinen freund/Gewehne dich nicht an die lügen/denn das ist eine schedliche gewonheit.

Sey nicht weschafftig bey den alten/Vnd wenn du bettest/so mach nicht viel wort.

Ob dirs saur wird mit deiner narung vnd ackerwerck/das las dich nicht verdriessen/Denn Gott hats so geschaffen.

virg. Fœlices Agricolas, bona si suo norint. Sed non sunt digni Nosse.

Verlas dich nicht drauff/das der hauffe gros ist/mit denen du vbel thust/Sondern gedencke/das dir die straffe nicht ferne ist/Darumb demütige dich von hertzen/Denn fewr vnd würme ist rache vber die Gottlosen.

Vbergib deinen freund vmb keines guts willen/noch deinen trewen bruder/vmb des besten goldes willen.

Scheide dich nicht von einer vernünfftigen vnd fromen frawen/Denn sie ist eddeler weder kein gold.

Einen trewen knecht vnd vleissigen erbeiter halt nicht vbel/Einen fromen knecht habe lieb/vnd hindere jn nicht/wo er frey werden kan.

Hastu viehe/so warte sein/Vnd tregt dirs nutz/so behalt sie.

Hastu kinder/so zeuch sie/vnd benge jren hals von jugent auff.

Hastu töchtere/so beware jren leib/vnd verwehne sie nicht.

Berate deine tochter/so hastu ein gros werck gethan/vnd gib sie einem vernünfftigen man.

Hastu ein weib/das dir liebet/so las dich nicht von jr wenden/sie zu verstossen/vnd vertraw der feindseligen nicht.

Ehre deinen Vater von gantzem hertzen/Vnd vergiss nicht/wie saur du deiner mutter worden ist/Vnd dencke/das du von jnen geborn bist/Vnd was kanstu jnen dafur thun/das sie an dir gethan haben?

(feindseligen) Das ist auff Jüdisch geredt/da ein eheweib das ander ausbeist/Aber bey vns/heissts so viel als gleube nicht/was dir fürgeblewet wird/widder dein weib von bösen meulern/die dir heucheln/vnd jr gram sind.

Fürchte den HERRN von gantzem hertzen/vnd halt seine Priester jnn allen ehren.

Liebe denen der dich gemacht hat von allen krefften/vnd seine Diener verlas nicht/   Summa.

Fürchte den HERRN/vnd ehre den Priester/vnd gib jnen jr teil/wie dir geboten ist/von den erstlingen vnd schuldopffern vnd Debopffern/vnd was mehr geheiliget wird zum opffer/vnd allerley heilige erstlinge.

F iiij   Reiche

Das Buch

Reiche dem armen deine hand / auff das du reichlich gesegenet werdest / vnd deine wolthat dich angeneme mache / fur allen lebendigen menschen / Ja beweise auch den todten deine wolthat.

(todten) Sie zuuerhüllen / vnd ehrlich zu begraben / vmb Gotts vnd der aufferstehung willen.

Las die weinenden nicht on trost / sondern trawre mit den trawrigen.

Beschwere dich nicht die krancken zu besuchen / Denn vmb des willen wirstu geliebet werden.

Was du thust / so bedencke das ende / so wirstu nimer mehr vbels thun.

VIII.

Zancke nicht mit einem gewaltigen / das du jm nicht jnn die hende fallest / Jancke nicht mit einem reichen / das er dich nicht vberwege / Denn viel lassen sich mit gelt stechen / vnd bewegt auch wol der Könige hertz. Jancke nicht mit einem schwetzer / das du nicht holtz zutragst zu seinem feur / Schertze nicht mit einem groben menschen / das er dein geschlecht nicht schmehe.

Rücke dem nicht auff seine sunde / der sich bessert / vnd gedencke / das wir alle noch schuld auff vns haben.

Verachte das alter nicht / Denn wir gedencken auch alt zu werden.

Frew dich nicht das dein feind stirbt / gedencke / das wir alle sterben müssen.

Veracht nicht / was die weisen reden / sondern richt dich nach jren sprüchen / Denn von jnen kanstu etwas lernen / vnd wie du dich halten solt gegen grossen leuten.

Las dich nicht klüger düncken denn die alten / denn sie habens auch von jren vetern gelernt / Denn von jnen kastu lernen / wie du solt antworten / wo es not ist.

(fewer) Reitze jn nicht on vrsache zu lestern.

Blase dem Gottlosen nicht sein fewr auff / das du nicht auch mit verbrennest / Leg dich nicht an einen lesterer / das er dir deine wort nicht verkere.

Leihe nicht einem gewaltigern denn du bist / Leihestu aber / so achts als verloren.

Werde nicht bürge vber dein vermügen / thustus aber / so dencke vnd bezale.

Rechte nicht mit dem Richter / Denn man spricht das vrteil / wie er wil / Wandere nicht mit einem tolkünen / das er dich nicht jnn vnglück bringe / Denn er richt an was er wil / so mustu denn vmb seiner torheit willen schaden leiden.

Dadder nicht mit einem zornigen / vnd gehe nicht allein mit jm vber feld / Denn er achtet blut vergiessen wie nichts / wenn du denn keine hülffe hast / so erwürget er dich.

(narren) Lose leute die nichts achten.

Mit narren halt keinen rat / denn es gehet jnen nicht zu hertzen.

Fur einem frembden thu nicht / das dich heel hat / Denn du weissest nicht / was draus komen möcht. Offenbar dein hertz nicht jderman / Er möcht dir vbel dancken.

IX.

Einer

Jesus Syrach. XXXV.

EIuer nicht vber dein fromes weib/Denn solch hartauff sehen bringt nichts guts/Las dem weibe nicht gewalt vber dich/das sie nicht dein herr werde.

Fleuch die bulerin/das du nicht jnn jre strick fallest/Gewehne dich nicht zu der Singerin/das sie dich nicht fahe mit jrem reitzen/Sihe nicht nach den megden/das du nicht entzündet werdest gegen sie/Henge dich nicht an die huren/das du nicht vmb das deine komest/Gaffe nicht jnn der stad hin vnd widder/vnd lauffe nicht durch alle winckel/Wende dein angesicht von schönen frawen/vnd sihe nicht nach der gestalt anderer weiber.

Denn schöne weiber haben manchen bethöret/vnd böse lust entbrennet dauon/wie ein fewr/Sitze nicht bey eins andern weib/ vnd hertze dich nicht mit jr/vnd prasse nicht mit jr/das dein hertz nicht an sie gerate/vnd deine sinne nicht bethöret werden.

Vbergib einen alten freund nicht/denn du weissest nicht/ob du so viel am newen krigest/Ein newer freund ist ein newer wein/Las jn alt werden/so wird er dir wol schmecken.

Las dich auch nicht bewegen den Gottlosen jnn seinen grossen ehren/Denn du weissest nicht wie es ein ende nemen wird/Las dir nicht gefallen der Gottlosen furnemen/Denn sie werden nimer mehr from bis jnn die Helle hinein.

(bewegen)
Heuchel vnd henge dich nicht an jn.

Halt dich von denen/so gewalt haben zu tödten/So darffestu dich nicht besorgen/das er dich tödte/Mustu aber vmb jn sein/so vergreiff dich nicht/das er dir nicht das leben neme/da du dichs am wenigsten versihest/Vnd wisse/das du vnter den stricken wandelst/vnd gehest auff eitel hohen spitzen.

(spitzen)
Als auff hohe thürmen/da es ferlich ist vnd der schwindel kompt.

Erlerne mit allem vleis deinen nehesten/vnd wo du rat bedarffest/so suchs bey weisen leuten/vnd besprich dich mit den verstendigen/Vnd richte alle deine sache nach Gottes wort.

Geselle dich zu fromen leuten/Vnd sey frölich/doch mit Gottes furcht.

(Geselle)
Das ist/halt collation/iss vnd trinck etc.

X.

DAs werck lobt den meister/vnd einen weisen Fürsten seine hendel. Es ist ein ferlich ding jnn einem regiment/ vmb einen schwetzer/Vnd ein jecher wesscher wird zu schanden.

Ein weiser Regent ist strenge/Vnd wo ein verstendige Oberkeit ist/da gehet es ordenlich zu/Wie der Regent ist/so sind auch seine Ampleute/Wie der Rat ist/so sind auch die Bürger/Ein wüster König verderbet land vnd leute/Wenn aber die gewaltigen klug sind/so gedeiet die Stad.

(jecher)
Der vol ratens/ Klügelns vñ schreiens ist/vnd alles geweschist sein mus sein.

Das regiment auff erden/stehet jnn Gottes henden/der selb gibt jr zu zeiten einen tüchtigen Regenten/Es stehet jnn Gottes handen/ das einem Regenten gerate/der selb gibt jm einen löblichen Cantzler.

(Cantzler)
Als den nehesten rat/Wie Naeman dem Könige zu Syria.iiij.Reg.v.

Reche nicht zu genaw alle missethat/vnd küle dein mütlin nicht/ wenn du straffen solt. Den hoffertigen ist beide Gott vnd die Welt feind/Denn sie handlen fur allen beiden vnrecht.

Vmb gewalt/vnrecht vnd geitzs willen/kompt ein Königreich von einem volck auffs ander.

Was erhebet sich die arme erde vnd asche? ist er doch ein eitel schendlicher kot/weil er noch lebet. Vnd wenn der artzt schon lange dran flickt/so gehets doch endlich also/heute König/morgen tod/Vnd wenn der mensch tod ist/so fressen jn die schlangen vnd würm.

Das Buch

(abfellt)
Das ist Gottes
wort veracht.

Da kompt alle hoffart her/wenn ein mensch von Gott abfellet/ vnd sein hertz von seinem Schepffer weichet/ Vnd hoffart treibt zu allen sunden/ Vnd wer darinn steckt/ der richt viel grewel an.

Darumb hat der HERR allezeit den hohmut geschendet/ vnd endlich gestürtzt/ Gott hat die hoffertigen Fürsten vom stuel herunter geworffen/ vnd demütige drauff gesetzt/ Gott hat der stoltzen Heiden wurtzel aus gerott/ vnd demütige an jre stet gepflantzt/ Gott hat der Heiden land vmbkeret vnd zu grund verderbet/ Er hat sie verdorren lassen vnd verstöret/ vnd jren namen vertilget auff erden.

Das die leute hoffertig vnd grimmig sind/ das ist von Gott nicht geschaffen/ Der mensch ist nicht böse geschaffen/ sondern welcher Gott fürchtet/ der wird mit ehren bestehen/ Welcher aber Gottes gebot vbertrit/ der wird zu schanden.

Vnd die so Gott fürchten/ halten jren regenten jnn ehren/ Darumb behüt er sie.

Es sol sich beide der reiche vnd der arme/ der grosse vnd kleine keins andern rhümen/ denn das sie Gott fürchten.

Es taug gar nichts/ das man einen armen verstendigen verschmehe/ vnd einen reichen Gottlosen ehre.

Fürsten/ herrn vnd regenten/ sind jnn grossen ehren/ Aber so gros sind sie nicht/ als der so Gott fürchtet.

Einem weisen knecht mus der herr dienen/ Vnd ein vernünfftiger herr murret nicht drumb.

Stehe nicht auff deinem eigen kopff/ jnn deinem ampt/ vnd mach dich nicht stoltz/ wenn man dein darff.

Es ist besser/ das einer seines thuns warte/ da bey er gedeiet/ denn sich viel vermesse/ vnd dabey ein betler bleibe.

Mein kind/ jnn widderwertigkeit sey getrost/ vnd trotze auff dein ampt/ Denn wer an seinem ampt verzagt/ wer wil dem helffen? Vnd wer wil den bey ehren erhalten/ der sein ampt selbs vnehret?

Der arme wird geehret vmb seiner klugheit willen/ vnd der reiche vmb seiner güter willen/ Ist aber die klugheit löblich an einem armen/ wie viel mehr an einem reichen? Vnd was einem reichen vbel anstehet/ das stehet viel mehr dem armen vbel an.

Die weisheit des geringen bringet jn zu ehren/ vnd setzt jn bey die Fürsten.

Du solt niemant rhümen vmb seines grossen ansehens willen/ Noch jemand verachten vmb seines geringen ansehens willen/ Denn die biene ist ein kleins vögelin/ vnd gibt doch die aller süsseste frucht.

(ehren)
Wen du jnn deiner
maiestet vnd gewalt prangē must.

Erheb dich nicht deiner kleider/ vnd sey nicht stoltz jnn deinen ehren. Denn der HERR ist wunderbarlich jnn seinen wercken/ vnd niemand weis/ was er thun wil. Viel Tyrannen haben müssen herunter auff die erden sitzen/ vnd ist dem die kron auffgesetzt/ auff den man nicht gedacht hette. Viel grosser Herrn sind zu boden gangen/ vnd gewaltige Könige sind andern jnn die hende komen.

Verdamme niemand ehe du die sache zuuor erkennest/ Erkenne es zuuor/ vnd straff es denn.

Du solt

Jesus Syrach. XXXVI.

Du solt nicht vrteilen/ehe du die sachen hörest/vnd las die leute zuuor aus reden.

Menge dich nicht jnn frembde sache/vnd sitze nicht bey vnrechtem vrteil.

XI.

Ein kind/stecke dich nicht jnn mancherley hendel/denn wo du dir mancherley fur nimpst/wirstu nicht viel dran gewinnen/Wenn du gleich fast darnach ringest/so erlangestu es doch nicht/Vnd wenn du gleich hie vnd da flickest/so komestu doch nicht eraus.

Mancher lessts jm sawr werden/vnd eilet zum reichtum/vnd hindert sich nur selber damit.

Dagegen thut mancher gemach/der wol hülffe bedürfft/ist dazu schwach vnd arm/Den sihet Gott an mit gnaden/vnd hilfft jm aus dem elend/vnd bringet jn zu ehren/das sich sein viel verwundern.

Es kompt alles von Gott/glück vnd vnglück/leben vnd tod/armut vnd reichtum.

Den fromen gibt Gott güter die da bleiben/vnd was er bescheret/das gedeiet jmer dar.

Mancher kargt vnd sparet/vnd wird dadurch reich/vnd denckt/ Er habe etwas fur sich bracht/vnd spricht/Nu wil ich gut leben haben/essen vnd trincken von meinen gütern/vnd er weis nicht/das sein stündlin so nahe ist/vnd mus alles andern lassen vnd sterben.

Bleib jnn Gottes wort/vnd vbe dich drinnen/vnd beharre jnn deinem beruff/Vnd las dich nicht jrren/wie die Gottlosen nach gut trachten/Vertrawe du Gott/vnd bleib jnn deinem beruff/Denn es ist dem HERRN gar leicht/einen armen reich zu machen.

Gott segenet den fromen jre güter/vnd wenn die zeit kompt/gedeien sie balde/Sprich nicht/Was hilfft michs/vnd was hab ich die weil? Sprich nicht/Ich hab gnug/wie kan mirs feilen?

(Sprich)
Ein armer sol nicht verzagen/Ein reicher sol sich nicht vermessen.

Wenn dirs wol gehet/so gedencke/das dirs widder vbel gehen kan/Vnd wenn dirs vbel gehet/so gedenck/das dirs widder wol gehen kan/Denn der HERR kan einem jglichen leichtlich vergelten im tod/wie ers verdienet hat/Eine böse stunde macht/das man aller freude vergisset/Vnd wenn der mensch stirbt/so wird er jnnen/wie er gelebt hat/Darumb soltu niemant rhümen fur seinem ende/denn was einer fur ein man gewest sey/das findet sich an seinen nachkomen.

XII.

Erberge nicht einen jglichen jnn deinem hause/Denn die Welt ist vol vntrew vnd list/Ein falsch hertz ist/wie ein lock vogel auff dem kloben/vnd lauret/wie er dich fahen müge/Denn was er guts sihet/deutet er auffs ergest/vnd das aller beste schendet er auffs höhest/Aus einem funcken/wird ein gros fewr/vnd der Gottlose

Das Buch

der Gottlose höret nicht auff/bis er blut vergiesse/Hüt dich fur solchen buben/sie haben nichts guts im sinn/das sie dir nicht ein ewige schande anhengen. Nimpstu einen frembden zu dir ein/so wird er dir vnruge machen/vnd dich aus deinem eigenthum treiben.

Wiltu guts thun/So sihe zu/wem du es thust/so verdienestu danck damit/Thu dem fromen guts/so wird dirs reichlich vergolten/wo nicht von jm/so geschichts gewislich vom HERRN/Aber den bösen buben/die nicht dancken fur die wolthat/wirds nicht wolgehen.

Gib dem Gottfürchtigen/vnd erbarm dich des Gottlosen nicht/Thu guts dem elenden/vnd gib dem Gottlosen nicht/Behalt dein brod fur jm/vnd gib jm nichts/das er da durch nicht gestercket werde/vnd dich vntertrete/Du wirst noch eins so viel bosheit/durch jn empfahen/als du jm guts gethan hast/Denn der Allerhöhest ist den Gottlosen feind/vnd wird die Gottlosen straffen.

Wenns einem wolgehet/so kan man keinen freund recht erkennen/Wenns aber vbel gehet/so kan sich der feind auch nicht bergen/Denn wenns einem wolgehet/das verdreusst seinen feind/Wenns aber vbelgehet/so weichen auch die freunde von jm.

Traw deinem feinde nimer mehr/Denn gleich wie das eisen jmer widder rostet/also lesst er auch seine tücke nicht/Vnd ob er sich schon neiget vnd bücket/so halt doch an dich/vnd hüt dich fur jm/Vnd wenn du gleich an jm polirest/wie an einem spiegel/so bleibt er doch rostig. Zeuch jn nicht zu dir/das er dich nicht weg stosse/vnd trette an deine stat/Setze jn nicht neben dich/das er nicht nach deinem stuel trachte/vnd zu letzt an meine wort dencken müssest/vnd dich denn gerewen wird.

Gleich als wenn ein schlangen beschwerer gebissen wird/das jamert niemant/als wenig als das/so einer mit wilden thieren vmbgehet/vnd von jnen zu rissen wird/Also gehets dem auch/der sich an den Gottlosen henget/vnd sich jnn jre sunde menget/Er bleibt wol eine weile bey dir/Aber wenn du strauchelest/so beharret er nicht.

Der feind gibt wol gute wort/vnd klagt dich seer/vnd stellet sich freundlich/kan auch dazu weinen/Aber im hertzen dencket er/wie er dich jnn die gruben felle/Vnd kriegt er raum/so kan er deines bluts nicht sat werden/Wil dir jemand schaden thun/so ist er der erste/vnd stellet sich als wolt er dir helffen/vnd fellet dich meuchlinges/Seinen kopff wird er schütteln/vnd jnn die faust lachen/dein spotten vnd das maul auff werffen.

XIII.

Er pech angreifft/der besudelt sich damit/Vnd wer sich gesellet zum hoffertigen/der lernt hoffart.

Geselle dich nicht zum gewaltigen vnd reichen/Du ledest sonst eine schwere last auff dich/Was sol der jrdene topff/bey dem eherne topff? Denn wo sie an einander stossen/so zubricht er.

Der reiche

Jesus Syrach. XXXVII.

Der reiche thut vnrecht/vnd trotzt noch dazu/Aber der arm mus leiden/vnd dazu dancken/So lange du jm nütz bist/ braucht er dein/ Aber wenn du nicht mehr kanst/so lesst er dich faren/Weil du hast/so zeret er mit dir/vnd bekömmert jn nichts/das du verdirbest/Wenn er dein bedarff/kan er dich fein essen/vnd lechelt dich an/verheisst dir viel/vnd gibt dir die besten wort/vnd spricht/Bedarffestu etwas? Vnd ledet dich ein mal odder drey zu gast betrieglich/bis er dich vmb das deine bringe/vnd spotte dein zu letzt/Vnd wenn er gleich deine not sihet/lesst er dich doch faren/vnd schüttelt den kopff vber dich/ Darumb sihe zu/das dich deine einfeltigkeit nicht betriege/vnd jnn vnglück bringe.

Wenn dich ein gewaltiger wil zu sich zihen/so wegere dich/so wird er dich deste mehr zu jm zihen. Dring dich nicht selbs zu jm/das du nicht verstossen werdest/Fleuchs auch nicht zu seer/das man dich zur not brauchen künde/Were dich nicht/so er dir etwas befilht/Aber verlas dich nicht drauff/das er dir seer gemein ist/Denn er versucht dich damit/vnd mit seinen freundlichen geberden holet er dich aus/ Wenn er vngnedig wird/so bleibts nicht bey solchen freundlichen worten/vnd schertzt nicht mit straffen vnd gefengnis/Darumb hüt dich vnd sihe dich wol fur/du lebest jnn grosser fahr.

Ein jglich thier helt sich zu seines gleichen/So sol ein jglich mensch sich gesellen zu seines gleichen/Es ist eben als wenn sich der Wolf zum schaf gesellet/wenn ein Gottloser sich zum fromen gesellet. Wie Dyena mit dem hunde sich gesellet/also auch der reiche mit dem armen/ Wie der Lew das wild frisst jnn der heiden/so fressen die reichen die armen/Wie dem hoffertigen vnwerd ist/was gering ist/Also ist der arm dem reichen auch vnwerd/Wenn der reiche fallen wil/so helffen jm seine freunde auff/Wenn der arme fellet/stossen jn auch seine freunde zu boden. Wenn ein reicher nicht recht gethan hat/so sind viel die jm vber helffen/Wenn er sich mit worten vergriffen hat/so mus mans lassen recht sein/Wenn aber ein armer nicht recht gethan hat/so kan mans auffmutzen/Vnd wenn er gleich weislich redet/so findets doch keine stat/Wenn der reiche redet/so schweigt jderman/vnd sein wort hebt man jnn den himel/Wenn aber der arme redet/so spricht man/ Wer ist der? Vnd so er feilet/so mus er her halten.

Hyena ist ein thier jnn Egypten/das lernt einen hund ruffen bey seinem namen/wie ein mensch/vnd frisset jn.

Reichthum ist wol gut/wenn man es on sunde braucht/Aber armut des Gottlosen leret jn viel böses reden.

Was einer jm sinn hat/das sihet man jm an den augen an/es sey guts odder böses/Hat er guts im sinn/so sihet er frölich auff/Wer aber mit heimlichen tücken vmbgehet/kan nicht ruge dafur haben.

Wol dem/der nicht gibt bösen rat/vnd davon nicht böse gewissen hat.

Wol dem/der kein böse gewissen hat/vnd seine zuuersicht jm nicht empfallen ist.

XIIII.

G Ein

Das Buch

Ein Causer stehets nicht wol an/das er reich ist/Vnd was sol geld vnd gut einem kargen hunde?

Wer viel samlet vnd jm selber nichts guts thut/der samlets andern/vnd andere werdens verbrassen.

Wer jm selber nichts guts thut/Was solt der andern guts thun? Er wird seins guts nimer fro.

Es ist kein schendlicher ding/denn das einer jm selbs nichts guts gönnet/vnd das ist die rechte plage fur seine bosheit/Thut er etwas guts/so weis er freilich nichts drumb/vnd zu letzt wird er vngedültig drüber.

Das ist ein böser mensch/der nicht sehen mag/das man den leuten guts thut/Sondern wendet sein angesicht weg/vnd erbarmet sich niemands.

Ein vorteilischer mensch/lesst jm nimer gnügen an seinem teil/vnd kan fur geitz nicht gedeien.

Ein neidischer sihet nicht gern essen/Vnd thut jm wehe/wenn er sol essen geben.

Mein kind/Thu dir selbs guts von dem deinen/vnd gib dem HERRN opffer/die jm gebüren.

Gedenck/das der tod nicht seumet/Vnd du weist ia wol/was du fur einen bund mit dem tod hast.

Thu gutes dem freund fur deinem ende/Vnd reiche dem armen nach deinem vermügen.

Vergis der armen nicht/wenn du den frölichen tag hast/So wird dir auch freude widderfaren/die du begerest.

Du must doch deinen saurn schweis andern lassen. Vnd deine erbeit den erben vbergeben.

(heilige) Gib den priestern jr gebürliche opffer/wie das Gesetz heisst.

Gib gern/so wirstu widder empfahen/vnd heilige deine seele/Denn wenn du tod bist/so hastu aus gezeret.

Alles fleisch verschleisst/wie ein kleid/Denn es ist der alte bund/du must sterben.

Gleich wie die grünen bletter/auff einem schönen baum/etliche abfallen/etliche widder wachssen/Also gehets mit den leuten auch/etliche sterben/etliche werden geborn.

Alle vergenglich ding mus ein ende nemen/Vnd die da mit vmbgehen/faren auch mit dahin.

XV.

WOl dem der stets mit Gottes wort vmbgehet/vnd das selb auslegt vnd leret/ders von hertzen betracht/vnd gründlich verstehen lernt/vnd der Weisheit jmer weiter nach forschet/vnd schleicht jr nach/wo sie hin gehet/vnd kuckt zu jrem fenster hinein/vnd horcht an der thür/Sucht herberg nahe bey jrem hause/vnd richtet an jrer wand seine hütten auff/vnd ist jm eine gute herberge. Er bringt seine kinder auch vnter jr dechlin/vnd bleibt vnter jrer lauben/Darunter wird er fur der hitze beschirmet/vnd ist jm eine herrliche wonung. Solchs thut niemant/denn der den HERRN fürchtet/Vnd wer sich an Gottes wort helt/der findet sie/Vnd sie wird jm be

Jesus Syrach. XXXVIII.

jm begegen wie eine mutter/vnd wird jn empfahen/wie eine junge braut. Sie wird jn speisen mit brot des verstands/vnd wird jn trencken mit wasser der Weisheit/Da durch wird er starck werden/das er fest stehen kan/vnd wird sich an sie halten/das er nicht zu schanden wird/ Sie wird jn erhöhen vber seine nehesten/vnd wird jm seinen mund auffthun/jnn der Gemeine/Sie wird jn krönen mit freuden vnd wonne/vnd mit ewigem namen begaben/Aber die narren finden sie nicht/ vnd Gottlosen können sie nicht ersehen/Denn sie ist fern von den hoffertigen/vnd die heuchler wissen nichts von jr.

Ein Gottloser kan nichts recht leren/Denn es kompt nicht von Gott/Denn zu rechter lere gehört die Weisheit/so gibt Gott gnade da zu.

Du darffest nicht sagen/Hab ich vnrecht geleret/so hats Gott gethan/denn was er hasset/das soltestu nicht thun/Du darffest nicht sagen/hab ich vnrecht geleret/so hat er mich betrogen/Denn er darff keines Gottlosen/Denn der HERR hasset alle Abgötterey/Vnd wer jn fürchtet/der schewet sich dafur/Er hat den menschen von anfang geschaffen/vnd jm die wal gegeben/Wiltu/so halt die gebot/vnd thu was jm gefellt/jnn rechtem vertrawen/Er hat dir fewr vnd wasser furgestellet/greiff zu welchem du wilt/Der mensch hat fur sich leben vnd tod/welchs er wil/das wird jm gegeben werden/Denn die Weisheit Gottes ist gros/vnd er ist mechtig vnd sihet alles/Vnd seine augen sehen auff die so jn fürchten/vnd er weis wol/was recht gethan odder heuchley ist/Er heisst niemand Gottlos sein/vnd erleubt niemand zu sundigen.

(Gott gethan) Das sind die falschen lerer/so jren jrthum vnter Gottes namen verkeuffen/vnd schweren/Es sey Gottes wort/odder Gott müsse nicht recht leren etc.

XVI.

Frew dich nicht/das du viel vngeratener kinder hast/Vñ poche nicht drauff/das du viel kinder hast/wenn sie Gott nicht fürchten/Verlas dich nicht auff sie/vnd traw nicht auff jr vermügen/Denn es ist besser ein from kind/denn tausent Gottlosen/Vnd ist besser on kinder sterben/denn Gottlose kinder haben.

Ein fromer man kan einer stad auffhelffen/Aber wenn der Gottlosen gleich viel ist/wird sie doch durch sie verwüstet/ Des hab ich mein tage viel gesehen/vnd noch viel mehr gehört.

Das fewr verbrand den gantzen hauffen der Gottlosen/vnd der zorn gieng an/vber die vnglenbigen. Er verschonet der alten Rysen nicht/die mit jrer stercke zu boden giengen. Er schonet auch nicht dere/ bey welchen Lot ein frembdling war/sondern verdampt sie vmb jres hohmuts willen/vnd verderbt das gantze land on alle barmhertzigkeit/die es mit sunden vbermacht hatten/Also hat er wol sechs hundert tausent weg gerafft/darumb das sie vngehorsam waren/Wie solt denn ein einiger vngehorsamer vngestrafft bleiben? Denn er ist wol barmhertzig/aber ist auch zornig/Er lesst sich versunen/vnd strafft auch grewlich/So gros seine barmhertzigkeit ist/so gros ist auch seine straffe/vnd richtet einen jglichen/wie ers verdienet.

Der Gottlose wird mit seinem vnrechte nicht entgehen/vnd des fromen hoffnung wird nicht aussen bleiben.

Das Buch

Alle wolthat wird jre stet finden/ Vnd einem jglichen wird widder faren/ wie ers verdienet hat.

Sprich nicht/ Der HERR sihet nach mir nicht/ Wer fragt im himel nach mir? Vnter so grossem hauffen/ denckt er an mich nicht/ Was bin ich gegen so grosser welt?

Denn sihe/ der gantze himel allenthalben/ das meer vnd erden beben/ berg vnd tal zittern/ wenn er heimsucht/ Solt er denn jnn dein hertz nicht sehen? Aber was er thun wil/ das sihet niemand/ vnd das wetter/ so fur handen ist/ merckt kein mensch/ Vnd er kan viel thun/ des sich niemand versihet/ Vnd wer kans aus sagen vnd ertragen/ so er richtet? Aber solch drewen ist zu weit aus den augen/ vnd wens ein roher mensch höret/ bleibt er doch bey seiner torheit/ vnd bey seinem jrthum.

XVII.

Ein kind gehorche mir/ vnd lerne Weisheit/ vnd merck auff mein wort mit ernst/ Jch wil dir eine gewisse lere geben/ vnd dich klerlich vnterrichten.

Gott hat von anfang seine werck wol geordent/ vnd einem jglichen sein eigen werck gegeben/ vnd erhelt sie fur vnd fur jnn solcher ordnung/ das sie jr ampt jmerdar ausrichten/ vnd keins das ander hindere/ sondern sind jmerdar seinem befehl gehorsam/ Weiter hat er auch auff die erden gesehen/ vnd sie mit seinen gütern erfüllet/ Vnd macht das erdreich vol thiere/ welche widder vnter die erden komen.

(art) Menlin vnd frewlin.

Gott hat den menschen geschaffen/ aus der erden/ vnd macht jn widder zur erden/ vnd bestimpt jnen die zeit jrs lebens/ vnd schuff sie beide/ ein jglichs zu seiner art/ vnd macht sie nach seinem bilde/ Er gab jnen/ das alles fleisch/ sie fürchten musten/ vnd sie herrschen solten vber thier vnd vögel/ Er gab jnen vernunfft/ sprache/ augen/ ohren vnd verstand/ vnd erkentnis/ vnd zeigt jnen beide guts vnd böses/ Vnd hat sie fur andern thieren sonderlich angesehen/ jnen zu zeigen seine grosse Maiestet/ Er hat sie geleret/ vnd ein Gesetz des lebens gegeben. Er hat einen ewigen bund mit jnen gemacht/ vnd seine rechte offenbart/ Sie haben mit jren augen seine Maiestet gesehen/ vnd mit jren ohren seine herrliche stim gehöret/ Vnd er sprach zu jnen/ Hütet euch fur allem vnrecht/ Vnd befalh einem jglichen seinen nehesten.

(jnen) Mit Jsrael auff dem berge Sinai.

Jr wesen ist jmer fur jm/ vnd nicht verborgen/ Jnn allen landen hat er herschafften geordenet/ Aber vber Jsrael ist er selbs Herr worden/ Alle jre werck sind fur jm so offenbar/ wie die Sonne/ vnd seine augen sehen on vnterlas/ all jr wesen/ Auch sind alle jr bosheit jm vnverborgen/ vnd alle jre sunde sind fur jm offenbar/ Er behelt die wolthat des menschen/ wie ein siegel ring/ vnd die gute werck/ wie ein aug apffel/ Vnd zu letzt/ wird er auffwachen/ vnd einem jglichen vergelten auff seinen kopff/ wie ers verdienet hat.

Aber die sich bessern/ lesst er zu gnaden komen/ vnd die da müde werden/ tröstet er/ das sie nicht verzagen.

So bekere dich nu zum HERRN/ vnd las dein sündlich leben/ Bitte den HERRN/ vnd höre auff vom bösen. Halt dich zu dem Höhesten/

Jesus Syrach. L.

Höhesten/vnd wende dich vom vnrecht/vnd hasse mit ernst die Abgötterey/Wer wil den Höhesten loben jnn der helle? Denn allein die lebendigen können loben/die todten/als die nicht mehr sind/können nicht loben/Darumb lobe den HERRN/die weil du lebest vnd gesund bist.

XVIII.

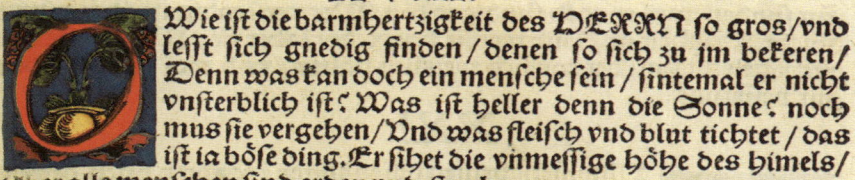

Wie ist die barmhertzigkeit des HERRN so gros/vnd lesst sich gnedig finden/denen so sich zu jm bekeren/Denn was kan doch ein mensche sein/sintemal er nicht vnsterblich ist? Was ist heller denn die Sonne? noch mus sie vergehen/Vnd was fleisch vnd blut tichtet/das ist ia böse ding. Er sihet die vnmessige höhe des himels/Aber alle menschen sind erden vnd staub.

Der do aber ewig lebet/alles was der macht/das ist volkomen/Der HERR ist allein gerecht/Niemand kan seine werck aussprechen/Wer kan seine grosse wunder begreiffen? Wer kan seine grosse macht messen? Wer kan seine grosse barmhertzigkeit erzelen? Man kan sie weder weren noch mehren/vnd kan seine grosse wunder nicht begreiffen.

Aber ein mensch/wenn er gleich sein bestes gethan hat/so ists noch kaum angefangen/Vnd wenn er meinet/er habs volendet/so feilet es noch weit/Denn was ist der mensch? wo zu taug er? Was kan er fromen odder schaden thun? Wenn er lang lebet/so lebet er hundert iar/gleich wie ein tröpfflin wassers gegen das meer/vnd wie ein körnlin/gegen dem sand am meer/so geringe sind seine jare gegen die ewigkeit.

Darumb hat Gott gedult mit jnen/vnd schüt seine barmhertzigkeit aus vber sie/Er sihet vnd weis wol/wie sie alle des todes sein müssen/Darumb erbarmet er sich deste reichlicher vber sie. Eins menschen barmhertzigkeit/gehet allein vber seinen nehesten/Aber Gottes barmhertzigkeit/gehet vber alle welt/Er strafft vnd züchtiget/Er leret vnd pflegt/wie ein hirte seiner herd/Er erbarmet sich aller/die sich zihen lassen/vnd vleissig Gottes wort hören.

Mein kind/Wenn du jemand guts thust/so mach dich nicht vnnütz/vnd wenn du etwas gibest/so betrübe jn nicht mit harten worten/Der thaw kület die hitze/Also ist ein gut wort besser denn die gabe/Ja ein wort ist offt angenemer/denn ein grosse gabe/Vnd ein holdseliger mensch gibt sie alle beide/Ein narr aber rückts einem vnhöflich auff/Vnd ein vnfreundliche gabe ist verdriesslich.

Lerne vor selbs/ehe du andere lerest/Hilff dir vor selber/ehe du andere artzneiest/straff dich vor selbs/ehe du andere vrteilest/So wirstu gnad finden/wenn andere gestrafft werden.

Spare deine busse nicht/bis du kranck werdest/sondern bessere dich/weil du noch sundigen kanst/ Verzeug nicht/from zu werden/vnd harre nicht mit besserung deines lebens/bis jnn den tod.

Vnd wiltu Gott dienen/so las dirs ernst sein/auff das du Gott nicht versuchest/Gedenck an den zorn/der am ende komen wird/vnd an die rache/wenn du davon must/Denn wenn man satt ist/sol

G iij man

Das Buch

man gleichwol dencken/das man widder hungern kan/Vnd wenn man reich ist/sol man dencken/das man widder arm werden kan/ Denn es kan vor abends wol anders werden/ wedder es am morgen war/Vnd solchs alles geschicht bald fur Gott.

Ein weiser mensch/ist jnn diesem allem sorgfeltig/vnd hütet sich fur sunden/weil er noch sundigen kan/Wer verstendig ist/der nimpt solche Weisheit an/Vnd wer sie kriegt/der lobet sie/Wer solche lere recht gelernt hat/der kan sich weislich halten/vnd wol dauon reden zur besserung.

XXI.

Folge nicht deinen bösen lüsten / sondern brich deinen willen/Denn wo du deinen bösen lüsten folgest/ so wirstu dich deinen feinden selbs zum spot machen.

Sey nicht ein brasser/vnd gewehne dich nicht zum schlemmen/Auff das du nicht zum betteler werdest/vnd wenn du nimer geld im seckel hast/auff wucher nemen müssest.

Ein erbeiter/der sich gern vol seufft/der wird nicht reich/Vnd wer ein geringes nicht zu rat helt/der nimpt fur vnd fur abe.

(würme) Frantzosen/leuse/ vnd andere kranckheit der bettler.

Wein vnd weiber bethören die weisen/Vnd die sich an huren hengen/werden wild/vnd kriegen motten vnd würme zu lohn/vnd verdorren den andern zum mercklichen exempel.

Wer bald gleubt/der ist leichtfertig/vnd thut jm/wenn er sich so verfüren lesst/selbs schaden.

(schalckheit) Als Vlenspiegel/ Vincentius/ pfaff vom Kalenberg.

Wer sich frewet/das er schalckheit treiben kan/der wird veracht/ Wer aber solche vnnütze schwetzer hasset/der verhütet schaden.

Hörestu was böses/das sage nicht nach/Denn schweigen schadet dir nicht/Du solts weder freund noch feind sagen/Vnd offenbars nicht/wo du es on böse gewissen thun kanst/Denn man höret dir wol zu/vnd merckt drauff/aber man hasset dich gleich wol.

Hastu etwas gehöret/las es mit dir sterben/so hastu ein rügig gewissen/Denn du wirst ia nicht dauon bersten.

Aber ein narr bricht heraus/wie ein zeitig kind heraus wil/Wenn ein wort im narren steckt/so ists eben als wenn ein pfeil jnn der hüfft steckt.

Sprich deinen nehesten drumb an/villeicht hat ers nicht gethan/ Odder hat ers gethan/das ers nicht mehr thu.

Sprich deinen nehesten drumb an/villeicht hat ers nicht geredt/ Hat ers aber geredt/das ers nicht mehr thu.

Sprich deinen freund drumb an/denn man leuget gern auff die leute/Drumb gleub nicht alles/was du hörest/Es entferet offt einem ein wort/vnd meinets doch nicht also/Denn wer ist/dem nicht zu weilen ein wort entferet?

Sprich deinen nehesten drumb an / ehe du mit jm pochest/ vnd denck an Gottes gebot/Denn die furcht Gottes/macht weislich thun/

jnn al-

Jesus Syrach. XL.

jnn allen sachen/vnd Gottes gebot/leret klüglich faren jnn allem handel.

Arglistigkeit ist nicht Weisheit/vnd der Gottlosen tücke/sind keine klugheit/Sondern ist eine bosheit/vnd Abgötterey/vnd eitel torheit/vnd vnweisheit.

Es ist besser/geringe klugheit mit Gottes furcht/Denn grosse klugheit/mit Gottes verachtung.

Es ist manch scharff sinniger/vnd doch ein schalck/vnd kan die sachen drehen/wie ers haben wil/Der selb schalck kan den kopff hengen vnd ernst sehen/vnd ist doch eitel betrug/Er schlegt die augen nider/vnd horcht mit schalcks ohren/Vnd wo du nicht acht auff jn hast/so wird er dich vber eilen/Vnd ob er zu schwach ist/dir schaden zu thun/so wird er dich doch/wenn er seine zeit sihet/berücken/Man sihets einem wol an/vnd ein vernünfftiger merckt den man an seinen geberden/Denn seine kleidung/lachen vnd gang zeigen jn an.

XX.

Es strafft einer offt seinen nehesten/zur vnzeit/vnd thet weislicher das er schwige.

Es ist besser frey straffen/denn heimlich hass tragen/Vnd wers zu danck annimpt/dem bringets fromen.

Wer gewalt vbet im gericht/der ist eben als ein Hofemeister der eine jungfraw schendet/die er bewaren sol.

Etlicher schweigt/darumb/das er sich nicht kan verantworten/Etlicher aber schweigt/vnd wartet seiner zeit/Ein weiser man schweigt/bis er seine zeit ersihet/Aber ein jeher narr/kan der zeit nicht erharren.

Wer viel plaudert/der macht sich feindselig/Vnd wer sich viel gewalts an masset/dem wird man gram.

Es glückt manchem/jnn bösen sachen/Aber es gedeiet jm zum verderben.

Es gibt offt einer etwas/da ers vbel anlegt/Dagegen/gibt einer/da ers seer wol anlegt.

Wer seer pranget/der verdirbet drüber/Wer sich aber drückt/der kompt embor.

Mancher keufft am ersten wolfeil/Aber hernach/mus ers thewr gnug bezalen.

Ein weiser man/macht sein geschenck werd/mit lieblichen worten/Aber was die narren schencken/machen sie selbs vnwerd.

Des narren geschenck/wird dir nicht viel frumen/Denn mit einem auge gibt er/vnd mit sieben augen sihet er/was er dafur kriege/Er gibt wenig/vnd rückt einem viel auff/vnd schreiets aus/als ein weinrüffer/Heute leihet er/morgen wil ers widder haben/Das sind feindselige leute.

Der narr klagt/Mir ist niemand trewe/Niemand danckt mir fur meine wolthat/Auch die mein brod essen/reden nichts guts von mir/O wie offt vnd von vielen wird er verspottet/Er fellet ferlicher/durch solche rede/denn/so er vom soller fiele/Also gehets den bösen/das sie doch zuletzt/plötzlich fallen müssen.

(trewe) Er kan seine wolthat/nicht gros gnug achten.

G iiij　Ein

Das Buch

Ein grober vngezogen mensch / plaudert vnfursichtiglich / vnd weschet jmer fort / wie es jm einfelt.

Wenn ein narr schon was guts redet / so taugs doch nicht / Denn er redets nicht zu rechter zeit.

Manchem weret sein armut / das er nicht vbels thut / Dauon hat er das vorteil / das er kein böse gewissen hat.

Mancher thut lieber das ergeste / denn das er seine ehre verliere / vnd thuts vmb Gottloser leute willen.

Mancher dienet dem andern zu vnrechten sachen / vnd eben damit kriegt er jn zum feinde.

Die lügen ist ein heslicher schandfleck / an einem menschen / Vnd ist gemein bey vngezogen leuten. Ein dieb ist nicht so böse / als ein mensch der sich zu lügen gewehnet / Aber zu letzt komen sie beide an den galgen.

Liegen ist dem menschen ein schendlich ding / vnd er kan nimer mehr zu ehren komen.

Ein weiser man bringt sich selbs zu ehren / durch seine weise rede / Vnd ein kluger man / ist lieb vnd werd bey Fürsten.

Wer seinen acker vleissig bawet / der macht seine hauffen gros / Vnd wer bey Fürsten sich helt / das er lieb vnd werd ist / der kan viel böses verkomen.

Geschenck vnd gaben / verblenden die weisen / vnd legen jn einen zaum jns maul / das sie nicht straffen können.

Ein weiser man / der sich nicht brauchen lesst / vnd ein vergrabener schatz / wo zu sind sie beide nütz?

Es ist besser das sich der vnweise verkrieche / denn der weise.

XXI.

Ein kind / hastu gesündigt / so höre auff / Vnd bitte / das dir die vorigen auch vergeben werde / Fleuch fur der sunde / wie fur einer schlange / Denn so du jr zu nahe komest / so sticht sie dich / Jre zeene sind wie Lewen zeene / vnd tödten den menschen.

Ein jgliche sunde ist / wie ein scharff schwerd / vnd verwundet das niemand heilen kan.

(gewalt)
Als die scharhansen / vnd Tyrannen.

(Gottlosen)
Verdampten / vnd zur straffe verurteilet.

Wer gewalt vnd vnrecht thut / mus zu letzt zum betler werden / Vnd wer stoltz ist / kompt zu letzt von haus vnd hoff / Denn so bald der elende rüfft / so hörets Gott / vnd die rache wird eilend komen / Wer jm nicht sagen lesst / der ist schon auff der ban des Gottlosen.

Vnd wer Gott fürchtet / der nimpts zu hertzen / Wer aber noch dazu trotzt / den sihet Gott von ferne / Vnd ein kluger merckt wol / das er vnter gehen wil.

Wer sein haus bawet / mit ander leute gut / der samlet steine jm zum grabe.

Die rotte der Gottlosen ist / wie ein hauff wercks / das mit fewr verzeret wird.

Die

Jesu Syrach. XLI.

Die Gottlosen gehen zwar auff einem feinem pflaster/des ende/ der hellen abgrund ist.

Wer Gottes gebot helt/der folget seinem eigen kopf nicht/Vnd Gott mit ernst fürchten/ist Weishheit.

Wo nicht vernunfft jnn ist/das lesst sich nicht zihen/Etliche sind vernünfftig gnug/richten aber damit viel vnglücks an.

Eins weisen mans lere/fleusst daher wie eine flut/vnd wie eine lebendige quelle.

Des narren hertz/ist wie ein topf/der da rinnet/vnd kan kein lere halten.

Wenn ein vernünfftiger/ein gute lere höret/so lobet er sie/vnd breitet sie aus/Höret sie aber ein mutwilliger/so misfelt sie jm/vnd wirfft sie hinder sich.

Die rede des narren drückt wie eine last auff dem wege/Aber wenn ein weiser redet/das ist lieblich zu hören.

Jm rat hat man acht/was der weise redet/vnd was er ret/das gilt/Des narren rede sihet wie ein eingefallen haus/vnd des vnuerstendigen rat/kan man nicht wissen/was es ist.

(ret) Sein rat vnd bedencken.

Wenn man den narren zihen wil/so stellet er sich/als wolt man jm fessel an hende vnd füsse legen.

Aber ein weiser achts fur einen gülden schmuck/vnd fur ein geschmide am rechten arm.

Ein narr leufft frey einem jnns haus/Aber ein vernünfftiger schewet sich/Ein narr kucket frey einem zum fenster hinein/Aber ein vernünfftiger bleibt eraussen stehen.

(kucket) Die an der rat stuben horchen vnd lauren/ was man sagt odder thut.

Es ist ein vnuernunfft/einem an der thür horchen/Ein vernünfftiger hielt es fur eine schmach.

Die vnnützen wescher plaudern/das nichts zur sachen dienet/ Die weisen aber bewegen jre wort mit der gold wage.

Die narren haben jr hertz im maul/Aber die weisen haben jren mund im hertzen.

Ein narr lachet vber laut/Ein weiser lechelt ein wenig.

Wenn der Gottlos einem schalck flucht/So flucht er jm selber.

Die Ohrenbleser thun jn selbs schaden/vnd hat sie niemand gern vmb sich.

XXII.

Ein fauler mensch ist gleich/wie ein stein/der im kot ligt/ Wer jn auff hebt/der mus die hende widder wisschen.

Ein vngezogen son/ist seinem Vater eine vnehre. Ein vernünfftige tochter kriegt wol einen man/Aber ein vngeratene tochter lesst man sitzen/vnd sie bekümmert jren vater/Vnd welche wild ist/die ist beide dem Vater vnd man eine vnehre/Vnd wird von beiden gehasset.

Ein rede/so zur vnzeit geschicht/reimet sich eben/wie ein seitenspiel/wenn einer trawrig ist/Straff vnd lere/sol man zu rechter zeit vben.

Wer ei-

Das Buch

Wer einen narren leret/der flicket scherben zu samen/vnd thut eben/als wenn man einen/aus enem tieffen schlaff weckt. Wer mit einem narren redet/der redet mit einem schlaffenden/wens aus ist/so spricht er/was ists?

Vber einen todten pflegt man zu trawren/denn er hat das liecht nicht mehr. Aber vber einen narren solt man trawren/das er keinen verstand hat/Man sol nicht zu seer trawren vber die todten/Denn er ist zur ruge komen/Aber des narren leben ist erger/denn der tod/Sieben tage trawret man vber einen todten. Aber vber einen narren vnd Gottlosen/jr leben lang.

Rede nicht viel mit einem narren/vnd gehe nicht viel vmb mit einem vnuerstendigen. Halt dich von jm/das du nicht jnn einen schweis gefürt/vnd von seinem vnflat bekleckt werdest/Weiche nur von jm/so bleibstu mit frieden/vnd komest nicht jnn angst vnd not vber seiner torheit. Was ist schwerer denn bley? vnd wie wil man einen narren anders heissen/denn Bley? Es ist leichter/sand/saltz vnd eisen tragen/denn einen vnuerstendigen menschen.

(schweis) Gut gesellen vnd freunde/füre man chē jnn ein bad etc

Gleich wie ein haus/das fest jnn einander verbunden ist/nicht zu fellt/vom sturmwind/Also auch ein hertz/das seiner sachen gewis ist/das fürcht sich fur keinem schrecken.

Gleich wie der schöne tünch/an der schlechten wand widder den regen/vnd ein zaun auff hohem berge/widder den wind/nicht kan bestehen/Also stehet das blöde hertz des narren jnn seinem furnemen/widder kein erschrecken.

Wenn man das auge drückt/so gehen threnen heraus/Vnd wenn man einem das hertz trifft/so lesst er sich mercken.

Wer vnter die vögel wirfft/der scheucht sie weg/Vnd wer seinen freund schmehet/der zertrennet die freundschafft.

Wenn du gleich ein schwerd zückest/vber deinen freund/so machstu es nicht so böse/als mit schmehen/Denn jr könnet wol widder freunde werden/wenn du jn nicht meidest/vnd redest mit jm/Denn man kan alles versunen/ausgenomen/die schmach/verachtung/offenbarung der heimligkeit/vnd böse tück/Solche stück veriagen den freund.

Bleib trew deinem freund/jnn seiner armut/das du dich mit jm frewen mügest/wenns jm wol gehet.

Halt fest bey jm/wens jm vbel gehet/auff das du seines glücks auch geniessen mügest.

Der rauch vnd dampff gehet vorher/wenn ein fewr brennen wil/Also kompts vom schmehen/zum blut vergiessen.

Scheme dich nicht deinen freund zu schützen/Vnd meide jn nicht/Widderferet dir etwas böses von jm/So wird sich fur jm hüten/wers höret.

XXIII.

Jesu Syrach. XLII.

Das ich künd ein schlos an meinen mund legen/vnd ein fest siegel auff mein maul drücken/das ich da durch nicht zu fall keme/vnd meine zunge mich nicht verderbet.

HERR Gott Vater/vnd herr meins lebens/Las mich nicht vnter die lesterer geraten/vnd las mich nicht vnter jnen verderben/O das ich meine gedancken künd im zaum halten/vnd mein hertz mit Gottes wort züchtigen/vnd ich mein nicht schonet/wo ich feilete/auff das ich nicht sunde anrichtet/vnd grosse jrthum stiffte/vnd viel vbels begieng/Damit ich nicht vntergehen muste fur meinen feinden/vnd jnen zum spot würde.

HERR Gott Vater vnd Herr meins lebens/Behüt mich fur vnzüchtigem gesicht/vnd wende von mir alle böse lust/Las mich nicht jnn schlemmen vnd vnkeuscheit geraten/vnd behüte mich fur vnuerschamptem hertzen.

Lieben kinder/lernt das maul halten/Denn wer es helt/der wird sich mit worten nicht vergreiffen/wie die Gottlosen vnd lesterer vnd stoltzen da durch fallen.

Gewehne deinen mund nicht zum schweren vnd Gottes namen zu füren/Denn gleich wie ein knecht/der offt gesteupt wird/nicht on striemen ist/Also kan der auch nicht rein von sunden sein/der offt schweret vnd Gottes namen füret.

Wer offt schweret/der sundigt offt/vnd die plage wird von seinem hause nicht bleiben.

Schweret er vnd verstehets nicht/so sundigt er gleich wol/Verstehet ers vnd verachts/so sundigt er zwifeltig/Schweret er aber vergeblich/so ist er dennoch nicht on sunde/Sein haus wird hart gestrafft werden. (vergeblich) On schaden des nehesten.

Es ist auch ein tödlicher fluch/da fur behüte Gott das haus Jacob/Vnd die Gottfürchtigen fliehen solchs/vnd besuddeln sich nicht mit dieser sunde. (fluch) Wie die Heiden schweren durch ab götter.

Gewehne deinen mund nicht zu leichtfertigem schweren/Denn es kompt aus bösem furnemen. Matth. v.

Vergiss nicht deines Vaters vnd deiner mutter lere/So wirstu vnter den herrn sitzen/vnd wird dein auch nicht vergessen werden/Das du nicht gewonest der narrheit/vnd zu letzt woltest/du werest nie geborn/vnd verfluchest dem tage deiner geburt.

Wer sich gewehnet zu schmehen/der bessert sich sein lebtage nicht. (schmehen) zu affterreden/ vnd ander leute zu vrteilen.

Das andermal sundigen/das ist zu viel/das dritte mal/bringt die straff mit sich.

Wer jnn der brunst stickt/der ist wie ein brennend feur/vnd höret nicht auff/bis er sich selbs verbrenne.

Ein vnkeuscher mensch/hat keine ruge an seinem leibe/bis er ein fewr anzünde.

Einem vnkeuschen menschen/ist alle speise süsse/vnd lesst nicht ab/bis ers erfülle. (speise) Er nimpts wo ers findet / offt einen garstigen balck/ fur sein schönes weib.

Ein man der seine Ehe bricht/vnd denckt bey sich selbs/Wer sihet mich? Es ist finster vmb mich/vnd die wende verbergen mich/ das mich niemant sihet/Wen sol ich schewen? der Allerhöhest achtet

Das Buch

achtet meiner sunde nicht/Solcher schewet allein der menschen augen/vnd denckt nicht/das die augen des HERRN/viel heller sind denn die sonne/vnd sehen alles was die menschen thun/vnd schawen auch jnn die heimlichen winckel/Alle ding sind jm bekand/ehe sie geschaffen werden/also wol/als wenn sie geschaffen sind/Der selb man wird öffentlich jnn der stad gestrafft werden/vnd wird erhascht werden/wenn er sichs am wenigsten versihet.

Also wirds auch gehen dem weibe/die jren man verlesst/vnd einen erben von einem andern kriegt/Erstlich/ist sie dem gebot Gottes vngehorsam/Zum andern/sundigt sie widder jren man/Zum dritten/bringt sie durch jren ehebruch/kinder von einem andern/Diese wird man aus der Gemeine werffen/vnd jre kinder müssen jr entgelten/Jre kinder werden nicht wurtzeln/vnd jre zweige werden nicht frucht bringen/Sie lesst ein verflucht gedechtnis hinder sich/vnd jre schande wird nimermehr vertilget/Daran lernen die nachkomen/das nichts bessers sey/denn Gott furchten/vnd nichts süssers/denn auff Gottes gebot achten.

XXIIII.

Je Weisheit preiset sich/vnd vnter dem volck rhümet sie sich/Sie predigt jnn der Gemeine Gottes/vnd lobet sich jnn seinem Reich/vnd spricht also. Ich bin Gottes wort/vnd schwebe vber der gantzen erden/wie die wolcken/Mein gezelt ist jnn der höhe/vnd mein stuel jnn den wolcken/Ich allein bin allenthalben/so weit der himel ist/vnd so tieff der abgrund ist/allenthalben im meer/allenthalben auff erden/vnter allen leuten/vnter allen Heiden/Bey diesen allen habe ich wonung gesucht/das ich etwo stat funde.

Da gebot mir der Schepffer aller dinge/vnd der mich geschaffen hat/bestellet mir eine wonunge/vnd sprach/Jnn Jacob soltu wonen/vnd Jsrael sol dein erbe sein.

Vor der welt von anfang bin ich geschaffen/vnd werde ewiglich bleiben/vnd hab fur jm jnn der Hütten gedienet/vnd darnach zu Zion eine gewisse stet kriegt/vnd er hat mich jnn die Heilige stat gesetzt/das ich zu Jerusalem regirn solte. Ich hab eingewortzelt/bey einem geehreten volck/das Gottes erbteil ist/Ich bin hoch gewachsen/wie ein Cedern auff dem Libano/vnd wie ein Cypressen auff dem gebirge Hermon/Ich bin auffgewachssen/wie ein palmbaum am wasser/vnd wie die rosen stöck/so man zu Hiericho erzeucht/wie ein schöner ölebaum auff freiem felde/Ich bin auffgewachsen/wie ahörnen/Ich gab einen lieblichen geruch von mir/wie Cynnamet vnd köstliche würtz/vnd wie die besten Myrrhen/wie Galban vnd Onych vnd Myrrhen/vnd wie der Weyrauch jnn dem Tempel.

(besten Myrrhen) Die beste Myrrhe ist der erste safft/der von jm selber aus dem Myrrhē bawm fleusst/vnd heisst Stacte/Tropffen/Die ander heisst schlecht Myrrhen/die aus dem schnitt vom bawm fleusst.

Ich breitet meine zweige aus/wie eine eiche/vnd meine zweige waren schöne vnd lustig/Ich gab einen lieblichen geruch von mir/wie der weinstock/vnd meine blühet bracht ehrliche vnd reiche frucht.

Komet her zu mir/alle die jr mein begert/vnd settiget euch von meinen früchten/Meine predigt ist süsser denn honig/vnd meine gabe/süsser

Jesus Syrach. XLIII.

susser denn honig seim/Wer von mir isset/den hungert jmer nach mir/Vnd wer von mir trincket/den dürstet jmer nach mir/Wer mir gehorcht/der wird nicht zu schanden/vnd wer mir folget/der wird vnschüldig bleiben.

Dis alles ist eben das Buch des bunds/mit dem Höhesten Gotte gemacht/nemlich das Gesetz/welchs Moses dem hause Jacob zum schatz befolhen hat/daraus die Weisheit geflossen ist/wie das wasser Phison/wenn es gros ist/vnd wie das wasser Tygris/wenn es vbergehet im lentzen/Daraus der verstand geflossen ist/wie der Euphrates/wenn er gros ist/vnd wie der Jordan jnn der erndte/Aus dem selben ist erfur brochen die zucht/wie das liecht/vnd wie das wasser Nilus im herbst/Er ist nie gewest/der es ausgelernet hette/vnd wird nimer mehr werden/der es aus gründen möchte/Denn sein sinn ist reicher weder kein meer/vnd sein wort tieffer denn kein abgrund.

Es fliessen von mir viel bechlin jnn die garten/wie man das wasser hinein leitet/Da wessere ich meine garten/vnd trencke meine wise/Da werden meine bechlin zu grossen Stromen/vnd meine Strome werden grosse see/Denn meine lere lenchtet so weit/als der liechte morgen/vnd scheinet ferne/Auch schüttet meine lere weissagung aus/die ewig bleiben mus/Da sehet jr/das ich nicht allein fur mich erbeite/sondern fur alle/die der Weisheit begeren.

XXV.

DRey schöne stück sind/die beide Gott vnd den menschen wolgefallen/Wenn brüder eines sind/vnd die nachbar sich liebhaben/vnd man vnd weib sich wol mit einander begehen.

Drey stück sind/den ich von hertzen feind bin/vnd jr wesen verdreusst mich vbel/Wenn ein armer hoffertig ist/vnd ein reicher gern leuget/vnd ein alter narr ein Ehebrecher ist.

Wenn du jnn der jugent nicht samlest/was wiltu im alter finden?

O wie fein stehets/wenn die grawen heubte/weise/vnd die alten/klug/vnd die herrn vernünfftig vnd fürsichtig sind.

Das ist der alten krone/wenn sie viel erfaren haben/Vnd jr ehre ist/wenn sie Gott fürchten.

Neun stück sind/die ich jnn meinem hertzen hoch zu loben halte/vnd das zehend wil ich mit meinem munde preisen. Ein man der freude an seinen kindern hat. Wer erlebt/das er seine feinde vntergehen sihet. Wol dem/der ein vernünfftig weib hat. Wer mit seinem reden/keinen schaden thut. Wer nicht dienen mus/denen/so es nicht werd sind. Wol dem der einen trewen freund hat. Wol dem der klug ist. Vnd der do leret/da mans gern höret. O wie gros ist der/so weise ist. Aber wer Gott fürcht/vber den ist niemand. Denn die furcht Gottes gehet vber alles/Wer die selbigen fest helt/wem kan man den vergleichen?

I.
II.
III.
IIII.
V.
VI.
VII.
VIII.
IX.
X.

Es ist kein wehe so gros/als hertzen leid/Es ist kein list vber frauen list/Es ist kein lauren/vber des Neidharts lauren/Es ist kein rachgir/vber der feinde rachgir/Es ist kein kopff so listig/als der schlang-
D en kopff/

Das Buch

en kopff/vnd ist kein zorn so bitter/als der frawen zorn/Ich wolt lieber bey Lewen vnd Trachen wonen/denn bey einem bösen weibe/ Wenn sie böse wird/so verstellet sie jr geberde/vnd wird so scheuslich/ wie ein sack/Ir man mus sich jr schemen/vnd wenn mans jm fur wirfft/so thuts jm im hertzen wehe/Alle bosheit ist geringe/gegen der weiber bosheit/Es geschehe jr/was den Gottlosen geschicht.

Ein weschafftig weib ist einem stillen man/wie ein sandiger weg hinauff einem alten man/Las dich nicht betriegen/das sie schöne ist/ Vnd beger jr nicht darumb.

Wenn das weib den man reich macht/so ist da eitel hadder/verachtung vnd grosse schmach/Ein böse weib/macht ein betrübt hertz/ traurig angesicht/vnd das hertze leid.

Ein weib da der man kein freud an hat/die macht jn verdrossen zu allen dingen.

Die sund kompt her von einem weibe/vnd vmb jrer willen/müssen wir alle sterben/Wie man dem wasser nicht raum lassen sol/also sol man dem weibe seinen willen nicht lassen/Wil sie dir nicht zur hand gehen/so scheide dich von jr.

(scheide)
Das ist nach dem Gesetz Mosi gesagt.

XXVI.

Ol dem/der ein tugentsam weib hat/des lebet er noch einest so lange.

Ein heuslich weib ist jrem manne eine freude/vnd macht jm ein fein rügig leben.

Ein tugentsam weib/ist ein edle gabe/vnd wird dem gegeben der Gott fürchtet/Er sey reich odder arm/ so ists jm ein trost/vnd macht jn allzeit frölich.

Drey ding sind schrecklich/vnd das vierde ist grewlich/Verreterey/Auffrur/vnschüldig blut vergiessen/welche alle erger sind/denn der tod/Das ist aber das hertzleid/wenn ein weib widder das ander eiuert/vnd schendet sie bey jederman.

Wenn einer ein böse weib hat/so ists eben/als ein vngleich par ochsen/die neben ander zihen sollen.

(vngleich)
Die werden selten reich.

Wer sie kriegt/der kriegt ein scorpion.

Ein truncken weib ist eine grosse plage/Denn sie kan jre schande nicht decken.

Ein hürisch weib kennet man bey jrem vnzüchtigem gesicht/vnd an jren augen.

Ist deine tochter nicht schamhafftig/so halt sie hart/auff das sie nicht jren mut willen treibe/wenn sie so frey ist.

Wenn du merckest/das sie frech vmb sich sihet/so sihe wol drauff/ Wo nicht/vnd sie thut darüber widder dich/so las dichs auch nicht wundern. Wie ein fus genger/der dürstig ist/lechtzet sie/vnd trinckt das neheste wasser/das sie krigt/vnd setzet sich/wo sie einen stock findet/vnd nimpt an/was jr werden kan.

Ein freundlich weib erfrewet jren man/vnd wenn sie vernünfftig mit jm vmbgehet/erfrisscht sie jm sein hertz.

Ein weib das schweigen kan/das ist eine gabe Gottes/Ein wolgezogen weib ist nicht zu bezalen.

Es ist

Jesus Syrach. XLIIII.

Es ist nichts liebers auff erden/denn ein züchtig weib/Vnd ist nichts köstlichers/denn ein keusches weib.

Wie die sonne/wenn sie auffgangen ist/jnn dem hohen himel des HERRN ein zierde ist/Also ist ein tugendsam weib/ein zierde jnn jrem hause.

Ein schön weib/das from bleibt/ist wie die helle lampe auff dem Heiligen leuchter.

Ein weib/das ein bestendig gemüt hat/ist wie die güldene seulen/auff den silbern stülen.

Er redet vom leuchter / vnd seulen jnn der Hütten Mosi.

XXVII.

Wey stück sind/die mich verdriessen/vnd das dritte thut mir zorn/Wenn man einen streitbarn man/zu letzt armut leiden lesst/Vnd die weisen Rete zu letzt veracht/Vnd wer vom rechten glauben abfellt zum vnrechtem glauben/Diesen hat Gott zum schwerd verdampt.

Ein kauffman kan sich schwerlich hüten fur vnrecht/vnd ein kremer fur sunden/Denn vmb guts willen thun viel vnrecht/Vnd die reich werden wöllen/wenden die augen ab/Wie ein nagel jnn der mauren zwisschen zween steinen steckt/Also steckt auch sunde zwisschen kauffer vnd verkauffer/Hellt er sich nicht mit vleis jnn der furcht des HERRN/so wird sein haus bald zerstöret werden.

(augen ab). Das ist/sie achten des gewissens nicht.

Wenn man siebet/so bleibt das vnfletige drinnen/Also/was der mensch fur nimpt/so klebt jmer etwas vnreines dran/Gleich wie der ofen bewerd die newen töpffe/also bewerd die trübsal des menschen sinn.

An den früchten merckt man/wie des baums gewartet ist/Also merckt man an der rede/wie das hertz geschickt ist.

Du solt niemand loben/du habst jn denn gehöret/Denn an der rede kennet man den man.

Folgestu der gerechtigkeit nach/so wirstu sie kriegen/vnd anziehen wie einen schönen rock.

Die vögel gesellen sich zu jres gleichen/Also helt sich die warheit zu denen/die jr gehorchen.

Wie der Lew auff den raub lauret/also ergreifft zu letzt die sunde den vbeltheter.

Ein Gott fürchtiger redet allezeit das heilsam ist/Ein narr aber ist wandelbar/wie der Mond.

Wenn du vnter den vnweisen bist/so merck was die zeit leiden wil/Aber vnter den weisen magstu fort faren.

Der narren rede/ist vber die mass verdrieslich/Vnd jr lachen ist eitel sunde/vnd kutzeln sich doch damit.

(Kutzeln) Thut jnen wol/das sie andere betrüben vnd schaden thun.

Wo man viel schweren höret/da gehen einem die har zu berge/vnd jr haddern macht/das man die ohren zu halten mus.

Wenn die hoffertigen mit einander haddern/so folgt blut vergiessen darnach/vnd ist verdrieslich zu hören/wenn sie sich so zu schelten.

D ij   Wer heim-

Das Buch

Wer heimligkeit offenbart/der verleurt den glauben/vnd wird nimer mehr einen trewen freund kriegen.

Halt deinen freund werd/vnd halt jm glauben/wo du aber seine heimligkeit offenbarest/so wirstu jn nicht widder kriegen.

Wer seinen freund verleurt/dem geschicht wol so vbel/als dem sein feind entgehet. Gleich als wenn du einen vogel aus der hand lessest/also ists/wenn du deinen freund verlessest/du sehest jn nicht widder/Du darffest jm nicht nach lauffen/Er ist zu fern weg/Er ist entsprungen/wie ein Rehe aus dem netze/Wunden kan man verbinden/Schelt wort kan man sünen/Aber wer heimligkeit offenbart/mit dem ists aus.

Wer mit den augen winckt/der hat böses im sinn/vnd lesst sich nicht dauon wenden/Für dir kan er süsse reden/vnd lobet seer was du redest/Aber hinder werts/redet er anders/vnd verkeret dir deine wort/Ich bin keinem ding so feind/als dem/Vnd der HERR ist jm auch feind.

XXVIII.

Wer den stein jnn die höhe wirfft/dem fellet er auff den kopff/Wer heimlich sticht/der verwundet sich selbs/Wer eine grube grebt/der fellt selbs drein/Wer einem andern stellet/der fehet sich selbs/Wer dem andern schaden thun wil/dem kompts selbs vber seinen hals/das er nicht weis wo her.

Die hoffertigen hönen vnd spotten/Aber die rache lauret auff sie/wie ein Lewe.

Die sich frewen/wens den fromen vbel gehet/werden im strick gefangen/das hertzleid wird sie verzeren/ehe sie sterben.

Zorn vnd wüten sind grewel/Vnd der Gottlose treibt sie.

Wer sich rechent/an dem wird sich der HERR widder rechen/vnd wird jm seine sunde auch behalten.

Vergib deinem nehesten/was er dir zu leide gethan hat/Vnd bitte denn/so werden dir deine sunde auch vergeben.

Ein mensch hellt gegen dem andern den zorn/vnd wil bey dem HERRN gnad suchen/Er ist vnbarmhertzig gegen seines gleichen/vnd wil fur seine sunde bitten/Er ist nur fleisch vnd blut/vnd helt den zorn/Wer wil denn jm seine sunde vergeben?

Gedencke an das ende/vnd las die feindschafft faren/die den tod vnd verderben sucht/vnd bleibe jnn den Geboten/Gedenck an das gebot/vnd las dein drewen widder deinen nehesten/Gedenck an den bund des Höhesten/vnd vergib die vnwissenheit/Las ab vom hadder/so bleiben viel sunde nach/Denn ein zorniger mensch zündet hadder an/vnd der Gottlose verwirret gute freunde/vnd hetzet widdernan der die guten frieden haben.

Wenn des holtzs viel ist/wird des feurs deste mehr/Vnd wenn die leute gewaltig sind/wird der zorn deste grösser/Vnd wenn die leute

reich

Jesus Syrach. XLV.

reich sind/wird der zorn deste hefftiger/ Vnd wenn der hadder lange weret/ so brennets deste mehr.

Jech sein zu hadder/ zündet feur an/ vnd jech sein zu zancken/ vergeusst blut.

Blesestu jns fünklin/ so wird ein gros feur draus/ Speiestu aber jns fünklin/ so verlesscht es/ Vnd beides kan aus deinem munde komen.

Die Ohrenbleser vnd falsche böse meuler/ sind verflucht/ Denn sie verwirren viele die guten frieden haben.

Ein böse maul/ macht viel leute vneins/ vnd treibt sie aus einem land jnns ander/ Es zubricht feste stedte/ vnd zerstöret Fürstenthüme/ Ein böse maul verstösset redliche weiber / vnd beraubt sie alles/ das jn saur worden ist/Wer jm gehorcht/ der hat nimer ruge/ vnd kan nirgent mit frieden bleiben.

Die geissel macht strimen/ Aber ein böse maul/ zerschmettert beine vnd alles.

Viel sind gefallen/ durch die scherffe des schwerds/ Aber nirgent so viel/ als durch böse meuler.

Wol dem/ der fur bösem maul bewaret ist/ vnd von jm vngeplagt bleibt/ vnd sein joch nicht tragen mus/ vnd jnn seinen stricken nicht gebunden ist/ Denn sein joch ist eisern/ vnd seine stricke ehrnen/ Seine plage ist bitterer denn der tod/ vnd erger denn die helle.

Aber es wird den Gottfürchtigen nicht vnter drücken/ Vnd er wird jnn desselben feur nicht brennen. Wer den HERRN verlesset/ der wird drein fallen/ vnd drinn brennen/ vnd es wird nicht ausgelesscht werden/ Es wird jn vberfallen/ wie ein Lew/ vnd auffreiben wie ein Pard.

Du verzeunest deine güter mit dornen/ Warumb machstu nicht viel mehr deinem munde thür vnd rigel? Du wegest dein gold vnd silber ein/ Warumb wegestu nicht auch deine wort auff der gold wage? Hüte dich/ das du nicht dadurch gleittest/ vnd fallest fur deinen feinden/ die auff dich lauren.

(weiber) Nach Mose Gesetz/ da der scheide brieff galt/ wird manch weib on schuld/ verstossen gewest sein/ durch solche böse meuler.

XXIX.

Wer seinem nehesten leihet/ der thut ein werck der barmhertzigkeit/ Vnd wer güter hat/ der sol solchs thun.

Leihe deinem nehesten/ wenn ers bedarff/ Vnd du ander gibs auch widder zu bestimpter zeit/ Halt was du geredt hast/ vnd handel nicht betrieglich mit jm/ So findestu allezeit deine notdurfft.

Mancher meinet/ es sey gefunden/ was er borget/ vnd machet den vnwillig/ so jm geholffen hat/ Er küsset einem die hand/ die weil man jm leihet/ vnd redet so demütiglich vmb des nehesten geld/ Aber wenn er sol widdergeben/ so verzeucht ers/ vnd klaget seer/ Es sey schwere zeit/ Vnd ob ers wol vermag/ gibt ers kaum die helfft widder/ vnd rechents jhenem fur einen gewin zu/ Vermag ers aber nicht/ so bringt er jhenen vmbs geld/ der selb hat denn jm selber einen feind gekaufft/ mit seinem eigen gelde/ Vnd jhener bezalet jn mit fluchen vnd schelten/ Vnd gibt jm schmehewort fur danck.

Mancher leihet vngerne aus keiner bösen meinung/ Sondern er mus fürchten/ er kome vmb das seine.

Doch

Das Buch

(Inn der not)
Weil die not da ist.

Doch habe gedult mit deinem nehesten jnn der not/vnd thu das almosen dazu/das du jm zeit lassest.

Hilff dem armen vmb des gebots willen/vnd las jn jnn der not nicht lehr von dir.

Verleur gern dein geld/vmb deines Bruders vnd nehesten willen/ vnd vergrabs nicht vnter einen stein/da es doch vmbkompt.

Samle dir einen schatz nach dem gebot des Allerhöhesten/ der wird dir besser sein/denn kein gold.

(Ort)
Tele es ab/was du zu geben gedenckest/vom andern gut/wie Moses leret/die zehenden bey legen/vnd absondern/ auff künfftige wolthat. Vnd S. Paulus ij. Cor. ix.

Lege dein almosen an einen sondern ort/dasselb wird dich erretten/aus allem vnglück/Es wird fur dich streitten wider deinen feind/ besser denn kein schilt oder spies.

Ein frumer man wird bürge fur seinen nehesten/Aber ein vnverschempter/lesst seinen bürgen stehen.

Vergiss nicht der wolthat deines bürgen/Denn er hat sich selbs fur dich versetzt.

Der Gottlose bringt seinen bürgen jnn schaden/Vnd ein vndanckbarer/lesst seinen erlöser stecken.

Bürge werden/hat viel reiche leut verderbt/Vnd hin vnd wider geworffen/wie die wellen im meer/Es hat grosse leute vertrieben/das sie jnn frembden landen/musten jnn der jrre gehen.

a
(Notturfft)
Es ist nicht not borgen oder leihe/ ausser der notturfft des lebens/als zur pracht/zu grossem baw oder kauff/ Wil sagen/wenn man leihen vñ borgen sol/nemlich/ jnn der not/Sonst heben viel leute/ gros ding an/vnd wollens mit borgen / vnd ander leute beschwerung thun.

Solchs geschicht auch denen die borgen/vnd gros hendel vnd baw anfahen/ vnd darnach dasselb andern lassen müssen

Ein Gottloser/so er bürge ist worden/vnd gehet mit rencken vmb/ das er sich auswickele/der wird der straffe nicht entgehen.

Hilff deinem nehesten aus/so viel du kanst/vnd sihe dich fur/ das du nicht selbs drüber zu schaden kompst.

Es ist gnug zu diesem leben/wer wasser vnd brod/kleider vnd haus hat/damit er seine ⸰ notturfft decken kan.

Es ist besser geringe narung/vnter einem bretern eigen dach/denn köstlicher tisch vnter den fremben.

Las dirs gefallen/du habest wenig oder viel/Denn es ist ein schendlich leben/von haus zu haus zihen. Vnd wo einer frembd ist/thar er sein maul nicht auff thun/Er mus zu sich lassen/vnd mit jm trincken lassen/vnd keinen danck haben/Mus dazu bittere wort hören/Nemlich/ Gast/gehe hin vnd bereit den tisch/las mich mit dir essen/was du hast/Item/zeuch aus/ich hab einen ehrlichen gast kriegen/Ich mus das haus haben/Mein bruder zeucht zu mir ein/Solchs ist schweer einem vernünfftigen man/das er vmb der herberg willen solche wort fressen mus/vnd das man jm auffrückt/wenn man jm gelihen hat.

XXX.

WEr sein kind lieb hat/der helt es stets vnter der ruten/ das er hernach freud an jm erlebe.

Wer sein kind jnn der zucht helt/der wird sich sein frewen / vnd darff sich sein bey den bekandten nicht schemen.

Wenn

Syrach. XLIIII.

Wenn einer sein kind zeucht/das verdreusst seinen feind/vnd erfrewet seine freunde/Denn wo sein vater stirbet/so ists/als were er nicht gestorben/Denn er hat seines gleichen hinder sich gelassen/Da er lebete/sahe er seine lust/vnd hatte freude an jm/Da er starb/dorfft er nicht sorgen/Denn er hat hinder sich gelassen einen schutz wider seine feinde/vnd der den freunden wider dienen kan.

Wer aber seinem kinde zu weich ist/der klagt seine striemen/vnd erschrickt so offt es weinet.

Ein verwehnet kind/wird mutwillig/wie ein wild pferd.

Zertle mit deim kinde/so mustu dich hernach fur jm furchten/Spiele mit jm/so wird es dich hernach betrüben.

Schertze nicht mit jm/auff das du nicht mit jm hernach trawren müssest/vnd deine zene zu letzt kirren müssen.

Las jm seinen willen nicht jnn der jugent/Vnd entschüldige seine torheit nicht/Beuge jm den hals/weil er noch jung ist/blewe jm den rucken/weil er noch klein ist/auff das er nicht halstarrig/vnd dir vngehorsam werde.

Zeuch dein kind/vnd las es nicht müssig gehen/das du nicht vber jm zu schanden werdest.

Es ist besser/Einer sey arm/vnd da bey frisch vnd gesund/denn reich vnd vngesund/Gesund vnd frisch sein/ist besser denn gold/Vnd ein gesunder leib besser/denn gros gut/Es ist kein reichthumb zu vergleichen einem gesunden leibe/Vnd keine freude/des hertzen freude gleich.

Der tod ist besser/denn ein siech leben oder stete kranckheit/Es ist eben als ein gut gericht fur einem maul das nicht essen kan/Vnd wie die speise/so man bey eins todten grabe setzt/Denn was ist dem götzen das opffer nütze? kan er doch weder essen noch riechen? So ists mit dem reichen auch/den Gott siech macht/Er sihet es wol mit den augen/vnd süfftzet darnach/vnd ist wie ein verschnittener/der bey einer jungfrawen ligt vnd seufftzet.

Mach dich selbs nicht trawrig/vnd plage dich nicht selbs/mit deinen eigen gedancken/Denn ein frölich hertz/ist des menschen leben/Vnd seine freude ist sein langes leben/Thu dir guts/vnd tröste dein hertz/vnd treib trawrigkeit fern von dir/Denn trawrigkeit tödtet viel leute/vnd dienet doch nirgent zu.

Eiuer vnd zorn verkürtzen das leben/vnd sorge macht alt vor der zeit/Einem frölichen hertzen schmeckt alles wol/was er jsset.

(Nirgent) Sie hilfft nichts/vnd machet keine sache besser/Was sol sie denn

XXXI.

Achen nach reichthumb verzeret den leib/vnd darumb sorgen lesst nicht schlaffen/Wenn einer ligt vnd sorget/so wachet er jmer auff/gleich wie grosse kranckheit jmer auff weckt.

Der ist reich/der da erbeitet vnd samlet geld/vnd höret auff vnd geneusst sein auch/Der ist aber arm/der da erbeit vnd gedeiet nicht/vnd wenn er schon auffhöret/so ist er doch ein bettler.

D iiij Wer geld

Das Buch

Wer geld lieb hat/der bleibt nicht on sunde/Vnd wer vergenglichs sucht/der wird mit vergehen.

Viel komen zu vnfal vmb gelds willen/vnd verderben drüber/fur jren augen.

(opffern)
Die dē Mammon dienen/Wie S. Paulus auch sagt/das Geitz/sey abgötterey/Vnd die geitzigen sind des Mammonpfaffen vnd diener.

Die jm opffern/die störtzt es/vnd die vnfürsichtigen fehet es.

Wol dem reichen/der vnstrefflich funden wird/vnd nicht das geld sucht/Wo ist der? so wöllen wir jn loben/Denn er thut gros ding vnter seinem volck/Der bewerd hierin vnd rechtschaffen erfunden ist/der wird billich gelobt/Er kündte wol vbels thun/vnd thets doch nicht/schaden thun/vnd thets auch nicht/Darumb bleiben seine güter/vnd die heiligen preisen seine Almosen.

Wenn du bey eins reichen mans tissch sitzest/so sperr deinen rachen nicht auff/vnd dencke nicht/hie ist viel zu fressen/Sondern gedencke/das ein vntrewes auge/neidisch ist(denn was ist neidischer weder ein solch auge?)vnd weinet/wo es sihet einen zu greiffen.

Greiff nicht nach allem das du sihest/vnd nim nicht/das fur jm jnn der schüssel ligt/Nims bey dir selbs abe/was dein nebester gern odder vngerne hat/vnd halt dich vernünfftig jnn allen stücken.

(mensch)
Nicht wie ein saw.

Iss wie ein mensch/was dir fur gesetzt ist/vnd friss nicht zu seer/auff das man dir nicht gram werde.

Vmb der zucht willen höre du am ersten auff/vnd sey nicht ein vnsettiger fras/das du nicht vngunst erlangest.

Wenn du bey vielen sitzest/so greiff nicht am ersten zu.

Ein sittiger mensch/lesst jm am geringen genügen/drumb darff er jnn seinem bette nicht so keichen/Vnd wenn der magen messig gehalten wird/so schlefft man sannft/So kan einer des morgens früe auffstehen/vnd ist fein bey sich selbs/Aber ein vnsettiger fras/schlefft vnrügig/vnd hat das grimmen vnd bauch wehe.

Wenn du zu viel gessen hast/so stehe auff vnd gehe weg/vnd lege dich zur ruge.

XXXII.

Ein kind gehorche mir/vnd verachte mich nicht/das dich zu letzt meine wort nicht treffen/Nim dir etwas fur zu erbeiten/So widderferet dir keine kranckheit.

Einen kostfreien man/loben die leute/Vnd sagen/er sey ein ehrlicher man/vnd solches ist ein guter rhum/Aber von einem kargen Filtz/redet die gantze Stad vbel/vnd man saget recht daran.

Sey nicht ein weinseuffer/Denn der wein bringt viel leute vmb.

Die esse prüffet das gelötet eisenwerg/Also prüfet der wein/der freueln hertzen/wenn sie truncken sind.

Der wein erquickt den menschen das leben/so man jn messiglich trinckt/Vnd was ist das leben/da kein wein ist? Der wein ist geschaffen/das er menschen frölich sol machen/Der wein zur notturfft getruncken/erfrewet leib vnd seele/Aber so man sein zu viel trinckt/bringt er das hertze leid.

Die

Jesus Syrach. XLVI.

Die trunckenheit macht einen tollen narren noch töller/das er trotzt vnd pocht/bis er wol geblewet/geschlagen vnd verwund wird.

Schilt deinen nehesten nicht beim wein/vnd schmehe jn nicht jnn seiner freude/Gib jm nicht böse wort/vnd begegne jm nicht mit harter rede/Sondern halt dich gleich wie sie/vnd richte dich nach jnen/so sitzestu recht/Vnd gib dazu was dir gebürt/wiltu mit sitzen/auff das sie mit dir frölich sein mügen/damit du die ehre dauon kriegst/das man dich einen sittigen holdseligen man heisst.

Der Eltest sol reden/denn es gebürt jm/als der erfaren ist/Vnd jrre die Spiel leute nicht/vnd wenn man lieder singet/so wassche nicht drein/vnd spare deine weisheit/bis zur andern zeit/Wie ein Rubin jnn seinem golde leucht/also zieret ein gesang das mahl/Wie ein Smaragd jnn schönem golde stehet/also zieren die lieder beim guten wein.

Ein jüngling mag auch wol reden ein mal odder zwey/wens jm not ist/Vnd wenn man jn fragt/sol ers kurtz machen/vnd sich halten/als der nicht viel wisse/vnd lieber schweige/Vnd sol sich nicht den Herrn gleich achten/vnd wenn ein alter redet/nicht drein waschen.

Donner bringt grossen ᵃ blitz/Schame macht grosse gonst.

Stehe auch bey zeit auff/vnd sey nicht der letzte/Sondern gehe eilend heim/vnd spiel daselbst/vnd thu was du wilt/doch das du nichts vbels thust/vnd niemand ᵇ pochest/Sondern dancke fur das alles dem/der dich geschaffen/vnd mit seinen gütern gesettigt hat.

XXXIII.

Er den HERRN fürcht/der lesst sich gern ziehen/Vnd wer sich frü dazu schickt/der wird gnade finden.

Wer nach Gottes wort fragt/der wirds reichlich vberkomen/Wers aber nicht mit ernst meinet/der wird nur erger dadurch.

Wer den HERRN fürcht/der trifft die rechte lere/vnd macht die gerechtigkeit leuchten wie ein liecht.

Ein Gottloser lesst sich nicht straffen/vnd weis sich zu behelffen/mit ander leute exempel jnn seinem furnemen.

Ein vernünfftiger man veracht nicht guten rat/Aber ein wilder vnd hoffertiger fürcht sich nichts/er hab gleich gethan was er wölle.

Thu nichts on rat/so gerewet dichs nicht nach der that.

Gehe nicht den weg/da du fallen möchtest/noch da du dich an die steine stossen möchtest.

Verlas dich nicht drauff/das der weg schlecht sey/Ja hüt dich auch fur deinen eigen kindern.

Was du furnimpst/so vertraw Gott von gantzem hertzen/Denn das ist Gottes Gebot halten.

Wer

ᵃ (blitz) Der blitz macht fur dē donner her/alles vol liechts plötzlich/also macht schame bald gunst bey jderman/Deñ alle welt liebt ein jung mēschen/so er schamhafftig ist/Vnd widderumb ist alle welt feind/der vnuerschampten jugent.

ᵇ (pochest) Das gesinde odder frawen schlahest/Sondern spiele/das ist/sey frölich mit jnen.

(exempel) Ich sehe nichts/das jhenem vbel gehet/der doch auch nicht Gottes wort achtet etc. Ja jhe böser schalck/jhe besser glück.

(schlecht) Es scheinet/als gehen die bösen auff ettel glück/Aber zu letzt/störtzt sie der weg jnn abgrund etc.

Das Buch

Wer Gottes wort gleubt / der achtet die Gebot / Vnd wer dem HERRN vertrawet / dem wird nichts mangeln.

Wer Gott fürcht / dem widderferet kein leid / Sondern wenn er angefochten ist / wird er widder erlöset werden.

Ein weiser lesst jm Gottes wort nicht verleiden / Aber ein heuchler / schwebt wie ein schiff auffm vngestümen meer / Ein verstendiger mensch helt fest an Gottes wort / vnd Gottes wort ist jm gewis / wie eine klare rede.

Werde der sachen gewis / darnach rede dauon / Las dich vor wol leren / so kanstu antworten.

Des narren hertz / ist wie ein rad am wagen / vnd seine gedancken lauffen vmb / wie die nabe.

(heuchler) Ist meister Klügel / der wil jnn der Schrifft scharff sein / vñ fragt / Warumb solchs vnd solchs geleret sey / warumb der tag heilig / vnd jhener nicht heilig / Warumb das wasser / Tauffe der seelen / Warumb brod vñ wein müsse Christus leib vnd blut sein etc.

Wie der schelhengst schreiet / gegen alle meren / also henget sich der heuchler an alle spötter / vnd spricht / Warumb mus ein tag heiliger sein denn der ander? So doch die Sonne zu gleich alle tage im iar macht?

Die Weisheit des HERRN / hat sie so vnterscheiden / Vnd er hat die jarzeit / vnd feiertage also geordent / Er hat etliche auserwelet / vnd geheiliget fur andern tagen / gleich wie alle menschen aus der erden / vnd Adam aus dem staub geschaffen ist / vnd doch der HERR sie vnterschieden hat / nach seiner manchfeltigen weisheit / vnd hat mancherley weise vnter jnen geordent / Etliche hat er gesegnet / erhöhet vnd geheiliget vnd zu seinem dienst gefoddert / Etliche aber hat er verflucht vnd genidriget / vnd aus jrem stande gestortzt / Denn sie sind jnn seiner hand / wie der thon jnn des töpffers hand / Er macht alle seine werck / wie es jm gefellet / Also sind auch die menschen jnn der hand / des der sie gemacht hat / vnd gibt einem jglichen / wie es jn gut deucht.

Also ist das gut widder das böse / vnd das leben widder den tod / vnd der Gottfürchtige widder den Gottlosen / geordent / Also schawe alle werck des Höhesten / So sind jmer zwey / widder zwey / vnd eines widder das ander geordent.

(letzte) Ich hab eine gute antwort geben / auff solcher narren einrede / vom heiligen tage.

Ich bin der letzte aufferwacht / wie einer der im herbest nach lieset / vnd Gott hat mir den segen dazu geben / das ich meine kelter auch vol gemacht habe / wie im vollen herbst / Schawet / wie ich nicht fur mich geerbeit habe / sondern fur alle / die gern lernen wolten.

Gehorcht mir jr grossen Herrn / vnd jr Regenten im volck / nemets zu hertzen / Las dem son / der frawen / dem bruder / dem freunde / nicht gewalt vber dich / weil du lebest / vnd vbergib niemand deine güter / das dichs nicht gerewe / vnd müssest sie darumb bitten / Die weil du lebest / vnd odem hast / vntergib dich keinem andern menschen / Es ist besser / das deine kinder dein bedürffen / denn das du jnen müssest jnn die hende sehen / Bleib du der öberst jnn deinen gütern / vnd las dir deine ehre nicht nemen / Wenn dein ende kompt / das du dauon must / als denn teile dein erbe aus.

Dem Esel gehört sein futter / geissel vnd last / Also dem knecht sein brod / straff vnd erbeit / Halt den knecht zur erbeit / so hastu ruge fur jm / Lessestu jn müssig gehen / so wil er jungker sein.

Das joch

Jesus Syrach. XLVII.

Das joch vnd die seile beugen den hals / Einen bösen knecht stock vnd knüttel / Treibe jn zur erbeit / das er nicht müssig gehe / Müssiggang leret viel böses / Lege jm erbeit auff / die einem knecht gebüren / Gehorchet er denn nicht / so setze jn jnn den stock / Doch lege keinem zu viel auff / vnd halt masse jnn allen dingen.

Hastu einen knecht / so halt vber jm / als vber dir selbs / Denn wer jm thut / der meinet dein leib vnd leben / Hastu einen knecht / so las jn halten / als werestu da / Denn du bedarffest sein / wie deines eigen lebens.

(du da) Das das andergesinde sein wort / für deinen befelh halten müssen.

Heltestu jn aber vbel / das er sich erhebt / vnd von dir leufft / wo wiltu jn widder suchen?

XXXIIII.

Unweise leute betriegen sich selbs / mit törichten hoffnungen / Vnd narren verlassen sich auff trewme.

Wer auff trewme helt / der greifft nach dem schatten / vnd wil den wind haschen.

Trewme sind nichts anders / denn bilde on wesen.

Was vnrein ist / wie kan das rein sein? Vnd was falsch ist / wie kan das war sein?

Eigen weissagung vnd deutung vnd trewme sind nichts / vnd machen doch einem schwere gedancken.

(vnrein) Die trewme sind falsch vnd vnrein / Was solten sie den heiligen / oder gut machen.

Vnd wo es nicht kompt durch eingebung des Höhesten / so halt nichts dauon / Denn trewme betriegen viel leute / vnd feilet denen die drauff bawen.

Man darff keiner lügen dazu / das man das Gebot halte / Vnd man hat gnug am wort Gottes / wenn man recht leren wil.

(lügen) Darffest nicht die trewme fragen / was gut sey zu thun / Du hast Gottes wort.

Ein wolgeübter man verstehet viel / vnd ein wol erfarner kan von Weisheit reden / Wer aber nicht geübet ist / der verstehet wenig / vnd die jrrigen geister stifften viel böses.

Da ich noch im jrthum war / kund ich auch viel lerens / vnd war so gelert / das ichs nicht alles sagen kund / vnd bin offt jnn fahr des tods drüber komen / bis ich dauon erlöset worden bin / Nu sehe ich / das die Gottfürchtigen den rechten geist haben / Denn jr hoffnung stehet auff dem / der jnen helffen kan.

Wer den HERRN fürchtet / der darff fur nichts erschrecken / noch sich entsetzen / Denn er ist seine zuuersicht.

Wol dem / der den HERRN fürchtet / Worauff verlesst er sich? Wer ist sein trotz? Die augen des HERRN sehen auff die / so jn lieb haben / Er ist ein gewaltiger schutz / eine grosse stercke / Ein schirm widder die hitze / Eine hütte / widder den heissen mittag / Eine hut widder das straucheln / Eine hülffe widder den fall / Der das hertz erfrewet / vnd das angesicht frölich macht / vnd gibt gesundheit / leben vnd segen.

XXXV.

Wer

Das Buch

Er von vnrechtem gut opffert/des opffer ist ein gespot/Aber solch gespot der Gottlosen gefellet Gott nichts vberal.

Die gaben der Gottlosen gefallen dem Höhesten gar nichts/Vnd sunde lassen sich nicht versunen/mit viel opffern.

Wer von des armen gut opffert/der thut eben/als der den son fur des Vaters augen schlachtet.

Der arm hat nichts/denn ein wenig brod/Wer jn darumb bringt/der ist ein mörder.

Wer einem seine narung nimpt/der tödtet seinen nehesten.

Wer dem erbeiter seinen lohn nicht gibt/der ist ein bluthund.

(bawet)
Sie wöllē opffern vnd from sein/vnd lassen doch nicht von sunden/das heisst zu gleich bawen/vnd brechen/zu gleich beten vnd fluchen.

Wenn einer bawet/vnd widderumb zubricht/Was hat der dauon denn erbeit?

Wenn einer bettet/vnd widderumb flucht/wie sol den der HERR erhören?

Wer sich wesscht/wenn er einen todten angerüret hat/vnd rüret jn widder an/Was hilfft den sein waschen? Also ist der mensch/der fur seine sunde fastet/vnd sundiget jmer widder/Wer sol des gebet erhören/vnd was hilfft jn sein fasten?

Gottes gebot halten/das ist ein reich opffer/Gottes gebot gros achten/das opffer hilfft wol.

Wer Gott dancket/das ist das recht semel opffer.

Wer barmhertzigkeit vbet/das ist das rechte danckopffer.

Von sunden lassen/das ist ein Gottes dienst/der dem HERRN gefelt/Vnd auffhören vnrecht zu thun/das ist ein recht Süne opffer.

(nicht leer)
Wie sie sagen/Helffn gute werck nichts/so wöllē wir nichts thun/Was sollen vns die pfaffen?

Du solt aber darumb nicht leer fur dem HERRN erscheinen/Denn solchs mus man auch thun/vmb Gottes gebot willen.

Des gerechten opffer macht den Altar reich/vnd sein geruch ist süsse fur dem Höhesten/Des gerechten opffer ist angeneme/vnd desselben wird nimer mehr vergessen.

Gib Gott seine ehre mit frölichen augen/vnd deine erstlinge on allen feil.

(gibst)
Den Priestern vnd Leuiten.

Was du gibst/das gib gerne/vnd heilige deinen zehenden frölich.

Gib dem Höhesten/nach dem er dir bescheret hat/vnd was deine hand vermag/das gib mit frölichen augen/Denn der HERR/der ein vergelter ist/wird dirs siebenfeltig vergelten.

Verstümpel deine gabe nicht/Denn es ist nicht angeneme/Such nicht vorteil/wenn du opffern solt/Denn der HERR ist ein Recher/Vnd fur jm gilt kein ansehen der person/Er hilfft dem armen/vnd sihet keine person an/vnd er höret das gebet des beleidigten/Er verachtet des waisen gebet nicht/noch die widwe wenn sie klagt.

Die threnen der widwen/fliessen wol die backen herab/sie schreien aber vber sich/widder den/der sie heraus dringet.

Wer

Jesus Syrach. XLVIII.

Wer Gott dienet mit lust/der ist angeneme/vnd sein gebet reicht bis inn die wolcken.

Das gebet der elenden/dringt durch die wolcken/vnd lesst nicht ab/bis hin zu kome/vnd höret nicht auff/bis der Höhest drein sehe/ Vnd der HERR wird recht richten vnd straffen/vnd nicht verziehen noch die lenge leiden/bis er den vnbarmhertzigen die lenden zurschmettere/vnd sich an solchen leuten reche/vnd vertilge alle/die jhene beleidigen/vnd die gewalt der vngerechten stürtze/vnd gebe einem jglichen nach seinen wercken/vnd lohne jnen/wie sie es verdienet haben/vnd reche sein volck/vnd erfrewe sie mit seiner barmhertzigkeit.

Gleich wie der regen wol kompt/wenn es dürre ist/Also kompt die barmhertzigkeit auch inn der not zu rechter zeit.

XXXVI.

HERR Allmechtiger Gott/Erbarm dich vnser/vnd sihe drein/vnd erschrecke alle völcker/Hebe deine hand auff/vber die frembden/das sie deine macht sehen/ Wie du fur jren augen geheiliget wirst bey vns/Also erzeige dich herrlich an jnen fur vnsern augen/auff das sie erkennen/gleich wie wir erkennen/das kein ander Gott sey/denn du HERR/Thu newe zeichen/vnd newe wunder/Erzeige deine hand vnd rechten arm herrlich/Errege den grim/vnd schütte zorn aus/Reis den widdersacher dahin/vnd zuschmeisse den feind/Vnd eile damit/vnd dencke an deinen eid/das man deine wunderthat preise/Der zorn des feurs/müsse sie verzeren/ die so sicher leben/vnd die deinem volck leide thun/müssen vmb komen/Zeschmetter den kopff der Fürsten/die vns feind sind/vnd sagen/Wir sinds allein/Versamle alle stemme Jacob/vnd las sie dein Erbe sein/wie von anfang/Erbarm dich deins volcks/das von dir den namen hat/vnd des Israel/den du nennest/deinen ersten Son/ Erbarm dich der Stad Jerusalem/da dein Heiligthum ist/vnd da du wonest/Richte Zion wider an/das da selbst dein wort wider auffgehe/das deine ehre im volck gros werde/Erzeige dich gegen die/so von anfang dein eigenthum gewest sind/Vnd erfülle die weissagung/ die inn deinem namen verkündigt sind/Vergilt denen/so auff dich harren/das deine Propheten warhafftig erfunden werden/Erhöre HERR das gebet/dere die dich anruffen/nach dem segen Aaron/ vber dein volck/auff das alle/so auff erden wonen/erkennen/das du HERR der ewige Gott bist.

(Allein) Gott ist nichts.

(Segen Aaron) Wie Num.vj. stehet/das sie solten das volck segenen inn Gottes namen.

XXXVII.

Er bauch nimpt allerley speise zu sich/doch ist eine speise besser/denn die ander.

Wie die zunge das wiltpret kostet/Also merckt ein verstendig hertz/die falschen wort.

Ein tückischer mensch/kan einen jnn ein vnglück bringen/Aber ein erfarner/weis sich dafur zu hüten.

Die mütter haben alle söne lieb/Vnd gerett doch zu weilen eine tochter bas/denn der son.

J Ein schöne

Das Buch

Ein schöne fraw erfrewet jren man/Vnd ein man hat nichts liebers/Wo sie dazu freundlich vnd from ist/so findet man des mans gleichen nicht.

Wer eine Hausfrawen hat/der bringt sein gut jnn rat/vnd hat einen trewen gehülffen/vnd eine seule/der er sich trösten kan.

Wo kein zaun ist/wird das gut verwüstet/Vnd wo keine Hausfraw ist/da gehets dem Hauswirt/als gieng er jnn der jrre.

Wie man nicht vertrawet einem Strassenreuber/der von einer stad jnn die ander schleicht/Also trawet man auch nicht einem man/der kein nest hat/vnd einkeren mus/wo er sich verspatet.

Ein jglicher freund spricht wol/ich bin auch freund/Aber etliche sind allein mit dem namen freunde.

Wenn freunde einander feind werden/so bleibt der gram/bis jnn den tod.

Ach wo kompt doch/das böse ding her/das alle welt so vol falscheit ist.

Wenns dem freunde wol gehet/so frewen sie sich mit jm/Wenns jm aber vbel gehet/werden sie seine feinde/Sie trawren mit jm vmbs bauchs willen/Aber wenn die not her gehet/so halten sie sich zum schilde.

(Schilde)
Wo sie schutz vnd gunst wissen/es sey mit Gott oder nicht.

Vergiss deines freundes nicht/wenn du frölich bist/vnd gedencke an jn/wenn du reich wirst.

Ein jglicher ratgebe/wil raten/Aber etliche raten auff jren eigen nutz/Darumb hüt dich fur Reten/Bedenck zuuor/obs gut sey/Denn er gedenckt villeicht jm selbs zu raten/vnd wil dichs wogen lassen/vnd spricht/du seiest auff der rechten ban/vnd er stehet gleich wol wider dich/vnd merckt wie es geraten wil.

Halt keinen rat mit dem/der ein argwon zu dir hat/vnd nim nicht zu rat/die dich neiden.

Gleich als wenn du ein weib vmb rat fragest/wie man jrer feindin freundlich sein sol/oder einen verzagten/wie man kriegen sol/oder einen kauffman/wie hoch er deine wahr/gegen seine achten wolle/oder einen keuffer/wie theur du geben solt/oder einen neidischen/wie man wolthun/oder einen vnbarmhertzigen/wie man gnad erzeigen sol/oder einen faulen/von grosser erbeit/oder einen taglöner der nirgent besessen ist/wie man nicht aus der erbeit gehen sol/oder einen tregen hausknecht/von viel geschefften/Solche leut nim nicht zu rat/Sondern halt dich stets zu Gottfürchtigen leuten/da du weisst/das sie Gottes gebot halten/die gesinnet sind/wie du bist/die mitleiden mit dir haben/wo du straucheltst/Vnd bleibe bey der selben rat/Denn du wirst keinen trewern rat finden/Vnd solcher einer/kan offt etwas bas ersehen/denn sieben wechter/die oben auff der warte sitzen/ b Doch jnn dem allem ruffe auch den Allerhöhesten an/das er dein thun gelingen/vnd nicht feilen lasse.

b
(Doch)
Es ist nicht gnug guten rat haben/Es mus Got auch glück dazu geben/Sonst gehets doch nicht fort/Denn er wil auch mit sein/vnd angeruffen werden/das ist/On gebet ist guter rat eigen rat/das heissen eichen anschlege/die den krebsgang gehen/das sind sie/die viel raten/vnd habe doch die gnade nicht dazu.

Ehe du was anfahest/so frage vor/vnd ehe du was thust/so nim rat dazu/Denn/wo man was newes fur hat/da mus der vier eines komen/das es gut oder böse werde/das leben oder tod draus folge/Vnd dis regirt allezeit die zunge.

Mancher

Mancher ist wol geschickt/andern zu raten/vnd ist jm selber nichts nütz.

Mancher wil klüglich raten/vnd man höret jn doch nicht gerne/ vnd bleibt ein bettler/Denn er hat nicht vom HERRN die gnade dazu/vnd ist keine weisheit jnn jm.

Mancher ist weise durch eigen erfarung/der schafft mit seinem rat nutz / vnd triffts.

Ein weiser man kan sein volck leren / vnd schafft mit seinem rat nutz/vnd triffts.

Ein weiser man wird hoch gelobt/vnd alle die jn sehen/preisen jn.

Ein jglicher hat eine bestimpte zeit zu leben/Aber Israels zeit hat keine zal.

Ein weiser hat bey seinen leuten/ein gros ansehen/vnd sein name bleibt ewiglich.

XXXVIII.

Ein kind/prüfe/was deinem leibe gesund ist/vnd sihe/ was jm vngesund ist/das gib jm nicht/ Denn allerley dienet nicht jederman/so mag auch nicht jederman allerley.

Vberfülle dich nicht mit allerley niedlicher speise/ vnd friss nicht zu gyrig/Denn viel fressen macht kranck/ vnd ein vnsettiger fras kriegt das grimmen.

Viel haben sich zu tod gefressen/Wer aber messig ist/der lebt deste lenger.

Ehre den Artzt mit gebürlicher verehrung/das du jn habest zur not/Denn der HERR hat jn geschaffen/Vnd die ertzney kompt von dem Höhesten/vnd Könige ehren jn/ Die kunst des Artzts erhöhet jn/vnd macht jn gros bey Fürsten vnd Herrn.

Der HERR lesst die ertzney aus der erden wachsen/vnd ein vernünfftiger veracht sie nicht/Ward doch das bitter wasser süsse/durch ein holtz/auff das man seine krafft erkennen solte/Vnd er hat solche kunst den menschen gegeben/das er gepreiset würde jnn seinen wunderthaten/Damit heilet er/vnd vertreibt die schmertzen/vnd der Apotecker macht ertzney draus/Summa/Gottes werck kan man nicht alle erzelen/Vnd er gibt alles was gut ist/auff erden.

Mein kind/wenn du kranck bist/so verachte dis nicht/sondern bitte den HERRN/so wird er dich gesund machen/ᵃ Las von der sunde/ vnd mache deine hende vnstrefflich/vnd reinige dein hertz von aller missethat/Opffer süssen geruch/vnd semel zum gedenck opffer/vnd gib ein fett opffer als müssestu dauon/Darnach las den Artzt zu dir/ Denn der HERR hat jn geschaffen/vnd las jn nicht von dir/weil du sein doch bedarffest.

Es kan die stunde komen/das dem krancken allein durch ᵇ jhene geholffen werde/ wenn sie den HERRN bitten/das mit jm besser werde/vnd gesundheit kriege/lenger zu leben.

Wer fur seinem Schepffer sundigt/der mus dem Artzt jnn die hende komen.

ᵃ (Las von) Erstlich werde from/zum andern las fur dich bitten/ brauche denn des Artztes.

ᵇ (Jhene) Beten hilfft mehr denn ertzneien / Vnd priester thut mehr denn der Artzt / Aber man ist nicht gerne from / Darumb acht man des betens vnd der priester wenig.

Das Buch

Mein kind/Wenn einer stirbt/so beweine jn/vnd klage jn als sey dir gros leid geschehen/vnd verhülle seinen leib gebürlicher weise/vnd bestatte jn ehrlich zum grabe/Du solt bitterlich weinen/vnd hertzlich betrübt sein/vnd leide tragen/darnach er gewest ist/zum wenigsten ein tag oder zween/auff das man nicht vbel von dir reden müge/Vnd tröste dich auch wider/das du nicht trawrig werdest/Denn von trawren kompt der tod/vnd des hertzen trawrigkeit schwecht die kreffte.

Trawrigkeit vnd armut thut dem hertzen wehe jnn der anfechtung/vnd vbertritt.

(Vbertritt)
Hellt die masse nicht.

(Ans ende)
Wie Dauid thet vber sein kind/ vnd sprach/Ich mus zu jm/Er kompt nicht wider etc. Mihi he= ri/hodie tibi.

Las die trawrigkeit nicht jnn dein hertz/sondern schlahe sie von dir/vnd dencke ans ende/vnd vergiss nicht/Denn da ist kein widerkomen/Es hilfft jn nicht/vnd du thust dir schaden/Gedenck an jn/wie er gestorben/so mustu auch sterben/Gestern wars an mir/Heute ists an dir.

Weil der todte nu jnn der ruge ligt/so höre auch auff sein zu gedencken/vnd tröste dich wider vber jn/weil sein geist von hinnen gescheiden ist.

XXXIX.

Er die Schrifft lernen sol/der kan keiner andern erbeit warten/Vnd wen man leren sol/der mus sonst nichts zu thun haben/Wie kan der der lere warten/der pflügen mus/vnd der gern die ochsen mit der geissel treibet/ vnd mit der gleichen wercken vmbgehet/vnd weis nichts/denn von ochsen zu reden? Er mus dencken/wie er ackern solle/vnd mus spat vnd frue/den küen futter geben.

Also auch die tischer vnd zimerleute/die tag vnd nacht erbeiten/vnd schnitzen bildwerck/vnd vleis haben/mancherley erbeit zu machen/Die müssen dencken/das es recht werde/vnd frue vnd spat dran sein/das sie es volenden.

Also ein schmid/der mus bey seinem ambos sein/vnd seiner schmitte warten/vnd wird mat vom feur/vnd erbeit sich müde vber der esse/ das hemmern schlegt jm die ohren vol/vnd sihet drauff/wie er das werck recht mache/Vnd mus dencken/wie ers fertige/vnd frue vnd spat dran sein/das ers fein ausarbeite.

Also ein töpffer/der mus bey seiner erbeit sein/vnd die scheiben mit seinen füssen vmb treiben/vnd mus jmer mit sorgen sein werck machen/Vnd hat sein gewis tage werck/Er mus mit seinen armen aus dem thon sein gefess formieren/vnd mus sich zu seinen füssen müde bücken/ Er mus dencken/wie ers fein glasure/vnd frue vnd spat/den ofen setzen.

Diese alle trösten sich jres handwercks/Vnd ein jglicher vleissigt sich/das er seine erbeit könne/Man kan jr jnn der stad nicht emperen/ Aber man kan sie nirgent hin schicken/sie können der ampt auch nicht gewarten/noch jnn der Gemeine regieren/Sie können den verstand nicht haben/die Schrifft zu leren/noch das recht vnd gerechtigkeit zu predigen/Sie können die sprüche nicht lesen/Sondern müssen der zeitlichen narung warten/vnd dencken nicht weiter/denn was sie mit jrer erbeit gewinnen mügen.

Wer sich

Jesus Syrach.   L.

Wer sich aber darauff geben sol/das er das Gesetz des Höhesten lerne/der mus die weisheit aller alten erforschen/vnd jnn den Propheten studirn/Er mus die geschicht der berümbten leute mercken/vnd den selben nachdencken/was sie bedeuten vnd leren/Er mus die geistliche sprüche lernen/vnd jnn den tieffen reden sich vben/Der kan denn Fürsten dienen/vnd bey den Herrn sein/Er kan sich schicken lassen/ jnn frembde land/Denn er hat versucht/was bey den leuten taug oder nicht taug/Vnd denckt/wie er frue auffstehe/den Herrn zu suchen der jn geschaffen hat/vnd betet fur dem Höhesten/Er thut seinen mund getrost auff/vnd betet fur des gantzen volcks sunde/Vnd wenn denn der HERR also versünet ist/so gibt er jm den geist der weisheit reichlich/das er weisen rat vnd lere geben kan gewaltiglich/dafur er dem HERRN danckt jnn seinem gebet/Vnd der HERR gibt gnade dazu/das sein rat vnd lere fort gehen/Vnd er betrachtets vor bey sich selbs/Darnach sagt er seinen rat vnd lere heraus/vnd beweisets mit der heiligen schrifft/Vnd viel verwundern sich seiner weisheit/vnd sie wird nimer mehr vntergehen/Sein wird nimer mehr vergessen/vnd sein name bleibet fur vnd fur/Was er geleret hat/wird man weiter predigen/vnd die Gemeine wird jn rhümen/Die weil er lebt/hat er einen grössern namen/denn andere tausent/vnd nach seinem tod/bleibt jm der selbige name.

(Lerne)
Ein Pfarher oder prediger sol studirn / vnd vnter allerley bücher sich vben / So gibt jm Gott auch verstand / Aber bauch pfaffen lesst er ledig.

XL.

Ch hab noch etwas mehr zu sagen/Denn ich bin/wie ein vol mond/Gehorcht mir jr heilige kinder/vnd wachset wie die rosen/an den bechlin gepflantzt/vnd gebt süssen geruch von euch/wie Weyrauch/Blühet wie die lilien/vnd riechet wol/Singet löblich/vnd lobet den HERRN jnn allen seinen wercken/preiset seinen namen herrlich/dancket jm vnd lobet jn mit singen vnd klingen/vnd sprecht also im dancken.

Alle werck des HERRN sind seer gut/Vnd was er gebeut/das geschicht zu rechter zeit/Vnd man darff nicht sagen/Was sol das? Denn zu jrer zeit komen sie gewündscht/Gleich/als da durch sein Gebot das wasser stund wie mauren/vnd durch sein wort die wasser stunden/als weren sie gefasset/Denn was er durch sein Gebot schafft/das ist lieblich/vnd man darff vber keinen mangel klagen/an seiner hülffe.

(Stund)
Im roten meer vnd Jordan.

Aller menschen werck sind fur jm/vnd fur seinen augen ist nichts verborgen/Er sihet alles von anfang der welt/bis ans ende der welt/ vnd fur jm ist kein ding new/Man darff nicht sagen/Was sol das? Denn er hat ein jglichs geschaffen/das es etwa zu dienen sol.

Denn sein segen fleusst daher wie ein strom/vnd trenckt die erden wie eine sindflut/Widerumb/sein zorn trifft die Heiden/als wenn er ein wasserreich land verdorren lesst.

Sein thun ist bey den Heiligen recht/Aber die Gottlosen stossen sich dran/Alles was von anfang geschaffen ist/das ist den fromen gut/Aber den Gottlosen schedlich.

Der mensch darff zu seinem leben / Wasser / feur / eisen / saltz / mehl / honig / milch / wein / öle / vnd kleider / Solchs alles kompt den

J iij   fromen

Das Buch

fromen zu gut/ vnd den Gottlosen zu schaden.

Es sind auch die winde ein teil zur rache geschaffen/ vnd durch ir stürmen thun sie schaden/ Vnd wenn die straffe komen sol/ so toben sie/ vnd richten den zorn aus/ des/ der sie geschaffen hat.

Feur/ hagel/ hunger/ tod/ solchs alles ist zur rache geschaffen/ Die wilden thiere/ scorpion/ schlangen vnd schwerd/ sind auch zur rache geschaffen/ zu verderben die Gottlosen/ Mit frenden thun sie seinen befehl/ vnd sind bereit/ wo er ir bedarff auff erden/ vnd wenn das stündlin kompt/ lassen sie nicht ab.

Das ists/ das ich ansieng vnd gedacht zu schreiben/ nemlich/ das alle werck des HERRN gut sind/ vnd ein jglichs zu seiner zeit nütz ist/ das man nicht sagen darff/ Es ist nicht alles gut/ Denn es ist ein jglichs zu seiner zeit köstlich/ Darumb sol man den namen des HERRN loben vnd dancken/ mit hertzen vnd munde.

Es ist ein elend jemerlich ding/ vmb aller menschen leben von mutter leib an/ bis sie inn die erden begraben werden/ die vnser aller mutter ist/ Da ist jmer ᵃ sorge/ furcht/ hoffnung/ vnd zu letzt der tod/ so wol bey dem/ der inn hohen ehren sitzt/ als bey dem geringsten auff erden/ so wol bey dem/ der seiden vnd kron tregt/ als bey dem der einen groben kittel an hat/ Da ist jmer ᵇ zorn/ einer widerwertigkeit/ vnfride vnd todes fahr/ neid vnd zanck/ Vnd wenn einer des nachts auff seinem bette rugen vnd schlaffen sol/ fallen jm mancherley gedancken fur/ Wenn er gleich ein wenig ruget/ so ists doch nichts/ denn er erschrickt im trawm/ als sehe er die feinde komen/ Vnd wenn er auffwacht/ vnd sihet das er sicher ist/ so ist jm/ als der aus der schlacht entrunnen ist/ vnd ist wunder fro/ das die furcht nichts ist gewesen/ Solchs widerferet allem fleisch/ beide menschen vnd vieh/ Aber den Gottlosen sieben mal mehr.

Mord/ blut/ hadder/ schwerd/ vnglück/ hunger/ verderben vnd plagen/ Solchs alles ist geordent/ wider die Gottlosen/ Denn auch die Sindflut vmb jren willen komen muste.

ᵃ (Sorge)
Gegen Gott vnd
das zukünfftige le-
ben.

ᵇ (Zorn)
Gegen vnd vnter
den leuten/ jnn die-
sem leben.

XLI.

Alles was aus der erden kompt/ mus wider zu erden werden/ wie alle wasser wider jns meer fliessen.

Alle geschenck vnd vnrecht gut müssen vntergehen/ Aber die warheit bleibt ewiglich.

Der Gottlosen güter versiegen/ wie ein bach/ wie ein donner verrauscht im regen.

Sie sind frölich/ so lange sie geschenck nemen/ Aber zu letzt gehen sie doch zu boden.

Die nachkomen der Gottlosen/ werden keine zweige kriegen/ Vnd der vngerechten wurtzel stehet auff einem blossen felsen/ Vnd wenn sie gleich seer feucht vnd am wasser stünden/ werden sie doch ausgerott/ ehe es reiff wird.

Wolthun aber ist/ wie ein gesegneter garte/ vnd barmhertzigkeit bleibt ewiglich.

Wer sich mit seiner erbeit neeret/ vnd lesst jm genügen/ der hat ein fein rügig leben/ das heisst einen schatz vber alle schetze finden.

Kinder zeugen vnd Stad bessern/ macht ein ewig gedechtnis/ Aber ein ehrlichs weib/ mehr denn die alle beide.

Wein

Jesus Syrach. LI.

Wein vnd seitenspiel erfrewen das hertz/Aber die weisheit ist lieblicher/denn die beide.

Pfeiffen vnd harffen lauten wol/Aber eine freundliche rede/besser/denn die beide.

Dein auge sihet gern/was lieblich vnd schön ist/Aber eine grüne saat lieber/denn die beide.

Ein freund kompt zum andern jnn der not/Aber man vnd weib viel mehr.

Ein bruder hilfft dem andern jnn der not/Aber barmhertzigkeit hilfft viel mehr.

Gold vnd silber erhalten einen man/Aber viel mehr ein guter rat.

Geld vnd gut macht mut/Aber viel mehr die furcht des HERREN.

Der furcht des HERRN mangelt nichts/vnd sie bedarff keiner hülffe.

Die furcht des HERRN/ist ein gesegeneter garte/vnd nichts so schöne/als sie ist.

Mein kind/gib dich nicht auffs ᵃ betteln/Es ist besser sterben/denn betteln.

Wer sich auff eins andern tisch verlesst/der gedenckt sich nicht mit ehren zu neeren/Denn er mus sich ᵇ versündigen/vmb frembder speise willen/Aber davor hütet sich ein vernünfftiger/weiser man/Betteley schmeckt wol dem vnverschampten maul/Aber er wird zu letzt ein böse fieber davon kriegen.

O tod wie bitter bistu/wenn an dich gedenckt ein mensch/der gute tage vnd gnug hat/vnd on sorge lebt/vnd dem es wol gehet jnn allen dingen/vnd noch wol essen mag.

O tod/wie wol thustu dem dürfftigen/der da schwach vnd alt ist/der jnn allen sorgen steckt/vnd nichts bessers zu hoffen/noch zu gewarten hat.

Fürchtet den tod nicht/Gedencke/das also vom HERRN geordent ist/vber alles fleisch/beide dere/die vor dir gewesen sind/vnd nach dir komen werden/Vnd was wegerstu dich wider Gottes willen/du lebest zehen/hundert oder tausent jar? Denn im tod fragt man nicht/ wie lange einer gelebt habe.

XLII.

DJe kinder der Gottlosen/vnd die sich zu den Gottlosen gesellen/werden eitel grewel.

Der Gottlosen kinder erbgut kompt vmb/vnd jre nachkomen müssen veracht sein.

Die kinder müssen klagen vber den Gottlosen vater/denn vmb seinen willen sind sie veracht.

Wehe euch Gottlosen/die jr des Höhesten Gesetz verlasst/ Jr lebt oder sterbt/so seid jr verflucht.

Gleich wie alles/so aus der erden kompt/widderumb zu erden wird/Also komen die Gottlosen/aus dem fluch zum verdamnis.

Eins menschen leiden mag hie weren/so lange er lebt/Aber der Gottlosen namen mus vertilget werden/Denn er taug nicht.

J iiij Sihe

ᵃ (Betteln) Das sind die Tellerlecker/Suchentrüncke / Vnd Gerngeste/die faulen schelmen/die nichts thun wöllen/ etc.

ᵇ (Versündigen) Er mus heuchlen/ reden/loben/was sein herr wil.

Sihe zu/das du einen guten namen behaltest/Der bleibt gewisser/denn tausent grosser schetze goldes.

Ein leben/es sey wie gut es wölle/so weret es eine kleine zeit/Aber ein guter name bleibt ewiglich.

Meine kinder/Wens euch wol gehet/so sehet zu vnd bleibt jnn Gottes furcht.

Warumb schemet jr euch meiner wort?

Man schemet sich offt/ da man sich nicht schemen solt/vnd billicht offt/das man nicht billichen solt/Es scheme sich vater vnd mutter der hurerey/Ein fürst vnd Herr/der lügen/Ein Richter vnd Rat des vnrechten/Die Gemein vnd volck des vngehorsams/Ein nehester vnd freund/leid zu thun/Ein nachbar des stelens/Scheme dich/das du mit deinem arm/auff dem brot vber tisch ligest/Scheme dich/das du vbel bestehest jnn der rechnung/vnd nicht danckest/wenn man dich grüsset/Scheme dich/nach den huren zu sehen/vnd dein angesicht von deinem blutfreunde zu wenden/Scheme dich/das erbteil vnd morgen gab zu entwenden/vnd eines andern weib zu begeren/Scheme dich/eines andern magd zu begeren/vnd vmb jr bette zu stehen/Scheme dich/deinem freunde auff zu rücken/Vnd wenn du jm etwas gibst/so verweise es jm nicht/Scheme dich/nach zu sagen/alles was du gehöret hast/vnd zu offenbaren heimlich vertrawete rede/Also schemestu dich recht/vnd wirst allen leuten lieb vnd werd sein.

Aber dieser stück scheme dich keines/vnd vmb niemands willen thu vnrecht/Nemlich/des Gesetzs vnd Bunds des Höhesten/Den Gottfürchtigen bey recht zuerhalten/Trewlich handeln gegen dem nehesten vnd gesellen/Den freunden das erbteil zuzu wenden/Vleissig sein/rechte mas vn gewicht zuhalten/Zu friden sein/du gewinnest viel oder wenig/Recht handlen mit zeitlichem gut/jnn keuffen vnd verkeuffen/Die kinder mit vleis zihen/Den bösen knecht wol steupen/Fur eim bösen weib das deine wol bewaren/Wo viel zugreiffens ist/alles wol verschliessen/Was man jnen mus vnter die hende geben/alles zelen vnd abwegen/Alle ausgabe vnd einname an schreiben/Die vnuerstendigen vnd thoren vnterweisen/auch die gar alten leute/das sie sich nicht mit den jungen haddern/Also wirstu ein recht wol geschickter mensch vnd bey allen leuten gelobt.

Eine tochter/die noch vnberaten ist/macht dem vater viel wachens/vnd das sorgen fur sie/nimpt jm viel schlaffs/Weil sie jung ist/das sie möcht veralten/Oder wenn sie einen man kriegt/das er jr möcht gram werden/Oder weil sie noch jungfraw ist/das sie möcht geschendet/vnd jns vaters hause schwanger werden/Oder wenn sie bey dem man ist/das sie sich nicht recht halten/oder er kein kind mit jr haben möcht.

Wenn deine tochter nicht schamhafftig ist/so halt sie hart/das sie dich nicht deinen feinden zum spot mache/vnd die gantze Stad von dir sage/vnd du von einem jedern schande hören/vnd dich fur allen leuten schemen müssest.

Sihe dich nicht vmb nach schönen menschen/vnd sey nicht so gern vmb die weiber/Denn gleich wie aus den kleidern motten komen/also kompt von weibern viel böses/Es ist sicherer bey einem bösen man zu sein/denn bey eim freundlichen weibe/die jn zu hohn vnd spot macht.

XLIII.

Ich wil

Syrach. LII.

Ich wil nu preisen des HERRN werck/aus der heiligen Schrifft seine werck verkündigen/wie ichs gelesen habe.

Die Sonn gibt aller welt liecht/vnd jr liecht ist das aller hellest liecht/Es ist auch den Heiligen von dem HERRN noch nie gegeben/das sie alle seine wunder aussprechen kunden/Denn der Allmechtige HERR/hat sie zu gros gemacht/vnd alle ding sind zu gros nach wirden zu loben.

Er allein erforschet den abgrund/vnd der menschen hertzen/vnd weis/was sie gedencken/Denn der HERR weis alle ding/vnd sihet/ zu welcher zeit ein jglichs geschehen werde/Er verkündigt/was vergangen vnd was künfftig ist/vnd offenbart was verborgen ist/Er verstehet alle heimligkeit/vnd ist jm keine sache verborgen/Er beweiset seine grosse weisheit herrlich/vnd er ist von ewigkeit bis jnn ewigkeit/ Man kan jn weder grösser noch geringer machen/vnd er bedarff keines rats.

Wie lieblich sind alle seine werck/wie wol man kaum ein fünckle davon erkennen kan/Es lebt alles/vnd bleibt fur vnd fur/Vnd wo zu er jr bedarff/sind sie alle gehorsam/Es ist jmer zwey gegen zwey/vnd eins gegen eins/Vnd was er macht/daran ist kein feil/Vnd hat ein jglichs geordent/wo zu es sonderlich nütz sein sol.

Vnd wer kan sich seiner herrligkeit satt sehen? Man sihet seine herrligkeit/an der mechtig grossen höhe/an dem hellen firmament/an dem schönen himel.

Die Sonn wenn sie auffgehet/verkündigt sie den tag/Sie ist ein wunderwerck des Höhesten/Im Mittag trockent sie die erde/vnd wer kan fur jrer hitze bleiben? Sie machts heisser denn viel öfen/vnd brennet die berge/vnd bleset eitel hitze von sich/vnd gibt so hellen glantz von sich/das sie die augen blendet/Das mus ein grosser Herr sein/der sie gemacht hat/vnd hat sie heissen so schnell lauffen.

Vnd der Mon/jnn aller welt mus scheinen zu seiner zeit/vnd die monat vnterscheiden/vnd das jar austeilen/Nach dem Mon rechent man die feste/Es ist ein liecht das abnimpt vnd wider zu nimpt/Er macht den Monat/Er wechst vnd verendert sich wunderbarlich.

Es leucht auch das gantz himlisch heer jnn der Höhe/am firmament/vnd die hellen sterne zieren den himel/Also hat sie der HERR jnn der Höhe heissen die welt erleuchten/Durch Gottes wort halten sie jre ordnung/vnd wachen sich nicht müde.

Sihe den Regenbogen an/vnd lobe den/der jn gemacht hat/Denn er hat seer schöne farben.

Er hat den himel fein rund gemacht/vnd die hand des Höhesten hat jn ausgebreitet.

Durch sein wort fellt ein grosser schnee/Vnd er lesst es wunderlich durch einander blitzen/das sich der himel aufthut/Vnd die wolcken schweben/wie die vögel fliegen/Er macht durch seine krafft die wolcken dicke/das hagel heraus fallen/Sein donner erschreckt die erde/ vnd berge zittern fur jm.

Durch seinen willen wehet der Sudwind vnd der Nordwind/vnd wie die vogel fliegen/so wenden sich die winde/vnd wehen den schnee
durcheinan-

Das Buch

durcheinander/das er sich zu hauffen wirfft/als wenn sich die hew=
schrecken nider thun/Er ist so weis/das er die augen blendet/vnd das
hertz mus sich verwundern/solchs seltzams regens.

Er schüttet den reiffen auff die erden wie saltz/vnd wenn es gefrew=
ret/so werden eiszacken/wie die spitzen an den stecken/Vnd wenn der
kalte nordwind wehet/so wird das wasser zu eiss/Wo wasser ist/da
wehet er vber her/vnd zeucht dem wasser gleich ein harnisch an/Er
verderbt die gebirge/vnd verbrennet die wüsten/vnd verderret alles
was grün ist/wie ein feur/Da wider hilfft ein dicker nebel/vnd ein
thaw nach der hitze/der erquickt alles wider.

Durch sein wort weret er dem meer/das es nicht ausreisse/vnd
hat Insulen drein geseet.

Die auff das meer faren/die sagen von seiner ferligkeit/vnd die
wirs hören/verwundern vns/Da selbst sind seltzame wunder/manch=
erley thiere vnd walfische/durch die selben schifft man hin.

Summa/durch sein wort bestehet alles/Wenn wir gleich viel sa=
gen/so können wirs doch nicht erreichen/Kurtz/Er ists gar/Wenn
wir gleich alles hoch rhümen/was ist das? Er ist doch noch viel hö=
her/weder alle seine werck/Der HERR ist vnaussprechlich gros/vnd
seine Macht ist wunderbarlich/Lobet vnd preiset den HERRN/so
hoch jr vermügt/Er ist doch noch höher/Preiset jn aus allen krefften/
vnd lasst nicht abe/Noch werdet jrs nicht erreichen/Wer hat jn gese=
hen/das er von jm sagen kündte?

Wer kan jn so hoch preisen/als er ist? Wir sehen seiner werck das
wenigst/Denn viel grössere sind vns noch verborgen/Denn alles was
da ist/das hat der HERR gemacht/vnd gibts den Gottfürchtigen zu
wissen.

XLIIII.

Lasst vns loben die berümbten leute/vnd vnsere Veter/
nacheinander/Viel herrlichs dings hat der HERR
bey jnen gethan/von anfang durch seine grosse macht/
Sie haben jre Königreiche wol regiert/vnd lobliche
thaten gethan/Sie haben weislich geraten vnd ge=
weissagt/Sie haben land vnd leute regiert mit rat vnd
verstand der Schrifft/Sie haben Musicam gelernt/vn
geistliche lieder getichtet/Sie sind auch reich gewest/vnd haben grosse
güter gehabt/vnd im friden regirt/weil sie hie gewesen sind/Also sind
sie alle zu jren zeiten löblich gewest/vnd bey jrem leben gerümbt/Vnd
die haben ehrlichen namen hinder sich gelassen/Aber die andern ha=
ben keinen rhum/vnd sind vmbkomen/als weren sie nie gewest/Vnd
da sie noch lebeten/waren sie eben als lebeten sie nicht/vnd jre kinder
nach jnen auch also.

Aber jhenen heiligen leuten/welcher gerechtigkeit nicht vergessen
wird/ist ein gut erbe blieben/sampt jren kindern/Jre nachkomen sind
im Bund blieben/vnd vmb jren willen sind jre kinds kinder jmer fur
vnd fur blieben/vnd jr lob wird nicht vntergehen/Sie sind im friden
begraben/Aber jr name lebt ewiglich/Die leute reden von jrer weis=
heit/vnd die Gemeine verkündigt jr lob.

Gene.v. Enoch gefiel dem HERRN wol/vnd ist weg genomen/das er
der welt eine vermanung zur busse were.

Noe ward

Jesus Syrach.

LIII.

Noe ward erfunden vnstrefflich/vnd zur zeit des zorns/hat er gnade funden/vnd ist vbrig behalten auff erden/da die Sindflut kam/ Er empfieng den Bund fur die welt/das nicht mehr/alles fleisch durch die Sindflut vertilget werden solt.

Gene.vij.vnd.x.

Abraham der hoch berümbte Vater vieler völcker/hat seines gleichen nicht jnn der ehre/Er hielt das Gesetz des Höhesten/vnd Gott macht mit jm einen Bund/vnd stifftet den selben Bund jnn sein fleisch/Vnd er ward trewe erfunden/da er versucht ward/Darumb verhies jm Gott mit einem eide/das durch seinen samen/die Heiden solten gesegnet werden/vnd er wie der staub der erden gemehret solt werden/vnd sein samen erhöhet wie die sterne/vnd erben werden/von einem meer bis ans ander/vnd vom Wasser an/bis an der welt ende.

Gene.xvij.
Gene.xxij.

Vnd hat den selben Segen vber alle menschen/vnd den Bund/ auch also bestetigt mit Isaac vmb seines Vaters Abrahams willen/ vnd hats auff Jacob komen vnd bleiben lassen/Er hat jn gnediglich gesegenet/vnd das erbe gegeben/vnd sein teil abgesöndert/vnd jnn die zwelff stemme geteilet.

XLV.

Er hat aus jm komen lassen/den heiligen man Mosen/ der aller welt lieb vnd werd war/vnd beide Gott vnd menschen jm hold waren/des name hoch gepreiset wird/Er hat jn auch geehret/wie die heiligen Veter/ vnd hoch erhaben/das jn die feinde fürchten musten/ vnd lies jn mit worten viel zeichen thun/Er machte jn herrlich fur den Königen/vnd gab jm befelh an sein volck/vnd zeiget jm seine herrligkeit/Er hat jn auserkoren zum heiligen stand/vmb seiner trew vnd sanfftmut willen/vnd aus allen menschen erwelet/Er lies jn hören seine stim/vnd füret jn jnn die finster wolcken/Er hat jm gegenwertig die Gebot gegeben/nemlich/das Gesetz des lebens vnd der weisheit/das er Jacob solt den Bund leren/vnd Israel seine rechte.

Exodi.ij.

(Stand)
Das er Gottes allein pflegen solt.

Er hat Aaron seinen bruder aus dem selben stam Leui/auch erhöhet/vnd jm gleich auserkorn/Er machet einen ewigen Bund mit jm/ vnd gab jm das Priesterthumb im volck/Er hat jn ehrlich vnd schön gekleidet/vnd legt jm einen herrlichen rock an/vnd zoch jm allerley schmuck an/Er rüstet jn mit köstlichem geschmeide/vnd legt jm an die niderwad/den langen rock/vnd leibrock/vnd hieng viel güldener schellen vnd kneuffe vmb her an jn/das es klunge/wenn er aus vnd ein gienge/vnd der klang gehört würde im Heiligthum/damit seines volcks fur Gott gedacht würde/Ja/den Heiligen Rock mit golde/geler seiden vnd scharlacken gestickt/Das Machtschiltlin auff der brust/ mit dem Liecht vnd Recht/künstlich gewirckt/mit den edlen steinen/ darinn die namen der zwelff stemme Israel gegraben/vnd jnn gold gefasset/durch die Steinschneiter/das jr gedacht würde fur Gott/ Das gülden Stirnblat an dem Hut/darinn die heiligkeit gegraben war/welchs alles war herrlich/köstlich/lieblich vnd schön/Man hat des gleichen vor jm nie gesehen/Es must sie auch kein ander anziehen/ on seine kinder allein/vnd kindes kinder fur vnd fur/Seine opffer wurden teglich zweimal volbracht/Moses füllet jm die hende/vnd salbete jn mit dem heiligen öle.

Exodi.xxviij.

Es ward

Das Buch

Es ward der Bund mit jm gemacht/das er vnd seine söne/ewiglich/so lange die tage des himels weren/jm dienen/Priester sein vnd sein volck jnn seinem namen segenen/solten/Er hat jn erwelet aus allen lebendigen/das er dem HERRN opffern solte/Speisopffer vnd Reuchopffer zum süssen geruch vnd gedechtnis/das volck zuuersünen/Er befalh jm das Ampt seines worts/das er Jacob seine Zeugnis leren/vnd Israel mit seinem Gesetz erleuchten solt.

Num. xvj.

Es rotteten sich wol andere wider jn/vnd neideten jn jnn der wüsten/nemlich/die mit Dathan vnd Abiram waren/vnd die wütende rotte Korah/Aber der HERR sahe es vnd gefiel jm nicht/vnd sie wurden verschlungen im grimmigen zorn/Er beweiset ein schrecklich wunder an jnen/vnd verschlang sie mit seinem feur.

Er ehret Aaron noch weiter/vnd gab jm ein erbteil/nemlich/alle erstlinge teilet er jm zu/Fur allen andern verordent er jnen/zum ersten brods gnug/Denn sie solten essen des HErrn opffer/die er jm vnd seinem samen gab/Aber sie musten kein teil am lande haben/noch mit dem volck erben/Sondern der HERR war jr teil vnd Erbe.

Num. xxv.

Pinehas der son Eleasar war der dritte jnn solcher ehre/Der einerte jnn Gottes furcht/Vnd da das volck abfiel/stund er trewlich/fest vnd keck/vnd versünet Israel/Darumb ward jm gegeben der Bund des Frides/das er dem Heiligthum vnd dem volck furstehen/vnd er vnd sein same die Priesterliche wirdigkeit/ewiglich haben solt/Gleich wie mit Dauid aus dem stam Juda/der Bund gemacht ist/das allein aus seinen sönen einer König sein sol/Also sollen auch Aaron vnd sein same die erben sein/das man vns weisheit lere/vnd sein volck recht regiere/auff das jr stand vnd herrligkeit nicht vntergehe/sondern fur vnd fur bey jnen bleibe.

XLVI.

Jhesus heisst ein Heiland oder Siegman / den man sonst Sigmund heisst / aber vnrecht.

Esus Nane/war ein Held im streit/vnd ein Prophet nach Mose/der grosse sieg behielt/fur die ausserweleten Gottes (wie sein name gibt) vnd sie rechet an den feinden/von welchen sie angegriffen worden/auff das Israel jr Erbe kriegten/Er hat ehre erlanget/da er die hand ausreckt/vnd das schwerd zückt wider die stedte/Wer ist jhe mals/so freidig gestanden? Er fieng die feinde des HERREN/Vmb seinet willen stund die Sonne/vnd ward ein tag so lang als zween.

Josue. x.

Er rieff an den Höhesten vnd Mechtigen/da er seine feinde allenthalben drenget/vnd der HERR der Grosse erhöret jn/vnd lies seer grosse hagelsteine fallen auff die feinde/vnd schlug die widersacher tod/da sie herunter zogen/Vnd die Heiden wurden gewar/was diese fur geschütz hetten/vnd das der HERR selbs gegenwertig were jnn dem streit/vnd er jagt den gewaltigen nach.

Numeri. xiiij.

Vnd zur zeit Mose thet er vnd Caleb der son Jephune/ein gut werck/da stunden sie wider den hauffen/vnd wereten dem volck die sunde/vnd stilleten die schedliche auffrur/Darumb sind sie zween allein erhal-

Jesus Syrach. LIIII.

allein erhalten/vnter sechs hundert tausent man/vnd haben das volck zum erbe gebracht jns land/da milch vnd honig jnne fleusst.

Vnd der HERR erhielt den Chaleb bey leibs krefften/bis jnn sein alter/das er hinauff zog auffs gebirge im lande/vnd sein same besas das erbe/Auff das alle kinder Israel sehen/wie gut es ist/dem HERRN gehorchen. *Josue.xiiij.*

Vnd die Richter/ein jglicher nach seinem namen/welche nicht abgötterey trieben/noch vom HERRN abfielen/werden auch gepreiset/Ir gebeine grunen noch jmer/da sie ligen/Vnd jr name wird gepreiset jnn jren kindern/auff welche er geerbet ist.

Vnd Samuel der Prophet des HERRN/von seinem Gott geliebt/richtet ein Königreich an/vnd salbete Fürsten vber sein volck/Er richtet die Gemeine nach dem Gesetz des HERRN/vnd der HERR sahe Jacob wider an/Vnd der Prophet ward rechtschaffen vnd trew erfunden/vnd man erkand/das seine weissagung gewislich war wurden/Er rieff an den HERRN den Mechtigen/da er seine feinde allenthalben drengete/vnd junge lemmer opfferte/Vnd der HERR donnerte vom himel herab/vnd lies sich hören jnn einem grossen wetter/Vnd zerschlug die Fürsten zu Tiro/vnd alle herrn der Philister/ Vnd vor seinem ende/ehe er starb/bezeuget er fur dem HERRN/vnd seinem Gesalbeten/das er von keinem menschen geld/auch nicht einen schuch genomen hette/Vnd kein mensch kund jn etwas zeihen/Vnd da er nu entschlaffen war/weissagt er vnd verkündigt dem Könige sein ende/Vnd lies sich hören/aus der erden erfür/vnd weissaget/das die Gottlose leute solten vmb komen. *j.Reg.xij.*

(Weissagt) Das thet nicht Samuel/wie er aus Jüdischem verstand meinet/sondern ein geist/jnn Samuels namen.

XLVII.

Darnach zur zeit Dauids/weissagete Nathan/Vnd Dauid war vnter den kindern Israel auserkorn/wie das fett am opffer Got geeigent war/Er gieng mit Lewen vmb/ als schertzt er mit böcklin/vnd mit Beren/als mit lemmern/Inn seiner jugent schlug er den Risen tod/vnd nam weg die schmach von seinem volck/Auff hub er seine hand/vnd warff mit der schleuder/vnd schlug den stoltzen Goliath darnider/Denn er rieff den HERRN den Höhesten an/der sterckt jm seine hand/das er erwürget den starcken Krieger/vnd erhöhet das Horn seins volcks/Er lies jn rhümen/als zehen tausent man werd/ vnd ehret jn mit Göttlichem segen/das er die Königliche krone kreig/ Er schlug die feinde allenthalben/vnd vertilget die Philister seine widersacher/Vnd zerbrach jr Horn/wie es noch heutigs tages zerbrochen ist. *ij.Reg.xij.* *j.Reg.xvij.*

Fur ein jglichs werck danckt er dem Heiligen dem Höhesten/mit einem schönen liede/Er sang von gantzem hertzen/vnd liebete den der jn gemacht hatte/Er stifftet Senger bey dem Altar/vnd lies sie seine süsse lieder singen/vnd ordent die Feiertag herrlich zu halten/vnd das man die Jarfeste/durchs gantze jar schön begehen solte/mit loben den namen des HERRN/vnd mit singen des morgens im Heiligthum/Der HERR vergab jm seine sunde/vnd erhöhet sein Horn ewiglich/vnd macht einen Bund mit jm/das das Königreich vnd Königlicher stuel jnn Israel auff jm bleiben sol.

K.   Nach jm

Das Buch

ij. Reg.iiij.

Nach jm ward König/sein kluger son Salomo/dem der vater gute ruge geschafft hatte/das er im fride regirte/Denn Gott hatte alles vmb her stille gemacht/das er seinem namen ein Haus bawete/ vnd ein Heiligthum auffrichtet/das fur vnd fur bliebe/O wie wol lernetestu jnn deiner jugent/vnd warest vol verstands/wie ein wasser das land bedeckt/vnd hast alles mit sprüchen vnd leren erfüllet/vnd dein name ward beruffen fern jnn die Jnsulen/vnd vmb deines frides willen/warestu lieb vnd werd gehalten/Alle land verwunderte sich deiner lieder/sprüche/gleichnis vnd auslegung/vnd lobeten den HERREN/der da heisst der Gott Jsrael/Du brachst so viel gold zu wegen/ als zihn/vnd so viel silber/als bley.

Dein hertz hieng sich an die weiber/vnd liessest dich sie bethören/ vnd hiengest deiner ehre einen schandflecken an/vnd machtest/das deine kinder verworffen sein musten/vnd der zorn vber deine nachkomen gieng/zur straff deiner torheit/da das Königreich zerteilet ward/vnd jnn Ephraim ein abgöttisch königreich entstund.

Aber der HERR wendet sich nicht von seiner barmhertzigkeit/ vnd enderte nicht sein verheissen werck/vnd vertilgete nicht gar seines ausserweleten nachkomen/vnd thet nicht weg den samen seines liebhabers/Sondern behielt noch etwas vber dem volck Jacob/vnd eine wurtzel von Dauid.

iij. Reg.xj.

Vnd Salomo entschlieff mit seinen Vetern/Vnd lies hinder sich seines samens Roboam/einen vnweisen man das volck zu regirn/der keinen verstand hatte/der das volck mit seinem eigen sinn abfellig macht/Dazu Jerobeam den son Nebat/der Jsrael zur abgötterey bracht/ vnd füret Ephraim jnn sunde/vnd jrer sunde wurden fast viel/das sie zu letzt aus jrem lande vertrieben wurden/Denn sie erdachten allerley abgötterey/bis die rache vber sie kam.

XLVIII.

iij. Reg.xvij.

Nd der Prophet Elias/brach erfur wie ein feur/vnd sein wort brand wie eine fackel/vnd bracht die thewre zeit vber sie/vnd macht sie geringer/durch seinen eiuer/Denn durch das wort des HERRN/schlos er den himel zu/ Drey mal bracht er feur herab/O wie herrlich bistu gewest Elias mit deinen wunderzeichen? Wer ist so herrlich als du?

(Straffe)
iij. Reg.xix. stehet/ Wie Hasael/ Jehu vnd Eliseus (durch den/Wind Beben/Feur bedeut) das Gottlose volck tödten solten.

Durch das wort des Höhesten/hastu einen todten aufferweckt/ vnd wider aus der Hellen bracht/Du hast stoltze könige gestürtzt aus jrem bette/vnd vmbbracht/Du hast auff dem berge Sina gehört/die künfftige straffe/vnd jnn Horeb die rache/Du hast die könige geweissagt/die da straffen solten/vnd Propheten nach dir verordent/Du bist weg genomen jnn einem wetter/mit einem feurigen wagen vnd pferden/Du bist verordent das du straffen solt/zu seiner zeit/zu stillen den zorn/ehe der grim kompt/das hertz der Veter zu den kindern keren/vnd die stemme Jacob wider bringen/Wol denen/die dich sehen/vnd vmb deiner freundschafft willen geehret sein werden/da werden wir das recht leben haben.

iiij. Reg.ij.

Da Elias im wetter weg war/da kam sein geist auff Eliseo reichlich/Zu seiner zeit erschrack er fur keinem fürsten/vnd niemand kund jn vberwinden/

Jesus Syrach. LV.

vberwinden/Er lies sich nichts zwingen/Vnd da er tod war/weissagt noch sein leichnam/Da er lebt/thet er zeichen/vnd da er tod war/thet er wunder.

Noch halff das alles nicht/das sich das volck gebessert/vnd von jren sunden gelassen hette/bis sie aus jrem lande vertrieben/vnd jnn alle land zerstrewet wurden/vnd ein klein heufflin vberbleib/vnd ein Furst im hause Dauid/Vnter welchen etliche theten was Gott gefiel/ Aber etliche sundigten seer.

Was sol doch denn helffen? Der tod vnd das hellische fewr.

Esechias befestiget seine Stad/vnd leitet wasser hinein/Er lies jnn den fels graben/vnd brunnen machen/Zu seiner zeit zog herauff Sanherib/vnd sandte Rabsacen/Er hub seine hand auff wider Zion/ vnd trotzet mit grossem hohmut/Da erzitterten jre hertzen vnd hende/ vnd ward jnen bange/wie einem weibe jnn kinds nöten/Vnd sie rieffen den barmhertzigen HERRN an/vnd huben jre hende auff zu jm/Vnd der Heilige im himel erhöret sie bald/vnd erlöset sie/durch Esaiam/Er schlug das heer der Assyrer/vnd sein Engel vertilget sie/ Denn Esechias thet/was dem HERRN wolgefiel/vnd bleib bestendig auff dem wege Dauid seines vaters/wie jn lerete Esaias/der ein grosser vnd warhafftiger Prophet war/jnn seiner weissagung.

iiij.Reg.xviij.

Zu desselben zeit/gieng die Sonne wider zu rücke/Vnd er erlengert dem Könige das leben/Er weissagte mit reichem geist/was zu letzt geschehen solt/vnd gab den betrübten zu Zion trost/damit sie sich fur vnd fur trösten möchten/Er verkündigte das zukünfftige vnd verborgens/ehe denn es kam.

XLIX.

DEr name Josia/ist wie ein eddel reuchwerck aus der Apoteken/Er ist süsse/wie honig im munde/vnd wie ein seiten spiel beim weim/Er hatte gros gnade/das volck zu bekeren/vnd die grewel der abgötterey abzuthun/Er wogets mit gantzem hertzen auff den HERRN/Er richtet den rechten Gottesdienst wider auff/da das land vol abgötterey war.

Alle Könige/ausgenomen/Dauid/Esechias vnd Josias/haben sich verschuldet/Denn sie verliessen das Gesetz des Höhesten.

Darnach war es aus/mit den Königen Juda/Denn sie musten jr Königreich andern lassen/vnd jre herrligkeit einem frembden volck/ Die verbranten die auserwelete Stad des Heiligthumbs/vnd machten jre gassen wüste/wie Jeremias geweissagt hatte/welchen sie vbel plagten/Der jnn mutter leibe zum Propheten auserkoren war/das er ausrotten/zubrechen vnd zerstören/vnd widerumb auch bawen vnd pflantzen/solte.

Hesekiel/sahe die herrligkeit des HERRN im gesichte/welche er jm zeiget aus dem wagen Cherubim/Er hat geweissagt wider die feinde/vnd trost verkündigt/denen/die da recht thun.

Vnd der zwelff Propheten gebeine grünen noch/da sie ligen/ Denn sie haben Jacob getröstet/vnd erlösunge verheissen/der sie gewis hoffen solten.

(Grünen) Stnd jnn ehren vnd wirden.

K ij Wie

Das Buch

Wie wollen wir Sorobabel preisen? der wie ein ring an der rechten hand war/Vnd Jhesus den son Josedech/Welche zu jrer zeit den Tempel baweten/vnd das heilige Haus dem HERRN wider auffrichten/das da bleiben solte zu ewiger herrligkeit.

Vnd Nehemias ist alle zeit zu loben/der vns die zerstöreten mauren wider auffgericht hat/vnd die thor mit schlossen gesetzt/vnd vnser heuser wider gebawet.

Niemand ist auff erden geschaffen/der Henoch gleich sey/Denn er ist von der erden weg genomen/Dem Joseph auch nicht/welcher war ein herr vber seine brüder/vnd erhalter seines volcks/Seine gebeine wurden widerumb heimbracht.

Seth vnd Sem/sind vnter den leuten jnn grossen ehren gewest.

Adam aber ist geehret vber alles was da lebt/das er der erst von Gott geschaffen ist.

LI.

Simon der son Onie/der Hohe priester/der zu seiner zeit vmb das Haus genge bawete/vnd pfeiler dran setzete/vnd den grund noch eins so hoch auffüret/vnd oben den vmbgang am Tempel wider zurichtet/Zu seiner zeit war der brunnen verfallen/den fasset er mit kupffer/Er sorgete fur den schaden seins volcks/vnd machte die Stad feste wider die feinde/Er thet ein löblich werck/das er das volck wider zu rechter ordnung bracht.

Wenn er aus dem Furhang erfur gieng/so leuchtet er/wie der morgen stern/durch die wolcken/wie der volle Mon/wie die Sonne scheinet auff den Tempel des Höhesten/wie der Regenbogen mit seinen schönen farben/wie eine schöne rosen im lentzen/wie die lilien am wasser/wie der Weirauch baum im lentzen/wie ein angezündter Weirauch im Reuchfas/Wie ein gülden schewer mit allerley eddel stein gezieret/wie ein fruchtbar ölebaum/vnd wie der höchste Cipressen baum.

Wenn er den schönen langen Rock anlegt/vnd den gantzen schmuck anzoch/vnd zum heiligen Altar trat/so zieret er das gantze Heiligthum vmbher/Wenn er aber aus der Priester hende die opffer stück nam/vnd bey dem feur stund/so auff dem Altar brand/so stunden seine brüder rings vmb jn her/wie die Cedern auff dem Libano gepflantzt/vnd vmbringeten jn/wie palm zweige/vnd alle kinder Aaron jnn jrem schmuck/vnd hatten des HERRN opffer jnn jren henden/fur der gantzen Gemeine Israel/vnd er richtet sein ampt aus/auff dem Altar/vnd thet also dem Höhesten dem Allmechtigen ein feines opffer/Er reckt seine hand aus/mit dem Tranckopffer/vnd opffert den roten wein/Vnd gos an den boden des Altars/zum süssen geruch/dem Höhesten/der aller König ist.

Da rieffen die kinder Aaron laut/vnd bliesen mit drometen/vñ döneten hoch/das jr gedacht würde fur dem Höhesten/Da fiel so bald alles volck miteinander zur erden/auff jr angesicht/vnd betten den Herrn/jren Allmechtigen Höhesten Got/vñ die Senger lobten jn mit Psalmē/Vnd das gantze Haus erschall/von dem süssen gedöne/Vnd das volck
bettet

Jesus Syrach. LVI.

bettet zum HERRN dem Höhesten/das er gnedig sein wolt/bis der Gottes dienst aus war/vnd sie jr ampt volendet hatten.

Wenn er nu wider erab gieng/so reckt er seine hand aus/vber die gantzen Gemeine der kinder Israel/vnd gab jnen den segen des HERREN mit seinem munde/vnd wündscht jnen heil jnn seinem namen/ Da betten sie aber mal/vnd namen den segen an von dem Höhesten/Vnd sprachen/Nu dancket alle Gott/der grosse ding thut an allen enden/der vns von mutter leib an lebendig erhelt/vnd thut vns alles guts/Er gebe vns ein ᵃ frölich hertz/vnd verleihe jmerdar fride/ zu vnser zeit jnn Israel/vnd das seine gnade stets bey vns bleibe/vnd erlöse vns/so lange wir leben.

ᵃ (Frölich hertz) Gut gewissen.

Zweierley volck bin ich von hertzen feind/Dem dritten aber bin ich so gram/als sonst keinem/Den ᵇ Samaritern/Den Philistern/vnd dem tollen pöbel zu Sichem.

Diese lere vnd weisheit/hat jnn dis Buch geschrieben/Jesus der son Syrach von Jerusalem/ vnd aus seinem hertzen solche lere geschüttet/Wol dem/der sich hierinn vbet/Vnd wers zu hertzen nimpt/ der wird weise werden/Vnd wo er darnach thut/so wird er zu allen dingen tüchtig sein/Denn des HERRN liecht leitet jn.

ᵇ Samariten/sind falsche heiligen vñ geister/vnter Gottes kindern. Philister sind böse nachbar vnd Tyrannen/die nicht auff hören zu verfolgen Gottes wort. Sichem sind der vngehorsam/auffrürische pöbel/die Gottes wort haben/vnd verachten.

Ein Gebet Jesu des sons Syrach.

Ich dancke dir HERR König/vnd lob dich Gott meinen Heiland/Ich dancke deinem namen/das du mein schutz vnd hülffe bist/vnd meinen leib aus dem verderben/ vom strick der ᶜ falschen zungen vnd lügenmeulern/ erlöset hast/vnd hast mir geholffen widder die feinde/ Vnd hast mich errettet/nach deiner grossen vnd hochberümbten barmhertzigkeit/ von dem brüllen/dere/die mich fressen wolten/aus der hand/dere/die mir nach dem leben stunden/aus vielen trübsaln/darinn ich lag/Aus dem brande der mich vmbgeben hatte/mitten aus dem feur/das ich nicht drinn verbrand/Aus dem tieffen rachen der Hellen/Von den falschen kleffern vnd lügenern fur dem Könige/vnd von vnrechtem vrteil.

ᶜ (Falschen) Vmb Gottes worts willen/mus man allerley leiden/als/falsche Lerer/lesterer/gewalt/feur/Kercker etc. Aber aus dem allen hilfft Gott trewlich.

Ich war dem tod nahe/vnd mein leben war schir zur Helle gesuncken/Ich war vmb ringet/vnd niemand halff mir/Ich sucht hülffe bey den menschen/vnd fand keine/Da gedacht ich HERR an deine barmhertzigkeit/vnd wie du allzeit geholffen hast/Denn du errettest alle die auff dich harren/vnd erlösest sie aus den henden der Heiden/Ich betet zu Gott widder jren grim/vnd flehet vmb erlösung vom tod/Vnd rieff an den HERRN meinen Vater vnd Herrscher/ das er mich nicht verliesse jnn der not/vnd wenn die stoltzen trotzeten/ vnd ich keine hülffe hatte/Ich lobe deinen namen on vnterlas/vnd ich preise vnd dancke dir/Denn mein gebet ist erhöret/Vnd du hast mich errettet aus dem verderben/vnd von allem vbel/Darumb wil ich dir HERR dancken/vnd loben/vnd deinen namen preisen.

K iij   Da ich

Das Buch

Da ich noch jung war/ehe ich verfürt ward/sucht ich die weis=
heit/on schew/mit meinem gebet/Im Tempel bat ich drumb/vnd
wil sie bis inn mein ende suchen/Mein hertz frewet sich vber ir/als
wenn die drauben reiffen/Ich gieng stracks weges zu ir/vnd forschet
von jugent nach ir/Ich horchte drauff/vnd nam sie an/Da lernet ich
wol/vnd nam seer zu durch sie/Darumb danck ich dem/der mir weis=
heit gab.

Ich setzt mir fur darnach zu thun/vnd mich vleissigen des gu=
ten/Vnd ich ward nicht zu schanden drüber/ich rang von hertzen
darnach/vnd war vleissig darnach zu thun/Ich hub meine hende
auff gen himel/da ward meine seel erleuchtet/durch die weisheit/
das ich meine torheit erkandte/Ich stund mit ernst nach ir/Sie vnd
ich wurden ein hertz von anfang/vnd fand sie rein/Darumb werde
ich nicht verworffen werden/Meinem hertzen verlangte nach ir/vnd
ich kriegt einen guten schatz/Der HERR hat mir durch sie eine newe
zunge gegeben/damit wil ich in loben.

(Verworffen)
Sondern ausser=
welet/lieb vnd
werd fur Got vnd
den menschen.

Macht euch her zu mir ir vnerfarnen/vnd kompt zu mir inn die
Schule/vnd was euch feilet/das künd ir hie lernen/Denn ir seid ge=
wislich seer dürstig/Ich hab meinen mund auffgethan vnd geleret/
Denckt nu vnd keufft euch weisheit/weil irs on geld haben künd/vnd
ergebt ewern hals vnter ir joch/vnd lasst euch zihen/ᵃ Man findet sie
jtzt inn der nehe/Sehet mich an/ich hab eine kleine zeit/mühe vnd er=
beit gehabt/vnd habe grossen trost funden/Nemet die lere an/wie ei=
nen grossen schatz silbers/vnd behaltet sie/wie einen grossen hauffen
golds.

ᵃ
Kunst gehet jtzt
nach brot/. Aber
brot wird ir wi=
der nach lauffen/
vnd nicht finden.

Frewet euch der barmhertzigkeit Gottes/vnd schemet euch sei=
nes lobens nicht/Thut was euch geboten ist/weil ir die zeit habt/So
wird ers euch wol belohnen zu seiner zeit.

(Schemet)
Gottes wort be=
kennen/ist fur der
welt eine schande/
ja schaden vnd al=
le fahr.

Ende des Buchs Jesu des
sons Syrach.

Vorrhede auff den Baruch.

SEer geringe ist dis buch / wer auch der gute Baruch ist / Denn es nicht gleublich ist / das Sanct Jeremias diener / der auch Baruch heisst (dem auch diese Epistel zugemessen wird) nicht solt höher vnd reicher im geist sein / weder dieser Baruch ist / Trifft dazu die zal der jar / mit den Historien nicht ein / Das ich gar nahe / jn hette mit dem dritten vnd vierden buch Esra lassen hin streichen / Denn die selben zwey bücher Esra / haben wir schlechts nicht wollen verdeudschen / weil so gar nichts drinnen ist / das man nicht viel besser jnn Esopo / oder noch geringern büchern kan finden / on das im vierden buch dazu eitel trewme sind / wie S. Hieronymus zwar selbst sagt / vnd Lyra nicht hat wöllen auslegen / dazu im Griechischen nicht funden werden / Es sol vnd mag sie sonst verdolmetschen wer da wil / doch jnn dieser bücher zal nicht mengen / Baruch lassen wir mit lauffen vnter diesem hauffen / weil er wider die Abgötterey so hart schreibt vnd Moses Gesetz furhellt.

K iij   Der Prophet

Der Prophet Baruch.

I.

DIs sind die rede/welche Baruch der son Nerie/des sons Mahasie/des sons Sedechie/des sons Sedej/des sons Melchie jnn ein Buch geschrieben hat/zu Babel/im funfften jar/am siebenden tag des mondes/zur zeit/da die Caldeer Jerusalem gewonnen/vnd mit feur verbrand hatten.

3 Vnd Baruch lase dis Buch fur Jechan Ja dem son Joakim/dem König Juda/vnd fur den ohren alles volcks/das da zu kam/vnd fur der Fürsten vnd fur der Könige söne/vnd fur der Eltesten/vnd fur allem volck/beide klein vnd gros/was da wonete zu Babel am wasser Sud.

5 Vnd sie weineten/fasteten vnd beteten mit ernst fur dem HERREN/vnd legten zu hauff was ein jglicher vermochte/vnd sandten es hin gen Jerusalem zu Joakim/dem son Melchie/des sons Salom/ dem Priester/vnd zu den (andern) Priestern/vnd zu allem volck/das mit jm war zu Jerusalem/das er jnen brechte jns land Juda/die gefesse des Hauses des HERRN/die etwa aus dem Tempel weg genomen waren/am zehenden tag des Mondes Siban/Nemlich/die silbern gefesse/welche gezeuget hatte Zedechia der son Josia/der König Juda/da NebucadNezar der König zu Babel weg gefurt hatte den Jechan Ja/vnd die Fürsten/vnd die gefangenen/vnd die gewaltigen/ vnd das land volck von Jerusalem/vnd hatte sie gebracht gen Babel.

10 Vnd schrieben jnen also/Sihe/wir senden euch geld/da fur keuffet Brandopffer/Sündopffer/Weyrauch vnd Speisopffer/vnd opffert es auff dem Altar des HERRN vnsers Gottes/Vnd bittet fur das leben NebucadNezar des Königs zu Babel/vnd fur das leben Belsazer seines sons/das jre tage auff erden seien/so lang die tage des himels weren/So wird der HERR vns gnug vnd gute tage schaffen/ vnd werden leben vnter dem schatten NebucadNezar des Königs zu Babel/vnd vnter dem schatten Belsazer seines sons/vnd jnen dienen lange zeit/vnd gnade fur jnen finden.

13 Auch bittet fur vns zu dem HERRN vnserm Gott/denn wir haben vns versundiget an dem HERRN vnserm Gott/vnd sein grim vnd zorn ist von vns nicht gewand/bis auff den heutigen tag.

14 Vnd leset dis Buch/denn wir haben es darumb zu euch gesand/ das jrs lesen solt/im Hause des HERRN/an den Feiertagen vnd jar zeiten/Vnd sprechet/Der HERR vnser Gott ist gerecht/wir aber tragen billich vnser schande/wie es denn jtzt gehet/den von Juda/vnd den von Jerusalem/vnd vnsern Königen/vnd vnsern Fürsten/vnd vnsern Priestern/vnd vnsern Propheten/vmb des willen/das wir fur

dem

Baruch. LVIII.

dem HERRN gesündiget/vnd jm nicht gegleubt haben/vnd nicht gehorcht der stim des HERRN vnsers Gottes/das wir gewandelt hetten nach seinen geboten/die er vns gegeben hat/Ja von der zeit an/da der HERR vnser Veter aus Egypten land gefüret hat/bis auff diesen heutigen tag/sind wir dem HERRN vnserm Gott/vngehorsam gewesen/vnd haben verachtet seiner stim zu gehorchen.

20 Darumb ist nu vber vns komen/die straffe vnd der fluch/den der HERR verkündiget hat durch Mosen seinen Knecht/da der HERR vnser Veter aus Egypten land fürete/das er vns ein land gebe/darinn milch vnd honig fleusst/Vnd wir gehorchten nicht der stim des HERRN vnsers Gottes/wie vns die Propheten sagten/die er zu vns sandte/Sondern ein iglicher gieng nach seines bösen hertzen geduncken/vnd dieneten frembden Göttern/vnd theten böses fur dem HERRN vnserm Gott.

II.

Vnd der HERR hat sein wort gehalten/das er gered hat/zu vns/vnd vnsern Richtern/Königen vñ Fürsten/die Israel regieren solten/vnd zu den von Israel vnd Juda/vnd hat solche grosse straffe vber vns gehen lassen/des gleichen vnter allem himel nicht geschehen ist/wie vber Jerusalem gangen ist/Gleich wie geschrieben stehet im Gesetze Mosi/das ein mensch seines sons vnd seiner tochter fleisch fressen sol/Vnd er gab sie dahin zu knechten/jnn alle Königreiche/die vmbher ligen/zur schmach/vnd zum fluch vnter alle völcker/die vmb vns sind/vnter welche sie der HERR zerstrewet hat/Vnd sie werden jmer vnter druckt/vnd können nicht wider auffkomen/Denn wir haben vns versundiget an dem HERRN vnserm Gott/jnn dem/das wir seiner stim nicht gehorchet haben.

6 Der HERR vnser Gott ist gerecht/wir aber vnd vnsere Veter tragen billich vnser schande/wie es denn jtzt gehet/Alles vnglück/das der HERR wider vns gered hat/ist vber vns komen/Vnd wir haben nicht geflehet dem HERRN/das sich ein iglicher gekeret hette/von den gedancken seines bösen hertzen/Vnd der HERR hat gewachet vber vns zum vnglück/das er vber vns hat gehen lassen/Denn der HERR ist gerecht jnn allen seinen wercken/die er vns hat geboten/Wir aber horcheten nicht seiner stim/das wir gewandelt hetten nach den geboten des HERRN/die er vns gegeben hat.

11 Vnd nu HERR/Israels Gott/der du dein volck aus Egypten land gefüret hast/mit starcker hand/mit grosser macht/vnd hoher gewalt/durch zeichen vnd wunder/Vnd hast dir einen namen gemacht/wie er jtzt ist/Wir haben ja gesündiget/vnd sind leider Gottlos gewesen/vnd haben gethan wider alle deine gebot/Ach HERR vnser Gott/lasse ab von deinem grim vber vns/denn wir sind seer gering worden/vnter den Heiden/dahin du vns zerstrewet hast.

14 Erhöre HERR/vnser gebet vnd vnser flehen/vnd hilff vns vmb deinen willen/Vnd las vns gnade finden bey denen/die vns weg gefurt haben/Auff das alle welt erkenne/das du HERR vnser Gott bist/

Baruch.

bist/Denn Israel vnd sein same/ist ja nach dir genennet/Sihe HERR von deinem heiligen Hause/vnd gedencke doch an vns/Neige HERR dein ohr/vnd höre doch/Thu auff HERR deine augen/vnd sihe doch/Denn die todten inn der Helle/welcher geist aus jrem leib gefaren ist/rhümen nicht die herrligkeit vnd gerechtigkeit des HERRN/

18 Sondern eine seele die seer betrübt ist/vnd gebücket vnd jamerig gehet/vnd jr augen schier ausgeweinet hat/vnd hungerig ist/die rhümet HERR deine herrligkeit vnd gerechtigkeit.

19 Vnd nu HERR vnser Gott/wir liggen fur dir mit vnserm gebet/ nicht von wegen der gerechtigkeit vnser Veter/vnd vnser Könige/sondern von wegen deiner barmhertzigkeit/Nach dem du deinen grim vnd zorn hast vber vns gehen lassen/wie du gered hast/durch die Propheten deine Knechte/vnd gesagt/So spricht der HERR/Neiget ewre schuldern/vnd ergebt euch dem König zu Babel/so werdet jr im land bleiben/welches ich ewren Vetern gegeben habe/Wo jr aber der stim des HERRN nicht gehorchen werdet/euch zu ergeben dem König zu Babel/so wil ich inn den stedten Juda/vnd von Jerusalem weg nemen/das geschrey der frewden vnd wonne/vnd die stim des Breutgams vnd der Braut/vnd das gantze land sol wüste stehen/ vnd niemand drinnen wonen.

24 Wir aber gehorchten nicht deiner stim/das wir vns ergeben hetten dem König zu Babel/Darumb hastu dein wort gehalten/das du gered hast durch die Propheten deine Knechte/das man die gebeine vnser Könige/vnd die gebeine vnser Veter/aus jren grebern geworffen hat/vnd zerstrewet/das sie am tag an der Sonne/vnd des nachts im thaw/gelegen sind/Vnd sind seer jemerlich vmbkomen durch hunger/ schwerd vnd gefengnis/Vnd vmb der missethat willen des Hauses Israel vnd des Hauses Juda/hastu dein Haus/darinn man deinen namen angeruffen hat/so zerstören lassen/wie es jtzt stehet.

27 Vnd du HERR vnser Gott/hast gantz gnediglich/vnd nach aller deiner grossen barmhertzigkeit/mit vns gehandelt/wie du durch Mosen deinen Knecht/gered hast/am tage/da du jm gebotest zu schreiben dein Gesetz/fur den kindern Israel/vnd sprachst/Wo jr meiner stim nicht gehorchen werdet/so sol gewis dieser hauff/des eine grosse menge ist/gantz gering werden/vnter den Heiden/dahin ich sie zerstrewen wil/Denn ich weis doch wol/das sie mir nicht gehorchen werden/denn es ist ein halsstarrig volck.

31 Sie werden sich aber wider bekeren/im land darinn sie gefangen sind/vnd werden erkennen/das Ich der HERR jr Gott bin/Vnd Ich wil jnen ein verstendig hertz geben/vnd ohren/die da hören/

32 Denn werden sie mich preisen/im land darinn sie gefangen sind/vnd werden an meinen namen gedencken/vnd sich von jrem harten nacken vnd von jren sunden keren/Denn sie werden dran gedencken/wie es jren Vetern gangen ist/welche fur dem HERRN sundigten.

34 Vnd ich wil sie wider bringen jnn das land/das ich jren Vetern Abraham/Isaac vnd Jacob geschworen hab/vnd sie sollen drinn herrschen/Vnd ich wil sie mehren vnd nicht mindern/vnd wil einen
ewigen

Baruch. LIX.

ewigen Bund mit jnen auffrichten/ das ich jr Gott wil sein/ vnd sie mein volck/ vnd wil mein volck Israel nicht mehr treiben aus dem land/ das ich jnen gegeben habe.

III.

1 Almechtiger HERR/ du Gott Israel/ jnn dieser grosser angst vnd not schrey ich zu dir/ Höre vnd sey gnedig HERR/ denn wir haben wider dich gesündiget/ Du regierest fur vnd fur/ wir aber vergehen jmerdar/ Allmechtiger HERR/ du Gott Israel/ höre nu das gebet Israel/ die dem tod im rachen sticken/ vnd das gebet der kinder / die sich an dir versündiget/ vnd der stim des HERRN jrs Gottes nicht gehorchet haben/ darumb ist auch die straffe stets hinder vns her gewesen.

5 Gedencke nicht der missethat vnser Veter/ sondern gedencke jtzt an deine hand vnd an deinen namen/ Denn du bist ja HERR/ vnser Gott/ so wollen wir/ HERR/ dich loben/ Denn darumb hastu deine furcht jnn vnser hertz gegeben/ das wir deinen namen anruffen/ vnd dich jnn vnserm gefengnis loben/ sollen/ Denn alle missethat vnser Veter/ die fur dir gesündiget haben/ gehet zu hertzen/ vns/ die wir jtzt sind jnn vnserm gefengnis/ dahin du vns verstossen hast/ zur schmach/ zum fluch vnd grewel/ vmb aller missethat willen vnser Veter/ die von dem HERRN jrem Gott abgewichen sind.

9 Höre Israel die gebot des lebens/ mercke vleissig drauff/ vnd behalt sie wol/ Wie kompt es Israel/ das du jnn der Heiden land verschmachtest/ das du jnn eim frembden land bist? das du dich vnnureinigest vnter den todten? das du vnter die gerechnet bist/ die jnn die Helle faren? Das ist die vrsach/ das du den brunnen der weisheit verlassen hast/ Werestu auff Gottes wege blieben/ du hettest wol jmerdar im fride gewonet/ So lerne nu rechte weisheit/ auff das du erfarest/ wer der sey/ der langes leben/ güter/ freude vnd fride/ gibt/ Wer weis wo sie wonet? Wer ist jnn jr kemerlin komen? Wo sind die Fürsten der Heiden/ die vber das wild auff erden herschen? Die da spielen mit den vogeln des himels? Die silber vnd gold samlen/ darauff die menschen jr vertrawen setzen/ vnd können sein nimer satt werden? Denn sie werben geld/ vnd sind gevlissen drauff/ vnd ist doch als vergeblich/ Sie sind vertilget vnd jnn die Helle gefaren/ vnd andere sind an jre stat komen/ Die nachkomen sehen zwar wol das liecht/ vnd wonen auff dem erdboden/ Vnd treffen doch den weg nicht/ da man die weisheit findet/ Denn sie verachten sie/ dazu jre kinder sind auch jrre gangen.

22 Jnn Canaan höret man nichts von jr/ Zu Theman sihet man sie nicht/ Die kinder Hagar forschen der jrdischen weisheit zwar wol nach/ Des gleichen die Kaufleut von Meran/ Vnd die zu Theman/ die sich klug duncken/ Aber sie treffen doch den weg nicht/ da man die weisheit findet.

24 O Israel/ wie herrlich ist das Haus des HERRN/ wie weit vnd gros ist die stet seiner Wonung/ Sie hat kein ende/ vnd ist vnmeslich hoch/ Es waren vorzeiten Risen/ grosse berümbte leute/ vnd gute krieger/ Die selbigen hat der HERR nicht erwelet/ noch jnen den weg des erkentnis

Baruch.

erkentnis offenbart/ Vnd weil sie die weisheit nicht hatten/ sind sie vntergangen jnn jrer torheit.

29 Wer ist gen himel gefaren/ vnd hat sie geholet/ vnd aus den wolcken herab bracht? Wer ist vber meer geschiffet/ vnd hat sie funden/ vnd vmb köstlich gold her gebracht? Summa/ es ist niemand/ der den weg wisse/ da man die weisheit findet.

32 Der aber alle ding weis/ kennet sie/ vnd hat sie durch seinen verstand funden/ Der den erdboden bereitet hat auff ewige zeit/ vnd jn erfüllet mit allerley thieren/ Der das liecht lesst auffgehen/ vnd wenn er jm wider rüffet/ mus es jm gehorchen/ Die sterne leuchten jnn jrer ordenung mit freuden/ Vnd wenn er sie erfur rüffet/ antworten sie/ Die sind wir/ Vnd leuchten mit freuden/ vmb des willen/ der sie geschaffen hat.

36 Das ist vnser Gott/ vnd keiner ist jm zuuergleichen/ Der hat die weisheit funden/ vnd hat sie gegeben Jacob seinem Diener/ vnd Israel seinem geliebten/ Darnach ist sie erschienen auff erden/ vnd hat bey den leuten gewonet.

1 Diese weisheit ist das buch von den geboten Gottes/ vnd von dem Gesetz das ewig ist/ Alle die es halten/ werden leben/ die es aber vbertretten/ werden sterben/ Kere dich wider da zu Jsrael/ vnd nim es an/ wandel solchem liecht nach/ das dir fur leuchtet.

3 Vbergib nicht deine Ehre einem andern/ vnd deinen Schatz einem frembden volck/ O selig sind wir/ Jsrael/ Denn Gott hat vns seinen willen offenbaret.

IIII.

Sey getrost mein volck/ du preiss Israel/ Ir seid verkaufft den Heiden/ nicht zum verderben/ Darumb aber/ das jr Gott erzürnet habt/ seid jr ewren feinden vbergeben/ Denn jr habt den/ der euch geschaffen hat/ entrüstet/ jnn dem/ das jr nicht Gott/ sondern den Teufeln geopffert habt.

8 Ir habt vergessen des ewigen Gottes/ der euch geschaffen hat/ vnd Jerusalem/ die euch hat aufferzogen/ habt jr betrübet/ Denn sie hat gesehen den zorn Gottes/ der vber euch komen würde/ vnd gesagt/ Hôret zu jr einwoner Sion/ Gott hat mir grosses leid zugeschickt/ Denn ich hab gesehen das gefengnis meiner Söne vnd Töchter/ welches der Ewige vber sie gebracht hat/ Ich hab sie mit freuden aufferzogen/ mit weinen aber vnd hertzeleid hab ich sie sehen wegfüren.

12 Niemand frewe sich vber mich/ das ich eine widwe/ vnd von vielen verlassen bin/ Ich bin zur wüsten gemacht/ vmb der sunde willen meiner kinder/ Denn sie sind vom Gesetz Gottes abgewichen/ vnd haben nicht erkand seine Rechte/ Sie haben nicht gelebet nach Gottes befelh/ vnd haben seine gebot nicht gehalten.

14 Kompt her jr einwoner Sion/ vnd verkündiget das gefengnis meiner Söne vnd Töchter/ das der Ewige vber sie gebracht hat/ Denn er hat vber sie gebracht ein volck von fernen/ ein grewlich volck/ vnd einer vnbekandten sprache/ Die sich nicht schewen fur den Alten/ noch sich der

Baruch. LX.

sich der kinder erbarmen/Die selben haben weggefürt die lieben (söne) der Widwen/vnd die Einsame jrer Töchter beraubet/Aber wie kan ich euch helffen? Denn der vber euch gebracht hat dis vnglück/ wird euch von ewer feinde hand erretten/Zihet hin/jr lieben kinder/ zihet hin/Ich aber bin verlassen Einsam/Ich hab mein frewdekleid ausgezogen/vnd das trawrkleid angezogen/Ich wil schreien zu dem Ewigen fur vnd fur.

21 Seid getrost kinder/schreiet zu Gott/so wird er euch erlösen von der gewalt vnd hand der feinde/Denn ich hoffe schon/das der Ewige euch helffen wird/vnd ich werde freude haben von dem Heiligen/ vmb der barmhertzigkeit willen/die euch schnell widerfaren wird/ von vnserm Ewigen Heiland/Ich hab euch zihen lassen mit trawren vnd weinen/Gott aber wird euch mir wider geben mit wonne vnd freude ewiglich/Vnd gleich wie die einwoner Sion nu gesehen haben ewr gefengnis/also werden sie auch bald sehen/die hülffe von ewrem Gott/die vber euch komen wird mit grosser herrligkeit vnd ewigem trost.

25 Jr kinder/leidet gedültiglich/den zorn der von Gott vber euch komet/Denn dein feind hat dich verfolget/vnd du wirst sehen jnn kurtz sein verderben/vnd auff jre helse wirstu tretten. 26 Meine zarte (kinder) musten gehen auff rauhem wege/sie sind weg gefurt/wie eine herd/ von den feinden geraubet.

27 Seid getrost jr kinder/vnd schreiet zu Gott/Denn der euch hat wegfüren lassen/wird ewr nicht vergessen/Denn wie jr euch geuflissen habt/von Gott ab zu weichen/also bekeret euch nu/vnd vleissigt euch zehen mal mehr/den HERRN zu suchen/Denn der vber euch diese straffe hat lassen gehen/der wird euch helffen vnd ewiglich erfrewen.

30 Jerusalem sey getrost/denn der wird dich trösten/nach dem du genennet bist. 31 Vnselig müssen sein die dir leid gethan/vnd vber deinem falle sich gefrewet haben. 32 Vnselig müssen sein die stedte/ welchen deine kinder gedienet haben/Vnd vnselig müsse sein/die deine kinder gefangen hellt/Denn wie sie vber deinem falle geiauchzet/ vnd vber deinem verderben sich gefrewet hat/Also sol sie betrübet sein/ wenn sie verwüstet wird/Vnd ich wil wegnemen jre macht/darauff sie trotzet/vnd jren rhum jnn klage verwandlen/Denn ein feur wird vber sie komen von dem Ewigen viel tage lang/vnd Teufel werden jre wonung jnn jr haben lange zeit.

V.

36 Ihe vmbher Jerusalem gegen morgen/vnd schawe den trost/der dir von Gott kompt/Sihe/deine kinder/ die weg gefurt sind/komen/Ja sie komen/versamlet beide vom morgen vnd von abend/durch das wort des Heiligen/vnd rhümen Gottes ehre. 2 Zeuch aus Jerusalem dein trawrkleid/ vnd zeuch an den herrlichen schmuck von Gott ewiglich/Zeuch an den rock der gerechtigkeit Gottes/vnd setze die kron der herrligkeit des Ewigen/auff dein heubt/ 3 Gott wird deine herrligkeit vnter allem himel offenbaren/Denn dein name wird von Gott genennet werden ewiglich/Frid/gerechtigkeit/ preis vnd Gottseligkeit.

L   Mach dich

Baruch.

5 Mach dich auff Jerusalem vnd trit auff die höhe/vnd sihe vmbher gegen morgen/vnd schawe deine kinder/die beide vom abend vnd vom Morgen versamlet sind/durch das wort des Heiligen/vnd frewen sich/das Gott wider jre gedacht hat. Sie sind zu fussen von dir/durch die feinde/weg gefurt/Gott aber bringet sie zu dir/erhöhet mit ehren/als kinder des Reichs.

7 Denn Gott wil alle hohe berge nidrigen/vnd die langen vfer vnd tal dem lande gleich füllen/auff das Israel sicher wandere vnd Gott preise. Die welde aber vnd alle wolriechende bewme/werden Israel/ aus Gottes befelh/schatten geben. Denn Gott wird Israel erwider bringen mit freuden/durch seinen herrlichen trost/mit barmhertzigkeit vnd seiner gerechtigkeit.

VI.

10 Ds ist die abschrifft der Epistel/die Jeremias gesand hat an die/so gefangen weg gefurt solten werden gen Babel/von dem König zu Babel/darinn er jnen solchs verkündiget/wie jm Gott befolhen hatte.

1 Vmb ewr sunde willen/die jr gethan habt wider Got/ werdet jr gen Babel gefangen weg gefurt werden/von Nebucad Nezar dem Könige zu Babel. Vnd jr werdet zu Babel bleiben müssen eine lange zeit/nemlich/siebenzig jar/Darnach/wil ich euch von dannen wider eraus füren mit fride.

3 Vnter des aber werdet jr sehen zu Babel/das man auff den achseln tragen wird/die silbern/gülden vnd hültzern götzen/fur welchen sich die Heiden fürchten. Darumb sehet euch fur/das jr jnen solchs nicht nach thut/vnd den Heiden nicht gleich werdet. Vnd wenn jr sehet das volck/das vor vnd nach gehet/die Götzen anbeten/so sprecht jnn ewrem hertzen/HERR/Dich sol man anbeten. Denn mein Engel sol bey euch sein/Vnd ich wil ewer seelen rechen.

7 Ire zungen ist vom werckmeister fein gemacht/vnd sie sind mit gold vnd silber gezieret/vnd haben geschnitzte zungen/aber es sind nicht rechte zungen/vnd können nicht reden. Vnd schmücken sie mit gold/wie eine metze zum tantz/vnd setzen jnen kronen auff. Vnd die Pfaffen stelen das gold vnd silber von den Götzen/vnd bringens vmb mit den huren im hurhaus. Vnd schmücken die silbern/gülden vnd hültzen Götzen mit kleider/als werens menschen. Sie können sich aber nicht verwaren fur dem rost vnd motten/vnd wenn man jnen ein purpur kleid anzeucht/so mus man jnen den staub abwischen/der auff jnen ligt.

13 Vnd er tregt ein scepter jnn der hand/wie ein König/vnd kan doch niemand straffen/der jm leid thut. Er hat auch ein schwerd vnd ein axte jnn der hand/Er kan sich aber der diebe vnd reuber nicht erweren/Daran sihet man wol/das sie nicht Götter sind/darumb fürchtet sie nicht.

15 Gleich wie ein gefes/das ein mensch brauchet/wenn es zu brochen wird/vnnütz ist/Eben so sind jre Götzen/wenn man sie jnn jre heuslin setzt/werden sie vol staubs/von den füssen dere/die hinein gehen/ 17 Vnd die Priester verwaren der Götzen Tempel mit thüren/schlössen vnd rigeln/das sie von den reubern nicht gestolen werden/Eben wenn man einen gefangen legt vnd verwaret/der sich am König vergriffen hat/vnd zum tod verurteilt ist/Sie zünden jnen lampen an/vnd der
viel mehr/

Baruch.

viel mehr/denn sie fur sich selbs anzünden/vnd sehen doch nichts/Sie sind wie die balcken im hause/vnd die würme so auff der erden kriechen/fressen jr hertz vnd jre kleider/vnd sie fülens doch nicht.

26 Vnter jrem angesicht sind sie schwartz vom ranch im hause/vnd die nacht eulen/schwalben vnd andere vögel/setzen sich auff jre köpffe/Des gleichen auch die katzen/Daran jr ja mercken könnet/das es nicht Götter sind/Darumb fürchtet sie nicht.

23 Das gold das man vmb sie henget/sie damit zu schmücken/gleisset nicht/wenn man den rost nicht abwüschet/Vnd da man sie gegossen hat/fületen sie es nicht/Aus allerley köstlicher materien hat man sie gezeuget/vnd ist doch kein leben darinn/Weil sie nicht gehen können/mus man sie auff den achseln tragen/daran die leute sehen können/das es schendliche Götter seien.

26 Es müssen sich auch jrer schemen/die sie ehren/darumb/das sie weder von jnen selber können auff stehen/so sie auff die erden fallen/noch sich regen/so man sie auffgericht hin setzet/noch sich auffrichten/so man sie lehnet/Vnd wie man den todten opffer fur setzet/also setzet mans jnen auch fur/Jre Priester aber bringen das vmb das jnen gegeben wird/Des gleichen auch jre weiber brassen dauon/vnd geben weder dem armen noch dem krancken etwas dauon/Vnreine weiber vnd sechswöchnerin rüren jre opffer an/Daran jr ja mercken könnet/das es nicht Götter sind/darumb fürchtet sie nicht.

29 Vnd woher sollen sie Götter heissen? Denn die Weiber pflegen der silbern/gülden vnd hültzen Götzen/Vnd die Priester sitzen jnn jren Tempeln mit weiten Chorröcken/scheren den bart ab/vnd tragen platten/sitzen da mit blossen köpffen/heulen vnd schreien fur jren Götzen/wie man pflegt jnn der todten begengnissen/Die Pfaffen stelen jnen jre kleider/vnd kleiden jre weiber vnd kinder dauon.

33 Man thu jnen böses oder guts/so können sie es doch nicht vergelten/Sie vermögen weder einen König einzusetzen noch ab zu setzen/Sie können weder gelt noch gut geben/Gelobet jnen jemand etwas/vnd hellt es nicht/so fordern sie es nicht/Sie können einen menschen vom tod nicht erretten/noch einem schwechern helffen wider den starcken/Sie können keinen blinden nicht sehend machen/Sie können einem menschen jnn der not nicht helffen/Sie erbarmen sich der Widwen nicht/vnd helffen den Waisen nicht/Denn sie sind hültzen/mit gold vnd silber gezieret/den steinen gleich/die man aus dem berg hawet/Darumb/die sie ehren/müssen zu schanden werden.

39 Wie sol man sie denn fur Götter halten/oder so heissen? weil auch die Chaldeer nicht gros von jnen halten/denn wenn sie einen stummen sehen/der nicht reden kan/bringen sie den Bel/vnd sagen/der stumme sol jn anruffen/gleich als verstünde ers/Vnd wie wol sie wissen/das kein leben jnn jnen ist/noch lauffen sie jnen nach/Die weiber aber sitzen fur der kirchen mit stricken vmbgürtet/vnd bringen obs zum opffer.

43 Vnd wenn jemand fur vber gehet vnd eine von jnen hinweg nimpt/vnd bey jr schlefft/rhümet sie sich wider die andern/das jhene nicht sey werd gewest/wie sie/das jr der gurt auffgelöset würde.

44 Alles was durch sie geschicht/ist eitel triegerey/wie sol man sie denn fur Götter halten/oder so heissen? Von werckmeistern vnd goldschmiden sind

L ij

Baruch.

den sind sie gemacht/Vnd was die werckmeister wollen/mus drans werden/vnd nichts anders/Vnd die so sie gemacht habē/können nicht lang leben/Wie solten denn das Götter sein/so von jnen gemacht sind?

47 Darumb geben sie den nachkomen nur ergernis vnd vrsach zur schendlichen abgötterey/Denn wenn krieg oder sonst ein vnglück vber sie komet/ratschlahen die Pfaffen vnternander/wo sie sich zu gleich mit den Götzen verbergen wollen/Drumb kan man wol mercken/das es keine Götter sind/weil sie sich selber weder fur krieg noch anderm vnglück schützen können/denn es sind doch nur hültzern/vergüldet vnd vbersilberte Götzen/Drumb kan man nu fort wol erkennen/das es triegerey ist/allen Heiden vnd königen offenbar/vnd nicht Götter/sondern von menschen henden gemacht/vnd ist keine Gottheit jnn jnen/Darumb kan jderman wol mercken/das es nicht Götter sind/denn sie erwecken keinen König im lande/Sie geben den menschen nicht regen/vnd nemen sich keins regirens noch straffens an/so wenig als die vögel/so jnn der lufft hin vnd wider fliegen.

54 Wenn das haus der hültzern/vergüldeten vnd vbersilberten Götzen vom feur angehet/so lauffen die Pfaffen dauon/vnd verwaren sich fur schaden/Sie aber verbrennen/wie ander balcken/Sie können weder Königen noch keinem kriegs volck nicht widerstehen/Wie sol man sie denn fur Götter halten oder nennen?

57 Die hültzern/vbersilberte vnd vergüldet Götzen können sich nicht schützen fur dieben vnd reubern/Denn sie sind jnen zu starck/das sie sie berauben vnd ausziehen/nemen jnen gold/silber vnd kleider weg/vnd komen dauon/So können sie jnen selber nicht helffen/Darumb ists viel besser ein König sein/der seine macht beweisen kan/Oder ein nützlich hausrat sein/das im hause nütz ist/Oder eine thür/die das haus verwaret/oder eine hültzerne seule jnn einem Königlichen saal/denn ein solcher ommechtiger Götze.

59 Sonn/mond vnd sterne scheinen/vnd sind gehorsam/wie sie Gott heisst/Des gleichen der blitz leuchtet/das man jn sihet/Der wind wehet jnn allen landen/Vnd die wolcken faren durch die gantze welt/vnd thun was sie Gott heisst/Also auch das feur von oben her/schlegt berge vnd welde/vnd thut was jm geboten ist/Die Götzen aber können sich weder regen noch etwas thun/Darumb sol man sie nicht fur Götter halten oder so heissen/denn sie können weder straffen noch helffen.

64 Weil jr denn wisset/das es nicht Götter sind/so fürchtet euch nicht fur jnen/Denn sie können die Könige weder verfluchen noch segenen/Sie können auch kein zeichen am himel den Heiden anzeigen/Sie können es nicht liecht machen/wie die Sonne/noch einen schein geben/wie der Mond/Die vnuernünfftigen thier sind besser denn sie/die können doch jnn eine hüle fliehen/vnd sich verwaren.

68 Darumb ist aller dinge offenbar/das sie keine Götter sind/Denn wie ein Schewsal im garten nichts verwaren kan/also sind auch jre hültzern/vergüldete vnd vbersilberte Götzen kein nütz. Vnd wie eine hecken im garten ist/darauff allerley vögel nisten/Oder/wie ein todter der im grabe ligt/also sind jre hültzern/vergüldete vnd vbersilberte Götzen.

71 Auch kan man es daran mercken/das sie nicht Götter sind/denn der scharlacken/den sie vmbhaben/wird von den motten zu fressen/vnd sie selbs endlich auch dazu/das jr jederman spottet/Wol dem menschen der gerecht ist/vnd keine Götzen hat/der wird nicht zu spot.

Ende des Buchs Baruch.

Vorrhede auff das Erste Buch Maccabeorum.

DIs Buch ist auch der eins / die man nicht inn die Ebreischen Biblien zelet / wie wol es fast eine gleiche weise helt / mit reden vnd worten / wie andere der heiligen Schrifft Bücher / Vnd nicht vnwirdig gewest were / hinein zu rechen / weil es seer ein nötig vnd nützlich Buch ist / zuuerstehen den Propheten Daniel im eilfften Capitel / Denn das jhenige / so Daniel weissaget im genanten Capitel von dem grewel vnd vnglück des volcks Israel / so zukünfftig sein solt / desselben erfüllung beschreibet dis Buch / Nemlich / Antiochum den Edlen / Vnd wie Daniel spricht / die kleine hülff vnd grosse verfolgung von Heiden vnd falschen Jüden / die zur zeit der Maccabeer geschehen ist / Der halben es vns Christen auch nützlich ist zu lesen vnd zu wissen.

Erstlich / die weil der selbe Antiochus eine figur oder bilde des EndeChrists gehalten wird / der solche grewel vnd verstörung Gottes diensts zu Jerusalem vnd im Jüdischen lande / nicht fern vor Christus geburt vnd erster zukunfft / angerichtet hat / lernen wir draus den rechten EndeChrist erkennen / der vor der andern vnd letzten zukunfft Christi / die Christenheit auch verwüsten / vnd den Gottes dienst zustören solt / auff das wir nicht erschrecken sollen / wenn wir es also erfaren vnd fur vnsern augen sehen / Sondern den trost empfahen vnd feste halten / das wir sampt der Christenheit dennoch erhalten / vnd endlich errettet werden müssen / es sey das wüten wie gros es wölle / vnd der Teufel so zornig als er jmer kan / Denn wir sehen ja auch die selbe hülffe / wie wol klein vnd gering / die vns Gott der Allmechtig angefangen hat zuerzeigen. Vnd das liebe heilige Euangelion ist das schwerd / damit die seinen den jtzigen EndeChrist dennoch gantz redlich angreiffen / vnd etwas schaffen / wie wol es viel blut vergiessen vnd leidens kostet / Gleich wie er durch das schwerd der Maccabeer auch seinem volck zu der zeit halff / wie wol es nicht on verfolgung vnd grosses hertzeleid zu gieng / dennoch reinigeten sie den Tempel / vnd richten Gottes dienst wider an / vnd brachten das völcklin widerumb zu hauff / jnn das vorige Regiment / Gleich wie jtzt das Euangelion / die Abgötterey ausfeget / Vnd wie Christus spricht / das seine Engel werden alle ergernis auff reumen aus seinem Reich / Vnd samlet die rechten Christen widerumb zu samen jnn den alten rechten Christlichen glauben / vnd zu rechtschaffenen guten wercken vnd Gottes dienst.

Zum andern / Das wir vns auch des trösten / das er jhenen hilfft / nicht allein wider den Antiochum vnd die Heiden / sondern auch wider die Verrheter vnd abtrünnige Jüden / die sich zun Heiden schlugen / vnd hulffen jr eigen volck / jre Brüder / verfolgen / tödten / vnd alles hertzeleid anlegen / Das wir gewis sollen sein / vnd vnerschrocken bleiben / ob die falschen Christen vnd Rotten geister / die nu auch vnser

L iij　　　　　Verrheter

Vorrhede.

Verrheter worden sind/wider vns sich legen/vnd wol so seer/wo nicht mehr/vns plagen/vnd schaden thun/als jhener Antiochus oder Ende Christ/Denn es hat Daniel also gesagt/vnd vns zum trost verkündiget/Es muste also gehen vnd geschehen/das die kinder vnsers volcks verrheterlich an vns handlen würden/vnd getrost verfolgen helffen/ Darumb werden wir es nicht viel besser haben/denn es jhene frome kinder Israel gehabt haben/vnter jrem Antiocho oder EndeChrist/ bey jren falschen Brüdern.

Zu letzt aber/werden gleich wol die selben Feinde vnd Verrheter/ durch Gott/ gar weidlich gestrafft/ vnd bleibt jr tyranney vnd verrheterey nicht vngerochen/Das wir mit frölichen augen vnd gutem mut auch vnsere EndeChriste/Tyrannen/vnd Rotten geiste mügen ansehen vnd jren trotz ausstehen/als die wir gewis sind/sie sollen es nicht lange treiben/Viel weniger dahin bringen/da sie hin gedencken/sondern (wie der Antiochus vnd jhene Verrheter) jren verdienten lohn gar bald empfahen/wie denn bereit an solcher straffe ein gut teil angangen ist/vnd teglich sich mehret/Wie wol sie verstockt vnd verblendet/sich daran nicht keren/Da ligt vns auch nicht macht an/Sie wollen es erfaren/wie jhene gethan haben/Das gebe Gott der Allmechtig/weil sie ja nicht anders wollen/das es eilend vnd bald geschehe/ zu heiligen seinen namen/vnd zu fordern sein Reich/ vnd zu trösten alle betrübten vnd gefangene hertzen inn des Teufels vnd EndeChrists reich/
AMEN.

Das Erst Buch Macca beorum.

I.

Alexander der son Philippi/König zu Macedonia/der erst Monarcha aus Grecia/ist ausgezogen aus dem lande Chithim/vnd hat grosse krieg gefurt/die feste stedte erobert/vnd der Perser könig Darium geschlagen/hernach andre könige jnn allen landen vnter sich bracht/vnd ist jmer fort gezogen/vnd hat alle land vnd Königreich eingenomen/vnd hat sich niemand wider jn setzen dürffen/vnd hatte ein gewaltig gut kriegs volck / Als er nu die königreich jnnen hatte/ward er stoltz/ vnd fiel jnn kranckheit.

Da er aber mercket/das er sterben würde/foddert er zu sich seine Fürsten / die mit jm von jugent auff erzogen waren/vnd setzt sie zu Heubtleuten vber die lender bey seinem leben/Ernach ist Alexander gestorben/als er regirt hatte zwelff jar.

Nach seinem tod/ist das Reich auff seine Fürsten komen/die namen die lender ein/ein jglicher Heubtman seinen ort/vnd machten sich alle zu Königen/vnd regirten sie vnd jre nachkomen lange zeit/ vnd sind grosse krieg zwisschen jnen gewesen/vnd ist allenthalben jnn der gantzen welt viel jamers worden.

Von dieser Fürsten einem ist geborn/eine schedliche böse wurtzel/ Antiochus/genant der Edel/der zu Rom eine geisel gewesen ist/fur seinen vater den grossen Antiochum/Vnd dieser Antiochus der Edel fieng an zu regieren/im hundert vnd sieben vnd dreissigsten jar/des Grekischen Reichs.

Zu dieser zeit waren jnn Israel böse leute/die hielten an bey dem volck/vnd sprachen/Lasst vns einen Bund machen mit den Heiden vmbher/vnd jre Gottes dienst annemen/Denn wir haben viel leiden müssen/sint der zeit/da wir vns wider die Heiden gesetzt haben/Diese meinung gefiel jnen wol/vnd wurden etlich vom volck zum König gesand/der befalh jnen Heidnische weise anzufahen/Da richten sie zu Jerusalem Heidnische Spielheuser an/vnd hielten die Beschneitung nicht mehr/vnd fielen abe vom Heiligen Bund/vnd hielten sich als Heiden/ vnd wurden gantz verstockt/alle schande vnd laster zu treiben.

Als nu Antiochus sein Reich gewaltig jnne hatte/vnterstund er sich das Königreich Egypten auch an sich zu bringen/das er beide Königreich hette/Vnd zog jnn Egypten wol gerüst/mit wagen/Elephanten/reisigen / vnd viel schiffen / vnd krieget mit Ptolomeo dem König Egypti/Aber Ptolomeus furcht sich vnd flohe/Vnd sind viel Egypter vmbkomen/vnd Antiochus hat die festen stedte jnn Egypto eingenomen/vnd gros gut da geraubet vnd dauon bracht.

L iiij Als aber

Das Erst Buch

Als aber Antiochus inn Egypto gesieget hatte/vnd wider heim zog/im hundert vnd drey vnd vierzigsten jar/reiset er durch Israel vnd kam gen Jerusalem/mit einem grossen volck/vnd gieng trotziglich inn das Heiligthum/vnd lies weg nemen/den gülden Altar/Lenchter/vnd was dazu gehort/den Tisch darauff die schawbrod lagen/die Becher/Schalen/die gülden Kellen/den Vorhang/die Kronen vnd gülden schmuck am Tempel/vnd zerschlugs alles/vnd nam das silber vnd gold vnd köstliche gefeß/vnd die verborgen schetze/so viel er fand/vnd füretes mit sich inn sein land/vnd lies viel leute tödten/vnd lesterliche gebot ausruffen/vnd war inn gantzem Israel/vnd wo sie woneten/gros hertze leid/vnd die Fürsten trawreten/vnd die Eltesten/vnd Jungfrawen vnd Frawen sahen jemerlich/Man vnd weib klagten/vnd das gantze land ward betrübet/von wegen der wüterey die darinn geschach/vnd das gantz Haus Jacob war vol jamers.

Vnd nach zweien jaren/sendet der König einen Heubtman inn Juda/der kam mit einem grossen kriegs volck gen Jerusalem/vnd begeret/man solte jn einlassen/so wolt er keinen schaden thun/aber es war eitel betrug/Da sie jm nu gleubten/vnd liessen jn ein/vberfiel er die Stad verrheterlich/vnd erschlug viel leute von Israel/vnd plundert die Stad/vnd verbrand die heuser/reis die mauren nider/vnd füret weib vnd kind vnd vieh weg.

Vnd die Burg Dauid befestiget er/mit starcken mauren vnd thürnen/vnd besetzt sie mit einem Gottlosen hauffen/der allen mutwillen drauff vbet/vnd raubeten woffen vnd speise aus der Stad Jerusalem/vnd schafftens auff die Burg/vnd belagerten da das Heiligthum/vnd laureten auff die leute/die jnn Tempel giengen/vnd fielen eraus aus der Burg jnn das Heiligthum/den Gottes dienst zu wehren/vnd vergossen viel vnschüldiges bluts bey dem Heiligthum/vnd entheiligeten es/Vnd die Bürger zu Jerusalem flohen weg/vnd die frembden blieben zu Jerusalem/vnd die/so da selbs geboren waren/musten weichen/Das Heiligthum ward wüste/die Feiertage wurden eitel Trawr tage/die Sabbath eitel jamer/vnd alle jre herrligkeit ward zu nicht/Als herrlich vnd hoch Jerusalem zuuor gewesen war/so jemerlich vnd elend muste es dazu mal sein.

Vnd Antiochus lies gebot ausgehen/durch sein gantz Königreich/das alle völcker zu gleich einerley Gottes dienst halten solten/Da verliessen alle völcker jre Gesetze/vnd willigeten jnn die weise Antiochi/vnd viel aus Israel willigeten auch darein/vnd opfferten den Götzen/vnd entheiligten den Sabbath/Antiochus sendet auch brieue gen Jerusalem/vnd jnn alle stedte Juda/darinn er gebot/das sie der Heiden Gottes dienst annemen solten/vnd die Brandopffer/Speisopffer/Sündopffer im Heiligthum/Sabbath vn ander fest/abthun/Vnd befalh/das man das Heiligthum vnd das heilige volck Israel entheiligen solt/vnd lies Altar/Tempel vnd Götzen auffrichten/vnd sew fleisch opffern vnd ander vnreine thier/vnd die Beschneitung verbot er/vn gebot die leute zu gewehnen zu allen greweln/das sie Gottes Gesetz vnd Recht vergessen/vnd ander weise annemen solten/vnd wer Antiocho nicht gehorsam sein würde/den solt man tödten/Dieses gebot

Maccabeorum. LXIIII.

gebot lies er ausgehen/durch sein gantzes Königreich/vnd verordenet Heubtleute/die das volck zwingen solten/solches zu halten/ Diese richten jnn Juda opffer an/vnd geboten die zu halten/vnd viel vom volck fielen ab von Gottes Gesetz zu jnen/Allen mutwillen trieben sie im lande/vnd veriagten das volck Israel/das es sich verbergen vnd verstecken must jnn die hölen/als die flüchtigen.

Im hundert vnd funff vnd vierzigsten jar/am funffzehenden tag des monats Caslen/lies der König Antiochus den Grewel der verwüstung auff Gottes Altar setzen/vnd lies jnn allen stedten Juda Altar auffrichten/das man offentlich jnn gassen/vnd ein jeder fur seinem haus reuchert vnd opffert/vnd lies die bücher des Gesetzs Gottes zureissen vnd verbrennen/vnd alle bey denen man die bücher des Bundes Gottes fand/vnd alle so Gottes Gesetze hielten/tod schlahen/Vnd das thaten sie mit jrem kriegs volck alle monat/so das volck zu samen kam jnn die stedte/Vnd am funff vnd zwenzigsten tag des monats/opfferten sie auff dem Altar/den sie hatten auffgericht/ gegen dem Altar des HERRN/Vnd die weiber/welche jre kinder beschnitten/wurden getödtet/wie Antiochus geboten hatte/Die Eltern wurden jnn jren heusern erwürget/vnd die kinder drinnen auffgehengt/Aber viel vom volck Israel waren bestendig/vnd wolten nichts vnreines essen/vnd liessen sich lieber tödten/denn das sie sich verunreinigeten/vnd wolten nicht vom heiligen Gesetz Gottes abfallen/Darumb wurden sie vmb bracht.

II.

Es war aber ein Priester Matathia/der son Johannis/ des sons Simeons aus dem geschlechte Joarim von Jerusalem/der wonet auff dem berge Modin/vnd hatte funff söne/Johannan mit dem zunamen Gaddis/ Simon mit dem zunamen Thasi/Juda mit dem zunamen Maccabeus/vnd Eleazar mit dem zunamen Aaron/vnd Jonathan mit dem zunamen Apphus/Diese jamerte seer das gros elend jnn Juda vnd Jerusalem/Vnd Matathia klaget/Ah/das ich dazu geboren bin/das ich meines volcks/vnd der heiligen Stad zerstörunge sehen mus/vnd dazu still sitzen/vnd die feinde jren mutwillen treiben lassen/Die frembden haben das Heiligthumb jnnen/vnd der Tempel Gottes ist/wie ein verdampter mensch/Seinen schmuck hat man weg geführet/Die Alten sind auff den gassen erschlagen/Vnd die Junge manschafft ist von frembden erstochen/Das Reich ist allen Heiden zu teil worden/die es plundern/Alle seine herrligkeit ist weg/Es war eine Königin/nu ists eine magd/Sihe/vnser Heiligthum vnd vnser Rhum vnd preis ist weg/Die Heiden habens verwüstet/Wen solt noch gelüsten zu leben? Vnd Matathia zerreis seine kleider/er vnd seine söne/vnd zogen seck an/vnd trawreten seer.

Da nu des Antiochi Heubtleute auch dahin kamen/die so geflohen waren jnn die Stad Modin/auch zu dringen von Gottes Gesetze abzufallen/vnd zu opffern vnd zu reuchern/da fielen viel vom volck Israel zu jnen/Aber Matathia vnd seine söne
blieben

Das Erst Buch

blieben bestendig/ Vnd die Heubtleute Antiochi sprachen zu Matathia/ Du bist der fürnemest vnd gewaltigst jnn dieser Stad/ vnd hast viel söne vnd eine grosse freundschafft/ Darumb tritt erstlich dahin/ vnd thue was der König geboten hat/ wie alle lender gethan haben/ vnd die leute Juda/ so noch zu Jerusalem sind/ So wirst du vnd deine söne einen gnedigen König haben/ vnd begabt mit gold vnd silber/ vnd grossen gaben/ Da sprach Matathias frey eraus/ Wenn schon alle lender Antiocho gehorsam weren/ vnd jederman abfiel von seiner Veter Gesetz/ vnd willigeten jnn des Königs gebot/ so wollen doch ich vnd meine Söne vnd Brüder nicht vom Gesetz vnser Veter abfallen/ Da sey Gott fur/ das were vns nicht gut/ das wir von Gottes wort vnd Gottes Gesetz/ abfielen/ Wir wollen nicht willigen jnn das gebot Antiochi/ vnd wollen nicht opffern vnd von vnserm Gesetz abfallen/ vnd eine andere weise annemen.

Da er also ausgered hatte/ gehet ein Jüde hin/ fur jrer aller augen/ vnd opffert den Götzen auff dem Altar zu Modin/ wie der König geboten hatte/ Das sahe Matathia vnd gieng jm durchs hertz/ vnd sein Eiuer entbrand vmb das Gesetz/ vnd lieff hinzu vnd tödtet bey dem Altar/ den Jüden vnd den Heubtman Antiochi/ vnd warff den Altar vmb/ vnd eiuert vmb das Gesetz/ wie Phinees that dem Zamri/ dem son Simeoni. Vnd Matathia schrey laut durch die gantze Stad/ Wer vmb das Gesetz eiuert/ vnd den Bund halten wil/ der zihe mit mir aus der Stad/ Also flohen er vnd seine söne auffs gebirge/ vnd verliessen alles das sie hatten jnn der Stad/ vnd viel fromer leute zogen hinaus jnn die wüste/ vnd hielten sich da mit weib vnd kind vnd jrem vieh/ denn die Tyranney war allzu gros worden.

Da aber des Königs volck zu Jerusalem jnn der Stad Dauid höret/ das etliche sich wider des Königs gebot setzten/ vnd sich aus den stedten gethan hetten/ sich heimlich jnn der wüste zu verstecken vnd auff zuhalten/ vnd das viel volcks zu jnen gezogen war/ erhuben sie sich eilend/ am Sabbath/ sie zu vberfallen/ vnd liessen jnen sagen/ Wolt jr noch nicht gehorsam sein? Zihet eraus/ vnd thut was der König geboten hat/ so solt jr sicher sein/ Darauff antworten sie/ Wir wollen nicht eraus zihen/ gedencken auch den Sabbath nicht zu entheiligen/ wie der König gebeut.

Vnd die draussen stürmeten den felsen/ vnd die drinnen wehreten sich nicht/ worffen nicht einen stein heraus/ machten auch den felsen nicht zu/ vnd sprachen/ Wir wollen also sterben jnn vnser vnschuld/ Himel vnd erden werden zeuge sein/ das jr vns mit gewalt vnd vnrecht vmb bringt/ Also wurden die drinnen am Sabbath vberfallen/ vnd jr weib vnd kind vnd vieh vmb bracht/ bey tausent person.

Da Matathia vnd seine freunde solchs höreten/ that es jnen seer weh/ vnd sprachen vnternander/ Wollen wir alle thun/ wie vnsere Brüder/ vnd vns nicht wehren wider die Heiden/ vnser leben vnd Gesetz zu retten? so haben sie vns leichtlich gantz vertilget/ Vnd beschlossen bey jnen/ So man vns am Sabbath angreiffen würde/ wollen wir vns wehren/ das wir nicht alle vmbkomen/ wie vnser Brüder jnn den hülen ermordet sind.

Vnd es

Maccabeorum. LXV.

Vnd es samlete sich zu hauff eine grosse menge der fromen/die alle bestendig blieben im Gesetz/vnd kamen zu jnen/alle die/so fur der Tyranney flohen/Darumb rüsteten sie sich auch/vnd erschlugen viel Gottlosen vnd abtrünnigen/inn jrem eiuer vnd zorn/Die vbrigen aber gaben die flucht/vnd entrunnen zun Heiden/Darnach zog Matathia vnd seine freunde getrost vmb her im lande Israel/vnd reiss die Altar wider nider/vnd beschneit die kinder so noch vnbeschnitten waren/vnd griffen die Gottlosen an/vnd es hat jnen gelungen/das sie das Gesetz erhielten/wider alle macht der Heiden vnd Königen/das die Gottlosen nicht vber sie Herrn worden.

Als aber Matathia seer alt war/sprach er vor seinem tod zu seinen sönen/Es ist grosse Tyranney vnd Verfolgung/vnd ein grosser grim vnd harte straffe vber vns komen/Darumb lieben söne eiuert vmb das Gesetz/vnd woget ewer leben fur den Bund vnser Veter/vnd gedencket/welche thaten vnser Veter zu jren zeiten gethan haben/so werdet jr rechte ehre vnd einen ewigen namen erlangen.

Abraham ward versucht/vnd bleib fest im glauben/das ist jm gerechnet worden zur gerechtigkeit.

Joseph hielt das gebot inn seiner trübsal/vnd ist Herr jnn Egypten worden.

Phinees vnser Vater eiuert Gott zu ehren/vnd erlanget den Bund/das das Priesterthum auff jm bleiben solt.

Josua richtet den befelh aus/der jm gegeben war/darumb ward er der öberst Fürst jnn Israel.

Caleb gab zeugnis vnd straffet das volck/darumb hat er ein besonder erbe erlanget.

Dauid bleib trewe vnd rechtschaffen an Gott/darumb erbet er das Königreich ewiglich.

Elias eiuert vmb das Gesetz/vnd ward gen himel gefurt.

Anania/Azaria vnd Misael gleubten/vnd wurden aus dem feur errettet.

Daniel ward von wegen seiner vnschuld errettet von den lewen.

Also bedenckt/was zu jder zeit geschehen ist/so werdet jr finden/das alle/so auff Gott vertrawen/erhalten werden/Darumb fürcht euch nicht fur der Gottlosen trotz/denn jre herrligkeit ist kot vnd wurm/Heute schwebt er empor/morgen ligt er darnider/vnd ist nichts mehr/so er wider zu erden worden ist/vnd sein fürnemen ist zu nicht worden.

Derhalben/lieben kinder/seid vnerschrocken/vnd haltet fest ob dem Gesetz/so wird euch Gott widerumb herrlich machen/Ewer Bruder Simon ist weise/dem selbigen gehorchet/als einem vater/Judas Maccabeus ist starck vnd ein Helt/der sol Heubtman sein vnd den Krieg füren/vnd foddert zu euch alle/so das Gesetz halten/Rechet den gewalt an ewrem volck geübet/vnd bezalet die Heiden/wie sie verdienet haben/vnd haltet mit ernst ob dem Gesetz.

Darnach

Das Erst Buch

Darnach segenet er sie/vnd ward versamlet zu seinen Vetern/vnd starb im hundert vnd sechs vnd vierzigsten jar/vnd die söne begruben jn jnn seiner Veter grabe zu Modin/vnd gantz Israel trawret seer vmb jn.

III.

Vnd Judas Maccabeus kam an seines vaters stat/vnd seine Brüder vnd alle/die sich zum vater gehalten hatten/hulffen jm wider die feinde/vnd schlugen sie mit freuden. Vnd Judas erlanget dem volck grosse ehre/Er zog jnn seinem harnisch/wie ein Helt/vnd schützet sein heer mit seinem schwerd/Er war freidig/wie ein Lew/küne/wie ein junger brüllender lewe/so er etwas jagt.

Er sucht die abtrünnigen vnd die Gottlosen/die das volck drangen vom Gesetz abzufallen/vnd straffet vnd verbrand sie/das allenthalben seine feinde fur jm erschracken vnd flohen/vnd die abtrünnigen wurden gedempfft/vnd er hatte glück vnd sieg/Das verdros viel Könige/Aber Jacob war es eine freude/vnd jm ein ewiger rhum vnd ehre/Er zog durch die stedte Juda/vnd vertilget darinnen die Gottlosen/das er den zorn von Israel abwendet/vnd er war allenthalben im lande berümbt/das alle vnterdruckten zu jm lieffen.

Da gegen bracht Apollonius ein gros heer zusamen/von Heiden vnd von Samaria/wider Israel zu streiten/Da Judas das höret/zog er gegen jm vnd that eine schlacht mit jm/vnd erschlug jn vnd einen grossen hauffen feinde mit jm/die vbrigen aber flohen/vnd Judas gewan den raub/vnd nam des Apollonij schwerd/das füret er hernach sein leben lang.

Darnach da Seron der Heubtman zu Syria höret/das die fromen sich zu Juda hielten/vnd das ein gros volck bey einander war/sprach er/Ich wil ehre einlegen/das ich im gantzen Königreich gepreiset werde/vnd wil Judam vnd seinen hauffen/der des Königes gebot veracht/schlahen. Darumb rüstet er sich/vnd zog mit jm eine grosse macht/das sie sich an Israel recheten/vnd kamen bis an Bethoron/Da zog Judas gegen jm mit einem kleinen hauffen/Als sie aber die feinde sahen/sprachen sie/Vnser ist wenig/dazu sind wir matt von fasten/wie sollen wir vns mit einem solchen grossen vnd starcken hauffen schlahen? Aber Judas sprach/Es kan wol geschehen/das wenig einen grossen hauffen vberwinden/Denn Gott kan eben so wol durch wenige sieg geben/als durch viele/Denn der sieg kompt vom himel/vnd wird nicht durch grosse menge erlanget/Sie trotzen auff jre grosse macht/vnd wöllen vns/vnser weib vnd kind ermorden/vnd berauben/Wir aber müssen vns wehren/vnd fur vnser leben vnd Gesetz streiten/Darumb wird sie Gott fur vnsern augen vertilgen/Ir solt sie nicht fürchten.

Da er also ausgeredt hatte/greiff er die feinde an/ehe sie sichs versahen/vnd schlug den Seron vnd sein volck jnn die flucht/vnd jaget sie von Bethoron herunter ins blach feld/vnd schlug acht hundert zu tod/die vbrigen flohen jnn der Philister land/Also kam eine furcht jnn alle völcker vmbher/fur Juda vnd seinen Brüdern/Vnd
jnn al-

Maccabeorum. LXVI.

inn allen lendern sagt man von Juda vnd seinen thaten/ Vnd es kam auch fur den König.

Da nu solches alles Antiochus höret/ergrimmet er seer/schickt aus vnd lies auff bieten im gantzen Königreich/vnd bracht eine grosse macht zu samen/vnd greiff seine schetz an/vnd ordenet sold auff ein jar/vnd gebot/das man stets solt gerüstet sein/Da er aber sahe/das er nicht gelds gnug hatte/vnd das das land/von wegen des kriegs/ den er nu lang furet wider das Gesetz/nicht viel geben kund/besorget er/er vermöchte den grossen kosten lenger nicht zu tragen/wie bisher/ da er sold vnd gaben ausgegeben hatte/mehr denn alle Könige vor jm/Darumb ward er betrübet/vnd zog jnn Persien/dasselbige land zu schetzen vnd geld auff zu bringen.

Vnd lies im land einen Fürsten/mit namen Lysiam/den machet er zum Heubtman vber das gantze Königreich/vom Euphrate an/ bis an Egypten/vnd befahl jm seinen son den jungen Antiochum/die weil er ausser dem lande sein würde/vnd lies jm die helffte des kriegs volcks/ vnd der Elephanten/ vnd thet jm befehl von allen sachen/ auch von Judea vnd Jerusalem/das er mehr volcks dahin schicken solt/aus zu rotten die vbrigen leute jnn Israel vnd Jerusalem/ vnd das land den frembden aus zu teilen/vnd Heiden allenthalben darein zu setzen.

Im hundert vnd sieben vnd vierzigsten jar/zog der König aus von seiner Stad Antiochia vber den Euphraten hinauff jnn die Obersten lender/Aber Lysias wehlet etliche Fürsten des Königs freunde zu Heubtleuten/nemlich/Ptolomeum den son Dorymenis/Nicanor vnd Gorgiam/vnd gabe jnen vierzig tausent man zu fus/vnd sieben tausent zu ross/das sie das land Judea vberzihen solten/vnd die Jüden ausrotten/wie der König befolhen hatte.

Nach dem sie nu mit diesem heer ausgezogen waren/lagerten sie sich erstlich bey Ammao auff dem blachfeld/Da solchs die Kauffleute jnn den landen vmbher höreten/kamen sie jnn das lager/vnd brachten viel gelds mit sich/die kinder Israel zu keuffen/das sie jre knechte sein musten/Vnd aus Syria vnd von andern Heiden/zog jnen mehr kriegs volck zu.

Da nu Judas vnd seine Brüder sahen/das die verfolgung grösser ward/vnd das die feinde an der grentze lagen/vnd vernamen/das der König geboten hatte/gantz Juda zu vertilgen/waren sie vnerschrocken/vnd vereinigten sich/sie wolten jr volck retten/vnd fur die Heiligen streiten/ Darumb brachten sie jr kriegs volcks zu samen/das sie bey einander weren/vnd warten/wenn man die feinde angreiffen müste/das sie auch mit einander beteten/vmb gnade vnd hülffe von Got.

Aber die zeit war Jerusalem wüst/vnd wonet kein Bürger mehr da/vnd das Heiligthum war entheiliget mit dem Götzen der darein gestellet war/Vnd die Heiden hatten die Burg jnnen/vnd war alle herrligkeit von Jacob weg genomen/Vnd man höret da weder pfeiffen noch harffen/Darumb kam das volck zu samen gen Mispat/gegen Jerusalem vber/Denn Israel muste vorzeiten zu Mispat anbeten/ An diesem ort kamen sie jtzt auch zu samen/fasteten da/vnd zogen seck an/streweten aschen auff jre heubte/vnd zerrissen jre kleider/vnd trugen erfur

Das Erste Buch

gen erfur die Bücher des Gesetzs/welche die Heiden suchen lies-
sen/jre Götzen darein zu schreiben vnd zu malen/Sie brachten auch
dahin die Priesterliche kleider/die erstling vnd zehenden/vnd mach-
ten Nazareos/welche jre bestimpte zeit halten musten/vnd schrien
kleglich gen himel/Wo sollen wir diese hin füren? Denn dein Hei-
ligthum ist verunreiniget/deine Priester sind veriaget/Vnd sihe/alle
Heiden empören sich wider vns/das sie vns gantz vertilgen/Du
weissest/was sie wider vns im sinn haben/wie können wir fur jnen
bleiben? Du helffest vns denn/vnser Gott.

Darnach lies Judas das volck zu samen ruffen mit der posau-
nen/vnd machte ein feld regiment/Obersten/Heubtleute vnd Wei-
bel/Auch lies er ausruffen/das die jhenigen/so heuser baweten oder
freieten/oder weinberge pflantzten/oder die vol forcht waren/das
sie wider heim zihen möchten/Wie solchen das Gesetz erleubet/
Darnach zogen sie fort/vnd schlugen jr lager auch an Ammao/ge-
gen mittag/Vnd Judas vermanet sein volck/vnd sprach/Rüstet
euch vnd seid vnerschrocken/das jr morgen bereit seid zu streiten
wider diese Heiden/die vns vnd vnser Heiligthum gedencken zu
vertilgen/ Vns ists leidlicher/das wir im streit vmb komen/denn
das wir solchen jamer an vnserm volck vnd Heiligthum sehen/Aber
was Gott im himel wil/das geschehe.

IIII.

Vnd Gorgias

Maccabeorum. LXVII.

VNd Gorgias nam fünff tausent zu fus/vnd tausent reisigen die besten/vnd rücket bey nacht heimlich hinan an der Jüden lager/sie vnuersehens zu vberfallen/vnd furten den hauffen etliche die auff der Burg/jnn der besetzung gelegen waren/ Aber Judas war zuuor auff mit dem besten hauffen/das er ehe keme vnd die feinde vbereilet/vnd schluge sie/die weil sie noch zerstrewet hin vnd her lagen.

Da nu Gorgias an Judas lager kam/vnd niemand da fand/zog er jnen nach jnn das gebirge/vnd meinet/sie weren fur jm geflohen/ Aber Judas eilet/das er morgens frue jns blachfeld keme mit drey tausent man/die doch keinen harnisch hatten/on allein jre kleider vnd schwerd/Da sie nu sahen/das die feinde wol gerüst waren mit harnisch/vnd hetten einen starcken reisigen zeug/vnd waren rechte kriegs leute/Sprach Judas zu seinem volck/Fürcht euch nicht/fur dieser grossen menige/vnd fur jrer macht erschreckt nicht/Gedenckt/wie vnsere Veter im roten meer errettet sind/da jnen Pharao mit einem grossen heer nach eilet/Lasset vns gegen himel ruffen/so wird vns der HERR auch gnedig sein/vnd an den Bund gedencken/den er mit vnsern Vetern gemacht hat/vnd wird vnsere feinde fur vnsern augen vertilgen/vnd sollen alle Heiden jnnen werden/das Gott ist/der sich Israel annimpt/hilfft vnd errettet.

Da nu die Heiden sahen/das Judas gegen jnen kam/zogen sie auch aus dem lager/Judam anzugreiffen/Judas aber lies trometen/ vnd greiff die feinde an/vnd die Heiden wurden jnn die flucht geschlagen/das sie vber das blachfeld flohen/vnd die letzten erstochen worden/Denn Judas jaget jnen nach/bis gen Assaremoth/vnd ans feld Edom gegen Asdod vnd Jamnia/vnd blieben tod/bey drey tausent man/ Da aber Judas widerumb keret/gebot er seinem volck/vnd sprach/Jr solt nicht plundern/denn wir müssen noch eine schlacht thun/Gorgias vnd sein hauff ist vor vns im gebirg/Darumb bleibet jnn der ordnung vnd wehret euch/Darnach/so jr die feinde geschlagen habt/könd jr plundern/sicher vnd on fahr.

Da Judas also redet/thut sich ein hauff auff dem gebirge erfur/ vnd Gorgias sahe/das seine leute geschlagen waren/vnd das lager verbrant/Denn er sahe den rauch/dauon kondte er abnemen/was geschehen war/dazu sahen sie Judam vnd sein kriegs volck im blachfeld gerüst zur schlacht/Darumb erschrack Gorgias seer/vnd flohe jnn der Heiden land/ Also keret Judas wider vmb/das lager zu plundern/ vnd erobert einen grossen raub/viel gold/silber/seiden/purpur/vnd gros gut/Darnach zogen sie heim/danckten vnd lobten Gott mit gesang/vnd sprachen/Dancket dem HERRN/denn er ist freundlich/ Vnd seine güte weret ewiglich. *psalm. cxviij.*

Auff diesen tag hat Israel herrlichen sieg gehabt/Die Heiden aber so entrunnen waren/kamen zu Lysia/vnd sagten jm/wie es jnen gangen war/Als Lysias solchs höret/ward er seer betrübt/das nicht geraten war/wie es der König befolhen hatte/Darumb bracht Lysias im folgenden jar widerumb viel kriegs volck zu samen/sechzig tausent man zu fus/vnd funff tausent reisigen/die Jüden zuuertilgen/Dieses heer zog jnn Jdumea/vnd lagert sich bey Bethzura/Dahin kam Judas auch mit zehen tausent man.

M ij   Da er

Das Erste Buch

Da er aber sahe/das die feinde so ein gros volck hatten/betet er/ vnd sprach/Lob sey dir/du Heiland Israel/der du durch die hand deines Knechts Dauids den grossen Risen erschlagen hast/vnd hast ein gantz heer der Heiden geben jnn die hende Jonathe Sauls son/ vnd seines knechts/Ich bit dich/du wollest diese vnser feinde auch jnn die hende deines volcks Jsrael geben/das sie mit jrer macht vnd reisigen zu schanden werden/Gib jnen ein erschrocken vnd verzagt hertz/ Schlag sie nider mit dem schwerd deren/so dich lieben/das dich loben vnd preisen alle/so deinen namen kennen/Darnach greiff er sie an/ Vnd Lysias verlor bey funff tausent man.

Da aber Lysias sahe/das die seinen flohen/vnd das die Jüden vnerschrocken waren/vnd das sie bereit waren/beide ehrlich zu leben oder ehrlich zu sterben/zog er ab gen Antiochia/widerumb kriegs volck auff zu bringen/vnd die Jüden noch stercker zu vberzihen.

Judas aber vnd seine Brüder sprachen/Die weil vnsere feinde verjaget sind/so lasst vns hinauff zihen vnd das Heiligthum wider reinigen/Darumb kam das kriegs volck alles zu samen/vnd zogen mit einander auff den berg Sion/Vnd da sie sahen/wie das Heiligthum verwüstet war/der Altar entheiliget/die pforten verbrant/vnd das der platz vmbher mit gras bewachsen war/wie ein wald oder gebirg/vnd der Priester Cellen zerfallen waren/da zerrissen sie jre kleider/vnd hatten eine grosse klage/streweten asschen auff jre heubter/ fielen nider auff jr angesichte/vnd liessen trometen/vnd schrien gen himel/Vnd Judas wehlet einen hauffen/den feinden jnn der Burg zu wehren/das sie nicht eraus fielen/die weil er das Heiligthum reinigen liesse/Vnd nam dazu Priester/die sich nicht verunreinigt hatten/sondern bestendig im Gesetz blieben waren/Diese reinigten das Heiligthum/vnd trugen die Grewel vnd die vnreinen stein weg an vnheilige ort.

Die weil auch der Altar des Brandopffers entheiliget war/hielten sie rat/wie sie es damit halten solten/Vnd funden einen guten rat/ nemlich/das man jn gantz einreissen solt/das nicht ergernis dauon keme/die weil jn die Heiden entheiliget hatten/Darumb ward er gantz eingerissen/vnd verwarten diese stein auff dem berge bey dem Haus an einem besondern ort/bis ein Prophet keme/der anzeigete/ was man damit thun solt/Sie namen aber andere newe vngehawen steine/wie das Gesetz leret/vnd baweten einen newen Altar/gleich wie der zuuor gewesen war/vnd baweten das Heiligthum wider/vnd die Stüle vnd Priester Cellen im Hause/vnd liessen newe heilige gefess machen/Den gülden Leuchter/Den Reuchaltar vnd den Tisch/ vnd brachtens wider jnn Tempel/vnd stelleten das reuchwerck auff den Altar/vnd zundten die lampen auff dem Leuchter an/das sie im Tempel leuchten/Auff den Tisch legten sie die brod/vnd hengeten die Vorhenge auff/vnd richten den Tempel gantz wider an.

Vnd am funff vnd zwenzigsten tag des neunden monden/der da heisst Caslen/im hundert vnd acht vnd vierzigsten jar/stunden sie frue auff/vnd opfferten widerumb nach dem Gesetz auff dem Altar des Brandopffers/Das ist das erste opffer gewesen/nach der zeit/ als die Heiden das Heiligthum verunreiniget haben/vnd ward

dieses

dieses opffer wider angericht mit gesang/pfeiffen/harffen vnd Cymbaln/ Vnd alles volck fiel nider auff das angesicht/ betten an/ vnd lobten den HERRN im himel/ der jnen glück vnd sieg gegeben hatte/ vnd hielten das Fest des newen altars/ acht tage/ vnd opfferten darauff Brandopffer vnd Danckopffer mit freuden/ vnd schmückten den Tempel mit gülden krentzen vnd schilden/ vnd machten newe Thor vnd Cellen/ vnd war seer grosse freude im volck/ das die schande von jnen genomen war/ die jnen die Heiden angelegt hatten/ Vnd Judas vnd seine Brüder vnd alles volck Israel beschlossen/ das man jerlich vom fünff vnd zwenzigsten tage an des monden Caslen/ acht tage des newen Altars fest halten solt/ mit freuden vnd dancksagung.

(Caslen) Ist der monat November/ nach dem Mon gerechnet.

Vnd sie baweten feste mauren vnd thürn vmb das Heiligthum auff dem berge Sion/ das die Heiden das Heiligthum nicht einnemen vnd verwüsten kundten/ wie zuuor/ Vnd Judas leget kriegsvolck darein/ das Heiligthum zu bewaren/ Er befestiget auch Bethzura/ das das volck eine Festung jnnen hette/ gegen Jdumea/ darinn sie sich auffenthalten vnd wehren kundten.

V.

Aber die Heiden vmb her höreten/ das der Altar wider auffgericht/ vnd das Heiligthum gereiniget war/ ergrimmeten sie seer/ vnd namen für das gantze geschlecht Jacob auszurotten/ vnd fiengen an alle Jüden an jren grentzen zu tödten/ Aber Judas zog jnn Jdumea wider die kinder Esau/ vnd vberfiele sie zu Arabath/ da sie die kinder Israel belagert hatten/ vnd schluge viel Jdumeer tod/ vnd plundert sie/ Die weil auch die kinder Bean auff der strassen vntrewe vnd mord getrieben hatten/ wider Israel/ hats jnen Judas auch gedacht/ vnd belegert vnd verbrand sie/ vnd verbrand jre Burg/ mit allen/ so darinn waren/ Darnach zog er wider Ammon/ die waren wol gerüst/ vnd hatten viel kriegsvolck/ vnd einen Heubtman Timotheum/ Darumb that Judas viel schlachten mit jnen/ vnd hatte sieg/ vnd gewan die Stad Jazer/ mit andern vmbligenden Flecken/ Darnach zog er wider heim jnn Juda.

Es waren aber die Heiden auch auff jnn Galaad/ wider Israel an jrer grentze/ sie zu vertilgen/ Aber das volck flohe auff die Burg Datheman/ vnd schrieben an Judam vnd seine Brüder/ also/ Die Heiden vmb her haben sich alle versamlet wider vns/ das sie vns alle vmb bringen/ Jr Heubtman ist Timotheus/ vnd wollen vnsere Burg/ darein wir geflohen sind/ stürmen/ Darumb bitten wir/ du wollest vns zu hülffe komen/ vnd vns retten/ denn vnser ist wenig/ Denn die feinde haben viel vmb bracht/ vnd zu Tubin bey tausent man getödtet/ vnd jr weib/ kind vnd güter weg gefüret/ Da man diesen brieff lase/ kamen mehr boten aus Galilea/ die zerrissen jre kleider/ vnd sagten kleglich/ das die Heiden aus allen stedten vmb her mit macht Galilea vberzogen hatten/ aus Ptolomais/ Tyro vnd Sidon/ vnd das gantz Galilea vol feinde were/ Israel auszurotten.

M iij   Als Judas

Das Erste Buch

Als Judas vnd das volck solchs höreten/hielt man rat/wie sie jren Brüdern jnn dieser not helffen kundten / Vnd Judas befalh seinem Bruder Simon/das er jm einen besondern hauffen welen solt/vnd jnn Galileam zihen/die Brüder da zu retten/So wolten er vnd sein Bruder Jonathas jnn Galaad zihen/Vnd machet Joseph den son Zacharia vnd Azaria zu Heubtleute vber das vbrige volck daheim/Judeam zu bewaren/vnd befahl jnen/sie solten das volck regirn/vnd nicht ausziehen die feinde anzugreiffen/bis er wider keme.

Vnd Simon zog jnn Galilea mit drey tausent man/ Judas jnn Galaad mit acht tausent/Da nu Simon jnn Galilea kam/that er viel schlachten mit den Heiden/ vnd sieget/vnd jaget sie bis gen Ptolomais an das thor/das bey drey tausent Heiden vmbkamen/vnd Simon plundert sie/Darnach kam er wider zu seinen Brüdern jnn Galilea vnd zu Arabath/vnd hies sie mit weib vnd kind mit jm jnn Judea zihen/vnd füret sie dahin mit grossen freuden.

Aber Judas Maccabeus vnd Jonathas sein Bruder zogen vber den Jordan jnn die wüsten drey tag reise/ Da kamen zu jnen die Nabatheer/ vnd empfiengen sie freundlich/vnd zeigeten jnen an/wie es jren Brüdern jnn Galaad gienge/vnd das viel gefenglich weg gefurt waren gen Barasa/Bosor/Alima/Casbon/Mageth vnd Carnaim/ welches eitel grosse vnd feste stedte waren/ das auch viel jnn andern stedten jnn Galaad gefangen lagen/Darumb beschlossen sie/das sie morgens als bald die selbige festen stedte vberzihen vnd stürmen wolten/Vnd Judas keret vmb zu rück eine tag reise/vnd stürmet die Stad Bosor/ehe sie sichs versahen/vnd erobert sie/vnd lies alle mansbilde drinnen erstechen/vnd plundert vnd verbrand die Stad.

Darnach reiset er fort bey nacht zu der Burg/da seine Brüder belagert waren/ Vnd da er morgens dahin kam/sahe er eine grosse mechtige menige volcks on zal da/welche leitern vnd wagen trugen/ vnd den sturm anfiengen / Vnd war jnn der Stad ein kleglich geschrey/das jnn himel schallet/ Da vermanet Judas sein volck/das sie fur jre Brüder streiten wolten/sie zu retten/Vnd macht drey spitzen/ vnd greiff sie zu rück an im sturm/vnd lies trometen/Vnd das volck schrey laut vnd betet zu Gott/Als aber das heer Timothei sahe/das Judas hinter jnen war/flohen sie vnd wurden hart geschlagen/das aus jnen diesen tag bey acht tausent tod blieben/Darnach zog Judas gen Maspha/stürmet vnd erobert sie/vnd lies alle mansbilde drinnen tödten/ vnd plundert vnd verbrennet die Stad/ Darnach gewan er Casbon/Mageth/Bosor/vnd die andern stedte jnn Galaad.

Aber Timotheus bracht widerumb ein gros heer zu samen/vnd lagert sich gegen Raphon jenseid dem bach/Da schickt Judas kundschaffer hin/vnd lies besehen/wie starck die feinde weren/vnd wie sie legen/ Diese sagten jm wider/das seer eine grosse menige were/aus allen Heiden vmbher/das sie auch kriegs knechte aus Arabia bey sich hetten/den sie sold müsten geben/ vnd das sich das heer jenseid dem bach gelagert hette/vnd weren gerüst zur schlacht/Darumb zog Judas aus wider sie/ Vnd Timotheus sprach zu seinen Heubtleuten/ wenn Judas an den bach kompt/vnd so mütig ist/das er herüber zihen thar/

Maccabeorum. LXIX.

hen thar/ so können wir jm nicht widerstehen/ sondern er wird vns schlahen/ Wenn er sich aber fürcht/ vnd thar nicht vber den bach her uber/ so wollen wir vber das wasser/ vnd jn angreiffen vnd schlahen.

Da nu Judas an die bach kam/ stellet er den Priester an das wasser/ vnd gebot jnen/ sie solten alles volck hinüber treiben/ das sie die feinde hülffen schlahen/ vnd niemand solt dahinden bleiben/ Da nu also Judas vnd sein heer erstlich vber das wasser kamen/ flohen die feinde/ vnd liessen jre weer fallen/ vnd kamen jnn einen Tempel jnn der Stad Carnaim/ Aber Judas erobert die Stad/ vnd verbrennet den Tempel vnd alle die darinn waren/ vnd Carnaim ward zerstöret/ vnd kund sich nicht schützen fur Juda.

Darnach lies Judas alles volck Israel/ das jnn Galaad war/ klein vnd gros/ weib vnd kind/ zu samen komen/ das es mit jnn Judea zöge/ Vnd auff dem wege kamen sie zu einer grossen festen Stad Ephron/ die an der strassen lag/ da man durch must/ vnd nicht neben hin ziehen kund/ Nu wolten die leute zu Ephron Judam nicht durch lassen/ sondern machten sich jnn die Stad/ vnd hielten die thor zu/ Aber Judas sendet zu jnen/ sagt jnen friden zu/ vnd bat freundlich/ das man sie durch lies/ Denn jnen solt kein schade von den seinen geschehen/ Er begert nichts/ denn allein durch zu zihen/ Aber die von Ephron wolten sie nicht einlassen.

Da lies Judas ausruffen im gantzen heer/ das das kriegs volck eine ordnung machen solt/ vnd den sturm anlauffen/ ein jeder hauff an seinem ort/ Also stürmeten sie die Stad den gantzen tag vnd die gantze nacht/ vnd eroberten sie/ Vnd Judas lies erstechen alle mansbilde drinnen/ plundert vnd zerstöret sie/ vnd zog durch/ vber die todten cörper hin/ vnd kamen vber den Jordan auff das blachfeld/ Vnd Judas treib das volck fort/ das sich dahinden seumet/ vnd tröstet sie die gantze reise aus/ bis er sie jns land Juda bracht/ Da zogen sie auff den berg Sion mit grossen freuden/ vnd opfferten Brandopffer/ das jnen Gott sieg gegeben/ vnd sie mit freuden wider heim bracht hatte.

Die weil aber Judas vnd Jonathas jnn Galaad war/ vnd Simon jr Bruder jnn Galilea fur Ptolomais/ vnd Joseph der son Zacharie vnd Azaria die Heubtleute höreten von jrem sieg vnd grossen thaten/ sprachen sie/ Wir wollen auch ehre einlegen/ vnd die Heiden vmb vns her angreiffen/ Vnd geboten jrem kriegs volck/ das sie solten auff sein/ vnd zogen gegen Jamnia/ Da zog wider sie eraus Gorgias mit seinem heer/ vnd schlug den Joseph vnd Azariam jnn die flucht/ vnd jaget sie bis jns land Juda/ vnd Israel verlor den tag viel volcks/ nemlich/ bey zwey tausent man/ Darumb das sie Jude vnd seines Bruders befelh nicht gehorcht hatten/ vnd sich aus eigener vermessenheit vnterstanden einen rhum zu eriagen/ so sie doch nicht die leute waren/ denen Gott verliehen hatte/ das Israel durch sie geholffen würde/ Aber Judas vnd seine Brüder worden gros geacht bey gantzem Israel/ vnd bey allen Heiden/ Vnd wo man sie nennet/ worden sie gepreiset.

M iiij   Vnd Ju-

Das Erst Buch

Vnd Judas zog aus mit seinen Brüdern wider die kinder Esau/ gegen mittag/ vnd erobert Hebron vnd die Flecken vmb her/ vnd verbrand jre mauren vnd thürn/ Vnd keret vmb jnn der Heiden land/ gen Samaria/ da sind viel Priester vmb komen/ welche auch zu kün waren/ vnd die feinde on rat vnd befelh angriffen/ Darnach zog Judas gegen Asdod jnn der Heiden land/ vnd reis die Götzen altar ein/ vnd verbrennet die Götzen/ vnd plunderte die stedte/ vnd kam wider heim ins land Juda.

VI.

Da aber der König Antiochus heroben im Königreich hin vnd her reisete/ höret er von der berümbten Stad Elimais inn Persia/ das viel gold/ vnd silber/ vnd gros reichthum da war/ vnd das im Tempel gros gut/ vnd die gülden kleider/ harnisch vnd schild waren/ die der son Philippi Alexander der König aus Macedonia/ da hin gegeben hatte/ Darumb kam Antiochus fur die Stad/ sie zu erobern vnd zu plundern/ Aber die jnn der Stad/ waren verwarnet/ Darumb waren sie auff/ sich zu wehren/ vnd Antiochus kundte nichts schaffen/ sondern must wider abzihen/ vnd keret vmb gegen Babylon mit grossem vnmut.

Da kam jm botschafft/ das sein heer/ das er ins land Juda gesand hatte/ geschlagen war/ vnd das Lysias hatte fliehen müssen/ vnd das die Jüden jnn seinem lager gros gut/ vnd viel wapen gewonnen hatten/ damit sie sich ernach besser gerüst haben/ vnd waren mechtiger worden/ vnd haben den Grewel aus dem Tempel zu Jerusalem geworffen/ vnd das Heiligthum wider mit festen mauren bewaret/ wie zuuor/ vnd haben Bethzura auch befestiget/ Da Antiochus solchs höret/ erschrack er seer/ vnd ward hoch betrübet/ vnd legt sich nider/ vnd ward fur leid kranck/ das sein furnemen nicht geraten war/ vnd bleib lang jnn dieser Stad/ Denn der kumer ward jhe lenger jhe grösser/ vnd macht jn so schwach/ das er sahe/ das er sterben must.

Darumb fodert er seine freunde zu sich/ vnd sprach zu jnen/ Ich kan keinen schlaff mehr haben/ fur grossem kumer vnd hertzeleid/ das ich habe/ Ach/ wie hat sichs so gar mit mir vmbkeret/ So lang ich regirt habe/ habe ich freude vnd sieg gehabt/ vnd bin bey den meinen auch lieb vnd werd gewesen/ Aber nu bin ich so hertzlich betrübet/ vnd gedenck an das vbel/ das ich zu Jerusalem gethan habe/ da ich alle gülden vnd silbern gefess aus dem Tempel weg füret/ vnd lies vnschüldige leute jnn Judea tödten/ Da her kompt mir jtzt alles vnglück/ vnd mus jnn einem frembden lande von dieser trawrigkeit sterben/ Vnd er fodert einen seiner freunde Philippum/ den verordenet er zum Heubtman vber das gantze Königreich/ vnd gab jm die kron/ mantel vnd ring/ vnd befahl jm seinen son den jungen Antiochum auff zu zihen/ vnd jnn das Königreich einzusetzen/ Darnach starb Antiochus jnn der selbigen Stad/ im hundert neun vnd vierzigsten jar/ Da nu Lysias höret/ das der König tod war/ macht er zu König/ den son Antiochi des Edlen/ den jungen Antiochum/ welches zuchtmeister er gewesen war/ vnd nennet jn Eupator.

Nu thaten

Maccabeorum. LXX.

Nu thaten die Heiden/ so die Burg auff Sion noch jnnen hatten/ dem volck Israel im Heiligthum viel schaden/ denn sie hatten eine gute Festung/ Darumb nam Judas fur sie zu belegern/ damit er sie vertilgen möchte/ Vnd das volck kam zu samen/ im hundert vnd funffzigsten jar/ vnd brachten dafur allerley kriegs rüstung vnd geschütz/ Vnd etliche Heiden kamen aus der Burg/ das sie zum Könige zogen/ hülffe zu suchen/ Zu diesen thaten sich viel abtrünnige aus Israel/ die zogen mit jnen zum Könige/ vnd sprachen/ Warumb wiltu nicht straffen vnd vnsere Brüder rechen? Denn wir wolten deinem vater vnterthan/ vnd seinen geboten gehorsam sein/ Da fiele vnser volck von vns abe/ vnd wo sie vnser einen ergriffen/ tödten sie jn/ vnd teileten vnser erbe vnter sich/ vnd plagten nicht allein vns/ sondern trieben solchs im gantzen lande/ vnd jtzt belegern sie die Burg zu Jerusalem sie zu erobern/ vnd haben das Heiligthum vnd Bethzura befestiget/ Wo du nicht eilen wirst/ jnen zu wehren/ werden sie stercker werden vnd mehr schaden thun/ vnd wirst sie nicht mehr bezwingen können.

Da der König solchs höret/ ergrimmet er seer/ vnd lies zu samen foddern seine Fürsten vnd Heubtlente vber das fus volck vnd vber die reisigen/ vnd nam frembde knecht an aus den Inseln/ vnd bracht zu samen hundert tausent man zu fus/ zwenzig tausent zu ross/ vnd zween vnd dreissig Elephanten/ zum krieg gewehnet/ Dieses heer zog durch Jdumea/ Vnd da sie ans land kamen/ belagerten sie Bethzura/ vnd machten danor mancherley kriegs rüstung zum sturme/ Aber die Jüden fielen eraus/ vnd verbrenneten diese werck/ vnd stritten ritterlich.

Vnd Judas zog ab von der Burg Sion/ vnd kam mit dem heer gen Bethzachara/ gegen des Königs lager/ Da war der König morgens frue auff vor tag/ vnd füret das heer an die strasse vor Bethzachara/ vnd lies die schlacht ordnung machen/ vñ trometen/ vnd die Elephanten mit rotem wein vñ maulbeersafft besprützen/ sie an zu bringen vnd zu erzürnen/ vnd teileten die Elephanten jnn die hauffen/ also/ das ja zu einem Elephanten/ tausent man zu fuss/ jnn eisern helm vnd harnisch/ vnd funff hundert pferd verordenet wurden/ Diese warteten also auff den Elephanten/ das sie nicht von jm wichen/ vnd wo hin man den Elephanten wendet/ da musten sie auch hin/ vnd trug ein jeder Elephant/ einen hültzern thurn/ darinn waren ja zween vnd dreissig krieger/ vnd der Mor/ so die bestien regirt/ Den vbrigen reisigen zeug ordenet er auff beiden seiten/ das fuss volck zu bewaren/ das es nicht zertrennet würde/ Vnd da die Sonn auff gieng/ vnd scheinete auff die gülden schilte/ leuchtet das gantze gebirge dauon/ als were es eitel feur/ vnd des Königes heer zog ein teil auff dem gebirge/ ein teil herunten im blachfeld jnn guter ordenung vnd vorsichtiglich/ vnd wer sie höret/ der entsetzt sich fur dem grausamen gethöne/ vnd der grossen menige vnd gethümel/ das sie mit dem harnisch vnd eisen machten/ denn es war seer ein gros vnd wol gerüst volck.

Vnd Judas zog auch gegen jnen jnn seiner ordnung/ sich zu wehren/ vnd schlug sechs hundert tod aus des Königs heer/ Vnd einer genant Eleasar/ der son Saura/ mercket einen Elephanten/ der war höher vnd besser gerüst/ denn die andern/ vnd dacht/ der König were darauff/

Das Erst Buch

darauff/vnd waget sich/das er das volck Israel errettet/vnd einen ewigen namen erlangete/vnd lieff mit grosser kůnheit hinzu/vnd drang durch die feinde/vnd tödtet jrer viel auff beiden seiten/vnd machet sich vnter den Elephanten/vnd stach jn/das der Elephant vmb fiel auff jn/vnd starb/vnd schlug jn auch tod/Die weil aber die Jüden sahen/das das Königs heer eine solche grosse macht war/wichen sie beseits/vnd liessen die feinde auff dis mal von sich/Darumb zog des Königs heer fort gen Jerusalem/vnd kam jnn Judea.

Aber die auff Bethzura kundten hungers halben nicht lenger darinn bleiben/Denn es war das siebende jar/darinn man die felder musten feiren lassen/vnd sie erlangeten geleit vom Könige/das sie sicher eraus möchten gehen/Da nam der König Bethzura ein/vnd leget kriegs volck darein/diese Festung zu bewaren/Vnd zog fort gegen Sion/vnd belagert das Heiligthum eine lange zeit/vnd richtet dagegen auff allerley geschütz/Es wehret sich aber das volck Israel im Heiligthum viel tage/vnd machten auch geschütz vnd kriegs rüstung wider die feinde/Es hatte aber auch nicht zu essen/die weil es das Siebende jar war/vnd die frembden Jüden/so aus der Heiden lender jnn Judea vmb sicherheit willen gefurt waren/hatten den Vorrat allen verzeret/vnd worden der Heiligen seer wenig/denn sie sturben hungers/Darumb musten sie von einander zihen/vnd sich jnn andere stedte teilen.

Mittler zeit vernam Lysias/das Philippus/dem des Königs vater Antiochus den jungen König vnd das Reich bey leben befolhen hatte/wider komen war aus Persen vnd Meden/mit dem kriegs volck/das der König dahin gefurt hatte/vnd das sich Philippus der regierung vnterstund/Darumb eilet er weg aus Judea wider jns Königreich/Vnd sprach zum Könige vnd zun Heubtleuten/Wir leiden hie not/vnd haben nichts zu essen/vnd verlieren viel leute/vnd dis ort ist seer fest/so wir doch daheim nötiger sachen zu thun haben/friden im Königreich zu erhalten/Lasset vns friden mit diesem volck machen/vnd zu lassen/das sie jr Gesetz halten/wie zuuor/denn sie zürnen vnd streiten allein darumb/das wir jnen jr Gesetz abthun wollen/Diese meinung gefiel dem König vnd den Fürsten wol.

Vnd der König schicket zu jnen/einen Friden mit jnen auff zu richten/Da sie aber eraus kamen aus jrer Festunge/zog der König hinein/Vnd da er sahe/das so fest war/hielt er seinen eid nicht/sondern gebot die mauren vmb her wider ein zu reissen/Darnach zog er eilend weg gen Antiochia/Da vernam er/das sich Philippus da auffgeworffen hatte fur einen König/mit dem streit er/vnd erobert die Stad widderumb.

VII.

JM hundert vnd ein vnd funfftzigsten jar/kam Demetrius Seleuci son von Rom widerumb jnn sein Königreich/vnd nam eine Stad ein am meer mit wenig volcks/vnd regirt da als ein König/Vnd da er jnn die Heubtstad Antiochia kam/fieng das kriegs volck Antiochum vnd Lysiam/die selben Demetrio zu vberantworten/Da aber

Maccabeorum. LXXI.

aber solchs Demetrio angezeigt ward/verbot er/man solt sie nicht fur seine augen komen lassen/Darumb tödtet sie das kriegs volck.

Da nu Demetrius das Reich jnnen hatte/kamen zu jm viel Gottlose vnd abtrünnige leute aus Jsrael/vnd war der fürnemeste vnter jnen Alcimus/der were gerne Hoher Priester worden/Diese verklagten Judam vnd jr eigen volck/vnd sprachen/Judas vnd seine Brüder haben alle/so dir wolten gehorsam sein/vmbbracht oder aus vnserm lande veriaget/Darumb sende jemand dahin/dem du vertrawest/vnd las besehen/wie sie vns vnd des Königs land verderbet haben/vnd las sie straffen vnd allen jren anhang.

Darumb machte der König Bacchiden seinen freund/der im Reich gewaltig war/vnd dem der König viel vertrawet/zum Heubtman vber das gantze land disseid des Euphratis/vnd schickte mit jm den abtrünnigen Alcimum/den er zum Hohen priester gemacht hatte/vnd befalh jm das volck Jsrael zu straffen/Vnd sie zogen jns land Juda mit einem grossen heer/vnd schickten Botschafft zu Juda vnd seinen Brüdern/vom Friden zu handeln/vnd stelleten sich/als wolten sie friden mit jnen halten/aber es war eitel betrug/Darumb gleubet jnen Judas nicht/denn er sahe/das sie wol gerüstet waren/vnd ein gros heer mit sich fureten.

Aber viel Priester kamen zu Alcimo vnd Bacchide/vnd viel von den fromen jnn Jsrael/die versahen sich guts zu Alcimo/vnd begereten friden/vnd sprachen/Alcimus ist ein Priester aus dem geschlechte Aaron/er wird vns kein vntrewe beweisen/Vnd Alcimus saget jnen friden zu/vnd that einen eid/vnd sprach/Wir wollen euch vnd ewre freunde nicht beleidigen/Da sie jm also gleubten/lies er sechzig aus jnen fahen/vnd tödtet sie alle auff einen tag/wie die Schrifft spricht/ Psalm.lxxix. Das fleisch deiner Heiligen haben sie den thieren gegeben/Sie haben blut vergossen vmb Jerusalem vmbher/wie wasser/vnd war niemand der sie begrub/Darumb kam eine seer grosse forcht vnd schrecken jnn das volck/welches klaget/das weder glaub noch trewe jnn Alcimo war/denn er hielt seinen eid nicht.

Vnd Bacchides zog weg von Jerusalem/vnd belegert Bethzecha/vnd sendet aus vnd lies viel fahen/so zuuor sich an jn ergeben/vnd von wegen der vntrew wider von jm flohen/vnd lies jr viel tödten/die warff er jnn eine grosse gruben/Darnach befalh Bacchides das land Alcimo/vnd lies kriegs volck bey jm/vnd er zog wider zum Könige/Vnd Alcimus vnterstund sich mit gewalt Hoher priester zu werden/vnd henget an sich alle abtrünnige jnn Jsrael/vnd bracht das land Juda mit gewalt vnter sich/vnd plaget das volck Jsrael seer hart.

Da nu Judas sahe/das Alcimus vnd die abtrünnigen aus Jsrael viel grosser schaden jnn Jsrael thaten/zog er abermal vmbher durch das gantze land Juda/vnd strafft die abtrünnigen/vnd wehrete jnen/das sie nicht mehr also im lande hin vnd her zihen thursten/Da aber Alcimus sahe/das Judas vnd sein volck wider gewaltig war/vnd das er jnen nicht widerstehen kund/zog er wider zum König/vnd verklagte sie

Das Erst Buch

te sie hart/Darumb sendet der König einen grossen Fürsten Nicanor dahin/der dem volck Israel seer gram war/vnd gebot jm/das volck Israel gantz zu vertilgen.

Vnd Nicanor zog mit einem grossen heer gen Jerusalem/vnd schickte boten zu Juda vnd seinen Brüdern betrieglich/die sich stellen solten/als wolt er friden mit jnen halten/vnd sprechen/Wir wollen friden mit einander halten/ich vnd jr/vnd wil mit wenig volck komen fridlich/das ich dich anspreche.

Also kam Nicanor zu Juda/vnd sie empfiengen vnd sprachen einander fridlich an/Aber es war bestellet/das man den Judam dafahen solt/Dieses ward Juda verkundschafft/das Nicanor darumb zu jm komen were/jn mit diesem betrug zu fahen/Darumb hütet er sich fur jm/vnd wolt nicht mehr zu jm komen.

Vnd da Nicanor merckt/das sein furnemen war offenbar worden/zog er wider Juda/vnd that eine schlacht mit jm bey Caphar Salama/Da verlor Nicanor funff tausent man/vnd sein heer muste fliehen auff Dauids Burg/Darnach kam Nicanor auch zum Heiligthum auff den berg Sion/vnd die Priester vnd die Eltesten giengen eraus/jn fridlich zu empfahen/vnd jm zu zeigen/das sie fur den König grosse opffer thaten/Aber Nicanor verspottet sie mit jrem Gottesdienst/vnd lestert vnd entheiliget die opffer/vnd schwur einen eid/vnd sprach/Werdet jr mir Judam vnd sein heer nicht vberantworten jnn meine hand/so wil ich dieses Haus verbrennen/so bald ich glücklich widerumb her kome/vnd zog weg mit grossem grimme.

Aber die Priester giengen hinein/vnd tratten fur den Altar im Tempel vnd weineten/vnd sprachen/Ah HERR/die weil du dieses Haus gewelet hast/das man dich da anruffen vnd von dir predigen sol/so bitten wir/du wollest an diesem Nicanor vnd seinem heer rach vben/vnd daran gedencken/das sie dein Heiligthum vnd dich gelestert haben/vnd wollest sie aus dem lande verjagen vnd vertilgen.

Vnd Nicanor zog von Jerusalem weg/vnd lagert sich bey Bethoron/Da kam noch ein heer aus Syria zu jm/jm zu helffen/Aber Judas lagert sich gegen jm bey Adasar mit drey tausent man/vnd bettet zu Gott/vnd sprach also/HERR Gott/da dich die Boten des Königs Sennacherib lesterten/schicktest du einen Engel/der schlug tod/hundert vnd funff vnd achzig tausent man/Also schlag diese vnser feinde heute vor vnsern augen/vnd richt diesen Nicanor nach seiner grossen missethat/das ander leute erkennen/das du jn darumb gestrafft hast/das er dein Heiligthum gelestert hat.

(Adar) Ist der monat Februarius / nach dem Mond gerechnet.

Vnd am dreizehenden tag des Monats ＊Adar/thaten sie eine schlacht mit einander/vnd Nicanor kam zum aller ersten vmb/Vnd da sein heer solchs sahe/worffen sie die woffen von sich vnd flohen/Aber Judas jaget jnen nach/eine tagreise von Adasar bis gen Gaza/vnd lies trometen/das das volck aus allen Flecken vmbher auff dem lande erauszu jm loffe/vnd hulffe die feinde schlagen/vnd kamen zu Juda vnd hielten sich wider zu jm/Also ward das heer Nicanoris geschlagen/vnd kam niemand dauon/Vnd Judas plundert sie/vnd füret den raub mit sich weg/Dem Nicanor aber lies er den kopff abhawen/vnd

Maccabeorum. LXXII.

vnd dem Heiligthum drewet/vnd lies beide kopff vnd hand mit füren/ vnd zu Jerusalem auffhengen/ Da ward das volck wider seer frölich/vnd feireten diesen tag mit grossen freuden/vnd verordneten/ das man jerlich diesen tag/nemlich/den dreizehenden tag des Monden Adar feiren solte/Also ward wider fride im lande Juda eine kleine zeit.

VIII.

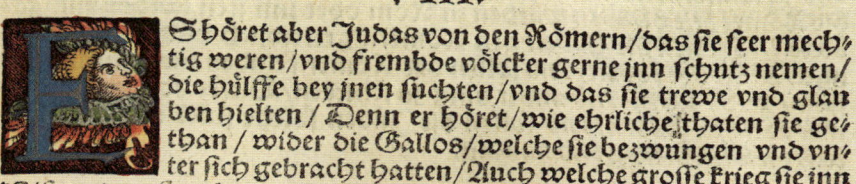

Höret aber Judas von den Römern/das sie seer mechtig weren/vnd frembde völcker gerne jnn schutz nemen/ die hülffe bey jnen suchten/vnd das sie trewe vnd glauben hielten/ Denn er höret/wie ehrliche thaten sie gethan/ wider die Gallos/welche sie bezwungen vnd vnter sich gebracht hatten/Auch welche grosse krieg sie jnn Hispania gefürt hatten/ vnd die Bergwerck erobert/ da man gold vnd silber grebet/Vnd das sie viel lender fern von Rom mit grosser vernunfft vnd ernst gewonnen hatten vnd erhielten/ das sie auch viel gewaltige Könige/die jnen jnn jr land mit macht gezogen sind/ geschlagen vnd verjagt hatten/vnd jre Königreich vnter sich bracht/ Vnd das sie newlich den König von Kithim Philippum/vnd ernach seinen son Persen/vberwunden hatten/ Auch von dem grossen Antiocho dem König jnn Asia/der wider die Römer gezogen war/mit hundert vnd zwenzig Elephanten/mit grossem reisigen zeug vnd wagen/ Aber die Römer hatten sein heer geschlagen/vnd jn gezwungen/das er vmb friden bitten must/vnd haben jm vnd seinen erben nach jm/ eine grosse schatzung auff geleget/ die sie jerlich den Römern geben musten/Dazu must er den Römern geisel schicken/Sie namen jm auch Jonien/Asien vnd Lydien/die edlesten lender/vnd gaben sie dem König Eumeni/ Es setzten sich auch die Greken mit grosser macht wider sie/ Aber sie schickten einen Heubtman wider die Greken/ der schlug sie/vnd nam das land ein/vnd lies jnn stedten die mauren nider reissen/das sie musten friden halten vnd gehorsam sein/ Solchen ernst erzeigten sie gegen allen jren feinden/das sie alle die jhenigen bezwungen/die sich wider sie setzten/ Aber mit den freunden vnd Bundgenossen/hielten sie guten friden/ vnd hielten glauben/ vnd waren mechtig vnd gefurcht jnn allen landen/ Wem sie hylffen/ der ward geschützt vnd erhalten bey seinem Königreich/Welchen sie aber straffen wolten/der ward von land vnd leuten verjaget/vnd worden seer mechtig.

Vnd war solche tugent bey jnen/das sich keiner zu Könige macht/ Es war auch kein König da/sondern der Rat/das waren drey hundert vnd zwenzig man/die regirten wol/vnd jerlich welet man einen Heubtman/der jnn allen jren landen zu gebieten hatte/dem musten sie alle gehorsam sein/vnd war keine hoffart/neid noch zwitracht bey jnen.

Vnd Judas welet Eupolemum den son Johannis/des sons Jacob/vnd den Jason Eleasars son/vnd sendet sie gen Rom/mit den Römern freundschafft vnd einen Bund zu machen/das sie jnen hülffen/das das Königreich Israel nicht vnterdruckt würde von den Greken/Diese zogen gen Rom einen weiten weg/vnd kamen fur den Rat/ vnd sprachen also/Judas Maccabeus vnd seine Brüder vnd das Jüdische volck haben vns zu euch gesand/einen Friden vnd Bund mit

N euch zu

Das Erste Buch

ench zu machen/das jr vns jnn schutz nemen wolt/als Freunde vnd Bundgenossen/Das gesiel den Römern/vnd liessen den Bund auff messing tafel schreiben/welche sie gen Jerusalem schickten/zu einem gedechtnis des auffgerichten Fridens vnd Bunds/Vnd lautet also.

Gott gebe den Römern vnd den Jüden glück vnd friden zu land vnd zu wasser/vnd behüte sie fur krieg vnd feinden ewiglich/Wo aber die Römer krieg haben würden zu Rom oder jnn jren landen vnd gebieten/so sollen die Jüden den Römern getrewlich hülffe thun/darnach es die not fodert/vnd sollen der Römer feinden nicht speis/waffen/geld/schiff vnd ander ding zu schicken/Dieses fodern die Römer von den Jüden/vnd sollen die Jüden solche stück trewlich halten/on allen betrug vnd auszug.

Dagegen auch/so die Jüden krieg haben würden/sollen jnen die Römer getrewlich helffen/darnach es die not fodert/vnd sollen der Jüden feinden nicht speis/waffen/geld/schiff/oder ander ding zu schicken/Das sagen die Römer zu/vnd wollen solchen Bund trewlich vnd on betrug halten/Also ist der Bund zwisschen den Römern vnd den Jüden auffgericht/So aber ernach dieser oder jhener teil bedechten mehr stück dazu zusetzen/oder etwas zu endern vnd dauon zu thun/das sol jeder teil macht haben/Vnd was sie dazu setzen/oder dauon thun werden/sol alles stet vnd fest gehalten werden/ Das auch der König Demetrius an den Jüden gewalt vbet/dauon haben wir jm geschrieben/Also/Warumb plagestu vnser Freunde vnd Bundgenossen? wo sie weiter vber dich klagen werden/so müssen wir sie schützen/vnd wollen dich zu land vnd wasser angreiffen.

IX.

Mitler zeit da Demetrius vernam/das Nicanor mit seinem heer geschlagen vnd vmbkomen war/sendet er widerumb jnn Judeam diese zween/Bacchiden vnd Alcimum/vnd mit jnen sein best kriegs volck/das jnn schlachten pflegte auff der rechten seiten zu stehen/ Diese zogen gegen Galgala/vnd belegerten vnd eroberten Masloth jnn Arbela/vnd tödten da viel leute.

Darnach im hundert vnd zwey vnd funffzigsten jar/im ersten monden/zogen sie gen Jerusalem/vnd von dannen gen Berea mit zwenzig tausent man zu fuss/vnd zwey tausent zu ross/Vnd Judas lagert sich bey Laisa mit drey tausent man/Da aber sein volck sahe/das die feinde eine solche grosse macht hatten/erschracken sie/vnd flohen dauon/das nicht mehr bey Juda blieben/denn acht hundert man.

Da Judas dieses sahe/das sein heer nicht bey einander bleib/ vnd doch die feinde auff jn drungen/ward jm bang/Vnd da er sahe/ das er nicht raum hatte sein volck zu trösten/vnd wider zu samen zu bringen/sprach er jnn dieser angst zu den vbrigen/Auff/vnd lasst vns versuchen/ob wir die feinde angreiffen vnd schlahen möchten/Aber sie wolten nicht/vnd wehreten jm/vnd sprachen/Es ist nicht müglich/das wir etwas schaffen/sondern lasst vns auff dis mal weichen/
vnd wider

vnd wider abzihen/vnd vnser Brüder/die von vns gelauffen sind/wider zusamen bringen/Denn wollen wir widerumb an die feinde zihen/vnd sie angreiffen/Itzt ist vnser viel zu wenig/Aber Judas sprach/Das sey ferne/das wir fliehen solten/Ist vnser zeit komen/so wollen wir ritterlich sterben/vmb vnser Brüder willen/vnd vnser ehre nicht lassen zu schanden werden.

Vnd die feinde waren auff/vnd machten jre ordnung also/Im vorzug waren die schützen/vnd die besten krieger stunden forn an der spitzen/Der reisig zeug war geteilet jnn zween hauffen/auff jede seiten/einer/Der Heubtman Bacchides war auff der rechten seiten/Mit dieser ordenung zogen sie daher/mit grossem geschrey vnd trometen/Da lies Judas auch trometen vnd zog an sie/vnd that eine schlacht/von morgen an bis auff den abend/das die erde bebet von dem grossen getümel.

Da nu Judas sahe/das auff der rechten seiten Bacchides selbs/sampt der grösten macht/war/Da greiff er daselbs an/er vnd die andern/die jr leben wageten/vnd erschreckten sie/vnd schlugen den selbigen hauffen auff der rechten seiten jnn die flucht/vnd jageten jnen nach/bis an den berg bey Asdod.

Da aber die auff der lincken seiten/solchs sahen/das Judas jenen nach jaget/eileten sie dem Juda auch nach/Da must sich Judas gegen diese keren/vnd wehret sich lang/Vnd geschach da eine harte schlacht/das viel verwundet wurden vnd vmbkamen auff beiden seiten/bis Judas auch zu letzt vmbkam/Da flohen die vbrigen/vnd Jonathas vnd Simon namen den leichnam jres bruders Jude/vn begruben jn jnn seiner Veter grabe/vnd alles volck Israel trawret vmb Juda lange zeit/vnd klaget jn seer/vnd sprachen/Ach/das der Held vmbkomen ist/der Israel geschützet vnd errettet hatte.

Dis ist die Historia von Juda/Er hat aber sonst noch viel mehr grosser thaten gethan/welche vmb der menige willen nicht alle beschrieben sind.

Nach dem tod Juda worden die Gottlosen vnd abtrünnigen leute wider gewaltig im gantzen land Israel/vnd zu dieser zeit war grosser hunger im lande/das sich alles volck Bacchidi ergab/Da erwelet Bacchides Gottlose menner/die machte er zu Amptleuten/vnd lies allenthalben des Juda anhang vnd freunde suchen vnd fur sich bringen/das er sich an jnen rechet/vnd seinen mutwillen an jnen vbete/Vnd war jnn Israel solch trübsal vnd jamer/des gleichen nicht gewesen ist/sind das man keine Propheten gehabt hat.

Darumb kam des Juda anhang zu samen/vnd sprachen zu Jonatha/Nach deines bruders Jude tod/haben wir niemand mehr seines gleichen/der vns schütze wider vnser feinde vnd Bacchiden/die vns verfolgen/Darumb welen wir dich an seine stat/zum Fürsten vnd Heubtman/diesen krieg zu füren/Also ward Jonathas jr Fürst/vnd regirt an seins bruders stat.

Da solchs Bacchides jnnen ward/lies er jn suchen/das er jn vmbbrecht/Als aber Jonathas vnd Simon sein bruder solchs merckten/flo

Das Erste Buch

ten/flohen sie vnd alle so bey jnen waren/jnn die wüste Thecoe/vnd schlugen ein lager am see Aspar.

Solchs vernam Bacchides/vnd machet sich auff vnd zog wider sie.

Nu hatte Jonathas seinen bruder Johannem einen Heubtman zu seinen freunden den Nabatheern gesand/sie zu bitten/das sie jre habe vnd güter jnn jre Stad nemen vnd bewaren wolten/Aber die kinder Jambri zogen aus Madaba/vnd vberfielen den Johannem vnd fiengen jn/vnd namen alles das er mit sich füret/vnd brachtens jnn jre stad.

Darnach ward Jonatha vnd Simon seinem bruder verkundschafft/das die kinder Jambri eine grosse hochzeit anrichten/vnd würden die Braut holen von Nadabath mit grosser pracht/Denn sie war eines Fürsten tochter aus Canaan/Nu gedachten Jonathas vnd Simon/das diese jren bruder Johannem getödtet hatten/Darumb zogen sie hinauff/vnd versteckten sich neben den berg/vnd laureten auff die kinder Jambri/Da nu der Breutigam daher zog mit seinen freunden vnd mit viel volcks vnd gütern/mit baucken vnd pfeiffen/vnd köstlichem geschmuck/da fielen Jonathas vnd Simon aus dem gebirg eraus/vnd griffen sie an/vnd schlugen viel tod/das die vbrigen jns gebirg entrinnen musten/vnd raubten alle jre güter/Da ward aus der hochzeit ein hertzeleid/vnd aus dem pfeiffen ward ein heulen/Also recheten diese den mord an jrem bruder begangen/vnd kereten wider vmb vnd zogen an Jordan.

Nu kam Bacchides auch an Jordan mit einem grossen heer am Sabbath/Da sprach Jonathas zu seinem volck/Auff/vnd rüstet euch zur schlacht/denn jtzt künd jr nicht still hie ligen/wie zuuor/denn die feinde sind da/vnd wir müssen vns wehren/die weil wir doch nicht entrinnen können/denn wir haben feinde vor vns vnd hinder vns/So ist der Jordan auff einer seiten/Auff der andern sind lachen vnd gebirg/Darumb solt jr schreien gen himel/das jr von den feinden errettet werdet.

Vnd sie griffen an/vnd Jonathas schlug nach Bacchide/Aber Bacchides weich zu rück/Da sprang Jonathas vnd sein volck jnn Jordan/vnd kamen vber das wasser/Vnd Bacchidis volck war nicht so küne/das sie sich jns wasser begeben hetten/Vnd sind auff diesen tag vmbkomen aus dem heer Bacchidis/tausent man.

Darumb zog Bacchides wider abe vnd kam gen Jerusalem/vnd fieng an die stedte im lande zu befestigen/Er lies thor vnd hohe mauren bawen vmb Jericho/Amao/Bethoron/Bethel/Thamnata/Phara/Topo/vnd leget kriegs volck darein/jnn die besetzung/die Israel solten plagen/Der gleichen lies er befestigen/Bethzura/Gaza/vnd die Burg zu Jerusalem/vnd leget auch kriegs volck darein/vnd versorget sie mit speis/vnd nam der furnemesten leute kinder zu geisel/vnd behielt sie auff der Burg zu Jerusalem.

Im hundert drey vnd funffzigsten jar/im andern Monden/gebot Alcimus auch die jnwendigsten maurn des Vorhoffs/die neheste für dem Tempel/welche die heiligen Propheten hatten bawen lassen/ein zu reissen/

Maccabeorum. LXXIIII.

zu reissen/Vnd da man solchs anfieng/straffet Gott den Alcimum/ das das angefangen werck wider verhindert ward/denn der schlag ruret jn/das er nicht mehr reden kund/oder etwas ordnen vnd schaffen von seinen sachen/vnd starb also mit grossem schmertzen/ Da aber Bacchides sahe/das Alcimus tod war/zog er wider weg zum Könige/Da ward frid vnd ruge im lande zwey jar.

Aber die abtrünnigen im lande hielten rat/vnd sprachen/Jonathas vnd sein anhang sitzen still/vnd haben friden vnd sind sicher/ Lasst vns Bacchidem wider fodern/der künd sie jtzt jnn einer nacht alle fahen/Also zogen sie zu Bachide/vnd sagten jm jren rat/Da machte sich Bacchides auff/mit einem grossen heer/vnd schickte briene heimlich zu seinem anhang im lande Juda/das sie Jonathan vnd alle/so bey jm waren/fahen solten/ Aber dieser anschlag ward Jonatha verkundschafft/Darumb schafften sie nichts/sondern Jonathas fieng bey funfftzig/die furnemesten des abtrünnigen vnd Gottlosen hauffens/vnd lies sie tödten.

Darnach wichen Jonathas vnd Simon vnd jr volck/jnn die wüste jnn einen zerstörten Flecken Bethbesen/den bawet er widerumb/vnd machte jn fest/ Da nu Bacchides solchs vernam/war er auff mit seinem gantzen heer/vnd lies den Jüden auch auff gebieten/ vnd zog fur Bethbesen/vnd belegerts lange/vnd stürmet es vnd machet geschütz vnd kriegs rüstung da vor/ Aber Jonathas befahl die Stad seinem bruder Simon/vnd er zog mit einem hauffen eraus/vnd schlug Odaren vnd desselbigen bruder/vnd die kinder Phaseron jnn jren hütten/Die weil es jm aber also glückt/lieffen mehr leute zu jm/ das er stercker ward.

Mitler zeit fiel Simon auch aus der stad jnn der feinde lager/ vnd verbrennet die kriegs rüstung/vnd schlug den Bacchiden jnn die flucht/vnd Bacchides hermt sich seer/das sein anschlag vnd zug vergeblich war/vnd ergrimmet seer vber die abtrünnige Jüden/ die jm geraten hatten/wider jnn das land zu komen/vnd lies jr viel tödten/ vnd rüstet sich wider weg jnn sein land zu zihen.

Da Jonathas solchs vernam/schickt er boten zu jm/einen Friden mit jm zu machen/vnd bat jn/das er den raub vnd die gefangen wider ledig geben wolt/Das williget Bacchides gern/vnd that solchs/wie Jonathas begert/vnd schwur jm einen eid/das er jn sein leben lang nicht mehr beleidigen wolte/vnd gab jm den raub vnd die gefangnen aus Juda wider ledig/vnd keret vmb vnd zog jnn sein land/vnd kam nicht wider jnn das land Juda/Also ward wider friden jnn Jsrael/vnd Jonathas wonet zu Machmas vnd regirt da vber das volck/vnd vertilget die abtrünnigen aus Jsrael.

X.

JM hundert vnd sechzigsten jar/kam Alexander Antiochi des Edlen son/vnd nam die Stad Ptolemais ein/ vnd regirt da/Da aber Demetrius solchs vernam/bracht er ein gros heer zu samen/vnd zog wider Alexandrum/jn zu veriagen/Darumb schreib Demetrius an den Jonatham/vnd saget jm zu/er wolt friden mit jm

Das Erste Buch

halten/vnd wolt jm alles gutes thun/Denn er dachte/Es ist besser/ das ich jn zuuor an mich bringe/ehe denn er sich zu Alexandro schlahe/ wider mich/darumb/das ich seinen bruder vmbbracht habe/dazu jm vnd seinem volck viel leids gethan habe.

Vnd Demetrius schreib an Jonatham vnd erleubet jm/kriegs volck anzunemen vnd zu halten/ vnd kriegs rüstung zu machen/vnd das er sein Bundgenos sein solt/Vnd befahl/das man die geisel auff der Burg/dem Jonathe wider ledig geben solt.

Darumb kam Jonathas gen Jerusalem/vnd lies diese brieue fur allem volck vnd fur denen jnn der Burg lesen/Da sie nu höreten/das jm der König erleubte/kriegs volck anzunemen/vnd kriegs rüstung zu machen/vnd das jn der König fur ein Bundgenossen hielt/forchten sie sich seer fur jm/vnd gaben jm die geisel ledig/vnd Jonathas gab sie jren Eltern wider/Also fieng Jonathas an zu Jerusalem zu wonen/ vnd die Stad wider zu bawen vnd zu bessern/vnd lies die maurn wider auffrichten/vnd den berg Sion wider befestigen/mit guten starcken maurn von eitel werckstücken/Also ward Jerusalem widerumb fest gebawet/Vnd die Heiden jnn den Flecken/die Bacchides hatte lassen fest machen/flohen dauon weg jnn jr land/Allein Bethzura behielten sie jnnen/vnd dahin lieffen die abtrünnigen/Denn daselbs hatten sie jren auffenthalt.

Da nu Alexander vernam/das Demetrius bey Jonatha freundschafft suchte/vnd höret die löblichen thaten/die Jonathas vnd sein bruder gethan hetten/sprach er/Des redlichen mans gleichen findet man nicht/Darumb wollen wir jm schreiben/das er vnser freund vnd Bundgenos werde/Vnd schreib jm also.

Der König Alexander entbeut seinem Bruder Jonathe seinen grus/Wir hören dich preisen fur einen trefflichen man/vnd werd/das du vnser Freund seiest/Darumb setzen wir dich zum Hohen priester vber dein volck/vnd solt des Königs Freund heissen/vnd schicken dir hiemit ein purpur vnd gulden krone/Darumb woltest dich trewlich zu vns halten vnd vnser Freund bleiben.

Also zog Jonathas an/das Priesterliche kleid/im hundert vnd sechzigsten jar im siebenden Monden/am Lauberfest/vnd bracht ein heer zu samen/vnd lies viel kriegs rüstung machen.

Da aber Demetrius solchs vernam/ ward er seer betrübet/das Alexander die Jüden von jm abwendet zu sich/vnd da durch sterker ward/vnd bedacht/er wolt jnen auch freundlich schreiben/vnd ehre vnd gut verheissen/das sie jm hülffe zu sagten/Vnd schreib jnen also.

Der König Demetrius entbeut den Jüden seinen grus/Wir haben gern gehört/vnd ist vns eine grosse freude/das jr nicht von vns abfallet zu vnsern feinden/sondern haltet mit allen trewen an vns/Darumb bitten wir/jr wolt also forthin trewlich an mir halten/vnd euch nicht von mir wenden lassen/Diese ewer trewe wollen wir vergelten/ vnd euch viel bürden erlassen/ vnd mehr freiheit geben vnd gnaden thun/Vnd erlas jtzt allen Jüden den Schos/den zins vom Saltz/die

Cron-

Maccabeorum. LXXV.

Cronsteur/den dritten scheffel vom getreid/die helfft die mir vom obs gebürt/Von diesen bürden sol nu forthin das land Juda/vnd die drey vogteien/so dazu gehören/inn landen Samaria vnd Galilea/gefreiet sein allezeit/Vnd Jerusalem sol heilig vnd frey sein von allen bürden/ schos vnd zehend.

Ich wil auch die Burg zu Jerusalem wider reumen lassen/vnd dem Hohen priester vbergeben/das er sie einneme/vnd leute darauff lege/ wen er wil/sie zu bewaren/Vnd alle gefangne Jüden inn meinem Königreich/sollen ledig gelassen werden/vnd frey sein/vnd sollen sie vnd ir vieh vom schos gefreiet sein.

Auch sollen sie freiheit haben inn alle meinem Königreich/ire Sabbath/Newe mond vnd ander bestimpte Fest zu halten/vnd drey tag vor vnd nach dem Fest/von jederman vnuerhindert sein/an irem Gottes dienst.

Vnd man sol dreissig tausent man inn Judea welen/den wil ich sold geben/wie meinem andern kriegs volck/vnd sie sollen inn die feste stedte des Königs verordnet werden/vnd aus jnen sollen gewelet werden etliche/die der König inn seinen höhesten hendeln/als vertrawete Rethe gebrauchen wird/Die Jüden sollen auch nicht frembde/sondern eigene Heubtleute haben/aus jnen gewelet/das sie jr Gesetz halten mögen/wie im land Juda.

Vnd die drey vogteien im lande Samaria vnd Galilea/so zu Juda gehörn/sollen niemand vnterthan sein/denn allein dem Hohen priester/Das man wisse/das er alleine Herr darüber sey/Die Stad Ptolemais vnd die landschafft so dazu gehört/gebe ich dem Tempel zu Jerusalem/zum kosten der auff das opffer gehet.

Ich wil auch jerlich funffzehen tausent Sekel silbers von meinem eigen einkomen verschaffen zum gebew des Tempels/Vnd was ich von alters her/aus meinen Emptern schüldig gewest/zum Tempel zu geben/das sol jnen forthin gereicht werden/Vnd die funff tausent sekel silbers/welche meine Amptleute von des Tempels einkomen entwendet haben/sollen den Priestern widerumb jerlich folgen.

Es sol der Tempel auch diese freiheit haben/Wer inn meinem gantzen Königreich eine straffe verwirckt hat/vnd fleuhet inn Tempel/der sol da sicher sein/mit leib vnd mit gut.

Zum gebew vnd besserung des Tempels vnd der mauren vnd thürn zu Jerusalem/vnd sonst im lande/wil der König den kosten auch legen von seinem eigen einkomen.

Da man aber diesen brieff Jonathe vnd dem volck las/wolten sie jm nicht trawen/vnd namens nicht an/Denn sie wusten wol/welch vntrew vnd grausame Tyranney er zuuor gegen Israel geübet hatte/ vnd beschlossen/dem Alexandro hülffe zu thun/ der zuuor freundschafft bey jnen gesucht hatte/vnd friden zugesagt/Diesem theten sie hülffe sein leben lang.

Da nu Alexander vnd Demetrius wider einander zogen/vnd angriffen/da flohe Demetrius heer/vnd Alexander eilet jm nach/vnd thaten eine grausame schlacht vom morgen an bis an abend/Vnd Demetrius ward den selben tag erschlagen.

N iiij   Darnach

Das Erst Buch

Darnach sendet Alexander boten zu Ptolomeo dem Könige inn Egypto/mit dieser werbung/Nach dem ich wider inn mein Reich komen bin/vnd sitze auff dem Königlichen thron/vnd hab das regiment wider an mich bracht/vnd hab Demetrium veriagt/vnd mein Erbland wider erobert/beger ich freundschafft mit dir zu machen/Vnd bitte dich/du wollest mir deine tochter zur Ehe geben/so wil ich mich gegen dir als deinen Eiden halten/vnd danckbar sein/Vnd jr ein Königliche leibzucht verordenen/ Darauff antwort Ptolomeus/vnd wündschet Alexandro glück/das er wider inn sein vaterland komen war/vnd sein Königreich erobert/vnd sagt jm zu/das zu thun/wie er begert hatte/Vnd begert/er wolte zu jm gen Ptolemais komen/da wolten sie einander selbs ansprechen/vnd den heyrat volzihen.

Im hundert vnd zwey vnd sechzigsten jar/zog Ptolomeus mit seiner tochter Cleopatra aus Egypto/vnd kamen gen Ptolemais/Dahin kam auch der König Alexander/vnd Cleopatra ward dem Alexandro vermehlet vnd die Hochzeit ward mit grossem Königlichem pracht gehalten/Vnd der König Alexander schreib Jonathe vnd fodert jn zu sich/Da kam Jonathas mit grosser herrligkeit gen Ptolemais zu beiden Königen/vnd schencket jnen vnd jren freunden köstliche gaben von gold vnd silber/vnd fand gnad bey jnen.

Vnd etliche abtrünnige aus Jsrael kamen dahin/den Jonatham zu verklagen/Aber der König wolt sie nicht hören/sondern befahl/das Jonathas seine kleider ablegen vnd eine purpur anzihen solt/welches also geschach/Da setzet jn der König neben sich/vnd befahl seinen Fürsten/das sie mit jm inn der Stad vmbher zihen solten/vnd ausruffen lassen/das jn niemand verklagen solt/oder sonst beleidigen/Da aber seine verkleger sahen/das jn der König so hoch ehret/das er jn hatte eine purpur heissen anzihen/vnd solchs von jm ausruffen lies/Da flohen sie alle dauon/Vnd der König that jm grosse ehre/vnd lies jn schreiben vnter seine furnemeste freunde/vnd machet jn zum Heubtman vnd zum nehesten Rat/ Darnach zog Jonathas widerumb gen Jerusalem mit freuden/vnd inn gutem friden.

Im hundert vnd funff vnd sechzigsten jar/kam der König Demetrius/des vorigen Demetrii son aus Creta/inn sein Erb Königreich/Da erschrack Alexander seer/vnd leget sich gen Antiochien/Aber Demetrius henget den Apollonium an sich/den Heubtman jnnider Siria/Der bracht jm ein kriegs volck zu samen/vnd lagert sich zu Jamnia/vnd sendet zu Jonatha dem Hohen priester/vnd lies jm sagen/Niemand thut vns widerstand/denn du allein/vnd machest/das man mich veracht/Du trutzest wol im gebirg/aber wiltu eine redliche that thun/so zihe herunter inn das blachfeld/vnd las vns mit einander versuchen/Wenn du fragen wirst/wie starck wir sind/ich vnd die andern so mir zu zihen vnd helffen/so wird man dir sagen/Jr werdet nicht bleiben können fur diesen leuten/von welchen ewre Veter zwey mal jnn ewrem eigen lande geschlagen sind/viel weniger kanstu im blachfeld fur solchem grossen volck zu ross vnd zu fuss bestehen/da keine berge vnd felsen sind/dahin man fliehen kündte/Da Jonathas solch rhümen höret/erzürnet er/vnd welet zehen tausent man/vnd zog aus von Jerusalem/vnd sein bruder Simon kam zu
jm/jm

Maccabeorum. LXXVI.

jm/ jm zu helffen/ vnd lagerten sich fur Joppe/ Aber die jnn der Stad Joppe liessen jn nicht ein/ denn Apollonius hatte volck darein gelegt/ jnn die besetzung/ Darumb stürmet sie Jonathas/ Da erschracken die jnn der Stad/ vnd thaten die thor auff/ Also erobert Jonathas die Stad Joppe.

Da Apollonius dieses vernam/ leget er sich fur Joppe mit drey tausent reisigen vnd mit einem grossen fuss volck/ vnd stellet sich als wolt er weg gen Asdod zihen/ das er Jonathan eraus locket auff das blachfeld/ denn er hatte einen grossen reisigen zeug/ des tröstet er sich/ Jonathas eilet jm nach gen Asdod/ vnd zog daher fursichtiglich jnn seiner ordenung gerüst zur schlacht/ Aber Apollonius hatte hinter sich im lager heimlich tausent reisigen gelassen/ Nu mercket Jonathas/ das leute hinder jm heimlich versteckt waren/ Darumb/ da sie an sein volck kamen/ hielt Jonathas jnn seiner ordenung/ Da schossen die reisigen den gantzen tag von morgen an bis auff den abend auff das volck/ bis jre pferd müde worden.

Darnach nam Simon sein heer vnd greiff die feinde an/ Da flohen die reisigen/ denn sie waren müde/ vnd wurden zerstrewet hin vnd her im felde/ vnd flohen gen Asdod/ vnd eileten jnn den Tempel des Götzen Dagon/ jr leben da zu retten/ Aber Jonathas plundert die Stad Asdod vnd die Flecken vmbher/ vnd zündet sie an/ Er verbrennet auch den Götzen Tempel mit allen so darein geflohen waren/ Vnd die summa der erschlagenen vnd verbrenten zu samen/ war bey acht tausent man.

Darnach zog Jonathas mit dem heer fur Ascalon/ da giengen jm die Bürger aus der Stad eraus entgegen/ vnd ergaben sich vnd empfiengen jn mit grosser pracht/ Also zog Jonathas wider gen Jerusalem mit seinem heer vnd dem raube/ Vnd da Alexander solches höret/ ehret er Jonatham noch höher/ vnd sendet jm einen güldenen gürtel/ wie man allein eins Königs gebornen freunden gibt/ Dazu schencket er jm Accaron das dazu gehört/ zum eigenthum.

XI.

Vnd der König jnn Egypto bracht volck zu samen/ so viel des sands am meer ist/ vnd viel schiff/ vnd vnterstund sich das Reich Alexandri mit betrug an sich zu bringen/ das er beide Königreich hette/ Darumb zog er jnn Syrien mit diesem schein/ als keme er wie ein freund/ Da that man jm alle stedte auff/ vnd zog jm entgegen/ vnd empfiengen jn herrlich/ wie denn Alexander befolhen hatte/ die weil dieser sein Schweher war.

Aber jnn welche Stad Ptolomeus kam/ da lies er einen hauffen kriegs volck darinn zur besetzung/ Vnd da er gen Asdod kam/ zeigten sie jm/ wie Jonathas den Tempel Dagon/ dazu die Stad verbrent vnd verwüst hatte/ vnd wie die todten leichnam hin vnd her zerstrewet lagen/ vnd hügel auffgeworffen waren am wege/ darunter man die erschlagenen mit hauffen begraben hatte/ vnd sagten dem Könige/ das Jonathas diesen schaden gethan hette/ damit sie jm einen vngnedigen König mechten/ Aber der König schweig stil dazu/ Vnd

Jonathas

Das Erst Buch

Jonathas zog auch dem König entgegen/gen Joppe/Da sprachen sie einander an/vnd blieben vber nacht da bey einander/Vnd Jonathas geleitet den König bis an das wasser/genant Eleutherus/Darnach zog er wider heim gen Jerusalem.

Vnd der König Ptolomeus nam die stedte ein/bis gen Seleucia am meer/vnd vnterstund sich Alexandrum zu vertreiben/vnd schicket boten zu Demetrio/das er zu jm komen solt/einen Bund mit jm zu machen/so wolt er jm seine tochter geben die Alexander hatte/vnd wolt jm helffen das er König würde/vnd sprach/Es hette jn gerewen/das er Alexandro die tochter gegeben hette/vnd gab Alexandro schuld/er hette jm nach dem leben vnd Königreich getracht/Er erzeiget auch seinen hass offentlich/vnd wendet sich von Alexandro/vnd nam jm die tochter/vnd gab sie Demetrio/Vnd da Ptolomeus gen Antiochia kam/setzet er beide kron auff/des Reichs Egypti/vnd des Reichs Asie.

Aber der König Alexander war dazumal jnn Cilicia/denn etliche stedte waren daselbst von jm abgefallen/Da er nu von Ptolomeo höret/zog er wider jn mit jm zu kriegen/Aber Ptolomeus war starck gerüst/vnd zog jm entgegen vnd veriaget jn/Vnd Alexander flohe jnn Arabien/das er da sicher were/Vnd der König Ptolomeus war seer mechtig/Darumb lies Zabdiel der Arabier/seinem gast dem Alexander den kopff abhawen/vnd schickt jn dem Könige Ptolomeo/Vnd Ptolomeus starb am dritten tag hernach/Da worden die krieger/so Ptolomeus jnn die stedte gelegt hatte/auch vmb bracht vom volck jnn stedten/Also nam Demetrius das Reich ein/im hundert vnd sieben vnd sechzigsten jar.

Zu dieser zeit bracht Jonathas sein volck im lande Juda zu samen/die Burg zu Jerusalem wider zu erobern/vnd lies bollwerck vnd geschütz dafur auffrichten/Da zogen etliche abtrünnige zum Könige Demetrio/vnd verklagten den Jonathan/vnd sagten/das er die Burg belegert hette/Da erzürnet der König seer/vnd zog eilend gen Ptolomais/vnd schreib Jonathe/das er die Burg nicht belegern solt/vnd solt eilend zu jm gen Ptolomais komen/da wolt er mit jm von etlichen sachen reden.

Da aber Jonathe diese botschafft kam/lies er nicht abe von der belegerung/vnd welet etliche Eltesten jnn Israel vnd Priester die mit jm zihen solten/vnd macht sich auff vnd waget sein leben/vnd nam viel köstlicher kleinot mit sich von gold/silber vnd kleider/vnd zogen gen Ptolomais zum Könige/vnd fand gnade bey jm/Da jn nu die abtrünigen seines volcks verklagten/hielt jn der König ehrlich/wie er zuuor gehalten war/vnd that jm grosse ehre fur allen seinen Fürsten/vnd bestetiget jn jnn seinem Hohen priester ampt/vnd jnn allen ander ehren/die er bisher gehabt hatte/vnd hielt jn fur seinen furnemesten freund.

a (Centner) Heisset talentum/ vnd drey talenta/ machen hundert vnd achtzig tausent kronen.

Jonathas bat auch den König/das er gantzem Judea vnd den dreien vogteien jnn Samaria vnd Galilea/den Schos erlassen wolt/vnd erbot sich/vmb diese freiheit zu geben/drey hundert *a* Centner golds/Das williget der König/vnd gab Jonathe brieue darüber/Die lauten also.

Der Kö

Maccabeorum. LXXVII.

Der König Demetrius entbeut seinem Bruder Jonathe / vnd dem Jüdischem volck / seinen grus / Wir senden euch eine abschrifft des brieffs / den wir an vnsern vater den Casthenen ewerthalben geschrieben haben / das jr solchs wissen mögt.

Der König Demetrius entbeut Castheni seinem vater seinen grus / Wir gedencken vnsern Freunden vnd trewen Bundgenossen den Juden gutes zu thun / von wegen jrer trewe vnd freundschafft gegen vns / Darumb so bestetigen wir / das die Priester zu Jerusalem / das gantz Judea vnd die drey stedte / Lyda vnd Ramatha vnd jre zugehör jnne haben sollen / Wir erlassen jnen auch alles / das sie zuuor dem Könige haben jerlich geben müssen / getreid / obs / zehend / schos / saltz zins / Cron steur / Von diesen allen sollen sie forthin gefreiet sein / vnd solche freiheit sol jnen fest vnd stet gehalten werden / Dieses brieffs abschrifft sol man Jonathe geben / das mans auff den Heiligen berg stelle / als an einen ehrlichen vnd offentlichen ort.

Da nu der König Demetrius sahe / das im gantzen Königreich friden war / vnd sich niemand mehr wider jn setzt / da lies er das kriegs volck von sich / das im Königreich daheim ware / ein jeden wider jnn seine stad / Aber das frembde kriegs volck / das er jnn den Inseln hin vnd her angenomen hatte / behielt er bey sich / Darumb ward jm das einlendische volck seer gram.

Da aber Tryphon ein Heubtman / der etwa des Alexandri freund gewesen war / sahe / das das kriegs volck einen hass wider den König Demetrium gefasset hatte / zog er zu dem Araber Emalkuel / der den jungen Antiochum / den son Alexandri / erzog / Bey diesem hielt er an / das er jm den knaben geben solt / so wolt er jn widerumb jnn seins vaters Reich einsetzen / vnd sagt dem Araber / wie vnd warumb das kriegs volck den König Demetrium hasseten / vnd bleib also eine zeit lang bey dem Araber.

Mitler zeit schreib Jonathas dem König Demetrio / vnd bat jn / er wolt denen / so auff der Burg lagen / gebieten zu weichen / vnd jm die Burg zu reumen vnd einzugeben / denn sie thaten Israel viel schaden / Da schreib Demetrius dem Jonathe also / Nicht allein dieses so du begerest / sondern viel mehr ehre vnd gutes wil ich dir vnd deinem volck thun / so bald ich kan / Aber jtzt bin ich jnn grosser fahr / Darumb thu so wol an mir / vnd schick mir hülffe / denn alle mein kriegs volck ist von mir abgefallen / vnd setzet sich wider mich / Darumb schicket jm Jonathas drey tausent guter krieger / die kamen gen Antiochia zum Könige / vnd der König ward jrer zukunfft seer erfrewet.

Nu richtet das volck jnn der Stad eine auffrur an / bey hundert vnd zwenzig tausent man / vnd wolten den König tod schlahen / Aber der König flohe jnn seine Burg / Da nam das volck die gassen ein / vnd wolten die Burg stürmen / Darumb fodert der König die Jüden / jn zu schützen / Da lieffen die Jüden alle dem Könige zu / vnd teileten sich jnn die gassen / vnd erschlugen den selbigen tag / hundert tausent man / vnd zündten die Stad an vnd plunderten sie / Also retten sie den König.

Da nu

Das Erst Buch

Da nu das volck jnn der Stad sahe/das die Jüden der Stad mechtig waren worden/verzagten sie/vnd schrien zum Könige/vnd baten vmb friden/das die Jüden auff hörten das volck zu tödten/vnd die Stad nicht gantz wüst machten.

Da ward friden/vnd legten die Jüden jre waffen von sich/vnd worden hoch geehret vom König/vnd gerhümet im gantzen Reich/ vnd zogen wider heim gen Jerusalem/vnd brachten gros gut mit sich/ das sie im krieg gewonnen hatten/ Da nu Demetrius wider sicher war/vnd das Reich mit rugen jnnen hatte/da hielt er Jonathe der ding keins/die er jm verheissen hatte/vnd wendet sich gantz von jm/ vnd war jm vndanckbar fur seine wolthat/vnd erzeiget jm alle vntrewe.

Nicht lange ernach kam Tryphon widerumb mit dem jungen Antiocho/ Dieser Antiochus ward König vnd setzet die kron auff/ vnd kam zu jm alles kriegs volck/welchs Demetrius geurlaubet hatte/ Da sie nu mit Demetrio stritten/schlugen sie jn jnn die flucht/vnd verjagten jn/Vnd Tryphon nam die Elephanten/vnd gewan Antiochien/Vnd der jung Antiochus schreib Jonathe/vnd bestetiget jn jnn seinem Hohenpriester ampt/vnd williget/das er die vier stedte besitzen vnd behalten solt/vnd des Königs freund sein/vnd sendet jm güldene gefess/vnd erleubet jm gold zu tisch zu brauchen/vnd purpur vnd einen gülden gürtel zu tragen/Vnd Simon den bruder Jonathe machet er zum Heubtman vbers land/von Tyro an bis an Egypten.

Da nu Jonathas auszog vber den Euphraten/vnd jnn die stedte vmbher kam/Da zog jm zu alles kriegs volck jnn Syria/jm zu helffen/ Vnd da er fur Ascalon kam/giengen jm die Bürger entgegen/vnd empfiengen jn ehrlich vnd ergaben sich/Darnach zog er fur Gaza/Aber die von Gaza wolten jn nicht einlassen/Darumb belagert er die Stad/ vnd verbrand die vorstedte vmbher/vnd plundert sie/Da baten die von Gaza vmb friden/Vnd Jonathas macht einen Friden mit jnen/ vnd nam etlich jre kinder zu geisel/vnd schicket sie gen Jerusalem/Er aber zog fort durchs land bis gen Damasco.

Da er aber höret/das des Königs Demetrij Heubtleute mit einem grossen heer jnn Kedes jnn Galilea komen waren/die land einzunemen/die jm der König eingethan hatte/da zog er wider sie/vnd lies seinen bruder Simon im land/der zog fur Bethzura/vnd belagert es lange zeit/so hart/das sie nicht eraus fallen thorsten/Darumb baten sie vmb Friden/Vnd Simon machet Friden mit jnen/vnd lies sie frey abziehen/vnd nam die Stad ein/vnd leget kriegs volck darein/ jnn die besetzung.

Aber Jonathas zog mit seinem heer an den see Genesara/vnd war morgens frue auff vnd kam jnn das blachfeld Hazar/Da zogen die Heiden gegen jm im blachfeld/vnd hatten einen hauffen versteckt im gebirge/Da nu Jonathas den andern hauffen angreiff/fiel der versteckte hauff eraus aus dem gebirge/vnd greiff auch an/Da flohe das gantze heer Jonathe/vnd bleib niemand/denn allein die Heubtleute Matathia der son Absolomi/vnd Judas der son Calphi/Da zerreis Jonathas seine kleider vnd strewet erden auff sein heubt/vnd betet/Vnd rennet die feinde widerumb an vnd schlug sie jnn die flucht/

Da nu

Maccabeorum. LXXVIII.

Da nu sein volck/das zuuor geflohen war/solchs sahe/kereten sie widerumb/Jonathe zu helffen/vnd jagten den feinden nach/bis gen Kedes jnn jr lager/vnd sie machten da auch ein lager/Vnd sind diesen tag vmbkomen bey drey tausent Heiden/Darnach zog Jonathas wider gen Jerusalem.

XII.

DA aber Jonathas sahe/das er nu raum gewonnen hatte/welet er etliche/die er gen Rom sendet/den Bund mit den Römern zu vernewen vnd widerumb auff zurichten/Er schreib auch den von Sparta/vnd an andere ort mehr/Da nu die boten gen Rom kamen/giengen sie fur den Rat/vnd sprachen/Jonathas der Hohe priester vnd das Jüdische volck haben vns gesand/den Bund/so zwisschen vns etwa gemacht ist/widerumb zu vernewen/Vnd die Römer gaben jnen brieue vnd geleit/das sie sicher widerumb heim zögen.

Vnd also schreib Jonathas denen von Sparta/Jonathas der Hohepriester vnd die Eltesten des volcks/vnd die Priester/vnd das Jüdische volck/entbieten jren Brüdern den von Sparta jren grus.

Vor etlichen jaren hat ewr König Areus an vnsern Hohen priester Oniam geschrieben/das jr vnser Brüder seid/wie denn der selbig brieff laut/Vnd Onias empfieng ewern boten ehrlich/vnd nam die freundschafft vnd den Bund an/dauon im brieff geschrieben war/Wie wol wir nu jtzt nicht frembder hülffe bedürffen/vnd trost haben an Gottes wort/das wir teglich lesen/so senden wir doch botschafft zu euch/die Bruderschafft vnd Freundschafft zwisschen vns zu vernewen vnd zu bestetigen/das wir der selben nicht vergessen/Denn es ist nu eine lange zeit/das jr zu vns geschickt habt/Darumb wisset/das wir allezeit an Feiertagen vnd an allen andern tagen/so man opffert/jnn vnserm gebet vnd opffer Ewr gedencken/wie sichs denn gebürt/der Brüder zu gedencken/Vnd Ewr ehre vnd wolfart ist vns eine freude/Aber wir haben mitler zeit grosse not gelidden/vnd schweere krieg gehabt mit den Königen vmbher/Wir haben aber euch vnd andere vnser Freunde vnd Bundgenossen nicht bemühen wöllen/jnn diesen vnsern kriegen/Denn wir haben hülffe von himel gehabt/vnd Gott hat vns geschützt wider vnsere feinde/vnd die feinde vnterdruckt/Die weil wir aber jtzt diese vnser boten Numenium den son Antiochi/vnd Antipatrum den son Jasonis zun Römern senden/die Freundschafft vnd Bündnis mit jnen widerumb zu vernewen/Haben wir jnen da bey befolhen/das sie auch zu euch ziehen sollen/vnd euch vnsern grus sagen/vnd diesen brieff vberantworten/vnser Bruderschafft zu vernewen/vnd bitten vmb antwort.

Dieses aber ist die abschrifft des brieues/welchen Areus der König zu Sparta vns etwa gesand hatte/ᵃAreus der König zu Sparta/entbeut Onie dem Hohen priester seinen grus/Wir finden jnn vnsern alten schrifften/das die von Sparta vnd Jüden/Brüder sind (Die weil beide völcker von Abraham her komen) Nach dem wir nu solchs wissen/bitten wir/jr wöllet vns schreiben/wie es euch gehet/Vnd so es euch gefelt/so sol vnser vieh/hab vnd gut/vnd was wir vermögen/

D sein/als

ᵃ (Areus) Areus ist der dritte König zu Sparta gewesen vor dem letzten / vnd hat grosse kriege gefurt mit den Königen aus Macedonia vnd glück gehabt / vnd den von Athen geholffen wider Antigonum / vnd hat erreicht die zeit Antiochi Magni / Kurtz nach diesem Areo ist Sparta vnter die Römer komen.

Das Erst Buch

sein/als were es Ewr eigen/vnd das Ewr sol sein/als were es vnser eigen/Dis haben wir befolhen/euch anzuzeigen.

Darnach höret Jonathas/das Demetrij Heubtleute widerumb mit grösserer macht denn zuuor/kamen/vnd wolten jn vberziehen/ Darumb zog er aus von Jerusalem wider sie jnn das land Hemath/ Denn er wolt nicht harren/das sie jm zuuor jnn sein land fielen/Da er nu kundschaffer jnn der feinde lager sendet/kamen sie vnd sagten/ das die feinde beschlossen hetten/diese nacht jn zu vberfallen/Darumb gebot Jonathas seinem heer abends/das sie wachen vnd die gantze nacht im harnisch vnd gerüst sein solten/vnd verordenet leute vmbs lager vmbher jnn die schiltwache.

Da aber die feinde sahen/das Jonathas zur schlacht gerüst war/kam sie eine forcht an/das sie auff brachen vnd weg zogen/Vnd da mit man solchs nicht mercken solt/liessen sie viel feur im lager hin vnd her machen/Darumb dachte Jonathas nicht/das sie weg zögen/ bis morgens frue/denn er sahe die feur hin vnd her im lager/Morgens aber jaget er jnen nach/vnd kundte sie nicht ereilen/denn sie waren bereit vber das wasser Eleutherum/Da keret sich Jonathas gegen Araben/welche heissen Zabidei/schlug vnd plundert sie/vnd keret sich wider gen Damasco/vnd verheert das land alles vmbher/Simon aber zog gen Ascalon/vnd jnn die festen stedte dabey/Darnach keret er sich gegen Joppe/Denn er vernam/das sie sich wolten des Demetrij Heubtleuten ergeben/Darumb kam er zuuor/vnd nam Joppe ein/vnd leget kriegs volck darein/die Stad zu bewaren.

Darnach kam Jonathas wider heim/vnd hielt rat mit den Eltesten im volck/das man etliche stedte befestigen solt jnn Judea/vnd die maurn zu Jerusalem höher machen/vnd zwischen der Burg vnd der Stad eine hohe maur bawen/das die Stad von der Burg abgesondert würde/das die auff der Burg nicht jnn die Stad eraus fallen kündten/vnd das man jnen nichts zu füren vnd verkauffen möcht.

Da nn das volck zu samen kam vnd anfieng zu bawen/die weil die maur vber dem bach gegen morgen/verfallen war/baweten sie das selbige stück wider/das da heisset Caphnatha/Vnd Simon bawete die Burg Adida zu Sephela/vnd machet sie fest vnd bewaret sie mit einem starcken thor.

Nu hatte Tryphon fur/das Königreich Asie an sich zu bringen/ vnd die kron auff zu setzen/vnd den jungen Antiochum den König zu tödten/Die weil er aber besorget/Jonathas würde es wehren/vnd wider jn zihen/trachtet er auch darnach/wie er Jonathan fahen vnd vmb bringen möchte/darumb zog er gen Bethsan/Da kam Jonathas auch dahin mit vierzig tausent man wol gerüst/Da aber Tryphon sahe/das Jonathas eine grosse macht bey sich hatte/forcht er sich/vnd dorfft nichts offentlich wider jn furnemen/sondern empfienge jn herrlich/vnd befahl jn seinen freunden ehrlich zu halten/vnd gab jm geschencke/vnd gebot seinem heer/das sie Jonathe gehorsam sein solten/wie jm selbs/Vnd sprach zu Jonatha/Warumb machestu dem volck solche mühe/so wir doch keinen krieg haben/Las sie wider heim

Maccabeorum.

wider heim zihen/allein wele dir wenig leute/die bey dir bleiben/vnd zeuch mit mir gen Ptolemais/diese Stad wil ich dir eingeben/vnd die andern feste stedte/vnd wil dir alles kriegs volck vnd amptleute befehlen/Denn ich mus widerumb weg zihen/allein der halben bin ich jtzt her komen/Darumb wollest mit mir zihen.

Jonathas gleubet jm/vnd lies sein volck von sich heim zihen jns land Juda/vnd behielt allein drey tausent bey sich/da von schickt er die zwey tausent jnn Galileam/das eine tausent aber zog mit jm/Da nu Jonathas jnn die Stad Ptolemais kam/lies Tryphon die thor zu schliessen/vnd nam Jonatham gefangen/vnd lies seine leute erstechen/vnd schicket fus volck vnd reisige jnn Galileam/auffs weite feld/ das ander kriegs volck Jonathe auch vmb zu bringen/ Da sie aber vernamen/das Jonathas gefangen vnd vmbkomen war/sampt seinen leuten/vermaneten sie einander vnd rüsteten sich zur schlacht/vnd zogen getrost gegen den feinden/Da aber die feinde sahen/das jnen jr leben gelten solt/die weil sich diese wehren wolten/kereten sie wider vmb/vnd zogen weg.

Da zog das volck auch widerumb heim jns land Juda/mit friden/vnd klaget den Jonatham vnd die andern/die mit jm vmbkomen waren/vnd gantz Israel trawrete seer vmb Jonatha/Vnd alle Heiden vmb her fiengen an das volck zu pochen vnd zu plagen/vnd sprachen/Sie haben kein Heubt vnd keinen Schutz mehr/Nu wollen wir sie vberzihen/vnd ausrotten/vnd jren namen auff erden vertilgen.

XIII.

DAnu Simon höret/das Tryphon ein gros heer bey einander hatte/das land Juda zu vber zihen vnd zu verderben/vnd sahe/das dem volck seer bang vnd angst war/ kam er gen Jerusalem/vnd tröstet das volck/vnd sprach/ Jr wisset/welche schweere kriege ich vnd meine brüder vnd mein vater fur das Gesetz vnd Heiligthum gefüret haben/ vnd habt die not gesehen/ darinn gantz Israel gewesen ist/ Jnn welcher/vmb Jsrael willen/alle meine brüder vmbkomen sind/ vnd lebet keiner mehr/denn ich/Nu begere ich meins lebens nicht zu schonen/jnn dieser trübsal/denn ich bin nicht besser/denn meine brüder/ vnd begere es nicht besser zu haben/denn sie/sondern wil mein volck/vnser Heiligthum/vnd vnser weib vnd kind/rechen/denn alle Heiden vmb her sind auff vns ergrimmet/vnd rotten sich zu samen/ vns zu vertilgen/ Von diesem trost kriegt das volck wider ein hertz/ vnd fasset einen mut/vnd antworten darauff/vnd schrien/Du solt vnser Heubtman sein/an Judas vnd Jonathas deiner brüder stat/vnsern krieg zu füren/vnd wir wollen dir gehorsam sein jnn allem das du vns heissest.

Da foddert Simon das kriegs volck zu samen/ Auch schaffet er/das man eilend die maurn zu Jerusalem ausbawen must/das die Stad gantz vmb her wol bewaret vnd fest were/ Vnd schickt Jonathan den son Absalomi mit einem heer gen Joppen/vnd Jonathas treib die feinde aus Joppe/vnd behielt er die Stad jnne/ Da zog Try-
D ij   phon von

Das Erst Buch

phon von Ptolemais aus mit grosser macht/ein zu fallen jns land Juda/vnd füret Jonatham gefangen mit sich/Aber Simon zog gegen jm/vnd lagert sich forn am blachfeld/bey Addus.

(Centner) Hundert talenta/ machen sechzig tausent Cronen.

Da aber Tryphon vernam/das Simon an seines bruders Jonathas stat Heubtman worden war/vnd gedecht sich mit jm zu schlagen/da sendet er boten zu Simon/vnd lies jm sagen/Ich hab Jonathan von wegen einer summa gelds/die er dem König schuldig blieben ist aus den Emptern/behalten/Wiltu mir nu hundert Centner schicken/vnd seine zween söne zu geisel geben/das er nicht von vns abfalle/vnd sich darnach wider vns setze/wenn er los worden ist/so wil ich dir jn ledig geben/Wie wol aber Simon wol mercket/das eitel betrug war/schaffet er dennoch/das dem Tryphon das geld vnd die kinder geschickt wurden/das das volck nicht vber jn klagte/Jonathas hette derhalben müssen vmbkomen/das er jn nicht hette lösen wollen/Darumb schicket er dem Tryphon die kinder sampt den hundert Centnern/Aber Tryphon hielt nicht glauben/vnd wolt Jonathan nicht ledig geben.

Darüber zog auch Tryphon fort/das er jns land keme/vnd möcht einen schaden thun/vnd zog neben dem lande daher auff der strassen die gen Ador gehet/Aber Simon war jm mit seinem heer stets auff der seiten/vnd wo er erein fallen wolt/da wehret jm Simon/Es schickten auch die auff der Burg einen boten zu Tryphon/das er durch die wüste zu jnen zihen solt/ehe sichs Simon versehe/vnd solt jnen speise zu füren lassen/Darumb wolt Tryphon mit seinem gantzen reisigen zeug eilend auff sein/vnd zu jnen komen/Aber jnn der selbigen nacht fiel ein seer tieffer schnee/der verhindert jn/das er nicht kam/Darnach zog er jnn Galaad/vnd bey Baschama lies er Jonathan mit seinen sönen tödten/die worden da begraben.

Darnach zog Tryphon widerumb jnn sein land weg/Da schicket Simon dahin vnd lies seines bruders leichnam holen/vnd leget jn jnn seines vaters grabe zu Modin/vnd trawret gantz Israel kleglich vmb Jonatha lange zeit/Vnd Simon lies ein hohes grab von gehawen steinen machen seinem vater vnd seinen brüdern/vnd darauff setzen sieben seulen/eine neben der andern/dem vater/der mutter/vnd den vier brüdern/vnd lies grosse pfeiler vmbher bawen/daran er jren harnisch henget zu ewigem gedechtnis/vnd vber dem harnisch lies er gehawene schiff setzen/die man auff dem meer sehen kundte/Dis grab zu Modin/stehet noch auff diesen tag.

Aber Tryphon füret den jungen Antiochum betrieglich hin vnd her im lande/bis das er jn heimlich tödtet/Darnach setzet er selbs die kron auff/vnd ward König jnn Asia/vnd plaget das land Juda hart.

Aber Simon bawet vnd befestiget viel stedte im lande Juda/mit dicken maurn vnd hohen thürnen/vnd starcken thoren/vnd schaffet speise jnn die feste stedte/vnd schicket boten zu dem König Demetrio/vnd bat vmb erlassung der last die jm Trypho auff geleget hatte/Denn Trypho treib eitel raub vnd mord im lande/Darauff antwort Demetrius/vnd schreib also.

Der König

Maccabeorum. LXXX.

Der König Demetrius entbeut dem Hohen priester Simoni vnd den Eltesten/vnd dem Jüdischen volck seinen grus.

Die gülden kron sampt den palmen die jr mir geschickt habt/haben wir empfangen/vnd sind bereit einen guten Friden mit euch zu machen/vnd den Amptleuten zu schreiben/das sie euch erlassen alle last/die wir euch zuuor zu erlassen zugesagt haben/vnd was wir euch verheissen haben/das sol trewlich/stet vnd fest gehalten werden/Alle festung/die jr gebawet habt/solt jr behalten vnd jnne haben/Vnd vergeben euch/was jr mitler zeit wider vns gethan habt/Die Cronsteur/vnd andere schoss/so Jerusalem hat geben müssen/erlassen wir euch/Vnd welche vns dienen wollen/die wollen wir annemen/vnd sol zwischen vns guter frid vnd einigkeit sein.

Im hundert vnd siebenzigsten jar/ward Israel erst wider frey von den Heiden/vnd fieng an zu schreiben jnn jren brieuen vnd geschichten/also/Im ersten jar Simonis/des Hohen priesters vnd Fürsten der Jüden.

Zu dieser zeit belagert Simon die Stad Gaza/vnd richtet auff da vor bollwerg vnd geschütz/vnd stürmet die Stad/vnd erobert einen thurn/vnd die selbigen so auff den thurn kamen/sprungen jnn die Stad/Da erschrack das volck jnn der Stad vnd verzaget gantz/vnd lieffen mit weib vnd kinder auff die maurn/vnd zerrissen jre kleider/vnd schrien laut vnd baten gnade/vnd sprachen/Straffe vns nicht nach vnser bosheit/sondern sey vns gnedig/so wollen wir gerne gehorsam sein/Dieses jamert Simon/das er sie nicht tödtet/aber er gebot jnen weg zu ziehen aus der Stad/vnd lies die heuser wider reinigen/darinn sie Götzen gestellet hatten/Darnach zog er hinein jnn die Stad/vnd lies alle grewel weg thun/vnd ausrotten/vnd setzet leute hinein/die Gottes Gesetz hielten/vnd machet die Stad fest/vnd bawet jm selbs ein Haus darein.

Vnd die auff der Burg zu Jerusalem waren belagert/das niemand aus oder ein komen/vnd da weder keuffen noch verkeuffen kundte/vnd lidden so grossen hunger/das viel hungers sterben musten/Darumb rufften sie zu Simon/vnd baten vmb Friden/vnd ergaben sich/Da that jnen Simon gnade/vnd lies sie leben/Aber sie musten aus der Burg weg/vnd Simon lies die Burg wider reinigen von allen grewelen/vnd nam sie ein am drey vnd zwenzigsten tag des andern monden/im hundert vnd ein vnd siebenzigsten jar/vnd zog drein mit lobgesang/vnd palmen zweigen vnd allerley seiten spiel/vnd danckten Gott/das sie dieser grossen tyranney aus Israel waren los worden/Vnd gebot/das man diesen tag jerlich mit freuden begehen solt/Vnd auff dem berge/bawet er maurn vmb den Tempel vmbher vnter der Burg/vnd machet jn noch fester/vnd wonet droben/er vnd die so er bey sich hatte/Vnd die weil er sahe/das sein son Johannes/ein tüchtiger man war/macht er jn zum Heubtman vber alles kriegs volck/vnd lies jn zu Gaza wonen.

(Jar) Antiochus nam die Burg ein/im hundert funff vnd vierzigsten jar/also habe sie die Heiden jnne gehabt bey funff vñ zwenzig jar/bis auffs hundert vnd ein vnd siebenzigste jar.

XIIII.

O ij   Im hundert

Das Erst Buch

(Arsaces)
Von dieser zeit an sind nu jnn Orient die Parthen mechtig worden/ Vnd die Greken haben diese land verloren/ Denn Arsaces war ein Parthus.

Jm hundert vnd zwey vnd siebenzigsten jar/ rüstet sich der König Demetrius/ vnd zog jnn Meden vmb hülffe wider den Tryphon/ Da aber Arsaces der König jnn Persen vnd Meden vernam/ das jm Demetrius jns Königreich gezogen war/ schickt er einen Heubtman aus wider jn/ vnd befahl/ das er jn fahen vnd lebendig zu jm bringen solt/ Dieser Heubtman schlug des Demetrij volck/ vnd fieng jn/ vnd bracht jn seinem König dem Arsaci/ Da hielt jn Arsaces gefenglich vnd lies jn bewaren.

Da kam das land Juda zu ruge/ vnd bleib guter fride so lange Simon lebet/ vnd Simon regirt seer wol/ vnd that dem lande viel guts/ das sie jn gerne zum Herrn hatten sein leben lang/ Auch erobert er mit grossen ehren die Stad Joppe vnd die anfurt dabey/ von dannen er auffs meer jnn die Jnseln schiffen kundte/ Vnd gewan seinem volck mehr land/ vnd machet die grentze weiter/ vnd erlediget viel die zuuor vnterdruckt vnd gefangen waren/ Er hatte Gaza jnnen vnd Bethzura/ vnd die Burg zu Jerusalem/ vnd hat sie wider gereiniget/ vnd dorfft sich niemand wider jn setzen/ Jederman bawet sein feld jnn gutem friden/ vnd das land war fruchtbar/ vnd die bewme trugen wol/ Die Eltesten sassen im Regiment vnuerhindert/ vnd hielten gute ordnung/ vnd die Bürger besserten sich seer an jrer narung/ vnd schaffeten waffen vnd vorrat zum krieg.

Simon schaffete auch jnn stedten vorrat von korn/ das sie zur not gnugsam versorget weren/ vnd war berümbt jnn aller welt/ Er hielt friden im lande/ das eitel freude jnn Jsrael war/ vnd ein jeder besass seinen weinberg/ vnd seinen garten mit friden/ vnd dorfft sich nichts besorgen/ denn niemand dorfft sie vberzihen/ Vnd die Könige jnn Syria kundten jnen die zeit nicht mehr schaden thun/ Vnd er hielt recht im lande/ vnd schützet die armen vnter seinem volck wider gewalt/ vnd straffet alles vnrecht/ vnd vertilget die Gottlosen/ Das Heiligthum richtet er auch widerumb herrlich an/ vnd lies mehr heilig geret darein machen.

Vnd da man zu Rom vnd zu Sparta höret/ wie Jonathas vmbkomen war/ ware es jederman leid/ Da aber die Römer höreten/ das Simon sein bruder/ Hoher Priester war/ vnd das land jnnen hatte/ vnd die feinde veriaget hette/ verneweten sie den Bund/ den sie zuuor mit Juda vnd Jonatha seinen Brüdern gemacht hatten/ vnd schrieben jn auff messinge tafel/ vnd schicktens jm/ Diese schrifft lase man zu Jerusalem/ fur dem volck.

Auch schrieben die von Sparta an Simon/ also.
Der Rat vnd Bürger zu Sparta/ entbieten dem Hohenpriester Simon/ vnd den Eltesten vnd den Priestern/ vnd dem Jüdischen volck/ jren Brüdern/ jren grus.

Ewre boten sind zu vns komen vnd haben vns angesprochen/ vnd erzelet/ das jr ewre feinde gedempfft habt/ mit grossen ehren/ vnd nu guten friden habt/ Das ist vns eine grosse freude/ Wir haben auch jnn vnser offentlich Stad buch schreiben lassen/ was sie geworben haben/ also/ Der Jüden boten Numenius der son Antiochi/ vnd Antipater

Maccabeorum. LXXXI.

pater der son Jasonis sind zu vns komen/zu vernewen die freundschafft zwisschen den Jüden vnd vns/vnd wir haben beschlossen/das man diese boten ehrlich empfahen solt/vnd jre rede jnn vnser Stadbuch schreiben lassen/zu ewigem gedechtnis/Diese antwort schrieben sie dem hohen priester Simon.

Darnach sendet Simon den Numenium widerumb gen Rom/ einen grossen gülden schild dahin zu bringen tausent pfund schweer/ vnd den Bund zu vernewen/Da nu die Römer die botschafft hörten/ sprachen sie/Wir sollen billich dem Simon vnd seinen kindern eine ehre thun/Denn er vnd seine Brüder haben sich ritterlich gehalten/ vnd Israel geschützt/vnd die feinde vertrieben/Darumb willigeten die Römer/das die Jüden solten frey sein/Vnd dieses liessen sie auff messinge tafel schreiben/das mans an die pfeiler auff dem berge Sion anhefften solt.

(pfund) Tausent mine/ machen zehen tausent kronen.

Diese folgende schrifft hat man gestellet am achzehenden tag des monden Elul/Im hundert vnd zwey vnd siebenzigsten jar/im dritten jar des hohen priesters Simon/zu Saramel jnn der grossen versamlunge der Eltesten/der Priester vnd des volcks aus dem gantzen lande Juda.

(Elul) Ist der monat Augustus.

Iderman sey kund vnd offenbar/das jnn den grossen schweren kriegen/die jnn vnserm lande gewesen sind/Simon der son Matathie/aus dem geschlecht Jarib/vnd seine Brüder jr leben gewaget haben/vnd den feinden jres volcks widerstand gethan/das das Heiligthum vnd Gottes Gesetz nicht vertilget würde/vnd jrem volck grosse ehre erlanget haben/Denn Jonathas brachte das volck wider zu samen/vnd fasset das Regiment/vnd ward hoher priester/Da er aber ernach starb/da kamen die feinde wider/vnd wolten das land verderben/vnd das Heiligthum verwüsten/Da machet sich Simon auff/vnd füret den krieg wider vnser feinde/vnd schaffet vnserm heer waffen/vnd gab jnen sold von seinem eigen geld vnd gut/vnd befestiget die stedte im lande Juda/vnd Bethzura an der grentze/darauff die feinde zuuor jre waffen vnd kriegs rüstung hatten/vnd leget Jüden darein/jnn die besetzung/Er befestiget auch Joppen gegen dem meer/vnd Gaza gegen Asdod/Denn Gaza war zuuor der feinde festung gewesen/Aber Simon eroberts/vnd setzet Jüden darein/vnd macht ein gut Regiment daselbs.

Die weil nu das volck die grosse trewe Simonis erfaren hatte/ vnd weis die wolthat die er dem volck thut/welet jn das volck zu jrem fürsten vnd hohen priester/von wegen seiner fromkeit vnd trewe/ die er dem gantzen volck erzeiget/vnd jnn alle weg vleis ankeret/seinem volck guts zu thun/Denn zu seiner zeit gab Gott glück/durch seine hende/das die Heiden aus vnserm lande/vnd von Jerusalem/ vnd aus der Burg/vertrieben worden/darauff sie sich enthielten/vnd fielen eraus/vnd verwüsten das Heiligthum/vnd verstöreten den reinen Gottes dienst/Aber Simon erobert die Burg/vnd leget Jüden darein/die Stad Jerusalem vnd das land zu schützen/vnd bawet die mauren zu Jerusalem höher/Vnd der König Demetrius bestetiget jn im hohen priester ampt/vnd hielt jn fur seinen Freund/vnd that im grosse

Das Erste Buch

jm grosse ehre/Denn er vernam/das die Römer der Jüden botschafft ehrlich gehort hatten/vnd hatten einen Bund mit jnen gemacht/vnd sie jnn jren schutz genomen/Vnd das das Jüdische volck vnd jre Priester gewilliget hatten/ das Simon jr Fürst vnd Hoher priester sein solt/fur vnd fur/so lang/bis jnen Gott den rechten Propheten erwecket/ Das er auch Heubtman sein solte/vnd solt das Heiligthum bewaren/vnd Amptleute setzen im lande/vnd alle kriegs rüstung/vnd festungen jnn seiner gewalt haben.

Vnd sol jm jederman gehorsam sein/vnd alle gebot sollen jnn seinem namen ausgehen/vnd sol tragen purpur vnd gülden stück/ Dieses alles sol trewlich vnd fest gehalten werden vom gantzen volck vnd allen Priestern/vnd sol sich niemand da wider setzen/Es sol auch niemand macht haben/das volck zu samen zu foddern im lande/oder purpur vnd gülden gürtel tragen/denn er allein/Wer aber da wider handeln oder sich vnterstehen würde/diese ordnung zu zerrütten oder abe zu thun/der sol im bann sein/Also gelobet das gantze volck dem Simon gehorsam zu sein/Vnd Simon williget darein/vnd ward Hoher priester vnd Fürst der Jüden/Vnd das volck befahl/das man diese schrifft auff messinge tafeln schreiben solt/vnd solt die selbigen auff hengen auff dem vmbgang am Tempel/an einem offentlichen ort/vnd eine abschrifft jnn den schatz kasten legen/das sie Simon vnd alle seine nachkomen alle zeit zu finden wüsten.

XV.

ES schreib auch der König Antiochus Demetrij son aus den Inseln/an Simon vnd an das Jüdische volck/also.

Der König Antiochus/entbeut dem Hohen priester Simon/vnd dem Jüdischen volck seinen grus.

(Antiochus) Dieser Antiochus heisst mit dem zunamen Gryphus/ vnd hat hernach auch mit den Jüden gekriegt/aber wenig ausgericht.

Nach dem mir etliche auffrürer mein Erbkönigreich genomen haben/gedenck ich es wider einzunemen/vnd wider auff die rechten erben zu bringen/Vnd habe darumb frembd kriegs volck angenomen/vnd schiffe machen lassen/vnd wil jnn das Königreich zihen/ das ich die auffrürer straffe/die grossen schaden jnn meinem Königreich thun/vnd viel stedte wüst gemacht haben/Darumb erlas ich dir alles/so dir die Könige zuvor erlassen haben/Vnd gebe dir gewalt eigene müntze jnn deinem lande zu schlahen/vnd Jerusalem vnd das Heiligthum sollen frey sein/Du solt auch behalten alle festunge/ die du gebawet hast/vnd bis her jnnen gehabt hast/vnd alle kriegs rüstung/die du gemacht hast/Vnd erlasse dir alles/so man dem Könige schüldig ist/oder sonst dem Könige gebürt/von dieser zeit an/ fur vnd fur/Vnd so wir vnser Königreich wider erobern/wollen wir dir vnd deinem volck/vnd dem Tempel/noch grösser ehre thun/das jr im gantzen Königreich solt gerhümet werden.

Im hundert vnd vier vnd siebenzigsten jar/kam Antiochus wider jnn sein Erbland/vnd alles kriegs volck fiel abe von Tryphon zu jm/vnd bleib seer wenig bey Tryphon/Da jm nu der König Antiochus nach zog/flohe er gen Dora ans meer/Denn er sahe/das es mit jm aus

Maccabeorum. LXXXII.

jm aus war/vnd das das kriegs volck von jm abfiel/Aber Antiochus zog jm nach gen Dora/mit hundert vnd zwenzig tausent man zu fus/ vnd acht tausent zu ross/vnd belagert die Stad zu land vnd zu wasser/ das niemand aus oder ein kund.

Vmb diese zeit kamen von Rom Numenius vnd die andern so mit jm gesand waren/vnd brachten brieue an die Könige vnd herrschafften/welche also lauten.

Lucius Consul zu Rom/entbeut dem König Ptolemeo seinen grus.

Simon der Hohe priester vnd das Jüdische volck/haben boten zu vns gesand/die freundschafft vnd bundnis zwisschen vns zu vernewen/vnd haben vns dabey einen gülden schild von tausent pfunden geschickt/Darumb schreiben wir an die Könige vnd andere herrschafften/das sie nichts wider die Jüden thun sollen/vnd sie vnd jre stedte vnd land nicht vberzihen/Das sie auch niemand wider sie helffen sollen/Denn wir haben den schild von jnen angenomen/Wo auch etlich vngehorsam aus jrem lande zu euch geflohen weren/so wollet die selbigen dem Hohen priester Simon zu stellen/das er sie nach seinem Gesetze straffe.

Also haben wir auch geschrieben an den König Demetrium/an Attalum/an Aretan/an Arsacen/vnd jnn alle lande/auch Sampsaci/vnd den zu Sparta/gen Delo/Mindo/Sicyon/Caria/Samos/ Pamphylia/Lycia/Halicarnasso/Rhodis/Faselis/Co/Side/Gortyna/Gnido/Cypro/vnd Cyrene/Vnd dieser brieue abschrifft haben wir gesand dem Hohen priester Simon/vnd dem Jüdischen volck.

Mitler zeit bracht Antiochus noch ein ander heer fur Dora/die Stad herter zu belegern/vnd macht kriegs rüstung da vor/vnd stürmet die Stad hefftig/das Tryphon darinn verschlossen war/vnd kund weder ein noch aus komen/Vnd Simon schickt dem Antiocho zu hülffe zwey tausent man/gut ausserlesen volck/vnd viel gold/vnd silber/vnd woffen/Aber Antiochus nam solchs nicht an/vnd hielt nichts was er zuuor zugesagt hatte/vnd wendet sich gantz von Simon.

Vnd sendet seiner Freund einen/genant Athenobium/zu jm/das er mit jm handeln solte/vnd also sagen/Ir habt eingenomen Joppe/ vnd Gaza/vnd die Burg zu Jerusalem/welchs alles zu meim Königreich gehört/vnd habt das land vmbher verheeret/vnd grossen schaden jnn meinem königreich gethan/vnd mir mein Erbland genomen/ Darumb fodder ich diese stedte wider von euch/die jr mir genomen habt/vnd allen schos der stedte/welche jr jnne habt/ausser dem lande Juda/Wo jr mir aber solches nicht widder zustellen wolt/so gebet mir fur die stedte funff hundert Centner silbers/vnd fur den schaden vnd schos/auch funff hundert Centner/Wo jr aber dieses auch nicht gedencket zu thun/so wollen wir euch vberzihen.

(Centner) Alles zuhauff gerechnet/machet sechs thonnen golds.

Da nu Athenobius des Königs Freund gen Jerusalem kam/ vnd sahe das herrliche wesen Simonis/vnd den pracht mit gold vnd silber/vnd wie er sonst gerüst war/wunderts jn seer/vnd hielt jm fur/ was jm der König befohlen hatte/Darauff gab jm Simon diese antwort/

Das Erste Buch

wort/Das land das wir wider erobert haben/ist vnser veterlich erbe/ vnd gehört sonst niemand/Vnser feinde habens aber eine zeit lang mit gewalt vnd vnrecht jnne gehabt/Darumb haben wir jtzt das vnser wider zu vns bracht/vnd niemand das seine genomen/Das du aber klagest darüber/das wir Joppe vnd Gaza eingenomen haben/ist diese vrsach/Man thut daraus vnserm lande vnd vnserm volck grossen schaden/ Doch wollen wir dafur bezalen hundert Centner/ Darauff gab Athenobius kein antwort/sondern zürnet vnd zog wider dauon zum Könige/vnd sagt jm Simons antwort/vnd von seiner herrligkeit/vnd was er gesehen hatte/Da ergrimmet der König seer.

(Centner) Hundert talenta/ machen sechzig tausent kronen.

Tryphon aber macht sich dauon auff dem wasser/vnd flohe gen Orthosia/ Da macht der König Cendebeum zum Heubtman vber das land am meer/vnd lies jm ein kriegs volck zu ros vnd zu fus/vnd befahl jm/das er sich lagern solte an der grentze Judea/vnd solt da befestigen die Stad Cedron/ vnd eine Festung bawen am gebirge/ vnd solt den Jüden jns land fallen/ Aber der König jaget dem Trypho nach/jn zu fahen.

Da nu Cendebeus gen Jamnia kam/greiff er die Jüden an/verheeret jr land/vnd lies viel volcks vmbbringen/vnd fieng viel leute/ vnd füret sie weg/vnd bawet die Stad Cedron/ vnd leget ein kriegs volck darein/ das sie da an der grentze solten eraus fallen/ vnd die strassen wüst machen/wie der König befohlen hatte.

XVI.

Arumb zog Johannes von Gaza hinauff zu seinem vater Simon/ vnd zeiget jm an/ das jn Cendebeus jns land gefallen were/vnd hette schaden gethan/Da foddert Simon seine zween eltesten söne fur sich/ Judam vnd Johannem/vnd sprach zu jnen.

Ich vnd meine brüder vnd meins vaters haus haben von jugent auff bis zu dieser zeit kriege gefurt/wider die feinde des volcks Israel/vnd Gott hat vns glück gegeben/das Israel offt durch vnser hende errettet ist/ Die weil ich aber nu alt vnd schwach bin/ so solt jr an mein vnd meiner brüder stat treten/vnd solt ausziehen vnd fur ewr volck streiten/ Gott wolle euch von himel helffen vnd bey euch sein.

Vnd er lies im lande welen zwenzig tausent man vnd etliche reisigen/Mit diesem hauffen zogen Johannes vnd Judas wider Cendebeum/vnd lagen vber nacht zu Modin/ Morgens aber da sie von Modin jns blachfeld kamen/zog ein gros heer zu ros vnd zu fus gegen jnen daher/Nu war ein bach zwischen beiden heern/da zog Johannes an den bach/vnd keret sich gegen den feinden/Da er aber sahe/das das volck eine schew hatte/sich jnn das wasser zu begeben/da wagt er sich erstlich hinein/vnd kam vber das wasser/ Da der hauffe dieses sahe/folgten sie jm nach.

Darnach macht Johannes seine ordnung zur schlacht/vnd ordnet die reisigen neben das fus volck/ Aber die feinde hatten viel einen mechtigern reisigen zeug/Da aber Johannes drometen lies/mit der

Priester

Maccabeorum. LXXXIII.

Priester posaunen/vnd die feinde angreiff/da gab Cendebeus die flucht/sampt seinem heer/vnd worden viel verwundet vnd erstochen/ Die vbrigen aber flohen jnn einen festen Flecken/Jnn dieser schlacht ward Judas Johannes bruder auch verwundet/Aber Johannes jaget den feinden nach/bis an die festung Cedron/Vnd die feinde flohen auff die festungen auff dem lande bey Azod/Da verbrennet Johannes die selbigen festungen/das den feinden bey zwey tausent man vmb kamen/Darnach zog Johannes wider heim ins land Juda.

Es war aber ein Heubtman vber das land Jericho/mit namen Ptolemeus/der son Abobi/der war seer reich/vnd der Hohe Priester Simon hatte jm eine tochter gegeben/darumb war er stoltz vnd trachtet darnach/das er Herr im lande würde/vnd vnterstund sich den Simon vnd seine söne mit listen vmb zu bringen.

Da nu Simon vmbher zog im lande Juda/die Regiment zu besehen vnd zubestellen/vnd gen Jericho kam mit zween sönen Matathia vnd Juda/im hundert vnd sieben vnd siebenzigsten jar/im eilfften monden/welcher heisst Sabat/Da empfieng sie der son Abobi jnn seine Burg/welche heisst Doch/vnd richt jnen ein herrlich mahl zu/ Aber es war eitel betrug/Denn heimlich versteckt er kriegsvolck darein/ Vnd da Simon vnd seine söne frölich waren vnd wol getruncken hatten/macht sich Ptolemeus auff mit seinen knechten/vnd namen jre woffen vnd fielen ein zu Simon ob dem mahl/vnd schlugen jn sampt den zween sönen vnd knechten tod/Diese schendliche vntrewe that Ptolemeus jnn Israel/vnd thet jm solche bosheit fur seine wolthat.

(Sabat) Ist der Monat Januarius.

Darnach schreib er solchs dem König Antiocho/vnd bat/das er jm kriegs volck zu hülffe schicken wolt/das land vnd die stedte/mit aller nutzung einzunemen/ Er sendet auch einen hauffen gen Gaza/ den Johannem vmb zu bringen/vnd schreib an die Heubtleute/das sie zu jm komen solten/so wolt er jnen grossen sold vnd geschencke geben/Auch schicket er kriegs volck/Jerusalem vnd das Heiligthum einzunemen.

Aber ein bot kam zuuor gen Gaza/der saget Johanni/das sein vater vnd seine brüder vmbkomen waren/vnd das bestellet were/das man jn auch vmbbringen solte/Da Johannes solchs höret/entsetzt er sich seer/vnd lies die leute fahen/die geschickt waren jn vmb zu bringen/Vnd da er befand/das sie jn wolten ermordet haben/lies er sie tödten.

Was aber Johannes ernach weiter gethan hat/vnd die kriege/ die er gefurt hat/vnd wie er regirt/vnd gebawet hat/das ist alles beschrieben jnn einem eigen buch/von der zeit seines Regiments/so lang er nach seinem vater/Hoher priester gewesen ist.

Ende des Ersten buchs Maccabeorum.

Vorrhede auff das Ander Buch Maccabeorum.

DIs heisst vnd sol sein das Ander Buch Maccabeorum/wie der titel anzeigt/Aber das kan nicht recht sein/weil es etliche geschicht meldet/die vor des ersten buchs geschichten geschehen sind/vnd nicht weiter kompt/denn auff den Juda Maccabeum/ das ist/bis inn das siebende Capitel des ersten buchs/ Das es billicher das erst denn das ander solt heissen/Man wolt es denn heissen/Ein anders buch/vnd nicht das ander buch Maccabeorum/ Alium vel alienum scilicet non secundum/Aber wir lassens so mit hin gehen/vmb der schönen geschicht willen/der sieben Merterer Maccabeorum vnd jrer mutter/vnd anderer mehr stücken/Es sihet aber/als sey es nicht ein Meister gewest/sondern zu samen gestickt aus vielen büchern/Hat auch einen harten knoten im vierzehenden Capitel/an dem Rasias/der sich selbs erwürgete/welchs auch Sanct Augustinus vnd die alten Veter ansicht/Denn solch exempel taug nicht/ vnd ist nicht zu loben/obs gleich geduldet vnd wol aus gelegt mag werden/So beschreibts auch den tod Antiochi im ersten Capitel gar anders/denn das erste buch thut/Summa/so billich das erste buch solt inn die zal der Heiligen Schrifft genomen sein/so billich ist dis ander buch heraus geworffen/ob wol etwas guts drinnen stehet/Es sey aber alles dem fromen Leser befolhen vnd heimgestellet/zu vrteilen vnd erkennen.

❦

Das Ander buch
der Maccabeer.

I.

1 Jr Juden ewre Bruder so zu Jerusalem vnd durch das gantze Jüdische land sind/ wündschen euch Jüden vnsern Brüdern / so jnn Egypten sind/ glück vnd heil.

2 Gott segene euch/ vnd gedencke an seinen Bund/ den er Abraham/ Jsaac vnd Jacob seinen trewen knechten zugesagt hat / vnd gebe euch ein rechtschaffen hertz/ das jr jnn seinem Gesetz fest vnd bestendig bleibt/ vnd verleihe euch/ das jr vleissig seid an seinen geboten/ vnd tröste euch/ Er erhöre ewr gebet vnd sey euch gnedig/ vnd las euch nicht jnn der not/ 6 Also bitten wir stets fur euch.

7 Wir haben an euch geschrieben jnn vnser höhesten not/ da Jason vnd sein anhang von dem heiligen land/ vnd von dem Königreich abtrünnig ward/ vnd verbrenten vnsere thor vnd vergossen das vnschüldige blut/ Da beteten wir/ vnd der HERR erhöret vns/ vnd wir opfferten jm semel mehl/ vnd zundten die Lampen an / vnd legten die schawbrod auff/ Vnd begeren/ das jr jtzt wolt die Kirchweihe mit vns halten/ des monden Casleu. 10 Datum im hundert vnd neun vnd sechzigsten jar/ zu der zeit des Königs Demetrij.

Wir zu Jerusalem vnd jnn gantzen Judea/ sampt den Eltesten vnd Johannes/ wündschen Aristobulo des Königs Ptolemei Schulmeister/ der von dem Priesterlichen stamme ist/ vnd den andern Jüden so jnn Egypto sind/ glück vnd heil.

11 Wir dancken Gott billich/ das er vns aus so grosser not erlöset hat/ die wir vns gegen so einem mechtigen König wehren musten/ 12 Denn Gott hat vnser feinde aus der heiligen Stad weg getrieben/ bis gen Persien / daselbs ward der König mit seinem vnuberwindlichen heer im Tempel Nane erwürget/ aus list der Priester Nane / Denn da Antiochus dahin kam sampt seinen freunden/ zur Göttin Diane/ als wolt er sie freien/ vnd alles geld aus dem Tempel zur morgen gabe nemen/ Vnd da es die Priester der Nane erfur trugen/ vnd er mit etlichen jnn die Capellen gegangen war/ schlossen sie die Kirchen hinder jm zu/ vnd worffen jn vnd alle die mit jm waren/ mit steinen zu tod/ Darnach hieben sie jn zu stücken vnd worffen sie heraus/ Gott hab jmer lob/ das er die Gottlosen so hat weg gericht.

18 Demnach/ weil wir auff den funff vnd zwenzigsten tag des monden Casleu gedencken die reinigung des Tempels zu begehen/ haben wirs euch wollen anzeigen/ das jr auch mit vns dasselb Fest begehet/ wie man begehet den tag/ daran Nehemias das feur gefunden hat/ da er den Tempel vnd den Altar bawet vnd wider opfferte.

19 Denn da vnser Veter jnn Persen weg gefurt worden/ haben die Priester das feur vom Altar jnn eine tieffe trocken gruben verstecke vnd erhal-

P

Das Ander Buch

vnd erhalten / das es niemand erfur / [20] Als nu nach etlichen jaren Nehemias nach dem willen Gottes vom Könige heim gesand ward / schicket er der selben Priester nach komen / die das feur verborgen hatten / das sie es wider suchten / Aber wie sie vns berichtet haben / haben sie kein feur / sondern ein dickes wasser funden / [21] das selb hat er sie heissen schepffen vnd bringen / Da es nu alles zum opffer zugerüstet ware / hat Nehemias befolhen / sie sollen das wasser vber das holtz vnd das opffer / das auff dem holtz lage / giessen / [22] Als sie das selb gethan hatten / vnd die Sonne wol herauff komen war / vnd die wolcken vergangen / da zund sich ein grosses feur an / des verwunderten sie sich alle / Da fiengen die Priester vnd das volck an zu beten / bis das opffer verbrand war / vnd Jonathas sang vor / die andern aber sprachen im nach mit Nehemia.

[24] Dis war aber das gebet Nehemie / HERR vnser Gott / der du alle ding geschaffen hast / vnd bist schrecklich / starck vnd gerecht / vnd barmhertzig / vnd allein der rechte König vnd Gesalbte / der du allein alle gaben gibst / der du allein gerecht / allmechtich vnd ewig bist / Der du Israel erlösest aus allem vbel / der du vnsere Veter erwelet vnd sie geheiliget hast / Nim dis opffer an fur das gantze volck Israel / vnd beware vnd heilige dein Erbe / Bringe vns zerstrewete wider zusamen / Erlöse die / so den Heiden dienen müssen / vnd sihe vns verachte an / da jederman einen grawen fur hat / das doch die Heiden erfaren / das du vnser Gott seiest / Straffe die vns vnterdrucken / vnd mit grossem pochen vns alle schande anlegen / Pflantze dein volck wider an deinem heiligen ort / wie Moses gesagt hat.

[30] Darnach sungen die Priester Lobgesang dazu / bis das opffer verzeeret ward / Darnach hies Nehemias das vbrige wasser auff die grossen stein giessen / Da gieng auch ein flamme auff / aber sie ward verzeeret von der flamme des feurs auff dem Altar / Dis ist balde lautbar worden / vnd fur den König der Persen komen / wie man an dem ort / da man das feur versteckt hatte / wasser gefunden / vnd das selb die opffer angezündet hette / Da versuchets der König auch / vnd lies den ort aussondern vnd befriden / vnd gab viel gelds dazu / Vnd des Nehemias gesellen nenneten den ort / Nechpar / auff Deudsch / Reinigung / Etliche hiessen jn auch Nephtar.

II.

[1] **M**An findet auch inn den Schrifften / das Jeremias der Prophet / die / so weg geführet waren / geheissen habe / das sie das feur solten mit nemen / wie oben angezeigt / vnd jnen das Gesetz mit geben / vnd befolhen habe / das sie ja des HERRN gebot nicht vergessen / vnd sich nicht liessen verfüren / wenn sie die gülden vnd silbern Götzen / vnd jren schmuck sehen / [3] vnd habe jnen der gleichen viel mehr befolhen / das sie das Gesetz nicht aus jrem hertzen wolten lassen / So stund das auch inn der selben Schrifft / das der Prophet / nach Göttlichem befelh sie

geheissen

Maccabeorum. LXXXV.

geheiſſen habe/ das ſie die Hütten des zeugnis vnd die Laden ſolten mit nemen.

5 Als ſie nu an den berg kamen/ da Moſes auff geweſen/ vnd des HERRN Erbland geſehen hatte/ fand Jeremias eine hülen/ darein verſteckt er die Hütten vnd die Laden/ vnd den Altar des Reuchopffers/ vnd verſchlos das loch/ Aber etliche die auch mit giengen/ wolten das loch mercken vnd zeichnen/ ſie kundtens aber nicht finden.

7 Da das Jeremias erfur/ ſtraffet er ſie/ vnd ſprach/ Dieſe ſtet ſol kein menſch finden/ noch wiſſen/ bis der HERR ſein volck wider zuhauff bringen vnd jnen gnedig ſein wird/ Denn wird jnen der HERR wol offenbaren/ vnd man wird denn des HERRN herrligkeit ſehen jnn einer wolcken/ wie er zu Moſes zeiten erſchein/ Vnd wie Salomo bat/ das er die ſtet wolt heiligen.

9 Vnd Jeremias erzelet jnen auch/ wie Salomo geopffert hatte/ da die Kirche geweihet vnd der Tempel fertig ward/ Auch wie Moſes den HERRN gebeten/ vnd das feur von himel das opffer verzeeret hatte/ Alſo bat Salomon/ vnd das feur verzeeret auch das Brandopffer/ Vnd wie Moſes geſagt hatte/ das ſein opffer ſey vom feur verzeeret worden/ vnd nicht geeſſen/ Alſo hat Salomo auch acht tage geopffert.

13 Das alles findet man jnn den Schrifften/ die zu Nehemias zeiten geſchrieben ſind/ vnd gleich wie er der Könige/ Propheten/ vnd Dauids bücher/ vnd die briue der Könige von den opffern wider zuſamen geſucht/ vnd eine Libarey zugericht hat. 14 Alſo hat Judas auch gethan/ vnd was fur bücher/ weil krieg im lande geweſen ſind/ verfallen/ wider zuſamen bracht/ Vnd wir haben ſie hie/ wolt jr ſie nu leſen/ ſo laſſets bey vns holen.

16 Die weil wir nu ſolchs Feſt begehen wollen/ haben wirs euch wollen ſchreiben/ Denn es gebürt euch/ das jrs auch haltet/ Wir hoffen aber zu Gott/ das der HERR/ der ſeinem volck hilfft/ vnd das Erbe vns wider gibt/ nemlich/ das Reich vnd das Prieſterthum/ 18 wie ers im Geſetze verheiſſen hat/ werde ſich vnſer balde erbarmen/ vnd werde vns aus der weiten welt/ an den heiligen ort/ wider zuſamen bringen/ wie er vns bereit aus groſſem vnglück errettet/ vnd den ort gereiniget hat.

20 Die Hiſtorien aber von Juda dem Maccabeer vnd ſeinen Brüdern/ vnd von der reinigung des Hohen prieſters/ vnd wie man den Altar geweihet hat/ vnd von dem Krieg wider den Antiochum den Edlen/ vnd ſeinen ſon Eupator/ vnd von den zeichen von himel/ die denen/ ſo das Jüdenthum redlich beſchützet haben/ geoffenbaret ſind/ Das jr ſo ein kleiner hauffe/ das gantze land geplundert/ vnd eine groſſe menige der Heiden jnn die flucht geſchlagen/ vnd jnen nach geeilet haben/ Vnd weiter von dem Tempel/ wie man jn wider bawet/ wie man ſchon allenthalben dauon weis/ vnd die Stad jre

P ij   freiheit

Das Ander Buch

freiheit wider erlangt habe/das alle ander Gesetz auffgehaben/vnd allein des HERRN gehalten sol werden/welcher vns jtzt wol wil vnd gnedig ist. Dis vnd anders mehr/das Jason jnn funff büchern verzeichnet/gedencken wir hie auff das kurtzest zu samen zu zihen/ 25 Denn wir sehen/wie die zal jnn einander geworffen ist/das es schweer wil sein/die Historien/weil sie also auff einem hauffen ligen/recht zu fassen. Darumb haben wirs also machen wollen/das mans gerne lese vnd leichter behalten könne/vnd jederman müge nützlich sein.

27 Vnd zwar/wir mercken/das vns eben schweer wil werden/das wir vns der mühe vnterstanden haben/Denn es gehört viel erbeit vnd grosser vleis dazu/gleich wie es on erbeit nicht zu gehet/der eine malzeit zurichten vnd den gesten gütlich thun wil/Dennoch wollen wir dasselb nicht ansehen/vnd diese mühe/den andern damit zu dienen/ gern auff vns nemen. Jnn den Historien an jnen selbs/wollen wir nichts endern/sondern bleiben lassen/wie sie vorhin geschrieben sind/ on das wirs kürtzer wollen zusamen zihen. Vnd gleich wie ein Zimmerman/wenn er ein newes haus bawet/nicht weiter denckt/denn das ers also mache/das es einen bestand habe/Wie man es aber malen vnd schmücken sol/da lesst er einen andern fur sorgen. Also wollen wir auch thun/vnd den/der zum ersten die Historien geschrieben hat/ dafur sorgen lassen/wie ers alles gered vnd alle stück mit vleis durch erbeitet habe/Wir wollen aber nicht mehr thun/denn auffs kürtzest die summa fassen. Vnd wollen nu zu der Historien greiffen/vnd dis also zum eingang gesagt haben/das nicht die Vorrede grösser werde/ denn die gantze Historia.

III.

Es man nu wider jnn gutem friden zu Jerusalem wonete/vnd das Gesetz fein jnn einem schwang gieng/weil der Hohe priester Onias so from war/vnd so vleissig darüber hielt/worden auch die Könige beweget/die Stad zu ehren/vnd schickten herrliche geschencke jnn den Tempel/Also das Seleucus der König jnn Asia/ aus seinen Emptern verordnen lies/allen kosten/so man zum Opffer bedurfft.

4 Nu war dazumal ein Vogt des Tempels/der hies Simon ein Beniamiter/der war dem Hohen priester feind/das er jm seins mutwillen jnn der Stad nicht gestatten wolt/Weil jm aber Onias zu mechtig war/zog er zu dem Apollonio/des Thrasei son dem Heubtman jnn nider Syria vnd Phenice/Vnd sagt jm/wie der Gottes kasten zu Jerusalem/vber die massen reich von geld were/vnd seer viel vberig/das man nicht bedurfft zum Opffer/vnd der König möcht es wol zu sich nemen.

7 Da nu Apollonius zum Könige kam/sagt er jm an/was jm Simon vom gelde angezeigt hatte/Da verordnet der König Heliodorum seinen Kemerer/vnd gab jm befehl/er solt dasselb geld bringen/ 8 Heliodorus macht sich bald auff/vnd wendet fur/er müste rent einnemen jnn nider Syria vnd Phenice/Seine meinung aber war/das er des Königs befehl wolt ausrichten. 9 Als er nu gen Jerusalem kam/ vnd der

Maccabeorum.

vnd der Hohe priester jn freundlich empfangen hatte/ erzelet er jm/ was jn sein Herr bericht/ vnd warumb er da were/ vnd fragt/ ob es also were/ oder nicht.

10 Da antwortet jm der Hohe priester/ Es ist ein teil hinder vns gelegt zu trewer hand/ das Widwen vnd Waisen gehört/ das ander ist des Tobias Hircani/ welchs ein trefflicher man war/ Vnd helt sich gar nicht also/ wie der Verrheter Simon gesagt hat/ Denn es sind nicht mehr denn vier hundert Centner silbers/ vnd zwey hundert Centner golds/ So were es ein grosser freuel/ das man es so hin weg neme/ vnd die so das jre vertrawet haben dem heiligen Tempel/ der jnn aller welt so hoch geehret vnd gefreiet ist/ solt vmb das jre betriegen. 13 Aber Heliodorus bestund auff dem befehl des Königs/ er müste es zu sich nemen/ vnd kam auff einen bestimpten tag jnn den Tempel/ vnd wolts besehen.

Da erhub sich ein grosser jamer durch die gantze Stad/ die Priester lagen jnn jrem heiligen schmuck fur dem Altar/ vnd rieffen Gott im himel an/ der selbs geboten hat/ das man die beylage nicht sol veruntrewen/ das er den leuten das jre/ so sie an den ort zu trewen henden bey gelegt hatten/ wolt erhalten. Der Hohe priester aber stellet sich so jemerlich/ das jn niemand/ on grosses mitleiden/ ansehen kundte/ Denn man sahe es jm an/ weil er sich so im angesicht entferbet hatte/ das er jnn grossen engsten war/ Denn er war so gar erschrocken/ das er aller zitterte/ Daraus man leichtlich spuren kundte/ wie vbel jm zu sinn war/ Die leute aber hin vnd wider jnn heusern lieffen zu samen/ vnd beteten mit einander/ weil sie sahen/ das der Tempel jnn verachtung solt komen/ Vnd die weiber legten secke an/ lieffen auff den gassen vmb/ vnd die jungfrawen/ so sonst nicht vnter die leute giengen/ lieffen vnter die thor/ vnd auff die mauren/ Etliche lagen jnn den fenstern/ vnd huben alle jre hende auff gen himel/ vnd beteten/ Es war beides erbermlich/ das das volck vnter einander so gar erschrocken/ vnd der Hohe priester so engstig war.

22 Vnd weil sie also den Allmechtigen Gott anrieffen/ das er das gut deren/ so es dahin bey gelegt hatten/ erhalten wolt/ gedacht Heliodorus sein furnemen auszurichten/ Vnd wie er bey dem Gottes kasten stehet/ mit kriegs knechten/ da thet der Allmechtig Gott ein gros zeichen/ Das er vnd so vmb jn waren/ sich fur der macht Gottes entsatzten/ vnd jnn ein grosse forcht vnd schrecken fielen/ Denn sie sahen ein pferd/ das wol geschmuckt war/ darauff sas ein erschrecklicher Reuter/ Das rennet mit aller macht auff den Heliodorum zu/ vnd sties jn mit den fördern zweien füssen/ Vnd der Reuter auff dem pferd/ hatte einen gantzen gülden harnisch an/ Sie sahen auch zween junge gesellen/ die starck vnd schon waren/ vnd seer wol gekleidet/ die stunden dem Heliodoro zu beiden seiten/ vnd schlugen getrost auff jn/ 27 das er fur onmacht zur erden sanck/ vnd jm das gesicht vergieng/ 28 Da namen sie jn/ der newlich mit grosser pracht/ vnd alle seinen kriegs knechten jnn die Schatz kamer gegangen war/ vnd trugen jn auff einem stuel dauon/ vnd seine gewalt hulff jn gar nichts/ das man offentlich die krafft des HERRN mercken muste/ Vnd er lag also fur tod vnd redet kein wort/ 30 Die Jüden aber lobten Gott/ das er seinen

P iij   Tempel

Das Ander Buch

Tempel so geehret hatte/vnd der Tempel/der zuuor vol furcht vnd schrecken gewest war/ward vol freude vnd wonne nach diesem zeichen des Allmechtigen Gottes.

31 Aber etliche der Heliodori freunde kamen vnd baten Oniam/das er doch den HERRN bitten wolt/das er dem Heliodoro/der jtzt jnn letzten zügen lag/das leben wolt schencken/ Weil sich aber der Hohe priester besorget/der König würde einen argwan auff die Jüden haben/als hetten sie dem Heliodoro etwas gethan/opffert er fur jn/ das er gesund wurde/ Vnd weil er betet/erschienen die zween jungen gesellen wider/jnn jrer vorigen kleidung/vnd sagten zum Heliodoro/Dancke dem Hohen priester Onia vleissig/Denn vmb seinen willen/hat dir der HERR das leben geschencket/ Vnd verkündige allenthalben die grosse krafft des HERRN/ weil du von himel herab gesteupt bist/Vnd da sie dis gered hatten/verschwunden sie.

35 Heliodorus aber opfferte dem HERRN vnd gelobete jm viel/ das er jm das leben wider gegeben hatte/Vnd danckte dem Onia/ vnd reisete darnach wider zum Könige/ vnd sagte jederman/wie er mit seinen augen/die werck des Höhesten Gottes gesehen hette. Als jn aber der König fragte/wen er meinet/den er gen Jerusalem schicken kündte/der etwas ausrichtet/Antwort jm Heliodorus/ Wenn du einen Feind hast/oder einen/der dich aus dem Reich gedenckt zu stossen/den schicke hin/wenn der selb also gesteupt wird/wie ich/vnd mit dem leben dauon kompt/so magstu jn wol wider annemen/ Denn es ist Gott krefftiglich an dem ort/vnd der seine wonung im himel hat/sihet darauff vnd rettet jn/vnd die jn beschedigen wöllen/straffe er vnd schlegt sie zu tod. 40 Dis sey gnug von der Schatzkamer vnd Heliodoro.

IIII.

1 Simon aber der den Schatz vnd sein Vaterland so verraten hatte/ redet dem Onia vbel nach/ wie er solch vnglück gestifftet/ das Heliodoro widerfaren war/ vnd gab jm schuld/ das er trachtet Herr im land zu werden/ so er doch der Stad alles guts thet/vnd sein volck mit trewen meinete/vnd feste hielt vber Gottes gebot/ Da nu der Hass vnd Neid so gros war/das des Simons anhang etliche drob erwürgten/Vnd Onias sahe/das viel vnrat aus solcher vneinigkeit komen würde/weil Apollonius der Heubtman jnn nider Syria also wütet/vnd des Simon mutwillen sterckete/macht er sich auff zum Könige/nicht sein volck zuuerklagen/sondern landen vnd leuten zu gut/ Denn er sahe/wenn der König nicht würde dazu thun/so were es nicht müglich/jnn die leng Fride zu erhalten/noch Simonis mutwillen zu stewren.

7 Da aber Seleucus gestorben war/vnd das Regiment auff Antiochum den Edelen kam/stund Jason des Onias Bruder nach

dem

Maccabeorum. LXXXVII.

dem Hohen priester ampt / vnd verhies dem Könige / wenn ers zu wegen brechte / drey hundert vnd sechzig Centner silbers / vnd von anderm einkomen / achtzig Centner / Vnd vber das verhies er jm auch sonst zuuerschreiben / hundert vnd funffzig Centner / wenn man jn zulassen wolt / das er Spielheuser da anrichten möchte / vnd die zu Jerusalem nach der Antiocher weise zihen. Da solches der König willigt / vnd er das Priesterthum kriegte / da gewenete er also balde seine leute auff der Heiden sitten / vnd die guten löbliche sitten / von den alten Königen geordnet / thet er gar abe / durch Johannem des Eupolemj vater / welcher gen Rom geschickt war / mit den Römern einen Bund zu machen / vnd tilgete die alten ehrlichen Gesetze ab / vnd richtet andere vnehrliche weise an. Vnter der Burg bawete er ein Spielhaus / vnd verordnete / das sich die sterckesten jungen gesellen darinn vben musten. Vnd das Heidnische wesen nam also vberhand / das die Priester des opffern noch des Tempels nicht mehr achteten / Sondern lieffen inn das Spielhaus vnd sahen / wie man den pallen schlug / vnd ander spiel treib. Vnd liessen also jrer Veter sitten faren / vnd hielten die Heidnische fur köstlich. Sie mustens auch wol bezalen / Vnd denen sie solche spiel wolten nach thun / die schickte Gott vber sie / vnd musten sie straffen / Denn es ist mit Gottes wort nicht zu schertzen / es findet sich doch zu letzt.

18 Da man nu das grosse spiel zu Tyro hielt / vnd der König selbs dabey war / schicket der Böswicht Jason etliche Antiochener / als weren sie von Jerusalem / das sie das spiel auch besehen / vnd schicket bey jnen drey hundert Drachmas / das man dem Herculi dauon opfferte / Aber denen es befolhen war / die sahen / das es sich nicht schicken würde / vnd woltens nicht dazu brauchen / sondern an etwas anders wenden. Darumb / ob ers gleich zu des Hercules opffer gesendet hatte / bestelten sie doch schiff rüstung dafur.

21 Nach dem aber Ptolemeus Philometor der junge König inn Egypten seinen ersten Reichstag ausgeschrieben hatte / da schicket Antiochus den Apollonium des Mnesthei son auff den selbigen Reichstag inn Egypten / Da er aber vernam / das man jn nicht haben wolt zum Furmünden / zog er wider zu rück / vnd gedacht / wie er sein Reich im friden erhalten möchte / vnd kam gen Joppen / vnd von dannen gen Jerusalem / vnd ward von Jason vnd der gantzen Stad herrlich empfangen / vnd eingeleitet mit fackeln vnd grossen Triumph / Darnach reisete er wider inn Phenicen.

23 Aber nach dreien jaren schicket Jason Menelaum des obgedachten Simons Bruder / das er dem Könige geld brechte / vnd jn etlicher nötiger sachen halb erinnerte / vnd da er bey dem Könige jnn gnaden kam / heuchlete er jm / vnd brachte das Hohe priesterthum an sich / vnd gab dem Könige drey hundert Centner silbers mehr denn Jason / vnd kam also mit des Königs befehl wider gen Jerusalem / vnd handlete nicht / wie ein Hoher priester / sondern wie ein wütiger Tyran / vnd wie ein grausam wildes Thier.

Also ward

Das Ander Buch

26 Also ward Jason/der seinen Bruder von seinem ampt abgestossen hatte/wider durch einen andern dauon gestossen/vnd must jnn der Amoriter land fliehen/Vnd Menelaus behielt das Regiment/Da er aber das geld/das er dem Könige versprochen hatte/nicht kundte ausrichten/vnd da es Sostratus der Heubtman jnn der Burg/von jm foddert/wie jm der König befolhen hatte/Lies sie der König beide fur sich laden/vnd satzt den Menelaum abe/vnd verordnet desselben Bruder Lysimachum an seine stat/vnd Sostratum setzet er zum Amptman jnn Cypern.

30 Da es nu also bestellet ware/richteten die Tharser vnd Malloter eine Auffrur an/darumb das sie der König seinem kebs weibe geschenckt hatte/Da machte sich der König eilends auff/das er den Auffrur stillete/vnd lies hinder jm den Fürsten Andronicum zum Stathalter/Da das Menelaus innen ward/gedacht er/das er gelegenheit hette/das er widerumb zu seinem alten stand komen kündte/vnd stal etliche gülden kleinot aus dem Tempel/vnd schenckets dem Andronico/vnd verkauffet etlichs gen Tyro/vnd jnn andere vmbligende stedte.

33 Da das Onias erfur/begab er sich an einen befreieten ort zu Daphne/das fur Antiochia ligt/vnd straffet jn/Aber Menelaus kam zum Andronico alleine/vnd ermanet jn/das er Oniam fahen solt/Das thet er/vnd gieng zu jm/vnd beredet jn mit listen/gab jm auch seine hand/vnd den eid darauff/das er aus der freiheit zu jm kam/Denn er wuste/das sich Onias nichts guts zu jm versahe/Vnd da er jn also vberred hatte/erstach er jn wider alles Recht/Das thet nicht allein den Jüden wehe/sondern verdros auch viel Heiden/das er den fromen man so vmbgebracht hatte.

36 Da nu der König alle sachen jnn Cilicia verrichtet hatte/vnd wider heim reisete/lieffen jn die Jüden jnn allen stedten an/vnd auch etliche Heiden vnd klagten jm/das Onias vnschüldiglich ermordet were/Vnd Antiochus bekümert sich hertzlich darumb/vnd jamerte jn/das der frome erbar man so jemerlich war vmbkomen/Vnd ergrimmet vber den Andronicum/vnd lies jm das purpur kleid/sampt dem andern schmuck/abziehen/vnd jn also jnn der gantzen Stad vmb her füren/vnd zu letzt richten an dem ort/da er Oniam erstochen hatte/Also hat jn Gott nach seinem verdienst wider gestraffet.

39 Als aber Lysimachus/aus rat seines bruders Menelai/viel aus dem Tempel gestolen hatte/vnd das geschrey vnter die leute komen war/samlete sich die Gemeine wider Lysimachum/da der gülden kleinot schon viel hinweg komen waren/Da sich nu die Gemeine gesamlet/vnd seer zornig war/rüstet Lysimachus drey tausent man/vnd wolt sich mit gewalt schützen/vnd setzet vber sie einen alten listigen Heubtman/Da dis die Bürger sahen/namen etliche stein/etliche starcke stangen/etliche worffen sie mit asschen vnter die augen/das jr also viel wund worden/vnd etliche gar zu poden geschlagen/die andern alle dauon lieffen/Vnd den Kirchen reuber fiengen sie bey der schatz kamer.

Darnach

Maccabeorum. LXXXVIII.

43 Darnach namen sie jn mit recht fur / vnd weil der König gen Tyro komen war / liessen jr drey des Rats gesandten den handel fur jn gelangen / das er darinn solt vrteil sprechen. Als aber Menelaus vberwisen ward / verhies er dem Ptolemeo viel gelds / wenn er jn beim König möcht ausbitten. Da gieng Ptolemeus allein zum Könige jnn seinen saal / da er sich jnne kület / vnd beredet den König / das er Menelaum / der alles vnglück angericht hatte / los lies / vnd die armen leute zum tod verurteilet / die doch auch bey Tattern vnschüldig erfunden vnd erkennet weren worden / vnd die so des volcks vnd des Tempels sachen auff das trewlichst gehandelt hatten / worden also vnschüldiglich erwürget. Das thet etlichen zu Tyro wehe / liessen sie ehrlich zur erden bestatten. Menelaus aber bleib beim Ampt / aus hülffe etlicher gewaltigen am Hofe / die sein genossen / vnd ward jhe lenger jhe erger / vnd leget den Bürgern alles vnglück an.

V.

Mb die selbige zeit zog Antiochus zum andern mal jnn Egypten / Man sahe aber durch die gantze Stad / vierzig tag nach einander jnn der lufft / Reuter jnn güldem harnisch / mit langen spiessen jnn einer schlacht ordnung / vnd man sahe / wie sie mit einander traffen / vnd mit den schilden vnd mit den spiessen sich wehreten / vnd wie sie die schwert zuckten / vnd auff einander schossen / vnd wie der gülden zeug schimmeret / vnd wie sie mancherley harnisch hatten. Da betet jederman / das es ja nichts böses bedeuten solt.

5 Aber es kam ein erlogen geschrey aus / wie Antiochus solt tod sein / Da nam Jason bey tausent man zu sich / vnd greiff vnuersehens die Stad an / vnd als er die mauren mit den seinen erstiegen / vnd die Stad erobert hatte / floch Menelaus auff die Burg / Jason aber würget seine Bürger jemerlich / vnd gedachte nicht / weil es jm so gelücket wider seine freunde / das es sein grosses vnglück were / sondern lies sich duncken / er sieget wider seine feinde / vnd sieget wider seine Bürger / Er kundte aber gleich wol das Regiment nicht erobern / sondern krieget seinen lohn / wie er verdienet hatte / vnd floch mit schanden / wider jnn der Amoriter land / Da ward er zu letzt verklaget / fur Aretha der Araber König / das er von einer Stad jnn die andern fliehen muste / vnd nirgend sicher war / vnd jm jederman feind war / als einem / der von seinem Gesetz abtrünnig war / vnd jederman verflucht jn / als einen Verrheter vnd Feind seines vaterlands / Vnd ist also jnn Egypten verstossen worden. Vnd wie er viel leute aus jrem vaterland vertrieben hatte / so muste er auch selbs im elend sterben / zu Lacedemon / da er verhoffte einen auffenthalt zu finden / weil sie mit einander gefreund waren / Aber wie er viel vnbegraben hin geworffen hat / so ist er auch hin gestorben / das niemand vmb jn leid getragen / vnd hat nicht allein nicht glück gehabt / das er jnn seinem vaterland were begraben worden / sondern hat auch jnn der frembde kein grab haben mögen.

Als dem

Das Ander Buch

11 Als dem Könige solches furkam / gedacht er / gantz Judea würde von jm abfallen / vnd zog jnn einem grim aus Egypten / vnd nam Jerusalem mit gewalt ein / vnd hies die kriegesknechte erschlahen / on alle barmhertzigkeit / was sie funden / auff der gassen vnd jnn heusern / 13 Da würget man durch einander jung vnd alt / man vnd weib / kinder vnd jungfrawen / ja auch die kinder jnn der wiegen / 14 Das also jnn dreien tagen / achzig tausent vmbkamen / vierzig tausent gefangen / vnd bey achzig tausent verkaufft wurden.

15 Aber Antiochus lies jm an diesem nicht genügen / sondern greiff auch die heiligste stet auff erden an / Vnd Menelaus der Verrheter fürete jn hinein / 16 da raubet er mit seinen verfluchten henden / die heiligen gefess / vnd alles was die andern Könige zum Tempel gegeben hatten / zum schmuck vnd zierde / das raffet er mit seinen sündigen henden hinweg / vnd vberhub sich seer / Vnd sahe nicht / das der HERR solchs verhenget / vber die jnn der Stad waren / vmb jrer sunden willen.

Das war die vrsache / das Gott die heilige stete / so schendlich zurichten lies / sonst solts dem Antiocho eben gangen sein / wie dem Heliodoro / der vom Könige Seleuco gesand war / die schatzkamer zu besichtigen / vnd ward wol drob zerschlagen / das er muste von seinem freueln furnemen abstehen / Denn Gott hat das volck nicht ausserwelet / vmb der stete willen / sondern die stete vmb des volcks willen / Darumb muste sich der heilige Tempel auch mit leiden / da das volck gestrafft ward / wie er auch widerumb des volcks genos / Denn wie der Tempel von den feinden eingenomen ward / da der HERR zürnet / Also ist er wider zu ehren vnd zu recht komen / da der HERR jnen wider gnedig ward.

21 Die Summa aber alles was Antiochus aus dem Tempel geraubet hat / sind achtzehen hundert Centner silbers / die nam er mit sich / vnd zog flugs gen Antiochia / mit einem solchen stoltz vnd hoffart / das er gedacht / er wolt nu die erden machen / das man darauff schiffte / wie auff dem meer / vnd das meer / das man darauff wandelet / wie auff der erden / vnd lies hinter jm zu Jerusalem etliche Amptleute / böse buben / Philippum aus Phrygia / der noch erger vnd wilder war / denn sein Herr / Zu Garizim Andronicum / vnd neben den beiden Menelaum / welcher vber die andern alle war / das er sein eigen volck so plaget.

24 Weil aber Antiochus den Jüden so gar feind war / schickte er jnen den schendlichen buben Apollonium / mit zwey vnd zwenzig tausent man ins land / vnd gebot jm / er solt alle erwachsene menner erwürgen / die weiber aber vnd das junge volck / verkeuffen. 25 Als er nu fur Jerusalem kam / stellet er sich fridlich / bis auff den Sabbath tag / da die Jüden an feiren / Da gebot er flugs seinen leuten / sie solten sich rüsten / 26 Als nu jederman zu lieff / vnd sehen wolte / was da werden würde / lies er sie alle erstechen / vnd kam also mit dem gantzen zeug jnn die Stad / vnd erschlug eine grosse menge.

Aber Judas

Maccabeorum. LXXXIX.

27 Aber Judas Maccabeus machte sich dauon mit neun Brüdern jnn die wildnis vnd das gebirge / vnd enthielt sich da / mit allen / so sich zu jm geschlagen hatten / von den kreutern / das er nicht müste vnter den vnreinen Heiden leben.

VI.

Nicht lange darnach / sandte der König einen alten man von Antiochia / das er die Jüden zwingen solte / das sie von jrer Veter Gesetz abfielen vnd Gottes Gesetz nicht mehr halten / vnd das er den Tempel zu Jerusalem solt verunreinen / vnd jn heissen des Jonis Olimpii Kirchen / vnd den Tempel zu Garizim / des Jonis Xenii Kirchen / die weil frembde leute da selbs woneten /3 Aber solch wüste wesen thet jederman seer wehe / Denn die Heiden schwelgeten vnd prasseten im Tempel / vnd trieben allerley vnzucht mit den weibern an der heiligen stet / vnd trugen viel hinein / das sich nicht gebüret /5 Man opffert auff dem Altar verbotene opffer im Gesetz /6 vnd hielt weder Sabbath noch andere gewönliche Feier / vnd dorfft sich gar niemand mercken lassen / das er ein Jüde were /7 sondern man treib sie mit gewalt / alle monden zum Opffer / wenn des Königs geburts tag war / Wenn man aber des Bachi Fest begieng / da zwang man die Jüden / das sie jnn krentzen von ephau / dem Bacho zu ehren / einher gehen musten.

8 Man hatte auch aus des Ptolemei angeben / ein gebot lassen ausgehen / an die stedte der Heiden / die vmb Jerusalem waren / das sie die Jüden allenthalben zum opffer zwingen solten / 9 vnd so etliche darauff bestunden / das sie es nicht mit den Heiden halten wolten / die solt man flugs erstechen / Da sahe man einen grossen jamer /10 Zwo frawen wurden fürgefurt / das sie jre söne beschnitten hatten / Den band man die kindlin an die brust / vnd füret sie herumb durch die gantze Stad / vnd wurffen sie zu letzt vber die maur hinab 11 Etliche hatten sich jnn der nehe verkrochen jnn die löcher / das sie den Sabbath halten möchten / Die selben / als es Philippo angezeiget ward / verbrennet man / Denn sie wolten sich nicht wehren / das sie sich am Sabbath nicht vergriffen.

12 Ich mus aber hie den Leser vermanen / das er sich nicht ergere vber diesem jamer / sondern gedencke / das jnen die straffe nicht zum verderben / sondern vns zur warnung widerfaren sey 13 Denn das ist eine grosse gnade / das Gott den sundern stewret / das sie nicht fortfaren / vnd ist balde hinder jnen her mit der straffe 14 Denn vnser HERR Gott / sihet vns nicht so lang zu / als den andern Heiden / die er lesse hingehen / bis sie jre mas der sunden erfüllet haben / das er sie darnach straffe / sondern wehret vns / das wirs nicht zu viel machen / vnd er zu letzt sich nicht an vns rechen müsse 15 Derhalben hat er seine barm-

hertzigkeit

Das Ander Buch

hertzigkeit noch nie von vns gar genomen/vnd ob er vns mit einem vnglück gezüchtiget hat/hat er dennoch sein volck nicht gar verlassen/

16 Dis habe ich zu einer ermanung hie sagen wollen/Nu wollen wir wider auff die Historien komen.

18 Es war der furnemesten Schrifftgelerten einer Eleasar/ein betagter vnd doch seer schöner man/dem selben sperreten sie mit gewalt den mund auff/das er solt schweinen fleisch essen/Aber er wolt lieber ehrlich sterben/denn so schendlich leben/vnd leid es gedültig/Vnd da er zur marter gieng/straffet er die/so verboten fleisch assen/aus liebe des zeitlichen lebens/Die nu verordnet waren/das sie die leute zum schweinen fleisch/wider das Gesetz/dringen solten/weil sie jn ein so lange zeit gekennet hatten/namen sie jn auff einen ort/vnd sagten/sie wolten jm fleisch bringen/das er wol essen dürffte/er solt sich aber stellen/als were es geopffert schweine fleisch/vnd solts dem Könige zu lieb essen/das er also beim leben bliebe/vnd der alten kundschafft genösse/Aber er bedachte sich also/wie es denn seinem grossen alter vnd eisgrawen kopff/auch seinem guten wandel/den er von jugent auff gefurt hatte/vnd dem heiligen Göttlichen Gesetz/gemes war/Vnd sagt dürre heraus/Schickt mich jmer vnter die erden hin ins grabe/Denn es wil meinem alter vbel anstehen/das ich auch so heuchle/das die jugent gedencken mus/Eleasar/der nu neunzig jar alt ist/sey auch zum Heiden worden/vnd sie also durch meine heucheley verfüret werden/das ich mich so fur den leuten stelle/vnd mein leben/so eine kleine zeit/die ich noch zu leben habe/also friste/das were mir eine ewige schande/Vnd zwar/was habe ich dauon/wenn ich schon jtzt der menschen straffe also entflühe/weil ich Gottes hende/ich sey lebendig oder tod/nicht entflihen mag? Darumb wil ich jtzt frölich sterben/wie es mir alten man wol anstehet/vnd der jugent ein gut Exempel hinder mir lassen/das sie willig vnd getrost/vmb das Herrliche/Heilige Gesetzs willen sterben.

29 Da er diese wort also gered hatte/bracht man jn an die marter/Die jn aber füreten vnd jm zuuor freundlich gewesen waren/ergrimmeten vber jn/vmb solcher wort willen/Denn sie meineten/er hetts aus eim trotz gesagt/Als sie jn aber geschlagen hatten/das er jtzt sterben solt/seufftzet er/vnd sprach/Der HERR/dem nichts verborgen ist/der weis es/das ich die schlege vnd grossen schmertzen/den ich an meinem leibe trage/wol hette mögen vmbgehen/wo ich gewolt hette/Aber der seele nach/leide ichs gerne/vmb Gottes willen/Vnd ist also verschieden/vnd hat mit seinem tod ein tröstlich Exempel hinder sich gelassen/das nicht allein die jugent/sondern jederman zur tugent ermanen sol.

VII.

ES wurden auch sieben Brüder sampt jrer mutter gefangen/vnd mit geisseln vnd riemen gesteupt/vnd gedrungen vom Könige/das sie solten schweinen fleisch essen/das jnen im Gesetz verboten war/Da sagt der eltest vnter jnen/also/Was wiltu viel fragen/vnd von vns wissen/Wir wollen ehe sterben/denn etwas wider vnser Veterlich Gesetz handeln/Da ergrimmet der König/vnd gebot/man solt ei

solt eilends pfannen vnd kessel vber das feur setzen. 4Da man das
gethan hatte/ gebot er/ man solt dem Eltesten die zungen ausschneit
ten/ vnd hende vnd füsse abhawen/ das die andern Brüder vnd die
Mutter solten zu sehen/ 5Als er nu so zu stümpelt war/ lies er jn zum
feur füren/ vnd jnn der pfannen braten/ Vnd da die lohe allenthalz
ben jnn die pfannen schlug/ ermaneten sie sich vnternander/ sampt
der Mutter/ das sie vnuerzagt stürben/ vnd sprachen/ 6Gott der
HERR wird das Recht ansehen vnd vns gnedig sein/ wie Moses
zeuget jnn seinem gesang/ Vnd er ist seinen Knechten gnedig.

Deut. 32.

7 Als der erste so verschieden war/ füret man den andern auch
hin/ das sie jren mutwillen mit jm trieben/ vnd zogen jm haut vnd
har ab/ Vnd frageten jn/ ob er Sew fleisch essen wolt/ oder den
gantzen leib mit allen gliedern martern lassen/ 8Er aber antwort
auff seine sprach/ vnd sagte/ Ich wils nicht thun/ 9Da namen sie
jn vnd marterten jn/ wie den ersten/ Als er nu jtzt jnn letzten zu
gen lag/ sprach er/ Du verfluchter mensch/ du nimpst mir wol
das zeitliche leben/ aber der HERR aller welt/ wird vns/ die
wir vmb seines Gesetzs willen sterben/ aufferwecken zu einem ewi
gen leben.

10 Darnach namen sie den dritten/ vnd trieben auch jren mut
willen mit jm/ vnd da sie es von jm fodderten/ recket er die zungen
frey eraus/ vnd strecket die hende dar/ vnd sprach getrost/ 11Diese glied
massen hat mir Gott von himel geben/ darumb wil ich sie gerne
faren lassen/ vmb seines Gesetzes willen/ denn ich hoffe/ er wer
de mirs wol wider geben. 12Der König aber vnd seine Diener ver
wunderten sich/ das der Jüngling so freidig war/ vnd die Mut
ter so gar nichts achtet.

13 Da dieser auch tod war/ peinigeten sie den vierden auch/ vnd
geisselten jn/ 14Da er aber jtzt sterben wolt/ sprach er/ Das ist ein
grosser trost/ das wir hoffen/ wenn vns die menschen erwürgen/
das vns Gott wird wider aufferwecken/ Du aber wirst nicht auff
erweckt werden zum leben.

15 Darnach namen sie den funfften/ vnd geisselten jn auch/ Der
sahe Antiochum an/ vnd sprach zu jm/ 16Du bist ein mensch vnd
must sterben/ weil du aber gewaltig auff erden bist/ so thustu was
du wilt/ Das solt du aber nicht jnn sinn nemen/ das vns Gott gar
verlassen habe/ 17Verzeuch eine kleine weile/ so solt du erfaren/ wie me
chtig Gott ist/ der dich vnd dein geschlecht plagen wird.

18 Nach diesem füreten sie den sechsten auch erzu/ der selbige
saget auch/ da er jtzt sterben solt/ Du wirst mich nicht so betrie
gen/ denn wir haben dis leiden wol verdienet/ darumb das wir
vns an vnserm Gott versündiget haben/ vnd er handlet schrecklich
mit vns/ 19Aber es wird dir nicht so hin gehen/ das du also wider
Gott tobest.

Q   Es war

Das Ander Buch

20 Es war aber ein grosses wunder an der Mutter/ vnd ist ein Exempel/ das wol werd ist/ das mans von jr schreibe/ Denn sie sahe jre söne alle sieben auff einen tag nach einander martern/ vnd leid es mit grosser gedult/ vmb der hoffnung willen/ die sie zu Gott hatte. 21 Das machet sie mütig/ das sie einen son nach dem andern auff jre sprache tröstet/ vnd fasset ein menlich hertz/ vnd sprach zu jnen/ 22 Ich bin ja ewre mutter/ vnd habe euch geborn/ Aber dem odem vnd das leben habe ich euch nicht gegeben/ noch ewre glidmas also gemachet. 23 Darumb so wird der/ der die welt vnd alle menschen geschaffen hat/ euch den odem vnd das leben gnediglich wider geben/ wie jrs jtzt vmb seines Gesetzs willen waget vnd faren lasset.

24 Da Antiochus dis höret/ meinet er/ sie verachtet vnd schmehet jn auff jre sprache/ vnd nam den jüngsten son fur sich/ der noch vbrig war/ vnd vermanet jn mit guten worten/ vnd geredet jm mit einem eide/ wenn er von seinem Veterlichen Gesetze abtretten wolt/ so solt er einen gnedigen Herrn an jm haben/ vnd wolt jn reich vnd einen herrn aus jm machen.

25 Da er sich aber nicht bereden wolt lassen/ lies der König die Mutter fur sich komen/ vnd vermanet sie/ sie wolte doch den son dahin bereden/ das er bey dem leben erhalten würde. 26 Da er sie mit viel worten gebeten hatte/ sagt sie jm zu/ sie wolte es thun. 27 Aber sie spottet nur des Tyrannen/ Denn sie gieng zum sone/ vnd redet heimlich auff jre sprache mit jm/ vnd sprach. 28 Du mein liebes kind/ das ich neun monden vnter meinem hertzen getragen/ vnd bey drey jaren gesenget/ vnd mit grosser mühe aufferzogen habe/ erbarme dich doch vber mich/ Sihe an himel vnd erden/ vnd alles was darinn ist/ Dis hat Gott alles aus nichts gemacht/ vnd wir menschen sind auch so gemacht. 29 Darumb fürchte dich nicht fur dem Dencker/ sondern stirb gerne/ wie deine Brüder/ das dich der gnedige Gott/ sampt deinen Brüdern/ wider lebendig mache/ vnd mir wider gebe.

30 Da die mutter noch mit dem son also redet/ sprach der Jüngling/ Warauff harret jr? Gedenckt euch nur nicht/ das ich dem Tyrannen hierinn gehorsam sein wil/ sondern ich wil das Gesetze halten/ das vnsern Vetern durch Mosen gegeben ist/ 31 Du aber/ der du den Jüden alles leid anlegest/ du solt vnserm HERRN Gott nicht entlauffen. 32 Wir leiden vmb vnser sunde willen/ das ist war/ Vnd ob wol der lebendige Gott/ eine weil vber vns zornig ist/ vnd vns straffet vnd züchtiget/ so wird er doch seinen Knechten widerumb gnedig werden. 34 Aber du Gottloser/ verfluchter mensch/ vber hebe dich deiner gewalt nicht zu seer/ vnd trotze nicht auff die eitel hoffnung/ das du die kinder Gottes verfolgest/ 35 Denn du bist dem gericht des Allmechtigen Gottes/ der alle ding sihet/ noch nicht entlauffen. Meine Brüder/ die eine kleine zeit sich haben martern lassen/ die warten jtzt des ewigen lebens/ nach der verheissung Gottes. Du aber solt nach dem vrteil Gottes gestrafft werden/

werden / wie du mit deinem hohmut verdienet hast / Vnd ich wil mein leib vnd leben / vmb meiner Veter Gesetz willen / dahin geben / wie meine Brüder / vnd zu Gott schreien / das er balde seinem volck gnedig werde / Vnd du wirst noch selbs bekennen müssen / durch grosse marter vnd qual / das er allein der rechte Gott sey. 38 Aber Gottes zorn wird an mir vnd meinen Brüdern wenden / welcher billich vber vnser gantzes volck gangen ist.

39 Da dis der König höret / ward er tol vnd töricht / vnd lies jn noch herter martern / denn die andern / Denn es verdros jn / das sie sein noch dazu spotteten. 40 Also ist dieser auch fein dahin gestorben / vnd hat allen seinen trost auff Gott gestellet / 41 Zum letzten ward die Mutter auch hin gerichtet. 42 Dis sey gnug von den Heidnischen opffern / vnd der grausamen marter.

VIII.

1 DEr Judas Maccabeus vnd seine gesellen giengen heimlich hin vnd wider jnn die Flecken / vnd rieffen zu hauff jre Freundschafft / vnd was sonst bey der Jüden glauben blieben war / das er bey sechs tausent man zu hauff bracht. 2 Vnd sie ruffeten Gott an / das er das arme volck / welches von jederman geplagt war / ansehen wolt / vnd sich erbarmen vber den Tempel / welchen die Gottlosen menschen entheiliget hatten / 3 vnd vber die verderbte Stad / die gar wüste ward / vnd das er doch das vnschüldige blut / so zu jm ruffet / hören / vnd der vnschüldigen kindlin / so wider alle recht erstochen wurden / gedencken wolt / vnd die lesterung seines namens rechen.

5 Vnd Maccabeus mit seinem hauffen plagte die Heiden wol / Denn der HERR lies von seinem zorn / vnd ward jnen wider gnedig. 6 Er vberfiel vnuersehens / Stedte vnd Flecken / vnd stecket sie an / vnd nam ein die bequemesten ort / vnd thet den feinden grossen schaden / 7 Am meisten aber treib er das bey nacht / das man weit vnd breit / von seinen thaten sagt.

8 Da aber Philippus sahe / das er jhe lenger jhe stercker ward / weil es jm so glücket / schreib er an Ptolemeum den Heubtman jnn nider Syria vnd Phenice vmb hülffe / denn es lag dem Könige viel daran / 9 Da schicket Ptolomeus seinen besten Freund den Nicanor des Patrocli son / mit zwenzig tausent man / das er die Jüden gar aus rotten solt / vnd gab jm einen Heubtman zu / mit namen Gorgias / welcher ein erfarner Krieger war / 10 Nicanor aber gedacht / er wolt aus den gefangenen Jüden das geld lösen / das der König den Römern jerlich geben muste / nemlich / zwey tausent Centner / 11 Darumb schicket er als bald jnn die stedte am meer
Q ij hin vnd

Das Ander Buch

hin vnd wider / vnd lies ausruffen / wie er die Jüden verkeuffen wolt / neunzig Jüden vmb einen Centner / Denn er gedacht nicht / das jm die straffe von Gott so nahe were.

12 Da nu Judas höret von dem zug / den Nicanor für hatte / hielt er es seinen Jüden für / die bey jm waren / wie ein heer komen würde / 13 Welche nu verzaget waren vnd hatten das vertrawen nicht zu Gott / das er straffen würde / die lieffen dauon vnd flohen / 14 Die andern aber verkaufften alles was sie hatten / vnd baten den HERRN / das er sie ja erlösen wolte / welche der Nicanor verkaufft hatte / ehe er sie gefangen hatte / 15 Vnd wolt ers nicht vmb jren willen thun / das ers doch thet / vmb des Bunds willen / den er mit jren Vetern gemacht hatte / vnd vmb seines herrlichen grossen namens willen / darnach sie genennet sind.

16 Als nu Maccabeus seine leute zu hauff gebracht hatte / bey sechs tausent / vermanet er sie zum ersten / das sie sich nicht entsetzten für den feinden / noch furchten für der grossen menge der Heiden / die sie wider Recht vnd vnbillich plageten / sondern solten sich dapffer wehren / vnd gedencken an die schmach / die sie der Heiligen stete angelegt / vnd wie sie die Stad verhönet vnd geplaget / vnd das Gesetze abgethan hetten / 18 Sie verlassen sich (sprach er) auff jren harnisch / vnd sind vol trotzes. Aber wir verlassen vns auff den Allmechtigen Gott / welcher kan jnn einem augenblick / nicht allein die / so jtzt wider vns zihen / sondern die gantze welt zu boden schlahen.

19 Er erzelet jnen aber auch alle Historien / wie Gott so offt gnediglich jren Vetern geholffen hette / Wie Senacherib mit hundert vnd funff vnd achtzig tausent man jnn einer nacht vmbkomen were / 20 Wie es jnn der Schlacht zu Babilon wider die Galater gegangen ist / wie sie alle jnn grosse not komen sind / acht tausent Jüden / vnd vier tausent Macedonier / wie die Macedonier aus furcht stil gehalten / vnd die acht tausent Jüden / allein mit der hülffe Gottes / hundert vnd zwenzig tausent man erschlagen / vnd gros gut dadurch erlanget haben.

21 Da er jnen mit solchen worten ein hertz gemacht hatte / das sie vmb des Gesetzs vnd jres Vaterlands willen gerne sterben wolten / 22 machet er vier hauffen / vnd ordnet seine Brüder vorn an die spitzen / das sie es füren solten / Nemlich / Simon / Joseph vnd Jonathas / vnd gab einem jeden funffzehen hundert man zu / 23 Darnach lies er Eleazarum das heilige Buch lesen / vnd gab jnen ein zeichen / das jnen Gott helffen würde / vnd zog also forn an der spitzen für den andern her / vnd traff mit dem Nicanor. Aber der Almechtig Gott stund jnen bey / das sie das gantze heer jnn die flucht schlugen / vnd viel wund macheten / vnd bey neun tausent erschlugen / vnd jagten denen nach / die da komen waren / das sie die Jüden keuffen wolten / vnd namen

jnen das

Maccabeorum. XCII.

jnen das geld/Doch musten sie gleich wol wider vmb keren/ denn es war der abend vor dem Sabbath/Das war die vrsache/das sie auffhöreten jhenen nach zu eilen. Darnach plunderten sie vnd namen den harnisch vnd wehre/vnd hielten den Sabbath/vnd lobten vnd preiseten Gott/ der sie auff den tag erhalten/vnd wider angefangen hatte/seine gnade zu erzeigen.

28 Nach dem Sabbath teileten sie den raub aus vnter die armen/ Widwen vnd Waisen/vnd das vbrige behielten sie/fur sich vnd jre kinder/Vnd sie hielten ein gemein gebet/das jnen der barmhertzige Gott/wolt seinen zorn gar abwenden.

30 Darnach thaten sie viel schlachten mit Timotheo vnd Bachide/vnd erschlugen vber zwenzig tausent man/ vnd eroberten die Festungen/ vnd teileten den raub gleich vnter sich/ vnd vnter die vertriebenen Waisen/Widwen vnd Alten. Vnd da sie geplundert hatten/ brachten sie die waffen auff die Festungen/ vnd füreten auch grossen raub gen Jerusalem. Vnd brachten vmb einen Heubtman bey Timotheo/ einen Gottlosen man/ der die Jüden seer geplaget hatte.

IX.

Q.iij   Vmb die

Das Ander Buch

Vmb die selbe zeit muste Antiochus mit schanden aus Persien abzihen / Denn als er gen Persepolin gezogen war / vnd hatte sich da vnterstanden / die Kirche zu plundern / vnd die Stad ein zu nemen / waren die Bürger auff / vnd wehreten sich / vnd trieben den Antiochum zu rück / das er mit schanden muste abzihen.

3 Als er nu zu Ecbathana war / kam es fur jn / wie es Nicanori vnd Timotheo gegangen were / 4 Da ergrimmet er / vnd gedachte die schmach an den Jüden zu rechen / Vnd fuhr tag vnd nacht / das er ja bald hin keme / Denn es treib jn Gottes zorn / das er so frech gered hatte / Als bald er gen Jerusalem keme / so wolt er aus der Stad eine todtengruben machen / Darumb straffet jn der Allmechtige HERR / der Gott Israel / mit einer heimlichen plage / die niemand heilen kundte / Denn als bald er solchs gered hatte / kam jn ein solchs reissen im leib an / vnd so ein grosses krimmen jnn den dermen / das man jm nicht helffen kund.

6 Vnd zwar / es geschach jm eben recht / darumb das er ander leute mit mancherley vnd vor vnerhöreter marter geplaget hatte / Noch lies er von seinem trotz nicht ab / sondern ward noch wütiger / vnd brandte fur bosheit wider die Jüden / vnd eilete / Vnd im rennen fiel er von dem wagen so hart / das jn jnn allen seinen gliedern reiss / Da muste der (so zuuor sich fur grosser hoffart duncken lies / er wolte dem meer gebieten / vnd die berge auff einander setzen) von einem einigen fall sich jnn einer sennften tragen lassen / das frey jederman an jm sahe / die gewalt Gottes / Es wuchsen auch maden aus dem verfluchten leibe / vnd verfaulet mit grossem schmertzen / das gantze stück von seinem leibe fielen / Vnd stanck so vbel / das niemand fur dem stanck bleiben kundte / 10 Vnd der sich vor duncken lies / er rürete an den himel / den kundte niemand tragen / vmb des vnleidlichen stancks willen / Da must er von seinem hohmut ablassen / vnd sich erkennen / weil er von Gott so angegriffen war / vnd die schmertzen jmer grösser wurden.

12 Vnd da er zu letzt den stanck selb nicht mehr erleiden kundte / Da sprach er / Es ist ja recht / das man sich fur Gott demütige / vnd das ein sterblicher mensch nicht so vermessen sey / das er sich duncken lasse / er sey Gott gleich / Vnd der Bösewicht hub an / vnd betet zu dem HERRN / der sich nu nicht mehr vber jn erbarmen wolt / Vnd verhies / das er die heilige Stad / die er zuuor gedacht zuuertilgen / vnd eine todtengruben draus zu machen / frey wolte lassen / Vnd die Jüden die er zuuor nicht werd geacht / das sie solten begraben werden / sondern den vogeln vnd thieren zu fressen geben wolt / die wolte er frey lassen / wie die Bürger zu Athen / Vnd den heiligen Tempel / den er zuuor beraubet hatte / wolt er mit allerley schmuck wider zieren / vnd viel mehr heiliges geretes dahin geben / weder zuuor da gewest were / Vnd was jerlich auff die opffer gienge / das wolte er von seinen eigen renten reichen / 17 Dazu wolte er selbs ein Jüde werden / vnd an allen orten die gewalt Gottes preisen vnd verkündigen.

18 Da aber die kranckheit nicht wolte nachlassen / denn es war Gottes gerechter zorn zu hart vber jn komen / verzweiuelt er an seinem leben / vnd schreib diese demütige schrifft an die Jüden / wie folget.

Antiochus

Maccabeorum. XCIII.

19 Antiochus der König vnd Fürst/ entbeut den fromen Jüden/ seinen grus.

20 So jr sampt ewren kindern frisch vnd gesund seid/vnd gehet euch wol/des danckete ich Gott/Ich aber bin seer kranck.

21 Die weil ich gern wolte einen gemeinen friden erhalten/wie es denn die not foddert/nach dem ich auff der reise aus Persien kranck bin worden/dencke ich gnediglich an ewre trew vnd freundschafft/ 22 wie wol ich hoffe/das es solle besser mit mir werden. Vnd nach dem mein Vater/als er jnn die obern lender zog/macht er einen König nach jm/damit man wuste (wo sich etwa ein vnfal zutrüge/oder sonst vnfride würde) wer Herr sein solte/vnd das Reich nicht zurüttet würde/ 23 Also auch ich/weil ich sehe/das die vmbligende Fürsten nach meinem Königreich trachten/wo mirs vbel gienge/hab ich meinen son Antiochum zum Könige gemacht/welchen ich euch offt trewlich befolhen habe/wenn ich jnn die obern lender gezogen bin/Den selben befehl ich euch jtzt auch. Derhalben vermane vnd bitte ich euch/vmb aller wolthat willen/so ich allen jnn gemein/ vnd jrn sonderheit gegen einem jglichen erzeigt habe/das jr mir vnd meinem sone fort an freundlich vnd trew sein wollet. Denn ich versehe michs zu jm/er werde sich gnediglich vnd freundlich gegen euch halten/vnd meiner weise folgen.

28 Also starb der Mörder vnd Gottes lesterer Antiochus/jnn grossem schmertzen/wie er andern leuten gethan hatte/jnn einem frembden lande/vnd jnn der wildnis/eines jemerlichen todes. Vnd Philippus der mit jm aufferzogen war/bestattet jn zur erden/Vnd weil er sich fur des Antiochi son besorget/flohe er jnn Egypten zum Könige Ptolemeo Philometor.

X.

1 Also gab Gott dem Maccabeo vnd seinem hauffen den mut/das sie den Tempel vnd die Stad wider ein namen/vnd zerstöreten die andern Altar vnd Kirchen/so die Heiden hin vnd wider auff den gassen hatten auffgerichtet/Vnd nach dem sie den Tempel gereiniget hatten/machten sie einen andern Altar/ vnd namen feurstein vnd schlugen feur auff/ vnd opfferten wider/welchs jnn zweien jaren vnd sechs monden nicht geschehen war/vnd opfferten reuchwerg/vnd zundten die Lampen an/vnd legten die Schawbrod auff.

4 Da nu solchs alles geschehen war/fielen sie auff jr angesicht nider fur den HERRN vnd beteten/das er sie ja nicht mehr jnn solchen jamer wolt komen lassen/Sondern ob sie sich mehr an jm versundigen würden/das er sie gnediglich straffen/ vnd nicht jnn der Gottslesterer der grawsamen Heiden hende geben wolt.

5 Vnd Gott schicket es also/das auff den tag der Tempel gereinigt ward/auff welchen jn die Heiden verunreinigt hatten/nemlich/auff den funff vnd zwenzigsten tag des monden Caslen. Vnd sie hielten mit freuden acht tag Feier/wie ein Fest der Lauberhütten/ Vnd gedachten daran/das sie vor einer kleinen zeit/jr Lauberhüttenfest jnn der wildnis vnd jnn der hülen/wie die wilden thier/gehalten hatten/Vnd trugen

Das Ander Buch

trugen meyen/vnd grüne zweige/vnd palmen/vnd lobeten Gott/der jnen den sieg gegeben hatte/seinen Tempel zu reinigen. Sie liessen auch ein gebot aus gehen/durch das gantze Jüdenthum/das man diesen tag jerlich feiren solt. Vnd also hat Antiochus der Edle ein ende. Nu folget von dem Antiocho Eupator/des Gottlosen Antiochi son/was fur krieg vnter jm fur vnd fur gewesen.

11 Da Eupator König ward/setzt er Lysiam/der vor Heubtman jnn Phenice vnd Coelosyria war/zum obersten Fürsten. Aber Ptolemeus Macron/der die Jüden gern bey recht geschützt hette/weil sie bisher so viel gewalt vnd vnrechts erlidden hatten/erbeitet er sich/das man sie solt mit friden lassen. Derhalben verklagten jn seine freunde bey dem Eupator/vnd hiessen jn offentlich einen Verrheter/darumb/das er die Insel Cypern/welche jm Philometor befolhen hatte/Antiocho dem Edlen auffgegeben hatte/vnd must ein geringer ampt haben. Da gremet er sich so seer/das er sich selbs mit gifft vmbbracht.

14 Da nu Gorgias vber die selben ort Heubtman ward/nam er kriegsknecht an/vnd legte sich sonderlich wider die Jüden. Desselben gleichen vnterstunden sich auch die Edomiter/wo sie vermochten/trieben sie die Jüden aus den Festen vnd gelegnen Flecken/vnd namen zu sich die abtrünnigen Jüden aus Jerusalem verjagt. Da machte sich Maccabeus vnd sein hauff zu samen/vnd beteten/das jnen Gott wolte bey stehen/vnd fielen den Edomitern jnn die Festen Flecken/vnd eroberten sie mit gewalt/vnd erwürgeten alles was sich auff den mauren zur gegenwehr stellet/vnd was sie sonst ankamen/bis jnn die zwenzig tausent. Es entrunnen jnen aber auff zween starcke thürm bey neun tausenten/die sich wider den sturm gerüstet hatten. Da verordnet Maccabeus den Simon/Joseph vnd Zacheum/vnd lies jnen so viel leute/das sie starck gnug waren zum sturm/Er aber zog fort fur ander stedte. Aber der hauffe bey Simon/lies sich die/so auff dem thurm waren/mit geld bewegen/vnd namen funff vnd dreissig tausent gülden von jnen/vnd liessen sie davon komen. Da es nu Maccabeus erfure/brachte er die Heubtleute zu samen/vnd klagte sie an/das sie jre Brüder vmbs geld verkaufft/vnd die feinde davon hetten komen lassen/vnd lies sie tödten als Verrheter/vnd stürmet als bald die zween thürm. Vnd es glücket jm/vnd erwürget jnn den zween Festungen/mehr denn zwenzig tausent man.

24 Timotheus aber/welchen die Jüden zuvor geschlagen hatten/rüstete sich mit viel frembdes volcks/vnd samlete einen grossen reisigen zeug aus Asien/vnd kam der meinung/das er die Jüden gantz vertilgen wolt. Vnd da er ans land kam/betet Maccabeus vnd sein hauffe zum HERRN/vnd streweten asschen auff jre heubter/vnd legten secke an/vnd fielen nider fur den Altar/vnd baten/das jnen Gott gnedig/vnd jren feinden vngnedig sein wolte/vnd sich wider die setzen/so sich wider jn setzten/wie im Gesetz geschrieben stehet.

27 Da sie nu also gebetet hatten/namen sie jre wehre/vnd zogen einen guten weg fur die Stad hinaus/bis sie zu den feinden kamen. Vnd als bald die Sonne auffgieng/traffen sie aneinander/Wie wol es ein vngleicher zeug war/Denn die Jüden hatten eine freidige zuversicht
zum

zum HERRN (welche ein gewis zeichen des sieges ist) Jhene aber hattens angefangen aus eitel trotz vnd vermessenheit/ Als nu die schlacht am hefftigsten war/erschienen den feinden vom himel funff herrliche menner auff pferden mit gülden zeumen/die fur den Jüden her zogen/ Vnd zween hielten neben dem Maccabeo/vnd beschützeten jn mit jrer wehre/ das jn niemand verwunden kundte/ vnd schossen pfeil vnd donner stral jnn die feinde/ das sie geblendet vnd flüchtig wurden/ vnd wurden geschlagen/zwenzig tausent vnd funff hundert zu fus/ vnd sechs hundert reisige.

32 Timotheus aber entflohe gen Gazara jnn einen festen Flecken/ welchen der Heubtman Chereas jnnen hatte/ Da lagert sich Maccabeus vnd sein hauffe dafur vier tage/ Aber die jnn dem Flecken/ verliessen sich darauff/ das er so hoch lag/ vnd lesterten vnd schmeheten vber die masse seer/ Aber am funfften tage/ ergrimmeten zwenzig junge man/ vmb der lesterung willen/ vnd lieffen menlich mit einem sturm an die maur/ vnd erwürgeten im grimmen was jnen entgegen kam/ 36 Den folgeten die andern vnd erstiegen den Flecken/ vnd zundten die thürm an/ vnd verbrandten die Gottslesterer/ Etliche hieben die thor auff/ das der gantze hauffe hinein kundte/ vnd eroberten also die Stad/ vnd erschlugen den Timotheum/ der sich jnn einen pful versteckt hatte/ vnd den Cheream seinen bruder/ vnd Apollophanem.

38 Als sie solchs alles ausgerichtet hatten/ preiseten sie den HERRN mit Lobgesang/ der Israel so grosse wolthat erzeiget/ vnd jnen den sieg gegeben hatte.

XI.

1 Ann Lysias des Königs Vormunde vnd vetter vnd öbster Rat/ dis alles erfure/ thet es jm seer wehe/ vnd brachte zusamen achtzig tausent man/ vnd den gantzen reisigen zeug/ vnd zog wider die Jüden/ der meinung/ das er Heiden jnn die Stad setzen/ vnd den Tempel zu seinem jerlichen nutz brauchen wolt/ wie anderer Heiden Kirchen/ vnd das Priesterthumb jerlich verleihen/ Er gedachte aber nicht/ das Gott noch mechtiger were/ sondern trotzet auff den grossen hauffen/ den er zu ros vnd fus hatte/ vnd auff die achtzig Elephanten/ 5 Als er nu jnn Judeam kam/ lagerte er sich fur einen Flecken Bethzura genant/ der von Jerusalem bey funff feldwegs lag jnn einem gebirge/ 6 Da aber Maccabeus vnd die seinen höreten/ das er den Flecken stürmet/ baten sie vnd der gantze hauff mit süfftzen vnd threnen/ den HERRN/ das er einen guten Engel senden wolte/ der Israel hülffe/ Vnd Maccabeus war der erste der sich rüstet/ vnd vermanet die andern/ das sie sich mit jm wogen/ vnd jren Brüdern helffen wolten/ vnd zogen also mit einander aus.

Als bald sie aber fur die Stad Jerusalem hinaus kamen/ erschiene jnen einer zu ros/ jnn einem weissen kleide/ vnd güldenem harnisch/ vnd zog fur jnen her/ Da lobten sie alle den barmhertzigen Gott/ vnd wurden keck/ das sie jre feinde schlahen wolten/ wenn sie gleich die wildesten thier weren/ vnd hetten eiserne maurn fur sich/ Mit einem solchen mut reisete der gantze zeug fort/ sampt jren gehülffen/ den jnen der barmhertzige Gott von himel gesand hatte/ Vnd griffen jre feinde an/ wie die Lewen/ vnd erschlugen jr eilff tausent zu fus/ vnd
sechzehen

Das Ander Buch

sechzehen hundert zu ros/vnd trieben die andern alle jnn die flucht/ das der meiste hauff/so dauon kam/wund war/Vnd Lysias selbs flohe auch schendlich/vnd entran.

13 Es war aber Lysias ein vernunfftiger man/Da er nu die Schlacht/die er verloren hatte/bey sich selbs bedachte/vnd sahe/das das Jüdische volck vnuberwindlich war/weil jnen Gott der Allmechtige so bey stunde/schicket er zu jnen/vnd bot jnen fride an/vnd verhies jnen daneben/er wolte den König dahin vermügen/das er jr guter freund würde/Maccabeus lies es jm wolgefallen/denn er sahe/das es das beste war/Vnd der König verwilligt jnn den vertrag/den Lysias mit Maccabeo vnd den Jüden gemacht hatte.

16 Vnd der brieff den Lysias den Jüden zuschreib/laut also/Lysias entbeut den Jüden seinen grus.

17 Johannes vnd Absalom ewre gesandten/haben einen brieff gebracht/vnd gebeten/vmb die sach/derhalben sie gesand waren/Was nu dem König anzuzeigen gewesen ist/hab ich gethan/Vnd er hat alles was nützlich ist/gewilliget/Werdet jr nu trew vnd glauben halten/ so wil ich auch hinfurt mich beyleissen/das ich ewer bestes schaffe/ 20 Vnd von jglichem artikel jnn sonderheit/haben ewre vnd meine gesandten befehl/euch weiter zu vnterrichten/ Hiemit Gott befolhen/ 21 Datum im.148.jare/am.24. tage/des monden Dioscorj.

22 Des Königs brieff lautet also. König Antiochus entbeut seinem Bruder Lysia seinen grus.

23 Nach dem vnser vater von hinnen geschieden/vnd ein Gott worden ist/ist vns nichts liebers/denn das fride jnn vnserm Reich sey/ damit jederman des seinen warten könne. 24 Nu hören wir/das die Jüden nicht haben wollen willigen jnn die verenderung jres Gottes diensts auff Heidenische weise/sondern wollen bey jrem glauben bleiben/ Vnd bitten der halben/das man sie dabey wolle bleiben lassen. 25 Weil wir es nu fur gut ansehen/das dis volck auch im friden lebe/ vnd stille sey/So ist vnser meinung/das man jnen jren Tempel wider eingebe/vnd sie bey jrem Regiment vnd wesen/wie es jre vorfaren gehalten/bleiben lasse. 26 Darumb wollest du etliche zu jnen senden/vnd fride mit jnen auffrichten/auff das sie/wenn sie vnser meinunge wissen/sicher sein/vnd jrs thuns on alle sorg warten mügen.

27 Des Königs brieff an die Jüden/lautet also.

Der König Antiochus entbeut dem Rat vnd der Gemeine der Jüden seinen grus. 28 Wenn es euch allen wol gienge/das höreten wir gerne. Vns gehet es noch wol. 29 Es hat vns Menelaus berichtet/wie jr begeret jnn vnser land zu reisen/vnd ewr gewerbe bey vns zu treiben. 30 Darumb alle die Jüden/so zwischen hie vnd dem dreissigsten tag des Aprils reisen werden/sollen frey sicher geleit haben/sich zu halten mit essen vnd anderm nach jrem Gesetz/wie vor/ Es sol auch keinem kein leid widerfaren/vmb des willen/so bis anher wider vns gethan ist/ 32 Des zum zeugnis hab ich Menelaum zu euch schicken wollen/euch da von weiter zu berichten. Hiemit Gott befolhen/ Jm.148. jar/am.15. des Aprils.   Es schrieben

Maccabeorum. XCV.

34 Es schrieben auch die Römer den Jüden/wie folget.

Q. Mutius / T. Manlius / der Römer Botschafften / entbieten den Jüden jren grus. 35 Alles was euch Lysias des Königs vetter/nach gelassen hat/das willigen wir auch/Weil er aber fur gut ansihet/das man etliche Artikel an den König gelangen lasse/so beratschlahet euch vnternander/ vnd schicket auff das förderlichst jemand zu vns/das wir vns mit einander vereinigen/Denn wir zihen jtzt gen Antiochien/ Darumb fürdert euch/vnd schicket etliche/das wir wissen/was jr gesinnet seid/ 38 Diemit Gott befolhen.

XII.

IM hundert vnd acht vnd vierzigsten jar/am funffzehenden tage Aprilis/da dieser Vertrag also beschlossen war/ zog Lysias zum Könige/Die Jüden aber warteten jres ackerbawes/Aber die Heubtleute an den selben orten/ Timotheus vnd Apollonius des Edlen Apollonij son/ vnd Hieronymus vnd Demophon/sampt dem Nicanor dem Heubtman jnn Cypern/liessen jnen keinen fried noch ruge.

3 Vnd die zu Joppen vbeten eine verrheterliche that/Denn sie beredeten die Jüden/so bey jnen woneten/das sie mit jren weibern vnd kindern jnn die schiff/so von jnen bestellet waren/tretten wolten/als werens gute freunde mit jnen/Da nu die Jüden solchs theten/wie es jnn der Stad beschlossen war/vnd besorgten sich nichts vnfriedlichs/ vnd sie auff das meer kamen/ersenfften sie sie alle/jnn die zwey hundert person. 5 Als nu Judas höret/wie grewlich man mit seinen Brüdern gehandlet hatte/gebot er seinen leuten auff/vnd rüffet zu Gott dem gerechten Richter/vnd zog wider die/so seine Brüder ermordet hatten/vnd zundet bey nacht den port an/vnd verbrand die schiff alle/ vnd was fur leut im port war/erwürget er mit dem schwert/Weil aber die Stad verschlossen war/zog er ab/jnn der meinung/das er bald wider komen/vnd die Stad schleiffen wolt.

8 Es ward jm auch angezeigt/wie die zu Jamnea gleich solchs wider die Jüden/so bey jnen woneten/fur hatten/ Darumb fiel er auch bey nacht zu jnen ein/vnd verbrandte jnen den port vnd alle schiff/das man das feur zu Jerusalem sahe/welchs doch zwey hundert vnd vierzig feldwegs davon lag.

10 Darnach zog er neun feldwegs fort/wider den Timotheum/da stiessen bey funff tausent Araber/vnd funff hundert reuter auff jn/ 11 vnd schlugen sich mit jm/Vnd thaten eine grosse schlacht/vnd Judas mit seinem hauffen/durch Göttliche hülffe/behielt den sieg/Vnd weil die Araber darnider lagen/baten sie jn vmb fride/vnd verhiessen jm/ sie wolten jm vieh geben/vnd auch sonst hülffe thun/Judas gedacht/ wie es denn auch war ware/sie möchten jm wol nütz sein / vnd saget jnen friden zu/Vnd da sie es aneinander gelobt hatten/zogen sie wider heim.

13 Er fiel auch jnn eine Stad/die mit brücken wol bewaret/vnd mit einer maur beschlossen war/da mancherley volcks jnnen wonet/vnd hies Caspin/Aber die jnn der Stad verliessen sich auff jre feste mauren/vnd

Das Ander Buch

ten/vnd grossen vorrat von speise/vnd fragten nicht viel nach Juda vnd den seinen / Ja sie spotteten jr noch dazu/vnd lesterten vnd fluchten jnen vbel. Da ruffet Judas vnd sein hauffe zu dem Mechtigen HERRN aller welt/ der zu Josua zeiten/on alle kriegsrüstung/so man zum sturm brauchet/Jeriho jnn einander geworffen hatte. Vnd lieffen mit einem grim an die mauren/vnd eroberten also die Stad/ vnd würgeten vnseglich viel menschen/das der teich/ der dabey lag/ vnd wol zwey feldwegs weit war/sahe/wie eitel blut.

17 Darnach zogen sie weiter/siebenhundert vnd funfftzig feldwegs vnd kamen gen Tharah zu den Jüden/ die man Tubianer heisset/ 18 Aber sie funden Timotheum nicht/denn er hatte sich dauon gemacht/ vnd nichts da ausgericht/on das er einen Flecken starck besetzet hatte. Da machten sich zween Heubtmenner aus des Maccabej hauffen auff/nemlich/Dositheus vnd Sosipater/vnd brachten sie alle vmb/ die Timotheus jnn der besetzung gelassen hatte/mehr denn zehen tausent starck.

20 Maccabeus aber ordnet sein volck vnd teilets jnn etliche hauffen/ vnd zog wider Timotheum/welcher hundert vnd zwenzig tausent fusknecht/ vnd funfftzehen hundert reisigen bey sich hatte. Da nu Timotheus erfure/das Judas wider jn zöge/schickt er weib vnd kind/vnd was nicht jnn krieg tuchte/jnn einen Flecken Carnion/welches im engen gebirge lag/das mans nicht belegern kundte. Als er aber den ersten hauffen des Maccabej ansichtig ward/kam die feinde eine furcht vnd einen schrecken an/weil der wider sie war/vnd sich sehen lies/der alle ding sihet/Vnd huben an zu fliehen/einer da/der ander dort hinaus/das sie sich selbs vnternander beschedigten vnd verwundten. Judas aber druckt nach/vnd schlug die Gottlosen/vnd bracht jr jnn die dreissig tausent vmb. Vnd Timotheus kam dem Dositheo vnd Sosipatro jnn die hende/vnd bat sie seer/das sie jn nicht tödten/ Denn er hette viel jre Veter vnd Brüder/die auch sterben musten/wo er getödtet würde. Da er sich nu verbürget hatte/das er auff einen bestimpten tag sie vnbeschedigt jnen vberantworten wolt/liessen sie jn vmb jrer Brüder willen ledig.

26 Darnach zog Maccabeus gen Carnion/vnd Atargation/vnd erwürgete bey funff vnd zwenzig tausent menschen.

27 Nach diesem zug vnd schlacht/reisete Judas wider die feste Stad Ephron/jnn welcher Lysias vnd sonst viel volcks war / Die junge manschafft aber die vor der Stad stund/wehret sich tapffer/denn sie hatten geschütz vnd wehre gnug. Da rieffen sie zu dem HERRN/ der mit gewalt der feinde stercke zu bricht/vnd eroberten die Stad/vnd erwürgeten funff vnd zwenzig tausent menschen.

29 Darnach zogen sie von dannen/wider der Schythen Stad/die sechs hundert feldwegs von Jerusalem ligt/Weil aber die Jüden/so bey den Schythen woneten/jnen zeugnis gabe/wie sie jnen alle freundschafft jnn den schweren zeiten bewiesen hetten/stelleten sie sich auch freundlich gegen sie/vnd danckten jnen darumb/vnd baten sie/sie wolten weiter gegen jre leute so gutwillig sein/Vnd zogen also wider gen Jerusalem/vnd kamen eben auff die Pfingsten wider heim.

Nach Pfingsten

Maccabeorum. XCVI.

32 Nach Pfingsten aber zogen sie wider Gorgiam der Edomiter Heubtman/der begegnet jnen mit dreytausent fusknechten/vnd vier hundert reisigen/Vnd da es an die schlacht gieng/kamen wenig Jüden vmb/ 35 Vnd Dositheus/ein starcker reuter/aus des Bacenoris hauffe/erhaschet Gorgiam/vnd hielt jn beim mantel/vnd füret jn mit gewalt/vnd wolt jn lebendig fangen/Aber ein reuter aus Thracien rennet auff jn zu/vnd hieb jm den arm ab/das der Gorgias dauon entran gen Moresa.

36 Da nu des Gorgias hauffe lenger sich wehret/vnd not furhanden war/ruffet Judas zum HERRN/das er jnen helffen/vnd fur sie streiten wolt/vnd schrey seine leute an auff Ebreisch/vnd fieng einen gesang an/Da wandte sich des Gorgias volck vnuersehens jnn die flucht/Vnd Judas zog mit seinem volck jnn die stad Odollam/Vnd weil es noch jnn der Pfingstwoche war/reinigten sie sich nach dem Gesetze vnd hielten den Sabbath daselbs.

39 Am andern tage darnach/kamen sie zu Juda/das sie jre todten holeten/wie man pflegt/vnd bey jre Veter begruben/Da sie nu sie auszogen/funden sie bey einem jeden erschlagenen vnter dem hembde kleinot/von den Götzen aus Jamnea/welchs den Jüden im Gesetz verboten ist/Da ward es offenbar fur jederman/warumb diese erschlagen weren/Da danckten sie Gott dem gerechten Richter/der das heimliche so an tag gebracht hatte/vnd baten jn/er wolt ja vmb dieser sunde willen/sie nicht alle vertilgen/Vnd der Helt Judas vermanet den hauffen tröstlich/das sie sich forthin vor sunden bewaren wolten/weil sie fur jren augen sehen/das diese vmb jrer sunde willē erschlagen werē.

43 Darnach hies er sie eine steur zu samen legen/zwey tausent drachmas silbers/die schicket er gen Jerusalem/zum Sündopffer/vnd thet wol vnd fein dran/das er von der Aufferstehung eine erinnerung thet/ 44 Denn wo er nicht gehoffet hette/das die/so erschlagen waren/würden aufferstehen/were es vergeblich vnd eine torheit gewest/fur die todten zu bitten/Weil er aber bedacht/das die/so im rechten glauben sterben/freude vnd seligkeit zu hoffen haben/ist es eine gute vnd heilige meinung gewest/Darumb hat er auch fur diese todten gebeten/das jnen die sunde vergeben würde.

XIII.

IM hundert vnd neun vnd vierzigsten jar/kam es fur Juda vnd die seinen/das Antiochus Eupator mit einer grossen macht wider Judeam zöge/vnd Lysias sein Vormund vnd öberster Rat mit jm/vnd hetten hundert vnd zehen tausent Griechischer fusknecht/vnd funff tausent vnd drey hundert zu ross/vnd zwey vnd zwenzig Elephanten/vnd drey hundert wagen mit eisern zacken/ 3 Darüber schlug sich Menelaus auch zu jnen/vnd vermanet Antiochum mit grosser heucheley/zum verterben seines Vaterlands/das er dadurch/das Hohepriester ampt erlangete/ 4 Aber der König aller Könige/erweckt des Antiochi mut/das er den abtrünnigen schalck straffet/Denn Lysias zeiget jm an/wie er ein vrsach were aller dieser vnruge/Darumb lies er jn gen Berea füren/vnd nach jrer lands weise/am selben ort tödten/Denn es war ein thurn da funffzig ellen hoch/vol asschen/vnd auff der asschen stund ein vmblauffend vnd schuckeld rat/darauff redert man die Gottslesterer vnd grossen vbelthetter/Eins solchen tods muste der

Das Ander Buch

ſte der abtrünnige Menelaus auch ſterben/vnd nicht begraben wer⸗
den/vnd geſchach jm recht/Denn weil er ſich ſo offt an des HERRn
Altar/da das heilige feur vnd aſſchen war/verſundigt hatte/hat er
auch auff der aſſchen müſſen getödtet werden.

9 Der König aber war ſeer ergrimmet auff die Jüden/vnd gedachts
ja ſo grewlich zu machen mit jnen/als ſein vater gemacht hatte/Das
erfure Judas/vnd gebot dem gantzen volck/ſie ſolten tag vnd nacht
den HERRN anruffen/das ſie jnen jtzt/wie offtmals vor/wider die
helffen wolt/die ſie des Geſetzs/des Vaterlands vnd des heiligen
Tempels berauben wolten/Vnd das er das volck/das ſich kaum ein
wenig erholet hatte/nicht wolte jnn der verfluchten Heiden hende ge⸗
ben/Da ſie nu ſolchs einhellig mit einander theten/vnd baten den
barmhertzigen Gott mit weinen vnd faſten/vnd lagen drey gantze ta⸗
ge auff der erden/tröſtete ſie Judas/vnd hies ſie zu jm komen/Vnd da
er vnd die Elteſten bey ſamen waren/beratſchlagt er mit jnen/er wol⸗
te/ehe der König mit ſeinem heer jnn Judeam keme/vnd die ſtad einne
me/jm entgegen zihen/vnd die ſache mit Gottes hülffe enden/Vnd
befalh ſich alſo Gotte/vnd vermanet ſein volck/das ſie wolten getroſt
bis jnn tod ſtreiten/zu erhalten das Geſetz/den Tempel/die Stad/
das Vaterland/vnd Regiment.

15 Vnd er lagert ſich bey Modin/vnd gab dieſe wort jnen zur Loſung/
GOTT GIBT SIEG. Darnach macht er ſich bey nacht auff/mit
den beſten kriegs knechten/vnd fiel dem Könige jnn ſein lager/vnd er⸗
ſchlug bey vier tauſent man/Vnd den förderſten Elephanten/ſampt
allen die im thürmlin waren/Damit brachten ſie ein gros ſchrecken vñ
furcht jnn das gantze lager/vnd zogen ehrlich vnd glücklich dauon/
17 am morgen da der tag anbrach/Denn Gott war jr helffer geweſt.

18 Der König aber als er verſucht hatte/das die Jüden ſo freidig we⸗
ren/wendet er ſich/vnd zog durch vnwegſame ort/vnd füret ſein volck
fur die feſtung Bethzura der Jüden/die nicht beſetzt war/Aber er ward
da auch jnn die flucht geſchlagen/vnd richtet nichts aus/vnd nam
ſchaden/denn Judas ſchicket alle notturfft jnn die feſtunge.

21 Es war aber einer vnter den Jüden Rodokus/der verriet den fein⸗
den alle heimligkeit/aber man verkundſchafft jn/vnd fieng jn/vnd ja⸗
geten jn dauon.

22 Darnach ward der König anders zu rat/vnd macht friden mit den
zu Bethzura/vnd zog dauon/vnd ſchlug ſich mit Juda/vnd verlor die
ſchlacht/Vnd weil er erfaren hatte/das Philippus abgefallen war/
den er hinder ſich zu Antiochia zum Stathalter gelaſſen hatte/er⸗
ſchrack er ſeer/vnd lies mit den Jüden handeln/vnd vertrug ſich mit
jnen/vnd ſchwur den Vertrag zu halten/vnd ward alſo jr freund/vnd
opffert vnd ehret den Tempel/vnd hielt ſich freundlich gegen die ſtad/
24 vnd nam Maccabeum an zum freund/vnd machet jn zum Heubtman
von Ptolemaide an bis an die Gerrener.

25 Als er aber/der König/gen Ptolemais kam/ſahen die Ptolemaier
den Vertrag nicht gerne/Denn ſie beſorgeten ſich/man würde jnen ni⸗
cht glauben halten/gleich wie ſie nicht hatten glauben gehalten/Da
trat Lyſias offentlich auff/vnd entſchüldigt den König/vnd beredet
ſie/das ſie zu friden waren/vnd ſtillet ſie/das ſie ſich alles guts zu jnen
verſehen ſolten/Darnach reiſet er wider zu ruck gen Antiochia.

So iſts mit dieſes Königes reiſe/vnd wider heim zuge/gangen.

Nach dreien

Maccabeorum.
XIIII.

NAch dreien jaren darnach/vernam Juda vnd die seinen/das Demetrius Selenci son/zu Tripoli mit grossem volck vnd viel schiffen ankomen/vnd das land eingenomen/vnd Antiochum/sampt Lysian desselben Vormunden erschlagen hatte/Alcimus aber der zuuor Hoher priester gewest/ vnd schendlich abgefallen war/zur zeit der verfolgung/vnd dacht/das er weder beim leben bleiben/noch wider zum Hohen priester ampt komen möchte/da zog er zum Könige Demetrio/im hundert vnd ein vnd funfftzigsten jar/vnd bracht jm eine güldene kron vnd palmen/vnd öle zweige/die jnn den Tempel gehöreten/Vnd den ersten tag verzog er/bis er seine zeit ersahe/die jm hülffe zu seiner wüterey.

Da jn nu Demetrius jnn den Rat foddern vnd fragen lies/wie es vmb die Jüden stünde/vnd was sie fur hetten/ Antwort er also/ Die Jüden/die sich die Fromen nennen/ welcher Heubtman ist Judas Maccabeus/erregen jmerdar krieg vnd auffrur/vnd lassen deim Reich keinen friden/Haben auch mich meiner veterlichen herrligkeit/nemlich/des Priesterthums/beraubet/ Darumb bin ich hie her komen/ Zum ersten/dem Könige zu gut/vnd das ichs trewlich meine/ Zum andern/das ich auch meinem volck gern wolt rat schaffen/ Denn mit solcher vnordnung/wird vnser gantzes geschlecht vntergehen/Darumb wolte der König jnn die sachen sehen/vnd nach seiner berümbten gütigkeit/dem lande vnd vnserm gantzen geschlecht jnn dieser sachen raten vnd helffen/Denn weil Judas lebt/ist es nicht müglich/das friede im lande werde.

Da er solchs gered hatte/ergrimmeten die andern auch wider den Juda/vnd verhetzeten den Demetrium wider jn/das er als bald Nicanor den Heubtman vber den Elephanten zeug foddert/vnd jn zum Heubtman wider die Jüden verordnet/vnd befalh jm/das er Judam vmbbringen/vnd seinen hauffen zutrennen/vnd Alcimum zum Hohen priester einsetzen solt/Da schlugen sich zum Nicanor alle die Heiden/so Juda aus dem lande verjaget hatte/vnd hoffeten/der Jüden vnglück solt jr glück sein.

Als nu Judas vnd die seinen höreten/das Nicanor wider sie zöge/ vnd die Heiden allenthalb sich mit hauffen zu jm schlugen/bestreweten sie sich mit asschen/vnd rieffen Gott an/der sein volck von der welt her erhalten/vnd seinem heuflin offenbarlich geholffen hatte. Da jnen nu jr Heubtman gebot/ machten sie sich auff/ vnd stiessen auff die feinde beim Flecken Dessa. Simon aber Judas bruder greiff Nicanor an/vnd Nicanor were schier geschlagen/weil jn die feinde angriffen/ehe er jr gewar ward. Da nu Nicanor höret/das Judas solche küne leute bey sich hette/die leib vnd gut getrost wagten fur jr Vaterland/furcht er sich vnd wolt keine schlacht mit jnen thun/Sondern sandte zu jm Possidonium/Theodotum vnd Matathiam/friden mit jm zu machen. Da sie nu lang drob beratschlagten/vnd jr Heubtman dem volck alle sache furhielt/vnd sie der sache einig waren/bewilligten sie jnn den Vertrag/Vnd stimmeten einen tag/da die beide allein zuhauff komen solten.

R ij   Da nu

Das Ander Buch

Da nu der tag kam/setzet man jglichem einen stuel/Vnd Judas verordenet etliche jnn jrem harnisch nicht fern dauon/das die feinde nicht vnuersehens jm einen tuck beweiseten/vnd redten miteinander jre notturfft/Vnd Nicanor bleib eine zeitlang zu Jerusalem/vnd nam nichts fur wider sie/vnd lies sein kriegs volck abziehen/vnd hielt den Judam ehrlich fur den leuten/vnd that sich freundlich zu jm/Vermanete jn auch/das er ein weib nemen vnd kinder zeugen solt/Also nam Judas ein weib/vnd hatte guten friede/vnd wartet seiner narung.

26 Da nu Alcimus sahe/das diese zween eines miteinander waren/vnd frieden gemacht hatten/zog er widerumb zum Demetrio vnd verklagte den Nicanor/das er vntrew worden were/denn er hette Judam/des Königs feind/an seine stat zum Hohen priester gemacht. 27 Da ward der König/durch des bösewichts lügen/bewegt vnd seer zornig/schreib dem Nicanor/das jm gar nichts gefiele/das er einen Friden mit den Jüden gemacht hette/Vnd gebot jm/er solte eilendes den Maccabeum fahen vnd gen Antiochiam schicken.

28 Als nu solcher befelh dem Nicanor zu kam/ward er betrübt/vnd war vbel zu friden/das er nicht solt glauben halten/so doch Judas nichts verschuldet hette/Aber doch/weil er wider den König nicht thun thurste/gedacht er jn mit listen zu fahen.

30 Da aber Maccabeus mercket/das er sich vnfreundlicher gegen jm stellet weder zuuor/vnd lies sich wol duncken/es bedeutet nichts guts/nam er etliche zu sich/vnd verbargen sich fur jm/Als aber Nicanor sahe/das jm Maccabeus klüglich zuuor komen war/gieng er hinauff zu dem schönen heiligen Tempel/vnd gebot den Priestern/so da opfferten/sie solten jm den Man heraus geben/Da sie aber hoch vnd tewr schwuren/sie wüsten nicht/wo er were/recket er seine rechte hand gegen dem Tempel/vnd schwur/Werdet jr mir den Judam nicht gebunden vberantworten/so wil ich dis Gottes Haus schleiffen/vnd den Altar vmbreissen/vnd dem Bacho eine schöne kirche an die stat setzen. 34 Vnd da er dis geredt hatte/gieng er dauon.

Die Priester aber reckten jre hende auff gen himel/vnd rieffen den an/der alleizeit vnser volck beschützt hat/vnd sprachen/HERR/wiewol du keines dings darffest/hat es dir dennoch wolgefallen/das dein Tempel/darinn du wonest/vnter vns sein solt/Darumb du Heiliger Gott/dem allein gehöret alles was Heilig ist/beware fort an dein Haus/welchs wir newlich gereinigt haben/das es nicht wider verunreinet werde/Vnd stopffe die bösen meuler.

37 Es ward aber Nicanori angezeigt einer aus den Eltesten zu Jerusalem/mit namen Rhazis/das er ein man were/der das Veterlich Gesetz lieb/vnd allenthalben ein gut lob/vnd solche gunst vnter seinen Bürgern hette/das jn jederman der Jüden Vater hies/Er war auch vor dieser zeit darumb verklagt vnd verfolgt gewest/vnd hatte leib vnd leben/manlich gewagt/vber dem Jüden glauben. Da nu Nicanor sich erzeigen wolt/wie bitter feind er den Jüden were/schickte er vber funff hundert kriegs knechte/die jn solten fahen/Denn er meinet/wenn er jn gefangen hette/er würde jnen einen grossen schaden zu wenden/ 41 Da sie aber an dem thurn/darinn er war/das thor stürmeten/vnd feur bringen hiessen/vnd das thor anzünden/Vnd er merckt/das er gefangen were/

Maccabeorum.

gen were/wolt er sich selbs erstechen/Denn er wolt lieber ehrlich ster='
ben/denn den Gottlosen jnn die hende komen/vnd von jnen schendlich
gehönet werden/Aber jnn der angst traff er sich nicht recht/Da sie nu
mit hauffen zu jm einfielen/entlieff er auff die mauren/vnd stürtzt sich
manlich hinab vnter die leute/Sie wichen jm aber das er raum hette/
Vnd er fiel auff die lenden/Er lebet aber gleich wol noch/vnd macht
sich jnn eim grimmen auff/wie wol er seer blutet/vnd die wunden jm
web thaten/Vnd lieff durch das volck/vnd trat auff einen hohen fel=
sen/Vnd da er gar verblutet hatte/nam er noch die dermer aus dem lei=
be/vnd warff sie vnter die kriegsknechte/vnd rieff zu Gott/der vber
leben vnd geist Herr ist/ Er wolte jm dis alles wider geben/Vnd
starb also.

(Selbs)
dis stück ver=
dampt S. Augu
stinus billich/Dar
umb auch dis buch
nichts hat gegol=
ten bey den alten
Vetern/wie wol
auch sonst viel Ju
denzens drinnen
ist.

XV.

DA aber Nicanor höret/ das Judas mit den seinen jnn
Samarien sich enthielte/ gedachte er/er wolte sie des
Sabbaths on alle fahr angreiffen/Vnd da jn die Jü=
den/so er genötigt hatte mit zu zihen/vermaneten/er
wolte sie nicht so jemerlich vmbbringen/sondern des hei
ligen tags dran verschonen/den Gott selbs geehret vnd
geheiliget hette/Fraget sie der Ertzbösewicht/Der den Sabbath ge=
boten hat/ist der Herr im himel? Vnd da sie jm antworteten/Ja/es
ist der lebendige Herr/Er ist der Herr im himel/der den siebenden tag
zu feiren geboten hat/Sprach er drauff/So bin ich der Herr auff er=
den/vnd gebiete euch/jr solt euch rüsten/vnd des Königs befelh aus=
richten/Aber er kundte sein furnemen gleich wol nicht erhalten.

Vnd Nicanor rhümet vnd trotzet/vnd war gewis/das er wolt grosse
ehre einlegen/wider den Judam/Aber Maccabeus hatte eine stete zu=
uersicht vnd hoffnung/der HERR würde jm bey stehen/Vnd tröstet
die/so vmb jn waren/sie wolten sich fur den Heiden/so wider sie zö=
gen/nichts furchten/Sondern gedencken an die hülffe/die jnen vor
mals offt von himel herab geschehen were/Vnd jtzt auch auff den
künfftigen sieg vnd hülffe/die jnen der HERR schicken würde/hof=
fen/Vnd tröstet sie also aus dem Gesetz vnd den Propheten/vnd erinne
ret sie der glückseligen schlachten/die sie vor gethan hatten/vnd macht
jnen also ein hertz/Vnd da er sie also ermanet hatte/ erzelet er jnen
auch/wie die Heiden sich verwircket hetten/vnd wider jr eides pflicht
theten/Vnd rüstet sie also nicht mit trotz auff spies oder schild/sondern
mit trost auff Gottes wort/Er saget jnen auch ein gesicht/das gleub=
lich war/das er gesehen hatte/dauon alle einen mut kriegten/Vnd das
war dis gesicht.

Onias der Hohe priester/ ein trefflicher/ehrlicher/gütiger/
wol beredter man/der sich von jugent auff aller tugent gevlissen
hatte/der recket seine hende aus/vnd betet fur das gantze volck der Jü=
den/Darnach erschien jm ein ander alter herrlicher man jnn köstlichen
kleidern/vnd jnn einer gantz herrlichen gestalt/Vnd Onias sprach zu
Juda/Dieser ist Jeremias der Prophet Gottes/der deine Brüder seer
lieb hat/vnd betet stets fur das volck vnd die heilige Stad/Darnach
gab Jeremias mit seinen henden dem Juda ein gulden schwert/vnd
sprach zu jm/Nim hin das heilige schwert/das dir Gott schencket/da=
mit soltu die feinde schlahen.

Das Ander Buch

17 Da sie nu Judas mit solchen schönen worten/ die einem ein hertz vnd mut machen/ getröstet hatte/ beschlossen sie/ sie wolten kein leger machen/ sondern stracks an die feinde zihen/ vnd sie menlich angreiffen/ vnd der sachen ein ende machen/ Denn es stund die Stad/ der Gottes dienst/ vnd der Tempel jnn fahr. Vnd zwar/ weiber vnd kinder/ brüder vnd freunde fahr achteten sie nicht so hoch/ Sondern jr höheste sorge war fur den heiligen Tempel. Vnd die jnn der Stad blieben/ waren jnn grosser sorge fur jr kriegs volck.

20 Da es nu gelten solt zum treffen/ vnd die feinde sich versamlet vnd jre ordnung gemacht/ vnd die Elephanten an jr ort verordnet/ vnd den reisigen zeug zu beiden seiten angehangen hatten. Vnd Maccabeus sahe die feinde/ vnd jr mancherley rüstung vñ die schrecklichen thier/ Recket er seine hende gen himel/ vnd bat den wunderbarlichen Gott der alles sihet/ Denn er wuste wol/ das der Sieg nicht keme durch harnisch/ sondern Gott gebe jn/ wem ers gönnet. Vnd betet also.

HERR/ du hast deinen Engel zur zeit Esechie der Jüden König gesand/ vnd der selb erschlug jnn des Senaheribs leger hundert vnd funff vnd achzig tausent man/ So schicke nu auch (du HERR im himel) einen guten Engel fur vns her/ die feinde zu erschrecken. Las die erschrecken fur deinem starcken arm/ die mit Gottslesterung wider dein heiliges volck zihen. Vnd damit höret Judas auff.

25 Also zog Nicanor vnd sein hauff her mit drometen vnd grossem geschrey. Judas aber vnd die seinen griffen die feinde an mit dem gebet vnd ruffen zu Gott/ Vnd mit den henden schlugen sie/ mit dem hertzen aber schrien sie zu Gott/ vnd erschlugen jnn die funff vnd dreissig tausent man/ Vnd freweten sich seer/ das sich Gott so gnedig erzeigt hatte.

28 Da nu die schlacht volendet war/ vnd wider abzogen/ kenneten sie Nicanor am harnisch/ das er auch erschlagen war. Da erhub sich ein gros geschrey vnd jauchzen/ vnd lobten Gott auff jre sprach. Vnd Judas/ der leib vnd gut fur sein volck dargestreckt/ vnd von jugent auff seim volck viel guts gethan hatte/ gebot/ man solt dem Nicanor den kopff vnd die hand sampt der schulder abhawen/ vnd mit gen Jerusalem füren. Als er nu hin kam/ rieff er sein volck zu hauff/ vnd stellet die priester fur den Altar/ vnd schicket nach den feinden auff die Burg/ vnd zeiget des Nicanors kopff/ vnd des lesterers hand/ welche er gegen das heilige Haus des Allmechtigen ausgereckt/ vnd sich hoch vermessen hatte. Er schneid auch dem Gottlosen Nicanor die zunge ab/ vnd hies sie zu stücken fur die vogel zu hawen/ vnd die hand/ damit er die vnsinnigkeit geübt hatte/ gegen dem Tempel vber auff hengen.

34 Vnd das gantze volck lobte Gott im himel/ vnd sprachen/ Gelobt sey der/ der seine Stad bewaret hat/ das sie nicht ist verunreinet worden. Vnd er steckt des Nicanors kopff auff/ das es jederman aus der Burg sehen kundte/ zu eim offentlichen zeichen/ das jnen der HERR geholffen hatte. Es ward auch eintrechtig von allen beschlossen/ man solt den tag nicht vergessen/ sondern feiren/ nemlich/ den dreizehenden tag des zwelfften monden/ der Adar auff Syrisch heisst/ einen tag vor des Mardochei fest.

So wil

38 So wil ich nu hiemit jtzt dis buch beschliessen/nach dem Nicanor vmbkomen/vnd die Jüden die Stad wider erobert haben. Vnd hette ichs lieblich gemacht/das wolte ich gerne/Jsts aber zu geringe/ so habe ich doch gethan/so viel ich vermocht. Denn allzeit wein oder wasser trincken ist nicht lüstig/Sondern zu weilen wein/zu weilen wasser trincken/das ist lüstig/Also ists auch lüstig/so man mancherley lieset.   Das sey das ende.

Ende des Andern Buchs der Maccabeer.

Vorrhede auff die stucke Esther vnd Daniel.

Hie folgen etlich stücke/so wir im Propheten Daniel vnd im buch Esther nicht haben wollen verdeudschen/Denn wir haben solche kornblumen (weil sie im Ebreischen Daniel vnd Esther nicht stehen) ausgerauftt/vnd doch/das sie nicht verdörben/hie jnn sonderliche wurtzgertlin oder bete gesetzt/weil dennoch/ viel guts/vnd sonderlich der lobesang/Benedicite/ drinnen funden wird.   Aber der Text Susanne/des Beel/Abacuc vnd Drachens/sihet auch schönen/geistlichen getichten gleich/ wie Judith vnd Tobias/Denn die namen lauten auch dazu/ Als Susanna/heisst eine Rosen/das ist/ein schön from land vnd volck/oder armer hauffe vnter den dornen/Daniel heisst ein Richter/vnd so fort an/ist alles leichtlich zu deuten auff eine Policey/economey oder fromen hauffen der glenbigen/es sey vmb die geschicht wie es kan.

Stucke inn Esther.

Dis stück möcht gelesen werden nach dem dritten Capitel im buch Esther.

SO lautet aber der brieff. Der grosse König Artazerxes von India bis an Morenland/ Entbeut den hundert vnd sieben vnd zwenzig Fürsten sampt den vnterthanen/ seinen grus.

2 Wie wol ich ein mechtiger König bin vnd der grössest herr auff erden/ hab ich doch mich meiner gewalt nicht wollen vberheben/ Sondern mich geulissen gnediglich vnd sanfft zu regieren/ vnd den lieben friede/ des sich jederman frewet/ zu halten/ damit ein iglicher rügiglich leben vnd werben möcht/ Dem nach hielt ich mit meinen Fürsten rat/ wie solchs geschehen möchte/ Da zeigt mir an Haman mein klügster/ liebster vnd trewester Rat/ der nach dem König der höhest ist/ wie ein volck sey/ das jnn allen landen zerstrewet/ sonderliche gesetze halte/ wider aller lande vnd leute weise/ vnd stets der Könige gebot verachte/ dadurch sie friede vnd einigkeit im Reich verhindern.

4 Da wir nu vernamen/ das sich ein einiges volck/ wider alle welt sperret/ vnd jr eigen weise hielte/ vnd vnsern geboten vngehorsam were/ dadurch sie gros schaden theten/ vnd friede vnd einigkeit jnn vnserm Reich zerstöreten/ Befelhen wir/ das/ welche Haman der öberst Fürst vnd der höhest nach dem Könige/ vnser Vater/ anzeigen wird/ mit weib vnd kind/ durch jrer feinde schwert/ on alle barmhertzigkeit vmbbracht/ vnd niemand verschonet werde/ Vnd das auff den vierzehenden tag Adar des zwellfften monden jnn diesem jare/ auff das die vngehorsamen alle auff einen tag erschlagen werden/ vnd ein bestendiger friede jnn vnserm Reich bleiben müge.

Dis stück mag man lesen nach dem ende des vierden Capitels vor dem funfften Capitel.

VNd Mardocheus betet zum HERRN/ vnd erzelet seine wunderwerck/ vnd sprach/ HERR Gott/ du bist der Allmechtige König/ Es stehet alles jnn deiner macht/ vnd deinem willen kan niemand widerstehen/ wenn du Israel helffen wilt/ Du hast himel vnd erden gemacht/ vnd alles was drinnen ist/ Du bist aller Herr/ Vnd niemand kan dir widerstehen/ 4 Du weissest alle ding/ vnd hasts gesehen/ das ich aus keinem trotz noch hoffart den stoltzen Haman nicht habe anbeten wollen/ Denn ich were bereit/ Israel zu gut/ auch seine füsse williglich zu küssen/ Sondern habs gethan aus furcht/ das ich nicht die ehre/ so meinem Gotte gebüret/ einem menschen gebe/ vnd niemand anders anbetet/ denn meinen Gott.

5 Vnd nu HERR/ du König/ vnd Gott Abraham/ Erbarm dich vber dein volck/ Denn vnsere feinde wollen vns vertilgen/ vnd dein Erbe/ das du von anfang gehabt hast/ aus rotten/ Verachte dein heufflin nicht/ das du aus Egypten erlöset hast/ Erhöre mein gebet/ vnd sey gnedig deinem volck/ vnd wende vnser trawren jnn freude/ Auff das wir leben/ vnd deinen namen preisen/ Vnd las den mund nicht vertilgen/ dere/ so dich loben. Vnd das gantz Israel rieff aus allen krefften zum HERRN/ Denn sie waren jnn todes nöten.

Vnd die

Stucke jnn Esther. C.

1 Vnd die Königin Esther keret sich auch zum HERRN/inn solchem todskampff/vnd legt jre Königliche kleider ab/vnd zoch trawrkleider an/vnd fur das edle wasser vnd balsam/strawet sie aschen vnd staub auff jr heubt/vnd demütiget jren leib/mit fasten/vnd an allen orten/da sie zuuor frölich gewest war/raufft sie jr har aus/vnd betet zu dem Gott Jsrael/vnd sprach.

4 HERR/der du allein vnser König bist/hilff mir elenden/Ich hab keinen andern helffer/denn dich/vnd die not ist fur augen. 5 Ich hab von meinem Vater gehöret/HERR/das du Jsrael aus allen Heiden gesondert/vnd vnser Veter/von alters her/zum ewigen erbe angenomen/vnd jnen gehalten/was du gered hast/ 6 Wir haben fur dir gesündigt/darumb hastu vns vbergeben jnn vnser feinde hende/ HERR/Du bist gerecht/denn wir haben jre Götter geehret.

7 Aber nu lassen sie jnen nicht dran benügen/das sie vns jnn grossem zwang halten/Sondern jren sieg schreiben sie zu der macht jrer Götzen/Vnd wollen deine verheissung zu nicht machen/vnd dein erbe ausrotten/vnd den mund dere/so dich loben/verstopffen/vnd die ehre deines Tempels vnd Altars/vertilgen/vnd den Heiden das maul auff thun/zu preisen die macht der Götzen/vnd ewiglich zu rhümen einen sterblichen König.

8 HERR gib nicht dein scepter denen/die nichts sind/das sie nicht vnsers jamers spotten/Sondern wende jr furnemen vber sie/vnd zeichne den/der das wider vns anrichtet/ Gedencke an vns HERR/vnd erzeige dich jnn vnser not/Vnd sterke mich HERR/du König aller Götter vñ herrschafften/Lere mich/wie ich reden sol fur dem Lewen/ vnd wende sein hertz/das er vnserm feinde gram werde/auff das der selb/sampt seinem anhang/vmbkome. 19 Vnd errette vns durch deine hand/vnd hilff mir deiner Magd/die kein ander hülffe hat/denn dich HERR alleine/Der du alle ding weissest/vnd erkennest/das ich keine freude habe an der ehre/die ich bey den Gottlosen habe/auch keine lust an der Heidnischen vnd frembden heyrat/Du weissest/das ichs thun mus/vnd nicht achte den herrlichen schmuck/den ich auff meinem heubt trage/wenn ich prangen mus/Sondern halts wie ein vnrein tuch/vnd trags nicht ausser dem geprenge/Auch hab ich nie mit Haman gessen/noch freude gehabt am Königlichen tissch/noch getruncken vom opffer wein/Vnd deine Magd hat sich nie gefrewet/sint ich bin hieher gebracht/bis auff diese zeit/on dein allein HERR/du Gott Abraham/Erhöre die stim der verlassenen/du Starcker Gott vber alle/vnd errette vns von der Gottlosen hand/vnd erlöse mich aus meinen nöten.

3 Vnd am dritten tage/legt sie jre tegliche kleider ab/vnd zoch jren Königlichen schmuck an/vnd war seer schöne/vnd rieff Gott den Heiland an/der alles sihet/vnd nam zwo megde mit sich/vnd lehnet sich zeirlich auff die eine/Die ander aber folget jr/vnd trug jr den schwantz am rocke/Vnd jr angesicht war seer schön/lieblich vnd frölich gestalt/Aber jr hertz war vol angst vnd sorge.

Dis stück mag eine glosa sein/des anfangs im funfften Capitel.

Vnd da

Stucke jnn Esther.

6 Vnd da sie durch alle thüre hinein kam/trat sie gegen den König/ da er sas auff seinem Königlichen stuel/jnn seinen Königlichen kleidern/die von gold vnd edelsteinen waren/vnd war schrecklich an zu sehen/Da er nu die augen auff hub/vnd sahe sie zorniglich an/erblasst die Königin vnd sanck jnn eine ommacht/vnd legt das heubt auff die magd.

8 Da wandelt Gott dem Könige sein hertz zur güte/vnd jm ward bange fur sie/vnd sprang von seinem stuel/vnd vmbfieng sie mit seinen armen/bis sie wider zu sich kam/vnd sprach sie freundlich an/Was ist dir Esther? Ich bin dein Bruder/Furcht dich nicht/du solt nicht sterben/Denn dis verbot trifft alle ander an/Aber dich nicht/Tritt er zu. 10 Vnd er hub den gülden scepter auff/vnd legt jn auff jre achseln/ vnd küsset sie/vnd sprach/Sage her.

11 Vnd sie antwortet/Da ich dich ansahe/daucht mich/ich sehe einen Engel Gottes/Darumb erschrack ich fur deiner grossen Maiestet/Denn du bist seer schrecklich/vnd deine gestalt ist gantz herrlich. 13 Vnd als sie so redet/sanck sie aber mal jnn eine ommacht/vnd fiel darnider/Der König aber erschrack sampt seinen Dienern/vnd trösteten sie.

Dis stück mag man lesen nach dem ende des achten Capitels vor dem neunden Capitel.

IM vierden jar des Königes Ptolemej vnd Cleopatre/ brachten Dositheus (welcher sich fur einen Priester aus dem stam Leui ausgab) vnd Ptolemeus sein son/diesen brieff der Purim/Vnd sagten/das Lysimachus ein son Ptolemej den selbigen verdolmetscht hette zu Jerusalem.

1 Artazerxes der grosse König/von India bis jnn Morenland/ empeut den hundert vnd sieben vnd zwenzig Fürsten sampt den vnterthanen seinen grus.

2 Wir befinden/das viel sind/welche der Fürsten gnade misbrauchen/vnd von den ehren/so jnen widerferet/stoltz vnd böse werden/ also/das sie nicht allein die vnterthanen pochen/sondern auch gedencken/die herrn selbs/von denen sie erhöhet sind/vnter die füsse zu tretten/Vnd thun nicht allein wider natürliche billigkeit/durch vndanckbarkeit/sondern sind durch hoffart so verblendet/das sie auch meinen/Gott (der auff die fromen sihet) straffe solche vntrewe nicht.

Also hat ein Marggraue zu Meissen gesagt/Ein Fürst durfft sich nicht so seer furchte fur denen/so fern von jm weren/als fur denen/so jm auff dem fus nachgehē/Denn die selben/wolten jm gern auff den kopff tretten.

4 Sie betriegen auch frome Fürsten/auff das sie vnschüldig blut vergiessen/vnd die jhenen/so trewlich vnd redlich dienen/jnn alles vnglück bringen möchten/Welcher exempel man findet/nicht allein/ jnn den alten geschichten/sondern auch noch teglich erferet/wie viel solch vntrewe Rete/vnglück stifften.

6 Weil vns denn gebürt drauff zu sehen/das hinfurt fride im Reich bleibe/müssen wir nach gelegenheit der sachen/zu weilen/die gebot endern/wo wirs anders finden/denn wir bericht waren/vnd nicht zu geschwinde faren.

Nach dem

Stucke jnn Esther. CI.

8 Nach dem nu Haman der son Hamadathi aus Macedonia/vnd nicht der Persen geblüt/auch nicht vnser gütigen art/sondern bey vns ein gast ist/Dem wir (wie wir pflegen gegen alle Nation) alle gnade erzeigt/vnd also erhöhet haben/das wir jn vnsern Vater nenneten/ vnd von jederman/als der neheste nach dem Könige/geehret ward/ist er so stoltz worden/das er sich vnterstanden hat/vns vmb vnser Königreich vnd leben zu bringen.

9 Denn er hat Mardocheum (der durch seine trew vnd wolthat vnser leben errettet hat) vnd vnser vnschüldige gemalh die königin Esther/sampt jrem gantzen volck/felschlich vnd böslich verklagt/das sie alle solten vmbbracht werden/Vnd als denn/wenn die hin weg weren/die vns bewaren/hat er gedacht/vns auch zu erwürgen/vnd der Perser Reich an die Macedonier zu bringen.

10 Wir befinden aber/das die Jüden/welche der veriagte bube/ wolt tödten lassen/vnschüldig sind/gute Gesetz haben/vnd kinder des Höhesten/grössesten vnd ewigen Gottes sind/der vnsern vorfaren vnd vns dis Reich gegeben hat/vnd noch erhelt/Darumb solt jr euch nicht halten nach dem brieue/welchen Haman ausbracht hat/Denn vmb solcher that willen ist er mit alle seinem geschlecht fur dem thor zu Susan an den galgen gehenckt/Vnd hat jm also Gott/bald vergolten/wie ers verdienet hat.

13 Aber dis gebot/das wir euch jetzt zuschicken/solt jr jnn allen stedten verkündigen/das die Jüden mügen jr Gesetz frey halten/Vnd wo man jnen gewalt thun wolt/am dreizehenden tage des zwelfften monden/der da heisst Adar/da solt jr sie schützen/das sie sich an jhenen rechen mügen/Denn den selbigen tag/hat jnen der Allmechtige Gott zur freuden gemacht/daran sie/das ausserwelet volck/solten vmbkomen sein.

15 Darumb solt auch jr/neben andern feiertagen/diesen tag feiren/ jnn allen freuden/auff das es vns wol gehe/vnd allen/so den Persen trew sind/vnd ein exempel sey/wie vntrew gestrafft werde/Welchs land aber oder Stad/dis gebot nicht halten wird/die sol mit schwert vnd feur vertilget werden/also/das weder mensch/noch thier/noch vogel hinfurt drinnen wonen könne.

Im andern jar des grossen Königes Artazerxes/am ersten tage des monden Nisan/hatte Mardocheus einen traum/der ein Jüde war/ein son Jairi/des sons Semej/des sons Kis vom stam Ben Jamin/vnd wonet jnn der stad Susan/ein ehrlicher man/vnd am Königlichen hofe wolgehalten/Er war aber der gefangenen einer/so Nebucad Nezar der König zu Babel weg güret hatte von Jerusalem mit dem Könige Jechania dem Könige Juda/Vnd das war sein traum.

Dis stücke mag man lesen zu erst oder zu letzt/Denn der traum ist geweest vor der geschicht/vnd die deutung nach der geschicht.

3 Es erhub sich ein geschrey vnd getümel/donner vnd erdbeben/ vnd ein schrecken auff erden. Vnd sihe/da waren zween grosse Drachen/die giengen gegen ander zu streiten/Vnd das geschrey war so gros/das alle lender sich auff machten/zu streiten wider ein heilig volck/Vnd es war ein tag/grosser finsternis/trübsal vnd vnd angst/

Stucke jnn Esther.

angst/vnd war ein gros jamer vnd schrecken auff erden/Vnd das heilige volck war hoch betrübt/vnd furchten sich fur jrem vnglück/vnd hatten sich jres lebens erwegen/ Vnd sie schrien zu Gott/ Vnd nach solchem geschrey/ergos sich ein gros wasserstrom aus einem kleinen brun/Vnd die Sonne gieng auff vnd ward helle/vnd die elenden gewonnen/vnd brachten vmb die stoltzen. Als nu Mardocheus erwacht/nach dem traum/dacht er/was Gott damit meinet/vnd behielt den traum jnn seinem hertzen/vnd dacht jm nach/bis jnn die nacht/vnd hette gern gewust/was er bedeutet.

Vnd Mardocheus sprach/Gott hat das alles geschickt/Ich dencke an meinen traum/vnd es ist eben ergangen/wie mir getreumet hat/Der klein brun/der ein gros wasserstrom ward/da die Sonne schein vnd helle ward/das ist Esther/welche der König zum gemahl genomen vnd zur Königin gemacht hat/ Die zween drachen/sind/ Ich vnd Haman/Der eine bedeut die Heiden/so zu samen kamen/ vnd den namen der Jüden austilgen wolten/ Der ander bedeut mein volck Israel/welchs zum HERRN rieff/vnd der HERR halff seinem volck/vnd erlöset vns von diesem vnglück/Er thut grosse zeichen vnd wunder vnter den Heiden/Denn er hat allezeit vnterschied gehalten/zwisschen seinem volck vnd den Heiden/Vnd wenn das stündlin komen ist/das die Heiden am stöltzesten/vnd wir am schwechsten gewesen sind/vnd das Gott hat richten sollen/so hat er an sein volck gedacht/vnd seinem Erbe den sieg gegeben.

Vnd diese tage sol man halten im monden Adar/auff den vierzehenden vnd funffzehenden tag/desselben monden/jnn allen freuden/ vnd mit hohem vleis/wenn das volck zu samen kompt/Vnd sol ewiglich also gehalten werden im volck Israel.

Ende der Stucke jnn Esther.

Historia von der
Susanna vnd Daniel.

CII.

ES war ein man zu Babylon/ mit namen Joiakim/ der hatte ein weib/ die hies Susanna/ eine tochter Helkia/ die war seer schöne vnd dazu Gottfürchtig/ Denn sie hatte frome Eltern/ die sie vnterweiset hatten/ nach dem Gesetz Mose/ Vnd jr man Joiakim war seer reich/ vnd hatte einen schönen garten/ an seinem hause/ Vnd die Jüden kamen stets bey jm zu samen/ weil er der furnemeste man war vnter jnen allen.

5 Es worden aber im selben jar zween Eltesten aus dem volck zu Richtern gesetzt/ das waren solche leute/ von welchen der HERR gesagt hatte/ Jre Richter vben alle bosheit zu Babylon/ Die selbigen kamen teglich zu Joiakim/ vnd wer eine sache hatte/ muste daselbs fur sie komen.

7 Vnd wenn das volck hinweg war/ vmb den mittag/ pflegte die Susanna jnn jres mans garten zu gehen/ Vnd da sie die Eltesten sahen teglich darein gehen/ wurden sie gegen jr entzünd mit böser lust/ Vnd wurden drüber zu narren/ vnd worffen die augen so gar auff sie/ das sie nicht kondten gen himel sehen/ vnd gedachten weder an Gottes wort noch straffe.

10 Sie waren aber beide zu gleich gegen sie entbrand/ vnd schemets sichs einer dem andern zu offenbaren/ vnd jglicher hette gerne mit jr gebulet/ Vnd warteten teglich mit vleis auff sie/ das sie sie nur sehen möchten/ Es sprach aber einer zum andern/ Ey/ las vns heim gehen/

S   Denn es

Historia von der Susanna

Denn es ist nu zeit essens. Vnd wenn sie von einander gegangen waren/keret darnach jglicher wider vmb/vnd kamen zu gleich wider zu samen/Da nu einer den andern fragte/bekandten sie beide jr böse lust/Darnach wurden sie mit einander eins/darauff zu warten/wenn sie das weib möchten alleine finden.

15 Vnd da sie einen bequemen tag bestimpt hatten/auff sie zu lauren/kam die Susanna mit den zwo megden/wie jr gewonheit war/jnn den garten sich zu waschen/Denn es war seer heis/Vnd es war kein mensch im garten/on diese zween Eltesten die sich heimlich versteckt hatten/vnd auff sie laureten/Vnd sie sprach zu jren megden/Holet mir Balsam vn̄ seiffen/vnd schliesset den garten zu/das ich mich wasche/ 18 Vnd die megde thaten wie sie befolhen hatte/vnd schlossen den garten zu/Vnd giengen hinaus zur hinder thür/das sie jr brechten/was sie haben wolt/Vnd wurden der menner nicht gewar/denn sie hatten sich versteckt.

19 Da nu die megde hinaus waren/kamen die zween Eltesten erfur/vnd lieffen zu jr zu/vnd sprachen/Sihe/der garten ist zugeschlossen/vnd niemand sihet vns/vnd sind entbrand jnn deiner liebe/Darumb so thu vnsern willen/Wiltu aber nicht/so wollen wir auff dich bekennen/das wir einen jungen gesellen allein bey dir funden haben/vnd das du deine megde darumb habst hinaus geschickt.

22 Da erseufftzet Susanna/vnd sprach/Ach/wie bin ich jnn so grossen engsten/Denn wo ich solchs thu/so bin ich des tods/thu ichs aber nicht/so kome ich nicht aus ewrn henden/Doch wil ich lieber vnschüldiglich jnn der menschen hende komen/denn wider den HERRN sündigen/Vnd fieng an laut zu schreien/Aber die Eltesten schrien auch vber sie/Vnd der eine lieff hin zur thür des garten/vnd that sie auff/Da nu das gesinde solch geschrey hörete/lieffen sie heraus jnn garten zur hinder thür/zu sehen was jr widerfaren were/Vnd die Eltesten fiengen an von jr zu sagen/das sich die knechte jrethalben schemeten/Denn des gleichen war zuuor nie nicht von Susanna gehöret worden.

28 Vnd des andern tages/da das volck jnn Joiakim jres mannes hause zu samen kam/da kamen auch die zween Eltesten/vol falscher list wider Susanna/das sie jr zum tod hülffen/Vnd sprachen zu allem volck/Schickt hin/vnd lasst Susanna die tochter Delkie Joiakims weib/her holen/Vnd da sie gefoddert ward/kam sie mit jren Eltern vnd kindern vnd jrer gantzen freundschafft/Sie war aber seer zart vnd schöne/darumb hiessen diese bösewicht jr den schleier weg reissen/damit sie verhüllet war/auff das sie sich ergetzten an jrer schönheit/Vnd alle die bey jr stunden/vnd die sie kenneten/weineten vmb sie.

34 Vnd die zween Eltesten tratten auff mitten vnter dem volck/vnd legten die hende auff jr heubt/Sie aber weinete vnd hub die augen auff gen himel/Denn jr hertz hatte ein vertrawen zu dem HERRN/ 36 Vnd die Eltesten fiengen an/vnd sprachen/Da wir beide allein jnn dem garten vmbher giengen/kam sie hinein mit zwo megden/vnd schlos den garten zu/vnd schickte die megde von jr/Da kam ein junger gesell zu jr/der sich versteckt hatte/vnd legt sich zu jr/Da wir aber jnn einem winckel im garten solche schande sahen/lieffen wir eilend hin zu/vnd funden sie bey einander/Aber des gesellen kondten wir nicht mechtig werden/denn er war vns zu starck/vnd sties die thür auff/vnd sprang

vnd Daniel. CIII.

sprang dauon/Sie aber ergriffen wir/vnd fragten/wer der junge gesell were/aber sie wolt es vns nicht sagen/Solchs zeugen wir.

41 Vnd das volck gleubte den zween/als Richtern vnd Obersten im volck/vnd verurteileten die Susanna zum tode/Sie aber schrey mit lauter stimme/vnd sprach/HERR ewiger Gott/der du kennest alle heimligkeit/vnd weissest alle ding zuuor/ehe sie geschehen/Du weissest/das diese falsch zeugnis wider mich gegeben haben/Vnd nu sihe/ ich mus sterben/so ich doch solchs vnschüldig bin/das sie böslich vber mich gelogen haben.

44 Vnd Gott erhöret jr ruffen/Vnd da man sie hin zum tode füret/ erwecket er den geist eines jungen knabens/der hies Daniel/der fieng an laut zu ruffen/Ich wil vnschuldig sein/an diesem blut/Vnd alles volck wendet sich vmb zu jm/vnd fragt jn/was er mit solchen worten meinete/Er aber trat vnter sie/vnd sprach/Seid jr von Jsrael solche narren? das jr eine tochter Jsrael verdampt/ehe jr die sache erforschet vnd gewis werdet/Keret wider vmb fürs Gericht/Denn diese haben falsch zeugnis wider sie gered.

50 Vnd alles volck keret eilend wider vmb/vnd die Eltesten sprachen zu Daniel/Setze dich her zu vns/vnd berichte vns/weil dich Gott zu solchem Richter ampt foddert/Vnd Daniel sprach zu jnen/Thut sie von einander/so wil ich jglichen sonderlich verhören/Vnd da sie von einander gethan waren/foddert er den einen/vnd sprach zu jm/Du böser alter schalck/jtzt treffen dich deine sunde/die du vorhin getrieben hast/da du vnrechte vrteil sprachest/vnd die vnschüldigen verdamptest/aber die schüldigen los sprachest/So doch der HERR geboten hat/Du solt die fromen vnd vnschüldigen nicht tödten/Hastu nu diese gesehen/so sage an/vnter welchem baum hastu sie bey einander funden/Er aber antwortet/Vnter einer Linden/Da sprach Daniel/O recht/Der Engel des HERRN wird dich finden/vnd zu scheitern/ Denn mit deiner lügen bringestu dich selbs vmb dein leben.

56 Vnd da dieser hinweg war/hies er den andern auch fur sich komen/vnd sprach zu jm/Du Canaans art/vnd nicht Juda/Die schöne hat dich bethöret/vnd die böse lust hat dein hertz verkeret/Also habt jr den töchtern Jsrael mit gefaren/vnd sie haben aus furcht müssen ewren willen thun/Aber diese tochter Juda hat nicht jnn ewr bosheit gewilliget/Nu sage an/vnter welchem baum hastu sie bey einander ergriffen/Er aber antwortet/Vnter einer Eichen/Da sprach Daniel/ O recht/Der Engel des HERRN wird dich zeichen/vnd wird dich zurhawen/Denn mit deiner lügen bringestu dich selbs vmb dein leben.

Im Griechischen stehet/vnter einem Schino/das heisst latine Lentiscus/ Vnd ist der baum/ dauon das gumi fleusst / so man Mastich nennet/ Weil aber der baum vns Deudschen nicht bekand/hat man ein andern dafur nemen müssen.

60 Da fieng alles volck an mit lauter stim zu ruffen/vnd preiseten Gott/ der da hilffet denen/so auff jn hoffen vnd vertrawen/vnd tratten auff wider die zween Eltesten/weil sie Daniel aus jren eigen worten vberweiset hatte/das sie falsche zeugen weren. Vnd thaten jnen nach dem Gesetz Mose/wie sie sich an jrem nehesten verschuld hatten/vnd tödteten sie/Also ward desselben tags das vnschüldig blut errettet/Aber Helkia sampt seinem weibe/lobten Gott vmb Susanna jre tochter/mit Joiakim jrem man vnd der gantzen freundschafft/das nichts vnehrlichs an jr erfunden war. Vnd Daniel ward gros fur dem volck/von dem tage an/vnd hernach fur vnd fur.

S ij　　Von dem

Von dem Bel vnd Drachen
zu Babel.

NAch dem tod Aſtyagis kam das Königreich an Cyron aus Perſia/ Vnd Daniel war ſtets vmb den König / vnd ehrlicher gehalten/ denn alle freunde des Königs/ Nu hatten die zu Babylon einen Abgott/ der hies Bel/ dem muſte man teglich opffern/ zwelff malter weitzen/ vnd vierzig ſchafe/ vnd drey eimer weins/ Vnd der König dienet dem Abgott ſelbs/ vnd gieng teglich hinab den ſelben anzubeten/ Aber Daniel betet ſeinen Gott an/ Vnd der König ſprach zu jm/ Warumb beteſtu nicht auch den Bel an/ Er aber ſprach/ Ich diene nicht den Götzen/ die mit henden gemacht ſind/ ſondern dem lebendigen Gott/ der himel vnd erden gemacht hat/ vnd ein Herr iſt vber alles was da lebet/ Da ſprach der König zu jm/ Helteſtu denn den Bel nicht fur einen lebendigen Gott? Siheſtu nicht/ wie viel er teglich jſſet vnd trincket? Aber Daniel lachet/ vnd ſprach/ Herr König/ las dich nicht verfüren/ Denn dieſer Bel iſt jnnwendig nichts denn leimen/ vnd auswendig ehern/ vnd hat noch nie nichts geſſen/ Da ward der König zornig/ vnd lies allen ſeinen Prieſtern ruffen/ vnd ſprach zu jnen/ Werdet jr mir nicht ſagen/ wer dis opffer verzehret/ ſo müſſet jr ſterben/ Könnet jr aber beweiſen/ das der Bel ſolchs verzehre/ ſo mus Daniel ſterben/ Denn er hat den Bel geleſtert/ Vnd Daniel ſprach/ Ja Herr König/ Es geſchehe alſo/ wie du gered haſt.

9 Es waren aber jr ſiebenzig Prieſter des Bel / on jre weiber vnd kinder/ Vnd der König gieng mit Daniel/ jnn den Tempel des Bel/ 10 Da ſprachen die Prieſter deſſelben/ Sihe/ wir wollen hinaus gehen/ vnd du Herr König ſolt die ſpeiſe vnd den tranck ſelbs dar ſetzen/ vnd die thür nach dir zu ſchlieſſen/ vnd mit deinem eigen ringe verſiegeln/ 11 Vnd wenn du morgens frue wider komeſt/ vnd findeſt/ das der Bel nicht alles verzehret habe/ ſo wollen wir gerne ſterben/ oder Daniel mus getödtet werden/ der ſolchs auff vns gelogen hat/ Sie verlieſſen ſich aber darauff / das ſie hatten einen heimlichen gang vnter dem Tiſch gemacht/ durch den ſelben giengen ſie allezeit hinein / vnd verzehreten was da war.

13 Da nu die Prieſter hinaus waren/ lies der König dem Bel die ſpeiſe fur ſetzen/ Aber Daniel befalh ſeinen knechten/ das ſie aſchen holeten/ vnd lies die ſelbige ſtrawen durch den gantzen Tempel/ fur dem Könige/ Darnach giengen ſie hinaus vnd ſchloſſen die thür zu/ vnd verſiegelten ſie mit des Königs ringe/ vnd giengen dauon.

14 Die Prieſter aber giengen des nachts hinein / nach jrer gewonheit/ mit jren weibern vnd kindern/ fraſſen vnd ſoffen alles was da war/ Vnd des morgens ſeer frue/ war der König auff vnd Daniel mit jm/ Vnd der König ſprach/ Iſt das ſiegel vnuerſeert? Er aber antwortet/ Ja Herr König/ Vnd ſo bald die thür auffgethan war/ ſahe der König auff den Tiſch/ vnd rieff mit lauter ſtim/ Bel/ du biſt ein groſſer Gott/ vnd iſt nicht betrug mit dir/ Aber Daniel lachet/ vnd hielt den König/ das er nicht hinein gieng/ vnd ſprach/ Sihe auff den boden/ vnd merck/ wes ſind dieſe fuſtappen? Der König ſprach/ Ich ſehe wol

Von dem Bel vnd Drachen

sehe wol fustappen menner vnd weiber vnd kinder/Da ward der König zornig/vnd lies die Priester fahen mit jren weibern vnd kindern/ Vnd sie musten jm zeigen die heimliche genge/dadurch sie waren aus vnd eingegangen/ vnd verzehret hatten was auff dem Tisch war/ 21 Vnd der König lies sie tödten/vnd gab Daniel den Bel jnn seine gewalt/Der selb zustöret jn vnd seinen Tempel.

22 Es war auch ein grosser Drach daselbs/den die zu Babel anbeten/Vnd der König sprach zu Daniel/Wie? wiltu von dem auch sagen/das er nichts denn ein ehern Götze sey? Sihe/er lebt ja/denn er isset vnd trincket/Vnd kanst nicht sagen/das es nicht ein lebendiger Gott sey/Darumb so bete jn an/Aber Daniel antwortet/Ich wil den HERRN meinen Gott anbeten/Denn der selbige ist der lebendige Gott/Du aber Herr König/erleube mir/so wil ich diesen Drachen vmbbringen/on einig schwert oder stangen/Vnd der König sprach/ Ja/es sey dir erleubt/Da nam Daniel pech/fettes vnd har/vnd kochets vnter einander/vnd machet küchlin draus/vnd warffs dem Drachen jns maul/Vnd der Drach barst dauon mitten entzwey/vnd Daniel sprach/Sihe/das sind ewr Götter.

27 Da nu die zu Babel solchs höreten/verdros sie es seer/vnd machten eine auffrur wider den König/vnd sprachen/Vnser König ist ein Jüde worden/Denn er hat den Bel zurstöret/vnd den Drachen getödtet/vnd die Priester vmbbracht/Vnd sie tratten fur den König/vnd sprachen/Gib vns den Daniel her/wo nicht/so wollen wir dich vnd dein gantzes Haus vmbbringen/Da nu der König sahe/das sie mit gewalt auff jn drungen/muste er jnen den Daniel vbergeben/Vnd sie worffen jn zun Lewen jnn den graben/Darin lag er sechs tage lang.

31 Vnd es waren sieben Lewen im graben/den gab man teglich zween menschen/vnd zwey schaf/Aber diese tage gab man jnen nichts/auff das sie Daniel fressen solten.

32 Es war aber ein Prophet Habacuk jnn Judea/der hatte einen brey gekochet/vnd brod eingebrocket jnn eine tieffe schüssel/vnd gieng damit auffs feld/das ers den schnittern brechte/Vnd der Engel des HERRN sprach zu Habacuk/Du must das essen/das du tregst/dem Daniel bringen gen Babel/jnn den Lewen graben/Vnd Habacuk antwortet/HERR/Ich hab die Stad Babel nie gesehen/vnd weis nicht wo der graben ist/Da fasset jn der Engel oben bey dem schopff/ vnd füret jn wie ein starcker wind/gen Babel an den graben/Vnd Habacuk ruffet/vnd sprach/Daniel/Daniel/Nim hin das essen/das dir Gott gesand hat/Vnd Daniel sprach/HERR Gott/du gedenckest ja noch an mich/vnd verlessest die nicht/die dich anruffen/vnd dich lieben/Vnd er stund auff vnd ass/Aber der Engel Gottes bracht Habacuk von stund an wider an seinen ort.

39 Vnd der König kam am siebenden tage/Daniel zu klagen/Vnd da er zum graben kam/vnd hinein schawet/sihe/da sas Daniel mitten vnter den Lewen/Vnd der König rieff laut/vnd sprach/O HERR/ du Gott Daniels/du bist ein grosser Gott/vnd ist sonst kein Gott denn du/Vnd er lies jn aus dem graben nemen/Aber die andern/so jn zum tode wolten bracht haben/lies er jnn den graben werffen/vnd worden so bald fur seinen augen von den Lewen verschlungen.

Der Gesang

Der gesang der dreier menner im feur / Daniel am dritten / aus dem Griechischen.

Vnd Asaria stund mitten im gluenden ofen / vnd that seinen mund auff / betet vnd sprach.

26 Gelobet seistu HERR / der Gott vnser Veter / vnd dein name müsse gepreiset vnd geehret werden ewiglich / Denn du bist gerecht jnn allem das du vns gethan hast / Alle deine werck sind rechtschaffen / vnd was du thust / das ist recht / vnd alle deine gerichte sind vnstrefflich / 28 Du thust vns recht / das du vns gestrafft hast / mit solcher straffe / die du vber vns hast gehen lassen / vnd vber Jerusalem die heilige Stad vnser Veter / Ja du thust recht vnd wol daran / vmb vnser sunde willen.

29 Denn wir haben gesundigt vnd vbel gethan / damit / das wir von dir gewichen sind / vnd allenthalben wider dich gethan haben / Vnd deinen geboten nicht gehorchet noch jr geachtet / das wir darnach theten / wie du vns befolhen hast / auff das es vns wol gienge / 31 Darumb hastu recht gethan / das du solchs alles vber vns hast gehen lassen / vnd vns gegeben jnn die hende vnser feinde der Gottlosen bösen leute / vnd dem vngerechten / grausamsten Könige auff erden.

33 Vnd wir thüren vnsern mund nicht auff thun / so sind wir zu schanden vnd zu spot worden / fur deinen knechten / vnd fur allen die dich fürchten / Aber doch verstosse vns nicht gar / vmb deines heiligen namens willen / vnd verwirff deinen Bund nicht / Vnd nim deine barmhertzigkeit nicht von vns / vmb Abrahams deines geliebten freynds willen / vnd deines knechts Isaac / vnd Israel deines Heiligen / welchen du verheissen hast / jren samen zu mehren / wie die stern am himel / vnd wie den sand am meer.

37 Denn wir sind geringer worden / denn alle Heiden / vnd sind jtzt die verachtesten auff erden / vmb vnser sunde willen / das wir nu keinen Fürsten / Propheten noch Lerer mehr haben / vnd weder Brandopffer noch teglich opffer / noch Speisopffer / noch Reuchwerck / vnd haben keine stet / da wir fur dir opffern / vnd gnade finden möchten / Sondern mit betrübtem hertzen vnd zurschlagenem geist komen wir fur dich / 40 als brechten wir Brandopffer von wider vnd rindern / vnd viel tausent fetter schafe / Also woltestu vnser opffer heute fur dir gelten vnd angeneme sein lassen / Denn du lessest nicht zu schanden werden / die so auff dich hoffen.

41 Also komen wir nu mit gantzem hertzen / vnd suchen dein angesicht mit furcht / Darumb las vns nicht zu schanden werden / Sondern thu vns HERR nach deiner gnade / vnd nach deiner grossen barmhertzigkeit / Vnd errette vns nach deinen wunderthaten / vnd gib deinem namen die ehre / das sich schemen müssen alle / die deinen knechten leid thun / vnd zu schanden werden fur deiner grossen macht vnd gewalt / das jre macht zurstöret werde / damit sie erfaren / das du bist der HERR /

Gesang der dreier menner   CV.

der HERRE/der einige Gott/herrlich auff dem erdboden.

46 Vnd die Diener des Königs/die sie jnn den ofen geworffen hatten/höreten nicht auff/ vnd worffen jmer zu/ schwefel vnd pech vnd werg/vnd dürre reisser/Das die loh oben aus dem ofen schlug/bey neun vnd vierzig ellen hoch/vnd frass vmb sich/vnd verbrandte die Chaldeer/die es erreichte fur dem ofen. 47 Aber der Engel des HERRN trat mit denen/die bey Asaria waren jnn den ofen/vnd sties die loh vom feur aus dem ofen/vnd machets im ofen/wie einen külen thaw/das das feur sie gar nicht anrürete noch schmertzete oder beschedigte.

51 Da fiengen diese drey mit einander an zu singen/preiseten vnd lobeten Gott jnn dem ofen/vnd sprachen.

52 Gelobt seistu HERR/der Gott vnser Veter/vnd müssest gepreiset vnd hoch gerhümet werden ewiglich.
53 Gelobt sey dein herrlicher vnd heiliger name/vnd müsse gepreiset vnd hoch gerhümet werden ewiglich.
54 Gelobt seistu jnn deinem heiligen/herrlichen Tempel/vnd müssest gepreiset vnd hoch gerhümet werden ewiglich.
55 Gelobt seistu der du sitzest auff dem Cherubin/vnd sihest jnn die tieffe/vnd müssest gepreiset vnd hoch gerhümet werden ewiglich.
56 Gelobt seistu auff deinem herrlichen Königlichen stuel/vnd müssest gepreiset vnd hoch gerhümet werden ewiglich.
57 Gelobt seistu jnn der Festen des himels/vnd müssest gepreiset vnd hoch gerhümet werden ewiglich.
58 Es loben den HERRN alle seine werck/vnd müssen jn preisen vnd rhümen ewiglich.
59 Jr himel lobet den HERRN/preiset vnd rhümet jn ewiglich.
60 Lobet den HERRN jr Engel des HErrn/preiset vnd rhümet jn ewiglich.
61 Alle wasser droben am himel lobet den HERRN/preiset vnd rhümet jn ewiglich.
62 Alle heerscharen des HERRN lobet den HErrn/preiset vnd rhümet jn ewiglich.
63 Sonn vnd Mond lobe den HERRN/preiset vnd rhümet jn ewiglich.
64 Alle sternen am himel lobet den HERRN/preiset vnd rhümet jn ewiglich.
65 Regen vnd thaw lobet den HERRN/preiset vnd rhümet jn ewiglich.
66 Alle winde lobet den HERRN/preiset vnd rhümet jn ewiglich.
67 Feur vnd hitze lobe den HERRN/preiset vnd rhümet jn ewiglich.
68 Schlossen vnd hagel lobe den HERRN/preiset vnd rhümet jn ewiglich.
69 Tag vnd nacht lobe den HERRN/preiset vnd rhümet jn ewiglich.
70 Liecht vnd finsternis lobe den HERRN/preiset vnd rhümet jn ewiglich.
71 Eis vnd Frost lobe den HERRN/preiset vnd rhümet jn ewiglich.

Reifen

Gesang der dreier menner im feur/

72 Reifen vnd schnee lobe den HERRN/ preiset vnd rhůmet jn ewiglich.

73 Blitz vnd wolcken lobe den HERRN/ preiset vnd rhůmet jn ewiglich.

74 Die erde lobe den HERRN/ preiset vnd rhůmet jn ewiglich.

75 Berg vnd hůgel lobe den HERRN/ preiset vnd rhůmet jn ewiglich.

76 Alles was aus der erden wechst lobe den HERRN/ preiset vnd rhůmet jn ewiglich.

77 Die brunnen loben den HERRN/ preiset vnd rhůmet jn ewiglich.

78 Meer vnd wasserströme lobe den HERRN/ preiset vnd rhůmet jn ewiglich.

79 Walfische vnd alles was sich reget im wasser / loben den HERRN/ preiset vnd rhůmet jn ewiglich.

80 Alle vogel vnter dem himel loben den HERRN/ preiset vnd rhůmet jn ewiglich.

81 Alle wilde thier vnd vieh lobe den HERRN/ preiset vnd rhůmet jn ewiglich.

82 Jr menschen kinder lobet den HERRN/ preiset vnd rhůmet jn ewiglich.

83 Jsrael lobe den HERRN/ preiset vnd rhůmet jn ewiglich.

84 Jr Priester des HERRN/ lobet den HERRN/ preiset vnd rhůmet jn ewiglich.

85 Jr knechte des HERRN/ lobet den HERRN/ preiset vnd rhůmet jn ewiglich.

86 Jr geister vnd seelen der gerechten/ lobet den HERRN/ preiset vnd rhůmet jn ewiglich.

87 Jr heiligen/ so elend vnd betrůbt sind / lobet den HERRN/ preiset vnd rhůmet jn ewiglich.

88 Anania/ Azaria vnd Misael lobet den HERRN/ preiset vnd rhůmet jn ewiglich.

Denn er hat vns erlöset aus der Hellen/ vnd hat vns geholffen von dem tode.

Vnd hat vns errettet aus dem glůenden ofen/ vnd hat vns mitten im feur erhalten.

89 Dancket dem HERRN/ denn er ist freundlich/ vnd seine gůte wehret ewiglich.

90 Alle die den HERRN fůrchten/ loben den Gott aller Götter/ preiset jn vnd rhůmet/ das seine gůte ewiglich wehret.

Das gebet

Das gebet Manasse des Königs Juda/da er gefangen war zu Babel.

1 HERR Allmechtiger Gott vnser Veter/Abraham/Isaac vnd Jacob/vnd jres gerechten samens/der du himel vnd erden vnd alles was drinnen ist/gemacht hast/ Vnd hast das meer versiegelt mit deinem gebot/ vnd hast die tieffe verschlossen vnd versiegelt/zu ehren deinem schrecklichen vnd herrlichen namen/das jederman mus fur dir erschrecken/vnd sich furchten fur deiner grossen macht/Denn vntreglich ist dein zorn den du drewest den sundern/Aber die barmhertzigkeit/so du verheissest/ist vnmessig vnd vnausforschlich/Denn du bist der HERR/der allerhöhest vber den gantzen erdboden/von grosser gedult vnd seer gnedig/vnd straffest die leute nicht gerne/Vnd hast nach deiner güte verheissen/busse zur vergebung der sunde.

8 Aber weil du bist ein Gott der gerechten/hastu die busse nicht gesetzt den gerechten/Abraham/Isaac vnd Jacob/welche nicht wider dich gesundigt haben/ Ich aber habe gesundigt/vnd meiner sunde ist mehr/denn des sands am meer/vnd bin gekrümmet jnn schweren eisern bandern/vnd habe keine ruge/darumb/das ich deinen zorn erweckt habe/vnd gros vbel fur dir gethan/damit/das ich solche grewel vnd so viel ergernis angericht habe.

11 Darumb beuge ich nu die knie meines hertzen/vnd bitte dich HERR/vmb gnade/ Ah HERR/Ich hab gesundigt/ja ich habe gesundigt/vnd erkenne meine missethat/Ich bitte vnd flehe/vergib mir/O HERR/vergib mirs/ Las mich nicht jnn meinen sunden verderben/vnd las die straffe nicht ewiglich auff mir bleiben/

15 Sondern woltest mir vnwirdigem helffen/nach deiner grossen barmhertzigkeit/ So wil ich
mein leben lang dich loben/ Denn dich
lobet alles himels heer/ vnd dich
sol man preisen jmer vnd
ewiglich/
AMEN.

Ende der bucher des alten Testaments.

DES HEREN WORT BLEIBT IN EG.

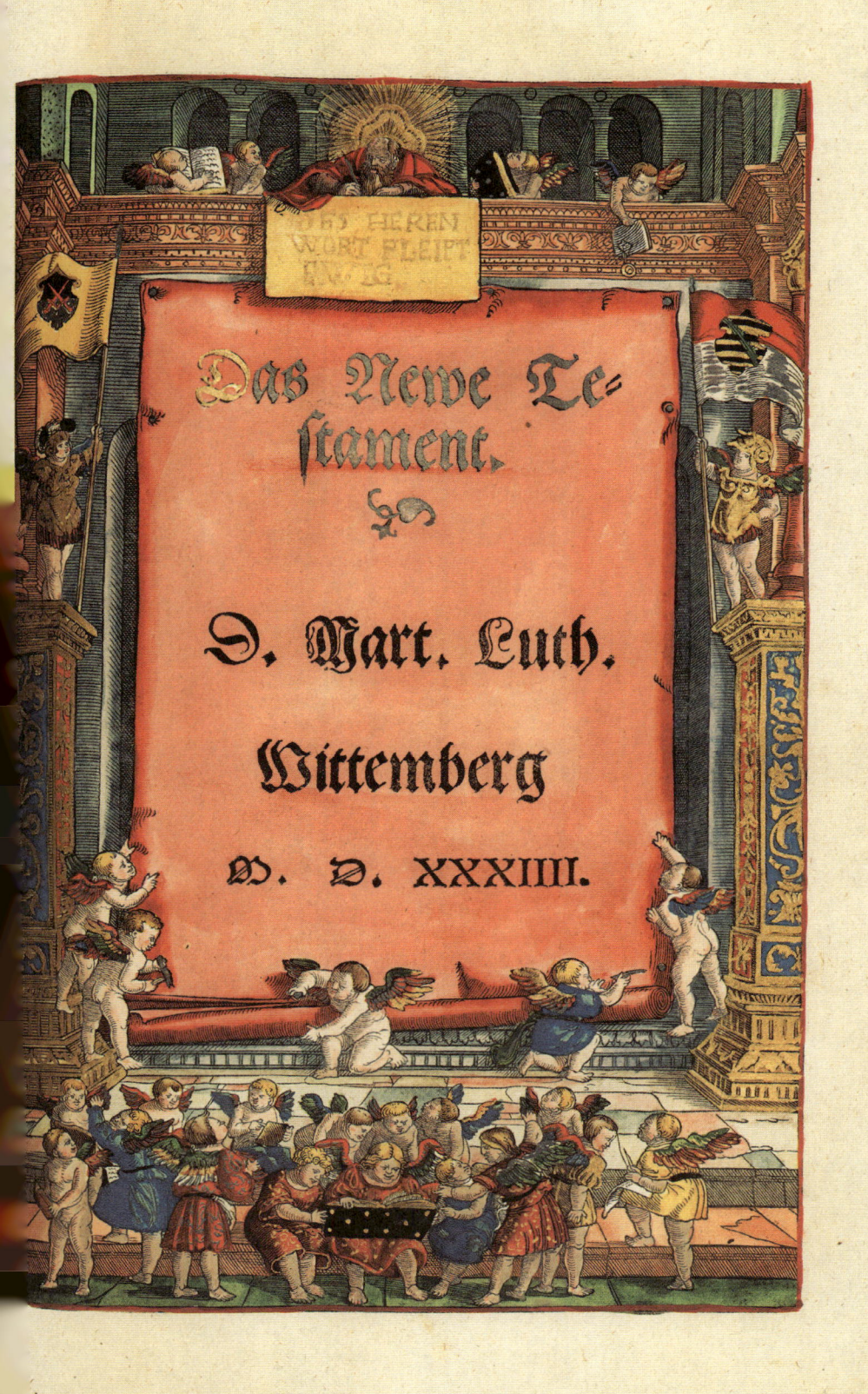

Das Newe Te-
stament.

D. Mart. Luth.

Wittemberg

M. D. XXXIIII.

Vorrhede auff das Newe Testament.

GLeich wie das Alte Testament ist ein Buch/ darinnen Gottes Gesetz vnd Gebot/ daneben die Geschichte/ beide dere/ die die selbigen gehalten vnd nicht gehalten haben/ geschrieben sind/ Also ist das Newe Testament ein Buch/ darinnen das Euangelion vnd Gottes Verheissung/ daneben auch Geschichte/ beide dere/ die daran gleuben vnd nicht gleuben/ geschrieben sind.

Denn Euangelion ist ein Griechisch wort/ vnd heisst auff Deudsch Gute botschafft/ gute mehre/ gute newe zeitung/ gut geschrey/ dauon man singet/ saget vnd frölich ist/ Gleich als da Dauid den grossen Goliath vberwand/ kam ein gut geschrey vnd tröstliche newe zeitung vnter das Jüdische volck/ das jrer grewlicher feind erschlagen/ vnd sie erlöset/ zu frewde vnd fride gestellet weren/ dauon sie singen vnd sprungen/ vnd frölich waren/ Also ist dis Euangelion Gottes vnd New Testament/ ein gute mehre vnd geschrey/ jnn alle welt erschollen/ durch die Apostel/ von einem rechten Dauid/ der mit der sunde/ tod vnd Teufel gestritten/ vnd vberwunden habe/ vnd damit alle die/ so jnn sunden gefangen/ mit dem tode geplaget/ vom Teufel vberweldiget gewesen/ on jr verdienst erlöset/ gerecht/ lebendig vnd selig gemacht hat/ vnd damit zu fride gestellet/ vnd Gott wider heim bracht/ dauon sie singen/ dancken Gott/ loben vnd frölich sind ewiglich/ so sie das anders feste gleuben/ vnd im glauben bestendig bleiben.

Solch geschrey vnd tröstliche mehre/ oder Euangelische vnd Göttliche new zeitung/ heisst auch ein new Testament/ darumb/ das gleich wie ein Testament ist/ wenn ein sterbender man sein gut bescheidet/ nach seinem tode den benanten erben aus zu teilen/ Also hat auch Christus vor seinem sterben befolhen vnd bescheiden/ solchs Euangelion nach seinem tode aus zu ruffen jnn alle welt/ vnd damit allen/ die da gleuben/ zu eigen gegeben alles sein gut/ das ist/ sein leben/ damit Er den tod verschlungen/ seine gerechtigkeit/ damit er die sunde vertilget/ vnd seine seligkeit/ damit er die ewige verdamnis vberwunden hat. Nu kan jhe der arme mensch/ jnn sunden/ tod vnd zur Helle verstricket/ nichts tröstlichers hören/ denn solche thewre/ liebliche botschafft von Christo/ vnd mus sein hertz von grund lachen vnd frölich darüber werden/ wo ers gleubet/ das war sey.

So hat Gott solchen glauben zu stercken/ dieses sein Euangelion vnd Testament/ vielfeltig im alten Testament durch die Propheten verheissen/ wie Paulus sagt Roma.j. Jch bin ausgesondert zu predigen das Euangelion Gottes/ welchs er zuuor verheissen hat durch seine Propheten/ jnn der heiligen Schrifft/ von seinem Son/ der jm geborn ist von dem samen 2c. Vnd das wir der etliche anzeigen/ hat ers am ersten verheissen/ da er saget zu der Schlangen/ Gene.iij. Jch wil feindschafft legen zwisschen dir vnd einem weibe/ zwisschen deinem samen vnd jrem samen/ der selbige sol dir dein heubt zu tretten/ vnd du wirst

Vorrhede

wirst jm seine solen zutretten. Christus ist der same dieses weibes/der dem Teufel sein heubt/das ist/Sünde/Tod/Helle/vnd alle seine krafft zutretten hat. Denn on diesen samen kan kein mensch der Sünde/dem Tod/noch der Hellen entrinnen.

Item/Gene. xxij. verhies ers Abraham/Jnn deinem samen sollen alle geschlecht auff erden gesegnet werden/Christus ist der same Abrahe/spricht Sanct Paulus zun Galatern am dritten/Der hat alle welt gesegenet/durchs Euangelion/Denn/wo Christus nicht ist/da ist noch der Fluch/der vber Adam vnd seine kinder fiel/da er gesundiget hatte/das sie allezumal der Sünde/des Tods/vnd der Hellen schüldig vnd eigen sein müssen. Wider den Fluch/segenet nu das Euangelion alle welt/damit/das es ruffet offentlich/Wer an diesen samen Abrahe gleubet/sol gesegenet/das ist/von Sünde/Tod vnd Helle los sein/vnd gerecht/lebendig vnd selig bleiben ewiglich/wie Christus selbs sagt/Johannis am eilfften/Wer an mich gleubet/der wird nimer mehr sterben.

Item/So verhies ers Dauid. ij. Reg. xvij. da er saget/Jch wil erwecken deinen samen nach dir/der sol mir ein Haus bawen/vnd ich wil sein Reich festigen ewiglich/Jch wil sein Vater sein/vnd er sol mein Son sein/rc. Das ist das Reich Christi/dauon das Euangelion lautet/Ein ewiges Reich/ein Reich des lebens/der seligkeit vnd gerechtigkeit/darein komen aus dem gefengnis der sunde vnd todes/alle die da gleuben. Solcher verheissung des Euangelij/sind viel mehr auch jnn den andern Propheten/als Michea am funfften/Vnd du Bethlehem/du bist klein vnter den tausenten Juda/aus dir sol mir komen/der ein Hertzog sey meines volcks Jsrael. Item/Osee am dreizehenden/Jch wil sie von der hand des todes erlösen/vom tode wil ich sie erretten.

So ist nu Euangelion nichts anders/denn eine Predigte von Christo Gottes vnd Dauids Son/warem Gott vnd mensch/der fur vns mit seinem sterben vnd aufferstehen/aller menschen sunde/tod vnd helle vberwunden hat/die an jn gleuben/Das also das Euangelion eine kurtze vnd lange rede mag sein/vnd einer kurtz/der ander lang/beschreiben mag. Der beschreibets lang/der viel werck vnd wort Christi beschreibet/als die vier Euangelisten thun/Der beschreibets aber kurtz/der nicht von Christus wercken/sondern kürtzlich anzeiget/wie er durchs sterben vnd aufferstehen/sünde/tod/vnd helle vberwunden habe/denen/die an jn gleuben/wie Petrus vnd Paulus.

Darumb sihe nu drauff/das du nicht aus Christo einen Mosen machest/noch aus dem Euangelio ein Gesetz oder lere buch/wie bisher geschehen ist/vnd etliche Vorrede auch S. Hieronymi sich hören lassen. Denn das Euangelion foddert eigentlich nicht vnser werck/das wir damit from vnd selig werden/ja es verdampt solche werck/sondern es foddert den glauben an Christo/das der selbige fur vns Sünd/Tod/vnd Helle vberwunden hat/vnd also vns nicht durch vnsere werck/sondern durch sein eigen werck/sterben vnd leiden/from/lebendig vnd selig machet/das wir vns seines sterbens vnd vberwindens mügen annemen/als hetten wir selbs gethan.

Das

Vorrhede.

Das aber Christus im Euangelio/dazu Petrus vnd Paulus viel gebot vnd lere geben/vnd das Gesetz auslegen/sol man gleich rechnen allen andern wercken vnd wolthaten Christi/ Vnd gleich wie seine werck vnd geschichte wissen/ist noch nicht das rechte Euangelion wissen/denn damit weistu noch nicht/das Er die Sünde/Tod vnd Teufel vberwunden hat/ Also ist auch das noch nicht das Euangelion wissen/ wenn du solche lere vnd gebot weissest/sondern wenn die stimme kompt/die da saget/Christus sey dein eigen mit leben/leren/ wercken/ sterben/ aufferstehen/vnd alles was er ist/ hat/ thut vnd vermag.

Also sehen wir auch/das er nicht dringet/sondern freundlich locket/vnd spricht/Selig sind die armen/ꝛc. Vnd die Apostel brauchen des worts/Ich ermane/ich flehe/ich bitte/Das man allenthalben sihet/wie das Euangelion nicht ein Gesetz buch ist/sondern eigentlich eine Predigt von den wolthaten Christi/vns erzeiget vnd zu eigen geben/so wir glenben. Moses aber inn seinen büchern treibet/dringet/drewet/schlegt vnd straffet grewlich/denn er ist ein Gesetz schreiber vnd treiber. Daher kompts auch/das einem glenbigen kein Gesetz gegeben ist/wie Sanct Paulus sagt.j.Timoth.j. Darumb das er durch den glauben gerecht/lebendig vnd selig ist. Vnd ist jm nicht mehr not/denn das er solchen glauben mit wercken beweise.

Ja wo der glaube ist/kan er sich nicht halten/er beweiset sich/ bricht eraus durch gute werck/vnd bekennet vnd leret solch Euangelion fur den leuten/vnd waget sein leben dran/Vnd alles was er lebet vnd thut/das richtet er zu des nehesten nutz/jm zu helffen/nicht alleine auch zu solcher gnade zu komen/sondern auch mit leib/ gut vnd ehre/wie er sihet/das jm Christus gethan hat/vnd folget also dem Exempel Christi nach. Das meinet auch Christus/da er zur letze kein ander gebot gab/denn die Liebe/daran man erkennen solte/wer seine Jünger weren vnd rechtschaffene glenbigen/Denn wo die werck vnd liebe nicht eraus bricht/da ist der glaube nicht recht/da hafftet das Euangelion noch nicht/vnd ist Christus nicht recht erkant. Sihe/nu richte dich also/inn die bücher des Newen Testaments/ das du sie auff diese weise zu lesen wissest.

Die Bucher des Newen Testaments.

j	Euangelion Sanct Matthes.
ij	Euangelion Sanct Marcus.
iij	Euangelion Sanct Lucas.
iiij	Euangelion Sanct Johannis.
v	Der Aposteln Geschichte/beschrieben von Sanct Lucas.
vj	Epistel Sanct Paulus zu den Römern.
vij	Die erste Epistel Sanct Paulus zun Corinthern.
viij	Die ander Epistel Sanct Paulus zun Corinthern.
ix	Epistel Sanct Paulus zu den Galatern.
x	Epistel Sanct Paulus zu den Ephesern.
xj	Epistel Sanct Paulus zu den Philippern.
xij	Epistel Sanct Paulus zu den Colossern.
xiij	Die erste Epistel Sanct Paulus zu den Thessalonichern.
xiiij	Die ander Epistel Sanct Paulus zu den Thessalonichern.
xv	Die erste Epistel Sanct Paulus an Timotheon.
xvj	Die ander Epistel Sanct Paulus an Timotheon.
xvij	Epistel Sanct Paulus an Titon.
xviij	Epistel Sanct Paulus an Philemon.
xix	Die erste Epistel Sanct Peters.
xx	Die ander Epistel Sanct Peters.
xxj	Die erste Epistel Sanct Johannis.
xxij	Die ander Epistel Sanct Johannis.
xxiij	Die dritte Epistel Sanct Johannis.

Die Epistel zu den Ebreern.
Die Epistel Jacobi.
Die Epistel Judas.
Die Offenbarung Johannis.

Evangelion Sanct
Matthes.

I.

I.
Is ist das buch von der
geburt Jhesu Christi/der da ist ein son
Dauids des sons Abraham.
    Abraham zeugete Isaac.
Isaac zeugete Jacob.
Jacob zeugete Juda vnd seine bruder.
Juda zeugete Pharez vnd Saram/von
der Thamar.
Pharez zeugete Hezron.
Hezron zeugete Ram.
Ram zeugete Aminadab.
Aminadab zeugete Nahasson.
Nahasson zeugete Salma.
Salma zeugete Boas/von der Rahab.
Boas zeugete Obed/von der Ruth.
Obed zeugete Jesse.
Jesse zeugete den könig Dauid.
    Der könig Dauid zeugete Salomon/von dem weibe des Vrie.
Salomon zeugete Roboam.
Roboam zeugete Abia.
Abia zeugete Assa.
Assa zeugete Josaphat.
Josaphat zeugete Joram.

Abraham vnd Dauid werdē furnemlich angezogen/darumb das den selben Christus sonderlich verheissen ist.

A   Joram

Euangelion

<small>Sanct Mattheſ
leſſt etliche glied
auſſen / vnd füret
Chriſtusgeſchlecht
von Salomon nach
dem Geſetz / A-
ber Sanct Lucas
füret es nach der
natur von Nathan
Salomonis bru-
der. Denn das Ge-
ſetz nennet auch die
kinder / ſo von brü-
dern aus nachge-
laſſenem weib ge-
born ſind / Deute.
xxv.</small>

    Joram zeugete Oſia.
    Oſia zeugete Jotham.
    Jotham zeugete Achas.
    Achas zeugete Ezechia.
    Ezechia zeugete Manaſſe.
    Manaſſe zeugete Amon.
    Amon zeugete Joſia.
    Joſia zeugete Jechonia vnd ſeine brüder / vmb die zeit des Babyloni- <small>iiij x xiiij. j. Reg.</small>
ſchen gefengnis.
    Nach der Babyloniſchen gefengnis / zeugete Jechonia Sealthiel.
    Sealthiel zeugete Zorobabel.
    Zorobabel zeugete Abiud.
    Abiud zeugete Eliachim.
    Eliachim zeugete Aſor.
    Aſor zeugete Zadoch.
    Zadoch zeugete Achin.
    Achin zeugete Eliud.
    Eliud zeugete Eleaſar.
    Eleaſar zeugete Mathan.
    Mathan zeugete Jacob.
    Jacob zeugete Joſeph den man Marie / von welcher iſt geborn Jheſus / der da heiſſt Chriſtus.
    Alle gelied von Abraham bis auff Dauid / ſind vierzehen gelied / Von Dauid bis auff die Babyloniſchen gefengnis / ſind vierzehen gelied / Von der Babyloniſchen gefengnis bis auff Chriſtum / ſind vierzehen gelied.

<small>a
(Rügen etc.)
Das iſt / er wolt ſie
nicht zu ſchanden
machen fur den leu-
ten / als er wol ma-
cht hatte nach dem
Geſetze / vnd rhü-
met alſo S. Mat-
thes Joſephs from-
keit / das er ſich
auch ſeines rechten
vmb liebe willen
verzihen hat.
b
(Bis)
Sol nicht verſtan-
den werden / das
Joſeph Mariam
hernach erkennet
hab / ſondern es iſt
eine weiſe zu reden
jnn der Schrifft /
als Gene. viij. der
Rab ſey nicht wid-
der komen / bis die
erde trocknet / wil
die Schrifft nicht /
das der Rab her-
nach komen ſey / Al-
ſo auch hie folget
nicht / das Joſeph
Mariam hernach
erkennet habe.
c
(Weiſen)
Die S. Mattheſ
Magos nennet /
ſind naturkündige
vnd prieſter geweſen.</small>

    Die geburt Chriſti war aber alſo gethan / Als Maria ſeine mutter <small>Luc</small>
dem Joſeph vertrawet war / ehe er ſie heim holet / erfand ſichs / das ſie
ſchwanger war von dem Heiligen geiſt. Joſeph aber jr man war
frum / vnd wolt ſie nicht ᵃ rügen / gedacht aber ſie heimlich zu verlaſ-
ſen. Jnn dem er aber alſo gedacht / ſihe / da erſchein jm ein Engel des
Herrn im trawm / vnd ſprach / Joſeph du ſon Dauid / fürchte dich
nicht / Mariam dein gemalh zu dir zu nemen / denn das jnn jr geborn
iſt / das iſt von dem Heiligen geiſt / Vnd ſie wird einen ſon geberen /
des namen ſoltu Jheſus heiſſen / Denn er wird ſein volck ſelig ma-
chen von jren ſunden.
    Das iſt aber alles geſchehen / auff das erfüllet würde / das der
Herr durch den Propheten geſagt hat / der da ſpricht / Sihe / eine <small>Iſ</small>
jungfraw wird ſchwanger ſein / vnd einen ſon geberen / vnd ſie wer-
den ſeinen namen EmanuEl heiſſen / das iſt verdolmetſchet / Gott
mit vns.
    Da nu Joſeph vom ſchlaff erwachte / that er / wie jm des Herrn
Engel befolhen hatte / vnd nam ſein gemalh zu ſich / vnd erkennet ſie
nicht / ᵇ bis ſie jren erſten ſon gebar / vnd hies ſeinen namen Jheſus.

II.

DA Jheſus geborn war zu Bethlehem im Jüdiſchen
lande / zur zeit des königs Herodis / ſihe / da kamen die
Weiſen vom Morgen land gen Jeruſalem / vnd ſpra-
chen / Wo iſt der new geborne König der Jüden? Wir
haben ſeinen ſternen geſehen im Morgen lande / vnd
ſind komen jn an zu beten.

                                                                           Da das

Sanct Matthes. II.

Da das der könig Herodes horete/erschrack er/vnd mit jm das gantze Jerusalem/vnd lies versamlen alle hohe priester vnd Schrifft gelerten vnter dem volck/vnd erforschete von jnen/ wo Christus solt geborn werden. Vnd sie sagten jm/ zu Bethlehem im Jüdischen lande/ Denn also stehet geschrieben durch den Propheten/Vnd du Bethlehem im Jüdischen lande/bist mit nichte die kleinest vnter den Fürsten Juda/ denn aus dir sol mir komen/der Hertzog/ der vber mein volck Israel ein Herr sey.

Mich. v
Joh. vij

Da berieff Herodes die Weisen heimlich/ vnd erlernet mit vleis von jnen/wenn der stern erschienen were/vnd weisete sie gen Bethlehem/vnd sprach/Jhet hin/vnd forschet vleissig nach dem kindlin/ vnd wenn jrs findet/sagt mir widder/das ich auch kome vnd es anbete.

Als sie nu den König gehort hatten/ zogen sie hin/vnd sihe/der stern/den sie im morgenland gesehen hatten/gieng fur jnen hin/bis das er kam/ vnd stund oben vber/da das kindlin war. Da sie den stern sahen/ wurden sie hoch erfrewet/ vnd giengen jnn das haus/ vnd funden das kindlin mit Maria seiner mutter/ vnd fielen nider/ vnd betten es an/vnd theten jre schetze auff/ vnd schenckten jm gold/weirauch vnd mirrhen. Vnd Gott befalh jnen im trawm/ das sie sich nicht solten widder zu Herodes lencken/ vnd zogen durch einen andern weg widder jnn jr land.

Da sie aber hinweg gezogen waren/sihe/da erschein der Engel des Herrn dem Joseph im trawm/vnd sprach/Stehe auff/vnd nim das kindlin vnd seine mutter zu dir/ vnd fleuch jnn Egypten land/ vnd bleib alda/bis ich dir sage/Denn es ist furhanden/das Herodes das kindlin suche/das selb vmb zubringen. Vnd er stund auff/ vnd nam das kindlin vnd seine mutter zu sich/bey der nacht/ vnd entweich jnn Egypten land/vnd bleib alda/ bis nach dem tod Herodis/auff das erfüllet würde/das der Herr durch den Propheten gesagt hat/der da spricht/Aus Egypten hab ich meinen son geruffen.

Osee. xj.
Nume. xxiij.

Da Herodes nu sahe/das er von den Weisen betrogen war/ ward er seer zornig/ vnd schicket aus/ vnd lies alle kinder zu Bethlehem tödten/vnd an jr gantzen grentze/ die da zwey jerig vnd drunter waren/nach der zeit/ die er mit vleis von den Weisen erlernet hatte.

Jere. xvij.

Da ist erfüllet/das gesagt ist von dem Propheten Jeremia/ der da spricht/Auff dem gebirge hat man ein geschrey gehört/ viel klagens/ weinens vnd heulens/Rahel beweinet jre kinder/vnd wolt sich nicht trösten lassen/denn es war ᵃ aus mit jnen.

Da aber Herodes gestorben war/ sihe/da erschein der Engel des Herrn Joseph im trawm/jnn Egypten land/ vnd sprach/Stehe auff/ vnd nim das kindlin vnd seine mutter zu dir/ vnd zeuch hin/jnn das land Israel/ Sie sind gestorben/die dem kinde nach dem leben stunden. Vnd er stund auff/ vnd nam das kindlin vnd seine mutter zu sich/vnd kam jnn das land Israel. Da er aber hörete/das Archelaus im Jüdischen lande könig war/an stat seines vaters Herodis/ furcht er sich dahin zu komen/ vnd im trawm empfieng er befelh von Gott/ vnd zoch jnn die örter des Galileischen lands/ vnd kam/ vnd wonet jnn der stad/die da heisst Nazareth/ auff das erfüllet würde/das da gesagt ist durch die Propheten/Er sol Nazarenus heissen.

Jud. xiij

III.

A ij Zu der

(Mit nichte) Bethlehem war klein an zu sehen/ darumb auch Micheas sie klein nennet. Aber der Euangelist hat (mit nichte) hinzu gethan/ darumb das sie jtzund erhöhet war/ da Christus da geborn ward/ Vnd trifft also der Euangelist die figur/Denn Bethlehem bedeut die Christenheit/ die veracht fur der welt/gros fur Got ist.

ᵃ (Aus mit jnen) Diesen spruch hat S. Matthes sonderlich angezoge/ das er durch jn an zeiger/ wie es sich alle zeit vmb die Christenheit helt/ denn es lesst sich alleweg fur der welt ansehen/ als sey es aus mit der Christenheit/ doch werden sie widder alle macht der helle wunderlich durch Gott erhalten/ vnd man sihet hie jnn diesen kindern/ wie ein recht Christlich wesen im leiden stehe.

Euangelion

ZV der zeit kam Johannes der teuffer/vnd prediget jnn der wüsten des Jüdischen lands/vnd sprach/Thut busse/Das Himelreich ist nahe herbey komen. Vnd er ist der/von dem der Prophet Isaias gesagt hat/vnd gesprochen/Es ist ein ruffende stimme jnn der wüsten/Bereitet dem Herrn den weg/vnd machet richtig seine steige.

Luce. iij. Johan. Isaie. Mat.j.

Er aber Johannes hatte ein kleid von Kameel haren/vnd einen leddern gürtel vmb seine lenden/Seine speise war hewschrecken vnd wild honig. Da gieng zu jm hinaus die stad Jerusalem/vnd das gantze Jüdische land/vnd alle lender an dem Jordan/vnd liessen sich teuffen von jm im Jordan/vnd bekanten jre sunde.

Als er nu viel Phariseer vnd Saduceer sahe zu seiner tauffe komen/sprach er zu jnen/Jr ottern gezichte/wer hat denn euch geweiset/das jr dem künfftigen zorn entrinnen werdet? Sehet zu/thut rechtschaffene frucht der busse/Dencket nur nicht/das jr bey euch wolt sagen/wir haben Abraham zum vater/Ich sage euch/Gott vermag dem Abraham aus diesen steinen kinder erwecken/Es ist schon die axt den bewmen an die wurtzel gelegt/darumb/welcher bawm nicht gute frucht bringet/wird abgehawen/vnd jns fewer geworffen.

Ich teuffe euch mit wasser zur busse/der aber nach mir kompt/ist stercker denn ich/dem ich auch nicht gnugsam bin/seine schuch zu tragen/der wird euch mit dem Heiligen geist vnd mit fewer teuffen/Vnd er hat seine worffschauffel jnn der hand/er wird seine tenne fegen/vnd den weitzen jnn seine schewren samlen/aber die sprew wird er verbrennen mit ewigem fewer.

Zu der zeit kam Jhesus aus Galilea an den Jordan zu Johanne/das er sich von jm teuffen liesse/Aber Johannes wehret jm/vnd sprach/Ich bedarff wol/das ich von dir getaufft werde/vnd du komest zu mir? Jhesus aber antwortet vnd sprach/Las itzt also sein/also gebürt es vns/ᵃ alle gerechtigkeit zu erfüllen/Da lies ers jm zu. Vnd da Jhesus getaufft war/steig er bald herauff/aus dem wasser/Vnd sihe/da thet sich der himel auff vber jm. Vnd Johannes sahe den Geist Gottes/gleich als eine taube herab faren/vnd vber jn komen/Vnd sihe/eine stimme vom himel herab sprach/Dis ist mein lieber Son/an welchem ich wolgefallen habe.

Mar.j. Luce.iij. Johan. Matt. xvij.

(Alle gerechtigkeit)Alle gerechtigkeit wird erfüllet/wenn wir vns aller vnser gerechtigkeit vnd ehre verzeihen/das Gott allein fur den gehalten werde/der gerecht sey/vnd gerecht mache die gleubige. Dis thut Johannes/so er sich seiner gerechtigkeit eussert/vnd wil von Christo getaufft vnd gerechtfertiget werden. Dis thut auch Christus/so er sich seiner gerechtigkeit vnd ehre nicht annimpt/sondern lesset sich teuffen vnd tödten. Denn tauffe ist nicht anders/denn tod.

IIII.

DA ward Jhesus vom Geist jnn die wüsten gefürt/auff das er von dem teuffel versucht würde. Vnd da er viertzig tag vnd viertzig nacht gefastet hatte/hungert jn/Vnd der Versucher trat zu jm/vnd sprach/Bistu Gottes son/so sprich/das diese stein brod werden. Vnd er antwortet/vnd sprach/Es stehet geschrieben/Der mensch lebet nicht vom brod alleine/sondern von einem jglichen wort/das durch den mund Gottes gehet.

Mar.j. Lu.iiij. Deu.

Da füret jn der teuffel mit sich/jnn die Heilige stad/vnd stellet jn auff die zinnen des Tempels/vnd sprach zu jm/Bistu Gottes Son/so las dich hinab. Denn es stehet geschrieben/Er wird seinen Engeln vber dir befelh thun/vnd sie werden dich auff den henden tragen/auff das du deinen fus nicht an einen stein stossest. Da sprach Jhesus zu jm/

Psal.

Sanct Matthes. III.

Deut. vj · zu jm / Widderumb stehet auch geschrieben / Du solt Gott deinen Herrn nicht versuchen.

Widderumb furt jn der teuffel mit sich / auff einen seer hohen berg / vnd zeiget jm alle Reich der welt vnd jre herrligkeit / vnd sprach zu jm / Das alles wil ich dir geben / so du nider fellest / vnd mich anbettest. Da sprach Jhesus zu jm / Heb dich weg von mir Satan / denn es
Deut. vj · stehet geschrieben / Du solt anbetten Gott deinen Herrn / vnd jm allein dienen.

Da verlies jn der teuffel / Vnd sihe / da tratten die Engel zu jm / vnd dieneten jm.

Lu. iiij. Da nu Jhesus höret / das Johannes vberantwort war / zog er
Joh. ij · jnn das Galileische land / vnd verlies die stad Nazareth / kam vnd wonete zu Capernaum / die da ligt am meer / an der grentze Zabulon vnd Nephthalim / Auff das erfüllet würde / das da gesagt ist durch den
Isaie. ix · Propheten Isaiam / der da spricht / Das land Zabulon / vnd das land Nephthalim / am wege des meers / jhensid dem Jordan / vnd die Heidnisch Galilea / das volck das im finsternis sas / hat ein grosses liecht gesehen / vnd die da sassen am ort vnd schatten des todes / den ist ein liecht auffgangen.

Mar. j · Von der zeit an / fieng Jhesus an zu predigen / vnd sagen / Thut busse / das Himelreich ist nahe herbey komen.

Luce. v · Als nu Jhesus an dem Galileischen meer gieng / sahe er zween brüdere / Simon / der da heisst Petrus / vnd Andrean seinen bruder / die worffen jre netze jns meer / denn sie waren fischer / Vnd er sprach zu jnen / Folget mir nach / Ich wil euch zu menschen fischer machen / Bald verliessen sie jre netze / vnd folgten jm nach.

Vnd da er von dannen furbas gieng / sahe er zween andere bruder / Jacoben den son Zebedei / vnd Johannen seinen bruder / im schiff mit jrem vater Zebedeo / das sie jre netze flickten / vnd er rieff jnen / Bald verliessen sie das schiff vnd jren vater / vnd folgten jm nach.

Vnd Jhesus gieng vmbher im gantzen Galileischen lande / leret jnn jren Schulen / vnd prediget das Euangelion von dem Reich / vnd heilet allerley seuche vnd kranckheit im volck / vnd sein gerücht erschal jnn das gantz Syrien land. Vnd sie brachten zu jm allerley krancken / mit mancherley seuche vnd qual behafft / die besessenen / die monsüchtigen vnd die gichtbrüchtigen / Vnd er machte sie alle gesund / Vnd es folgete jm nach viel volcks / aus Galilea / aus den Zehen stedten / von Jerusalem / aus dem Jüdischen lande / vnd von jhensid des Jordans.

V.

Luce. vj · **D**a er aber das volck sahe / gieng er auff einen berg / vnd satzte sich / vnd seine Jünger tratten zu jm / Vnd er that seinen mund auff / leret sie / vnd sprach / Selig sind / die da geistlich arm sind / denn das Himelreich ist jre / Selig sind / die da leide tragen / denn sie sollen getröst werden / Selig sind die sensstmütigen / denn sie werden das erdreich b besitzen / Selig sind / die da hungert vnd dürstet nach der gerechtigkeit / denn sie sollen sat werden / Selig sind die barmhertzigen / denn sie werden barmhertzigkeit erlangen / Selig sind die reines hertzen sind / denn sie werden Gott schawen / Selig sind die c friedfertigen / denn sie werden Gottes kinder heissen / Selig sind / die vmb gerechtigkeit

A iij

---

a
Inn diesem Capitel redet Christus nicht von dem ampt odder Regiment weltlicher Oberkeit / sondern leret seine Christen ein recht leben / fur Gott im geist.

b
(Besitzen) Die welt vermeint die erden zu besitzen / vnd das jre zu schützen / wenn sie gewalt vbet / aber Christus leret / das man die erden allein mit senfftmütigkeit on gewalt behalte.

c
(Friedfertigen) Die friedfertigen sind mehr denn friedsamen / nemlich / die den fride machen / fordern vnd erhalten vnter andern / wie Christus vns bey Gott hat fride gemacht.

Euangelion

rechtigkeit willen verfolget werden/ denn das Himelreich ist jre/ Selig seid jr/ wenn euch die menschen vmb meinen willen schmehen vnd verfolgen/ vnd reden allerley vbels widder euch/ so sie daran liegen/ Seid frölich vnd getrost/ Es wird euch im himel wol belonet werden/ Denn also haben sie verfolget die Propheten/ die vor euch gewesen sind.

Jr seid ᵃ das saltz der erden/ wo nu das saltz thum wird/ wo mit sol man saltzen? Es ist zu nicht hinfurt nütze/ denn das man es hinaus schütte/ vnd las die leute zurtretten. Jr seid das liecht der welt/ Es mag die stad/ die auff einem berge ligt/ nicht verborgen sein/ Man zündet auch nicht ein liecht an/ vnd setzt es vnter einen scheffel/ sondern auff einen leuchter/ so leuchtet es denn allen/ die im hause sind/ Also lasst ewr liecht leuchten fur den leuten/ das sie ewre gute werck sehen/ vnd ewren Vater im himel preisen.

Jr solt nicht wehnen/ das ich komen bin/ das Gesetz odder die Propheten auff zu lösen/ Jch bin nicht komen auff zu lösen/ sondern zu erfüllen/ Denn ich sage euch warlich/ bis das himel vnd erden zurgehe/ wird nicht zurgehen der kleinest buchstab/ noch ein tüttel vom Gesetz/ bis das es alles geschehe.

Wer nu eines von diesen kleinesten geboten ᵇ aufflöset/ vnd leret die leute also/ der wird der ᶜ kleinest heissen im Himelreich/ Wer es aber thut vnd leret/ der wird ᵈ gros heissen im Himelreich.

Denn ich sage euch/ Es sey denn ewer gerechtigkeit besser/ denn der Schrifftgelerten vnd ᵉ Phariseer/ so werdet jr nicht jnn das Himelreich komen.

Jr habt gehört/ das zu den alten gesagt ist/ Du solt nicht tödten/ Wer aber tödtet/ der sol des gerichts schüldig sein. Jch aber sage euch/ Wer mit seinem bruder zörnet/ der ist des gerichts schüldig/ Wer aber zu seinem bruder sagt/ ᶠ Racha/ der ist des Rats schüldig/ Wer aber sagt/ du narr/ der ist des hellischen fewrs schüldig.

Darumb/ wenn du deine gabe auff den Altar opfferst/ vnd wirst alda eindencken/ das dein bruder etwas widder dich habe/ so las alda fur dem altar deine gabe/ vnd gehe zuuor hin/ vnd versüne dich mit deinem bruder/ vnd als denn kom vnd opffer deine gabe.

Sey ᵍ wilfertig deinem widdersacher bald/ die weil du noch bey jm auff dem wege bist/ auff das dich der widdersacher nicht der mal eins vberantworte dem Richter/ vnd der Richter vberantworte dich dem diener/ vnd werdest jnn den kercker geworffen/ Jch sage dir warlich/ du wirst nicht von dannen eraus komen/ bis du auch den letzten heller bezalest

Jr habt gehört/ das zu den alten gesagt ist/ Du solt nicht ehebrechen. Jch aber sage euch/ Wer ein weib ansihet jr zu begeren/ der hat schon mit jr die ehe gebrochen jnn seinem hertzen.

Ergert dich aber dein rechtes auge/ so ᵃ reis es aus/ vnd wirffs von dir/ Es ist dir besser/ das eins deiner gelied verderbe/ vnd nicht der gantze leib jnn die helle geworffen werde. Ergert dich deine rechte hand/ so haw sie abe/ vnd wirff sie von dir/ Es ist dir besser/ das eins deiner gelied verderbe/ vnd nicht der gantze leib jnn die helle geworffen werde.

Es ist auch gesagt/ Wer sich von seinem weibe scheidet/ der sol jr geben einen scheidbrieff. Jch aber sage euch/ Wer sich von seinem weibe

---

ᵃ (Das saltz)
Wenn die Lerer auffhören Gottes wort zu leren/ müssen sie von menschen gesetzen vberfallen vnd zurtretten werden.

ᵇ (Aufflöset)
Also thut der Papisten hauff/ sagen/ diese gebot Christi sind nicht gebot/ sondern rete.

ᶜ (Kleinest heissen)
Das ist/ wenig geacht/ vnd verworffen werden.

ᵈ (Gros heissen)
Das ist/ gros geacht werden.

ᵉ (Der phariseer)
Der phariseer fromigkeit stehet allein jnn eusserliche wercken vñ schein/ Christus aber fodert des hertzen fromkeit.

ᶠ (Racha)
Racha ist das rauch scharren im halse/ vñ begreifft alle zornige zeiche.

ᵍ (Wilfertig)
Gleich wie der schüldig ist zu versünen/ der dem andern leide gethan hat/ also ist der schüldig zu vergeben vnd gutwillig zu sein/ dem leid geschehe ist/ das kein zorn bleibe auff beiden seiten.

ᵃ (Reis)
Geistlich ausreissen ist hie gepoten/ das ist/ wenn der augen lust getödtet wird im hertzen vnd abgethan.

Sanct Matthes.   IIII.

weibe scheidet (es sey denn vmb ehebruch) der macht/das sie die ehe bricht/Vnd wer ein abgescheidete freiet/der bricht die ehe.

Jr habt weiter gehört/das zu den alten gesagt ist/Du solt keinen falschen eid thun/vnd solt Gott deinen eid halten/Ich aber sage euch/das jr aller ding nicht ᵃ schweren solt/wedder bey dem himel/ denn er ist Gottes stuel/noch bey der erden/denn sie ist seiner füsse schemel/noch bey Jerusalem/denn sie ist eines grossen Königes stad/ Auch soltu nicht bey deinem heubt schweren/denn du vermagst nicht ein einigs har weis odder schwartz zu machen/Ewer rede aber sey ia/ ia/nein/nein/Was drüber ist/das ist vom vbel.

Jr habt gehört/das da gesagt ist/Auge vmb auge/Zan vmb zan. Ich aber sage euch/das jr ᵇ nicht widderstreben solt dem vbel/son- dern so dir jemand einen streich gibt auff deinen rechten backen/dem biete den andern auch dar. Vnd so jemand mit dir rechten wil/vnd deinen rock nemen/dem las auch den mantel. Vnd so dich jemand nö- tiget eine meile/so gehe mit jm zwo. Gib dem der dich bittet/vnd wen- de dich nicht von dem/der dir abborgen wil.

Jr habt gehört/das gesagt ist/Du solt deinen nehesten lieben/vnd deinen feind hassen. Ich aber sage euch/Liebet ewre feinde/Segenet die euch fluchen/Thut wol denen/die euch hassen/Bittet fur die/so euch beleidigen vnd verfolgen/auff das jr kinder seid ewers Vaters im himel/Denn er lesst seine sonne auffgehen vber die bösen vnd vber die guten/vnd lesst regnen vber gerechte vnd vngerechte. Denn so jr liebet/die euch lieben/was werdet jr fur lohn haben? Thun nicht dasselb auch die Zölner? Vnd so jr euch nur zu ewren brüdern freund- lich thut/was thut jr sonderlichs? thun nicht die Zölner auch also? Darumb solt jr volkomen sein/gleich wie ewer Vater im himel volko- men ist.

VI.

Habt acht auff ewer almosen/das jr die nicht gebt fur den leuten/das jr von jnen gesehen werdet/jr habt an- ders keinen lohn bey ewrem Vater im himel. Wenn du nu almosen gibst/soltu nicht lassen fur dir posaunen/ wie die Heuchler thun/jnn den Schulen vnd auff den gassen/auff das sie von den leuten gepreiset werden. Warlich ich sage euch/sie haben jren lohn dahin. Wenn du aber almosen gibst/so las deine lincke hand nicht wissen/ was die rechte thut/auff das dein almosen verborgen sey/vnd dein Vater/der jnn das verborgen sihet/wird dirs vergelten offentlich.

Vnd wenn du betest/soltu nicht sein wie die Heuchler/die da ger- ne stehen vnd beten jnn den Schulen/vnd an den ecken auff den gas- sen/auff das sie von den leuten gesehen werden/Warlich ich sage euch/sie haben jren lohn dahin. Wenn aber du betest/so gehe jnn dein kemmerlin/vnd schleus die thür zu/vnd bete zu deinem Vater im verborgen/vnd dein Vater/der jnn das verborgen sihet/wird dirs ver- gelten offentlich.

Vnd wenn jr betet/solt jr nicht viel plappern/wie die Heiden/ Denn sie meinen/sie werden erhöret/wenn sie viel wort machen/dar umb solt jr euch jnen nicht gleichen/Ewer Vater weis/was jr bedürf- fet/ehe denn jr jn bittet/Darumb solt jr also beten.

A iiij   Vnser

ᵃ (Schweren) Alles schweren vñ eiden ist hie ver- boten/das der mensch von jm sel- ber thut. Wens a- ber die liebe/not- nutz des nehesten odder Gottes ehre foddert/ist es wol gethan/gleich wie auch der zorn ver- boten ist/vnd doch löblich/wenn er aus liebe vnd zu Got- tes ehre erfoddert wird.

ᵇ (Nicht widderste- ben) Das ist/nie- mand sol sich selbs rechen noch rache suchen/auch fur ge- richt/auch nicht ra- che begeren/ Aber die Oberkeit sol solchs schwerts sol solchs thun/von jr selbs/ odder durch den ne- hesten aus lieb er- manet vñ ersucht.

(Zölner) Heissen latinisch publicani/vñ sind gewesen/die der Römer rendte vnd zol bestanden hat- ten/vnd waren ge- meiniglich gottlo- se Heiden/dahin von den Römern gesetzt.

Euangelion

Vnser Vater jnn dem himel. Dein name werde geheiliget. Dein Reich kome. Dein wille geschehe auff erden/wie im himel. Vnser teglich brod/gib vns heute/Vnd vergib vns vnsere schulde/wie wir vnsern schuldigern vergeben/Vnd füre vns nicht jnn versuchung/sondern erlöse vns von dem vbel. Denn dein ist das Reich/vnd die krafft/vnd die herrligkeit jnn ewigkeit/Amen. Denn so jr den menschen jre feile vergebt/so wird euch ewer himlischer Vater auch vergeben. Wo jr aber den menschen jre feile nicht vergebt/so wird euch ewer Vater ewre feile auch nicht vergeben. *Luce.xj.*

Wenn jr fastet/solt jr nicht sawr sehen/wie die Heuchler/denn sie verstellen jre angesichte/auff das sie fur den leuten scheinen mit jrem fasten/Warlich ich sage euch/sie haben jren lohn dahin. Wenn du aber fastest/so salbe dein heubt/vnd wasche dein angesicht/auff das du nicht scheinest fur den leuten mit deinem fasten/sondern fur deinem Vater/welcher verborgen ist/vnd dein Vater/der jnn das verborgen sihet/wird dirs vergelten offentlich.

Ir solt euch nicht schetze samlen auff erden/da sie die motten vnd der rost fressen/vnd da die diebe nach graben vnd stelen. Samlet euch aber schetze im himel/da sie wedder motten noch rost fressen/vnd da die diebe nicht nach graben/noch stelen/Denn wo ewer schatz ist/da ist auch ewer hertz.

Das auge ist des leibs liecht/Wenn dein auge einfeltig ist/so wird *Luce.xj.* dein gantzer leib liecht sein/Wenn aber dein auge ein schalck ist/so wird dein gantzer leib finster sein. Wenn aber das liecht/das jnn dir ist/finsternis ist/wie gros wird denn die finsternis selber sein.

Niemand kan zweien herrn dienen/entweder er mus einen hassen/ *Lu.xvj.* vnd den andern lieben/odder wird einem anhangen/vnd den andern verachten. Ir künd nicht Gott dienen/vnd dem Mammon. Darumb sage ich euch/sorget nicht fur ewer leben/was jr essen vnd trincken *Luce.xij.* werdet/auch nicht fur ewern leib/was jr anzihen werdet. Ist nicht das leben mehr denn die speise? vnd der leib mehr denn die kleidung? Sehet die vögel vnter dem himel an/sie seen nicht/sie erndten nicht/sie samlen nicht jnn die schewren/vnd ewer himlischer Vater neeret sie doch. Seid jr denn nicht viel mehr denn sie? Wer ist vnter euch/der seiner lenge eine elle zusetzen müge/ob er gleich darumb sorget?

Vnd warumb sorget jr fur die kleidung? Schawet die lilien auff dem felde/wie sie wachsen/Sie erbeiten nicht/auch spinnen sie nicht/Ich sage euch/das auch Salomon jnn aller seiner herrligkeit nicht bekleidet gewesen ist/als der selbigen eins. So denn Gott das gras auff dem felde also kleidet/das doch heute stehet/vnd morgen jnn den ofen geworffen wird/solt er das nicht viel mehr euch thun/O jr kleingleubigen?

Darumb solt jr nicht sorgen vnd sagen/was werden wir essen? was werden wir trincken? wo mit werden wir vns kleiden? Nach solchem allen trachten die Heiden. Denn ewer himelischer Vater weis/das jr des alles bedürffet/Trachtet am ersten nach dem Reich Gottes vnd nach seiner gerechtigkeit/so wird euch solches alles zufallen. Darumb sorget nicht fur den andern morgen/denn der morgend tag wird fur das seine sorgen. Es ist gnug/das ein jglicher tag sein = eigen plage habe.

g
(Eigen plage)
Das ist/tegliche arbeit/vnd wil/es sey gnug/das wir teglich arbeiten/sollen nicht weiter sorgen.

VII.

Richtet

Sanct Matthes. V.

Richtet nicht/auff das jr nicht gerichtet werdet/Denn mit welcherley gerichte jr richtet/ werdet jr gerichtet werden/vnd mit welcherley mas jr messet/ wird euch gemessen werden. Was sihestu aber den splitter inn deines bruders auge/ vnd wirst nicht gewar des balcken inn deinem auge? odder wie tharstu sagen zu deinem bruder/Halt/ich wil dir den splitter aus deinem auge zihen/vnd sihe/ein balcke ist inn deinem auge? Du heuchler/ zeuch am ersten den balcken aus deinem auge/darnach besihe/wie du den splitter aus deines bruders auge zihest.

Jr solt das ᵃ heiligthum nicht den ᵇ hunden geben/vnd ewre perlen solt jr nicht fur die ᶜ sew werffen/auff das sie die selbigen nicht zutretten/mit jren füssen/vnd sich wenden/vnd euch zureissen.

Bittet/so wird euch gegeben/Suchet/so werdet jr finden/Klopffet an/so wird euch auffgethan/Denn wer da bittet/ der empfehet/ vnd wer da sucht/ der findet/vnd wer da anklopfft/dem wird auffgethan. Welcher ist vnter euch menschen/ so jn sein son bittet vmbs brod/der jm einen stein biete? odder so er jn bittet vmb einen fisch/der jm eine schlange biete/So denn jr/die jr doch arg seid/kund dennoch ewren kindern gute gabe geben/wie viel mehr wird ewer Vater im himel gutes geben/denen die jn bitten?

Alles nu/das jr wöllet/das euch die leute thun sollen/ das thut jr jnen/Das ist das Gesetz vnd die Propheten.

Gehet ein durch die enge pforten/denn die pforte ist enge/vnd der weg ist breit/der zur verdamnis abfüret/ vnd jr sind viel/ die drauff wandeln.Vnd die pforte ist enge/vnd der weg ist schmalh/der zum Leben füret/vnd wenig ist jr/die jn finden.

Sehet euch fur/fur den falschen Propheten/ die jnn schafskleidern zu euch komen/jnnwendig aber sind sie reissende Wolffe. An jren früchten solt jr sie erkennen. Kan man auch drauben lesen von den dornen? odder feigen von den disteln? Also ein iglicher guter bawm bringet gute früchte/Aber ein fauler bawm/bringet arge früchte/ Ein guter bawm/kan nicht arge früchte bringen/ vnd ein fauler bawm/kan nicht gute früchte bringen/Ein jglicher bawm/der nicht gute früchte bringet/ wird abgehawen/vnd jns fewer geworffen/ Darumb an jren früchten solt jr sie erkennen.

Es werden nicht alle/die zu mir sagen/Herr/Herr/ inn das Himelreich komen / sondern die den willen thun meines Vaters im himel. Es werden viel zu mir sagen/an jhenem tage/Herr/Herr/haben wir nicht jnn deinem namen geweissagt? haben wir nicht jnn deinem namen teuffel ausgetrieben? haben wir nicht jnn deinem namen viel thaten gethan? Denn werde ich jnen bekennen/ ich habe euch noch nie erkand/Weichet alle von mir jr vbeltheter.

Darumb/wer diese meine rede höret/vnd ᵈ thut sie/den vergleiche ich einem klugen man/der sein haus auff einen felsen bawet/Da nu ein platzregen fiel/vnd ein gewesser kam/vnd webeten die winde/vnd stiessen an das haus/fiel es doch nicht/ denn es war auff einen felsen gegründet.Vnd wer diese meine rede höret/vnd thut sie nicht/ der ist einem törichten man gleich/der sein haus auff den sand bawet/Da nu ein platzregen fiel/vnd kam ein gewesser/ vnd webeten die winde/ vnd stiessen an das haus/da fiel es/vnd thet einen grossen fall.

Vnd es

Marginalia:

Luce. vj
Mat. iij

Richten gehöret Gott zu/darumb wer richtet on Gottes befelh/ der nimpt Gott seine ehre/vnd dis ist der balcke.

Luce. xj

ᵃ (Heiligthum) Das heiligthum ist Gottes wort/ dadurch alle ding geheiliget werde.
ᵇ (Hunden) Hunde sind/die das Wort verfolgen.
ᶜ (Sew) Sew sind/die ersoffen inn fleischlicher lust/das Wort nicht achten.

Luce. vj
Lu. xiij

Luce. vj
Mat. iij
Luce. iij

ᵈ (Thut) Hie foddert Christus den glauben/ den wo nicht glaube ist/thut man die gebot nicht/Rom. iij. vnd alle gute werck nach dem schein on glauben geschehen/sind sund. Dagegen auch/ wo glaube ist/müssen rechte gute werck folgen/das heisset Christus (thun) von reinem hertzen thun. Der glaube aber reiniget das hertz/Act. xv. vii solche fromkeit stehet fest wid der alle winde/das ist/alle macht der hellen/Denn sie ist auff den fels Christum/ durch den glauben gebawet. Gute werck on glauben/sind der törichten jungfrawen lampe on öle.

Luce. vj

Psal. vj.

Luce. vj

Euangelion

Vnd es begab sich/da Jhesus diese rede vollendet hatte/entsatzte sich das volck/vber seiner lere/Denn er prediget gewaltig/vnd nicht wie die Schrifftgelerten.

VIII.

a
(So du wilt)
Der glaube weis nicht/vertrawet aber auff Gottes gnade.

b
(Vber sie)
Moses nennet das Gesetz ein gezeugnis vber das volck Deut. xxxj. Denn das Gesetz beschuldiget vns/vnd ist ein zeuge vber vnser sunde/Also hie die priester/so sie zeugen/Christus habe diesen gereiniget/vnd gleuben doch nicht/zeugen sie wider sich selb.

c
(Wenn ich sage)
Das ist/sind meine wort so mechtig/wie viel mechtiger sind denn deine wort?

d
(Vom morgen)
Das ist/die Heiden werden angenommen/darumb das sie gleuben werden/die Juden vñ werckheiligen verworffen.

e
(Wo du hin)
Etliche wöllen Christo nicht folgen/sie seien denn gewis/wo hin/darumb verwirfft Christus diesen/als der nicht trawen/sondern zuuor sich gewis sein wil.

f
(Begrabe)
Etliche wende gute werck fur/das sie nicht folgen oder gleuben wöllen. Aber die deutet Christus todte vnd verlorne gute werck.

Da er aber vom berge herab gieng/folgete jm viel volcks nach/Vnd sihe/ein aussetziger kam/vnd betet jn an/vnd sprach/Herr/ᵃ so du wilt/kanstu mich wol reinigen/Vnd Jhesus strecket seine hand aus/rüret jn an/vnd sprach/Ich wils thun/sey gereiniget. Vnd als bald war er von seinem aussatz rein. Vnd Jhesus sprach zu jm/Sihe zu/sags niemand/sondern gehe hin/vnd zeige dich dem Priester/vnd opffere die gabe/die Moses befolhen hat/zu einem zeugnis ᵇ vber sie. *Mar. j. Luce. v.*

Da aber Jhesus eingieng zu Capernaum/trat ein Heubtman zu jm/der bat jn/vnd sprach/Herr/mein knecht ligt zu hause/vnd ist gichtbrüchtig/vnd hat grosse qual. Jhesus sprach zu jm/Ich wil komen/vnd jn gesund machen. Der Heubtman antwortet vnd sprach/ Herr/ich bin nicht werd/das du vnter mein dach gehest/sondern sprich nur ein wort/so wird mein knecht gesund/Denn ich bin ein mensch/dazu der Oberkeit vnterthan/vnd habe vnter mir kriegsknechte/noch ᶜ wenn ich sage zu einem/gehe hin/so gehet er/vnd zum andern/kom her/so kompt er/vnd zu meinem knecht/thu das/so thut ers. Da das Jhesus höret/verwundert er sich/vnd sprach zu denen/ die jm nachfolgeten/Warlich ich sage euch/solchen glauben hab ich jnn Israel nicht funden. Aber ich sage euch/viel werden komen vom ᵈ Morgen vnd vom Abent/vnd mit Abraham vnd Isaac vnd Jacob im Himelreich sitzen/Aber die kinder des Reichs werden ausgestossen jnn das finsternis hinaus/da wird sein weinen vnd zeenklappen. Vnd Jhesus sprach zu dem Heubtman/Gehe hin/dir geschehe wie du gegleubt hast. Vnd sein knecht ward gesund zu der selbigen stunde.

Vnd Jhesus kam jnn Peters haus/vnd sahe/das seine schwiger *Mar. j.* lag vnd hatte das fieber/Da greiff er jre hand an/vnd das fieber ver-*Lu. iiij.* lies sie/vnd sie stund auff/vnd dienete jn.

Am abent aber brachten sie viel besessene zu jm/vnd er treib die geister aus mit worten/vnd machte allerley krancken gesund/auff das erfüllet würde/das gesagt ist durch den Propheten Isaia/der da *Isa. liij.* spricht/Er hat vnser schwacheit auff sich genomen/vnd vnser seuche hat er getragen.

Vnd da Jhesus viel volcks vmb sich sahe/hies er hinüber jhensid *Luce. ix.* des meers faren. Vnd es trat zu jm ein Schrifftgelerter/der sprach zu jm/Meister/ich wil dir folgen/ᵉ wo du hin gehest. Jhesus sagt zu jm/Die füchse haben gruben/vnd die vögel vnter dem himel haben nester/aber des menschen Son hat nicht/da er sein heubt hin lege. Vnd ein ander vnter seinen jüngern sprach zu jm/Herr/erlaube mir/ das ich hin gehe/vnd zuuor meinen vater ᶠ begrabe. Aber Jhesus sprach zu jm/Folge du mir/vnd las die todten jre todten begraben.

Vnd er trat jnn das schiff/vnd seine Jünger folgeten jm. Vnd sihe/ *Mar. iiij.* da erhub sich ein gros vngestüm im meer/also/das auch das schiff-*Lu. viij.* lin mit wellen bedecket ward/Vnd er schlieff. Vnd die Jünger trat-

ten zu

Sanct Matthes. VI.

ten zu jm / vnd wecketen jn auff / vnd sprachen / Herr / hilff vns / wir verderben. Da sagt er zu jnen / Jr klein gleubigen / warumb seid jr so forchtsam? Vnd stund auff / vnd bedrawete den wind vnd das meer / Da ward es gantz stille. Die menschen aber verwunderten sich / vnd sprachen / Was ist das fur ein man / das jm wind vnd meer gehorsam ist?

Mat. v.
Lu. viii.

Vnd er kam jhensid des meers / jnn die gegend der Gergeſener. Da lieffen jm entgegen zween besessene / die kamen aus den todtengrebern / vnd waren seer grimmig / also / das niemand die selbigen strasse wandeln kund. Vnd sihe / sie schrien vnd sprachen / Ah Jhesu du son Gottes / was haben wir mit dir zuthun? bistu her komen / vns zu quelen / ehe denn es zeit ist? Es war aber ferne von jn eine grosse herd sew an der weide / Da baten jn die teuffel / vnd sprachen / Wiltu vns austreiben / so erleube vns jnn die herd sew zu faren. Vnd er sprach / faret hin. Da furen sie aus / vnd furen jnn die herd sew. Vnd sihe / die gantze herd sew stortzet sich mit einem sturm jns meer / vnd ersoffen im wasser. Vnd die hirten flohen / vnd giengen hin jnn die stad / vnd sagten das alles / vnd wie es mit den besessenen ergangen war. Vnd sihe / da gieng die gantze stad eraus Jhesu entgegen / vnd da sie jn sahen / baten sie jn / das er von jrer grentze weichen wolte.

IX.

Mat. ij.
Luc. v.

DA trat er jnn das schiff / vnd fur widder herüber / vnd kam jnn seine ᵃ stad / Vnd sihe / da brachten sie zu jm einen gichtbrüchtigen / der lag auff einem bette. Da nu Jhesus jren glauben sahe / sprach er zu dem gichtbrüchtigen / Sey getrost / mein son / deine sunde sind dir vergeben. Vnd sihe / etliche vnter den Schrifftgelerten sprachen bey sich selbs / Dieser lestert Gott. Da aber Jhesus jre gedancken sahe / sprach er / Warumb dencket jr so arges jnn ewrem hertzen? Welchs ist leichter zu sagen / dir sind deine sunde vergeben? odder zu sagen / stehe auff / vnd wandele? Auff das jr aber wisset / das des menschen Son macht habe auff erden / die sunde zu vergeben / sprach er zu dem gichtbrüchtigen / Stehe auff / heb dein bette auff / vnd gehe heim. Vnd er stund auff / vnd gieng heim. Da das volck das sahe / verwundert es sich / vnd preisete Gott / der solche macht den menschen gegeben hat.

ᵃ
(Seine stad)
Capernaum.

ᵇ
(Nicht am opffer)
Christus spricht / er esse mit sundern / das er barmhertzigkeit beweise / vnd heist die Phariseer auch barmhertzigkeit beweisen / vnd die sunder nicht verachte / darumb das alleine dis gute werck sind / die dem neheste zu gut komen / singens fastens / opfferns / achtet Gott nichts.

Mar.ij.
Luc.v.

Vnd da Jhesus von dannen gieng / sahe er einen menschen am zol sitzen / der hies Mattheus / vnd sprach zu jm / Folge mir. Vnd er stund auff / vnd folgete jm. Vnd es begab sich / da er zu tisch sass im hause / sihe / da kamen viel zölner vnd sunder / vnd sassen zu tische mit Jhesu vnd seinen Jüngern. Da das die Phariseer sahen / sprachen sie zu seinen Jüngern / Warumb isset ewer Meister mit den Zölnern vnd sundern? Da das Jhesus höret / sprach er zu jnen / Die starcken dürffen des artztes nicht / sondern die krancken / Gehet aber hin / vnd lernet / was das sey (Ich habe wolgefallen an barmhertzigkeit / vnd ᵇ nicht am opffer) Ich bin komen die sunder zur busse zu ruffen / vnd ᶜ nicht die fromen.

Osee.vj

ᶜ
(nicht die fromen)
Christus verwirfft alle menschliche fromkeit / vnd wil / das wir allein auff seine fromkeit bawen / darumb er auch hie spricht / Er ruffe allein die sundern / vnd .j. Timo.j. spricht Paulus / Christus sey jnn die welt komen / die sunder selig zu machen.

Mar.ij.
Luc.v.

Inn des kamen die jünger Johannis zu jm / vnd sprachen / Warumb fasten wir vnd die Phariseer so viel / vnd deine Jünger fasten nicht? Jhesus sprach zu jnen / Wie können die hochzeit leute leide
tragen/

Euangelion

a (Leide tragen)
Es ist zwerley leiden/Eins aus eigener wal angenomen/als der Münche regeln etc. wie Baalspriester sich selb stachen. ij. Reg.xviij. Solchs leide helt alle welt vñ hielten die phariseer/auch Johannis jüngere / fur gros/Aber Gott verachtes/Das an der leide/von Got on vnser wal zuge schickt/als schand/tod etc. Dis williglich leiden / ist ein recht creutz/vñ Gott gefellig. Dar umb spricht Christus / seine jüngere fasten nicht / die weil der Breutgam noch bey jn ist/das ist/die weil jnen Gott noch nicht hat leiden zugeschickt / vnd Christus noch bey jn war/vnd sie schützet / ertichten sie jnen kein leiden/ deß es ist nichts fur Gott. Sie mussten aber fasten vnd leiden / da Christus tod war. Damit verwirfft Christus der heuchler leiden vnd fasten/aus eigener wal angenomen. Item/wo sich Christus freundlich erzeigt/als ein breutgam/da mus freude sein / wo er sich aber anders erzeiget / da mus trawren sein.

b (Niemand flickt)
Mit diesen worten weiset er sie von sich/die so seine lere von solcher freiheit seiner jünger nicht verstunden/vnd spricht/ man könne alte kleider nicht mit newen lappen flicken/denn sie halten doch den stich

a tragen/so lange der Breutgam bey jnen ist. Es wird aber die zeit komen/das der Breutgam von jnen genomen wird/als denn werden sie fasten. b Niemand flickt ein alt kleid mit einem lappen von newem tuch/denn der lappe reisset doch widder vom kleid / vnd der riss wird erger. Man fasset auch nicht most jnn alte schleuche/anders die schleuche zureissen/vnd der most wird verschütt/vnd die schleuche komen vmb/sondern man fasset most jnn newe schleuche/so werden sie beide mit einander behalten.

Da er solchs mit jn redet/sihe/da kam der Obersten einer / vnd fiel fur jn nidder/vnd sprach/Herr/meine tochter ist itzt gestorben/Aber kum/vnd lege deine hand auff sie/so wird sie lebendig. Jhesus stund auff/vnd folget jm nach/vnd seine Jünger. Vnd sihe/ein weib/das zwelff iar den blutgang gehabt/trat von hinden zu jm/vnd rüret seines kleides sawm an / Denn sie sprach bey jr selbs/Möcht ich nur sein kleid anrüren/so würde ich gesund. Da wendet sich Jhesus vmb/vnd sahe sie/vnd sprach/Sey getrost meine tochter / dein glaube hat dir geholffen. Vnd das weib ward gesund zu der selbigen stunde.

Vnd als er jnn des Obersten haus kam/vnd sahe die pfeiffer/vnd das getümele des volcks/sprach er zu jnen/Weichet/denn das meidlin ist nicht tod/sondern es schlefft. Vnd sie verlachten jn. Als aber das volck ausgetrieben war / gieng er hinein/vnd ergreiff sie bey der hand/da stund das meidlin auff. Vnd dis gerücht erschal jnn das selbige gantze land.

Vnd da Jhesus von dannen furbas gieng/folgeten jm zween blinden nach/die schrien vnd sprachen/Ah du son Dauid / erbarm dich vnser. Vnd da er heim kam/tratten die blinden zu jm/Vnd Jhesus sprach zu jn/Gleubt jr/das ich euch solches thun kan? Da sprachen sie zu jm/Herr/ia. Da rürete er jre augen an/vnd sprach/Euch geschehe nach ewrem glauben. Vnd jre augen wurden geöffnet. Vnd Jhesus bedrawet sie/vnd sprach / Sehet zu/das es niemand erfare. Aber sie giengen aus / vnd machten jn ruchtbar im selbigen gantzen lande.

Da nu diese waren hinaus komen/sihe/da brachten sie zu jm einen menschen der war stum vnd besessen/Vnd da der teuffel war ausgetrieben/redet der stumme. Vnd das volck verwundert sich vnd sprach/ Solches ist noch nie jnn Jsrael ersehen worden. Aber die Phariseer sprachen/Er treibet die teuffel aus durch der teuffel öbersten.

Vnd Jhesus gieng vmb her jnn alle stedte vnd merckte / leret jnn jren Schulen/vnd prediget das Euangelion von dem Reich/vnd heilete allerley seuche vnd allerley kranckheit im volcke. Vnd da er das volck sahe / iamert jn des selbigen/denn sie waren verschmacht vnd zurstrawet wie die schafe/die keinen hirten haben/Da sprach er zu seinen Jüngern/Die erndte ist gros/aber wenig sind der erbeiter/Darumb bittet den Herrn der erndte/das er Erbeiter jnn seine erndte sende.

Mat.v
Lu.viij.

(pfeiffer) Die man zu der leichen brauchet/vñ bedeutet menschen lerer.

Mat.v
Lu. xiij.

Luce. x

X.

Vnd er
nicht/Das ist/man könne diese newe lere nicht mit altem fleischlichen hertzen begreiffen/Vnd wo man sie fleischlichen leuten predige/werde es nur erger/wie man itzt sihet/das/so man geistliche freiheit leret/masset sich das fleisch der freiheit an/zu seinem mutwillen.

Sanct Matthes. VII.

Matth. cap. vj.
Luce. vj

Nd er rieff seine zwelff Jüngere zu sich/vnd gab jnen macht/vber die vnsaubern geister/das sie die selbigen austrieben/vnd heileten allerley seuche vnd allerley kranckheit.

Die namen aber der zwelff Apostel sind diese/der erst/Simon/genant Petrus/vnd Andreas sein bruder/Jacobus Zebedei son/vnd Johannes sein bruder/Philippus vnd Bartholomeus/Thomas vnd Mattheus der Zölner/Jacobus Alphei son/Lebbeus/mit dem zunamen Thaddeus/Simon von Cana/vnd Judas Ischarioth/welcher jn verriet.

Mar. vj
Luce. ix

Diese zwelffe sandte Jhesus/gepot jnen vnd sprach/Gehet nicht auff der Heiden strasse/vnd zihet nicht jnn der Samariter stedte/Sondern gehet hin zu den verlornen schafen/aus dem hause Israel/Gehet aber vnd prediget/vnd sprecht/Das Himelreich ist nahe erbey komen/Machet die krancken gesund/reiniget die aussetzigen/wecket die todten auff/treibet die teuffel aus/Vmb sonst habt jrs empfangen/vmb sonst gebet es auch/Jr solt nicht gold/noch silber/noch ertz jnn ewren gürteln ᵃ haben/auch keine taschen zur wegfart/auch nicht zween röcke/keinen schuch/auch keinen stecken/Denn ein erbeiter ist seiner speise werd.

Luce. x

Wo jr aber jnn eine stad odder marckt gehet/da erkündiget euch/ob jemand darinnen sey/der es werd ist/vnd bey dem selben bleibet/bis jr von dannen zihet.

Wo jr aber jnn ein haus gehet/so grüsset das selbige/Vnd so es das selbige haus werd ist/wird ewer friede auff sie komen/Ist es aber nicht werd/so wird sich ewer friede widder zu euch wenden.

Vnd wo euch jemand nicht annemen wird/noch ewer rede hören/so gehet eraus/von dem selben hause odder stad/vnd ᵇ schüttelt den staub von ewren füssen. Warlich/ich sage euch/dem lande der Sodomer vnd Gomorrer wird es treglicher ergehen am jüngsten gericht/denn solcher stad.

Sihe/ich sende euch wie schafe/mitten vnter die wolffe/darumb seid klug wie die schlangen/vnd on falsch wie die tauben. Hütet euch aber für den menschen/denn sie werden euch vberantworten für jre Ratheuser/vnd werden euch geisseln jnn jren Schulen/vnd man wird euch für Fürsten vnd Könige füren vmb meinen willen/zum zeugnis vber sie vnd vber die Heiden.

Wenn sie euch nu vberantworten werden/so sorget nicht/wie od/der was jr reden solt/denn es sol euch zu der stunde gegeben werden/was jr reden solt/Denn jr seid es nicht die da reden/sondern ewers Vaters geist ist es/der durch euch redet.

Joh. xv

Es wird aber ein bruder den andern zum tod vberantworten/vnd der vater den son/vnd die kinder werden sich empören widder jre Eltern/vnd jnen zum tode helffen/Vnd müsset gehasset werden von jderman/vmb meines namen willen. Wer aber bis an das ende beharret/der wird selig.

Luce. vj
Joh. xiij
vnd xv.

Wenn sie euch aber jnn einer stad verfolgen/so fliehet jnn ein andere. Warlich/ich sage euch/jr werdet die stedte Israel ᶜ nicht ausrichten/bis des menschen Son komet. Der Jünger ist nicht vber seinen Meister/noch der knecht vber den Herrn/Es ist dem jünger gnug/das er sey wie sein Meister/vnd der knecht/wie sein Herr. Haben sie den Hausvater Beelzebub geheissen/wie viel mehr werden sie seine Haus-

(Lebbeus)
Ist der stumme Judas.

ᵃ
(Haben)
Das heisst hie haben/wie die geitzigen den Mammon haben/welche mit dem hertzen daran hangen/vnd sorge/welchs hindert das predigampt/Aber zur not brauch hatte Christus selbs geld/beutel vnd brodkörbe.

ᵇ
(Schüttelt)
Also gar nichts solt jr von jnen nemen/das jr auch jren staub von schuhen schüttelt/das sie erkenne/das jr nicht ewren nutz/sondern jre seligkeit gesucht habt.

ᶜ
(Nicht ausrichten)
Als wolt er sprechē/Ich weis wol/das sie euch verfolgen werden/Denn dis volck wird das Euangelion verfolgen/vnd nicht bekeret werden/bis zum ende der welt.

B

Euangelion

hausgenossen also heissen? Darumb fürchtet euch nicht fur jnen.

Es ist nichts verborgen/das nicht offenbar werde/vnd ist nichts heimlich/das man nicht wissen werde/Was ich euch sage im finsternis/das redet im liecht/vnd was jr höret jnn das ohre/das prediget auff den dechern.

Vnd fürchtet euch nicht fur denen/die den leib tödten/vnd die seele nicht mögen tödten/Fürchtet euch aber viel mehr fur dem/der leib vnd seele verderben mag/jnn die helle. Keufft man nicht zween sperlinge vmb einen pfenning? noch fellt der selbigen keiner auff die erden/on ewern Vater. Nu aber sind auch ewre hare auff dem heubt/alle gezelet. Darumb fürchtet euch nicht/jr seid besser denn viel sperlinge.

Darumb/Wer mich bekennet fur den menschen/den wil ich bekennen fur meinem himlischen Vater/Wer mich aber verleugnet fur den menschen/den wil ich auch verleugnen fur meinem himlischen Vater.

Jr solt nicht wehnen/das ich komen sey/fride zu senden auff erden/ Jch bin nicht komen fride zu senden/sondern das schwerd/Denn ich bin komen/den menschen zu erregen widder seinen vater/vnd die tochter widder jre mutter/vnd die schnur widder jre schwiger/vnd des menschen feinde werden seine eigen hausgenossen sein.

Wer vater vnd mutter mehr liebet/denn mich/der ist mein nicht werd/Vnd wer son odder tochter mehr liebet/denn mich/der ist mein nicht werd/Vnd wer nicht sein creutz auff sich nimpt/vnd folget mir nach/der ist mein nicht werd. Wer sein leben findet/der wirds verlieren/vnd wer sein leben verleurt vmb meinen willen/der wirds finden.

Wer euch auffnimpt/der nimpt mich auff/vnd wer mich auff nimpt/der nimpt den auff/der mich gesand hat. Wer einen Propheten auffnimpt/jnn eines Propheten namen/der wird eines Propheten lohn empfahen/Wer einen gerechten auffnimpt/jnn eines gerechten namen/der wird eines gerechten lohn empfahen/Vnd wer dieser geringsten einen nur mit einem becher kaltes wassers trencket/jnn eines Jüngern namen/warlich ich sage euch/Es wird jm nicht vnbelonet bleiben.

XI.

VNd es begab sich/da Jhesus solch gebot zu seinen zwelff Jüngern volendet hatte/gieng er von dannen furbas/zu leren vnd zu predigen jnn jren stedten.

Da aber Johannes im gefengnis die werck Christi hörete/sandte er seiner jünger zween/vnd lies jm sagen/Bistu der da komen sol/odder sollen wir eines andern warten? Jhesus antwortet vnd sprach zu jnen/Gehet hin/vnd saget Johanni widder/was jr sehet vnd höret/die blinden sehen/die lamen gehen/die aussetzigen werden rein/vnd die tawben hören/die todten stehen auff/vnd den armen wird das Euangelion geprediget/Vnd selig ist/der sich nicht an mir ergert.

Da die hin giengen/fieng Jhesus an zu reden/zu dem volck von Johanne/Was seid jr hinaus gegangen jnn die wüsten zu sehen? woltet jr ein rhor sehen/das der wind hin vnd her webd? Odder was seid jr hinaus gegangen zu sehen? woltet jr einen menschen jnn weichen kleidern sehen? Sihe/die da weiche kleider tragen/sind jnn der

Könige

Sanct Matthes. VIII.

Könige heuser. Odder was seid jr hinaus gegangen zu sehen? woltet jr einen Propheten sehen? Ja ich sage euch/ der auch mehr ist/ denn ein Prophet/ Denn dieser ists/ von dem geschrieben stehet/ Sihe/ich sende meinen Engel fur dir her/ der deinen weg fur dir bereiten sol.

Mal.iij.
Lu. vij.

Warlich/ich sage euch/ vnter allen die von weiben geborn sind/ist nicht auffkomen/der grösser sey/denn Johannes der Teuffer. Der aber der ᵃ kleinest ist im Himelreich/ist grösser denn er. Aber von den tagen Johannis des Teuffers/bis hie her/ ᵇ leidet das Himelreich gewalt/vnd die gewalt thun/die reissen es zu sich. Denn alle Propheten vnd das Gesetz haben geweissaget/bis auff Johannes. Vnd so jrs wolt annemen/er ist Elias/der da sol zukünfftig sein. Wer ohren hat zu hören/der höre.

Matth. xvij.
Mal. ix.
Mal. iiij.
Luce. vij.

ᵃ (Der kleinest) Christus.
ᵇ (Leidet das Himelreich) Die gewissen/wenn sie das Euangelion vernemen/dringen sie hinzu/das jnen niemand weren kan.

Wem sol ich aber dis geschlecht vergleichen? Es ist den kindlin gleich/ die an dem marckt sitzen/ vnd ruffen gegen jre gesellen/ vnd sprechen/Wir haben euch gepfiffen/vnd jr woltet nicht tantzen/ wir haben euch geklaget/vnd jr woltet nicht weinen. Johannes ist komen/ as nicht/vnd tranck nicht/so sagen sie/Er hat den teuffel. Des menschen Son ist komen/isset vnd trincket/so sagen sie/Sihe/wie ist der mensch ein fresser/ vnd ein weinsauffer/ der Zölner vnd der sunder geselle? Vnd die Weisheit mus sich rechtfertigen lassen/ von jren kindern.

Luce. x.

Da fieng er an die Stedte zu schelten/ inn welchen am meisten seiner thaten geschehen waren/ vnd hatten sich doch nicht gebessert. Weh dir Chorazin/ Weh dir Bethsaida/ weren solche thaten zu Tyro vnd Sidon geschehen/ als bey euch geschehen sind/ sie hetten vor zeiten im sack vnd inn der asschen busse gethan/ Doch/ich sage euch/ es wird Tyro vnd Sidon treglicher ergehen am jüngsten gericht/ denn euch. Vnd du Capernaum/ die du bist erhaben/ bis an den himel/ du wirst bis inn die helle hin vnter gestossen werden. Denn so zu Sodoma die thaten geschehen weren/ die bey dir geschehen sind/sie stünde noch heutiges tages/ Doch/ich sage euch/ es wird der Sodomer lande treglicher ergehen am jüngsten gerichte/ denn dir.

Jn der selbigen zeit antwortet Jhesus/ vnd sprach/ Jch preise dich Vater vnd Herr himels vnd der erden/ das du ᶜ solchs den weisen vnd verstendigen verborgen hast/ vnd hast es den vnmündigen offenbaret/ Ja Vater/ denn es ist also wolgefellig gewesen fur dir. Alle ding sind mir vbergeben von meinem Vater/ vnd niemand kennet den Son/ denn nur der Vater/ vnd niemand kennet den Vater/ denn nur der Son/ vnd wem es der Son wil offenbaren.

ᶜ (Solchs) Das Euangelion vnd glauben.

Johan. j.

Kompt her zu mir/ alle die jr müheselig vnd beladen seid/ich wil euch erquicken/ Nemet auff euch mein ioch/ vnd lernet von mir/ denn ich bin sanfftmütig/ vnd von hertzen demütig/ so werdet jr ruge finden fur ewre seele/ Denn mein ioch ist sanfft/ vnd meine last ist leicht.

(Mein ioch) Das creutz ist gar ein leichte last/denen/die das Euangelion schmecken vnd fülen.

XII.

Mar. ij.
Luc. vj.
j. Re. xxj.

Zu der zeit gieng Jhesus durch die saat am Sabbath/ vnd seine Jünger waren hungerig/ fiengen an ehren aus zu reuffen/ vnd assen. Da das die Phariseer sahen/ sprachen sie zu jm/ Sihe/ deine Jüngere thun/ das sich nicht zimpt am Sabbath zu thun. Er aber sprach zu jnen/ Habt jr nicht gelesen/ was Dauid thet/ da jn vnd die mit jm waren/ hungerte? wie er jnn das Gottes haus

Euangelion

tes haus gieng/vnd alls die Schawbrod/die jm doch nicht zimpten zu essen/noch denen die mit jm waren/sondern allein den Priestern. Odder habt jr nicht gelesen im Gesetz/wie die Priester am Sabbath im Tempel den Sabbath brechen/vnd sind doch on schuld? Jch sage aber euch/das hie der ist/der auch grösser ist/denn der Tempel. Wenn jr aber wüstet/was das sey (Jch habe wolgefallen an der barmhertzigkeit/vnd nicht am opffer) hettet jr die vnschüldigen nicht verdampt. Des menschen Son ist ein Herr/auch vber den Sabbath.

i. Regi. rij.

Osee. vj

(Vber den Sabbath) So gar stehet der verstand aller gebot jnn der liebe/das auch Gottes gebot nicht bindet/wo es liebe vnd not fodert.

Vnd er gieng von dannen furbas/vnd kam jnn jre Schule. Vnd sihe/da war ein mensch/der hatte ein verdürrete hand/vnd sie frageten jn/vnd sprachen/Ists auch recht am Sabbath heilen? auff das sie eine sache zu jm hetten. Aber er sprach zu jn/Welcher ist vnter euch/so er ein schaf hat/das jm am Sabbath jnn eine gruben fellet/der es nicht ergreiffe vnd auff hebe? Wie viel besser ist nu ein mensch/denn ein schaf? darumb mag man wol am Sabbath gutes thun. Da sprach er zu dem menschen/Strecke deine hand aus. Vnd er strecket sie aus/Vnd sie ward jm widder gesund/gleich wie die andere.

Mat. iij
Luce. vj

Da giengen die Phariseer hinaus/vnd hielten einen Rat vber jn/wie sie jn vmbbrechten. Aber da Jhesus das erfur/weich er von dannen/vnd jm folgete viel volckes nach/vnd er heilete sie alle/vnd er bedrawte sie/das sie jn nicht meldeten. Auff das erfüllet würde das gesagt ist durch den Propheten Jsaiam/der da spricht/Sihe/das ist mein Knecht/den ich erwelet habe/vnd mein liebster/an dem meine seele wolgefallen hat/Jch wil meinen Geist auff jn legen/vnd er sol den Heiden das gericht verkündigen/Er wird nicht zancken noch schreien/vnd man wird sein geschrey nicht hören auff den gassen/Das zustossen rhor wird er nicht zubrechen/vnd das glümende tocht wird er nicht ausleschen/bis das er ausfüre das gericht zum sieg. Vnd die Heiden werden auff seinen namen hoffen.

Mat. iij

Da ward ein besessener zu jm bracht/der war blind vnd stum. Vnd er heilet jn/also/das der blinde vnd stumme/beide redet vnd sahe/Vnd alles volck entsatzete sich/vnd sprach/Ist dieser nicht Dauids son? Aber die Phariseer/da sie es höreten/sprachen sie/Er treibt die Teufel nicht anders aus/denn durch Beelzebub/der teuffel öbersten.

Jhesus vernam aber jre gedancken/vnd sprach zu jn/Ein jglig Reich/so es mit jm selbs vneins wird/das wird wüste/Vnd ein jgliche stad odder haus/so es mit jm selbs vneins wird/mags nicht bestehen. So denn ein Satan den andern austreibet/so mus er mit jm selbs vneins sein/wie mag denn sein Reich bestehen? So aber ich die Teuffel durch Beelzebub austreibe/durch wen treiben sie ewre kinder aus? Darumb werden sie ewre Richter sein. So ich aber die Teuffel durch den Geist Gottes austreibe/so ist je das Reich Gottes zu euch komen.

Odder/wie kan jemand jnn eines starcken haus gehen/vnd jm seinen hausrat rauben/es sey denn/das er zuuor den starcken binde/vnd als denn jm sein haus beraube? Wer nicht mit mir ist/der ist widder mich/Vnd wer nicht mit mir samlet/der verstrawet. Darumb sage ich euch/alle sunde vnd lesterung wird den menschen vergeben/aber die lesterung widder den Geist/wird den menschen nicht vergeben. Vnd wer etwas redet widder des menschen Son/dem wird es vergeben/Aber

Sanct Matthes. IX.

ben/Aber wer etwas redet widder den ᵃ Heiligen geist/dem wirds nicht vergeben/wedder jnn dieser/noch jnn ᵇ jhener welt.

Luce. vi. Setzet entweder einen guten bawm/so wird die frucht gut/odder setzet einen faulen bawm/so wird die frucht faul/Denn an der frucht erkennet man den bawm. Jr otter gezichte/wie künd jr gutes reden/ die weil jr böse seid? Wes das hertz vol ist/des gehet der mund vber. Ein gut mensch/bringet guts erfür/aus seinem guten schatz des hertzen/Vnd ein böser mensch/bringet böses erfür/aus seinem bösen schatz/Jch sage euch aber/das die menschen müssen rechenschafft geben am jüngsten gericht/von einem iglichen vnnützen wort/das sie geredt haben. Aus deinen worten wirstu gerechtfertiget werden/ vnd aus deinen worten wirstu verdampt werden.

Mar. viii.
Luce. xi. Da antworten etliche vnter den Schrifftgelerten vnd Phariseer/ vnd sprachen/Meister/wir wolten gerne ein zeichen von dir sehen. Vnd er antwortet/vnd sprach zu jnen/Die böse vnd ehebrecherische art/suchet ein zeichen/vnd es wird jr kein zeichen gegeben werden/ denn das zeichen des Propheten Jonas. Denn gleich wie Jonas war Jone. ij. drey tage vnd drey nacht jnn des Walfisches bauch/Also wird des menschen Son drey tage vnd drey nacht mitten jnn der erden sein. Die leute von Niniue werden aufftretten am jüngsten gerichte/mit diesem geschlecht/vnd werden es verdammen/Denn sie thetten busse nach der predigt Jonas/Vnd sihe/hie ist mehr denn Jonas. Die Königin von Mittag wird aufftretten am jüngsten gericht/mit diesem geschlecht/vnd wird es verdammen/Denn sie kam vom ende der erden/ iij. Re. x Salomonis weisheit zu hören/Vnd sihe/hie ist mehr denn Salomon.

Luce. xj. Wenn der vnsauber geist von dem menschen ausgefaren ist/so durchwandelt er dürre stedte/suchet ruge/vnd findet sie nicht/Da spricht er denn/Jch wil widder vmbkeren jnn mein haus/daraus ich gegangen bin/vnd wenn er kompt/so findet ers müssig/gekeret vnd geschmückt/So gehet er hin/vnd nimpt zu sich sieben ander Geister/ die erger sind/denn er selbs/vnd wenn sie hinein komen/wonen sie alda/ Vnd wird mit dem selben menschen hernach erger/denn es vorhin war. Also wirds auch diesem argen geschlecht gehen.

Mar. iij.
Lu. viij. Da er noch also zu dem volck redet/Sihe/da stunden seine mutter vnd seine brüder draussen/die wolten mit jm reden. Da sprach einer zu jm/Sihe/deine mutter vnd deine brüder stehen draussen/vnd wöllen mit dir reden. Er antwortet aber/vnd sprach zu dem der es jm ansaget/Wer ist meine mutter? vnd wer sind meine brüder? Vnd recket die hand aus vber seine Jünger/vnd sprach/Sihe da/das ist meine mutter vnd meine brüder/Denn wer den willen thut meines Vaters im himel/der selbige ist mein bruder/schwester vnd mutter.

XIII.

Mar. iiij.
Lu. viij. A N dem selbigen tage gieng Jhesus aus dem hause/ vnd satzt sich an das meer/vnd es versamlete sich viel volcks zu jm/also/das er jnn das schiff trat/vnd sass/ vnd alles volck stund am vfer/vnd er redet zu jnen mancherley/durch gleichnisse/vnd sprach/Sihe/Es gieng ein Seeman aus zu seen/vnd jnn dem er seet/fiel etlichs an den weg/da kamen die vögel vnd frassens auff/Etlichs fiel jnn das steinichte/da es nicht viel erden hatte/vnd

B iij gieng

ᵃ (Widder den Heiligen geist) Die sunde jnn den Heiligen geist ist verachtung des Euangelij/vnd seiner werck/die weil die stehet/ist keiner sunde rat/denn sie ficht widder den glauben/der da ist der sunde vergebung. Wo sie aber wird abgethan/ mag der glaub ein gehen/vnd alle sunde abfallen.

ᵇ (Noch jhener) Das hie Mattheus spricht(wedder jnn dieser noch jnn jhener welt) saget Marcus also/Er ist schuldig einer ewigen schuld.

Euangelion

gieng bald auff/ darumb/ das es nicht tieffe erden hatte/ Als aber die Sonne auffgieng/ verwelcket es/ vnd die weil es nicht wurtzel hatte/ ward es durre. Etlichs fiel vnter die dornen/ vnd die dornen wuchsen auff/ vnd ersticktens. Etlichs fiel auff ein gut land/ vnd trug frucht/ etlichs hundertfeltig/ etlichs sechtzigfeltig/ etlichs dreissigfeltig. Wer ohren hat zu hören/ der höre.

(Wer da hat)
Wo das wort Gottes verstanden wird da mehret es sich/ vnd bessert den menschen/ Wo es aber nicht verstanden wird/ da nimpt es ab/ vnd ergert den menschen.

Vnd die Jünger tratten zu jm/ vnd sprachen/ Warumb redestu zu jnen durch gleichnisse? Er antwortet vnd sprach/ Euch ists gegeben/ das jr das geheimnis des Himelreichs vernemet/ diesen aber ists nicht gegeben. Denn wer da hat/ dem wird gegeben/ das er die fülle habe/ Wer aber nicht hat/ von dem wird auch genomen/ das er hat. Darumb rede ich zu jnen durch gleichnisse. Denn mit sehenden augen/ sehen sie nicht/ vnd mit hörenden ohren/ hören sie nicht/ denn sie verstehen es nicht/ Vnd vber jnen wird die weissagung Jsaie erfüllet/ die da sagt/ Mit den ohren werdet jr hören/ vnd werdet es nicht verstehen/ Vnd mit sehenden augen werdet jr sehen/ vnd werdet es nicht vernemen/ Denn dieses volcks hertz ist verstockt/ vnd jre ohren hören vbel/ vnd jre augen schlummern/ auff das sie nicht der mal eins mit den augen sehen/ vnd mit den ohren hören/ vnd mit dem hertzen verstehen/ vnd sich bekeren/ das ich jnen hülffe.

Marth
Lu. viij.
Matth.
xxv.

Jsaie.vj
Joh.xij.

Aber selig sind ewer augen/ das sie sehen/ vnd ewer ohren/ das sie hören/ Warlich ich sage euch/ viel Propheten vnd gerechten haben begert zu sehen/ das jr sehet/ vnd habens nicht gesehen/ zu hören/ das jr höret/ vnd habens nicht gehöret. So höret nu jr diese gleichnis/ von dem Seeman. Wenn jmand das wort von dem Reich höret/ vnd nicht verstehet/ so kompt der Arge/ vnd reisset es hin/ was da geseet ist/ jnn sein hertz/ Vnd der ists/ der am wege geseet ist. Der aber auff das steinichte geseet ist/ der ists/ Wenn jmand das Wort höret/ vnd das selbe bald auffnimpt mit frewden/ aber er hat nicht wurtzeln jnn jm/ sondern er ist wetterwendisch/ wenn sich trübsal vnd verfolgung erhebt/ vmb des Worts willen/ so ergert er sich balde. Der aber vnter die dornen geseet ist/ der ists/ Wenn jmand das Wort höret/ vnd die sorge dieser welt/ vnd betrug des reichthums/ ersticket das Wort/ vnd bringet nicht frucht. Der aber jnn das gute land geseet ist/ der ists/ Wenn jmand das Wort höret/ vnd verstehet es/ vnd denn auch frucht bringet/ vnd etlicher tregt hundertfeltig/ etlicher aber sechtzigfeltig/ etlicher dreissigfeltig.

Luc. p

Er leget jnen ein ander gleichnis fur/ vnd sprach/ Das Himelreich ist gleich einem menschen/ der guten samen auff seinen acker seet/ Da aber die leute schlieffen/ kam sein feind/ vnd seete vnkraut zwischen den weitzen/ vnd gieng dauon. Da nu das kraut wuchs/ vnd frucht bracht/ da fand sich auch das vnkraut. Da tratten die knechte zu dem Hausuater/ vnd sprachen/ Herr/ hastu nicht guten samen auff deinen acker geseet? wo her hat er denn das vnkraut? Er sprach zu jnen/ Das hat der feind gethan. Da sprachen die knechte/ Wiltu denn/ das wir hin gehen/ vnd es ausgetten? Er sprach/ Nein/ auff das jr nicht zu gleich den weitzen mit ausreuffet/ so jr das vnkraut aus gettet/ Lassets beides mit einander wachsen/ bis zu der erndte/ Vnd vmb der erndte zeit/ wil ich zu den schnittern sagen/ Samlet zuuor das vnkraut/ vnd bindet es jnn bündlin/ das man es verbrenne/ aber den weitzen samlet mir jnn meine schewren.

Ein ander

Sanct Matthes. X.

Ein ander gleichnis leget er jnen fur/ vnd sprach/ Das Himelreich ist gleich einem ᵃ senffkorn/ das ein mensch nam/ vnd seet auff seinen acker/ welchs das kleinest ist vnter allem samen/ wenn es aber erwechest/ so ist es das grössest vnter dem kol/ vnd wird ein bawm/ das die vögel vnter dem himel komen/ vnd wonen vnter seinen zweigen.

Gene. xviij. Ein ander gleichnis redet er zu jnen/ Das Himelreich ist einem ᵇ sawerteig gleich/ den ein weib nam/ vnd vermenget jn vnter drey scheffel mehls/ bis das es gar sawr ward.

psalm. lxxij.t Solches alles redet Jhesus durch gleichnisse zu dem volck/ vnd on gleichnisse redet er nicht zu jnen/ auff das erfüllet würde/ das gesagt ist durch den Propheten/ der da spricht/ Ich wil meinen mund auffthun jnn gleichnissen/ vnd wil aussprechen die heimligkeit von anfang der welt.

Da lies Jhesus das volck von sich/ vnd kam heim/ Vnd seine jüngere tratten zu jm/ vnd sprachen/ Deute vns die gleichnisse/ vom vnkraut auff dem acker. Er antwortet/ vnd sprach zu jnen/ Des menschen Son ists/ der da guten samen seet/ Der acker ist die welt/ Der gute same/ sind die kinder des Reichs/ Das vnkraut/ sind die kinder der bosheit/ Der feind der sie seet/ ist der teuffel/ Die erndte/ ist das ende der welt/ Die schnitter/ sind die Engel/ Gleich wie man nu das vnkraut ausgettet/ vnd mit fewer verbrent/ so wirds auch am ende dieser welt gehen. Des menschen Son wird seine Engel senden/ vnd sie werden samlen aus seinem Reich alle ergernisse/ vnd die da vnrecht thun/ vnd werden sie jnn den fewr ofen werffen/ da wird sein heulen vnd zeenklappen/ Denn werden die gerechten leuchten/ wie die Sonne/ jnn jres Vaters Reich. Wer ohren hat zu hören/ der höre.

Abermal ist gleich das Himelreich einem verborgen ᶜ schatz im acker/ welchen ein mensch fand/ vnd verbarg jn/ vnd gieng hin fur frewden vber dem selbigen/ vnd verkauffte alles was er hatte/ vnd kauffte den acker.

Abermal ist gleich das Himelreich einem Kauffman/ der gute perlen suchte/ Vnd da er eine köstliche perlen fand/ gieng er hin/ vnd verkauffte alles was er hatte/ vnd kauffte die selbigen.

Abermal ist gleich das Himelreich einem netze/ das jns meer geworffen ist/ damit man allerley gattung fehet/ Wenn es aber vol ist/ so zihen sie es eraus an das vfer/ sitzen vnd lesen die guten jnn ein gefess zusamen/ aber die faulen werffen sie weg/ Also wird es auch am ende der welt gehen. Die Engel werden ausgehen/ vnd die bösen von den gerechten scheiden/ vnd werden sie jnn den fewr ofen werffen/ da wird heulen vnd zeenklappen sein.

Vnd Jhesus sprach zu jnen/ Habt jr das alles verstanden? Sie sprachen/ Ja Herr. Da sprach er/ Darumb ein iglicher Schrifftgelerter zum ᵈ Himelreich gelert/ ist gleich einem Hausvater/ der aus seinem schatz/ newes vnd ᵉ altes erfur tregt.

Mar. vj Luc. iiij Vnd es begab sich/ da Jhesus diese gleichnisse volendet hatte/ gieng er von dannen/ vnd kam jnn sein vaterland/ vnd leret sie jnn jren Schulen/ also auch/ das sie sich entsatzten/ vnd sprachen/ Wo her kompt diesem solche weisheit vnd macht? Ist er nicht eines zimmermans son? Heisst nicht seine mutter Maria? vnd seine brüdere/ Jacob vnd Joses/ vnd Simon/ vnd Judas/ vnd seine schwestern/ sind sie nicht alle bey vns? Wo her kompt jm denn das alles? Vnd

B iiij ergerten

ᵃ (Senffkorn)
Kein verachter wort ist/ denn das Euangelion/ vnd doch kein krefftigers/ Denn es machet gerecht die/ so dran glewben/ Gesetz vnd werck thun es nicht.

ᵇ (Sawerteig)
Ist auch dasswort/ das den menschen vernewet.

ᶜ (Schatz)
Der verborgen schatz ist das Euangelion/ das vns gnade vnd gerechtigkeit gibt/ on vnser verdienst/ darumb findet mans/ vnd es macht frewde/ das ist/ ein gut frölich gewissen/ welchs man mit keinen wercken zu wege bringen kan Dis Euangelion ist auch die perlen.

ᵈ (Zum Himelreich gelert) Ist das Himelreich fordern/ andere leren/ vnd zum himel bringe.

ᵉ (Altes)
Das Gesetz.

(Newes)
Das Euangelion.

Euangelion

ergerten sich an jm. Jhesus aber sprach zu jnen/Ein Prophet gilt nir-
gend weniger/denn da heime/vnd bey den seinen. Vnd er that daselbs   Joh.v.
nicht viel zeichen/vmb jres vnglaubens willen.

XIIII.

(Vierfürsten)
Judea mit jrer zu-
gehör war jnn vier
herschafften getei-
let/da her man die
hertn Tetrarchas/
das ist/vierfürsten
nennet.

Zu der zeit kam das gerüchte von Jhesu fur den Vier-   Mat.v.
fürsten Herodes/Vnd er sprach zu seinen knechten/   Luce.ir
Dieser ist Johannes der Teuffer/Er ist von den tod-
ten aufferstanden/darumb thut er solche thatten.
Denn Herodes hatte Johannem gegriffen/gebun-
den vnd jnn das gefengnis gelegt/von wegen der He-
rodias/seines bruders Philippus weib/Denn Jo-
hannes hatte zu jm gesagt/Es ist nicht recht/das du sie habest/Vnd
er hette jn gerne getödtet/furchte sich aber fur dem volck/Denn sie
hielten jn fur einen Propheten.

Da aber Herodes seinen jarstag begieng/da tantzte die tochter
der Herodias fur jnen/das gefiel Herodes wol/Darumb verhies er jr
mit einem eide/er wolt jr geben/was sie foddern würde. Vnd als sie
zuuor von jrer mutter zugerichtet war/sprach sie/Gib mir her auff ei-
ne schüssel das heubt Johannis des Teuffers. Vnd der König ward
traurig/doch vmb des eides willen/vnd der die mit jm zu tisch sassen/
befalh ers jr zu geben/Vnd schicket hin/vnd entheubte Johannes im
gefengnis/vnd sein heubt ward her getragen jnn einer schüsseln/vnd
dem meidlin gegeben/Vnd sie bracht es jrer mutter. Da kamen seine
jünger/vnd namen seinen leib/vnd begruben jn/vnd kamen vnd ver-
kündigten das Jhesu.

Da das Jhesus hörete/weich er von dannen auff einem schiff/jnn
eine wüsten alleine/Vnd da das volck das hörete/folgete es jm nach
zu fus/aus den stedten. Vnd Jhesus gieng erfur/vnd sahe das grosse
volck/vnd es iamerte jn der selbigen/vnd heilete jre krancken. Am   Mar.vj
abent aber tratten seine Jünger zu jm/vnd sprachen/Dis ist eine wü-   Luce.ir
ste/vnd die nacht fellet daher/las das volck von dir/das sie hin jnn   Joh.vj.
die merckte gehen/vnd jnen speise keuffen. Aber Jhesus sprach zu
jnen/Es ist nicht not/das sie hin gehen/gebt jr jnen zu essen. Sie spra-
chen/Wir haben hie nichts/denn funff brod/vnd zwen fische. Vnd er
sprach/Bringet mir sie her/Vnd er hies das volck sich lagern/auff
das gras/vnd nam die fünff brod/vnd die zween fisch/sahe auff gen
himel/vnd dancket/vnd brachs/vnd gab die brod den Jüngern/vnd
die Jünger gaben sie dem volck. Vnd sie assen alle/vnd wurden sat/
Vnd huben auff was vbrig bleib von brocken/zwelff körbe vol. Die
aber gessen hatten/der waren bey funff tausent man/on weiber vnd
kinder.

Die nacht teilet
man vorzeiten jnn
vier Wache/der jg-
liche drey stunden
hatte.

Vnd als bald treib Jhesus seine Jünger/das sie jnn das schiff   Mar.x
tratten/vnd vor jm herüber füren/bis er das volck von sich liesse.   Johan.x
Vnd da er das volck von sich gelassen hatte/steig er auff einen berg al-
leine/das er betet. Vnd am abent war er allein daselbs/vnd das schiff
war schon mitten auff dem meer/vnd leid not von den wellen/denn
der wind war jnen widder. Aber jnn der vierden nachtwache kam
Jhesus zu jnen/vnd gieng auff dem meer/Vnd da jn die Jünger sa-
hen auff dem meer gehen/erschracken sie/vnd sprachen/Es ist ein
gespenst/vnd schrien fur furcht/Aber als bald redete Jhesus mit
jnen/vnd sprach/Seid getrost/ich bins/fürchtet euch nicht.

Petrus

Sanct Matthes. XI.

Petrus aber antwortet jm vnd sprach/Herr/bistu es/so heis mich zu dir komen/auff dem wasser. Vnd er sprach/Kom her. Vnd Petrus trat aus dem schiff/vnd gieng auff dem wasser/das er zu Jhesu keme/Er sahe aber einen starcken wind/da erschrack er/vnd hub an zu sincken/schrey vnd sprach/Herr/hilff mir. Jhesus aber recket bald die hand aus/vnd ergreiff jn/vnd sprach zu jm/O du klein gleubiger/warumb zweiueltestu? Vnd sie tratten jnn das schiff/vnd der wind leget sich. Die aber im schiff waren/kamen vnd fielen fur jn nidder/vnd sprachen/Du bist warlich Gottes son. Vnd schifften hinüber/vnd kamen jnn das land Genezareth. Vnd da die leute am selben ort sein gewar worden/schickten sie aus jnn das gantze land vmbher/vnd brachten allerley vngesunden zu jm/vnd baten jn/das sie nur seines kleids sauman rüreten/Vnd alle die da anrüreten/wurden gesund

XV.

DA kamen zu jm die Schrifftgelerten/vnd Phariseer von Jerusalem/vnd sprachen/Warumb vbertretten deine Jünger der Eltesten auffsetze? Sie waschen jre hende nicht/wenn sie brod essen? Er antwortet vnd sprach zu jnen/Warumb vbertrettet denn jr Gottes gebot/vmb ewer auffsetze willen? Gott hat gepoten/Du solt vater vnd mutter ehren/Wer aber vater vnd mutter fluchet/der sol des tods sterben. Aber jr sprecht/Ein jglicher solle sagen zum vater odder zur mutter/Es ist Gott gegeben/dauon ich dir solt helffen/Damit geschicht es/das niemand hinfurt seinen vater odder seine mutter ehret/vnd habt also Gottes gebot auffgehaben/vmb ewer auffsetze willen. Jr Heuchler/Es hat wol Jsaias von euch geweissaget/vnd gesprochen/Dis volck nahet sich zu mir mit seinem munde/vnd ehret mich mit seinen lippen/aber jr hertz ist ferne von mir/Aber vergeblich dienen sie mir/die weil sie leren solche lere/die nichts denn menschen gebot sind.

(Gott gegeben) Ich kan dirs nicht geben/Es ist der Kirchen bescheiden/Ich mus zum Gots dienst gebē/wie die Canones auch leren. Quod semel est Deo dicatum etc.

Vnd er rieff das volck zu sich/vnd sprach zu jm/Höret zu/vnd vernemets/Was zum munde eingehet/das verunreiniget den menschen nicht/sondern was zum munde ausgehet/das verunreiniget den menschen.

Da tratten seine Jünger zu jm/vnd sprachen/Weistu auch/das sich die Phariseer ergerten/da sie das wort höreten? Aber er antwortet vnd sprach/Alle pflantzen/die mein himlischer Vater nicht pflantzet/die werden ausgereut/Lasset sie faren/sie sind blind/vnd blinde leiter/Wenn aber ein blinder den andern leitet/so fallen sie beide jnn die gruben.

(All pflantzen) Alle lere vñ werck/ die Gott nicht wircket im menschen sind sunde/Vñ hie sihet man/wie gar nichts der freie wille vermag.

Da antwortet Petrus/vnd sprach zu jm/Deute vns diese gleichnis. Vnd Jhesus sprach zu jnen/Seid jr denn auch noch vnuerstendig? Mercket ir noch nicht? das/alles was zum munde eingehet/das gehet jnn den bauch/vnd wird durch den natürlichen gang ausgeworffen/Was aber zum munde eraus gehet/das kompt aus dem hertzen/vnd das verunreiniget den menschen. Denn aus dem hertzen komen/arge gedancken/mord/ehebruch/hurerey/dieberey/falsche gezeugnis/lesterung. Das sind die stück/die den menschen verunreinigen. Aber mit vngewaschen henden essen/verunreiniget den menschen nicht.

Vnd Jhesus gieng aus von dannen/vnd entweich jnn die gegend
Tyro

Euangelion

Tyro vnd Sidon. Vnd sihe / ein Cananeisch weib gieng aus der Mat vij selbigen grentze / vnd schrey jm nach / vnd sprach / Ah Herr / du son Dauid / erbarm dich mein / Mein tochter wird vom teuffel vbel geplaget. Vnd er antwortet jr kein wort. Da tratten zu jm seine Jünger / baten jn / vnd sprachen / Las sie doch von dir / denn sie schreiet vns nach. Er antwortet aber / vnd sprach / Ich bin nicht gesand / denn nur zu den verloren schafen / von dem hause Israel. Sie kam aber / vnd fiel fur jm nidder / vnd sprach / Herr / hilff mir. Aber er antwortet vnd sprach / Es ist nicht fein / das man den kindern jr brod neme / vnd werff es fur die hunde. Sie sprach / Ja Herr / aber doch essen die hündlin von den brossamlen / die da von jrer herrn tische fallen. Da antwortet Ihesus vnd sprach zu jr / O weib / dein glaube ist gros / dir geschehe wie du wilt. Vnd jre tochter ward gesund zu der selbigen stunde.

Vnd Ihesus gieng von dannen furbas / vnd kam an das Galilei- Mar. sche meer / vnd gieng auff einen berg / vnd satzte sich alda / vnd kam zu viij jm viel volcks / die hatten mit sich / lamen / blinden / stummen / krüpler / vnd viel andere / vnd worffen sie Ihesu fur die füsse / Vnd er heilet sie / das sich das volck verwunderte / da sie sahen / das die stummen redeten / die krüpler gesund waren / die lamen giengen / die blinden sahen / vnd preiseten den Gott Israel.

Vnd Ihesus rieff seine Jünger zu sich / vnd sprach / Es iamert mich des volcks / denn sie nu wol drey tage bey mir beharren / vnd haben nichts zu essen / vnd ich wil sie nicht vngessen von mir lassen / auff das sie nicht verschmachten auff dem wege. Da sprachen zu jm seine Jüngere / Wo her mügen wir so viel brods nemen jnn der wüsten / das wir so viel volcks settigen? Vnd Ihesus sprach zu jnen / Wie viel brod habt jr? Sie sprachen / Sieben / vnd ein wenig fischlin. Vnd er hies das volck sich lagern auff die erden / vnd nam die sieben brod / vnd die fische / dancket / brach sie / vnd gab sie seinen Jüngern / vnd die Jünger gaben sie dem volck. Vnd sie assen alle / vnd worden sat / Vnd huben auff / was vberbleib / von brocken / sieben körbe vol. Vnd die da gessen hatten / der war vier tausent man / ausgenomen weiber vnd kinder. Vnd da er das volck hatte von sich gelassen / trat er jnn ein schiff / vnd kam jnn die grentze Magdala.

XVI.

DA tratten die Phariseer vnd Saduceer zu jm / die versuchten jn / vnd fodderten / das er sie ein zeichen vom Mar viij himel sehen liesse. Aber er antwortet vnd sprach / Des abents sprecht jr / es wird ein schöner tag werden / denn der himel ist rot / Vnd des morgens sprecht jr / es wird heute vngewitter sein / denn der himel ist rot vnd trübe. Ir Heuchler / des himels gestalt könnet jr vrteilen / könnet jr denn nicht auch die zeichen dieser welt vrteilen? Diese Luce.r böse vnd ehebrechersche art suchet ein zeichen / vnd sol jr kein zeichen Luce.i gegeben werden / denn das zeichen des Propheten Jonas. Vnd er lies sie / vnd gieng dauon.

(Zeichen) Die zeichen meinet Christus seine wunderthaten / die verkündiget waren / das sie geschehen solten zu Christus zeiten / Isaie. xxxv.

Vnd da seine Jünger waren hinüber gefaren / hatten sie vergessen Mat. brod mit sich zu nemen. Ihesus aber sprach zu jnen / Sehet zu / vnd viij hütet euch fur dem sawerteig der Phariseer vnd Saduceer. Da dach- Luce. ten sie bey sich selbs / vnd sprachen / Das wirds sein / das wir nicht haben

Sanct Matthes. XII.

haben brod mit vns genomen. Da das Jhesus vernam / sprach er zu jnen / Jr klein gleubigen / was bekümmert jr euch doch / das jr nicht habt brod mit euch genomen? Vernemet jr noch nichts? Gedencket jr nicht an die fünff brod / vnter die fünff tausent / vnd wie viel körbe jr da auffhubt? Auch nicht an die sieben brod / vnter die vier tausent / vnd wie viel körbe jr da auffhubt? Wie verstehet jr denn nicht / das ich euch nicht sage vom brod (wenn ich sage / Hütet euch für dem sawerteig der Phariseer vnd Saduceer?) Da verstunden sie / das er nicht gesagt hatte / das sie sich hüten solten für dem sawerteig des brods / sondern für der lere der Phariseer vnd Saduceer.

Mar. vij. Lu. ix.

Da kam Jhesus inn die gegend der stad Cesarea Philippi / vnd fraget seine Jünger / vnd sprach / Wer sagen die leute / das des menschen Son sey? Sie sprachen / Etliche sagen / du seiest Johannes der Teuffer / Die andern / du seiest Elias / Etliche / du seiest Jeremias / odder der Propheten einer. Er sprach zu jnen / Wer saget denn jr / das ich sey? Da antwortet Simon Petrus vnd sprach / Du bist Christus / des lebendigen Gottes Son. Vnd Jhesus antwortet vnd sprach zu jm / Selig bistu Simon Jonas son / denn fleisch vnd blut hat dir das nicht offenbart / sondern mein Vater im himel / Vnd ich sage dir auch / Du bist ᵃ Petrus / vnd auff diesen Fels wil ich bawen meine Gemeine / vnd die pforten ᵇ der hellen sollen sie nicht vberweldigen / Vnd wil dir des Himelreichs schlüssel geben / Alles was du auff erden binden wirst / sol auch im himel gebunden sein / vnd alles was du auff erden lösen wirst / sol auch im himel los sein.

Matth. xviij.

*(Petrus) Cephas Syrisch / Petrus Griechisch / heisset auff deudsch ein fels / Vnd alle Christen sind Petri / vmb der bekentnis willen / die hie Petrus thut / welche ist der fels / darauff Petrus vnd alle Petri gebawet sind. Gemein ist die bekentnis / also auch der name.

ᵇ (Helle pforten) Die helle pforten sind aller gewalt widder die Christen / als da sind / tod / helle / weltliche weisheit vnd gewalt.

Marci. viij. Luce. ix. & xvij.

Da verbot er seinen Jüngern / das sie niemand sagen solten / das er Jhesus / der Christ were. Von der zeit an / fieng Jhesus an / vnd zeiget seinen Jüngern / wie er müsste hin gen Jerusalem gehen / vnd viel leiden / von den Eltesten vnd hohen priestern vnd Schrifftgelerten / vnd getödtet werden / vnd am dritten tage aufferstehen. Vnd Petrus nam jn zu sich / für jn an / vnd sprach / Herr / schone dein selbs / das widderfare dir nur nicht / Aber er wand sich vmb / vnd sprach zu Petro / Heb dich Satan von mir / du bist mir ergerlich / denn du meinest nicht was Göttlich / sondern was menschlich ist.

Da sprach Jhesus zu seinen Jüngern / Wil mir jmand nachfolgen / der verleugne sich selbs / vnd neme sein creutz auff sich / vnd folge mir. Denn wer sein leben erhalten wil / der wirds verlieren / Wer aber sein leben verleuret vmb meinen willen / der wirds finden. Was hülffs den menschen / so er die gantze welt gewünne / vnd neme doch schaden an seiner seelen? Odder was kan der mensch geben / damit er seine seele widder löse? Denn es wird je geschehen / das des menschen Son kome inn der herligkeit seines Vaters / mit seinen Engeln / Vnd als denn wird er vergelten einem jglichen nach seinen wercken. Warlich ich sage euch / Es stehen etliche hie / die nicht schmecken werden den tod / bis das sie des menschen Son komen sehen / inn seinem Reich.

(Den tod) Das ist / Wer an mich gleubet / wird den tod nicht sehe / Johan. viij. xj. xij.

XVII.

Nd nach sechs tagen / nam Jhesus zu sich Petrum vnd Jacobum vnd Johannen seinen bruder / vnd füret sie beseits auff einen hohen berg / vnd ward verkleret für jnen / vnd sein angesichte leuchtet wie die Sonne / vnd seine kleider wurden weis als ein liecht. Vnd sihe / da erschienen

Euangelion

erschienen jnen Moses vnd Elias/ die redten mit jm. Petrus aber antwortet/ vnd sprach zu Jhesu/ Herr/ Hie ist gut sein/ wiltu/ so wöllen wir drey hütten machen/ dir eine/ Mosi eine/ vnd Elias eine. Da er noch also redete/ sihe/ da vberschattet sie eine liechte wolcken. Vnd sihe/ eine stimme aus der wolcken sprach/ Dis ist mein lieber Son/ an welchem ich wolgefallen habe/ DEN SOLT IR HOREN. Da das die Jünger höreten/ fielen sie auff jre angesichte/ vnd erschracken seer. Jhesus aber trat zu jnen/ rüret sie an/ vnd sprach/ Stehet auff/ vnd furchtet euch nicht. Da sie aber jre augen auff huben/ sahen sie niemand/ denn Jhesum alleine.

Vnd da sie vom berge herab giengen/ gebot jnen Jhesus/ vnd sprach/ Jr solt dis gesicht niemand sagen/ bis des menschen Son von den todten aufferstanden ist. Vnd seine Jünger frageten jn/ vnd sprachen/ Was sagen denn die Schrifftgelerten/ Elias müsse zuuor komen? Jhesus antwortet vnd sprach zu jnen/ Elias sol ia zuuor komen/ vnd alles zu recht bringen/ Doch ich sage euch/ es ist Elias schon komen/ vnd sie haben jn nicht erkand/ sondern haben an jm gethan/ was sie wolten/ Also wird auch des menschen Son leiden müssen von jnen. Da verstunden die Jünger/ das er von Johanne dem Teuffer zu jnen geredt hatte.

Vnd da sie zu dem volck kamen/ trat zu jm ein mensch/ vnd fiel jm zu fussen/ vnd sprach/ Herr/ erbarm dich vber meinen son/ denn er ist monsüchtig/ vnd hat ein schweres leiden/ Er fellet offt ins fewr/ vnd offt ins wasser/ vnd ich hab jn zu deinen Jüngern bracht/ vnd sie kunden jm nicht helffen. Jhesus aber antwortet/ vnd sprach/ O du vnglenbige vnd verkerte art/ wie lange sol ich bey euch sein? wie lange sol ich euch dulden? bringet mir jn hieher. Vnd Jhesus bedrawete jn/ vnd der teuffel fur aus von jm/ Vnd der knabe ward gesund zu der selbigen stunde.

Da tratten zu jm seine Jünger besonders/ vnd sprachen/ Warumb kundten wir jn nicht austreiben? Jhesus aber antwortet/ vnd sprach zu jnen/ Vmb ewers vnglaubens willen/ Denn ich sage euch warlich/ so jr glauben habt als ein senffkorn/ so müget jr sagen zu diesem berge/ heb dich von hinnen dort hin/ so wird er sich heben/ Vnd euch wird nichts vnmüglich sein. Aber diese art feret nicht aus/ denn durch beten vnd fasten. *Lu.xvi.*

Da sie aber jr wesen hatten jnn Galilea/ sprach Jhesus zu jnen/ Es ist zukünfftig/ das des menschen Son vberantwortet werde jnn der menschen hende/ vnd sie werden jn tödten/ vnd am dritten tage wird er aufferstehen. Vnd sie wurden seer betrübt. *Mat.ix. Luce.ix*

(Frey) Wie wol Christus frey war/ gab er doch den zins seinem nehesten zu willen/ Also ist ein Christen seinet halben alles dings frey/ vnd gibt sich doch seinem nehesten willig zu dienst

(Stater) Ist ein lot/ wenn es silber ist/ so macht es ein halben gülden.

Da sie nu gen Capernaum kamen/ giengen zu Petro die den zins groschen einnamen/ vnd sprachen/ Pflegt ewer Meister nicht den zins groschen zu geben? Er sprach/ Ja. Vnd als er heim kam/ kam jm Jhesus zuuor/ vnd sprach/ Was dünckt dich Simon? von wem nemen die Könige auff erden den zol odder zinse? von jren kindern/ odder von frembden? Da sprach zu jm Petrus/ Von den frembden. Jhesus sprach zu jm/ So sind die kinder ᵃfrey/ Auff das aber wir sie nicht ergern/ so gehe hin an das meer/ vnd wirff den angel/ vnd den ersten fisch/ der auff feret/ den nim/ vnd wenn du seinen mund auff thust/ wirstu einen ᵇ Stater finden/ den selbigen nim/ vnd gib jn fur mich vnd dich.

Zu der

Sanct Matthes. XIII.
XVIII.

Mat.ix.
Luce.ix.

Zu der selbigen stunde tratten die Jünger zu Jhesu/ vnd sprachen/ Wer ist doch der grössest im Himelreich? Jhesus rieff ein kind zu sich/ vnd stellet das mitten vnter sie/ vnd sprach/ Warlich ich sage euch/ Es sey denn/ das jr euch vmbkeret/ vnd werdet wie die kinder/ so werdet jr nicht jns Himelreich komen/ Wer nu sich selbs nidriget/ wie dis kind/ der ist der grössest im *Mat.ix.* Himelreich. Vnd wer ein solchs kind auffnimpt/ jnn meinem namen/ *Lu.xvij* der nimpt mich auff/ Wer aber ergert dieser geringesten einen/ die an mich gleuben/ dem were besser/ das ein mülstein an seinen hals gehenget würde/ vnd er ersaufft würde im meer/ da es am tieffesten ist.

Weh der welt/ der ergernis halben. Es mus ja ergernis komen/ doch weh dem menschen/ durch welchen ergernis kompt. So aber *Mat.v.* deine hand/ odder dein fus dich ergert/ so hawe jn abe/ vnd wirff jn *Mat.ix.* von dir/ Es ist dir besser/ das du zum Leben lam odder ein kröpel eingehest/ denn das du zwo hende odder zween füsse habest/ vnd werdest jnn das ewige fewr geworffen. Vnd so dich dein auge ergert/ reis es aus/ vnd wirffs von dir/ Es ist dir besser/ das du einenaugig zum Leben eingehest/ denn das du zwey augen habest/ vnd werdest jnn das hellische fewr geworffen.

Sehet zu/ das jr nicht jmand von diesen kleinen verachtet/ Denn ich sage euch/ jre Engel im himel sehen alle zeit das angesichte meines Vaters im himel/ Denn des menschen Son ist komen selig zu machen/ das verloren ist. Was dünckt euch? wenn jrgend ein mensch *Luc.xv* hundert schaf hette/ vnd eins vnter den selbigen sich verirret? lesst er nicht die neun vnd neuntzig auff den bergen/ gehet hin/ vnd suchet das verirrete? Vnd so sichs begibt/ das ers findet/ Warlich sage ich euch/ er frewet sich darüber/ mehr denn vber die neun vnd neuntzig/ die nicht verirret sind. Also auch ists fur ewrem Vater im himel nicht der wille/ das jmand von diesen kleinen verloren werde.

Sündiget aber dein bruder an dir/ so gehe hin/ vnd straffe jn/ zwi *Lu.xvij* schen dir vnd jm alleine/ Höret er dich/ so hastu deinen bruder gewonnen/ Höret er dich nicht/ so nim noch einen odder zween zu dir/ *deu.xix* auff das alle sache bestehe/ auff zweier odder dreier zeugen munde. Höret er dich nicht/ so sage es der Gemeine/ Höret er die Gemeine nicht/ so halt jn als einen Heiden vnd Zölner. Warlich ich sage euch/ was jr auff erden binden werdet/ sol auch im himel gebunden sein/ Vnd was jr auff erden lösen werdet/ sol auch im himel los sein. Weiter sage ich euch/ Wo zween vnter euch eines werden auff erden/ warumb es ist/ das sie bitten wöllen/ das sol jnen widderfaren/ von meinem Vater im himel/ Denn wo zween odder drey versamlet sind inn meinem namen/ da bin ich mitten vnter jnen.

Da trat Petrus zu jm/ vnd sprach/ Herr/ wie offte mus ich denn meinem bruder/ der an mir sündiget/ vergeben? ists gnug sieben mal? Jhesus sprach zu jm/ Ich sage dir nicht sieben mal/ sondern siebentzig mal sieben mal. Darumb ist das Himelreich gleich einem Könige/ der mit seinen knechten rechnen wolt/ Vnd als er anfieng zu rechnen/ kam jm einer fur/ der war jm zehen tausent pfund schüldig/ Da ers nu nicht hatte zu bezalen/ hies der herr verkeuffen jn vnd sein

(meinem namen)
Aus meinem befelh/ vnd mir zu ehren/ So gehets auch alles wol aus.

C   weib/

Euangelion

weib/vnd seine kinder/vnd alles was er hatte/vnd bezalen. Da fiel der knecht nidder/vnd betet jn an/vnd sprach/Herr/habe gedult mit mir/ich wil dirs alles bezalen. Da iamert den herrn des selbigen knechts/vnd lies jn los/vnd die schuld erlies er jm auch.

Da gieng der selbige knecht hinaus/vnd fand einen seiner mitknechte/der war jm hundert groschen schüldig/Vnd er greiff jn an/vnd würget jn/vnd sprach/Bezale mir was du mir schüldig bist. Da fiel sein mitknecht nidder/vnd bat jn/vnd sprach/Hab gedult mit mir/ich wil dirs alles bezalen. Er wolte aber nicht/sondern gieng hin/vnd warff jn ins gefengnis/bis das er bezalet/was er schüldig war. Da aber seine mitknechte solchs sahen/worden sie seer betrübt/vnd kamen/vnd brachten fur jren herrn alles das sich begeben hatte. Da foddert jn sein herr fur sich/vnd sprach zu jm/Du schalck knecht/alle diese schuld habe ich dir erlassen/die weil du mich batest/soltestu denn dich nicht auch erbarmen vber deinen mitknecht/wie ich mich vber dich erbarmet habe? Vnd sein herr ward zornig/vnd vberantwortet jn den peinigern/bis das er bezalet alles was er jm schüldig war. Also wird euch mein himlischer Vater auch thun/so jr nicht vergebet von ewrem hertzen/ein jglicher seinem bruder seine feile.

XIX.

Vnd es begab sich/da Jhesus diese rede volendet hatte/erhub er sich aus Galilea/vnd kam jnn die grentze des Jüdischen landes/jhensid des Jordans/vnd folgete jm viel volcks nach/vnd er heilete sie daselbest.

Da tratten zu jm die Phariseer/versuchten jn/vnd sprachen zu jm/Ist es auch recht/das sich ein man scheidet von seinem weibe/vmb jrgend eine vrsache? Er antwortet aber vnd sprach zu jnen/Habt jr nicht gelesen/das der im anfange den menschen gemachet hat/der machet/das ein man vnd weib sein solt/vnd sprach/Darumb wird ein mensch vater vnd mutter lassen/vnd an seinem weibe hangen/vnd werden die zwey ein fleisch sein/So sind sie nu nicht zwey/sondern ein fleisch/Was nu Gott zusamen gefüget hat/das sol der mensch nicht scheiden. *Mat.xi*

Gene. j vnd.ij

a
(Hartigkeit) Etliche gesetz leren/etliche weren/Jhene leren das beste/diese weren dem bösen/das nicht erger werde/Darumb lassen sie viel des bösen nach/gleich wie das Weltliche schwerd auch thut.

b
(Sich selbs) Das dritte verschneiten mus geistlich sein/nemlich willige keuscheit/sonst were es einerley mit dem andern/das leiblich geschicht.

Da sprachen sie/Warumb hat denn Moses gepoten/einen scheidebrieff zu geben/vnd sich von jr zu scheiden? Er sprach zu jnen/Moses hat euch erlaubet zu scheiden von ewern weibern/von ewers hertzen **a** hartigkeit wegen/Von anbegin aber ists nicht also gewesen. Ich sage aber euch/Wer sich von seinem weibe scheidet (es sey denn vmb der hurerey willen) vnd freiet ein andere/der bricht die ehe/Vnd wer die abgescheidete freiet/der bricht auch die ehe. *Deute. xxiiij*

Leu. xx

Da sprachen die Jünger zu jm/Stehet die sache eines mannes mit seinem weibe also/so ists nicht gut ehelich werden. Er sprach aber zu jnen/Das wort fasset nicht jderman/sondern denen es geben ist/Denn es sind etliche Verschnitten/die sind aus mutter leibe also geborn/Vnd sind etliche Verschnitten/die von menschen verschnitten sind/Vnd sind etliche Verschnitten/die sich **b** selbs verschnitten haben/vmb des Himelreichs willen. Wer es fassen mag/der fasse es.

Da worden kindlin zu jm gebracht/das er die hende auff sie leget/vnd betet/Die Jünger aber furen sie an. Aber Jhesus sprach/Lasset die kindlin *Mar. Luc.*

Sanct Matthes. XIIII.

die kindlin/vnd weret jnen nicht zu mir zu komen/denn solcher ist das Himelreich/Vnd leget die hende auff sie/vnd zoch von danneu.

Vnd sihe/einer trat zu jm/vnd sprach/Guter Meister/Was sol ich guts thun/das ich das ewige leben müge haben? Er aber sprach zu jm/Was heissestu mich a gut? Niemand ist gut/denn der einige Gott/Wiltu aber zum Leben eingehen/so halt die gebot. Da sprach er zu jm/Welche? Jhesus aber sprach/Du solt nicht tödten/Du solt nicht ehebrechen/Du solt nicht stelen/Du solt nicht falsch gezeugnis geben/Ehre vater vnd mutter/Vnd du solt deinen nehesten lieben/als dich selbs. Da sprach der jüngling zu jm/Das habe ich alles gehalten von meiner iugent auff/was feilet mir noch? Jhesus sprach zu jm/Wiltu b volkomen sein/so gehe hin/verkeuffe was du hast/vnd gibs den armen/so wirstu einen schatz im himel haben/vnd kom vnd folge mir nach. Da der jüngling das wort höret/gieng er betrübt von jm/denn er hatte viel güter.

Jhesus aber sprach zu seinen Jüngern/Warlich/ich sage euch/Ein reicher wird schwerlich jns Himelreich komen. Vnd weiter sage ich euch/Es ist leichter/das ein Kamel durch ein naddel öhre gehe/denn das ein reicher jns Reich Gottes kome. Da das seine Jünger höreten/entsatzten sie sich seer/vnd sprachen/Jhe/wer kan denn selig werden? Jhesus aber sahe sie an/vnd sprach zu jnen/Bey den menschen ists vnmüglich/aber bey Gott sind alle ding müglich.

Da antwortet Petrus vnd sprach zu jm/Sihe/wir haben alles verlassen/vnd sind dir nachgefolget/was wird vns dafur? Jhesus aber sprach zu jnen/Warlich ich sage euch/das jr/die jr mir seid nachgefolget/jnn der widdergeburt/da des menschen Son wird sitzen auff dem stuel seiner Herrligkeit/werdet jr auch sitzen auff zwelff stulen/vnd richten die zwelff geschlechte Jsrael. Vnd wer verlesset heuser/odder brüder/odder schwestern/odder vater/odder mutter/odder weib/odder kind/odder ecker/vmb meines namens willen/der wirds hundertfeltig nemen/vnd das ewige leben ererben. Aber viel die da sind die ersten/werden die letzten/vnd die letzten werden die ersten sein.

XX.

Das Himelreich ist gleich einem Hausvater/der am morgen ausgieng erbeiter zu mieten/jnn seinen weinberg/Vnd da er mit den erbeitern eins ward/vmb einen groschen zum taglohn/sandte er sie jnn seinen weinberg. Vnd gieng aus vmb die dritten stunde/vnd sahe andere an dem marckte müssig stehen/vnd sprach zu jnen/Gehet jr auch hin jnn den weinberg/ich wil euch geben/was recht ist. Vnd sie giengen hin. Abermal gieng er aus/vmb die sechste vnd neunde stunde/vnd that gleich also. Vmb die eilffte stunde aber gieng er aus/vnd fand andere müssig stehen/vnd sprach zu jnen/Was stehet jr hie den gantzen tag müssig? Sie sprachen zu jm/Es hat vns niemand gedinget. Er sprach zu jnen/Gehet jr auch hin jnn den weinberg/vnd was recht sein wird/sol euch werden.

Da es nu abent ward/sprach der herr des weinberges zu seinem schaffner/Ruffe den erbeitern/vnd gib jnen den lohn/vnd heb an/an den letzten/bis zu den ersten. Da kamen die vmb die eilffte stunde gedinget

---

a
(Mich gut)
Gleich wie Christus spricht Johs. vij. Meine lere ist nicht mein/Also auch hie/Jch bin nicht gut/Denn er redet von sich selbs nach der menscheit/durch welche er vns jmer zu Gott füret.

b
(Volkomen)
Volkomenheit ist eigentlich Gottes gebot halten/Darumb ists klar/das dieser jüngling die gebot im grunde nicht gehalte hat/wie er doch meinet/Das zeiget jm Christus damit/das er die rechten werck der gebot jm furhelt/vn̄ vrteilt/das kein reicher selig werde/der dieser jüngling auch einer ist. Nu werden je die selig/die Gottes gebot halten.

Euangelion

dinget waren/vnd empfieng ein jglicher seinen groschen/Da aber die ersten kamen/meineten sie/sie würden mehr empfahen/Vnd sie empfiengen auch ein jglicher seinen groschen/Vnd da sie den empfiengen/murreten sie widder den Hausvater/vnd sprachen/Diese letzten haben nur eine stunde geerbeitet/vnd du hast sie vns gleich gemacht/die wir des tages last vnd die hitze getragen haben.

Er antwortet aber/vnd saget zu einem vnter jnen/Mein freund/ ich thu dir nicht vnrecht/bistu nicht mit mir eins worden vmb einen groschen? Nim was dein ist/vnd gehe hin/ich wil aber diesem letzten geben/gleich wie dir/Odder habe ich nicht macht zu thun/was ich wil/mit dem meinen? Sihestu darumb scheel/das ich so gütig bin/Also werden die letzten die ersten/vnd die ersten die letzten sein. Denn viel sind beruffen/aber wenig sind auserwelt.

Vnd er zog hinauff gen Jerusalem/vnd nam zu sich die zwelff Jüngern besonders auff dem wege/vnd sprach zu jnen/Sihe/wir ziehen hinauff gen Jerusalem/vnd des menschen Son wird den Hohen priestern vnd Schrifftgelerten vberantwortet werden/vnd sie werden jn verdamnen zum tode/vnd werden jn vberantworten den Heiden/zu verspotten/vnd zu geisseln/vnd zu creutzigen/vnd am dritten tage wird er widder aufferstehen. *Mat.x. Lu.xviii.*

Da trat zu jm die mutter der kinder Zebedei/mit jren sönen/fiel für jm nidder/vnd bat etwas von jm. Vnd er sprach zu jr/Was wiltu? Sie sprach zu jm/Las diese meine zween söne sitzen jnn deinem Reich/einen zu deiner rechten/vnd den andern zu deiner lincken. Aber Jhesus antwortet vnd sprach/Jr wisset nicht/was jr bittet/Könnet jr den kelch trincken/den ich trincken werde/vnd euch teuffen lassen/mit der tauffe/da ich mit getaufft werde? Sie sprachen zu jm/Ja/wol. Vnd er sprach zu jnen/Meinen kelch solt jr zwar trincken/vnd mit der tauffe/da ich mit getaufft werde/solt jr getaufft werden/Aber das sitzen zu meiner rechten vnd lincken zu geben/stehet mir nicht zu/sondern denen es bereitet ist von meinem Vater.

(Den kelch) Das ist/leide/Das fleisch aber wil jmer ehe herrlich werden/denn es gecreuzigt wird/ehe erhöhet/denn es erniddriget wird.

Da das die zehen höreten/wurden sie vnwillig vber die zween brüder. Aber Jhesus rieff jnen zu sich vnd sprach/Jr wisset/das die weltliche Fürsten herschen/vnd die vberherrn haben gewalt/so sol es nicht sein vnter euch/sondern/so jmand wil vnter euch gewaltig sein/ der sey ewer diener. Vnd wer da wil der furnemest sein/der sey ewer knecht/Gleich wie des menschen Son ist nicht komen/das er jm dienen lasse/sondern das er diene/vnd gebe sein leben zu einer erlösung fur viele. *Mat.l. Lu.xxii.*

Vnd da sie von Jericho auszogen/folgete jm viel volcks nach. Vnd sihe/zween blinden sassen am wege/vnd da sie höreten/das Jhesus fur vber gieng/schrien sie/vnd sprachen/Ah Herr/du Son Dauid/ erbarm dich vnser. Aber das volck bedrawet sie/das sie schweigen solten/Aber sie schrien viel mehr/vnd sprachen/Ah Herr/du Son Dauid/erbarm dich vnser. Jhesus stund stille/vnd rieff jnen/vnd sprach/ Was wolt jr/das ich euch thun sol? Sie sprachen zu jm/Herr/das vnsere auge auffgethan werden. Vnd es iamerte Jhesum/vnd rüret jre augen an/Vnd als bald wurden jre augen widder sehend/vnd sie folgeten jm nach. *Mat.x. Lu.xviii.*

XXI.

Da sie

Sanct Matthes. XV.

DA sie nu nahe bey Jerusalem kamen gen Bethphage/ an den Oleberg/sandte Jhesus seiner Jünger zween/ vnd sprach zu jnen/Gehet hin jnn den flecken/der fur euch ligt/vnd balde werdet jr eine eselin finden angebunden/vnd ein füllen bey jr/löset sie auff/vnd füret sie zu mir/Vnd so euch jmand etwas wird sagen/so sprechet/der Herr bedarff jr/So bald wird er sie euch lassen. Das geschach aber alles/auff das erfüllet würde/das gesagt ist durch den Propheten/der da spricht/Saget der tochter Zion/Sihe/dein König kompt zu dir senfftmütig/vnd reitt auff einem esel/vnd auff einem füllen der lastbaren eselin. Die Jünger giengen hin/vnd theten wie jnen Jhesus befolhen hatte/vnd brachten die eselin vnd das füllen/ vnd legten jre kleider drauff/vnd satzten jn drauff/Aber viel volcks breittet die kleider auff den weg/Die andern hieben zweige von den bewmen/vnd streweten sie auff den weg/Das volck aber das vor gieng vnd nachfolget/schrey vnd sprach/Hosianna dem Son David/gelobet sey der da kompt jnn dem namen des Herrn/Hosianna jnn der höhe.

(Hosianna) Hosianna heisset auff deudsch/ Ah hilff/odder/Ah gib glück vnd heil.

Vnd als er zu Jerusalem einzoch/erreget sich die gantze stad/vnd sprach/Wer ist der? Das volck aber sprach/Das ist der Jhesus/der Prophet von Nazareth aus Galilea. Vnd Jhesus gieng zum Tempel Gottes hinein/vnd treib eraus alle verkeuffer vnd keuffer im Tempel/ vnd sties vmb der wechsler tische/vnd die stüle der taubenkremer/vnd sprach zu jnen/Es stehet geschrieben/Mein Haus sol ein bethaus heissen/jr aber habt eine mörder gruben draus gemacht.Vnd es giengen zu jm blinden vnd lamen im Tempel/vnd er heilete sie.

Da aber die Hohen priester vnd Schrifftgelerten sahen die wunder/die er thet/vnd die kinder im Tempel schreien vnd sagen/Hosianna dem Son David/wurden sie entrüstet/vnd sprachen zu jm/Hörestu auch was diese sagen? Jhesus sprach zu jnen/Ja/Habt jr nie gelesen/Aus dem munde der vnmündigen vnd seuglingen hastu lob zugericht? Vnd er lies sie da/vnd gieng zur stad hinaus gen Bethanien/vnd bleib daselbst.

Als er aber des morgens widder jnn die Stad gieng/hungerte jn. Vnd er sahe einen feigenbaum an dem wege/vnd gieng hinzu/vnd fand nichts dran/denn alleine bletter/vnd sprach zu jm/Nu wachse auff dir hinfurt nimer mehr keine frucht.Vnd der feigenbaum verdorrete als balde.Vnd da das die Jünger sahen/verwunderten sie sich/ vnd sprachen/Wie ist der feigenbaum so balde verdorret? Jhesus aber antwortet vnd sprach zu jnen/Warlich ich sage euch/So jr glauben habt/vnd nicht zweinelt/so werdet jr nicht allein solchs mit dem feigenbaum thun/sondern so jr werdet sagen zu diesem berge/Heb dich auff/vnd wirff dich jns meer/so wirds geschehen/Vnd alles was jr bittet im gebet/so jr gleubet/so werdet jrs empfahen.

Vnd als er jnn den Tempel kam/tratten zu jm/als er leret/die Hohen priester vnd die Eltesten im volck/vnd sprachen/Aus waser macht thustu das? vnd wer hat dir die macht gegeben? Jhesus aber antwortet vnd sprach zu jnen/Ich wil euch auch ein wort fragen/so jr mir das saget/wil ich euch sagen/aus waser macht ich das thu/ Wo her war die tauffe Johannis? War sie vom himel/odder von den menschen? Da gedachten sie bey sich selbs/vnd sprachen/Sagen wir/sie sey vom himel gewesen/so wird er zu vns sagen/warumb

C iij   gleubet

Euangelion

gleubet jr denn jm nicht? Sagen wir aber/sie sey von den menschen gewesen/so müssen wir vns fur dem volck fürchten. Denn sie hielten alle Johannes fur einen Propheten. Vnd sie antworten Jhesu/vnd sprachen/Wir wissens nicht. Da sprach er zu jnen/So sage ich euch auch nicht/aus waser macht ich das thu.

Was dünckt euch aber? Es hatte ein man zween söne/vnd gieng zu dem ersten/vnd sprach/Mein son/gehe hin/vnd erbeite heute jnn meinem weinberge. Er antwortet aber vnd sprach/Ich wils nicht thun/Darnach rewet es jn/vnd gieng hin. Vnd er gieng zum andern/ vnd sprach gleich also. Er antwortet aber vnd sprach/Herr/ja/Vnd gieng nicht hin. Welcher vnter den zweien hat des vaters willen gethan? Sie sprachen zu jm/Der erste. Jhesus sprach zu jnen/Warlich ich sage euch/die Zölner vnd huren werden ehe jns Himelreich komen/denn jr. Johannes kam zu euch/vnd leret euch den rechten weg/ vnd jr gleubtet jm nicht/aber die Zölner vnd huren gleubten jm/Vnd ob jrs wol sahet/thatet jr dennoch nicht busse/das jr jm darnach auch gegleubt hettet.

Höret ein ander gleichnis/Es war ein Hausvater/der pflantzet *Mar.xj* einen weinberg/vnd füret einen zaun drumb/vnd grub eine kelter *Luce.xx.* drinnen/vnd bawet einen thurn/vnd thet jn den weingartnern aus/ *Jsaie.v.* vnd zog vber land. Da nu erbey kam die zeit der früchte/sandte er seine knechte zu den weingartnern/das sie seine früchte empfiengen. Da namen die weingartner seine knechte/einen steupten sie/den andern tödten sie/den dritten steinigten sie. Abermal sandte er andere knechte/ mehr denn der ersten waren/Vnd sie theten jnen gleich also. Darnach sandte er seinen son zu jnen/vnd sprach/Sie werden sich fur meinem son schewen. Da aber die weingartner den son sahen/sprachen sie vnternander/Das ist der erbe/kompt/lasst vns jn tödten/vnd sein erbgut an vns bringen. Vnd sie namen jn/vnd stiessen jn zum weinberge hinaus/vnd tödten jn. Wenn nu der herr des weinberges komen wird/was wird er diesen weingartnern thun? Sie sprachen zu jm/Er wird die böswicht vbel vmbbringen/vnd seinen weinberg andern weingartnern aus thun/die jm die früchte zu rechter zeit geben.

Jhesus sprach zu jnen/Habt jr nie gelesen jnn der Schrifft? Der *Psalm.* stein/den die bawleute verworffen haben/der ist zum Eckstein wor *cviij.* den/Von dem Herrn ist das geschehen/vnd es ist wunderbarlich fur vnsern augen. Darumb sage ich euch/das Reich Gottes wird von euch genomen/vnd den Heiden gegeben werden/die seine früchte brin
(Fellet) gen. Vnd wer auff diesen Stein fellet/der wird zurschellen/Auff wel
Es mus sich alles chen aber er fellet/den wird er zumalmen. Vnd da die Hohen priester
an Christo stossen/ vnd Phariseer seine gleichnisse höreten/vernamen sie/das er von jnen
etliche zur besse redet/Vnd sie trachten darnach/wie sie jn griffen/aber sie furchten
rung/etliche zur er sich fur dem volck/Denn es hielt jn fur einen Propheten.
gerung.

XXII.

Nd Jhesus antwortet vnd redet abermal durch gleich nisse zu jnen/vnd sprach/Das Himelreich ist gleich ei *Lu.xiiij* nem Könige/der seinem son hochzeit machte/vnd sandte seine knechte aus/das sie den gesten zur hoch zeit rufften/Vnd sie wolten nicht komen. Abermal sandte er andere knechte aus/vnd sprach/Saget den gesten/Sihe/meine malzeit habe ich bereitet/meine ochsen

Sanct Matthes. XVI.

ochsen vnd mein mast vieh ist geschlachtet/vnd alles bereit/kompt zur hochzeit. Aber sie verachteten das/vnd giengen hin/einer auff seinen acker/der ander zu seiner hantierung/Etliche aber griffen seine knechte/höneten vnd tödten sie. Da das der König höret/ward er zornig/vnd schicket seine heere aus/vnd brachte diese mörder vmb/vnd zündet jre stad an.

Da sprach er zu seinen knechten/die hochzeit ist zwar bereit/aber die geste warens nicht werd. Darumb gehet hin auff die strassen/vnd ladet zur hochzeit/wen jr findet. Vnd die knechte giengen aus auff die strassen/vnd brachten zusamen wen sie funden/böse vnd gute/vnd die tische wurden alle vol. Da gieng der König hinein/die geste zu besehen/vnd sahe alda einen menschen/der hatte kein hochzeitlich kleid an/vnd sprach zu jm/Freund/wie bistu herein komen/vnd hast doch kein hochzeitlich kleid an? Er aber verstummet. Da sprach der König zu seinen dienern/Bindet jm hende vnd füsse/vnd werffet jn jnn das finsternis hinaus/da wird sein heulen vnd zeenklappen. Denn viel sind beruffen/aber wenig sind auserwelt.

(hochzeitlich kleid)
Ist der glaube,
Denn dis Euangelion verwirfft die werckheiligen/vnd nimpt an die gleubigen.

Mat.xij.
Luce.xx. Da giengen die Phariseer hin/vnd hielten einen rat/wie sie jn fiengen jnn seiner rede/vnd sandten zu jm jre jünger/sampt Herodis diener/vnd sprachen/Meister/wir wissen/das du warhafftig bist/vnd lerest den weg Gottes recht/vnd du fragest nach niemand/Denn du achtest nicht das ansehen der menschen/Darumb sage vns/Was dünckt dich? ists recht/das man dem Keiser zinse gebe/odder nicht? Da nu Jhesus marckte jre schalckheit/sprach er/Ir Heuchler/was versuchet jr mich? Weiset mir die zinse müntze. Vnd sie reichten jm einen groschen dar/Vnd er sprach zu jnen/Wes ist das bilde vnd die vberschrifft? Sie sprachen zu jm/Des Keisers. Da sprach er zu jnen/So gebet dem Keiser/was des Keisers ist/vnd Gotte/was Gottes ist. Da sie das höreten/nam sie es wunder/vnd liessen jn/vnd giengen dauon.

Mat.xij.
Luce.xx.
Deu.xxv. An dem selbigen tage tratten zu jm die Saduceer/die da halten/es sey kein aufferstehen/vnd frageten jn/vnd sprachen/Meister/Moses hat gesagt/so einer stirbt/vnd hat nicht kinder/so sol sein bruder sein weib freien/vnd seinem bruder samen erwecken. Nu sind bey vns gewesen sieben brüder/Der erste freiet/vnd starb/Vnd die weil er nicht samen hatte/lies er sein weib seinem bruder/Des selben gleichen/der ander/vnd der dritte/bis an den siebenden. Zu letzt nach allen starb auch das weib. Nu jnn der aufferstehung/welches weib wird sie sein/vnter den sieben? sie haben sie ja alle gehabt. Jhesus aber antwortet/vnd sprach zu jnen/Ir jrret/vnd wisset die Schrifft nicht/noch die krafft Gottes/Jnn der aufferstehung werden sie wedder freien/noch sich freien lassen/sondern sie sind gleich wie die Engel Gottes im himel.

Habt jr aber nicht gelesen von der todten aufferstehung/das euch gesagt ist von Gott/da er spricht/Jch bin der Gott Abraham/vnd
Exo.iij. der Gott Isaac/vnd der Gott Jacob? Gott aber ist nicht ein Gott der todten/sondern der lebendigen. Vnd da solchs das volck höret/entsatzten sie sich vber seiner lere.

Da aber die Phariseer höreten/das er den Saduceern das maul gestopfft hatte/versamleten sie sich/Vnd einer vnter jnen/ein Schrifftgelerter/versucht jn/vnd sprach/Meister/welches ist das furnemest
Deut.vj. gebot im Gesetz? Jhesus aber sprach zu jm/Du solt lieben Gott

C iiij   deinen

Euangelion

deinen Herrn/von gantzem hertzen/von gantzer seelen/von gantzem gemüte/Dis ist das furnemest vnd das gröste gebot. Das ander aber ist dem gleich/Du solt deinen nehesten lieben/als dich selbs/Inn diesen zweien geboten hanget das gantze Gesetz vnd die Propheten.

Da nu die Phariseer bey einander waren/fraget sie Jhesus vnd sprach/Wie dunckt euch vmb Christo? wes son ist er? Sie sprachen/ Dauids. Er sprach zu jnen/Wie nennet jn denn Dauid im Geist einen Herrn? da er sagt/Der Herr hat gesagt zu meinem Herrn/setze dich zu meiner rechten/bis das ich lege deine feinde zum schemel deiner füsse. So nu Dauid jn einen Herrn nennet/wie ist er denn sein Son? Vnd niemand kund jm ein wort antworten/vnd thurste auch niemand von dem tage an hinfurt jn fragen.

Psal.cx

XXIII.

(Auff Moses stuel sitzen) Wenn man anders vnd mehr denn Moses gesetz leret/so sitzet man nicht auff Moses stuel/Darumb verwirfft er auch hernach jre werck vnd menschen lere.

Da redete Jhesus zu dem volck/vnd zu seinen Jüngern/ vnd sprach/Auff Moses stuel sitzen die Schrifftgelerten vnd Phariseer/Alles nu was sie euch sagen/das jr halten sollet/das haltet/vnd thuts/Aber nach jren wercken solt jr nicht thun/Sie sagens wol/vnd thuns nicht/Sie binden aber schwere vnd vntregliche bürden/vnd legen sie den menschen auff den hals/aber sie wöllen die selben nicht mit einem finger regen. Alle jre werck aber thun sie/das sie von den leuten gesehen werden/Sie machen jre Denckzedel breit/vnd die seume an jren kleidern gros/Sie sitzen gerne oben an vber tisch/vnd jnn den Schulen/vnd habens gerne/das sie gegrüsset werden auff dem marckt/vnd von den menschen Rabbi genant werden.

Luce.xj.

Mar.xij

Aber jr solt euch nicht Rabbi nennen lassen/Denn einer ist ewer Meister/Christus/jr aber seid alle Brüder/Vnd solt niemand Vater heissen auff erden/denn einer ist ewer Vater/der im himel ist. Vnd jr solt euch nicht lassen Meister nennen/denn einer ist ewer Meister/ Christus. Der grössest vnter euch/sol ewer diener sein/Denn wer sich selbs erhöhet/der wird erniddriget/Vnd wer sich selbs erniddriget/ der wird erhöhet.

Lu.xiiij. vij.xviij

b (Zuschliesset) Die schlüssel sind die gewalt zu leren das Himelreich/ das leret sie nicht/ sondern mit menschen leren hinderten sie/die da gerne die rechte lere gehört hetten.

Weh euch Schrifftgelerten vnd Phariseer/jr Heuchler/die jr das Himelreich b zuschliesset fur den menschen/jr kompt nicht hinein/ vnd die hinein wöllen/lasst jr nicht hinein gehen.

Mar.xij Luce.ix.

Weh euch Schrifftgelerten vnd Phariseer/jr Heuchler/die jr der Widwen heuser fresset/vnd wendet lange gebet fur/darumb werdet jr deste mehr verdamnis empfahen.

Weh euch Schrifftgelerten vnd Phariseer/jr Heuchler/die jr land vnd wasser vmbziehet/das jr einen Judegenossen machet/Vnd wenn ers worden ist/machet jr aus jm ein kind der hellen/zwifeltig mehr denn jr seid.

Weh euch verblente leiter/die jr saget/Wer da schweret bey dem Tempel/das ist nichts/Wer aber schweret bey dem golde am Tempel/der ist schüldig. Jr narren vnd blinden/was ist grösser? das gold/ odder der Tempel/der das gold heiliget? Wer da schweret bey dem Altar/das ist nichts/Wer aber schweret bey dem opffer/das droben ist/der ist schüldig. Jr narren vnd blinden/was ist grösser? das opffer/ odder der Altar/der das opffer heiliget? Darumb/wer da schweret bey dem Altar/der schweret bey dem selben/vnd bey allem das droben ist.

Sanct Matthes. XVII.

ben ist. Vnd wer da schweret bey dem Tempel/der schweret bey dem selbigen/vnd bey dem/der drinnen wonet. Vnd wer da schweret bey dem Himel/der schweret bey dem stuel Gottes/vnd bey dem/der drauff sitzet.

Luce.xj. Weh euch Schrifftgelerten vnd Phariseer/jr Heuchler/die jr verzehendet die mintz/till/vnd kümel/vnd lasset dahinden das schwerest im Gesetz/nemlich/das gerichte/die barmhertzigkeit/vnd den glauben/Dis solt man thun/vnd jhenes nicht lassen/Jr verblente leiter/die jr mucken ᵃ seiget/vnd Kamel verschluckt.

Weh euch Schrifftgelerten vnd Phariseer/jr Heuchler/die jr reiniget das auswendige am becher vnd schüssel/jnnwendig aber seid jr vol raubes vnd ᵇ frasses. Du blinder Phariseer/reinige zum ersten das jnnwendige am becher vnd schüsseln/auff das auch das auswendige rein werde.

Weh euch Schrifftgelerten vnd Phariseer/jr Heuchler/die jr gleich seid wie die vbertünchte greber/welche auswendig hübsch scheinen/aber jnnwendig sind sie voller todten bein/vnd alles vnflats. Also auch jr/von aussen scheinet jr fur den menschen from/aber jnnwendig seid jr voller heucheley vnd vntugent.

Weh euch Schrifftgelerten vnd Phariseer/jr Heuchler/die jr der Propheten greber bawet/vnd schmücket der Gerechten greber/vnd sprecht/Weren wir zu vnser Veter zeiten gewesen/so wolten wir nicht teilhafftig sein mit jnen/an der Propheten blut/So gebt jr zwar vber euch selbs zeugnis/das jr kinder seid/dere/die die Propheten getödtet haben. Wolan/erfüllet auch jr das mas ewer Veter. Jr schlangen/jr ottern gezichte/wie wolt jr der hellischen verdamnis entrinnen?

Luce.xj. Darumb/sihe/ich sende zu euch Propheten vnd Weisen vnd Schrifftgelerten/vnd der selbigen werdet jr etliche tödten vnd creutzigen/vnd etliche werdet jr geisseln jnn ewern Schulen/vnd werdet sie verfolgen von einer stad zu der andern/auff das vber euch kome alle das gerechte blut/das vergossen ist auff erden/von dem blut an ʜ.para. des gerechten Abels/bis auffs blut Zacharias ᶜ Barachie son/welᶜxliiij. chen jr getödtet habt zwischen dem Tempel vnd Altar. Warlich ich sage euch/das solches alles wird vber dis geschlecht komen. Jerusalem/Jerusalem/die du tödtest die Propheten/vnd steinigest die zu dir gesand sind/wie offt habe ich deine kinder versamlen wöllen/wie eine henne versamlet jre küchlin/vnter jre flügel/vnd jr habt nicht gewolt? Sihe/ewer haus sol euch wüste gelassen werden/Denn ich sage euch/jr werdet mich von itzt an nicht sehen/bis jr sprecht/Gelobet sey der da kompt im namen des Herrn.

XXIIII.

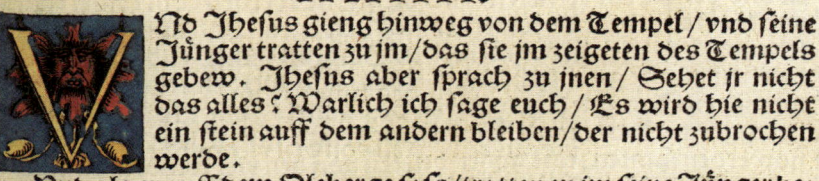

Matei. xiij. Lu. xxj. Nd Jhesus gieng hinweg von dem Tempel/vnd seine Jünger tratten zu jm/das sie jm zeigeten des Tempels gebew. Jhesus aber sprach zu jnen/Sehet jr nicht das alles? Warlich ich sage euch/Es wird hie nicht ein stein auff dem andern bleiben/der nicht zubrochen werde.

Vnd als er auff dem Oleberge sass/tratten zu jm seine Jünger besonders/vnd sprachen/Sage vns/wenn wird das geschehen? vnd welchs wird das zeichen sein deiner zukunfft vnd der welt ende? Jhesus aber antwort vnd sprach zu jnen/Sehet zu/das euch nicht jmand verfüre/

ᵃ (Seiget) Das ist/jr machet enge gewissen jnn geringen stücken/vnd achtet nicht der grossen stück.

ᵇ (Frasses) Wil sagen/wie sie alles zu sich gerissen vnd im sausse gelebt haben/nichts darnach gefraget/wo Gott odder die seelen blieben.

ᶜ Dieser Barachias hat zween namen/Desi. h. Par. xxiiij. wird er Joiada genent/wie denn der brauch ist zweier namen jnn der Schrifft vnd allenthalben.

Euangelion

verfüre/Denn es werden viel komen vnter meinem namen/vnd sagen/Ich bin Christus/vnd werden viel verfüren.

Ir werdet hören kriege vnd geschrey von kriegen/sehet zu/vnd erschrecket nicht/das mus zum ersten alles geschehen/Aber es ist noch nicht das ende da. Denn es wird sich empören ein volck vber das ander/vnd ein Königreich vber das ander/vnd werden sein pestilentz vnd thewre zeit/vnd erdbeben hin vnd widder/da wird sich aller erst die not anheben.

Als denn werden sie euch vberantworten jnn trübsal/vnd werden euch tödten/Vnd jr müsset gehasset werden vmb meines namens willen/von allen völckern. Denn werden sich viel ergern/vnd werden sich vnternander verrhaten/vnd werden sich vnternander hassen. Vnd es werden sich viel falscher Propheten erheben/vnd werden viel verfüren/Vnd die weil die vngerechtigkeit wird vberhand nemen/wird die liebe jnn vielen erkalten. Wer aber beharret bis ans ende/der wird selig. Vnd es wird geprediget werden das Euangelion vom Reich/jnn der gantzen welt/zu einem gezeugnis vber alle völcker/vnd denn wird das ende komen.

Wenn jr nu sehen werdet den ᵃ Grewel der verwüstunge / dauon Dani.ir. gesagt ist durch den Propheten Daniel/das er stehet an der Heiligen stet/Wer das lieset/der mercke drauff/Als denn fliehe auff die berge/wer im Jüdischen lande ist/Vnd wer auff dem dach ist/der steige nicht ernidder etwas aus seinem hause zu holen/Vnd wer auff dem felde ist/der kere nicht vmb/seine kleider zu holen. Weh aber den schwangern vnd seugern zu der zeit. Bittet aber/das ewre flucht nicht geschehe ᵇ im winter/odder am Sabbath/Denn es wird als denn ein gros trübsal sein/als nicht gewesen ist von anfang der welt/bisher/vnd als auch nicht werden wird. Vnd wo diese tage nicht würden verkürtzt/so würde kein mensch selig/Aber vmb der auserweleten willen werden die tage verkürtzt.

So als denn jmand zu euch wird sagen/ ᶜ Sihe/hie ist Christus/ Mar. odder da/so solt jrs nicht gleuben/Denn es werden falsche Christi rih. vnd falsche Propheten auffstehen/vnd grosse zeichen vnd wunder Lu.xvi. thun/das verfüret werden jnn den jrthum (wo es müglich were) auch die auserweleten. Sihe/ich habs euch zuuor gesagt/Darumb/wenn sie zu euch sagen werden/Sihe/Er ist jnn der wüsten/so gehet nicht hinaus/Sihe/Er ist jnn der kamer/so gleubt nicht/Denn gleich wie der blitz ausgehet vom Auffgang / vnd scheinet bis zum Niddergang/also wird auch sein die zukunfft des menschen Sons/ ᵈ Wo aber ein ass ist/da samlen sich die Adler.

Bald aber nach dem trübsal der selbigen zeit/werden Sonn vnd Lu.xi Mond den schein verlieren/vnd die sterne werden vom himel fallen/vnd die krefft der himel werden sich bewegen/Vnd als denn wird erscheinen das zeichen des menschen Sons im himel/vnd als denn werden henlen alle geschlechte auff erden/vnd werden sehen komen des menschen Son jnn den wolcken des himels/mit grosser krafft vnd herrligkeit/Vnd er wird senden seine Engel mit hellen posaunen/vnd sie werden samlen seine auserweleten von den vier winden/von einem ende des himels zu dem andern.

An dem feigenbawm lernet ein gleichnis / wenn sein zweig itzt Mat. safftig wird/vnd bletter gewinnet/so wisset jr/das der Somer nahe rih. ist. Also auch/wenn jr das alles sehet/so wisset/das es nahe fur der thür

---

ᵃ (Grewel) Dieser grewel fur Got/mus ein schön eusserlich ansehen der heiligkeit fur der welt haben/da mit die rechte heiligkeit verwüstet wird/wie des Bapsts regiment/vnd vorzeiten der Juden vnd Heiden abgötterey waren.

ᵇ (Im winter) Das ist auff sprichworts weise gered/also viel gesagt/Sehet/das jr zu rechter zeit fliehet/Denn im winter ist nicht gut wandeln/vnd des Sabbaths war es den Juden verpoten.

ᶜ (Sihe/hie ist) Das sind die Secten vnd Orden/die ein gut leben an eusserliche dingen odder mit wercken suchen/sonderlich sind itzt die kamern alle geistliche Klöster / die wüsten aber sind die walfarten vnd feldstiffte.

ᵈ (Wo ein ass ist) Das ist ein sprichwort / vnd wil sagen so viel/Wir werden vns wol zusamen finden/Wo ich bin/werder jr auch sein/gleich wie ass vnd Adler sich wol zusamen finden / vnd darff kein ort sonderlich anzeigen.

Sanct Matthes. XVIII.

thür ist/Warlich/ich sage euch/dis geschlecht wird nicht vergehen/ bis das dieses alles geschehe/Himel vnd erden werden vergehen/ aber meine wort werden nicht vergehen. Von dem tage aber/vnd von der stund weis niemand/auch die Engel nicht im himel/sonder allein mein Vater.

Lu.xvij. Gleich aber wie es zu der zeit Noe war/also wird auch sein die zukunfft des menschen Sons/Denn gleich wie sie waren jnn den tagen vor der sindflut/sie assen/sie truncken/freieten/vnd liessen sich freien/ *Gen. vij* bis an den tag/da Noe zu der archen eingieng/Vnd sie achtens nicht/ bis die sindflut kam/vnd nam sie alle dahin. Also wird auch sein die zukunfft des menschen Sons/Denn werden zween auff dem felde sein/einer wird angenomen/vnd der ander wird verlassen werden/ Zwo werden malen auff der müle/eine wird angenomen/vnd die ander wird verlassen werden.

Marci xiij. Luce. xij. Darumb wachet/denn jr wisset nicht/welche stunde ewer Herr komen wird. Das solt jr aber wissen/wenn ein Hausvater wüsste/ welche stunde der dieb komen wolt/so würde er ia wachen/vnd nicht jnn sein haus brechen lassen. Darumb seid jr auch bereit/denn des menschen Son wird komen zu einer stunde/da jr nicht meinet. Welcher ist aber nu ein trewer vnd kluger knecht/den der herr gesetzt hat vber sein gesinde/das er jnen zu rechter zeit speise gebe? Selig ist der knecht/wenn sein herr kompt/vnd findet jn also thun/Warlich ich sage euch/er wird jn vber alle seine güter setzen/So aber jhener/der böse knecht/wird jnn seinem hertzen sagen/Mein herr kompt noch lange nicht/vnd fehet an zu schlahen seine mitknechte/isset vnd trincket mit den truncken/So wird der herr des selben knechts komen an dem tage da er sich nicht versihet/vnd zu der stunde/die er nicht meinet/vnd wird jn zuscheitern/vnd wird jm seinen lohn geben/mit den Heuchlern/da wird sein heulen vnd zeenklappen.

(Geschehe) Das ist/Es wird solchs alles anfahen zu geschehen/ noch bey dieser zeit/die weil jr lebet.

XXV.

DEnn wird das Himelreich gleich sein zehen Jungfrawen/die jre lampen namen/vnd giengen aus dem Breutgam entgegen. Aber fünff vnter jnen waren töricht/vnd fünff waren klug/Die törichten namen jre lampen/aber sie namen nicht öle mit sich/Die klugen aber namen öle jnn jren gefessen sampt jren lampen. Da nu der Breutgam verzog/worden sie alle schlefferig/vnd entschlieffen. Zur mitternacht aber ward ein geschrey/sihe/ der Breutgam kompt/gehet aus jm entgegen. Da stunden diese Jungfrawen alle auff/vnd schmückten jre lampen/Die törichten aber sprachen zu den klugen/Gebt vns von ewrem öle/denn vnsere lampen verleschen. Da antworten die klugen/vnd sprachen/Nicht also/auff das nicht vns vnd euch gebreche/Gehet aber hin zu den kremern/vnd keuffet fur euch selbs. Vnd da sie hin giengen zu keuffen/kam der Breutgam/vnd welche bereit waren/giengen mit jm hinein zur hochzeit/Vnd die thür ward verschlossen. Zu letzt kamen auch die andern Jungfrawen/vnd sprachen/Herr/Herr/thu vns auff. Er antwortet aber/vnd sprach/Warlich ich sage euch/ich kenne ewer nicht. Darumb wachet/denn jr wisset weder tag noch stund/ jnn welcher des menschen Son komen wird.

(Jre lampen) Die lampe on öle sind die gute werck on glaube/die müssen alle verlesschen/ das ölegefess aber ist der glaube in gewissen auff Gottes gnade/der thut gute werck/die bestehen/Wie aber hie das öle keine der andern gibt/also mus ein jglicher fur sich selbs gleuben.

Gleich

Euangelion

Gleich wie ein mensch der vber land zog/ruffete seinen knechten/ vnd thet jnen seine güter ein/Vnd einem gab er funff centner/dem andern zween/dem dritten einen/einem jedern nach seinem vermögen/ Vnd zog bald hinweg. Da gieng der hin/der funff centner empfangen hatte/vnd handelte mit den selben/vnd gewan andere funff centner/Des gleichen auch der zween centner empfangen hatte/gewan auch zween andere. Der aber einen empfangen hatte/gieng hin/vnd machete eine grube jnn die erden/vnd verbarg seines herrn gelt. Vber eine lange zeit/kam der herr dieser knechte/vnd hielt rechenschafft mit jnen. Da trat er zu/der funff centner empfangen hatte/vnd legete ander funff centner dar/vnd sprach/Herr/du hast mir funff centner gethan/sihe da/ich habe damit andere funff centner gewonnen. Da sprach sein herr zu jm/Ey du fromer vnd getrewer knecht/du bist vber wenigem getrew gewest/ich wil dich vber viel setzen/Gehe ein zu deines herrn frewde. Da trat auch er zu/der zween centner empfangen hatte/vnd sprach/Herr/du hast mir zween centner gethan/sihe da/ ich habe mit den selben zween ander gewonnen. Sein herr sprach zu jm/Ey du fromer vnd getrewer knecht/du bist vber wenigem getrew gewesen/ich wil dich vber viel setzen/Gehe ein zu deines herrn frewde.

Matth. Luce.xix

(Centner) Die centner sind das befolhen Gottes wort/wer das wol treibt/der hat sein viel/vnd leret viel andere/Wer es lesst ligen/der hat sein wenig/ denn an jm selbs ists einerley wort/ aber es schaffet durch etliche mehr denn durch andere/darumb ists itzt funff/itzt zween centner genennet.

Da trat auch er zu/der einen centner empfangen hatte/vnd sprach/ Herr/ich wuste/das du ein harter man bist/Du schneittest/wo du nicht geseet hast/vnd samlest/da du nicht gestrawet hast/vnd furchte mich/gieng hin/vnd verbarg deinen centner jnn die erden/sihe/da hastu das deine. Sein herr aber antwortet/vnd sprach zu jm/Du schalck vnd fauler knecht/wustestu das ich schneitte/da ich nicht geseet habe/vnd samle/da ich nicht gestrawet habe/so soltestu mein gelt zu den wechslern gethan haben/vnd wenn ich komen were/hette ich das meine zu mir genomen mit wucher/Darumb nemet von jm den centner/vnd gebets dem/der zehen centner hat/Denn wer da hat/dem wird gegeben werden/vnd wird die fülle haben/Wer aber nicht hat/dem wird auch/das er hat/genomen werden/Vnd den vnnützen knecht werffet jnn die finsternis hinaus/da wird sein heulen vnd zeenklappen.

Martini Lu.xix

Wenn aber des menschen Son komen wird/jnn seiner herrligkeit/vnd alle heiligen Engel mit jm/denn wird er sitzen auff dem stuel seiner Herrligkeit/vnd werden fur jm alle völcker versamlet werden/ vnd er wird sie von einander scheiden/gleich als ein hirte die schafe von den böcken scheidet/vnd wird die schafe zu seiner rechten stellen/ vnd die böcke zur lincken. Da wird denn der König sagen zu denen zu seiner rechten/Kompt her jr gesegneten meines Vaters/ererbet das Reich/das euch bereitet ist von anbegin der welt/Denn ich bin hungerig gewesen/vnd jr habt mich gespeiset/Ich bin durstig gewesen/ vnd jr habt mich getrencket/Ich bin ein gast gewesen/vnd jr habt mich beherberget/Ich bin nacket gewesen/vnd jr habt mich bekleidet/Ich bin kranck gewesen/vnd jr habt mich besucht/Ich bin gefangen gewesen/vnd jr seid zu mir komen.

Denn werden jm die gerechten antworten vnd sagen/Herr/wenn haben wir dich hungerig gesehen/vnd haben dich gespeiset? odder durstig/vnd haben dich getrenckt? Wenn haben wir dich einen gast gesehen/vnd beherberget? odder nacket/vnd haben dich bekleidet? Wenn haben wir dich kranck odder gefangen gesehen/vnd sind zu dir komen?

Sanct Matthes. XIX.

zu dir komen? Vnd der König wird antworten/vnd sagen zu jnen/ Warlich ich sage euch/was jr gethan habt einem vnter diesen meinen geringsten Brüdern/das habt jr mir gethan.

Denn wird er auch sagen zu denen zur lincken/Gehet hin von mir/ jr verfluchten/jnn das ewige fewer/das bereitet ist dem Teuffel vnd seinen Engeln/Ich bin hungerig gewesen/vnd jr habt mich nicht gespeiset/Ich bin durstig gewesen/vnd jr habt mich nicht getrenckt/ Ich bin ein gast gewesen/vnd jr habt mich nicht beherberget/Ich bin nacket gewesen/vnd jr habt mich nicht bekleidet/Ich bin kranck vnd gefangen gewesen/vnd jr habt mich nicht besucht.

Lu. xiij.

Da werden sie jm auch antworten/vnd sagen/Herr/wenn haben wir dich gesehen/hungerig/odder durstig/odder einen gast/odder nacket/odder kranck/odder gefangen/vnd haben dir nicht gedienet? Denn wird er jnen antworten/vnd sagen/Warlich/ich sage euch/ was jr nicht gethan habt einem vnter diesen geringsten/das habt jr mir auch nicht gethan. Vnd sie werden jnn die ewige pein gehen/aber die gerechten jnn das ewige leben.

XXVI.

VNd es begab sich/da Jhesus alle diese rede volendet hatte/sprach er zu seinen Jüngern/Ir wisset/das nach zween tagen Ostern wird/vnd des menschen Son wird vberantwortet werden/das er gecreutziget werde.

Marci riij. Lu. xxij.

Da versamleten sich die Hohen priester vnd Schrifftgelerten/vnd die Eltesten im volck/jnn den pallast des Hohen priesters/der da hies Caiphas/vnd hielten rat/ wie sie Jhesum mit listen griffen vnd tödten/Sie sprachen aber/Ja nicht auff das Fest/auff das nicht ein auffrhur werde im volck.

Da nu Jhesus war zu Bethanien/im hause Simonis des aussetzigen/trat zu jm ein weib/das hatte ein glas mit köstlichem wasser/ vnd gos es auff sein heubt/da er zu tisch sass. Da das seine Jünger sahen/wurden sie vnwillig/vnd sprachen/Wo zu dienet dieser vnrat? dieses wasser hette mocht thewr verkaufft/vnd den armen gegeben werden. Da das Jhesus merckete/sprach er zu jnen/Was bekümmert jr das weib? Sie hat ein a gut werck an mir gethan/Ir habt alle zeit armen bey euch/mich aber habt jr nicht alle zeit/Das sie dis wasser hat auff meinen leib gegossen/hat sie gethan/das sie mich zum b grabe bereite/Warlich/ich sage euch/wo dis Euangelion geprediget wird jnn der gantzen welt/da wird man auch sagen zu jrem gedechtnis/was sie gethan hat.

Marci riij. Lu. xxij.

Da gieng hin der Zwelffen einer/mit namen Judas Jscharioth/ zu den Hohen priestern/vnd sprach/Was wolt jr mir geben/ich wil jn euch verrhaten? Vnd sie boten jm dreissig silberling. Vnd von dem an/suchet er gelegenheit/das er jn verrhiete.

Aber am ersten tage der süssen brod/tratten die Jünger zu Jhesu/ vnd sprachen zu jm/Wo wiltu/das wir dir bereiten das Osterlamb zu essen? Er sprach/Gehet hin jnn die stad/zu jhenem/vnd sprecht zu jm/Der Meister lesst dir sagen/meine zeit ist hie/ich wil bey dir die

a
(Gut werck)
Da sihet man/das der glaube allein das werck gut machet/Denn alle vernunfft hette dis werck verdampt/ wie auch die Aposstel selbs thatten/ Denn die werck sind die besten/die man nicht weis/wie gut sie sind.

b
(Zum grabe)
Lasst es doch gehen/Est ist die lenge die sie mir gibt/ Denn ich sol doch sterben.

D Ostern

Euangelion

Ostern halten/mit meinen Jüngern. Vnd die Jünger thatten/wie jnen Jhesus befolhen hatte/vnd bereiteten das Osterlamb.

Vnd am abent satzte er sich zu tisch mit den Zwelffen. Vnd da sie assen/sprach er/Warlich ich sage euch/einer vnter euch wird mich verrhaten. Vnd sie wurden seer betrübt/vnd huben an/ein jglicher vnter jnen/vnd sagten zu jm/Herr/bin ichs? Er antwortet vnd sprach/Der mit der hand mit mir jnn die schüssel tauchet/der wird mich verrhaten. Des menschen Son gehet zwar dahin/wie von jm geschrieben stehet/doch weh dem menschen/durch welchen des menschen Son verrhaten wird.Es were jm besser/das der selbige mensch noch nie geborn were. Da antwortet Judas/der jn verrhiet/vnd sprach/Bin ichs Rabbi? Er sprach zu jm/Du sagests.

Da sie aber assen/nam Jhesus das brod/dancket/vnd brachs/ vnd gabs den Jüngern/vnd sprach/Nemet/esset/das ist mein leib. Vnd er nam den kelch/vnd dancket/gab jnen den/vnd sprach/Trincket alle draus/Das ist mein blut des newen Testaments/welchs vergossen wird fur viele/zur vergebung der sunden. Ich sage euch/ich werde von nu an nicht mehr von diesem gewechs des weinstockes a trincken/bis an den tag/da ichs newe trincken werde mit euch jnn meines Vaters Reich. Vnd da sie den lobgesang gesprochen hatten/ giengen sie hinaus an den Oleberg.

Marci
xiiij.
Lu. xxij.
j.Cor.xj.

a (Trincken) Das ist/Wir werden hinfurt keinen leiblichen wandel mit einander haben/vnd das sol das Valete sein.

Da sprach Jhesus zu jnen/Jnn dieser nacht werdet jr euch alle ergern an mir/Denn es stehet geschrieben/Ich werde den Hirten schlahen/vnd die schafe der herde werden sich zurstrewen. Wenn ich aber aufferstehe/wil ich fur euch hin gehen jnn Galilean. Petrus aber antwortet/vnd sprach zu jm/Wenn sie auch alle sich an dir ergerten/ so wil ich doch mich nimer mehr ergern. Jhesus sprach zu jm/Warlich ich sage dir/jnn dieser nacht/ehe der hane krehet/wirstu mein drey mal verleugnen. Petrus sprach zu jm/Vnd wenn ich mit dir sterben müsste/so wil ich dein nicht verleugnen. Des gleichen sagten auch alle Jünger.

Zach.xiij

Joh.xiij

Da kam Jhesus mit jnen/zu eim hofe/der hies Gethsemane/vnd sprach zu seinen Jüngern/Setzt euch hie/bis das ich dort hin gehe/ vnd bete/Vnd nam zu sich Petrum/vnd die zween söne Zebedei/vnd fieng an zu trawren vnd zu zagen. Da sprach Jhesus zu jnen/Meine seele ist betrübet bis an den tod/bleibet hie/vnd wachet mit mir. Vnd gieng hin ein wenig/fiel nidder auff sein angesichte/vnd betet/vnd sprach/Mein Vater/ists müglich/so gehe dieser Kelch von mir/doch nicht wie ich wil/sondern wie du wilt. Vnd er kam zu seinen Jüngern/vnd fand sie schlaffend/vnd sprach zu Petro/Könnet jr denn nicht eine stunde mit mir wachen? wachet vnd betet/das jr nicht jnn anfechtung fallet/Der geist ist willig/aber das fleisch ist schwach.

Zum andern mal gieng er aber hin/betet vnd sprach/Mein Vater/ists nicht müglich/das dieser Kelch von mir gehe/ich trincke jn denn/so geschehe dein wille. Vnd er kam vnd fand sie aber schlaffend/vnd jre augen waren vol schlaffs. Vnd er lies sie/vnd gieng aber mal hin/vnd betet zum dritten mal/vnd redet die selbigen wort. Da kam er zu seinen Jüngern/vnd sprach zu jnen/Ah wolt jr nu schlaffen vnd rugen? Sihe/die stunde ist hie/das des menschen Son jnn der sunder hende vberantwortet wird/Stehet auff/lasst vns gehen/ sihe/er ist da/der mich verrhet.

Vnd als

Sanct Matthes. XX.

Marci xiiij.
Lu. xxij.
Johan. xviij.

Vnd als er noch redet/ sihe/ da kam Judas der Zwelffen einer/ vnd mit jm eine grosse schar/ mit schwerten vnd mit stangen/ von den Hohen priestern vnd Eltesten des volcks. Vnd der Verrheter hatte jnen ein zeichen gegeben/ vnd gesagt/ Welchen ich küssen werde/ der ists/ den greiffet. Vnd als balde trat er zu Jhesu/ vnd sprach/ ᵃ Gegrüsset seistu Rabbi. Vnd küsset jn. Jhesus aber sprach zu jm/ Mein freund/ warumb bistu komen? Da tratten sie hinzu/ vnd legten die hende an Jhesum/ vnd griffen jn.

Vnd sihe/ einer aus denen/ die mit Jhesu waren/ recket die hand aus/ vnd zoch sein schwerd aus/ vnd schlug des Hohen priesters knecht/ vnd hieb jm ein ohr ab. Da sprach Jhesus zu jm/ Stecke dein schwert an seinen ort/ Denn wer das schwert ᵇ nimpt/ der sol durchs schwert ᶜ vmbkomen/ Odder meinestu/ das ich nicht künde meinen Vater bitten/ das er mir zuschickte mehr denn zwelff ᵈ Legion Engel? Wie würde aber die Schrifft erfüllet? Es mus also gehen.

Zu der stunde sprach Jhesus zu der Scharen/ Jr seid ausgangen/ als zu einem mörder/ mit schwerten vnd mit stangen/ mich zu fahen/ bin ich doch teglich gesessen bey euch/ vnd habe geleret im Tempel/ vnd jr habt mich nicht gegriffen. Aber das ist alles geschehen/ das erfüllet würden die Schrifft der Propheten. Da verliessen jn alle Jünger/ vnd flohen. Die aber Jhesum gegriffen hatten/ füreten jn zu dem Hohen priester Caiphas/ dahin die Schrifftgelerten vnd Eltesten sich versamlet hatten. Petrus aber folgete jm nach/ von ferns/ bis jnn den pallast des Hohen priesters/ vnd gieng hinein/ vnd satzte sich bey die knechte/ auff das er sehe/ wo es hinaus wolte.

Die Hohen priester aber vnd Eltesten/ vnd der gantze Rat/ suchten falsche zeugnis widder Jhesum/ auff das sie jn tödten/ vnd funden keins. Vnd wie wol viel falscher zeugen erzu tratten/ funden sie doch keins. Zu letzt tratten erzu zween falsche zeugen/ vnd sprachen/ Er hat gesagt/ Ich kan den Tempel Gottes abbrechen/ vnd jnn dreien tagen den selben bawen.

Vnd der Hohe priester stund auff/ vnd sprach zu jm/ Antwortestu nichts zu dem/ das diese widder dich zeugen? Aber Jhesus schweig stille. Vnd der Hohe priester antwortet/ vnd sprach zu jm/ Ich beschwere dich bey dem lebendigen Gott/ das du vns sagest/ ob du seiest Christus/ der Son Gottes. Jhesus sprach/ Du sagests/ Doch sage ich euch/ von nu an wirds geschehen/ das jr sehen werdet des menschen Son sitzen zur rechten der krafft/ vnd komen jnn den wolcken des himels.

Da zureis der Hohe priester seine kleider/ vnd sprach/ Er hat Gott gelestert/ Was dürffen wir weiter zeugnis? sihe/ itzt habt jr seine Gottes lesterung gehört. Was dücket euch? Sie antworten vnd sprachen/ Er ist des tods schuldig. Da speieten sie aus jnn sein angesichte/ vnd schlugen jn mit feusten/ Etliche aber schlugen jn jns angesichte/ vnd sprachen/ Weissage vns Christe/ wer ists/ der dich schlug?

Marci. xiiij.
Lu. xxij.
Johan. xviij.

Petrus aber sass draussen im pallast/ Vnd es trat zu jm eine magd/ vnd sprach/ Vnd du warest auch mit dem Jhesu aus Galilea. Er leugnet aber fur jnen allen/ vnd sprach/ Ich weis nicht was du sagest. Als er aber zur thür hinaus gieng/ sahe jn ein andere/ vnd sprach zu denen/ die da waren/ Dieser war auch mit dem Jhesu von Nazareth.

ᵃ (Gegrüsset) Das ist böse deudsch/ wir grüssen also auff deudsch/ Gute abent/ glück zu etc.

ᵇ (Nimpt) Das schwert nemen/ die es on ordentliche gewalt brauchen.

ᶜ (Vmbkomen) Das ist/ Er ist jnn des schwerts vrteil gefallen/ ob wol zu weilen des schwertes geweldigen vmb seiner busse odder ander vrsach solchs vrteil nicht volfüren/ Also bestetiget Christus das schwert.

ᵈ (Legion) Legio ist ein zal bey sechs tausent/ on gefehr.

D ij   Vnd er

Euangelion

Vnd er leugnet abermal/vnd schwur dazu/ich kenne des menschen nicht. Vnd vber eine kleine weile/tratten hin zu/die da stunden/vnd sprachen zu Petro/Warlich/du bist auch einer von denen/denn deine sprache verrhet dich. Da hub er an/sich zu verfluchen vnd schweren/ ich kenne des menschen nicht. Vnd als bald krehet der hane. Da dachte Petrus an die wort Jhesu/da er zu jm sagte/Ehe der hane krehen wird/wirstu mein drey mal verleugnen/Vnd gieng heraus/vnd weinet bitterlich.

XXVII.

Es morgens aber hielten alle Hohe priester vnd die Eltesten des volcks einen rat vber Jhesum/das sie jn tödten/vnd bunden jn/füreten jn hin/vnd vberantworten jn dem Landpfleger Pontio Pilato. Mat.xv Lu.xxiij Johan 4

Da das sahe Judas/der jn verrhaten hatte/das er verdampt war zum tode/gerewet es jn/vnd bracht er widder die dreissig silberling den Hohen priestern vnd Eltesten/vnd sprach/Jch habe vbel gethan/das ich vnschuldig blut verrhaten habe. Sie sprachen/Was gehet vns das an? da sihe du zu. Vnd er warff die silberlinge jnn den Tempel/hub sich dauon/gieng hin/vnd erhenget sich selbs.

Aber die Hohen priester namen die silberlinge/vnd sprachen/Es taug nicht/das wir sie jnn den Gottes kasten legen/denn es ist blut gelt. Sie hielten aber einen rat/vnd kaufften einen töpffers acker darumb/zum begrebnis der Pilger/Daher ist der selbige acker genennet/ der blut acker/bis auff den heutigen tag. Da ist erfüllet/das gesagt ist durch den Propheten Jeremias/da er spricht/Sie haben genomen dreissig silberlinge/damit bezalet ward der verkauffte/welchen sie kaufften von den kindern Israel/vnd haben sie gegeben vmb einen töpffers acker/als mir der Herr befolhen hat. Zach.xj

Jhesus aber stund fur dem Landpfleger. Vnd der Landpfleger fragte jn/vnd sprach/Bistu der Jüden König? Jhesus aber sprach zu jm/Du sagests. Vnd da er verklagt ward von den Hohen priestern vnd Eltesten/antwortet er nichts. Da sprach Pilatus zu jm/Hörestu nicht/wie hart sie dich verklagen? Vnd er antwortet jm nicht auff ein wort/also/das sich auch der Landpfleger seer verwunderte. Mat.xv Lu.xxiij Joh.xix.

Auff das Fest aber/hatte der Landpfleger gewonet/dem volck einen gefangen los zu geben/welchen sie wolten. Er hatte aber zu der zeit einen gefangen/der hies Barrabas/der war fast rüchtig. Vnd da sie versamlet waren/sprach Pilatus zu jnen/Welchen wolt jr/das ich euch los gebe/Barrabam/odder Jhesum/den man Christum nennet? Denn er wuste wol/das sie jn aus neid vberantwortet hatten.

Vnd da er auff dem Richtstuel sass/schickte sein weib zu jm/vnd lies jm sagen/Habe du nichts zu schaffen mit diesem gerechten/ich habe heute viel erlitten im trawm/von seinet wegen.

Aber die Hohen priester vnd die Eltesten vberredeten das volck/ das sie vmb Barrabas bitten solten/vnd Jhesum vmbbrechten. Da antwortet nu der Landpfleger/vnd sprach zu jnen/Welchen wolt jr vnter diesen zweien/den ich euch sol los geben? Sie sprachen/Barrabam.

Sanct Matthes.   XXII.

rabam. Pilatus sprach zu jnen/Was sol ich denn machen mit Jhesu/ den man Christus nennet? Sie sprachen alle/Las jn creutzigen. Der Landpfleger sagete/Was hat er denn vbels gethan? Sie schrien aber noch mehr/vnd sprachen/Las jn creutzigen.

Mat.xv *Lu. xxiij* *Joh.xix*
Da aber Pilatus sahe/das er nichts schaffet/sondern das viel ein grösser getümel ward/nam er wasser/vnd wusch die hende fur dem volck/vnd sprach/Jch bin vnschüldig an dem blut dieses Gerechten/ sehet jr zu. Da antwortet das gantze volck/vnd sprach/Sein blut kome vber vns vnd vber vnser kinder. Da gab er jnen Barrabam los/ aber Jhesum lies er geisseln/vnd vberantwortet jn/das er gecreutzigt würde.

Da namen die kriegsknechte des Landpflegers Jhesum zu sich jnn das Richthaus/vnd samleten vber jn die gantze Schar/vnd zogen jn aus/vnd legten jm einen purper mantel an/vnd flochten eine dörnen krone/vnd satzten sie auff sein heubt/vnd ein rhor jnn seine rechte hand/vnd beugeten die knie fur jm/vnd spotteten jn/vnd sprachen/Gegrüsset seistu Jüden König. Vnd speieten jn an/vnd namen das rhor/vnd schlugen damit sein heubt.

Vnd da sie jn verspottet hatten/zogen sie jm den mantel aus/vnd zogen jm seine kleider an/vnd füreten jn hin/das sie jn creutzigten. Vnd jnn dem sie hinaus giengen/funden sie einen menschen von Kyrene/mit namen Simon/den zwungen sie/das er jm sein creutz trug. Vnd da sie an die stet kamen/mit namen Golgatha/das ist verdeudschet/Scheddelstet/gaben sie jm essig zu trincken/mit gallen vermischet. Vnd da ers schmecket/wolt er nicht trincken.

(Scheddelstet) Heisst da man die vbeltheter richtet/ als der galge/Rabestein etc. darumb das viel todtenköpffe da ligen.

Psal.xxij
Da sie jn aber gecreutziget hatten/teileten sie seine kleider/vnd worffen das los darumb/auff das erfüllet würde/das gesagt ist durch den Propheten/Sie haben meine kleider vnter sich geteilet/vnd vber mein gewand haben sie das los geworffen. Vnd sie sassen alda/ vnd hüteten sein. Vnd oben zu seinen heubten hefften sie die vrsach seines todes/beschrieben/nemlich/Dis ist Jhesus/der Jüden König. Vnd da wurden zween mörder mit jm gecreutziget/einer zur rechten/ vnd einer zur lincken.

Psal.xxij
Die aber fur vber giengen/lesterten jn/vnd schüttelten jre köpffe/ vnd sprachen/Der du den Tempel Gottes zurbrichest/vnd bawest jn jnn dreien tagen/hilff dir selber/Bistu Gottes Son/so steig erab vom creutz. Des gleichen auch die Hohen priester spotteten sein/sampt den Schrifftgelerten vnd Eltesten/vnd sprachen/Andern hat er geholffen/vnd kan jm selber nicht helffen/Jst er der König Jsrael/so steige er nu vom creutz/so wöllen wir jm gleuben/Er hat Gott vertrawet/ der erlöse jn nu/lüstets jn/Denn er hat gesagt/Jch bin Gottes Son. Des gleichen schmeheten jn auch die mörder/die mit jm gecreutziget waren.

Psal.xxij
Vnd von der sechsten stunde an/ward ein finsternis vber das gantze land/bis zu der neunden stunde. Vnd vmb die neunde stunde schrey Jhesus laut/vnd sprach/Eli/Eli/lama asabthani? das ist/ Mein Gott/Mein Gott/warumb hastu mich verlassen? Etliche aber die da stunden/da sie das höreten/sprachen sie/Der ruffet dem Elias. Vnd bald lieff einer vnter jnen/nam einen schwam/vnd füllet jn mit essig/vnd stecket jn auff ein rhor/vnd trencket jn/Die andern aber

D iij   sprachen/

Euangelion

sprachen/Halt/las sehen/ob Elias kome/vnd jm helffe. Aber Jhesus schrey abermal laut/vnd verschied.

Vnd sihe da/der furhang im Tempel zureis jnn zwey stuck/von oben an/bis vnden aus/Vnd die erden erbebete/Vnd die felsen zurissen/Vnd die greber theten sich auff/vnd stunden auff viel leibe der Heiligen/die da schlieffen/vnd giengen aus den grebern/nach seiner aufferstehung/vnd kamen jnn die heilige Stad/vnd erschienen vielen.

Aber der Heubtman vnd die bey jm waren/vnd bewareten Jhesum/da sie sahen das erdbeben/vnd was da geschach/erschracken sie seer/vnd sprachen/Warlich dieser ist Gottes Son gewesen. Vnd es waren viel weiber da/die von ferns zusahen/die da Jhesu waren nachgefolget aus Galilea/vnd hatten jm gedienet/Vnter welchen war Maria Magdalena/vnd Maria die mutter Jacobi vnd Joses/vnd die mutter der kinder Zebedei.

Am abent aber/kam ein reicher man von Arimathia/der hies Joseph/welcher auch ein junger Jhesu war/der gieng zu Pilato/vnd bat jn vmb den leib Jhesu. Da befalh Pilatus/man solt jm jn geben. Vnd Joseph nam den leib/vnd wickelt jn jnn ein rein linwand/vnd legete jn jnn sein eigen new grab/welches er hatte lassen jnn einen fels hawen/vnd weltzet einen grossen stein fur die thur des grabes/vnd gieng dauon. Es war aber alda Maria Magdalena/vnd die ander Maria/die satzten sich gegen das grab.

Des andern tages/der da folget nach dem Rusttage/kamen die Hohen priester vnd Phariseer semptlich zu Pilato/vnd sprachen/Herr/wir haben gedacht/das dieser verfurer sprach/da er noch lebet/Ich wil nach dreien tagen aufferstehen/Darumb besilhe/das man das grab verware/bis an den dritten tag/auff das nicht seine Junger komen/vnd stelen jn/vnd sagen zum volck/er ist aufferstanden von den todten/vnd werde der letzte betrug erger/denn der erste. Pilatus sprach zu jnen/Da habt jr die Huter/gehet hin/vnd verwaret/wie jr wisset. Sie giengen hin/vnd verwareten das grab mit Hutern/vnd versiegelten den stein.

XXVIII.

a
(Abent)
Die Schrifft fehet den tag an/am abent/vnd des selben abents ende/ist der morgen her nach. Also spricht hie S. Matthes/Christus sey am morgen aufferstanden/der des abents ende vnd anbruch des ersten feiertages war/Denn sie zeleten die sechs tage nach dem Hohen oster feste alle heilig/vnd fiengen an/am nehesten nach dem Hohen osterfest.

A a abent aber des Sabbaths feiertages/welcher anbricht am morgen des ersten tages der Sabbathen/kam Maria Magdalena vnd die ander Maria/das grab zu besehen.

Vnd sihe/es geschach ein gros erdbeben/Denn der Engel des Herrn kam vom himel herab/trat hinzu/vnd waltzet den stein von der thur/vnd satzte sich drauff/Vnd seine gestalt war wie der blitz/vnd sein kleid weis als der schnee. Die Huter aber erschracken fur furcht/vnd wurden als weren sie tod.

Aber der Engel antwortet/vnd sprach zu den weibern/Furchtet euch nicht/ich weis/das jr Jhesum den gecreutzigten suchet/Er ist nicht hie/Er ist aufferstanden/wie er gesagt hat/Kompt her/vnd sehet die stet/da der Herr gelegen hat/vnd gehet eilend hin/vnd saget es seinen Jungern/das er aufferstanden ist von den todten/Vnd sihe/
er wird

Matt.
rvj.
Lu.rriij.
Joh.rr.

Sanct Matthes. XXII.

er wird fur euch hin gehen jnn Galilean/da werdet jr jn sehen/Sihe/
ich habs euch gesagt.

Vnd sie giengen eilend zum grabe hinaus/mit furcht vnd grosser
frewde/vnd lieffen/das sie es seinen Jüngern verkündigeten/Vnd da
sie giengen seinen Jüngern zu verkündigen / Sihe/da begegnet jnen
Jhesus/vnd sprach/Seid gegrüsset/Vnd sie tratten zu jm/vnd griffen an seine füsse/vnd fielen fur jm nidder. Da sprach Jhesus zu jnen/
Fürchtet euch nicht/gehet hin/vnd verkündiget es meinen Brüdern/
das sie gehen jnn Galilean/daselbs werden sie mich sehen.

Da sie aber hin giengen/sihe/da kamen etliche von den Hütern
jnn die stad/vnd verkündigten den hohen priestern/alles was geschehen war. Vnd sie kamen zusamen mit den Eltesten/vnb hielten einen Rat/vnd gaben den kriegsknechten gelds gnug / vnd sprachen/
Saget/seine Jünger kamen des nachts/vnd stolen jn/die weil wir
schlieffen/Vnd wo es würde auskomen bey dem Landpfleger/wöllen wir jn stillen/vnd schaffen/das jr sicher seid. Vnd sie namen das
gelt/vnd thaten/wie sie geleret waren. Solche rede ist ruchtbar worden bey den Jüden/bis auff den heutigen tag.

Aber die eilff Jünger giengen jnn Galilea/auff einen berg/dahin
Jhesus jnen bescheiden hatte/Vnd da sie jn sahen / fielen sie fur jm
nidder. Etliche aber zweinelten. Vnd Jhesus trat zu jnen/redet mit
jnen/vnd sprach/Mir ist gegeben alle gewalt im himel vnd
erden/Darumb gehet hin vnd leret alle völcker/ vnd
teuffet sie im namen des Vaters/vnd des Sons/
vnd des Heiligen geists/vnd leret sie halten
alles was ich euch befolhen habe. Vnd
sihe / ich bin bey euch alle tage/
bis an der welt ende.

D iiij   Dis

Euangelion Sanct Marcus.

I.

Es ist der anfang des E-
uangelij / von Jhesu Christo / dem
Son Gottes / als geschrieben stehet jnn
den Propheten / Sihe / ich sende mei- Mal.iij.
nen Engel fur dir her / der da bereite Isa.xl.
deinen weg fur dir / Es ist ein ruffende
stimme jnn der wüsten / Bereitet den
weg des Herrn / machet seine steige
richtig.

Johannes der war jnn der wüsten / Mat.iij.
teuffet vnd prediget von der tauffe der Luce.iij.
busse / zur vergebung der sunden. Vnd
es gieng zu jm hinaus das gantze Jüdische land / vnd die von Jerusa-
lem / vnd liessen sich alle von jm teuffen im Jordan / vnd bekenneten
jre sunde.

Johannes aber war bekleidet mit Kameel haren / vnd mit einem
leddern gürtel vmb seine lenden / vnd ass hewschrecken vnd wild ho-
nig / vnd prediget vnd sprach / Es kompt einer nach mir / der ist stercker Johan.j.
denn ich / dem ich nicht gnugsam bin / das ich mich fur jm bücke / vnd
die riemen seiner schuch auff löse / Ich teuffe euch mit wasser / aber er
wird euch mit dem Heiligen geist teuffen.

Vnd es begab sich zu der selbigen zeit / das Jhesus aus Galilea Mat.iij.
von Nazareth kam / vnd lies sich teuffen von Johanne im Jordan /
Vnd als

Sanct Marcus. XXIII.

Vnd als balde steig er aus dem wasser/vnd sahe/das sich der himel auffthat/vnd den Geist/gleich wie eine taube herab komen auff jn. Vnd da geschach eine stimme vom himel/Du bist mein lieber Son/ an dem ich wolgefallen habe.

Luce. iij.
Johan. j.

Vnd bald treib jn der Geist jnn die wüsten/vnd war alda jnn der wüsten viertzig tage/Vnd ward versucht von dem Satan/vnd war bey den thieren/vnd die Engele dieneten jm.

Mat. iiij.
Lu. iiij.

Nach dem aber Johannes vberantwortet ward/kam Jhesus jnn Galilea/vnd prediget das Euangelion vom Reich Gottes/vnd sprach/Die zeit ist erfüllet/vnd das Reich Gottes ist erbey komen/ Thut busse/vnd gleubt an das Euangelion.

Da er aber an dem Galileischen meer gieng/sahe er Simon vnd Andreas seinen bruder/das sie jre netze jns meer worffen/denn sie waren fischer. Vnd Jhesus sprach zu jnen/Folget mir nach/ich wil euch zu menschen fischer machen. Also bald verliessen sie jre netze/vnd folgeten jm nach.

Mat. iiij.
Luce. v.

Vnd da er von dannen ein wenig furbas gieng/sahe er Jacoben den son Zebedei/vnd Johannen seinen bruder/das sie die netze im schiff flickten/vnd bald rieff er jnen. Vnd sie liessen jren vater Zebedeon im schiff mit den taglönern/vnd folgeten jm nach.

Vnd sie giengen gen Capernaum/vnd bald an den Sabbathen gieng er jnn die Schulen/vnd lerete. Vnd sie entsatzten sich vber seiner lere/denn er leret gewaltiglich/vnd nicht wie die Schrifftgelerten

Mat. iiij.
Lu. iiij.

Mat. vij.

Vnd es war jnn jrer Schulen ein mensch besessen mit einem vnsaubern geist/der schrey vnd sprach/Halt/was haben wir mit dir zu schaffen Jhesu von Nazareth? du bist komen vns zu verderben/ich weis wer du bist/der Heilige Gottes. Vnd Jhesus bedrawete jn/vnd sprach/Verstumme/vnd fare aus von jm. Vnd der vnsauber geist reis jn/vnd schrey laut/vnd fur aus von jm. Vnd sie entsatzten sich alle/ also/das sie vnternander sich befrageten/vnd sprachen/Was ist das? was ist das fur eine newe lere? Er gebeut mit gewalt den vnsaubern geistern/vnd sie gehorchen jm. Vnd sein gerüchte erschal bald vmb her/jnn die grentze Galilee.

Lu. iiij.

(Gewaltiglich) Das ist/seine predigt war als eines der es mit ernst meinet/Vnd was er sagte/das hatte ein gewalt/vnd lebet/als herte es hende vñ füsse/Nicht wie die Lumpen prediger/die daher speien vnd geifern/das man drüber vnlust vnd grewel gewinnet.

Vnd sie giengen bald aus der Schulen/vnd kamen jnn das haus Simonis vnd Andreas mit Jacoben vnd Johannen. Vnd die schwiger Simonis lag vnd hatte das fieber/vnd als bald sagten sie jm von jr. Vnd er trat zu jr/vnd richtet sie auff/vnd hielt sie bey der hand/ vnd das fieber verlies sie bald/vnd sie dienet jnen.

Matth. viij.
Lu. iiij.

Am abent aber da die sonne vntergangen war/brachten sie zu jm allerley krancken vnd besessene/vnd die gantze stad versamlet sich fur der thür/vnd er halff vielen krancken/die mit mancherley seuche beladen waren/vnd treib viel teuffel aus/vnd lies die teuffel nicht reden/denn sie kenneten jn.

Vnd des morgens vor tage stund er auff/vnd gieng hinaus/Vnd Jhesus gieng jnn eine wüste stete/vnd betet daselbs/Vnd Petrus mit denen die bey jm waren/eileten jm nach. Vnd da sie jn funden/sprachen sie zu jm/Jderman suchet dich. Vnd er sprach zu jnen/Lasst vns jnn die neheste stedte gehen/das ich daselbs auch predige/denn dazu bin ich komen. Vnd er predigete jnn jren Schulen/jnn gantz Galilea/ Vnd treib die teuffel aus.

Matth. viij.
Luce. v.

Vnd es kam zu jm ein aussetziger/der bat jn/kniet fur jm/vnd sprach zu jm/Wiltu/so kanstu mich wol reinigen. Vnd es iamerte

Jhesum

Euangelion

Jhesum/vnd recket die hand aus/ruret jn an/vnd sprach/Ich wils thun/sey gereiniget. Vnd als er so sprach/gieng der aussatz alsbald von jm/vnd er ward rein. Vnd Jhesus bedrawet jn/vnd treib jn als balde von sich/vnd sprach zu jm/Sihe zu/das du niemand nichts sagest/sondern gehe hin/vnd zeige dich dem Priester/vnd opffere fur deine reinigung was Moses gepoten hat/zum gezeugnis vber sie. Er aber/da er hinaus kam/hub er an/vnd saget viel dauon/vnd machet die geschicht ruchtbar/also/das er hinfurt nicht mehr kund offentlich jnn die stad gehen/sondern er war haussen jnn den wüsten örtern/vnd sie kamen zu jm von allen enden.

Le. xiiij.

II.

Vnd vber etliche tage/gieng er widderumb gen Capernaum/vnd es ward ruchtbar/das er im hause war/ Vnd als bald versamleten sich viel/also/das sie nicht raum hatten/auch haussen fur der thür. Vnd er sagt jnen das Wort. Vnd es kamen etliche zu jm/die brachten einen gichtbrüchtigen/von vieren getragen/Vnd da sie nicht kundten bey jn komen/fur dem volck/deckten sie das dach auff/da er war/vnd grubens auff/vnd liessen das bette ernidder/da der gichtbrüchtige jnnen lag. Da aber Jhesus jren glauben sahe/sprach er zu dem gichtbrüchtigen/Mein son/deine sunde sind dir vergeben.

Mat.ix. Luce.v.

Es waren aber etliche Schrifftgelerten/die sassen alda/vnd gedachten jnn jrem hertzen/Wie redet dieser solche Gottes lesterung? Wer kan sunde vergeben/denn allein Gott? Vnd Jhesus erkennet bald jnn seinem geist/das sie also gedachten bey sich selbs/vnd sprach zu jnen/Was gedencket jr solchs jnn ewren hertzen? Welchs ist leichter/zu dem gichtbrüchtigen zu sagen/Dir sind deine sunde vergeben? odder/stehe auff/nim dein bette/vnd wandele? Auff das jr aber wisset/das des menschen Son macht hat/zu vergeben die sunde auff erden/sprach er/zu dem gichtbrüchtigen/Ich sage dir/stehe auff/nim dein bette/vnd gehe heim. Vnd als bald stund er auff/nam sein bette/vnd gieng hinaus fur allen/also/das sie sich alle entsatzten/vnd preiseten Gott/vnd sprachen/Wir haben solchs noch nie gesehen.

Vnd er gieng widderumb hinaus an das meer/vnd alles volck kam zu jm/Vnd er leret sie. Vnd da Jhesus fur vber gieng/sahe er Leui den son Alphei am zol sitzen/vnd sprach zu jm/Folge mir nach. Vnd er stund auff/vnd folgete jm nach. Vnd es begab sich/da er zu tisch sass jnn seinem hause/satzten sich viel Zölner vnd sunder zu tisch mit Jhesu vnd seinen Jüngern/Denn jrer war viel/die jm nachfolgeten/Vnd die Schrifftgelerten vnd Phariseer/da sie sahen/das er mit den Zölnern vnd sundern ass/sprachen sie zu seinen Jüngern/ Warumb isset vnd trincket er mit den Zölnern vnd sundern? Da das Jhesus höret/sprach er zu jnen/Die starcken dürffen keines artztes/ sondern die krancken/Ich bin komen zu ruffen den sundern zur busse/ vnd nicht den gerechten.

Mat.ix. Luce.v.

Vnd die Jünger Johannis vnd der Phariseer fasteten viel/vnd es kamen etliche/die sprachen zu jm/Warumb fasten die Jünger Johannis vnd der Phariseer/vnd deine Jünger fasten nicht? Vnd Jhesus sprach zu jnen/Wie können die hochzeit leute fasten/die weil der

Breutgam

Sanct Marcus. XXIIII.

Breutgam bey jnen ist? Also lange der Breutgam bey jnen ist / können sie nicht fasten. Es wird aber die zeit komen / das der Breutgam von jnen genomen wird / denn werden sie fasten.

Niemand flicket einen lappen von newem tuch / an ein alt kleid / denn der newe lappe reisset doch vom alten / vnd der riss wird erger. Vnd niemand fasset most jnn alte schleuche / anders zureisset der most die schleuche / vnd der wein wird verschüttet / vnd die schleuche komen vmb / sondern man sol most jnn newe schleuche fassen.

Mat. xij.
Luce. vj.
Vnd es begab sich / da er wandelte am Sabbath durch die saat / vnd seine Jünger fiengen an einen weg erdurch zu machen / vnd rauffeten ehren aus. Vnd die Phariseer sprachen zu jm / Sihe zu / was thun deine Jünger am Sabbath / das nicht recht ist? Vnd er sprach zu jnen / Habt jr nie gelesen / was Dauid thet / da es jm not war / vnd jn hungerte / sampt denen / die bey jm waren? wie er gieng jnn das Haus Gottes / zur zeit ᵃ Abiathar des Hohenpriesters / vnd ass die ᵇ Schawbrod / die niemand thurste essen / denn die Priester / Vnd er gab sie auch denen / die bey jm waren / Vnd er sprach zu jnen / Der Sabbath ist vmb des menschen willen gemacht / vnd nicht der mensch vmb des Sabbaths willen / So ist des menschen Son ein Herr / auch des Sabbaths.

ᵃ Abiathar ist Abimelechs son / darumb sagt die Schrifft / es sey vnter Abimelech geschehen / das sie zu einer zeit priester waren.

ᵇ (Schawbrod) Das heisst Hebreisch / panis facierum / brod das jner fur auge sein sol / wie das Gottes wort jner fur vnserm hertze tag vnd nacht sein sol / psal. xxiij. Parasti in conspectu meo mensam.

III.

Mat. xij.
Luce. vj.
Vnd er gieng abermal jnn die Schule / vnd es war da ein mensch / der hatte eine verdorrete hand / Vnd sie hielten auff jn / ob er auch am Sabbath jn heilen würde / auff das sie eine sache zu jm hetten. Vnd er sprach zu dem menschen mit der verdorreten hand / Trit erfur. Vnd er sprach zu jnen / Sol man am Sabbath gutes thun / odder böses thun? das leben erhalten / odder tödten? Sie aber schwigen stille. Vnd er sahe sie vmbher an mit zorn / vnd war betrübet vber jrem verstockten hertzen / vnd sprach zu dem menschen / Strecke deine hand aus. Vnd er stracktesie aus / vnd die hand ward jm gesund / wie die ander.

Vnd die Phariseer giengen hinaus / vnd hielten als bald einen Rat mit Herodis dienern / vber jn / wie sie jn vmbbrechten. Aber Jhesus entweich mit seinen Jüngern an das meer / vnd viel volcks folgete jm nach aus Galilea / vnd aus Judea / vnd von Jerusalem / vnd aus Jdumea / vnd von jhensid des Jordans / vnd die vmb Tyro vnd Sidon wonen / eine grosse menge / die seine thaten höreten / vnd kamen zu jm.

Vnd er sprach zu seinen Jüngern / das sie jm ein schifflin hielten / vmb des volcks willen / das sie jn nicht drungen / Denn er heilete jrer viel / also / das jn vberfielen / alle die geplaget waren / auff das sie jn anrüreten. Vnd wenn jn die vnsaubern geister sahen / fielen sie fur jm nidder / schrien vnd sprachen / Du bist Gottes son. Vnd er bedrawete sie hart / das sie jn nicht offenbar machten.

Matt. x.
Luce. vj
Luce. ix.
Vnd er gieng auff einen berg / vnd rieff zu sich / welche er wolte / vnd die giengen hin zu jm / vnd er ordenete die Zwelffe / das sie bey jm sein solten / vnd das er sie aussendete zu predigen / vnd das sie macht hetten / die seuche zu heilen / vnd die teuffel aus zu treiben / Vnd gab Simon den namen Petrus / vnd Jacoben den son Zebedei / vnd
Johannes

Euangelion

Bnehargem/Das ist/Kinder des donners/bedeutet/das Johannes son derlich das rechte Euangelion schreiben solt/Welchs ist eine gewaltige predigt/die alles erschreckt/bricht vnd vmbkeret/vnd die erde fruchtbar machet.

a
(Von sinnen)
Sie furchten/er thet jm zu viel mit erbeiten/wie man spricht/Du wirst den kopff toll machen.

b
Beelzebub ist so viel/als ein ertzfliege/humel odder fliegen könig/Denn also lesset sich der teuffel durch die seinen verachten/ als die grossen heiligen.

Johannes den bruder Jacobi/vnd gab jnen den namen Bnehargem/das ist gesagt/donners kinder/vnd Andrean/vnd Philippon/ vnd Bartholomeon/vnd Mattheon/vnd Thoman/vnd Jacoben Alpheus son/vnd Thaddeon/vnd Simon von Cana/vnd Judas Ischarioth/der jn verrhiet.

Vnd sie kamen zu hause/vnd da kam abermal das volck zusamen/ also/das sie nicht rawm hatten zu essen. Vnd da es höreten/die vmb jn waren/giengen sie hinaus/vnd wolten jn halten/denn sie sprachen/Er wird ᵃ von sinnen komen. Die Schrifftgelerten aber die von Jerusalem herab komen waren/sprachen/Er hat den ᵇ Beelzebub/ vnd durch den obersten teuffel/treibt er die teuffel aus. Vnd er rieff sie zusamen/vnd sprach zu jnen jnn gleichnissen. *Mat.xij Luce.xj.*

Wie kan ein Satan den andern austreiben? Wenn ein Reich mit jm selbs vnternander vneins wird/mag es nicht bestehen/Vnd wenn ein haus mit jm selbs vnternander vneins wird/mag es nicht bestehen. Setzet sich nu der Satan widder sich selbs/vnd ist mit jm selbs vneins/so kan er nicht bestehen/sondern es ist aus mit jm. Es kan niemand einem starcken jnn sein haus fallen/vnd seinen hausrat rauben/es sey denn/das er zuuor den starcken binde/vnd als denn sein haus beraube.

Warlich ich sage euch/alle sunde werden vergeben den menschen *Mat.xij* kindern/auch die Gotteslesterung/damit sie Gott lestern/Wer aber *Luce.xj.* den Heiligen geist lestert/der hat keine vergebung ewiglich/sondern ist schuldig des ewigen gerichts/Denn sie sagten/Er hat einen vnsaubern geist.

Vnd es kam seine mutter/vnd seine brüder/vnd stunden haussen/ *Mat.xij* schickten zu jm/vnd liessen jm ruffen/Vnd das volck sass vmb jn/vnd *Lu.viij.* sie sprachen zu jm/Sihe/deine mutter vnd deine brüder draussen/fragen nach dir. Vnd er antwortet jnen/vnd sprach/Wer ist meine mutter vnd meine brüder? Vnd er sahe rings vmb sich auff die Jünger/ die vmb jn im kreise sassen/vnd sprach/Sihe/das ist meine mutter vnd meine brüdere/Denn wer Gottes willen thut/der ist mein bruder vnd mein schwester vnd meine mutter.

IIII.

Vnd er fieng abermal an zu leren am meer/vnd es versamlet sich viel volcks zu jm/also/das er musste jnn ein schiff tretten/vnd auff dem wasser sitzen/Vnd alles volck stund auff dem lande am meer/vnd er prediget jn lange durch gleichnisse/Vnd jnn seiner predigt sprach *Matth.* er zu jnen/Höret zu/Sihe/Es gieng ein Seeman aus *xiij.* zu seen/Vnd es begab sich/jnn dem er seet/fiel etlichs an den weg/da *Lu.viij.* kamen die vogel vnter dem himel/vnd frassens auff/Etlichs fiel jnn das steinichte/da es nicht viel erden hatte/vnd gieng bald auff/darumb das es nicht tieffe erden hatte/Da nu die sonne auffgieng/verwelcket es/vnd die weil es nicht wurtzel hatte/verdorrets.

Vnd etlichs fiel vnter die dornen/vnd die dornen wuchsen empor/ vnd ersticktens/vnd es bracht keine frucht. Vnd etlichs fiel auff ein gut land/vnd bracht frucht/die da zunam vnd wuchs/Vnd etlichs trug dreissigfeltig/vnd etlichs sechtzigfeltig/vnd etlichs hundertfeltig. Vnd er sprach zu jnen/Wer ohren hat zu hören/der höre.

Vnd da

Sanct Marcus. XXV.

Vnd da er alleine war/fragten jn vmb diese gleichnisse die vmb jn waren/sampt den Zwelffen. Vnd er sprach zu jnen/Euch ist gegeben das geheimnis des Reichs Gottes zu wissen/ denen aber draussen widderferet es alles durch gleichnisse/auff das sie es mit sehenden augen sehen/vnd doch nicht erkennen/vnd mit hörenden ohren hören/vnd doch nicht verstehen/auff das sie sich nicht der mal eins bekeren/vnd jre sunde jnen vergeben werden. Vnd er sprach zu jnen/Verstehet jr diese gleichnisse nicht? wie wolt jr denn die andern alle verstehen?

Der Seeman seet das Wort. Diese sinds aber die an dem wege sind/Wo das Wort geseet wird/vnd sie es gehört haben/so kompt als bald der Satan/vnd nimpt weg das Wort/das jnn jr hertz geseet war. Also auch/die sinds/die auffs steinichte geseet sind/wenn sie das Wort gehört haben/nemen sie es bald mit frewden auff/vnd haben keine wurtzeln jnn jnen/sondern sind wetterwendisch/Wenn sich trübsal odder verfolgung vmbs Worts willen erhebt/so ergern sie sich als bald. Vnd diese sinds/die vnter die dornen geseet sind/Die das Wort hören/vnd die sorge dieser welt/vnd der betriegliche reichthum/vnd viel andere lüste/gehen hinein/vnd ersticken das Wort/vnd bleibt on frucht. Vnd diese sinds/die auff ein gut land geseet sind/Die das Wort hören/vnd nemens an/vnd bringen frucht/etlicher dreissigfeltig/vnd etlicher sechtzigfeltig/vnd etlicher hundertfeltig.

Mat. v.
Lu. viij.
Vnd er sprach zu jnen/Zündet man auch ein liecht an/das mans vnter einen scheffel/odder vnter einen tisch setze? mit nichte/sondern das mans auff einen leuchter setze? Denn es ist nichts verborgen/das nicht offenbar werde/vnd ist nichts heimlich/das nicht erfur kome.

Mat vij
Luce. vj
Wer ohren hat zu hören/der höre. Vnd sprach zu jnen/Sehet zu/was jr höret/Mit welcherley mass jr messet/wird man euch widder messen/vnd man wird noch zu geben/euch/die jr dis höret/Denn wer da hat/dem wird gegeben/Vnd wer nicht hat/von dem wird man nemen/auch das er hat.

Mat riij
Lu. viij.
Vnd er sprach/Das Reich Gottes hat sich also/als wenn ein mensch samen auffs land wirfft/vnd schlefft/vnd stehet auff/nacht vnd tag/vnd der same gehet auff vnd wechset/das ers nicht weis (denn die erde bringet von jr selbs zum ersten das gras/darnach die ehren/darnach den vollen weitzen jnn den ehren) Wenn sie aber die frucht bracht hat/so schicket er balde die sicheln hin/denn die erndte ist da.

Vnd er sprach/Wem wöllen wir das Reich Gottes vergleichen? vnd durch welch gleichnis wöllen wir es furbilden? Gleich wie ein senffkorn wenn das geseet wird auffs land/so ists das kleinest vnter allen den samen auff erden/vnd wenn es geseet ist/so nimpt es zu/vnd wird grösser denn alle kol kreuter/vnd gewinnet grosse zweige/also/das die vögel vnter dem himel vnter seinem schatten wonen können.

Vnd durch viele solche gleichnisse saget er jnen das Wort/nach dem sie es hören kundten/vnd on gleichnis redet er nichts zu jnen/Aber jnn sonderheit leget ers seinen Jüngern alles aus. Vnd an dem selbigen tage des abents/sprach er zu jnen/Lasst vns hin vber faren. Vnd sie liessen das volck gehen/vnd namen jn/wie er im schiff war/vnd es waren mehr schiff bey jm.

Matth.
viij.
Lu. viij.
Vnd es erhub sich ein grosser windwürbel/vnd warff die wellen jnn das schiff/also/das das schiff vol ward/Vnd er war hinden auff

E   dem schiff/

Euangelion

dem schiff/vnd schlieff auff einem küssen/Vnd sie wecketen jn auff/ vnd sprachen zu jm/Meister/fragestu nichts darnach/das wir verderben? Vnd er stund auff/vnd bedrawete den wind/vnd sprach zu dem meer/Schweig vnd verstumme. Vnd der wind leget sich/vnd ward eine grosse stille. Vnd er sprach zu jnen/Wie seid jr so forchtsam? Wie/das jr keinen glauben habt? Vnd sie furchten sich seer/vnd sprachen vnternander/Wer ist der? denn wind vnd meer ist jm gehorsam.

V.

VNd sie kamen jhensid des meers/jnn die gegend der Gadarener. Vnd als er aus dem schiff trat/lieff jm alsbald entgegen aus den grebern/ein besessen mensch/ mit einem vnsaubern geist/der seine wonung jnn den grebern hatte/vnd niemand kund jn binden/auch nicht mit ketten/Denn er war offt mit fesseln vnd ketten gebunden gewesen/vnd hatte die ketten abgerissen/vnd die fessel zurieben/vnd niemand kund jn zemen/vnd er war alle zeit/beide tag vnd nacht/auff den bergen vnd jnn den grebern/ schrey vnd schlug sich mit steinen. Da er aber Jhesum sahe von ferns/ lieff er zu/vnd fiel fur jm nidder/schrey laut vnd sprach/Was hab ich mit dir zu thun/O Jhesu du Son Gottes des aller Höhesten? ich beschwere dich bey Gott/das du mich nicht quelest. Er aber sprach zu jm/Fare aus/du vnsauber geist/von dem menschen. Vnd er fragte jn/ Wie heissestu? Vnd er antwortet/vnd sprach/Legion heisse ich/denn vnser ist viel. Vnd er bat jn seer/das er sie nicht aus der selben gegend triebe.

Matth. viij. Lu. viij.

Vnd es war daselbs an den bergen eine grosse herd sew an der weide/vnd die teuffel baten jn alle/vnd sprachen/Las vns jnn die sew faren. Vnd als bald erlaubet jnen Jhesus. Da furen die vnsaubern geiste aus/vnd furen jnn die sewe. Vnd die herd stürtzte sich mit einem sturm jns meer/Jr war aber bey zwey tausent/vnd ersoffen im meer. Vnd die sewhirten flohen/vnd verkündigten das jnn der stad vnd auff dem lande. Vnd sie giengen hinaus/zu sehen/was da geschehen war/vnd kamen zu Jhesu/vnd sahen den besessenen/der die Legion gehabt hatte/das er sass vnd war bekleidet/vnd vernünfftig/vnd furchten sich. Vnd die es gesehen hatten/sagten jnen/was dem besessenen widderfaren war/vnd von den sewen. Vnd sie fiengen an vnd baten jn/das er aus jrer gegend zöge. Vnd da er jnn das schiff trat/bat jn der besessene/das er möcht bey jm sein. Aber Jhesus lies es jm nicht zu/sondern sprach zu jm/Gehe hin jnn dein haus/vnd zu den deinen/ vnd verkündige jnen/wie grosse wolthat dir der Herr gethan/vnd sich deiner erbarmet hat. Vnd er gieng hin/vnd fieng an aus zu ruffen jnn den Zehen stedten/wie grosse wolthat jm Jhesus gethan hatte/ Vnd jderman verwunderte sich.

Vnd da Jhesus widder herüber fur im schiff/versamlet sich viel volcks zu jm/vnd war an dem meer. Vnd sihe/da kam der Obersten einer von der Schule/mit namen Jairus. Vnd da er jn sahe/fiel er jm zu füssen/vnd bat jn seer/vnd sprach/Meine tochter ist jnn den letzten zügen/du woltest komen/vnd deine hand auff sie legen/das sie gesund werde/vnd lebe. Vnd er gieng hin mit jm/Vnd es folget jm viel volcks nach/Vnd sie drungen jn.

Mat. ix. Lu. viij.

Vnd da

Sanct Marcus. XXVI.

Vnd da war ein weib/das hatte den blutgang zwelff iar gehabt/ vnd viel erlidden von vielen ertzten/vnd hatte alle jr gut drob verzeret/ vnd halff sie nichts/sondern viel mehr ward es erger mit jr/Da die von Jhesu hörete/kam sie im volck von hinden zu/vnd rürete sein kleid an/Denn sie sprach/Wenn ich nur sein kleid möchte anrüren/so würde ich gesund. Vnd als bald vertrucket der brun jres bluts/vnd sie fülets am leibe/das sie von jrer plage war gesund worden.

Vnd Jhesus fület als bald an jm selbs die krafft/die von jm ausgangen war/vnd wandte sich vmb vnter dem volcke/vnd sprach/ Wer hat meine kleider angerürt? Vnd die Jünger sprachen zu jm/Du sihest/das dich das volck dringet/vnd sprichst/wer hat mich angerürt? Vnd er sahe sich vmb/nach der die das gethan hatte. Das weib aber furchte sich/vnd zittert/denn sie wuste was an jr geschehen war/ kam vnd fiel fur jm nidder/vnd saget jm die gantze warheit. Er sprach aber zu jr/Mein tochter/dein glaube hat dich gesund gemacht/gehe hin mit friden/vnd sey gesund von deiner plage.

Da er noch also redet/kamen etliche vom gesinde des Obersten der Schule/vnd sprachen/Deine tochter ist gestorben/was mühestu weiter den Meister? Jhesus aber höret balde die rede/die da gesagt ward/vnd sprach zu dem Obersten der Schule/Fürcht dich nicht/ gleube nur. Vnd lies niemand jm nachfolgen/denn Petron vnd Jacoben vnd Johannen seinen bruder. Vnd er kam jnn das haus des Obersten der Schule/vnd sahe das getümel/vnd die da seer weineten vnd heuleten. Vnd er gieng hinein/vnd sprach zu jnen/Was tummelt vnd weinet jr? das kind ist nicht gestorben/sondern es schlefft. Vnd sie verlacheten jn. Vnd er treib sie alle aus/vnd nam mit sich den vater des kindes/vnd die mutter/vnd die bey jm waren/Vnd gieng hinein/da das kind lag/vnd ergreiff das kind bey der hand/vnd sprach zu jr/Talitha kumi/das ist verdolmetscht/Meidlin/ich sage dir/stehe auff. Vnd als bald stund das meidlin auff/vnd wandelte. Es war aber zwelff iar alt/Vnd sie entsatzten sich vber die mass/vnd er verpot jnen hart/das es niemand wissen solte/vnd saget/sie solten jr zu essen geben.

VI.

Matth. riij.
Lu. iiij.

Jo. iiij.

Vnd er gieng aus von dannen/vnd kam jnn sein vaterland/vnd seine Jünger folgeten jm nach. Vnd da der Sabbath kam/hub er an zu leren jnn jrer Schule/ Vnd viel die es höreten/verwunderten sich seiner lere/ vnd sprachen/Wo her kompt dem solchs? vnd was weisheit ists/die jm gegeben ist/vnd solche thaten/die durch seine hende geschehen? Ist er nicht der zimmerman Marie Son/vnd der bruder Jacobi vnd Joses vnd Jude vnd Simonis? Sind nicht auch seine schwestern alhie bey vns? Vnd sie ergerten sich an jm. Jhesus aber sprach zu jnen/Ein Prophet gild nirgend weniger/denn im vaterland/vnd da heim bey den seinen. Vnd er kund alda nicht ein einige that thun/on wenig siechen leget er die hende auff/vnd heilet sie. Vnd er verwunderte sich jres vnglaubens.

Mat.x.
Vnd er gieng vmbher jnn die Flecken im kreis/vnd lerete. Vnd er berieff die Zwelffe/vnd hub an/vnd sandte sie/ia zween vnd zween/ vnd gab jn macht vber die vnsaubern geister/vnd gepot jnen/das sie

E ij   nichts

Euangelion

nichts bey sich trügen auff dem wege/ denn allein einen stab/ keine ta: *Luce.xj.*
sche/ kein brod/ kein gelt im gürtel/ sondern weren geschucht/ vnd
das sie nicht zween röcke anzögen. Vnd sprach zu jnen/ Wo jr jnn ein
haus gehen werdet/ da bleibet jnnen/ bis jr von dannen zihet. Vnd
welche euch nicht auffnemen noch hören/ da gehet von dannen
heraus/ vnd schüttelt den staub abe von ewren füssen/ zu einem ge: *Luce.ix.*
zeugnis vber sie. Ich sage euch warlich/ Es wird Sodomen vnd Go:
morren am jüngsten gerichte treglicher ergehen/ denn solcher stad.

  Vnd sie giengen aus/ vnd predigeten/ man solte busse thun/ Vnd
trieben viel teuffel aus/ vnd salbeten viel siechen mit a öle/ vnd mach-
ten sie gesund.

a
Dis öle machte die
Francken gesund/
Aus welchem her-
nach ein Sacra-
ment ertichtet ist/
fur die sterbenden/
Welchs viel besser
mochte Magdale-
na salbe heissen/ da
sie Christum auch
also zum grabe sal-
bete. Matth. xxvi.

  Vnd es kam fur den König Herodes (denn sein name war nu be: *Matth.*
kand) vnd er sprach/ Johannes der Teuffer ist von den todten auffer: *xiij.*
standen/ darumb thut er solche thaten. Etliche aber sprachen/ er ist *Luce.ix.*
Elias/ Etliche aber/ er ist ein Prophet/ odder einer von den Prophe:
ten/ Da es aber Herodes höret/ sprach er/ Es ist Johannes/ den ich
entheubtet habe/ der ist von den todten aufferstanden.

  Er aber Herodes hatte ausgesand/ vnd Johannem gegriffen/ vnd
jns gefengnis gelegt/ vmb Herodias willen/ seines bruders Philip:
pus weib/ denn er hatte sie gefreiet. Johannes aber sprach zu Hero:
de/ Es ist nicht recht/ das du deines bruders weib habest. Herodias
aber stellet jm nach/ vnd wolt jn tödten/ vnd kund nicht. Herodes
aber furchte Johannem/ denn er wuste/ das ein fromer vnd heiliger
man war/ vnd verwaret jn/ vnd gehorchet jm jnn vielen sachen/ vnd
höret jn gerne.

  Vnd es kam ein gelegner tag/ das Herodes auff seinen iartag/ ein
abentmal gab/ den öbersten vnd Heubtleuten/ vnd furnemsten jnn
Galilea. Da trat hinein die tochter der Herodias/ vnd tantzete/ vnd
gefiel wol dem Herode/ vnd denen die am tisch sassen. Da sprach der
König zum Meidlin/ Bitte von mir was du wilt/ ich wil dirs geben/
vnd schwur jr einen eid/ was du wirst von mir bitten/ wil ich dir ge:
ben/ bis an die helffte meines Königreichs. Sie gieng hinaus/ vnd
sprach zu jrer mutter/ Was sol ich bitten? Die sprach/ Das heubt Jo:
hannis des Teuffers. Vnd sie gieng bald hinein mit eile zum Könige/
bat/ vnd sprach/ Ich wil/ das du mir gebest/ itzt so bald/ auff eine
schüssel/ das heubt Johannis des Teuffers. Der König ward betrü:
bet/ doch vmb des eides willen/ vnd dere/ die am tische sassen/ wolt er
sie nicht lassen ein feilbitte thun. Vnd bald schickete hin der König
den Hencker/ vnd hies sein heubt her bringen. Der gieng hin/ vnd
entheubte jn im gefengnis/ vnd trug her sein heubt auff einer schüs:
seln/ vnd gabs dem Meidlin/ vnd das Meidlin gabs jrer mutter. Vnd
da das seine Jünger höreten/ kamen sie/ vnd namen seinen leib/ vnd
legten jn jnn ein grab.

  Vnd die Apostel kamen zu Jhesu zusamen/ vnd verkündigten jm
das alles/ vnd was sie gethan vnd geleret hatten. Vnd er sprach zu
jnen/ Lasset vns besonders jnn eine wüsten gehen/ vnd ruget ein we:
nig/ Denn jrer war viel/ die abe vnd zu giengen/ vnd hatten nicht zeit
gnug zu essen/ Vnd er fur da jnn einem schiff zu einer wüste beson:
ders/ vnd das volck sahe sie weg faren/ vnd viel kandten jn/ vnd lief:
fen daselbs hin mit einander zu fusse/ aus allen stedten/ vnd kamen
jm zuuor/ vnd kamen zu jm. Vnd Jhesus gieng heraus/ vnd sahe das *Matt.b*
grosse

Sanct Marcus. XXVII.

grosse volck/ vnd es iamerte jn der selben/ denn sie waren wie die schafe/ die keinen hirten haben/ vnd fieng an eine lange predigt.

Matth. riiij.
Luce. ix.
Joh. vj.

Da nu der tag fast dahin war/ tratten seine Jünger zu jm/ vnd sprachen/ Es ist wüste hie/ vnd der tag ist nu dahin/ las sie von dir/ das sie hin gehen vmbher/ jnn die dörffer vnd merckte/ vnd keuffen jn brod/ denn sie haben nicht zu essen. Jhesus aber antwortet/ vnd sprach zu jnen/ Gebt jr jn zu essen. Vnd sie sprachen zu jm/ Sollen wir denn hin gehen/ vnd zwey hundert pfennig werd brod keuffen/ vnd jnen zu essen geben? Er aber sprach zu jnen/ Wie viel brod habt jr? gehet hin vnd sehet. Vnd da sie es erkundet hatten/ sprachen sie/ Fünffe/ vnd zween fisch. Vnd er gepot jnen/ das sie sich alle lagerten bey tisch vollen/ auff das grüne gras. Vnd sie satzten sich / nach schichten / ja hundert vnd hundert/ fünfftzig vnd fünfftzig. Vnd er nam die fünff brod/ vnd zween fisch/ vnd sahe auff gen himel/ vnd dancket/ vnd brach die brod/ vnd gab sie den Jüngern/ das sie jnen fur legten/ vnd die zween fisch teilet er vnter sie alle. Vnd sie assen alle/ vnd wurden sat. Vnd sie huben auff die brocken/ zwelff körbe vol/ vnd von den fischen. Vnd die da gessen hatten/ der war fünff tausent man.

Zehen tisch jnn die lenge/ vnd fünff jnn die breite.

Vnd als bald treib er seine Jünger/ das sie jnn das schiff tratten/ vnd vor jm hin vber füren gen Bethsaida/ bis das er das volck von sich liesse. Vnd da er sie von sich geschaffet hatte/ gieng er hin auff einen berg zu beten. Vnd am abent war das schiff mitten auff dem meer/ vnd er auff dem lande alleine. Vnd er sahe/ das sie not lidden im rudern / denn der wind war jnen entgegen. Vnd vmb die vierde wache der nacht/ kam er zu jnen/ vnd wandelte auff dem meer/ vnd er wolt fur jnen vber gehen. Vnd da sie jn sahen auff dem meer wandeln/ meineten sie/ es were ein gespenst/ vnd schrien/ denn sie sahen jn alle/ vnd erschracken. Aber als bald redet er mit jnen/ vnd sprach zu jnen/ Seid getrost/ ich bins/ fürchtet euch nicht/ Vnd trat zu jnen jns schiff/ Vnd der wind leget sich/ vnd sie entsatzten vnd verwunderten sich vber die mass/ Denn sie waren nichts verstendiger worden vber den brodten/ vnd jr hertz war verstarret.

Matth. riiij.

(*Nichts verstendiger*) Das ist/ aus solchem exempel solten sie starck im glauben worden sein/ das sie nicht sich fur einem gespenste furchten müsten.

Vnd da sie hin vber gefaren waren/ kamen sie jnn das land Genesareth/ vnd füren an. Vnd da sie aus dem schiff tratten/ als bald kanten sie jn/ vnd lieffen alle jnn die vmbligende lender/ vnd huben an die krancken vmbher zu füren auff betten/ wo sie höreten das er war. Vnd wo er jnn die merckte odder stedte/ odder dörffer eingieng / da legten sie die krancken auff den marckt/ vnd baten jn/ das sie nur den sawm seines kleides anrüren möchten/ Vnd alle die jn anrüreten/ worden gesund.

VII.

Mat. xv.

Vnd es kamen zu jm die Phariseer/ vnd etliche von den Schrifftgelerten / die von Jerusalem komen waren. Vnd da sie sahen etlicher seiner Jünger mit gemeinen/ das ist/ mit vngewasschen henden das brod essen/ versprachen sie es. Denn die Phariseer vnd alle Jüden essen nicht/ sie wasschen denn die hende. manch mal halten also die auffsetze der Eltesten. Vnd wenn sie vom marckt komen/ essen sie nicht/ sie wasschen sich denn. Vnd des dings ist viel/ das sie zu halten haben angenomen/ von trinckgefessen vnd krügen/ vnd ehrnen gefessen/ vnd tischen zu wasschen.

(*Gemein*) Heissig nennet das Gesetz/ was ausgesondert war zu Gottes dienst/ dagegen gemein/ was vnrein vnd vntüchtig zu Gottes dienst war.

E iij   Da fragten

Euangelion

Da fragten jn nu die Phariseer vnd Schrifftgelerten/ Warumb wandeln deine Jünger nicht nach den auffsetzen der Eltesten/ sondern essen das brod mit vngewasschenen henden? Er aber antwortet/ vnd sprach zu jnen/ Wol fein hat von euch Heuchlern Jsaias geweissaget/ wie geschrieben stehet/ Dis volck ehret mich mit den lippen/ aber jr hertz ist ferne von mir/ Vergeblich aber ists/ das sie mir dienen/ die weil sie leren solche lere/ die nichts ist denn menschen gebot. Jr verlasset Gottes gebot/ vnd haltet der menschen auffsetze/ von krügen vnd trinckgefessen zu waschen/ vnd des gleichen thut jr viel.

Jsaie. xxix.

Vnd er sprach zu jnen/ Wol fein habt jr Gottes gebot auffgehaben/ auff das jr ewer auffsetze haltet/ Denn Moses hat gesagt/ Du solt vater vnd mutter ehren/ vnd wer vater vnd mutter fluchet/ der sol des tods sterben. Jr aber saget/ Ein mensch sol sagen zu vater vnd mutter/ Corban/ das ist/ Es ist Gott gegeben/ das dir solt von mir zu nutz komen. Vnd so lasst jr hinfurt jn nichts thun seinem vater odder seiner mutter/ vnd hebet auff Gottes wort durch ewer auffsetze/ die jr auffgesetzt habt/ vnd des gleichen thut jr viel.

Exo. xx. Leui. xx.

(Corban) heisset ein opffer.

Vnd er rieff zu jm das gantze volck/ vnd sprach zu jnen/ Höret mir alle zu/ vnd vernemet mich/ Es ist nichts ausser dem menschen/ das jn künde gemein machen/ so es jnn jn gehet/ sondern das von jm ausgehet/ das ists/ das den menschen gemein macht. Hat jmand ohren zu hören/ der höre. Vnd da er von dem volck jns haus kam/ frageten jn seine Jünger vmb diese gleichnis. Vnd er sprach zu jnen/ Seid jr denn auch so vnuerstendig? vernemet jr noch nicht/ das alles was aussen ist/ vnd jnn den menschen gehet/ das kan jn nicht gemein machen? Denn es gehet nicht jnn sein hertze/ sondern jnn den bauch/ vnd gehet aus durch den natürlichen gang/ der alle speise ausfeget.

Mat. xv

Vnd er sprach/ Was aus dem menschen gehet/ das macht den menschen gemein/ Denn von jnnen aus dem hertzen der menschen/ gehen heraus/ böse gedancken/ ehebruch/ hurerey/ mord/ dieberey/ geitz/ schalckheit/ list/ vnzucht/ schalcks auge/ Gottes lesterung/ hoffart/ vnuernunfft/ Alle diese böse stück gehen von jnnen heraus/ vnd machen den menschen gemein.

(Vnuernunfft) Das ist/ grobheit vnd vnbescheidenheit gegen dem nehesten/ als die da hauckündig vnd stöltzlich ander verachten.

Vnd er stund auff vnd gieng von dannen/ jnn die grentze Tyri vnd Sidon/ vnd gieng jnn ein haus/ vnd wolt es niemand wissen lassen/ vnd kund doch nicht verborgen sein/ Denn ein weib hatte von jm gehört/ welcher töchterlin einen vnsaubern geist hatte/ vnd sie kam/ vnd fiel nidder zu seinen füssen/ vnd es war ein Griechisch weib aus Syrophenice/ vnd sie bat jn/ das er den Teuffel von jrer tochter austriebe. Jhesus aber sprach zu jr/ Las zuuor die kinder sat werden/ Es ist nicht fein/ das man der kinder brod neme/ vnd werffs fur die hunde. Sie antwortet aber/ vnd sprach zu jm/ Ja Herr/ aber doch essen die hündlin vnter dem tisch/ von den brosamen der kinder. Vnd er sprach zu jr/ Vmb des worts willen/ so gehe hin/ der Teuffel ist von deiner tochter ausgefaren. Vnd sie gieng hin jnn jr haus/ vnd fand/ das der teuffel war ausgefaren/ vnd die tochter auff dem bette ligend.

Mat. xv

Vnd da er widder ausgieng von den grentzen Tyri vnd Sidon/ kam er an das Galileische meer/ mitten vnter die grentze der Zehen stedte/ Vnd sie brachten zu jm einen tawben/ der stum war/ vnd sie baten jn/ das er die hand auff jn legte. Vnd er nam jn von dem volck besonders/

Sanct Marcus.   XXVIII.

sonders/vnd legete jm die finger jnn die ohren/vnd spützet vnd ruret seine zunge/vnd sahe auff gen himel/sefftzet vnd sprach zu jm/Hephethah/das ist/thu dich auff. Vnd als bald thatten sich seine ohren auff/vnd das band seiner zungen ward los/vnd redet recht. Vnd er verpot jnen/sie soltens niemand sagen. Je mehr er aber verpot/je mehr sie es ausbreiteten/vnd wunderten sich vber die mas/vnd sprachen/Er hat alles wol gemacht/die tawben macht er hören/vnd die sprachlosen redend.

VIII.

Matt.xv

Zu der zeit/da viel volcks da war / vnd hatten nicht zu essen/rieff Jhesus seine Jünger zu sich/vnd sprach zu jnen/Mich iamert des volcks/denn sie haben nu drey tage bey mir beharret/vnd haben nichts zu essen/vnd wenn ich sie von mir vngeessen heim liesse gehen/würden sie auff dem wege verschmachten/Denn etliche waren von ferne komen. Seine Jünger antworten jm/ Wo her nemen wir brod hie jnn der wüsten/das wir sie settigen? Vnd er fragte sie/Wie viel habt jr brods? Sie sprachen/Sieben. Vnd er gepot dem volck/das sie sich auff die erden lagerten. Vnd er nam die sieben brod/vnd dancket/vnd brach sie/vnd gab sie seinen Jüngern/ das sie die selbigen fur legten/Vnd sie legten dem volck fur. Vnd hatten ein wenig fischlin/vnd er danckt/vnd hies die selbigen auch furtragen. Sie assen aber vnd wurden sat/vnd huben die vbrigen brocken auff/sieben körbe. Vnd jrer war bey vier tausent/die da gessen hatten/vnd er lies sie von sich.

Matth. xvj.
Luce. xij.

Vnd als bald trat er jnn ein schiff mit seinen Jüngern/vnd kam jnn die gegend Dalmanutha/vnd die Phariseer giengen heraus/vnd fiengen an sich mit jm zu befragen/versuchten jn/vnd begerten an jm ein zeichen vom himel. Vnd er erseufftzet jnn seinem geist/vnd sprach/Was suchet doch dis geschlecht zeichen? Warlich/ich sage euch/Es wird diesem geschlecht kein zeichen geben. Vnd er lies sie/ vnd trat widderumb jnn das schiff/vnd fur herüber.

Matth. xvj.

Vnd sie hatten vergessen brod mit sich zu nemen/vnd hatten nicht mehr mit sich im schiff denn ein brod. Vnd er gepot jnen/vnd sprach/ Schawet zu/vnd sehet euch fur/fur dem sawerteig der Phariseer/vnd fur dem sawerteig Herodis. Vnd sie gedachten hin vnd widder/vnd sprachen vnternander/Das ists/das wir nicht brod haben. Vnd Jhesus vernam das/vnd sprach zu jnen / Was bekümmert jr euch doch/das jr nicht brod habt? Vernemet jr noch nichts/vnd seid noch nicht verstendig? Habt jr noch ein verstarret hertz jnn euch? habt augen vnd sehet nicht/habt ohren vnd höret nicht / vnd dencket nicht dran/da ich fünff brod brach vnter fünff tausent/wie viel körbe vol brocken hubt jr da auff? Sie sprachen/zwelffe. Da ich aber die sieben brach vnter die vier tausent/ wie viel körbe vol brocken hubt jr da auff? Sie sprachen/sieben. Vnd er sprach zu jnen/Wie vernemet jr denn nichts?

Vnd er kam gen Bethsaida/vnd sie brachten zu jm einen blinden/ vnd baten jn/das er jn anruret. Vnd er nam den blinden bey der hand/ vnd füret jn hinaus fur den Flecken/vnd spützet jnn seine augen/vnd legete seine hand auff jn/vnd fraget jn/ob er ichtes sehe. Vnd er sahe auff/vnd sprach/Ich sehe die leute daher gehen/als ob ich

E iiij bewme

Euangelion

bewme sehe. Darnach legte er abermal die hende auff seine augen/ vnd machet jn sehend. Vnd er ward widder zu rechte bracht/das er alles scharff sehen kunde. Vnd er schicket jn heim / vnd sprach/Gehe nicht hinein jnn den Flecken/vnd sage es auch niemand drinnen.

Vnd Jhesus gieng aus vnd seine Jünger jnn die merckte der stad Cesaree Philippi / vnd auff dem wege fraget er seine Jünger/ vnd sprach zu jnen/Wer sagen die leute/das ich sey? Sie antworten/Sie sagen/du seiest Johannes der Teuffer/Etliche sagen / du seiest Elias/Etliche/du seiest der Propheten einer. Vnd er sprach zu jnen/Jr aber/wer saget jr/das ich sey? Da antwortet Petrus vnd sprach zu jm/Du bist Christus. Vnd er bedrawet sie/das sie niemands von jm sagen solten/Vnd hub an sie zu leren/des menschen Son mus viel leiden/vnd verworffen werden von den Eltesten vnd Hohen priestern vnd Schrifftgelerten/vnd getödtet werden/vnd vber drey tage aufferstehen. Vnd er redet das wort frey offenbar. Vnd Petrus nam jn zu sich/fieng an jm zu weren. Er aber wand sich vmb/ vnd sahe seine Jünger an / vnd bedrawet Petron/ vnd sprach/Gehe hinder mich du Satan/denn du meinest nicht das Göttlich/sondern das menschlich ist. Matth. vij. Luce. ix

Vnd er rieff zu sich dem volck sampt seinen Jüngern/vnd sprach zu jnen/Wer mir wil nachfolgen/der verleugne sich selbs/vnd neme sein creutz auff sich/vnd folge mir nach/Denn wer sein leben wil behalten/der wirds verlieren/Vnd wer sein leben verleuret vmb meinen vnd des Euangelj willen/der wirds behalten. Was hülffs den menschen / wenn er die gantze welt gewünne/vnd neme an seiner seelen schaden? Odder was kan der mensch geben/damit er seine seele löse? Wer sich aber mein vnd meiner Wort schemet/vnter diesem ehebrecherschen vnd sundigen geschlecht/des wird sich auch des menschen Son schemen / wenn er komen wird jnn der Herrligkeit seines Vaters/mit den heiligen Engeln. Vnd er sprach zu jnen/Warlich ich sage euch/Es stehen etliche hie/die werden den tod nicht schmecken/ bis das sie sehen das Reich Gottes mit krafft komen. Mat. t. Luce.ix.

IX.

Nd nach sechs tagen/nam Jhesus zu sich Petron/Jacoben vnd Johannen/vnd füret sie auff einen hohen berg besonders alleine/vnd verkleret sich fur jnen/vnd seine kleider wurden helle vnd seer weis/wie der schnee/ das sie kein ferber auff erden kan so weis machen. Vnd es erschein jnen Elias mit Mose/vnd hatten eine rede mit Jhesu/Vnd Petrus antwortet/vnd sprach zu Jhesu/Rabbi/Hie ist gut sein/lasset vns drey hütten machen/dir eine/Mosi eine/vnd Elias eine. Er wuste aber nicht was er redet/denn sie waren verstörtzt. Vnd es kam eine wolcken/die vberschattet sie/vnd eine stimme fiel aus der wolcken/vnd sprach/Das ist mein lieber Son/ DEN SOLT JR HOREN. Vnd bald darnach sahen sie vmb sich/vnd sahen niemand mehr/denn allein Jhesum bey jnen. Matth. vij. Luce.ix.

Da sie aber vom berge erab giengen/verpot jnen Jhesus/das sie niemand sagen solten / was sie gesehen hatten/bis des menschen Son aufferstünde von den todten. Vnd sie behielten das wort bey sich/vnd befragten sich vnternander/Was ist doch das aufferstehen von den

Sanct Marcus. XXIX.

von den todten? Vnd sie fragten jn/vnd sprachen/Sagen doch die Schrifftgelerten/das Elias mus vor komen? Er antwortet aber/vnd sprach zu jnen/Elias sol ia zuuor komen/vnd alles widder zu recht bringen/Dazu des menschen Son sol viel leiden vnd verachtet werden/wie denn geschrieben stehet/Aber ich sage euch/Elias ist komen/vnd sie haben an jm gethan/was sie wolten/nach dem von jm geschrieben stehet.

Matth. rvij.
Luce. ij.
Vnd er kam zu seinen Jüngern/vnd sahe viel volcks vmb sie/vnd Schrifftgelerten/die sich mit jnen befrageten. Vnd als bald da alles volck jn sahe/entsatzten sie sich/lieffen zu/vnd grüsseten jn. Vnd er fragete die Schrifftgelerten/Was befraget jr euch mit jnen? Einer aber aus dem volck antwortet/vnd sprach/Meister/ich habe meinen son her bracht zu dir/der hat einen sprachlosen geist/vnd wo er jn erwischet/so reisset er jn/vnd schewmet vnd knirsset mit den zenen/vnd verdorret/Ich habe mit deinen Jüngern geredt/das sie jn austrieben/vnd sie könnens nicht.

Er antwortet jm aber/vnd sprach/O du vnglenbiges geschlecht/ wie lange sol ich bey euch sein? wie lange sol ich mich mit euch leiden? bringet jn her zu mir.Vnd sie brachten jn zu jm. Vnd als bald da jn der Geist sahe/reis er jn/vnd fiel auff die erden/vnd waltzet sich vnd schewmet. Vnd er fraget seinen vater/Wie lange ists/das jm das widerfaren ist? Er sprach/Von kind auff/vnd offt hat er jn jnn fewer vnd wasser geworffen/das er jn vmbbrechte/Kanstu aber was/so erbarm dich vnser/vnd hilff vns. Jhesus aber sprach zu jm/Wenn du kündtest gleuben/Alle ding sind müglich dem der da gleubt. Vnd als bald schrey des kinds vater mit threnen/vnd sprach/Ich gleube/lieber Herr/hilff meinem vnglauben.

Da nu Jhesus sahe/das das volck zu lieff/bedrawet er den vnsaubern geist/vnd sprach zu jm/Du sprachloser vnd tauber Geist/ich gebiete dir/das du von jm ausfarest/vnd farest hinfurt nicht jnn jn. Da schrey er vnd reis jn seer/vnd fur aus/vnd er ward als were er tod/das viel sagten/er ist tod. Jhesus aber ergreiff jn bey der hand/ vnd richtet jn auff/vnd er stund auff. Vnd da er heim kam/frageten jn seine Jünger besonders/Warumb kundten wir jn nicht austreiben? Vnd er sprach/Diese art kan mit nichte ausfaren/denn durch beten vnd fasten.

Vnd sie giengen von dannen hinweg/vnd wandelten durch Galilea/vnd er wolte nicht/das es jmand wissen solte. Er leret aber seine Jünger/vnd sprach zu jnen/Des menschen Son wird vberantwortet werden jnn der menschen hende/vnd sie werden jn tödten/vnd wenn er getödtet ist/so wird er am dritten tage aufferstehen. Sie aber vernamen das wort nicht/vnd furchten sich jn zu fragen.

Matth. rviij.
Luce.ij.
Vnd er kam gen Capernaum/vnd da er da heim war/fraget er sie/ Was handelt jr mit einander auff dem wege? Sie aber schwigen/ denn sie hatten mit einander auff dem wege gehandelt/welcher der grössest were/Vnd er satzte sich/vnd rieff den Zwelffen/vnd sprach zu jnen/So jemand wil der erste sein/der sol der letzte sein fur allen/ vnd aller knecht. Vnd er nam ein kindlin/vnd stellet es mitten vnter sie/vnd hertzete das selbige/vnd sprach zu jnen/Wer ein solchs kind-

Mat.r.
lin jnn meinem namen auffnimpt/der nimpt mich auff/Vnd wer mich auffnimpt/der nimpt nicht mich auff/sondern den/der mich gesand hat.

Johannes

Euangelion

Johannes aber antwortet jm/vnd sprach/Meister/wir sahen einen/der treib teuffel jnn deinem namen aus/welcher vns nicht nachfolget/vnd wir verbotens jm/darumb das er vns nicht nachfolget. Jhesus aber sprach/Jr solts jm nicht verbieten/denn es ist niemand der eine that thue jnn meinem namen/vnd müge bald vbel von mir reden. Wer nicht widder vns ist/der ist fur vns. Wer aber euch trencket mit einem becher wassers/jnn meinem namen/darumb das jr Christum angehöret/Warlich/ich sage euch/es wird jm nicht vnuergolten bleiben. *Luce. ix.*

Vnd wer der kleinen einen ergert/ die an mich gleuben/dem were es besser/das jm ein mülstein an seinen hals gehenget würde/vnd jns meer geworffen würde. So dich aber deine hand ergert/so hawe sie abe/Es ist dir besser/das du ein kröpel zum Leben eingehest/denn das du zwo hende habest/vnd farest jnn die helle/jnn das ewige fewer/da jr wurm nicht stirbt/vnd jr fewer nicht verlesschet. Ergert dich dein fus/so hawe jn abe/Es ist dir besser/das du lam zum Leben eingehest/denn das du zween füsse habest/vnd werdest jnn die helle geworffen/jnn das ewige fewer/da jr wurm nicht stirbt/vnd jr fewer nicht verlesschet. Ergert dich dein auge/so wirffs von dir/Es ist dir besser/das du eineugig jnn das Reich Gottes gehest/denn das du zwey augen habest/vnd werdest jnn das hellische fewer geworffen/da jr wurm nicht stirbet/vnd jr fewer nicht verlesschet. *Matth. xviij. Lu. xvij. Isa. lxvj*

Es mus alles mit fewer a gesaltzen werden/vnd alles opffer wird mit saltz gesaltzt. Das saltz ist gut/so aber das saltz thum wird/womit wird man würtzen? Habt saltz bey euch/vnd habt fride vnternander. *Mat. v. Lu. xiiij*

a (Gesaltzen werde) Jn alten Testament ward alles opffer gesaltzen/vnd von allem opffer ward etwas verbrand mit fewer/das zeucht Christus hie an/vnd leget es geistlich aus/nemlich/ das durchs Euangelion/als durch ein fewer vnd saltz der alte mensch gecreutzigt/verzeret/vnd wol gesaltze wird/Denn vnser leib ist das rechte opffer/Rom. xij. Wo aber das saltz thum wird/vnd das Euangelion mit men schen lere verderbet/da ist kein würtzen mehr des alten menschen/da wachsen denn maden. Saltz beisset aber/darumb ist not gedult vnd fride haben im saltz.

X.

Vnd er macht sich auff/vnd kam von dannen jnn die örter des Jüdischen landes/jhensid des Jordans/Vnd das volck gieng abermal mit hauffen zu jm/vnd wie seine gewonheit war/leret er sie abermal. Vnd die Phariseer tratten zu jm/vnd frageten jn/ob ein man sich scheiden müge von seinem weibe/vnd versuchten jn damit. Er antwortet aber/vnd sprach/Was hat euch Moses geboten? Sie sprachen/Moses hat zugelassen/einen Scheidebrieff zu schreiben/vnd sich zu scheiden. Jhesus antwortet vnd sprach zu jnen/Vmb ewers hertzen hartigkeit willen hat er euch solch gebot geschrieben. Aber von anfang der creatur/hat sie Gott geschaffen ein Menlin vnd frewlin/Darumb wird der mensch seinen vater vnd mutter lassen/vnd wird seinem weibe auhangen/vnd werden sein die zwey ein fleisch/So sind sie nu nicht zwey/sondern ein fleisch/Was denn Gott zusamen gefüget hat/sol der mensch nicht scheiden. *Mat. xix. Deute. xxiiij. Gene. vnd. ij.*

Vnd daheim frageten jn abermal seine Jünger vmb dasselbige. Vnd er sprach zu jnen/Wer sich scheidet von seinem weibe/vnd freiet eine andere/der bricht die ehe an jr. Vnd so sich ein weib scheidet von jrem manne/vnd freiet einen andern/die bricht jre ehe.

Vnd sie brachten kindlin zu jm/das er sie anrürete/Die Jünger aber furen die an/die sie trugen. Da es aber Jhesus sahe/war er vnwillig/vnd sprach zu jnen/Lasset die kindlin zu mir komen/vnd weret jnen nicht/denn solcher ist das Reich Gottes. Warlich/ich sage euch/ *Mat. v. Lu. xv.*

Sanct Marcus. XXX.

sage euch/wer das Reich Gottes nicht empfehet/als ein kindlin/der wird nicht hinein komen. Vnd hertzete sie/vnd leget die hende auff sie/vnd segenet sie.

Matth. xix.
Luce. xviij.

Vnd da er hinaus gangen war auff den weg/lieff einer forne für/kniet fur jn/vnd fraget jn/Guter Meister/was sol ich thun/das ich das leben ererbe? Aber Jhesus sprach zu jm/Was heissestu mich gut? Niemand ist gut/denn der einige Gott/Du weissest je die gebot wol/Du solt nicht ehebrechen/Du solt nicht tödten/Du solt nicht stelen/Du solt nicht falsch gezeugnis reden/Du solt niemand teuschen/Ehre deinen vater vnd mutter. Er antwortet aber/vnd sprach zu jm/Meister/das hab ich alles gehalten von meiner iugent auff. Vnd Jhesus sahe jn an/vnd liebet jn/vnd sprach zu jm/ᵃ Eines feilet dir/gehe hin/verkeuffe alles was du hast/vnd gibs den armen/so wirstu einen schatz im himel haben/vnd kom/folge mir nach/vnd nim das creutz auff dich. Er aber ward vnmuts vber der rede/vnd gieng trawrig dauon/denn er hatte viel güter.

ᵃ (Eines) Das ist/ Es feilt dir gantz vnd gar/Denn du wilt frum sein/ vnd doch dein gut nicht lassen vmb meinen willen/ noch mit mir leiden. Darumb ist Mammon gewislich dein Gott/vñ hast jn lieber denn mich.

Matth. xix.
Luce. xviij.

Vnd Jhesus sahe vmb sich/vnd sprach zu seinen Jüngern/Wie schwerlich werden die reichen jnn das Reich Gottes komen. Die Jünger aber entsatzten sich vber seiner rede. Aber Jhesus antwortet widerumb/vnd sprach zu jnen/Lieben kinder/wie schwerlich ists/das die/so jr vertrawen auff reichthum setzen/jns Reich Gottes komen. Es ist leichter/das ein Kameel durch ein naddel öhre gehe/denn das ein reicher jns Reich Gottes kome. Sie entsatzten sich aber noch viel mehr/vnd sprachen vnternander/Wer kan denn selig werden? Jhesus aber sahe sie an/vnd sprach/Bey den menschen ists vnmüglich/aber nicht bey Gott/denn alle ding sind müglich bey Gott.

Da saget Petrus zu jm/Sihe/wir haben alles verlassen/vnd sind dir nachgefolget. Jhesus antwortet vnd sprach/Warlich/ich sage euch/Es ist niemand/so er verlesst haus/odder bruder/odder schwester/odder vater/odder mutter/odder weib/odder kinder/odder ecker vmb meinen willen/ vnd vmb des Euangelj willen/ der nicht hundertfeltig empfahe jtzt jnn dieser zeit/heuser vnd bruder/vnd schwester vnd mutter/vnd kinder vnd ecker / mit ᵇ verfolgungen/vnd jnn der zukünfftigen welt das ewige leben. Viel aber werden die letzten sein/die die ersten sind/vnd die ersten sein/die die letzten sind. Sie waren aber auff dem wege/vnd giengen hinauff gen Jerusalem. Vnd Jhesus gieng fur jnen/vnd sie entsatzten sich/folgeten jm nach/vnd furchten sich.

ᵇ (Verfolgung) Wer gleubt / der mus verfolgung leiden / vnd alles dran setzen / dennoch hat er gnug/ wo er hin kompt/ findet er vater/ mutter / bruder/ güter/mehr denn er jhe verlassen kund.

Mat.xx.
Luce. xviij.

Vnd Jhesus nam abermal zu sich die Zwelffe/vnd saget jnen/was jm widderfaren würde/Sihe/wir gehen hinauff gen Jerusalem/vnd des menschen Son wird vberantwortet werden den Hohen priestern vnd Schrifftgelerten/vnd sie werden jn verdamnen zum tode/vnd vberantworten den Heiden/ die werden jn verspotten/ vnd geisseln/vnd verspeien/vnd tödten/vnd am dritten tage wird er aufferstehen.

Mat.xx.

Da giengen zu jm Jacobus vnd Johannes die söne Zebedei/vnd sprachen / Meister/wir wöllen/das du vns thuest/was wir dich bitten werden. Er sprach zu jnen/Was wolt jr/das ich euch thue? Sie sprachen zu jm/Gib vns/das wir sitzen / einer zu deiner rechten/vnd einer zu deiner lincken/jnn deiner Herrligkeit. Jhesus aber sprach zu jnen / Jr wisset nicht was jr bittet / Künd jr den Kelch trincken/den ich trincke / vnd euch teuffen lassen mit der tauffe/ da ich mit

getaufft

Euangelion

getaufft werde? Sie sprachen zu jm/Ja/wir können es wol. Jhesus aber sprach zu jnen/Zwar/jr werdet den Kelch trincken/den ich trincke/vnd getaufft werden mit der tauffe/da ich mit getaufft werde. Zu sitzen aber zu meiner rechten vnd zu meiner lincken/stehet mir nicht zu euch zu geben/sondern welchen es bereitet ist.

Vnd da das die Zehen höreten/wurden sie vnwillig vber Jacoben vnd Johannen. Aber Jhesus rieff jnen/vnd sprach zu jnen/Jr wisset/das die weltliche Fürsten herschen/vnd die Mechtigen vnter jnen/haben gewalt/Aber also sol es vnter euch nicht sein/sondern welcher wil gros werden vnter euch/der sol ewer diener sein/vnd welcher vnter euch wil der furnemest werden/der sol aller knecht sein/Denn auch des menschen Son ist nicht komen/das er jm dienen lasse/sondern das er diene/vnd gebe sein leben zur bezalung fur viele.

Vnd sie kamen gen Jericho/vnd da er aus Jericho gieng/er vnd seine Jünger/vnd ein gros volck/da saſs ein blinder Bartimeus Timei son/am wege vnd bettelt/Vnd da er höret/das es Jhesus von Nazareth war/fieng er an zu schreien/vnd sagen/Jhesu du Son Dauid/erbarm dich mein. Vnd viel bedraweten jn/er solte stille schweigen. Er aber schrey viel mehr/Du Son Dauid/erbarm dich mein. Vnd Jhesus stund stille/vnd lies jm ruffen. Vnd sie rieffen dem blinden/vnd sprachen zu jm/Sey getrost/stehe auff/er ruffet dir. Vnd er warff sein kleid von sich/stund auff/vnd kam zu Jhesu. Vnd Jhesus antwortet/vnd sprach zu jm/Was wiltu/das ich dir thun sol? Der blinde sprach zu jm/Rabboni/das ich sehend werde. Jhesus aber sprach zu jm/Gehe hin/dein glaube hat dir geholffen. Vnd als bald ward er sehend/vnd folgete jm nach/auff dem wege.

XI.

Vnd da sie nahe zu Jerusalem kamen/gen Bethphage vnd Bethanien an den Oleberg/sandte er seiner Jünger zween/vnd sprach zu jnen/Gehet hin jnn den Flecken/der fur euch ligt/vnd als bald wenn jr hinein kompt/werdet jr finden ein füllen angebunden/auff welchem nie kein mensch gesessen ist/löset es ab/vnd füret es her/vnd so jmand zu euch sagen wird/Warumb thut jr das? so sprechet/Der Herr darff sein/so wird ers bald her senden. Sie giengen hin/vnd funden das füllen gebunden an der thür/aussen auff dem weg scheid/vnd lösetens ab. Vnd etliche die da stunden/sprachen zu jnen/Was machet jr/das jr das füllen ablöset? Sie sagten aber zu jnen/wie jnen Jhesus gepoten hatte. Vnd die liessens zu. Vnd sie füreten das füllen zu Jhesu/vnd legten jre kleider drauff/vnd er satzte sich drauff. Viel aber breiteten jre kleider auff den weg/Etliche hieben meyen von den bewmen/vnd straweten sie auff den weg/Vnd die forne für giengen/vnd die hernach folgeten/schrien vnd sprachen/Hosianna/gelobet sey der da kompt jnn dem namen des Herrn/gelobet sey das Reich vnsers vaters Dauid/das da kompt jnn dem namen des Herrn/Hosianna/jnn der höhe.

Vnd der Herr gieng ein zu Jerusalem vnd jnn den Tempel/vnd er besahe alles. Vnd am abent gieng er hinaus gen Bethanien mit den Zwelffen. Vnd des andern tages/da sie von Bethanien giengen/hungerte jn/Vnd sahe einen feigenbawm von ferne/der bletter hatte/Da trat er hinzu/ob er etwas drauff fünde/vnd da er hinzu kam/
fand er

Sanct Marcus. XXXI.

fand er nichts denn nur bletter/denn es war noch nicht zeit/das feigen sein solten. Vnd Jhesus antwortet vnd sprach zu jm/Nu esse von dir niemand keine frucht ewiglich. Vnd seine Jünger höreten das.

Matth. xxj. Luce. xix.

Vnd sie kamen gen Jerusalem/Vnd Jhesus gieng jnn den Tempel/fieng an vnd treib aus die verkeuffer vnd keuffer jnn dem Tempel/vnd die tische der wechsler/vnd die stüle der tauben kremer sties er vmb/vnd lies nicht zu / das jmand etwas durch den Tempel trüge/

Isa. lvi.

vnd er leret/ vnd sprach zu jnen/Stehet nicht geschrieben? Mein Haus sol heissen ein Bet haus allen völckern/jr aber habt eine mörder gruben draus gemacht.

Vnd es kam fur die Schrifftgelerten vnd hohen priester/vnd sie trachten wie sie jn vmbbrechten/sie furchten sich aber fur jm/denn alles volck verwundert sich seiner lere. Vnd des abents gieng er hinaus fur die Stad. Vnd am morgen giengen sie fur vber/vnd sahen den feigenbaum/das er verdorret war/bis auff die wurtzel/Vnd Petrus gedachte dran/vnd sprach zu jm/Rabbi sihe/der feigenbaum/den du verflucht hast/ist verdorret. Jhesus antwortet/vnd sprach zu jnen/

Matth. xj.

Habt glauben an Gott. Warlich/ich sage euch/wer zu diesem berge spreche/Heb dich/vnd wirff dich jns meer/vnd zweiuelte nicht jnn seinem hertzen/sondern gleubte/das es geschehen würde/was er saget/so wirds jm geschehen/was er saget. Darumb sage ich euch/Alles was jr bittet jnn ewrem gebet/gleubet nur/das jrs empfahen werdet/so wirds euch werden. Vnd wenn jr stehet vnd betet/so vergebet/wo jr etwas widder jmand habt/auff das auch ewer Vater im himel euch vergebe ewre feile.

Mat. xxj. Luce. xx.

Vnd sie kamen abermal gen Jerusalem/vnd da er jnn den Tempel gieng/kamen zu jm die hohen priester vnd Schrifftgelerten vnd die Eltesten/vnd sprachen zu jm/Aus waser macht thustu das? vnd wer hat die macht gegeben/ das du solchs thust? Jhesus aber antwortet/vnd sprach zu jnen/Ich wil euch auch ein wort fragen/antwortet mir/so wil ich euch sagen/aus waser macht ich das thue/Die Tauffe Johannis/war sie vom himel/odder von menschen? Antwortet mir. Vnd sie gedachten bey sich selbs/vnd sprachen/Sagen wir/sie war vom himel/so wird er sagen/warumb habt jr denn jm nicht gegleubet? sagen wir aber/sie war von menschen/so fürchten wir vns fur dem volck/Denn sie hielten alle/das Johannes ein rechter Prophet were. Vnd sie antworten/vnd sprachen zu Jhesu/Wir wissens nicht. Vnd Jhesus antwortet/vnd sprach zu jnen/So sage ich euch auch nicht/aus waser macht ich solchs thue.

XII.

Mat. xxj. Luce. xx.

Vnd er fieng an zu jnen durch gleichnisse zu reden. Ein mensch pflantzet einen weinberg/vnd füret einen zaun drumb/vnd grub eine kelter/vnd bawet einen thurn/vnd thet jn aus den weingartnern/vnd zoch vber land/Vnd sandte einen knecht/da die zeit kam/zu den weingartnern/das er von den weingartnern neme von der frucht des weinberges/Sie namen jn aber vnd steupten jn/vnd liessen jn leer von sich. Abermal sandte er zu jnen einen andern knecht/dem selben zeworffen sie den kopff mit steinen/vnd liessen

Euangelion

jn geschmecht von sich. Abermal sandte er einen andern/den selben tödten sie/vnd viel andere/etliche steupten sie/etliche tödten sie.

Da hatte er noch einen einigen son/der war jm lieb/den sandte er zum letzten auch zu jnen/vnd sprach/Sie werden sich fur meinem son schewen/Aber die selben weingartner sprachen vnternander/Das ist der erbe/kompt/lasst vns jn tödten/so wird das erbe vnser sein/Vnd sie namen jn vnd tödten jn/vnd wurffen jn heraus fur den weinberg. Was wird nu der herr des weinberges thun? Er wird komen/ vnd die weingartner vmbbringen/vnd den weinberg andern geben. Habt jr auch nicht gelesen die Schrifft/Der stein/den die bawleute verworffen haben/der ist ein Eckstein worden/Von dem Herrn ist dis geschehen/vnd es ist wunderlich fur vnsern augen? Vnd sie trachten darnach/wie sie jn griffen/vnd furchten sich doch fur dem volck/ Denn sie vernamen/das er auff sie diese gleichnisse geredt hatte/vnd sie liessen jn/vnd giengen dauon. *Psalm. cxvij.*

Vnd sie sandten zu jm etliche von den Phariseern vnd Herodis diener/das sie jn fiengen jnn worten. Vnd sie kamen vnd sprachen zu jm/ Meister/wir wissen/das du warhafftig bist/vnd fragest nach niemand/denn du achtest nicht das ansehen der menschen/sondern du lerest den weg Gottes recht/Ists recht/das man dem Keiser zinse gebe/odder nicht/sollen wir jn geben/odder nicht geben? Er aber mercket jre heucheley/vnd sprach zu jnen/Was versuchet jr mich? bringet mir einen groschen/das ich jn sehe. Vnd sie brachten jm. Da sprach er/Wes ist das bilde vnd die vberschrifft? Sie sprachen zu jm/Des Keisers. Da antwortet Jhesus vnd sprach zu jnen/So gebt dem Keiser/was des Keisers ist/vnd Gotte/was Gottes ist. Vnd sie verwunderten sich sein. *Matth. xxij. Luce.xx.*

Da tratten die Saduceer zu jm/die da halten/es sey keine aufferstehung/die fragten jn/vnd sprachen/Meister/Moses hat vns geschrieben/Wenn jmands bruder stirbt/vnd lesst ein weib/vnd lesst keine kinder/so sol sein bruder des selbigen weib nemen/vnd seinem bruder samen erwecken/Nu sind sieben bruder gewesen/der erste nam ein weib/der starb/vnd lies keinen samen/vnd der ander nam sie/vnd starb/vnd lies auch nicht samen/der dritte des selben gleichen/vnd namen sie alle sieben/vnd liessen nicht samen. Zu letzt nach allen/ starb das weib auch/Nu jnn der aufferstehung/wenn sie aufferstehen/welches weib wird sie sein vnter jnen/denn sieben haben sie zum weibe gehabt? Da antwortet Jhesus vnd sprach zu jnen/Ists nicht also? jr jrret/darumb das jr nichts wisset von der Schrifft noch von der krafft Gottes. Wenn sie von den todten aufferstehen werden/so werden sie nicht freien/noch sich freien lassen/sondern sie sind wie die Engel im himel. Aber von den todten/das sie aufferstehen werden/ habt jr nicht gelesen im buch Mosi/bey dem pusch/wie Gott zu jm saget/vnd sprach/Ich bin der Gott Abraham/vnd der Gott Isaac/ vnd der Gott Jacob? Gott aber ist nicht der todten/sondern der lebendigen Gott/Darumb jrret jr seer. *Deu.xxv. Exo.iij.*

Vnd es trat zu jm der Schrifftgelerten einer/der jnen zu gehöret hatte/wie sie sich mit einander befrageten/vnd sahe/das er jnen fein geantwortet hatte/vnd fraget jn/Welchs ist das furnemest gebot fur allen? *Matth. xxij.*

Sanct Marcus. XXXII.

Deut. vj
fur allen? Jhesus aber antwortet jm/Das furnemest gebot fur allen geboten/ist das/Höre Israel/der HERR vnser Gott ist ein einiger Gott/vnd du solt Gott deinen Herrn lieben/von gantzem hertzen/ von gantzer seele/von gantzem gemüte/vnd von allen deinen kreff=
Levi. xix
ten/das ist das furnemest gebot. Vnd das ander ist jm gleich/Du solt deinen nehesten lieben/als dich selbs. Es ist kein ander grösser gebot/ denn diese.

Vnd der Schrifftgelerter sprach zu jm/Meister/du hast warlich recht geredt/Denn es ist ein Gott/vnd ist kein anderer ausser jm/vnd den selben lieben von gantzem hertzen/von gantzem gemüte/von gantzer seele/vnd von allen krefften/vnd lieben seinen nehesten/als sich selbs/das ist mehr denn brandopffer vnd alle opffer. Da Jhesus aber sahe/das er vernünfftiglich antwortet/sprach er zu jm/Du bist nicht ferne von dem Reich Gottes. Vnd es thurste jn niemand weiter fragen.

Matth. xxij.
Luce. xx.
Psal. cx.
Vnd Jhesus antwortet vnd sprach/da er leret im Tempel/Wie sagen die Schrifftgelerten/Christus sey Dauids son? Er aber Da= uid spricht durch den Heiligen geist/Der Herr hat gesagt zu meinem Herrn/setze dich zu meiner rechten/bis das ich lege deine feinde zum schemel deiner füsse. Da heisset jn ja Dauid seinen Herrn/Wo her ist er denn sein son? Vnd viel volcks höret jn gerne.

Matth. xxiij.
Luce. xx.
Vnd er leret sie vnd sprach zu jnen/Sehet euch fur/fur den Schrifftgelerten/die jnn langen kleidern gehen/vnd lassen sich gerne auff dem marckte grüssen/vnd sitzen gerne oben an jnn den Schulen vnd vber tisch im abentmal/sie fressen der Widwen heuser/vnd wen= den langes gebet fur/die selben werden deste mehr verdamnis empfa= hen.

Luce. xxj
Vnd Jhesus setzet sich gegen den Gottes kasten/vnd schawet/ wie das volck gelt einlegte jnn den Gottes kasten/vnd viel reichen leg= ten viel ein. Vnd es kam ein arme widwe/vnd legte zwey scherfflin ein/die machen einen heller/Vnd er rieff seine Jünger zu sich/vnd sprach zu jnen/Warlich/ich sage euch/diese arme widwe hat mehr jnn den Gottes kasten gelegt/denn alle die eingelegt haben/Denn sie haben alle von jrem vbrigen eingelegt/diese aber hat von jrem armut alles was sie hat/jre gantze narung eingelegt.

XIII.

Matth. xxiiij.
Luce. xxj
Vnd da er aus dem Tempel gieng/sprach zu jm seiner Jünger einer/Meister/sihe/welche steine/vnd welch ein baw ist das? Vnd Jhesus antwortet vnd sprach zu jm/Sihestu wol alle diesen grossen baw? Nicht ein stein wird auff dem andern bleiben/der nicht zubro= chen werde.

Vnd da er auff dem Oleberge sass gegen dem Tem= pel/fragten jn besonders/Petrus vnd Jacobus vnd Johannes vnd Andreas/Sage vns/wenn wird das alles geschehen? vnd was wird das zeichen sein/wenn das alles sol volendet werden? Jhesus ant= wortet jnen/vnd fieng an zu sagen/Sehet zu/das euch nicht jmand verfüre/denn es werden viel komen vnter meinem namen/vnd sagen/ Ich bin Christus/vnd werden viel verfüren.

F ij   Wenn jr

Euangelion

Wenn jr aber hören werdet von kriegen/vnd krieges geschrey/so fürchtet euch nicht/denn es mus also geschehen/aber das ende ist noch nicht da. Es wird sich ein volck vber das ander empören/vnd ein Königreich vber das ander/vnd werden geschehen erdbeben hin vnd widder/vnd wird sein thewre zeit vnd schrecken/Das ist der not anfang.

Jr aber sehet euch fur/denn sie werden euch vberantworten fur die Ratheuser vnd Schulen/vnd jr müsset gesteupet werden/vnd fur Fürsten vnd Könige müsset jr gefürt werden/vmb meinen willen/zu einem zeugnis vber sie/Vnd das Euangelion mus zuuor geprediget werden/vnter alle völcker.

Wenn sie euch nu füren vnd vberantworten werden/so sorget nicht/was jr reden solt/vnd bedencket auch nicht zuuor/sondern was euch zu der selbigen stunde gegeben wird/das redet/Denn jr seids nicht die da reden/sondern der Heilige geist. Es wird aber vberantworten ein bruder den andern zum tode/vnd der vater den son/vnd die kinder werden sich empören widder die Eltern/vnd werden sie helffen tödten/vnd werdet gehasset sein von jderman/vmb meines namens willen/Wer aber beharret bis an das ende/der wird selig. *Mat. ts Lu. rrj*

Wenn jr aber sehen werdet den Grewel der verwüstung/von dem der Prophet Daniel gesagt hat/das er stehet/da er nicht sol (Wer es lieset/der verneme es) Als denn wer jnn Judea ist/der fliehe auff die berge/Vnd wer auff dem dache ist/der steige nicht ernidder jns haus/vnd kome nicht drein/etwas zu holen aus seinem hause/Vnd wer auff dem felde ist/der wende sich nicht vmb/seine kleider zu holen. Weh aber den schwangern vnd seugerin zu der zeit. Bittet aber/das ewre flucht nicht geschehe im winter. Denn jnn diesen tagen werden solche trübsal sein/als sie nie gewesen sind bis her/von anfang der Creaturen/die Gott geschaffen hat/vnd als auch nicht werden wird. Vnd so der Herr diese tage nicht verkürtzt hette/würde kein mensch selig/aber vmb der auserweleten willen/die er auserwelet hat/hat er diese tage verkürtzt. *Matth. rriiij. Dani.ix.*

Wenn nu jmand zu der zeit wird zu euch sagen/Sihe/hie ist Christus/sihe/da ist er/so gleubet nicht/Denn es werden sich erheben falsche Christi/vnd falsche Propheten/die zeichen vnd wunder thun/das sie auch die auserweleten verfüren/so es müglich were/Jr aber sehet euch fur/Sihe/ich habs euch alles zuuor gesagt. *Matth. rriiij. Lu.rvij.*

Aber zu der zeit/nach diesem trübsal/werden sonne vnd mond jren schein verlieren/vnd die sterne werden vom himel fallen/vnd die kreffte der himel werden sich bewegen. Vnd denn werden sie sehen des menschen Son komen jnn den wolcken/mit grosser krafft vnd herrligkeit/Vnd denn wird er seine Engel senden/vnd wird versamlen seine auserweleten von den vier winden/von dem ende der erden bis zum ende der himel.

An dem feigenbawm lernet ein gleichnis/wenn itzt seine zweige safftig werden/vnd bletter gewinnet/so wisset jr/das der somer nahe ist. Also auch/wenn jr sehet/das solchs geschicht/so wisset/das es nahe fur der thür ist. Warlich/ich sage euch/dis geschlecht wird nicht *Matth rriiij. Luce.rr*

Sanct Marcus. XXXIII.

nicht vergehen/bis das dis alles geschehe/Himel vnd erden werden vergehen/ meine wort aber werden nicht vergehen. Von dem tage aber vnd der stunde weis niemand/ auch die Engel nicht im himel/ auch der Son nicht/sondern allein der Vater.

Matth. xxv.
Sehet zu/wachet vnd betet/denn jr wisset nicht/wenn es zeit ist. Gleich als ein mensch/der vber land zog/vnd lies sein haus/vnd gab seinen knechten macht/einem iglichen sein werck/vnd gepot dem thür hüter/er solt wachen. So wachet nu/denn jr wisset nicht/wenn der Herr des hauses kompt/ ob er kompt am abent/ odder zu mitternacht/odder vmb den hanen schrey/odder des morgens/auff das er nicht schnelle kome/vnd finde euch schlaffend. Was ich aber euch sage/das sage ich allen/Wachet.

XIIII.

Matth. xxvj. Lu. xxij.
Vnd nach zween tagen war Ostern vnd die tage der süssen brod/Vnd die Hohen priester vnd Schrifftgelerten suchten/wie sie jn mit listen griffen/vnd tödten. Sie sprachen aber/ ia nicht auff das Fest/das nicht ein auffrhur im volck werde.

Joh. xij.
Vnd da er zu Bethanien war jnn Simonis des aussetzigen hause/vnd sass zu tisch/Da kam ein weib/die hatte ein glas mit vngefelschtem vnd köstlichem narden wasser/vnd sie zubrach das glas/vnd gos es auff sein heubt. Da waren etliche/die wurden vnwillig/vnd sprachen/Was sol doch dieser vnrat? man kund das wasser mehr denn vmb drey hundert groschen verkaufft haben/vnd das selb den armen geben/Vnd murreten vber sie.

Dieser groschen einer würde bey vns machen fast dreissig Meisnisch lawen pfennig/ odder drittehalben vnser groschen.

Jhesus aber sprach/Lasset sie mit friden/was beküm̃ert jr sie? Sie hat ein gut werck an mir gethan/ Jr habt alle zeit armen bey euch/vnd wenn jr wolt/könnet jr jnen guts thun/mich aber habt jr nicht alle zeit/Sie hat gethan/was sie kund/sie ist zuuor komen/meinen leichnam zu salben zu meinem begrebnis/Warlich ich sage euch/ wo dis Euangelion geprediget wird jnn aller welt/da wird man auch das sagen zu jrem gedechtnis/das sie itzt gethan hat.

Matth. xxvj. Lu. xxij.
Vnd Judas Jscharioth/ einer von den Zwelffen/gieng hin zu den Hohen priestern/das er jn verrhiete. Da sie das höreten/wurden sie fro/vnd verhiessen jm das gelt zu geben/Vnd er suchete/wie er jn füglich verrhiete.

Vnd am ersten tage der süssen brod/da man das Osterlamb opfferte/sprachen seine Jünger zu jm/Wo wiltu/das wir hin gehen vnd bereiten/das du das Osterlamb essest? Vnd er sandte seiner Jünger zween/vnd sprach zu jnen/Gehet hin jnn die Stad/vnd es wird euch ein mensch begegen/der tregt einen krug mit wasser/folget jm nach/ vnd wo er eingehet/da sprechet zu dem hauswirte/Der Meister lesset dir sagen/wo ist das gasthaus/ darinne ich das Osterlamb esse mit meinen Jüngern? Vnd er wird euch einen grossen saal zeigen/der gepflastert vnd bereit ist/daselbs richtet fur vns zu. Vnd die Jünger giengen aus/vnd kamen jnn die Stad/vnd fundens/wie er jnen gesagt hatte/vnd bereiteten das Osterlamb.

F iij   Am abent

Euangelion

Am abent aber kam er mit den Zwelffen/vnd als sie zu tische sassen vnd assen/sprach Jhesus/Warlich/ich sage euch/einer vnter euch/der mit mir isset/wird mich verrhaten. Vnd sie wurden trawrig/vnd sagten zu jm/einer nach dem andern/Bin ichs? vnd der ander/bin ichs? Er antwortet vnd sprach zu jnen/Einer aus den Zwelffen/der mit mir jnn die schüssel tauchet. Zwar des menschen Son gehet hin/wie von jm geschrieben stehet/Weh aber dem menschen/durch welchen des menschen Son verrhaten wird/Es were dem selben menschen besser/das er nie geborn were.

Vnd jnn dem sie assen/nam Jhesus das brod/dancket/vnd brachs/vnd gabs jnen/vnd sprach/Nemet/Esset/das ist mein leib/Vnd nam den kelch/vnd dancket/vnd gab jnen den/Vnd sie truncken alle draus. Vnd er sprach zu jnen/Das ist mein blut/des newen Testaments/das fur viele vergossen wird. Warlich/ich sage euch/das ich hinfurt nicht trincken werde vom gewechse des weinstocks/bis auff den tag/da ichs newe trincke/jnn dem Reich Gottes. Vnd da sie den Lobgesang gesprochen hatten/giengen sie hinaus an den Ole-berg.

Vnd Jhesus sprach zu jnen/Ir werdet euch jnn dieser nacht alle an mir ergern/Denn es stehet geschrieben/Ich werde den Hirten schlahen/vnd die schafe werden sich zurstrewen/Aber nach dem ich aufferstehe/wil ich fur euch hin gehen jnn Galilean. Petrus aber saget zu jm/Vnd wenn sie sich alle ergerten/so wolt doch ich mich nicht ergern. Vnd Jhesus sprach zu jm/Warlich/ich sage dir/Heute/jnn dieser nacht/ehe denn der hane zwey mal krehet/wirstu mich drey mal verleugnen. Er aber redete noch weiter/Ja wenn ich mit dir auch sterben muste/wolt ich dich nicht verleugnen. Des selbigen gleichen sagten sie alle. *Zach.xiij*

Vnd sie kamen zu dem hofe/mit namen Gethsemane. Vnd er sprach zu seinen Jüngern/Setzt euch hie/bis ich hin gehe/vnd bete. Vnd nam zu sich Petron vnd Jacoben vnd Johannen/vnd fieng an zu zittern vnd zu zagen/vnd sprach zu jnen/Meine seele ist betrübet/bis an den tod/enthaltet euch hie/vnd wachet. Vnd gieng ein wenig furbas/fiel auff die erden/vnd betet/das/so es müglich were/die stunde fur vber gienge/vnd sprach/Abba/mein Vater/es ist dir alles müglich/vberhebe mich dieses kelchs/doch nicht was ich wil/sondern was du wilt.

Vnd kam vnd fand sie schlaffend/vnd sprach zu Petro/Simon schleffestu? vermöchtestu nicht eine stunde zu wachen? Wachet vnd betet/das jr nicht jnn versuchung fallet. Der geist ist willig/aber das fleisch ist schwach. Vnd gieng widder hin/vnd betet/vnd sprach die selbige wort/Vnd kam widder/vnd fand sie abermal schlaffend/denn jre augen waren vol schlaffs/vnd wusten nicht/was sie jm antworten. Vnd er kam zum dritten mal/vnd sprach zu jnen/Ah wolt jr nu schlaffen vnd rugen? Es ist gnug/die stunde ist komen/Sihe/des menschen Son wird vberantwortet jnn der sunder hende/stehet auff/lasst vns gehen/Sihe/der mich verrhet/ist nahe.

Vnd als bald/da er noch redet/kam erzu Judas der Zwelffen einer/vnd eine grosse Schar mit jm/mit schwerten vnd mit stangen/ *Matth. xxvj Lu. xx*

von den

Sanct Marcus. XXXIIII.

Jo. xviij von den hohen priestern vnd Schrifftgelerten vnd Eltesten. Vnd der Verrheter hatte jnen ein zeichen gegeben/vnd gesagt/Welchen ich küssen werde/der ists/den greiffet/vnd füret jn gewis. Vnd da er kam/trat er bald zu jm/vnd sprach zu jm/Rabbi/Rabbi/vnd küsset jn. Die aber legten jre hende an jn/vnd griffen jn. Einer aber von denen/die da bey stunden/zoch sein schwerd aus/vnd schlug des Hohen priesters knecht/vnd hieb jm ein ohre ab.

Vnd Jhesus antwortet/vnd sprach zu jnen/Jr seid ausgegangen/als zu einem mörder/mit schwerten vnd mit stangen/mich zu fahen/Ich bin teglich bey euch im Tempel gewesen/vnd habe geleret/vnd jr habt mich nicht gegriffen/Aber auff das die Schrifft erfüllet werde. Vnd die Jünger verliessen jn alle/vnd flohen. Vnd es war ein jüngling/der folgete jm nach/der war mit linwad bekleidet auff der blossen haut/vnd die jünglinge griffen jn. Er aber lies den linwad faren/vnd floch blos von jnen.

Vnd sie füreten Jhesum zu dem hohen priester/dahin zusamen komen waren alle Hohe priester vnd Eltesten vnd Schriffgelerten. Petrus aber folgete jm nach von fernen/bis hinein jnn des Hohen priesters pallast/Vnd er war da/vnd sass bey den knechten/vnd wermete sich bey dem liecht.

Aber die Hohen priester vnd der gantze Rat/suchten zeugnis widder Jhesum/auff das sie jn zum tode brechten/vnd funden nichts/Viel gaben falsch zeugnis widder jn/aber jr zeugnis stimmete nicht vber ein. Vnd etliche stunden auff/vnd gaben falsch zeugnis widder jn/vnd sprachen/Wir haben gehört/das er saget/Ich wil den Tempel/der mit henden gemacht ist/abbrechen/vnd jnn dreien tagen einen andern bawen/der nicht mit henden gemacht sey/Aber jr zeugnis stimmete noch nicht vber ein.

Vnd der Hohe priester stund auff vnter sie/vnd fragete Jhesum/vnd sprach/Antwortestu nichts zu dem/das diese widder dich zeugen? Er aber schweig stille/vnd antwortet nichts. Da fragete jn der Hohe priester abermal/vnd sprach zu jm/Bistu Christus der Son des Hochgelobten? Jhesus aber sprach/Ich bins/vnd jr werdet sehen des menschen Son sitzen zur rechten hand der krafft/vnd komen mit des himels wolcken. Da zureis der Hohe priester seinen rock/vnd sprach/Was dürffen wir weiter zeugen? Jr habt gehört die Gottes lesterung/Was dünckt euch? Sie aber verdampten jn alle/das er des todes schuldig were. Da fiengen an etliche jn zu verspeien/vnd verdecken sein angesichte/vnd mit feusten schlahen/vnd zu jm sagen/Weissage vns. Vnd die knechte schlugen jn jns angesichte.

Matth. xxvj. Lu. xxij. Jo. xviij
Vnd Petrus war da nidden im pallast/da kam des Hohen priesters megde eine/Vnd da sie sahe Petron sich wermen/schawet sie jn an/vnd sprach/Vnd du warest auch mit Jhesu von Nazareth. Er leugnet aber/vnd sprach/Ich kenne jn nicht/weis auch nicht was du sagest. Vnd er gieng hinaus jnn den vorhoff/Vnd der han krehet. Vnd die magd sahe jn/vnd hub abermal an zu sagen zu denen die da bey stunden/Dieser ist der einer. Vnd er leugnet abermal. Vnd nach einer kleinen weile sprachen abermal zu Petro/die da bey stunden/Warlich du bist der einer/denn du bist ein Galileer/vnd deine sprache lau-

F iiij   tet gleich

Euangelion

tet gleich also. Er aber fieng an sich zu verfluchen vnd schweren/Ich kenne des menschen nicht/von dem jr saget. Vnd der han krehet zum andern mal. Da gedachte Petrus an das wort/das Jhesus zu jm sagte/Ehe der han zwey mal krehet/wirstu mich drey mal verlengnen. Vnd er hub an zu weinen.

XV.

Vnd bald am morgen/hielten die Hohen priester einen rat mit den Eltesten vnd Schrifftgelerten/ dazu der gantze Rat/vnd bunden Jhesum/vnd füreten jn hin/vnd vberantworten jn Pilato. Vnd Pilatus fraget jn/ Bistu ein König der Jüden? Er antwortet aber/vnd sprach zu jm/Du sagests. Vnd die Hohen priester beschüldigten jn hart. Pilatus aber fragte jn abermal/vnd sprach/Antwortestu nichts? Sihe/wie hart sie dich verklagen. Jhesus aber antwortet nichts mehr/also/das sich auch Pilatus verwunderte. Matth. xxvij. Lu. xxiij. Jo. xviij

Er pflegte aber jnen auff das Osterfest einen gefangen los zu geben/welchen sie begerten/Es war aber einer/genant Barrabas/gefangen mit den auffrhürischen/die im auffrhur einen mord begangen hatten. Vnd das volck gieng hinauff/vnd bat/das er thet/wie er pfleget. Pilatus aber antwortet jnen/Wolt jr/das ich euch den König der Jüden los gebe? Denn er wuste/das jn die Hohen priester aus neid vberantwortet hatten. Aber die Hohen priester reitzeten das volck/das er jnen viel lieber den Barrabam los gebe.

Pilatus aber antwortet widderumb/vnd sprach zu jnen/Was wolt jr denn/das ich thue/dem/den jr schüldiget/er sey ein König der Jüden? Sie schrien abermal/Creutzige jn. Pilatus aber sprach zu jnen/Was hat er vbels gethan? Aber sie schrien noch viel mehr/Creutzige jn. Pilatus aber gedachte/dem volcke gnug zu thun/vnd gab jnen Barrabam los/vnd vberantwortet jnen Jhesum/das er gegeisselt vnd gecreutziget würde.

Die kriegsknechte aber füreten jn hinein jnn das Richthaus/vnd rieffen zusamen die gantze Schar/vnd zogen jm ein purpur an/vnd flochten eine dörne krone/vnd setzten sie jm auff/vnd fiengen an jn zu grüssen/Gegrüsset seiestu der Jüden König. Vnd schlugen jm das heubt mit dem rhor/vnd verspeieten jn/vnd fielen auff die knie/vnd betteten jn an. Matth. xxvij. Lu. xxiij. Joh. xij.

a (Dritte stunde) Das ist/sie fiengen an zu handeln/das er gecreutzigt würde / aber vmb die sechste stunde ist er gecreutziget / wie die andern Euangelisten schreiben/ Es meinen aber etliche/der text sey durch die schreiber verruckt/das an stat des buchstaben s (welcher im Griechischen sechs bedeut) sey der buchstab τ gesetzt (welcher drey bedeut) weil sie einander nicht fast vngleich sind.

Vnd da sie jn verspottet hatten/zogen sie jm die purpur aus / vnd zogen jm seine eigene kleider an/vnd füreten jn aus/das sie jn creutzigten/Vnd zwungen einen/der fur vber gieng / mit namen Simon von Kyrene/der vom felde kam/der ein vater war Alexandri vnd Ruffi/ das er jm das creutze trüge. Vnd sie brachten jn an die stet Golgatha/ das ist verdolmetschet/Scheddelstet. Vnd sie gaben jm myrrhe im wein zu trincken/vnd er nams nicht zu sich.

Vnd da sie jn gecreutziget hatten/teileten sie seine kleider/vnd worffen das los drumb/welcher was vberkeme. Vnd es war vmb die dritte a stunde/da sie jn creutzigten. Vnd es war oben vber jn geschrieben/ was man jm schuld gab/nemlich/Ein König der Jüden. Vnd sie creutzigeten mit jm zween mörder/einen zu seiner rechten/vnd einen zur lincken.

Sanct Marcus.   XXXV.

Isa. lrij.
zur lincken. Da ward die Schrifft erfüllet/die da saget/Er ist vnter die vbeltheter gerechnet.

Matth. rrvij.
Lu. rriij.
Vnd die fur vber giengen/lesterten jn/vnd schüttelten jre heubte/ vnd sprachen/Pfu dich/wie fein zubrichestu den Tempel/vnd bawest jn jnn dreien tagen/hilff dir nu selber/vnd steig erab vom creutze. Des selbigen gleichen die hohen priester verspotteten jn vnternander/sampt den Schrifftgelerten/vnd sprachen/Er hat andern geholffen/vnd kan jm selber nicht helffen. Ist er Christus/vnd König jnn Israel/so steige er nu vom creutze/das wir sehen vnd gleuben. Vnd die mit jm gecreutziget waren/schmeheten jn auch.

Psal.rrij
Vnd nach der sechsten stunde/ward ein finsternis vber das gantze land/bis vmb die neunde stunde. Vnd vmb die neunde stunde/rieff Jhesus laut/vnd sprach/Eli/Eli/lama asabthani? das ist verdolmetscht/Mein Gott/mein Gott/warumb hastu mich verlassen? Vnd etliche die da bey stunden/da sie das höreten/sprachen sie/Sihe/er ruffet dem Elias. Da lieff einer/vnd füllet einen schwam mit essig/ vnd stecket jn auff ein rhor/vnd trencket jn/vnd sprach/Halt/lasst sehen/ob Elias kome/vnd jn erab neme.

Matth. rrvij.
Lu. rriij.
Joh. rir
Aber Jhesus schrey laut/vnd verschied. Vnd der furhang im Tempel zureis jnn zwey stück/von oben an/bis vnten aus. Der Heubtman aber der da bey stund gegen jm vber/vnd sahe/das er mit solchem geschrey verschid/sprach er/Warlich dieser mensch ist Gottes Son gewesen. Vnd es waren auch weiber da/die von ferne solchs schaweten/vnter welchen war Maria Magdalena/vnd Maria des kleinen Jacobs vnd Joses mutter/vnd Salome/die jm auch nachgefolget/da er jnn Galilea war/ vnd gedienet hatten/vnd viel andere/ die mit jm hinauff gen Jerusalem gegangen waren.

Vnd am abent/die weil es der Rüsttag war/welcher ist der vorsabbath/kam Joseph von Arimathia/ein erbarer Ratsherr/welcher auch auff das Reich Gottes wartet/der wagts/vnd gieng hinein zu Pilato/vnd bat vmb den leichnam Jhesu. Pilatus aber verwunderte sich/das er schon tod war/vnd rieff dem Heubtman/vnd fraget jn/ ob er lengest gestorben were. Vnd als ers erkundet von dem Heubtman/gab er Joseph den leichnam. Vnd er kauffte eine linwad/vnd nam jn abe/vnd wickelt jn jnn die linwad/vnd legte jn jnn ein grab/ das war jnn einen fels gehawen/vnd weltzet einen stein fur des grabes thür. Aber Maria Magdalena/vnd Maria Joses schaweten zu/ wo er hin gelegt ward.

XVI.

Vnd da der Sabbath vergangen war/kaufften Maria Magdalena/ vnd Maria Jacobi vnd Salome specerey/auff das sie kemen/vnd salbeten jn. Vnd sie kamen zum grabe an einem Sabbather seer frue/da die sonne auffgieng. Vnd sie sprachen vnternander/Wer waltzet vns den stein von des grabes thür? Vnd sie sahen dahin/vnd wurden gewar/das der stein abgewaltzet war/denn er war seer gros/Vnd sie giengen hinein jnn das grab/
vnd sahen

Euangelion

vnd sahen einen Jüngling zur rechten hand sitzen/der hatte ein lang weis kleid an/vnd sie entsatzten sich.

Matth. xxviij. Lu. xxiiij Joh. ix.

Er aber sprach zu jnen/Entsetzt euch nicht/jr sucht Jhesum von Nazareth den gecreutzigten/Er ist aufferstanden/ vnd ist nicht hie/ Sihe da/die stete/da sie jn hin legten/gehet aber hin/vnd sagets seinen Jüngern vnd Petro/das er fur euch hin gehen wird jnn Galilea/ da werdet jr jn sehen/wie er euch gesagt hat. Vnd sie giengen schnelle eraus/vnd flohen von dem grabe/denn es war sie zittern vnd entsetzen ankomen/vnd sagten niemand nichts/denn sie furchten sich.

Jhesus aber/da er aufferstanden war/frue am ersten tage der Sabbather/erschein er am ersten der Maria Magdalene/von welcher er sieben teuffel ausgetrieben hatte. Vnd sie gieng hin/vnd verkündigets denen/die mit jm gewesen waren/die da leide trugen vnd weineten/vnd die selbigen/da sie höreten/das er lebete vnd were jr erschienen/gleubten sie nicht. Darnach/da zween aus jnen wandelten/ offenbart er sich vnter einer andern gestalt/da sie auffs feld giengen/ Vnd die selbigen giengen auch hin/vnd verkündigeten das den andern/den gleubten sie auch nicht.

Lu. xxiiij

Zu letzt/da die Eilffe zu tische sassen/offenbart er sich/vnd schalt jren vnglauben/ vnd jres hertzen hertigkeit/das sie nicht gegleubt hatten/denen/die jn gesehen hatten aufferstanden/Vnd sprach zu jnen/Gehet hin jnn alle welt/vnd prediget das Euangelion aller Creaturn/Wer da gleubt vnd getaufft wird/der wird selig werden/Wer aber nicht gleubt/der wird verdampt werden.

Die zeichen aber/die da folgen werden/denen/die da gleuben/ sind die. Jnn meinem namen werden sie teuffel austreiben/Mit newen zungen reden/Schlangen vertreiben/Vnd so sie etwas tödlichs trincken/wirds jnen nicht schaden/Auff die krancken werden sie die hende legen/so wirds besser mit jnen werden.

Vnd der Herr/nach dem er mit jnen geredt hatte/ward er auffgehaben gen himel/ vnd sitzt zur rechten hand Gottes. Sie aber giengen aus/vnd predigeten an allen örtern/vnd der Herr wirckte mit jnen/ vnd bekrefftiget das Wort/durch mitfolgende zeichen.

Euangelion Sanct Lucas. XXXVI.

I.

Jntemal sichs viel vnterwunden haben zu stellen die rede von den geschichten/ so vnter vns ergangen sind/ wie vns das gegeben haben/ die es von anfang selbs gesehen/ vnd diener des Worts gewesen sind/ Hab ichs auch fur gut angesehen/ nach dem ichs von anbegin erkundet habe/ das ichs zu dir/ mein Theophile/ mit vleis ordentlichen schriebe/ auff das du gewissen grund erfarest/ der lere/ welcher du vnterrichtet bist.

(¶Para- ¶Matt.) Ju der zeit Herodes des Königes Judee/ war ein Priester von der ordnung Abia/ mit namen Zacharias/ vnd sein weib von den töchtern Aaron/ welche hies Elisabeth. Sie waren aber alle beide from fur Gott/ vnd giengen jnn allen geboten vnd satzungen des Herrn vntaddelich/ vnd sie hatten kein kind/ Denn Elisabeth war vnfruchtbar/ vnd waren beide wol betaget.

Vnd es begab sich/ da er Priesters ampt pfleget fur Gott/ zur zeit seiner ordnung/ nach gewonheit des Priesterthums/ vnd an jm war/ das er reuchern solt/ gieng er jnn den Tempel des Herrn/ Vnd die
gantze

Euangelion

gantze menge des volcks war haussen vnd betet/vnter der stunde des reuchens. Es erschein jm aber der Engel des Herrn/vnd stund zur rechten hand am Reuchaltar. Vnd als Zacharias jn sahe/erschrack er/vnd es kam jn eine furcht an.

Aber der Engel sprach zu jm/Fürchte dich nicht Zacharia/denn dein gebet ist erhöret/vnd dein weib Elisabeth wird dir einen son geberen/des namen soltu Johannes heissen/ vnd du wirst des freude vnd wonne haben/vnd viel werden sich seiner geburt frewen/Denn er wird gros sein fur dem Herrn/Wein vnd starck getrencke wird er nicht trincken/ vnd wird noch jnn mutter leibe erfüllet werden mit dem Heiligen geist/vnd er wird der kinder von Jsrael viel zu Gott jrem Herrn bekeren/vnd er wird fur jm her gehen im geist vnd krafft Eli-as/zu bekeren die hertzen der veter zu den kindern / vnd die vngleubi-gen zu der klugheit der gerechten/zu zurichten dem Herrn ein bereit volck. *Mal.iij.*

Vnd Zacharias sprach zu dem Engel/Wo bey sol ich das erken-nen? denn ich bin alt/vnd mein weib ist betaget. Der Engel antwor-tet vnd sprach zu jm/Ich bin Gabriel/der fur Gott stehet/vnd bin ge-sand mit dir zu reden/das ich dir solchs verkündigte. Vnd sihe/du wirst erstummen vnd nicht reden können/bis auff den tag/da dis ge-schehen wird/darumb/das du meinen worten nicht gegleubet hast/ welche sollen erfüllet werden zu jrer zeit.

Vnd das volck wartet auff Zacharias/vnd verwunderte sich/das er so lange im Tempel verzog. Vnd da er eraus gieng/kundte er nicht mit jnen reden.Vnd sie merckten/das er ein gesichte gesehen hatte im Tempel. Vnd er wincket jnen/vnd bleib stumme.

Vnd es begab sich/da die zeit seines ampts aus war/gieng er heim jnn sein haus.Vnd nach den tagen ward sein weib Elisabeth schwan-ger / vnd verbarg sich funff monden/vnd sprach/Also hat mir der Herr gethan/jnn den tagen/da er mich angesehen hat/das er meine schmach vnter den menschen von mir neme.

Vnd im sechsten mond/ward der Engel Gabriel gesand von Gott jnn eine stad jnn Galilea/die heisst Nazareth/zu einer Jungfrawen/ die vertrawet war einem manne / mit namen Joseph/ vom Hause Dauid/vnd die Jungfraw hies Maria. Vnd der Engel kam zu jr hi-nein/vnd sprach/Gegrüsset seistu Holdselige/der Herr ist mit dir/du gebenedeiete vnter den weibern.

(Gebenedeiete) Das ist auff deud-sch/Du hochgelob-te.
(Gnade funden) Das ist/du hast ei-nen gnedigē Gott.

Da sie aber jn sahe / erschrack sie vber seiner rede/vnd gedachte/ welch ein grus ist das? Vnd der Engel sprach zu jr/Fürcht dich nicht Maria/du hast gnade bey Gott funden. Sihe / du wirst schwanger werden im leibe/vnd einen son geberen/des namen soltu Jhesus heis-sen/der wird gros/vnd ein Son des Höhesten genennet werden/vnd Gott der Herr wird jm den stuel seines Vaters Dauid geben / vnd er wird ein König sein vber das Haus Jacob ewiglich/vnd seines Kö-nigreichs wird kein ende sein.

Da sprach Maria zu dem Engel/Wie sol das zu gehen? sintemal ich von keinem manne weis.Der Engel antwortet/vnd sprach zu jr/ Der Heilige geist wird vber dich komen/vnd die krafft des Höhesten wird dich vberschatten/darumb auch das Heilige/das von dir gebo-ren wird/wird Gottes Son genennet werden. Vnd sihe/Elisabeth deine gefreundte/ist auch schwanger mit einem son/jnn jrem alter/ vnd gehet

Sanct Lucas. XXXVII.

vnd gehet itzt im sechsten mond/die im geschrey ist/das sie vnfrucht bar sey/denn bey Gott ist kein ding vnmüglich. Maria aber sprach/ Sihe/ich bin des Herrn magd/mir geschehe wie du gesagt hast. Vnd der Engel schied von jr.

Maria aber stund auff inn den tagen/vnd gieng auff das gebirge endelich/zu der stad Jude/vnd kam jnn das haus Zacharias/vnd grüsset Elisabeth. Vnd es begab sich/als Elisabeth den grus Maria höret/hüpffet das kind jnn jrem leibe. Vnd Elisabeth ward des Heiligen geists vol/vnd rieff laut/vnd sprach/Gebenedeiet ᵃ bistu vnter den weibern/vnd gebenedeiet ist die frucht deines leibes/Vnd wo her kompt mir das/das die mutter meines Herrn zu mir kompt? Sihe/da ich die stimme deines grusses hörete/hüpffet mit freuden das kind jnn meinem leibe. Vnd o selig bistu/die du gegleubt hast/denn es wird volendet werden/was dir gesagt ist von dem Herrn.

ᵃ Auff deudsch also/ Gelobet bistu etc.

Vnd Maria sprach.

Meine seele erhebt den Herrn/

Vnd mein geist frewet sich Gottes meines Heilandes.

Denn er hat die nidrigkeit seiner Magd angesehen/Sihe/von nu an werden mich selig preisen alle kinds kind.

Denn er hat grosse ding an mir gethan/der da mechtig ist/vnd des namen heilig ist.

Vnd seine barmhertzigkeit weret jmer fur vnd fur/bey denen die jn fürchten.

Er vbet gewalt mit seinem arm/vnd zurstrawet die hoffertig sind jnn jres hertzen sinn.

Er stösset die gewaltigen vom stuel/vnd erhebt die nidrigen.

Die hungerigen füllet er mit gütern/vnd lesst die reichen leer.

Er dencket der barmhertzigkeit/vnd hilfft seinem diener Israel auff.

Wie er geredt hat vnsern Vetern/Abraham vnd seinem samen ewiglich. Vnd Maria bleib bey jr bey dreien monden/darnach keret sie widderumb heim.

Vnd Elisabeth kam jre zeit/das sie geberen solt. Vnd sie gebar einen son. Vnd jre nachbarn vnd gefreundten höreten/das der Herr grosse barmhertzigkeit an jr gethan hatte/vnd freweten sich mit jr.

Vnd es begab sich am achten tage/kamen sie zu beschneiden das kindlin/vnd hiessen jn nach seinem vater/Zacharias. Aber seine mutter antwortet/vnd sprach/Mit nichten/sondern er sol Johannes heissen. Vnd sie sprachen zu jr/Ist doch niemand jnn deiner freundschafft/der also heisse. Vnd sie wincketen seinem vater/wie er jn wolt heissen lassen. Vnd er fodderte ein teffelin/schreib/vnd sprach/Er heisst Johannes. Vnd sie verwunderten sich alle. Vnd als bald ward sein mund vnd seine zunge auffgethan/vnd redete/vnd lobete Gott. Vnd es kam eine furcht vber alle nachbarn. Vnd dis geschicht ward alles ruchtbar auff dem gantzen Jüdischen gebirge/vnd alle die es höreten/namens zu hertzen/vnd sprachen/Was meinstu/wil aus dem kindlin werden? Denn die hand des HERrn war mit jm.

Vnd sein vater Zacharias ward des Heiligen geistes vol/weissaget/vnd sprach.

Gelobet sey der HERR der Gott Israel/denn er hat besucht vnd erlöset sein volck.

G   Vnd hat

Euangelion

Vnd hat vns auffgericht ein Horn des heils/jnn dem hause seines dieners Dauid.

Als er vorzeiten geredt hat/durch den mund seiner heiligen Propheten.

Das er vns errettett von vnsern feinden/vnd von der hand aller die vns hassen.

Vnd die barmhertzigkeit erzeigete vnsern vetern/vnd gedechte an seinen heiligen bund.

Vnd an den eid den er geschworen hat vnserm vater Abraham/ vns zu geben.

Das wir erlöset aus der hand vnser feinde/jm dieneten on furcht vnser leben lang/jnn heiligkeit vnd gerechtigkeit/die jm gefellig ist.

Vnd du kindlin wirst ein Prophet des Höhesten heissen/Du wirst fur dem Herrn her gehen/das du seinen weg bereitest.

Vnd erkentnis a des Heils gebest seinem volck/die da ist jnn vergebung jrer sunden.

Durch die hertzliche barmhertzigkeit vnsers Gottes/durch welche vns besucht hat der b Auffgang aus der höhe.

Auff das er erscheine/denen/die da sitzen im finsternis vnd schatten des todes/vnd richte vnsere füsse auff den weg des frides.

Vnd das kindlin wuchs vnd ward starck im Geist/vnd war jnn der wüsten/bis das er solt erfur tretten fur das volck Israel.

II.

Es begab sich aber zu der zeit/das ein gebot von dem Keiser Augusto ausgieng/das alle welt c geschetzt würde. Vnd diese schetzung war die aller erste/vnd geschach zur zeit/da Kyrenios Landpfleger jnn Syrien war/Vnd iderman gieng/das er sich schetzen liesse/ein jglicher jnn seine stad. Da machet sich auff auch Joseph aus Galilea/aus der stad Nazareth/jnn das Jüdische land/zur stad Dauid/die da heisst Bethlehem/darumb das er von dem hause vnd geschlechte Dauid war/auff das er sich schetzen lies mit Maria seinem vertrawten weibe/die war schwanger.

Vnd als sie daselbst waren/kam die zeit/das sie geberen solte. Vnd sie gebar jren ersten Son/vnd wickelt jn jnn windeln/vnd leget jn jnn eine krippen/denn sie hatten sonst keinen raum jnn der herberge. Matth.

Vnd es waren Hirten jnn der selbigen gegend auff dem felde/bey den hürten/die hüteten des nachts jrer herde. Vnd sihe/des Herrn Engel trat zu jnen/vnd die klarheit des Herrn leuchtet vmb sie/vnd sie furchten sich seer. Vnd der Engel sprach zu jnen/Fürchtet euch nicht/Sihe/ich verkündige euch grosse frewde/die allem volck widerfaren wird/Denn euch ist heute der Heiland geborn/welcher ist Christus der Herr/jnn der Stad Dauid. Vnd das habt zum zeichen/ Ir werdet finden das kind jnn windeln gewickelt/vnd jnn einer krippen ligen. Vnd als bald war da bey dem Engel die menge der himelischen Heerscharen/die lobeten Gott/vnd sprachen/Ehre sey Gott jnn der Höhe/vnd fride auff erden/vnd den menschen ein d wolgefallen.

Vnd da die Engel von jnen gen himel furen/sprachen die Hirten vnternander/Lasset vns nu gehen gen Bethlehem/vnd die geschicht sehen/die

---

a (Erkentnis des Heils) Das sie wissen sollen/wie sie selig werden mussen/nicht durch die werck des Gesetzes/sondern durch vergebung der sunden etc.

b (Auffgang) Christus nach der Gottheit ist der auffgang jnn der höhe vom Vater.

c (Geschetzt) Schetzen ist hie/ das ein iglicher hat müssen anzeigen/ wie viel er vermochte an gut/vnd ein ort des gülden geben von iglichem heubt.

d (Wolgefallen) Das die menschen dauon lust vnd liebe haben werden/ gegen Got vnd vnternander/vnd das selb mit danck annemen/vnd darüber alles mit frewden lassen vnd leiden.

Sanct Lucas. XXXVIII.

sehen/ die da geschehen ist/ die vns der Herr kund gethan hat. Vnd sie kamen eilend/ vnd funden beide Mariam vnd Joseph/ dazu das kind jnn der krippen ligen. Da sie es aber gesehen hatten/ breiteten sie das wort aus/ welchs zu jnen von diesem kind gesagt war. Vnd alle/ fur die es kam/ wunderten sich der rede/ die jnen die Hirten gesagt hatten. Maria aber behielt alle diese wort/ vnd beweget sie jnn jrem hertzen. Vnd die Hirten kereten widder vmb/ preiseten vnd lobeten Gott/ vmb alles/ das sie gehöret vnd gesehen hatten/ wie denn zu jnen gesagt war.

Vnd da acht tage vmb waren/ das das kind beschnitten wurde/ da ward sein name genennet Jhesus/ welcher genennet war von dem Engel/ ehe denn er jnn mutter leibe empfangen ward.

Matt. j.

Vnd da die tage jrer reinigung nach dem gesetz Mosi kamen/ brachten sie jn gen Jerusalem/ auff das sie jn dar stelleten dem Herrn/ wie denn geschrieben stehet jnn dem Gesetz des Herrn/ Allerley menlin/ das zum ersten die mutter bricht/ sol dem Herrn geheiliget heissen/ Vnd das sie geben das opffer/ nach dem gesagt ist im Gesetz des Herrn/ ein par dordel tauben/ odder zwo junge tauben.

Leui. xij.
Exo. xiij.
Nu. xviij.

Vnd sihe/ Ein mensch war zu Jerusalem/ mit namen Simeon/ vnd der selbe mensch war frum vnd Gottfürchtig/ vnd wartet auff den trost Jsrael/ Vnd der Heilige geist war jnn jm/ Vnd jm war ein antwort worden von dem Heiligen geist/ er solt den tod nicht sehen/ er hette denn zuuor den Christ des Herrn gesehen/ Vnd kam aus anregen des Geists jnn den Tempel.

Vnd da die Eltern das kind Jhesum jnn den Tempel brachten/ das sie fur jn thetten/ wie man pflegt nach dem Gesetz/ Da nam er jn auff seine arm/ vnd lobete Gott/ vnd sprach.

HErr/ Nu lessestu deinen diener im fride faren/ Wie du gesagt hast.   *(Fride faren) Das ist/ Nu wil ich frölich sterben.*

Denn meine augen haben deinen Heiland gesehen.

Welchen du bereitet hast/ fur allen völckern.

Ein liecht zu erleuchten die Heiden/ vnd zum preis deines volcks Jsrael.

Vnd sein vater vnd mutter wunderten sich des/ das von jm geredt ward. Vnd Simeon segenet sie/ vnd sprach zu Maria seiner mutter/ Sihe/ dieser wird gesetzt zu einem fall vnd aufferstehen vieler jnn Jsrael/ vnd zu einem zeichen/ dem widdersprochen wird/ Vnd es wird ein schwerd durch deine seele dringen/ auff das vieler hertzen gedancken offenbar werden.

Vnd es war eine Prophetin/ Hanna/ eine tochter Phanuel vom geschlecht Aser/ die war wol betaget/ vnd hatte gelebt sieben iar mit jrem manne/ nach jrer jungfrawschafft/ vnd war eine widwe/ bey vier vnd achtzig iaren/ die kam nimmer vom Tempel/ dienet Gott mit fasten vnd beten tag vnd nacht/ Die selbige trat auch hinzu/ zu der selbigen stunde/ vnd preisete den Herrn/ vnd redete von jm/ zu allen die da auff die erlösung zu Jerusalem warteten.

Vnd da sie es alles volendet hatten nach dem Gesetz des Herrn/ kereten sie widder jnn Galilea/ zu jrer stad Nazareth. Aber das kind wuchs/ vnd ward starck im Geist/ voller weisheit/ vnd Gottes gnade war bey jm.

Vnd seine Eltern giengen alle iar gen Jerusalem/ auff das Osterfest. Vnd da er zwelff iar alt war/ giengen sie hinauff gen Jerusalem/

G ij   nach

Euangelion

nach gewonheit des Festes. Vnd da die tage volendet waren/vnd sie widder zu hause giengen/bleib das kind Jhesus zu Jerusalem/vnd seine Eltern wustens nicht/sie meineten aber/er were vnter den geferten/vnd kamen eine tagreise/vnd suchten jn vnter den gefreundten vnd bekanten. Vnd da sie jn nicht funden/giengen sie widderumb gen Jerusalem/vnd suchten jn. Vnd es begab sich nach dreien tagen/funden sie jn im Tempel sitzen/mitten vnter den Lerern/das er jnen zuhörete/vnd sie fragete. Vnd alle die jm zuhöreten/verwunderten sich seines verstands vnd seiner antwort.

Vnd da sie jn sahen/entsatzten sie sich/vnd seine mutter sprach zu jm/Mein son/warumb hastu vns das gethan? Sihe/dein vater vnd ich haben dich mit schmertzen gesucht. Vnd er sprach zu jnen/Was ists/das jr mich gesucht habt? Wisset jr nicht/das ich sein mus/jnn dem das meines Vaters ist? Vnd sie verstunden das wort nicht/das er mit jnen redet. Vnd er gieng mit jnen hinab/vnd kam gen Nazareth/vnd war jnen vnterthan. Vnd seine mutter behielt alle diese wort jnn jrem hertzen. Vnd Jhesus nam zu/an weisheit/alter vnd gnade/bey Gott vnd den menschen.

III.

In dem funffzehenden iar des Keiserthumbs Keisers Tiberij/da Pontius Pilatus Landpfleger jnn Judea war/vnd Herodes ein Vierfürst jnn Galilea/vnd sein bruder Philippus ein Vierfürst jnn Jturea/vnd jnn der gegend Trachonitis/vnd Lisanias ein Vierfürst zu Abilene/da Hannas vnd Caiphas Hohe priester waren/ *Mat.iij. Mar.j.* da geschach der befelh Gottes zu Johannes Zacharias son/jnn der wüsten. Vnd er kam jnn alle gegend vmb den Jordan/vnd prediget die tauffe der busse/zur vergebung der sunde/wie geschrieben stehet jnn dem buch der rede Jsaias des Propheten/der da saget/Es ist eine *Jsaie.xl* ruffende stimme jnn der wüsten/Bereitet den weg des Herrn/vnd machet seine steige richtig/Alle tal sollen vol werden/vnd alle berge vnd hügel sollen ernidriget werden/vnd was krum ist/sol richtig werden/vnd was vneben ist/sol schlechter weg werden/vnd alles fleisch wird den Heiland Gottes sehen.

Da sprach er zu dem volck/das hinaus gieng/das es sich von jm teuffen liesse. Jr ottern gezichte/wer hat denn euch geweiset/das jr dem zukünfftigen zorn entrinnen werdet? Sehet zu/thut rechtschaffene frucht der busse/vnd nemet euch nicht für zu sagen/Wir haben Abraham zum vater/Denn ich sage euch/Gott kan dem Abraham aus diesen steinen kinder erwecken/Es ist schon die axt den bewmen an die wurtzel gelegt/welcher bawm nicht gute früchte bringet/wird abgehawen/vnd jnn das fewer geworffen.

Vnd das volck fraget jn/vnd sprach/Was sollen wir denn thun? Er antwortet/vnd sprach zu jnen/Wer zween röcke hat/der gebe dem/der keinen hat. Vnd wer speise hat/thue auch also.

Es kamen auch die Zölner/das sie sich teuffen liessen/vnd sprachen zu jm/Meister/was sollen denn wir thun? Er sprach zu jnen/Foddert nicht mehr/denn gesetzt ist.

Da fragten jn auch die Kriegsleute/vnd sprachen/Was sollen denn wir thun? Vnd er sprach zu jnen/Thut niemand ᵃ gewalt noch vnrecht/vnd lasset euch benügen an ewrem solde.

ᵃ (Gewalt) Gewalt ist offentlicher freuel/Vnrecht/wenn man mit bösen tücken dem andern sein recht verdruckt vñ seine sache verkert.

Als

Sanct Marcus. XXXIX

Mat. iij
Mar. j.
Johan. j

Als aber das volck im wahn war/vnd dachten alle jnn jrem hertzen von Johanne/ob er villeicht Christus were/Antwortet Johannes/vnd sprach zu allen/Ich teuffe euch mit wasser/es kompt aber ein stercker nach mir/dem ich nicht gnugsam bin/das ich die riemen seiner schuch auff löse/der wird euch mit dem Heiligen geist vnd mit fewr teuffen/Jnn des selben hand ist die wurffschauffel/vnd er wird seine tennen fegen/vnd wird den weitzen jnn seine schewre samlen/vnd die sprew wird er mit ewigem fewer verbrennen. Vnd viel anders mehr vermanet vnd verkündiget er dem volck.

Matth.
riiij.
Mat. vj

Herodes aber der Vierfürst/da er von jm gestraffet ward/vmb Herodias willen/seines bruders weib/vnd vmb alles vbels willen/das Herodes thet/vber das alles legt er Johannes gefangen.

Mat. iij
Mar. j.
Johan. j

Vnd es begab sich/da sich alles volck teuffen lies/vnd Jhesus auch getaufft war/vnd betet/das sich der himel auffthet/vnd der Heilige geist fur ernidder/jnn leiblicher gestalt auff jn/wie eine taube/vnd eine stimme kam aus dem himel/die sprach/Du bist mein lieber Son/an dem ich wolgefallen habe.

Vnd Jhesus war bey dreissig iaren/da er anfieng/Vnd er ward gehalten fur einen son Joseph/welcher war ein son Eli.
Der war ein son Mathath.
Der war ein son Leui.
Der war ein son Melchi.
Der war ein son Janna.
Der war ein son Joseph.
Der war ein son Mathathias.
Der war ein son Amos.
Der war ein son Nahum.
Der war ein son Esli.
Der war ein son Nange.
Der war ein son Maath.
Der war ein son Mathathias.
Der war ein son Semei.
Der war ein son Josech.
Der war ein son Juda.
Der war ein son Johanna.
Der war ein son Resia.
Der war ein son Zorobabel.
Der war ein son Salathiel.
Der war ein son Neri.
Der war ein son Melchi.
Der war ein son Addi.
Der war ein son Kosam.
Der war ein son Elmadam.
Der war ein son Her.
Der war ein son Jeso.
Der war ein son Eliezer.
Der war ein son Jorem.
Der war ein son Mattha.
Der war ein son Leui.
Der war ein son Simeon.
Der war ein son Juda.

G iij   Der war

Euangelion

Von diesen schrei-
ben Philo vnd Jo-
sephus / der Mat-
theus etliche auſ-
ſen leſſt.

Der war ein ſon Joſeph.
Der war ein ſon Jonam.
Der war ein ſon Eliakim.
Der war ein ſon Melea.
Der war ein ſon Menam.
Der war ein ſon Mathathan.
Der war ein ſon Nathan.
Der war ein ſon Dauid.
Der war ein ſon Jeſſe.
Der war ein ſon Obed.
Der war ein ſon Boos.
Der war ein ſon Salmon.
Der war ein ſon Nahaſſon.
Der war ein ſon Aminadab.
Der war ein ſon Aram.
Der war ein ſon Eſrom.
Der war ein ſon Pharez.
Der war ein ſon Juda.
Der war ein ſon Jacob.
Der war ein ſon Iſaac.
Der war ein ſon Abraham.
Der war ein ſon Thara.
Der war ein ſon Nachor.
Der war ein ſon Saruch.
Der war ein ſon Ragahu.
Der war ein ſon Phaleg.
Der war ein ſon Eber.
Der war ein ſon Sala.
Der war ein ſon Cainan.
Der war ein ſon Arphachſad.
Der war ein ſon Sem.
Der war ein ſon Noe.
Der war ein ſon Lamech.
Der war ein ſon Mathuſala.
Der war ein ſon Enoch.
Der war ein ſon Jared.
Der war ein ſon Maleleel.
Der war ein ſon Cainan.
Der war ein ſon Enos.
Der war ein ſon Seth.
Der war ein ſon Adam.
Der war Gottes.

IIII.

Jheſus aber vol Heiliges geiſtes kam widder von dem
Jordan / vnd ward vom Geiſt jnn die wüſten gefüret /
vnd ward viertzig tage lang von dem Teuffel ver-
ſucht. Vnd er aſs nichts jnn den ſelbigen tagen. Vnd
da die ſelbigen ein ende hatten / hungerte jn darnach.
Der Teuffel aber ſprach zu jm / Biſtu Gottes Son / ſo
ſprich zu dem ſtein / das er brod werde. Vnd Jheſus
antwortet /

Sanct Lucas. XL.

Deu.viij. antwortet/vnd sprach zu jm/Es stehet geschrieben/Der mensch lebt nicht allein vom brod/sondern von einem iglichen wort Gottes.

Vnd der teuffel füret jn auff einen hohen berg/vnd weiset jm alle Reich der gantzen welt/jnn einem augenblick/vnd sprach zu jm/Diese macht wil ich dir alle geben/vnd jre herrligkeit/denn sie ist mir vbergeben/vnd ich gebe sie welchem ich wil/So du nu mich wilt anbeten/so sol es alles dein sein. Jhesus antwortet jm/vnd sprach/Heb Deut.vj. dich von mir weg Satan/Es stehet geschrieben/Du solt Gott deinen Herrn anbeten/vnd jm allein dienen.

Vnd er füret jn gen Jerusalem/vnd stellet jn auff des Tempels zinnen/vnd sprach zu jm/Bistu Gottes Son/so las dich von hinnen hin vnter/Denn es stehet geschrieben/Er wird befelhen seinen En-
Psal. xcj. geln von dir/das sie dich bewaren vnd auff den henden tragen/auff das du nicht etwa deinen fus an einen stein stossest. Jhesus antwor-
Deut.vj. tet/vnd sprach zu jm/Es ist gesagt/Du solt Gott deinen HERRN nicht versuchen. Vnd da der Teuffel alle versuchung volendet hatte/ weich er von jm eine zeit lang.

Vnd Jhesus kam widder jnn des Geistes krafft jnn Galileam/vnd das gerüchte erschal von jm durch alle vmbligende ort/Vnd er lerete jnn jren Schulen/vnd ward von jderman gepreiset.

Vnd er kam gen Nazareth/da er erzogen war/vnd gieng jnn die Schule nach seiner gewonheit am Sabbath tage/vnd stund auff/ Jsaie.lxj. vnd wolt lesen. Da ward jm das buch des Propheten Jsaias gereicht/Vnd da er das buch rumb warff/fand er den ort/da geschrieben stehet/Der Geist des Herrn ist bey mir/derhalben er mich gesalbet hat/vnd gesand zu verkündigen das Euangelion den Armen/zu heilen die zustossen hertzen/zu predigen den gefangen/das sie los sein sollen/vnd den blinden das gesicht/vnd den zuschlagenen/das sie frey vnd ledig sein sollen/vnd zu predigen das angeneme iar des Herrn.

Vnd als er das buch zu thet/gab ers dem Diener/vnd satzte sich/ vnd aller augen die jnn der Schulen waren/sahen auff jn. Vnd er fieng an zu sagen zu jnen/Heute ist diese Schrifft erfüllet fur ewern ohren/Vnd sie gaben alle zeugnis von jm/vnd wunderten sich der holdseligen wort/die aus seinem munde giengen/vnd sprachen/Ist das nicht Josephs son?

Mat.xiij. Vnd er sprach zu jnen/Jr werdet freilich zu mir sagen dis sprich-
Mar.vj. wort/Artzt hilff dir selber/Denn wie gros ding haben wir gehört zu
Joh.iiij. Capernaum geschehen? Thu auch also hie jnn deinem vater lande. Er sprach aber/Warlich/ich sage euch/kein Prophet ist angeneme jnn seinem vater lande.

iij. Reg. Aber jnn der warheit sage ich euch/Es waren viel widwen jnn Js-
xvij. rael zu Elias zeiten/da der himel verschlossen war drey iar vnd sechs monden/da eine grosse thewrung war im gantzen lande/vnd zu der keiner ward Elias gesand/denn allein gen Sarephtha der Sidoner/
iiij Re.v zu einer widwe. Vnd viel aussetzige waren jnn Israel zu des Propheten Eliseus zeiten/vnd der keiner ward gereiniget/denn alleine Naaman aus Syrien.

Vnd sie wurden vol zorns alle die jnn der Schulen waren/da sie das höreten/vnd stunden auff/vnd stiessen jn zur stad hinaus/vnd füreten jn auff einen hügel des berges/darauff jre stad gebawet war/
Matth. das sie jn hinab stürtzeten. Aber er gieng mitten durch sie hinweg/
viij. vnd kam gen Capernaum jnn die stad Galilea/vnd leret sie an den
Mar. j. G iiij Sabbathen.

Euangelion

Sabbathen. Vnd sie verwunderten sich seiner lere/Denn seine rede war gewaltig.

Vnd es war ein mensch jnn der Schule/besessen mit einem vnreinen teuffel/vnd der schrey laut/vnd sprach/Halt/was haben wir mit dir zu schaffen Jhesu von Nazareth? du bist komen vns zu verderben/Ich weis wer du bist/nemlich/der Heilige Gottes. Vnd Jhesus bedrawet jn/vnd sprach/Verstumme/vnd fare aus von jm. Vnd der teuffel warff jn mitten vnter sie/vnd fur von jm aus/vnd thet jm keinen schaden. Vnd es kam eine furcht vber sie alle/vnd redeten mit einander/vnd sprachen/Was ist das fur ein ding? Er gebeut mit macht vnd gewalt den vnreinen geistern/vnd sie faren aus/Vnd es erschal sein geschrey jnn alle örter des vmbligenden landes.

Vnd er stund auff aus der Schulen/vnd kam jnn Simonis haus/ vnd Simonis schwiger war mit einem harten fieber behafft. Vnd sie baten jn fur sie. Vnd er trat zu jr/vnd gepot dem fieber/vnd es verlies sie/vnd bald stund sie auff/vnd dienete jnen. *Matth. viij. Mar. j.*

Vnd da die Sonne vntergangen war/alle die krancken mit mancherley seuchen hatten/brachten sie zu jm. Vnd er leget auff einen iglichen die hende/vnd machet sie gesund. Es furen auch die teuffel aus von vielen/schrien vnd sprachen/Du bist Christus der Son Gottes. Vnd er bedrawet sie/vnd lies sie nicht reden/denn sie wusten/das er Christus war.

Da es aber tag ward/gieng er hinaus an eine wüste stete. Vnd das volck suchte jn/vnd kam zu jm/vnd hielten jn auff/das er nicht von jnen gienge. Er sprach aber zu jnen/Ich mus auch andern stedten das Euangelion predigen vom Reich Gottes/denn dazu bin ich gesand. Vnd er prediget jnn den Schulen Galilea.

V.

Es begab sich aber/da sich das volck zu jm drang/zu hören das wort Gottes/vnd er stund am see Genezareth/vnd sahe zwey schiff am see stehen/die fischer aber waren ausgetretten/vnd wuschen jre netze/Trat er jnn der schiff eins/welches Simonis war/vnd bat jn/das ers ein wenig vom lande füret. Vnd er satzt sich/vnd leret das volck aus dem schiff.

Vnd als er hatte auffgehört zu reden/sprach er zu Simon/Fare auff die höhe/vnd werffet ewre netze aus/das jr einen zug thut. Vnd Simon antwortet/vnd sprach zu jm/Meister/wir haben die gantze nacht geerbeitet/vnd nichts gefangen/aber auff dein wort/wil ich das netze auswerffen. Vnd da sie das theten/beschlossen sie eine grosse menge fische/vnd jr netz zureis/Vnd sie wincketen jren gesellen/die im andern schiff waren/das sie kemen vnd hülffen jn zihen. Vnd sie kamen/vnd fülleten beide schiff vol/also/das sie suncken.

Da das Simon Petrus sahe/fiel er Jhesu zu den knien/vnd sprach/Herr/gehe von mir hinaus/ich bin ein sundiger mensch. Denn es war jn ein schrecken ankomen/vnd alle die mit jm waren/vber diesem fisch zug/den sie mit einander gethan hatten/Desselbigen gleichen auch Jacoben vnd Johannen/die söne Zebedei/Simonis gesellen. Vnd Jhesus sprach zu Simon/Fürcht dich nicht/denn von nu an wirstu menschen fahen. Vnd sie füreten die schiff zu lande/ vnd verliessen alles/vnd folgeten jm nach. *Mat. iiij. Mar. j.*

Vnd es

Sanct Lucas.

Vnd es begab sich/da er jnn einer stad war/Sihe/da war ein man vol auſſatzs/da der Jheſum ſahe/fiel er auff ſein angeſichte/vnd bat jn/vnd ſprach/Herr/wiltu/ſo kanſtu mich reinigen. Vnd er ſtrecket die hand aus/vnd rüret jn an/vnd ſprach/Ich wils thun/ſey gereiniget. Vnd alſo bald gieng der auſſatz von jm. Vnd er gepot jm/das ers niemand ſagen ſolt/ſondern gehe hin/vnd zeige dich dem Prieſter/vnd opffer fur deine reinigung/wie Moſes gepoten hat/jnen zum zeugnis.

Es kam aber die ſage von jm je weiter aus/vnd kam viel volcks zuſamen/das ſie höreten/vnd durch jn geſund wurden von jren kranckheiten. Er aber entweich jnn die wüſten/vnd betet.

Vnd es begab ſich auff einen tag/das er lerete/vnd ſaſſen da die Phariſeer vnd Schrifftgelerten/die da komen waren aus allen Merckten jnn Galilea vnd Judea/vnd von Jeruſalem/Vnd die krafft des Herrn gieng von jm/vnd halff jderman. Vnd ſihe/etliche menner brachten einen menſchen auff einem bette/der war gichtbrüchtig/vnd ſie ſuchten/wie ſie jn hinein brechten/vnd fur jn legten/Vnd da ſie fur dem volck nicht funden/an welchem ort ſie jn hinein brechten/ſtiegen ſie auff das dach/vnd lieſſen jn durch die ziegel ernidder mit dem betlin/mitten vnter ſie/fur Jheſum. Vnd da er jren glauben ſahe/ſprach er zu jm/Menſch/deine ſunde ſind dir vergeben. Vnd die Schrifftgelerten vnd Phariſeer fiengen an zu dencken/vnd ſprachen/Wer iſt der/das er Gottes leſterung redet? Wer kan ſunde vergeben/denn alleine Gott?

Da aber Jheſus jre gedancken merckete/antwortet er/vnd ſprach zu jnen/Was dencket jr jnn ewren hertzen? Welchs iſt leichter zu ſagen/Dir ſind deine ſunde vergeben/odder zu ſagen/Stehe auff vnd wandele? Auff das jr aber wiſſet/das des menſchen Son macht hat auff erden/ſunde zu vergeben/ſprach er zu dem gichtbrüchtigen/Ich ſage dir/ſtehe auff/vnd hebe dein betlin auff/vnd gehe heim. Vnd als bald ſtund er auff/fur jren augen/vnd hub das betlin auff/darauff er gelegt war/vnd gieng heim/vnd preiſete Gott. Vnd ſie entſatzten ſich alle/vnd preiſeten Gott/vnd wurden vol furcht/vnd ſprachen/Wir haben heute ſeltzame ding geſehen.

Vnd darnach gieng er aus/vnd ſahe einen Zölner/mit namen Leuis/am zol ſitzen/vnd ſprach zu jm/Folge mir nach. Vnd er verlies alles/ſtund auff/vnd folget jm nach. Vnd der Leuis richtet jm ein gros malh zu jnn ſeinem hauſe. Vnd viel Zölner vnd andere ſaſſen mit jm zu tiſch. Vnd die Schrifftgelerten vnd Phariſeer murreten widder ſeine Jünger/vnd ſprachen/Warumb eſſet vnd trincket jr mit den Zölnern vnd ſundern? Vnd Jheſus antwortet/vnd ſprach zu jnen/Die geſunden dürffen des artztes nicht/ſondern die krancken/Ich bin komen zu ruffen den ſundern zur buſſe/vnd nicht den gerechten.

Sie aber ſprachen zu jm/Warumb faſten Johannis Jünger ſo offt/vnd beten ſo viel/deſſelbigen gleichen der Phariſeer Jünger/aber deine Jünger eſſen vnd trincken. Er ſprach aber zu jnen/Jr müget die hochzeit leute nicht zu faſten treiben/ſo lange der Breutgam bey jnen iſt/Es wird aber die zeit komen/das der Breutgam von jnen genomen wird/denn werden ſie faſten.

Vnd er ſagt zu jnen ein gleichnis/Niemand flickt einen lappen vom newen kleid/auff ein alt kleid/Wo anders/ſo reiſſet das newe/vnd der lappe vom newen reimet ſich nicht auff das alte. Vnd niemand

faſſet moſt

Euangelion

fasset most jnn alte schleuche/Wo anders/so zureisset der most die schleuche/vnd wird verschütt/vnd die schleuche komen vmb/sondern den most sol man jnn newe schleuche fassen/so werden sie beide behalten. Vnd niemand ist/der vom alten trincket/vnd wölle bald des newen/denn er spricht/der alte ist milder.

VI.

(Affter) Gleich wie wir den dinstag nennen den Affter montag/also nenneten die Jüden den andern tag nach dem hohen Sabbath/wie das aus Matth. xxviij. wol zu nemen ist.

Vnd es begab sich auff einen affter Sabbath/das er durch getreide gieng/vnd seine Jünger reufften ehren aus/vnd assen/vnd rieben sie mit den henden. Etliche aber der Phariseer sprachen zu jnen/Warumb thut jr/das sich nicht zimet zu thun auff die Sabbather? Vnd Jhesus antwortet/vnd sprach zu jnen/Habt jr nicht das gelesen/das Dauid thet/da jn hungerte/vnd die mit jm waren? wie er zum Hause Gottes eingieng/vnd nam Schawbrod/vnd ass/vnd gab auch denen/die mit jm waren/die doch niemand thurste essen/on die Priester alleine. Vnd sprach zu jnen/Des menschen Son ist ein Herr/auch des Sabbaths. Mat. xij Mar. ij.

Es geschach aber auff einen andern Sabbath/das er gieng jnn die Schule/vnd lerete. Vnd da war ein mensch/des rechte hand war verdorret/Aber die Schrifftgelerten vnd Phariseer hielten auff jn/ob er auch heilen würde am Sabbath/auff das sie eine sache zu jm fünden. Er aber merckete jre gedancken/vnd sprach zu dem menschen mit der dürren hand/Stehe auff/vnd trit erfur. Vnd er stund auff/vnd trat da hin/Da sprach Jhesus zu jnen/Ich frage euch/was zimet sich zu thun auff die Sabbather? gutes odder boses? das leben erhalten/odder verderben? Vnd er sahe sie alle vmbher an/vnd sprach zu dem menschen/Strecke aus deine hand. Vnd er thets. Da ward jm seine hand widder zu recht bracht/gesund wie die ander. Sie aber wurden gantz vnsinnig/vnd beredten sich mit einander/was sie jm thun wolten. Mat. xij Mar. iij

Es begab sich aber zu der zeit/das er gieng auff einen berg zu beten/vnd er bleib vber nacht jnn dem gebet zu Gott/Vnd da es tag ward/rieff er seinen Jüngern/vnd erwelet jrer Zwelffe/welche er auch Apostel nennet/Simon/welchen er Petron nennet/vnd Andrean seinen bruder/Jacoben vnd Johannen/Philippon vnd Bartholomeon/Mattheon vnd Thomam/Jacoben Alpheus son/Simon genant Zelotes/Judan Jacobs son/vnd Judan Jschariothen den Verrheter. Matt. x Mar. iij

Vnd er gieng ernidder mit jnen/vnd trat auff einen platz im felde/vnd der hauff seiner Jünger/vnd eine grosse menge des volcks/von allem Jüdischen lande vnd Jerusalem/vnd Tyro vnd Sidon/am meer gelegen/die da komen waren/jn zu hören/vnd das sie geheilet würden von jren seuchen/vnd die von vnsaubern geisten vmbgetrieben wurden/die wurden gesund. Vnd alles volck begerte jn an zu rüren/denn es gieng krafft von jm/vnd heilet sie alle.

Vnd er hub seine augen auff vber seine Jünger/vnd sprach/Selig seid jr armen/denn das Reich Gottes ist ewer. Selig seid jr/die jr hie hungert/denn jr solt sat werden. Selig seid jr/die jr hie weinet/denn jr werdet lachen. Selig seid jr/so euch die menschen hassen/vnd euch absondern/vnd schelten euch/vnd verwerffen ewren namen/als einen boshafftigen/vmb des menschen Sons willen/frewet euch als denn Mat. v

Sanct Lucas. XLII.

als denn vnd hüpffet. Denn sihe/ewer lohn ist gros im himel. Des gleichen thetten jre veter den Propheten auch.

Aber dagegen weh euch reichen/denn jr habt ewern trost dahin. Weh euch/die jr vol seid/denn euch wird hungern. Weh euch/die jr hie lachet/denn jr werdet weinen vnd heulen. Weh euch/wenn euch jderman wol redet. Des gleichen thetten jre veter den falschen Propheten auch.

<small>Mat. v.</small> Aber ich sage euch/die jr zuhöret/Liebet ewre feinde/Thut denen wol die euch hassen/Segenet die/so euch verfluchen/Bittet fur die/ so euch beleidigen. Vnd wer dich schlehet auff einen backen/dem biete den andern auch dar. Vnd wer dir den mantel nimpt/dem were nicht auch den rock. Wer dich bittet/dem gib. Vnd wer dir das deine nimpt/ da foddere es nicht widder. Vnd wie jr wolt/das euch die leute thun sollen/also thut jnen gleich auch jr.

Vnd so jr liebet die euch lieben/was dancks habt jr dauon? denn die sunder lieben auch jre liebhaber. Vnd wenn jr ewren wolthetern wol thut/was dancks habt jr dauon? denn die sunder thun dasselbe auch. Vnd wenn jr leihet/von denen jr hoffet zu nemen/was dancks habt jr dauon? denn die sunder leihen den sundern auch/auff das sie gleichs widder nemen. Doch aber/liebet ewre feinde/thut wol/vnd leihet/das jr nichts da fur hoffet/so wird ewer lohn gros sein/vnd werdet kinder des aller Höhesten sein. Denn er ist gütig vber die vndanckbarn vnd boshafftigen.

<small>Mat. vij.</small> Darumb seid barmhertzig/wie auch ewer Vater barmhertzig ist. Richtet nicht/so werdet jr auch nicht gerichtet. Verdampt nicht/so werdet jr nicht verdampt. Vergebet/so wird euch vergeben. Gebt/so wird euch gegeben. Ein vol/getrückt/gerüttelt vnd vberflüssig mass wird man jnn ewern schos geben. Denn eben mit der mass/da jr mit messet/wird man euch widder messen.

Vnd er saget jnen ein gleichnis/Mag auch ein blinder einem blinden den weg weisen? Werden sie nicht alle beide jnn die gruben fallen? Der jünger ist nicht vber seinen Meister/Wenn der jünger ist wie sein Meister/so ist er volkomen. Was sihestu aber einen splitter jnn deines bruders auge/vnd des balcken jnn deinem auge wirstu nicht gewar? Odder wie kanstu sagen zu deinem bruder/Halt stille bruder/ich wil den splitter aus deinem auge zihen/vnd du sihest selbst nicht den balcken jnn deinem auge? Du Heuchler/zeuch zuuor den balcken aus deinem auge/vnd besihe denne/das du den splitter aus deines bruders auge zihest.

<small>Das ist/wens dem jünger gehet/wie dem meister/so gehets recht.</small>

<small>Mat. vij. vnd. xij.</small> Denn es ist kein guter baum/der faule früchte trage/vnd kein fauler baum/der gute frucht trage. Ein iglicher baum wird an seiner eigen frucht erkant/Denn man lieset nicht feigen von den dornen/auch so lieset man nicht drawben von den hecken. Ein guter mensch bringet gutes erfur/aus dem guten schatz seines hertzen. Vnd ein boshafftiger mensch/bringet böses erfur/aus dem bösen schatz seines hertzen. Denn wes das hertz vol ist/des gehet der mund vber.

<small>Mat. vij.</small> Was heisst jr mich aber Herr/Herr/vnd thut nicht was Ich euch sage? Wer zu mir kompt/vnd höret meine rede/vnd thut sie/den wil ich euch malen/wem er gleich ist/Er ist gleich einem menschen/der ein haus bawete/vnd grub tieff/vnd legete den grund auff den fels. Da aber gewesser kam/da reis der strom zu dem hause zu/vnd mochts nicht bewegen/denn es war auff den fels gegründet. Wer
aber

Euangelion

aber höret/vnd nicht thut/der ist gleich einem menschen/der ein haus bawete auff die erden on grund/vnd der strom reis zu jm zu/vnd es fiel/vnd das haus gewan einen grossen riss.

VII.

Nach dem er aber fur dem volck aus geredt hatte/gieng er gen Capernaum/vnd eines Heubtmans knecht lag tod kranck/den er werd hielt. Da er aber von Jhesu höret/sandte er die Eltesten der Jüden zu jm/vnd bat jn/das er keme/vnd seinen knecht gesund machet. Da sie aber zu Jhesu kamen/baten sie jn mit vleis/vnd sprachen/Er ist sein werd/das du jm das erzeigest/denn er hat vnser volck lieb/vnd die Schule hat er vns erbawet. Jhesus aber gieng mit jnen hin. Matth. viij.

Da sie aber nu nicht ferne von dem hause waren/sandte der Heubtman freunde zu jm/vnd lies jm sagen/Ah Herr/bemühe dich nicht/ich bin nicht werd/das du vnter mein dach gehest/darumb ich auch mich selbs nicht wirdig geachtet hab/das ich zu dir keme/sondern sprich ein wort/so wird mein knabe gesund. Denn auch ich bin ein mensch der Oberkeit vnterthan/vnd habe kriegsknechte vnter mir/vnd spreche zu einem/gehe hin/so gehet er hin/vnd zum andern/kom her/so kompt er/vnd zu meinem knecht/thu das/so thut ers. Da aber Jhesus das höret/verwundert er sich sein/vnd wandte sich vmb/vnd sprach zu dem volck das jm nachfolgete/Ich sage euch/solchen glauben habe ich jnn Israel nicht funden. Vnd da die gesandten widderumb zu hause kamen/funden sie den krancken knecht gesund.

Vnd es begab sich darnach/das er jnn eine stad/mit namen Nain/gieng/vnd seiner Jünger giengen viel mit jm/vnd viel volcks. Als er aber nahe an das stadthor kam/sihe/da trug man einen todten heraus/der ein einiger son war seiner mutter/vnd sie war eine widwe/vnd viel volcks aus der stad gieng mit jr. Vnd da sie der Herr sahe/iamerte jn der selbigen/vnd sprach zu jr/Weine nicht. Vnd trat hinzu/vnd rüret den sarck an/vnd die treger stunden. Vnd er sprach/Jüngling/ich sage dir/stehe auff. Vnd der todte richtet sich auff/vnd fieng an zu reden. Vnd er gab jn seiner mutter/Vnd es kam sie alle ein furcht an/vnd preiseten Gott/vnd sprachen/Es ist ein grosser Prophet vnter vns auffgestanden/vnd Gott hat sein volck heimgesucht. Vnd diese rede von jm erschal jnn das gantze Jüdische land/vnd jnn alle vmbligende lender.

Vnd es verkündigeten Johanni seine Jünger das alles. Vnd er rieff zu sich seiner Jünger zween/vnd sandte sie zu Jhesu/vnd lies jm sagen/Bistu der da komen sol? odder sollen wir eines andern warten? Da aber die menner zu jm kamen/sprachen sie/Johannes der Teuffer hat vns zu dir gesand/vnd lesst dir sagen/Bistu der da komen sol? odder sollen wir eines andern warten? Zu der selbigen stunde aber machte er viele gesund von seuchen vnd plagen vnd bösen geisten/vnd vielen blinden schencket er das gesichte. Vnd Jhesus antwortet/vnd sprach zu jnen/Gehet hin vnd verkündiget Johanni/was jr gesehen vnd gehört habt/die blinden sehen/die lamen gehen/die aussetzigen werden rein/die tawben hören/die todten stehen auff/den armen wird das Euangelion geprediget/Vnd selig ist/der sich nicht ergert an mir. Mat. xj.

Isaie xxxv. lxj.

Da aber

Sanct Lucas. XLIII.

Da aber die boten Johannis hin giengen/ fieng Jhesus an zu reden zu dem volck von Johanne/ Was seid jr hinaus gegangen jnn die wüsten zu sehen? woltet jr ein rhor sehen/ das vom winde beweget wird? Odder was seid jr hinaus gegangen zu sehen? woltet jr einen menschen sehen jnn weichen kleidern? Sehet die jnn herrlichen kleidern vnd lüsten leben/ die sind jnn den königlichen höfen. Odder was seid jr hinaus gegangen zu sehen? woltet jr einen Propheten sehen? Ja ich sage euch/ der da mehr ist/ denn ein Prophet. Er ist/ von dem geschrieben stehet/ Sihe/ ich sende meinen Engel fur deinem angesichte her/ der da bereiten sol deinen weg fur dir. Denn ich sage euch/ das vnter denen/ die von weibern geborn sind/ ist kein grösser Prophet/ denn Johannes der Teuffer/ Der aber kleiner ist im Reich Gottes/ der ist grösser denn er.

Mal.iij.

Vnd alles volck das jn höret/ vnd die Zölner/ gaben Gott recht/ vnd liessen sich teuffen mit der tauffe Johannis. Aber die Phariseer vnd Schrifftgelerten verachteten Gottes rat widder sich selbs/ vnd liessen sich nicht von jm teuffen.

Mat.xj.

Aber der Herr sprach/ Wem sol ich die menschen dieses geschlechts vergleichen? vnd wem sind sie gleich? Sie sind gleich den kindern/ die auff dem marckte sitzen/ vnd ruffen gegen ander/ vnd sprechen/ Wir haben euch gepfiffen/ vnd jr habt nicht getantzet/ wir haben euch geklaget/ vnd jr habt nicht geweinet. Denn Johannes der Teuffer ist komen/ vnd ass nicht brod/ vnd tranck keinen wein/ so saget jr/ er hat den teuffel/ Des menschen Son ist komen/ isset vnd trincket/ so saget jr/ Sihe/ der mensch ist ein fresser vnd weinseuffer/ der Zölner vnd der sunder freund. Vnd die Weisheit mus sich rechtfertigen lassen von allen jren kindern.

Es bat jn aber der Phariseer einer/ das er mit jm esse. Vnd er gieng hinein jnn des Phariseers haus/ vnd setzet sich zu tisch. Vnd sihe/ ein weib war jnn der stad/ die war eine sunderin/ da die vernam/ das er zu tische sass jnn des Phariseers hause/ brachte sie ein glas mit salben/ vnd trat hinden zu seinen füssen/ vnd weinet/ vnd fieng an seine füsse zu netzen mit threnen/ vnd mit den haren jres heubtes zu trücken/ vnd küsset seine füsse/ vnd salbet sie mit salben.

(Salben) Das ist/ mit köstlichem wasser.

Da aber das der Phariseer sahe/ der jn geladen hatte/ sprach er bey sich selbs/ vnd saget/ Wenn dieser ein Prophet were/ so wüste er/ wer vnd welch ein weib das ist/ die jn anrüret/ denn sie ist eine sunderin. Jhesus antwortet/ vnd sprach zu jm/ Simon/ ich habe dir etwas zu sagen. Er aber sprach/ Meister/ sage an. Es hatt ein wücherer zween schüldiger/ Einer war schüldig fünff hundert groschen/ der ander fünfftzig/ Da sie aber nicht hatten zu bezalen/ schencket ers beiden/ Sage an/ welcher vnter denen wird jn am meisten lieben? Simon antwortet/ vnd sprach/ Ich achte/ dem er am meisten geschenckt hat. Er aber sprach zu jm/ Du hast recht gerichtet.

Vnd er wandte sich zu dem weibe/ vnd sprach zu Simon/ Sihestu dis weib? Ich bin komen jnn dein haus/ du hast mir nicht wasser geben zu meinen füssen/ diese aber hat meine füsse mit threnen genetzt/ vnd mit den haren jres heubts getrücket. Du hast mir keinen kuss gegeben/ diese aber nach dem sie herein komen ist/ hat sie nicht abgelassen meine füsse zu küssen. Du hast mein heubt nicht mit öle gesalbet/ sie aber hat meine füsse mit salben gesalbet. Derhalben sage
                                                       D   ich dir/

Euangelion

ich dir/Jr sind viel sunde vergeben/denn sie hat viel geliebet. Welchem aber wenig vergeben wird/der liebet wenig.

Vnd er sprach zu jr/Dir sind deine sunde vergeben. Da fiengen an die mit zu tisch sassen/vnd sprachen bey sich selbs/Wer ist dieser/der auch die sunde vergibt? Er aber sprach zu dem weibe/Dein glaube hat dir geholffen/gehe hin mit friden.

VIII.

Vnd es begab sich darnach/das er reisete durch stedte vnd merckte/vnd prediget vnd verkündiget das Euangelion vom Reich Gottes/vnd die Zwelffe mit jm/da zu etliche weiber/die er gesund hatte gemacht von den bösen geisten vnd kranckheiten/nemlich/Maria die da Magdalena heisset/von welcher waren sieben teuffel ausgefaren/vnd Johanna das weib Chusa des pflegers Herodis/vnd Susanna/vnd viel andere/die jnen handreichung thetten von jrer habe.

Da nu viel volcks bey einander war/vnd aus den stedten zu jm eileten/sprach er durch eine gleichnisse. Es gieng ein Seeman aus zu seen seinen samen/Vnd jnn dem er seet/fiel etlichs an den weg/vnd ward vertretten/vnd die vögel vnter dem himel frassens auff. Vnd etlichs fiel auff den fels/vnd da es auffgieng/verdorret es/darumb/das es nicht safft hatte. Vnd etlichs fiel mitten vnter die dornen/vnd die dornen giengen mit auff/vnd ersticktens. Vnd etlichs fiel auff ein gut land/vnd es gieng auff/vnd trug hundertfeltige frucht. Da er das saget/rieff er/Wer ohren hat zu hören/der höre.

Mat. xiij
Mar. iiij

Es fragten jn aber seine Jünger/vnd sprachen/was diese gleichnisse were. Er aber sprach/Euch ists gegeben zu wissen das geheimnis des Reichs Gottes/den andern aber jnn gleichnissen/das sie es nicht sehen/ob sie es schon sehen/vnd nicht verstehen/ob sie es schon hören.

Das ist aber die gleichnis/Der same/ist das wort Gottes. Die aber an dem wege sind/das sind die es hören/darnach kompt der teuffel vnd nimpt das Wort von jrem hertzen/auff das sie nicht gleuben/vnd selig werden. Die aber auff dem fels/sind die/wenn sie es hören/nemen sie das Wort mit frewden an/vnd die haben nicht wurtzel/eine zeit lang gleuben sie/vnd zu der zeit der anfechtung fallen sie abe. Das aber vnter die dornen fiel/sind die/so es hören/vnd gehen hin vnter den sorgen/reichthum vnd wollust dieses lebens/vnd ersticken/vnd bringen keine frucht. Das aber auff dem guten land/sind die das Wort hören vnd behalten/jnn einem feinen guten hertzen/vnd bringen frucht jnn gedult.

Niemand aber zündet ein liecht an/vnd bedeckets mit einem gefess/odder setzts vnter eine banck/sondern er setzts auff einen leuchter/auff das/wer hinein gehet/das liecht sehe/Denn es ist nichts verborgen/das nicht offenbar werde/Auch nichts heimlichs/das nicht kund werde/vnd an tag kome. So sehet nu drauff/wie jr zu höret. Denn wer da hat/dem wird gegeben/Wer aber nicht hat/von dem wird genomen auch das er meinet zu haben.

Mat. v.
Mar. iiij

Mat. x.

Es giengen aber hinzu seine mutter vnd brüdere/vnd kundten fur dem volck nicht zu jm komen. Vnd es ward jm angesagt/Deine mutter

Mat. x.
Mar. k

Sanct Lucas.

mutter vnd deine brüder stehen draussen/ vnd wöllen dich sehen. Er aber antwortet vnd sprach zu jnen/ Meine mutter vnd meine brüdere sind diese/ die Gottes wort hören vnd thun.

Matth. viij.
Mar. iiij.
Vnd es begab sich auff der tage einen/ das er jnn ein schiff trat/ sampt seinen Jüngern/ vnd er sprach zu jnen/ Lasset vns vber den See faren. Sie stiessen von lande/ vnd da sie schiffeten/ entschlieff er/ Vnd es kam ein windwürbel auff den See/ vnd die wellen vberfielen sie/ vnd stunden jnn grosser fahr. Da tratten sie zu jm/ vnd wecketen jn auff/ vnd sprachen/ Meister/ Meister/ wir verderben. Da stund er auff/ vnd bedrawete den wind/ vnd die woge des wassers/ Vnd es lies ab/ vnd ward eine stille. Er sprach aber zu jnen/ Wo ist ewer glaube? Sie furchten sich aber/ vnd verwunderten sich/ vnd sprachen vnternander/ Wer ist dieser? denn er gebeut dem winde vnd dem wasser/ vnd sie sind jm gehorsam? Vnd sie schiffeten fort/ jnn die gegend der Gadarener/ welche ist gegen Galilean vber.

Matth. viij.
Mar. v.
Vnd als er eraus trat auff das land/ begegnete jm ein man aus der stad/ der hatte Teuffel von langer zeit her/ vnd thet keine kleider an/ vnd bleib jnn keinem hause/ sondern jnn den grebern. Da er aber Jhesum sahe/ schrey er/ vnd fiel fur jm nidder/ vnd rieff laut/ vnd sprach/ Was hab ich mit dir zu schaffen/ Jhesu du Son Gottes des aller Höhesten? Ich bitte dich/ du woltest mich nicht quelen. Denn er gepot dem vnsaubern geist/ das er von dem menschen ausfüre/ denn er hatte jn lange zeit geplaget/ Vnd er war mit ketten gebunden/ vnd mit fesseln gefangen/ vnd zureis die bande/ vnd ward getrieben von dem Teuffel jnn die wüsten.

Vnd Jhesus fraget jn/ vnd sprach/ Wie heissestu? Er sprach/ Legion/ denn es waren viel teuffel jnn jn gefaren. Vnd sie baten jn/ das er sie nicht hiesse jnn die tieffe faren. Es war aber daselbs eine grosse herd sew/ an der weide auff dem berge/ vnd sie baten jn/ das er jnen erleubet jnn die selbigen zu faren. Vnd er erleubet jnen. Da furen die Teuffel aus von dem menschen/ vnd furen jnn die sew/ vnd die herd stürtzet sich mit einem sturm jnn den See/ vnd ersoffen. Da aber die hirten sahen/ was da geschach/ flohen sie/ vnd verkündigetens jnn der stad vnd jnn den dörffen.

Da giengen sie hinaus zu sehen/ was da geschehen war/ vnd kamen zu Jhesu/ vnd funden den menschen/ von welchem die teuffel ausgefaren waren/ sitzend zu den füssen Jhesu/ bekleidet/ vnd vernünfftig/ vnd erschracken. Vnd die es gesehen hatten/ verkündigetens jnen/ wie der besessene war gesund worden. Vnd es bat jn die gantze menge der vmbligenden lender der Gadarener/ das er von jnen gienge/ denn es war sie eine grosse furcht ankomen. Vnd er trat jnn das schiff/ vnd wandte widder vmb. Es bat jn aber der man/ von dem die teuffel ausgefaren waren/ das er bey jm möchte sein/ Aber Jhesus lies jn von sich/ vnd sprach/ Gehe widder heim/ vnd sage/ wie gros ding dir Gott gethan hat. Vnd er gieng hin/ vnd prediget durch die gantze stad/ wie gros ding jm Jhesus gethan hatte.

Mat. ix.
Mar. v.
Vnd es begab sich/ da Jhesus widder kam/ nam jn das volck auff/ denn sie warteten alle auff jn. Vnd sihe/ da kam ein man/ mit namen Jairus/ der ein öberster der Schulen war/ vnd fiel Jhesu zu den füssen/ vnd bat jn/ das er wolte jnn sein haus komen/ denn er hatte eine einige tochter bey zwelff jaren/ die lag jnn den letzten zügen. Vnd da er hin gieng/ drang jn das volck.

D ij   Vnd ein

Euangelion

Vnd ein weib hatte den blutgang zwelff iar gehabt/die hatte alle jre narung an die Ertzte gewand/vnd kundte von niemand geheilet werden/die trat hinzu von hinden/vnd rüret seines kleides sawm an/ vnd also bald bestund jr der blutgang. Vnd Jhesus sprach/Wer hat mich angerüret? Da sie aber alle leugneten/sprach Petrus vnd die mit jm waren/Meister/das volck drenget vnd drücket dich/vnd du sprichst/Wer hat mich angerüret? Jhesus aber sprach/Es hat mich jmand angerüret/denn ich füle/das eine krafft von mir gegangen ist. Da aber das weib sahe/das nicht verborgen war/kam sie mit zittern/ vnd fiel fur jn/vnd verkündiget fur allem volck/aus was vrsach sie jn hatte angerüret/vnd wie sie were als bald gesund worden. Er aber sprach zu jr/Sey getrost meine tochter/dein glaube hat dir geholffen/ gehe hin mit friden.

Da er noch redet/kam einer vom gesinde des obersten der Schule/ vnd sprach zu jm/Deine tochter ist gestorben/bemühe den Meister nicht. Da aber Jhesus das hörete/antwortet er jm/vnd sprach/ Fürchte dich nicht/gleube nur/so wird sie gesund. Da er aber jnn das haus kam/lies er niemand hinein gehen/denn Petron vnd Jacoben vnd Johannen/vnd des kindes vater vnd mutter. Sie weineten aber alle/vnd klageten sie/Er aber sprach/Weinet nicht/sie ist nicht gestorben/sondern sie schlefft. Vnd sie verlachten jn/wusten wol das sie gestorben war. Er aber treib sie alle hinaus/nam sie bey der hand/ vnd rieff/vnd sprach/Kind/stehe auff. Vnd jr geist kam widder/vnd sie stund also bald auff. Vnd er befalh/man solt jr zu essen geben. Vnd jre Eltern entsatztten sich. Er aber gepot jnen/das sie niemand sagten/was geschehen war.

IX.

Er foddert aber die Zwelffe zusamen/vnd gab jnen gewalt vnd macht vber alle teuffel/vnd das sie seuche heilen kunden/vnd sandte sie aus zu predigen das Reich Gottes/vnd zu heilen die krancken. Vnd sprach zu jnen/Jr solt nichts mit euch nemen auff den weg/ wedder stab noch taschen/noch brod/noch geld/Es sol auch einer nicht zween röcke haben. Vnd wo jr jnn ein haus gehet/da bleibet bis jr von dannen zihet. Vnd welche euch nicht auffnemen/da gehet aus von der selbigen stad/vnd schüttelt auch ab den staub von ewren füssen/zu einem zeugnis vber sie. Vnd sie giengen hinaus/vnd durchzogen die merckte/predigeten das Euangelion/vnd machten gesund an allen enden.

Es kam aber fur Herodes den Vierfürsten alles was durch jn geschach/vnd er besorget sich/die weil von etlichen gesagt ward/Johannes ist von den todten aufferstanden. Von etlichen aber/Elias ist erschienen.Von etlichen aber/Es ist der alten Propheten einer aufferstanden. Vnd Herodes sprach/Johannen/den habe ich entheubtet/ wer ist aber dieser/von dem ich solchs höre? Vnd begeret jn zu sehen.

Vnd die Apostel kamen widder/vnd erzeleten jm/wie gros ding sie gethan hatten.Vnd er nam sie zu sich/vnd entweich besonders jnn eine wüsten bey der stad/die da heisset Bethsaida. Da des das volck jnnen ward/zog es jm nach.Vnd er lies sie zu sich/vnd saget jnen vom Reich Gottes/vnd machte gesund/die es bedurfften. Aber der tag fieng an

Sanct Lucas. XLV.

Matth. xliiij.
Mar. vj.
Joh. vj.

fieng an sich zu neigen/ Da tratten zu jm die Zwelffe/ vnd sprachen zu jm/ Las das volck von dir/ das sie hin gehen jnn die merckte vmbher/ vnd jnn die dörffer/ das sie herberge vnd speise finden/ denn wir sind hie jnn der wüsten. Er aber sprach zu jnen/ Gebt jr jnen zu essen/ Sie sprachen/ Wir haben nicht mehr denn fünff brod/ vnd zween fisch/ Es sey denn/ das wir hin gehen sollen/ vnd speise keuffen fur so gros volck (denn es waren bey fünff tausent man) Er sprach aber zu seinen Jüngern/ Lasset sie sich setzen bey schichten/ ia funfftzig vnd funfftzig. Vnd sie thetten also/ vnd satzten sich alle. Da nam er die fünff brod/ vnd zween fisch/ vnd sahe auff gen himel/ vnd dancket drüber/ brach sie/ vnd gab sie den Jüngern/ das sie dem volck furlegten. Vnd sie assen vnd wurden alle sat/ vnd wurden auffgehaben/ das jnen vberbleib von brocken/ zwelff körbe.

Matth. xvj.
Marci. viij.

Vnd es begab sich/ da er allein war vnd betet/ vnd seine Jünger bey jm/ fraget er sie/ vnd sprach/ Wer sagen die leute das ich sey? Sie antworten/ vnd sprachen/ Sie sagen/ du seiest Johannes der Teuffer/ Etliche aber/ du seiest Elias/ Etliche aber/ es sey der alten Propheten einer aufferstanden. Er aber sprach zu jnen/ Wer saget jr aber das ich sey? Da antwortet Petrus/ vnd sprach/ Du bist der Christ Gottes. Vnd er bedrawet sie/ vnd gepot/ das sie das niemand sagten/ vnd sprach/ Denn des menschen Son mus noch viel leiden/ vnd verworffen werden von den Eltesten vnd Hohen priestern vnd Schrifftgelerten/ vnd getödtet werden/ vnd am dritten tage aufferstehen.

Da sprach er zu jnen allen/ Wer mir folgen wil/ der verleugne sich selbs/ vnd neme sein creutz auff sich teglich/ vnd folge mir nach/ Denn wer sein leben erhalten wil/ der wird es verlieren/ Wer aber sein leben verleuret vmb meinen willen/ der wirds erhalten. Vnd was nutz hette der mensch/ ob er die gantze welt gewünne/ vnd verlöre sich selbs/ odder beschediget sich selbs? Wer sich aber mein vnd meiner wort schemet/ des wird sich des menschen Son auch schemen/ wenn er komen wird jnn seiner Herrligkeit/ vnd seines Vaters/ vnd der heiligen Engel. Ich sage euch aber warlich/ das etliche sind von denen/ die hie stehen/ die den tod nicht schmecken werden/ bis das sie das Reich Gottes sehen.

Matth. xvij.
Mat. ix.

Vnd es begab sich nach diesen reden bey acht tagen/ das er zu sich nam/ Petron/ Johannen vnd Jacoben/ vnd gieng auff einen berg zu beten/ Vnd da er betet/ ward die gestalt seines angesichts anders/ vnd sein kleid ward weis vnd glantzet. Vnd sihe/ zween menner redeten mit jm/ welche waren Moses vnd Elias/ die erschienen jnn klarheit/ vnd redeten von dem ausgang/ welchen er solt erfüllen zu Jerusalem. Petrus aber vnd die mit jm waren/ waren vol schlaffs. Da sie aber auffwachten/ sahen sie seine klarheit/ Vnd die zween menner bey jm stehen.

(Ausgang) Das ist/ was er fur ein ende nemen würde.

Vnd es begab sich/ da die von jm wichen/ sprach Petrus zu Jhesu/ Meister/ hie ist gut sein/ lasset vns drey hütten machen/ dir eine/ Mosi eine/ vnd Elias eine/ vnd wuste nicht was er redet. Da er aber solchs redet/ kam eine wolcken/ vnd vberschattet sie/ Vnd sie erschracken/ da sie die wolcke vberzog. Vnd es fiel eine stimme aus der wolcken/ die sprach/ Dieser ist mein lieber Son/ DEN SOLT JR HÖREN. Vnd jnn dem solche stimme geschach/ funden sie Jhe-

D iij sum alleine.

Euangelion

sum alleine. Vnd sie verschwigen vnd verkündigeten niemand nichts jnn den selbigen tagen/ was sie gesehen hatten.

Es begab sich aber den tag hernach/ da sie von dem berge kamen/ kam jnen entgegen viel volcks. Vnd sihe/ ein man vnter dem volck rieff/ vnd sprach/ Meister/ ich bitte dich/ besihe doch meinen son/ denn er ist mein einiger son/ Sihe/ der Geist ergreifft jn/ so schreiet er als bald/ vnd reisset jn/ das er scheumet/ vnd mit not weichet er von jm/ wenn er jn gerissen hat/ Vnd ich habe deine Jünger gebeten/ das sie jn austrieben/ vnd sie kundten nicht. Da antwortet Jhesus/ vnd sprach/ O du vngleubige vnd verkerte art/ wie lange sol ich bey euch sein/ vnd euch dulden? Bringe deinen son her. Vnd da er zu jm kam/ reis jn der teuffel/ vnd zerret jn. Jhesus aber bedrawet den vnsaubern geist/ vnd machet den knaben gesund/ vnd gab jn seinem Vater wid-der. Vnd sie entsatzten sich alle vber der Herrligkeit Gottes.

Matth. xvij. Mar.ix.

Da sie sich aber alle verwunderten/ vber allem das er thet/ sprach er zu seinen Jüngern/ Fasset jr zu ewern ohren diese rede/ denn des menschen Son mus vberantwortet werden jnn der menschen hende. Aber das wort vernamen sie nicht/ vnd es war fur jnen verborgen/ das sie es nicht begriffen. Vnd sie furchten sich jn zu fragen/ vmb das selbige wort.

Es kam auch ein gedancken vnter sie/ welcher vnter jnen der grös-sest were. Da aber Jhesus den gedancken jres hertzen sahe/ ergreiff er ein kind/ vnd stellet es neben sich/ vnd sprach zu jnen/ Wer das kind auffnimpt jnn meinem namen/ der nimpt mich auff/ Vnd wer mich auffnimpt/ der nimpt den auff/ der mich gesand hat. Welcher aber der kleinest ist vnter euch allen/ der wird gros sein.

Mat. viij. Mar.ix.

Da antwortet Johannes/ vnd sprach/ Meister wir sahen einen/ der treib die teuffel aus jnn deinem namen/ vnd wir wereten jm/ denn er folget dir nicht mit vns. Vnd Jhesus sprach zu jm/ Weret jm nicht/ denn wer nicht widder vns ist/ der ist fur vns.

Mar. ix.

Hie fehet Lucas an zu beschreiben den zug Christi gen Jerusalem.

E S begab sich aber/ da die zeit erfüllet war/ das er solt von hinnen genomen werden/ wendet er sein angesicht stracks gen Jerusalem zu wandeln/ Vnd er sandte boten fur jm hin/ die giengen hin/ vnd kamen jnn einen marckt der Samariter/ das sie jm herberge bestelleten/ Vnd sie namen jn nicht an/ darumb das er sein angesichte ge-wendet hatte zu wandeln gen Jerusalem. Da aber das seine Jünger Jacobus vnd Johannes sahen/ sprachen sie/ Herr wiltu/ so wöllen wir sagen/ das fewer vom himel falle/ vnd verzere sie/ wie Elias thet? Jhseus aber wandte sich/ vnd bedrawet sie/ vnd sprach/ Wisset jr nicht/ welches geistes kinder jr seid? Des menschen Son ist nicht ko-men/ der menschen seelen zu verderben/ sondern zu erhalten. Vnd sie giengen jnn einen andern marckt.

Mat. viij.

Es begab sich aber/ da sie auff dem wege waren/ sprach einer zu jm/ Ich wil dir folgen/ wo du hingehest. Vnd Jhesus sprach zu jm/ Die füchse haben gruben/ vnd die vögel vnter dem himel haben nester/ aber des menschen Son hat nicht/ da er sein heubt hin lege.

Vnd er sprach zu einem andern/ Folge mir nach. Der sprach aber/ Herr/ erleube mir/ das ich zuuor hingehe/ vnd meinen vater begrabe. Aber Jhesus sprach zu jm/ Las die todten jre todten begraben/ gehe du aber hin/ vnd verkündige das Reich Gottes.

Matth. viij.

Vnd ein

Sanct Lucas. LVI.

Vnd ein ander sprach/Herr/ich wil dir nachfolgen/ aber erleube mir zuuor/das ich einen abschied mache mit denen/die jnn meinem hause sind. Jhesus sprach zu jm/Wer seine hand an den pflug leget/ vnd sihet zu ruck/der ist nicht geschickt zum Reich Gottes.

X.

Matt. ix.
Matt. x.

Darnach sondert der Herr ander siebentzig aus/ vnd sandte sie/ja zween vnd zween/fur jm her/jnn alle stedte vnd ort/da er wolt hin komen/ vnd sprach zu jnen/ Die erndte ist gros/ der Erbeiter aber ist wenig/Bittet den herrn der erndten/das er Erbeiter aus sende jn seine erndte. Gehet hin/Sihe/ich sende euch als die lemmer mitten vnter die wolffe. Traget keinen beutel/ noch tasschen/ noch schuch/vnd grusset niemand auff der strassen. Wo jr jnn ein haus kompt/da sprecht zu erst/ Friede sey jnn diesem hause. Vnd so daselbst wird ein kind des friedes sein/so wird ewer friede auff jm beruhen/Wo aber nicht/so wird ewer friede widder zu euch wenden. Jnn dem selbigen hause aber bleibet/esset vnd trincket/was sie haben/ Denn ein erbeiter ist seines lohns werd.

Matt. x.

Jr solt nicht von einem hause zum andern gehen. Vnd wo jr jnn eine stad kompt/vnd sie euch auffnemen/da esset/was euch wird furgetragen/vnd heilet die krancken/die daselbs sind/ vnd saget jnen/ das Reich Gottes ist nahe zu euch komen. Wo jr aber jnn eine stad komet/ da sie euch nicht auffnemen/da gehet heraus auff jre gassen/vnd sprechet/Auch den staub/ der sich an vns gehenget hat von ewer stad/ schlahen wir abe auff euch/Doch solt jr wissen/ das euch das Reich Gottes nahe gewesen ist. Ich sage euch/Es wird der Sodoma treglicher ergehen an jhenem tage/ denn solcher stad.

Matt. xj.

Weh dir Chorazin/Weh dir Bethsaida/denn weren solche thatten zu Tyro vnd Sidon geschehen/die bey euch geschehen sind/sie hetten vorzeiten im sack vnd jnn der asschen gesessen/ vnd busse gethan. Doch es wird Tyro vnd Sidon treglicher ergehen am gerichte/ denn euch. Vnd du Capernaum/die du bis an den himel erhaben bist/ du wirst jnn die helle hin vnter gestossen werden. Wer euch höret/der höret mich/Vnd wer euch verachtet/der verachtet mich/Wer aber mich verachtet/der verachtet den/ der mich gesand hat.

Die siebentzig aber kamen widder mit freuden/vnd sprachen/Herr/ es sind vns auch die teuffel vnterthan jnn deinem namen. Er sprach aber zu jnen/ Ich sahe wol den Satanas vom himel fallen/ als ein blitz/Sehet/ich habe euch macht gegeben/ zu tretten auff schlangen vnd scorpion/ vnd vber alle gewalt des feindes/vnd nichts wird euch beschedigen. Doch darinn frewet euch nicht/ das euch die geister vnterthan sind/Frewet euch aber/ das ewre namen im himel geschrieben sind.

Matt. xj.

Ju der stunde frewet sich Jhesus im Geist/vnd sprach/ Ich preise dich Vater vnd Herr himels vnd der erden/ das du solchs verborgen hast den weisen vnd klugen/ vnd hasts offenbart den vnmundigen/ Ja Vater/also war es wolgefellig fur dir. Es ist mir alles vbergeben von meinem Vater/ Vnd niemand weis wer der Son sey/ denn nur der Vater/noch wer der Vater sey/ denn nur der Son/vnd welchem es der Son wil offenbaren.

D iiij Vnd er

Euangelion

Vnd er wandte sich zu seinen Jüngern/vnd sprach jnn sonderheit/ Selig sind die augen/die da sehen/das jr sehet/ denn ich sage euch/ viel Propheten vnd Könige wolten sehen/das jr sehet/vnd habens nicht gesehen/vnd hören das jr höret/vnd habens nicht gehöret.

Vnd sihe/da stund ein Schrifftgelerter auff/ versucht jn/vnd sprach/Meister/was mus ich thun/das ich das ewige leben ererbe? Er aber sprach zu jm/Wie stehet im Gesetz geschrieben? wie liesestu? Er antwortet/vnd sprach/Du solt Gott deinen Herrn lieben/von gantzem hertzen/von gantzer seele/von allen krefften/vnd von gantzem gemüte/vnd deinen nehesten/als dich selbs. Er aber sprach zu jm/Du hast recht geantwortet/Thue das/ so wirstu leben. Er aber wolt sich selbs rechtfertigen/vnd sprach zu Jhesu/Wer ist denn mein nehester? Deut. vj

Da antwortet Jhesus/vnd sprach/Es war ein mensch/der gieng von Jerusalem hinab gen Jericho/vnd fiel vnter die mörder/die zogen jn aus/ vnd schlugen jn/ vnd giengen dauon/ vnd liessen jn halb tod ligen. Es begab sich aber on gefehr/das ein Priester die selbige strasse hinab zoch/Vnd da er jn sahe/gieng er fur vber. Des selbigen gleichen auch ein Leuit/da er kam bey die stet/vnd sahe jn/gieng er fur vber. Ein Samariter aber reiset/vnd kam dahin/Vnd da er jn sahe/ iamerte jn sein/gieng zu jm/verband jm seine wunden/vnd gos drein öle vnd wein/vnd hub jn auff sein thier/vnd füret jn jnn die herberge/ vnd pfleget sein. Des andern tages reiset er / vnd zoch eraus zween groschen/vnd gab sie dem wirte/vnd sprach zu jm/Pflege sein/vnd so du was mehr wirst dar thun/wil ich dirs bezalen/wenn ich widder kome. Welcher düncket dich/der vnter diesen dreien der *a* nehest sey gewesen/dem/der vnter die mörder gefallen war? Er sprach/der die barmhertzigkeit an jm that. Da sprach Jhesus zu jm/So gehe hin/ vnd thu des gleichen.

a (Nehest) Der nehest ist nicht allein der wol thut/ sondern auch der wolthat bedarff / denn wir sind alle vntern ander nehesten.

Es begab sich aber/da sie wandelten/gieng er jnn einen marckt/ da war ein weib/mit namen Martha / die nam jn auff jnn jr haus. Vnd sie hatte eine schwester/die hies Maria/die satzte sich zu Jhesus füssen/vnd höret seiner rede zu. Martha aber machet jr viel zu schaffen jm zu dienen/Vnd sie trat hinzu/vnd sprach/Herr/fragestu nicht darnach/das mich meine schwester lesst alleine dienen? Sage jr doch/ das sie es auch angreiffe. Jhesus aber antwortet / vnd sprach zu jr/ Martha/Martha/du hast viel sorge vnd mühe/Eines aber ist not/ Maria hat ein gut teil erwelet/das sol nicht von jr genomen werden.

XI.

Vnd es begab sich/da er war an einem ort/vnd betet/ Vnd da er auffgehöret hatte/sprach seiner Jünger einer zu jm/Herre/lere vns beten/wie auch Johannes seine Jünger lerete. Er aber sprach zu jnen/Wenn jr betet/ so sprecht/Vnser Vater im himel/Dein name werde geheiliget/Dein wille geschehe/auff erden wie im himel/Gib vns vnser teglich brod jmerdar/Vnd vergib vns vnsere sunde/denn auch wir vergeben allen die vns schuldig sind/Vnd füre vns nicht jnn versuchung/Sondern erlöse vns von dem vbel. Mat. vj

Vnd er

Sanct Lucas. XLVII.

Vnd er sprach zu jnen/Welcher ist vnter euch/der einen freund hat/vnd gieng zu jm zu mitternacht/vnd spreche zu jm/Lieber freund/ leihe mir drey brod/denn es ist mein freund zu mir komen von der strassen/vnd ich habe nicht das ich jm fur lege/vnd er drinnen würde antworten/vnd sprechen/Mache mir keine vnruge/die thür ist schon zu geschlossen/vnd meine kindlin sind bey mir jnn der kamer/ich kan nicht auffstehen/vnd dir geben. Ich sage euch/vnd ob er nicht auffstehet/vnd gibt jm/darumb/das er sein freund ist/so wird er doch vmb seines vnuerschampten geilens willen auffstehen/vnd jm geben/ wie viel er bedarff.

Mat. vij
Joh. xvj
Vnd ich sage euch auch/Bittet/so wird euch gegeben/Suchet/ so werdet jr finden/Klopffet an/so wird euch auffgethan. Denn wer da bittet/der nimpt/vnd wer da sucht/der findet/vnd wer da anklopffet/dem wird auffgethan. Wo bittet vnter euch ein son den vater vmbs brod/der jm einen stein dafur biete? Vnd so er vmb einen fisch bittet/der jm eine schlangen fur den fisch biete? odder so er vmb ein ey bittet/der jm einen scorpion dafur biete? So denn jr die jr arg seid/ könnet ewren kindern gute gabe geben/viel mehr wird der Vater im himel den Heiligen geist geben/denen/die jn bitten.

Mat. xij
Mat. ix
Vnd er treib einen teuffel aus/der war stum/vnd es geschach/da der teuffel ausfur/da redete der stumme/vnd das volck verwunderte sich. Etliche aber vnter jnen sprachen/Er treibet die teuffel aus/durch Beelzebub den obersten der teuffel. Die andern aber versuchten jn/ vnd begerten ein zeichen von jm/vom himel. Er aber vernam jre gedancken/vnd sprach zu jnen/Ein jglich Reich/so es mit jm selbs vneins wird/das wird wüste/vnd ein haus fellet vber das ander. Ist denn der Satanas auch mit jm selbs vneins/wie wil sein Reich bestehen? die weil jr saget/ich treibe die teuffel aus durch Beelzebub. So aber ich die teuffel durch Beelzebub austreibe/durch wen treiben sie ewre kinder aus? Darumb werden sie ewre Richter sein. So ich aber durch Gottes finger die teuffel austreibe/so kompt je das Reich Gottes zu euch.

Wenn ein starcker gewapneter sein pallast bewaret/so bleibet das seine mit friden. Wenn aber ein stercker vber jn kompt/vnd vberwindet jn/so nimpt er jm seinen harnisch/darauff er sich verlies/vnd teilet den raub aus. Wer nicht mit mir ist/der ist widder mich/Vnd wer nicht mit mir samlet/der zurstrawet.

Wenn der vnsauber geist von dem menschen ausferet/so durchwandelt er dürre stete/sucht ruge/vnd findet jr nicht/So spricht er/ Ich wil widder vmb keren jnn mein haus/daraus ich gegangen bin. Vnd wenn er kompt/so findet ers mit besemen gekeret vnd geschmücket. Denn gehet er hin/vnd nimpt sieben geister zu sich/die erger sind/denn er selbs/Vnd wenn sie hinein komen/wonen sie da/vnd wird hernach mit dem selbigen menschen erger/denn vorhin.

Vnd es begab sich/da er solchs redet/erhub ein weib im volck die stimme/vnd sprach zu jm/Selig ist der leib/der dich getragen hat/ vnd die brüste die du gesogen hast. Er aber sprach/Ja/selig sind/die das wort Gottes hören vnd bewaren.

Das volck aber drang hinzu/da fieng er an/vnd saget/Dis ist eine arge art/sie begeret ein zeichen/vnd es wird jr kein zeichen gegeben/
Jone. ij
denn nur das zeichen des Propheten Jonas. Denn wie Jonas ein

zeichen

Euangelion

zeichen war den Niniuiten/also wird des menschen Son sein diesem geschlecht. Die Königin von Mittag wird auffcretten fur dem Gerichte/mit den leuten dieses geschlechts/vnd wird sie verdammen/Denn sie kam von der welt ende/zu hören die weisheit Salomonis. Vnd sihe/hie ist mehr denn Salomon. Die leute von Niniue werden aufftretten fur dem Gerichte/mit diesem geschlecht/vnd werdens verdammen/denn sie thetten busse nach der predigt Jonas. Vnd sihe/hie ist mehr denn Jonas.

Niemand zündet ein liecht an/vnd setzt es an einen heimlichen ort/ auch nicht vnter einen scheffel/sondern auff den leuchter/auff das/ wer hinein gehet/das liecht sehe. Das auge ist des leibes liecht/Wenn nu dein auge einfeltig sein wird/so ist dein gantzer leib liechte. So aber dein auge ein schalck sein wird/so ist auch dein leib finster. So schawe drauff/das nicht das liecht jnn dir finsternis sey. Wenn nu dein leib gantz liechte ist/das er kein stück vom finsternis hat/so wird er gantz liechte sein/vnd wird dich erleuchten/wie ein heller blitz.

Da er aber jnn der rede war/bat jn ein Phariseer/das er mit jm das mittags mahl esse. Vnd er gieng hinein/vnd satzte sich zu tische. Da das der Phariseer sahe/verwunderte er sich/das er sich nicht vor dem essen gewasschen hette. Der Herr aber sprach zu jm/Jr Phariseer reiniget das auswendige am becher vnd an der schüsseln/aber ewer jnwendiges ist vol raubs vnd bosheit. Jr narren/meinet jr/das jnwendig rein sey/wens auswendig rein ist? Doch gebt almosen von dem das da ist/sihe/so ists euch alles rein.

Aber weh euch Phariseer/das jr verzehendet die mintze vnd rauten/vnd allerley kol/vnd gehet fur dem gericht vber/vnd fur der liebe Gottes/Dis solt man thun/vnd jhenes nicht lassen.

Weh euch Phariseer/die jr gerne oben an sitzet jnn den Schulen/ vnd wolt gegrüsset sein auff dem marckte.

Weh euch Schrifftgelerten vnd Phariseer/jr Heuchler/das jr seid wie verdeckte todtengreber/darüber die leute lauffen/vnd kennen sie nicht.

Da antwortet einer von den Schrifftgelerten/vnd sprach zu jm/ Meister/mit den worten schmehestu vns auch. Er aber sprach/Vnd weh auch euch Schrifftgelerten/denn jr beladet die menschen mit vntreglichen lasten/vnd jr rüret sie nicht mit einem finger an.

Weh euch/denn jr bawet der Propheten greber/ewer veter aber haben sie getödtet/so bezeuget jr zwar/vnd bewilliget jnn ewer veter werck/Denn sie tödten sie/so bawet jr jre greber.

Darumb spricht die Weisheit Gottes/Jch wil Propheten vnd Apostel zu jnen senden/vnd der selbigen werden sie etliche tödten vnd verfolgen/auff das gefoddert werde von diesem geschlecht aller Propheten blut/das vergossen ist/sint der welt grund gelegt ist/von Abels blut an/bis auff das blut Zacharie/der vmb kam zwischen dem Altar vnd Tempel/Ja ich sage euch/Es wird gefoddert werden von diesem geschlechte.

Weh euch Schrifftgelerten/denn jr den schlüssel des erkentnis habt/jr kompt nicht hinein/vnd weret denen/die hinein wöllen.

Da er aber solchs zu jnen saget/fiengen an die Schrifftgelerten vnd Phariseer hart auff in zu dringen/vnd jm mit mancherley fragen den mund

Sanct Lucas. XLVIII.

den mund stopffen/Vnd laureten auff jn/vnd suchten/ob sie etwas eriagen kündten aus seinem munde/das sie eine sache zu jm hetten.

XII.

Matth. xvj.
Marci. viij.

ES lieff das volck zu/vnd kamen etlich tausent zusamen/also/das sie sich vnternander tratten/da fieng er an vnd saget zu seinen Jüngern/zum ersten/Hütet euch fur dem Sawerteig der Phariseer/welchs ist die hencheley. Es ist aber nichts verborgen/das nicht offenbar werde/noch heimlich/das man nicht wissen werde/Darumb was jr im finsternis saget/das wird

Mat. r.

man im liecht hören/Was jr redet jns ohr/jnn den kamern/das wird man auff den dechern predigen.

Jch sage euch aber meinen freunden/fürchtet euch nicht fur denen/die den leib tödten/vnd darnach nichts mehr thun können. Jch wil euch aber zeigen/fur welchem jr euch fürchten solt. Fürchtet euch fur dem/der/nach dem er getödtet hat/auch macht hat zu werffen jnn die helle/Ja/ich sage euch/fur dem fürchtet euch. Verkeufft man nicht fünff sperlinge vmb zween pfennige? noch ist fur Gott der selbigen nicht eines vergessen. Auch sind die hare auff ewrem heubt alle gezelt/darumb fürchtet euch nicht/denn jr seid besser/denn viel sperlinge.

Marci viij.

Jch sage euch aber/Wer mich bekennet fur den menschen/den wird auch des menschen Son bekennen fur den Engeln Gottes. Wer mein aber verleugnet fur den menschen/des wird verleugnet werden

Mat. rij

fur den Engeln Gottes. Vnd wer da redet ein wort widder des menschen Son/dem sol es vergeben werden/Wer aber lestert den Heiligen Geist/dem sol es nicht vergeben werden.

Mat. r.
Marci. xiij.

Wenn sie euch aber füren werden jnn jre Schulen/vnd fur die Oberkeit/vnd fur die geweltigen/so sorget nicht/wie odder was jr antworten/odder was jr sagen solt/denn der Heilige geist wird euch zu der selbigen stunde leren/was jr sagen solt.

Es sprach aber einer aus dem volck zu jm/Meister/sage meinem bruder/das er mit mir das erbe teile. Er aber sprach zu jm/Mensch/wer hat mich zum richter odder erbschichter vber euch gesetzt? Vnd sprach zu jnen/Sehet zu/vnd hütet euch fur dem Geitz/denn niemand lebet danon/das er viel güter hat. Vnd er saget jnen ein gleichnis/vnd sprach.

Es war ein reicher mensch/des feld hatte wol getragen/vnd er gedachte bey jm selbs/vnd sprach/Was sol ich thun? ich habe nicht/da ich meine früchte hin samle/vnd sprach/Das wil ich thun/ich wil meine schewnen abbrechen/vnd grössere bawen/vnd wil drein samlen/alles was mir gewachsen ist/vnd meine güter/vnd wil sagen zu meiner seelen/Liebe seele/du hast einen grossen vorrat auff viel iar/habe nu ruge/iss/trinck/vnd habe guten mut. Aber Gott sprach zu jm/Du narr/diese nacht wird man deine seele von dir foddern/vnd wes wirds sein/das du bereitet hast? Also gehet es/wer jm schetze samlet/vnd ist nicht reich jnn Gott.

Mat. vj

Er sprach aber zu seinen Jüngern/Darumb sage ich euch/sorget nicht fur ewer leben/was jr essen sollet/auch nicht fur ewern leib/was jr anthun sollet. Das leben ist mehr denn die speise/vnd der leib
mehr/

Euangelion

mehr/denn die kleidung. Nemet war der raben/die seen nicht/sie erndten auch nicht/sie haben auch keinen keller noch schewnen/vnd Gott neeret sie doch/ Wie viel aber seid jr besser/denn die vögel?

Welcher ist vnter euch/ob er schon darumb sorget/der da künde eine ele lang seiner grösse zu setzen? So jr denn das geringste nicht vermöget/warumb sorget jr fur das ander? Nemet war der lilien auff dem felde/wie sie wachsen/sie erbeiten nicht/so spinnen sie nicht/ Jch sage euch aber/das auch Salomon/jnn aller seiner herrligkeit/nicht ist bekleidet gewesen/als der eines.

So denn das gras/das heute auff dem felde stehet/vnd morgen jnn den ofen geworffen wird/Gott also kleidet/wie viel mehr wird er euch kleiden/jr klein gleubigen? Darumb auch jr/fraget nicht darnach/was jr essen/odder was jr trincken solt/vnd faret nicht hoch her/ Nach solchem allen trachten die Heiden jnn der welt. Aber ewer Vater weis wol/das jr des bedürffet. Doch trachtet nach dem Reich Gottes/so wird euch das alles zufallen.

Fürchte dich nicht/du kleine Herd/denn es ist ewers Vaters wolgefallen/euch das Reich zu geben/ᵃ Verkeuffet was jr habt/vnd gebt almosen. Machet euch seckel/die nicht veralten/einen schatz/der nimmer abnimpt im himel/da kein dieb zu kompt/vnd den keine motten fressen/Denn wo ewer schatz ist/da wird auch ewer hertz sein.

Lasset ewre lenden vmbgürtet sein/vnd ewre liechter brennen/vnd seid gleich den menschen/die auff jren herrn warten/wenn er auffbrechen wird von der Hochzeit/auff das/wenn er kompt/vnd anklopffet/sie jm bald auffthun. Selig sind die knechte/die der Herr/so er kompt/wachend findet. Warlich/ich sage euch/er wird sich auffschürtzen/vnd wird sie zu tisch setzen/vnd fur jnen gehen/vnd jnen dienen.

Vnd so er kompt jnn der andern wache/vnd jnn der dritten wache/vnd wirds also finden/Selig sind diese knechte. Das solt jr aber wissen/wenn ein hausherr wüste/zu welcher stunde der dieb keme/so wachet er/vnd lies nicht jnn sein haus brechen. Darumb seid jr auch bereit/denn des menschen Son wird komen zu der stunde/da jr nicht meinet.

Petrus aber sprach zu jm/Herr/sagestu dis gleichnis zu vns/odder auch zu allen? Der Herr aber sprach/Wie ein gros ding ists vmb einen trewen vnd klugen haushalter/welchen sein herr setzet vber sein gesinde/das er jnen zu rechter zeit jr gebür gebe? Selig ist der knecht/ welchen sein herr findet also thun/wenn er kompt/Warlich/ich sage euch/er wird jn vber alle seine guter setzen. So aber der selbige knecht jnn seinem hertzen sagen wird/Mein herr verzeucht zu komen/vnd fehet an zu schlahen knechte vnd megde/auch zu essen vnd zu trincken/vnd sich vol zu sauffen/So wird des selbigen knechts herr komen/an dem tage/da er sichs nicht versihet/vnd zu der stunde/die er nicht weis/vnd wird jn zuscheittern/vnd wird jm seinen lohn geben/ mit den vngleubigen.

Der knecht aber/der seines herrn willen weis/vnd hat sich nicht bereitet/auch nicht nach seinem willen gethan/der wird viel streiche leiden müssen. Der es aber nicht weis/hat doch gethan/das der streiche werd ist/wird wenig streiche leiden. Denn welchem viel gegeben ist/bey dem wird man viel suchen/vnd welchem viel befolhen ist/von dem wird man viel foddern.

Jch bin

ᵃ Verkeuffen/verlassen/absagen/hassen/nicht besitzen/nicht scheze samlen/nichts haben etc. Jst alles gesaget auff die meinung/das mans nicht vber Got vñ sein wort/lieben noch suchen sol/ Sondern wie S. Paulus saget. j. Cor. vij. tanquam non habentes.

Matth. xxiiij.

Sanct Lucas. XLIX.

Matt. x. Ich bin komen/das ich ein ᵇ fewer anzünde auff erden/was wolt ich lieber/denn es brennete schon? Aber ich mus mich zuuor teuffen lassen/mit einer tauffe/vnd wie ist mir so bange/bis sie volendet werde? Meinet jr/das ich her komen bin friede zu bringen auff erden? ich sage nein/sondern zwitracht/Denn von nu an/werden fünff jnn einem hause vneins sein/drey widder zwey/vnd zwey widder drey/Es wird sein der vater widder den son/vnd der son widder den vater/Die mutter widder die tochter/vnd die tochter widder die mutter/Die schwiger widder die schnur/vnd die schnur widder die schwiger.

Mat rvj Er sprach aber zu dem volck/Wenn jr eine wolcken sehet auffgehen vom Abent/so sprecht jr bald/es kompt ein regen/Vnd es geschicht also. Vnd wenn jr sehet den Sudwind wehen/so sprecht jr/es wird heiss werden/vnd es geschicht also/Jr Heuchler/die gestalt der erden vnd des himels ᵃ künd jr prüfen/wie prüfet jr aber diese zeit nicht? Warumb richtet jr aber nicht an euch selber/was recht ist?

So du aber mit deinem widdersacher fur den Fürsten gehest/so thu vleis auff dem wege/das du sein los werdest/auff das er nicht etwa dich fur den Richter zihe/vnd der Richter vberantworte dich dem stockmeister/vnd der stockmeister werffe dich jns gefengnis/Ich sage dir/du wirst von dannen nicht heraus komen/bis du den aller letzten scherff bezalest.

ᵇ (Fewer) Er redet nach dem sprichwort/ Jch wil ein fewer anzunden/das ist/ich wil einen vnfrid anrichten durchs Euangelion etc. vnd wolt/es were schon geschehen/ Aber ich mus zuuor mein leben daran setzen/vnd mich verlanget darnach.

ᵃ Künd jr sehen/wie es an den Creaturen gehet/warumb sehet jr nicht auch/wo es euch fellet?

XIII.

Es waren aber zu der selbigen zeit etliche da bey/die verkündigeten jm von den Galileern/welcher blut Pilatus sampt jrem opffer vermischet hatte. Vnd Jhesus antwortet vnd sprach zu jnen/Meinet jr/das diese Galileer fur allen Galileer sunder gewesen sind/die weil sie das erlitten haben? Ich sage nein/sondern so jr euch nicht bessert/werdet jr alle auch also vmbkomen. Oder meinet jr/das die achtzehen/auff welche der thurn jnn Siloha fiel/vnd erschlug sie/seien schuldig gewesen/fur allen menschen/die zu Jerusalem wonen? Ich sage nein/sondern so jr euch nicht bessert/werdet jr alle auch also vmbkomen.

Er saget jn aber diese gleichnis/Es hatte einer einen feigenbaum/ der war gepflantzt jnn seinem weinberge/vnd kam vnd suchte frucht darauff/vnd fand sie nicht. Da sprach er zu dem weingartner/Sihe/ ich bin nu drey iar lang/alle iar komen/vnd habe frucht gesucht auff diesem feigenbaum/vnd finde sie nicht/hawe jn abe/was hindert er das land? Er aber antwortet/vnd sprach zu jm/Herr/las jn noch dis iar/bis das ich vmb jn grabe/vnd betünge jn/ob er wolte frucht bringen/Wo nicht/so hawe jn darnach abe.

Vnd er leret jnn einer Schule am Sabbath/Vnd sihe/ein weib war da/das hatte einen Geist der kranckheit achtzehen iar/vnd sie war krum/vnd kunde nicht wol auff sehen. Da sie aber Jhesus sahe/ ruffet er sie zu sich/vnd sprach zu jr/Weib/sey los von deiner kranckheit/vnd leget die hende auff sie. Vnd also balde richtet sie sich auff/ vnd preisete Gott. Da antwortet der Oberste der Schule/vnd war vnwillig/das Jhesus auff den Sabbath heilete/vnd sprach zu dem volck/Es sind sechs tage/darinnen man erbeiten sol/jnn den selbigen kompt vnd last euch heilen/vnd nicht am Sabbath tage.

Da antwortet jm der Herr/vnd sprach/Du Heuchler/löset nicht

J ein jgli-

Euangelion

ein jglicher vnter euch seinen ochsen odder esel von der krippen am Sabbath/vnd füret jn zur trencke? Solt aber nicht gelöset werden am Sabbath diese/die doch Abrahams tochter ist/von diesem bande/ welche Satanas gebunden hatte/nu wol achtzehen iar? Vnd als er solchs saget/mussten sich schemen alle die jm widder gewesen waren. Vnd alles volck frewet sich vber allen herrlichen thatten / die von jm geschahen.

Er sprach aber/Wem ist das Reich Gottes gleich / vnd wem sol ichs vergleichen? Es ist einem senffkorn gleich / welchs ein mensch nam/vnd warffs jnn seinen garten/vnd es wuchs/vnd ward ein grosser baum/vnd die vögel des himels woneten vnter seinen zweigen. Matth. xiij. Mar. iiij.

Vnd abermal sprach er / Wem sol ich das Reich Gottes vergleichen? Es ist einem sawerteige gleich/welchen ein weib nam/vnd verbarg jn vnter drey scheffel mehls/bis das er gar sawr ward. Vnd er gieng durch stedte vnd merckte/vnd lerete / vnd nam seinen weg gen Jerusalem. Gene. vij.

Es sprach aber einer zu jm/Herr/meinestu/das wenig selig werden? Er aber sprach zu jnen/ Ringet darnach / das jr durch die enge pforten eingehet/Denn viel werden(das sage ich euch)darnach trachten *, wie sie hinein komen/vnd werdens nicht thun können. Von dem an/wenn der hauswirt auffgestanden ist / vnd die thür verschlossen hat/da werdet jr denn anfahen draussen zu stehen / vnd an die thür klopffen/vnd sagen/Herr/Herr/thu vns auff. Vnd er wird antworten/vnd zu euch sagen/Ich kenne ewer nicht/wo jr her seid. Mat. v.

<small>*Das sind die on glauben mit wercken sich muhen gen himel zu komen.</small>

So werdet jr denn anfahen zu sagen/Wir haben fur dir gessen vnd getruncken/vnd auff den gassen hastu vns geleret. Vnd er wird sagen/ich sage euch / Ich kenne ewer nicht/wo jr her seid/weichet alle von mir jr Vbeltheter/da wird sein heulen vnd zeen klappern / wenn jr sehen werdet/Abraham vnd Isaac vnd Jacob/vnd alle Propheten im Reich Gottes/euch aber hinaus gestossen/ Vnd es werden komen vom Morgen vnd vom Abend / von Mitternacht vnd von Mittage/ die zu tische sitzen werden im Reich Gottes. Vnd sihe/Es sind letzten/ die werden die ersten sein/vnd sind ersten/ die werden die letzten sein. Mat. x. Matth. viij.

An dem selbigen tage kamen etliche Phariseer/vnd sprachen zu jm/ Heb dich hinaus vnd gehe von hinnen/denn Herodes wil dich tödten.Vnd er sprach zu jnen/Gehet hin vnd saget dem selbigen Fuchs/ Sihe/ich treibe teuffel aus/ vnd mache gesund heut vnd morgen/vnd am dritten tage werde ich ein ende nemen / Doch mus ich heute vnd morgen/vnd am tage darnach wandeln/ denn es thuts nicht/das ein Prophet vmbkome ausser Jerusalem.

Jerusalem/Jerusalem/die du tödtest Propheten/ vnd steinigest die zu dir gesand werden / wie offt habe ich wöllen deine kinder versamlen/wie eine henne jr nest vnter jre flügel/vnd jr habt nicht gewolt? Sehet/ew er haus sol euch wüste gelassen werden/ denn ich sage euch/jr werdet mich nicht sehen/bis das es kome / das jr sagen werdet/Gelobet ist/der da kompt jnn dem namen des Herrn. Mat. xxiij.

XIIII.

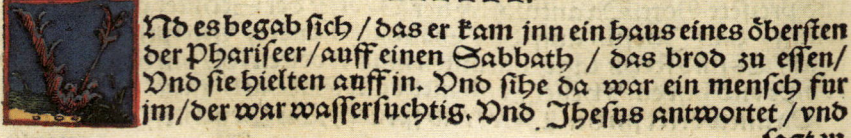

Nd es begab sich / das er kam jnn ein haus eines öbersten der Phariseer/auff einen Sabbath / das brod zu essen/ Vnd sie hielten auff jn. Vnd sihe da war ein mensch fur jm/der war wassersuchtig. Vnd Jhesus antwortet/ vnd

sagt zu

Sanct Lucas.

saget zu den Schrifftgelerten vnd Phariseern/vnd sprach/Ists auch recht auff den Sabbath heilen? Sie aber schwigen stille. Vnd er greiff jn an/vnd heilete jn / vnd lies jn gehen. Vnd antwortet/vnd sprach zu jnen/Welcher ist vnter euch / dem sein ochse odder esel jnn den brun fellet/vnd er nicht als bald jn heraus zeucht am Sabbath tage? Vnd sie kunden jm darauff nicht widder antwort geben.

Er saget aber ein gleichnis zu den gesten/da er mercket/wie sie erweleten oben an zu sitzen/vnd sprach zu jnen / Wenn du von jemand geladen wirst zur hochzeit/so setze dich nicht oben an / das nicht etwa ein ehrlicher denn du/ von jm geladen sey/ vnd so denn kompt/ der dich vnd jn geladen hat/spreche zu dir/weiche diesem/vnd du müssest denn mit scham vnden an sitzen. Sondern wenn du geladen wirst/ so gehe hin/vnd setze dich vnden an/auff das/wenn da kompt der dich geladen hat/spreche zu dir / Freund/ rucke hinauff/denn wirstu ehre haben fur denen/die mit dir zu tische sitzen. Denn wer sich selbs erhöhet/der sol ernidriget werden/ Vnd wer sich selbs ernidriget / der sol erhöhet werden.

Er sprach auch zu dem/der jn geladen hatte/ Wenn du ein mittags odder abent mal machest/so lade nicht deine freunde/ noch deine bruder/noch deine gefreundten/noch deine nachbarn/ die da reich sind/ auff das sie dich nicht etwa widder laden/ vnd dir vergolten werde/ Sondern wenn du ein mal machest/ so lade die armen/ die kröpel/ die lamen/die blinden/so bistu selig/denn sie habens dir nicht zu vergelten/Es wird dir aber vergolten werden jnn der aufferstehung der gerechten.

Da aber solchs höret einer der mit zu tisch sass/sprach er zu jm/ Selig ist/ der das brod isset im Reich Gottes. Er aber sprach zu jm / Es war ein mensch / der machte ein gros abentmal / vnd lud viel dazu / Vnd sandte seinen knecht aus/ zur stunde des abentmals / zu sagen den geladenen/Kompt/denn es ist alles bereit. Vnd sie fiengen an alle nach einander sich zu entschüldigen. Der erste sprach zu jm / ich habe einen acker gekaufft/vnd mus hinaus gehen/ vnd jn besehen/ich bitte dich entschüldige mich. Vnd der ander sprach/ Ich habe funff ioch ochsen gekaufft / vnd ich gehe itzt hin / sie zu besehen / ich bitte dich entschüldige mich. Vnd der dritte sprach/ Ich habe ein weib genomen/darumb kan ich nicht komen. Vnd der knecht kam / vnd saget das seinem herrn widder.

Da ward der Hausherr zornig/vnd sprach zu seinem knechte/ Gehe aus bald auff die strassen vnd gassen der stad/ vnd füre die armen vnd krüppel/vnd lamen vnd blinden herein. Vnd der knecht sprach/ Herr/es ist geschehen/was du befolhen hast/ Es ist aber noch raum da. Vnd der herr sprach zu dem knechte/ Gehe aus auff die landstrassen/vnd an die zeune/vnd nötige sie herein zu komen / auff das mein haus vol werde. Ich sage euch aber/ das der menner keiner/die geladen sind/mein abentmal schmecken wird.

Es gieng aber viel volcks mit jm/Vnd er wandte sich / vnd sprach zu jnen/ So jemand zu mir kompt/vnd hasset nicht seinen vater/mutter/weib/kind/bruder/schwester/auch dazu sein eigen leben/ der kan nicht mein Jünger sein/Vnd wer nicht sein creutz tregt/vnd mir nach folget/der kan nicht mein Jünger sein.

Wer ist aber vnter euch/der einen thurn bawen wil / vnd sitzt nicht zuuor

Euangelion

zuuor/vnd vberschlegt die kost/ob ers habe hinaus zufüren/auff das nicht/wo er den grund gelegt hat/vnd kans nicht hinaus füren/alle die es sehen/fahen an sein zu spotten/vnd sagen/ Dieser mensch hub an zu bawen/vnd kans nicht hinaus füren. Odder welcher König wil sich begeben jnn einen streit/ widder einen andern König/ vnd sitzt nicht zuuor vnd ratschlaget/ob er künde mit zehen tausent begegnen/ dem/der vber jn kompt mit zwentzig tausent? Wo nicht/ so schickt er botschafft/wenn jhener noch ferne ist/vnd bittet vmb friede/ Also auch ein jglicher vnter euch/der nicht ᵉabsaget allem das er hat/kan nicht mein Jünger sein.

(Absaget)
Fur dem Göttlichen gerichte mag niemand bestehen/ er verzage denn an allem seinem vermugen/ vnd suche gnade/ vnd bitte vmb hulffe jnn Christo.

Das saltz ist ein gut ding / wo aber das saltz thum wird/ wo mit wird man würtzen? Es ist wedder auff das land / noch jnn den mist nütze/ sondern man wirds weg werffen. Wer ohren hat zu hören / der höre.

Mat. Mar.

XV.

S naheten aber zu jm allerley Zölner vnd sunder/ das sie jn höreten/ Vnd die Phariseer vnd Schrifftgelerten murreten vnd sprachen/ Dieser nimpt die sunder an/ vnd isset mit jnen. Er saget aber zu jnen dis gleichnis/ vnd sprach/ Welch mensch ist vnter euch/ der hundert schafe hat/vnd so er der eines verleuret/ der nicht lasse die neun vnd neuntzig jnn der wüsten/vnd hin gehe nach dem verlornen/bis das ers finde? Vnd wenn ers funden hat/ so leget ers auff seine achseln mit freuden / vnd wenn er heim kompt/ ruffet er seinen freunden vnd nachbarn / vnd spricht zu jnen / Frewet euch mit mir/denn ich habe mein schaff funden/das verloren war. Ich sage euch/also wird auch freude im himel sein / vber einen sunder/der busse thut/ fur neun vnd neuntzig gerechten/die der busse nicht bedürffen. Odder/ welch weib ist/ die zehen groschen hat/so sie der einen verleuret/die nicht ein liecht anzünde/vnd kere das haus/ vnd suche mit vleis/bis das sie jn finde? Vnd wenn sie jn funden hat/ ruffet sie jren freundinnen vnd nachbarinnen / vnd spricht/ Frewet euch mit mir / denn ich habe meinen groschen funden/den ich verloren hatte. Also auch /sage ich euch/wird freude sein fur den Engeln Gottes/vber einen sunder/der busse thut.

Vnd er sprach/Ein mensch hatte zween söne/ vnd der jüngste vnter jnen sprach zu dem vater/ Gib mir Vater das teil der güter/ das mir gehört. Vnd er teilet jnen das gut. Vnd nicht lange darnach/ samlet der jüngster son alles zusamen/vnd zoch ferne vber land / vnd daselbs bracht er sein gut vmb mit brassen. Da er nu alle das seine verzeret hatte/ ward eine grosse thewrung durch das selbige gantze land/ vnd er fieng an zu darben/vnd gieng hin / vnd henget sich an einen bürger desselbigen landes/der schicket jn auff seinen acker der sew zu hüten/ vnd er begerte seinen bauch zu füllen mit trebern/ die die sew assen/ vnd niemand gab sie jm.

Da schlug er jnn sich/vnd sprach/ Wie viel taglöner hat mein vater / die brod die fülle haben / vnd ich verderbe im hunger / Ich wil mich auff machen/vnd zu meinem vater gehen/ vnd zu jm sagen/Vater/ich hab gesundiget jnn den himel vnd fur dir/vnd bin fort nicht mehr werd/das ich dein son heisse/mache mich als einen deinen taglöner. Vnd er machet sich auff / vnd kam zu seinem vater. Da er aber noch ferne

Sanct Lucas LI

noch ferne von dannen war/sahe jn sein vater/vnd jamert jn/lieff vnd fiel jm vmb seinen hals/vnd küsset jn. Der son aber sprach zu jm/ Vater/ich hab gesündiget jnn den himel vnd fur dir/ich bin fort nicht mehr werd/das ich dein son heisse. Aber der vater sprach zu seinen knechten/Bringet das beste kleid erfur/vnd thut jn an/vnd gebet jm einen finger reiff an seine hand/vnd schuch an seine füsse/vnd bringet ein gemestet kalb her/vnd schlachtets/lasset vns essen vnd frölich sein/denn dieser mein son war tod/vnd ist widder lebendig worden/er war verloren/vnd ist funden worden/vnd fiengen an frölich zu sein.

Aber der elteste son war auff dem felde/vnd als er nahe zum hause kam/höret er das gesenge/vnd den reigen/vnd rieff zu sich der knechte einen/vnd fraget was das were. Der aber saget jm/Dein bruder ist komen/vnd dein vater hat ein gemestet kalb geschlachtet/das er jn gesund widder hat. Da ward er zornig/vnd wolte nicht hinein gehen. Da gieng sein vater heraus/vnd bat jn. Er antwortet aber/vnd sprach zum vater/Sihe/so viel iar diene ich dir/vnd habe dein gebot noch nie vbertretten/vnd du hast mir nie einen bock gegeben/ das ich mit meinen freunden frölich were/Nu aber dieser dein son komen ist/der sein gut mit huren verschlungen hat/hastu jm ein gemestet kalb geschlachtet. Er aber sprach zu jm/Mein son/du bist alle zeit bey mir/vnd alles was mein ist/das ist dein/du soltest aber frölich vnd gutes muts sein/denn dieser dein bruder war tod/vnd ist widder lebendig worden/er war verloren/vnd ist widder funden.

XVI.

R sprach aber auch zu seinen Jüngern/Es war ein reicher man/der hatte einen haushalter/der ward fur jm berüchtiget/als hette er jm seine güter vmbbracht. Vnd er foddert jn/vnd sprach zu jm/Wie höre ich das von dir? thu rechnung von deinem haushalten/denn du kanst hinfurt nicht haushalter sein. Der haushalter sprach bey sich selbs/Was sol ich thun? mein Herr nimpt das ampt von mir/graben mag ich nicht/so scheme ich mich zu betteln/Ich weis wol was ich thun wil/wenn ich nu von dem ampt gesetzt werde/das sie mich jnn jre heuser nemen.

Vnd er rieff zu sich alle schüldener seines herrn/vnd sprach zu dem ersten/Wie viel bistu meinem herrn schüldig? Er sprach/Hundert tunnen öles. Vnd er sprach zu jm/Nim deinen brieff/setze dich/vnd schreib flugs funfftzig. Darnach sprach er zu dem andern/Du aber/ wie viel bistu schuldig? Er sprach/Hundert malter weitzen. Vnd er sprach zu jm/Nim deinen brieff/vnd schreib achtzig. Vnd der herr lobete den vngerechten haushalter/das er klüglich gethan hatte/Denn die kinder dieser welt sind klüger/denn die kinder des liechtes/jnn jrem geschlechte. Vnd ich sage euch auch/Machet euch freunde mit dem vnrechten *Mammon/auff das/wenn jr nu darbet/sie euch auffnemen jnn die ewigen hütten.

Mat.vj.

Wer jm geringesten trew ist/der ist auch im grossen trew/Vnd wer im geringesten vnrecht ist/der ist auch im grossen vnrecht. So jr nu jnn dem vnrechten Mammon nicht trew seid/wer wil euch das warhafftige vertrawen? Vnd so jr jnn dem frembden nicht trew seid/wer wil euch geben/das jhenige das ewer ist? Kein hausknecht kan zweien herrn

(Mammon)
Mammon ist Ebretsch/vnd heisset reichthum.

(Vnrechten)
Mammon heist er vnrecht/darumb das er vnrechtem brauch vnterworffen ist/vnd frembd/darumb/das das geistliche gut/ das ewig vnser vñ warhafftig ist. Trew sein jnn dem Mammon/ist sein Götlich brauchen/ zu des nehesten nutz. Wer das nicht thut wird viel weniger im geistlichen trew sein/ja er wird keines haben.

J iij

Euangelion

en herrn dienen/Entwedder er wird einen hassen/vnd den andern lieben / Odder wird einem anhangen/vnd den andern verachten. Ir könnet nicht Gott sampt dem Mammon dienen.

Das alles höreten die Phariseer auch/die waren geitzig/vnd spotteten sein. Vnd er sprach zu jnen/Ir seids/die jr euch selbs rechtfertiget fur den menschen/Aber Gott kennet ewre hertzen/Denn was hoch ist vnter den menschen/das ist ein grewel fur Gott.

Das Gesetz vnd die Propheten weissagen bis auff Johannes/ Mat.xj. vnd von der zeit an/wird das Reich Gottes durchs Euangelion gepre- Mat.v digt/vnd jderman dringet mit gewalt hinein. Es ist aber leichter/das Mat xix himel vnd erden vergehen/denn das ein tütel am Gesetz falle. Wer sich Mar.x. scheidet von seinem weibe/vnd freiet ein ander/der bricht die ehe. Vnd wer die abgescheidene von dem manne freiet/der bricht auch die ehe.

Es war aber ein reicher man / der kleidet sich mit purpur vnd köstlichem linwad/vnd lebet alle tage herrlich vnd jnn freuden. Es war aber ein armer/mit namen Lazarus/der lag fur seiner thür/voller schweren/vnd begeret sich zu settigen von den brosamen/die von des reichen tische fielen/Doch kamen die hunde/vnd lecketen jm seine schweren. Es begab sich aber/das der arme starb/vnd ward getragen von den Engeln jnn Abrahams schos. Der reiche aber starb auch/vnd ward begraben.

Als er nu jnn der helle vnd jnn der qual war/hub er seine augen auff/vnd sahe Abraham von fernen/vnd Lazarum jnn seiner schos/rieff vnd sprach/Vater Abraham/erbarme dich mein/vnd sende Lazarum/das er das eusserste seines fingers jns wasser tauche/vnd küle meine zungen/denn ich leide pein jnn dieser flammen. Abraham aber sprach/Gedencke son/das du dein gutes entpfangen hast jnn deinem leben/Vnd Lazarus da gegen hat böses empfangen / Nu aber wird er getröstet/vnd du wirst gepeiniget. Vnd vber das alles / ist zwischen vns vnd euch eine grosse klufft befestiget/das die da wolten von hinnen hinab faren zu euch/können nicht/vnd auch nicht von dannen zu vns her vber faren.

Da sprach er/So bitte ich dich vater / das du jn sendest jnn meines vaters haus / denn ich hab noch fünff brüder/das er jnen bezeuge/auff das sie nicht auch komen an diesen ort der qual. Abraham sprach zu jm a Sie haben Mosen vnd die Propheten/las sie die selbigen hören. Er aber sprach/Nein/vater Abraham/sondern wenn einer von den todten zu jnen gienge/so würden sie busse thun. Er sprach zu jm/Hören sie Mosen vnd die Propheten nicht / so werden sie auch nicht gleuben/ob jemand von den todten auffstünde.

a
(Sie haben)
Sie ist verpotten
den poltergeisten
vnd erscheinenden
todten zu gleuben.

XVII.

R sprach aber zu seinen Jüngern/Es ist vnmüglich/ das nicht ergernisse komen / Weh aber dem/durch welchen sie komen/Es were jm nützer/das man ei- Mat nen mülstein an seinen hals henget/vnd würffe jn jns xviij. meer/denn das er dieser kleinen einen ergert. Hütet Mar. euch. So dein bruder andir sündiget/so straffe jn/vnd so er sich bessert/vergib jm/Vnd wenn er sieben mal des tages an dir sündigen würde/vnd sieben mal des tages widder keme zu dir/vnd spreche

Sanct Lucas.   LII.

Matth.
vij.
Mat.xj.

spreche/Es rewet mich/so soltu jm vergeben.

Vnd die Aposteln sprachen zu dem Herrn/Stercke vns den glauben. Der Herr aber sprach/Wenn jr glauben habt/als ein senfftkorn/vnd saget zu diesem maulberbaum/reis dich aus/vnd versetze dich jns meer/so wird er euch gehorsam sein.

Welcher ist vnter euch/der einen knecht hat/der jm pflüget odder das viehe weidet/wen er heim kompt vom felde/das er jm sage/gehe bald hin/vnd setze dich zu tische? Ists nicht also? das er zu jm saget/Richte zu/das ich zu abent esse/schürtze dich/vnd diene mir bis ich esse vnd trincke/darnach soltu auch essen vnd trincken/dancket er auch dem selbigen knechte/das er ᵇ gethan hat/was jm befolhen war? Ich meine es nicht. Also auch jr/wenn jr alles gethan habt/was euch befolhen ist/so sprechet/wir sind vnnütze knechte/wir haben gethan/das wir zu thun schüldig waren.

ᵇ (Gethan)
Hie redet Christus auff das aller einfeltigest von eusserlichen wercken auff menschen weise/denn sonst kan fur Gotte niemand thun/so viel er schuldig ist/der jm an wercken nicht benugen lesst.

Vnd es begab sich/da er reisete gen Jerusalem/zoch er mitten durch Samarien vnd Galilean/Vnd als er jnn einen marckt kam/begegneten jm zehen aussetzige menner/die stunden von fernen/vnd erhuben jre stimme/vnd sprachen/Jhesu lieber Meister/erbarm dich vnser. Vnd da er sie sahe/sprach er zu jnen/Gehet hin/vnd zeiget euch den Priestern. Vnd es geschach/da sie hin giengen/worden sie rein. Einer aber vnter jnen/da er sahe/das er gesund worden war/keret er vmb/vnd preiset Gott mit lauter stim/vnd fiel auff sein angesicht/zu seinen füssen/vnd dancket jm/Vnd das war ein Samariter. Jhesus aber antwortet/vnd sprach/Sind jr nicht zehen rein worden? Wo sind aber die neune? Hat sich sonst keiner funden/der wider vmb keret/vnd gebe Gott die ehre/denn dieser frembdlinger? Vnd er sprach zu jm/Stehe auff/gehe hin/dein glaube hat dir geholffen.

Da er aber gefraget ward von den Phariseern/Wenn kompt das Reich Gottes? antwortet er jnen/vnd sprach/Das Reich Gottes kompt nicht mit eusserlichen ᵇ geberden/man wird auch nicht sagen/Sihe/hie odder da ist es. Denn sehet/das Reich Gottes ist jnwendig jnn euch.

ᵇ (Eusserlichen)
Das ist/Gottes Reich stehet nicht jnn wercken/die an stete/speise/kleider zeit/person gebunden sind/sonder im glauben vnd liebe frey.

Matth.
xxiiij.
Marci.
xiij.

Er sprach aber zu den Jüngern/Es wird die zeit komen/das jr werdet begeren zu sehen einen tag des menschen Sons/vnd werdet jn nicht sehen/vnd sie werden zu euch sagen/Sihe hie/sihe da/Gehet nicht hin/vnd folget auch nicht/Denn wie der blitz oben vom himel blitzet/vnd leuchtet vber alles das vnter dem himel ist/also wird des menschen Son an seinem tage sein/Zuuor mus er aber viel leiden/vnd verworffen werden von diesem geschlechte.

Matth.
xxiiij.
Ge.vij.

Vnd wie es geschach zun zeiten Noe/so wirds auch geschehen jnn den tagen des menschen Sons/Sie assen/Sie truncken/sie freieten/sie liessen sich freien/bis auff den tag/da Noe jnn die Archa gieng/vnd kam die sindflut/vnd brachte sie alle vmb. Des selbigen gleichen/

Ge.xix.

wie es geschach zun zeiten Lot/Sie assen/sie truncken/sie kaufften/sie verkaufften/sie pflantzeten/sie baweten/An dem tage aber/da Lot aus Sodoma gieng/da regent es fewer vnd schwefel vom himel/vnd brachte sie alle vmb. Auff diese weise wirds auch gehen an dem tage/wenn des menschen Son sol offenbart werden.

An dem selbigen tage/wer auff dem dache ist/vnd sein hausrat jnn dem hause/der steige nicht ernidder/dasselbige zu holen. Des selbigen gleichen/wer auff dem felde ist/der wende nicht vmb/nach dem/das

Mat.x.

hinder jm ist. Gedencket an des Lots weib. Wer da suchet seine sele

J iiij   zu erhalten

Euangelion

zu erhalten/der wird sie verlieren/Vnd wer sie verlieren wird/der wird jr zum leben helffen.

Ich sage euch/ jnn der selbigen nacht werden zween auff einem bette ligen/einer wird angenomen/ der ander wird verlassen werden. Zwo werden malen mit einander/ eine wird angenomen/ die ander wird verlassen werden. Vnd sie antworten vnd sprachen zu jm/ Herr/ wo da? Er aber aber sprach zu jnen/ Wo das aß ist/ da samlen sich auch die Adeler.

XVIII.

E**r saget jnen aber ein gleichnis dauon/das man alle zeit betten vnd nicht laß werden solt/vnd sprach/ Es war ein Richter jnn einer stad/der fürchte sich nich fur Got/ vnd schewet sich fur keinem menschen. Es war aber eine widwe jnn der selbigen stad/die kam zu jm/ vnd sprach/ Rette mich von meinem widdersacher. Vnd er wolte lange nicht. Darnach aber dachte er bey sich selbs/ Ob ich mich schon fur Gott nicht fürchte/ noch fur keinem menschen schewe/die weil aber mir diese widwe so viel mühe machet/wil ich sie retten/auff das sie nicht zu letzt kome/vnd ᵃ vberteube mich.

Da sprach der Herr/ Höret hie/was der vngerechte Richter saget/ Solt aber Gott nicht auch retten seine auserweleten/ die zu jm tag vnd nacht ruffen/vnd solte gedult drüber haben? Ich sage euch/ er wird sie retten jnn einer kürtz. Doch wenn des menschen Son komen wird/meinestu das er auch werde glauben finden auff erden?

Er saget aber zu etlichen/die sich selbs vermassen/das sie frum weren/ vnd verachteten die andern/ ein solch gleichnis. Es giengen zween menschen hinauff jnn den Tempel zu beten/ einer ein Phariseer/ der ander ein Zölner. Der Phariseer stund vnd betet bey sich selbs also/Ich dancke dir Gott/ das ich nicht bin wie die ander leute/reuber/vngerechte/ehebrecher/odder auch wie dieser zölner/ Ich faste zwier jnn der wochen/vnd gebe den zehenden/ von allem das ich habe. Vnd der Zölner stund von ferne/ wolte auch seine augen nicht auffheben gen himel/ sondern schlug an seine brust/ vnd sprach/ Gott sey mir sunder gnedig. Ich sage euch/dieser gieng hinab gerecht fertiget jnn sein haus/fur jhenem. Denn wer sich selbs erhöhet/der wird erniddriget werden/Vnd wer sich selbs erniddriget/der wird erhohet werden.

Sie brachten auch junge kindlin zu jm / das er sie solt anrüren. Da es aber die Jünger sahen/ bedraweten sie die. Aber Jhesus rieff sie zu sich/vnd sprach/Lasst die kindlin zu mir komen/vnd weret jnen nicht/ denn solcher ist das Reich Gottes/Warlich/ich sage euch/ Wer nicht das Reich Gottes nimpt als ein kind/ der wird nicht hinein komen.

Vnd es fraget jn ein Oberster/vnd sprach/Guter meister/was mus ich thun/das ich das ewige leben ererbe? Jhesus aber sprach zu jm/ Was heissestu mich gut? Niemand ist gut / denn der einige Gott/ Du weissest die gebot wol/ Du solt nicht ehebrechen/ Du solt nicht tödten/ Du solt nicht stelen/ Du solt nicht falsch zeugnis reden/ Du solt deinen vater vnd deine mutter ehren. Er aber sprach/ Das habe ich alles gehalten von meiner jugent auff. Da Jhesus das höret/ sprach er zu im/ Es feilet dir noch ᵇ eines/ Verkeuffe alles was du hast/ vnd gibs den armen/ so wirstu

---

ᵃ (Vberteube) Das ist/ das sie mich nicht plage vnd martere/wie man sagt von den geilern/ wie plaget mich der mensch so wol.

ᵇ (Eines) Das ist / es feilet dir alles/vt supra Matt. x. Verkeuffe aber ist /vt supra Luce. xij.

Marci. vij.

Matth. xxiiij.

Matt. xix. Marc. x.

Exo. xx.

Sanct Lucas. LIII.

so wirstu einen schatz im himel haben/vnd kom/folge mir nach. Da er das höret/ward er trawrig/denn er war seer reich.

Da aber Jhesus sahe/das er trawrig war worden/sprach er/Wie schwerlich werden die reichen jnn das Reich Gottes komen/ Es ist leichter/das ein Kameel gehe durch ein nadel öre/denn das ein reicher jnn das Reich Gottes kome. Da sprachen die das höreten/Wer kan denn selig werden? Er aber sprach/Was bey den menschen vnmüglich ist/das ist bey Gott müglich.

Da sprach Petrus/Sihe/wir haben alles verlassen/vnd sind dir nachgefolget. Er aber sprach zu jnen/Warlich ich sage euch/Es ist niemand/der ein haus verlesset/odder Eltern/odder brüder/odder weib/odder kind/vmb das Reich Gottes willen/der es nicht vielfeltig widder empfahe jnn dieser zeit/vnd jnn der zukünfftigen welt das ewige leben.

Er nam aber zu sich die Zwelffe/vnd sprach zu jnen/Sehet/wir gehen hinauff gen Jerusalem/vnd es wird alles volendet/das geschrieben ist durch die Propheten/von des menschen Son/ Denn er wird vberantwortet werden den Heiden/vnd er wird verspottet vnd geschmecht vnd verspeiet werden/vnd sie werden jn geisseln vnd tödten/vnd am dritten tag wird er widder aufferstehen. Sie aber vernamen der keines/vnd die rede war jnen verborgen/vnd wusten nicht/was das gesagt war.

Es geschach aber/da er nahe zu Jericho kam/sass ein blinder am wege/vnd bettelt. Da er aber höret das volck/das durch hin gieng/forschet er was das were. Da verkündigeten sie jm/Jhesus von Nasareth gieng fur vber. Vnd er rieff/vnd sprach/Jhesu du Son Dauid/erbarme dich mein. Die aber forne an giengen/bedraweten jn/er solt schweigen/Er aber schrey viel mehr/Du Son Dauid/erbarme dich mein. Jhesus aber stund stille/vnd hies jn zu sich füren. Da sie jn aber nahe bey jn brachten/fragt er jn/vnd sprach/Was wiltu/das ich dir thun sol? Er sprach/Herr/das ich sehen müge. Vnd Jhesus sprach zu jm/Sey sehend/dein glaube hat dir geholffen. Vnd also bald ward er sehend/vnd folget jm nach/vnd preisete Gott. Vnd alles volck/das solchs sahe/lobet Gott.

XIX.

Vnd er zoch hinein/vnd gieng durch Jericho/vnd sihe/da war ein man/genant Zacheus/der war ein öberster der Zölner/vnd war reich/vnd begerte Jhesum zu sehen/wer er were/vnd kunde nicht fur dem volck/denn er war klein von person. Vnd er lieff fur hin/vnd steig auff einen *a* maulberbaum/auff das er jn sehe/denn alda solt er durch komen. Vnd als Jhesus kam an die selbige stete/sahe er auff/vnd ward sein gewar/vnd sprach zu jm/Zachee/steig eilend ernidder/denn ich mus heute zu deinem hause einkeren. Vnd er steig eilend ernidder/vnd nam jn auff mit freuden. Da sie das sahen/murreten sie alle/das er bey einem sunder einkeret.

Zacheus aber trat dar/vnd sprach zu dem Herrn/Sihe Herr/die helffte meiner güter gebe ich den armen/Vnd so ich jemand betrogen hab/das gebe ich vierfeltig widder. Jhesus aber sprach

a συκάμινος morus est/supra cap. cvij. συκομοραια ficus Aegyptia/non caprificus/a ficu et moro. Vide Athenæum lib. ij.

Euangelion

aber sprach zu jm/Heute ist diesem hause heil widderfaren/sintemal er auch Abrahams son ist/ Denn des menschen Son ist komen zu suchen vnd selig zu machen/das verloren ist.

Da sie nu zuhöreten/saget er weiter eine gleichnis/darumb/das er nahe bey Jerusalem war/vnd sie meineten/das Reich Gottes solt also balde offenbart werden/vnd sprach/Ein Edeler zoch ferne jn ein land/daser ein Reich einneme/vnd denn widder keme/dieser foddert zehen seiner knechte/vnd gab jnen zehen pfund/vnd sprach zu jnen/ Handelt/bis ich widder kome. Seine burger aber waren jm feind/ vnd schicketen botschafft nach jm/vnd liessen jm sagen/Wir wöllen nicht/das dieser vber vns hersche. Matth. xxv.

Vnd es begab sich/da er widder kam/nach dem er das Reich eingenomen hatte/hies er die selbigen knechte foddern/welchen er das gelt gegeben hatte/das er wüste/was ein iglicher gehandelt hette. Da trat erzu der erste/vnd sprach/Herr/dein pfund hat zehen pfund erworben. Vnd er sprach zu jm/Ey du fromer knecht/die weil du bist im geringesten trew gewesen/soltu macht haben vber zehen stedte. Der ander kam auch/vnd sprach/Herr/dein pfund hat funff pfund getragen. Zu dem sprach er auch/Vnd du solt sein vber funff stedte.

Vnd der dritte kam/vnd sprach/Herr/sihe da/hie ist dein pfund/ welchs ich habe im schweis tuch behalten/ich furchte mich fur dir/ denn du bist ein harter man/du nimpst/das du nicht gelegt hast/vnd erndtest/das du nicht geseet hast. Er sprach zu jm/Aus deinem munde richte ich dich/du schalck/Wustestu/das ich ein harter man bin/ neme/das ich nicht gelegt habe/vnd erndte/das ich nicht geseet habe/warumb hastu denn mein gelt nicht jnn die wechsel banck gegeben? Vnd wenn ich komen were/hette ichs mit wucher erfoddert.

Vnd er sprach zu denen/die da bey stunden/Nemet das pfund von jm/vnd gebets dem/der zehen pfund hat. Vnd sie sprachen zu jm/ Herr/hat er doch zehen pfund. Ich sage euch aber/Wer da hat dem wird gegeben werden/Von dem aber der nicht hat/wird auch das genomen werden/das er hat. Doch jhene meine feinde/die nicht wolten/das ich vber sie herschen solte/bringet her/vnd erwürget sie fur mir. Vnd als er solchs saget/zoch er fort/vnd reisete hinauff gen Jerusalem.

Vnd es begab sich/als er nahet gen Bethphage vnd Bethanien/ vnd kam an den öleberg/sandte er seiner Jünger zween/vnd sprach/ Gehet hin jnn den marckt/der gegen euch ligt/vnd wenn jr hinein kompt/werdet jr ein füllen angebunden finden/auff welchem noch nie kein mensch gesessen ist/löset es ab/vnd bringets/Vnd so euch jemand fraget/warumb jrs ablöset/so saget also zu jm/der Herr darff sein. Matth xxj. Mar.xj.

Vnd die gesandten giengen hin/vnd funden wie er jnen gesagt hatte. Da sie aber das füllen ablöseten/sprachen seine herrn zu jm/Warumb löset jr das füllen ab? Sie aber sprachen/Der Herr bedarff sein. Vnd sie brachtens zu Jhesu/vnd worffen jre kleider auff das füllen/ vnd satzten Jhesum drauff. Da er nu hin zog/breiteten sie jre kleider auff den weg.

Vnd da er nahe hinzu kam/vnd zoch den Oleberg erab/fieng an der gantze hauffe seiner Jünger/mit freuden Gott zu loben mit lauter stimme

Sanct Lucas. LIIII.

ter stimme/vber alle thaten/die sie gesehen hatten/vnd sprachen/Gelobet sey der da kompt ein König jnn dem namen des Herrn/ Friede sey im himel vnd ehre jnn der höhe. Vnd etliche der Phariseer im volck sprachen zu jm/Meister/straffe doch deine Jünger. Er antwortet / vnd sprach zu jnen/Ich sage euch/wo diese werden schweigen/ so werden die steine schreien.

Vnd als er nahe hinzu kam/sahe er die Stad an / vnd weinet vber sie/vnd sprach/Wenn du es wüstest/so würdestu auch bedencken/zu dieser deiner zeit/was zu deinem fride dienet / Aber nu ists fur deinen augen verborgen/Denn es wird die zeit vber dich komen / das deine feinde werden vmb dich vnd deine kinder mit dir / eine wagenburg schlahen/dich belegern/vnd an allen örten engsten / vnd werden dich schleiffen/vnd keinen stein auff dem andern lassen / darumb/das du nicht erkennet hast die zeit/darinnen du heimgesucht bist.

Matth rxj. Mar.xj. Isaie. lvj.
Vnd er gieng jnn den Tempel / vnd fieng an aus zutreiben die drinnen verkaufften vnd kaufften/vnd sprach zu jnen / Es stehet geschrieben/Mein Haus ist ein bet haus/jr aber habts gemacht zur mörder gruben. Vnd leret teglich im Tempel. Aber die hohen priester vnd Schrifftgelerten/vnd die furnemesten im volck / trachten jm nach/ das sie jn vmbbrechten / vnd funden nicht / wie sie jm thun solten/ Denn alles volck hieng jm an/vnd höret jn.

XX.

Mat.xxj Mar.xj.
Vnd es begab sich der tage einen/da er das volck leret im Tempel/vnd prediget das Euangelion / Da tratten zu jm die Hohen priester vnd Schrifftgelerten mit den Eltesten/vnd sagten zu jm/vnd sprachen/Sage vns/Aus waser macht thustu das? odder wer hat dir die macht gegeben? Er aber antwortet vnd sprach zu jnen / Ich wil euch auch ein wort fragen/saget mirs. Die Tauffe Johannis/ war sie vom himel odder von menschen? Sie aber gedachten bey sich selbs/ vnd sprachen / Sagen wir / vom himel / so wird er sagen / warumb habt jr jm denn nicht gegleubt? Sagen wir aber / von menschen / so wird vns alles volck steinigen/denn sie stehen drauff / das Johannes ein Prophet sey. Vnd sie antworten/sie wüstens nicht / wo er her were. Vnd Jhesus sprach zu jnen/So sage ich euch auch nicht / aus waser macht ich das thu.

Mat.xxj Mat.xij
Er fieng aber an zu sagen dem volck diese gleichnis / Ein mensch pflantzet einen weinberg/vnd thet jn den weingartnern aus/vnd zoch vber land ein gute zeit. Vnd zu seiner zeit sandte er einen knecht zu den weingartnern/das sie jm geben von der frucht des weinberges / Aber die weingartner steupten jn/vnd liessen jn leer von sich. Vnd vber das/ sandte er noch einen andern knecht / Sie aber steupten den selbigen auch/vnd höneten jn/vnd liessen jn leer von sich. Vnd vber das sandte er den dritten/Sie aber verwundeten den auch / vnd stiessen jn hinaus. Da sprach der Herr des weinberges / Was sol ich thun? Ich wil meinen lieben Son senden/villeicht/wenn sie den sehen/werden sie sich schewen.

Da aber die weingartner den son sahen/dachten sie bey sich selbs/ vnd sprachen/Das ist der erbe/komet/lasset vns jn tödten / das das erbe vnser

Euangelion

erbe vnser sey. Vnd sie stiessen jn hinaus fur den weinberg / vnd tödten jn. Was wird nu der Herr des weinberges den selbigen thun? Er wird komen / vnd diese weingartner vmbbringen / vnd seinen weinberg andern aus thun. Da sie das höreten / sprachen sie / das sey ferne.

Er aber sahe sie an / vnd sprach / Was ist denn das / das geschrieben stehet / Der stein den die bawleute verworffen haben / ist ein Eckstein worden? Welcher auff diesen stein fellet / der wird zurschellen / auff welchen aber er fellet / den wird er zumalmen. Vnd die Hohen priester vnd Schrifftgelerten trachten darnach / wie sie die hende an jn legten zu der selbigen stunde / vnd furchten sich fur dem volck / denn sie vernamen / das er auff sie diese gleichnis gesagt hatte. _{Mat. xxj.} _{Mat. rj}

Vnd sie hielten auff jn / vnd sandten laurer aus / die sich stellen solten / als weren sie frum / auff das sie jn jnn der rede fiengen / damit sie jn vberantworten kondten der oberkeit vnd gewalt des Landpflegers. Vnd sie fragten jn vnd sprachen / Meister / wir wissen / das du auffrichtig redest vnd lerest / vnd achtest keines menschen ansehen / sondern du lerest den weg Gottes recht / Jsts recht / das wir dem Keiser den schos geben oder nicht? Er aber merckte jre liste / vnd sprach zu jnen / Was versuchet jr mich? zeiget mir den groschen / wes bilde vnd vberschrifft hat er? Sie antworten vnd sprachen / Des Keisers. Er aber sprach zu jnen / So gebt dem Keiser / was des Keisers ist / vnd Gotte was Gottes ist. Vnd sie kondten sein wort nicht taddeln fur dem volck / vnd verwunderten sich seiner antwort / vnd schwigen stille. _{Matt. xxij.} _{Mat. xij} _{Deut. xvj}

Da tratten zu jm etliche der Saduceer / welche da halten / es sey kein aufferstehen / vnd fragten jn vnd sprachen / Meister / Moses hat vns geschrieben / So jemands bruder stirbet / der ein weib hat / vnd stirbet erblos / so sol sein bruder das weib nemen / vnd seinem bruder einen samen erwecken. Nu waren sieben brüder / der erste nam ein weib / vnd starb erblos / Vnd der ander nam das weib / vnd starb auch erblos / Vnd der dritte nam sie / Des selbigen gleichen alle sieben / vnd liessen keine kinder / vnd storben / Zu letzt nach allen / starb auch das weib. Nu jnn der aufferstehung / welches weib wird sie sein vnter denen? denn alle sieben haben sie zum weibe gehabt.

Vnd Jhesus antwortet vnd sprach zu jnen / Die kinder dieser welt freien vnd lassen sich freien / welche aber wirdig sein werden / jhene welt zuerlangen / vnd die aufferstehung von den todten / die werden wedder freien noch sich freien lassen / denn sie können hinfurt nicht sterben / denn sie sind den Engeln gleich vnd Gottes kinder / die weil sie kinder sind der aufferstehung. Das aber die todten aufferstehen / hat auch Moses gedeutet bey dem pusch / da er den Herrn heisset / Gott Abraham / vnd Gott Jsaac / vnd Gott Jacob. Gott aber ist nicht der todten / sondern der lebendigen Gott / denn sie leben jm alle. Da antworten etliche der Schrifftgelerten / vnd sprachen / Meister / du hast recht gesagt. Vnd sie thursten jn fürder nichts mehr fragen. _{Exo. iij} _{Matt. xxij.} _{Mat. xij} _{psalm c} _{Matt. xxiij.} _{Mat. xij}

Er sprach aber zu jnen / Wie sagen sie / Christus sey Dauids son? vnd er selbs Dauid sprich im Psalm buch / Der Herr hat gesagt zu meinem Herrn / setze dich zu meiner rechten / bis das ich lege deine feinde zum schemel deiner füsse. Dauid nennet jn einen Herrn / wie ist er denn sein son?

Da aber alles volck zuhöret / sprach er zu seinen Jüngern / Hütet euch

Sanct Lucas. LV.

euch fur den Schrifftgelerten / die da wöllen einher tretten jnn langen kleidern/ vnd lassen sich gerne grüssen auff dem marckte / vnd sitzen gerne oben an jnn den Schulen/ vnd vber tisch / Sie fressen der widwen heuser / vnd wenden lange gebet fur / die werden deste schwerer verdamnis empfahen.

XXI.

Mat. rj.

E R sahe aber auff / vnd schawete die reichen / wie sie jre opffer einlegten jnn den Gottes kasten / Er sahe aber auch eine arme widwe / die legte zwey scherflin ein / vnd er sprach / Warlich ich sage euch / diese arme widwe hat mehr denn sie alle eingelegt / Denn diese alle haben aus jrem vberflus eingelegt / zu dem opffer Gottes / sie aber hat von jrem armut alle jre narung / die sie hat / eingelegt.

Matth. xxiiij. Mar. xiij.

Vnd da etliche sagten von dem Tempel / das er geschmückt were von feinen steinen vnd kleinoten / sprach er / Es wird die zeit komen / jnn welcher / des alles das jr sehet / nicht ein stein auff dem andern gelassen wird / der nicht zubrochen werde. Sie fragten jn aber / vnd sprachen / Meister / wenn sol das werden? vnd welchs ist das zeichen / wenn das geschehen wird?

Er aber sprach / sehet zu / lasset euch nicht verfüren / denn viel werden komen jnn meinem namen / vnd sagen / ich sey es / vnd die zeit ist erbey komen / Folget jnen nicht nach. Wenn jr aber hören werdet von kriegen vnd empörungen / so entsetzet euch nicht / denn solchs mus zuuor geschehen / aber das ende ist noch nicht so bald da. Da sprach er zu jnen / Ein volck wird sich erheben vber das ander / vnd ein Reich vber das ander / vnd werden geschehen grosse erdbebung hin vnd widder / thewr zeit vnd pestilentz / auch werden schrecknis vnd grosse zeichen vom himel geschehen.

Mat. x. Mar. xiij.

Aber vor diesem allen werden sie die hende an euch legen vnd verfolgen / vnd werden euch vberantworten jnn jre Schulen vnd gefengnisse / vnd fur könige vnd fürsten zihen / vmb meines namen willen / das wird euch aber widderfaren zu einem zeugnis. So nemet nu zu hertzen / das jr nicht sorget / wie jr euch verantworten solt / Denn ich wil euch mund vnd weisheit geben / welcher nicht sollen widdersprechen mügen noch widderstehen / alle ewer widderwertigen. Jr werdet aber vberantwortet werden von den Eltern / brüdern / gefreundten / vnd freunden / vnd sie werden ewer etliche tödten / Vnd jr werdet gehasset sein von jderman / vmb meines namen willen / Vnd ein har von ewrem heubt sol nicht vmbkomen. Fasset ᵃ ewre seelen mit gedult.

Matth. xxiiij. Mat. xiij.

Wenn jr aber sehen werdet Jerusalem belegert mit einem heer / so mercket / das erbey komen ist jre verwüstunge / Als denn / wer jnn Judea ist / der flihe auff das gebirge / vnd wer mitten drinnen ist / der weiche heraus / vnd wer auff dem lande ist / der kome nicht hinein. Denn das sind die tage der rache / das erfüllet werde alles was geschrieben ist. Weh aber den schwangern vnd seugerin jnn den selbigen tagen / denn es wird grosse not auff erden sein / vnd ein zorn vber dis volck / vnd sie werden fallen durch des schwerds scherffe / vnd gefangen gefürt vnter alle völcker / vnd Jerusalem wird zutretten werden von den Heiden / bis das der ᵇ Heiden zeit erfüllet wird.

Vnd es werden zeichen geschehen an der Sonnen vnd Mond vnd sternen / vnd

---

ᵃ (Fasset)
Das ist / lasst ewer seele nicht vngedultig werden.

ᵇ (Heiden zeit)
Jerusalem mus vnter den Heiden sein / bis die Heiden zum glauben bekert werden / das ist / bis ans ende der welt / denn der Tempel wird nicht widder auffkomen / Hag. j.

Euangelion

nen/vnd auff erden wird den leuten bange sein / vnd werden zagen/ vnd das meer vnd die wasserwogen werden brausen / vnd die menschen werden verschmachten/fur furchte vnd fur warten der dinge/ die komen sollen auff erden / Denn auch der himel krefſte/ſich bewegen werden. Vnd als denn werden sie sehen des menschen Son komen inn der wolcken / mit grosser krafft vnd herrligkeit. Wenn aber dieses anfehet zu geschehen / so sehet auff/vnd hebt ewer heubter auff/darumb/das sich ewer erlösung nahet. *Matth. xxiiij. March. xiij.*

Vnd er saget jnen ein gleichnis/Sehet an den feigenbaum vnd alle beume/wenn sie itzt ausschlahen / so sehet jrs an jnen/vnd mercket/ das itzt der sommer nahe ist. Also auch jr / wenn jr dis alles sehet angehen / so wisset / das das Reich Gottes nahe ist / Warlich ich sage euch/dis geschlecht wird nicht vergehen / bis das es alles geschehe/ Himel vnd erden vergehen / aber meine wort vergehen nicht.

Aber hütet euch / das ewere hertzen nicht beschweret werden mit fressen vnd sauffen / vnd mit sorgen der narunge / vnd kome dieser tag schnell vber euch. Denn wie ein fall strick wird er komen / vber alle die auff erden wonen. So seid nu wacker alle zeit / vnd betet / das jr wirdig werden müget zu entfliehen diesem allem / das geschehen sol / vnd zu stehen fur des menschen Son.

Vnd er leret des tages im Tempel/des nachts aber gieng er hinaus/vnd bleib vbernacht am Oleberge/Vnd alles volck machet sich frue auff zu jm/im Tempel/jn zu hören.

XXII.

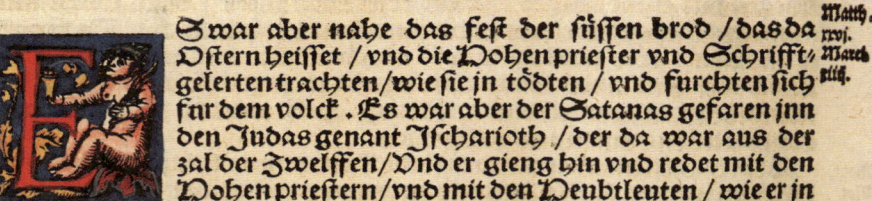

Es war aber nahe das fest der süssen brod / das da Ostern heisset / vnd die Hohen priester vnd Schrifftgelerten trachten/wie sie jn tödten / vnd furchten sich fur dem volck. Es war aber der Satanas gefaren inn den Judas genant Ischarioth / der da war aus der zal der Zwelffen/Vnd er gieng hin vnd redet mit den Hohen priestern/vnd mit den Heubtleuten/wie er jn wolte jnen vberantworten. Vnd sie worden fro / vnd gelobten jm gelt zu geben. Vnd er versprach sich / vnd suchte gelegenheit / das er jn vberantwortet on rumor. *Matth. xxvj. March. xiij.*

Es kam nu der tag der süssen brod / auff welchen man mustte opffern das Osterlamb. Vnd er sandte Petron vnd Johannen / vnd sprach/Gehet hin / bereitet vns das Osterlamb / auff das wirs essen. Sie aber sprachen zu jm / Wo wiltu / das wirs bereiten? Er sprach zu jnen/Sihe/wenn jr hinein kompt jnn die Stad / wird euch ein mensch begegen/ der tregt einen wasserkrug / folget jm nach jnn das haus/da er hinein gehet/vnd saget zu dem haushern / Der Meister lesst dir sagen/wo ist die herberge / darinne ich das Osterlamb essen müge mit meinen Jüngern? Vnd er wird euch einen grossen gepflasterten saal zeigen/da selbs bereitet es. Sie giengen hin/vnd funden / wie er jnen gesagt hatte / vnd bereiteten das Osterlamb. *Matth. xxvj. March. xiij.*

Vnd da die stunde kam/satzte er sich nidder / vnd die zwelff Apostel mit jm. Vnd er sprach zu jnen / Mich hat hertzlich verlanget dis Osterlamb mit euch zu essen / ehe denn ich leide / Denn ich sage euch/ das ich hinfurt nicht mehr dauon essen werde/bis das erfüllet werde im Reich Gottes. Vnd er nam den Kelch/dancket vnd sprach/Nemet den selbigen / vnd teilet jn vnter euch / Denn ich sage euch / ich werde nicht trin-

Sanct Lucas. LVI.

Matth. xxvj.
Mar. xiiij.

nicht trincken von dem gewechse des weinstocks/ bis das Reich Gottes kome.

Vnd er nam das brod/ dancket vnd brachs/ vnd gabs jnen/ vnd sprach/ Das ist mein Leib/ der fur euch gegeben wird/ Das thut zu meinem gedechtnis. Desselbigen gleichen auch den kelch/ nach dem abentmal/ vnd sprach/ Das ist der kelch/ das newe testament jnn meinem Blut/ das fur euch vergossen wird.

Doch sihe/ die hand meines verrheters/ ist mit mir vber tische/ Vnd zwar des menschen Son gehet hin/ wie es beschlossen ist/ Doch weh dem selbigen menschen/ durch welchen er verrhaten wird. Vnd sie fiengen an zu fragen vnter sich selbs/ welcher es doch were vnter jnen/ der das thun würde?

Mat. xx.
Mar. x.

Es erhub sich auch ein zanck vnter jnen/ welcher vnter jnen solte fur den grösten gehalten werden. Er aber sprach zu jnen/ Die weltlichen Könige herschen/ vnd die gewaltigen heisset man Gnedige herrn/ Jr aber nicht also/ sondern der grössest vnter euch/ sol sein wie der jüngste/ vnd der furnemeste wie ein diener. Denn welcher ist der grössest? der zu tische sitzt? odder der da dienet? Jsts nicht also/ das der zu tische sitzt? Jch aber bin vnter euch/ wie ein diener/ jr aber seids/ die jr beharret habt bey mir/ jnn meine anfechtungen/ vnd ich wil euch das Reich bescheiden/ wie mir mein Vater bescheiden hat/ das jr essen vnd trincken solt vber meinem tische jnn meinem Reich/ vnd sitzen auff stülen/ vnd richten die zwelff geschlecht Jsrael

Matth. xxvj.
Mar. xiiij.

Der Herr aber sprach/ Simon/ Simon/ sihe/ der Satanas hat ewer begert/ das er euch möcht sichten wie den weitzen/ Jch aber hab fur dich gebeten/ das dein glaub nicht auffhöre/ vnd wenn du der mal eins dich bekerest/ so stercke deine Brüder. Er sprach aber zu jm/ Herr/ ich bin bereit mit dir jns gefengnis vnd jnn den tod zu gehen. Er aber sprach/ Petre/ ich sage dir/ der han wird heute nicht krehen/ ehe denn du drey mal verleugnet hast/ das du mich kennest.

Vnd er sprach zu jnen/ So offt ich euch gesand hab on beutel/ vnd on taschen/ vnd on schuch/ habt jr auch je mangel gehabt? Sie sprachen/ Nie keinen. Da sprach er zu jnen/ Aber nu/ wer einen beutel hat/ der neme jn/ desselbigen gleichen auch die taschen/ Wer aber nicht hat/ verkeuffe sein kleid/ vnd keuffe ein schwerd. Denn ich sage euch/ Es mus noch das auch volendet werden an mir/ das geschrieben stehet/ Er ist vnter die vbeltheter gerechnet/ Denn was von mir geschrieben ist/ das hat ein ende. Sie sprachen aber/ Herr/ sihe/ hie sind zwey schwerd. Er aber sprach zu jnen. Es ist gnug.

Esa. liij.

Matth. xxvj.
Mar. iiij.
Johan. xviij.

Vnd er gieng hinaus nach seiner gewonheit an den Oleberg. Es folgeten jm aber seine Jünger nach an den selbigen ort. Vnd als er dahin kam/ sprach er zu jnen/ Betet/ auff das jr nicht jnn anfechtung fallet. Vnd er reis sich von jnen bey einem steinworff/ vnd kniet nidder/ betet vnd sprach/ Vater wiltu/ so nim diesen kelch von mir/ doch nicht mein/ sondern dein wille geschehe. Es erschein jm aber ein Engel vom himel/ vnd sterckt jn. Vnd es kam/ das er mit dem tode rang/ vnd betet hefftiger. Es ward aber sein schweis/ wie bluts tropffen/ die fielen auff die erden. Vnd er stund auff von dem gebet/ vnd kam zu seinen Jüngern/ vnd fand sie schlaffen fur trawrigkeit/ vnd sprach zu jnen/ Was schlaffet jr? stehet auff vnd betet/ auff das jr nicht jnn anfechtung fallet.

Da er aber noch redet/ sihe/ die schar vnd einer von den Zwelffen/ genant

(Es ist gnug) Das ist/ es gilt nicht mehr/ mit dem leiblichen schwerd fechten/ sondern es gilt hinfurt leiden vmb des Euangelij willen/ vnd Creutz tragen/ Denn man kan widder den teuffel nicht mit eisen fechten/ darumb ist not alles dran zu setzen/ vnd nur das geistlich schwerd/ das wort Gottes/ zu fassen.

K ij

Euangelion

genant Juda/ gieng fur jnen her/ vnd nahet sich zu Jhesu/ jn zu küssen. Jhesus aber sprach zu jm/ Juda/ verrethestu des menschen Son mit einem kus? Da aber sahen/ die vmb jn waren/ was da werden wolte/ sprachen sie zu jm/ Herr sollen wir mit dem schwerd drein schlahen? Vnd einer aus jnen schlug des Hohen priesters knecht/ vnd hieb jm sein recht ohr ab. Jhesus aber antwortet vnd sprach/ Lasset sie doch so ferne ᵃ machen. Vnd er ruret sein ohr an/ vnd heilet jn.

Matth. xxvj. Mar. xiiij. Johan. xviij.

ᵃ (So ferne) Lasset sie jren mutwillen vben/ so ferne jn verhenget wirt/ es hat alles seinen richter/ das wir es nicht durffen selbs rechen.

Jhesus aber sprach zu den Hohen priestern vnd ᵇ Heubtleuten des Tempels/ vnd den Eltesten/ die vber jn komen waren/ Jr seid als zu einem mörder mit schwerten vnd mit stangen ausgegangen/ Jch bin teglich bey euch im Tempel gewesen/ vnd jr habt keine hand an mich gelegt/ Aber dis ist ewer stunde/ vnd die macht der finsternis. Sie griffen jn aber vnd füreten jn/ vnd brachten jn jnn des Hohen priesters haus. Petrus aber folgete von fernen.

ᵇ (Heubtleuten) Das waren die/ so von den Jüden vmb den Tempel bestellet waren/ friede zu halten fur dem pöbel.

Da zündten sie ein fewer an mitten im pallast/ vnd satzen sich zu samen/ vnd Petrus satze sich vnter sie. Da sahe jn eine Magd sitzen bey dem liecht/ vnd sahe eben auff jn/ vnd sprach zu jm/ Dieser war auch mit jm. Er aber verleugnet jn/ vnd sprach/ Weib/ ich kenne sein nicht. Vnd vber ein kleine weile sahe jn ein ander/ vnd sprach/ Du bist auch der einer. Petrus aber sprach/ Mensch/ ich bins nicht. Vnd vber eine weile/ bey einer stunde/ bekrefftigets ein ander/ vnd sprach/ Warlich/ dieser war auch mit jm/ denn er ist ein Galileer. Petrus aber sprach/ Mensch/ ich weis nicht was du sagest. Vnd als bald/ da er noch redet/ krehet der han/ Vnd der Herr wandte sich/ vnd sahe Petern an/ Vnd Petrus gedachte an des Herrn wort/ als er zu jm gesagt hatte/ ehe denn der Han krehet/ wirstu mich drey mal verleugnen. Vnd Petrus gieng hinaus/ vnd weinet bitterlich.

Matth. xxvj. Mar. xiiij. Johan. xviij.

Die menner aber/ die Jhesum hielten/ verspotteten jn vnd schlugen jn/ verdecketen jn/ vnd schlugen jn jns angesichte/ vnd fragten jn vnd sprachen/ Weissage/ wer ists/ der dich schlug? Vnd viel andere lesterungen sagten sie widder jn.

Matth. xxvj. Mar. xiiij. Johan. xviij.

Vnd als es tag ward/ samleten sich die Eltesten des volcks/ die Hohen priester vnd Schrifftgelerten/ vnd füreten jn hinauff fur jren Rat vnd sprachen/ Bistu Christus? sage es vns/ Er sprach aber zu jnen/ Sage ichs euch/ so gleubet jr nicht/ frage ich aber/ so antwortet jr nicht/ vnd lasset mich doch nicht los/ Darumb von nu an wird des menschen Son sitzen zur rechten hand der krafft Gottes. Da sprachen sie alle/ Bistu denn Gottes Son? Er sprach zu jnen/ Jr sagets/ denn ich bins. Sie aber sprachen/ Was dürffen wir weiter zeugnis? wir habens selbs gehöret aus seinem munde.

XXIII.

Vnd der gantze hauffe stund auff/ vnd füreten jn fur Pilaton/ vnd fiengen an jn zu verklagen/ vnd sprachen/ Diesen finden wir/ das er das volck abwendet/ vnd verbeut dem Schos dem Keiser zu geben/ vnd spricht/ er sey Christus ein König. Pilatus aber fraget jn/ vnd sprach/ Bistu der Jüden König? Er antwortet jm vnd sprach/ Du sagests. Pilatus sprach zu den Hohen priestern vnd zum volck/ Jch finde kein vrsach an diesem menschen. Sie aber hielten an/ vnd sprachen/ Er hat das volck erreget/ damit/ das er geleret hat hin vnd her im gantzen Jüdischen lande/ vnd hat jnn Galilea angefangen/ bis hie her. Da aber

Matth. xxvij. Mar. xv. Johan. xviij.

Sanct Lucas. LVII.

Da aber Pilatus Galilean höret/fraget er/ob er aus Galilea were/ Vnd als er vernam/das er vnter Herodes öberkeit gehöret/vbersandte er jn zu Herodes/welcher jnn den selbigen tagen auch zu Jerusalem war. Da aber Herodes Jhesum sahe/ward er seer fro/den er hette jn langest gerne gesehen/denn er hatte viel von jm gehöret/vnd hoffet/er würde ein zeichen von jm sehen/vñ er fraget jn mancherley/Er antwortet jm aber nichts. Die Hohen priester aber vnd Schrifftgelerten stunden vnd verklagten jn hart. Aber Herodes mit seinem Hofgesinde verachtet vnd verspottet jn/leget jm ein weis kleid an/vnd sandte jn widder zu Pilato. Auff den tag wurden Pilatus vnd Herodes freunde mit einander/denn zuuor waren sie einander feind.

Pilatus aber rieff die Hohen priester/vnd die öbersten vnd das volck zusamen/vnd sprach zu jnen/Jr habt diesen menschen zu mir bracht/als der das volck abwende/vnd sihe/ich hab jn fur euch verhöret/vnd finde an dem menschen der sache keine/der jr jn beschuldiget/ Herodes auch nicht/Denn ich habe euch zu jm gesand/vnd sihe/ man hat nichts auff jn bracht/das des todes werd sey/darumb wil ich jn züchtigen vnd los lassen. Denn er musste jn einen nach gewonheit des Festes los geben.

Matth. xxvij. Marc. xv. Johan. xix.

Da schrey der gantze hauffe/vnd sprach/Hinweg mit diesem/vnd gib vns Barrabam los/welcher war vmb einer auffrhur/die jnn der stad geschach/vnd vmb eines mords willen jns gefengnis geworffen. Da rieff Pilatus abermal zu jnen/vnd wolte Jhesum los lassen. Sie rieffen aber vnd sprachen/Creutzige/Creutzige jn. Er aber sprach zum dritten mal zu jnen/Was hat denn dieser vbels gethan? Ich finde keine vrsach des todes an jm/darumb wil ich jn züchtigen vnd los lassen. Aber sie lagen jm an mit grossem geschrey/vnd fodderten/das er gecreutziget wurde/Vnd jr vnd der Hohen priester geschrey nam vber hand.

Pilatus aber vrteilet/das jr bitte geschehe/vnd lies den los/der vmbs auffrhurs vnd mords willen war jns gefengnis geworffen/ vmb welchen sie baten/aber Jhesum vbergab er jrem willen. Vnd als sie jn hin füreten/er griffen sie einen/Simon von Kyrenen/der kam vom felde/vnd legten das creutz auff jn/das ers Jhesu nach trüge.

Es folget jm aber nach ein grosser hauffe volcks vnd weiber/die klagten vnd beweineten jn. Jhesus aber wandte sich vmb zu jnen/ vnd sprach/Jr töchter von Jerusalem/weinet nicht vber mich/sondern weinet vber euch selbs/vnd vber ewre kinder. Denn sihe/Es wird die zeit komen/jnn welcher man sagen wird/Selig sint die vnfruchtbarn/vnd die leibe die nicht geborn haben/vnd die brüste die nicht gesenget haben. Denn werden sie anfahen zu sagen zu den bergen/fallet vber vns/vnd zu den hügeln/decket vns/Denn so man das thut am grünen holtz/was wil am dürren werden?

Ose. x.

Es worden aber auch hin gefurt zween ander vbeltheter/das sie mit jm abgethan würden. Vnd als sie kamen an die stete/die da heisst Scheddelstet/creutzigeten sie jn daselbs/vnd die vbeltheter mit jm/einen zur rechten/vnd einen zur lincken. Jhesus aber sprach/Vater vergib jnen/denn sie wissen nicht was sie thun. Vnd sie teileten seine kleider/vnd wurffen das los darumb/vnd das volck stund vnd sahe zu.

Matth. xxvij. Marc. xv. Johan. xix.

Vnd die öbersten sampt jnen/spotteten sein vnd sprachen/Er hat andern geholffen/er helffe im selber/ist er Christ/der auserwelete Gottes. Es verspotteten jn auch die kriegsknechte/tratten zu jm/vnd brachten

Euangelion

brachten jm essig/vnd sprachen/Bistu der Juden könig/so hilff dir selber. Es war auch oben vber jm geschrieben die vberschrifft/mit Griechischen vnd Latinischen vnd Ebreischen buchstaben/Dis ist der Juden könig.

Aber der vbeltheter einer / die da gehenckt waren/lesterte jn vnd sprach/Bistu Christus/so hilff dir selbs vnd vns. Da antwortet der ander/straffet jn vnd sprach / Vnd du fürchtest dich auch nicht fur Gott: der du doch jnn gleicher verdamnis bist/Vnd zwar wir sind billich drinnen/denn wir empfahen was vnser thaten werd sind / dieser aber hat nichts vngeschicktes gehandelt / Vnd sprach zu Jhesu/ Verr/gedencke an mich/wenn du jnn dein Reich komest. Vnd Jhesus sprach zu jm/Warlich ich sage dir/heute wirstu mit mir im Paradis sein.

Vnd es war vmb die Sechste stunde / Vnd es ward ein finsternis vber das gantze land/bis an die neunde stunde. Vnd die Sonne verlor jren schein. Vnd der vorhang des Tempels zureis mitten entzwey. Vnd Jhesus rieff laut vnd sprach / Vater/ich befelh meinen geist jnn deine hende. Vnd als er das gesaget/verschied er. Da aber der Heubtman sahe/was da geschach / preisete er Gott vnd sprach / Furwar dieser ist ein fromer mensch gewesen. Vnd alles volck das da bey war/ vnd zu sahe / da sie sahen / was da geschach / schlugen sich an jre brust/vnd wandten widderumb. Es stunden aber alle seine verwandten von fernen/vnd die weiber/die jm aus Galilea waren nachgefolget / vnd sahen das alles.

Vnd sihe/Ein man mit namen Joseph / ein Rat herr / der war ein guter fromer man/der hatte nicht bewilliget jnn jren Rat vnd handel/ der war von Arimathia der stad der Juden / der auch auff das Reich Gottes wartet/der gieng zu Pilato vñ bat vmb den leib Jhesu/ vnd nam jn ab/wickelt jn jnn linwad / vnd leget jn jnn ein gehawen grab / darinn niemand je gelegen war. Vnd es war der Rüstag / vnd der Sabbath brach an. Es folgeten aber die weiber nach / die mit jm komen waren aus Galilea/vnd beschaweten das grab / vnd wie sein leib gelegt ward. Sie kereten aber vmb / vnd bereiteten die specerey vnd salben / vnd den Sabbath vber waren sie stille nach dem Gesetz.

XXIIII.

Ber an der Sabbather einem seer frue / kamen sie zum grabe vnd trugen die specerey die sie bereitet hatten/vnd etliche mit jnen. Sie funden aber den stein abgeweltzet von dem grabe / vnd giengen hinein / vnd funden den leib des Verrn Jhesu nicht. Vnd da sie darumb bekümmert waren /sihe/ da tratten bey sie zween menner mit glentzenden kleidern/vnd sie erschracken vnd schlugen jre angesichte nidder zu der erden. Da sprachen die zu jnen/Was suchet jr den lebendigen bey den todten? Er ist nicht hie/Er ist aufferstanden / Gedencket dran / wie er euch saget / da er noch jnn Galilea war / vnd sprach/Des menschen Son mus vberantwortet werden jnn die hende der sunder/vnd gecrentziget werden/ vnd am dritten tage aufferstehen. Vnd sie gedachten an seine wort. Vnd sie giengen widder vom grabe / vnd verkündigeten das alles den Eilffen

Matth. xviij.
Matth. xvj.
Johan. ix.

Sanct Lucas. LVIII.

den Eilfften vnd den andern allen. Es war aber Maria Magdalena vnd Johanna/ vnd Maria Jacobi/ vnd andere mit jnen/ die solchs den Aposteln sageten. Vnd es dauchte sie jre wort eben als werens merlin/ vnd gleubten jnen nicht. Petrus aber stund auff/ vnd lieff zum grabe/ vnd bücket sich hinein/ vnd sahe die leinen tücher alleine ligen/ vnd gieng dauon / vnd es nam jn wunder/ wie es zu gienge.

Vnd sihe/ zween aus jnen giengen an dem selbigen tage jnn einen Flecken/ der war von Jerusalem sechtzig feld wegs weit/ des namen heisst Emmahus/ vnd sie redeten mit einander von allen diesen geschichten. Vnd es geschach/ da sie so redeten vnd befragten sich mit einander/ nahet Jhesus zu jnen/ vnd wandelte mit jnen/ aber jre augen wurden gehalten/ das sie jn nicht kandten.   Er sprach aber zu jnen/ Was sind das fur rede/ die jr zwischen euch handelt vnter wegen/ vnd seid trawrig? Da antwortet einer mit namen Cleophas/ vnd sprach zu jm/ Bistu allein vnter den fremblingen zu Jerusalem/ der nicht wisse was jnn diesen tagen drinnen geschehen ist? Vnd er sprach zu jnen/ welchs?

Sie aber sprachen zu jm / das/ von Jhesu von Nazareth/ welcher war ein Prophet/ mechtig von thaten vnd worten/ fur Gott vnd allem volck/ wie jn vnser hohen priesten vnd obersten vberantwortet haben zum verdamnis des todes/ vnd gecreutziget. Wir aber hoffeten/ er solte Israel erlosen/ Vnd vber das alles/ ist heute der dritte tag/ das solchs geschehen ist. Auch haben vns erschreckt etliche weiber der vnsern/ die sind frue bey dem grabe gewesen/ haben seinen leib nicht funden/ komen vnd sagen/ sie haben ein gesichte der Engel gesehen/ welche sagen/ er lebe/ Vnd etliche vnter vns giengen hin zum grabe/ vnd fundens also/ wie die weiber sagten/ aber jn funden sie nicht.

Vnd er sprach zu jnen/ O jr thoren vnd tregs hertzen/ zu gleuben alle dem/ das die Propheten gered haben/ Muste nicht Christus solches leiden/ vnd zu seiner herrligkeit eingehen? Vnd fieng an von Mose vnd allen Propheten/ vnd leget jnen alle Schrifft aus/ die von jm gesagt waren. Vnd sie kamen nahe zum Flecken/ da sie hin giengen/ vnd er stellet sich/ als wolt er furder gehen/ Vnd sie nötigeten jn/ vnd sprachen/ Bleib bey vns/ denn es wil abend werden/ vnd der tag hat sich geneiget. Vnd er gieng hinein bey jnen zu bleiben.

Vnd es geschach/ da er mit jnen zu tische sass/ nam er das brod/ dancket/ brachs/ vnd gabs jnen. Da wurden jre augen geöffnet/ vnd erkenneten jn. Vnd er verschwand fur jnen. Vnd sie sprachen vnternander / Brandte nicht vnser hertze jnn vns/ da er mit vns redet auff dem wege/ als er vns die Schrifft öffnet? Vnd sie stunden auff zu der selbigen stunde/ kereten widder gen Jerusalem/ vnd funden die Eilffe versamlet/ vnd die bey jnen waren/ welche sprachen/ Der Herr ist warhafftig aufferstanden/ vnd Simoni erschienen. Vnd sie erzeleten jnen/ was auff dem wege geschehen war/ vnd wie er von jnen erkand were/ an dem/ da er das brod brach.

Joh. xx. Da sie aber dauon redten/ trat er selbs Jhesus mitten vnter sie/ vnd sprach zu jnen/ Friede sey mit euch/ Sie erschracken aber vnd furchten sich/ meineten/ sie sehen einen geist. Vnd er sprach zu jnen/ Was

Euangelion

seid jr so erschrocken? vnd warumb komen solche gedancken jnn ewer hertz? Sehet meine hende vnd meine füsse / ich bins selber / Fület mich vnd sehet / denn ein geist hat nicht fleisch vnd beine / wie jr sehet / das ich habe. Vnd da er das saget / zeiget er jnen hende vnd füsse. Da sie aber noch nicht gleubeten fur freuden / vnd sich verwunderten / sprach er zu jnen / Habt jr hie etwas zu essen? Vnd sie legten jm fur ein stück vom gebraten fisch vnd honigseims. Vnd er nams vnd ass fur jnen.

Er aber sprach zu jnen / Das sind die rede / die ich zu euch saget / da ich noch bey euch war / Denn es mus alles erfüllet werden / was von mir geschrieben ist im gesetz Mosi / jnn den Propheten / vnd jnn Psalmen. Da öffenet er jnen das verstentnis / das sie die Schrifft verstunden / vnd sprach zu jnen / Also ists geschrieben / vnd also muste Christus leiden / vnd aufferstehen von den todten am dritten tage / vnd predigen lassen jnn seinem namen / busse vn vergebung der sunde vnter allen völckern / vnd anheben zu Jerusalem. Jr aber seid des alles zeugen / Vnd sihe / ich wil auff euch senden die verheissung meines Vaters / jr aber solt jnn der stad Jerusalem bleiben / bis das jr angethan werdet mit krafft aus der Höhe.

Er füret sie aber hinaus bis gen Bethania / vnd hub die hende auff / vnd segnet sie. Vnd es geschach / da er sie segnet / schied er von jnen / vnd fuhr auff gen himel. Sie aber betten jn an / vnd kereten widder gen Jerusalem mit grosser freude / vnd waren allwege im Tempel / preiseten vnd lobeten Gott.

✠

Jm anfan

Euangelion Sanct Johannes. LIX.

I.

Gene. j.

JM anfang war das wort/ vnd das Wort war bey Gott/ vnd Gott war das Wort/ dasselbige war im anfang bey Gott/ Alle ding sind durch dasselbige gemacht/ vnd on dasselbige ist nichts gemacht/ was gemacht ist/ Jnn jm war das leben/ vnd das leben war das liecht der menschen/ vnd das liecht scheinet jnn der finsternis/ vnd die finsternis habens nicht begriffen.

Mat. iij
Marc.j.
Luce.iij.

Es ward ein mensch von Gott gesand/ der hies Johannes/ der selbige kam zum zeugnis/ das er von dem Liecht zeugete/ auff das sie alle durch jn gleubten/ Er war nicht das liecht/ sondern das er zeugete von dem liecht/ Das war das warhafftige liecht/ welchs ᵃ alle menschen erleuchtet/ die jnn diese welt komen/ Es war jnn der welt/ vnd die welt ist durch dasselbige gemacht/ vnd die welt kandte es nicht.

Er kam jnn sein eigenthum/ vnd die seinen namen jn nicht auff/ Wie viel jn aber auffnamen/ denen gab er macht/ Gottes kinder zu werden/ die da an seinen namen gleuben/ welche nicht von dem geblüt/ noch von dem willen des fleisches/ noch von dem willen eines mannes/ sondern von Gott geboren sind.

ᵃ (Alle menschen) Das ist/ Christus ist das liecht der welt/ der selbige erleucht durchs Euangelion alle menschen/ denn es wird allen creaturen geprediget/ vnd allen furgetragen/ die menschen sind vnd werden.

Vnd

Euangelion

Vnd das Wort ward fleisch/ vnd wonet vnter vns/ vnd wir sahen seine herrligkeit/ eine herrligkeit/ als des eingeboren Sons vom Vater/ voller gnade vnd warheit.

Johannes zeuget von jm/ rufft vnd spricht/ Dieser was es/ von dem ich gesagt habe/ Nach mir wird komen/ der vor mir gewesen ist/ denn er war ehe denn ich/ vnd von seiner fülle haben wir alle genomen/ ᵃ Gnade vmb gnade/ Denn das Gesetz ist durch Mosen geben/ die Gnade vnd Warheit ist durch Jhesum Christ worden. Niemand hat Gott jhe gesehen/ der eingeborne Son/ der jnn des Vaters schos ist/ der hat es vns verkündiget.

Vnd dis ist das zeugnis Johannis/ da die Jüden sandten von Jerusalem Priester vnd Leuiten/ das sie jn fragten/ wer bistu? Vnd er bekandte vnd leugnet nicht/ vnd er bekandte/ ich bin nicht Christus. Vnd sie fragten jn/ Was denn? bistu Elias? Er sprach/ ich bins nicht. Bistu ein Prophet? Vnd er antwortet/ Nein/ Da sprachen sie zu jm/ Was bistu denn? das wir antwort geben/ denen/ die vns gesand haben/ Was sagestu von dir selbs? Er sprach/ Ich bin eine ruffende stimme jnn der wüsten/ Richtet den weg des Herrn/ wie der Prophet Isaias gesagt hat.

Vnd die gesand waren/ die waren von den Phariseern/ vnd fragten jn/ vnd sprachen zu jm/ Warumb teuffestu denn/ so du nicht Christus bist/ noch Elias/ noch ein Prophet? Johannes antwortet jnen/ vnd sprach/ Ich teuffe mit wasser/ aber er ist mitten vnter euch getretten/ den jr nicht kennet/ Der ists/ der nach mir komen wird/ welcher vor mir gewesen ist/ des ich nicht werd bin/ das ich seine schuchriemen aufflöse. Dis geschach zu Betharaba jenseid des Jordans/ da Johannes teuffet.

Des andern tages/ sihet Johannes Jhesum zu jm komen/ vnd spricht/ Sihe/ das ist Gottes Lamb/ welchs der welt sunde tregt/ Dieser ists/ von dem ich euch gesagt habe/ nach mir kompt ein man/ welcher vor mir gewesen ist/ den er war ehe denn ich/ vnd ich kandte jn nicht/ sondern auff das er offenbar würde jnn Israel/ darumb bin ich komen zu teuffen mit wasser.

Vnd Johannes zeugete/ vnd sprach/ Ich sahe das der Geist erab fuhr/ wie eine taube/ vom himel/ vnd bleib auff jm/ vnd ich kandte jn nicht/ aber der mich sandte zu teuffen mit wasser/ der selbige sprach zu mir/ Vber welchem du sehen wirst den Geist erab faren/ vnd auff jm bleiben/ der selbige ists/ der mit dem heiligen Geist teuffet. Vnd ich sahe es/ vnd zeugete/ das dieser ist Gottes Son.

Des andern tages stund abermal Johannes/ vnd zween seiner jünger/ Vnd als er sahe Jhesum wandeln/ sprach er/ Sihe/ das ist Gottes Lamb. Vnd zween seiner jünger höreten jn reden/ vnd folgeten Jhesu nach. Jhesus aber wandte sich vmb/ vnd sahe sie nach folgen/ vnd sprach zu jnen/ Was suchet jr? Sie aber sprachen zu jm/ Rabbi/ (das ist verdolmetscht/ Meister) wo bistu zur herberge? Er sprach zu jnen/ Kompt vnd sehets. Sie kamen vnd sahens/ vnd blieben den selbigen tag bey jm. Es war aber vmb die zehende stunde.

Einer aus den zween/ die von Johanne höreten/ vnd Jhesu nachfolgeten/ war Andreas der bruder Simonis Petri/ Der selbige findet am ersten seinen bruder Simon/ vnd spricht zu jm/ wir haben den Messias funden (welches ist verdolmetscht/ der Gesalbte) vnd füret jn zu
Jhesu

ᵃ (Gnad vmb gnade) Vnser gnade ist vns gegeben/ vmb Christus vnd gnade/ die jm gegeben ist/ das wir durch jn das Gesetz erfüllen vnd den Vater erkennen/ damit heuchley auffhöre/ vnd wir ware rechtschaffene menschen werden.

Mat. iij
Mar. j.
Luc. iij.

Isaie. xl

Odder Bethbara Judic. vij vt misterium consonet.

Mat. iij
Mar. j.
Luc. iij.

(Messias) Christus Griechisch/ Gesalbeter deudsch/ vnd Messias Ebreisch/ ist ein ding.

Sanct Johannes. LX.

Jhesu. Da jn Jhesus sahe/ sprach er/ Du bist Simon Jonas son/ du solt Kephas heissen/ das wird verdolmescht/ ein fels.

Des andern tages/ wolte Jhesus widder jnn Galilean zihen/ vnd findet Philippon/ vnd spricht zu jm/ Folge mir nach. Philippus aber war von Bethsaida/ aus der stad Andreas vnd Peters. Philippus findet Nathanael/ vnd spricht zu jm/ Wir haben den funden/ von welchem Moses jm Gesetz vnd die Propheten geschrieben haben/ Jhesum Josephs son von Nazareth. Vnd Nathanael sprach zu jm/ Was kan von Nazareth gutes komen? Philippus spricht zu jm/ Kom/ vnd sihe es.

Jhesus sahe Nathanael zu sich komen/ vnd spricht von jm/ Sihe/ ein rechter Jsraeliter/ jnn welchem kein falsch ist. Nathanael spricht zu jm/ Wo her kennestu mich? Jhesus antwortet/ vnd sprach zu jm/ Ehe denn dir Philippus rieff/ da du vnter dem feigenbaum warest/ sahe ich dich. Nathanael antwortet/ vnd spricht zu jm/ Rabbi/ du bist Gottes Son/ du bist der König von Jsrael. Jhesus antwortet/ vnd sprach zu jm/ Du gleubest/ weil ich dir gesagt habe/ das ich dich gesehen habe vnter dem feigenbaum/ du wirst noch grössers denn das sehen. Vnd spricht zu jm/ Warlich/ warlich/ sage ich euch/ von nu an werdet jr den Himel offen sehen/ vnd die Engel Gottes hinauff vnd herab faren/ auff des menschen Son.

Gen. xxviij.

II.

Vnd am dritten tage ward eine hochzeit zu Cana jnn Galilea/ vnd die mutter Jhesu war da. Jhesus aber vnd seine Jünger wurden auch auff die Hochzeit geladen. Vnd da es an wein gebrach/ spricht die mutter Jhesu zu jm/ Sie haben nicht wein. Jhesus spricht zu jr/ Weib *a* was habe ich mit dir zu schaffen? meine stunde ist noch nicht komen. Seine mutter spricht zu den dienern/ Was er euch saget/ das thut. Es waren aber alda sechs steinern wasser krüge/ gesetzt nach der weise der Jüdischen reinigung/ vnd gieng jnn jhe einen/ zwey odder drey mas.

a (Forte) Was gehet es mich vnd dich an?

Jhesus spricht zu jnen/ Füllet die wasser krüge mit wasser/ Vnd sie fülleten sie bis oben an. Vnd er spricht zu jnen/ Schepffet nu/ vnd bringets dem Speisemeister. Vnd sie brachtens. Als aber der Speisemeister kostet den wein/ der wasser gewesen war/ vnd wuste nicht von wannen er kam/ die diener aber wustens/ die das wasser geschepffet hatten/ Rüffet der Speisemeister dem Breutgam/ vnd spricht zu jm/ Jderman gibt zum ersten guten wein/ vnd wenn sie truncken worden sind/ als denn den geringern/ Du hast den guten wein bisher behalten.

(Mass) Metretes im Griechischen/ zwo Metreten machen bey vns schier ein eimer weins.

Das ist das Erste zeichen das Jhesus thet/ geschehen zu Cana jnn Galilea/ vnd offenbarte seine herrligkeit. Vnd seine Jünger gleubten an jn. Darnach zoch er hinab gen Capernaum/ Er/ seine mutter/ seine brüder/ vnd seine Jünger/ vnd bleib nicht lange daselbs.

Vnd der Jüden Ostern war nahe/ vnd Jhesus zoch hinauff gen Jerusalem/ vnd fand jm Tempel sitzen/ die da ochsen/ schaff/ vnd tauben veil hatten/ vnd die wechsler. Vnd er machte eine geissel aus stricken/ vnd treib sie alle zum Tempel hinaus/ sampt den schafen vnd ochsen/ vnd verschüttet den wechlern das geld/ vnd sties die tische vmb/ vnd sprach

Euangelion

vnd sprach zu denen/die die tauben veil hatten/Traget das von dannen/vnd machet nicht meines Vaters haus zum kauff hause. Seine Jünger aber gedachten dran/das geschrieben stehet/Der eiuer vmb dein Haus hat mich freffen.

Da antworten nu die Jüden / vnd sprachen zu jm / Was zeigestu vns fur ein zeichen/das du solches thun mügest? Jhesus antwortet/ vnd sprach zu jnen/Brechet diesen Tempel/ vnd am dritten tage wil ich jn auffrichten. Da sprachen die Jüden/Dieser Tempel ist jnn sechs vnd viertzig jaren erbawet/vnd du wilt jn jnn dreien tagen auffrichten? Er aber redet von dem Tempel seines leibes. Da er nu aufferstanden war von den todten / gedachten seine Jünger dran/ das er dis gesagt hatte/ vnd gleubten der Schrifft/ vnd der rede/ die Jhesus gesagt hatte.

Als er aber zu Jerusalem war/jnn den Ostern auff dem Fest/gleubten viel an seinen namen/da sie die zeichen sahen/die er thet. Aber Jhesus vertrawet sich jnen nicht/ denn er kandte sie alle/ vnd bedurffte nicht/das jemand zeugnis gebe von einem menschen/ Denn er wüste wol was jm menschen war.

Psalm. lxix.

III.

Vernunfft/ natur/ frey wille etc. weis nichts von Gottes gnaden vnd wercken/ja sie schewet es/schweige/das sie es begeren solt/ wie dieser text klerlich beweiset.

Es war aber ein mensch/vnter den Phariseern/mit namen Nicodemus/ein öberster vnter den Jüden/der kam zu Jhesu bey der nacht/vnd sprach zu jm/Meister/wir wissen/das du bist ein Lerer von Gott komen/ denn niemand kan die zeichen thun / die du thust/ es sey denn Gott mit jm / Jhesus antwortet/vnd sprach zu jm/Warlich/ warlich/ ich sage dir/ Es sey denn/ das jemand von newen geborn werde/ kan er das Reich Gottes nicht sehen. Nicodemus spricht zu jm/Wie kan ein mensch geboren werden / wenn er alt ist? Kan er auch widderumb jnn seiner mutter leib gehen/vnd geborn werden? Jhesus antwortet/Warlich/ warlich / ich sage dir/ Es sey denn/das jemand geboren werde/ aus dem wasser vnd Geist / so kan er nicht jnn das Reich Gottes komen/ Was vom fleisch geborn wird/das ist fleisch/ vnd was vom Geist geborn wird/ das ist geist. Las dichs nicht wundern/ das ich dir gesagt habe/ jr müsset von newen geborn werden/ Der wind blesetª wo er wil/ vnd du hörest sein sausen wol / aber du weist nicht von wannen er kompt / vnd wo hin er feret/ Also ist ein jglicher/ der aus dem Geist geborn ist.

ª (Bleset) Die zwey stück hören zusamen/ Wort vnd Geist/ gleich wie im winde die zwey stück mit einander sind/ sausen vnd wehen.

Nicodemus antwortet/ vnd sprach zu jm/ Wie mag solchs zu gehen? Jhesus antwortet/ vnd sprach zu jm/ Bistu ein meister jnn Jsrael/ vnd weissest das nicht? Warlich/ warlich/ ich sage dir/ wir reden/das wir wissen/ vnd zeugen/das wir gesehen haben/ vnd jr nemet vnser zeugnis nicht an/ Gleubt jr nicht/ wenn ich euch von jrdischen dingen sage/ wie würdet jr gleuben/ wenn ich euch von himelischen dingen sagen würde.

Vnd niemand feret gen himel / denn der von himel ernider komen ist/nemlich/ des Menschen Son/ der jm himel ist. Vnd wie Moses jnn der wüsten eine schlangen erhöhet hat/ also mus des menschen Son erhöhet werden/ auff das alle die an jn gleuben/ nicht verloren werden/ sondern das ewige leben haben.

Nu. xxj

Also hat Gott die welt geliebt/das er seinen einigen Son gab/ auff auff das

Sanct Johannes. LXI.

auff das alle die an jn gleuben / nicht verloren werden / sondern das ewige leben haben / Denn Gott hat seinen Son nicht gesand jnn die welt / das er die welt richte / sondern das die welt durch jn selig werde. Wer an jn gleubet / der wird nicht gerichtet / Wer aber nicht gleubet / der ist schon gerichtet / denn er gleubet nicht an den namen des eingebornen Son Gottes. Das ist aber das gerichte / das das liecht jnn die welt komen ist / vnd die menschen liebeten die finsternis mehr denn das liecht / denn jre werck waren böse / Wer arges thut / der hasset das liecht / vnd kompt nicht an das liecht / auff das seine werck nicht gestraffet werden / Wer aber die warheit thut / der kompt an das liecht / das seine werck offenbar werden / denn sie sind jnn Gott gethan.

Darnach kam Jhesus vnd seine Jünger jnn das Jüdische land / vnd hatte daselbs sein wesen mit jnen / vnd tauffet. Johannes aber tauffet auch noch zu Enon / nahe bey Salim / denn es war viel wasser daselbs / vnd sie kamen dahin / vnd liessen sich teuffen / denn Johannes war noch nicht jns gefengnis gelegt.

Johan j Da erhub sich eine frage vnter den Jüngern Johannis sampt den Jüden / vber der reinigung / vnd kamen zu Johannen / vnd sprachen zu jm / Meister / der bey dir war jensid dem Jordan / von dem du zeugetest / sihe / der teuffet / vnd jederman kompt zu jm. Johannes antwortet / vnd sprach / Ein mensch kan nichts nemen / es werde jm denn gegeben vom himel / Jr selbs seid meine zeugen / das ich gesagt habe / Ich sey nicht Christus / sondern fur jm her gesand. Wer die braut hat / der ist der Breutgam / Der freund aber des breutgams stehet / vnd höret jm zu / vnd frewet sich hoch vber des breutgams stimme / Die selbige meine freude ist nu erfüllet / Er mus wachsen / ich aber mus abnemen.

Der von oben her kompt / ist vber alle / Wer von der erden ist / der ist von der erden / vnd redet von der erden / der vom himel kompt / der ist vber alle / vnd zeuget was er gesehen vnd gehöret hat / vnd sein zeugnis nimpt niemand auff. Wer es aber auffnimpt / der a versiegelts / das Gott warhafftig sey / Denn welchen Gott gesand hat / der redet Gottes wort / denn Gott gibt den Geist nicht b nach dem mass. Der Vater hat den Son lieb / vnd hat jm alles jnn seine hand gegeben. Wer an den Son gleubet / der hat das ewige leben / Wer dem Son nicht gleubet / der wird das leben nicht sehen / sondern der zorn Gottes bleibet vber jm.

IIII.

Gene. xlviij. Da nu der Herr jnnen ward / das fur die Phariseer komen war / wie Jhesus mehr Jünger machet / vnd teuffet / denn Johannes (wie wol Jhesus selber nicht teuffet / sondern seine Jünger) verlies er das land Judea / vnd zoch widder jnn Galilean / Er muste aber durch Samaria reisen / da kam er jnn eine Stad Samarie / die heisset Sichar / nahe bey dem dörfflin das Jacob seinem Son Joseph gab / Es war aber da selbs Jacobs brun. Da nu Jhesus müde war von der reise / satzte er sich also auff den brun / Vnd es war vmb die sechste stunde.

Da kompt ein weib von Samaria / wasser zu schepffen / Jhesus spricht zu jr / Gib mir trincken / Denn seine Jünger waren jnn die Stad gegangen / das sie speise keufften. Spricht nu das Samarische weib zu

---

a (Versiegelts) Das ist / Er empfindet / als ein siegel jnn sein hertze gedrucket / nemlich / den glauben / wie Gott warhafftig sey / als er saget / cap. vij. Wer des Vaters willen thut / der erkennet / ob diese lere aus Gott sey etc.

b (Nach dem mass) Ob wol des geistes gaben vnd werck nach dem mass ausgeteilet werden / Rom. xij. vnd Corint. xj. Doch der Geist selbs ist jnn allen Christen reichlich / vnd on mass ausgossen / das er alle sunde vnd tod verschlinget vber die mass / Tit. iij.

Euangelion

weib zu jm/Wie bittestu von mir trincken/so du ein Jüde bist/vnd ich ein Samaritisch weib? Deñ die Jüden haben keine gemeinschafft mit den Samaritern. Jhesus antwortet/vnd sprach zu jr/Wenn du erkennetest die gabe Gottes/vnd wer der ist/der zu dir saget/Gib mir trincken/du betest jn/vnd er gebe dir lebendiges wasser. Spricht zu jm das weib/Herr/hastu doch nichts/damit du schepffest/vnd der brun ist tieff/wo her hastu denn lebendig wasser? Bistu mehr denn vnser vater Jacob/der vns diesen brun gegeben hat/ vnd er hat draus getruncken/vnd seine kinder vnd sein viech?

Jhesus antwortet/vnd sprach zu jr/Wer dis wassers trincket/den wird widder dürsten/Wer aber des wassers trincken wird/das ich jm gebe/den wird ewiglich nicht dürsten/sondern das wasser/das ich jm geben werde/das wird jnn jm ein brun des wassers werden/das jnn das ewige leben quillet. Spricht das weib zu jm/Herr/gib mir dasselbige wasser/auff das mich nicht dürste/das ich nicht her komen müsse zu schepffen. Jhesus spricht zu jr/Gehe hin/ruffe deinem manne/vnd kom her. Das weib antwortet/vnd sprach zu jm/Ich habe keinen man. Jhesus spricht zu jr/Du hast recht gesagt/Ich habe keinen man/Fünff menner hastu gehabt/vnd den du nu hast/der ist nicht dein man/da hastu recht gesagt.

Das weib spricht zu jm/Herre/ich sehe/das du ein Prophet bist. Vnser Veter haben auff diesem berge angebetet/vnd jr saget/zu Jerusalem sey die stete/da man anbeten solle. Jhesus spricht zu jr/ Weib/gleube mir/Es kompt die zeit/das jr weder auff diesem berge/ noch zu Jerusalem werdet den Vater anbeten/Jr wisset nicht/was jr anbetet/wir wissen aber/was wir anbeten/Denn das heil kompt von den Jüden/Aber es kompt die zeit/vnd ist schon jtzt/das die warhafftigen anbeter werden den Vater anbeten im Geist vnd jnn der Warheit/Denn der Vater wil auch haben/die jn also anbeten. Gott ist ein Geist/vnd die jn anbeten/die müssen jn im Geist vnd jnn der Warheit anbeten.

Spricht das weib zu jm/Ich weis/das Messias kompt/der da Christus heisst/wenn der selbige komen wird/so wird ers vns alles verkündigen. Jhesus spricht zu jr/Ich bins/der mit dir redet. Vnd vber dem kamen seine Jünger/vnd es nam sie wunder/das er mit einem weibe redet/doch sprach niemand/was fragestu/odder was redestu mit jr? Da lies das weib jren krug stehen/vnd gieng hin jnn die stad/vnd spricht zu den leuten/Komet/sehet einen menschen/der mir gesaget hat/alles was ich gethan habe/ob er nicht Christus sey. Da giengen sie aus der stad/vnd kamen zu jm.

Jnn des aber ermaneten jn die Jünger/vnd sprachen/Rabbi/iss. Er aber sprach zu jnen/Ich habe a eine speise zu essen/da wisset jr nicht von. Da sprachen die Jünger vnternander/Hat jm jemand zu essen gebracht? Jhesus spricht zu jnen/Meine speise ist die/das ich thu den willen des der mich gesand hat/vnd volende sein werck. Saget jr nicht selber/Es sind noch vier monde/so kompt die erndte? Sihe/ich sage euch/hebet ewere augen auff/vnd sehet jnn das felt/Deñ es ist schon weis zur erndte/Vnd wer da schneit/der empfehet lohn/ vnd samlet frucht zum ewigen leben/auff das sich mit einander frewen/der da seet vnd der da schneit. Denn hie ist der spruch war/Dieser seet/der ander schneit. Ich hab euch gesand zu schneiten/das jr nicht habt

---

a (Eine speise) Seine speise ist des Vaters willen thun. Des Vaters willen aber ist/das durch sein leiden das Euangelion jnn alle welt geprediget wurde/ das war nu fur handen/gleich wie dazumal die erndte nahe war.

Sanct Johannes. LXII.

nicht habt geerbeitet/Ander haben geerbeitet / vnd jr seid jnn jre erbeit komen.

Es gleubten aber an jn viel der Samariter/aus der selbigen stad/ vmb des weibes rede willen / welchs da zeugete/ Er hat mir gesagt/ alles was ich gethan habe. Als nu die Samariter zu jm kamen/baten sie jn / das er bey jnen bliebe. Vnd er blieb zween tage da / Vnd viel mehr gleubeten vmb seines Worts willen/ vnd sprachen zum weibe/ Wir gleuben nu fort nicht vmb deiner rede willen / wir haben selber gehöret vnd erkennet/das dieser ist warlich Christus/ der welt Heiland.

Matth. pß. vj. Luc. iiij.

Aber nach zween tagen zoch er aus von dannen/ vnd zoch jnn Galilean/Denn er selber Jhesus zeugete / das ein Prophet daheim nichts gilt. Da er nu jnn Galilean kam/namen jn die Galileer auff/ die gesehen hatten/ alles was er zu Jerusalem auffs Fest gethan hatte/ denn sie waren auch zum Fest komen. Vnd Jhesus kam abermal gen Cana jnn Galilea/da er das wasser hatte zu wein gemacht.

Vnd es war ein Königischer/des son lag kranck zu Capernaum/ dieser höret/ das Jhesus kam aus Judea jnn Galilean/ vnd gieng hin zu jm / vnd bat jn/das er hinab keme vnd hülffe seinem son/denn er war tod kranck. Vnd Jhesus sprach zu jm/Wenn jr nicht zeichen vnd wunder sehet/ so gleubet jr nicht. Der Königische sprach zu jm/ Herr/ kom hinab / ehe denn mein kind stirbet. Jhesus spricht zu jm / Gehe hin/ dein son lebet/Der mensch gleubete dem wort/ das Jhesus zu jm saget/ vnd gieng hin. Vnd jnn dem er hinab gieng/ begegneten jm seine knechte/verkündigeten jm/ vnd sprachen / Dein kind lebet. Da forschet er von jnen die stunde/jnn welcher es besser mit jm worden war. Vnd sie sprachen zu jm / Gestern vmb die siebende stunde verlies jn das Fiber. Da mercket der vater/ das vmb die stunde were/jnn welcher Jhesus zu jm gesagt hatte/ dein son lebet. Vnd er gleubet mit seinem gantzen hause. Das ist nu das ander zeichen/das Jhesus thet/ da er aus Judea jnn Galilean kam.

V.

DArnach war ein Fest der Jüden/ vnd Jhesus zoch hinauff gen Jerusalem. Es ist aber zu Jerusalem bey dem Schafhause ein teich/ der heisset auff Ebreisch/ ᵃ Bethhesda/ vnd hat fünff halle/jnn welchen lagen viel krancken/blinden/ lamen/ dürren/ die warteten / wenn sich das wasser beweget. Denn der Engel fuhr herab zu seiner zeit jnn den teich/ vnd beweget das wasser/ Welcher nu der erste/nachdem das wasser beweget war hinein steig/ der ward gesund/mit welcherley seuche er behafftet war. Es war aber ein mensch da selbs/ acht vnd dreissig jar kranck gelegen/da Jhesus den selbigen sahe ligen/ vnd vernam/ das er so lang gelegen war/ spricht er zu jm/ Wiltu gesund werden? Der krancke antwortet jm/ Herr/ich habe keinen menschen wenn das wasser sich beweget/ der mich jnn den teich lasse/vnd wenn ich kome / so steiget ein ander vor mir hinein.

Jhesus spricht zu jm / Stehe auff / nim dein bette / vnd gehe hin. Vnd also bald ward der mensch gesund/ vnd nam sein bette/vnd gieng hin. Es war aber desselbigen tages der Sabbath. Da sprachen die Jüden zu dem der gesund war worden/ Es ist heut Sabbath/ es zimpt dir nicht das bette zu tragen. Er antwortet jnen / Der mich gesund machet

ᵃ (Bethhesda) Das heisst auff Deudsch soutel als ein Spital / darinn man den armen leuten wol thut / ab Hesed. j. Eleemosina / misericordia/ Welches bey dem teich war / da die Opfferschaf behalten wurden / vnd die krancken da selbs solcher woltat im teiche warteten.

Euangelion

machet/ der sprach/ nim dein bette/ vnd gehe hin. Da fragten sie
jn/ Wer ist der mensch/ der zu dir gesagt hat/ nim dein bette/ vnd
gehe hin? Der aber gesund war worden/ wuste nicht wer er war/ denn
Jhesus war gewichen/ die weil so viel volcks an dem ort war.

Darnach fand jn Jhesus im Tempel/ vnd sprach zu jm. Sihe zu/
du bist gesund worden/ sundige fort nicht mehr/ das dir nicht etwas
ergers widderfare. Der mensch gieng hin/ vnd verkündigets den Jü-
den/ es sey Jhesus/ der jn gesund gemacht habe. Darumb verfolge-
ten die Jüden Jhesum/ vnd suchten jn zu tödten/ das er solchs
gethan hatte auff den Sabbath. Jhesus aber antwortet jnen/ Mein
Vater b wircket bis her/ vnd ich wircke auch. Darumb trachteten jm
die Jüden viel mehr nach/ das sie jn tödten/ das er nicht allein den
Sabbath brach/ sondern saget auch/ Got sey sein Vater/ vnd machet
sich selbs Gotte gleich.

b
(Wirckt)
Das ist/ mein Va-
ter helt den Sab-
bath nicht/ dar-
umb halt ich jn
auch nicht/ son-
dern wircke jmer-
dar/ wie mein Vn-
ter.

Da antwortet Jhesus/ vnd sprach zu jnen/ Warlich/ warlich/
ich sage euch/ Der Son kan nichts von jm selber thun/ denn was er
sihet den Vater thun/ Denn was der selbige thut/ das thut gleich
auch der Son/ Der Vater aber hat den Son lieb/ vnd zeiget jm alles
was er thut/ vnd wird jm noch grösser werck zeigen/ das jr euch ver-
wundern werdet. Denn wie der Vater die todten aufferweckt/ vnd
machet sie lebendig/ also auch der Son machet lebendig welche er
wil. Denn der Vater richtet niemand/ sondern alles gerichte hat
er dem Son gegeben/ auff das sie alle den Son ehren/ wie sie den
Vater ehren. Wer den Son nicht ehret/ der ehret den Vater nicht/
der jn gesand hat. Warlich/ warlich sage ich euch/ wer mein
wort höret/ vnd gleubet dem/ der mich gesand hat/ der hat das ewi-
ge leben/ vnd kompt nicht jnn das gerichte/ sondern er ist vom tode
zum leben hin durch gedrungen.

Warlich/ warlich/ ich sage euch/ Es kompt die stunde/ vnd ist
schon itzt/ das die todten werden die stimme des Sons Gottes hö-
ren/ vnd die sie hören werden/ die werden leben/ Denn wie der Va-
ter das leben hat jnn jm selber/ also hat er dem Son gegeben/ das le-
ben zu haben jnn jm selber/ vnd hat jm macht gegeben/ auch das ge-
richte zu halten/ darumb/ das er des menschen c Son ist. Verwundert
euch des nicht/ Denn es kompt die stunde/ jnn welcher/ alle die jnn
den grebern sind/ werden seine stimme hören/ vnd werden erfur ge-
hen/ die da guts gethan haben/ zur aufferstehung des lebens/ Die
aber vbels gethan haben/ zur aufferstehung des gerichtes.

c
(Des menschen
Son ist) Das ge-
richte mus offent-
lich fur allen men-
schen gehalten wer-
den/ darumb mus
der Richter auch
mensch sein/ den
man sehen könne/
vnd doch auch
Gott/ weil er Got-
tes Richtstuel besi-
tzen sol.

Ich kan nichts von mir selber thun/ wie ich höre/ so richte ich/
vnd mein gerichte ist recht/ Denn ich suche nicht meinen willlen/ son-
dern des Vaters willen/ der mich gesand hat. So ich von mir selbes
zeuge/ so ist mein zeugnis nicht war/ Ein ander ists/ der von mir zeu-
get/ vnd ich weis/ das das zeugnis war ist/ das er von mir zeuget.
Jr schicktet zu Johannes/ vnd er zeugete von der warheit. Ich aber
neme nicht zeugnis von menschen/ sondern solchs sage ich/ auff das
jr selig werdet/ Er war ein brennend vnd scheinend Liecht/ jr aber
woltet eine kleine weile frölich sein von seinem liechte/ Ich aber ha-
be ein grösser zeugnis/ denn Johannes zeugnis/ Denn die werck die
mir der Vater gegeben hat/ das ich sie volende/ die selbigen werck/
die ich thu/ zeugen von mir/ das mich der Vater gesand habe/ vnd der
Vater der mich gesand hat/ der selbige hat von mir gezeuget. Jr habt
nie/ wedder seine stimme gehöret/ noch seine gestalt gesehen/ Vnd sein
wort

Sanct Johannes. LXIII.

Wort habt jr nicht jnn euch wonend/denn jr gleubet dem nicht/den er gesand hat.

Suchet jnn der Schrifft/den jr meinet/jr habt das ewige leben drinnen/Vnd sie ists/die von mir zeuget/Vnd jr wolt nicht zu mir komen/das jr das leben haben möchtet. Ich neme nicht ehre von menschen/ Aber ich kenne euch/das jr nicht Gottes lieb jnn euch habt. Ich bin komen jnn meines Vaters namen/vnd jr nemet mich nicht an/So ein ander wird jnn seinem eigen namen komen/den werdet jr annemen. Wie könnet jr gleuben/die jr ehre von einander nemet/vnd die ehre/die von Gott alleine ist/suchet jr nicht.

Ir solt nicht meinen/das ich euch fur dem Vater verklagen werde. Es ist einer/der euch verklaget/der Moses/auff welchen jr hoffet. Wenn jr Mosi gleubtet/so gleubtet jr auch mir/denn er hat von mir geschrieben/So jr aber seinen Schrifften nicht gleubet/wie werdet jr meinen worten gleuben?

VI.

Matth.
ij.
Marci.
vj.
Luc. ix.

Arnach fuhr Jhesus vber das meer weg an der stad Tiberias jnn Gallilea/vnd es zoch jm viel volcks nach/darumb das sie die zeichen sahen/die er an den krancken thet. Jhesus aber gieng hinauff/auff einen berg/vnd satzte sich daselbs mit seinen Jüngern. Es war aber nahe die Ostern der Jüden Fest. Da hub Jhesus seine augen auff/vnd sihet/das viel volcks zu jm kömpt/vnd spricht zu Philippo/Wo keuffen wir brod/das sie essen? Das saget er aber jn zuuersuchen/denn er wuste wol/was er thun wolte.

Philippus antwortet jm/Zwey hundert pfennige werd brods ist nicht gnug vnter sie/das ein jglicher vnter jnen ein wenig neme. Spricht zu jm einer seiner Jünger Andreas der bruder Simonis Petri/Es ist ein knabe hie/der hat fünff gersten brod/vñ zween fische/aber was ist das vnter so viele? Jhesus aber sprach/Schaffet/das sich das volck lagere/Es war aber viel gras an dem ort. Da lagerten sich bey fünff tausent man. Jhesus aber nam die brod/dancket/vnd gab sie den Jüngern/die Jünger aber denen/die sich gelagert hatten. Desselbigen gleichen auch von den fischen/wie viel er wolte.

Da sie aber sat waren/sprach er zu seinen Jüngern/Samlet die vbrigen brocken/das nichts vmbkome. Da samleten sie/vnd fülleten zwelff körbe mit brocken/von den fünff gersten brod/die vberblieben/denen/die gespeiset worden. Da nu die menschen das zeichen sahen/das Jhesus that/sprachen sie/Das ist warlich der Prophet/der jnn die welt komen sol. Da Jhesus nu mercket/das sie komen würden/vnd jn haschen/das sie jn zum Könige macheten/entweich er abermal auff den berg/er selbs alleine.

Am abend aber/giengen die Jünger hinab an das meer/vnd tratten jnn das schiff/vnd kamen jenseid des meers gen Capernaum/vnd es war schon finster worden/vnd Jhesus war nicht zu jnen komen/vnd das meer erhub sich von einem grossen winde. Da sie nu gerudert hatten bey fünff vnd zwentzig odder dreissig feld weges/sahen sie Jhesum auff dem meere daher gehen/vnd nahe bey das schiff komen/vnd sie furchten sich. Er sprach aber zu jnen/Ich bins/fürchtet euch nicht. Da wolten sie jn jnn das schiff nemen/vnd also

K iij   bald war

Euangelion

bald war das schiff am lande/da sie hin furen.

Des andern tages/sahe das volck/das jenseid des meers stund/ das kein ander schiff da selbs war/denn das einige/darinne seine Jünger getretten waren/vnd das Jhesus nicht mit seinen Jüngern jnn das schiff getretten war/sondern alleine seine Jünger waren weg gefaren/Es kamen aber ander schiffe von Tiberias nahe zu der stete/ da sie das brod gessen hatten/durch des Herrn dancksagunge. Da nu das volck sahe/das Jhesus nicht da war/noch seine Jünger/trat ten sie auch jnn die schiffe/vnd kamen gen Capernaum/vnd suchten Jhesum.

Vnd da sie jn funden jenseid des meers/sprachen sie zu jm/Rabbi/ wenn bistu herkomen? Jhesus antwortet jnen/vnd sprach/War lich/warlich ich sage euch/jr suchet mich nicht darumb/das jr zei chen gesehen habt/sondern das jr von dem brod gessen habt/vnd seid sat worden/ᵃ Wircket speise/nicht die vergenglich ist/sondern die da bleibet jnn das ewige leben/welche euch des menschen Son geben wird/denn den selbigen hat Gott der Vater ᵇ versiegelt.

Da sprachen sie zu jm/Was sollen wir thun/das wir Gottes werck wircken? Jhesus antwortet/vnd sprach zu jnen/Das ist Gottes werck/das jr an den glenbet/den er gesand hat. Da sprachen sie zu jm/Was thustu fur ein zeichen/auff das wir sehen vnd gleuben dir? was wirckestu? Vnser Veter haben Manna gessen jnn der wüsten/ wie geschrieben stehet/Er gab jnen brod vom himel zu essen. Da sprach Jhesus zu jnen/Warlich/warlich/ich sage euch/Moses hat euch nicht brod vom himel gegeben/sondern mein Vater gibt euch das rechte brod vom himel/Denn dis ist das brod Gottes/das vom himel komet/vnd gibt der welt das leben.

psalm lxxvii

Da sprachen sie zu jm/Herr/gib vns allewege solch brod. Jhesus aber sprach zu jnen/Jch bin das brod des lebens/wer zu mir kompt/ den wird nicht hungern/vnd wer an mich gleubet/den wird nimer mehr dürsten/Aber ich habs euch gesagt/das jr mich gesehen habt/ vnd gleubet doch nicht. Alles was mir mein Vater gibt/das kompt zu mir/vnd wer zu mir kompt/den werde ich nicht hinaus stossen/ Denn ich bin vom himel komen/nicht/das ich meinen willen thu/son dern des/der mich gesand hat. Das ist aber der wille des Vaters/der mich gesand hat/das ich nichts verliere von allem/das er mir gege ben hat/sondern das ichs aufferwecke am Jüngsten tage. Das ist a ber der wille des der mich gesand hat/das/wer den Son sihet vnd gleubet an jn/habe das ewige leben/vnd ich werde jn aufferwecken am Jüngsten tage.

Da murreten die Jüden darüber/das er sagte/Ich bin das brod/ das vom himel komen ist/vnd sprachen/ Ist dieser nicht Jhe sus/Josephs son/des vater vnd mutter wir kennen? wie spricht er denn/ich bin vom himel komen? Jhesus antwortet/vnd sprach zu jnen/Murret nicht vnternander/Es kan niemand zu mir komen/es sey denn/das jn ziehe der Vater/der mich gesand hat/vnd ich werde jn aufferwecken am Jüngsten tage. Es stehet geschrieben jnn den Propheten/Sie werden alle von Gott geleret sein. Wer es nu höret vom Vater/vnd lernets/der kompt zu mir/Nicht/das jemand den Va ter habe gesehen/on der vom Vater ist/der hat den Vater gesehen.

Esaie liiij

Warlich/warlich/ich sage euch/wer an mich gleubet/der hat das ewige

---

(Wircket ᵃ speise)
Gehet mit solcher speise vmb.

ᵇ (versiegelt)
Das ist mit dem heiligen geist begabt vnd zuge richt/das er allein fur allen/zum mei ster vnd helffer fur gestellet vnd dar gegeben ist/als na ch dem sich alles richten vnd halten sol.

Sanct Johannes. LXIIII.

ewige leben. Ich bin das brod des lebens. Ewer Veter haben Manna gessen jnn der wüsten/vnd sind gestorben. Dis ist das brod das vom himel kompt/auff das/der dauon isset/nicht sterbe. Ich bin das lebendige brod/vom himel komen/Wer von diesem brod essen wird/der wird leben jnn ewigkeit/Vnd das brod/das ich geben werde/ist mein fleisch/welches ich geben werde/fur das leben der welt.

Da zanckten die Juden vnternander/vnd sprachen/Wie kan dieser vns sein fleisch zu essen geben? Jhesus sprach zu jnen/Warlich/warlich/sage ich euch/werdet jr nicht essen das fleisch des menschen Sons/vnd trincken sein blut/so habt jr kein leben jnn euch. Wer mein Fleisch isset/vnd trincket mein Blut/der hat das ewige leben/vnd ich werde jn am Jüngsten tage aufferwecken/Denn mein fleisch ist die rechte speise/vnd mein blut ist der rechte tranck/Wer mein fleisch isset/vnd trincket mein blut/der bleibet jnn mir/vnd ich jnn jm. Wie mich gesand hat der lebendige Vater/vnd ich lebe vmb des Vaters willen/Also/wer mich isset/derselbige wird auch leben vmb meinen willen. Dis ist das brod/das vom himel komen ist. Nicht/wie ewer Veter haben Manna gessen/vnd sind gestorben/Wer dis brod isset/der wird leben jnn ewigkeit.

Solchs saget er jnn der Schule/da er lerete zu Capernaum. Viel nu seiner Jünger/die das höreten/sprachen/Das ist eine harte rede/wer kan sie hören? Da Jhesus aber bey sich selbs mercket/das seine Jünger darüber murreten/sprach er zu jnen/Ergert euch das? a Wie/ wenn jr denn sehen werdet des menschen Son auff faren dahin/da er vor war? Der Geist ists/der da lebendig macht/das fleisch ist kein nütze. Die wort die ich rede/die sind Geist vnd Leben. Aber es sind etliche vnter euch/die gleuben nicht. Denn Jhesus wuste von anfang wol/welche nicht gleubend waren/vnd welcher jn verrhaten würde. Vnd er sprach/Darumb habe ich euch gesaget/Niemand kan zu mir komen/es sey jm denn von meinem Vater gegeben.

Von dem an giengen seiner Jünger viel hindersich/vnd wandelten fort nicht mehr mit jm. Da sprach Jhesus zu den Zwelffen/Wolt jr auch weg gehen? Da antwortet jm Simon Petrus/Herr/wo hin sollen wir gehen? du hast Wort des ewigen lebens/vnd wir haben gegleubet vnd erkand/das du bist Christus/der Son des lebendigen Gottes. Jhesus antwortet jm/Hab ich nicht euch Zwelffe erwelet/vnd ewer einer ist ein Teufel? Er redet aber von dem Juda Simon Ischarioth/derselbige verrhiet jn hernach/vnd war der Zwelffen einer.

VII.

DArnach zoch Jhesus vmb jnn Galilea/Denn er wolte nicht jnn Judea vmbzihen/darumb/das jm die Jüden nach dem leben stelleten. Es war aber nahe der Jüden Fest der Lauberhütten/Da sprachen seine brüder zu jm/Mache dich auff von dannen/vnd gehe jnn Judean/auff das auch deine Jünger sehen/die werck/die du thust. Wer frey auff dem plan sein wil/der handelt nichts heimlichs/Thustu solchs/so offenbare dich fur der welt. Denn auch seine brüder gleubten nicht an jn.

Da spricht Jhesus zu jnen. Meine zeit ist noch nicht hie/ewer zeit aber ist alle=

Dis Capitel redet nicht vom Sacrament des brods vnd weines/sondern vom geistlichen essen/das ist/ gleuben/das Christus Gott vnd mensch/sein blut fur vns vergossen hat.

a (Wie) Ergert euch das ich jtzt rede auff erden/was wil denn werden/ wenn ich vom himel regiren werde/vnd die wort volfuren vñ drein greiffen werde?

Euangelion

bre ist allewege/ Die welt kan euch nicht hassen/ mich aber hasset sie/ denn ich zeuge von jr/ das jre werck böse sind/ Gehet jr hinauff/ auff dieses Fest/ Ich wil noch nicht hinauff gehen auff dieses Fest/ denn meine zeit ist noch nicht erfüllet. Da er aber das zu jnen gesaget/ bleib er jnn Galilea. Als aber seine brüder waren hinauff gegangen/ da gieng er auch hinauff zu dem Fest/ nicht offenbarlich/ sondern gleich heimlich. Da suchten jn die Jüden am Fest/ vnd sprachen/ Wo ist der? Vnd es war ein gros gemümel von jm vnter dem volck/ Etliche sprachen/ Er ist frum/ Die andern aber sprachen/ Nein/ sondern er verfüret das volck. Niemand aber redet frey von jm/ vmb der furcht willen fur den Jüden.

Aber mitten jm Fest/ gieng Jhesus hinauff jnn den Tempel vnd leret/ vnd die Jüden verwunderten sich/ vnd sprachen/ Wie kan dieser die Schrifft/ so er sie doch nicht gelernet hat? Jhesus antwortet jnen vnd sprach/ Mein lere ist nicht mein/ sondern des/ der mich gesand hat. So jemand wil des willen thun/ der wird jnnen werden/ ob diese lere von Gott sey/ odder ob ich von mir selbs rede. Wer von jm selbs redet/ der suchet seine eigene ehre. Wer aber suchet die ehre des/ der jn gesand hat/ der ist warhafftig/ vnd ist keine vngerechtigkeit an jm.

Hat euch nicht Moses das Gesetze geben/ vnd niemand vnter euch helt das Gesetze? Warumb suchet jr mich zu tödten? Das volck antwortet vnd sprach/ Du hast den Teufel/ wer suchet dich zu tödten? Jhesus antwortet/ vnd sprach/ Ein einiges werck hab ich gethan/ Vn̄ es wundert euch alle/ Moses hat euch darumb gegeben die beschneidung/ nicht/ das sie von Mose kompt/ sondern von den Vetern/ noch beschneidet jr den menschen am a Sabbath. So ein mensch die beschneidung annimpt am Sabbath/ auff das nicht das gesetze Mosi gebrochen werde/ zürnet jr denn vber mich/ das ich den gantzen menschen habe am Sabbath gesund gemacht? Richtet nicht nach dem ansehen/ sondern richtet ein recht gerichte.

a (Sabbath) Sabbath halten ist Moses gesetz/ Beschneiten/ ist der Veter gesetz/ die sind ja widder einander/ wenn jemand auff den Sabbath sich beschneiden lesset/ vnd eines mus dem andern weichen/ Darumb stehet des gesetzes erfullung ja nicht auff dem buchstaben/ sondern im Geist.

Da sprachen etliche von Jerusalem/ Ist das nicht der/ den sie suchten zu tödten? vnd sihe zu/ er redet frey/ vnd sie sagen jm nichts/ Wissen vnser Obersten nu gewis/ das er gewis Christus sey? Doch wir wissen/ von wannen dieser ist/ wenn aber Christus komen wird/ so wird niemand wissen/ von wannen er ist.

Da schrey Jhesus jm Tempel/ leret vnd sprach/ Ja jr kennet mich/ vnd wisset von wannen ich bin/ vnd von mir selbs bin ich nicht komen/ sondern es ist ein Warhafftiger/ der mich gesand hat/ welchen jr nicht kennet/ ich kenne jn aber/ denn ich bin von jm/ vnd er hat mich gesand. Da suchten sie jn zu greiffen/ aber niemand leget die hand an jn/ denn seine stunde war noch nicht komen. Aber viel vom volck gleubten an jn/ vnd sprachen/ Wenn Christus komen wird/ wird er auch mehr zeichen thun/ denn dieser thut.

Vnd es kam fur die Phariseer/ das das volck solchs von jm mummelte. Da sandten die Phariseer vnd Hohen priester knechte aus/ das sie jn griffen. Da sprach Jhesus zu jnen/ Ich bin noch ein kleine zeit bey euch/ vnd denn gehe ich hin zu dem/ der mich gesand hat/ Jr werdet mich suchen/ vnd nicht finden/ vnd da ich bin/ könnet jr nicht hinkomen. Da sprachen die Jüden vnternander/ Wo wil dieser hin gehen/ das wir jn nicht finden sollen? Wil er vnter die Griechen gehen

die hin

Sanct Johannes. LXV.

die hin vnd her zerstrewet ligen/vnd die Griechen leren? Was ist das fur eine rede/das er saget/jr werdet mich suchen/vnd nicht finden/vnd wo ich bin/da kōnnet jr nicht hin komen?

Isa. lij
Isaie.
lith.
Aber am letzten tage des Festes/der am herrlichsten war/trat Jhesus auff/schrey vnd sprach/Wen da dürstet/der kome zu mir/vnd trincke/Wer an mich gleubet/wie die Schrifft saget/von des leibe werden strōme des lebendigen wassers fliessen/Das saget er aber von dem Geist/welchen empfahen solten/die an jn gleubten. Denn der Heilige Geist war noch nicht da/denn Jhesus war noch nicht vercleret. Viel nu vom volck/die diese rede hōreten/sprachen/Dieser ist ein rechter Prophet/Die andern sprachen/Er ist Christus/Etliche aber sprachen/Sol Christus aus Galilea komen? Spricht nicht die Schrifft/von dem samen Dauid/vnd aus dem flecken Bethlehem/
Mich.v
da Dauid war/solle Christus komen? Also ward eine zwitracht vnter dem volck vber jm.Es wolten aber etliche jn greiffen/aber niemand leget die hand an jn.

Die knechte kamen zu den Hohen priestern vnd Phariseern/vnd sie sprachen zu jnen/Warumb habt jr jn nicht gebracht? Die knechte antworten/Es hat nie kein mensch also gered/wie dieser mensch. Da antworten jnen die Phariseer/Seid jr auch verfüret? gleubet auch jrgend ein Oberster odder Phariseer an jn/sondern das volck/das nichts von Gesetz weis/ist verflucht. Spricht zu jnen Nicodemus/der bey der nacht zu jm kam/welcher einer vnter jnen war/Richtet vnser Gesetz auch einen menschen/ehe man jn verhōret vnd erkenne/was er thut? Sie antworten/vnd sprachen zu jm/Bistu auch ein Galileer? forsche vnd sihe/aus Galilea stehet kein Prophet auff. Vnd ein jglicher gieng also heim.

VIII.

Jesus aber gieng an den Oleberg/vnd frue morgens kam er widder jnn den Tempel/vnd alles volck kam zu jm/vnd er satzte sich/vnd leret sie.

Aber die Schrifftgelerten vnd Phariseer brachten ein weib zu jm/im ehebruch begriffen/vnd stelleten sie offentlich dar/vnd sprachen zu jm/Meister/dis weib ist begriffen auff frischer that im ehebruch/
Leui.xx.
Moses aber hat vns im Gesetz gebotten/solche zu steinigen/Was sagestu? Das sprachen sie aber/jn zuuersuchen/auff das sie eine sache zu jm hetten. Aber Jhesus bücket sich nidder/vnd schreib mit dem finger auff die erden. Als sie nu anhielten jn zu fragen/richtet er sich auff/vnd sprach zu jnen/Wer vnter euch on sunde ist/der werffe den ersten stein auff sie/vnd bücket sich widder nidder/vnd schreib auff die erden. Da sie aber das hōreten/giengen sie hinaus/einer nach dem andern/von den Eltesten an/vnd liessen Jhesum alleine/vnd das weib daselbs stehen. Jhesus aber richtet sich auff/vnd da er niemand sahe/denn das weib/sprach er zu jr/Weib/wo sind sie/deine verkleger? hat dich niemand verdampt? Sie aber sprach/Herr/niemand. Jhesus aber sprach/So verdamme ich dich auch nicht/gehe hin/vnd sundige fort nicht mehr.

Da redet Jhesus abermal zu jnen/vnd sprach/Ich bin das liecht der welt/wer mir nachfolget/der wird nicht wandeln im finsternis/sondern wird das liecht des lebens haben. Da sprachen die Phariseer zu jm/

Euangelion

zu jm / Du zeugest von dir selbs/dein zeugnis ist nicht war. Jhesus antwortet / vnd sprach zu jnen / So ich von mir selbs zeugen würde/ so ist mein zeugnis war/Denn ich weis von wannen ich komen bin/ vñ wo ich hingehe/jr aber wisset nicht / von wannen ich kome / vnd wo hin ich gehe. Jr richtet nach dem fleisch/ich richte niemands. So ich aber richte/so ist mein gerichte recht/denn ich bin nicht alleine/ sondern ich vnd der Vater der mich gesand hat. Auch stehet jnn ewrem Gesetze geschrieben/das zweier menschen zeugnis war sey. Ich bin der ich von mir selbs zeuge / vnd der Vater der mich gesand hat / zeuget auch von mir. Da sprachen sie zu jm/Wo ist dein Vater? Jhesus antwortet/ Jr kennet weder mich/ noch meinen Vater/ Wenn jr mich kennetet/so kennetet jr auch meinen Vater / Diese wort redet Jhesus an dem Gottes kasten/ da er leret im Tempel. Vnd niemand greiff jn/ denn seine stunde war noch nicht komen.

Deu. xvi

Da sprach abermal Jhesus zu jnen / Ich gehe hinweg/vnd jr werdet mich suchen/ vnd jnn ewer sunde sterben / Wo ich hingehe / da könnet jr nicht hinkomen. Da sprachen die Jüden/ Wil er sich denn selbs tödten/ das er spricht/wo hin ich gehe /da künd jr nicht hinkomen? Vnd er sprach zu jnen/ Jr seid von vnten her / ich bin von oben herab. Jr seid von dieser welt / ich bin nicht von dieser welt / So hab ich euch gesagt / das jr sterben werdet jnn ewren sunden / Denn so jr nicht gleubet/das ichs sey/ so werdet jr sterben jnn ewren sunden.

Da sprachen sie zu jm/Wer bistu denn? Vnd Jhesus sprach zu jnen/ Erstlich der/ der ich mit euch rede. Ich habe viel von euch zu reden vnd zu richten/ Aber der mich gesand hat / ist warhafftig / vnd was ich von jm gehöret habe/ das rede ich fur der welt. Sie vernamen aber nicht/das er jnen von dem Vater sagete.

(Erstlich) Das ist / ich bin ewer prediger / Wenn jr das zu erst gleubet/ so werdet jr wol erfaren/ wer ich sey / vnd sonst nicht.

Da sprach Jhesus zu jnen/ Wenn jr des menschen Son erhöhen werdet/denn werdet jr erkennen / das ichs sey/ vnd nichts von mir selber thu/ sondern/ wie mich mein Vater geleret hat/ so rede ich/vnd der mich gesand hat / ist mit mir. Der Vater lesset mich nicht alleine/ denn ich thu allezeit was jm gefellet. Da er solchs redet/gleubten viel an jn.

Da sprach nun Jhesus zu den Jüden/die an jn gleubten/ So jr bleiben werdet an meiner rede/ so seid jr meine rechte Jünger/ vnd werdet die warheit erkennen/ vnd die warheit wird euch frey machen. Da antworten sie jm/ Wir sind Abrahams samen / sind nie kein mal jemands knecht gewesen/ Wie sprichstu denn/ jr solt frey werden?

Jhesus antwortet jnen/vnd sprach / Warlich/warlich/ich sage euch/Wer sunde thut/ der ist der sunde knecht/ der knecht aber bleibet nicht ewiglich im hause / der son bleibet ewiglich. So euch nu der Son frey machet/so seid jr recht frey. Ich weis wol/das jr Abrahams samen seid/ aber jr suchet mich zu tödten/denn meine rede fehet nicht vnter euch / Ich rede was ich von meinem Vater gesehen habe / so thut jr/ was jr von ewrem vater gesehen habt.

Sie antworten/vnd sprachen zu jm/Abraham ist vnser vater. Spricht Jhesus zu jnen/ Wenn jr Abrahams kinder weret/ so thetet jr Abrahams werck /Nu aber suchet jr mich zu tödten / einen solchen menschen/ der ich euch die warheit gesagt habe/ die ich von Gott gehöret habe/ das hat Abraham nicht gethan/ Jr thut ewers vaters werck. Da sprachen sie/ Wir sind nicht vnehelich geborn/ wir haben einen vater/ Gott. Jhesus sprach zu jnen/ Were Gott ewer vater/ so liebe

tet jr

Sanct Johannes. LXVI.

tet jr mich/Denn ich bin ausgegangen vnd kome von Gott/ denn ich bin nicht von mir selber komen / sondern er hat mich gesand/Warumb kennet jr denn meine sprache nicht? denn jr künd ja meine wort nicht hören?

Jr seid von dem vater dem Teufel/vnd nach ewers vaters lust wolt jr thun/derselbige ist ein Mörder von anfang/vnd ist nicht bestanden jnn der warheit/denn die warheit ist nicht jnn jm. Wenn er die lügen redet/so redet er von seinem eigen/denner ist ein Lügener vnd ein vater der selbigen.   Ich aber/weil ich die warheit sage / so gleubet jr mir nicht.

Welcher vnter euch kan mich einer sunde zeihen? So ich euch aber die warheit sage/warumb gleubet jr mir nicht? Wer von Gott ist/der höret Gottes wort / darumb höret jr nicht / denn jr seid nicht von Gott.

Da antworten die Jüden/ vnd sprachen zu jm / Sagen wir nicht recht/das du ein Samariter bist / vnd hast den Teufel? Jhesus antwortet / Ich hab keinen Teufel/sondern ich ehre meinen Vater/ vnd jr vnehret mich. Ich suche nicht meine ehre/ Es ist aber einer / der sie suchet vnd richtet.

Warlich / warlich / sage ich euch/ So jemand *mein Wort wird halten/der wird den tod nicht sehen ewiglich. Da sprachen die Jüden zu jm/Nu erkennen wir / das du den Teufel hast/ Abraham ist gestorben/vnd die Propheten/ vnd du sprichst/ so jemand mein wort helt/ der wird den tod nicht schmecken ewiglich/Bistu mehr denn vnser vater Abraham? welcher gestorben ist/ vnd die Propheten sind gestorben/ Was machstu aus dir selbs?

*(Meinwort) Das ist vom wort des glaubens odder Euangelion gesagt.

Jhesus antwortet / So ich mich selber ehre/ so ist meine ehre nichts/ Es ist aber mein Vater/der mich ehret/welchen jr sprecht / er sey ewer Gott/vnd kennet jn nicht/ich aber kenne jn/ vnd so ich würde sagen/ich kenne sein nicht/ so würde ich ein lügener/ gleich wie jr seid/Aber ich kenne jn/vnd halte sein wort.

Abraham ewer vater ward fro/ das er meinen tag sehen solt/vnd er sahe jn/vnd frewet sich. Da sprachen die Jüden zu jm/ Du bist noch nicht funfftzig jar alt / vnd hast Abraham gesehen? Jhesus sprach zu jnen / Warlich/warlich/ich sage euch/ ehe denn Abraham ward/bin ich. Da huben sie steine auff/das sie auff jn würffen. Aber Jhesus verbarg sich/vnd gieng zum Tempel hinaus.

(Abraham) Alle heiligen von der welt anfang/ haben den selbigen glauben an Christo gehabt/ den wir haben/ vnd sind rechte Christen.

IX.

VNd Jhesus gieng fur vber / vnd sahe einen der blind geboren war/ Vnd seine Jünger frageten jn/ vnd sprachen / Meister/wer hat gesundiget? dieser odder seine eltern/das er ist blind geboren? Jhesus antwortet/ Es hat weder dieser gesundiget/noch seine eltern/ sondern das die werck Gottes offenbar würden an jm/ Ich mus wircken die werck/des / der mich gesand hat/ so lang es tag ist/ Es kompt die nacht/ da niemands wircken kan/ die weil ich bin jnn der welt / bin ich das liecht der welt.

Da er solchs gesaget/spützet er auff die erden/vnd machet einen kot aus dem speichel/vnd schmiret den kot auff des blinden augen / vnd sprach zu jm/Gehe hin zu dem teich Siloha (das ist verdolmetscht /

Gesand

Euangelion

Gesand/vnd wasche dich. Da gieng er hin/vnd wusch sich/vnd kam sehend. Die nachbarn vnd die jn zuuor gesehen hatten/ das er ein bet∗teler war/sprachen/Ist dieser nicht/ der da sass vnd bettelt? Etli∗che sprachen/ Er ists. Etliche aber/ Er ist jm ehnlich. Er selbs aber sprach/ Ich bins. Da sprachen sie zu jm/ Wie sind deine augen auffge∗than? Er antwortet vnd sprach/ Der mensch/ der Jhesus heisset/ma∗chet einen kot/ vnd schmiret meine augen/ vnd sprach/ gehehin zu dem teich Siloha/vnd wasche dich/ Ich gieng hin/ vnd wusch mi∗ch/vnd ward sehend. Da sprachen sie zu jm/ Wo ist der selbige? Er sprach/ Ich weis nicht.

(Bettelet) Etliche text haben hie also/ das er blind war.

Da füreten sie jn zu den Phariseern/ der weiland blind war. Es war aber Sabbath/ da Jhesus den kot machet/ vnd seine augen öffenet. Da fragten sie jn abermal/ auch die Phariseer/ wie er were sehend worden. Er aber sprach zu jnen/ Kot leget er mir auff die augen/vnd ich wusch mich/ vn bin nu sehend. Da sprachen etliche der Phariseer/ Der mensch ist nicht von Gott/ die weil er den Sabbath nicht helt. Die andern aber sprachen/ Wie kan ein sundiger mensch solche zei∗chen thun? Vnd es ward eine zwitracht vnter jnen. Sie sprachen wid∗der zu dem blinden/ Was sagestu von jm/ das er hat deine augen auff gethan? Er aber sprach/ Er ist ein Prophet.

Die Jüden gleubten nicht von jm/ das er blind gewesen/vnd se∗hend worden were/ bis das sie rieffen den eltern des/ der sehend war worden/ fragten sie vnd sprachen/ Ist das ewer son/ welchen jr sa∗get/ er sey blind geborn? wie ist er denn nu sehend? Seine eltern ant∗worten jnen/ vnd sprachen/ Wir wissen/ das dieser vnser son ist/ vnd das er blind geborn ist/ wie er aber nu sehend ist/ wissen wir nicht/ od∗der wer jm hat seine augen auffgethan/ wissen wir auch nicht/ Er ist alt gnug/ fraget jn/ lasset jn selbs fur sich reden. Solchs sagten seine eltern/ denn sie furchten sich fur den Jüden/ denn die Jüden hatten sich schon vereiniget/ so jemand jn fur Christon bekennete/ das der selbige jnn bann gethan würde/ darumb sprachen seine Eltern/ Er ist alt gnug/ fraget jn.

Da rieffen sie zum andern mal dem menschen/ der blind gewesen war/ vnd sprachen zu jm/ Gib Gott die ehre/ wir wissen/ das dieser mensch ein sunder ist. Er antwortet/ vnd sprach/ Ist er ein sunder/ das weis ich nicht/ Eines weis ich wol/ das ich blind war/ vnd bin nu sehend. Da sprachen sie widder zu jm/ Was thet er dir? wie thet er deine augen auff? Er antwortet jnen/ Ich habs euch jtzt gesagt/ habt jrs nicht gehöret? was wolt jrs abermal hören/ wolt jr auch sei∗ne jünger werden? Da fluchten sie jm/ vnd sprachen/ Du bist sein jün∗ger/ wir aber sind Moses jünger. Wir wissen/ das Gott mit Mose ge∗red hat/ diesen aber wissen wir nicht von wannen er ist.

Der mensch antwortet/ vnd sprach zu jnen/ Das ist ein wunderlich ding/ das jr nicht wisset/ von wannen er sey/ vnd er hat meine augen auffgethan/ Wir wissen aber/ das Gott die sunder nicht höret/ son∗dern so jemand Gottfürchtig ist/ vnd thut seinen willen/ den höret er/ Von der welt an ists nicht erhöret/ das jemand einem geboren blinden die augen auffgethan habe/ Were dieser nicht von Gott/ er kunde nichts thun. Sie antworten/ vnd sprachen zu jm/ Du bist gantz jnn sunden geboren/ vnd lerest vns/ Vnd stiessen jn hinaus.

Es kam fur Jhesum/ das sie jn ausgestossen hatten/ vnd da er jn fand/ sprach er zu jm/ Gleubestu an den Son Gottes? Er antwortet vnd sprach

Sanct Johannes. LXVII.

vnd sprach/Herr/welcher ists/auff das ich an jn gleube? Jhesus sprach zu jm/Du hast jn gesehen/vnd der mit dir redet/der ists. Er aber sprach/Herr/ich gleube/Vnd betet jn an. Vnd Jhesus sprach/Ich bin zum gerichte auff diese welt komen/auff das die da nicht sehen/sehend werden/vnd die da sehen/blind werden. Vnd solches höreten etliche der Phariseer/die bey jm waren/vnd sprachen zu jm/Sind wir denn auch blind? Jhesus sprach zu jnen/Weret jr blind/so hettet jr keine sunde/Nu jr aber sprecht/wir sind sehend/bleibet ewre sunde.

X.

Warlich/warlich ich sage euch/Wer nicht zur thür hinein gehet jnn den schafstal/sondern steiget anderswo hinein/der ist ein dieb vnd ein mörder. Der aber zur thür hinein gehet/der ist ein Hirte der schafe/dem selbigen thut der thürhüter auff/vnd die schafe hören seine stimme/vnd er ruffet seinen schafen mit namen/vnd füret sie aus/vnd wenn er seine schafe hat ausgelassen/gehet er fur jnen hin/vnd die schafe folgen jm nach/denn sie kennen seine stimme. Einem frembden aber folgen sie nicht nach/sondern fliehen von jm/denn sie kennen der frembden stimme nicht. Diesen spruch saget Jhesus zu jnen. Sie vernamen aber nicht/was es war/das er zu jnen saget.

Da sprach Jhesus widder zu jnen/Warlich/warlich/ich sage euch/Ich bin die thür zu den schafen/Alle die vor mir komen sind/die sind diebe vn mörder gewesen/Aber die schafe haben jnen nicht zu gehöret. Ich bin die thür/so jemand durch mich eingehet/der wird selig werden/vnd wird ein vnd aus gehen/vnd weide finden. Ein dieb kompt nicht/denn das er stele/würge/vnd vmbbringe. Ich bin komen/das sie das leben vnd volle genüge haben sollen.

Ich bin ein guter Hirte/Ein guter Hirte lesset sein leben fur die schafe. Ein miedling aber/der nicht Hirte ist/des die schafe nicht eigen sind/sihet den wolff komen/vnd verlesset die schafe/vnd fleucht/Vnd der wolff erhaschet vnd zurstrewet die schafe/der miedling aber fleucht/denn er ist ein miedling/vnd achtet der schafe nicht. Ich bin ein guter Hirte/vnd erkenne die meinen/vnd bin bekand den meinen. Wie mich mein Vater kennet/vnd ich kenne den Vater/vnd ich lasse mein leben fur die schafe. Vnd ich habe noch andere schafe/die sind nicht aus diesem stalle/vnd die selbigen mus ich her füren/vnd sie werden meine stimme hören/vnd wird eine Herd vnd ein Hirte werden.

Darumb liebet mich mein Vater/das ich mein leben lasse/auff das ichs widder neme. Niemand nimpt es von mir/sondern ich lasse es von mir selber/Ich habe es macht zu lassen/vnd habe es macht widder zu nemen/Solch gebot habe ich empfangen von meinem Vater. Da ward aber eine zwitracht vnter den Jüden/vber diesen worten. Viel vnter jnen sprachen/Er hat den Teufel/vnd ist vnsinnig/was höret jr jm zu? Die andern sprachen/Das sind nicht wort eines besessenen/kan der Teufel auch der blinden augen auffthun?

Es ward aber kirchweihe zu Jerusalem/vnd war winter/Vnd Jhesus wandelte im Tempel jnn der Halle Salomonis. Da vmbringeten jn die Jüden/vnd sprachen zu jm/Wie lange heltestu vnser seelen
M auff? Bi

Euangelion

auff: Bistu Christ/ so sage es vns frey heraus. Jhesus antwortet jnen/ Ich hab es euch gesagt/ vnd jr gleubet nicht/ Die werck die ich thu jnn meines Vaters namen/ die zeugen von mir/ Aber jr gleubet nicht / denn jr seid meiner schafe nicht / als ich euch gesagt habe/ Denn meine schafe hören meine stimme/ vnd ich kenne sie/ vnd sie folgen mir/ vnd ich gebe jnen das ewige leben / vnd sie werden nimer mehr vmbkomen/ vnd niemand wird sie mir aus meiner hand reissen/ Der Vater/ der mir sie gegeben hat / ist grösser denn alles / vnd niemand kan sie aus meines Vaters hand reissen. Ich vnd der Vater sind eines.

Da huben die Jüden abermal steine auff/ das sie jn steinigeten. Jhesus antwortet jnen/ Viel guter werck habe ich euch erzeiget von meinem Vater/ vmb welchs werck vnter den selbigen steiniget jr mich? Die Jüden antworten jm / vnd sprachen/ Vmb des guten wercks willen steinigen wir dich nicht/ sondern vmb der Gottes lesterung willen/ vnd das du ein mensch bist/ vnd machest dich selbs einen Gott. Jhesus antwortet jnen / Stehet nicht geschrieben jnn ewrem Gesetz/ Ich habe gesagt / Jr seid Götter? So er die Götter nennet/ zu welchen das Wort Gottes geschach / vnd die Schrifft kan doch nicht gebrochen werden/ sprecht jr denn zu dem/ den der Vater geheiliget vnd jnn die welt gesand hat/ du lesterst Gott / darumb das ich sage/ ich bin Gottes Son? Thu ich nicht die werck meines Vaters/ so gleubet mir nicht / Thu ich sie aber / gleubet doch den wercken/ wolt jr mir nicht gleuben/ auff das jr erkennet vnd gleubet/ das der Vater jnn mir ist/ vnd ich jnn jm.

Psalm. lxxxii.

Sie suchten abermal jn zu greiffen/ aber er entgieng jn aus jren henden / vnd zoch hin widder jenseid des Jordans/ an den ort / da Johannes vorhin getaufft hatte/ vnd bleib alda. Vnd viel kamen zu jm/ vnd sprachen/ Johannes thet kein zeichen / aber alles was Johannes von diesem gesagt hat/ das ist war/ Vnd glenbten alda viel an jn.

XI.

ES lag aber einer kranck / mit namen Lazarus von Bethania / jnn dem Flecken Maria vnd jrer schwestern Martha. Maria aber war die den Herrn gesalbet hatte mit salben/ vnd seine füsse getrücket mit jrem har / der selbigen bruder Lazarus lag kranck. Da sandten seine schwestern zu jm/ vnd liessen jm sagen/ Herr / sihe/ den du lieb hast/ der ligt kranck. Da Jhesus das höret/ sprach er/ die kranckheit ist nicht zum tode/ sondern zur ehre Gottes/ das der Son Gottes dadurch geehret werde. Jhesus aber hatte Martham lieb/ vnd jre schwester vnd Lazaron. Als er nu höret/ das er kranck war/ bleib er zween tage an dem ort / da er war.

Darnach spricht er zu seinen Jüngern/ Lasset vns widder jnn Judea zihen. Seine Jünger sprachen zu jm/ Meister / Jhenes mal wolten die Jüden dich steinigen/ vñ du wilt widder dahin zihen/ Jhesus antwortet/ Sind nicht des tages zwelff stunde? Wer des tages wandelt / der stösset sich nicht / denn er sihet das liecht dieser welt / Wer aber des nachtes wandelt/ der stösset sich / denn es ist kein liecht jnn jm. Solchs saget er / vnd darnach spricht er zu jnen / Lazarus vnser freund schlefft / aber ich gehe hin/ das ich jn auffwecke. Da sprachen seine Jünger/ Herr / schlefft er / so wirds besser mit jm. Jhesus aber saget

Sanct Johannes. LXVIII.

aber saget von seinem tode/ Sie meineten aber/ er redet vom leiblichen schlaff. Da sagets jnen Jhesus frey heraus/ Lazarus ist gestorben/ vnd ich bin fro vmb ewren willen/ das ich nicht da gewesen bin/ auff das jr gleubet/ Aber lasset vns zu jm zihen. Da sprach Thomas/ der genennet ist Zwilling/ zu den Jüngern/ Lasset vns mit zihen/ das wir mit jm sterben.

Da kam Jhesus/ vnd fand jn/ das er schon vier tage jm grabe gelegen war. Bethania aber war nahe bey Jerusalem/ bey funffzehen feld weges/ vnd viel Jüden waren zu Martha vnd Maria komen/ sie zu trösten vber jren bruder. Als Martha nu höret/ das Jhesus kompt/ gehet sie jm entgegen/ Maria aber bleib daheime sitzen.

Da sprach Martha zu Jhesu/ Herr/ werestu hie gewesen/ mein bruder were nicht gestorben/ Aber ich weis auch noch/ das/ was du bittest von Gott/ das wird dir Gott geben. Jhesus spricht zu jr/ Dein bruder sol aufferstehen. Martha spricht zu jm/ Ich weis wol/ das er aufferstehen wird/ jnn der aufferstehung am Jüngsten tage. Jhesus sprach zu jr/ Ich bin die aufferstehung vnd das leben/ wer an mich gleubet/ der wird leben/ ob er gleich stürbe. Vnd wer da lebet vnd gleubet an mich/ der wird nimer mehr sterben/ Gleubestu das? Sie spricht zu jm/ Herr/ ja/ ich gleube/ das du bist Christus der Son Gottes/ der jnn die welt komen ist.

Vnd da sie das gesagt hatte/ gieng sie hin/ vnd rieff jrer schwester Maria heimlich/ vnd sprach/ Der Meister ist da/ vnd rüffet dir. Die selbige/ als sie das höret/ stund sie eilend auff/ vnd kam zu jm/ denn Jhesus war noch nicht jnn den Flecken komen/ sondern war noch an dem ort/ da jm Martha war entgegen komen. Die Jüden/ die bey jr im hause waren vnd trösten sie/ da sie sahen Mariam/ das sie eilend auffstund vnd hinaus gieng/ folgeten sie jr nach/ vnd sprachen/ Sie gehet hin zum grabe/ das sie daselbs weine.

Als nu Maria kam da Jhesus war/ vnd sahe jn/ fiel sie zu seinen füssen/ vnd sprach zu jm/ Herr/ werestu hie gewesen/ mein bruder were nicht gestorben. Als Jhesus sie sahe weinen/ vnd die Jüden auch weinen/ die mit jr kamen/ ergrimmet er im geist/ vnd entsetzet sich bey jm selbs/ vnd sprach/ Wo habt jr jn hingelegt? Sie sprachen zu jm/ Herr/ kom vnd sihe es. Vnd Jhesu giengen die augen vber. Da sprachen die Jüden/ Sihe/ wie hat er jn so lieb gehabt. Etliche aber vnter jnen sprachen/ Hat er dem blinden die augen auffgethan/ künd er denn nicht verschaffen/ das auch dieser nicht stürbe? Jhesus aber ergrimmet aber mal jnn jm selbs/ vnd kam zum grabe. Es war aber eine klufft/ vnd ein stein darauff gelegt.

Jhesus sprach/ Hebt den stein abe. Spricht zu jm Martha/ die schwester des verstorben/ Herr/ er stincket schon/ denn er ist vier tage gelegen. Jhesus spricht zu jr/ Hab ich dir nicht gesagt/ so du gleuben würdest/ du soltest die herrligkeit Gottes sehen. Da huben sie den stein ab/ da der verstorbene lag. Jhesus aber hub seine augen empor/ vnd sprach/ Vater ich dancke dir/ das du mich erhöret hast/ Doch ich weis/ das du mich allezeit hörest/ sondern vmb des volcks willen/ das vmbher stehet/ sage ichs/ das sie gleuben/ du habest mich gesand.

Da er das gesagt hatte/ rieff er mit lauter stimme/ Lazare kom heraus. Vnd der verstorbene kam heraus/ gebunden mit grabtüchern an füssen vnd henden/ vnd sein angesichte verhüllet mit einem schweistuch. Jhesus spricht zu jnen/ Löset jn auff/ vnd lasset jn gehen. Viel

M ij   nu der Jü-

Euangelion

nu der Jüden/die zu Maria komen waren/vnd sahen was Jhesus thet/gleubten an jn. Etliche aber von jnen giengen hin zu den Phariseern/vnd sagten jnen/was Jhesus gethan hatte.

Da versamleten die hohen priester vnd die Phariseer einen Rat/ vnd sprachen/Was thun wir? dieser mensch thut viel zeichen/lassen wir jn also/so werden sie alle an jn gleuben/so komen denn die Römer/vnd nemen vns land vnd leute. Einer aber vnter jnen/Caiphas/ der des selbigen jars hoher priester war/sprach zu jnen/Ir wisset nichts/bedencket auch nichts/Es ist vns besser/ein mensch sterbe fur das volck/denn das das gantze volck verderbe. Solchs aber redet er nicht von sich selbs/sondern die weil er desselbigen jars hoher priester war/weissaget er. Denn Jhesus solte sterben fur das volck/vnd nicht fur das volck alleine/sondern das er die kinder Gottes/die zurstrewet waren/zu samen brechte. Von dem tage an Ratschlugen sie/ wie sie jn tödten.

Jhesus aber wandelte nicht mehr frey vnter den Jüden/sondern gieng von dannen/jnn eine gegend/nahe bey der wüsten/jnn eine stad/genant Ephrem/vnd hatte sein wesen daselbs mit seinen Jüngern. Es war aber nahe die Ostern der Jüden/vnd es giengen viel hinauff gen Jerusalem/aus der gegend/vor den Ostern/das sie sich reinigeten. Da stunden sie vnd fragten nach Jhesu/ vnd redten miteinander im Tempel/Was dünckt euch/das er nicht kompt auff das Fest? Es hatten aber die hohen priester vnd Phariseer lassen ein gebot ausgehen/so jemand wüste/wo er were/das ers anzeiget/das sie jn griffen.

XII.

Sechs tage vor den Ostern kam Jhesus gen Bethania/ da Lazarus war der verstorbene/welchen Jhesus aufferweckt hatte von den todten/da selbs machten sie jm ein abentmal/vnd Martha dienete/Lazarus aber war der einer die mit jm zu tische sassen. Da nam Maria ein pfund salben/von vngefelschter köstlicher Narden/vnd salbete die füsse Jhesu/vnd trücket mit jrem hare seine füsse/Das haus aber ward vol vom geruch der salben. Da sprach seiner Jünger einer/Judas Simonis Son Ischariothes/der jn hernach verrhiet/Warumb ist diese salbe nicht verkaufft vmb drey hundert groschen/vnd den armen gegeben. Das saget er aber nicht/das er nach den armen fraget/sondern er war ein dieb/vnd hatte den beutel/vnd trug was gegeben ward. Da sprach Jhesus/Las sie mit frieden/solchs hat sie behalten/zum tage meiner begrebnis/Denn/armen habt jr allezeit bey euch/mich aber habt jr nicht alle zeit.

Matth: xxvi. Mar: xiiij.

Ein groschen hat zu der zeit fast.xxx. lawen pfennig vnser Meisnischen muntze gegolten.

Da erfur viel volcks der Jüden/das er daselbs war/vnd kamen/ nicht vmb Jhesus willen allein/sondern das sie auch Lazarum sehen/ welchen er von den todten erweckt hatte. Aber die hohen priester trachten darnach/das sie auch Lazarum tödten/denn vmb seinen willen giengen viel Jüden hin/vnd gleubten an Jhesum.

Matth: xxi. Mar: xi. Luc: xix.

Des andern tages/viel volcks das auffs Fest komen war/höret/das Jhesus kompt gen Jerusalem/vnd namen palmen zweige/ vnd giengen hinaus jm entgegen/vnd schrien/Hosianna/gelobet sey/der da kompt jnn dem namen des Herrn/ein König von Israel.

Jhesus

Sanct Johannes. XXIX.

Jhesus aber vberkam ein Eselin / vnd reit drauff / wie denn geschrie - Zach. ix. ben stehet / Fürchte dich nicht du tochter Zion / sihe / dein König kompt reitend auff einem Esels füllen. Solchs aber verstunden seine Jünger zuuor nicht / sondern da Jhesus verkleret ward / da dachten sie dran / das solchs war von jm geschrieben / vnd solchs jm gethan hatten.

Das volck aber das mit jm war / da er Lazarum aus dem grabe rieff / vnd von den todten aufferwecket / rhümete die that / darumb gieng jm auch das volck entgegen / das sie höreten / er hette solch zeichen gethan. Die Phariseer aber sprachen vnternander / Jr sehet / das jr nichts ausrichtet / sihe / alle welt leufft jm nach.

Es waren aber etliche Griechen vnter denen /, die hinauff komen waren / das sie anbetten auff das Fest / die tratten zu Philippo / der von Bethsaida aus Galilea war / baten jn / vnd sprachen / Herr / wir wolten Jhesum gerne sehen. Philippus kompt vnd sagets Andrean / vnd Philippus vnd Andreas sagtens weiter Jhesu. Jhesus aber antwortet jnen / vnd sprach / Die zeit ist komen / das des menschen Son verkleret werde.

Warlich / warlich / ich sage euch / Es sey denn / das das weitzen korn jnn die erden falle / vnd ersterbe / so bleibts alleine / Wo es aber er- Matth. xvi. stirbet / so bringets viel früchte. Wer sein leben lieb hat / der wirds ver- Mar. viii. lieren / vnd wer sein leben auff dieser welt hasset / der wirds er hal- Luc. ix. ten zum ewigen leben. Wer mir dienen wil / der folge mir nach / vnd wo ich bin / da sol mein diener auch sein / vnd wer mir dienen wird / den wird mein Vater ehren.

Jtzt ist mein seele betrübet / vnd was sol ich sagen? Vater hilff mir aus dieser stunde / doch darumb bin ich jnn diese stunde komen / Vater / verklere deinen Namen / Da kam eine stimme vom himel / Jch habe jn verkleret / vnd wil jn abermal verkleren. Da sprach das volck das da bey stunde vnd zuhöret / Es donnerte / Die andern sprachen / Es redte ein Engel mit jm. Jhesus antwortet / vnd sprach / Diese stimme ist nicht vmb meinnet willen geschehen / sondern vmb ewren willen.

Jtzt gehet das gerichte vber die welt / Nu wird der Fürst dieser welt ausgestossen werden / vnd ich / wenn ich erhöhet werde von der erden / so wil ich sie alle zu mir zihen. Das saget er aber / zu deuten / welchs todes er sterben würde. Da antwortet jm das volck / Wir haben gehöret im Gesetze / das Christus ewiglich bleibe / vnd wie sa- j. ps. gestu denn / des menschen Son mus erhöhet werden? Wer ist die- vij. ser menschen son? Da sprach Jhesus zu jnen / Es ist das liecht noch eine kleine zeit bey euch / wandelt die weil jr das liecht habt / das euch die finsternis nicht vberfallen. Wer jm finsternis wandelt / der weis nicht / wo er hin gehet / Gleubet an das Liecht / die weil jrs habt / auff das jr des liechtes kinder seid.

Solchs redet Jhesus / vnd gieng weg / vnd verbarg sich fur jnen. Vnd ob er wol solche zeichen fur jnen thet / gleubten sie doch nicht an jn / auff das erfüllet würde der spruch des Propheten Isaia / den er Jsaie. saget / Herr / wer gleubet vnserm predigen / vnd wem ist der arm des liij. Herrn offenbart? Darumb kundten sie nicht gleuben / denn Jsaias Esa. vj. saget abermal / Er hat jr augen verblendet / vnd jr hertz verstocket / das sie mit den augen nicht sehen / noch mit dem hertzen verne- men / vnd sich bekeren / vnd ich jnen hülffe. Solchs saget Jsaias / da er seine herrligkeit sahe / vnd redete von jm. Doch der obersten gleub-
M iij ten viel

Euangelion

ten viel an jn/ aber vmb der Phariseer willen bekanten sie es nicht/ das sie nicht jnn den Bann gethan würden/ Denn sie hatten lieber die ehre bey den menschen/ denn die ehre bey Gott.

Jhesus aber rieff/ vnd sprach/ Wer an mich gleubet/ der gleubet nicht an mich/ sondern an den/ der mich gesand hat. Vnd wer mich sihet/ der sihet denen/ der mich gesand hat/ Ich bin komen jnn die welt ein Liecht/ auff das/ wer an mich gleubet/ nicht im finsternis bleibe. Vnd wer meine Wort höret/ vnd gleubet nicht/ den werde ich nicht richten. Denn ich bin nicht komen/ das ich die welt richte/ sondern das ich die welt selig mache. Wer mich verachtet/ vnd nimpt meine wort nicht auff/ der hat schon der jn richtet. Das Wort/ welchs ich geredt habe/ das wird jn richten am Jüngsten tage/ Denn ich habe nicht von mir selber geredt/ sondern der Vater der mich gesand hat/ der hat mir ein gebot gegeben/ was ich thun vnd reden sol/ vnd ich weis/ das sein gebot ist das ewige leben/ darumb das ich rede/ das rede ich also/ wie mir der Vater gesagt hat.

XIII.

Or dem Fest aber der Ostern/ da Jhesus erkennet/ das seine zeit komen war/ das er aus dieser welt gienge zum Vater/ wie er hatte geliebet die seinen/ die jnn der welt waren/ so liebet er sie ans ende/ Vnd nach dem abent essen/ da schon der Teufel hatte dem Juda Simonis Icharioth jns hertz gegeben/ das er jn verrhiete/ wuste Jhesus/ das jm der Vater hatte alles jn seine hende gegeben/ vnd das er von Got komen war/ vnd zu Gott gieng/ stund er vom abentmal auff/ leget seine kleider ab/ vnd nam einen schurtz/ vnd vmb gürtet sich/ darnach gos er wasser jnn ein becken/ hub an den Jüngern die füsse zu waschen/ vnd trücknet sie mit dem schürtze/ damit er vmbgürtet war.

Da kam er zu Simon Petro/ vnd der selbige sprach zu jm/ Herr/ soltestu mir meine füsse waschen? Jhesus antwortet vnd sprach zu jm/ Was ich thu/ das weissest du itzt nicht/ du wirsts aber hernach erfaren/ Da sprach Petrus zu jm/ Nimer mehr soltu mir die füsse waschen. Jhesus antwortet jm/ Werde ich dich nicht waschen/ so hastu kein teil mit mir. Spricht zu jm Simon Petrus/ Herr/ nicht die füsse alleine/ sondern auch die hende vnd das heubt. Spricht Jhesus zu jm/ Wer gewaschen ist/ der darff nicht/ denn die füsse waschen/ sondern er ist gantz rein. Vnd jr seid rein/ aber nicht alle. Denn er wuste seinen Verrheter wol/ darumb sprach er/ Jr seid nicht alle rein.

Da er nu jre füsse gewaschen hatte/ nam er seine kleider/ vnd satzte sich widder nidder/ vnd sprach abermal zu jnen/ Wisset jr/ was ich euch gethan habe? Jr heisset mich Meister vnd Herr/ vnd saget recht dran/ denn ich bins auch. So nu ich ewr Herr vnd Meister/ euch die füsse gewaschen habe/ so solt jr auch euch vnternander die füsse waschen. Ein beispiel habe ich euch gegeben/ das jr thut/ wie ich euch gethan habe. Warlich/ warlich/ sage ich euch/ der knecht ist nicht grösser denn sein herr/ noch der Apostel grösser/ denn der jn gesand hat.

So jr solchs wisset/ selig seid jr/ so jrs thut/ Nicht sage ich von euch allen/ ich weis/ welche ich erwelet habe/ sondern das die Schrifft erfüllet werde/ Der mein brod isset/ der trit mich mit füssen. Itzt sage Psal.xli ichs euch

Sanct Johannes. LXX.

ichs euch / ehe denn es geschicht / auff das wenn es geschehen ist / das jr gleubet / das ichs bin. Warlich / warlich / ich sage euch / wer auffnimpt so ich jemand senden werde / der nimpt mich auff / wer aber mich auffnimpt / der nimpt den auff / der mich gesand hat.

Da solchs Jhesus gesagt hatte / ward er betrübet im Geist / vnd zeugete / vñ sprach / Warlich / warlich / sage ich euch / einer vnter euch wird mich verrhaten. Da sahen sich die Jünger vnternander an / vnd ward jnen bange / von welchem er redete. Es war aber einer vnter seinen Jüngern / der zu tische sass an der brust Jhesu / welchen Jhesus lieb hatte / dem wincket Simon Petrus / das er forschen solte / wer es were / von dem er saget / denn der selbige lag an der brust Jhesu / vnd sprach zu jm / Herr / wer ists? Jhesus antwortet / Der ists / dem ich den bissen eintauche vnd gebe. Vnd er tauchet den bissen ein / vnd gab jn Juda Simonis Jscharioth. Vnd nach dem bissen / fuhr der Satan jnn jn.

Da sprach Jhesus zu jm / Was du thust / das thu balde. Das selbige aber wuste niemand vber dem tische / wo zu ers jm sagete. Etliche meineten / die weil Judas den beutel hatte / Jhesus spreche zu jm / keuffe was vns not ist auff das Fest / odder / das er den armen etwas gebe. Da er nu den bissen genomen hatte / gieng er so balde hinaus / Vnd es war nacht. Da er aber hinaus gegangen war / spricht Jhesus / Nu ist des menschen Son verkleret / vnd Gott ist verkleret jnn jm / Jst Gott verkleret jnn jm / so wird jn Gott auch verkleren jnn jm selbs / vnd wird jn bald verkleren.

Lieben kindlin / ich bin noch ein kleine weile bey euch / Jr werdet mich suchen / vnd wie ich zu den Jüden saget / wo ich hingehe / da künd jr nicht hinkomen. Vnd sage euch nu / Ein new a gebot gebe ich euch / das jr euch vnternander liebet / wie ich euch geliebet habe / auff das auch jr einander lieb habet. Da bey wird jederman erkennen / das jr meine Jünger seid / so jr liebe vnternander habt. Spricht Simon Petrus zu jm / Herr / wo gehestu hin? Jhesus antwortet jm / Da ich hingehe / kanstu mir dis mal nicht folgen / aber du wirst mir hernach mals folgen / Petrus spricht zu jm / Herr / Warumb kan ich dir dis mal nicht folgen? Jch wil mein leben bey dir lassen / Jhesus antwortet jm / soltestu dein leben bey mir lassen? Warlich / warlich / ich sage dir / Der han wird nicht krehen / bis du mich dreymal habest verleugnet.

XIIII.

Vnd er sprach zu seinen Jüngern / Ewer hertz erschrecke nicht / gleubet jr an Gott / so gleubet auch an mich / Jnn meines Vaters hause / sind viel wonungen / wo aber das b nicht were / sage ich euch doch / das ich hingehe / euch die stete zu bereiten / vnd ob ich hin hingehe / euch die stete zu bereiten / wil ich doch widder komen / vnd euch zu mir nemen / auff das jr seid wo ich bin / vnd wo ich hin gehe / das wisset jr / vnd den weg wisset jr auch.

Spricht zu jm Thomas / Herr / wir wissen nicht / wo du hin gehest / vnd wie können wir den weg wissen? Jhesus spricht zu jm / Jch bin der weg / vnd die Warheit / vnd das Leben. Niemandt kompt zum Vater / denn durch mich / Wenn jr mich kennetet / so kennetet jr auch meinen Vater / Vnd von nu a kennet jr jn / vnd habt jn gesehen.

Mat. X.
Luc. X.
Matth. xxvj.
Matth. xxiij.
Lu. xxij.

a (Gebot) Das Euangelion ist eigentlich eine predigt von der gnade Gottes / die on werck gerecht machet / Darnach zeiget es auch an was solche gerechte thun sollen / nemlich / lieben / wie Paulus auch thut jnn seinen Episteln / das sie den glauben beweisen / Darumb ists ein new gebot / vnd ne wen menschem gegeben / die on werck gerecht sind.

b (Nicht) Die wonung sind von ewigkeit bereit / vnd es bedarffs nicht / das er sie bereite / vnd gehet doch hin sie zu bereiten / das ist / er wird ein Herr vber alles / damit er vns bereite zu solchen wonungen / Denn so lange wir nicht bereit sind / sind die wonunge vns noch nicht bereit / ob sie wol an jn selbs bereit sind

Spricht

Euangelion

Spricht zu jm Philippus / Herr / zeige vns den Vater / so genüget vns. Jhesus spricht zu jm / So lang bin ich bey euch / vnd du kennest mich nicht? Philippe / wer mich sihet / der sihet den Vater / Wie sprichstu denn / zeige vns den Vater? Gleubest du nicht / das ich im Vater / vnd der Vater jnn mir ist? Die wort die ich zu euch rede / die rede ich nicht von mir selbs / der Vater aber der jnn mir wonet / der selbige thut die werck. Gleubet mir / das ich jm Vater vnd der Vater jnn mir ist / wo nicht / so gleubet mir doch vmb der werck willen.

Warlich / warlich / ich sage euch / Wer an mich gleubet / der wird die werck auch thun / die ich thu / vnd wird grösser denn diese thun / denn ich gehe zum Vater. Vnd was jr bitten werdet jnn meinem namen / das wil ich thun / auff das der Vater geehret werde jnn dem Sone. Was jr bitten werdet jnn meinem namen / das wil ich thun.

Liebet jr mich / so haltet meine gebot / vnd ich wil den Vater bitten / vnd er sol euch einen andern * Tröster geben / das er bey euch bleibe ewiglich / den Geist der warheit / welchen die welt nicht kan empfahen / denn sie sihet jn nicht / vnd kennet jn nicht / jr aber kennet jn / denn er bleibet bey euch / vnd wird jnn euch sein. Ich wil euch nicht waisen lassen / ich kome zu euch.

Es ist noch vmb ein kleines / so wird mich die welt nicht mehr sehen / jr aber solt mich sehen / Denn ich lebe / vnd jr solt auch leben. An dem selbigen tage werdet jr erkennen / das ich im Vater bin / vnd jr jnn mir / vnd ich jnn euch.

Wer meine gebot hat / vnd helt sie / der ists / der mich liebet / wer mich aber liebet / der wird von meinem Vater geliebet werden / vnd ich werde jn lieben / vnd mich jm offenbaren. Spricht zu jm Judas / nicht der Jscharioth / Herr / was ists denn / das du vns wilt dich offenbaren / vnd nicht der welt? Jhesus antwortet / vnd sprach zu jm / Wer mich liebet / der wird meine Wort halten / vnd mein Vater wird jn lieben / vnd wir werden zu jm komen / vnd wonung bey jm machen. Wer aber mich nicht liebet / der helt meine Wort nicht. Vnd das Wort das jr höret / ist nicht mein / sondern des Vaters / der mich gesand hat.

Solchs habe ich zu euch gered / weil ich bey euch gewesen bin. Aber der Tröster der heilige Geist / welchen mein Vater senden wird jnn meinem namen / der selbige wirds euch alles leren / vnd euch erinnern alles des / das ich euch gesagt habe.

Den fride lasse ich euch / meinen fride gebe ich euch / Nicht gebe ich euch / wie die welt gibt. Ewer hertze erschrecke nicht / vnd fürchte sich nicht / Jr habt gehöret / das ich euch gesagt habe / Ich gehe hin / vnd kome widder zu euch. Hettet jr mich lieb / so würdet jr euch frewen / das ich gesagt habe / ich gehe zum Vater / denn der Vater ist grösser denn ich / Vnd nu hab ichs euch gesaget / ehe denn es geschicht / auff das / wenn es nu geschehen wird / das jr gleubet.

Ich werde fort mehr nicht viel mit euch reden / denn es kompt der Fürste dieser welt / vnd hat nichts an mir / Aber auff das die welt erkenne / das ich den Vater liebe / vnd ich also thue / wie mir der Vater geboten hat / Stehet auff / vnd lasset vns von hinnen gehen.

XV.

*(Tröster) paracletus heisset ein aduocat / fursprecher odder beystand fur gericht / der den schuldigen tröstet / sterckt vnd hilfft. Also thut der heilig geist auch vns jm gewissen fur Gottes gericht / widder die sunde vnd des Teuffels anklage.

Sanct Johannes. LXXI.

Ch bin ein rechter weinstock/ vnd mein Vater ein weingartner/ Einen jglichen reben an mir/ der nicht frucht bringet/ wird er abschneiden/ vnd einen jglichen der da frucht bringet / wird er reinigen/ das er mehr frucht bringe. Jr seid jtzt rein vmb des Worts willen/ das ich zu euch gered habe/ Bleibet jnn mir/ vnd ich jnn euch/ Gleich wie der rebe kan keine frucht bringen von jm selber/ er bleibe denn am weinstock / also auch jr nicht / jr bleibet denn jnn mir.

Ich bin der weinstock/ jr seid die reben/ Wer jnn mir bleibet / vnd ich jnn jm/ der bringet viel frücht / Denn on mich könnet jr nichts thun. Wer nicht jnn mir bleibet / der wird weg geworffen/ wie ein rebe/ vnd verdorret / vnd man samlet sie/ vnd wirfft sie jnns fewer/ vnd verbrennet sie. So jr jnn mir bleibet / vnd meine Wort jnn euch bleiben/ werdet jr bitten was jr wolt / vnd es wird euch widderfaren. Darinnen wird mein Vater geehret/ das jr viel frücht bringet / vnd werdet meine Jünger.

Gleich wie mich mein Vater liebet / also liebe ich euch auch/ Bleibet jnn meiner liebe. So ir mein gebot haltet/ so bleibet jr jnn meiner liebe/ gleich wie ich meines Vaters gebot halte/ vnd bleibe jnn seiner liebe. Solchs rede ich zu euch/ auff das meine freude jnn euch bleibe/ vnd ewer freude volkomen werde. Das ist mein gebot/ das jr euch vnternander liebet / gleich wie ich euch liebe. Niemand hat grösser liebe denn die/ das er sein leben lesset/ fur seine freunde/ Jr seid meine freunde/ so jr thut was ich euch gebiete. Ich sage hinfurt nicht / das jr knechte seid/ denn ein knecht weis nicht / was sein herr thut. Euch aber habe ich gesagt/ das jr freunde seid/ Denn alles was ich habe von meinem Vater gehöret/ hab ich euch kund gethan.

Jr habt mich nicht erwelet/ sondern ich habe euch erwelet/ vnd gesetzt/ das jr hingehet vnd frucht bringet / vnd ewre frucht bleibe/ auff das/ so jr den Vater bittet jnn meinem namen/ das ers euch gebe.

Matt. r.
Luc. vj.
Das gebiet ich euch/ das jr euch vnternander liebet. So euch die welt hasset/ so wisset/ das sie mich vor euch gehasset hat. Weret jr von der welt/ so hette die welt das jre lieb/ Die weil jr aber nicht von der welt seid/ sondern ich habe euch von der welt erwelet / darumb hasset euch die welt. Gedencket an mein Wort / das ich euch gesagt habe/ der knecht ist nicht grösser denn sein herr/ Haben sie mich verfolget / sie werden euch auch verfolgen/ Haben sie mein Wort gehalten/ so werden sie ewers auch halten.

Aber das alles werden sie euch thun / vmb mein es namen willen/ denn sie kennen den nicht/ der mich gesand hat. Weñ ich nicht komen were/ vnd hette es jnen gesaget / so hetten sie ᵃ keine sunde / Nu aber können sie nichts furwenden / jre sunde zu entschüldigen. Wer mich hasset / der hasset auch meinen Vater/ Hette ich nicht die werck gethan vnter jnen/ die kein ander gethan hat/ so hetten sie keine sunde / Nu aber haben sie es gesehen/ vnd hassen doch beide mich vnd meinen Vater. Doch das erfüllet werde der spruch jnn jrem Gesetze geschrieben/ Sie hassen mich on vrsache. Wenn aber der Tröster komen wird/ welchen ich euch senden werde vom Vater / der Geist der warheit / der vom vater ausgehet / der wir d zeugen von mir/ vnd jr werdet auch zeugen/ denn jr seid von anfang bey mir gewesen.

ᵃ
(Keine sunde)
Das ist gesaget auff die weise/ wie Ezech. an xviij. saget/ das ein jglichet vmb seiner eigen sunde willen sterben wird/ Deñ durch Christum ist die erbsunde auffgehaben/ vnd verdampt nach Christus zukunfft niemand/ denn wer sie nicht lassen/ das ist/ wer nicht gleubenwil.

Solchs

Euangelion XVI.

SOlchs hab ich zu euch gered / das jr euch nicht ergert / Sie werden euch jnn den Bann thun. Es kompt aber die zeit / das / wer euch tödtet / wird meinen / er thu Gott einen dienst dran / Vnd solchs werden sie euch darumb thun / das sie wedder meinen Vater noch mich erkennen. Aber solchs habe ich zu euch geredet / auff das / wenn die zeit komen wird / das jr dran gedencket / das ichs euch gesagt habe. Solchs aber habe ich euch von anfang nicht gesagt / denn ich war bey euch.

Matth. xr. vnd rrtith. Marci. rtij. Luc. rj.

Nu aber gehe ich hin zu dem / der mich gesand hat / vnd niemand vnter euch fraget mich / wo gehestu hin? Sondern die weil ich solchs zu euch gered habe / ist ewer hertz trawrens vol worden. Aber ich sage euch die warheit / Es ist euch gut / das ich hingehe / Denn so ich nicht hingehe / so kompt der Tröster nicht zu euch / So ich aber gehe / wil ich jn zu euch senden / Vnd wenn der selbige kompt / der wird die welt straffen / ᵃ vmb die sunde / vnd vmb die gerechtigkeit / vnd vmb das gerichte. Vmb die sunde / das sie nicht gleuben an mich. Vmb die gerechtigkeit aber / das ich zum Vater gehe / vnd jr mich fort nicht sehet. Vmb das gerichte / das der Fürst dieser welt gerichtet ist.

ᵃ (vmb die sunde) Welt / natur vernunfft etc. weis nicht / das vnglaub sunde / vnd glaube gerechtigkeit / vnd Gottes gerechte gestrenge sey / sondern mit wercken wollen sie frum werden / vnd sunde vertreiben. Darumb straffet der Heilige geist im Euangelio / es sey alles sunde / was nicht glaube ist / vnd musse durch Gottes gerichte verdampt werden.

Ich habe euch noch viel zu sagen / aber jr könnets jtzt nicht tragen. Wenn aber jhener / der Geist der warheit komen wird / der wird euch jnn alle warheit leiten. Denn er wird nicht von jm selber reden / sondern was er hören wird / das wird er reden / vnd was zukünfftig ist / wird er euch verkündigen. Der selbige wird mich verkleren / denn von dem meinen wird ers nemen / vnd euch verkündigen. Alles was der Vater hat / das ist mein / darumb hab ich gesagt / er wirds von dem meinen nemen / vnd euch verkündigen.

Vber ein kleines / so werdet jr mich nicht sehen / vnd aber vber ein kleines / so werdet jr mich sehen / den ich gehe zum Vater. Da sprachen etliche vnter seinen Jüngern vnternander / Was ist das / das er saget zu vns / vber ein kleines / so werdet jr mich nicht sehen / vnd aber vber ein kleines / so werdet jr mich sehen / vnd das ich zum Vater gehe? Da sprachen sie / Was ist das / das er saget / vber ein kleines? wir wissen nicht / was er redet. Da mercket Jhesus / das sie jn fragen wolten / vnd sprach zu jnen / Dauon fraget jr vnternander / das ich gesagt hab / vber ein kleines / so werdet jr mich nicht sehen / vnd aber vber ein kleines / werdet jr mich sehen / Warlich / warlich / ich sage euch / jr werdet weinen vnd heulen / aber die welt wird sich frewen / jr aber werdet trawrig sein / doch ewer traurigkeit sol zur freude werden.

Ein weib / wenn sie gepirt / so hat sie trawrigkeit / denn jre stunde ist komen / Wenn sie aber das kind geborn hat / dencket sie nicht mehr an die angst / vmb der freude willen / das der mensch zur welt geborn ist. Vnd jr habt auch nu trawrigkeit / aber ich wil euch widder sehen / vnd ewer hertz sol sich frewen / vnd ewer frewde sol niemand von euch nemen / vnd an dem selbigen tage werdet jr mich nichts fragen. Warlich / warlich / ich sage euch / so jr den Vater etwas bitten werdet jnn meinen namen / so wird ers euch geben / Bisher habt jr nichts gebeten jnn meinem namen / Bittet / so werdet jr nemen / das ewere freude volkomen sey.

Solchs hab ich zu euch durch sprichwort gered / Es kompt aber die zeit / das

Sanct Johannes. LXXII.

zeit / das ich nicht mehr durch sprichwort mit euch reden werde / sondern euch frey heraus verkündigen von meinem Vater / An dem selbigen tage werdet jr bitten jnn meinem namen. Vnd ich sage euch nicht / das ich den Vater fur euch bitten wil / denn er selbs der Vater hat euch lieb / darumb das jr mich liebet / vnd gleubet / das ich von Got ausgegangen bin. Ich bin vom Vater ausgegangen vnd komen jnn die welt / Widderumb verlasse ich die welt / vnd gehe zum Vater.

Sprechen zu jm seine Jünger / Sihe / nu redestu frey heraus / vnd sagest kein sprichwort / Nu wissen wir / das du alle ding weissest / vnd bedarffest nicht / das dich ᵈ jemand frage / darumb gleuben wir / das du von Gott ausgangen bist. Jhesus antwortet jnen / Itzt gleubet jr / sehet / es kompt die stunde / vnd ist schon komen / das jr zurstrewet werdet / ein jglicher jnn das seine / vnd mich alleine lasset / Aber ich bin nicht alleine / denn der Vater ist bey mir.

Solchs habe ich mit euch gered / das jr jnn mir fride habet / Jnn der welt habt jr angst / aber seid getrost / Ich habe die welt vberwunden.

ᵈ (Jemand frage) Das ist / man darff dich nicht fragen / denn du kompst zu uor mit antwort / als der das hertze vnd alles heimlich sihet.

XVII.

Solchs redet Jhesus / vnd hub seine augen auff gen himel / vnd sprach / Vater die stunde ist hie / das du deinen Son verklerest / auff das dich dein Son auch verklere / gleich wie du jm macht hast gegeben vber alles fleisch / auff das er das ewige leben gebe / allen die du jm gegeben hast / Das ist aber das ewige leben / das sie dich / das du alleine warer Gott bist / vnd den du gesand hast Jhesum Christ / erkennen. Ich habe dich verkleret auff erden / vñ volendet das werck das du mir gegeben hast / das ich thun solt. Vnd nu verklere mich du Vater / bey dir selbs / mit der klarheit / die ich bey dir hatte / ehe die welt war. Ich habe deinen namen offenbaret den menschen / die du mir von der welt gegeben hast. Sie waren dein / vnd du hast sie mir gegeben / vnd sie haben dein wort behalten. Nu wissen sie / das alles was du mir gegeben hast / sey von dir / Denn die Wort die du mir gegeben hast / hab ich jnen gegeben / vnd sie habens angenomen / vnd erkand warhafftig / das ich von dir ausgegangen bin / vnd gleuben / das du mich gesand hast.

Ich bitte fur sie / vnd bitte ᵇ nicht fur die welt / sondern fur die du mir gegeben hast / denn sie sind dein / vnd alles was mein ist / das ist dein / vnd was dein ist / das ist mein / vnd ich bin jnn jnen verkleret / Vnd ich bin nicht mehr jnn der welt / sie aber sind jnn der welt / vnd ich kome zu dir / Heiliger Vater / erhalt sie jnn deinem Namen / die du mir gegeben hast / das sie eines seien / gleich wie wir. Die weil ich bey jnen war jnn der welt / erhielt ich sie jnn deinem namen. Die du mir gegeben hast / die habe ich bewaret / vnd ist keiner von jnen verloren / on das verlorne kind / das die Schrifft erfüllet würde.

Nu aber kome ich zu dir / vnd rede solches jnn der welt / auff das sie jnn jnen haben meine freude volkomen. Ich hab jnen gegeben dein Wort / vnd die welt hasset sie / denn sie sind nicht von der welt / wie denn auch ich nicht von der welt bin. Ich bitte nicht / das du sie von der welt nemest / sondern das du sie bewarest fur dem vbel / Sie sind nicht von der welt / gleich wie ich auch nicht von der welt bin / Heilige sie jn deiner warheit / Dein wort ist die warheit. Gleich wie du mich gesand hast jnn die welt / so sende ich sie auch jnn die welt / Ich heilige mich selbs fur

ᵇ (Nicht fur die welt) Das ist / ich bitte nicht / das du der welt vnd vngleubigen furnemen vnd thun / dir lassest gefallen / gleich wie Moses / Num. xvj. bittet / das Gott solt des Korah opffer nicht annemen / vnd Psal. Non miserearis omnibus operantibus iniquitatem / Sonst sol man fur die welt bitten / das sie bekerer werde.

Euangelion

selbs fur sie/auff das auch sie geheiliget seien jnn der warheit.

Ich bitte aber nicht alleine fur sie/sondern auch fur die/so durch jr wort an mich gleuben werden/auff das sie alle eines seien/gleich wie du Vater jnn mir/vnd ich jnn dir/das auch sie jnn vns eines seien/auff das die welt gleube/du habest mich gesand. Vnd ich hab jnen gegeben die herrligkeit/die du mir gegeben hast/das sie eines seien/gleich wie wir eines sind/ich jnn jnen/vnd du jnn mir/auff das sie volkomen seien/jnn eines/vnd die welt erkenne/das du mich gesand hast/vnd liebest sie/gleich wie du mich liebest.

Vater/ich wil/das/wo ich bin/auch die bey mir seien/die du mir gegeben hast/das sie meine herrligkeit sehen/die du mir gegeben hast/Denn du hast mich geliebet/ehe denn die welt gegründet ward. Gerechter Vater/die welt kennet dich nicht/ich aber kenne dich/vnd diese erkennen/das du mich gesand hast/vnd ich habe jnen deinen namen kund gethan/vnd wil jnen kund thun/auff das die liebe/damit du mich liebest/sey jnn jnen/vnd ich jnn jnen.

XVIII.

DA Jhesus solchs gered hatte/gieng er hinaus mit seinen Jüngern vber den bach Kidron/da war ein garte/darein gieng Jhesus vnd seine Jünger. Judas aber der jn verrhiet/wuste den ort auch/denn Jhesus versamlet sich offte daselbs mit seinen Jüngern. Da nu Judas zu sich hatte genomen die Schar/vnd der hohen priester vnd Phariseer diener/kompt er dahin/mit fackeln/lampen/vnd mit waffen. Als nu Jhesus wuste alles was jm begegnen solte/gieng er hinaus/vnd sprach zu jnen/Wen suchet jr? Sie antworten jm/Jhesum von Nazareth. Jhesus spricht zu jnen/Ich bins. *Matth. xxvi. Mar. xiiii. Luc.xxii*

Judas aber der jn verrhiet/stund auch bey jnen/Als nu Jhesus zu jnen sprach/ich bins/wichen sie zu rücke vnd fielen zu boden. Da fraget er sie abermal/Wen suchet jr? Sie aber sprachen/Jhesum von Nazareth. Jhesus antwortet/Ich habs euch gesagt/das ichs sey/suchet jr denn mich/so lasset diese gehen. Auff das das wort erfüllet würde/welchs er saget/Ich habe der keinen verloren/die du mir gegeben hast. *Johan. xvii.*

Da hatte Simon Petrus ein schwerd/vnd zoch es aus/vnd schlug nach des hohen priesters knechte/vnd hieb jm sein recht ohr ab/ Vnd der knecht hies Malchos. Da sprach Jhesus zu Petro/Stecke dein schwerd jnn die scheide/sol ich den kelch nicht trincken/den mir mein Vater gegeben hat?

Die Schar aber vnd der Oberheubtman/vnd die diener der Jüden/ namen Jhesum an/vnd bunden jn/vnd füreten jn auffs erste zu Pannas/der war Caiphas schweher/welcher des jars hohe priester war. Es war aber Caiphas/der den Jüden riet/Es were gut/das ein mensch würde vmbbracht fur das volck.

Simon Petrus aber folgete Jhesu nach/vn ein ander Jünger/Der selbige Jünger war dem hohen priester bekand/vnd gieng mit Jhesu hinein/jnn des hohen priesters pallast. Petrus aber stund draussen fur der thür. Da gieng der ander Jünger/der dem hohen priester bekand war/hinaus/vnd redet mit der thürhüterin/vnd füret

Petron

Sanct Johannes. LXXI II.

Petron hinein. Da sprach die magd die thürhüterin zu Petro / Bistu nicht auch dieses menschen Jünger einer? Er sprach/ Ich bins nicht. Es stunden aber die knechte vnd diener/ vn̄ hatten ein kolfewer gemacht / denn es war kalt / vnd wermeten sich. Petrus aber stund bey jnen / vnd wermet sich.

Aber der Hohepriester fraget Jhesum vmb seine Jünger vnd vmb seine lere. Jhesus antwortet jm / Ich habe frey offentlich gered fur der welt / ich habe alle zeit geleret jnn der Schule vnd jnn dem Tempel / da alle Jüden zu samen komen / vnd habe nichts im winckel gered / was fragestu mich darumb? frage die darumb / die gehöret haben / was ich zu jnen gered habe / Sihe / die selbigen wissen was ich gesagt habe. Als er aber solchs redet / gab der diener einer / die da bey stunden / Jhesu einen backenstreich / vnd sprach / Soltu dem Hohenpriester also antworten? Jhesus antwortet / Hab ich vbel gered / so beweise es / das vnrecht sey / habe ich aber recht gered / was schlegstu mich? Vnd Hannas sandte jn gebunden zu dem Hohenpriester Caiphas.

Simon Petrus aber stund vnd wermet sich. Da sprachen sie zu jm / Bistu nicht seiner Jünger einer? Er verleugnet / vnd sprach / Ich bins nicht. Spricht des Hohen priesters knecht einer / ein gefreundter des / dem Petrus das ohr abgehawen hatte / Sahe ich dich nicht jm garten bey jm? Da verleugnet Petrus abermal / vnd also balde krehet der Han.

Matth. xxvij.
Mar. xv
Lu. xxiij

Da füreten sie Jhesum von Caipha fur das Richthaus / vn̄ es war frue. Vnd sie giengen nicht jnn das Richthaus / auff das sie nicht vnrein würden / sondern Ostern essen möchten. Da gieng Pilatus zu jnen heraus / vnd sprach / Was bringet jr fur klage widder diesen menschen? Sie antworten / vnd sprachen zu jm / Were dieser nicht ein vbeltheter / wir hetten dir jn nicht vberantwortet. Da sprach Pilatus zu jnen / So nemet jr jn hin / vnd richtet jn nach ewrem Gesetz. Da sprachen die Jüden zu jm / Wir thüren niemand tödten. Auff das erfüllet würde das wort Jhesu / welchs er saget / da er deutet / welchs todes er sterben würde.

Mat. xx
Lu. xviij

Da gieng Pilatus widder hinein jns Richthaus / vnd rieff Jhesu / vnd sprach zu jm / Bistu der Jüden König? Jhesus antwortet / Redestu das von dir selbs / odder habens dir andere von mir gesagt? Pilatus antwortet / Bin ich ein Jüde? dein volck vnd die Hohen priester / haben dich mir vberantwortet / was hast du gethan? Jhesus antwortet / Mein Reich ist nicht von dieser welt / were mein Reich von dieser welt / meine Diener würden drob kempffen / das ich den Jüden nicht vberantwortet würde. Aber nu ist mein Reich nicht von dannen. Da sprach Pilatus zu jm / So bistu dennoch ein König? Jhesus antwortet / Du sagests / ich bin ja ein König / Ich bin dazu geboren / vnd auff die welt komen / das ich die warheit zeugen sol / Wer aus der warheit ist / der höret meine stimme. Spricht Pilatus zu jm / Was ist *a* warheit?

a (Was ist Warheit) Ironia est / Wilt du von warheit reden / so bistu verloren.

Vnd da er das gesaget / gieng er widder hinaus zu den Jüden / vnd spricht zu jnen / Ich finde keine schuld an jm / Ir habet aber eine gewonheit / das ich euch einen auff Ostern los gebe / wolt jr nu / das ich euch der

Euangelion

euch der Jüden König los gebe? Da schrien sie widder alle sampt/ vnd sprachen / Nicht diesen / sondern Barrabam. Barrabas aber war ein mörder.

XIX.

DA nam Pilatus Jhesum vnd geisselte jn/ vnd die kriegs- knechte flochten eine krone von dornen / vnd setzten sie auff sein heubt/ vnd legten jm ein purpur kleid an / vnd sprachen/ Sey grüsset lieber Jüden König. Vnd ga- ben jm backen streiche. Da gieng Pilatus widder her- aus / vnd sprach zu jnen/ Sehet/ ich füre jn heraus zu euch/ das jr erkennet / das ich keine schuld an jm finde. Also gieng Jhesus heraus/ vnd trug eine dörnen krone vnd purpur kleid. Vnd er spricht zu jnen/ Sehet/ welch ein mensch. Da jn die Dohenpriester vnd die diener sahen/ schrien sie / vnd sprachen/ Creutzige/ creutzi- ge. Pilatus spricht zu jnen/ Nempt jr jn hin/ vnd creutziget/ denn ich finde keine schuld an jm. Die Jüden antworten jm/ Wir haben ein ge- setze / vnd nach dem gesetze sol er sterben / denn er hat sich selbs zu Gottes Son gemacht. *Matth. xxvij. Mar.xv Luc. xxiij.*

Da Pilatus das wort höret/ furcht er sich noch mehr/ vnd gieng widder hinein jnn das Richthaus / vnd spricht zu Jhesu/ Von wan- nen bistu? Aber Jhesus gab jm kein antwort. Da sprach Pilatus zu jm/ Redestu nicht mit mir? weisstu nicht / das ich macht habe dich zu creutzigen / vnd macht habe dich los zu geben? Jhesus antwor- tet/ Du hettest keine macht vber mich / wenn sie dir nicht were von oben herab gegeben/ Darumb/ der mich dir vberantwortet hat/ der hats grösser sunde. Von dem an trachtet Pilatus / wie er jn los liesse. Die Jüden aber schrien/ vnd sprachen/ Lessestu diesen los/ so bistu des Keisers freund nicht/ Denn wer sich zum Könige machet/ der ist widder den Keiser.

Da Pilatus das wort höret/ füret er Jhesum heraus/ vnd satzte sich auff den Richtstuel/ an der stete/ die da heisst Hohpflaster/ auff Ebreisch aber Gabbatha. Es war aber der Rüstag jnn Ostern / vmb die sechste stunde/ vnd er spricht zu den Juden. Sehet/ das ist ewer König. Sie schrien aber/ Weg/ weg mit dem/ creutzige jn. Spricht Pilatus zu jnen / Sol ich ewern König creutzigen? Die Dohen prie- ster antworten/ Wir haben keinen König/ denn den Keiser. Da vber- antwortet er jnen / das er gecreutziget würde. *Matth. xxvij. Mar. xv. Luce. xxiij.*

Sie namen aber Jhesum an / vnd füreten jn hin. Vnd er trug sein creutze/ vnd gieng hinaus zur stete / die da heisset Scheddelsted/ wel- che heisset auff Ebreisch Golgatha. Alda creutzigeten sie jn/ vnd mit jm zween ander/ auff beiden seiten/ Jhesum aber mitten jnne. Pilatus aber schreib eine vberschrifft/ vnd setzte sie auff das creutze/ vnd war geschrieben/ Jhesus von Nazareth der Jüden König. Diese vber- schrifft lasen viel Jüden/ deñ die stet war nahe bey der Stad/ da Jhe- sus gecreutziget ist/ Vnd es war geschrieben auff Ebreisch/ Griech- isch/ vnd Latinische sprach. Da sprachen die Hohen priester der Jü- den zu Pilato/ Schreib nicht der Jüden König / sondern das er ge- sagt habe / ich bin der Jüden König. Pilatus antwortet/ Was ich geschrieben hab/ das hab ich geschrieben.

Die kriegsknechte aber/ da sie Jhesum gecreutziget hatten/ namen sie seine kleider vnd macheten vier teil/ einem jglichen kriegsknechte ein teil

Sanct Johannes.

ein teil/dazu auch den rock. Der rock aber war vngenehet/von oben an gewircket/durch vnd durch. Da sprachen sie vnternander/Lasset vns den nicht zu teilen/sondern darumb lossen/wes er sein sol/Auff das erfüllet würde die Schrifft/die da saget/Sie haben meine kleider vnter sich geteilet/vnd haben vber meinen rock das los geworffen. Solchs theten die kriegsknechte.

Psalm. xxij.

Es stund aber bey dem creutze Jhesu seine mutter/vnd seiner mutter schwester/Maria Cleophas weib/vnd Maria Magdalene. Da nu Jhesus seine mutter sahe/vnd den Jünger da bey stehen/den er lieb hatte/spricht er zu seiner mutter/Weib/sihe/das ist dein son/Darnach spricht er zu dem Jünger/Sihe/das ist deine mutter. Vnd von der stund an/nam sie der Jünger zu sich.

Darnach als Jhesus wuste/das schon alles volnbracht war/das die Schrifft erfüllet würde/spricht er/Mich dürstet. Da stund ein gefesse vol essiges. Sie aber fülleten einen schwam mit essig/vnd legeten jn vmb einen Jsopen/vn hielten es jm dar zum munde. Da nu Jhesus den essig genomen hatte/sprach er/Es ist volnbracht/vnd neiget das heubt/vnd verschied.

Psalm. lxix.

Die Jüden aber/die weil es der Rüstag war/das nicht die leichnam auff dem creutze blieben am Sabbath (denn des selbigen Sabbaths tag war gros) baten sie Pilatum/das jre gebeine gebrochen vnd abgenomen würden. Da kamen die kriegsknechte vnd brachen dem ersten die beine/vnd dem andern/der mit jm gecreutziget war. Als sie aber zu Jhesu kamen/da sie sahen/das er schon gestorben war/brachen sie jm die beine nicht/sondern der kriegsknechte einer öffenet seine seite mit einem sper/vnd als bald gieng blut vnd wasser heraus.

Vnd der das gesehen hat/der hat es bezenget/vnd sein zeugnis ist war/vnd der selbige weis/das er war saget/auff das auch jr gleubet/Denn solchs ist geschehen/das die Schrifft erfüllet würde/Jr solt jm kein bein zubrechen. Vnd abermal spricht eine ander Schrifft/Sie werden sehen/jnn welchen sie gestochen haben.

Exo. xij. Zach. xij.

Darnach bat Pilaton Joseph von Arimathia/der ein Jünger Jhesu war/doch heimlich/aus furcht fur den Jüden/das er möchte abnemen den leichnam Jhesu. Vnd Pilatus erleubet es. Es kam aber auch Nicodemus/der vormals bey der nacht zu Jhesu komen war/vnd brachte myrrhen vnd Aloen vnternander/bey hundert pfunden. Da namen sie den leichnam Jhesu/vnd bunden jn jnn leinen tücher mit specereyen/wie die Jüden pflegen zu begraben. Es war aber an der stete/da er gecreutziget ward/ein garte/vnd im garten ein new grab/jnn welches niemand jhe geleget war/da selbs hin legten sie Jhesum/vmb des Rüsttages willen der Jüden/die weil das grab nahe war.

XX.

Matth. xxviij. Marci. vj. Luce. xxiiij.

Nder Sabbather einem/kompt Maria Magdalena frue/da es noch finster war/zum grabe/vnd sihet/das der stein vom grabe hinweg war. Da leufft sie/vnd kompt zu Simon Petro vnd zu dem andern Jünger/welchen Jhesus lieb hatte/vnd spricht zu jm/Sie haben den Herrn weg genomen aus dem grabe/vnd wir wissen nicht/wo sie jn hin gelegt haben. Da gieng Petrus vnd der ander Jünger hinaus/vnd kamen zum grabe/

N ij   Es lieffen

Euangelion

Es lieffen aber die zween miteinander / vnd der ander Jünger lieff zu uor / schneller denn Petrus / vnd kam am ersten zum grabe / kucket hin ein / vnd sihet die leinen geleget / er gieng aber nicht hinein. Da kam Simon Petrus jm nach / vnd gieng hinein jnn das grab / vnd sihet die leinen geleget / vnd das schweistuch / das Jhesu vmb das heubt gebunden war / nicht bey die leinen geleget / sondern beseits eingewi ckelt an einem sondern ort. Da gieng auch der ander Jünger hinein / der am ersten zum grabe kam / vnd sahe / vnd ᵃ gleubets / Denn sie wusten die Schrifft noch nicht / das er von den tödten aufferstehen muste. Da giengen die Jünger widder zusamen.

ᵃ (Gleubets) Das er were weg genomen wie Magdalena zu jm gesagt hatte.

Maria aber stund fur dem grabe / vnd weinet draussen. Als sie nu weinet / kucket sie jnn das grab / vnd sihet zween Engel jnn weissen kleidern sitzen / einen zun heubten / vnd den andern zun füssen / da sie den leichnam Jhesu hin gelegt hatten / vnd die selbigen sprachen zu jr / Weib / was weinestu? Sie spricht zu jnen / Sie haben meinen Herrn weg genomen / vnd ich weis nicht / wo sie jn hin gelegt haben. Vnd als sie das saget / wandte sie sich zu rücke / vnd sihet Jhesum ste hen / vnd weis nicht das es Jhesus ist. Spricht Jhesus zu jr. Weib / was weinestu? wen suchestu? Sie meinet / es sey der gartner / vnd spricht zu jm / Herr / hastu jn weg getragen? so sage mir / wo hastu jn hingeleget? so wil ich jn holen. Spricht Jhesus zu jr / Maria. Da wandte sie sich vmb / vnd spricht zu jm / Rabuni / das heisset Meister. Spricht Jhesus zu jr / Rüre mich nicht an / denn ich bin noch ᵇ nicht auffgefaren zu meinem Vater / Gehe aber hin zu meinen Brüdern / vnd sage jnen / Ich fare auff zu meinem Vater / vnd zu ewrem Vater / zu meinem Gott / vnd zu ewrem Gott. Maria Magdalena kompt vnd verkündiget den Jüngern / Ich habe den Herrn gesehen / vnd solchs hat er zu mir gesagt.

ᵇ (Nicht auffgefa ren) Weil sie noch nicht gleubet / das er Gott war / wol te er sich nicht las sen anruren / Denn anruren bedeut gleuben / Vnd Sanct Johannes sonderlich fur an dern Euangelisten auff die geistlichen deutungen acht hat / so doch Sanct Matth. xxviij. sch reibet / er habe sich lassen die weiber anruren.

Am abent aber desselbigen Sabbaths / da die Jünger versamlet / vnd die thür verschlossen waren / aus furchte fur den Jüden / kam Jhesus / vnd trat mitten ein / vnd spricht zu jnen / Fride sey mit euch. Vnd als er das saget / zeiget er jnen die hende / vnd seine seite. Da wur den die Jünger fro / das sie den Herrn sahen. Da sprach Jhesus a bermal zu jnen / Fride sey mit euch / gleich wie mich der Vater gesand hat / so sende ich euch. Vnd da er das saget / blies er sie an / vnd spri cht zu jnen / Nemet hin den Heiligen geist / welchen jr die sunde erla sset / den sind sie erlassen / vnd welchen jr sie behaltet / den sind sie be halten.

Thomas aber der Zwelffen einer / der da heisset Zwilling / war nicht bey jnen / da Jhesus kam. Da sagten die andern Jüngern zu jm / Wir haben den Herrn gesehen. Er aber sprach zu jnen / Es sey denn / das ich jnn seinen henden sehe die negelmal / vnd lege meinen finger jnn die negelmal / vnd lege meine hand jnn seine seiten / wil ichs nicht gleuben.

Vnd vber acht tage / waren abermal seine Jünger drinnen / vnd Thomas mit jnen / Kompt Jhesus / da die thür verschlossen waren / vnd trit mitten ein / vnd spricht / Fride sey mit euch. Darnach spricht er zu Thoma / Reiche deinen finger her / vnd sihe meine hende / vnd reiche deine hand her / vnd lege sie jnn meine seiten / vnd sey nicht vn gleubig / sondern glenbig. Thomas antwortet / vnd sprach zu jm /

Mein

Sanct Johannes. LXXV.

Mein Herr vnd mein Gott. Spricht Jhesus zu jm/ Die weil du mich gesehen hast Thoma/ so gleubestu/ Selig sind/ die nicht sehen vnd doch gleuben.

Auch viel andere zeichen thet Jhesus fur seinen Jüngern/ die nicht geschrieben sind inn diesem buch/ Diese aber sind geschrieben/ das jr gleubet/ Jhesus sey Christ/ der Son Gottes/ vnd das jr durch den Glauben das leben habet inn seinem Namen.

XXI.

Darnach offenbaret sich Jhesus abermal an dem meer bey Tiberias/ Er offenbaret sich aber also/ Es war bey einander/ Simon Petrus vnd Thomas/ der da heisset Zwilling/ vnd Nathanael von Cana Gallilea/ vnd die söne Zebedei/ vnd andere zween seiner Jünger. Spricht Simon Petrus zu jnen/ Ich wil hin fischen gehen. Sie sprechen zu jm/ So wöllen wir mit dir gehen. Sie giengen hinaus/ vnd tratten inn das schiff also bald/ vnd inn der selbigen nacht fiengen sie nichts. Da es aber jtzt morgen war/ stund Jhesus am vfer/ aber die Jünger wusten nicht/ das es Jhesus war. Spricht Jhesus zu jnen/ Kinder/ habt jr nichts zu essen/ Sie antworten jm/ Nein. Er sprach aber zu jnen/ Werffet das netze zur rechten des schiffs/ so werdet jr finden. Da wurffen sie/ vnd kundens nicht mehr zihen/ fur der menge der fische. Da spricht der Jünger/ welchen Jhesus lieb hatte/ zu Petro/ Es ist der Herr.

Da Simon Petrus höret/ das der Herr war/ gürtet er das hembd vmb sich/ denn er war nacket/ vnd warff sich jnns meer. Die ander Jünger aber kamen auff dem schiffe/ denn sie waren nicht ferne vom lande/ sondern bey zwey hundert ellen/ vnd zogen das netze mit den fischen. Als sie nu austratten auffs land/ sahen sie kolen geleget/ vnd fisch drauff/ vnd brod. Spricht Jhesus zu jnen/ Bringet her von den fischen/ die jr jtzt gefangen habt. Simon Petrus steig hinein/ vnd zoch das netze auffs land/ vol grosser fische/ hundert vnd drey vnd funfftzig/ Vnd wie wol jr so viel waren/ zureis doch das netze nicht. Spricht Jhesus zu jnen/ Kompt/ vnd haltet das mal. Niemand aber vnter den Jüngern thurste jn fragen/ wer bistu? denn sie wusten das der Herr war. Da kompt Jhesus/ vnd nimpt das brod/ vnd gibts jnen/ des selbigen gleichen auch fische. Das ist nu das dritte mal/ das Jhesus offenbaret ist seinen Jüngern/ nach dem er von den todten aufferstanden ist.

Da sie nu das mal gehalten hatten/ spricht Jhesus zu Simon Petro/ Simon Johanna/ hast du mich lieber/ denn mich diese haben? Er spricht zu jm/ Ja Herr/ du weissest/ das ich dich lieb habe. Spricht er zu jm/ Weide meine lemmer. Spricht er aber zum andern mal zu jm/ Simon Johanna hastu mich lieb? Er spricht zu jm/ Ja Herr/ du weissest/ das ich dich lieb habe/ Spricht er zu jm/ Weide meine schafe. Spricht er zum dritten mal zu jm/ Simon Johanna/ hastu mich lieb? Petrus ward trawrig/ das er zum dritten mal

Euangelion

zu jm saget / hastu mich lieb / vnd sprach zu jm / Herr / du weisst alle ding / du weissest / das ich dich lieb habe. Spricht Jhesus zu jm / Weide meine schafe.

Warlich / warlich / ich sage dir / da du iünger warest / gürtestu dich selbs / vnd wandelst wo du hin woltest / wenn du aber alt wirst / wirstu deine hende ausstrecken / vnd ein ander wird dich gürten / vnd füren / wo du nicht hin wilt. Das saget er aber zu deuten / mit welchem tode er Gott preisen würde.

Da er aber das gesaget / spricht er zu jm / Folge mir nach. Petrus aber wandte sich vmb / vnd sahe den Jünger folgen / welchen Jhesus lieb hatte / der auch an seiner brust im abent essen gelegen war / vnd gesagt hatte / Herr / wer ists / der dich verrhet? Da Petrus diesen sahe / spricht er zu Jhesu / Herr / was sol aber dieser? Jhesus spricht zu jm / So ich wil / das er bleibe / bis ich kome / was gehet es dich an? folge du mir nach. Da gieng eine rede aus vntern den Brüdern / dieser Jünger stirbet nicht. Vnd Jhesus sprach nicht zu jm / Er stirbet nicht / sondern / so ich wil / das er bleibe / bis ich kome / was gehet es dich an? Dis ist der Junger / der von diesen dingen zeuget / vnd hat dis geschrieben / vnd wir wissen / das sein zeugnis war ist.

Es sind auch viel ander ding / die Jhesus gethan hat / welche / so sie solten eins nach dem andern geschrieben werden / acht ich / die welt würde die bücher nicht begreiffen / die zu schreiben weren.

Vorrede

Vorrede auff der Apo-steln Geschichte. LXXVI.

DIs Buch sol man lesen vnd ansehen / nicht wie wir etwan gethan haben / als hette Sanct Lucas darinn allein die eigen personliche werck odder geschichte der Aposteln geschrieben / zum exempel guter wercke / odder gutes lebens / wie auch Sanct Augustin vnd viel andere / dis fur das beste exempel darinnen angesehen haben / da die Apostel haben mit den Christen alle gütter gemein gehabt etc. Welchs doch nicht lang weret / vnd zeitlich auffhören muste / Sondern darauff sol man mercken / das Sanct Lucas mit diesem buch / die gantze Christenheit leret / bis an der welt ende / das rechte heubtstück Christlicher lere / Nemlich / wie wir alle müssen gerecht werden / allein durch den glauben an Jhesu Christo / on alles zu thun des Gesetzes / odder hülffe vnser werck.

Solchs stück ist seine furnemeste meinung vnd vrsache dieses buchs zu schreiben / Darumb treibt er auch so gewaltiglich / nicht allein die predigt der Aposteln vom glauben an Christo / wie beide Heiden vnd Jüden / dadurch haben müssen gerecht werden / on alle verdienst vnd werck / Sondern auch die Exempel vnd geschicht solcher lere / wie die Heiden / so wol als die Jüden / allein durchs Euangelion / on Gesetz sind gerecht worden. Vnd wie Petrus zeuget am. x. vnd xv. Cap. Gott jnn solchem stücke / kein vnterscheid gehalten habe vnter Jüden vnd Heiden / sondern gleich wie er den Heiden / so on Gesetz lebeten / den Heiligen geist gab durchs Euangelion / also habe er den selben auch den Jüden / durchs Euangelion / vnd nicht durchs Gesetz / odder vmb jrer werck vnd verdienst willen gegeben. Setzt also jnn diesem buch bey einander / beide die lere vom glauben / vnd auch die Exempel des glaubens.

Darumb dis buch / wol möcht heissen eine glose vber die Epi-steln Sanct Pauli / Denn was Sanct Paulus leret vnd treibet mit worten vnd sprüchen aus der Schrifft / das zeiget hie Sanct Lucas an / vnd beweiset es mit exempeln vnd geschichten / das es also ergangen sey / vnd also ergehen müsse / wie Sanct Paulus leret / nemlich / das kein Gesetz / kein werck / die menschen gerecht mache / sondern allein der Glaube an Christum. Vnd findest hie jnn diesem buch einen schönen spiegel / darinn du sehen magest / das es war sey / Sola fides iustificat / Allein der Glaub macht gerecht / Denn da sind des stückes / alle Exempel vnd geschichte drinnen / gewisse vnd tröstliche zeugen / die dir nicht liegen noch feilen.

Denn da sihe an / wie Sanct Paulus selbs ist bekeret / Item / wie der
Heide

Vorrede.

Heide Cornelius wird bekeret durch Sanct Peters wort/ wie der Engel jm zuuor sagete/ Petrus würde jm predigen/ da durch er solte selig werden. Item/ der Landvogt Sergius/ vnd alle Stedte/ da Sanct Paulus vnd Barnabas predigten. Sihe an das erste Concilium der Aposteln zu Jerusalemam/ xv. Ca. Sihe an alle predigt Sanct Petri/ Stephani vnd Philippi/ So wirstu finden/ das es alles dahin gehet/ das wir allein durch den glauben Christi/ on Gesetz vnd werck/ müssen zur gnaden komen/ vnd gerecht werden. Vnd man kan mit diesem buch/ nach dieser weise/ den widdersachern das maul gar meisterlich vnd gewaltiglich stopffen/ Welche vns auff Gesetz vnd vnser werck weisen/ vnd jren thörichten vnuerstand offenbaren fur aller welt.

Darumb spricht auch Lucas/ das solche exempel des glaubens/ auch die frumen Jüden (so gleubig worden waren) fast verstürtzt machten/ Vnd die andern vngleubigen Jüden/ toll vnd töricht drüber wurden/ Welchs doch kein wunder war/ weil sie jm Gesetz aufferzogen/ vnd des selbigen von Abraham her gewonet waren/ vnd verdrieslich sein muste/ das die Heiden/ so on Gesetz vnd Gott waren/ solten jnen gleich sein jnn der gnaden Gottes. Aber das vnser leute/ die wir alle heiden sind/ solchen artikeln so lestern vnd verfolgen/ das ist zehen mal erger/ So wir doch hie sehen/ vnd nicht leugnen können/ das Gottes gnade vnd Christus erkentnis/ auff vnser vorfaren komen sey/ on Gesetz vnd verdienst/ ja jnn grewlichen abgöttereien vnd lastern. Aber sie werden auch eben so viel mit jrem lestern vnd verfolgen dran gewinnen/ als die Jüden mit jrem wueten vnd toben dar an gewonnen haben/ Denn der zuuor den Jüden solchs gedrawet hatte/ vnd durch Mosen lassen singen/ Ich wil euch erzürnen vber dem/ das nicht mein volck ist/ vnd vber einem vnwissenden volck euch toll machen. Vnd Osee am andern Cap. Ich wil mein volck nennen/ das nicht mein volck ist (das ist/ so on Gesetz vnd werck lebet) vnd hats jn engehalten/ Eben der selbig drewet solchs auch vnsern lesterern/ vnd (wie er schon wol angefangen) wird ers jn gewislich halten/ Das gleuben sie aber nicht/ bis sie es (wie die Jüden) erfaren/ Amen.

Das ander

Das Ander teil des Euange LXXIX.
lij Sanct Lucas von der
Apostel Geschichte.

I.

Die Erste rede hab ich zwar gethan/lieber Theophile/von alle dem/das Jhesus anfieng/beide zu thun vnd zu leren/bis an den tag/da er auffgenomen ward/nach dem er den Aposteln (welche er hatte erwelet) durch den heiligen Geist befelh that/welchen er sich nach seinem leiden lebendig erzeiget hatte/durch mancherley erweisung/vnd lies sich sehen vnter jnen viertzig tage lang/vnd redet mit jnen vom Reich Gottes. Vnd als er sie versamlet hatte/befalh er jnen/das sie nicht von Jerusalem wichen/sondern warteten auff die verheissung des Vaters/Welche jr habt gehöret (sprach er) von mir/Denn Johannes hat mit wasser taufft/jr aber/solt mit dem heiligen Geiste taufft werden/nicht lange nach diesen tagen.

Die aber so zusamen komen waren/fragten jn/vnd sprachen/Herr/wirstu auff diese zeit widder auffrichten das Reich Jsrael? Er sprach aber zu jnen/Es gebürt euch nicht zu wissen zeit odder stunde/welche der Vater seiner macht fur behalten hat/sondern jr

werdet

Der Apostel

werdet die krafft des Heiligen geistes empfahen / welcher auff euch komen wird / vnd werdet ᵃ meine zeugen sein zu Jerusalem / vnd jnn gantz Judea vnd Samaria / vnd bis an das ende der erden.

ᵃ (Meine)
Nicht Moses zeugen / sondern allein der gnaden jnn Christo.

Vnd da er solchs gesaget / ward er auffgehaben zusehens / vnd eine wolcke nam jn auff fur jren augen weg / Vnd als sie jm nachsahen gen himel faren / sihe / da stunden bey jm zween menner jnn weissen kleidern / welche auch sagten / Jr menenr von Gallilea / was stehet jr / vnd sehet gen himel? Dieser Jhesus / welcher von euch ist auff genomen gen himel / wird komen / wie jr jn gesehen habt gen himel faren.

Da wandten sie vmb gen Jerusalem / von dem berge / der da heisset Oleberg / welcher ist nahe bey Jerusalem / vnd ligt ein Sabbather weg dauon. Vnd als sie hinein kamen / stiegen sie auff den soller / da denn sich enthielten Petrus vnd Jacobus / Johannes vnd Andreas / Philippus vnd Thomas / Bartholomeus vnd Mattheus / Jacobus Alphei son / vnd Simon Zelotes / vnd Judas Jacobi. Diese alle waren stets bey einander einmütig mit beten vnd flehen / sampt den weibern / vnd Maria der mutter Jhesu vnd seinen brüdern.

Vnd jnn den tagen / trat auff Petrus vnter die Jünger / vnd sprach (Es war aber die schare der namen zu hauffe bey hundert vnd zwentzig) Jr menner vnd brüder / Es muste die Schrifft erfüllet werden / welche zuuor gesagt hat der Heilige geist / durch den mund Dauid / von Juda / der ein furgenger war / dere / die Jhesum fiengen / denn er war mit vns gezelet / vnd hatte dis ampt mit vns vberkomen. Dieser hat erworben den acker vmb den vngerechten lohn / vnd sich erhenckt / vnd ist mitten entzwey geborsten / vnd alle sein eingeweide ausgeschüt / vnd es ist kund worden allen / die zu Jerusalem wonen / also / das der selbige acker genennet wird auff jre sprache / Hakeldama / das ist / ein blut acker.

Denn es stehet geschrieben im Psalmen buch / Jre behausung müssen wüste werden / vnd sey niemand der drinnen wone / vnd sein Bistum empfahe ein ander. So mus nu einer vnter diesen mennern / die bey vns gewesen sind / die gantze zeit vber / welche der Herr Jhesus vnter vns ist aus vnd ein gegangen / von der Tauffe Johannis an / bis auff den tag / da er von vns genomen ist / ein zeuge seiner aufferstehung mit vns werden.

Vnd sie stelleten zween / Joseph genant Barsabas / mit dem zunamen Just / vnd Matthian / betten vnd sprachen / Herr / aller hertzen kündiger / zeige an / welchen du erwelet hast vnter diesen zween / das einer empfahe diesen dienst vnd Apostel ampt / dauon Judas abgewichen ist / das er hin gienge an seinen ort / Vnd sie worffen das los vber sie / vnd das los fiel auff Matthian / vnd er ward zugeordnet zu den eilff Aposteln.

II.

VNd als der tag der Pfingsten erfüllet war / waren sie alle einmütig bey einander. Vnd es geschach schnelle ein brausen vom Himel / als eines gewaltigen windes / vnd erfüllet das gantz haus / da sie sassen. Vnd man sahe an jnen die zungen zerteilet / als weren sie fewrig / vnd er sezte sich auff einen jglichen vnter jnen / vnd wurden alle vol des Heiligen geistes / vnd fiengen an zu predigen mit andern zungen / nach

Geschichte. LXXVIII.

gen / nach dem der Geist jnen gab aus zu sprechen.

Es waren aber Jüden zu Jerusalem wonend / die waren Gott, fürchtige menner / aus allerley volck / das vnter dem himel ist. Da nu diese stimme geschach / kam die menge zu samen / vnd wurden verstörtzt / denn es höret ein jglicher / das sie mit seiner sprache redten. Sie entsatzten sich aber alle / verwunderten sich / vnd sprachen vnternander / Sihe / sind nicht diese alle / die da reden / aus Gallilea? wie hören wir denn / ein jglicher seine sprache / darinnen wir geboren sind? Parther vnd Meder / vnd Elamiter / vnd die wir wonen jnn Mesopotamia / vnd jnn Judea vnd Capadocia / Ponto vnd Asia / Phrygia vnd Pamphylia / Egypten / vnd an den enden der Lybien bey Kyrenen / vnd auslender von Rom / Jüden vnd Jüdegenossen / Kreter, vnd Araber / wir hören sie mit vnsern zungen die grossen thaten Gottes reden. Sie entsatzten sich alle / vnd wurden jrre / vnd sprachen einer zu dem andern / Was wil das werden? Die andern aber hattens jren spot / vnd sprachen / Sie sind vol süsses weins.

Da trat Petrus auff mit den Eilfften / hub auff seine stimme / vnd redte zu jnen / Jr Jüden / lieben menner / vnd alle die jr zu Jerusalem wonet / das sey euch kund gethan / vnd lasset meine wort zu ewren ohren eingehen / denn diese sind nicht truncken / wie jr wehnet / sintemal es ist die dritte stunde am tage / Sondern das ists / das durch den Propheten Joel zuuor gesagt ist / Vnd es sol geschehen jnn den letzten tagen / spricht Gott / Ich wil ausgiessen von meinem Geist auff ᵃ alles fleisch / vnd ewre söne vnd ewre tochter sollen weissagen / vnd ewre jünglinge sollen gesichte sehen / vnd ewre Eltesten sollen trewme haben / vnd auff meine knechte vnd auff meine megde / wil ich jn den selbigen tagen von meinem Geist ausgiessen / vnd sie sollen weissagen / Vnd ich wil wunder thun oben jm himel / vnd zeichen vnden auff erden / blut vnd fewer / vnd rauchdampff / Die Sonne sol sich verkeren jnn Finsternis / vnd der Mond jnn blut / ehe denn der grosse vnd offenbarliche tag des Herrn kompt / Vnd sol geschehen / wer den namen des Herren anruffen wird / sol selig werden.

Jr menner von Jsrael höret diese Wort / Jhesum von Nazareth / den man von Gott vnter euch mit thaten vnd wunder vnd zeichen beweiset / welche Gott durch jn that vnter euch / wie denn auch jr selbs wisset / den selbigen / nach dem er aus bedachtem rat vnd versehung Gottes ergeben war / habt jr genomen durch die hende der vngerechten / vnd jnen angehefftet vnd erwürget / Den hat Gott aufferweckt / vnd auffgelöset die schmertzen des todes / nach dem es vnmüglich war / das er solt von jm gehalten werden. Denn Dauid spricht von jm / Ich hab den Herrn alle zeit furgesetzt fur mein angesichte / denn er ist an meiner rechten / auff das ich nicht beweget werde / Darumb ist mein hertz frölich / vnd meine zunge frewet sich / denn auch mein fleisch wird rugen jnn der hoffnung / Denn du wirst meine seele nicht jnn der Helle lassen / auch nicht zugeben / das dein Heiliger die verwesung sehe / Du hast mir kund gethan die wege des Lebens / du wirst mich erfüllen mit freuden fur deinem angesichte.

Jr menner / lieben brüder / lasset mich frey reden zu euch von dem ertzvater Dauid / Er ist gestorben vnd begraben / vnd sein grab ist bey vns / bis auff diesen tag / Als er nu ein Prophet war / vnd wuste / das jm Gott verheissen hatte mit einem eide / das die frucht seiner lenden solte

Joel. ij.

Psal. xv.

ij. Re. ij.

Psalm cxxij.

(Alles fleisch) Beide jnn vnd ausser dem Gesetz / Denn jnn Christo sind sie alle gleich / on alle werck vnd verdienst / zur gnaden beruffen.

O ij den solte

Der Apostel

den solte/ auff seinem stuel sitzen/ hat ers zuuor gesehen vnd geredt von der aufferstehung Christi/ das seine seele nicht jnn der hellen gelassen ist/ vnd sein fleisch die verwesung nicht gesehen hat/ Diesen Jhesum hat Gott aufferweckt/ des sind wir alle zeugen.

Nu er durch die rechten Gottes erhöhet ist/ vnd empfangen hat die verheissung des Heiligen geistes vom Vater/ hat er ausgegossen dis/ das jr sehet vnd höret/ Denn Dauid ist nicht gen himel gefaren/ Er spricht aber/ Der Herr hat gesagt zu meinem Herrn/ Setze dich zu meiner rechten/ bis das ich deine feinde lege zum schemel deiner füsse. So wisse nu das gantze Haus zu Jsrael gewis/ das Gott diesen Jhesum/ den jr gecreutziget habt/ zu einem Herrn vnd Christ gemacht hat.

Psal. cj.

Da sie aber das höreten/ giengs jnen durchs hertze/ vnd sprachen zu Petro vnd zu den andern Aposteln/ Jr menner/ lieben brüdern/ was sollen wir thun? Petrus sprach zu jnen/ Thut a busse/ vnd lasse sich ein jglicher teuffen auff den namen Jhesu Christi/ zur vergebung der sunde/ so werdet jr empfahen die gabe des Heiligen geistes/ Denn ewer vnd ewer kinder ist das verheissen/ vnd aller die ferne sind/ welche Gott vnser Herr erzu ruffen wird. Auch mit viel andern worten bezeuget er/ vnd ermanet/ vnd sprach/ Lasset euch helffen von diesen vnartigen leuten/ Die nu sein Wort gerne annamen/ liessen sich teuffen/ vnd wurden hinzu gethan an dem tage/ bey drey tausent seelen.

a (Busse) Sihe/ diese werden durchs Wort on werck from/ vnd mussen da jr vorige heiligkeit bussen.

Sie blieben aber bestendig jnn der Aposteln lere/ vnd jnn der gemeinschafft vnd im brod brechen/ vnd im Gebet. Es kam auch alle seelen furchte an/ vnd geschahen viel wunder vnd zeichen durch die Apostel. Alle aber die glenbig waren worden/ waren bey einander/ vnd hielten alle ding gemein/ jre güter vnd habe verkaufften sie/ vnd teileten sie aus vnter alle/ nach dem jederman not war/ Vnd sie waren teglich vnd stets bey einander einmütig im Tempel/ vnd brachen das Brod hin vnd her jnn heusern/ namen die speise/ vnd lobten Gott/ mit freuden vnd einfeltigem hertzen/ vnd hatten gnade bey dem gantzen volck. Der Herr aber thet hinzu teglich/ die da selig wurden/ zu der Gemeine.

III.

PEtrus aber vnd Johannes giengen mit einander hinauff jnn den Tempel vmb die neunde stunde/ da man pflegt zu beten. Vnd es war ein man lam von mutter leibe/ der lies sich tragen/ vnd sie satzten jn teglich fur des Tempels thür/ die da heisset/ die Schöne/ das er bettelte das almosen von denen/ die jnn Tempel giengen. Da er nu sahe Petron vnd Johannen/ das sie wolten zum Tempel hinein gehen/ bat er vmb ein almosen. Petrus aber sahe jn an mit Johanne/ vnd sprach/ Sihe vns an/ Vnd er sahe sie an/ wartet/ das er etwas von jnen empfienge/ Petrus aber sprach/ Silber vnd gold habe ich nicht/ was ich aber habe/ das gebe ich dir/ im namen Jhesu Christi von Nazareth/ stehe auff/ vnd wandele/ Vnd greiff jn bey der rechten hand/ vnd richtet jn auff. Also balde stunden seine schenckel vnd knochen feste/ sprang auff/ kund gehen vnd stehen/ vnd gieng mit jn jnn den Tempel/ wandelte vnd sprang/ vnd lobet Gott.

Vnd es sahe jn alles volck wandeln vnd Gott loben/ Sie kandten jn

Geschichte. LXXIX.

ten jn auch/das ers war/der vmb das almosen gesessen hatte fur der schönen thür des Tempels/ Vnd sie wurden vol wunders vnd entsetzens/ vber dem/ das jm widderfaren war. Als aber dieser lamer/ der nu gesund war/sich zu Petro vnd Johanne hielt/ lieff alles volck zu jm jnn die Halle/ die da heisset Salomonis/ vnd wunderten sich.

Als Petrus das sahe/ antwortet er dem volck/ Jr menner von Jsrael/ was wundert jr euch darüber? odder was sehet jr auff vns/ als hetten wir diesen wandeln gemacht/ durch vnser eigen krafft odder verdienst? Der Gott Abraham vnd Jsaac vnd Jacob/ Der Gott vnser Veter hat sein kind Jhesum verkleret/ welchen jr vberantwortet vnd verleugnet habt fur Pilato/ da der selbige vrteilet jn los zu lassen/ Jr aber verleugnet den Heiligen vnd Gerechten / vnd batet/ das man euch den mörder schencket/ aber den ᵃ Fürsten des lebens habt jr getödtet/ Den hat Gott aufferweckt von den todten/des sind wir zeugen / vnd durch den glauben an seinen namen/ hat er an diesem/ den jr sehet vnd kennet/ bestetiget seinen namen/ vnd der glaube ᵇ durch jn/ hat diesem gegeben diese gesundheit fur ewren augen.

Matth. xvii. Mar. iv. Luce. iiii. Johan. viii.

Nu lieben Brüder/ ich weis/ das jrs durch vnwissenheit gethan habt/ wie auch ewer Obersten/ Gott aber/ was er durch den mund aller seiner Propheten zuuor verkündiget hat/ wie Christus leiden solt/ hats also erfüllet. So thut nu Busse vnd bekeret euch/ das ewer sunde vertilget werden/ auff das do kome die zeit der ᶜ erquickung/ fur dem angesichte des Herrn/wenn er senden wird/den/der euch jtzt zuuor geprediget wird/ Jhesum Christ/ welcher mus den himel einnemen/ bis auff die zeit/ da erwidder bracht werde/ alles was Gott gered hat/ durch den mund aller seiner Heiligen Propheten /von der welt an.

Denn Moses hat gesagt zu den Vetern / Einen Propheten wird euch der Herr ewer Gott erwecken aus ewren brüdern/ gleich wie mich/ Den solt jr hören jnn allem/ das er zu euch sagen wird/ Vnd es wird geschehen / welche seele den selbigen Propheten nicht hören wird/ die sol vertilget werden aus dem volck.Vnd alle Propheten von Samuel an vnd hernach/ wie viel jr gered haben/ die haben von diesen tagen verkündiget.

Deut. xviii.

Jr seid der Propheten v nd des ᵈ Bundes kinder/ welchen Gott gemacht hat mit ewren Vetern/ da er sprach zu Abraham / Durch deinen samen sollen gesegenet werden alle völcker auff erden/ Euch zu forderst hat Gott aufferweckt sein kind Jhesum/ vnd hat jn zu euch gesand/ euch zu segenen/das ein jglicher sich bekere von seiner ᵉ bosheit.

Gen.xii. Ge.xxii.

IIII.

Es sie aber zum volck redeten/ tratten zu jnen die Priester/ vnd der Heubtman des Tempels/ vnd die Saduceer/ die verdros/ das sie das volck lereten/vnd verkündigeten an Jhesu die aufferstehung von den todten/vñ legeten die hende an sie/ vnd satzten sie ein/ bis auff morgen/ denn es war jtzt abent. Aber viel vnter denen/ die dem Wort zuhöreten/ wurden gleubig/ vnd ward die zal der menner bey funff tausent.

D iij

Als nu

ᵃ (Fursten) Der das heubt vñ der erst ist / so von todten auffer weckt/ vnd durch den wir alle lebendig werden.

ᵇ (Durch jn) Denn durch Christum glauben wir an Gott.

ᶜ Erquickung/ vnd nicht zum schrecken/odder schande.

ᵈ (Bunds) Er schweiget des bunds Mosi/ vnd des gesetzs/ Vnd nennet den bund Abrahe/ welcher war ein bund der gnaden vnd nicht der werck.

ᵉ (Bosheit) Ausser dem glauben heisset er alle heiligkeit / eitel bosheit/ Denn er redet zu allen Jüden/beide fromen vnd bösen.

Der Apostel

Als nu kam auff den morgen/ versamleten sich jre Obersten vnd Eltesten vnd Schrifftgelerten gen Jerusalem/ Hannas der Hohe priester vnd Caiphas/ vnd Johannes vnd Alexander/ vnd wie viel jr waren vom Hohen priester geschlechte/ vnd stelleten sie fur sich/ vnd fragten sie/ Aus welcher gewalt odder jnn welchem namen habt jr das gethan? Petrus vol des Heiligen geistes sprach zu jnen/ Jr Obersten des volcks/ vnd jr Eltesten von Jsrael/ So wir heute werden gerichtet vber dieser wolthat/ an dem krancken menschen/ durch welche er ist gesund worden/ so sey euch vnd allem volck von Jsrael kund gethan/ das jnn dem namen Jhesu Christi von Nazareth/ welchen jr gecreutziget habt/ den Gott von den todten aufferwecket hat/ stehet dieser alhie fur euch gesund. Das ist der Stein / von euch bawleuten verworffen/ der zum Eckstein worden ist / vnd ist jnn keinem andern heil/ ist auch ᵃ kein ander Name den menschen gegeben/ darinnen wir sollen selig werden.

Psalm. cxviij.

ᵃ (Kein ander name) Das heisset der werck gerechtigkeit rein vnd fein auffgehaben.

Sie sahen aber an die freidigkeit Petri vnd Johannis/ vnd verwunderten sich/ denn sie waren gewis/ das es vngelerte leute vnd Leien waren/ vnd kandten sie auch wol/ das sie mit Jhesu gewesen waren/ Sie sahen aber den menschen/ der gesund war worden/ bey jnen stehen/ vnd hatten nichts da widder zu reden. Da hiessen sie/ sie hinaus gehen aus dem Rat/ vnd handelten mit einander/ vnd sprachen/ Was wollen wir diesen menschen thun? denn das zeichen durch sie geschehen/ ist kund/ offenbar allen die zu Jerusalem wonen/ vnd wir konnens nicht verleugnen. Aber auff das es nicht weiter einreisse vnter das volck/ lasset vns ernstlich sie bedrawen/ das sie hinfurt keinen menschen von diesem Namen sagen.

Vnd rieffen jnen/ vnd geboten jnen/ das sie sich aller dinge nicht horen liessen/ noch lereten jnn dem namen Jhesu. Petrus aber vnd Johannes antworten/ vnd sprachen zu jnen/ Richtet jr selbs/ obs fur Gott recht sey/ das wir euch mehr gehorchen/ denn Gott/ Wir konnens ja nicht lassen/ das wir nicht reden solten/ was wir gesehen vnd gehört haben. Aber sie draweten jnen/ vnd liessen sie gehen/ vnd funden nicht/ wie sie sie peinigeten/ vmb des volcks willen/ denn sie lobeten alle Gott/ vber dem/ das geschehen war/ Denn der mensch war vber viertzig jar alt/ an welchem dis zeichen der gesundheit geschehen war.

Vnd als man sie hatte lassen gehen/ kamen sie zu den jren/ vnd verkundigeten jnen/ was die Hohen priester vnd Eltesten zu jnen gesagt hatten. Da sie das horeten/ huben sie jre stimme auff einmutiglich zu Gott/ vnd sprachen/ Herr/ der du bist der Gott/ der himel vñ erden/ vnd das meer vnd alles was drinnen ist/ gemacht hat/ der du durch den mund Dauid deines knechtes gesagt hast/ Warumb emporen sich die Heiden/ vnd die volcker nemen fur das vmb sonst ist? Die Konige der erden tretten zusamen/ vnd die Fursten versamlen sich zu hauffe/ widder den Herrn vnd widder seinen Christ?

psalm. ij

Warlich ja/ sie haben sich versamlet vber dein Heiliges kind Jhesu/ welchen du gesalbet hast/ Herodes vnd Pontius Pilatus mit den Heiden vnd dem volck Jsrael/ zu thun/ was deine hand vnd dein rat zuuor bedacht hat/ das geschehen solt. Vnd nu Herr/ sihe an jr drewen / vnd gib deinen knechten mit aller freidigkeit zu reden dein Wort/ vnd strecke deine hand aus/ das gesundheit vnd zeichen vnd wunder geschehen/ durch den namen deines Heiligen kindes Jhesu. Vnd da

Geschichte. LXXX.

Vnd da sie gebetet hatten / beweget sich die stete / da sie versamlet waren / vnd wurden alle des Heiligen geistes vol / vnd redeten das wort Gottes mit freidigkeit.

Der menge aber der gleubigen war ein hertz vnd eine seele / Auch keiner sagete von seinen gütern / das sie sein weren / sondern es war jnen alles gemein / Vnd mit grosser macht gaben die Apostel zeugnis von der aufferstehung des Herrn Jhesu / vnd war grosse gnade bey jnen allen. Es war auch keiner vnter jnen / der mangel hatte / denn wie viel jr waren / die da ecker odder heuser hatten / verkaufften sie dasselb / vnd brachten das geld des verkaufften guts / vnd legtens zu der Apostel füsse / vnd man gab einem jglichen was jm not war.

Joses aber mit dem zunamen von den Aposteln genant Barnabas / das heisset ein son des trosts / vom geschlecht ein Leuit aus Kyprien / der hatte einen acker / vnd verkauffte jn / vnd brachte das geld / vnd legets zu der Apostel füsse.

V.

Ein man aber mit namen Ananias / sampt seinem weib Saphira / verkauffte seine güter / vnd entwandte etwas vom gelde / mit wissen seines weibes / vnd brachte eins teils / vnd legets zu der Apostel füsse. Petrus aber sprach / Anania / warumb hat der Satan dein hertz erfüllet / das du dem Heiligen geist lögest / vnd entwendest etwas vom gelde des ackers? hettestu jn doch wol mügen behalten / da du jn hattest / vnd da er verkaufft war / war es auch jnn deiner gewalt / warumb hastu denn solchs jnn deinem hertzen fürgenomen? Du hast nicht menschen / sondern Gotte gelogen. Da Ananias aber diese wort höret / fiel er nidder / vnd gab den geist auff. Vnd es kam eine grosse furcht vber alle die dis höreten. Es stunden aber die jünglinge auff / vnd theten jn beseit / vnd trugen jn hinaus / vnd begruben jn.

Dis stück gilt den falschen geistliche / so der kirchen güter besitzen aus geitz / vnd nichts dafur thun.

Vnd es begab sich vber eine weile / bey dreyen stunden / kam sein weib hinein / vnd wuste nicht / was geschehen war. Aber Petrus antwortet jr / Sage mir / habt jr den acker so thewr verkaufft? Sie sprach / Ja / so thewr. Petrus aber sprach zu jr / Warumb seid jr denn eins worden / zu versuchen den Geist des Herrn? Sihe / die füsse / dere / die deinen man begraben haben / sind für der thür / vnd werden dich hinaus tragen. Vnd als bald fiel sie zu seinen füssen / vnd gab den geist auff. Da kamen die jünglinge vnd funden sie tod / trugen sie hinaus / vnd begruben sie bey jren man. Vnd es kam eine grosse furcht vber die gantze Gemeine / vnd vber alle die solchs höreten.

Es geschahen aber viel zeichen vnd wunder im volck / durch der Apostel hende / vnd waren alle jnn der Halle Salomonis einmütiglich. Der andern aber thurste sich keiner zu jnen thun / sondern das volck hielt gros von jnen. Es wurden aber jhe mehr zu gethan / die da gleubten an den Herrn / eine menge der menner vnd der weiber / also das sie die krancken auff die gassen heraus trugen / vnd legeten sie auff betten vnd baren / auff das wen Petrus keme / das sein schatte jrer etliche vberschattet. Es kamen auch erzu viel von den vmbligenden stedten gen Jerusalem / vnd brachten die krancken vnd die von vnreinen geistern gepeiniget waren / vnd wurden alle gesund.

Es stund aber auff der Hohepriester vnd alle die mit jm waren / welchs ist die secte der Saduceer / vnd wurden vol einers / vnd legten die hen-

O iiij

Der Apostel

ten die hende an die Apostel/vnd worffen sie jnn das gemeine gefengnis. Aber der Engel des Herrn that jnn der nacht die thür des gefengnis auff/vnd füret sie heraus/vnd sprach/Gehet hin vnd trettet auff/ vnd redet im Tempel zum volck alle wort dieses lebens. Da sie das gehört hatten/giengen sie frue jnn den Tempel vnd lereten.

Der Hohe priester aber kam vnd die mit jm waren/vnd rieffen zusamen den Rat vnd alle Eltesten der kinder von Jsrael/vnd sandten hin zum gefengnis/sie zu holen. Die diener aber kamen dar/vnd funden sie nicht im gefengnis/kamen widder vnd verkündigeten vnd sprachen/Das gefengnis funden wir verschlossen mit allem vleis/vnd die hüter haussen stehen fur den thüren/aber da wir auffthaten/funden wir niemand drinnen. Da diese rede höreten der Hohe priester vnd der Heubtman des Tempels vnd andere Hohe priester/wurden sie vber jnen betretten/was doch das werden wolte.

Da kam einer dar/der verkündiget jnen/Sehet/die menner die jr jns gefengnis geworffen habt/sind im Tempel/stehen vnd leren das volck. Da gieng hin der Heubtman mit den dienern/vnd holeten sie nicht mit gewalt/denn sie furchten sich fur dem volck/das sie nicht gesteiniget würden. Vnd als sie sie brachten/stelleten sie sie fur den Rat/vnd der Hohe priester fraget sie/vnd sprach/Haben wir euch nicht mit ernst geboten/das jr nicht solt leren jnn diesem Namen? Vnd sehet/jr habt Jerusalem erfüllet mit ewer lere/vnd wolt dieses menschen blut vber vns füren.

Petrus aber antwortet vnd die Apostel/vnd sprachen/Man mus Gott mehr gehorchen/denn den menschen/Der Gott vnser Veter hat Jhesum aufferweckt/welchen jr erwürget habt/vnd an das holtz gehangen/den hat Gott durch seine rechte hand erhöhet zu einem Fürsten vnd Heiland/zu geben Jsrael busse vnd vergebung der sunde/vnd wir sind seine zeugen vber diese wort/vnd der Heilige geist/ welchen Gott gegeben hat/denen/die jm gehorchen. Da sie das höreten/giengs jnen durchs hertz/vnd dachten sie zu tödten.

Da stund aber auff im Rat ein Phariseer mit namen Gamaliel/ein Schrifftgelerter/wol gehalten fur allem volck/vnd hies die Apostel ein wenig hinaus thun/vnd sprach zu jnen/Jr menner von Jsrael/nemet ewer selbs war an diesen menschen/was jr thun sollet/Vor diesen tagen stund auff Theudas/vnd gab fur/er were etwas/vnd hiengen an jm eine zal menner bey vier hundert/der ist erschlagen/vnd alle die jm zufielen/sind zurstrawet vnd zu nicht worden. Darnach stund auff Judas aus Gallilea/jnn den tagen der schetzung/vnd machet viel volcks abfellig jm nach/vnd der ist auch vmb komen/vnd alle die jm zu fielen/sind zurstrewet.

Vnd nu sage ich euch/lasset ab von diesen menschen/vnd lasset sie faren/Jst der rat odder das werck aus den menschen/so wirds vntergehen/Jsts aber aus Gott/so könnet jrs nicht dempffen/auff das jr nicht erfunden werdet/als die widder Gott streitten wöllen. Da sielen sie jm zu/vnd rieffen den Aposteln/steupten sie/vnd geboten jnen/ sie solten nicht reden jnn den namen Jhesu/vnd liessen sie gehen.

Sie giengen aber frölich von des Rats angesichte/das sie wirdig gewesen waren/vmb seines namen willen schmach leiden/vnd höreten nicht auff alle tag im Tempel/vnd hin vnd her jnn heusern zu leren/vnd zu predigen das Euangelion von Jhesu Christo.

Jnn den

Geschichte.
LXXXI.

VI.

In den tagen aber / da der Jünger viel worden / erhub sich ein murmel vnter den Griechen / widder die Ebreer / darumb / das jre widwen vbersehen wurden jnn der teglichen handreichung. Da rieffen die Zwelffe die menge der Jünger zusamen / vnd sprachen / Es taug nicht / das wir das wort Gottes vnterlassen / vnd zu tische dienen / Darumb / jr lieben Brüder / sehet vnter euch nach sieben mennern / die ein gut gerücht haben / vnd vol heiliges Geistes vnd weisheit sind / welche wir bestellen mügen zu dieser notdurfft / Wir aber wöllen anhalten am gebet / vnd am ampt des Worts Gottes. Vnd die rede gefiel der gantzen menge wol / vnd erweleten Stephanon / einen man voll Glaubens vnd Heiliges geists / vnd Philippon / vnd Prochoron / vnd Nicanor / vnd Timon / vnd Parmenan / vnd Nicolaon den Jüdgenossen von Antiochia / Diese stelleten sie fur die Apostel / vnd betten vnd legten die hende auff sie.

Vnd das Wort Gottes nam zu / vnd die zal der Jünger ward seer gros zu Jerusalem. Es wurden auch viel priester dem glauben gehorsam. Stephanus aber vol Glaubens vnd krefften / that wunder vnd grosse zeichen vnter dem volck. Da stunden etliche auff von der Schule / die da heisset der Libertiner / vnd der Kyrener / vnd der Alexanderer / vnd dere / die aus Kilicia vnd Asia waren / vnd befragten sich mit Stephano / vnd sie vermochten nicht widder zu stehen der weisheit vnd dem Geiste / aus welchem er redet. Da richten sie zu etliche menner / die sprachen / Wir haben jn gehöret lesterwort reden widder Mosen / vnd widder Gott / vnd bewegten das volck vnd die Eltesten vnd die Schrifftgelerten / vnt tratten erzu vnd rissen jn hin / vnd füreten jn fur den Rat / vnd stelleten falsche zeugen dar / die sprachen / Dieser mensch höret nicht auff zu reden lesterwort widder diese heilige Stete vnd Gesetz / Denn wir haben jn hören sagen / Jhesus von Nazareth wird diese Stete zustören / vnd endern die sitten die vns Moses gegeben hat. Vnd sie sahen auff jn alle die jm Rat sassen / vnd sahen sein angesichte / wie eines Engels angesichte.

VII.

Da sprach der Hohe priester / Ist dem also? Er aber sprach / Lieben brüder vnd Veter höret zu.

Gott der herrligkeit erschien vnserm Vater Abraham / da er noch jnn Mesopotamia war / ehe er wonete jnn Haram / vnd sprach zu jm / Gehe aus deinem lande vnd von deiner freundschafft / vnd zeuch jnn ein land / das ich dir zeigen wil. Da gieng er aus der Chaldeer lande / vnd wonet jnn Haram. Vnd von dannen / da sein vater gestorben war / brachte er jn herüber jnn dis land / da jr nu jnne wonet / vnd gab jm kein erbteil drinnen / auch nicht eines fusses breit / vnd verhies jm / er wolte es geben jm zubesitzen vnd seinem samen nach jm / da er noch kein kind hatte.

Aber Gott sprach also / Dein samewird ein frembdling sein jnn einem frembden lande / vnd sie werden jn dienstbar machen / vnd vbel han-

Der Apostel

vbel handeln vier hundert jar/ Vnd das volck dem sie dienen werden/ wil ich richten/ sprach Gott/vnd darnach werden sie ausziehen/vnd mir dienen an dieser stete/ Vnd gab jm den bund der beschneidung/ Vnd er zeugete Isaac/ vnd beschneid jn am achten tage/ vnd Isaac den Jacob/ vnd Jacob die zwelff Ertzveter.

Vnd die Ertzveter neideten Joseph/vnd verkaufften jn jnn Egyp‑ ten/ Aber Gott war mit jm/ vnd errettet jn aus alle seinem trübsal/ vnd gab jm gnade vnd weisheit fur dem Könige Pharao zu Egyp‑ ten/ der satzte jn zum Fürsten vber Egypten vnd vber sein gantzes Haus. Gene. xxvij.

Es kam aber eine thewre zeit vber das gantze land Egypten vnd Canaan/ vnd ein grösser trübsal/ vnd vnser Veter funden nicht füt‑ terung. Jacob aber höret/ das jnn Egypten getreide were/vnd sand‑ te vnsere Veter aus auffs erste mal/ vnd zum andern mal ward Jo‑ seph erkennet von seinen Brüdern/ vnd ward Pharao Josephs ge‑ schlecht offenbar. Joseph aber sandte aus vnd lies holen seinen vater Jacob/ vnd seine gantze freundschafft/ fünff vnd siebentzig seelen. Vnd Jacob zoch hinab jnn Egypten vnd starb/ er vnd vnser Veter/ vnd sind erüber bracht jnn Sichem/vnd gelegt jnn das grab/ das A‑ braham gekaufft hatte vmbs gelt von den kindern Hemor zu Sichem Gene. xlij. Gen.xlv Gene. xlvj. Gene. xlix. Ge.xxiij

Da nu sich die zeit der verheissung nahet/ die Gott Abraham ge‑ schworen hatte/ wuchs das volck vnd mehret sich jnn Egypten/ bis das ein ander König auff kam/ der nichts wuste von Joseph. Dieser treib hinderlist mit vnserm Geschlechte/ vnd handelt vnsere Veter v‑ bel/ vnd schaffet/ das man die jungen kindlin hin werffen muste/ das sie nicht lebendig blieben. Ju der zeit ward Moses geborn/vnd war ein fein kind fur Gott/vnd ward drey Monden erneeret jnn seines vaters hause. Als er aber hingeworffen ward/ nam jnn die tochter Pharaonis auff/ vnd zoch jn auff zu einem son/ vnd Moses ward ge‑ leret jnn aller weisheit der Egypter/ vnd war mechtig jnn wercken vnd worten. Exo. ij. Exo. j.

Da er aber viertzig jar alt ward/ gedachte er/ zu besehen seine brü‑ der/ die kinder von Israel/ vnd sahe einen vnrecht leiden/ da vber‑ halff er/ vnd rechete den/ dem leide geschach/ vnd erschlug den E‑ gypter. Er meinet aber/ seine brüder soltens vernemen/ das Gott durch seine hand jnen heil gebe/ Aber sie vernamens nicht.

Vnd am andern tage kam er zu jnen/ da sie sich miteinander had‑ derten/ vnd handelt mit jnen/ das sie friede hetten/ vnd sprach/ Lie‑ ben menner/ jr seid brüder/warumb thut einer dem andern vnrecht? Der aber seinem nehesten vnrecht that/ sties jn von sich/ vnd sprach/ Wer hat dich vber vns gesetzt zum Obersten vnd Richter? Wiltu mich auch tödten/ wie du gestern den Egypter tödtest? Moses aber floch vber dieser rede/ vnd ward ein frembdling im lande Madian/ da selbs zeugete er zween söne.

Vnd vber viertzig jar/ erschein jm jnn der wüsten auff dem berge Sina der Engel des Herrn/ jnn einer feur flammen im pusch/ Da es aber Moses sahe/ wundert er sich des gesichtes. Als er aber hinzu gieng zu schawen/geschach die stimme des Herrn zu jm/ Ich bin der Gott deiner Veter/der Gott Abraham/vnd der Gott Isaac/ vnd der Gott Jacob. Moses aber ward zittern/ vnd thurste nicht an‑ schawen. Aber der Herr sprach zu jm/ Zeuch die schuch aus von deinen füssen/ denn die stete/ da du stehest/ ist heilig land/ Ich habe Exo. iij. Exo.iij

Geschichte. LXXXII.

Ich habe wol gesehen das leiden meines volcks inn Egypto / vnd hab jr seufftzen gehöret / vnd bin herab komen / sie zu erretten / vnd nu kom her / ich wil dich inn Egypten senden.

Diesen Mosen / welchen sie verleugneten / vnd sprachen / Wer hat dich zum Obersten vnd Richter gesetzt? den sandte Gott zu einem Obersten vnd erlöser / durch die hand des Engels / der jm erschein im pusch. Dieser füret sie aus / vnd thet wunder vnd zeichen jnn Egypten / im Roten meer vnd jnn der Wüsten viertzig iar. Dis ist Moses / der zu den kindern von Israel gesagt hat / Einen Propheten wird euch der Herr ewer Gott erwecken aus ewren brüdern / gleich wie mich / den solt jr hören.

Deut. xviij.

Dieser ists / der jnn der Gemeine jnn der wüsten mit dem Engel war / der mit jm redet auff dem berg Sina vnd mit vnsern Vetern. Dieser empfieng das lebendige Wort vns zu geben / welchem nicht wolten gehorsam werden ewre Veter / sondern stiessen jn von sich / vnd wandten sich vmb mit jren hertzen gen Egypten / vnd sprachen zu Aaron / Mache vns Götter / die fur vns hin gehen / denn wir wissen nicht / was Mosi / der vns aus dem lande Egypten gefüret hat / widerfaren ist / Vnd machten ein Kalb zu der zeit / vnd opfferten dem Götzen opffer / vnd freweten sich der werck jrer hende.

Exo. xxij. Exod. xxxij.

Aber Gott wandte sich / vnd gab sie dahin / das sie dieneten des Himels heer / wie denn geschrieben stehet jnn dem buch der Propheten / Habt jr vom hause Israel / die viertzig jar jnn der wüsten mir auch je opffer vnd viech geopffert? Vnd jr namet die hütten Moloch an / vnd das gestirne ewres Gottes Remphan / die bilde die jr gemacht hattet / sie anzubeten / vnd ich wil euch weg werffen jenseid Babilonien.

Amos.v

Es hatten vnser Veter die Hütten des zeugnis jnn der wüsten / wie er jnen das verordenet hatte / da er zu Mose redte / das er sie machen solt nach dem furbilde / das er gesehen hatte / welche vnser Veter auch annamen / vnd brachten sie mit Iosue jnn das land / das die Heiden jnne hatten / welche Gott ausstis fur dem angesichte vnser Veter / bis zur zeit Dauid / Der fand gnade bey Gott / vnd bat / das er eine hütten finden möcht dem Gott Jacob / Salomon aber bawet jm ein haus.

Exo. xxv. Iosue.v ij.Reg. vj.

Aber der Aller höheste wonet nicht jnn Tempeln / die mit henden gemacht sind / wie der Prophet spricht / Der himel ist mein stuel / vnd die erde meiner füsse schemel / was wölt jr mir denn fur ein haus bawen? spricht der Herr / odder welchs ist die stete meiner ruge? Hat nicht meine hand das alles gemacht?

Isaie. lxvj.

Ir halstarrigen vnd vnbeschnitten an hertzen vnd ohren / jr widerstrebet alle zeit dem Heiligen geist / wie ewre Veter / also auch jr / Welchen Propheten haben ewre Veter nicht verfolget? vnd sie getödtet / die da zuuor verkündigten die zukunfft des Gerechten / welchs jr nu verrheter vnd mörder worden seid / Ir habt das Gesetz empfangen / durch der Engel gescheffte / vnd habts nicht gehalten.

Da sie solchs höreten / giengs jnen durchs hertz / vnd bissen die zeene zusamen vber jn. Als er aber vol Heiliges geistes war / sahe er auff gen himel / vnd sahe die herrligkeit Gottes / vnd Jhesum stehen zur rechten Gottes / vnd sprach / Sihe / ich sehe den himel offen / vñ des menschen Son zur rechten Gottes stehen. Sie schrien aber laut vnd hielten jre oren zu / vnd stürmeten einmütiglich zu jm ein / stiessen

jn zur

Der Apostel

jn zur Stad hinaus / vnd steinigeten jn. Vnd die zeugen legten ab jre kleider / zu den füssen eines jünglinges / der hies Saulus / vnd steinigeten Stephanon / der rieff vnd sprach / Herr Jhesu / nim meinen geist auff. Er kniet aber nidder vnd schrey laut / Herr / behalt jnen diese sunde nicht. Vnd als er das gesagt / entschlieff er.

VIII.

Aulus aber hatte wolgefallen an seinem tode. Es erhub sich aber zu der zeit eine grosse verfolgung vber die Gemeine zu Jerusalem / vnd sie zurstreweten sich alle jnn die lender Judea vnd Samaria / on die Apostel. Es beschicketen aber Stephanon Gottfürchtige menner / vnd hielten eine grosse klage vber jn. Saulus aber zustöret die Gemeine / gieng hin vnd her jnn die heuser / vnd zoch erfur man vnd weiber / vnd vberantwortet sie jnns gefengnis.

Die nu zurstrawet waren / giengen vmb / vnd predigeten das Wort. Philippus aber kam hinab jnn eine stad jnn Samaria / vnd prediget jnen von Christo. Das volck aber höret einmütiglich vnd vleissig zu / was Philippus sagt / vnd sahen die zeichen die er thet / denn die vnsaubern geister furen aus vielen besessenen mit grossem geschrey / Auch viel gichtbrüchtige vnd lamen wurden gesund gemachet / vnd ward eine grosse freude jnn der selbigen Stad.

Es war aber zuuor jnn der selbigen Stad ein man mit namen Simon / der treib zenberey vnd bezauberte das Samarische volck /vnd gab fur / er were etwas grosses / vnd sie sahen alle auff jn / beide klein vnd gros / vnd sprachen / Der ist die krafft Gottes / die da gros ist. Sie sahen aber darumb auff jn / das er sie lange zeit mit seiner zenberey bezaubert hatte. Da sie aber Philippus predigten gleubten / von dem Reich Gottes / vnd von dem namen Jhesu Christi / liessen sich teuffen beide menner vnd weiber. Da ward auch der Simon gleubig / vnd lies sich teuffen / vnd hielt sich zu Philippo / Vnd als er sahe die thatten vnd zeichen / die da geschahen / verwundert er sich.

Da aber die Apostel höreten zu Jerusalem / das Samaria das Wort Gottes angenomen hatte / sandten sie zu jnen Petron vnd Johannen / Welche / da sie hinab kamen / betten sie vber sie / das sie den Heiligen geist empfiengen / Denn er war noch auff keinen gefallen / sondern waren allein getaufft jnn dem namen Christi Jhesu. Da legten sie die hende auff sie / vnd sie empfiengen den Heiligen geist.

Da aber Simon sahe / das der Heilige geist gegeben ward / wenn die Apostel die hende auff legten / bot er jnen gelt an / vnd sprach / Gebt mir auch die macht / das / so ich jemand die hende aufflege / der selbige den Heiligen geist empfahe. Petrus aber sprach zu jm / Das du verdampt werdest mit deinem gelde / das du meinest / Gottes gabe werde durch geld erlanget / du wirst weder teil noch anfal haben an diesem Wort / denn dein hertz ist nicht rechtschaffen fur Gott / darumb thu busse fur diese deine bosheit / vnd bitte Gott / ob dir vergeben werden möcht der tuck deines hertzen / Denn ich sehe / das du bist vol bitter galle / vnd verknüpfft mit vngerechtigkeit. *Deut. xxxix.*

Da antwortet Simon / vnd sprach / Bittet jr den Herrn fur mich / das der keines vber mich kome / dauon jr gesaget habt. Sie aber / da sie bezeuget vnd geredt hatten das wort des Herrn / wandten sie wid-

Geschichte. LXXXIII.

sie widderumb gen Jerusalem / vnd predigten das Euangelion vielen Samarischen Flecken.

Aber der Engel des Herrn redet zu Philippo / vnd sprach / Stehe auff vnd gehe gegen mittag / auff die strassen die von Jerusalem gehet hinab gen Gaza / die da wüste ist. Vnd er stund auff vnd gieng hin. Vnd sihe / ein man aus Moren land / ein Kemerer vnd gewelti-ger der königin Kandakes jnn Moren land / welcher war vber alle jre schatzkamer / der war komen gen Jerusalem anzubeten / vnd zoch widder heim / vnd sass auff seinem wagen / vnd las den Propheten Jsaiam.

Jsai. liij
Der Geist aber sprach zu Philippo / Gehe hinzu / vnd mache dich bey diesen wagen. Da lieff Philippus hinzu vnd höret / das er den Propheten Jsaiam las / vnd sprach / Verstehestu auch was du liesest? Er aber sprach / Wie kan ich / so mich nicht jemand anleitet? Vnd er manet Philippon / das er auff trette / vnd sezte sich bey jn. Der jnhalt aber der Schrifft / die er las / war dieser / Er ist wie ein schaf zur schlachtung gefüret / vnd stil wie ein lamb fur seinem scherer / also hat er nicht auff gethan seinen mund / Jn seiner nidrigkeit ist sein gerichte erhaben / wer wird aber seines a lebens lenge ausreden? Denn sein leben ist von der erden weg genomen. Da antwortet der Kemerer Philippo / vnd sprach / Jch bitte dich / von wem redet der Prophet solches? von jm selber / odder von jemand anders?

a
(lebens lenge)
Das ist / wie lange er regieren sol / das ist ewiglich.

Philippus aber that seinen mund auff / vnd fieng von dieser schrifft an / vnd prediget jm das Euangelion von Jhesu. Vnd als sie zogen der strassen nach / kamen sie an ein wasser / vnd der Kemerer sprach / Sihe / da ist wasser / was hinderts / das ich mich teuffen lasse? Philippus aber sprach / gleubestu von gantzem hertzen / so mags wol sein. Er antwortet vnd sprach / Jch gleube / das Jhesus Christus Gottes son ist / Vnd hies den wagen halten / vnd stiegen hinab jn das wasser / beide Philippus vnd der Kemerer / vnd er teuffet jn. Da sie aber herauff stiegen aus dem wasser / rücket der Geist des Herrn Philippon hinweg / vnd der Kemerer sahe jn nicht mehr. Er zog aber seine strasse frölich. Philippus aber ward funden zu Asdod / vnd wandelt vmbher / vnd prediget allen Stedten das Euangelion / bis das er kam gen Kesarien.

IX.

Aulus aber b schnaubete noch mit drewen vnd morden / widder die Jünger des Herrn / vnd gieng zum Hohenpriester / vnd bat jn vmb brieffe gen Damascon an die Schulen / auff das / so er etliche dieses weges fünde / menner vnd weiber / er sie gebunden füret gen Jerusalem. Vnd da er auff dem wege war / vnd nahe bey Damascon kam vmbleuchtet jn plötzlich ein liecht vom himel / vnd fiel auff die erden / vnd höret eine stimme / die sprach zu jm / Saul / Saul / was verfolgestu mich? Er aber sprach / Herr / wer bistu? Der Herr sprach / Jch bin Jhesus / den du verfolgest / Es wird dir schweer werden widder den stachel lecken. Vnd er sprach mit zittern vnd zagen / Herr / was wilt du das ich thun sol? Der Herr sprach zu jm / Stehe auff / vnd gehe jnn die Stad / da wird man dir sagen / was du thun solt.

b
(Schnaubete)
war hefftig / stürmisch / vnd spruete

Die menner aber / die seine geferte waren / stunden vnd waren erstarret /

p

Der Apostel

starret / denn sie höreten seine stimme vnd sahen niemands. Saulus aber richtet sich auff von der erden / vnd als er seine augen auff that / sahe er niemands. Sie namen jn aber bey der hand / vnd füreten jn gen Damascon / vnd war drey tage nicht sehend / vnd ass nicht vnd tranck nicht.

Es war aber ein Jünger zu Damasco / mit namen Ananias / zu dem sprach der Herr im gesichte / Anania / Vnd er sprach / Hie bin ich Herr. Der Herr sprach zu jm / Stehe auff / vnd gehe hin jnn die gassen / die da heisset die richtige / vnd frage jnn dem hause Juda nach Saulo mit namen von Tarsen / denn sihe er betet / Vnd hat gesehen im gesichte einen man / mit namen Ananias / zu jm hinein komen / vnd die hand auff jn legen / das er widder sehend werde.

Ananias aber antwortet / Herr / ich hab von vielen gehöret von diesem manne / wie viel vbels er deinen Heilgen gethan hat zu Jerusalem / Vnd er hat alhie macht von den Hohen priestern / zu binden alle die deinen namen anruffen. Der Herr sprach zu jm / Gehe hin / denn dieser ist mir ein ausserwelt rüstzeug / das er meinen namen trage fur den Heiden / vnd fur den Königen / vnd fur den kindern von Israel / Ich wil jm zeigen / wie viel er leiden mus vmb meines namen willen.

Vnd Ananias gieng hin vnd kam jnn das haus / vnd leget die hende auff jn / vnd sprach / Lieber bruder Saul / der Herr hat mich gesand / der dir erschienen ist auff dem wege / da du her kamest / das du widder sehend / vnd mit dem Heiligen geist erfüllet werdest. Vnd also bald fiel es von seinen augen / wie schupen / vnd ward widder sehend / vnd stund auff / lies sich teuffen / vnd nam speise zu sich / vnd sterckt sich.

Saulus aber war etliche tage bey den Jüngern zu Damasco / vnd als bald prediget er Christum jnn den Schulen / das der selbige Gottes son sey. Sie entsatzten sich aber alle die es höreten / vnd sprachen / Ist das nicht der zu Jerusalem verstöret alle / die diesen namen anruffen / vnd darumb her komen / das er sie gebunden füre zu den Hohen priestern / Paulus aber ward je mehr krefftiger / vnd treib die Jüden ein / die zu Damasco woneten / vnd bewerets / das dieser ist der Christ.

Vnd nach viel tagen hielten die Jüden einen rat zu samen / das sie jn tödten. Aber es ward Saulo kund gethan / das sie jm nach stelleten. Sie hütteten aber tag vnd nacht an den thoren / das sie jn tödten. Da namen jn die Jünger bey der nacht / vnd theten jn durch die mauren / vnd liessen jn jnn einem korbe hinab.

Da aber Saulus gen Jerusalem kam / versuchte er sich bey die Jünger zu machen / vnd sie furchten sich alle fur jm / gleubeten nicht / das er ein Jünger were. Barnabas aber nam jn zu sich / vnd füret jn zu den Aposteln / vn erzelet jnen / wie er auff der strassen der Herrn gesehen / vnd er mit jm geredt / vnd wie er zu Damascon den namen Jhesu frey geprediget hette. Vnd er war bey jnen / vnd gieng aus vnd ein zu Jerusalem / vnd prediget den namen des Herrn Jhesu frey. Er redet auch vnd befraget sich mit den Griechen / aber sie stelleten jm nach / das sie jn ödten. Da das die Brüder erfuren / geleiten sie jn gen Kesarien / vnd schickten jn gen Tarsen. So hatte nu die Gemeine frieden durch gantz Judea vnd Galilea vnd Samaria / vnd bawete sich / vnd wandelte jnn der furcht des Herrn / vnd ward erfüllet mit trost des Heiligen geistes.

Es geschach aber / da Petrus durch zoch allenthalben / das er auch
zu den

Geschichte. LXXXIIII.

zu den Heiligen kam / die zu Lydda woneten / daselbs fand er einen man / mit namen Eneas / acht jar lang auff dem bette gelegen / der war gichtbrüchtig. Vnd Petrus sprach zu jm / Enea / Jhesus Christus mache dich gesund / stehe auff / vnd bette dir selber. Vnd also bald stund er auff. Vnd es sahen jn alle die zu Lydda vnd zu Sarona woneten / die bekereten sich zu dem Herrn.

Zu Joppe aber war ein jüngerin / mit namen Tabea / welchs verdolmetscht heisset eine Rehe / die war vol gutter werck vnd almosen / die sie thet. Es begab sich aber zu der selbigen zeit / das sie kranck ward / vnd starb. Da wusschen sie die selbige / vnd legten sie auff den söller. Nu aber Lydda nahe bey Joppen ist / da die Jünger höreten / das Petrus daselbs war / sandten sie zu jm vnd ermaneten jn / das er sichs nicht liesse verdriessen zu jnen zu komen.

Petrus aber stund auff vnd kam mit jnen / vnd als er dar komen war / füreten sie jn hinauff auff den söller / vnd tratten vmb jn alle widwen / weineten vnd zeigeten jm die röcke vnd kleider / welche die Rehe machte weil sie bey jnen war. Vnd Petrus da er sie alle hinaus getrieben hatte / kniet er nidder / bettet / vnd wandte sich zu dem leichnam / vnd sprach / Tabea / stehe auff. Vnd sie that jre augen auff / vnd da sie Petron sahe / satzte sie sich widder. Er aber gab jr die hand / vnd richtet sie auff / vnd riefft den Heiligen vnd den widwen / vnd stellet sie lebendig dar. Vnd es ward kund durch gantz Joppen / vnd viel wurden gleubig an den Herrn. Vnd es geschach / das er lange zeit zu Joppe bleib / bey einem Simon der ein gerber war.

X.

ES war aber ein man zu Kesarien mit namen Cornelius / ein Heubtman von der schar / die da heisset / die welsche / Gottselig vnd Gottfürchtig / sampt seinem gantze hause / vnd gab dem volck viel almosen / vnd bettet jmer zu Gott / Der sahe jnn einem gesichte offenbarlich / vmb die neunde stunde am tage / einen Engel Gottes zu jm eingehen / der sprach zu jm / Corneli. Er aber sahe jn an / er schrack vnd sprach / Herr / was ists? Er aber sprach zu jm / Dein gebet vnd dein almosen sind hinauff komen ins gedechtnis fur Gott / vnd nu sende menner gen Joppen / vnd las foddern Simon / mit dem zunamen Petrus / welcher ist zur herberge bey einem gerber Simon / des haus am meer ligt / der wird dir sagen / was du thun solt. Vnd da der Engel / der mit Cornelio redet / hinweg gegangen war / rieff er zween seiner hausknechte vnd einen Gottfürchtigen kriegsknecht / von denen die auff jn warten / vnd erzelet es jnen alles / vnd sandte sie gen Joppen.

Des andern tages / da diese auff dem wege waren / vnd nahe zur Stad kamen / steig Petrus hinauff auff den söller zu betten / vmb die Sechste stund. Vnd als er hungerig ward / wolte er anbeissen / Da sie jm aber zubereiten / ward er entzuckt / vnd sahe den himel auffgethan / vnd ernidder faren zu jm ein gefesse / wie ein gros leinen tuch an vier zipffel gebunden / vnd ward nidder gelassen auff die erden / darinnen waren allerley vierfüssige thier der erden vnd wilde thier / vnd gewürme / vnd vögel des himels. Vnd geschach eine stimme zu jm / Stehe auff Petre / schlachte vnd iss. Petrus aber sprach / O nein Herr / denn ich habe noch nie etwas gemeines odder vnreines gessen. Vnd

P ij die stimme

(Jungerin) Erst ist sie gleubig vnd eine Jungerin / darnach thut sie viel guts.

(Cornelius) Sihe der ist ein Heide vnd vnbeschnitten vnd on Gesetz / Vnd hat doch des kunfftigen Christi glauben / det jn leret gute werck thun / ob er wol ein krieger ist / Vnd wird erleucht zum glauben des erschienen Christi.

Der Apostel

die stimme sprach zum andern mal zu jm/ Was Gott gereiniget hat/das mache du nicht gemein. Vnd das geschach zu drey malen/ vnd das gefesse ward widderauff genomen gen himel.

Als er aber sich jnn jm selbs bekümert/was das gesichte were/ das er gesehen hatte/ Sihe/ da fragten die menner von Cornelio gesand/nach dem hause Simonis/ vnd stunden an der thür/rieffen vnd forscheten/ ob Simon mit dem zunamen Petrus alda zur herberg were. Jnn dem aber Petrus sich besinnet vber dem gesichte/ sprach der Geist zu jm/Sihe/die menner suchen dich/aber stehe auff/ steig hinab vnd zeuch mit jnen / vnd zweinel nichts/ denn ich hab sie gesand. Da steig Petrus hinab zu den mennern/ die von Cornelio zu jm gesand waren/ vnd sprach/Sihe/ ich bins / den jr suchet/was ist die sache/ darumb jr hie seid? Sie aber sprachen / Cornelius der Heubtman/ ein frumer vnd Gottfürchtiger man/ vnd gutes gerüchtes bey dem gantzen volck der Jüden / hat einen befelh empfangen vom heiligen Engel/ das er dich solte foddern lassen jnn sein haus/vnd wort von dir hören. Da rieff er jn hin ein vnd beherberget sie.

Des andern tages zoch Petrus aus mit jnen/ vnd etliche Brüder von Joppen giegen mit jm/Vnd des andern tages kamen sie ein gen Kesarien. Cornelius aber wartet auff sie / vnd rieff zusamen seine verwandten vnd freunde. Vnd als Petrus hinein kam/ gieng jm Cornelius entgegen / vnd fiel zu seinen füssen / vnd betet jn an. Petrus aber richtet jn auff / vnd sprach/ Stehe auff/ich bin auch ein mensch.Vnd als er sich mit jm besprochen hatte/ gieng er hinein / vnd fand jr viel/ die zusamen komen waren/ Vnd er sprach zu jnen/ Ir wisset/ wie es ein vngewonet ding ist einem Jüdischen man/ sich zu thun odder komen zu einem frembdlinge/ Aber Gott hat mir gezeiget/keinen menschen gemein odder vnrein zu heissen/ darumb habe ich mich nicht gewegert zu komen / als ich bin her gefoddert. So frage ich euch nu/ warumb jr mich habt lassen foddern.

Cornelius sprach/ Ich habe vier tage gefastet bis an diese stunde/ vnd vmb die neunde stunde betet ich jnn meinem hause/ Vnd sihe/ da trat ein man fur mir jnn einem hellen kleid/ vnd sprach/ Corneli/ dein gebet ist erhöret/ vnd deiner almosen ist gedacht worden fur Gott/ So sende nu gen Joppen/vnd las her ruffen einen Simon /mit dem zu namen Petrus/welcher ist zur herberge jnn dem hause des gerbers Simon / an dem meer/der wird dir/ wenn er kompt/sagen/ Da sandte ich von stund an zu dir/vnd du hast wol gethan/das du komen bist. Nu sind wir alle hie gegenwertig fur Gott / zu hören alles / was dir von Gott befolhen ist.

Petrus aber that seinen mund auff / vnd sprach/Nu erfare ich mit der warheit / das Gott die person nicht an sihet/ sondern jnn allerley volck/ wer jn fürchtet vnd recht thut/ der ist jm angeneme.

Ir wisset wol von der predig/ die Gott zu den kindern Israel gesand hat/vnd verkündigen lassen den fride / durch Jhesum Christon (welcher ist ein Herr vber alles) die durchs gantze Jüdische land geschehen ist/vnd angangen jnn Gallilea nach der tauffe/die Johannes predigte/ wie Gott den selbigen Jhesum von Nazareth gesalbet hat mit dem Heiligen geiste vnd krafft/ der vmbher gezogen ist/ vnd hat wolgethan vnd gesund gemacht alle / die vom Teufel vberweltiget waren/ denn Gott war mit jm/Vnd wir sind zeugen alles/

das er

Geschichte. LXXXV.

das er gethan hat im Jüdischen lande vnd zu Jerusalem/ Den haben sie getödtet/ vnd an ein holtz gehangen/ Den selbigen hat Gott aufferwecket am dritten tage/ vnd jn lassen offenbar werden/ nicht allem volck/ sondern vns/ den vorerweleten zeugen von Gott/ die wir mit jm gessen vñ getruncken haben/ nach dem er auff erstanden ist von den todten/ vnd er hat vns geboten/ zu predigen dem volck/ vnd zeugen/ das er ist verordenet von Gott ein Richter der lebendigen vnd der todten. Von diesem zeugen alle Propheten/ das durch seinen namen/ alle die an jn gleuben/ vergebung der sunde empfahen sollen.

Da Petrus noch diese wort redet/ fiel der Heilige geist auff alle die dem Wort zuhöreten/ Vnd die gleubigen aus der Beschneidung/ die mit Petro komen waren/ entsatzten sich/ das auch auff die Heiden die gabe des Heiligen geistes ausgegossen ward/ denn sie höreten/ das sie mit zungen redeten vnd Gott hoch preiseten. Da antwortet Petrus/ Mag auch jemand das wasser weren/ das diese nicht getaufft werden/ die den Heiligen geist empfangen haben/ gleich wie auch wir? Vnd befalh sie zu teuffen jnn dem namen des Herrn. Da baten sie jn/ das er etliche tage da bliebe.

XI.

Es kam aber fur die Apostel vnd Brüder/ die auff dem Jüdischen lande waren/ das auch die Heiden hetten Gottes wort angenomen. Vnd da Petrus hinauff kam gen Jerusalem/ zanckten mit jm die aus der Beschneidung waren/ vnd sprachen/ Du bist eingegangen zu den mennern/ die vorhaut haben/ vnd hast mit jnen gessen.

Petrus aber hub an vnd erzelets jnen nach einander her/ vnd sprach/ Ich war jnn der stad Joppe im gebete/ vnd war entzuckt/ vnd sahe ein gesichte/ nemlich/ ein gefesse ernidder faren/ wie ein gros leinen tuch mit vier zipffel/ vnd nidder gelassen vom himel/ vnd kam bis zu mir/ darein sahe ich vnd ward gewar/ vnd sahe vierfüssige thier der erden vnd wilde thier/ vnd gewürm/ vnd vögel des himels/ Ich höret aber/ eine stimme die sprach zu mir/ stehe auff Petre/ schlachte vnd iss. Ich aber sprach/ O nein Herr/ denn es ist nie kein gemeines noch vnreines jnn meinen mund gegangen. Aber die stimme antwortet mir zum andern mal vom himel/ Was Gott gereiniget hat/ das mache du nicht gemein. Das geschach aber drey mal/ vnd ward alles widder hinauff gen himel gezogen.

Vnd sihe/ von stund an stunden drey menner fur dem hause darinnen ich war/ gesand von Kesarien zu mir. Der Geist aber sprach zu mir/ ich solt mit jnen gehen/ vnd nicht zweiuelen. Es kamen aber mit mir diese sechs Brüder/ vnd wir giengen jnn des mannes haus/ vnd er verkündiget vns/ wie er gesehen hette einen Engel jnn seinem hause stehen/ der zu jm gesprochen hette/ sende menner gen Joppen/ vnd las foddern den Simon mit dem zunamen Petron/ der wird dir wort sagen/ dadurch du selig werdest/ vnd dein gantzes haus. Jnn dem aber ich anfieng zu reden/ fiel der Heilige geist auff sie gleich wie auff vns am ersten anfang. Da dachte ich an das wort des Herrn/ als er saget/ Johannes hat mit wasser getaufft/ jr aber sollet mit dem Heiligen geiste getaufft werden. So nu Gott jnen *gleiche gaben gegeben hat/ wie auch vns/ die da gleuben an den Herrn Jhesum Christ

(*gleiche) On vnterscheid der verdienst vnd on Gesetz.

P iij

Der Apostel

zum Christ/wer war ich/das ich kund Gotte weren? Da sie das hö=
reten/schwigen sie stille/vnd lobeten Gott / vnd sprachen / So hat
Gott auch den Heiden busse gegeben zum leben?

Die aber zurstrawet waren jnn dem trübsal/so sich vber Stepha
no erhub/giengen vmbher/bis gen Phenicen vnd Kypern vnd Anti=
ochia/ vnd redten das Wort zu niemand denn allein zu den Jüden.
Es waren aber etliche vnter jnen/mennern von Kypern vnd Kyre=
nen/die kamen gen Antiochia/ vnd redeten auch zu den Griechen/
vnd predigeten das Euangelion vom Herrn Jhesu/Vnd die hand
des Herrn war mit jnen/vnd ein grosse zal ward gleubig/vnd beke=
ret sich zu dem Herrn.

*a
(bekeret)
Vn Gesetz komen
sie zu Christo.*

Es kam aber diese rede von jnen/fur die ohren der Gemeine zu Je
rusalem / vnd sie sandten Barnabam/ das er hin gienge bis gen An=
tiochia/welcher/ da er hin komen war/ vnd sahe die gnade Gottes/
ward er fro / vnd ermanet sie alle/ das sie mit festem hertzen an dem
Herrn bleiben wolten/ denn er war ein frumer man / vol Heiliges
geistes vnd glaubens /Vnd es ward ein gros volck dem Herrn zu ge=
than. Barnabas aber zoch aus gen Tarsen/ Saulum widder zu su=
chen / Vnd da er jn fand/füret er jn gen Antiochia. Vnd ein gantz jar
lereten sie viel volcks vnd mehreten die Gemeine/daher die Jünger
am ersten zu Antiochia Christen genennet wurden.

Jnn den selbigen tagen kamen Propheten von Jerusalem gen An
tiochia/vnd einer vnter jnen/ mit namen Agabus / stund auff / vnd
deutet durch Geist eine grosse theurung/ die da komen solt vber den
gantzen kreis der erden/welche geschach vnter dem Keiser Claudio.
Aber vnter den Jüngern beschlos ein jglicher/nach dem er vermoch=
te/zu senden eine handreichung den Brüdern die jnn Judea wone=
ten/wie sie denn auch theten/ vnd schicktens zu den Eltesten/ durch
die hand Barnabe vnd Sauli.

XII.

Vmb die selbige zeit/leget der könig Herodes die hende
an etliche von der Gemeine zu peinigen. Er tödtet aber
Jacobon Johannes bruder mit dem schwerd/Vnd
da er sahe/das den Jüden gefiel/fur er fort/vnd fieng
Petron auch/ Es war aber eben Ostern/Da er jn nu
greiff/leget er jn jnns gefengnis/ vnd vberantwortet
jn vier vierteiln kriegsknechten/jn zu bewaren/vnd ge
dacht jn nach den Ostern dem volck fur zu stellen. Vnd Petrus ward
zwar im gefengnis gehalten/Aber die Gemeine betet hefftiglich fur
jn zu Gott.Vnd da jn Herodes wolt fur stellen/jnn der selbigen nacht
schlieff Petrus zwischen zween kriegsknechten/gebunden mit zwo ket
ten / vnd die hüter fur der thür hüteten des gefengnis.

*b
(Vierteil)
Ein hauffe knecht
ward jnn vier teil
geteilet/da ja ein
teil muste das vier
de teil der nacht
wachen/eins vm=
bs ander.*

Vnd sihe der Engel des Herrn kam daher / vnd ein liecht schein
jnn dem gemach / vnd schlug Petron an die seiten vnd wecket jn auff/
vnd sprach.Stehe behends auff. Vnd die ketten fielen jm von seinen
henden. Vnd der Engel sprach zu jm / Gürte dich / vnd thu deine
schuch an. Vnd er that also/ Vnd er sprach zu jm/Wirff deinen man=
tel vmb dich/vnd folge mir nach. Vnd er gieng hinaus vnd folget jm/
Vnd wuste nicht /das jm warhafftig solches geschehe durch den En
gel/sondern es dauchte jn/er sehe ein gesichte.Sie giengen aber durch
die erste vnd ander hut/vnd kamen zu der eisern thür/welche zur Stad

füret

Geschichte. LXXXVI.

füret/ die that sich jnen von jr selber auff/ vnd tratten hinaus/ vnd giegen hin eine gassen lang/ vnd also bald schied der Engel von jm.

Vnd da Petrus zu jm selber kam/ sprach er/ Nu weis ich warhafftig/ das der Herr seinen Engel gesand hat/ vnd mich errettet aus der hand Herodis/ vnd von allem warten des Jüdischen volcks. Vnd als er sich besinnet/ kam er fur das haus Maria der mutter Johannis/ der mit dem zunamen Marcus hies/ da viel bey einander waren vnd betten. Als aber Petrus an die thür klopffet des thores/ trat erfur eine magd zu horchen/ mit namen Rode/ Vnd als sie Petrus stimme erkandte/ that sie das thor nicht auff fur freuden/ lieff aber hinein vnd verkündigets jnen/ Petrus stünde fur dem thor. Sie aber sprachen zu jr/ Du bist vnsinnig. Sie aber bestund drauff/ es were also. Sie sprachen/ Es ist sein Engel. Petrus aber klopffet weiter an. Da sie aber auff thaten/ sahen sie jn/ vnd entsatzen sich. Er aber wincket jnen mit der hand zu schweigen/ vnd erzelet jnen/ wie jn der Herr hatte aus dem gefengnis geführet/ vnd sprach/ Verkündiget dis Jacobo vnd den Brüdern/ vnd gieng hin aus/ vnd zoch an einen andern ort.

Da es aber tag ward/ ward nicht ein kleine bekümmernis vnter den kriegsknechten/ wie es doch mit Petro gangen were. Herodes aber da er jn foddert vnd nicht fand/ lies er die hüter rechtfertigen/ vnd hies sie weg füren/ vnd zoch von Judea hinab gen Kesarien/ vnd hielt alda sein wesen. Er gruntzet aber mit den von Tyro vnd Sidon/ Sie aber kamen einmütiglich zu jm/ vnd vberredten des Königes Kemerer Blaston/ vnd baten vmb friede/ darumb das jre lande sich neeren musten von des Königes land. Aber auff einen bestimpten tag/ thet Herodes das königliche kleid an/ satzte sich auff den Richstuel/ vnd that eine rede zu jnen. Das volck aber rieff zu/ Das ist Gottes stimme/ vnd nicht eines menschen. Als bald schlug jn der Engel des Herrn/ darumb/ das er die ehre nicht Gotte gab/ vnd ward gefressen von den würmen/ vnd gab den geist auff.

Das Wort Gottes aber wuchs vnd mehret sich. Barnabas aber vnd Saulus kamen widder gen Jerusalem/ vnd vberantworten die handreichung/ vnd namen mit sich Johannen/ mit dem zunamen Marcus.

XIII.

Es waren aber zu Antiochia jnn der Gemeine Propheten vnd Lerer/ nemlich/ Barnabas/ vnd Simon genant Niger/ vnd Lucius von Kyrenen/ vnd Manahen/ mit Herodes dem Vierfürsten erzogen/ vnd Saulus. Da sie aber dem Herrn dieneten vnd fasteten/ sprach der Heilige geist/ Sondert mir aus Barnabam vnd Saulum/ zu dem werck/ dazu ich sie beruffen habe. Da fasteten sie vnd betten/ vnd legeten die hende auff sie/ vnd liessen sie gehen. Vnd wie sie ausgesand waren vom Heiligen geiste/ kamen sie gen Seleucia/ vnd von dannen schifften sie gen Kypern. Vnd da sie jnn die Stad Salamin kamen/ verkündigeten sie das wort Gottes jnn der Jüden schulen/ Sie hatten aber auch Johannen zum diener.

Vnd da sie die Insulen durchzogen bis zu der stad Paphos/ funden sie einen Zeuberer vnd falschen Propheten/ einen Jüden/ der

P iiij   hies Ba-

Der Apostel

(Bariehu) Das ist auff deudsch ein son Gottes. Denn die Ebreische sprache nennet Gott / Jehu / das ist der name Tetragrammaton / dauon die Juden viel wunder tichten / also wird dieser zeuberer auch desselbigen namen gebraucht haben / wie itzt die zeuberer des Creutzs vnd an der heiligen wort vnd zeichen brauchen / Elimas laut auff Ebreisch fast als habe er sich Elimessia / das ist / Gottes König / genennet / odder ein gesalbter Gottes. Denn die Juden vnd sonderlich solche leute pflegen hohe Göttliche namen zu füren.

b (Landuogt) Der ist ia auch on Gesetz vnd verdienst ein Christen vnd heilig / so er doch ein Heide / vnd weltlicher herr ist.

(Vierhundert) Diese rechnung sol man anfohen vom auszug aus Egypten / wie die schrifft pflegt / Exodi. xij. Vnd nicht vom ersten Richter / Judic. j.

d (Nicht kenneten) Da sihe / das man wol kan viel von Christo plaudern / vnd dennoch den selbigen leugnen vnd tödten.

hies ᵃ Bariehu / der war bey Sergio Paulo dem landuogt / einem verstendigen man / der selbige rieff zu sich Barnaban vnd Saulum / vnd begerte das wort Gottes zu hören / Da stund jnen widder der Zeuberer Elimas (denn also wird sein name gedeutet) vnd trachtet / das er den Landuogt vom glauben wendet. Saulus aber / der auch Paulus heisset / vol Heiliges geistes / sahe jn an / vnd sprach / O du kind des Teufels / vol aller list vnd aller schalckheit / vnd feind aller gerechtigkeit / du hörest nicht auff ab zu wenden die rechten wege des Herrn / Vnd nu sihe / die hand des Herrn kompt vber dich / vnd solt blind sein / vnd die Sonne ein zeit lang nicht sehen. Vnd von stund an fiel auff jn tunckelheit vnd finsternis / vnd gieng vmbher vnd suchte hand leiter. Als der Landuogt das geschichte sahe / gleubet er / vnd verwunderte sich der lere des Herrn.

Da aber Paulus vnd die vmb jn waren von Papho schifften / kamen sie gen Pergen im lande Pamphylia. Johannes aber weich von jnen / vnd zoch widder gen Jerusalem. Sie aber zogen durch von Pergen / vnd kamen gen Antiochia / im lande Pisidia / vnd giengen jnn die Schule am Sabbather tage / vnd setzten sich. Nach der Lection aber des Gesetzes vnd der Propheten / sandten die Obersten der schule zu jnen / vnd liessen jnen sagen / Lieben Brüder / wolt jr etwas reden vnd das volck ermanen / so saget an.

Da stund Paulus auff / vnd wincket mit der handt / vnd sprach / Ir menner von Israel / vnd die jr Gott fürchtet / höret zu / Der Gott dieses volcks hat erwelet vnser Veter / vnd erhöhet das volck / da sie frembdlinge waren im lande Egypti / vnd mit einem hohen arm füret er sie aus dem selbigen / vnd bey viertzig jaren lang duldet er jre weise jnn der wüsten / vnd vertilget sieben völcker jnn dem lande Canaan / vnd teilet vnter sie nach dem los / jhener lande / Darnach gab er jnen Richter ᶜ vierhundert vnd funfftzig jar lang / bis auff den Propheten Samuel / vnd von da an baten sie vmb einen König / vnd Gott gab jnen Saul den son Kis / einen man aus dem geschlechte Ben Jamin / viertzig jar lang / Vnd da er den selbigen weg thet / richtet er auff vber sie Dauid zum Könige / von welchem er zeugete / Ich hab funden Dauid den son Jesse / einen man nach meinem hertzen / der sol thun allen meinen willen.

Exodi. xiiij.
Josue. xiij.
j. Reg. viij.
j. Reg. xvj.

Aus dieses samen hat Gott / wie er verheissen hat / gezeugt Jhesum dem volck Israel zum Heiland / als denn Johannes zuuor dem volck Israel prediget die tauffe der Busse / ehe denn er anfieng. Als aber Johannes seinen lauff erfüllet / sprach er / Ich bin nicht der / da fur jr mich haltet / Aber sihe / Er komet nach mir / des ich nicht werd bin / das ich jm die schuhe ausziehe.

Mat. iij

Ir menner / lieben Brüder / jr kinder des geschlechtes Abraham / vnd die vnter euch Gott fürchten / Euch ist das Wort dieses heils gesand / denn die zu Jerusalem wonen vnd jre Obersten / dieweil sie diesen ᵈ nicht kenneten / noch die stimme der Propheten (welche auff alle Sabbather gelesen werden) haben sie die selben mit jrem vrteilen erfüllet. Vnd wie wol sie keine vrsache des todes an jm funden / baten sie doch Pilatum jn zu tödten / Vnd als sie alles vollendet hatten / was von jm geschrieben ist / namen sie jn von dem holtz / vnd legten jn jnn ein grab. Aber Gott hatt jn aufferweckt von den todten / vnd er ist erschinen viel tage / denen / die mit jm hinauff von Gallilea gen Jerusalem gegangen waren / welche sind seine zeugen an das volck.

Vnd wir

Geschichte. LXXXVII.

Vnd wir auch verkündigen euch die verheissunge/ die zu vnsern Vetern geschehen ist/das die selbige Gott/vns/ jren kindern erfüllet hat/jnn dem das er Jhesum aufferwecket hat/ wie denn jm ersten Psalm geschrieben stehet/Du bist mein Son/heute habe ich dich gezeuget. Das er jn aber hat von den todten aufferweckt/das er fort nicht mehr sol verwesen/ spricht er also/ Ich wil euch die gnade Dauid verheissen/ trewlich halten. Darumb spricht er auch am andern ort/ Du wirst es nicht zugeben/das dein Heilige die verwesung sehe. Denn Dauid/ da er zu seiner zeit gedienet hatte dem willen Gottes/ ist er entschlaffen/ vnd zu seinen Vetern gethan/ vnd hat die verwesung gesehen/ Den aber Gott aufferweckt hat/ der hat die verwesung nicht gesehen.

[Psal. ij.]
[Isaie. lv]
[Psal. xvi.]

So sey es nu euch kund / lieben Brüder / das euch verkündiget wird vergebung der sunde durch diesen/ vnd von dem allem/ durch welches jr nicht kündet im Gesetze Mosi gerecht werden. Wer aber an diesen gleubet/ der ist gerecht/ Sehet nu zu/ das nicht vber euch kome/ das jnn den Propheten gesagt ist/ Sehet jr Verechter vnd verwundert euch/vnd werdet zu nichte/ denn ich thue ein werck zu ewren zeiten/ welchs jr nicht gleuben werdet/ so es euch jemand erzelen wird.

[Aba. j]

Da aber die Jüden aus der Schule giengen/ batten die Heiden/ das sie zwischen Sabbaths/jnen die wort sageten. Vnd als die Gemeine der schule von einander giengen/ folgeten Paulo vnd Barnaba nach viel Jüden vnd Gottfürchtige Judgenossen. Sie aber sagten jnen/vnd vermaneten sie/das sie bleiben solten jnn der gnade Gottes. Am folgenden Sabbath aber kam zu samen fast die gantze Stad/ das Wort Gottes zu hören. Da aber die Jüden das volck sahen/wurden sie vol neides/ vnd widdersprachen dem/ das von Paulo gesagt ward/widdersprachen vnd lesterten. Paulus aber vnd Barnabas sprachen frey offentlich/ Euch muste zu erst das wort Gottes gesagt werden/Nu jr es aber von euch stosset/ vnd achtet euch selbs nicht werd des ewigen lebens/Sihe/ so wenden wir vns zu den Heiden/Denn also hat vns der Herr geboten/ Ich habe dich den Heiden zum liecht gesetzt/das du das heil seiest bis an das ende der erden.

[Isa. xlix]

Da es aber die Heiden höreten / wurden sie fro/vnd preiseten das Wort des Herrn/vnd wurden gleubig/wie viel jrer zum ewigen leben verordnet waren. Vnd das Wort des Herrn ward ausgebreitet durch die gantze gegend. Aber die Jüden bewegeten die andechtigen vnd erbarn weiber/ vnd der stad Obersten/ vnd erweckten eine verfolgunge vber Paulon vnd Barnabam/vnd stiessen sie zu jren grentzen hinaus. Sie aber schüttelten den staub von jren füssen vber sie/ vnd kamen gen Iconion. Die Jünger aber wurden vol freuden vnd Heiliges geistes.

XIIII.

Es geschach aber zu Iconion/das sie zusamen kamen/ vnd predigten jnn der Jüden Schulen/ also/ das ein grosse menge der Jüden vnd der Griechen gleubig ward. Die vngleubigen Jüden aber erweckten vnd entrüsten die seelen der Heiden widder die Brüder. So hatten sie nu jr wesen daselbs eine lange zeit/ vnd lereten frey im Herrn/ welcher bezeugete das Wort seiner gnade/ vnd lies zeichen vnd wunder

Der Apostel

wunder geschehen durch jre hende. Die menge aber der stad spaltet sich / etliche hieltens mit den Jüden / vnd etlicheer mit den Aposteln.

Da sich aber ein sturm erhub der Heiden vnd der Jüden vnd jrer Obersten / sie zu schmehen vnd zu steinigen / wurden sie des jnnen / vnd entflohen jnn die stedte des landes Lycaonia / gen Lystran vnd Derben / vnd jnn die gegend vmbher / vnd predigeten daselbs das Euangelion. Vnd es war ein man zu Lystra / der muste sitzen / denn er hatte böse füsse / vnd war lam von mutter leibe / der noch nie gewandelt hatte / der höret Paulon reden. Vnd als er jn ansahe / vnd mercket / das er gleubete / jm mochte geholffen werden / sprach er mit lauter stimme / Stehe auffrichtig auff deine füsse. Vnd er sprang auff vnd wandelte. Da aber das volck sahe / was Paulus gethan hatte / huben sie jre stimme auff / vnd sprachen auff Lycaonisch / Die Götter sind den menschen gleich worden / vnd zu vns er nidder komen / vnd nenneten Barnaban / Jupiter / vnd Paulon / Mercurius / die weil er das Wort füret. Der priester aber Jupiters / der fur jrer stad war / brachte ochsen vnd krentze fur das thor / vnd wolte opffern sampt dem volck.

Da das die Apostel Barnabas vnd Paulus höreten / zurissen sie jre kleider vnd sprungen vnter das volck / schryen vnd sprachen / Jr menner / was machet jr da? wir sind auch sterbliche menschen / gleich wie jr / vnd predigen euch das Euangelion / das jr euch bekeren solt / von diesen vnnützen / zu dem lebendigen Gott / welcher gemacht hat himel vnd erden / vnd das meer vnd alles was drinnen ist / der jnn vergangen zeiten hat lassen alle Heiden wandeln jre eigen wege. Vnd zwar hat er sich selbs nicht vnbezeuget gelassen / hat vns viel guts gethan / vnd vom himel regen vnd fruchtbare zeitung gegeben / vnser hertzen erfüllet mit speise vnd freuden. Vnd da sie das sagten / stilleten sie kaum das volck / das sie jnen nicht opfferten.

Es kamen aber dahin Jüden von Antiochia vnd Jconion / vnd vberredten das volck / vnd steinigten Paulum / vnd schleifften jn zur Stad hinaus / meineten / er were gestorben. Da jn aber die Jünger vmbringeten / stund er auff vnd gieng jnn die stad. Vnd auff den andern tag gieng er aus mit Barnaba gen Derben / vnd predigeten der selbigen stad das Euangelion / vnd vnterweiseten jrer viel / vnd zogen widder gen Lystran vnd Jconion vnd Antiochian / sterckten die seele der Jünger / vnd ermaneten sie / das sie im glauben blieben / vnd das wir durch viel trübsal müssen jnn das Reich Gottes gehen. Vnd sie erweleten jnen hin vnd her Eltesten jnn den Gemeinen / betten vnd fasteten / vnd befohlen sie dem Herrn / an den sie gleubig worden waren.

Vnd zogen durch Pisidian / vnd kamen jnn Pamphylian / vnd redten das Wort zu Pergen / vnd zogen hinab gen Attalian / vnd von dannen schifften sie gen Antiochian / da her sie waren der gnade Gottes befolhen zu dem werck / das sie hatten ausgericht. Da sie aber dar kamen / versamleten sie die Gemeine / vnd verkündigten / wie viel Gott mit jnen gethan hatte / vnd wie er den Heiden hette die thür des glaubens auffgethan. Sie hatten aber jr wesen alda nicht eine kleine zeit / bey den Jüngern.

Vnd

Geschichte. LXXXVIII.
XV.

Vnd etliche kamen herab von Judea / vnd lereten die Brüder / wo jr euch nicht beschneiden lasset nach der weise Mosi / so künd jr nicht selig werden. Da sich nu ein auffrhur erhub / vnd Paulus vnd Barnabas sich hart widder sie legten / ordenten sie / das Paulus vnd Barnabas / vnd etliche ander aus jnen / hinauff zogen gen Jerusalem zu den Aposteln vnd Eltesten / vmb dieser frage willen. Vnd sie wurden von der Gemeine geleitet / vnd zogen durch Phenicen vnd Samaria / vnd erzeleten den wandel der Heiden / vñ machten grosse freude allen Brüdern. Da sie aber dar kamen gen Jerusalem / wurden sie empfangen von der Gemeine / vnd von den Aposteln / vnd von den Eltesten / vnd sie verkündigeten / wie viel Gott mit jnen gethan hatte. Da tratten auff etliche von der Phariseer secten / die gleubig waren worden / vnd sprachen / Man mus sie beschneiden / vnd gebieten zu halten das Gesez Mosi. Aber die Apostel vnd die Eltesten kamen zusamen / diese rede zu besehen.

Da man sich aber lange gezancket hatte / stund Petrus auff / vnd sprach zu jnen / Jr menner / lieben Brüder / jr wisset / das Gott lang vor dieser zeit / vnter vns erwelet hat / das durch meinen mund / die Heiden das Wort des Euangelions höreten vnd gleubten / vnd Gott der hertzkündiger zeugete vber sie / vnd gab jnen den Heiligen geist / gleich auch wie vns / vnd macht kein ᵃ vnterscheid zwischen vns vnd jnen / vnd reinigete jre hertzen durch den glauben. Was versucht jr denn nu Gott / mit aufflegen des jochs auff der Jünger helse / welchs weder Vnser veter noch wir haben mügen tragen? Sondern wir gleuben durch die gnade des Herrn Jhesu Christ selig zu werden / gleicher weise wie auch sie. Da schweig die gantze menge stille / vnd höreten zu Paulo vnd Barnaba / die da erzeleten / wie grosse zeichen vnd wunder Gott durch sie gethan hatte vnter den Heiden.

Darnach als sie geschwigen waren / antwortet Jacobus vnd sprach / Jr menner lieben Brüder / höret mir zu / Simon hat erzelet / wie auffs erst / Gott heimgesucht hat / vnd angenomen ein volck aus den Heiden zu seinem namen / vñ da stimmen mit der Propheten rede / als geschrieben stehet / Darnach wil ich widder komen / vnd wil widder bauwen die Hütte Dauid / die zurfallen ist / vnd jre lücken wil ich widder bawen / vnd wil sie auffrichten / auff das / was vbrig ist von menschen / nach dem Herrn frage / dazu alle Heiden / vber welche mein ᶜ name genennet ist / spricht der Herr / der das alles thut. Gott sind alle seine werck bewust von der welt her / Darumb beschliesse ich / das man denen / so aus den Heiden zu Gott sich bekeren / nicht vnruge mache / sondern schreibe jn / das sie sich enthalten von vnsauberkeit der Abgötter / vnd von hurerey / vnd von ersticktem / vnd vom blut. Denn Moses hat von langen zeiten her jnn allen stedten / die jn predigen / vnd wird alle Sabbather tag jnn den Schulen gelesen.

Vnd es dauchte gut die Apostel vnd Eltesten sampt der gantzen Gemeine / aus jnen menner erwelen vnd senden gen Antiochian / mit Paulo vnd Barnaba / nemlich / Judan mit dem zunamen Barsabas / vnd Silan

Acta.x.

Amos.ix.

ᵃ (Kein vnterscheid) Das heisset / on gesez vnd verdienst selig worden.

(Heiden) Die doch vnbeschnitten vñ on gesez waren.

ᶜ (Name) Das ist / die mit meinem namen genennet werden / alsein volck Gottes / ein Gemeine Christi / Ein diener des Herrn.

Der Apostel

vnd Silan/ welche menner Lerer waren vnter den Brüdren/ vnd sie gaben schrifft inn jre hand/ also.

Wir die Apostel vnd Eltesten vnd Brüder/ wünschen heil den Brüdern aus den Heiden/ die zu Antiochia vnd Syria vnd Kilicia sind. Die weil wir gehöret haben/ das etliche von den vnsern sind ausgegangen/ vnd haben euch mit leren jrre gemacht/ vnd ewre seelen zurüttet/ vnd sagen/ jr solt euch beschneiden lassen/ vnd das Gesetze halten/ welchen wir nichts befohlen haben/ hat es vns gut gedeucht einmütiglich versamlet/ menner erwelen/ vnd zu euch senden/ mit vnsern liebsten Barnaba vnd Paulo/ welche menschen jre seelen dar gegeben haben fur den namen vnsers Herrn Jhesu Christi/ So haben wir gesand Judan vnd Silan/ welche auch mit worten das selbige verkündigen werden/ Denn es gefelt dem Heiligen geiste vnd vns/ euch keine beschwerung mehr auff zulegen/ denn nur diese nötige stück/ das jr euch enthaltet vom Götzen opffer/ vnd vom blut/ vnd vom erstickten/ vnd von hurerey/ von welchen/ so jr euch enthaltet/ thut jr recht/ Gehabt euch wol.

Da diese abgefertiget waren/ kamen sie gen Antiochian/ vnd versamleten die menge/ vnd vberantworten den brieff. Da sie den lasen/ wurden sie des ᵇtrostes fro. Judas aber vnd Silas/ die auch Propheten waren/ ermaneten die Brüder mit vielen reden/ vnd stereckten sie. Vnd da sie verzogen eine zeit lang/ wurden sie von den Brüdern mit frieden abgefertiget zu den Aposteln. Es gefiel aber Sila/ das er da bliebe. Paulus aber vnd Barnabas hatten jr wesen zu Antiochia/ lereten vnd predigeten des Herrn wort/ sampt vielen andern.

Nach etlichen tagen aber sprach Paulus zu Barnaban/ Las vns widderumb zihen/ vnd vnsere Brüder besehen durch alle stedte/ jn welchen wir des Herrn wort verkündiget haben/ wie sie sich halten. Barnabas aber gab rat/ das sie mit sich nemen Johannen/ mit dem zunamen Marcus. Paulus aber achtet es billich/ das sie nicht mit sich nemen einen solchen/ der von jnen gewichen war jnn Pamphylia/ vnd war nicht mit jnen gezogen zu dem werck. Vnd sie kamen scharff an einander/ also/ das sie von einander zogen/ vnd Barnabas zu sich nam Marcon/ vnd schiffte inn Kypern/ Paulus aber welet Silan/ vnd zoch hin/ der gnade Gottes befolhen/ von den Brüdern. Er zoch aber durch Syrian vnd Kilician/ vnd sterckte die Gemeinen.

XVI.

Er kam aber gen Derben vnd Lystran/ Vnd sihe/ ein ᶜJünger war daselbs/ mit namen Timotheos/ eines Jüdischen weibes son/ die war gleubig/ aber eines Griechischen vaters/ der hatte ein gut gerüchte bey den Brüdern/ vnter den Lystranern vnd zu Jconion/ diesen wolte Paulus lassen mit sich zihen/ vnd nam vn beschneid jn vmb der Jüden willen/ die an dem selbigen ort waren/ denn sie wusten alle/ das sein vater war ein Grieche gewesen. Als sie aber durch die Stedte zogen/ vberantworten sie jn zu halten den spruch/ welcher von den Aposteln vnd Eltesten zu Jerusalem beschlossen war. Da wurden die Gemeinen im glauben befestiget/ vnd namen zu an der zal teglich.

Da sie aber durch Phrygian vnd das land Galatia zogen/ ward jn geweret von dem Heiligen geiste/ zu reden das Wort inn Asia. Als sie aber

---

(Merck)
Das der Heilig geist/ die werck vnd gesetz lerer nicht sendet/ Sondern nennet sie verwirrer vnd betrüber der Christen.

ᵇ (trostes)
Vom gesetz frey zu sein.

ᶜ (Jünger) On gesetz vnd vnbeschnitten ein rechter Helde doch ein Christen.

(Spruch)
Von der freiheit vom gesetz/ Act. xv.

Geschichte. LXXXIX.

sie aber kamen an Mysian / versuchten sie durch Bithynian zu reisen / vnd der Geist lies jnen nicht zu. Da sie aber fur Mysian vber zogen / kamen sie hinab gen Troada / vnd Paulo erschein ein gesichte bey der nacht / das war ein man aus Macedonia / der stund vnd bat jn / vnd sprach / Kum ernidder jnn Macedonian / vnd hilff vns. Als er aber das gesichte gesehen hatte / da trachten wir also bald zu reisen jnn Macedonian / gewis / das vns der Herr dahin beruffen hette / jnen das Euangelion zu predigen. Da furen wir aus von Troada / vnd stracks lauffs kamen wir gen Samothracian / des andern tages gen Neapolin / vnd von dannen gen Philippis / welche ist die heubtstad des landes Macedonia / vnd eine freie Stad.

Wir hatten aber jnn dieser Stad vnser wesen etliche tage / Des tages der Sabbather giengen wir hinaus fur die stad / an das wasser / da man pfleget zu beten / vnd satzten vns / vnd redeten zu den weibern / die da zu samen kamen. Vnd ein Gottfürchtig weib mit namen Lydia / eine purpur kremerin / aus der stad der Thyatirer / hörete zu / welcher that der Herr das hertz auff / das sie drauff acht hatte / was von Paulo geredt ward. Als sie aber vnd jr Haus getaufft ward / ermanet sie vns / vnd sprach / So jr mich achtet / das ich gleubig bin an den Herrn / so kompt jnn mein haus vnd bleibet alda / Vnd sie zwang vns.

Es geschach aber / da wir zu dem gebet giengen / das eine magd vns begegnet / die hatte einen Warsager geist / vnd trug jrem herrn viel genies zu mit warsagen / die selbige folgete allenthalben Paulo vnd vns nach / schrey vnd sprach / Diese menschen sind knechte Gottes des Allerhöhesten / die euch den weg der seligkeit verkündigen. Solchs thet sie manchen tag. Paulo aber that das wehe / vnd wandte sich vmb / vnd sprach zu dem geiste / Ich gebiete dir jnn dem namen Jhesu Christi / das du von jr ausfarest. Vnd er fur aus zu der selbigen stunde.

Da aber jre herrn sahen / das die hoffnung jres genies war ausgefaren / namen sie Paulon vnd Silan / zogen sie auff den marckt fur die Obersten / vnd füreten sie zu den Heubtleuten / vnd sprachen / Diese menschen machen vnser Stad jrre / vnd sind Jüden / vnd verkündigen eine weise / welche vns nicht zimet an zunemen / noch zu thun / weil wir Römer sind. Vnd das volck ward erregt widder sie / vnd die Heubtleute liessen jnen die kleider abreissen / vnd hiessen sie steupen / Vnd da sie sie wol gesteupet hatten / worffen sie sie jns gefengnis / vnd geboten dem Kerckermeister / das er sie wol bewarete. Der nam solch gebot an / vnd warff sie jnn das jnnerste gefengnis / vnd leget jre füsse jnn den stock.

Vmb die mitternacht aber beteten Paulus vnd Silas / vnd lobeten Gott / Vnd es höreten die gefangenen. Schnel aber ward ein grosses erdbeden / also / das sich bewegeten die grundfeste des gefengnis / vnd von stund an wurden alle thüren auffgethan / vnd aller bande los. Als aber der Kerckermeister aus dem schlaffe fur / vnd sahe die thüren des gefengnis auffgetan / zoch er das schwerd aus / vnd wolte sich selbs erwürgen / denn er meinet / die gefangenen weren entflohen. Paulus aber rieff laut vnd sprach / Thu dir nichts vbels / denn wir sind alle hie.

Er foddert aber ein liecht vnd sprang hinein / vnd ward zittern / vnd fiel Paulo vnd Sila zun füssen / vnd füret sie heraus vnd sprach / Lieben

Dieser man wird ia auch on werck vnd Gesetz frum durch den glauben

Der Apostel

Lieben herrn/ was sol ich thun/ das ich selig werde? Sie sprachen/ Gleube an den Herrn Jhesum Christum/ so wirstu vnd dein Haus selig. Vnd sagten jm das wort des Herrn/ vnd allen die jnn seinem hause waren. Vnd er nam sie zu sich/ jnn der selbigen stunde der nacht/ vnd wusch jnen die strimen abe. Vnd er lies sich teuffen/ vnd alle die seinen also balde/ vnd füret sie jnn sein haus/ vnd setzet jn einen tisch/ vnd frewet sich mit seinem gantzen hause/ das er an Gott gleubig worden war.

Vnd da es tag ward/ sandten die Heubtleute Staddiener/ vnd sprachen/ Las die menschen gehen. Vnd der Kerckermeister verkündiget diese rede Paulo/ Die Heubtleute haben her gesand/ das jr los sein solt/ Nu zihet aus vnd gehet hin mit frieden. Paulus aber sprach zu jnen/ Sie haben vns on recht vnd vrteil/ offentlich gestupet/ die wir doch Römer sind/ vnd jnn das gefengnis geworffen/ vnd solten vns nu heimlich ausstossen/ Nicht also/ sondern lasset sie selbs komen/ vnd vns hinaus füren. Die Staddiener verkündigeten diese wort den Heubtleuten/ Vnd sie furchten sich/ da sie höreten/ das sie Römer weren/ vnd kamen vnd ermaneten sie/ vnd füreten sie heraus/ vnd baten sie/ das sie auszögen aus der Stad. Da giengen sie aus dem gefengnis/ vnd giengen zu der Lydia. Vnd da sie die Brüder gesehen hatten vnd getröstet/ zogen sie aus.

XVII.

DA sie aber durch Amphipolin vnd Apollonia reiseten/ kamen sie gen Thessalonich/ da war eine Jüden Schule. Nach dem nu Paulus gewonet war/ gieng er zu jnen hinein/ vnd redet mit jnen auff drey Sabbathen aus der Schrifft/ thet sie jnen auff/ vnd legets jn fur/ das Christus muste leiden vnd aufferstehen von den todten/ vnd das dieser Jhesus/ den ich (sprach er) euch verkündige/ ist der Christ. Vnd etliche vnter jnen fielen jm zu/ vnd geselleten sich zu Paulo vnd Sila/ auch der Gottfürchtigen Griechen eine grosse menge/ dazu der furnemsten weiber nicht wenig.

Aber die halstarrigen Jüden neideten vnd namen zu sich etliche boshafftige menner pöbel volckes/ machten eine rotte/ vnd richten eine auffrhur jnn der Stad an/ vnd tratten fur das Jasonis haus/ vnd suchten sie zu füren vnter das gemeine volck. Da sie aber sie nicht funden/ schleiffeten sie den Jason vñ etliche Brüder fur die Obersten der Stad/ vnd schrien/ Diese/ die den gantzen weltkreis erregen/ sind auch herkomen/ die herberget Jason/ vnd diese alle handeln widder des Keisers gebot/ sagen/ ein ander sey der König/ nemlich Jhesus. Sie bewegeten aber das volck/ vnd die Obersten der Stad/ die solchs höreten. Vnd da sie verantwortung von Jason vnd den andern empfangen hatten/ liessen sie sie los.

Die Brüder aber fertigeten sie also bald ab bey der nacht Paulum vñ Silan/ gen Berrhoen. Da sie dar kamen/ giengen sie jnn die Jüdenschule/ denn sie waren die Eddelsten vnter denen zu Thessalonich/ die namen das Wort auff gantz willigklich/ vnd forscheten teglich jnn der Schrifft/ ob sichs also hielte. So gleubten nu viel aus jnen/ vnd die Griechischen erbarn weiber vnd der menner nicht wenig. Als aber die Jüden von Thessalonich erfuren/ das auch zu Berrhoen das Wort Gottes von Paulo verkündiget wurde/ kamen sie vnd bewegeten auch

Geschichte. LC.

ten auch alda das volck. Aber da fertigeten die Brüder Paulum also bald ab/das er gieng bis an das meer/Silas aber vnd Timotheos blieben da. Die aber Paulum geleiten/füreten jn bis gen Athene. Vnd als sie befelh empfiengen an den Silan vnd Timotheon/das sie auffs schierste jm zu kemen / zogen sie hin.

Da aber Paulus jrer zu Athene wartet/ergrimmet sein geist jnn jm/da er sahe die Stad so gar Abgöttisch/Vnd er redet zwar zu den Jüden vnd Gottfürchtigen jnn der Schule/ auch auff dem marckte alle tage/zu denen/die sich erzu funden. Etliche aber der Epicurer vnd Stoiker Philosophi zanckten mit jm/Vnd etliche sprachen/was wil dieser ᵃ Lotter bube sagen? Etliche aber / Es sihet/ als wolte er newe Götter verkündigen/das machet/er hatte das Euangelion von Jhesu vn von der aufferstehung jnen verkündigt. Sie namen jn aber/vnd füreten jn auff den Richtsplatz/vnd sprachen/Können wir auch erfaren/was das fur eine newe lere sey/die du lerest? Denn du bringest etwas newes fur vnsere ohren/so wolten wir gerne wissen/was das sey. Die Athener aber alle/auch die auslender vnd geste/waren gericht auff nichts anders/denn etwas newes zu sagen odder zu hören.

<small>ᵃ Spermologus jm Kriechischen heisset lotterbuben/tyriacks kremer/frei hetten/vnd des gesindes/das mit vn nutzen gewesch hin vnd widder im lande sich neeret.</small>

Paulus aber stund mitten auff dem platz/vnd sprach/Jr menner von Athene/ich sehe euch/das jr jnn allen stücken allzu abergleubig seid/Jch bin herdurch gegangen / vnd hab gesehen ewere Gottesdienste/vnd fand einen Altar/darauff war geschrieben/Dem vnbekandten Gott. Nu verkündige ich euch den selbigen/dem jr vnwissend Gottesdienst thut. Gott der die welt gemacht hat / vnd alles was darinnen ist / sintemal er ein Herr ist himels vnd der erden/wonet er nicht jnn Tempeln mit henden gemacht / sein wird auch nicht von menschen henden gepfleget/ als der jemands bedurffe / so er selber jederman leben vnd adem allenthalben gibt / vnd hat gemacht / das von einem blut aller menschen geschlecht auff dem gantzen erdboden wonen/vnd hat ziel gesetzt zuuor versehen / wie lang vnd weit sie wonen sollen/das sie den Herrn suchen solten / ob sie doch jn fülen vnd finden möchten/Vnd zwar/er ist nicht ferne von einem jglichen vnter vns/Denn jnn jm leben / weben vnd sind wir / als auch etliche Poeten bey euch gesagt haben/Wir sind seines ᵇ geschlets. So wir denn Göttlichs geschlechts sind / sollen wir nicht meinen/die Gottheit sey gleich den gülden/silbern/steinern bilden durch menschliche gedancken gemacht.

<small>Aratus.</small>

<small>ᵇ (Geschlechts) Das ist / wir sind von jm her komen als vom Vater odder Schepffer.</small>

Vnd zwar Gott hat die zeit der vnwissenheit vbersehen/ nu aber gebeut er allen menschen an allen enden/Busse zu thun/darumb/das er einen tag gesetzt hat / auff welchen er richten wil den kreis des erdboden/mit gerechtigkeit/durch einen Man/jnn welchem ers beschlossen hat / vnd jederman furhelt den glauben/nach dem er jn hat von den todten aufferweckt.

Da sie höreten die aufferstehung der todten/da hattens etliche jren spot/etliche aber sprachen/wir wöllen dich dauon weiter hören. Also gieng Paulus von jnen. Etliche menner aber hiengen jm an/vnd wurden gleubig/vnter welchen war Dionysius/einer aus dem Rat/vnd ein weib mit namen Damaris/vnd andere mit jm.

<small>ᶜ (Gleubig) On Gesetz vnd werck/denn sie waren ja Heiden.</small>

XVIII.

Darnach

Der Apostel

DArnach schied Paulus von Athene/ vnd kam gen Corinthon/ vnd fand einen Jüden mit namen Aquila/ der geburt aus Ponto/ welcher war newlich aus Welschem lande komen/ sampt seinem weibe Priscilla/ darumb/ das der Keiser Claudius geboten hatte allen Jüden/ zu weichen aus Rom. Zu den selbigen gieng er ein/ vnd die weil er gleichs handwercks war/ bleib er bey jnen vnd erbeitet/ Sie waren aber des handwercks Teppichmacher/ vnd er leret jnn der Schule auff alle Sabbather/ vnd beredet beide Jüden vnd Griechen.

Da aber Silas vnd Timotheos aus Macedonia kamen/ drang Paulon der Geist zu bezeugen den Jüden/ Jhesum/ das er der Christ sey. Da sie aber widerstrebeten vñ lesterten/ schüttelt er die kleider aus/ vnd sprach zu jnen/ Ewer blut sey vber ewer heubt/ ich gehe von nu an rein zu den Heiden. Vnd macht sich von dannen/ vnd kam jnn ein haus eines mit namen Just/ der Gottfürchtig war/ vnd desselbigen haus war zu nehest an der Schule. Crispus aber der Oberster der Schulen gleubte an den Herrn/ mit seinem gantzen Hause/ vnd viel Corinther/ die zu hörten/ wurden glenbig/ vnd liessen sich teuffen.

(Corinther) Die komen auch on Gesetz vnd werck.

Es sprach aber der Herr durch ein gesichte jnn der nacht zu Paulo/ Fürchte dich nicht/ sondern rede/ vnd schweig nicht/ Denn ich bin mit dir/ vnd niemand sol sich vnterstehen dir zu schaden/ denn ich habe ein gros volck jnn dieser Stad. Er sas aber daselbs ein jar vnd sechs Monden/ vnd leret sie das wort Gottes.

Da aber Gallion Landvogt war jnn Achaia/ empöreten sich die Jüden einmütiglich widder Paulum/ vnd füreten jn fur den Richtstuel/ vnd sprachen/ Dieser vberredet die leut Gotte zu dienen/ dem Gesetze zu widder. Da aber Paulus wolte den mund auffthun/ sprach Gallion zu den Jüden/ Wenn es ein freuel odder schalckheit were/ lieben Jüden/ so höret ich euch billich/ Weil es aber eine frage ist von der lere/ vnd von den worten vnd vondem Gesetz vnter euch/ so sehet jr selber zu/ ich gedencke darüber nicht richter zu sein/ Vnd treib sie von dem Richtstuel. Da ergriffen alle Griechen Sosthenen den Obersten der Schulen/ vnd schlugen jn fur dem Richtstuel/ vnd Gallion nam sichs nichts an.

Paulus aber bleib noch lange daselbs/ darnach machet er seinen abschied mit den Brüdern/ vnd wolt jnn Syrian schiffen/ vnd mit jm Priscilla vnd Aquila. Vnd er beschor sein heubt zu Kenchrea/ denn er hatte ein gelübde. Vnd kam hinab gen Epheson/ vnd lies sie daselbs/ Er aber gieng jnn die Schule vnd redet mit den Jüden. Sie baten jn aber/ das er lenger zeit bey jnen bliebe/ vnd er verwilliget nicht/ sondern machet seinen abschied mit jnen/ vnd sprach/ Ich mus aller ding das künfftig Fest zu Jerusalem halten/ wils Gott/ so wil ich widder zu euch komen. Vnd fuhr weg von Epheso/ vnd kam gen Kesarien/ vnd gieng hinauff vnd grüsset die Gemeine/ vnd zoch hinab gen Antiochian/ vnd verzog etliche zeit/ vnd reiset aus/ vnd durchwandelte nach einander das Galatisch land vnd Phrygian/ vnd sterckete alle Jünger.

Num. vj

Es kam aber gen Epheson ein Jüde/ mit namen Appollo/ der geburt von Alexandria/ ein beredter man vnd mechtig jnn der Schrifft/ dieser war vnterweiset den weg des Herrn/ vnd redet mit brünstigem geist/ vnd lerete mit vleis von dem Herrn/ vnd wuste allein von der Tauffe

Geschichte. XCI.

der Tauffe Johannis. Dieser fieng an frey zu predigen/ jnn der Schule. Da jn aber Aquila vnd Priscilla höreten/ namen sie jn zu sich/ vnd legten jm den weg Gottes noch vleissiger aus. Da er aber wolte jnn Achaiam reisen/ schrieben die Brüder/ vnd vermaneten die Jünger/ das sie jn auffnemen. Vnd als er dar komen war/ halff er viel denen/ die gleubig waren worden durch die Gnade/ denn er vberwand die Jüden bestendiglich/ vnd erweiset offentlich durch die Schrifft/ das Jhesus der Christ sey.

(Schrieben) Das man den Schleichern nicht sol gleuben on briefe

XIX.

Es geschach aber / da Apollo zu Corinthen war / das Paulus durchwandelt die öbern lender / vnd kam gen Epheso / vnd fand etliche Jünger / zu den sprach er / Habt jr den Heiligen Geist empfangen / da jr gleubig worden seid? Sie sprachen zu jm / Wir haben auch nie gehört / ob ein Heiliger geist sey. Vnd er sprach zu jnen / Worauff seid jr denn getaufft? Sie sprachen / Auff Johannes tauffe. Paulus aber sprach / Johannes hat getaufft mit der tauffe der Busse/ vnd saget dem volck/ das sie solten gleuben an den/ der nach jm komen solte/ das ist/ an Jhesum/ das der Christus sey. Da sie das höreten / liessen sie sich teuffen auff den namen des Herrn Jhesu. Vnd da Paulus die hende auff sie leget/ kam der Heilige geist auff sie / vnd redeten mit zungen vnd weissageten. Vnd alle der menner war bey zwelffen.

Er gieng aber jnn die Schule / vnd predigtet frey drey Monden lang /leret vnd beredet sie von dem Reich Gottes. Da aber etliche verstockt waren/ vnd nicht gleubten/ vnd vbel redeten von dem wege fur der menge/ weich er von jnen/ vnd sondert abe die Jünger / vnd redet teglich jnn der Schulen eines / der hies Tyrannus / vnd dasselbige geschach zwey jar lang / also / das alle die jnn Asia woneten / das wort des Herrn Jhesu höreten / beide Jüden vnd Griechen. Vnd Gott wircket nicht geringe thaten durch die hende Pauli / also / das sie auch von seiner haut die schweistüchlin vnd koller vber die krancken hielten/ vnd die seuche von jnen wichen / vnd die bösen geister von jnen aus furen.

Es vnterwunden sich aber etliche der vmblauffenden Jüden/ die da Beschwerer waren / den namen des Herrn Jhesu zu nennen vber die da böse geister hatten/ vnd sprachen /Wir beschweren euch bey Jhesu/ den Paulus prediget. Es waren jr aber sieben söne eines Juden Skeua des Hohenpriesters / die solchs theten. Aber der böse geist antwortet vnd sprach/ Jhesum kenne ich wol/ vnd Paulum weis ich wol/ wer seid aber jr? Vnd der mensch/ jnn dem der böse geist war/ sprang auff sie/ vnd ward jr mechtig/ vnd warff sie vnter sich / also/ das sie nacket vnd verwundet aus dem selbigen hause entflohen. Dasselbige aber ward kund allen die zu Epheso woneten/ beide Jüden vnd Griechen/ vnd fiel eine furcht vber sie alle/ vnd der name des Herrn Jhesu ward hochgelobt.

Es kamen auch viel der/ die gleubig waren worden/ vnd bekandten vnd verkündigeten / was sie * ausgericht hatten. Viel aber die da furwitzige kunst getrieben hatten/ brachten die Bücher zusamen vnd verbranten sie offentlich/ vnd vberrechneten was sie werd waren/vnd

*(Ausgericht) Mit predigen leren vnd anderen fruchten des Euangelij.

Der Apostel

Das machet vber sechsthalb tausent gulden. Ein grosche gilt xxx. lawen pfennig.

ren/vnd funden des geldes funfftzig tausent groschen/Also mechtig wuchs das Wort des Herrn/vnd nam vberhand. Da das ausgerichtet war/satzte jm Paulus fur im Geiste / durch Macedonian vnd Achaian zu reisen/vnd gen Jerusalem zu wandeln/vnd sprach/Nach dem/wenn ich daselbs gewesen bin/mus ich auch Rom sehen/Vnd sandte zween die jm dieneten/Timotheon vnd Eraston jnn Macedonian/Er aber verzog eine weil jnn Asia.

Es erhub sich aber vmb die selbige zeit nicht eine kleine bewegung vber diesem wege / Denn einer mit namen Demetrios ein goldschmid/ der machet der Diana silberne tempel/vnd wendet/ denen vom handwerck nicht geringen gewinst zu/ die selbigen versamlet er/ vnd die beyerbeiter des selbigen handwercks/vnd sprach/Lieben menner/jr wisset/das wir grossen zugang von diesem handel haben/vnd jr sehet vnd höret/das nicht allein zu Epheso/sondern auch fast jnn gantz Asia/ dieser Paulus viel volcks abfellig machet/vberredt/vnd spricht/Es sind nicht Götter / welche von henden gemacht sind/Aber es wil nicht allein vnserm handel dahin geraten/das er nichts gelte/ sondern auch der Tempel der grossen Göttin Diana wird fur nichts geachtet/vnd wird dazu jre maiestet vntergehen/welcher doch gantz Asia vnd der weltkreis Gottes dienst erzeiget.

Als sie das höreten / wurden sie vol zorns/schrien vnd sprachen/ Gros ist die Diana der Epheser. Vnd die gantze Stad ward vol getümels/ Sie stürmeten aber einmütiglich zu dem schawplatz/ vnd ergriffen Gaion vnd Aristarchon aus Macedonia Paulus geferten. Da aber Paulus wolt vnter das volck gehen/liessens jm die Jünger nicht zu. Auch etliche der Obersten jnn Asia / die Paulus gute freunde waren/ sandten zu jm/ vnd ermaneten jn/ das er sich nicht gebe auff den schawplatz. Etliche schrien sonst/ etliche ein anders/vnd war die Gemeine jrre / vnd das mehrer teil wuste nicht / warumb sie zusamen komen waren.

Etliche aber vom volck zogen Alexandron erfur/ da jn die Jüden erfur stiessen. Alexander aber wincket mit der hand/ vnd wolt sich fur dem volck verantworten. Da sie aber jnnen wurden / das er ein Jüde war/ erhub sich eine stimme von allen/ vnd schrien bey zwo stunden /Gros ist die Diana der Epheser.

Da aber der Cantzler das volck gestillet hatte/sprach er/ Jr menner von Epheso/ welcher mensch ist/ der nicht wisse/ das die Stad Ephesos sey eine pflegerin der grossen Göttin Diana/ vnd des himlischen bildes? Weil nu das vnwidersprechlich ist/ so solt jr ja stille sein/ vñ nichts vnbedechtiges handeln. Jr habt diese menschen her geführet/ die wedder kirchenreuber noch lesterer ewer Göttin sind. Hat aber Demetrios vnd die mit jm sind vom handwerck/ zu jemand einen anspruch/ so helt man gericht/vñ sind Landvögte da/ lasset sie sich vnternander verklagen. Wolt jr aber etwas anders handeln/ so mag man es ausrichten jnn einer ordenlichen gemeine/Denn wir stehen jnn der fahr/ das wir vmb diese heutigen empörung verklaget möchten werden/ vnd doch keine sache furhanden ist / damit wir vns solcher auffrhur entschüldigen möchten. Vnd da er solchs gesaget/ lies er die Gemeine gehen.

XX.

Da nu die

Geschichte. XCII.

DA nu die empörunge auffgehöret/rieff Paulus die Jünger zu sich / vnd gesegenet sie / vnd gieng aus zu reisen jnn Macedonian. Vnd da er die selbigen lender durch zoch/vnd sie ermanet hatte mit vielen worten/ kam er jnn Griechen land/ vnd verzog alda drey monden. Da aber jm die Jüden nachstelleten/als er jnn Syrian wolt faren/wart er zu rat/widder vmb zu wenden/ durch Macedonian. Es zogen aber mit jm bis jnn Asian/Sopater Ber von rhoen/von Thessalonica aber Aristarchus vnd Secundus/vnd Gaios von Derben/ vnd Timotheos. Aus Asia aber/Tychicos vnd Trophimos. Diese giengen voran vnd harreten vnser zu Troada. Wir aber schiffeten nach den Oster tagen von Philippen/bis an den funfften tag/ vnd kamen zu jnen gen Troada/ vnd hatten da vnser wesen sieben tage.

Auff einen Sabbath aber / da die Jünger zu samen kamen/das Brod zu brechen/ prediget jnen Paulus/ vnd wolte des andern tages aus reisen/ vnd verzog das Wort bis zu mitternacht/Vnd es waren viel fackeln auff dem söller / da sie versamlet waren. Es sas aber ein Jüngling/mit namen Eutychos/jnn einem fenster/vnd sanck jnn einen tieffen schlaff/die weil Paulus redet/vnd ward vom schlaff vberwogen/vnd fiel hin vnter vom dritten söller / vnd ward tod auffgehaben. Paulus aber gieng hinab / vnd fiel auff jn / vmbfieng jn / vnd sprach/Machet kein getümel/denn seine seele ist jnn jm. Da gieng er hinauff/ vnd brach das Brod vnd beis an/ vnd redet viel mit jnen/ bis der tag anbrach/ vnd also zoch er aus. Sie brachten aber den knaben lebendig / vnd wurden nicht wenig getröstet.

Wir aber zogen voran auff dem schiff/ vnd furen gen Asson/ vnd wolten daselbs Paulum zu vns nemen/ denn er hattes also befolhen/ vnd er wolte zu fussen gehen. Als er nu zu vns schlug zu Asson/ namen wir jn zu vns/vnd kamen gen Mitylenen/ vnd von dannen schifften wir/vnd kamen des andern tages hin gegen Chion/ Vnd des folgenden tages stiessen wir an Samon/ vnd blieben jnn Trogilion/ vnd des nehesten tages kamen wir gen Mileton. Denn Paulus hatte beschlossen/ fur Epheso vber zu schiffen/ das er nicht müste jnn Asia zeit zu bringen/denn er eilet/auff den Pfingstag zu Jerusalem zu sein/ so es jm müglich were.

Aber von Mileto sandte er gen Epheso / vnd lies foddern die Eltesten von der Gemeine. Als aber die zu jm kamen/ sprach er zu jnen Jr wisset von dem ersten tage an/da ich bin jnn Asian komen/wie ich alle zeit bin bey euch gewesen / vnd dem Herrn gedienet/mit aller demut / vnd mit viel threnen vnd anfechtungen/ die mir sind widderfaren/von den Juden/ so mir nachstelleten/wie ich nichts verhalten habe/das da nutzlich ist/das ich euch nicht verkündiget hette/vnd euch geleret offentlich vnd sonderlich/vnd hab bezeuget beide den Jüden vnd Griechen/ die Busse zu Gott/ vnd den Glauben an vnsern Herrn Jhesu.

Vnd nu sihe / ich im Geiste gebunden/ fare hin gen Jerusalem/ weis nicht/was mir daselbs begegnen wird/on das der Heilige geist/ jnn allen Stedten bezeuget/ vnd spricht/Bande vnd trübsal warten mein daselbs. Aber ich achte der keines / ich halte mein leben auch nicht selbs theur / auff das ich volende meinen lauff mit freuden/vnd das Ampt / das ich empfangen habe von dem Herrn Jhesu/ zu

Q iiij bezeugen

Der Apostel

bezeugen das Euangelion / von der gnade Gottes.

Vnd nu sihe / ich weis / das jr mein angesichte nicht mehr sehen werdet / alle die / durch welche ich gezogen bin / vnd geprediget habe das Reich Gottes / Darumb zeuge ich euch an diesem heutigen tage / das ich rein bin von aller blut / denn ich habe euch nichts verhalten / das ich nicht verkündiget hette / alle den rat Gottes. So habt nu acht auff euch selbs / vnd auff die gantzen Herd / vnter welche euch der Heilige geist gesetzt hat zu Bischouen / zu weiden die Gemeine Gottes / welche er durch sein eigen blut erworben hat. Denn das weis ich / das nach meinem abschied werden vnter euch komen grewliche Wolffe / die der Herde nicht verschonen werden. Auch aus euch selbs werden auffstehen menner / die da verkerte lere reden / die Jünger an sich zu zihen. Darumb seid wacker vnd dencket daran / das ich nicht abgelassen habe / drey jar / tag vnd nacht / einen jglichen mit threnen zuuermanen.

Vnd nu / lieben Brüder / ich befelh euch Gott vnd dem Wort seiner gnaden / der da mechtig ist / euch zu erbawen vnd zugeben das erbe vnter allen die geheiliget werden. Ich habe ewer keines silber noch gold noch kleid begerd / denn jr wisset selber / das mir diese hende zu meiner notdurfft / vnd derer / die mit mir gewesen sind / gedienet haben. Ich habs euch alles gezeiget / das man also erbeiten müsse / vnd die schwachen auffnemen / vnd gedencken an das Wort des Herrn Jhesu / das er gesagt hat / Geben ist seliger denn nemen.

Vnd als er solchs gesaget / kniet er nidder / vnd bettet mit jnen allen. Es ward aber viel weinens vnter jnen allen / vnd fielen Paulo vmb den hals vnd küsseten jn / am allermeist betrübt vber dem wort / das er sagete / sie würden sein angesichte nicht mehr sehen / vnd geleiten jn jnn das schiff.

XXI.

Es nu geschach / das wir von jnen gewand / dahin furen / kamen wir stracks lauffs gen Co / vnd am folgenden tage gen Rodis / vnd von dannen gen Patara / Vnd als wir ein schiff funden / das jnn Phenicen fuhr / traten wir drein / vnd furen hin. Als wir aber Kypern ansichtig wurden / liessen wir sie zur lincken hand / vnd schifften jnn Syrian / vnd kamen an zu Tyro / denn daselbs solt das schiff die wahre nidder legen / Vnd als wir Jünger funden / blieben wir daselbs sieben tage / die sagten Paulo durch den Geist / er solte nicht hinauff gen Jerusalem zihen. Vnd geschach / da wir die tage zubracht hatten / zogen wir aus / vnd wandelten / vnd sie geleiten vns alle / mit weib vnd kinden / bis hinaus fur die Stad / vnd knieten nidder am vfer / vnd beteten. Vnd als wir einander gesegneten / traten wir jns schiff / jhene aber wandten sich widder zu dem jren.

Wir aber volzogen die schiffart von Tyro / vnd kamen gen Ptolemaida / vnd grüsseten die Brüder / vnd blieben einen tag bey jnen. Des andern tages zogen wir aus / die wir vmb Paulo waren / vnd kamen gen Kesarien / vnd giengen jnn das haus Philippi des Euangelisten / der einer von den sieben war / vnd blieben bey jm / der selbige hatte vier töchter / die waren Jungfrawen vnd weissageten. Vnd als wir mehr tage da blieben / reiset herab ein Prophet aus Judea mit na

Geschichte. XCIII.

mit namen Agabos/ vnd kam zu vns/ der nam den gürtel Pauli/ vnd band seine hende vnd füsse/ vnd sprach/ Das saget der Heilige geist/ Den man/ des der gürtel ist/ werden die Jüden also binden zu Jerusalem/ vnd vberantworten inn der Heiden hende.

Als wir aber solchs höreten/ baten wir in vnd die des selbigen orts waren/ das er nicht hinauff gen Jerusalem zöge. Paulus abe rantwortet/ Was machet ir/ das ir weinet/ vnd machet mir mein hertz weich? denn ich bin bereit/ nicht allein mich zu binden lassen/ sondern auch zu sterben zu Jerusalem/ vmb des namen willen des Herrn Ihesu. Da er aber sich nicht vberreden lies/ schwiegen wir/ vnd sprachen/ des Herrn wille geschehe. Vnd nach den selbigen tagen/ tratten wir aus vnd zogen hinauff gen Jerusalem. Es kamen aber mit vns auch etliche Jünger von Kesarien/ vnd brachten einen aus Kypern/ mit namen Mnason/ einen alten Jünger/ der vns herbergen solte. Da wir nu gen Jerusalem kamen/ namen vns die Brüder gerne auff. Des andern tages aber gieng Paulus mit vns ein zu Jacobo/ vnd kamen die Eltesten alle dahin/ Vnd als er sie gegrüsset hatte/ erzelet er eines nach dem andern/ was Gott gethan hatte vnter den Heiden/ durch sein ampt.

Da sie aber das höreten/ lobeten sie den Herrn/ vñ sprachen zu im/ Bruder/ du sihest/ wie viel tausent Jüden sind/ die gleubig worden sind/ vnd sind alle eiverer vber dem Gesetz/ sie sind aber bericht worden widder dich/ das du lerest von Mose abfallen alle Jüden/ die vnter den Heiden sind/ vnd sagest/ sie sollen ire kinder nicht beschneiden/ auch nicht nach desselbigen weise wandeln. Was ist denn nu? Aller dinge mus die menge zu samen komen/ denn es wird fur sie komen/ das du komen bist/ So thu nu das/ das wir dir sagen.

Num. vj Wir haben vier menner/ die haben ein gelübd auff sich/ die selbige nim zu dir/ vnd las dich reinigen mit inen/ vnd wage die kost an sie/ das sie ir heubt bescheren/ vnd alle vernemen/ das nicht sey/ wes sie widder dich berichtet sind/ sondern das du auch einher gehest vnd haltest das Gesetz. Denn den gleubigen aus den Heiden/ haben wir geschrieben/ vnd beschlossen/ das sie der keines halten sollen/ denn nur sich bewaren fur dem Götzen opffer/ fur blut/ fur ersticktem/ vnd fur Hurerey. Da nam Paulus die menner zu sich/ vnd lies sich des andern tages sampt inen reinigen/ vnd gieng inn den Tempel/ vnd lies sich sehen/ wie er aus hielte die tage der reinigung/ bis das fur einen iglichen vnter inen das opffer geopffert ward.

Als aber die sieben tage solten volendet werden/ sahen in die Jüden aus Asia im Tempel/ vnd erregten das gantze volck/ legten die hende an in vnd schrien/ Ir menner von Israel/ helfft/ Dis ist der mensch/ der alle menschen an allen enden leret widder das volck/ widder das Gesetz/ vnd widder diese stete/ Auch dazu hat er die Griechen inn den Tempel gefüret/ vnd diese Heilige stete gemein gemacht. Denn sie hatten mit im inn der Stad Trophimon den Epheser gesehen/ den selbigen meineten sie/ Paulus hette in inn den Tempel gefüret. Vnd die gantze Stad ward beweget/ vnd ward ein zulaufft des volcks. Sie griffen aber Paulum/ vnd zogen in zum Tempel hinaus/ vnd als bald wurden die thür zugeschlossen.

Da sie in aber tödten wolten/ kam das geschrey hinauff fur den Obersten Heubtman der Schar/ wie das gantze Jerusalem sich empöret/ Der nam von stund an die kriegsknechte vnd Heubtleute

zu sich

Der Apostel

zu sich/vnd lieff vnter sie. Da sie aber den Heubtman vnd die kriegs
knechte sahen/ höreten sie auff Paulon zu schlahen.   Als aber der
Heubtman nahe erzu kam/ nam er jn an/vnd hies jn binden mit zwo
ketten/ vnd fraget/ wer er were/ vnd was er gethan hette? Einer
aber rieff dis/ der ander das/ im volck. Da er aber nichts gewis erfa
ren kund/ vmb des getümels willen/ hies er jn jnn das lager füren.
Vnd als er an die stuffen kam/ müsten jn die kriegsknecht tragen/ fur
gewalt des volcks/ denn es folgete viel volcks nach vnd schrey/ Weg
mit jm.

Als aber Paulus jtzt zum lager eingeführet ward/ sprach er zu dem
Heubtman/ Thar ich mit dir reden/ Kanstu Griechisch? Bistu nicht
der Egypter/ der vor diesen tagen ein auffrhur gemacht hast/ vnd fü
retest jnn die wüsten hinaus viertausent meuchel mörder? Paulus a
ber sprach/ Ich bin ein Jüdischer man von Tarsen/ ein burger einer
namhafftigen Stad jnn Kilicia/ ich bitte dich/ erleube mir zu reden
zu dem volck. Als er aber jm erleubet/ trat Paulus auff die stuffen/ vnd
wincket dem volck mit der hand. Da nu eine grosse stille ward/ redet er
zu jn auff Ebreisch/ vnd sprach.

XXII.

IR menner/ lieben Brüder vnd Veter/ höret mein verant
worten an euch. Da sie aber hörten/ das er auff Ebre
isch zu jnen redet/ wurden sie noch stiller. Vn er sprach/
Ich bin ein Jüdischer man/ geborn zu Tarsen jnn Kili
cia/ vnd erzogen jnn dieser Stad zu den füssen Gamail
els/ geleret mit allem vleis im veterlichen gesetz/ vn war
ein eiuerer vmb Gott/ gleich wie jr alle seid heutiges tages/ vnd hab
diesen weg verfolget bis an den tod/ Ich band sie/ vnd vberantwor
tet sie jns gefengnis/ beide man vnd weib/ wie mir auch der Hohe
priester/ vnd der gantze hauffe der Eltesten zeugnis gibt/ von welch
en ich brieffe nam an die Brüder/ vnd reiset gen Damascon/ das ich
die da selbs waren/ gebunden fürete gen Jerusalem/ das sie gepeini
get würden.

Es geschach aber/ da ich hin zog/ vnd nahe bey Damascon kam/
vmb den mittag/ vmbblicket mich schnel ein gros liecht vom himel/
vnd ich fiel zum erdboden/ vnd höret eine stimme/ die sprach zu mir/
Saul/ Saul/ was verfolgestu mich? Ich antwortet aber/ Herr/ wer
bistu? Vnd er sprach zu mir/ Ich bin Jhesus von Nazareth/ den du
verfolgest. Die aber mit mir waren/ sahen das liecht/ vn erschracken/
die stimme aber des/ der mit mir redete/ höreten sie nicht. Ich sprach
aber/ Herr was sol ich thun? Der Herr aber sprach zu mir/ Stehe
auff vnd gehe jnn Damascon/ da wird man dir sagen von allem/ das
dir zuthun verordnet ist. Als ich aber fur klarheit dieses liechtes nicht
sehen kund/ ward ich bey der hand geleitet von denen/ die mit mir wa
ren/ vnd kam gen Damascon.

Es war aber ein Gottfürchtiger man/ nach dem Gesetz/ Anani
as/ der ein gut gerüchte hatte bey allen Jüden/ die daselbs woneten/
der kam zu mir/ vnd trat bey mich/ vnd sprach zu mir/ Saul/ lieber
bruder/ sihe auff. Vnd ich sahe jn an zu der selbigen stunde. Er aber
sprach/ Gott vnser Veter hat dich verordenet/ das du seinen willen er
kennen soltest/ vnd sehen den Gerechten/ vnd hören die stimme aus
seinem munde/ denn du wirst sein zeuge zu allen menschen sein/ des
das du

Geschichte. XCIIII.

das du gesehen vnd gehöret hast. Vnd nu / was verzeuchstu? Stehe auff vnd las dich teuffen / vnd abwasschen deine sunde / vnd ruffe an den namen des Herrn.

Es geschach aber / da ich widder gen Jerusalem kam vnd bettet im Tempel / das ich entzücket ward / vnd sahe jn. Da sprach er zu mir / Eile vnd mache dich behende von Jerusalem hinaus / denn sie werden nicht auffnemen dein zeugnis von mir / Vñ ich sprach / Herr / sie wissen selbs / das ich gefangen leget / vnd steupte die / so an dich gleubten / jnn den Schulen hin vnd widder / Vnd da das blut Stephani deines Zeugen vergossen ward / stund ich auch daneben / vnd hatte wolgefallen an seinem tode / vnd verwaret denen die kleider / die jn tödten. Vnd er sprach zu mir / Gehe hin / denn ich wil dich ferne vnter die Heiden senden.

Sie höreten aber jm zu / bis auff dis wort / vnd huben jre stimme auff / vnd sprachen / Hinweg mit solchem von der erden / denn es ist nicht billich / das er leben sol. Da sie aber schrien / vnd jre kleider abworffen / vnd den staub jnn die lufft worffen / hies jn der Heubtman jnn das lager füren / vnd saget / das man jn steupen vnd erfragen solt / das er erfüre / vmb welcher vrsache willen sie also vber jn rieffen. Als er jn aber mit riemen anband / sprach Paulus zu dem vnterheubtman / der da bey stund / Ists auch recht bey euch / einen Römischen menschen / on vrteil vnd recht geisseln? Da das der vnterheubtman höret / gieng er zu dem Oberheubtman / vnd verkündiget jm / vnd sprach / Was wiltu machen? dieser mensch ist Römisch.

Da kam zu jm der Oberheubtman / vnd sprach zu jm / Sage mir / bistu Römisch? Er aber sprach / Ja. Vnd der Oberheubtman antwortet / Ich habe dis Bürger recht mit grosser Summa zu wegen gebracht. Paulus aber sprach / Ich aber bin auch Römisch geborn. Da tratten also bald von jm ab / die jn erfragen solten. Vnd der Oberste Heubtman furchte sich / da er vernam / das er Römisch war / vnd er jn gebunden hatte.

Des andern tages wolt er gewis erkunden / warumb er verklaget würde von den Jüden / vnd löset jn von den banden / vnd hies die Hohenpriester vnd jren gantzen Rat komen / vnd füret Paulum erfur / vnd stellet jn vnter sie.

XXIII.

Paulus aber sahe den Rat an / vnd sprach / Jr menner / lieben Brüder / Ich habe mit allem guten gewissen gewandelt fur Gott bis auff diesen tag. Der Hohe priester aber Ananias / befalh denen die vmb jn stunden / das sie jn auffs maul schlügen. Da sprach Paulus zu jm / Gott wird dich schlahen / du getünchte wand / sitzestu vnd richtest mich nach dem Gesetze / vnd heissest mich schlahen widder das Gesetze? Die aber vmbher stunden / sprachen / Schiltestu den Hohen priester Gottes? Vnd Paulus sprach / Lieben Brüder / ich wustes nicht / das er der Hohe priester ist / Denn es stehet geschrieben / Dem Obersten deines volcks soltu nicht fluchen.

Als aber Paulus wuste / das ein teil Saduceer war / vnd das ander teil Phariseer / rieff er im Rat / Jr menner / lieben Brüder / ich bin ein Phariseer vnd eins Phariseers son / ich werde angeklaget vmb der hoffnung vnd aufferstehung willen der todten. Da er aber

das saget

Der Apostel

das saget / ward ein auffrur vnter den Phariseern vnd Saduceern/ vnd die menge zurspaltet sich. Denn die Saduceer sagen / es sey keine aufferstehung / noch Engel / noch Geist/ Die Phariseer aber bekennens beides. Es ward aber ein gros geschrey / vnd die Schrifftgelerten der Phariseer teil stunden auff/ stritten vnd sprachen/ Wir finden nichts arges an diesem menschen/ hat aber ein geist odder ein Engel mit jm gered/ so können wir mit Gott nicht streiten.

Da aber die auffrur gros ward / besorget sich der Oberste Heubtman / sie möchten Paulum zureissen/ vnd hies das kriegsvolck hinab gehen / vnd jn von jnen reissen/ vnd jnn das lager füren. Des andern tages aber jnn der nacht/ stund der Herr bey jm/ vnd sprach/ Sey getrost Paule/ denn wie du von mir zu Jerusalem gezeuget hast/ also mustu auch zu Rom zeugen.

Da es aber tag ward/ schlugen sich etliche Jüden zusamen/ vnd verbanneten sich/ wedder zu essen noch zu trincken/ bis das sie Paulon getödtet hetten. Jrer aber waren mehr denn viertzig/ die solchen bund machten / die tratten zu den Hohen priestern vnd Eltesten/ vnd sprachen/ Wir haben vns hart verbannet/ nichts an zu beissen/ bis wir Paulon getödtet haben/ so thut nu kund dem Oberheubtman/ vnd dem Rat/ das er jn morgens zu euch füre / als woltet jr jn bas verhören / wir aber sind bereit jn zu tödten/ ehe denn er fur euch kompt.

Da aber Paulus schwester son den anschlag höret/ kam er dar/ vnd gieng jnn das lager/ vnd verkündigets Paulo / Paulus aber rieff zu sich einen von den Vnterheubtleuten/ vnd sprach/ Diesen Jüngling füre hin zu dem Oberheubtman/ denn er hat jm etwas zu sagen. Der nam jn an/ vnd füret jn zum Oberheubtman/ vnd sprach/ Der gebunden Paulus rieff mir zu sich / vnd bat mich/ diesen Jüngling zu dir zu füren / der dir etwas zusagen habe.

Da nam jn der Oberheubtman bey der hand / vnd weich an einen sondern ort/ vnd fraget jn/ Was ists/ das du mir zusagen hast? Er aber sprach/ Die Jüden sind eins worden/ dich zu bitten/ das du morgen Paulum fur den Rat bringen lassest/ als wolten sie jn bas verhören/ Du aber trawe jnen nicht/ denn es halten auff jn mehr denn viertzig menner vnter jnen/ die haben sich verbannet/ wedder zu essen noch zu trincken/ bis sie Paulon tödten/ vnd sind jtzt bereit/ vnd warten auff deine verheissung.

Da lies der Oberheubtman den Jüngling von sich / vnd gebot jm/ das er niemand sagete/ das er jm solchs eröffnet hette/ vnd rieff zu sich zween vnterheubtleuten/ vnd sprach/ Rüstet zwey hundert kriegsknecht/ das sie gen Kesarien zihen/ vnd siebentzig reuter/ vnd zweyhundert schützen/ auff die dritte stund der nacht/ vnd die thiere richtet zu/ das sie Paulon drauff setzen/ vnd bringet jn bewaret zu Felix dem Landpfleger. Vnd schreib einen brieff/ der hielt also.

Claudius Lysias/ dem thewren Landpfleger Felix/ freude zunor/ Diesen man hatten die Jüden gegriffen/ vnd wolten jn getödtet haben/ da kam ich mit dem kriegsvolck dazu/ vnd reis jn von jnen/ vnd erfur das er ein Römer ist. Da ich aber mich wolte erkündigen der vrsache/ darumb sie jn beschüldigeten/ füret ich jn jnn jren Rat/ da befand ich/ das er beschüldiget ward von den fragen jres Gesetzes/ aber keine anklage hatte/ des todes odder der bande werd. Vnd da fur mich kam/ das etliche Jüden auff jn hielten / sandte ich jn von stund an

Geschichte. XCV.

stund an zu dir/vnd entbot den klegern auch/das sie fur dir sagten/
was sie widder jn hetten. Gehab dich wol.

Die kriegsknechte/wie jnen befolhen war/namen Paulum/vnd
fureten jn bey der nacht gen Antipatriden. Des andern tages aber lies
sen sie die reuter mit jm zihen / vnd wandten widderumb zum lager.
Da die gen Kesarien kamen/vberantworten sie den brieff dem Land-
pfleger / vnd stelleten jm Paulon auch dar. Da der Landpfleger den
brieff las/fraget er /aus welchem lande er were/Vnd da er erkundet/
das er aus Kilicia were/sprach er/Ich wil dich verhören/wenn deine
verkleger auch da sind/ Vnd hies jn verwaren jnn dem Richthause
Herodis.

XXIIII.

Ver funff tage zoch hinab der Hohe priester Ananias/
mit den Eltesten vnd mit dem Redener Tertullo / die er
schienen fur dem Landpfleger widder Paulon. Da er
aber beruffen ward / fieng an Tertullus zu verklagen/
vnd sprach / Das wir jnn grossem fride leben vnter dir/
vnd viel redlicher thaten diesem volck widderfaren
durch deine fursichtigkeit/aller thewrester Felix/das nemen wir an/
allewege vnd allenthalben /mit aller danckbarkeit. Auff das ich aber
dich nicht zu lange auff halte/ bitte ich dich/ du woltest vns kürtzlich
hören/nach deiner gelindigkeit.

Wir haben diesen man funden / schedlich/ vnd der auffrhur er
reget allen Jüden auff dem gantzen erdboden/ vnd einen furneme
sten der secten der Nazarener/ der auch versucht hat den Tempel zu
entweihen / welchen wir auch griffen/ vnd wolten jn gerichtet ha
ben nach vnserm Gesetz. Aber Lysias der Heubtman vnterkam das/
vnd füret jn mit grosser gewalt aus vnsern henden/ vnd hies seine ver
kleger zu dir komen / von welchem du kanst/ so du es erforschen wilt/
dich des alles erkündigen / vmb was wir jn verklagen. Die Jüden
aber redeten auch dazu/ vnd sprachen/ Es hielte sich also.

Paulus aber/ Da jm der Landpfleger wincket zu reden/antwor
tet. Die weil ich weis/das du jnn diesem volck / nu viel jar ein Rich
ter bist / wil ich vnerschrocken mich verantworten/ Denn du kanst
erkennen/das nicht mehr den zwelff tage sind / das ich bin hinauff
gen Jerusalem komen anzubeten. Auch haben sie mich nicht funden
im Tempel mit jemand reden/ odder eine auffrhur machen im volck/
noch jnn den Schulen / noch jnn den Stedten/ sie können mir auch
nicht bey bringen / des sie mich verklagen.

Das bekenne ich aber dir / das ich nach diesem wege/ den sie ei
ne secten heissen/ diene ich also dem Gott meiner Veter/das ich gleu
be allem/ was geschrieben stehet im Gesetz vnd jnn den Propheten/
vnd habe die hoffnung zu Gott/ auff welche auch sie selbs warten/
nemlich / das zukünfftig sey die aufferstehung der todten / beide der
gerechten vnd vngerechten/ Jnn dem selbigen aber vbe ich mich / zu
haben ein vnuerletzt gewissen allenthalben / beide gegen Gott vnd
den menschen.

Aber nach vielen jaren bin ich komen/ vnd hab eine almosen bra
cht meinem volck/ vnd opffer/darüber funden sie mich/das ich mich
reinigen lies im Tempel / on alle rumor vnd getümel. Das waren
aber etliche Jüden aus Asia/ welche solten hie sein fur dir/ vnd mich

R verklagen

Der Apostel

verklagen/so sie etwas zu mir hetten/oder las diese selbs sagen/ob sie etwas vnrechts an mir funden haben/die weil ich hie stehe fur dem Rat / on vmb des einigen worts willen/da ich vnter jnen stund vnd rieff/Vber der aufferstehung der todten werde ich von euch heute angeklaget.

Da aber Felix solchs höret/zoch er sie auff/denn er wuste fast wol vmb diesen weg/vnd sprach/Wenn Lysias der Heubtman herab kompt/so wil ich mich ewres dinges erkündigen. Er befalh aber dem vnterheubtman Paulon zu behalten/vnd lassen ruge haben/vnd niemand von den seinen weren/jm zu dienen odder zu jm zu komen.

Nach etlichen tagen aber/kam Felix mit seinem weibe Drusilla/ die eine Jüdin war/vnd fodderten Paulon/vnd höreten jn von dem glauben an Christo. Da aber Paulus redet von der gerechtigkeit/ vnd von der keuscheit/ vnd von dem zukünfftigen gerichte/ erschrack Felix/vnd antwortet/Gehe hin auff dis mal/wenn ich gelegene zeit hab/wil ich dir her lassen ruffen. Er hoffet aber daneben/ das jm von Paulo solte geld gegeben werden/das er jn los gebe/darumb er jn auch offt foddern lies/vnd besprach sich mit jm. Da aber zwey jar vmb waren/kam Portius Festus an Felix stat. Felix aber wolte den Jüden eine wolthat erzeigen/ vnd lies Paulon hinder sich gefangen.

XXV.

Anu Festus ins land komen war/zoch er vber drey tage hinauff von Kesarea gen Jerusalem. Da erschienen fur jm die Hohen Priester/ vnd die furnemesten der Jüden widder Paulon/ vnd ermaneten jn vnd baten vmb gunst widder jn/das er jn foddern lies gen Jerusalem / vnd stelleten jm nach/ das sie jn vnterwegen vmb brechten. Da antwortet Festus/Paulus würde ja behalten zu Kesarea/ aber er würde jnn kurtz widder dahin zihen/ Welche nu vnter euch (sprach er) können/ die lasset mit hinab zihen/vnd den man verklagen/so etwas an jm ist.

Da er aber bey jnen mehr denn zehen tage gewesen war/zoch er hinab gen Kesarea/Vnd des andern tages satzte er sich auff den Richtstuel/vnd hies Paulon holen. Da der selbige aber dar kam/traten vmbher die Jüden/die von Jerusalem herab komen waren/vnd brachten auff viel vnd schwere klage widder Paulon/welche sie nicht mochten beweisen/die weil er sich verantwortet/Ich hab wedder an der Jüden Gesetz/noch an dem Tempel/noch am Keiser mich versündiget.

Festus aber wolte den Jüden eine gunst erzeigen/ vnd antwortet Paulo vnd sprach/Wiltu hinauff gen Jerusalem/ vnd daselbs vber diesem dich fur mir richten lassen? Paulus aber sprach/Ich stehe fur des Keisers gerichte/da sol ich mich lassen richten / den Jüden habe ich kein leid gethan/wie auch du auffs beste weissest. Habe ich aber jemand leide gethan/ vnd des todes werd gehandelt/so wegere ich mich nicht zu sterben. Ist aber der keines nicht / des sie mich verklagen/so kan mich jnen niemand ergeben/ Ich beruffe mich auff den Keiser. Da besprach sich Festus mit dem Rat/vnd antwortet. Auff den Keiser hastu dich beruffen/zum Keiser soltu zihen.

Aber

Geschichte. XCVI.

Aber nach etlichen tagen/kamen der König Agrippas vnd Bernice gen Kesarien/Festum zu empfahen. Vnd da sie viel tage da selbs gewesen waren/leget Festus dem Könige den handel von Paulo fur/ vnd sprach/Es ist ein man von Felix hinder gelassen gefangen/ vmb welchs willen die Hohen priester vnd Eltesten der Jüden fur mir erschienen/da ich zu Jerusalem war/vnd baten/ich solt jn richten lassen/Welchen ich antwortet/Es ist der Römer weise nicht/das ein mensch ergeben werde vmb zu bringen/ehe denn der verklagte habe seine kleger gegenwertig/vnd raum empfahe/sich der anklage zu verantworten. Da sie aber her zu samen kamen/machet ich keinen auffschub/vnd hielt des andern tages gerichte/vnd hies den man fur bringen/von welchem/da die verkleger aufftraten/brachten sie der vrsache keine auff/der ich mich versahe/Sie hatten aber etliche fragen widder jn/von jrem aberglauben/vnd von einem verstorbenen Jhesu/von welchem Paulus sagete/er lebete. Da ich aber mich der frage nicht verstund/sprach ich/ob er wolte gen Jerusalem reisen/ vnd daselbs sich darüber lassen richten. Da aber Paulus sich berieff/ das er auffs Keisers erkentnis behalten würde/hies ich jn behalten/ bis das ich jn zum Keiser sende.

Agrippas aber sprach zu Festo/Ich möchte den menschen auch gerne hören. Er aber sprach/Morgen soltu jn hören. Vnd am andern tage/da Agrippas vnd Bernice kam mit grossem gepränge/vnd giengen jnn das Richthaus mit den Heubtleuten vnd furnemesten mennern der Stad. Vnd da es Festus hies/ward Paulus bracht/ Vnd Festus sprach/Lieber König Agrippa/vnd alle jr menner/die jr mit vns hie seid/da sehet jr den/vmb welchen mich die gantze menge der Jüden angelanget hat/beide zu Jerusalem/vnd auch hie/vnd schreien/Er solle nicht lenger leben. Ich aber da ich vernam/das er nichts gethan hatte/das des todes werd sey/ vnd er auch selber sich auff den Keiser berieff/hab ich beschlossen/ jn zu senden/von welchem ich nichts gewisses habe/das ich dem Herrn schreibe/Darumb habe ich jn lassen erfur bringen fur euch/allermeist aber fur dich/König Agrippa/auff das ich nach geschehener erforschung haben müge/was ich schreibe/Denn es dünckt mich vngeschickt ding sein/einen gefangen zu schicken/vnd kein vrsache widder jn anzeigen.

XXVI.

Grippas aber sprach zu Paulo/Es ist dir erleubet fur dich zu reden. Da verantwortet sich Paulus/vnd recket die hand aus/Es ist mir seer lieb/lieber König Agrippa/das ich mich heute fur dir verantworten sol/ alles des ich von den Jüden beschüldiget werde/allermeist/weil du weissest/alle sitten vnd fragen der Jüden/darumb bitte ich dich/woltest mich gedültiglich hören.

Zwar/mein leben von jugent auff/wie das von anfang vnter diesem volck zu Jerusalem zubracht ist/wissen alle Jüden/die mich vorhin gekand haben/wenn sie wolten bezeugen/Denn ich bin ein Phariseer gewest/welche ist die strengste secten vnsers Gottes diensts/ Vnd nu stehe ich/vnd werde angeklagt vber der hoffnung an die verheissunge/so geschehen ist von Gott zu vnsern Vetern/

R ij   zu welch-

Der Apostel

zu welcher hoffen die zwelff geschlecht der vnsern zu komen/mit Gottes dienst tag vnd nacht emsiglich. Dieser hoffnung halben/werde ich/lieber König Agrippa/von den Jüden beschüldiget. Warumb wird das fur vnglenblich bey euch gerichtet/das Gott todten aufferweckt?

Zwar ich meinete auch bey mir selbs/ich müsste viel zu widder thun dem namen Jhesu von Nazareth/wie ich denn auch zu Jerusalem gethan hab/da ich viel Heiligen jnn das gefengnis verschlos/darüber ich macht von den Hohen priestern empfieng/Vnd wenn sie erwürget wurden/halff ich das vrteil sprechen/vnd durch alle Schulen peiniget ich sie offte/vnd zwang sie zu lestern/vnd war vber aus vnsinnig auff sie/verfolget sie auch bis jnn die frembden stedte/Vber welchem/da ich auch gen Damascon reiset/mit macht vnd befelh von den Hohen priestern/mitten am tage/lieber König/sahe ich auff dem wege/das ein liecht vom himel/heller denn der sonnen glantz/mich vnd die mit mir reiseten vmbleuchtet.

Da wir aber alle zur erden nidder fielen/höret ich eine stimme reden zu mir/die sprach auff Ebreisch/Saul/Saul/was verfolgestu mich? Es wird dir schweer sein/widder den stachel zu lecken. Ich aber sprach/Herr/wer bistu? Er sprach/Jch bin Jhesus/den du verfolgest/aber stehe auff/vnd trit auff deine füsse/denn dazu bin ich dir erschienen/das ich dich ordene zum Diener vnd Zeugen/des/das du gesehen hast/vnd das ich dir noch wil erscheinen lassen/vnd wil dich erretten von dem volck vnd von den Heiden/vnter welche ich dich jtzt sende/auff zu thun jre augen/das sie sich bekeren von der finsternis zu dem liecht/vnd von der gewalt des Satans zu Gott/zu empfahen vergebung der sunde vnd das erbe sampt denen/die geheiliget werden durch den glauben an mich.

Da her/lieber König Agrippa/war ich der himlischen erscheinung nicht vngleubig/sondern verkündiget/zu erst/denen zu Damasco/vnd zu Jerusalem/vnd jnn alle gegend Jüdisches landes/auch den Heiden/das sie Busse theten/vnd sich bekereten zu Gott/vnd theten rechtschaffene werck der busse. Vmb des willen haben mich die Jüden im Tempel gegriffen/vnd vnterstunden mich zu tödten/aber durch hülffe Gottes ist mir gelungen/vnd stehe bis auff diesen tag/vnd zeuge/beide dem kleinen vnd grossen/vnd sage nichts ausser dem/das die Propheten gesagt haben/das es geschehen solt/vnd Moses/das Christus solt leiden/vnd der erste sein aus der aufferstehung von den todten/vnd verkündigen ein liecht dem volck vnd den Heiden

Da er aber solchs zur vorantwortung gab/sprach Festus mit lauter stimme/Paule/du rasest/die grosse kunst machet dich rasend. Er aber sprach/Mein thewrer Feste/ich rase nicht/sondern ich rede ware vnd vernünfftige wort/denn der König weis solchs wol/zu welchem ich freidig rede/Denn ich achte/jm sey der keines nicht verborgen/denn solchs ist nicht im winckel geschehen/Glenbestu König Agrippa den Propheten? Ich weis/das du glenbest. Agrippas aber sprach zu Paulo/Es feilet nicht viel/du vber redest mich/das ich ein Christen würde. Paulus aber sprach/Ich wündschet fur Gott/es feilet an viel odder an wenig/das nicht alleine du/sondern alle/die mich heute hören/solche würden/wie ich bin/ausgenomen diese band. Vnd da er das gesaget/stund der König auff vnd der Landpfleger/vnd
Bernice/

Geschichte. XCVII.

Bernice/vnd die mit jnen saſſen/vnd entwichen beſeits/redten mit einander/vnd ſprachen/Dieſer menſch hat nichts gethan/das des todes odder der bande werd ſey/Agrippas aber ſprach zu Feſto/Dieſer menſch hette künden los gegeben werden/wenn er ſich nicht auff den Keiſer beruffen hette.

XXVII.

DA es aber beſchloſſen war/das wir jnn Welſch land ſchiffen ſolten/vbergaben ſie Paulon vnd etliche ander gefangene/dem Vnterheubtman/mit namen Julio/ von der Keiſeriſchen ſchar. Da wir aber jnn ein Adramitiſch ſchiff traten/das wir an Aſian hin ſchiffen ſolten/furen wir von lande/vnd war mit vns Ariſtarchus aus Macedonia von Theſſalonich/vnd kamen des andern tages an zu Sidon. Vnd Julios hielt ſich freundlich gegen Paulon/erleubet jm zu ſeinen guten freunden zu gehen/vnd ſeiner pflegen. Vnd von dannen ſtieſſen wir ab/vnd ſchifften vnter Kypern hin/darumb das vns die winde entgegen waren/vnd ſchifften auff dem meer fur Kilicia vnd Pamphylia vber/vnd kamen gen Myra jnn Lycia.

Vnd da ſelbs fand der Vnterheubtman ein ſchiff von Alexandria/das ſchiffet jnn Welſche land/vnd lud vns drauff. Da wir aber langſam ſchifften/vnd jnn viel tagen kaum gegen Gnidon kamen/ (denn der wind werete vns) ſchifften wir vnter Kreta hin/nach der Stad Salmone/vnd zogen kaum fur vber/da kamen wir an eine ſtete/die heiſſet Gutfurt/da bey war nahe die Stad Laſea. Da nu viel zeit vergangen war/vnd nu mehr fehrlich war zu ſchiffen/darumb/ das auch die Faſten ſchon für vber war/vermanet ſie Paulus vnd ſprach zu jnen/Lieben menner/ich ſehe/das die ſchiffart wil mit beleidigung vnd groſſem ſchaden ergehen/nicht allein der laſt vnd des ſchiffes/ſondern auch vnſers lebens. Aber der Vnterheubtman gleubet dem Schiff herrn vnd dem Schiffman mehr/denn dem das Paulus ſaget. Vnd da die anfurt vngelegen war zu wintern/beſtunden jr das mehrer teil auff dem rat/von dannen zu faren/ob ſie künden komen gen Phenica zu wintern/welches iſt eine anfurt an Kreta/gegen dem wind Sudweſt vnd Nordweſt. Da aber der Sudwind webd/ vnd ſie meineten/ſie hetten nu jr furnemen/erhuben ſie ſich gen Aſſon/vnd furen an Kreta hin.

Nicht lange aber darnach/erhub ſich widder jr furnemen eine windsbraut/die man nennet Nordoſt/vnd da das ſchiff ergriffen war/vnd kund ſich nicht widder den wind richten/gaben wirs dahin/vnd ſchwebeten alſo. Wir kamen aber an eine Inſulen/die heiſſet Clauda/da künden wir kaumet einen kahn ergreiffen/den huben wir auff/vnd brauchten der hülffe/vnd bunden jn vnden an das ſchiff/ Denn wir furchten/es möchte jnn die * Syrten fallen/vnd lieſſen das gefeſſe hin vnter/vnd furen alſo. Vnd da wir gros vngewitter erlitten hatten/da theten ſie des neheſten tages einen auswurff/Vnd am dritten tage/wurffen wir mit vnſern henden aus die bereitſchafft im ſchiffe. Da aber jnn vielen tagen wedder. Sonne noch geſtirne erſchein/ vnd nicht ein klein vngewitter vns widder war/war alle hoffnung vnſers lebens dahin.

* Syrtes ſind wirbel an ſandigen orten forne an Aphrica.

R iij　　Vnd da

Der Apostel

Vnd da man lange nicht gessen hatte/trat Paulus jns mittel vnter sie/vnd sprach/Lieben menner/man solt mir gehorchet/vnd nicht von Kreta auffgebrochen haben/vnd vns dieses leides vnd schadens vberhebt haben/Vnd nu ermane ich euch/das jr vnuerzagt seid/denn keines leben aus vns wird vmbkomen/ on das schiff/ Denn diese nacht ist bey mir gestanden der Engel Gottes/des ich bin/vnd dem ich diene/vnd sprach/Fürchte dich nicht Paule/du must fur den Keiser gestellet werden/vnd sihe/Gott hat dir geschencket alle die mit dir schiffen. Darumb/lieben menner/seid vnuerzagt/denn ich gleube Gott/es wird also geschehen/wie mir gesagt ist/Wir müssen aber anfaren an eine Jnsulen.

Da aber die vierzehende nacht kam/ vnd wir jnn Adria furen vmb die mitternacht/wehneten die schiffleute/sie kemen etwa an ein land/vnd sie senckten den bleywurff ein/vnd funden zwentzig klaffter tieff/Vnd vber ein wenig von dannen/senckten sie abermal/vnd funden funffzehen klaffter. Da furchten sie sich/sie würden an harte örte anstossen/vnd worffen hinden vom schiffe vier ancker/vnd wünschten das tag würde. Da aber die schiffleute die flucht suchten aus dem schiffe/vnd den kahn nidder liessen jnn das meer/vnd gaben für/sie wolten die ancker forne aus dem schiffe lassen/sprach Paulus zu dem vnterheubtman vnd zu den kriegsknechten/Wenn diese nicht im schiffe bleiben/so kündt jr nicht beim leben bleiben. Da hieben die kriegsknechte die stricke ab von dem kahn/vnd liessen jn fallen.

Vnd da es anfieng liecht zu werden/ermanet sie Paulus alle/das sie speise nemen/vnd sprach/Es ist heute der vierzehende tag/das jr wartet vnd vngeessen blieben seid/vnd habt nichts zu euch genomen/darumb ermane ich euch speise zu nemen/euch zu laben/denn es wird ewer keinem ein har von dem heubt entfallen. Vnd da er das gesaget/nam er das brod/dancket Gott fur jn allen/vnd brachs/vnd fieng an zu essen. Da wurden sie alle guts muts/vnd namen auch speise. Vnser waren aber alle zusamen im schiff/zwey hundert vnd sechs vnd siebentzig seelen. Vnd da sie sat wurden/erleichterten sie das schiff/vnd worffen das getreide jnn das meer.

Da es aber tag ward/kandten sie das land nicht/Eines anfurts aber wurden sie gewar/der hatte ein vfer/da hinan wolten sie das schiff treiben/wo es müglich were. Vnd da sie die ancker auffgehuben/liessen sie sich dem meer/vnd löseten die ruder band auff/vnd richteten den segelbawm nach dem winde/vnd trachten nach dem vfer. Vnd da wir furen an einen ort/der auff beiden seiten meer hatte/sties sich das schiff an/vnd das forder teil bleib feste stehen vnbeweglich/aber das hinder teil zubrach/von der gewalt der wellen.

Die kriegsknechte aber hatten einen rat/die gefangenen zu tödten/das nicht jemand/so er aus schwümme/entflöhe/Aber der vnterheubtman wolte Paulon erhalten/vnd weret jrem furnemen/vnd hies die da schwimmen kunden/sich zu erst jnn das meer lassen vnd entgehen an das land/die andern aber etliche auff den bretern/etliche auff dem/das vom schiffe war. Vnd also geschach es/das sie alle erhalten/zu lande kamen.

XXVIII.

Geschichte. XCVIII.

Vnd da wir auskamen / erfuren wir / das die Insulen Melite hies. Die leutlin aber erzeigeten vns nicht geringe freundschafft / zündeten ein feur an / vnd namen vns alle auff / vmb des regens / der vber vns komen war / vnd vmb der kelte willen. Da aber Paulus einen hauffen reiser zusamen raffelt / vnd legt es auffs feur / kam ein otter von der hitze / vnd fur Paulo an seine hand.

Da aber die leutlin sahen / das thier an seiner hand hangen / sprachen sie vnternander / Dieser mensch mus ein mörder sein / welchen die rache nicht leben lesset / ob er gleich dem meer entgangen ist. Er aber schlenckert das thier ins feur / vnd jm widerfur nichts vbels. Sie aber warteten / wenn er schwellen würde odder tod nidder fallen. Da sie aber lange warteten / vnd sahen / das jm nichts vngehewres widderfur / verwunderten sie sich / vnd sprachen / Er were ein Gott.

An den selbigen örtern aber hatte der Oberste jnn der Insulen / mit namen Publios / ein furwerck / der nam vns auff / vnd herberget vns drey tage freundlich. Es geschach aber / das der vater Publij am fieber vnd an der rhure lag / zu dem gieng Paulus hinein vnd betet / vnd leget die hand auff jn / vnd machet jn gesund. Da das geschach / kamen auch die andern jnn der Insulen erzu / die kranckheit hatten / vnd liessen sich gesund machen. Vnd sie theten vns grosse ehre / Vnd da wir auszogen / luden sie auff / was vns not war.

Nach dreien monden aber schifften wir aus jnn einem schiffe von Alexandria / welchs jnn der Insulen gewintert hatte / vnd hatte ein panir der ᵉ Zwilling. Vnd da wir gen Syracusa kamen / blieben wir drey tage da / Vnd da wir vmbschifften / kamen wir gen Region / vnd nach einem tage / da der Sudwind sich erhub / kamen wir des andern tages gen Puteolen / da funden wir Brüdere / vnd wurden von jnen gebeten / das wir sieben tage da blieben. Vnd also kamen wir gen Rom. Vnd von dannen / da die Brüder von vns höreten / giengen sie aus vns entgegen / bis gen Appifer vnd Tretabern. Da die Paulus sahe / dancket er Gott / vnd gewan eine zuuersicht. Da wir aber gen Rom kamen / vberantwortet der Vnterheubtman die gefangenen dem Obersten Heubtman. Aber Paulo ward erleubet zu bleiben / wo er wolt mit einem kriegsknechte / der sein hütet.

Es geschach aber nach dreien tagen / das Paulus zusamen rieff die fürnemesten der Jüden / da die selbigen zusamen kamen / sprach er zu jnen / Jr menner / lieben Brüder / ich hab nichts gethan widder vnser volck / noch widder veterliche sitten / vnd bin doch gefangen aus Jerusalem vbergeben jnn der Römer hende / welche / da sie mich verhöret hatten / wolten sie mich los geben / die weil keine vrsach des todes an mir war. Da aber die Jüden dawidder redeten / ward ich genötiget / mich auff den Keiser zu beruffen / nicht als hette ich mein volck etwas zu verklagen / Vmb der vrsache willen / habe ich euch gebeten / das ich euch sehen vnd ansprechen möchte / denn vmb der hoffnung willen Israelis bin ich mit dieser ketten vmbgeben.

Sie aber sprachen zu jm / Wir haben wedder schrifft empfangen aus Judea deinet halben / noch kein bruder ist komen / der von dir etwas arges verkündiget odder gesaget habe / doch dünket es vns der rede werd / das wir von dir hören / was du heltest / Denn von dieser secten ist vns kund / das jr wird an allen enden widdersprochen. Vnd da sie jm einen tag bestimpten / kamen viel zu jm jnn die herberge /

welchen

ᵉ (Zwilling) Die nu ein gestirn am hünel heissen / wurden bey den Heiden gehalten fur götter / die den schiffleute gnedig weren / vnd heissen Castor vñ Pollux.

Der Apostel

welchen er ausleget vnd bezeuget das Reich Gottes / vnd prediget
jnen von Jhesu / aus dem Gesetz Mosi / vnd aus den Propheten / von
frue morgen an bis an den abend / Vnd etliche fielen zu / dem das er
saget / etliche aber gleubten nicht.

Da sie aber vnternander mishellig waren / giengen sie weg / als
Paulus ein wort redet. Das wol der Heilige Geist gesaget hat durch
den Propheten Jsaiam zu vnsern Vetern / vnd gesprochen / Gehe hin   Jsai.vj
zu diesem volck / vnd sprich / Mit den ohren werdet jrs hören / vnd
nicht verstehen / vnd mit augen werdet jrs sehen / vnd nicht erkennen /
Denn das hertz dieses volcks ist verstocket / vnd sie hören schwerlich
mit ohren / vnd schlummern mit jren augen / auff das sie nicht der mal
eins sehen mit den augen / vnd hören mit den oren / vnd verstendig
werden im hertzen / vnd sich bekeren / das ich jnen hülffe. So sey es
euch kund gethan / das den Heiden gesand ist dis Heil Gottes / vnd
sie werdens hören. Vnd da er solchs redet / giengen die Jüden hin /
vnd hatten viel fragens vnter jnen selbs.

Paulus aber bleib zwey jar jnn seinem eigen gedinge / vnd nam
auff alle die zu jm einkamen / prediget das Reich Gottes /
vnd lerete von dem Herrn Jhesu / mit aller
freidigkeit / vnuerboten.

Vorrede

Ende der Apostel Geschichte.

Vorrede auff die Epistel XCIX
Sanct Pauli zu den Römern.

DJese Epistel ist das rechte heubtstücke des newen Testaments/ vnd das aller lauterste Euangelion/ welche wol wirdig vnd werd ist/ das sie ein Christen mensch nicht allein von wort zu wort auswendig wisse/ sondern teglich damit vmbgehe/ als mit teglichem brod der seelen/ Denn sie nimer kan zu viel vnd zu wol gelesen odder betrachtet werden/ vnd je mehr sie gehandelt wird/ jhe köstlicher sie wird/ vnd bas schmecket. Darumb ich auch meinen dienst dazu thun wil/ vnd durch diese Vorrede einen eingang dazu bereiten/ so viel mir Gott verlihen hat/damit sie deste bas von jderman verstanden werde/ Denn sie bisher mit glosen vnd mancherley geschwetz vbel verfinstert ist/ die doch an jr selbs ein helles liecht ist/ fast gnugsam/ die gantze Schrifft zu erleuchten.

Auffs erste/ müssen wir der sprache kündig werden/ vnd wissen/ was Sanct Paulus meinet/ durch diese wort/ Gesetz/ Sünde/ Gnade/ Glaube/ Gerechtigkeit/ Fleisch/ Geist/ vnd der gleichen/ sonst ist kein lesen nütz daran. Das wörtlin/ Gesetz/ mustu hie nicht verstehen menschlicher weise/ das eine lere sey/ was fur werck zu thun odder zu lassen sind/ wie es mit menschen gesetzen zugehet/ da man dem gesetz mit wercken genug thut/ obs hertz schon nicht da ist/ Gott richtet nach des hertzen grund/ darumb foddert auch sein Gesetz des hertzen grund/ vnd lesset jm an wercken nicht benügen/ sondern straffet viel mehr die werck on hertzen grund gethan/ als heucheley vnd lügen/ daher alle menschen lügner heissen/ Psalm. cxvj. darumb/ das keiner aus hertzen grund Gottes Gesetz helt noch halten kan/ denn jederman findet bey sich selbs vnlust/ zum guten vnd lust zum bösen. Wo nu nicht ist freie lust zum guten/ da ist des hertzen grund nicht am Gesetz Gottes/ da ist denn gewislich auch sunde vnd zorn verdienet bey Gott/ ob gleich auswendig viel guter werck vnd ehrbars leben scheinen.

Daher schleusst Sanct Paulus am andern Capitel/ das die Jüden alle sünder sind/ vnd spricht/ das alleine die thetter des Gesetzes gerecht sind bey Gott/ Wil damit/ das niemand mit wercken des Gesetzes thetter ist/ sondern sagt viel mehr zu jnen also/ Du lerest/ man solle nicht ehebrechen/ vnd du brichest die ehe/ Item/ worinnen du einen andern richtest/ darinnen verdammestu dich selbs/ weil du eben das selbige thust/ das du richtest/ Als solt er sagen/ Du lebest eusserlich fein jnn des Gesetzes wercken/ vnd richtest/ die nicht also leben/ vnd weissest jderman zu leren/ Den splitter sihestu jnn der andern auge/ aber des balcken jnn deinem auge wirstu nicht gewar/ Denn ob du wol auswendig das Gesetz mit wercken heltest/ aus furcht der straffe/ odder liebe des lohns/ so thustu doch alles/ on freie lust vnd liebe zum Gesetz/ sondern mit vnlust vnd zwang/ woltest lieber anders thun/

S

Vorrede.

ders thun/ wenn das Gesetz nicht were. Daraus denn sich schleusst/ das du von hertzen grund dem Gesetze feind bist/ Was ist denn/ das du andere lerest nicht stelen/ so du im hertzen selbs ein dieb bist/ vnd eusserlich gerne werest/ wenn du thürstest? Wie wol auch das eusserliche werck die lenge nicht nach bleibet/ bey solchen heuchelern. Also lerestu andere/ aber dich selbs nicht/ weissest auch selbs nicht/ was du lerest/ hast auch das Gesetz noch nihe recht verstanden. Ja dazu mehret das Gesetz die sunde/ wie er saget am fünfften Capitel/ darumb/ das jm der mensch nur feinder wird/ jhe mehr es foddert/ des er keines kan.

Darumb spricht er am siebenden Capitel/ Das Gesetz ist geistlich. Was ist das? Wenn das Gesetz leiblich were/ so geschehe jm mit wercken gnug/ Nu es aber geistlich ist/ thut jm niemand gnug/ es gehe denn von hertzen grund/ alles was du thust. Aber ein solchs hertz gibt niemand/ denn Gottes geist/ der machet den menschen dem Gesetz gleich/ das er lust zum Gesetz gewinnet von hertzen/ vnd hinfurt nicht aus furcht noch zwang/ sondern aus freiem hertzen alles thut. Also ist das Gesetz geistlich/ das mit solchem geistlichen hertzen wil geliebet vnd erfüllet sein/ vnd foddert einen solchen geist/ Wo der nicht im hertzen ist/ da bleibet sunde/ vnlust/ feindschafft widder das Gesetz/ das doch gut/ gerecht vnd heilig ist.

So gewehne dich nu der rede/ das viel ein ander ding ist/ des Gesetzes werck thun/ vnd das Gesetz erfüllen. Des Gesetzes werck ist alles/ das der mensch thut odder thun kan am Gesetz/ aus seinem freien willen vnd eigen krefften. Weil aber vnter vnd neben solchen wercken bleibet im hertzen vnlust vnd zwang zum Gesetz/ sind solche werck alle verloren vnd kein nütze. Das meinet Sanct Paulus am dritten Capitel/ da er spricht/ Durch Gesetzes werck wird fur Gott kein mensch gerecht. Daher sihestu nu/ das die Schulzencker vnd Sophisten verfürer sind/ wenn sie leren mit wercken sich zur gnade bereiten. Wie kan sich mit wercken zum guten bereiten/ der kein gut werck/ on vnlust vnd vnwillen im hertzen thut? Wie sol des werck Gott gelüsten/ das aus einem vnlüstigen vnd widderwilligen hertzen gehet.

Aber das Gesetz erfüllen ist/ mit lust vnd liebe seine werck thun/ vnd frey on des Gesetzes zwang Göttlich vnd wol leben/ als were kein Gesetze odder straffe. Solche lust aber freier liebe/ gibt der heilige Geist ins hertz/ wie er spricht im fünfften Capitel/ Der Geist aber wird nicht/ denn allein/ jnn/ mit/ vnd durch den glauben an Jhesum Christ/ gegeben/ wie er jnn der vorrede saget/ So kompt der glaube nicht/ on alleine durch Gottes wort odder Euangelion/ das Christum prediget/ wie er ist Gottes Son vnd mensch/ gestorben vnd auff erstanden vnsern willen/ wie er am dritten/ vierden vnd zehenden Capitel saget.

Daher kömpts/ das allein der glaube gerecht machet/ vnd das Gesetz erfüllet/ denn er bringet den Geist aus Christus verdienst/ Der Geist aber machet ein lüstig vnd frey hertz/ wie das Gesetz foddert/ so gehen denn die guten werck aus dem glauben selber. Das meinet er am dritten Capitel/ nach dem er des Gesetzes werck verworffen hatte/ das es lautet/ als wolt er das Gesetz auffheben/ durch den glauben. Nein (spricht er) wir richten das Gesetz an durch den glauben/ das ist/ wir erfüllens durch den glauben.

Sünde

Vorrede.

Sünde heisst inn der Schrifft/ nicht alleine das eusserliche werck am leibe/ sondern alle das geschefte/ das sich mit reget vnd weget zu dem eusserlichen werck/ nemlich/ des hertzen grund mit allen krefften/ also/ das das wörtlin/ Thun/ sol heissen/ wenn der mensch gantz dahin fellt vnd feret inn die sunde/ denn es geschicht auch kein eusserlich werck der sunde/ der mensch fare denn gantz mit leib vnd seele hinan/ Vnd sonderlich sihet die Schrifft ins hertz vnd auff die wurtzel vnd heubt quelle aller sunde/ welcher ist der vnglaube im grunde des hertzen. Also/ das/ wie der glaube alleine gerecht macht/ vnd den geist vnd lust bringet/ zu guten eusserlichen wercken/ Also sundiget alleine der vnglaube/ vnd bringet das fleisch auff vnd lust zu bösen eusserlichen wercken/ wie Adam vnd Heua geschach im Paradis/ Genesis am dritten Capitel.

Daher Christus alleine den vnglauben sunde nennet/ da er spricht Johan. xvj. Der Geist wird die welt straffen vmb die sunde/ das sie nicht gleuben an mich/ Darumb auch/ ehe denn gute odder böse werck geschehen/ als die guten odder bösen früchte/ mus zuuor im hertzen da sein glaube odder vnglaube/ als die wurtzel/ safft vnd heubtkrafft aller sunde/ welchs inn der Schrifft auch darumb der Schlangen kopff vnd des alten Trachen heubt heisset/ den des weibes samen Christus zutretten mus/ wie Adam verheissen ward.

Gnade vnd gabe sind des vnterscheids/ das Gnade eigentlich heisset/ Gottes hulde odder gunst/ die er zu vns treget bey sich selbs/ aus welcher er geneiget wird/ Christum vnd den Geist mit seinen gaben jnn vns zu giessen/ wie das aus dem fünfften Capitel klar wird/ da er spricht/ Gnade vnd gabe jnn Christo rc. Ob nu wol die gaben vnd der geist inn vns teglich zunemen/ vnd noch nicht volkomen sind/ das also noch böse lüste vnd sunde inn vns vberbleiben/ welche widder den geist streitten/ wie er saget Rom. viij. Gala. v. vnd wie Gene. iij. versprochen ist der hadder zwischen des weibes samen vnd der Schlangen samen/ So thut doch die gnade so viel/ das wir gantz vnd fur vol gerecht fur Gott gerechnet werden/ denn seine gnade teilet vnd stücket sich nicht/ wie die gaben thun/ sondern nimpt vns gantz vnd gar auff inn die hulde/ vmb Christus vnsers Fursprechers vnd Mitlers willen/ vnd vmb das inn vns die gaben angefangen sind.

Also verstehestu denn das siebend Capitel/ da sich Sanct Paulus noch einen sunder schilt/ vnd doch im achten spricht/ Es sey nichts verdamliches an denen/ die inn Christo sind/ der vnuolkomenen gaben vnd des geistes halben. Vmb des vngetödten fleisches willen/ sind wir noch sunder/ Aber weil wir an Christo gleuben/ vnd des Gesetzes anfang haben/ ist vns Gott so günstig vnd gnedig/ das er solche sunde nicht achten noch richten wil/ sondern nach dem glauben jnn Christo mit vns faren/ bis die sunde getödtet werde.

Glaube ist nicht der menschliche wahn vnd trawm/ den etliche fur glauben halten/ vnd wenn sie sehen/ das keine besserung des lebens noch gute werck folgen/ vnd doch vom glauben viel hören vnd reden können/ fallen sie inn den jrthum/ vnd sprechen/ Der glaube sey nicht gnug/ man müsse gute werck thun/ sol man frum vnd selig werden/ Das macht/ wenn sie das Euangelion hören/ so fallen sie daher/ vnd machen jnen aus eigen krefften einen gedancken im hertzen/ der spricht/ Ich gleube/ das halten sie denn fur einen rechten

S ij   glauben.

Vorrede.

glauben. Aber wie es ein menschlich getichte vnd gedancken ist/ den des hertzen grund nimer erferet/ also thut er auch nichts/ vnd folget keine besserung hernach.

Aber Glaube ist ein Göttlich werck jnn vns/ das vns wandelt vnd new gebirt aus Gott/ Johan. j. vnd tödtet den alten Adam/ machet vns gantz ander menschen von hertzen/ mut/ sinn/ vnd allen krefften/ vnd bringet den heiligen Geist mit sich. O es ist ein lebendig/ schefftig/ thetig/ mechtig ding vmb den glauben/ das vnmüglich ist/ das er nicht on vnterlas solte gutes wircken. Er fraget auch nicht/ ob gute werck zu thun sind/ sondern ehe man fraget/ hat er sie gethan/ vnd ist imer im thun. Wer aber nicht solche werck thut/ der ist ein glaubloser mensch/ tappet vnd sihet vmb sich nach dem glauben vnd guten wercken/ vnd weis wedder was glaube odder gute werck sind/ vnd weschet vnd schwatzet doch viel wort vom glauben vnd guten wercken.

Glaube ist ein lebendige/ erwegene zuuersicht auff Gottes gnade/ so gewis/ das er tausent mal darüber stürbe/ Vnd solche zuuersicht vnd erkentnis Göttlicher gnaden/ machet frölich/ trotzig vnd lustig gegen Gott vnd alle creaturen/ welchs der heilige Geist thut im glauben. Daher on zwang willig vnd lustig wird jderman guts zu thun/ jderman zu dienen/ allerley zu leiden/ Gott zu liebe vnd zu lob/ der jm solche gnade erzeiget hat/ also/ das vnmüglich ist/ werck vom glauben scheiden/ also vnmüglich/ als brennen vnd leuchten vom fewer mag gescheiden werden/ Darumb sihe dich fur/ fur deinen eigen falschen gedancken/ vnd vnnützen schwetzern/ die von glauben vnd guten wercken klug sein wöllen zu vrteilen/ vnd sind die grössesten narren. Bitte Gott/ das er den glauben jnn dir wircke/ sonst bleibestu wol ewiglich on glauben/ du tichtest vnd thust/ was du wilt odder kanst.

Gerechtigkeit ist nu solcher glaube/ vnd heisset Gottes gerechtigkeit/ odder die fur Gott gilt/ darumb/ das sie Gott gibt/ vnd rechent fur gerechtigkeit/ vmb Christus willen vnsern Mitler/ vnd macht den menschen/ das er jderman gibt/ was er schüldig ist/ Denn durch den glauben wird der mensch on sunde/ vnd gewinnet lust zu Gottes geboten/ damit gibt er Gott seine ehre/ vnd bezalet jn/ was er jm schüldig ist. Aber den menschen dienet er williglich/ wo mit er kan/ vnd bezalet damit auch jderman. Solche gerechtigkeit kan natur/ freier wille/ vnd vnser krefte nicht zu wegen bringen/ Denn wie niemand jm selber kan den glauben geben/ so kan er auch den vnglauben nicht weg nemen/ Wie wil er denn eine einige kleineste sunde weg nemen? Darumb ists alles falsch vnd heucheley vnd sunde/ was ausser dem glauben odder jnn vnglauben geschicht/ Rom. xiiij. es gleisse wie gut es mag.

Fleisch vnd Geist mustu hie nicht also verstehen/ das fleisch alleine sey/ was die vnkeuscheit betreffe/ vnd Geist/ was das jnnerliche im hertzen betreffe/ sondern fleisch heisset Paulus/ wie Christus Johan. iij. alles was aus fleisch geboren ist/ den gantzen menschen/ mit leib vnd seele/ mit vernunfft vnd allen sinnen/ Darumb/ das es alles an jm nach dem fleisch trachtet/ Also/ das du auch den fleischlich wissest zu heissen/ der on Gnade/ von hohen geistlichen sachen viel tichtet/ leret/ vnd schwetzet/ wie du das aus den wercken des fleisches/ Galat. v. wol kanst lernen/ da er auch Ketzerey. vnd hass/ fleisches

werck

Vorrede.

werck heisset/ Vnd Roma. viij. spricht/ das durchs fleisch das Gesetz geschwecht wird/ welchs nicht von vnkeuscheit/ sondern von allen sunden/ allermeist aber vom vnglauben gesagt ist/ der das aller geistlichste laster ist.

Widerumb auch/ den geistlich heissest/ der mit den aller eusserlichsten wercken vmbgehet/ als Christus/ da er der Jünger füsse wusch/ vnd Petrus/ da er das schiff füret vnd fischet. Also/ das fleisch sey ein mensch/ der innwendig vnd auswendig lebet vnd wircket/ das zu des fleisches nutz vnd zeitlichem leben dienet. Geist sey/ der inwendig vnd auswendig lebet vnd wircket/ das zu dem Geist vnd zukünfftigem leben dienet. On solchen verstand dieser wörter/ wirstu diese Epistel Sanct Pauli/ noch kein buch der heiligen Schrifft nimer verstehen/ Darumb hüte dich fur allen lerern/ die anders diese wort brauchen/ sie seien auch/ wer sie wöllen/ ob gleich Hieronymus/ Augustinus/ Ambrosius/ Origenes/ vnd jr gleichen vnd noch höher weren. Nu wöllen wir zur Epistel greiffen.

Die weil einem Euangelischen prediger gebürt/ am ersten durch offenbarung des Gesetzes vnd der sunden/ alles zu straffen vnd zu sunden machen/ das nicht aus dem geist vnd glauben an Christo gelebet wird/ damit die menschen zu jrem eigen erkentnis vnd iamer geführet werden/ das sie demütig werden/ vnd hülffe begeren. So thut S. Paulus auch/ vnd fehet an im ersten Capitel/ vnd straffet die groben sunde vnd vnglauben/ die offentlich sind am tage/ als der Heiden sunde waren/ vnd noch sind/ die on Gottes gnade leben/ vnd spricht/ Es werde offenbaret durchs Euangelion Gottes zorn von himel/ vber alle menschen/ vmb jres Gottlosen wesens vnd vntugent willen. Denn ob sie gleich wissen vnd teglich erkennen/ das ein Gott sey/ so ist doch die natur an jr selbs/ ausser der gnaden/ so böse/ das sie jm wedder dancket/ noch jn ehret/ sondern verblendet sich selbs/ vnd fellet on vnterlas jnn erger wesen/ bis das sie nach Abgöttereien auch die schendlichsten sunden/ mit allen lastern wircket/ vnuerschampt/ vnd dazu vngestraffet lesst an den andern.

Am andern Capitel/ strecket er solche straffe auch weiter/ auff die/ so eusserlich frum scheinen odder heimlich sundigen/ als die Jüden waren/ vnd noch alle heuchler sind/ die on lust vnd liebe wol leben/ vnd im hertzen Gottes Gesetze feind sind/ vnd doch ander leute gerne vrteilen/ wie aller gleisner art ist/ das sie sich selbs rein achten/ vnd doch vol geitzes/ hasses/ hoffart/ vnd alles vnflats stecken/ Matthei. xxiij. Die sinds eben/ die Gottes gütigkeit verachten/ vnd nach jrer hertigkeit den zorn vber sich heuffen/ Also/ das S. Paulus/ als ein rechter Gesetz verklerer/ niemand on sunde bleiben lesset/ sondern allen den zorn Gottes verkündiget/ die aus natur odder freien willen wollen wol leben/ vnd lesst sie nichts besser sein/ denn die offentlichen sunder/ ia er spricht/ sie seien hartmütige vnd vnbusfertige.

Am dritten/ wirfft er sie alle beide inn einen hauffen/ vnd spricht/ einer sey wie der ander/ alle zumal sunder fur Gott/ on das die Jüden Gottes wort gehabt/ wie wol viel nicht dran gegleubet haben/ doch damit Gottes glaube vnd warheit nicht aus ist. Vnd füret zufellig ein den spruch aus dem lj. Psalm/ das Gott recht bleibet jnn seinen worten. Darnach kömpt er widder darauff/ vnd beweiset auch durch schrifft/ das sie alle sunder sind/ vnd durch Gesetzes werck niemand gerecht werde/ sondern das Gesetz nur die sunde zu erkennen gegeben sey.

Vorrede

sey. Darnach fehet er an/ vnd leret den rechten weg/ wie man müsse frum vnd selig werden/ vnd spricht/ Sie sind alle sunder vnd on Gottes rhum/ müssen aber on verdienst gerecht werden/ durch den glauben an Christo/ der vns solches verdienet hat/ durch sein blut/ vnd vns ein gnadenstuel worden von Gott/ der vns alle vorige sunde vergibt/ damit er beweise/ das seine gerechtigkeit/ die er gibt im glauben/ alleine vns helffe/ die zu der zeit durchs Euangelion offenbaret/ vnd zuuor durchs Gesetz vnd die Propheten bezeuget ist/ Also wird das Gesetz durch den glauben auffgerichtet/ ob wol des Gesetzes werck damit werden niddergelegt/ sampt jrem rhum.

Am vierden/ als nu durch die ersten drey Capitel/ die sunde offenbaret/ vnd der weg des glaubens zur gerechtigkeit geleret ist/ fehet er an zu begegen etlichen einreden vnd ansprüchen/ Vnd nimpt am ersten den fur/ den gemeiniglich thun/ alle die vom glauben hören/ wie er on werck gerecht mache/ vnd sprechen/ Sol man denn nu keine gute werck thun? Also helt er hie jm selbs fur den Abraham/ vnd spricht/ Was hat denn Abraham mit seinen wercken gethan? ists alles vmb sonst gewesen? waren seine werck kein nütz? Vnd schleusset/ das Abraham on alle werck/ allein durch den glauben gerecht worden sey/ so gar/ das er auch vor dem werck seiner beschneidung durch die Schrifft/ allein seines glaubens halben gerecht gepreiset werde/ Gene. xv. Hat aber das werck der beschneidung zu seiner gerechtigkeit nichts gethan/ das doch Gott jm gebot/ vnd ein gut werck des gehorsams war/ so wird gewislich auch kein ander gut werck zur gerechtigkeit etwas thun. Sondern wie die beschneidung Abrahe ein eusserlich zeichen war/ damit er seine gerechtigkeit im glauben beweisete/ also sind alle gute werck nur eusserliche zeichen/ die aus dem glauben folgen/ vnd beweisen/ als die guten früchte/ das der mensch schon fur Gott jnnwendig gerecht sey.

Damit bestetiget nu S. Paulus/ als mit einem krefftigen exempel aus der Schrifft/ seine vorige lere im iij. Capitel/ vom glauben/ vnd füret dazu noch einen zeugen/ Dauid aus dem xxxij. Psalm/ der auch saget/ das der mensch on werck gerecht werde/ wie wol er nicht on werck bleibet/ wenn er gerecht worden ist. Darnach breitet er das exempel aus/ widder alle ander werck des Gesetzes/ vnd schleusset/ das die Jüden nicht mügen Abrahams erben sein/ alleine des gebluts halben/ viel weniger des Gesetzes werck halben/ sondern müssen Abrahams glauben erben/ wöllen sie rechte erben sein/ sintemal Abraham vor dem Gesetze/ beide Mosi vnd der beschneidung/ durch den glauben ist gerecht worden/ vnd ein vater genennet aller gleubigen/ Dazu auch das Gesetz viel mehr zorn wircke denn gnade/ die weil es niemand mit liebe vnd lust thut/ Das viel mehr vngnade denn gnade durch des Gesetzes werck kömpt. Darumb mus allein der glaube die gnade Abrahe verheissen/ erlangen/ Denn auch solche exempel vmb vnsern willen geschrieben sind/ das wir auch gleuben sollen.

Am fünfften/ kömpt er auff die früchte vnd werck des glaubens/ als da sind/ fride/ frende/ liebe gegen Gott vnd jderman/ dazu sicherheit/ trotz/ freidigkeit/ mut vnd hoffnung jnn trübsal vnd leiden/ Denn solches alles folget/ wo der glaube recht ist/ vmb des vberschwenglichen gutes willen/ das vns Gott jnn Christo erzeiget/ das er jn fur vns hat sterben lassen/ ehe wir jn darumb bitten kunden/ ja da wir noch feinde waren. Also haben wir denn/ das der glaub on alle

werck

Vorrede

werck gerecht machet/ vnd doch nicht daraus folget/das man darumb kein gut werck thun solle/ sondern das die rechtschaffene werck nicht aussen bleiben/ von welchen die werckheiligen nichts wissen/ vnd tichten jnen selbs eigene werck/darinnen wedder fride/freude/sicherheit/liebe/hoffnung/trotz noch keines rechten Christlichen werckes vnd glaubens art jnnen ist.

Darnach thut er einen lustigen ausbruch vnd einen spaciergang/ vnd erzelet/ wo beide sunde vnd gerechtigkeit/ tod vnd leben herkome/ vnd helt die zween fein gegenander/ Adam vnd Christum/wil also sagen/Darumb muste Christus komen/ ein ander Adam/ der seine gerechtigkeit auff vns erbete/ durch ein new geistliche geburt im glauben/ gleich wie jener Adam auff vns geerbet hat die sunde/ durch die alte fleischliche geburt/ Damit wird aber kund vnd bestetiget/ das jm niemand kan selbs aus sunden zur gerechtigkeit mit wercken helffen/ so wenig er kan weren/ das er leiblich geboren wird. Das wird auch damit beweiset/das das Göttliche Gesetz/ das doch billich helffen solte/so etwas helffen solte zur gerechtigkeit/nicht allein on hülffe komen ist/ sondern hat auch die sunde gemehret/darumb/das die böse natur jm deste feinder wird/vnd jre lust deste lieber büssen wil/je mehr jr das Gesetz weret/das also das Gesetz Christum noch nötiger machet/vnd mehr gnaden foddert/die der natur helffe.

Am sechsten/nimpt er das sonderliche werck des glaubens fur sich/ den streit des geistes mit dem fleisch/vollend zu tödten die vbrige sunde vnd lüste/die nach der gerechtigkeit vberbleiben/vnd leret vns/das wir durch den glauben nicht also gefreiet sind von sunden/das wir müssig/ faul vnd sicher sein solten/ als were keine sunde mehr da.Es ist sunde da/ aber sie wird nicht zur verdamnis gerechnet/vmbs glaubens willen/der mit jr streitet. Darumb haben wir mit vns selbs gnug zu schaffen vnser leben lang/ das wir vnsern leib zemen/ seine lüste tödten/vnd seine gliedmas zwingen/das sie dem Geist gehorsam seien/vnd nicht den lüsten/ damit wir dem tod vnd aufferstehen Christi gleich sein/ vnd vnser tauffe volbringen/die auch den tod der sunden vnd new leben der gnaden bedeutet/bis das wir gar rein von sunden/ auch leiblich mit Christo aufferstehen/vnd ewiglich leben.

Vnd das können wir thun/spricht er/weil wir jnn der Gnade vnd nicht jnn dem Gesetze sind/ Welchs er selbs ausleget/das on Gesetz sein/ sey nicht so viel gesagt/ das man keine gesetze habe/ vnd müge thun/ was jderman gelüstet/ sondern vnter dem Gesetz sein ist/wenn wir on gnade/mit Gesetzes wercken vmbgehen/als denn herschet gewislich die sunde durchs Gesetze/sintemal niemand dem Gesetz hold ist von natur/Dasselbige ist aber grosse sunde.Die gnade machet vns aber das Gesetz lieblich/ so ist denn keine sunde mehr da/ vnd das Gesetz nicht mehr widder vns/sondern eines mit vns.

Dasselbige aber ist die rechte freiheit von den sunden vnd vom Gesetz/von welcher er bis ans ende dieses Capitels schreibet/ das es sey eine freiheit nur guts zuthun mit lust/vnd wol leben on zwang des gesetzes.Darumb ist die freiheit eine geistliche freiheit/die nicht das gesetz auff hebet/sondern darreichet/ was vom Gesetz gefoddert wird/ nemlich lust vnd liebe/ damit das Gesetz gestillet wird/ vnd nicht mehr zu treiben vnd zu foddern hat/Gleich als wenn du einem Lehnherrn schüldig werest/ vnd kündest nicht bezalen/von dem möchtestu zweierley weise los werden/ Ein mal/ das er nichts von dir neme/

S iiij vnd

Vorrede.

vnd sein register zurisse / Das ander mal / das ein frum man fur dich bezalete / vnd gebe dir / damit du seinem register gnug thettest. Auff diese weise hat vns Christus vom Gesetz frey gemacht / darumb ists nicht eine wilde fleischliche freiheit / die nichts thun solle / sondern die viel vnd allerley thut / vnd von des Gesetzes foddern vnd schuld ledig ist.

Am siebenden / bestetiget er solchs mit einem gleichnis des ehelichen lebens. Als wenn ein man stirbet / so ist die fraw auch ledig / vnd ist also eins des andern los vnd abe / nicht also / das die frawe nicht müge odder solle einen andern man nemen / sondern viel mehr / das sie nu aller erst recht frey ist / einen andern zu nemen / das sie vorhin nicht kunde thun / ehe sie jenes mannes ab war. Also ist vnser gewissen verbunden dem Gesetz / vnter dem sundlichen alten menschen / wenn der getödtet wird durch den Geist / so ist das gewissen frey / vnd eines des andern los / nicht das das gewissen solle nichts thun / sondern nu aller erst recht an Christo dem andern manne hangen / vnd furcht bringen des lebens.

Darnach streichet er weiter aus die art der sunde vnd des Gesetzes / wie durch das Gesetz die sunde sich nu recht reget vnd geweltig wird / Denn der alte mensch wird dem Gesetz nur deste feinder / weil er nicht kan bezalen / das vom Gesetz gefoddert wird / Denn sunde ist seine natur / vnd kan von jm selbs nicht anders / darumb ist das Gesetz sein tod / vnd alle seine marter. Nicht das das Gesetz böse sey / sondern das die böse natur nicht leiden kan das gute / das es gutes von jm foddere. Gleich wie ein krancker nicht leiden kan / das man von jm foddere lauffen vnd springen / vnd andere werck eines gesunden.

Darumb schleusst S. Paulus hie / das / wo das Gesetz recht erkennet vnd auffs beste gefasset wird / da thut es nicht mehr / denn erinnert vns vnsere sunde / vnd tödtet vns durch die selbige / vnd machet vns schüldig des ewigen zorns / wie das alles sich leret vnd erferet im gewissen / wens mit dem Gesetz recht troffen wird. Also / das man mus etwas anders haben / vnd mehr denn das Gesetz / den menschen frum vnd selig zu machen / Welche aber das Gesetz nicht recht erkennen / die sind blind / gehen mit vermessenheit dahin / meinen jm mit wercken gnug zu thun / Denn sie wissen nicht / wie viel das Gesetz foddert / nemlich / ein frey / willig / lüstig hertz / Darumb sehen sie Mosi nicht recht vnter augen / das tuch ist jnen dafur gelegt vnd zugedecket.

Darnach zeiget er / wie Geist vnd fleisch miteinander streitten jnn einem menschen / vnd setzet sich selbs zu einem exempel / das wir lernen / das werck (die sunde jnn vns selbs zu tödten) recht erkennen. Er nennet aber beide den Geist vnd das fleisch ein Gesetze / darumb / das gleich wie des Göttlichen Gesetzes art ist / das es treibet vnd foddert / Also treibet vnd foddert vnd wütet auch das fleisch widder den Geist / vnd wil seine lust haben. Widderumb treibet vnd foddert der Geist widder das fleisch / vnd wil seine lust haben. Dieser zanck weret jnn vns / so lange wir leben / jnn einem mehr / im andern weniger / darnach der Geist odder fleisch stercker wird / vnd ist doch der gantze mensch selbs alles beides / Geist vnd fleisch / der mit jm selbs streittet / bis er gantz geistlich werde.

Am achten / tröstet er solche streitter / das sie solch fleisch nicht
verdamme /

Vorrede

verdamme/ vnd zeiget weiter an/ was fleisches vnd geistes art sey/ vnd wie der geist kömpt aus Christo/ der vns seinen heiligen Geist gegeben hat/ der vns geistlich machet/ vnd das fleisch dempffet/ vnd vns sichert/ das wir dennoch Gottes kinder sind/ wie hart auch die sunde jnn vns wütet/ so lange wir dem geiste folgen/ vnd der sunde widderstreben/ sie zu tödten. Weil aber nichts so gut ist/ das fleisch zu teuben/ als creutz vnd leiden/ tröstet er vns im leiden/ durch beystand des geistes/ der liebe/ vnd aller creaturen/ Nemlich/ das beide der geist jnn vns seufftzet/ vnd die creatur sich mit vns sehnet/ das wir des fleisches vnd der sunde los werden. Also sehen wir/ das diese drey Capitel/ auff das einige werck des glaubens treiben/ das da heisset/ den alten Adam tödten/ vnd das fleisch zwingen.

Am neunden/ zehenden vnd eilfften Capitel/ leret er von der ewigen versehung Gottes/ daher es vrsprünglich fleusset/ wer gleuben odder nicht gleuben sol/ von sunden los odder nicht los werden kan/ damit es je gar aus vnsern henden genomen/ vnd alleine jnn Gottes hand gestellet sey/ das wir frum werden. Vnd das ist auffs aller höhest not/ denn wir sind so schwach vnd vngewis/ das/ wenn es bey vns stünde/ würde freilich nicht ein mensch selig/ der teuffel würde sie gewislich alle vberweldigen/ Aber nu Gott gewis ist/ das jm sein versehen nicht feilet/ noch jmand jm weren kan/ haben wir noch hoffnung widder die sunde.

Aber hie ist den freuelen vnd hochfarenden geistern ein mal zu stecken/ die jren verstand am ersten hie her füren/ vnd oben anheben/ zuuor den abgrund Göttlicher versehung zu forschen/ vnd vergeblich damit sich bekümern/ ob sie versehen sind. Die müssen sich denn selbs störtzen/ das sie entwedder verzagen/ odder sich jnn die freye schantz schlahen. Du aber folge dieser Epistel jnn jrer ordenung/ bekümere dich zuuor mit Christo vnd dem Euangelio/ das du deine sunde vnd seine gnade erkennest/ darnach mit der sunden streittest/ wie hie das j.ij.iij.iiij.v.vj.vij.viij. Capitel geleret haben/ Darnach wenn du jnn das achte komen bist/ vnter das creutz vnd leiden/ das wird dich recht leren die versehung im ix. x. vnd eilfften Capitel/ wie tröstlich sie sey. Denn on leiden/ creutz vnd todes nöten/ kan man die versehung nicht on schaden vnd heimlichen zorn widder Gott handeln. Darumb mus Adam zuuor wol tod sein/ ehe er dis ding leide/ vnd den starcken wein trincke/ Darumb sihe dich fur/ das du nicht wein trinckest/ wenn du noch ein seugling bist/ Ein igliche lere hat jre masse/ zeit vnd alter.

Am zwelfften/ leret er den rechten Gottes dienst/ vnd machet alle Christen zu Pfaffen/ das sie opffern sollen/ nicht gelt noch vieh/ wie im Gesetz/ sondern jre eigene leibe/ mit tödtung der lüste. Darnach beschreibet er den eusserlichen wandel der Christen/ im geistlichen regiment/ wie sie leren/ predigen/ regieren/ dienen/ geben/ leiden/ lieben/ leben vnd thun sollen/ gegen freund/ feind/ vnd jderman/ das sind die werck/ die ein Christen thut/ Denn wie gesagt ist/ Glaube feiret nicht.

Am dreyzehenden/ leret er das Weltlich regiment ehren vnd gehorsam sein/ welches darumb eingesetzt ist/ obs wol die leute nicht frum machet fur Gott/ so schaffets doch so viel/ das die frumen eusserlich fride vnd schutz haben/ vnd die bösen on furcht odder mit fride vnd rugen nicht können frey vbels thun/ darumb es zu ehren ist

auch

Vorrede.

auch den frumen/ ob sie wol sein nicht dürffen. Endlich aber fasset er alles jnn die liebe/ vnd beschleusst es jnn das exempel Christi/ wie der vns gethan hat/ das wir also thun/ vnd jm nachfolgen.

Am vierzehenden/ leret er die schwachen gewissen im glauben seuberlich füren/ vnd jr schonen/ das man der Christen freiheit nicht brauche zu schaden / sondern zur forderung der schwachen/ Denn wo man das nicht thut/ da folget zwitracht vnd verachtung des Euangelij/ daran doch alle not ligt/ das es besser ist/ den schwachgleubigen ein wenig weichen/ bis sie stercker werden/ denn das aller dinge die lere des Euangelij solt vntergehen. Vnd ist solchs werck ein sonder werck der liebe/ das wol auch itzt von nöten ist/ da man mit fleisch essen vnd ander freiheit/ frech vnd rauch/ on alle not/ die schwachen gewissen zurüttet/ ehe sie die warheit erkennen.

Am funffzehenden/ setzt er Christum zum exempel/ das wir auch die andern schwachen dulden/ als die sonst gebrechlich sind jnn offentlichen sunden/ odder von vnlüstigen sitten/ welche man nicht mus hin werffen/ sondern tragen/ bis sie auch besser werden. Denn also hat Christus mit vns gethan/ vnd thut noch teglich/ das er gar viel vntugent vnd böser sitten/ neben aller vnuolkomenheit/ an vns treget/ vnd hilfft on vnterlas.

Darnach zum beschlus/ bittet er fur sie/ lobet sie/ vnd befihlet sie Gott / vnd zeiget sein ampt vnd predigt an/ vnd bittet sie gar seuberlich vmb steure an die armen zu Jerusalem/ vnd ist eitel liebe/ dauon er redet/ vnd damit er vmbgehet. Also finden wir jnn dieser Epistel/ auffs aller reichlichst/ was ein Christ wissen sol/ Nemlich/ was Gesetz/ Euangelion/ Sunde/ Straffe/ Gnade/ Glaube/ Gerechtigkeit/ Christus/ Gott/ gute Werck/ Liebe/ Hoffnung/ Creutz sey/ vnd wie wir vns gegen jderman / er sey frum odder sunder/ starck odder schwach/ freund odder feind/ vnd gegen vns selber halten solten/ dazu das alles mit Schrifften trefflich gegründet/ mit exempeln sein selbs vnd der Propheten beweiset/ das nichts mehr zu wündschen ist. Darumb es auch scheinet/ als habe Sanct Paulus jnn dieser Epistel wöllen ein mal jnn die kürtz verfassen/ die gantze Christliche vnd Euangelische lere/ vnd einen eingang bereiten jnn das gantze alte Testament. Denn on zweiuel/ wer diese Epistel wol im hertzen hat/ der hat des alten Testaments liecht vnd krafft bey sich. Darumb lasse sie ein jglicher Christ jm gemein vnd stetig jnn vbung sein/ Da gebe Gott seine gnade zu/ Amen.

Das letzte Capitel ist ein grus Capitel/ Aber darunter vermischet er gar eine edle warnung fur menschen leren/ die da neben der Euangelischen lere einfallen / vnd ergernis anrichten/ Gerade als hette er gewislich ersehen/ das aus Rom vnd durch die Römer komen solten/ die verfürischen/ ergerlichen Canones vnd Decretales/ vnd das gantze geschwürm vnd gewürm menschlicher gesetzen vnd geboten/ die itzt alle welt erseufft/ vnd diese Epistel
vnd alle heilige Schrifft sampt dem Geist
vnd glauben vertilget haben/ das
nichts mehr da blieben
ist/ denn der Ab-
gott/ Bauch/
des diener sie hie Sanct Pau-
lus schilt/ Gott erlöse vns von jnen. Amen.

Die Epistel Sanct Pauli
An die Römer.

CV.

I.

Paulus ein Knecht Jhesu **Vnterschrifft.**
Christi/ beruffen zum Apostel/ ausgesondert zu predigen das Euangelion Gottes/ welchs er zuuor verheissen hat durch seine Propheten jnn der heiligen Schrifft/ von seinem Son/ der jm geboren ist von dem samen Dauid nach dem fleisch/ vnd krefftiglich erweiset ein Son Gottes/ ᵃ nach dem Geist/ der da heiliget/ sint der zeit er aufferstanden ist von den todten/ nemlich Jhesus Christ vnser Herr/ durch welchen wir haben empfangen Gnade vnd Apostelampt vnter alle Heiden/ den gehorsam des glaubens auff zu richten/ vnter seinem namen/ welcher jr zum teil auch seid/ die da beruffen sind von Jhesu Christo.

ᵃ (Nach dem geist) Der Geist Gottes ist gegeben nach Christus auffart/ von da an heiliget er die Christen vñ verkleret Christum jn aller welt/ das er Gottes son sey/ mit aller macht/ jnn worten/ wunder vnd zeichẽ

Allen die zu Rom sind/ den liebesten Gottes vnd beruffenen Heiligen. **Vberschrifft.**

Gnade sey mit euch/ vnd friede von Gott vnserm Vater vnd dem Herrn Jhesu Christo. **Grus.**

Auffs erst/ dancke ich meinem Gott/ durch Jhesu Christ/ ewer **Erbietung.** aller halben/ das man von ewrem glauben jnn aller welt saget. Denn Gott ist mein zeuge/ welchem ich diene jnn meinem geist/ am Euangelio von seinem Son/ das ich on vnterlas ewer gedencke/ vnd alle zeit jnn

Die Epistel

zeit ynn meinem gebet flehe/ ob sichs ein mal zutragen wolt/ das ich zu euch keme/ durch Gottes willen. Denn mich verlanget euch zu sehen/ auff das ich euch mitteile etwas geistlicher gabe/ euch zu stercken (das ist) das ich sampt euch getröstet würde/ durch ewren vnd meinen glauben/ den wir vnternander haben.

Ich wil euch aber nicht verhalten/ lieben brüder/ das ich mir offt habe furgesetzt/ zu euch zu komen/ bin aber verhindert bisher/ das ich auch vnter euch frucht schaffete/ gleich wie vnter andern Heiden. Ich bin ein schüldener/ beide der Griechen vnd der vngriechen/ beide der weisen vnd der vnweisen/ darumb/ so viel an mir ist/ bin ich geneiget/ auch euch zu Rom das Euangelion zu predigen.

Denn ich scheme mich des Euangelion von Christo nicht/ denn es ist eine krafft Gottes/ die da selig machet/ alle/ die daran gleuben/ die Jüden furnemlich vnd auch die Griechen/ Sintemal darinnen offenbaret wird die gerechtigkeit/ die fur Gott gilt/ welche kömpt aus ᵃ glauben ynn glauben/ wie denn geschrieben stehet/ Der Gerechte wird seines glaubens leben.

Denn Gottes zorn von himel wird offenbar vber alles gottloses wesen vnd vntugent der menschen/ die die warheit ynn vntugent auffhalten/ Denn das man weis/ das Gott sey/ ist jnen offenbar/ Denn Gott hat es jnen offenbaret/ damit/ das Gottes vnsichtbares wesen/ das ist/ seine ewige krafft vnd Gottheit/ wird ersehen/ so man des warnimpt/ an den wercken/ nemlich/ an der schepffung der welt/ Also/ das sie keine entschüldigung haben/ die weil sie wusten/ das ein Gott ist/ vnd haben jn nicht gepreiset als einen Gott/ noch gedancket/ sondern sind ynn jrem ᵇ tichten eitel worden/ vnd jr vnuerstendiges hertz ist verfinstert/ da sie sich fur weise hielten/ sind sie zu narren worden/ vnd haben verwandelt die herrligkeit des vnuergenglichen Gottes/ ynn ein bilde gleich dem vergenglichen menschen/ vnd der vögel/ vnd der vierfüssigen vnd der kriechenden thiere.

Darumb hat sie auch Gott dahin gegeben/ ynn jrer hertzen gelüste/ ynn vnreinigkeit/ zu schenden jre eigen leibe an jn selbs/ die Gottes ᶜ warheit haben verwandelt ynn die lügen/ vnd haben geehret vnd gedienet dem gescheppffe/ mehr denn dem Schepffer/ der da gelobet ist ynn ewigkeit/ Amen. Darumb hat sie Gott auch dahin gegeben ynn schendliche lüste/ Denn jre weiber haben verwandelt den natürlichen brauch ynn den vnnatürlichen/ Desselbigen gleichen auch die man haben verlassen den natürlichen brauch des weibes/ vnd sind an einander erhitzet ynn jren lüsten/ vnd haben man mit man schande gewircket/ vnd den lohn jres jrthumbs (wie es denn sein solte) an jnen selbs empfangen.

Vnd gleich wie sie nicht geacht haben/ das sie Gott erkenneten/ hat sie Gott auch dahin gegeben ynn verkereten sinn/ zu thun/ das nicht taug/ vol alles vnrechten/ hurerey/ schalckheit/ geitzes/ bösheit/ vol hasses/ mords/ hadders/ lists/ gifftig/ ohrenbleser/ verleumbder/ Gottes ᵈ verachter/ freueler/ hoffertig/ rhumretig/ ᵉ finantzer/ den eltern vngehorsam/ ᶠ vnuerstendig/ trewlose/ vnfreuntlich/ störrig/ vnbarmhertzig/ die Gottes gerechtigkeit wissen (das die solchs thun/ des todes wirdig sind) thun sie es nicht allein/ sondern haben auch gefallen an denen/ die es thun.

Darumb

ᵃ (Aus glauben) Aus dem angefangen schwachen glauben/ fort ynn den starcken. Denn der glaube feiret nicht

ᵇ (Tichten) Wo nicht glaube ist/ da fellet die vernunfft von einem auffs ander/ bis sie gar verblendet wird yn jrem tichten/ wie denn allen weisen vnd spitzigen köpffen geschicht.

ᶜ (Gottes warheit) Das ist/ aus dem rechten Gott haben sie götzen gemacht

ᵈ (Gottes verechter) Sind die rechten Epicurer/ die da leben/ als sey kein Gott.

ᵉ (Finantzer) Die mit behenden griffen vnd tücken die leute berucken/ als vnter kauffleuten/ Juristen vñ Hofeschrantzen gesehen wird.

ᶠ (Vnuerstendig) Das man heisst/ Ein groben man/ hans vnuernunfft mit dem kopff hin durch etc.

An die Römer
II.

DArumb/ o mensch/ kanstu dich nicht entschuldigen/ wer du bist/ der da richtet/ Denn worinne du einen andern richtest/ verdamstu dich selbs/ sintemal du eben dasselbige thust/ das du richtest/ Denn wir wissen/ das Gottes vrteil ist recht/ vber die/ so solchs thun/ Denckestu aber/ o mensch/ der du richtest die/ so solches thun/ vnd thust auch dasselbige/ das du dem vrteil Gottes entrinnen werdest? odder verachtestu den reichthum seiner güte/ gedult vnd ᵃ langmütigkeit? Weissestu nicht/ das dich Gottes güte zur busse leitet?

Du aber nach deinem verstockten vnd vnbusfertigen hertzen/ heuffest dir selbst den zorn auff den tag des zorns vnd der offenbarung des gerechten gerichtes Gottes/ welcher geben wird einem jglichen nach seinen wercken/ nemlich/ preis vnd ehre/ vnd vnuergenglichs wesen/ denen/ die mit gedult inn guten wercken trachten nach dem ewigen leben. Aber denen/ die da zenckisch sind/ vnd der warheit nicht gehorchen/ gehorchen aber dem vnrechten/ vngnade vnd zorn/ trübsal vnd angst/ vber alle seelen der menschen/ die da böses thun/ furnemlich der Jüden vnd auch der Griechen/ Preis aber/ ehre vnd friede/ allen denen/ die da gutes thun/ furnemlich den Jüden vnd auch den Griechen.

Denn es ist kein ansehen der person fur Gott/ Welche on Gesetz gesundiget haben/ die werden auch on Gesetz verloren werden/ Vnd welche am Gesetz gesundiget haben/ die werden durchs Gesetz verurteilet werden/ sintemal fur Gott nicht/ die das Gesetz hören/ gerecht sind/ sondern die das Gesetz thun/ werden gerecht sein/ Denn so die Heiden/ die das Gesetz nicht haben/ vnd doch ᵇ von natur thun des Gesetzes werck/ die selbigen/ die weil sie das Gesetz nicht haben/ sind sie jnen selbs ein gesetz/ damit/ das sie beweisen/ des Gesetzes werck sey beschrieben inn jrem hertzen/ sintemal jr gewissen sie bezeuget/ dazu auch die gedancken/ die sich vnternander verklagen odder entschuldigen/ auff den tag/ da Gott das verborgen der menschen/ durch Jhesum Christ/ richten wird/ lauts meines Euangelion.

Sihe aber zu/ du heissest ein Jüde/ vnd verlessest dich auffs Gesetz/ vnd rhümest dich Gottes/ vnd weissest seinen willen/ vnd weil du aus dem Gesetz vnterrichtet bist/ prüfestu was das beste zu thun sey/ vnd vermissest dich zu sein ein Leiter der blinden/ ein liecht dere/ die im finsternis sind/ ein züchtiger der törichten/ ein Lerer der einfeltigen/ hast die forme/ was zu wissen vnd recht ist im Gesetz/ Nu lerestu andere/ vnd lerest dich selber nicht/ Du predigest/ man solle nicht stelen/ vnd du stilest/ Du sprichst/ man solle nicht ehebrechen/ vnd du brichest die ehe/ Dir grewelt fur den Götzen/ vnd ᶜ raubest Gott was sein ist/ Du rhümest dich des Gesetzes/ vnd schendest Gott durch vbertrettung des Gesetzes/ Denn ewrenthalben wird Gottes name gelestert vnter den Heiden/ als geschrieben stehet.

Die beschneidung ist wol nütz/ wenn du das Gesetz heltest/ Heltestu aber das Gesetz nicht/ so ist deine beschneidung schon ein ᵈ vorhaut worden/ So nu die Vorhaut das recht im Gesetz helt/ meinestu nicht/ das seine Vorhaut werde fur eine beschneidung gerechnet?

ᵃ (Langmütigkeit) Auff latinisch/ tardus ira/ vñ ist dem Ebreischen nach geredt/ Arich Apaim/ Vnd ist eine tugent eigentlich/ die langsam zürnet vnd straffet das vnrecht. Aber gedult ist/ die das vbel tregt an gut/ leib/ vnd ehre/ ob es gleich mit recht geschehe. Güte ist/ die liebliche gesell that vnternander/ vnd freundliches wesen.

ᵇ (Von natur) Das natürliche Gesetz ist/ Was du wilt dir gethan vnd vberhabe sein von einem andern/ das thu vnd vberhebe du auch einen andern/ darinnen das gantz Mosi gesetz begriffen ist/ wie Christus saget Matt. vij. An welchem gesetz die Heiden auch nicht mehr denn das eusserliche werck thun/ wie die Jüden an Moses gesetz/ Vnd das verklagen vñ entschüldigen/ ist das eine sunde grösser ist/ denn die andere/ widder das Gesetz.

ᶜ (Raubest) Gottes ist die ehre/ die nemen jm alle werckheiligen.

ᵈ (Vorhaut) So heisset Paulus die Heiden/ darumb/ das sie vnbeschnitten sind.

Vnd

Die Epistel

Vnd wird also/ das von natur eine Vorhaut ist/ vnd das Gesetz volbringet/ dich richten/ der du vnter dem buchstaben vnd Beschneidung bist/ vnd das Gesetz vbertrittest. Denn das ist nicht ein Jüde/ der auswendig ein Jüde ist. Auch ist das nicht eine Beschneidung/ die auswendig im fleisch geschicht/ Sondern das ist ein Jüde/ der jnwendig verborgen ist/ Vnd die Beschneidung des hertzen/ ist eine Beschneidung/ die im ᵃ geist vnd nicht im buchstaben geschicht/ welches lob ist nicht aus menschen/ sondern aus Gott.

III.

Was haben denn die Jüden vorteils? odder was nützet die Beschneidung? Zwar fast viel. Zum ersten/ jnen ist vertrawet/ was Gott geredt hat. Das aber etliche nicht gleuben an das selbige/ was ligt daran? Solt jrer vnglaube Gottes glauben auffheben? Das sey ferne. Es bleibe viel weger also/ das Gott sey warhafftig/ vnd alle menschen lügenhafftig/ wie geschrieben stehet/ Auff das du gerecht seiest jnn deinen worten/ vnd vberwindest/ wenn du gerichtet wirdest.

Psalm. cxv. Psal. li.

Ists aber also/ das vnser vngerechtigkeit Gottes gerechtigkeit preiset/ was wöllen wir sagen? Ist denn Gott auch vngerecht/ das er drüber zörnet (Ich rede also auff menschen weise) Das sey ferne. Wie könde sonst Gott die welt richten? Denn so die warheit Gottes durch meine lügen ᵇ herrlicher wird zu seinem preis/ warumb solt ich denn noch als ein sunder gerichtet werden? vnd nicht viel mehr also thun/ (wie wir gelestert werden/ vnd wie etliche sprechen/ das wir sagen sollen) Lasset vns vbel thun/ auff das gutes draus kome? welcher verdamnis ist gantz recht.

Was sagen wir denn nu? Haben wir ein vorteil? Gar keinen/ Denn wir haben droben beweiset/ das beide Jüden vnd Grichen alle vnter der sunde sind/ wie denn geschrieben stehet/ Da ist nicht der gerecht sey/ auch nicht einer/ Da ist nicht der verstendig sey/ Da ist nicht/ der nach Gott frage/ Sie sind alle abgewichen/ vnd alle sampt vntüchtig worden/ Da ist nicht der gutes thu/ auch nicht einer. Jr schlund ist ein offen grab/ mit jren zungen handeln sie trüglich/ Ottern gifft ist vnter jren lippen/ jrer mund ist vol fluchens vnd bitterkeit/ Jre füsse sind eilend blut zu vergiessen/ Jnn jren wegen ist eitel vnfal vnd hertzenleid/ vnd den weg des frides wissen sie nicht/ Es ist keine furcht Gottes fur jren augen.

Psalm. xliiij. Psal. v. Psal. x. Prover. Psalm. xxxvj.

Wir wissen aber das/ was das Gesetz saget/ das saget es denen/ die vnter dem Gesetz sind/ Auff das aller mund verstopffet werde/ vnd alle welt Gott schuldig sey/ darumb/ das kein fleisch durch des Gesetzes werck fur jm gerecht sein mag/ Denn durch das Gesetz kömpt nur erkentnis der sunde.

Nu aber ist on zuthun des Gesetzes/ die gerechtigkeit/ die fur Gott gilt/ offenbaret vnd bezeuget durch das Gesetz vnd die Propheten. Ich sage aber von solcher gerechtigkeit fur Gott/ die da kömpt durch den glauben an Jhesum Christ/ zu allen vnd auff alle/ die da gleuben.

Denn es ist hie kein vnterscheid/ sie sind alzumal sunder/ ᶜ vnd mangeln des rhumes/ den sie an Gott haben solten/ vnd werden on verdienst gerecht/ aus seiner gnade/ durch die erlösung/ so durch Christo Jhesu

---

ᵃ Geist heisset/ was Gott im menschen vber die natur wircket. Buchstab heisset/ alles thun der natur on geist.

ᵇ (Herrlicher wird) Dauid spricht/ Dir allein habe ich gesundiget vnd vbel fur dir gethan/ auff das du gerecht seiest jnn deinen worten/ vnd vberwindest/ wenn du gerichtet wirdest etc. Das lautet/ als solt man sunde thun/ auff das Got gerecht sey/ wie hie S. Paulus auch anzeiget/ vnd ist doch nicht also/ sondern wir sollen die sunde erkennen/ die vns Gott schuld gibt/ auff das er also jnn seinem Gesetze warhafftig vnd gerecht bekennet werde. Aber vber diesem erkentnis zancken die werckheiligen mit got/ vnd wollen jre werck nicht sunde sein lassen/ vñ mus also Got jr lügner vñ jn seinem worte gerichtet sein/ So wil nu Paulus/ das wir die sunde Gott preisen/ sonst were es besser sundigen/ denn gutes thun/ sondern der sunden bekentnis preiset Gott vnd seine gnade. Also bleibt Gott warhafftig/ vnd alle menschen lügenhafftig/ ob solches nicht bekennet wollen/ vnd jr vnglaube machet Gottes glaube nicht zu nicht/ Denn er gewinnet doch/ vnd bleibet warhafftig.

ᶜ Mercke dis/ da er saget/ Sie sind alle sunder etc.) Ist der heubtstück vñ das mittel platz dieser Episteln vnd der

An die Römer.

Jhesu geschehen ist / welchen Gott hat furgestellet zu einem Gnadenstuel/ durch den glauben inn seinem blut/ damit er die gerechtigkeit/ die fur jm gilt/ darbiete/ inn dem/ das er SVNDE VER GIBT / welche bis an her blieben war/ vnter Göttlicher gedult/ auff das er zu diesen zeiten darböte die gerechtigkeit/ die fur jm gilt/ Auff das er allein gerecht sey/ vnd gerecht mache den/ der da ist des glaubens an Jhesu.

Wo ist denn nu dein rhum? Er ist aus/ Durch welch Gesetz? durch der werck gesetz? Nicht also/ sondern durch des glaubens gesetz.

So halten wir es nu/ das der mensch gerecht werde/ on des Gesetzes werck/ allein durch den glauben. Odder ist Gott allein der Juden Gott? Ist er nicht auch der Heiden Gott? Ja freilich auch der Heiden Gott/ sintemal es ist ein einiger Gott/ der da gerecht machet die Beschneidung aus dem glauben / vnd die Vorhaut durch den glauben. Wie? Heben wir denn das Gesetz auff/ durch den glauben? Das sey ferne/ sondern wir richten das Gesetz auff.

IIII.

DAs sagen wir denn von vnserm vater Abraham/ das er funden habe nach dem fleisch? Das sagen wir. Ist Abraham durch die werck gerecht/ so hat er wol rhum/ aber nicht fur Gott. Was saget aber die Schrifft? Abraham hat Gott gegleubet/ vnd das ist jm zur gerechtigkeit gerechnet. Dem aber/ der mit wercken vmbgehet/ wird der lohn nicht aus gnade zu gerechnet/ sondern aus pflicht. Dem aber/ der nicht mit wercken vmbgehet/ gleubet aber an den/ der die Gottlosen gerecht macht/ dem wird sein glaub gerechnet zur gerechtigkeit. Nach welcher weise auch Dauid sagt/ das die seligkeit sey allein des menschen/ welchem Gott zu rechnet die gerechtigkeit/ on zuthun der werck/ da er spricht/ Selig sind die/ welchen jre vngerechtigkeit vergeben sind/ vnd welchen jre sunde bedecket sind/ Selig ist der man/ welchem Gott keine sunde zu rechnet.

Nu diese seligkeit/ gehet sie vber die Beschneidung odder vber die Vorhaut? Wir müssen je sagen/ das Abraham sey sein glaube zur gerechtigkeit gerechnet. Wie ist er jm denn zugerechnet? jnn der Beschneidung? odder jnn der Vorhaut? On zweivel nicht jnn der Bescheidung/ sondern jnn der Vorhaut. Das zeichen aber der Beschneidung empfieng er zum sigel der gerechtigkeit des glaubens/ welchen er noch jnn der Vorhaut hatte/ auff das er würde ein vater aller/ die da gleuben jnn der Vorhaut/ das den selbigen solches auch gerechnet werde zur gerechtigkeit/ vnd würde auch ein vater der Beschneidung/ nicht allein dere/ die von der Beschneidung sind/ sondern auch dere/ die wandeln jnn den fusstapffen des glaubens/ welcher war jnn der Vorhaut vnsers vaters Abrahams.

Denn die verheissung/ das er solte sein der welt erbe/ ist nicht geschehen Abraham oder seinem samen durchs Gesetz/ sondern durch die gerechtigkeit des glaubens/ Denn wo die vom Gesetz erben sind/ so ist der glaub nichts/ vnd die verheissung ist abe/ sintemal das Gesetz richtet nur zorn an/ Denn wo das Gesetz nicht ist/ da ist auch keine vbertrettung/ Derhalben mus die gerechtigkeit durch den glauben komen/

Marginalia:

der gantz schrifft. Nemlich/ das alles sunde ist / was nicht durch das blut Christi erlöset/ im glauben gerecht wird. Darumb fasse diesen text wol/ denn hie ligt darnidder aller werck verdienst vn rhum/ wie er selbs hie saget/ vn bleibt alleine lauter Gottes gnade vnd ehre.

(Bis an her) Die sunde kundte wedder Gesetz noch kein gut werck weg nemen/ Es muste Christus vnd die vergebung thun.

(Richten auff) Der glaube erfüllet alle gesetz/ Die werck erfullen kein titel des Gesetzes.

Gen. xv.

Hie erweiset er mit zweien exempeln/ das verdienst nichts sey/ sondern allein Gottes gnade

psalm. xxxij.

Denn Abraham gleubet vnd ward gelobet fur gerecht/ ehe denn er beschnitten ward/ Gene. xv. das je die gnade vor dem werck sein musse.

Die Epistel

(Allem samen) Beide der Jüden vnd Heiden/ Denn die gleubigen Heiden sind so wol Abrahams same als die Jüden.

ben komen/ auff das sie sey aus gnaden/ vnd die verheissung feste bleibe allem samen/ nicht dem alleine/ der vnter dem Gesetz ist/ sondern auch dem/ der des glaubens Abraham ist/ welcher ist vnser aller vater/ wie geschrieben stehet. Ich hab dich gesetzt zum vater vieler Heiden/ fur Gott/ dem du gegleubet hast/ der da lebendig machet die todten/ vnd ruffet dem das nicht ist/ das es sey.

Vnd er hat gegleubet auff hoffnung/ da nichts zu hoffen war/ auff das er würde ein vater vieler Heiden/ wie denn zu jm gesagt ist/ Also sol dein same sein. Vnd er ward nicht schwach im glauben/ sahe auch nicht an seinen eigen leib/ welcher schon erstorben war/ weil er fast hundert ierig war/ auch nicht den erstorben leib der Sara. Denn er zweinelt nicht an der verheissung Gottes durch vnglauben/ sondern ward starck im glauben/ Vnd gab Gott die ehre/ vnd wuste auffs aller gewissest/ das/ was Gott verheisset/ das kan er auch thun. Darumb ists jm auch zur gerechtigkeit gerechnet.

Gen.xv

Wer Gott gleubt/ der gibt jm seine ehre/ als das er warhafftig/ allmechtig/ weise/ gut sey/ also erfüllet der glaub die erste drey gebot/ vnd macht den menschen gerecht fur Gott/ das ist denn der rechte Gottes dienst.

Das ist aber nicht geschrieben allein vmb seinen willen/ das jm zugerechnet ist/ sondern auch vmb vnsern willen/ welchen es sol zugerechnet werden/ so wir gleuben an den/ der vnsern Herrn Jhesum aufferwecke that von den todten. Welcher ist vmb Vnser sunde willen dahin gegeben/ vnd vmb Vnser gerechtigkeit willen aufferwecket.

V.

(Erfarung) Erfarung ist/ wenn einer wol versucht ist/ vnd kan dauon rede/ als einer der dabey gewest ist.

Nv wir denn sind gerecht worden durch den glauben/ so haben wir fride mit Gott/ durch vnsern HErrn Jhesu Christ/ durch welchen wir auch einen zugang haben im glauben/ zu dieser gnade/ darinnen wir stehen/ vnd rhümen vns der hoffnung der zukünfftigen herrligkeit/ die Gott geben sol. Nicht allein aber das/ sondern wir rhümen vns auch der trübsaln/ Die weil wir wissen/ das trübsal gedult bringet/ Gedult aber bringet erfarung/ Erfarung aber bringet hoffnung/ Hoffnung aber lesst nicht zu schanden werden. Denn die liebe Gottes ist ausgegossen jnn vnser hertz/ durch den heiligen Geist/ welcher vns gegeben ist.

Denn auch Christus/ da wir noch schwach waren nach der zeit/ ist fur vns Gottlosen gestorben. Nu stirbet kaume jmand vmb des rechtes willen/ vmb etwas gutes willen thürste villeicht jmand sterben. Darumb preiset Gott seine liebe gegen vns/ das Christus fur vns gestorben ist/ da wir noch sunder waren. So werden wir je viel mehr durch jn behalten werden fur dem zorn/ nach dem wir durch sein blut gerecht worden sind.

(Gottes) Das Got vnser sey/ vnd wir sein seien/ vnd alle guter gemein von jm vñ mit jm haben/ jnn aller zuuersicht.

Denn so wir Gott versönet sind/ durch den tod seines sons/ da wir noch feinde waren/ viel mehr werden wir selig werden durch sein leben/ so wir nu versönet sind? Nicht allein aber das/ sondern wir rhümen vns auch Gottes/ durch vnsern HErrn Jhesum Christ/ durch welchen wir die nu versönung empfangen haben.

(bilde) Wie Adam vns mit frembder sunde/ on vnser schuld/ verderbet hat/ Also hat vns Christus mit frembder gnade/ on vnser verdienst/ selig gemacht.

Derhalben/ wie durch einen menschen die sunde ist kömen jnn die welt/ vnd der tod durch die sunde/ vnd ist also der tod zu allen menschen durch gedrungen/ die weil sie alle gesundiget haben. Denn die sunde war wol jnn der welt/ bis auff das Gesetz/ Aber wo kein gesetz ist/ da achtet man der sunde nicht/ sondern der tod herschete von Adam an bis auff Mosen/ auch vber die/ die nicht gesundigt haben/ mit gleicher vbertrettung wie Adam/ welcher ist ein bilde des/ der zukünfftig war.

Aber

An die Römer   CVIII.

Aber nicht helt sichs mit der gabe/wie mit der sunde/Denn so an eines sunde viel gestorben sind/so ist viel mehr Gottes gnade vnd gabe vielen reichlich widderfaren/durch Jhesum Christ/ der der einige mensch/jnn gnaden war.

Vnd nicht ist die gabe allein vber eine sunde/wie durch des einigen sunders einige sunde alles verderben. Denn das vrteil ist komen aus einer sunde zur verdamnis/die gabe aber hilfft/auch aus vielen sunden zur gerechtigkeit. Denn so vmb des einigen sunde willen der tod geherschet hat durch den einen/ viel mehr werden die/ so da empfahen die fülle der gnade vnd der gaben zur gerechtigkeit/ herschen im leben ᵃ durch einen Jhesu Christ.

Wie ᵇ nu durch eines sunde die verdamnis vber alle menschen komen ist/ also ist auch durch eines gerechtigkeit die rechtfertigung des lebens vber alle menschen komen. Denn gleich wie durch eines menschen vngehorsam viel sunder worden sind/ also auch durch eines gehorsam werden viel gerechten.

Das Gesetz aber ist neben einkomen/auff das die sunde mechtiger würde/ Wo aber die sunde mechtig worden ist/ da ist doch die gnade viel mechtiger worden/ auff das/ gleich wie die sunde geherschet hat zu dem tode/ also auch hersche die gnade durch die gerechtigkeit zum ewigen leben/ durch Jhesum Christ.

VI.

As wöllen wir hie zu sagen? Sollen wir denn jnn der sunde beharren / auff das die gnade deste mechtiger werde? Das sey ferne. Wie solten wir jnn sunden wöllen leben/ der wir abgestorben sind? Wisset jr nicht/ das alle/ die wir jnn Jhesum Christ getaufft sind/ die sind ᶜ jnn seinen tod getaufft? So sind wir je mit jm begraben durch die tauffe jnn den tod/ auff das/ gleich wie Christus ist aufferweckt von den todten/ durch die herrligkeit des Vaters/ also sollen auch wir jnn einem newen leben wandeln. So wir aber sampt jm gepflantzet werden zu gleichen tode/ so werden wir auch der aufferstehung gleich sein/ Die weil wir wissen/ das vnser alter mensch sampt jm gecreutziget ist/ auff das der sundliche leib auffhöre/ das wir hinfurt der sunde nicht dienen/ Denn wer gestorben ist/ der ist gerechtfertiget von der sunden.

Sind wir aber mit Christo gestorben/ so gleuben wir/ das wir auch mit jm leben werden/ vnd wissen/ das Christus von den todten erwecket/ hinfurt nicht stirbet/ der tod wird hinfurt vber jn nicht herschen. Denn das er gestorben ist/ das ist er der sunde gestorben/ zu einem mal/ Das er aber lebet/ das lebet er Gotte. Also auch jr/ haltet euch dafur/ das jr der sunde gestorben seid/ vnd lebet Gotte/ jnn Jhesu Christ vnserm HErrn.

So lasset nu die ᵈ sunde nicht herschen jnn ewrem sterblichem leibe/ jm gehorsam zu leisten jnn seinen lüsten. Auch begebet nicht der sunden ewre glieder zu waffen der vngerechtigkeit/ sondern begebet euch selbs Gotte/als die da aus den todten lebendig sind/ vnd ewre glieder Gotte zu waffen der gerechtigkeit/ Denn die sunde wird nicht herschen können vber euch/ sintemal jr nicht vnter dem Gesetze seid/ sondern vnter der Gnade.

Wie nu? sollen wir sundigen/ die weil wir nicht vnter dem Gesetz/ sondern

---

ᵃ (Durch einen) Merck/ das er hie von der erbsunde redet/ welche komen ist von Adams vngehorsam / daher alles sundlich ist/ was an vns ist.

ᵇ Wie Adams sunde vnser eigen worden ist/ also ist Christus gerechtigkeit vnser eigen worden.

ᶜ (Jnn seinen tod) Das wir auch/wie er sterben/ denn wir sterben der sunde nicht gar ab/ das fleisch sterbe den auch leiblich.

ᵈ Merck/ die heilige haben noch böse lüste im fleisch/ den sie nicht folgen. So lange die gnade regiert/ bleibet das gewissen frey/ vñ zwinget die sunde im fleisch/ Aber on gnade regiert sie/ vnd das Gesetz verdampt das gewissen.

Die Epistel

ſondern vnter der Gnade ſind? Das ſey ferne. Wiſſet jr nicht/wel=
chem jr euch begebet zu knechten/jnn gehorſam/des knechte ſeid jr/
dem jr gehorſam ſeid? es ſey der ſunde zum tode/odder dem gehor=
ſam zur gerechtigkeit. Gott ſey aber gedancket/das jr knechte der ſun
de geweſen ſeid/ aber nu gehorſam worden von hertzen/dem furbil=
de der lere/ welchem jr ergeben ſeid. Denn nu jr frey worden ſeid von
der ſunde/ſeid jr knechte worden der gerechtigkeit.

Ich mus menſchlich dauon reden/ vmb der ſchwacheit willen ew=
res fleiſches/ Gleich wie jr ewre glieder begeben habt zu dienſte der
vnreinigkeit/ vnd von einer vngerechtigkeit zu der andern/ alſo be=
gebet auch nu ewre glieder zu dienſte der gerechtigkeit/das ſie heilig
werden. Denn da jr der ſunde knechte waret/ da waret jr frey von der
gerechtigkeit/ Was hattet jr nu zu der zeit fur frucht? welchs jr euch
itzt ſchemet. Denn das ende deſſelbigen/ iſt der tod. Nu jr aber ſeid
von der ſunde frey / vnd Gottes knechte worden / habt jr ewre
frucht/das jr heilig werdet/das ende aber das ewige leben. Denn der
tod iſt der ſunden ſold/ aber die gabe Gottes iſt das ewige leben/ jnn
Chriſto Jheſu vnſerm HErrn.

VII.

(Dem Geſetz)
Der alt menſch hat
das gewiſſen mit
ſunden zu eigen/
wie ein man ſein
weib / Aber wenn
der alte menſch
ſtirbet / durch die
gnade / wird das
gewiſſen frey von
ſunde/das jm auch
das Geſetz nicht
mehr die ſunde
auffrücken / vnd
dem alten menſche
vnterthenig ma=
chen kan.

Wiſſet jr nicht/ lieben Brüder (denn ich rede mit denen/
die das Geſetz wiſſen) das das Geſetz herſchet vber
den menſchen/ſo lange er lebet? Denn ein weib/das
vnter dem manne iſt/die weil der man lebet/ iſt ſie ver=
bunden an das geſetz/ So aber der man ſtirbet/ ſo iſt
ſie los vom geſetz/das den man betrifft. Wo ſie nu bey
einem andern manne iſt/ weil der man lebet/ wird ſie
eine ehebrecherin geheiſſen/ So aber der man ſtirbet/iſt ſie frey vom
Geſetz/das ſie nicht eine ehebrecherin iſt/ wo ſie bey einem andern
manne iſt.

Alſo auch/ meine Brüder/jr ſeid getödtet dem Geſetz/ durch den
leib Chriſti/das jr bey einem andern ſeid/ nemlich bey dem/der von
den todten aufferwecket iſt/ auff das wir Gotte frucht bringen. Denn
da wir im fleiſch waren/da waren die ſündlichen lüſte (welche durchs
Geſetz ſich erregeten) krefftig jnn vnſern gliedern/ dem tode frucht
zubringen. Nu aber ſind wir vom Geſetz los/ vnd jm abgeſtorben/
das vns gefangen hielt/ alſo/das wir dienen ſollen im newen weſen
des geiſtes/vnd nicht im alten weſen des buchſtaben.

Was wöllen wir denn nu ſagen? Iſt das Geſetz ſunde? Das ſey Exod. xx
ferne. Aber die ſunde erkandte ich nicht/on durchs Geſetz/ Denn ich
wuſte nichts von der luſt/ wo das Geſetz nicht hette geſagt/ Las dich
nicht gelüſten. Da nam aber die ſunde vrſache am gebot/ vnd erreget
jnn mir allerley luſt. Denn on das Geſetz war die ſunde tod/ Ich aber
lebete etwan on geſetze. Da aber das gebot kam/ ward die ſunde wid=
der lebendig/ Ich aber ſtarb/ vnd es befand ſich/das das gebot mir
zum tode reichet/das mir doch zum leben gegeben war. Denn die ſun
de nam vrſache am gebot/ vnd betrog mich/ vnd tödtet mich durch
das ſelbige gebot. Das Geſetz iſt je heilig/ vnd das gebot heilig/ recht
vnd gut.

Iſt denn/das da gut iſt/ mir ein tod worden? Das ſey ferne. Aber
die ſunde/ auff das ſie erſcheine/ wie ſie ſunde iſt/ hat ſie mir durch
das gute den tod gewircket/ auff das die ſunde würde vberaus ſün=
dig/ durchs

An die Römer CIX.

dig/ durchs gebot/ Denn wir wissen/ das das Gesetz geistlich ist/ ich bin aber fleischlich/ vnter die sunde verkaufft/ denn ich weis nicht/ was a ich thu/ Denn ich thu nicht/ das ich wil/ sondern das ich hasse/ das thu ich. So ich aber das thu/ das ich nicht wil/ so willige ich/ das das Gesetz gut sey/ So thu nu ich das selbige nicht/ sondern die sunde/ die jnn mir wonet/ denn ich weis/ das jnn mir/ das ist/ jnn meinem fleische wonet nichts gutes. Wöllen habe ich wol/ aber volnbringen das gute finde ich nicht/ Denn das gute das ich wil/ das thu ich nicht/ sondern das böse/ das ich nicht wil/ das thu ich/ So ich aber thu/ das ich nicht wil/ so thu ich das selbige nicht/ sondern die sunde/ die jnn mir wonet.

So finde ich mir nu ein gesetz/ der ich wil das gute thun/ das mir das böse anhanget/ denn ich habe lust an Gottes Gesetz/ nach dem b jnwendigen menschen/ Jch sehe aber ein ander gesetz jnn meinen gliedern/ das da widderstreittet dem Gesetz jnn meinem gemüte/ vnd nimpt mich gefangen jnn der sunden gesetz/ welchs ist jnn meinen gliedern. Jch elender mensch/ wer wird mich erlösen von dem leibe c dieses todes? Jch dancke Gott/ durch Jhesum Christ vnsern Herrn. So diene ich nu mit dem gemüte dem Gesetz Gottes/ aber mit dem fleische dem gesetz der sunden.

VIII.

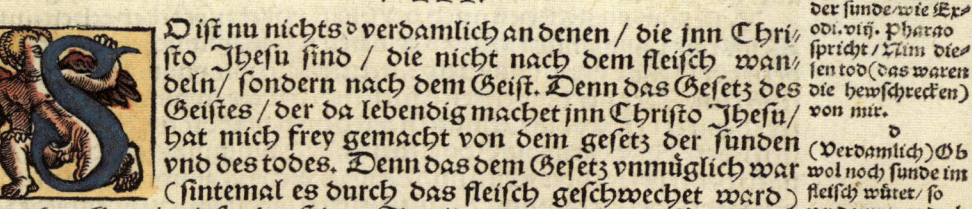

So ist nu nichts d verdamlich an denen/ die jnn Christo Jhesu sind/ die nicht nach dem fleisch wandeln/ sondern nach dem Geist. Denn das Gesetz des Geistes/ der da lebendig machet jnn Christo Jhesu/ hat mich frey gemacht von dem gesetz der sunden vnd des todes. Denn das dem Gesetz vnmüglich war (sintemal es durch das fleisch geschwechet ward) das that Gott/ vnd sandte seinen Son/ jnn der gestalt des sündlichen fleisches/ vnd verdampt die sunde im fleisch durch sunde/ auff das die gerechtigkeit vom Gesetz erfoddert/ jnn vns erfüllet würde/ die wir nu nicht nach dem fleische wandeln/ sondern nach dem Geist.

Denn die da fleischlich sind/ die sind fleischlich gesinnet/ die aber geistlich sind/ die sind geistlich gesinnet. Aber e fleischlich gesinnet sein/ ist der tod/ vnd geistlich gesinnet sein/ ist leben vnd fride/ Denn fleischlich gesinnet sein/ ist eine feindschafft widder Gott/ sintemal es dem Gesetze Gottes nicht vnterthan ist/ denn es vermag es auch nicht. Die aber fleischlich sind/ mügen Gotte nicht gefallen.

Jr aber seid nicht fleischlich/ sondern geistlich/ so anders Gottes geist jnn euch wonet. Wer aber Christus geist nicht hat/ der ist nicht sein. So aber Christus jnn euch ist/ so ist der leib zwar tod vmb der sunde willen/ Der Geist aber ist das leben/ vmb der gerechtigkeit willen. So nu der Geist/ des/ der Jhesum von den todten aufferwecket hat/ jnn euch wonet/ so wird auch der selbige/ der Christum von den todten aufferwecket hat/ ewre sterbliche leibe lebendig machen/ vmb des willen/ das sein Geist jnn euch wonet.

So sind wir nu/ lieben Brüder/ schüldener/ nicht dem fleisch/ das wir nach dem fleisch leben/ Denn wo jr nach dem fleisch lebet/ so werdet jr sterben müssen. Wo jr aber durch den Geist des fleisches geschefte tödtet/ so werdet jr leben. Denn welche der geist Gottes treibt/ die sind Gottes kinder. Denn jr habt nicht einen knechtlichen geist empfangen/ das

T iiij

---

a (Thun) Thun heisset hie nicht/ das werck volnbringe/ sondern die lüste fülen/ das sie sich regen. Volnbringen aber ist/ on lust leben gantz rein/ das geschicht nicht jnn diesem leben.

b (Jnwendige) Jnwendiger mensch/ heisset hie der geist aus gnaden geboren/ welcher ist den heilige streitet wider den eusserlichen/ das ist/ vernunfft/ sinn/ vnd alles/ was natur am menschen ist.

c (Dieses todes) Tod heisset er hie den jamer vnd die mühe jnn dem streit mit der sunden/ wie Exodi. vii. Pharao spricht/ Nim diesen tod (das waren die hewschrecken) von mir.

d (Verdamlich) Ob wol noch sunde im fleisch wütet/ so verdampt es doch nicht/ darumb/ das der geist gerecht ist vnd dawidder streittet/ wo der selbige nicht ist/ wird das Gesetz durchs fleisch geschwecht vnd vbertretten/ Das vnmüglich ist/ das dem menschen das Gesetz helffen solte/ denn nur zur sunde vnd tod. Darumb sandte Gott seinen son/ vnd lud auff jn vnser sunde/ vnd halff vns also das Gesetz erfüllen/ durch seinen geist.

e Fleischlich gesinnet sein ist/ das man nichts nach Gott fraget/ odder sein nicht achtet/ vnd nichts davon verstehet.

gen/ das

Die Epistel

gen / das jr euch abermal fürchten müstet / sondern jr habt einen kindlichen geist empfangen / durch welchen wir ruffen / Abba lieber vater. Derselbige Geist gibt zeugnis vnserm geist / das wir Gottes kinder sind. Sind wir denn kinder / so sind wir auch erben / nemlich / Gottes erben / vnd miterben Christi / so wir anders mit leiden / auff das wir auch mit zur herrligkeit erhaben werden.

Denn ich halte es dafur / das dieser zeit leiden der herligkeit nicht werd sey / die an vns sol offenbaret werden / Denn das endliche harren der creatur wartet auff die offenbarung der kinder Gottes / Sintemal die creatur vnterworffen ist der eitelkeit / on jren willen / sondern vmb des willen / der sie vnterworffen hat auff hoffnung / Denn auch die creatur frey werden wird von dem dienst des vergenglichen wesens / zu der herrlichen freiheit der kinder Gottes / Denn wir wissen / das alle creatur sehnet sich mit vns / vnd engstet sich noch imerdar.

(Engstet) Wie ein weib jnn kindes nöten.

Nicht alleine aber sie / sondern auch wir selbs / die wir haben des Geistes erstling / sehnen vns auch bey vns selbs / nach der kindschafft / vnd warten auff vnsers leibes erlösung. Denn wir sind wol selig / doch jnn der hoffnung / Die hoffnung aber / die man sihet / ist nicht hoffnung / Denn wie kan man des hoffen / das man sihet? So wir aber des hoffen / das wir nicht sehen / so warten wir sein durch gedult.

Desselbigen gleichen auch der Geist / hillfft vnser schwacheit auff / Denn wir wissen nicht / was wir beten sollen / wie sichs gebürt / sondern der Geist vertrit vns selbs mechtiglich / mit vnaussprechlichem seufftzen. Der aber die hertzen forschet / der weis / was des geistes sinn sey / denn er vertritt die Heiligen nach dem das Gott gefellet. Wir wissen aber / das denen / die Gott lieben / alle ding zum besten dienen / die nach dem fursatz beruffen sind. Denn welche er zuuor versehen hat / die hat er auch verordnet / das sie gleich sein solten dem ebenbilde seines Sons / auff das der selbige der Erstgeborne sey vnter vielen Brüdern. Welche er aber verordnet hat / die hat er auch beruffen / Welche er aber beruffen hat / die hat er auch gerecht gemacht / Welche er aber hat gerecht gemacht / die hat er auch herlich gemacht.

Was wöllen wir denn hie zu sagen? Ist Gott fur vns / wer mag wider vns sein? welcher auch seines eigen Sons nicht hat verschonet / sondern hat jn fur vns alle dahin gegeben / wie solt er vns mit jm nicht alles schencken? Wer wil die auserweleten Gottes beschüldigen? Gott ist hie / der da gerecht machet. Wer wil verdammen? Christus ist hie / der gestorben ist / ia viel mehr / der auch aufferwecket ist / welcher ist zur rechten Gottes / vnd vertrit vns.

Wer wil vns scheiden von der liebe Gottes? trübsal odder angst? odder verfolgung? odder hunger? odder blösse? odder ferligkeit? odder schwerd / wie geschrieben stehet / Vmb deinen willen werden wir getödtet den gantzen tag / wir sind geachtet fur schlachtschafe. Aber jnn dem allen vberwinden wir weit / vmb des willen / der vns geliebet hat / Denn ich bin gewis / das wedder tod noch leben / weder Engel noch fürstenthum / noch gewalt / wedder gegenwertiges noch zukünfftiges / wedder hohes noch tieffes / noch keine andere Creatur / mag vns scheiden von der liebe Gottes / die jnn Christo Jhesu ist vnserm HErrn.

psalm. xliiij.

IX.

An die Römer

Ich sage die warheit inn Christo/ vnd liege nicht/des mir zeugnis gibt mein gewissen/ inn dem heiligen geist/ das ich grosse traurigkeit vnd schmertzen on vnterlas jnn meinem hertzen habe. Ich habe gewündschet verbannet zu sein von Christo/ fur meine brüder/ die meine gefreundte sind nach dem fleisch/ die da sind von Israel/ welchen gehöret die kindschafft/ vnd die herligkeit/ vnd der bund vnd das Gesetz/ vnd der Gottes dienst/ vnd die verheissung/ welcher auch sind die Veter/ aus welchen Christus herkömpt nach dem fleische/ der da ist Gott vber alles/ gelobt inn ewigkeit/ Amen.

Aber nicht sage ich solchs/ das Gottes wort darumb aus sey/ Denn es sind nicht alle Israeliter/ die von Israel sind/ auch nicht alle die Abrahams samen sind/ sind darumb auch kinder/ Sondern inn Isaac sol dir der same genennet sein/ das ist/ Nicht sind das Gottes kinder/ die nach dem fleisch kinder sind/ sondern die kinder der verheissung werden fur samen gerechnet/ Denn dis ist ein wort der verheissung/ da er spricht/ Vmb diese zeit wil ich komen/ vnd Sara sol einen son haben.

Gen. xxj
Gene. xviij.

Nicht allein aber ists mit dem also/ sondern auch da Rebecca auff ein mal schwanger ward/ von Isaac vnserm vater/ ehe die kinder geboren waren/ vnd wedder gutes noch böses gethan hatten/ auff das der fursatz Gottes bestünde/ nach der wale/ ward zu jr gesagt/ nicht aus verdienst der werck/ sondern aus gnade des beruffers/ also/ Der grösseste sol dienstbar werden dem kleinen/ wie denn geschrieben stehet/ Jacob habe ich geliebet/ aber Esau habe ich gehasset.

Gene. xxv.
Mala. j.

Was wöllen wir denn hie sagen? Ist denn Gott vngerecht? Das sey ferne/ Denn er spricht zu Mose/ Welchem ich gnedig bin/ dem bin ich gnedig/ vnd welches ich mich erbarme/ des erbarme ich mich. So ligt es nu/ nicht an jmands wöllen odder lauffen/ sondern an Gottes erbarmen/ Denn die Schrifft sagt zum Pharao/ Eben darumb habe ich dich erweckt/ das ich an dir meine macht erzeige/ auff das mein name verkündiget werde jnn allen landen. So erbarmet er sich nu/ welches er wil/ vnd verstocket welchen er wil.

Exodi. xxxiij.
Exod. ix

So sagstu zu mir/ Was schüldigt er denn vns? wer kan seinem willen widerstehen? Ja lieber mensch/ wer bistu denn/ das du mit Gott rechten wilt? Spricht auch ein werck zu seinem meister/ warumb machstu mich also? Hat nicht ein töpffer macht/ aus einem klumpen zu machen/ ein fas zu ehren/ vnd das ander zu vnehren? Derhalben da Gott wolte zorn erzeigen/ vnd kund thun seine macht/ hat er mit grosser gedult getragen die gefesse des zorns/ die da zugerichtet sind zur verdamnis/ auff das er kund thete den reichthum seiner herrligkeit/ an den gefessen der barmhertzigkeit/ die er bereitet hat zur herrligkeit/ welche er beruffen hat/ Nemlich vns/ nicht alleine aus den Jüden/ sondern auch aus den Heiden/ wie er denn auch durch Osee spricht/ Ich wil das mein volck heissen/ das nicht mein volck war/ vnd meine liebe/ die nicht die liebe war/ vnd sol geschehen an dem ort/ da zu jnen gesagt ward/ jr seid nicht mein volck/ sollen sie kinder des lebendigen Gottes genennet werden.

Osee. ij.

Isaias aber schreiet fur Israel/ Wenn die zal der kinder von Israel würde sein wie der sand am meer/ so wird doch das vbrige selig werden. Denn er wird sie wol lassen verderben/ vnd doch dem verderben *a* steuren zur gerechtigkeit. Denn der HErr wird dem verderben

Isaie. x.

steuren

a (Steuren) Ob wol das mehrer teil dahin fellet/ vnd vngleubig bleibet/ wird er sie doch nicht alle lassen also fallen/ sondern die vbrigen erhalten/ vnd durch sie/ sein Wort vñ gnade deste reichlicher ausbreite/ dadurch sie gerecht vñ herlich werden.

Die Epistel

steuren auff erden. Vnd wie Jsaias dauor sagt/Wenn vns nicht der HErr Zebaoth hette lassen samen vberbleiben/ so weren wir/wie Sodoma worden/vnd gleich wie Gomorra. — Jsaie.i.

Was wöllen wir nu hie sagen? Das wöllen wir sagen/Die Heyden/ die nicht haben nach der gerechtigkeit gestanden/haben die gerechtigkeit erlanget. Jch sage aber von der gerechtigkeit/ die aus dem glauben kömpt. Jsrael aber hat dem Gesetz der gerechtigkeit nach gestanden/vnd hat das Gesetz der gerechtigkeit nicht vberkomen. Warumb das? Darumb das sie es nicht aus dem glauben/sondern als aus den wercken des Gesetzs suchen. Denn sie haben sich gestossen an den stein des ᵃ anlauffens/wie geschrieben stehet/ Sihe da/ich lege jnn Zion einen Stein des anlauffens/vnd einen fels der ergernis/vnd wer an jn gleubet/der sol nicht zu schanden werden. — Jsaie. xxviij.

X.

Lieben Brüder/ meines hertzen wündsch ist/ vnd flehe auch Gott fur Jsrael/ das sie selig werden/ Denn ich gebe jnen des zeugnis/ das sie eiuern vmb Gott/aber mit vnuerstand/ Denn sie erkennen die gerechtigkeit nicht/ die fur Gott gilt/ vnd trachten/jre eigene gerechtigkeit auffzurichten/ vnd sind also der gerechtigkeit/ die fur Gott gilt/nicht vnterthan. Denn Christus ist des Gesetzes ende/Wer an den gleubet/ der ist gerecht.

Moses schreibt wol von der gerechtigkeit/ die aus dem Gesetz kömpt/welcher mensch dis thut/der wird ᵇ darinnen leben. Aber die gerechtigkeit aus dem glauben spricht also/Sprich nicht jnn deinem hertzen/ wer wil hinauff ᶜ gen himel faren? (das ist nicht anders/denn Christum herab holen) odder wer wil hinab jnn die tieffe faren? (das ist nicht anders/ denn Christum von den todten holen) Aber was sagt sie? das Wort ist dir nahe/nemlich jnn deinem munde/vnd jnn deinem hertzen. — Leui. xviij. / Deu.xxx.

Dis ist das wort vom glauben/das wir predigen/ Denn so du mit deinem munde bekennest Jhesum/das er der HErr sey/vnd gleubest jnn deinem hertzen/das jn Gott von den todten aufferwecket hat/ so wirstu selig. Denn so man von hertzen gleubet/ so wird man gerecht/ Vnd so man mit dem munde bekennet/ so wird man selig. Denn die Schrifft spricht/Wer an jn gleubet/wird nicht zu schanden werden. — Jsaie. xxviij.

Es ist hie kein vnterscheid vnter Jüden vnd Griechen/ Es ist aller zumal ein HErr/reich vber alle/die jn anruffen/ Denn wer den namen des HErrn wird anruffen/sol selig werden. Wie sollen sie aber anruffen/ an den sie nicht gleuben? Wie sollen sie aber gleuben/von dem sie nichts gehört haben? Wie sollen sie aber hören on prediger? Wie sollen sie aber predigen/ wo sie nicht gesand werden? wie denn geschrieben stehet/ Wie lieblich sind die füsse dere/die den fride verkündigen/ die das gute verkündigen. Aber sie sind nicht alle dem Euangelio gehorsam/ Denn Jsaias spricht/ HErr/wer gleubet vnserm predigen? So kömpt der glaube aus der predigt/ Das predigen aber durch das wort Gottes. Jch sage aber/haben sie es nicht gehöret? Zwar es ist je jnn alle land ausgegangen jrer schall/ vnd jnn alle welt jre wort. — Joel. ij. / Jsaie. l. / Jsa.liij. / Psalm. xix.

Jch sage aber/hat es Jsrael nicht erkant? Der erste Moses spricht/ Jch wil euch eiuern machen vber dem/ das nicht mein volck ist/vnd vber — Deute. xxxij.

ᵃ (Anlauffens) Christus machet on werck gerecht/ dem gleuben sie nicht/also stossen sie sich an jm vnd ergern sich.

ᵇ (Darinnen leben) Das ist/er meidet durch eusserliche werck die eusserliche straffe des gesetzes/ aber das ist nichts fur Gott.

ᶜ Wer nicht gleubt/ das Christus gestorben vnd aufferstanden ist/vns von sunde gerecht zu mache/der spricht/ Wer ist gen himel gefaren/ vnd jnn die tieffe gefaren? Das thun aber die/ so mit wercken vnd nicht mit glauben wöllen gerecht werden/ ob sie wol mit de münde auch also sagen/aber nicht im hertzen. Emphasis est in verbo im hertzen.

An die Römer CXI.

vber einem vnuerstendigen volck wil ich euch erzörnen. Jsaias aber ist küne/vnd spricht/Ich bin erfunden von denen/die mich nicht gesuchet haben/vnd bin erschienen denen/die nicht nach mir gefragt haben. Zu Jsrael aber spricht er. Den gantzen tag habe ich meine hende ausgestrecket zu dem volcke/das jm nicht sagen lesst/vnd widderspricht.

Jsaie. lxv.

XI.

So sage ich nu/Hat denn Gott sein volck verstossen? Das sey ferne. Denn ich bin auch ein Jsraeliter/von dem samen Abraham/aus dem geschlecht Ben Jamin/Gott sein volck nicht verstossen/welchs er zuuor versehen hat. Odder wisset jr nicht/was die Schrifft saget von Elia? wie er trit fur Gott wider Israel/vnd spricht. Herr/sie haben deine Propheten getödtet/vnd haben deine Altar ausgegraben/vnd ich bin allein vberblieben/vnd sie stehen mir nach meinem leben. Aber was sagt jm das Götliche antwort? Ich habe mir lassen vberbleiben sieben tausent man/die nicht haben jre knie gebeuget fur dem Baal. Also gehets auch itzt zu dieser zeit / mit diesen vberblieben/nach der wal der gnaden/Ists aber aus gnaden/so ist das verdienst nichts/sonst würde gnade nicht gnade sein. Ists aber aus verdienst/so ist die gnade nichts/sonst were verdienst nicht verdienst.

iij. Reg. rix.

(Versehen) Es ist nicht alles Gottes volck/was Gottes volck heisset/ darumb wird es auch nicht alles verstossen/ob das mehrer teil auch verstossen wird.

Wie denn nu? Das Israel suchet/das erlanget er nicht/Die wal aber erlanget es/Die andern sind verstocket/wie geschrieben stehet/ Gott hat jnen gegeben einen erbitterten geist/augen das sie nicht sehen/vnd ohren das sie nicht hören/bis auff den heutigen tag. Vnd Dauid spricht/Las jren tisch zu einem strick werden/vnd zu einer berückung/vnd zum ergernis/vnd jnen zur vergeltung/Verblende jre augen/das sie nicht sehen/vnd beuge jren rücken alle zeit.

Jsa. vj. psalm. lxviij.

Die wal/ Das ist/ die erwelet sind im volck Gottes.

So sage ich nu/sind sie darumb angelauffen/das sie fallen solten? Das sey ferne/Sondern/aus jrem fal ist den Heiden das Heil widderfaren/auff das sie denen nach eiuern solten/Denn so jrer fal der welt reichthum ist/vnd jr schade ist der Heiden reichthum/so geschicht doch solchs vmb dere willen / die die zal vol machen sollen. Mit euch Heiden rede ich/Denn die weil ich der Heiden Apostel bin/wil ich mein ampt preisen/ob ich möchte die/so mein fleisch sind/zu eiuern reitzen/vnd jrer etliche selig machen. Denn so jrer verlust der welt versünung were/was were das anders/denn als wenn man das leben von den todten her neme? Ist der anbruch heilig/so ist auch der gantze teig heilig/vnd so die würtzel heilig ist/so sind auch die zweige heilig.

(Vol mache) Das ist/die noch nicht verworffen sind/ sondern noch sollē herzu komen/ Deſſ dazu sol jnen der Heiden bekerung nutz sein/das das durch sie auch zum glauben gereitzet werden/Darumb ist nicht das der Heiden nutz/das sie gefallen sind/ sondern das noch etliche sollen zum glauben komen.

Ob aber nu etliche von den zweigen zubrochen sind / vnd du/ da du ein wilder ölbaum warest/bist vnter sie gepfropffet/vnd teilhafftig worden der würtzel vnd des saffts im ölbaum/So rhüme dich nicht widder die zweige/Rhümestu dich aber widder sie/so soltu wissen/das du die würtzel nicht tregest/sondern die würtzel treget dich. So sprichstu/die zweige sind zubrochen/das ich hinein gepfropffet würde. Ist wol geredt/Sie sind zubrochen/vmb jres vnglaubens willen/du stehest aber durch den glauben/Sey nicht stoltz/sondern furchte dich/Hat Gott der natürlichen zweige nicht verschonet/das er villeicht dein auch nicht verschone.

Darumb

Die Epistel

Darumb schaw die güte vnd den ernst Gottes/ den ernst an denen/ die gefallen sind/ die güte aber/ an dir/ so ferne du an der güte bleibest/ sonst wirstu auch abgehawen werden. Vnd jene/ so sie nicht bleiben jnn dem vnglauben/ werden sie einpfropffet werden/ Gott kan sie wol widder einpfropffen. Denn so du aus dem ölbaum/ der von natur wilde war/ bist ausgehawen/ vnd widder die natur/ jnn den guten ölbaum gepfropffet/ wie viel mehr werden die natürlichen eingepfropffet/ jnn jren eigen ölbaum.

Jch wil euch nicht verhalten/ lieben Brüder/ dieses geheimnis/ auff das jr nicht stoltz seid. Blindheit ist Jsrael eins teils widderfaren/ so lange/ bis die fülle der Heiden eingegangen sey/ vnd also das gantze Jsrael selig werde/ wie geschrieben stehet/ Es wird komen aus Zion/ der da erlöse/ vnd abwende das Gottlose wesen von Jacob/ vnd dis ist mein Testament mit jnen/ wenn ich jre sünde werde weg nemen. Nach dem Euangelion halte ich sie fur feinde/ vmb ewren willen/ aber der nach wal habe ich sie lieb/ vmb der Veter willen. *Isaie.xl.*

Isaie lix.

Gottes gaben vnd beruffung/ mügen jn nicht ᵃ gerewen/ Denn gleicher weise/ wie auch jr weiland nicht habt geglenbet an Gott/ nu aber habt jr barmhertzigkeit vberkomen/ vber jrem vnglauben/ Also auch jhene haben itzt nicht wolt gleuben an die barmhertzigkeit/ die euch widderfaren ist/ auff das sie auch barmhertzigkeit vberkomen/ Denn Gott hats alles ᵇ beschlossen vnter dem vnglauben/ auff das er sich aller erbarme.

O welch eine tieffe des reichthums/ beide der weisheit vnd erkentnis Gottes/ wie gar vnbegreifflich sind seine gerichte/ vnd vnerforschlich seine wege. Denn wer hat des Herrn sinn erkant? odder wer ist sein Ratgeber gewesen? odder wer hat jm was zuuor gegeben/ das jm werde widder vergolten? Denn von jm/ vnd durch jn/ vnd jnn jm/ sind alle ding/ jm sey ehre jnn ewigkeit/ Amen.

XII.

Ch ermane euch/ lieben Brüder/ durch die barmhertzigkeit Gottes/ das jr ewre leibe begebt zum opffer/ das lebendig/ heilig/ vnd Gott wolgefellig sey/ welches sey ewer ᶜ vernünfftiger Gottes dienst/ vnd stellet euch nicht dieser welt gleich/ sondern verendert euch durch vernewerung ewres sinnes/ auff das jr prüfen müget/ welchs da sey der gute/ der wolgefellige/ vnd der volkomene Gottes wille. Denn ich sage durch die gnade/ die mir gegeben ist/ jederman vnter euch/ das niemand weiter von jm halte/ denn sichs gebürt zu halten/ sondern das er von jm messiglich halte/ ein iglicher nach dem Gott ausgeteilet hat das mas des glaubens. *j.Cor.xij*

Denn gleicher weise als wir jnn einem leibe viel glieder haben/ aber alle glieder nicht einerley gescheffte haben/ Also sind wir viele ein leib jnn Christo/ aber vnternander ist einer des andern glied/ vnd haben mancherley gaben/ nach der gnade/ die vns gegeben ist. Hat jmand weissagung/ so sey sie dem glauben ᵈ ehnlich/ Hat jmand ein ampt/ so warte er des ampts. ᵉ Leret jmand/ so warte er der lere. Ermanet jmand/ so warte er des ermanens. Gibt jmand/ so gebe er einfeltiglich. Regiert jmand/ so sey er sorgfeltig. Vbet jmand barmhertzigkeit/ so thu ers mit lust.

ᵃ (Gerewen) Das ist/ sie sind vnwankelbar/ vnd er endert sie nicht.

ᵇ (Beschlossen) Merck diese heubt spruch/ der alle werck vnd menschliche gerechtigkeit verdampt/ vnd allein Gottes barmhertzigkeit hebet/ durch den glauben zu erlangen.

ᶜ (Vernünfftiger) S. Pauls heisst hie alle opffer/ werck/ Gottes dienst/ vnuernünfftig/ wenn sie on glauben vn Gottes erkentnis geschehen.

ᵈ (Ehnlich) Alle weissagüg die auff werck/ vnd nicht lauter auff Christum füret/ als den einigen trost/ wie köstlich sie ist/ so ist sie doch dem glauben nicht ehnlich/ als da sind die offenbarung der polter geister/ die Messen/ Walfarten/ fasten vnd heiligen dienst suchen

ᵉ (Leret) Man leret/ die es nicht wissen/ vnd ermanet/ die es zuuor wissen.

Die

An die Römer. CXII.

Die liebe sey nicht falsch. Hasset das arge. Hanget dem guten an. Die bruderliche liebe vnternander sey hertzlich. Einer kome dem andern mit ehrbietung zuuor. Seid nicht trege/was jr thun solt. Seid brünstig im geiste. Schicket euch jnn die zeit. Seid frölich jnn hoffnung/ Gedültig jnn trübsal. Haltet an am gebet. Nemet euch der Heiligen notdurfft an. Verberget gerne. Segenet die euch verfolgen. Segenet vnd fluchet nicht. Frewet euch mit den frölichen/ Vnd weinet mit den weinenden. Habt einerley sin vnternander. Trachet nicht nach hohen dingen/ sondern haltet euch herunter zu den nidrigen. Haltet euch nicht selbs fur klug. Vergeltet niemand böses mit bösem. Vleisset euch der ehrbarkeit gegen jederman. Ist es müglich/so viel an euch ist/ so habt mit allen menschen fride

Deut. xxxij. Rechet euch selber nicht(meine liebesten) sondern gebt raum dem zorn (Gottes) Denn es stehet geschrieben/Die rache ist mein/ich wil vergelten / spricht der HErr.

pro. xxv So nu deinen feind hungert/so speise jn/Dürstet jn/so trencke jn/ Wenn du das thust/ so wirstu feurige kolen auff sein heubt samlen/ Las dich nicht das böse vberwinden/ sondern vberwinde das böse mit gutem.

(Kolen) Fewer auff das heubt legen ist / das der feind durch wolthat / vber sich selbs erzörnet/ das er vns so vbel gethan hat.

XIII.

Derman sey vnterthan der Oberkeit/die gewalt vber jn hat/ denn es ist keine Oberkeit/ on von Gott. Wo aber Oberkeit ist/die ist von Got verordnet/ Wer sich nu widder die Oberkeit setzet/der widerstrebet Gottes ordnung/ Die aber widderstreben/werden vber sich ein vrteil empfahen/ Denn die gewaltigen sind nicht den guten wercken/sondern den bösen zu fürchten. Wiltu dich aber nicht fürchten fur der Oberkeit/ so thu gutes/ so wirstu lob von der selbigen haben/ Denn sie ist Gottes dienerin/ dir zu gut. Thustu aber böses/so fürchte dich/ Denn sie treget das schwerd nicht vmb sonst/ Sie ist Gottes dienerin/eine racherin zur straffe vber den/ der böses thut. So seid nu aus not vnterthan/ nicht alleine vmb der straffe willen / sondern auch vmb des gewissens willen. Derhalben müsset jr auch schos geben/ Denn sie sind Gottes diener/ die solchen schutz sollen handhaben.

(Gewissens) Weltliche gewalt ist vmb zeitliches fride willen/ darumb ist das gewissen aus pflichtiger liebe schüldig/ der selbigen vnterthan zu sein.

So gebet nu jderman/ was jr schüldig seid / schos/dem der schos gebürt/ zol/ dem der zol gebürt/ furcht/ dem die furcht gebürt/ ehre/ dem die ehre gebürt. Seid niemand nicht schüldig/ denn das jr euch vnternander liebet. Denn wer den andern liebet/der hat das Gesetz *Exo. xx.* erfüllet/ Denn das da gesagt ist/ Du solt nicht ehebrechen/ Du solt nicht tödten/ Du solt nicht stelen/ Du solt nicht falsch gezeugnis geben/ Dich sol nichts gelüsten/ Vnd so ein anders gebot mehr ist/ das wird jnn diesem wort verfasset/ Du solt deinen nehesten lieben/ als dich selbs. Die liebe thut dem nehesten nichts böses. So ist nu die lie- *Leui. xix* be des Gesetzes erfüllung.

(Schos geben) Sehet/ wie gut es ist schos geben vn gehorchen/ das jr damit helffet die frumen schützen/ vnd die bösen straffen/ darumb lasset euch nicht verdriessen.

Vnd weil wir solchs wissen/nemlich die zeit/ das die stunde da ist/ auffzustehen vom schlaff (sintemal vnser Heil itzt neher ist/ denn da wirs gleubten) Die nacht ist vergangen/der tag aber herbey komen/ So lasset vns ablegen die werck der finsternis/ vnd anlegen die waffen
V des liechtes/

Die Epistel

des liechtes/ Lasset vns ehrbarlich wandeln/ als am tage/nicht jnn fressen vnd sauffen/ nicht jnn kamern vnd vnzucht/ nicht jnn hadder vnd neid/ sondern zihet an den HERrn Jhesu Christ/vnd ª wartet des leibes/doch also/das er nicht geil werde.

XIIII

DEn schwachen im glauben nemet auff/ vnd ᵇ verwirret die gewissen nicht/ Einer gleubet/ er möge allerley essen/ welcher aber schwach ist/ der isset kraut. Welcher isset/ der verachte den nicht/ der nicht isset/ Vnd welcher nicht isset/ der richte den nicht/ der da isset/ denn Gott hat jn auffgenomen. Wer bistu/ das du einen frembden knecht richtest? Er stehet odder fellet seinem Herrn/ Er mag aber wol auffgerichtet werden/ Denn Gott kan jn wol auffrichten.

Einer helt einen tag fur den andern/ der ander aber helt alle tage gleich. Ein iglicher sey jnn seiner meinung ᶜ gewis. Welcher auff die tage helt/ der thuts dem HERRn/ vnd welcher nichts darauff helt/ der thuts auch dem HERRn. Welcher isset/ der isset dem HERrn/ denn er dancket Gott/ Welcher nicht isset/ der isset dem HERRn nicht/ vnd dancket Gott. Denn vnser keiner lebet jm selber/ vnd keiner stirbet jm selber. Leben wir/ so leben wir dem HERrn/ Sterben wir/ so sterben wir dem HERRn. Darumb/ wir leben odder sterben/ so sind wir des HERRn/ Denn dazu ist Christus auch gestorben vnd aufferstanden/ vnd widder lebendig worden/ das er vber todten vnd lebendige HERr sey.

Du aber/ was richtestu deinen Bruder? odder du ander/ was verachtestu deinen Bruder? Wir werden alle fur den Richtstuel Christi dar gestellet werden/ nach dem geschrieben stehet/ So war als ich lebe/ spricht der HERR/ ᵈ mir sollen alle knie gebeuget werden/ vnd alle zungen sollen Gott bekennen/ So wird nu ein iglicher fur sich selbs Gotte rechenschafft geben/ Darumb lasset vns nicht mehr einer den andern richten.

Sondern das richtet viel mehr/ das niemand seinem bruder einen anstos odder ergernis dar stelle/ Jch weis vnd bins gewis/ jnn dem HERRn Jhesu/ das nichts ᵉ gemein ist an jm selbs/ on der es rechnet fur gemein/ dem selbigen ists gemein/ So aber dein Bruder vber deiner speise betrübet wird/ so wandelstu schon nicht nach der liebe. Lieber/ verderbe den nicht mit deiner speise/ vmb welches willen Christus gestorben ist/ Darumb schaffet/ das ewer ᶠ schatz nicht verlestert werde. Denn das Reich Gottes ist nicht essen vnd trincken/ sondern gerechtigkeit vnd fride/ vnd freude jnn dem heiligen Geiste/ Wer darinnen Christo dienet/ der ist Gott gefellig/ vnd den menschen werd.

Darumb lasset vns dem nach streben/ das zum fride dienet/ vnd was zur besserung vnternander dienet/ Lieber/ verstöre nicht vmb der speise willen Gottes werck. Es ist zwar alles rein/ aber es ist nicht gut/ dem/ der es isset mit einem anstos seines gewissens/ Es ist viel besser/ du essest kein fleisch/ vnd trinckest keinen wein/ odder das/ daran sich dein Bruder stösset/ odder ergert/ odder schwach wird.

Dastu

ª (Wartet) Das ist/ mattert den leib nicht vber macht mit vntreglicher heiligkeit/ wachens/ fastens/ frierens/ wie die heuchler thun.

ᵇ (Verwirret) Zweierley Christē sind/ etliche starck im glauben/ etliche schwach/ Jene verachten die schwachen allzu frech/ diese ergern sich an den starcken allzu leichtlich/ So sollen sie nu beide sich nach der liebe richten/ das keiner den andern beleidige noch richte/ sondern thun vnd lassen/ wie es dem andern nutz vnd not ist.

ᶜ (Gewis) Das ist/ Er wancke vnd zweiuele nicht jnn seinem gewissen/ sondern sey sicher/ das fur Gott keine sunde sey/ Er esse odder esse nicht.

ᵈ (Mir) So mus Christus rechter Gott sein/ weil solches sol fur seinem Richtstuel geschehen.

ᵉ (Gemein) Ist ebē so viel/ als vnrein/ als das da nicht geweihet odder geheiliget ist.

ᶠ (Schatz) Das Euangelion ist vnser schatz/ das der selbige verlestert wird/ machen die/ so der Christlichen freiheit frech brauchen den schwachē zum ergernis.

Jsa. xlv

An die Römer CXIII.

Hastu den glauben? so habe jn bey dir selbs/fur Gott. Selig ist/der jm selbs kein gewissen machet/jnn dem/das er annimpt/ Wer aber daruber zweiuelt/ vnd isset doch/ der ist verdampt/ Denn es gehet nicht ᵃ aus dem glauben/ Was aber nicht aus dem glauben gehet/ das ist sunde.

XV.

Jr aber/die wir starck sind/sollen der ᵇ schwachen gebrechligkeit tragen/ vnd nicht gefallen an vns selber haben. Es stelle sich aber ein jglicher vnter vns also/ das er seinem nehesten gefalle zum gut zur besserung/ Denn auch Christus nicht an jm selber gefallen hatte/ sondern wie geschrieben stehet/ Die schmache dere/ die dich schmehen/ sind vber mich gefallen. Was aber vns furgeschrieben ist/das ist vns zur lere geschrieben/auff das wir durch gedult vnd trost der Schrifft hoffnung haben/ Gott aber der gedult vnd des trostes/ gebe euch/ das jr einerley gesinnet seid vnternander/nach Jhesu Christ/ auff das jr einmutiglich/ mit einem munde lobet Gott den Vater vnsers Herrn Jhesu Christi/ Darumb nemet euch vnternander auff/ gleich wie euch Christus hat auffgenomen zu Gottes lob.

Jch sage aber/ das Jhesus Christus sey ein ᶜ Diener gewesen der Beschneidung/ vmb der warheit willen Gottes/ zu bestetigen die verheissung den Vetern geschehen/ Das die Heiden aber Gott loben/ vmb der barmhertzigkeit willen/ wie geschrieben stehet/ Darumb wil ich dich loben vnter den Heiden/ vnd deinem namen singen. Vnd abermal spricht er/ Frewet euch jr Heiden mit seinem volck. Vnd abermal/ Lobet den HERrn alle Heiden/ vnd preiset jn alle völcker. Vnd abermal spricht Jsaias/ Es wird sein die würtzel Jesse/ vnd der aufferstehen wird zu herschen vber die Heiden/ auff den werden die Heiden hoffen. Gott aber der hoffnung/ erfülle euch mit aller freude vnd fride/ im glauben/ das jr völlige hoffnung habt/ durch die krafft des heiligen Geistes.

Jch ᵈ weis aber fast wol von euch / lieben Brüder/ das jr selber vol gütigkeit seid/ erfüllet mit aller erkentnis/ das jr euch vnternander könnet ermanen. Jch habs aber dennoch gewagt/ vnd euch geschrieben/ lieben Brüder/ euch zu erinnern vmb der gnade willen/ die mir von Got gegeben ist/ das ich sol sein ein Diener Christi vnter die Heiden/ zu opffern das Euangelion Gottes/ auff das die Heiden ein opffer werden Gott angeneme/ geheiliget durch den heiligen Geist. Darumb kan ich mich rhümen/ jnn Jhesu Christ/ das ich Gott diene/ Denn ich thurste nicht etwas reden/ wo dasselbige Christus nicht durch mich wirckete/ die Heiden zum gehorsam zu bringen/ durch wort vnd werck/ durch krafft der zeichen vnd wunder/ vnd durch krafft des Geistes Gottes/ also/ das ich von Jerusalem an vnd vmbher bis an Illyricon/ alles mit dem Euangelio Christi erfüllet habe. Vnd mich sonderlich geflissen/ das Euangelion zu predigen/ wo Christus name nicht ᵉ bekand war/ auff das nicht auff einen fremden grund bawete/ sondern wie geschrieben stehet/ Welchen nicht ist

V ij von jm

ᵃ (Aus dem glaubē) Mercke/ dis ist ein gemeiner heubtspruch widder alle werck/ on glauben gethan/ Vnd hüte dich fur falscher glosen/ so hie errichtet sind von vielen lerern.

ᵇ (Schwachen) Dis Capitel redet von den gebrechlichen am leben/ als die jnn offentliche sunde odder feil falle/ das man die auch tragen vnd nicht verwerffen sol/ bis sie sterck werde/ gleich wie das vorige Capitel die schwachen gewissen leret zu handeln.

ᶜ (Diener) Das ist/ Apostel/ prediger/ bote/ zu den Juden vnd nicht zu den Heiden personlich gesand.

ᵈ Das ist/ ob jr meines schreibens nicht bedürffet/ so treibet mich doch mein ampt/ das ich von Gottes gnaden habe/ euch vnd jderman zu leren vnd ermanen.

ᵉ (Nicht bekand) Weil jr zuuor geleret seid/ hab ich deste weniger geeilet zu euch/ weil sonst raum war/ da Christus noch nicht gepredigt war.

Die Epistel

von jm verkündiget/ die sollens sehen/ vnd welche nicht gehört haben/ sollens verstehen.

Das ist auch die sache/ darumb ich vielmal verhindert bin zu euch zu komen. Nu ich aber nicht mehr raum habe jnn diesen lendern/ habe aber verlangen zu euch zu komen/ von vielen iaren her/ wenn ich reisen werde jnn Hispania/ wil ich zu euch komen. Denn ich hoffe/ das ich dadurch reisen vnd euch sehen werde/ vnd von euch dorthin geleitet werden müge/ so doch/ das ich zuuor mich ein wenig mit euch ergetze.

<small>Merck die Apostolische art/ wie höflich vnd seuberlich suchet S. Paulus diese steure bey den Römern.</small>

Nu aber fare ich hin gen Jerusalem/ den Heiligen zu dienst/ Denn die aus Macedonia vnd Achaia haben williglich eine gemeine steure zusamen gelegt/ den armen Heiligen zu Jerusalem/ Sie habens williglich gethan/ vnd sind auch jre schuldener/ Denn so die Heiden sind jrer geistlichen güter teilhafftig worden/ ists billich/ das sie jnen auch jnn leiblichen gütern dienst beweisen/ Wenn ich nu solches ausgerichtet/ vnd jnen diese frucht versiegelt habe/ wil ich durch euch jnn Hispanian zihen. Ich weis aber/ wenn ich zu euch kome/ das ich mit vollem segen des Euangelij Christi komen werde.

<small>(Versigelt) Das ist/ trewlich vnd wol verwaret vberantwortet.</small>

Ich ermane euch aber/ lieben Brüder/ durch vnsern HERRn Jhesu Christ/ vnd durch die liebe des Geistes/ das jr mir helffet kempffen/ mit beten fur mich zu Gott/ auff das ich errettet werde von den vngleubigen jnn Judea/ vnd das mein Dienst/ den ich gen Jerusalem thu/ angeneme werde den Heiligen/ auff das ich mit freuden zu euch kome/ durch den willen Gottes/ vnd mich mit euch erquicke. Der Gott aber des frides sey mit euch allen/ AMEN.

XVI.

Ch befehl euch vnser schwester Phebe/ welche ist am dienste der Gemeine zu Kenchrea/ das jr sie auffnemet jnn dem HERRn/ wie sichs zimet den Heiligen/ vnd thut jr beystand jnn allem gescheffte/ darinnen sie ewer bedarff/ denn sie hat auch vielen beystand gethan/ auch mir selbs. Grüsset die Priscan vnd den Aquilan/ meine gehülffen jnn Christo Jhesu/ welche haben fur mein leben jre helse dar gegeben/ welchen nicht allein ich dancke/ sondern allen Gemeinen vnter den Heiden. Auch grüsset die Gemeine jnn jrem hause. Grüsset Epeneton/ meinen liebesten/ welcher ist der erstling vnter den aus Achaia jnn Christo. Grüsset Mariam/ welche viel mühe vnd erbeit mit vns gehabt hat. Grüsset den Andronicon vnd den Junian/ meine gefreundte/ vnd meine mitgefangene/ welche sind berhümpte Apostel/ vnd vor mir gewesen jnn Christo. Grüsset Amplian meinen lieben jnn dem HERRn. Grüsset Urban vnsern gehülffen jnn Christo/ vnd Stachyn meinen lieben. Grüsset Apellen den bewerten jnn Christo. Grüsset die da sind von Aristobulos gesinde. Grüsset Verodionem meinen gefreundten. Grüsset die da sind von Narcissus gesinde/ jnn dem HERRn. Grüsset die Tryphena vnd die Tryphosa/ welche jnn dem HERRn geerbeitet haben. Grüsset die Persida meine liebe/ welche jnn dem HERRn viel geerbeitet hat. Grüsset Ruffum

den aus

An die Römer. CXIIII.

den auserweleten jnn dem HERRN/ vnd seine vnd meine mutter. Grüsset Asyncriton vnd Phlegonten / Herman / Patroban / Hermen/ vnd die Brüder bey jnen. Grüsset Philologon vnd die Julian/ Nereon vnd seine schwester/ vnd Olympan/ vnd alle Heiligen bey jnen. Grüsset euch vnternander mit dem heiligen kus. Es grüssen euch die Gemeinen Christi.

Ich ermane euch aber/ lieben Brüder/ das jr auff sehet/ auff die da zurtrennung vnd ergernis anrichten / neben der lere/ die jr gelernet habt/ vnd weichet von denselbigen/ Denn solche dienen nicht dem HERRN Jhesu Christo / sondern jrem Bauche/ vnd durch süsse wort vnd prechtige rede/ verfüren sie die vnschüldigen hertzen/ Denn ewer gehorsam ist vnter jderman auskomen/ Derhalben frewe ich mich vber euch. Ich wil aber/ das jr weise seid/ auffs gute/ vnd einfeltig auffs böse. Aber der Gott des frides zutrete den Satan vnter ewre füsse jnn kürtzen/ Die gnade vnsers HERRn Jhesu Christi sey mit euch. *Das ist widder allerley menschen lere gesagt.*

Es grüssen euch Timotheos mein gehülffe / vnd Lucios/ vnd Jason/ vnd Sosipater/ meine gefreundten. Ich Tertius grüsse euch/ der ich diesen brieff geschrieben habe/ jnn dem HErrn. Es grüsset euch Gaios/ mein vnd der gantzen Gemeine wirt. Es grüsset euch Erastus der stad Rendmeister/ vnd Quartus der bruder. Die gnade vnsers HERRn Jhesu Christi sey mit euch allen/ Amen.

Dem aber/ der euch stercken kan/ lauts meines Euangelion vnd predigt von Jhesu Christ/ durch welche das geheimnis offenbaret ist/ das von der welt her verschwiegen gewesen ist/ Nu aber offenbaret/ auch kund gemacht durch der Propheten schrifft/ aus befehl des ewigen Gottes/ den gehorsam des glaubens auffzurichten vnter allen Heiden/ Dem selbigen Gott/ der alleine weise ist/ sey ehre durch Jhesu Christ/ jnn ewigkeit/ AMEN.

Zu den Römern.

Gesand von Corintho/ durch Pheben/
die am dienst war der Gemei-
nen zu Renchrea.

H iij   Vorrede

Vorrede auff die Erste Epistel / An die Corinther.

IN dieser Epistel vermanet Sanct Paulus die Corinther / das sie sollen eintrechtig sein im glauben / vnd jnn der lere. Vnd darauff sehen / das sie das heubtstück / nemlich (das Christus vnser Heil ist) wol lernen / an welchem sich alle vernunfft vnd weisheit stösset. Denn gleich wie itzt zu vnser zeit / so das Euangelion an tag komen ist / finden sich der tollen heiligen viel (welche man Rottengeister / Schwermer vnd Ketzer heisst) die allzu frue klug vnd gelert worden sind / vnd können fur grosser kunst vnd weisheit / sich mit niemand gleich odder eintrechtig halten / einer wil hienaus / der ander dort naus / als were es grosse schande / wo nicht ein jglicher ein sonderlichs furneme / vnd seine eigen weisheit auffwürffe / Welche niemand widderumb kan zu narren machen / so sie doch im grunde gar nichts von den rechten heubtsachen wissen noch verstehen / ob sie gleich mit dem maul viel dauon plaudern.

Also giengs Sanct Paulo auch / da er seine Corinther hatte den Christlichen glauben vnd die freiheit vom Gesetz gelert / funden sich auch die tollen heiligen vnd vnzeitige klüglinge / zutrenneten die eintrechtige lere / vnd machten spaltung vnter den gleubigen. Einer wolt Paulisch / der ander Apollisch / einer Petrisch / der ander Christisch sein / Einer wolt die Beschneidung haben / der ander nicht / Einer wolt die ehe / der ander nicht / Einer wolt götzen opffer essen / der ander nicht / Etliche wolten leiblich frey sein / etliche weiber wolten jnn haren gehen / vnd der gleichen / bis sie dahin gerieten / das einer der freiheit misbrauchet / vnd nam seine stiffmutter zur ehe / Vnd etliche nichts von der todten aufferstehung hielten / Etliche nicht viel vom Sacrament. Vnd gieng wüst vnd gantz vnördig zu / das jglicher wolt meister sein vnd leren / vnd mit dem Euangelio / Sacrament / Glauben / machen / was jn gut daucht / Vnd liessen die weil das heubtstück fein faren vnd ligen / Das Christus vnser Heil / gerechtigkeit / erlösung ist / als hetten sie es lengest an den schuhen zurissen / Wie denn solch stück nicht kan auff der ban bleiben / wo man beginnet zu klügeln vnd weise zu sein / Aller dinge wie es itzt auch vns gehet / nach dem wir den Deudschen das Euangelion eröffenet haben / von Gottes gnaden / da wil auch ein jglicher der beste meister sein / vnd den heiligen Geist allein haben / gerade als were das Euangelion darumb gepredigt / das wir vnser klugheit vnd vernunfft drinnen erzeigen vnd rhum suchen solten / das diese Corinther wol mögen sein ein Exempel odder beyspiel vnsern leuten zu dieser zeit / welche auch wol ein solche Epistel bedürfften / Es mus aber also sein / vnd sol dem Euangelio also gehen / das tolle heiligen vnd vnzeitige kluglinge / rotten vnd ergernis anrichten / auff das die bewerten (wie hie S. Paulus auch saget) offenbar werden.

Darumb straffet vnd verdampt S. Paulus solche schedliche weisheit gar ernstlich / Vnd machet solche naseweisen heiligen widderumb zu narren / spricht schlecht / das sie nichts wissen von Christo / noch von

Vorrede. CXV.

noch von dem geist vnd gaben Gottes/vns jnn Christo gegeben/ vnd sollen noch anheben zu lernen/ Es mussen geistliche leute sein/ die es verstehen sollen/ Weise sein wöllen vnd klugheit furgeben jm Euangelio/sey eben das rechte ergernis vnd hindernis/ Christum vnd Gott zu erkennen. Rotten vnd zwitracht anzurichten/ da mag die kluge vernunfft vnd weisheit wol zu dienen/ das eitel tolle heiligen vnd wilde Christen werden/ Aber vnsern Herrn Christum mögen sie nimermehr erkennen/ sie werden denn widderumb zu narren/ vnd lassen sich demutiglich durchs einfeltige Wort Gottes leren vnd füren/ Solchs treibt er durch die ersten vier Capitel.

Jm Fünfften/straffet er die grosse vnzucht des/der seine stieffmutter genomen hatte/Vnd wil jn jnn Ban thun/ vnd dem Teuffel geben / Zeigt damit an ein rechte weise des Bannes zu brauchen/ das er mit bewilligung der gleubigen Gemeine gefellet sol werden/ vber die offentliche laster/ wie auch Christus Matth. xviij. leret.

Jm Sechsten/ Straffet er das haddern vnd zancken fur gerichte/ sonderlich/ fur den Heiden vnd vngleubigen/vnd leret/das sie vnternander selbs sollen die sache schlichten/ odder vnrecht leiden.

Jm Siebenden/gibt er vnterricht von der keuscheit vnd Ehelichem stande/Lobet die keuscheit vnd Jungfrawschafft/das sie nütze seien/ des Euangelij deste bas zu warten/ wie Christus auch leret Matth. xix.von den keuschen/die vmbs Euangelion odder himelreich willen keusch sind / Aber Paulus wil sie vngenötiget vnd vngezwungen/ vnd on fahr grösser sunde / gehalten haben / sonst sey besser freien/ denn keuscheit/die jnn stetiger brunst steckt.

Am Achten bis auffs zwelffte / handelt er mancherley weise/wie man die schwachen gewissen füren vnd halten sol/jnn eusserlichen sachen/als da sind/essen/trincken/kleider/ Sacrament haben/ vnd weret allenthalben / das die starcken nicht verachten sollen die schwachen / sintemal er selbs / ob er wol ein Apostel sey/dennoch viel sich enthalten hab/da er wol recht hette/Dazu sich die starcken wol fürchten mögen/die weil vor zeiten jnn Jsrael so viel vntergangen sind/die doch alle sampt durch wunderwerck aus Egypten geführet sind / vnd machet daneben etliche ausleufft heilsamer lere.

Am Zwelfften/bis auffs vierzehend/handelt er /wie mancherley gaben Gottes sind/vnter welchen doch die liebe das beste sey/ das sie nicht sich erheben/sondern dienen sollen vnternander einmütig / die weil es ist ein Gott/ein Herr/ein Geist/vnd alles ein/wie mancherley es auch sey.

Am Vierzehenden/leret er die Prediger/Propheten vnd senger/das sie ordenlich jrer gaben brauchen/vnd nur zurbesserung/nicht zu eigener ehre/jre predigen/kunst vnd verstand furgeben.

Am Funffzehenden/straffet er die von der aufferstehung des fleisches vnrecht geleret vnd gegleubet hatten.

Am Letzten/vermanet er sie zu brüderlicher hülffe jnn zeitlicher narung den dürfftigen.

V iiij   Die Erste

Die erste Epistel Sanct
Pauli / An die Corinthern.

1.

PAulus beruffen zum Apostel Jhesu Christi / durch den willen Gottes / vnd Bruder Sosthenes.

Der Gemeine Gottes zu Corinthen / den geheiligeten jnn Christo Jhesu / den beruffenen Heiligen / sampt allen denen / die anruffen den namen vnsers HERRn Jhesu Christi / an allen jren vnd vnsern örtern.

Gnade sey mit euch vnd fride / von Gott vnserm Vater / vnd dem HErrn Jhesu Christo.

Ich dancke meinem Gott alle zeit ewer halben / fur die gnade Gottes / die euch gegeben ist jnn Christo Jhesu / das jr seid durch jn an allen stucken reich gemacht / an aller lere / vnd jnn aller erkentnis / wie denn die predigt von Christo jnn euch krefftig worden ist / also / das jr keinen mangel habt an jrgent einer gaben / vnd wartet nur auff die offenbarung vnsers HErrn Jhesu Christi / welcher auch wird euch fest behalten bis ans ende / das jr vnstrefflich seied auff den tag vnsers HErrn Jhesu Christi. Denn Gott ist trew / durch welchen jr beruffen seid / zur * gemeinschafft seines Sons Jhesu Christi vnsers HErrn.

Ich ermane euch aber / lieben Brüder / durch den namen vnsers HErrn Jhesu Christ / das jr alzumal einerley rede furet / vñ lasset nicht spaltung

Oberschrifft.

Vnterschrifft.

Grus.

* (Gemeinschafft) Das ist / Jr seid miterben vnd mitgenossen aller güter Christi.

An die Corinther. CXVI.

spaltung vnter euch sein/ sondern das jr seid volkomen jnn einem sinne/ vnd jnn einerley meinung/ Denn mir ist furkomen/ lieben Bruder/ durch die aus Chloes gesinde/ von euch/ das zanck vnter euch sey. Ich sage aber dauon/ das vnter euch einer spricht/ Ich bin Paulisch/ der ander/ Ich bin Apollisch/ der dritte/ Ich bin Kephisch/ der vierde/ Ich bin Christisch. Wie? ist Christus nu zurtrennet? Ist denn Paulus fur euch gecreutziget? odder seid jr jnn Paulus namen getaufft? Ich dancke Gott/ das ich niemand vnter euch getaufft habe/ on Crispon vnd Gaion/ Das nicht jmand sagen möge/ ich hette auff meinen namen getaufft/ Ich habe aber auch getaufft des Stephana hausgesinde/ darnach weis ich nicht/ ob ich etliche ander getaufft habe.

Denn Christus hat mich nicht gesand zu teuffen/ sondern das Euangelion zu predigen/ nicht mit klugen worten/ auff das nicht das creutz Christi zu nicht werde. Denn das wort vom creutz ist eine torheit/ denen/ die verloren werden/ vns aber/ die wir selig werden/ ists eine Gottes krafft/ Denn es stehet geschrieben/ Ich wil vmbbringen die weisheit der weisen/ vnd den verstand der verstendigen wil ich verwerffen. Wo sind die klugen? Wo sind die Schrifftgelerten? Wo sind die welt weisen? Hat nicht Gott die weisheit dieser welt zur torheit gemacht?

Denn die weil die welt durch jre weisheit Gott jnn seiner weisheit nicht erkandte/ gefiel es Gott wol/ durch törichte predigte selig zu machen/ die/ so daran gleuben/ Sintemal die Jüden zeichen foddern/ vnd die Griechen nach weisheit fragen/ Wir aber predigen den gecreutzigten Christ/ den Jüden eine ergernis/ vnd den Griechen eine torheit/ Denen aber die beruffen sind/ beide Jüden vnd Griechen/ predigen wir Christon/ Göttliche krafft vnd Göttliche weisheit/ Denn die Göttliche torheit ist weiser denn die menschen sind/ vnd die Göttliche schwacheit ist stercker denn die menschen sind.

Sehet an/ lieben Brüder/ ewren beruff/ nicht viel Weisen nach dem fleisch/ nicht viel gewaltige/ nicht viel edle sind beruffen/ Sondern was töricht ist fur der welt/ das hat Gott erwelet/ das er die Weisen zu schanden machet/ vnd was schwach ist fur der welt/ das hat Gott erwelet/ das er zu schanden machet/ was starck ist. Vnd das vnedle fur der welt/ vnd das verachte hat Gott erwelet/ vnd das da nichts ist/ das er zu nicht machet/ was etwas ist/ auff das sich fur jm kein fleisch rhüme/ Von welchem auch jr herkompt/ jnn Christo Jhesu/ welcher vns gemacht ist von Gott/ zur weisheit/ vnd zur gerechtigkeit/ vnd zur heiligung/ vnd zur erlösung/ auff das (wie geschrieben stehet) wer sich rhümet/ der rhüme sich des HERRN.

Göttliche torheit vnd schwacheit ist das Euangelion/ das fur den kluge nerrisch/ fur den hesligen ketzerisch/ aber fur den Christen mechtig vnd weise ist.

II.

Vnd ich/ lieben Brüder/ da ich zu euch kam/ kam ich nicht mit hohen worten oder hoher weisheit/ euch zu verkündigen die Götliche predigt. Denn ich hielt mich nicht dafur/ das ich etwas wüste vnter euch/ on allein Jhesum Christum/ den gecreutzigten. Vnd ich war bey euch/ mit schwacheit/ vnd mit furcht/ vnd mit grossem zittern/ vnd mein wort vnd meine predigt war nicht jnn vernünfftigen reden menschlicher weisheit/ sondern jnn beweisung des geists vnd der krafft/ auff das ewer glaube a bestehe/ nicht auff menschen weisheit/ sondern auff Gottes krafft.   Da wir

a (Bestehe) Darkh können menschen lere nicht ein grund des gewissens odder glaubens sein.

Die Erste Epistel

Da wir aber von reden/ das ist dennoch weisheit/bey den volko‐
menen/ nicht eine weisheit dieser welt/auch nicht der obersten dieser
welt/ welche vergehen/ sondern wir reden von der heimlichen ᵃ ver‐
borgenen weisheit Gottes/welche Gott verordnet hat vor der welt/
zu vnser herligkeit/welche keiner von den obersten dieser welt erkand
hat/ Denn wo sie die erkand hetten/ hetten sie den HErrn der herr‐
ligkeit nicht gecrentziget/ Sondern wie geschrieben stehet/ das kein
auge gesehen hat/vnd kein ohre gehört hat/vnd jnn keines menschen
hertz komen ist/ das Gott bereitet hat denen/ die jn lieben.

Vns aber hat es Gott offenbaret durch seinen Geist/ Denn der
Geist erforschet alle ding/ auch die tieffe der Gottheit/ Denn welcher
mensch weis/ was im menschen ist/ on der geist des menschen/der
jnn jm ist? Also auch/ niemand weis/ was jnn Gott ist/on der Geist
Gottes. Wir aber haben nicht empfangen den geist der welt/sondern
den Geist aus Gott/ das wir wissen können/ was vns von Gott gege‐
ben ist/welchs wir auch reden/nicht mit worten/welche menschliche
weisheit leren kan/ sondern mit worten/die der Heilige Geist leret/
vnd richten geistliche sachen geistlich. Der ᵃ natürliche mensch aber
vernimpt nichts vom Geist Gottes/Es ist jm eine torheit/ vnd kan es
nicht erkennen/ denn es mus geistlich gerichtet sein/ Der geistliche
aber ᵇ richtet alles/ vnd wird von niemand gerichtet.Denn wer hat
des HErrn sinn erkand? odder wer wil jn vnterweisen? Wir aber ha‐
ben Christus sinn.

III.

Vnd ich/ lieben Brüder/ kund nicht mit euch reden als
mit geistlichen/ sondern als mit fleischlichen/ wie mit
jungen kindern jn Christo. Milch hab ich euch zu trin‐
cken gegeben/ vnd nicht speise/ denn jr kundtet noch
nicht/ auch künd jr noch itzt nicht/ die weil jr noch flei‐
schlich seid. Denn sintemal eiuer vnd zanck/ vnd zwi‐
tracht vnter euch sind/ seid jr denn nicht fleischliche/
vnd wandelt nach menschlicher weise? Denn so einer saget/ Ich bin
Paulisch/ der ander aber/ Ich bin Apollisch/ seid jr denn nicht fleisch‐
lich? Wer ist nu Paulus? Wer ist Apollo? Diener sind sie/ durch wel‐
che jr seid gleubig worden/ vnd das selbige/ wie der HErr einem jg‐
lichen gegeben hat. Ich habe gepflantzet/ Apollo hat begossen/ aber
Gott hat das gedeien gegeben. So ist nu wedder der da pflantzet/
noch der da begeusset etwas/ sondern Gott/ der das gedeien gibt.

Der aber pflantzet/ vnd der da begeusset/ ist einer wie der ander/
Ein jglicher aber wird seinen lohn empfahen/ nach seiner erbeit.
Denn wir sind Gottes gehülffen/ jr seid Gottes ackerwerck/ vnd
Gottes gebew. Ich von Gottes gnaden/ die mir gegeben ist/ hab den
grund gelegt/ als ein weiser bawmeister/ Ein ander bawet darauff.
Ein iglicher aber sehe zu/ wie er darauff bawe. Einen andern grund
kan zwar niemand legen/ ausser dem/ der gelegt ist/ welcher ist Jhe‐
sus Christ. So aber jmand auff diesen grund bawet/ ᵈ gold/ silber/
eddel steine/ holtz/ hew/ stoppeln/ so wird eines iglichen werck offen‐
bar werden. Der tag wirds klar machen/ Denn er wird mit fewer
offenbar werden/ vnd welcherley eines jglichen werck sey/ wird das
fewer beweren. Wird jmandes werck bleiben/ das er darauff ge‐
bawet hat/ so wird er lohn empfahen/ Wird aber jmands werck
verbrennen/

ᵃ (Verborgen) Des
es ligt vnter der
torheit vnd dem
creutz verborgen/
vnd scheinet nicht
jnn ehren vñ reich‐
thum.

ᵇ (Natürliche) Der
natürliche mensch
ist/ wie er ausser
der gnaden ist/ mit
aller vernunfft/
kunst/ sinnen vnd
vermügen/ auch
auffs beste geschi‐
cket.

ᶜ (Richter) Verste‐
het/ fület/ findet/
ist gewis etc. Wel‐
ches die vernunfft
nicht vermag/
weis auch nichts/
was glaube odder
Euangelion ist.

Hie hat S. Paulus
das Bapstum vnd
alle secten verdampt

ᵈ (Gold/silber) Das
ist von predige vñ
leren gesagt/ die zu
des glaubens besse‐
rung odder gerin‐
gerung geleret wer‐
den/ Nu bestehet
keine lere im ster‐
ben/ jüngsten tag/
vnd allen nöten/ es
wird verzeret/ es
sey denn lauter Got‐
tes wort/ das befin‐
det sich alles im
gewissen wol.

Isai. xl.

Isai. xl.

An die Corinther. CXVII

verbrennen/ so wird er * gestraffet werden/ er selbs aber wird selig werden/ so doch/ als durchs fewr.

Wisset jr nicht/ das jr Gottes tempel seid/ vnd der geist Gottes jnn euch wonet? So jmand den tempel Gottes verderbet/ den wird Gott verderben/ Denn der tempel Gottes ist heilig/ der seid jr. Niemand betriege sich selbs/ Welcher sich vnter euch dunckel weise sein/ der werde ein narr jnn dieser welt/ das er möge weise sein. Denn dieser welt weisheit ist torheit bey Gott/ Denn es stehet geschrieben/ Die Weisen erhaschet er jnn jrer klugheit. Vnd abermal/ Der HErr weis der Weisen gedancken/ das sie eitel sind. Darumb rhüme sich niemand eines menschen/ Es ist b alles ewer/ es sey Paulus oder Apollo/ es sey Kephas odder die welt/ es sey das leben odder der tod/ es sey das gegenwertige odder das zukünfftige/ alles ists ewer/ jr aber seid Christi/ Christus ist aber Gottes.

IIII.

DAfur halte vns jderman/ nemlich fur Christus Diener/ vnd haushalter vber Gottes c geheimnis. Nu sucht man nicht mehr an den haushaltern/ denn das sie trew erfunden werden. Mir aber ists ein geringes/ das ich von euch gerichtet werde/ odder von einem menschlichen tage/ Auch richte ich mich selbs nicht/ Ich bin wol nichts mir bewust/ aber darinne bin ich nicht gerechtfertiget/ Der Herr ists aber/ der mich richtet. Darumb richtet nicht vor der zeit/ bis der Herr kome/ welcher auch wird ans liecht bringen/ was im finstern verborgen ist/ vnd den rat der hertzen offenbaren/ als denn wird einem jglichen von Gott lob widderfaren.

Solchs aber/ lieben Brüder/ habe ich auff mich vnd Apollo gedeut/ vmb ewren willen/ das jr an vns lernet/ das niemand höher von sich halte/ denn itzt geschrieben ist/ auff das sich nicht einer widder den andern vmb jmands willen auffblase/ Denn wer hat dich furgezogen? Was hastu aber/ das du nicht empfangen hast? So du es aber empfangen hast/ was rhümestu dich denn/ als der es nicht empfangen hette? Jr seid schon sat worden/ jr seid schon d reich worden/ jr herschet on vns/ Vnd wolte Gott/ jr herschetet/ auff das auch wir mit euch herschen möchten.

Ich halte aber/ Gott habe vns Apostel fur die aller geringesten dargestellet/ als dem tode vbergeben/ Denn wir sind ein schawspiel worden der welt/ vnd den Engeln/ vnd den menschen. Wir sind narren vmb Christus willen/ jr aber seid klug jnn Christo. Wir schwach/ jr aber starck. Jr herrlich/ wir aber verachtet. Bis auff diese stund leiden wir hunger vnd durst/ vnd sind nacket/ vnd werden geschlagen/ vnd haben keine gewisse stete/ vnd erbeiten vnd wircken mit vnsern eigen henden. Man schilt vns/ so segen wir/ man verfolget vns/ so dulden wirs/ man lestert vns/ so flehen wir. Wir sind stets als ein e fluch der welt/ vnd ein Fegopffer aller leute.

Nicht schreibe ich solches/ das ich euch bescheme/ sondern ich vermane euch/ als meine lieben kinder/ Denn ob jr gleich zehen tausent zuchtmeister hettet/ jnn Christo/ so habt jr doch nicht viel veter/ Denn ich habe euch gezeuget jnn Christo Jhesu/ durchs Euangelion/ Darumb ermane ich euch/ seid meine nachfolger. Aus der selben vrsache

---

Marginal notes:

a (Gestraffet) Das ist/ gebüsset/ wie er ner fur gericht die busse geven mus.

c (Geheimnis) Das ist das Euangelion/ darinnen die Göttlichen güter verborgen/ vns fur getragen werden.

d Ironia/ Er spottet jr/ vnd meinet das widderspiel.

e (Fluch/ Fegopffer) Fluch auff Griechisch/ Katharma Fegopffer/ Perpsema/ latinisch piaculum/ hies ein mensch/ der ein solche böse that begangen hatte/ das man meinet/ Gott wurde land vnd leute darumb verfluche vnd verderben/ Darüb wenn sie den selbigen abtheten/ meineten sie/ sie hetten den fluch weg gethan/ vnd das land gereiniget/ Solcher fluch war der Prophet Jonas/ da er jns meer geworffen ward. Zu weilen namen sie auch einen vnschüldigen menschen/ wenn so grosse plage jm lande war/ vnd meineten/ sie fegeten das land von solcher plage mit solchem/ tod oder der opffer wurffen jn jnns meer/ vnd sprachen/ Du seiest vnser Fegopffer/ das wir genesen vnd erlöser werden/ Also meinet die welt/ das die Apostel vnd des Euangelij prediger/ die ergesten vnd schedlichsten leute auff erden seien/ wenn sie der los were/ so stünde es wol/ vnd weren alles vn glücks vnd fluchs los/ hetten damit Got grossen dienst gethan/ Joh. xvj.

Job. v. psalm. xcv.

b (Alles ewer) Darüb hat kein mensch macht/ vber die Christen gesetz zu machen/ die gewissen zu binden.

Die Erste Epistel

vrsache habe ich Timotheon zu euch gesand / welcher ist mein lieber vnd getrewer son jnn dem Herrn / das er euch erinnere meiner wege / die da jnn Christo sind / gleich wie ich an allen enden / jnn allen Gemeinen lere. Es blehen sich etliche auff / als würde ich nicht zu euch komen / Ich wil aber gar kürtzlich zu euch komen / so der Herr wil / vnd erlernen / nicht die wort der auffgeblasenen / sondern die krafft / Denn das Reich Gottes stehet nicht jnn worten / sondern jnn krafft. Was wölt jr? sol ich mit der ruten zu euch komen / odder mit liebe vnd sanfftmütigem geist?

V.

Es gehet ein gemein geschrey / das hurerey vnter euch ist / vnd eine solche hurerey / da auch die Heiden nicht von zu sagen wissen / das einer seines vaters weib habe. Vnd jr seid auffgeblasen / vnd habt nicht viel mehr leide getragen / auff das / der das werck gethan hat / von euch gethan würde / Ich zwar / als der ich mit dem leibe nicht da bin / doch mit dem geist gegenwertig / habe schon als gegenwertig beschlossen / vber den / der solchs also gethan hat / jnn dem namen vnsers HErrn Jhesu Christi / jnn ewer versamlung mit meinem geist / vnd mit der krafft vnsers HERRn Jhesu Christ / jn zu vbergeben dem Satan / zum verderben des fleisches / auff das der geist selig werde am tage des HERRn Jhesu.

Ewer rhum ist nicht fein / Wisset jr nicht / das ein wenig saurteig den gantzen teig versauret? Darumb feget den alten saurteig aus / auff das jr ein newer teig seid / gleich wie jr vngesewert seid. Denn wir haben auch ein Osterlamb / das ist Christus / fur vns geopffert. Darumb lasset vns Ostern halten / nicht im alten saurteig / auch nicht im saurteig der bosheit vnd schalckheit / sondern jnn dem süsteig der lauterkeit vnd der warheit.

(Newer teig) Es ist noch vbrige sunde jnn den heiligen / die auszufegen ist / Darüb spricht er / jr seid vngeseuert / das ist / heilig / aber schaffet / das jr alles ausfeget / vnd gantz rein / ein gantz newer teig werdet.

(Jr die welt) Wer nicht vnter bösen leuten sein wölte / der müste die gantze welt meiden / Darüb wil er / das man böse Christen meiden solle / das sie nicht den namen furen / oder sich bessern müssen. Denn die vnchristen habe den name nicht.

Ich habe euch geschrieben jnn dem briue / das jr nichts solt zu schaffen haben mit den hurern / das meine ich gar nicht von den hurern jnn dieser welt / odder von den geitzigen / odder von den reubern / odder von den Abgöttischen / sonst müsset jr die welt reumen. Nu aber habe ich euch geschrieben / jr solt nichts mit jnen zu schaffen haben / Nemlich / so jmand ist / der sich lesset einen Bruder nennen / vnd ist ein hurer / odder ein geitziger / odder ein Abgöttischer / odder ein Lesterer / odder ein truncken bold / odder ein reuber / mit dem selbigen solt jr auch nicht essen / Denn was gehen mich die draussen an / das ich sie solt richten? Richtet jr nicht / die da hinnen sind? Gott aber wird die draussen sind / richten. Thut von euch selbs hinaus / wer da böse ist.

VI.

Je thar jmand vnter euch / so er einen handel hat mit einem andern / haddern fur den vnrechten / vnd nicht fur den Heiligen? Wisset jr nicht / das die Heiligen die welt richten werden? So denn nu die welt sol von euch gerichtet werden / seid jr denn nicht gut gnug / geringer sachen zu richten? Wisset jr nicht / das wir vber die Engel richten werden? wie viel mehr vber die zeitliche güter? Jr aber / wenn jr vber zeitlichen gütern sachen habt / so nemet jr die / so bey der

An die Corinther. CXVIII.

bey der Gemeine ͣ veracht sind/ vnd setzet sie zu Richter. Euch zur schande mus ich das sagen/ Ist so gar kein weiser vnter euch? odder doch nicht einer/ der da kündte richten zwischen bruder vnd bruder? sondern ein Bruder mit dem andern haddert/ dazu fur den vngleubigen.

ͣ (Veracht Das sind die Heyden/ die man nicht leisst mit den Christen zu Christlichen sachen/ als Sacrament etc.

Es ist schon ein feil vnter euch/ das jr mit einander rechtet/ Warumb lasset jr euch nicht viel lieber vnrecht thun? Warumb lasset jr euch nicht viel lieber verforteilen? sondern jr thut vnrecht/ vnd verforteilet/ vnd solches an den Brüdern. Wisset jr nicht/ das die vngerechten werden das Reich Gottes nicht ererben? Lasset euch nicht verfüren/ wedder die hurer/ noch die Abgöttischen/ noch die ehebrecher/ noch die weichlingen/ noch die knabenschender/ noch die diebe/ noch die geitzigen/ noch die trunckenen/ noch die lesterer/ noch die reuber/ werden das Reich Gottes ererben. Vnd solche seid jr etliche gewesen/ aber jr seid abgewaschen/ jr seid geheiliget/ jr seid gerecht worden/ durch den namen des Herrn Jhesu/ vnd durch den Geist vnsers Gottes.

Ich habs alles macht/ es fromet aber nicht alles. Ich hab es alles macht/ Es sol mich aber nichts gefangen nemen. Die speise dem bauche/ vnd der bauch der speise/ aber Gott wird diesen vnd jhene hin richten. Der leib aber nicht der hurerey/ sondern dem Herrn/ vnd der Herr dem leibe. Gott aber hat den Herrn aufferwecket/ vnd wird vns auch aufferwecken/ durch seine krafft. Wisset jr nicht/ das ewre leibe Christi glieder sind? Solt ich nu die glieder Christi nemen/ vnd huren glieder draus machen? Das sey ferne. Odder wisset jr nicht/ das/ wer an der huren hanget/ der ist ein leib mit jr/ Denn sie werden/ (spricht er) zwey jnn einem fleische sein. Wer aber dem Herrn anhanget/ der ist ein geist mit jm.

Gene. ij

Fliehet die hurerey/ Alle sünde die der mensch thut/ sind ausser seinem leibe/ Wer aber huret/ der sundiget an seinem eigen leibe. Odder wisset jr nicht/ das ewer leib ein tempel des Heiligen geistes ist/ der jnn euch ist/ welchen jr habt von Gott/ vnd seid nicht ewer selbs? Denn jr seid thewer erkaufft/ Darumb so preiset Gott an ewrem leibe vnd jnn ewrem geist/ welche sind Gottes.

VII.

Von dem jr aber mir geschrieben habt/ antworte ich. Es ist dem menschen gut/ das er kein weib berüre/ Aber vmb der hurerey willen/ habe ein jglicher sein eigen weib/ vnd eine jgliche habe jren eigen man. Der man leiste dem weibe die schuldige freundschafft/ des selbigen gleichen das weib dem manne. Das weib ist jres leibs nicht mechtig/ sondern der man/ Desselbigen gleichen/ der man ist seines leibes nicht mechtig/ sondern das weib. Entziehe sich nicht eins dem andern/ es sey denn aus beider bewilligung/ eine zeitlang/ das jr zum fasten vnd beten musse habt/ vnd komet widderumb zusamen/ auff das euch der Satan nicht versuche/ vmb ewer vnkeuscheit willen.

Solchs sage ich aber aus vergunst/ vnd nicht aus gebot. Ich wolte aber lieber/ alle menschen weren wie ich bin/ Aber ein jglicher hat seine eigene gabe von Gott/ einer sonst/ der ander so. Ich sage zwar den ledigen vnd widwen/ Es ist jnen gut/ wenn sie auch bleiben

X wie ich/

Die Erste Epistel.

(brennen)
Brunst leiden.

wie ich/ So sie aber sich nicht enthalten/ so las sie freien. Es ist besser freien/ denn a brennen.

Den ehelichen aber gebiete/ nicht ich/ sondern der Herr/ das das weib sich nicht scheide von dem manne. So sie sich aber scheidet/ das sie one ehe bleibe/ odder sich mit dem manne b versüne/ vnd das der man das weib nicht von sich lasse.

b
(versüne)
Kein vrsach scheidet man vn weib/ on der ehebruch Matth. xix. Darumb jnn andern zornes sachen/ mussen sie entwedder eines werden/odder on ehe bleiben/wo sie sich druber scheiden.

Den andern aber/ sage ich/ nicht der Herr/ So ein Bruder ein vngleubig weib hat/ vnd die selbige lesset es jr gefallen/bey jm zu wonen/der scheide sich nicht von jr. Vnd so ein weib einen vngleubigen man hat/ vnd er lesset es jm gefallen/ bey jr zu wonen/ die scheide sich nicht von jm/ Denn der vngleubige man ist c geheiliget durchs weib/ vnd das vngleubige weib wird geheiliget durch den man/ sonst weren ewre kinder vnrein/ nu aber sind sie heilig. So aber der vngleubige sich scheidet/ so las jn sich scheiden. Es ist der Bruder odder die schwester nicht gefangen jnn solchen fellen/ Im fride aber hat vns Gott beruffen. Was weissestu aber/ du weib/ ob du den man werdest selig machen? odder du man/ was weissestu/ ob du das weib werdest selig machen? Doch wie einem iglichen Gott hat ausgeteilet.

c
(geheiliget)
Gleich wie den reinen ist alles rein/ Tit.j.Also ist eine Christen ein vnchristen gemahl auch rein/ das er on sunde bey jm sein mag. vnd die kinder nicht zu verwerffe/ als vnrein/ die er nicht leiden solle odder muge. Denn die vnd kinder sorge bleibt recht es sey heidnisch odder Christisch

Ein iglicher/ wie jn der Herr beruffen hat/ also wandel er/ vnd also schaffe jchs jnn allen Gemeinen/ Ist jemand beschnitten beruffen/ der zeuge keine vorhaut/ Ist jemand beruffen jnn der d vorhaut/ der lasse sich nicht beschneiden. Die beschneidung ist nichts/ vnd die vorhaut ist nichts/ sondern Gottes gebot halten. Ein iglicher bleibe jnn dem ruff/ darinnen er beruffen ist. Bistu ein knecht beruffen/ sorge dir nicht/ doch/ kanstu frey werden/ so brauche des viel lieber. Denn wer ein knecht beruffen ist jnn dem Herrn/ der ist ein gefreiter des Herrn/ Desselbigen gleichen/ wer ein freier beruffen ist/ der ist ein knecht Christi. Ir seid thewr erkaufft/ werdet nicht der menschen knechte. Ein iglicher/ lieben Brüder/ worinnen er beruffen ist/ darinnen bleibe er bey Gott.

d
(vorhaut)
Das ist/ niemand dringe darauff/ das vorhaut odder beschneidung not sey/ sondern lasses beides on not vnd frey sein jederman

Von den jungfrawen aber/ hab ich kein gebot des Herrn/ ich sage aber meine meinung/ als ich barmhertzigkeit erlanget habe von dem Herrn/ trew zu sein. So meine ich nu/ solches sey gut/ vmb der gegenwertigen not willen/ das es dem menschen gut sey/ also zu sein. Bistu an ein weib gebunden/ so suche nicht los zu werden/ Bistu aber los vom weibe/ so suche kein weib. So du aber freiest/ sundigestu nicht/ Vnd so eine Jungfraw freiet/ sundiget sie nicht/ Doch werden solche/ leibliche trübsal haben/ Ich verschonet aber ewer gerne.

Das sage ich aber/ lieben Brüder/ die zeit ist kurtz/ weiter ist das die meinung/ die da weiber haben/ das sie seien/ als hetten sie keine/ Vnd die da weinen/ als weineten sie nicht/ Vnd die sich frewen/ als freweten sie sich nicht/ vnd die da keuffen/ als besessen sie es nicht/ Vnd die dieser welt brauchen/ das sie der selbigen nicht missebrauchen. Denn das wesen jnn dieser welt vergehet.

Ich wolt aber/ das jr on sorge weret. Wer ledig ist/ der sorget was den Herrn angehört/ wie er dem Herrn gefalle. Wer aber freiet/ der sorget was die welt angehört/ wie er dem weibe gefalle. Es ist ein vnterscheid zwischen eim weibe vnd einer Jungfrawen/ Welche nicht freiet/ die sorget was den Herrn angehört/ das sie heilig sey/ beide am leibe vnd auch am geist. Die aber freiet/ die sorget was die welt

An die Corinther. CXIX.

die welt angehört/wie sie dem manne gefalle. Solchs aber sage ich zu ewrem ᵃ nutz/nicht das ich euch einen ᵇ strick an den hals werffe/sondern dazu/das es wol zieret/vnd jr stets vnd vnuerhindert dem Herrn dienen könnet.

So aber jemand sich lesset düncken / es wölle sich nicht schicken mit seiner Jungfrawen/weil sie eben wol manbar ist/vnd es wil nicht anders sein/so thu er was er wil/er sündiget nicht / er lasse sie freien. Wenn einer aber jm fest fur nimpt/weil er vngezwungen ist / vnd seinen freien ᶜ willen hat/vnd beschleusst solches jnn seinem hertzen/seine Jungfraw also bleiben zu lassen/der thut wol. Endlich / welcher verheiratet / der thut wol/ welcher aber nicht verheiratet / der thut ᵈ besser. Ein weib ist gebunden an das Gesetz/so lange der man lebet/ So aber jr man entschlefft/ist sie frey / sich zu verheiraten/welchem sie wil/allein/das es jnn dem Herrn geschehe. Seliger ist sie aber / wo sie also bleibet/nach meiner meinung/Ich halte aber / ich hab auch den geist Gottes.

ᵃ (nutz)
Das jr erwelet hierin/was euch das beste ist.

ᵇ (strick)
Paulus wil niemand die ehe verbieten/wie jtzt durch gesetz vn gelübd geschicht/bey Pfaffen/Mönchen vn Nonnen.

ᶜ (freien willen)
Das ist/das sie dar ein willige. Vngezwungen ist er denn es zwingt jn Gottes gebot nicht dazu.

ᵈ (besser)
Nicht das er fur Gott damit höher werde/ fur welchem allein der glaube hebet/ sondern wie er droben sagt/ das er das Gottes warten kan jnn diesem leben.

VIII.

Er spottet jr.

Von dem Götzen opffer aber wissen wir/ denn wir haben alle das wissen. Das wissen ᵉ blesset auff/ Aber die liebe bessert. So aber sich jemand duncken lesst/ er wisse etwas/der weis noch nicht/wie er wissen sol/ So aber jemand Gott liebet/der selbige ist von jm erkand. So wissen wir nu von der speise des götzen opffers/das ein Götz nichts jnn der welt sey/ vnd das kein ander Gott sey/on der einige. Vnd wie wol es sind/die Götter genennet werden/es sey im himel odder auff erden(sintemal es sind viel Götter vnd viel Herrn)so haben wir doch nur einen Gott/den Vater/von welchem alle ding sind/vnd wir jnn jm / vnd einen Herrn Jhesu Christ/ durch welchen alle ding sind/vnd wir durch jn.

ᵉ (blesset)
Sie sehet er an die liebe zu preise/gegen den schwachgleubigen.

Es hat aber nicht jederman das wissen/ Denn etliche machen jn noch ein gewissen vber dem götzen/ vnd essens fur götzen opffer/ damit wird jr gewissen/die weil es so schwach ist/beflecket. Aber die speise fordert vns fur Gott nicht. Essen wir / so werden wir darumb nicht besser sein/ Essen wir nicht/ so werden wir darumb nichts weniger sein.

Sehet aber zu/das diese ewre freiheit nicht gerate zu einem anstos der schwachen. Denn so dich(der du das erkentnis hast) jemand sehe zu tische sitzen im Götzen hause/wird nicht sein gewissen/ die weil er schwach ist / verursachet/ das götzen opffer zu essen? vnd wird also vber deinem erkentnis der schwache Bruder vmbkomen/ vmb welchs willen doch Christus gestorben ist. Wenn jr aber also sündiget an den Brüdern/ vnd schlahet jr schwaches gewissen/ so sündiget jr an Christo. Darumb/ so die speise meinen Bruder ergert/ wolte ich nimermehr fleisch essen / auff das ich meinen Bruder nicht ergere.

IX.

T ij   Bin ich

Die Erste Epistel

BIn ich nicht ein Apostel? bin ich nicht frey? Hab ich nicht vnsern Herrn Jhesum Christum gesehen? Seid nicht jr mein werck jnn dem Herrn? Bin ich andern nicht ein Apostel/ so bin ich doch ewer Apostel/ Denn das siegel meines Apostel ampts seid jr/ jnn dem Herrn. Wenn man mich fraget/ so antworte ich also/ Haben wir nicht macht zu essen vnd zu trincken? Haben wir nicht auch macht eine schwester zum weibe mit vmbher zu füren/ wie die andern Apostel/ vnd des Herrn Brüder vnd Kephas? odder haben alleine ich vnd Barnabas nicht macht das zu thun? Welcher reiset jemals auff seinen eigen sold? Welcher pflantzet einen weinberg/ vnd isset nicht von seiner frucht? Odder welcher weidet eine herd/ vnd isset nicht von der milch der herden?

Rede ich aber solchs auff menschen weise? Saget nicht solches das Gesetz auch? Denn im Gesetz Mosi stehet geschrieben/ Du solt dem ochsen nicht das maul verbinden/ der da dreschet. ᵃ Sorget Gott fur die ochsen? odder saget ers nicht aller dinge vmb vnsert willen? Denn es ist ja vmb vnsern willen geschrieben. Denn der da pflüget/ sol auff hoffnung pflügen/ vnd der da dreschet/ sol auff hoffnung dreschen/ das er seine hoffnung teilhafftig werde. So wir euch das geistliche seen/ ists ein gros ding/ ob wir ewer leibliches erndten? So aber andere dieser macht an euch teilhafftig sind/ warumb nicht viel mehr wir?

Aber wir haben solcher macht ᵇ nicht gebraucht/ sondern wir vertragen allerley/ das wir nicht dem Euangelio Christi eine hindernis machen. Wisset jr nicht/ das die da opffern/ essen vom opffer/ vnd die des Altars pflegen/ geniessen des Altars? Also hat auch der Herr befolhen/ das die das Euangelion verkündigen/ sollen sich vom Euangelio neeren. Ich aber habe der keines gebrauchet.

Ich schreibe auch nicht darumb dauon/ das mit mir also solte gehalten werden. Es were mir lieber/ ich stürbe/ denn das mir jemand meinen rhum solte zu nichte machen/ Denn das ich das Euangelion predige/ darff ich mich nicht rhümen/ denn ich mus es thun/ Vnd wehe mir/ wenn ich das Euangelion nicht predigete. Thue ichs gerne/ so wird mir gelohnet/ Thue ichs aber vngerne/ so ist mir das ampt doch befolhen. ᶜ Was ist denn nu mein lohn? Nemlich/ das ich predige das Euangelion Christi/ vnd thu das selbige frey vmb sonst/ auff das ich nicht meiner freiheit misbrauche am Euangelio.

Denn wie wol ich frey bin von jederman/ hab ich doch mich selbs jederman zum knechte gemacht/ auff das ich jrer viel gewinne. Den Jüden bin ich worden als ein Jüde/ auff das ich die Jüden gewinne/ Denen die vnter dem Gesetz sind/ bin ich worden als vnter dem Gesetz/ auff das ich die/ so vnter dem Gesetz sind/ gewinne. Denen die on Gesetz sind/ bin ich als on Gesetz worden (so ich doch nicht on Gottes Gesetz bin/ sondern bin jnn dem Gesetz Christi) auff das ich die/ so on Gesetz sind/ gewinne. Den schwachen bin ich worden als ein schwacher/ auff das ich die schwachen gewinne. Ich bin jederman allerley worden/ auff das ich allenthalben ia etliche selig mache. Solches aber thu ich vmb des Euangelij willen/ auff das ich sein teilhafftig werde.

Wisset

ᵃ (Sorget) Gott sorget fur alle ding/ aber er sorget nicht/ das fur die ochsen geschrieben werde/ deñ sie konnen nicht lesen

ᵇ (Nicht gebrauchet) Sihe/ der Apostel verschonet so fast der schwacheit an dē andern/ das er auch alles des sich enthelt/ da er macht/ als ein Apostel/ dazu auch der andern Apostel exempel dazu hat.

ᶜ (Was ist mein lohn) S. Paulus wil nicht rhümen sein predigen/ deñ das ist er schüldig/ sondern das er vmb sonst predige on sold/ das helt er fur ein sonderlich lohn vnd rhum.

Deu.xxv

An die Corinther. CXX.

Wisset jr nicht/das die/so jnn den schrancken lauffen/die lauffen alle/aber einer erlanget das kleinod. Lauffet nu also/das jr es ergreiffet. Ein jglicher aber der da kempffet/enthelt sich alles dinges/Jhene also/das sie eine vergengliche krone empfahen/wir aber eine vnvergengliche. Ich lauffe aber also/nicht als auffs ⁂ vngewisse. Ich fechte also/nicht als der jnn die lufft streichet/sondern ich betewbe meinen leib/vnd zeme jn/das ich nicht den andern predige/vnd selbs verwerfflich werde.

X.

Ich wil euch aber/lieben Brüder/nicht verhalten/das vnser Veter sind alle vnter der wolcken gewesen/vnd sind alle durchs meer gegangen/vnd sind alle vnter Mosen getaufft/mit der wolcken/vnd mit dem meer/vnd haben alle einerley geistliche speise gessen/vnd haben alle einerley geistlichen tranck getruncken/Sie truncken aber von dem geistlichen Fels/der mit folget/welcher war Christus. Aber an jr vielen hatte Gott kein wolgefallen/denn sie sind nidder geschlagen jnn der wüsten.

Das ist aber vns zum furbilde geschehen/das wir nicht vns gelüsten lassen des bösen/gleich wie jhene gelüstet hat. Werdet auch nicht Abgöttische/gleich wie jhener etliche worden/als geschrieben stehet/Das volck satzte sich nidder zu essen vnd zu trincken/vnd stund auff zu spielen. Auch lasset vns nicht hurerey treiben/wie etliche vnter jhenen hurerey trieben/vnd fielen auff einen tag drey vnd zwentzig tausent. Lasset vns aber auch Christum nicht versuchen/wie etliche von jhenen jn versuchten/vnd wurden von den schlangen vmb bracht. Murret auch nicht/gleich wie jhener etliche murreten/vnd wurden vmb bracht durch den Verderber.

Solches alles widderfur jhenen/zum furbilde/Es ist aber geschrieben vns zur warnung/auff welche das ende der welt komen ist/darumb/wer sich lesset düncken/er stehe/mag wol zu sehen/das er nicht falle. Es hat euch noch keine/denn menschliche versuchung betreten/Aber Gott ist getrew/der euch nicht lesset versuchen/vber ewer vermögen/sondern machet/das die versuchung so ein ende gewinne/das jrs künd ertragen. Darumb/meine liebesten/fliehet von dem Götzen dienst.

Als mit den klugen rede ich/richtet jr/was ich sage/Der gesegnete Kelch/welchen wir segenen/ist der nicht die gemeinschafft des bluts Christi? Das brod das wir brechen/ist das nicht die gemeinschafft des leibs Christi? Denn ein brod ists/so sind wir viel ein leib/die weil wir alle eines brods teilhafftig sind. Sehet an den Israel nach dem fleisch/welche die opffer essen/sind die nicht jnn der gemeinschafft des altars?

Was sol ich denn nu sagen? Sol ich sagen/das der Götze etwas sey? odder das das götzen opffer etwas sey? Aber ich sage/das die Heiden/was sie opffern/das opffern sie den Teuffeln/vnd nicht Gotte. Nu wil ich nicht/das jr jnn der Teuffel gemeinschafft sein solt. Ir künd nicht zu gleich trincken des Herrn kelch/vnd der Teuffel kelch. Ir künd nicht zu gleich teilhafftig sein des Herrn tisches/vnd des Teuffels tisches. Odder wöllen wir den Herrn trotzen? Sind wir stercker denn er? Ich hab es zwar alles macht/aber es fromet nicht

X iij alles

---

a (auffs vngewisse) Gleich wie ein kepffer/der zur seiten neben aus leufft/des ziels mus feilen/vnd der da fichtet vnd feilstreichet thut/der schlehet vergeblich jnn die lufft/also gehet es alle/die fast viel gute werck on glauben thun/Denn sie sind vngewis/wie sie mit Gott dran sind/darumb sind es eittel feil leufft/feil streich vnd feil werck.

Darumb verachte keiner den andern/wie starck odder schwach er sey/wer weis wie lange er selbs bleibet.

Die Erste Epistel

alles. Jch hab es alles macht/aber es bessert nicht alles. Niemand suche was sein ist/sondern ein jglicher was des andern ist

Alles was feyl ist auff dem fleischmarckt/das esset/vnd forschet nichts/auff das jr der gewissen verschonet. Denn die erde ist des Herrn/vnd was drinnen ist/So aber jemand von den vngleubigen euch ladet/vnd jr wolt hin gehen/so esset alles was euch furgetragen wird/vnd forschet nicht/auff das jr der gewissen verschonet. Wo aber jemand würde zu euch sagen/das ist götzen opffer/so esset nicht/ vmb des willen/der es anzeiget/auff das jr des gewissens verschonet/ (Die erde ist des Herrn/vnd was drinnen ist) Jch sage aber vom gewissen/nicht dein selbs/sondern des andern. Denn warumb solte ich meine freiheit lassen vrteilen/von eines andern gewissen? Denn so ichs mit dancksagung geniesse/was solte ich denn verlestert werden vber dem/da fur ich dancke?

Jr esset nu odder trincket/odder was jr thut/so thut es alles zu Gottes ehre. Seid nicht ergerlich wedder den Jüden noch den Griechen/ noch der Gemeine Gottes/Gleich wie ich auch jederman jnn allerley mich gefellig mache/vnd suche nicht was mir/sondern was vielen fromet/das sie selig werden. Seid meine nachfolger/gleich wie ich Christi.

XI.

Ch lobe euch/lieben Brüder/das jr an mich gedencket jnn allen stücken/vnd haltet die weise/gleich wie ich euch gegeben habe. Jch lasse euch aber wissen/das Christus ist eins jglichen mannes heubt/Der man aber ist des weibes heubt/Gott aber ist Christus heubt/Ein jglicher man/der da betet odder weissaget/vnd hat etwas auff dem heubt/der schendet sein heubt/Ein weib aber/das da betet odder weissaget mit vnbedecktem heubt/die schendet jr heubt/Denn es ist eben so viel/als were sie beschoren. Wil sie sich nicht bedecken/so schneide man jr auch das har abe. Nu es aber vbel stehet/das ein weib verschnitten har habe/odder beschoren sey/so lasset sie das heubt bedecken.

Der man aber sol das heubt nicht bedecken/sintemal er ist Gottes bilde vnd ehre/das weib aber ist des mannes ehre. Denn der man ist nicht vom weibe/sondern das weib ist vom manne/Vnd der man ist nicht geschaffen vmb des weibes willen/sondern das weib vmb des mannes willen. Darumb sol das weib eine macht auff dem heubt haben/vmb der Engel willen/Doch ist weder der man on das weib/ noch das weib on den man/jnn dem Herrn. Denn wie das weib von dem manne/also kompt auch der man durchs weib/aber alles von Gott.

Richtet bey euch selbs/obs wol stehe/das ein weib vnbedecket fur Gott bete/Odder leret euch auch nicht die natur/das einem man eine vnehre ist/so er lange har zeuget/vnd dem weibe eine ehre/so sie lange har zeuget? Das har ist jr zur decke gegeben. Jst aber jemand vnter euch/der lust zu zancken hat/der wisse/das wir die weise nicht haben/die Gemeinen Gottes auch nicht.

Jch mus aber dis befelhen/Jch kans nicht loben/das jr nicht auff besser weise/sondern auff erger weise/zu samen komet. Zum ersten/wenn jr zu samen komet jnn der Gemeine/höre ich/es seien spaltung vnter

---

(des Herrn) Christus ist Herr vnd frey/also auch alle Christen jnn allen dingen.

(lassen vrteilen) Er mag mich vrteilen/aber mein gewissen sol darumb vngeurteilt vnd vngefangen sein/ob ich jm eusserlich weiche zu dienst.

(macht) Das ist/der schleier odder decke/da bey man mercke/ das sie vnter des mannes macht sey Gene. ij.

An die Corinther.

tung vnter euch/vnd zum teil gleube ichs. Denn es müssen rotten vnter euch sein/auff das die/so rechtschaffen sind/offenbar vnter euch werden. Wenn jr nu zu samen komet/so helt man da nicht des Herrn abentmal/Denn so man das abentmal halten sol/nimpt ein jglicher sein eigens vor hin. Vnd einer ist hungerig/der ander ist truncken. Habt jr aber nicht heuser/da jr essen vnd trincken müget? oder verachtet jr die Gemeine Gottes/vn beschemet die/so da nichts haben? Was sol ich euch sagen? Sol ich euch loben? Hierinnen lobe ich euch nicht.

Ich hab es von dem Herrn empfangen/das ich euch gegeben habe/Denn der Herr Jhesus jnn der nacht da er verrhaten ward/nam er das brod/dancket/vnd brachs/vnd sprach/NEMET/esset/das ist mein leib/der fur euch gebrochen wird/Solches thut zu meinem gedechtnis. Desselbigen gleichen auch den kelch/nach dem abentmal/vnd sprach/Dieser kelch ist das newe Testament jnn meinem blut/Solchs thut/so offt jrs trincket/zu meinem gedechtnis.

Denn so offt jr von diesem brod esset/ vnd von diesem kelch trincket/solt jr des Herrn tod verkündigen/bis das er kompt. Welcher nu vnwirdig von diesem brod isset/odder von dem kelch des Herrn trincket/der ist schüldig an dem leib vnd blut des Herrn. Der mensch ᵃ prüfe aber sich selbs/vnd also esse er von diesem brod/vnd trincke von diesem kelch/Denn welcher vnwirdig isset vnd trincket/der isset vnd trincket jm selber das gerichte/damit das er nicht ᵇ vnterscheidet den leib des Herrn.

Darumb sind auch also viel schwachen vnd krancken vnter euch/ vnd ein gut teil schlaffen. Denn so wir vns selber richteten/so würden wir nicht gerichtet. Wenn wir aber gerichtet werden/so werden wir von dem Herrn gezüchtiget/auff das wir nicht sampt der welt verdampt werden. Darumb/meine lieben Brüder/wenn jr zu samen komet zu essen/so harret einer des andern. Hungert aber jemand/der esse da heimen/auff das jr nicht zum gerichte zu samen kompt. Das ander wil ich ordenen/wenn ich kome.

XII.

Von den geistlichen gaben aber/wil ich euch/lieben Brüder/nicht verhalten. Jr wisset ᶜ das jr Heiden seid gewesen/vnd hin gegangen/zu den stummen götzen/wie jr gefurt würdet/Darumb thu ich euch kund/das niemand Jhesum verfluchet/der durch den Geist Gottes redet. Vnd niemand kan Jhesum einen Herrn heissen/on durch den Heiligen geist.

Es sind ᵈ mancherley gaben/aber es ist ein Geist. Vnd es sind mancherley empter/aber es ist ein Herr. Vnd es sind mancherley krefften/ aber es ist ein Gott/der da wircket alles jnn allen. Jnn einem jglichen erzeigen sich die gaben des Geistes/zum gemeinen nutz. Einem wird gegeben durch den Geist zu reden von der weisheit/Dem andern wird gegeben zu reden von der erkentnis/nach dem selbigen Geist. Einem andern der glaube/jnn dem selbigen Geist/Einem andern die gabe gesund zu machen/jnn dem selbigen Geist. Einem andern wunder zu thun/Einem andern weissagung/Einem andern geister zu vnterscheiden/Einem andern mancherley sprachen. Einem andern die sprachen aus zu legen. Dis aber alles wircket der selbige einige Geist/ vnd teilet einem jglichen seines zu/nach dem er wil.

ᵃ (prüffe) Das ist/ein jglicher sehe zu/wie gleube jnn diesem abentmal/was/vn wo zu ers empfahe

ᵇ (nicht vnterscheidet) Der Christus leichnam handelt/vnd damit vmb gehet/ als achtet ers nicht mehr/denn ander speise.

ᶜ (das jr Heiden) Das ist/da jr Heiden waret/wustet jr nichts/wedder von Christo noch von dem Heiligen geist/Nu aber soltet jr des Geistes gaben wissen/on welchen niemand Christum erkenet/ sondern viel mehr verflucht.

ᵈ (mancherley) Es ist jnn allen Christen ein geistliche weisheit/erkentnis/glaube/krafft etc. Aber solchs gegen ander vben vn beweisen/ist nicht jedermans/Sondern von weisheit reden/die da leren Gott erkennen. Vn erkentnis reden/die da leren eusserlich wesen vn Christliche freiheit. Glauben beweisen/die jn offentlich bekennen mit worten vñ wercken/als die merterer. Geister vnterscheiden/die da prüfen die propheceien vñ leren.

Denn

Die Erste Epistel.

Denn gleich wie ein leib ist / vnd hat doch viel glieder / alle glieder aber eines leibes / wie wol jr viel sind / sind sie doch ein leib. Also auch Christus / denn wir sind jnn einem Geist alle zu einem leibe getaufft / wir seien Juden odder Griechen / knechte odder freien / vnd sind alle jnn einem Geist getrencket. Denn auch der leib ist nicht ein glied / sondern viele. So aber der fus spreche / ich bin kein hand / darumb bin ich des leibes gelied nicht / solt es vmb des willen nicht des leibes glied sein? Vnd so das ohre spreche / ich bin kein auge / darumb bin ich nicht des leibes glied / solt es vmb des willen nicht des leibes glied sein? Wenn der gantze leib auge were / wo bliebe das gehöre? So er gantz das gehöre were / wo bliebe der geruch?

Nu aber hat Gott die glieder gesetzt / ein jgliches sonderlich am leibe / wie er gewolt hat / So aber alle glieder ein glied weren / wo bliebe der leib? Nu aber sind der glieder viel / aber der leib ist einer. Es kan das auge nicht sagen zu der hand / ich darff dein nicht / odder widderumb das heubt zu den füssen / ich darff ewer nicht / sondern viel mehr die glieder des leibes / die vns düncken die schwechsten sein / sind die nötigsten / vnd die vns düncken die vnehrlichsten sein / den selbigen legen wir am meisten ehre an / vnd die vns vbel anstehen / die schmücket man am meisten / Denn die vns wol anstehen / die bedörffens nicht Aber Gott hat den leib also vermenget / vnd dem dürfftigen glied am meisten ehre gegeben / auff das nicht eine spaltung jm leibe sey / sondern die glieder fur einander gleich sorgen / Vnd so ein glied leidet / so leiden alle glieder mit / vnd so ein gelied wird herrlich gehalten / so frewen sich alle glieder mit.

Jr seid aber der leib Christi / vnd glieder ein jglicher nach seim teil / Vnd Gott hat gesetzet jnn der Gemeine / auffs erst die Apostel / auffs ander die Propheten / auffs dritte die Lerer / darnach die Wundertheter / darnach die gaben gesund zu machen / Helffer / Regierer / mancherley sprachen. Sind sie alle Apostel? Sind sie alle Propheten? Sind sie alle Lerer? Sind sie alle Wundertheter? Haben sie alle gaben gesund zu machen? Reden sie alle mit mancherley sprachen? Können sie alle auslegen / Strebt aber nach den besten gaben / vnd ich wil euch noch einen köstlichern weg zeigen.

XIII.

Enn ich mit menschen vnd mit Engel zungen redet / vnd hette der liebe nicht / so were ich ein donend ertz / odder eine klingende schelle / Vnd wenn ich weissagen kunde / vnd wüste alle geheimnis / vnd alle erkentnis / vnd hette ᵃ allen glauben / also / das ich berge versetzte / vnd hette der liebe nicht / so were ich nichts. Vnd wenn ich alle meine habe den armen gebe / vnd liesse meinen leib brennen / vnd hette der liebe nicht / so were mirs nichts nütze.

Die liebe ist langmütig vnd freundlich / die liebe einert nicht / die liebe schalcket nicht / sie blehet sich nicht / sie stellet sich nicht ᵇ vngeberdig / sie suchet nicht das jre / sie lesset sich nicht erbittern / sie gedencket nicht arges / sie frewet sich nicht der vngerechtigkeit / sie frewet sich

---

(getrencket) Wir trincken einerley Sacrament / das wir auch einerley geist empfahen / gleich wie wir einerley tauffe empfahen / das wir ein leib seien.

ᵃ (allen glauben) Wiewol allein der glaube gerecht machet / als S. Paulus allenthalben treibet / doch wo die liebe nicht folget / were der glaube gewislich nicht recht / ob er gleich wunder thete.

ᵇ (vngeberdig) Wie die zornigen / storrigen / vngedültigen köpffe thun.

An die Corinther. CXXII.

wet sich aber der warheit/sie vertreget alles/sie gleubet alles/sie hoffet alles/sie duldet alles/die liebe wird *a* nicht müde/so doch die weissagung auff hören werden/vnd die sprachen auff hören werden/vnd das erkentnis auff hören wird.

Denn vnser wissen ist *b* stückwerck/vnd vnser weissagen ist stückwerck/Wenn aber komen wird das volkomen/so wird das stückwerck auff hören. Da ich ein kind war/da redet ich wie ein kind/vnd war klug wie ein kind/vnd hatte kindische anschlege/Da ich aber ein man ward/that ich abe was kindisch war. Wir sehen jtzt durch einen spiegel jnn einem tunckeln wort/denn aber von angesicht zu angesichte. Jtzt erkenne ichs stücksweise/denn aber werde ich erkennen/gleich wie ich erkennet bin. Nu aber bleibt glaube/hoffnung/liebe/diese drey/aber die liebe ist *c* die grössest vnter jnen.

XIIII.

Trebet nach der liebe/Vleissiget euch der geistlichen gaben/am meisten aber/das jr weissagen möget. Denn der mit der zungen redet/der redet nicht den menschen/sondern Gotte/Denn jm höret niemand zu/Jm Geist aber redet er die geheimnis. Wer aber weissaget/der redet den menschen zur besserung/vnd zur ermanung/vnd zur tröstung. Wer mit der *d* zungen redet/der bessert sich selbs/Wer aber weissaget/der bessert die Gemeine. Ich wolt/das jr alle mit zungen reden kundtet/aber viel mehr/das jr weissagetet/Denn der da weissaget/ist grösser denn der mit zungen redet/es sey denn/das ers auch auslege/das die Gemeine dauon gebessert werde. Nu aber/lieben Brüder/wenn ich zu euch keme/vnd redet mit zungen/was were ich euch nütze? so ich nicht mit euch redet/entweder durch Offenbarung/odder durch Erkentnis/odder durch Weissagung/odder durch Lere.

Velt sichs doch auch also jnn den dingen/die da lauten/vnd doch nicht leben/es sey eine pfeiffe odder eine harffe/wenn sie nicht vnterschiedliche stimme von sich geben/wie kan man wissen/was gepfiffen odder geharffet ist? Vnd so die posaune einen vndeutlichen dohn gibt/wer wil sich zum streit rüsten? Also auch jr/wenn jr mit zungen redet/so jr nicht eine deutliche rede gebet/wie kan man wissen/was geredt ist? Denn jr werdet jnn den wind reden.

Zwar es ist mancherley art der stimme jnn der welt/vnd der selbige ist doch keine vndeutlich. So ich nu nicht weis der stimme deutunge/werde ich vndeudsch sein dem/der da redet/vnd der da redet/wird mir vndeudsch sein/Also auch jr/sintemal jr euch vleissiget der geistlichen gaben/trachtet darnach/das jr die Gemeine bessert/auff das jr volle gnüge habt.

Darumb/welcher mit zungen redet/der bete also/das ers auch auslege. So ich aber mit zungen bete/so betet mein geist/aber mein sinn bringet niemand frucht. Wie sol es aber denn sein? nemlich/also/Ich wil beten mit dem Geist/vnd wil beten auch im sinn/Ich wil Psalmen singen im Geist/vnd wil auch Psalmen singen *e* mit dem sinn.

Wenn

---

a (nicht müde) Das ist/sie lest nicht abe guts zu thun/man thue jr lieb odder leid/sondern helt fest an mit wol thun.

b (stückwerck) Wiewol wir im glauben alles haben/vnd erkennen was Gott ist/vnd vns gibt/so ist doch dasselbige erkennen noch stückwerck/vnd vnuolkomen gegen der zukunfftigen klarheit.

c (die grössest) Liebe machet nicht gerecht/sondern der glaube/Rom.j. Weil aber glaube vnd hoffnung gegen Gott handeln/vnd nur gutes empfahen/dazu auff höre müssen. Die liebe aber gegen dem nehesten handelt/vnd nur gutes thut/da zu ewig bleibet/ist sie grösser/das ist/weiter/thetiger vñ warhafftiger.

d (zungen redet) Mit zungen redē/ist Psalmen odder Propheten jn der Gemeine lesen odder singen/vnd sie nicht auslegen/wie wol sie der leser verstehet. Weissagen ist den sinn von Gott nemen/vnd andern geben mögen. Auslegen/ist den sinn andern furgeben. Also meinet S. Paulus mit zungen reden/bessert die Gemeine nicht/weissagen aber vñ auslegē bessert die Gemeine. Jm geist/heisset bey jm selber.

e (mit dem sinn) Mit dem sinn reden/ist eben so viel als auslegen/vnd den sinn den andern verkleren/Aber im geist reden/ist den sinn selbs verstehen/vñ nicht auslegen.

Die Erste Epistel

Wenn du aber segenest im Geist/wie sol der/so an stat des Leien stehet/Amen sagen/auff deine dancksagung/sintemal er nicht weis/was du sagest? Du dancksagest wol fein/aber der ander wird nicht dauon gebessert. Jch dancke meinem Gott/das ich mehr mit zungen rede/denn jr alle. Aber ich wil ynn der Gemeine lieber funff wort reden/mit meinem sinn/auff das ich auch andere vnterweise/denn sonst zehen tausent wort mit zungen.

(sinn) Das ist/den sinn mit predigen/auslegen.

Lieben Brüder/werdet nicht kinder an dem verstentnis/sondern an der bosheit seid kinder/an dem verstentnis aber seid volkomen. Im Gesetz stehet geschrieben/Jch wil mit andern zungen vnd mit andern lippen reden zu diesem volck/vnd sie werden mich auch also nicht hören/spricht der Herr. Darumb/so sind die zungen zum zeichen/nicht den gleubigen/sondern den vngleubigen/Die weissagung aber nicht den vngleubigen/sondern den gleubigen.

Isaie. xxviij.

(zum zeichen) Durch mancherley zungen werden die vngleubigen zum glaubē bekert/wie durch andere zeichen vnd wunder/aber durch weissagung werden die gleubige gebessert vnd gesterckt/dar an sie jren glaubē prüfen vnd erfaren/das er recht sey.

Wenn nu die gantze Gemeine zu samen keme an einen ort/vnd redeten alle mit zungen/Es kemen aber hinein Leien odder vngleubige/würden sie nicht sagen/jr weret vnsinnig? So sie aber alle weissageten/vnd keme denn ein vngleubiger odder Leie hinein/der würde von den selbigen allen gestraffet/vnd von allen gerichtet/vnd also würde das verborgen seines hertzen offenbar/vnd er würde also fallen auff sein angesichte/Gott anbeten/vnd bekennen/das Gott warhafftig jnn euch sey.

Wie ist jm denn nu/lieben Brüder? wenn jr zu samen komet/so hat ein jglicher Psalmen/er hat lere/er hat zungen/er hat offenbarung/er hat auslegung/Lasset es alles geschehen zur besserung. So jemand mit der zungen redet/odder zween odder auffs meiste drey/eins vmbs ander/so lege es einer aus. Ist er aber nicht ein ausleger/so schweige er vnter der Gemeine/rede aber jm selber vnd Gotte.

Die Weissager aber lasset reden/zween odder drey vnd die andern lasset richten/So aber eine offenbarung geschicht einem andern/der da sitzt/so schweige der erste. Jr künd wol alle weissagen/einer nach dem andern/auff das sie alle lernen/vnd alle ermanet werden. Vnd die geister der Propheten/sind den Propheten vnterthan. Denn Gott ist nicht ein Gott der vnordnung/sondern des frides/wie jnn allen Gemeinen der Heiligen.

(vnterthan) Etliche meinen weil sie den verstand vñ des Geistes gaben haben/sollen sie niemand weichē noch schweigen/daraus mancherley secten vnd zwitracht folgen. Aber S. Paulus spricht hie/sie sollen vnd mügen wol weichen/sintemal die gaben des geistes jn jrer macht stehen/jr nicht zu brauchen wider die einigkeit/das sie nicht sagen dürffen/der geist treibe vnd zwinge sie.

Ewer weiber lasset schweigen vnter der Gemeine/Denn es sol jnen nicht zugelassen werden/das sie reden/sondern vnterthan sein/wie auch das Gesetz saget/Wöllen sie aber etwas lernen/so lasset sie daheimen jre menner fragen. Es stehet den weibern vbel an/vnter der Gemeine reden/Odder ist das wort Gottes von euch aus komen? odder ists allein zu euch komen? So sich jemand lesset düncken/er sey ein Prophet/odder geistlich/der erkenne/was ich euch schreibe/denn es sind des Herrn gebot. Ist aber jemand vnwissend/der sey vnwissend. Darumb/lieben Brüder/vleissiget euch des weissagen/vnd weret nicht mit zungen reden/Lassets alles züchtiglich vnd ordentlich zu gehen.

Gene.ij

XV.

Jch

An die Corinther. CXXIII.

ICh erinnere euch aber/lieben Brüder/des Euangelions/das Ich euch verkündiget habe/welches jr auch angenomen habt/jnn welchem jr auch stehet/durch welches jr auch selig werdet/welcher gestalt ich es euch verkündiget habe/so jrs behalten habt/Es were denn/das jr vmb sonst gegleubet hettet.

Denn ich habe euch zu förderst gegeben/welches ich auch empfangen habe/das Christus gestorben sey fur vnser sunde/nach der Schrifft/vnd das er begraben sey/vnd das er aufferstanden sey/am dritten tage/nach der Schrifft/vnd das er gesehen worden ist von Kephas/darnach von den Zwelffen/darnach ist er gesehen worden von mehr denn funffhundert Brüdern auff ein mal/der noch viel leben/etliche aber sind entschlaffen/Darnach ist er gesehen worden von Jacobo/darnach von allen Aposteln.

(nach der Schrifft) Denn fur der vernunfft ausser der Schrifft ist alles thörlich zu hören.

Am letzten nach allen/ist er auch von mir/als einer vnzeitigen geburt/gesehen worden/Denn ich bin der geringste vnter den Aposteln/als der ich nicht werd bin/das ich ein Apostel heisse/darumb/das ich die Gemeine Gottes verfolget habe/Aber von Gottes gnaden bin ich/das ich bin/vnd seine gnade an mir ist nicht vergeblich gewesen/sondern ich hab viel mehr geerbeitet/denn sie alle/nicht aber ich/sondern Gottes gnade/die jnn mir ist. Es sey nu ich odder jhene/also predigen wir/vnd also habt jr gegleubet.

So aber Christus geprediget wird/das er sey von den todten aufferstanden/wie sagen denn etliche vnter euch/die aufferstehung der todten sey nichts? Ist aber die aufferstehung der todten nichts/so ist auch Christus nicht aufferstanden/Ist aber Christus nicht aufferstanden/so ist vnser predigt vergeblich/so ist auch ewer glaube vergeblich. Wir würden auch erfunden falsche zeugen Gottes/das wir widder Gott gezeuget hetten/er hette Christum aufferwecket/den er nicht aufferwecket hette/sintemal die todten nicht aufferstehen/Denn so die todten nicht aufferstehen/so ist Christus auch nicht aufferstanden/Ist Christus aber nicht aufferstanden/so ist ewer glaube eitel/so seid jr noch jnn ewren sunden/so sind auch die/so jnn Christo entschlaffen sind/verloren. Hoffen wir allein jnn diesem leben auff Christum/so sind wir die elendesten vnter allen menschen.

Nu aber ist Christus aufferstanden von den todten/vnd der erstling worden vnter denen/die da schlaffen/Sintemal durch einen menschen der tod/vnd durch einen menschen die aufferstehung der todten kompt. Denn gleich wie sie jnn Adam alle sterben/also werden sie jnn Christo alle lebendig gemacht werden/Ein jglicher aber jnn seiner ordenung/Der erstling Christus/darnach die Christum angehören/wenn er komen wird/Darnach das ende/wenn er das Reich Gott dem Vater vberantworten wird/wenn er auffheben wird alle herrschafft vnd alle öberkeit vnd gewalt. Er mus aber herschen/bis das er alle seine feinde vnter seine füsse lege.

Psal. cx.

Der letzte feind/der auffgehaben wird/ist der Tod/Denn er hat jm alles vnter seine füsse gethan. Wenn er aber saget/das es alles vnterthan sey/ists offenbar/das ausgenomen ist/der jm alles vnterthan hat/Wenn aber alles jm vnterthan sein wird/als denn wird auch der Son selbs vnterthan sein/dem/der jm alles vnterthan hat/auff das Gott sey alles jnn allen.

Psal. viij.

Was machen sonst/die sich teuffen lassen vber den todten/so aller dinge

Die Erste Epistel

a
(Vber den todten)
Die aufferstehung
zu bestercken / lies-
sen sich die Chri-
sten teuffen / vber
den todten gre-
bern / vnd deuten
auff die selbigen /
das eben die selbi-
gen würden auffer-
stehen.

b
(Geschwetze)
Das ist / böse ge-
selschafft / da offt
gar ergerliche
wort gefallen / wi-
der den glauben /
vnd verderben
gute gewissen.

c
Natürlich leib ist /
der isset / trincket /
schlefft / dewet / zu
vnd abnimpt. Kin-
der zeuget etc.
Geistlich / der sol-
ches keines darff /
vnd doch ein wa-
rer leib vom geist
lebendig ist / wie
man aus Gene. ij.
verstehen kan.

dinge die todten nicht aufferstehen? Was lassen sie sich teuffen a vber den todten? vnd was stehen wir alle stunde jnn der fahr? Bey vnserm rhum / den ich habe jnn Christo Jhesu vnserm Herrn / ich sterbe teg-lich. Hab ich menschlicher meinung zu Epheso mit den wilden thie-ren gefochten / was hilfft michs / so die todten nicht aufferstehen? La-sset vns essen vnd trincken / denn morgen sind wir tod. Lasset euch nicht verfüren / Böse b geschwetze verderben gute sitten. Wachet recht auff / vnd sundiget nicht / denn etliche wissen nichts von Gott. Das sage ich euch zur schande. Isa. rrij poeta.

Möchte aber jemand sagen / wie werden die todten aufferstehen? vnd mit welcherley leibe werden sie komen? Du narr / das du seest / wird nicht lebendig / es sterbe denn / Vnd das du seest / ist ja nicht der leib / der werden sol / sondern ein blos korn / nemlich / weitzen odder der andern eines. Gott aber gibt jm einen leib / wie er wil / vnd einem jgli-chen von dem samen seinen eigen leib.

Nicht ist alles fleisch einerley fleisch / sondern ein ander fleisch ist der menschen / ein anders des viechs / ein anders der fische / ein an-ders der vögel / Vnd es sind himlische cörper vnd jrdische cörper / aber eine ander herrligkeit haben die himlischen / vnd eine ander die jrdi-schen. Ein ander klarheit hat die Sonne / ein ander klarheit hat der Mond / ein ander klarheit haben die sterne / denn ein stern vbertrifft den andern nach der klarheit. Also auch die aufferstehung der todten. Es wird geseet verweslich / vnd wird aufferstehen vnuerweslich / Es wird geseet jnn vnehre / vnd wird aufferstehen jnn herrligkeit / Es wird geseet jnn schwacheit / vnd wird aufferstehen jnn krafft / Es wird gese-et ein natürlicher leib / vnd wird aufferstehen ein geistlicher leib.

Hat man einen natürlichen leib / so hat man auch einen geistlich-en leib. Wie es geschrieben stehet / Der erste mensch Adam ist gemacht ins natürliche leben / vnd der letzte Adam jns geistliche leben. Aber der geistliche leib ist nicht der erste / sondern der natürliche / darnach der geistliche. Der erste mensch ist von erden vnd jrdisch / der ander mensch / ist der Herr vom himel. Welcherley der jrdische ist / solcherley sind auch die jrdischen / Vnd welcherley der himlische ist / solcherley sind auch die himlische. Vnd wie wir getragen haben das bilde des jr-dischen / also werden wir auch tragen das bilde des himlischen. Gene.ij

Dauon sage ich aber / lieben Brüder / das fleisch vnd blut nicht können das Reich Gottes ererben / auch wird das verwesliche nicht erben das vnuerwesliche. Sihe / ich sage euch ein geheimnis / Wir werden nicht alle entschlaffen / wir werden aber alle verwandelt wer-den / vnd dasselb plötzlich jnn einem augenblick / zur zeit der letzten po-saunen. Denn es wird die posaune schallen / vnd die todten werden aufferstehen vnuerweslich / vnd wir werden verwandelt werden / Denn dis verwesliche mus anzihen das vnuerwesliche / vnd dis sterb-liche mus anzihen die vnsterbligkeit.

Wenn aber dis verwesliche wird anzihen das vnuerwesliche / vnd dis sterbliche wird anzihen die vnsterbligkeit / denne wird erfül-let werden das wort das geschrieben stehet / Der tod ist verschlungen jnn dem sieg / Tod / wo ist deine stachel? Helle / wo ist dein sieg? Aber der stachel des Todes ist die sunde / die krafft aber der sunde ist das Gesetz. Gott aber sey danck / der vns den sieg gegeben hat / durch vn-sern Herrn Jhesum Christum. Darumb / meine lieben Brüder / seid feste / vnbeweglich / vnd nemet jmer zu jnn dem werck des Herrn / sin- Osee.
temal

An die Corinther. CXXIIII.

temal jr wisset/ das ewer erbeit nicht vergeblich ist jnn dem Herrn.

XVI.

Von der stewre aber/ die den Heiligen geschicht/ wie ich den Gemeinen jnn Galatia befolhen habe/ also thut auch jr. Auff ja der Sabbather einen/ lege bey sich selbs ein jglicher vnter euch/ vnd samle/ was jm leidlich ist/ auff das nicht/ wenn ich kome/ denn aller erst die stewre zu samlen sey. Wenn ich aber dar komen bin/ welche jr durch brieue dafur ansehet/ die wil ich senden/ das sie hin bringen ewre wolthat gen Jerusalem/ So es aber werd ist/ das ich auch hin reise/ sollen sie mit mir reisen. Ich wil aber zu euch komen/ wenn ich durch Macedonia zihe/ Denn durch Macedonia werde ich zihen/ bey euch aber werde ich villeicht bleiben/ odder auch wintern/ auff das jr mich geleitet/ wo ich hin zihen werde.

Ich wil euch jtzt nicht sehen im fur vber zihen/ denn ich hoffe/ ich wölle etliche zeit bey euch bleiben/ so es der Herr zulesset. Ich werde aber zu Epheso bleiben/ bis auff Pfingsten/ denn mir ist eine grosse thür auffgethan/ vnd sie sind vleissig/ vnd sind viel Widerwertiger da. So Timotheos kompt/ so sehet zu/ das er on furcht bey euch sey/ denn er treibet auch das werck des Herrn/ wie ich/ Das jn nu nicht jemand verachte/ Geleitet jn aber im fride/ das er zu mir kome/ denn ich warte sein mit den Brüdern.

Von Apollo dem Bruder aber (wisset) das ich jn seer viel ermanet habe/ das er zu euch keme mit den Brüdern/ vnd es war aller dinge sein wille nicht/ das er jtzt keme/ er wird aber komen/ wenn es jm gelegen sein wird. Wachet/ stehet im glauben/ seid menlich/ vnd seid starck/ alle ewer ding lasset jnn der liebe geschehen.

Ich ermane euch aber/ lieben Brüder/ jr kennet das haus Stephana/ das sie sind die erstlinge jnn Achaia/ vnd haben sich selbs verordnet zum dienst den Heiligen/ auff das auch jr solchen vnterthan seiet/ vnd allen die mit wircken vnd erbeiten. Ich frewe mich vber der zukunfft Stephana vnd Fortunati vnd Achaici. Denn wo ich ewer mangel hatte/ das haben sie erstattet/ sie haben erquickt meinen vnd ewern geist. Erkennets/ das sie solche sind.

Es grüssen euch die Gemeinen jnn Asia/ Es grüsset euch seer jnn dem Herrn Aquilas vnd Priscilla/ sampt der Gemeine jnn jrem hause. Es grüssen euch alle Brüder. Grüsset euch vnternander mit dem heiligen kus. Ich Paulus grüsse euch mit meiner hand. So jemand den Herrn Jhesu Christ nicht lieb hat/ der sey ᵃ Anathema Maharam motha. Die gnade des Herrn Jhesu Christi sey mit euch. Meine liebe sey mit euch allen jnn Christo Jhesu/ AMEN.

Die Epistel zu den Corinthern.

Gesand aus Asia/ durch Stephanon vnd Fortunaten/ vnd Achaicon/ vnd Timotheon.

(thür) Grosse thür auffgethan/ meinet er/ das viel zu hörer da sind/ als gehe das Euangelion mit gewalt zum thor ein/ vnd sie vleissig am Euangelio hangen/ so es zu Jerusalẽ kaum ein fenster odder riss fand.

ᵃ Bann auff deudsch/ Anathema auff Griechisch/ Maharam auff Ebreisch/ ist ein ding. Moth aber heisset tod. Wil nu S. Paulus sagen/ Wer Christum nicht liebet/ der ist verbannet zum tode. Vide Leui. vj.

Vorrede

Vorrhede auff die Ander
Epistel / An die Corinther.

JN der Ersten Epistel hat S. Paulus die Corinther hart gestraffet jnn vielen stücken / scharffen wein jnn die wunden gegossen / vnd sie erschrecket. Nu aber ein Apostel sol ein tröstlicher prediger sein / die erschrocken vnd blöden gewissen auff zurichten / mehr denn zu schrecken. Darumb lobet er sie nu widerumb jnn dieser Epistel / vnd geusset auch öle jnn die wunden / vnd thut sich wunder freundlich zu jnen / vnd heisset den sunder mit liebe widder auff nemen.

Am ersten vnd andern Capitel / zeiget er seine liebe gegen sie / wie er alles geredt / gethan vnd gelitten habe zu jrem nutz vnd heil / das sie ja sich alles besten zu jm versehen sollen.

Darnach preiset er das Euangelische ampt / welchs das höheste vnd tröstlichste werck ist / zu nutz vnd heil der gewissen / vnd zeiget / wie das selbige edler sey / denn des Gesetzes ampt / vnd wie dasselbige verfolget wird / vnd doch zunimpt / an den gleubigen / vnd eine hoffnung machet durchs Creutz der ewigen herrligkeit. Aber mit dem allen rüret er die falschen Aposteln / welche das Gesetz widder das Euangelion trieben / vnd eitel eusserliche heiligkeit (das ist heucheley) lereten / vnd liessen die jnnwendige schande des vnglaubens stehen / Das thut er am dritten / vierden vnd fünfften Capitel.

Am sechsten vnd siebenden / ermanet er sie / das sie solcher predigt folge thun / mit wercken vnd leiden / vnd beschleusset es mit jrem lobe / das er sie reitze fort zu faren.

Am achten vnd neunden / ermanet er sie / das sie auch mit zeitlicher narung stewer vnd hülffe thetten den Heiligen zu Jerusalem / jnn der thewren zeit / welche von anfang jre güter alle hatten vbergeben / Acto. iiij.

Am zehenden / eilfften vnd zwelfften / hat er mit den falschen Aposteln zu schaffen.

Am dreizehenden / drewet er denen / die gesündiget hatten / vnd sich nicht besserten.

Die an-

Die ander Epistel/an
die Corinther.

I.

Paulus ein Apostel Jhesu Christi/durch den willen Gottes/vnd bruder Timotheos.

Der Gemeine Gottes zu Corinthen/ sampt allen Heiligen jnn gantz Achaia.

Gnade sey mit euch/vnd fride von Gott vnserm Vater/vnd dem Herrn Jhesu Christ.

Gelobet sey Gott der Vater vnsers Herrn Jhesu Christ/der Vater der barmhertzigkeit/vnd Gott alles trostes/der vns tröstet jnn alle vnserm trübsal/das wir auch trösten können/die da sind jnn allerley trübsal/mit dem trost/damit wir getröstet werden von Gott. Denn gleich wie wir des leidens Christi viel haben/also werden wir auch reichlich getröstet durch Christum.

Wir haben aber trübsal odder trost/so geschicht es euch zu gute. Jsts trübsal/so geschicht es euch zu trost vnd heil (welches heil beweiset sich/so jr leidet mit gedult/der massen wie wir leiden) Jsts trost/so geschicht es euch auch zu trost vnd heil. Vnd stehet vnser hoffnung feste fur euch/die weil wir wissen/das/wie jr des leidens teilhafftig seid/so werdet jr auch des trostes teilhafftig sein.

Denn wir wöllen euch nicht verhalten/lieben Brüder/vnsern trübsal/der vns jnn Asia widderfaren ist/da wir vber die masse beschweret waren/vnd vber macht/also/das wir vns auch des lebens erwegen/vnd bey vns beschlossen hatten/wir müsten sterben. Das geschach aber darumb/das wir vnser vertrawen nicht auff vns selbs stellen/sondern auff Gott/der die todten aufferwecket/welcher vns von solchem tode erlöset hat/vnd noch teglich erlöset/vnd hoffen/er werde vns auch hinfurt erlösen/durch hülffe ewr furbit fur vns/auff das vber vns/fur die gabe/die vns gegeben ist/durch viel personen viel dancks geschehe.

Denn vnser rhum ist das/nemlich/das zeugnis vnsers gewissens/ das wir jnn einfeltigkeit vnd Göttlicher lauterkeit/nicht jnn fleischlicher weisheit/sondern jnn der gnade Gottes auff der welt gewandelt haben/allermeist aber bey euch. Denn wir schreiben euch nichts anders/denn das jr vorhin wisset/wenn jrs leset/Jch hoffe aber/jr werdet vns auch bis ans ende also befinden/gleich wie jr vns zum teil befunden habt. Denn wir sind ewr rhum/gleich wie auch jr vnser rhum seid/auff des Herrn Jhesu tag. Vnd auff solch vertrawen/gedachte ich jhens mal zu euch zu komen/auff das jr abermal eine wolthat empfienget/vnd ich durch euch jnn Macedonia reisete/vnd widderumb aus Macedonia zu euch keme/vnd von euch geleitet würde jnn Judeam.

Hab ich aber einer leichtfertigkeit gebrauchet/da ich solchs

Y ij   gedachte

Die Ander Epistel

gedachte? odder sind meine anschlege fleischlich? Nicht also/sondern bey mir ist ia/ia/vnd nein ist nein. Aber O ein trewer Gott/das vnser wort an euch nicht ja vnd nein gewesen ist. Denn der Son Gottes Jhesus Christus/der vnter euch durch vns geprediget ist/durch mich vnd Siluanon vnd Timotheon/der war nicht ia vnd nein/sondern es war ia jnn jm. Denn alle Gottes verheissungen die sind ia jnn jm/vnd sind Amen jnn jm/Gotte zu lobe/durch vns. Got ists aber/der vns befestiget sampt euch jnn Christum/vnd vns gesalbet vnd versiegelt/vnd jnn vnser hertzen das pfand/des Geistes gegeben hat.

(Amen)
Das ist/gewis vnd warhafftig.

II.

Ch ruffe aber Gott an zum zeugen auff meine seele/das ich ewr verschonet habe/jnn dem/das ich nicht widder gen Corintho komen bin. Nicht das wir herrn sein vber ewren glauben/sondern wir sind gehülffen ewrer freude/denn jr stehet im glauben. Ich dacht aber solches bey mir/das ich nicht abermal jnn traurigkeit zu euch keme/Denn so ich euch traurig mache/wer ist/der mich frölich mache/on der da von mir betrübet wird? Vnd das selbige hab ich euch geschrieben/das ich nicht/wenn ich keme/traurig sein müste/vber welchen ich mich billich sol frewen/sintemal ich mich des zu euch allen versehe/das meine freude/ewer aller freude sey. Denn ich schreib euch jnn grosser trübsal vnd angst des hertzen/mit viel threnen/nicht das jr soltet betrübet werden/sondern auff das jr die liebe erkendtet/welche ich habe/sonderlich zu euch.

So aber jemand ein betrübnis hat angericht/der hat nicht ᵃ mich betrübet/on zum teil/auff das ich nicht euch alle beschwere. Es ᵇ ist aber gnug/das der selbige von vielen also gestraffet ist/das jr nu fort jm deste mehr vergebet vnd tröstet/auff das er nicht jnn allzu grosser traurigkeit versincke. Darumb ermane ich euch/das jr die liebe an jm beweiset/Denn darumb habe ich euch auch geschrieben/das ich erkennete/ob jr rechtschaffen seid/gehorsam zu sein jnn allen stücken. Welchem aber jr etwas vergebet/dem vergebe ich auch/Denn auch ich/so ich etwas vergebe jemande/das vergebe ich vmb ewren willen/an Christus stat/auff das wir nicht vberforteilet werden vom Satan/denn vns ist nicht vnbewust/was er im sinn hat.

(mich)
Das ist/Er hat mich nicht vber euch betrübet/sondern euch/Denn was ich betrübt gewest bin/das ist nicht vmb meinen willen/sondern vmb ewer willen geschehen.

b
(ist gnug)
Hie redet er von dem/den er droben jnn der ersten Epistel/cap. v. straffet/vnd dem Teuffel wolt geben/he filher/man sol jn widder annemen/nach der geschehe straffe.

c
(felschen)
Vmb des bauchs vnd geitzes wille/wie ein kretzmer den wein felscht.

Da ich aber gen Troada kam/zu predigen das Euangelion Christi/vnd mir eine thür auffgethan war/jnn dem Herrn/hatte ich keine ruge jnn meinem geist/das ich Titon meinen bruder nicht fand/sondern ich macht meinen abschied mit jnen/vnd fur aus jnn Macedonia. Aber Gott sey gedancket/der vns allezeit sieg gibt jnn Christo/vnd offenbaret den geruch seiner erkentnis/durch vns/an allen orten/Denn wir sind Gotte ein guter geruch Christi/beide vnter denen/die selig werden/vnd vnter denen die verloren werden/Diesen ein geruch des tods zum tode/jhenen aber ein geruch des lebens zum leben. Vnd wer taug darzu? Denn wir sind nicht wie etlicher viel/die das wort Gottes ᶜ felschen/sondern als aus lauterkeit/vnd als aus Gott/fur Gott/reden wir jnn Christo.

III.

Deben

An die Corinther.

Eben wir denn abermal an/vns selbs zu preisen? odder bedürffen wir/wie etliche/der lobebrieue an euch/odder lobebriue von euch? Jr seid vnser brieff jnn vnser hertz geschrieben/der erkand vnd gelesen wird von allen menschen/die jr offenbar worden seid/das jr ein brieff Christi seid/durchs predig ampt zubereitet/vnd durch vns geschrieben/nicht mit tinten/sondern mit dem Geist des lebendigen Gottes/nicht jnn steinern taffeln/sondern jnn fleischern taffeln des hertzen. Ein solch ᵃvertrawen aber haben wir durch Christum zu Gott/nicht das wir tüchtig sind von vns selber/etwas zu dencken/als von vns selber/sondern das wir etwas tügen/ist von Gott/welcher auch vns tüchtig gemacht hat/das ampt zu füren des newen testaments/nicht des ᵇBuchstaben/sondern des Geists. Denn der buchstabe tödtet/aber der ᶜGeist machet lebendig.

So aber das ampt/das durch die buchstaben tödtet/vnd jnn die steine ist gebildet/klarheit hatte/also/das die kinder Jsrael nicht kundten ansehen das angesichte Mosi/vmb der klarheit willen seines angesichtes/die doch auffhöret/wie solte nicht viel mehr das ampt/das den Geist gibt/klarheit haben? Denn so das ampt/das die verdamnis prediget/klarheit hat/viel mehr hat das ampt/das die gerechtigkeit prediget/vberschwengliche klarheit. Denn auch jhenes teil/das verkleret war/ist nicht fur klarheit zu achten/gegen dieser vberschwenglichen klarheit. Denn so das klarheit hatte/das da auffhöret/viel mehr wird das klarheit haben/das da bleibet.

Die weil wir nu solche hoffnung haben/sind wir getrost/vnd thun nicht wie Moses/der die decke ᵈfur sein angesichte hieng/das die kinder Jsrael nicht ansehen kundten das ende des der auff höret/sondern jre sinne sind verstocket. Denn bis auff den heutigen tag bleibet die selbige decke vnauffgedecket/vber dem alten testament/wenn sie es lesen/welche jnn Christo auff höret. Aber bis auff den heutigen tag/wenn Moses gelesen wird/henget die decke fur jrem hertzen. Wenn es aber sich bekerete zu dem Herrn/so würde die decke abgethan/Denn der Herr ist der Geist/Wo aber der Geist des Herrn ist/da ist freiheit. Nu aber ᵉspiegelt sich jnn vns allen des Herrn klarheit/mit auffgedecktem angesichte/vnd wir werden verkleret jnn das selbige bilde/von einer klarheit zu der andern/als vom Geist des Herrn.

IIII.

DArumb/die weil wir ein solch ampt haben/nach dem vns barmhertzigkeit widderfaren ist/so werden wir nicht lass/sondern meiden auch heimliche ᶠschande/vnd gehen nicht mit schalckheit vmb/felschen auch nicht Gottes wort/sondern mit offentlicher warheit/vnd beweisen vns wol/gegen aller menschen gewissen/fur Gott.

Ist nu vnser Euangelion verdecket/so ists jnn denen/die verloren werden/verdeckt/bey welchen der ᵍGott dieser welt der vngleubigen sinn verblendet hat/das sie nicht sehen das helle liecht des Euangelij von der klarheit Christi/welcher ist das ebenbilde Gottes. Denn wir predigen nicht vns selbs/sondern Jhesum Christ/das er sey der Herr/wir aber ewre knechte vmb Jhesus willen. Denn Gott/der da hies das liecht aus der finsternis erfur leuchten/der hat einen hellen

---

ᵃ (vertrawen) Das wir euch zum briue bereitet haben.

ᵇ (Buchstaben) Buchstaben leren ist/das blos gesetz vñ werck leren/on der gnade Gottes erkentnis/dadurch wird alles verdampt vñ das tod des schuldig erkand/was der mensch ist vñ thut/Denn er kan on Gottes gnade nichts gutes thun.

ᶜ (Geist) Geist leren ist/die gnade on gesetz vñ verdienst leren/da durch wird der mensch lebendig vnd selig.

ᵈ (decke) Die decke Mosi ist/den buchstabe vnd seine lere nicht erkennen. Das auffgedeckt angesicht des Herrn ist klar erkentnis der gnaden vñ des geists/der vns frey macht vom Gesetz/buchstaben vnd seinen wercken/das jre klarheit vñ werck müssen auffhören.

ᵉ (spiegelt) Wie der spiegel ein bilde fehet/also sehet vnser hertz die erkentnis Christi.

ᶠ (Heimliche schande) Er sticht die falschen Aposteln/welche eusserlich hübsch gleissen/aber jnnwendig sind sie vol vnflats Matth. xxiij.

ᵍ (Gott) Der Teuffel ist der welt Fürst vnd Gott/denn sie dienet jm/vnd ist vnter jm.

Die Ander Epistel

ᵃ (entstünde)
Das ist/Wir solle
leuchten vnd pre=
digen/wie man
Gottes gnade er=
kennen sol/ist Chri
sto vns erzeigt/An
dere mügen werck
vnd gesetz leuch=
ten etc.
ᵇ (angesichte)
Erkentnis Christi/
nicht das angesich
te Mosi/welchs ist
erkentnis des Ge=
setzes/Denn durch
Christum erkenne
wir Gott/Joh. vi

schein jnn vnser hertzen gegeben/das durch vnsᵃ entstünde die erleu=
chtung von der erkentnis der klarheit Gottes/ jnn dem ᵇ angesichte
Jhesu Christi.
    Wir haben aber solchen schatz jnn jrdischen gefessen/ auff das
die vberschwengliche krafft/ sey Gottes/vnd nicht von vns. Wir ha=
ben allenthalben trübsal/aber wir engsten vns nicht/Vns ist bange/
aber wir verzagen nicht/Wir leiden verfolgung/aber wir werden
nicht verlassen/Wir werden vntergedrückt/ aber wir komen nicht
vmb/Vnd tragen vmb alle zeit das sterben des Herrn Jhesu/an vn=
serm leibe/auff das auch das leben des Herrn Jhesu an vnserm leibe
offenbar werde.
    Denn wir/die wir leben/werden jmerdar jnn den tod gegeben/
vmb Jhesus willen/auff das auch das leben Jhesu offenbar werde
an vnserm sterblichen fleische. Darumb/ so ist nu der tod mechtig jnn
vns/aber das leben jnn euch. Die weil wir aber den selbigen Geist des
glaubens haben(nach dem geschrieben stehet/Ich gleube darumb re= Psalm
de ich)so gleuben wir auch/darumb so reden wir auch / vnd wissen/ cxvi.
das der/so den Herrn Jhesum hat aufferweckt/wird vns auch auff=
erwecken/durch Jhesum/vnd wird vns dar stellen sampt euch/Denn
es geschicht alles vmb ewren willen / auff das die vberschwengliche
gnade/durch vieler dancksagen/Gott reichlich preise.
    Darumb werden wir nicht lass/ sondern ob vnser eusserlicher
mensch verweset/so wird doch der jnnerliche von tage zu tage verneu=
ert/Denn vnser trübsal/die zeitlich vnd leichte ist/ schaffet eine ewige
vnd vber alle mas wichtige herrligkeit/ vns/ die wir nicht sehen auff
das sichtbare/ sondern auff das vnsichtbare / Denn was sichtbar ist/
das ist zeitlich/was aber vnsichtbar ist/das ist ewig.

V.

Jr wissen aber/so vnser jrdisch haus dieser hütten
zubrochen wird/ das wir einen baw haben von
Gott erbawet/ein haus nicht mit henden gema=
cht/das ewig ist im himel. Vnd vber dem selbigen
sehnen wir vns auch / nach vnser behausung/die
vom himel ist/vnd vns verlanget/das wir damit
vberkleidet werden/so doch/wo wir bekleidet/vnd
nicht blos erfunden werden / Denn die weil wir
jnn der hütten sind/sehnen wir vns vnd sind beschweret/sintemal wir
wolten lieber nicht entkleidet/ sondern vberkleidet werden/auff das
das sterbliche würde verschlungen von dem leben. Der vns aber zu
dem selbigen bereitet/das ist Gott/der vns das pfand/den Geist ge=
geben hat.
    Wir sind aber getrost alle zeit/vnd wissen / das/die weil wir im
leibe wonen/so sind wir nicht daheim bey dem Herrn/denn wir wan=
deln im glauben/vnd nicht im schawen/Wir sind aber getrost/vnd
haben viel mehr lust ausser dem leibe zu wallen/vnd daheimen zu sein
bey dem Herrn. Darumb vleissigen wir vns auch/wir sind daheim
odder wallen/das wir im wolgefallen/ Denn wir müssen alle offen=
bart werden fur dem Richtstuel Christi/auff das ein jglicher empfa=
he an seinem leibe/nach dem er gehandelt hat/es sey gut odder böse.

ᵃ (faren schon)
Das ist/wir tiran
nisieren noch trei=
ben die leute nicht
mit bannen vñ fre
uelen regimenten/
denn wir furchten
Gott/ sondern le=
ren sie seuberlich/
das wir niemand
auffstützig machen

    Die weil wir denn wissen/das der Herr zu furchten ist/ ᵃ faren wir
schon

An die Corinther. CXXVII.

schon mit den leuten/aber Gott sind wir offenbar/Ich hoffe aber/ das wir auch jnn ewrem gewissen offenbar sind/das wir vns nicht abermal loben/sondern euch eine vrsache geben zu rhümen von vns/ auff das jr habt zu rhümen/widder die/so sich nach dem ansehen rhümen/vnd nicht nach dem hertzen.

Deñ ᵃ thun wir zu viel/so thun wirs Gotte/Sind wir messig/so sind wir euch messig. Denn die liebe Christi dringet vns also/sintemal wir halten/das/so einer fur alle gestorben ist/so sind sie alle gestorben/ Vnd er ist darumb fur alle gestorben/auff das die/so da leben/nicht jnen selbs leben/sondern dem/der fur sie gestorben vnd aufferstanden ist.

Darumb von nu an/kennen wir niemand nach ᵇ dem fleisch/vnd ob wir auch Christum gekand haben nach dem fleisch/so kennen wir jn doch jtzt nicht mehr. Darumb ist jemand jnn Christo/so ist er eine newe creatur/Das alte ist vergangen/sihe/es ist alles new worden/ Aber das alles von Gott/der vns mit jm selber versönet hat durch Jhesum Christ/vnd das ampt gegeben/das die versönung prediget. Denn Gott war jnn Christo/vnd versönet die welt mit jm selber/vnd rechnet jnen jre sunde nicht zu/vnd hat vnter vns auffgerichtet das Wort von der versönung.

So sind wir nu botschafften an Christus stat/Denn Gott vermanet durch vns. So bitten wir nu an Christus stat/lasset euch versönen mit Gott/Denn er hat denen/der von keiner sunde wuste/fur vns zur sunde gemacht/auff das wir wurden jnn jm die gerechtigkeit/ die fur Gott gilt.

VI.

Jr ermanen aber euch als mithelffer/das jr nicht vergeblich die gnade Gottes empfahet/Denn er spricht/ Ich habe dich jnn der angenemen zeit erhört/vnd habe dir am tage des heils geholffen. Sehet/jtzt ist die angeneme zeit/jtzt ist der tag des heils/Lasset vns aber niemand jrgent eine ergernis geben/auff das vnser ampt nicht verlestert werde/sondern jnn allen dingen lasset vns beweisen/als die Diener Gottes.

Jnn grosser gedult/jnn trübsaln/jnn nöten/jnn engsten ᶜ / jnn schlegen/jnn gefengnissen/jnn auffrhuren/jnn erbeit/jnn wachen/ jnn fasten/jnn keuscheit/jnn erkentnis/jnn langmut/jnn freundligkeit/jnn dem Heiligen geist/jnn vngeferbeter liebe/jnn dem wort der warheit/jnn der krafft Gottes/durch waffen der gerechtigkeit/zur rechten vnd zur lincken/durch ehre vnd schande/durch böse gerüchte/ vnd gute gerüchte/als die verfürer/vnd doch warhafftig/als die vnbekandten/vnd doch bekand/als die sterbenden/vnd sihe/wir leben/ als die gezüchtigeten/vnd doch nicht ertödtet/als die trawrigen/aber alle zeit frölich/als die armen/aber die doch viel reich machen/als die nichts jnne haben/vnd doch alles haben.

O jr Corinther/vnser mund hat sich zu euch auffgethan/vnser hertz ist frölich/Vnserthalben dürfft jr euch nicht ᶜ engsten/das jr euch aber engstet/das thut jr aus hertzlicher meinung. Ich rede mit euch als mit meinen kindern/das jr euch auch also gegen mir stellet/ vnd seiet auch frölich.

ᵃ (thun wir zu viel) Das ist/ob wir gleich scharff mit den leuten faren/ so dienen wir doch Gott dran/thun wir aber seuberlich vnd messig mit jhnen/so thun wirs den leuten zu dienst/das allenthalben recht vnd wol gethan ist.

ᵇ (nach dem fleisch) Christum nicht mehr erkennen nach dem fleisch/ ist nichts fleischlich an jm suchen/ odder gewarten/ wie die Jünger thetten vor dem leiden/sondern an seinem wort benügen/darinnen sie eitel geistlich vnd ewiges gut haben.

Esa. lii.

ᶜ (engsten) Aus der vorigen Epistel waren die Corinther erschreckt/vnd hermeten sich/das sie den Apostel beleidiget hatten/Nu tröstet er sie/vnd spricht/ sein hertz vñ mund sey frölich vnd aus gebreitet/Darüb sollen sie sich nicht engsten noch hermen/als sey er vber sie vnlustig/das sie sich aber drob hermen/sey an jm kein vrsach/sondern als frume kinder hermen sie sich/aus gutem hertzen/da es auch nicht not ist.

Y iiij Zihet

Die Ander Epistel

Zihet nicht am frembden ioch mit den vngleubigen. Denn was hat die gerechtigkeit fur genies mit der vngerechtigkeit? Was hat das liecht fur gemeinschafft mit dem finsternis? Wie stimpt Christus mit Belial? odder was fur ein teil hat der gleubige mit dem vngleubigen? Was hat der Tempel Gottes fur ein gleiche mit den Götzen? Jr aber seid der Tempel des lebendigen Gottes/ wie denn Gott spricht/ Jch wil jnn jnen wonen/vnd jnn jnen wandeln/vnd wil jr Gott sein / vnd sie sollen mein volck sein. Darumb gehet aus von jnen/vnd sondert euch abe/ spricht der Herr/vnd rüret kein vnreines an/ so wil ich euch annemen / vnd ewer Vater sein / vnd jr solt meine söne vnd töchter sein/spricht der Allmechtige Herr. *Leui. xxvj. Isai. lij.*

VII.

(geistes) Das ist/ der lere vnd glaubens befleckung/wie die falschen Aposteln lereten.

Je weil wir nu solche verheissung haben / meine liebesten/ so lasset vns von aller befleckung des fleisches vnd des geistes vns reinigen/ vnd fort faren mit der heiligung/ jnn der furcht Gottes. Fasset vns/wir haben niemand leid gethan/wir haben niemand geteuschet / wir haben niemand verforteilet. Nicht sage ich solches/euch zu verdammen/Denn ich habe droben zuuor gesagt/das jr jnn vnserm hertzen seid/mit zu sterben vnd mit zu leben. Jch rede frölich mit euch/ ich rhüme viel von euch/ich bin erfüllet mit trost/ich bin vberschwenglich jnn frewden/jnn allem vnserm trübsal. Denn da wir jnn Macedonia kamen/hatte vnser fleisch keine ruge/ sondern allenthalben waren wir jnn trübsal/ auswendig streit/jnwendig furcht. Aber Gott der die geringen tröstet/ der tröstet vns durch die zukunfft Titi.

Nicht allein aber durch seine zukunfft / sondern auch durch den trost/damit er getröstet war an euch / vnd verkündiget vns ewer verlangen/ewer weinen/ewren eiuer vmb mich/ also/ das ich mich noch mehr frewete. Denn das ich euch durch den brieff hab traurig gemacht/rewet mich nicht/Vnd obs mich rewete/so ich aber sehe/ das der brieff villeicht eine weile euch betrübet hat/ so frewe ich mich doch nu/nicht dauon/das jr seid betrübt worden / sondern das jr betrübt seid worden zur rewe/Denn jr seid Göttlich betrübet worden/ das jr von vns ia keinen schaden jrgent jnne nemet. Denn die Götliche trawrigkeit wircket zur seligkeit eine rewe/die niemand gerewet/Die trawrigkeit aber der welt wircket den tod.

Sihe/das jr Göttlich seid betrübt worden/welchen vleis hat es jnn euch gewircket/dazu verantwortung/zorn/furcht/verlangen/eiuer/rache/Jr habt euch beweiset jnn allen stücken/das jr rein seid an der that. Darumb ob ich euch geschrieben habe/ so ists doch nicht geschehen vmb des willen/ der beleidiget hat/ auch nicht vmb des willen/ der beleidiget ist/ sondern vmb des willen/das ewer vleis gegen vns offenbar würde bey euch/fur Gott.

Derhalben sind wir getröstet worden/das jr getröstet seid/ vberschwenglicher aber haben wir vns noch mehr gefrewet/vber der freude Titi. Denn sein geist ist erquicket an euch allen. Denn was ich für jm von euch gerhümet habe/bin ich nicht zu schanden worden / sondern gleich wie alles war ist / das ich mit euch geredt habe / also ist auch vnser rhum bey Tito war worden/Vnd er ist vberaus hertzlich wol an euch/wenn er gedencket an ewer aller gehorsam/wie jr jn mit furcht vnd zittern habt auffgenomen/Jch frewe mich/das ich mich zu euch alles guten versehen thar.

Jch

An die Corinther. CXXIX.

ſolches auch widderumb bey jm/das gleich wie er Chriſtum angehöret/alſo gehören wir auch Chriſtum an/Vnd ſo ich auch etwas weiter mich rhůmete von vnſer gewalt/welche vns der Herr gegeben hat/ euch zu beſſern vnd nicht zu verderben/wolte ich nicht zu ſchanden werden. Das ſage ich aber/das jr nicht euch důncken laſſet/als hette ich euch wolt ſchrecken mit brieuen/Denn die briefe (ſprechen ſie) ſind ſchwere vnd ſtarck/aber die gegenwertigkeit des leibes iſt ſchwach/vnd die rede verachtlich. Wer ein ſolcher iſt/der dencke/das/ wie wir ſind mit worten jnn den brieuen im abweſen/ſo thůren wir auch wol ſein mit der that gegenwertig.

Denn wir thůren vns nicht vnter die rechen odder zelen/ſo ſich ſelbs loben/Aber die weil ſie ſich bey ſich ſelbs meſſen/vnd halten allein von ſich ſelbs/verſtehen ſie nichts. Wir aber rhůmen vns nicht vber das ziel/ſondern nur nach dem ziel der regel/damit vns Gott abgemeſſen hat das ziel/zu gelangen auch bis an euch. Denn wir faren nicht zu weit/als hetten wir nicht gelanget bis an euch/Denn wir ſind jhe bis auch zu euch komen mit dem Euangelio Chriſti/vnd růmen vns nicht vbers ziel jnn frembder erbeit/Vnd haben hoffnung/ wenn nu ewer glaube jnn euch gewechſet/das wir vnſer regel nach wöllen weiter komen/vnd das Euangelion auch predigen/denen/die jenſid euch wonen/vnd vns nicht rhůmen jnn dem/das mit frembder regel bereitet iſt.

(faren) Wir wolten vns nicht zu weit rhůmen/wo wir nicht bis an euch komen weren/wie jhene thun/vnd rhůmen ſich frembder erbeit/die vnſer iſt.

XI.

WEr ſich aber rhůmet/der rhůme ſich des Herrn/Denn darumb iſt einer nicht tüchtig/das er ſich ſelbs lobet/ ſondern das jn der Herr lobet. Wolte Gott/jr hieltet mir ein wenig torheit zu gut/doch jr haltet mirs wol zu gut/Denn ich eiuere vber euch mit Göttlichem eiuer/Denn ich habe euch vertrawet einem manne/das ich eine reine jungfraw Chriſto zu brechte. Ich fürchte aber/das nicht/wie die ſchlange Heua verfůrete mit jrer ſchalckheit/ alſo auch ewre ſinne verrücket werden von der einfeltigkeit jnn Chriſto/Denn ſo der da zu euch kompt/einen andern Jheſum predigete/ den wir nicht geprediget haben/odder jr einen andern geiſt enpfienget/den jr nicht empfangen habt/odder ein ander Euangelion/das jr nicht angenomen habt/ſo vertrůget jr ſie billich.

Gen.iij.

Denn ich achte/ich ſey nicht weniger/denn die hohen Apoſtel ſind/ vnd ob ich alber bin mit reden/ſo bin ich doch nicht alber jnn dem erkentnis. Doch ich bin bey euch allenthalben wol bekand. Odder habe ich geſundiget/das ich mich ernidriget habe/auff das jr erhöhet würdet? Denn ich habe euch das Euangelion vmb ſonſt verkündiget/vnd habe andere Gemeine beraubet/vnd ſold von jnen genomen/das ich euch predigete. Vnd da ich bey euch war gegenwertig/vnd mangel hatte/war ich niemand beſchwerlich/Denn meinen mangel erſtatten die Brüder/die aus Macedonia kamen/vnd hab mich jnn allen ſtücken euch vnbeſchwerlich gehalten/vnd wil auch noch mich alſo halten.

So gewis die warheit Chriſti jnn mir iſt/ſo ſol mir dieſer rhum jnn den lendern Achaia nicht geſtopfft werden/Warumb das? das ich euch nicht ſolte lieb haben? Gott weis es. Was ich aber thue vnd thun wil/das thu ich darumb/das ich die vrſache abhawe/denen/die vrſache

(geſtopfft) Wie ein lauffend waſſer/alſo ſol mein rhum auch lauffen/vnd vngeſtopfft fort gehen.

Die Ander Epistel

vrsache suchen/das sie rhümen möchten/sie seien wie wir. Denn solche falsche Apostel vnd trügliche Erbeiter/verstellen sich zu Christus Apostel. Vnd das ist auch kein wunder/Denn er selbs der Satan/verstellet sich zum Engel des liechtes. Darumb ist es nicht ein grosses/ob sich auch seine diener verstellen/als prediger der gerechtigkeit/welcher ende sein wird nach jren wercken.

Ich sage abermal/das nicht jemand wehne/ich sey töricht/Wo aber nicht/so nemet mich an als einen törichten/das ich mich auch ein wenig rhüme. Was ich jtzt rede/das rede ich nicht als im Herrn/sondern als jnn der torheit/die weil wir jnn das rhümen komen sind/sintemal/viel sich rhümen nach dem fleisch/wil ich mich auch rhümen/Denn jr vertraget gerne die narren/die weil jr klug seid/ Jr vertraget/so euch jemand zu knechte machet/so euch jemand schindet/so euch jemand nimpt/so jemand euch trotzet/so euch jemand jnn das angesichte streicht / Das sage ich nach der vnehre / als weren wir schwach worden.

(nach der vnehre) Das ist/wir wollen vns jtzt stellen als die schwachen/die jr tragen müstet/das vns doch eine schande ist/sintemal wir euch tragen sollen.

Worauff nu jemand küne ist(ich rede jnn torheit)darauff bin ich auch küne. Sie sind Ebreer/Ich auch/Sie sind Israeliter/Ich auch/Sie sind Abrahams samen/Ich auch/Sie sind Diener Christi, Ich rede törlich/Ich bin wol mehr/Ich habe mehr geerbeitet/Ich habe mehr schlege erlitten/Ich bin offter gefangen/ offt jnn todes nöten gewest / Von den Jüden habe ich funff mal empfangen viertzig streich/weniger eines/Ich bin drey mal gesteupet/ ein mal gesteiniget/drey mal habe ich schiffbruch erlitten/Tag vnd nacht hab ich zubracht jnn der tieffe des meeres/ Ich hab offt gereiset/ Ich bin jnn ferligkeit gewesen zu wasser/jnn ferligkeit vnter den mördern/jnn ferligkeit vnter den Jüden/jnn ferligkeit vnter den Heiden/jnn ferligkeit jnn stedten/jnn ferligkeit jnn den wüsten/ jnn ferligkeit auff dem meer/jnn ferligkeit vnter den falschen Brüdern/ jnn mühe vnd erbeit/ jnn viel wachen/jnn hunger vnd durst/jnn viel fasten/jnn frost vnd blösse.

(schwach) Mit den schwachen im glauben/thet vnd lies erviel des er wol anders macht hatte/Wie er j.Cor.viij.vnd.rij. saget/Vnd brandte(das ist)Es verdros jn hart/wenn man die schwachen ergert.

On was sich sonst zu tregt/nemlich/das ich teglich werde angelauffen/vnd trage sorge fur alle Gemeinen. Wer ist schwach/ vnd ich werde nicht schwach? Wer wird geergert/ vnd ich brenne nicht? So ich mich jhe rhümen sol/wil ich mich meiner schwacheit rhümen. Gott vnd der Vater vnsers Herrn Jhesu Christ/ welcher sey gelobet jnn ewigkeit/weis das ich nicht liege/Zu Damasco der Landpfleger des königes Aretha/ verwarete die stad der Damascer/ vnd wolte mich greiffen/vnd ich ward jnn einem korbe zum fenster aus durch die maure nidder gelassen/vnd entran aus seinen henden.

Acto. ix.

XII.

ES ist mir ja das rhümen nichts nütz/ doch wil ich komen auff die gesichte vnd offenbarunge des Herrn. Ich kenne einen menschen jnn Christo/vor vierzehen jaren/ist er jnn dem leibe gewesen/so weis ichs nicht/odder ist er ausser dem leibe gewesen/ so weis ichs auch nicht/ Gott weis es/ der selbige ward entzücket / bis jnn den dritten himel/vnd ich kenne den selbigen menschen/ob er jnn dem leibe odder ausser dem leibe gewesen ist/weis ich nicht/Gott weis es/ Er ward entzücket jnn das Paradis/ vnd höret vnaussprechliche wort/ welche kein mensch sagen kan/Dauon wil ich mich rhümen/ von mir selbs

An die Corinther. CXXX.

selbs aber wil ich mich nichts rhümen/on meiner schwacheit/Vnd so ich mich rhümen wolte/thet ich darumb nicht thörlich/denn ich wolte die warheit sagen/Jch enthalte mich aber des/auff das nicht jemand mich höher achte/denn er an mir sihet/odder von mir höret.

Vnd auff das ich mich nicht der hohen offenbarung vberhebe/ ist mir gegeben ein ªpfal jns fleisch/nemlich/des Satanas Engel/ der mich mit feusten schlahe/auff das ich mich nicht vberhebe/da fur ich drey mal dem Herrn geflehet habe/das er von mir wiche/vnd er hat zu mir gesagt/Las dir an meiner gnade genügen/denn ᵇ meine krafft ist jnn den schwachen mechtig. Darumb wil ich mich am aller liebsten rhümen meiner schwacheit/auff das die krafft Christi bey mir wone. Darumb bin ich guts muts/jnn schwacheiten/jnn schmachen/jnn nöten/jnn verfolgungen/jnn engsten vmb Christus willen. Denn wenn ich schwach bin/so bin ich starck.

Jch bin ein narr worden vber dem rhümen/dazu habt jr mich gezwungen/Denn ich solte von euch gelobet werden/sintemal ich nichts weniger bin/denn die hohen Apostel sind/wie wol ich nichts bin/Denn es sind ja eines Apostels zeichen vnter euch geschehen/mit aller gedult/mit zeichen vnd mit wunder/vnd mit thaten. Welchs ists/darinne jr geringer seid/denn die andern Gemeinen/on das ich selbs euch nicht hab beschweret/Vergebet mir diese sünde/Sihe/ich bin bereit zum dritten mal zu euch zu komen/vnd wil euch nicht beschweren. Denn ich suche nicht das ewre/sondern euch/Denn es sollen nicht die kinder den Eltern schetz samlen/sondern die Eltern den kindern.

Jch aber wil fast gerne dar legen/vnd dar gelegt werden fur ewre seele/wie wol ich euch fast seer liebe vnd doch wenig geliebet werde. Aber las also sein/das ich euch nicht habe beschweret/sondern die weil ich tückisch war/hab ich euch mit hinderlist gefangen. Hab ich aber auch jemand vberforteilet/durch der etlichen/die ich zu euch gesand habe? Jch habe Titon ermanet/vñ mit jm gesand einen Bruder/ hat euch auch Titus vberforteilet? Haben wir nicht jnn einem geist gewandelt? haben wir nicht jnn einerley fustapffen gegangen? Lasset jr euch abermal duncken/wir verantworten vns? Wir reden jnn Christo/fur Gott.

Aber das alles geschicht/meine liebesten/euch zur besserung/ Denn ich fürchte/wenn ich kome/das ich euch nicht finde/wie ich wil/Vnd jr mich auch nicht findet/wie jr wolt/das nicht hadder/ neid/zorn/zanck/affterreden/orenblasen/auff blehen/auffrhur da sey/das ich nicht abermal kome/vnd mich Gott demütige bey euch/ vnd müsse leid tragen vber viele/die zuuor gesundigt vnd nicht busse gethan haben/fur die vnreinigkeit vnd hurerey vnd vnzucht/die sie getrieben haben.

XIII.

Kome ich zum dritten mal zu euch/so sol jnn zweier odder dreier mund bestehen allerley sache. Jch habs euch zuuor gesagt/vnd sage es euch zuuor/als gegenwertig/ zum andern mal/vnd schreibe es nu im abwesen/denen/die zuuor gesündiget haben/vnd den andern allen. wenn ich abermal kome/so wil ich nicht schonen/sintemal jr suchet/das jr ein mal gewar werdet/des/der jnn mir redet/

ª (pfal) Heisst hie nicht des fleisches anfechtüg zur vnkeuscheit/ sondern grosse plage vnd schrecken vom teuffel/Denn pfal ist/da man die leute an gespiesset/gecreutzigt od der gehenckt hat.

ᵇ (meine krafft) Mit diesem wort tröstet Christus alle/die jnn schwacheit odder leiden sind/Denn er kan seine sterke jnn vns nicht beweisen/wir seien denn schwach vnd leidē.

Die Ander Epistel

mir redet/nemlich Christus/welcher vnter euch nicht schwach ist/sondern ist mechtig vnter euch. Vnd ob er wol gecreutziget ist jnn der schwacheit/so lebet er doch jnn der krafft Gottes/ Vnd ob wir auch schwach sind jnn jm/so leben wir doch mit jm jnn der krafft Gottes/ vnter euch.

(leben mit jm) Das ist/Some ich/ so wil ich wol beweisen/das ich lebe jnn Christo/ob ewer etliche mich gleich fur nichts halten.

Versuchet euch selbs/ob jr im glauben seid/prüfet euch selbs/ Odder erkennet jr euch selbs nicht/das Jhesus Christus jnn euch ist? es sey denn/das jr vntüchtig seid. Ich hoffe aber/jr erkennet/das wir nicht vntüchtig sind. Ich bitte aber Gott/das jr nichts vbels thut/ nicht auff das wir tüchtig gesehen werden/sondern/auff das jr das gute thut/vnd wir wie die vntüchtigen seien. Denn wir können nichts widder die warheit/sondern fur die warheit. Wir frewen vns aber/ wenn wir schwach sind/vnd jr mechtig seid/vnd das selbige wünschen wir auch/nemlich/ewre volkomenheit. Derhalben ich auch solchs abwesend schreibe/auff das ich nicht/wenn ich gegenwertig bin/ scherffe brauchen müsse/nach der macht/welche mir der Herr zu bessern/vnd nicht zu verderben gegeben hat.

Zu letzt/lieben Brüder/frewet euch/seid volkomen/tröstet euch/ habt einerley sinn/seid fridsam/so wird Gott der liebe vnd des frides/ mit euch sein. Grüsset euch vnternander/mit dem heiligen kus. Es grüssen euch alle Heiligen. Die gnade vnsers Herrn Jhesu Christi/vnd die liebe Gottes/vnd die gemeinschafft des Heiligen geistes sey mit euch allen/
A M E N.

Die Ander zu den Corinthern.

Gesand von Philippen jnn Macedonia/durch Titon vnd Lucas.

Vorrhede

Vorrhede auff die
Epistel S. Pauli / An die Galater.

DJe Galater waren durch S. Paulum zu dem rechten Christen glauben / vnd ins Euangelion von dem Gesetz gebracht. Aber nach seinem abschied kamen die falschen Aposteln / die der rechten Apostel Jünger waren / vnd wandten die Galater widder vmb / das sie gleubten / sie müsten durch des Gesetzes werck selig werden / vnd theten sunde / wo sie nicht des Gesetzes werck hielten / wie Actorum. xv. auch etliche zu Jerusalem hohe leute fur gaben.

Diesen zu entgegen / hebet Sanct Paulus sein ampt hoch / vnd wil sich nichts weniger gehalten haben / denn ein ander Apostel / vnd rhümet allein von Gott seine lere vnd ampt / auff das er den rhum der falschen Apostel / die sich mit der rechten Apostel werck vnd namen behulffen / dempffte / vnd spricht / Es sey nicht recht / wens gleich ein Engel anders prediget / odder er selbs / schweige denn / wenn es der Apostel Jünger / odder sie selbs anders lereten. Das thut er im ersten vnd andern Capitel / vnd schleusst / das on verdienst / on werck / on gesetz / sondern allein durch Christum / jederman mus gerecht werden.

Am dritten vnd vierden / beweret er das alles mit schrifften / exempeln vnd gleichnissen / vnd zeiget / wie das Gesetz viel mehr sunde vnd verfluchung bringe / denn gerechtigkeit / welche allein aus gnaden von Gott verheissen / durch Christon on Gesetz erfüllet / vnd vns gegeben ist.

Am fünfften vnd sechsten / leret er die werck der liebe / die dem glauben folgen sollen.

Z ij   Die Epistel

Die Epistel Sanct Pauli,
An die Galater.

I.

Sihe/wie er alle wort richtet wider die eigen gerechtigkeit.

PAulus ein Apostel/ nicht von menschen/ auch nicht durch menschen/ sondern durch Jhesum Christ vnd Gott den Vater/ der jn aufferweckct hat von den todten/ vnd alle Brüder/ die bey mir sind.

Den Gemeinen jnn Galatia.

Gnade sey mit euch/ vnd fride von Gott dem Vater/ vnd vnserm Herrn Jhesu Christ/ der sich selbs fur vnser sunde gegeben hat/ das er vns errettet von dieser gegenwertigen argen welt/ nach dem willen Gottes vnd vnsers Vaters/ welchem sey ehre von ewigkeit zu ewigkeit/ AMEN.

Mich wundert/ das jr euch so bald abwenden lasset/ von dem der euch beruffen hat jnn die gnade Christi auff ein ander Euangelion/ so doch kein anders ist/ on das etliche sind/ die euch verwirren/ vnd wöllen das Euangelion Christi verkeren/ Aber so auch wir/ odder ein Engel vom himel/ euch würde Euangelion predigen/ anders denn das wir euch geprediget haben/ der sey verflucht/ Wie wir jtzt gesagt haben/ so sagen wir auch abermal/ So jemand euch Euangelion prediget/ anders denn das jr empfangen habt/ der sey verflucht. Predige ich denn jtzt menschen odder Gott zu dienst? odder gedenck ich menschen ge-

An die Galater. CXXXII.

schen gefellig zu sein? Wenn ich den menschen noch gefellig were/so were ich Christus knecht nicht.

Ich thu euch aber kund / lieben Brüder / das das Euangelion/ das von mir geprediget ist/nicht menschlich ist/ Denn ich habes von keinem menschen empfangen/noch gelernet/sondern durch die offenbarung Jhesu Christi. Denn jr habt je wol gehöret meinen wandel weiland im Jüdenthum/wie ich vber die masse die Gemeine Gottes verfolgete/vnd verstörete sie/vnd nam zu im Jüdenthum/vber viel meines gleichen/jnn meinem geschlecht/vnd eiuert vber die masse vmb das Veterliche gesetz.

Da es aber Gotte wolgefiel/der mich von meiner mutter leibe hat ausgesondert/vnd berüffen durch seine gnade/das er seinen Son offenbaret jnn mir/das ich jn durchs Euangelion verkündigen solte vnter den Heiden/Also bald fur ich zu/ vnd besprach mich nicht darüber mit fleisch vnd blut/kam auch nicht gen Jerusalem/zu denen/die vor mir Apostel waren/sondern zoch hin jnn Arabiam/vnd kam widderumb gen Damascon. Darnach vber drey iar/kam ich gen Jerusalem/Petron zu schawen/vnd bleib fünffzehen tage bey jm/ Der andern Apostel aber sahe ich keinen / on Jacoben des Herrn Bruder. Was ich euch aber schreibe/Sihe/Gott weis/ich liege nicht.

Darnach kam ich jnn die lender Syria vnd Kilicia/ ich war aber vnbekand von angesichte/den Christlichen Gemeinen jnn Judea. Sie hatten aber allein gehöret/das/der vns weiland verfolgete/der prediget jtzt den glauben/welchen er weiland verstörete/ vnd preiseten Gott vber mir.

II.

Arnach vber vierzehen jar / zoch ich abermal hinauff gen Jerusalem mit Barnabas/vnd nam Titon auch mit mir/ Jch zoch aber hinauff/aus einer offenbarung/vnd besprach mich mit jn vber dem Euangelio/ das ich predige vnter den Heiden/ besonders aber mit denen/die das ansehen hatten/ auff das ich nicht vergeblich lieffe odder gelauffen hette/ Aber es ward auch Titus nicht gezwungen/sich zu beschneiden/der mit mir war/ob er wol ein Grieche war/Denn da etliche falsche brüder / sich mit eingedrungen vnd neben eingeschlichen waren/ zu verkundschaffen vnser freiheit / die wir haben jnn Christo Jhesu/das sie vns gefangen nemen/ wichen wir den selbigen nicht eine ᵃstunde/ vnterthan zu sein/ auff das die warheit des Euangelij bey euch bestunde.

Von denen aber/die das ansehen hatten/ᵇ welcherley sie weiland gewesen sind/da ligt mir nichts an/ Denn Gott achtet das ansehen der menschen nicht. Mich aber haben die/ so das ansehen hatten/ nichts anders geleret/sondern widderumb/da sie sahen/ das mir vertrawet war das Euangelion an die ᶜ Vorhaut / gleich wie Petro das Euangelion an die Beschneidung(Denn der mit Petro krefftig ist gewesen zum Apostel ampt vnter die Beschneitung/der ist mit mir auch krefftig gewesen vnter die Heiden)vnd erkandten die gnade/die mir gegeben war/Jacobos vnd Kephas vnd Johannes/die fur seulen angesehen waren/gaben sie mir vnd Barnaba die rechte hand / vnd wurden mit vns eins/das wir vnter die Heiden/sie aber vnter die Beschneidung predigeten/allein das wir der armen gedechten/welches ich auch vleissig bin gewesen zu thun.

ᵃ (eine stunde) Denn es dazumal sie dauchte vrsach sein/den halstarrigen zu weichen/das sie sich nicht ergerten

ᵇ (welcherley) Die falschen Apostel zogen an/das die zwelff Apostel mit Christo selbs gewandelt hatten/ darumb sie mehr denn Paulus gulten. Das widderlegt S. paulus vnd spricht/es lige daran nicht/wie gros odder herlich sie seien. Es ist im Euangelio ein prediger wie der ander. j.Cor. iij.

ᶜ (Vorhaut) Die Heiden heisset er vorhaut/darumb das sie nicht beschnitten sind.

Z iij Da

Die Epistel

Da aber Petrus gen Antiochia kam/widderstund ich jm unter augen/denn es war klage uber jn komen/Denn zuuor ehe etliche von Jacobo kamen/ass er mit den Heiden/ Da sie aber kamen/entzoch er sich/und sondert sich/darumb das er die von der Beschneidung furchte/und heuchelten mit jm die andern Jüden/also/das auch Barnabas verfüret ward/mit jnen zu heucheln. Aber da ich sahe/das sie nicht richtig wandelten/nach der warheit des Euangelij/sprach ich zu Petro fur allen offentlich/So du/der du ein Jüde bist/heidnisch lebest/und nicht Jüdisch/warumb zwingestu denn die Heiden Jüdisch zu leben? Wie wol wir von natur Jüden/und nicht sunder aus den Heiden sind/doch weil wir wissen/das der mensch durch des Gesetzes werck nicht gerecht wird/sondern durch den glauben an Jhesum Christ/so gleuben wir auch an Christum Jhesum/auff das wir gerecht werden durch den glauben an Christum/und nicht durch des Gesetzes werck.

Darumb wird durch des Gesetzes werck kein fleisch gerecht. Solten wir aber/die da suchen durch Christum gerecht zu werden/auch noch selbs sunder erfunden werden/so were Christus ein ᵃ sunden Diener/Das sey ferne. Wenn ich aber das/so ich zubrochen habe/widderumb bawe/so mache ich mich selbs zu einem ubertretter. Ich bin aber durchs Gesetz ᵇ dem Gesetz gestorben/auff das ich Gotte lebe/Ich bin mit Christo gecreutziget/ich lebe aber/doch nu nicht ich/Sondern Christus lebet jnn mir. Denn was ich jtzt lebe im fleisch/das lebe ich jnn dem glauben des Sons Gottes/ der mich geliebet hat/vnd sich selbs fur mich dar gegeben. Ich werffe nicht weg die gnade Gottes/Denn so durch das Gesetz die gerechtigkeit kompt/so ist Christus vergeblich gestorben.

ᵃ (sunden diener) Wer durch werck wil frum werden/ der thut eben/als macht uns Christus durch seinen dienst/ampt/predigen und leiden aller erst zu sunder/die zuuor durchs Gesetze musten frum werden. Das ist Christum verleugnet/gecreutziget/verlestert und die sunde wider bawet/die zuuor durchs glaubens predigt abgethan war.

ᵇ (dem Gesetz) Durch den glauben/der ein geistlich/lebendig gesetz ist/sind wir dem gesetze des buchstabens gestorben/das wir jm nicht mehr schüldig sind. Roma. vij.

III.

Jr vnuerstendigen Galater/wer hat euch bezaubert/das jr der warheit nicht gehorchet? welchen Christus Jhesus fur die augen gemalet war/und jtzt unter euch gecreutziget ist. Das wil ich alleine von euch lernen/Habt jr den Geist empfangen/durch des Gesetzes werck/odder durch die predigt vom glauben? Seid jr so vnuerstendig? Jm geist habt jr angefangen/wolt jr denn nu im fleisch fort faren? Habt jr denn so viel umb sonst erlitten? ists anders umb sonst. Der euch nu den geist reichet/und thut solche thaten unter euch/thut ers durch des Gesetzes werck? odder durch die predigt vom glauben? Gleich wie Abraham hat Gott gegleubet/ vnd es ist jm gerechnet zur gerechtigkeit. So erkennet jr ja nu/das die des glaubens sind/das sind Abrahams kinder.

Gen. xv

Die Schrifft aber hat es zuuor ersehen/das Gott die Heiden durch den glauben gerecht machet/Darumb verkündiget sie dem Abraham/Jnn dir sollen alle Heiden gesegenet werden. Also werden nu/die des glaubens sind/gesegenet mit dem gleubigen Abraham. Denn die mit des Gesetzes wercken umbgehen/die sind unter dem fluch. Denn es stehet geschrieben/Verflucht sey jederman/der nicht bleibt jnn alle dem/das geschrieben stehet jnn diesem buch des Gesetzes/das ers thue. Das aber durchs Gesetz niemand gerecht wird fur Got/ist offenbar/Denn der gerechte wird seines glaubens leben. Das Gesetz aber ist nicht des glaubens/sondern der mensch der es thut/

Gen. r

Deutro xxvij.

Aba. Le. xv

wird

An die Galater. CXXXIII.

Deu.xxi.
wird dadurch leben. Christus aber hat vns erlöset von dem fluch des Gesetzes/da er ward ein fluch fur vns (Denn es stehet geschrieben/ Verflucht ist jederman der am holtz henget) auff das der segen Abrahe vnter die Heiden keme/ jnn Christo Jhesu/ vnd wir also den verheissen geist empfiengen/durch den glauben.

Gen.xxii.
Lieben Brüder/ich wil nach menschlicher weise reden/verachtet man doch eines menschen testament nicht (wenn es bestetiget ist) vnd thut auch nichts dazu. Nu ist je die verheissung Abrahe vnd seinem samen zugesagt. Er spricht nicht/ durch die samen/als durch viele/sondern als durch einen/Durch deinen samen/ welcher ist Christus. Ich sage aber dauon/das testament/das von Gott zuuor bestetiget ist auff Christum/wird nicht auffgehaben/das die verheissung solte durchs Gesetz auffhören/welches gegeben ist vber vierhundert vnd dreissig iar hernach/ Denn so das erbe durch das Gesetz erworben würde/so würde es nicht durch verheissunge gegeben. Gott aber hats Abraham durch verheissung frey geschencket.

a Was sol denn das Gesetz? Es ist dazu komen vmb der sunde willen/bis der same keme/dem die verheissunge geschehen ist/vnd ist gestellet von den Engeln/durch die hand des b mitlers/Ein mitteler aber ist nicht eines einigen mitteler/Gott aber ist einig.

Wie? ist denn das Gesetz widder Gottes verheissen? Das sey ferne/ Wenn aber ein gesetz gegeben were/das da künde lebendig machen/so keme die gerechtigkeit warhafftig aus dem Gesetz/ Aber die Schrifft hat es alles beschlossen vnter die sunde/auff das die verheissung keme/ durch den glauben an Jhesum Christum/gegeben denen/ die da gleuben. Ehe denn aber der glaube kam/wurden wir vnter dem Gesetze verwaret vnd verschlossen/auff den glauben/der da solte offenbart werden.

Also ist das Gesetz vnser zuchtmeister gewesen auff Christum/das wir durch den glauben gerecht würden/ Nu aber der glaube komen ist/ sind wir nicht mehr vnter dem zuchtmeister. Den jr seid alle Gottes kinder/durch den glauben an Christo Jhesu. Denn wie viel ewer getaufft sind/die haben Christum angezogen. Hie ist kein Jude noch Grieche/Hie ist kein knecht noch freier/Hie ist kein man noch weib/ Denn jr seid allzumal einer jnn Christo Jhesu. Seid jr aber Christi/so seid jr ia Abrahams samen/ vnd nach der verheissung/erben.

IIII.

Ich sage aber/so lange der erbe ein kind ist/so ist vnter jm vnd einem knechte kein vnterscheid/ ob er wol ein herr ist aller güter/sondern er ist vnter den fürmünden vnd pflegern/bis auff die bestimpte zeit vom vater. Also auch wir/ da wir kinder waren/waren wir gefangen vnter den eusserlichen satzungen. Da aber die zeit erfüllet ward/sandte Gott seinen Son/ geborn von einem weibe/ vnd vnter das Gesetz gethan/auff das er die/ so vnter dem Gesetz waren/erlöset/das wir die kindschafft empfiengen. Weil jr denn kinder seid/hat Gott gesand den Geist seines Sons jnn ewre hertzen/der schreiet/Abba/lieber Vater. Also ist nu hie kein knecht mehr/ sondern eitel kinder/ Sinds aber kinder/so sinds auch erben Gottes/ durch Christon.

Z iiij   Aber zu

---

a
(Was sol) Gott hat Abraham das erbe/das ist/ gerechtigkeit vnd ewiges leben aus gnade zugesagt/ was hilfft denn das Gesetz? Antwort/ Das Gesetz mehrer vnd offenbaret die sunde/so es viel foddert/das wir nicht vermögen/ vnd offenbaret sie darumb/das wir erkennen das Got aus gnade gerecht mache. Wenn das Gesetz/alleine gnug were/frum zu machen/was dürffte wir der verheissen gnade?

b
(mitteler) Mosi/welcher mitteler zwischen Got vn dem volck war/ Es hette aber keins mittelers bedürfft/so das volck hette das Gesetz hören mögen/Ex. odi.xx.vn Deut. v. So sie es nu nicht hören mögen/wie mag sie das Gesetz frum machen? Gott aber ist einig/das ist/Er ist alleine/ vnd hat seines gleichen nicht/ Darüb on mitteler nicht mit jm zu handeln ist/ als auch Job sagt.

Die Epistel

Aber zu der zeit/da jr Gott nicht erkandtet/dienet jr denen/die von natur nicht Götter sind/Nu jr aber Gott erkand habet (ia viel mehr von Gott erkand seid)wie wendet jr euch denn vmb/widder zu den schwachen vnd dürfftigen satzungen/welchen jr von newes an dienen wolt? Jr haltet tage vnd monden/vnd feste vnd jarzeit/Ich fürchte ewer/das ich nicht villeicht vmb sonst habe an euch geerbeitet/Seid doch wie ich/denn ich bin wie jr.

Lieben Brüder(ich bitte euch)jr habt mir kein leid gethan/Denn jr wisset/das ich euch jnn schwacheit nach dem fleisch/das Euangelion geprediget habe/zum ersten mal/vnd meine anfechtungen/die ich leid nach dem fleisch/habt jr nicht verachtet noch verschmecht/sondern als einen Engel Gottes namet jr mich auff/ia als Christon Jhesum. Wie waret jr dazumal so selig? Ich bin ewer zeuge/das/wenn es müglich gewesen were/jr hettet ewer augen ausgerissen/vnd mir gegeben/Bin ich denn also ewer feind worden/das ich euch die warheit furhalte?

Sie einern vmb euch nicht fein/sondern sie wöllen euch von mir abfellig machen/das jr vmb sie solt einern.Einern ist gut/wens jmerdar geschicht vmb das gute/vnd nicht allein/wenn ich gegenwertig bey euch bin.

Meine lieben kinder/welche ich abermal mit engsten gebere/bis das Christus jnn euch eine gestalt gewinne/Ich wolt aber/das ich jtzt bey euch were/vnd meine stimme wandeln künde/Denn ich bin jrre an euch.

Saget mir/die jr vnter dem Gesetz sein wolt/habt jr das Gesetz nicht gehöret? Denn es stehet geschrieben/das Abraham zween söne hatte/einen von der magd/den andern von der freien/Aber der von der magd war/ist nach dem fleisch geborn/der aber von der freien/ist durch die verheissung geborn.Die wort bedeuten etwas. Denn das sind die zwey testament/Eins von dem berge Sina/das zur knechtschafft gebirt/welches ist die Agar/Denn Agar heisset jnn Arabia der berg Sina/vnd langet bis gen Jerusalem/das zu dieser zeit ist/vnd ist nicht frey mit seinen kindern. *Gen.xvj*

Aber das Jerusalem/das droben ist/das ist die freie/die ist vnser aller mutter.Denn es stehet geschrieben/Sey frölich du vnfruchtbare/die du nicht gebierest/vnd brich erfur vnd ruffe/die du nicht schwanger bist/Denn die einsame hat viel mehr kinder/denn die den man hat.Wir aber/lieben Brüder/sind Isaac nach/der verheissunge kinder. *Esaie. xliiij.*

Aber gleich wie zu der zeit/der nach dem fleisch geborn war/verfolgete denen/der nach dem geist geborn war/also gehet es jtzt auch. Aber was spricht die Schrifft? Stos die magd hinaus mit jrem sone/Denn der magd son sol nicht erben mit dem son der freien. So sind wir nu/lieben Brüder/nicht der magd kinder/sondern der freien. *Gen.xxj*

V.

So bestehet nu jnn der freiheit/damit vns Christus befreiet hat/vn lasset euch nicht widerumb jnn das knechtische ioch fangen/Sihe/ich Paulus sage euch/wo jr euch beschneiden lasset/so ist euch Christus kein nütz.Ich zeuge abermal einem jderman/der sich beschneiden lesset/das er noch

An die Galater. CXXXIIII.

er noch das gantze Gesetze schüldig ist zu thun/ Jr habt Christum verloren/ die jr durch das Gesetz gerecht werden wolt/ vnd seid von der gnade gefallen. Wir aber warten im geist durch den glauben der gerechtigkeit/ der man hoffen mus. Denn jnn Christo Jhesu/ gilt weder die beschneidung noch vorhaut etwas/ sondern der glaube/ der durch die liebe thetig ist. Jr lieffet fein/ wer hat euch auffgehalten/ der warheit nicht zu gehorchen? Solch vberreden ist nicht von dem/ der euch beruffen hat/ Ein wenig sawerteig versawret den gantzen teig.

Ich versehe mich zu euch jnn dem Herrn/ jr werdet nichts anders gesinnet sein. Wer euch aber jrre machet/ der wird sein vrteil tragen/ er sey wer er wölle. Ich aber/ lieben Brüder/ so ich die beschneidung noch predige/ warumb leide ich denn verfolgung? so hette die ergernis des Creutzes auffgehört. Wolte Gott/ das sie auch ausgerottet würden/ die euch verstören. Jr aber/ lieben Brüder/ seid zur freiheit beruffen/ alleine sehet zu/ das jr durch die freihet dem fleisch nicht raum gebet/ sondern durch die liebe diene einer dem andern. Denn alle gesetz werden jnn einem wort erfüllet/ jnn dem/ Liebe deinen nehesten/ als dich selbs. So jr euch aber vnternander beisset vnd fresset/ so sehet zu/ das jr nicht vnternander verzeret werdet.

Ich sage aber/ wandelt im geist/ so werdet jr die lüste des fleisch es nicht volnbringen/ Denn das fleisch gelüstet widder den geist/ vnd den geist widder das fleisch/ Die selbige sind widdernander/ das jr nicht thut/ was jr wöllet. Regiret euch aber der geist/ so seid jr nicht vnter dem Gesetz. Offenbar sind aber die werck des fleisches/ als da sind ehebruch/ hurerey/ vnreinigkeit/ vnzucht/ Abgötterey/ zeuberey/ feindschafft/ hadder/ neid/ zorn/ zanck/ zwitracht/ rotten/ hass/ mord/ sauffen/ fressen/ vnd der gleichen/ von welchen ich euch hab zuvor gesagt/ vnd sage noch zuvor/ das die solches thun/ werden das Reich Gottes nicht erben. Die frucht aber des geistes ist/ liebe/ frewde/ fride/ gedult/ freundligkeit/ gütigkeit/ glaube/ sanfftmut/ keuscheit/ widder solche ist das Gesetz nicht/ Welche aber Christum angehören/ die creutzigen jr fleisch sampt den lüsten vnd begirden.

VI.

So wir im geist leben/ so lasset vns auch im geist wandeln/ Lasset vns nicht eiteler ehre geitzig sein/ vnternander zu entrüsten vñ zuhassen. Lieben Brüder/ so ein mensch etwa von einem feil vbereilet würde/ so vnterweiset jn mit sanfftmütigem geist/ die jr geistlich seid/ Vnd sihe auff dich selbs/ das du nicht auch versuchet werdest. Einer trage des andern last/ so werdet jr das gesetz Christi erfüllen/ So aber sich jemand lesst düncken/ er sey etwas/ so er doch nichts ist/ der betreuget sich selbs. Ein jglicher aber prüfe sein selbs werck/ vnd als denn wird er an jm selber rhum haben/ vnd nicht an einem andern/ Denn ein jglicher wird seine last tragen.

Der aber vnterrichtet wird mit dem Wort/ der teile mit allerley gutes/ dem/ der jn vnterrichtet. Jrret euch nicht/ Gott lesst sich nicht spotten. Denn was der mensch seet/ das wird er erndten. Wer auff das fleisch seet/ der wird von dem fleisch das verderben erndten/ Wer aber auff den Geist seet/ der wird von dem Geist das ewige leben erndten. Lasset vns aber gutes thun on verdrus/ Denn zu seiner zeit werden wir auch erndten/ on auffhören. Als wir denn nu zeit haben/ so lasset

---

(schüldig)
Denn on glauben ist kein hertze rein/ on hertzen reinigkeit ist kein werck recht vnd rein.

(raum gebet)
Das thun die jhenen/ die da sagen/ die weil der glaube alles thut/ so wollen wir nicht gutes thun vnd auff den glauben vns verlassen etc.

(nicht an einem andern)
Falsche Lerer suchen nicht wie sie frum werden/ sondern das sie nur viel rhum bey andern haben/ vnd stehet jr ding allein auff frembden zu fal vñ anhang. Denn sie sind ehrgirig vnd nicht recht schaffen.

Die Epistel

lasset vns gutes thun/an jederman/allermeist aber an des glaubens genossen.

Sehet/mit wie vielen worten hab ich euch geschrieben mit eigener hand. Die sich wöllen angeneme machen nach dem fleisch/die zwingen euch zu beschneiden/allein das sie nicht mit dem creutz Christi verfolget werden/Denn auch sie selbs/die sich beschneiden lassen/halten das Gesetz nicht/sondern sie wöllen/das jr euch beschneiden lasset/auff das sie sich von ewrem fleisch rhümen mügen. Es sey aber ferne von mir/rhümen/denn allein von dem creutz vnsers Herrn Jhesu Christi/durch welchen mir die welt gecreutziget ist/vnd ich der welt. Denn jnn Christo Jhesu gilt wedder beschneitung noch vorhaut etwas/sondern eine newe creatur/Vnd wie viel nach dieser regel einher gehen/vber die sey fride vnd barmhertzigkeit/vnd vber den Israel Gottes. Hinfurt mache mir niemand weiter mühe/denn ich trage die malzeichen des Herrn Jhesu an meinem leibe. Die gnade vnsers Herrn Jhesu Christi sey mit ewrem geist/Lieben Brüder/
A M E N.

Zu den Galatern/
Gesand von Rom.

(regel) Diese regel ist nicht der menschen lere/sondern das Euangelion vnd der glaub jnn Christo. Vnd die malzeichen sind nicht die narben an Christus leib/sondern allerley leiden/das wir am leibe vmb Christus willen tragen.

Vorrede

Vorrhede auff die CXXXV
Epistel Sanct Pauli/ An
die Epheser.

IN dieser Epistel leret Sanct Paulus/auffs erst/was das Euangelion sey/wie es allein von Gott jnn ewigkeit versehen/vnd durch Christum verdienet vnd ausgegangen ist/das alle die dran gleuben/gerecht/frum/lebendig/selig/vnd vom Gesetz/sunde vnd tod/frey werden/das thut er durch die drey ersten Capitel.

Darnach leret er meiden die neben lere vnd menschen gebot/auff das wir an einem heubt bleiben/gewis/rechtschaffen vnd vollig werden jnn Christo allein/an welchem wirs gar haben/das wir ausser jm nichts durffen/Das thut er im vierden Capitel.

Fort an leret er den glauben vben vnd beweisen mit guten wercken/vnd sunde meiden/vnd mit geistlichen waffen streiten widder den Teuffel/damit wir durchs creutz jnn hoffnung bestehen mugen.

Die Epistel

Die Epistel Sanct Pauli/
An die Epheser.

I.

Aulus ein Apostel/ Jhesu Christi/ durch den willen Gottes.

Den Heiligen zu Epheso/ vnd gleubigen an Christo Jhesu.

Gnade sey mit euch vnd fride/ von Gott vnserm Vater/ vnd dem Herrn Jhesu Christo.

Gelobet sey Gott vnd der Vater vnsers Herrn Jhesu Christi/ der vns gesegenet hat mit allerley geistlichem segen/ jnn himelischen gütern/ durch Christum/ wie er vns denn erwelet hat durch den selbigen/ ehe der welt grund gelegt war/ das wir solten sein heilig vnd vnstrefflich fur jm/ jnn der liebe/ vnd hat vns verordnet zur kindschafft gegen jm selbs/ durch Jhesum Christ/ nach dem wolgefallen seines willens/ zu lob seiner herlichen gnade/ durch welche er vns hat angeneme gemacht/ jnn dem Geliebten.

An welchem wir haben die erlösung durch sein blut/ nemlich/ die vergebung der sunde/ nach dem reichtum seiner gnade/ welche vns reichlich widderfaren ist/ durch allerley weisheit vnd klugheit/ vnd hat vns wissen lassen das geheimnis seines willen/ nach seinem wolgefallen/ vnd hat dasselbige erfur gebracht durch jn/ das es geprediget würde/ da die zeit erfüllet war/ auff das alle ding zusamen verfasset würden/ jnn Christo/ beide das im himel vnd auch auff erden ist/ durch jn selbs/ durch welchen wir auch zum erbteil komen sind/ die wir zuuor verordnent sind/ nach dem fursatz/ des/ der alle ding wircket/ nach dem rat seines willens/ auff das wir etwas seien zu lob seiner herligkeit/ die wir zuuor auff Christo hoffen.

(verfasset) Gott wil Christo alle ding vnterthan/ vnd fur eine Herrn vnd heubt gehalten haben/ Psal. viij. Also das/ wer den nicht hat/ sol keine Gott haben.

Durch welchen auch jr gehöret habt das wort der warheit/ nemlich/ das Euangelion von ewer seligkeit/ durch welchen jr auch/ da jr gleubetet/ versiegelt worden seid mit dem Heiligen geist der verheissung/ welcher ist das pfand vnsers erbes/ zu vnser erlösung/ das wir sein eigenthum wurden/ zu lob seiner herligkeit.

Darumb auch ich/ nach dem ich gehöret hab von dem glauben bey euch/ an den Herrn Jhesum/ vnd von ewer liebe zu allen Heiligen/ Höre ich nicht auff zu dancken fur euch/ vnd gedencke ewer jnn meinem gebet/ das der Gott vnsers Herrn Jhesu Christi/ der Vater der herligkeit/ gebe euch den Geist der weisheit vnd der offenbarung/ zu seines selbs erkentnis/ vnd erleuchtete augen ewres verstentnis/ das jr erkennen müget/ welch da sey die hoffnung ewres beruffs/ vnd welcher sey der reichthum seines herrlichen erbes an seinen Heiligen/ vnd welche da sey die vberschwengliche grösse seiner krafft/ an vns/ die wir gleuben/ nach der wirckung seiner mechtigen stercke/ welche er gewircket hat jnn Christo/ da er jn von den todten aufferwecket hat/ vnd gesetzt zu seiner rechten/ im himel/ vber alle furstenthum/ gewalt/ macht/ herrschafft/ vnd alles was genant mag werden/ nicht allein

jnn

An die Epheser. CXXXVI.

jnn dieser welt/sondern auch jnn der zukünfftigen. Vnd hat alle ding vnter seine füsse gethan/vnd hat jn gesetzt zum heubt der Gemeinen ᵃ vber alles/welche da ist sein leib vnd die fülle/des der alles jnn allen ᵇ erfüllet.

II.

Nd auch euch/da jr tod waret durch vbertrettung vnd sunde/jnn welchen jr weiland gewandelt habt/nach dem lauff dieser welt/vnd nach dem fürsten der jnn der lufft herschet/nemlich/nach dem geist/der zu dieser zeit sein werck hat jnn den kindern des vnglaubens/vnter welchem wir auch alle weiland vnsern wandel gehabt haben/jnn den lüsten vnsers fleisches/vnd thaten den willen des fleisches/vnd der vernunfft/vnd waren auch kinder des zorns von natur/gleich wie auch die andern.

Aber Gott/der da reich ist von barmhertzigkeit/durch seine grosse liebe/damit er vns geliebet hat/da wir tod waren jnn den sunden/hat er vns sampt Christo lebendig gemacht(Denn aus gnade seid jr selig worden)vnd hat vns sampt jm aufferwecket/vnd sampt jm jnn das himelische wesen gesetzt/jnn Christo Jhesu/auff das er erzeigete jnn den zukünfftigen zeiten den vberschwenglichen reichthum seiner gnade/durch seine güte vber vns jnn Christo Jhesu/Denn aus gnade seid jr selig worden/durch den glauben/vnd dasselbige nicht aus euch/Gottes gabe ist es/nicht aus den wercken/auff das sich nicht jemand rhüme. Denn wir sind sein werck/geschaffen jnn Christo Jhesu/zu guten wercken/zu welchen Gott vns zuuor bereit hat/das wir darinnen wandeln sollen.

Darumb gedencket dran/das jr/die jr weiland nach dem fleisch Heiden gewesen seid/vnd die Vorhaut genennet wurdet/von denen/die genennet sind die Beschneidung nach dem fleisch/die mit der hand geschicht/das jr zu der selbigen zeit waret on Christo/frembde vnd ausser der burgerschafft Israel/vnd frembde von den testamenten der verheissung/daher jr keine hoffnung hattet/vnd waret on Got jnn der welt. Nu aber/die jr jnn Christo Jhesu seid/vnd weiland ferne gewesen/seid nu nahe worden/durch das blut Christi.

Denn er ist vnser fride/der aus beiden eines hat gemacht/vnd hat abgebrochen den zaun der da zwischen war/jnn dem/das er durch sein fleisch weg nam die feindschafft/nemlich/ᶜ das Gesetz/so jnn geboten gestellet war/auff das er aus zweien einen newen menschen jnn jm selber schaffete/vnd fride machete/vnd das er beide versönete mit Got jnn einem leibe/durch das creutz/Vnd hat die feindschafft getödtet durch sich selbs/vnd ist komen/hat verkündiget im Euangelio den fride/euch die jr ferne waret/vnd denen die nahe waren. Denn durch jn haben wir den zugang alle beide/jnn einem Geist/zum Vater.

So seid jr nu nicht mehr geste/vnd frembdlinge/sondern Bürger mit den Heiligen/vnd Gottes hausgenossen/erbawet auff den grund der Apostel vnd Propheten/da Jhesus Christus der Eckstein ist/auff welchen/der gantze baw jnn einander gefüget wechst/zu einem heiligen Tempel/jnn dem Herrn/auff welchen auch jr mit erbawet werdet/zu einer behausung Gottes/im geist.

III.

Aa Derhalben

ᵃ (vber alles) Christus ist ein solch heubt der Gemeine/das er gleich wol vber alles ein Herr ist/vber teufel/welt etc.

ᵇ (erfüllet) Christus ist vnd wircket alle werck jnn alle Creaturn/Darumb ist sein alle Creatur vol/Also ist auch seine gemeine Christenheit seine fülle/das sie sampt jm ein gantzer leib vnd volliger hauffe ist.

ᶜ (das Gesetz) Das gesetz war die feindschafft zwischen Heiden vnd Jüden/Denn dadurch wolten die Juden besser sein/Nu aber on Gesetz allzumal/durch Christum den Geist hat/hat solche feindschafft ein ende/vñ ist einer wie der ander.

Die Epistel

DErhalben ich Paulus der gefangener Christi Jhesu/ fur euch Heiden/ Nach dem jr gehöret habt von dem ampt der gnade Gottes/ das mir an euch gegeben ist/ das mir ist kund worden dieses geheimnis/ durch offenbarung/ wie ich droben auffskürtzest geschrieben habe/ daran jr/ so jrs leset/ mercken kund meinen verstand an dem geheimnis Christi/ welches nicht kund gethan ist/ jnn den vorigen zeiten den menschen kindern/ als es nu offenbart ist seinen heiligen Aposteln vnd Propheten/ durch den Geist/ nemlich/ Das die Heiden miterben seien/ vnd mit eingeleibet vnd mitgenossen seiner verheissung jnn Christo/ durch das Euangelion/ des ich ein Diener worden bin/ nach der gabe aus der gnade Gottes/ die mir nach seiner mechtigen krafft gegeben ist.

Mir dem aller geringesten vnter allen Heiligen/ ist gegeben diese gnade/ vnter die Heiden zu verkündigen den vnausforschlichen reichthum Christi/ vnd zu erleuchten jederman/ welche da sey die gemeinschafft des geheimnis/ das von der welt her jnn Got verborgen gewesen ist/ der alle ding geschaffen hat durch Jhesum Christ/ auff das jtzt kund würde/ den fürstenthümen vnd herrschafften jnn dem himel/ an der Gemeine/ die manchfeltige weisheit Gottes/ nach dem fursatz von der welt her/ welche er beweiset hat jnn Christo Jhesu vnserm Herrn/ durch welchen wir haben freidigkeit vnd zugang jnn aller zuuersicht durch den glauben an jn. Darumb bitte ich/ das jr nicht lass werdet/ vmb meiner trübsaln willen/ die ich fur euch leide/ welche euch eine ehre sind.

Derhalben beuge ich meine knie/ gegen dem Vater vnsers Herrn Jhesu Christ/ der der rechte Vater ist vber alles was vater heisset/ im himel vnd erden/ das er euch krafft gebe/ nach dem reichthum seiner herligkeit/ starck zu werden durch seinen Geist/ an dem jnnwendigen menschen/ vnd Christum zu wonen durch den glauben jnn ewren hertzen/ vnd durch die liebe eingewurtzelt vnd gegründet werden/ auff das jr begreiffen möget mit allen Heiligen/ welches da sey die ᵃbreite/ vnd die lenge/ vnd die tieffe/ vnd die höhe/ Auch erkennen die liebe Christi/ die doch alle erkentnis vbertrifft/ auff das jr erfüllet werdet mit allerley ᵇ Gottes fülle.

Dem aber/ der vberschwenglich thun kan/ vber alles/ das wir bitten odder verstehen/ nach der krafft/ die da jnn vns wircket/ Dem sey ehre jnn der Gemeine/ die jnn Christo Jhesu ist/ zu aller zeit/ von ewigkeit zu ewigkeit/ Amen.

IIII.

SO ermane nu euch ich gefangener jnn dem Herrn/ das jr wandelt/ wie sichs gebürt ewrem beruff/ darinne jr beruffen seid/ mit aller demut vnd sanfftmut/ mit gedult/ vnd vertraget einer dem andern jnn der liebe/ vnd seid vleissig zu halten die einigkeit im Geist/ durch das band des friedes/ Ein leib vnd ein geist/ wie jr auch beruffen seid/ auff einerley hoffnung ewres beruffs/ Ein Herr/ ein glaube/ ein tauffe/ ein Gott vnd Vater vnser aller/ der da ist vber euch alle/ vnd durch euch allen/ vnd jnn euch allen.

Einem jglichen aber vnter vns ist gegeben die gnade/ nach dem mass der gabe Christi/ darumb spricht er/ Er ist auffgefaren jnn die höhe/

(den fürstethüme) Die Engel im himel/ ob sie wol vol Gottes sind/ so erfaren sie doch teglich an der Christenheit newe gnade vn gaben/ die Got teglich ausgibt. Wie auch Christus Lu.xj. spricht/ das sich die Engel frewe vber einem sunder/ der busse thut.

a
(die breite) Die liebe beweiset/ das der glaub rechtschaffen sey/ Der selbige begreifst des/ das nichts so breit/ lang/ tieff/ hoch sey/ da Christus nicht macht habe/ vnd helffen kunde/ vnd fürcht sich nicht wedder fur sünde/ tod noch helle/ es sey breit/ lang/ tieff etc. Wie psal. cxxxviij. auch sagt/ Quo ibo a spiritu tuo.

b
(Gottes fülle) Das Gott alleine jnn euch regiere vñ wircke/ vnd jr sein vol seid.

An die Epheſer. CXXXVII.

Pſalm. lxviij.

die höhe/ vnd hat das ᵃ gefengnis gefangen gefüret/ vnd hat den menſchen gaben gegeben. Das er aber auff gefaren iſt/ was iſts? denn das er zuuor iſt hinunter gefaren jnn die vnterſten örter der erden. Der hinunter gefaren iſt/ das iſt der ſelbige/ der auffgefaren iſt vber alle himel/ auff das er ᵇ alles erfüllet.

Vnd er hat etliche zu Apoſtel geſetzt/ etliche aber zu Propheten/ etliche zu Euangeliſten/ etliche zu Hirten vnd Lerer/ das die Heiligen ᶜ geſchickt ſein zum werck des ampts/ da durch der leib Chriſti erbawet werde/ bis das wir alle hinan komen/ zu einerley glauben vnd erkentnis des Sons Gottes/ vnd ein volkomen man werden/ der da ſey jnn der maſſe des volkomenen alters Chriſti/ auff das wir nicht mehr kinder ſeien/ vnd vns wegen vnd wigen laſſen/ von allerley wind der leren/ durch ᵈ ſchalckheit der menſchen vnd teuſcherey/ damit ſie vns erſchleichen zu verfüren.

Laſſet vns aber rechtſchaffen ſein jnn der liebe/ vnd wachſen jnn allen ſtücken/ an den/ der das heubt iſt/ Chriſtus/ aus welchem der gantze leib zu ſamen gefüget/ vnd ein glied am andern hanget/ durch alle gelencke/ dadurch eins dem andern handreichung thut/ nach dem werck eines jglichen gliedes/ jnn ſeiner maſſe/ vnd machet/ das der leib wechſet zu ſein ſelbs beſſerung/ vnd das alles jnn der liebe.

So ſage ich nu/ vnd zeuge jnn dem Herrn/ das jr nicht mehr wandelt/ wie die andern Heiden wandeln/ jnn der eitelkeit jres ſinnes/ welcher verſtand verfinſtert iſt/ vnd ſind entfrembdet von dem leben/ das aus Gott iſt/ durch die vnwiſſenheit/ ſo jnn jnen iſt/ durch die blindheit jres hertzen/ welche ruchlos ſind/ vnd ergeben ſich der vnzucht/ vnd treiben allerley vnreinigkeit/ ſampt dem geitz. Ir aber habt Chriſtum nicht alſo gelernet/ ſo jr anders von jm gehört habt/ vnd jnn jm geleret ſeid/ wie jnn Jheſu ein rechtſchaffen weſen iſt.

So leget nu von euch ab/ nach dem vorigen wandel/ den alten menſchen/ der durch lüſte im jrthum ſich verderbet. Ernewert euch aber im geiſt ewres gemütes/ vnd zihet den newen menſchen an/ der nach Gott geſchaffen iſt/ jnn rechtſchaffener gerechtigkeit vnd heiligkeit. Darumb leget die lügen ab/ vnd redet die warheit ein jglicher mit Pſal. iiij. ſeinem neheſten/ ſintemal wir vnternander glieder ſind. Zörnet/ vnd ſundiget nicht/ Laſſet die ſonne nicht vber ewrem zorn vntergehen. Gebet auch nicht raum dem leſterer/ Wer geſtolen hat/ der ſtele nicht mehr/ ſondern erbeite vnd ſchaffe mit den henden etwas redlichs/ auff das er habe zu geben dem dürfftigen.

Laſſet kein faul geſchwetz aus ewrem munde gehen/ ſondern was nützlich zur beſſerung iſt/ da es not thut/ das es holdſelig ſey zu hören. Vnd betrübet nicht den Heiligen geiſt Gottes/ damit jr verſiegelt ſeid/ auff den tag der erlöſung. Alle bitterkeit vnd grim/ vnd zorn/ vnd geſchrey/ vnd leſterung ſey ferne von euch/ ſampt aller bosheit. Seid aber vnternander freundlich/ hertzlich/ vnd vergebet einer dem andern/ gleich wie Gott euch vergeben hat/ jnn Chriſto.

V.

SO ſeid nu Gottes nachfolger/ als die lieben kinder/ vnd wandelt jnn der liebe/ gleich wie Chriſtus vns hat geliebet/ vnd ſich ſelbs dar gegeben für vns/ zur gabe vnd opffer/ Gott zu einem ſüſſen geruch. Hurerey aber vnd alle vnreinigkeit odder geitz/ laſſet nicht von euch geſagt

---

ᵃ (Das gefengnis) Das iſt/ die ſunde/ tod vnd gewiſſen/ das ſie vns nicht fahen noch halten mögen.

ᵇ (alles erfüllet) Das er alles jnn allen dingen wircke/ vnd on jn nichts gethan/ geredt noch gedacht werde.

ᶜ (geſchickt) Das iſt/ wol gerüſt/ vnd allenthalben verſorget vnd zubereit/ das nichts feile zu ampt der Chriſtenheit etc.

ᵈ (ſchalckheit) Das iſt/ wie die ſpitzbube mit dem würffel vmbgehe/ alſo gehen die mit der Schrifft vmb/ die menſchen lere fürgeben.

Aa ij

Die Epistel

gesagt werden/wie den Heiligen zu stehet/Auch schandbare wort vnd narren teiding/odder schertz/welche euch nicht ziemen/sondern viel mehr dancksagung. Denn das solt jr wissen/das kein hurer odder vnreiner odder geitziger (welcher ist ein Götzen diener) erbe hat an dem Reich Christi vnd Gottes. Lasset euch niemand verfüren mit vergeblichen worten/Denn vmb dieser willen kompt der zorn Gottes vber die kinder des vnglaubens/Darumb seid nicht jre mitgenossen/Denn jr waret weiland finsternis/Nu aber seid jr ein liecht jnn dem Herrn.

(böse zeit)
Es begegen einem Christen so mancherley hindernis vn vrsach nutzlich gescheft zu versaumen, das er schier, wie ein gefangener sich los reisse/vnd die zeit gleich stelen/vnd etwan auch thewr losen mus mit vngunst etc.wie man spricht/ Amici fures temporis.

Wandelt wie die kinder des liechtes. Die frucht des Geistes ist allerley gütigkeit vnd gerechtigkeit vnd warheit/vnd prüfet/was da sey wolgefellig dem Herrn/vnd habt nicht gemeinschafft mit den vnfruchtbarn wercken der finsternis/straffet sie aber viel mehr/Denn was heimlich von jn geschicht/das ist auch schendlich zu sagen/Das alles aber wird offenbar/wens vom liecht gestraffet wird/Denn alles was offenbar wird/das ist liecht/Darumb spricht er/Wache auff der du schleffest/vnd stehe auff von den todten/so wird dich Christus erleuchten.

Jsaie.ls

(vnordig)
Wie wir sehe/das die trunckenbold/wilde/freche vnuerschampte/vn aller dinge vngezogen sind/mit worten/schreien/geberden/vnd der gleichen.

So sehet nu zu/wie jr fürsichtiglich wandelt/nicht als die vnweisen/sondern als die weisen/vnd schicket euch jnn die zeit/denn es ist böse ᵃzeit. Darumb werdet nicht vnuerstendig/sondern verstendig/was da sey des Herrn wille/vnd sauffet euch nicht vol weins/daraus ein ᵇvnordig wesen folget/sondern werdet vol geistes/vnd redet vnternander von Psalmen vnd lobsengen vnd geistlichen lieden/singet vnd spielet dem Herrn jnn ewren hertzen/vnd saget danck alle zeit fur alles/Gott vnd dem Vater/jnn dem namen vnsers Herrn Jhesu Christ/vnd seid vnternander vnterthan/jnn der furcht Gottes.

(geheimnis)
Sacrament odder mysterion, heisset geheimnis odder ein verborge ding/ das doch von ausse seine bedeutung hat. Also ist Christus vnd seine Gemeine ein geheimnis/ein gros heilig verborgen ding/das man gleuben vnd nicht sehen kan. Es wird aber durch man vn weib/als durch sein eusserlich zeichen bedeut/das gleich wie man vn weib ein leib sind/vnd alle güter gemein haben/Also hat auch die Gemeine/alles was Christus ist vnd hat.

Die weiber seien vnterthan jren mennern/als dem Herrn/Denn der man ist des weibes heubt/gleich wie auch Christus das heubt ist der Gemeine/vnd er ist seines leibes Heiland/Aber wie nu die Gemeine ist Christo vnterthan/also auch die weiber jren mennern jnn allen dingen. Jr menner/liebet ewre weiber/gleich wie Christus geliebet hat die Gemeine/vnd hat sich selbs fur sie gegeben/auff das er sie heiliget/vnd hat sie gereiniget durch das wasserbad im Wort/auff das er sie jm selbs zurichtet eine Gemeine/die herrlich sey/die nicht hab einen flecken odder runtzel/oder des etwas/sondern das sie heilig sey vnd vnstrefflich.

Also sollen auch die menner jre weiber lieben/als jre eigene leibe. Wer sein weib liebet/der liebet sich selbs/Denn niemand hat je mal sein eigen fleisch gehasset/sondern er neeret es/vnd pfleget sein/ gleich wie auch der Herr die Gemeine/Denn wir sind glieder seines leibes/von seinem fleisch vnd von seinem gebeine/Vmb des willen wird der mensch verlassen vater vnd mutter/vnd seinem weibe anhangen/vnd werden zwey ein fleisch sein. Das ᶜgeheimnis ist gros. Ich sage aber von Christo vnd der Gemeine/Doch auch jr/ja ein jglicher habe lieb sein weib/als sich selbs/Das weib aber fürchte den man.

Gen.ij

VI.

Jr kin.

An die Epheser. CXXXVIII.

Epe.ʫʫ. Jr kinder seid gehorsam ewren Eltern/ jnn dem Herrn/ denn das ist billich. Ehre vater vnd mutter/ Das ist das erste gebot/ das verheissunge hat/ Auff das dirs wol gehe/ vnd lange lebest auff erden. Vnd jr Veter reitzet ewre kinder nicht zu zorn/ sondern zihet sie auff jnn der zucht vnd vermanung zu dem Herrn.

Jr knechte seid gehorsam ewren leiblichen herrn/ mit furchte vnd zittern/ jnn einfeltigkeit ewres hertzen/ als Christo/ nicht mit dienst allein fur augen/ als den menschen zu gefallen/ sondern als die knechte Christi/ das jr solchen willen Gottes thut von hertzen/ mit gutem willen. Lasset euch duncken/ das jr dem Herrn dienet/ vnd nicht den menschen/ vnd wisset/ was ein iglicher gutes thun wird/ das wird er von dem Herrn empfahen/ er sey ein knecht odder ein freier. Vnd jr herrn thut auch dasselbige gegen jnen/ vnd lasset das drewen/ vnd wisset/ das auch ewer Herr im himel ist/ vnd ist bey jm kein ansehen der person.

Zu letzt/ meine Brüder/ seid starck jnn dem Herrn/ vnd jnn der macht seiner stercke/ Zihet an den harnisch Gottes/ das jr bestehen künd gegen den listigen anlauff des Teuffels. Denn wir haben nicht mit fleisch vnd blut zu kempffen/ sondern mit fürsten vnd geweltigen/ nemlich/ mit den Herrn der welt/ die jnn der finsternis dieser welt herschen/ mit den bösen geistern vnter dem himel. Vmb des willen/ so ergreiffet den harnisch Gottes/ auff das jr widderstehen künd an dem bösen tage/ vnd jnn alle ewrem thun bestehen müget.

So stehet nu/ vmbgürtet ewre lenden mit warheit/ vnd angezogen mit dem krebs der gerechtigkeit/ vnd gestiefelt an füssen mit dem Euangelio des frides/ damit jr bereit seiet. Vor allen dingen aber/ ergreiffet den schilt des glaubens/ mit welchem jr auslesschen künd alle fewrige pfeile des Bösewichtes/ vnd nemet den helm des heils/ vnd das schwerd des Geistes/ welches ist das wort Gottes. Vnd betet stets jnn allem anligen mit bitten vnd flehen/ im Geist/ vnd wachet dazu mit allem anhalten vnd flehen/ fur alle Heiligen vnd fur mich/ Auff das mir gegeben werde das Wort/ mit freidigem auffthun meines mundes/ das ich möge kund machen das geheimnis des Euangelions/ welches bote ich bin/ jnn der ketten/ auff das ich darinnen freidig handeln möge/ vnd reden wie sichs gebürt.

Auff das aber jr auch wisset/ wie es vmb mich stehet/ vnd was ich schaffe/ wirds euch alles kund thun Tychicos/ mein lieber Bruder vnd getrewer diener jnn dem Herrn/ welchen ich gesand habe zu euch/ vmb des selbigen willen/ das jr erfaret/ wie es vmb mich stehet/ vnd das er ewre hertzen tröste. Fride sey den Brüdern/ vnd liebe mit glauben/ von Gott dem Vater/ vnd dem Herrn Jhesu Christo. Gnade sey mit allen/ die da lieb haben vnsern Herrn Jhesum Christ vnuerruckt/ A M E N.

Geschrieben von Rom zu den Ephesern/ durch Tychicon.

Aa iij Vor‑

Vorrhede auff die Epistel Sanct Pauli / An die Philipper.

JN dieser Epistel lobet vnd ermanet S. Paulus die Philipper / das sie bleiben vnd fort faren sollen im rechten glauben / vnd zunemen jnn der liebe. Die weil aber dem glauben alle zeit schaden thun die falschen Apostel vnd Werckerer / warnet er sie fur den selbigen / vnd zeiget jnen an mancherley Prediger / etliche gute / etliche böse / auch sich selbs vnd seine Jünger / Timotheon vnd Epaphroditon. Das thut er im ersten vnd andern Capitel.

Am dritten / verwirfft er die glaublose vnd menschliche gerechtigkeit / so durch die falschen Apostel geleret vnd gehalten wird / Setzt sich selbs zum exempel / der jnn solcher gerechtigkeit herrlich gelebet habe / vnd doch nu nichts dauon halte / vmb Christus gerechtigkeit willen. Denn jhene machet nur den bauch zum Gott / vnd feinde des creutzes Christi.

Jm vierden / ermanet er sie zum fride vnd gutem eusserlichem wandel gegenander. Vnd dancket jnen fur jr geschenck / das sie jm gesand hatten.

Die Epistel

Die Epistel S. Pauli/
An die Philipper.
I.

Paulus vnd Timotheos/ knechte Jhesu Christi. Allen Heiligen jnn Christo Jhesu zu Philippen/sampt den Bischouen vnd Dienern.

Gnade sey mit euch/vnd fride von Gott vnserm Vater/ vnd dem Herrn Jhesu Christo.

Ich dancke meinem Gott/ so offt ich ewer gedencke (welchs ich alle zeit thue/jnn allem meinem gebet fur euch alle/ vnd thu das gebet mit freuden) vber ewer gemeinschafft am Euangelion/vom ersten tage an bisher/vnd bin desselbigen jnn guter zuuersicht/das/der jnn euch angefangen hat das gute werck/ der wirds auch volfüren bis an den tag Jhesu Christi/ wie es denn mir billich ist/das ich der massen von euch allen halte/darumb/das ich euch jnn meinem hertzen habe/jnn diesem meinem gefengnis/darin ich das Euangelion verantworte vnd verteidinge/ als die jr alle mit mir der gnade teilhafftig seid.

Denn Gott ist mein zeuge/ wie mich nach euch allen verlanget von hertzen grund jnn Jhesu Christo/vnd da selbs vmb bete ich/ das ewre liebe jhe mehr vnd mehr reich werde/jnn allerley erkentnis/ vnd jnn allerley erfarung/das jr prüfen möget/was das beste sey/auff das jr seid lauter vnd vnanstössig bis auff den tag Christi/erfüllet mit früchten der gerechtigkeit/ die durch Jhesum Christum geschehen jnn euch/zu ehre vnd lobe Gottes.

Ich lasse euch aber wissen/lieben Brüder/das wie es vmb mich stehet/das ist nur mehr zur forderung des Euangelij geraten/ Also/ das meine band ruchtbar worden sind jnn Christo/jnn dem gantzen Richthause/ vnd bey den andern allen/vnd viel Brüder jnn dem Herrn/aus meinen banden zuuersicht gewonnen/deste thürstiger worden sind/das Wort zu reden on schew. Etliche zwar predigen Christum/auch vmb hass vnd hadders willen/ Etliche aber aus guter meinung. Jhene verkündigen Christum aus zanck vnd nicht lauter/ denn sie meinen/ sie wöllen ein trübsal zu wenden meinen banden/ Diese aber aus liebe/denn sie wissen/das ich zur verantwortung des Euangelij hie lige.

Was ist jm aber denn? das nur Christus verkündiget werde allerley weise/es geschehe rechter weise odder zufalles/ so frewe ich mich doch darinne/vnd wil mich auch frewen/ Denn ich weis/das mir dasselbige gelinget zur seligkeit/durch ewr gebet/ vnd durch handreichung des Geistes Jhesu Christi/wie ich endlich warte vnd hoffe/ das ich jnn keinerley stück zu schanden werde / sondern das mit aller freidigkeit/gleich wie sonst alle zeit/also auch jtzt/Christus hoch gepreiset werde an meinem leibe/ es sey durch leben odder durch tod/ Denn Christus ist mein leben/vnd sterben ist mein gewin.

Die Epistel

Sintemal aber im fleisch leben/ dienet mehr frucht zu schaffen/ so weis ich nicht/ welchs ich erwelen sol/ Denn es ligt mir beides hart an. Ich habe lust abzuscheiden vnd bey Christo zu sein/ welchs auch viel besser were/ aber es ist nötlicher im fleisch bleiben vmb ewren willen. Vnd jnn guter zuuersicht weis ich/ das ich bleiben vnd bey euch allen sein werde/ euch zur forderung vnd zur freude des glaubens/ auff das jr euch seer rhümen mügt jnn Christo Jhesu/ an mir/ durch meine zukunfft widder zu euch.

Wandelt nur wirdiglich dem Euangelio Christi/ auff das/ ob ich kome vnd sehe euch/ odder bleibe aussen/ das ich hören müge von euch/ das jr stehet jnn einem Geist vnd einer seele/ vnd sampt vns kempffet im glauben des Euangelij/ vnd euch jnn keinen weg erschrecken lasset von den Widdersachern/ welchs ist ein anzeigen jnen der verdamnis/ euch aber der seligkeit/ vnd dasselbige von Gott/ Denn euch ist gegeben vmb Christus willen zu thun/ das jr nicht allein an jn gleubet/ sondern auch vmb seinen willen leidet/ vnd habet den selbigen kampff/ welchen jr an mir gesehen habt/ vnd nu von mir höret.

II.

Ist nu bey euch ermanung jnn Christo/ Ist trost der liebe/ Ist gemeinschafft des Geistes/ Ist hertzliche liebe vnd barmhertzigkeit/ so erfüllet meine freude/ das jr eines sinnes seid/ gleiche liebe habet/ einmütig vnd einhellig seid/ nichts thut durch zanck odder eitel ehre/ sondern durch demut achtet euch vnternander einer den andern höher/ denn sich selbs/ vnd ein jglicher sehe nicht auff das seine/ sondern auff das des andern ist.

Ein jglicher sey gesinnet/ wie Jhesus Christus auch war/ welcher/ ob er wol jnn Göttlicher gestalt war/ hielt ers nicht fur einen raub/ Gotte gleich sein/ sondern eussert sich selbs/ vnd nam knechts gestalt an/ ward gleich wie ein ander mensch/ vnd an geberden als ein mensch erfunden/ ernidriget sich selbs/ vnd ward gehorsam bis zum tode/ ja zum tode am creutz/ Darumb hat jn auch Gott erhöhet/ vnd hat jm einen namen gegeben/ der vber alle namen ist/ das jnn dem namen Jhesu sich beugen sollen/ alle der knie/ die im himel vnd auff erden vnd vnter der erden sind/ vnd alle zungen bekennen sollen/ das Jhesus Christus der Herr sey/ zur ehre Gottes des Vaters.

Also meine liebesten/ wie jr alle zeit seid gehorsam gewesen/ nicht allein jnn meiner gegenwertigkeit/ sondern auch nu viel mehr jnn meinem abwesen/ schaffet/ das jr selig werdet mit furcht vnd zittern/ Denn Gott ists/ der jnn euch wircket/ beide das wöllen vnd das thun/ nach seinem wolgefallen.

Thut alles on murmelung vnd *a* on zweinel/ auff das jr seid on tadel/ vnd lauter/ vnd Gottes kinder/ vnstrefflich/ mitten vnter dem vnschlachtigem vnd verkeretem geschlecht/ vnter welchem jr scheinet als Liechter jnn der welt/ damit/ das jr haltet ob dem Wort des lebens/ mir zu einem rhum an dem tage Christi/ als der ich nicht vergeblich gelauffen noch vergeblich geerbeitet habe. Vnd ob ich *b* geopffert werde/ vber dem opffer vnd Gottes dienst ewres glaubens/ so frewe ich mich/ vnd frewe mich mit euch allen/ Desselbigen solt jr euch auch frewen/ vnd solt euch mit mir frewen.

Ich hoffe

---

a
(on zweiuel)
Das sie nicht murren widder Gott/ jnn vngedult/ auch nicht wancken im glauben.

b
(geopffert werde)
Das ist/ ob ich sterben müsse vber dem/ das ich euch zu Gottes diener vnd opffer gemacht hab/ durchs Euangelion vn glauben/ so sol mich nicht daurn/ sondern wils mit freuden thun/ vnd jr solt mir das selb auch mit freuden gönnen.

An die Philipper. CXL.

Ich hoffe aber jnn dem Herrn Jhesu/ das ich Timotheon bald werde zu euch senden/ das ich auch erquicket werde/ wenn ich erfare/ wie es vmb euch stehet/ Denn ich habe keinen/ der so gar meines sinnes sey/ der so hertzlich fur euch sorget/ Denn sie suchen alle das jre/ nicht das Christi Jhesu ist/ Jr aber wisset/ das er rechtschaffen ist. Denn wie ein kind dem Vater/ hat er mit mir gedienet am Euangelio/ Den selbigen/ hoffe ich/ werde ich senden von stund an/ wenn ich erfaren habe/ wie es vmb mich stehet/ Jch vertrawe aber jnn dem Herrn/ das auch ich selbs schier komen werde.

Ich habs aber fur nötig angesehen/ den Bruder Epaphroditon zu euch zu senden/ der mein gehülffe vnd Mitstreitter/ vnd ewer Apostel/ vnd meiner notdurfft diener ist/ Sintemal er nach euch allen verlangen hatte/ vnd war hoch bekümmert/ darumb das jr gehöret hattet/ das er kranck war gewesen/ Vnd er war zwar tod kranck/ aber Got hat sich vber jn erbarmet/ Nicht allein aber vber jn/ sondern auch vber mich/ auff das ich nicht eine trawrigkeit vber die ander hette.

Ich habe jn aber deste eilender gesand/ auff das jr jn sehet/ vnd widder frölich werdet/ vnd ich auch der trawrigkeit weniger habe/ So nemet jn nu auff jnn dem Herrn/ mit allen frewden/ vnd habt solche jnn ehren. Denn vmb des wercks Christi willen/ ist er dem tode so nahe komen/ da er sein leben geringe bedachte/ auff das er mir dienete an ewer stat.

III.

Eiter lieben Brüder/ frewet euch jnn dem Herrn. Das ich euch jmer einerley schreibe/ verdreusst mich nicht/ vnd machet euch deste gewisser. Sehet auff die Hunde/ sehet auff die bösen Erbeiter/ sehet auff die Zurschneitung/ Denn wir sind die beschneidung/ die wir Gotte im Geist dienen/ vnd rhümen vns von Christo Jhesu/ vnd verlassen vns nicht auff fleisch/ wie wol ich auch habe/ das ich mich fleisches rhumen möchte/ so ein ander sich dücken lesset/ er müge sich fleisches rhümen/ ich viel mehr/ der ich am achten tag beschnitten bin/ einer aus dem volck von Jsrael/ des geschlechtes BenJamin/ ein Ebreer aus den Ebreern/ vnd nach dem Gesetz ein Phariseer/ nach dem einer ein verfolger der Gemeine/ nach der gerechtigkeit im Gesetz gewesen vnstreflich.

(zurschneittung) Er nennet die falschen prediger die zuschneitung/ darumb/ das sie die beschneidung als nötig zur seligkeit lereten/ damit die hertzen von dem glaubē abgeschnitten werden.

Aber was mir gewin war/ das hab ich vmb Christus willen fur schaden geachtet. Denn ich achte es alles fur schaden/ gegen der vberschwenglichen erkentnis Christi Jhesu meines Herrn/ vmb welches willen ich alles habe fur schaden gerechnet/ vnd acht es fur dreck/ auff das ich Christum gewinne/ vnd jnn jm erfunden werde/ das ich nicht habe meine gerechtigkeit/ die aus dem Gesetz/ sondern die durch den glauben an Christo kompt/ nemlich/ die gerechtigkeit/ die von Gott dem glauben zugerechnet wird/ zu erkennen jn vnd die krafft seiner aufferstehung vnd die gemeinschafft seiner leiden/ das ich seinem tode ehnlich werde/ ob ich auch jnn der aufferstehung von den todten jm entgegen komen möchte.

Nicht

Die Epistel

Nicht das ichs schon ergriffen habe/odder schon volkomen sey/ Ich jage jm aber nach/ob jchs auch ergreiffen möchte/nach dem ich von Christo Jhesu *ergriffen bin. Meine Brüder/ich schetze mich selbs noch nicht/das ichs ergriffen hab/Eines aber sage ich/Ich vergesse was dahinden ist/vnd strecke mich zu dem/das da fornen ist/ vnd jage nach dem fur gesteckten zil/nach dem kleinod/welchs fur, helt die himlische beruffunge Gottes jnn Christo Jhesu. Wie viel nu vnser volkomen sind/die lasset vns also gesinnet sein/Vnd solt jr sonst etwas halten/das lasset euch Gott offenbaren. Doch so ferne/das wir nach einer regel/darein wir komen sind/wandeln/vnd gleich ge, sinnet sein.

Folget mir/lieben Brüder/vnd sehet auff die/die also wandeln/ wie jr vns habt zum furbilde/Denn viel wandeln/von welchen ich euch offt gesagt habe/nu aber sage ich auch mit weinen/die feinde des Creutzes Christi/welcher ende ist das verdamnis/welchen der Bauch jr Gott ist/vnd jre ehre zu schanden wird/dere die jrdisch ge, sinnet sind. Vnser wandel aber ist im himel/von dannen wir auch warten des Heilandes Jhesu Christi des Herrn/welcher vnsern ni, chtigen leib verkleren wird/das er ehnlich werde seinem verklereten leibe/nach der wirckunge/da er mit kan auch alle ding jm vnterthenig machen.

IIII.

Das ist/Christus hat mich beruffen/ vnd also zu seiner gnade bracht/ Dë selbë wolt ich gern gnug thun vñ auch ergreiffen.

(einer regel) Das solch offenba, rung nicht widder den glauben vnd geistliche einigkeit sey.

(trewer geselle) Das ist/mein son, derlicher trewer geselle fur andern/ der es von hertzen meinet wie ich/im Euangelio zu pre, digen/Ich acht aber/er meine den furnemsten Bi, schoff zu Philippe

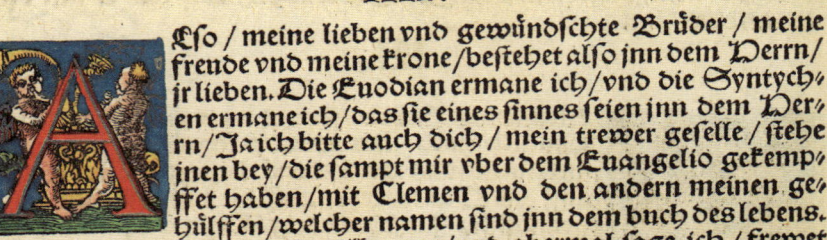

Also/meine lieben vnd gewündschte Brüder/meine frende vnd meine krone/bestehet also jnn dem Herrn/ jr lieben. Die Euodian ermane ich/vnd die Syntych, en ermane ich/das sie eines sinnes seien jnn dem Her, rn/Ja ich bitte auch dich/mein trewer geselle/stehe jnen bey/die sampt mir vber dem Euangelio gekem, pffet haben/mit Clemen vnd den andern meinen ge, hülffen/welcher namen sind jnn dem buch des lebens.

Frewet euch jnn dem Herrn allewege/vnd abermal sage ich/frewet euch. Ewer lindigkeit lasset kund sein allen menschen/Der Herr ist nahe/sorget nichts/sondern jnn allen dingen lasset ewre bitte im ge, bet vnd flehen/mit dancksagung fur Gott kund werden/Vnd der fri, de Gottes/welcher höher ist/denn alle vernunfft/beware ewre her, tzen vnd sinne jnn Christo Jhesu.

Weiter/lieben Brüder/was warhafftig ist/was erbar/was gerecht/was keusch/was lieblich/was wol lautet/Ist etwa eine tugent/ist etwa ein lob/dem dencket nach/welches jr auch gelernet vnd empfangen vnd gehöret vnd gesehen habt an mir/das thut/so wird der Herr des frides mit euch sein. Ich bin aber höchlich er, frewet/jnn dem Herrn/das jr widder wacker worden seid/fur mich zu sorgen/wie wol jr allweg gesorget habt/Aber die zeit hats nicht wöllen leiden/Nicht sage ich das des mangels halben/denn ich habe gelernet/bey welchen ich bin/mir genügen lassen. Ich kan ni, drig sein/vnd kan hoch sein/Ich bin jnn allen dingen vnd bey allen geschickt/beide sat sein vnd hungern/beide vberig haben vnd mangel leiden. Ich vermag alles/durch den/der mich mechtig macht/ Christus. Doch jr habt wolgethan/das jr euch meines trübsals ange, nomen habt.

Jr aber

An die Philipper. CXLI.

Jr aber von Philippen wisset / das von anfang des Euangelij/ da ich auszog aus Macedonia/ keine Gemeine mit mir geteilet hat/ nach der rechnung der ausgab vnd einnam / denn jr alleine. Denn gen Thessalonich sandtet jr zu meiner notdurfft ein mal / vnd darnach aber ein mal. Nicht das ich das geschencke suche / sondern ich suche die frucht / das sie vberflüssig jnn ewer rechnung sey / Denn ich habe alles vnd habe vberflüssig / Jch bin erfüllet / da ich empfieng durch Epaphroditon / das von euch kam / ein süsser geruch / ein angenem opffer / Gotte gefellig. Mein Gott aber erfülle alle ewer notdurfft / nach seinem reichthum / jnn der herrligkeit jnn Christo Jhesu.

Dem Gott aber vnd vnserm Vater / sey ehre von ewigkeit zu ewigkeit / Amen. Grüsset alle Heiligen jnn Christo Jhesu. Es grüssen euch die Brüder / die bey mir sind. Es grüssen euch alle Heiligen / sonderlich aber die von des Keisers hause. Die gnade vnsers Herrn Jhesu Christi sey mit euch allen / AMEN.

Geschrieben von Rom / durch Epaphroditon.

Vorrhede

Vorrhede auff die Epistel
Sanct Pauli / An
die Colosser.

GLeich wie die Epistel zu den Galatern sich artet vnd geraten ist nach der Epistel zu den Römern / vnd eben dasselbige mit kurtzem begriff fasset / das die zu den Römern weiter vnd reicher ausfüret / Also artet sich diese zu den Colossern nach der zu den Ephesern / vnd fasset auch mit kurtzem begriff den selbigen jnhalt.

Auffs erste / lobet vnd wündschet der Apostel den Colossern / das sie im glauben bleiben vnd zunemen / vnd streichet aus / was das Euangelion vnd Glaube sey / Nemlich / eine weisheit / die Christum einen Herrn vnd Gott erkenne / für vns gecreutziget / die von der welt her verborgen / vnd nu durch sein ampt erfur bracht sey. Das ist das erste Capitel.

Im andern Capitel / warnet er sie fur menschen leren / die allezeit dem glauben entgegen sind / vnd malet die selbigen also eben abe / als sie nirgent jnn der Schrifft gemalet sind / vnd taddelt sie meisterlich.

Im dritten / ermanet er sie / das sie im lautern glauben fruchtbar seien / mit allerley guten wercken gegen einander / vnd beschreibet allerley stenden jr eigen werck.

Im vierden / befilhet er sich jnn jr gebet / vnd grüsset vnd stercket sie.

Die Epistel

Die Epistel S. Pauli/
An die Colosser.
CXLII.

I.

Paulus ein Apostel Jhesu Christi/durch den willen Gottes/vnd Bruder Timotheos.

Den Heiligen zu Colossen/vnd den gleubigen Brüdern jnn Christo.

Gnade sey mit euch vnd fride von Gott vnserm Vater/vnd dem Herrn Jhesu Christo.

Wir dancken Gott vnd dem Vater vnsers Herrn Jhesu Christi/vnd beten allezeit fur euch/nach dem wir gehöret haben/von ewrem glauben an Christum Jhesum/vnd von der liebe zu allen Heiligen/vmb der hoffnung willen/die euch bey geleget ist im himel/von welcher jr zuuor gehöret habt durch das wort der warheit/ im Euangelio/das zu euch komen ist/wie auch jnn alle welt/vnd ist fruchtbar/wie auch jnn euch/von dem tage an/da jrs gehöret habt/ vnd erkand die gnade Gottes jnn der warheit/wie jr denn gelernet habt von Epaphra vnserm lieben mitdiener/welcher ist ein trew Diener Christi/fur euch/der vns auch eröffenet hat ewre liebe im Geist.

Derhalben auch wir/von dem tage an/da wirs gehöret haben/ hören wir nicht auff/fur euch zu beten/vnd bitten/das jr erfüllet wer-
Bb det mit

Die Epistel

det mit erkentnis seines willens/jnn allerley geistlicher weisheit vnd verstand/das jr wandelt wirdiglich dem Herrn/zu allem gefallen/ vnd fruchtbar seid jnn allen guten wercken/vnd wachset jnn der erkentnis Gottes/vnd gestercket werdet mit aller krafft nach seiner herrlichen macht/jnn aller gedult vnd langmütigkeit mit freuden/vnd dancksaget dem Vater/der vns tüchtig gemacht hat/zu dem erbteil der Heiligen im liecht.

Welcher vns errettet hat von der oberkeit der finsternis/vnd hat vns versetzt jnn das Reich seines lieben Sones/an welchem wir haben die Erlösung/durch sein blut/nemlich/die vergebung der sunde/ welcher ist das ebenbilde des vnsichtbarn Gottes/der Erstgeborne vor allen Creaturen/Denn durch jn ist alles geschaffen/das im himel vnd auff erden ist/das sichtbare vnd vnsichtbare/beide die Thronen vnd Herrschafften/vnd Fürstenthümen/vnd Oberkeiten/es ist alles durch jn vnd zu jm geschaffen/vnd er ist vor allen/vnd es bestehet alles jnn jm.

Vnd er ist das Heubt des leibes/nemlich/der Gemeine/welcher ist der anfang vnd der erstgeborner von den todten/auff das er jnn allen dingen den furgang habe. Denn es ist das wolgefallen gewesen/ das jnn jm alle fülle wonen solte/vnd alles durch jn versönet würde zu jm selbs/es sey auff erden odder im himel/damit/das er fride mache durch das blut an seinem Creutz/durch sich selbs.

Vnd euch die jr weiland frembde vnd geste waret/durch die vernunfft jnn bösen wercken/Nu aber hat er euch versönet mit dem leibe seines fleisches/durch den tod/auff das er euch darstellet heilig vnd vnstrefflich vnd on taddel fur jm selbs/so jr anders bleibet im glauben/gegründet vnd feste vnd vnbeweglich von der hoffnung des Euangelij/welchs jr gehöret habt/welches gepredigt ist vnter alle Creatur/die vnter dem himel ist/welches ich Paulus Diener worden bin.

Nu frewe ich mich jnn meinem leiden/das ich fur euch leide/ vnd erstatte an meinem fleische/was noch manzelt an trübsaln jnn Christo/fur seinen leib/welcher ist die Gemeine/welcher ich ein Diener worden bin/nach dem Göttlichen predigampt/das mir gegeben ist vnter euch/das ich das wort Gottes reichlich predigen sol/nemlich/das geheimnis/das verborgen gewesen ist von der welt her/vnd von den zeiten her/nu aber offenbart ist seinen Heiligen/welchen Gott gewolt hat kund thun/welcher da sey der herrliche reichthum dieses geheimnis vnter den Heiden (welches ist Christus jnn euch) der da ist die hoffnung der herrligkeit/den wir verkündigen/vnd vermanen alle menschen/vnd leren alle menschen mit aller weisheit/auff das wir darstellen einen jglichen menschen volkomen jnn Christo Jhesu/daran ich erbeite vnd ringe/nach der wirckunge des/der jnn mir krefftiglich wircket.

II.

Ich lasse euch aber wissen/welch einen kampff ich habe vmb euch vnd vmb die zu Laodicea/vnd alle die meine person im fleisch nicht gesehen haben/auff das jre hertzen ermanet vnd zu samen gefasset werden/jnn der liebe/zu allem reichthum des gewissen verstandes/zu erkennen das geheimnis Gottes des Vaters vnd Christi/jnn

An die Coloffer. CXLIII.

sti/jnn welchem verborgen ligen alle schetze der weisheit vnd des erkentnis.

Ich sage aber dauon/das euch niemand betriege mit vernünfftigen reden. Denn ob ich wol nach dem fleisch nicht da bin/ so bin ich aber im geist bey euch/frewe mich vnd sehe ewre ordnung/vnd ewren festen glauben an Christum. Wie jr nu angenomen habt den Herrn Christum Jhesum/so wandelt jnn jm/vnd seid gewurtzelt vnd erbawet jnn jm/vnd seid feste im glauben/wie jr geleret seid / vnd seid jnn dem selbigen reichlich danckbar.

Sehet zu/das euch niemand beraube durch die Philosophia vnd lose verfurung/nach der menschen satzungen/vnd nach der welt satzungen/vnd nicht nach Christo. Denn jnn jm wonet die gantze fülle der Gottheit leibhafftig/vnd jr seid volkomen jnn jm / welcher ist das Heubt aller Fürstenthum vnd Oberkeit/jnn welchem jr auch beschnitten seid/mit der beschneidung on hende/durch ablegung des sündlichen leibes im fleisch/nemlich/mit der beschneidung Christi/jnn dem/das jr mit jm begraben seid durch die Tauffe/jnn welchem jr auch seid aufferstanden/durch den glauben/den Gott wircket/welcher jn aufferweckt hat von den todten.

Vnd hat euch auch mit jm lebendig gemacht/da jr tod waret jnn den sünden vnd jnn der vorhaut ewres fleisches/vnd hat vns geschencket alle sünde/vnd ausgetilget die handschrifft/so widder vns war/ welche durch satzung entstund vnd vns entgegen war/vnd hat sie aus dem mittel gethan/vnd an das Creutz gehefftet/Vnd hat ausgezogen die Fürstenthum vnd die gewaltigen/vnd sie schaw getragen öffentlich/vnd einen triumph aus jnen gemacht/durch sich selbs.

So lasset nu niemand euch gewissen machen vber speise odder vber tranck/odder vber bestimpten feiertagen odder newmonden oder Sabbather/welches ist der schatten von dem das zukünfftig war/ aber der cörper selbs ist jnn Christo. Lasset euch niemand das ziel verrücken/der nach eigener wahl einher gehet jnn demut vnd geistligkeit der Engel/des er nie keines gesehen hat/vnd ist on sache auffgeblasen jnn seinem fleischlichen sinn/vnd helt sich nicht an dem Heubt / aus welchem der gantze leib/durch gelenck vnd fugen/handreichung empfehet/vnd an einander sich enthelt/vnd also wechst zur Göttlichen grösse.

So jr denn nu abgestorben seid mit Christo den satzungen der welt/was lasset jr euch denn fangen mit satzungen / als lebet jr noch jnn der welt? Die da sagen/du solt das nicht angreiffen/du solt das nicht kosten/du solt das nicht anrüren/welches sich doch alles vnterhanden verzehret/vnd ist menschen gebot vnd lere / welche haben einen schein der weisheit/durch selb erwelete geistligkeit vnd demut/ vnd dadurch/das sie des leibes nicht verschonen/ vnd dem fleisch nicht seine *ehre thun zu seiner notdurfft.

III.

Seid jr nu mit Christo aufferstanden/so suchet was droben ist/da Christus ist / sitzend zu der rechten Gottes/ trachtet nach dem das droben ist/ nicht nach dem das auff erden ist/Denn jr seid gestorben/vnd ewer leben ist verborgen mit Christo/jnn Gott. Wenn aber Christus ewer leben sich offenbaren wird/ denn werdet jr auch offenbar

Bb ij

(reden)
Die der vernunfft gemes vnd eben sind/als die lere von wercken etc.

(volkomen)
Das ist /jr habts gantz vnd gar/ wenn jr Christum habt/dürfft nichts weiter suchen.

(handschrifft)
Nichts ist so hart widder vns/als vnser eigen gewissen/ damit wir als mit eigener handschrifft vberzeuget werden/wenn das Gesetz vns die sünde offenbaret/damit wir solche hand schrifft geschrieben haben. Aber Christus erlöset vns von solchem alle/ durch sein creutze vn vertreibet auch den Teuffel mit der sunde.

*(ehre)
Gott wil den leib geehret haben/das ist/er sol sein futter/kleider etc. zur notdurfft haben/ vnd nicht mit vntreglichen fasten/ erbeit oder vnmüglicher keuscheit verderbt werden/wie der menschen lere thun.

Die Epistel

offenbar werden mit jm/jnn der herrligkeit. So tödtet nu ewre glieder/die auff erden sind/hurerey/vnreinigkeit/lüste/böse begirde/vnkeuscheit/vnd den geitz (welchs ist Abgötterey) vmb welcher willen kompt der zorn Gottes vber die kinder des vnglaubens/jnn welchen auch jr weiland gewandelt habt/da jr drinnen lebetet.

Nu aber leget alles ab von euch/den zorn/grim/bosheit/lesterung/schandbare wort aus ewrem munde/lieget nicht vnternander/Zihet den alten menschen mit seinen wercken aus/vnd zihet den newen an/der da vernewert wird zu der erkentnis/nach dem ebenbilde des/der jn geschaffen hat/da nicht ist Grieche/Jude/Beschneidung/Vorhaut/Vngrieche/Schyta/Knecht/Freier/sondern alles vnd jnn allen Christus.

So zihet nu an/als die ausserweleten Gottes Heiligen vnd geliebeten/hertzlichs erbarmen/freundligkeit/demut/sanfftmut/gedult/vnd vertrage einer den andern/vnd vergebet euch vnternander/so jemand klage hat widder den andern/gleich wie Christus euch vergeben hat/also auch jr/Vber alles aber zihet an die liebe/die da ist das band der volkomenheit. Vnd der fride Gottes ᵃ regire jnn ewrem hertzen/zu welchem jr auch beruffen seid/jnn einem leibe/Vnd seid danckbar.

Lasset das wort Christi vnter euch reichlich wonen/jnn aller weisheit/leret vnd vermanet euch selbs/mit Psalmen vnd lobsengen vnd geistlichen ᵇ lieblichen liedern/vnd singet dem Herrn jnn ewrem hertzen/Vnd alles was jr thut/mit worten odder mit wercken/das thut alles jnn dem namen des Herrn Jhesu/vnd dancket Gott vnd dem Vater/durch jn.

Jr weiber/seid vnterthan ewren mennern jnn dem Herrn/wie sichs gebürt. Jr menner/liebet ewre weiber/vnd seid nicht bitter gegen sie. Jr kinder/seid gehorsam den Eltern jnn allen dingen/denn das ist dem Herrn gefellig. Jr Veter/erbittert ewre kinder nicht/auff das sie nicht schew werden. Jr knechte/seid gehorsam jnn allen dingen ewrn leiblichen herrn/nicht mit dienst fur augen/als den menschen zu gefallen/sondern mit einfeltigkeit des hertzen/vnd mit Gottes furcht/Alles was jr thut/das thut von hertzen/als dem Herrn vnd nicht den menschen/vnd wisset/das jr von dem Herrn empfahen werdet die vergeltung des erbes/Denn jr dienet dem Herrn Christo/Wer aber vnrecht thut/der wird empfahen/was er vnrecht gethan hat/Vnd gilt kein ansehen der person. Jr herrn/was recht vnd gleich ist/das beweiset den knechten/vnd wisset/das jr auch einen Herrn im himel habt.

IIII.

Haltet an am gebet/vnd wachet jnn dem selbigen mit dancksagung/vnd betet zu gleich auch fur vns/auff das Gott vns die thür des Worts auffthue/zu reden das geheimnis Christi (darumb ich auch gebunden bin/auff das ich dasselbige offenbare) wie ich sol reden. Wandelt weislich gegen die draussen sind/vnd schicket euch jnn die zeit/Ewer rede sey alle zeit lieblich/vnd mit saltz gewürtzet/das jr wisset/wie jr einem jglichen antworten sollet.

Wie es vmb mich stehet/wird euch alles kund thun Tychicos/der liebe

---

ᵃ (regiere)
Das ist/Er sey meister vnd erhalte euch jnn allen anfechtungen/das jr nicht murret widder Gott/sondern auff Gott trotzen müget/Jn mundo pressuram/in me pacem etc.

ᵇ (lieblichen)
Das ist/tröstlichē/holdseligen/gnadreichen.

(lieblich)
Tröstlich/vt supra.

An die Coloſſer.

lieber Bruder vnd getrewer Diener vnd mitknecht jnn dem Herrn/ welchen ich habe darumb zu euch geſand/ das ich erfare/ wie es ſich mit euch helt/ vnd das er ewre hertzen ermane/ ſampt Oneſimo dem getrewen vnd lieben Bruder/ welcher von den ewren iſt/ Alles wie es hie zu ſtehet/ werden ſie euch kund thun.

Es grüſſet euch Ariſtarchus mein mitgefangener/ vnd Marcus der neff Barnabe/ von welchem jr etlich befelh empfangen habt/ So er zu euch kompt/ nemet jn auff. Vnd Jheſus der da heiſſt Juſt/ die aus der Beſchneidung ſind. Dieſe ſind allein meine gehülfen am Reich Gottes/ die mir ein troſt worden ſind. Es grüſſet euch Epaphras/ der von den ewren iſt/ ein knecht Chriſti/ vnd alle zeit ringet fur euch mit gebeten/ auff das jr beſtehet volkomen vnd erfüllet mit allem willen Gottes. Ich gebe jm zeugnis/ das er groſſen vleis hat vmb euch/ vnd vmb die zu Laodicea vnd zu Hierapoli. Es grüſſet euch Lucas der artzt der geliebete/ vnd Demas. Grüſſet die Brüder zu Laodicea/ vnd den Nymphen/ vnd die Gemeine jnn ſeinem hauſe. Vnd wenn die Epiſtel bey euch geleſen iſt/ ſo ſchaffet/ das ſie auch jnn der Gemeine zu Laodicea geleſen werde/ vnd das jr die an die von Laodicea leſet/ vnd ſaget dem Archippo/ Sihe auff das Ampt/ das du empfangen haſt/ jnn dem Herrn/ das du daſſelbige ausrichteſt. Mein grus mit meiner Paulus hand. Gedencket meiner bande. Die Gnade ſey mit euch/
A M E N.

Geſchrieben von Rom/ durch Tychicon vnd Oneſimon.

Vorrhede auff die
Erste Epistel S. Pauli/
An die Thessalonicher.

DJese Epistel schreibet Sanct Paulus aus sonderlicher liebe vnd Apostolischer sorge. Denn er lobet sie durch die ersten zwey Capitel/wie sie das Euangelion haben von jm mit solchem ernst angenomen/das sie auch durch leiden vnd verfolgung drinnen bestanden/vnd allen Gemeinen allenthalben ein schon Exempel des glaubens worden sind/vnd gleich Christo vnd seinen Aposteln/von den Jüden jren eigen gefreundten verfolgung erlidden haben/wie er selbs auch bey jnen erlidden hatte/jnen zum Exempel/vnd ein heilig leben bey jnen gefüret. Dauon dancket er Gott/das solche frucht bey jnen sein Euangelion geschaffet hat.

Am dritten/zeiget er seinen vleis vnd sorge/das solche seine erbeit vnd jr löblicher anfang/nicht durch den Teuffel vnd seine Apostel/mit menschen leren verstöret würden/Darumb habe er zuuor Timotheon zu jnen gesand/solches zu erkunden/vnd dancket Gott/das sichs noch recht bey jnen funden hat/vnd wündschet jnen das zunemen.

Am vierden/ermanet er sie/das sie sich fur sunden hüten/vnd gutes vnternander thun/Dazu antwortet er jnen auff eine frage/die sie an jnen durch Timotheon hatten getragen/von der todten aufferstehung/ob sie alle zu gleich/odder nach einander werden aufferstehen.

Am fünfften/schreibet er vom Jüngsten tage/wie der selbige komen solle behends vnd schnell/Vnd gibt jnen etliche gute ordenung fur/die andern zu regieren/vnd wie sie sich gegen der ander leben vnd leren halten sollen.

Die Erste

Die Erste Epistel S. Pauli / An die Thessalonicher. CXLVII

I.

Paulus vnd Siluanus vnd Timotheos.

Der Gemeinen zu Thessalonich / jnn Gott dem Vater / vnd dem Herrn Jhesu Christo.

Gnade sey mit euch vnd fride von Gott vnserm Vater / vnd dem Herrn Jhesu Christo.

Wir dancken Gotte allezeit fur euch alle / vnd gedencken ewer jnn vnserm gebet / on vnterlas / vnd dencken an ewer werck im glauben / vnd an ewer erbeit jnn der liebe / vnd an ewer gedult jnn der hoffnung / welche ist vnser Herr Jhesus Christus fur Gott vnserm Vater. Denn / lieben Brüder von Gott geliebet / wir wissen / wie jr ausserwelet seid / das vnser Euangelion ist bey euch gewesen / nicht allein im wort / sondern beide jnn der krafft vnd jnn dem Heiligen geist / vnd gantz gewis / wie jr wisset / welcherley wir gewesen sind vnter euch vmb ewren willen.

Vnd jr seid vnser nachfolger worden vnd des Herrn / vnd habt das Wort auffgenomen vnter vielen trübsaln mit freuden im Heiligen Geist /

Die Erste Epistel

Geist/also/das jr worden seid ein furbilde allen gleubigen jnn Macedonia vnd Achaia. Denn von euch ist ausserschollen das Wort des Herrn/nicht allein jnn Macedonia vnd Achaia/sondern an allen orten ist auch ewer glaube an Gott ausgebrochen/also/das nicht not ist/euch etwas zu sagen/Denn sie selbs verkündigen von euch/was fur einen eingang wir zu euch gehabt haben/vnd wie jr bekert seid zu Gott/von den Abgöttern/zu dienen dem lebendigen vnd waren Got/vnd zu warten seines Sons vom himel/welchen er auffwecket hat von den todten/Jhesum/der vns von dem zukünfftigen zorn erlöset hat.

II.

Enn auch jr wisset/lieben Brüder/von vnserm eingange zu euch/das er nicht vergeblich gewesen ist/sondern als wir zuuor gelidden hatten/vnd geschmecht gewesen waren zu Philippen (wie jr wisset) waren wir dennoch freidig jnn vnserm Gott/bey euch zu sagen das Euangelion Gottes/mit grossem kempffen. Denn vnser ermanung ist nicht gewesen zu jrthum/noch zu vnreinigkeit/noch mit list/sondern wie wir von Gott bewert sind/das vns das Euangelion vertrawet ist zu predigen/also reden wir/nicht als wolten wir den menschen gefallen/sondern Gotte/der vnser hertz prüfet.

Denn wir nie mit schmeichel worten sind vmbgegangen (wie jr wisset) noch dem geitz gestellet/Gott ist des Zeuge/Haben auch nicht ehre gesucht von den leuten/weder von euch noch von andern/hetten euch auch mögen schweer sein/als Christi Apostel/sondern wir sind mütterlich gewesen/bey euch/gleich wie eine Amme jre kinder pfleget/also hatten wir hertzen lust an euch/vnd waren willig euch mit zu teilen/nicht allein das Euangelion Gottes/sondern auch vnser leben/darumb/das wir euch lieb haben gewonnen.

Jr seid wol eindechtig/lieben Brüder/vnser erbeit vnd vnser mühe/Denn tag vnd nacht erbeiten wir/das wir niemand vnter euch beschwerlich weren/vnd predigeten vnter euch das Euangelion Gottes. Des seid jr zeuge vnd Gott/wie heilig vnd gerecht vnd vnstrefflich wir bey euch (die jr gleubig waret) gewesen sind/wie jr denn wisset/das wir/als ein vater seine kinder/einen jglichen vnter euch ermanet vnd getröstet/vnd bezenget haben/das jr wandeln soltet wirdiglich fur Gott/der euch beruffen hat zu seinem Reich vnd zu seiner herrligkeit.

Darumb auch wir on vnterlas Gotte dancken/das jr/da jr empfienget von vns das Wort Göttlicher predigt/namet jrs auff/nicht als menschen wort/sondern (wie es denn warhafftig ist) als Gottes wort/welcher auch wircket jnn euch/die jr gleubet/Denn jr seid nachfolger worden/lieben Brüder/der Gemeinen Gottes jnn Judea/jnn Christo Jhesu/das jr eben das selbige erlidden habt von ewren blutfreunden/das jhene von den Jüden/welche auch den Herrn Jhesum getödtet haben/vnd jre eigen Propheten/vnd haben vns verfolget/vnd gefallen Gotte nicht/vnd sind allen menschen widder/weren vns zu sagen den Heiden/damit sie selig würden/auff das sie jre sunde erfüllen allewege/Denn der zorn ist schon endlich vber sie komen.

Wir aber/lieben Brüder/nach dem wir ewer eine weile beraubet gewesen

An die Thessalonicher. CXLVI.

gewesen sind nach dem angesichte/nicht nach dem hertzen/haben wir deste mehr geeilet/ewer angesichte zu sehen/mit grossem verlangen. Darumb haben wir wöllen zu euch komen (ich Paulus) zwey mal/vnd Satanas hat vns verhindert. Denn wer ist vnser hoffnung odder freude/odder kron des rhums? Seid nicht auch jrs fur vnserm Herrn Jhesu Christo/zu seiner zukunfft? Jr seid ja vnser ehre vnd freude.

III.

Arumb haben wirs nicht weiter wöllen vertragen/vnd haben vns lassen wolgefallen/das wir zu Athene alleine gelassen würden/ vnd haben Timotheon gesand/ vnsern Bruder vnd Diener Gottes/vnd vnsern gehülffen im Euangelio Christi/euch zu stercken vnd zu ermanen jnn ewrem glauben/das nicht jemand weich würde jnn diesen trübsaln/Denn jr wisset/das wir dazu gesetzt sind. (gesetzt) Das ist/Es wil nicht anders sein. Vnd da wir bey euch waren/sagten wirs euch zuuor/wir würden trübsal haben müssen/wie denn auch geschehen ist/vnd jr wisset. Darumb ichs auch nicht lenger vertragen/hab ich ausgesand/das ich erfüre ewren glauben/auff das nicht euch villeicht versucht hette der Versucher/vnd vnser erbeit vergeblich würde.

Nu aber/so Timotheos zu vns von euch komen ist/vnd vns verkündiget hat ewren glauben vnd liebe/vnd das jr vnser gedencket allezeit zum besten/vnd verlanget nach vns zu sehen/wie denn auch vns nach euch/ Da sind wir/lieben Brüder/getröstet worden an euch/ jnn allem vnserm trübsal vnd not/durch ewren glauben. Denn nu sind wir lebendig/die weil jr stehet jnn dem Herrn/Denn was fur einen danck können wir Gott vergelten vmb euch/fur alle diese freude/die wir haben von euch fur vnserm Gott? Wir bitten tag vnd nacht fast seer/das wir sehen mügen ewr angesichte vnd erstatten/so etwas mangelt an ewrem glauben.

Er aber/Gott vnser Vater vnd vnser Herr Jhesus Christus/schicke vnsern weg zu euch. Euch aber vermehre der Herr/ vnd lasse die liebe völlig werden vnternander/vnd gegen jederman (wie denn auch wir sind gegen euch) das ewre hertzen gesterckt vnd vnstrefflich seien/jnn der heiligkeit fur Gott vnd vnserm Vater/auff die zukunfft vnsers Herrn Jhesu Christi/sampt allen seinen Heiligen.

IIII.

Eiter/lieben Brüder/bitten wir euch/vnd ermanen jnn dem Herrn Jhesu/nach dem jr von vns empfangen habt/wie jr sollet wandeln vnd Gotte gefallen/das jr imer völliger werdet. Denn jr wisset/welche gebot wir euch gegeben haben/durch den Herrn Jhesum/Denn das ist der wille Gottes/ewer heiligung/das jr meidet die hurerey/vnd ein jglicher vnter euch wisse sein fas zu behalten/ jnn heiligung vnd ehren/nicht jnn der lust seuche/wie die Heiden/die von Gott nichts wissen/Vnd das niemand zu weit greiffe noch vberforteile seinen bruder im handel. Denn der Herr ist der Recher vber

DAS AL

Die Erste Epistel

das alles/wie wir euch zuuor gesagt vnd bezeuget haben. Denn Gott hat vns nicht beruffen zur vnreinigkeit/sondern zur heiligung. Wer nu verachtet/der verachtet nicht menschen/sondern Gott / der seinen heiligen geist gegeben hat jnn euch.

Von der Brüderlichen liebe aber/ist nicht not euch zu schreiben/ denn jr seid selbs von Gott geleret/euch vnternander zu lieben/vnd das thut jr auch an allen Brüdern/die jnn gantz Macedonia sind. Wir ermanen euch aber/lieben Brüder/das jr noch völliger werdet/vnd ringet darnach/das jr stille seid/vnd das ewre schaffet/vnd erbeitet mit ewren eigen henden/wie wir euch geboten haben/auff das jr erbarlich wandelt gegen die/die draussen sind/vnd jrer keines bedürffet.

(jrer keines) Das ist/Neeret euch selber vñ ligt nicht den leutē auff dem halse/wie die faulen bettelmünche/Widerteuffer/ landleuffer / denn solch sind vnnütze leute vnd ergern die vngleubigen.

Wir wöllen euch aber/lieben Brüder/nicht verhalten von denen die da schlaffen/auff das jr nicht trawrig seid/wie die andern die keine hoffnung haben. Denn so wir gleuben/das Jhesus gestorben vnd aufferstanden ist/so wird Gott auch/die da entschlaffen sind durch Jhesum/mit jm füren. Denn das sagen wir euch/als ein wort des Herrn/das wir/die wir leben vnd vberbleiben jnn der zukunfft des Herrn/werden denen nicht vorkomen die da schlaffen/Denn er selbs der Herr wird mit einem feldgeschrey vnd stimme des Ertzengels/ vnd mit der posaunen Gottes ernidder komen vom himel/vnd die todten jnn Christo werden aufferstehen zu erst/darnach wir/die wir leben vnd vberbleiben/werden zu gleich mit den selbigen hingezückt werden jnn den wolcken/dem Herrn entgegen jnn der lufft / vnd werden also bey dem Herrn sein alle zeit/So tröstet euch nu mit diesen worten vnternander.

V.

On den zeiten aber vnd stunden/lieben Brüder/ist nicht not euch zu schreiben/Denn jr selbs wisset gewis/das der tag des Herrn wird komen / wie ein dieb jnn der nacht/Denn wenn sie werden sagen/es ist fride/es hat keine fahr/so wird sie das verderben schnelle vberfallen/ gleich wie der schmertz eines schwangern weibes/vnd werden nicht entfliehen. Jr aber/lieben Brüder/seid nicht jnn der finsternis/das euch der tag wie ein dieb ergreiffe/jr seid allzumal kinder des liechtes vnd kinder des tages/Wir sind nicht von der nacht noch von der finsternis.

So lasset nu vns nicht schlaffen/wie die andern/sondern lasset vns wachen vnd nüchtern sein/Denn die da schlaffen/die schlaffen des nachts/vnd die da truncken sind/die sind des nachts truncken. Wir aber/die wir des tages sind/sollen nüchtern sein/angethan mit dem krebs des glaubens vnd der liebe/vnd mit dem helm der hoffnung zur seligkeit.Denn Gott hat vns nicht gesetzt zum zorn/sondern die seligkeit zu erwerben durch vnsern Herrn Jhesum Christ/der fur vns gestorben ist/auff das/wir wachen odder schlaffen/zu gleich mit jm leben sollen/Darumb ermanet euch vnternander/vnd bawet einer den andern wie jr denn thut.

Wir bitten aber euch/lieben Brüder / das jr erkennet die an euch erbeiten/vnd euch furstehen jnn dem Herrn/vnd euch vermanen/

An die Thessalonicher. CXLVII.

habt sie deste lieber/vmb jres werckes willen/vnd seid ᵃ fridesam mit jnen. Wir ermanen aber euch/lieben Brüder/vermanet die vngezogen/tröstet die kleinmütigen/traget die schwachen/seid gedültig gegen jederman/sehet zu/das niemand böses mit bösem jemand vergelte/sondern alle zeit iaget dem guten nach/beide vnternander vnd gegen jederman. Seid allezeit frölich/betet on vnterlas/seid danckbar jnn allen dingen. Denn das ist der wille Gottes/jnn Christo Jhesu/ an euch.

Den geist ᵇ dempffet nicht. Die weissagung verachtet nicht. Prüfet aber alles/vnd das gute behaltet. Meidet allen bösen schein. Er aber der Gott des frides/heilige euch durch vnd durch/vnd ewer geist ᶜ gantz/sampt der seele vnd leib/müsse behalten werden vnstrefflich auff die zukunfft vnsers Herrn Jhesu Christi. Getrew ist er/der euch ruffet/welcher wirds auch thun. Lieben Brüder/betet fur vns.

Grüsset alle Brüder mit dem heiligen kus. Ich beschwere euch bey dem Herrn/das jr diese Epistel lesen lasset allen heiligen Brüdern. Die gnade vnsers Herrn Jhesu Christi sey mit euch/
A M E N.

Zu den Thessalonichern die Erste/
Geschrieben von Athene.

Vorrhede

ᵃ (fridesam)
Beleidiget sie nicht/vrteilet vnd murret nicht wider sie/Meistert noch vberklügelt sie nicht.

ᵇ (dempffet)
Wie wol die geister sich sollen richten lassen von der Gemeine.j.Corinthj.ſo ſol man ſie doch auch widderumb nicht vnerkand dempffen oder verſtoſſen/ſondern verhören vñ prüfen/alſo die weiſſagung auch vnd alle lere.

ᶜ (gantz)
Das ist jnn allen stücken/als im glauben/liebe/hoffnung/wort/wercken etc.

Vorrhede auff die Ander Epistel Sanct Pauli / An die Thessalonicher.

JN der Ersten Epistel hatte S. Paulus den Thessalonichern eine frage auffgelöset / vom jüngsten tage / wie der selbige schnell / als ein dieb jnn der nacht komen wird / Wie es nu pfleget zu komen / das jmer eine frage die ander gebirt / aus falschem verstand / verstunden die Thessalonicher / der jüngste tag were schon furhanden. Darauff schreibet er diese Epistel / vnd verkleret sich selbs.

Am Ersten Capitel / tröstet er sie mit der ewigen belohnung jres glaubens vnd gedult jnn allerley leiden / vnd mit der straff jrer verfolger / jnn ewiger pein.

Am andern / leret er / wie vor dem jüngsten tage / das Römische Reich zuuor mus vntergehen / vnd der Endchrist sich fur Gott auff werffen jnn der Christenheit / vnd mit falschen leren vnd zeichen die vngleubige welt verfüren / bis das Christus kome vnd verstöre jn durch seine herrliche zukunfft / vnd mit einer geistlichen predigt zuuor tödte.

Am dritten / thut er etliche ermanung / vnd sonderlich / das sie die müssigen / die sich nicht mit eigener hand erneeren / straffen / vnd wo sie nicht sich bessern / meiden sollen / welchs gar hart widder den jtzigen geistlichen stand lautet.

Die Ander

Die Ander Epistel S. Pauli / An die Thessalonicher. CXLVIII

I.

Paulus vnd Siluanus vnd Timotheos.
Der Gemeinen zu Thessalonich / jnn Gott vnserm Vater / vnd dem Herrn Jhesu Christ.
Gnade sey mit euch vnd fride / von Gott vnserm Vater vnd dem Herrn Jhesu Christo.
Wir sollen Gott dancken alle zeit vmb euch / lieben Brüder / wie es billich ist / Denn ewer glaube wechset seer / vnd die liebe eines jglichen vnter euch allen nimpt zu gegenander / also / das wir vns ewer rhümen vnter den Gemeinen Gottes / von ewer gedult vnd glauben / jnn allen ewren verfolgungen vnd trübsaln / die jr duldet / welchs anzeigt / das Gott recht richten wird / vnd jr wirdig werdet zum Reich Gottes / vber welchem jr auch leidet / nach dem es recht ist bey Gott / zuuergelten trübsal / denen / die euch trübsal anlegen / euch aber die jr trübsal leidet / ruge mit vns / wenn nu der Herr Jhesus wird offenbart werden vom himel / sampt den Engeln seiner krafft / vnd mit fewerflammen / rach zu geben vber die / so Gott nicht erkennen / vnd vber die / so nicht gehorsam sind dem Euangelio vnsers Herrn Jhesu Christi / welche werden pein leiden / das ewige verderben von dem angesichte des Herrn / vnd von seiner herrlichen macht / wenn er komen wird / das er herrlich erscheine mit seinen Heiligen / vnd wunderbar mit allen glenbigen / Denn vnser zeugnis an euch von dem selbigen tage habt jr gegleubet / Vnd derhalben beten wir auch allezeit fur euch / das vnser Gott euch wirdig mache des beruffs / vnd erfülle alles wolgefallen der gnaden / vnd das werck des glaubens jnn der krafft / auff das an euch gepreiset werde der name vnsers Herrn Jhesu Christi / vnd jr an jm / nach der gnade vnsers Gottes vnd des Herrn Jhesu Christi.

II.

ABer der zukunfft halben vnsers Herrn Jhesu Christi / vnd vnser versamlung zu jm / bitten wir euch lieben Brüder / das jr euch nicht balde bewegen lasset von ewrem sinn / noch erschrecken / wedder durch geist / noch durch wort / noch durch brieue / als von vns gesand / das der tag Christi furhanden sey. Lasset euch niemand verfüren jnn keinerley weise. Denn er kompt nicht / es sey denn / das zuuor der abfal kome / vnd offenbaret werde

C c

Die Ander Epistel

baret werde der mensch der sunden / vnd das kind des verderbens / der da ist ein widderwertiger / vnd sich vberhebet vber alles das Gott odder Gottes dienst heisset / also / das er sich setzt jnn den Tempel Gottes / als ein Gott / vnd gibt sich fur / er sey Gott.

(setzt jnn Tempel
Das sitzen / ist das
regiment / jnn der
Christenheit / des
Widerchristes / da
mit er macht / das
sein gebot vber
Gottes gebot vnd
dienst gehalten
wird. Vnd der ab-
fal ist / das man
vom glauben auff
menschen lere tritt
wie auch .j. Timo.
iij. stehet.

Gedencket jr nicht dran / das ich euch solches sagt / da ich noch bey euch war? Vnd was es noch auff helt / wisset jr / das er offenbaret werde zu seiner zeit. Denn es reget sich schon bereit die bosheit heimlich / on das der es jtzt auff helt / mus hinweg gethan werden / vnd als denn wird der boshafftige offenbaret werden / welchen der Herr vmb bringen wird mit dem geist seines mundes / vnd wird sein ein ende machen / durch die erscheinung seiner zukunfft / des / welches zukunfft geschicht nach der wirckung des Satans / mit allerley lügenhafftigen krefften vnd zeichen vnd wundern / vnd mit allerley verfürung zur vngerechtigkeit / vnter denen / die verloren werden / dafur / das sie die liebe zur warheit nicht haben angenomen / das sie selig würden / Darumb wird jnen Gott krefftige jrthum senden / das sie gleuben der lügen / auff das gerichtet werden alle die der warheit nicht gleuben / sondern haben lust an der vngerechtigkeit.

Wir aber sollen Gott dancken alle zeit vmb euch / geliebte Brüder von dem Herrn / das euch Gott erwelet hat von anfang zur seligkeit / jnn der heiligung des geistes / vnd im glauben der warheit / darein er euch beruffen hat / durch vnser Euangelion / zum herrlichen eigenthum vnsers Herrn Jhesu Christi.

So stehet nu / lieben Brüder / vnd haltet an den satzungen / die jr geleret seid / es sey durch vnser wort odder Epistel. Er aber vnser Herr Jhesus Christus vnd Gott vnser vater / der vns hat geliebet / vnd gegeben einen ewigen trost vnd eine gute hoffnung / durch gnade / der ermane ewre hertzen / vnd stercke euch jnn allerley lere vnd gutem werck.

III.

(vnartigen)
Das sind die wilden / störrige / wünderlichen / ketzerischen köpffe.

Eiter / lieben Brüder / betet fur vns / das das wort des Herrn lauffe / vnd gepreiset werde / wie bey euch / vnd das wir erlöset werden von den vnartigen vnd argen menschen. Denn der glaube ist nicht jedermans ding. Aber der Herr ist trew / der wird euch stercken vnd bewaren fur dem argen. Wir versehen vns aber zu euch jnn dem Herrn / das jr thut vnd thun werdet / was wir euch gebieten / Der Herr aber richte ewre hertzen zu der liebe Gottes / vnd zu der gedult Christi.

Wir gebieten euch aber / lieben Brüder / jnn dem namen vnsers Herrn Jhesu Christi / das jr euch entzihet von allem Bruder / der da vnordig wandelt / vnd nicht nach der satzung / die er von vns empfangen hat / Denn jr wisset / wie jr vns solt nachfolgen / Denn wir sind nicht vnordig vnter euch gewesen / haben auch nicht vmb sonst das brod genomen von jemand / sondern mit erbeit vnd mühe tag vnd nacht haben wir gewircket / das wir nicht jemand vnter euch beschwerlich weren. Nicht darumb / das wir des nicht macht haben / son-

An die Thessalonicher. CXLIX.

ben/sondern das wir vns selbs zum furbilde euch geben/vns nach zufolgen. Vnd da wir bey euch waren/geboten wir euch solchs/das/ so jemand nicht wil erbeiten/der sol auch nicht essen.

Denn wir hören/das etliche vnter euch wandeln vnordig/vnd erbeiten nichts/sondern treiben furwitz. Solchen aber gebieten wir vnd ermanen sie/durch vnsern Herrn Jhesum Christ/das sie mit stillem wesen erbeiten/vnd jr eigen brod essen. Jr aber/lieben Brüder/ werdet nicht vberdrossen guts zu thun. So aber jemand nicht gehorsam ist vnserm wort/den zeichent an durch einen brieff/ vnd habt nichts mit jm zu schaffen/auff das er schamrot werde/ Doch haltet jn nicht als einen feind/sondern vermanet jn als einen Bruder.

Er aber/der Herr des frides/ gebe euch fride allenthalben vnd auff allerley weise. Der Herr sey mit euch allen. Der grus mit meiner hand Pauli/ das ist das zeichen jnn allen brieuen / also schreibe ich / Die gnade vnsers Herrn Jhesu Christi sey mit euch allen
A M E N.

Geschrieben von Athene.

Cc ij   Vorrhede

Vorrhede auff die
Erste Epistel S. Pauli/
An Timotheon.

DIese Epistel schreibet Sanct Paulus zum furbilde allen Bischouen/was die leren/vnd wie sie die Christenheit jnn allerley stenden regieren sollen/auff das nicht not sey/aus eigen menschen dunckel/die Christen zu regieren.

Am ersten Capitel/befilht er/das ein Bischoff halte vber dem rechten glauben vnd liebe/vnd den falschen gesetz predigern widderstehe/die neben Christo vnd dem Euangelio/auch die werck des Gesetzes treiben wolten. Vnd fasset jnn eine kurtze summa die gantze Christliche lere/Wo zu das Gesetz diene/vnd was das Euangelion sey/Setzt sich selbs zum tröstlichen exempel allen sundern vnd betrübten gewissen.

Am andern/befilht er/zu beten fur alle stende/vnd gebeut/das die weiber nicht predigen/auch nicht köstlichen geschmuck tragen/sondern den mennern gehorsam sollen sein.

Am dritten/beschreibet er/was fur person die Bischone odder priester vnd jre weiber sein sollen. Item die kirchen Diener vnd jre weiber/Vnd lobets/so jemand begert ein Bischoff solcher weise zu sein.

Am vierden/verkündiget er den falschen Bischoff vnd geistlichen stand/der dem vorgesagten entgegen ist/da solche person nicht sein werden/sondern die ehe vnd speise verbieten/vnd gantz das widderspiel mit menschen leren treiben solten/des bildes/das er angezeigt hat.

Am fünfften/befilht er/wie die widwen vnd junge weiber sollen bestellet werden/vnd welche widwen man von der gemeine stewre neeren solle. Auch wie man frume vnd streffliche Bischone odder priester/jnn ehren halten odder straffen solle.

Am sechsten/ermanet er die Bischone/das sie dem lautern Euangelio anhangen/dasselbige mit predigen vnd leben treiben/der vnnützen furwitzigen fragen sich entschlahen/die nur zu weltlichem rhum vnd reichthum zu suchen/auffgeworffen werden.

Die Erste

Die Erste Epistel Sanct
Pauli / An Timotheon.

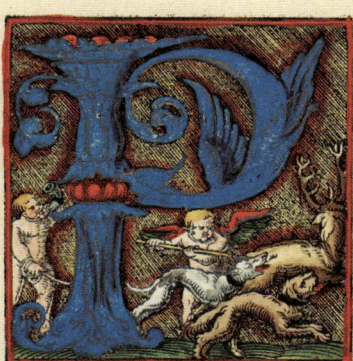

I.

Paulus ein Apostel Jhesu Christi / nach dem befelh Gottes vnsers Heilands / vnd des Herrn Jhesu Christi / der vnser hoffnung ist.

Timotheo meinem rechtschaffen son im glauben.

Gnade / barmhertzigkeit / fride von Gott vnserm Vater / vnd vnserm Herrn Jhesu Christo.

Wie ich dich ermanet habe / das du zu Epheso bliebest / da ich jnn Macedonia zoch / vnd gepötest etlichen / das sie nicht anders lereten / auch nicht acht hetten auff die fabeln vnd der geschlecht register / die kein ende haben / vnd bringen fragen auff / mehr denn besserung zu Gott im glauben. Denn die heubtsumma des gebotes ist / Liebe von reinem hertzen / vnd von gutem gewissen / vnd von vngeferbtem glauben. Welcher haben etliche gefeilet / vnd sind vmbgewand zu vnnützem geschwetz / wöllen der Schrifft meister sein / vnd verstehen nicht / was sie sagen / odder was sie setzen.

Wir wis-

Die Erste Epistel

Wir wissen aber / das das Gesetz gut ist / so sein jemand recht brauchet / vnd weis solches / das dem gerechten kein gesetz gegeben ist / sondern den vngerechten vnd vngehorsam / den Gottlosen vnd sundern / den vnheiligen vnd vngeistlichen / den vater mördern vnd mutter mördern / den todschlegern / den hurern / den knabenschendern / den menschen dieben / den lügenern / den meineidigen / vnd so etwas mehr der heilsamen lere widder ist / nach dem herrlichen Euangelio des seligen Gottes / welches mir vertrawet ist.

Vnd ich dancke vnserm Herrn Christo Jhesu / der mich starck gemacht vnd trewe geacht hat / vnd gesetzt jnn das ampt / der ich zuuor war ein lesterer vnd ein verfolger vnd ein schmeher / Aber mir ist barmhertzigkeit widderfaren / denn ich habs vnwissend gethan / im vnglauben. Es ist aber deste reicher gewesen die gnade vnsers Herrn / durch den glauben vnd die liebe / die jnn Christo Jhesu ist.

Denn das ist jhe gewislich war / vnd ein thewer werdes wort / das Christus Jhesus komen ist jnn die welt / die sunder selig zu machen / vnter welchen ich der furnemest bin. Aber darumb ist mir barmhertzigkeit widderfaren / auff das an mir furnemlich Jhesus Christus erzeigete alle gedult / zum exempel denen / die an jn glauben solten / zum ewigen leben. Aber Gott dem ewigen könige / dem vnergenglichen vnd vnsichtbarn vnd allein weisen / sey ehre vnd preis jnn ewigkeit / Amen.

ᵃ Dis gebot befelh ich dir / mein son Timothee / nach den vorigen ᵇ weissagungen vber dir / das du jnn den selbigen eine gute ritterschafft vbest / vnd habest den glauben vnd gut gewissen / welche etliche von sich gestossen / vnd am glauben schiffbruch erlitten haben / Vnter welchem ist Himeneos vnd Alexander / welche ich habe dem Satana gegeben / das sie gezüchtiget werden / nicht mehr zu lestern.

II.

ᵃ
(Dis gebot)
Das ist / von Christo zu predige / wie er hie sagt / das er jnn die welt komen sey etc.

ᵇ
(weissagung)
Das ist / die lere / die du zuuor empfangen hast / welche jnn den Propheten geschrieben stehet.

So ermane ich nu / das man fur allen dingen zu erst thue bitte / gebet / furbitt vnd dancksagung fur alle menschen / fur die Könige vnd fur alle Oberkeit / auff das wir ein geruglich vnd stilles leben füren mögen / jnn aller Gottseligkeit vnd erbarkeit. Denn solches ist gut / dazu auch angeneme fur Gott vnserm Heiland / welcher wil / das allen menschen geholffen werde / vnd zur erkentnis der warheit komen / Denn es ist ein Gott / vnd ein Mitler zwischen Gott vnd den menschen / nemlich / der mensch Jhesus Christus / der sich selbs gegeben hat fur alle / zur erlösung / das solches zu seiner zeit geprediget würde / dazu ich gesetzt bin ein prediger vnd Apostel (Ich sage die warheit jnn Christo / vnd liege nicht) ein Lerer der Heiden / im glauben vnd jnn der warheit.

ᶜ
(zweiueln)
Das sie nicht murren widder Gott / noch zweiueln an seiner gnade im gewissen / Philip. ij.

So wil ich nu / das die menner beten an allen orten / vnd auff heben heilige hende / on zorn vnd ᶜzweiueln. Desselbigen gleichen die weiber / das sie jnn zierlichem kleide / mit scham vnd zucht sich schmücken / nicht mit zöpffen / odder gold / odder perlen / odder köstlichem gewand / sondern wie sichs zimet den weibern / die da Gottseligkeit bewei-

An Timotheon. CLI.

beweisen/durch gute werck. Ein weib lerne jnn der stille/mit aller vnterthenigkeit. Einem weibe aber gestate ich nicht/das sie lere/ auch
nicht/das sie des mannes herr sey/sondern stille sey/ Denn Adam ist
am ersten gemacht/darnach Heua/vnd Adam ward nicht verfüret/
das weib aber ward verfüret/vnd hat die vbertrettung eingefüret/Sie
wird aber selig werden durch kinder zeugen/ so sie b bleibet im glauben/vnd jnn der liebe/vnd jnn der heiligung/sampt der zucht.

*Gene. i.
vnd. iii.*

b
(bleibet)
Bleiben hat der
Grieche/ Aber es
gilt gleich viel/
Denn es ist von
weibern jn gemein
geredt/nicht von
kindern dazu/ wie
etliche sich hie on
vrsach martern.

III.

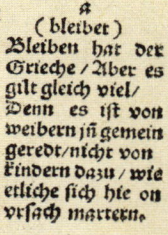

DAs ist jhe gewislich war / so jemand ein Bischoffs
ampt begerd/der begerd ein köstlich werck. Es sol aber
ein Bischoff vnstrefflich sein/eines weibes man/nüchtern/messig/sittig/ gastfrey / lerhafftig/ nicht ein
weinseuffer / nicht beissig/ nicht vnehrliche hantierung treiben/sondern gelinde / nicht hadderhafftig/
nicht geitzig/der seinem eigen hause wol furstehe/der
gehorsame kinder habe mit aller erbarkeit (So aber jemand seinem eigen hause/nicht weis fur zustehen/wie wird er die Gemeine Gottes
versorgen?) nicht ein newling/auff das er sich nicht auffblase/ vnd
dem lesterer jns vrteil falle. Er mus aber auch ein gut zeugnis haben/
von denen draussen sind/auff das er nicht falle dem lesterer jnn die
schmach vnd strick.

Desselbigen gleichen/die Diener sollen erbar sein/nicht zweizüngig/nicht weinseuffer/nicht vnehrliche handtierung treiben/die das
geheimnis des glaubens jnn reinem gewissen haben/Vnd die selbigen
lasse man zuuor versuchen/darnach lasse man sie dienen/wenn sie vnstrefflich sind.

Desselbigen gleichen/jre weiber sollen erbar sein / nicht lesterinne/nüchtern/trew jnn allen dingen. Die Diener las einen jglichen
sein eines weibes man/die jren kindern wol furstehen/vnd jren eigen
heusern. Welche aber wol dienen/die erwerben jn selbs eine gute stuffen/vnd eine grosse freidigkeit im glauben/jnn Christo Ihesu.

Solches schreibe ich dir/ vnd hoffe auffs schierst zu dir zu komen/So ich aber verzöge/ das du wissest/ wie du wandeln solt jnn
dem hause Gottes/welchs ist die Gemeine des lebendigen Gottes / ein
pfeiler vnd grundfeste der warheit. Vnd kündlich gros ist das Gottselig geheimnis/welchs ist offenbaret im fleisch / gerechtfertiget im
geist/erschienen den Engeln/geprediget den Heiden/gleubet von
der welt/auffgenomen jnn die herrligkeit.

(im geist)
Der Heilige geist
preiset Christum
im Euangelio vnd
glauben/Welchen
sonst alle welt verdampt vnd lestert.

IIII.

DEr Geist aber saget deutlich/das jnn den letzten zeiten/
werden etliche von dem glauben abtretten/vnd anhang
en den verfürischen geistern vnd leren der teuffel/ durch
die/ so jnn gleisnerey lügen reder sind/ vnd brandmal
jnn jrem gewissen haben/vnd verbieten ehelich zu werden/vnd zu meiden die speise/die Got geschaffen hat/zu

Cc iiij   nemen mit

Die Erste Epistel

nemen mit danckſagung/den gleubigen/vnd denen die die warheit erkennen. Denn alle creatur Gottes iſt gut/vnd nichts verwerfflich/das mit danckſagung empfangen wird/denn es wird geheiliget durch das wort Gottes vnd gebet. Wenn du den Brüdern ſolchs furhelteſt/ſo wirſtu ein guter diener Jheſu Chriſti ſein/wie du aufferzogen biſt/jnn den worten des glaubens vnd der guten lere/bey welcher du jmerdar geweſen biſt. Der vngeiſtlichen aber vnd altuettelſchen fabeln entſchlahe dich.

Vbe dich ſelbs aber an der Gotſeligkeit/denn die leibliche vbung iſt wenig nütz/aber die Gottſeligkeit iſt zu allem ding nütz/vnd hat die verheiſſung/dieſes vnd des zukünfftigen lebens/das iſt jhe gewiſlich war/vnd ein thewer werdes wort. Denn dahin erbeiten wir auch/vnd werden geſchmecht/das wir auff den lebendigen Gott gehoffet haben/welcher iſt der Veiland aller menſchen/ſonderlich aber der gleubigen. Solchs gebeut vnd lere. Niemand verachte deine ingent/ſondern ſey ein furbilde den gleubigen im Wort/im wandel/jnn der liebe/im geiſt/im glauben/jnn der keuſcheit.

Valt an mit leſen/mit ermanen/mit leren bis ich kome. Las nicht aus der acht die gabe/die dir gegeben iſt durch die weiſſagung/mit hand aufflegung der Elteſten. Solches warte/damit gehe vmb/auff das dein zunemen fur jderman offenbar ſey. Vab acht auff dich ſelbs vnd auff die lere/beharre jnn dieſen ſtucken/Denn wo du ſolches thuſt/wirſtu dich ſelbs ſelig machen/vnd die dich hören.

V.

Jnen alten ſchelte nicht/ſondern ermane jn als einen vater. Die iungen als die brüdere. Die alten weiber als die müttere. Die iungen als die ſchweſtern/mit aller keuſcheit. Ehre die Widwen/welche rechte widwen ſind. So aber eine widwe kinder oder neffen hat/ſolche las zuuor lernen jre eigene heuſer Göttlich regieren/vnd den Eltern gleichs vergelten/Denn das iſt wol gethan vnd angeneme fur Gott. Das iſt aber eine rechte widwe/die einſam iſt/die jre hoffnung auff Gott ſtellet/vnd bleibet am gebet vnd flehen tag vnd nacht. Welche aber jnn wolluſten lebet/die iſt lebendig tod. Solches gebeut/auff das ſie vntaddelich ſein. So aber jemand die ſeinen/ſonderlich ſeine hausgenoſſen/nicht verſorget/der hat den glauben verleugnet/vnd iſt erger denn ein Veide.

Las keine widwen erwelet werden vnter ſechtzig iaren/vnd die da geweſen ſey eines mannes weib/vnd die ein zeugnis habe guter werck/ſo ſie kinder auffgezogen hat/ſo ſie gaſtfrey geweſen iſt/ſo ſie der Veiligen füſſe gewaſſchen hat/ſo ſie den trübſeligen handreichung gethan hat/ſo ſie allem guten werck nachkomen iſt. Der iungen widwen aber entſchlahe dich. Denn wenn ſie geil worden ſind widder Chriſton/ſo wöllen ſie freien/vnd haben jr vrteil/das ſie den erſten glauben verbrochen haben/Daneben ſind ſie faul/vnd lernen vmblauffen durch die heuſer/Nicht allein aber ſind ſie faul/ſondern auch ſchwetzig vnd furwitzig/vnd reden das nicht ſein ſol.

So wil ich/das die iungen widwen freien/kinder zeugen haushalten
dem

(einſam)
Das iſt/die niemand zu verſorge hat/vnd allein iſt.

(geil)
Als die das futer ſticht/weil ſie von dem gemein almoſen wol leben/muſſig gehen vnd faul werden.

An Timotheon. CLII

dem widdersacher keine vrsache geben zu schelten. Denn es sind schon etliche vmbgewand/ dem Satana nach. So aber ein gleubiger odder gleubiginne widwen hat/ der versorge die selbigen/ vnd lasse die Gemeine nicht beschweret werden/ auff das die/ so rechte widwen sind/ mögen gnug haben.

Deu. xxv

Die Eltesten die wol furstehen/ die halt man zwifacher eren werd/ sonderlich die da erbeiten im Wort/ vnd jnn der lere. Denn es spricht die Schrifft/ Du solt nicht dem ochsen das maul verbinden/ der da dreschet. Vnd ein erbeiter ist seines lohns werd. Widder einen Eltesten nim keine klage auff/ ausser zweien odder dreien zeugen. Die da sundigen/ die straffe fur allen/ auff das sich auch die andern fürchten.

Ich bezeuge fur Gott/ vnd dem Herrn Jhesu Christo/ vnd den auserweleten Engeln/ das du solches haltest on eigen ᵃ gut dunckel/ vnd nichts thuest nach gunst. Die hende lege niemand bald auff. Mache dich auch nicht teilhafftig frembder sunden. Halt dich selber keusch. Trinck nicht mehr wasser/ sondern brauche ein wenig weines/ vmb deines magens willen/ vnd das du offt kranck bist.

Etlicher menschen sunde sind offenbar/ das man sie vorhin richten kan/ Etlicher aber werden hernach ᵇ offenbar/ Desselbigen gleichen auch etlicher gute werck sind zuuor offenbar/ vnd die andern bleiben auch nicht verborgen.

VI.

DJe knechte/ so vnter dem joch sind/ sollen jre herrn aller ehren werd halten/ auff das nicht der name Gottes vnd die lere verlestert werde. Welche aber gleubige herrn haben/ sollen die selbigen nicht verachten/ mit dem schein das sie Brüder sind/ sondern sollen viel mehr dienstbar sein/ die weil sie gleubig vnd geliebt/ vnd der wolthat teilhafftig sind.

Solches lere vnd ermane/ So jemand anders leret/ vnd bleibet nicht bey den heilsamen worten vnsers Herrn Jhesu Christi/ vnd bey der lere von der Gottseligkeit/ der ist ᶜ verdüstert vnd weis nichts/ sondern ist ᵈ seuchtig jnn fragen vnd wortkriegen/ aus welchen entspringet/ neid/ hadder/ lesterung/ böse argwahn/ schulgezencke/ solcher menschen/ die zurütten sinn haben/ vnd der warheit beraubt sind/ die da meinen/ Gottseligkeit sey ein ᵉ gewerbe/ Thu dich von solchen. Es ist aber ein grosser gewin/ wer Gottselig ist/ vnd lesset jm genügen. Denn wir haben nichts jnn die welt bracht/ darumb offenbar ist/ wir werden auch nichts hinaus bringen.

Wenn wir aber futter vnd decke haben/ so lasset vns benügen. Denn die da reich werden wöllen/ die fallen jnn versuchung vnd stricke/ vnd viel törichter vnd schedlicher lüste/ welche versencken die menschen jns verderben vnd verdamnis. Denn geitz ist eine wurtzel alles vbels/ welcher hat etliche gelüstet/ vnd sind vom glauben jrre gegangen/ vnd machen jnen selbs viel ᶠ schmertzen. Aber du Gottes mensch fleuch solches/ jage aber nach der gerechtigkeit/ der Gottseligkeit/ dem glauben/ der liebe/ der gedult/ der sanfftmut/ kempffe einen guten kampff des glaubens/ ergreiffe das ewige leben/ dazu du auch beruffen bist/ vnd bekand hast ein gut bekentnis/ fur vielen zeugen.

ᵃ (gut dunckel)
Das du keiner sach ein noch person zu lieb nach gehest od der vberhelffest/ widder solche lere vnd ordnung/ als wenn einer seiner eigen sachen odder dunckel raten/ oder einer person vberhelffen wil/ wider das recht.

ᵇ (offenbar)
Etlicher ketzer vñ böser leute wesen ist so offenbar/ das sie niemand mit heuchlen betriegen können/ Etliche betriegen eine weile/ Aber zu letzt kompts doch an tag/ Also widerüb/ etliche leren vñ leben Göttlich/ das offenbar ist vñ bessert jederman/ Etlicher aber reden vñ thun/ lesst man nicht gut sein/ bis die zeit hernach offenbar macht/ das es gut gewesen sey

ᶜ (verdüstert)
Attonitus/ der jnn seinen gedencken ersoffen gehet/ vñ niemand achtet.

ᵈ (seuchtig)
Lüge ist alzeit siech/ vnd darff viel flickens vnd glosietens.

ᵉ (gewerbe)
Ein hendelchen/ damit man ehre od gut möge suchen/ vnd nicht Gott dienen allein.

ᶠ (schmertzen)
Nemlich/ mit sorgen vnd engsten vñ vnruge/ tag vñ nacht/ vmb das gut/ das sie des nimer fro werden/ Wie auch Cristus de reichthum dorne vergleicht/ vmb solchs stechens vnd sorgens willen/ Mat. xiij.

Ich ge-

Die Erste Epistel

Ich gebiete dir fur Gott/der alle ding lebendig machet/vnd fur Christo Jhesu/der vnter Pontio Pilato bezeuget hat ein gut bekentnis/das du haltest das gebot on flecken/vnuertadelich/bis auff die erscheinung vnsers Herrn Jhesu Christi/welchen wird zeichen zu seiner zeit/der selige vnd allein geweltiger/der König aller könige/vnd Herr aller herrn/der allein vnsterbligkeit hat/der da wonet jnn einem liecht/da niemand zu komen kan/welchen kein mensch gesehen hat/noch sehen kan/dem sey ehre vnd ewiges Reich/Amen.

Den reichen von dieser welt/gebent/das sie nicht stoltz seien/auch nicht hoffen auff den vngewissen reichthum/sondern auff den lebendigen Gott/der vns dar gibt reichlich allerley zu geniessen/das sie gutes thun/reich werden an guten wercken/gerne geben/leutselig sein/schatz samlen/jnen selbs einen guten grund auffs zukünfftige/das sie ergreiffen das ewige leben.

O Thimothee/beware das dir vertrawet ist/vnd meide die vngeistliche lose geschwetz/vnd das gezenck der falsch berümpten kunst/welche etliche fur geben/vnd feilen des glaubens. Die gnade sey mit dir/ A M E N.

Geschrieben von Laodicea/die da ist ein heubt stad des landes Phrygia Pacatiana.

Vorrhede

Vorrhede auff die Ander Epistel S. Pauli / An Timotheon.

DIese Epistel ist ein letze brieff / darinn Sanct Paulus Timotheon ermanet / das er fort fare / wie er angefangen habe / das Euangelion zu treiben / das auch wol not ist / sintemal viel sind die abfallen / dazu falsche geister vnd lerer sich allenthalben erregen / darumb einem Bischoue zustehet / jmer zu wachen vnd erbeiten an dem Euangelio.

Inn sonderheit aber verkündiget er am dritten vnd vierden Capitel / die ferliche zeit / am ende der welt / darinne das falsche geistliche leben alle welt verfüren sol mit eusserlichem schein / darunter allerley bosheit vnd vntugent jr wesen habe / wie wir leider jtzt sehen an vnsern geistlichen diese Prophecey Sanct Paulus allzu reichlich erfüllet werden.

Die Ander

Die ander Epistel S. Pauli/
An Timotheon.

I.

Paulus ein Apostel Jhesu Christi/ durch den willen Gottes/ zu predigen die verheissung des lebens/ jnn Christo Jhesu.

Meinem lieben son Timotheo. Gnade/ barmhertzigkeit/ fride von Gott dem Vater/ vnd Christo Jhesu vnserm Herrn.

Ich dancke Gotte/ dem ich diene von meinen voreltern her/ jnn reinem gewissen/ das ich on vnterlas dein gedencke jnn meinem gebet/ tag vnd nacht/ vnd mich verlanget dich zu sehen (wenn ich dencke an deine threnen) auff das ich mit freuden erfüllet würde/ vnd erinnere mich des vngeferbeten glaubens jnn dir/ welcher zuuor gewonet hat jnn deiner grosmutter Loide/ vnd jnn deiner mutter Eunike/ bin aber gewis/ das auch jnn dir.

Vmb welcher sache willen ich dich erinnere/ das du erweckest die gabe Gottes/ die jnn dir ist/ durch die aufflegung meiner hende/ Denn Gott hat vns nicht gegeben den geist der furcht/ sondern der krafft vnd der liebe vnd der zucht. Darumb so scheme dich nicht des zeugnis vnsers Herrn/ noch meiner/ der ich sein gebundener bin/ sondern leide dich mit dem Euangelio/ wie ich/ nach der krafft Gottes/ der vns hat selig gemacht/ vnd beruffen mit einem heiligen ruff/ nicht nach vnsern wercken/ sondern nach seinem fursatz vnd gnade/ die vns gegeben ist jnn Christo Jhesu/ vor der zeit der welt/ jtzt aber offenbart durch die erscheinung vnsers Heilandes Jhesu Christi/ der dem tod die macht hat genomen/ vnd das leben vnd ein vnuergenglich wesen ans liecht bracht/ durch das Euangelion/ zu welchem ich gesetzt bin ein prediger vnd Apostel vnd Lerer der Heiden/ vmb welcher sache willen ich solches leide/ aber ich scheme michs nicht/ Denn ich weis/ an welchen ich gleube/ vnd bin gewis/ das er kan mir meine beilage bewaren/ bis an jhenen tag.

Halt dich nach dem furbilde der heilsamen wort/ die du von mir gehört hast/ vom glauben vnd von der liebe jnn Christo Jhesu/ Diesen guten beilag beware durch den Heiligen geist/ der jnn vns wonet. Das weissestu/ das sich von mir gewand haben alle die jnn Asia sind/ vnter welchen ist Phygellus vnd Hermogenes. Der Herr gebe barmhertzigkeit dem hause Onesiphori/ denn er hat mich offt erquicket/ vnd hat sich meiner ketten nicht geschemet/ sondern da er zu Rom war/ suchte er mich auffs vleissigst/ vnd fand mich/ Der Herr gebe jm/ das er finde barmhertzigkeit bey dem Herrn an jhenem tage/ Vnd wie viel er mir zu Epheso gedienet hat/ weissestu am besten.

II.

So stercke

(zucht) Das wörtlin zucht/ das Paulus offt brauchet/ heisst das wir zu deudsch sagē/ Messig/ fein seuberlich/ vernünfftig faren von geberden.

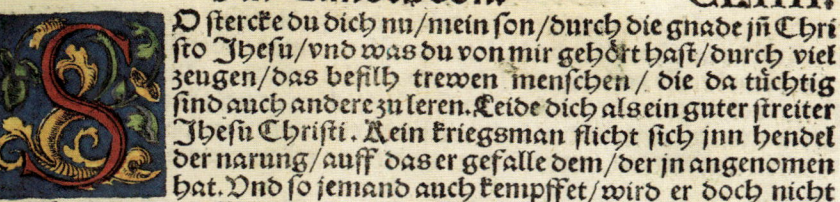

An Timotheon. CLIIII.

SO stercke du dich nu/mein son/durch die gnade jn Christo Jhesu/vnd was du von mir gehört hast/durch viel zeugen/das befilh trewen menschen/ die da tüchtig sind auch andere zu leren. Leide dich als ein guter streiter Jhesu Christi. Kein kriegsman flicht sich jnn hendel der narung/auff das er gefalle dem/der jn angenomen hat. Vnd so jemand auch kempffet/wird er doch nicht gekrönet/er kempffe denn recht. Es sol aber der ackerman / der den acker bawet/der früchte am ersten geniessen/Merck/was ich sage. Der Herr aber wird dir jnn allen dingen verstand geben.

Halt jnn gedechtnis Jhesum Christum / der aufferstanden ist von den todten/aus dem samen Dauid/ nach meinem Euangelio/ vber welchem ich mich leide/bis an die bande/als ein vbeltheter/aber Gottes wort ist nicht gebunden. Darumb dulde ichs alles vmb der auserweleten willen / auff das auch sie die seligkeit erlangen jnn Christo Jhesu/mit ewiger herligkeit.

Das ist jhe gewislich war/Sterben wir mit / so werden wir mit leben/Dulden wir/so werden wir mit herschen/ Verleugnen wir / so wird er vns auch verleugnen/Gleuben wir nicht/so bleibt er trewe/er kan sich selbs nicht leugnen. Solchs erinnere sie/vnd bezeuge fur dem Herrn/das sie nicht vmb wort zancken/welches nichts nütz ist / denn abzuwenden die da zuhören.

Bevleisse dich Gotte zu erzeigen einen rechtschaffen vnd vnstreff- (teile) lichen Erbeiter/der da recht teile das wort der warheit. Des vngeist- Das er nicht das lichen losen geschwetzes entschlahe dich/denn es hilfft viel zum vn- Gesetz vnd Euan- göttlichen wesen/vnd jr wort frisset vmb sich wie der krebs/Vnter gelion jnn einan- welchen ist Hymeneos vnd Philetus/welche der warheit gefeilt ha- der menge/sondern ben/vnd sagen/die aufferstehung sey schon geschehen/vnd haben et- treibe das Gesetz/ licher glauben verkert. widder die rohen/

Aber der feste grund Gottes bestehet/ vnd hat diesen siegel/ Der harten bösen/vnd werff sie vnter das Herr kennet die seinen/vnd es trete ab von vngerechtigkeit /wer den weltlich recht/oder namen Christi anrüffet. Jnn einem grossen hause aber sind nicht allei- jnn ban. Aber die ne güldene vnd silberne gefesse/sondern auch hültzerne vnd jrdische/ blöden/betrübte/ vnd etliche zu ehren/etliche aber zu vnehren. So nu jemand sich reini- frumen/troste er get von solchen leuten/der wird ein geheiliget fas sein / zu den ehren/ mit dem Euange- dem hausherrn breuchlich/vnd zu allem guten werck bereitet. lio.

Fleuch die lüste der jugent/jage aber nach der gerechtigkeit / dem glauben/der liebe/dem fride/ mit allen die den Herrn anruffen von reinem hertzen. Aber der törichten vnd frechen fragen entschlahe dich. Denn du weissest/ das sie nur zanck geberen/ Ein knecht aber des Herrn sol nicht zenckisch sein/sondern freundlich gegen jederman/ lerhafftig/der die bösen tragen kan mit sanfftmut/vnd straffe die widderspenstigen/ob jn Gott der mal eins busse gebe / die warheit zu erkennen/vnd widder nüchtern würden aus des teuffels strick/von dem sie gefangen sind zu seinem willen.

III.

DAs soltu aber wissen/das jnn den letzten tagen werden grewliche zeit komen/ Denn es werden menschen sein/ die von sich selbs halten/geitzig/ rhumretig/ hoffertig/ lesterer / den Eltern vngehorsam / vndanckbar / vngeistlich / vnfreundlich / störrig / schender / vnkeusch/

Do   wilde

Die Ander Epistel

wilde / vngütig / verrheter / freueler / auffgeblasen / die mehr lieben wollust denn Gott / die da haben den schein eines Gottseligen wesens / aber seine krafft verleugnen sie / vnd solche meide. Aus den selbigen sind / die hin vnd her jnn die heuser schleichen / vnd füren die weiblin gefangen / die mit sunden beladen sind / vnd mit mancherley lüsten faren / lernen jmerdar / vnd können nimer zur erkentnis der warheit komen.

Gleicherweise aber / wie Jannes vnd Jambres Mosi widderstunden / also widderstehen auch diese der warheit / es sind menschen von zurrutten sinnen / vntüchtig zum glauben / aber sie werdens nicht ausfüren. Denn jre torheit wird offenbar werden jderman / gleich wie auch jhener war. Du aber hast erfaren meine lere / meine weise / meine meinung / meinen glauben / meine langmut / meine liebe / meine gedult / meine verfolgung / meine leiden / welche mir widderfaren sind zu Antiochia / zu Iconio / zu Lystran / welche verfolgung ich da ertrug / vnd aus allen hat mich der Herr erlöset / Vnd alle / die Gottselig leben wöllen jnn Christo Jhesu / müssen verfolgung leiden / Mit den bösen menschen aber vnd verfürischen / wirds je lenger je erger / verfüren vnd werden verfüret.

Du aber / bleibe jnn dem das du gelernet hast / vnd dir vertrawet ist / Sintemal du weissest / von wem du gelernet habst / Vnd weil du von kind auff die heilige Schrifft weissest / kan dich die selbige vnterweisen zur seligkeit / durch den glauben an Christo Jhesu. Denn alle Schrifft von Gott eingegeben / ist nutz zur lere / zur straffe / zur besserung / zur züchtigung jnn der gerechtigkeit / das ein mensch Gottes sey volkomen / zu allem guten werck geschickt.

IIII.

SO bezeuge ich nu fur Gott vnd dem Herrn Jhesu Christo / der da zukünfftig ist zu richten die lebendigen vnd die todten / mit seiner erscheinung vnd seinem Reich / Predige das Wort / halt an / es sey zu rechter zeit odder zur vnzeit / straffe / drawe / ermane / mit aller gedult vnd lere / Denn es wird eine zeit sein / da sie die heilsame lere nicht leiden werden / sondern nach jren eigen lüsten werden sie jn selbs Lerer auffladen / nach dem jn die oren jucken / vnd werden die oren von der warheit wenden vnd sich zu den fabeln keren. Du aber sey nüchtern allenthalben / leide dich / thu das werck eines Euangelischen predigers / richte dein ampt redlich aus.

Denn ich werde schon geopffert / vnd die zeit meines abscheidens ist furhanden. Ich hab einen guten kampff gekempffet / Ich hab den laufft vollendet / ich hab glauben gehalten. Hinfurt ist mir beigelegt die kron der gerechtigkeit / welche mir der Herr an jhenem tage / der gerechte Richter / geben wird / Nicht mir aber allein / sondern auch allen die seine erscheinung lieb haben. Vleissige dich / das du bald zu mir komest.

Denn Demas hat mich verlassen / vnd diese welt lieb gewonnen / vnd ist gen Thessalonich gezogen / Crescens jnn Gallatian / Titus jnn Dalmatian / Lucas ist alleine bey mir / Marcon nim zu dir / vnd bringe jn mit dir / denn er ist mir nützlich zum dienst / Tychicon habe ich ge-Epheson gesand. Den mantel / den ich zu Troada lies bey Carpon bringe mit / wenn du komest / vnd die bücher / sonderlich aber das pergamen.

An Thimotheon.

gamen. Alexander der schmid hat mir viel böses beweiset/ der Herr bezale jm nach seinen wercken/ fur welchem hüte du dich auch/ Denn er hat vnsern worten seer widderstanden.

Jnn meiner ersten verantwortung stund niemand bey mir/ sondern sie verliessen mich alle/ Es sey jnen nicht zugerechnet/ der Herr aber stund mir bey/ vnd sterket mich/ auff das durch mich die predigt bestetigt würde/ vnd alle Heiden höreten/ Vnd ich bin erlöset von des Lewens rachen/ Der Herr aber wird mich erlösen von allem vbel/ vnd aushelffen zu seinem himlischen Reich/ welchem sey ehre von ewigkeit zu ewigkeit/ Amen.

Grüsse Priscan vnd Aquilan/ vnd das haus Onesiphori. Erastus bleib zu Corintho/ Trophimon aber lies ich zu Mileto kranck/ Thu vleis/ das du vor dem winter komest. Es grüsset dich Eubulus vnd Pudens/ vnd Linus vnd Claudia/ vnd alle Brüder. Der Herr Jhesus Christus sey mit deinem geiste. Die gnade sey mit euch/ AMEN.

Geschrieben von Rom die Ander Epistel an Timotheon/ da Paulus zum andern mal fur den Keiser Nero ward dar gestellet.

Dd ij   Vorrhede

Vorrhede auff die
Epistel Sanct Pauli/ An Titon.

Es ist eine kurtze Epistel / aber ein ausbund Christlicher lere / darinnen allerley so meisterlich verfasset ist / das einem Christen not ist zu wissen / vnd zu leben.

Auffs erst / leret er / was ein Bischoff odder Pfarher fur ein man sein sol / nemlich / der frum vnd gelert sey / das Euangelion zu predigen / vnd die falschen Lerer der werck vnd menschen gesetz zu verlegen / welche allezeit widder den glauben streiten / vnd die gewissen von der Christlichen freiheit verfuren / jnn das gefengnis jrer menschen werck / als solten sie fur Gott frum machen / die doch kein nütz sind.

Im andern Capitel / leret er allerley stende / alt / jung / frawen / menner / herrn vnd knecht / wie sie sich halten sollen / als die Christus durch sein sterben erworben hat / zum eigenthum.

Im dritten / leret er die weltlichen herrschafften zu ehren / vnd jnen gehorchen / vnd zeucht abermal an die gnade / die vns Christus erworben hat / damit niemand dencke / das es gnug sey / gehorsam sein der herrschafft / sintemal alle vnser gerechtigkeit nichts ist fur Gott / Vnd befilht die halsstarrigen vnd ketzer zu meiden. Die Epistel

Die Epistel S. Pauli/ An Titon.

CLVI.

I.

Paulus ein knecht Gottes/ aber ein Apostel Jhesu Christi/ zu predigen den Glauben der ausserweleten Gottes/ vnd das erkentnis der warheit/ welche zur Gottseligkeit füret/ auff hoffnung des ewigen lebens/ Welches verheissen hat/ der nicht leuget/ Gott/ vor den zeiten der welt/ hat aber offenbaret zu seiner zeit/ sein wort durch die predigt/die mir vertrawet ist/ nach dem befelh Gottes vnsers Heilandes.

Tito meinem rechtschaffen son/ nach vnser beider glaube. Gnade/ barmhertzigkeit/ friede/ von Gott dem Vater/ vnd dem Herrn Jhesu Christo vnserm Heiland.

Derhalben lies ich dich jnn Creta/ das du soltest vollend anrichten/ da ichs gelassen habe/ vnd besetzen die Stedte hin vnd her mit Eltesten/ wie ich dir befolhen habe. Wo einer ist vntaddelich/ eines weibes man/ der gleubige kinder habe/ nicht berüchtiget/ das sie schwelger vnd frech sind. Denn ein Bischoff sol vntaddelich sein/ als ein Haushalter Gottes/ nicht ᵃ eigensinnig/ nicht zornig/ nicht ein weinseuffer/ nicht beissig/ nicht vnehrliche handtierung treiben/ sondern gastfrey/ gütig/ ᵇ züchtig/ gerecht/ heilig/ keusch/ vnd halte ob dem Wort/ das gewis ist/ vnd leren kan/ auff das er mechtig sey/ zu ermanen durch die heilsame lere/ vnd zu straffen die Widdersprecher.

Denn es sind viel frechen vnd vnnütze Schwetzer vnd verfürer/ sonderlich die aus der Beschneidung/ welchen man mus das maul stopffen/ die da gantze Heuser verkeren/ vnd leren das nicht taug/ vmb schendliches gewins willen. Es hat einer aus jnen gesagt/ jrer eigen Prophet/ die Creter sind jmer lügener/ böse thier/ vnd faule beuche/ Dis zeugnis ist war. Vmb der sache willen straffe sie scharff/ auff das sie gesund seien im glauben/ vnd nicht achten auff die Jüdischen fabeln/ vnd menschen gebot/ welche sich von der warheit abwenden. Den reinen ist alles rein/ den vnreinen aber vnd vngleubigen ist nichts rein/ sondern vnrein ist beide jr sinn vnd gewissen/ Sie sagen/ sie erkennen Gott/ aber mit den wercken verleugnen sie es/ sintemal sie sind/ an welchem Gott greuel hat/ vnd gehorchen nicht/ vnd sind zu allem guten werck vntüchtig.

II.

ᵃ (eigensinnig) Der seinen eigen kopff hat/ niemand weichet/ man mus jn weichen/ wie man spricht/ Mit dem kopff hindurch.

ᵇ (züchtig) Vernünfftig/ messig etc.

Epimenides.

Do ist   Du aber

Die Epistel

DV aber rede/wie sichs zimet nach der heilsamen lere. Den alten/ das sie nüchtern seien/ehrbar/züchtig/ gesund im glauben/jnn der liebe/jnn der gedult. Den alten weibern desselbigen gleichen/das sie sich stellen/ wie den Heiligen zimet/nicht lesterin seien/nicht wein seufferin/gute lererin/das sie die jungen weiber leren züchtig sein/ jre menner lieben/kinder lieben/sittig sein/ keusch/heuslich/gütig/jren mennern vnterthan/auff das nicht das wort Gottes verlestert werde. Desselbigen gleichen die jungen menner ermane/das sie züchtig seien.

Allenthalben aber stelle dich selbs zum furbilde guter werck/mit vnuerfelschter lere / mit ehrbarkeit/mit heilsamem vnd vntaddelichem wort / auff das der Widderwertige sich scheme / vnd nichts habe/ das er von vns möge böses sagen. Den knechten/das sie jren herrn vnterthenig seien/jnn allen dingen zugefallen thun/nicht widderbellen/nicht veruntrewen / sondern alle gute trew erzeigen / auff das sie die lere Gottes vnsers Heilandes zieren jnn allen stücken.

Denn es ist erschienen die heilsame gnade Gottes allen menschen / vnd züchtiget vns / das wir sollen verlengnen/ das vngöttliche wesen vnd die weltlichen lüsten/vnd a züchtig/gerecht vnd Gottselig leben jnn dieser welt/vnd warten auff die selige hoffnung vnd erscheinung der herrligkeit des grossen Gottes/vnd vnsers Heilandes Jhesu Christi/ der sich selbs fur vns gegeben hat/auff das er vns erlöset von aller vngerechtigkeit / vnd reiniget jm selbs ein volck zum eigenthum/ das vleissig were zu guten wercken. Solches rede vnd ermane/vnd straffe mit gantzem ernst. Las dich niemand verachten.

III.

ERinnere sie/das sie den Fürsten vnd der Oberkeit vnterthan vnd gehorsam seien/zu allem guten werck bereit seien/niemand lestern/nicht haddern/gelinde seien/alle sanfftmütigkeit beweisen/gegen allen menschen. Denn wir waren auch weiland vnweise/vngehorsam / jrrige/ dienend den lüsten vnd mancherley wollüsten/vnd wandelten jnn bosheit vnd neid/ vnd hasseten vns vnternander.

Da aber erschein die freundligkeit vnd leutseligkeit Gottes vnsers Heilandes/nicht vmb der werck willen der gerechtigkeit/ die wir gethan hatten/sondern nach seiner barmhertzigkeit/ machte er vns selig/durch das bad der widdergeburt vnd ernewerung des Heiligen geistes / welchen er ausgegossen hat vber vns reichlich/ durch Jhesum Christ vnsern Heiland / auff das wir durch desselbigen gnade/ gerecht vnd erben seien des ewigen lebens nach der hoffnung/Das ist jhe gewislich war. Solchs wil ich/das du lerest/als das b gewis sey/ auff das die/ so an Gott glenbig sind worden/sich vleissigen/jnn guten wercken furtreff

---

(züchtig)
Allenthalben wo hie zucht oder züchtig stehet/da vernim/das sie sollen vernünfftig / messig vnd fein sich halten/ Denn ich thar des worts vernünfftig/nicht brauchen.

a
(züchtig)
Das ist/messig/vernünfftig etc.

(ernst)
Das sie wissen/Es sey Gottes gebot/ vnd kein schertz. Er wolle es ernstlich haben.

(gelinde)
Das sind/die alle ding zum besten keren vnd deuten odder annemen.

b
(gewis)
Das die leute mercken vnd gleuben das es gewis vnd ernst sey / was du lerest/vnd nicht vnnötig/faul / odder fur zweiuel halten/ als werens mehrlin oder lose teidinge/ Wie Christus Mat. vij. auch gewaltiglich leret/ nicht wie die phariseer etc.

An Titon.

furtrefflich zu sein/Solches ist gut vnd nütz den menschen. Der törichten fragen aber/ der geschlecht register/des zanckes vnd streites vber dem Gesetz/entschlahe dich/denn sie sind vnnütz vnd eitel. Einen ketzerischen menschen meide/ wenn er ein mal vnd abermal ermanet ist/vnd wisse/das ein solcher verkeret ist/ vnd sundiget/ als der sich selbs verurteilet hat.

Wenn ich zu dir senden werde Arteman odder Tychicon/so kom eilend zu mir gen Nicopolim/denn da selbs hab ich beschlossen den winter zu bleiben. Zenan den Schrifftgelerten vnd Apollon fertige ab mit vleis/auff das jnen nichts gebreche. Las aber auch die vnsern lernen/jnn guten wercken furtrefflich sein/wo es die notdurfft foddert/auff das sie nicht vnfruchtbar seien. Es grüssen dich alle die mit mir sind. Grüsse alle die vns lieben im glauben. Die gnade sey mit euch allen/
A M E N.

Geschrieben von Nicopoli jnn Macedonia.

Do iiij   Vorrhede

Vorrhede auff die Epistel Sanct Pauli/ An Philemon.

DIese Epistel zeiget ein meisterlich/ lieblich Exempel Christlicher liebe. Denn da sehen wir/ wie Sanct Paulus sich des armen Onesimos an= nimpt/ vnd jn gegen seinem herrn vertrit/ mit allem das er vermag/ vnd stellet sich nicht anders/ denn als sey er selbs Onesimos/ der sich versundiget habe. Doch thut er das nicht mit gewalt odder zwang/ als er wol recht hette/ sondern eussert sich seines rechten/ damit er zwinget/ das Philemon sich seines rechten auch verzeihen mus. Eben wie vns Christus gethan hat ge= gen Gott dem Vater/ also thut auch Sanct Paulus fur Onesimon gegen Philemon. Denn Christus hat sich auch seines rechten geeussert/ vnd mit liebe vnd demut den Vater vberwunden/ das er seinen zorn vnd recht hat mussen legen/ vnd vns zu gnaden nemen/ vmb Christus wil= len/ der also ernstlich vns vertrit/ vnd sich vnser so hertzlich an nimpt/ Denn wir sind al= le seine Onesimi/ so wirs gleuben.

Die Epistel

Die Epistel S. Pauli An Philemon.

Paulus der gebunden Jhesu Christi/ vnd Timotheos der Bruder.

Philemoni dem lieben vnd vnserm gehülffen/ vnd Appia der lieben/ vnd Archippo vnserm streitgenossen/ vnd der Gemeine jnn deinem hause.

Gnade sey mit euch vnd fride von Gott vnserm Vater/ vnd dem Herrn Jhesu Christo.

Ich dancke meinem Gott/ vnd gedencke dein allezeit jnn meinem gebet/ nach dem ich höre von der liebe vnd dem glauben/ welche du hast an den Herrn Jhesum/ vnd gegen alle Heiligen/ das dein glaube/ den wir mit ein ander haben/ jnn dir krefftig werde/ durch erkentnis alle des guten/ das jr habt jnn Christo Jhesu. Ich hab aber grosse frende vnd trost an deiner liebe/ Denn die Heiligen sind hertzlich erquicket durch dich/ lieber Bruder.

Darumb/ wie wol ich habe grosse freidigkeit/ jnn Christo/ dir zu gebieten/ was dir zimet/ so wil ich doch vmb der liebe willen nur vermanen/ der ich ein solcher bin/ nemlich/ ein alter Paulus/ nu aber auch ein gebundener Jhesu Christi. So ermane ich dich vmb meines sons willen *Onesimon/ den ich gezeuget habe jnn meinen banden/ welcher weiland dir vnnütze/ nu aber mir vnd dir wol nütze ist/ den habe ich widder gesand/ Du aber wöllest jn als mein hertz annemen. Denn ich wolte jn bey mir behalten/ das er mir an deiner stat dienet/ jnn den banden des Euangelij/ aber on deinen willen wolte ich nichts thun/ auff das dein gutes nicht were genötiget/ sondern freiwillig.

Villeicht aber ist er darumb eine zeit lang von dir komen/ das du jn ewig widder hettest/ nu nicht mehr als einen knecht/ sondern mehr denn einen knecht/ einen lieben Bruder/ sonderlich mir/ wie viel mehr aber dir/ beide nach dem fleisch vnd nach dem Herrn? So du mich heltest fur deinen gesellen/ so woltestu jn/ als mich selbs/ annemen. So er aber dir etwas schaden gethan hat/ odder schuldig ist/ das rechne mir zu/ Ich Paulus hab es geschrieben mit meiner hand/ ich wils bezalen/ ich schweige/ das du dich selbs mir schüldig bist. Ja lieber Bruder/ gönne mir/ das ich mich an dir ergetze/ jnn dem Herrn/ erquicke mein hertz jnn dem Herrn.

Ich hab aus zuuersicht deines gehorsams dir geschrieben/ denn ich weis/ du wirst mehr thun/ denn ich sage. Daneben/ bereite mir die herberge/ denn ich hoffe/ das ich durch ewer gebet euch geschenckt werde. Es grüsset dich Epaphras mein mitgefangener jnn Christo Jhesu/ Marcus/ Aristarchus/ Demas/ Lucas/ meine gehülffen. Die gnade vnsers Herrn Jhesu Christi sey mit ewrem geist/ AMEN.

Geschrieben von Rom/ durch Onesimon.

*Onesimos Griechisch/ heisset nütze auff deudsch/ Tahin laut S. Paulus/ da er spricht/ er ist mir vnd dir nütze/ das ist/ ein Onesimos.

Vorrhede

Vorrhede auff die
Erste Epistel Sanct Peters.

Diese Epistel hat Sanct Peter zu den bekereten Heiden geschrieben/ vnd er manet sie im glauben bestendig zu sein vnd zunemen/ durch allerley leiden vnd gute werck.

Am ersten Capitel/ stercket er jren glauben/ durch Göttliche verheissung vnd krafft der zukünfftigen seligkeit/ vnd zeiget an/ wie die selbige nicht von vns verdienet/ sondern zuuor durch die Propheten verkündiget sey/ Darumb sollen sie nu im newen wesen heilig leben/ vnd des alten vergessen/ als die new geborn sind/ durch das lebendige ewige wort Gottes.

Am andern/ leret er das Heubt vnd den Eckstein Christum erkennen/ vnd das sie/ als rechtschaffene Priester/ sich selbs Gott opffern/ wie Christus sich geopffert hat/ vnd hebet an allerley stende zu vnterrichten. Am ersten/ leret er jnn der gemeine hin/ der weltlichen herrschafft vnterthan sein/ darnach sonderlich/ die knechte jren eigen herrn vnterworffen sein/ vnd vnrecht von jnen leiden/ vmb Christus willen/ der fur vns auch vnrecht erlidden hat.

Am dritten/ leret er die weiber gehorsam sein/ auch den vngleubigen mennern/ vnd sich heiliglich zieren. Item die menner/ das sie jre weiber dulden vnd vertragen/ Vnd darnach jnn gemein/ vnternander demütig/ gedültig vnd freundlich sein/ wie Christus fur vnser sunde gewesen ist.

Am vierden/ leret er das fleisch zwingen/ mit nüchterkeit/ wachen/ messigkeit/ beten/ vnd mit Christus leiden trösten vnd stercken. Vnd vnterweiset das geistliche regiment/ wie man allein Gottes wort vnd werck treiben sol/ vnd ein jglicher dem andern mit seiner gaben dienstbar sein/ vnd nicht wundern/ sondern frölich sein/ ob wir leiden müssen vmb Christus namen willen.

Am fünfften/ ermanet er die Bischoff vnd Priester/ wie sie leben vnd das volck weiden sollen. Vnd warnet vns fur dem Teuffel/ das er on vnterlas vns nach gehe allenthalben.

Die Erste

Die Erste Epistel Sanct Peters. CLIX.

I.

PEtrus ein Apostel Jhesu Christi.

Den erweleten fremdblingen hin vnd her jnn Ponto/Galatia/Cappadocia/Asia/vnd Bithinia/nach der versehung Gottes des Vaters/durch die heiligung des Geistes/zum gehorsam vnd zur besprengung des bluts Jhesu Christi.

Gott gebe euch viel gnade vnd friede.

Gelobet sey Gott vnd der Vater vnsers Herrn Jhesu Christi/der vns nach seiner grossen barmhertzigkeit widder geborn hat/zu einer lebendigen hoffnung/durch die aufferstehung Jhesu Christi von den todten/zu eim ᵃ vnergenglichem vnd vnbeflecktem vnd vnuerwelcklichem erbe/ das behalten wird im himel euch/die jr aus Gottes macht/durch den glauben bewaret werdet zur seligkeit/welche zubereit ist/das sie offenbar werde zu der letzten zeit/jnn welcher jr euch frewen werdet/die jr jtzt eine kleine zeit (wo es sein sol) trawrig seid jnn mancherley anfechtungen/Auff das ewer glaube rechtschaffen vnd viel köstlicher erfunden werde/ deñ das vergengliche gold (das durchs feur beweret wird) zu lobe/

ᵃ (vnergenglich) Da kein furcht noch sorge ist/das sie ein ende neme/ Vnbefleckt/die mit keiner trawrigkeit odder vnlust vermischet ist/ Vnuerwelcklich der man nimer müde noch vberdrüssig wird/ Sondern ewig/ rein/ vnd frisch bleibt/ Weltliche freude ist das widerspiel.

Die Erste Epistel

zu lobe/preis vnd ehren/wenn nu offenbaret wird Jhesus Christus/ Welchen jr nicht gesehen vnd doch lieb habt/Vnd nu an jn gleubet/ wie wol jr jn nicht sehet/so werdet jr euch frewen mit vnaussprechlicher vnd herrlicher freuden/vnd das ende ewers glaubens dauon bringen/nemlich/der seelen seligkeit.

Nach welcher seligkeit haben gesucht vnd geforschet die Propheten/die von der zukünfftigen gnade auff euch geweissaget haben/vnd haben geforschet/auff welche vnd welcherley zeit deutet der Geist Christi/der jnn jnen war/vnd zuuor bezeuget hat die leiden/die jnn Christo sind/vnd die herrligkeit darnach/welchen es offenbaret ist. Denn sie habens nicht jnen selbs/sondern vns dar gethan/welchs euch nu verkündiget ist/durch die/so euch das Euangelion verkündiget haben/durch den Heiligen geist vom himel gesand/welchs auch die Engel gelüstet zu schawen.

Darumb so begürtet die lenden ewres gemütes/seid nüchtern/ vnd setzt ewer hoffnung gantz auff die gnade/die euch angeboten wird/durch die offenbarung Jhesu Christi/als gehorsame kinder/ vnd stellet euch nicht/gleich wie vorhin/da jr jnn vnwissenheit nach den lüsten lebetet/sondern nach dem/der euch beruffen hat vnd Heilig ist/seid auch jr Heilig jnn allem ewrem wandel/Denn es stehet geschrieben/Jr solt Heilig sein/denn ich bin Heilig. **Levi.r**

Vnd sintemal jr den zum Vater anruffet/der on ansehen der person richtet/nach eines jglichen werck/so füret ewern wandel/so lange jr hie wallet/mit fürchten/vnd wisset/das jr nicht mit vergenglichem silber odder gold erlöset seid/von ewrem eiteln wandel/nach Veterlicher weise/sondern mit dem thewren blut Christi/als eines vnschüldigen vnd vnbefleckten Lammes/der zwar zuuor versehen ist/ ehe der welt grund gelegt ward/aber offenbaret zu den letzten zeiten/ vmb ewer willen/die jr durch jn gleubet an Gott/der jn auffwecket hat von den todten/vnd jm die herrligkeit gegeben/auff das jr glauben vnd hoffnung zu Gott haben möchtet.

Vnd machet keusch ewre seelen im gehorsam der warheit/durch den Geist/zu vngeferbter bruder liebe/vnd habt euch vnternander brünstig lieb/aus reinem hertzen/als die da widderumb geborn sind/nicht aus vergenglichem/sondern aus vnuergenglichem samen/nemlich/ aus dem lebendigen wort Gottes/das da ewiglich bleibet/Denn alles fleisch ist wie gras/vnd alle herrligkeit der menschen/wie des grases blume/Das gras ist verdorret/vnd die blume abgefallen/aber des Herrn wort bleibet jnn ewigkeit/Das ist aber das Wort/welchs vnter euch verkündiget ist.

II.

a (vernünfftigen) Das ist/geistliche milch/Welche ist das Euangelion/ so mans mit dem glauben fasset/nicht mit fleischlichem sinn/denn damit wirds falsche vnd vnreine milch

So leget nu ab alle bosheit vnd allen betrug/vnd heucheley vnd neid/vnd alles affterreden/vnd seid girig nach der a vernünfftigen lautern milch/als die jtzt gebornen kindlin/auff das jr durch die selbigen zunemet/so jr anders geschmackt habt/das der Herr freundlich ist/ Zu welchem jr komen seid/als zu dem lebendigen stein/ der von den menschen verworffen/aber bey Gott ist auserwelet vnd köstlich/Vnd auch jr/als die lebendigen steine/bawet euch zum geistlichen hause/vnd zum heiligen Priesterthum/zu opffern geistliche opffer/

Sanct Peters.

fer/die Gott angenem sind/durch Jhesum Christum.

Darumb stehet jnn der Schrifft/Sihe da/ich lege einen ausser weleten köstlichen Eckstein jnn Zion/vnd wer an jn gleubet/der sol nicht zu schanden werden. Euch nu/die jr gleubt/ist er köstlich/den vngleubigen aber/ist der stein/den die bawleute verworffen haben/ vnd zum Eckstein worden ist/ein stein des anstossens/vnd ein fels des ergernis/die sich stossen an dem Wort/vnd gleuben nicht dran/dar auff sie gesetzt sind. Jr aber seid das ausserwelete geschlecht/das Kö nigliche priesterthum/das Heilige volck/das volck des eigenthums/ das jr verkündigen solt die tugent/des/der euch beruffen hat von der finsternis zu seinem wunderbarn liecht/die ir weiland nicht ein volck waret/nu aber Gottes volck seid/vnd weiland nicht jnn gnaden wa ret/nu aber jnn gnaden seid.

Isaie. xxviij. psalm. cxviij.

Exo. ix.

Osee. ij.

Lieben Brüder/ich ermane euch als die frembdlingen vnd bil gerin/enthaltet euch von fleischlichen lüsten/welche widder die seele streiten/vnd füret einen guten wandel vnter den Heiden/auff das die/so von euch affterreden/als von vbelthetern/ewre gute werck sehen/vnd Gott preisen/wenns nu an den tag komen wird.

(an tag) Es bleibet zu letzt kein tugent noch vntugent verbor gen. j. Timo. v. Es ist nichts heimli chs/das nicht of fenbar werde.

Seid vnterthan aller menschlicher ordnung/vmb des Herrn willen/es sey dem Könige als dem Obersten/odder den Heubtleu ten als den gesandten von jm/zur rache vber die vbeltheter/vnd zu lo be den frumen. Denn das ist der wille Gottes/das jr mit wolthun ver stopffet die vnwissenheit der törichten menschen/Als die freien/vnd nicht als hettet jr die freiheit zum deckel der bosheit/sondern als die knechte Gottes. Thut ehre jederman/Habt die Brüder lieb/Fürchtet Gott/Ehret den König.

Jr knechte seid vnterthan mit aller furchte den herren/nicht al lein den gütigen vnd gelinden/sondern auch den wunderlichen. Denn das ist gnade/so jemand vmb des gewissens willen zu Gott/ das vbel vertregt/vnd leidet das vnrecht. Denn was ist das fur ein rhum/so jr vmb missethat willen streiche leidet? Aber wenn jr vmb wolthat willen leidet vnd erduldet/das ist gnade bey Gott.

Denn dazu seid jr beruffen/sintemal auch Christus gelitten hat fur vns/vnd vns ein furbilde gelassen/das jr solt nachfolgen seinen fusstapffen/welcher keine sunde gethan hat/ist auch kein betrug jnn seinem munde erfunden/welcher nicht widder schalt/da er geschol ten ward/nicht drewet/da er leid/Er stellet es aber dem heim/der da recht richtet/welcher vnser sunde selbs geopffert hat/an seinem leibe/ auff dem Holtz/auff das wir der sunde los seien/vnd der gerechtig keit leben/durch welches wunden jr seid heil worden. Denn jr waret/ wie die jrrende schafe/aber jr seid nu bekeret/zu dem Hirten vnd Bi schoue ewer seelen.

Isa. liij.

Isa. liij.

III.

DEsselbigen gleichen/sollen die weiber jren mennern vn terthan sein/Auff das auch die/so nicht gleuben an das Wort/durch der weiber wandel/on wort gewonnen werden/wenn sie ansehen ewrn keuschen wandel/jnder furcht/welcher geschmuck sol nicht auswendig sein/

E je mit

Die Erste Epistel

mit harflechten vnd gold vmbhengen / oder kleider anlegen / sondern der verborgen mensch des hertzen ᵃ vnuerruckt / mit sanfftem vnd stillem geiste / das ist köstlich fur Got. Deñ also haben sich auch vorzeiten die heiligen weiber geschmücket / die jre hoffnung auff Gott satzten / vnd jren mennern vnterthan waren / Wie die Sara Abraham gehorsam war / vnd hies jn / Herr / Welcher töchter jr worden seid / so jr wolthut / vnd nicht so ᵇ schuchter seid.

Desselbigen gleichen jr menner / wonet bey jnen mit vernunfft / vnd gebt dem weibischen als dem schwechsten ᶜwerckzeuge / seine ehre / als auch miterben der gnade des lebens / auff das ewre gebet nicht verhindert werden.

Endlich aber / seid allesampt gleich gesinnet / mitleidig / brüderlich / barmhertzig / freundlich / Vergeltet nicht böses mit bösem / nicht scheltwort mit scheltwort / sondern da gegen segenet / vnd wisset / das jr dazu beruffen seid / das jr den segen beerbet. Denn wer leben wil vnd gute tage sehen / der schweige seine zunge / das sie nichts böses rede / vnd seine lippen / das sie nicht triegen / Er wende sich vom bösen / vnd thue gutes / Er suche fride vnd jage jm nach / Denn die augen des Herrn sehen auff die gerechten / vnd seine ohren auff jr gebet / Das angesichte aber des Herrn sihet auff die da böses thun.

Vnd wer ist / der euch schaden künde / so jr dem guten nach komet? Vnd ob jr auch leidet vmb gerechtigkeit willen / so seid jr doch selig / Fürchtet euch aber fur jrem trotzen nicht / vnd erschrecket nicht / heiliget aber Gott den Herrn jnn ewrem hertzen. Seid aber allezeit vrbütig zur antwortung jederman / der grund foddert der hoffnung / die jnn euch ist / vnd das mit sanfftmütigkeit vnd furcht / vnd habt ein gut gewissen / auff das die / so von euch affterreden / als von vbelthetern / zu schanden werden / das sie geschmehet haben ewern guten wandel jnn Christo.

Denn es ist besser / so es der Gottes wille ist / das jr von wolthat wegen leidet / denn von vbelthat wegen / Sintemal auch Christus einmal fur vnser sunde gelidden hat / der gerechte fur die vngerechten / auff das er vns Gotte opfferte / vnd ist getödtet nach dem fleisch / aber lebendig gemacht nach dem Geist.

Jnn dem selbigen / ist er auch hingegangen / vnd hat geprediget den geistern im gefengnis / die etwa nicht gleubten / da Gott einsmals harret / vnd gedult hatte / zu den zeiten Noe / da man die Archa zurüstet / jnn welcher wenig / das ist / acht seelen behalten wurden / durchs wasser. Welchs nu auch vns selig macht / jnn der Tauffe / die durch jhenes bedeutet ist / Nicht das abthun des vnflats am fleisch / sondern der ᵈbund eines guten gewissens mit Gott / durch die aufferstehung Jhesu Christi / welcher ist zur rechten Gottes jnn den himel gefaren / vnd sind jm vnterthan die Engel / vnd die gewaltigen / vnd die krefften.

ᵃ (vnuerruckt)
Das sie rein vnd rechtschaffen im glauben seien.

ᵇ (schuchter)
Weiber sind natürlich schuchter / vnd erschrecken leicht / Sie sollen aber feste sein / vñ ob sich ein leiden erhübe / nicht so weibisch erschrecken.

ᶜ (werckzeug)
Alle Christen sind Gottes werckzeug / aber das weib ist beide am leib vnd am mut schwecher deñ der mã / darüb sein mit vernunfft zu schonen ist / das nicht vneinigkeit sich erhebe / da durch denn alle gebet verhindert werden.

ᵈ (bund)
Stipulatio / das Gott sich vns mit gnaden verpflicht / vnd wirs anneme.

Gene. xviij.

Psalm. xxxiiij.

Isa. viij.

Gene. ij.

IIII.

Weil

Sanct Peters. CLXI.

WEil nu Christus im fleisch fur vns gelidden hat/so wapent euch auch mit dem selbigen sinn. Denn wer am fleisch leidet/ der höret auff von sünden/ das er hinfurt/ was noch hinderstelliger zeit im fleisch ist/ nicht der menschen lüsten/ sondern dem willen Gottes lebe. Denn es ist gnug/ das wir die vergangen zeit des lebens zubracht haben nach Heidnischem willen/ da wir wandelten im mutwillen/ lüsten/ trunckenheit/ fresserey/ seufferey/ vnd grewlichen Abgöttereien.

Das befrembdet sie/ das jr nicht mit jnen lauffet/ jnn dasselbige wüste vnordig wesen/ vnd lestern/ welche werden rechenschafft geben/dem/ der bereit ist zu richten die lebendigen vnd die todten. Denn dazu ist auch den todten das Euangelion verkündigt/ auff das sie gerichtet werden nach dem menschen am fleisch/ aber im geist Gotte leben/ Es ist aber nahe komen das ende aller dinge.

prou. x. So seid nu messig vnd nüchtern zum gebet/ Fur allen dingen aber habt vnternander eine brünstige liebe. Denn die liebe decket auch der sunden menge/ Seid gastfrey vnternander on murmeln/ vnd dienet einander/ ein jglicher mit der gabe/ die er empfangen hat/ als die guten Haushalter der mancherley gnaden Gottes. So jemand redet/ das ers rede als Gottes wort. So jemand ein Ampt hat/ das ers thu als aus dem vermögen/ das Gott dar reichet/ auff das jnn allen dingen Gott gepreiset werde/ durch Jhesum Christ/ welchem sey ehre vnd gewalt von ewigkeit zu ewigkeit/ Amen.

Jr lieben/ lasset euch die ᵉ hitze so euch begegnet nicht befrembden/ (die euch widderferet/ das jr versucht werdet) als widderfüre euch etwas seltzams/ sondern frewet euch/ das jr mit Christo leidet/ auff das jr auch zur zeit der offenbarung seiner herrligkeit frewde vnd wonne haben möget/ Selig seid jr/ wenn jr geschmecht werdet vber dem namen Christi/ Denn der Geist/ der ein Geist der herrligkeit vnd Gottes ist/ ruget auff euch/ bey jnen ist er verlestert/ aber bey euch ist er gepreiset.

Niemand aber vnter euch leide als ein mörder odder dieb/ odder vbeltheter/ odder der jnn ein ᵃ frembd ampt greifft/ Leidet er aber als ein Christen/ so scheme er sich nicht/ er ehre aber Gott jnn solchem fal.
Jer. xv Denn es ist zeit/ das anfahe das gerichte an dem Hause Gottes/ So
Ezech.ix aber zu erst an vns/ was wils fur ein ende werden mit denen/ die dem
prou. xj. Euangelio Gottes nicht glewben? Vnd so der gerechte kaum erhalten wird/ wo wil der Gottlose vnd sunder erscheinen? Darumb/ welche da leiden nach Gottes willen/ die sollen jm jre seelen befelhen/ als dem trewen schepffer jnn guten wercken.

V.

DJe Eltesten/ so vnter euch sind/ ermane ich der mit Elteste vnd Zeuge der leiden die jnn Christo sind/ vnd teilhafftig der herrligkeit/ die offenbaret werden sol. Weidet die Herd Christi/ die bey euch ist/ vnd sehet auff sie/ nicht genötiget/ sondern freiwillig/ nicht vmb schendliches gewins willen/ sondern aus gutem willen/ nicht als die ᵇ vber jr volck herrschen/ sondern werdet furbilde der Herde/ so werdet jr (wenn erscheinen wird der Ertzhirte) die vnuerwelckliche krone der ehren empfahen.

(decket) Wer seinen nehesten liebet/ der lesset sich nicht erzürne/ sondern vertreget alles/ wie viel an jm gesundiget wird. Das heist hie der sunde menge decken. j. Cor. xiij. Die liebe vertreget alles.

(hitze) Das ist/ verfolgung/ die vns beweret/ wie fewer/ das gold.

(frembd ampt) Das laster treibet der Teuffel allermeist jnn den falschen Christen/ die wöllen jmer viel zu schaffen haben vn regiren/ da jnen nichts befolhen ist/ wie die Bischoue vnd geistlichen thun/ regiren die welt. Jte die auffrürischen vnd furwizigen prediger/ schedliche vnd ferliche leute.

(vber jr volck) Cleros heisset ein los odder auch ein teil so einem jglichen durchs los vgeteilet wird. Also heisst hie Petrus das pfarrvolck od der kirch spiel ein los/ das ist/ ein teil/ das seinem pfarher befolhen ist.

Die Erste Epistel

Desselbigen gleichen/ jr jungen seid vnterthan den Eltesten/ Allesampt seid vnternander vnterthan/ vnd haltet fest an der demut/ Denn Gott widderstehet den hoffertigen/ aber den demütigen gibt er gnade. So demütiget euch nu vnter die gewaltige hand Gottes/ das er euch erhöhe zu seiner zeit. Alle ewre sorge werffet auff jn/ denn er sorget fur euch.

(fest)
Das die demut gegenander verknüpfft vñ jn einander geflochten sey/ das sie der Teuffel mit keiner list noch krafft trennen müge.

Seid nüchtern vnd wachet/ denn ewer Widdersacher der Teuffel gehet vmb her/ wie ein brüllender lewe/ vnd suchet/ welchen er verschlinde/ dem widderstehet feste im glauben/ vnd wisset/ das ewre Bruder jnn der welt eben dasselbige leiden haben.

Der Gott aber aller gnade/ der euch beruffen hat zu seiner ewigen herrligkeit/ jnn Christo Jhesu/ der selbige wird euch/ die jr eine kleine zeit leidet/ volbereiten/ stercken/ krefftigen/ gründen/ Dem selbigen sey ehre vnd macht von ewigkeit zu ewigkeit/ Amen.

Durch ewren trewen Bruder Silnanon (als ich achte) hab ich euch ein wenig geschrieben/ zu ermanen vnd zu bezeugen/ das das die rechte gnade Gottes ist/ darinnen jr stehet. Es grüssen euch
die sampt euch ausserwelet sind zu Babylonia/
vnd mein son Marcus. Grüsset euch vn-
ternander mit dem kus der lie
be. Fride sey mit allen/
die jnn Christo
Jhesu sind.
A M E N.

Vorrhede

Vorrhede auff die
Ander Epistel Sanct Peters.

DJese Epistel ist widder die geschrieben/ so da meinen/ der Christliche glaube möge on werck sein/ darumb ermanet er sie/ das sie durch gute werck sich prüfen/ vnd des glaubens gewis werden/ gleich wie man an den früchten die beume erkennet. Vnd sehet darnach an/ widder die menschen lere das Euangelion zu preisen/ das man dasselbige allein solle hören/ vnd keine menschen lere. Denn/ als er spricht/ Es ist noch nie kein Prophecey von menschen willen geschehen.

Darumb warnet er am andern Capitel/ fur den falschen Lerern zukünfftig/ die mit wercken vmbgehen/ vnd dadurch Christum verleugnen/ vnd drewet den selbigen hart/ mit dreien grewlichen Exempeln/ Vnd malet sie so eben abe/ mit jrem geitz/ hohmut/ freuel/ hurerey/ heucheley/ das mans greiffen mus/ das er den heutigen geistlichen stand meine/ der alle welt mit seinem geitz verschlungen/ vnd ein frey/ fleischlich/ weltlich leben freuelich füret.

Am dritten/ zeiget er/ das der Jüngeste tag balde komen werde/ vnd obs fur den menschen tausent jar dünckt sein/ ists doch fur Gott/ als ein tag. Vnd beschreibet/ wie es zu gehen werde am Jüngsten tage/ das alles mit feur verzeret werden sol. Er weissaget aber auch/ das zur selbigen zeit/ die leute gantz spöttisch sein/ vnd nichts vom glauben halten werden/ wie die Epicurer.

Summa/ das erst Capitel zeigt/ wie die Christenheit stehen solt/ zur zeit des reinen Euangelij/ Das ander Capitel zeigt/ wie sie zur zeit des Bapsts vnd menschen lere stehen würde/ Das dritte/ wie hernach die leute beide Euangelion vnd alle lere verachten/ vnd nichts gleuben werden/ Vnd das gehet jtzt im vollem schwang/ bis Christus kome.

Ee iij   Die ander

Die Ander Epistel S. Peters.

I.

Simon Petrus ein knecht vnd Apostel Jhesu Christi.

Denen/die mit vns gleichen glauben vberkomen haben jnn der gerechtigkeit / die vnser Gott gibt / vnd der Heiland Jhesus Christ.

Gott gebe euch viel gnade vnd friede / durch das erkentnis Gottes vnd Jhesu Christi vnsers Herrn.

Nach dem allerley seiner Göttlichen krafft (was zum leben vnd Göttlichen wandel dienet) vns geschencket ist/ durch die erkentnis des/ der vns beruffen hat durch seine herrligkeit vnd tugent/ durch welche vns die thewre vnd aller grössesten verheissung geschenckt sind / nemlich/ das jr durch dasselbige teilhafftig werdet der Göttlichen natur / so jr fliehet die vergengliche lust der welt.

So wendet allen ewren vleis daran/ vnd reichet dar jnn ewrem glauben tugent/ vnd jnn der tugent bescheidenheit / vnd jnn der bescheidenheit messigkeit/ vnd jnn der messigkeit gedult/ vnd jnn der gedult Gottseligkeit / vnd jnn der Gottseligkeit brüderliche liebe / vnd jnn der brüderlichen liebe gemeine liebe. Denn wo solches reichlich bey euch ist/ wirds euch nicht faul noch vnfruchtbar sein lassen/ jnn der erkentnis vnsers Herrn Jhesu Christi. Welcher aber solchs nicht hat/ der ist blind vnd sihet nichts/ vnd vergisset der reinigung seiner vorigen sunde.

Darumb/ lieben Brüder / thut deste mehr vleis / ewren beruff vnd erwelung fest zu machen/ Denn wo jr solchs thut/ werdet jr nicht straucheln/ vnd also wird euch reichlich dar gereicht werden / der eingang zu dem ewigen Reich vnsers Herrn vnd Heilandes Jhesu Christi.

Darumb wil ichs nicht lassen/ euch allezeit solchs zu erinnern/ wie wol jrs wisset vnd gestercket seid/ jnn der gegenwertigen warheit/ Denn ich achte es billich sein/ so lange ich jnn dieser hütten bin / euch zu erwecken vnd erinnern. Denn ich weis / das ich meine hütten bald ablegen mus/ wie mir denn auch vnser Herr Jhesus Christus eröffnet hat. Ich wil aber vleis thun/ das jr allenthalben habt nach meinem abschied/ solches jnn gedechtnis zu halten.

Denn wir haben nicht den klugen fabeln gefolget/ da wir euch kund gethan haben die krafft vnd zukunfft vnsers Herrn Jhesu Christi / sondern wir haben seine herrligkeit selber gesehen/ da er empfieng von Gott dem Vater ehre vnd preis / durch eine stimme / die zu jm geschach von der grossen herrligkeit/ der massen/ Dis ist mein lieber Son/ an dem ich wolgefallen habe/ Vnd diese stimme

Matth. xvij.
Mar.ix.
Luce.ix.

haben

Sanct Peters. CLXIII.

haben wir gehöret vom himel bracht/da wir mit jm waren auff dem heiligen berge.

Wir haben ein festes Prophetisch wort/vnd jr thut wol/das jr drauff achtet/als auff ein liecht/das da scheinet jnn einem tunckeln ort/bis der tag anbreche/vnd der Morgenstern auffgehe jnn ewren hertzen. Vnd das solt jr fur das erst wissen/das keine weissagung jnn der Schrifft geschicht aus eigener auslegung. Denn es ist noch nie keine weissagung aus menschlichem willen erfur bracht/sondern die Heiligen menschen Gottes haben gered/getrieben von dem Heiligen geist.

II.

ES waren aber auch falsche Propheten vnter dem volck/wie auch vnter euch sein werden falsche Lerer/die neben einfüren werden schedliche secten/vnd verleugnen den Herrn/der sie erkaufft hat/vnd werden vber sich selbs füren ein schnell verdamnis/vnd viel werden nachfolgen jrem verderben/durch welche wird der weg der warheit verlestert werden/vnd durch geitz mit ertichten worten werden sie an euch hantieren/von welchen das vrteil von langes her nicht seumig ist/vnd jr verdamnis schlefft nicht.

Denn so Gott der Engel/die gesündiget haben/nicht verschonet hat/sondern hat sie mit ketten der finsternis zur helle verstossen/vnd vbergeben/das sie zum gerichte behalten werden/Vnd hat nicht verschonet der vorigen welt/sondern bewarete Noe den prediger der gerechtigkeit selb achte/vnd fürete die sindflut vber die welt der Gottlosen. Vnd hat die stedte Sodoma vnd Gomorra zu asschen gemacht/vmbkeret vnd verdampt/damit ein Exempel gesetzt den Gottlosen/die hernach komen würden/vnd hat erlöset den gerechten Lot/welchem die schendlichen leute alles leid theten/mit jrem vnzüchtigen wandel. Denn die weil er gerecht war/vnd vnter jnen wonet/das ers sehen vnd hören muste/queleten sie die gerechte seele von tag zu tage/mit jren vnrechten wercken. Der Herr weis die Gottseligen aus der versuchung zu erlösen/die vngerechten aber behalten zum tage des gerichtes zu peinigen.

Allermeist aber die/so da wandeln nach dem fleisch/jnn der vnreinen lust/vnd die herrschafften verachten/thürstig/eigensinnig/nicht erzittern die maiesteten zu lestern/so doch die Engel/die grösser stercke vnd macht haben/nicht ertragen das lesterliche gericht widder sich vom Herrn/Aber sie sind wie die vnuernünfftigen thier/die von natur dazu geborn sind/das sie gefangen vnd geschlacht werden/lestern da sie nichts von wissen/vnd werden jnn jrem verderblichem wesen vmbkomen/vnd den lohn der vngerechtigkeit dauon bringen.

Sie achtens fur wollust/das zeitliche wol leben/Sie sind schande vnd laster/prangen von ewrem a almosen/prassen mit dem ewern/haben augen vol ehebruchs/lassen jnen die sünde nicht weren/locken an

sich die

Gen. vii
Gen. xix

(almosen)
Die stifft vnd preben/so das für sie nichts thun/spotten ewr dazu. Den Entryphontes heissen proprie/qui pro ludo et delitijs habent/die der leute als der narre/spotten/zu jrem schaden/wollen dazu jre sünde vngestrafft haben.

Die Ander Epistel

sich die leichtfertigen seelen/haben ein hertz durchtrieben mit geitz/ verfluchte leute/verlassen den richtigen weg/vnd gehen jrre/vnd folgen nach dem wege Balaam des sons Bosor/ welchem geliebete der lohn der vngerechtigkeit/hatte aber eine straffe seiner vbertrettung/ nemlich/ das stumme lastbar thier redet mit menschen stimme/vnd weret des Propheten torheit. *Nume. xxiij.*

(vnzucht)
Wie der Bapst durchs ehe verbieten/die welt erfüllet hat mit allem mutwilligen lebē/vñ grewlichen fleischlichen sunden.

Das sind brunnen on wasser/vnd wolcken vom windwirbel vmb getrieben / welchen behalten ist ein tunckel finsternis jnn ewigkeit/ Denn sie reden stoltze wort/da nichts hinder ist/vnd reitzen durch vnzucht zur fleischlichen lust/die jhenigen/die recht entrunnen waren/ vnd nu im jrthum wandeln/vnd verheissen jnen freiheit/ so sie selbs knechte des verderbens sind. Denn von welchem jemand vberwunden ist/des knecht ist er worden/Denn so sie entflohen sind dem vnflat der welt/durch die erkentnis des Herrn vnd Heilandes Jhesu Christi/werden aber widderumb jnn die selbigen geflochten vnd vberwunden/ist mit jnen das letzte erger worden/denn das erste. Denn es were jnen besser/das sie den weg der gerechtigkeit nicht erkennet hetten/denn das sie jn erkennen/vnd sich keren von dem heiligen gebot/ das jnen gegeben ist. Es ist jnen widderfaren das ware sprichwort/ Der hund frisset widder was er gespeiet hat/vnd die saw waltzet sich nach der schwemme widder im kot. *Prouer. xxvj.*

III.

a
Spötter sind vnser Epicurer vnd Saduceer/die wedder dis noch das gleuben/lebē nach jrem gefallen dahin/odder wie petrus saget/nach jrē eigen lüsten/Thun was sie wöllen/vñ gar wol gelüstet/ wie wir fur augen sehen.

b
(die selbigen) Wort vnd wasser.

DIs ist die ander Epistel/die ich euch schreibe/jr lieben/ jnn welcher ich erwecke vnd erinnere ewern lautern sinn/das jr gedencket an die wort/die euch zuuor gesagt sind von den heiligen Propheten/vnd an vnser gebot/die wir sind Apostel des Herrn vnd Heilandes.

Vnd wisset das auffs erst / das jnn den letzten tagen komen werden a Spötter/die nach jren eigen lüsten wandeln/vnd sagen/wo ist die verheissung seiner zukunfft? Denn nach dem die Veter entschlaffen sind/bleibet es alles/wie es von anfang der Creaturn gewesen ist. Aber mutwillens wöllen sie nicht wissen / das der himel vorzeiten auch war/dazu die erde aus wasser vnd im wasser bestanden/durch Gottes wort/dennoch ward zu der zeit die welt durch b die selbigen mit der sindflut verderbet. Also auch der himel jtzund vnd die erde/werden durch sein wort gesparet/das sie zum feur behalten werden/am tage des gerichtes vnd verdamnis der Gottlosen menschen. *Gene. j.* *Gen. vij.*

Eines aber sey euch vnuerhalten/jr lieben/das ein tag fur dem Herrn ist wie tausent jar/vnd tausent jar wie ein tag. Der Herr verzeuhet nicht die verheissung/wie es etliche fur einen verzog achten/ sondern er hat gedult mit vns/vnd wil nicht/das jmand verloren werde/sondern das sich jederman zur Busse kere. Es wird aber des Herrn tag komen/als ein dieb jnn der nacht/jnn welchem die himel vergehen werden/mit grossem krachen/die Element aber werden fur hitze schmeltzen/vnd die erde vnd die werck die drinnen sind/werden verbrennen.

So nu das alles sol zurgehen/wie solt jr denn geschickt sein/mit heiligem

Sanct Peters. CLXIIII.

ligem wandel vnd Gottseligem wesen? das jr wartet vnd eilet zu der zukunfft des tages des Herrn/ jnn welchem der himel vom feur zurgehen/ vnd die Element fur hitze zurschmeltzen werden. Wir warten aber eins newen himels/ vnd einer newen erden/ nach seiner verheissung/ jnn welchen gerechtigkeit wonet.

Isa.lxv.

Darumb/ meine lieben/ die weil jr darauff warten sollet/ so thut vleis/ das jr fur jm vnbefleckt vnd vnstrefflich im fride erfunden werdet. Vnd die gedult vnsers Herrn achtet fur ewer seligkeit/ als auch vnser lieber Bruder Paulus/ nach der weisheit/ die jm gegeben ist/ euch geschrieben hat/ wie er auch jnn allen brieuen dauon redet/ jnn welchen sind etliche ding schweer zu verstehen/ welche verwirren die vngelerigen vnd leichtfertigen/ wie auch die andern schrifften/ zu jrem eigen verdamnis.

Jr aber/ meine lieben/ weil jr das zuuor wisset/ so verwaret euch/ das jr nicht durch jrthum der ruchlosen leute/ sampt jnen verfüret werdet vnd entfallet aus ewer eigen festung. Wachset aber jnn der
gnade vnd erkentnis vnsers Herrn
vnd Heilandes Jhesu Christi/
Dem selbigen sey ehre/ nu
vnd zu ewigen
zeiten/
A M E N.

Vorrhede

Vorrhede auff die drey Epistel Sanct Johannis.

DJese Erste Epistel S. Johannis ist eine rechtschaffene Apostolische Epistel/vnd solt billich bald nach seinem Euangelio folgen. Denn gleich wie er im Euangelio den glauben treibet / also begegnet er jnn der Epistel denen / die sich des glaubens rhümeten on werck / vnd leret manchfeltig / wie die werck nicht aussen bleiben / wo der glaube ist / bleiben sie aber aussen / so ist der glaub nicht rechtschaffen / sondern lügen vnd finsternis. Er thut aber dasselbige nicht mit treiben auffs Gesetz / wie Jacobs Epistel thut / sondern mit reitzen / das wir auch lieben sollen / wie Gott vns geliebet hat.

Er schreibet aber auch drinnen hart widder die Cherinther/vnd widder den geist des Widderchrists/der schon dazumal anfieng Christum zu verleugnen / das er jns fleisch komen sey / welchs nu aller erst recht im schwang gehet. Denn ob man wol jtzt nicht leugnet mit dem munde offentlich / das Christus jns fleisch komen sey / so leugnen sie es doch mit dem hertzen / mit der lere vnd leben. Denn wer durch sein werck vnd thun wil frum vnd selig werden / der thut eben so viel / als der Christum verleugnet/ Sintemal Christus darumb jns fleisch komen ist / das er vns on vnser werck / allein durch sein blut frum vnd selig machete.

Also streitet diese Epistel widder beide teil / widder die / so gar on werck sein wollen im glauben / vnd widder die / so mit wercken wollen frum werden / vnd behelt vns auff rechter mittel strasse / das wir durch den glauben frum vnd der sunde los werden / Vnd darnach auch / wenn wir nu frum sind / gute werck vnd liebe vmb Gottes willen vben / frey on alles gesuch.

Die andern zwo Episteln sind nicht lere Episteln / sondern Exempel der liebe / vnd des glaubens / Vnd haben auch einen rechten Apostolischen geist.

Die Erste

Die Erste Epistel
S. Johannis.

CLXV.

I.

DAs da von anfang war/ das wir gehöret haben/ das wir gesehen haben mit vnsern augen/ das wir beschawet haben/vnd vnser hende betastet haben/vom wort des lebens/vnd das leben ist erschienen/ vnd wir haben gesehen vnd zeugen vnd verkündigen euch das Leben/das ewig ist / welches war bey dem Vater/vnd ist vns erschienen. Was wir gesehen vnd gehöret haben / das verkündigen wir euch/ auff das auch jr mit vns gemeinschafft habet/vnd vnser gemeinschafft sey mit dem Vater vnd mit seinem Son Jhesu Christo/Vnd solches schreiben wir euch/auff das ewer freude völlig sey.

Vnd das ist die vekündigung/die wir von jm gehöret haben/vnd euch verkündigen/das Gott ein Liecht ist/vnd jnn jm ist kein finsternis. So wir sagen/das wir gemeinschafft mit jm haben/vnd wandeln im finsternis/so liegen wir/vnd thun nicht die warheit. So wir aber im liecht wandeln/wie er im liecht ist/so haben wir gemeinschafft vnternander/vnd das blut Jhesu Christi seines Sons/machet vns rein von aller sunde.

So wir

Die Erste Epistel

So wir sagen/wir haben keine sunde/so verfuren wir vns selbs/ vnd die warheit ist nicht jnn vns/ So wir aber vnsere sunde bekennen/ so ist er trew vnd gerecht/das er vns die sunde vergibt/vnd reiniget vns von aller vntugent/So wir sagen/wir haben nicht gesundiget/ so machen wir jn zum lügener/vnd sein wort ist nicht jnn vns.

II.

MEine kindlin/solchs schreibe ich euch/auff das jr nicht sundiget/ Vnd ob jmand sündigt/so haben wir einen Fursprecher bey dem Vater Jhesum Christ/der gerecht ist/vnd der selbige ist die versönung fur vnser sunde/ nicht allein aber fur die vnsere/ sondern auch fur der gantzen welt. Vnd an dem mercken wir/das wir jn kennen/ so wir seine gebot halten. Wer da saget/ich kenne jn/vnd helt seine gebot nicht/der ist ein lügener/vnd jnn solchem ist keine warheit. Wer aber seine wort helt/jnn solchem ist warlich die liebe Gottes volkomen. Daran erkennen wir/das wir jn jm sind. Wer da saget/das er jnn jm bleibet/der sol auch wandeln/ gleich wie er gewandelt hat.

Brüder/ich schreibe euch nicht ein new gebot/sondern das alte gebot/ das jr habt von anfang gehabt/Das alte gebot ist das Wort/ das jr von anfang gehöret habt. Widderumb/ ein new gebot schreib ich euch/das da warhafftig ist bey jm vnd bey euch/den die finsternis ist vergangen/vnd das ware Liecht scheinet itzt. Wer da saget er sey im liecht/vnd hasset seinen Bruder/der ist noch im finsternis. Wer seinen Bruder liebet/der bleibet im liecht/vnd ist kein ergernis bey jm. Wer aber seinen Bruder hasset/der ist im finsternis/vnd wandelt im finsternis/vnd weis nicht/wo er hin gehet/denn die finsternis haben seine augen verblendet.

Liebe kindlin/ich schreibe euch/das euch die sunde vergeben werden/durch seinen namen. Ich schreibe euch Vetern/denn jr kennet denen/der von anfang ist. Ich schreibe euch Jünglingen/denn jr habt den Bösewicht vberwunden. Ich schreibe euch Kindern/denn jr kennet den Vater. Ich habe euch vetern geschrieben/das jr denen kennet/der von anfang ist. Ich habe euch jünglingen geschrieben/ das jr starck seid/vnd das wort Gottes bey euch bleibet/vnd den Bösewicht vberwunden habt.

Fleisches lust ist hurerey. Augen lust/ist geitz vnd reichthum. Hoffertig leben/ist ehrgirigkeit gewalt/ lob/vnd oben aus faren.

Habt nicht lieb die welt/noch was jnn der welt ist. So jemand die welt lieb hat/jnn dem ist nicht die liebe des Vaters/Denn alles was jnn der welt ist (nemlich des fleisches lust/vnd der augen lust/vnd hoffertiges leben) ist nicht vom Vater/sondern von der welt/vnd die welt vergehet mit jrer lust/Wer aber den willen Gottes thut/der bleibet jnn ewigkeit.

Widderchrist/ist/ den man heisset Endechrist.

Kinder/es ist die letzte stunde/vnd wie jr gehöret habt/das der Widderchrist kompt/vnd nu sind viel Widderchristen worden/daher erkennen wir/das die letzte stunde ist. Sie sind von vns ausgegangen/ aber sie waren nicht von vns/Denn wo sie von vns gewesen weren/so weren sie ja bey vns blieben/aber auff das sie offenbar würden/das sie nicht alle von vns sind.

Vnd jr habt die salbung von dem der Heilig ist/vnd wisset alles. Ich

Sanct Johannis. CLXVI

Ich hab euch nicht geschrieben/ als wüstet jr die warheit nicht/ sondern jr wisset sie/ vnd wisset/ das keine lügen aus der warheit kompt/ Wer ist ein lügner/ on der da leugnet/ das Jhesus der Christ sey? Das ist der Widderchrist/ der den Vater vnd den Son leugnet. Wer den Son leugnet/ der hat auch den Vater nicht/ Was jr nu gehöret habt/ das bleibe bey euch/ So bey euch bleibet/ was jr von anfang gehöret habt/ so werdet jr auch bey dem Son vnd Vater bleiben/ Vnd das ist die verheissung/ die er vns verheissen hat/ das ewige leben.

Solchs hab ich euch geschrieben von denen/ die euch verfüren. Vnd die salbung die jr von jm empfangen habt/ bleibet bey euch/ vnd dürffet nicht/ das euch jemand lere/ sondern wie euch die salbung allerley leret/ so ists war/ vnd ist keine lügen/ vnd wie sie euch geleret hat/ so bleibet bey dem selbigen. Vnd nu Kindlin/ bleibet bey jm/ auff das wenn er offenbaret wird/ das wir freidigkeit haben/ vnd nicht zu schanden werden fur jm/ inn seiner zukunfft/ So jr wisset/ das er gerecht ist/ so erkennet auch/ das/ wer recht thut/ der ist von jm geborn.

III.

Ehet/ welch eine liebe hat vns der Vater erzeigt/ das wir Gottes kinder sollen heissen/ Darumb kennet euch die welt nicht/ denn sie kennet jn nicht. Meine lieben/ wir sind nu Gottes kinder/ vnd ist noch nicht erschienen/ das wirs sind/ Wir wissen aber/ wenn es erscheinen wird/ das wir jm gleich sein werden/ Denn wir werden jn sehen/ wie er ist/ Vnd ein jglicher der solche hoffnung hat zu jm/ der reiniget sich/ gleich wie auch er rein ist. Wer sunde thut/ der thut auch vnrecht/ vnd die sunde ist das vnrecht/ Vnd jr wisset/ das er ist erschienen/ auff das er vnsere sunde weg neme/ vnd ist keine sunde jnn jm. Wer jnn jm bleibet/ der sundiget nicht/ Wer da sundigt der hat jn nicht gesehen noch erkand.

Kindlin/ lasset euch niemand verfüren/ Wer recht thut/ der ist gerecht/ gleich wie er gerecht ist/ Wer sunde thut/ der ist von dem Teuffel/ denn der Teuffel sundiget von anfang. Dazu ist erschienen der Son Gottes/ das er die werck des Teuffels zurstöre. Wer aus Gott geborn ist/ der thut nicht sunde/ denn sein same bleibet bey jm/ vnd kan nicht sundigen/ denn er ist von Gott geborn. Daran erkennet man/ welche die kinder Gottes/ vnd die kinder des Teuffels sind. Wer nicht recht thut/ der ist nicht von Gott/ vnd wer nicht seinen bruder lieb hat.

Denn das ist die botschafft/ die jr gehöret habt von anfang/ das wir vns vnternander lieben sollen/ nicht wie Cain/ der von dem argen war/ vnd erwürget seinen bruder/ Vnd warumb erwürget er jn? das seine werck böse waren/ vnd seines bruders gerecht. Verwundert euch nicht/ meine brüder/ ob euch die welt hasset. Wir wissen/ das wir aus dem tode jnn das leben komen sind/ Denn wir lieben die Brüder/ Wer den bruder nicht liebet/ der bleibet im tode/ Wer seinen bruder hasset/ der ist ein todschleger/ vnd jr wisset/ das ein todschleger hat nicht das ewige leben bey jm bleibend.

Gen. iiij

Ff Daran

Die Erste Epistel

Daran haben wir erkand die liebe/das er sein leben fur vns gelassen hat/vnd wir sollen auch das leben fur die Brüder lassen/Wenn aber jemand dieser welt güter hat/ vnd sihet seinen bruder darben/ vnd schleusst sein hertz fur jm zu/wie bleibet die liebe Gottes bey jm? Meine kindlin/lasst vns nicht lieben mit worten/noch mit der zungen/sondern mit der that vnd mit der warheit.

Daran erkennen wir/das wir aus der warheit sind/vnd können vnser hertz fur jm stillen/das/so vns vnser hertz verdampt/das Gott grösser ist/denn vnser hertz/vnd erkennet alle ding. Jr lieben/so vns vnser hertz nicht verdampt/so haben wir eine freidigkeit zu Gott/Vnd was wir bitten/werden wir von jm nemen/Denn wir halten seine gebot/vnd thun was fur jm gefellig ist.

Vnd das ist sein gebot/ das wir gleuben an den namen seines Sons Jhesu Christi/vnd lieben vns vnternander/wie er vns ein gebot gegeben hat/Vnd wer seine gebot helt/der bleibet jnn jm/ vnd er jnn jm. Vnd daran erkennen wir/das er jnn vns bleibet/an dem geist/ den er vns gegeben hat.

IIII.

Jr lieben/ gleubet nicht einem jglichen geist/ sondern prüffet die geister/ob sie von Gott sind/ Denn es sind viel falscher Propheten ausgegangen jnn die welt. Daran solt jr den Geist Gottes erkennen/Ein jglicher geist/ der da bekennet/das Jhesus Christus ist jnn das fleisch komen/der ist von Gott/Vnd ein jglicher geist/ der da nicht bekennet/ das Jhesus Christus ist jnn das fleisch komen/der ist nicht von Gott. Vnd das ist der geist des Widderchrists/von welchem jr habt gehört/das er komen werde/vnd ist jtzt schon jnn der welt.

Kindlin/jr seid von Gott/vnd habt jhene vberwunden/Denn der jnn euch ist/ist grösser/denn der jnn der welt ist/Sie sind von der welt/darumb reden sie von der welt/vnd die welt höret sie/Wir sind von Gott/vnd wer Gott erkennet/ der höret vns/ Welcher nicht von Gott ist/der höret vns nicht/Daran erkennen wir den geist der warheit/vnd den geist des jrthums.

Jr lieben/lasset vns vnternander lieb haben/denn die liebe ist von Gott/vnd wer lieb hat/ der ist von Gott geborn vnd erkennet Gott/Wer nicht lieb hat der kennet Gott nicht/ denn Gott ist die liebe. Daran ist erschienen die liebe Gottes gegen vns/das Gott seinen eingeboren Son gesand hat jnn die welt/das wir durch jn leben sollen/Darinne stehet die liebe/nicht das wir Gott geliebet haben/sondern das er vns geliebet hat/ vnd gesand seinen Son zur versönung fur vnser sunde.

Jr lieben/hat vns Gott also geliebet/so sollen wir vns auch vnternander lieben. Niemand hat Gott jhemals gesehen/ So wir vns vnternander lieben/so bleibet Gott jnn vns/ vnd seine liebe ist völlig jnn vns. Daran erkennen wir/das wir jnn jm bleiben/vnd er jnn vns/
das er

Sanct Johannis. CLXVII

das er vns von seinem Geist gegeben hat/ Vnd wir haben gesehen vnd zeugen/ das der Vater den Son gesand hat zum Heiland der welt. Welcher nu bekennet/ das Jhesus Gottes Son ist/ jnn dem bleibet Gott/ vnd er jnn Gott/ vnd wir haben erkand vnd gegleubet die liebe/ die Gott zu vns hat.

Gott ist die liebe/ vnd wer jnn der liebe bleibet/ der bleibet jnn Gott/ vnd Gott jnn jm. Daran ist die liebe völlig bey vns/ auff das wir eine freidigkeit haben am tage des gerichtes/ Denn gleich wie er ist/ so sind auch wir jnn dieser welt. Furcht ist nicht jnn der liebe/ sondern die völlige liebe treibet die furcht aus/ Denn die furcht hat pein/ wer sich aber fürchtet/ der ist nicht völlig jnn der liebe.

Lasset vns jn lieben/ denn er hat vns erst geliebet. So jemand spricht/ ich liebe Gott/ vnd hasset seinen bruder/ der ist ein lügener/ Denn wer seinen bruder nicht liebet/ den er sihet/ wie kan er Gott lieben/ den er nicht sihet? Vnd dis gebot haben wir von jm/ das/ wer Gott liebet/ das der auch seinen bruder liebe.

V.

Er da gleubet/ das Jhesus sey der Christ/ der ist von Got geborn/ Vnd wer da liebet denen/ der jn geborn hat/ der liebet auch denen/ der von jm geborn ist. Daran erkennen wir/ das wir Gottes kinder lieben/ wenn wir Gott lieben/ vnd seine gebot halten. Denn das ist die liebe zu Gotte/ das wir seine gebot halten/ vnd seine gebot sind nicht schwer. Denn alles was von Gott geborn ist/ vberwindet die welt/ vnd vnser glaube ist der sieg/ der die welt vberwunden hat/ Wer ist aber der die welt vberwindet/ on der da gleubet/ das Jhesus Gottes Son ist?

Dieser ists/ der da kompt/ mit wasser vnd blut/ Jhesus Christus/ nicht mit wasser alleine/ sondern mit wasser vnd blut/ Vnd der Geist ists/ der da zeuget/ das Geist ᵃ warheit ist/ Denn drey sind die da zeugen/ der Geist/ vnd das Wasser/ vnd das Blut/ vnd ᵇ die drey sind bey samen. So wir der menschen zeugnis annemen/ so ist Gottes zeugnis grösser/ Denn Gottes zeugnis ist das/ das er gezeuget hat von seinem Son/ Wer da gleubet an den Son Gottes/ der hat solchs zeugnis bey jm/ Wer Gotte nicht gleubet/ der macht jn zum lügener/ denn er gleubet nicht dem zeugnis/ das Gott zeuget von seinem Son. Vnd das ist das zeugnis/ das vns Gott das ewige leben hat gegeben/ Vnd solchs leben ist jnn seinem Son/ Wer den Son Gottes hat/ der hat das leben/ Wer den Son Gottes nicht hat/ der hat das leben nicht.

Solchs hab ich euch geschrieben/ die jr gleubet an den namen des Sons Gottes/ auff das jr wisset/ das jr das ewige leben habt/ vnd das jr gleubet an den namen des Sons Gottes. Vnd das ist die freidigkeit/ die wir haben zu jm/ das/ so wir etwas bitten nach seinem willen/ so höret er vns/ Vnd so wir wissen/ das er vns höret/ was wir bitten/

Ff ij

ᵃ Geist ist warheit) Wo der Geist ist/ da ist kein heucheln sondern es ist alles rechtschaffen vnd warhafftig mit jm/ was er redet/ thut/ lebet/ Wo nicht Geist ist/ da ist heucheley vñ lüge.

ᵇ (die drey sind bey samen) Das ist/ wo eins ist/ da ist auch das ander. Denn Christus blut/ die Tauffe vnd der Heilige geist bezeugen/ bekennen vnd predigen das Euangelion fur der welt vnd jnn eines jglichen gewissen/ der da gleubet/ Deñ er fület/ das er durch wasser vnd geist/ mit Christus blut erworben/ gerecht vnd selig wird.

Die Erste Epistel

bitten/ so wissen wir/ das wir die bitte haben/ die wir von jm gebeten haben.

So jemand sihet seinen bruder sundigen eine sunde/ nicht zum tode/ der mag bitten/ so wird er geben das leben/ denen die da sundigen/ nicht zum tode. Es ist eine sunde zum tode/ da fur sage ich nicht/ das jemand bitte/ Alle vntugent ist sunde/ vnd es ist etliche sunde nicht zum tode.

(sunde zum tod) das ist / die sunde jnn den Heiligen geist. Dauon lies Matth. xij.

Wir wissen/ das/ wer von Gott geborn ist/ der sundiget nicht/ sondern/ wer von Gott geborn ist/ der bewaret sich/ vnd der arge wird jn nicht antasten. Wir wissen/ das wir von Gott sind/ vnd die gantze welt ligt im argen/ Wir wissen aber/ das der Son Gottes komen ist/ vnd hat vns einen sinn gegeben/ das wir erkennen den Warhafftigen/ vnd sind jnn dem warhafftigen/ jnn seinem Son Jhesu Christo/ Dieser ist der warhafftige Gott/ vnd das ewige leben. Kinder/ hütet euch fur den Abgöttern/ AMEN.

Die Ander

Die Ander Epistel
S. Johannis.

DEr Eltester/Der ausserweleten Frawen/vnd jren kindern/die ich lieb habe/jnn der warheit/vnd nicht alleine ich/sondern auch alle/die die warheit erkand haben/vmb der warheit willen/die jnn vns bleibet/vnd bey vns sein wird jnn ewigkeit.

Gnade/barmhertzigkeit/fride von Gott dem Vater/vnd von dem Herrn Jhesu Christo/dem Son des Vaters/ jnn der warheit vnd jnn der liebe/ sey mit euch.

Ich bin seer erfrewet/das ich funden habe vner deinen kindern/ die jnn der warheit wandeln/wie denn wir ein gebot vom Vater empfangen haben. Vnd nu bitte ich dich Fraw/nicht als ein new gebot schreibe ich dir/sondern das wir gehabt haben von anfang/das wir vns vnternander lieben/vnd das ist die liebe/das wir wandeln nach seinem gebot.

Das ist das gebot/wie jr gehöret habt von anfang/auff das jr daselbs jnnen wandelt. Denn viel Verfürer sind jnn die welt komen/ die nicht bekennen Jhesum Christ/das er jnn das fleisch komen ist/ Dieser ist der Verfürer vnd der Widderchrist/Sehet euch fur/das wir nicht verlieren/was wir ererbeitet haben/sondern vollen lohn empfahen. Wer vbertrit/vnd bleibet nicht jnn der lere Christi/der hat keinen Gott/Wer jnn der lere Christi bleibet/der hat beide den Vater vnd den Son.

So jemand zu euch kompt/vnd bringet diese lere nicht/den nemet nicht zu hause/vnd grüsset jn auch nicht/Denn wer jn grüsset/der macht sich teilhafftig seiner bösen wercke. Ich hatte
euch viel zu schreiben/aber ich wolte nicht mit
brieuen vnd tinten/sondern ich hoffe zu
euch zu komen/vnd mündlich mit
euch zu reden/auff das vnser
freude volkomen sey. Es
grüssen dich die kin-
der deiner schwester
der ausserwe-
leten/

A M E N.

(keinen Gott)
Merck/das ausser dem glauben Christi/verloren ist aller Gottes dienst jnn aller welt.

Die dritte

Die Dritte Epistel S. Johannis.

DEr Eltester. Gaio dem lieben/den ich lieb habe jnn der warheit/ Mein lieber/ich wündsche jnn allen stücken/das dirs wol gehe vnd gesund seiest/wie es denn deiner seele wol gehet/Ich bin aber seer erfrewet/da die Brüder kamen/vnd zeugeten von deiner warheit/wie denn du wandelst jnn der warheit. Ich habe keine grösser freude/denn die/das ich höre meine kinder jnn der warheit wandeln.

Mein lieber/du thust trewlich/was du thust an den Brüdern vnd gesten/die von deiner liebe gezeuget haben fur der Gemeine/vnd du hast wol gethan/das du sie abgefertiget hast wirdiglich fur Gott/denn vmb seines namen willen sind sie ausgezogen/vnd haben von den Heiden nichts genomen. So sollen wir nu solche auffnemen/auff das wir der warheit gehülffen werden.

Ich habe der Gemeine geschrieben/aber Diotrephes/der vnter jnen wil hoch gehalten sein/nimpt vns nicht an/Darumb wenn ich kome/wil ich jn erinnern seiner werck/die er thut/vnd plaudert mit bösen worten widder vns/vnd lesset jm an dem nicht benügen/er selbs nimpt die Brüder nicht an/vnd weret denen/die es thun wöllen/vnd stösset sie aus der Gemeine.

Mein lieber/folge nicht nach dem bösen/sondern dem guten. Wer guts thut/der ist von Gott/Wer böses thut/der sihet Gott nicht. Demetrios hat zeugnis von jederman/vnd von der warheit selbs/vnd wir zeugen auch/vnd jr wisset/das vnser Zeugnis war ist. Ich hatte viel zu schreiben/aber ich wolte nicht mit tindten vnd feddern zu dir schreiben. Ich hoffe aber dich balde zu sehen/so wöllen wir mündlich mit einander reden. Fride sey mit dir. Es grüssen dich die freunde. Grüsse die freunde mit namen.

Vorrhede

Vorrhede auff die Epistel / An die Ebreer.

BIsher haben wir die rechten gewissen heubtbücher des newen Testaments gehabt / Diese vier nachfolgende aber / haben vorzeiten ein ander ansehen gehabt. Vnd auffs erst / das diese Epistel zu den Ebreern nicht Sanct Paulus noch einiges Apostels sey / beweiset sich dabey / das im andern Capitel stehet also / Diese lere ist durch die / so es selbs von dem Herrn gehört haben / auff vns komen vnd blieben. Damit wird es klar / das er von den Aposteln redet / als ein Jünger / auff den solche lere von den Aposteln komen sey / villeicht lange hernach. Denn Sanct Paulus Galat. j. mechtiglich bezeuget / Er habe sein Euangelion von keinem menschen / noch durch menschen / sondern von Gott selber.

Vber das / hat sie einen harten knoten / das sie am. vj. vnd. x. Capitel stracks verneinet vnd versaget die busse den sundern / nach der Tauffe / vnd am. xij. spricht / Esau habe busse gesucht / vnd doch nicht funden / Welches / wie es lautet / scheinet widder alle Euangelia vnd Epistel S. Pauli sein / Vnd wie wol man mag eine glose drauff machen / so lauten doch die wort so klar / das ich nicht weis / obs gnug sey. Mich düncket / es sey eine Epistel von vielen stücken zu samen gesetzt / vnd nicht einerley ordenlich handele.

Wie dem allen / so ists jhe eine ausbündige feine Epistel / die vom priesterthum Christi meisterlich vnd gründlich aus der Schrifft redet / dazu das alte Testament fein vnd reichlich ausleget / das es offenbar ist / sie sey eines trefflichen gelerten mannes / der ein Jünger der Apostel gewesen / viel von jnen gelernet vnd fast im glauben erfaren vnd jnn der Schrifft geübet ist / Vnd ob er wol nicht den grund leget des glaubens / wie er selbs zeuget / Cap. vj. welchs der Apostel ampt ist / So bawet er doch fein drauff / gold / silber / eddelsteine / wie Sanct Paulus. j. Cor. iij. sagt. Derhalben vns nicht hindern sol / ob villeicht etwa holtz / stro odder hew / mit vntergemenget werde / sondern solche feine lere mit allen ehren auffnemen. On das man sie den Apostolischen Episteln nicht aller dinge gleichen mag.

Wer sie aber geschrieben habe / ist vnbewust / wil auch wol vnbewust bleiben noch eine weile / da ligt auch nichts an. Vns sol benügen an der lere / die er so bestendiglich aus vnd jnn der Schrifft gründet / Vnd gleich einen rechten feinen griff vnd mas zeiget / die Schrifft zu lesen vnd handeln.

Ff iiij   Die Epistel

Die Epistel/an die Ebreer.

I.

NAch dem vorzeiten Gott manch mal vnd mancherley weise geredt hat zu den Vetern/durch die Propheten/hat er am letzten jnn diesen tagen zu vns geredt/durch den Son/welchen er gesetzt hat/zum erben vber alles/durch welchen er auch die welt gemacht hat/Welcher/sintemal er ist der glantz seiner herrligkeit/vnd das ebenbilde seines wesens/vnd tregt alle ding mit seinem krefftigen Wort/ vnd hat gemacht die reinigung vnser sunde/ durch sich selbs/hat er sich gesetzt zu der rechten der Maiestet/jnn der Höhe/so viel besser werden denn die Engel/so gar viel einen höhern namen er fur jnen ererbet hat.

Denn zu welchem Engel hat er jhemals gesagt/Du bist mein son/heute habe ich dich gezeuget? Vnd abermal/Ich werde sein Vater sein/vnd er wird mein Son sein. Vnd abermal / da er einfüret den Erstgebornen jnn die welt/spricht er/Vnd es sollen jn alle Gottes Engel anbeten. Von den Engeln spricht er zwar / Er macht seine Engel geister/vnd seine Diener feur flammen. Aber von dem Son/ Gott/ dein stuel weret von ewigkeit zu ewigkeit/das scepter deines Reichs ist ein richtiges scepter/Du hast geliebet die gerechtigkeit/vnd gehasset die vngerechtigkeit/darumb hat dich/O Gott/gesalbet dein Gott/mit dem öle der freuden/vber deine genossen. *Psal. ij. Psalm. lxxxix. Psalm xcvij. Psa. cuij. Psal. xlv.*

Vnd du Herr hast von anfang die erde gegründet/ vnd die himel sind deiner hende werck/die selbigen werden vergehen/ du aber wirst bleiben/vnd sie werden alle veralten wie ein kleid/vnd wie ein gewand wirstu sie wandeln/vnd sie werden sich verwandeln/Du aber bist der selbige/vnd deine jar werden nicht auff hören.   Zu welchem Engel aber hat er jhemals gesagt/Setze dich zu meiner rechten/bis ich lege deine feinde zum schemel deiner füsse? Sind sie nicht alle zumal dienstbare geister/ausgesand zum dienst/vmb der willen/ die ererben sollen die seligkeit? *Psa. cvij. Psal. c.*

II.

DArumb sollen wir deste mehr warnemen/des Worts/ das wir hören/das wir nicht verderben müssen/Denn so das Wort fest worden ist/das durch die Engel geredt ist/vnd ein jgliche vbertrettung vnd vngehorsam hat empfangen seinen rechten lohn/Wie wöllen wir entfliehen/ so wir eine solche seligkeit nicht achten? Welche/ nach dem sie erstlich geprediget ist durch den Herrn/ist sie auff vns komen/durch die/so es gehöret haben / vnd Gott hat jr zeugnis gegeben/mit zeichen/ wunder/ vnd mancherley krefften/ vnd mit austeilung des Heiligen geistes/nach seinem willen. *Exo. xx.*

Denn er

An die Ebreer.

Denn er hat nicht den Engeln vnterthan die zukünfftige welt/ dauon wir reden. Es bezeuget aber einer an einem ort/ vnd spricht/ Was ist der Mensch/ das du sein gedenckest? vnd des menschen Son/ das du jn heimsuchest? Du hast jn eine kleine zeit der Engel mangeln lassen/ mit preis vnd ehren hastu jn gekrönet/ vnd hast jn gesetzt vber die werck deiner hende/ Alles hastu vnterthan zu seinen füssen. Jnn dem/ das er jm alles hat vnterthan/ hat er nichts gelassen/ das jm nicht vnterthan sey. Jtzt aber sehen wir noch nicht/ das jm alles vnterthan sey/ Den aber/ der eine kleine zeit der Engel gemangelt hat/ sehen wir/ das es Jhesus ist/ durchs leiden des tods gekrönet mit preis vnd ehren/ auff das er von Gottes gnaden fur alle den tod schmecket.

Psa. viij

(mangeln) Ebreisch lautet dieser vers also/ Du hast jn eine kleine zeit Gottes mangeln lassen/ das ist/ du hast jn verlassen drey tage seines leidens/ als were kein Gott bey jm/ Wo aber Gott nicht ist/ da ist auch kein Engel/ noch keine Göttliche hülffe/ wie vorhin da er gros wunderwerck that.

Denn es zimet dem/ vmb des willen alle ding sind/ vnd durch den alle ding sind/ der da viel kinder hat zur herrligkeit geführet/ das er den Hertzogen jrer seligkeit durch leiden volkomen machte/ sintemal sie alle von einem komen/ beide der da heiliget vnd die da geheiliget werden/ Darumb schemet er sich auch nicht/ sie Brüder zu heissen/ vnd spricht/ Jch wil verkündigen deinen namen meinen Brüdern/ vnd mitten jnn der Gemeine dir lob singen. Vnd abermal/ Jch wil mein vertrawen auff jn setzen. Vnd abermal/ Sihe da/ ich vnd die kinder/ welche mir Gott gegeben hat.

Psal. xxij
Psalm. xviij
Jsa. viij

Nach dem nu die kinder fleisch vnd blut haben/ ist ers gleicher masse teilhafftig worden/ auff das er durch den tod die macht neme/ dem/ der des todes gewalt hatte/ das ist/ dem Teuffel/ vnd erlösete die/ so durch furcht des todes/ jnn gantzem leben knechte sein musten. Denn er nimpt nirgent die Engel an sich/ sondern den samen Abrahe nimpt er an sich. Daher must er aller ding seinen Brüdern gleich werden/ auff das er barmhertzig würde/ vnd ein trewer Hoher Priester fur Gott/ zu versönen die sunde des volcks. Denn darinnen er gelitten hat vnd versucht ist/ kan er helffen/ denen/ die versucht werden.

III.

Erhalben/ jr Heiligen Brüder/ die jr mit beruffen seid/ durch den himlischen beruff/ nemet war des Apostels vnd Hohen priesters/ den wir bekennen/ Christi Jhesu/ der da trew ist dem/ der jn gemacht hat (wie auch Moses) jnn seinem gantzen Hause/ dieser aber ist grösser ehren werd/ denn Moses/ nach dem der eine grösser ehre am hause hat/ der es bereitet/ denn das haus. Denn ein jglich haus wird von jemand bereitet/ Der aber alles bereitet/ das ist Gott. Vnd Moses zwar war trew jnn seinem gantzen Hause/ als ein knecht/ zum zeugnis des/ das gesagt solt werden/ Christus aber als ein Son vber sein Haus/ welches Haus sind wir/ so wir anders das vertrawen vnd den rhum der hoffnung/ bis ans ende feste behalten.

Darumb/ wie der Heilige geist spricht/ Heute/ so jr hören werdet seine stimme/ so verstocket ewre hertzen nicht/ als geschach/ jnn der verbitterung am tage der versuchung/ jnn der wüsten/ da mich ewer Veter versuchten/ sie prüfeten vnd sahen meine werck/ viertzig jar lang/ Darumb ich entrüstet ward/ vber dis geschlechte/ vnd sprach/ jmerdar jrren sie mit dem hertzen/ aber sie wusten meine wege nicht/

Psal. xcv

Die Epistel

nicht/das ich auch schwur jnn meinem zorn/sie solten zu meiner ruge nicht komen. Sehet zu/lieben Brüder/das nicht jemand vnter euch ein arges vngleubiges hertz habe/das da abtrette von dem lebendigen Gott/sondern ermanet euch selbs/alle tage/so lange es Heute heisset/das nicht jemand vnter euch verstocket werde/durch betrug der sünde.

Denn wir sind Christus teilhafftig worden/so wir anders den angefangenen glauben/bis ans ende feste behalten/so lange gesagt wird/Heute/so jr seine stimme hören werdet/so verstocket ewre hertzen nicht/wie jnn der verbitterung geschach. Denn etliche die sie höreten/verbitterten jn/aber nicht alle/die von Egypten ausgiengen durch Mosen. Vber welche aber ward er entrüstet viertzig jar lang? Ists nicht also/das vber die/so da sündigeten/dere leibe jnn der wüsten verfielen? Welchen schwur er aber/das sie nicht zu seiner ruge komen solten/denn den vngleubigen? Vnd wir sehen/das sie nicht haben kund hinein komen/vmb des vnglaubens willen.

IIII.

So lasset vns nu fürchten/das wir die verheissung/einzukomen zu seiner ruge/nicht verseumen/vnd vnser keiner dahinden bleibe/denn es ist vns auch verkündiget/gleich wie jhenen/Aber das wort der prediget halff jhene nichts/da nicht gleubeten die/so es höreten/ Denn wir/die wir gleuben/gehen jnn die ruge/wie er spricht/das ich schwur jnn meinem zorn/sie solten zu meiner ruge nicht komen.

Vnd zwar/da die werck von anbegin der welt waren gemacht/sprach er an einem ort/von dem siebenden tage also/Vnd Gott ruget am siebenden tage von allen seinen wercken. Vnd hie an diesem ort abermal/Sie sollen nicht komen zu meiner ruge. *Gene. i*

Nach dem es nu noch furhanden ist/das etliche sollen zu der selbigen komen/vnd die/denen es zu erst verkündiget ist/sind nicht da zu komen/vmb des vnglaubens willen/bestimpt er abermal einen tag/nach solcher langer zeit/vnd saget/durch Dauid/Heute/wie gesagt ist/Heute/so jr seine stimme hören werdet/so verstocket ewre hertzen nicht. Denn so Josue sie hette zu ruge bracht/würde er nicht hernach von einem andern tage gesagt haben/Darumb ist noch eine ruge furhanden dem volck Gottes/Denn wer zu seiner ruge komen ist/der ruget auch von seinen wercken/gleich wie Gott von seinen. *Psalm. xcv.*

So lasset vns nu vleis thun einzukomen zu dieser ruge/auff das nicht jemand falle jnn dasselbige exempel des vnglaubens/Denn das wort Gottes ist lebendig vnd krefftig/vnd scherffer/denn kein zweischneidig schwerd/vnd durch dringet/bis das scheidet seele vnd geist/auch marck vnd bein/vnd ist ein richter der gedancken vnd sinnen des hertzen/vnd ist keine Creatur fur jm vnsichtbar/Es ist aber alles blos vnd entdeckt fur seinen augen/Von dem reden wir.

V.

Die weil

An die Ebreer.

DJe weil wir denn einen grossen Hohen priester haben/ Jhesum den Son Gottes/der gen himel gefaren ist/so lasset uns halten an dem bekentnis. Denn wir haben nicht einen Hohen priester/der nicht kündte mitleiden haben mit unser schwacheit/sondern der versucht ist allenthalben/gleich wie wir/doch on sunde/Darumb lasset uns hinzu treten/mit freidigkeit zu dem Gnaden stuel/auff das wir barmhertzigkeit empfahen/und gnade finden/auff die zeit/wenn uns hülffe not sein wird.

Denn ein iglicher Hoher priester/der aus den menschen genomen wird/der wird gesetzt für die menschen gegen Gott/auff das er opffere gaben und opffer für die sunde/der da kündte mitleiden uber die da unwissend sind und irren/nach dem er auch selbs umbgeben ist mit schwacheit/darumb mus er auch/gleich wie für das volck/also auch für sich selbs opffern/für die sunde. Und niemand nimpt jm selbs ehre/sondern der auch beruffen sey von Gott/gleich wie der Aaron.

Psal. ij.
Psal. cx.
Also auch Christus hat sich nicht selbs inn die ehre gesetzt/das er Hoher priester würde/sondern der zu jm gesagt hat/Du bist mein Son/heute habe ich dich gezeuget. Wie er auch am andern ort spricht/Du bist ein priester inn ewigkeit/nach der ordnung Melchisedech. Und er hat am tage seines fleisches gebet und flehen mit starckem geschrey und threnen geopffert/zu dem/der jm von dem tode kündte aushelffen/und ist auch erhöret/darumb das er Gott inn ehren hatte. Und wie wol er Gottes Son war/hat er doch an dem/das er leid/gehorsam gelernet/und da er ist volendet/ist er worden allen die jm gehorsam sind/eine ursache zur ewigen seligkeit/genant von Gott ein Hoher priester/nach der ordnung Melchisedech.

Davon hetten wir wol viel zu reden/Aber es ist schweer/weil jr so unuerstendig seid/und die jr soltet lengest meister sein/bedürffet jr widderumb/das man euch die erste buchstaben der Göttlichen wort lere/und das man euch ᵃ milch gebe/und nicht starcke speise/Denn wem man noch milch geben mus/der ist unerfaren an dem Wort der gerechtigkeit/denn er ist ein junges kind. Den volkomen aber gehört starcke speise/die durch gewonheit/haben geübete sinnen zum unterscheid des guten und des bösen.

(unuerstendig) Grob und ungeschickt/die es nicht hören noch vernemen können/ob sie wol lange gelernet haben.

ᵃ Milch heisset er des Gesetzes lere/als ist die kinderzucht/Aber Petrus heisst das Euangelion/Milch/als des newen Testaments/kinderspeise.

VI.

DArumb wöllen wir die lere vom anfang Christliches lebens jtzt lassen/und zur volkomenheit faren/nicht aber mal grund legen von busse der todten wercke/vom glauben an Gott/von der Tauffe/von der Lere/von henden auff legen/von der todten aufferstehung/und vom ewigen gerichte. Und das wöllen wir thun/so es Gott anders zu lesset.

Denn es ist unmüglich/das die/so ein mal erleuchtet sind/und geschmeckt haben die himlischen gaben/und teilhafftig worden sind des Heiligen Geistes/und geschmeckt haben das gütige wort Gottes/und die krefftte der zukünfftigen welt/wo sie abfallen(und widderumb jn selbs den Son Gottes creutzigen/und für spot halten) das sie solten widderumb ernewert werden zur busse.

Denn die erde die den regen trincket/der offt uber sie kompt/und bequeme

Die Epistel

queme kraut treget/denen die sie bawen/empfehet segen von Gott/ Welche aber dornen vnd disteln treget/die ist vntüchtig/vnd dem fluch nahe/welche man zu letzt verbrennet. Wir versehen vns aber/jr liebsten/bessers zu euch/vnd das die seligkeit neher sey/ob wir wol also reden/Denn Gott ist nicht vngerecht/das er vergesse ewres werckes vnd erbeit der liebe/die jr beweiset habt an seinem namen/da jr den Heiligen dienetet/vnd noch dienet/Wir begeren aber/das ewer jglicher den selbigen vleis beweise/die hoffnung feste zu halten bis ans ende/das jr nicht lessig werdet/sondern nachfolger dere/die durch den glauben vnd gedult ererben die verheissungen.

Denn als Gott Abraham verhies/da er bey keinem grössern zu schweren hatte/schwur er bey sich selbs/vnd sprach/Warlich/ich wil dich segenen vnd vermehren/Vnd also trug er gedult/vnd erlanget die verheissung/Die menschen schweren wol bey einem grössern/ denn sie sind/vnd der eid machet ein ende alles hadders/da bey es feste bleibt vnter jnen/Aber Gott/da er wolte den erben der verheissung vberschwenglich beweisen/das sein rat nicht wancket/hat er einen eid dazu gethan/auff das wir durch zwey stück/die nicht wancken/ (Denn es ist vnmüglich/das Gott liege) einen starcken trost haben/ die wir zuflucht haben/vnd halten an der angeboten hoffnung/welche wir haben als einen sichern vnd festen ancker vnser seele/der auch hinein gehet jnn das jnwendige des vorhangs/dahin der Vorlauffer fur vns eingegangen/Jhesus/ein Hoher priester worden jnn ewigkeit/nach der ordnung Melchisedech.

Gen. xxii.

VII.

Dieser Melchisedech aber war ein könig zu Salem/ein priester Gottes des allerhöhesten/der Abraham entgegen gieng/da er von der könige schlacht widder kam/ vnd segenet jn/welchem auch Abraham gab den zehenden aller güter. Auffs erst/wird er verdolmetscht/ein könig der gerechtigkeit. Darnach aber/ist er auch ein könig Salem/das ist/ein könig des frides/on vater/on mutter/on geschlecht/vnd hat wedder anfang der tage noch end des lebens/Er ist aber vergleichet dem son Gottes/vnd bleibet priester jnn ewigkeit.

Ge. xiiii.

(verdolmetschet) Melchisedech heisset auff deudsch/ein könig der gerechtigkeit/Melchisalem heisset ein könig des frides/Denn Christus gibt gerechtigkeit vnd fride/vnd sein reich ist gerechtigkeit vnd fride fur Gott/ durch den glauben Rom. j. vnd. v.

Schawet aber/wie gros ist der/dem auch Abraham der Patriarch den zehenden gibt von der eroberten beute. Zwar die kinder Leui/ da sie das priesterthum empfangen/haben sie ein gebot/den zehenden vom volck/das ist/von jren brüdern/zu nemen/nach dem Gesetz/wie wol auch die selbigen aus den lendē Abrahe komen sind/Aber der/des geschlecht nicht genennet wird vnter jnen/der nam den zehenden von Abraham/vnd segnete denen/der die verheissung hatte. Nu ists on alles widdersprechen also/das das geringer von dem bessern gesegenet wird.

Vnd hie nemen den zehenden die sterbenden menschen/Aber dort bezeuget er/das er lebe. Vnd das ich also sage/es ist auch Leui/ der den zehenden nimpt/verzehendet durch Abraham/denn er war jhe noch jnn den lenden des vaters/da jm Melchisedech entgegen gieng.

Ist nu die volkomenheit durch das Leuitische priesterthum geschehen(denn vnter dem selbigen hat das volck das Gesetz empfangen)was

An die Ebreer. CLXXII

en) was ist denn weiter not zu sagen/das ein ander priester auff komen solle/nach der ordnung Melchisedech/vnd nicht nach der ordnung Aaron? Denn wo das priesterthum verendert wird/da mus auch das Gesetz verendert werden/Denn von dem solchs gesagt ist/der ist von einem andern geschlecht/aus welchem nie keiner des altars gepfleget hat/Denn es ist ia offenbar/das von Juda auffgegangen ist vnser Derr/zu welchem geschlecht Moses nichts geredt hat vom priester thum.

Vnd es ist noch klerlicher/so nach der weise Melchisedech ein ander priester auffkompt/welcher nicht nach dem Gesetz des fleischlichen gebots gemacht ist/sondern nach der krafft des vnendlichen lebens/ Denn er bezeuget/Du bist ein Priester ewiglich/nach der ordnung Melchisedech/denn damit wird das vorige Gesetz auff gehaben (darumb das es zu schwach vnd nicht nütz war/denn das Gesetze kündte nichts volkomen machen) vnd wird eingefüret eine bessere hoffnung/ durch welche wir zu Gott nahen.

Psal. cx.

Vnd dazu/das viel ist/Nicht on eid/Denn jhene sind on eid priester worden/dieser aber mit dem eid/durch den/der zu jm spricht/Der Derr hat geschworen/vnd wird jn nicht gerewen/du bist ein priester jnn ewigkeit/nach der ordnung Melchisedech/Also gar viel eines bessern Testaments ausrichter ist Jhesus worden.

Vnd jhener sind viel/die priester wurden/darumb das sie der tod nicht bleiben lies/Dieser aber/darumb das er bleibet ewiglich/hat er ein vnnergenglich priesterthum/daher er auch selig machen kan ewiglich/die durch jn zu Gott komen/vnd lebet jmerdar/vnd bittet fur sie.

Denn einen solchen Dohen priester solten wir haben/der da were Deilig/vnschüldig/vnbefleckt/von den sundern abgesondert/vnd höher denn der himel ist/dem nicht teglich not were/wie jhenen Dohen priestern/zu erst fur eigene sunde opffer zu thun/darnach fur des volcks sunde/denn das hat er gethan ein mal/da er sich selbs opffert. Denn das Gesetz macht menschen zu Dohen priestern/die da schwacheit haben/Dis wort aber des eides/das nach dem Gesetz gesagt ist/setzet den Son ewig vnd volkomen.

VIII.

DAs ist nu die summa/dauon wir reden/Wir haben einen solchen Dohen priester/der da sitzt zu der rechten auff dem stuel der Maiestet im himel/vnd ist ein pfleger der heiligen güter/vnd der warhafftigen Dütten/welche Gott auff gerichtet hat/vnd kein mensch/Denn ein jglicher Doher priester wird eingesetzt/zu opffern gaben vnd opffer/darumb mus auch dieser etwas haben/das er opffere/ Wenn er nu auff erden were/so were er nicht priester/die weil da sind/ die nach dem Gesetz die gaben opffern/welche dienen dem furbilde/

Exo. xxv

vnd dem schatten der himlischen güter/wie das Göttliche antwort zu Mose sprach/da er solte die Dütten vollenden/Schawe zu/sprach er/ das du machest alles nach dem bilde/das dir auff dem berge gezeiget ist.

Nu aber hat er ein besser ampt erlanget/als der eines bessern Testaments mitler ist/welches auch auff bessern verheissungen stehet/ Denn so jhenes das erste/vntadelich gewesen were/würde nicht

G g rawm

Die Epistel

rawm zu einem andern gesucht. Denn er taddelt sie vnd saget/Sihe/ Jer.xxxi
es komen die tage/spricht der Herr/das ich vber das Haus Israel/
vnd vber das haus Juda/ein new Testament machen wil/nicht nach
dem Testament/das ich gemacht hab mit jren Vetern/an dem tage/
da ich jre hand ergreiff/sie aus zufüren aus Egypten lande/Denn sie
sind nicht blieben jnn meinem Testament/so hab ich jr auch nicht
wöllen achten/spricht der Herr.

Denn das ist das Testament/das ich machen wil dem hause Is-
rael nach diesen tagen/spricht der Herr/Ich wil geben mein Gesetz
jnn jren sinn/vnd jnn jr hertz wil ich es schreiben/Vnd wil jr Gott
sein/vnd sie sollen mein volck sein/vnd sol nicht leren jemand seinen
nehesten/noch jemand seinen bruder/vnd sagen/Erkenne den Herrn/
Denn sie sollen mich alle kennen/von dem kleinesten an bis zu dem grö-
ssesten/Denn ich wil gnedig sein jrer vntugent vnd jren sunden/vnd
jrer vngerechtigkeit wil ich nicht mehr gedencken. Jnn dem er saget/
Ein newes/machet er das erste alt/Was aber alt vnd vberjaret ist/das
ist nahe bey seinem ende.

IX.

ES hatte zwar auch das erste seine rechte vnd Gottes
dienst/vnd eusserliche heiligkeit/Denn es war da auff- Exo.xl
gericht das forderteil der Hütten/darinnen war der leu-
chter/vnd der tisch/vnd die schawbrod/Vnd diese heis-
set die Heilige. Hinder dem andern furhang aber/war
die hütte/die da heisset/die Allerheiligste/die hatte das
gülden Reuchfas/vnd die Lade des Testaments/allenthalben mit
gold vberzogen/jnn welcher war die güldene gelte/die das himelbrod
hatte/vnd die rute Aaron/die gegrünet hatte/vnd die taffeln des Te-
staments. Oben drüber aber waren die Cherubim der herrligkeit/die
vberschatteten den Gnadenstuel/von welchem jtzt nicht zusagen ist
jnn sonderheit.

Da nu solches also zugericht war/giengen die priester alle zeit jnn Lev.xvi
die förderten Hütten/vnd richten aus den Gottes dienst/Jnn die an-
der aber/gieng nur ein mal im jar/alleine der Hohe priester/nicht on
blut/das er opfferte fur sein selbs vnd des volcks sunde/Damit der
Heilige geist deutet/das noch nicht offenbart were der weg zur heilig-
keit/so lange die erste Hütte stunde/Welche muste zur selbigen zeit ein
furbilde sein/jnn welcher gaben vnd opffer geopffert wurden/vnd
kunden nicht volkomen machen nach dem gewissen/denen/der da
Gottes dienst thut allein mit speise vnd tranck/vnd mancherley tauf-
fen vnd eusserlicher heiligkeit/die bis auff die zeit der besserung sind
auffgelegt.

Christus aber ist komen/das er sey ein Hoher priester der zukünff-
tigen güter/durch eine grössere vnd volkomener Hütten/die nicht mit
der hand gemacht ist/das ist/die nicht also gebawet ist/auch nicht
durch der böcke odder kelber blut/sondern er ist durch sein eigen blut/
ein mal jnn das Heilige eingegangen/vnd hat eine ewige erlösung er-
worben.

Denn so der ochsen vnd der böcke blut/vnd die aschen von der
kue gesprenget/heiliget die vnreinen/zu der leiblichen reinigkeit/
wie viel mehr wird das blut Christi/der sich selbs on allen wan-
deln durch den Heiligen geist Gotte geopffert hat/vnser gewissen rei-
nigen

An die Ebreer. CLXXIII

nigen von den todten wercken/zu dienen dem lebendigen Gott?

Vnd darumb ist er auch ein mitler des newen Testaments/auff das durch den tod/so geschehen ist zu erlösung von den vbertrettungen (die vnter dem ersten Testament waren) die so berufft sind/das verheissen ewige erbe empfahen. Denn wo ein Testament ist/da mus der tod geschehen/des/der das Testament machet/Denn ein Testament wird feste durch den tod/Anders hat es noch nicht macht/wenn der noch lebet/der es gemacht hat. Daher auch das erste/nicht on blut gestifftet ward/Denn als Moses ausgeredt hatte/von allen geboten/nach dem Gesetz/zu allem volck/nam er kelber vnd bocks blut/mit wasser vnd purpur wolle vnd Jsopen/vnd besprenget das buch vnd alles volck/vnd sprach/Das ist das blut des Testaments/das Gott euch gepoten hat/Vnd die Hutten vnd alles gerete des Gottes dienst/besprenget er des selbigen gleichen mit blut/Vnd wird fast alles mit blut gereiniget/nach dem Gesetz/vnd on blut vergiessen geschicht keine vergebung.

Exodi. xxiiij

So müsten nu der himlischen dinge furbilder/mit solchem gereiniget werden/Aber sie selbs die himlischen/müssen besser opffer haben/denn jhene waren/Denn Christus ist nicht eingegangen jnn das Heilige/so mit henden gemacht ist (welchs ist ein gegenbilde der rechtschaffenen) sondern jnn den himel selbs nu zu erscheinen fur dem angesichte Gottes/fur vns. Auch nicht/das er sich offtmals opffere/gleich wie der Hohe priester gehet alle jar jnn das Heilige/mit frembdem blut/sonst hette er offt müssen leiden von anfang der welt her/Nu aber am ende der welt/ist er ein mal erschienen durch sein eigen opffer/die sunde auff zuheben.

Vnd wie den menschen ist gesetzt/ein mal zu sterben/darnach aber das gerichte/also ist Christus ein mal geopffert/weg zu nemen vieler sunde/zum andern mal aber wird er on sunde erscheinen/denen die auff jn warten/zur seligkeit.

X.

Enn das Gesetz hat den schatten von den zukünfftigen gütern/nicht das wesen der güter selbs/Alle iar mus man opffern jmer einerley opffer/vnd kan nicht/die so opffern/volkomen machen/sonst hette das opffern auff gehöret/wo die/so am Gottes dienst sind/kein gewissen mehr hetten von den sunden/wenn sie einmal gereiniget weren/sondern es geschicht nur durch die selbigen ein gedechtnis der sunde alle iar/Denn es ist vnmüglich/durch ochsen vnd bocks blut sunde weg nemen.

psal. xl.

Darumb/da er jnn die welt kompt/spricht er/Opffer vnd gaben hastu nicht gewolt/den leib aber hastu mir zubereit/brandopffer vnd sundopffer gefallen dir nicht/Da sprach ich/Sihe ich kome/Jm buch stehet furnemlich von mir geschrieben/das ich thun sol Gott deinen willen. Droben als er gesagt hatte/Opffer vnd gaben/brandopffer vnd sundeopffer hastu nicht gewolt/sie gefallen dir auch nicht/(welche nach dem Gesetz geopffert werden) Da sprach er/Sihe/ich kome zu thun Gott deinen willen. Da hebet er das erste auff/das er das ander einsetze/jnn welchem willen wir sind geheiliget/einmal geschehen/durch das opffer des leibes Jhesu Christi.

Vnd ein jglicher priester ist eingesetzt/das er alle tage Gottes dienst

G g ij   pflege/

Die Epistel

pflege/vnd offtmals einerley opffer thue/welche nimer mehr können die sunde abnemen. Dieser aber/da er hat ein opffer fur die sunde geopffert/das ewiglich gilt/sitzt er nu zur rechten Gottes/vnd wartet hinfurt/bis das seine feinde zum schemel seiner füsse geleget werden/ Denn mit einem opffer hat er jnn ewigkeit vollendet/die geheiliget werden. *Psal.cx*

Es bezeuget vns aber des auch der Heilige geist. Denn nach dem er zuuor gesagt hatte/Das ist das Testament/das ich jnen machen wil nach den tagen/spricht der Herr/Ich wil mein Gesetz jnn jr hertz geben/vnd jnn jre sinne wil ich es schreiben/vnd jrer sunde vnd jrer vngerechtigkeit wil ich nicht mehr gedencken. Wo aber der selbigen vergebung ist/da ist nicht mehr opffer fur die sunde. *Jer.xxxi*

So wir denn nu haben/lieben Brüder/die freidigkeit zum eingang/jnn das Heilige/durch das blut Jhesu/welchen er vns zubereitet hat/zum newen vnd lebendigen wege/durch den vorhang/das ist/durch sein fleisch/vnd haben einen Hohen priester vber das haus Gottes/So lasset vns hinzu gehen/mit warhafftigem hertzen/jnn völligem glauben/besprenget jnn vnserm hertzen/vnd los von dem bösen gewissen/vnd gewasschen am leibe/mit reinem wasser/Vnd lasset vns halten an der bekentnis der hoffnung/vnd nicht wancken/ Denn er ist trew/der sie verheissen hat. Vnd lasset vns vnternander vnser selbs warnemen/mit reitzen zur liebe vnd guten wercken/vnd nicht verlassen vnsere versamlung/wie etliche pflegen/sondern vnternander ermanen/Vnd das so viel mehr/so viel jr sehet/das sich der tag nahet.

Denn so wir mutwillig sundigen/nach dem wir die erkentnis der warheit empfangen haben/haben wir furder kein ander opffer mehr fur die sunde/sondern ein schrecklich warten des gerichtes vnd des fewer einers/der die widderwertigen verzeren wird. Wenn jemand das Gesetz Mosi bricht/der mus sterben on barmhertzigkeit/durch zween odder drey zeugen/wie viel/meinet jr/erger straff wird der verdienen/ der den Son Gottes mit füssen trit/vnd das blut des Testaments vnrein achtet/durch welches er geheiliget ist/vnd den geist der gnaden schmehet? Denn wir wissen den/der da saget/Die rache ist mein/ich wil vergelten/spricht der Herr. Vn abermal/Der Herr wird sein volck richten/schrecklich ists/jnn die hende des lebendigen Gottes zufallen. *Deu.xv* *Deutro xxxij.*

Gedencket aber an die vorigen tage/jnn welchen jr erleuchtet/erduldet habt einen grossen kampff des leidens/zum teil selbs/durch schmach vnd trübsal ein schawspiel worden/zum teil/gemeinschafft gehabt mit denen/den es also gehet/Denn jr habt mit meinen banden mitleiden gehabt/vnd den raub ewer güter mit frewden erduldet/ als die jr wisset/das jr bey euch selbs eine bessere vnd bleibende habe im himel habt. Lasset euch ewer vertrawen nicht entfallen/welchs eine grosse belohnung hat/Gedult aber ist euch not/auff das jr den willen Gottes thut/vnd die verheissung empfahet/Denn noch vber eine kleine weile/so wird komen/der da komen sol/vnd nicht verziehen. Der gerechte aber wird des glaubens leben/Wer aber weichen wird/ an dem wird meine seele kein gefallen haben. Wir aber sind nicht von denen/die da weichen vnd verdampt werden/sondern von denen/die da gleuben vnd die seele erretten. *Abac.ij*

(weichen)
Der nicht halten wil/noch der streitche warte/sondern zeucht zu ruck vnd schleicht dauon.

XI.

Es ist

An die Ebreer. CLXXIIII

ES ist aber der Glaube/eine gewisse zuuersicht/des/das man hoffet/vnd nicht zweiueln an dem/das man nicht sihet. Durch den haben die Alten zeugnis vberkomen. Durch den glauben mercken wir/das die welt durch Gottes wort gemacht ist/das alles das man sihet/aus nichte worden ist.

Gene.j.

(aus nichte) Das hie stehet/Jn uisibilibus/heissen wir/Nichts/vñ ist auch noch nichts/ bis es geschicht.

Durch den glauben hat Abel Gott ein grösser opffer gethan/denn Kain/durch welchen er zeugnis vberkomen hat/das er gerecht sey/da Got zeugete von seiner gabe/Vnd durch den selbigen redet er noch/wie wol er gestorben ist.

Gen.iiij

Durch den glauben ward Enoch weg genomen/das er den tod nicht sehe/vnd ward nicht erfunden/darumb das jn Gott weg nam/ Denn vor seinem weg nemen/hat er zeugnis gehabt/das er Gott gefallen habe/Denn on glauben ists vnmüglich/Gotte gefallen/Denn wer zu Gott komen wil/der mus gleuben/das er sey/vnd denen/die jn suchen/ein vergelter sein werde.

Gene.v.

Durch den glauben hat Noe Gott geehret/vnd die Arche zu berettet/zum heil seines hauses/da er ein Göttlich befelh empfieng von dem/das man noch nicht sahe/durch welchen er verdampt die welt/ vnd hat ererbet die gerechtigkeit/die durch den glauben kompt.

Gen.vj.

Durch den glauben ward gehorsam Abraham/da er beruffen ward/aus zu gehen jnn das land/das er erben solte/vnd gieng aus/ vnd wuste nicht/wo er hin keme.

Gen.xij.

Durch den glauben ist er ein frembdling gewesen jnn dem verheissen lande/als jnn einem frembden/vnd wonet jnn hutten mit Jsaac vnd Jacob/den miterben der selbigen verheissunge/Denn er wartet auff eine stad/die einen grund hat/welcher bawmeister vnd schepffer Gott ist.

Gen.xxj

Durch den glauben empfieng auch Sara krafft/das sie schwanger ward/vnd gebar vber die zeit jres alters/denn sie achtet jn trew/der es verheissen hatte.

Darumb sind auch von einem/wie wol erstorbens leibes/viel geborn/wie die stern am himel/vnd wie der sand am rande des meeres/ der vnzelich ist.

Gen.xv.

Diese alle sind gestorben im glauben/vnd haben die verheissung nicht empfangen/sondern sie von fernen gesehen/vnd sich der vertröstet/vnd wol benügen lassen/vnd bekand/das sie geste vnd frembdlinge auff erden sind/Denn die solchs sagen/die geben zuuerstehen/das sie ein vaterland suchen/Vnd zwar/wo sie das gemeinet hetten/von welchem sie waren ausgezogen/hatten sie ia zeit widder vmb zu keren. Nu aber begeren sie eines bessern/nemlich eines himlischen/darumb schemet sich Gott jr nicht/zu heissen jr Gott/denn er hat jnen eine stad zubereit.

Exo.iij.

Durch den glauben opfferte Abraham den Jsaac/da er versucht ward/vnd gab dahin den eingebornen/da er schon die verheissung empfangen hatte/von welchem gesagt war/Jnn Jsaac wird dir dein same geheissen werden/vnd dachte/Gott kan auch wol von den todten erwecken/daher er auch jn zum furbilde widder nam.

Ge.xxj.

Durch den glauben segnete Jsaac von den zukünfftigen dingen den Jacob vnd Esau. Durch den glauben segnete Jacob da er starb/ beide söne Josephs/vnd neiget sich gegen seines scepters spitzen.

Ge.xxvij. Gene. xlviij.

Durch den glauben redet Joseph/vom auszug der kinder Jsrael/

Gene.l.

Gg ij   da er

Die Epistel

da er starb/vnd thet befelh von seinen gebeinen.

Durch den glauben ward Moses/da er geborn war/drey mon̈/ den verborgen von seinen Eltern/darumb das sie sahen/wie er ein schön kind war/vnd furchten sich nicht fur des Königes gebot. Exo.ij.

Durch den glauben wolt Moses/da er gros ward/nicht mehr ein son heissen der tochter Pharao/vnd erwelet viel lieber mit dem volck Gottes vngemach zu leiden/denn die zeitliche ergetzung der sunden zu haben/Vnd achtet die schmach Christi fur grösser reichthum/denn die schetze Egypti/denn er sahe an die belohnung.

Durch den glauben verlies er Egypten/vnd fürchte nicht des Königes grim/denn er hielt sich an den/den er nicht sahe/als sehe er jn.

Durch den glauben hielt er die Ostern vnd das blut giessen/auff das der die ersten geburten würgete/sie nicht treffe. Exo.xij.

Durch den glauben giengen sie durchs rote meer/als durch trocken land/welches die Egypter auch versuchten/vnd ersoffen. Exodi. xiiij.

Durch den glauben fielen die mauren Jericho/da sie sieben tage vmb her gegangen waren. Josu.vj.

Durch den glauben ward die hure Rahab nicht verloren mit den vngleubigen/da sie die kundschaffer freundlich auffnam. Josu.ij.

Vnd was sol ich mehr sagen? die zeit würde mir zu kurtz/wenn ich solte erzelen/von Gedeon/vnd Barac/vnd Samson/vnd Jepthahe/vnd Dauid/vnd Samuel/vnd den Propheten/welche haben durch den glauben königreich bezwungen/gerechtigkeit gewircket/die verheissung erlanget/der Lewen rachen verstopffet/des fewers krafft ausgelescht/des schwerds scherffe entrunnen/sind krefftig worden aus der schwachheit/sind starck worden im streit/haben der frembden heer dar nidder gelegt/die weiber haben jre todten von der aufferstehung widder genomen.

(schwachelt)
Jm leiden sind sie krefftiger worden.
ij. Cor.xij. Meine krafft wird jnn schwacheit starck.

Die andern aber sind zurschlahen/vnd haben keine erlösung angenomen/auff das sie die aufferstehung/die besser ist/erlangeten/Etliche haben spot vnd geisseln erlitten/dazu band vnd gefengnis/Sie sind gesteiniget/zuhackt/zustochen/durchs schwerd getödtet/Sie sind vmbher gegangen jnn peltzen vnd ziegen fellen/mit mangel/mit trübsal/mit vngemach/der die welt nicht werd war/vnd sind im elend gegangen jnn der wüsten/auff den bergen/jnn den klüfften vnd löchern der erden.

Diese alle haben durch den glauben zeugnis vberkomen/vnd nicht empfangen die verheissung/darumb/das Gott etwas bessers fur vns zuuor versehen hat/das sie nicht on vns vollendet wurden.

XII.

DArumb auch wir/die weil wir solchen hauffen zeugen vmb vns haben/lasset vns ablegen die sunde/so vns jmer anklebt vnd trege macht/vnd lasset vns lauffen durch gedult/jnn dem kampff/der vns verordnet ist/ vnd auffsehen/auff Jhesum/den anfenger vnd vollender des glaubens/welcher/da er wol hette mügen freude haben/erduldet er das creutz/vnd achtet der schande nicht/vnd ist gesessen zur rechten auff dem stuel Gottes. Gedencket an den/der ein solches widdersprechen von den sundern widder sich erduldet hat/das jr nicht jnn ewrem mut mat werdet/vnd ablasset/Denn jr habt noch nicht bis auffs blut widderstanden/vber dem kempffen wider die sunde/vnd habt

An die Ebreer.

de/vnd habt bereit vergessen des trosts/der zu euch redet/als zu den kindern/Mein son/achte nicht geringe die züchtigung des Herrn/vnd verzage nicht/wenn du von jm gestrafft wirdest/Denn welchen der Herr lieb hat/den zuchtiget er/Er steupt aber einen jglichen son/den er auffnimpt.

Prou. iij

So jr die züchtigung erduldet/so erbeut sich euch Gott als kindern. Denn wo ist ein son/den der vater nicht züchtiget? Seid jr aber on züchtigung/welcher sie alle sind teilhafftig worden/so seid jr bastarte vnd nicht kinder. Auch so wir haben vnser leibliche veter zu züchtigern gehabt vnd sie geschewet/solten wir denn nicht viel mehr vnterthan sein dem geistlichen vater/das wir leben? Vnd jhene zwar haben vns gezüchtiget/wenig tage nach jrem düncken/dieser aber zu nutz/auff das wir seine heiligung erlangen. Alle züchtigung aber/wenn sie da ist/dünckt sie vns nicht freude/sondern trawrigkeit sein/Aber darnach wird sie geben eine fridsame frucht der gerechtigkeit/denen/die dadurch geübet sind.

Darumb richtet widder auff die lessigen hende vnd die müden knie/vnd thut gewissen trit mit ewren füssen/das nicht jemand strauchele wie ein lamer/sondern viel mehr gesund werde. Jaget nach dem friede gegen jederman/vnd der heiligung/on welche wird niemand den Herrn sehen/Vnd sehet drauff/das nicht jemand Gottes gnade verseume/das nicht etwa eine bitter wurtzel auffwachse/vnd vnfriden anrichte/vnd viele durch die selbige verunreinet werden/das nicht jemand sey ein hurer/odder ein Gottloser/wie Esau/der vmb einer speise willen/seine erste geburt verkauffte/Wisset aber/das er hernach da er den segen erben wolte/verworffen ist/denn er fand keinen rawm zur busse/wie wol er sie mit threnen suchte.

Deu. xxix

Exo. xix

Denn jr seid nicht komen zu dem berge/den man anrüren kondte vnd mit feur brandte/noch zu dem tunckel vnd finsternis vnd vngewitter/noch zu dem hall der posaunen/vnd zur stimme der wort/welcher sich wegerten/die sie höreten/das jn das Wort ja nicht gesagt würde/denn sie mochtens nicht ertragen/was da gesagt ward/Vnd wenn ein thier den berg anrürete/solte es gesteiniget odder mit einem geschos erschossen werden/Vnd also erschrecklich war das gesichte/das Moses sprach/Ich bin erschrocken vnd zittere.

Sondern jr seid komen zu dem berge Zion/vnd zu der stad des lebendigen Gottes/zu dem himlischen Jerusalem/vnd zu der menge vieler tausent Engele/vnd zu der Gemeine der erstgebornen/die im himel angeschrieben sind/vnd zu Gott dem Richter vber alle/vnd zu den geistern der volkomenen gerechten/vnd zu dem mitteler des newen Testaments Jhesu/vnd zu dem blut der besprengunge/das da besser redet/denn Habels.

Gen. iiij

Sehet zu/das jr euch des nicht wegert/der mit euch redet/Denn so jhene nicht entflohen sind/die sich wegerten/da er auff erden redet/viel weniger wir/so wir vns des wegern/der vom himel redet/welches stimme zu der zeit die erde beweget/Nu aber verheisset er vnd spricht/Noch ein mal wil ich bewegen/nicht alleine die erden/sondern auch den himel. Aber solchs/noch ein mal/zeigt an/das das bewegliche sol verendert werden/als ein gebew/auff das da bleibe das vnbewegliche. Darumb die weil wir empfahen ein vnbeweglich Reich/haben wir gnade/durch welche wir sollen

Zag. ij.

Gotte

Die Epistel

Gotte dienen/jm zu gefallen/mit zucht vnd furcht/denn vnser Gott ist ein verzehrend fewer. *Deut.iiij*

XIII.

BLeibet fest jnn der brüderlichen liebe/Gast frey zu sein vergesset nicht/denn durch dasselbige haben etliche/on jr wissen/Engel beherberget. Gedencket der gebundenen/als die mit gebundene/vnd dere/die trübsal leiden/als die jr auch desselbige leibs glieder seid. Die ehe sol ehrlich gehalten werden bey allen/vnd das ehebette vnbefleckt/Die hurer aber vnd die ehebrecher wird Gott richten. Der wandel sey on geitz/vnd lasset euch benügen an dem das da ist/Denn er hat gesagt/Ich wil dich nicht verlassen noch verseumen/also/das wir thüren sagen/Der Herr ist mein helffer/vnd wil mich nicht fürchten/was solt mir ein mensch thun? Gedencket an ewre Lerer/die euch das wort Gottes gesagt haben/welcher ende schawet an/vnd folget jrem glauben nach.

Gene. xviij.vij. xix.
Josu.j. psalm. cxviij.vij. lvj.

Jhesus Christus/gestern vnd heute/vnd derselbe auch jnn ewigkeit/Lasset euch nicht mit mancherley vnd frembden leren vmbtreiben/denn es ist köstlich ding/das das hertz feste werde/welchs geschicht durch gnade/nicht durch speisen/dauon keinen nutz haben/so damit Gott dienen wöllen. Wir haben einen Altar/dauon nicht macht haben zu essen/die der Hütten pflegen. Denn welcher thierer blut getragen wird/durch den Hohen priester jnn das Heilige fur die sunde/der selbigen leichnam werden verbrand ausser dem lager/Darumb auch Jhesus/auff das er heiligte das volck/durch sein eigen blut/hat er gelidden aussen fur dem thor. So lasset vns nu zu jm hinaus gehen/ausser dem lager/vnd seine schmach tragen/Denn wir haben hie kein bleibende stad/sondern die zukünfftige suchen wir.

(speisen) Das ist/mit menschē gesetz/die von speise vnd kleider leret/nicht vom glauben.

So lasset vns nu opffern/durch jn/das Lobopffer Gotte alle zeit/das ist/die frucht der lippen/die seinen namen bekennen. Wol zu thun vnd mit zuteilen vergesset nicht/denn solche opffer gefallen Gott wol. Gehorchet ewern Lerern/vnd folget jn/denn sie wachen vber ewre seelen/als die da rechenschafft dafur geben sollen/auff das sie das mit freuden thun/vnd nicht mit seufftzen/denn das ist euch nicht gut. Betet fur vns.

Vnser trost ist der/das wir ein gut gewissen haben/vnd vleissigen vns guten wandel zu füren bey allen. Ich ermane aber zum vberflus/solchs zuthun/auff das ich auffs schierst widder zu euch kome.

Gott aber des frides/der von den todten ausgefürt hat den grossen Hirten der schafe/durch das blut des ewigen Testaments/vnsern Herrn Jhesum/der mache euch geschickt jnn allem guten werck/zu thun seinen willen/vnd schaffe jnn euch/was fur jm gefellig ist/durch Jhesum Christ/welchem sey ehre von ewigkeit zu ewigkeit/Amen.

Ich ermane euch aber/lieben Brüder/haltet das wort der ermanung zu gute/denn ich hab euch kurtz geschrieben. Wisset/das der bruder Timotheos widder ledig ist/mit welchem/so er bald kompt/wil ich euch sehen. Grüsset alle ewer Lerer/vnd alle Heiligen/Es grüssen euch die Brüder aus Italia/Die gnade sey mit euch allen/Amen.

Geschrieben aus Italia/
durch Timotheon.

Vorrhede

Vorrhede auff die
Episteln S. Jacobi
vnd Judas.

Diese Epistel S. Jacobi / wie wol sie von den alten verworffen ist / lobe ich / vnd halte sie doch fur gut / darumb / das sie gar kein menschen lere setzt / vnd Gottes Gesetz hart treibet / Aber / das ich meine meinung drauff stelle / doch on jdermans nachteil / achte ich sie fur keines Apostel schrifft / vnd ist das meine vrsache.

Auffs erst / das sie stracks widder Sanct Paulon vnd alle andere Schrifft / den wercken die gerechtigkeit gibt / vnd spricht / Abraham sey aus seinen wercken gerecht worden / da er seinen son opffert / So doch Sanct Paulus Roma. iiij. da gegen leret / das Abraham on werck sey gerecht worden / allein durch seinen glauben / vnd beweiset das mit Mosi Gene. xv. ehe denn er seinen son opffert. Ob nu dieser Epistel wol möchte geholffen / vnd solcher gerechtigkeit der werck eine glose funden werden / kan man doch sie darinne nicht schützen / das sie den spruch Mosi Gene. xv. (welcher allein von Abrahams glauben / vnd nicht von seinen wercken sagt / wie jn Paulus Roma. iiij. füret) doch auff die werck zeucht / Darumb dieser mangel schleusst / das sie keines Apostels sey.

Auffs ander / das sie wil Christen leute leren / vnd gedenckt nicht ein mal jnn solcher langer lere / des leidens / der aufferstehung / des geistes Christi / Er nennet Christum etlich mal / aber er leret nichts von jm / sondern sagt von gemeinem glauben an Gott. Denn das ampt eines rechten Apostels ist / das er von Christus leiden vnd aufferstehung vnd ampt predige / vnd lege desselbigen glaubens grund / wie er selbs sagt Johannis. xv. Ir werdet von mir zeugen. Vnd darinne stimmen alle rechtschaffene heilige bücher vber eins / das sie allesampt Christum predigen vnd treiben. Auch ist das der rechte prüfe stein alle bücher zu taddeln / wenn man sihet / ob sie Christum treiben / odder nicht / Sintemal alle Schrifft Christum zeiget / Roma. iij. vnd Paulus nichts denn Christum wissen wil. j. Corinth. ij. Was Christum nicht leret / das ist noch nicht Apostolisch / wens gleich Petrus odder Paulus leret / Widderumb / was Christum prediget / das were Apostolisch / wens gleich Judas / Hannas / Pilatus vnd Herodes thet.

Aber dieser Jacobus thut nicht mehr / denn treibet zu dem Gesetz vnd seinen wercken / vnd wirfft so vnordig eins jns ander / das mich dünckket / es sey jrgent ein gut frum man gewesen / der etliche sprüche von der Aposteln jünger gefasset / vnd also auffs papir geworffen hat / odder ist villeicht aus seiner predigt von einem andern beschrieben. Er nennet das Gesetz / ein Gesetz der freiheit / so es doch Sanct Paulus ein Gesetz der knechtschafft / des zorns / des todes / vnd der sunde nennet.

Vber

Vorrhede.

Vber das/füret er die sprüche Sanct Petri/die liebe bedeckt der sunde menge. Item/demütiget euch vnter die hand Gottes. Item S. Paulus spruch Gala.v.Den geist gelüstet widder den hass/So doch S. Jacobus zeitlich von Herodes zu Jerusalem vor S.Peter getödtet war/das wol scheinet/wie er lengst nach S.Peter vnd Paul gewesen sey.

Summa/ er hat wöllen denen weren/die auff den glauben on werck sich verliessen/vnd ist der sach zu schwach gewesen/wil es mit Gesetz treiben ausrichten/das die Apostel mit reitzen zur liebe ausrichten/Darumb kan ich jn nicht vnter die rechten heubtbücher setzen/wil aber damit niemand weren/das er jn setze vnd hebe/wie es jn gelüstet/denn viel guter sprüche sonst darinne sind.

Die Epistel aber Sanct Judas/kan niemand leugnen/das ein auszog odder abschrifft ist S. Peters ander Epistel/so der selbigen alle wort fast gleich sind. Auch so redet er von den Aposteln/als ein jünger lengest hernach/Vnd füret auch sprüche vnd geschicht/die jnn der Schrifft nirgend stehen/welchs auch die alten Veter beweget hat/diese Epistel aus der heubtschrifft zu werffen. Dazu so ist der Apostel Judas jnn Griechische sprache nicht komen/sondern jnn Persen land/als man sagt/das er ja nicht Griechisch geschrieben hat. Darumb ob ich sie wol preise/ists doch eine vnnötige Epistel vnter die heubt-
bücher zu rechen/die des
glaubens grund
legen solle.

Die Epistel

Die Epistel Sanct Jacobi.

I.

JAcobus ein knecht Gottes/ vnd des Herrn Jhesu Christi. Den Zwelff geschlechten/ die da sind hin vnd her. Freude zuuor. Meine lieben Brüder/ achtet es eitel freude/ wenn jr jnn mancherley anfechtung fallet/ vnd wisset/ das ewer glaube/ so er rechtschaffen ist/ gedult wircket/ die gedult aber sol fest bleiben bis ans ende/ auff das jr seid volkomen vnd gantz/ vnd keinen mangel habet.

So aber jmand vnter euch weisheit mangelt/ der bitte von Gott/ der da gibt einfeltiglich jederman/ vnd rückets niemands auff/ so wird sie jm gegeben werden/ Er bitte aber im glauben/ vnd zweinel nicht/ Denn wer da zweinelt/ der ist gleich wie die meeres woge/ die vom winde getrieben vnd gewebd wird/ Solcher mensch dencke nicht/ das er etwas von dem Herrn empfahen werde. Ein zweiueler was er ansehet/ so ist er doch nicht zufrieden.

Ein Bruder aber der nidrig ist/ rhüme sich seiner höhe/ vnd der da reich ist/ rhüme sich seiner nidrigkeit/ Denn wie eine blume des grases wird er vergehen. Die sonne gehet auff mit der hitze/ vnd das gras verwelcket/ vnd die blume felt abe/ vnd sein hübsche gestalt verdirbet/ Also wird der reiche jnn seiner habe verwelcken.

Selig ist der man/ der die anfechtung erduldet/ denn nach dem er beweret ist/ wird er die krone des lebens empfahen/ welche Gott verheissen hat denen/ die jn lieb haben. Niemand sage/ wenn er versucht wird/ das er von Gott versucht werde/ denn Gott ist nicht ein versucher zum bösen/ Er versucht niemand/ sondern ein jglicher wird versucht/ wenn er von seiner eigen lust gereitzet vnd gelocket wird/ Darnach wenn die lust empfangen hat/ gebiert sie die sunde/ die sunde aber wenn sie vollendet ist/ gebiert sie den tod.

Jrret nicht/ lieben Brüder/ Alle gute gabe vnd alle volkomene gabe kompt von oben herab/ von dem Vater des liechts/ bey welchem ist keine verenderung noch wechsel des liechts vnd finsternis/ Er hat vns gezeuget nach seinem willen/ durch das Wort der warheit/ auff das wir weren erstlinge seiner creaturn.

Darumb/ lieben Brüder/ Ein jglicher mensch sey schnell zu hören/ langsam aber zu reden/ vnd langsam zum zorn/ Denn des menschen zorn thut nicht was fur Gott recht ist.

Darumb so leget abe alle vnsauberkeit vnd alle bosheit/ vnd nempt das Wort an mit sanfftmut/ das jnn euch gepflantzet ist/ welchs kan ewer seele selig machen. Seid aber thetter des Worts/ vnd nicht hörer allein/ damit jr euch selbs betrieget/ Denn so jemand ist ein hörer des Worts/ vnd nicht ein theter/ der ist gleich einem man/

(zweiueler)
Der im glauben nicht fest ist/ hebt viel vnd mancherley an/ vñ bleibt doch nicht drauff/ ij. Timo. iij. lerne jmerdar vñ komen doch nicht zur warheit.

Die Epistel

man/der sein leiblich angesichte im spiegel beschawet/denn nach dem er sich beschawet hat/gehet er von stund an dauon/vnd vergisset wie er gestalt war. Wer aber durchschawet jnn das volkomen Gesetz der freiheit/vnd darinnen beharret/vnd ist nicht ein vergeslicher hörer/sondern ein theter/der selbige wird selig sein jnn seiner that.

So aber sich jemand vnter euch lesset duncken/er diene Gott/vnd helt seine zungen nicht im zaum/sondern verfüret sein hertz/des Gottes dienst ist eitel. Ein reiner vnd vnbefleckter Gottes dienst fur Gott dem Vater/ist der/die waisen vnd widwen jnn jrem trübsal besuchen/ vnd sich von der welt vnbeflecket behalten.

II.

Lieben brüder/halts nicht dafur/das der glaube an Jhesu Christ vnsern Herrn der herrligkeit/ ansehung der person leide/Denn so jnn ewer versamlunge keme ein man mit einem gülden ringe/vnd mit einem herrlichen kleide/Es keme aber auch ein armer jnn einem vnsaubern kleide/vnd jr sehet auff den/der das herrliche kleid treget/vnd sprechet zu jm/Setze du dich her auffs beste/Vnd sprechet zu dem armen/Stehe du dort/odder setze dich her/zu meinen füssen/Vnd bedenckt es nicht recht/sondern jr werdet richter vnd macht bösen vnterscheid.

Höret zu/meine lieben brüder/Hat nicht Gott erwelet die armen auff dieser welt/die am glauben reich sind/vnd erben des Reichs/welches er verheissen hat/denen/die jn lieb haben/jr aber habt dem armen vnehre gethan. Sind nicht die reichen die/die gewalt an euch vben/vñ zihen euch fur gerichte? Verlestern nicht sie den guten namen/dauon jr genennet seid?

So jr das königliche gesetze vollendet/nach der schrifft/Liebe Leu. deinen nehesten/als dich selbs/so thut jr wol. So jr aber die person ansehet/thut jr sunde/vnd werdet gestrafft vom Gesetz/als die vbertretter. Denn so jemand das gantze Gesetz helt/vnd sundiget an einem/ der ists gantz schüldig/Denn der da gesagt hat/du solt nicht Ehebrechen/der hat auch gesagt/du solt nicht tödten/So du nicht Ehebrichst/tödtest aber/bistu ein vbertretter des Gesetzes. Also redet vnd also thut/als die da sollen durchs Gesetz der freiheit gerichtet werden/Es wird aber ein vnbarmhertzig gericht vber den gehen/der nicht barmhertzigkeit gethan hat/Vnd die barmhertzigkeit rhümet sich widder das gerichte.

Was hilffts/lieben Brüder/so jemand sagt/er habe den glauben/vnd hat doch die werck nicht? kan auch der glaube jn selig machen? So aber ein Bruder odder Schwester blos were/vnd mangel hette der teglichen narunge/vnd jemand vnter euch spreche zu jn/Gott berate euch/wermet euch vnd setiget euch/gebet jn aber nichts/was des leibes notdurfft ist/was hülffe sie das? Also auch der glaube/ wenn er nicht werck hat/ist er tod an jm selber.

Aber es möchte jemand sagen/Du hast den glauben/vnd ich habe die werck/Zeige mir deinen glauben mit deinen wercken/so wil ich auch meinen glauben dir zeigen mit meinen wercken. Du glenbest/ das ein einiger Gott ist? Du thust wol dran / die Teuffel gleubens auch vnd zittern.

Wiltu aber wissen/du eiteler mensch/das der glaube on werck tod sey?

Sanct Jacobi. CLXXVIII

Ge.xxij.
tod sey? Ist nicht Abraham vnser vater durch die werck gerecht worden/da er seinen son Jsaac auff dem Altar opffert? Da sihestu/das der glaube mit gewircket hat an seinen wercken/vnd durch die werck ist der glaube volkomen worden/vnd ist die Schrifft erfüllet/die da spricht/Abraham hat Gott geglenbet/vnd ist jm zur gerechtigkeit ge-

Gen.xv.
rechnet/vnd ist ein freund Gottes geheissen. So sehet jr nu/das der mensch durch die werck gerecht wird/nicht durch den glauben alleine.

Ebre.xj
Josu.ij.
Desselbigen gleichen die hure Rahab/ist sie nicht durch die werck gerecht worden/da sie die boten auff nam/vnd lies sie einen andern weg hinaus? Denn gleich wie der leib on geist tod ist/also auch der glaube on werck ist tod.

III.

Jeben Brüder/vnterwinde sich nicht jederman lerer zu sein/vnd wisset/das wir deste mehr vrteil empfahen werden/denn wir feilen alle manchfeltiglich/Wer aber auch inn keinem wort feilet/der ist ein volkomener man/vnd kan auch den gantzen leib im zaum halten. Sihe/die pferde halten wir jnn zeumen/das sie vns gehorchen/vnd lencken den gantzen leib.Sihe/die schiffe/ob sie wol so gros sind/vnd von starcken winden getrieben werden/ werden sie doch gelenckt mit einem kleinen ruder/wo der hin wil/der es regieret/Also ist auch die zunge ein klein gelied/vnd richtet gros ding an.

Sihe/ein klein fewer/welch ein wald zündets an? Vnd die zunge ist auch ein fewer/eine welt vol vngerechtigkeit/Also ist die zunge vnter vnsern gliedern/vnd befleckt den gantzen leib/vnd zündet an allen vnsern wandel/wenn sie von der helle entzündet ist.

Denn alle natur/der thier vnd der vögel/vnd der schlangen vnd der meer wunder/werden gezemet/vnd sind gezemet von der menschlichen natur/Aber die zungen kan kein mensch zemen/das vnrügige vbel/vol tödlicher gifft/Durch sie loben wir Gott den Vater/vnd durch sie fluchen wir den menschen/nach dem bilde Gottes gemacht/ Aus einem munde gehet loben vnd fluchen. Es sol nicht/lieben Brüder/also sein/Quillet auch ein brun aus einem loch/süsse vnd bitter? Kan auch/lieben Brüder/ein feigenbaum öle/odder ein weinstock feigen tragen/Also kan auch ein brun nicht saltzig vnd süsse wasser geben.

Wer ist weise vnd klug vnter euch? der erzeige mit seinem guten wandel seine werck/jnn der sanfftmut vnd weisheit. Habt jr aber bittern neid vnd zanck jnn ewren hertzen/so rhümet euch nicht/vnd lieget nicht widder die warheit/Denn das ist nicht die weisheit/die von oben herab kompt/sondern jrdisch/menschlich vnd Teuffelisch/ Denn wo neid vnd zanck ist/da ist vnordnung vnd eitel böse ding.Die weisheit aber von oben her/ist auffs erst keusch/darnach fridsam/gelinde/lesst jr sagen/vol barmhertzigkeit vnd güter früchte/vnparteisch/on heucheley.Die frucht aber der gerechtigkeit wird geseet im fride/denen/die den fride halten.

IIII.

D h   Wo her

Die Epistel

WO her kompt streit vnd krieg vnter euch? Kompts nicht daher/aus ewren wollusten/die da ᵃ streiten jnn ewren gliedern? Jr seid begirig/vnd erlangets damit nicht/ Jr hasset vnd neidet/vnd gewinnet damit nichts/Jr streittet vnd krieget/jr habt nicht/darumb das jr nicht bittet/Jr bittet vnd krieget nicht/darumb das jr vbel bittet/nemlich dahin/das jrs mit ewren wollusten verzehret. Jr ehebrecher vnd ehebrecherin/wisset jr nicht/das der welt freundschafft Gottes feindschafft ist/ Wer der welt freund sein wil/ der wird Gottes feind sein/Odder lasset jr euch duncken/die Schrifft sage vmb sonst/Den geist/der jnn euch wonet/gelüstet widder den hass/vnd gibt ᵇ reichlich gnade. *Gala. v*

So seid nu Gott vnterthenig/Widderstehet dem Teuffel/so fleuhet er von euch. Nahet euch zu Gott/so nahet er sich zu euch. Reiniget die hende jr sunder/vnd machet ewer hertzen keusch jr wanckelmütigen. Seid elend/vnd traget leide/vnd weinet. Ewer lachen verkere sich jns weinen/vnd ewer freude jnn trawrigkeit. Nidriget euch fur Gott/so wird er euch erhöhen. Affterredet nicht vnternander/lieben Brüder. Wer seinem bruder affterredet/vnd vrteilet seinen bruder/der affterredet dem Gesetz/vnd vrteilet das Gesetz. Vrteilestu aber das Gesetz/so bistu nicht ein theter des Gesetzes/sondern ein richter. Es ist ein einiger Gesetz geber/der kan selig machen vnd verdammen. Wer bistu/der du einen andern vrteilest?

Wolan/die jr nu saget/Heute odder morgen wöllen wir gehen jnn die odder die stad/vnd wöllen ein iar da ligen vnd hantieren vnd gewinnen/die jr nicht wisset/was morgen sein wird. Denn was ist ewer leben? Ein dampff ists/der eine kleine zeit weret/darnach aber verschwindet er/Dafur jr sagen soltet/Leben wir/vnd wils Gott/ wöllen wir dis odder das thun. Nu aber rhümet jr euch jnn ewrem hoffmut/Aller solcher rhum ist böse. Denn wer da weis guts zu thun/vnd thuts nicht/dem ists sunde.

V.

WOlan/nu jr reichen/weinet vnd heulet vber ewer elend/das vber euch komen wird. Ewer reichthum ist verfaulet/ewer kleider sind mottenfressig worden/Ewer gold vnd silber ist verrostet/vnd jrer rost wird euch zum zeugnis sein/vnd wird ewer fleisch fressen/wie ein feur/Jr habt euch schetze gesamlet an den letzten tagen/ Sihe/der erbeiter lohn/die ewer land eingeerndtet haben/vnd von euch abgebrochen ist/das schreiet/vnd das ruffen der erndter ist komen fur die ohren des Herrn Sabaoth. Jr habt wolgelebet auff erden/vnd ewer wollust gehabt/vnd ewer hertzen geweidet/als auff einen schlachttag. Jr habt verurteilet den gerechten/vnd getödtet/vnd er hat euch nicht widderstanden.

So seid nu gedültig/lieben Brüder/bis auff die zukunfft des Herrn/ Sihe/ein ackerman wartet auff die köstliche frucht der erden/vnd ist gedültig darüber/bis er empfahe den morgen regen vnd abent regen. Seid jr auch gedültig/vnd sterckt ewre hertzen/ denn die zukunfft des Herrn ist nahe. Seufftzet nicht widdernander/lieben Brüder/auff das jr nicht verdampt werdet. Sihe/der

---

ᵃ Das ist nicht die weise/gut zu erwerben vnd reich werden/so einer den andern hasset/neidet vnd vnternander schindet/streitet/geitzet/vnd teuschet etc.

ᵇ (reichlich) Mit neiden/geitzen/kriegen/triegen vnternander/werdet jr nicht erlangen/das jr begert/sondern folget dem geist/so werdet jr alle gnade vnd vol auff haben.

(schlacht tag) Wie man zur hochzeit odder auff ein Fest schlachtet/Luce. xv. Schlachter ein gemest kalb. Matth. xxj. Mein ochsen vnd mast vieh ist geschlachtet.

Sanct Jacobi. CLXXIX

Richter ist fur der thür. Nemet / meine lieben Brüder / zum Exempel des leidens vnd der gedult / die Propheten / die zu euch geredt haben jnn dem namen des Herrn. Sihe / wir preisen selig / die erduldet haben. Die gedult Hiob habt jr gehöret / vnd das ende des Herrn habt jr gesehen / Denn der Herr ist barmhertzig vnd ein erbarmer.

Mat. v. Für allen dingen aber / meine Brüder / schweeret nicht / wedder bey dem himel / noch bey der erden / noch mit keinem andern eid. Es sey aber ewer wort / ja / das ja ist / vnd nein / das nein ist / auff das jr nicht jnn heucheley fallet. Leidet jemand vnter euch? der bete. Ist jemand gutes muts? der singe Psalmen. Ist jemand kranck / der ruffe zu sich die Eltesten von der Gemeine / vnd lasse sie vber sich beten / vnd salben mit öle / jnn dem namen des Herrn / vnd das gebet des glaubens wird dem krancken helffen / vnd der Herr wird jn auffrichten / vnd so er hat sunde gethan / werden sie jm vergeben sein.

Luc. iiij. iij. Reg. xiij. Bekenne einer dem andern seine sunde / vnd betet fur einander / das jr gesund werdet. Des gerechten gebet vermag viel / wenn es ernstlich ist. Elias war ein mensch gleich wie wir / vnd er betet ein gebet / das es nicht regen solte / vnd es regent nicht auff erden drey jar vnd sechs monden / Vnd er betet abermal / vnd der himel gab den regen / vnd die erde brachte jre frucht.

Lieben Brüder / so jemand vnter euch jrren würde von der warheit / vnd jemand bekeret jn / der sol wissen / das / wer den sunder bekeret hat von dem jrthum seines weges / der hat einer seele vom tode geholffen / vnd wird bedecken die menge der sunden.

Dh ij   Die Epistel

Die Epistel Sanct
Judas.

Vdas ein knecht Jhesu Christi/aber ein bruder Jacobi. Den beruffenen/die da geheiliget sind jnn Gott dem Vater/vnd behalten jnn Jhesu Christo.

Gott gebe euch viel barmhertzigkeit vnd fride vnd liebe.

Ir lieben/nach dem ich fur hatte euch zu schreiben von vnser aller Heil/ hielt ichs fur nötig/euch mit schrifften zu ermanen/das jr ob dem glauben kempfet/der ein mal den Heiligen fur gegeben ist. Denn es sind etliche menschen neben ein geschlichen/von denen vorzeiten geschrieben ist/zu solcher straffe/die sind Gottlose/vnd zihen die gnade vnsers Gottes auff mutwillen/vnd verleugnen Gott/ vnd vnsern Herrn Jhesu Christ/den einigen Herrscher.

ij.pet.ij

Ich wil euch aber erinnern/das jr wisset auff einmal dis/das der Herr/da er dem volck aus Egypten halff/zum andern mal bracht er vmb/die da nicht gleubeten. Auch die Engel/die jr Fürstenthum nicht behielten/sondern verliessen jre behausung/hat er behalten zum gerichte des grossen tages/mit ewigen banden im finsternis. Wie auch Sodoma vnd Gomorra vnd die vmbligende stedte/die gleicher weise wie diese/ausgehuret haben/vnd nach einem andern fleisch gegangen sind/zum Exempel gesetzt sind/vnd leiden des ewigen feurs pein. Desselbigen gleichen sind auch diese Trewmer/die das fleisch beflecken/die Herrschafften aber verachten/vnd die Maiesteten lestern.

Nu.xiiij
ij.pet.ij

Gen.xi

(andern)
Das ist/die vnnatürliche weise jnn fleischlichen sunden/Gene.xix.

Michael aber der Ertzengel/da er mit dem Teuffel zanckte/ vnd mit jm redet vber dem leichnam Mose/thurste er das vrteil der lesterung nicht fellen/sondern sprach/Der Herr straffe dich. Diese aber lestern/da sie nichts von wissen/was sie aber natürlich erkennen/ darinnen verderben sie/wie die vnuernünfftigen thier. Weh jnen/denn sie gehen den weg Kain/vnd fallen jnn den jrthum des Balaams/ vmb genies willen/vnd komen vmb jnn der auffrur Kore.

Gen.ii
Nume.xxiij.
Nu.xvi

Diese vnsteter brassen von ewrem almosen on schew/weiden sich selbs/sie sind wolcken on wasser von dem winde vmbgetrieben/kale vnfruchtbare beume/zwey mal erstorben/vnd ausgewortzelt/wilde wellen des meers/die jre eigen schande ausscheumen/jrrige sterne/ welchen behalten ist das tunckel der finsternis/jnn ewigkeit.

Es hat aber auch von solchen geweissaget Enoch der siebende von Adam/vnd gesprochen/Sihe/der Herr kompt mit viel tausent Heiligen/gerichte zu halten vber alle/vnd zu straffen alle jre Gottlosen vmb alle werck jres Gottlosen wandels/damit sie Gottlos gewesen

Sanct Judas.

wesen sind/vnd vmb alle das harte/das die Gottlosen sunder widder jn geredt haben.

Diese murmeln vnd klagen jmerdar/die nach jren lüsten wandeln/vnd jr mund redet stoltze wort/vnd achten das ansehen der person vmbs nutz willen. Jr aber/meine lieben/erinnert euch der wort/ die zuuor gesagt sind von den Aposteln vnsers Herrn Jhesu Christi/ da sie euch sageten/das zu der letzten zeit/werden Spötter sein/die nach jren eigen lüsten des Gotlosen wesens wandeln/Diese sind die da rotten machen/fleischliche/die da keinen geist haben.

Jr aber/meine lieben/erbawet euch auff ewren aller heiligesten glauben/durch den Heiligen geist/vnd betet/vnd behaltet euch jnn der liebe Gottes/vnd wartet auff die barmhertzigkeit vnsers Herrn Jhesu Christi/zum ewigen leben/Vnd haltet diesen vnterscheid/das jr euch etlicher erbarmet/etliche aber mit furcht selig machet/vnd rücket sie aus dem feur/Vnd hasset den befleckten rock des fleisches.

Dem aber/der euch kan behüten on feil/vnd stellen fur das angesichte seiner herrligkeit/vnstrefflich mit freuden/dem Gott/der allein weise ist/vnserm Heiland/sey ehre vnd Maiestet vnd gewalt vnd macht/nu vnd zu aller ewigkeit/AMEN.

(Klagen)
Es gehet nimer wie sie wöllen/wissen alle ding zu richten/taddeln/vnd ist jnen nichts gut gnug/sie wissens alles besser.

(etliche)
Das ist/etliche tröstet/etliche straffet/doch mit furcht/nicht mit freuel/auff das jr sie aus der fahr des ewigen feurs vnd verdamnis rucket.

Vorrhede auff die
Offenbarung Sanct Johannis.

MAncherley weissagung findet man jnn der Christenheit/ Etliche weissaget also/ das sie der Propheten schrifft auslegt/ dauon Paulus .j. Corin. xij. vnd .xiiij. vnd an mehr orten sagt/ Diese ist die nötigeste/ vnd man mus sie teglich haben/ als die das wort Gottes leret/ den grund der Christenheit legt/ vnd den glauben verteidingt. Vnd summa/ die das predigampt regieret/ erhelt/ bestellet vnd ausricht. Etliche weissagt von künfftigen dingen/ die nicht zuuor jnn der Schrifft stehen/ Vnd diese ist dreierley.

Die erste thuts mit ausgedrückten worten/ on bilde vnd figuren/ wie Moses/ Dauid vnd der gleichen Propheten mehr/ von Christo weissagen/ Vnd wie Christus vnd die Apostel/ von dem Endechrist vnd falschen Lerern rc.

Die andere thuts mit bilden/ aber doch setzt daneben auch die auslegung mit ausgedrückten worten/ wie Joseph die trewme auslegt/ Vnd Daniel beide trewme vnd bilder auslegt. *Dani. ij. vnd. vij*

Die dritte/ die es on wort odder auslegung/ mit blossen bilden vnd figuren thut/ wie dis Buch der Offenbarung/ vnd vieler heiligen leute/ trewme/ gesichte vnd bilder/ welche sie vom Heiligen geist haben/ wie Acto. ij. Petrus aus Joel prediget. Ewre söne vnd töchter sollen weissagen/ vnd ewre Jünglinge sollen gesichte sehen/ vnd ewre Eltesten sollen trewme trewmen.

Vnd so lange solche weissagunge vngedeut bleibet/ vnd keine gewisse auslegung krigt/ ists eine verborgene/ stumme weissagung/ vnd noch nicht zu jrem nutz vnd frucht komen/ den sie der Christenheit geben sol/ wie denn auch diesem Buch bisher gegangen/ Es haben wol viel sich dran versucht/ Aber bis auff den heutigen tag/ nichts gewisses auff bracht/ etlich viel vngeschickts dinges/ aus jrem kopff hinein gebrewet/ Vmb solcher vngewissen auslegung vnd verborgen verstands willen/ haben wirs bisher auch lassen ligen/ sonderlich weil es auch bey etlichen alten Vetern geachtet/ das nicht Sanct Johannes des Apostels sey/ wie in libro. iij. Hist. Ecclesi. xxv. stehet/ Jnn welchem zweinel wirs für vns auch noch lassen bleiben/ Damit doch niemand gewehret sein sol/ das ers halte fur Sanct Johannes des Apostels/ odder wie er wil.

Weil wir aber dennoch gerne die deutung odder auslegunge gewis hetten/ wöllen wir den andern vnd höhern geistern vrsachen nach zu dencken geben/ vnd vnsere gedancken auch an tag geben/ Nemlich also/ Weil es sol eine offenbarung sein künfftiger geschicht/ vnd sonderlich/ künfftiger trübsaln vnd vnfal der Christenheit/ Achten wir/ das solt der neheste vnd gewisseste griff sein/ die auslegung zu finden/ so man die ergangen geschicht vnd vnfelle jnn der Christenheit bis her ergangen/ aus den Historien neme/ vnd die selbigen gegen diese bilde hielte/ vnd also auff die wort vergliche. Wo sichs als denn

Vorrhede. CLXXXI

als denn fein würde mit einander reimen vnd ein treffen / so kündte man drauff fussen / als auff eine gewisse / odder zum wenigsten / als auff eine vnuerwerffliche auslegung.

Dem nach / halten wir / wie der Text zwar selbs gibt / das die ersten drey Capitel / so von den sieben Gemeinen vnd jren Engeln jnn Asia reden / nichts anders wöllen / denn einfeltiglich anzeigen / wie die selbigen dazumal gestanden sind / vnd vermanet werden / das sie bleiben vnd zunemen / odder sich bessern sollen. Vber das / lernen wir draus / durch das wort / Engel / hernach jnn andern bilden vnd gesichten / verstehen / Bischoue odder Lerer jnn der Christenheit / etliche gut / als die heiligen Veter vnd Bischoue / etliche böse / als die Ketzer vnd falschen Bischoue / welcher doch mehr jnn diesem Buch stehen / denn jhener.

Im vierden vnd fünfften Capitel / wird furgebildet die gantze Christenheit / die solch zukünfftig trübsal vnd plagen leiden sol / Da sind .xxiiij. Eltesten fur Gotte (das sind alle Bischoue vnd Lerer eintrechtig) mit dem glauben gekrönet / die Christum das Lamb Gottes mit den harfen loben (das ist) predigen / vnd mit reuchfassen dienen / das ist / im beten sich vben / Das alles zu trost der Christen / das sie wissen sollen / die Christenheit solle dennoch bleiben jnn künfftigen plagen.

Im sechsten / gehen an die künfftigen trübsaln / Vnd erstlich / die leiblichen trübsaln / als da sind / Verfolgung von der weltlichen oberkeit / welche ist der gekrönete reuter mit dem bogen auff dem weissen ros / Item krieg vnd blut / welche ist der reuter mit dem schwerd auffm roten ros / Item thewre zeit vnd hunger / welche ist der reuter mit der wogen auff dem schwartzen ros / Item / Pestilentz vnd drüse / welche ist der reuter im tods bilde auff dem fahlen ros. Denn diese vier plagen folgen gewis alle zeit / vber die vndanckbarn vnd verechter des Worts Gottes / neben andern mehr verstörung vnd enderung der Oberkeiten / bis an Jüngsten tag / wie am ende des .vj. Capitels gezeigt wird / vnd die seelen der Merterer solchs auch treiben / mit jrem geschrey.

Im siebenden vnd achten Capitel / gehet an die offenbarung von geistlichen trübsaln / das sind mancherley ketzerey / vnd wird abermal vorher ein trost bilde gestellet / da der Engel die Christen zeichent / vnd den vier bösen Engeln weret / auff das man abermal gewis sey / die Christenheit werde auch vnter den Ketzern frume Engel vnd das reine Wort haben / wie auch der Engel mit dem reuchfas / das ist / mit dem gebet zeigt. Solche gute Engel sind die heiligen Veter / als Spiridon / Athanasius / Vilarius vnd das Concilium Nicenum / vnd der gleichen.

Der erste böse Engel ist / Tatianus mit seinen Encratiten / welche die ehe verboten / Item / aus wercken frum sein wolten / wie die Jüden / Denn die lere von werckheiligkeit / muste die erste sein / widder das Euangelion / bleibt auch wol die letzte / on das sie jmer newe Lerer vnd namen kriegt / als Pelagianer rc.

Der ander ist / Martion mit seinen Kataphrygen / Manicheis / Montanis rc. die jre geisterey rhümen / vber alle Schrifft / vnd faren wie dieser brennend berg / zwischen himel vnd erden / als bey vns der Müntzer vnd die Schwermer.

V h iij   Der dritte /

Vorrhede.

Der dritte/ist Origenes/der durch die Philosophia vnd vernunfft die Schrifft verbittert vnd verderbet hat/wie bey vns die hohen schulen bisher gethan.

Der vierde ist/Nouatus mit seinen Katharen/welche die Busse versagten/vnd fur andern die reinsten sein wolten/der art waren die Donatisten hernach auch/Vnser geistlichen aber/sind schier alle vierley. Die gelerten/so die Historien wissen/werden dis wol aus zu rechen wissen/denn es were zu lang alles zu erzelen vnd beweisen.

Im neunden/hebt sich der recht jamer/Denn bisher/die leibliche vnd geistliche trübsaln/fast ein schertz gewesen sind/gegen diese künfftigen plagen/wie auch der Engel am ende des achten Capitels selbs anzeiget/Es sollen drey Weh komen/welche Weh sollen die andern drey/das ist/der funfft/sechst/siebend Engel ausrichten/vnd damit der welt ein ende. Die komen beide geistliche vnd leibliche verfolgung zu samen/der selbigen sollen drey sein/die erste gros/die ander noch grösser/die dritte am aller grössesten.

So ist das erste Weh/der fünffte Engel/Arrius der grosse Ketzer/vnd seine gesellen/der die Christenheit so grewlich geplagt hat jnn aller welt/das wol der Text hie sagt/die frumen leute weren lieber gestorben/denn solchs gesehen/vnd haben doch müssen solchs sehen vnd nicht sterben/Ja er spricht/der Engel aus der hellen/genant Verderber/sey jr König/als wolten sie sagen/der Teuffel reite sie selbs/Denn sie nicht allein geistlich/sondern auch leiblich mit dem schwerd die rechten Christen verfolget haben/Liese die geschicht von den Arrianern/so wirstu diese figur vnd wort wol verstehen.

Das ander Weh/ist der sechst Engel/der schendliche Mahometh mit seinen gesellen den Sarracenern/welche mit leren vnd mit dem schwerd der Christenheit grosse plage angelegt haben/Neben vnd mit dem selbigen Engel/damit solch Weh deste grösser sey/kompt dazu der starcke Engel/mit dem Regenbogen vnd bittern Buche/das ist/das heilige Bapstum mit seinem grossen geistlichen schein/die messen vnd fassen den Tempel mit jren gesetzen/stossen den Chor hinaus/vnd richten eine laruen kirche odder eusserliche heiligkeit an.

Im eilfften vnd zwelfften/werden zwischen solchen bösen Wehen vnd plagen/zwey trostbilde gestellet/Eins von den zweien predigern/vnd eins von der schwangern frawen/die ein kneblin/on des Drachen danck/gebirt/damit angezeiget wird/das dennoch etliche frume Lerer vnd Christen bleiben sollen/beide vnter den zwey vorigen Wehen vnd dem dritten künfftigen Wehe/vnd lauffen nu die letzten zwey Wehe mit einander/vnd zu gleich die Christenheit zur letze angreiffen/vnd der Teuffel damit endlich dem fass den boden ausstosset.

So kompt nu im dreizehenden Capitel (auff die posaunen des letzten vnter den sieben Engeln/der im anfang des zwelfften Capitels bleset) desselbigen siebenden Engels geschefft/das dritte Wehe/nemlich/das Bepstliche Keiserthum vnd Keiserliche Bapstum. Die krieget das Bapstum auch das weltliche schwerd jnn seine gewalt/vnd regiert nu nicht allein mit dem Buch im andern Wehe/sondern auch mit dem schwerd im dritten Wehe/wie sie denn rhümen/das der Bapst beide geistlich vnd weltlich schwerd jnn seiner macht habe/Die sind nu die zwey thier/Eins/ist das Keiserthum/Das ander mit den zweien hörnern/das Bapstum/welchs nu auch ein welt

Vorrhede. CLXXXII

ein weltlich Reich worden ist/ doch mit dem schein des namens Christi/ Denn der Bapst hat das gefallen Römisch Reich/ widder auffgericht/ vnd von den Griechen zu den Deudschen bracht/ Vnd ist doch mehr ein Bilde vom Römischen Reich/ denn des Reichs corper selbs/ wie es gewesen ist/ Dennoch gibt er solchem bilde geist vnd leben/ das es dennoch seine stende/ rechte/ glieder vnd Empte hat/ vnd gehet etlicher masse im schwang/ Das ist das bilde/ das wund gewesen/ vnd widder heil worden ist.

Was aber fur grewel/ wehe vnd schaden solch Keiserlich Bapstum gethan hab/ ist jtzt nicht zu erzelen/ Denn erstlich ist die welt durch sein Buch vol worden aller abgöterey/ mit Klöstern/ Stifften/ Heiligen/ Walfarten/ Fegfeur / Ablas / Vnehe/ vnd vnzelige mehr stuck der menschen lere vnd werck ec. Zum andern / wer kan erzelen/ wie viel blut/ mord/ krieg vnd jamer/ die Bepste haben angericht/ beide mit selbs kriegen vnd mit reitzen die Keiser/ Könige/ Fürsten vnternander/ Die gehet nu vnd leufft des Teuffels letzter zorn mit ein ander/ im schwang/ Dort gegen morgen/ das ander Wehe/ Mahometh vnd die Sarracener/ Die gegen abent/ Bapstum vnd Keiserthum mit dem dritten Wehe/ zu welchem als zur zugabe der Türcke/ Gog vnd Magog auch kompt/ wie im.xx. Capitel folgen wird/ Vnd also die Christenheit inn aller welt vnd zu allen seiten mit falschen leren vnd kriegen/ mit buch vnd schwerd/ auffs aller grewlichst vnd jemerlichst geplagt wird/ Das ist die grund suppe vnd die endliche plage/ Darauff folgen nu fast eitel trost bilde/ vom ende solcher aller Weh vnd grewel.

Im vierzehenden Capitel/ fehet an Christus zu erst mit dem Geist seines mundes zu tödten (wie Sanct Paulus sagt) seinen EndeChrist/ Vnd kompt der Engel mit dem Euangelio widder das bitter buch des starcken Engels/ Vnd stehen nu widderumb heiligen/ auch jungfrauen vmb das Lamb her/ vnd predigen recht. Auff welch Euangelion folget des andern Engels stimme/ das die stad Babylon fallen sol/ vnd das geistliche Bapstum vntergehen/ Daher gehört auch das.xv. Capitel/ da die erndte gehalten wird/ vnd die/ so am Bapstum widder das Euangelion beharren/ ausser der stad Christi/ inn die kelter Göttlichs zorns geworffen werden/ Das ist / durchs Euangelion werden sie/ als von der Christenheit abgesondert/ verurteilt zum zorn Gottes/ Welcher ist viel/ vnd die kelter gibt viel bluts/ Odder villeicht mag noch wol etwa eine redliche straffe vnd vrteil furhanden sein/ vber vnser sunde/ die aus der massen vnd vber reiff sind.

Darnach im sechtzehenden/ komen die sieben Engel mit den sieben schalen/ da nimpt das Euangelion zu/ vnd stürmet das Bapstum an allen enden/ durch viel gelerte frume prediger / Vnd wird des Thiers stuel/ des Bapsts gewalt/ finster/ vnselig vnd veracht/ Aber sie werden alle zornig/ vnd weren sich getrost/ Denn es gehen drey frösche/ drey vnsaubere geister aus des thieres maul/ reitzen damit die Könige vnd Fürsten widder das Euangelion/ Aber es hilfft nicht/ jr streit geschicht doch zu Darmageddon/ Die frösche sind die Sophisten/ als Faber/ Eck/ Emser ec/ die viel gecken widder das Euangelion/ vnd schaffen doch nichts/ vnd bleiben frösche.

Im siebentzehenden wird das keiserliche Bapstum vnd Bepstliche keiserthum/ gantz von anfang bis ans ende jnn ein bilde gefasset/ vnd gleich jnn eine summa furgestellet/ wie es nicht sey (denn das

alt Römisch

Vorrhede.

alt Römisch reich ist lengest dahin) vnd sey doch/ Denn es sind ja etliche lender/ vnd dazu die stad Rom auch noch da/ Solch bilde wird hie furgestellet/ gleich wie man einen vbelthetter offentlich für gericht stellet/ das er verurteilt werden sol/ auff das man wisse/ wie dis thier sol nu bald auch verdampt/ vnd wie S. Paulus sagt/ durch die erscheinung der zukunfft vnsers Herrn zustöret werden/ Welchs fahen an/ wie er im Text sagt/ auch des Bapstumbs schutzherrn/ die es also jtzt schützen/ das die geistlichen gar schier nackt sitzen werden.

Im achtzehenden/ gehet nu an solche verstörung/ vnd gehet die herrliche grosse pracht zu boden/ vnd hören auff die Stifftreuber vnd pfründen diebe/ die Cortisanen/ denn auch Rom darumb hat müssen geplündert/ vnd durch jren eigen Schutzherrn gestürmet werden/ zum anfang der endlichen verstörung.

Noch lassen sie nicht ab/ suchen/ trösten/ rüsten vnd weren sich/ vnd wie er hie sagt im neuntzehenden Capitel/ nu sie mit schrifft vnd büchern nicht mehr können/ vnd die frösche aus gekeckt haben/ greiffen sie mit ernst dazu/ vnd wöllens mit gewalt ausfüren/ samlen könige vnd fürsten zum streit/ Aber sie lauffen an/ Denn der auff dem weissen rosse/ der Gottes Wort heisst/ der gewinnet/ bis das beide thier vnd Prophet/ ergriffen jnn die helle geworffen werden.

Inn des nu solchs alles gehet/ kompt im xx. Capitel auch herzu der letzte tranck/ Gog vnd Magog/ der Türcke/ die roten Jüden/ welche der Satan/ so vor tausent iaren gefangen gewest ist/ vnd nach tausent iaren widder los werden/ bringet/ Aber sie sollen mit jm auch bald jnn den fewrigen pful/ Denn wir achten/ das dis bilde/ als ein sonderlichs von den vorigen/ vmb der Türcken willen gestellet sey/ vnd die tausent iar anzufahen sind/ vmb die zeit/ da dis buch geschrieben ist/ vnd zur selbigen zeit auch der Teuffel gebunden sey/ Doch mus die rechnung nicht so gnaw/ alle minuten treffen. Auff die Türcken folget nu flugs das jüngste gericht/ am ende dieses Capitels/ wie Daniel. vij. auch zeiget.

Zu letzt/ am ein vnd zwentzigsten/ wird der endliche trost gebildet/ das die Heilige stad sol vollend bereit/ vnd als eine braut zur ewigen hochzeit gefürt werden/ das Christus alleine Herr sey/ vnd alle Gottlosen verdampt/ sampt dem Teuffel jnn die helle faren.

Nach dieser auslegung/ können wir dis buch vns nütz machen/ vnd wol brauchen/ Erstlich/ zur tröstung/ das wir wissen/ wie das keine gewalt noch lügen/ keine weisheit noch heiligkeit/ kein trübsal noch leid/ werden die Christenheit vnterdrücken/ sondern sie sol endlich den sieg behalten vnd obligen/ Zum andern/ zur warnung/ widder das grosse fehrliche manchfeltige ergernis/ so sich begibt an der Christenheit/ Denn die weil so mechtig gewalt vnd schein/ solte widder die Christenheit fechten/ vnd sie so gar on alle gestalt vnter so viel trübsaln/ ketzereien/ vnd andere gebrechen verborgen sein/ ist der vernunfft vnd natur vnmüglich die Christenheit zu erkennen/ sondern fellt dahin/ vnd ergert sich an jr/ heisst das Christliche kirche/ welchs doch der Christlichen kirchen ergeste feinde sind/ Vñ widerumb heisst das verdampte ketzer/ die doch die rechte Christliche kirche sind/ wie bisher/ vnter dem Bapstum/ Mahometh/ ja bey allen ketzern geschehen ist/ Vnd verlieren also diesen artickel/ Ich gleube eine heilige Christliche kirche.

Gleich wie auch jtzt etliche klüglinge thun/ weil sie ketzerey/ zwitracht/

Vorrhede. CLXXXIII

tracht/vnd mancherley mangel sehen/das viel falscher/viel loser Christen sind/vrteilen sie flugs vnd frey/Es seien keine Christen da/ Denn sie haben gehöret/das Christen sollen ein heilig/fridsam/eintrechtig/freundlich/tugentreich volck sein/Dem nach meinen sie/Es solle kein ergernis/keine ketzerey/kein mangel/sondern eitel fride vnd tugent da sein/Diese solten dis buch lesen/vnd lernen die Christenheit mit andern augen/denn mit der vernunfft ansehen/Denn dis buch/ (meine ich) zeige ja gnug grewlicher vngehewre thiere/schewsliche feindselige Engel/wüste vnd schreckliche plagen/ich wil der andern grossen gebrechen vnd mangel schweigen/Welche doch allzumal sind jnn der Christenheit vnd vnter den Christen gewest/das freilich alle vernunfft vnter solchem wesen/die Christenheit hat müssen verlieren/ Wir sehen ja hie klerlich/was grausamer ergernis vnd mangel/vor vnsern zeiten gewest sind/da man doch meinet/die Christenheit hab am besten gestanden/das vnser zeit ein gülden jar gegen jhene wol zu rechnen were/Meinstu nicht/die Heiden haben sich auch dran geergert/vnd die Christen fur mutwillige/lose/zenckische lente gehalten?

Es ist dis stücke (Ich gleube eine heilige Christliche kirche) eben so wol ein artickel des glaubens/als die andern/Darumb kan sie keine vernunfft/wenn sie gleich alle brillen auffsetzt/erkennen/Der Teuffel kan sie wol zu decken/mit ergernissen vnd rotten/das du dich müssest dran ergern/so kan sie Gott auch mit gebrechen vnd allerley mangel verbergen/das du must drüber zum narren werden/vnd ein falsch vrteil vber sie fassen/Sie wil nicht ersehen/sondern ergleubt sein/ Glaub aber ist von dem/das man nicht sihet/Ebre. xj. Vnd sie singet mit jrem Herrn auch das lied/Selig ist/der sich nicht ergert an mir/ Es ist ein Christ auch wol jm selbs verborgen/das er seine heiligkeit vnd tugent nicht sihet/sondern eitel vntugent vnd vnheiligkeit sihet er an sich/Vnd du grober klügling/woltest die Christenheit mit deiner blinden vernunfft vnd vnsaubern angen sehen.

Summa/vnser heiligkeit ist im himel/da Christus ist/vnd nicht jnn der welt/fur den augen/wie ein kram auff dem marckt/Darumb las ergernis/rotten/ketzerey/vnd gebrechen sein vnd schaffen/was sie mügen/So allein das Wort des Euangelij bey vns rein bleibt/vnd wirs lieb vnd werd haben/so sollen wir nicht zweineln/
Christus sey bey vnd mit vns/wens gleich auffs
ergeste gehet/wie wir hie sehen jnn die-
sem buche/das Christus durch
vnd vber alle plagen/thiere/
böse Engel/dennoch bey
vnd mit seinen Heili-
gen ist/vnd end-
lich obligt.

Die offenbarung Sanct
Johannis des
Theologen.

I.

Es ist die offenbarung Jhesu Christi/ die jm Gott gegeben hat/ seinen knechten zu zeigen/ was jnn der kürtz geschehen sol/ vnd hat sie gedeutet vnd gesand durch seinen Engel zu seinem knecht Johannes/ der bezeuget hat das wort Gottes/ vnd das zeugnis von Jhesu Christo/ was er gesehen hat. Selig ist/ der da liest vnd die da hören die wort der weissagung/ vnd behalten/ was drinnen geschrieben ist/ denn die zeit ist nahe.

Johannes/ Den sieben Gemeinen jnn Asia. Gnade sey mit euch vnd fride/ von dem der da ist/ vnd der da war/ vnd der da kompt/ vnd von den sieben geistern/ die da sind vor seinem stuel/ vnd von Jhesu Christo/ welcher ist der trewe Zeuge vnd erstgeborner von den todten/ vnd ein Fürst der Könige auff erden/ der vns geliebet hat vnd gewaschen von den sunden/ mit seinem blut/ vnd hat vns zu königen vnd priestern gemacht/ fur Gott vnd seinem Vater/ dem selbigen sey ehre vnd gewalt von ewigkeit zu ewigkeit/ Amen. Sihe er kompt mit den wolcken vnd es werden jn sehen alle augen/ vnd die jn gestochen haben/ vnd werden heulen alle geschlecht der erden. Ja/ Amen. Jch bin das A vnd das O/ der anfang vnd das ende/ spricht der Herre/ der da ist/ vnd der da war/ vnd der da kompt/ der Allmechtige.

Jch Johannes vnd ewer bruder vnd mitgenos am trübsal vnd am Reich vnd an der gedult Jhesu Christ/ war jnn der Jnsulen Pathmos vmb des wort Gottes willen/ vnd des zeugnis Jhesu Christ/ ich war im geist am Sontage/ vnd hörete hinder mir eine grosse stim/ als einer Posaunen/ die sprach/ Jch bin das A vnd das O/ der erst vnd der letzt/ vnd was du sihest/ das schreibe jnn ein buch/ vnd sende es zu den Gemeinen jnn Asia/ gen Epheson/ vnd gen Smyrnen/ vnd gen Pergamon/ vnd gen Thyatiras/ vnd gen Sardis/ vnd gen Philadelphian/ vnd gen Laodicean.

Vnd ich wand mich vmb/ zu sehen nach der stim/ die mit mir redet/ vnd als ich mich wand/ sahe ich sieben gülden leuchter/ vnd vnter den güldenen leuchtern/ einen/ der war eines menschen son gleich/ der war angethan mit einem kittel/ vnd begürtet vmb die brust mit einem gülden gürtel/ sein heubt aber vnd sein har war weis/ wie weisse wolle/ als der schnee/ vnd seine augen wie ein fewer flamme/ vnd seine füsse gleich wie messing/ das im offen gluet/ vnd seine stim wie gros wasser rauschen/ vnd hatte sieben sterne jnn seiner rechten hand/ vnd aus seinem munde gieng ein scharff zweischneitig schwerd. Vnd sein angesichte leuchtet wie die helle sonne.

Vnd

Sanct Johannis.
Die Erste Figur.
CLXXXIIII

Vnd als ich jn sahe/fiel ich zu seinen füssen als ein todter/Vnd er leget seine rechte hand auff mich/vnd sprach zu mir/Fürchte dich nicht/Ich bin der erst vnd der letzt/vnd der lebendige/ich war tod/vnd sihe/ich bin lebendig von ewigkeit zu ewigkeit/vnd habe die schlüssel der helle vnd des todes/Schreib/was du gesehen hast/vnd was da ist/vnd was geschehen sol darnach/das geheimnis der sieben sternen/die du gesehen hast jnn meiner rechten hand/vnd die sieben gülden leuchter/Die sieben sternen sind Engel der sieben Gemeine/vnd die sieben leuchter/die du gesehen hast/sind sieben Gemeine.

II.

Vnd dem Engel der Gemeine zu Epheso schreibe/Das saget/der da helt die sieben sterne jnn seiner rechten/der da wandelt mitten vnter den sieben güldenen leuchtern/Ich weis deine werck vnd deine erbeit vnd deine gedult/vnd das du die bösen nicht tragen kanst/vnd hast versucht die/so da sagen/sie seien Apostel/vnd sinds nicht/vnd hast sie lügener erfunden/vnd vertregst/vnd hast gedult/vnd vmb meines namens willen erbeitest/vnd bist nicht müde worden. Aber ich habe widder dich/das du die erste liebe verlessest/Gedencke/wo von du gefallen bist/vnd thu busse/vnd thu die ersten werck/Wo aber nicht/werde ich dir komen balde/vñ deinen leuchter weg stossen von seiner stet/wo du nicht busse thust/Aber das hastu/das du die werck der Nicolaiten hassest/welche ich auch hasse. Wer oren hat der höre/was der Geist den Gemeinen saget/Wer vberwindet/dem wil ich zu essen geben von dem holtz des lebens/das im Paradis Gottes ist.

J i   Vnd dem

Die offenbarung

Vnd dem Engel der Gemeinen zu Smyrnen schreibe/Das saget der Erst vnd der letzt/der tod war/vnd ist lebendig worden/Ich weis deine werck vnd dein trübsal vnd deine armut (du bist aber reich) vnd die lesterung von denen/die da sagen/sie sind Jüden/vnd sinds nicht/ sondern sind des Satans hauffe/Fürchte dich fur der keinem/das du leiden wirst/Sihe/der Teuffel wird etliche von euch jnn gefengnis werffen/auff das jr versucht werdet/vnd werdet trübsal haben zehen tage/Sey getrew bis an den tod/so wil ich dir die krone des lebens geben. Wer oren hat der höre/was der Geist den Gemeinen sagt. Wer vberwindet/dem sol kein leid geschehen von dem andern tode.

Vnd dem Engel der Gemeinen zu Pergamon schreibe/Das sagt/ der da hat das scharffe zweischneidige schwerd/Ich weis was du thust vnd wo du wonest/das da des Satans stuel ist/vnd heltest an meinem namen/vnd hast meinen namen nicht verleugnet/Vnd jnn meinen tagen ist Antipas mein trewer Zeuge/bey euch getödtet/da der Satan wonet. Aber ich habe ein kleins widder dich/das du da= selbs hast/die an der lere Balaam halten/welcher lerete durch den Balac ein ergernis auffrichten fur den kindern Israel/zu essen der gö= tzen opffer/vnd hurerey treiben/Also hastu auch/die an der lere der Nicolaiten halten/das hasse ich. Thue busse/Wo aber nicht/so werde ich dir balde komen/vnd mit jn kriegen durch das schwerd meines mundes. Wer oren hat der höre/was der Geist den Gemeinen sagt. Wer vberwindet/dem wil ich zu essen geben von dem verborgen Man= na/vnd wil jm geben ein gut zeugnis/vnd mit dem zeugnis einen newen namen geschrieben/welchen niemand kennet/denn der jn em= pfehet.

Vnd dem Engel der Gemeinen zu Thyatira schreibe/Das saget der Son Gottes/der augen hat wie die fewer flammen/vnd seine füs= se gleich wie messing/Ich weis deine werck vnd deine liebe/vnd dei= nen dienst/vnd deinen glauben/vnd deine gedult/vnd das du jhe leng= er jhe mehr thust/Aber ich habe ein kleins widder dich/das du lessest das weib Jesabel/die da spricht/sie sey eine Prophetin/leren vnd ver= füren meine knechte/hurerey treiben/vnd götzen opffer essen/Vnd ich hab jr zeit gegeben/das sie solt busse thun fur jre hurerey/vnd sie thut nicht busse/Sihe/ich werffe sie jnn ein bette/vnd die mit jr die ehe gebrochen haben/jnn grosse trübsal/wo sie nicht busse thun fur jre werck/vnd jre kinder wil ich zu tod schlahen/vnd sollen erkennen alle Gemeinen/das ich bin/der die nieren vnd hertzen erforschet/vnd werde geben einem jglichen vnter euch nach ewern wercken.

Euch aber sage ich vnd den andern/die zu Thyatira sind/die nicht haben solche lere/vnd die nicht erkand haben die tieffe des Satans/ (als sie sagen) ich wil nicht auff euch werffen eine andere last/doch was jr habt/das haltet bis das ich kome/Vnd wer da vberwindet/ vnd helt meine werck/bis ans ende/dem wil ich macht geben vber die Heiden/vnd er sol sie weiden mit einer eisern ruten/vnd wie eins töpf= fers gefes/sol er sie zuschmeissen/wie ich von meinem vater empfang= en hab/vnd wil jm geben den morgen stern. Wer oren hat/der höre/ was der Geist den Gemeinen sagt.

III.

Vnd dem

Johannis.

Vnd dem Engel der Gemeinen zu Sarden schreibe/ Das saget/ der die geister Gottes hat/ vñ die sieben sterne/ Ich weis deine werck/ denn du hast den namen/ das du lebest/ vnd bist tod/ Sey wacker/ vnd stercke das andere/ das sterben wil/ Denn ich habe deine wercke nicht völlig erfunden fur Gott/ So gedencke nu/ wie du empfangen vnd gehöret hast/ vnd halts/ vnd thu busse/ So du nicht wirst wachen/ werde ich vber dich komen/ wie ein dieb/ vnd wirst nicht wissen/ welche stunde ich vber dich komen werde. Du hast auch wenig namen zu Sarden/ die nicht jre kleider besudelt haben/ vnd sie werden mit mir wandeln jnn weissen kleidern/ denn sie sinds werd. Wer vberwindet/ der sol mit weissen kleidern angelegt werden/ vnd ich werde seinen namen nicht aus tilgen aus dem buch des lebens/ vnd ich wil seinen namen bekennen fur meinem vater/ vnd fur seinen Engeln. Wer oren hat/ der höre/ was der Geist den Gemeinen saget.

Vnd dem Engel der Gemeine zu Philadelphia schreibe/ Das saget der Heilige/ der Warhafftige/ der da hat den schlüssel Dauid/ der auffthut/ vnd niemand zuschleusset/ der zuschleusset/ vnd niemand auffthut. Ich weis deine werck/ Sihe/ ich habe fur dir gegeben eine offene thür/ vnd niemand kan sie zuschliessen/ denn du hast eine kleine krafft/ vnd hast mein Wort behalten/ vnd hast meinen namen nicht verleugnet. Sihe/ ich werde geben aus Satanas hauffen/ die da sagen/ sie sind Jüden/ vnd sinds nicht/ sondern liegen/ Sihe/ ich wil sie machen/ das sie komen sollen/ vnd anbeten zu deinen füssen/ vnd erkennen/ das ich dich geliebt habe.

Die weil du hast behalten das Wort meiner gedult/ wil ich auch dich behalten fur der stunde der versuchung/ die komen wird vber der gantzen welt kreis/ zu versuchen die da wonen auff erden. Sihe/ ich kome bald/ halt was du hast/ das niemand deine krone neme. Wer vberwindet/ den wil ich machen zum pfeiler jnn dem Tempel meines Gottes/ vnd sol nicht mehr hinaus gehen/ vnd wil auff jn schreiben den namen meines Gottes/ vnd den namen des newen Jerusalem/ der stad meines Gottes/ die von himel hernidder kömpt von meinem Gott/ vnd meinen namen den newen. Wer oren hat/ der höre/ was der Geist den Gemeinen saget.

Vnd dem Engel der Gemeinen zu Laodicea schreibe/ Das saget/ Amen/ Der trewe vnd warhafftiger zeuge/ der anfang der creatur Gottes/ Ich weis deine werck/ das du wedder kalt noch warm bist/ Ah das du kalt odder warm werest/ Weil du aber law bist/ vnd wedder kalt noch warm/ werde ich dich aus speien aus meinem munde. Du sprichst/ Ich bin reich/ vnd habe gar sat/ vnd darff nichts/ vnd weissest nicht/ das du bist elend vnd jemerlich/ arm/ blind vnd blos/ Ich rate dir/ das du gold von mir keuffest/ das mit feur durch leutert ist/ das du reich werdest/ vnd weisse kleider/ das du dich an thust/ vnd nicht offenbaret werde die schande deiner blösse/ vnd salbe deine augen mit augen salbe/ das du sehen mügest.

Welche ich lieb habe/ die straffe vnd züchtige ich/ So sey nu vleissig/ vnd thu busse/ Sihe/ ich stehe fur der thür/ vnd klopffe an/ So jemand meine stim hören wird/ vnd die thür auffthun/ zu dem werde ich eingehen/ vnd das abendmal mit jm halten/ vnd er mit mir. Wer vberwindet/ dem wil ich geben/ mit mir auff meinem stuel zu

Ji ij   sitzen/

Die offenbarung

sitzen/ wie ich vberwunden habe/ vnd bin gesessen mit meinem Vater auff seinem stuel. Wer oren hat/ der höre/ was der Geist den Gemeinen saget.

Die Ander Figur.

IIII.

Dis bilde ist die Christenheit auff erden/ jnn jrer gestalt vnd fridliche wesen/ die solch zukünfftige plagen leiden sol vnd dennoch bleiben.

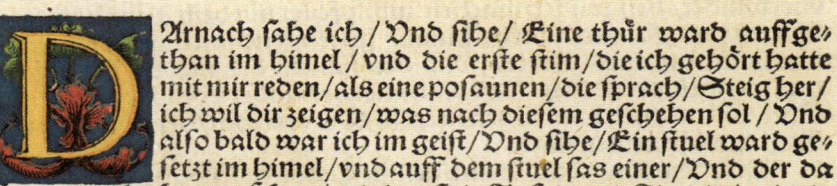

DArnach sahe ich/ Vnd sihe/ Eine thür ward auffgethan im himel/ vnd die erste stim/ die ich gehört hatte mit mir reden/ als eine posaunen/ die sprach/ Steig her/ ich wil dir zeigen/ was nach diesem geschehen sol/ Vnd also bald war ich im geist/ Vnd sihe/ Ein stuel ward gesetzt im himel/ vnd auff dem stuel sas einer/ Vnd der da sas/ war gleich anzusehen/ wie der stein Jaspis vnd Sardis/ vnd ein regenbogen war vmb den stuel/ gleich anzusehen/ wie ein Smaragd/ Vnd vmb den stuel waren vier vnd zwenzig stuele/ vnd auff den stulen sassen vier vnd zwenzig Eltesten/ mit weissen kleidern angethan/ vnd hatten auff jren heubten güldene krone.

Vnd von dem stuel giengen aus/ Blitz/ Donner/ vnd stimmen/ vnd sieben fackeln mit fewer brandten fur dem stuel/ welchs sind die sieben Geister Gottes/ Vnd fur dem stuel war ein glesern meer/ gleich dem Christal/ Vnd mitten im stuel/ vnd vmb den stuel vier thiere/ vol augen fornen vnd hinden/ Vnd das erste thier war gleich einem lewen/ vnd das ander thier war gleich einem kalbe/ vnd das dritte hatte ein andlitz wie ein mensch/ vnd das vierde thier gleich einem fliegenden Adeler/ Vnd der vier thiere hatte ein jgliches sechs flügel/ vnd aussen vmb vnd jnnwendig vol augen/ vnd hatten keine ruge tag vnd nacht/ vnd sprachen/ Heilig/ Heilig/ Heilig ist Gott

Sanct Johannis.

ist Gott der Herr/der Allmechtige/der da war/vnd der da ist/vnd der da kompt.

Vnd da die thiere gaben preis vnd ehre vnd danck dem/der da auff dem stuel sas/der da lebet von ewigkeit zu ewigkeit/fielen die vier vnd zwentzig Eltesten fur den/der auff dem stuel sas/vnd beteten an den/der da lebet von ewigkeit zu ewigkeit/vnd worffen jre kronen fur den stuel/vnd sprachen/Herr/du bist wirdig zu nemen preis vnd ehre vnd krafft/denn du hast alle ding geschaffen/vnd durch deinen willen haben sie das wesen/vnd sind geschaffen.

V.

Vnd ich sahe jnn der rechten hand des/der auff dem stuel sas/ein Buch geschrieben jnnwendig vnd auswendig/ versiegelt mit sieben siegel/vnd ich sahe einen starcken Engel predigen mit heller stim/Wer ist wirdig das buch auff zuthun/vnd seine siegel zubrechen? Vnd niemand im himel noch auff erden noch vnter der erden/kund das Buch auffthun vnd dreinsehen/Vnd ich weinet seer/das niemand wirdig erfunden ward/das Buch auff zuthun vnd zu lesen/noch drein zu sehen.

Dis Buch hat die zukünfftige geschicht jnn sich/die durch Christum geoffenbart werden.

Vnd einer von den Eltesten spricht zu mir/weine nicht/Sihe/ es hat vberwunden der Lewe/der da ist vom geschlecht Juda/der stam Dauid/auff zuthun das Buch vnd zubrechen seine sieben siegel. Vnd ich sahe/vnd sihe/mitten im stuel vnd der vier thieren/vnd mitten vnter den Eltesten stund ein Lamb/wie es erwürget were/vnd hatte sieben hörner vnd sieben augen/welchs sind die geister Gottes/gesand jnn alle land/vnd es kam vnd nam das Buch aus der rechten hand des/der auff dem stuel sas.

Vnd da es das Buch nam/da fielen die vier thier vnd die vier vnd zwentzig Eltesten fur das Lamb/vnd hatten ein jglicher harffen vnd gülden schalen vol gereuchs/welchs sind die gebet der Heiligen/vnd sungen ein new lied/vnd sprachen/Du bist wirdig zu nemen das Buch vnd auff zuthun seine siegel/denn du bist erwürget/vnd hast vns erkaufft mit deinem blut/aus allerley geschlecht vnd zungen vnd volck vnd Heiden/vnd hast vns Gotte zu Königen vnd priestern gemacht/ vnd wir werden könige sein auff erden.

Vnd ich sahe/vnd höret eine stimme vieler Engel vmb den stuel/ vnd vmb die thier vnd vmb die Eltesten her/vnd jr zal war viel tausent mal tausent/vnd sprachen mit grosser stim/Das Lamb das erwürget ist/ist wirdig zu nemen krafft vnd reichthumb/vnd weisheit vnd stercke/vnd ehre vnd preis vnd lob.Vnd alle Creatur/die im himel ist vnd auff erden/vnd vnter der erden vnd im meer/vnd die da sind/vnd alles was drinnen ist/höret ich sagen zu dem/der auff stuel sas/vnd zu dem Lamb/Lob vnd ehre vnd preis/gewalt von ewigkeit zu ewigkeit/Vnd die vier thier sprachen/Amen/Vnd die vier vnd zwentzig Eltesten fielen nidder/vnd beteten an den/der da lebet von ewigkeit zu ewigkeit.

Ji iij Vnd

Die Offenbarung
Die Dritte Figur.

VI.

Das ist der erste plage, die verfolgunge der Tyrannen.

Vnd ich sahe, das das Lamb der siegel eines aufftbat, Vnd ich höret der vier thierer eines sagen, als mit einer donner stim, Kom vnd sihe zu. Vnd ich sahe, vnd sihe, Ein weis pferd, vnd der drauff sas, hatte einen bogen, vnd jm ward gegeben eine krone, vnd er zog aus zu vberwinden, vnd das er sieget.

Dis ist die ander plage, krieg vnd blut.

Vnd da es das ander siegel aufftbet, höret ich das ander thier sagen, Kom vnd sihe zu. Vñ es gieng eraus ein ander pferd, das war rot, vnd dem der drauff sas, ward gegeben den fride zu nemen von der erden, vnd das sie sich vnternander erwürgeten, vnd jm ward ein gros schwerd gegeben.

Dis ist die dritte plage, die teurung.

Vnd da es das dritte siegel aufftbet, höret ich das dritte thier sagen, Kom vnd sihe zu. Vnd ich sahe, vnd sihe, ein schwartz pferd, vnd der drauff sas, hatte eine woge jnn seiner hand. Vnd ich höret eine stim vnter den vier thieren sagen, Ein mas weitzen vmb einen groschen, vnd drey mas gersten vmb einen groschen, vnd dem ole vnd wein thue kein leid.

Dis mas / Chenix genant / helt bey vns eine käne oder zwey nössel, das ist eine halbe metze, Vnd ein groschen helt dreissig lawen pfennig. Die vierde plage, pestilentz vñ sterbē

Vnd da es das vierde siegel aufftbet, höret ich die stim des vierden thieres sagen, Kom vnd sihe zu. Vnd sihe ein falh pferd, vnd der drauff sas des name hies Tod, vnd die helle folgete jm nach, Vnd jnen ward macht gegeben zu tödten, auff den vier örten der erden, mit dem schwerd vnd hunger, vnd mit dem tod durch die thiere auff erden.

Vnd da

Sanct Johannis. CLXXXVII
Die Vierde Figur.

Vnd da es das fünffte siegel auffthet/ sahe ich vnter dem Altar die seelen/ dere die erwürget waren vmb des Wort Gottes willen/ vnd vmb des zeugnis willen/ das sie hatten/ vnd sie schrien mit lauter stim/ vnd sprachen/ Herr du Heiliger vnd warhafftiger/ wie lange richtestu vnd rechest nicht vnser blut an denen/ die auff der erden wonen? Vnd jnen wurden gegeben/ einem jglichen eins kleid/ vnd ward zu jnen gesagt/ das sie rugeten noch eine kleine zeit/ bis das vollend dazu kemen jre mitknechte vnd Brüder/ die auch sollen noch ertödtet werden/ gleich wie sie.

Hie tröstet er die Christen inn jrem leiden.

Ji iiij　　　Vnd ich

Die Offenbarung
Die Fünffte Figur.

Dis sind allerley plagen/ so mit auff rhur vnd zwitracht sich land vnd leute verendern bis an jüngsten tag.

Vnd ich sahe/ das es das sechste siegel auff thet/ vnd sihe/ da ward ein grosses erdbeben/ vnd die sonne ward schwartz wie ein harin sack/ vnd der mond ward wie blut/ vñ die stern des himels fielen auff die erden/ gleich wie ein feigenbaum seine feigen abwirfft/ wenn er von grossem wind beweget wird/ vnd der himel entweich/ wie ein eingewickelt buch/ vnd alle berge vnd Insulen wurden beweget aus jren örten/ Vnd die könige auff erden/ vnd die obersten/ vnd die reichen/ vnd die Deubtleute/ vnd die geweltigen/ vnd alle knechte vnd alle freien/ verborgen sich jnn den klüfften vnd felsen an den bergen/ vnd sprachen zu den bergen vnd felsen/ Fallet auff vns/ vnd verberget vns fur dem angesichte des/ der auff dem stuel sitzt/ vnd fur dem zorn des Lambs/ Denn es ist komen der grosse tag seines zorns/ vnd wer kan bestehen?
Vnd dar‑

Sanct Johannis. CLXXXVI.
Die Sechste Figur.

VII.

Vnd darnach sahe ich vier Engel stehen auff den vier ecken der erden/ die hielten die vier winde der erden/ auff das kein wind vber die erde bliese/ noch vber das meer/ noch vber einigen baum. Vnd sahe einen andern Engel auffsteigen von der Sonnen auffgang/ der hatte das warzeichen des lebendigen Gottes/ vnd schrey mit grosser stimme zu den vier Engeln/ welchen gegeben ist zu beschedigen die erden/ vnd das meer/ vnd er sprach/ Beschediget die erden nicht/ noch das meer/ noch die beume/ bis das wir versigeln die knechte vnsers Gottes an jren stirnen.

Sie gehen an die geistliche trübsaln vnd plagen/ die ketzerey/ Vnd zuuor tröstet er die Christen/ das sie sollen gezeichent vñ behüt werden.

Vnd ich hörete die zal dere/ die versiegelt wurden/ hundert vnd vier vnd vierzig tausent/ die versiegelt waren von allen geschlechten der kinder Israel.
Von dem geschlechte Juda/ zwelff tausent versiegelt.
Von dem geschlechte Ruben/ zwelff tausent versiegelt.
Von dem geschlechte Gad/ zwelff tausent versiegelt.
Von dem geschlechte Aser/ zwelff tausent versiegelt.
Von dem geschlechte Nephthali/ zwelff tausent versiegelt.
Von dem geschlechte Manasse/ zwelff tausent versiegelt.
Von dem geschlechte Simeon/ zwelff tausent versiegelt.
Von dem geschlechte Leui/ zwelff tausent versiegelt.
Von dem geschlechte Isaschar/ zwelff tausent versiegelt.
Von dem geschlechte Zabulon/ zwelff tausent versiegelt.
Von dem geschlechte Joseph/ zwelff tausent versiegelt.
Von dem geschlechte BenJamin/ zwelff tausent versiegelt.

Darnach

Die offenbarung

Darnach sahe ich/ Vnd sihe/ Eine grosse schar/ welche niemand zelen kund/ aus allen Heiden vnd völckern/ vnd sprachen/ fur dem stuel stehend vnd fur dem Camb/ angethan mit weissem kleide/ vnd Palmen jnn jren henden/ schrien mit lauter stimme/ vnd sprachen/ Heil sey dem/ der auff dem stuel sitzt/ vnserm Gott vnd dem Camb. Vnd alle Engel stunden vmb den stuel/ vnd vmb die Eltesten/ vnd vmb die vier thier/ vnd fielen fur dem stuel auff jr angesicht/ vnd beteten Gott an/ vnd sprachen/ Amen. Lob vnd ehre/ vnd weisheit/ vnd danck/ vnd preis/ vnd krafft/ vnd stercke sey vnserm Gott/ von ewigkeit zu ewigkeit/ Amen.

Vnd es antwortet der Eltesten einer/ vnd sprach zu mir/ Wer sind diese mit dem weissen kleide angethan? Vnd wo her sind sie komen? Vnd ich sprach zu jm/ Herr/ du weissests. Vnd er sprach zu mir/ Diese sinds/ die komen sind aus grossem trübsal/ vnd haben jre kleider gewasschen/ vnd haben jre kleider helle gemacht im blut des Cambs/ Darumb sind sie fur dem stuel Gottes/ vnd dienen jm tag vnd nacht jnn seinem Tempel/ Vnd der auff dem stuel sitzt/ wird vber jnen wonen/ sie wird nicht mehr hungern noch dürsten/ es wird auch nicht auff sie fallen die Sonne/ odder jrgent eine hitze/ Denn das Camb mitten im stuel/ wird sie weiden/ vnd leiten zu den lebendigen wasserbrunnen/ vnd Gott wird abwasschen alle threnen von jren augen.

VIII.

Da komen die sieben Ketzer nach einander/ Vnd gehet aber fur her/ trost des gebets/ etc.

Vnd da es das siebend siegel auffthet/ ward eine stille jnn dem himel/ bey einer halben stunde/ Vnd ich sahe sieben Engel/ die da traten fur Gott/ vnd jn wurden sieben posaunen gegeben. Vnd ein ander Engel kam vnd trat bey den Altar/ vnd hatte ein gülden Reuchfas/ vnd jm ward

Sanct Johannis. CLXXXVIII

im ward viel reuchwercks gegeben/das er gebe zum gebet aller Heiligen/auff den Altar fur dem stuel/ Vnd der rauch des reuchwercks vom gebet der Heiligen gieng auff von der hand des Engels fur Gott/ Vnd der Engel nam das reuchfas/vnd füllet es mit fewer vom Altar/ vnd schüttets auff die erden/vnd da geschahen stimmen vnd donner vnd blitzen vnd erdbebung.

Die Achte Figur.

Vnd die sieben Engel mit den sieben posaunen hatten sich gerüstet zu posaunen. Vnd der erst Engel posaunete/vnd es ward ein hagel vnd fewer mit blut gemenget/vnd fiel auff erden/vnd das dritte teil der beume verbrandte/vnd alles grüne gras verbrante. Vnd der an=

Dis ist Tatianus vñ die Encratite/ welche die ehe verboten/vnd werckheiligen warē/wie hernachmals die Pelagianer.

Die Neunde Figur.

Dis ist Marrion/ Manicheus mit seinen Cataphrygis.

Vnd der ander Engel posaunete/vnd es fur wie ein grosser berg Mit fewer brennend ins meer/Vnd das dritte teil des meers ward blut/ vnd das dritte teil der lebendigen creaturn storben/vnd das dritte teil der schiff wurden verderbet.

Die Zehend Figur.

Vnd der drit-

Sanct Johannis. CLXXXIX.

Das ist Origenes.

Vnd der dritte Engel posaunete/ vnd es fiel ein grosser stern vom himel/ der brante wie ein fackel/ vnd fiel auff das dritte teil der wasser ströme/ vnd vber die wasser brünne/ vnd der name des sternes/ heisst Wermut/ Vnd das dritte teil ward wermut/ vnd viel menschen storben von den wassern/ das sie waren so bitter worden.

Die Eilffte Figur.

Vnd der vierde Engel posaunete/ vnd es ward geschlagen das dritte teil der Sonnen/ vnd das dritte teil des Monden/ vnd das dritte teil der sternen/ das jr dritte teil verfinstert ward/ vnd der tag das dritte teil nicht schein/ vnd die nacht desselbigen gleichen. Vnd ich sahe/ vnd höret einen Engel fliegen mitten durch den himel/ vnd sagen mit lauter stimme/ Wehe/wehe/wehe/denen/ die auff erden wonen/ fur den andern stimmen der posaunen der dreier Engel/ die noch posaunen sollen.

Das ist Nouatus vnd die Cathari/ die die Busse leugnen/ vnd sonderliche heiligen sind fur andern.

Æe Vnd

Die offenbarung
Die Zwelffte Figur.

IX.

Das erste Wehe/ Dis ist der grosse Ketzer Arrius/der Christum nicht gleubt/das er Got sey.

Vnd der fünffte Engel posaunete/vn̄ ich sahe einen Sternen fallen vom himel auff die erden/vnd jm ward der schlüssel zum brunnen des abgrunds gegeben/Vnd er thet den brun des abgrunds auff/vnd es gieng auff ein rauch eines grossen ofen/Vnd es ward verfinstert die Sonne/vnd die lufft von dem rauch des brunnen/Vnd aus dem rauch kamen hewschrecken auff die erden/vnd jnen ward macht gegeben/wie die Scorpion auff erden macht haben/Vnd es ward zu jnen gesagt/das sie nicht beleidigeten das gras auff erden/noch kein grünes/noch keinen baum/sondern die menschen/die nicht haben das Siegel an jren stirnen/Vnd es ward jnen gegeben/das sie sie nicht tödten/sondern sie queleten fünff monden lang/Vnd jr qual war wie ein qual vom Scorpion/wenn er einen menschen hewet/Vnd jnn den selbigen tagen werden die menschen den tod suchen/vnd nicht finden/werden begeren zu sterben/vnd der tod wird von jnen fliehen.

Vnd die Newschrecken sind gleich den rossen/die zum kriege bereit sind/vnd auff jrem heubt wie kronen dem golde gleich/vnd jr andlitz gleich der menschen andlitz/vnd hatten har wie weiber har/vnd jre zeene waren wie der lewen/vnd hatten pantzer wie eisern pantzer/vn̄ das rasseln jrer flügel/wie das rasseln an den wagen der ross/die jnn krieg lauffen/vnd hatten schwentze/gleich den Scorpion/vnd es waren stachel an jren schwentzen/vnd jre macht war zu beleidigen die menschen fünff monden lang/vnd hatten vber sich einen König/
einen

Sanct Johannis. CXC.

einen Engel aus dem abgrund/des name heisst auff Ebreisch Abad= Abaddon/Apolly=
don/vnd auff Griechisch hat er den namen Apollyon. Ein Wehe ist on/verderber.
dahin/Sihe/es komen noch zwey Wehe nach dem.

Die Dreizehend Figur.

Vnd der sechste Engel posaunete/vnd ich höret eine stim aus Das ander Wehe/
den vier ecken des gülden Altars fur Gott/die sprach zu dem sechsten Das ist der Maho=
Engel/der die posaune hatte/Löse auff die vier Engel gebunden an meth mit den Sa=
dem grossen wasserstrom Euphrates. Vnd es wurden die vier Engel racenen.
los/die bereit waren auff eine stunde/vnd auff einen tag/vnd auff ei=
nen monden/vnd auff ein iar/das sie tödten das dritte teil der men=
schen/Vnd die zal des reisigen zeuges war viel tausent mal tausent/
Vnd ich höret jre zal. Vnd also sahe ich die ross im gesichte/vnd die
darauff sassen/das sie hatten feurige vnd gele vnd schwefeliche pan=
tzer/vnd die heubter der rosse/wie die heubt der Lewen/vnd aus jrem
munde gieng feur/vnd rauch/vnd schwefel/Von diesen dreien ward
ertödtet das dritte teil der menschen/von dem feur/vnd rauch/vnd
schwefel/der aus jrem munde gieng/Denn jre macht war jnn jrem
munde/Vnd jre schwentze waren den schlangen gleich/vnd hatten
heubter/vnd mit den selbigen theten sie schaden.

Vnd blieben noch leute/die nicht getödtet wurden von diesen
plagen/noch busse theten fur die werck jrer hende/das sie nicht anbe=
ten die Teuffel/vnd güldene/silberne/eherne/steinern vnd hültzern
götzen/welche wedder sehen/noch hören/noch wandeln kunden/
Die auch nicht busse theten fur jre mörde/zeuberey/hurerey vnd die=
berey.

                                                                           KK ij   Vnd ich

Die offenbarung
Die Vierzehend Figur.

X.

Das ist der Römisch Bapst im geistlichen wesen.

Vnd ich sahe einen andern starcken Engel vom himel herab komen/ der war mit einer wolcken bekleidet/ vnd ein regenbogen auff seinem heubt/ vnd sein andlitz/ wie die Sonne/ vnd seine füsse/ wie die feur pfeiler/ Vnd er hatte jnn seiner hand ein büchlin auffgethan/ vnd er setzt seinen rechten fus auff das meer/ vnd den lincken auff die erden/ Vnd er schrey mit lauter stimme/ wie ein lewe brüllet. Vnd da er schrey/ redeten sieben Donner jre stimme/ Vnd da die sieben Donner jre stimme geredt hatten/ wolt ich sie schreiben. Da höret ich eine stim vom himel sagen zu mir/ Versiegel/ was die sieben Donner geredt haben/ die selben schreibe nicht.

(Keine zeit) Alles sol vnter den Bapst/ was selig wil werden/ Ausser dem Bapst ist kein Christen/ Er wil das Heubt alleine sein.

Vnd der Engel/ den ich sahe stehen auff dem meer/ vnd auff der erden/ hub seine hand auff gen himel/ vnd schwur bey dem lebendigen von ewigkeit zu ewigkeit/ der den himel geschaffen hat/ vnd was darinnen ist/ vnd die erde/ vnd was darinnen ist/ vnd das meer/ vnd was darinnen ist/ das hinfurt keine zeit mehr sein sol/ sondern jnn den tagen der stimme des siebenden Engels/ wenn er posaunen wird/ so sol volendet werden das geheimnis Gottes/ wie er hat verkündiget seinen Knechten vnd Propheten.

Vnd ich höret eine stim vom himel abermal mit mir reden/ vnd sagen/ Gehe hin/ nim das offene büchlin von der hand des Engels/ der auff dem meer/ vnd auff der erden stehet. Vnd ich gieng hin zum Engel/

Sanct Johannis. CXCI.

Engel/ vnd sprach/ Gib mir das büchlin. Vnd er sprach zu mir/ Nim hin/ vnd verschlings/ vnd es wird dich im bauch krimmen/ aber jnn deinem munde wirds süsse sein/ wie honig. Vnd ich nam das büchlin von der hand des Engels/ vnd verschlangs/ vnd es war süsse jnn meinem munde/ wie honig. Vnd da ichs gessen hatte/ krimmet michs im bauch. Vnd er sprach zu mir/ Du must abermal weissagen den völckern/ vnd Heiden/ vnd Sprachen/ vnd vielen Königen.

Merck/ das menschen lere eusserlich süsse sind/ vnd wolgefallen/ Aber das gewissen verderben sie/ Psal.v. vnd xj.

Die Funffzehend Figur.

Vnd es ward mir ein rohr gegeben/ einem stecken gleich/ vnd sprach/ Stehe auff/ vnd miss den Tempel Gottes/ vnd den Altar/ vnd die darinnen anbeten/ Aber den jnnern Chor des Tempels wirff hinaus/ vnd miss jn nicht/ denn er ist den Heiden gegeben/ vnd die Heilige Stad werden sie zur tretten zween vnd vierzig monden.

Sie fassen die Christenheit mit solchen gesetzen eusserlich.

XI.

VNd ich wil meine zween Zeugen geben/ vnd sie sollen weissagen tausent zwey hundert vnd sechzig tage/ angethan mit secken. Diese sind zween Olebeume vnd zwo Fackeln/ stehend fur dem Gott der erden.

Das sind alle rechte frume Prediger die das Wort rein erhalten/ zu trost den Christen.

Vnd so jemand sie wil beleidigen/ so gehet das feur aus jrem munde/ vnd verzehret jre feinde/ Vnd so jemand sie wil beleidigen/ der mus also getödtet werden. Diese haben macht den himel zu verschliessen/ das es nicht regene jn den tagen jrer weissagung/

K k iij vnd

Die offenbarung

vnd haben macht vber das wasser/zu wandeln jnn blut/vnd zu schlahen die erde mit allerley plage/so offt sie wöllen.

(Thier) Der weltliche Bapst infra Capitel xij.

Vnd wenn sie jr Zeugnis geendet haben/so wird das Thier/das aus dem abgrund auffsteiget/mit jnen einen streit halten/vnd wird sie vberwinden/vnd wird sie tödten/vñ jre leichnam werden ligen auff der gassen der grossen Stad/die da heisst geistlich/die Sodoma vnd Egypten/ da vnser Herr gecreutziget ist/Vnd es werden jre leichnam etliche von den völckern/vnd geschlechten/vnd Sprachen/drey tage vnd einen halben sehen/ vnd werden jre leichnam nicht lassen jnn greber legen/Vnd die auff erden wonen/werden sich frewen vber jnen/ vnd wol leben/ vnd geschenck vntereinander senden/ Denn diese zween Propheten queleten die auff erden woneten.

Vnd nach dreien tagen vnd einem halben/fuhr jnn sie der Geist des lebens von Gott/ vnd sie traten auff jre füsse/Vnd eine grosse furcht fiel vber die sie sahen/ vñ sie höreten eine grosse stim vom himel zu jnen sagen/ Steiget herauff/Vnd sie stiegen auff jnn den himel/ jnn einer wolcken/Vnd es sahen sie jre feinde/vnd zu der selben stunde ward ein gros erdbeben/vnd das zehende teil der Stad fiel/vnd wurden ertödtet jnn der erdbebung sieben tausent namen der menschen/ vnd die andern erschracken/ vnd gaben ehre dem Gott des himels. Das ander Wehe ist dahin/Sihe/das dritte Wehe kömpt schnell.

XII.

Hie kömpt der weltliche Bapst/ Aber zuuor tröstet er abermal die Christen/ fur solchem grewel.

Vnd der siebend Engel posaunet/Vnd es wurden grosse stimme im himel/ die sprachen/Es sind die Reiche der welt vnsers Herrn vnd seines Christus worden/Vnd er wird regieren von ewigkeit zu ewigkeit. Vnd die vier vnd zwenzig Eltesten/die fur Gott auff jren stuelen sassen/ fielen auff jr angesicht/ vnd betten Gott an/vnd sprachen/ Wir dancken dir Herr Allmechtiger Gott/ der du bist/vnd warest/vnd künfftig bist/das du hast angenomen deine grosse krafft/ vnd herrschest/ vnd die Heiden sind zornig worden/ Vnd es ist komen dein zorn/ vñ die zeit der todten/ zu richten vnd zu geben den lohn deinen knechten den Propheten/ vnd den Heiligen/vnd denen/die deinen namen fürchten/den kleinen vnd grossen/vnd zu verderben die die erden verderbet haben.

Vnd der Tempel Gottes ward auffgethan im himel/vnd die Archa seines Testaments ward jnn seinem Tempel gesehen/ vnd es geschahen blitzen/ vnd stimmen/ vnd donner/ vnd erdbeben/ vnd ein grosser hagel.

Vnd es erschein ein gros zeichen im himel/ Ein weib mit der Sonnen bekleidet/ vnd der Mond vnter jren füssen/ vnd auff jrem heubt eine krone von zwelff sternen/ vnd sie war schwanger/ vnd schrey/vnd war jnn kindes nöten/vnd hatte grosse qual zur geburt.

Vnd es erschein ein ander zeichen im himel/Vnd sihe/ein grosser roter Drach/der hatte sieben heubter/vnd zehen hörner/vnd auff seinen heubten sieben kronen/vnd sein schwantz zoch den dritten teil der sternen/vnd warff sie auff die erden.

Vnd der

Sanct Johannis.
Die Sechzehend Figur.

Vnd der Drach trat fur das weib / die geberen solt / auff das / wenn sie geboren hette / er jr kind fresse / Vnd sie gebar einen son ein Kneblin / der alle Heiden solt weiden mit der eisern ruten / Vnd jr kind ward entruckt zu Gott vnd seinem stuel / Vnd das weib entflohe jnn die wüsten / da sie hat einen ort bereit von Gott / das sie daselbs erneeret würde / tausent / zwey hundert / vnd sechzig tage.

Vnd es erhub sich ein streit im himel / Michael vnd seine Engel stritten mit dem Drachen / Vnd der Drach streit vnd seine Engel / vnd siegeten nicht / auch ward jre stete nicht mehr funden im himel / Vnd der gros Drach / die alte Schlange / die da heisst der Teuffel vnd Satanas / ward ausgeworffen / der die gantze welt verfüret / vnd ward geworffen auff die erden / vnd seine Engel wurden auch dahin geworffen.

Vnd ich höret eine grosse stimme / die sprach im himel / Nu ist das Heil / vnd die Krafft / vnd das Reich / vnd die Macht vnsers Gottes / seines Christus worden / weil der verworffen ist / der sie verklaget tag vnd nacht fur Gott / vnd sie haben jn vberwunden durch des Lambs blut / vnd durch das Wort jrer Zeugnis / vnd haben jr leben nicht geliebet / bis an den tod / Darumb frewet euch jr himel / vnd die darinnen wonen. Wehe denen / die auff erden wonen / vnd auff dem meer / denn der Teuffel kömpt zu euch hinab / vnd hat einen grossen zorn / vnd weis / das er wenig zeit hat.

Vnd da der Drach sahe / das er verworffen war auff die erden / verfolget er das weib / die das Kneblin geboren hatte. Vnd es wurden

Die offenbarung

dem weibe zween flügel gegeben/ wie eines grossen Adelers/ das sie jnn die wüsten flöge/ an jren ort/ da sie erneeret wird eine zeit/ vnd zwo zeit/ vnd eine halbe zeit/ fur dem angesichte der Schlangen. Vnd die Schlange schos nach dem weibe aus jrem munde ein wasser/ wie einen strom/ das er sie erseuffet/ Aber die erde halff dem weibe/ vnd thet jren mund auff/ vnd verschlang den strom/ den der Drach aus seinem munde schos. Vnd der Drach ward zornig vber das weib/ vnd gieng hin zu streiten mit den vbrigen von jrem samen/ die da Gottes gebot halten/ vnd haben das zeugnis Jhesu Christi.

Die Achtzehend Figur.

Bapst des Reichs Gott vñ schepfer

XIII.

Das dritte Wehe/ der Bepstliche grewel im weltlichen wesen.

Imperium Romanum desertum á Græcis, translatum ad Germanos per Papam.

Vnd ich trat an den sand des meeres/ vnd sahe ein Thier aus dem meer steigen/ das hatte sieben heubter vnd zehen hörner/ vnd auff seinen hörnern sieben kronen/ vnd auff seinen heubten namen der lesterung. Vnd das Thier/ das ich sahe/ war gleich einem Pardel/ vnd seine füsse als Beren füsse/ vnd sein mund eines Lewen mund. Vnd der Drach gab jm seine krafft/ vnd seinen stuel/ vnd grosse macht. Vnd ich sahe seiner heubt eines/ als were es tödlich wund/ vñ seine tödliche wunde ward heil/ Vnd der gantze erdboden verwundert sich des Thiers/ vnd beteten den Drachen an/ der dem Thier die macht gab/ vnd beteten das Thier an/ vnd sprachen/ Wer ist dem Thier gleich? vnd wer kan mit jm kriegen?

Vnd es ward jm gegeben ein mund zu reden grosse ding vnd lesterung/ vnd ward jm gegeben/ das es mit jm wehret zween vnd vierzig

Sanct Johannis. CXCIII.

vierzig monden lang/ Vnd es that seinen mund auff zur lesterung gegen Gott/ zu lestern seinen namen/ vnd seine Hütten/ vnd die im himel wonen/ Vnd ward jm gegeben zu streiten mit den Heiligen/ vnd sie zu vberwinden/ vnd jm ward gegeben macht vber alle geschlecht/ vnd sprachen/ vnd Heiden/ Vnd alle die auff erden wonen/ betten es an/ der namen nicht. geschrieben sind jnn dem lebendigen buch des Lambs/ das erwürget ist von anfang der welt. Hat jemand ohren/ der höre. So jemand jnn das gefengnis füret/ der wird jnns gefengnis gehen. So jemand mit dem schwerd tödtet/ der mus mit dem schwerd getödtet werden. Die ist gedult vnd glaube der Heiligen.

Das thier ist das Römisch Reich/ vnd thet solchs/ da es noch Heidnisch war.

Vnd ich sahe ein ander thier auffsteigen von der erden/ vnd hatte zwey hörner/ gleich wie das Lamb/ vnd redet wie der Drache/ vnd es thut alle macht des ersten Thiers für jm/ Vnd es machet/ das die erde vnd die darauff wonen/ anbeten das erste thier/ welches tödliche wunde heil worden war/ Vnd thut grosse zeichen/ das es auch machet feur vom himel fallen für den menschen/ vnd verfüret die auff erden wonen/ vmb der zeichen willen/ die jm gegeben sind zu thun fur dem Thier/ vnd saget denen/ die auff erden wonen/ das sie dem Thier ein bilde machen sollen/ das die wunde vom schwerd hatte/ vnd lebendig worden war.

Der Bapst richtet das Reich widder an.

Vnd es ward jm gegeben/ das es dem bilde des Thiers den geist gab/ das des Thiers bilde redet/ vnd das es machte/ das/ welche nicht des Thiers bilde anbeten/ ertödtet werden/ vnd machte alle sampt/ die kleinen vnd grossen/ die reichen vnd armen/ die freien vnd knechte/ das es jnen ein malzeichen gab an jre rechte hand/ oder an jre stirn/ das niemand keuffen odder verkeuffen kan/ er habe

Geist vnd reden ist/ das es scheffrig ist/ vnd nicht ein tod bilde/ sondern hat seine Rechte vnd Empter im schwange gehen.

Die Achzehend Figur.

denn

Die offenbarung

denn das malzeichen odder den namen des Thiers/ odder die zal seines namens/ Die ist weisheit. Wer verstand hat/ der vberlege die zal des Thiers/ denn es ist eines menschen zal/ Vnd seine zal ist sechshundert vnd sechs vnd sechzig.

Das sind sechshundert vnd sechs vnd sechzig iar. So lange stehet das weltliche Bapstum.

XIIII.

Sie tröstet er die Christē/ das solch Wehe vnd grewel sol durchs Euangelion gesturtzt werden.

Vnd ich sahe ein Lamb stehen auff dem berge Zion/ vnd mit jm hundert vnd vier vnd vierzig tausent/ die hatten den namen seines Vaters geschrieben an jrer stirn/ vnd höret eine stim vom himel/ als eines grossen wassers/ vnd wie eine stimme eines grossen Donners. Vnd die stimme/ die ich höret/ war als der harffen spieler/ die auff jren harffen spielen/ vnd sungen/ wie ein new lied/ fur dem stuel/ vnd fur den vier thieren vnd den Eltesten. Vnd niemand kund das lied lernen/ on die hundert vnd die vier vnd vierzig tausent/ die erkaufft sind von der erden/ Diese sinds/ die mit weibern nicht befleckt sind/ denn sie sind iungfrawen/ vnd folgen dem Lamb nach/ wo es hin gehet. Diese sind erkaufft aus den menschen/ zu erstlingen Gotte vnd dem Lamb/ Vnd jnn jrem munde ist kein falsches funden/ denn sie sind vnstrefflich fur dem stuel Gottes.

Vnd ich sahe einen Engel fliegen mitten durch den himel/ der hatte ein ewig Euangelion/ zu verkündigen denen/ die auff erden sitzen vnd wonen/ vnd allen Heiden/ vnd geschlechten/ vnd sprachen/ vnd völckern/ vnd sprach mit lauter stimme/ Fürchtet Gott/ vnd gebet jm die ehre/ denn die zeit seines gerichtes ist komen/ vnd betet an/ den/ der gemacht hat himel vnd erden/ vnd meer/ vnd die wasserbrunne. Vnd ein ander Engel folget nach/ der sprach/ Sie ist gefallen/ Sie ist gefallen/ Babylon/ die grosse Stad/ denn sie hat mit dem wein jrer hurerey getrencket alle Heiden.

Vnd der dritte Engel folgete diesem nach/ vnd sprach mit lauter stimme/ So jemand das Thier anbetet vnd sein bilde/ vnd nimpt das malzeichen an seine stirn odder an seine hand/ der wird von dem wein des zorns Gottes trincken/ der eingeschencket vnd lauter ist jnn seines zorns kelch/ vnd wird gequelet werden mit feur vnd schwefel fur den heiligen Engeln/ vnd fur dem Lamb/ Vnd der rauch jrer qual wird auffsteigen von ewigkeit zu ewigkeit/ vnd sie haben keine ruge tag vnd nacht/ die das Thier haben angebetet vnd sein bilde/ vnd so jemand hat sein malzeichen angenomen. Hie ist gedult der Heiligen/ Hie sind die da halten die gebot vnd den glauben an Jhesu.

Vnd ich höret eine stim vom himel zu mir sagen/ Schreibe/ Selig sind die todten/ die jnn dem Herrn sterben von nu an. Ja/ der Geist spricht/ das sie rugen von jrer erbeit/ denn jre werck folgen jnen nach.

Vnd

Sanct Johannis. CXCIIII.
Die Neunzehend Figur.

Vnd ich sahe/ vnd sihe/ eine weisse wolcke/ vnd auff der wolcken **Ein furbilde des** sitzen einen/ der gleich war eines menschen son/ der hatte eine güldene **gerichts.** krone auff seinem heubt/ vnd jnn seiner hand eine scharffe sichel/ Vnd ein ander Engel gieng aus dem Tempel/ vnd schrey mit lauter stimme zu dem/ der auff der wolcken sas/ Schlag an mit deiner sicheln vnd erndte/ denn die zeit zu erndten ist komen/ denn die erndte der erden ist dürre worden. Vnd der auff der wolcken sas/ schlug an mit seiner sicheln an die erde/ vnd die erde war geerndtet.

Vnd ein ander Engel gieng aus dem Tempel im himel/ der hatte ein scharffe hippen/ Vnd ein ander Engel gieng aus dem Altar/ der hatte macht vber das feur/ vnd rieff mit grossem geschrey zu dem/ der die scharffe hippen hatte/ vnd sprach/ Schlag an mit deiner scharffen hippen/ vnd schneide die drauben auff erden/ denn jre beer sind reiff. Vnd der Engel schlug an mit seiner hippen an die erden/ vnd schneit die reben der erden/ vnd warff sie jnn die grosse kelter des zorns Gottes/ Vnd die kelter ward ausser der Stad gekeltert/ vnd das blut gieng von der kelter bis an die zeume der pferde/ durch tausent sechshundert feld wegs.

Vnd

Die Offenbarung
Die Zwenzigste Figur.

XV.

Das sind alle prediger/ so das Evangelion helffen treiben.

VNd ich sahe ein ander zeichen im himel/ das war gros vnd wundersam/ sieben Engel/ die hatten die letzten sieben plagen/ denn mit den selbigen ist volendet der zorn Gottes/ Vnd sahe/ als ein glesern meer mit feur gemenget/ vnd die den sieg behalten hatten an dem thier vnd seinem bilde/ vnd seinem malzeichen/ vnd seines namens zal/ das sie stunden an dem glesern meer/ vnd hatten Gottes harffen/ vnd sungen das lied Mosi / des knechts Gottes/ vnd das lied des Lambs/ vnd sprachen/ Gros vnd wundersam sind deine werck/ Herr Almechtiger Gott/ gerecht vnd warhafftig sind deine wege/ du König der Heiligen/ Wer sol dich nicht furchten Herr/ vnd deinen namen preisen? denn du bist alleine Heilig/ Denn alle Heiden werden komen/ vnd anbeten fur dir/ denn deine vrteil sind offenbar worden.

Darnach sahe ich/ vnd sihe/ da ward auffgethan der Tempel der Hütten des zeugnis im himel/ vnd giengen aus dem Tempel die sieben Engel/ die die plagen hatten/ angethan mit reinem hellen linwad/ vnd vmbgurt jre brust mit güldenen gürteln/ Vnd eines der vier thier gab den sieben Engeln sieben güldene schalen vol zorn Gottes/ der da lebet von ewigkeit zu ewigkeit/ Vnd der Tempel ward vol rauches fur der herrligkeit Gottes vnd fur seiner krafft/ vnd niemand kund inn den Tempel gehen/ bis das die sieben plagen der sieben Engel volendet würden.

Vnd ich

Sanct Johannis.
XVI.

Vnd ich höret eine grosse stimme aus dem Tempel/die sprach zu den sieben Engeln/Gehet hin/vnd giesset aus die schalen des zorns auff die erden.

Vnd der erste gieng hin/vnd gos seine schale aus/ auff die erde/Vnd es ward ein böse vnd arge drus an den menschen/die das malzeichen des Thiers hatten/ vnd die sein bilde anbeten.

Vnd der ander Engel gos aus seine schale ins meer. Vnd es ward blut als eines todten/vnd alle lebendige seele starb jnn dem meer.

Vnd der dritte Engel gos aus seine schale jnn die wasser ströme vnd jnn die wasser brünnen/Vnd es ward blut/Vnd ich höret den Engel sagen/Herr/du bist gerecht/der da ist/vnd der da war/vnd heilig/das du solchs geurteilet hast/Denn sie haben das blut der Heiligen vnd der Propheten vergossen/vnd blut hastu jnen zu trincken gegeben/denn sie sinds werd. Vnd ich höret einen andern Engel aus dem Altar sagen/Ja/Herr Allmechtiger Gott/deine gerichte sind warhafftig vnd gerecht.

Vnd der vierde Engel gos aus seine schale jnn die Sonne/vnd ward jm gegeben/den menschen heis zu machen mit feur. Vnd den menschen ward heis fur grosser hitze/vnd lesterten den namen Gottes/der macht hat vber diese plagen/vnd thaten nicht busse/jm die ehre zu geben.

Vnd der fünffte Engel gos aus seine schale/auff den stuel des Thiers/vnd sein Reich ward verfinstert/vnd sie zubissen jre zungen fur schmertzen/vnd lesterten Gott im himel fur jren schmertzen/vnd fur jren drüsen/vnd theten nicht busse fur jre werck.

Vnd der sechste Engel gos aus seine schale auff den grossen wasserstrom Euphrates/vnd das wasser vertrocknet/auff das bereitet würde der weg den Königen vom auffgang der Sonnen. Vnd ich sahe aus dem munde des Drachens/vnd aus dem munde des Thiers/vnd aus dem munde des falschen Propheten/drey vnreine geister gehen/ gleich den fröschen/Vnd sind geister der Teuffel/die thun zeichen/ vnd gehen aus zu den Königen auff erden/vnd auff den gantzen kreis der welt/sie zu versamlen jnn den streit/auff jhenen grossen tag Gottes des Allmechtigen. Sihe/ich kome/als ein dieb/Selig ist der da wachet/vnd helt seine kleider/das er nicht blos wandele/vnd man nicht seine schande sehe/Vnd er hat sie versamlet an einen ort/der da heisst auff Ebreisch Harma gedon.

Diese frösche sind die plauderer/so itzt den Fürsten heucheln/vnd wider das Euangeli on gehen/vñ doch nichts ausrichten etc.

(Harma gedon) Auff Deudsch/verdampte krieger/ verfluchte rüstung odder vnglückselige Kriegsleute/ab herzmet Gad.

Vnd der siebend Engel gos aus seine schale jnn die lufft/Vnd es gieng aus eine stim vom himel aus dem stuel/die sprach/Es ist geschehen/Vnd es wurden stimmen/vnd donner/vnd blitzen/vnd ward eine grosse erdbebung/das solche nicht gewesen ist/sint der zeit menschen auff erden gewesen sind/solche erdbebung also gros/Vnd aus der grossen stad wurden drey teil/vnd die stedte der Heiden fielen/vnd Babylon der grossen ward gedacht fur Gott/jr zu geben den Kelch des weins von seinem grimmigen zorn/vnd alle Jnsulen entflohen/ vnd keine berge wurden funden/vnd ein grosser hagel/als ein centner/fiel vom himel auff die menschen/vnd die menschen lesterten Gott vber der plage des hagels/denn seine plage ist seer gros.

Ll   Vnd es

Die Offenbarung
Die ein vnd zwenzigste Figur.

XVII.

Sie zeiget er die Römische Kirche/ jnn jrer gestalt vñ wesen/ die verdampt sol werden

Vnd es kam einer von den sieben Engeln/ die die sieben schalen hatten/ redet mit mir/ vnd sprach/ Kum/ ich wil dir zeigen das vrteil der grossen Huren/ die da auff vielen wassern sitzt/ mit welcher gehuret haben die Könige auff erden/ vnd die da wonen auff erden/ truncken worden sind von dem wein jrer hurerey. Vnd er bracht mich im geist jnn die wüsten. Vnd ich sahe das weib sitzen auff einem rosinfarben thier/ das war vol namen der lesterung/ vnd hatte zehen hörner. Vnd das weib bekleidet mit scharlacken vnd rosinfarb/ vnd vbergüldet mit gold vnd edlen steinen vnd perlen/ Vnd hatte einen gülden becher jnn der hand/ vol grewels vnd vnsauberkeit jrer hurerey/ vnd an jrer stirn geschrieben den namen/

(Geheimnis) Das ist die geistliche grosse Babylon etc.

Das geheimnis/ die grosse Babylon/ die mutter der hurerey vnd aller grewel auff erden. Vnd ich sahe das weib truncken von dem blut der Heiligen/ vnd von dem blut der Zeugen Jhesu. Vnd ich verwundert mich seer/ da ich sie sahe.

Das Römisch Reich ist/ vnd ist doch nicht/ Denn es ist nicht das gantze/ sondern ist nach seinem fal durch den Bapst wider auff bracht.

Vnd der Engel sprach zu mir/ Warumb verwunderstu dich? Jch wil dir sagen das geheimnis von dem weibe/ vnd von dem Thier das sie tregt/ vnd hat sieben heubter/ vnd zehen hörner. Das Thier/ das du gesehen hast/ ist gewesen/ vnd ist nicht/ vnd wird widder komen aus dem abgrund/ vnd wird faren jnns verdamnis/ vnd werden sich verwundern/ die auff erden wonen/ der namen nicht geschrieben stehen

Sanct Johannis. CXCVI.

ben stehen jnn dem buch des lebens von anfang der welt/wenn sie sehen das Thier/das es gewesen ist/vnd nicht ist/wie wol es doch ist. Vnd hie ist der sin/da weisheit zu gehöret.

Die sieben Heubter sind sieben berge/auff welchem das weib sitzt/vnd sind sieben könige/ᵃ Fünffe sind gefallen/vnd einer ist/vnd der ander ist noch nicht komen/vnd wenn er kömpt/mus er eine kleine ᵇ zeit bleiben/ Vnd das ander Thier/ᶜ das gewesen ist/vnd nicht ist/das ist der achte/vnd ist von den sieben/vnd feret jnn das verdamnis. Vnd die zehen hörner/die du gesehen hast/das sind ᵈ zehen könige/die das Reich nicht empfahen/aber wie könige/werden sie eine zeit macht empfahen mit dem Thier. Diese haben eine meinung/vnd werden jre krafft vnd macht geben dem Thier. Diese werden streiten mit dem Lamb/vnd das Lamb wird sie vberwinden/denn es ist ein Herr aller herrn/vnd ein König aller könige/vnd mit jm die beruffene vnd auserweleten vnd gleubigen.

Vnd er sprach zu mir/Die wasser/die du gesehen hast/da die hure sitzt/sind völcker vnd scharen/vnd Heiden/vnd Sprachen. Vnd die zehen hörner/die du gesehen hast/auff dem Thier/die werden die hure hassen/vnd werden sie wüst machen vnd blos/vnd werden jr fleisch essen/vnd werden sie mit feur verbrennen/Denn Gott hats jnen gegeben jnn jr hertz/zu thun seine meinung/vnd zu thun einerley meinung/vnd zu geben jr Reich dem Thier/bis das volendet werden die wort Gottes. Vnd das weib/das du gesehen hast/ist die grosse Stad/die das Reich hat vber die könige auff erden.

Die zwey vnd zwenzigste Figur.

ᵃ Fünffe/gegen morgen jnn Griechenland.
(Einer) Das ist Deudschland.
ᵇ Das ist jtzt Hispania.
ᶜ Roma odder Welschland.
ᵈ (Zehen könige) Das sind die andern könige/als Hungern/Behem/Poln/Franckreich.

Sie halte an dem Bapst vnd schütze jn/aber sie reuffen jn wol/das er mus blos werden/vnd die güter verlieren. Defensores Papæ deuoratores eius.

Die offenbarung
XVIII.

Das ist das frew-
den geschrey vber
den gefalle Bapst

Vnd darnach sahe ich einen andern Engel nidder faren vom himel/ der hatte eine grosse macht/ vnd die erde ward erleucht von seiner klarheit/ vnd schrey aus macht mit lauter stimme/ vnd sprach/ Sie ist gefallen/ Sie ist gefallen/ Babylon die grosse/ vnd eine behausung der Teuffel worden/ vnd ein beheltnis aller vnreiner geister/ vnd ein beheltnis aller vnreiner feindseliger vögel/ Denn von dem wein des zorns jrer hurerey/ haben alle Heiden getruncken/ vnd die könige auff erden haben mit jr hurerey getrieben/ vnd jre kauffleute sind reich worden von jrer grossen wollust.

(Wollust)
Mutwillen.

Vnd ich höret ein ander stim vom himel/ die sprach/ Gehet aus von jr mein volck/ das jr nicht teilhafftig werdet jrer sunden/ auff das jr nicht empfahet etwas von jrer plagen/ Denn jre sunde reichen bis inn den himel/ vnd der Herr denckt an jren freuel/ Bezalet sie/ wie sie euch bezalet hat/ vnd machts jr zwiueltig/ nach jren wercken/ vnd mit welchem Kelch sie euch eingeschenckt hat/ schencket jr zwiueltig ein/ wie viel sie sich herrlich gemacht/ vnd jren mutwillen gehabt hat/ so viel schencket jr qual vnd leid ein/ Denn sie spricht jnn jrem hertzen/ Ich sitze vnd bin ein königin/ vnd werde keine widwe sein/ vnd leid werde ich nicht sehen/ Darumb werden jre plagen auff einen tag komen/ der tod/ leid vnd hunger/ mit feur wird sie verbrand werden/ Denn starck ist Gott der Herr/ der sie richten wird.

Vnd es werden sie beweinen vnd sich vber sie beklagen die könige auff erden/ die mit jr gehuret vnd mutwillen getrieben haben/ wenn sie sehen werden den rauch von jrem brand/ vnd werden von ferne stehen fur furcht jrer qual/ vnd sprechen/ Wehe/ Wehe/ die grosse Stad Babylon/ die starcke Stad/ auff eine stunde ist dein gericht komen/ vnd die kauffleute auff erden werden weinen vnd leid tragen bey sich selbs/ das jre wahr niemand mehr kauffen wird/ die wahr des golds/ vnd silbers/ vnd eddel gesteines/ vnd die perlen/ vnd seiden/ vnd purpur/ vnd scharlacken/ vnd allerley Thinen holtz/ vnd allerley gefes von Elffen bein/ vnd allerley gefes von köstlichem holtz/ vnd von ertz/ vnd von eisen/ vnd Cinnamet/ vnd Thimian/ vnd salben/ vnd weirauch/ vnd wein/ vnd öle/ vnd semlen/ vnd weitzen/ vnd vieh/ vnd schafe/ vnd pferd/ vnd wagen/ vnd leichnam/ vnd seelen der menschen.

Vnd das obs/ da deine seele lust an hatte/ ist von dir gewiechen/ vnd alles was völlig vnd herrlich war/ ist von dir gewiechen/ vnd du wirst solchs nicht mehr finden/ Die kauffleute solcher wahr/ die von jr sind reich worden/ werden von ferne stehen fur furchtt jrer qual/ weinen vnd klagen/ vnd sagen/ Wehe/ Wehe/ die grosse Stad/ die bekleidet war mit seiden vnd purpur/ vnd scharlacken/ vnd vbergüldet war mit gold vnd eddel gestein/ vnd perlen/ Denn jnn einer stunde ist verwüstet solcher reichthum.

Vnd alle schiff herrn/ vnd der hauffe/ die auff den schiffen handtieren/ vnd schiffleute/ die auff dem meer handtieren/ stunden von ferne/ vnd schrien/ da sie den rauch von jrem brande sahen/ vnd sprachen/ Wer ist gleich der grossen Stad? Vnd sie wurffen staub auff jre heubter/ vnd schrien/ weineten vnd klagten/ vnd sprachen/ Wehe/
Wehe/

Sanct Johannis. CXCVII.

Wehe/die grosse Stad/jnn welcher reich worden sind alle die da schiff im meer hatten von jrer wahr/denn jnn einer stunde ist sie verwüstet.

Frewe dich vber sie himel vnd jr heiligen Apostel vnd Propheten/denn Gott hatt ewer vrteil an jr gerichtet. Vnd ein starcker Engel hub einen grossen stein auff/als einen mülstein/warff jn jnns meer/vnd sprach/Also wird mit einem sturm verworffen die grosse Babylon/vnd nicht mehr erfunden werden. Vnd die stimme der senger vnd seiten spieler/pfeiffer vnd posauner sol nicht mehr jnn dir gehöret werden/vnd kein handwercks man einiges handwercks sol mehr jnn dir erfunden werden/Vnd die stim der müllen sol nicht mehr jnn dir gehöret werden/vnd die stim des breutgams vnd der braut sol nicht mehr jnn dir gehöret werden/ Denn deine kauffleute waren Fürsten auff erden/ Denn durch deine zeuberey sind verirret worden alle Heiden/vnd das blut der Propheten vnd der Heiligen ist jnn jr erfunden worden/vnd aller dere/die auff erden erwürget sind.

XIX.

Arnach höret ich eine stim grosser scharen im himel/die sprachen/ Halleluia/ Heil vnd preis/ ehre vnd krafft sey Gott vnserm Herrn/Denn warhafftig vnd gerecht sind seine gerichte/das er die grosse Hure verurteilet hat/ welche die erden mit jrer hurerey verderbet/ vñ hat das blut seiner knechte von jrer hand gerochen. Vnd sprachen zum andernmal/ Halleluia/ Vnd der rauch gehet auff ewiglich/vnd die vier vnd zwenzig Eltesten/vnd die vier Thier fielen nider/vnd betten an Gott/ der auff dem stuel sas/vnd sprachen/Amen/ Halleluia/ Vnd eine stim gieng von dem stuel/Lobet vnsern Gott alle seine knechte/ vnd die jn fürchten/beide klein vnd gros.

Vnd ich höret eine stim einer grossen schar/vnd als eine stim grosser wasser/vnd als eine stim starcker donner/die sprachen/ Halleluia/ Denn der Allmechtige Gott hat das Reich eingenomen/ Lasst vns frewen vnd frölich sein/vnd jm die ehre geben/denn die Hochzeit des Lambs ist komen/ vnd sein weib hat sich bereitet. Vnd es ward jr gegeben/sich an zuthun mit reiner vnd schöner seiden (Die seide aber ist die gerechtigkeit der Heiligen) Vnd er sprach zu mir/Selig sind die zum abendmal des Lambs beruffen sind/ Vnd er sprach zu mir/Dis sind warhafftige wort Gottes. Vnd ich fiel fur jn zu seinen füssen jn an zu beten. Vnd er sprach zu mir/ Sihe zu/ thu es nicht/ich bin dein Mitknecht vnd deiner Brüder/ vnd dere/ die das Zeugnis Jhesu haben/ Bete Gott an (Das Zeugnis aber Jhesu ist der Geist der weissagung)

Vnd ich sahe den himel auffgethan/Vnd sihe/ Ein weis pferd/vnd der darauff sas/hies Trew vnd Warhafftig/ vnd richtet vnd streitet mit gerechtigkeit/ Vnd seine augen sind wie eine feur flamme/vnd auff seinem heubt viel kronen/ vnd hatte einen namen geschrieben/den niemand wuste/denn er selbs/vnd war angethan mit einem kleide/ das mit blut besprenget war/ vnd sein name heisst/ Gottes wort. Vnd jm folgete nach das heer im himel auff weissen pferden/angethan mit weisser vnd reiner seiden. Vnd aus seinem munde gieng

Das wort Gottes ligt ob / wider die Schutzherrn des Bapst / vnd hilfft kein wehren.

Ll iij ein

Die Offenbarung

ein scharff schwerd/ das er damit die Heiden schlüge/ vnd er wird sie regieren mit der eisern ruten/ vnd er trit die kelter des weins des grimmigen zorns des Allmechtigen Gottes/ vnd hat einen namen geschrieben auff seinem kleid/ vnd auff seiner hüfften/ also/ Ein König aller könige/ vnd ein Herr aller herrn.

Die Drey vnd zwenzigste Figur.

Vnd ich sahe einen Engel jnn der Sonnen stehen/ vnd er schrey mit grosser stimme/ vnd sprach zu allen vögeln/ die vnter dem himel fliegen/ Kompt/ vnd versamlet euch zu dem abendmal des grossen Gottes/ das jr esset das fleisch der könige vnd der heubtleute/ vnd das fleisch der starcken/ vnd der pferde/ vnd dere/ die darauff sitzen/ vnd das fleisch aller freien vnd knechten/ beide der kleinen vnd der grossen. Vnd ich sahe das Thier/ vnd die könige auff erden/ vnd jre heer versamlet/ streit zu halten mit dem/ der auff dem pferde sas/ vnd mit seinem heer.

Vnd das Thier ward gegriffen/ vnd mit jm der falsche Prophet/ der die zeichen thet fur jm/ durch welche er verfüret/ die das malzeichen des Thiers namen/ vn die das bilde des Thiers anbetten/ Lebendig wurden diese beide jnn den feurigen pful geworffen/ der mit schwefel brandte/ vnd die andern wurden erwürget mit dem schwerd des/ der auff dem pferde sas/ das aus seinem munde gieng/ vnd alle vögel wurden sat von jrem fleisch.

Vnd

Sanct Johannis. CXCVIII
Die Vier vnd zwenzigste Figur.

XX.

VND ich sahe einen Engel vom himel faren/ der hatte den schlüssel zum abgrund/ vnd eine grosse keten jnn seiner hand/ vnd ergreiff den Drachen/ die alte schlange/ welche ist der Teuffel vnd der Satan/ vnd band jn tausent iar/ vnd warff jn jnn den abgrund/ vnd band jn/ vnd versiegelt oben darauff/ das er nicht mehr verfüren solt die Heiden/ bis das volendet wurden tausent iar/ vnd darnach mus er los werden eine kleine zeit.

Vnd ich sahe stüle/ vnd sie satzten sich darauff/ vnd jnen ward gegeben das vrteil/ vnd die seelen der entheubten vmb des Zeugnis Jhesu/ vnd vmb des wort Gottes willen/ vnd die nicht angebetet hatten das Thier noch sein bilde/ vnd nicht genomen hatten sein malzeichen an jre stirn/ vnd auff jre hand/ diese lebten vnd regierten mit Christo tausent iar. Die andern todten aber wurden nicht widder lebendig/ bis das tausent iar volendet wurden. Dis ist die erste aufferstehung. Selig ist der vnd heilig/ der teil hat an der ersten aufferstehung/ vber solche hat der ander tod keine macht/ Sondern sie werden priester Gottes vnd Christi sein/ vnd mit jm regieren tausent iar.

Die tausent iar müssen anfahen/ da dis buch ist gemacht/ Denn der Turck ist allererst nach tausent iaren komen/ ji des sind die Christen blieben/ vnd haben regiert/ on des Teuffels danck. Aber nu wil der Turck dem Bapst zu hülffe komen/ vnd die Christen ausrotten/ weil nichts helffen wil.

Kl iij Vnd wenn

Die offenbarung
Die fünff vnd zwenzigste Figur.

(Gog)
Das sind die Türcken / die von den Tattern herkomē. vnd die roten Juden heissen.

Vnd wenn tausent iar volendet sind/ wird der Satanas los werden aus seinem gefengnis/ vnd wird aus gehen zu verfüren die Heiden jnn den vier örtern der erden/ den Gog vnd Magog/ sie zu versamlen jnn einen streit/ welcher zal ist/ wie der sand am meer/ Vnd sie tratten auff die breite der erden/ vnd vmbringeten das heerlager der Heiligen/ vnd die geliebete Stad/ Vnd es fiel das feur von Gott aus dem himel/ vnd verzeeret sie. Vnd der Teuffel der sie verfüret/ ward geworffen jnn den feurigen pful vnd schwefel/ da das Thier vnd der falsche Prophet war/ vnd wurden gequelet tag vnd nacht/ von ewigkeit zu ewigkeit.

Vnd ich sahe einen grossen weissen stuel/ vnd den der darauff sas/ fur welches angesicht flohe die erden vnd der himel/ vnd jnen ward keine stete erfunden. Vnd ich sahe die todten beide gros vnd klein stehen fur Gott/ vnd die bücher wurden auffgethan/ Vnd ein ander buch ward auffgethan/ welches ist des lebens/ vnd die todten wurden gericht nach der Schrifft jnn jren büchern/ nach jren wercken/ Vnd das meer gab die todten die darinnen waren/ vnd der tod vnd die helle gaben die todten die drinnen waren/ vnd sie wurden gericht/ ein iglicher nach seinen wercken/ Vnd der tod vnd die helle wurden geworffen jnn den feurigen pful. Das ist der ander tod. Vnd so jemand nicht ward erfunden geschrieben jnn dem buch des lebens/ der ward geworffen jnn den feurigen pful.

Vnd ich

Sanct Johannis. CXCIX.
Die sechs vnd zwenzigste Figur.

XXI.

Vnd ich sahe einen newen himel/ vnd eine newe erden/ denn der erste himel vnd die erste erden vergieng/ vnd das meer ist nicht mehr/ Vnd ich Johannes sahe die Heilige Stad/ das newe Jerusalem/ von Gott aus dem himel herab faren/ zubereit/ als eine geschmückte Braut jrem man/ Vnd höret eine grosse stim von dem stuel/ die sprach/ Sihe da/ eine Hütte Gottes bey den menschen/ vnd er wird bey jnen wonen/ vnd sie werden sein volck sein/ vnd er selb Gott mit jnen/ wird jr Gott sein/ Vnd Gott wird abwischen alle threnen von jren augen/ vnd der tod wird nicht mehr sein/ noch leid/ noch geschrey/ noch schmertzen wird mehr sein/ denn das erst ist vergangen/ Vnd der auff dem stuel sas/ sprach/ Sihe/ ich machs alles new. Vnd er spricht zu mir/ Schreibe/ denn diese wort sind warhafftig vnd gewis.

Vnd er sprach zu mir/ Es ist geschehen/ Ich bin das A vnd das O/ der anfang vnd das ende/ Ich wil dem dürstigen geben von dem brun des lebendigen wassers vmb sonst/ Wer vberwindet/ der wirds alles ererben/ vnd ich werde sein Gott sein/ vnd er wird mein Son sein/ Den verzagten aber/ vnd vngleubigen/ vnd grewlichen/ vnd todschlegern/ vnd hurern/ vnd zeuberern/ vnd abgöttischen/ vnd allen lügnern/ der teil wird sein jnn dem pful/ der mit feur vnd schwefel brennet/ welcher ist der ander tod.

Vnd es kam zu mir einer von den sieben Engeln/ welche die sieben schalen vol hatten der letzten sieben plagen/ Vnd er redet mit mir/ vnd sprach/

Die offenbarung

vnd sprach/Kom/ich wil dir das weib zeigen/die Braut des Lambs. Vnd füret mich hin im geist auff einen grossen vnd hohen berg/vnd zeiget mir die grosse Stad/das heilige Jerusalem/hernidder faren aus dem himel von Gott/vnd hatte die herrligkeit Gottes/vnd jr liecht war gleich dem aller edlesten stein/einem hellen Jaspis/vnd hatte grosse vnd hohe mauren/vnd hatte zwelff thor/vnd auff den thoren zwelff Engele/vnd namen geschrieben/welche sind die zwelff geschlechte der kinder Jsrael/Vom morgen drey thor/Von mitternacht drey thor/Vom mittag drey thor/Vom abend drey thor. Vnd die mauren der Stad hatte zwelff gründe/vnd jnn den selbigen die namen der zwelff Aposteln des Lambs.

Vnd der mit mir redet/hatte ein gülden rhor/das er die Stad messen solt/vnd jre thor vnd mauren/vnd die Stad ligt vierecket/ Vnd ire lenge ist so gros/als die breite/Vnd er mas die Stad mit dem rhor/auff zwelff tausent feldwegs/Die lenge vnd die breite/vnd die höhe der Stad sind gleich/Vnd er mas jre mauren/hundert vnd vier vnd vierzig ellen/nach der mas eines menschen/die der Engel hat/ Vnd der baw jrer mauren/war von Jaspis/vnd die Stad von lautterm golde/gleich dem reinen glase/Vnd die gründe der mauren vnd der Stad waren geschmückt mit allerley eddel gesteine/Der erste grund war ein Jaspis/Der ander war ein Saphir/Der dritte ein Calcedonier/Der vierde ein Smaragd/Der fünffte ein Sardonich/Der sechste ein Sardis/Der siebend Chrysolit/Der achte ein Beril/Der neunde ein Topasier/Der zehend ein Chrysopras/Der eilffte ein Hyacinth/Der zwelfft ein Amethist.

(Hundert vñ vier vnd vierzig ellen) Das ist die dicke der mauren.

Vnd die zwelff thor waren zwelff perlen/vnd ein jglich thor war von einer perlen/vnd die gassen der Stad waren lauter gold/als ein durchscheinend glas/Vnd ich sahe keinen Tempel darinnen/denn der Herr der Allmechtige Gott ist jr Tempel/vnd das Lamb/Vnd die Stad darff keiner Sonnen noch des monden/das sie jr scheine/denn die herrligkeit Gottes erleucht sie/vnd jre leuchte ist das Lamb. Vnd die Heiden/die da selig werden/wandeln jnn dem selbigen liecht/ vnd die Könige auff erden werden jre herrligkeit jnn die selbigen bringen. Vnd jre thor werden nicht verschlossen des tages/denn da wird keine nacht sein/vnd wird nicht hinein gehen jrgent ein gemeines/ vnd das da grewel thut vnd lügen/sondern die geschrieben sind jnn dem lebendigen buch des Lambs.

XXII.

Vnd er zeiget mir einen lautern wasserstrom klar wie ein Christal/der gieng von dem stuel Gottes/vnd des Lambs/mitten auff jrer gassen/Vnd auff beiden seiten des stroms stund holtz des lebens/das trug zwelfferley früchte/vnd bracht seine früchte alle monden/vnd die bletter des holtzs dienetē zu der gesundheit der Heiden/ Vnd wird kein verbandtes mehr sein/vnd der stuel Gottes vnd des Lambs wird darinnen sein/vnd seine knechte werden jm dienen vnd sehen sein angesicht/vnd sein name wird an jren stirnen sein/Vnd wird keine nacht da sein/vnd nicht bedürffen einer leuchten/odder des liechts der Sonnen/Denn Gott der Herr wird sie erleuchten/vnd sie werden regieren von ewigkeit zu ewigkeit.

Vnd er

Sanct Johannis.

Vnd er sprach zu mir / Diese wort sind gewis vnd warhafftig / vnd Gott der Herr der heiligen Propheten / hat seinen Engel gesand zu zeigen seinen knechten / was bald geschehen mus. Sihe/ich kome balde / Selig ist der da helt die wort der weissagung jnn diesem buch / Vnd ich bin Johannes / der solchs gesehen vnd gehöret hat / Vnd da ichs gehöret vnd gesahe / fiel ich nidder an zu beten zu den füssen des Engels / der mir solches zeiget. Vnd er spricht zu mir / Sihe zu / thu es nicht / denn ich bin dein Mitknecht / vnd deiner Brüder der Propheten / vnd dere / die da halten die wort dieses buchs / Bete Gott an.

Vnd er spricht zu mir / Versiegele nicht die wort der weissagung jnn diesem buch / denn die zeit ist nahe / Wer böse ist / der sey böse / vnd wer vnrein ist / der sey vnrein / Aber wer frum ist / der werde noch frümer / vnd wer heilig ist / der werde noch heiliger / Vnd sihe / ich kome balde / vnd mein lohn mit mir / zu geben einem jglichen / wie seine werck sein werden / Ich bin das A vnd das O / der anfang vnd das ende / der erst / vnd der letzte / Selig sind die seine gebot halten / auff das jre macht sey an dem holtz des lebens / vnd zu den thoren eingehen jnn die Stad / Denn haussen sind die Hunde / vnd die Zeuberer / vnd die hurer / vnd die todschleger / vnd die Abgöttischen / vnd alle die lieb haben vnd thun die lügen.

Ich Jhesus habe gesand meinen Engel / solchs euch zu zeugen an die Gemeinen / Ich bin vom stam vnd vom geschlechte Dauid / ein heller Morgenstern / Vnd der Geist vnd die Braut sprechen / Kom. Vnd wer es höret / der spreche / Kom / Vnd wen dürstet / der kome / Vnd wer da wil / der neme das wasser des lebens vmb sonst.

Ich bezeuge aber alle / die da hören die wort der weissagung jnn diesem buch / so jemand dazu setzet / so wird Gott zusetzen auff jn die plagen / die jnn diesem buch geschrieben stehen. Vnd so jemand dauon thut von den worten des buchs dieser weissagung / so wird Gott abthun sein teil vom buch
des lebens / vnd von der heiligen Stad /
vnd von dem / das jnn diesem
buch geschrieben stehet. Es
spricht der solchs zeu=
get / Ja / ich kome
bald / Amen /
Ja kom
Herr
Jhesu. Die
gnade vnsers Herrn
Jhesu Christ / sey mit euch
allen / A M E N.

Ende des Newen Testaments.